JN416210

한국어 – 인도네시아어사전

정 영 림

한국외국어대학교출판부

KAMUS BAHASA
KOREA-NINDONSIA

한국어 - 인도네시아어사전

머 리 말

『한국어-인도네시아어사전』이 출판된 지 벌써 십여 년이 지났다. 초기에 한국문학작품을 읽는 독자까지 염두에 두어 실제 많이 사용되지 않는 표제어도 넣고, 표제어와 관련한 다양한 명사 복합어를 제시하고, 또 많은 용례를 주는 욕심을 부렸더니 사전이 너무 두꺼워서 갖고 다니기 불편하다는 얘길 종종 들었다. 더구나 여럿이 작업한 방대한 분량을 편저자가 꼼꼼히 체크하지 못하고 지나쳐 어색한 표현도 있어 완벽한 사전을 만들지 못한 점이 못내 아쉬움으로 남았다.

초판을 보완하여 개정판인 '한국어-인도네시아어 대사전'을 낼 준비가 마무리 되어가던 중, 학생들이 핸디handy하기 용이한 사전이 있으면 좋겠다는 의견을 많이 내주어, '포켓 사전'을 먼저 내기로 하고, 분량을 최대한 줄이려 노력했다. 하지만 한국어와 인도네시아어가 한 단어·한 문장으로 설명할 수 없는 복합성을 띠고 있어 한글표제어 하나에 인도네시아어 설명이 다양하게 들어갈 수밖에 없었다. 그리고 학습자들의 번거로움을 줄이기 위해 학술어 기타 전문용어일 때 한글표제어 바로 뒤에 이를 밝혀두었고, 인도네시아어 초보자를 위해 약어(略語)를 본문에서 모두 풀어쓰다보니 중간 크기의 사전이 돼 또 한 번 유감이다.

여러 번의 시행착오를 거쳐 완성에 가까운 '한국어 - 인도네시아사전'이 나오게 되리라는 믿음을 가지고 앞으로 더욱 정진해 나갈 예정이다. 아울러 한국어와 인도네시아어를 공부하는 전문가용으로 예문 등의 내용을 더 다듬고 추가하여 가까운 시일 내에 '한국어-인도네시아어 대(大)사전'을 출판할 계획임을 밝힌다.

현재 인구 2억 명 이상이 사용하고 있는 말레이·인도네시아어는 언어사용인구수로는 세계에서 6~7위에 자리하고 있으며, 부르나이어

(Bahasa Melayu Brunei)와 함께 누산타라어(Bahasa Nusantara)라고 불리기도 하는데, 오스트로네시아어군에 속한다. 고대 말레이 상인들과 말라카 해협을 거쳐 온 아랍 · 인도 상인들이 수 백 종류의 지방어가 산재해 있던 인도네시아 곳곳을 다니며 물건을 사고팔면서 전파한 말레이어가 '링구아 프랑카 bahasa perantara' 역할을 하였고, 네덜란드 통치 하에서 네덜란드어로 교육을 받고 있던 인도네시아 지식층 민족주의자들이 주축이 되어 1928년에 말레이어를 인도네시아 공식어(공용어)로 지정하는 결과를 나았다.

비록 말레이어(지금의 말레이시아어)를 국어로 한 인도네시아어라 해도 언어란 지정학적 위치나 문화·사회의 변동과 함께 새롭게 생성 발전하기 마련이다. 또한 인도네시아어에는 지방어 특히 자바어와 자카르타어 그리고 영어(인도네시아어화 한 영어), 네덜란드어와 산스크릿어, 아랍어 등이 들어있어 어휘 면에서 다양하다. 이 때문에 말레이시아어와 인도네시아어 사이에는 철자법이라든가, 음성학적, 형태론적 그리고, 의미론 등에서 약간 차이가 있지만, 다행스럽게도 1980년대 이후 지금까지 3개 국 언어학자들이 모여 철자법의 통일 · 표준 발음법 등과 함께 어휘 통합 작업을 꾸준히 하고 있다. 또 말레이시아 정부는 일찍이 인도네시아 서적 수입을 허가하였고, 인도네시아 TV 프로그램도 방영토록 하여 말레이시아와 부르나이에서 인도네시아어를 구사하더라도 의사소통이 가능하다.

이러한 일련의 언어통합정책은 「한국어 - 인도네시아어사전」이 인도네시아뿐만 아니라 말레이시아, 부르나이, 그리고 싱가포르에서도 널리 활용될 수 있는 계기를 마련해 주었다. 처음에 인도네시아어를 배우고자 하는 한국인을 위한 사전이 지금은 한국과 한국문화에 대한 호기심을 가진 말레이시아·인도네시아인들이 날로 늘고 있어 이 사전의 효용가치는 매우 크다 하겠다. 외국어를 익히는 데 첫 걸음은 '읽기'에 있다. 읽을 수 있으면 재미가 붙고 열심히 하고 싶은 의욕도 생기기 마련이어서, 혼자 학습할 수 있는 지침을 모색하다가 각각 인도네시아어 발음법과 한국어 로마 표기 및 발음법을 넣어두었다.

이 사전을 엮음에 있어 다음의 책들을 참고하였음을 밝혀 둔다.

능률한영사전, Neungyule Korean-English Dictionary, 서울: 능률교육, 2006
뉴월드 한영대사전, 서울: 시사영어사, 1991
동아새국어사전, 서울: 두산동아 2010
동아출판사 편집국 편, 동아 프라임 한영사전, 서울: 동아출판사, 1988
민중 포켓한영사전 【제 2판】, 서울: 민중서림, 2005
비즈니스 영어 실무백과, 서울: 도서출판 인터윈, 2008
시사영어사편집부편, 엘리트국어사전, 서울: 시사영어사 2006
정영림 편저, 한국어-인도네시아어사전, 서울: 한국외국어대학교 출판부, 1998
Echols, John M and Hassan Shadily, An Indonesian English Dictionary, Ithaca & London: Cornell University Press, 1975
Echols, John M and Hassan Shadily, Kamus Inggris Indonesia, Jakarta: Penerbit PT Gramedia, 1988
Kamus Besar Bahasa Indonesia Jakarta: Balai Pustaka, Departemen Pendidikan dan Kebudayaan Republik Indonesia, 1988
Quinn George, The Learner's Dictionary of Today's Indonesian, Australia: Allen & Unwin, 2000
Sahrani Albert & Wijaya Diana, Kamus Ekonomi Uang dan Bank, Jakarta: Penerbit Restu Agung, 2003

끝으로. 문화사업의 일환으로『한국어-인도네시아어사전』의 편집 비용을 제공하여 큰 도움을 준 (株)코린도 (회장 승은호) PT. Korindo에 심심한 감사를 드리며, 이 사전이 나오기 까지 많은 수고를 해 준 한국외국어대학교 출판부 탁경구 팀장과 출판부팀원, 그리고 편집을 맡아 주신 지댄피 관계자와 인쇄출판 작업에 수고를 아끼지 않은 (株)네오프린텍 여러분께도 감사를 드린다.

2011년

오향재(梧響齋)에서 정영림

일러두기

1. 표제어

(1) 표제어는 가나다순(順)으로 하였고, 한자어인 경우에는 그 한자를 ( )속에 넣었다.
보기: 실천(實踐)

(2) 어느 한 부분만 한자일 경우에는 한글 부분을 - 표 표시하였다.
보기: 흙벽(-壁)

(3) 표제어의 음이 같고 뜻이 다를 때에는 그 표제어들의 오른쪽 어깨에 번호를 붙여 구별하였다.
보기: 바1【음악】F
바2【밧줄】tali; tambang; (소·말 用) tambatan
바3【방법】cara
바4【술집】bar; warung minum

(4) 한글화된 외래어도 다수 표제어로 수록하였다
보기: 리콜 menarik kembali; ditarik kembali; memanggil kembali

(5) 사용 빈도가 높은 신조어도 다수 표제어로 수록하였다
보기: 리베이트 ① (사례금, 보상금) potongan harga ② (뇌물) suap

2, 어의(語義)

한 표제어가 두 가지 이상의 말뜻을 가지고 있는 경우 ①②③ 등으로 의미 차이를 구분하였다.

보기: 끝장 ①【결말】akhir;【결과】kesimpulan; kesudahan ②【실패·죽음】selesai; terakhir

3. 용례(用例)와 복합어(複合語)

(1) 표제어에서 설명한 뜻 외에 인도네시아 문장에서 다르게 표현될 경우 용례를 넣었다.

(2) 복합어에 있어서의 기본 어 용례는 그 역어 뒤에 ⊙표로 시작하였다

보기: 금고(金庫) ⊙ 금고털이 pembongkaran lemari besi; 【사람】 pembongkar peti (lemari) besi

4. 역어(譯語)

(1) 인도네시아 문장에서 술부는 동사와 형용사가 서술동사를 만들기에, 인도네시아어 형용사를 우리말 동사 '-하다'로 표기하였다. 예: 형용사 '아름다운 cantik'을 '아름답다'로 표기

(2) -2인칭 사용은 대인관계에서 중요함으로 유의해야 한다. 이제는 어색함이 없이 널리 쓰이고 있는 인도네시아어 2인칭 당신 'Anda(anda)'을 본문에서 주로 사용하였다. 나이가 많거나 신분이 높은 인도네시아 남자에게는 Bapak(Pak: 아버지의 의미), 여자에게는 Ibu(Bu:어머니의 의미)를 쓰고 있으며, 인도네시아인들이 외국인 남자에게는 Tuan(Mr.의 뜻), 여자에게는 Nyonya(Mrs.의 뜻)를 쓰고 있다. 그 외에도 관계에 따라, 지방어에 따라 2인칭의 표현은 수십 가지가 있다. 그리고 명사 뒤에 붙이는 -ku(나의), -mu(너의), -nya(그의 혹은 그녀의)는 재귀대명사로, aku(나), kamu (너), dia, ia(그 혹은 그녀)를 줄인 단어이다.

-1인칭 표현으로 본문에서 보편적인 saya를 썼다. 'aku'는 아이들끼리, 혹은 아이가 부모나 연장자에게 주로 쓰는 표현이다.

5. 이탤릭체 표기

(1) 우리말을 음역한 인도네시아 대응어는 이탤릭체로 표기하고 그 의미를 설명해 주었다.

보기: 김장 *gimjang*; *gimchi* yang dipersiapkan untuk musim dingin

(2) 우리말을 음역한 인도네시아어가 영어로 더 많이 쓰일 때는 이탤릭체로 표기하였다.

보기: 로열티 *royalty*; honorarium; raja; keluarga raja

6. 기호

(1) ( )의 용법

(a) 한자를 병기할 때.

보기: 공해(公害)

(b) 인도네시아어 설명 바로 앞부분이 대체될 수 있음을 표시할 때, 동의어를 (　)속에 넣어 같이 사용할 수 있도록 했다.

보기: 각층(各層) semua tingkat (lapisan)은 semua lapisan이라는 뜻도 있음.

(c) 명사·동사·형용사를 아울러 보인다.

보기: 중독(中毒) ⊙중독증상(을 나타내다)

(2) 《 》의 용법

앞에 설명한 내용 pindah ke에 쓰일 수 있는 단어나 문장으로, 참고하면 된다.

보기: 입주(入住) 입주하다 pindah ke 《rumah; apartemén》; menjadi penghuni

(3) 인도네시아 단어가 지니고 있는 의미가 여럿일 때, ‘ ; ’를 넣어 구분해 두었다.

(4) 【 】의 용법

(a) 표제어의 뜻을 설명할 때.

보기: 띠다 ①【띠를】 memakai ②【재다】 menyandang ((senjata)); dipersenjati ③【용무를】 dibebankan dengan; ④【빛·기색을】

(b) 학술어 기타 전문 용어임을 나타낼 때.

보기: 싱크로트론【물리】 sinkrotron

(c) 속담임을 나타낼 때.【속담】

(d) 서로 대체할 수 있는 어구를 기입하였다.

보기: 돌결 ¶돌결이 곱다【거칠다】

(5) ¶의 용법

용례가 시작됨을 가리킨다.

(6) ⊙의 용법

복합어가 시작됨을 가리킨다.

(7) ⇒의 용법

'참조하라'는 뜻을 나타낸다.

보기: 잇달다 ⇒잇따르다

(8) /의 용법

표제어·복합어의 용례가 둘 이상일 때 그 사이를 구분하였다.

보기: 실망(失望) kekecéwaan; kesesalan 실망하다 kecéwa; menyesal… ¶실망하여 dengan kecéwa/실망시키다, 실망스럽다 mengecéwakan

인도네시아어 발음

1. a는 'ㅏ' 로 발음한다. 보기: Anda(안-다), dari (다-리)
2. b는 'ㅂ'으로 발음한다. 보기: baru(바-루), bawa(바-와)
3. c는 'ㅊ' 로 발음한다. 보기: coba(초-바). cari (차-리)
4. d는 'ㄷ'으로 발음한다. 보기: dapat(다-팟), dapur(다-푸르)
5. e에 강세【é】가 있으면 '에'로 발음한다.【é】를 '에' 로 발음하지 않으면 뜻이 달라지기 때문에 본문에서【é】로 일일이 표기하였다. 보기: angka **berséri** (앙카: 버르**세리**: 일련번호); seri (**스리**: '무서운'); apel (**아쁠**:사과); **apél** (**아뻴**: 상고)
6. e는 '으'로 약하게 발음한다. 보기: enam(으-남)
7. f는 'ㅍ'으로 발음한다. fajar (파-자르)
8. g는 'ㄱ'로 발음한다. 보기: guru (구-루)
9. -h는 서로 다른 두 모음 사이에 있을 때는 발음하지 않아도 된다.

보기: tahun(따-운), tahu(따-우는 '알다'; 따-후로 발음하면 '두부'라는 뜻)

-h가 앞에 올 때, 뒤에 올 때, 혹은 같은 모음 사이에 올 때는 'ㅎ'으로 발음 한다 보기: harus(하-루스), bawah(바-와ㅎ는 '아래'; 바-와로 발음하면 '가지고 오다'라는 뜻)

10. i는 'ㅣ'로 발음한다. 보기 itu(이-뚜), kita(끼-따)
11. j는 'ㅈ'으로 읽는다. 보기: jadi (자-디), jika (지-까)
12 -k는 단어 처음이나 중간에 오면 기음으로 한다. 보기: kami(까-미), kawan(까-완)

-k가 단어 끝에 오면 막힘. 보기: tidak(띠-다크가 아닌, 띠-닥), sejuk (스주크가 아닌, 스-죽)

13. l은 혀끝을 입천장에 대고 '엘'로 발음한다. 보기: lalu(랄-루), lima(리-마)
14. m은 'ㅁ'으로 발음한다. 보기: mari(마-리); muda(무-다)
15. n은 'ㄴ'으로 발음한다. 보기 nanti(난-띠), teman(뜨-만)
16. o는 'ㅗ'로 발음한다. 보기 orang(오-랑) goreng(고-렝)
17. p은 우리말로 발음을 표기하기는 어렵지만 기음 없이 'ㅍ 과 ㅃ의 중간발음'으로 한다. 보기: pulang(뿔-랑), bapak(바-빡)
18. r은 '에르'로 많이 굴린다. 보기: ribu(리-부); tukar(뚜-까르)
19. s는 'ㅅ'으로 발음한다. 보기: sore(소-레), asal(아-살)
20. t는 'ㄸ'으로 발음한다. 보기: tidak(띠-닥), tolong(똘-롱)
21. u는 'ㅜ'로 발음한다. 보기: bukan(부-깐), sudah(수-다)
22. v는 '베와 페의 중간발음'으로 한다. 보기: valuta(파-루-따)
23. w는 'ㅘ'로 발음한다. waktu(왁-뚜), warna(와르-나)
24. y는 'ㅑ'로 발음한다. 보기: ya(야), kaya(까-야)
25. z는 '즈와 쥬의 중간발음'으로 한다. zaman(쟈-만), azan(아-쟌)
26. ng는 '응'으로 발음한다. bangun(방-군이 아닌, 방-운), siang(시-앙과 시-양의 중간 발음)
27. ny는 'ㅛ'로 발음한다. 보기: nyonya(뇨-냐), banyak(반-냑)
28. ai는 '아이'로 발음한다. 보기: sampai(삼-빠이; 삼빼이로 읽기도 한다), pegawai(뻐-가-와이; 뻐가웨이로 읽기도 한다)

29. au는 '아우'이지만 'ㅗ'로 발음한다. 보기: kalau(깔-라우 혹은 깔-로라고 발음)
30. oi는 '오이'로 발음한다. 보기: amboi(암-보이), sepoi(스-뽀이)

인도네시아어의 강세

1) 인도네시아어의 강세는 단어 뒤에서 첫째 음절에 두는 것이 보통이다. 보기: **ma**-kan, **bu**-ku, sau-**da**-ra
2) '으'로 발음되는 'e'가 음절 끝에 오면 강세는 끝음절에 둔다. 보기: em-**pat**, se-**juk**, be-**lum**, per-**nah**

한국어의 로마자 표기 및 발음

Huruf Korea Latin Bunyinya

1. 모음 Vokal

(1) 단모음 Sederhana

ㅏ 아 a ah
ㅓ 어 e sederhana
ㅗ 오 o oh
ㅜ 우 u cingcau
ㅡ 으 e beras
ㅣ 이 i itik
ㅐ 애 é saté, back-hand
ㅔ 에 é cabé
ㅚ 외 (o)e benang

(2) 이중모음 Gabungan

ㅑ 야 ya   pa-yah
ㅕ 여 ye   bayem
ㅛ 요 yo   kero-yo-k
ㅠ 유 yu   ka-yu
ㅒ 얘 yé   pé-yek
ㅖ 예 yé   yes
ㅟ 위 wi   ki-wi
ㅢ 의 ui dan bui Gwanghuimun(광희문)
ㅘ 와 wa   ja-wa
ㅙ 왜 wé   ga-we (Jawa)
ㅝ 워 wo   co-wok
ㅞ 웨 wé   wéreng

2. 자음 Konsonan

(1) 단자음Sederhana

ㄱ g   gigi : 한국영문일람표에서는 ㄱ을 'g' 나 'k' 로 쓰 고 있으나 (예: 강 gang 혹은 kang), 발음할 때는 'g' 에 더 가깝다.
ㄴ n   noni
ㄷ d   dari : 한국영문일람표에서는 ㄷ을 'd' 나 't' 으로 쓰고 있으나 (예: 돈 don 혹은 ton), 발음할 때는 'd' 에 더 가깝다.
ㄹ r/l   roti/lari
ㅁ m   mata
ㅂ b   buku : 한국영문일람표에서는 ㅂ을 'b' 나 'p' 으로 쓰고 있으나 (예: 박 bak 혹은 pak), 발음할 때는 'b' 에 더 가깝다.

ㅅ s sop
ㅇ ng daging
ㅈ j jodoh :한국영문 일람표에서는 ㅈ을 'j'나 'ch'로 쓰고 있으나 (예: 점 jeom 혹은 cheom), 발음할 때는 'j'에 더 가깝다.
ㅊ c cicak
ㅋ k kait
ㅌ t tangki
ㅍ p pompa
ㅎ h hari

(2) 중자음 Ganda:

ㄲ kk seka/rak 예: 꿈 kkum (굼: gum; kum)
ㄸ tt sate 예: 땅 ttang (당: dang; tang)
ㅃ pp sebab 예: 뽀 ppo (보: bo; po)
ㅆ ss asa 예: 씨 ssi (시: si)
ㅉ ich cari/jari 예: 찌 jji (지: ji; chi)

3. Pelatihan Bahasa Korea 한글영문표기 일람표: 아래 표기는 한국어 발음에 도움을 주기 위해 인용·게재하였다.

ㄱ 가 g(k)a	각 g(k)ak	간 g(k)an	갈 g(k)al	감 g(k)am
갑 g(k)ap	갓 g(k)at	강 g(k)ang	개 g(k)gé	객 g(k)aék
거 g(k)eo	건g(k)eon	걸 g(k)eol	검(k)eom	겁 g(k)eop
게 g(k)é	겨 g(k)yeo	격 g(k)yeok	견 g(k)yeon	결 g(k)yeol
겸 g(k)yeom	겹 g(k)yeop	경 g(k)yeong	계 g(k)yé	고 g(k)o
곡 g(k)ok	곤 g(k)on	골 g(k)ol	곳 g(k)ot	공 g(k)ong
곶 g(k)ot	과 g(k)wa	곽 g(k)wak	관 g(k)wan	괄 g(k)wal
광 g(k)wang	괘 g(k)waé	괴 g(k)oé	굉 g(k)oéng	교 g(k)yo
구 g(k)u	국 g(k)uk	군 g(k)un	굴 g(k)ul	굿 g(k)ut
궁 g(k)ung	권 g(k)won	궐 g(k)wol	귀 g(k)wi	규 g(k)yu

균 g(k)yun	귤 g(k)yul	그 g(k)eu	극 g(k)euk	근 g(k)eun
글 g(k)eul	금 g(k)eum	급 g(k)eup	긍 g(k)eung	기 g(k)i
긴 g(k)in	길 g(k)il	김 g(k)im	까 kka	깨 kkae
꼬 kko	꼭 kkok	꽃 kkot	꾀 kkoe	꾸 kku
꿈 kkum	끝 kkeut	끼 kki		
ㄴ 나 na	낙 nak	난 nan	날 nal	남 nam
납 nap	낭 nang	내 naé	냉 naéng	너 neo
널 neol	네 né	녀 nyeo	녁 nyeok	년 nyeon
념 nyeom	녕 nyeong	노 no	녹 nok	논 non
놀 nol	농 nong	뇌 noé	누 nu	눈 nun
눌 nul	느 neu	늑 neuk	늠 neum	뇨 nyo
능 neung	늬 nui	니 ni	닉 nik	닌 nin
닐 nil	님 nim			
ㄷ 다 d(t)a				
단 d(t)an	달 d(t)al	담 d(t)am	답 d(t)ap	당 d(t)ang
대 d(t)aé	댁 d(t)aék	더 d(t)eo	덕 d(t)eok	도 d(t)o
독 d(t)ok	돈 d(t)on	돌 d(t)ol	동 d(t)ong	돼 d(t)waé
되 d(t)oé	된 d(t)oen	두 d(t)u	둑 d(t)uk	둔 d(t)un
뒤 d(t)wi	드 d(t)eu	득 d(t)euk	들 d(t)eul	등 d(t)eung
디 d(t)i	따 tta	땅 ttang	때 ttae	또 tto
뚜 ttu	뚝 ttuk	뜨 tteu	띠 tti	
ㄹ 라 ra				
락 rak	란 ran	람 ram	랑 rang	래 raé
랭 raéng	량 ryang	렁 reong	레 ré	려 ryeo
력 ryeok	련 ryeon	렬 ryeol	렴 ryeom	렵 ryeop
령 ryeong	례 ryé	로 ro	록 rok	론 ron
롱 rong	뢰 roé	료 ryo	룡 ryong	루 ru
류 ryu	륙 ryuk	륜 ryun	률 ryul	륭 ryung
르 reu	륵 reuk	른 reun	름 reum	릉 reung
리 ri	린 rin	림 rim	립 rip	
ㅁ 마 ma				
막 mak	만 man	말 mal	망 mang	매 mae
맥 maék	맨 maén	맹 maéng	머 meo	먹 meok
메 mé	며 myeo	멱 myeok	면 myeon	멸 myeol
명 myeong	모 mo	목 mok	몰 mol	못 mot
몽 mong	뫼 moé	묘 myo	무 mu	묵 muk

문 mun	물 mul	므 meu	미 mi	민 min
밀 mil				
ㅂ 바 b(p)a	박 b(p)ak	반 b(p)an	발 b(p)al	밥 b(p)ap
밧 b(p)at	방 b(p)ang	배 b(p)aé	백 b(p)aék	뱀 b(p)aém
버 b(p)eo	번 b(p)eon	벌 b(p)eol	범 b(p)eom	법 b(p)eop
벼 b(p)yeo	벽 b(p)yeok	변 b(p)yeon	별 b(p)yeol	병 b(p)yeong
보 b(p)o	복 b(p)ok	본 b(p)on	봉 b(p)ong	부 b(p)u
북 b(p)uk	분 b(p)un	불 b(p)ul	붕 b(p)ung	비 b(p)i
빈 b(p)in	빌 b(p)il	빔 b(p)im	빙 bing	빠 ppa
빼 ppaé	뻐 ppeo	뽀 ppo	뿌 ppu	쁘 ppeu
삐 ppi				
ㅅ 사 sa	삭 sak	산 san	살 sal	삼 sam
삽 sap	삿 sat	상 sang	샅 sat	새 saé
색 saék	생 saéng	서 seo	석 seok	선 seon
설 seol	섬 seom	섭 seop	성 seong	세 se
셔 syeo	소 so	속 sok	손 son	솔 sol
솟 sot	송 song	쇄 swaé	쇠 soé	수 su
숙 suk	순 sun	술 sul	숨 sum	숭 sung
쉬 swi	스 seu	슬 seul	슴 seum	습 seup
승 seung	시 si	식 sik	신 sin	실 sil
심 sim	십 sip	싱 sing	싸 ssa	쌍 ssang
쌔 ssaé	쏘 sso	쑥 ssuk	씨 ssi	
ㅇ 아 ah				
악 ak	안 an, ahn	알 al	암 am	압 ap
앙 ang	앞 ap	애 aé	액 aék	앵 aéng
야 ya	약 yak	얀 yan	양 yang	어 eo
억 eok	언 eon	얼 eol	엄 eom	업 eop
에 é	여 yeo	역 yeok	연 yeon	열 yeol
염 yeom	엽 yeop	영 yeong, young	예 yé	오 oh
옥 ock, og	온 on	올 ol	옴 om	옹 ong
와 wa	완 wan	왈 wal	왕 wang	왜 waé
외 woé	왼 oén	요 yo	욕 yok	용 yong
우 woo	욱 uk, wook	운 un, woon	울 eul	움 um
우 *ung* woong	워 wo	원 won	월 wol	위 wi
유 yu	육 yuk	윤 yun	율 yul	융 yung

윷 yut	으 eu	은 eun	을 eul	음 eum
읍 eup	응 eung	의 ui	이 yi, lee	익 ik
인 in	일 il	임 im, lim	입 ip	잉 ing
ㅈ 자 j(ch)a	작 j(ch)ak	잔 j(ch)an	잠 j(ch)am	잡 j(ch)ap
장 j(ch)ang	재 j(ch)aé	쟁 j(ch)aéng	저 j(ch)eo	적 j(ch)eok
전 j(ch)eon	절 j(ch)eol	점 j(ch)eom	접 j(ch)eop	정 j(ch)eong
제 j(ch)é	조 j(ch)o	족 j(ch)ok	존 j(ch)on	졸 j(ch)ol
종 j(ch)ong	좌 j(ch)wa	죄 j(ch)oé	주 j(ch)u	죽 j(ch)uk
준 j(ch)un	줄 j(ch)ul	중 j(ch)ung	쥐 j(ch)wi	즈 j(ch)eu
즉 j(ch)euk	즐 j(ch)eul	즘 j(ch)eum	즙 j(ch)eup	증 j(ch)eung
지 j(ch)i	직 j(ch)ik	진 j(ch)in	질 j(ch)il	짐 j(ch)im
집 j(ch)ip	징 j(ch)ing	짜 jja	째 jjae	쪼 jjo
찌 jji				
ㅊ 차 cha				
착 chak	찬 chan	찰 chal	참 cham	창 chang
채 chaé	책 chaék	처 cheo	척 cheok	천 cheon
철 cheol	첨 cheom	첩 cheop	청 cheong	체 ché
초 cho	촉 chok	촌 chon	총 chong	최 choe, choi
추 chu	축 chuk	춘 chun	출 chul	춤 chum
충 chung	취chwui,chwi	측 cheuk	층 cheung	치 chi
칙 chik	친 chin	칠 chil	침 chim	칩 chip
칭 ching				
ㅋ 코 ko	쾌 kwae	크 keu	큰 keun	키 ki
ㅌ 타 ta				
탁 tak	탄 tan	탈 tal	탐 tam	탑 tap
탕 tang	태 taé	택 taék	탱 taéng	터 teo
테 te	토 to	톤 ton	톨 tol	통 tong
퇴 toé	투 tu, too	퉁 tung	튀 twi	트 teu
특 teuk	틈 teum	티 ti		
ㅍ 파 pa	판 pan	팔 pal	패 paé	팽 paéng
퍼 peo	페 pé	펴 pyeo	편 pyeon	폄 pyeom
평 pyeong	폐 pyé	포 po	폭 pok	표 pyo
푸 pu	품 pum	풍 pung	프 peu	피 pi
픽 pik	필 pil	핍 pip		
ㅎ 하 ha				
학 hak	한 han	할 hal	함 ham	합 hap

항 hang	해 haé	핵 haék	행 haéng	향 hyang
허 heo	헌 heon	험 heom	헤 hé	혀 hyeo
혁 hyeok	현 hyeon, hyun	혈 hyeol	혐 hyeom	협 hyeop
형 hyeong	혜 hyé	호 ho	혹 hok	혼 hon
홀 hol	홉 hop	홍 hong	화 hwa	확 hwak
환 hwan	활 hwal	황 hwang	홰 hwaé	횃 hwaét
회 hoé	획 hoék	횡 hoéng	효 hyo	후 hu, hoo
훈 hun, hoon	훤 hwon	훼 hwé	휘 hwi	휴 hyu
휼 hyul	흉 hyung	흐 heu	흑 heuk	흔 heun
흘 heul	흠 heum	흡 heup	흥 heung	희 hui, hee
흰 huin	히 hi	힘 him		

ㄱ

가 ①【끝】 akhir; ujung; batas ¶가없다 tidak berbatas; tanpa batas ②【변두리 · 주변】 pinggir; sisi; tepi

가(可) ①【찬성】 setuju 가하다 yéa; ya; baiklah ②【옳음】 benar; baik

가(假) sementara ¶가계약 kontrak sementara/가공사 pekerjaan bangunan (konstruksi) sementara

–가(街) jalan; daérah; kawasan ¶유흥가 tempat (kawasan) hiburan/ 3 가 jalan ketiga

–가(歌) nyanyian; lagu ¶애국가 lagu kebangsaan

가가대소하다(呵呵大笑-) tertawa terbahak-bahak; tertawa dengan keras

가가호호(家家戶戶) setiap rumah; dari pintu ke pintu; dari rumah ke rumah; pada setiap pintu

가감(加減) penambahan dan pengurangan; penyesuaian 가감하다 menambah dan mengurangi; bertambah dan berkurang; menyesuaikan ukuran (proporsi) ⊙ 가감승제【수학】 penambahan, pengurangan, perkalian dan pembagian; peraturan tentang ilmu hitung

가게 toko; warung; kios; stand; kedai ¶가게 문을 닫다 menutup toko; (폐업) menghentikan usahanya; menutup toko ⊙ 구멍가게 warung; toko kecil; kedai; toko gula-gula

가격(價格) harga; biaya; 【가치】 nilai; arti ⊙ 가격인상 kenaikan harga. 가격표 daftar harga. 도매가격 harga grosir (borongan). 소매가격 harga éceran. 소비자가격 harga jual; harga konsumsi. 생산자가격 harga produsén. 정찰가격 harga tetap; harga pasti; harga mati. 할인가격 harga diskon; harga obral. 현금가격 harga tunai

가격하다(加擊-) memukul; menampar; menyambar

가결(可決) keputusan; kepastian; persetujuan 가결하다 menerima ((usul)); menyetujui; mensahkan; meluluskan 가결되다 diterima; disahkan; disetujui

가경(佳景) pemandangan indah; pemandangan yang menakjubkan

가경(佳境) klimaks; bagian (cerita) yang menarik puncak

가계(家系) silsilah; garis keluarga; keturunan ⊙ 가계도 silsilah keluarga; peta silsilah

가계(家計) urusan (ékonomi) rumah tangga; anggaran belanja keluarga; mata pencarian; nafkah ⊙가계부 buku urusan rumah tangga

가곡(歌曲) lagu; nyanyian ⊙가곡집 kumpulan nyanyian (lagu-lagu)

가공(加工) pengolahan; pemrosésan 가공하다 mengolah; memprosés; menghasilkan; membuat ⊙ 가공무역 perdagangan pemrosésan. 가공품 hasil produksi; barang yang diolah (hasil olahan)

가공(架空) ①【꾸며냄】 fiktif; rekaan ¶가공적 yang dibuat-buat; fiksi; khayal; khayalan ②【가설】 bangunan di atas 가공하다 membangun di atas tinggikan ⊙ 가공선 kabel antena. 가공의 인물 tokoh fiktif; tokoh rekaan

가공하다(可恐-) ¶가공할 mengerikan; menakutkan

가관(可觀) penglihatan; pemandangan; tontonan ¶경치가 가관이다 (볼만하다) berpemandangan bagus

가교(架橋) bangunan jembatan 가교하다 membangun (memasang; mendirikan) jembatan

가교(假橋) jembatan sementara

가구(家口) 【세대】 rumah; rumah tangga; 【식구】 keluarga

가구(家具) perabot; méubel; perkakas rumah; alat-alat rumah tangga; 【집에 붙은】 perlengkapan rumah tangga ⊙가구점 toko perabot

가규(家規) tata cara(aturan) keluarga

가극(歌劇) opera; drama lirik; drama yang bersajak ⊙가극단 rombongan opera

가금(家禽) unggas piaraan; ayam ¶가금을 치다(기르다) memelihara ayam; beternak unggas

가급적(可及的) se…mungkin; sedapat mungkin

가까스로 dengan sulit (kesulitan); dengan sukar

가까워오다 mendekati; mendatangi

가까워지다 ①【때 · 거리】 dekat; mendekati ②【관계가】 berteman dengan; mengikat tali persahabatan; berkenalan dengan; saling berkenalan

가까이 ①【시간】 menjelang; tidak lama lagi ②【거리】 dekat; di sekitar ③【거의】 hampir; sekitar; kira-kira ④【사이 · 친분】 dekat ¶가까이하다 berhubungan (bergaul) dengan

가깝다 ①【거리가】 dekat; dekat sini; di dekat ②【시간이】 dekat; segera; lekas; menjelang ¶가까운 장래에 dalam waktu dekat; tidak lama ini ③【사이 · 관계 등이】 akrab; intim; terikat kepada

가꾸다 ①【식물을】 menanami; menanam; bertanam; memelihara ②【외모 · 몸매 등을 치장하다】 berdandan; (얼굴을) berhias; (장신구로) menghiasi; (방 등을) menghiasi ③【정원 · 집안 등을】 memelihara; merawat

가끔 ①【종종】 kadang-kadang ②【이따금】 sekali-sekali ③【자주】 *sering;* sering kali; berkali-kali; berulang kali; lagi dan lagi

가나다 abjad Korea ¶가나다순으로 하다 menyusun menurut abjad; menyusun dalam sistém abjad Korea

가나오나 selalu; dengan terus menerus; sejak semula

가난 kemiskinan; kekurangan; kepapaan 가난하다 miskin; melarat; dalam keadaan miskin ¶가난해지다 menjadi miskin; dalam keadaan miskin/ 가난 들다 menderita kekurangan

가난뱅이 orang (kaum) miskin

가납(嘉納) ①【물건의】 penerimaan 가납하다 menerima ((hadiah)) dengan senang hati ②【충고의】 persetujuan; penghargaan 가납하다 menyetujui; menghargai

가내(家內) keluarga; anggota keluarga; rumah tangga ⊙ 가내제절 seluruh keluarga

가냘프다 ramping; langsing; lemah

가누다 menguasai; memegang; menangani

가느스름하다 agak ramping; agak langsing

가늘다 ①【굵기가】 tipis; halus; ramping; lembut ¶가늘어지다 menjadi tipis (ramping); meruncing ②【소리가】 kecil; halus; lemah ③【알갱이가】 halus

가늠 ①【겨냥】 tujuan; maksud 가늠하다, 가늠보다 bermaksud; mengarahkan ②【판단 · 어림】 tebakan; taksiran; perkiraan 가늠하다, 가늠보다 menebak; menimbang; menaksir; menduga; memperkirakan

가능(可能) kemungkinan ¶가능성 kemungkinan; kemampuan/ 가능한 mungkin/가능하다면 kalau mungkin; jika dapat

가다 ①【…을 향해】 ke; pergi ke; datang; bepergian; melawat; menuju; berangkat ②【사람이 죽다】 meninggal; mati ③【전기불이】 mati ④【없어지다】 lenyap; hilang ⑤【시간이】 léwat; berlalu ¶시간이 갔다 waktu telah léwat ⑥【소요되다】 diperlukan; dibutuhkan; memerlukan; mengambil ⑦【값이 나가다】 berharga ⑧【지탱】 bertahan; berlangsung; menahan ⑨【짐작이】 tahu ⑩【~하러】 pergi ¶영화구경 가다 pergi ke bioskop

가다가 ①【때때로】 kadang-kadang; sekali-sekali ②【도중에】 dalam perjalanan; setengah jalan; pertengahan jalan

가다듬다 ①【자세 · 옷 등을】 mengatur rapi; merapikan; membuat rapi ②【마음 · 생각 등을】 ¶정신을 가다듬다 menenangkan fikiran; sadar diri; menjadi sadar ④【목청 · 호흡 등을】 ¶목소리를 가다듬다 berdéhém; mengatur suara ⑤【전열을】 menyiapkan

가닥 ¶한 가닥 sepotong; secarik; sehelai; seuntai

가단성(可鍛性) ¶가단성 있는 dapat ditundukkan; dapat ditempa

가담(加擔) ①【원조】 pertolongan; bantuan; sokongan ¶가담하다 berpihak; menolong; membantu; menyokong ②【참여】 ikut serta; keikutsertaan; (관계 · 공모) komplot(an); keterlibatan 가담하다 mengambil bagian; mengikut sertakan; terlibat; ikut serta; tersangkut; berkomplot ⊙ 가담자 orang yang berkomplot; 【공범자】 kaki tangan

가당하다(可-) 【타당】 pantas; adil; benar; tepat; cocok; benar dan tepat; layak; 【감당】 dapat mengatasi; dapat menguasai; sanggup

가당하다(加糖) dipermanis; diberi gula

가당찮다(可當-) 【부당하다】 tidak benar; tak adil; tidak pantas; tidak tepat; mustahil; tidak masuk akal; curang

가도(家道) adat (tradisi; moral) keluarga

가도(街道) jalan raya; jalan ⊙ 경인가도 jalan raya Kyung-In

가동(可動) ¶가동의 dapat digerakkan; aktif ⊙ 가동성 mobilitas; gerakan berpindah-pindah

가동(稼動) operasi; pekerjaan; éksploitasi 가동하다 mengoperasikan; mengerjakan; menjalankan; menggerakkan; menghidupkan ⊙가동률 rasio (perséntase) kapasitas operasi. 주야가동 operasi (kerja) siang malam

가두(街頭) 【가로】 jalan; 【모퉁이】 sudut jalan; persimpangan jalan ⊙가두데모 demonstrasi(unjuk rasa) di jalan (jalanan). 가두모금 pungutan sumbangan di jalan; pengumpulan uang (dana) di jalan. 가두연설 pidato (percakapan) di tepi jalan; kampanye ⸨politik⸩ di jalan

가두다 mengurung; mengunci; memenjarakan

가두리[1] ①【문자 그릇 · 둥근 것의】 pinggir ⸨bibir, cangkir⸩ ②【천 · 옷 등의】 keliman ⸨lipatan di tepi baju⸩; pinggir

가두리[2] 【양식】 keramba apung; jala apung

가드 pengawal; penjaga

가드레일 penghalang tabrakan; pagar

가득 penuh; sepenuhnya 가득하다 penuh sampai ke bibir gelas; penuh sesak; terisi (menjadi) penuh ¶가득가득 mengisi (terisi) semua

가뜩이나 lagi pula; tambahan lagi; tidak hanya; masih; tetapi; masih lagi buruk; memperburuk keadaan

가든 kebun

가뜬하다 merasa ringan (senang; baik); segar ¶가뜬히 dengan ringan; dengan senang; dengan ketangkasan; tanpa kesukaran

가라사대 menurut ajaran orang suci ¶예수 가라사대 menurut Yesus

가라앉다 ①【바다 · 물속으로】 tenggelam; terbenam; turun; menyelam ②【폭풍 · 바람 등이 잠잠해지다】 menjadi tenang (diam); reda; hilang; mereda; berkurang ③【마음 · 성질이】 mereda; menjadi tenang kembali ④【고통 · 부기 등이】 reda; berkurang; hilang ⑤【분위기가】 tenang

가라앉히다 ①【물속으로】 menenggelamkan; membenamkan; menurunkan ke dasar; mengendapkan ②【소동 · 흥분 · 고통 등을】 meredakan; menenangkan; menyusut; mengurangi; meringankan

가락[1] ①【물레의】 kumparan; geléndong; penggulung benang ②【가늘고 긴 물건】 benda yang panjang dan ramping; batang

가락[2] ①【멜로디】 lagu; mélodi; kunci nada; (높낮이의) pola nada; (박자) témpo; irama; (억양) tekanan; (노래) lagu; nyanyian ②【솜씨】 keahlian; kemanjuran; ketrampilan

가락국수 mi (bihun) gandum; mi Korea ⊙가락국수점 toko mi; toko bakmi

가락지 cincin; satu stél cincin kembar
가랑머리 rias rambut dengan kepang dua
가랑비 gerimis; hujan rintik-rintik; hujan renai-renai
가랑이 selangkangan; pangkal paha ¶가랑이를 벌리다 mementangkan ke dua kaki
가랑잎 daun yang gugur; daun mati; daun luyu
가래[1] sekop; pencedok
가래[2] sepotong kué beras yang panjang dan bulat ⊙ 가래떡 kué beras dalam bentuk bulat panjang(melingkar)
가래[3] 【생리】 dahak; lendir; selaput lendir; rahak
가래질 penyekopan; pengolahan tanah bersama ¶가래질을 하다 membajak; mengolah tanah dengan pembajak
가래침 ¶가래침을 뱉지 마시요 【게시】 Jangan meludah.
가량(假量) ①【쯤】 kira-kira; hampir; kurang lebih ②【어림 · 짐작】 perkiraan; penilian; dugaan
가량없다(假量-) ①【어림없다】 kurang pandai menerka; mempunyai pandangan yang sempit; kurang bijaksana ②【당찮다】 tidak tepat; tidak masuk akal
가량가량하다 ramping; langsing
가려하다(佳麗-) cantik; indah; menarik
가려내다 memisahkan; menampi; menyaring; mengayak; memilih
가련하다(可憐-) miskin; menyedihkan; menimbulkan rasa kasihan; memilukan
가렴(苛斂) 가렴하다 memeras (membebankan) pajak yang berat ⊙가렴주구(誅求) pemerasan pajak
가렵다 《merasa》 gatal
가령(假令) jika; jikalau; kalau; seandainya; sekalipun; meskipun; sungguhpun
가례(家禮) tata cara keluarga; kesopanan dalam rumah
가례(嘉禮) upacara perkawinan negara (di istana)
가로 *lébarnya*; luasnya ¶가로놓다 meletakkan (menempatkan) sejajar; menempatkan secara horizontal/ 가로놓이다 terletak sejajar
가로(街路) jalan; jalan raya ⊙ 가로등 lampu jalan. 가로수 pohon di tepi jalan; pohon pinggir jalan
가로닫이 pintu gésér; pintu samping
가로되 seperti kata orang ¶속담에 가로되 seperti bunyi peribahasa
가로막다 ①【길 · 진로 등을】 menghalangi; merintangi; mengganggu; memotong ¶길을 가로막다 merintangi jalan ②【말 · 계획 등을】 memotong; mematahkan ③【시야 · 경치 등을】 menghalangi
가로막히다 terhalang; dihalangi; dirintangi; 【말이】 disela
가로세로 lebar dan panjang
가로지르다 ①【가운데로 지나가다】 melintasi; menyeberangi; meléwati ②【가로놓이다】 melintasi; membentangkan
가로채다 merampas; merebut; menjambrét
가료(加療) pengobatan (perawatan) dokter 가료하다 merawat; mengobati; menjalani perawatan (pengobatan)
가루 【분말의】 bubuk; serbuk; 【곡식의】 tepung ⊙ 가루비누 sabun bubuk. 가루약 obat serbuk (bubuk). 가루음식 makanan tepung
가르다 ①【분할】 membelah; membagi; memotong; menyayat; memotong jadi dua ②【분류】 menggolongkan; menyisihkan; membagi; menyusun ¶갈라두다 memisahkan ③【분배】 membagi; membagikan; menyalurkan
가르마 belah ¶가르마를 왼쪽으로 타다 membelah (menyiah; menyibak; membagi) rambut ke kiri
가르치다 【지식 · 기능 등을】 mengajar; melatih; menuntun; mendidik; 【계몽】 memberi penerangan; menguraikan
가르침 ajaran; pelajaran; ajaran; aturan; bimbingan ¶가르침을 받다 menerima pelajaran; belajar di bawah bimbingan
가리가리 berkeping-keping
가리개 【병풍】 layar berlipat dua; penutup
가리다[1] ①【보이지 않도록】 menutup; menutupi; menyembunyikan; menyelubungi; berlindung; melindungi; menaungi; menggelapkan ②【속이다】 menipu; memperdayakan ③【뛰어나거나 두드러

지는 것에】 di bawah bayang-bayang

가리다[2] ①【여럿 가운데서】 memilih(i); memilah; menyisihkan ②【음식 등을】 memilih-milih makanan ③【낯을】 ¶낯을 가리다 takut (malu) pada 《orang asing》 ④【사실 · 진실 등을】 membédakan antara; membédakan A dan B ⑤【셈을】 membayar rékening; menyelesaikan (menghitung) hutang dan piutang (untung dan rugi)

가리다[3] menumpuk; menyusun

가리마 ⇒ 가르마

가리어지다 tersembunyi; terselubung; tertutup; terpendam; dinaungi; digelapi

가리키다 menunjuk ke; menunjuk dengan jari; menunjukkan ¶그것은 너를 가리켜 한 말이다 Itu berarti kamu.

가마[1] ①【빵 · 숯 · 벽돌 등을 굽는】 tungku; kompor; (화덕) tungku; kompor; tungku pembakaran ②【가마솥】 periuk besi; cérét; kétél

가마[2] pusaran rambut (rambut lingkaran) di kepala

가마[3] tandu; joli ⊙가마꾼 pemikul tandu; pembawa tandu

가마니 karung jerami

가마우지【조류】 burung laut

가만 ①⇒ 가만히 ②【가만있자】 tunggu sebentar; tunggu!

가만가만 diam-diam; sembunyi-sembunyi; dengan hati-hati; dengan lembut

가만두다 biarkan (tinggalkan) sendiri; biarkan(tinggalkan) apa adanya

가만있다 tetap tenang; duduk diam; bergeming; bertopang dagu

가만히 ①【조용히】 tenang; diam; dengan diam-diam; dengan tenang; dengan hati-hati ②【움직이지 않고】 tidak bergerak; bergeming

가망(可望) harapan; kemungkinan; kesempatan ¶가망 있는 penuh harapan

가맣다 ①【검다】 hitam gelap ②【멀다】 jauh

가매장(假埋葬) penguburan sementara 가매장하다 mengubur sementara

가맹(加盟) keikut-sertaan; keanggotaan; gabungan 가맹하다 bergabung; menjadi anggota; mengambil bagian; mengikutsertakan ⊙ 가맹점 anak (cabang) perusahaan

가면(假面)①【탈】 topéng; kedok; penyamaran; selubung ¶가면을 쓰다(탈을) mengenakan topéng; bertopéng; berkedok; (변장) menyamar diri; (위선) berlaku munafik ②【비유적】 ¶가면을 벗다 memperlihatkan sifat asli ⊙ 가면극 drama topéng 《pemainnya bertopéng》

가면허(假免許) surat izin sementara

가명(家名) nama 《kehormatan》 keluarga

가명(假名) nama samaran; nama palsu; nama alias; nama lain

가묘(家廟) tempat suci (kuburan) keluarga

가무(歌舞) lagu dan tari; nyanyian dan tarian

가문(家門) keluarga; kaum; suku; marga; asal usul; silsilah keluarga

가문비【식물】 pohon cemara; pohon cemara pérak

가물 ⇒ 가뭄 musim kemarau

가물가물 ①【멀리 있는 물체가】 dengan kerlip-kerlip; dengan kabur; tidak jelas; remang-remang ②【기억 · 의식 등이】 samar-samar

가물거리다 ①【불빛 등이】 berkelip-kelip; bersinar redup ②【희미하다】 suram; berkabut; 【정신이】 kabur; samar-samar; mempunyai kesadaran (ingatan) yang kabur

가물다 kering; kurang hujan; 《musim》 kemarau

가물치【어류】 ikan berkepala ular; sejenis belut

가뭄 kemarau; musim kering; kekeringan

가뭇하다 gelap

가뭇가뭇하다 ditandai titik hitam

가미(加味)【맛】 bumbu makanan; bumbu; 【부가】 bahan tambahan; campuran 가미하다 (맛을 내다) membumbui; menambah rasa

가발(假髮) rambut palsu; rambut tiruan; wig

가방【여행용 】kopor; 【서류가방】 tas; aktentas; 【손가방】 tas tangan (kecil); uncang

가법(加法)⇒ 덧셈 tambahan

가법(家法) tata cara rumah tangga; tradisi (peraturan-peraturan; norma) keluarga

가변(可變) ubahnya; ketidaktetapan; variabel ¶가변적인 berubah-ubah

가볍다 ①【무게가】 ringan; tidak berat ②【병 · 죄 · 벌 등이】 sedikit; kecil; ringan; sepélé; tidak berarti; réméh ¶가볍게 여기다 meréméhkan; memandang rendah; tak mengindahkan ③【경쾌하다 · 가뿐하다】 kecil; ringan ¶가벼운 식사 makanan ringan; makanan kecil ④【행동 · 말 등이 경박하다】 kurang pantas; dangkal; sembrono; tidak keruan; tidak mempunyai martabat; tidak serius; tidak berat ¶입이 가볍다 ringan lidah; suka berbicara/가볍게 굴다 bertindak (berbuat) sembrono

가보 【노름】 9 angka dalam perjudian; angka sembilan yang mujur

가보(家譜) silsilah keluarga; daftar silsilah

가보(家寶) pusaka (harta) keluarga

가봉하다(假縫-) mengepas; mencoba memakai setelan; mencocokkan

가부(可否) ①【옳고 그름】 benar atau salah; baik atau buruk; (적부) pantas atau tidak pantas; kelayakan; kepantasan; manfaat; kebaikan ②【찬 부】 ya atau tidak; pro dan kontra

가부장(家父長) kepala keluarga ⊙가부장제도 sistém perayahan

가분수(假分數) fraksi (pecahan) yang tidak tepat; pecahan pembilang besar

가불(假拂) uang muka; pembayaran di muka; peminjaman gaji 가불하다 meminjam gaji ¶가불해 주다 membayar di muka/봉급을 가불해주다 memberikan gaji di muka

가불가(可不可) ⇒ 가부(可否)

가뿐하다 segar; ringan; tidak berat

가쁘다 terengah-engah; kehabisan nafas; *bernafas dengan sukar*

가사(家事) pekerjaan (perkara; urusan) rumah tangga; tugas-tugas rumah tangga

가사(袈裟) baju jubah; jubah pendéta

가사(假死) pingsan; mati suri ⊙ 가사상태 keadaan pingsan

가사(歌詞) syair (kata-kata; téks) lagu

가산(加算) tambahan; pemasukan 가산하다 menambah((kan)); memasukkan ⊙ 가산세 pajak tambahan

가산(家產) tanah milik keluarga; kekayaan keluarga

가상(假象) kemiripan; persamaan

가상(假想) angan-angan; perkiraan, anggapan; daya khayal; fantasi; khayalan 가상하다 mengira; menganggap; membayangkan; mengkhayalkan ¶가상적 khayal; disangka benar; dugaan; hipotésis ⊙ 가상의 적 musuh khayalan; musuh imajinér

가상(假像) gambaran (bayang-bayang) palsu; bentuk semu; pseudomorph ⊙ 가상현실 réalitas maya (semu)

가상하다(嘉尙-) memuji; menghargai; mengagumkan

가새표(-票) tanda silang; lambang (tanda) perkalian(X)

가석방(假釋放) pembébasan bersyarat; pembébasan dengan jaminan 가석방하다 membébaskan dengan jaminan (secara bersyarat) ¶가석방되다 dibébaskan dengan bersyarat

가선(-線) keliman; pinggir; hiasan tambahan

가선(架線) pemasangan kawat; 【선】 kawat; kabel

가설(架設) pemasangan; instalasi 가설하다 memasang ⊙가설비 biaya pemasangan

가설(假設) bangunan (pemasangan) sementara 가설하다 mendirikan (memasang) untuk sementara

가설(假說) 【논리학】 hipotésa; 【가정】 anggapan; perkiraan; dugaan; asumsi ¶가설적(的) hipotétis

가성(苛性) 【화학】 kaustisitas ⊙ 가성석회 larutan kapur. 가성소다 soda api; soda kaustik

가성(假性) ¶가성의 palsu; tidak benar; sumbang; semu

가성(假聲) suara palsu; suara yang dibuat-buat; bunyi (nada) yang disamarkan ¶가성을 내다 meniru suara; menyamarkan suara; berpura-pura memakai suara orang lain

가세(加勢) ①【도움】 bantuan; pertolongan; dukungan 가세하다 menolong; membantu; menyokong; memberi bantuan ②【병력의】 penguatan ¶병력을 가세하다 memperkuat (menambah) kekuatan militér (tentara)

가세(苛稅) ⇒ 중세(重稅) pajak yang berat; beban pajak yang tinggi

가세(家勢) keadaan keuangan keluarga; peruntungan keluarga ¶가세가 넉넉하다 mampu; agak kaya

가소(可塑) ¶가소의 plastik

가소롭다(可笑-) menggelikan; mustahil

가속(加速) lajunya; aksélerasi; percepatan 가속하다 mempercepat; melajukan ¶가속화되다 dipercepat ⊙ 가속계 pengukur kecepatan. 가속장치 pédal gas; alat pemercepat. 가속펌프 pompa aksélerator

가속도(加速度) tingkat kecepatan ¶가속도가 붙다 dipercepat; mendapatkan moméntum

가솔(家率) keluarga; anggota keluarga

가솔린 bénsin; minyak gas

가수(歌手) penyanyi; biduan; pelagu ⊙ 유행가 가수 penyanyi lagu pop

가수분해(加水分解)【화학】hidrolisis

가수요(假需要) permintaan spékulasi; permintaan yang tersembunyi; permintaan imajinér

가스 ①【연료로 사용하는 기체】 gas; gas alam; gas batu bara ②【유독가스】 keracunan ¶연탄가스 중독으로 죽다 meninggal karena karbon monoksida (gas brikét) ③【생리 현상】 gas; angin ⊙ 가스계량기(미터) méteran gas. 가스관(파이프) pipa gas; pipa gas induk. 가스등 lampu gas. 가스레인지 kompor(tungku) gas. 가스 밸브 katup gas. 가스요금 tarif gas. 가스중독 gas beracun; keracunan gas. 가스총 pistol gas airmata. 가스 탐지기 detéktor gas. 가스탱크 téng (tangki) gas (bénsin)

가스러지다 ⇒ 거스러지다

가슬가슬하다 ①【성질이】 keras kepala; bandel ②【살결이】 kasar; keras

가슴 ①【흉부, 가슴팍】 dada ¶가슴을 펴다 membusungkan dada ②【여성의 유방】 payu dara ¶ 가슴이 풍만하다 memiliki payu dara bulat; memiliki dada penuh /가슴이 밋밋하다 payu dara datar; payu dara kecil ③【심장】 jantung; hati ¶가슴이 두근거리다 jantung((nya)) berdebar-debar ④【마음】 hati; pikiran ⊙ 가슴앓이 sakit dada; penyakit hati; gangguan hati. 가슴통 dada

가슴둘레 ukuran lilitan dada; dada ¶넓은【좁은】 가슴둘레 dada yang bidang【sempit】

가습(加濕) kelembaban; prosés perlembaban 가습하다 melembabkan

가습기(加濕器) alat pelembab udara

가시 ①【장미 · 풀잎 등의】 duri;【덤불의】 semak-semak berduri;【밤송이 · 나무 따위의】 duri tumbuh-tumbuhan; serpihan; pelekat; tusukan ¶가시 많은 berduri ②【생선의】 tulang ikan; duri dalam daging ③【비유적】 rintangan; halangan; suka menyusahkan ¶그의 말에는 가시가 있다 Perkataannya berduri (menyakitkan langsung). ⊙ 가시덤불 semak-semak yang berduri. 가시면류관 mahkota dari duri. 가시철사 (철망) kawat berduri

가시(可視) visibilitas ⊙ 가시거리 jarak penglihatan (pandang). 가시광선 sinar tampak

가시다 ①【씻어내다】 mencuci bersih-bersih; (입을) berkumur mulut ②【뒷맛을】 menghilangkan sisa rasa ③【없어지다】 hilang; berlalu

가시적(可視的) nyata

가시철(-鐵) kawat berduri ⊙가시철망 kawat berduri keterbelitan(belitan)

가식(假飾) kepura-puraan; penyamaran 가식하다 menyembunyikan; menyamarkan; berpura-pura; berlaku munafik; bermuka dua; main sandiwara ¶가식적인 bersifat munafik; bermuka dua; pura-pura; sok/가식 없는 wajar; tidak dibuat-buat; tidak berpura-pura;【솔직한】 jujur; terus terang

가심 cucian; pembilasan;【뒷맛을】 menghilangkan (mengambil) sisa rasa dari《murut》 가심하다 mencuci; membilas

가십 gosip; gunjing; kabar angin ⊙ 가십난 kolom gosip

가압(加壓) tekanan (penekanan) udara 가압하다 memberi tekanan udara ⊙ 가압장치 alat tekanan udara

가압류(假押留) 【법률】 penahanan (penyégelan) sementara 가압류하다 menyégel (menyita) untuk sementara ⊙ 가압류영장(令狀) surat perintah terlampir

가야금 *gayageum*; kecapi Korea

가약(佳約) ①【만날 언약】 janji yang sungguh-sungguh ②【혼약】 sumpah perkawinan; janji sehidup semati; cinta abadi ¶백년가약을 맺다 menikah; menjadi suami istri; menjanjikan cinta yang abadi

가업(家業) ①【집의】 usaha (perdagangan) keluarga ②【세업】 pekerjaan (jabatan) ayah ¶가업을 잇다 meneruskan usaha keluarga; menggantikan ayah dalam pekerjaan keluarga

가없다 tak ada batasnya

가역(可逆) 【화학 · 물리】 ¶가역의 yang dapat dibalik ⊙ 가역반응【변화】 reaksi 【perubahan】 yang dapat dibalik-balik

가연물(可燃物) benda yang mudah terbakar

가연성(可燃性) ¶가연성의 mudah terbakar ⊙ 가연성 물질 bahan mudah terbakar.

가열(加熱) pemanasan ①【물 등을】 가열하다 memanaskan ②【비유적】 ¶가열되다 menjadi panas; hangat ⊙ 가열기(器) alat pemanasan. 가열분해 dégradisi oléh pemanasan

가엾다 menyedihkan; menimbulkan belas kasihan; bersimpati ¶가엾게 여기다 merasa kasihan; mengasihani; bersimpati

가오리 【어류】 ikan pari yang berduri; pari tohok

가옥(家屋) rumah; tempat tinggal ⊙가옥대장 daftar (régister) rumah. 가옥매매 penjualbelian (transaksi) barang tak bergerak. 전통 가옥 rumah tradisi. 수상가옥 rumah perahu (sampan)

가외(加外) tambahan; kelebihan; ékstra ¶가외의 berkelebihan; melampaui batas ⊙ 가외 수입 penghasilan tambahan

가요(歌謠) lagu; nyanyian; balada; mélodi ⊙ 대중가요 lagu populér. 국제 가요제 Pésta Lagu Populér Internasional

가용(可用) ①【비용】 biaya (pengeluaran) keluarga; kebutuhan rumah tangga ②【집에서 쓸 용도】 konsumsi rumah tangga; penggunaan di rumah

가용(可溶) ⊙ 가용물 benda yang dapat larut. 가용성 daya larut

가용(可鎔) ⊙ 가용물 logam yang dapat lebur. 가용성 keleburan; daya lebur

가운(家運) untung (nasib baik) sebuah keluarga

가운 gaun; seragam ¶가운을 입다 memakai gaun

가운데 ①⇒ 안 ②【위치】 pertengahan; tengah ③【여럿 중에서】 di tengah-tengah; di antara; ke dalam ④【…하는 중(에)】 sementara; selama; selagi ¶가난한 생활 가운데 selama (selagi) hidup miskin

가웃 ¶두 말 가웃 dua setengah takar

가위[1] ①【자르는 데 쓰는 도구】 gunting; 【큰】 gunting besar ¶가위로 자르다 memotong dengan gunting; memangkas ②【비유적】 ¶가위표를 긋다 menulis tanda X; meletakkan sebuah salib ⊙ 가위질 pemotongan dengan gunting; pengguntingan. 가위 밥 sisa pembuangan dari pemotongan

가위[2] ⇒ 한가위

가위(可謂) seperti dapat dikatakan; apa yang Anda sebut; apa yang dikenal sebagai; sebagaimana adanya

가위눌리다 mengalami mimpi buruk; tersiksa oléh mimpi buruk; suka ngawur

가위바위보 permainan batu-kertas-gunting ¶가위바위보를 하다 bermain batu-kertas-gunting

가을 ①【철】 musim gugur ¶맑은 가을 날씨 cuaca musim gugur yang bagus; hari cerah di musim gugur ②【추수】 panén; hasil panén 가을하다 memetik (memungut) hasil panén; mengumpulkan hasil panén ⊙ 가을걷이 pemungutan hasil panén

가을갈이 【농업】 ①【추경】 pembajakan musim gugur 가을갈이하다 membajak ((ladang)) di musim gugur ②【파종】 penanaman musim gugur 가을갈이하다 menanam di musim gugur

가이거계수기 【물리】 pencacah geiger

가이드 pemandu turis ⊙ 가이드북 panduan ((wisata))

가인(佳人) wanita cantik (molek); orang cantik ⊙ 가인박명(薄命) wanita cantik berumur péndék

가일(佳日) hari baik; hari yang menguntungkan

가일층(加一層) semua; lebih banyak; bahkan lebih

가입(加入) ①【섞음】 pertambahan; pemasukan; campuran 가입하다 menambah; memasukkan; menaruh; mencampuri ②【회 · 클럽 따위에】 ikut sertaan; keanggotaan 가입하다 masuk; memasuki; ikut serta; menjadi anggota; mengambil bagian; bergabung ¶인터넷 동호회에 가입하다 bergabung dengan klub di internét ⊙ 가입비 biaya penerimaan; ongkos masuk. 가입신청 permintaan izin masuk. 가입신청자 pelamar untuk keanggotaan

가 입학(假入學) pengakuan (penerimaan) para mahasiswa dalam percobaan ¶가입학을 허가하다 menerima ((siswa)) dalam percobaan

가자미【어류】 ikan pipih; sejenis ikan laut bentuknya pipih

가작(佳作) hasil karya yang baik (yang memiliki daya cipta) ⊙ 선외가작 hasil karya yang baik walaupun tidak mendapat hadiah

가장(家長) ①【가족을 부양하는 사람】 kepala keluarga; (남자) bapak pemimpin keluarga (suku); (여자) ibu sebagai pemimpin keluarga (suku) ¶소년 소녀 가장 anak kepala rumah tangga ②【남편】 suami saya ⊙ 가장제도 sistém perayahan; sistém masyarakat yang menentukan ayah sebagai kepala keluarga

가장(假葬) penguburan sementara 가장하다 mengubur untuk sementara waktu

가장(假裝) ①【변장하다】 penyamaran; samaran; pakaian untuk pésta 가장하다 menyamarkan diri; tersamar ¶가장하여 menyamar ②【거짓으로 꾸미다】 pura-pura; kemiripan 가장하다 ((ber)) pura-pura; berbuat seolah-olah; mengadakan persamaan ⊙ 가장무도회 pésta bertopéng (topéng). 가장행렬 arak-arakan topéng; pawai berpakaian fantasi

가장 paling; sangat; sekali ¶가장 새것 yang paling baru

가장이 cabang; ranting; dahan

가장자리 pinggir((an)); ambang; keliman; perbatasan; garis tepi ¶책상 가장자리 tepi (pinggiran) meja tulis

가재 【동물】 udang karang ; lobster ¶가재 걸음 치다 berjalan (merangkak) ke belakang; beringsut-ingsut; membuat kemajuan yang sangat lambat

가재(家財) ①【가구】 barang-barang rumah tangga; perabot rumah dan harta benda ②【가산】 tanah milik keluarga; kekayaan

가전(家傳) sesuatu yang diteruskan (dilungsurkan) di dalam keluarga; rahasia keluarga ¶가전의 pusaka; turun-temurun; pemilik

가전제품(家電製品) alat-alat listrik rumah tangga

가절(佳節) ①【명절】 saat yang bahagia (menguntungkan; meriah) ¶중추가절 pésta pertengahan musim gugur ②【때】 hari baik; waktu (masa; musim) yang indah

가정(家政) manajemen (pengelolaan; urusan) rumah tangga ⊙가정경제 ékonomi (keuangan) rumah tangga. 가정부 pengurus (pembantu) rumah tangga; pramuwisma

가정(家庭) rumah; keluarga; rumah tangga; lingkungan rumah tangga ¶엄격한 가정에서 자라다 dibesarkan dalam keluarga yang berdisiplin ⊙ 가정교사 guru pribat (pribadi); guru yang mengajar anak-anak di rumah.가정교육 pendidikan di rumah. 가정교훈 ajaran rumah; aturan keluarga. 가정불화 perselisihan rumah tangga; percekcokan di antara suami dan istri. 가정생활 kehidupan berumah tangga (kerumahtanggaan). 가정환경 latar belakang (lingkungan) rumah tangga

가정(假定) perkiraan; anggapan; asumsi; dugaan; dalih; hipotésa 가정하다 andaikata; menduga; menganggap; mengira; mendalihkan; memisalkan

가제 kain kasa ⊙ 소독가제 kain kasa yang telah disterilkan

가져가다 membawa serta ⦅pergi⦆; mengambil

가져오다 ①【물건을 지참하다】 membawa datang; membawa serta; mengambilkan ②【결과 등을 초래하다】 menyebabkan; mendatangkan; membangkitkan; menghasilkan; mengakibatkan

가조(-調) 【음악】 A ⊙ 가단조 A minor. 가장조 A utama (besar)

가조약(假條約) ⦅fakta⦆ perjanjian sementara

가조인(假調印) tanda tangan sementara; tanda tangan paraf 가조인하다 menanda tangani untuk sementara waktu ⊙ 가조인식 upacara untuk pakta awal (pendahuluan; sementara)

가족(家族) keluarga; anggota keluarga; sanak keluarga ¶가족은 모두 6명이다 Kami sekeluarga ada enam orang semuanya.⊙ 가족계획 keluarga berencana. 가족법 hukum keluarga. 가족수당 tunjangan (biaya) keluarga. 복합【핵】 가족 keluarga campuran 【nuklir】. 부양가족 keluarga tanggungan

가죽 kulit; 【모피】 bulu binatang ¶가죽제(製)의 buatan kulit; sabuk kulit /뼈와 가죽만 남다 sangat kurus ⊙ 가죽구두 sepatu kulit; sepatu bot. 가죽혁대 ikat pinggang dari kulit

가죽나무(假-) 【식물】 pohon surga

가중(加重) 【무게의】 ⦅bahan⦆ yang ékstra berat; istiméwa beratnya; ékstra berat; 【형량】 penambahan; peningkatan 가중하다, 가중시키다 memperberat; menambah berat; memperburuk; memburuk; menjadi lebih buruk; meningkatkan ⊙가중처벌 hukuman tambahan

가중하다(苛重-) berat; berkelebihan; terlalu banyak

가증스럽다(可憎-) merasa benci; menjijikkan; buruk sekali; tercela; hina; keji; jahat

가증서(假證書) sertifikat sementara

가지[1] cabang; dahan; ranting; tangkai ¶가지 치다 memotong cabang; memangkas pohon ⊙ 꽃가지 tangkai (ranting) bunga

가지[2] 【종류】 macam; jenis; ¶세 가지 tiga jenis

가지[3] 【채소】 terung; térong ⊙ 가지(산)적, 가지누름적 saté terung; terung panggang

가지가지 ⇒ 여러 가지 serba-serbi; bermacam-macam; anéka (segala) macam; serba-serbi

가지각색(-各色) ⦅dari⦆ tiap macam dan déskripsinya ¶가지각색의 berbagai corak (macam; jenis); semua jenis

가지고 ①【…으로】 dengan; memakai ¶공을 가지고 놀다 bermain dengan bola ② 【휴대】 ⇒ 가지다

가지다 ①【몸에 지니다】 mempunyai; memegang; membawa ②【소유하다】 mempunyai; memiliki; mengambil; menyimpan tetap dengan ③【인격 · 자질】 memiliki ④【생각 · 감정 · 견해 등을】 mempunyai; mengandung; menaruh ⑤【아이를】 hamil; mengandung ⑥【특성 · 경험 · 자격 등을】 memiliki; mempunyai ⑦【모임 · 회의 등을】 mengadakan ⑧【시간 · 여유 등을】 memiliki; ambil ⑨【도구 · 수단 · 대상으로 하여】 dengan

가지런하다 rata; disusun dengan rapi; dalam keadaan bérés; seimbang ¶가지런히 dengan rapi; rata; bérés; secara teratur

가 진급(假進級) lulus bersyarat; lulus percobaan

가집행(假執行) 【법률】 hukuman (perintah; keputusan; pelaksanaan) sementara 가집행하다 menghukum (melaksanakan) sementara

가짜(假-) tiruan; imitasi; pemalsuan; gadungan ¶가짜의 pura-pura; suka menipu; palsu; memalsukan; tidak benar ⊙ 가짜도장 méterai (ségel) palsu. 가짜박사학위 gelar doktor palsu. 가짜보석 permata tiruan. 가짜위스키 whiski palsu; whiskinya sudah dicampur. 가짜대학생 mahasiswa gadungan

가차압(假差押) ⇒ 가압류

가차 없다(假借-) keras hati; tidak menaruh kasihan; tiada belas kasihan; tiada ampun; kejam; bengis ¶가차 없이 dengan keras hati; dengan kejam; tanpa belas kasihan; dengan tak kenal ampun

가책(呵責) cacian; omélan 가책하다 mencaci maki; memarahi ¶양심의 가책 penyesalan; rasa sesal; kepedihan karena merasa bersalah

가책(苛責) cacian yang kasar (yang sengit); 【고문】 siksaan; penderitaan; kesakitan 가책하다 mencaci maki dengan kasar; menyiksa; menganiaya

가처분(假處分) penguasaan sementara; penyusunan (penempatan) sementara

가청(可聽) 【형용사적】 terdengar; kedengaran; pendengaran ⊙가청거리 jarak pendengaran. 가청범위 luas jangkauan pendengaran

가축(家畜) binatang (héwan) ternak (peliharaan; piaraan) ¶가축의 떼 sekawanan (sekumpulan) ternak ⊙ 가축병원 rumah sakit (klinik) héwan (binatang piaraan). 가축사료 pakan ternak; bahan makanan ternak. 가축사육자 peternak. 가축우리 kandang héwan ternak

가출(家出) peninggalan rumah; pelarian diri dari rumah 가출하다 kabur (lari) dari rumah; meninggalkan rumah《nya》 ⊙ 가출청소년 remaja yang kabur (lari) dari rumah

가출옥(假出獄) pembébasan (pelepasan) bersyarat (sementara; dengan jaminan) 가출옥하다 dibébaskan sementara; dibébaskan dengan jaminan (dengan syarat) ⊙ 가출옥자 orang dalam jaminan; orang yang dibébaskan bersyarat

가치(價値) nilai; harga; guna; manfaat ¶한 푼의 가치도 없다 sama sekali tidak berguna; tidak berharga satu sénpun (sepicis) ⊙ 가치관 pandangan terhadap nilai; pengertian nilai. 가치체계 sistém nilai. 가치판단 pertimbangan (perkiraan) nilai; penilaian; évaluasi. 이용가치 nilai kegunaan

가친(家親) ayah saya; ayahanda

가칠(加漆) tambahan lapisan pernis 가칠하다 memberi tambahan lapisan pernis; memberi pernis sekali lagi

가칭(假稱) 【잠정의】 nama sementara; 【사칭】 nama (titel) palsu 가칭하다 memakai nama palsu (sementara)

가타부타(可-否-) ¶가타부타 말이 없다 tidak mengatakan ya atau tidak

가탄하다(可歎-) disesalkan; menyedihkan; disayangkan

가탈 ⇒ 까탈

가택(家宅) rumah pribadi; tempat kediaman; rumah tinggal ⊙ 가택방문 kunjungan ke rumah

가택수색(家宅搜索) penggeledahan (pemeriksaan) rumah 가택수색하다 menggeledah rumah; melakukan penggeledahan rumah ¶가택수색을 당하다 digeledah rumah ⊙ 가택수색 영장 surat kuasa untuk penggeledahan rumah

가택침입하다(家宅侵入-) menyatroni; masuk rumah orang secara tidak sah; memasuki rumah orang lain tanpa izin; membongkar dan masuk《mencuri》

가톨릭 【천주교】 doktrin (faham) Katolik; geréja Katolik Roma ¶가톨릭의 Katolik/ 가톨릭을 믿다 beragama Katolik ⊙ 가톨릭교도 orang yang beragama Katolik

가트 GATT; Perjanjian Umum atas Tarip dan Perdagangan

가파르다 terjal; curam

가편(可便) setuju; memilih ¶가편과 반대편(부편) baik buruknya; setuju dan tidak setuju; memilih dan menolak

가편하다(加鞭-) memakai cambuk (cemeti)

가표(可票) suara setuju ¶가표를 던지다 memberikan suara setuju

가판대(街販臺) kios; (신문·잡지 등을 파는)

stan koran
가풍(家風) adat (tradisi) keluarga; adat kebiasaan keluarga
가필(加筆) perbaikan; perubahan; révisi 가필하다 menambahkan beberapa perbaikan; memperbaiki; membetulkan; merévisi; merobah
가하다(可-) benar; baik; sudah baik; agak baik; (허락을 나타냄) boléh
가하다(加-) ①【가산】 menambahkan; menjumlahkan ②【부가】 menambah; memasukkan ③【증가】 meningkatkan; menaikkan ¶박차를 가하다 memacu kudanya; (비유적) memacu 《untuk bekerja》 ④【주다】 memberi; memberikan; menyerahkan; membagi ¶압력을 가하다 memberikan tekanan
가학(加虐) kekejaman; salah perlakuan
가합하다(加合-) wajar; masuk akal; rasional
가해(加害) kekerasan; kekejaman; kejahatan; perbuatan salah 가해하다 merugikan; menimbulkan kerugian (kerusakan); merusak; membahayakan ⊙ 가해행위 perbuatan (tindakan) yang merugikan; perbuatan yang mengganggu (melukai; berbahaya; bersalah)
가해자(加害者) penjahat; perusak; pelanggar; orang yang bersalah; orang yang melukai; penyerang; pemerkosa
가형(家兄) kakak laki-laki saya
가호(加護) perlindungan (bimbingan) Tuhan; pemeliharaan yang istiméwa; berkah; rahmat; anugerah 가호하다 memberi perlindungan; terlindung oléh rahmat Tuhan ¶신의 가호에 의해 atas berkat Tuhan
가혹(苛酷) kekerasan; kekejaman; kebengisan; kesadisan 가혹하다 keras; bengis; kasar; kejam; tidak kenal ampun; tak menaruh kasihan ¶가혹한 현실 kenyataan yang parah
가화(佳話) cerita yang baik (yang bagus); cerita yang menarik
가환(家患) penyakit dalam keluarga; 【걱정】 kesusahan (kemalangan) keluarga
가훈(家訓) moto (ajaran) keluarga; aturan (peraturan; tata cara; perintah) keluarga
가희(歌姬) biduanita; penyanyi wanita
가히(可-) dengan mudah; sudah sepantasnya
각(各) tiap; setiap; masing-masing
각(角) ①【뿔】 tanduk; cula; (사슴의) tanduk rusa; tanduk perasa; (촉각) peraba ②【네모 · 사각】 empat persegi ③【수학】 sudut; segi ¶직【예, 둔】각 sudut siku-siku【 sudut tajam, sudut tumpul】 ④【모퉁이】 sudut; tikungan; bélokan
각(脚) potongan (irisan) daging
각가지(各-) ¶각가지의 berbagai corak; berbagai macam; segala macam; beraneka ragam; bermacam-macam
각각(各各) tiap-tiap; setiap; sendiri-sendiri; secara pribadi; secara terpisah; seorang-seorang ¶각각의 masing-masing
각각으로(刻刻-) ⇒ 시시각각(時時刻刻) dari waktu ke waktu; setiap waktu (jam; menit)
각개(各個) tiap-tiap; masing-masing; satu persatu; seorang demi seorang ⊙ 각개격파 mengalahkan satu persatu; mengalahkan seorang demi seorang
각개인(各個人) setiap orang; masing-masing orang; tiap-tiap individu (orang); tiap perseorangan ¶각개인의 secara pribadi; secara individu/각개인의 문제 urusan pribadi; urusan individu
각계(各界) tiap-tiap lapangan; tiap-tiap lingkungan masyarakat
각계각층(各界各層) semua lapangan (lingkungan; lapisan); semua jabatan (pekerjaan) ¶각계각층의 사람 orang dari berbagai lapisan masyarakat; orang dari berbagai kedudukan sosial; segala macam dan kondisi (keadaan) orang
각고(刻苦) kerja keras; tugas (kerja) yang sulit; penggunaan (permintaan) yang teliti 각고하다 bekerja keras; bekerja dengan susah payah; mencurahkan tenaga
각골난망(刻骨難忘) 각골난망하다(이다) teringat selama-lamanya; tidak terlupakan
각광(脚光) lampu panggung; lampu yang

menyoroti para pemain; sesuatu yang penting ¶각광을 받다 disoroti; disorot; mendapat sorotan; menjadi pusat perhatian

각국(各國) tiap negeri; berbagai negeri; semua negeri

각 군데(各-) tiap-tiap tempat; di mana--mana

각기(脚氣) béri-béri ¶각기에 걸리다 terkena (terserang) ⟪penyakit⟫ béri-béri

각기(各其) ⇒ 각각, 각자 tiap orang; tiap-tiap; secara pribadi; seorang-seorang; masing-masing; sendiri-sendiri

각내(閣內) ¶각내의 (에서) di dalam kabinét

각도(角度) ①【각의 크기】 sudut; segi; derajat sebuah sudut ¶각도를 재다 mengukur (mengambil ukuran) sudut ②【관점】 sudut; pendirian; segi pandangan ⊙ 각도기(器) busur derajat

각등(角燈) lentéra tangan segi empat

각론(各論) pembahasan terperinci; perincian; diskusi mendalam ¶각론에 들어가다 membahas (menguraikan) secara terperinci

각료(閣僚) menteri-menteri di kabinét; anggota kabinét ¶각료급의 ⟪menteri negara⟫ dari tingkat kabinét ⊙ 각료회의 rapat (sidang) kabinét. 전(前) 각료 seorang mantan menteri

각막(角膜) 【해부학】 kornéa mata; selaput bening mata ¶각막을 기증하다 mendonorkan kornéa mata ⊙ 각막염 (炎) radang kornéa. 각막이식 transplantasi kornéa; pencangkokan selaput bening mata (kornéa mata)

각목(角木) tongkat kayu persegi

각박(刻薄) kekerasan ⟪hati⟫; kekikiran; kepelitan 각박하다 keras; kejam; kasar; kikir; pelit; bakhil ¶세상인심이 각박하다 perikemanusiaannya semakin menipis; orang-orang semakin keras hati

각반(脚絆) pembalut kaki; bénkap; setiwel

각방(各方) tiap jurusan; semua jurusan; semua arah ¶각방으로 수색하다 mencari di mana-mana

각방(各房) kamar sendiri; kamar yang terpisah

각 방면(各方面) di mana-mana; tiap-tiap jurusan (bagian); semua jurusan

각별하다(各別-) ①【특별】 istiméwa; utama; khusus; (현저) nyata; kelihatan; (파격적) terutama; sangat; sekali ¶각별히 terutama; terutama sekali; sungguh; luar biasa ②【깍듯하다】 sopan; sopan santun ¶각별히 dengan sopan

각본(脚本) ①【연극 · 영화 등의】 skénario; naskah (tulisan) drama (sandiwara); cerita film ¶각본을 무대에 상연하다 mementaskan sebuah sandiwara (drama) ②【계획】 plot; skéma; alur ⊙ 각본가 penulis skénario; penulis naskah sandiwara (drama); penggubah sandiwara

각봉하다(各封-) menutup ⟪surat⟫ secara terpisah; mengirim dengan sampul yang terpisah

각부(各部) tiap (setiap) bagian; tiap (setiap) departemén; tiap séksi; 【정부의】 setiap kementerian ⊙ 각부장관 menteri dari masing-masing departemén

각 부분(各部分) tiap-tiap (setiap) bagian; masing-masing (semua; berbagai) bagian

각 빙(角氷) kubis és; és berbentuk kubis

각사탕(角砂糖) gula batu; gula petak (cétak); gula berbentuk kubis

각살림하다(各-) hidup terpisah; hidup berpisahan

각상(各床) ①【각각의】 tiap-tiap méja makan ②【독상】 méja yang terpisah; makan malam diletakkan terpisah untuk tiap-tiap orang 각상하다 mengatur méja makan perseorangan (tersendiri)

각색(各色) ①【종류】 segala macam; bermacam-macam; berbagai corak ¶각양각색의 berbagai; bermacam; bermacam--macam ②【빛깔】 setiap warna; semua (berbagai) warna

각색(脚色) dramatisasi; penulisan drama; penyaduran 각색하다 mendramatisasi; menyandiwarakan; menyadur (menyesuaikan) novél untuk panggung (sandiwara) ⊙ 각색가 penulis drama (sandiwara); penyadur cerita

각서(覺書) nota; surat peringatan; catatan ((péndék)); surat perjanjian ¶각서의 교환 pertukaran nota

각선미(脚線美) keindahan (kemolékan) garis kaki; pergelangan (bentuk) kaki yang bagus (indah) ⊙ 각선미 대회 kontés keindahan kaki

각설(却說) ①【얘기의 시작】 sekali peristiwa; pada suatu ketika; adapun ②【접속사적】【화제를 돌릴 때】 kembali ke pokok pembicaraan; sekarang mari kita teruskan 각설하다 kembali ke pokok ((persoalan)); kembali dari penyimpangan

각설이(却說-)【민속】 peminta; gipsi Korea ⊙각설이타령 lagu peminta

각성(各性) nama keluarga yang berbéda; orang dengan nama keluarga yang berbéda (berlainan) ⊙ 각성바지 saudara tiri dengan nama keluarga yang berbéda

각성(覺醒) kesedaran; kebangunan 각성하다【무지에서】 bangun; sadar ((dari)); menjadi sadar kembali; terbuka mata terhadap kenyataan ¶각성시키다 menyadarkan; membangunkan ⊙ 각성제 obat perangsang; pil penambah semangat

각시 ①【인형】 bonéka ((perempuan)) ②【새색시】 pengantin; wanita yang baru menikah

각양(各樣) berbagai cara; semua cara; semua jenis ⊙ 각양각색 ⇒가지각색

각오(覺悟) ①【깨달음】 pengertian; tanggapan ②【마음준비】 keadaan siap ((sedia)); ketetapan hati; penentuan 각오하다 ((ber))siap; bersiap sedia; mengambil keputusan; diputuskan ((untuk berbuat))

각운(脚韻) lingkaran akhir ((baris)) pantun

각위(各位) setiap (semua) orang; 【서신에서】 tuan-tuan ¶관계자 각위 tertuju kepada yang berkepentingan

각의(閣議) sidang (rapat) kabinét ⊙ 임시【정례】 각의 rapat (sidang) kabinét yang istiméwa【biasa】

각인(各人) setiap orang; semua orang ¶각인각성(各姓) setiap individu (orang) ⊙ 각인각색 banyak orang, banyak fikiran

각인되다(刻印-) terukir

각일각(刻一刻) ⇒시시각각

각자(各自) setiap orang; setiap individu ¶각자 계산하기로 합시다 Ayo bayar sendiri-sendiri; BS-BS

각조(各條) setiap (semua) karangan; setiap berita (hal; barang; artikel)

각종(各種) berbagai jenis; segala macam; semua jenis

각주(角柱) ①【네모기둥】 tiang persegi empat ②⇒ 각기둥 【수학】 prisma ((matematika))

각주(脚註) catatan kaki

각죽(刻竹) pipa ukiran dari bambu

각지(各地) ⇒ 각처

각질(角質) kapalan; kelupas; iritasi; keratin; kitin ¶각질을 제거하다 membersihkan kulit yang kapalan

각처(各處) setiap tempat; semua tempat; berbagai tempat tinggal

각체(各體) ((berbagai)) bentuk dari huruf yang tertulis; tipe cétakan; gaya tulisan

각축(角逐) persaingan; kompétisi ¶각축을 벌이다 bersaing((an)); bertanding; berlomba; berjuang ((untuk keunggulan)) ⊙ 각축장(場) gelanggang (aréna; lapangan) pertandingan (kompétisi). 각축전(戰) pertandingan (kontés) yang keras (sulit)

각층(各層) ①【계층】 semua tingkat (lapisan); setiap kelas ((masyarakat)) ¶각계각층의 명사들 orang-orang terhormat dari semua lapisan masyarakat ②【층계】 setiap lantai

각테(角-) bingkai kacamata dibuat dari tanduk ⊙ 각테안경 kaca mata berbingkai tanduk

각파(各派) semua sékte; setiap fraksi; setiap kelompok

각판(刻版) ①【판목】 balok cétakan; balok kayu; potongan kayu ②【각판본】 buku yang dicetak dengan kayu berukir

각피(角皮)【해부학】 kulit ari

각하(却下) penolakan; penampikan 각하하다 menolak; memecat ¶각하되다 ditolak

각하(閣下) 【2인칭】 Paduka yang Mulia; 【각하 및 신사 숙녀 여러분】 Paduka yang Mulia, Ibu-Ibu (Nyonya-Nyonya) dan Bapak-Bapak (Tuan-Tuan) yang terhormat/대통령 각하 Yang Mulia Presiden

각항(各項) tiap klausa; setiap paragraf

각혈(咯血) ⇒ 객혈 (喀血)

각형(角形) ①【모난 형상】 bentuk persegi ②【사각형】 persegi empat

간 ①【짠맛 · 짠 정도】 keasinan; rasa asin ②【조미】 ¶간을 하다 memberi (memakai) garam; menggarami; membumbui dengan garam /간을 보다 mencicipi (merasakan; merasai) ⦅sup⦆; mencoba (merasai) bagaimana makanan itu digarami (dibumbui)/간맞다 digarami (dibumbui) dengan baik (tepat)/간맞추다 memberi bumbu dengan baik (tepat)

간(肝) ①【신체 기관】 hati ¶간 이식수술을 받다 menerima cangkokan hati ②【비유적】 keberanian ¶간이 크다 berani/간을 졸이다 merasa cemas/간에 붙었다 쓸개에 붙었다한다 bermuka dua; munafik; tidak tetap; berubah-ubah ⊙ 간 경변 sirosis hati. 간암 kanker hati. 간염 radang hati. B형 간염 radang hati tipe B

간간이(間間-) 【가끔 · 이따금】 kadang-kadang; sekali-sekali; sewaktu-waktu; sebentar-sebentar ¶간간이 오는 손님 tamu tidak tetap; tamu sekali-sekali datang

간간하다[1] rasa asin yang sedap ¶좀 간간하다 sedikit (agak) asin

간간하다[2] menggetarkan hati; mempesona; menarik hati

간격(間隔) ①【공간 · 거리】 jarak; jangka waktu; jarak waktu; selingan ②【틈 · 사이】 celah; retak; sela; renggang; pauze ③【끊김 · 소원함】 kerenggangan; pemisahan

간결(簡潔) kerapian; kecekatan; keringkasan ¶간결이 péndék dan tepat (singkat); rapi; dengan ringkas; dengan singkat

간계(奸計) ⇒ 계략 akal; muslihat; tipu muslihat; tipu daya; komplotan

간고(艱苦) kesukaran; kesusahan; kekurangan; kesengsaraan; penderitaan 간고스럽다, 간고하다 miskin; menderita

간곡(懇曲) kebaikan hati; keramahtamahan; kehangatan 간곡하다 ramah; ramah tamah; hangat ¶간곡히 dengan sungguh-sungguh; dengan ramah; dengan hangat

간과하다(看過-) mengabaikan; meléwatkan; membiarkan; pura-pura tidak melihat; tidak memperhatikan; meréméhkan

간교(奸巧) ⇒ 간사 keahlian; ketrampilan; kecerdikan; kelicikan; kelihaian 간교하다 pintar; cerdik; licik; lihai; cekatan; curang; pandai ⦅menipu⦆

간구(懇求) permohonan; permintaan 간구하다 meminta; memohon; meminta dengan sungguh-sungguh

간구(艱苟) ⇒빈곤 kemiskinan; kemalaratan

간국 ①【짠물】 cairan asin; air asin; air garam ②【기름때】 kotoran keringat

간극(間隙) ①【틈】 celah; jurang pemisah; sénjang; lubang; renggang; retak ②【불화】 pertengkaran ¶간극이 생기다 bertengkar

간 기능 검사(肝機能檢査) pemeriksaan fungsi hati

간난(艱難) penderitaan; kesukaran; kesusahan; kesengsaraan; kemalangan; siksaan 간난하다 sukar; susah ¶간난을 극복하다 mengatasi kesukaran

간단(間斷) gangguan; terhentinya 간단없다 terusmenerus; tanpa (tidak) berhenti ¶간단없이 dengan terus-menerus; tanpa (tak) henti-hentinya; tak putus

간단(簡單) kesederhanaan; keringkasan; kepéndékan; péndéknya 간단하다 sederhana; ringkas; singkat; péndék; mudah ¶간단히 dengan ringkas

간단명료(簡單明瞭) kesederhanaan dan kejelasan; keringkasan yang padat isinya ¶간단명료하게 dengan singkat dan jelas

간담(肝膽) ①【간과 담】 hati dan empedu ②【속마음】 hati yang paling dalam ¶간담이 서늘해 지다 terkejut luar biasa; darah menjadi dingin; menjadi ngeri

간담(懇談) pembicaraan yang akrab; obrolan yang ramah; pertukaran fikiran secara terus terang 간담하다 mengobrol ¶간담 식으로 이야기하다 berbicara dengan bébas (tidak resmi; secara informal) ⊙ 간담회 perkumpulan bersama-sama untuk beramah tamah; perkumpulan pertukaran fikiran; pertemuan sosial

간댕거리다 bergetar menggoncangkan

간데라 lampu (lentéra) tangan dari logam

간데족족 di mana-mana; kemanapun pergi

간디스토마 distoma; cacing parasit; distomatosis

간드랑간드랑 goncangan; goyangan; ayunan

간드랑거리다 berjuntai; teruntai; bergoyang; terayun-ayun

간드러지다 ①【모양 · 태도가】 penuh cumbuan; genit; ramping; langsing ②【음성 · 노래가】 mempesonakan; menarik hati

간들간들 《angin bertiup》 sepoi-sepoi; dengan lembut; dengan gerakan yang bergoyang (berayun); 【매혹적】 dengan mempesona; dengan luwes; dengan cumbuan; dengan genit

간략(簡略) kesederhanaan; keringkasan; keadaan tidak resmi 간략하다 ringkas; singkat; péndék dan tepat; tidak resmi; secara sederhana ¶간략하게 하다 menyederhanakan; mempersingkat; meningkatkan; memperpéndék prosés

간만(干滿) pasang surut; turun naiknya

간망(懇望) permohonan yang mendesak; permintaan yang sungguh-sungguh 간망하다 memohon dengan sungguh-sungguh

간명(簡明) keringkasan; kesingkatan; kecekatan 간명하다 ringkas; singkat; péndék dan jelas (tepat)

간물 air asin; air garam

간물(奸物) penjahat; bajingan

간밤 tadi malam; semalam; kemarin malam

간방(間方) di antara; jurusan

간병(看病) ⇒ 병구완 perawatan 간병하다 merawat ⊙간병인 perawat untuk orang sakit

간부[1](姦夫) pezina; kekasih gelap ¶간부를 두다 mengkhianati (menipu) suaminya

간부[2](姦婦) pezina perempuan ¶간부의 남편 suami yang istrinya menyeléwéng

간부(間夫) ⇒ 샛서방

간부(幹部) anggota terkemuka; éksekutif; staf pelaksana; diréksi; para pemimpin ⊙ 간부회의 sidang (déwan) éksekutif; rapat diréksi; rapat staf pelaksana. 간부후보생 calon perwira militér

간사(奸詐 · 奸邪) kelicikan; kecerdikan; kelihaian; kecurangan; ketidakjujuran; akal bulus; tipu muslihat; penipuan 간사하다 (스럽다) cerdik; licik; lihai; menjilat ¶간사 부리다 bermain licik

간사(幹事) ①【일처리】 pelaksanaan urusan (pekerjaan) ②【시민 단체 등의】 asisten administrasi; sékretaris ⊙간사장 sékretaris jéndral. 원내간사 sékretaris éksekutif

간살부리다 menjilat; merayu; menyenangkan hati orang lain; menyanjung-nyanjung; memuji-muji ⊙ 간살쟁이 perayu; pemuji; penyanjung

간살(間-) ①【면적】 ukuran sebuah kamar 《biasanya 8 kaki persegi》 ②【거리】 jarak; jarak waktu

간상(奸商) pedagang yang curang (yang tidak jujur); pencatur

간색(間色) warna gabungan (campuran)

간석지(干潟地) tanah pasang surut; pantai kering ¶간석지를 개간하다 menggarap tanah pasang surut ⊙ 간석지개간사업 proyék penggarapan tanah pasang surut

간선(幹線) jalur utama; lin (jalan) utama

간선(도로)(幹線道路) jalan utama (besar); jalan urat nadi; rute (trayék) utama

간섭(干涉) interferénsi; campur tangan; gangguan 간섭하다 mencampuri; menyela ⊙ 학원 간섭 campur tangan pemerintah dalam kegiatan kampus. 불간섭주의 politik yang tidak campur tangan; politik bébas

간성(干城) kubu; bénténg; usaha perlindungan; usaha penjagaan ¶국가의 간성 kubu negara

간소(簡素) kesederhanaan 간소하다 sederhana; ugahari ¶간소화 penyederhanaan/간소화하다 menyederhanakan; memendékkan

간수(-水) air asin; air garam

간수(看守) ⇒ 교도관 penjaga (pengawas; pengurus) penjara

간수(間數) tingkat; lantai; ruangan (jarak) sebuah rumah

간수하다 ①【보관하다】 memelihara; menjaga; menyimpan; menyisihkan untuk penggunaan yang akan datang; mengunci ②【몸을 돌보다】 menjaga; mengurus; berhati-hati

간식(間食) makanan di antara waktu makan; makanan kecil 간식을 먹다 makan makanan kecil; makan di antara waktu makan; ngopi

간신(奸臣) pembantu (abdi) yang khianat; pengkhianat

간신히(艱辛-) dengan susah payah; dengan sulit

간악(奸惡) kejahatan; kenakalan; kekhianatan; kecurangan 간악하다, 간악스럽다 jahat; khianat; curang

간암(肝癌) kanker hati

간언(間言) desas desus yang jahat; omongan jahat

간언(諫言) perbantahan; bantahan; peringatan; teguran 간언하다 memprotés; membantah; memperingatkan; menegur

간염(肝炎)【의학】radang hati; peradangan hati; hepatitis ⊙ 간염예방 접종 suntikan anti hepatitis (radang hati). 전염성 간염 hepatitis (radang hati) yang menular

간웅(奸雄) pengkhianat besar; penjahat besar

간원(懇願) ⇒ 간청 permohonan yang sungguh-sungguh; permintaan yang sangat mendesak 간청하다 memohon dengan sangat (dengan sungguh-sungguh)

간유(肝油) minyak ikan ⊙ 간유드롭스 gula-gula minyak ikan

간음(姦淫) zina; perzinaan; penyeléwéngan; hubungan gelap (haram) 간음하다 berzina; bermukah; mengadakan hubungan gelap; menyeléwéng

간이(簡易) kesederhanaan; kemudahan; kecekatan; ketrampilan 간이하다 sederhana; mudah; cekatan; trampil ⊙ 간이숙박소 rumah penginapan yang murah (sederhana). 간이식당 warung makanan; tempat menjual makanan kecil. 간이역 stasiun sementara; halte. 간이 화장실 toilét umum sementara; toilét *portabole*. 조립식 간이주택 rumah perakitan; rumah cetakan.

간자(間者) ①【간첩】 mata-mata ②【요사이】 ((pada)) masa sekarang

간장(-醬) kécap

간장(肝腸) hati (isi perut) dan usus; hati; kalbu; sanubari; jantung ¶간장을 녹이다 meluluhkan hati; memikat; menawan; menarik hati; mempesonakan

간장(肝臟)【해부학】hati; limpa ⊙ 간장병 penyakit hati

간절(懇切) kesungguhan ((hati)); keinginan; hasrat; ketulusan hati 간절하다 sungguh; bersungguh-sunggguh; ingin sekali; sangat ingin ¶간절한 부탁 permohonan yang sungguh-sungguh; permintaan yang tulus

간접(間接) ketidaklangsungan ¶간접의 tidak langsung; tangan kedua ⊙ 간접경험 pengalaman tidak langsung. 간접흡연 pengisapan asap rokok secara tidak langsung. 간접흡연자 perokok pasif. 간접목적어 obyék tidak langsung

간접적(間接的) tidak langsung; menengahi; tangan kedua ¶간접적으로 dengan tidak langsung; pada tangan kedua

간조(干潮) air surut; air dangkal

간주곡(間奏曲)【음악】selingan; interméso

간주하다(看做-) menganggap; mengira; menilik

간증하다(干證-) memberi kesaksian

간지(奸智) keahlian; kelicikan; kecerdikan; tipu muslihat

간지(簡紙) kertas surat

간지(干支) siklus 12 tahun

간지럼 ¶간지럼 타다 mudah tergelitik;

mudah sekali menjadi geli; mudah geli
간지럽다 ①【몸이】 merasa gatal; merasa geli ¶발이【귀가 · 코가】 간지럽다 kaki saya【telinga, hidung】 terasa gatal ②【낯 · 양심이】 terasa malu; tertusuk
간질이다 menggelitik
간직하다 ①【물건을】 menyimpan; menaruh; mempunyai; memelihara; memegang ②【생각 · 기억 등을】 menyimpan; mengandung; mengekalkan
간질(癎疾) 【의학】 penyakit sakit ayan; sawan; pitam babi; épilépsi; mati-mati ayam ⊙ 간질환자 penderita ayan; pesakit épilépsi
간질거리다 ①【간지럽다】 merasa gatal; merasa geli; mudah geli; mengganggu; menjéngkélkan. ②【간질이다】 membuat geli (gatal)
간질이다 membuat geli; menggelitik ¶겨드랑이를 간질이다 menggelitik di bawah ketiak (di bawah lengan)
간책(奸策) tipu muslihat; tipu daya; rencana (rancangan) lihai (jahat) ¶간책을 부리다 (농하다) menggunakan tipu daya; membuat rencana jahat
간척(干拓) pengerutkan lahan; réklamasi 간척하다 mengréklamasikan; mengerutkan lahan ⊙ 간척사업 proyék réklamasi
간첩(間諜) mata-mata; spion; agén polisi rahasia; kaki tangan ⊙ 간첩망 jaringan (lingkaran) mata-mata. 간첩활동 kegiatan spionase. 무장간첩 agén spionase bersenjata. 이중간첩 agén spionase ganda
간청(懇請) permintaan (permohonan) yang sungguh-sungguh 간청하다 meminta dengan sungguh-sungguh; memohon dengan sangat ¶간청에 의하여 atas permintaan
간추리다 meringkaskan; menyimpulkan ¶ 간추린 menyingkat; meringkas/간추리면 singkatnya
간 치다 *menggarami; membumbui*
간친(懇親) keramah-tamahan; keramahan; kesukaan bergaul ⊙ 간친회 pertemuan sosial (réuni); perkumpulan bersama-sama
간통(姦通) zina; perzinaan; hubungan gelap (haram) 간통하다 menzina; menyetubuhi (meniduri; mempergauli) dengan tidak sah ⊙ 간통인 pezina; pezina perempuan. 간통죄 dosa (kejahatan) perzinaan
간투사(間投詞) 【언어】 kata seru
간파(看破) penyelaman; pengertian 간파하다 memahami; merasai; mengetahui; mengerti; membaca; menyelami
간판(看板) ①【상점의】 papan mérék; papan tanda; papan pengumuman; papan iklan; pelakat besar ②【대표적인 인물】 daya tarik ③【명목상의】 kedok; palsu; wakil perkumpulan (organisasi); ⟪pemimpin⟫ bonéka; ⟪pemimpin⟫ namanya saja ④【학벌】 karir sekolah; latar belakang perguruan tinggi ⊙ 간판장이 tukang cat papan tanda
간편하다(簡便-) sederhana; mudah; gampang; sesuai; 【휴대하기에】 mudah dibawa; dapat diangkat
간하다 memakai garam; menambah bumbu
간하다(諫-) memperingatkan; menegur; menasihati ⟪raja, pemimpin⟫; membantah ¶간하는 말을 듣지 않다 tidak mengindahkan nasihat ⟪orang lain⟫
간행(刊行) publikasi; penerbitan; terbitan 간행하다 mempublikasikan; menerbitkan⊙간행물 terbitan
간헐(間歇) ¶간헐적, 간헐적으로 kadang-kadang; sebentar-sebentar; antara sebentar ⊙간헐(온)천 geiser; air mancur panas
간호(看護) perawatan; pemeliharaan 간호하다 merawat; memelihara; mengurus ⊙ 간호원 juru rawat; perawat rumah sakit; perawat yang terlatih; suster. 수습 간호원 perawat dalam masa percobaan (dalam pendidikan)). 수(首) 간호원 kepala juru rawat. 간호인 (간병인) orang yang memelihara pesakit; perawat. 간호학 ilmu perawatan
간혹(間或) ①【이따금】 kadang-kadang; ada kalanya; sekali-sekali ¶간혹 들르다 mampir (singgah) sekali-sekali ②【띄엄띄엄】 jarang; dalam jangka waktu

yang panjang

갇히다 dikurung; dipenjara; dipenjarakan; terkungkung; terikat ¶비에 갇히다 ditahan karena hujan

갈가리 ⇒ 갈기갈기

갈건(葛巾) kerudung yang dibuat dari kain serat

갈겨먹다 merampas; mengambil; memeras

갈겨쓰다 menulis dengan sembrono; menulis tergesa-gesa; menulis secara cakar ayam (secara buruk)

갈고닦다 ⇒ 연마하다 perbaiki; meningkatkan ¶솜씨를(기량을) 갈고닦다 perbaiki ketrampilannya

갈고리 sangkutan; gantungan

갈구(渴求) hasrat yang sungguh-sungguh; keinginan yang berapi-api 갈구하다 haus 《akan ilmu pengetahuan》; ingin sekali; sangat mengharapkan

갈구다 mengomél

갈근(葛根) akar ararut (pueraria)

갈기 bulu (rambut) tengkuk; surai

갈기갈기 cabik-cabik; robék-robék; sobék-sobék; suwir-suwir; berkeping-keping ¶갈기갈기 찢다 mengoyak-ngoyakkan; menyobék-nyobékkan; merobékrobékkan/갈기갈기 찢기다 tercabik; terkoyak; tersobék; terobék

갈기다 ①【때리다】 memukul; melempar; menampar; mementung ¶따귀를 갈기다 melempar pipi ②【베다】 memotong; melukai; menyayat; menusuk ③【총을 쏘다】 menémbak ④【오줌을】 ¶아무 데나 오줌을 갈기다 buang air kecil di sembarang tempat

갈다[1] 【교체·교환하다】 merubah; menukarkan; menggantikan; menaruh kembali; memperbaharui

갈다[2] ①【칼 등을】 mengasah; mengikir ¶손톱을 줄로 갈다 mengikir kuku-kuku jari ②【가루가 되도록】 menggiling; menyuling; menyaring; menghaluskan ¶곱게 갈다 menggiling menjadi bubuk halus ③【이를】 menggertakkan 《gigi》; mengeritkan ④【비유적】 ingin sekali membalas dendam

갈다[3] 【땅을】 membajak; mengolah; mengerjakan tanah

갈대 【식물】 gelagah; lalang; ilalang alang-alang; buluh ⊙ 갈대발 layar (tirai) buluh. 갈대피리 pipa ilalang

갈등(葛藤) konflik; percékcokan; perselisihan; pertentangan; kesukaran; kekacauan 갈등하다 berselisih 《pendapat》; mendapat kesukaran ¶내면의 갈등 konflik batin

갈라내다 memisahkan; menyisihkan

갈라놓다 membagi; memisahkan; membelah; memisahkan; menjauhan

갈라서다 ①【따로】 terpisah; terasing ②【헤어짐 · 이혼】 berpisah; bercerai

갈라지다 ①【물체가】 membelah; terbelah; bercabang menjadi dua ②【사람 사이가】 berpisah; terpisah ③【목소리가】 serak; pecah

갈래 bagian; séksi; faksi; cabang; persimpangan jalan

갈론 【액체 용적】 galon

갈리다[1] ①【갈게 하다】 menukarkan; merubahkan; mengubahkan; menggantikan ②【바뀌다】 ditukar; dirubah; diganti

갈리다[2] ①【숫돌에】 menyuruh mengasah (giling; menggerinda); menajamkan; ditajamkan; 【옥돌 등을】 menyuruh menggosok (memolés; mengikir) ②【갈려지다】 diasah; digerinda

갈리다[3] 【논 · 밭을】 ①【갈게 하다】 menyuruh membajak (mengolah); membajakkan ②【갈려지다】 dibajak; diolah

갈리다[4] 【분리】 dibelah; dibagi; dipisahkan; bercabang 《dua》 ¶두 패로 갈리다 dibagi dalam dua kelompok

갈림길 ①【길】 jalan kecil; jalan bercabang; persimpangan jalan ②【기로】 saat yang menentukan 《dalam karirnya》 ¶나는 인생의 갈림길에 서 있다 Saya sedang berada di titik balik kehidupan.

갈망하다 【뒤처리】 melaksanakan; menyelesaikan; menunaikan; menanggulangi; mengatasi; mengakhiri; membéréskan; melunasi

갈망(渴望) kehasratan; keinginan; harapan yang kuat; kehasutan 갈망하다

mengharapkan; menginginkan sekali; berhasrat sekali

갈매기 ①【조류】camar laut; burung simbang; burung laut ②【무늬】tanda pangkat militér; strip; garis

갈무리하다 ①【간수】menyimpan dengan rapi ②【마무리】menyelesaikan; melakukan penyelesaian terakhir

갈바람 angin barat

갈밭 ladang gelagah (ilalang)

갈보 pelacur; wanita tuna susila (WTS); perempuan sundal ¶갈보 노릇을 하다 melacurkan diri ⊙ 갈보 집 rumah pelacuran. 양갈보 gundik orang kulit putih; pelacur melayani orang-orang asing

갈분(葛粉) kanji (pati) ararut; sagu betawi

갈비[1] tulang rusuk (iga) ¶소갈비 daging rusuk sapi ⊙ 갈비뼈 tulang rusuk. 갈비찜 rebusan daging rusuk sapi.갈비탕 sop daging tulang rusuk sapi

갈비[2]【건축】lebar atap

갈색(褐色) warna coklat ¶연한 갈색 coklat muda /진한 갈색 coklat tua ⊙ 갈색인종 bangsa (ras) berkulit coklat; bangsa kulit sawo matang; bangsa Melayu

갈수록 kian lama; semakin; bertambah

갈아내다 menggantikan; memperbarui

갈아대다 menggantikan; mengganti; memasukkan yang baru; menukar

갈아붙이다 ①【이를】menggertakkan gigi karena jéngkél ②【바꾸어 붙임】menggantikan; menukarkan; menémpélkan dengan yang baru

갈아입다 menukarkan; mengganti pakaian

갈아타다 pindah kendaraan; bertukar kendaraan

갈증(渴症) ①【목마름】dahaga; kehausan ¶갈증이 나다 merasa haus; merasa dahaga ②【비유적】sangat ingin akan; merasa haus terhadap

갈지자(-之字) ¶갈지자형 bentuknya seperti huruf 之; bentuknya berliku-liku/갈지자 걸음 《langkah》 terhuyung-huyung; gerakan agak mabuk

갈참나무【식물】pohon ék putih

갈채(喝采) tepuk tangan; sorak sorai; sorakan; sambutan gembira 갈채하다 bersorak; memberi tepukan; memberi sambutan ¶우뢰와 같은 갈채 tepuk tangan orang dengan riuhnya; tepukan yang bergemuruh

갈취(喝取) pemerasan 갈취하다 memeras dengan ancaman (dengan cara mengancam)

갈퀴 penggaruk kayu ¶갈퀴질 penggarukan/ 갈퀴질 하다 menggaruk; menyapu; mengais; mencakar

갈탄(褐炭)【광물】batu bara 《coklat》

갈파(喝破) teguran; pernyataan 갈파하다 menegur; menyatakan 《kebenaran》

갈팡질팡 kebingungan 갈팡질팡하다 bingung; dalam keadaan bingung; menjadi bingung; ragu-ragu; tercengang

갈피 ①【책 등의】jarak (ruang) di antara lipatan (lapisan; halaman); sela-sela ②【요점】pokok; arti; pengertian ¶갈피를 잡을 수 없다 tidak dapat mengerti (memahami; menangkap arti)

갈피갈피 《di antara》 lembar demi lembar; halaman demi halaman; lapisan demi lapisan

갉아먹다 ①【이로】menggerogoti; menggigiti; gigitan ②【재물을】memeras; menghisap; mengambil untung

갉작거리다 menggerototi; menggigiti

감[1]【과일】buah kesemak ⊙ 단감 kesemak manis

감[2] ①【재료】bahan; kain; bahan mentah ¶옷감 bahan pakaian ②【비유적】orang yang pantas (cocok) ¶사윗감 calon menantu

감(減) pengurangan; potongan; korting; rabat 감하다 mengorting; merabat; memotong 《harga》 ¶5할 감 berkurang (korting) 50 persén

감(感) ①【감각 · 느낌】perasaan; sénsasi; akal; faham; (인상) kesan; pengaruh ¶…한 감을 주다 mempengaruhi; memberi perasaan bahwa; rasanya (nampaknya) seperti ②【감도】penerimaan

감가(減價) penurunan (potongan) harga 감가하다 menurunkan (memotong) harga ⊙ 감가상각 déprésiasi; turunnya harga (nilai); penyusutan nilai 《mata uang》

감각(感覺) ①【시각·청각 등의】 rasa; perasaan; sénsasi; cita; indera ②【사물에 대한 이해나 판단】 rasa; perasaan ¶유머 감각 rasa humor ⊙ 감각기관 alat panca indra. 감각마비 kelumpuhan panca indra. 무감각 kehilang perasaan; kekurang pekaan; tebal kulit

감감무소식(-無消息) tidak mendengar apa-apa

감감하다 ①【소식이】 tidak ada berita dalam waktu yang lama ②【시간·차이 등이】 jauh di atas; lama sebelumnya ③【아득하다】 samar-samar dan jauh (dan hilang)

감개(感慨) perasaan (émosi) yang dalam ¶감개무량하다 tergerak hati; tersentuh mendalam

감격(感激) ①【감사】 rasa terima kasih yang dalam 감격하다 sangat berterima kasih ②【감동】 émosi (perasaan) yang dalam; pengaruh; perasaan yang kuat ¶감격적(인) tersentuh; terkesan; yang mengesankan; yang mengharukan/감격시키다 mengesankan; memberikan kesan yang mendalam

감광(感光) 【화학】 éksposur; kepekaan (peka) terhadap cahaya; pencahayaan; penyingkapan terhadap cahaya 감광하다 diékspos 《terhadap cahaya》 ¶감광시키다 menyingkapkan cahaya; membuat peka; mengékspos ⊙감광판 lémpéng peka cahaya

감군(減軍) pengurangan tenaga militér; pengurangan senjata (alat-alat perang) 감군하다 mengurangi angkatan bersenjata

감귤(柑橘) ⇒ 귤

감금(監禁) kurungan; pemenjaraan; penahanan; penawanan 감금하다 memenjarakan; mengurung; menawan; mengunci ⊙ 독방감금 kurungan tersendiri. 불법감금 penahanan ilegal; penahanan tidak sah (liar)

감기(感氣) masuk angin ¶ 감기에 걸리다 sedang masuk angin; pilek; selésma ⊙ 유행성감기 influénsa; selésma; flu; pilek

감기다[1] 【눈】 mata tertutup; menutup mata 《orang lain》; membuat tertidur

감기다[2] 【씻기다】 mencucikan; memandikan

감기다[3] ①【감겨지다】 berputar; melilit; dililit; berlingkar; tersangkut ②【감게 하다】 membuat berputar (terbelit); menyuruh melilit (melingkari)

감내(堪耐) kesabaran; ketahanan; daya tahan 감내하다 memikul; menahan

감다[1] ①【눈을】 menutup mata ②【비유적】 mati; meninggal

감다[2] ①【실·끈·붕대 등을】 menggulung; memutar; memakai ②【태엽·테이프 등을】 memutar

감다[3] 【씻다】 mencuci; mandi ¶미역 감다 mandi; membersihkan diri; berenang/멱감으러 가다 pergi berenang

감당하다(堪當-) dapat melaksanakan; dapat melakukan; mampu mengerjakan; menanggulangi; mengatasi

감도(感度) tingkat kepekaan; 《radio》 penangkapan; daya sénsibilitas

감독(監督) 【일에 대한】 pengawasan; pimpinan; 【사람】 pengawas; pemimpin; inspéktur; diréksi; 【직공·인부의】 ketua; mandor; kepala tukang; 【담임자】 orang yang berkuasa; pemimpin 감독하다 mengawasi; mengamati; memimpin; mengatur ¶(…의) 감독아래 di bawah pengawasan ⊙ 감독관 inspéktur; pengawas; penilik. 시험감독 pengawasan ujian. 영화감독 sutradara film. 현장감독 pengawas lapangan

감돌다 ①【되돌아옴】 memutar kembali; mengédari; berputar-putar; mengambil tikungun; membélokkan ②【맴돌다】 tetap berputar; 【생각 등이】 terus berkerlap-kerlip ¶입가에 미소가 감돌다 senyum mengembang pada bibir ③【물굽이가】 membélok

감동(感動) 감동하다 tergerak hati; tersentu; terharu ¶감동적인 yang mengesankan /감동을 주다 menggerakkan hati; menyentuh hati

감득하다(感得-) menjadi sadar; menyadari; menjadi insyaf; insyaf akan; 【영감으로】 diilhami

감등하다(感等-) 【낮춤】 menurunkan; 【경감】 mengurangi; 【감형】 memperingan; meréduksikan

감람(橄欖) 【식물】 zaitun ⊙ 감람나무 pohon zaitun

감량(減量) kehilangan kuantitas; kehilangan berat; 【운동선수의】 penurunan berat badan 감량하다 mengurangi banyaknya (kuantitas); 【체중을】 menurunkan berat badan ⊙ 감량식품 makanan diét; makanan yang berkalori rendah

감로(甘露) ①【이슬】 embun yang manis ②【불교】 manna ⊙ 감로수 air yang manis. 감로주 minuman yang manis (lezat)

감루(感淚) air mata bahagia; air mata karena emosi yang mendalam ¶감루를 흘리다 merasa terharu; menitikkan air mata karena terima kasih

감리(監理) pengawasan; penyeliaan 감리하다 mengawasi; menyelia

감리교(監理敎) métodisme ⊙ 감리교회 geréja Métodis

감마선(-線) 【물리학】 sinar gamma

감마제(減摩劑) 【공업】 minyak pelumas

감면(減免) pengurangan dan potongan; 【형벌의】 peringanan dan pengampunan 감면하다 meringankan; memotong; mengurangi ¶세금 감면 혜택을 주다 memberi keringanan pajak

감명(感銘) imprési; kesan mendalam; pengaruh yang dalam 감명하다 merasa terpengaruh; merasa terharu; tersentu oléh ¶감명을 주다 mempengaruhi; mengesankan; menyentuh hati

감미(甘味) rasa manis 감미롭다 manis ⊙ 감미료 bahan pemanis. 인공 감미료 bahan pemanis buatan

감방(監房) ⇒ 감옥 sél dalam penjara

감별(鑑別) perbédaan; diskriminasi; sifat memilih-milih 감별하다 membédakan ⊙ 감별법 métode perbédaan

감복(感服) kekaguman 감복하다 terpesona; kagum kepada; mengagumi; memuji ¶감복할 만한 dapat dikagumi (dipuji); terpuji; mengagumkan

감봉(減俸) pemotongan (pengurangan) gaji 감봉하다 memotong (mengurangi) gaji ¶감봉당하다 (되다) dipotong (dikurangi) gaji

감사(感謝) rasa syukur; terima kasih 감사하다 berterima kasih; bersyukur ¶감사의 표시로서 sebagai tanda bersyukur (berterima kasih); sebagai bukti terima kasih ⊙ 감사장 surat penghargaan; surat ucapan terima kasih

감사(監事) auditor; inspéktur pengawasan (penyelia); kontrolir

감사(監司) inspéksi otoritas provinsi

감사(監査) 【조사】 pemeriksaan; 【회계의】 audit; pemeriksaan keuangan 감사하다 memeriksa; memeriksa keuangan ⊙ 감사기관 badan audit.감사원(院) Badan Pengurus Audit dan Inspéksi

감산(減産) ①【자연적】 penurunan produksi ②【인위적】 pengurangan (pembatasan) produksi 감산하다 mengurangi produksi

감산(減算) 【수학】 pengurangan

감상(感想) kesan ¶감상을 묻다 menanyakan kesan ⊙감상록 catatan tentang kesan

감상(感傷) séntimen; perasaan halus; perasaan berlebih-lebihan ¶감상적 séntimentil/ 감상적이 되다 menjadi séntimentil; penuh berperasaan ⊙ 감상주의 séntimentalisme. 감상주의자 séntimentalis

감상(鑑賞) penghargaan; aprésiasi; penilaian 감상하다 menilai; menimbang; mengaprésiasi ⊙ 감상력 daya aprésiasi; kemampuan dalam menghargai. 음악 감상 aprésiasi musik

감색(紺色) biru tua

감성(感性) ⇒ 감수성 kepekaan; kehalusan perasaan ¶그녀는 감성이 풍부하다 Dia sangat sénsitif. ⊙ 감성론 éstetika

감세(減稅) pengurangan (potongan) pajak 감세하다 mengurangi (memotong) pajak

감소(減少) penurunan; pengurangan; penyusutan 감소하다 menurun; mengurangi; menyusut

감속(減速) pengurangan kecepatan;

persnéling 감속하다 mengurangi kecepatan ⊙ 감속장치 peralatan pengurangan (penurunan) kecepatan; persneling yang berkurang

감손(減損)【줆】 pengurangan; penurunan; penyusutan; 【손해】 kerugian; 【경제적】 turunnya nilai; penurunan harga

감쇄(減殺) pengurangan; penyusutan 감쇄하다 mengurangi; berkurang

감수(甘受) tahan penderitaan 감수하다 menerima dengan réla; dengan réla tunduk; menahan; menanggung ¶고통을 감수하다 menanggung (menahan) penderitaan (kesulitan)

감수(減水) kekurangan air 감수하다 berkurang; membenam; menyusut; menurun

감수(減收) pengurangan; penurunan ((pendapatan; penghasilan; panén)) 감수하다 berkurang

감수(減數) 【수학】 pengurangan; pengecilan ⊙ 감수분열 【생물】 pembelahan réduksi; meosis

감수하다(減壽-) memperpéndék umur ¶십년감수했다 luput dari bahaya; lepas dari bahaya

감수하다(感受-) sénsitif; mudah merasa; mudah bergerak; terkesan; terpengaruh

감수하다(甘受-) menerima dengan réla

감수(監修) pengawas redaksi 감수하다 disusun di bawah pengawasan; mengawasi penyusunan

감수성(感受性) artistik; perasaan; kepekaan; daya penerimaan ¶감수성이 예민한 mudah kena; mudah dipengaruhi; peka terhadap/감수성이 둔한 tidak mudah terkena; tidak mudah terpengaruh; kebal; menjadi tumpul

감시(監視) pengamatan; pengawasan; patroli 감시하다 menjaga; berjaga-jaga; mengamati; menempatkan penjagaan ⊙ 감시병 penjaga. 감시카메라 kaméra pengawas. 감시선(船) 【해상 경찰의】 kapal pengawal; kapal penjaga. 소비자 감시단 badan pengawas konsumén. 감시초소 gardu; pos pengintai; tempat pengamatan (pengawasan; penjagaan)

감식(感食) pengurangan diét 감식하다 mengurangi makanan; berdiét; makan secara (dengan) hémat ⊙ 감식요법 métode berdiét; pengobatan dengan mengurangi makanan

감식(鑑識) penilaian; pertimbangan; perbédaan 감식하다 memperbédakan; menilai; mempertimbangkan ⊙ 감식가 penilai. 지문감식 idéntifikasi (pengenalan) sidik jari /지문 감식 시스템 sistém analisis sidik jari. 유전자 감식 tés DNA; identifikasi gén

감실거리다 bersinar redup; berkelip-kelip; berkedip-kedip

감싸다 ①【몸·물건 등을】 menutupi; melindungi; memperlindungi; memberi perlindungan ②【약점·허물 등을】 membéla

감아올리다 menggulung; mengangkat; mengérék; menaikkan

감안하다(勘案-) mempertimbangkan; memperhitungkan; mengingat akan ¶몇 가지 감안해야 할 사항들이 있다 Ada beberapa hal yang dipertimbangkan.

감액(減額) pengurangan; penurunan; pemotongan; penyusutan 감액하다 mengurangi; menurunkan; mengadakan potongan

감언(甘言) mulut manis; bujuk rayu; rayuan; kata-kata yang manis ¶감언으로 속이다 menipu (memperdayakan) dengan kata-kata yang manis; menipu dengan bujuk rayu

감언이설(甘言異說) perkataan manis; bahasa yang membujuk dan lembut ¶감언이설로 꾀다 merayu (membujuk) dengan perkataan manis

감연히(敢然-) dengan berani (tidak takut; tidak gentar); nékat; tegas

감염(感染) pengaruh; penularan; inféksi; pencemaran; pengaruh buruk 감염되다 ketularan; tertular; terinféksi; terpengaruh; menjadi buruk (cemar) ⊙감염경로 prosés (rute) inféksi. 감염원 sumber inféksi

감옥(監獄) penjara; bui; sél; kurungan; rumah pendidikan negeri untuk pemuda terlantar ⊙ 감옥살이 kehidupan di

penjara
감우(甘雨) ⇒ 단비 hujan yang dinanti-nanti
감원(減員) pengurangan pegawai (tenaga kerja; staf; personél); pemberhentian 감원하다 memberhentikan (mengurangi) pegawai ⊙ 감원선풍 pengurangan pegawai (personél) secara besar-besaran
감은(感恩) rasa syukur; rasa terima kasih ((atas kebaikan)) 감은하다 merasa terima kasih; merasa syukur
감읍하다(感泣-) menjadi terharu; terharu sampai menangis; menitikkan air mata karena rasa terima kasih
감응(感應) ①【기원의】 jawaban; tanggapan; balasan 감응하다 menjawab; membalas; menanggapi; mau mendengarkan ②【신불의】 balasan Tuhan; ilham; inspirasi 감응하다 ((Tuhan)) membalas ((kepada)); menjawab; diilhami; diberi semangat ②【물리학 · 전기】 induksi; pengaruh ¶전자 감응 장치를 설치하다 memasang sénsor listrik
감자 kentang
감자(減資) pengurangan modal 감자하다 mengurangi modal
감작(減作) panén yang berkurang (menurun)
감전(感電) penerimaan getaran listrik; pelistrikan 감전하다 menyetrum; menerima getaran listrik ¶감전되다 kesetrum listrik; terseturum listrik; disambar (terkena) getaran listrik ⊙ 감전사(死) éléktrokusi; mati kesentrum listrik
감점(減點) nilai kurang; penalti 감점하다 memberikan nilai kurang ¶감점당하다 menerima (mendapat) nilai kurang
감정(感情) perasaan; simpati; émosi; 【열정】 nafsu; keinginan besar; kegemaran; 【충동】 gerak hati; desakan (dorongan) hati ¶감정적(的)인 terlalu berperasaan; menurut dorongan (kata) hati/ 감정의 노예 budak nafsu
감정전이(轉移) pemindahan émosi
감정(憾情) 【악감정】 perasaan tidak senang (tersinggung); séntimén; perasaan buruk; perasaan dendam ¶감정이 있다 menanggung (menaruh) perasaan; sakit hati; menaruh dendam; benci kepada
감정(鑑定) 【판정】 putusan pengadilan; pertimbangan; 【평가】 penilaian; penghargaan; pendapat pakar 감정하다 mengadili; menimbang; menilai; memberikan pendapat; 【가격을】 menaksir; menilai; 【필적을】 mengenali; membuktikan ⊙ 감정가격 harga taksiran. 감정료 ongkos penilaian ahli. 감정인 penilai; ahli penilaian (penaksiran)
감주(甘酒) ⇒ 식혜 minuman manis ((dibuat dari beras))
감지(感知) persépsi; tanggapan; daya tangkap; pengertian; kesadaran 감지하다 mengetahui; menyadari; menginsafi; merasa
감지덕지하다(感之德之-) ((merasa)) sangat berterima kasih; bersyukur
감쪽같다 ①【고친 것이】 baik seperti masih baru; seperti semula ②【꾸민 일 · 거짓 등이】 menyempurnakan; melengkapi
감쪽같이 dengan sempurna; dengan berhasil; dengan suksés; dengan bagus
감찰(監察) inspéksi; pemeriksaan; pengawasan 감찰하다 menginspéksi; memeriksa; menyelidiki ⊙ 감찰감 【군대】 inspéktur. 감찰관 inspéktur; pengawas; penyelidik; pemeriksa
감찰(鑑札) surat izin; lisénsi; nomor pelat; bewijs ¶감찰을 교부하다 memberi surat izin; memberi lisénsi
감천(感天) ¶지성(至誠)이면 감천이라 Ketulusan hati menggerakkan surga. *atau* Kepercayaan akan menggerakkan gunung.
감청(紺青) ((warna)) biru tua
감초(甘草) ①【약용 식물】 akar kayu manis ②【비유적】 ¶약방에 감초 【불가결의 인물】 orang yang sangat diperlukan (dibutuhkan); orang penting
감촉(感觸) ⇒ 촉감 rasa sentuhan; rabaan; rasa 감촉하다 menyentuh; merasai; merasakan léwat indra
감추다 bersembunyi; menyembunyikan; menutupi; melindungi; merahasiakan

감축(減縮) pengurangan; penurunan 감축하다 mengurangi; berkurang; menurunkan

감축하다(感祝-) mengucapkan selamat dengan gembira (dengan tulus hati)

감치다 ①【꿰매다】 mengelim; membuat keliman; menjahit ②【잊혀 지지 않다】 tetap hidup dalam ingatan

감칠맛 ①【음식의】 rasa sedap; lezat; énak ②【글 · 말 등의】 daya tarik; atraksi; penghibur hati; hal yang menarik

감침질하다 ⇒ 감치다

감탄(感歎) perasaan kagum; kekaguman; ketakjuban; kehéranan 감탄하다 kagum akan; mengagumkan; memuji; terpesona; heran atas; berseru gembira ¶감탄할 만한 dapat dikagumi; sangat hébat ⊙ 감탄문 kalimat seru. 감탄부호 tanda seru. 감탄사 kata seru

감퇴(減退) kemunduran; penurunan; kekurangan; kelemahan; kehilangan 감퇴하다 berkurang; menurun; menyurut; merosot 기억력 감퇴 daya ingatan menurun. 식욕감퇴 kehilangan nafsu makan

감투 ①【옛 양반들이 머리에 쓰는】 topi bulu kuda yang dipakai oléh para pejabat ②【비유적】 kedudukan (jabatan) pemerintah; jabatan penting; jabatan yang terhormat ¶감투를 쓰다 (비유적) menjadi (memangku) pegawai pemerintah ⊙ 감투싸움 perjuangan untuk mendapatkan jabatan yang berpengaruh

감투(敢鬪) perkelahian (pertempuran) dengan berani 감투하다 berjuang (berkelahi; bertempur) dengan berani ⊙ 감투상 hadiah untuk semangat perjuangan. 감투정신 semangat berjuang

감표(減標) 【수학】 tanda pengurangan; tanda kurang

감하다 (減-) ①【덜다】 mengurangi; berkurang ②【줄어들다】 dikurangi; dipotong; diturunkan; merosot

감행(敢行) 감행하다 mengambil tindakan yang tegas; memberanikan diri; melaksanakan dengan berani (tegas)

감형(減刑) peringanan (potongan; pengurangan; penurunan) hukuman; remisi 감형하다 mengurangi (meringankan) hukuman

감호처분(監護處分) hukuman percobaan

감화(感化) pengaruh; pembaruan ((moral)); perubahan; konvérsi 감화하다 mempengaruhi; memperbaharui; mengubah ¶감화되기 쉬운 mudah terpengaruh oléh/감화를 받다 dipengaruhi ⊙감화 원 panti asuhan; penjara; bui

감회(感懷) ①【느낀 생각】 kesan; perasaan yang dalam; émosi yang dalam ②【회상】 kenangan; ingatan yang séntiméntal

감흥(感興) minat; kesenangan; kegembiraan

감히(敢-) dengan berani; dengan lancang; dengan tegas; tanpa ragu-ragu

갑(甲) ①【천간(天干)의】 yang pertama dari kesepuluh tangkai surga ②⇒ 갑방(甲方) ③⇒ 갑시(甲時) ④【성적】 angka (kelas) A ⑤【갑옷】 baju baja; baju untuk perang ⑥【등딱지】 kulit ((kerang)); kulit kura-kura darat ⑦【여럿 중의 하나】 yang satu

갑(匣) kotak; peti; tempat; 【담배 등의】 pak; pakét; bungkusan

갑(岬) tanjung; jazirah

갑각(甲殼) cangkang; kulit yang keras; rumah siput atau kerang ⊙ 갑각류의 동물 binatang yang berkulit keras, seperti udang, kepiting dan sebagainya

갑갑증(-症) kebosanan; rasa bosan; rasa jemu; rasa sempit; rasa sesak

갑갑하다 ①【권태】 bosan; jemu; mengesalkan; menjemukan; membosankan ②【답답하다】 kaku; merasa sesak; amat menekan

갑근세(甲勤稅) pajak pendapatan (penghasilan)

갑년(甲年) ulang tahun ke 61

갑론을박하다(甲論乙駁-) memperdebatkan yang setuju dan yang tidak

갑문(閘門) pintu air; pintu banjir

갑부(甲富) orang yang sangat kaya; jutawan; milyunér ⊙ 천하갑부 orang yang paling kaya di dunia; raja uang

갑사(甲紗) ayakan yang halus

갑상선(甲狀腺) kelenjar gondok(tiroid) ⊙ 갑상선비대 pembengkakan kelenjar tiroid (gondok). 갑상선염 tiroiditis. 갑상선호르몬 hormon kelenjar gondok; tiroksin
갑옷(甲-) baju baja; baju besi; baju ziarah untuk perang; léména ⊙ 갑옷과 투구 baju besi beserta topi bajanya
갑일(甲日) ⇒ 회갑(回甲)
갑자기 tiba-tiba; tak disangka-sangka; tanpa peringatan; tanpa pemberitahuan; dengan tergesa-gesa
갑작스럽다 mendadak; tiba-tiba; tidak disangka-sangka
갑작스레 secara tiba-tiba
갑절 dua kali; dua kali lipat; lipat ganda; rangkap 갑절하다 melipat duakan; melipat gandakan
갑종(甲種) kelas A; tingkat pertama ⊙ 갑종합격자 lulusan ujian tentara kelas A
갑주(甲冑) ⇒ 갑옷 ¶갑주 한 벌 setelan baju besi
갑판(甲板) dék; geladak ⊙ 갑판선원 kelasi geladak. 갑판여객 penumpang geladak. 갑판장 kepala kelasi; mandor kapal
값 ①【가치】 harga; nilai ¶값(이)있다 berharga; bernilai; bermanfaat; berguna; berfaédah/값(이)없다 tidak berharga; tak ternilai; tak berguna/값을 치르다 membayar ②【가격】 harga; nilai
값(이)가다 ¶값(이)나가다 berharga; mahal ①【가치, 의의】 nilai ②【수학】 nilai ¶x의 값을 구하라 Tentukan nilai dari x
값어치 harga; nilai ¶ 값어치가 있다 berfaédah; bernilai
값지다 ①【물건 등이 가치가 있다】 mahal; berharga ②【보람 · 의의 등이 있다】 berharga
갓[1] ①【머리에 쓰는】 *gat;* topi Korea yang dibuat dari bambu dan bulu kuda ②【전등의】 kap ⊙ 갓끈 tali topi ⟪*yang diikat erat di bawah dagu*⟫. 전등갓 kap lampu
갓[2] 【식물】 daun mostar ⊙ 갓 김치 *kimci* daun mostar
갓[3]¶고사리 한 갓 seikat (serangkai) pakis yang dikeringkan
갓[4] ①【방금】 baru; langsung dari ②【나이 앞에서】 baru saja; masih; tepat; hanya; tidak lebih dan tidak kurang dari
갓난아이, 갓난애 bayi yang baru lahir; bayi mérah
강(江) sungai ⊙강바닥 dasar sungai. 강어귀 muara sungai
강 hébat; kuat; kasar; tajam; parau ¶강추위 kedinginan yang hébat
강가(江-) pinggir (tepi) sungai
강간(强姦) perkosaan; pelanggaran 강간하다 memperkosa; mengganggu; melanggar ¶강간당하다 diperkosa ⊙ 강간미수 percobaan perkosaan. 강간범 pemerkosa
강강술래 ①【춤】 *ganggangsulae;* tari lingkaran tradisional ⟪dengan perempuan di bawah terang bulan purnama⟫ ②【노래】 réfréin yang sejalan dengan tarian
강건(康健) ketegapan; kekokohan; kejantanan; kegagahan 강건하다 kokoh; tegap; jantan; berani
강건(强健) keséhatan yang kuat 강건하다 tegap; séhat; kuat;
강견(强堅) bahu yang kuat; tangan besi ¶강견한 berbahu kuat
강경(强硬) 강경하다 kuat; keras; kokoh; tegas; tak mau mundur; keras kepala; tidak kenal kompromi; tidak mau berdamai ¶강경히, 강경하게 dengan keras (kuat); dengan kokoh (teguh); dengan pasti ⊙ 강경수단 tindakan tegas. 강경파 golongan yang keras
강고(强固) ¶강고한 kuat; kokoh
강구(講究) pertimbangan 강구하다 mempertimbangkan; mencari akal; memikirkan; merencanakan
강국(强國) negara kuat
강굽이(江-) tikungan (belokan; lekukan) sungai
강권하다(强勸-) mendesak; menekan; menancap; memaksa
강권(强權) ⟪kekuatan⟫ wibawa; kekuasaan sewenang-wenang; wibawa yang sah ¶강권적 otoritér; berkuasa sendiri; sewenang-wenang ⊙ 강권정치 politik

kekuasaan (sewenang-wenang)
강기(剛氣) ketetapan; ketabahan; keuletan
강기슭(江-) pinggir (tepi) sungai
강남(江南) 【서울의】 Gangnam; distrik di selatan sungai Han
강낭콩(江南-) 【식물】 kacang buncis
강단하다(降壇-) turun dari mimbar (podium)
강단(剛斷) ①【결단력】 penentuan; kekerasan hati; ketegasan; ketetapan hati; kebulatan tekad ②【끈질김】 ketabahan hati; ketekunan ¶강단이 있는 keras hati; tabah hati; kuat bertahan
강단(講壇) ①【연단】 podium ((untuk ceramah; kuliah)); (설교단) mimbar ¶강단에 서다 berdiri di atas podium; memberikan khotbah; berkhotbah ②【대학】 ¶강단에 서다 mengajar di perguruan tinggi
강당(講堂) aula; auditorium; ruang majelis
강대(强大) 강대하다 besar dan sangat kuat; adidaya; hébat ⊙강대국 negara adidaya; negara yang sangat kuat
강도(强度) tingkat (kadar) kekuatan (kehébatan; intensitas); 【단단하기】 tingkat kekerasan; kepadatan; kerasnya
강도(强盜) perampok; penyamun; pembegal; pencuri; pembongkar rumah ⊙ 강도질 pembongkaran dan pencurian; perampokan; pembégalan. 권총강도 penodong dengan pistol; perampok berpistol. 무장 【복면】강도 perampok bersenjata 【bertopéng】. 살인강도 죄 kejahatan perampokan dan pembunuhan
강독(講讀) bacaan 강독하다 membaca; membacakan
강동거리다 meloncat; melompat-lompat dengan ringan; berloncat-loncat
강동하다 péndék; cébol
강둑(江-) tanggul (pematang) sungai; bendungan; tebing sungai
강등(降等) penurunan pangkat 강등하다 menurunkan; merendahkan ¶강등되다 menurunkan pangkat yang lebih rendah
강력(强力) 강력하다 kuat; keras; kokoh ⊙ 강력범 【법률】 kejahatan yang kejam; tindakan pidana yang tergolong berat; 【사람】 penjahat yang kejam
강렬하다(强烈-) kuat; keras; menyolok; tajam
강령(綱領) ikhtisar; pokok; prinsip (asas) umum ⊙ 십대 강령 10 program pokok
강론(講論) 【학술의】 kuliah; ceramah; pembicaraan; pembahasan; diskusi; 【교리의】 khotbah; pengajaran; ajaran 강론하다 memberi kuliah; berceramah; menguraikan secara terperinci; menghajar; membaca khotbah; berkhotbah
강림(降臨) turun dari langit (Surga); kedatangan; datangnya. 강림하다 turun dari Surga; turun ke bawah; menurun; datang
강마르다 ⇒깡마르다 menjadi kurus kering
강매(强賣) téknik (taktik) menjual yang keras dan agrésif 강매하다 menjual dengan cara agrésif; memaksa untuk membeli
강목(綱目) garis besar (skéma) yang umum; pokok; intisari
강바람 angin keras yang tidak membawa hujan; angin kering
강박(强迫) paksaan; tekanan; ketegangan; ketidakleluasaan; kekerasan
강박관념(强迫觀念) obsési; pikiran yang selalu menggoda hati; pikiran (idé) yang mendesak; gangguan pikiran; kompléks ketakutan
강변(江邊) tepi (pinggir) sungai ⊙ 강변도로 jalan pinggir sungai
강변(强辯) dalih yang bertélé-télé 강변하다 berdalih bertélé-télé
강병(强兵) tentara (laskar; serdadu) yang kuat; angkatan bersenjata yang kuat ⊙ 부국강병 negara kaya dengan angkatan bersenjata sangat kuat
강보(襁褓) kain bedung; kain pembarut dada bayi; oto 강보에 싸다 membedung; membarut bayi dengan bedung
강보합(强保合) ¶강보합의 kecenderungan akan naik
강복(降福) 【가톨릭】 berkah 강복하다

memberi berkah; memberkahi; merestui; mendoakan

강북(江北) 【서울의】 Ganbguk; distrik di utara sungai Han

강사(講士) pembicara; ahli pidato; penceramah

강사(講師) dosén;; pemberi kuliah; penceramah; guru ⊙ 시간강사 dosén honorér; dosén biasa; 【중 · 고교의】 guru untuk setengah waktu (sebagian waktu). 전임강사 dosén penuh (tetap)

강삭(鋼索) kawat (kabel) besi ⊙강삭철도 kereta kabel

강산(江山) sungai dan gunung; 【강토】 negeri asal; tanah kelahiran ¶삼천리금수 강산 negeri Korea yang indah

강생(降生) inkarnasi; penjelmaan; kelahiran kembali 강생하다 menjadi penjelmaan; dilahirkan kembali

강선(鋼線) kawat baja

강설(降雪) salju yang turun ⊙ 강설량 jumlah salju yang turun

강성(剛性) kekerasan; kekakuan; ketegaran

강성하다(强盛-) sangat kuat; makmur; maju 강성해지다 menjadi kuat dan makmur

강세(强勢) ①【음의】 tekanan; aksén; logat; bunyi(nada) yang kuat (tetap) ¶강세를 두다 menekankan; menegaskan; memberi (menaruh) tekanan ②【강한 기세】 keadaan menguat

강속구(强速球) 【야구】 bola cepat; kecepatan bola; bola keras ⊙ 강속구 투수 pelempar bola kuat

강수량(降水量) ⇒ 강우량 jumlah curah hujan

강술 minuman keras tanpa ada cicipan makanan kecil

강술(講述) uraian secara terperinci 강술하다 menerangkan secara terperinci; memberi kuliah

강습(强襲) serangan; penyerangan 강습하다 *menyerang dengan* keras; menggempur

강습(講習) kursus latihan ((yang singkat)); pelajaran 강습하다 menghadiri kuliah; mengambil kursus (pelajaran); mengikuti kelas (pelajaran) ⊙ 강습생 pelajar; siswa (pengikut) latihan. 강습소 lembaga memberikan kursus yang singkat; sekolah latihan. 강습회 kursus; kelas ((pelajaran)). 요리 강습회 kursus memasak

강신술(降神術) spiritualisme; semacam ilmu wasitah

강심장(强心臟) hati keras

강심제(强心劑) obat yang memperkuat jantung; obat perangsang jantung

강아지 anak anjing; pupi

강아지풀 【식물】 sejenis rumput

강압(强壓) paksaan; kekerasan; penindasan; tekanan; penekanan; penahanan; 강압하다 memaksa; menindas; menekan; menahan ¶강압적인 memaksa sewenang-wenang ⊙ 강압수단 tindakan yang kejam (yang menindas; yang sewenang-wenang)

강약(强弱) ①【셈과 약함】 kekuatan dan kelemahan ②【강자와 약자】 yang kuat dan yang lemah ③【음의】 tinggi rendah nada (irama)

강어귀(江-) muara (mulut) sungai; kuala

강연(講演) kuliah; ceramah; pidato 강연하다 memberikan kuliah; mengadakan pidato; berbicara; berpidato ⊙ 강연료 biaya ceramah (penceramah). 강연자 pembicara; penceramah; ahli pidato. 강연회 pertemuan ceramah. 시국강연 ceramah mengenai keadaan (situasi) sekarang

강온(强穩) kekerasan dan kelunakan

강요(强要) pemerasan; pemaksaan 강요하다 meminta dengan kekerasan (dengan keterlaluan); memeras; memaksa

강요(綱要) unsur; dasarl garis besar; ringkasan; ikhtisar ⊙ 심리학 강요 dasar ilmu jiwa

강우(降雨) curah hujan ⊙ 강우기 musim hujan. 인공강우 hujan buatan

강우량(降雨量) ⇒ 강수량 jumlah curah hujan

강의(講義) kuliah; ceramah; pidato 강의하다 memberi kuliah; memberi kursus ⊙ 강의록 catatan kuliah. 강의실 ruang kuliah. 공개강의 kelas (ceramah) yang

terbuka
강인(强靭) kekerasan 강인하다 kuat dan keras; tegap; tegar; teguh ⊙ 강인성 kekuatan; kekerasan; solidaritas
강자(强者) orang yang kuat; orang yang berkuasa ¶강자와 약자 orang yang kuat dan lemah
강장(强壯) ketegapan; keséhatan 강장하다 menjadi séhat dan kuat (tegap)
강장제(强壯劑) obat penguat; obat pemulih keséhatan; pil perangsang
강재(鋼材) baja; bahan mentah; 【압연 강】 baja yang digulung; baja gulung
강적(强敵) musuh yang kuat
강점(强點) titik kekuatan; keunggulan
강점(强占) 강점하다 memiliki dengan kekerasan; merebut; merampas; menduduki dengan paksa ⊙ 강점기 masa pendudukan
강정 *gangjeong;* kué yang dibuat dari beras ketan
강정제(强精劑) obat penguat; pil penambah kekuatan éktra; pil super poténsi
강제(强制) paksaan; kekerasan; keharusan 강제하다 memaksa; memaksa untuk melakukan ¶강제적인 terpaksa ⊙ 강제결혼 kawin paksa; perkawinan dengan paksaan. 강제송환 déportasi; pemulangan ke negara asal dengan paksaan; pengusiran dari suatu negara. 강제수용소 kamp konséntrasi. 강제집행 éksékusi paksa
강제노동(强制勞動) wajib kerja; pemaksaan kerja ¶강제 노동을 시키다 menyuruh bekerja paksa ⊙ 강제노동자 수용소 kamp pekerja paksaan
강조(强調) titik berat; penekan; tekanan ((suara)); penegasan; akséntrasi 강조하다 memberi tekanan; menekan; menitik beratkan; menempatkan tekanan pada ⊙ 방화【방범】 강조주간 minggu pencegahan kebakaran 【kejahatan】
강좌(講座) ①【강습의】 kursus; kuliah; ceramah ②【강석】 kursi dosén; kursi pembicara ③【대학의】 jabatan; jabatan dosén (guru besar) ⊙ 공개강좌 kuliah terbuka. 특별강좌 kursus spésial
강직(强直) kekakuan 강직하다 menjadi kaku (keras)
강직(剛直) intégrasi; kejujuran; ketulusan 강직하다 jujur (tulus); tak dapat disuap; tidak korupsi; mempunyai ahlak teguh
강진(强震) gempa bumi yang hébat (dahsyat)
강짜 kecemburuan ((yang tidak beralasan)); cemburu buta 강짜부리다 memperlihatan kecemburuan
강철(鋼鐵) baja; besi keras ⊙ 강철선(線) kawat baja. 강철판 pelat baja
강촌(江村) désa di pinggir (tepi) sungai
강추위 cuaca dingin dan kering
강타(强打) pukulan keras; pukulan yang kuat 강타하다 memukul dengan keras; menghantam; memberi pukulan keras ⊙ 강타자 pemukul kuat
강탄(降誕) kelahiran 강탄하다 dilahirkan; menjadi menjelma ⊙ 석존 강탄제 perayaan kelahiran Budha
강탈(强奪) perampokan; perampasan; penggarongan; 강탈하다 merampas; merampok; merebut ¶강탈당하다 dirampok ⊙ 강탈 물 barang rampasan. 강탈자 perampas; perampok
강판(薑板) parut; pemarut; parutan; kukur ¶강판에 갈다 memarut
강판(鋼板) lembaran baja
강평(講評) koméntar; kritikan 강평하다 mengoméntar; mengeritik
강폭(江幅) lébarnya sungai
강풍(强風) angin yang kuat; angin kencang; hembusan taufan ⊙ 강풍주의보 peringatan akan terjadi angin kencang
강하(降下) kejatuhan; turunnya; penurunan; guguran 강하하다 jatuh; turun; gugur ⊙ 급강하 menjungkir; menukik
강하다(强-) ①【비 · 바람 등이】 kencang ②【수준 · 정도 · 힘 · 세력 등이】 kuat; keras kokoh ③【뛰어나다】 baik ④【잘 견디다】 tahan
강행(强行) pemaksaan; pelaksanaan keras 강행하다 memaksa kerjakan; mengerjakan; mendorong maju
강행군(强行軍) baris berbaris terpaksa; baris paksa 강행군하다 meneruskan (melaksanakan) baris berbaris terpaksa

강호(江湖) umum ¶강호의 제현 rakyat umum; orang banyak
강호(强豪) kawakan; 《pemain》 yang berpengalaman; véteran; purnawirawan
강화(强化) 강화하다 memperkuat; memperkukuh; menjadikan kuat (keras); mengkonsolidasikan ⊙ 강화미(米) beras yang tinggi nilai gizinya. 강화식품 makanan yang diperkaya 《vitamin》. 강화유리 kaca pengaman
강화(講和) perdamaian; perukunan kembali 강화하다 membuat (menandatangani) perdamaian ⊙ 강화조약 perjanjian perdamaian.
갖가지 segala macam
갖다[1] mempunyai segala macam (jenis)
갖다[2] ⇒ 가지다 mengambil
갖다 주다 membawakan
갖바치 pembuat sepatu kulit
갖신 sepatu dari bulu binatang
갖은 semua; segala; seluruh; yang menyeluruh
갖저고리 mantel bulu
갖추 secara lengkap; segala macam
갖추다 ①【준비를】 menyiapkan; siap; memiliki; melengkapi ②【시설 · 기능 등을】 ¶형식을 갖추어 dengan (menurut) formalitas ③【자격·재능 ·자질 등을】 memenuhi
갖풀 lém; perekat ¶갖풀로 붙이다 menémpélkan dengan lém
같다 ①【동일하다】 sama; serupa ②【동등하다】 sama ¶꼭 같다 persis sama; persis serupa ③【보기에】 seperti ④【마찬가지】 hampir; mirip; serupa ⑤【종류】 ¶… 같은 seperti itu; serupa itu; sebagaimana ⑥【추측】 kelihatannya seperti; seakan-akan; seolah-olah ⑦【가정】 jika seperti itu ⑧【…다운】 ¶사람 같은 사람 pria sejati ⑨【공통】 lazim; umum; biasa
같은 값이면 jika harganya sama; jika hal-hal lain sama
같이 ①【같게】 seperti; sebagai; dengan cara yang sama ②【공평하게】 sama ③【처럼】 seperti; seakan-akan; seolah-olah ④【함께】 bersama-sama ⑤【동시에】 pada waktu yang sama; pada saat yang bersamaan
같이하다 melakukan bersama-sama
같잖다 sepélé; réméh; tidak berarti; tidak berharga; tidak bernilai; tidak penting
갚다 ①【돈을】 membayar; melunasi; mengembalikan; memberéskan rékening ②【물건을】 mengganti; (보상) mengganti kerugian; ③【보답】 membalas 《jasa》; menghadiahkan ④【보복 · 원수를) membalas dendam
개 ①【동물】 anjing ¶사냥개 anjing pemburu/ 똥개(잡종) anjing baster; anjing kampung/수개 anjing jantan/암캐 anjing betina ②【비유적】 ¶개돼지 같은 놈 orang yang kejam dan kasar; jahanam; bangsat; binatang buas
개(介 · 個 · 箇) satuan 《buah, potong, dan lain-lain》
개가(改嫁) pernikahan (perkawinan) lagi 《wanita》 개가하다 kawin lagi; menikah lagi 《wanita》
개가(凱歌) lagu kemenangan; keberhasilan
개각(介殼) kulit kerang
개각(改閣) perubahan (perombakan; pergantian) susunan kabinét 개각하다 mengganti (mengubahkan) susunan kabinét
개간(改刊) révisi; cétak ulang 개간하다 mencétak kembali; mencétak édisi yang telah diperbaiki
개간(開墾) pembukaan hutan; cocok tanam 개간하다 sedang diolah 《tanah》; membuka tanah (hutan); bercocok tanam; membudidayakan ⊙ 개간사업 usaha pembangunan (perkembangan) tanah. 개간지 tanah yang dibangun (dikembangkan). 미개간지 tanah perawan; tanah yang belum digarap
개강(開講) permulaian kuliah (ceramah) 개강하다 memulai(membuka) kuliah
개개(箇箇) satu demi satu; potong demi potong; 【모두】 semua; segala; seluruh
개개인(個個人) setiap orang; pribadi; perseorangan; tersendiri; individuil ¶개개인의 individu; perseorangan
개고기 ①【고기】 daging anjing ②【막된 사람】 penjahat; buaya darat

개골창 selokan; gorong-gorong; saluran air dalam tanah; saluran pembuangan
개과(改過) perbaikan cara-cara (hal-hal) yang salah 개과하다 memperbaiki caranya (halnya); bertobat
개관(開館) pembukaan; peresmian 개관하다 membuka ⟪gedung⟫ ⊙ 개관식 upacara pembukaan
개관(概觀) penyelidikan (pemeriksaan; pengamatan; pandangan) secara umum; survéi umum 개관하다 meneliti; menyelidik; memeriksa; meninjau; menyuvai
개괄(概括) ringkasan; ikhtisar; rékapitulasi; 【논리학】 penyamarataan 개괄하다 menyimpulkan; meringkaskan ¶개괄적인 umum /개괄해서 말하면 secara keseluruhan; pada umumnya
개교(開校) pembukaan sekolah 개교하다 membuka sekolah ⊙ 개교기념일 hari peringatan pembukaan sekolah. 개교식 upacara pembukaan sekolah
개구리 katak; kodok ¶우물 안 개구리 katak di bawah tempurung; orang yang berpandangan sempit; orang yang picik ⊙ 개구리헤엄 berenang gaya katak. 식용개구리 kodok yang dapat dimakan
개구멍 lubang kecil ⊙ 개구멍바지 celana bayi dengan belahan di bagian pantat
개구쟁이 anak laki-laki yang nakal ¶개구쟁이 짓을 하다 berbuat nakal
개국(開國) pendirian negara 개국하다 mendirikan (membuka) negara; membuka negeri untuk hubungan luar negeri ⊙ 개국공신 kontributor pendiri
개국하다(開局-) 【방송국 등의】 membuka stasiun radio
개굴개굴 ⇒ 개골개골
개그 lawakan; banyolan; jenaka; lelucon; olok-olok; kelakar ¶개그를 하다 melawak; membanyol; berjenaka; melucu ⊙ 개그맨 pencipta lawak-lawak; pelawak
개근(皆勤) kehadiran yang teratur 개근하다 tidak absén
개기(皆旣) 【천문학】 gerhana total (sempurna) ⊙ 개기월식 gerhana bulan total. 개기일식 gerhana matahari total
개기다 mengabaikan; mempedulikan; tidak mengindahkan
개기름 keminyakan; perminyakan ¶개기름이 흐르는 얼굴 kulit berminyak
개꼴 ①【모양】 bentuk yang buruk (jelék); kondisi yang tidak baik; keburukan; kejorokan ②【체면】 aib; kehilangan muka; penghinaan ¶개꼴이 되다 membuat malu; memalukan diri sendiri
개꿈 mimpi bohong ¶개꿈을 꾸다 mimpi konyol
개나리 【식물】 bunga berbentuk loncéng emas; bunga forsitia kuning emas
개념(概念)idé besar; gagasan umum; konsép; pendapat; pikiran ¶개념적(인) konsépsional; bersifat konsép; yang mengkonsép /개념화 konséptualisasi/ 개념화하다 mengkonséptualisasikan ⊙ 기본개념 konsép dasar; pemikiran fundaméntal
개다[1] 【날씨, 안개 등이】 menjadi terang; berhenti ⟪hujan; salju turun⟫; jernih kembali ¶비가 갰다 Hujan sudah berlalu.
개다[2] 【물에】 melunakkan dengan air; menguli (meremas-remas) adonan; mengadoni ¶밀가루를 개다 menguli (meremas-remas) adonan
개다[3] 【접어서】 melipat; membéréskan (membalik) ⟪sepréi⟫ ¶이부자리를 개다 melipat (membéréskan; membalik) perlengkapan tempat tidur (sprai; bantal dan lain-lain)
개다리 kaki anjing ⊙ 개다리 밥상 penyiapan makanan yang sederhana. 개다리질 kebiasaan(kelakuan) yang menjijikkan
개돼지 ¶개돼지 같은 사람 orang yang kejam
개떡 kué yang dibuat dengan tepung yang kasar
개 떡 같다 ⇒ 개똥같다
개똥 kotoran anjing ⊙ 개똥철학 filsafat éjékan (sindiran)
개똥같다 tidak ada harga; tidak berarti; sia-sia; sampah ¶개똥같이 여기다 menganggap tidak berarti; tidak perduli sedikitpun
개똥밭 ①【건밭】 ladang yang subur ②【더

러운 곳】 tempat yang penuh dengan kotoran anjing
개똥벌레 【곤충】 kunang-kunang
개략(槪略) garis besar; ringkasan; singkatan ¶개략하면 dengan kasar; secara garis besar
개량(改良) perbaikan; pembetulan; penambahan; réformasi 개량하다 membuat lebih baik; menambah; memperbaiki; membetulkan ⊙ 개량 형 vérsi modifikasi; modél yang telah diperbaiki. 사회개량 réformasi (pembaruan) sosial
개런티 garansi; jaminan
개론(槪論) penelitian; pengantar; penyelidikan; pengenalan; perkenalan 개론하다 mengenalkan; memperkenalkan; mengadakan penelitian
개막(開幕) permulaan pertunjukan 개막하다 memulai pertunjukan; menaikkan layar ⊙ 개막전【경기】pembukaan pertandingan (permainan). 개막식 upacara pembukaan
개망나니 orang kasar
개망신(-亡身) malu; penghinaan
개머리 pentung; ujung; popor; tangkai; gagang ⊙ 개머리판 gagang senapan; tangkai (popor) bedil
개명(改名) perubahan (pergantian) nama 개명하다 merubah nama menjadi; mengganti nama
개명(開明) peradaban 개명하다 menjadi beradab
개미 semut; geramang (붉은 개미) ⊙ 개미구멍 lubang (sarang) semut. 개미굴 terowongan (lubang) semut. 개미떼 sekawanan (kerumunan) semut
개미핥기 【동물】 trenggiling
개미허리 pinggang langsing (ramping)
개발(開發) pengembangan; pembangunan; éksploitasi; pendayagunaan 개발하다 mendayagunakan; mengembangkan; memperkembangkan; mengolah; mengéksploitasi ⊙ 개발도상국가 negara yang sedang berkembang
개발새발 ⇒ 괴발개발
개발코 hidung pésék
개밥 makanan anjing ¶개밥에 도토리 orang yang diasingkan; orang buangan; (구어체) orang yang dicuekin
개방(開放) pembukaan 개방하다 terbuka; membuka diri; membuka untuk umum ¶개방적인 terbuka hati; berhati terbuka ⊙ 개방대학 Universitas Terbuka. 개방사회 masyarakat terbuka; masyarakat dalam menerima pengaruh luar
개백장 penangkap (pembunuh; penjual) anjing
개버딘 kain gabardin
개벽(開闢) penciptaan; permulaan dunia; dunia diciptakan ¶개벽 이래 sejak permulaan dunia; sejak dunia mulai
개변(改變) pembaharuan; baru; perubahan penyusunan kembali 개변하다 menyusun kembali; memperbaharui; mengadakan pembaruan
개별(個別) individu; orang-perorangan ¶개별적으로 secara individu (pribadi); secara perseorangan; terpisah
개복(開腹) 【의학】 개복하다 membedah perut ⊙ 개복수술 operasi abdomén (daérah perut); pembedahan perut; ventrotomi; laparatomi
개봉(開封) pembukaan; pembukaan ségél; 【영화의】 pertunjukkan (permutaran) perdana 개봉하다 membuka ségél; mengadakan pertunjukkan (memutar film) perdana; dirilis; diluncurkan ⊙ 개봉관 bioskop pemutar perdana
개비 potongan; batang; serpihan kayu ¶성냥 한 개비 sebatang korék api
개산(開山) 【절을 세움】 pembukaan kuil Budha ⊙ 개산날(일) Hari Pembukaan Kuil Budha
개산(槪算) perkiraan (perhitungan) kasar 개산하다 membuat perkiraan kasar; membuat kalkulasi
개살구 buah aprikot liar ¶빛 좋은 개살구다 tidak sebaik kelihatannya (nampaknya); tidak sebagus rupanya
개새끼 ①【개의】 anak anjing ②【개자식】 jahanam; bajingan
개서(改書) 개서하다 memperbarui ((cék dagang)); menulis kembali ⊙개서어음 cék dagang yang diperbarui
개선(改善) perbaikan; peningkatan 개선하

다 memperbaiki; membuat lebih baik; meningkatkan ⊙ 처우개선 perbaikan kondisi kerja. 개선책 rancangan perbaikan

개선(改選) pemilihan kembali 개선하다 memilih kembali

개선(凱旋) kemenangan kembali 개선하다【전쟁·경기 등에 이기고 돌아오다】berjaya kembali dari kemenangan ⊙ 개선가 lagu kemenangan; lagu pujian. 개선장군 jénderal yang menang

개설(開設) pembukaan; pendirian 개설하다 membuka; membangun; mendirikan ¶은행계좌를 개설하다 membuka rékening bank

개설(槪說) ringkasan; garis besar 개설하다 meringkas

개성(個性) sifat; karakteristik; sifat individu; kepribadian ¶개성을 발휘하다 memperlihatkan kepribadian

개성하다(改性-) merubah nama keluarga

개소(個所) tempat; bagian; titik sorot; ujung titik

개소리 omong kosong 개소리하다 membicarakan hal-hal yang bodoh (omong kosong)

개소주 *gaesoju;* jamu herbal disaring dari daging anjing, dimasak dengan berbagai rempah untuk pemulihan fisik

개수 ⇒ 설거지 ⊙ 개수통 émbér air pencuci piring; panci (baskom) untuk pencuci piring. 개숫물 ⇒ 설거지 물 air cucian (pencuci piring); air kotor (bekas pakai)

개수(個數) jumlah ¶개수를 확인하다 memeriksa jumlah

개수(改修) révisi; perbaikan 개수하다 memperbaiki; merévisi

개수(槪數) ⇒ 어림수 bilangan bulat; angka pembulatan

개수작 ucapan (perkataan) yang tolol (bodoh); omong kosong; océhan; perbuatan yang buruk

개시(開市) ①【시장을 엶】pembukaan pasar 개시하다 membuka pasar; mulai menjual ②【처음으로 물건을 파는 것, 마수걸이】penjualan pertama 개시하다 menjual pertama kali; menjual pertama hari itu

개시(開始) permulaan; pembukaan 개시하다(시작하다) memulai; membuka; mengawali; bermula

개식(開式) upacara pembukaan

개신(改新) pembaharuan; rénovasi 개신하다 merénovasi; membaharui; memperbaharui

개신교(改新敎) Protéstanitisme ⊙개신교도 Protéstan

개심(改心) perbaikan tingkah laku; perubahan moral 개심하다 memperbaiki tingkah laku; memperbaiki cara (jalan hidup); memulai hidup baru

개악(改惡) keadaan memburuk; perubahan buruk (jelék) 개악하다 merubah sesuatu pada hal yang lebih buruk; membuat perubahan semakin buruk

개안(開眼) ①【눈을 뜸】pemulihan pandangan; penglihatan mata; pembukaan mata ②【깨달음】kesadaran kembali kerohanian (batin); pencerahan 개안하다 menyadari pada kenyataan; membuka mata (menyadari) akan keindahan ⊙ 개안수술 operasi pemulihan penglihatan mata

개암 semacam buah kemiri ⊙ 개암나무 pohon hazel

개업(開業) pembukaan usaha; perdagangan 개업하다 memulai usaha; membangun usaha sendiri; membuka suatu usaha ⊙ 개업식 upacara pembukaan 《memulai》 usaha. 개업의(醫) dokter prakték (pelaksanaan)

개역(改易) perubahan; penggantian 개역하다 membuat perubahan; menggantikan

개역(改譯) penterjemahan kembali 개역하다 menterjemahkan lagi ⊙ 개역 판 édisi yang telah dirévisi

개연성(蓋然性) kemungkinan; peluang ¶개연성이 있다 ada kemungkinan

개오(改悟) kesadaran rohani (spiritual); perbaikan 개오하다 perbaiki diri sendiri; sadar secara spiritual

개요(槪要) ringkasan; garis besar; iktisar

개운하다 ①【몸이 상쾌하다】merasa segar kembali; merasa baik (séhat; lega) ②

【음식 맛이 시원하다】 penyegaran
개울 selokan; sungai kecil; anak sungai; aliran air; parit
개원(開院) ①【국회의】 pembukaan Gedung Déwan Perwakilan Rakyat 개원하다 membuka Gedung DPR ②【기관·병원 등의】 개원하다 membuka lembaga(rumah sakit) ⊙ 개원식 upacara pembukaan Gedung DPR (lembaga)
개의(改議) diskusi (pertimbangan) kembali 개의하다 mempertimbangkan kembali; diskusi lagi
개월(個月) bulan
개의(介意) perhatian 개의하다 memberikan perhatian; memikirkan; mengambil hati ¶개의치 않다 tidak perduli; tidak mengingat; tidak tertarik; tidak acuh; tidak memberi perhatian
개인(個人) individu; perorangan; 【사인(私人)】 pribadi; individu dalam kapasitas (daya tampung) seseorang secara pribadi ⊙ 개인기 ketrampilan individual. 개인전(展) 1). paméran pribadi; 2). paméran tunggal. 개인파산 gulung tikar; (재판에 의한) pailit. 개인교수 lés privat. 개인소득 pendapatan perorangan. 개인주의 individualisme
개입(介入) intervénsi; campur tangan 개입하다 mencampuri
개자식 ⇒ 개새끼②
개작(改作) adaptasi; saduran; penulisan lagi 개작하다 menggubah (mengarang) lagi; menyadur; menyusun lagi ⊙ 개작 자 adaptor; penyadur
개잠(改-) ¶개잠들다 tertidur sebentar
개장 ⇒ 개장국
개장(改葬) pemakaman kembali 개장하다 mengubur kembali
개장(改裝) pembentukan lagi; penukaran; perubahan modél 개장하다 membentuk lagi; mendékorasi ulang; mengubah modél
개장(開場) pembukaan 개장하다 membuka ⊙ 개장식 upacara pembukaan
개장국(-醬-) sup dimasak dari daging anjing
개재(介在) intervénsi; yang ikut campur 개입하다 ikut campur; mengintervénsikan; terletak di antara; menengahi
개전(改悛) 【개심】 penyesalan; perbaikan 개전하다 memperbaiki cara seseorang; menyesali; bertobat
개전(開戰) pernyataan perang terbuka; perang pecah 개전하다 perang terjadi; mengumumkan (menyatakan) perang
개점하다(開店-) ①【개업, 영업을 처음 시작하다】membuka toko ②【그날의 영업을 시작하다】membuka toko pada hari ini ⊙ 개점시간 jam pembukaan toko
개정(改正) perbaikan amandemén; penyataan kembali; pergantian; perubahan 개정하다 mengubah; merubah; révisi; memperbaiki ⊙개정시간표 jadwal dirévisi. 개정안 amandemén; rancangan undang-undang yang dirévisi
개정(改訂) perbaikan 개정하다 memperbaiki ⊙개정증보판 édisi yang dirévisi dan dibesarkan. 개정판 édisi révisi
개정(改定) réformasi; perubahan 개정하다 mengubah
개정하다(開廷-) mengadakan sidang pengadilan ¶개정중이다 sedang diadili
개제(改題) perubahan judul
개조(改造) pengubahan bentuk; rékonstruksi; pembangunan kembali 개조하다 mengubah (membentuk) kembali; merékonstruksi
개조(改組) ⇒ 개편(改編)
개조(開祖) pendiri sebuah sékte; pendiri ajaran agama; pendiri ajaran (kuil) Budha
개종(改宗) konvérsi; perubahan kepercayaan; peralihan agama 개종하다 beralih (berganti) agama; menjadi masuk agama Kristen; menjadi pengikut agama baru; mengkonvérsi
개종(開宗) 【불교】 pendirian ajaran Budha 개종하다 mendirikan ajaran (mazhab; sékte)
개죽음하다 mati konyol; mati dengan sia-sia; mati tanpa tujuan; mati tidak berarti
개 중(個中) di antara
개지랄 ¶개지랄마라 Jangan berlaku seperti seékor babi
개진(開陳) penyataan; penetapan 개진하

다 membuat pernyataan; menyatakan pendapat (pandangan)

개짐 pembalut kesēhatan; pembalut wanita

개집 kandang anjing.

개차반 sampah; orang yang tidak menyenangkan; orang jahat ¶그 놈은 개차반이다 Orang itu bréngsék.

개찰(改札) pemeriksaan karcis 개찰하다 memeriksa (melubangi) karcis (tikét) ⊙ 개찰구 pintu masuk pembawa karcis; pintu pemeriksaan karcis (tikét). 개찰원 pemeriksa tikét

개찰(開札) pembukaan penawaran

개척(開拓) pemanfaatan tanah; pembukaan hutan; éksploitasi; 【식민지의】 kolonisasi; penjajahan 개척하다 membuka lahan untuk bercocok tanam; memanfaatkan tanah ⊙ 개척민 penetap; penghuni tetap. 개척사업 usaha réklamasi. 개척자 pelopor; perintis; pionir; pemandu: 개척자 정신 semangat pelopor (perintis)

개천(開川) ⇒ 개울 selokan; parit; saluran

개천절(開天節) Hari Pembukaan (Pendirian) Nasianal (Korea)

개체(個體) individu; perseorangan ⊙ 개체 개념 (관념) konsépsi individu

개최(開催) penyelenggaraan 개최하다 menyelenggarakan ((rapat; pertemuan)); membuka((paméran seni));【의회가】 bersidang ⊙ 개최기간 masa (periode) di mana ((paméran; pekan perdagangan)) diselenggarakan. 개최일 hari yang ditetapkan. 개최지 tempat diselenggarakan. 개최국 tuan rumah

개축(改築) pembangunan kembali; rékonstruksi; perbaikan; pembaharuan 개축하다 mengubah bentuk; memperbaiki lagi; membangun kembali ⊙ 개축공사 rékonstruksi kerja; pekerjaan pembangunan kembali

개칠하다(改柒-) ①【글씨 · 획을】 mencorét dan menulis lagi ②【칠을】 menvernis lagi; mencat ulang

개칭(改稱) pemberian nama kembali; pembaharuan nama (judul) 개칭하다 menamai kembali; merubah nama (judul); memberi judul kembali

개키다 melipat dengan rapi

개탄(慨歎) penyesalan; ratapan; keluhan; sesalan 개탄하다 menyesalkan; meratap; mengeluh

개통(開通) pembukaan untuk lalu lintas 개통하다 dibuka untuk lalu lintas; 【교량의】 membuka jembatan secara resmi ⊙ 개통구간 bagian yang membuka (mengatur) lalu lintas. 개통식 upacara resmi pembukaan

개판(改版) révisi; édisi perbaikan; terbitan kembali 개판하다 menerbitkan kembali; menerbitkan édisi baru yang dirévisi

개판 berantakan; kacau ¶완전히 개판이군 Berantakan betul.

개펄 endapan lumpur; tanah pasang surut

개편(改編) réorganisasi; penyusunan kembali; réstrukturisasi 개편하다 meréorganisasi; menyusun kembali

개평 bagian cuma-cuma dari pemenang; sesuatu ((didapatkan)) dengan cuma-cuma ⊙ 개평꾼 penonton yang mengharapkan uang diberikan oléh para penjudi

개평(概評) pendapat; tinjauan (koméntar) umum; pandangan 개평하다 memberikan pendapat (koméntar) umum

개폐(開閉) pembuka dan penutup 개폐하다 membuka dan menutup ⊙ 개폐교 jembatan jungkatan (tarikan)

개표(開票) ⇒ 개찰 (改札)

개표(開票) perhitungan suara 개표하다 menghitung jumlah suara; membuka kotak suara ⊙ 개표감시인 pengawas penghitungan suara. 개표소 tempat penghitungan suara: 개표소 참관인 saksi penghitungan suara

개피떡 kué Korea yang diisi dengan selai kacang

개학(開學) permulaan sekolah 개학하다 memulai sekolah ((setelah masa libur))

개함(開函) pembukaan kotak suara; pemungutan suara 개함하다 membuka kotak suara

개항(開港) pembukaan pelabuhan 개항하

다 membuka pelabuhan 《untuk perdagangan luar negeri》

개헌(改憲) perbaikan konstitusi (undang-undang); révisi konstitusi 개헌하다 memperbaiki konstitusi (undang-undang) ¶개헌을 발의하다 mengusulkan améndemén konstitusi ⊙개헌안 rancangan perbaikan konstitusi (undang-undang dasar)

개혁(改革) réformasi; pembaharuan; penyusunan kembali; perubahan 개혁하다 memperbarui ⊙ 개혁자 inovator; pembaharu; pembuat perubahan

개화(開化) peradaban; penerangan 개화하다 beradab; berbudaya ⊙ 개화 국 negara beradab

개화기(開化期) ①【꽃이 피는 시기】 masa pemekaran; masa (musim) berbunga; keadaan sedang mekar ②【전성기】 masa (periode) peradaban ¶현대문명의 개화기 periode peradaban modern

개황(概況) situasi (keadaan; kondisi) umum; keadaan normal ⊙ 기상개황 kondisi (keadaan) udara

개회(開會) pembukaan rapat (pertemuan: sidang) 개회하다 membuka rapat (sidang) ⊙ 개회사 pidato pembukaan. 개회식 upacara pembukaan

객(客) ①【손님】 penumpang ¶일등객 penumpang kelas satu; kabin penumpang ②【군 · 쓸데없는】 tambahan; berlebih--lebihan; tidak berguna; kurang senonoh

객고(客苦) kelelahan karena perjalanan; keletihan; kelesuan; kecapekan ¶객고에 지치다 letih (lesu) karena perjalanan jauh dari rumah

객관(客觀) 【철학】【객관성】 objéktif; 【대상】 pandangan objéktif ¶객관적(客觀的) secara objéktif ⊙ 객관가치 kebenaran objéktif. 객관성 keobjékan; objéktivitas. 객관화 objéktifikasi

객관식(客觀式) objéktif (obyéktif); pilihan ganda 《tés》 ¶객관식 시험 tés objéktif

객기(客氣) keberanian buta; keberanian untuk memperlihatkan semangat ¶객기를 부리다 bertingkah laku oléh dorongan hati yang terburu-buru

객담(客談) pembicaraan sia-sia (tidak berguna) 객담하다 bercakap-cakap omong kosong; mengucapkan kata-kata yang tidak senonoh

객담(喀痰) pengeluaran dahak waktu batuk

객사(客舍) tempat penginapan

객사(客死) kematian jauh dari kampung halaman; kematian di tanah asing 객사하다 meninggal jauh dari kampung halaman; meninggal di negara asing; mati di perantauan

객석(客席) tempat duduk untuk tamu; kursi tamu

객선(客船) kapal penumpang

객소리(客-) omong kosong; omongan besar; ucapan (pembicaraan) yang tidak sepatutnya 객소리하다 bicara among kosong

객식구(客食口) orang yang bergantung (yang menumpang); orang yang bukan anggota keluarga sendiri

객실(客室) 【여관의】 kamar tamu; 【배의】 kabin penumpang; ruangan (kamar) penumpang

객원(客員) anggota tamu; anggota kehormatan; anggota tidak tetap ⊙ 객원교수 profésor (guru besar) tamu. 객원지휘자 konduktor (pemimpin orkéstra musik) tamu

객쩍다(客-) segan

객주(客主) ①【거간】 《agén》 pedagang komisionér ②【객주 집】 penginapan penjual (penjaja) pengeliling

객장(客場) ruang tunggu pelanggan

객지(客地) tanah (negeri) yang jauh dari kampung halaman; tempat asing

객차(客車) gerbong 《keréta api》 penumpang

객체(客體) objék; sasaran; tujuan

객혈(客血) muntah darah; batuk darah; pendarahan paru-paru; penyemburan darah; haemoptisis 객혈하다 menderita penyakit muntah darah

갤러리 ①【예술】 balai atau gedung kesenian ②【극장】 balkon; serambi

갤런 galon

갭 celah; jurang pemisah

갯가 tepi muara
갯값 harga murah
갯바람 angin laut
갯밭 ladang (lapangan) di tepi pantai suatu teluk kecil
갯벌 ⇒ 개펄
갱(坑) ①【갱내】 lubang (terowongan) di pertambangan ②【도랑】 saluran
갱【사람】 gangster; penjahat; bandit; perampok bersenjata api
갱구(坑口) terowongan tambang
갱내(坑內) dalam terowongan tambang ⊙ 갱내작업 pekerjaan di bawah tanah
갱년기(更年期) masa uzur; masa kritis; masa perubahan kehidupan orang; 【여성의】 ménopause; mati haid ⊙ 갱년기 장애 kekacauan di masa mati haid
갱도(坑道) ①【땅속의】 terowongan ②【광산의】 jalan terowongan
갱부(坑夫) penambang; pekerja tambang; penggali ¶갱부로 일하다 bekerja di pertambangan
갱생(更生) réhabilitasi; lahir (bangkit) kembali; hidup baru; 【정신적】 pembaharuan jiwa; kelahiran kembali 갱생하다 meréhabilitasi; memperbaiki 《méntal》; menyadarkan; dilahirkan kembali; menghidupkan lagi; hidup kembali ⊙ 갱생 원 pusat réhabilitas. 자력갱생 réhabilitasi mandiri
갱신(更新) ⇒ 경신 pembaruan 갱신하다 memperbarui
갱지(更紙) kertas buram
갸륵하다 mengagumkan; terpuji; dapat dikagumi
갸름하다 ¶그녀는 얼굴이 갸름하다 Wajahnya bulat lonjong.
갸륵하다 terpuji
갸우뚱하다 memiringkan 《kelapa》
갹출하다(醵出-) menyumbang; menjadi donatur
거간(居間) ①【행위】 usaha makelar (broker; pialang) 거간하다 bekerja sebagai makelar; bertindak sebagai perantara ②【사람】=거간꾼 broker; makelar; tengkulak; perantara
거개(擧皆) sebagian besar
거구(巨軀) badan yang tinggi besar; tubuh raksasa
거국적(擧國的) seluruh negeri; nasional ¶ 거국적으로 secara nasional
거금(巨金) ⇒ 거액, 큰돈 uang banyak; sejumlah besar uang
거금(距今) yang lalu
거기 ①【장소】 tempat itu; 【거기에】 di sana; di tempat itu ②【그 일 · 그 범위】 sejauh itu
거꾸러뜨리다 menjungkir; menjungkalkan; jenjatuhkan terbalik; 【뒤엎다】 menggulingkan; menumbangkan; 【죽이다】 membunuh; menéwaskan
거꾸러지다 ①【엎어지다, 넘어지다, 무너지다】 jatuh terjungkir; terjungkal; terguling; terjatuh; roboh ②【죽다】 mati
거꾸로 ①【위아래 · 안팎 · 앞뒤가】 terbalik; sungsang; terbalik; 【역으로】 cara (jalan) yang salah; 【오히려】 malahan; sebaliknya ②【순서가】 terbalik
-거나 ①【설사 …하더라도】 apapun ②【…든 …아니든】 apakah… atau ③【…한다든지】 atau
거나하다 (취하다) agak mabuk; setengah mabuk
거느리다 ①【부하 · 군사 등을 이끌다】 memimpin; menjadi pemimpin; 【지휘하다】 memimpin (memerintah) lasykar; memegang komando ②【가족 · 처자식 등을】 mempunyai; menanggung
거닐다 berjalan-jalan; berkeluyuran
거대하다(巨大-) sangat besar; besar sekali; hébat; dahsyat
거덜 나다 menjadi bangkrut; menjadi tidak punya uang
거동(擧動) kelakuan; tingkah laku 거동하다 berkelakuan; memperlakukan diri sendiri
거두(巨頭) pemimpin; tokoh terkemuka; orang penting; orang besar ⊙거두회담 konferénsi Tingkat Tinggi
거두다 ①【곡식 · 열매 등을】 memanén; memungut; mengumpulkan ②【세금 · 회비 등을】 memungut; mengumpulkan ③【성과 · 이익 등을】 mendapat; memperoléh ④【돌보다】 menjaga ⑤【말 · 눈물 · 웃음 등을 끝내다】 berhenti ¶눈물을 거두다 mengusap air mata

거두절미(巨頭截尾) pemotongan (penghilangan) awal dan akhir 거두절미하다 memotong awal dan akhir; meringkaskan ¶거두절미하면 memotong cerita panjang menjadi péndék

거드럭거리다 berkelakuan congkak; sombong; memamérkan; beraksi; sok aksi

거드름 sikap (kelakuan) congkak (sombong); keangkuhan

-거든 ①【가정 · 조건】 asal saja; jika saja; ketika ②【더구나】 masih lebih ③【놀라움】 tentu saja; sungguh-sungguh

거들 korsét

거들다 ①【일을】 menolong; membantu ②【말을】 mendukung

거들떠보다 melihat sekilas; memberi (menaruh) perhatian

거들먹거리다 berlagak; bertindak dengan arogan (sombong)

거듭 lagi; berulang; mengulang; wanti-wanti

거듭거듭 berulang-ulang; berulang kali; berkali-kali

거듭나다 dilahirkan kembali; menjadi orang baru; menjadi hidup kembali

거듭하다 nengulangi; mengerjakan kembali

거뜬하다 ⇒ 가뜬하다

거뜬히 dengan mudah; tanpa kesulitan

거란(渠丹) suku Tungustik di Mancuria

거래(去來) transaksi; perdagangan; perniagaan; pinjam-meminjam; jual-beli 거래하다 berdagang; berniaga; transaksi bisnis ⊙ 거래조건 syarat dan kondisi usaha. 신용거래 transaksi krédit. 증권거래소 pasar (kantor) bursa. 현금거래 jual beli dengan tunai

거래처(去來處) langganan; kenalan bisnis; 【전체】 hubungan bisnis

거론하다(擧論-) menyebut; membuat sebagai pokok pembicaraan (kritikan)

거룩하다 suci; kudus; agung; keagungan yang mulia ¶거룩하신 하느님 Tuhan yang Maha Suci

거룻배 sampan; perahu kecil dari kayu bulat; sekoci; jongkong

거류(居留) tempat tinggal; pemukiman; kediaman 거류하다 bertempat tinggal 《di》; tinggal; menetap; bermukim ⊙ 거류민 penduduk 《asing; luar negeri》; penghuni; pemukim: 거류민단 kelompok pemukim

거르다[1] 【여과】 menyaring; menapis

거르다[2] 【차례를】 berselang; melompat; meloncati; melampaui ¶점심을 거르다 berpuasa makan siang

거름 pupuk; rabuk; kotoran; kompos 거름하다 memupuk ¶똥거름 pupuk kandang

거리[1] bahan; menyebab ¶웃음거리 bahan olok-olok; bahan tertawaan; bahan cemoohan; sasaran éjékan/걱정거리 penyebab kecemasan

거리[2] ①【길거리】 jalan ②【항간】 daérah; kota yang ramai; tempat tinggal ¶거리의 소문 desas-desus di kota ⊙ 네거리 perempatan; jalan simpang empat. 삼거리 jalan simpang tiga

거리(距離) ①【공간적】 jarak; 【간격】 jurang pemisah; 【차이】 perbédaan ②【심리적】 jarak ⊙ 장【중 · 단】거리 jarak jauh 【menengah · péndék】. 장거리전화 télepon interlokal. 착탄거리 jarak témbak

거리끼다 【방해】 dihalangi; dirintangi; dicegah; ditahan; 【망설임】 ragu-ragu untuk mengerjakan; keberatan untuk mengerjakan; 【마음에】 menjadi beban (memberatkan) pikiran

거마(車馬) kuda dan kendaraan ⊙ 거마비 biaya transportasi; ongkos jalan; biaya angkutan

거만(倨慢) kesombongan 거만하다 (menjadi) sombong; bersikap sombong; angkuh ¶거만을 떨다 menyombongkan diri; berlagak; bersikap angkuh

거머들이다 mengambil 《semuanya》 dengan rakus

거머리 ①【동물】 lintah ¶거머리처럼 달라붙다 lengket seperti lintah ②【사람】 lintah darat

거머잡다 merebut; meraih; mengambil (menyerobot; mencengkram) dengan rakus

거머쥐다 ⇒ 거머잡다 ¶기회를 거머쥐다 mengambil kesempatan

거멓다 menjadi hitam (gelap); hitam pekat

거목(巨木) ①【큰 나무】 pohon yang luar biasa besarnya ②【큰 인물】 orang besar

거무스름하다 kehitam-hitaman; kegelap--gelapan

거문고 【악기】 *geomungo;* alat musik Korea; kecapi yang bertali enam

거물(巨物) tokoh besar; tokoh terkemuka; orang penting

거미 labah-labah ⊙ 거미집 jaringan (sarang) labah-labah

거미줄 ①【거미가 친】 jaringan labah-labah; sawang ¶목구멍에 거미줄 치다 miskin; lapar sekali; menjadi lapar ②【비상선】 jala; pukat; aparat pencaharian

거반(居半) hampir semua

거병하다(擧兵-) mengangkat senjata; menyiagakan tentara

거보(巨步) langkah raksasa; langkah besar; 【공적】 préstasi yang cemerlang ¶ 거보를 내디디다 mengambil langkah (melangkah) besar ke depan

거 봐라 Lihat; Kamu tahui; Saya katakan juga apa!

거부(巨富) orang yang sangat kaya; milyunér

거부(拒否) penolakan; penyangkalan 거부하다 menolak; memvéto; membantah; mengapkir ⊙거부권 hak veto. 거부반응 réaksi buruk

거북(이) 【동물】 kura-kura; penyu

거북선 kapal perang dari besi yang kuat sekali berbentuk kura-kura ((dibuat pertama kali di dunia oléh Lee Sunsin, admiral angkatan laut Korea))

거북스럽다, 거북하다 ①【입장·처지 등이】 kaku; janggal; anéh; tidak nyaman; merasa tidak énak badan; kikuk; canggung ②【속이】 kembung; kurang séhat

거버너 gubernur

거사(居士) ①【불교도】 pengikut setia (taat) ajaran Budha ②【처사(處士)】 sarjana yang sudah pensiun

거사하다(擧事-) memulai (memprakarsai) aksi; melakukan hal yang besar; membangkitkan pemberontakan

거상(巨商) tokoh pedagang besar; saudagar kaya

거상(巨像) patung raksasa

거상하다(居喪-) 【상중】 berkabung; berduka cita; dalam keadaan berkabung; berbelasungkawa

거석(巨石) batu besar ⊙ 거석문화 kebudayaan zaman batu besar; kebudayaan Mégalitikum

거성(巨星) bintang raksasa (besar); orang yang termasyur; tokoh yang terkemuka (hébat; unggul)

거세(去勢) ①【동물의 생식 기능을 없애는 것】 pengebirian; kebiri 거세하다 mengebiri ②【세력을 약화시키는 것】 menjadikan lemah; pelemahan 거세하다 memperlemah

거세다 ①【거침】 kasar; keras; kencang; bergelora ¶거센 여자 wanita yang tidak mau patuh; wanita yang bersemangat ②【음성】 aspirasi; beraspirasi

거소(居所) tempat tinggal; rumah; alamat

거수(擧手) acungan tangan 거수하다 mengacungkan tangan; mengulurkan tangan ⊙ 거수경례 penghormatan militer. 거수투표 pemungutan suara dengan pengacungan tangan. 거수기(機) 【국회 등의】 stémpel karét; orang yang ikut-ikutan setuju

거스러미 bintil kuku

거스르다 ①【조류의 흐름을】 pergi ke sungai; menuju arus atas ②【시간을】 kembali ③【거역하다】 menentang; melawan; membantah; bertentangan; tidak mematuhi

거스름돈 uang kembali; kembalian; uang kecil; sisa uang

거슬러 올라가다 ①【흐름을】 melawan arus ②【과거로】 kembali ke masa lalu ③【소급하다】 tinjauan kembali

거슴츠레하다 mata mengantuk

거시(巨視) ¶거시적 semuanya termasuk/거시적으로 보다 memandang secara luas ⊙ 거시경제 makro ékonomi

거시기 【대명사적, 명칭이 생각나지 않는 물건】 apakah itu; dan lain-lain; dan sebagainya; si anu

거식증(拒食症) *anorexia nervosa*

거실(居室) ⇒ 응접실 ruang duduk; ruang

tamu; kamar tamu

거액(巨額) ⇒ 거금, 큰돈 jumlah uang besar; jumlah uang yang besar-besaran

거역(拒逆) perlawanan; perbantahan 거역하다 membantah; melawan; mengingkari; tidak patuh; menentang perintah

거울 ①【유리】 cermin; kaca ¶거울을 보다 bercermin; berkaca ②【귀감】 modél; contoh; suri tauladan; teladan yang sempurna; bayangan ¶거울삼다 mengikuti contoh; meneladan; mengambil suatu pelajaran

거위[1] angsa; itik; sowan; soang; sowang 【수컷】 angsa jantan

거위[2] 【회충】 cacing usus; cacing perut; cacing gelang

거의 hampir; dekat pada; tidak sedikitpun; 【대부분】 hampir semua

거인(巨人) ①【몸집이 큰 사람】 raksasa ②【위인】 orang besar; orang hébat

거장(巨匠) artis (seniman) besar; maéstro

거저 ①【일을 안 하고】 tanpa mengerjakan apapun; 【빈손으로】 tanpa membawa apapun; 【무턱대고】 tanpa memberikan alasan; hanya disebabkan; dengan kesewenang-wenangan ②【공으로】 tanpa membayar apapun

거저먹기 pekerja (tugas) mudah; hal yang mudah dikerjakan

거적 tikar 《jerami》; anyaman jerami untuk membungkus ⊙ 거적 대기 tikar jerami. 거적문 pintu yang terbuat dari jerami

거절(拒絕) penolakan; penyangkalan; keingkaran 거절하다 menolak; mengatakan tidak; menyangkal

거점(據點) posisi; kedudukan; dasar operasi ⊙ 군사거점 posisi strategis. 성장거점도시 kota-kota inti

거족(巨族) marga (kaum; keluarga) yang kuat (hébat; berpengaruh)

거족적(擧族的) nasional; scara nasional; seluruh bangsa

거주(居住) tempat kediaman; tempat tinggal; domisili 거주하다 mendiami; bermukim; menetap ⊙ 거주권 hak bertempat tinggal. 거주자 penduduk (penghuni; pemukim) daérah. 거주지 kediaman; tempat tinggal. 거주증명서 sertifikat tempat kediaman. 거주 지역 daérah kediaman

거죽 【표면】 muka; pemukaan; 【외면 부】 bagian luar; penampakan

거즈 (kain) kasa

건 senapan; meriam; bedil

걸 스카우트 pramukawati; pramuka puteri

걸프 teluk

게런티 penjaminan

게릴라 gerilya

게스트 tamu

게이지 météran; ukuran

게이트 pintu gerbang; pintu pagar

게임 ①permaian ②pertandingan

게토 ①kampung Yahudi di kota ②bagian kota yang didiami terutama oléh golongan minoritas

거지 pengemis; peminta; 《orang》 gelandangan ¶거지같은 물건 sampah; barang rongsokan; barang yang buruk ⊙ 거지근성 jiwa (sifat) pengemis; jiwa rendah (hina)

거지반(居之半) ⇒ 거반 (居半)

거짓 ①【명사적】 kebohongan; ketidak jujuran; kedustaan; kemunafikan; pemalsuan ¶거짓웃음 senyum yang dibuat--buat (dipaksakan)/거짓울음 air mata buaya; air mata pura-pura ②【부사적】 dengan palsu; dengan dibuat-buat; dengan tidak jujur; berpura-pura

거짓말 kedustaan; kebohongan; ketidak jujuran 거짓말하다 berbohong ⊙ 거짓말 장이 pendusta; pembohong. 거짓말탐지기 mesin detéksi kebohongan

거짓이름 nama palsu

거참 Astaga!; Sungguh!

거창하다(巨創-) berada dalam skala yang besar; hébat 《sekali》; besar

거처(居處) ①【삶】 tempat tinggal; kediaman 거처하다 tinggal di; menetap ②⇒거소(居所) rumah; alamat; tempat tinggal ⊙ 임시거처 tempat tinggal sementara

거추장스럽다 《menjadi》 memberatkan; tidak praktis (sukar) untuk dipakai; menyusahkan

거취(去就) sikap; pendirian
거치(据置) penangguhan 거치하다 menangguhkan; menunda pembayaran pinjaman ⊙ 거치기간 masa kondisi peminjaman; masa penangguhan; masa tenggang
거치다 melalui; melewati; singgah (mampir) dalam perjalanan; berhenti
거치적거리다 menghalangi (merintangi) jalan; menghambat; menjadi penghalang (perintang)
거칠다 ①【성질 · 언행 등이】 kasar; liar; kejam; tidak punya kehalusan (kelicinan) ②【표면이】 kasar; kencang; liar ③【물결 · 바람 등이】 kencang; liar; mengamuk ④【목소리 · 호흡 등이】 kasar; keras
거칠하다 ⇒ 꺼칠하다 kelihatan kurus dan cekung
거침 penghalang; rintangan; halangan; gangguan ¶거침없다 bébas dari halangan (gangguan); tidak merasa terganggu; tidak gelisah; bébas dan mudah/거침없이 tanpa keraguan
거탄(巨彈) ①【폭탄】 bom yang besar; peluru besar ②【비유적】 sénsasi; kegemparan; hit ⸨meledak⸩
거포(巨砲) meriam; senjata berat
거푸 berulang-ulang; berkali-kali
거품 ①【방울】 buih; busa; gelembung; (곤충의) ludah; air liur; (비누의) busa sabun; gelembung sabun ②【비유적】 busa ¶거품을 물다 berbusa ⊙거품경제 gelembung ékonomi 거품목욕 mandi busa sabun
거풍하다(擧風-) menampakkan di udara terbuka; menganginkan (mengeringkan) ⸨pakaian⸩
거하다 ①【산이】 tinggi; menjadi curam (jurang); megah; (초목이) menjadi tebal (penuh) ②【비유적】 ¶아침을 거하게 먹다 sarapan dengan kenyang
거한(巨漢) manusia raksasa; orang yang bertubuh besar
거함(巨艦) kapal induk; kapal tempur yang hébat; kapal perang yang megah
거행(擧行) ①【명령대로】 거행하다 mulai berlaku; berlaku sesuai (menurut) perintah ②【의식의】 perayaan; pertunjukan 거행하다 merayakan ¶거행되다 diadakan; dirayakan
거화(炬火) ⇒ 횃불
걱정 ①【염려】 khawatir; prihatin; kebimbangan 걱정하다 bergelisah; mengkhawatirkan; mencemaskan; menggelisahkan ②【꾸중】 teguran; kemarahan 걱정하다 memberi teguran; memarahi ¶걱정을 듣다 menerima teguran (cercaan) ⊙ 걱정거리 sumber kegelisahan; penyebab kegelisahan
걱정스럽다 merasa gelisah (khawatir); disukarkan; disusahkan
건(巾) ①【헝겊의】 penutup kepala yang terbuat dari kain ②【두건】 topi jerami yang dipakai oléh orang yang berkabung; kopiyah; péci; kerudung
건(件) ①【항목】 artikel; soal; pokok ②【일 · 사건】 perkara; persoalan; peristiwa; kasus; subjék
건(腱) 【해부학】 urat daging ¶아킬레스건 urat daging tumit; urat *Achilles*
건(鍵) kunci ⸨piano; mesin ketik⸩
건【외래어】 senapan; meriam; bedil
건각(健脚) kaki yang kuat
건 갈이(乾-) ⇒ 마른갈이
건강(健康) keséhatan 건강하다 séhat ⊙ 건강관리 perawatan keséhatan. 건강 보조 식품 makanan suplemén; makanan tambahan untuk kesehatan. 건강보험 asuransi keséhatan. 건강상태 kondisi keséhatan
건건찝질하다 agak (sedikit) asin
건국(建國) pendirian negara 건국하다 mendirikan negara ⊙건국일 Hari Pendirian Negara; Hari Nasional. 건국이념 falsafah negara; prinsip pendiri bangsa
건기(乾期) musim kemarau
건너 sisi lain; seberang
건너가다 menyeberang; melintasi
건너다 meléwati; melalui; menyeberangi
건너다보다 ①【저쪽을】 menatap ke seberang ②【남의 것을】 memandang dengan iri hati
건너뛰다 ①【건너편으로 뛰다】 meloncati; melompati ¶개울을 건너뛰다 meloncati

selokan(parit)/담을 건너뛰다 melompati tembok ②【생략하다】 meléwati; melampaui; menghilangkan; mengabaikan; menghapuskan

건너오다 datang dari sebelah sini; menyeberang ⟪ke Korea⟫; diimpor; dibawa dari luar negeri; dimasukkan dari ⟪China⟫; 【철새가】 berpindah tempat; memboyong

건너지르다 meletakkan di seberang

건너짚다 ①【팔을 내밀어】 mencapai di seberang; menyentuh sesuatu ⟪hal⟫ yang lain ②【넘겨짚다】 menebak apa yang seseorang fikirkan

건넌 편(-便) seberang; di sisi lain

건널목 【도로의】 penyeberangan jalan; 【철도의】 penyeberangan jalan keréta api ⊙ 건널목지기 penjaga palang keréta api; pengawas penyeberangan. 건널목차단기 palang penyeberangan

건네다 ①【배로】 menyeberangkan kapal ferry; meléwati ②【물건을】 menyerahkan; memberikan ¶돈을 건네다 menyerahkan (membayarkan) uang/현품을 건네다 memberikan (mengirimkan) barang ③【말 · 인사 등을】 menyapa; menegur

건네주다 ⇒ 건네다

건달(乾達) bandot yang tidak beruang; orang yang tidak senonoh; orang yang tidak bermoral; orang yang berfoya-foya; 【불량배】 berandal; anak nakal

건답(乾畓) sawah kering; huma; ladang padi; tipar

건더기 ①【국물의】 bahan-bahan sup; potongan daging dan sayuran dalam sup ②【내용】 isi pokok ¶건더기 없는 이야기 cerita kosong; desas-desus ③【근거】 alasan

건드러지다 ⇒ 간드러지다

건드렁 거리다 terhuyung-huyung; menggoyangkan; bergerak-gerak

건드레하다 setengah mabuk; agak mabuk

건드리다 ①【신체 · 사물 등을】 menyentuh; menjamah; menyénggol; meraba; memegang ②【성질 · 신경 등을】 menstimulir; membangkitkan kemarahan; mendorong ¶자존심을 건드리다 menyakiti kebanggaan ③【여자를】 mempunyai hubungan (rélasi) dengan; memperkosa

건들거리다 ①【바람이】 bertiup; sedikit keras (kuat) ②【물체가】 bergoyang-goyang; bergerak-gerak; melambai-lambai; terayun-ayun ③【사람이】 berlagak angkuh; bertingkah laku (memperlakukan) dengan luwes ¶건들거리며 걷다 berjalan gontai

건들건들 ①【바람】 dengan sepoi ②【사람】 dengan luwes (lentur)

건류(乾溜) karbonisasi; prosés pengkarbonan; penyulingan kering 건류하다 dikeringkan distilasi

건립(建立) pembangunan; pembuatan 건립하다 mendirikan; membangunkan; membuat

건망(健忘) kemudah lupaan; kelalaian; daya ingat yang jelék; kehilangan daya ingat ⊙건망증 amnésia; hilangnya ingatan

건물(建物) bangunan; gedung; wisma ⊙ 건물유지비 biaya perawatan gedung. 목조건물 bangunan kayu. 철근 콘크리트건물 bangunan berbeton (berpondasi) besi

건반(鍵盤) papan tombol; papan tuts ⟪pada piano, mesin tik⟫ ⊙건반악기 alat musik pencét

건밤 malam yang tak dapat tidur

건방지다 congkak; sombong; tinggi hati; angkuh

건배(乾杯) ⇒ 축배(祝杯) prosit; toas; sulang menyulang 건배하다 bersulang; Selamat minum!

건빵(乾-) biskuit; kué kering

건사하다 ①【사람을 보살피고 돌보다】 menjaga; memelihara ¶어린애를 건사하다 menjaga anak ②【물건을 간수하다】 menjaga dengan hati-hati; menyimpan ③【수습】 mengatur; mengelola

건삼(乾蔘) ginséng kering yang sudah dikupas kulit

건설(建設) ①【건물 · 시설 등의】 pembangunan; konstruksi; pendirian; pembinaan 건설하다 membangun; mendirikan ②【조직 등의】 membangun ¶건설적 konstruktif; ⟪pendapat⟫ yang berguna; bersifat membangun ⊙ 건설공사 pekerjaan konstruksi (bangunan). 건설부(部) Departemén Pekerjaan Umum. 아파트 건설 현장 kawasan proyék pembangunan apartemén

건성 tanpa tujuan; tanpa maksud; tidak untuk apa-apa; ¶건성으로 dengan setengah hati; dengan acuh-tak acuh; secara iseng-iseng; dengan linglung

건성(乾性) ¶건성의 kering ⊙ 건성늑막염 radang selaput dada yang kering. 건성유(油) minyak pengeringan

건수(件數) jumlah(angka) kasus ¶도난건수 jumlah(angka) kasus pencurian

건습(乾濕) kelembaban ⊙ 건습계(計) psikrométer

건시(乾柿) kesemak kering

건실(健實) ketetapan; keteguhan hati; ketabahan; kesetiaan 건실하다 tabahsetia; dapat dipercaya

건아(健兒) pemuda yang tegap dengan penuh semangat; anak muda yang kuat (jantan) ⊙대한건아 anak laki-laki Korea yang kuat (jantan)

건어(乾魚) ikan kering ⊙건어물(乾魚物) ikan kering; ikan asin. 건어물상 (가게) toko ikan kering

건원하다(建元-) menamai suatu masa (éra)

건위(健胃) perut yang kuat ⊙ 건위 정 obat lambung; tablét obat untuk perut. 건위 제 tablét obat yang mempercepat percernaan

건의(建議) usul; saran; anjuran 건의하다 mengusulkan; mengemukakan; menganjurkan; membuat usulan ⊙ 대정부 건의안 usul (mosi) untuk pemerintahan. 건의자 pengusul. 건의함 kotak saran (usul)

건장(健壯) kokoh; tegap; kekar; séhat; kuat 건장하다 menjadi kokoh (tegap; kekar); 【노익장】 menjadi kuat, séhat dan besar

건재하다(健在-) séhat dan segar; séhat walafiat; menjadi baik; 【특히 노인이】 séhat walafiat; berada dalam kondisi keséhatan yang baik; giat bekerja

건재(乾材) tanaman obat-obat kering; jamu (bubuk) kering ⊙ 건재약국 toko yang menjual jamu secara besar-besaran

건전(健全) keséhatan; kekuatan 건전하다 séhat; kuat ¶심신의 건전 keséhatan raga dan jiwa; keséhatan jasmani dan rohani ⊙ 건전재정 keuangan yang séhat (kuat)

건전지(乾電池) sél baterei (aki)

건조(建造) pembangunan; konstruksi 건조하다 membangun; berada dalam bagian pembangunan ⊙ 건조물 bangunan

건조(乾燥) kekeringan; pengeringan 건조하다 kering; menjadi kering ¶무미건조한 hambar; tawar ⊙ 건조기(期) musim kering; musim panas. 건조대 rak pengering

건주정하다(乾酒酊-) berpura-pura mabuk

건지다 ①【물에서】 membawa keluar dari air ②【목숨을】 menyelamatkan; menolong keluar dari…; 【죄에서】 menebus; menyelamatkan; melepaskan ¶(간신히) 목숨을 건지다 nyaris mati; nyaris celaka; nyaris terbunuh ③【본전 · 밑천 등을】 mendapat kembali, menutupi; menyelematkan dari ¶손해 본 밑천을 건지다 mengganti (menutup) modal

건초(乾草) rumput kering; jerami ⊙ 건초더미 tumpukan jerami

건축(建築) pembangunan; konstruksi; pendirian; penegakan 【건축물】 bangunan; (총칭) arsiték 건축하다 membangun; mendirikan; menegakkan 건축되다 dibangun ⊙ 건축가 arsiték; ahli bangunan; pembangun. 건축공사 pekerjaan konstruksi. 건축양식 gaya arsitéktur bangunan. 건축업자 pembangun; pendiri gedung; konstraktor bangunan. 건축자재 bahan konstruksi (bangunan). 건축허가(서) surat izin membangun; izin bangunan. 건축 폐기물 limbah bangunan

건투(健鬪) pertempuran (pertarungan) yang berani; usaha yang keras 건투하다 mengadakan usaha yang keras (berat); bertarung dengan baik (dengan berani)

건판(乾板) piring penekan untuk mengeringkan kertas yang berjamur

건평(建坪) luas (lébar) lantai
건폐율(建蔽率) rasio bangunan dengan tanah
건포(乾脯) déndéng; daging (ikan) kering; irisan-irisan daging (ikan) kering
건포도(乾葡萄) kismis; anggur kering
건필(健筆) tulisan yang baik (lancar); tulisan yang penuh semangat (yang hébat) ⊙ 건필 가 penulis produktif (prolifik)
건함(建艦) konstruksi kapal angkatan laut; pembangunan kapal perang 건함하다 membangun kapal perang
걷다[1] ①【늘어놓거나 벌여 놓은 것을】 mengumpulkan; menarik; mengangkut; mengangkat ②【소매 · 바지 등을】 melipat; menggulung ③【돈 등을】 mengangkut; mengumpulkan ④【내리다】 menurunkan; menggulung ④【일 등을】 menyelesaikan
걷다[2] 【개다】 jernih kembali
걷다[3] ①【걸음을】 berjalan; melangkah ②【일정한 방향으로】 ¶정도를 걷다 melangkah di jalan yang lurus
걷어붙이다 menggulung; menyingsingkan ¶팔을 걷어붙이다 menyingsingkan lengan
걷어차다 menéndang keras; memberikan téndangan keras
걷어채다 ditendang keras; mendapat téndangan keras
걷잡을 수 없다 tidak terkendali
걷히다 ①【구름 · 안개 등이】 jernih kembali; menyingsing; menjadi cerah ②【곡식 · 돈 등이】 dikumpulkan; dikoléksi
걸걸하다(傑傑-) semangat yang menyala; berhati terbuka; lapang dada; (목소리가) ⟪suara⟫ serak
걸귀(乞鬼) orang rakus; pelahap ¶걸귀같이 (들린 듯이) 먹다 makan dengan rakus
걸근거리다 ①【욕심내다】 iri ¶남의 것을 갖고 싶어 걸근거리다 iri pada milik orang lain ②【목구멍이】 menjadi gatal karena lendir (dahak) ¶목이 걸근거리다 tenggorokan gatal
걸근걸근 dengan iri hati; tamak
걸기(傑氣) sifat kepahlawanan; semangat yang kokoh
걸다[1] ①【땅이】 menjadi kaya; subur ②【액체가】 menjadi tebal (padat) ③【손이】 pandai; cekatan; mempunyai kepandaian (cekatan); keberuntungan di tangan ④【입이】 makan segala macam makanan ⑤【입이 험하다】 berbicara (berkata) kasar (kotor); kejam; menghina ⑥【먹을 것이】 méwah; banyak ¶잔치가 걸다 pésta yang méwah
걸다[2] ①【매달다】 menggantung⟪kan⟫; meletakkan; mengenakan ②【돈 등을】 bertaruh; menempatkan ⟪uang⟫ ③(목숨을) mempertaruhkan; mengambil risiko ④【말을】 berbicara; menyapa ⑤【전화를】 menélépon; memanggil melalui télépon ⑥【싸움 · 시비 등을】 bertengkar dengan; menantang ⑦【비판을】 membawa kasus (perkara: persoalan) ke pengadilan ⑧【함정 · 술책을】 meletakkan; menjégal; mempersiapkan ⑨【자물쇠 · 빗장 등을】 mengunci; mengencangkan ⑩【희망을】 meletakkan harapan pada ⑪【시동 · 제동 】 ¶발동을 걸다 menyalakan; (menyetél) ⟪mesin⟫ ⑫【주문 · 최면 등을】 mempesonakan; menghipnotis; melakukan (menggunakan) kekuatan pesona atas ⑬【다리 발 등을】 bersandang ⑭【소송을】 menuntut
걸러 berselang; jarak waktu; jeda
걸러뛰다 melampaui; meloncati
걸레 ①【청소 도구】 kain lap; 【마루용】 kain pél lantai ¶걸레 치다 mengepél lantai; membersihkan ②【성적으로 문란한 여자】 pelacur
걸리다[1] ①【매어 달리다】 tergantung ②【돈 · 생명이】 dideposito; dipertaruhkan ③【전화가】 mendapat télépon (panggilan) ④【술책 · 함정 등에】 dijerat; dijebak; ditipu; dikécoh; menjadi korban ⑤【몸 · 장애물에】 tersandung; tersangkut ⑥【잡히다】 tertangkap ⑦【법 등에】 melawan; melanggar; menjadi bertentangan dengan ⑧【병에】 sakit ⑨【시간이】 memakan ⑩【관계하다】 terlibat; dilibatkan dalam; dijerat ¶나쁜 여자에게 걸리다 terlibat dengan wanita yang nakal ⑪【잠기다】 dikunci ⑫【마음에】 mem-

bebani ⑬【불량배 등에게】 dirampas ⑭【신호에】 ¶하필 이 급한 때 신호 대기에 걸리다니! Sialan! sedang sibuk begini ada lampu merah. ⑮【시동 · 제동 등이】 ¶ 시동이 걸렸다 mesin sudah hidup
걸리다[2] 【걷게 하다】 menyuruh berjalan
걸리적거리다 mengganggu; merépotkan
걸림돌 rintangan; penghalang
걸맞다 berpasangan dengan baik; cocok; seimbang; serasi
걸머잡다 memegang; menangkap; menggenggam
걸머지다 ⇒ 짊어지다 ①【짐 · 책임을】 memikul; menanggung; membawa pada punggung ②【빚을】 terlibat berhutang ③【등 · 어깨 등에】 memanggung; menjulang
걸메다 memikul; mengangkat; memanggul
걸물(傑物) tokoh hébat (terkemuka); orang besar
걸상(-床) bangku; kursi
걸쇠 palang pintu; pengunci pintu ¶걸쇠를 걷다 memalang; mengunci
걸식하다(乞食-) meminta-minta; mengemis
걸신(乞神) orang yang kelaparan; tukang makan ¶걸신들리다 rakus; dipengaruhi sétan yang lapar; mempunyai nafsu makan yang besar sekali/ 걸신들린 듯이 dengan rakus; dengan lahap
걸 스카우트【외래어】 pramukawati; pramu puteri
걸어가다 berjalan kaki; melangkahkan jalan
걸음 langkah ¶걸음을 재촉하다 mempercepat langkah
걸음걸이 cara berjalan; gaya berjalan; langkah
걸음마 tertatih-tatih
걸이 gantungan; kapstok; pemancang; pasak; tempat gantungan pada dinding (pintu); sandaran
걸인(乞人) ⇒ 거지 peminta; pengemis; gelandangan; gémbél; orang tunawisma
걸작(傑作) ①【뛰어난 작품】 adikarya; karya agung (besar) ②【우스꽝스러운 말 · 행동】 pembicaraan (kelakuan) yang menggelikan
걸쩍지근하다 kasar; kejam; menghina
걸쭉하다 ①【액체가】 kental ②【농담 등이】 kotor ; cabul; jorok
걸쳐두다 membiarkan tidak selesai; tertunda
걸출(傑出) keulungan; keadaan terkemuka; ketinggian; 【사람】 orang terkemuka; orang yang menonjol 걸출하다 terkemuka; menonjol
걸치다 ①【시간 · 공간적 범위에】 ¶6개월에 걸쳐 selama periode (masa) enam bulan lebih ②【…에 놓다】 meletakkan; merentang ③【입다】 mengenakan; memakai; berpakaian
걸터앉다 duduk ⦅di atas⦆; menunggang; mengangkangi
걸터타다 menunggang
걸핏하면 terlalu sering; tanpa alasan; tanpa sebab
걸프【외래어】 teluk
검(劍) pedang; pisau belati
검객(劍客) ahli anggar; jago pedang
검거(檢擧) penangkapan; penahanan 검거하다 menahan; membawa masuk tahanan; menangkap ⊙ 검거 자 orang dalam penahanan (tahanan)
검누렇다 warna kuning gelap; kuning tua
검다[1] 【갈퀴로】 mengumpulkan
검다[2] ①【빛이】 hitam; gelap ¶검디검다 hitam pekat ②【마음이】 berhati jahat
검댕 jelaga; sulang; sulang lampu ¶검댕투성이의 berjelaga; dijelaga; kena jelaga
검도(劍道) seni anggar (pedang); keahlian bermain anggar (pedang)
검둥개 anjing hitam
검둥이 ①【낯이 검은】 orang berkulit hitam; 【흑인을 비하하는 말】 orang Négro; orang hitam ②【개】 anjing hitam
검무(劍舞) tarian pedang; pencak ¶검무를 추다 memainkan (menari) tarian pedang
검문(檢問) pemeriksaan; inspéksi 검문하다 memeriksa ⊙ 검문소 pos (tempat) pemeriksaan (inspéksi). 불심검문 pemeriksaan tiba-tiba
검버섯 bintik-bintik hitam

검변(檢便) uji(pemeriksaan) tinja 검변하다 memeriksa tinja; membuat pemeriksaan tinja
검부러기 sisa rumput kering
검붉다 mérah tua
검사(檢事) jaksa; penuntut umum; pihak penuntut ⊙ 검사장 direktur 《distrik Seoul》 jaksa (penuntut). 부장검사 kepala jaksa. 차장검사 asistén (députi) kepala jaksa
검사(檢査) pemeriksaan; inspéksi; penilikan; verifikasi 검사하다 memeriksa; mengetés; meneliti; menguji ¶검사를 받다 diperiksa ⊙ 검사관 inspéktur; pemeriksa; penguji; kontrolir. 검사소 kantor pemeriksa: 국립농산물 검사소 Pusat Pemeriksaan Hasil Pertanian Nasional. 체력검사 pemeriksaan (uji) fisik
검산(檢算) pemeriksaan perhitungan 검산하다 memeriksa perhitungan; memeriksa laporan (rékening)
검색(檢索) penggelédahan; pencarian 검색하다 ①【자료 · 정보 등의】 mencari; menelusur; mengadakan penelitian; menggelédah ¶정보를 검색하다 mencari informasi /인터넷을 검색하다 mencari data di internét ②【수상한 사람 · 물건 등의】 memeriksa; mencari ⊙검색어 pencarian kata. 검색엔진 mesin pencari
검소하다(儉素-) bersahaja; sederhana; apa adanya; tidak berlebih-lebihan
검속(檢束) tahanan; penahanan; penangkapan; pengurungan 검속하다 menahan; mengurung; memasukkan ke dalam tahanan
검수기(檢水器) pengukur 《méteran》 air
검술(劍術) keahlian 《permainan》 pedang (anggar)
검숭검숭하다 kehitam-hitaman
검시(檢屍) pemeriksaan mayat; autopsi; pembedahan mayat 검시하다 memeriksa mayat (jenazah); mengadakan pemeriksaan mayat; membedahkan mayat ⊙ 검시관 pemeriksa mayat; koroner; petugas yang memeriksa sebab musabab kematian orang
검실거리다 mengobarkan; sedikit menggerakkan
검안(檢眼) pemeriksaan mata 검안하다 memeriksa mata (penglihatan) ¶검안을 받다 dieriksa mata; mendapat pemeriksaan mata
검압계(檢壓計) alat pengukur tekanan
검약(儉約) penghématan; hémat 검약하다 menghémat ⊙ 검약가 orang hémat; orang sederhana
검역(檢疫) karantina; pemeriksaan keséhatan 검역하다 mengkarantinakan; ¶검역을 받다 dikarantina ⊙ 검역관 petugas karantina; penjaga (petugas) kesébatan: 검역소 pos karantina
검열(檢閱) pemeriksaan; penyénsoran 검열하다 memeriksa; menyénsor; membredel; menginspéksi ⊙ 검열관 penyénsor. 검열제도 sistém penyénsoran. 사전【사후】검열 masa sebelum【sesudah】 penyénsoran; pra【pasca】 sénsor. 신문검열 sénsor pers
검온(檢溫) 【의학】 términometer 검온하다 mengukur suhu badan dengan términometer klinik ⊙ 검온기(器) términometer klinik
검은자위 bagian hitam mata; selaput pelangi 《mata》
검인(檢印) cap (tanda; méterai) persetujuan; tanda bukti; tanda resmi (jaminan) ¶검인 필 《표시》 disetujui dan disyahkan ⊙ 검인증 sertifikat persetujuan
검인정(檢認定), **검정**(檢定) ¶교육부검인정필 《표시》 Disetujui oléh Kementrian Pendidikan. ⊙ 검인정교과서 buku téks yang syah; buku bacaan resmi
검정 warna hitam
검정(檢定) persetujuan (izin; keterangan) resmi; hak; otorisasi 검정하다 memberi kuasa (hak); memberikan izin (keterangan) resmi ⊙ 검정료 biaya pemeriksaan (pengujian) resmi
검정고시(檢定考試) ujian kualifikasi; ujian kecakapan ⊙ 교원자격 검정고시 ujian izin mengajar 《pada guru》 di sekolah
검증 ①【법률】 bukti (fakta-fakta) pemeriksaan; pembuktian 검증하다 memeriksa; menguji; mengesahkan secara re-

smi ②【행위】 pemeriksaan bukti 검증하다 mengadakan pemeriksaan atas bukti ⊙ 검증물 data pembuktian (pengujian). 현장검증 pemeriksaan di tempat kejadian

검지(-指) jari telunjuk

검진(檢診) pemeriksaan keséhatan 검진하다 memeriksaan keséhatan ¶종합검진을 받고 싶습니다 Saya mau *general check up* (pemeriksaan badan menyeluruh).

검찰(檢札) ⇒ 검표(檢票) pemeriksaan karcis 검찰 원 pemeriksa karcis; kondéktur

검찰(檢察) pemeriksaan; penyelidikan; penelitian; pengusutan 검찰하다 menyelidiki; meneliti; mengusut; memeriksa ⊙ 검찰관 penuntut umum; jaksa; pegawai kejaksaan

검찰청(檢察廳) kejaksaan ⊙검찰총장 jaksa agung

검출(檢出) penemuan 《bahan kimia》 검출하다 menemukan 《racun》

검침(檢針) pemeriksaan méteran (ukuran) 검침하다 memeriksa méteran 《gas》 ⊙ 검침원 petugas pemeriksa méteran 《gas》

검토(檢討) pemeriksaan; penelitian; penyelidikan 검토하다 memeriksa; meneliti; menyelidiki

검파(檢波) 【물리학】 pendéteksian 검파하다 menemukan gelombang; mendéteksi ⊙ 검파기(器) alat untuk dapat menemukan gelombang; détéktor 《kristal》

검표(檢票) pemeriksaan karcis (tikét) 검표하다 memeriksa tikét ⊙ 검표원(員) pemeriksa tikét (karcis)

검푸르다 biru tua

겁(怯) 【소심】 perasaan pengecut; lasian; sifat takut; hilang keberanian; 【공포】 perasaan takut; ketakutan¶겁나다 menjadi takut; menjadi gugup (gelisah); diliputi rasa takut/겁내다 berada dalam ketakutan; merasa ketakutan; menjadi takut/겁결에 dalam ketakutan ⊙겁쟁이 penakut; pelasi; pengecut

겁간(劫姦) perkosaan; kekerasan 겁간하다 memperkosa

겁탈(劫奪) 【약탈】 perampokan; rampasan; 【강간】 perkosaan 겁탈하다 merampok; merampas; memperkosa ⊙ 겁탈자 pemerkosa

것[1] ①【사람 · 물건】 ¶이【그, 저】것 yang ini 【itu】 ②【…한(할)것】 ¶어린 것이 둘 있다 Saya mempunyai dua anak. ③【소유물】 milik ¶우리 것 milik kita

것[2] ①【일 · 사실】 bahwa; tindakan; perbuatan ②【가능성】 mungkin; kemungkinan nyata (benar) ③【의무 · 금지】 harus ¶일할 것까지는 없다 Kamu tidak usah kerja.

겉 【표면】 bagian luar; (외면) penampilan luar ¶겉으로(는) dari luarnya; kelihatannya; nampaknya; rupanya ⊙ 겉싸개 pembungkus luar. 겉옷 pakaian luar

겉잎 daun luar

겉겨 kulit padi; sekam; dedak

겉꺼풀 penutup luar; 【곡식의】 kulit sekam; 【단단한】 kulit; 【피부의】 kulit ari

겉껍데기 penutup luar yang keras; lapisan kotoran; karang pelapis

겉껍질 sampul (kulit) luar; kulit ari; kulit sekam

겉놀다 ①【못 · 나사 등이】 tidak cocok; melepaskan ②【겉돌다】 tidak bergaul dengan baik

겉늙다 menjadi tua sebelum waktu; kelihatan lebih tua dari (dibanding) usia

겉대 batang luar; 【대나무의】 bagian luar dari bambu

겉대중 ⇒ 겉가량

겉더껑이 buih; kekam; sampah

겉더께 permukaan buih

겉돌다 ①【사람이】 tidak cocok dengan orang; menyisih dari kelompok ②【대화의 요점이】tidak pada pokok pembicaraan ③【바퀴가】 berputar sendiri

겉똑똑이 orang yang tidak cerdas

겉면(-面) sisi permukaan; bentuk luar

겉멋 ¶겉멋을 부리다 suka berdandan; memperlihatkan penampilan

겉모양(-模樣) penampilan; rupa luar ¶겉모양내다 berdandan; berpakaian; berlagak baik

겉모습 penambpilan; rupa luar

겉보기 penampilan luar; tontonan ¶겉보

기에는 rupanya; kelihatannya; secara lahiriah

겉보리 barlei yang tidak terkelupas

겉봉(-封) amplop; sampul surat; amplop luar ¶겉봉을 뜯다 membuka ⟪sampul⟫ surat

겉약다 pandainya hanya pada luarnya saja (pada penampilan saja); tidak benar-benar pandai

겉여물다 matang hanya pada penampilan luar saja

겉잠 tidur ayam ¶겉잠 들다 tidur sebentar

겉잡다 ①【겉어림】 mengira secara kasar ②【헤아림】 dapat dimengerti; masuk akal

겉장(-張) ①【면】 halaman muka (depan) ②【표지】 sampul buku

겉절이 sayuran diasamkan (digarami) tepat sebelum dimakan

겉짐작 perkiraan semata (belaka); taksiran kasar 겉짐작하다 membuat perkiraan kasar (secara serampangan)

겉치레 dandanan 겉치레하다 berdandan; basa-basi; memperagakan

겉핥기 tahu sedikit; berpengetahuan dangkal

게[1] ①【갑각 류】 kepiting ②【비유적】 ¶게 눈 감추듯 먹어 치우다 makan dalam waktu singkat ⊙ 게장 kepiting yang diawétkan dengan kecap

게[2] ①【거기】 di sana ②【사람을 얕잡아】 ¶네까짓 게 orang semacam kamu

게거품 ①【게의】 busa terkumpul di mulut kepiting ②【사람 · 동물의】 buih; busa

게걸 rakus pada makanan 게걸들(리)다 rakus pada makanan; mempunyai seléra makan yang tidak pernah puas (tidak pernah kenyang) ¶게걸스럽다 rakus; lahap

게걸거리다 menggerutu; mengeluh; menggeram; berkata dengan marah

게걸음 rayapan ke samping ⟪seékor kepiting⟫ ¶게걸음치다 berjalan menyamping; berjalan menyisi

게걸장이 pengeluh; penggerutu; pelahap; orang yang rakus (yang tamak; yang serakah)

게놈【생물의 유전정보】 genome

게눈 mata kepiting ¶게 눈 감추듯 하다 menghabiskan makanan cepat sekali

게다(가) ①【장소】 di tempat itu; di sana ②【그 위에 또】 tambahan lagi; selain itu; lagi pula; sebagai tambahan; apa lagi ③【설상가상으로】 lebih buruk

게딱지 kulit (cangkang) kepiting ¶게딱지 만한 방에 살다 tinggal di dalam ruangan yang kecil

게런티【외래어】penjaminan

게르만 Jerman ⊙게르만 민족 ras Jerman

게릴라 gerilya; 【사람】 gerilyawan ⊙ 게릴라대원 pejuang di hutan; anggota gerilya; partisan. 게릴라전 perang (pertempuran) gerilya. 게릴라전술 taktik gerilya

게 발①【게의 발】 kuku (cakar) kepiting ②【상징적 의미】 tulisan cakar ayam; tulisan buruk

게스트 tamu ⊙ 게스트 멤버 anggota kehormatan; tamu kehormatan. 게스트 싱어 penyanyi tamu

게슴츠레하다 bermata muram

게시(揭示) pengumuman; pemberitahuan 게시하다 memasang pengumuman; memberitahukan; mencantumkan ⟪tanggal; fakta; nama⟫ ⊙ 게시판 papan pengumuman; papan iklan

게양(揭揚) pengibaran; penaikan 게양하다 mengibarkan; mengangkat; menaikkan ⊙ 게양대 tiang bendéra

게염나다(내다) menunjukkan sifat iri hati

게우다 ①【음식을】 muntah ②【돈을】 membayar kembali

게으르다 malas; lamban

게으름 kemalasan; kelambanan 게으름부리다 (피우다) bermalas-malasan; melambatkan tujuannya ⊙ 게으름뱅이(쟁이) pemalas; pelalai

게을러빠지다 sangat malas; benar-benar lamban (malas)

게을리 dengan malas; dengan lamban; dengan lalai; sembrono 게을리 하다 melalaikan; menyia-nyiakan; mengelakkan; mengabaikan; tidak menghiraukan; kurang awas; melengahkan

게이 ⇒동성애자 gay; homoséksual
게이지【외래어】météran; ukuran
게임【외래어】permainan; pertandingan 게임을 하다 bertanding; bermain; mengadakan permainan ¶그는 게임에 중독되었다 Dia kecanduan *game*. ⊙ 게임기 mesin (konsol) *game*. 게임 산업 industri *game*
게이트【외래어】pintu gerbang; pintu pagar
게재(揭載) publikasi; percétakan 게재하다 memuat; menempatkan; menyelipkan; menyisipkan
게토【외래어】kampung Yahudi di kota; bagian kota yang didiami terutama oléh golongan minoritas
겨 sekam; dedak; kulit ¶겉 겨 kulit padi (biji-bijian); kulit luar/ 쌀겨 kulit padi
겨냥 ①【조준】겨냥하다 membidik; mentargétkan 겨냥대다 membawa ke dalam tujuan; membidikkan; mengarahkan ②【치수】ukuran 겨냥하다 mengukur (mengambil) ukuran ⊙ 겨냥대 balok pengukur; tangkai pengukur. 겨냥도 skétsa; bagan
겨누다 ①【겨냥하다】mengarahkan; bertujuan; membidikkan ②【대보다】membandingkan; mengambil ukuran
겨드랑이 ①【신체의】ketiak; kéték ②【옷의】bawah lengan 《di pakaian》 ¶겨드랑이가 좀 끼는 느낌이다 Aku merasa sedikit ketat di bawah lengan.
겨레【민족】bangsa; rakyat;【겨레붙이】keturunan (anak cucu) dari nénék moyang yang sama ⊙ 한 겨레 Bangsa Korea
겨루다 mengadu; bersaing dengan; bertanding; berlomba dengan; menentang 《kekuatan》
겨룸 persaingan; pertandingan; perdebatan; perjuangan dalam keunggulan; pertentangan
겨를 waktu luang; waktu senggang; waktu bébas
겨우 ①【가까스로, 간신히】hampir; sedikit saja; nyaris; dengan kesukaran ②【고작, 불과】baru saja; hanya
겨우내 sepanjang musim dingin
겨우살이[1] pakaian musim dingin
겨우살이[2] benalu; parasit
겨울 musim dingin ⊙ 겨울날씨 cuaca musim dingin
겨워하다 merasa di luar jangkauan; segan untuk melakukan 《mengambil; menghadapi》; merasa berlebihan (ekstrim)
겨자 mostar; kélor ⊙ 겨자소스 saus mostar. 겨자씨 biji mostar
격(格) ①【지위 · 등급】status; kedudukan; pangkat; lével; kelas; golongan; kualitas;【체재 · 품위】gaya; cara; kebiasaan; kekuasaan;【사람의】karakter; sifat; tipe asli ②【자격】kapasitas; kemampuan; ③【문법】kasus (hal) tata bahasa
격감(激減) penurunan drastis; kemunduran; pengurangan yang tajam 격감하다 menurun dengan drastis; merosot (mundur) dengan hébat; mengurangi secara menyolok
격 나다(隔-) menjadi jauh; menjadi asing dari
격납고(格納庫) hanggar; bangsal kapal terbang ⊙ 격납고 갑판 geladak hanggar
격년(隔年) setiap tahun yang lain ¶격년으로 setiap dua tahun
격노(激怒) kemarahan yang hébat; kemurkaan; kegeraman; kegusaran 격노하다 menjadi marah sekali; berkobar kemarahan; meluap amarahnya; menjadi panas hati ¶격노케 하다 membuat marah sekali
격돌(激突) tabrakan; tubrukan;【대결】pertandingan yang seru (sengit) 격돌하다 menabrak; menubruk; ikut serta dalam pertandingan yang seru (yang sengit)
격동(激動) getaran; kegemparan; kejutan yang hébat (yang keras);【정신적】yang bersemangat 격동하다 bergerak dengan hébat; bergoncang dengan keras ¶격동시키다 menggoncangkan ⊙ 격동기 éra turbulensi
격랑(激浪) laut (ombak; gelombang besar) yang mengamuk

격려(激勵) dorongan; pendorong; desakan; pembangkitan semangat 격려하다 mendorong; merangsang; menggairahkan; mendesak; menghibur; menggembirakan ⊙ 격려의 말 kata-kata yang membangkitkan semangat

격렬(激烈) kekerasan; kehébatan; sifat berapi-api; inténsitas 격렬하다 menjadi bengis (sengit; hébat; keras); gawat ¶ 격렬하게 dengan keras; dengan penuh nafsu

격론(激論) perbédaan pendapat (pembicaraan) yang hébat; perdebatan sengit (seru; keras) 격론하다 berdebat (berunding) dengan sengit

격류(激流) arus deras; arus yang cepat; aliran yang keras; aliran air deras

격리(隔離) isolasi; pengasingan; pemisahan 격리하다 terpencil; mengisolasi; menyekat; memisahkan; memencilkan ¶격리되다 diisolasi; disekatkan ⊙ 격리병동 ruang (bangsal) pasién isolasi (terpencil). 격리환자 pasién yang diisolasikan (diasingkan; dipisahkan)

격막 sekat rongga badan antara dada dan perut; diafrakma

격멸(擊滅) penghancuran; pembinasaan; pembasmian; pemusnahan 격멸하다 menghancurkan; membinasakan; membasmi; memusnahkan

격무(激務) tugas yang berat (sulit); tugas yang melelahkan

격문(檄文) ①【정부의】 pengiriman; panggilan resmi ②【격서】 seruan (permohonan) yang ditulis; déklarasi; pernyataan; manifésto ¶격문을 내다 mengeluarkan manifésto

격발(激發) ①【감정 등의】 ledakan (émosi); semburan; letusan; letupan 격발하다 tak terkendalikan; terlalu émosionil; keluar dengan tiba-tiba; meledakkan; meletuskan ②【병의】 serangan tiba-tiba 격발하다 mendapat serangan mendadak

격변(激變) perubahan mendadak (keras); 【사회의】 kehébohan; pergolakan; 【감정의】 perubahan; reaksi mendadak; 【지질】 bencana alam 격변하다 merubah (berubah) dengan mendadak; 【물가가】 turun-naik dengan drastis

격분(激忿) kemarahan hébat; kemarahan yang berapi-api 격분하다 marah hébat; murka; berang; menjadi marah dengan berapi-api (dengan tiba-tiba);

격상하다(格上-) menaikkan posisi (kedudukan); mengangkat (mempromosikan) ke kedudukan lebih tinggi ¶ 격상되다 diangkat ke kedudukan yang lebih tinggi; telah menaikkan (mengangkat) kedudukan

격세(隔世) dunia yang sangat berbéda; keturunan (génerasi) yang jauh berbéda ¶격세지감 kesan (pengaruh) yang jauh berbéda dalam génerasi/격세지감이 있다 berbéda seperti langit dan bumi; jauh berbéda

격식(格式) formalitas; peraturan; bentuk (kondisi) yang tidak dapat dipungkiri

격실(隔室) kompartemén; ruang tidur; ruang terpisah

격심하다(激甚-) ékstrém; berat; sangat keras; hébat; sengit; tajam; fanatik

격앙(激昂) kemurkaan; kemarahan; kegemparan; agitasi; penghasutan 격앙하다 hilang kesabaran; menjadi marah; menjadi panas hati; naik darah ¶격앙되다 marah; menjadi antusias

격양가(擊壤歌) balada petani yang menyanyikan panén baik dan pemerintahan yang damai

격언(格言) pepatah; peribahasa

격월(隔月) setiap bulan lain ¶격월의, 격월로 sekali dua bulan; berselang satu bulan

격의(隔意) ¶격의 없는 jujur; terus terang; dari hati ke hati/격의 없이 dengan terus terang; dengan terang-terangan

격일(隔日) jarak waktu satu hari ¶격일로 dua hari sekali; berselang satu hari

격자(格子) kisi-kisi; jeruji; jerejak ⊙ 격자무늬 garis melintang; jalur yang bersilang. 격자문 pintu kisi-kisi. 격자창 jendéla berkisi

격전(激戰) pertarungan yang sengit; pertempuran yang hébat; perkelahian yang keras; pertandingan yang panas (yang seru) 격전하다 berperang (bertempur) dengan sengit (dahsyat) ⊙ 격전지 médan pertempuran yang sengit

격정(激情) émosi yang kuat; nafsu berahi; keinginan besar; kemarahan; amukan

격조(格調) ①【문법】 irama; ritme ②【사람의】 kepribadian; watak ¶격조 높은 mulia; ningrat; berbudi halus; beradab; bersifat mulia

격조하다(格阻-) lalai memberi kabar berita; lalai menyurati; diam yang lama

격주(隔週) ¶격주의(로) setiap dua minggu; dua mingguan

격증(激增) pertambahan mendadak (cepat); kenaikan yang tajam 격증하다 menambah dengan tiba-tiba (dengan cepat; dengan tajam); naik (bertambah) dengan tiba-tiba

격지(隔地) tempat (daérah) jauh; tempat terpencil

격지(隔紙) kertas disisipkan di antara dua lapisan

격지다 renggang menjadi jauh; dijauhkan; diasingkan

격차(格差, 隔差) diferénsial; selisih, perbédaan; kelainan; kesenjangan

격찬(激讚) ⇒ 극찬 pujian (penghargaan) yang tinggi; pujian selangit 격찬하다 memuji setinggi langit; mengatakan pujian yang tinggi; memberikan penghargaan tinggi

격추(擊墜) ¶격추하다, 격추시키다 menémbak jatuh; menjatuhkan

격침(擊沈) ¶격침시키다 menenggelamkan

격통(激痛) rasa sakit yang hébat (akut); rasa sakit yang tiba-tiba datang; kepedihan

격퇴(擊退) pukulan mundur 격퇴하다 memukul mundur; menyerang kembali; menghalau

격투(格鬪) pertarungan; perkelahian; baku hantam; pergulatan; pergumulan; adu tinju 격투하다 bergulat; berjuang; menjadi baku hantam; bertempur

격투(激鬪) baku hantam dengan keras (hébat) 격투하다 menjadi baku hantam yang hébat

격파하다(擊破-) ①【벽돌 등을】 menghancurkan; menubruk; menabrak; memecahkan ②【적을】 mengalahkan; menghancurkan

격하(格下) dégradasi; penurunan pangkat (martabat) 격하하다 menurunkan pangkat; merendahkan diri sendiri

격하다(隔-) ①【가르다】 memisahkan; menjauhkan ②【사이에 두다】 meletakkan; menempatkan ③【막다】 memperisai ④【시간을】 membuat interval; mengadakan selingan

격하다(激-) marah sekali; gusar; jéngkél; naik darah

격화하다(激化-) menjadi hébat (keras; sengit); dijéngkélkan; disakiti hati

겪다 ①【일 · 어려움 등을 경험하다】 mengalami; menderita; melewati; melalui; menjalani ②【사람을】 menjamu; menerima 《tamu》

견(絹) ①sutera ②⇒ 견본(絹本)

견갑(肩胛) bahu ⊙ 견갑골 tulang belikat; tulang lembusir; skapula. 견갑탈구(脫臼) tulang sendi bahunya terlepas dari sambungannya

견강부회(牽强附會) ¶견강부회의 terpaksa; dibuat-buat; jahat; sesat; menyeleweng

견고(堅固) 견고하다 dapat tahan lama ¶견고한 kuat; kokoh; keras; mantap; tabah

견과(堅果) buah gelum; kacang-kacangan; biji-bijian

견디다 ①【유지하다】 hidup; mendapatkan nafkah; berpenghasilan ②【지탱하다】 tahan; bertahan; memikul; menanggung; memegang; menjaga; memadai; menyelamatkan nyawa ③【참다】 memikul; menahan; bertahan; membetah-betahkan

견문(見聞) 【지식】 informasi; ilmu pengetahuan; keterangan; 【경험】 pengalaman; 【관찰】 pengamatan; observasi 견문하다 melihat dan mendengarkan ¶견문이 넓다 mempunyai pengalaman luas; berpengalaman luas ⊙견문록 catatan pengalaman pribadi; (여행기) catatan perjalanan

견물생심(見物生心) melihat benda mem-

bangkitkan keinginan; melihat benda menimbulkan hawa nafsu (berahi)
견본(見本) contoh; 【무늬 천의】 pola ⊙ 견본 책 buku contoh
견본(絹本) kain sutera
견사(絹絲) benang sutera ⊙ 견사방적(紡績) gulungan sutera
견사(繭絲) sutera mentah; sutera kasar
견습(見習) ⇒ 수습(修習) latihan kerja; magang; masa belajar keahlian; masa percobaan latihan kerja; 【사람】 orang yang bekerja sambil belajar 견습하다 berlatih kerja ¶견습 기자 wartawan pengikut latihan
견식(見識) pendapat; pandangan; ketajaman
견신례(堅信禮) 【가톨릭】 pengesahan
견실하다(堅實-) berteguh hati; dapat dipercaya; mantap; tabah
견우(牽牛) bintang altair ⊙ 견우직녀의 상봉 pertemuan dua bintang kesayangan
견원(犬猿) seekor anjing dan seekor kera; 【앙숙】 saling membenci; saling bermusuhan
견인(牽引) penarikan; penghélaan; pendérékan daya tarik 견인하다 menarik; menyérét; mengangkut; menghéla ⊙ 견인력 kekuatan (daya tahan) menarik; kekuatan daya tarik. 견인차(車) traktor; mobil dérék
견인(堅忍) ketekunan; ketabahan; keulétan; sikap tenang (sabar; tabah) 견인하다 tekun; gigih; menahan dengan sabar
견장(肩章) tali bahu; selempang; 【정장(正裝)의】 épolét; tanda pangkat
견적(見積) taksiran 견적하다 menaksir; menilai; menghitung; membuat taksiran; membuat perkiraan ⊙ 견적가격 harga (nilai) taksiran. 견적서 lembar perkiraan (perhitungan). 가 견적 perkiraan (taksiran) pendahuluan
견제(牽制) pengendalian; pengekangan; pengawas; cék 견제하다 mengekang; mengendalikan; mencegah; menahan ¶ 상호 견제하다 saling mengendalikan ⊙ 견제구 bola pengécoh; pukulan bola yang pura-pura
견주다 ①【비교하다】 membandingkan; memperbandingkan ②【겨루다】 mengadu; menyaingi; menandingi; menyamai; bersaing
견지 ¶견지질하다 memancing ikan dengan kumparan tali pancing (dengan roda pancing; roda pemutar)
견지(見地) sudut pandangan; segi pendapat; sudut pendirian
견지하다(堅持-) berpegang (memegang) teguh; bertahan; mempertahankan
견직물(絹織物) kain sutera ⊙ 견직물공장 pabrik 《pemintalan》 sutera
견진(堅振) 【가톨릭】 penegasan; pengésahan ⊙ 견진성사 sakramén pengésahan
견책(譴責) teguran; cercaan; comélan; kemarahan; celaan; kecaman 견책하다 menegur; mengoméli; mencercai; mencela; mengecam ¶견책을 받다 ditegur 《karena》 ⊙ 견책처분 teguran; cercaan; comélan
견학(見學) pengetahuan didapat dari penyelidikan (pengamatan); studi di tempat terjadi peristiwa; latihan; penelitian 견학하다 mengunjungi 《perusahaan》 untuk studi; belajar dengan cara penyelidikan; meninjau ⊙ 견학여행 karyawisata
견해(見解) pendapat; pikiran; pandangan; 【해석】 tafsiran; interpretasi ¶견해를 같이하다 sependapat; mempunyai pendapat yang sama; bersamaan pendapat dengan
곁질리다 ①【물건이】 disilangkan; silang-menyilang; diletakkan (dipasang) secara bersilang ②【일이】 menjadi kusut satu sama lain; menjadi letih
결[1] ①【물의】 ombak; (숨결의) naik turunnya nafas; berombaknya nafas; pernafasan ②【나무 · 천의】 urat kayu; susunan; jaringan; (돌의) urat (serat) batu ¶결이 거칠다 kasar; tidak halus; berjaringan kasar ③【마음의】 watak; perangai; tabiat ④【결기】 ketidak-sabaran; bersifat tidak sabar; sifat berapi-api; sifat penuh semangat
결[2] ①【언뜻 · 우연히】 kebetulan; sekilas;

kejadian sepintas lalu ②【…하는 길】 sambil lalu; selagi; sepintas lalu; pada saat yang sama ③【사품】 akibat yang kebetulan ¶잠결에 dalam tidur; sementara (selagi) tidur/꿈결 같다 seperti impian (mimpi)

결가부좌(結跏趺坐) 【불교】 duduk dengan kaki bersilang; duduk seperti patung Budha

결강하다(缺講-) membolos; tidak masuk kuliah; mungkir dari sekolah

결격(缺格) pembatalan; diskualifikasi; yang tidak berkapasitas; yang tidak cakap ¶결격사유 penyebab diskualifikasi ⊙결격자 orang yang diskualifikasi

결과(結果) akibat; hasil ¶…의 결과 sebagai akibat; sebagai hasil; disebabkan oléh

결국(結局) ①【끝장】 akhir; ujung; bagian terakhir; kesimpulan; kesudahan; penutup; finale; babak akhir ②【마침내】 akhirnya; pada akhirnya; lama kelamaan

결구(結句) baris penutup sebuah sajak; bagian terakhir sebuah karangan; kesimpulan

결근(缺勤) absén; kemangkiran tugas; ketidak-hadiran 결근하다 mangkir ((dari kantor)); tidak hadir ⊙ 결근신고(서) laporan ketidak-hadiran. 결근일수 jumlah (hari-hari) absén. 결근자 orang yang tidak hadir. 무단결근 ketidakhadiran tanpa pemberitahuan

결기(-氣) ketidak-sabaran; sifat tidak sabar; pemarah; keberanian ¶결기 있는 사람 pemarah; orang yang lekas naik darah

결내다 melepaskan (menyemburkan) kemarahan (kejéngkélan) ¶찍하면 결내다 mudah panas hati; mudah menjadi marah

결단(決斷) keputusan; kebulatan tekad; ketetapan hati; penentuan; résolusi; pemecahan 결단하다 memutuskan; menentukan; menetapkan; memecahkan ¶결단을 못 내리다 tidak dapat memutuskan; ragu-ragu

결단(結團) 결단하다 mengatur ((tim, ékspedisi)) ⊙ 결단식 upacara pembentukan tim (organisasi)

결단코(決斷-) belum (tidak) pernah; bagaimanapun juga; ketidak-mungkinan; kemustahilan

결당(結黨) pembentukan partai; pembentukan kelompok 결당하다 membentuk partai (kelompok) ⊙ 결당식 upacara pelantikan partai

결딴 hidup yang berantakan 결딴나다 mengalami pengrusakan; rusak; hancur; kehancuran; ambruk; remuk-redam; menjadi runtuh; gagal; bangkrut

결렬(決裂) putusnya; perpecahan 결렬하다 putus; pecah; mematahkan; diputuskan hubungan; berakhir dengan perpecahan

결례(缺禮) kekurang-sopanan; kekurangan rasa hormat; kelalaian tata cara 결례하다 melalaikan (mengabaikan; lalai) tata cara; berkurang étika; tidak mempunyai rasa hormat

결론(結論) kesimpulan; simpulan 결론하다(짓다) menyimpulkan; menutup; mengakhiri ¶결론으로서 sebagai penutup; menyimpulkan; mengakhiri

결리다 merasa sakit; nyeri

결막(結膜) selaput mata ⊙ 결막염 sakit radang selaput mata

결말(結末) kesudahan; 【결과】 akibat; 【낙착】 penyelesaian; 【대단원】 kesimpulan; akhir cerita; (비극의) malapetaka; bencana alam 결말나다 mendapat kesimpulan; diakhiri; diselesaikan; sudah selesai; sudah bérés ¶결말내다 (짓다) mengakhiri; menyelesaikan; menyudahi

결문(結文) bagian terakhir yang merupakan kesimpulan karya; 【편지의】 bagian akhir (penutup)

결미(結尾) akhiran; konklusi

결박(結縛) 결박하다(짓다) mengikat; mempertalikan; membelenggu

결백(潔白) 【순결】 kemurnian; kesucian; 【청렴】 ketulusan hati; kejujuran; keutuhan; 【무죄】 keadaan tidak bersalah (tidak berdosa) 결백하다 murni; bersih; tidak bernoda; tidak berdosa; tidak bersalah

결번(缺番) nomor (bilangan) yang hilang (lepas) ¶4번은 결번이다 nomor empat itu kosong; nomor empat tidak terdapat dalam daftar

결벽(潔癖) keadaan tidak mudah puas; keréwélan; keceréwétan 결벽하다 tidak mudah puas; terlalu berpilih-pilih; sangat pemilih

결벽증(潔癖症) *mysophobia*

결별(訣別) ⇒이별 perpisahan 결별하다 berpisah

결부(結付) 결부하다, 결부시키다 menghubungkan (A) dengan (B); menjalin; bersambung

결빙(結氷)pembekuan; pembentukan és 결빙하다 membeku ¶결빙을 방지하다 mencegah terbentuknya és ⊙ 결빙기(期) musim pembekuan és; masa dingin (beku)

결사(決死) keadaan siap sedia untuk mati ¶결사적 mati-matian; yang sangat nékat; kenékatan ⊙ 결사대 regu (pasukan) berani mati

결사(結社) perkumpulan; asosiasi 결사하다【단체】membentuk perkumpulan (perhimpunan; kelompok; asosiasi) ¶결사의 자유 kebébasan berkumpul ⊙ 비밀결사 perkumpulan (organisasi) rahasia

결산(決算) penyelesaian rékening (laporan keuangan); likwidasi 결산하다 membéréskan (menyelesaikan) rékening; memperhitungkan neraca keuangan; menutup pembukuan ⊙ 결산기 masa laporan keuangan; masa penyelesaian rékening. 결산보고 laporan (lembaran) rékening. 결산일 hari penyelesaian (hari ketetapan) rékening. 1·4분기 결산 penyelesaian triwulan pertama

결석(缺席) ketidak-hadiran; kemangkiran; ketiadaan; ketidak-munculan 결석하다 membolos; tidak hadir; tidak muncul; tidak tampil; gagal hadir; absén ¶결석입니다【학생의 대답】Tidak hadir, Pak! ⊙ 결석계 absénsi; laporan tidak hadir. 결석신고 pemberitahuan (laporan) ketidak-hadiran. 결석자 orang yang gagal (yang lalai; yang tidak hadir). 결석재판 pengadilan tanpa kehadiran

결석(結石) kalkulus; batu kencing; batu empedu

결선(決選) ①【투표】pemungutan suara terakhir; pemilihan yang terakhir 결선투표를 하다 mengadakan pemungutan suara yang terakhir ¶결선투표에서 이기다【지다】menang【kalah】pada akhir pemilihan umum ②【시합】final ¶결선에 진출하다 mencapai final

결성(結成) 결성하다 membentuk; mengadakan penyatuan; mengorganisasi; mengorganisir ⊙ 결성식 upacara inagurasi; upacara pembentukan (pengukuhan)

결속(結束) ①【묶음】pengikatan menjadi satu 결속하다 mengikat menjadi satu; bersatu ②【단결】persatuan; kesatuan ¶결심을 굳히다 (강화하다) memperkuat kesatuan

결속력(結束力) kohési; solidaritas; hubungan yang erat; perpaduan yang kokoh ¶사회적 결속력 kohési sosial

결손(缺損) kerugian; kekurangan; défisit ¶결손을 메우다 menutupi kerugian (défisit); mengganti kekurangan (kerugian) ⊙ 결손금 jumlah kerugian (kekurangan). 결손처분 penyelesaian défisit

결승(전)(決勝)(戰) pertandingan (kontés) terakhir (final); babak final ⊙ 결승선 garis gawang; garis terakhir. 결승점 pol; garis finish; garis akhir. 준결승 sémi (setengah) final

결식(缺食) 결식하다 tidak makan ⊙ 결식아동 murid tanpa makan siang; anak yang tidak diberi makan

결실(結實)【열매】hasil 결실하다 berhasil; berbuah ⊙ 결실기 musim berbuah; masa berhasil

결심(決心) ketetapan hati; penentuan; keputusan; resolusi 결심하다 memutuskan; menetapan hati; membuat keputusan; bertékad

결심(結審) keputusan sidang; akhir pemeriksaan 결심하다 memutuskan ((suatu perkara)) ⊙ 결심공판 vonis pengadilan

결여(缺如) kekurangan; ketiadaan; tiadanya 결여되다 tidak cukup; tidak tercapai; berkurang; tidak sempurna; kekurangan

결연(結緣) pembinaan hubungan 결연하다 ①【관계를】 menjalin hubungan; membentuk (mengadakan) hubungan ②【불교의】 결연하다 masuk (memeluk) agama Budha ⊙ 자매결연 pembentukkan ikatan persaudaraan

결연하다(決然-) teguh ⟪hati⟫; kokoh; kuat; tabah ¶결연히 dengan tabah; dengan teguh

결원(缺員) lowongan; kedudukan (jabatan) yang lowong (kosong) ¶결원이 나다 ada jabatan yang lowong/결원을 보충하다 mengisi kekosongan

결의(決意) ⇒ 결심 tékad; ketetapan hati 결의하다 bertékad; menetapkan hati

결의(決議) keputusan; résolusi; ketetapan; bulat kata 결의하다 memutuskan; menetapkan ¶다음과 같이 결의 한다 diputuskan bahwa… ⊙결의록 catatan tentang résolusi; résolusi yang tertulis. 결의문 perjanjian résolusi

결의(結義) 결의하다 bersumpah ⟪menjadi saudara laki-laki; perempuan dan lain-lain⟫; mengangkat sumpah persaudaraan ⊙ 결의형제 saudara angkat

결의안(決議案) rancangan résolusi

결재(決裁) persetujuan; keputusan; pengesahan 결재하다 menyetujui; mengesahkan; mengizinkan; memutuskan ⊙ 결재권 hak memutuskan

결전(決戰) pertempuran (perjuangan) yang menentukan; pertikaian; bentrokan; 【경기의】 pertandingan yang menentukan 결전하다 berjuang sampai penghabisan ¶결전단계 taraf (tingkat; saat) yang menentukan

결절(結節) simpul; buhul

결점(缺點) kesalahan; kekurangan; sifat buruk; cela; ketidak-sempurnaan; 【약점】 kelemahan ¶결점이 있는 tidak sempurna; cacat; salah

결정(決定) penentuan; keputusan; bulat kata 결정하다, 결정짓다 menentukan; menetapkan; membulatkan hati ¶결정적 konklusif; dengan pasti / 결정적인 순간 momén penting ⊙ 결정타 【야구】 pukulan kemenangan. 결정판 édisi akhir; édisi final

결정(체)(結晶(體)) ①【물질의 덩어리】 penghabluran kristal; kristalisasi ¶얼음의 결정체 kristal és ②【노력의 산물】 hasil

결제(決濟) penyelesaian; pemberésan 결제하다 membéréskan ⟪rékening⟫; membayar; dilunaskan; diselesaikan ¶신용카드로 결제하다 membayar dengan kartu krédit ⊙결제자금 dana (biaya) penyelesaian

결집(結集) 【모음】 konséntrasi; pemusatan 결집하다 mengkonséntrasikan; memusatkan; menghimpun; mengumpulkan (menampung) secara besar-besaran

결착(決着 · 結着) ⇒ 결말 penyelesaian; keputusan

결코(決-) pasti; jelas; sama sekali tidak; sungguh-sungguh; sekali-kali tidak

결탁(結託) sekongkolan; kongkalikong; keterlibatan; komplotan 결탁하다 bersekongkol (berkomplot) dengan; bekerja sama secara rahasia

결투(決鬪) duél; perkelahian antara dua lawan; perkelahian untuk membéla kehormatan; pertarungan 결투하다 berduél; berkelahi antara dua lawan

결판나다(決判-) bérés; sudah diputuskan; diakhiri; diselesaikan ¶결판(을) 내다 menyelesaikan ⟪perselisihan⟫; membéréskan

결핍(缺乏) kekurangan; kesedikitan; kejarangan; 【없음】 kemiskinan; kemelaratan; ketiadaan 결핍되다 kurang; tidak sempurna; jarang; membutuhkan; hidup berkekurangan; hidup dalam kemiskinan ⊙ 결핍증 penyakit kekurangan ⟪makanan⟫

결하다(決-) ①⇒ 결정하다 ②【승부를】 memutuskan; menentukan

결함(缺陷) celah; 【부족】 kekurangan ¶결함 있는 tidak sempurna; cacat; rusak; kurang baik

결합(結合) perpaduan; penyatuan; serikat sekerja; gabungan; kombinasi; kepaduan; kohési; 【원자핵의】 peleburan;

【우주선의】 perkaitan 결합하다 bersatu; mempersatukan; menyatukan; menggabungkan

결항(缺航) penundaan (penghentian) pelayaran kapal ((uap)); pembatalan berlayar (pelayaran); 【항공기의】 pembatalan penerbangan 결항하다 menunda (menghentikan) jasa kapal laut; membatalkan berlayar (penerbangan)

결핵(結核) 【의학】 penyakit t.b.c (tébésé); sakit paru-paru; 【병】 penderita penyakit t.b.c ⊙ 결핵균 kuman t.b.c.; basil t.b.c. 결핵예방 pencegahan penyakit t.b.c. 결핵요양소 sanatorium penderita t.b.c. 결핵환자 penyakit t.b.c. 폐결핵 t.b.c. paru-paru

결행(決行) ⇒ 단행 tindakan tegas 결행하다 menyelesaikan (melaksanakan) secara tegas; mengambil keputusan

결혼(結婚) perkawinan; pernikahan 결혼하다 mengawini; mengawinkan; kawin; menikah; disatukan dalam ikatan perkawinan ⊙ 결혼기념일 hari peringatan perkawinan. 결혼답례품 hadiah yang diberikan kepada para peserta (hadirin) dalam perkawinan. 결혼생활 kehidupan (ikatan) perkawinan. 결혼식 upacara perkawinan. 결혼피로연 pésta (resépsi) perkawinan; perayaan setelah perkawinan. 강제결혼 kawin paksa. 연애결혼 perkawinan atas dasar cinta (suka sama suka). 중매결혼 perkawinan yang diatur (direncanakan) oléh seorang perantara (mak comblang)

결혼사기(結婚詐欺) penipuan perkawinan; perkawinan palsu

겸(兼) dan juga; dan lagi; tambah pula; pada waktu yang sama; yang menggabungkan ((dua fungsi))

겸두겸두 ⇒ 겸사겸사

겸무(兼務) tugas pekerjaan tambahan (ékstra); jabatan tambahan (ékstra; rangkap) 겸무하다 memegang jabatan *ékstra; memegang* jabatan rangkap ¶교육부 장관을 겸무하다 dirangkap menjadi Menteri Pendidikan

겸비하다(兼備-) menggabungkan; merangkap mempunyai keduanya; ¶재색을 겸비하다 mempunyai keduanya, baik akal maupun kecantikan

겸사(謙辭) ①【말】 pidato (cara berbicara) yang rendah hati ②【사양】 겸사하다 rendah hati; sederhana

겸사겸사 tujuan (maksud) ganda; dua alasan (sebab); bergabung dengan

겸상(兼床) satu méja untuk berdua; makan berdua 겸상하다 memakan di méja yang sama

겸손(謙遜) kerendahan hati; kesederhanaan; kesopanan; ketidak-beranian 겸손하다 tidak sombong; sederhana; sopan; tidak berlagak; rendah diri; bersifat merendahkan diri

겸양(謙讓) kerendahan hati; kesederhanaan; kesopanan; sifat malu-malu; ketidak-beranian 겸양하다 malu-malu; selalu mengalah (tunduk; réla); tidak menonjolkan diri; tidak sombong ⊙ 겸양법 cara kehormatan. 겸양어 bahasa kehormatan

겸업(兼業) pekerjaan(usaha) rangkap (tambahan); pekerjaan sampingan(sambilan) 겸업하다 bekerja rangkap; mempunyai pekerjaan pada waktu yang sama; mengerjakan keduanya (satu pekerjaan dan yang lainnya); menerima pekerjaan sampingan

겸연쩍다(慊然-) merasa malu; merasa canggung; gelisah

겸용(兼用) pemakaian kombinasi (gabungan) 겸용하다 mempergunakan dua cara atau lebih; mempergunakan lebih daripada satu maksud

겸유하다(兼有-) memiliki (mengerjakan; melakukan) keduanya

겸임(兼任) ⇒ 겸직, 겸무

겸직(兼職) pekerjaan tambahan; jabatan rangkap 겸직하다 memegang jabatan tambahan (rangkap); memegang jabatan rangkap pada waktu yang sama

겸하다(兼-) ①【겸임하다】 memegang sebagai jabatan tambahan ②【다른 기능을 아울러 가지다】 menggabungkan; memiliki keduanya

겸행(兼行) tugas rangkap; tugas dobel; pekerjaan lembur 겸행하다 melakukan

⟪lebih dari satu pekerjaan⟫ pada waktu yang sama; bekerja regu rangkap; bekerja lembur

겸허(謙虛) kesederhanaan; kerendahan hati; kesopanan 겸허하다 sederhana; rendah hati; sopan ¶겸허하게 dengan cara yang sederhana; dengan kerendahan hati

겹 ①【포개진 상태】 lipatan; 【켜】 lapisan; 【쌓아올린】 tumpukan; lapisan; gundukan; 【가닥】 lapisan ¶두 겹 dua kali lipat ②【이중】 rangkap; dobel; dua kali lipat; hal melipat-gandakan; salinan; kerangkapan; kedobelan ¶겹 문 pintu (jendéla) dobel; pintu rangkap

겹겹이 dalam banyak lipatan; lipatan demi lipatan; lapisan demi lapisan; dérétan demi dérétan; jajaran demi jajaran; jarak demi jarak

겹다 terlalu banyak untuk; tidak dapat dikendalikan; bukan main; hébat sekali; berlebihan

겹두루마기 mantel yang berlapis

겹말 kata yang bertélé-télé

겹사돈(-査頓) orang yang berhubungan dobel ⟪oléh perkawinan⟫; orang yang menjadi rapat hubungannya karena perkawinan

겹살림하다 membiayai lebih dari satu rumah tangga

겹옷 pakaian yang berlapis; pakaian tebal

겹저고리 jakét yang berlapis

겹질리다 terpelécok; keseléo ¶무릎이 겹질리다 Mata kakiku keseléo.

겹창(-窓) jendéla dobel untuk menahan badai

겹쳐지다 dilipat sehingga lebih dari satu lipatan

겹치다 ①【여럿이 포개어지다】 dilipat sehingga menjadi lebih dari satu lipatan ②【날 · 시간이】 jatuh ③【여러 일이 한꺼번에 일어나다】 bertumpuk; bertumpang tindih

겹치마 rok yang berlapis

경 ¶경을 치다 berada dalam kesulitan; dimarahi

경(卿) ①【호칭】 yang Mulia ②【임금이 신하를 부르는 말】¶경들은 들으라 Bangsawan ku! Dengarkan.

경(京) ibu kota

경(更) jaga malam

경(景) ①【경치】 pemandangan

경【經】 ① ⇒ 경서 ②【불경】 Kitab Sutra; Kitab Suci penganut agama Budha ¶경을 읽다 membacakan kebaktian sutra ③【주문】 mantera (jampi) ahli sihir

경(輕) ringan; kecil; énténg

경(頃) kira-kira ¶세 시경에 kira-kira jam tiga

경각(頃刻) sejenak; sesaat ⟪lagi⟫; segera; sebentar; dalam sekejap mata

경각(傾角) sudut kecondongan; sudut kemiringan; sudut inklinasi

경각심(警覺心) kesadaran; perhatian ¶경각심을 불러일으키다 membangkitkan perhatian

경감(輕減) pengurangan; penurunan;【고통 · 형 따위의】 pengurangan; peringanan 경감하다 mengurangi; mengurangkan; meréduksikan; berkurang; memperkecil; 【부담을】 mengurangi; memperkecil; 【형을】 memperingan; mengurangi; meringankan

경감(警監) inspéktur polisi

경개(梗槪) garis besar; bagan; skéma; skétsa; ringkasan; ikhtisar; rékapitulasi; uraian singkat; intisari

경거망동(輕擧妄動) tindakan yang gegabah (terburu-buru) dan tidak dipikirkan.; perbuatan yang tidak diperhatikan; perbuatan sembrono 경거망동하다 melakukan tindakan yang gegabah; bertindak (melakukan) atas desakan hati

경건(敬虔) kesaléhan; kealiman; kesetiaan; ketaatan; penghormatan; ta'zim 경건하다 saléh; alim; yang beriman; takwa

경계(境界) batas; perbatasan ¶경계를 접하다 berbatas; berbatasan; bersebelahan; berdampingan ⊙ 경계선 garis batas; batas pemisah; perbatasan

경계(警戒) ①【경고】 peringatan; teguran; 【조심】 tindakan pencegahan 경계하다 memperingatkan; memberikan peringatan; memperingati; mengadakan tindakan pencegahan ¶경계(를)시키다 membuat waspada; menyiagakan (menyuruh bersiap-siap) melawan ②【감시 · 경비】 jaga; waspada 경계하다 menjaga; mengawasi; mengintai; waspada; berhati-hati; berjaga-jaga; 【순찰하다】 meronda; berpatroli ⊙ 경계경보 siréne peringatan. 특별경계태세 kesiap-siagaan yang luar biasa

경고(警告) peringatan 경고하다 ①【주의를 주다】 memperingatkan; memberi peringatan ¶경고를 받다 menerima peringatan; diperingatkan ②【운동 경기에서】 kartu kuning ⊙ 경고등 nyala api (suar) tanda peringatan. 경고발사 tembakan peringatan

경골(脛骨) tulang kering ⊙ 경골동맥 pembuluh nadi tulang kering; arteri; pembuluh darah

경골(硬骨) ①【뼈의】 tulang yang keras ②【강직】 watak yang kuat (keras; tegas); sikap yang tidak dapat diubah; sikap keras kepala ¶경골의 kokoh; keras kepala; tidak suka berkompromi; tidak dapat diubah

경골(頸骨) tulang léhér

경공업(輕工業) industri ringan

경과(經過) ①【시간의 흐름】 jarak waktu; 【기한의】 waktu berakhir ¶유효 기간이 경과하다 Masa berlakunya (Masa keabsahannya) sudah berakhir. ②【사건 · 상태의 진행 상황】 경과하다 léwat; lalu; berakhir; habis waktunya ⊙ 경과보고 laporan mengenai perkembangan usaha

경관(景觀) pemandangan

경관(警官) polisi; 【순찰하는】 polisi patroli; peronda; (총칭) kepolisian ⊙ 여자경관 polisi wanita (polwan)

경구(經口) 【약】 ¶경구의 oral; mulut (lubang mulut yang diminum) ⊙ 경구피임약 pil pencegah kehamilan

경구(硬球) 【야구】 bola keras

경구(警句) épigram; aphorisme ⊙ 경구 집 buku épigram

경구개(硬口蓋) langit-langit mulut keras

경국(經國) administrasi (pemerintahan; pelaksanaan) negara ¶경국지재(之才) kecakapan (kewibawaan) seorang negarawan

경국지색(傾國之色) wanita cantik tiada tandingan; wanita yang cantik penyebab kehancuran negeri

경금속(輕金屬) logam ringan

경기(景氣) ①【세상 형편】 waktu; zaman; kegiatan; keaktifan ②【시황 · 상황】 urusan; usaha; perusahaan; kondisi; keadaan; transaksi 《jual beli》; suasana pasar ⊙ 경기상승 kemajuan (perbaikan) usaha. 경기지수【지표(指標)】 indéks perusahaan. 경기침체 kemacetan (kemunduran) ékonomi. 불경기 deprési (kemerosotan; resési, pengunduran) ékonomi; pasaran yang sepi; ketidak-aktifan (kelesuan) usaha. 호경기 kemakmuran (kegiatan; keramaian; kesibukan) ékonomi

경기(競技) pertandingan 《olahraga》 경기하다 bertanding; berlomba ⊙경기력 kinerja atlétik. 경기자 peserta pertandingan; konkurén; atlit olahragawan(-wati); pemain. 경기장 aréna olahraga; stadion olahraga lari, lompat, lempar dan sebagai

경기(驚氣) 【한의학】 sawan

경기관총(輕機關銃) senjata ringan; senapan mesin yang ringan

경기구(輕氣球) balon terbang

경기병(輕騎兵) kavaleri; pasukan (barisan) kuda; anggota pasukan kuda

경내(境內) daérah; kamp

경노동(輕勞動) pekerjaan (tugas) ringan ⊙ 경노동자 pekerja ringan

경단(瓊團) *gyeongdan;* kue beras bola ditutupi dengan serpih kacang digerus

경대(鏡臺) cantélan (sangkutan) cermin; méja rias; lemari rias

경도(硬度) 《tingkat》 kekerasan; kepadatan; kerasnya

경도(傾度) tingkat kecondongan atau pembélokan; tingkat inklinasi atau défléksi

경도(傾倒) 【마음을】 ketekunan; konséntrasi; pemusatan 경도하다 memusatkan 《pikiran; tenaga》 pada; dicurahkan; asyik; terpikat; sangat berminat

경도(經度) ①⟹ 월경【月經】 datang bulan; haid ②【지리】 garis bujur

경동맥(頸動脈) 【해부학】 pembuluh darah karotid

경락(經絡) urat nadi; pembuluh darah; 【정맥】 urat darah halus; 【동맥】 urat nadi; pembuluh nadi ⊙ 경락 마사지 akupresur (meridian) pijat

경락(競落) 경락하다 dilélang habis; membuat penawaran yang berhasil ⊙ 경락물 benda yang dilélang. 경락인 penawar yang berhasil

경량(輕量) bobot (barang) yang ringan

경력(經歷) riwayat kerja; karir; riwayat (pengalaman) hidup (pribadi); catatan karir ⊙ 경력소개 pengantar biografi

경련(痙攣) penyakit sawan; kekejangan; kejang urat; 【근육의】 kejang; kram; sentakan; renggutan; 【안면의】 gerényét (kedutan); kejangan 경련하다, 경련이 나다 kekejangan; diserang kekejangan; menderita kejang ¶다리에 경련이 나다 merasa kejang pada kaki ⊙ 안면경련 gerényét (kedutan) pada muka

경례(敬禮) salam; pemberian hormat; sembah; tundukan; bungkukan; 【구령】 pemberian hormat 경례하다 memberi salut ¶경례를 받다(상급 장교가) menerima pemberian hormat

경로(經路) jalan yang dilalui; saluran; rute; trayék; 【단계】 tingkat; taraf; 【과정】 cara; prosés ⊙ 외교경로 saluran diplomatik

경로(敬老) penghormatan orang usia lanjut; penghormatan kepada senior 경로하다 menghormati orang usia lanjut ⊙ 경로당 Pusat komunitas warga negara senior. 경로석 kursi yang dicadangkan untuk warga senior. 경로 우대증 kartu diskon senior

경륜(經綸) 【경험과 능력】 daya tahan pengalaman; kecakapan; kemampuan; keahlian negarawan 경륜하다 memerintah; mengurus; mengelola; melaksanakan; mengatur ⊙ 경륜지사(之士) orang yang mampu administratif (ketatausahaan)

경륜(競輪) perlombaan (balap) sepéda ⊙ 경륜선수 pembalap sepéda. 경륜장 aréna (gelanggang) balap sepéda

경리(經理) ketatalaksanaan; pengelolaan; administrasi; tata usaha; 【회계】 akuntansi; 【사무】 usaha akuntan 경리하다 mengurus; mengelola; melaksanakan; membayar rékening (tanggungan) ⊙ 경리사원 pegawai akuntansi

경마(競馬) balapan (pacuan) kuda 경마하다 mengadakan pacuan kuda ⊙ 경마기수 joki; penunggang kuda pacuan. 경마말 kuda pacuan; pembalap kuda. 경마장 lapangan (gelanggang) pacuan kuda

경망(輕妄) kesembronoan; keadaan tidak keruan; keadaan tergesa-gesa ¶경망스럽다 sembrono; tidak keruan; kurang pikir; gegabah; bermulut usil; ringan/ 경망스럽게 dengan lalai; dengan gegabah; dengan kurang pikir; dengan ringan

경매(競買) lélang; pelélangan; penjualan bébas (obral) 경매하다 (경매에 붙이다) menjual pada pelélangan; menawarkan dilélang; membawa (mengirim) ke pelélangan; akan dilélang ⊙ 경매인 juru (tukang) lélang; penawar barang. 경매장 tempat lélang (pelélangan)

경멸(輕蔑) caci-maki; cemoohan; penghinaan 경멸하다 mencémoohkan; meréméhkan; tidak menghargai; menghina; memandang énténg (rendah)

경모(敬慕) kekaguman; pemujaan; pujaan; penyembahan; cinta yang mendalam 경모하다 menghargai; memuji; memuja; mencintai; menyembah; sangat menghormati

경무(警務) tugas (kewajiban) polisi; administrasi polisi ⊙ 경무과 bagian administrasi polisi. 경무관 inspéktur jénderal

경문(經文) ①【불교】 Kitab Suci agama Budha; kitab Sutra; buku Suci ②【도교서적】 Kitab Suci agama Tao(klasik)

경미하다(輕微-) sedikit; kecil; énténg; sepélé; tidak berarti; réméh; tidak serius; tidak berat; tidak sungguh-sungguh

경박(輕薄) ketidak-tulusan hati; ketidak-benaran; kelakuan sembrono; tingkah laku tidak keruan; kesembronoan dalam berbicara; sikap sembrono; 【변덕】 bersifat tidak tetap; berubah-ubah; plin-plan 경박하다 plin-plan; berubah-ubah; sembrono; tidak keruan; ringan; tidak tetap; kurang patuh

경배(敬拜) bungkukan (tundukan kepala) yang penuh rasa hormat 경배하다 (경배를 드리다) menundukkan kepala dengan hormat

경범죄(輕犯罪) pelanggaran hukum ringan ⊙ 경범죄처벌법 hukum pelanggaran yang ringan

경보(警報) alarm; tanda bahaya; siréne; peringatan 경보하다 memberitahukan adanya bahaya; memberi peringatan ⊙ 경보기 isyarat tanda bahaya: 경보기를 울리다 memicu alarm. 공습경보 tanda bahaya serangan udara. 폭풍경보 peringatan (isyarat) akan adanya badai

경보(競步) perlombaan berjalan kaki; jarak dijalani 《40 kilométer》 ⊙ 경보선수 pejalan cepat

경복하다(敬服-) mengagumi; memuji; sangat menghormati; mempunyai penghargaan tinggi

경부(京釜) Seoul dan Pusan ⊙ 경부선 kereta api Seoul-Pusan

경부(頸部) bagian léher

경비(經費) biaya; ongkos; harga; (유지비) biaya pemeliharaan; 【지출】 pengeluaran belanja; pembelanjaan; pembayaran; pembiayaan 경비를 줄이다 mengurangi pengeluaran (belanja) ⊙ 경비절감 pengurangan belanja. 일반(諸)경비 biaya umum; ongkos éksploitasi; pengeluaran tambahan

경비(警備) penjagaan; pertahanan; pembélaan; penjagaan ketertiban 경비하다 mempertahankan; membéla; menjaga; mengawal; berjaga-jaga; menjaga ketertiban; mengawasi ⊙ 경비원 penjaga; pengawal; polisi patroli; peronda. 경비정(함) kapal patroli; kapal penjaga (pengawal). 경비 초소 pos jaga

경비대(警備隊) garnisun; pasukan penjaga; pasukan polisi patroli ⊙ 국경경비대 garnisun (pasukan penjaga) perbatasan; pengawal garis perbatasan. 해안경비대 penjaga (pengawal) pantai

경비행기(輕飛行機) pesawat ringan

경사(慶事) hal yang perlu diberi ucapan selamat; peristiwa yang bahagia ¶경사날 Hari Bahagia

경사(傾斜) kemiringan; inklinasi; kecondongan; kecenderungan; 《내리막》 léréng yang menurun 경사지다 mencondongkan; meléréng; memiringkan; miring; condong; melandai ⊙ 경사각 sudut kecondongan (inklinasi). 경사도(度) curam tanjakan; tinggi tanjakan

경사(警査) sersan polisi

경상(輕傷) luka ringan (kecil) ¶경상을 입다 terluka ringan (sedikit); menderita (mendapat) luka kecil ⊙경상자 orang yang terluka ringan

경상(經常) ¶경상의 biasa; mutakhir; sekarang ini ⊙ 경상비 pengeluaran yang biasa; biaya kerja (perjalanan); ongkos éksploitasi; ongkos kerja. 경상수지 keseimbangan rékening yang berédar: 경상수지 흑자 kelebihan rekening yang beredar

경색(梗塞) ①【정치 · 경제 활동 등의】 kemacétan; halangan; rintangan; kegagalan; hambatan ②【신체의】《의학》】 pelanggaran; gangguan ⊙ 금융경색 pasaran uang (pasar modal) yang sulit

경선(競選) pemilihan ¶경선에 참가하다 mencalonkan diri untuk pemilihan

경선(經線) 【지리】 《lingkaran》 garis bujur

경성(硬性) kepadatan; kerasnya; kekerasan

경세(經世) pemerintahan; administrasi 경세하다 memerintah; menguasai; menjalankan 《urusan negara》 ⊙ 경세가(家) pengurus; pengelola; pemimpin; pengatur; negarawan; ahli kenegaraan

경솔(輕率) tindakan sembrono; tingkah laku tidak keruan; kesembronoan dalam berbicara; keadaan tergesa-gesa (terburu-buru); 【부주의】 tidak dipikirkan; kesembronoan; pengabaian 경솔하다 sembrono; tidak keruan; terburu-buru; tergesa-gesa; gegabah; ber-

mulut usil; tidak dipikirkan; sembarangan; serampangan
경수(硬水)【화학】air keras
경수(輕水) air lunak (ringan); air sadah ⊙ 경수로(爐) réaktor air ringan (air sadah)
경승(景勝) pemandangan yang indah (hébat) ⊙ 경승지 tempat indah
경시하다(輕視-) mengabaikan; menyepélékan; tidak mengindahkan
경식(硬式) tipe yang keras (kaku) ¶경식의 keras; kaku; sukar/반 경식의 setengah kaku (keras; sukar)
경식(輕食) makanan ringan (kecil); *snack*
경식당(輕食堂) kafétaria: tempat menjual makanan kecil
경신(更新) pembaharuan; perpanjangan 경신하다 memperbaharui; memperpanjang
경악(驚愕) kehéranan; kekaguman; ketakjuban; kejutan 경악하다 héran; tercengang; terkejut; terperanjat; tercekam oléh rasa gugup (oléh kepanikan)
경앙하다(景仰-) mengagumi; memuji; memuja; menyembah; menganggap dengan penghormatan; menghormati
경애(敬愛) penghargaan kasih sayang; penuh rasa hormat 경애하다 mencintai dan menghormati; memuja; menyukai; menyembah; memuliakan; mempunyai rasa hormat dan kasih sayang kepada; menghargai ¶경애하는 yang terhormat; yang terpandang/경애하는 김 선생 yang terhormat Tuan Kim
경어(敬語) bahasa (sebutan) kehormatan; ucapan rasa hormat
경역(境域) tanah; daérah;【경계의 지역】batas (perbatasan) kota
경연(競演) pertandingan; kontés; perlombaan ⊙ 요리경연대회 kontés memasak
경염하다(競艶-) bertanding (berlomba) kecantikan ⊙ 경염대회 kontés kecantikan
경영(經營) manajemén; pengelolaan; administrasi; tata usaha 경영하다 mengelola; mengurus; memimpin (meneruskan) perusahaan; menjalankan; mengusahakan 《bank; pabrik dan lain-lain》 ⊙ 경영권 hak pengelolaan; hak pimpinan. 경영난 kesulitan keuangan. 경영인 manajer, pengelola; pemimpin; diréktur, éksekutif. 경영학과 jurusan administrasi bisnis. 경영학 석사 gelar MBA *(Master of Business Administration)*
경영(競泳) perlombaan berenang ⊙ 경영대회 pertandingan berenang. 경영자 perenang
경영자(經營者) diréktur; éksekutif; pengelola; pemimpin usaha; pengurus; operator; pemilik ¶경영자 측 pihak diréksi (pimpinan) perusahaan/경영자와 노동자 pemimpin dan buruh/한국 경영자총협회 Féderasi Para Pimpinan Perusahaan Korea
경외(敬畏) ¶경외감 rasa kagum
경우(境遇) keadaan; situasi; kesempatan; saat; peristiwa; waktu; masa; kali ¶경우에 따라(서는) menurut keadaan; jika keadaan terpaksa; sesuai dengan keadaan
경운기(耕耘機) srisip; mesin pengolah tanah; mesin penyiang (pertanian)
경원하다(敬遠-) menghormati tetapi menjauhi; menjaga jarak secara hormat ¶경원되다 dijauhi karena rasa hormat (karena disegani)
경위(涇渭) 《sifat》 baik dan 《sifat》 buruk; perbuatan jahat dan kebajikan; benar dan salah; pertimbangan
경위[1](經緯) ①【경위도】garis bujur dan garis lintang ②【경위선】batas garis bujur dan garis lintang
경위[2](經緯) ①【과정】seluk-beluk; perincian; bagian kecil; fakta; keadaan; situasi; latar belakang; dasar ¶사건의 경위 perkara (peristiwa; urusan) yang rumit (yang ruwet) ② ⇒ 경위(涇渭)
경위(警衛) ①【경호】pengawal; penjaga; patroli; peronda; pengantar; kawalan 경위하다 menjaga; mengawal; melindungi; meronda; berpatroli; mengantarkan ②【경찰의 계급】létnan polisi
경유하다(經由-) pergi melalui; meléwati; melampaui; mampir; singgah
경유(輕油) bénsin; minyak gas ⊙ 경유발

동기 motor bénsin
경유(鯨油) minyak ikan paus
경음(硬音) suara yang keras
경음악(輕音樂) musik instrumén
경의(敬意) rasa hormat; kehormatan; hal réspék; penghormatan ¶경의를 표하다 menyembah; memberikan (memperlihatkan) rasa hormat; memberi penghormatan kepada; mengangkat topi terhadap
경이(驚異) kehéranan; mukjizat; keajaiban; yang menakjubkan; kekuatan gaib 경이하다 kagum; héran ¶경이적 menakjubkan; luar biasa; hébat
경인(京仁) Seoul dan Inchon ⊙ 경인공업지대 kawasan Industri antara Seoul dan Inchon
경작(耕作) pertanian; penanaman; pengolahan; pencangkulan 경작하다 menanami; membajak tanah; bercocok tanam; bertani; mengolah ⊙ 경작물 hasil pertanian. 경작자 petani; peladang; pembajak tanah; orang tani. 경작지 tanah yang baik untuk ditanami; tanah yang diolah dan ditanami; tanah sedang diolah
경장(更張) réformasi; perbaikan; pembaharuan ⊙ 갑오(甲午)경장 réformasi (penyusunan kembali) Kabo; pembaharuan politik tahun 1894
경장(輕裝) pakaian (perlengkapan) yang tipis 경장하다 berlengkapan yang tipis; berpakaian dengan tipis ⊙ 경장순양함 kapal penjelajah (kapal pesiar) yang ringan
경장(警長) patroli polisi senior
경쟁(競爭) pertandingan; persaingan; perlombaan; kompétisi 경쟁하다 bersaing; menyaingi; beradu ⊙ 경쟁가격 persaingan harga; harga bersaing. 경쟁력 daya saing. 경쟁사 perusahaan pesaing. 경쟁상품 barang kompetitif; barang yang harganya bersaing. 경쟁심 semangat bersaing (berjuang); semangat persaingan. 경쟁의식 kesadaran persaingan. 경쟁자 penyaing
경적(警笛) peluit tanda bahaya; 【자동차의】 klakson ((peringatan)); siréne; 【배의 농무(濃霧) 경적】 peluit kabut; tanda peringatan adanya kabut ¶경적을 울리다 membunyikan peluit peringatan; memberikan peluit tanda bahaya; (자동차가) membunyikan klakson; mengklakson; menuter; meniup bunyi tuter (bunyi klakson)/ 경적금지 【게시】 Dilarang membunyikan klakson.
경전(經典) Kitab Suci; 【불교의】 Kitab Suci Sutra; 【기독교의】 kitab Injil Alkitab; 【이슬람교의】 Al-Quran
경정(更正) perbaikan; révisi; pembetulan; koréksi; ralat 경정하다 memperbaiki; merévisi; merobah; membetulkan; meralat
경정(警正) inspéktur polisi
경제(經濟) ékonomi; perékonomian; 【재정】 keuangan; 【절약】 penghématan 경제하다 berhémat; menghémat ¶경제적으로 secara ékonomis; finansiil; yang berhubung dengan keuangan; dalam soal keuangan/ 시간【노력】의 경제 penghématan waktu 【kerja】 ⊙ 경제계 dunia (kalangan) ékonomi (keuangan). 경제공황 krisis keuangan (ékonomi). 경제면 halaman (pagina) keuangan; aspék keuangan. 경제사정【상태】 keadaan 【situasi】 ékonomi. 경제성장 perkembangan (pertumbuhan) ékonomi. 경제인 pengusaha bisinis. 경제위기 krisis ékonomi (keuangan). 경제 지표 indikator (penunjuk) ékonomi. 경제 특구 Zona industri ékskusif. 미시 【거시】 경제학 ilmu ékonomi mikro 【makro】. 경제학부 Fakultas Ekonomi. 경제회복 pulihnya (pemulihan) perékonomian (ékonomi)
경제상(經濟上) secara ékonomis; secara keuangan ¶경제상의 이유로 dengan alasan penghématan (ékonomi)
경조(競漕) perlombaan kapal; lomba kapal (perahu) 경조하다 mengadakan perlombaan kapal ⊙ 경조용 보트 perahu (kapal) lomba
경조비(慶弔費) biaya (sumbangan) ucapan selamat dan pernyataan turut berduka-cita
경종(警鐘) bél tanda bahaya; bél untuk

memberitahukan adanya bahaya; 【경고】 peringatan ¶경종을 울리다 membunyikan bél tanda bahaya

경주(競走) perlombaan lari; 【단거리의】 lari cepat 경주하다 mengadakan perlombaan; berlomba melawan ⊙ 경주자 pelari; 【단거리】 pelari cepat 《dalam lomba lari》. 마라톤경주 perlombaan lari maraton. 자전거경주 balap sepéda; perlombaan sepéda. 장애물경주 perlombaan lari gawang (lari rintangan)

경주하다(傾注-) ①【흐르다】 mengalir dengan cepat ②【쏟아지다】 menumpahkan ③【집중하다】 memusatkan; mencurahkan

경중(輕重) ①【무게】 berat ②【가벼움과 무거움】 berat; kegawatan; kepentingan

경증(輕症) penyakit ringan ⊙ 경증환자 orang sakit (campak) ringan

경지(耕地) 【경작지】 tanah; tanah (daérah; lahan) yang diolah dan ditanami

경지(境地) ①【상태】 taraf; tingkatan; keadaan ¶…의 경지에 이르다 mencapai (mendapat) taraf ②【분야 · 영역】 lingkungan; lapangan; bidang

경직(硬直) ketegapan; kekokohan 경직하다(되다) kaku; tegang; tegap; keras; tegak lurus ¶ 사내 분위기가 너무 경직되어 있다 Suasana perusahaan terlalu formal.

경진(輕震) 《getaran》 gempa bumi yang lemah

경질(更迭) mutasi; perubahan; pergantian; penggantian; perpindahan 경질하다 memutasikan; bertukar; berganti; mengganti《kan》; mengubah ¶경질되다 dipindahkan; diganti dengan; ditukar; ditempatkan; diubah

경질(硬質) ¶경질의 keras; dijadikan keras ⊙ 경질고무 karét yang keras

경차(經車) mobil kecil; kendaraan ringan

경찰(警察) kepolisian; polisi; angkatan kepolisian ¶경찰에 연행되다 dibawa polisi ⊙ 경찰견(犬) anjing polisi; 【비어】 mata-mata polisi. 경찰권 kekuasaan (wewenang) polisi. 경찰봉(棒) tongkat (pentung) polisi. 경찰서 kantor polisi; pos polisi: 경찰서장 kepala 《kantor》 polisi

경천(敬天) pemujaan terhadap Tuhan 경천하다 memuja (menyembah) Tuhan

경천동지하다(驚天動地-) mengejutkan (menghérankan) seluruh dunia; membuat sénsasi (kegemparan) di dunia

경첩 éngsél ¶경첩을 달다 memasang éngsél

경첩하다(輕捷-) ringan dan cekatan; gesit; tangkas; trampil

경청하다(敬聽-) mendengarkan dengan penuh perhatian (dengan sopan) ¶경청할 만하다 patut didengarkan; berguna untuk didengarkan

경축(慶祝) perayaan; ucapan selamat 경축하다 merayakan; mengucapkan selamat kepada 《orang atas keberhasilannya》 ¶경축일색의 penuh dengan suasana pésta ⊙ 경축일 Hari Besar Nasional; Hari pésta; Hari Raya; liburan nasional

경치(景致) pemandangan; keindahan alam ¶겨울경치 pemandangan musim dingin/아름다운 경치 pemandangan yang indah (bagus; mempesona)

경치다 ①【벌을 받다】 mendapat hukuman yang berat (kejam); dihukum dengan berat ¶경(을) 칠 것 같으니 persétan ②【혼나다】 dimarahi; mengalami kesukaran; mengalami siksaan; dihukum

경칭(敬稱) gelar (panggilan) kehormatan

경쾌하다(輕快-) 【몸이】 ringan; cekatan; gesit; 【마음이】 senang; bersuka-ria; riang gembira; ringan ¶경쾌하게 dengan ringan; dengan gesit; dengan gembira (menyenangkan)/경쾌한 복장을 하고 있다 berpakaian tipis

경탄(驚歎) ⇒ 감탄 kekaguman; takjub; kehéranan 경탄하다 mengagumi; memuji; kagum; héran ¶경탄할만한 sangat bagus; hébat; mengagumkan; dapat dikagumi

경토(耕土) tanah subur

경편하다(輕便-) ringan; tipis; sederhana; énténg ¶경편한 복장 pakaian tipis

경품(景品) prémi; hadiah; hadiah gratis (cuma-cuma) ⊙ 경품권 kupon hadiah

경풍(驚風) 【한의학】 serangan tiba-tiba;

sawan 경풍하다 menderita sakit sawan
경풍(輕風) angin sepoi-sepoi
경하(慶賀) ucapan selamat 경하하다 mengucapkan selamat
경하다(輕-) 【무게가】 ringan; 【사태가】 énténg; tidak terlalu serius; 【언행이】 terburu-buru; gegabah; tergesa-gesa; tidak berhati-hati; lalai; kurang akal; sembrono; tidak keruan; bermulut usil; pandai ngomong ¶경한 짓을 하다 melakukan tindakan yang gegabah (yang terburu-buru)
경학(經學) ⟪pelajaran⟫ bahasa China Kuno
경합(競合) persaingan; pertentangan; perselisihan; konflik; percékcokan 경합하다 bersaing (berlomba) dengan; saling berlomba-lomba
경향(京鄕) Ibu kota dan pedésaan (luar kota) ¶경향각지에 seluruh (di seluruh) negeri; di setiap sudut dan pelosok; di mana-mana
경향(傾向) kecenderungan; kecondongan; arah gejala; arah jalan; arus; aliran; peralihan pikiran ¶…한 경향이 있다 cenderung ⟪untuk melakukan⟫
경험(經驗) pengalaman 경험하다 mengalami ¶경험이 있는 berpengalaman/경험으로 알다 mengetahui dari pengalaman ⊙ 경험담 cerita pengalaman sendiri (pribadi); cerita yang benar (yang sebenarnya)
경혈(經穴) 【한의학】 pembuluh darah; tempat tubuh yang cocok melakukan akupungtur
경호(警護) pengawalan; penjaga⟪an⟫; pengantar; kawalan; iring-iringan patroli 경호하다 menjaga; melindungi; mengantarkan; mengawal; berpatroli
경화(硬化) pengerasan; pembekuan; penyeménan 경화하다 mengeraskan; menjadi keras; memperkeras; menyemén ⊙ 경화작용 prosés pengerasan; prosés pembekuan
경화(硬貨) uang yang nilainya tetap; mata uang logam
경화기(輕火器) senjata api ringan
경화학공업(輕化學工業) In dustri bahan kimia ringan
경황(景況) keadaan ⟪kondisi; syarat⟫ ¶경황이 없다 terlalu sibuk untuk
곁 【옆】 pihak, sisi; sebelah; 【부근】 sekitar; lingkungan; hampir ¶곁의 dekat; yang berdekatan/곁에 disamping; di sebelah; pada sisinya; di dekat; di sekitar
곁가닥 bagian tambahan
곁가지 cabang tambahan ¶곁가지로 흐르다 (이야기가) menyimpang
곁눈질하다 memandang dengan curiga; mengawasi dari sudut mata; mengerling; menjeling
곁다리 hal tambahan ¶곁다리 끼다 ikut serta
곁들이다 ①【음식을】 menaruh dalam satu piring; menghias ②【일을】 melakukan sekaligus; melakukan bersama-sama; menyertai; mengiringi
곁상(-床) méja makan kecil diletakkan pada sisi méja makan yang besar (yang utama)
곁순(-筍) pucuk ⟪yang keluar⟫ dari sisinya; pucuk tambahan
곁줄기 batang (tangkai) tambahan
계(戒) ①【규정】 perintah; peringatan; teguran, nasihat yang baik ②【종교】【계율】 ajaran Budha; ajaran (perintah) agama; disiplin
계(計) ①【총계】 jumlah; total; 【합하여】 semuanya; secara total; seluruhnya ②【계략】 rencana; maksud yang tidak baik; tipu daya; muslihat ③【접미사】 ukuran; méter⟪an⟫ ¶우량계 ukuran hujan/온도계 térmométer
계(係) bagian; séksi; 【담당】 tugas; usaha; urusan; 【담당자】 pegawai (pejabat) yang berkuasa ¶출납계 bagian kasir; 【사람】 kasir; pemegang kas
계(契) *gye*; arisan; gabungan pembiayaan (pembelanjaan) bersama; koperasi simpan-pinjam ¶계에 들다 masuk arisan; menjadi anggota arisan
계(系) ①【조직】 sistém ¶태양계 sistém tata surya ②【당파】 golongan; kelompok; grup; kumpulan ⟪orang; partai⟫ ③【혈통】 garis keluarga; garis sil-

silah; keturunan; asal usul; asal mula ¶남【여】계 garis laki-laki【wanita】/라틴 계의 국민 asal-usul (asal-mula) orang Latin

–계(屆) ⇒ 신고(申告) pemberitahuan; pengumuman; laporan

–계(界) dunia ((alam)); lingkungan; kalangan; masyarakat ¶동물【식물, 광물】계 dunia héwan【tumbuhan, barang tambang】. 실업계 lingkungan bisnis

계간(季刊) penerbitan triwulan; penerbitan setiap kuartal;【계간지】majalah triwulan; majalah yang terbit setiap kuartal

계간(鷄姦) sodomia; percabulan dengan binatang

계고(戒告) ⇒ 경고(警告) peringatan 계고하다 memberi peringatan; memperingatkan

계곡(溪谷) lembah; jurang; ngarai; celah gunung; tubir

계관(鷄冠) ①【볏】balung; jénggér ②【맨드라미】bunga jénggér

계급(階級) ①【신분】golongan; kelas kasta ②【지위·등급】peringkat; pangkat; derajat; kedudukan ¶계급이 오르다 naik pangkat; dinaikkan pangkat ⊙ 계급의식 kesadaran kelas. 계급장 tanda pangkat; lencana pangkat. 계급층 kelas; golongan; lapisan sosial. 노동계급 kelas (golongan) pekerja; golongan kaum buruh. 무산계급 prolétariat; kaum marhaén. 상【중, 하】류 계급 golongan (kelas) atas【menengah, rendah】. 유산계급 kelas borjuis; golongan orang kaya; golongan pemilik tanah. 지배계급 golongan yang memerintah; golongan yang berkuasa. 지식계급 kaum terpelajar; kaum yang berpendidikan

계기(計器) méteran; ukuran; skala; alat ⊙ 계기비행【착륙】penerbangan【pendaratan】menurut instrumén. 항공계기 instrumén pesawat terbang

계기(契機) kesempatan; saat ¶이것을 계기로 mengambil kesempatan ini

계기판(計器板) méteran; ukuran;【자동차 등의】papan (pedoman) instrumén;【비행기의】panél nstrumén

계단(階段) ①【층층대】tangga; tangga rumah;【현관의】ambang pintu ¶계단을 오르다 naik tangga; naik ke tingkat atas/계단을 내리다 turun tangga; pergi ke (tingkat) bawah ②【단계】tingkat; tingkatan; tarap pentas; tahap ③【순서】langkah; tindakan; tingkat ⊙ 나선식 계단 tangga spiral. 비상계단 tangga darurat

계도(系圖) généalogi; garis silsilah; garis keturunan di hubungan keluarga sedarah

계도(啓導) pimpinan; bimbingan; pedoman; petunjuk; pengajaran; ajaran 계도하다 menuntun; memberi pedoman; memimpin; mengajar((kan)); membimbing; mengarahkan

계란(鷄卵) telur ayam ¶계란 흰자 (노른자) putih (kuning) telur/ 삶은 계란 telur rebus /반숙한 계란 telur setengah (separuh) matang /상한 계란 telur busuk

계략(計略) ①【계획】rencana; perencanaan; pola; rancangan; modél ②【책략】tipu muslihat; tipu daya; akal; kelicikan; komplotan; kebijaksanaan ((politik)) ¶계략을 짜다 (꾸미다) membuat rencana; merencanakan tipu daya yang licik; merencanakan komplotan

계량(計量) takaran; ukuran; timbangan 계량하다 mengukur; menimbang ⊙ 계량기 méteran; ukuran; skala.수도 계량기 alat pengukur méteran air. 계량컵 cangkir takaran

계루(係累) ①【연루】keterlibatan; kesangkutan ②【처자 등】tanggungan 계루하다 membebani ¶계루가 없다 tidak mempunyai tanggungan; bujangan tunggal

계류(溪流) sungai kecil di gunung

계류(繫留) ①【선박】tambatan kapal 계류하다 menambatkan ②【미해결】¶계류중인 menantikan; menunggu; belum diselesaikan; tidak pasti; berubah-ubah ⊙ 계류선 kapal yang ditambatkan. 계류탑 menara tambatan kapal; tiang kapal

계리 사(計理士) akuntan umum ⊙공인 계

리 사 akuntan yang berijazah (yang disahkan)
계면쩍다 ⇒ 겸연쩍다 malu
계명(戒名)【불교】《생전의》 istilah (nama) Budha; (사후의) nama Budha anumerta ¶계명을 붙이다 memberikan nama Budha anumerta 《kepada orang yang meninggal dunia》
계명(階名) sebutan (istilah) suku kata
계명(誡命) Firman Tuhan ⊙ 십계명 Sepuluh Firman Tuhan
계모(繼母) ibu tiri
계몽(啓蒙) penerangan; pencerahan; pendidikan 계몽하다 memberi penerangan; menerangi; mendidik ⊙ 계몽시대 masa (waktu) penerangan. 계몽운동 kampanye untuk penerangan
계발(啓發) penerangan; perbaikan; perkembangan; pembangunan; pertumbuhan 계발하다 memberi penerangan; memperkembangkan; memperbaiki; memajukan; menerangi ¶소질을 계발하다 mengembangkan bakat
계보(系譜) ①【족보】 silsilah; 【가계도】 génealogi; asal-usul ②【전통】 tradisi ¶전통 멜로영화의 계보를 잇다 melanjutkan tradisi klasik film mélodramatis
계보(季報) buletin triwulan
계부(季父) paman; mamak; saudara laki-laki termuda dari pihak ayah
계부(繼父) ayah tiri
계사(繫辭)【문법 · 논리학】 kata kerja penghubung (kopula)
계사(鷄舍) ⇒ 닭장 kandang ayam
계산(計算) perhitungan; kalkulasi; penilaian; perhitungan; perkiraan 계산하다 ①【수를 헤아림】 menghitung; memperhitungkan; 【합계】 menjumlahkan; 【견적】 menaksir; mengira ¶계산을 잘못하다 salah hitung (menghitung); keliru perhitungan/계산이 빠르다 cepat berhitung ②【값을 치름】 계산하다 bayar; membayar ③【이해를 따짐, 상황을 판단함】 perhitungan; pertimbangan 계산하다 menghitung; mempertimbangkan ⊙ 전자계산기 mesin hitung éléktronis; kalkulator éléktronik (éléktronis). 계산서 rékening 《perhitungan》; 【견적서】 perkiraan; taksiran; kalkulasi/계산서 주세요(식당 등에서) Minta bon! 계산표(表) daftar penghitung
계상하다(計上-)【충당】 menyediakan; 【계산】 menjumlahkan
계선(繫船) tambatan kapal
계속(繼續) kesinabungan; kelanjutan; sambungan; terusan 계속하다 melanjutkan; meneruskan ¶계속적(으로)【시간 · 공간의】 dengan terus menerus; dengan tak henti-hentinya; 【시간의】 terus-menerus; tanpa putus-putusnya; tidak henti-hentinya
계수(季嫂) istri saudara laki-laki yang lebih muda; adik ipar perempuan
계수(係數)【수학 · 물리학】 koéfisién; modulasi; faktor ⊙ 자본【노동】계수 koéfisién modal【tenaga kerja】
계수(計數) perhitungan; kalkulasi 계수하다 menghitung ⊙ 계수기(器) mesin hitung. 전자식 계수기 alat penghitung éléktronika
계수나무(桂樹-) pohon kayu manis (kassia); 【달에 있다는 상상의 나무】 bayangan pohon laurel besar dibulan dalam cerita rakyat Korea
계승(繼承) penggantian; pewarisan 계승하다 mewarisi; mengambil alih; menggantikan ¶대대로 계승하다 digantikan (diwariskan) dari génerasi ke génerasi; diwariskan turun-temurun ⊙ 계승자 pengganti tahta; pewaris
계시(計時) pencatatan waktu 계시하다 (경기 등에서) mencatat waktu ⊙ 계시기 alat pengatur waktu. 계시원 pencatat (penjaga) waktu
계시(啓示) wahyu; petunjuk; ajaran Tuhan; ilham 계시하다 mewahyukan ¶신의계시 Wahyu Tuhan; Firman Tuhan/ 계시를 받다 menerima wahyu ilahi ⊙ 계시록 Kitab Wahyu
계시다 ada; tinggal
계씨(季氏) adik laki-laki anda
계약(契約) kontrak; perjanjian; akad; persetujuan 계약하다 mengadakan (membuat) kontrak (perjanjian; persetujuan); berakad; menandatangani persetujuan ¶계약은 무효이다 Kontraknya ti-

dak akan berlaku (tidak akan ada)./계약기한이 끝났다 Kontraknya berakhir (habis waktunya). ⊙ 계약금 uang muka; déposit; jaminan kontrak. 계약기한 masa kontrak. 계약자 kontraktor; anémer

계약서(契約書) akté kontrak; dokumén kontrak

계엄(戒嚴) penjagaan terhadap ancaman bahaya ⊙ 계엄령 keadaan darurat

계열(系列) golongan; partai; kelompok; golongan kecil; klik; (종교) ordo ⊙ 계열회사 perusahaan afiliasi; perusahaan gabungan

계원(係員) juru tulis; pegawai toko; pramuniaga; pejabat (pegawai) biasa ¶접수계원 resépsionis; petugas penerangan; penerima tamu

계원(契員) anggota arisan; anggota koperasi simpan-pinjam

계율(戒律)【종교의 계율】hukum agama; firman Tuhan; ajaran Budha ¶계율을 어기다 melanggar ajaran agama

계인(契印) ségél (stémpél) perjanjian 계인하다 menyégél perjanjian

계장(係長) kepala (ketua) bagian; kepala pegawai

계절(季節) musim; masa; waktu ⊙ 계절상품 barang musiman. 계절풍 ⇒ angin musim

계정(計定) akun; rékening ⊙개인계정 akun perorangan. 개인소유계정 akun kepemilikan. 대차대조표계정 akun neraca

계제(階梯) ①【단계 · 순서】langkah; tindakan; tingkat; taraf ②【기회】kesempatan; waktu; saat ¶계제를 보아 …을 하다 memilih waktu (saat)

계좌(計座) akaun; rékening ¶계좌를 개설하다(없애다】buka (tutup) akaun ⊙가명 계좌 akaun nama palsu. 차명 계좌 rékening bang dalam nama dipinjam. 휴면계좌 akaun yang tidak aktif

계주(契主) organisator arisan; organisator koperasi simpan-pinjam

계주경기(繼走競技)⇒릴레이, 이어달리기 perlombaan lari beranting; lari éstafé

계집 ①【여자】wanita; perempuan ②【아내】istri; 【정부】gundik; kekasih ⊙ 계집아이 anak gadis; anak dara. 계집종 pelayan wanita. 계집질 tergila-gila (mengejar-ngejar) wanita; penyeléwéngan susila

계책(計策) skéma; bagan; kelicikan; akal; muslihat; tipu daya ¶계책을 쓰다 menggunakan tipu daya

계측(計測) 계측하다 mengukur; meninjau; memeriksa

계층(階層) kelas; golongan; lapisan sosial ¶소외 계층 kelas yang diabaikan orang/고소득 계층 kelas berpenghasilan tinggi

계통(系統) ①【신체 조직】sistém; jaringan; cara; susunan ¶계통적(으로) menurut sistém; secara sistématis/신경(소화, 순환) 계통 sistém (susunan) saraf (pencernaan, perédaran) ②【체계, 순서】tata susun ¶계통을 세우다 mengatur; menyusun ③【혈통】susur galur; silsilah keturunan ⊙ 지휘계통 saluran kekuasaan

계파(系派) kelompok kecil; fraksi

계피(桂皮) kulit kayu manis ⊙ 계피가루 bubuk kayu manis

계획(計劃) skéma; rencana; perencanaan; acara; program; proyék; 【의도】maksud; tujuan 계획하다 merencanakan; memproyéksikan; bermaksud untuk; memaksudkan ¶계획적 berencana; dengan sengaja ⊙ 도시계획 perencanaan kota. 생활계획표 bagan jadwal harian

곗돈(契-) uang arisan; uang untuk koperasi simpan pinjam

고【고리】gulung; tali; pita

고(苦) kesulitan; kesukaran; penderitaan; perasaan sakit; kesakitan; kemalangan ¶생활고 kesulitan hidup

고(高) ①⇒ 높이 ②【수량】berjumlah; banyak; volume; 【금액】jumlah; banyak; hitungan ¶매상고 jumlah penjualan; jumlah yang terjual/생산고 hasil produksi

고(故) almarhum ¶고 A씨 almarhum Tuan A

고가(高價) harga tinggi; kemahalan ¶고가의 mahal; berharga

고가(古家) rumah tua; 【폐가】pondok

buruk
고가(高架) bangunan yang ditinggikan ⊙ 고가도로 jalan raya kendaraan; jalan tol
고가(古歌) nyanyian kuno; lagu-lagu lama
고각(高角) sudut tinggi; ketinggian
고갈(枯渴) 【물이】 kekeringan; 【돈 · 물건이】 kepayaan; pengosongan 고갈하다, 고갈되다 menjadi kering; mengering; kehabisan (habis) ((tenaga))
고개[1] belakang léhér; tengkuk (kuduk) léhér ¶고개를 들다 angkat kepala
고개[2] ①【언덕, 산길】 bukit pegunungan; léréng ¶고개를 오르다 mendaki (menanjak) léréng gunung ②【나이】 puncak ¶오십 고개를 넘다 melewati punck usia lima puluh tahun
고객(顧客) ①(상점 등의) pelanggan; pembelanja; (호텔 등의) tamu (변호사 · 은행 등의) klién ¶단골 고객 pelanggan réguler. 고객서비스 layanan pelanggan; layanan nasabah
고갱이 ①【식물의】 bagian tengah tanaman ②【핵심】 inti; intisari; sari; pokok
고견(高見) ①【뛰어난 의견】 gagasan yang baik; pandangan bijaksana ②【남의 의견】 pendapat (gagasan) anda
고결(高潔) kemuliaan; ningrat 고결하다 suci; mulia ¶고결한 사람 orang bersifat mulia; orang yang berbudi luhur
고검(考檢) Kantor Jaksa Umum (Tinggi) ⊙ 서울고검 Kantor Jaksa Penuntut Umum Seoul
고고(呱呱) tangisan bayi pada hari kelahiran ¶고고의 소리를 울리다 dilahirkan; lahir
고고(孤高) 고고하다 berada dalam kesunyian; tinggal jauh dari orang lain; menyendiri ¶고고한 생활 kehidupan menyendiri/고고한 태도를 유지하다 tetap jauh dari orang lain
고고 dansa *go-go*
고고학(考古學)arkéologi; ilmu purbakala ¶고고학의 kepurbakalaan ⊙고고학과 Jurusan Arkéologi. 고고학자 ahli arkéologi; pakar ilmu purbakala
고공(高空) langit (tempat) yang tinggi ¶고공을 날다 terbang tinggi di udara ⊙ 고공비행 penerbangan (terbang) tinggi
고과(考課) pertimbangan atas jasa; penilaian jasa ⊙고과표 laporan ketangkasan; catatan tugas (jasa). 인사고과 penilaian jasa (ketangkasan)
고관(高官) pejabat tinggi; orang yang berkedudukan tinggi; pembesar ⊙ 고관대작【직위】jabatan (pangkat) tinggi
고교(高校) Sekolah Menengah Atas (SMA); Sekolah Lanjutan Tingkat Atas(SLTA) ⊙ 고교내신 성적 catatan (dokumén) evaluasi SMA. 고교생 pelajar (siswa) SMA
고구마 kentang manis; ubi jalar
고국(故國) tanah air; tanah (negeri) tumpah darah; negeri asal ⊙ 고국산천 gunung dan sungai dari tanah air
고군분투하다(孤軍奮鬪-) berjuang sendirian; berjuang tanpa didukung
고궁(古宮) istana kuno
고귀하다(高貴-) 【신분】 mulia; ningrat; tinggi; besar; agung; 【가치】 berharga; luar biasa ¶고귀한 사람 orang yang mempunyai martabat tinggi
고금(古今) masa lalu dan masa kini; sepanjang masa; selamanya ¶고금의 kuno dan modern/고금에 유례없는 belum pernah terjadi sebelumnya
고금리(高金利) bunga tinggi
고급(高級) ¶고급의 kelas (golongan; kualitas) tinggi; atasan; senior/고급스럽다 méwah ⊙ 고급관리 pejabat tinggi. 고급음식점 réstoran éksklusif. 고급승용차 mobil méwah. 고급 참모 opsir staf senior. 고급품 barang berkualitas super (paling baik)
고급(高給) gaji tinggi (besar) ¶고급의 bergaji tinggi; dibayar tinggi (mahal)
고기[1] ①【육류】 daging; (소) daging sapi; (돼지) daging babi; (양) daging domba; (닭) daging ayam ②【생선】 ikan ⊙ 고기잡이 penangkapan ikan; pengailan; 【어부】 nelayan; penangkap ikan. 고깃덩이 segumpal (sebongkah) daging; 【사람】 orang gemuk; orang montok
고기[2] ⇒ 거기

고기압(高氣壓) tekanan atmosfir yang tinggi; tekanan (udara) tinggi ⊙ 북태평양 고기압권 Daérah tekanan atmosfir di Pasifik Utara. 대륙성고기압 tekanan tinggi udara benua (kontinéntal)

고깃고깃 ⇒구깃구깃

고깔 ⊙ 고깔모자 topi yang berujung (yang lancip) dipakai oléh para pendéta Budha dan suster; (파티 할 때 쓰는) topi pésta

고깝다 menjéngkélkan; mengesalkan; tidak menyenangkan; memuakkan; menjijikkan; merasa tidak énak

고꾸라뜨리다, 고꾸라지다 ⇒거꾸러뜨리다, 거꾸러지다 jatuh ((dengan kepala lebih dulu)); roboh; 【죽이다】 menéwaskan

고난(苦難) kesusahan; kesukaran; penderitaan; cobaan berat; siksaan ¶고난을 견디다 menanggung (menahan) penderitaan

고난도(苦難度) canggi

고뇌(苦惱) penderitaan; kesukaran; kesusahan; kesedihan (penderitaan) yang mendalam 고뇌하다 menderita; susah; sukar

고니 angsa

고다 ①【끓이다】 merebus sampai lunak (sampai airnya berkurang) ②【양조하다】 menyuling; menyaring

고단하다 lelah; letih; bosan; penat ¶고단하게 하다 meletihkan; melelahkan

고달프다 sangat lelah (letih; bosan; jemu); melelahkan; meletihkan; membosankan; sukar; susah

고담(古談) cerita lama; cerita rakyat; dongéng

고답(高踏) ¶고답적인 사람들 para cendekiawan (pakar; ahli)/고답적 문학 kesusastraan bermutu

고당(高堂) ①【집】 rumah mégah (indah); rumah besar ②【양친】 orang tua; ayah dan ibu ③【남의 집】 rumahmu(nya) yang mulia

고대(古代) zaman kuno; masa silam; zaman purbakala ¶고대의 kuno; purbakala ⊙ 고대그리스 Yunani Kuno. 고대문학 kesusastraan lama (kuno)

고대 barusan; baru saja; sebentar ini; tadi; hanya sesaat yang lalu ¶고대 다녀갔다 Dia baru saja ada di sini.

고대광실(高臺廣室) rumah besar (tinggi dan luas); rumah besar yang mégah

고대하다(苦待-) menunggu dengan tidak sabar; mengharapkan; merindukan

고도(古都) kota kuno; bekas ibu kota

고도(孤島) pulau terpencil

고도(高度) ①【높이】 tinggi; ketinggian ②【정도】 tingkat (kekuatan) tinggi ⊙ 고도비행 penerbangan tinggi. 고도성장 perkembangan yang tinggi (yang pesat)

고독(孤獨) kesunyian; kesepian; keléngangan; isolasi; pengasingan; keterpencilan 고독하다 sunyi; sepi; tidak berteman; terpencil ¶고독을 느끼다 merasa kesepian

고동 ①【뱃고동, 기적】 siréne; peluit ¶고동이 울다 siréne berbunyi ②【장치】 kran; tombol; kenop; saklar; tangkai; pegangan; gagang ¶고동을 틀다 membuka ((air leiding)) kran ③【요점】 hal pokok; bagian penting

고동(鼓動) debaran; denyutan; getaran; dentaman 고동치다 berdenyut; berdebar-debar; bergetar ¶심장의 고동 denyut jantung; debaran jantung

고되다 sukar; berat ¶고된 생활 kehidupan yang sukar

고두밥 nasi dimasak keras

고드름 untaian tétésan air beku

고등(高等) ¶고등의 tinggi; kelas tinggi; kelas satu; berkualitas (bermutu) tinggi ⊙ 고등과(科) kursus lanjutan. 고등교육 pendidikan perguruan tinggi. 고등법원 pengadilan (mahkamah) tinggi

고등어(-魚) ikan kembung; ikan talang ¶자반고등어 ikan kembung yang digarami

고등학교(高等學校) sekolah lanjutan atas; sekolah menengah atas (SMA) ⊙공업【농업】고등학교 Sekolah Lanjutan Atas Téknik【Pertanian】

고딕 Gotik ¶고딕체(體) tipe (rupa) Gotik

고라니【동물】 kancil; sejenis rusa besar

고락(苦樂) kegembiraan dan kesedihan (penderitaan); kesenangan dan kesengsaraan ¶고락을 같이 하다 berbagi suka

duka; sama-sama membagi kegembiraan dan kesedihan
고랑[1] alur; galur; palung ¶고랑을 내다 membuat alur
고랑[2] ⇒ 쇠고랑 borgol; belenggu; pasung ¶고랑을 채우다 memborgol; membelenggu
고래[1] 【동물】 ikan paus ⊙ 고래수염 sirip ikan paus. 고래잡이 penangkapan ikan paus; 【사람】 penangkap ikan paus
고래[2] sistém pemanasan
고래(古來) ¶고래로 dari (sejak) zaman dahulu kala; dari dahulu; dari zaman purbakala; dari masa lalu
고래고래 teriakan ¶고래고래 소리 지르다 berteriak-teriak
고래등 punggung ikan paus ¶고래 등 같은 기와집 rumah beratap genténg yang sangat besar; rumah besar yang megah
고량주(高粱酒) minuman keras dari kaoliang (barlei)
고량진미(膏粱珍味) makanan méwah; segala macam makanan lezat
고려(考慮) pertimbangan mendalam; pemikiran 고려하다 mempertimbangkan; memikirkan; memberikan pertimbangan
고려(高麗) *Goryeo*, Kerajaan kuno di Korea (918–1392) ⊙고려대장경 Tripitaka Koreana. 고려자기(瓷器) keramik dari zaman *Goryo*; keramik Korea kuno. 고려장(葬) penguburan orang tua hidup-hidup
고려(顧慮) pertimbangan; perhatian; kecemasan; kekhawatiran 고려하다 mempertimbangkan; memikirkan; memperhatikan ¶…을 고려하지 않고 tanpa menghiraukan; tanpa memperhatikan; tidak mempunyai pikiran
고령(高齡) usia tua (lanjut) ¶고령의 tua; lanjut usia; sudah tua ⊙ 고령자 orang usia lanjut; orang jompo
고령토(高嶺土) kaloin; anah liat
고로(故-) jadi; karena itu; oléh karena itu; sesuai dengan
고로(古老 · 故老) orang tua; senior; orang lanjut usia
고로케 【크로켓의 일본식 용어】 *croquette*
고료(稿料) honorarium (uang bayaran; pemberian) untuk sebuah naskah; upah menulis
고루(固陋) sikap tanpa toléransi; sikap kolot (konservatif); kefanatikan; kepicikan 고루하다 keras dalam pendirian; tidak bertoléransi; kolot; konservatif; berpandangan picik
고루(골-) sama; rata; sama-sama; tidak memilih-milih; tidak pandang bulu ¶고루 나누다 membagi sama
고르다[1] 【공평하다】 adil; sama; wajar ¶고르지 않은 tidak adil; tidak sama
고르다[2] ①【평평하게】 membuat rata; meratakan ¶고르지 않은 tidak rata; tidak datar ②【선택하다】 memilih
고름[1] 【농즙】 nanah ¶고름이 잡히다 bernanah; berisi nanah/고름이 나다 mengeluarkan nanah
고름[2] ⇒ 옷고름
고리 ①【둥근】 cincin; lingkaran; jaringan; mata rantai; 【실 등의】 putaran; ikalan ¶귀고리 anting-anting ②【비유적】 ¶연결 고리를 끊다 memutuskan link
고리(高利) riba; bunga uang yang tinggi ¶고리로 빌리다(빌다) meminjam dengan bunga yang tinggi ⊙ 고리대금 pinjaman atas bunga yang tinggi; 【업】 usaha riba/고리대금업자 tukang riba; lintah darat
고리짝 keranjang anyaman; 【짐】 bagasi
고리타분하다 ①【냄새가】 berbau busuk; berbau tengik ②【성질 · 행동이】 rendah; licik; hina; picik; bawahan; dangkal; berpikiran sempit (picik); membosankan ¶고리타분한 생각 gagasan klisé; gagasan sudah basi; pikiran picik; pandangan yang sempit
고린내 bau busuk; bau keras ¶고린내가 나다 berbau busuk
고릴라 【동물】 gorila
고립(孤立) isolasi; pengasingan; keterpencilan; keadaan tidak berdaya 고립되다 tidak berteman; diasingkan; dipisahkan; sendiri; terpencil ¶고립시키다 mengasingkan ⊙ 고립주의 isolasionisme

고마움 terima kasih; rasa syukur; berkah; rahmat

고막(鼓膜) gendang telinga; anak telinga ¶고막이 터지다 gendang telinga sakit; gendang telinga terasa pecah ⊙ 고막염(炎) penyakit gendang telinga

고만 ⇒ 그만 ①, ②

고만고만하다 【크기】 mempunyai ukuran yang sama; 【능력】 mempunyai kemampuan yang sama; 【종류】 menjadi semacam itu

고맘때 ⇒ 그맘때

고맙다 【내가】 (saya) berterima kasih; berhutang budi; 【남이】 dihargai; dinilai; baik hati; penuh kebaikan; suka menolong; bermurah hati ¶고맙게 여기다 merasa berterima kasih; menghargai; menilai

고매하다(高邁-) mulia; ningrat; tinggi; agung; megah; berhati mulia; berjiwa besar

고명 bumbu makanan berwarna; makanan perangsang; bahan perhiasan; rempah-rempah

고명(古名) nama kuno; nama purba

고명(高名) ①【명성】 nama termasyhur; kemasyhuran; popularitas; réputasi 고명하다 terkenal; termasyhur; ternama ②【경어】 nama anda yang termasyhur (terkenal); kemasyhuran Bapak; réputasi Ibu

고명딸 satu-satunya anak perempuan di antara anak laki-laki banyak

고모(姑母) bibi pihak ayah ⊙ 고모부 suami saudara perempuan dari pihak ayah

고목(古木) pohon tua

고목(枯木) pohon layu; pohon mati

고무 ①【나무의】 karét; karét India; getah ②【지우개】 karét penghapus ⊙ 고무신【장화】 sepatu【bot】 karét. 고무줄 tali karét; gelang karét. 생고무 karét mentah. 인조고무 karét sintétis. 재생(再生) 고무 karet didaur ulang

고무(鼓舞) dorongan; pengobaran semangat; ilham; inspirasi; perangsang; hasutan 고무하다 ⇒북돋우다 mendorong; membesarkan hati; mengilhami; merangsang ¶고무되다 didorong

고무락- ⇒ 주무럭-

고문(古文) tulisan kuno; (klasik); téks kuno

고문(拷問) penyiksaan; siksaan; penganiayaan; hukuman 고문하다 menyiksa; menganiaya; menghukum ¶고문당하여 죽다 dianiaya (disiksa) sampai mati ⊙ 고문대 tempat penyiksaan

고문(顧問) ①【물음】 yang meminta nasehat ②【사람】 penaséhat; konsultan; tenaga pemikir ⊙ 고문단 kelompok penaséhat: 군사고문단 kelompok penaséhat militér. 법률고문 penaséhat hukum; 【회사의】 pengacara badan hukum. 고문변호사 pengacara. 기술고문 penasehat téknik

고물[1] 【배의】 buritan; bagian belakang kapal

고물[2] *komul;* bubuk kacang ijo, wijen, buncis, kacang polong dan lain-lain untuk menutupi kué beras

고물(古物) ①⇒ 골동품 ②【헌것】 barang lama; barang yang sudah dipakai ⊙ 고물상 【사람】 penjual barang bekas; 【가게】 toko barang bekas; toko loak. 고물시장 pasar loak; pasar barang bekas

고물딱지 benda (perkakas rumah) usang ¶고물딱지 차 mobil bobrok (usang)

고민(苦悶) penderitaan yang mendalam; 【비통의】 kesedihan yang mendalam; kecemasan 고민하다 sangat menderita; merasa cemas; khawatir ¶마음의 고민 penderitaan batin

고발(告發) tuntutan; penuntutan; dakwaan; pengaduan 고발하다 menuntut; mendakwa; mengadukan; mengajukan; melaporkan 《kepada yang berwajib》 ¶…의 고발에 따라 dengan tuduhan atas… ⊙ 고발인 penuduh; penuntut; pendakwa. 고발장(狀) surat dakwaan (tuduhan); surat pengaduan

고방(庫房) gudang penyimpanan; gudang

고배(苦杯) pél pahit; kekalahan yang menyedihkan ¶고배를 들다 menelan pél pahit; kalah dengan menyedihkan

고백(告白) pengakuan; pernyataan 고백하다 mengakui; mengaku ¶사랑의 고백 pernyataan cinta ⊙ 고백서 pengakuan tertulis

고법(高法) pengadilan tinggi

고변하다(告變-) melaporkan (membawa berita tentang) pengkhianatan; memberitahu ((pemerintah)) mengenai pemberontakan

고별(告別) pamitan; perpisahan; ucapan selamat jalan; penceraian; mohon diri 고별하다 berpisah; berpamitan; minta diri; mengatakan selamat jalan (selamat berpisah); mengucapkan selamat tinggal ⊙ 고별사 pidato perpisahan. 고별식 upacara perpisahan. 고별연주회 konsér perpisahan. 고별회 upacara (resépsi) perpisahan

고병(古兵) véteran; orang yang berpengalaman; orang lama; pegawai kawakan

고본(古本) ①【옛 책】buku tua; buku kuno ②【헌책】buku bekas dipakai

고본(稿本) naskah; manuskrip

고봉(高峰) gunung (puncak) tinggi ⊙ 고봉준령(峻嶺) puncak gunung yang tinggi dan curam

고봉(高捧) ukuran penuh; setumpuk

고부(告訃) ⇒ 부고(訃告) ⊙ 고부서 pengumuman berita kematian

고부(姑婦) ibu mertua dan menantu perempuan

고분(古墳) kuburan tua(kuno) ¶고분을 발굴하다 menggali kuburan tua

고분고분 dengan patuh; dengan taat; dengan sikap tunduk; dengan lemah lembut; tanpa perlawanan 고분고분하다 patuh; taat; penurut; bersikap tunduk; lemah-lembut; lembut hati; ramah; jinak

고비[1] 【절정】puncak; klimaks;【위기】masa gawat; saat genting (kritis); saat yang amat penting; saat yang buruk

고비[2] 【식물】pakis (paku) berbunga; pimping

고뿔 【한의학】⇒ 감기 pilek; masuk angin

고삐 tali kekang; tali léhér kuda; kendali kuda

고사(古史) sejarah kuno

고사(古事 · 故事) peristiwa (kejadian) masa lampau (purbakala); fakta (kenyataan) sejarah

고사(考査) ujian; tés; pemeriksaan 고사하다 menguji ¶고사를 받다 diuji; dicoba; mengikuti ujian ⊙고사장 tempat ujian. 인물고사 tés watak (sifat; karakter). 예비고사 pemeriksaan awal; ujian pendahuluan. 지능고사 tés kecerdasan. 학력(學力)고사 tés préstasi

고사(告祀) 고사하다 (지내다) mempersembahkan kepada arwah ⊙ 고사떡 kué beras yang dipersembahkan kepada para arwah

고사(固辭) penolakan yang tegas 고사하다 (사양하다) menolak dengan tegas

고사하다(枯死-) layu dan mati

고사(高士) orang mulia

고사리 【식물】pakis-pakisan; paku-pakuan

고사성어(故事成語) idiom berasal dari peristiwa kuno

고사포(高射砲) meriam anti pesawat terbang; penangkis serangan udara

고사하고(姑捨-) apalagi; jangankan; …pun

고산(高山) pegunungan tinggi ⊙ 고산병 penyakit gunung tinggi. 고산식물 tumbuh-tumbuhan pegunungan tinggi

고상하다(高尙-) anggun; mulia; agung; ningrat; berbudi halus

고색(古色) warna antik ¶고색창연하다 antik

고생(苦生) kesengsaraan; kesulitan hidup; kesusahan; penderitaan 고생하다 mengalami kesengsaraan; melalui masa-masa sulit ¶고생스러운 sengsara; sulit ⊙ 고생살이 hidup sengsara

고생대(古生代)【지리】zaman palaeozoik

고생물(古生物) héwan dan tanaman yang punah ⊙ 고생물학 ilmu palaentologi. 고생물학자 ahli palaentologi

고서(古書) buku yang kuno (tua); buku klasik;【희귀서】buku yang jarang didapat ⊙ 고서 전(展) paméran buku kuno (klasik)

고성(古城) kastil (bénténg) tua; kota kuno

고성(高聲) suara keras; suara nyaring
고성능(高性能) éfisiénsi tinggi; ketepatgunaan tinggi ⊙ 고성능기계 mesin yang berdaya guna
고섶 "dihadapan mata"
고성방가(高聲放歌) ¶고성방가를 하다 menyanyi dengan suara keras; menyanyi dengan riuh
고소(告訴) pengaduhan; tuduhan; dakwaan; gugatan; tuntutan 고소하다 menggugat; mendakwa; menuduh; mengadukan; menuntut ¶고소를 취하(철회)하다 menarik kembali gugatan ⊙ 고소인 pendakwa; penuduh; penggugat
고소(苦笑) senyum pahit (masam; sengit); senyuman yang dibuat-buat; tertawa yang dipaksakan 고소하다 tersenyum pahit
고소(高所) tempat tinggi; tingginya; peninggian; puncak ⊙ 고소공포증【심리학】akrofobia; rasa takut ketinggian
고소득(高所得) pendapatan besar; pendapatan tinggi ⊙ 고소득층 golongan berpenghasilan tinggi; kelompok pendapatan tinggi
고소하다 ①【맛 · 냄새 등이】terasa seperti wijén; aroma minyak wijén; harum; semerbak ②【남의 불행에 즐거워하다】merasa senang melihat nasib buruk orang lain
고속(高速) kecepatan tinggi; 【교통상의】sistém pengangkutan cepat ¶초고속으로 달리다 menjalankan dengan kecepatan maksimum ⊙ 고속버스 bus éksprés; bus cepat. 고속시대 masa kecepatan. 고속철도 rél keréta api éksprés
고속도로(高速道路) jalan tol; jalan raya bébas hambatan; jalan raya lintas cepat ¶고속도로를 타다 mengambil jalan tol (jalan raya bébas hambatan)
고수(固守) adhési; pelekatan; ketahanan; keulétan; kegigihan 고수하다 melekat pada; memegang teguh; mempertahankan dengan gigih ¶태도(자세)를 고수하다 berpegang teguh (bertahan) pada sikap
고수(高手) ①【기술이 뛰어남】keunggulan; kecakapan (ketrampilan) yang baik sekali ②【사람】pemain yang berkualitas tinggi; jagoan ¶바둑【장기】의 고수 pemain *paduk*【catur】yang paling terkemuka (yang paling hébat)
고수(鼓手) penabuh (pemukul) drum (gendang)
고수머리 rambut keriting Ikal); rambut berombak
고스란히 utuh; lengkap; tidak rusak; sebagaimana adanya
고스트【외래어】hantu
고슬고슬하다 dimasak baik ⟪nasi⟫
고슴도치【동물】landak; andak
고승(高僧) pendéta tinggi; pendéta piawai
고시(古詩) puisi (syair) kuno; 【고체시】syair bébas dalam China kuno
고시(考試) ujian; pemeriksaan; tés 고시하다 menguji; memeriksa ⊙ 고등 고시 ujian pegawai negeri tingkat tinggi; ujian dinas. 국가고시 ujian negara
고시(告示) pengumuman; pemberitahuan; maklumat 고시하다 memberitahu; menyatakan; mengumumkan; memaklumatkan ⊙ 고시 가격 harga tetap; harga patokan (pasti). 고시 판 papan pengumuman; papan iklan
고심(苦心) kesusahan; kesukaran; kekacauan 고심하다 bersusah payah; berusaha sekeras-kerasnya; bersusah-susah; berusaha sekeras mungkin ¶고심하여 dengan kerja keras
고아(古雅) keanggunan klasik; gaya klasik 고아하다 klasik; mempunyai kecantikan klasik (keanggunan); antik dan anggun
고아(孤兒) anak yatim piatu ¶고아가 되다 menjadi yatim piatu ⊙ 고아원 rumah yatim piatu; rumah panti asuhan. 전쟁고아 yatim piatu akibat perang
고아(高雅) kemémwahan; kemolékan; kecantikan; keluwésan; bagus 고아하다 molék; élok; luwés ¶고아한 필치 tulisan yang bagus
고안(考案) idé; rancangan; disain; proyék; perencanaan 고안하다 merencanakan; merancang ⊙ 고안자 perencana; perancang; disainer

고압(高壓) ①【억압】 kekerasan; penggunaan paksaan ¶고압적(的)인 angkuh; congkak; paksaan; sewenang-wenang/고압적으로 나오다 bertindak (berbicara) sewenang-wenangnya; bercakap dengan keangkuhan ②【전기】 tegangan tinggi; tekanan tinggi ⊙ 고압선 kawat tegangan tinggi. 고압수단 tindakan keras. 고압전류 arus listrik tegangan tinggi

고액(高額) jumlah uang banyak (besar) ¶고액의 소득이 있다 mendapat penghasilan besar ⊙ 고액납세자 pembayar pajak tinggi. 고액소득자 orang (golongan) berpenghasilan besar

고약(膏藥) pléster; salep; 【연고】 obat salep; obat penawar ¶고약을 붙이다 mempléster

고약하다 ①【맛 · 냄새 등이) busuk; menjijikkan ②【성질 · 말투 · 행동 등이】 jahat; tidak jujur; berliku-liku ③【날씨 등이】 buruk

고양이 kucing ⊙ 도둑고양이 kucing liar. 새끼고양이 anak kucing

고양하다(高揚-) meningkatkan; memuliakan; mengagungkan; memuji-muji

고어(古語) ①【옛말】 bahasa kuno; kata kuno; 【폐어】 kata usang; kata yang tidak terpakai ②【옛 속담】 peribahasa kuno; pepatah lama

고언(古諺) peribahasa lama(kuno); pepatah kuno

고언(苦言) nasihat yang pahit (yang tidak menyenangkan)

고역(苦役) kerja keras; pekerjaan susah (membosankan) ¶고역을 치르다 mengalami masa yang susah; bekerja keras; memeras keringat

고열(高熱) demam tinggi ¶고열에 시달리다 menderita karena demam tinggi

고엽제(枯葉劑) *defoliant*

고옥(古屋) rumah tua; bangunan kuno

고온(高溫) témperatur (suhu) tinggi

고요 keheningan; kesunyian; ketenangan

고요하다 sunyi; tenang; tentram; damai; sepi ¶고요한 마음 pikiran (hati) tenang (tentram)/고요한 밤 malam sunyi (kudus) /고요한 아침의 나라 Negeri Pagi Hari yang Tenang

고욤 【식물】 kesemak teratai

고용(雇用) pengkerjaan; penggajian; pengupahan 고용하다 mempekerjakan; menggaji; mengupahi; menyéwa ⊙고용주 majikan; bos; atasan; pengusaha; induk semang

고용(雇傭) pekerjaan 고용하다 dipekerjakan ⊙고용계약 kontrak kerja. 고용살이 kehidupan pekerja (karyawan). 고용촉진 aksélerasi pekerjaan. 장기고용 pekerjaan jangka panjang

고원(高原) ⊙ 고원지대 dataran tinggi; pegunungan

고원(高遠) ketinggian; keagungan; kemuliaan; kemegahan 고원하다 tinggi; agung; mulia; megah

고원(雇員) pegawai muda (rendah); pekerja; karyawan

고위(高位) pangkat tinggi ¶고위직에 오르다 mencapai (naik ke) pangkat (tingkat) tinggi ⊙ 고위관리 pejabat tinggi

고위도(高緯度) garis lintang tinggi

고유(固有) ¶고유의 khas; istiméwa; asli ⊙ 고유성(性) sifat khas. 고유명사 kata benda nama diri. 고유 식물 tanaman asli

고율(高率) tarif (angka) tinggi ⊙ 고율관세 béa (cukai; pajak; tarip) tinggi. 고율배당 deviden (keuntungan saham) tinggi

고을 kampung; pedusunan

고을살이 kehidupan sebagai gubernur daérah 고을살이하다 bertugas (hidup) sebagai gubernur daérah

고음(高音) suara keras (tinggi) ⊙고음부 soprano

고읍(古邑) kota tua; kota kuno

고의(故意) kesengajaan; maksud; tujuan ¶고의가 아닌 tidak sengaja; tidak terniat ⊙ 고의행위 perbuatan (tindakan) sengaja

고의(高誼) persahabatan akrab

고의(袴衣) baju péndék untuk musim panas

고이 ①【곱게】 dengan baik; dengan anggun; dengan cantik ②【조심해서】 dengan hati-hati (teliti); dengan tenang (damai) ¶고이 잠들다 meninggal dunia dengan tenang

고이다 ¶입안에 침이 고이다 ngiler

고인(古人) orang kuno

고인(故人) almarhum; mendiang; orang yang meninggal dunia

고인(雇人) pekerja

고인돌 dolmén

고자(鼓子) lemah syahwat; impotén

-고자 bermaksud; berniat

고자세(高姿勢) sikap sombong (angkuh); sikap sewenang-wenang

고자질 pengaduan; pembuka rahasia; laporan 고자질하다 mengadukan; memberitahukan (melaporkan) ⊙ 고자질쟁이 pengadu; pembuka rahasia; pelapor; tukang tunjuk

고작 paling banyak; sebanyak-banyaknya; paling baik; sebaik-baiknya

고장 tempat; daérah; tempat produksi; tempat kediaman (tinggal)

고장(故障) halangan; rintangan; gangguan; kesukaran; kekacauan; kerusakan; cacat; mogok ¶고장이 나다 rusak; tidak bérés/고장이 없다 bérés ⊙ 고장차 mobil yang mogok (rusak)

고쟁이 celana dalam untuk wanita

고저(高低) naik dan turun; bangun dan jatuh; timbul tenggelam; fluktuasi; turun naik; ketidak-tetapan

고적(古蹟) tempat bersejarah

고적(孤寂) sunyi; terpencil; tersendiri 고적하다 sepi; kesepian

고적대(鼓笛隊) drum band

고적운(高積雲) altokumulus ⟪awan⟫

고전(古典) buku tua (lama); buku klasik; buku kuno;【고전 문학】 kesusastraan lama (kuno) ¶고전적인 klasik ⊙ 고전미(美) kecantikan klasik

고전(苦戰) pertempuran yang keras; pertandingan yang ketat 고전하다 berjuang keras; 【경기 · 경쟁의】 pertandingan yang hampir seimbang; pertandingan yang sulit

고전(古錢) mata uang logam kuno ⊙ 고전수집가 koléktor (pengumpul) mata uang logam kuno

고정(固定) ①【한곳에 붙어 있거나 박혀 있음】 penentuan posisi; kepastian; aturan; fiksasi 고정하다 menentukan; mengatur; memastikan; tentu; pasti ②【한번 정한 대로 변경되지 않음】¶고정된 dipastikan; ditentukan ⊙ 고정가격 harga pasti (tetap). 고정자본 modal tetap (yang tertentu). 고정자산 harta tidak bergerak; harta tetap

고정하다(固定-) 【진정하다】 tenang; menenangkan diri

고제(古制) sistém kuno

고조(高祖) ①【왕실 등의】 pendiri dinasti (sékte) ②⟹ 고조부

고조(高調) 【곡의】 nada (suara) yang tinggi; 【역설】 tekanan

고조(高潮) ①【조수의】 pasang naik ②【고비】 klimaks; puncak ¶최고조에 달하다 mencapai klimaks

고졸(高卒) ⊙ 고졸 사원 karyawan dengan ijazah sekolah tinggi

고종사촌(姑從四寸) anak dari adik perem puan ayah; sepupu pertama

고주망태 keadaan mabuk; kemabukan 고주망태가 되다 menjadi mabuk

고주파(高周波) 【물리학】 frékwensi tinggi ⊙ 고주파전류 arus berfrékwensi tinggi

고즈넉하다 tenang dan damai

고증(考證) penyelidikan; penelitian; pemeriksaan 고증하다 menyelidiki; meneliti; memeriksa ⊙ 고증학 métodologi penelitian sejarah

고지 labu kering yang dicacah (dicincang)

고지(告知) pemberitahuan; pengumuman 고지하다 memberitahukan; mengumumkan ⊙ 고지서 pemberitahuan (peringatan) yang tertulis; surat pajak

고지(高地) tanah (dataran) tinggi; daérah tinggi; daérah pegunungan

고지대(高地帶) daérah (tempat) tinggi; kawasan perbukitan

고지식장이 orang naif dan mudah tertipu

고지식하다 naif, tidak dibuat-buat; tolol (bodoh) dan jujur; 【서술적】 dengan mudah diambil keuntungan

고진감래(苦盡甘來) kesenangan menyusul kepahitan; kesakitan (kepedihan) hilang dan kesenangan muncul

고질(痼疾) penyakit kronis (tetap; berurat-berakar)

고질병(痼疾病) ①【질병】 penyakit kronis ②【병폐】 penyakit; malaise

고집(固執) ketegaran; sifat membandel; sifat keras kepala 고집하다 bersikap keras kepala ⊙ 고집 장이(통이) orang yang keras kepala; orang yang kepala batu

고집불통(固執不通) sifat keras kepala yang ékstrim; kefanatikan ékstrim; kekeras kepalaan 고집불통이다 keras kepala luar biasa; sangat keras kepala

고차방정식(高次方程式) 【수학】 persamaan (penyamaan) tingkat (derajat) yang lebih tinggi

고착(固着) ketaatan; kesetiaan 고착하다 melekat kepada; meléngkét satu sama lain; berpegang teguh ⊙ 고착관념 gagasan (idé) tetap

고찰(古刹) candi kuno (tua)

고찰(考察) pemeriksaan; penyelidikan; penelitian; pertimbangan; studi 고찰하다 menyelidiki; meneliti; memeriksa

고참(古參) kedudukan yang lebih tinggi; masa kerja yang lebih lama; 【사람】 senior; orang yang lebih tua; orang atasan; orang yang lebih tinggi ¶고참의 lebih tua; atasan; lebih tinggi ⊙ 고참병 véteran; orang militér yang berpengalaman; kawan ⟪seperjuangan⟫ yang lebih tua

고창하다(高唱-) ①【노래를】 menyanyi dengan keras ②【주창】 menganjurkan; menyokong; mendesak ③【강조】 menekankan; menegaskan; memberi tekanan

고철(古鐵) besi tua

고체(古體) arkhaisme; bentuk (gaya) kuno (kolot; lama)

고체(固體) padat; keras; kokoh; kuat ¶고체화하다 menjadi keras ⊙ 고체연료 bahan bakar padat

고쳐 lagi; semula; kembali ¶고쳐 쓰다 menulis kembali

고쳐먹다 ¶생각을 고쳐먹다 mengubah pikiran

고초(苦楚) kesukaran; kesengsaraan; penderitaan; kekurangan ¶고초를 겪다 mendapat (menderita) kesukaran; mengalami penderitaan

고추 cabé mérah ⊙ 고추잠자리 capung mérah. 고추장 *gochujang*; pasta kedelé yang kental dicampur dengan cabé mérah. 고추 가루 bubuk cabé; cabe mérah yang dihaluskan

고충(苦衷) kesukaran; kesulitan; 【고뇌】 penderitaan méntal; kegelisahan; konflik; 【곤경】 keadaan sulit (berbahaya); diléma; tersiksa hati; 【걱정】 kecemasan; kekhawatiran

고취(鼓吹) sokongan; anjuran; ilham; inspirasi; 【선전】 propaganda 고취하다 memberi semangat; mengobarkan (menggelorakan); mengilhami ¶애국심을 고취하다 mengobarkan semangat patriotisme

고층(高層) tingkat (loténg) lebih tinggi; lantai atas; 【대기의】 lapisan tinggi; lapisan atas ¶고층의 bertingkat tinggi; megah ⊙ 고층건물 gedung【bangunan】 tinggi. 고층기류 udara lapisan atas

고치 kepompong; sarung ulat; kokon

고치다 ①【고장 난 물건 등을】 memperbaiki; membetulkan; menambal; meréparasi ②【잘못·오류 등을 바로잡음】 membenarkan; memperbaiki ③【병을 치료하다】 menyembuhkan; memulihkan ¶고칠 수 있는 병 penyakit yang dapat disembuhkan ④【변경】 merubah; mengubah ¶시간표를 고치다 merubah jadwal ⑤【번역】 menterjemahkan ⟪ke dalam⟫ ⑥【조정】 menyetél, mengatur

고토(故土) kampung halaman; tempat asal

고통(苦痛) penderitaan; kesengsaraan; kesedihan; 【격통】 nyeri sekali; kepedihan; rasa sakit yang tiba-tiba datang ¶고통스럽다 menderita sekali; merasa kesakitan/고통을 참다 menahan kesakitan (rasa sakit)

고판(古版) ①【책】 buku ⟪édisi⟫ lama ②【옛 목판】 kayu cétakan (ukiran) lama

고평(考評) koméntar; resénse; kupasan; kritik 고평하다 memberi koméntar; me-

nulis timbangan buku; memberikan tinjauan
고평(高評) pendapat ((mu; nya)) yang berharga; kupasan yang berharga
고풍(古風) kebiasaan cara lama; gaya antik ¶고풍의 kuno; tidak terpakai lagi; ketinggalan zaman; antik
고프다 lapar ¶배가 고프다 merasa lapar
고하(高下) 【지위】 pangkat; tingkat; kedudukan; 【귀천】 golongan atas dan golongan bawah; 【물질의】 mutu; kualitas; keunggulan (keulungan) atau rendahnya mutu; 【가격의】 turun naik; fluktuasi
고하다(告-) memberitahkan; mengumumkan; menyatakan ((yang sebenarnya))
고학(苦學) biaya sendiri untuk menyelesaikan sekolah 고학하다 membiayai sendiri untuk menyelesaikan sekolah; bersekolah sambil bekerja ⊙ 고학생 siswa yang berdikari (yang mandiri)
고학년(高學年) kelas tinggi; kelas atas
고함(高喊) teriakan; sorakan; gerantang; gertak 고함지르다 berteriak; menggertak; menggerantang
고해(苦海) 【불교】 dunia (alam) ini; dunia manusia yang pahit
고해(告解) 【가톨릭】 pengakuan dosa ⇒고백 ¶고해성사를 하다 mengakui dosa
고행(苦行) tapa; pertapaan 고행하다 bertapa; menjalankan penebusan dosa ⊙ 고행자 orang pertapa; resi
고향(故鄕) tempat asal; kampung halaman; kota kediaman; tanah tumpah darah ¶제2의 고향 kampung halaman yang kedua
고혈(膏血) keringat dan darah; perkara sukar ¶백성의 고혈을 빨다 mengisap darah rakyat
고혈압(高血壓) tekanan darah tinggi; hipertènsi ⊙ 고혈압환자 penyakit darah tinggi
고형(固形) kepadatan; kerasnya ¶고형의 padat; keras; kuat; kokoh/고형화하다 menjadikan keras; mengeras ⊙ 고형물 benda padat (kokoh; kuat). 고형연료 bahan bakar padat
고혹(蠱惑) pesona godaan; bujukan; daya tarik; daya pemikat 고혹하다 mempesonakan; sangat menarik; mengagumkan ¶고혹적 yang memikat; yang menarik; mempesonakan
고혼(孤魂) roh sendirian ¶수중고혼이 되다 mati terendam dalam air; mati tenggelam di laut
고화(古畵) lukisan kuno
고환(睾丸) buah pelir; biji kemaluan; kelendir ⊙ 고환염 radang buah pelir. 부(副)고환 epidérmis
고희(古稀) usia 70 tahun
곡(曲) musik; mélodi; lagu
곡(哭) ratapan; keluhan ⇒ 곡하다 ⊙ 곡소리 ((tangis)) ratapan; raungan
곡가(穀價) harga padi-padian; harga biji-bijian
곡곡(曲曲) ①⇒ 방방곡곡 seluruh pelosok negeri; seluruh penjuru negara ②【굴곡】 tikungan; bélokan; lengkungan; liku; lingkaran; putaran; keseléo
곡괭이 cangkul; pacul ¶곡괭이로 땅을 파다 menggali tanah dengan cangkul
곡구(曲球) 【야구】 bola lengkung
곡기(穀氣) makanan; masakan ¶곡기를 끊다 berpuasa; tidak makan apa-apa
곡류(曲流) liku; kélokan; aliran yang berkélok-kélok 곡류하다 berliku-liku, berkélok-kélok
곡류(穀類)⇒ 곡물
곡률(曲率) lekukan; kelengkungan
곡마(曲馬) sirkus ⊙ 곡마단 rombongan sirkus
곡목(曲目) programa lagu; acara musik (lagu)
곡물(穀物) séréalia; biji-bijian; padi-padian ⊙ 곡물장수 pedagang biji-bijian. 곡물창고 lumbung ((padi))
곡보(曲譜) ⇒악보 lembaran musik
곡사(曲射) témbakan sudut tinggi ⊙ 곡사포 howitzer; senapan meriam berlaras panjang dan berdaya témbak tinggi
곡선(曲線) tikungan; kurva; garis lengkung ¶곡선의 melengkung ⊙ 곡선미(美) 【여성의】 kecantikan garis lengkung; 【건축 등의】 keindahan garis lurus
곡성(哭聲) ⇒ 곡소리 suara menangis

yang keras (perkabungan); tangisan; ratapan

곡식(穀食) séréalia; biji-bijian; padi-padian

곡예(曲藝) 【서커스】 surkus; pertunjukan akrobat (ketangkasan); ⟪sirkus⟫ ketrampilan seniman ¶곡예를 하다 melakukan akrobatik (ketangkasan) ⊙ 곡예비행 penerbangan akrobatis. 곡예사 pemain akrobat; seniman sirkus. 공중곡예 pertunjukkan akrobat udara

곡절(曲折) ①【까닭】 alasan ②【복잡】 keruwétan; seluk-beluk; kesulitan; komplikasi; 【우회】 hal berliku-liku; hal berkélok-kélok; 【파란】 pergantian; perubahan ¶인생의 파란곡절 perubahan (untung dan malang) kehidupan

곡조(曲調) nada; mélodi; lagu; langgam

곡창(穀倉) ①【창고】 lumbung; gudang biji-bijian ②【지대】 kawasan (ladang) padi yang subur

곡척(曲尺) pengukur logam; siku-siku tukang kayu

곡하다(哭-) meratapi; menangis

곡해(曲解) kesalahtafsiran; distorsi makna 곡해하다 salah menafsirkan (tafsir); salah mengerti; salah tangkap; salah paham

곡향(穀鄕) kawasan padi yang subur

곤경(困境) kesusahan; keadaan serba kekurangan; kesulitan; keadaan sulit; keadaan berbahaya; diléma ¶곤경에 놓이다 berada dalam keadaan sulit (diléma) /곤경에 빠지다 jatuh ke dalam kesulitan

곤고(困苦) kesukaran; penderitaan; kekurangan; tiadanya

곤궁(困窮) kemiskinan; kemelaratan; kepapaan; kesengsaraan 곤궁하다 sangat miskin; melarat ¶곤궁한 사람들 kaum miskin; kaum fakir miskin

곤돌라 【외래어】 gondola

곤두박질 jatuh dengan kepala dahulu 곤두박질치다 jatuh kepala dulu; terjungkal; terjungkir

곤두서다 ①【머리털이】 tegak berdiri; meremang; berdiri bulunya ②【신경이】 ⟪syaraf⟫ tidak tenang; lekas tersinggung; gelisah

곤드라지다 jatuh tidur; mabuk benar; merebahkan diri tidur

곤드레만드레 mabuk benar (berat); sempoyongan karena mabuk ¶곤드레만드레 되다 terhuyung-huyung; menjadi mabuk berat

곤란(困難) kesukaran; kesulitan; kesusahan; keadaan yang sukar (yang berbahaya); keadaan memalukan 곤란하다 sulit; sukar ¶생활이 곤란하다 kekurangan uang; hidup dalam kemiskinan/호흡이 곤란하다 susah bernafas ⊙ 재정곤란 kesulitan keuangan

곤로 ⇒ 풍로 panci pemasak makanan ⊙ 석유곤로 kompor minyak

곤룡포(袞龍袍) jubah resmi raja

곤봉(棍棒) gada; pentungan; alat pemukul; tongkat getokan; 【경찰용】 tongkat polisi ¶곤봉으로 때리다 memukul dengan gad; menggada ⊙곤봉체조 senam irama dengan alat tongkat; olah raga gada

곤색(-色) biru tua

곤욕(困辱) penghinaan yang pahit ¶곤욕을 당하다 (치르다) mendapat (menanggung) penghinaan yang pahit

곤장(棍杖) cemeti; alat pemukul; pentungan ¶곤장을 안기다 mementung; mencemeti; mencambuk dengan cemeti; mendera

곤쟁이 【동물】 sejenis udang kecil ⊙ 곤쟁이젓 udang yang diawétkan dengan garam

곤죽 ①【진창】 paya; rawa; lumpur; keadaan bécék (berlumpur); 【죽 모양】 keadaan seperti bubur ¶【푹 끓어서】 dilumatkan menjadi selé (bubur) ②【뒤범벅】 barang yang berantakan (kacau) ¶일을 곤죽을 만들다 mengacaukan keadaan

곤지 noda gincu di kening pengantin perempuan

곤충(昆蟲) serangga ⊙ 곤충망 jaring serangga. 곤충채집 pengoréksi (pengumpulan) serangga. 곤충학 éntomologi; ilmu tentang serangga. 곤충학자 éntomolog; ahli éntomologi; ahli (pakar)

serangga
곤핍(困乏) keletihan; kepayahan; kelelahan 곤핍하다 letih; lemah; lelah
곤혹스럽다(困惑-) ⇒ 당혹스럽다 bignung
곤하다 lelah; letih; payah
곤히(困-) ¶곤히 자다 tidur nyenyak
곧 ①【바로】segera; selekas mungkin;【그 자리에서】dengan segera; dengan serta merta; seketika ②【쉽게】dengan mudah ③【때】baru saja; benar-benar; hanya; persis ④【즉, 다시 말하자면】yaitu; yakni
곧다 ①【길 · 선 · 자세 등이】lurus ②【심지 · 절개 등이】jujur; tulus hati
곧바로 ①【즉시】dengan segera; saat itu juga; langsung; lantas ②【곧장】langsung ¶곧바로 집에 돌아가다 langsung pulang ke rumah
곧이곧대로 secara jujur; secara terus terang
곧이듣다 mempercayai dengan apa yang dikatakan (yang didengar); menerima yang sebenar
곧잘 ①【제법 잘】cukup baik ②【쉽사리, 자주】sering; kerap kali; acap kali
곧장 ①【똑바로 곧게】terus; lurus ②【지체 없이】tanpa penundaan; secepat mungkin ③【즉시】langsung; segera
곧추 tegak; lurus ¶곧추앉다 duduk tegak (lurus)
골[1] 【골수】sumsum; benak;【머릿골】otak; kepala ¶큰골【대뇌】otak besar
골[2] amarah; kemarahan ¶골나게 하다 membuat menjadi marah; membangkitkan amarah /골이 나 있다 marah; dalam keadaan marah
골[3] ¶신 (구두) 골 cengkal sepatu/모자 골 cétakan topi
골[4] garis yang terjadi ketika melipat kain; kertas dan lain-lain
골[5] ①⇒골목 ②【구멍】lubang ③【골짜기】lembah; sélokan ④【비유적】¶골로 가다 (죽다) mati
골[6] 【운동경기에서의 득점】gol; angka ¶골을 넣다(얻다) mencétak gol; memasukkan gol;【농구에서】mendapat (mencatat) angka ¶골 넣은 선수 pencetak gol⊙ 골네트 jaring gawang. 골라인 garis gawang. 골 에어리어 daérah gawang(gol). 골포스트 tiang gawang. 골키퍼 penjaga gawang; penggawang; kiper. 골킥 tendangan gawang
골간(骨幹) ①【뼈대】badan; bentuk badan; perawakan; kerangka ②【골자】pokok; intisari
골격(骨格) ①【체격】badan; bentuk badan; perawakan ②【건물 · 다리 등의】kerangka ③【계획 등의】kerangka
골고루 merata; seimbang
골골하다, 골골거리다 menderita penyakit kronis
골다 ¶코를 골다 berdengkur; mengorok
골다공증(骨多孔症) ostéoporosis; keadaan tulang yang menjadi keropos dan lapuk
골동품(骨董品) barang antik; barang modél kuno; benda tua yang langkah ¶골동품상 toko barang antik;【사람】pedagang barang antik/가짜 골동품 barang antik palsu
골덴【외래어】kordoroi
골든아워, 골든타임【외래어】waktu sangat baik (bagus);【라디오 TV】waktu puncak untuk mendengar radio atau menonton télévisi (TV); jam pemirsaan puncak
골똘하다 asyik; tekun; sungguh-sungguh; terpikat ¶골똘히 dengan tekun; dengan konséntrasi/골똘히 생각에 잠기다 tenggelam (asyik) dalam pikiran
골라내다 memilih; memisahkan
골라잡다 memilih; mengambil
골리다 mengganggu; menggoda
골막(骨膜)【해부학】*periosteum* ⊙ 골막염(炎) *periostitis*
골머리 ⇒ otak; kepala ¶골머리를 앓다 terganggu pikiran
골목 gang; jalan kecil; lorong ¶막다른 골목 jalan buntu ⊙ 골목대장 jago jalanan; pemimpin anak-anak di lingkungan
골몰하다(汨沒-) dalam keadaan sibuk; sangat terikat hatinya; khusyuk; memikat hati; asyik terbenam ¶일에 골몰하다 asyik dalam pekerjaan
골무 tudung (sarung) jari; bidal

골반(骨盤) tulang pinggul (panggul); pélvis; pangkal paha di sebelah belakang
골방(-房) kamar (ruangan) kecil
골뱅이 kéong; sejenis siput
골병들다(-病-) terluka di dalam
골분(骨粉) tepung tulang; bubuk tulang; abu tulang ⊙ 골분비료 rabuk (pupuk) tulang
골상(骨相) ilmu firasat; roman ¶골상을 보다 meramal (memandang) masa depan secara ilmu firasat
골수(骨髓) sumsum; empulur; benak ¶골수에 사무치다 menusuk hati ⊙ 골수분자 orang yang sudah berurat-berakar. 골수염 radang sumsum tulang
골육(骨肉) darah daging sendiri; sanak saudara ¶골육상잔하다 bermusuhan antar saudara ⊙골육상잔 perselisihan antar saudara
골인【외래어】gol; masuk tujuan dalam 골인하다 ①【농구에서】memasukkan gol ②【성공하다】meraih cita-cita; mencapai tujuan; berhasil
골자(骨子) pokok; inti; hakékat; bagian terpenting ¶논쟁의 골자 pokok percékcokan/문제의 골자 pokok persoalan
골절(骨折) patah tulang 골절하다 menderita patah tulang ⊙ 다리 골절 fraktur (keretakan atau keadaan patah) kaki
골절(骨節) tulang sendi
골질(骨質) jaringan tulang
골조(骨組) kerangka bangunan
골짜기 lembah; jurang; ngarai kecil yang curam ¶산골짜기 lembah pegunungan
골초(-草) ①【담배】tembakau yang bermutu rendah (kurang baik) ②【사람】perokok berat
골치 pusing; sakit kepala ¶골치 아픈 일 hal yang menyusahkan/골치(를) 앓다 menderita sakit kepala; (비유적) susah; terganggu; sakit ⊙ 골칫거리 sumber penderitaan; masalah
골탕(-湯) ①【곰국】sup dibuat dari otak sapi ②【손해】¶골탕을 먹다 menderita; tertipu
골통 kepala ¶골통(이) 터지다 menyakiti (melukai) kepala
골판지(-板紙) kardus (kertas karton) yang berombak-ombak
골프 golf ¶골프를 치다 bermain golf ⊙골퍼 pegolf; pemain golf. 골프장 padang golf. 골프채 tongkat golf
곪다 bernanah; membusuk; memburuk ¶종기가 곪다 bisul bernanah
곬 sudut; jalan ¶외곬으로 생각하다 melihat (memandang) hal (persoalan) hanya satu sudut (satu segi pandangan) saja
곯다[1] ①【덜 차다】tidak terisi; tidak diisi ②【굶다, 굶주리다】lapar; tidak cukup makan
곯다[2] ①【상하다, 썩다】busuk; basi ¶달걀이 곯다 telur busuk ②【손해보다】menderita kerugian ③【골병들다】mendapat luka di bagian dalam
곯리다[1] ①【그릇을】mengisi sedikit (separoh) dari takaran yang penuh ②【배를】kurang memberi makan; membiarkan masih merasa lapar
곯리다[2] ①【썩이다】membusukkan; merusakkan ②【괴롭히다】menimbulkan (mengakibatkan) kerugian; memperdayakan; menipu
곯아떨어지다【잠에】tertidur; tidur bangkai;【술에】minum sampai tertidur
곰 ①【동물】beruang ¶곰의 새끼 anak beruang/ 곰의 쓸개 empedu beruang ②【느리고 미련한 사람】orang bodoh (tolol)
곰곰(이) tenang dan berhati-hati; tidak tergesa-gesa
곰국 sup daging kental
곰방대 pengisap tembakau; pipa péndék
곰배 ⇒ 곰배팔이 ⊙ 곰배팔 lengan cacat bentuknya. 곰배팔이 orang cacat lengan
곰보 orang bopéng (burik); muka berbopéng
곰비임비 berturut-turut dengan cepatnya
곰살갑다【마음이 넓다】bermurah hati; dermawan;【다정스럽다】lembut; halus; ramah tamah; peramah
곰살궂다 lemah lembut; berhati ramah; peramah ¶곰살궂게 dengan baik hati;

sayang
곰장어(-長魚) belut laut
곰탕(-湯) ⇒ 곰국
곰팡 나다 menjadi lapuk; berjamur; melapuk ¶곰팡 난 음식 makanan yang berjamur; makanan yang sudah basi
곰팡냄새 ①【냄새】 berbau apak (pengap) ¶곰팡냄새 나다 berbau apak (pengap)/곰팡냄새 나는 방 kamar sesak (pengap) ②【진부】 keadaan biasa (lumrah); keadaan usang
곰팡 슬다 ⇒ 곰팡 나다
곰팡이 jamur ¶곰팡이 슨 ((berbau)) apak; pengap
곱[1] selaput (lapisan) nanah (lendir) ¶곱 끼다 keluar selaput nanah (lendir)
곱[2] ganda; jamak; kali; 【배】 rangkap; dobel ¶두 곱 dua kali lipat; rangkap; dobel/ (두) 곱(이) 되다 menggandakan; memdua-kalikan
곱다[1] ⇒ 굽다
곱다[2] 【손발이】 menjadi kaku ((karena kedinginan))
곱다[3] ①【모양 · 생김새 · 색깔 등이 아름답다】 cantik; molek; manis ②【마음 · 심성 등이】 baik hati; peramah ③【목소리가】 ¶고운 목소리 suara merdu (manis) ④【말씨 · 말투 등이】 ¶고운 말 bahasa yang sopan (yang halus) ⑤【피부 · 표면 등이】 halus; lembut ⑥【가루 · 입자 등이】 halus
곱다랗게 ①【깔축없이】 dengan aman; dengan selamat; utuh; tidak rusak ②【깨끗이】 benar-benar; sama sekali ¶ 곱다랗게 잊어버리다 lupa sama sekali
곱다랗다 ①【예쁘다】 agak (cukup) cantik ②【고스란히】 aman; utuh; lengkap
곱들다 dua kali banyak
곱들이다 menghabiskan dua kali banyak
곱빼기 ①【음식의】 ukuran ganda (rangkap; dobel); makanan dobel ②【거듭】 rangkap; dobel; dua kali
곱사등이 orang bungkuk (bongkok); orang berpunggung bungkuk
곱상하다 ①【얼굴이】 cantik; manis; molék ②【마음씨가】 lembut; halus; sabar; lembut hati; penurut
곱새기다 ①【오해】 salah mengerti; salah menanggapi ②【남을】 berpikir jelék ③【생각을】 mempertimbangkan berkali-kali (berulang-ulang)
곱셈 【수학】 pergandaan; perkalian 곱셈하다 mengalikan; melipatgandakan
곱슬곱슬하다 keriting; ikal; berombak
곱씹다 【되풀이해서】 merenung; mengulang; berbicara berulang-ulang
곱자 【곡척】 siku-siku
곱장다리 kaki béngkok; kaki péngkor; 【사람】 orang berkaki béngkok (péngkor)
곱쟁이 ⇒ 곱절
곱절 dobel; ganda 곱절하다 menggandakan; menduakalikan
곱창 usus sapi ⊙곱창구이 daging sapi usus dipanggang
곱치다 ①【반으로 접다】 melipat ②【곱절하다】 menggandakan; mendobelkan; melipat dua ¶값을 곱치다 mendua-kalikan harga; mendobelkan harga
곱하다 ①【곱절】 mendobelkan; menggandakan ②【수학】 mengalikan ¶3에 2를 곱하다 mengalikan tiga dengan dua
곳 ①【장소】 tempat; bagian ¶이곳저곳 di sana-sin ②【주소】 tempat tinggal (rumah); alamat
곳간(-間) gudang; tempat penyimpanan barang
곳곳 di mana-mana; di mana saja; dari tempat ke tempat
공[1] 【볼】 bola ¶공을 던지다 melemparkan bola /공을 치다 memukul bola/공을 차다 menendang bola; 【축구를 하다】 bermain sepak bola
공(工) ①【공업】 industri ②【일꾼】 pekerja; karyawan ⊙ 금속 공 pekerja (pabrik) baja. 인쇄공 pekerja cétak
공(公) ①【공사】 perkara (persoalan) umum ¶공과 사를 구별하다 memberi batas antara persoalan umum dan pribadi ②【공작】 adipati; duke; pangeran ③【당신】 Tuan ④【존칭】 Dia
공(功) ①【공로, 공적】 jasa ¶뛰어난 공 jasa yang terkenal/공을 세우다 berbuat jasa ②【노력, 정성】 usaha ¶공을 들이다 berusaha ikhlas (keras)
공(空) ①【숫자】 nol; kosong ②【동그라미】 lingkaran; lingkungan ③【텅 빈】 keko-

songan; kehampaan; tidak ada apa-apa; sia-sia ④【거저】 cuma-cuma; percuma

공² gung; gong

공간 (空間) ruang; tempat ¶시간과 공간 ruang danwaktu ⊙ 공간개념【철학】 pengertian jangka waktu

공갈(恐喝) ancaman; pemerasan 공갈을 치다 mengancam; memeras; memfitnah; berbohong ⊙ 공갈죄 kejahatan pemerasan

공감(共感) simpati 공감하다 bersimpati; setuju dengan ¶공감의 폭을 넓히다 memperluas konsénsus ⊙공감대 ikatan simpati

공개(公開) 공개하다 membuka untuk umum; terbuka umum(masyarakat);【전시】 memamérkan;【주식을】 menawarkan kepada masyarakat (rakyat);【개봉】 mengadakan pertunjukkan film ¶ 공개의 membuka; terbuka /공개된 terbuka ((bagi umum))/공개석상에서 di publik; di muka umum ⊙ 공개강연 ceramah umum. 공개재판 pengadilan (persidangan) umum. 공개회의 sidang terbuka

공 개념(公概念) konsép umum

공개적(公開的) publik; terbuka

공개방송(公開放送) siaran terbuka; siaran umum

공개입찰(公開入札) penawaran umum; penawaran terbuka

공것(空-) sesuatu yang diberi tanpa usaha; rejeki nomplok; pemberian; barang gratis ¶공것으로 얻다 mendapat sebagai pemberian; mendapat tanpa usaha

공격(攻擊) ①【군사적, 육체적】 serangan; penyerangan;【맹습】 serangan gencar;【공세】 gerakan serangan ②【비난】 serangan secara lisan; kritik; celaan; kecaman 공격하다 menyerang; mengeritik ③【운동경기】 serangan ④【적극적인 행동】 agrésif ⊙ 공격기 pesawat tempur. 공격로 rute (jalan) serangan. 공격수 (축구의) penyerang; striker. 공격성 agrési. 기습공격 serangan mendadak. 정면【측면】 공격 serangan dari depan【dari sisi】

공경(恭敬) rasa hormat; réspék 공경하다 menghormati; mematuhi ¶공경할 만한 terhormat; terpandang

공고(工高) ⇒공업고등학교 Sekolah Téknik Menengah (STM)

공고(公告) pemberitahuan; peringatan umum; publisitas 공고하다 memberikan peringatan umum; memberitahukan publisitas ¶ 시험 날짜가 공고되었다 Tanggal ujian diumumkan.

공고(鞏固) kepadatan; kerasnya 공고하다 padat; keras; kuat; kokoh ¶공고히 하다 memperkuat; memadatkan

공공(公共) umum; masyarakat; rakyat; negara ⊙ 공공기관 lembaga masyarakat. 공공기업체 perusahaan pemerintah (negara). 공공요금 biaya keperluan umum. 공공재산 milik masyarakat (umum)

공공(空空) ①【00】 nol-nol; kosong; hampa; blanko ¶007 nol-nol-tujuh ②【형용사적】 tidak dikenal; tak disebut nama ⊙ 공공부대 kesatuan yang tak dikenal

공공연하다(公公然-) terbuka; umum ¶공공연히 secara terbuka; secara terus terang

공과(工科) jurusan Téknik ⊙공과대학 Fakultas Téknologi

공과(功過) jasa dasn cela; kebaikan dan kekurangan

공과금(公課金) pajak masyarakat (rakyat)

공관(公館) rumah dinas; tempat kediaman resmi ⊙재외공관 lembaga diplomatik di luar negeri

공교롭게(工巧-) ①【솜씨가】 secara teliti; secara terperinci; secara rinci; secara (dengan) cekatan; secara trampil (mahir); secara pandai (cerdik) ②【뜻밖 · 우연】 kebetulan; dengan tidak sengaja

공교롭다(工巧-) ①【물건】 rumit; teliti; sangat baik; bagus ②【솜씨가】 mahir (trampil) dalam hal yang rumit ¶공교로운 솜씨 ketangkasan; kecekatan; ketrampilan; kepandaian ③【뜻밖】 kebetulan saja

공구(工具) alat; perkakas; ⊙기계 공구 alat (perkakas) mesin. 공구 점 pema-

sok suku cadang mesin
공구(工區) zona (bagian) pekerjaan
공국(公國) kadipatén; kerajaan; kepangeranan
공군(空軍) angkatan udara ⊙공군기지 pangkalan angkatan udara. 공군본부 Markas Besar Angkatan Udara. 공군사관학교 Akadémi Angkatan Udara
공권(空拳) tangan kosong (적수) ¶공권으로 dengan tangan kosong
공권력(公權力) hak sipil (penduduk); hak warganegara; kekuasaan pemerintah ¶공권력의 행사 penggunaan kekuasaan pemerintah/공권력을 박탈당하다 dicabut hak penduduk (hak warganegara) ⊙ 공권력정지 pengskorsan (pencabutan sementara) hak warganegara
공글리다 ①【다지다】 memperkeras ②【끝맺다】 menyelesaikan dengan rapi
공금(公金) uang (dana) umum (rakyat; (masyarakat; pemerintah) ⊙ 공금횡령 penggelapan (pencurian) uang rakyat
공급(供給) persediaan; pasokan 공급하다 menyediakan; memberi; menyuplai ¶공급을 받다 diberi; disuplai/수요와 공급 permintaan dan persediaan ⊙ 공급원(源) sumber pasokan (suplai)
공기 【놀이】 permainan keléréng 공기 놀다 bermain keléréng
공기(公器) peralatan umum (masyarakat)
공기(空氣) ①【기체】 udara; angin ¶공기의 membiarkan angin masuk; mengudarakan/신선한 공기 udara segar/공기가 빠진 kempés ((ban))/공기를 빼다 (타이어) mengempiskan ②【분위기】 atmosfir; suasana ¶험악한 공기 atmosfir seram (serius); suasana genting (gawat; berat) ⊙ 공기오염 polusi udara; pencemaran (pengotoran) udara. 공기전염 inféksi udara. 공기청정기 pembersih udara. 공기총 senapan angin
공기(空器) ①【빈 그릇】 piring kosong ②【식사용】 mangkuk ¶밥 한 공기 semangkuk nasi
공기업(公企業) perusahaan negara (pemerintah)
공납(公納) pajak masyarakat ⊙ 공납금【학교의】 uang sekolah
공단(工團) kompléks industri (perindustrian)
공단(公團) perusahaan umum; Badan ⊙ 국민건강보험공단 Badan Asuransi Kesèhatan nasional
공대(工大) Fakultas Insinyur
공대(恭待) 【대접】 perlakuan hormat; 【존대】 ucapan yang hormat 공대하다 memperlakukan (menerima) dengan hormat (dengan sopan)
공대공(空對空) ((peluru kendali)) antar-udara ⊙ 공대공미사일 (유도탄) Peluru kendali (rudal) udara ke udara
공대지(空對地) udara ke darat; dari udara ke bumi ⊙ 공대지미사일 유도탄 rudal udara ke darat
공덕(公德) ⇒ 공중도덕 akhlak (moralitas) masyarakat; kebaikan (kebajikan) penduduk (warga negara)
공덕(功德) amal; kebaikan dan kebajikan; 【불교】 kebaikan penganut Budha ¶공덕을 쌓다 beramal; berbuat kebajikan
공도(公道) ①【도로】 jalan raya ②【정의】 keadilan; peradilan; kewajaran; ③【대의】 keadilan bersama (universil) ¶공도를 밟다 menempuh jalan keadilan; bertindak dengan adil
공돈(空-) pendapatan rejeki; uang yang didapat dengan mudah ¶공돈은 오래 못 간다 Mudah diperolèh mudah habisnya. *atau* Mudah datang mudah pergi.
공동(共同) ⇒ 합동 kerjasama; koperasi; kombinasi ¶공동의 gabungan; biasa; lazim; umum; bersama/공동으로 bersama-sama ⊙ 공동경비구역 Aréa Keamanan Pergabungan. 공동구입 pembelian secara koperatif. 공동모의 komplotan (kongkalikong) bersama. 공동묘지 kuburan (tempat pemakaman) umum. 공동변소 jamban (W.C.) umum
공동(空洞) gua
공동생활(共同生活) kehidupan bersama (komunal); mata pencaharian bersama 공동생활하다 hidup bersama-sama
공동연구(共同硏究) penyelidikan (penelitian; risét) bersama 공동연구하다 belajar bersama-sama; mengadakan

penelitian (risét) bersama

공동제작(共同製作) produksi bersama 공동제작하다 memproduksi ((film)) bersama-sama

공동체(共同體) masyarakat komunal; komunitas; himpunan ⊙ 도시공동체 masyarakat kota. 민족 공동체 komunitas étnis. 공동체 의식 kesadaran (semangat) masyarakat

공들다(功-) memerlukan banyak kerja; memerlukan usaha yang kuat (berat) ¶ 공든 탑이 무너지랴【속담】Kerja keras tak pernah akan sia-sia.

공들이다(功-) ¶공들여 dengan usaha (ketelitian; perincian) yang besar (yang hébat)

공떡(空-) rejeki nomplok; anugerah ¶이제 웬 공떡이냐 Alangkah menggembirakan rejeki nomplok itu. *atau* Itulah anugerah Tuhan.

공란(空欄) ruang kosong; kolom kosong ((pada pagina)); blangko; formulir ¶공란을 메우다 mengisi yang kosong; mengisi formulir

공람하다(供覽-) memamérkan di muka umum (masyarakat); menyerahkan untuk pemeriksaan (penyelidikan) umum

공랭(空冷) pendingin udara ¶공랭식의 didinginkan dengan udara; berpendingin udara

공략(攻略) serangan; penyerbuan; serbuan; invasi 공략하다 menyerang; menangkap; merebut; menyerbu

공력(功力) usaha; upaya

공로(公路) jalan raya; jalan umum

공로(功勞) jasa; pengabdian yang berjasa ¶공로에 의하여 atas jasa; sebagai penghargaan ⊙ 공로자 orang yang berjasa (yang baik). 공로주 saham bonus ((untuk para karyawan))

공로(空路) lin (rute) udara; trayék pesawat terbang ¶공로로 dengan pesawat terbang (pesawat udara)

공론(公論) ①【공의】pendapat yang tidak memihak ②【여론】opini publik; pendapat umum (masyarakat)

공론(空論) argumén yang sia-sia (yang tak berarti) ⊙ 공론가 ahli filsafat (pengeritik; pengecam) yang hanya duduk di belakang méja

공뢰(空雷) torpédo (petasan) udara

공률(工率) tingkat produksi (kecepatan produksi);【물리학】kekuatan; kekuasaan; daya; tenaga

공룡(恐龍) *dinosaurus*

공리(公吏) pegawai pemerintah

공리(公利)⇒ 공익 kepentingan umum (bersama); kesejahteraan masyarakat

공리(功利) kemanfaatan; keperluan; kegunaan ¶공리적 berfaédah; bermanfaat ⊙ 공리주의 utilitarisme

공리(空理) téori kosong ⊙ 공리공론 akadémisme; diskusi akadémis

공립(公立) umum; negeri; pemerintah ¶공립의 pemerintah;【시립의】kota praja ⊙ 공립학교 sekolah pemerintah; sekolah negeri

공매(公賣) penjualan (pelélangan) umum 공매하다 melélang; menjual lélang ¶공매에 붙이다 menyerahkan untuk dilélang ⊙ 공매처분 penjualan dengan lélang

공명(公明) keadilan; kejujuran; keterbukaan; kewajaran 공명하다 adil; jujur; wajar; terang; terbuka ⊙ 공명선거 pemilihan yang bersih

공명(功名) kemasyhuran; popularitas ¶공명을 세우다 menjadi terkenal (termasyhur) ⊙ 공명심 keinginan akan kemasyhuran; keinginan akan terkenal

공명(共鳴) gema; gaung; persesuaian; kecocokan;【동감】simpati 공명하다 bergema; bergetar ((suara)); bergaung; merasa simpati

공명정대(公明正大) kejujuran dan keadilan ¶ 공명정대한 jujur dan adil/ 공명정대하게 dengan jujur dan adil

공모(公募) ①【공개 모집】penawaran umum (masyarakat) 공모하다 menawarkan bagi umum ②【주식 등의】¶주식을 공모하다 menawarkan saham bagi masyarakat

공모(共謀) kongkalikong; komplotan; sekongkolan; konspirasi 공모하다 berkomplot; bersekongkol ⊙ 공모자 orang yang berkomplot (yang bersekongkol)

공무(工務) pekerjaan rékayasa ⊙ 공무국 kantor rékayasa; 【신문사 등의】 kantor percetakan

공무(公務) tugas (urusan) negara resmi ¶ 공무 외 출입 금지【게시】 Hanya urusan resmi. ⊙ 공무집행 pelaksanaan tugas resmi

공무원(公務員) pegawai negeri; pejabat pegawai pemerintah; personil dalam jabatan pemerintahan ⊙ 공무원법 hukum kepegawaian. 고급공무원 pejabat pemerintah yang berpangkat tinggi. 기술【기능】직 공무원 pejabat pemerintah dalam jabatan 【keahlian】 téknik. 하급 공무원 pegawai rendah ⟪an⟫

공문(公文) dokumén resmi ¶공문으로 조회하다 mengadakan penyelidikan secara resmi; menanyakan keterangan dengan surat resmi ⊙ 공문서식 formulir dokumén resmi

공물(供物) sesaji; sesajen; sumbangan orang Budha

공물(貢物) upeti ¶공물을 바치다 memberikan upeti

공민(公民) warga negara; warga kota ¶공민의 sipil; pemerintah; penduduk ⊙ 공민교육 pendidikan penduduk (kewarganegaraan). 공민권 hak kewarganegaraan; hak penduduk. 공민학교 sekolah pemerintah

공박(攻駁) penyangkalan; sangkalan; bantahan; tuntutan; tuduhan 공박하다 membantah; menyangkal; membuktikan bahwa salah; mencela; menuntut; menuduh

공밥(空-) makanan diberi tanpa usaha; makanan gratis ¶공밥(을) 먹다 mendapat makanan tanpa mencurahkan tenaga (tanpa usaha)

공방(工房) ruang kerja; 【자동차 정비공장】 béngkél

공방(攻防) serangan dan pertahanan; pertempuran ⊙ 공방전 pertempuran menyerang dan bertahan

공방(空房) 【빈방】 kamar (ruang) kosong; kamar (ruang) yang tidak ditempati

공배수(公倍數) 【수학】 faktor persekutuan ⊙ 최소공배수 faktor persekutuan terkecil

공백(空白) ①【종이 등의】 blanko; formulir ②【비유적】 celah; renggang; jurang pemisah; lowongan; kevakuman; kekosongan ¶공백을 메우다 mengisi formulir (blanko); mengisi ruang kosong; mengisi celah

공범(共犯) ①【행위】 keterlibatan; persekongkolan ②【사람】 kaki tangan; anték; kawan berbuat; anak buah; orang yang terlibat (bersekongkol) ⊙ 공범자 ⇒ 공범②

공법(工法) métode konstruksi (pembangunan)

공법(公法) hukum publik (negara) ⊙ 공법학 ilmu hukum publik (hukum negara). 공법학자 ahli hukum publik

공병(工兵) lnsinyur militér; ahli téknik; pasukan zeni ⊙ 공병대 kesatuan (korps) lnsinyur militér

공보(公報) penerangan; laporan (pemberitahuan; pengumuman) resmi ⊙ 공보처 Departemén Penerangan

공복(公服) pakaian seragam resmi

공복(公僕) pegawai pemerintah; pegawai negeri

공복(空腹) kelaparan; perut kosong; rasa lapar

공부(工夫) pelajaran 공부하다 belajar; mempelajari ⊙ 공부벌레 kutu belajar. 시험공부 belajar untuk ujian

공분(公憤) kemarahan (kenaikan darah; kejéngkélan; kedongkolan) orang banyak (masyarakat ramai; masyarakat umum) ¶공분을 느끼다 merasa kemarahan bersama

공분모(公分母) 【수학】 penyebut ⟪dalam angka pecahan⟫; sebutan persamaan

공비(工費) biaya konstruksi

공비(公費) biaya (belanja) publik (negara)

공비(共匪) gerilya mérah; gerilya komunis ⊙ 무장공비 gerilya mérah bersenjata

공사(工事) pekerjaan bangunan (konstruksi); pembangunan 공사하다 membangun; mendirikan ¶공사 중이다 sedang dibangun ⊙ 공사비 biaya konstruksi (pembangunan). 공사입찰 penawaran untuk konstruksi. 공사장 tempat (lokasi) pembangunan. 날림공사 pembangunan (konstruksi) secara serampangan. 보수공사 pekerjaan réparasi

공사(公司) perusahaan; firma

공사(公私) urusan (persoalan) negara resmi dan pribadi; perkara resmi (dinas) dan pribadi¶ 공사다망하다 sibuk baik secara resmi maupun secara pribadi / 공사를 구별하다 memisahkan kepentingan umum (dinas) dan pribadi

공사(公事) urusan (perkara) umum; persoalan (urusan) dinas (resmi)

공사(公使) minister

공사(公社) perusahaan negara (umum)

공사채(公社債) surat obligasi; surat tanggungan; surat utang

공산(公算) kemungkinan ¶…할 공산이 크다 ada kemungkinan besar bahwa…

공산(共産) milik bersama; persamaan hak milik; komunis ¶공산화하다【남을】menjadikan komunis; mengkomuniskan;【자기가】menjadi (berubah) komunis ⊙ 공산권 blok Komunis. 공산당 partai Komunis. 공산당원 orang komunis; anggota partai Komunis. 공산분자 fraksi Komunisi. 공산진영 kamp Komunis. 공산주의 komunisme; faham komunis

공산명월(空山明月) ①【달】 bulan bercahaya di atas gunung ②【우스개】kepala botak; gundul

공산품(工産品) hasil (produk; barang) industri

공상(工商) industri dan perdagangan;【사람】pekerja tangan yang ahli dan pedagang

공상(公傷) luka yang diderita saat (waktu) bekerja (bertugas)

공상(空想) khayalan (angan-angan) kosong; fantasi;【백일몽】lamunan angan-angan; impian yang sia-sia 공상하다 *melamun; mengkhayal* ¶공상적(인) khayal; fantastis ⊙ 공상가 pengelamun; pengkhayal; tukang mimpi; pemimpi; orang yang tak praktis

공생(共生) simbiosis; koménsalisme ⊙ 공생동물【식물】koménsalisme

공석(公席) ①【공적인 자리】pertemuan umum ⟨⟨masyarakat⟩⟩; tempat publik ¶ 공석에서 di pertemuan umum; di tempat publik ②【공무 보는 자리】tempat urusan negara (urusan umum); kedudukan resmi

공석(空席) tempat kosong; lowongan ¶공석을 채우다 mengisi lowongan

공선(公選) ①【공중선거】pemilihan umum 공선하다 memilih dengan suara terbanyak ②【공명선거】pemilihan yang adil (yang wajar) ⊙ 공선시장 wali kota yang dipilih rakyat

공설(公設) ①【공공의】pemasangan umum; instalasi masyarakat (rakyat) 공설하다 memasang atas biaya masyarakat (rakyat) ¶공설의 umum; masyarakat; rakyat ②【시립의】kota praja ⊙공설시장 pasar umum. 공설운동장 stadion negara (kota praja)

공세(攻勢) serangan ¶공세로 나오다(를 취하다) melakukan serangan; mengambil tindakan serangan ⊙ 평화공세 serangan perdamaian

공소(公訴) tuduhan; dakwaan 공소하다 mendakwa; menuduh; menuntut ⊙ 공소권 hak tuduhan (dakwaan). 공소장 tuduhan (dakwaan) tertulis

공손(恭遜) kesopanan; keadaban; kesopan-santunan 공손하다 sopan; hormat; beradab ¶공손히 dengan sopan/공손히 말하다 berbicara dengan sopan

공수(空手) ⇒ 빈손 ¶공수래공수거 Datang dengan tangan hampa, berpulang dengan tangan hampa.

공수(空輸) transpor (angkutan) udara; pengangkutan melalui udara 공수하다 mengangkut ⟨⟨barang⟩⟩ dengan kapal udara (pesawat terbang) ⊙ 공수부대 satuan pasukan udara. 공수작전 operasi udara; operasi sistém pengangkutan melalui udara

공수(攻守) penyerangan (serangan) dan pertahanan ⊙ 공수동맹 gabungan sikap bertahan dan sikap menyerang; persekutuan penyerangan dan pertahanan

공수병(恐水病) hidariopobia; rabiés ⊙ 공수병 예방주사 injéksi anti rabiés

공수표(空手票) rékening fiktif; cék kosong; 【비유적】 janji kosong; janji yang tidak ditepati ¶공수표를 떼다 membuat cék kosong; (비유적) memberikan janji kosong

공술(空-) minuman keras gratis (cuma-cuma)

공술(公述) pernyataan ⊙ 공술서 surat pernyataan. 공술인 déponén

공습(空襲) serangan (penyerangan) udara 공습하다 mengadakan serangan udara; menggerébék; menyerang ¶공습 받다 diserang (mendapat serangan) dari udara ⊙ 공습경보 tanda bahaya serangan (bahaya) udara

공시(公示) pemberitahuan (pengumuman) kepada masyarakat 공시하다 mengumumkan secara luas; memberitahukan (mengumumkan) di depan umum ⊙ 공시최고(催告) surat panggilan resmi

공식(公式) ①【공적인 · 방식】 formalitas; upacara resmi ¶공식의 resmi; formal ②【수학 등의 법칙】 rumus ③【틀에 박힌 형식】 formula ⊙ 공식경기 pertandingan yang teratur; (권투 등의) pertandingan perebutan gelar kejuaraan. 공식방문 kunjungan formal (resmi); (국가 원수의) kunjungan Negara (Presidén). 공식접촉 hubungan resmi

공신(公信) kepercayaan masyarakat (umum; rakyat)

공신력(公信力) kepercayaan masyarakat (publik; umum) ¶공신력이 있다 memiliki kepercayaan publik (umum)

공안(公安) kesejahteraan (ketentraman) umum (masyarakat; rakyat); keamanan negara (masyarakat) ¶공안을 유지하다 menjaga keamanan negara (masyarakat) ⊙ 공안사범 pelanggar keamanan masyarakat (negara). 철도공안원 petugas keamanan keréta api

공안(公案) 【공문】 konsép dokumén pemerintah (negara)

공약(公約) janji pemerintah kepada masyarakat 공약하다 berjanji kepada rakyat; menyatakan pendapat pemerintah

공약수(公約數) faktor persekutuan ⊙ 최대공약수 faktor persekutuan terbesar

공양(供養) ①perawatan; persediaan makanan ¶부모를 공양하다 merawat orang tua ②【부처 · 죽은 조상에게 음식 등을 바침】 persembahan; sumbangan ¶ 부처님께 공양을 드리다 menyajikan persembahan kepada Budha ③【먹음】 makan makanan 공양하다 memakan makanan ⊙ 공양미 beras sedekahan

공언(公言) pernyataan; deklarasi 공언하다 menyatakan di depan umum; mengumumkan secara terbuka; memberitahukan dunia

공업(工業) industri ¶공업의 중심지 pusat pabrik (industri)/공업화 industrialisasi / 공업화되다 diindustrialisasikan ⊙ 공업계 lingkungan (kawasan) industri. 공업국 negara industri. 공업단지 kompléks industri (perindustrian). 중【경】공업 industri berat 【ringan】

공업(功業) ⇒ 업적 préstasi; pekerjaan yang bermanfaat (yang berjasa)

공여(供與) hadiah; anugerah; pemberian; dana; uang bantuan 공여하다 memberi ((kan)); menghadiahi; menyumbangkan; menganugerahkan

공역(公役) jabatan dalam pemerintahan

공역(共譯) penerjemahan (terjemahan) bersama

공연(公演) pertunjukan 공연하다 menyelenggarakan (mengadakan) pertunjukan; mempertunjukkan¶첫 공연 pertunjukan pertama/위문 공연 pertunjukan hiburan ⊙공연자 performa. 공연장 téater; gedung konsér; auditorium

공연하다(共演-) bermain bersama

공연스레(空然-) dengan sia-sia; tanpa alasan

공연하다(空然-) sia-sia; percuma ¶공연히 tidak berguna; tanpa tujuan

공염불(空念佛) ungkapan (perkataan) yang jujur tetapi tidak berguna ¶공염불에 그치다 berakhir tanpa hasilnya

공영(公營) pengelolahan umum (publik; negara) 공영하다 menempatkan (mengusahaan) di bawah pengelolaan pemerintah (negara; umum) ¶공영의 umum; pemerintah; negara ⊙ 공영주택 rumah yang dibangun dengan proyék perumahan pemerintah (negara). 공영방송 siaran publik. 공영 티 비 télévisi ((layanan)) publik. 공영주차장 tempat parkir umum

공영(共榮) kemakmuran bersama

공예(工藝) seni kerajinan ⊙ 공예가 seniman. 공예품 hasil industri; barang kerajinan

공용(公用) ①【공적인 일】 urusan resmi; tugas pemerintah ②【공비】 biaya pemerintah ③【공공용】 penggunaan umum (masyarakat; rakyat) 공용하다 memakai secara resmi ⊙ 공용차 kendaraan resmi. 공용어 bahasa resmi

공용(共用) penggunaan (kegunaan) bersama 공용하다 menggunakan bersama-sama ¶공용의 untuk dipergunakan (dipakai) bersama

공원(工員) pekerja ((pabrik))

공원(公園) taman; (식물원) Kebun Raya ⊙ 공원묘지 kuburan umum. 옥상공원 taman di atas atap. 국립공원 Taman Nasional

공유(公有) milik umum (rakyat) ¶공유의 umum ⊙ 공유재산 milik rakyat (umum). 공유지 tanah (milik) rakyat; daérah kekuasaan (wewenang) umum

공유(共有) pemilikan bersama 공유하다 memiliki bersama ¶공유의 dimiliki bersama ⊙ 공유물 milik orang banyak. 공유자 pemilik bersama

공으로(空-) dengan percuma; cuma-cuma; perdéo; gratis; tanpa (tidak usah) membayar ¶공으로 얻다 mendapat secara gratis

공의(公醫) dokter prakték umum

공이 penumbuk ⊙ 공이치기 palu

공익(公益) kepentingan (kebaikan) masyarakat (rakyat; umum) ¶공익을 위하여 untuk kepentingan umum ⊙ 공익근무요원 *pekerja pelayanan publik*. 공익사업 usaha untuk kebajikan (kebaikan) rakyat (umum)

공익(共益) kepentingan (keuntungan; manfaat) bersama ⊙ 공익비용 biaya untuk keuntungan bersama

공인(公人) tokoh masyarakat

공인(公認) pengesahan; peresmian; pengakuan (penghargaan) resmi; 【세인의】 persetujuan umum (rakyat) 공인하다 mengakui (menghargai; menyetujui) secara resmi; 【법률로】 mensahkan; melégalisasikan ¶공인의 yang disahkan/공인을 받다 mendapat persetujuan resmi ⊙ 공인중개사 agén realéstate yang diizinkan. 공인회계사 akuntan publik

공일(空日) 【공휴일】 hari libur; 【일요일】 hari Minggu

공임(工賃) gaji; upah ¶공임을 올리다 menaikkan gaji (upah)

공자(公子) pangeran muda; bangsawan muda

공자(孔子) Kong Fu-Cu

공작(工作) ①【물건을 만드는 것】 pembuatan; 【수공】 kerajinan (ketrampilan) tangan 공작하다 membuat; mendirikan; membangun ②【일을 꾸미는 것】 manuver 공작하다 mengatur siasat; mengadakan gerakan ¶정치 공작 manuver politik/ 뒤에서 공작하다 mengatur siasat di belakang layar ⊙ 공작금 dana operasi. 공작원 mata-mata; agén rahasia; operator spionase. 공작품 kerajinan (ketrampilan) tangan. 지하공작 kegiatan bawah tanah

공작(孔雀) 【조류】 mérak

공작(公爵) 【귀족 작위 중 첫 번째】 Duke; Adipati; 【영국이외의】 pangéran; putera raja ⊙ 공작부인 wanita bangsawan; isteri Duke 【英】; puteri Raja; puteri bangsawan

공장(工匠) tukang; pengrajin

공장(工場) pabrik; industri ¶공장에서 일하다 bekerja di pabrik ⊙ 공장도 가격 harga pabrik. 공장시설 fasilitas (peralatan; perlengkapan) industri. 공장주(장) pemilik (manager; pengelola) pabrik. 공장지대 daérah (kawasan) pabrik. 공장폐쇄 penutupan (pengakhiran) pabrik. 공장폐수 limbah industri. 조립공장 pabrik perakitan (pemasangan). 하청공장 ((pabrik)) léveransir

공저(共著) tulisan (karya) bersama 공저하다 mengarang (menulis) bersama; bekerja sama ¶공저로 dalam kerjasama dengan 《Tuan Kim》 ⊙ 공저자 penulis karya bersama

공적(公的) umum; resmi ¶공적으로 secara umum; di depan umum; secara resmi

공적(公敵) musuh masyarakat (umum) ¶인류의 공적 musuh umat manusia

공적(功績) préstasi; perbuatan jasa; jasa ¶공적을 세우다 berjasa besar

공전(工錢) upah; gaji

공전(公轉) 【천문학】 putaran; perubahan; perkisaran, révolusi 공전하다 berputar; berédar; berpusar; bersikar; tergerak mengelilingi 《matahari》 ¶지구의 공전과 자전 perputaran dan perkisaran bumi

공전(空前) keadaan belum pernah terjadi sebelumnya ¶공전의 belum pernah terjadi sebelumnya/공전의 기록 catatan sepanjang waktu

공정(工程) cara (prosés) kerja ⊙ 공정관리 pengendalian prosés; pengawasan (kontrol) prosés (produksi). 생산 공정 prosés pabrik

공정(公正) kewajaran; keadilan; kebenaran 공정하다 wajar; pantas; patut; adil ⊙ 공정거래 transaksi yang jujur. 공정 상거래 위원회 Komisi Perdagangan Adil. 공정증서 akte (surat) notaris

공정(公定) keputusan; ketegasan 공정하다 menentukan; memutuskan ¶공정의 resmi (secara resmi); disahkan; ditentukan ⊙ 공정가격 harga resmi; harga yang disahkan. 공정할인율 tarif potongan resmi. 공정 환율 tarif kurs resmi; nilai tukar resmi

공정대(空挺隊) pasukan udara; 【낙하산 부대】 pasukan payung

공제(共濟) bantuan (pertolongan) bersama ⊙ 공제사업 proyék saling membantu; proyék bantuan bersama. 공제조합 gabungan (asosiasi) bantuan bersama

공제(控除) déduksi; potongan; pengurangan 공제하다 mengurangi; mengurangkan ¶공제받다 dikurangkan ⊙ 공제액 jumlah (uang) yang dipotong (dikurangi). 기초공제 potongan (déduksi) dasar; jumlah keringanan pajak dasar

공조(共助) tolong-menolong; gotong-royong 공조하다 bekerja sama; saling menolong; saling membantu

공존(共存) koéksisténsi; kehidupan bersama (berdampingan); keberadaan bersama 공존하다 hidup bersama (berdampingan) ⊙ 공존공영 hidup dan kemakmuran bersama. 평화적 공존 hidup berdampingan secara damai

공죄(功罪) jasa dan cela

공주(公主) puteri raja

공준(公準) 【수학】 postulat

공중(公衆) rakyat; umum; masyarakat ramai ¶공중의 umum; masyarakat; rakyat ⊙ 공중도덕 moralitas masyarakat (rakyat). 공중목욕탕 kamar mandi umum. 공중변소 toilét umum. 공중전화 télépon umum; tempat télépon; kotak télépon

공중(空中) udara; langit ¶공중의 udara/공중에(서) di udara; di langit ⊙ 공중곡예 【서커스의】 pertunjukan akrobatik udara. 공중정찰 patroli di udara. 공중케이블 jalur kabel udara. 공중투하 penjatuhan payung dari udara. 공중폭발 ledakan di udara

공중납치(空中拉致) pembajakan kapal terbang; penculikan kapal terbang di angkasa 공중납치하다 membajak kapal terbang ⊙ 공중납치범 pembajak kapal terbang

공중누각(空中樓閣) khayalan kosong; impian ¶공중누각을 그리다(짓다) berkhayal kosong

공중선(空中線) ⇒ 안테나

공중수송(空中輸送) pelayanan (jasa) kapal terbang; transportasi udara 공중수송하다 mengangkut dengan kapal terbang

공중전(空中戰) pertempuran udara

공중제비(空中-) jungkir-balik 공중제비하다 berjungkir-balik

공증(公證) 공증하다 mensahkan; disahkan 《oléh notaris》 ⊙ 공증인 notaris

공지(公知) pengetahuan umum ¶공지의 dikenal oléh semua orang; dikenal (diketahui) secara luas/공지사항 pengumuman resmi

공지(空地) tanah yang tidak didiami; tanah kosong; 【광장】 tempat terbuka

공직(公職) dinas pemerintah; tugas jabatan pemerintahan ¶공직에 있다 bekerja di kantor pemerintah

공직자(公職者) pegawai negeri; pejabat pemerintah; birokrat ¶공직자사회 masyarakat birokratis/공직자윤리법【법률】 hukum étika (tata susila) para birokrat (pejabat pemerintah)

공짜(空-)¶공짜로 cuma-cuma; dengan percuma/공짜 손님 【극장】 penonton gratis (cuma-cuma); 【기차】 penumpang gratis (cuma-cuma)

공차(公差) ①【수학】 perbédaan umum ②【조폐 · 도량형의】 upah; pemberian uang untuk sesuatu maksud

공차(空車) ①【빈차】 keréta (mobil) kosong ②【무료로 타는】 tumpangan cuma-cuma; perjalanan gratis ¶공차 타다 mendapat perjalanan ((dengan mobil)) gratis; mendapat tumpangan cuma-cuma

공창(工廠) gudang senjata; penyimpanan alat senjata

공창(公娼) 【사람】 pelacur yang diizinkan (yang tercatat); WTS izin; 【제도】 pelacuran yang diizinkan (yang mempunyai izin); prostitusi berizin ⊙ 공창가 daérah (kawasan) lampu mérah

공채(公債) pinjaman (hutang) negara; obligasi; 【증권】 surat tanggungan; surat pinjaman negara ⊙ 공채시장 pasar obligasi. 공채증서 소지자 pemegang surat obligasi

공채(公採) perékrutan terbuka 공채하다 merékrut

공책(空冊) buku catatan; notés

공처(恐妻) ⊙ 공처가 suami yang ketakutan akan istrinya; suami yang dikuasai oléh istri. 공처 병 penyakit takut akan istri

공천(公薦) rékoméndasi (pengangkatan) umum; 【선거】 pencalonan umum; pengangkatan kelompok oléh para calon parleménter 공천하다 mencalonkan secara umum; merékoméndasikan di depan umum ¶후보자를 공천하다 mengangkat (mengajukan; menunjuk) seorang calon secara resmi

공청회(公聽會) rapat dengar pendapat umum

공출(供出) pengiriman; pengantaran; 공출하다 mengirimkan ⊙ 공출가격 harga pengiriman. 공출할당 jatah (kwotum) pengiriman; alokasi kwota pengiriman

공치다(空-) tidak berhasil bekerja

공치사(功致辭) pemujian diri sendiri; kebanggaan terhadap diri sendiri 공치사하다 memuji diri sendiri; membanggakan diri

공탁(供託) ①【보관】 déposito; setoran; simpanan uang pangkal 공탁하다 mendépositokan; menyimpan ②【법률】 pengiriman ⊙ 공탁금 uang déposito. 공탁물 déposit. 공탁서 dokumén déposito. 공탁자 déposan; penyimpan; penyetor

공터(空-) tanah (tempat) kosong; ruang terbuka

공통(共通) kelaziman; kebiasaan ¶공통의 umum; bersama; biasa; lazim/공통의 이해【목적】 kepentingan 【tujuan】 umum ⊙ 공통분모【수학】 sebutan persamaan. 공통어 bahasa pengantar; bahasa umum yang dipakai

공통점(共通點) persamaan; kesamaan; ciri-ciri umum; sesuatu yang lazim (yang umum) ¶우리는 공통점이 많다 Kami memiliki banyak kesamaan.

공판(公判) pengadilan (pemeriksaan) secara umum 공판하다 mengadakan sidang pengadilan ¶공판에 회부되다 dibawa ke sidang pengadilan /공판중이다 sedang diadili ⊙ 공판절차 prosedur (cara) pemeriksaan pengadilan umum.

공판장(共販場) pasaran bersama ⊙ 농산물 공판장 tempat gabungan pertanian pasar produk

공평(公平) keadilan; kewajaran 공평하다 adil; jujur; wajar ¶공평하게 secara adil; secara tidak memihak/공평을 기하다 mencoba untuk adil (jujur)

공포(公布) pengumuman; penyebaran 공포하다 mengumumkan dengan resmi; menyebarluaskan; mempublikasikan; menyiarkan

공포(空砲) pélor (peluru) kosong ¶공포를 쏘다 menémbak atau melepaskan pélor (peluru) kosong

공포(恐怖) kekhawatiran; ketakutan; perasaan khawatir ¶공포를 느끼다 menjadi takut (ngeri)/공포에 싸이다 tercekam oléh rasa takut ⊙ 공포심 rasa takut; rasa khawatir. 공포증 pobia; rasa takut yang tak wajar (yang abnormal). 공포 영화 film horor

공표(公表) pengumuman 공표하다 mengumumkan; memproklamirkan; menyatakan

공하신년(恭賀新年) Selamat Tahun Baru yang Bahagia

공학(工學) keinsyinuran; ilmu téknik; ketéknikan ⊙ 공학부 Fakultas Téknologi. 공학자 insinyur

공학(共學) pendidikan campuran (bersama) 공학하다 mengadakan pendidikan bersama ¶공학의 학교 sekolah campuran 《antara laki-laki dan perempuan》

공한(公翰) surat resmi

공한지(空閑地) tanah kosong; tanah yang belum digarap

공항(空港) lapangan (pelabuhan) udara; bandar udara ¶공항에 착륙하다 mendarat di bandara ⊙ 공항세관 kantor béa cukai bandara. 공항출입국 관리소 kantor imigrasi bandara. 국제공항 bandar udara (bandara) internasional

공해(公害) polusi; pencemaran ¶공해가 없는 bébas dari polusi; bébas pencemaran ⊙ 공해대책 tindakan anti pencemaran. 공해물질 bahan pengotor. 공해방지 pencegahan polusi lingkungan: 산업공해 polusi industri; pencemaran industri. 무공해채소 sayur-sayuran yang bébas dari bahan kimia

공해(公海) laut terbuka; laut bébas ⊙ 공해어업 perikanan laut; lndustri penangkapan ikan di laut bébas

공허(空虛) kekosongan; kehampaan 공허하다 kosong; hampa ¶인생의 공허를 느끼다 merasakan kehampaan hidup ⊙ 공허감 rasa kekosongan; rasa kehampaan

공헌(貢獻) sumbangan; iuran 공헌하다 menyumbang; memberi sumbangan

공화(共和) 【화합】 keselarasan (kecocokan; kerukunan) bersama ⊙ 공화국 Republik

공황(恐慌) ①【심리적 두려움 · 당황】 kepanikan; ketakutan; kegégéran ¶공황상태에 있다 berada dalam keadaan panik ②【경제 공항】 krisis ékonomi (keuangan) ¶대공황 deprési besar /공황을 극복하다 mengatasi krisis (masa gawat) ⊙ 공황시대 masa krisis; masa gawat

공회(公會) rapat (pertemuan) umum ⊙ 공회당 aula (ruangan) umum

공훈(功勳) imbalan; kebaikan; jasa; manfaat ¶공훈을 세우다 berbuat jasa; melakukan jasa

공휴일(公休日) hari libur; hari libur resmi

곶(串) 【갑】(岬) tanjung

곶감 buah kesemak kering ¶곶감 빼먹듯 하다 menghabiskan uang tabungan sedikit demi sedikit

과[1](科) ①【학과】 jurusan ¶영어과 jurusan bahasa Inggris ②【생물의 분류 단계】 keluarga; rumpun ¶고양이 과 keluarga kucing ③【병과】 pasukan ¶보병과 pasukan lnfanteri

과[2] dan; dengan; serta; bersama; terhadap ¶ 딸과 어머니 anak dan ibu /저 사람과 같이 sama seperti dia

과(課) ①【회사 · 관공서 등의 분과】 bagian; séksi; bab ¶인사과 séksi (bagian) personél ②【교과서의】 pelajaran

과감(果敢) kegagahan; keberanian 과감하다 berani; hébat; gagah; tegas ¶과감히 dengan tegas; dengan berani

과객(過客) musafir; pelancong; orang léwat; orang lalu; pejalan kaki

과거(科擧) 【옛날 시험제도】 ujian pegawai negeri pada zaman dulu

과거(過去) masa (waktu) lalu; zaman dahulu ¶과거의 yang lalu; masa silam; yang sudah-sudah⊙ 과거사(事) persoalan 《di》 masa lalu; peristiwa yang sudah léwat (lampau)

과격(過激) ékstrim; radikal 과격하다 menjadi radikal ¶과격한 berlebihan; ékstrim ⊙ 과격분자 unsur (dasar) radikal. 과격사상 gagasan radikal; pemikiran (idé) revolusionér. 과격주의자 orang ékstrimis. 과격파 aliran ékstrim radikal

과공(過恭) ¶과공한 terlalu hormat

과꽃【식물】aster Cina

과납(過納) 과납하다 membayar berlebihan ⊙ 과납 액 jumlah yang dibayar berlebihan

과녁 sasaran¶과녁을 맞히다, 과녁에 맞다 mengenai sasaran ⊙ 과녁판 papan tanda sasaran

과년(瓜年) usia belasan tahun

과년(過年) usia yang terlambat untuk menikah 과년하다 melampaui umur menikah ¶과년한 처녀 perawan tua

과년도(過年度) tahun keuangan masa lalu; tahun finansial yang lampau

과다(過多) kelebihan; kelimpahan 과다하다 terlalu banyak; berlebihan; berlimpah ⊙ 공급과다 kelebihan persediaan. 지방과다 kelebihan lemak (gemuk)

과단(果斷) ketegasan; ketentuan; tindakan tepat 과단하다 tegas; meyakinkan; menentukan ¶과단성 ketegasan watak (sifat; karakter)/ 과단성이 없다 kurang tegas; tidak ada keputusan

과당(果糖) gula buah-buahan

과당(過當) 과당하다 berlebih-lebihan; terlalu banyak; melampaui batas ⊙ 과당경쟁 persaingan yang berlebihan (yang melampaui batas); menjadi terlalu panas dalam bersaingan

과대(誇大) 과대하다 melebih-lebihkan; membesar-besarkan ¶과대한 berlebih-lebihan; dilebih-lebihkan; melebih-lebihkan ⊙ 과대광고 iklan yang dibesar-besarkan (yang menyilaukan mata). 과대망상증 mégalomania; penyakit yang mengkhayalkan dirinya orang agung dan mulia

과대(過大) 과대하다 terlalu besar; 【과도】 berlebihan; berlebih-lebihan; terlalu banyak (besar) ¶과대한 요구 permintaan (tuntutan) yang tak masuk akal (yang keterlaluan)/과대평가하다 menilai terlalu tinggi

과도(果刀) pisau buah

과도(過度) kelebihan; kewalahan; perbuatan keterlaluan; éksés; keterlaluan 과도하다 berkelebihan; terlalu banyak; melampaui batas ¶과도하게 dengan berkelebihan; dengan melampaui batas

과도(過渡) peralihan; transisi ⊙ 과도기(期) masa peralihan; masa transisi; masa perubahan. 과도내각 kabinét sementara. 과도현상 fénoména sementara

과두정치(寡頭政治) oligarki; pemerintahan oléh kelompok kecil

과람하다(過濫-) ⇒ 과분 melebihi penghargaan; melebihi ganjaran

과로(過勞) capék yang berlebihan 과로하다 terlalu banyak bekerja; bekerja terlalu keras; menjadi sakit karena bekerja terlalu keras ⊙ 과로사 kematian akibat terlalu banyak bekerja

과료(科料) 【법률】 denda ¶과료에 처하다 mendenda; menjatuhkan denda

과립(顆粒) butir kecil; granul ¶과립모양의 granular; berbentuk butiran

과명(科名) 【생물】 nama keluarga

과목(果木) pohon buah-buahan ⊙ 과목밭 kebun buah-buahan

과목(科目) mata pelajaran ⊙ 교양 과목 【대학의】 mata pelajaran pengetahuan budaya akademis. 선택과목 mata pelajaran (kuliah) fakultatif; mata pelajaran pilihan. 필수과목 mata pelajaran wajib

과묵(寡默) sifat pendiam ¶과묵한 pendiam

과문(寡聞) pengetahuan yang sedikit 과문하다 pengetahuannya terbatas

과물(果物) buah; buah-buahan ⊙ 과물전(廛) toko buah

과민(過敏) kepekaan yang keterlaluan; kerapuhan hati yang keterlaluan 과민하다 terlalu peka (tajam; sengit; tekun); tidak wajar; tidak waras; abnormal; over sénsitif

과밀(過密) kepadatan yang berlebihan; penduduk terlalu padat ⊙ 과밀도시 kota yang penduduknya padat sekali

과반(過半) sebagian besar; mayoritas; kebanyakan

과반수(過半數) kelebihan; mayoritas besar; sebagian besar ¶과반수를 차지하다 mempunyai kelebihan suara; memegang ⟪suara⟫ mayoritas

과보(果報) 【불교】 balas jasa

과부(寡婦) janda ¶과부가 되다 menjadi janda; kehilangan suami

과부족(過不足) kelebihan dan kekurangan ¶과부족 없는 hanya cukup

과분(過分) 과분하다 berlebihan; melebihi ganjaran; melebihi penghargaan; tidak pada tempatnya ¶과분하게 secara berlebihan

과불급(過不及) kelebihan dan (atau) kekurangan

과산화(過酸化) ⊙ 과산화물 péroksida. 과산화수소 péroksida zak air; hidarogén péroksida. 과산화작용 péroksidasé

과세하다(過歲-) merayakan (menyambut) tahun baru

과세(課稅) pajak; perpajakan 과세하다 memajaki; membayar pajak ¶과세의 대상이 되다 dikenakan pajak; 【관세】 dikenakan béa-cukai ⊙ 과세 품 barang yang dikenakan pajak. 누진과세 pajak progrésif. 이중과세 pajak rangkap; pajak dobel. 중(重)과세 perpajakan berat

과소하다(過小-) terlalu sedikit (kecil); réméh; sepélé

과소(過少) terlalu kecil (sedikit) 과소하다 menjadi terlalu kecil

과소(寡少) kesedikitan; keadaan sedikit (kecil) 과소하다 sangat sedikit; beberapa

과소비(過t消費) konsumsi yang melampaui batas

과소평가(過小評價) penaksiran yang terlalu rendah 과소평가하다 menaksir terlalu rendah; meréméhkan ¶자신을 과소평가하지 말라 Jangan meréméhkan diri sendiri!

과속(過速) kecepatan yang melampaui batas ⊙ 과속차량 kendaraan yang melampaui batas kecepatan

과수(果樹) pohon buah-buahan ⊙과수재배 pemeliharaan (budidaya) buah-buahan. 과수재배 자 penanam (orang yang menanam) buah-buahan. 과수원 kebun buah-buahan

과수(寡守) ⇒ 과부 ⊙ 과수댁 janda

과시(誇示) 과시하다 memamérkan; mempertunjukkan; memperlihatkan ¶과시하는 suka pamér; sok; berlagak

과식(過食) kekenyangan; kepenuhan 과식하다 makan terlalu banyak; terlalu banyak makan

과신(過信) kepercayaan berlebihan 과신하다 terlalu percaya ¶자기의 능력을 과신하다 terlalu percaya (yakin) akan kemampuannya (kecakapannya); terlalu membanggakan kecakapannya sendiri; menilai kemampuan diri terlalu tinggi

과실(果實) buah-buahan; hasil ¶과실을 맺다 berbuah ⊙ 과실주 anggur buah

과실(過失) kesalahan; salah; kekurangan; 【태만】 kelalaian; kesembronoan; kealpaan; 【사고】 kecelakaan kebetulan ¶과실을 인정하다 mengakui kesalahan (kekeliruan) ⊙ 과실죄 pelanggaran (kejahatan) secara kebetulan. 과실치사 pembunuhan secara kebetulan; pembunuhan karena kecelakaan kebetulan

과언(過言) ¶…라고 해도 과언이 아니다 tidaklah berlebihan bila dikatakan bahwa…; mungkin hampir dapat dikatakan bahwa

과업(課業) 【학과】 pelajaran; 【한일】 tugas ¶과업을 맡기다 memberi (memberikan; membebankan) tugas

과연(果然) memang; sungguh-sungguh; seperti yang diharapkan (yang diduga (yang dikirakan; yang disangkakan) ¶과연 그럴까 Dapatkah demikian? *atau* Boléhkah demikian?

과열(過熱) 과열되다 ①【기계 · 엔진 등의】 menjadi terlalu panas; membuat terlalu panas; memanas ②【경기 · 경쟁 등의】 과열되다 menjadi terlalu panas; memanas ⊙ 과열경쟁 persaingan yang makin memanas

과오(過誤) kesalahan; kekeliruan

과외(課外) ①【과외 공부】 pelajaran di luar pelajaran ¶과외의 ékstra kurikulér/과외를 받다 mengikuti pelajaran pribadi ②【정해진 범위 이외의 것】 ékstra; ékstra kurikulér ⊙ 과외공부 pelajaran luar sekolah. 과외 교사 guru privat. 과외활동 kegiatan ékstra kurikulér

과욕(過慾) ketamakan; keserakahan; kerakusan 과욕하다, 과욕을 부리다 tamak; serakah; rakus

과용(過用) pengeluaran (penggunaan) terlalu banyak 과용하다 mengeluarkan (menghabiskan; mempergunakan) terlalu banyak; membelanjakan uang berlebihan; memboroskan; 【약을】 meminum obat terlalu banyak

과원(果園) kebun buah-buahan

과원(課員) anggota staf séksi

과유불급(過猶不及) terlalu banyak maupun terlalu sedikit sama buruknya

과음(過淫) kelebihan nafsu birahi 과음하다 mempunyai nafsu birahi yang keterlaluan

과음하다(過飮-) minum minuman keras terlalu banyak (terlalu berlebihan)

과인산(過燐酸) 【화학】 asams perfosfat ⊙ 과인산비료 pupuk superfosfat

과일 buah-buahan ¶열대과일 buah tropis

과잉(過剩) surplus; éksés; kelebihan ¶과잉의 berlebih-lebihan; berlebihan ⊙ 과잉보호 perlindungan (penjagaan) berlebihan. 과잉생산 produksi surplus (yang berlebihan)

과자(菓子) kué kering; kué-kué ⊙ 과자그릇 talam (baki; penampan) tempat kué kering. 과자상자 kotak kué

과장(科長) kepala (pimpinan; diréktur) departemén (bagian)

과장(誇張) 과장하다 melebih-lebihkan; membesar-besarkan ¶과장된 dibesar-besarkan; berlebih-lebihan ⊙ 과장법 hiperbola

과장(課長) kepala bagian (séksi) ⊙ 과장대리 wakil (pejabat) kepala bagian

과적(過積) muatan yang melampaui batas; beban yang terlalu berat (banyak) 과적하다 memuat terlalu banyak

과정(過程) cara; prosés ⊙ 생산과정 prosés produksi

과정(課程) 【교과과정】 kurikulum; bagian mata pelajaran ⊙ 과정표 daftar jam pelajaran

과제(課題) ①【제목】 téma; subyék; mata pelajaran ②【숙제】 pekerjaan rumah (PR); 【연습 문제】 latihan ③【해결할 문제】 masalah; soal; persoalan ④【맡겨진 일】 tugas; proyék ¶과제를 주다 memberi tugas ⊙ 과제장 buku latihan

과주(果酒) anggur buah-buahan

과중하다(過重-) terlalu berat

과즙(果汁)sari buah-buahan

과징금(過徵金) denda karena (atas) kelalaian ¶과징금을 부과하다 mengenakan denda

과찬(過讚) pujian yang berlebihan ¶과찬의 terlalu memuji

과태료(過怠料) denda karena kelalaian

과표(課標) standar penaksiran (penilaian) pajak ⊙ 과표액 jumlah yang kena pajak

과하다(過-) berlebihan; terlalu berat (baik; keras) ¶그에게는 너무 과한 아내이다 Istrinya terlalu baik baginya.

과하다(課-) 【세금 등을】 membebankan (memungut) pajak; 【벌을】 memberikan hukuman; 【일을】 memberikan tugas ¶벌금을 과하다 membebani denda/숙제를 과하다 memberi pekerjaan rumah

과학(科學) ilmu pengetahuan; sains ¶과학적(으로) secara ilmiah; berdasarkan ilmu pengetahuan ⊙ 과학기술 ilmu pengetahuan dan téknologi; téknik secara ilmiah. 공상 과학영화 film SF. 과학자 ahli ilmu pengetahuan; ilmuwan

과히(過) ⇒ 그다지 tidak terlalu banyak

관(冠) topi bulu kuda bersudut empat dengan bagian atasnya terbuka ((dahulu dipakai oléh golongan atas)); 【왕관】 mahkota

관(貫) ①【본관】 kampung halaman; rumah pusaka (leluhur) ②【무게】 beratnya(=3,75kg) satu *gwan*

관(棺) peti mayat; peti mati; keranda

관(管) pipa; pembuluh; selang

관(館) rumah besar; bangunan besar

-관(觀) pandangan ¶세계관 pandangan dunia

관가(官家) gedung negara (pemerintah)

관개(灌漑) irigasi; pengairan 관개하다 mengairi; menggenangi ⊙ 관개수로 saluran irigasi

관객(觀客) penonton

관건(關鍵) ①【빗장】palang pintu; baut ②【핵심】kunci ¶문제【해결】의 관건을 쥐고 있다 memegang kunci jawaban pertanyaan【penyelesaian】

관계(官界) dunia kepegawaian ⊙ 관계쇄신 pembaruan kepegawaian; pembaharuan staf pegawai (administrasi)

관계(關係) ①【관련】hubungan; (연고 관계) kekeluargaan; pertalian; (교제관계) perakraban; (이해관계) perhubungan 관계하다 bertalian; berkerabat dengan; berurusan; berhubungan dengan ¶관계를 맺다 mengadakan hubungan dengan ②【관여】pengikutsertaan; pengambilan bagian;【연좌】keterlibatan; persangkutan; kekusutan 관계하다 mengikut sertakan; bersangkut paut ¶음모에 관계하다 terlibat dalam komplotan ③【영향】pengaruh 관계하다 mempengaruhi ¶관계가 크다 mempunyai pengaruh besar ④【'관계로', '관계상'의 형태로 쓰여】disebabkan; karena ⊙ 관계기관 organisasi (agén) yang bersangkutan. 관계대명사 kata ganti penghubung. 관계부처 instansi terkait. 관계자 (관여 자) orang (pihak) yang bersangkutan; orang yang mengikut-sertakan; orang yang mengambil bagian;【이해의】pihak yang berkepentingan. 인과관계 hubungan antara sebab dan akibat

관공(官公) ⊙ 관공리 pegawai pemerintah (negeri). 관공립 pemerintah dan negeri. 관공서 kantor pemerintah dan umum lainnya

관광(觀光) wisata; tur; pelancongan; tamasya 관광하다 berkunjung; mengunjungi ⊙ 관광객 turis; wisatawan. 관광기념품 매장 toko cendera mata. 관광산업 industri wisata. 관광시즌 musim turis; masa wisatawan. 관광안내소 pusat informasi (penerangan) wisata. 관광여행 tur (perjalanan) wisata

관구(管區) kewédanan; kabupatén; jemaah geréja

관군(官軍) tentara pemerintah

관권(官權) wewenang (kekuasaan) pemerintah ¶관권을 남용하다 menyalahgunakan wewenang pemerintah

관급(官給) suplai (pasokan) pemerintah; perbekalan (persediaan) pemerintah ⊙ 관급품 barang yang disediakan (disuplai) pemerintah

관기(官紀) disiplin pegawai ((pemerintah)) ⊙ 관기문란 pelanggaran (kekacauan) disiplin pegawai

관내(管內) wilayah yurisdiksi; daérah kekuasaan ¶관내의 dalam wilayah yuridiksi

관념(觀念) ①【개념 · 생각】gagasan; idé; pikiran ②【…정신】rasa; perasaan; pengertian ¶책임 관념 rasa tanggung jawab/시간관념이 없다 tidak patuh kepada peraturan waktu; tidak memiliki rasa waktu ⊙ 관념론 idéalisme; doktrin. 추상적 관념 gagasan abstrak

관능(官能)【육체적 감각】indera rasa; pikiran séhat;【육체의 기능】fungsi fisik; alat tubuh alamiah;【육욕】hawa nafsu ¶관능적(인) sénsual; berhawa nafsu/관능을 만족시키다 memuaskan hawa nafsu ⊙ 관능미 kecantikan (pesona) yang menggairahkan. 관능주의 sénsualisme

관대(寬大) kemurahan hati; toléransi; kedermawaan 관대하다 bermurah hati; dermawan; lemah lembut; lunak; toléran ¶관대하게 dengan murah hati

관등성명(官等姓名) nama dan pangkat resmi

관등(觀燈)【민속】perayaan hari lahir Budha; Hari Lahir Budha 관등하다 merayakan hari lahir Budha; mengadakan féstival lentéra

관람(觀覽) tontonan 관람하다 melihat; memandang; menonton ⊙ 관람객(자) penonton; pemirsa (특히 tévé); pirsawan; hadirin. 관람권 karcis tontonan; karcis masuk. 관람료 uang (ongkos) masuk. 관람석【좌석】tempat duduk penonton;【지붕 없는】tempat duduk terbuka di stadion

관련(關聯) hubungan; perhubungan; sangkut paut; rélasi; pertalian 관련되다 dihubungkan; berhubungan; berkenaan ¶…과 관련하여 berhubung (bersama) dengan//관련시키다 menghubungkan /…에 관련이 없다 tidak ada sangkut pautnya (hubungannya) dengan

관례(慣例) adat kebiasaan; adat-istiadat; kebiasaan; 【전례】 sesuatu yang bisa dijadikan teladan (sebagai contoh) ¶관례의 biasa/관례에 따라 menurut (sesuai dengan) adat kebiasaan

관록(官祿) gaji dari pemerintah

관록(貫祿) kewibawaan; martabat; sikap berwibawa ¶관록이 있다(붙다) berwibawa; mempunyai wibawa

관료(官僚) birokrasi; 【사람】 birokrat ¶관료적(인) birokratis ⊙관료주의 birokratisme; sistém birokratis: 관료주의자 birokrat

관리(官吏) pegawai (pejabat) pemerintah ¶관리가 되다 menjadi pegawai pemerintah (negeri) ⊙ 고위관리 pejabat yang berpangkat tinggi. 하급관리 pegawai rendah; pegawai bawahan

관리(管理) ①【지배 · 감독】 manajemén; administrasi; pemerintahan; pelaksanaan 관리하다 mengatur; mengelola; mengurus ②【보관】 tanggung jawab 관리하다 bertanggung jawab ⊙ 관리비 ongkos pengelolaan; biaya pemelihaan. 관리소 kantor manajemén. 관리인(人) manager; administrator; pengurus; pengatur; pengelola; penjaga; pengurus asrama; 《아파트 등의》 pengurus flat. 생산【업무】관리 pengelolaan (manajemén) produksi 【usaha】. 인사관리 pengelolaan (manajemén) personalia; tata personalia

관립(官立) ¶관립의 pemerintah; negara ⊙ 관립학교 sekolah negeri (pemerintah)

관망(觀望) pengamatan; pengawasan; peninjauan; observasi 관망하다 mengamati; melihat; memperhatikan; meninjau

관명(官名) gelar yang resmi

관명(官命) perintah resmi dari pemerintah

관목(灌木) semak-semak; belukar ⊙ 관목지대 daérah semak belukar

관문(關門) ①【힘든 과정】 rintangan ¶관문을 통과하다 mengatasi rintangan; meléwati rintangan ②【길목】 pintu gerbang

관문서(官文書) dokumén resmi ⊙ 관문서위조 pemalsuan dokumén resmi

관물(官物) milik (hasil; terbitan) negara (pemerintah)

관민(官民) pejabat pemerintah dan rakyat ⊙ 관민 협력하여 dengan usaha bersama antara pemerintah dan rakyat

관보(官報) lembaran negara; surat kabar resmi

관복(官服) seragam (pakaian) resmi

관비(官費) ⇒국비 biaya pemerintah ¶관비로 atas biaya pemerintah ⊙ 관비생 siswa yang mendapat biaya pemerintah

관비(官婢) budak perem-puan pemerintah

관사(官舍) kediaman (tempat tinggal) resmi; rumah dinas

관사(冠詞) kata sandang; kata penyerta ⊙ 【부】정관사 kata sandang 【tak】 tertentu

관상(冠狀) koronér; pembuluh nadi tajuk jantung ⊙ 관상동맥 【정맥】 urat nadi 【urat darah halus】 dalam jantung; artéri 【véna】 jantung

관상(觀相) firasat; penafsiran prenologi ¶관상을 보다 meramal nasib dari wajah; meramalkan nasib dari ilmu firasat ⊙ 관상가 (관상쟁이) orang psiognomi; ahli (pakar) firasat. 관상술 psiognomi. 관상학 ilmu psiognomi

관상(觀賞) 관상하다 memandang (melihat) dengan kekaguman; mengagumi; menikmati ⊙ 관상식물 tanaman hiasan (kebun). 관상어 ikan dalam akuarium (dalam kolam kaca)

관상(觀象) pengamatan (observasi) cuaca; observasi météorologi 관상하다 melihat météorologi; mengamati cuaca ⊙ 중앙관상대 Pusat observasi Météorologi

관서(官署) kantor pemerintah

관선(官選) ¶관선의 terpilih (ditunjuk) oléh pemerintah ⊙ 관선이사 diréktur yang ditetapkan (yang ditunjuk; dipilih) oléh pemerintah

관설(官設) fasilitas(instalasi; perusahaan)

pemerintah ¶관설의 didirikan oléh pemerintah

관성(慣性) 【물리학】 kelembaman ¶관성의 법칙 hukum kelembaman

관세(關稅) béa cukai; tarif; pajak ¶관세가 붙는 dikenakan béa cukai ⊙ 관세법 hukum pabéan (duane). 관세수입【수출】 béa impor 【ékspor】. 관세율 tarif pabéan (duane)

관세음보살(觀世音菩薩) ⇒ 관음보살 Déwi Pengampun Budha

관솔 bonggol pohon pinus; damar kayu cemara; mata kayu cemara

관수(官需) tuntutan (permintaan) resmi ⊙ 관수물자 persediaan (pasokan) untuk pemerintah

관수지대(冠水地帶) daérah di bawah permukaan air; daérah yang tergenang

관습(慣習) adat istiadat; kebiasaan; kelaziman ¶관습적 menurut adat; biasa ⊙ 관습법 hukum (peraturan) adat

관심(關心) perhatian; kepentingan; kepedulian ¶(…에) 관심을 갖다 menaruh minat; berminat dengan/관심을 끌다 menarik perhatian; menimbulkan perhatian ⊙ 관심사 soal yang menjadi perhatian utama; soal perhatian dan kepentingan

관아(官衙) kantor permerintah

관악기(管樂器) alat musik tiup; alat musik seruling

관여(關與) keikut-sertaan; pengambilan bagian; partisipasi 관여하다 ikut serta; mengambil bagian dalam ¶사건에 관여하다 terlibat dalam kasus

관엽식물(觀葉植物) tanaman daun-daunan

관영(官營) pengelolaan (pengaturan; penyelenggaraan) pemerintah ¶관영의 diatur oléh pemerintah/관영으로 하다 menasionalisasikan ⊙ 관영사업 perusahaan (usaha) pemerintah

관옥(冠玉) ①【관의】 perhiasan batu permata atau batu giok yang melekat pada bagian depan mahkota ②【얼굴】 wajah orang pria yang tampan

관용(官用) 【용도】 penggunaan yang resmi; 【일】 urusan dinas (pemerintah; resmi) ¶관용의 untuk penggunaan resmi/관용으로 urusan resmi ⊙ 관용차 kendaraan resmi

관용(慣用) penggunaan (pemakaian) umum ¶관용의 biasa; lazim; umum; 【어구의】 ungkapan/관용되고 있다 lazim (umum) dipakai ⊙ 관용구(句) ungkapan idiom. 관용어법 ucapan sehari-hari; perkataan (ungkapan) sehari-hari

관용(寬容) kemurahan hati; toleransi 관용하다 bertoleransi; bersikap murah hati ¶관용을 보여주다 memperlihatkan kemurahan hati

관원(官員) pejabat (pegawai) pemerintah

관유(官有) hak milik pemerintah (negara) ¶관유의 milik pemerintah

관인(官印) ségel resmi; ségel pemerintah; cap resmi; stémpel pemerintah ¶관인을 찍다 membubuhkan (mengecapkan) ségel resmi

관인(寬仁) kemurahan hati; kedermawanan 관인하다 bermurah hati; dermawan

관자(貫子) manik emas atau batu giok pada dua tali di topi yang dibuat dari bulu kuda

관자놀이(貫子-) pelipis

관작(官爵) pangkat resmi; jabatan pemerintah ¶관작을 주다 memberi pangkat resmi

관장(管掌) pengelolaan; manajemén diréksi; tata pimpinan 관장하다 mengelola; mengurus; mengatur; melaksanakan; mengendalikan

관장(館長) pengawas; pemimpin; inspéktur; kurator; kepala

관장(灌腸) 관장을 하다 memasukkan obat ke lobang anus ⊙ 관장 기(器) alat semprit suntikan pada usus

관재(管財) pengelolaan harta (kekayaan) 관재하다 mengelola harta (kekayaan) ⊙ 관재 국 biro pengelola kekayaan negara

관저(官邸) kediaman resmi

관전(觀戰) 관전하다 ①【전쟁의】 menyaksikan (mengalami) peperangan ②【경기의】 menonton pertandingan (kontés); mengawasi pertandingan ⊙ 관전기(記) laporan pertandingan langsung; penulisan hasil pengawasan

관절(關節) 《tulang》 sendi ⊙ 무릎 관절 sendi lutut. 관절염 peradangan sendi

관점(觀點) sudut (segi) pandangan (pendirian); aspék ¶관점이 다르다 mempunyai pendirian (segi pandangan) yang berbéda

관제(官制) organisasi pemerintahan; peraturan resmi

관제(官製) ¶관제의 buatan pemerintah ⊙ 관제데모 unjuk rasa yang didalangi (yang didukung) pemerintah; demonstrasi yang diberi semangat oléh pemerintah. 관제엽서 kartu pos pemerintah

관제(管制) pengawasan; pengaturan; penguasaan; pengendalian 관제하다 menguasai; mengatur; mengendalikan ⊙ 관제사 pengatur; pengawas; pengendali. 관제탑 【비행장의】 menara pengawasan. 등화관제 pengaturan cahaya; pengendalian sinar. 보도관제 penyénsoran (sénsor) berita

관조(觀照) perenungan; pemikiran; semadi; meditasi 관조하다 bersemadi

관존민비(官尊民卑) penghormatan para pejabat dan tidak menghormati rakyat

관중(觀衆) penonton; 【총칭】 kehadiran; orang yang hadir

관직(官職) dinas 《pekerjaan》 pemerintah ¶관직에 앉다 menjadi pegawai pemerintah (negeri)/관직에 있다 bekerja di pemerintah

관찰(觀察) pengamatan; survéi; pengawasan; observasi 관찰하다 mengamati; melihat; memperhatikan; meninjau; mengobservasi ⊙ 관찰력 daya observasi; kekuatan (kemampuan) pengamatan. 관찰자 pengamat; peninjau; pemerhati. 관찰점(點) sudut pandangan (pendirian)

관찰사(觀察使) gubernur 《provinsi》

관철(貫徹) préstasi; pelaksanaan; penyelesaian 관철하다 menyelesaikan; mengerjakan; menyempurnakan; mencapai; melaksanakan

관청(官廳) kantor pemerintah ⊙ 당해관청 pejabat yang bersangkutan (berwenang). 주무관청 pejabat yang berkompetén

관측(觀測) ①【관찰】 pengamatan; pengawasan; observasi 관측하다 mengamati; memperhatikan; mengawasi; meninjau ②【전망 · 예측】 prédiksi 관측하다 memprédiksikan; memprédiksi ⊙ 관측기구 balon pengamat; balon yang dipakai untuk observasi; balon percobaan. 관측소(所) observatorium; lembaga pengamatan. 관측자 pengamat; petugas pengamatan; peninjau; pemerhati

관통(貫通) penembusan; penyusupan; tajam menusuk 관통하다 menembus; meléwati; melampaui; menyerbu; merémbés; melubangi; 【총알 등이】 menembus ⊙ 관통상(傷) luka yang terkena peluru menusuk

관포지교(管鮑之交) hubungan intim; hubungan akrab; persahabatan Damon dan Pythias

관하다(關-) ①【대하다】 mengenai; tentang ②【관계되다】 berkenaan dengan; tersangkut; ikut terlibat; mempengaruhi

관학(官學) sekolah negeri

관할(管轄) yurisdiksi; daérah (wilayah) hukum; batas kekuasaan 관할하다 menggunakan 《pengawasan》 hak hukum ¶…의 관할에 속하다 termasuk daérah hukum (batas kekuasaan) ⊙ 관할구역 lingkungan (wilayah) yurisdiksi; 【경찰의】 wilayah (daérah) polisi. 관할권 batas kekuasaan; yurisdiksi. 관할서(署) kantor polisi yang bersangkutan

관행(慣行) prakték kebiasaan; pekerjaan tradisional (lazim; biasa) ¶관행의 yang sudah menjadi kebiasaan/국제적 관행 prakték kebiasaan internasional

관향(貫鄕) tempat kelahiran nénék moyang (leluhur)

관허(官許) izin pemerintah 관허하다 memberi surat izin (lisénsi) pemerintah ¶관허의 diizinkan/관허를 얻어 dengan izin pemerintah

관헌(官憲) 【관리】 pejabat (pegawai) pemerintah (negeri); 【당국】 wewenang (administratif) pemerintah; 【경찰】 wewenang (wibawa) polisi

관현(管絃) alat musik tiup dan gések

(petik) ⊙ 관현악 musik orkés. 관현악단 orkéstra

관혼상제(冠婚喪祭) upacara perayaan; kelahiran, perkawinan, kematian, dan peringatan leluhur

괄괄하다 ①【풀기가】 terlalu kaku; keras; ketat; kental ②【성격이】 keras; bersifat laki-laki; bersemangat ③【목소리가】 suara rendah dan berat

괄다 【불이】 tinggi; besar

괄목(刮目) 괄목하다 memandang dengan teliti ¶괄목할 만하다 patut (pantas) mendapat perhatian

괄시(恝視) penganiayaan; ketidak ramahtamahan 괄시하다 memperlakukan dengan buruk (dingin); memandang rendah

괄하다 ⇒ 괄괄하다 ②

괄호(括弧) tanda kurung ¶괄호 속에 넣다 memberi tanda kurung; menyisipkan kalimat ⊙ 이중괄호 tanda kurung rangkap

광 gudang; tempat menyimpan padi; lumbung padi; rengkiang

광(光) kilap; kemilau; kilau 광나다 berkilau; mengilap ¶광을 내다 menyemir; menggilapkan (menggosok) dengan semir

광(壙)【구덩이】 lubang

광(鑛) ①【덩어리】 bijih mineral ②【갱】 terowongan; lubang ③【광업】 pertambangan; penambangan

광(狂) gila; maniak; 【사람】 penggemar; pecandu ¶ 스포츠 광 penggemar olahraga

광각(光角) 【물리학】 sudut (segi) optik

광각(廣角) sudut (segi) yang lébar ⊙ 광각렌즈 lensa bersudut lébar

광갱(鑛坑) pertambangan

광견(狂犬) anjing gila ⊙ 광견병 penyakit anjing gila; rabies

광경(光景) pemandangan; tontonan ¶끔찍한 광경 tontonan yang mengerikan

광고(廣告) pemberitahuan; 【제품 · 서비스 등의】 adverténsi; iklan; réklame 광고하다 memasang iklan; mengumumkan ¶3단(段)짜리 광고 iklan tiga kolom (lajur)/ 구직 광고를 내다 memasang iklan untuk mencari pekerjaan ⊙ 광고란 kolom (lajur) iklan. 광고료 tarif iklan. 광고매체 média (alat jalur) periklanan. 광고방송 siaran komersial (iklan). 광고비 pembiayaan iklan. 광고 산업 industri periklanan. 광고전단지 selebaran. 광고탑 menara iklan

광공업(鑛工業) industri pertambangan dan pabrik

광구(鑛區) kawasan pertambangan

광궤(廣軌) jalan keréta api ukuran lebar

광기(狂氣) kegilaan ¶광기의 gila

광년(光年) 【천문학】 tahun cahaya

광대 aktor (aktris) akrobatik

광대(廣大) ¶광대한 sangat luas/ 광대무변한 luas dan tidak terbatas

광대뼈 tulang pipi

광도(光度) 【물리학】 inténsitas cahaya ⊙ 광도계(計) méteran (ukuran) cahaya; fotométer

광란(狂亂) kegilaan 광란하다 menjadi gila

광력(光力) 【물리학】 daya penerangan ⊙ 광력계(計) aktinométer

광림(光臨) kehadiran 광림하다 hadir

광막하다(廣漠-) sangat luas

광맥(鑛脈) urat mineral ¶광맥을 찾아내다 mencari urat mineral

광명(光明) 【빛】 sinar; cahaya; kilau; gemerlap; 【희망】 harapan; masa depan cerah ¶한 줄기의 광명 secercah harapan; sekilas harapan

광목(廣木) kain katun

광물(鑛物) mineral; barang tambang ¶광물(성, 질) 의 mineral ⊙ 광물계(界) dunia mineral. 광물섬유 serabut bahan galian. 광물질 bahan mineral

광범(廣範) ⇒ 광범위

광범위(廣範圍) ruang lingkung (jangkauan) yang luas 광범위하다 luas; lebar ¶광범위하게 사용되다 digunakan secara luas

광복(光復) kemerdékaan 광복하다 memperoléh kemerdékaan ⊙ 광복절 Hari Kemerdékaan Korea

광부 pekerja tambang; penggali

광분열(光分裂) 【물리학】 fotofisi

광분하다(狂奔-) ①【분주】 sibuk ②【날뜀】 mengamuk

광산(鑛山) tambang; galian ¶광산을 채굴하다 mengolah (mengéksploitasi) tambang ⊙ 광산기사 insinyur (ahli) pertambangan. 광산물 hasil barang tambang; hasil bahan galian. 광산업 industri pertambangan. 광산채굴권 konsési pertambangan. 광산측량 survéi pertambangan. 광산학 ilmu pertambangan

광상곡(狂想曲) rapsodi

광석(鑛石) mineral; barang tambang; kristal ⊙ 광석검파기 détéktor kristal; alat yang dapat menemukan barang tambang (kristal)

광선(光線) sinar; kirana ¶광선의 굴절【반사】 pembiasan【pembélokan】 cahaya / 광선이 잘 드는 방 kamar yang disinari dengan baik ⊙ 굴절【반사】광선 sinar bias【pantul】. 광선요법 fototerapi. 직접【간접】광선 sinar lampu yang langsung【tak langsung】. 엑스광선 sinar Rontgen. 태양광선 sinar matahari

광섬유(光纖維) serat optik

광속도(光速度)【물리학】kecepatan cahaya

광수(鑛水) air mineral

광시(狂詩) sajak yang tidak teratur ⊙ 광시곡 rapsodi

광신(狂信) kefanatikan 광신하다 percaya fanatik ¶광신적(으로) fanatik ⊙ 광신자 orang fanatik

광심(光心)【물리학】pusat optik; fokus

광야(廣野) dataran luas

광야(曠野)【벌판】dataran terpencil (yang tandus); dataran liar

광양자(光量子)【물리학】foton; kuantum cahaya

광언(狂言) omongan gila ⊙ 광언망설(妄說) omong kosong yang mustahil (yang tak masuk akal)

광업 industri pertambangan ⊙ 광업가(家) pemilik (pengusaha) tambang. 광업권 hak menambang.

광역(廣域) daérah yang luas ⊙광역시 kota metropolitan

광열(光熱) cahaya dan panas ⊙광열비 biaya pemanas (bahan bakar) dan listrik; biaya untuk bahan bakar (panas) dan api

광영(光榮) kecemerlangan; kegemilangan

광원(光源)【물리학】sumber cahaya

광유(鑛油) minyak mineral

광음(光陰) waktu ¶광음은 살같이 흐른다 waktu berlalu seperti anak panah

광의(廣義) arti luas ¶광의로 해석하다 menafirkan (menterjemahkan) dalam arti yang luas

광우병(狂牛病) wabah penyakit sapi gila

광인(狂人) orang gila; orang yang kurang waras

광자(光子)【물리학】foton; kuantum radiasi cahaya

광장(廣場) ruang terbuka; plaza; alun-alun; lapangan ⊙만남의 광장 tempat untuk réuni

광적(狂的) gila; fanatik ¶광적인 행위 tindakan (perbuatan) gila

광전(光電)【전기】foto éléktrositas ⊙ 광전자 fotoéléktron

광점(光點)【물리학】titik cahaya

광주리【바구니】keranjang bundar ((yang dibuat dari bambu, rotan)); bakul ⊙광주리장수 penjaja (pedagang) ((wanita)) asongan

광증(狂症) kegilaan

광채(光彩) keberkilauan ¶광채가 나다 berkilauan; cemerlang /광채를 내다 memancarkan kilauan; (비유적) menonjol sekali kecerdasan

광천수(鑛泉水) mata air (sumber) mineral

광체(光體) benda bercahaya

광치다(光-) ①【광내다】berkilauan ②【떠벌리다】omong besar

광케이블(光-) kabel serat optik ⊙해저 광케이블 selam kabel serat optik

광태(狂態) perbuatan seperti gila ¶광태를 부리다 berbuat seperti gila; bertingkah laku secara memalukan

광택(光澤) semarak; kemilau ¶광택 있는 berkilauan; berseri-seri; bersinar/광택을 내다 mengilapkan; mencalak

광통신(光通信) sistém komunikasi optik

광파(光波)【물리학】gelombang cahaya

광포(狂暴) kekejaman; kekerasan

광풍(狂風) angin kencang

광학(光學)【물리학】ilmu optik ⊙ 광학기

계 alat (perkakas) optik. 광학병기 senjata optik
광화학(光化學)【화학】fotokimia
광합성(光合成) fotosintésis
광활하다(廣闊-) luas; lebar; lapang
광휘(光輝) kecemerlangan; kemegahan; kesemarakan
광희(狂喜)kegembiraan yang meluap-luap 광희하다 gembira berlebih-lebihan
괘념(掛念) 괘념하다 mengkhawatirkan ¶괘념하지 않다 tenang
괘도(掛圖)【지도】péta dinding;【두루마리】kertas gulungan yang tergantung
괘력(掛曆) kalénder dinding
괘씸하다 paradam; kurang ajar ¶괘씸한 놈 orang yang memuakkan; orang yang menjijikkan/괘씸하게 굴다 bertingkah laku dengan tidak sopan (dengan kurang ajar); (남에게) bersikap terlalu bébas; bertindak meléwati kesopanan
괘종시계(掛鍾時計) jam dinding
괘지(罫紙) kertas bergaris (grafik)
괜찮다 ①【좋다】boléh juga; baik juga; cukup baik ¶괜찮은 집 rumah yang agak (cukup) bagus/맛이 괜찮다 terasa énak; énak rasanya ②(a)【무방하다, 지장 없다】tidak jadi apa-apa ¶나는 괜찮다 Saya tidak keberatan. (b)【허가】boléh
괜히【공연히】sia-sia; tidak berguna; tak bermanfaat; tanpa tujuan;【왠지 모르게】tidak jelas; samar-samar; entah bagaimana
괭이[1] cangkul; sekop; pacul; tajak
괭이[2] ⇒ 고양이
괴걸(怪傑) orang yang luar biasa kepandaiannya
괴괴망측(怪怪罔測) 괴괴망측하다 ①【야릇하다】anéh; mengerikan; gaib ②【흉측하다】keji; memalukan; dahsyat
괴괴하다 diam; sunyi ¶괴괴한 밤 malam yang sangat sunyi
괴기(怪奇) 괴기스럽다 anéh; mistéri; menakutkan ⊙ 괴기영화 film horor
괴다[1] berlinang; tidak mengalir ((air))
괴다[2] meragi; mengalami peragian ((tapai))
괴다[3] ①【받치다】menopang; mendukung; menyanggar ¶ 턱을 괴다 menopang dagu (pipi) ②【쌓다】menumpuk ③【담다】mengisi mangkuk dengan makanan secara hati-hati untuk orang yang lebih tua
괴다[4] ①【사랑하다】mencintai ②【사랑받다】dicintai
괴담(怪談) ①【무서운 이야기 cerita hantu ②【이상한 이야기】cerita anéh (mistérius)
괴도(怪盜) pencuri mistérius (phantom)
괴력(怪力) kekuatan yang mengagumkan; kekuatan yang luar biasa; kekuatan jasmani
괴로움 kesulitan; kesedihan; kesusahan;【성가심 · 귀찮음】gangguan; kejéngkélan;【고뇌】penderitaan yang mendalam;【고통 · 병고】rasa sakit tiba-tiba datang;【시련】godaan;【언짢음】perasaan yang tidak énak
괴로워하다 ①【정신적으로 고통을 느끼다】menderita; menderita karena rasa sakit (kesukaran; rasa putus asa); makan hati;【시달리다】disusahkan; diganggu ②【육체적으로 고통을 호소하다】mengeluh kesakitan
괴롭다 menyakitkan; menyedihkan ¶괴로운 세상 dunia yang penuh kesukaran
괴롭히다 menyiksa; menyakiti; mengganggu; menganiaya ¶동물을 괴롭히다 mengganggu binatang/마음을 괴롭히다 mengkhawatirkan (mencemaskan) diri
괴뢰(傀儡) kaki tangan; bonéka ⊙ 괴뢰정권 rezim bonéka
괴리(乖離) kerenggangan; pengasingan
괴멸(壞滅) penghancuran; pembasmian 괴멸하다 hancur; membasmi 괴멸시키다 menghancurkan; membinasakan; terbasmi; dihancurkan
괴문(怪聞) skandal
괴문서(怪文書) dokumén yang mistérius
괴물(怪物) monster; rahu ¶바다의 괴물 rahu di laut
괴발개발 dengan tulisan buruk
괴벽(怪癖) keanéhan; keganjilan 괴벽하다 anéh; ganjil
괴변(怪變) peristiwa (kejadian) anéh; kecelakaan yang anéh (ganjil)
괴병(怪病) penyakit anéh (ganjil)

괴사하다(怪事-) meninggal secara anéh (ganjil)
괴사(怪事) kasus mistérius
괴상(塊狀) ¶괴상의 masif; pejal ⊙ 괴상암 batu masif; batu pejal
괴상하다(怪常-) anéh; ganjil
괴성(怪聲) jeritan yang mengerikan
괴수(怪獸) monster; rahu
괴수(魁首) pemimpin
괴이쩍다(怪異-) ⇒ 괴이하다
괴이찮다(怪異-) tidak asing; tidak ganjil; tidak anéh; tidak mistérius
괴이하다(怪異-) mistérius; anéh; asing; ganjil
괴인(怪人) orang yang anéh; orang yang penuh sensasi
괴질(怪疾-) penyakit anéh; penyakit yang tidak dikénal
괴짜(怪-) orang anéh (ekséntrik)
괴팍하다, 괴팍스럽다(乖愎-) eksértrik; janggal; anéh
괴한(怪漢) orang tidak dikenal; orang yang mencurigakan
괴현상(怪現象) kejadian (gejala) anéh
굄 sangga; tiang; alat atau barang yang diperlukan di atas pentas ⊙ 굄돌 tanggul batu
굉음(轟音) suara gemuruh; lebuk-debuk ¶ 굉음을 내다 bergemuruh; membuat suara gemuruh(mengguntur)
굉장하다(宏壯-) agung; hébat; terlebih; terlampau; megah ¶굉장히 dengan sangat; terlalu hébat; kelèwat
교가(校歌) lagu sekolah
교각(橋脚) tiang jembatan
교감(校監) wakil kepala sekolah
교감(交感) 【생리】 konsénsus; 【신뢰감의】 hubungan; simpatik ⊙ 교감신경 saraf simpatetis. 부교감신경 parasaraf simpatik
교골(交骨) 【해부학】 tulang pinggul
교과(教科) kurikulum; jadwal pelajaran
교과서(教科書) buku pegangan ¶국정 교과서 buku pelajaran yang ditunjuk (disetujui) negara
교관(教官) instruktur; staf pengajar
교구(教具) perlengkapan belajar-mengajar
교구(教區) keuskupan; vikariat ⊙ 서울대교구 Keuskupan Agung Seoul
교군(轎軍) 【가마】 tandu; joli; 【가마꾼】 pembawa tandu
교권(教權) 【종교상】 wewenang kependétaan; 【교칙 상】 wewenang pendidikan ¶교권을 확립하다 menegakkan wewenang para guru; menetapkan wewenang pendidikan
교규(校規) peraturan sekolah
교기(校紀) disiplin sekolah
교기(校旗) bendéra (panji) sekolah
교내(校內) ¶교내의 antar kelas ⊙ 교내운동대회 pertandingan atlétik antar kelas
교단(教團) badan keagamaan
교단(教壇) ①【교실에서 교사가 올라서는 단】 podium; mimbar 《untuk guru》 ②【교사의 직책】 ¶교단에 서다 menjadi guru
교당(教堂) (교회) geréja; (절) candi; kuil; (이슬람교의) mesjid
교대(交代) pertukaran; pergantian; pergiliran 교대하다 bertukar; berganti; bergilir ¶교대로 secara bergilir; secara bergantian ⊙ 교대시간 waktu penggantian; waktu giliran; waktu pertukaran. 교대 자 orang yang bergilir. 주야교대 giliran siang dan malam. 2교대제 sistém dua shif (gilir)
교도(教徒) penganut
교도(教導) instruksi; pengajaran; penyuluhan 교도하다 membimbing; mengajar ⊙ 교도민주주의 demokrasi terpimpin
교도관(矯導官) sipir penjara
교도소(矯導所) penjara ¶교도소에 수감하다 menjebloskan ke dalam penjara
교두보(橋頭堡) pangkalan jembatan; pangkalan terdepan
교란(攪亂) gangguan; risauan; usikan; pergolakan 교란하다 mengganggu; merusak ⊙ 교란작전 siasat yang mengganggu
교량(橋梁) ①【다리】 jembatan; titian ¶교량을 가설하다 mendirikan (membangun) jembatan ②【비유적】 ¶교량 역할을 하다 berperan sebagai jembatan ⊙ 교량공사 pekerjaan jembatan
교련(教鍊) latihan militér 교련하다 mela-

tih ⊙ 교련교관 instruktur latihan
교류(交流) ①【바꿈】 saling tukar; pertukaran ②【물리학】 arus bolak-balik ⊙ 교류(발전)기 générator A.C
교리(敎理) doktrin; kepercayaan; dogma; ajaran ⊙ 교리 문답 집 katekismus
교린(交隣) hubungan negara bertetangga ⊙ 교린정책 kebijakan bertetangga yang baik
교만(驕慢) keangkuhan; kesombongan; kebanggaan 교만하다, 교만스럽다 bangga; bersombong; berlagak
교모(校帽) topi sekolah
교목(喬木) pohon tinggi; pohon hutan
교묘(巧妙) 교묘하다 cerdik; licik; licin ¶교묘하게 dengan cerdik/교묘하게 만든 dibuat dengan pandai /교묘한 수단 tipuan licik/교묘히 terampil; cerdik; cekatan
교무(敎務) 【학교의】 urusan sekolah; 【교회의】 urusan agama ⊙ 교무실 bagian pengajaran; kantor urusan akadémi
교문(校門) gerbang sekolah ¶교문을 나서다 tamat sekolah
교미(交尾) kopulasi; persetubuhan 교미하다 berkopulasi; bersetubuh; bersenggama ⊙ 교미기(期) musim berkawin; musim berkelamin
교배하다(交拜-) bertukaran cangkir (piala perkawinan)
교배(交配) perkawinan silang; pembuahan silang 교배하다 menyilangkan; mengawinsilangkan
교복(校服) seragam sekolah
교본(敎本) buku pegangan; bacaan; kitab
교부(交付) pengiriman 교부하다 mengirim ¶여권을 교부하다menerbitkan paspor
교분(交分) persahabatan ¶교분이 두텁다 berteman akrab; berteman baik dengan
교빙하다(交聘-) bertukar kunjungan
교사(巧詐) ¶교사스러운 licik; licin
교사(校舍) gedung sekolah
교사(敎師) guru; pendidik; dosén; instruktur; guru pelatih ⊙ 교사자격증 ijazah guru
교사(敎唆) hasutan 교사하다 menghasut ⊙ 교사자 penghasut
교살(絞殺) pencekikan 교살하다 membunuh dengan mencekik ¶교살의 흔적 tanda keadaan tercekik
교생(敎生) mahasiswa (pelajar) yang berlatih sebagai guru ⊙ 교생실습 prakték mengajar
교서(敎書) pesan; amanat ⊙ 연두교서 amanat presidén di tahun baru. 특별교서 pesan khusus
교섭(交涉) ①【담판 · 논의】 perundingan; pembicaraan; permufakatan ②【관계】 rélasi; konéksi; hubungan 교섭하다 berunding ¶교섭이 매듭지어지다 mengakhiri (memutuskan) perundingan dengan ⊙ 교섭단체 badan (majelis) yang merundingkan (yang berunding). 단체교섭 perundingan bersama. 예비교섭 perundingan pendahuluan
교세(敎勢) ¶교세를 확장하다 menyebarkan jemaat
교수(敎授) ①【사람】 pengajar; profésor; guru besar ¶김 교수 Prof. Kim ②【가르침】 pengajaran 교수하다 mengajar; mempelajarkan ⊙ 교수법 métode (cara) mengajar (pédadogis); seni mendidik. 교수진 staf sekolah. 개인교수 pelajaran privat. 명예교수 profésor emeritus; guru besar yang pénsiun
교수(絞首) penggantungan; pencekikan 교수하다 menggantung; mencekik ⊙ 교수대(臺) tiang gantungan; tonggak gantungan. 교수형(絞首刑) hukuman gantung
교습(敎習) pengajaran; pelatihan 교습하다 melatih ⊙ 교습소(所) sekolah pelatihan: 자동차 교습소 sekolah pelatihan pengemudi
교시(敎示) pengajaran 교시하다 mengajar
교시(校時) kelas; periode
교신(交信) komunikasi 교신하다 berkomunikasi
교실(敎室) ruang kelas; kamar ⊙ 콩나물 교실 ruang kelas yang terlalu sesak. 합반교실 ruang kelas bergabung
교안(敎案) rencana mengajar
교양(敎養) adab; ahlak ¶교양이 있는 beradab; berahlak ⊙ 교양과목 mata pela-

jaran pendidikan umum; mata pelajaran akhlak; mata pelajaran (kursus) pengetahuan budaya

교언(巧言) kata-kata indah ⊙ 교언영색(令色) pandai bertanam tebu di bibir

교역(交易) perdagangan; barter 교역하다 berdagang; melakukan barter ⊙ 교역조건 syarat pertukaran dalam dagang

교역(敎役) pekerjaan agama ⊙ 교역자 pekerja agama

교열(校閱) révisi; perbaikan 교열을 보다 memperbaiki; merévisi ⊙ 교열 자 éditor naskah

교외(郊外) daérah pinggiran kota

교외(校外) ¶교외의 luar sekolah ⊙ 교외활동 kegiatan di luar jam sekolah; kegiatan sekolah terbuka

교우(交友) persahabatan; 【친구】 teman sekolah; kawan; rekan; 【동창생】 alumnus 교우하다 bersahabat ⊙ 교우관계 hubungan persahabatan. 교우회 perhimpuan (himpunan) alumni

교우(敎友) pengikut; penganut; umat 《Islam, Kristen, Budha, Hindu》

교원(敎員) guru; tenaga pengajar; instruktur ⊙ 교원양성소 sekolah latihan untuk guru; kursus pendidikan guru. 교원자격증 ijazah guru

교유(交遊) persahabatan; pergaulan 교유하다 berteman dengan

교육(敎育) pendidikan 교육하다 mendidik; membimbing ¶교육을 받지 못한 tidak berpendidikan ⊙교육개혁 perbaikan pendidikan. 교육계 dunia pendidikan, bidang pengajaran. 교육기관 lembaga pendidikan. 교육시설 fasilitas pendidikan. 가정교육 pendidikan (latihan) di rumah. 직업교육 pendidikan kejuruan

교의(交椅) ①【의자】 kursi ②【신주 모시는】 kursi tinggi di mana diletakkan buku milik leluhur

교의(敎誼) hubungan bersahabat; persahabatan

교의(校醫) dokter sekolah

교인(敎人) umat; penganut

교자(交子) makanan yang ditaruh di atas méja besar ⊙ 교자상 méja besar 《gaya Korea》

교장(校長) kepala sekolah

교장(敎場) lapangan latihan 《militér》

교재(敎材) bahan pengajaran

교전(交戰) perang; pertempuran; aksi; permusuhan 교전하다 berperang; bertempur ¶교전상태에 있다 ada dalam keadaan perang ⊙ 교전국 negara berperang; pihak berperang

교점(交點) titik yang bersilangan

교접(交接) ①【접촉】 hubungan; konéksi ②【성교】 persetubuhan; hubungan séksuil (kelamin); jima(k) 교접하다 melakukan hubungan kelamin; bersetubuh; bersenggama ⊙ 교접불능 kelemahan syahwat; impotén

교정(校正) pembetulan pruf (cétakan) 교정하다 membetulkan (memeriksa) pruf ⊙ 교정기호 tanda perbaikan cétakan percobaan. 교정원 koréktor; pemeriksa bukti cétakan. 교정필 bukti cétakan yang sudah dikoréksi

교정(校訂) révisi 교정하다 memperbaiki; merévisi ⊙ 교정판 édisi perbaikan; édisi révisi

교정(校庭) halaman sekolah; kampus

교정(敎程) buku pegangan

교정(矯正) perbaikan; koréksi 교정하다 mengoréksi; memperbaiki ⊙ 교정법 cara perbaikan; métode koréksi. 원고교정 koréksi naskah

교제(交際) hubungan; perbauran; kontak; pertemuan 교제하다 berhubungan dengan; berkenalan dengan; bergaul; bersahabat ⊙ 교제가 orang yang mudah bergaul. 교제범위 lingkungan kenalan. 교제술(術) taktik sosial

교조(敎祖) pendiri agama

교조주의(敎條主義) doktrinisme ¶교조주의적 마르크스주의자 orang Marxis doktriner ⊙ 교조주의자 doktrinis; pembuat doktrin; pembawa ajaran

교주(校主) pendiri (pemilik) sekolah

교주(敎主) pendiri agama; pendiri sékte; pendéta tertinggi dari majelis agama

교지(校誌) majalah sekolah

교지(校旨) ①【옛 제도】 surat perintah raja ②【교리】 ajaran agama; doktrin

교지(校紙) surat kabar sekolah

교직(交織) kain tenun campuran; tenunan campuran (kombinasi)

교직(教職) profési mengajar ¶교직에 몸을 담다 memasuki bidang pengajaran; menjadi guru ⊙ 교직원 staf pengajar

교차(交叉) persimpangan; persilangan 교차하다 menyilang; bersimpangan ⊙ 교차개념 konsép persilangan. 교차로 perempatan; persimpangan; simpang empat. 교차승인 pengakuan kedua belah pihak; pengakuan silang

교착(交錯) komplikasi; campuran 교착하다 rumit ¶명암의 교착 campuran sinar dan bayangan (naungan)

교착(膠着) pelekatan; kebuntuan 교착하다 melekat

교착상태(膠着狀態) jalan buntu ¶교착상태에 있다 di jalan buntu

교체(交替) penggantian; pertukaran; perubahan 교체하다 mengganti; menukar ⊙ 내각의 교체 penggantian kabinét. 세대교체 perubahan génerasi (angkaan)

교칙(校則) peraturan sekolah

교칙(教則) peraturan mengajar

교탁(教卓) méja guru

교태(嬌態) kegenitan; kekenésan ¶교태(를)부리다 berlagak genit; suka menarik perhatian; bergaya; banyak tingkah

교통(交通) 【왕래】 lalu lintas; 【연락】 komunikasi ¶교통을 차단하다 memutuskan hubungan (komunikasi) ⊙ 교통경찰 (순경) polisi lalu lintas. 교통규칙 peraturan lalu lintas. 교통기관 sarana transportasi; sarana pengangkutan. 교통도덕 tata tertib lalu lintas. 교통마비 kemacetan (kelumpuhan) lalu lintas. 교통망 jaringan lalu lintas. 교통방해 penghalang lalu lintas. 교통법규 peraturan lalu lintas. 교통비 biaya (ongkos) pengangkutan (kendaraan). 교통사고 kecelakaan lalu lintas. 교통신호 tanda (sinyal; isyarat) lalu lintas. 교통위반【자】 pelanggaran 【pelanggar】 peraturan lalu lintas. 교통지옥 kekacauan lalu lintas. 교통카드 kartu transportasi

교파(教派) kaum ((agama)); sékte

교편(教鞭) pengajaran ¶교편을 잡다 mengajar di sekolah

교포(僑胞) orang Korea yang tinggal di luar negeri ¶재미교포 penduduk Korea yang berada di Amerika

교풍(校風) tata tertib sekolah; tradisi sekolah

교합(交合) hubungan kelamin

교향곡(交響曲) simfoni

교향시(交響詩) syair simfoni

교향악(交響樂) simfoni ⊙ 교향악단 orkés simfoni

교화(教化) pendidikan; penerangan; penyuluhan; réformasi 교화하다 mendidik; memberi penerangan; menyuluh ¶비행 청소년을 교화하다 mendidik anak-anak nakal ⊙ 교화운동 kampanye penerangan (pendidikan)

교환(交換) pertukaran; penggantian; jual beli 교환하다 menukar; saling tukar; menukarkan ¶의견을 교환하다 bertukar pendapat ⊙ 교환가격 【가치】 harga 【nilai】 pertukaran. (전화) 교환수 ((wanita)) operator télépon. 교환학생 mahasiswa pertukaran

교활(交猾) perbuatan curang; penipuan 교활하다 licik; curang; tipu muslihat ¶그는 아주 교활하다 Dia sangat licik.

교황(教皇) Paus; Sri Paus ¶교황의 kePausan ⊙ 교황사절 utusan (délegasi) Apostolik. 교황청 Vatikan

교회(教會) geréja ⊙ 교회당 geréja; 【대성당】 katedral

교훈(教訓) ajaran; anjuran ¶교훈적 instruktif/ 교훈을 주다 mengajar; memberitahu; memberi pelajaran

교훈(校訓) moto sekolah

구(九) 【아홉】 sembilan; 【아홉째】 ke sembilan

구(句) 【문법】 anak kalimat; bait; frase; artikel

구(區) ①【도시의 행정구역】*gu*: daérah; wilayah ¶강남구 Kangnam-gu ②【일정한 기준에 따라 나눈 지역의 단위】 bagian; blok ⊙선거구 daérah (wilayah) pemilihan. 구민 penduduk dari *gu*. 구의원 perwakilan kabupaten. 구의회 déwan kabupaten

구(球) ①【야구의 투구】 pitch ¶제 5구 pitch kelima ②【공】 bola; (전구) bola lampu

구(舊) mantan; bekas ¶구세대 génerasi (angkatan) lama (tua)/ 구사상 gagasan kuno; gagasan yang ketinggalan zaman/구정치인 mantan politikus; mantan negarawan

—구(口) pintu; gerbang; lokét ¶출입구 pintu masuk

구가하다(謳歌-) menyanyikan; memuja; mengagungkan ¶인생을 구가하다 menyanyikan kegembiraan hidup

구각(舊殼) ¶구각을 벗다 membuang (menghapuskan) tradisi

구간(區間) bagian; séksi; bagian

구간(舊刊) nomor lama; édisi lama; terbitan lama

구강(口腔) mulut; rongga mulut ⊙ 구강암 kanker oral. 구강위생 kebersihan (higiéne) mulut. 구강외과 bedah mulut

구개(口蓋) 【해부학】 langit-langit mulut ⊙ 구개 골 tulang langit-langit. 구개음 suara langit-langit; bunyi palatal. 연【경】구개 langit-langit lunak【keras】

구걸하다(求乞-) mengemis; meminta-minta

구겨지다 ①【옷 · 종이 등이】 mengerut; menggumalkan; berkeriput ②【기분이 언짢아지다】 terluka; disakiti

구경하다 melihat; menonton; mengunjung ¶구경스럽다 patut dilihat; patut ditonton/영화를 구경하다 menonton film/ 시내를 구경하다 melihat-lihat kota ⊙ 구경가마리 bahan tertawaan; obyék (sasaran) yang menggelikan; obyék perhatian; sasaran éjékan. 구경감, 구경거리 tontonan; sasaran perhatian. 구경꾼 penonton

구경(口徑) 【총, 포의】 kaliber ¶38 구경의 권총 pistol kaliber 38

구관(舊官) mantan (bekas) gubernur

구관(舊館) bangunan tua

구관조(九官鳥) 【조류】 béo; tiung

구교(舊交) persahabatan lama; perkenalan lama

구교(舊敎) ⇒ 천주교 doktrin (faham) Katolik; geréja Katolik ((Roma))

구구 panggilan ayam

구구(九九) 【수학】 hukum perkalian (pergandaan); peraturan kalian 구구하다 menghitung dengan daftar perkalian ⊙ 구구표 daftar darab; daftar kali-kalian

구구하다(區區-) berbagai; berlainan; berbéda

구국(救國) penyelamatan negara 구국하다 menyelamatkan negeri ⊙ 구국운동 gerakan (pergerakan) penyelamatan bangsa (nasional)

구균(球菌) 【생물】 mikrokokus

구근(球根) 【식물】 umbi; bénggol ⊙ 구근식물 tanaman berumbi

구금(拘禁) 【법률】 penahanan; pengurungan; pemenjaraan 구금하다 menahan; mengurung; memenjarakan ¶구금되다 ditahan; dipenjara; dikurung

구급(救急) pertolongan darurat ¶구급의 darurat /구급조치하다 memberi pertolongan darurat ⊙ 구급상자 kotak pertolongan darurat. 구급약 【치료】 obat (perawatan) pertolongan darurat. 구급차 ambulas. 구급환자 orang yang mendapat pertolongan darurat

구기(球技) main bola

구기다 ①【체면 · 인상 · 스타일 등을】 mengerut; mengernyutkan ②【종이 · 천 등을】 mengumalkan; mengusutkan

구기자 【식물】 anggur pengikat perkawinan Cina

구김(살) lipatan; kerut; yang kusut; yang kumal ¶구김이 간 berkerut; kusut

구깃구깃하다 kusut; berkerut

구난(救難) penyelamatan; pertolongan ⊙ 구난작업 pekerjaan penyelamatan

구내(區內) ¶구내에 dalam bagian; dalam daérah

구내(構內) ¶구내에【의】 di (dalam) tempat itu

구년(舊年) tahun lalu ⊙ 구년묵이 barang yang sudah tua (yang kuno)

구닥다리 ¶구닥다리의 tidak terpakai lagi; ketinggalan zaman

구단(球團) klub ⊙ 구단주 pemilik klub ((olahraga))

구더기 belatung ¶구더기가 들끓다 berbelatung

구덩이 ①【구멍】 lubang ②【광산】 ⇒ 갱(坑)
구도(求道) ⊙ 구도자 pencari kebenaran
구도(構圖) 【예술 작품의 짜임새】 komposisi
구도(舊都) ibu kota lama; tempat pemerintahan kuno
구독(購讀) perlangganan; hal berlangganan 구독하다 berlangganan; berabonemén ¶구독을 신청하다 memohon berlangganan ⊙ 구독료 harga (uang) langganan. 구독자 orang yang berlangganan; pembaca
구동력 kekuatan penggerak
구두 【신발】 sepatu ¶굽 높은【낮은】 구두 sepatu bertumit tinggi 【rendah】 ⊙ 구두끈 tali sepatu. 구두닦이 penyemir sepatu. 구두약 semir sepatu. 구둣솔 sikat sepatu. 구두주걱 pengiah (séndok) sepatu (kasut). 구두창 tapak (sol) sepatu
구두(口頭) ¶구두의 lisan ⊙ 구두계약 perjanjian (kontrak) secara lisan. 구두시험 ujian lisan
구두(句讀) tanda baca
구두쇠 ⇒ 수전노 orang kikir; orang pelit
구들(장) potongan batu pipih untuk lantai kamar di Korea ¶구들을 놓다 memasang lantai kamar dengan batu datar
구라파(歐羅巴) ⇒ 유럽 Eropa
구락부(俱樂部) ⇒ 클럽
구랍(舊臘) Desember lalu; akhir tahun lalu
구래(舊來) tradisional; kuno; tua
구렁 ⇒ 구덩이 ①【움푹 패인 땅】 lubang; rongga 구렁에 빠지다 jatuh ke dalam lubang ②【비유적】 ⇒ 구렁텅이
구렁이 ①【길고 몸통이 굵은 뱀】 ular besar; ular naga ②【비유적】 ¶구렁이 담 넘어가듯 하다 mencapai tujuannya (maksudnya) dengan cara tidak ketahuan ③【사람】orang yang licik (lihai)
구렁텅이 jurang ngarai yang dalam ¶절망의 구렁텅이에 빠지다 berada dalam keadaan yang sangat sengsara (menderita); tenggelam ke dalam keputusasaan
구레나룻 cambang; godék
구력(舊曆) ⇒ 음력 kaléndér bulan; kamariah
구령(口令) aba-aba; komando 구령하다 memberi aba-aba; meng(k)omandokan ¶구령을 내리다 memberi perintah (aba-aba)
구류(拘留) penahanan; pengurungan 구류하다 menahan; mengurung ¶구류중이다 berada dalam penahanan
구르다[1] 【데굴데굴】 menggelinding; berguling-guling ¶굴러 떨어지다 jatuh; ambruk; roboh/굴러 들어오다 jatuh ke tangan
구르다[2] 【발을】 menghentakkan kaki
구름 awan; kabut ¶구름을 잡는 것 같은 samar-samar; tidak jelas; pengkhayal kosong; fantastis ⊙ 구름다리 jembatan penyeberangan; jembatan di atas jalan; jembatan gantung; titian
구릉(丘陵) bukit (gigir) gunung ⊙ 구릉지 daérah berbukit
구리【화학】 tembaga (기호 Cu) ¶구리를 입히다 melapisi tembaga ⊙ 구리철사 kawat tembaga
구리다 ①【냄새가】 busuk; menyengat ¶구린 냄새 bau busuk; bau yang menusuk hidung ②【말·행동 등이】 kotor; hina; rendah; mencurigakan
구린내 ①【냄새】 bau busuk ②【비유적】 ¶아무래도 이번 일에는 구린내가 난다 Ada sesuatu yang mencurigakan dalam kasus ini.
구릿빛 warna coklat; warna tembaga
구만리(九萬理) ¶앞길이 구만리 같은 젊은이 pemuda penuh dengan harapan
구매(購買) pembelian 구매하다 membeli ⊙ 구매가격 harga pembelian. 구매력 daya beli. 구매자 pembeli
구멍 lubang; kolong ¶콧구멍 lubang hidung/구멍을 내다 (뚫다) membuat lubang; membor lubang
구멍가게 toko kecil ((di sudut rumah orang)); warung
구면(球面) 【수학】 permukaan bulat
구면(舊面) kenalan lama
구명하다(究明-) meneliti; menyelidiki
구명(救命) penyelamatan 구명하다 menyelamatkan jiwa ¶구명을 요청하다 meminta penyelamatan ⊙ 구명대(袋) pe-

lampung berenang. 구명대(帶) ikat pinggang penyelamat; sabuk pengaman. 구명보트 sekoci (perahu) penyelamat. 구명재킷 jaket pelampung

구명(舊名) nama lama

구무럭거리다 bergerak perlahan-lahan

구문(構文) struktur kalimat; susunan kalimat ¶문법상의 구문 susunan kalimat menurut tata bahasa

구문(舊聞) cerita lama; berita basi

구물(舊物) barang kuno; antik

구미(口味) nafsu makan; seléra ¶구미를 돋우다 membangkitkan nafsu makan/구미를 잃다 hilang nafsu makan

구미(歐美) Eropa dan Amerika ⊙ 구미각국 negara-negara Barat. 구미인 orang Barat

구미호(九尾狐) rubah tua; 【사람】 orang yang licik (lihai)

구박(驅迫) perlakuan kejam (kasar; dingin) 구박하다 memperlakukan dengan kejam (dingin); menggencét ¶구박을 받다(당하다) mendapat perlakuan kasar (makian; siksaan)

구변(口辯) ¶구변이 좋다 berbicara lancar; mempunyai lidah yang fasih

구별(區別) ⇒ 분간 【차별】 perbédaan; pembédaan 구별하다 membédakan; memperbédakan

구보(驅步) lari ¶구보로 dengan berlari

구복(口腹) mulut dan perut ¶구복지계(之計) cara hidup; mata penghidupan; mata pencaharian

구부러뜨리다 membongkokkan; menekuk; melengkungkan

구부러지다 béngkok; membéngkok

구부리다 membungkuk ¶허리를 구부리다 membungkukkan diri

구부정하다 agak béngkok; membungkuk; menekuk

구분(區分) pembagian; penggolongan 구분하다 membagi; menggolongkan ¶구분되다 *diklasifikasikan*

구불구불하다 berputar; liku-liku; bengkang-bengkung

구불텅구불텅하다 berputar-putar; meliuk-liuk

구비(口碑) tradisi lisan; dongeng; legénda

구비(具備) 구비하다 mempunyai; memiliki; dilengkapi ¶모든 조건을 구비하다 memenuhi semua syarat ⊙ 구비서류 dokumén yang diperlukan

구빈(救貧) pertolongan orang miskin

구사(驅使) ①【부림】 구사하다 memerintah séenaknya; menguasai sepenuhnya ②【능숙히 다룸】 menguasai ¶3개 국어를 구사하다 menguasai tiga bahasa asing

구사상(舊思想) pikiran (pendapat) kuno; gagasan (idé) yang ketinggalan zaman

구사일생(九死一生) 구사일생하다 nyaris mati; lolos dari lubang jarum ¶구사일생으로 살아왔다 Saya nyaris (hampir) mati.

구상(求償) kompénsasi ⊙ 구상무역 perdagangan bater; perdagangan dengan cara tukar-menukar

구상(具象) ¶구상적 konkrit ⊙ 구상개념 konsép konkrit

구상(構想) 【생각】 konsép; rencana; plot ¶소설의 구상 plot novel/ 구상 단계 tahap konséptual

구상권(求償權) 【법률】 hak ganti rugi

구색(具色) beragam; bermacam-macam; campuran; golongan ¶구색을 갖추다 melengkapi dengan berbagai macam

구석 ①【모퉁이의 안쪽】 pojok; sudut; penjuru ¶구석에 di pojok; di sudut/마음 한 구석 dalam lubuk hati yang dalam ②【외딴 곳】 tempat terpencil; pedalaman ⊙ 구석자리 tempat duduk pojok

구석구석 setiap celah dan sudut; setiap inci

구석기(舊石器) ¶구석기의 paléolitik; batu lama ⊙ 구석기시대 Zaman Batu Lama; paléolitikum

구석지다 terpisah; menyendiri; terisolasi; terpencil

구설(口舌) kata-kata celaan; kata-kata cémoohan

구설수(口舌數) sial dikata-katai; nasib malang (buruk) dengan dicaci-maki ¶구설수에 오르다 dibicarakan

구성(構成) penyusunan; pembentukan; pengubahan 구성하다 menyusun; mengubah; membentuk ¶범죄를 구성하다

melakukan kejahatan ⊙ 구성분자 komponén; pembentuk. 구성비(比)【통계】 perbandingan komponén; nisbah komponén. 구성요소 unsur komponén. 구성원 anggota

구성지다 ¶구성진 목소리로 노래하다 menyanyi dengan menawan (merdu) suara

구세군(救世軍) pasukan penyelamat 《dunia》 ⊙ 구세군 자선냄비 panci amal tentara keselamatan

구세대(舊世代) génerasi lama ¶구세대와 신세대의 갈등 konflik antar génerasi

구세주(救世主) ①【기독교의】 Juru Selamat; Mahdi ¶구세주 예수 그리스도 Yésus, Penyelamat kami. ②【비유적】 penyelamat

구속(拘束) pengekangan; pembatasan; penahanan; pengurungan 구속하다 membatasi; mengekang; menahan; mengurung; memenjarakan ¶구속이 없는 bébas; tidak dikekang/구속받다 diikat; dikekang/구속되다 ditahan; dipenjara ⊙ 구속력 daya ikat; daya pengikatan. 구속영장 surat penangkapan; surat perintah penahanan (penangkapan)

구속(球速) kecepatan bola yang dilemparkan

구수하다 ①【맛·냄새 등이】 sedap; énak; lezat ¶구수한 냄새 bau yang merangsang seléra ②【말·이야기가】 menarik perhatian (hati); lucu; sangat menyenangkan; menggembirakan

구수회의하다(鳩首會議-) bermusyawarah; berkumpul bersama-sama untuk berunding

구순하다 rukun; seia-sekata

구술(口述) pernyataan (pemberitahuan) lisan; imla 구술하다 menyatakan secara lisan; mengimlakan; mendiktékan ¶구술의 lisan; oral; verbal/ 나는 구술시험에서 떨어졌다 Aku gagal dalam ujian lisan(verbal). ⊙ 구술서 catatan (nota) lisan (verbal); pernyataan lisan. 구술시험 ujian lisan

구슬 manik-manik; merjan; 【진주】 mutiara; 【보석】 batu yang berharga; permata tulén; batu permata ¶구슬이 구르는 것 같은 목소리 suara yang merdu ⊙ 구슬땀 butir-butir keringat; tétésan keringat. 구슬치기(놀이) bermain kelereng

구슬구슬하다 dimasak baik; tidak terlalu keras juga tidak terlalu lunak

구슬려내다 membujuk agar mau berbuat

구슬리다 membujuk

구슬프다 menyedihkan; membuat sedih; muram; sayu ¶구슬피 dengan sedih

구습(舊習) adat-istiadat lama; kebiasaan kuno; ketinggalan zaman; cara dahulu (lama)

구승(口承) cerita lisan 구승하다 meneruskan dari génerasi ke génerasi; menceritakan secara turun-temurun ⊙ 구승문학 sastra lisan

구시대(舊時代) zaman kuno ¶구시대적 ketinggalan zaman

구시렁거리다 menggerutu; mengeluh; mengomél

구식(舊式) gaya kuno; ketinggalan mode ¶구식의 kuno; lama; kolot ⊙ 구식쟁이 orang yang kolot; orang yang ketinggalan zaman. 구식혼인 perkawinan Korea secara adat-istiadat

구실 ①【벼슬】 jabatan pemerintahan ②【홍역 등】 penyakit épidémi dialami oléh setiap orang ¶구실을 하다 menderita sakit campak (cacar air) ③【직무·역할】 tugas; peranan; fungsi; kewajiban ¶제 구실을 하다 melakukan tugas dengan pantas (layak)

구실(口實) alasan; dalih; kepura-puraan ¶…을 구실로 dengan alasan (dalih; berdalih)

구심(求心) ¶구심적(으로) (secara) séntripétal ⊙ 구심력 daya séntripétal.구심점 poros; sumbu; paksi

구심(球審) 【축구의】 wasit; 【야구의】 wasit bola

구십(九十) 【아흔】 sembilan puluh ¶제 구십 kesembilan puluh

구아닌 guanina

구악(舊惡) kejahatan lama; kelakuan buruk yang telah lalu

구애하다(拘碍-) berpegang teguh ¶형식(形式)에 구애하다 berpegang teguh kepada

formalitas
구애(求愛) percumbuan; permainan cinta 구애하다 merayu; bercumbu-cumbuan
구약(舊約) ①【옛 약속】janji lama; janji dahulu ②【성서】Perjanjian Lama ⊙ 구약성서 Kitab Perjanjian Lama; Hukum Nabi Musa
구어(口語) bahasa sehari-hari; bahasa percakapan; ucapan (perkataan) sehari-hari ⊙ 구어체 gaya bahasa percakapan
구역(區域) ①【지역】kawasan; daérah; distrik; wilayah ②【범위】bidang ③【한계】batas; perbatasan ⊙ 순찰구역【경관 등의】daérah rondé (patroli; tugas). 주택구역 kawasan (tempat) kediaman
구역질(嘔逆-) kemuakan; muntah; mual ¶ 구역질나는 yang memuakkan/구역질나다 merasa muak (mual)
구연(口演) penceritaan (cerita) lisan 구연하다 menceritakan secara lisan; mendeklamasikan
구연(舊緣) pertalian (ikatan; hubungan) lama (dahulu)
구연(枸櫞) ⊙ 구연산【화학】asam limau; asam sitrat
구열(口熱) demam (panas) di mulut
구우일모(九牛一毛) hanya sedikit; sedikit sekali
구워삶다 ⇒ 구슬리다
구워지다 terbakar; dibakar; terpanggang; dipanggang
구원(久遠) kekekalan; keabadian; kebakaan; ketetapan 구원하다 abadi; kekal; terus-menerus
구원(救援) penyelamatan; pelepasan 구원하다 menolong; memberi pertolongan; menyelamatkan; melepaskan ¶구원을 청하다 meminta tolong ⊙ 구원 군【병】bala bantuan; pasukan penyelamat
구원(舊怨) rasa permusuhan (kebencian) lama; dendam lama (dahulu)
구위(球威)【야구】bola yang kuat ¶그의 투구에는 구위가 없다 Lemparannya kurang kuat.
구월(九月) Séptémber
구유 palung(an); bak makan dan minum héwan (ternak); lawak-lawak
구은(舊恩) kebaikan (kemurahan) hati yang lama; jasa dahulu
구음(口音) suara mulut; bunyi lisan
구읍(舊邑) kota tua
구의(舊誼) persahabatan lama
구이 daging (ikan) dipanggang (dibakar) dengan bumbu ⊙ 닭구이 ayam panggang. 생선구이 ikan bakar; ikan yang dibakar
구인(求人) tawaran pekerjaan 구인하다 menawarkan pekerjaan; mencari pegawai ⊙ 구인광고 iklan mencari tenaga kerja. 구인난(難) kesulitan mencari tenaga kerja. 구인난(欄) kolom lowongan kerja
구인(狗引) ⇒ 구속(拘束) penahanan 구인하다 menahan; menangkap; membawa ke tahanan ¶구인되어 있다 ditahan; ditangkap
구일(九日) ①【초아흐레】《hari》 kesembilan dari bulan ①【9일간】sembilan hari
구입(購入) pembelian 구입하다 membeli ⊙ 구입가격 harga pembelian. 구입자 pembeli
구작(舊作) karya (hasil ciptaan) lama
구장(球場) lapangan (stadion) bola
구장(區長) kepala désa; lurah
구적법(求積法)【수학】stéréométri
구전(口傳) pemberitahuan secara lisan; pemberitahuan dari mulut ke mulut; tradisi lisan 구전하다 memberitahukan secara lisan; meneruskan secara lisan ⊙ 구전문학 sastra lisan
구전(口錢) biaya makelar; komisi ¶구전을 받다 menerima (mengambil; mendapat) komisi ⊙ 매입【매출】구전 komisi pembelian【penjualan】
구절(句節) kalimat dan anak kalimat; paragraf; alinea
구접스럽다 dekil; jorok; busuk; kotor; buruk; tak rapi; morat-marit; tak teratur; licik; kikir; keji; sangat tidak menyenangkan
구정(舊正) Hari Tahun Baru China (Imlék; Kamariah)
구정(舊情) persahabatan lama ¶구정을 새롭게 하다 memulai lagi persahabatan lama; (이성간에) kembali ke bekas pacar

구정물 air kotor yang digunakan; air bekas dipakai; air cucian; air limbah

구제(救濟) pertolongan; bantuan 구제하다 menolong; membantu ⊙ 구제비 ongkos pertolongan (bantuan). 구제사업 usaha pertolongan; pekerjaan penyelamatan. 구제 자 penolong; sang penyelamat

구제(舊制) 【구제도】 sistém lama; sistém dulu

구제(驅除) pembasmian; pemusnahan; pengrusakan; penghancuran 구제하다 membasmi; memusnahkan; memberantas; memadamkan; membersihkan

구제역(口蹄疫) penyakit kaki dan mulut

구조(救助) penyelamatan; pertolongan 구조하다 menyelamatkan; menolong ⊙ 구조금 dana bantuan. 구조대(袋) karung (kantung) penyelamatan. 구조대원(隊員) Tim Penolong dan Pencarian (SAR). 구조선 kapal penyelamat. 구조신호 tanda SOS; tanda panggilan untuk meminta pertolongan. 인명구조 penyelamatan jiwa. 구조원 penyelamat

구조(構造) struktur; organisasi; susunan; bangunan; rangka; kerangka 구조하다 membangun; mendirikan; mencoba memperbaiki ¶인체 구조 struktur tubuh manusia/문장 구조 susunan kalimat/사회 구조 organisasi masyarakat (ormas) ⊙ 구조개혁 perbaikan (pembaharuan) struktur

구존(俱存) orang tua yang masih hidup

구좌(口座) 【계좌】 rékening

구주(救主) ⇒ 구세주

구중(九重) ①【아홉 겹】 lipatan sembilan kali ②【구중궁궐】 istana Raja; Keraton

구중중하다 buruk; tidak menyenangkan; kotor dan agak lembab

구지레하다 jorok dan kacau-balau

구직(求職) pencarian pekerjaan 구직하다 mencari pekerjaan ⊙ 구직광고 iklan untuk mencari pekerjaan; iklan pencarian kerja. 구직광고란 kolom lowongan kerja. 구직자 pencari pekerjaan

구질구질하다 ①【지저분하다】 kotor; jorok; buruk; menjijikkan; ceroboh; jémbél ②【날씨가】 cuaca buruk

구차스럽다, 구차하다(苟且-) sangat miskin; melarat; dalam keadaan buruk; kekurangan uang

구창(口瘡) luka di mulut

구척장신(九尺長身) manusia raksasa; orang yang tinggi badan luar biasa

구천(九泉) 【황천】 akhirat

구청(區廳) kantor pemerintah daérah (pemda) ⊙ 구청장 kepala *gu*. 구청직원 pegawai pemda

구체(球體) bola; bola (peta) bumi; barang bundar

구체(具體) kepastian; kenyataan; konkrit ¶구체적(具體的) nyata; konkrit/ 구체적으로 secara nyata; dengan pasti/ 구체화하다 mewujudkan /구체화되다 terwujud; mewujudkan secara konkrit ⊙ 구체안(案) rencana konkrit

구체제(舊體制) struktur (sistém; organisasi; undang-undang dasar) lama

구축하다(構築-) mendirikan; membangun ¶기반을 구축하다 mendirikan (membangun) dasar (pondasi)

구축(驅逐) pengusiran 구축하다 mengusir; mengeluarkan; memecat ⊙구축함 kapal perusak ((angkatan laut))

구출(救出) penyelamatan 구출하다 menolong; menyelamatkan ¶구출되다 diselamatkan dari ⊙ 구출작업 operasi penyelamatan

구충(驅蟲) pembasmian serangga (cacing) 구충하다 membasmi (memusnahkan) serangga; menghilangkan cacing ⊙ 구충제, 구충약 inséktisida; obat pembasmi serangga (cacing)

구취(口臭) bau mulut; nafas bau busuk

구치(臼齒) 【해부학】【큰】 gigi geraham

구치(拘置) tahanan; penahanan; kurungan; pengurungan; penawanan 구치하다 menahan; mengurung ⊙ 구치소 pusat tahanan; kamar (ruang) tahanan; penjara

구타(毆打) pukulan; tamparan; serangan; penyerangan; serangan dengan memukul 구타하다 memukul; menyerang

구태(舊態) keadaan hal (persoalan) lama; orde lama

구태의연(舊態依然-) kebiasaan lama yang sama (yang serupa; yang itu juga) 구태

의연하다 tetap tidak berubah; tetap seperti apa adanya
구태여 dengan sengaja; dengan berani; tidak perlu bersusah payah
구택(舊宅) rumah lama; tempat kediaman dulu
구토(嘔吐) 구토하다 muntah ⊙ 구토설사 muntah dan sakit mencérét (diaré). 구토제 obat muntah
구투(舊套) cara (kebiasaan) lama; adat
구파(舊派) aliran lama; golongan kuno (kolot); gaya (modél) lama ¶구파의 konservatif; golongan kuno (kolot) ⊙ 구파(연)극 permainan gaya (modél) lama; drama klasik
구판(舊板) édisi (cétakan; terbitan) lama
구필하다(口筆-) menulis dengan kuas dipegang oléh mulut
구하다(求-) ①【필요한 것을 찾다】 mencari; meminta ②【사다 · 얻다】 membeli ③【조언 · 양해 · 용서 등을】 meminta ¶조언을 구하다 meminta nasihat ④【답 · 수치 등을】 cari menghitung
구하다(救-) menyelamatkan; menolong keluar dari 《kesulitan》; memberi pertolongan (bantuan)
구학문(舊學問) pelajaran sastra klasik; pelajaran tentang bahasa Cina kuno
구현(具現) perwujudan; penjelmaan; réalisasi 구현하다 mewujudkan 《gagasan; idé》; terwujud; mencapai 《impian》
구혈(九穴) kesembilan lubang tubuh manusia (mata, hidung, mulut, telinga, dubur, saluran kencing dan sperma dalam kemaluan)
구형(球形) bentuk bola; bentuk bulat (bundar) ¶구형의 bulat
구형(舊形) modél lama; ketinggalan mode ¶구형의 kuno; yang ketinggalan mode ⊙ 구형 컴퓨터 komputer modél lama
구형(矩形) empat persegi panjang
구형(求刑) 【법률】 penuntutan 구형하다 menuntut
구호(口號) semboyan; slogan; moto ¶…의 구호를 내걸고 dengan semboyan
구호(救護) bantuan 구호하다 membantu ⊙ 구호단체 organisasi bantuan. 구호미 beras bantuan darurat
구혼(求婚) pinangan; lamaran (usul) perkawinan 구혼하다 melamar; meminang ⊙ 구혼광고 iklan pernikahan (perkawinan). 구혼자 pelamar; peminang; orang yang melamar
구황하다(救荒-) meringankan beban kelaparan; menolong para penderita kelaparan
구획(區劃) pembagian; bagian; dévisi; pembatasan; demarkasi 구획하다 membuat batas; memberi tanda ⊙ 구획정리 pengaturan blok; perencanaan kembali jalan
구휼(救恤) pertolongan 《orang miskin》 구휼하다 menolong; membantu
국 sup; bagian makanan yang cair ¶국거리 bahan-bahan sup/국말이 sup campur nasi/국밥 nasi disajikan dalam sup
국(局) kantor; departemén; bagian
국가(國家) negeri; negara ¶국가적 nasional ⊙ 국가경제 ékonomi negara (nasional). 국가공무원 pejabat pemerintah: pegawai negeri. 국가대표팀 regu nasional Korea. 국가보안법 Undang-Undang Keamanan Nasional. 국가비상사태 keadaan darurat nasional. 국가시험 ujian negara (nasional). 국가주의 nasionalisme: 국가주의자 nasionalis; orang yang berjiwa kebangsaan. 다민족국가 negara multi ras. 단일민족국가 negara satu ras
국가(國歌) lagu kebangsaan
국경(國境) batas; perbatasan; garis perbatasan ⊙ 국경분쟁 perselisihan mengenai perbatasan. 국경선 garis perbatasan; garis batas. 국경지대【도시】 daérah【kota】 perbatasan
국경일(國慶日) hari libur nasional
국고(國庫) kas negara; perbendaharaan nasional; dana (peti simpanan) masyarakat; dana rakyat ¶국고가 텅텅 비었다 kas negara kosong ⊙ 국고 금 dana (cadangan perbendaharaan) negara. 국고보조 subsidi (tunjangan) negara
국교(國交) hubungan diplomatik; persahabatan nasional; hubungan antara bangsa ⊙ 국교단절 pemutusan (putusnya; penghentian) hubungan

diplomatik. 국교정상화 pemulihan kembali hubungan diplomatik
국교(國敎) agama negara
국군(國軍) tentara nasional; angkatan bersenjata negara ¶국군의 날 Hari Angkatan Bersenjata
국권(國權) kekuatan nasional ¶국권의 회복 pemulihan kembali kedaulatan
국그릇 mangkuk sup
국금(國禁) larangan nasional 국금하다 dilarang oléh pemerintah
국기(國技) olah raga nasional
국기(國基) dasar bangsa
국기(國旗) bendéra nasional ⊙ 국기게양식 upacara penaikan bendéra; upacara pengibaran bendéra kebangsaan
국난(國難) ①【위기】 krisis (bahaya) nasional; 【재난】 bencana nasional
국내(國內) ¶국내의 dalam; dalam negeri; domestik ⊙ 국내경제 ékonomi negeri. 국내법 hukum doméstik; hukum nasional (negara). 국내소비【산업】 konsumsi 【industri】 dalam negeri. 국내시장 pasar doméstik; pasar dalam negeri. 국내총생산 produk doméstik bruto
국도(國都) ibu kota negara
국도(國道) jalan negara; jalan besar; jalan nasional; jalan raya
국란(國亂) pemberontakan; huru hara; perang saudara
국량(局量) 【재간】 kaliber; cakap; daya tahan; daya tampung; 【도량】 kemurahan hati; kedermawanan
국력(國力) kekuatan nasional; 【자원】 sumber nasional (negara) ¶국력을 기르다 meningkatkan (meneguhkan) kekuatan nasional
국록(國祿) gaji pemerintah ¶국록을 먹다 menerima gaji; bekerja di pemerintah; menjadi pegawai negeri
국론(國論) pendapat nasional (umum); pandangan nasional
국리(國利) kepentingan nasional (pemerintah; umum) ⊙ 국리민복 kepentingan nasional dan kesejahteraan rakyat
국립(國立) ¶국립의 nasional ⊙ 국립공원 taman nasional (negara). 국립묘지 makam nasional. 국립학교 sekolah pemerintah; sekolah negeri
국면(局面) ①【바둑 · 장기의】 keadaan (situasi) di atas papan catur ②【형편】 segi; tahap; situasi; tingkatan; fase ¶전쟁의 국면 keadaan (situasi) perang ⊙ 국면타개 perubahan keadaan
국명(國名) nama negara
국명(國命) 【명령】 pesanan pemerintah; 【사람】 misi (tugas) nasional
국모(國母) ibu negara; permaisuri; ratu
국무(國務) urusan negara ⊙ 국무성 Departemén Negara. 국무장관 Menteri Negara. 국무총리 Perdana Menteri. 국무회의 sidang kabinét
국문(國文) ①【문자】 tulisan kebangsaan (nasional); tulisan resmi yang dipakai oléh bangsa ②【한글】 abjad (alfabet) bahasa Korea ③【문학】 kesusastraan (sastra) nasional (kebangsaan) ⊙ 국문학 sastra (kesusastraan) Korea
국물 ①【국 · 찌개 등의】 air sup; bagian masakan yang cair ②【부수입】 ¶국물이 있는 자리 jabatan yang menguntungkan ⊙국 국물 air kaldu dalam sup; sup terdiri dari sayur-mayur. 김칫국물 air sup *kimchi*
국민(國民) 【하나의】 kebangsaan; 【개인】 warga negara; 【전체】 rakyat; bangsa ⊙ 국민가요 lagu rakyat nasional. 국민성 sifat bangsa; kebangsaan. 국민소득 pendapatan nasional. 국민의례 upacara nasional. 국민장(葬) pemakaman nasional. 국민정신 semangat kebangsaan. 국민주의 nasionalisme. 국민총생산 Produk Nasional Bruto (G.N.P); jumlah produksi kotor nasional. 국민투표 plébisit; référéndum; pemungutan suara umum (nasional)
국방(國防) pertahanan nasional(negeri) ⊙ 국방부 Kementerian (Departemén) Pertahanan Nasional. 국방비 pengeluaran (anggaran) pertahanan nasional. 국방색 hijau tua. 자주(自主)국방 kemampuan pertahanan militér; pertahanan nasional yang mandiri
국번(局番) nomor kantor télepon; nomor pertukaran
국법(國法) undang-undang nasional

(negara)

국보(國寶) harta benda (pusaka) nasional; milik bangsa ¶국보적 존재 asét nasional; asét negara

국부(局部) ①【일부】 bagian; séksi ¶ 국부화하다 melokalisir ②【환부】 bagian tubuh yang rusak (yang sakit) ③【음부】 kemaluan; alat kelamin; bagian pribadi

국부(國父) bapak negara; pendiri negeri

국부(國富) kekayaan nasional (negara) ⊙ 국부론【아담 스미스의】 Téori Kekayaan Bangsa-bangsa

국비(國費) belanja (pengeluaran; pembiayaan) nasional ¶국비로 atas biaya negara ⊙ 국비유학생 mahasiswa dikirim ke luar negeri atas biaya negara. 국비장학생 mahasiswa yang menerima (mendapat) beasiswa negara

국빈(國賓) tamu negara

국사(國史) sejarah nasional; sejarah bangsa;【한국의】 sejarah orang Korea

국사(國事) urusan nasional (negara) ¶국사를 논하다 membicarakan (merundingkan) urusan negara ⊙ 국사범【행위】 kejahatan politik; pengkhianatan; kejahatan terhadap negara;【사람】 pelanggar politik

국사(國師) ①【나라의】 pemimpin bangsa ②【신라의】 pangkat pendéta yang tertinggi Dinasti Shilla

국산(國産) produksi dalam negeri; buatan dalam negeri ⊙ 국산자동차 mobil buatan dalam negeri. 국산품(國産品) barang buatan dalam negeri; hasil industri dalam negeri. 국산화 lokalisasi

국상(國喪) pemakaman negara (nasional)

국서(國書) ①【외교 문서】 surat kepercayaan; surat mandat; ⟪국가 원수의 친서⟫ pesan penguasa ⟪kepada negara asing⟫ ②【서적】 ⟪karya⟫ kesusastraan dan sejarah nasional

국새(國璽) ségel (stémpel) negara

국선(國選) ¶국선의 terpilih oléh pemerintah ⊙ 국선변호인 pengacara yang ditunjuk oléh pengadilan

국세(局勢) keadaan; situasi; aspék; fase; tahap ¶국세가 일변하다 mengadakan perubahan baru; memasuki (memulai) tahap baru

국세(國稅) pajak nasional (negara) ¶국세를 징수하다 memungut (menagih) pajak nasional ⊙ 국세청 Kantor Pajak Nasional

국세(國勢) kekuatan nasional; keadaan negeri

국소(局所) ①【국부】 bagian; tempat ②【관절】 tulang sendi

국수 mi; bakmi; bakmi sup; semacam bihun atau mi ⊙ 국수사리 gulungan bakmi yang direbus

국수(國手) ①【바둑 · 장기의】 juara ⟪*Paduk*⟫ nasional; pemain; jagoan untuk pertandingan (permainan) *Paduk* ②【명의】 dokter yang terkemuka

국수(國粹) sifat khas nasional ¶국수적(인) kebangsaan

국수주의(國粹主義) ultra nasionalisme; kecintaan tanah air yang luar biasa

국시(國是) polisi nasional (negara); kebijakan nasional (negara)

국악(國樂) musik ⟪klasik⟫ nasional ⊙ 국립 국악원 lnstitut Seni Musik ⟪Klasik Nasional⟫. 국악인 musisi klasik Korea

국어(國語) bahasa nasional; bahasa kebangsaan;【한국말】 bahasa Korea ¶2개 국어의 dwi bahasa ⊙ 국어교사 guru bahasa Korea. 국어독본 buku bacaan nasional (bahasa Korea)

국영(國營) manajemén negara; pengelolaan pemerintah (negara) 국영하다 menasionalisasikan; menempatkan di bawah pengelolaan pemerintah ⊙ 국영기업 perusahaan negara (pemerintah); Badan Usaha Milik Negara (BUMN)

국왕(國王) raja

국외(局外) kedudukan (posisi) yang bébas; yang berdiri sendiri; sebelah luar ¶국외의 di luar ⊙ 국외자 orang luar; orang ketiga; penonton. 국외중립 nétralisme: 국외중립국 negara nétral

국외(國外) ¶국외로(에) di luar negeri/ 국외로 추방하다 mengusir ke luar negeri

국운(國運) nasib baik (keuntungan) negara ¶국운의 성쇠 kemakmuran dan kemunduran negera (negeri); bangkit dan runtuhnya suatu bangsa

국원(局員) pegawai kantor

국위(國威) préstasi nasional; martabat (keagungan) negara (bangsa) ¶국위를 떨치다 meningkatkan préstasi (citra) nasional; mempertinggi martabat bangsa

국유(國有) milik nasional (negara); hak milik negara; milik pemerintah ¶국유화하다 menjadikan milik nasional ⊙ 국유재산 asét (milik) nasional. 국유지 tanah milik pemerintah; tanah negara; daérah kekuasaan nasional

국으로 dalam batas kemampuan; sesuai dengan kemampuan ¶국으로 가만히 있어 Menyadari kedudukan sendiri. *atau* Tahu menempatkan diri.

국은(國恩) hutang kepada negara

국익(國益) kepentingan nasional

국자 penyérok; sibur; sérok

국장(局長) diréktur; pemimpin (kepala) biro

국장(國章) lambang negara

국장(國葬) pemakaman negara

국적(國賊) pengkhianat kepada negara; pemberontak; pengacau

국적(國籍) kebangsaan; kewarganegaraan ¶국적불명의 yang tidak diketahui kebangsaan/국적을 취득하다 memperoléh kewarganegaraan ⊙ 국적변경 pergantian (perubahan) kewarganegaraan. 국적상실 denasionalisasi; kehilangan kebangsaan. 이중국적 kebangsaan rangkap (dobel)

국전(國展) paméran seni yang disponsori (yang dibiayai) negara; paméran seni nasional

국정(國定) hak (otorisasi) pemerintah ¶국정의 yang disahkan (dibenarkan) oléh negara ⊙ 국정교과서 buku pelajaran (pegangan) yang disahkan (diwajibkan)

국정(國政) administrasi nasional (negara); pemerintahan; 【국무】 urusan (keadaan) negara ⊙ 국정자문회의 Déwan Penaséhat Nasional (dalam) Urusan Negara. 국정조사권 hak invéstigasi parlemén

국정(國情) keadaan negeri; keadaan urusan dalam negeri

국정감사(國政監査) audit parlemén; pengawasan pemerintahan ¶국정감사를 실시하다 mengadakan audit parlemén

국제(國際) hubungan internasional ¶국제화하다 menginternasionalisasikan/ 국제적 internasional ⊙ 국제결혼 perkawinan internasional; perkawinan antar bangsa. 국제경쟁력 daya saing internasional. 국제노동 기구 organisasi buruh internasional. 국제도시 kota kosemopolitan. 국제수지 neraca pembayaran Internasional. 국제전화 panggilan internasional (luar negeri). 국제화 internasionalisasi. 국제신기록 rékor internasional (rékor dunia) yang baru. 국제연맹 persatuan (liga) bangsa-bangsa. 국제 통화기금 Dana Monetér lnternasional(lMF)

국제연합(國際聯合) Perserikatan Bangsa-Bangsa (PBB)

국지적(局地的) suatu tempat dan sekitarnya; daérah (wilayah; bagian) yang terbatas

국지전(局地戰) peperangan terbatas; perang daerah

국창(國唱) penyanyi nasional; penyanyi *pansori* yang terbaik di Korea

국채(國債) hutang nasional (negara); pinjaman pemerintah; surat tanggungan negara; obligasi ¶국채를 상환하다 menebus hutang negara

국책(國策) kebijakan nasional (negara; pemerintah) ¶국책에 따라 sejalan dengan (cocok dengan) kebijakan nasional (negara); sepanjang garis kebijakan nasional ⊙국책 사업 projék nasional. 국책은행 bank pemerintah; bank yang dikelora oléh pemerintah

국철(國鐵) jalan keréta api national

국체(國體) struktur nasional; pemerintahan nasional; bentuk negara; konstitusi

국치(國恥) aib (kecemaran; penghinaan) bagi negara ⊙ 국치일 Hari Peringatan Humiliasi Negara (Korea); Hari Humiliasi Nasional

국태민안(國泰民安) kemakmuran negara dan kesejahteraan rakyat

국토(國土) tanah negara; téritori; wilayah

⊙ 국토개발 pembangunan (pengembangan) tanah negara. 국토방위 pertahanan negeri (nasional)

국한(局限) pembatasan; lokalisasi 국한하다 membatasi; melokalisir; memberi batas ¶…에 국한되다 terbatas pada (kepada)

국한문(國漢文) huruf Korea dan huruf Cina ⊙ 국한문체 gaya tulisan Korea bercampur dengan huruf Cina di dalamnya

국헌(國憲) Konstitusi Nasional; (undang-Undang Dasar nasional (negara) ¶국헌을 준수하다 mematuhi Konstitusi Nasional

국호(國號) nama negara

국혼(國婚) perkawinan kerajaan; perkawinan megah

국화(國花) bunga nasional (kebangsaan); bunga lambang bangsa ¶무궁화는 한국의 국화다 Bunga mawar Sharon adalah bunga nasional Korea.

국화(菊花) 【식물】 bunga krisan; bunga seruni

국회(國會) parlemén; Déwan Perwakilan Rakyat ⊙ 국회본회의 sidang Majelis Paripurna (pléno). 국회사무처 sékretariat DPR. 국회의사당 gedung DPR. 국회의원 anggota Majelis Nasional; anggota Parlemén

군(君) anda; saudara

군(軍) 【군대】 militér; tentara; pasukan; angkatan darat ¶정규 【예비】군 pasukan tetap 【pasukan cadangan】/군에 입대하다 memasuki dinas tentara ⊙ 군가 lagu tentara; lagu perjuangan

군(郡) *gun;* kabupaten; wilayah; distrik

군(群) 【무리】 kelompok

군 【가외의 · 객쩍은】 berlebih-lebihan; tak perlu; tak ada gunanya ¶군식구 orang yang dijadikan cadangan; pengikut tanggungan; orang yang hidup atas biaya orang lain/군소리를 하다 mengatakan hal-hal yang tak ada gunanya ⊙ 군걱정 kecemasan yang tak ada gunanya

군거(群居) hidup ⟪secara⟫ berkelompok

군것질 makan makanan kecil (ringan) 군것질하다 mengudap makanan kecil

군경(軍警) tentara (militér) dan polisi

군계일학(群鷄一鶴) satu-satunya tokoh di antara orang-orang yang tidak berarti; permata di atas timbunan tahi ayam

군고구마 ubi manis bakar (dipanggang)

군고기 daging sapi yang dipanggang

군관구(軍管區) distrik militér

군국(軍國) bangsa yang agrésif; bangsa yang suka berperang

군국주의(軍國主義) militérisme ⊙ 군국주의자 orang militéris

군기(軍紀) disiplin militér ¶군기가 문란하다 merosot (kendur) disiplin militér

군기(軍旗) bendéra militér; bendéra peperangan ⊙ 군기호위병 pengawal bendéra militér

군기(軍機) rahasia militér (tentara) ⊙ 군기누설 kebocoran rahasia militér

군납(軍納) pemasokan barang dan peralatan untuk militér 군납하다 menyediakan (memberikan) ⟪perbekalan atau peralatan⟫ untuk bala tentara ⊙ 군납업자 pemasok barang militér

군내 bau yang tak énak; bau yang tak menyenangkan

군단(軍團) 【군대】 korps; kesatuan ¶제 3 군단 korps (kesatuan) ketiga ⊙ 군단장 komandan korps

군대(軍隊) tentara; militér; angkatan darat ⊙ 군대생활 kehidupan tentara

군대답(-對答) jawaban yang tak ada gunanya

군더더기 kemubaziran; mubazir ¶군더더기를 붙이다 menambah kemubaziran

군데 【곳】 tempat; pelosok; penjuru

군데군데 berbagai tempat; dalam beberapa tempat; di sana-sini

군도(軍刀) pedang militér

군도(群島) kepulauan; kelompok pulau; nusantara

군돈 uang yang dipergunakan tidak semestinya; biaya tambahan

군락(群落) koloni ¶군락을 이루다 membentuk koloni

군란(軍亂) pemberontakan militér

군략(軍略) strategi (siasat) militér; 【전술】 taktik ⊙ 군략가 ahli siasat perang; ah-

li strategi
군량(軍糧) ransum (persediaan; perbekalan) militér ¶군량이 떨어지다 kekurangan perbekalan militér
군령(軍令) komando militér
군림하다(君臨-) memerintah; menguasai; berbuat seolah-olah berkuasa
군마(軍馬) kuda militér; kuda perang
군말 ⇒ 군소리 ucapan (kata-kata) yang tak perlu (yang tak ada gunanya); kata yang tak berarti; kata-kata yang tidak senonoh
군모(軍帽) peci (barét) militér
군목(軍牧) pendéta tentara
군무(軍務) urusan militér; dinas (tugas) militér
군무(群舞) ¶ 군무를 추다 menari dalam kelompok
군문(軍門) ketentaraan; kamp militér ¶군문에 들어가다 mendaftarkan diri pada dinas militér; menjadi tentara; masuk dinas militér (ketentaraan)
군물 ①【마시는】 air yang diminum waktu makan ②【따로 도는】 cairan tambahan di atas makanan
군민(軍民) militér dan rakyat
군밤 buah kastanye yang dibakar
군번(軍番) NPR militér; nomor séri militér; nomor pelayanan militér
군벌(軍閥) golongan (kelompok) militér; golongan yang percaya akan kekuatan militér ⊙ 군벌정치 diktator militér; pemerintahan militér
군법(軍法) hukum perang; hukum militér ⊙ 군법회의 mahkamah militér
군복(軍服) seragam dinas militér ¶군복을 벗다(제대하다) meninggalkan tentara; dibebaskan dari wajib militér
군부(軍部) ketentaraan; lingkungan tentara
군부대(軍部隊) pasukan
군불 api dinyalakan untuk memanaskan lantai
군비(軍備) persenjataan; alat-alat perang ⊙ 군비제한 pembatasan alat-alat perang (persenjataan). 군비축소 pengurangan (pembatasan) persenjataan
군비(軍費) pengeluaran militér; pengeluaran (belanja; anggaran) untuk perang
군사(軍使) utusan militér
군사(軍事) perkara (urusan) militér ⊙군사기지 pangkalan militér; pangkalan angkatan darat (laut, udara). 군사분계선 garis demarkasi militér; garis batas pemisah militér. 군사작전 operasi militér. 군사전략 strategi (ilmu siasat) militér. 군사훈련 latihan (pendidikan) militér
군사령관(軍司令官) komandan tentara
군사령부(軍司令部) markas besar tentara
군살 daging lemak yang berlebih-lebihan
군색(窘塞)【구차함】 kemiskinan; kemelaratan; 【곤경】 kesukaran; kesulitan 군색스럽다, 군색하다 fakir; miskin; mengalami kesulitan
군서(群棲) kehidupan berkelompok 군서하다 hidup secara berkelompok; hidup dalam kumpulan (kawanan)
군세(軍勢) kekuatan militér; keadaan militér
군소(群小) kecil; yang lebih kurang; sepélé ⊙ 군소정당 partai politik kecil (minoritas)
군소리 ①【헛소리】 kata-kata kosong; igauan 군소리하다 mengigau; mengucapkan kata-kata yang tak berarti ②【군말】 kata-kata yang tak senonoh
군속(軍屬) pegawai sipil
군손질 perawatan tak perlu (tak ada gunanya)
군수(軍需) mesiu; alat-alat perang ⊙ 군수공장 pabrik senjata (mesin). 군수품 perbekalan militér; perlengkapan perang (meriam; senjata)
군수(郡守) bupati
군신(君臣) raja dan warga negara; penguasa dan rakyat
군신(軍神) Déwa Perang; Mars
군악(軍樂) musik militér ⊙ 군악대 band militér
군영(軍營) pangkalan militér
군용(軍用) penggunaan (kegunaan) militér ⊙ 군용기(機) pesawat tempur
군용(軍容) formasi pasukan tentara
군웅(群雄) para pemimpin; para baron ⊙

군웅할거 persaingan antara para baron (pemimpin) setempat
군원(軍援) bantuan militér
군율(軍律) 【군법】 hukum militér; 【군기】 disiplin militer
군의관(軍醫官) perwira (petugas) médis; dokter angkatan darat (angkatan laut)
군인(軍人) 【인도네시아 육군】 Tentara Nasional Indonesia Angkatan Darat (TNI-AD)/(해군) Angkatan Laut (AL)/(공군) Angkatan Udara (AU)/(해병)marinir; (총칭) 인도네시아군 Angkatan Bersenjata Republik Indonesia (ABRI) ⊙ 군인정신 semangat militér. 직업군인 (jabatan) ahli prajurit (serdadu); prajurit profésional
군입질하다 mengudap makanan; makan makanan kecil (makanan ringan)
군자(君子) pria sejati; pria berbudi luhur; orang mulia; pria yang penuh kebajikan
군자금(軍資金) dana perang; dana perjuangan; (선거 자금 등) dana kampanye
군장(軍葬) pemakaman militér
군장(軍裝) pakaian (seragam) perang; perlengkapan militér
군적(軍籍) 【병적】 daftar anggota militér; 【신분】 kedudukan militér
군정(軍政) pemerintahan militér ⊙ 군정청 kantor (jabatan) pemerintahan militér
군제(軍制) sistém militér
군주(君主) raja; penguasa ⊙ 군주국 monarki; kerajaan. 군주전제 (독재) otokrasi. 군주정체 monarkisme
군중(群衆) orang banyak; massa ⊙ 군중심리 psikologi massa; pikiran kelompok
군집(群集) kumpulan (kelompok) orang banyak 군집하다 berkumpul; berkerumun
군청(郡廳) kecamatan; kantor daérah
군청색(群青色) biru
군축(軍縮) pengurangan (perlucutan) *alat-alat perang* (persenjataan) 군축하다 mengurangi persenjataan ⊙ 군축회담 pembicaraan tentang pengurangan (perlucutan) senjata
군침 air liur; air seléra ¶군침을 흘리다 meliur; berliur
군턱 dagu dobel; dagu lipat dua; dagu ganda
군표(軍票) nota (catatan) militér
군함(軍艦) kapal perang; kapal tempur ⊙ 군함기 bendéra angkatan laut; bendéra kapal perang
군항(軍港) pelabuhan (pangkalan) angkatan laut
군호(軍號) sandi
군화(軍靴) sepatu boot militér
굳건하다 kuat dan tetap; kokoh; keras; tegas; teguh ¶굳건히 dengan kuat; secara kuat; secara ketat
굳다 ①【무른 물질이 굳어지다】 menjadi keras; mengeras; menjadi tetap; tak berubah; 【엉기다】 membeku; mengental ②【정신 태도가】 kuat; keras; tetap ③【인색】 hémat; kikir; pelit ④【몸 · 표정 등의】 mengeras; membeku; menegang
굳세다 tetap; kuat; tak mau menyerah ¶굳세게 dengan berani; dengan keras; dengan kuat
굳은살 kulit yang mengeras; 【손의】 risa; belulang; kutil
굳이 bersikeras; dengan tetap; dengan keras kepala; dengan tak mau menyerah
굳히다 mengeraskan; membekukan; mengkonsolidasikan; memperkuat; menjadi kokoh (keras); memperérat
굴(具) 【조개】 ⊙ 굴 껍질 kulit tiram. 굴양식 peternakan tiram. 굴젓 tiram yang diasinkan (diawétkan). 굴회 tiram mentah
굴(窟) ①【터널】 terowongan; tembusan ②【짐승이 사는 구멍】 sarang binatang; liang; lubang; tanah ③【동굴, 땅굴】 gua; lubang besar di dalam tanah ⊙굴다리 jembatan penyeberangan; jembatan di atas jalan
굴곡(屈曲) bélokan; tikungan; liku; lilitan; lekukan; belitan; putaran 굴곡하다 ditekuk; dilipat; dibéngkokkan ¶굴곡이진 berlekuk; berliku-liku; berkélok-kélok; béngkok; tidak lurus; melengkung ⊙ 굴곡 부 belokan; bengkokan. 굴곡선

garis berkélok-kélok. 굴곡작용 pembéngkokan

굴다 【대하다】 berkelakuan; bertingkah laku

굴뚝 cerobong asap; corong asap ¶ 굴뚝 청소 하다 menyapu (membersihkan) cerobong asap

굴렁쇠 gelindingan; lingkar roda

굴레 tali kekang; kendali ¶굴레를 쓰다 dikekang; dikendalikan; diikat/굴레를 씌우다 mengekang; mengenakan tali kekang (tali kendali); mengendalikan

굴리다 ①【물건 등을】 menggelindingkan; menggulingkan; mengguling ②【함부로 다루다】 melemparkan ke satu sisi; meninggalkan (membiarkan) dengan sembrono; memegang (menangani) dengan kasar ③【돈을】 meminjamkan; meminjami; menginvéstasi ¶돈을 굴리다 meminjamkan uang; makan riba; menginvéstasikan uang ④【차를 운영(運營)하다】 dijalankan ¶버스를 굴리다 menjalankan usaha bus ⑤【깎다】 membulatkan ⟪pinggiran⟫

굴복(屈服) ketundukan; penyerahan; kepasrahan 굴복하다 tunduk; patuh; menyerah; mengalah; menyerah kalah ¶ 굴복시키다 membuat menyerah (mengalah); menaklukkan; membuat bertekuk lutut

굴비 ikan kuning kering *covina*

굴신하다(屈身-) 【굽힘】 membungkukkan badan; rendah diri

굴욕(屈辱) penghinaan; keaiban; cercaan; cemooh ¶굴욕적(인) hina; malu/굴욕을 느끼다 merasa dihina; merasa malu /굴욕을 당하다 dihina; dipermalukan; dicemarkan; dinodai/굴욕을 주다 menghina; menodai; mencemarkan ⊙ 굴욕감(感) perasaan hina

굴절(屈折) ①【빛 · 소리 등의】 pembiasan; pembelokan; réfraksi 굴절하다 membias; membéngkok; melilit; berliku-liku; berkélok-kélok; dibiaskan; dibélokkan ②【굴곡】 tikungan; belokan ⊙ 굴절광선 sinar bias. 굴절렌즈 lénsa pembias. 굴절 부(강江의) bélokan; tikungan; liku

굴젓 kerang yang diasinkan

굴종(屈從) kepatuhan; ketundukan; penyerahan; kekalahan 굴종하다 menyerah; mengalah; tunduk; patuh ¶굴종시키다 menaklukkan; dikalahkan

굴지(屈指) keunggulan; keutamaan; kebesaran; keulungan; keadaan terkemuka 굴지하다 menghitung dengan jari; terkemuka; menonjol; terpenting; utama ¶ 굴지의 ⟪yang⟫ terkemuka; ⟪yang⟫ menonjol

굴착(掘鑿) 굴착하다 menggali ⊙ 굴착기 ⇒ 포크 레인 mesin penggali

굴하다(屈-) menyerah; mengalah; menunduk ¶…에 굴하지 않고 tidak takut; tidak gentar

굵기 ketebalan

굵다 ①【둥근 물체의 부피가】 besar; tebal ②【목소리가】 dalam; mendalam; besar

굵직하다 ①【일 · 사건 등이】 penting; berpengaruh ②【기타】 ¶굵직하게 썰다 memotong irisan dengan besar

굶기다 melaparkan; membiarkan menderita kelaparan

굶다 tidak makan; meléwatkan waktu makan; berpuasa

굶주리다 ①【음식 등에】 lapar; (…에) ingin sekali; kelaparan ¶굶주린 사람 orang lapar ②【사랑 등에】 kerinduan; kehausan ¶사랑에 굶주리다 haus akan cinta

굼뜨다 lambat; lamban; malas

굼벵이 ①【매미의 애벌레】 ulat ⟪belatung⟫; tempayak putih ②【동작이 굼뜬 사람】 pemalas; orang lamban; orang malas; orang yang kurang gesit

굼실거리다 merangkak; bergerak pelan-pelan

굼틀하다 bergeliat-geliat; menggeliat; bergoyang-goyang; berliku-liku; berputar-putar; membelit

굽 ①【마소의】 kuku binatang ②【그릇의】 kaki gelas ¶술잔의 굽 kaki gelas ③【구두의】 ¶굽이 높은 구두 sepatu berhak tinggi

굽다[1] 【휘다】 béngkok; tidak lurus; melentur; berliku-liku; bungkuk

굽다[2] ①【음식을】 memanggang; membakar ¶덜 구워진 (중간) setengah matang; sedang; (설구워진) masih mentah ②【나무를】 mengeringkan ③【숯·벽돌을】 membuat ((arang kayu; batu bara)) ④【CD를】 membakar; menulis

굽실거리다 menundukkan kepala; menyembah

굽어보다 melihat (memandang) ke bawah

굽어살피다 memikirkan keadaan orang bawahan dengan maksud untuk menolong (membantu); memikirkan keadaan orang bawahan

굽이 bélokan; tikungan; putaran ¶굽이마다 pada setiap belokan (tikungan) ⊙ 물굽이 belokan sungai; tikungan sungai; anak laut

굽이지다 menikung; membélok

굽이치다 mengalir berkeliling; mengalir berliku-liku; melilit; berkélok-kélok; memutar

굽히다 ①【몸·허리 등을】 menyerah; tunduk; membungkuk; bertekuk lutut ②【생각·주장 등을】 menyimpang; menyerah (tunduk) kepada

굿 ①【무당의】 *gut;* ritual shaman; upacara dilakukan oléh dukun untuk mengusir sétan 굿하다 mengadakan upacara ritual shaman untuk mengusir hantu ②【구경거리】 tontonan; pertunjukan besar

굿바이히트 【야구】 pukulan akhir permainan

굿보다 ①【굿을】 menyaksikan upacara dukun mengusir setan ②【방관】 menyaksikan; melihat; menjadi penonton

궁(宮) ①【궁전】 istana ②【장기의】 posisi raja dan ratu dalam permainan catur

궁경(窮境) ①【가난】 keadaan miskin (sulit) ②⇒ 궁지

궁궐(宮闕) 【대궐】 istana raja ¶궁궐 같은 집 tempat kediaman méwah; rumah yang besar sekali

궁극(窮極) keakhiran; ketentuan ¶궁극의 *terakhir* /궁극에 가서는 pada akhirnya; pada hakikatnya; dalam jangka panjang; secara keseluruhannya/궁극적 pada akhirnya

궁금증(-症) keinginan tahu; rasa ingin tahu; kegelisahan; kecemasan; kesusahan; keprihatinan

궁금하다 menggelisahkan; mengganggu urat syaraf; membingungkan; merépotkan; 【답답함】 gelisah; gugup; takut; cemas; khawatir; réwél

궁기(窮氣) ¶궁기가 낀 kelihatan miskin; tampak sulit

궁내(宮内) dalam istana

궁녀(宮女) dayang; gadis pelayan di istana

궁노(宮奴) pelayan laki-laki di istana

궁노루 【동물】 kijang; kancil

궁도(弓道) panahan; seni pemanahan

궁둥이 ⇒ 엉덩이 pantat; pinggul ¶궁둥이가 무겁다 malas; lamban; melempem; tidak giat/궁둥이가 질기다 tinggal terlalu lama

궁둥짝 kedua pinggul

궁륭(穹蝪) kubah ¶궁륭형의 berbentuk kubah

궁리(窮理) pertimbangan 궁리하다 mempertimbangkan; memikirkan baik-baik; memeras otak

궁박(窮迫) kemiskinan; kemelaratan; kesukaran; 궁박하다 miskin; malang; melarat; papa; berada dalam keadaan miskin; berada dalam kesukaran

궁벽하다(窮僻-) terpencil; terpisah; jauh ¶궁벽한 시골 daérah (distrik; désa) terpencil; tempat terpencil; tanah pedalaman

궁사(弓師) 【궁수】 pemanah

궁상(弓狀) lengkungan; busur ¶궁상의 berbentuk lengkungan; berbentuk busur; melengkung

궁상(窮狀) keadaan menyedihkan (menderita); kesulitan yang luar biasa; keadaan sedih (susah sekali; buruk) 궁상떨다 berkelakuan seperti orang miskin; berlagak miskin 궁상맞다, 궁상스럽다 kelihatan miskin

궁색(窮塞) ①【살림이】 kemiskinan; keadaan miskin; keadaan serba kurang 궁색하다 miskin; melarat; malang; menderita ②【이유·근거 등이】 tidak masuk akal

궁수(弓手) pemanah

궁술(弓術) kepandaian pemanahan (panahan) ⊙ 궁술 가 pemanah. 궁술대회 pertandingan panahan
궁시(弓矢) busur dan anak panah
궁여지책(窮餘之策) usaha terakhir; tindakan (cara) terakhir ¶궁여지책으로서 sebagai usaha (jalan) terakhir
궁인(宮人) dayang-dayang wanita
궁전(宮殿) ⇒ 궁궐 istana raja; keraton
궁정(宮廷) keraton
궁중(宮中) istana raja ⊙ 궁중예복 pakaian istana. 궁중요리 masakan istana. 궁중무용 tarian istana
궁지(窮地) ①【생활의】 kemiskinan; keadaan miskin ②【궁경】 diléma; keadaan sulit; keadaan berbahaya; kesulitan ¶ 궁지에 몰리다 terlibat dalam kesulitan; dipojokkan; dibuat tak berdaya
궁체(宮體) gaya tulisan istana berbahasa Korea
궁터(宮-) tempat peninggalan istana kuno
궁핍(窮乏) kemiskinan; kemelaratan 궁핍하다 miskin; melarat
궁하다(窮-) ①【돈 · 살림 등이 곤궁하다】 dalam keadaan miskin ②【몰리다】 menjadi bangkrut; menjadi gagal dalam berusaha; dalam posisi sulit; dalam diléma ③【대답 · 말 등이】 tak tahu apa-apa; kehilangan akal ¶대답에 궁하다 tidak tahu apa yang harus dijawab
궁합(宮合) pencocokan jodoh ¶궁합을 보다 meramalkan kesesuaian (kerukunan) perkawinan
궁형(弓形) bentuk bulan sabit; lengkungan
궂다 ①【언짢다】 tidak menyenangkan; tak diingini; menjéngkélkan; menjemukan; 【불길하다】 tak menyenangkan; 【성질이】 buruk; jahat; jelék ②【날씨가】 buruk; hujan
궂은비 hujan lama yang tidak menyenangkan
궂은일 pekerjaan yang menjemukan (yang menjéngkélkan)
권(卷) ①【책 · 공책 등을 세는 단위】 volume; jilid ②【종이의】 dua puluh helai (dua lusin) kertas Korea ③【필름의】 satu rol (film)
-권(券) karcis; kartu; rekening; bon ¶우대권 karcis cuma-cuma; karcis masuk bébas
-권(圈) lingkaran; lingkungan; radius; jajaran; ruang lingkup ¶북극권 lingkaran daérah kutub utara
-권(權) 【권리】 hak; 【특권】 hak istiméwa; 【권력】 wewenang; hak untuk bertindak ¶재산권 hak milik/영업권 Hak Guna Usaha(HGU) /소유권(토지, 건축물) Hak Milik(HM)
권고(勸告) naséhat; peringatan; bujukan 권고하다 menaséhatkan; menasihati; menganjurkan; mendorong; mendesak ⊙ 권고자 penaséhat
권내(圈內) dalam lingkungan (lingkaran)
권농(勸農) 권농하다 mendorong (meningkatkan; memajukan) pertanian ⊙ 권농일 hari petani
권능(權能) ⇒ 권한(權限) wewenang; kekuasaan; kekuatan; kedaulatan; kemampuan; kecakapan ¶권능을 부여하다 memberi wewenang; memberi kuasa/권능을 부여받다 diberi kuasa
권두(卷頭) permulaan sebuah buku; halaman pertama (bab permulaan) sebuah buku ⊙ 권두언(사) kata pendahuluan; prakata; kata pengantar
권력(權力) kekuasaan; wewenang; kekuatan; hak untuk bertindak; wibawa; 【세력】 pengaruh ¶권력이 있는 sangat kuat; berpengaruh; berkuasa ⊙ 권력가 orang yang berkuasa; orang berpengaruh. 권력투쟁 perebutan kekuasaan; adu kekuatan
권리(權利) hak; tuntutan ¶권리가 있다 mempunyai hak; berhak/권리를 행사【남용】하다 menggunakan 【menyalahgunakan】 hak ⊙ 권리금 prémi; uang kunci. 권리의무 hak dan kewajiban
권말(卷末) bagian akhir sebuah buku; penutup
권모(權謀) tipu daya; tipu muslihat; rencana kotor; kelicikan; akal bulus ¶권모에 능하다 penuh dengan tipu muslihat; penuh dengan akal ⊙ 권모가 penipu. 권모술수 penipuan; tipu daya: 권모술수를 쓰다 menggunakan penipuan (akal

bulus; tipu daya); menggunakan diplomasi; menggunakan siasat (taktik) yang tepat

권문세가(權門勢家) keluarga yang berpengaruh

권법(拳法) adu tinju

권불십년(權不十年) Setiap arus (aliran) mengalami saat surutnya. *atau* Ada pasang, ada surut.

권선(勸善) ①【선을 권함】 anjuran sifat baik ②【불교】 memohon sumbangan (iuran)

권선징악(勸善懲惡) pujian bagi kebajikan dan celaan bagi kejahatan 권선징악하다 memberikan penghargaan kepada yang baik, menghukum yang jahat ⊙ 권선징악 극 sandiwara yang berisi kesusilaan (moralitas). 권선징악 소설 roman yang bersifat mendidik

권세(權勢) kekuatan; wibawa; kekuasaan; wewenang ¶권세를 얻다 memperoléh kekuasaan/권세(를)부리다 menggunakan (melaksanakan) kekuasaan (wibawa; (wewenang) ⊙권세욕 haus (keinginan) kekuasaan

권속(眷屬) 【식구】 keluarga; tanggungan; 【아내】 istri saya ⊙ 일가권속 seluruh (segenap) keluarga; handai-taulan dan sanak keluarga

권솔(眷率) keluarga; anggota keluarga

권업하다(勸業-) mendorong industri

권외(圈外) ¶권외의(에) di (sebelah) luar lingkungan

권운(卷雲) ⇒ 새털구름

권위(權威) wewenang; kekuasaan; martabat; géngsi; wibawa ¶권위 있는 berwenang; berkuasa; ahli; yang terkenal/권위가 있다 mempunyai kekuasaan (wewenang) yang besar ⊙ 권위자 (전문가) ahli; pakar; spésialis; (대가) jagoan

권유(勸誘) dorongan; bujukan; nasihat; peringatan; desakan; permohonan; (간청) permintaan 권유하다 meminta; *membujuk; mendesak;* memohon; mengajak

권익(權益) hak dan kepentingan ¶권익을 보호【옹호】하다 membela 【melindungi】 kepentingan ⊙ 국가권익 kepentingan nasional

권장하다(勸奬-) mendorong; mendesak; menganjurkan; memajukan; membangkitkan

권적운(卷積雲) ⇒ 비늘구름 awan sirokumulus

권좌(權座) posisi kekuasaan (wewenang) ¶권좌에 있다 memegang kekuasaan

권주가(勸酒歌) lagu minum pada orang Korea

권총(拳銃) pistol; revolver; senjata api genggam ⊙ 권총강도 perampok bersenjata pistol. 자동권총 revolver (pistol) otomatis

권층운(卷層雲) ⇒ 햇무리구름

권태(倦怠) kelelahan; keletihan; kepenatan; kelesuan; rasa bosan; rasa jemu; perasaan bosan; kebosanan ¶권태를 느끼다 merasa jemu (lesu); menjadi bosan ⊙ 권태기 masa perubahan menjadi bosan akan kehidupan suami-istri; masa kejemuan

권토중래하다(捲土重來-) mengadakan percobaan (usaha) lain dengan memperbaharui tenaga; melanjutkan kegiatan dengan melipat-gandakan tenaganya (usahanya)

권투(拳鬪) tinju 권투하다 main tinju; saling bertahan dan menyerang ⊙ 권투경기 pertandingan adu tinju. 권투글로브 sarung tinju. 권투선수 petinju; jago tinju. 권투장 gelanggang adu tinju

권하다(勸-) ①【권고】 menasehati; menganjurkan; menyarankan ②【추천 하다】 memuji kebaikan ¶그 사람을 권하다 memuji kebaikannya ③【먹기를】 menawarkan

권학하다(勸學-) mendorong belajar

권한(權限) 【법률】 wewenang; batas hak yang disahkan (diizinkan); 【법원의】 hak hukum; yurisdiksi; batas kekuasaan ¶권한의 위임 penyerahan kekuasaan/ 권한 내【외에】 di dalam 【di luar】 wewenang (kekuasaan: hak)/권한을 주다 (부여하다) memberi kuasa (wewenang; hak)

궐기하다(蹶起-) bangkit; memberontak; melawan; menghadapi dengan berani

권련 sigarét; rokok ¶권련을 피우다 merokok sigarét
궐석(闕席) ⇒ 결석(缺席) 궐석하다 tidak hadir; tidak muncul
궐위(闕位) lowongan; jabatan (kedudukan) yang lowong 궐위하다 menjadi kosong (lowong)
궐하다(闕-) dihilangkan; diabaikan; hilang; luput
궤(櫃) lemari; peti; kotak
궤도(軌道) ①【철도, 선로】 jalan; jurusan; jejak ¶전차의 궤도 jalan trém listrik ②【천체 · 행성 등의】 orbit ¶위성의 궤도 orbit (lingkaran) satelit/궤도에 오르다 (인공위성이) mengorbit; masuk ke dalam orbit (lingkaran) ③【일 · 계획 등의】 stabil; menyesuaikan diri ⊙ 궤도 축 poros (as; sumbu) orbit; poros lingkaran. 단선【복선】궤도 rél (jalan keréta api) tunggal【dobel】
궤멸(潰滅) punahnya; pembinasaan; penghancuran; pembasmian; penghapusan; penaklukan 궤멸하다 memusnahkan; membasmi; menghapuskan; jatuh ¶궤멸시키다 dikalahkan; digulingkan; ditaklukkan; dihancurkan
궤범(軌範) contoh; teladan; modél
궤변(詭辯) paradoks; pembicaraan yang memperdayakan ¶궤변을 늘어놓다하다 berdalih; berbicara paradoks ⊙ 궤변가 orang yang selalu berparadoks; orang yang suka berdalih
궤양(潰瘍)【의학】 bisul; borok; tukak ¶궤양의 berborok; berbisul; bengkak bernanah ⊙ 악성궤양 bisul yang membahayakan (yang menular). 위궤양 bisul 《di》 perut; borok lambung
궤적(軌跡) ①【바퀴 자국】 jejak (bekas) roda ②【행적】 perbuatan para leluhur
궤짝(櫃-) kotak; peti
귀 ①【신체 기관】 telinga; kuping; pendengaran ¶귀가 어둡다 (잘 안 들리다) susah mendengar; agak tuli; tidak dapat mendengar/귀를 후비다 mengorék telinga ②【모퉁이 · 끝】 sudut; pojok; pelosok; pinggir; tepi; pinggiran 《kain》 ③【바늘구멍】 mata jarum; lubang jarum
귀(句) ⇒ 구(句)
귀(貴)【당신의】 yang Mulia; terhormat; terkemuka; terkenal
귀가하다(歸家-) kembali ke rumah; pulang
귀감(龜鑑) teladan; contoh; pola; modél
귀갑(龜甲) kulit kura-kura
귀결(歸結) kesimpulan; akhir; ujung;【결과】 hasil; akibat; konsékuénsi 귀결하다 berakhir; berakibat; berkesudahan; menyimpulkan; mempunyai kesimpulan ¶귀결 짓다 menyimpulkan/귀결되다 disimpulkan
귀경하다(歸京-) kembali ke Ibu kota (Seoul)
귀고리 anting-anting; subang kecil
귀골(貴骨) ciri-ciri bangsawan; ciri-ciri orang mulia;【사람】 orang keturunan bangsawan (ningrat)
귀공자(貴公子) bangsawan muda ¶귀공자다운 mirip (seperti) bangsawan; aristokratis
귀교하다(歸校-) kembali ke sekolah
귀국(貴國) negara anda
귀국하다(歸國-) kembali (pulang) ke tanah air ¶귀국시키다 dikirim pulang
귀금속(貴金屬) logam berharga (mulia); permata; manikam; batu berharga ⊙ 귀금속상(상인) pedagang logam mulia (berharga; murni); tukang permata; tukang emas; toko yang menjual barang-barang perhiasan
귀나다 ①【모가】 tidak teratur; tidak rata; tidak seimbang ②【의견이】 berbeda pendapat; berselisih pendapat satu sama lain; saling berselisih pendapat
귀납(歸納)【논리학】 induksi 귀납하다 menginduksi 《A dari B》; menggéneralisir ¶귀납적(으로) secara induktif ⊙ 귀납법 métode induksi
귀농(歸農) 귀농하다 kembali ke tanah pertanian (usaha tani); mulai lagi mengolah tanah ⊙ 귀농 민 kaum tani kembali mengolah tanah pertanian. 귀농운동 gerakan "kembali ke tanah"
귀담아듣다 mendengarkan dengan cermat; mendengar dengan penuh perhatian
귀대하다(歸隊-) kembali kepada kompinya (kesatuannya; resiménnya)

귀댁(貴宅) rumah anda
귀동냥 pengetahuan yang diperoléh dari mendengarkan orang lain
귀 동이(貴童-) anak yang tercinta; anak emas
귀동자(貴童子) anak lelaki yang tercinta; anak emas
귀두(龜頭) ujung penis (zakar) ⊙ 귀두 염 balanitis
귀때기 ⇒ 귀싸대기 telinga
귀뚜라미【곤충】jengkerik ¶귀뚜라미가 울다 kerikan jengkerik; jengkerik mengerik
귀뚤귀뚤 bunyi jengkerik 귀뚤귀뚤하다 《jengkerik》 yang mengerik
귀 뜨다【아기가】《bayi》 mulai mendengar untuk pertama kali
귀 뜨이다 ①【정신이】 tertarik perhatian ②【이해가】 mulai mengerti
귀띔 petunjuk; isyarat; saran; usul; anjuran 귀띔하다 memberi petunjuk (naséhat); mengisyaratkan; memberi isyarat; memberikan saran (anjuran); membukakan sedikit rahasia
귀로(歸路) perjalanan pulang; jalan pulang; jalan kembali
귀리【식물】gandum ¶탄 귀리 tepung gandum
귀머거리 orang tuli (pekak); tuna rungu ¶귀머거리가 되다 menjadi tuli (pekak)
귀물(貴物) benda berharga (luar biasa); harta benda
귀밑 pangkal telinga
귀 밝다 berpendengaran tajam; cepat mendengar; cepat tanggap; pendengarannya baik (tajam)
귀밝이(술)【민속】minuman anggur yang diminum pada tanggal (tgl) 15 Januari 《pada kalénder bulan》 dengan maksud untuk menajamkan pendengaran
귀부인(貴夫人) istri anda 《yang mulia》
귀부인(貴婦人) wanita terhormat; wanita bangsawan
귀빈(貴賓) tamu kehormatan; tamu yang penting (yang terkenal; yang terhormat); orang yang sangat penting; orang Vip ⊙ 귀빈석 tempat duduk yang disediakan untuk tamu terhormat (yang terkenal); tempat duduk VIP. 귀빈실 ruang (suite) VIP
귀뿌리 pangkal telinga
귀사(貴社) perusahaan anda
귀서(貴書) surat anda
귀 설다 tidak lazim untuk telinga; tidak biasa untuk pendengaran
귀성(歸省) pulang kampung; mudik ⊙ 귀성객 orang mudik; orang yang pulang kampung
귀소본능(歸巢本能) naluri untuk pulang
귀속(歸屬) pengembalian; kembalinya 귀속하다 kembali pada; dikembalikan
귀순(歸順) pembélotan 귀순하다 membélot; lari 《dari bangsanya》 lalu memihak kepada musuh ⊙ 귀순자 pembélot
귀신(鬼神) ①【영혼 · 혼령】 hantu; arwah orang yang meninggal; arwah yang tidak berwujud;【악령】sétan; iblis; jin ¶귀신이 곡할 일(이다) sesuatu yang mengejutkan; sesuatu yang tak disangka-sangka ②【어떤 일에 재주가 뛰어난 사람】 gaib; supernatural
귀싸대기 ⇒ 빰따귀 tampar ¶ 귀싸대기를 맞다 kena tampar
귀 아프다 bosan; jemu
귀양 ⇒ 유배 pembuangan; pengasingan ¶귀양 보내다 mengasingkan; membuang; menghukum ke 《tempat》 pengasingan ⊙ 귀양살이 kehidupan di pengasingan
귀 에지 tahi telinga; kotoran kuping
귀엣말 bisikan 귀엣말하다 berbisik
귀여겨듣다 mendengarkan dengan teliti (hati-hati)
귀 여리다 mudah tertipu; mudah percaya
귀여워하다 menyayangi; menimang; memanjakan; memeluk sambil membelai
귀염 kesayangan; kasih sayang; cinta ¶귀염(을)받다 dicintai; disukai; menjadi kesayangan ⊙ 귀염둥이anak sayang; anak emas
귀염성 sifat menarik; sifat memikat hati; daya tarik; pesona; kecantikan; keluwésan 귀염성스럽다 ⇒ 귀엽다 ¶귀염성 있다 sangat menarik; mempesona; memikat hati; manis
귀엽다 sangat menarik; mempesonakan; luwés; cantik; molek; manis

귀영(歸營) 귀영하다 kembali ke barak (ke més tentara) ⊙ 귀영시간 waktu kembali ke barak (ke més tentara)
귀의(貴意) kehendakmu (kemauanmu; hasratmu); pendapatmu; pikiranmu
귀의(歸依) ketaatan; kesetiaan; 【개종】 berubah masuk 《agama Budha》 귀의하다 berubah menjadi; masuk agama; memeluk; mencakup ¶기독교에 귀의하다 memeluk agama Kristen; berubah menjadi agama Kristen ⊙ 귀의자 orang yang masuk agama lain; muallaf
귀이개 pengorék telinga; alat pembersih telinga
귀인(貴人) bangsawan; tokoh yang terkemuka; orang yang berkedudukan tinggi ⊙ 귀인상(相) wajah mulia; wajah ningrat. 귀인성 《sifat》 kebangsawanan
귀일(歸一) 귀일하다 menjadi satu; bersatu; bergabung menjadi satu ⊙ 귀일법 métode (cara) penyatuan
귀임하다(歸任-) kembali ke tempat tugas (ke jabatan)
귀잠 tidur nyenyak ¶귀잠 들다 tertidur nyenyak
귀재(鬼才) 【뛰어난 재능의 소유자】 jagoan; ahli; orang yang sangat jenius; 【재주】 bakat yang luar biasa
귀젖 pelekatan (adhési) kulit dekat telinga
귀족(貴族) kaum (orang) bangsawan; priyayi ¶귀족의 bangsawan; ningrat; aristokratis; berdarah biru ⊙귀족계급 golongan bangsawan (aristokratis)
귀중(貴中) Yth (yang terhormat); Tuan-tuan; Saudara-saudara ¶ P회사 귀중 kepada Yth Perusahaan P
귀중(貴重) sifat berharga; kemuliaan 귀중하다 berharga; mulia; tidak terhingga nilainya ¶귀중한 시간 waktu yang berharga ⊙ 귀중품 barang berharga; benda yang berharga
귀지 kotoran telinga; lendir telinga; kopok; nanah yang keluar dari lubang telinga
귀지(貴紙) surat kabar anda
귀지(貴誌) majalah anda
귀착(歸着) ①【돌아감】 pengembalian; kembalinya 귀착하다 kembali ②【귀결】 kesudahan; hasil; akibat 귀착하다 mencapai keputusan (hasil) ⊙ 귀착점 kesimpulan; penutup kata
귀찮다 ⇒ 성가시다 menyusahkan; merépotkan; suka mengganggu; tidak menyenangkan; tidak énak ¶귀찮은 듯이 dengan jéngkél; dengan cemas
귀천 orang mulia (ningrat) dan orang jelata; tinggi dan rendah ¶귀천의 차별 없이 tidak memandang pangkat; tinggi dan rendah sama saja
귀청 gendang telinga; gendang pendengar ¶귀청이 터질 듯이 요란한 memekakkan; menulikan; yang memekakkan telinga
귀체(貴體) anda; keséhatan anda
귀추(歸趨) kecenderungan; akibat; konsekuénsi ¶당연한 귀추로서 sebagai konsekuénsi alamiah; sebagai akibat sewajarnya (wajar)
귀퉁이 ①【귀 언저리】 lingkaran telinga; akar telinga ②【모퉁이】 sudut; pojok; pinggir; tepi ¶탁자 귀퉁이 sudut méja
귀틀 ¶귀틀집 gubuk
귀티(貴-) ⇒ 귀태
귀하(貴下) ①【당신을 높여 부르는 말】 Bapak; Tuan; Ibu; Nyonya ②【편지 · 문서 등에서 쓰이는 말】 Bapak (Tuan) yang terhormat ¶담당자 귀하 Tuan yang terhormat
귀하다(貴-) ①【신분이】 mulia; agung; yang patut dimuliakan; yang terhormat ②【가치가 귀중한】 sangat berharga ③【드물다】 jarang; langka; tidak biasa
귀한(貴翰) surat anda yang 《mulia; berharga》
귀항(歸航) perjalanan kembali; perjalanan pulang 귀항하다 mengadakan perjalanan kembali
귀항하다(歸港-) berlayar kembali ke pelabuhan
귀향하다(歸鄕-) pulang ke kampung halam an; pulang kembali ke tempat asal
귀화(歸化) naturalisasi; pewarganegaraan 귀화하다 dijadikan kewarganegaraan 《sebagai warganegara Korea》
귀환(歸還) kembali; kembali pulang; 【본

국으로】 dipulangkan ke negeri asal ⊙ 귀환병 tentara yang dikembalikan (dipulangkan) ke negeri asalnya. 귀환자 orang yang kembali; orang yang pulang ke tempat asal

귀휴(歸休) 귀휴하다 membébas-tugaskan sebelum habis masa dinas ¶귀휴중이다 bébas tugas dari dinas ⊙ 귀휴병 tentara yang sedang cuti

귓결 kebetulan mendengar; tanpa diduga-duga ¶귓결에 듣다 mendengar secara kebetulan

귓가 ⇒ 귓전

귓구멍 lubang telinga ¶귓구멍이 막히다 telinganya tersumbat (tertutup)

귓등 belakang kuping (telinga) ¶귓등으로 듣다 tidak mendengarkan dengan teliti; tidak memperhatikan

귓바퀴 daun telinga

귓밥 ①《ketebalan》 cuping telinga ②⇒ 귀에지

귓병(-病) penyakit telinga

귓불 cuping telinga ¶귓불만 만지다 bingung

귓속 bagian telinga; labirin ⊙ 귓속다짐 jawaban pasti yang dibisikkan

귓속말 ⇒ 귀엣말 ¶귓속말로 dengan berbisik

귓전 di dekat telinga; lingkaran telinga

규격(規格) standar; syarat baku ¶규격미달의 di bawah standar; tidak memenuhi syarat baku/규격화하다 menstandarisasikan; membakukan ⊙ 규격품 barang standar. 규격 미달 품 barang yang ada di bawah standar

규례(規例) peraturan dan ketetapan

규명(糾明) pemeriksaan secara teliti; penyelidikan 규명하다 memeriksa secara teliti; memeriksa (menyelidiki) dengan seksama (teliti)

규모(規模) ①【규범】 peraturan; kebiasaan; contoh; teladan ②【짜임새】 skala; 《체재》 derajat; tingkat; 【범위】 jangkauan; lapangan; 《구조》 struktur; skala; susunan; kerangka ③【계획성 · 짜임새】 éféktif ¶규모 있게 돈을 쓰다 mempergunakan uang dengan éféktif

규방(閨房) ①【안방】 tempat tinggal para wanita ②【도장방】 kamar tamu (kamar duduk) wanita; kamar hias wanita ⊙ 규방문학 kesusasteraan (sastra) yang ditulis mengenai kehidupan wanita dalam masyarakat féodal

규범(規範) norma; hukum; peraturan; standar; ukuran ⊙ 규범법칙 hukum norma; hukum adat

규사(硅砂) silika

규산(硅酸) 【화학】 asam silika ⊙규산염 silikat

규소(硅素) 【화학】 silikon ⊙ 규소수지 damar

규수(閨秀) ①【처녀】 perawan; wanita yang belum kawin ¶김 씨 댁 규수 anak gadis Tuan Kim ②【학식 있는 여자】 wanita yang terpelajar; wanita yang berkecimpung dalam bidang sastra ⊙ 규수작가 penulis (pengarang) wanita

규약(規約) ①【규정】 peraturan; aturan; régulasi ¶규약을 어기다 melanggar peraturan ②【협약】 perjanjian; persetujuan; akad; fakta ¶규약을 맺다 mengadakan perjanjian (kontrak)

규율(規律) ①【규정】 peraturan; aturan; disiplin ②【질서】 tertib ¶규율 있는 secara teratur (rapi)

규정(規定) peraturan 규정하다 ditentukan; ditetapkan ¶규정의 yang sudah ditentukan (ditetapkan); teratur ⊙ 규정 식【병자 등의】 diét (makanan) yang sudah ditentukan. 통행규정 peraturan lalu-lintas; peraturan jalan. 현행규정 peraturan tetap

규정(規程) peraturan resmi; ketentuan

규제(規制) pengaturan; pembatasan; pelarangan; réstriksi; pengawasan, pengendalian 규제하다 mengatur; membatasi; melarang; mengawasi; mengendalikan ⊙ 교통규제 pengaturan (pengendalian) lalu lintas

규조(硅藻) 【식물】 diatom ⊙ 규조토(土) tanah diatom

규중(閨中) kamar duduk (kamar tamu) wanita; kamar hias wanita ⊙ 규중처녀 gadis; perawan

규칙(規則) peraturan; norma; hukum; tatanan ¶규칙대로 menurut (berdasarkan) peraturan; sesuai dengan peraturan/규칙적 teratur; biasa; tetap; regular ⊙ 규칙동사 kata kerja teratur. 규칙위반 pelanggaran peraturan

규탄(糾彈) tuduhan; pendakwaan; celaan; kecaman; pengaduhan 규탄하다 menuduh; mencela; mengadukan; mencela

규토(硅土)【화학】silika

규폐(증) (硅肺症)【의학】silikosis; penyakit batu ⊙ 규폐 환자 penderita silikosis

규합하다(糾合-) mengumpulkan; mengerahkan; menghimpun

규화(硅化)【화학】silifikasi ⊙ 규화물(物) silisida

규환(叫喚) teriakan; ingarbingar; gaduh; jeritan; raungan; pekikan ⊙ 아비규환 teriakan yang menderita sekali

균(菌) virus; basil; baktéri; kuman ⊙결핵균 basil TBC; *tuberculosis bacilli*. 콜레라균 virus koléra. 균배양 kultur baktéri

균등(均等) kesamaan; persamaan keseluruhan 균등하다 sama; bersama; sederajat; sejajar; rata ¶균등하게 secara keseluruhan ⊙ 기회균등주의 dasar (prinsip) kesempatan yang sama (kesamaan kesempatan)

균류(菌類) jamur; fungi ⊙ 균류 학 fungologi; ilmu tentang jamur

균배하다(均配-) membagi sama; membagi rata

균분(均分) pembagian secara sama 균분하다 membagi secara sama; menyamakan; meratakan

균열(龜裂) ①【물체의】retakan; keretakan; celah; belahan ¶벽면의 균열 retakan témbok ②【관계의】kegagalan; perpisahan; perceraian 균열하다 gagal; berpisah; bercerai

균일(均一) kesamaan; persamaan 균일하다 sama; sederajat ¶균일하게 하다 menyatukan; mempersatukan ⊙ 균일요금【운임】tarip (harga) yang sama. 균일제도 sistém sama

균질(均質) homogénitas ⊙ 균질로(爐) réaktor homogén. 균질체(體) bahan homogén

균할(均割) pembagian sama 균할하다 membagi dengan sama

균형(均衡) keseimbangan ¶균형을 유지하다【잃다】menjaga【kehilangan】keseimbangan ⊙균형발전 perkembangan yang seimbang (yang teratur). 균형예산【재정】anggaran【keuangan】belanja seimbang

귤(橘) buah jeruk; buah jeruk Mandarin; buah jeruk keprok ¶귤껍질 kulit jeruk

그[1]【물건】itu;【사람】orang itu; dia; ia ¶그의 milik dia

그[2] ¶그날 waktu itu

그간(-間) ⇒ 그 동안

그같이 seperti itu

그건 그렇고 omong-omong

그것 ①【사물】itu ②【사람】orang itu; orang seperti itu

그곳 tempat itu ¶그곳에 di sana

그글피 empat hari dari sekarang

그까짓 semacam itu; demikian; sepélé itu; tidak berharga; sedikit; kecil

그끄저께, 그끄제 tiga hari yang lalu

그나마(dan) itupun; bahkan itu

그나저나 omong-omong; bagaimanapun juga

그날 masa lalu; waktu lalu; pada hari itu juga ¶그날그날 setiap hari; tiap hari; sehari-hari; dari hari ke hari

그냥 ①【있는 그대로】seperti biasa; sebagaimana adanya; masih; tanpa berubah; tanpa berganti ¶그냥 두다 membiarkan sebagaimana adanya; membiarkan seorang diri ②【아무 생각 · 조건 없이】sebagaimana adanya; tanpa melakukan apa-apa; tanpa berbuat apa-apa

그네 ayunan; buaian ¶그네 뛰다 berayun-ayun; main ayunan

그네(들) mereka ⟪subyék⟫ ¶그네의 meréka ⟪positif⟫

그녀(女) dia; ia

그놈 dia (ia) yang jahanam; itu; hal yang jahanam

그늘 ①【응달】naungan; tempat teduh ¶그늘에서 di tempat yang teduh ②【보호】perlindungan; pemeliharaan; asuhan ③【걱정 · 근심의 표정】bayangan

그늘지다 ①【그늘이 생기다】 dinaungi; dibayangi; teduh; rindang ¶그늘진 곳 tempat teduh ②【표정이 어둡다】 murung; gelap; suram
그다지 ⇒ 그렇게, 그리 tidak begitu
그대 anda ¶그대들 anda sekalian
그대로 ①【있는 그대로】 yang ada; sebagaimana adanya ¶꼭 그대로 하다 kerjakan persis seperti demikian ②【곧】 lalu; setelah itu; oléh sebab itu; segera; sekarang juga
그도 그럴 것이 tidak héran …sebab; tidak menghérankan; ltu tidak menghérankan bahwa
그동안 selama itu (ini)
그 뒤 semenjak (sejak) waktu itu
그득하다 penuh
그들 meréka
그들먹하다 hampir penuh
그따위 hal (orang) yang seperti itu (demikian)
그때 pada waktu(saat) itu
그라비어【인쇄】 gambar négatif
그라운드 lapangan 《permainan》; stadion; aréna; gelanggang; tempat bermain
그랑프리 hadiah pertama; *grandprix*
그래[1] ⇒ 그래서
그래[2] ①【평교·아랫사람에게】 ya; baiklah ¶너 가지 않니? 그래, 안가 Kamu tidak pergi? Tidak, saya tidak 《pergi》. ②【그러니·글쎄】 Apa?; Baiklah ¶그래? 어쨌단 말이오 Mau apa?; Apa salahnya?
그래도 tetapi; sekali pun (sungguhpun) itu caranya; biarpun demikian; namun; meskipun demikian; bahkan; bagaimanapun; betapapun
그래서 karena (sebab) itu; oléh sebab (karena) itu; jadi; kalau begitu
그래야 hanya; jika orang berbuat (berkata) demikian; harus begitu
그래프 grafik ¶그래프를 그리다 menggambar grafik ⊙ 그래프용지 kertas grafik. 막대그래프 grafik balok
그래픽 grafik 《majalah》 ¶컴퓨터 그래픽 grafik komputer ⊙ 그래픽 디자이너 pelukis (perancang) grafik. 그래픽아트 seni grafik
그랜드 besar ⊙ 그랜드피아노 piano besar
그랜드 스램 gran slém
그램 gram ⊙ 그램칼로리 satu gram kalori
그러그러하다 biasa saja; tidak baik dan tidak pula buruk; hampir sama
그러나 tetapi; masih
그러나저러나 ⇒ 그나저나 bagaimanapun juga; namun demikian
그러넣다 memasukkan; menyelipkan; menempatkan
그러니까 oléh karena itu; oléh karenanya; karena itu; sebagai akibat; maka dari itu; sesuai dengan; jadi
그러니저러니 ini atau itu
그러담다 mengumpulkan ke dalam
그러당기다 menarik
그러들이다 mengumpulkan; mengambil
그러면 ①【그렇게 하면】 jika demikian; kalau begitu ②【그렇다고 하면】 jadi; kalau itu terjadi; jika anda melakukan hal itu
그러모으다 mengumpulkan
그러므로 oléh karena (sebab) itu; maka; sehingga
그러안다 memeluk; merangkul
그러자 lalu; kemudian
그렇잖아도 dan lagi; lagi (tambahan) pula
그러잡다 memegang
그러저러하다 begini dan begitu; ini dan itu
그러쥐다 memegang; meraih; menggenggam
그러하다 begitu; demikian
그럭저럭 bagaimanapun juga; entah bagaimana
그런 demikian; begitu; seperti itu (ini)
그런고로 karena itu; maka
그런대로 ⇒ 그럭저럭
그런데 tetapi; namun; pada hal
그런데도 ⇒ 그럼에도 불구하고 akan tetapi; walaupun demikian
그런즉 ⇒ 그러므로 karena itu; maka
그럴듯하다 ①【사실처럼 보이지만 실은 거짓인】 ¶그럴 듯한 거짓말을 하다 pandai berbohong (berdusta) ②【꽤 훌륭하다】 ¶그럴듯하게 살다 hidup agak méwah
그럴싸하다 ⇒ 그럴듯하다
그럼 ①【그러면, 그렇다면】 kalau begitu;

kalau demikian ②【긍정의 대답】 ya; tentu
그럼에도 불구하고 akan tetapi; walaupun demikian
그렁그렁하다 ①【눈물이】 berkaca-kaca; tergenang dengan air mata ②【뱃속이】 gembung
그렇게 begitu; sebanyak (sebaik) itu; sebegitu
그렇고말고 sungguh; tentu
그렇다 begitu; demikian ¶그렇다면 jika demikian; kalau begitu
그렇다고 demikian; tapi
그렇지 ①【긍정의】 ya, itu benar ¶그도 그렇지만 ltu benar, tetapi ②【상대방의 동의를 구하여】 bukan(kan)? ¶농담이지, 그렇지? Kamu bercandan, kan?
그렇지만 ⇒ 그러나
그렇지 않아도 sebetulnya; sebenarnya
그렇지 않으면 kalau tidak
그레이드【외래어】kelas; kwalitas
그레코로만형(-型) gaya Greco-Roman
그로기【외래어】 grogi; pening; puyeng; terhuyung-huyung
그로테스크【외래어】 anéh sekali; fantastis
그루 ①【나무의】 tunggul; pohon ¶한 그루의 소나무 satu pohon pinus ②【농사의】 hasil; panén; tanaman pangan ⊙ 그루갈이 dua kali tanam dalam setahun. 그루터기 tunggul pohon; tunggak
그룹 【외래어】kelompok; grup; golongan ¶그룹을 지어 dalam kelompok ⊙그룹사운드 bén orkés; kelompok (band) musik. 그룹 활동 kegiatan kelompok
그르다 ①【옳지 않다】 salah ②【나쁘다】 buruk; tidak bagus; tidak énak ③【가망이 없다】 tiada (tidak ada) harapan
그(르)렁 거리다 【소리가】 berbunyi menciut-ciut; mendesah; berdesah
그르치다 merusak; mudarat; menggagalkan; menghancurkan
그릇[1] ①【물건을 담는 용기】 bejana; wadah; mangkok; cangkir ②【능력, 도량】 kemampuan; kaliber ¶그릇이 크다 orang yang berkemampuan besar
그릇[2] secara salah; mukhalafah ¶그릇 전하다 melapor secara salah
그릇되다 menjadi salah; gagal
그리 ①【그다지 · 그렇게】 begitu; sebegitu ②【그쪽으로】 di sana; ke sana
그리고 dan
그리니치 Greenwich ⊙ 그리니치 전문대 Kerajaan Observatorium *Greenwich*. 그리니치 표준시 Waktu *Greenwich* (GMT)
그리다[1] 【그리워하다】 rindu
그리다[2] ①【그림을】 menggambar; melukis ②【표현하다, 묘사하다】 menggambarkan ③【상상하다, 떠올리다】 membayangkan
그리스 Yunani ⊙ 그리스문명 peradaban Yunani. 그리스정교회 Geréja Ortodok Yunani
그리스도 Kristus; Isa (Al-Masih)
그리움 rindu; keibaan ((hati)); nostalgia
그리워하다 ⇒ **그리다**[1]
그리하여 ⇒ 그래서 oléh karena (sebab) itu; demikian
그린 【골프】 hijau; padang rumput ¶그린에 공을 올리다 letakkan bola di padang rumput
그린벨트 lapangan (daérah) *green*
그릴 ruang makan; alat pemanggang; tempat pembakar
그림 gambar; lukisan; painting ⊙ 그림물감 cat minyak; zat warna. 그림엽서 kartu pos bergambar. 그림책 buku bergambar
그림자 ①【빛에 의한】 bayangan; refléksi ②【수면 등에 비친】 bayangan; refléksi ③【사람의 자취】 jejak ④【근심 · 불행 등의 표정】 bayangan
그립다 merasa rindu; merasa kangen
그만 ①【그만한】 hanya; sedikit; réméh ②【그 정도까지만】 sejauh itu ③【그만하고 …하다】 berhenti ¶그만 자자! Berhentilah! Mari kita tidur. ④【어찌해 볼 도리 없이】 akhirnya; dengan begitu saja
그만그만하다 ⇒ 비슷비슷하다 hampir sama; serupa
그만두게 하다 【사람에게】 menyuruh berhenti; 【면직】 memecat; memberhentikan
그만두다 ①【중단 · 중지하다】 berhenti ②【사임】 mengundurkan diri; berhenti
그만이다 ①【다다】 berakhir; (상관없다) tidak peduli; tidak apa-apa; tidak men-

jadi masalah ②【더할 나위 없이 좋다】 (a) (최고) baik; paling baik; hébat; bagus (b) (충분 · 만족) mencukupi; akan cukup

그만저만하다 menjadi tidak terlalu baik dan tidak terlalu buruk

그만큼 sebanyak itu; sejauh itu

그만하다 dalam keadaan sebegitu; tidak lebih baik atau lebih buruk; hampir sama; kira-kira

그맘때 kira-kira pada waktu (masa) itu

그물 jala; jaring ¶그물을 치다 memasang jala; merentangkan jala ⊙ 고기그물 jaringan ikan; jala ikan. 그물코 ⇒ 그물눈 simpul jaring; mata jala. 새그물 jaring burung

그믐 akhir (hari terakhir) bulan ⊙ 그믐날 ⇒ 그믐 hari terakhir bulan. 섣달그믐 malam tahun baru

그 밖 yang lain; sisanya; di samping itu ¶그밖에 selain; lebih-lebih; di sisi lain

그뿐 tidak lebih dari itu

그사이, 그새 dalam pada itu; sementara itu

그슬리다 hangus; menggosong; membakar

그악스럽다 ①【장난이 심하다】 nakal; merécok ②【부지런하다】 terlalu rajin; getol; tekun

그야말로 benar-benar; sungguh; tentunya

그 역시(-亦是) itu pun

그윽하다 ①【장소가】 terpencil ②【생각 · 뜻 따위가】 dalam; mendalam ③【정취가】 dalam dan sepi

그을다 ①【연기에】 terbakar; gosong ②【볕에】 menjadi terbakar matahari; dicoklatkan kulitnya

그을음 jelaga; arang para; arang pagu ¶그을음이 앉다【끼다】 berjelaga

그이 orang itu; dia; ia

그이들 meréka

그저 ①【그대로 줄곧 ⇒ 마냥】 masih; terus-menerus; tidak henti-hentinya ②【무조건, 까닭 없이】 tanpa alasan apapun ③【단지】 hanya; sedikit ¶그저 재미로 hanya iseng-iseng (bersenang-senang) saja

그저께 kemarin dulu

그전(-前) waktu lampau; masa lampau ¶그전에 dahulu; dulu; lama

그제야 baru; hanya bila

그중(-中) di antara lain-lainnya; di antara meréka

그지없다 tiada habisnya; tidak ada batasnya; tidak terbatas; 【표현할 수 없다】 melebihi ungkapan

그쪽 ①【그곳】 sana ②【상대방】 meréka; orang itu

그쯤 ①【그 정도】 sebanyak itu ②【장소】 di suatu tempat; di seberang sana

그치다 berhenti; berakhir

그토록 ⇒ 그렇게 begitu ((banyak)); sebanyak itu; sebegitu

그 후(-後) sejak saat itu; setelah itu; kemudian; lalu

극(極) ①【지구 · 자석 등의】 kutub ¶북극 kutub utara ②【막다른 지경 · 절정】 puncak ¶ 비애의 극 puncak penderitaan ⊙ 극지방 daérah kutub

극(劇) drama; sandiwara; lakon; tonil ¶ 극을 공연하다 menunjukkan sandiwara ⊙ 극작가 dramatisi; penulis karya drama. 복수극 drama balas dendam. 교훈극 drama moral

극광(極光) aurora; cahaya kutub

극구(極口) benar-benar ¶극구칭찬하다 memuji setinggi langit

극권(極圈) lingkaran kutub ¶남극권 lingkaran kutub selatan

극기(克己) pengendalian diri; riadat; mawas diri 극기하다 menahan kemauan; menahan nafsu ⊙ 극기심(心) semangat menahan nafsu; semangat membela diri

극단(極端) ékstrém; radikal ¶극단의 ékstrém; berlebihan/극단적으로 secara ékstrém; secara berlebih-lebihan ⊙ 극단론 pandangan (pendapat) ékstrém. 극단주의자 ékstrémis

극단(劇團) kelompok drama; paguyuban ¶ 지방 순회극단 rombongan drama berkeliling ke daérah ⊙ 국립극단 Rombongan drama Nasional

극단(劇壇) panggung sandiwara; dunia teater

극대화(極大化) maksimalisasi 극대화하다 memaksimalkan

극도(極度) ékstrém; derajat yang paling tinggi; kebutuhan sangat; sepenuhnya; puncak ¶극도의 terbanyak; maksimum /극도에 달하다 mencapai batas tertinggi; mencapai maksimum

극동(極東) Timur Jauh ⊙ 극동문제 masalah kawasan Timur Jauh

극락(極樂) ①【불교】 surga; Firdaus; Nirwana ⊙ 극락(세)계 tempat tinggal (dunia; tanah) kebahagiaan yang sempurna. 극락왕생(往生) mati dengan tenang. 극락정토(淨土) tanah kebahagiaan. 극락조(鳥) burung surga; burung déwata

극력(極力) sepenuhnya; dengan gigih ¶극력 부인하다 mengingkari dengan gigih

극렬(劇烈) keras; gigih; ékstrém ⊙ 극렬분자 radikal; ékstrémis

극론(極論) argumén yang ékstrém 극론하다 mengadakan argumén yang ékstrém

극명하다(克明-) jelas; pasti

극미(極微) ¶극미한 mikroskopis; atomis ⊙ 극미량 jumlah yang sangat kecil

극복(克服) penaklukan; penundukan; penanggulangan 극복하다 menaklukan; menundukan; mengatasi; menanggulangi ¶극복하기 어려운 tidak dapat mengatasi ((kesukaran))

극본(劇本) ⇒ 각본

극북(極北) kutub utara; utara jauh

극비(極秘) kerahasiaan yang ketat; kerahasiaan sepenuhnya ¶극비리에 di bawah rahasia yang terketat; dalam sifat yang amat rahasia ⊙ 극비리서류 dokumén rahasia

극빈(極貧) kemiskinan (kemelaratan) yang sangat parah 극빈하다 sangat miskin ⊙ 극빈자 orang miskin; orang yang melarat; fakir miskin. 극빈층 lapisan masyarakat yang sangat miskin

극상(極上) ¶극상의 terbaik; paling baik ⊙ 극상품(品) barang dengan mutu yang terbaik

극서(極暑) panas terik

극성(極盛) ¶극성떨다, 극성스럽다 tidak sabar; terlalu ékstrém; bergiat; sangat gila

극소(極小) minimum; terkecil ¶극소의 paling kecil

극소수(極少數) minoritas; sedikit sekali; 【수학】 jumlah minimum ⊙ 극소수치 nilai minimum

극심하다(極甚-) keras; sangat; hébat; ékstrém

극악(極惡) 극악하다 bengis; keji ¶극악무도하다 sangat kejam (keji) ⊙ 극악인 penjahat yang bengis (keji)

극약(劇藥) ①【독약】 obat racun (yang mematikan) ②【비유적】 ¶극약 처방 tindakan (langkah-langkah) ékstrém

극언(極言) kritikan keras; perkataan dengan terus terang ¶극언하다 berbicara keras; bicara ékstrém

극영화(劇映畵) film drama

극우(極右) kelompok ékstrém kanan ¶극우의 ultra nasionalistik; golongan ultra kanan ⊙ 극우파 golongan kanan yang ékstrém

극작(劇作) karangan sandiwara; skénario 극작하다 menulis sandiwara (drama)

극작가(劇作家) penulis drama; dramawan

극장(劇場) bioskop; gedung bioskop; 【연극·무용 등을 공연하는】 gedung komedi ⊙ 극장식당 réstoran gedung bioskop

극적(劇的) dramatis ¶극적인 분위기 adégan dengan suasana terharu

극점(極點) puncak; dasar titik terendah

극좌(極左) ékstrém kiri ¶극좌의 ultra kiri ⊙ 극좌분자 anggota sayap kiri. 극좌파 golongan ékstrém kiri; golongan kiri yang ékstrém

극지(極地) kutub; daérah kutub ⊙ 극지탐험 ékspedisi kutub

극진(極盡) kelakuan terbaik; kebaikan sepenuhnya; kesetiaan yang dalam ¶극진한, 극진히 sangat ramah

극찬하다(極讚-) memuji sangat tinggi

극초단파(極超短波) gelombang mikro

극치(極致) puncak; pemuncak; tingginya; sempurna; titik kulminasi

극한(極限) batas; limit ¶극한에 달하다 mencapai batas ⊙ 극한상황 situasi yang ékstrém

극한(極寒) sangat dingin

극형(極刑) hukuman mati hukuman maksimum; hukuman yang seberat- beratnya

극히(極-) sangat; sungguh-sungguh; hébat sekali; tertinggi

근(根) ①【부스럼의】 mata bisul ②【수학】 akar radikal 평방(입방)근 akar kuadrat (pangkat tiga)

근(筋) otot ¶근운동 gerakan otot

근(斤) *geun* (= 0.6 kilogram)

근간(近刊) penerbitan terbaru ⊙ 근간서 terbitan terbaru

근간(近間) ⇒ 요새 tidak lama; dalam beberapa hari; segera

근간(根幹) ①【뿌리와 줄기】 akar dan batang ②【근본】 dasar; pokok

근거(根據) dasar; alas; landasan; pokok ¶ 근거가 있는 berdasar

근거리(近距離) jarak péndék ¶근거리에 있다 ada dekat ⊙ 근거리 전화 télépon jarak dekat

근거지(根據地) ⇒ 본거지 pangkalan; basis; tempat dasar

근검(勤儉) hémat 근검하다 berhémat ⊙ 근검저축 penghématan dan tabungan

근경(近景) pandangan (jarak) dekat

근경(根莖) 【식물】 rhizoma; akar tinggal; batang di bawah tanah

근계(謹啓) dengan hormat

근골(筋骨) tulang dan otot; 【체격】 bentuk badan

근교(近郊) daérah pinggiran kota ¶서울 근교에 di daérah pinggiran kota Seoul

근근이(僅僅-) dengan susah payah ¶근근이 먹고살다 hidup pas-pasan

근기(根氣) daya tahan; ketabahan; ketetapan hati; keulétan; kesabaran; ketekunan ¶근기 있는 sabar; tabah/근기 있게 dengan ketekunan

근년(近年) tahun-tahun belakangan ini

근농(勤農) usaha tani yang aktif

근대【식물】 bit sayur

근대(近代) zaman modérn; zaman terbaru ¶근대의 modérn; mutakhir/근대적인 modérnistik ⊙근대사 sejarah modérn. 근대화 modérnisasi

근대화하다(近代化-) modérnisasi; memodérnisasi

근동(近東) Timur Dekat

근래(近來) tahun-tahun terakhir; waktu akhir-akhir ini ¶근래의 baru-baru ini; belakangan; akhir-akhir ini

근량(斤量) ⇒ 근수 ¶근량을 속이다 memberikan bobot(berat) yang kurang

근력(筋力) ⇒ 기력(氣力) kekuatan otot; kekuatan fisik

근로(勤勞) kerja; perburuhan 근로하다 bekerja; memburuh ⊙ 근로계급 kelas pekerja. 근로계약서 kontrak (perjanjian) pekerjaan. 근로소득 pendapatan dari pekerjaan (usaha); pendapatan dari pelayanan pribadi; penghasilan yang diterima. 근로시간 jam kerja. 근로자 pekerja; karyawan

근린(近隣) ⇒ 근처 ⊙ 근린시설 fasilitas masyarakat

근면(勤勉) kerajinan; ketekunan ¶근면한 rajin; giat bekerja; tekun

근모(根毛) ⇒ 뿌리털 bulu akar

근무(勤務) tugas; pekerjaan; dinas 근무하다 bertugas; berdinas; bekerja ⊙ 근무시간 jam kerja; waktu kerja. 근무연한 masa dinas. 근무자 pekerja. 근무조건 kondisi (syarat-syarat) kerja

근방(近方) 【근처】 di lingkungan; 【주변】 di sekitar

근배(謹拜) Wassalam; Hormat saya(kami)

근본(根本) ①【기본 · 본질】 dasar; asal mula; sumber; akar ¶근본적 dasar; pokok/근본적으로 secara dasar; secara menyeluruh ②【집안, 성격】 asalnya ⊙ 근본문제 masalah pokok; kunci pertanyaan. 근본원리 prinsip pokok. 근본주의 fundaméntalisme

근사(近似) perkiraan; penaksiran; taksiran; kemiripan; keserupaan; persamaan 근사하다 menyerupai; mirip; serupa ⊙ 근삿값 perkiraan; nilai pendekatan

근사하다 (近似) 【멋짐】 baik sekali; bagus; (음식) énak; (외모) tampan

근성(根性) ①【근본 · 성질】 sifat; 【타고난】 watak ¶근성이 나쁜 bersifat buruk ②【의지력】 kemauan yang keras ⊙ 상인근성 semangat (jiwa) pedagang. 섬나라근성 jiwa picik

근세(近世) waktu terakhir; zaman modérn ⊙ 근세사 sejarah modérn

근소하다(僅少-) sedikit; kurang ¶근소한

차로 이기다 menang tipis; menang dengan béda suara kecil
근속(勤續) dinas berkesinambungan 근속하다 berdinas berkesinambungan; melanjutkan pelayanan ⊙ 근속수당 tunjangan berdinas lama. 근속연한 lamanya berdinas seseorang. 근속자 orang dalam waktu pelayanan yang lama. 20년 근속자 orang yang berdinas 20 tahun terus-menerus
근수(斤數) ⇒ 무게 bobot; berat ((dinyatakan dalam *geun*))
근수(根數)【수학】akar ((untuk angka))
근시(近視)【의학】myopia; penglihatan dekat; rabun dekat ¶근시의 menderita myopia; bermata dekat; bermata lamur /근시안적 rabun dekat; (의학) myopia/ 근시안적 사고방식 berpikiran sempit
근신(謹愼) kehati-hatian; kebijaksanaan; pengendalian diri;【개전】rasa sesal 근신하다 berhati-hati dalam berkata dan bertindak; berkelakuan (bertingkah laku) baik; ditahan di rumah
근실하다(勤實-) rajin
근실거리다 kegatalan; merasa gatal
근심 kekhawatiran; kecemasan; kegelisahan 근심하다 mengkhawatirkan; merisaukan; mencemaskan
근엄(謹嚴) keseriusan 근엄하다 bersungguh-sungguh; serius ¶근엄한 태도 sikap serius; sungguh-sungguh
근염(筋炎)【의학】miositis; sakit bahu.
근영(近影) gambar terakhir seseorang
근원(根源)【기원】asal; sumber; sumber utama; permulaan;【근본】akar ¶분쟁의 근원을 없애다 mencabut akar kesulitan; menumbangkan sebab kesulitan
근위대(近衛隊) pengawal kerajaan
근육(筋肉) otot; urat daging ¶다리 근육이 뭉쳤다 Otot-otot kaki saya kram. ⊙ 근육주사 suntikan intramuskulér. 근육통 penyakit otot
근일(近日) segera; dalam waktu terdekat
근일점(近日點) perihelion; titik terdekat dari matahari
근자(近者) ¶근자에 baru-baru ini; belakangan ini
근작(近作), **근저**(近著) karya terbaru
근저(根底) dasar; pangkal; asal mula ¶근저를 이루다 membentuk dasar
근저당(根抵當) jaminan tetap
근절(根絕) pembasmian; pemberantasan; pemusnahan 근절하다 membasmi; menghapuskan; mencabut; memusnahkan 근절되다 diberantas; dimusnahkan ¶근절할 수 있는 dapat dibasmi
근점(近點) titik terdekat; perihelion
근접(近接) pendekatan 근접하다 mendekati ¶근접한 berdekatan/…에 근접하여 dekat kepada; di sekitarnya
근조(謹弔)【삼가 조의를 표함】Hormat saya menyampaikan belasungkawa.
근정(謹呈) persembahan; pemberian;【책에】dengan salam dari pengarang 근정하다 memberikan; mempersembahkan
근제(謹製) pembuatan yang cermat; (명사 뒤에서) membuat (memproduksi; mempersiapkan) dengan hati-hati 근제하다 dibuat (disiapkan) dengan cermat
근지럽다 ⇒ 간지럽다
근지점(近地點)【천문학】perigium; titik terdekat dengan bumi
근질거리다 ①【몸이 가렵다】gatal; merasa gatal ②【하고 싶어 참기 어렵다】keinginan besar untuk bertindak
근착(近着) kedatangan terbaru 근착하다 tiba (datang) baru-baru ini
근처(近處) sekeliling; sekitar
근치(根治) penyembuhan total; pencabutan penyakit sampai ke akar-akarnya 근치하다 menyembuhkan secara total ¶근치가 어렵다 sulit sembuh secara total
근친(近親) hubungan dekat; kerabat dekat ¶근친간이다 berhubungan rapat dengan ⊙ 근친혼 pernikahan antar keluarga pernikahan dengan kerabat dekat. 근친상간 perkosaan antar saudara sekandung
근친하다(覲親-) mengadakan kunjungan orang tuanya pertama kali setelah pernikahan
근하(謹賀) ⊙ 근하신년 Selamat Tahun Baru
근해(近海) perairan sekitar; laut yang berdekatan ⊙ 근해어 ikan pantai: 근해

어업 perikanan pantai. 근해항로 jalur pelayaran pantai

근행하다(覲行-) mengunjungi orang tua

근황(近況) kondisi baru-baru ini; situasi akhir-akhir ini; keadaan sekarang ¶요즘 근황은 어떠십니까? Apa kabar baru-baru ini?

글 ①【지식 · 학식】 ilmu pengetahuan ②【생각 · 말 등을 글자로 나타낸 것】 karangan; artikel; gaya bahasa; gaya ¶글을 짓다 menulis karangan; mengarang artikel ③【글자, 문자】 huruf; tulisan ¶글을 모르다 menjadi buta huruf

글귀(-句) ungkapan; ucapan; anak kalimat; istilah

글그렁거리다 【목이】 bunyi menciut-ciut; mendesah; berdesah; 【목을】 membuat bunyi desakan; membuat dengkuran ¶ 고양이가 목을 글그렁거리다 Kucing mendengkur.

글동무 teman sekolah

글라디올러스 【식물】 gladiol

글라스 gelas; kaca

글라이더 pesawat luncur; pesawat terbang layang

글래머 glamor; daya tarik ⊙ 글래머 걸 gadis yang glamor

글러브 【야구】 sarung tangan ⊙권투 글러브 sarung tangan tinju

글러지다 gagal; memburuk; diperburuk; bertambah buruk

글로벌 sedunia; sejawat

글루미【외래어】 suram; murung

글루타민 【화학】 glutamat ⊙ 글루타민 산(酸) asam glutamat

글리세린 【화학】 glisérin

글리코겐 【화학】 glikogén

글발 ①【글씨】 catatan ②【글씨 모양】 tulisan ③【문맥】 pertalian; hubungan ¶글발이 서다 dipertalikan secara logis

글방(-房) sekolah swasta

글썽거리다 air mata menggenang

글썽글썽 dengan mata menangis (berkacakaca) 글썽글썽하다 matanya terisi dengan air mata; air mata menggenang; hampir menangis

글쎄 ①【불확실 · 주저 · 의심 · 비난】 ¶글쎄 좀 기다려 보자 Baik, biarlah kita menunggu sebentar. ②【강조할 때】 ¶글쎄 내 말 들어 Biar, dengarkan aku.

글쓴이 penulis; pengarang

글씨 【필체】 tulisan tangan ¶ 글씨를 잘 쓰다 menulis dengan tulisan tangan yang bagus

글월 ①⇒ 글 ②⇒ 편지 ③⇒ 글자 ④⇒ 문장

글자(-字) huruf; aksara; abjad ¶글자 한 자 모르다 buta huruf

글재주 ¶글재주가 있다 berbakat menulis

글제(-題) subjék (subyék; pokok) téma

글짓기 ¶글짓기 대회 perlombaan (lomba) menulis

글쪽지 kartu kecil dengan tulisan

글피 dua hari setelah besok; hari setelah lusa

긁다 ①【손톱 · 날카로운 도구 등 연장으로】 menggaruk; menggorés ②【낙엽 등을】 mengumpul; menyapukan ③【감정 · 신경 등을】 menjéngkélkan; mengomél ④【남의 재물을】 memeras; merampas

긁어모으다 ①【낙엽을】 ¶낙엽을 긁어모으다 menyapukan daun-daun ②【돈을】 돈을 긁어모으다 mengumpulkan semua uang yang dimiliki

긁어먹다 ①【이 · 연장으로】 mengeruk; mengerat ②【재물을】 memeras; menggerogoti; mengambil (merampas) sedikit demi sedikit

긁적거리다 menggaruk-garuk; menggorés; mencorat-corét

긁히다 tergorés

금[1] 【값】 harga ¶금을 놓다 menawarkan harga

금[2] ①【선, 줄】 garis; guratan ②【접은 자국】 lipatan ③【균열】 sumbing; retak 금가다 retak

금(金) ①【황금】 emas ¶금을 입히다 melapisi emas/금값이 올랐다 harga emas naik ②【금속】 logam; perangkat keras ③【돈】 uang ④⇒ 금요일 ⑤【금메달】 médali emas ⊙ 금덩이 bongkah emas. 금가락지, 금반지 cincin emas

금(今) sekarang ini ¶금월 bulan ini/ 금세기 abad ini

금강력(金剛力) kekuatan Hérkules

금강산(金剛山) Gunung Geumgang di

Korea Utara ¶금강산도 식후경이라 【속담】 memandang gunung yang indah juga setelah makan.
금강석(金剛石) intan; jauhar; johar
금계(禁界) daérah terlarang
금계랍(金鷄蠟) 【약】 kina
금고(金庫) ①【돈 · 서류를 넣는】 lemari besi; peti besi ②【국고금의】 perbendaharaan; kantor kas ⊙ 금고털이 pembongkaran lemari besi; (사람) pembongkar peti (lemari) besi
금고형(禁固刑) ⇒ 금고 【법률】 pengurungan; pemenjaraan ¶10년간의 금고에 처하다 memenjarakan (mengurung) selama 10 tahun
금관(金冠) makhota emas
금과옥조(金科玉條) peraturan yang penting
금관악기(金管樂器) alat musik tiup
금광(金鑛) tambang emas; lapisan emas
금괴(金塊) emas batangan
금권(金權) kekuasaan uang; pengaruh keuangan ⊙ 금권정치 plutokrasi ¶요즈음은 금권만능의 세상이다 Uang merupakan segala-galanya pada waktu sekarang.
금궤(金櫃) kotak uang; kotak tabungan
금기(禁忌) 【의학】 tabu; kontra indikasi 금기하다 melarang; menabukan; berpantang
금남(禁男) dilarang bagi para pria ¶금남의 집 rumah yang tidak ada penghuni laki-laki; rumah tanpa lelaki
금년(今年) tahun ini
금 놓다 menentukan harga
금니(金) gigi emas ⊙ 금니박이 orang bergigi emas
금단(禁斷) larangan 금단하다 melarang ¶금단의 terlarang/금단의 열매 buah khuldi; buah larangan
금도금(金鍍金) penyepuhan 금도금하다 melapisi dengan emas; menyepuh
금란지계(金蘭之契) persahabatan intim
금력(金力) kekuatan kekayaan (uang); pengaruh uang; kekuasaan uang ¶금력에 좌우되다 dipengaruhi uang ⊙ 금력만능 dengan uang semua bisa. 금력정치 plutokrasi
금렵(禁獵) larangan berburu ⊙ 금렵구(지) suaka marga satwa; cagar alam. 금렵기 (期) masa dilarang berburu
금령(禁令) ⇒금지령 larangan ¶금령을 해제하다 mencabut larangan/금령을 어기다 melanggar larangan
금리(金利) bunga; suku bunga ¶금리를 올리다 【내리다】 menaikkan 【menurunkan】 bunga
금맥(金脈) urat emas
금메달(金-) médali emas ¶금메달을 따다 memenangkan médal emas ⊙올림픽 금메달리스트 médali emas Olimpiade
금명간(今明間) hari ini atau besok; dalam beberapa hari
금물(禁物) larangan; tabu; hal (barang) yang dilarang; 【유해물】 sesuatu yang berbahaya; (끊어야 할) sesuatu yang dijauhkan; (피해야 할) sesuatu yang dihindari
금박(金箔) tatahan emas; emas kerjang ¶금박을 입히다 menyepuh emas; melapisi emas
금발(金髮) rambut emas ¶금발의 pirang
금방(今方) ⇒방금(方今) saat ini; sekarang ini
금방(金房) toko emas
금번(今番)⇒이번 waktu ini; kini; akhir-akhir ini; belakangan ini
금법(禁法) hukum larangan
금보다 menghargakan; memberi harga; menilai
금본위(金本位) standar emas ⊙ 금본위제도 sistém standar emas
금분(金粉) debu (serbuk) emas
금불(金佛) arca (patung) emas Budha
금붕어(金-) ikan mas
금붙이(金-) barang yang dibuat dari emas; perhiasaan emas
금비(金肥) pupuk kimia; pupuk buatan
금비녀(金-) jepitan rambut emas
금빛 (金-) warna emas ¶금빛의 keemasan
금사(金絲) benang emas
금상(金像) patung (arca) emas
금상(今上) raja (kaisar) sekarang
금상첨화(錦上添花) 금상첨화하다 membuat bahkan lebih bagus; menambah kilauan kepada yang sudah cemerlang;

memperindah yang sudah cantik
금색(金色) ⇒금빛 warna emas
금서(禁書) buku yang dilarang
금석(今昔) yang lalu dan yang sekarang ¶금석지감 perubahan waktu
금석(金石) ①【쇠붙이와 돌】barang tambang dan batu-batuan; (비석의) monumén batu ②【굳음】akrab; tegas ¶금석지교(之交) persahabatan yang tegas
금성(金星) ①【천문학】Venus; bintang fajar; kejora ②【금빛의】Bintang Emas
금성철벽(金城鐵壁) bénténg (kubu) yang kuat
금세 sebentar lagi; segera
금세(今世)【불교】dunia (keduniaan) ini
금세공(金細工) kerajinan emas ⊙ 금세공장이 tukang emas
금세기(今世紀) abad ini
금속(金屬) logam ¶금속제(製)의 terbuat dari logam/금속화하다 métalisasi ⊙ 금속가공 pengolahan (pemrosésan) logam. 금속공 pekerja industri logam. 금속공학 ketéknikan logam. 금속악기 alat perkakas kuningan. 금속원소 unsur (élemen) logam. 금속제품 barang logam. 금속 탐지기 pendetéksi logam
금수(禁輸) émbargo; larangan ékspor (impor) 금수하다 mengenakan émbargo ⊙금수품 barang gelap; barang selundupan
금수(禽獸) burung dan binatang buas ¶금수와 같은 seperti binatang buas
금수(錦繡) kain brokat dan sulaman
금수강산(錦繡江山) ¶삼천리금수강산 tanah Korea yang indah
금시(今時) pada waktu sekarang ¶ 금시변하다 berubah dalam sekejap mata (secepat kilat) ⊙금시발복 kaya (suksés) mendadak
금시초문이다(今始初聞) melihat (mendengar) pertama kali; belum pernah mendengar sebelumnya
금식(禁食) puasa 금식하다 berpuasa ⊙금식일 *hari puasa*
금실(金-) benang emas
금실(琴瑟) semacam kecapi;【부부의】keharmonisan (kebahagiaan) suami isteri
금싸라기 (金-) benda yang bernilai tinggi ⊙금싸라기 땅 tanah yang mahal sekali harganya
금액(金額) jumlah uang
금어(禁漁) larangan menangkap ikan; "dilarang memancing" ⊙금어구(역) suaka laut
금언(金言) ①【격언】kata-kata mutiara (bijaksana); pepatah; peribahasa; aforisme; ucapan lama ②【법어】ucapan-ucapan Budha ⊙ 금언집 kumpulan peribahasa dan pepatah
금연(禁煙) larangan merokok;【게시】Dilarang merokok;【끊음】berhenti merokok; 금연하다 melarang merokok
금요일(金曜日) hari Jum'at
금욕(禁慾) pertarakan; pengendalian nafsu; pemantangan 금욕하다 melakukan semedi; mengendalikan nafsu ⊙ 금욕주의 pertapaan; faham pertarakan. 금욕주의자 orang yang bertapa; pertapa; orang yang bertarak. 금욕생활 hidup menjauhkan diri dari nafsu duniawi
금월(今月) ⇒ 이달
금융(金融) keuangan; perbankan; perédaran (sirkulasi) uang ¶금융을 긴축하다 memperketat pasar uang; memperketat krédit ⊙ 금융경색 kesukaran uang (monéter); situasi (pasar) uang ketat. 금융계 dunia keuangan; lingkungan perbankan. 금융기관 badan perbankan; lembaga keuangan. 금융사고 insidén bank; penipuan dalam pinjaman bank. 금융시장 pasar uang. 금융업 usaha perbankan; bisnis keuangan. 금융여신 panjar pinjaman. 금융정책 kebijakan keuangan
금융거래실명제(金融去來實名制) sistém transaksi keuangan dengan nama sendiri (nama sebenarnya); sistém penggunaan nama asli dalam perbankan
금은(金銀) emas dan pérak ⊙ 금은보배 uang dan barang berharga; harta. 금은세공 kerajinan emas dan pérak
금의(錦衣) pakaian brokat sutera
금의환향(錦衣還鄕) 금의환향하다 kembali (tiba) dengan penuh kebanggaan; pulang sarat dengan kesuksésan
금일(今日)⇒ 오늘 ¶금일 휴업【게시】Hari

ini ditutup. *atau* Tutup hari ini.
금일봉(金-封) lampiran (hadiah) uang¶금일봉을 주다 menghadiahkan uang
금자(金字) huruf emas
금자동이(金字-) anak tersayang; anak emas
금자탑(金字塔) piramid; karya yang monuméntal
금잔(金盞) piala emas
금잔화(金盞花)【식물】bunga marigold
금장식(金粧飾) dékorasi keemasan
금전(金錢) uang; duit ⊙ 금전등록기 mesin hitung. 금전출납계원 kasir; bendahara. 금전출납부 buku kas; buku rékening
금족(禁足) ①【불교】larangan masuk ②【외출 금지】kurungan; pengurungan 금족하다 mengurung dalam rumah ⊙금족령 perintah larangan keluar rumah
금주(今週) minggu ini ¶금주 중(中)으로 dalam minggu ini
금주(禁酒) 【끊음】 pantangan minum minuman keras 금주하다 berpantang minuman alkohol; berhenti minum alkohol; tidak minum alkohol ⊙ 금주가(家) orang yang pantang minum minuman alkohol. 금주운동 kampanye anti minuman keras. 금주주의자 penganjur larangan minuman keras
금 준비(金準備) cadangan emas
금줄(禁-) *geumjul*: tali jerami ¶금줄을 치다 menggantung tali jerami ((untuk mengusir roh-roh jahat))
금지(禁止) larangan; cegahan; haram; pantang 금지하다 melarang ¶주차(駐車) 금지【게시】Dilarang parkir. ⊙ 금지구역 daérah larangan
금지옥엽(金枝玉葉) ⊙ 【임금님의】 orang keturunan raja ②【귀하게 자란】putra-putri yang amat dicintai; anak emas ¶금지옥엽으로 자라나다 dibesarkan sebagai seorang pangeran (seperti anak emas)
금지환(金指環) cincin emas
금치산(禁治産) ketidakmampuan ⊙ 금치산자 orang yang secara hukum dinyatakan tidak kompetén (tidak mampu)
금침(金枕) bantal dan alas kasur yang sangat bagus
금테(金-) pinggiran emas ⊙ 금테안경 kaca-mata berpinggir (berbingkai) emas
금패(金牌) médali emas
금품(金品) uang dan barang berharga
금하다(禁-) ①【금지】melarang; mencegah; menindas; mengharamkan ②【억제하다·참다】menahan; menekan ③【욕망을 끊음】berhenti; memantangkan
금혼식(金婚式) ulang tahun kelima puluh "hari perkawinan"; perkawinan emas
금화(金貨) uang emas; mata uang emas
금환식(金環蝕)【천문학】lingkaran ((cincin)) gerhana matahari
금회(今回) kini; waktu ini
금후(今後) setelah ini; kemudian; di masa yang akan datang
급(急) ①【위급】bahaya; keadaan darurat; kritis ②【형용사적】genting; kritis; darurat;【극단의】ékstrém;【명사의】curam ¶급류 arus deras/급경사 léréng curam
급(級) kelas; tingkat; pangkat ¶급이 오르다 naik pangkat
급각도(急角度) sudut (bélokan) lancip (tajam) ¶급각도로 dengan tajam; dengan bélokan tiba-tiba
급감하다(急減-) menurun tajam; turun dengan cepat
급강하(急降下) penurunan cepat; penukikan 급강하하다 turun tiba-tiba; turun mendadak; menukik
급거(急遽) dengan buru-buru; dengan tergesa-gesa
급격(急擊) serangan tiba-tiba 급격하다 menyerang dengan tiba-tiba
급격하다(急激-) cepat; tiba-tiba; radikal; tajam ¶급격히(빠르게) dengan cepat; dengan tiba-tiba; dengan tajam
급경사(急傾斜) léréng curam; léréng terjal ¶급경사의 curam; tinggi
급급하다(汲汲-) bertékad untuk; bermaksud; berniat; sibuk
급급하다(急急-) ①【성미가】tidak sabar ②【사태가】urgen; mendesak ¶급급히 amat; sangat; tidak sabar
급고(急告) pengumuman mendesak 급고하다 mengumumkan dengan tiba-tiba;

memberi pengumuman mendesak
급기야(及其也) akhirnya; pada akhirnya
급등(急騰) kenaikan yang tiba-tiba; gejolak; loncatan 급등하다 naik dengan tiba-tiba; membumbung
급락(及落) anjlok; penurunan tiba-tiba; penurunan tajam (menukik) 급락하다 menurun dengan tiba-tiba
급료(給料) bayaran; gaji; upah
급류(急流) arus deras; arus yang cepat; riam; serasah ¶급류에 휩쓸리다 hanyut oléh arus deras
급박하다(急迫-) mendesak; urgén; gawat; kritis ¶급박해지다 menjadi gawat (kritis)
급변(急變) ①【이변】 keadaan darurat; kecelakaan ②【변함】 perubahan yang tiba-tiba 급변하다 berubah tiba-tiba
급병(急病) 《serangan》 penyakit yang tiba-tiba (mendadak) ¶급병의 경우에는 jika mendadak sakit ⊙급병환자 pasién mendesak (darurat) sakit
급보(急報) pesan yang mendesak 급보하다 mengirim pesan yang mendesak
급부(給付) pemberian; 【보험의】 pembayaran 급부하다 memberi; membayar
급사(急死) kematian tiba-tiba 급사하다 mati dengan tiba-tiba
급사(急使) utusan kilat
급사(給仕) ①【사무실의】 ⇒ 사환 ②【호텔의】 pelayan; pesuruh
급사면(急斜面) léréng yang curam; léréng terjal
급살(急煞) ¶급살 맞다 mati mendadak; menemui ajal secara tiba-tiba/ 급살(을) 맞을 놈아 Terkutuklah kau!
급상승(急上昇) ①【물가 · 주가 등이】 kenaikan yang tiba-tiba 급상승하다 membubung tinggi; menjulang tinggi; melonjak ②【새 · 비행기 등이】 melayang tinggi
급서(急逝) ⇒ 급사(急死)
급선무(急先務) urusan yang paling mendesak; keadaan darurat; masalah utama; masalah yang paling perlu diperhatikan
급성(急性) gawat; akut ⊙ 급성맹장염 serangan usus buntu yang akut. 급성폐렴【중독】 radang paru-paru 【keracunan】 yang gawat. 급성 호흡기 질환 penyakit pernapasan akut
급성장하다(急成長-) berkembang pesat; meningkat pesat; tumbuh dengan cepat
급소(急所) ①【신체의】 titik (bagian) yang vital ¶ 급소를 맞다 kena pukul (terpukul) di bagian yang vital/ 급소를 공격하다 menyerang titik vital ②【아픈데】 bagian yang perih (sakit) ¶급소를 찌르다 memukul di bagian yang perih (sakit); amat melukai (menyinggung) perasaan ③【요점】 titik pokok; titik utama; sasaran
급속도(急速度) ¶급속도로 퍼져 나가다 menyebar seperti api; berkembang pesat
급속(急速) 급속하다 cepat; lancar; kencang; deras ¶급속히 dengan cepat; dengan segera
급송하다(急送-) mengirim dengan cepat
급수(級數) 【등급】 dérét ⊙ 기하급수 dérét ukur. 산술급수 dérét hitung
급수(給水) persediaan (pelayanan) air 급수하다 menyediakan air; memasukkan air ⊙ 급수관 pipa air. 급수난 kekurangan air. 급수전(栓) hidran. 급수차 mobil tangki air. 시간급수 suplai air berjangka; penjatahan (pendistribusian) air menurut daftar jam
급습(急襲) serangan tiba-tiba 급습하다 menyerang tiba-tiba; menggeledah; menggerebek; membongkar ¶경찰의 급습을 받다 digerebek oléh polisi
급식(給食) persediaan makanan 급식하다 menyediakan makanan; meransum ⊙ 급식아동 anak-anak disediakan (diberi) makan. 학교급식 pemberian makan (makan siang) di sekolah
급여(給與) gaji; upah; bayaran; pemasokan; tunjangan 급여하다 memberi tunjangan; memberi upah; membayar ⊙ 급여명세서 selip (surat) perincian gaji. 급여베이스 tingkat upah. 급여소득자 penerima upah (gaji)
급우(級友) teman sekelas
급유(給油) suplai minyak; pengisian bahan bakar 급유하다 mengisi bahan bakar; mensuplai minyak; mengisi

((mobil)) dengan bénsin ⊙ 급유기 pesawat tanker; pesawat bahan bakar. 급유소 stasiun bénsin; tempat pompa bénsin. 공중급유 pengisian bahan bakar di udara (sedang terbang)

급자기, 급작스레 ⇒ 갑자기

급작스럽다 ⇒ 갑작스럽다 tiba-tiba; tak terduga

급전(急電) ¶급전을 치다 mengawatkan berita penting

급전(急錢) uang yang dibutuhkan sangat mendesak ¶급전을 빌리다 meminjam uang untuk keadaan darurat

급전(急轉) perubahan tiba-tiba; perubahan mendadak 급전하다 berubah dengan tiba-tiba ¶급전직하 tiba-tiba berubah

급전환(急轉換) perubahan tiba-tiba; perubahan yang mendadak

급정거(急停車) penyetopan tiba-tiba 급정거하다 berhenti dengan tiba-tiba; berhenti mendadak; menghentikan tiba-tiba

급제(及第) 급제하다 lulus ujian ⊙급제자 peserta ujian yang berhasil (lulus)

급조(急造) 급조하다 mendirikan (membangun) dengan segera (terburu-buru) ¶급조의 penggantian sementara; dibuat (didirikan; dibangun) dengan segera; tergesa-gesa bangun

급증(急增) 급증하다 meningkat drastis; meningkat (naik) dengan tiba-tiba ⊙인구【교통량】급증 penduduk【lalu lintas】yang meningkat dengan cepat; pertambahan penduduk【lalu lintas】yang pesat

급진적(急進的) ①【진보적, 혁신적】radikal; ékstrém ②【급속한】kemajuan pesat ⊙ 급진적 당 partai radikal. 급진적파 aliran radikal (ékstrimis)

급진전되다(急進展-) berkembang dengan cepat

급진주의(急進主義) radikalisme ⊙ 급진주의자 radikal

급체(急滯) pencernaan akut

급커브(急-) tikungan tajam; lengkungan (belokan) tajam ¶급커브를 틀다(차가) membelok dengan tajam; berputar mendadak

급템포(急-) tempo yang cepat gerak cepat ¶급템포의 bergerak maju cepat; bertempo cepat

급파(急派) pengiriman kilat 급파하다 mengirim

급하다(急-) ①【일·사태가】mendesak; cepat; segera ¶시간이 급하다 diburu waktu; waktu mendesak ②【성격이】tidak sabaran; bukan penyabar; mudah marah ③【병이】gawat; kritis ④【경사·기울기 등 가파름】curam; terjal ⑤【물살이】cepat ⑥【소변이】benar-benar (kebelet) butuh buang air kecil

급행(急行) éksprés; cepat; segera 급행하다 buru-buru pergi; pergi (berangkat) tergesa-gesa(buru-buru); berangkat secara tiba-tiba ⊙ 급행권 karcis éksprés. 급행료 biaya tertentu untuk mempercepat prosés. 급행버스 bus éksprés; bus cepat. 급행열차 ⇒ 급행 ②특별급행열차 keréta api éksprés. 급행요금 ongkos (biaya) keréta éksprés

급회전하다(急回轉-) berbalik tajam

급환(急患) kasus darurat (gawat; genting; akut); penyakit yang datang tiba-tiba

급히(急-) tergesa-gesa; terburu-buru; bergegas; cepat-cepat

긋다[1] ①【선을】menggambar; menarik garis; menggaris ②【성냥 등을】menyalakan; memasang ③【경계·한계 등을】menarik garis; memutuskan ④【장부에】mencatat; menuliskan ¶긋고 마시다 minum berhutang (tanpa bayaran)

긋다[2] ①【비가】reda; berhenti ②【비를 피함】mengambil (mencari) tempat berteduh; menghindar dari kehujanan; terhindar dari hujan

긍정(肯定) pengesahan; penyetujuan 긍정하다 menyetujui; mengiyakan; mengesahkan ⊙긍정문【문법】kalimat afirmatif

긍정적(肯定的) positif; afirmatif ¶인생을 긍정적으로 보다 mengambil pandangan hidup positif

긍지(矜持) harga diri; kebanggaan ¶긍지를 느끼다 merasa bangga

긍휼하다(矜恤-) kasihan; merasa kasihan

기(忌) peringatan hari kematian seseorang; ((masa)) berkabung
기(氣) ①【기력 · 기운】 kekuatan; tenaga ¶기를 쓰다 bekerja keras sepenuhnya; bekerja membanting tulang; melakukan semua usaha/기를 쓰고 반대하다 bertékad menantang ②【아연】 ¶기가 막히다 tak berdaya; kehilangan kata-kata yang akan diucapkan; ternganga /맛이 기가 막히다 Rasanya hébat. ③【의기】 semangat; hati ¶기가 왕성하다 penuh semangat ((kerja)); bersemangat tinggi ④【철학】 keinginan yang wajar; semangat hidup; kegembiraan hidup ⑤【기미】 rasa; sentuhan ¶익살 기가 있다 mempunyai rasa humor/시장기를 느끼다 merasa kelaparan
기(記) catatan
기(基) ①【화학】 radikal ②【수학】 akar ③【비석 · 미사일 등을 세는 단위】 ¶미사일 한 기를 발사하다 menembak sebuah misil
기(期) periode; angkatan ¶2기생 siswa angkatan kedua
기(旗) bendéra; panji ¶기를 올리다 memasang (mengibarkan; menaikkan) bendéra/기가 펄럭이다 bendéra berkibar
–기(機) mesin ¶세탁기 mesin cuci
기가 giga- ⊙기가바이트 *gigabyte*
기각(棄却) penolakan; pemecatan 기각하다 menolak
기간(基幹) inti; kunci; andalan ⊙기간산업 industri pokok (dasar; kunci). 기간요원 anggota (personalia) kader
기간(既刊) ¶기간의 sudah pernah diterbitkan
기간(期間) masa; periode; kurun ¶일정한 기간 내 dalam masa (periode; waktu) tertentu ⊙감사기간 periode audit. 회계기간 periode fiskal
기갈(飢渴) kelaparan dan kehausan ¶기갈을 면하다 menghindari kelaparan
기갑부대(機甲部隊) unit panser; satuan *berlapis baja*
기강(紀綱) disiplin ((pegawai)) ¶기강을 바로잡다 memperketat (meningkatkan) disiplin ⊙ 기강문란 pelanggaran (penurunan; pengendoran) disiplin; disiplin merosot
기개(氣概) semangat ¶기개가 있는 bersemangat tinggi
기거(起居) kehidupan sehari-hari ¶기거를 같이하다 tinggal (hidup) bersama; hidup seatap ⊙ 기거동작 kelakuan dan tingkah laku sehari-hari
기겁하다(氣怯-) takut; menjadi takut
기결(既決) 기결하다 memutuskan; menghukum ¶기결의 diputuskan; dihukum ⊙ 기결사항 sebuah persoalan telah bérés. 기결수(囚) narapidana (orang tahanan) yang dijatuhi hukuman
기경하다(起耕-) menanami lahan
기계(奇計) rencana licik; rencana yang cerdik dan busuk; muslihat yang cerdik; muslihat licik
기계(器械) alat; peralatan; perkakas ⊙ 기계체조 senam alat. 기계체조 선수 pesenam alat. 의료기계 alat keséhotan (kedokteran)
기계(機械) mesin; permesinan ¶기계적 mekanis/기계적으로 secara otomatis ⊙ 기계공 montir; juru mesin. 기계공업 industri mesin. 기계공학 ilmu keteknikan (teknik) mesin. 기계기사 【기술사】 insinyur mesin. 기계 수리공 montir mesin; tukang réparasi. 기계장치 mesin; mekanisme. 기계제작소 béngkél mesin. 기계조립공 perakit
기계화(機械化) mekanisasi 기계화하다 memakai (menggunakan) mesin; memekanisir ¶농업의 기계화 mekanisasi pertanian; memekanisasikan pertanian
기고(起稿) 【초고】 naskah isi; konsép 기고하다 membuat bagan; mulai menulis
기고(寄稿) sumbangan (kontribusi) tulisan 기고하다 menyumbang tulisan
기고만장하다(氣高萬丈-) amat bersemangat; sangat bangga; membanggakan diri; besar hati dengan kebanggaan
기골(氣骨) semangat dan berani ¶기골이 없는 인물 orang (lelaki) yang lemah
기공(技工) téknisi; ahli ⊙치과기공 ahli gigi
기공(起工) 기공하다 memulai konstruksi (pembangunan); memulai pekerjaan; mulai bekerja; melakukan pencangkul-

an pertama; meletakkan batu pertama ⊙ 기공식 upacara pencangkulan pertama

기공(氣孔) ⇒ 숨구멍 pori-pori

기공(氣功) *qigong*; tai chi

기관(汽管) pipa uap

기관(汽罐) perebus uap; boiler ⊙기관실 ruang boiler

기관(氣管)【해부학】tenggorokan

기관(器官) organ tubuh ¶신체의 중요 기관 organ-organ vital tubuh ⊙ 감각기관 indera. 소화기관 organ (alat) pencernaan. 중요기관 organ vital. 호흡기관 organ pernapasan

기관(機關) ①【엔진】mesin; organ; lembaga; sarana; badan ②【조직】organisasi; lembaga; institusi ⊙ 기관단총 senapan mesin(mitraligur). 기관사 insinyur; ahli mesin; masinis keréta api; juru mesin. 기관실 ruang mesin. 기관장 kepala bagian mesin. 기관차(車) lokomotif: 전기 기관차 lokomotip listrik. 교육기관 lembaga pendidikan. 자치기관 badan pemerintahan sendiri; kotapraja; badan hukum kotapraja. 증기기관 mesin uap. 집행기관 badan organisasi pelaksana

기관지(氣管支) bronkus ⊙ 기관지염 bronkhitis; radang cabang tenggorokan

기괴망측하다(奇怪罔測-) anéh; luar biasa; mistéri

기교(技巧) seni; téknik; trik ¶기교를 부리다 menggunakan trik (téknik)

기구(氣球) balon ⊙기구위성 satelit balon. 관측기구 balon observasi. 광고기구 balon iklan

기구(器具) peralatan; perkakas; perlengkapan; perabot ⊙ 전기기구 alat bertenaga listrik. 난방 기구 aparat pemanas. 조리【주방】기구 peralatan memasak【dapur】. 의료기구 aparat médis

기구(機構) struktur; mekanisame; sistém ¶기구를 개편하다 mengorganisir kembali sistém; merubah sistém ⊙ 기구개혁 penyusunan kembali; réorganisasi; pembaharuan organisasi. 국제기구 organisasi internasional. 세계보건기구 Organisasi Keséhatan Dunia. 정부 기구 Organ-organ pemerintah

기구하다(崎嶇-) celaka; sial; malang; tidak menentu ¶기구한 일생 hidup yang tidak menentu; karir yang berganti-ganti/기구한 팔자를 타고나다 ditakdirkan lahir bernasib buruk

기권(氣圈) atmosfér

기권(棄權) abstain; suara blanko 기권하다 memberi ((memilih)) suara blanko ¶시합을 기권하다 manarik diri dari pertandingan ⊙ 기권율 tingkat (angka) abstain (suara blangko). 기권자 orang yang abstain; pemilih suara blanko; orang tidak hadir

기근(饑饉) kelaparan; kekurangan; paceklik ¶기근에 시달리다 menderita kelaparan ⊙ 물 기근 kekurangan persediaan air. 주택기근 kekurangan perumahan

기금(基金) dana; yayasan ¶기금을 모으다 mengumpulkan dana (yayasan) ⊙기금 모집(운동) ((kampanye)) mengumpulkan dana. 구제 기금 dana bantuan. 국제 통화기금 Dana Monéter Internasional (IMF)

기급하다(氣急-) ketakutan tiba-tiba; mengagétkan hati

기기(器機) mesin dan peralatan ⊙ 사무자동화 기기 peralatan otomatisasi kantor. 컴퓨터의 주변기기 perangkat-perangkat komputer

기기묘묘하다(奇奇妙妙-) sangat ajaib; indah dan mengagumkan; amat mengagumkan

-기까지 ¶도둑질을 하기까지 이르다 sampai melakukan pencurian

기꺼워하다 ⇒ 기뻐하다

기꺼이 dengan senang hati

기껍다 ⇒ 기쁘다 gembira; senang

기껏 ①paling banyak; terbanyak; se… mungkin;【고생해서】bersusah payah ②⇒ 기껏해야

기껏해야 paling; paling-paling; sebanyak-banyak

기념(記念) peringatan; kenangan; ingatan 기념하다 memperingati ¶…의 기념으로 untuk memperingati ⊙ 기념품 tanda mata; oléh-oléh; suvenir. 기념물 monumén; tugu peringatan. 기념사진 foto untuk tanda mata; foto peringatan. 기념우표【스템프】 perangko peringatan. 기념일 Hari Peringatan. 기념비 monumén. 기념식 upacara peringatan

-기는 ¶…하기는커녕 sama sekali tidak berbuat

기능(技能) kecakapan; kepandaian; ketrampilan; bakat; pembawaan ¶기능이 뛰어나다 sangat pandai; sangat trampil; terlatih ⊙ 기능공 téknisi insinyur. 기능교육 pendidikan kecakapan (keahlian). 기능사 téknisi bersertifikat: 기능사 lisénsi téknisi. 기능올림픽 olimpiade ketrampilan. 기능인 (자) ahli téknik kejuruan. 기능직 pos téknis

기능(機能) fungsi; kegunaan ¶기능성 fungsionalitas/ 기능을 다하다 (발휘하다) memenuhi fungsi (kegunaan) ⊙ 기능성 질환 penyakit fungsional (dinamis). 기능장애 kekacauan (gangguan) fungsional: 기능장애를 일으키다 tidak teratur; secara fungsional kacau. 소화기능 fungsi pencernaan

기다 ①【사람 · 벌레 등이】 merangkak; merayap; maju dengan pelan-pelan ②【비굴하게 굴다】 merendahkan hati

기다랗다 ①【물체】 panjang ¶기다란 장대 galah yang panjang ②【이야기 등이 지루하게】 lama; bertélé-télé; berbelit-belit

기다리다 ①【사람 · 때를】 menunggu; menantikan ¶때를 기다리다 menunggu waktu (saat) ②【고대 · 기대】 mengharapkan; menanti-nantikan ¶기다리던 날이 왔다 Hari yang lama dinantikan telah tiba (datang).

기담(奇譚) cerita anéh dan menarik hati; lelucon yang menarik hati

기대(期待, 企待) harapan; dugaan 기대하다 mengharapkan; berharap ¶기대에 부응하다【어긋나다】 memenuhi【mengecéwakan】 harapan

기대다 ①【몸 · 물건 등을】 menyandarkan ((badan)) pada; bersandar ②【의지하다】 bersandar pada; mengharapkan bantuan (pertolongan); bergantung

기도(企圖) percobaan; rencana; proyék; 【착수】 usaha; perbuatan; pengusahaan 기도하다 mencoba; menjalankan; melakukan; berusaha; bermaksud ¶자살을 기도하다 mencoba bunuh diri

기도(祈禱) doa; sembahyang 기도하다 berdoa; bersembahyang; membaca (mengucap) doa

기도(氣道)【신체 기관】 jalan pernapasan ⊙ 기도질환 penyakit pernapasan

기독교(基督教) agama Kristen ⊙ 기독교 교회 geréja Nasrani. 기독교도 orang Kristen. 기독교선교사 penyebar agama Kristen. 기독교청년회 Perhimpunan Pemuda Kristen(YMCA): 기독교여자 청년회 Perhimpunan Pemudi Kristen (YWCA)

기동(起動) ①【운신】 gerakan 기동하다 menggerak ②【시동】 기동하다 memulai; menghidupkan

기동(機動) gerakan; yang mengatur siasat ⊙ 기동경찰 (데모 진압 등의) polisi anti huru hara. 기동대 (형사) pasukan polisi. 기동력【성】 kemampuan gerak cepat【mobilitas】. 기동부대 pasukan (tentara) gerak cepat. 기동연습 (훈련) manuver. 기동작전 operasi gerak cepat. 기동타격대 pasukan siap tempur

기둥 ①【건물 등의 버팀】 tiang; sendi; tonggak; galah ②【집안 · 조직 등의】 tiang utama; penopang utama ⊙ 기둥뿌리 alas (kaki) tiang

기둥서방(-書房) pelacur pria; lelaki simpanan; gigolo

기득권(旣得權) hak (kepentingan) pribadi; hak yang diperoléh

기똥차다 fantastis; luar biasa

기라성(綺羅星) bintang-bintang yang bersinar (yang terang) ¶기라성같이 늘어선 고관들 pawai (sekumpulan) orang-orang yang terkemuka

기략(機略) akal ¶기략이 풍부하다 penuh dengan akal

기량(技倆) kecakapan; kemampuan; ketrampilan; keahlian; bakat ¶기량을 보이다【발휘하다】 memperlihatkan【mempertunjukkan】 kecakapan

기량(器量) kecakapan; kemampuan; kesanggupan; kapasitas; daya tahan; kekuatan ¶기량이 있는 dapat; sanggup; cakap; trampil

기러기 angsa liar ⊙ 기러기 아빠 *kirogi* ayah; ayah yang tinggal di Korea sendiri untuk mendukung anak dan istrinya yang pergi ke luar negeri untuk tujuan pendidikan anak

기력(汽力) kekuatan uap ⊙ 기력 계 pengukur tekanan uap

기력(氣力) ①【힘】 énergi; kekuatan tenaga; kegiatan; semangat ¶기력이 왕성한 giat; penuh semangat; penuh kekuatan ②【물리학】 tekanan udara

기로(岐路) persimpangan jalan; jalan yang bercabang dua ¶인생의 기로(에 서다) 《berada di》 persimpangan jalan (saat yang menentukan) kehidupan

-기로 ①【…로써】 karena; dengan ②【까닭】 sebagai; seperti; selama; sambil; sejak ③【추정】 《karena》 mengira bahwa ④【…다 하더라도】 sungguhpun; sekalipun; jika

기록(記錄) ①【사실 등을 적은 글】 rekaman; catatan; 【문서】 dokumén; rékor; arsip 기록하다 mencatat; merekam; mendaftarkan; menuliskan ②【성적 · 결과】 rékor; skor ¶기록적인 memecahkan rékor/기록에 있다 tercatat/기록을 깨뜨리다 memecahkan rékor /기록을 경신하다 memperbaharui rékor ⊙ 기록계원 perekam suara; pencatat skor; pencatat hasil pertandingan. 기록보유자 pemegang rékor; penyimpan catatan. 기록영화 film dokuméntasi. 세계기록 rékor dunia

기뢰(機雷) ranjau ¶기뢰에 닿다 membentur (menabrak) ranjau ⊙ 부유기뢰 ranjau terapung (hanyut). 음향【자기, 촉각】 기뢰 ranjau akustik【magnit, antena】

기루(妓樓) rumah pelacuran

기류(氣流) ①【공기의 흐름】 arus (aliran) udara; aliran hawa; angin ②【분위기】 suasana ⊙ 난(亂)기류 turbulénsi 《udara》. 상층【상승】기류 arus udara yang tinggi 【yang naik】. 악(惡)기류 arus udara yang berbahaya

기류(寄留) tempat kediaman (tempat tinggal) sementara 기류하다 bertempat tinggal untuk sementara waktu ⊙ 기류 부(簿) daftar tempat kediaman sementara

기르다 ①【아이 등을】 membesarkan; mengasuh; mendidik; memelihara; merawat; menyusui; memberi makanan ②【동 · 식물을】 bertanam; memelihara; membiakkan; membudidayakan ③【머리 등을】 menumbuhkan; membiarkan rambutnya tumbuh ④【인재 · 제자 등을 양성하다】 membina ⑤【힘 · 능력 등을】 membangun; memperkuat; mengembangkan ⑥ 【버릇 · 병을】 memperburuk; menjadikan lebih buruk

기름 ①【액체의】 minyak; 【지방】 gemuk; lemak; 【포마드】 minyak rambut; pelumas ¶기름투성이의 berminyak/ 불에 기름을 붓다(비유적) menghasut ②【휘발유】 bénsin ⊙ 기름때 kotoran (noda) minyak

기름기 lemak; gemuk ¶기름기 있다 berminyak; berlemak

기름지다 ①【음식물 등이】 berlemak; berminyak ②【땅이】 kaya; subur; produktif

기름하다 agak panjang

기리다 memuji; mengagumi

기린(麒麟) ①【동물】 jerapah ②【상상의 동물】 kuda yang bertanduk satu 《dalam dongéng》

기린아(麒麟兒) orang yang bernasib sangat baik

기립(起立) bangkit; berdiri 기립하다 bangkit berdiri; berdiri tegak ¶기립! (구령) Berdiri! ⊙ 기립박수 tepuk tangan berdiri (meriah)

기마(騎馬) 【말 타기】 naik kuda; yang menunggang kuda; 【타는 말】 kuda tunggangan ⊙ 기마경찰 polisi berkuda. 기마민족 bangsa yang menunggang kuda. 기마행렬 pawai (arak-arakan; iring-iringan) kuda tunggangan

기막히다 (氣-) ①【숨 막히다】 mencekik; menyebabkan mati lemas; menghambat ②【놀랍다 · 어이없다】 tercengang; terpana; mengerikan; menjijikkan; mengejutkan ③【엄청나다】 luar biasa; mengagumkan; mempesonakan ¶기막힌 타이밍이군 Waktu yang sempurna!

기만(欺瞞) penipuan; kebohongan; ketidak jujuran; muslihat; kecurangan 기만하다 menipu; mencurangi; memperdayakan ¶기만적인 penuh tipuan ⊙ 기만행위 tindakan yang curang

기말(期末) akhir masa; akhir tahun ⊙ 기말시험 ujian terakhir; ujian akhir seméster

기면(嗜眠) kelesuan; kelemasan ¶기면상태에 있다 lesu; lemas; lemah ⊙ 기면성 뇌염【의학】penyakit tidur

기명(記名) pendaftaran; régistrasi; tanda tangan 기명하다 menandatangani; memdaftarkan; merégistrasi ¶기명날인하다 menanda-tangani dan mencap ⊙ 기명투표 pemilihan (suara) terbuka. 무기명투표 pemilihan (suara) tertutup

기묘하다(奇妙-) ①【이상야릇하다】 anéh; ganjil; janggal; asing; yang tak dikenal ②【묘하다】 indah sekali; halus sekali; hébat sekali

기문(奇聞) kabar yang anéh; cerita yang ganjil

기물(器物) peralatan (perkakas) rumah tangga; perabotan

기미 bintik-bintik hitam ¶기미낀 얼굴 muka yang berbintik-bintik hitam

기미(氣味) ①【냄새와 맛】 bau dan rasa ②【마음과 취미】 watak; sifat; keadaan jiwa; cita rasa; seléra ¶기미상합(상적)하다 sehaluan; cocok

기미(機微) ⇒ 낌새 tanda-tanda

기민(機敏) kecerdasan; ketajaman pikiran; kelihaian; kelicikan 기민하다 cerdas; pintar; bijak; lihai; licik; tajam perhatian; cerdik ¶기민하게 dengan cepat; dengan cerdas

기밀(氣密) ¶기밀의 kedap udara; kedap gas ⊙ 기밀실 ruang kedap udara

기밀(機密) kerahasiaan; sifat rahasia ¶기밀의 rahasia ⊙ 기밀누설 kebocoran (bocornya) rahasiar. 기밀비(費) dana (uang; simpanan) rahasia. 기밀서류【문서】 dokumén 【surat】 rahasia; arsip rahasia. 기밀사항 perkara (urusan) rahasia (éksklusif)

기반(基盤) ①【기초】 dasar; landasan; pokok; alas; fondamén ¶…을 기반으로 하다 berdasarkan (didasarkan) atas ②【위치】 pijakan; kedudukan ¶기반을 굳히다 memperkeras pijakan; memperkokoh kedudukan ③【선거에서의】 lingkungan pengaruh; dukungan ⊙ 기반 시설 infrastruktur

기발하다(奇拔-) luar biasa; cemerlang

기백(氣魄) jiwa; semangat; ¶기백이 있다【없다】 penuh dengan 【kurang】 semangat

기법(技法) téknik ¶기법을 터득하다 memperoléh téknologi

기법(記法) catatan; cara menulis

기벽(奇癖) kebiasaan yang anéh

기별(奇別·寄別) kabar; berita; penerangan; pemberitahuan; informasi 기별하다 memberitahukan

기병하다(起兵-) mengumpulkan (menyiagakan) bala tentara

기병(騎兵) pasukan (tentara) berkuda; kavaleri ⊙ 중【경】 기병대 pasukan berkuda yang berat 【ringan】

기보(旣報) laporan sebelumnya (terdahulu) 기보하다 memberitahu sebelumnya ¶기보한 바와 같이 seperti yang 《sudah》 dilaporkan sebelumnya

기보 법(汽譜法) 【음악】 not musik

기복(起伏) naik turunnya 기복하다 naik dan turun; berganti-ganti

기본(基本) dasar; fundamén; prinsip ¶기본적(으로) dasar; mendasar; pada pokoknya (dasarnya; azasnya) ⊙ 기본권 hak asasi (dasar) manusia. 기본계획 rencana induk. 기본교련 latihan dasar (militér). 기본급(료) gaji (upah) dasar (pokok). ⊙ 기본단위 satuan dasar; standar. 기본방침 garis pokok; dasar pikiran; inti. 기본요금 tarif dasar; biaya minimun

기부(寄附) sumbangan; derma 기부하다 menyumbang; menderma ¶기부를 걷다【모으다】 mengumpulkan 【memungut】 sumbangan ⊙ 기부금 sumbangan; iuran. 기부자 penyumbang; donatur. 기부행위 amal sumbangan

기분(氣分) perasaan; suasana hati; mood ¶유쾌한 【우울한】기분으로 dengan suasana hati yang menyenangkan 【murung】/기분에 따라 움직이다 dipengaruhi oléh perasaan ⊙ 정초 기분 perasaan (suasana) tahun baru

기분전환(氣分轉換) 기분전환하다 menyegarkan diri ((dengan nyanyian)); menghibur (menyenangkan) diri sendiri; mengalihkan diri ¶기분전환이 되다 dihibur; terhibur

기브스 ⇒ 깁스 acuan; gips

기뻐하다 merasa senang (gembira)

기쁘다 merasa gembira; senang sekali ¶기쁘게 dengan gembira; dengan senang hati

기쁨 kegembiraan; keriangan; kesenangan

기사(技士) 【운전사】 sopir; 【기술자】 insinyur; ahli (pakar) téknik ⊙ 건축기사 insinyur bangunan. 기계기사 insinyur mesin. 토목기사 insinyur sipil

기사(記事) 【기술】 uraian; déskripsi; 【신문의】 berita; warta; 【논설】 karangan, tulisan ¶기사를 싣다 memuat sebuah tulisan ⊙ 기사금지 larangan pérs. 특종기사 berita éksklusip

기사(記寫) rekaman; pencatat

기사(騎士) 【기수】 penunggang kuda; pengendara; 【중세 유럽의】 ksatria ⊙ 기사도 moral keksatriaan (kesopanan)

기사회생(起死回生) penghidupan kembali; pemulihan dari kematian 기사회생하다 menghidupkan kembali; memulihkan dari kematian

기산(起算) 기산하다 menghitung; menghitung dari tanggal yang pasti (yang tertentu). ⊙ 기산일 hari mengadakan perhitungan; tanggal permulaan perhitungan. 기산점 titik pangkal mengadakan perhitungan

기상(奇想) pikiran (gagasan; idé) yang hébat ¶기상천외(天外)의 luar biasa; tidak terduga; ajaib; fantastis; hébat

기상(起床) bangkit dari tempat tidur 기상하다 bangun; bangkit; berdiri ⊙ 기상나팔 terompét bangun pagi. 기상시간 jam (waktu) bangun

기상(氣象) cuaca ⊙ 기상관제 pengawasan météorologi cuaca. 기상관측 pengamatan cuaca. 기상관측 위성 satelit cuaca. 기상대 observatorium cuaca; stasiun pengamatan météorologi: 기상대원 pengamal cuaca; ahli penyelidik cuaca. 기상도 peta cuaca. 기상주의보 peringatan akan adanya badai (angin topan). 기상특보 laporan cuaca khusus. 기상학 météorologi; ilmu cuaca

기상(氣像) jiwa; sifat; watak; tabiat

기색(氣色) 【표정】 air muka; roman muka; 【감정】 perasaan; keadaan jiwa; suasana hati; 【표시】 pertanda; gelagat; isyarat; petunjuk

기생(寄生) benalu; parasit 기생하다 menjadi benalu (parasit); hidup dengan; hidup bergantung pada ⊙ 기생계급 golongan yang bersifat benalu; golongan yang hidupnya bergantung pada orang lain. 기생동물【식물】 binatang 【tanaman】 benalu

기생(妓生) *gisaeng*; geisha Korea

기생충(寄生蟲) ①【벌레】 parasit; binatang kecil yang mengganggu seperti kutu-kutu dan sebagainya ②【비유적】 orang hina ¶사회의 기생충 benalu (parasit) dalam masyarakat

기선(汽船) kapal uap ⊙ 정기기선 pelayaran regulér

기선(機先) ¶기선을 제압하다 (잡다) mendahului

기성(旣成) ¶기성의 mapan; yang ada; jadi ⊙ 기성개념 konsép yang mapan. 기성도덕 prinsip moral yang sudah mapan. 기성복(服) pakaian jadi. 기성세대 générasi tua (mapan)

기세(氣勢) semangat ¶기세가 오르다 bersemangat tinggi

기세(棄世) meninggal dunia; wafat; kematian

기소(起訴) 【형사상의】 penuntutan; tuntutan; 【민사상의】 prosés pengadilan; jalannya perkara; cara bekerja yang sah (yang resmi) 기소하다 menuntut; menuduh; mengadakan tindakan; mengadakan aksi ¶수뢰혐의로 기소되다 dituduh menerima uang suap ⊙ 기소장 surat tuduhan (dakwaan). 불기소처분 pencabutan kasus (perkara)

기소유예(起訴猶豫) 【법률】 penundaan (penangguhan) dakwaan 기소유예하다

menunda pendakwaan; menghentikan aksi umum

기수(奇數) ⇒ 홀수

기수(基數) 【수학】 bilangan pokok; bilangan kardinal

기수(機首) bagian depan (hidung) pesawat terbang ¶기수를 남쪽으로 돌리다 menuju (mengarah) ke selatan

기수(旗手) ①【깃발을 든 사람】 pembawa panji-panji (bendéra) ②【중심인물】 pemimpin

기수(騎手) penunggang kuda; pengendara joki; anak pacuan

기숙(寄宿) penginapan; pondokan; 【식사 포함】 indekos; pondokan 기숙하다 mondok; indekos ⊙ 기숙생 mahasiswa yang mondok (indekos). 기숙인 orang indekos; orang pondokan

기숙사(寄宿舍) asrama ⊙ 기숙사생 siswa yang ((tinggal)) di asrama. 기숙사 사감 pengawas (pemimpin) asrama mahasiswa

기술(技術) téknik; téknologi; kecakapan; keahlian; ketrampilan ¶기술적인 téknis/기술상의 secara téknis ⊙ 기술개발 pengembangan téknologi. 기술도입 introduksi (pengenalan) téknologi. 기술인력 tenaga kerja trampil (cakap). 기술자 pakar (ahli) téknik; insinyur. 기술제휴 kerjasama téknik. 기술축적 akumulsi téknologi. 기술혁신 pembaharuan téknologi. 첨단 (최신) 기술 téknologi terbaru

기술(奇術) permainan sulap ¶기술을 부리다 menyulap ⊙ 기술사(師) pemain sulap; tukang sulap; tukang sihir

기술(記述) gambaran; lukisan; déskripsi; 기술하다 menggambarkan; melukiskan; memberikan laporan ¶기술적 déskriptif ⊙ 기술통계학 ilmu statistik déskriptif

기슭 tepi; pinggir; tebing

기습(奇習) adat (kebiasaan) yang anéh (yang ganjil)

기습(奇襲) serangan mendadak; penggerebekan; razia 기습하다 menyerang secara mendadak; menggerebek

기승(氣勝) semangat yang pantang menyerah 기승하다, 기승부리다 bersemangat; bergelora

기승전결(起承轉結) 【문학】 empat tahap (tingkat) dalam karangan (komposisi) yaitu pendahuluan, pengembangan téma, perubahan (konvérsi) dan penyimpulan

기식(氣息) nafas; tiupan udara ⊙ 기식 음 【음성】 bunyi aspirasi; bunyi yang mengandung aspirasi

기식(寄食) makanan dan penginapan 기식하다 makan dan menginap

기신없다(氣神-) kurang semangat kerja dan kurang séhat di dalam badan maupun pikiran

기신호(旗信號) isyarat (sinyal) bendéra

기실(其實) sebenarnya; sesungguhnya; dalam kenyataannya

기 쓰다(氣-) mengusahakan dengan segenap (seluruh) tenaganya

기아(棄兒) anak terlantar; bayi yang dibuang; anak yang tak diurus lagi

기아(飢餓) kelaparan; rasa lapar

기악(器樂) musik instruméntal

기안(起案) 기안하다 membuat bagan (konsép) ⊙ 기안자 pembuat bagan; pembuat konsép

기암(奇岩) batu berbentuk anéh ⊙ 기암괴석 ⇒ 기암

기압(氣壓) tekanan udara (atmosfér) ⊙ 기압계 tekanan barométer; petunjuk tekanan udara. 기압골 lembang di antara tekanan atmosfér. 고【저】기압 tekanan atmosfér (udara) tinggi 【rendah】

기약(期約) janji; ikrar; sumpah 기약하다 berjanji; menjanjikan; berikrar; memberi harapan

기약분수(既約分數) 【수학】 pecahan tunggal

기어 persnéling; roda gigi

기어 다니다 merangkak

기어들다 ①【안으로 들어가다】 menyelinap ②【목소리가】 lemah

기어오르다 ①【높은 곳으로】 merangkak; memanjat ②【버릇없이 굴다】 melangkahi

기어이(期於-) ①【꼭, 기필코】 tentu; pasti; tentu saja; memang ②【마침내, 결국,

드디어】 akhirnya

기어코(期於-) ⇒ 기어이

기억(記憶) ingatan; daya ingat; kenang-kenangan 기억하다 mengingat; menghafalkan ¶내 기억에 의하면 sepanjang ingatan saya/기억력 daya ingat; panca indera yang kuat ⊙ 기억상실증(症) amnesia. 기억장애 kerusakan ingatan; cacat mental

기업(企業) perusahaan; firma; badan usaha; industri ⊙ 기업가(인) wira usaha; pengusaha; usahawan. 기업공개 penawaran (penjualan) saham secara umum. 기업광고 iklan perusahaan. 기업부조리 ketidakbérésan di antara perusahaan. 기업연합 kartél; gabungan perusahaan untuk memonopoli harga di pasaran. 기업윤리 étika bisnis (perusahaan). 기업이득 keuntungan bersih. 기업주 pemilik perusahaan. 기업체 perusahaan. 개인(민간) 기업 perusahaan swasta

기여(寄與) sumbangan; iuran 기여하다 menyumbang; memberikan sumbangan ⊙ 기여도 tingkat kontribusi

기역 huruf pertama alfabet (abjad) Korea ¶(낫 놓고) 기역자도 모른다 tidak bisa membédakan A dari B

기역니은 순(-順) ⇒ 가나다 순

기연(奇緣) takdir hubungan yang anéh (ganjil); nasib (kebetulan) yang anéh

기연(機緣) ①【기회】 kesempatan ②【불교】 pertalian; persamaan; keturunan

기염(氣焰) semangat tinggi; omongan besar ¶기염을 토하다 berbicara besar

기예(氣銳) ¶기예의 bersemangat; énergik

기예(技藝) kepandaian; kecakapan; préstasi; 【수예】 kerajinan (ketrampilan) tangan ⊙ 기예학교 sekolah keahlian

기온(氣溫) suhu 《udara; atmosfér》 ¶기온의 변화 perubahan suhu udara ⊙ 평균기온 suhu udara rata-rata

기와 genting ¶기와를 이다 memasang genténg atap; mengatapi rumah dengan genténg ⊙ 기와집 rumah dengan atap (beratap) genténg

기왕(既往) ⇒ 이왕 ¶기왕이면 jika saya harus memilih

기외(其外) selain itu; satu lagi

기용(起用) pengangkatan; penunjukan; penetapan 기용하다 mengangkat; menunjuk; menentukan

기우(杞憂) kekhawatiran (kegelisahan) yang tidak beralasan; ketakutan yang tanpa dasar ⊙ 기우가(家) penggelisah; orang yang mudah menjadi gelisah

기우(奇遇) 【우연히 만남】 pertemuan secara kebetulan; pertemuan secara tidak terduga (secara tak disangka-sangka) 기우하다 berjumpa (bertemu) secara kebetulan; berjumpa tanpa disangka-sangka

기우(祈雨) 기우하다 berdoa (bersembahyang) meminta hujan ⊙ 기우단 altar tempat doa (sembahyang) untuk meminta hujan

기우뚱거리다 ①【자동사】 bergoyang dari sisi ke sisi; bergerak (berjalan) miring berkali-kali (berulang kali); terompang-ambing ②【타동사】 menggoyangkan; memiringkan berkali-kali

기우뚱기우뚱 ¶기우뚱기우뚱 걷다 berjalan sambil menggoyangkan badan dari sebelah ke sebelah (dari sisi ke sisi)

기우제(祈雨祭) ritual upacara memanggil hujan ¶기우제를 지내다 diadakan ritual hujan

기운 ①【체력】 kekuatan jasmani (fisik); tenaga ¶기운찬 sangat kuat ②【원기·생기】 kekuatan; keaktifan; kegembiraan; daya hidup; énergi ¶기운을 북돋다 menghibur; menggembirakan; membesarkan hati; mendorong ③【가벼운 《병의》 증세】 gejala; gelagat; isyarat ④【분위기, 기미】 tanda; pertanda

기운(氣運) kecenderungan; kecondongan

기운(機運) ①【운수】 nasib; keuntungan; kemujuran; nasib baik ②【기회】 kesempatan; peluang

기울 kulit padi; dedak 기울기 sudut kemiringan

기울다 ①【선·면이】 miring; condong ②【해·달이】 sedang tenggelam terbenam ③【기세·형세가】 sedang merosot; mundur ④【마음·생각 등이】 cenderung; condong

기울어뜨리다 memiringkan; menjungkirkan

기울어지다 ①【선·면이】 merebahkan; merobohkan; terbalik; 【배가】 miring; condong; bersandar ②【해·달이】 terbenam ③【형세가】 merosot; mundur; menurun ④【마음이】 cenderung (condong) ke arah

기울이다 ①【한쪽으로】 cenderung; condong; 【노면 등을】 memiringkan ②【마음을】 menunjukkan; memusatkan; 【주의를】 menunjukkan perhatian; 【집중하다】 memusatkan ((pikiran; tenaga; perhatian)); mencurahkan

기웃거리다 【고개를】 mengulurkan ((léhér)) untuk melihat; 【엿보다】 mengintip; mengintai

기웃하다 ⇒ 기우듬하다 agak miring

기원(技員) insinyur; ahli téknik; ahli mesin; operator

기원(祈願) permohonan; doa 기원하다 berdoa; memohon; memohonkan ⊙ 기원문 kalimat doa. ⊙기원자 pemohon

기원(紀元) ⇒ 서기, 신기원 zaman; éra; tahun ditemukannya negeri itu ¶기원전 sebelum Maséhi

기원(起源) asal; asal mula; asal usul; sumber 기원하다 berasal

기원(棋院) tempat *paduk*; perkumpulan *paduk*

기율(紀律) tata tertib; ketentraman; disiplin; ketertiban

기음(氣音) 【음성】 bunyi aspirasi

기음문자(記音文字) huruf fonétik

기이하다(奇異-) anéh; ganjil; asing; canggung

기인(奇人) orang anéh; orang sinting

기인(起因) sebab 기인하다 disebabkan; mempunyai asal usul; berasal

기일(忌日) hari peringatan kematian

기일(期日) tanggal yang sudah ditetapkan; tanggal yang pasti ¶기일까지 pada waktu (hari) yang ditetapkan

기입하다(記入-) mengisi; mencatat; menulis; mencantumkan

기자(記者) orang pérs; wartawan; (여성) wartawati ⊙ 기자단(團) korps wartawan. 기자석 galeri pérs; ruangan pérs. 기자증 kartu pérs; kartu pengenal untuk wartawan. 수습기자, 올챙이 기자 wartawan muda; wartawan baru. 종군기자 wartawan perang. 체육기자 wartawan olahraga; penulis berita olahraga; kolumnis olahraga

기자회견(記者會見) konperénsi pérs 기자회견하다 mengadakan konperénsi pérs; mengadakan wawancara

기자재(器資材) perlengkapan; perangkat

기장[1] 【식물】 jawawut

기장[2] panjang setélan; panjang pakaian

기장(記章) tanda jasa; lencana

기장(機長) kapten pesawat terbang; kepala awak kapal

기장하다(記帳-) memcatat; mendaftarkan

기재(奇才) orang jénius; orang yang mempunyai kecakapan (kemampuan) luar biasa; pakar; jagoan; bakat yang luar biasa

기재(記載) pencatatan 기재하다 mencatat; menuliskan ⊙ 기재사항 hal yang dicatat. 허위기재 catatan palsu

기재(器材) bahan membuat perkakas; alat-alat dan bahan-bahan ⊙ 통신기재 perlengkapan (peralatan) sinyal (isyarat)

기저(基底) dasar; fondasi; alas; pangkalan

기저귀 popok; bedong ((bayi))

기적(汽笛) bunyi siulan uap; siréne

기적(奇蹟) keajaiban; kekuatan gaib; kegaiban; mistéri

기전(起電) pembangkitan listrik ⊙ 기전력(力) daya éléktro motor

기절(氣絕) ①【까무러침】 기절하다 ((jatuh)) pingsan; kehilangan kesadaran ②【숨이 끊어짐】 기절하다 menarik nafas yang penghabisan ③【질림】 기절하다 terpesona; tercengang ¶기절초풍하다 terkejut

기점(起點) titik pangkal; tempat bertolak

기점(基點) titik kardinal; maksud utama

기정(旣定) ¶기정의 yang tidak bisa dipungkiri; yang telah terbukti; tertentu; pasti; yang telah diatur sebelumnya ⊙ 기정방침 program (rencana) yang diatur sebelumnya.

기정사실(旣定事實) fakta yang telah terbukti; fakta yang mapan

기제(忌祭) upacara peringatan untuk hari peringatan kematian

기조(基調) dasar pikiran; garis pokok; inti ¶…에 기조를 두고 있다 didasarkan atas ⊙ 기조연설 pidato pokok (dasar; utama). 경제기조 kondisi ekonomi dasar

기존(既存) ¶기존의 yang ada ⊙ 기존시설 fasilitas yang ada

기종(機種) modél; tipe; jenis

기종(氣腫) 【의학】 empisema ⊙ 폐기종 empisema paru-paru

기죽다(氣-) berkecil hati

기준(基準) standar; baku; dasar ¶기준의 standar/기준에 맞추다 membakukan; menstandarisasi ⊙ 기준가격 harga standar; harga dasar. 기준시가 nilai standar. 기준시세 tarif dasar. 기준임금 upah standar (baku; resmi)

기중(忌中) berkabung

기중기(起重機) dérék; mesin dérék; mesin kérék; kérékan; lift

기증(寄贈) sumbangan; pendermaan 기증하다 menyumbang(kan); menderma-kan; berderma ⊙ 기증자 penyumbang. 장기기증자 donor organ. 기증품 pem-berian; barang sumbangan; hadiah

기지(基地) 【군사】 pangkalan; 【터전】 tem-pat ⊙ 군사기지 pangkalan militér. 해군기지 pangkalan Angkatan Laut; pangkalan Armada

기지(既知) yang sudah dikenal; yang diakui

기지(機智) ⇒ 재치 akal; kilasan akal ¶기지 있는 pintar; berakal

기지개 ¶기지개를 켜다 menggeliat; me-rentangkan badan dengan tangan yang diangkat

기진(氣盡) kelelahan; keletihan; kepaya-han 기진하다 letih; lelah ¶기진맥진하다 sangat letih; lelah sekali

기질(氣質) watak; sifat; perangai; tabiat ¶학생기질 semangat siswa

기차(汽車) 【열차】 keréta api; 【객차】 ger-bong keréta api ⊙ 기차 길 rél keréta api. 기차시간표 jadwal (daftar perjalan-an) keréta api. 상행기차 keréta api yang ke (dari) ibu kota. 기차요금 ong-kos keréta api. 기차역 stasiun keréta api

기차다(氣-) ①【어이없다】 tercengang; tern-ganga kehéranan ②【놀랍다】 sangat hébat; sangat bagus

기차표(汽車票) karcis keréta api ¶기차표를 끊다 membeli karcis keréta api⊙ 기차표매표소 tempat penjualan karcis; tempat (kantor) pemesanan karcis. 왕복기차표 karcis keréta api pulang-pergi. 편도기차표 karcis untuk sekali jalan

기착(寄着) 기착하다 berhenti; singgah ⊙ 기착지 tempat berhenti; persinggahan

기척 tanda; petunjuk; jejak

기체(氣體) 【물리학】 《kumpulan》 gas; asap; uap air ¶기체의 dalam bentuk gas; seperti gas/기체화하다 menguap-kan; menjadikan gas⊙ 기체연료 bahan bakar gas. 기체측정【화학】 alat pengu-kur gas.

기체(機體) 【기계의 바탕】 mesin; 【비행기의 몸통】 badan(kerangka) pesawat

기체후(氣體後) 【편지에서】 keséhatan anda yang berhormat

기초(起草) konsép 기초하다 membuat konsép (rancangan undang-undang, naskah dan sebagainya) ⊙ 기초위원회 Panitia Pembuat Konsép. 기초자 pem-buat konsép

기초(基礎) ①【밑바탕, 토대】 dasar; land-asan ¶기초적 dasar/기초부터 배우다 mempelajari 《bahasa Korea》 dari per-mulaan; belajar dari dasar ②【건물의 밑받침】 landasan; dasar ⊙ 기초공사 pekerjaan dasar: 기초공사를 하다 mem-asang pondasi; meletakkan dasar; membuka jalan. 기초공제 potongan utama(dasar) 《dari penghasilan yang kena wajib pajak》. 기초과목 mata pela-jaran pokok. 기초산업 industri utama; industri pokok. 기초지식 pengetahuan dasar. 기초훈련 latihan dasar

기초시계(記秒時計) jam pengukur waktu.

기총(機銃) senapan mesin ⊙ 기총소사 pe-némbakan dengan senapan mesin

기축(機軸) ①【중추】 poros; sumbu; as; sen-di ②【고안】 alat (perlengkapan) baru

③【체재】 susunan gubahan (karangan)

기출문제(旣出問題) pertanyaan contoh di atas

기치(旗幟) ①【깃발】 bendéra; panji-panji ¶…의 기치아래 di bawah bendéra (panji-panji) ②【태도】 sikap; pendirian ¶기치를 선명히 하다 menegaskan pendirian (sikap)

기침 batuk; 【잔기침】 batuk ringan 기침하다 batuk ¶기침으로 고생하다 menderita karena batuk; diganggu oléh batuk ⊙ 기침약 obat (sirup) batuk

기침(起枕) ⇒ 기상(起床)

기타(其他) dan lain-lain; yang lain dan sebagainya

기타 gitar ⊙ 기타연주가 pemain gitar. 클래식 기타 gitar klasik

기탁(寄託) penitipan; déposito; sumbangan 기탁하다 menyumbang ⊙ 기탁금 uang menyumbang; uang titipan; déposito. 기탁증서 sertifikat déposito (penyimpan)

기탄없다(忌憚-) jujur; terus terang ¶기탄없이 tanpa ragu-ragu; dengan jujur; dengan terus terang; secara blak-blakan; secara terang-terangan

기통(氣筒) silinder

기특하다(奇特-) mengagumkan; terpuji; dihargai

기틀 hal pokok; hal yang penting; 【계기】 saat 《yang sangat tepat》; 【기초】 dasar; pokok; pangkalan; pondasi; fundamén

기 펴다(氣-) merasa lega; hidup bersemangat

기포(氣泡) ⇒ 거품 gelembung

기폭(起爆) pemicu; peledakan; peletusan; détonasi; bahan (alat) peledak ⊙ 기폭장치 alat yang meledak. 기폭제 bahan peledak pertama; ledakan awal; pemicu 《révolusi》: 혁명의 기폭제가 되다 memicu révolusi

기표(記票) pemungutan suara 기표하다 memberi suara ⊙기표소 bilik pemberian suara

기품(氣品) géngsi; kemuliaan; kemégahan; keluwésan ¶기품이 있는 mulia; yang bermartabat; bergéngsi; berbudi halus; beradab; sopan

기품(氣稟) sifat dan semangat

기풍(氣風) 【개인의】 watak; sifat; karakter; 【단체의】 moril; semangat juang; 【사회의】 jiwa khas suatu bangsa; 【정신】 semangat; 【특성】 sifat; ciri

기피(忌避) penghindaran; pengélakan; penyingkiran; penolakan; tantangan 기피하다 menghindarkan; mengélakkan; menyingkiri; melalaikan; menjauhi; menantang ¶징병을 기피하다 mengélakkan dinas (tugas) militér /그녀는 대인 기피증이 있다 Dia punya fobia sosial. ⊙ 기피자 orang yang menghindar (orang yang mengélak) dari dinas; orang yang suka melalaikan tugas; tukang bolos; penantang

기필코(期必-) 【꼭】 pasti; tentu; 【틀림없이】 pasti; 【무슨 일이 있어도】 tentu saja; bagaimanapun juga; apapun yang mungin terjadi; dalam keadaan apapun

기하(幾何) 【수학】 ilmu ukur; géométri ¶기하학적으로 secara géométris ⊙ 기하학자 pakar (ahli) géométri

기하급수적(幾何級數的) ¶기하급수적으로 증가하다 bertambah banyak secara géométris

기하다(期-) ①【날짜 · 기한 등을】 menentukan tanggal; 【약속하다】 berjanji; menjanjikan ②【기대하다】 mengharapkan; menyangka; mengira ③【결심하다】 memutuskan; menentukan; menetapkan; bertekad

기하학(幾何學) géométri ②기하학적 무늬 desain (pola) géométris

기한(飢寒) rasa lapar dan rasa dingin

기한(期限) masa; batas waktu; jangka waktu ¶일정한 기한 내에 dalam waktu yang tertentu; dalam waktu yang telah ditentukan ⊙ 기한경과 berakhirnya waktu. 기한만료 habisnya masa berlaku; kedaluarsa. 유효기한 masa berlakunya

기함(旗艦) kapal bendéra

기합(氣合) pemusatan (konséntrasi) semangat 《dalam seni kemilitéran》; teriakan; 【군대】 hukuman disipliner ¶기합을 넣다 (기합술로) berteriak; menarik perhatian dengan jeritan (teriakan);

(독려) mendesak (mendorong) untuk bekerja/ 기합을 주다 menghukum; menyiksa ⊙ 기합술 seni hipnotis dengan teriakan

기항(寄港) persinggahan (perhentian) di pelabuhan 기항하다 berlabuh; singgah; berhenti

기행(奇行) perilaku ékséntrik; tingkah laku yang anéh; kesintingan

기행(紀行) catatan perjalanan; catatan harian seorang wisatawan (pelancong) ⊙ 기행문 catatan (laporan) perjalanan

기현상(奇現象) fénoména anéh

기형(奇形) cacat rupa; bentuk yang cacat; kelainan bentuk ¶기형적(인) bercacat; cacat bentuknya ⊙ 기형아(兒) anak yang cacat rupa. 기형 족(足) kaki pekuk

기호(記號) tanda; pertanda; simbol; kode; isyarat; tanda sasaran; 【음악】 kunci musik ¶이것은 무슨 기호입니까? Apa arti simbol ini? ⊙기호학 sémiotika. 기호학자 ahli sémiotika

기호(嗜好) seléra; cita rasa; khayalan; fantasi; kesukaan; perasaan sukanya dan tidak sukanya 기호하다 mempunyai seléra ¶기호에 따라 menurut kesukaan/기호에 맞다 sesuai (cocok) dengan seléra ⊙ 기호품 barang kesukaan; barang méwah

기혼(既婚) ¶기혼의 sudah menikah ⊙ 기혼자 orang yang sudah menikah

기화(奇貨) ①【진품】 harta benda yang luar biasa; barang yang jarang terdapat ②【기회】 kesempatan yang jarang; kesempatan yang baik ¶…을 기화로 하여 mengambil keuntungan dari; yang mengambil kesempatan

기화(氣化) penguapan 기화하다 menguap《kan》 ⊙ 기화 점 titik penguapan

기회(機會) kesempatan; peluang ¶다른 기회에 lain kali/절호의 기회 peluang (kesempatan) emas; kesempatan yang jarang didapat /기회를 얻다 mendapat《kan》 kesempatan ⊙ 기회균등 persamaan kesempatan; kesempatan yang sama: 기회균등주의 dasar (prinsip) kesempatan yang sama

기회주의(機會主義) oportunisme ⊙기회주의자 oportunis; orang yang suka menggunakan kesempatan (oportunitas)

기획(企劃) perencanaan; proyék; rancangan pekerjaan 기획하다 membuat rencana; menyusun rencana (program); merancang ⊙ 기획부 bagian perencanaan. 기획안 proposal proyék. 기획위원회 Panitia Perencanaan.기획사 agén: 연예 기획사 agén (manajemén) perusahaan hiburan. 기획조정실 Kantor Perencanaan dan Kordinasi

기후(氣候) ①iklim; cuaca ¶온화한【대륙성, 해양성】 기후 iklim sedang【benua, bahri】 ②⇒ 기체후 ⊙ 기후학 ilmu tentang iklim.

긴급(緊急) darurat; keadaan mendesak 긴급하다 mendesak; penting ¶긴급한 urgén; mendesak; darurat ⊙ 긴급명령 perintah dalam keadaan darurat. 긴급사태 keadaan darurat. 긴급조치 tindakan darurat

긴말 pembicaraan panjang; cerita 긴말하다 mengadakan pembicaraan (percakapan) panjang; berceritera

긴밀(緊密)【엄밀함】kekerasan; kekakuan; 【밀접】 akrab; kedekatan 긴밀하다 keras; karib; akrab; intim

긴박(緊迫) ketegangan; kegentingan 긴박하다 tegang; keras; hangat; gawat; genting ¶긴박한 정세 situasi yang tegang (genting; gawat; hangat)/긴박해지다 menjadi tegang

긴박감(緊迫感) ketegangan; rasa urgénsi

긴병(-病) penyakit kronis (yang lama)¶긴병을 앓다 menderita karena penyakit yang lama (kronis)

긴요(緊要) pentingnya; kepentingan 긴요하다 ⇒ 요긴하다 penting; perlu;【긴급】 mendesak; penting

긴장(緊張) ketegangan 긴장하다 menjadi tegang; bersiap-siap《untuk melakukan》 ¶긴장한 tegang; genting; dengan tegang; dengan genting; dengan keras/ 긴장을 풀다 bersantai-santai ⊙ 긴장상태 keadaan(situasi) tegang

긴장완화(緊張緩和) pengenduran (pengurangan) ketegangan; perbaikan

긴축(緊縮) 【절약】 perékonomian yang ketat; pengurangan; kecermatan 긴축하다 mengurangi; mengadakan penghématan; menghémat ¶재정의 긴축 penghématan (pengurangan) keuangan ⊙긴축 예산 penghematan anggaran. 긴축정책 kebijakan penghématan

긴팔원숭이 【동물】 kera yang berlengan panjang; siamang

긴하다(緊-) berguna; bermanfaat; berfaédah ¶긴한 물건 barang yang berguna

긷다 mengambil; menarik; memompa

길[1] ①【일반적】 jalan; 【가로수길】 jalan raya; jalan besar; 【산의 샛길】 jalan kecil; 【통로】 gang; jalan lintasan ¶지름길 jalan péndék; jalan memintas/에움길 jalan simpangan; jalan yang berputar/ 길을 잃다 kehilangan jalan; tersesat ②【가야 할】 jalan; cara; perjalanan ③【진로】 jalan; kursus; 【경로】 rute; trayék; lin; 【방법 · 수단】 jalan; cara; 【취할 길】 jalan ¶성공하는 길 jalan (cara) keberhasilan (suksés) ④【도중…하는 김에】 di tengah jalan ¶…하는 길에 dalam perjalanan ⑤【지켜야 할】 cara ¶세속의 길 cara hidup di dunia ⑥ 【전문 · 방면】 jurusan

길[2] ⇒ 길들다, 길들이다

길[3] 【품질 · 등급】 kualitas; kelas ¶상길 kualitas terbaik; mutu yang terbaik

길[4] 【책의】 sekumpulan isi

길[5] 【옷의】 bagian kain yang besar 《dari》 mantel atau jakét orang Korea

길[6] ①【길이 단위】 ukuran panjang ②【높이】 tingginya; 【깊이】 satu depa 《kira-kira 6 cha》 ¶열 길 되는 나무 pohon yang tingginya 60 *cha*

길가 《di》 pinggir jalan; 《di》 tepi jalan

길거리 【거리】 jalan ¶길거리를 쏘다니다 berkeliaran (berkelana) di jalan

길경(桔梗) ⇒ 도라지

길길이 ①【쌓인 꼴】 tinggi ②【성이 나서】 sangat berlebihan; amat ¶성이 나서 길길이 뛰다 *sangat marah*; marah yang luar biasa

길나다 ①【도로가】 jalan terbuka ②【습관이 되다】 menjadi biasa ③【윤나다】 menjadi mengkilap; berkilauan

길년(吉年) tahun yang menguntungkan

길눈[1] 【방향감각】 rasa untuk mengetahui jurusan

길눈[2] 【적설】 salju yang setinggi orang

길다 ①【길이가】 panjang ¶길게 하다 menjadikan lebih panjang; memperpanjang; diperpanjang ②【시간이】 panjang; lama

길다랗다 ⇒ 기다랗다

길동무 teman bepergian; teman perjalanan 길동무하다 menemani ¶길동무가 되다 bepergian bersama-sama

길드 serikat kerja ⊙ 길드사회주의 sosialisme serikat kerja

길들다 ①【윤나다】 mengkilap; berkilauan; menjadi mengkilap ②【동물이】 menjadi jinak ③【익숙해지다】 menjadi biasa; terbiasa; menjadi akrab dengan; menjadi berpengalaman dalam

길들이다 ①【윤나게】 membuat mengkilap ②【동물을】 menjinakkan ③【익숙해지다】 membiasakan

길라잡이 pemandu; orang yang menunjukkan jalan

길래 ①⇒ -기에 ②⇒ 관데

길례(吉禮) upacara yang bahagia (yang bertuah; yang menguntungkan); upacara yang bersifat ucapan selamat

길로틴 ⇒ 단두대 alat pemenggal kepala

길리다 ⇒ 기르다【남에게】 dibesarkan; dididik; diasuh

길목[1] ①【길모퉁이】 sudut (pojok) jalan; di persimpangan jalan ②【중요한 통로 · 장소】 posisi yang penting di jalan; tempat utama; strategis ¶길목을 지키다 menjaga tempat strategis ③【변화의 시점】 periode transisi untuk mengubah

길목[2] 【버선】 kaos kaki yang berléhér tinggi

길몽(吉夢) impian baik; mimpi yang mujur

길보(吉報) kabar baik

길사(吉事) peristiwa baik; 【혼례】 《upacara》 perkawinan

길상(吉相) pertanda (tanda) pada wajah; wajah yang beruntung (yang mujur)

길상(吉祥) pertanda (alamat) mujur; pertanda baik; pertanda (tanda) yang

menguntungkan
길섶 tepi (pinggir) jalan
길손 pelancong; musafir; wisatawan
길쌈하다 bertenun; menenun; membuat kain; menganyam
길안내(-案內) yang menunjukkan jalan; 【사람】 pemandu; pramuwisata 길안내하다 menunjukkan jalan; bertindak sebagai pemandu (pramuwisata)
길운(吉運) nasib baik; keberuntungan
길어지다 lebih lama; menjadi lebih
길이[1] 【긴 정도】 panjangnya
길이[2] 【오래도록】 lama; panjang; untuk waktu yang lama
길일(吉日) hari mujur; hari baik; hari yang menguntungkan
길조(吉兆) pertanda baik; pertanda menguntungkan
길조(吉鳥) burung keberuntungan
길짐승 binatang merayap
길쭉하다 panjang
길하다(吉-) mujur; untung; menguntungkan
길흉화복(吉凶禍福) nasib baik dan (atau) nasib buruk; cahaya dan bayangan ¶길흉화복을 점치다 meramalkan nasib
김[1] 【해태】 *gim:* rumput laut yang telah dikeringkan ⊙ 김 양식 pertanian *gim*
김[2] ①【증기】 uap air; asap ¶김이 나다 menguap ②【입 · 코의】 nafas; tiupan udara ③【비유적】 ¶김이 새다 kehilangan minat; kehilangan perhatian; semangatnya hilang; kegairahannya padam
김[3] 【기회 · 바람】 sementara; selagi; walaupun; sedangkan; bilamana; ketika; pengaruh ¶여기 온 김에 ketika saya ke sini; dalam perjalanannya ke mari/술김에 di bawah pengaruh alkohol
김나지움 ruang (gedung) olahraga
김매다 memilih rumput liar
김매다 menyiangi; memilih rumput liar ¶밭을 김매다 menyiangi ladang
김밥 *gimbap*; makanan yang dapat dimakan terutama pada piknik atau tamasya
김빠지다 kehilangan rasa ¶김빠진 강의 ceramah (kuliah) yang membosankan
김장 *gimjang; gimchi* yang dipersiapkan untuk musim dingin; 【김장거리】 pembuatan acar ((seperti lobak, sawi dan berbagai rempah-rempah)) untuk musim dingin 김장하다 membuat (mempersiapkan) *gimchi* untuk musim dingin ⊙ 김장독 guci tempat *gimchi.* 김장때, 김장철 waktunya mempersiapkan *gimchi* untuk musim dingin
김치 *gimchi*; acar ((yang dibuat dari lobak, sawi atau ketimun yang dibumbui dengan bawang putih, bawang, jahé, cabé merah dan lain sebagai)) ¶김치를 담그다 mempersiapkan (membuat) *gimchi* ⊙ 김치찌개 rebusan gimchi. 무김치 acar lobak. 배추김치 acar sawi (kol), 김칫국 sari(kuah) acar yang diawétkan: 김칫국부터 마시다 (비유적) Menghitung laba sebelum berusaha.
깁다 【꿰매다】 menambal; menémpél; menisik; memperbaiki; menjerumat; menjahit ¶기운 옷 pakaian yang ditambal
깁스 acuan; gips
깁옷 pakaian dari sutera tipis
깁창(-窓) jendéla yang diberi tirai dengan sutera tipis
깃[1] ①【날개털】 bulu-bulu ②【화살의】 bulu ((dari anak panah))
깃[2] 【짚 · 마른풀】 alas tidur
깃[3] 【부싯깃】 rabuk; kawul
깃[4] ①【옷의】 kelépak mantel; kerah mantel ②【이불 깃】 bagian atas sebelah luar selimut kapas
깃[5] 【몫】 bagian; porsi; saham, andil
깃대(旗-) tiang bendéra; tongkat bendéra
깃들다 ⇒ 깃들이다 ①【어둠 · 황혼 등이】 ¶황혼이 깃들고 있다 Senja tiba. ②【감정 · 생각 등이】 memiliki
깃들이다 ①【새가】 bersarang; membuat sarang ②【비유적】 berada; tinggal; mendiami; menghuni
깃발(旗-) ①【기】 bendéra; panji-panji; 【구호】 semboyan ②【비유적】 ¶ 자유의 깃발 bendéra kebébasan
깃털 ⇒깃 【새의 털】 bulu dan rambut ⊙ 깃털이불 selimut bulu
깊다 ①【물 · 산 · 공간 등이】 dalam; mendalam ②【학문 · 뜻 · 심리가】 dalam;

mendalam; tinggi ③【잠이】 nyenyak tidur ④【밤이】 larut malam ⑤【계절이】 sudah mendalam ⑥【사이 · 관계 등이】 karib; akrab; intim; mendalam ⑦【상태가】 serius; berat; parah

깊숙하다 dalam; terpisah; terpencil

깊이 ①【명사】 dalam; kedalaman ¶깊이가 없다 dangkal ②【부사적】 mendalam; dengan dalam ¶깊이 사랑하는 사이다 《jatuh》 cinta yang mendalam dengan ③【추상적】 kedalaman

까까머리 kepala yang dicukur gundul (botak)

까까중 gundul; botak

까꾸로 ⇒ 거꾸로

까놓다 ①【껍데기를】 mengupas; mengelupas; melepaskan ②【생각, 비밀 등을 숨김없이 털어놓다】 mengeluarkan pendapat; berbicara secara terus terang; membuka hati; berterus terang

까다[1] ①【줄다】 menjadi tipis; menitip; mengurus; berkurang; menjadi kecil ②【줄이다】 mengurangi

까다[2] ①【껍질을】 mengupas; menguliti; memecahkan; meretakkan; 【불알을】 mengebiri ②【부화】 menetaskan ③【비유적으로】 berbicara dengan tak tahu malu; berbicara dengan sombong ¶그는 입만 깠다 Dia bicara melulu dan tidak ada kegiatan (tindakan).

까다[3] ①【속된 표현】 menéndang; menyépak; melukai dengan kasar ②【신문에서】 menyerang; mengkritik ③【비난하다, 욕하다】 mengutuk ④【제하다】 memotong

까다롭다 ①【어렵다】 sulit; sukar; 【성가시다】 menyusahkan; suka mengganggu; menjéngkélkan; 【복잡하다】 ruwét; rumit; sulit; berbelit-belit; penuh akal ②【규칙 등이】 keras ③【성미 · 취향 등이】 keras; kasar; banyak cingcong; ceréwél; réwél; terlalu berpilih-pilih; tidak mudah puas

까닭 ①【이유 · 원인】 alasan; sebab; karena; lantaran ②【사정 · 곡절】 keadaan

까뒤집다 ①【양말 등을】 membaliknya 《kaos kaki》 ②【주머니 등을】 mengambil sesuatu dari dalam ke luar

까딱 ¶까딱하면 hampir; nyaris/까딱도 않다 tetap tidak berubah; tidak gentar

까딱거리다, 까딱하다 【…을】 menggerak-gerakkan beberapa kali; mengangguk-angguk; 【…이】 berayun-ayun bolak balik; bergerak-gerak bolak balik

까딱없다 ①【사물이】 bertahan teguh (berdiri kokoh) seperti batu karang ②【마음 · 인품이】 tetap teguh; tenang; tabah; tidak terganggu

까르륵 suara lengkingan

까마귀 ①【조류의】 burung gagak; gaok ¶까마귀가 울다 burung gagak menggaok ②【비유적】 ¶까마귀 고기를 먹었나? Mengapa kamu begitu pelupa?

까마득하다 ①【시간 · 거리 등이】 jauh sekali ②【막막하다】 putus asa

까막눈이 orang buta huruf

까맣다 ⇒ 가맣다 ①【빛깔이 hitam ②【완전히】 sama sekali

까매지다 menjadi gelap (hitam)

까먹다 ①【껍질 · 도시락 등을】 mengupas kulit dan memakan ②【돈 · 재산 등을】 menghabiskan; memboroskan 《uang》 ③【잊어버리다】 lupa

까무러뜨리다 ①【기절시킴】 menyebabkan pingsan; membuat kehilangan kesadaran; (때려서) menghilangkan kesadaran ②⇒ 까무러치다

까무러지다 jatuh pingsan; menjadi (merasa) pingsan

까무러치다 ⇒ 기절하다 benar-benar (jatuh) pingsan

까무스름하다 ⇒ 거무스름하다

까무잡잡하다 kehitam-hitaman; berkulit hitam

까바치다 mengadukan; menceritakan 《rahasia kepada orang lain》

까발리다 membuka; membébérkan

까부르다 menampi; memisahkan 《sekam dari butir padi》

까불거리다 ①【몸을】 bergerak ke atas dan ke bawah dengan ringan ¶몸을 까불거리다 melambungkan ②【경망하게】 berkelakuan dengan sembrono; berkelakuan tidak keruan; bertindak dengan sembrono (serampangan; terburu-buru; gegabah)

까불까불 dengan sembrono; dengan tidak keruan
까불다 ①【배가】 terombang-ambing; tergoyang-goyang; 【자동차 등이】 terguncang-guncang; 【불꽃 등이】 berkelip-kelip; berkedip ②【행동을】 berkelakuan dengan sembrono ③⇒ 까부르다
까불리다[1] ①【곡식을】 menampi; memisahkan ②【재물을】 menghamburkan; menghabiskan dengan sia-sia; memboroskan
까불리다[2] 【곡식이】 terpisah
까불이 anak yang sembrono (yang tidak keruan); anak yang suka membanyol (melucu)
까붐질하다 menampi; melakukan pemisahan
까슬까슬하다 ①【성질이】 watak (sifat) keras ②【촉감이】 ⟪kulit⟫ yang kasar
까지 ①【시간】 sampai; hingga; oléh; dari pada ②【장소】 sampai; hingga; sejauh; sepanjang ③【정도 · 범위 · 강조】 pun; bahkan; lagi pula
까지다 ①【피부 등이 벗겨지다】 mengelupas; terkelupas ②【머리가】 rontok; menjadi botak ③【축가다】 menjadi kurus
까지다 【되바라지다】 kurang ajar
까짓 sebagaimana; seperti; macam ¶이까짓, 요까짓 macam ini
까치 burung murai ¶까치걸음으로 걷다 berjingkat / 까치집 sarang murai ⊙ 까치설날 malam tahun baru. 까치설빔 dandanan (pakaian) ⟪anak-anak⟫ untuk malam tahun baru
까치발 【건축】 topangan; penopang
까칠하다 kurus dan cekung; kelihatan kurus; kelihatan letih (capék; lesu)
까탈 kesusahan; halangan; rintangan; gangguan; hambatan 까탈 부리다 menimbulkan masalah; menyusahkan; mengganggu
까풀 kulit; selaput; lapisan tipis; buih; sekam ¶눈까풀 kelopak mata/까풀(이)지다 berkulit; berselaput; berlapis
깍깍 【까치 · 까마귀 등이 우는 소리】 menggaok
깍두기 *kkakdugi; kimchi* dari potongan lobak
깍듯이 dengan sopan
깍듯하다 sopan santun
깍정이[1] 깍쟁이 ①【인색한】 orang kikir (pelit) ¶불깍쟁이 benar-benar kikir; benar-benar buruk tabiatnya ②【땅꾼】 penangkap ular
깍정이[2] 【도토리의】 buah pohon eik
깍지 ①【껍질】 kulit ¶콩깍지를 까다 mengupas kulit kacang polong ②【활 쏠 때의】 cincin pemanah; cincin berbentuk tanduk untuk ibu jari ③【손가락을 엇갈려 맞잡은 상태】 menggenggam tangan untuk menggandéngkan jari-jari kedua tangan
깎다 ①【머리를】 memotong; memangkas; menggunting; memperpéndék ②【잔디 · 나무 · 손톱 등을】 memotong; merapikan; menghiasi; memangkas; menyiangi; menebangi ③【양털 등을】 mencukur ④【연필 · 목재 등을】 mengetam ⟪kayu⟫ ⑤【벗기다】 mengupas; menguliti ⑥【값을】 memotong; mengurangi ⑦【위신 · 체면 등을】 membuat malu; mengeritik; memprotes ⑧【직위를】 menurunkan; memecat; mencabut
깎아지르다 menjulang tinggi
깎아지른듯하다 sangat curam
깎은 tampan; pintar; cerdas ⊙ 깎은서방님 orang muda yang berpakaian tampan. 깎은선비 pria tampan
깎음질 【공업】 potongan 깎음질하다 memotong; memangkas; menggunting
깎이 alat pengasah ¶손톱깎이 alat pemotong kuku
깎이다 ①【깎게 하다】 membuat memotong ②【깎음을 당하다】 dipangkas; dipotong; dirapikan, ③【값 · 예산 · 봉급 등이】 dikurangi; diturunkan; dipotong ④【낯 · 체면이】 malu ⑤【직책 등이】 diambil; ditarik; diturunkan
깐깐하다 berhati-hati; teliti; memilih-milih; terlalu memilih; réwél; cérewét
깐작거리다 ①【달라붙다】 melekat; menancap; bertahan ②【성질 또는 행동이】 kuat bertahan; ngotot; ulet; gigih; menjéngkélkan karena keras hati
깐질기다 keras dan léngkét

깔개【방석】alas duduk; kasur kecil; bantalan;【돗자리 류】tikar; anyaman jerami untuk pembungkus;【융단】permadani; karpét;【바닥 일부에 까는】permadani; babut;【융단 대용의】alas lantai

깔기다 membiarkan sembarangan ke tempat-tempat yang sebaiknya dihindari ¶오줌을 깔기다 buang air kecil di tempat yang sebaiknya dihindari

깔깔 ¶깔깔거리다 tertawa keras; tertawa terbahak-bahak

깔깔하다 ①【감촉이】kasar ②【입 안이】berpasir

깔끄럽다 ⇒ 껄끄럽다

깔끔거리다 ⇒ 껄끔거리다

깔끔하다 ①【외양 · 태도가】tampan; gagah; ganteng; bergaya; rapi; bersih ②【솜씨가 야물고 알뜰하다) rapi dan éfisién ③【성격이】pintar; cerdik; rapi

깔다 ①【밑에】membentangkan; merentangkan; meratakan; memasang ②【깔고 앉다】duduk di atas;【사람을】menindas; menguasai ③【돈 · 곡식 · 상품 등을】meminjam uang 《padi》 ke mana-mana ④【음악 등을】meletakkan; memasukkan ⑤【목소리를】merendahkan 《suara》 ⑥【전화 · 인터넷 · 컴퓨터 프로그램 등을】mengkonfigurasi (internét)

깔딱 ①【삼키는 소리】tegukan 깔딱하다 meneguk; menelan ②【숨이】hembusan nafas ¶숨이 깔딱 넘어가다 menghembuskan nafas; meninggal dunia

깔딱거리다 meneguk (menelan) berulang kali;【얄팍한 것이】memercik (meretih) berulang kali;【숨이】megap-megap; terengah-engah

깔때기 corong; cerobong

깔려죽다 remuk (tertindas; terjepit) sampai mati

깔리다 ①【널리 퍼져 있다】terbentang; tersebar; terentang ②【내려 덮친 것에】terpendam (tertekan; terjepit) di bawah 《*pohon* yang jatuh》; tertimpa ③【돈 · 곡식이】dipinjam ke mana-mana ④【남에게】ditindas; tertindas oléh ⑤【생각 · 의도 · 감정 등이】tersembunyi ⑥【전화 · 인터넷 · 프로그램 등이】diinstal

깔보다 memandang rendah kepada; meréméhkan; mengabaikan; memandang dengan hina (dengan rasa jijik)

깔아뭉개다 ①【눌러서】menekan ke bawah ②【일을】mengesampingkan; menyisihkan; menangguhkan ③【창피주다】mempermalukan

깔쭉거리다 ①【어설픈 시도를 하다】membuat kasar ②【마지못해 먹다】⇒ 깨작거리다

깔치【비속어】wanita; perempuan; pacar

깜깜하다 ①(캄캄하다) tidak mengetahui; bodoh; dungu; bebal ②【어둡다】sangat gelap

깜냥 kemampuan; kapasitas

깜다 ⇒ 검다[2]

깜둥이 ⇒ 검둥이

깜박 ①【눈을】깜박하다【…이】mengedipkan mata; berkelip-kelip; ②【불 · 빛 · 의식이】dalam sekejap mata; secepat kilat ③【순간적】《hanya》 untuk waktu (saat) ini ④【깨닫지 못하는 새】sebelum mengetahuinya ¶깜박 속다 ditipu tanpa sadar; tertipu tanpa menyadari ⑤【완전히】sama sekali

깜박거리다 ①【별이】berkelip-kelip; bersinar-sinar ②【불이】berkelip-kelip; berkedip ③【눈을】mengejapkan 《mata》 berulang kali

깜박하다 benar-benar lupa

깜박이 indikator

깜부기 ①【병 걸린 이삭】butir padi yang rusak ②【숯】arang kayu dibuat dari sisa kayu yang dibakar ¶깜부기불 api yang hampir mati; api kecil

깜작[1] ⇒ 깜짝[1]

깜작[2] ①⇒ 깜박① ②【몸을】dengan gerakan 깜작하다 bergerak; berpindah tempat

깜작거리다 ⇒ 깜짝거리다②

깜작깜작 ⇒ 깜박깜박

깜작이다 ①⇒ 깜박거리다 ②【몸을】bergerak; berpindah tempat; membuat gerakan

깜장 ⇒ 검정

깜짝[1] dengan kejutan; dengan tak terduga ¶깜짝 놀라다 terkejut (dikejutkan)

dengan tiba-tiba /깜짝 놀라게 하다 mengejuntukan; mengagétkan; mengherankan

깜짝[2] ⇒ 깜작[2]

깜짝거리다 ①【눈을】 mengejapkan ⟪mata⟫ berkali-kali ②【몸을】 tetap bergerak

깜짝하다 berkedip; mengejapkan ⟪mata⟫

깜찍이 sangat sekali ¶깜찍이 영리하다 pandai sekali/깜찍이 굴다 berkelakuan pintar; berkelakuan lihai (licik)

깜찍하다 ①【사람이】 sangat pintar ②【작고 귀엽다】 kecil dan mungil ③【영악하게 굴다】 déwasa sebelum waktunya

깝대기 ⇒ 껍데기

깝신거리다 berkelakuan sembrono (tak keruan)

깝신깝신 dengan sembrono; dengan tak keruan

깝죽거리다 berkelakuan sembrono (congkak)

깝질 ⇒ 껍질

깡 【광산】 sumbu mesiu

깡그리 ⇒모조리 segala-galanya; sekalian; secara menyeluruh

깡그리다 menyelesaikan persoalan

깡깡이 【해금】 alat musik Korea yang mirip dengan biola: rebab

깡다구 ⇒ 오기 ketahanan; kegigihan; keuletan ¶깡다구가 있다 kuat bertahan; ulat

깡똥하다 péndék tidak menarik

깡마르다 kurus; kurus dan cekung

깡통 ①【양철로 만든 통】 kaléng ⟪yang⟫ kosong ②【머리가 빈사람】 bodoh; goblok; berkepala angin ③【비유적】 ¶깡통을 차다 hidup mengemis

깡패(-牌) penjahat; buaya darat; kerudung; orang kasar ¶깡패의 세계 dunia bajingan

깨 【식물】 biji wijén; bijén ⊙ 참깨 wijén; bijen. 들깨 wijén liar; wijén hutan. 깨소금 wijen goréng. 깻묵 ampas wijen

깨갱 ¶깨갱거리다 mendengking; meréngék

깨갱깨갱 yang mendengking (meréngék) berulang kali

깨깨 sepenuhnya; sama sekali; dengan lengkap ¶깨깨 마르다 kurus sekali

깨끔스럽다 rapi dan bersih

깨끔찮다 tidak rapi; berantakan; tidak bersih

깨끔하다 ⇒ 깨끔스럽다

깨끗이 ①【청결히】【정리되어】 dengan rapi ¶깨끗이 하다 membersihkan; mencuci; merapikan; membéréskan/깨끗이 훔치다 (닦다) menyéka sampai bersih; membersihkan barang ②【결백 · 순수】 dengan bersih ③【완전히】 sepenuhnya; benar-benar;【미련 없이】 secara definitif

깨끗잖다 ①【더럽다】 tidak bersih; tidak rapi; tidak teratur; kotor; jorok; ceroboh ②【몸이】 tidak séhat; tidak énak badan

깨끗하다 ①【미끈하다】 ¶인물이 깨끗하다 tampan; ganteng; cantik; menyenangkan ②【말쑥하다】 rapi ③【맑다 · 정결하다】 bersih; murni; segar ¶깨끗하게 하다 membersihkan; memurnikan; menyucikan ④【결백】 bersih; murni; 【순결】 murni; suci; belum berdosa; 【공명정대】 adil; wajar; baik; tenang ⑤【몸이】 séhat

깨끼 【깨끼옷】 pakaian musim panas untuk wanita berlapisan tipis dari sutera

깨끼춤 semacam tarian yang menimbulkan gairah

-깨나 hanya disebabkan oléh; hal yang sepélé

깨나다 ①【잠에서】 bangun ②【의식이】 menjadi sadar kembali ③【미몽에서】 sadar; bangun ④【변했던 빛이】 menjadi terang; hidup kembali

깨다[1] ⇒ 깨뜨리다

깨다[2] 【자동사】 ①【잠 · 의식이】 bangun ¶자나 깨나 sadar atau tidak sadar; tidur atau bangun ②【술이】 tersadar ③【축내다】 dikurangi

깨다[3] 【타동사】 ①【잠을】 membangunkan; menyadarkan ②【술기운을】 membuat tenang; menenangkan

깨다[4] ①【부화되다】 ditétaskan ②【부화시키다】 menétaskan ③【약속 · 다짐 등을】 memecahkan ④【기록 등을】 memecahkan

깨다 【어이없다】 tidak beraturan; anéh

깨닫다 【알다】 mengetahui; mengenal; 【알아챔】 mencurigai; 【이해하다】 mengerti; memahami

깨떡 kué beras yang dilapisi dengan wijén

깨뜨리다 ①【부수다】 memecahkan; mematahkan; merusakkan; menghancurkan ②【좌절시키다】 merintangi; menghalangi; menggagalkan

깨물다 ①【물다】 menggigit; menggerogoti; mengerkah ②【깨뜨리다】 meretakkan dengan gigi

깨소금 wijén bubuk yang dicampur dengan garam

깨알 biji wijén ¶깨알 같다 kecil sekali 《seperti biji wijén》

깨우다 ①【남을】 membangunkan ②【자신을】 bangun; sadar ③【미몽에서】 menyadarkan ④【의식을 회복하다】 terbangun dari koma ⑤【환상에서】 akan kecéwa

깨우치다 meyakinkan; mengajarkan

깨죽 bubur wijén

깨작거리다, 깨죽거리다 【음식을】 menyianyiakan makanan

깨지다 ①【물건이】 pecah; rusak; patah 【금이 가다】 retak ②【일 · 교섭 등이】 gagal; tidak jadi ③【분위기 등이】 menjadi dingin; diganggu ④【머리 · 무릎 등이】 sakit ⑤【약속이】 dibatalkan ⑥【우정 · 혼사 등이】 putus ⑦【기록이】 pecah; patah ⑧ 【균형이】 hilang ⑨ 【'지다'의 속된 표현】 dibantai ⑩ 【'돈이 들다'의 속된 표현】 kehabisan uang

깨치다 【깨닫다】 mengerti; memahami

깨트리다 ⇒ 깨다

깩하다 menjerit; berteriak

깩깩거리다 menjerit-jerit; berteriak berkali-kali

깩소리 ⇒ 찍소리 kata protés; keluhan; teriakan

깰깰거리다 tertawa terkékéh-kékéh

깻묵 ampas wijén

깻잎 daun wijén

깽깽하다, 깽깽거리다 merintih (mengerang; meréngék) berkali-kali

꺄룩 ⇒ 끼륵②

꺄룩거리다 ⇒ 끼룩거리다②

꺄룩꺄룩 ⇒ 끼룩끼룩②

꺅 ⇒ 깩 jeritan; yang menjerit

꺼내다 ①【손으로】 mengeluarkan; merogoh; 【화재 때에】 menyelamatkan; menolong ②【말 · 이야기 등을 】 mengemukakan; mulai berbicara

꺼덕꺼덕 ¶꺼덕꺼덕 마른 setengah kering

꺼뜨리다 memadamkan api (lampu); membiarkan api (lampu) itu mati

꺼리다 ①【피하다, 싫어하다】 tidak menyukai; membenci; benci akan; memandang dengan enggan (dengan segan) ②【꺼림칙하게 여기다】 menghindari; menghindarkan; menjauhi; menjauhkan diri; mengelakkan; mengasingkan ③【주저하다】 ragu-ragu; keseganan; keengganan; menarik diri ④【터부시하다】 menabukan

꺼림(칙)하다 merasa sangsi; merasa khawatir; merasa gelisah (tak senang); 【양심에】 merasa terganggu hati nurani

꺼머번드르하다, 꺼머번지르하다 hitam dan licin; hitam dan mengkilap.

꺼멓다 ⇒ 거멓다

꺼벙하다 besar tetapi lemah

꺼병이 ①【새끼 꿩】 ayam pegar muda ②【사람】 orang bodoh

꺼지다 ①【불꽃 등이】 mati; lenyap; 【화재가】 padam ②【땅 · 벽 · 지붕 등이】 tenggelam; terbenam; runtuh; roboh ③【배 · 눈이】 menjadi kosong; cekung ④【얼음이】 pecah; hancur ⑤【생명 등이】 lenyap; hilang; menghilang ⑥【전등 · 엔진 등이】 berhenti; mati; dimatikan ⑦【눈앞에서 사라지다】 hilang

꺼칠하다 ⇒ 까칠하다 kurus kerémpéng; kurus dan cekung

꺼풀 ⇒ 까풀 lapisan

꺽꺽하다 sukar; susah; keras; kasar; kaku; kencang

꺽다리 orang tinggi; kaki panjang

꺾다 ①【나뭇가지 등을 부러뜨리다】 mematahkan; menjadi dua; memetik bunga; 【비유적】 merusakkan; menghancurkan ②【방향 등을】 memutar; 【구부리다】 menekuk; melipat; melengkung; membélok ¶핸들을 왼쪽으로 꺾다 memutar setir ke kiri. ③【길을】 membélok; berbélok ④【접다】 melipat ⑤【기세 · 고집 등을】 meremukkan; mema-

damkan; mengurangi 《semangat》; mematahkan
꺾쇠 paku siku; besi kuat (keras); kail; cantélan
꺾쇠묶음【인쇄】tanda kurung besar
꺾어지다 ①【단단한 것이】patah; pecah; rusak; hancur; ②【옷깃 등이】dilipat
꺾이다 ①【부러지다】menjadi patah; terpatah; terpotong ②【방향 · 길이】berbélok; berputar; membélok; berbalik ③【접히다】dilipat 《kertas》 ④【기가】tertekan; sedih; murung
꺾임새 lipatan
꺾자(-字) ①【문서 부호】tanda (ciri-ciri) huruf Korea ②【지우는 줄】꺾자 놓다, 꺾자 치다 mencorét
껄껄 웃다 tertawa dengan keras; tertawa terbahak-bahak
껄껄거리다 ⇒ 껄껄 웃다
껄껄하다 kasar; sukar; buruk
껄끄럽다 kasar; buruk
껄떡이 orang tamak (loba)
껄떡거리다 ⇒ 추근거리다, 치근거리다 menggoda; mengganggu
껄렁껄렁하다 tidak baik; jelek; buruk
껄렁이 orang yang tidak berguna sama sekali
껄렁하다 ⇒ 껄렁껄렁하다 tidak baik; jelék; buruk
껄쭉거리다 berbuat kasar
껌 permén karét ¶껌을 씹다 mengunyah permén karét
껌껌하다 ①【어둡다】sangat hitam; sangat gelap ②【마음이】berhati jahat
껌다 ⇒ 검다[2] ②
껌벅 ⇒ 끔벅
껌정 ⇒ 검정
껍데기 ⇒ 껍질 ①【동물 · 조개 · 달걀 등의】kulit ②【비유적】¶껍데기를 벗기다 mengambil seluruh uang (milik)
껍질 ①【각(殼)】kulit; kerang ②【과일의】kulit buah
-껏 ①【있는 대로 다】sebanyak-banyaknya ②【까지】hingga kini
껑충 dengan sekali loncatan (lompatan)
껑충거리다 melompat-lompat
껑충하다 tinggi dan ramping; semampai; kurus
께[1]【에게】kepada; untuk; dengan; terhadap; dalam; atas
께[2] ①【경(傾)】kira-kira; hampir; mengenai; di sekitar ②【장소】sekitar; sekeliling; dekat
께끄름하다 merasa sedikit tidak menyenangkan; merasa gelisah (khawatir); membebani pikiran; tidak benar-benar gembira
께서 dari
께죽거리다 ①【투덜대다】menggerutu; mengeluh; menggeram ②【음식을】mengunyah tanpa tanpa minat; mengunyah acuh tak acuh
께지럭거리다 melakukan dengan ragu-ragu (tanpa gairah); melakukan secara tak tertarik
께지럭께지럭 tanpa (kurang) bergairah; kurang semangat (minat); dengan ragu-ragu; dengan lesu
껴안다 ①【포옹】merangkul; memeluk; menggéndong ¶서로 껴안다 saling berpelukan ②【일을】menerima banyak tugas
껴입다 mengenakan lagi di atas pakaian yang sedang dipakai
꼬깃꼬깃 menjadi kusut karena dipegang
꼬깃꼬깃하다 kusut
꼬꼬댁 berkotéknya ¶꼬꼬댁거리다 berkoték-koték ⊙ 꼬꼬댁 소리 suara berkoték
꼬끼오 kokok ayam jantan
꼬느다 ①【들다】mengambil ②【벼르다】menimbang-nimbang; mempertimbangkan
꼬다 ①【끈을】mengikal; memilin: memutar (memilin) bersama-sama ②【몸을】berputar; memutar tubuh; menggeliat ¶다리를 꼬고 앉다 duduk bersilang kaki ③⇒ 비꼬다
꼬드기다 ①【연줄을】menarik tali layang--layang ②【부추기다】membujuk; menggoda; menghasut
꼬들꼬들하다 keras; matang
꼬락서니 ⇒ 꼴[1] ¶꼬락서니 좀 봐라 Betapa buruknya (kurang ajarnya) kamu!
꼬랑이, 꼬랑지 ⇒ 꼬리
꼬르륵 ⇒ 꾸르륵 ¶배에서 꼬르륵 소리가

난다 Perut saya berbunyi keroncong.

꼬리 ①【동물의 꼬리】 ékor ¶꼬리를 흔들다 mengibas-ngibaskan ékor ②【단서】 petunjuk; penunjuk ③【기타】 ¶꼬리를 물고 satu per satu; berturut-turut ⊙ 꼬리곰탕 sup buntut. 꼬리뼈 tulang ékor. 꼬리표 labél

꼬마 kecil; anak kecil

꼬막 kerang

꼬박[1] 꼬박하다 ①【졸다】 tidur sebentar (sejenak); tidur ayam; mengantuk ②【절을】 mengangguk kepala

꼬박[2] penuh; seluruhnya ¶꼬박 이틀 dua hari penuh

꼬박꼬박 secara teratur; tanpa kelalaian; tanpa kegagalan

꼬부라지다 ①【굽다】 béngkok; bungkuk ②【혀가】 berkata cercaan

꼬부랑 ①【졸필】¶꼬부랑글씨 tulisan tangan yang jelék ②【서양 글자】 huruf Roman ③【늙은이】 orang tua yang bungkuk pinggangnya

꼬부랑하다 berbélok-bélok

꼬부리다 membéngkokkan; membungkuk; melipat

꼬부장하다 ①【물체가】 sedikit berliku; menekuk sedikit; tidak lurus; béngkok ②【마음이】 tidak jujur

꼬불거리다 berliku-liku; berkélok-kélok

꼬불꼬불하다 berliku-liku; berbelit-belit; banyak seluk beluk

꼬시다 【이성을 유혹하다】 menggoda; membujuk

꼬이다 ①【끈·밧줄 등이】 melilit; terjerat; terbelit; terputar ②【일이】 salah langkah; kemerosotan ③【심사·성격 등이】 menjadi tidak jujur; jahat

꼬임 ⇒ 꾐 godaan

꼬장꼬장하다 ①【가는 것이】 tegas dan kuat ②【노인이】 séhat dan segar ③【성미가】 sifat yang tegas; keras ((sikap))

꼬질꼬질하다 kotor

꼬집다 ①【살을】 memberi cubitan; mencubit ②【지목하다】 menunjukkan ③【결점·잘못 등을】 menunjukkan; tunjuk

꼬챙이 tusuk ¶꼬챙이에 꿰다 menusuk; mencocok

꼬치 ①⇒ 꼬챙이 ②【꿴 음식】 saté ⊙꼬치구이 tusuk daging panggang; kebab

꼬치꼬치 ①【여윔】 ¶꼬치꼬치 마르다 kurus kering ②【따짐】 ingin tahu; melit ¶꼬치꼬치 캐묻다 bertanya melit-melit

꼬투리 ①【깍지】 kulit biji; polong ②【담배의】 puntung rokok ③【발단】 penyebab; alasan ¶아무 꼬투리도 없이 tanpa sebabnya

꼭 ①【틀림없이】 pasti; tentu; mesti ②【바싹】 dengan ketat; dengan kencang ③【정확히】 tepat; persis ④【세게, 단단히】 dengan rapat; dengan kuat; dengan kencang ⑤【아주 비슷하게】 persis seperti; seolah-olah

꼭꼭[1] ①【어김없이】 tepat ¶약속을 꼭꼭 지키다 menepati janji ②【바싹】 kencang ③【꽉·잔뜩】 ketat ④【드러나지 않게】¶꼭꼭 숨다 sembunyi baik-baik

꼭꼭[2] 【암탉이】 꼭꼭하다(거리다) berkoték-koték

꼭대기 ①【사물의 맨 위】 puncak; atap ②【우두머리】 ketua

꼭두각시 wayang; bonéka

꼭두새벽 fajar

꼭뒤 【뒤통수의】 bagian belakang (benjol di) kepala

꼭지 ①【식물의 줄기】 batang; tangkai; gagang ②【손잡이】 pegangan; penutup ③【연의】 potongan dékoratif yang ditémpélkan dekat puncak layang-layang ④【두목】 pemimpin gerombolan ⑤【묶음】 ikat; buntel ⊙ 젖꼭지 puting susu; pentil susu

꼰질꼰질하다 terlalu teliti; sangat cermat

꼴[1] ①【모양이】 bentuk; penampilan; keadaan; kondisi ¶세모꼴 segi tiga /꼴이 아니다 keadaan yang tidak baik ②【경멸적】 tampang; muka

꼴[2] 【풀】 hijauan ((makanan ternak)); pakan

꼴 ¶그는 이틀에 한 번 꼴로 지각을 한다 Dia terlambat datang ke sekolah tiap dua hari sekali.

—꼴 tingkat (harga) perbandingan; nisbah ¶한 근에 오천 원 꼴로 pada tingkat lima ribu won per keun

꼴값 ¶꼴값 떨고 있네! Jangan seperti keledai!

꼴깍 ⇒ 꼴꺽 ceguk
꼴딱 ¶밤을 꼴딱 새우다 duduk tegas sepanjang malam
꼴뚜기 【동물】 gurita; ikan mangsi ⊙ 꼴뚜기 젓 asinkan bayi gurita
꼴리다 tersingnung; merasa jéngkél
꼴머슴 pelayan (petugas) di usaha tani
꼴불견이다(-不見-) tidak pantas; tidak senonoh; gegabah; ceroboh
꼴사납다 menjijikkan; tercela; jelék; mengerikan
꼴짝거리다 tersedu-sedu; tersedan-sedan
꼴찌 yang terakhir; di urutan paling bawah
꼼꼼장이 orang yang sangat teliti; orang yang cermat sekali
꼼꼼하다 teliti; cermat; sempurna; berhati-hati
꼼장어(-長魚) ⇒ 곰장어 belut laut
꼼지락거리다 ¶발가락을 꼼지락거리다 menggeliat jari-jari kaki
꼼짝하다 bergerak ¶꼼짝거리다 tetap bergerak/ 꼼짝 못하다 tidak dapat bergerak sama sekali; tidak goyah sedikitpun; (비유적) dikuasai
꼼짝없이 tak dapat diélakkan (dihindarkan); 【움직이지 않고】 tanpa bergerak
꼽꼽하다 sedikit basah; terasa lembab
꼽다 ①【수를 헤아리다】 menghitung ⦅dengan jari⦆ ②【지목하다】 menunjukkan; mengatakan
꼽재기 ①【때】 kotoran; selékéh ¶눈 꼽재기 kotoran mata ②【미미한 것】 yang kecil; réméh
꼽추 ⇒ 곱사등이 ¶노트르담의 꼽추【서명】 *Si Bongkok dari Notre Dame.* ⊙ 꼽추춤 tarian gembira dengan memakai bantal pada punggung
꼿꼿하다 ①【곧다】 tegak; lurus ②【언행이】 jujur; terus-terang ③【굳다】 kaku ④【처지가】 tidak tahu; tidak mengerti
꽁꽁 ①【언 모양】 beku ②【숨음】 sembunyi ¶꽁꽁 숨어라 Bersembunyi dengan baik ③【묶는 모양】 꽁꽁 묶다 mengikat erat
꽁무니 ①【끝부분】 terakhir ②【비유적】 ¶꽁무니를 빼다 mundur; menjauhkan diri; 【달아나다】 kabur; melarikan diri
꽁보리밥 nasi dicampur dengan barlei
꽁생원(-生員) ¶그는 꽁생원이다 Dia berpikiran sangat sempit.
꽁지 ékor ⊙ 꽁지머리 rambut dengan ujung seperti tongkat pemukul drum
꽁초 puntung rokok
꽁치【생선】 sejenis ikan air tawar
꽁하다 pendiam dan tidak ramah; introvér dan berpikiran sempit ¶꽁한 성질 sifat yang suka menyendiri; sifat yang suka mementingkan diri sendiri
꽂다 ①【끼우다, 박다】 menémpélkan; menyisipkan ②【상처를 주다】 menusuk
꽂히다 ①【날카로운 것이】 terpancang; tertancap; dimasukkan ②【꽂·책 등이】 berada ③【시선·눈빛 등이】 tertuju pada
꽃 ①【식물】 bunga; kembang ②【비유적】 ¶그녀는 우리 사무실의 꽃이다 Dia adalah bunga kantor kami. ⊙꽃가루 tepung sari. 꽃구경 tamasya bunga. 꽃꽂이 tata pusta; merangkai bunga. 꽃놀이 piknik (tamasya) untuk melihat (memandang) bunga-bungaan; wisata bunga. 꽃다발 seikat bunga; bunga rampai; karangan bunga. 꽃망울 kuncup bunga. 꽃무늬 pola bunga.꽃봉오리 tunas bunga; kuncup. 꽃병 vas bunga; jambangan. 꽃밭 kebun bunga. 꽃잎 daun bunga; petal. 꽃집 toko bunga
꽃게 kepiting ⦅biru⦆ ⊙꽃게 찜 kukusan kepiting biru
꽃답다 cantik seperti sekuntum bunga ¶ 꽃다운 처녀 gadis muda yang cantik
꽃뱀 wanita yang mengambil uang dari laki-laki dengan daya tarik séksual
꽃샘추위 dingin ⦅tiba-tiba dalam⦆ musim semi
꽈리【식물】 ceri tanah
꽈배기【과자】 roti tongkat putar
꽉 ①【세게·단단히】 dengan ketat; dengan rapat; dengan padat ②【가득】 padat; penuh ③【지그시】 bertahan dengan
꽐꽐 memancar
꽝 berdebam ¶문을 꽝 닫다 menutup pintu dengan keras; membanting pintu hingga tertutup
꽤 ①【제법】 cukup baik; cukup lama ②【비교적】 ¶꽤 좋다 termasuk baik

꽥 ¶꽥 소리 지르다 berteriak; mengeluarkan bunyi kwék-kwék

꽥꽥거리다 ①【소리치다】 berteriak-teriak ②【오리가 울다】 berkwek

꽥꽥지르다 meneriakkan

꽹과리 gong

꾀 ①【슬기】 akal ②【계략】 trik; 【계책】 muslihat

꾀꼬리 burung bulbul Korea ¶꾀꼬리 같은 목소리 suara manis

꾀다[1] 【벌레 따위가】 mengerumun; berkerumun

꾀다[2] 【유혹하다】 menggoda; memperdayakan

꾀병 pura-pura sakit

꾀보 orang yang penuh akal (yang licik); orang yang tipu muslihat

꾀부리다 ①【구실을 붙여서】 menghindari (mengélakkan) dengan alasan palsu ②【몸을 아끼다】 menghindarkan diri

꾀쓰다 ①【지략을】 menggunakan tipu muslihat ②⇒꾀부리다

꾀이다 tergoda; terpikat; digoda

꾀잠 tidur pura-pura

꾀죄(죄)하다 acak-acakan; kotor; gémbél; buruk; tidak keruan

꾀하다 merancang; merencanakan; mencoba; 【나쁜 짓을】 berkomplot

꾐 godaan ¶꾐에 빠지다 【넘어가다】 tergoda; terbujuk; terpikat

꾸다[1] ⇒ 꿈 · 꿈꾸다 【꿈을】 mimpi; impian ¶꿈을 꾸다 bermimpi

꾸다[2] ①【돈 · 물건 등을】 meminjam ②【비유적】 ¶꾸어다 놓은 보릿자루 【속담】 Merasa seperti kucing di bawah atap yang asing

꾸들꾸들하다 kering dan keras

-꾸러기 orang yang berlebihan dalam… ¶장난꾸러기 orang yang nakal; anak bandel

꾸러미 ①【뭉쳐 싼 것】 bungkusan; pak; pakét; buntel ②【짚으로 만든】 pembungkus dari jerami

꾸르륵 ①【뱃속이】 dengan suara gaduh (gemuruh) 꾸르륵하다 mengeluarkan suara geram ②【닭이】꾸르륵하다 berkoték-koték

꾸리다 ①【짐을】 membungkus; mengemasi; membenahi ②【일을】 mengurus ③【매만져 꾸미다】 memperbaiki; mempercantik; memperindah; menghiasi

꾸며내다 【거짓말 등을】 membuat; memalsukan; mengarang-ngarang

꾸며내다 【말을】 membuat alasan

꾸물거리다 ①【꿈틀대다】 bergeliang-geliut; berlénggang; berliat-liut 《ikan》; mengeluyur; onyak-anyik; membuang-buang waktu ②【굼뜨게 행동하다】 mengeluyur; bermalas-malas ③【날씨가 흐려지다】 suram; berawan

꾸미다 ①【모양을】【치장】 merias; menghiasi; mendandani; mendékor; 【차림】 membuat penampilan menarik ②【이야기 등을】 menciptakan; mengarang-ngarang ③【태도】 dibuat-buat; berpura-pura ④【계획 · 음모 등을】 membuat-buat; merancang; berkomplot ⑤【조직하다】 membentuk; membangun; mengurus ⑥【작성하다】 membuat; mengisi ⑦【수식하다】 memodifikasi

꾸밈 ¶꾸밈없는 sederhana; naif; sewajarnya

꾸밈새 ①【모양】 cara penyelesaian; 【모양새】 bentuk; pembuatan ②【치레】 cara orang menghiasi ¶꾸밈새가 예쁘다 【흉하다】 dihiasi (dibuat) dengan bagus (dengan jelék; dengan janggal)

꾸벅 ¶꾸벅 절을 하다 menunduk kepala

꾸벅꾸벅 ¶꾸벅꾸벅 졸다 mengantuk

꾸벅거리다 mengangguk-angguk kepala

꾸부정하다 ⇒ 구부정하다 sedikit menekuk (membungkuk)

꾸역꾸역 ①【한꺼번에 입에 넣고 씹는 모양】 memasukkan makanan penuh ke tenggorokan ②【한꺼번에 많이 몰리는 모양】 ¶꾸역꾸역 모여들다 berkerumun; mengerumuni

꾸준하다 terus-menerus; tekun; tetap; konstan

꾸준히 【쉬지 않고】 dengan terus-menerus; tak henti-hentinya

꾸중 teguran; omelan

꾸지람 teguran 꾸지람하다 ⇒ 꾸짖다

꾸짖다 memarahi; menegur; membentak

꾹 ⇒ 꼭[2] ¶꾹 참다 tetap menahan; menderita dengan sabar

꾹꾹 ⇒ 꽉꽉 penuh
-꾼 orang yang sibuk dengan ¶씨름꾼 jago (tukang) gulat; penggulat
꿀 【벌꿀】 madu; manisan lebah
꿀꺽 ①【삼킴】 꿀꺽하다 menelan; meneguk ②【누름】 menahan; menelan
꿀꺽꿀꺽 ¶꿀꺽꿀꺽 마시다 minum ((air)) dengan sekali teguk
꿀꺽하다 dikantongi
꿀꿀 【돼지가】 ¶꿀꿀거리다, 꿀꿀하다 mendengus-dengus
꿀꿀이 orang tamak; babi
꿀떡 【삼킴】 meneguk; menelan
꿀렁 ①【물이】 꿀렁하다 menimbulkan kegemparan di dalam; membuat percikan di dalam ②【부풀어서】 꿀렁하다 bengkak; gembung; longgar
꿀리다 ①【옷 등이】 kusut ②【들뜨다】 longgar (terlepas) pada pinggir ③【형편이】 miskin; melarat ④【힘 · 능력 등이】 merasa kecil; merasa rendah diri ⑤【마음 · 양심 등에】 ¶양심에 꿀리는 데가 있다 memiliki hati nurani yang bersalah
꿀물 air madu
꿀벌 tawon madu
꿇다 ①【무릎을】 berlutut ②【굴복하다】 menyerah
꿇리다 【무릎을】 menyuruh (membuat) berlutut
꿇어앉다 duduk berlutut
꿈 impian; mimpi; khayalan; bayangan ¶꿈에 나타나다 muncul dalam impian (mimpi)/ 꿈같다 seperti dalam mimpi
꿈결 mimpi ¶꿈결 같은 세상 dunia yang berlalu cepat
꿈꾸다 ①【자면서】 bermimpi ②【바라다】 bermimpi; berangan-angan; memimpikan
꿈나라 dunia impian; tidur ¶꿈나라로 가다(잠들다) tertidur
꿈땜하다 mimpi buruk menggantikan kerugian
꿈자리 ¶꿈자리가 사납다 bermimpi buruk
꿈지럭거리다 bergerak dengan lamban
꿈쩍 ⇒ 끄떡 ¶꿈쩍하지 않다 tetap tidak bergerak; tidak gentar; tetap tegar
꿈틀거리다 【꿈틀하다】 liuk; menggeliat
꿉꿉하다 basah kuyup
꿋꿋이 dengan tegak; dengan tegar (kuat); tetap teguh
꿋꿋하다 teguh; tegak; kuat; tegar; lurus
꿍꽝 【북의】 berderik-derik dan nyaring; 【포탄의】 yang meletus (yang meretih) dengan meraung (gemuruh) ¶북을 꿍꽝거리다 memukul genderang (drum) dengan penuh semangat
꿍꿍 【신음】 ¶꿍꿍거리다 mengerang
꿍꿍이(셈), 꿍꿍이(속) rencana rahasia; maksud tersembunyi
꿍하다 ⇒ 꽁하다
꿩 【조류】 burung merak
꿰다 ①【구멍에】 memasang; meloloskan benda lewat ②【꿰어서 꽂다】 ¶칼끝으로 꿰다 memanggang dengan ujung pisau ③【옷 · 신을 입(신)다】 memakai; mengenakan ④【자세하게 알다) mengetahui
꿰뚫다 ①【물체를 관통하다】 menembus; membor; menerobos; mendobrak; meresap ②【본질 · 실체 등을 통찰하다】 menerobos; memahami
꿰매다 ①【바늘로】 menjahit ②【깁다】 menambal; menémpéli
꿰지다 ①【터지다】 bocor; rusak ¶타이어가 꿰지다 ban bocor ②【미어지다】 sobék dan lusuh
꿰찌르다 【칼 등으로】 menusuk
꿰차다 ①【잘 알고 있다】 mengetahui ②【차지하다】 memiliki
꽥꽥하다, 꽥꽥거리다 berteriak-teriak
뀌다 terkentut ¶방귀를 뀌다 mengeluarkan gas di dalam perut atau usus; terkentut
끄나풀 ①【끈】 tali ②【앞잡이】 alat; agén; kaki tangan ¶경찰 끄나풀 agén polisi
끄다 ①【불을】 memadamkan; meniup padam ②【전기 · 기계 등을】 matikan ③【깨뜨리다】 menghancurkan ④【빚을】 melunasi
끄덩이 ①【머리털 · 실의】 ujung rambut ¶머리끄덩이를 그러잡다 mencengkam (merenggut) rambut; menjambak ②【일의】 garis besar
끄덕이다 mengangguk
끄떡 ⇒ 꿈쩍 ¶끄떡도 않다 tidak beraksi
끄떡없다 tidak bergerak seincipun; 【탈 없다】 séhat dan selamat; séhat walafiat;

stabil

끄르다 【끈 · 단추 등을】 membuka ((simpul, ikatan)); melonggarkan

끄르륵거리다 bersendawa; mengeluarkan bunyi dari mulut

끄무러지다 【날씨가】 menjadi mendung (muram); berawan

끄물거리다 menjadi mendung dari cerah; cuaca tidak tentu (berubah-ubah)

끄물끄물 menjadi mendung (gelap) dari waktu ke waktu (sebentar-sebentar)

끄적거리다 menulis

끄집어내다 ⇒ 꺼내다 ①【속에 있던 것을】 mengeluarkan ②【말 · 이야기 등을】 mengajukan; memulai pembicaraan

끄집어 내리다 menarik; menyérét; mengambil

끄집어 당기다 menarik; menjéwér

끄집어들이다 memasukkan; mempengaruhi; membujuk

끄집어 올리다 mengangkat; menaikkan

끄트러기 pecahan ¶천 끄트러기 sisa-sisa kain

끄트머리 ①【맨 끝, 가장자리】 ujung ②【실마리】 gelagat

끈 ①【줄】 tali; benang ②【기타】 dukungan; bantuan ¶끈(연줄)이 좋다 berhubungan dengan baik

끈기(-氣) ①【인내심】 keulétan; kegigihan ②【끈끈한 기운】 kekentalan; viskositas; gluten

끈끈이 【파리를 잡는】 perekat lalat (burung); pulut; getah

끈끈하다 ①【끈적거리다】 léngkét ②【습기가 있어 산뜻하지 못하다】 lembab

끈덕지다 ⇒ 끈질기다 liat; tekad

끈 떨어지다 ①【끈이】 putus tali ②【의지하던 것에서】 kehilangan tujuan hidup; tidak mendapat bantuan ¶끈 떨어진 뒤웅박 【속담】 serba canggung

끈적거리다 ⇒ 끈끈하다 ①【찐득거리다】 léngkét; lekat

끈적끈적 ①【물체가】 léngkét; berlekat; bergetah ②【깐작깐작】 yang kuat (yang gigih; yang ulet) bertahan

끈질기다 mendesak

끊기다 ①【연락 · 발길 등이】 terputus; kehilangan kontak ②【전기 · 가스 · 돈 등이 단절 · 중단 · 차단】 dipotong; kehilangan ③【전화 등이】 terputus ④【교통수단이】 berhenti ⑤【도로 · 길 등이】 diblokir

끊다 ①【줄 · 끈 등을 절단하다】 memotong; memutuskan ②【사다】 membeli ③【중단 · 차단하다】 menghentikan; memutuskan ¶전화를 끊다 meletakkan gagang telepon ④【인연 · 관계 등을】 memutuskan hubungan ⑤【술 · 담배 등을】 berhenti ⑥ 【목숨 · 숨통 등을】 bunuh diri; membunuh diri ⑦【수표 · 어음을】 menarik cék ⑨【우유 · 신문 등을】 ¶신문을 끊다 membatalkan berlangganan koran ⑩【말 · 대화 등을】 memotong; menyela ⑪【표 · 옷감 등을】 membeli

끊어지다 ①【줄 · 끈 다리 등이】 putus ②【관계 등이】 putus; terputus ③【연락 · 소식 등이 두절 · 차단 · 중단되다】 terputus; terpotong; terganggu ④【공급 · 저장이】 habis; 【기한이】 habis; terakhir ⑤【목숨 · 생명 등이】 mati; meninggal dunia; menghembuskan nafas yang terakhir; menghembuskan nyawa

끊임없다 menerus; tetap; tidak habis-habis; berulang-ulang

끊임없이 dengan terus menerus; tanpa putus-putusnya; tanpa henti-hentinya; tanpa istirahat

끌 pahat; bilah besi ¶끌로 파다 memahat.

끌끌 ①【혓소리】 bunyi lidah ②【끄르륵 끄르륵】 sendawa

끌끌하다 bersih dan suci; jujur

끌다 ①【신발 · 옷자락 등을】 menarik; menyérét; menyentak; merengkuh②【마차 · 수레 · 자동차 등을】 menarik ③【관심 · 인기 등을】 memikat; menarik hati(perhatian); menangkap ¶인기를 끌다 memperoleh popularitas ④【일 · 시간 등을】 menangguhkan; menunda ⑤ 【사람 · 동물 등을】 menyérét

끌러지다 terlepas

끌려가다 diseret; dibawa

끌리다 ①【몸 · 물건 등이】 tersérét-sérét; terjajar; (당김을 당하다) ditarik ②(끌려가다) dibawa ③【마음이】 terpikat; tersentuh ¶인정에 끌리다 tersentuh oléh

rasa perikemanusiaan ④【말려들다】 ditarik ⑤【지체 · 지연】 ditunda
끌어내다 mengeluarkan; menarik
끌어내리다 ①【아래로】 menurunkan; menarik ke bawah ②【낮은 직위 · 수준으로】 menurunkan
끌어넣다 membawa; membawa-bawa; menarik
끌어당기다 menarik; menghela; menyérét
끌어대다 ①【돈을】 meminjam uang ②【인용】 mengutip
끌어들이다 ①【안으로】 menarik ke dalam ②【자기편으로】 menarik orang ke pihaknya; mempersangkutkan; melibatkan ③【사건 · 사고 등에】 melibatkan; menyérét
끌어 모으다 ①【관심을】 menarik ②【자금 · 투자자 등을】 menarik
끌어안다 memeluk; merangkul
끌어올리다 ①【사람 · 물건 등을】 menarik ke atas; menyelamatkan ¶펌프로 물을 끌어올리다 memompa air ②【지위 · 수준 등을】 menaikkan; meningkatkan
끓다 ①【액체가】 mendidih; menggelegak; meluap; menggelembung ②【방 · 몸 등이 뜨거워지다】 panas ③【화가 나다】 terbakar hati ¶노여움으로 속이 부글부글 끓다 marah-marah sekali ④【뱃속이】 bunyi kruyak-kruyuk ⑤【가래가】 bersuara cegukan; menceguk ¶가래가 끓다 danak (lendir) mengumpul di tenggorokan ⑥【벌레가 들끓다】 penuh dengan kecoak
끓어오르다 mendidih
끓이다 ①【물 · 차 등을 끓게 하다】 merebus;memanaskan ②【익히다】 memasak; mengetim; merebus; menanak ③【속 · 애간장 등을 태우다】 khawatir; cemas
끔벅거리다 ①【눈이】 mengedipkan ((mata)); memejamkan ②【불이】 berkelip-kelip
끔벅이다 【눈이】 mengedipkan mata; 【눈을】 menutup dan membuka ((mata)) berulang-ulang
끔찍스럽다 menyilukan; mengerikan
끔찍이 sangat; sekali
끔찍하다 ⇒ 끔찍스럽다 ①【놀랍다】 mengerikan; menyilukan; kejam ②【극진하다】 sangat baik hati
끗발 ①【노름】 ¶끗발이 오르다 memiliki skor yang baik ②【권세, 영향력】 kekuasaan; pengaruh
끗수(-數) nomor
끙끙 ¶끙끙 앓다 ①【아파서】 mengerang; merintih ②【돌이킬 수 없는 일을】 menderita dengan penyesalan yang sia-sia
끙끙거리다 ⇒ 낑낑거리다 mengerang
끝 ①【마지막】 ujung ¶혀 끝 ujung lidah ②【맨 나중】 akhir; mengakiri ③【행렬 · 차례의】 akhir ④【한】 batas; akhir; ujung
끝끝내 sampai akhirnya; sampai kepada bagian terakhir; sampai habis-habisan
끝나다 ①【토의 · 일 · 시일이】 selesai; berakhir ②【승부 · 만사가】 habis; selesai ¶만사가 다 끝났다 Segalanya sudah selesai (berakhir).
끝내 ①⇒ 끝끝내 ②【마침내】 akhirnya; kesudahan
끝내다 ⇒ 마치다 menyelesaikan; merampungkan
끝내주다 hebat; bagus; hebat
끝닿다 mencapai ujung (dasar)
끝돈 sisa uang yang harus dibayar
끝동 mansét
끝마감 penutup; kesimpulan 끝마감하다 menutup; menyimpulkan
끝마무리 ⇒ 마무리
끝마치다 selesai
끝막다 mengakhiri; menyudahi
끝맺다 ⇒ 끝내다 mengakhiri; menarik kesimpulan
끝물 hasil produk yang terakhir dari musim itu
끝수(-數) 【수학】 pecahan sisa
끝으로 ①【말】 yang terakhir sebagai penutup ②【순서 · 차례】 terakhir
끝일 ①【맨 나중의】 pekerjaan (urusan) yang terakhir ②【뒷정리】 penyelesaian urusan
끝없다 tanpa akhir; tak berujung; tanpa akhir
끝없이 tanpa berhenti; tanpa akhir
끝장 ①【결말】 akhir; 【결과】 kesimpulan; kesudahan ¶끝장보다 melihat bagian terakhir (kesimpulan) ②【실패 · 죽음】

selesai; terakhir
끝장나다 berakhir
끝장내다 mengakhiri; menyelesaikan
끝판 ①【마지막】 tahap yang terakhir ②【승부에서의 결 판】 ronde (babak) terakhir
끼 ⇒ 끼니 ¶하루에 세 끼 먹다 makan tiga kali sehari
끼 【재능】 talenta; bakat
끼니 ⇒ 끼 makanan ¶끼니를 거르다 meléwatkan waktu makan
끼다[1] ①【안개 · 연기 등이】 meliputi; mengabut ¶구름이 끼다 mendung/안개가 끼다 mengabut; menjadi berawan ②【때 · 먼지 · 이끼 등이】 mengumpul; menjadi kotor ¶손톱에 때가 끼다 memiliki kuku kotor ③【나쁜 기운이】 ¶ 마가 끼다 berada di bawah bintang yang tidak bahagia
끼다[2] ①【틈새에】 menjepit; terjepit ②【팔 · 손가락 사이에】 dalam; antara
끼다[3] ①【삽입】 menyelip ②【장갑 · 반지 등을】 memakai; mengenakan ③【품속 · 팔에】 merangkul; bergandengan ((tangan)) ④【…을 따라】 sepanjang ⑤【세력 사이에】 menjadi diapit; terjebak antara ⑥【관여하다 · 참가하다】 ikut serta; terlibat
끼룩[1] ⇒끼루룩
끼룩[2] 【목을 길게】 meluruskan léhér
끼리 【사람】 di antara orang sendiri
끼리끼리 masing-masing dalam kelompok
끼어들다①【틈 사이에】 memotong ②【간섭 · 참견하다】 mencampuri
끼얹다 menyiramkan; menuangkan; memercikkan
끼우다 ①【사이 · 속 · 틈 등에】 menyelipkan; menyisipkan; menyusukkan; mengisikan; memasang ②【여럿 사이에 끼이게 하다】 mengikutkan
끼이다 ①【사이에】 terselat; terselit; tersisip ②【양자 사이에】 di antara ③【축 · 대열에】 menggabungkan
끼적거리다 mencorét-corét
끼치다[1] 【소름이】 merinding
끼치다[2] ①【폐 · 불편 등을】 menyebabkan; menimbulkan; menyusahkan; mengganggu ②【영향을】 mempengaruhi
끽 bunyi pekik
끽끽거리다 memekik; menyahut; berteriak
끽다하다(喫茶-) minum téh
끽소리 ¶끽소리 못하다 tidak dapat menyatakan apapun/끽소리 못하게 하다 mendiamkan; membuat diam
끽연(喫煙) ⇒ 흡연(吸煙)
끽해야 ⇒ 기껏해야 sepenuhnya; dalam keadaan yang paling baik
낄낄거리다 tertawa terkékéh-kékéh
낌새 ⇒ 기미 isyarat ¶낌새(를) 채다 mendapat isyarat
낑낑 suara mengerang (merintih; mengerang; rintihan)
낑낑거리다 ⇒ 끙끙거리다 ①【힘에 겨워 괴로운 소리를 내다】 merintih; mengerang; berkeluh keberatan ②【개가】 merengék-rengék

나 saya; 【자신 · 자아】 diri sendiri ¶나의 milik saya; diri saya sendiri/나에게, 나를 untuk saya/나의 것 kepunyaan saya

나가다 ①【밖으로】 keluar; pergi keluar ②【어떤 장소로】 pergi; berangkat; meninggalkan ¶집을 나가다 meninggalkan rumah/나가라 Pergi!; Keluar! ③【참가 · 출장】 ikut serta; mengambil bagian; memasuki; mengikuti; keluar; pergi ④【출근 · 출석】 menghadiri; hadir; muncul; ada ⑤【전기가】 mati; padam ⑥【진출】 memulai; memasukkan; memasuki ⑦【선거 등에 출마】 mencalonkan diri ⑧【팔리다】 laku ¶잘 나가다 menjual laris; terjual habis; mendapat pasaran yang baik; banyak permintaan; laris (laku) sekali ⑨【값 · 무게 등이】 berharga; bernilai ⑩【닳음 · 해짐】 usang; lusuh; rusak ⑪【정신이】 gila; lupa diri; linglung; tidak ingat akan dirinya; seperti kena bius ⑫【비용이】 dibelanjakan; keluar; dikeluarkan ⑬【조수가】 surut

나가동(둥)그라지다 jatuh terguling; jatuh tunggang langgang; berguling-guling

나가떨어지다 ①【힘에 부치거나 피로하여】 letih sekali; kehabisan tenaga; jatuh; dijatuhkan ②【중도에 그만두다】 menyerah ③【술에 취해서】 menjadi mabuk sekali

나가자빠지다 ① ⇒ 나가떨어지다 ②【불이행】 mungkir; ingkar; memundurkan dari janji; gagal memenuhi perjanjian ③【떼어먹음】 menipu; tidak membayar

나귀 keledai

나그네 orang yang jauh dari rumah; orang asing; orang yang tak dikenal; 【여행자】 pelancong; wisatawan; musafir; turis; 【방랑객】 pengembara; gelandangan; kelana; 【손님】 tamu; pendatang; pengunjung

나긋나긋하다 ①【음식이】 lunak ②【살결이】 halus; lembut

나꿔채다 ⇒ 낚아채다 merampas

-나기 pribumi ¶서울 나기 pribumi (asli) Seoul; orang dari (lahir di) Seoul; orang yang berasal dari Seoul

나날이 【점점】 dari hari ke hari; sehari demi sehari

나누기 pembagi; pemisah; pembelah 나누기하다 membagi ¶6 나누기 2는 3이다 Enam dibagi dua menjadi (sama dengan) tiga.

나누다 ①【분할】 membagi; memisah; memotong¶나눌 수 없는 tidak dapat dibagi; tidak dipisahkan ②【분배하다】 membagi(kan) ③【가르다】 membagi-bagi; menggolong-golongkan; memilih ④【함께 하다】 《minum; makan》 bersama-sama ⑤【피를】 berbagi

나눗셈 pembagian 나눗셈하다 membagi 【나누어지다】 dibagi menjadi

나다[1] ①【출생】 lahir; dilahirkan ②【털 · 풀이 자라다】 tumbuh; (돋아나다) bertunas; berpucuk; keluar; mulai tumbuh ③(a)【일 · 사고 · 재해 등이】 berkobar; pecah; meletus; terkena; terserang; mendapat; mengalami (b)【생기다】 menghasilkan; memperoléh; membentuk ④【소리가】 berbunyi; mendengar suara ⑤【병 · 증상 따위가】 menjadi sakit; jatuh sakit ⑥【명성 · 소문 등】 memperoléh; tersiar; tersebar ¶이름이 나다 memperoléh kemasyhuran 《nama》; menjadi terkenal (tenar) ⑦(a)【흥미 · 능률이】 tumbuh menjadi; mendapat; memperoléh ¶열성이 나다 bersemangat; bergairah (b)【감성 · 기분 · 생각 등이】 terpikir oléh; teringat; teringat dalam pikiran ⑧【흘러나오다】 memancar (mengalir) keluar; (물에 잠기다) direndam; dibanjiri ¶ 땀이 나다 berkeringat; berpeluh ⑨【생산되다】 dihasilkan ⑩(a)【티가】 mempunyai rupa (gaya); kelihatan (b)【맛 · 냄새가】 mempunyai ¶좋은 냄새가나다 baunya énak; mempunyai bau yang énak ⑪【신문 등에】 dimuat; keluar; masuk; muncul di《surat kabar》 ⑫【더해지다】 menambah; bertambah ⑬【결과 등】 menghasilkan; menarik kesimpulan ⑭【얼굴이】 bagus; tampan; berbentuk baik;【탁월】 hébat; luar biasa ⑮【출회】 muncul (ada) di pasaran ⑯(a)【뚫리다】 dibuka (b)【비다】 dikosongkan; menjadi kosong (lowong) (c)【방향으로】 menghadap ⑰【계절을】 mengalami; menembus; melalui 《musim》 ⑱【되다】 ¶발각(탄로) diketemukan; diketahui ⑲【흠 따위가】 cacat; rusak; retak; pecah ¶흠집이 나다 menjadi retak; mempunyai cacat

나다[2] ①【계속】 terus 《bekerja. melakukan》 ②【완료】 baru saja selesai (melakukan)

나다니다 berkeliling; berkeluyuran

나돌다 ①【바깥으로】 berkeluyuran; mengembara ②【일 · 소문 등이】 tersebar (tersiar) di mana-mana ③【물건 · 위조품 등이】 berédar

나뒹굴다 jatuh terguling; berguling-guling

나동그라지다, 나둥그러지다 ⇒ 나가동그라지다

나들목 persimpangan

나들다 ⇒ 드나들다

나들이 piknik; darmawisata; tamasya; pesiar; keluar dari rumah; pergi 나들이하다 pergi; keluar

나라 ①【국가】 negara; tanah air; negeri; kerajaan; kekaisaran; tanah tumpah darah; negeri asal ②【특수 세계】 dunia (alam) ¶꿈나라 dunia (alam) mimpi (khayal)/달나라 dunia rembulan; dunia bulan ⊙ 나라님 raja; ratu; penguasa. 나랏일 urusan negara

나락(奈落) neraka; jurang ngarai yang dalam

나란하다 berdérét; berbaris; bersisian

나란히 ①【줄을 지어서】 dalam barisan; berbaris; berdampingan ¶우로나란히【구령】 Kanan, Baris! ②【가지런히】 rata; bérés; layak; teratur ③【둘 이상이 함께】 ¶나란히 앉다 duduk berdampingan dengan ⊙ 나란히꼴 jajaran genjang

나래 ①【날개】 sayap ②【비유적】 khayalan ¶상상의 나래를 펼쳐라 Bentangkan khayalan Anda.

나래【농기구】 alat pemerata tanah; perata tanah

나레이션【내레이션】 narasi; cerita; kisah; karangan yang berbentuk ceritera

나레이터【내레이터】 pembawa cerita; orang yang bercerita

나루 ①【나루터】 tempat perahu; pelabuhan kapal yang membawa orang dan barang-barang untuk menyeberangi sungai ②⇒ 나룻배

나룻【수염】 jambang; jénggot; kumis

나룻배 perahu; kapal tambang; féri ¶나룻배로 건너다 menyeberangi sungai dengan perahu ⊙ 나룻배 사공 juragan (pemilik) perahu; tukang perahu tambang

나르다 membawa; mengangkat; mengangkut; memikul

나르시시즘 kecintaan atau kekaguman pada diri sendiri; narkisme

나른하다 ①【피곤】 lesu; lemah; letih; lelah; tanpa gairah; berat; capék ②【연약】 lemah; lembut

나름이다 tergantung kepada; terserah 《kamu》

나리[1]【식물】 bunga bakung

나리[2]【존칭】 yang Mulia; yang Terhormat Bapak…

나막신 sepatu kayu dengan bakiak; sandal dari kayu

나머지 ①【남은 부분】 sisa; bekas; (잉여) kelebihan; (잔금) saldo ¶나머지의 sisanya; tersisa ②【'…한 나머지'의 형태로

쓰여】 oléh sebab; disebabkan; akibat dari ((karena)); terdorong oléh ¶미워한 나머지 disebabkan rasa benci ③【나눗셈에서】 sisa

나무 ①【수목】 pohon; tanaman; semak-semak; belukar ②【재목】 kayu ③【땔나무】 kayu bakar; bahan bakar ⊙ 나무꾼 pemungut (pengumpul) kayu bakar; penebang pohon(kayu). 나무옹이 simpul (buhul) di atas pohon. 나뭇더미 tumpukan (onggokan; timbunan) kayu. 나뭇등걸 tunggul pohon

나무라다 【꾸중하다】 menegur; mengoméli; menyalahkan; memarahi; mencela ¶나무랄 데 없다 tidak dapat dicari kesalahan; benar-benar cermat; tidak ada cacat

나무람 celaan; teguran; cercaan; makian

나무아미타불(南無啞彌陀佛) Perlindunglah kami, Budha yang Maha Penyayang. *atau* Selamatkan kami, Budha yang murah hati.【명복을 빌 때】Semoga arwahnya istirahat dengan damai. *atau* Semoga arwahnya diterima di Nirwana.

나물 ①【먹는 풀】 lalapan; sayur mayur; sayur hijau; ramuan; daun muda ②【반찬】 sayur mayur yang berbumbu; salada Korea ¶나물을 무치다 membumbui sayur-sayuran hijau

나박김치 sejenis *kimchi;* lobak putih yang diasamkan dibumbui dengan bawang putih, bawang, jahé dan seledri dan lain lain

나발 ¶병째 나발을 불다 minum langsung dari botolnya

나방 【곤충】 ngengat; sejenis binatang kcil yang senang kepada cahaya lampu

나병(癩病) penyakit kusta (lépra); penyakit Hansen ⊙ 나병환자 pasién kusta (lépra)

나부(裸婦) wanita yang telanjang bulat

나부끼다 berkibar; melambai-lambai; meniup; mengepak ¶깃발이 바람에 나부끼다 bendéra tertiup kena angin; bendéra berkibar (melambai; terkepak-kepak) oléh angin

나부대다 bergerak dengan gesit; bicara fasih dan sembrono

나부랭이 ①【조각】 potongan(bagian) kecil; carik; sedikit; potongan-potongan ékstra ②【사람】 bawahan; orang yang paling jelék ¶순경 나부랭이 polisi bawahan; polisi yang jelék

나부죽하다 【너부죽하다】 agak rata dan lébar

나불거리다 ①【나부낌】 berkibar-kibar; mengepak-ngepakkan ②【입을】 mengobrol; bergunjing; gemeretak; mengocéh; berceloteh

나붓나붓 berkibar; bertiup; beterbangan

나붓이 dengan perlahan-lahan; dengan lemah lembut; dengan hati-hati

나붓하다 ⇒ 나부죽하다, 너부죽하다

나붙다 kelihatan; nampak; tampil; muncul; terpaku; ditempatkan pada

나비[1] kupu-kupu ⊙ 나비넥타이 dasi kupu-kupu. 나비잠(簪) jepit rambut yang berbentuk kupu-kupu

나비[2] 【고양이】 kucing; kucing betina

나비[3] 【폭】 lébarnya; luasnya

나빠지다 bertambah buruk; menjadi buruk (jahat; busuk); memburuk

나쁘게 jelék; kurang senonoh; sakit; buruk ¶나쁘게 되다 ⇒ 나빠지다/남을 나쁘게 말하다 menjelékkan orang

나쁘다 ①【좋지 않다】 buruk; curang; kotor; (마음이) jahat; dengki; dendam; (도덕상) jahat; tidak bermoral; penuh dosa; (범죄) kejahatan; kesalahan; dosa ②【잘못】 bersalah; salah; harus disalahkan ③【해로움】 buruk; tidak énak; berbahaya; kesulitan ④【건강이】 sakit; merasa sakit; merasa tidak énak badan ⑤【품질이】 buruk; jelék; rendah; kasar; bermutu rendah; berkwalitas rendah ¶계란이 나쁘다 Telur-telur ini busuk. ⑥【머리가】 lemah ingatan; lambat (lemah) pengertian; mempunyai ingatan yang lemah ⑦【날씨가】 buruk ⑧【도로가】 berlumpur; buruk ⑨【불길】 tidak beruntung; malang; tidak menyenangkan; buruk ¶나쁜 징조 pertanda buruk ⑩【불쾌】 tidak senang; tidak menyenangkan ⑪【고장】 rusak; tidak pada tempatnya ⑫【악평】 tidak énak;

buruk ¶나쁜 소문 desas-desus yang tidak énak (yang buruk)

나사(螺絲) ①【못】 sekrup; baling-baling ②【나선】 plin《spiral》 ⊙ 나사돌리개 obéng. 나사못 sekrup 《baling-baling》

나사(羅紗) kain wol ⊙ 능직나사 kain képar

나상(裸像) patung (gambar) telanjang

나서다 ①【나타나다】 muncul; tampil; mengadakan penampilan; keluar; memperkenalkan diri ②【앞으로】 maju ke depan; tampil ke depan ③【떠나다】 meninggalkan; keluar dari; berangkat ④【진출】 memasukkan; meluncurkan; memasuki; memulai karir ⑤【출마】 mencalonkan diri; tampil ke depan; maju ke muka ⑥【길 · 건물 등이】 menemukan; menemui; mendapatkan; menuju ke ⑦【간섭 · 참섭】 mengganggu; mencampuri; mendesakkan; ikut campur dalam ⑧【일자리 등이】 ditemukan; didapatkan; menemukan【희망자 등이】 melamar; mengajukan; datang; muncul

나선(형)(螺旋形) spiral; pilin; sekrup

나아가다 ①【앞으로】 maju ke muka; berjalan terus; bergerak maju; kemajuan ¶한 걸음 나아가서 maju selangkah ke muka;【그 위에】 lagi pula; selain itu; lebih jauh; lebih lanjut ②【진척 · 진보】 memperoléh kemajuan 《dengan baik》; meneruskan; bertambah baik ③【승진 · 진출】 naik ④【형편 · 병세 따위】 menjadi lebih baik

나아지다 menjadi lebih baik; bertambah baik

나약(懦弱) kelemahan; kewanita-wanitaan;【우유부단】 ketidak tegasan; keragu-raguan 나약하다 lemah pikiran; berjiwa lemah; tidak tegas; ragu-ragu

나열(羅列) aturan; susunan; penyusunan; pertunjukan 나열하다 menyusun; mengatur dalam barisan

나오다 ①【밖으로】 keluar; mengambil jalan keluar ②(a)【나타나다】 memperlihatkan diri; tampil ke depan; maju ke muka; keluar; timbul (b)【출석 · 참석 · 출근】 hadir pada; menghadiri (c)【드러나다】 memperlihatkan diri; ditampakkan; diperlihatkan; menonjolkan (menampakkan) diri; muncul (d)【시장에】 muncul (tiba; keluar) di pasaran (e)【출몰하다】 terbayang; sering mengunjungi ③【말이】 keluar; dikatakan; dibicarakan; diucapkan ④【없어진 것이】 ditemukan; didapatkan; menerima 《barang》 kembali; dikembalikan ⑤【음식이】 disuguhi; dibawa; diambilkan; dilayani ⑥【액체가】 mengalir keluar; memancar; menyembur terus-menerus;【배어 나오다】 mengeluarkan; menétés; memancarkan;【재채기가】 bersin ⑦【발행】 diterbitkan; disumbangkan (dipersembahkan) kepada dunia ⑧【책 · 신문에】 muncul; terbit; dilaporkan; ditemukan; didapatkan; masuk di 《surat kabar》 ⑨【몸담았던 곳을】 (a) (졸업하다) lulusan; tamat sekolah; menyelesaikan (b) (그만두다) meletakkan 《jabatan》; meninggalkan (c) (풀려나오다) dibébaskan; dilepaskan ⑩【진출】 memulai karir; memasuki ⑪【참가 · 출장】 ikut serta dengan; mengambil bagian; memasuki ⑫【후보로】 menjadi calon; mencalonkan diri ⑬【재배 · 산출】 tumbuh; dihasilkan; dibesarkan ⑭【발생 · 출처】 berasal dari; mendapat dari; ditemukan; timbul; keturunan; menyelidiki (mencari) silsilah dari ⑮【내 밈】 menonjol keluar; menganjur ⑯【태도로】 mengambil sikap ⑰ (a)【지급되다】(돈이) dibayar; (물품 등이) dibekali; diberi (b)【교부 · 허가되다】 diberi; dikabulkan; diakui; diizinkan; diberi izin ⑱【결과로서】 berakhir; memberikan; keluar 《sebagai akibat》; berhasil ⑲【길이】 menuju ke; datang pada ⑳【싹이】 bertunas; berpucuk

나위 ¶더할 나위없다 tidak ada lagi yang diinginkan; menjadi yang paling memuaskan; tidak ada bandingannya; tak ada taranya; sempurna; hébat

나이 umur; tahun ¶이(내) 나이에 seumur saya; seusia saya/네 나이 때는 ketika saya seumur kamu/나이 지긋하다 sudah lanjut usia

나이테 lingkaran pertumbuhan pada batang pohon
나이트[1] ksatria ⊙ 나이트작위 kekastrian
나이트[2] malam ⊙ 나이트가운 gaun (busana) malam. 나이트 크림 krim malam. 나이트 클럽 klub malam
나이프 pisau ⊙ 잭나이프 pisau lipat
나인(內人) dayang-dayang di istana; wanita istana; wanita kehormatan.
나일론 nilon
나잇값 tingkah laku yang selaras dengan umur
나자빠지다 ⇒ 나가자빠지다 ①【넘어지다】 terjatuh; tersandung ②【중도에 포기하다】 berhenti
나전(螺鈿) batu mutiara (géwang) ⊙ 나전칠기 barang pernis bertatahkan batu mutiara (géwang)
나절 ¶아침나절 pagi hari/ 반나절 setengah hari
나중 ①【명사】 masa depan; masa yang akan datang ②【부사】 nanti; belakangan; akhirnya; dalam jangka panjang
나지막이 agak lembut (halus); agak rendah
나지막하다 rendah; lunak; menjadi agak lembut (halus)
나직이 【위치를】 rendah; 【소리를】 dengan perlahan-lahan; secara berbisik-bisik
나직하다 【위치가】 rendah; 【소리가】 lembut; lunak; halus
나체(裸體) tubuh yang telanjang; keadaan telanjang; ketelanjangan ¶나체의 telanjang /나체가 되다 menjadi telanjang; menelanjangi diri sendiri ⊙ 나체미 kecantikan orang telanjang; keindahan fisik. 나체주의 nudisme; aliran hidup telanjang. 반나체 setengah telanjang. 전 나체 telanjang bulat
나치(스) Nazi; Nazis ⊙ 나치즘 Nazisme
나침(羅針) jarum kompas ⊙ 나침반 kompas; pedoman
나타나다 ①【모습이】 keluar; tampil ke depan; muncul; memperkenalkan (menampakkan) memlihatkan) diri; menjelma; kelihatan ②【표현 · 드러남】 dinyatakan; diutarakan; digambarkan; dilukiskan ③【발견되다】 didapatkan; diketemukan; 【사실 등이】 dibuka; disingkapkan; ditampakkan; diperlihatkan; mudah terlihat; diterangkan ④【효과 등이】 berpengaruh; mulai berlaku ⑤【알려지다】 mulai (menjadi) terkenal; menjadi termasyhur (terkemuka) ⑥【언급】 disebutkan; dikatakan
나타내다 ①(a) 【모습을】 memperlihatkan diri; datang; tampak; tampil; 【출석】 hadir; menghadiri ⟪rapat⟫ (b) 【감정 · 성격 등을】 menunjukkan ⟪perasaan⟫; menyatakan; 【실력 · 솜씨 등을】 memamérkan; mempertunjukkan ②【드러내다】 memperlihatkan ⟪sifat aslinya⟫; menyingkapkan; menampakkan; membuka tabir ③【표현하다】 menyatakan; memberikan pernyataan ¶말로 나타낼 수 없는 tidak dapat dikatakan ④【표시 · 상징】 melambangkan; menggambarkan; menunjukkan ⑤【드날림】 menjadi terkenal; memonjol; terkemuka
나태(懶怠) kemalasan; kelambanan 나태하다 malas
나토 【북대서양조약기구】 Negara Anggota Pakta Pertahanan Atlantik Utara (NATO)
나팔(喇叭) terompét ¶나팔 불다 ①【나팔을 부는 것】 meniup terompét ②【술을 병째 마시는 것】 minum ⟪bir⟫ dari botol ⊙ 나팔바지 pantalon pelaut; celana cutbrai; celana panjang yang lebar di bawahnya. 나팔수(手) peniup (pemain) terompét
나팔거리다 ⇒ 나풀거리다
나팔꽃(喇叭-) bunga trompét; bunga yang semarak pada pagi hari
나포(拿捕) 나포하다 menangkap; menahan; menawan ⊙나포선박 kapal yang tertangkap (ditangkap); kapal rampasan
나폴리 Napoli
나풀거리다 berkibar; tertiup angin
나프탈렌 【화학】 kamper; kapur barus
나흗날 hari ke empat dalam bulan
나흘 empat hari
낙(樂) 【일반적】 kesenangan; kegembiraan; (행복) kebahagiaan; kesenangan;

(오락) hiburan ¶…이 낙이다 kesenangan saya adalah…; saya merasa senang

낙관(落款) pembubuhan tanda tangan (tanda; cap) 낙관하다 membubuhkan tanda tangan; menémpélkan tanda

낙관(樂觀) optimis; harapan baik; pandangan (pendapat) yang optimistis 낙관하다 mengambil pandangan yang optimistis; berharapan baik; melihat pada segi-segi yang menyenangkan ¶낙관적(으로) dengan(secara) optimistis ⊙낙관주의자 orang optimis. 낙관론 pandangan optimistis. 낙관주의 optimisme

낙농(酪農) peternakan ⊙ 낙농가 peternak. 낙농업 industri peternakan. 낙농제품 hasil-hasil industri peternakan

낙담(落膽) kehilangan semangat; kekecéwaan; patah semangat; deprési; kemuraman 낙담하다 berkecil hati; kecéwa; berputus asa; berhati murung; berhati sedih ¶낙담시키다 mengecilkan hati; mengecéwakan

낙도(落島) 【외딴 섬】 pulau yang jauh (yang terpencil)

낙뢰(落雷) sambaran kilat; halilintar 낙뢰하다 halilintar menyambar

낙루하다(落淚-) menitikkan (mencucurkan) air mata; menangis

낙마하다(落馬-) jatuh dari kuda; dilemparkan (terlempar) dari kuda tunggangan

낙망(落望) putus asa; kehilangan harapan 낙망 하다 kecéwa karena kehilangan harapan

낙반(落磐) jatuhnya langit-langit dalam pertambangan ¶낙반이 되다 runtuh; ambruk; longsor

낙방(落榜) kegagalan dalam ujian 낙방하다 tidak lulus; jatuh (gagal) ujian

낙상(落傷) luka (memar) karena jatuh 낙상하다 terluka karena jatuh; jatuh dan terluka

낙서(落書) ①【빠뜨림】 kelalaian dalam tulisan 낙서하다 kehilangan 《sebuah kata》 ②【장난】 corat-corét; tulisan cakar ayam; gambar yang tak berarti 낙서하다 menulis secara cakar ayam ¶낙서금지【게시】 Jangan mengotori! *atau* Dilarang mencorét-tcorét!

낙석(落石) 【사고】 longsoran batu ¶낙석주의 (게시) Hati-hati dengan longsoran batu.

낙선(落選) ①【선거에서 떨어지다】 kekalahan; kegagalan 낙선하다 dikalahkan (gagal) dalam pemilihan ②【심사 · 선발 등에서 떨어지다】 penolakan 낙선하다 ditolak; tidak diterima ⊙ 낙선자 calon yang tidak berhasil (yang kalah). 낙선작 karya(artikel) yang ditolak (yang tidak diterima)

낙성(落成) penyelesaian sebuah gedung (bangunan) 낙성하다 diselesaikan ⊙낙성식 upacara inagurasi; perayaan penyelesaian sebuah gedung

낙숫물(落水-) tétésan hujan dari bagian atap rumah ⊙ 낙수 물 소리 bunyi tétésan (rintik) hujan

낙승(落勝) kemenangan yang mudah 낙승하다 mendapat kemenangan yang mudah; menang dengan mudah

낙심(落心) putus asa; patah (kepatahan) hati; kehilangan semangat; kekecéwaan; frustasi 낙심하다 berkecil hati; kecéwa; patah hati; putus asa

낙엽(落葉) daun-daun yang berjatuhan ¶낙엽이 지다 gugur (rontok; jatuh) daun-daun ⊙ 낙엽색 coklat muda kekuningan

낙오(落伍) 낙오하다 kegagalan; ketinggalan; keluar dari garis (barisan); tertinggal ⊙ 낙오자 orang yang gagal; orang yang ketinggalan zaman

낙원(樂園) surga; firdaus

낙인(烙印) cap; tanda ¶낙인을 찍다 menaruh cap pada; mencap 《sebagai pembohong》; memberi tanda; menodai ¶낙인이 찍히다 dicap; diberi cap; dinodai

낙제(落第) ⇒ 불합격, 유급(留級) 낙제하다 gagal dalam ujian; tidak lulus; tinggal kelas ⊙낙제생 siswa (pelajar) yang gagal; pengulang. 낙제점 nilai yang gagal

낙조(落照) sinar matahari terbenam; matahari yang tenggelam

낙지 ikan gurita kecil

낙진(落塵) jatuhan; debu ⊙ 방사선 낙진

debu radioaktif

낙착(落着) penyelesaian; pemutusan; kesimpulan; kesudahan ¶낙착을 보다 diselesaikan; diputuskan; sudah bérés; mencapai penyelesaian; menyelesaikan; berakhir

낙찰(落札) penawaran yang suksés (berhasil); kemenangan (pemberian; penyerahan) kontrak 낙찰하다 mendapat (memenangkan) kontrak; menawar (mengajukan tawaran) dengan berhasil (dengan suksés) ⊙ 낙찰가격 harga penawaran ⟪yang tertinggi; yang terendah⟫; harga kontrak. 낙찰자 penawar yang berhasil

낙천(樂天) periang; optimis ¶낙천적 merasa optimis; sifat selalu optimis; optimistik ⊙ 낙천가 orang yang optimis; orang yang bersikap tenang; orang yang tak suka répot-répot. 낙천관 pandangan optimistis. 낙천주의 optimisme; paham optimis. 낙천주의자 penganut faham optimis

낙천자(落薦者) pelamar yang tidak berhasil (yang gagal); orang yang gagal dalam pencalonan

낙타(駱駝) 【동물】 unta ¶낙타의 혹 ponok unta /단봉낙타 unta berpunuk satu; unta Arab/쌍봉낙타 unta berpunuk kembar

낙태(落胎) pengguguran kandungan; aborsi 낙태하다 menggugurkan kandungan ¶낙태시키다 menggugurkan kandungan; melakukan pengguguran ⊙ 낙태수술 abortus dengan jalan pembedahan. 인공낙태 aborsi yang dilakukan sengaja; pengguguran kandungan buatan

낙토(樂土) surga; nirwana

낙하(落下) turunnya; keturunan; kejatuhan 낙하하다 turun; jatuh; terjun; turun ke bawah ⊙ 낙하지점 titik jatuh

낙하산(落下傘) parasut; alat terjun payung ⊙낙하산병 penerjun payung; prajurit tentara parasut. 낙하산 부대 pasukan parasut

낙향하다(落鄕-) pindah ke luar kota; pindah ke désa

낙화(落花) bunga yang gugur; jatuhnya bunga yang mekar 낙하하다 bunga berguguran; bunga yang berjatuhan

낙후(落後) ketinggalan di belakang 낙후하다 tertinggalan di belakang; terbelakang; ketinggalan zaman ¶낙후된 나라 negeri yang terbelakang (miskin)

낚다 ①【물고기를】 memancing; mengail; menangkap ②【유혹】 memikat; membujuk; menarik perhatian; memancing-mancing ¶여자를 낚다 memikat seorang wanita

낚시 kail; pancing ⟪ikan⟫ ¶낚시 가다 pergi mancing/ 낚시질하다 memancing ikan ⊙ 낚시꾼 pemancing; pengail. 낚시찌 pelampung; bandulan. 낚시터 tempat mancing. 낚싯대 tangkai pancing. 낚시 바늘 mata kail. 낚시 밥 umpan

낚아채다 merenggutkan dari; mengambil; merampas; merebut

난(亂) perang; pemberontakan; bangkit melawan; huru hara ¶난을 일으키다 menimbulkan peperangan; membangkitkan perang; memulai pemberontakan; bangkit memberontak

난(難) ①【접미어】 kesukaran; kekurangan; kesusahan; kemacétan ¶ 주택난 kekurangan perumahan ②【접두어】 sulit; sukar ¶난문제 masalah yang sulit

난(蘭) ⇒ 난초 ⊙ 동양 난 anggrék Timur

난(欄) ①【신문 등의】 kolom ¶광고 난 kolom iklan/독자 난 kolom pembaca ②【기입 난】 formulir; ruang

난간(欄干) susuran (sandaran) tangga; pegangan pada tangga; jeruji ⟪rél⟫

난감하다(難堪-) tidak tertahankan; tidak dapat mengatasi (menanggulangi); sukar mengatasi; melebihi kemampuan

난공불락(難功不落) ketidak terkalahkan ¶ 난공불락의 tak terkalah-kalahkan; tidak dapat direbut

난공사(難工事) pekerjaan konstruksi yang sulit

난관(難關) 【장애】 rintangan; halangan; 【난국】 situasi yang sulit; 【교착】 jalan buntu (mogok); alot ¶난관에 봉착하다 menemui jalan buntu; menghadapi rintangan (halangan)

난국(亂局) keadaan (waktu) yang menggemparkan; keadaan (situasi) yang rusuh

난국(難局) 【어려운 판국】 keadaan (situasi) yang sulit; kemelut; saat genting; krisis

난기류(亂氣流) ①【상황】 suasana pergolakan; kekacauan; suasana yang bergolak ②【기상】 turbulensi (pergolakan) udara

난다긴다한다 memperlihatkan kepandaian dalam segala hal

난대(暖帶) kawasan beriklim sedang; daérah subtropis

난데없다 ①【뜻밖】 tak diduga-duga; tak disangka-sangka; mendadak; tiba-tiba; ledakan ¶난데없이 dengan tak diduga-duga; dengan tiba-tiba (mendadak); tanpa peringatan ②【당치 않게】 tidak layak; tak masuk akal; mustahil; gila-gilaan

난도질(亂刀-) ①【사람을】 tikaman-tikaman yang liar ②【고기 등을】 irisan; cincangan 난도질하다 mencincang; memotong-motong jadi berkeping-keping; mengiris

난동(暖冬) misim dingin yang hangat ⊙ 이상난동 musim dingin yang luar biasa hangatnya

난동(亂動) pergolakan; kekacauan; kesusahan ¶난동을 부리다 menimbulkan kekacauan (kerusuhan); menimbulkan huru hara (mengamuk); melakukan kekerasan

난로(煖爐) tungku; perapian; kompor; alat pemanas ⊙ 석유난로 kompor minyak. 전기난로 pemanas listrik

난류(亂流) arus panas (hangat)

난리(亂離) ①【소동】 keributan; kegemparan; kegaduhan; kekacauan; kerusuhan; huru hara ¶왜 이렇게 난리죠? Ada keributan apa? ②【전쟁】 peperangan ¶난리가 나다 mengalami peperangan

난립(亂立) 【입후보자의】 난립하다 dibanjiri oléh calon-calon

난마(亂痲) 【비유적】 ¶난마와 같다 berada dalam keadaan yang kacau balau (yang semrawut; yang tidak teratur; yang kalang kabut)

난망이다(難忘-) tak dapat dilupakan

난무하다(亂舞-) merajaléla; menjadi-jadi

난문제(難問題) persoalan yang rumit (yang ruwét; yang sukar; sulit); hal yang terpenting

난민(亂民) rakyat yang liar (yang pengacau); gerombolan (rakyat banyak) yang melanggar peraturan; pemberontak

난민(難民) 【이재민】 korban bencana; korban mala petaka; rakyat yang menderita; 【피난민】 pengungsi ⊙난민수용소 pusat penampungan pengungsi; perkémahan pengungi

난발하다(亂發-) 【총포의】 menémbak secara serampangan; menémbak dengan sembarangan

난발(亂髮) rambut acak-acakan

난방(煖房) ①【데움】 pemanasan; pemanas ②【방】 kamar yang dipanaskan; kamar yang hangat ¶난방완비 【게시】 Diperlengkapi dengan alat pemanas. ⊙난방기구 alat pemanas. 난방비 biaya (tagihan) pemanasan. 난방시설 peralatan (fasilitas) pemanasan; sistém pemanasan. 지역난방 pemanasan daérah (wilayah). 중앙난방 pemanasan pusat

난백(卵白) putih telur; albumén

난봉 percabulan; hidup bébas ¶난봉부리다(피우다) hidup cabul; hidup bébas dalam mengejar kesenangan; main ugal-ugalan ⊙ 난봉꾼 orang yang bermoral bejat; orang yang hidup bébas

난사(難事) hal (perkara) yang sulit; tugas (pekerjaan) yang berat (yang sukar)

난사(亂射) témbakan yang serampangan (yang liar); témbakan yang tak bertujuan 난사하다 menémbak dengan membabi buta; menémbak secara serampangan

난사람 orang (tokoh) yang terkemuka (yang terhormat); orang yang mempunyai kemampuan (kecakapan) luar biasa

난산(難産) ①【순조롭지 못함】 kerja berat; kerja paksa 난산하다 mempunyai tugas yang berat (sukar) ②【해산이 순조롭지 못함】 ¶난산이다 melahirkan bayi dengan sukar ③【비유적】 난산하다 melahirkan dengan sulit; melahirkan dengan banyak rintangan

난색(難色) ketidak setujuan; keengganan; keseganan; ketidakmauan ¶난색을 보이다 menunjukkan tidak setuju; memperlihatkan ketidaksetujuan; ragu-ragu 《untuk mengerjakan》

난생(卵生) 【생물학】 난생하다 lahir dari telur ⊙ 난생동물 héwan (binatang) yang bertelur (ovipar)

난생처음(-生-) pertama kali dalam hidup (dalam seluruh masa hidup) ¶난생처음 당하는 일 pengalaman yang pertama kali dialami (ditemukan) dalam seluruh masa hidup

난생후(-生後) setelah kelahiran; sejak kelahiran

난세(亂世) masa pergolakan; masa perselisihan; zaman (masa) suka berperang; waktu yang menyusahkan

난세포(卵細胞) 【생물학】 sél telur

난센스 omong kosong

난소(卵巢) 【해부학】 indung telur; ovarium ⊙ 난소염(鹽) radang indung telur. 난소적출(절제) 【의학】 pembuangan indung telur. 난소암 kanker indung telur. 난소종양 tumor indung telur

난수표(亂數表) daftar angka acak

난숙(爛熟) 【과일의】 kematangan; 【사물의】 penuh perkembangan; penuh kedéwasaan 난숙하다 menjadi terlalu matang; benar-benar telah déwasa ⊙ 난숙기(爛熟期) puncak gemilang

난시(亂時) masa bergolak; masa kacau

난시(亂視) 【의학】 astigmatisme ¶난시의 astimatik/ 나는 난시가 심하다 Saya menderita astigmatisme yang parah.

난이(難易) kesulitan dan (atau) kemudahan; kesulitan yang rélatip ⊙시험 난이도 tingkat kesulitan tés

난입(亂入) satron; penyélonongan 난입하다 menyatroni; mendatangi 《hendak mengganggu; mencuri; menangkap》; menyerbu; mendobrak; memaksa masuk ⊙ 난입자 penyatron; penyélonong

난자(卵子) ovum; sél telur ⊙ 난자은행 Bank sél telur

난자하다(亂刺-) menikam secara liar; menikam dengan kejam

난잡(亂雜) ①【어수선함】 kekacauan 난잡하다 kacau balau; berantakan; tidak rapi; kucar-kacir; morat marit ②【언동의】 ketidak bérésan; ketidak teraturan; pelanggaran hukum; ketidak senonohan; kecurangan; kecabulan 난잡하다 tak tentu; tidak bérés; tidak patuh pada hukum; tidak senonoh; curang; keji; kotor; jahat; mesum; cabul

난장(亂杖) pukulan yang semberono (liar); pukulan secara serampangan ¶ 난장 치다melakukan secara kasar dan liar/난장 맞다 dipukul (mendapat pukulan) secara liar

난장판(亂場-) suasana kebingungan dan kekacauan; pemandangan (suasana) yang kacau balau 난장판이 되다 menjadi kacau ¶난장판을 이루다 kacau; berada dalam kekacauan

난쟁이 orang kerdil; orang cébol ⊙백설공주와 일곱 난쟁이 Putri Salju dan Tujuh Kurcaci (Orang Kerdil)

난적(亂賊) pemberontak; pengacau; pengkhianat

난전(亂戰) pertempuran yang membabi buta; pertarungan yang kacau ¶난전을 벌이다 terlibat dalam perkelahian; berkelahi dalam kekacauan

난점(難點) hal (titik) yang sulit (rumit); kesukaran; pokok inti persoalan

난제(難題) persoalan yang rumit; masalah (soal) yang sulit; pertanyaan yang menimbulkan teka-teki ¶난제를 안고 있다 mempunyai masalah yang sulit ditanggulangi

난조(亂調) ①【음악의】 perselisihan; perpecahan ②【맥박의】 ketidak teraturan; kekacauan; ketidak-bérésan ¶난조를 보이다 【투수가】 kehilangan kendali; (pengawasan; penguasaan diri)

난중(亂中) tengah-tengah perang; masa perang ⊙ 난중일기 【책이름】 Catatan Harian Perang

난중지난(難中之難) yang paling sulit dari semua hal; hal yang paling sukar (berat) untuk dikerjakan

난처하다(難處-)memalukan; sukar menghadapi; sukar memperlakukan; berada dalam kesulitan; janggal; canggung ¶ 난처한 입장 keadaan yang sulit

난청(難聽) 【의학】 kesulitan (kesusahan) mendengar ¶난청의 susah mendengar; agak tuli ⊙ 난청자 orang yang susah mendengar. 난청지역 (라디오 · TV 등의) daérah terhalang (daérah pinggiran atau daérah perbatasan) untuk menangkap siaran ((tv, radio))

난초(蘭草) 【식물】 bunga anggrék

난치(難治) 난치하다 sukar diobati; sukar disembuhkan; tidak dapat disembuhkan; tak tersembuhkan ¶ 난치병(불치병) penyakit yang sukar diobati (sukar disembuhkan)

난타(亂打) pukulan yang berulang-ulang; pukulan bertubi-tubi; pukulan yang serampangan 난타하다 ①【마구 때림】 memukul secara serampangan (secara sembarangan); memukul secara liar ②【권투 · 야구】 menghantam ⊙난타전【권투 · 야구】 perkelahian; baku hantam

난투(亂鬪) pergulatan sengit; perkelahian masal; baku hantam 난투하다 berkelahi; berhantaman ⊙난투극 adégan kekerasan dan kekacauan; suasana perkelahian

난파(暖波) arus udara panas

난파(難破) kecelakaan kapal; peristiwa kapal karam 난파하다 karam; hancur; menjadi terdampar ⊙ 난파선 kapal yang karam; kapal yang hancur ((karena terdampar))

난폭(難暴) kekerasan; kekejaman; kekasaran; keliaran; kenékatan 난폭하다 keras; kasar; bengis; buas; amukan; liar ⊙ 난폭운전 pengemudian secara nékat (sembrono). 난폭자 orang yang liar; orang yang kasar

난필(亂筆) tulisan cakar ayam; tulisan kursif; tulisan buruk

난하다(亂-) terlalu menyolok; menyilaukan

난항(難航) ①【배 · 항공기 등의】 pelayaran (penerbangan) yang sulit (berat); perjalanan yang menempuh badai 난항하다 mengalami pelayaran yang sukar; mengalami perjalanan yang sukar ②【일 · 협상 등이】 난항이다 menjumpai kesukaran; banyak halangan; keadaan yang menyusahkan

난해하다(難解-) sulit dimengerti (diatasi); tidak dapat dipahami; musykil; ruwet; sulit; rumit

난행(亂行) percabulan; penyeléwéngan susila; kelakuan tidak senonoh; perbuatan jahat; pelanggaran; perkosaan 난행하다 memperkosa; mencemarkan; melanggar

난형난제(難兄難第) ¶난형난제다 sukar mengatakan siapa (yang mana) yang lebih baik; sukar memilih di antara keduanya; hampir sama; hampir serupa

난황(卵黃) kuning telur ¶난황의 sifat kuning telur; deutomik ⊙ 난황분(粉) bubuk kuning

낟가리 timbunan padi (jerami)

낟알 ①【곡식의】 butir padi; biji padi-padian ②⇒ 쌀알

날[1] ①【하루】 hari; tanggal; 【시일】 waktu ¶어느 날 suatu hari/날이 밝다 fajar menyingsing (waktu dini) ②【날씨】 cuaca ¶날이 들다 cuaca cerah ③【날짜】 tanggal ¶날을 정하다(잡다) menetapkan tanggal ④【경우 · 때】 kalau sekiranya; jika ¶성공하는 날에는 jika berhasil

날[2] 【날붙이의】 pedang; pisau, mata pisau, bilah; tepi (pinggir) pedang ¶칼날 mata pisau/면도날 silét

날- 【익지 않은】 mentah; tidak dimasak; hijau; belum masak; tak berbumbu; 【가공치 않은】 mentah; tidak diolah ¶날고기【생선】 daging 【ikan】 mentah (tidak dimasak)

날강도(-强盜) pemeras; perampok yang tidak kenal malu

날개 sayap; kepak ¶날개달린 bersayap/날개 돋치듯 팔리다 laris seperti pisang goréng; menjual dengan laris ⊙ 날갯죽지 sayap

날것 bahan mentah; bahan kasar; makanan yang mentah (tidak dimasak); buah-buahan yang hijau (belum masak)

날다[1] ①【하늘을】 terbang; membubung tinggi ②【빨리 가다】 terbang; berjalan cepat(lari) ke

날다[2] ①【색이】 menjadi pudar; luntur; kehilangan warna ¶난 pudar; luntur; kotor; berubah warna/색이 안 나는 tidak luntur ②【냄새가】 lenyap; menghilang; kehilangan bau

날 들다 menjadi cuaca yang bagus (yang cerah); cuaca cerah ¶날이 들기 시작하다 Cuaca sedang cerah.

날뛰다 【사납게】 mengamuk; menjadi kasar dan suka bergaduh (tegar; liar); berlari-lari; meracau; mengocéh, merépét; melompat; meloncat ¶기뻐 날뛰다 melompat (meloncat; menari) karena kegembiraan

날라리【문제아】 anak nakal

날래다 tangkas; gesit; cepat; cekatan ¶걸음이 날래다 cepat kaki; berlari cepat; berjalan cepat

날려 보내다 ①【놓아주다】 membébaskan; 【바람이】 menerbangkan; 【바람에】 telah menerbangkan ②【탕진하다】 menghamburkan uang; memboroskan kekayaan

날렵하다 cerdas; pintar; cepat; gesit; giat; cepat difikirkan ①【날쌔다, 민첩하다】 cekatan; tangkas; cepat; gesit ②【매끈하고 맵시 있다】 licin; mengkilap

날로[1] 【나날이】 sehari demi sehari; tiap hari (harian); dari hari ke hari

날로[2] 【생으로】 mentah ¶날로 먹다 memakan ((ikan)) mentah

날름 ①【혀를 내미는 모양】 menjulurkan (mengeluarkan) lidah ②【재빠른 모양】 dengan tangkas (cepat)

날름거리다 ①【혀 등을】 menjulurkan ((lidah)) keluar masuk ②【탐내다】 memasang mata terhadap; memperhatikan; tamak; loba; lapar akan

날리다[1] ①【공중으로】 menerbangkan; menaikkan ②【이름을】 menjadi terkenal; terkenal ((dengan; di antara)) ③【도망】 membuat lari; lolos (melepaskan) narapidana (tawanan) ¶도둑을 날리다 membiarkan pencuri lolos; melepaskan pencuri ④【재산을】 kehilangan; menghamburkan ⑤【일을】 melalaikan; bekerja dengan tergesa-gesa ⑤【파일 등을】 kehilangan

날리다[2] 【바람에】 berkibar; beterbangan

날림 【공을 안들임】 perbuatan tanpa tanggung jawab; pekerjaan yang serampangan (ceroboh); 【물건 · 일】 benda dibuat dengan sembrono; hal (pekerjaan) yang tidak teliti ⊙ 날림공사 gedung (bangunan) yang dibangun dengan serampangan (ceroboh). 날림 글씨 tulisan yang tidak rapi

날반죽 adonan memakai air dingin

날밤 새우다 bergadang (berjaga) semalam suntuk (sepanjang malam); menghabiskan waktu malam

날벼락 【야단】 kemarahan yang tidak beralasan; caci maki (omélan) yang keterlaluan; 【재앙】 malapetaka (bencana) yang tiba-tiba; halilintar dari langit yang cerah

날불한당(-不汗黨) penipu yang tidak kenal malu; bangsat (bajingan) yang tak tahu malu

날삯 upah harian ⊙ 날삯꾼 pekerja (buruh) harian

날샐 녘 fajar; subuh; dini hari; pagi-pagi benar ¶날샐 녘에 pada dinihari (di waktu subuh); pada fajar mulai menyingsing

날실 ①【경사(經絲)】 benang kusut ②【삶지 않은 실】 benang kasar

날쌔다 cepat; lekas; tepat; tangkas; gesit; cerdas; aktif; cekatan ¶날쌔게 dengan gesitnya; dengan tangkas; dengan cepat; cepat seperti kilat

날씨 cuaca; keadaan cuaca ¶궂은 날씨 cuaca buruk/날씨가 좋으면 jika cuaca baik (bagus)

날씬하다 ramping; langsing

날아가다 ①【공중 · 장소 등으로】 terbang ②【희망 · 계획 등이】 hilang; kehilangan; terbang ③【파면되다】 diberhentikan; dipecat; menerima pemecatan

날아다니다 terbang ke sana ke mari

날아들다 ①【새 등이】 terbang ke ②【소식 · 편지 등이】 masuk, datang

날아오다 ①【날아서 오다】 terbang ②【주먹·총알 등이】 melayang
날아오르다 terbang tinggi; melayang naik; (비행기가) lepas landas 《pesawat》
날염(捺染) cétakan 《tékstil》 날염하다 mencétak ⊙ 날염기(機) mesin cétak
날인(捺印) tanda dan cap 날인하다 menémpélkan tanda (cap); mencap; menyégel; membubuhkan tanda (cap) ¶ 지문 날인하다 membuat cap jari tangan
날조(捏造) pemalsuan (pembuatan; pembikinan) yang tidak benar 날조하다 memalsukan; menempa; membuat 《sebuah laporan palsu》; melancung ⊙ 날조기사(記事) laporan palsu (dibuat-buat). 날조자 pembuat; pemalsu
날짐승 unggas; binatang yang bersayap; kelompok burung yang berbulu
날짜[1] tanggal ¶6월 19일 날짜의 편지 surat yang tertanggal 19 Juni ⊙ 계약(약속) 날짜 tanggal perjanjian
날짜[2] ⇒ 날것 makanan yang tidak dimasak; buah-buahan yang belum matang; artikel yang tidak diprosés; tidak berpengalaman
날치기 perampasan; jambrétan 날치기하다 menjam brét; merenggut; merampas; melakukan perampasan ¶ 날치기 당하다 dijambrét; kena jambrét ⊙ 날치기꾼 tukang jambrét
날카롭다 ①【끝이】 tajam; runcing ¶날카로워지다 menjadi tajam/날카롭게 하다 mempertajam; membuat tajam ②【예민하다】 tajam; teliti; akut; 【머리가】 luar biasa cerdas ③【기세가】sengit bengis; menyakitkan hati
날탕 orang yang tidak berguna
날품 pekerjaan (tugas kerja) harian ¶날품을 팔다 bekerja harian ⊙ 날품삯 upah harian. 날품팔이꾼 pekerja harian; buruh harian
낡다 ①【물건이 오래되다】 usang; aus; menjadi tua; 【써서】 bekas pakai; usang ¶낡아지다 menjadi tua (kuno; usang) ②【생각·제도·문물 등이 시대에 뒤지다】 ketinggalan mode (zaman); kuno; sudah usang; membosankan; ketinggalan zaman ¶머리가 낡다 berpikiran kuno; mempunyai gagasan (idé) yang kuno
남 ①【타인】 orang lain ②【친척 아닌 사람】 orang yang tidak bersangkutan; orang yang tidak ada pertalian ③【관계를 끊은 사람】 orang menjadi asing; orang asing
남(南) selatan
남(藍) 【쪽】 nila; ungu; 【남빛】 biru tua
남(男) orang lelaki
남경(男莖) zakar; batang pelir
남국(南國) negara-negara selatan; negeri bagian selatan
남극(南極) kutub selatan; daérah kutub selatan ⊙ 남극권(대륙) lingkaran (benua) kutub selatan. 남극성(星) bintang kutub selatan. 남극탐험 ekspédisi (perjelajahan) daérah kutub selatan
남근(男根) zakar; pelir; penis; alat kelamin pria ¶남근숭배 falisisme; pemujaan terhadap alat kelamin
남기다 ①【이름·유산 등을】 meninggalkan; mewariskan ②【이익을】 mendapat (memperoléh; membuat) keuntungan
남김없이 keseluruhan; semuanya serentak; tanpa kecuali
남남동(南南東) selatan tenggara
남남서(南南西) selatan barat daya
남남협력(南南協力) kerjasama antara Selatan-Selatan
남녀(南女) pria dan wanita; lelaki dan perempuan; kedua jenis kelamin ⊙ 남녀간 di antara pria dan wanita. 남녀공학 pendidikan bersama 《bagi pria dan wanita》; pendidikan campuran. 남녀관계 hubungan antar jenis kelamin; hubungan séks (séksuil). 남녀 동(등)권 persamaan antara jenis kelamin (séks); persamaan hak untuk pria dan wanita. 남녀동등(평등) 《kesamaan》 antar jenis kelamin (séks). 남녀유별 perbédaan antara jenis kelamin (séks). 남녀추니 banci; wadam; wandu
남녘 【남쪽】 selatan
남다 ①【나머지가】 tersisa; disisakan; ditinggalkan ¶남은 돈 uang yang tersisa ②【남아돌다】 berlebih; kelebihan; lebih dari pada cukup ③【뺄셈·나눗셈 등에

서】 sisa ④【기록이】 (잔존) tinggal (tetap); masih tertinggal (teringat) ⑤【장소에】 tinggal ¶집에 남다 tinggal di rumah ⑥【시간 · 돈 · 음식 등이】 tersisa; tertinggal ⑦【이익 · 이윤 등이】 menguntungkan; menghasilkan (memperoléh) keuntungan ⑧【기타】 ¶기억에 남다 tinggal(hidup) dalam ingatan/인상에 남다 terkesan

남다르다 istiméwa; luar biasa; anéh; khas; ganjil; berbéda dari orang lain

남단(南端) ujung selatan

남달리 《secara》 luar biasa; secara istiméwa (khusus; unik); teristiméwa; dengan cara yang berbéda; khususnya; terutama sekali ¶남달리 총명하다 luar biasa cerdas

남대문(南大門) ①【건축물】 Pintu Gerbang Namdaemun; Pintu Gerbang *Sungnyemun*; Gerbang Selatan (Seoul) ②【비유적】 ¶남대문이 열렸어요 Ritsléting anda terbuka.

남동(南東) tenggara

남동생(男同生) adik laki-laki

남루(襤褸) ①【누더기】 kain buruk (tua); carik kain rombéng; sobékan ②【헌옷】 sobekan kain; pakaian yang sobék 남루하다 berpakaian buruk; berpakaian compang-camping

남매(男妹) ①【오누이】 saudara laki-laki dan saudara perempuan ②【자녀】 anak ¶그는 4남매를 두었다 Dia punya empat anak.

남모르다 tersembunyi; bersembunyi; rahasia; tidak diketahui orang lain ¶남몰래 diam-diam; secara rahasia

남미(南美) Amerika Selatan⊙ 남미대륙 Benua Amerika Selatan

남반구(南半球) belahan bumi bagian selatan

남발(濫發) ①【법령 · 화폐. 어음 등을】 pengeluaran (penerbitan) yang berlebihan 남발하다 mengeluarkan secara serampangan (berlebihan) ②【말 · 약속 등을】 ¶약속을 남발하다 membuat janji-janji berlebihan

남방(南方) ①【남쪽남부】 daérah (bagian) Selatan ②【남방셔츠】 keméja ⊙ 남방한계선(휴전선의) batas selatan Laut Kuning

남벌(濫伐) penebangan hutan sembarangan (sembrono; ugal-ugalan) 남벌하다 menebang 《pohon》 secara sembarangan

남복(南服) pakaian pria; 【여자의】 pakaian yang dipakai wanita untuk menyamar dirinya sebagai pria 남복하다 ⇒ 남장하다

남부(南部) bagian(daerah) Selatan

남부끄럽다 merasa malu di muka orang lain; memalukan

남부럽다 iri hati terhadap orang lain

남부럽잖다 ¶남부럽잖게 살고 있다 agak kaya; berada; tidak ada gunanya iri hati terhadap orang lain

남북(南北) ①【남쪽과 북쪽】Utara dan Selatan ②【남북한】 Korea Selatan dan Korea Utara ⊙남북문제 (남한과 북한간의) persoalan interkorea; (부국과 빈국간의) masalah Utara-Selatan. 남북적십자 회담 pembicaraan (konferénsi) Palang Mérah Antara Utara dan Selatan. 남북전쟁 perang saudara. 남북통일 reunifikasi; penyatuan kembali dari Korea Utara dan Selatan; penyatuan kembali kebangsaan

남비 ⇒ 냄비

남상(男相) wanita yang roman mukanya seperti pria; perempuan dengan rupa kelelakian ¶남상지다 berwajah tidak seperti wanita

남색(藍色) 【남빛】 nila; biru langit; biru tua

남색(男色) sodomi; semburit

남생이 kura-kura

남서(南西) barat daya ⊙ 남서풍 angin barat daya

남성(男性) 【남자】 《jenis kelamin》 laki-laki (jantan); pria; kejantanan; keberanian ¶ 남성답다 bersifat jantan (berani; gagah)/ 남성적 jantan; bersifat laki-laki; berani; gagah/ 남성적인 목소리 suara maskulin (jantan) ⊙ 남성미 kecantikan maskulin; keindahan (kejantanan) seorang pria. 남성복 busana pria. 남성 우월주의 kebanggaan berlebihan di antara kaum pria

남성(男聲) suara pria ⊙남성합창 paduan suara pria

남십자성(南十字星) bintang pari

남아(男兒) anak laki-laki; putra

남아메리카(南-) Amerika Selatan

남아프리카(南-) Afrika Selatan

남양(南洋) laut selatan ⊙ 남양군도 kepulauan laut selatan

남여(藍輿) tandu (joli) yang terbuka

남용(濫用) penyalahgunaan; penggunaan yang tidak benar (yang luar biasa; tidak sewajarnya; yang berlebih-lebihan) 남용하다 menyalahgunakan; menyeléwéngkan; menggunakan sampai berlebihan (secara berlebihan) ¶권력을 남용하다 menyalahgunakan kekuasaan

남우(男優) aktor; pelaku laki-laki ⊙남우주연상 penghargaan aktor (utama) terbaik. 남우조연상 penghargaan aktor pendukung terbaik

남우세 korban tertawaan; korban éjékan 남우세하다 menjadi korban tertawaan (éjékan); menjajdi cémoohan orang lain; menjadi sasaran olok-olok (sasaran éjekan) ¶남우세스럽다 memalukan

남위(南緯) lintang selatan; lintang jajaran selatan ⊙ 남위선 barisan dari garis lintang selatan.

-남은 ¶여남은 lebih dari sepuluh/스무 남은 lebih dari dua puluh.

남의눈 mata orang; tatapan orang; 【주의】 perhatian ¶남의눈을 끌다 menarik perhatian (umum)

남의집살다 bekerja sebagai pembantu rumah tangga; bekerja sebagai pramuwisma

남자(男子) pria; laki-laki ¶남자용의 untuk (penggunaan) kaum pria ⊙ 남자친구 pacar; kekasih; teman pria

남작(男爵) 【귀족 작위 중 다섯 번째】 baron (gelar bangsawan di Inggris) ⊙ 남작부인 baronis

남작(濫作) produksi (hasil) yang berlebihan 남작하다 menulis (melukis) secara berlebihan; memproduksi berlebihan

남장(男裝) dandanan pria 남장하다 berdandan seperti pria ⊙ 남장미인 keindahan dandanan pria

남정(男丁) laki-laki di atas usia lima belas tahun; orang déwasa ⊙남정네【남자들】 kaum pria; golongan laki-laki; 【남편들】 para suami; suami-suami

남존여비(男尊女卑) keunggulan pria terhadap wanita; cara perlakuan wanita lebih rendah dari pada pria

남중(南中) 【천문학】 ke arah selatan; puncak 남중하다 melintasi garis bujur

남지나해(南支那海) Laut Cina Selatan

남진(南進) ékspansi ke selatan; kemajuan ke selatan; 【세력 등의】 perémbésan (pénetrasi) ke selatan 남진하다 maju ke selatan; melakukan ékspansi ke selatan ⊙ 남진정책 politik (kebijakan) ékspansi (perluasan) ke selatan

남짓하다 lebih sedikit; di atas; lebih dari

남쪽 bagian selatan; daksina

남창(男娼) pelacur pria

남침하다(南侵-) menyerbu ke selatan

남탕(男湯) pemandian umum untuk pria

남태평양(南太平洋) Pasifik Selatan

남파하다(南派-) mengirim ke daérah selatan ⊙ 남파간첩 mata-mata yang dikirim oléh pihak Utara ke Selatan

남편(男便) suami; laki ¶남편이 있다 bersuami

남포[1] 【양등】 lampu ⊙ 남포 갓 kap lampu. 남폿불 cahaya lampu

남포[2] 【화약】 dinamit

남풍(南風) angin selatan

남하하다(南下-) datang (pergi) ke selatan

남학생 siswa laki-laki

남한(南韓) Korea Selatan

남해(南海) laut selatan

남해안(南海岸) pantai selatan

남행(南行) ke arah selatan 남행하다 pergi (turun) ke selatan ⊙ 남행열차 keréta api jurusan selatan; keréta api yang menuju ke selatan

남향(南向) ¶ 남향의 menghadap ke selatan ⊙ 남향집 rumah yang menghadap ke selatan

남회귀선(南回歸線) garis balik *Capricorn* ⊙ 북회귀선 garis balik sartan

남획(濫獲) penangkapan ikan yang berlebihan; penangkapan ikan secara semberono 남획하다 menangkap ikan secara berlebihan (secara serampangan)

납(化) timah hitam; timbel ¶납이 들어있지 않은 bébas timah ⊙ 납빛 berwarna pucat; abu-abu. 납빛 하늘 langit kelabu. 납중독 racun timah

납(蠟)【땜납】lilin; lilin putih

납골당(納骨堂) tempat mengubur (menyimpan) abu

납금(納金)【지불】pembayaran; (지불할 돈) iuran uang; (지불한 돈) (jumlah) uang yang dibayar 지불하다 membayar

납기(納期)【금전의】batas waktu pembayaran uang; tempo (tanggal; masa) pembayaran;【물품의】tempo (tanggal; masa) pengiriman barang; batas waktu pengiriman barang ⊙ 세금 납기일 tanggal pembayaran pajak

납대대하다 kedataran ¶납대대한 얼굴 muka datar (rata) yang bagus

납덩이 potongan timah ¶납덩이같다【얼굴이】pucat; menjadi pucat pasi;【몸이】melémpém; lembam; lesu; kelam

납득(納得) pengertian; pemahaman 납득하다 mengerti; memahami ¶납득하기 어려운 tidak menyakinkan; sukar untuk dimengerti/납득시키다 meyakinkan; membujuk untuk berbuat

납땜 pemeterian; solderan 납땜하다memateri; menyolder ⊙ 납땜인두 besi pematerian (solderan)

납량하다(納凉-) menikmati udara sejuk ⊙ 납량 객(客) pencari angin (udara) sejuk. 납량특집프로그램 program khusus malam pada musim panas

납본(納本) pemberian (perkenalan) contoh buku; lembaran contoh; contoh buku 납본하다 memberikan contoh buku

납부(納付)【세금 등의】pembayaran; bayaran; penyetoran;【물품의】pengantaran; pengiriman; pemasukan 납부하다 membayar; menyampaikan; memberi; menyetor ⊙ 납부금 iuran yang harus dibayarkan. 납부자 pembayar; penyetor

납북(拉北) penculikan ke utara 납북하다 melarikan dengan paksa ke utara; membajak ⟪kapal terbang⟫ ke utara ¶납북되다 diculik ke utara ⊙ 납북어선(어부) kapal penangkap ikan ⟪nelayan⟫ yang diculik ke Korea Utara

납세(納稅) pembayaran pajak 납세하다 membayar pajak ⊙ 납세고지서 surat-surat (dokumén; surat peringatan) pajak. 납세자 pembayar pajak. 납세액 jumlah pajak. 납세 필 pajak yang dibayarkan. 납세필증 sertifikat pembayaran pajak

납시다 ⟪raja⟫ berkenan keluar; tampil; kelihatan; muncul

납신거리다 mengocéh; bercelotéh

납입(納入) 납입하다 membayar ⊙ 납입금【지불된】uang yang telah dibayar. 납입품 barang-barang persediaan

납작 datar; rata; merebah; dengan gerakan cepat ¶ 납작 엎드리다 bertiarap; rebah dengan gerakan cepat

납작보리 *barley* (jawawut) yang digiling

납작코 hidung pésék; hidung kecil;【사람】orang yang berhidang pésék

납작하다 rata; datar; cépér; rendah; tipis; kempis; tepos; pipih; pésék; papak ¶납작해지다 menjadi rata(rendah; tipis) / 코가 납작해지다【비유적】direndahkan; dihina; kehilangan muka; diturunkan harga dirinya

납지(蠟紙) kertas lilin

납치(拉致)【사람의】keculikan; penculikan;【사람 외의】pembajakan 납치하다 menculik; membajak ¶납치되다 dibajak; diculik ⊙ 납치범 penculik; pembajak

납품(納品)【일】pengirimaan barang; pengantaran barang;【물건】pemasukan barang; barang yang dikirimkan 납품하다 mengirimkan (menyediakan) barang ⊙ 납품업자 pemasuk; léveransir; suplier

납회(納會) rapat (sidang) akhir tahunan

낫 arit; sabit

낫다[1]【견주어서】lebih baik; melebihi; melampaui

낫다[2]【병 등이】sembuh; disembuhkan; pulih; dipulihkan; sehat ¶낫지 않는 tidak dapat disembuhkan

낭군(郎君) suami ⟪saya⟫; sayangku

낭독(朗讀) pembacaan; hafalan;【연설조

의】 deklamasi 낭독하다 membaca dengan keras; mendeklamasikan ⊙ 낭독법 seni deklamasi; keahlian memaca sajak. 낭독자 pembaca; pencerita

낭떠러지 jurang ngarai; tebing yang curam; jurang tebing

낭랑하다(朗朗-) nyaring; mersik; merdu ¶ 낭랑한 음성 suara nyaring

낭만(浪漫) romantik ¶낭만적(인) romantis ⊙ 낭만주의 romantisme. 낭만주의자 orang yang romantis

낭보(朗報) berita baik; berita yang menggembirakan

낭비(浪費) pemborosan; polah-polah; keméwahan; keroyalan 낭비하다 memboroskan; membuang-buang; menyia-nyiakan ¶시간을 낭비하다 membuang-buang waktu ⊙ 낭비벽 kebiasaan boros: sifat boros 낭비자 pemboros

낭상(囊狀) bentuk kantung (pundi-pundi) ⊙ 낭상선(腺) kelénjar menyerupai kantung

낭설(浪說) kabar burung ; kabar angin; desas-desus; cerita yang tidak dapat dipercaya ¶낭설을 퍼뜨리다 menyebarkan kabar burung

남성(南星) 【천문학】 Sirius; Bintang Anjing

낭송(朗誦) pembacaan; hafalan 낭송하다 membaca ¶시를 낭송하다 membacakan sebuah puisi

낭자 sekepang rambut

낭자(娘子) gadis; perawan; anak dara

낭자(朗藉) kekacauan 낭자하다 dalam keadaan kacau ¶유혈이 낭자하다 bergelimang darah

낭패(狼狽) kegagalan; frustrasi; kesalahan besar 낭패하다 gagal; menyebabkan kegagalan; merasa kecéwa; melakukan kesalahan besar

낭하(廊下) ⇒ 복도 koridor; selasar; serambi; beranda

낮 【주간】 siang; siang hari ¶낮말은 새가 듣고 밤 말은 쥐가 듣는다【속담】 Dinding mempunyai telinga.

낮다 ①【높이 · 값 따위가】 rendah; murah ②【소리가】 rendah; lunak ③【지위가】 rendah; hina

낮도깨비 ①【도깨비】 hantu yang berbuat kejahatan di siang bolong ②【사람】 orang yang tidak tahu malu

낮은음자리표 【음악】 kunci F

낮잠 ¶낮잠을 자다 tidur siang; tidur tengah hari

낮추다 ①(a) 【정도 따위를】 menurunkan; merendahkan (b) 【강등】 menurunkan ke pangkat yang lebih rendah; merendahkan derajat; menurunkan nilai (kwalitas) ②【말의 하대】 merendahkan ¶말씀 낮추세요 Tolong jangan terlalu hormat.

낮추보다 memandang rendah; menganggap hina (énténg; kecil); meréméhkan

낮춤말 cara berbicara (ucapan) akrab (sederhahana); pembicaraan yang rendah (sederhana) kepada orang berkedudukan lebih rendah atau yang lebih muda

낯 ①【얼굴】 wajah; muka; roman muka ¶ 낯바닥 muka; wajah/ 낯을 대하다 berhadap-hadapan ②【체면 · 염치】 muka; kehormatan ¶낯이 깎이다 kehilangan muka (merasa malu); dibuat malu; diberi malu/ 낯 두껍다 tebal muka; tidak tahu malu; lancang; kurang ajar; bermuka tebal/ 낯간지럽다 merasa malu / 낯부끄럽다 malu

낯가리다 《seorang bayi》 memperlihatkan pilihan 《nya》; merasa takut (malu) kepada orang asing

낯가죽 rasa kehormatan; rasa malu ¶낯가죽이 두껍다 tebal muka; tidak tahu malu; berkulit tebal

낯내다 memuji (membanggakan) diri sendiri

낯붉히다 menjadi mérah mukanya; menjadi malu; marah

낯빛 warna muka

낯설다 tidak dikenal; tidak kenal dengan; tidak biasa ¶낯선 사람 orang asing; orang (wajah) yang tak dikenal

낯없다 merasa malu; tidak mempunyai muka; tidak mempunyai keberanian

낯익다 wajah yang dikenal

낯익히다 mempererat (memperkuat)

keakraban

낯짝, 낯판 ⇒ 낯바닥

낱개 sepotong; potongan

낱낱이 ①【하나하나】 satu demi satu; satu persatu; terpisah ②【모두】 tiap orang; masing-masing; tanpa kekecualian ③【자세히】 secara terperinci; secara penuh; secara lengkap; secara sepenuhnya

낱돈 uang kecil; uang récéh

낱말 kata; tiap-tiap kata; kata-kata

낱알 butir padi; setiap biji padi-padian

낳다 ①【출산】 melahirkan; menghasilkan 【동물이】 membiakkan; 【알을】 bertelur; membiakkan; menelurkan ②【결과·상황 등을】 menghasilkan; menerbitkan; melahirkan; menimbulkan; mengakibatkan; menyebabkan

내[1] ⇒ 연기(煙氣)

내[2] 【냄새】 bau; wangi-wangian ¶내가 나다 mencium; mengharumkan; memberi wangi-wangian

내[3] 【시내】 sungai kecil; anak sungai; aliran; cucuran ⇒ 강(江)

내[4] ①【나】 saya ②【나의】 saya ¶내 것 네 것 kepunyaan saya dan kepunyaan kamu

내- (來) 【오는】 akan datang; depan ¶내주 minggu yang akan datang; minggu depan

내(內) ⇒ 안

-내 【내내】 sepanjang; seluruhnya; di seluruh

내가다 membawa

내각(內角) 【수학】 sudut dalam; bagian dalam

내각(內閣) Kabinét; Déwan Menteri ⊙ 내각 각료 anggota Kabinét. 내각개편 perubahan Kabinét. 내각경질 perubahan Kabinét (kementrian); perubahan dalam kementrian. 연립내각 kabinét koalisi; Kabinét pergabungan

내갈기다 ①【글씨를】 menulis dengan tergesa-gesa; menulis secara cakar ayam ②【뺨 등을】 memukul; meninju

내강(內剛) berkemauan keras (tabah; keras kepala); kemauan yang keras; kekuatan di dalam

내객(來客) tamu; pengunjung

내걸다 ①【간판 · 깃발 등을 밖에】 mengibarkan; menggantung; memamérkan ②【목숨을】 mempertaruhkan; memancangkan; membahayakan 《jiwa》 ¶목숨을 내걸고 dengan mempertaruhkan nyawa ③【조건 · 경품 등을】 mempertahankan; menawarkan; menganjurkan; menyokong

내경(內徑) garis tengah bagian dalam

내과(內科) 【의학】 ilmu kedokteran bagian dalam; bagian internis ⊙ 내과의(醫) ahli (dokter) penyakit dalam. 내과치료 pengobatan (perawatan) bagian dalam. 내과환자 pasién bagian perawatan dalam

내구(耐久) 【지속】 ketahanan; ketekunan; 【지구】 daya tahan ⊙ 내구력 daya tahan. 내구소비재 barang konsumén yang tahan lama. 내구력 테스트 uji ketahanan

내구성(耐久性) daya tahan ¶내구성이 있다 tahan lama

내국(內國) dalam negeri; nasional ¶내국의 doméstik; dalam negeri ⊙ 내국법 hukum nasional. 내국세 pajak dalam negeri. 내국시장 pasaran dalam negeri. 내국우편 pos dalam negeri

내국인(內國人) pribumi; lokal; penduduk setempat

내굽다 membungkuk; menekuk

내규(內規) peraturan intérn; anggaran rumah tangga

내근(內勤) tugas dalam; pekerjaan kantor 내근하다 bekerja di bagian dalam; mempunyai tugas bagian dalam ⊙ 내근사원(직원) pekerja kantor

내기 taruhan; perjudian 내기하다 bertaruh; berjudi; memasang taruhan

-내기 orang yang berasal dari ¶풋내기 orang yang tidak berpengalaman; orang baru

내기 성(耐氣性) ¶내기성의 kedap udara; tahan udara

내깔기다 membuang; mengeluarkan; melepaskan

내남없이 semua orang; tanpa perbédaan antara dirinya dan orang lain

내내 【처음부터 끝까지】 dari permulaan (awal) sampai akhir; selalu; terus menerus; sepanjang jalan

내년(來年) tahun depan; tahun yang akan datang

내놓다 ①【밖으로】 mengeluarkan ②【가둔 것을】 membébaskan; melepaskan; menggembalakan ③【드러내다】 memperlihatkan ④【진열】 memperlihatkan; memamérkan; menjajakan; mempertunjukkan; mempertontonkan ⑤【발간】 menerbitkan ⑥【제출】 mengajukan; memberikan; menyampaikan; menyerahkan ⑦【돈을】 menyumbang ⑧【음식 등을】 menyajikan; menghidangkan; menawarkan ⑨【제쳐놓다】 menyisihkan ⑩【포기하다】 menyerah; menyerahkan; berhenti; meninggalkan; mengorbankan ⑪【상품·모델 ⑲ 음반 등을) mengeluarkan; meluncurkan

내다[1] 【연기가】 berasap; menjadi berasap

내다[2] ①【밖으로】 mengeluarkan; membawa; mengadakan ②(a) (배출) menghasilkan; mengeluarkan (b) (발생) menimbulkan; menyebabkan; menjadi; terjadi; terdapat ③【힘 · 감정 등을】 mengeluarkan; memperlihatkan ④【드러내다】 menunjukkan; memamérkan; 【티를】 memamérkan; memyombongkan diri; berlagak ⑤【발행 · 게재】 menerbitkan; mengeluarkan ⑥【발송】mengirim ⑦【제출】 mengajukan; memasukkan; menyerahkan; menyampaikan ⑧【발설】 menyebarkan; menyatakan; mengemukakan ⑨【얻음】 mengambil; mendapat; memperoléh; menerima ⑩【없는 것을 만들어서】(a) (틈 · 자리 등을) mengadakan; menetapkan (b) (뚫어서) membuat; membuka ⑪【팔다】 menjual; memperdagangkan ⑫【돈을】 membayar; memberi; 【투자】 menanam modal; menginvéstasikan ⑬【대접하다】 menghidangkan; mentraktir; menjamu ⑭【비우다】 mengosongkan ⑮【모를】 mencangkok; menanam; memindahkan ⑯【소리를】mengucapkan; mengeluarkan ¶큰 소리를 내다 menjerit; berteriak dengan keras ⑰【영업 · 살림을】 mendirikan; memulai; membuka ¶살림을 내다 mendirikan rumahnya sendiri ⑱【속력을】 menambah kecepatan ⑲【발하다】 memancarkan; memancar; menyebar

내다[3] 【조동사】 mengerjakan (melakukan) sepenuhnya ¶모든 고생을 견뎌내다 memikul (menahan) semua penderita

내다보다 ①【밖을】 melihat dari dalam; menghadap; memandang ke depan ¶창밖을 내다보다 memandang dari jendéla ②【예상 · 예측하다】 meramalkan; menduga

내다보이다 ①【밖이】 dapat dilihat dari dalam; terlihat (terbayang) dari dalam; kelihatan ②【안이】 dapat dilihat dari luar; dilihat (terlihat) dari luar ③【예견】 diramalkan; diketahui lebih dulu; disangka; diduga

내달(來-) bulan depan

내담(來談) wawancara 내담하다 mewawancara; mengadakan wawancara; bertatap muka

내던지다 ①【던지다】 melempar keluar; melepaskan; membuang; merentangkan ②【포기】 melepaskan; meninggalkan; menyerah; berhenti; meloloskan diri dari ③【제공 · 희생】 mengorbankan; menjadi korban; berkorban ¶생명을 내던지다 mengorbankan jiwa

내도하다(來到-) datang; tiba

내돌리다 membagi-bagikan dengan tidak pandang bulu

내동댕이치다 ⇒ 내던지다 melemparkan

내두르다 ①【휘휘】 melambaikan; mengacungkan; mengayunkan ②【남을】 mempermainkan; menggoda; memperbudak; menguasai

내둘리다 ①【남에게 쥐이다】 dipermainkan; digoda; diperbudak; dikuasai; berada di dalam kekuasaan ②【정신이】 menjadi pusing; merasa pusing

내디디다 ⇒ 내딛다

내딛다 ①【발을】 maju ke depan; memasuki; memulai ((karir)); menginjakkan kaki; menginjak ②【인생· 사회 등에】 memasuki; mengambil tindakan; memulai

내락(內諾) izin yang tidak resmi; izin informal 내락하다 memberikan izin tidak resmi

내란(內亂) perang sipil; pemberontakan; kerusuhan dalam negeri; perselisihan rumah tangga; konflik dalam negeri ¶ 내란을 일으키다 menimbulkan pemberontakan ⊙ 내란음모 komplotan pemberontakan. 내란죄 hukuman perang sipil

내레이션 penceritaan; pengisahan; cerita; kisah

내레이터 narator; pencerita

내려가다 ①【위에서 아래로】 turun; menurun ¶사다리를 내려가다 turun tangga ②【가격 · 물가가】 turun; menjadi lebih rendah ¶물가가 내려가다 harga turun (merosot) ③【열 · 온도가】 turun; reda ¶ 열이 내려가다 demamnya reda (turun) ④(a)【지위가】 turun pangkat; diturunkan; direndahkan dari ⑤【지방 · 남쪽으로】 pergi (ke pusat kota) ⑥【성적이】 jatuh; menurun ⑦【음식물이】 cerna ⑧【변기의 물이】 mengalir

내려놓다 meletakkan; membaringkan ¶냄비를 내려놓다 mengangkat panci dari api

내려누르다 menekan; menindas

내려다보다 ①【아래를】 memandang ke bawah; melihat pemandangan dari atas ②【얕보다】 memandang rendah; menganggap hina

내려뜨리다 menjatuhkan

내려앉다 ①【자리를】 turun; diturunkan; jatuh; gagal; (지위가) diturunkan kepada pangkat yang lebih rendah ②【건물 · 지반 등이 무너져】 turun ke bawah; jatuh; gagal; roboh; runtuh ③【가슴이】 terkejut; syok

내려오다 ①【위에서 아래로】 turun dari; datang dari ②【명령 · 결정 등이】 ¶명령이 위에서 내려오다 perintah datang dari atasan ③【전하여】 diturunkan ((dari ayah kepada anak)); diwariskan ④【차에서】 turun ⑤【머리 · 옷 등이】 jatuh; turun

내려찍다 memotong (membelah) dengan pukulan ke bawah

내려치다 memukul dari atas; memberikan pukulan dari atas

내력(來歷) riwayat; karir; kehidupan masa lalu; asal; asal-usul ⊙ 내력 담 riwayat hidup; karir

내륙(內陸) pedalaman; dalam negeri ⊙ 내륙지방 daérah pedalaman

내리 ①【아래로】 ke bawah; turun ¶비가 내리 쏟아지다 hujan turun ②【줄곧】 terus-menerus; berturut-turut; tak henti-hentinya

내리갈기다 mencambuk; mendera

내리긋다 menarik garis ke bawah

내리깔기다 buang air kecil (kencing) ke bawah

내리깎다 【값을】 menurunkan harga; meminta harga yang mencekik léhér

내리깔다 menurunkan (memicingkan) mata; menunduk

내리다[1] 【자동사】 ①【높은데서】 turun ②【타고 있던 것에서】 turun ③【착륙】 mendarat; turun ke tanah ④【물가 · 성적 등이】 turun ⑤【열 · 온도 등이】 turun ⑥【먹은 것이】 turun; dicerna; dicernakan; menyelami isi ⑦【살이】 menjadi kurus; kehilangan berat badan ⑧【들리다】 dipengaruhi; diilhami; dimasuki; didorong; diberi semangat ⑨【뿌리가】 mulai berakar ⑩(a) 【결정 등이】 memberi ((keputusan)) (b)【상 · 허가 등이】 diberi hadiah (izin)

내리다[2] 【타동사】 ①(a) 【높은 데서】 menurunkan (b) 【커튼 · 막 등을】 menurunkan ②【값을】 menurunkan ③【지위 · 정도를】 menurunkan; merendahkan ④【차에서】 menurunkan ⑤(a) 【상 · 허가 등을】 memberi; menganugerahkan (b)【명령을】 memberikan; mengadakan; 【판결들을】 menghukum; mengambil keputusan ¶결론을 내리다 menarik kesimpulan

내리닫이[1] 【어린이 옷】 baju anak-anak dengan belahan (sobékan) pada bagian pantat

내리닫이[2] daun jendéla; bingkai jendéla

내리막 ①【길】 léréng menurun; jalan yang menurun ②【쇠퇴】 surutnya; penurunan 내리막이다 menurun; mundur

내리사랑 kasih sayang dari anggota keluarga yang lebih tua terhadap yang lebih muda
내리쏟다 menuangkan; menumpahkan
내리쬐다【햇빛이】menyinari; memancarkan cahaya
내리치다 membentur; memukul; menghantam
내림 pewarisan; penurunan; kebiasaan ⟪tradisi⟫ turun temurun
내림(來臨) kehadiran; kunjungan kehormatan 내림하다 berkenan untuk datang; menghadiri; hadir
내림굿【민속】upacara pembacaan doa sihir
내림세(-勢) téndensi menurun; kecenderungan turun; kelemahan; kekurangan ¶내림세를 보이다 memperlihatkan téndensi menurun
내막(內幕) fakta dari dalam; cerita (keterangan) di belakang dalam ¶내막을 폭로하다 membuka rahasia
내막(內膜)【해부학】selaput pelapis
내맡기다 menyerahkan; menjalankan atas perintah
내면(內面) alam; bagian dalam; batin ⊙ 내면묘사 gambaran batin (sebelah dalam)
내몰다 ①【바깥으로】mengusir ②【직장 · 직위에서】mengeluarkan; memaksa keluar; memecat ③【극단적 상황 · 생각 등으로】memaksa; mendorong
내몰리다 diusir; dikeluarkan
내무(內務) urusan dalam negeri ⊙ 내무부 Departemén dalam Negeri: 내무부장관 Menteri dalam Negeri
내밀(內密) rahasia; pribadi ¶내밀의 rahasia; pribadi; (비공식의) informil; tak resmi /내밀히 sendirian; dengan rahasia; antara kita sama kita; antara kita-kita; di bawah empat mata
내밀다 ①【자동사】menonjol; keluar ②【타동사】mengulurkan
내밀리다 didorong keluar
내밀힘【밀고 나가는】maju dengan paksa;【배짱】kepercayaan kepada diri sendiri; kegagahan; keberanian
내방(來訪) kunjungan; kedatangan 내방하다 berkunjung; datang ⊙내방자 pengunjung; tamu
내뱉다 ①【입 안에 있는 것을】meludah; membura; menyembur ②【말·욕 등을】mengatakan; mengucapkan kata
내버려두다【방치】biarkan begitu; membiarkan sebagaimana adanya;【간섭 않고】membiarkan berbuat sekehendak hatinya;【묵과】mengabaikan; meléwatkan ⟪perkara⟫
내버리다 membuang; melemparkan
내보내다 ①【바깥으로】mengeluarkan; melepaskan ②【직장· 거주지 등에서】memecat; mengeluarkan;【해고】memecat; memberhentikan ③【방송·광고. 음악 등을】menyiarkan; memancarkan (텔레비전으로) mengudarakan; menyampaikan; meluncurkan
내복(內服) ①【속옷】pakaian dalam ②【약】obat 내복하다 minum obat
내부(內部) ①【신체의】dalam usus ②【건물 등의】dalam ③【조직 ·집단 등의】internal; dalam ⊙ 내부자 orang dalam. 내부사정(내막) urusan dalam
내분(內紛) konflik intérn; perselisihan rumah tangga; perpecahan dalam negeri
내분비(內分泌) sekrési bagian dalam; pengeluaran di bagian dalam ⊙ 내분비선 kelénjar (éndokrin) bagian dalam
내비게이션 시스템 sistém navigasi
내비치다【감정 · 생각 등을】menunjukkan; menandakan
내빈(來賓) tamu ⊙ 내빈명부 buku tamu. 내빈 실 ruang resépsi
내빼다 lari; melarikan diri; pergi dengan segera; pergi dengan tergesa-gesa
내뻗치다 memancar; memancarkan; menyembur; menyemprotkan
내뿜다【물 · 피】memancarkan; menyemprotkan;【증기 · 불 · 가스】menerbangkan; memancarkan;【화산 · 종기】meletus; meledak; berkobar; keluar; timbul
내사(內査) invéstigasi internal; pemeriksaan (penyelidikan) rahasia; penyelidikan tersendiri (pribadi) 내사하다 mengadakan penyelidikan secara rahasia
내사(來社) kunjungan kepada sebuah perusahaan (kantor) 내사하다 mengun-

jungi sebuah perusahaan (kantor)

내상(內相) ①【장관】 menteri dalam negeri ②【남의 부인】 istri orang lain

내색(-色) penampakan émosi; éksprési muka (wajah) 내색하다 memperlihatkan émosi dalam pandangan ((pada wajah)) 내색도 않다 tidak menunjukkan émosi

내생(來生) 【불교】 kehidupan yang akan datang; kehidupan setelah mati

내선(內線) 【전기】 jaringan ((kabel)) dalam; saluran dalam; 【전화의】 pesawat ((télépon sambungan)) ⊙ 내선번호 nomor éksténsi; nomor télépon sambungan. 내선전화 télépon di dalam (antar télépon)

내성(內省) mawas diri; introspéksi diri 내성하다 bermawas diri; berintrospéksi

내성적(內省的) bersifat introvér; bersifat mawas diri ⊙내성적 사람 orang introvét

내성(耐性) 【의학】 tahan terhadap (radioaktif) ¶ 내성이 있다 menjadi kebal ⊙ 내성균 baktéri yang résistan

내세(來世) kehidupan (dunia) yang akan datang; 【저승】 alam baka negeri yang lebih baik; dunia lain; dunia setelah mati

내세우다 ①【대표 · 후보 등으로】 menempatkan; mengajukan; menyokong; mendukung; memberikan dukungan; mengadakan kampanye untuk; memperkenalkan sebagai seorang tokoh yang terlalu baik ②【권리 · 주장 · 조건 등을】 menonjol-nonjolkan; menuntut; mempertahankan; 【표방】 menyatakan; mengakui; menganjurkan ¶권리를 내세우다 menuntut hak ③【학식 · 재능 등을】 menyombongkan; memamérkan

내소박(內疎薄) penghinaan terhadap suami 내소박하다 menganiaya (memandang rendah terhadap) suami ¶내소박당하다 bercerai suami dari istri yang memandang rendah (menganiaya) terhadapnya

내수(內需) 【상업】 permintaan (keperluan; konsumsi; pemakaian) dalam negeri ¶ 내수를 진작하다 mendorong permintaan dalam negeri ⊙ 내수산업 Industri untuk keperluan dalam negeri. 내수용 원자재 bahan mentah untuk keperluan (konsumsi; kebutuhan) dalam negeri

내수(耐水) ¶내수의 tahan (kedap) air

내수면(內水面) perairan darat ⊙ 내수면어업 perikanan darat; perikanan air tawar

내숭 kenakalan; kepura-puraan 내숭스럽다 nakal; pura-pura (sok) malu-malu

내쉬다 bernafas ¶숨을 내쉬다 menghembuskan (mengeluarkan) nafas

내습(來襲) serangan; penyerangan 내습하다 menyerang

내습(耐濕) ¶내습의 tahan basah; tahan lembab

내시하다(內示-) mengumumkan (memberitahukan) secara tidak resmi

내시(內侍) orang kebiri (khasi); kasim

내시경(內視鏡) 【의학】 éndoskop ⊙ 내시경검사 (법) éndoskopi

내신(內申) laporan yang tidak resmi 내신하다 melaporkan secara tidak resmi ¶ 그는 내신 1등급이다 Catatan akadémisnya berada di tingkat puncak sistém penilaian sekolah. ⊙ 내신서 【학교의】 laporan sekolah. 내신 성적 laporan akademi ((dari Sekolah Menengah Atas sampai ke Akadémi dan Universitas)); hasil pelajaran (dokumén; catatan) Sekolah Menengah Atas

내신(來信) 【나라 안의 소식】 berita dalam negeri

내실(內室) 【안방】 ruang (kamar) dalam; tempat tinggal para wanita

내실(內實) ¶내실을 기하다 mementingkan isi

내심(內心) hati yang paling dalam; lubuk hati; maksud yang benar-benar (yang nyata); 【수학】 pusat inti ¶내심으로(는) dalam batinnya; dalam hati kecil; dalam lubuk hati; dengan diam-diam; secara rahasia

내야(內野) 【야구】 lapangan dalam ((bas bal)) ⊙ 내야석 stan lapangan dalam. 내야수 pemain lapangan dalam

내역(內譯) perincian; rincian ⊙ 내역 표 daftar rékening barang

내연(內緣) perkawinan yang tidak tercatat (tidak resmi); hidup sebagai suami istri tanpa ikatan perkawinan ¶내연의 처 istri simpanan; istri gelap

내연(內燃) pembakaran dalam ⊙ 내연기관 mesin pembakaran dalam

내열(耐熱) tahan panas ¶내열의 yang tahan panas ⊙ 내열시험 tés (uji) ketahanan panas. 내열유리 glas yang tahan terhadap panas

내오다 membawa keluar; mengeluarkan; menyajikan

내왕(來往) 【통행】 kedatangan dan kepergian; lalu lintas; 【편지의】 hubungan (komunikasi) pertukaran surat; 【교제】 pergaulan; hubungan 내왕하다 datang dan pergi

내외[1] ①【안과 밖】 bagian dalam dan bagian luar; di dalam dan di luar; dalam dan luar negeri; dalam negeri dan luar negeri ②【부부】 pasangan; suami istri ③【약】 kurang lebih; kira-kira; sekitar; beberapa ⊙ 내외간 hubungan antara suami istri. 내외사정 peristiwa dalam dan luar negeri

내외[2] (內外) 【남녀간의】 para pria dan wanita berjauhan satu sama lain (saling berjauhan) 내외하다 menjaga jarak abtara pria dan wanita; menjaga jarak satu sama lain; menghindari pergaulan dengan jenis kelamin yang berlawanan

내용(內用) 【가용】 pengeluaran rumah tangga; penggunaan dalam; pemakaian dalam; belanja dalam negeri

내용(內容) ①【속에 든】 isi; muatan; kandungan; volume ¶책(의) 내용 isi buku / 사건(의) 내용 rincian kasus; perincian perkara; perincian dari hal yang sebenarnya ②【진상】 kenyataan (fakta) peristiwa ⊙ 내용분석 uraian (analisa) isi. 내용증명 sertifikat (keterangan) isi

내용연수(耐用年數) tahun (masa) pakai

내우(內憂) kesulitan dalam negeri ⊙ 내우외환 kesulitan baik dalam negeri maupun luar negeri; kesulitan dari dalam dan luar

내원(來援) bantuan; pertolongan ¶내원을 요청하다 meminta datang dan bantuan

내월(來月) bulan depan

내응(內應) ⇒ 내통(內通) hubungan (perjanjian) rahasia; pengkhianatan di dalam

내의(內衣) ⇒ 속옷 baju (pakaian) dalam; singlét

내의(內意) tujuan (maksud) kedatangan (kunjungan) ¶내의를 알아채다 membaca maksud kunjungan

내이(內耳) 【의학】 telinga bagian dalam; labirin ⊙ 내이 염(炎) peradangan telinga bagian dalam

내일(來日) ①【오늘의 다음 날】 bésok ②【장래·미래】 masa depan

내자(內子) istri saya

내자(內資) modal (dana) dalam negeri

내장(內粧) dékorasi interior; hiasan (rancangan) bagian dalam ⊙ 내장공사 pekerjaan akhir bagian dalam

내장(內障) 【의학】 katarak

내장(內臟) organ dalam; alat-alat tubuh bagian dalam; 【내포】 usus; isi perut ⊙ 내장 병 penyakit bagian dalam. 내장탕 sup tételan

내장되다(內臟-) disatukan; diperlengkapi dengan

내장재(內粧材) bahan interior

내재(內在) 【철학】 batin; keberadaan; kebiasaan; tetap ada ¶내재적 yang menjadi sifatnya; ada dalam batin; hakiki/ 신(神)의 내재 keberadaan Tuhan

내적(內的) batiniah; hakiki; yang menjadi sifatnya ¶내적 갈등을 겪다 mengalami konflik batin ⊙ 내적가치 nilai hakiki sebuah benda. 내적 생활 kehidupan batiniah

내전(內殿) 【왕비】 istri raja; permaisuri

내전(內戰) perang saudara; perang sipil

내전(來電) panggilan télépon; kiriman télégram

내젓다 melambaikan; menggoyang

내정(內定) keputusan tidak resmi 《sementara》 내정하다 memutuskan secara tidak resmi ¶내정되다 ditetapkan (diputuskan) secara tak resmi ⊙ 내정가격 harga cadangan. 내정자 calon

내정(內政) 【국내 정치】 administrasi dalam negeri ⊙ 내정간섭 campur tangan

《asing》 dalam urusan dalam negeri
내정(內庭) ①【안뜰】 halaman dalam ②【아낙】 tempat tinggal para wanita; tempat tinggal istri
내정(內靖) kondisi dalam; urusan dalam (intérn);【실정】 keadaan yang nyata ¶ 내정에 밝다 mengetahui masalah intérn; mengetahui tentang urusan dalam
내조(內助) bantuan istri 내조하다 membantu suami ¶내조의 덕으로 atas (dengan) bantuan istri
내종(內從) saudara sepupu dari bibi pihak ayah
내주(來週) minggu depan
내주다 ①(a)【돈·금품 등을】 menyerahkan; memberikan; membayar (b)【허가·교부】 mengeluarkan;【차려주다】 mendirikan; membuka ②(a) 【자리·길을】 memberi; menyerahkan; menawarkan (b) 【실권을】 menyerahkan; memberikan; meletakkan; berhenti
내주장(內主張) pemerintahan wanita 내주장하다 menguasai suami ¶그 집은 내주장이다 lstrinya yang berkuasa di rumah itu.
내지(內地) (daérah) pedalaman; bagian dalam ⊙ 내지인 orang pedalaman; pribumi
내지(乃至) ①【얼마에서 얼마까지】 dari… ke; antara ②【또는】 dan
내직(內職) ①【부녀의】 pekerjaan untuk ibu-ibu rumah tangga ②【부업】 pekerjaan (usaha) sambilan 내직하다 melakukan pekerjaan sambilan (pekerjaan sampingan)
내진(內診) pemeriksaan bagian dalam; pemeriksaan dalam tubuh 내진하다 mengadakan pemeriksaan bagian dalam
내진(來診) ¶내진을 청하다 memanggil dokter
내진(耐震) tahan gempa bumi
내쫓기다 ①【추방】 dikeluarkan ②【해고】 dipecat
내쫓다 ①【밖으로】 mengeluarkan ②【직장 등에서·이혼하다】 memecat; menceraikan
내차다 menyepak (menéndang) dengan keras
내찰(內札) surat di antara para wanita
내처 terus menerus ¶내처 일하다 terus bekerja
내출혈(內出血)【의학】 perdarahan dalam ¶ 내출혈을 일으키다 berdarah di dalam
내치(內治) ①【병의】 perawatan (pengobatan) dalam 내치하다 menyembuhkan dengan obat bagian dalam ②【정치】 administrasi dalam negeri
내치다【쫓다】 memecat; mengeluarkan
내치락들이치락하다【변덕스럽다】 berubah pikiran dengan terus menerus; berubah-ubah; tak tetap; plin-plan; tak terduga-duga; tidak pasti
내친김에 ketika sudah memutuskan
내키다 sudi; berkenan; mau; suka
내탐(內探) penyelidikan (pemeriksaan) secara pribadi; penyelidikan (pengusutan) secara rahasia 내탐하다 melakukan penyelidikan secara pribadi
내통(內通) ①【대응】 komunikasi rahasia 내통하다 berkomunikasi diam-diam ②【남녀의】 pengkhianatan 내통하다 berkhianat ⊙ 내통자 pengkhianat
내팽개치다 ①【가지고 있던 것을】 melemparkan dengan kuat; membuang; melemparkan ②【가족·자식 등을】 menelantarkan ③【하던 일을】 meninggalkan; menelantarkan
내포(內包)【논리학】 konotasi 내포하다 berisi; melibatkan; berkonotasi
내피(內皮)【해부학】 éndotélium
내핍(耐乏) cara hidup menghémat; cara hidup sederhana 내핍하다 《melakukan》 hidup menghémat (sederhana) ⊙ 내핍생활 cara hidup sederhana; kehidupan yang sederhana
내한(來韓) kunjungan ke Korea 내한하다 mengunjungi Korea
내한(耐寒) tahan 《hawa》 dingin 내한하다 menahan hawa dingin; menjadi tahan dingin ⊙ 내한훈련 latihan dalam musim dingin
내항(內港) pelabuhan dalam negeri
내항(內項)【수학】 rata-rata
내해(內海) laut dalam daratan

내향(內向) ¶내향의 introvér/내향적인 사람 introvét ▸내향성 【심리학】 introvérsi
내홍(內訌) ⇒ 내분(內紛) percekcokan (perselisihan) rumah tangga; kekacauan (perpecahan) dalam negeri
내화(耐火) ketahanan api 내화하다 tahan api; menahan (melawan) api ¶내화성의 daya tahan api ⊙ 내화건물 gedung yang tahan api. 내화벽돌 batu bata tahan api
내환(內患) ①【병】 penyakit istri ¶내환이 있다 istri sakit ②【내우】 kekacauan dalam negeri ⊙ 외우내환 kekacauan dalam dan dari luar ((negeri))
내후년(來後年) tiga tahun kemudian
냄비 【얕은】 panci; 【깊은】 periuk ⊙ 냄비국수 masakan mi dalam panci yang mendidih. 냄비뚜껑 tutup panci (periuk)
냄새 bau; aroma; odor; 【방향】 bau harum; 【악취】 bau busuk ¶냄새 맡다 mencium; membaui
냅다 【세차게】 dengan keras; sekencang-kencangnya
냅킨 serbét; kain penyeka
냇가 tepi sungai
냇물 air sungai kecil
냇버들【식물】 pohon riyu yang berwarna ungu
냉(冷) ①【배의】 perut dingin ②【몸의】 udara dingin; badan kedinginan ③【대하증】 keputihan; pelepasan rahim (kandungan)
냉-(冷-) dingin ¶냉커피 kopi és (dingin)
냉가슴(冷-) penderitaan yang dipendam (yang dirahasiakan; yang tidak diketahui oléh orang lain); kepedihan dalam batin
냉각(冷却) pendinginan 냉각하다 mendinginkan ⊙ 냉각기(器) mesin pendingin (penyejuk); lemari és. 냉각기(간) masa dingin. 냉각수 air yang mendinginkan; air sejuk. 냉각제 zat penyejuk
냉국(冷-) sup dingin; sup yang disajikan dingin
냉기(冷氣) ①【찬 공기】 udara dingin; aliran udara dingin ②【추위】 cuaca dingin; gelombang hawa dingin ¶냉기를 느끼다 merasa dingin ③【분위기】 suasana dingin
냉난방(冷煖房) pengaturan dan penghangatan suhu udara
냉담(冷淡) kedinginan; keadaan dingin; kesejukan; acuh tak acuh; 【무관심】 ketidakacuan; kelalaian; pengabaian; sikap yang tidak tertarik; 【미적지근함】 dengan ragu-ragu; dengan suam-suam kuku 냉담하다 dingin; tidak tertarik; apatis; masa bodoh ¶냉담하게 dengan setengah hati; dengan ragu-ragu; dengan apatis; dengan sikap masa bodoh
냉대(冷待) sambutan yang dingin (yang tidak ramah) 냉대하다 【차갑게 대함】 menerima dengan dingin (secara tidak ramah; dengan sikap dingin); menerima acuh tak acuh; memberi sambutan dingin
냉대(冷帶) 【기후 지대】 daérah subartik
냉동(冷凍) pembekuan; pendinginan 냉동하다 membekukan; mendinginkan ¶냉동 건조하다 membeku; mengering ⊙ 냉동식품 makanan beku. 냉동실 ruang pendingin. 냉동차 truk pendingin. 냉동생선 ikan beku
냉랭하다(冷冷-) dingin; tidak peduli; masa bodoh ①【날씨 · 온도 등이】 차갑다 dingin; sejuk ②【분위기 등이】 dingin
냉면(冷麵) *naengmyon;* mi soba yang dingin
냉방(冷房) ①【실내 온도를 낮춤】 ruangan berpendingin ②【차가운 방】 kamar (ruangan) dingin ⊙냉방병: 냉방병에 걸리다 sakit akibat terlalu banyak memakai AC. 냉방장치 pendingin udara; sistém pendingin
냉소(冷笑) senyum éjékan; cémoohan; senyuman yang mengéjék; cibiran; sinisme 냉소하다 tertawa dengan mencemoohkan (dengan cemooh); mencemoohkan; mengéjék; mentertawakan ¶냉소적 sinis; bersifat menyindir; sengit; tajam; sarkastis
냉수(冷水) 【차가운 물】 air dingin ⊙ 냉수마찰 gosokan air dingin: 냉수욕 pemandian (mandi) air dingin
냉습(冷濕)①【기온】 kelembaban; keadaan lembab; uap lembab 냉습하다 dingin

dan lembab ②【한의학】 éncok; rématik; penyakit yang disebabkan oléh hawa dingin dan kelembaban

냉엄하다(冷嚴-) seram; keras; kejam ¶냉엄한 현실 kenyataan yang kejam

냉우(冷雨) hujan dingin

냉온(冷溫) kedinginan dan kehangatan (keramahan)

냉이【식물】 kantung gembala ¶냉이를 캐다 memetik kantong gembala

냉장(冷藏) penyimpanan dingin; pendinginan 냉장하다 menyimpan dalam kamar dingin; mendinginkan; menyimpan dalam és ¶요(要) 냉장【게시】 Tetap dingin. ⊙ 냉장실 kamar dingin; ruang pendingin; gudang makanan yang didinginkan. 냉장차 gerbong pendingin; mobil yang memakai pendingin (memakai AC)

냉장고(冷藏庫) lemari és; kulkas; lemari pendingin

냉전(冷戰) perang dingin

냉정(冷情) ¶냉정한 tidak berperasaan; berhati dingin

냉정(冷靜) ketenangan; keredaan; kesejukan; kesabaran; ketenteraman; tidak kehilangan akal; berkepala dingin 냉정하다 tenang; reda; sejuk; dingin; dapat menguasai diri

냉차(冷茶) téh dingin; téh és

냉채(冷菜) masakan (sayuran) dingin yang diberi bermacam-macam bumbu ⊙ 닭고기냉채 irisan ayam dan sayuran yang diberi saus istiméwa. 해파리냉채 salad ubur-ubur dingin

냉철하다(冷徹-) berkepala dingin

냉큼【곧 · 당장】 segera; seketika; 【재빨리】 dengan cepat

냉풍(冷風) angin dingin

냉하다(冷-) dingin

냉한(冷汗) keringat dingin

냉해(冷害) kerusakan karena cuaca dingin

냉혈(冷血) ①【변온동물】 darah dingin ⊙ 냉혈동물 binatang berdarah dingin ②【비유적】 berhati dingin; tidak berperasaan; kekejaman; kesadisan ¶냉혈의 berdarah (berhati) dingin ⊙ 냉혈한(漢) orang yang berhati dingin; orang yang tidak berperasaan

냉혹(冷酷) kekejaman; ketidakberperasaan; kejam; berhati dingin 냉혹하다 kejam; tidak berperasaan; berhati dingin; tidak mempunyai perasaan

냠냠 ①【음식물을】 yum-yum ¶냠냠거리다 mengecap-ngecapkan bibir 냠냠하다 ②【갖고 싶어】 mempunyai keinginan yang besar ⊙ 냠냠이 suka memilih-milih makanan

냥(兩) ①【돈】 uang picisan Korea kuno ②【중량】 satu *nyang*(=1,325 ounce, 37.59)

너 【2인칭】 kamu; anda; engkau

너구리【동물】 anjing musang

너그러이 dengan murah hati; dengan tangan terbuka ¶너그러이 용서하다 memaafkan dengan ikhlas

너그럽다 berpikiran luas; tidak picik; luas pendirian; bermurah hati; dermawan; royal; sabar; lemah lembut

너끈히 dengan mudah

너나들이 orang yang saling memanggil dengan nama kecil 너나들이하다 mempunyai hubungan akrab; saling memanggil dengan nama kecil

너나없이 semua; setiap orang

너더분하다 tak teratur; tak rapi; berantakan; kusut ¶너더분하게 dengan tidak teratur; dengan tidak rapi; yang berantakan

너덕너덕 《potongan; kain lap》 sobék-sobék; koyak-koyak; koyak dan compang-camping; penuh dengan tambalan

너덜거리다 ①【가닥이】 berkibaran ②【주제넘다】 berkelakuan kasar (lancang; angkuh)

너덜너덜【가닥이】 usang; bekas

너덧 ⇒ 너댓 kira-kira empat; empat atau lima

너도나도 kedua dari kami; kami berdua; banyak orang; kita

너르다 lebar; luas; lapang

너머 sisi berlawanan; melalui; melebihi; di seberang ; sisi yang berlawanan

너무 terlalu 《banyak》; berlebihan; terlampau

너부죽하다 agak rata dan lébar
너비 lébarnya
너비아니 panggang daging sapi yang diberi bumbu
너새 【조류】 burung rajawali besar
너스레 ①【걸침】 penyangga kerangka rumah ¶너스레를 놓다 mendirikan penyangga kerangka rumah ②【농락】 ¶너스레 떨다 basa-basi; terlalu suka mengobrol; terlalu ceréwét
너스르르하다, 너슬너슬하다 berbulu kusut dan kotor; kumal
너울 kerudung yang tipis di pakai oléh para wanita untuk bepergian; cadar (kerudung) wanita
너울거리다 ①【물결】 bergelora; berputar-putar; mengembang; melambai berkibar; berombak-ombak ②【나뭇잎 등이】 berayun-ayun; terayun-ayun; bergoyang; bergerak-gerak
너울너울 yang melambai; yang berkibar; berombak-ombak; yang bergelora; yang bergelombang
너저분하다 kacau; berantakan
너절하다 ①【허름함】 kumal; jorok; kotor; buruk; lusuh ②【시시함】 tidak berharga; tidak bernilai; réméh; sepélé; tidak berarti; picik; rendah; hina; tercela; tidak berguna; buruk; jelék; bréngsék
너털거리다[1] ⇒ 너덜거리다
너털거리다[2] tertawa dengan keras; tertawa terbahak-bahak
너털웃음 ¶너털웃음을 웃다 tertawa keras ((dengan riuh)); tertawa terbahak-bahak
너풀거리다 berkibar-kibar; melambai-lambai
너희(들) 【너의 복수형】 kamu; kalian; anda
넉— empat; 【넷째】 yang ke empat
넉가래 sekop kayu ((salju))
넉넉 lebih dari; sambilan; ekstra; sebanyak ¶넉넉잡고, 넉넉잡아 paling banyak; paling-paling
넉넉하다 ①【크기 · 수량 등이】 cukup; banyak; luas ②【살림 · 형편 등이】 berada; mampu; kaya ③【도량이】 luas pendirian; bermurah hati; dermawan
넉살 ¶넉살스럽다, 넉살좋다 tidak tahu malu; tebal muka
넉장거리 ⇒ 낙장거리
넋 ①【영혼】 jiwa; nyawa; roh; semangat; hantu ¶넋을 위로하다 berdoa untuk ketenangan arwah yang pergi ②【비유적】 ¶넋을 빼앗다 memikat; menawan hati; mempesonakan
넋두리 【푸념】 keluhan; omélan; pengaduan 넋두리하다 bicara omong kosong; bicara mericau; mengeluh; mengadu; menggerutu ¶넋두리를 늘어놓다 menggerutu; mengeluh
넌더리 keengganan; keseganan; perasaan tidak suka; kejijikan; kemuakan; kebencian; rasa benci 넌더리나다 benci sekali; menjadi benci (bosan; jemu); memuakkan; merasa muak; jemu; merasa bosan
넌덜머리 ⇒ 넌더리
넌 센스 omong kosong
넌지시 secara diam-diam (rahasia); secara tidak langsung; menyindir secara tidak langsung
널 ①【널빤지】 papan ②【관곽】 peti mati ③【널뛰기의】 jungkat-jungkit
널다 【볕 · 바람에】 membentangkan; menggantungkan; menggantung
널따랗다 luas; lebar
널뛰기 *neolttwigi*: permainan lompat khas Korea yang mirip jungkat-jungkit 널뛰기하다 ⇒ 널뛰다 berjungkat-jungkit
널뛰다 main jungkat-jungkit; main jungkitan
널름 ⇒ 날름
널리 secara luas; secara mendalam; di mana-mana; seluruh dunia; di seluruh pelosok (negeri)
널빤지 papan
널찍이 agak (cukup) luas; secara luas
널찍하다 ⇒ 널따랗다
널판 대기, 널판자(-板子) sepotong papan yang besar (panjang, lebar dan tebal)
넓다 ①【너비 · 면적이】 lebar; luas; 【확트임】 lapang ②【내용 · 범위 등이】 luas ③【마음이 너그럽다】 berpikiran luas; tidak picik
넓이 ①【폭】 lébarnya ¶다섯 자 넓이 de-

ngan lébar lima kaki; lébarnya lima kaki ②【면적】 luas daérah
넓이 뛰기 lompat jauh ⊙ 제자리 넓이 뛰기 lompat jauh tanpa awalan
넓적다리 paha
넓적하다 luas dan rata ¶넓적한 얼굴 muka yang besar dan rata
넓히다 memperluas; memperlébar
넘겨다보다 mendambakan; melihat dengan cemburu (iri hati); mengirikan
넘겨받다 mengambil alih
넘겨씌우다 menyalahkan orang lain; menuduh; mengadukan; mendakwa
넘겨잡다 menduga; menerka; mengira
넘겨주다 menyerahkan; menyerah
넘겨짚다 membuat dugaan sembarangan; menyangka;
넘기다 ①【너머로】 menyampaikan (memberikan) di atas; melampaui ②【기한 · 정원을】 melebihi; léwat; meléwati ③【양도하다】 menyerahkan; mengalihkan ④【젖히다】 membalik; membalik-balik ⑤【쓰러뜨리다】 menebang; menjebloskan ⑥【속여】 menipu; memperdayakan; mengakali ⑦【거르다】 melampau ⑧【인도】 menyerahkan; memberikan ⑨【세월 · 계절을】 meléwati; melalui; melampaui ⑩【이월】 memindahkan ⑪【고비를】 mengatasi; melampaui; melalui
넘다¹ 【자동사】 ①【초과】 lebih dari; berkelebihan; di luar ②【날이】 bengkok; melengkung ③【물이】 meluap ④【시간 · 기한 등이】 melalui; meléwati; berakhir ¶기한이 넘다 masa berakhir; melalui (meléwati) masa tertentu
넘다² 【타동사】 ①【…위를】 melampaui; meléwati; melintasi; 【건너서】 melompati; 【뛰어서】 meléwati; melompati; melintasi; mengatasi ②(a) 【초과】 lebih dari (b) 【정도 · 한도를】 menjadi berlebihan; menjadi kewalahan ③【범람】 melimpahi; melampaui ④【어려움 · 고비 등을】 mengatasi
넘버 ①【수 · 번호】 nomor ②【자동차 번호판】 pelat lisensi (nomor) ⊙ 넘버원 yang pertama; nomor satu
넘버링 mesin (mobil) yang bernomor; mesin pemberi nomor
넘보다 ⇒ 깔보다 memandang rendah (hina); menganggap rendah; meréméhkan; tidak menghargai
넘실거리다 【물결이】 melambai; berkibar; berombak; bergelora; berombak-ombak; melanda; menggelora
넘어가다¹ 【자동사】 ①【쓰러지다】 jatuh; tumbang ⇒ 넘어지다, 쓰러지다 ②【망하다】 bangkrut; digulingkan ③【때 · 시한이】 meléwati; habis; terlambat ④【해 · 달이】 terbenam ⑤(a) 【남의 손으로】 berganti tangan; merubah; menyerahkan; jatuh ke… (b)【차례 · 주제 등이】 beralih ⑥【속다】 ditipu; diperdayakan; dibohongi; dikécoh ⑦【젖혀짐】 dibalik; berbalik ⑧【음식이】 menelan
넘어가다² ⇒ 넘다²
넘어다보다 mengintip; mengamati
넘어뜨리다 ①【서 있는 것을】 menjatuhkan; melemparkan ke tanah; merobohkan; meruntuhkan; menurunkan ②【발을 걸어】 tersandang
넘어서다 melampaui; melintasi; meléwati
넘어오다 ①【산 · 경계선 등을】 datang di seberang; 【쓰러져서】 roboh ②【손에】 datang; dialihkan; dipindahkan ③【이월】 dipindahkan ④【먹은 것이】 muntah; mual ⑤【투항】 menyerah; takluk
넘어지다 【선 것이】 jatuh; roboh; 【사람 · 동물이】 jatuh ¶벌렁 넘어지다 jatuh bertelentang
넘치다 ①【물 · 기운 등이】 meluap; melimpah ②【지나치게 많다】 melebihi; melampaui; meléwati; diluar ((kekuasaan)) ③【정도를】 bertindak keterlaluan; sampai berlebihan
넙치 【어류】 ikan pipih; ikan pecak; ikan lidah ⊙ 넙치눈이 orang yang bermata juling
넝마 kain rombéng; kain bercompang-camping ⊙ 넝마장수 penjual kain rombéng; penjual barang loakan (barang bekas); tukang loak. 넝마주이 pemulung; pemungut barang bekas
넝쿨 【담쟁이덩굴】 tumbuhan merambat; tumbuhan menjalar; tanaman merambat
넣다 ①(a) 【속에】 memasukkan; memberi;

menaruh; (액체를) menuangkan; memompa ¶타이어에 바람을 넣다 memompa ban mobil ② (a)【추가하다】ditambah; tambahkan (b)【챙겨 넣다】menyimpan; menabung; menyisihkan; mengurung.; memasang ③(a) 【보내다, 수용하다】memuat;【들어가게 하다】mengirim (b)【단체 등에】menerima dalam; mengakui dalam keanggotaan ④【입금하다】mendepositokan 《uang di bank》; menyimpan 《uang》 dalam deposito;【납입】membayar 《uang》 ⑤【통과시키다】memasukkan; memberi izin ⑥【손에 넣다】mendapat; merebut; memenangkan ⑦【포함시키다】 termasuk ⑧【중간에】menempatkan di antara《dua partai》; membuat 《seseorang》 menjadi penengah ⑨【서류 등을 제출하다】memasukkan; mengirim ⑩【신문 등을 배달하다】mengantar

네[1] ①【너】kamu; engkau; anda ②【너의】kamu; anda

네[2]【넷】empat

네[3] ①【긍정의 대답】ya ②【출석부를 때】Ada. *atau* Hadir.

-네 ¶우리네 kami/당신네 anda sekalian

네거리, 사거리 perempatan jalan

네거티브 négatip

네글리제 pakaian rumah untuk wanita

네다섯 empat atau lima; beberapa

네모 persegi ⊙ 네모꼴 segi empat; trapesium; sisi empat: 네모꼴의 bersisi empat

네미 ①【송아지를 부를 때】ke mari anak binatang!; ②【욕】anak jalang! ③【거친 표현, 너의 어미】ibumu

네발 ke empat kaki ¶네발달린 berkaki empat ⊙ 네발짐승 binatang berkaki empat

네비게이션 nevigasi

네쌍둥이(-雙-) anak kembar empat

네온 néon ⊙ 네온사인 lampu néon; tanda (isyarat) lampu

네이비블루 biru laut

네크라인 garis léhér (kerah)

네크리스 kalung

네트 ①【테니스】jaring-jaring ②【형용사】ajbersih; netto ③【망】jala; rajut

네트워크 ①【컴퓨터】jejaring ¶네트워크를 구축하다 membuat jejaring/네트워크를 해킹하다 menghack jejaring ②【긴밀하게 연결되어 있는 조직】jaringan

네팔 Nepal

네티즌【누리 꾼】para pengguna internét

네티켓 (netiquette) étika dalam menggunakan Internét

네 활개 empat anggota badan (terlentang) ¶네 활개 치다 berjalan dengan sikap yang angkuh; (cara) berjalan dengan berlagak; (비유적) bertindak tanpa rasa takut; berjalan dengan jaya

넥 léhér

넥타minuman sangat lezat

넥타이 dasi ⊙ 넥타이핀 peniti syal; peniti selendang; peniti dasi. 나비넥타이 dasi kupu-kupu

넨장(맞을)【저주할 때】Persétan dengan kamu!; Sialan kamu!; Astaga!;【형용사적】terkutuk; sial sekali; susah sekali; buruk sekali; kurang ajar

넷[1] empat

넷[2] jala; jaring ⊙ 넷 볼 bola jaring. 넷워크 jaringan

넷째 ke empat

녀석 ①【경멸적】orang; orang laki-laki; bangsat; bajingan ②【귀엽게】bajingan (bangsat) kecil

년 ①【경멸적】perempuan; gadis ¶미친 년 perempuan yang gila ②【귀엽게】gadis kecil; dara kecil

년(年) tahun

녘 ①【방향】ke arah ¶동녘의 arah timur ②【무렵】menjelang ¶아침녘 menjelang pagi

노[1]【노끈】tali; tambang

노[2] ⇒ 노상

노(櫓) dayung; kayuh ¶노를 젓다 mendayung; mengayuh

노(爐)【화덕】perapian; tungku;【용광로】tungku perapian; tungku pembakaran; tempat (alat) pembakaran

노경(老境) uzur; lanjut usia; hari tua ¶노경에 들다 berada pada usia tua; berusia lanjut

노가리【명태 새끼】Ikan pollack

노고(勞苦)【수고】kerja keras; usaha

노곤하다(勞困-) 【매우 피곤하다】 lelah; letih; capé
노골 tidak ada go l(angka)
노골적(露骨的) ①【솔직히】 terus terang; blak-blakan; jujur ②【음란】 kasar; lelucon; cabul; kotor; tidak senonoh
노구(老軀) tubuh tua; anggota badan yang tua dan lemah; orang tua
노그라지다 ①【지치다】 sangat letih; capék sekali ②【마음이】 tergila-gila dengan; gemar sekali; terpikat; kecantol
노글노글하다 lembut; halus; lunak
노긋노긋하다 sangat luwes; supel; lunak dan mudah lentur; lemas; kenyal; élastik
노기(老妓) penghibur (wanita) tua
노기(怒氣) kemarahan; amarah; kegusaran; amuk
노끈 tali; benang; tali kecil
노년(老年) umur tua; usia lanjut; hari tua ¶노년으로 접어들다 menua ⊙ 노년기 masa tua. 노년인 kaum lanjut usia; kaum jompo
노농(勞農) buruh tani ⊙ 노농당 partai buruh tani
노느다 【분배하다】 membagikan; membagi; membagi-bagikan; (재산을) mewariskan
노는계집 pelacur; wanita tuna-susila
노닐다 berjalan-jalan; berkeliling-keliling; mengembara; bergelandangan; berkeliaran
노다지 ①【광맥】 sumber keuntungan ②【많은 이익】 untung; kekayaan ③【노상】 selalu ⊙ 노다지판 tambang di mana emas ditemukan dalam bentuk gumpalan
노닥거리다 bercakap-cakap; ngobrol (bersenda gurau) sambil melucu
노대(露臺) balkon; podium (panggung) di udara terbuka
노대가(老大家) ahli tua; wewenang (wibawa) véteran; bekas jagoan (tuan)
노대국(老大國) negara besar yang mengalami kemunduran
노도(怒濤) gelombang besar yang ((sedang)) mengamuk; laut yang hiruk pikuk (bergolak)
노독(路毒) kelelahan dari perjalanan ¶노독을 풀다 beristirahat setelah ((melakukan)) perjalanan
노동(勞動) kerja kasar; kerja fisik; kerja keras 노동하다 bekerja; bekerja keras ⊙ 노동당(黨) Partai Buruh. 노동부 Kementrian Perburuhan. 노동시간 jam kerja; hari kerja. 노동시장 pasar buruh; pasaran tenaga kerja. 노동운동 gerakan buruh (tenaga kerja). 노동재해 kecelakaan kerja. 노동쟁의【분쟁】 perselisihan 【percékcokan】 buruh (tenaga kerja); 【파업】 pemogokan. 노동절 Hari Kerja. 노동조합 persatuan (serikat) buruh (kerja). 두뇌노동 pekerjaan otak; pekerjaan yang memeras otak. 시간외 노동 pekerjaan(kerja) lembur. 육체【정신】 노동 pekerjaan fisik【méntal】
노동자(勞動者) buruh; tenaga kerja; pekerja; karyawan; pencari nafkah ⊙ 노동자계급 golongan pekerja (buruh). 숙련노동자 buruh yang terlatih
노랑 kuning; 【물감】 celupan (bahan celup) kuning ¶노랑 빛을 띈 kekuningan
노랑이 ①【노란 것】 barang(bahan) warna kuning ②【개】 anjing kuning ③【사람】 orang kikir; pelit; bakhil
노랗다 ①【색깔】 sangat kuning; kuning keemas-emasan ②【풀 없다】 sedih; putus asa; susah; murung; muram; bersedih hati ③【싹수가】 ¶ 싹수가 노랗다 tidak mempunyai kesempatan baik
노래 ①【가요】 lagu; nyanyian; 【민요】 balada 【시로 표현하다】 syair; sajak; puisi 노래하다 menyanyikan ((sebuah lagu)); menulis sajak mengenai ②【새 등이 지저귀다】 ¶새들의 노랫소리 nyanyian burung-burung ⊙ 노래자랑 Kontés Lagu Amatir
노래기【동물】 lipan (kelabang) yang berbau keras
노략질(擄掠-) perampasan; perampokan; penyitaan barang rampasan 노략질하다 merampas; menjarah; merampok; menyita sebagai barang rampasan
노려보다 membelalak; melotot; memandang dengan marah; menatap tajam; memandang dengan perasaan benci
노력(努力) usaha keras; upaya; jerih

payah; pengerahan tenaga 노력하다 berusaha keras (sekuat-kuatnya); bersusah payah; memaksa diri; berdaya-upaya; mencurahkan tenaga; berjuang ⊙ 노력가 pekerja keras; pengusaha; orang yang tekun berusaha

노련(老鍊) pengalaman yang matang; keahlian yang sempurna; keahlian; kemahiran; ketrampilan 노련하다 berpengalaman ⟪lama⟫; ahli; cakap; mahir; terlatih; terampil; mampu dan cekatan; pakar ⊙ 노련가 orang ahli; pakar; véteran; 【고참】 orang lama; pegawai kawakan

노령(老齡) usia lanjut; umur tua ⊙ 노령인구 penduduk lanjut usia

노루【동물】 rusa; kijang; 【수노루】 rusa jantan

노루발장도리 palu cakar

노루잠 tidur kucing; tidur sebentar-sebentar; tidur yang singkat dan selalu terjaga; tidur yang tidak nyenyak

노르께하다 berwarna kuning

노르끄레하다 ⇒ 노르께하다

노르마 norma; (sejumlah) standar

노르무레하다 sedikit kekuning-kuningan

노르스름하다 kekuning-kuningan; agak kuning

노른자위 ①【계란의】 kuning telur ②【비유적】 bagian yang terbaik

노름 perjudian; pertaruhan; permainan judi 노름(질)하다 berjudi; bertaruh; bermain taruhan ⊙ 노름꾼 penjudi; pemain judi. 노름판 tempat (rumah) judi; kasino; tempat berjudi

노릇 【일】 pekerjaan; (기능) fungsi; (직분) peranan; tugas; (역할) perantara; bagian ⊙ 선생노릇 pekerjaan mengajar

노리개 ①【한복 등에 다는 장식· 패물】 perhiasan anting-anting dipakai oléh para wanita; perhiasan kecil ②【장난삼아 데리고 노는 여자노리갯감】 alat permainan; mainan ⊙ 노리개첩 selir (gundik) yang muda dan cantik

노리다[1] ①【냄새】 berbau busuk; menusuk hidung; berbau (baunya) seperti lemak (rambut) yang terbakar; (동물 냄새) berbau seperti seekor sigung; angit ②【다랍다】 kikir; pelit; bakhil

노리다[2] ①【노려보다】 membelalang; membelalak ②【목표 · 기회 등을】 mengincar; mengintai; mengarah(kan); diarahkan; mengawasi; mencari

노린내 bau busuk; bau dari lemak (rambut) yang terbakar; bau seekor sigung

노릿하다 agak berbau busuk

노망(老妄) pikun; uzur 노망하다 menjadi pikun karena usia tua

노멀 【외래어】 biasa; normal

노면(路面) permukaan jalan

노모(老母) ibu yang berusia lanjut

노목(老木) pohon tua

노무(勞務) tenaga kerja ⊙ 노무관리 manajemén personalia. 노무사 pengacara buruh bersertifikat. 노무자 buruh; pekerja

노발대발(怒發大發) murka; marah sekali; ledakan yang besar 노발대발하다 menjadi marah; marah sekali; murka

노방(路傍) pinggir (sisi; tepi) jalan ⊙ 노방초 rumput pada pinggir jalan

노변(路邊) pinggir (tepi) jalan

노변(爐邊) ¶노변에서 dekat perapian

노벨상(-賞) hadiah Nobel ⊙ 노벨상 수상자 pemenang (penerima) hadiah Nobel

노병(老兵) tentara tua (kawakan); véteran perang

노복(奴僕) jongos; pelayan laki-laki

노부(老父) ayah yang berusia lanjut

노부모(老父母) orang tua yang telah tua(yang sudah lanjut usia)

노부부(老夫婦) pasangan tua

노비(奴婢) pelayan pria dan wanita; pelayan rumah

노비(路費) ⇒ 노자(路資) biaya perjalanan

노사(勞使) majikan dan buruh (pekerja) ⊙ 노사관계 hubungan antara pekerja dan majikan. 노사분규【분쟁】 pertengkaran ⟪di⟫ antara majikan dan pekerja 노사협의 perundingan antara majikan dan pekerja

노산하다(老産-) melahirkan anak pada usia tua

노상 selalu; terus menerus; seperti biasanya; sepanjang waktu

노상(路上) jalan ¶노상에서 di jalan ⊙ 노

상강도(짓) perampokan jalan raya; penodongan; pembégalan; 【사람】 perampok; penodong; pembégal

노새 【동물】 bagal

노색(怒色) ⇒ 노기(怒氣) kelihatan marah

노서아(露西亞) ⇒ 러시아

노선(路線) ①【버스·기차 등의】 rute; trayék lin; jalan ¶버스노선 rute(jalur) pelayanan bus; trayék bus ②【정책 · 방침】 garis; jalan; barisan ⊙ 강경노선 garis keras; sikap yang keras. 정치 노선 garis politik

노성(怒聲) suara marah

노소(老少) tua dan muda; kaum tua dan kaum muda; masa tua dan masa muda ¶노소를 막론하고 tanpa memandang tua maupun muda; tanpa perbédaan umur

노송(老松) pohon cemara (pinus) tua

노쇠(老衰) tua renta; tua bangka 노쇠하다 menjadi tua renta ⊙ 노쇠기(期) masa tua

노숙(老熟) ⇒ 노련(老鍊) 노숙하다 matang; berpengalaman; mencapai kedéwasaan; déwasa

노숙(露宿) yang tidur di luar rumah; berkémah (di luar) 노숙하다 tidur (meléwati malam) di udara terbuka; tidur di luar rumah; berkémah di luar ⊙노숙자 tunawisma

노스탤지어 rasa rindu; kerinduan; keibaan hati; nostalgi

노심초사(勞心焦思) kecemasan; kekhawatiran; kegelisahan 노심초사하다 merasa cemas (khawatir); khawatir; cemas; gelisah

노아 Nabi Nuh ⊙ 노아의 방주 bahtera Nabi Nuh

노안(老眼) mata tua; penglihatan orang yang berusia lanjut; presbiopi ¶노안이 되다 matanya menjadi suram karena usia tua ⊙ 노안경(鏡) kaca mata untuk orang tua; kacamata untuk jarak jauh

노약(자) (老弱者) orang tua dan orang lemah ¶노약자석 tempat duduk untuk orang cacat, orang tua, dan wanita hamil

노여움 kemarahan; kedongkolan; kejéngkélan; keadaan sakit hati; ketidaksenangan ¶노여움을 사다 membuat ((seseorang)) tidak senang

노여워하다 disakiti hati; marah (naik darah) tentang; merasa tersinggung; mendongkol

노역(勞役) kerja keras 노역하다 bekerja keras

노염 ⇒ 노여움

노엽다 marah; terluka hati; tidak énak perasaan ¶노여운 빛을 나타내다 memperlihatkan kemarahan

노영(露營) ⇒ 야영(野營)

노예(奴隸) 【종노비】 budak; hamba; sahaya ¶ 노예와 같은 seperti budak; bersikap merendahkan diri ⊙ 노예근성 jiwa budak; sikap merendahkan diri. 노예생활 kehidupan perbudakan. 노예해방 pembébasan (kemerdékaan) para budak

노옹(老翁) lelaki tua; laki-laki yang berusia lanjut

노유(老幼) tua dan muda

노을 ¶저녁노을 sinar (pijar) senja

노이로제 sakit saraf; néurosis ¶노이로제에 걸린 néurotik/ 노이로제에 걸리다 menjadi penderita sakit saraf ⊙ 노이로제 환자 penderita sakit saraf; penderita néurosis

노익장(老益壯) usia tua yang penuh semangat ¶노익장을 자랑하다 memperlihatkan (membanggakan) tenaga tua yang séhat dan kuat

노인(老人) orang tua; orang yang berusia lanjut; kakék-kakék dan nénék-nénék ⊙ 노인복지 kesejahteraan orang tua. 노인병 penyakit gériatrik. 노인성 치매 gila pikun; penyakit Alzhemer. 노인학 gérontologi; ilmu tentang gejala-gejala usia pada manusia

노임(勞賃) ⇒ 임금 upah kerja ¶노임을 인상하다 menaikkan upah kerja ⊙ 노임 인상 【인하】 kenaikan 【turunnya】 upah. 노임투쟁 perjuangan untuk kenaikan upah. 기본노임 upah dasar. 최저【최고】 노임 upah minimum 【makismum】

노자(老子) ((orang falsafah Cina)) Lao-tzu

⊙노자사상 Taoisme
노자(路資) ongkos (biaya) perjalanan; biaya keliling
노작(勞作) hasil dari kerja keras
노장(老壯) yang tua; kaum tua ⊙노장파 kelompok tua; anggota lama
노장(老將) 【경험이 많은 노련한 사람】 véteran ⊙ 노장선수 pemain véteran
노적(露積) butir padi tertumpuk ⊙ 노적가리 tumpukan padi; padi tertumpuk
노점(露店) kedai (kios) di jalan; kedai (warung) di pinggir jalan ⊙ 노점 가(街) tempat pedagang kaki lima; tempat kedai (kios) di udara terbuka. 노점상인 pedagang kaki lima; penjaja (penjual keliling) di jalan
노점(露點) 【물리학】 titik embun ⊙ 노점계 penunjuk embun
노정(路程) ①【이수】 jarak mil ②【여정】 rencana perjalanan; jalan; rute; trayek ¶50마일의 노정 jarak 50 mil; perjalanan 50 mil ⊙ 노정기(記) pemandu wisatawan. 노정 표 daftar rencana perjalanan
노정(露呈) penyingkapan; pembukaan; pembongkaran; pembukaan rahasia; pembébéran 노정하다 menyingkap; memperlihatkan; terbuka; ketahuan
노조(勞組) 【노동조합】 serikat kerja; persatuan buruh; perkumpulan (serikat) dagang ¶노조를 결성하다 membentuk persatuan buruh ⊙ 노조원 anggota persatuan (serikat) buruh
노질하다(櫓-) merangkuh dayung; mendayung; mengayuh
노즈 hidung
노즐 mulut pipa; pipa semprot; alat pemercik
노처녀(老處女) perawan (gadis) tua
노천(露天) ((udara)) terbuka; di luar ¶노천에서 terbuka; di luar; di luar rumah ⊙ 노천극장 téater terbuka. 노천카페 kafe terbuka. 노천탕 pemandian terbuka
노천굴(露天掘) tambang terbuka ⊙ 노천굴탄광 tambang batu bara di tempat terbuka
노총각 jejaka (bujang) tua
노출(露出) ①【드러남】 pembukaan; pembongkaran; pencahayaan ((film)) 노출하다 membuka tabir; membentangkan secara terang-terangan ¶노출된 terbuka; tidak terlindung; yang tidak tersembunyi; bertelanjang ②【광맥의】 singkapan; muncul ke permukaan bumi ③【사진】 keterbukaan ¶이중 노출 keterbukaan ganda ⊙ 노출계 méteran cahaya pada alat pemotrét: 노출시간(사진) waktu ékspos (pembukaan)
노친(老親) orang tua yang lanjut usia
노카운트 tidak menghitung; tidak berguna
노킹방지제 campuran peredam ketuk
노크 ketuk 노크하다 mengetuk
노타이셔쓰 keméja yang berléhér terbuka
노퇴하다(老退-) mengundurkan diri (pénsiun) karena usia tua
노트【필기】 nota; catatan; 【공책】 buku agénda; catatan 노트하다 membuat catatan ((kuliah)); mencatat ((kuliah))
노트 【배 · 바람 등의 속도 단위】 knot (=1853 méters per jam) knot
노트북 【컴퓨터】 komputer laptop; komputer pangku
노티 tanda-tanda usia (ketuaan); kelihatan tua
노파(老婆) wanita tua
노파심(老婆心) kekhawatiran; keecemasan
노폐(老廢) 노폐하다 tidak dipakai lagi; tidak terpakai; habis masa pakai; kedaluwarsa ⊙노폐물 sisa buangan; barang yang tak berguna lagi; barang sisa; barang yang habis masa pakai
노폭(路幅) lebar jalan
노하다(怒-) menjadi marah; menjadi sakit hati
노하우 kecakapan téknik; ketrampilan ¶ 노하우를 전수하다 meneruskan keterampilan
노형(老兄) tuan; anda
노호(怒號) raungan; kemarahan; teriakan; lenguh 노호하다 meraung (menggeram) dalam kemarahan; meneriakkan
노화(老化) penuaan 노화하다 menjadi tua; sudah lanjut usia ⊙ 노화억제효과

éfék anti penuaan. 노화현상 (timbul) gejala ketuaan; gejala usia tua

노환(老患) ⇒ 노병(老病) kelemahan ⟪penyakit⟫ usia tua

노회하다(老獪-) terampil; lihai; cerdik; tajam; pintar; licik; yang busuk hati; berakal busuk ¶노회한 사람 serigala yang tua; orang tua yang licik

노획(鹵獲) penangkapan; perampasan; penyitaan 노획하다 menangkap; merampas; menyita; menjarah ⊙ 노획물(품) barang rampasan; barang merampok

노후(老後) hari tua

노후(老朽) ¶노후 되다 usang/노후한 tua; aus; usang; kuno; yang tidak terpakai/노후 시설 sarana yang sudah tua

녹(祿) 【녹봉】 gaji; upah tetap ¶녹을 먹다 menerima gaji (upah tetap)

녹(綠) ①【쇠의】 karat; sanga; tahi besi; noda; bercak ¶녹슬다 berkarat; tidak terpelihara; menodai; memudarkan ②【구리의】 karat tembaga ③【녹색】 hijau

녹각(鹿角) tanduk rusa

녹나다 ⇒ 녹슬다

녹내장(綠內障) 【의학】 glaukoma; bular hijau pada mata

녹다 ①(a) 【고체가】 meléléh; mencair; larut; menjadi cair (b) 【쇠붙이 등이】 melebur (c) 【물에】 larut ②【손·발·몸 등이 따뜻해지다】 memanaskan; memanasi; menjadi panas; hangat; dipanaskan; dihangatkan ③【주색 등에】 kecanduan; berfoya-foya ④【혼나다】 mengalami kesukaran; dihancurkan; dirusakkan; di lemahkan ⑤【반하다】 terpesona; terpikat; tertawan oléh; mabuk cinta; tergila-gila ⑥【음식이 부드럽다】 empuk ⑦【감정이 누그러지다】 mencair

녹다운 【권투】 pukulan yang menjatuhkan lawan ¶녹다운시키다 memukul jatuh; melemparkan (menaruh) ke kanvas

녹두(綠豆) 【식물】 kacang hijau; buncis ⊙ 녹두죽 bubur kacang hijau

녹록하다(碌碌-) 【만만하다】 tidak berharga; tidak bernilai; tidak bermanfaat; tak berguna; réméh

녹림(綠林) ①【숲】 rimba hijau ②【도둑의】 sarang penjahat

녹말(綠末) kanji; zat tepung; pati ¶두부에 녹말가루를 입히다 melapisi tofu dengan kanji

녹비(綠肥) pupuk hijau ⊙ 녹비작물 hasil pupuk hijau

녹색(綠色) warna hijau ¶녹색의 hijau; yang menghijau ⊙ 녹색혁명 Révolusi Hijau

녹슬다(綠-) ①(금속기계 등이】 berkarat; membentuk karat; menjadi berkarat ②【실력·머리 등이】 tidak berfungsi

녹신녹신하다 halus; lembut; luwes; élastis

녹아웃(拳) K.O; pukulan yang membuat lawan tidak berdaya ¶녹아웃 시키다 memukul roboh; memukul K.O

녹엽(綠葉) daun hijau

녹용(鹿茸) tanduk rusa

녹음(綠陰) naungan hijau dari pohon ⟪pada permulaan musim panas⟫ ⊙ 녹음방초(芳草) naungan hijau dan tanaman yang harum

녹음(錄音) rekaman suara 녹음하다 merekam ⊙ 녹음기 perekam suara(tép rekorder); mesin (alat) rekaman. 녹음뉴스 warta berita yang direkam. 녹음실 kamar (ruang) rekaman. 녹음테이프 pita rekaman ⟪suara⟫. 동시녹음 perekaman langsung

녹음방송(錄音放送) 【라디오】 rekaman ⟪siaran radio⟫; penyiaran dengan rekaman listrik 녹음방송하다 menyiarkan dengan rekaman listrik; merekam

녹이다 ①(a) 【고체를】 mencairkan; melarutkan; meleburkan; meluluhkan ②【몸을】 menghangatkan badan ③(a) 【망치다】 merusakkan; menghancurkan (b) 【호리다】 mempesonakan; memikat; menarik hati; menawan

녹지(綠地) tanah yang hijau; jalur hijau ⊙ 녹지대(帶) daérah (sabuk; lingkungan; zona) hijau

녹진녹진하다 halus dan lembab

녹즙 jus sayuran hijau ⊙ 녹즙기 mesin jus sayuran hijau

녹차(綠茶) téh hijau

녹초 kelelahan; sangat kelelahan ¶녹초가

되다 capék (lelah; letih) sekali; amat letih

녹초(綠草) rumput hijau

녹화(綠化) penamaman pohon (hutan) 녹화하다 menanam pohon ⊙ 녹화운동 kampanye penanaman pohon

녹화(錄畵) perekaman 녹화하다 merekam pada tv ataupun pada vidéo ¶저 프로그램 생방송입니까, 녹화방송입니까? Apakah acara (pertunjukan) itu langsung atau rekaman? ⊙ 녹화방송 film siaran télévisi

녹황색(綠黃色) kuning kehijuan ¶녹황색 채소 sayuran hijau

논 sawah ¶논을 갈다 membajak (mengerjakan) sawah/ 논매다 menyiangi sawah ⊙ 논도랑 selokan (bendar) di sawah

논(論) 【논설】 karangan éséi; risalah; 【평론】 koméntar; ulasan; kupasan; kecaman; artikel (karangan) yang terpenting; 【이론】 téori; 【의견】 pendapat; pikiran; opini; 【문제】 pertanyaan; soal; usul; 【논의】 perbédaan pendapat; pembahasan; pembicaraan; diskusi; penyanggahan; perdebatan; sengkéta ⇒ -론(論), 논하다

논- tidak ¶논픽션 cerita nyata; cerita yang sebenarnya

논갈이 luku; tenggala; bajak; pembajakan (pengerjaan) sawah 논갈이하다 meluku; membajak (mengerjakan) sawah

논객(論客) komentator; kritikus; kontrovérsialis; pemberi komentar; pembantah; pembangkang

논거(論據) dasar pendapat; penyanggahan data; bahan keterangan ¶논거가 확실하다 mempunyai dasar pendapat yang pasti

논고(論告) ①【주장을 펼침】 amanat penuntut; penuntutan 논고하다 menuntut; mengusut ②【검사가 피고의 범죄에 대해 형벌을 요구하는 것】 pidato jaksa ¶검사의 논고 pidato Jaksa di pengadilan

논공하다(論功-) mempertim-bangkan jasa (kebaikan); menilai dinas (kebaikan)

논공행상(論功行賞) penghargaan atas jasa seseorang; tanda penghargaan (surat pujian) 논공행상하다 memberikan hadiah menurut (berdasarkan kepada) jasa; menganugerahkan tanda jasa (hadiah)

논길 jalan kecil di sawah (pematang)

논농사(-農事) pertanian (pengolahan; penanaman) padi 논농사하다 mengerjakan sawah (pertanian padi); mengolah (menanami) padi

논도랑 parit (sélokan) di sekitar sawah

논두렁 pematang (tanggul) sawah ⊙ 논두렁길 jalan pematang

논둑 bendungan; tanggul

논란(論難) kritik yang bersifat bermusuhan; celaan; pengaduan; tuduhan; kecaman 논란하다 menuduh; mengadukan; mencela; mengecam; melontarkan kecaman

논리(論理) ①【사고 · 추리의 원리】 logika; akal ¶논리적 logis; masuk akal; dialéktika ②【이치 ·법칙】 logika

논문(論文) tésis; risalah; paper; makalah; disertasi; résis; karya ilmiah; karangan ilmiah ⊙ 논문시험 pemeriksaan(ujian) tésis. 논문심사 tés skripsi; ujian tésis. 논문지도 교수 pembimbing skripsi; penyelia. 박사논문 disertasi (untuk mencapai tingkat) Doktoral; tésis untuk mencapai gelar Doktor

논문서(-書) sertifikat hak milik tanah sawah

논물 air sawah ¶논물을 대다 mengairi sawah

논박(論駁) sangkalan; bantahan 논박하다 menyangkal; membantah; menentang

논밭 sawah dan ladang; tanah pertanian; perkebunan ¶논밭을 경작하다 mengolah tanah pertanian

논법(論法) jalan pertimbangan (pemikiran) ¶…의 논법에 따르다 mengikuti jalan pemikiran ⊙ 삼단 논법 silogisme

논봉(論鋒) kekuatan argumén (pertimbangan; alasan) ¶예리한 논봉membuat argumén yang sengit (yang tajam)

논설(論說) 【논문】 artikel; disertasi; 【사설】 tajuk rencana ⊙ 논설기자(위원) pemimpin redaksi

논술(論述) pernyataan; statemen; pemberitahuan 논술하다 membahas; menerangkan; menyebutkan; menyatakan statemen; memberitahukan; mengajukan; menyatakan

논외(論外) penyimpangan kepada pokok persoalan ¶논외의 menyimpang; tidak ada hubungan; tidak mengenai pokoknya; tidak penting; di luar masalah

논의(論議) diskusi; argumén; konsultasi; perundingan 논의하다 mendiskusikan; merundingkan; memperdébatkan; membahas

논자(論者) pendébat; 【필자】 penulis; 【주창자】 penyokong; pengacara

논쟁(論爭) perdébatan; perselisihan; pertikaian 논쟁하다 membantah; melawan; menentang; berbéda pendapat; bertentangan; tidak sependapat ⊙ 논쟁자 pendébat. 논쟁점 pokok perselisihan

논전(論戰) perang lisan (polémik); perang péna 논전하다 berdébat; ikut serta dalam perdébatan

논점(論點) pokok yang diperdébatkan (dipertengkarkan) ¶논점을 분명히 하다 menjelaskan maksudnya

논제(論題) pokok diskusi (pembicaraan); pokok persoalan; téma; topik; pokok pembicaraan ¶논제에서 벗어나다 menyimpang dari topik

논조(論調) nada (tujuan; arah) sebuah argumén ⊙ 신문 논조 komentar pérs

논죄(論罪) keputusan; kesimpulan; pertimbangan; ketegasan 논죄하다 memutuskan; menghukum; menentukan (memutuskan) ((kesalahan))

논증(論證) tahkik; penetapan (penentuan) kebenaran dengan bukti; penunjukan bukti 논증하다 menahkikkan; mengesahkan; membuktikan; mempertunjukkan; menetapkan (menentukan) kebenaran dengan bukti; menguatkan (membukti-kan) dengan kenyataan

논지(論旨) pokok pikiran; dasar cerita; topik

논평(論評) komentar; ulasan; tanggapan; kupasan; tinjauan; timbangan buku; résénsi 논평하다 mengomentari; memberikan tinjauan; mengadakan (membuat) tinjauan

논픽션 non fiksi; cerita yang sesungguhnya ⊙ 논픽션작가 pengarang non fiksi

놀[1] 【하늘의】 senja; langit mérah; langit berwarna kemérahan; sinar di langit ¶ 놀이 지다 sinar matahari yang terbenam ⊙ 아침놀 sinar pagi hari; sinar pagi hari yang bersinar kemérahan. 저녁놀 senja kala; sinar matahari terbenam

놀[2] 【물결】 gelombang besar; laut yang bergolak (bergelora); gelombang (ombak) yang ganas (liar); air (perairan) yang sedang mengamuk

놀다[1] ①(a) 【유희 · 장난】 pesiar bermain-main; bersenang-senang (b) 【즐김】 menghibur diri ¶놀러가다 mengadakan darmawisata; pergi pesiar; pergi tamasya ②【유흥】 bergembira; pergi bersukaria; pelesir; bersenang-senang; 【방탕하게 지내다】 mengunjungi daérah pelacuran ③【휴식 · 무위】 bersenang-senang; beristirahat; bersantai; malas-malasan ¶노는 사람 pemalas; orang yang suka luntang-lantung; orang yang bermalas-malasan ④【실직】 menganggur; tidak bekerja ⑤【사용치 않고】 menganggur; berpangku tangan; tidak terpakai ⑥【박힌 것이】 goyah; terlepas ⑦【멋대로】 bertindak menurut kemauannya sendiri ⑧【물고기가】 berenang

놀다[2] 【던지다】 bermain dadu

놀라다 ①【뜻밖의 일에】 terkejut; terperanjat; kagét ②【공포】 menjadi takut; ketakutan; dikejutkan; digelisahkan; menjadi ngeri ③【감탄하다】 héran akan; kagum pada

놀라움 【경악】 kehéranan; 【질림】 ketakutan; 【경탄】 kekaguman

놀랍다 ①【놀랄만하다】 menghérankan ②【경탄할만하다】 mengagumkan; menakjubkan

놀래다 mengejutkan; mengagétkan; menghérankan; mengagumkan

놀리다 ①【놀게 하다】 membiarkan bermain ②【쓰지 않음 · 쉬게 함】 membiarkan malas; membiarkan ⟪suatu barang⟫ tidak terpakai ③【약 올리다】 mentertawakan; memperolok-olokan; mempermainkan; memperdayakan ④【조종하다】 memperlihatkan tipu muslihat; memainkan; menyeléwengkan ⑤【움직이다】 menggerakkan ⑥【돈놀이】 meminjamkan uang dengan bunga

놀림 yang mempermainkan ¶놀림거리가 되다 menjadi sasaran olok-olok (korban éjékan; dicemoohkan)

놀림감 【웃음거리】 sasaran olok-olok (éjékan); korban tertawaan (éjékan)

놀부 심보(-心) kejahatan; berhati jahat

놀아나다 【바람을 피우다】 mulai menyeléwéng; mulai berfoya-foya

놀아먹다 hidup bébas; hidup sesat; hidup bébas mengejar kesenangan; berfoya-foya

놀이 ①【유희】 놀이하다 permainan ¶술래잡기 놀이를 하다 main kejar-kejaran ②【행락】 pesiar; tamasya; darmawisata; perjalanan kerja sambil pesiar 놀이하다 mengadakan darmawisata (tamasya) ③【오락】 hiburan; rékréasi; kesenangan ⊙ 놀이터 tempat (lapangan) bermain; daérah wisata; tempat pesiar

놀이꾼 pelancong; orang yang berpiknik; wisatawan; orang yang berlibur

놈 ①【경멸적】 "anak haram"; "anak di luar perkawinan yang sah"; "anak perempuan jalang" ¶미친 놈 orang gila; orang sinting; orang anéh ②【동물 · 물건】 ¶수놈 jantan/이놈의 옷 mantel sial ini!

놈팡이 orang yang tidak bermoral (asusila); 【건달】 orang gelandangan (ceroboh; cacat); orang yang bermalas-malasan; 【사내】 pria pelacur

놋[1] kuningan ⊙ 놋그릇 barang (peralatan) dari kuningan

놋쇠 kuningan

놋[2] mil laut ⟪dari kecepatan kapal⟫

농(弄) 【장난】 lelucon; olok-olok; kelakar; senda gurau

농(膿) ⇒고름

농(籠) peti; kopor; kotak pakaian

농가(農家) rumah petani; rumah tangga petani

농간(弄奸) tipu muslihat yang licik; akal bulus; kasak-kusuk; penipuan 농간하다 berkasak-kusuk; berencana jahat; berklomplot; bersekongkol; berencana jahat 농간을 부리다 menjalankan rencana jahat; menggunakan tipu muslihat pada yang lain

농경(農耕) pertanian ⊙ 농경지 tanah pertanian

농공(農工) ①【일】 pertanian dan industri ②【사람】 para petani dan pengusaha pabrik

농공단지(農工團地) ¶농공단지를 조성하다 mendirikan sebuah kompléks industri pertanian

농과(農科) departemén pertanian ⊙ 농과대학 fakultas pertanian

농구(農具) alat (perkakas) pertanian

농구(籠球) bola keranjang; baskét ⊙ 농구선수 pemain bola baskét

농군(農軍) petani

농기(農期) musim (waktu; masa) pertanian

농기계(農機械) mesin pertanian

농기구(農器具) ⇒ 농구(農具) mesin dan peralatan pertanian

농노(農奴) budak (buruh) pengolah tanah ⊙ 농노해방 pembébasan para budak

농담(弄談) lelucon; senda gurau; olok-olok; ucapan yang lucu; kelakar 농담하다 bergurau; berkelakar; berolok-olok; bersenda gurau; memperolokkan

농대(農大) universitas pertanian

농도(濃度) ⟪tingkat⟫ kepadatan; tebalnya; ketebalan; kekentalan; kepekaan; kegelapan; kehébatan; 【사진】 inténsitas; 【화학】 pemusatan; konsentrasi⊙ 농도계 【사진】 dénsitométer

농땡이 pemalas ¶농땡이 부리다 melalaikan tugas; bermalas-malasan dalam pekerjaan

농락(籠絡) permainan 농락하다 mempermainkan; memperbodoh; bertindak sewenang-wenang ¶여자를 농락하다 mempermainkan seorang wanita

농림(農林) pertanian dan kehutanan ⊙ 농림부 장관 Menteri Pertanian dan

Perhutanan

농마(農馬) kuda untuk membajak tanah

농막(農幕) pondok (gubuk) petani

농무(農務) 【농사일】 usaha (pekerjaan; urusan) pertanian; 【사무】 administrasi pertanian

농무(濃霧) kabut ((yang)) tebal; halimun ⊙ 농무주의보 peringatan ((terhadap)) adanya kabut tebal

농민(農民) kaum petani; kaum tani ⊙ 농민보조금 subsidi pertanian

농번기 musim tanam; masa (waktu) yang sibuk untuk para petani ⊙ 농번기 휴가【학교의】 liburan sekolah pada masa ((sibuk)) bertani

농법(農法) téknik (métode) pertanian

농본주의(農本主義) prinsip mengutamakan pertanian

농부(農夫) petani; peladang; pesawah; pekebun

농사(農事) pertanian; pekerjaan tani; usaha pertanian; perkebunan; penanaman; tanam-menanam 농사짓다 mengerjakan pertanian (bertani); melakukan pekerjaan tani (bertani); bercocok tanam ⊙ 농사꾼 petani. 농사시험장 balai percobaan pertanian. 농사일 pekerjaan tani. 농사철 masa (musim) pertanian; masa bertani

농산물(農産物) hasil pertanian; hasil tanah ⊙ 농산물가격 harga hasil pertanian

농성(籠城) ①【성안에서】 yang mempertahankan istana (bénténg) 농성하다 mempertahankan istana (bénténg); tertutup; terkurung ②【투쟁】 mogok duduk; aksi duduk; pemogokan (mogok) duduk di tempat kerja 농성하다 meneruskan démonstrasi; mogok duduk

농수산(農水産) pertanian dan perikanan ⊙ 농수산물 hasil pertanian dan perikanan. 농수산부 departemén pertanian dan perikanan

농숙(濃熟) penuh kedéwasaan; keranuman; kematangan 농숙하다 benar-benar matang; menjadi terlalu masak; menjadi ranum

농아(聾啞) tuli dan bisu; pekak dan bisu; tunarungu; yang tidak bisa mendengar ⊙ 농아교육 pendidikan untuk orang tuli bisu. 농아학교 sekolah untuk orang tuli bisu

농악(農樂) musik instrumén petani ⊙ 농악대 orkés rakyat petani

농액(濃液) cairan kental; cairan pekat

농약(農藥) obat (bahan kimia) pertanian ¶농약을 치다(뿌리다) menyemprotkan péstisida pertanian ⊙ 농약중독 peracunan oléh bahan kimia pertanian. 무농약 농산물 produk bébas péstisida

농양(膿瘍) 【의학】 absés; bisul bernanah; bengkak bernanah

농어 【어류】 ikan bandeng laut; semacam ikan berwarna mérah

농어민(農漁民) petani dan nelayan (pelaut)

농어촌(農漁村) perkampungan (masyarakat) petani dan nelayan; dusun di mana tinggal petani dan nelayan

농업(農業) pertanian; usaha tani ⊙ 농업국【정책】 negara 【kebijakan】 pertanian. 농업기술 téknik pertanian. 농업인구 populasi pertanian. 농업혁명 révolusi pertanian. 집약농업 pertanian intensif

농염하다(濃艶-) sangat menarik; mempesonakan; luwes; menggairahkan

농예(農藝) ①【기술】 téknologi pertanian ②【농업과 원예】 pertanian dan perkebunan ⊙ 농예화학 ilmu kimia pertanian

농우(農牛) lembu jantan untuk membajak; lembu pembajak sawah

농원(農園) perkebunan

농익다(濃-) menjadi terlalu masak; terlalu matang

농작(農作) pengolahan (pengusahaan) tanah; pertanian 농작하다 mengolah tanah ⊙ 농작물 hasil panén; hasil tanah

농장(農場) pertanian; 【대규모의】 perkebunan; tanah pertanian; 【목장】 tanah peternakan ⊙공동(집단)농장 usaha tani koléktip. 주말 농장 pertanian hobi; pertanian akhir pekan

농정(農政) kebijakan (polisi) pertanian; administrasi pertanian

농지(農地) tanah pertanian ⊙농지개혁 reformasi agraria; pembaharuan dalam bidang pertanian. 농지세 pajak tanah pertanian

농지거리(弄-) senda gurau

농촌(農村) désa pertanian; masyarakat pedésaan (pertanian); daérah pertanian ⊙농촌개량 réformasi agraria; pembaruan pedésaan. 농촌봉사 활동(농활) kegiatan sukaréla untuk komunitas pedésaan; jasa penerangan untuk masyarakat pedésaan

농축(濃縮) pengelatan; pemusatan; konséntrasi 농축하다 memusatkan; mengkonséntrasikan; memperkaya; mengentalkan; menghimpunkan; menyuburkan ⊙ 농축우라늄 uranium yang dikayakan untuk memperoléh énergi atau untuk membuat bom atom. 농축우유 susu kental

농축수산물(農畜水産物) hasil pertanian, peternakan dan perikanan

농토(農土) daérah pertanian; tanah pertanian; sawah; persawahan; perladangan ⊙ 농토개량 perbaikan tanah pertanian

농학(農學) ⟪ilmu pengetahuan tentang⟫ pertanian ⊙ 농학과 departemén pertanian. 농학자 ahli (pakar) pertanian

농한기(農閑期) musim sepi (waktu terluang) dari petani; masa tidak bertani

농협(農協) ⇒ 농업협동조합 perserikatan kerja sama masyarakat petani

농화(濃化) bahan pengental; pemusatan; konsentrasi 농화하다 mengentalkan; mempertebal ⊙ 농화유(油) minyak yang dikentalkan

농활 【농촌봉사활동】 kegiatan sukaréla untuk komunitas pedésaan

농후(濃厚) kekentalan; kepadatan; ketebalan 농후하다 kental; tebal; padat; kaya; subur

높낮이 【고리】 tinggi dan rendah; yang tinggi dan yang rendah; tinggi relatip; bubungan ⟪puncak⟫

높다 ①【높이가】 tinggi ②【지위 · 신분 · 희망 등이】 tinggi; agung; mulia ③【물가가】 mahal; tinggi ④【소리가】 tinggi; keras; nyaring; terjal; menjulang ⑤【정도 · 비율 · 도수가】 tinggi; kuat ⑥【명성이】 tinggi; 【평판 등이】 termasyhur; dikenal secara luas

높다랗다 agak tinggi

높아지다 menjadi agak tinggi; meningkat; meningkatkan; memperluas

높이[1] ①【높은 정도】 tinggi; ketinggian ②【소리】 kerasnya; kekerasan; kebisingan

높이[2] 【부사】 ①【일반적】 dengan tinggi ②【소리를】 dengan nyaring; dengan suara yang keras

높이다 ①【높이를】 meninggikan; membuat lebih tinggi ②【정도. 수준 등을】 menambah; meninggikan; memperbaiki; mempertinggi ¶품질을 높이다 menaikkan mutu ⟪kwalitas⟫ ③【공정 · 받듦】 menghormati; memberi kehormatan

높이뛰기 loncat tinggi ⟪dengan ancang-ancang⟫ ⊙ 장대높이뛰기 loncatan galah. 장대높이뛰기 선수 peloncat galah

높임말 【경어】 sebutan (istilah) kehormatan

높직하다 cukup tinggi

놓다[1] ①(a) 【물건을】 meletakkan; menaruh (b) 【하던 것을】 meletakkan; menaruh ②【남겨 두다】 meninggalkan ⇒ 놓아두다 ¶놓고 오다(가다) meninggalkan; menyerahkan ③【방치하다】 membiarkan; meninggalkan ④【잡은 것을】 melepaskan ⑤【마음·정신 등을】 melegakan pikiran; menenangkan hati 【방심하다】 mengurangi perhatian ⑥【불을】 membakar ⑦【총포를】 menémbakkan ⑧【중간에 사람을】 mengirim; mengutus ⑨【기르다】 memelihara ⑩【파종】 menaburkan; menanam ⑪【덫을】 memasang ⑫【주사 · 침을】 memberikan; mempergunakan ⑬【무늬 · 수를】 menghiasi; memperindah ⑭【셈을】 memperhitungkan ⑮【값을】 menawar ⑯(a) 【돈을 · 빚을】 meminjamkan (b)【세를】 menyéwakan ⑰【속력을】 menambah; mempercepat ⑱【설비 · 가설】 memasang

놓다[2] 【조동사】 ①【…해 두다】 ¶표를 사 놓다 membeli karcis sebelumnya ②【…한 상태】 ¶잠 못 자게 해놓다 membangunkan berkali-kali

놓아두다 ①【건드리지 않고 두다】 meletakkan; membiarkan; meninggalkan ②【내버려 두다】 membiarkan; tidak mengganggu; tidak mencampuri

놓아먹이다 menggembalakan ternak; membiarkan makan rumput; membiarkan ((anjing)) bébas; melepaskan

놓아주다 melepaskan; membébaskan

놓이다 ①【물건이 위치하다】 ditaruh; ditempatkan; diletakkan ②【안심이 되다】 merasa lega (bébas); merasa senang; merasa tentram; tenang sekali; santai ③【건설·설치되다】 dipasang

놓치다 ①【잡고 있던 것을】 menjatuhkan; terlepas dari pegangan; melepaskan ②【버스· 기차 등을】 ketinggalan ③【기회· 시기 등을】 kehilangan

뇌(腦) otak; otak besar ⊙ 뇌경색 kerusakan otak. 뇌세포 sél otak. 뇌졸중 stroke; serangan otak. 뇌종양 tumor otak; pembengkakkan jaringan otak. 뇌진탕 gegar otak; 뇌출혈 pendarahan otak. 뇌하수체 kelenjar lendir

뇌격(雷擊) 뇌격하다 menyerang dengan terpedo ⊙ 뇌격기 pembom terpedo

뇌관(雷管) sumbu mesiu; bahan peledak; ditonator ⊙ 뇌관장치 pasangan ditonator (bahan peledak)

뇌까리다 mengulangi; berbicara berulang-ulang; bersumbar

뇌동(雷同) ⇒ 부화뇌동(附和雷同) ¶부화뇌동하는 사람pengikut yang setia (yang membabi-buta); orang yang mengikuti arus; orang yang patuh kepada orang lain

뇌리(腦裡) ((dalam)) otak; pikiran; daya ingatan ¶뇌리에서 사라지지 않다 tetap hidup (masih tertinggal) dalam pikiran

뇌막(腦膜) selaput otak ⊙ 뇌막염 radang selaput otak

뇌물(賂物) uang suap; uang sogok; uang semir ⊙ 뇌물사건 perkara penyuapan. 뇌물수회 penyuapan; penyogokan; korupsi

뇌병(腦病) penyakit (penderitaan) otak

뇌병원(腦病院) ⇒ 정신병원(精神病院) rumah sakit jiwa(RSJ)

뇌빈혈(腦貧血) 【의학】 serangan anemia otak; kekurangan darah di otak

뇌사(腦死) kematian otak ⊙뇌사자 pasién kematian otak

뇌성(雷聲) gemuruh; bunyi guntur; suara guruh; halilintar; petir ⊙ 뇌성벽력 guruh dan kilat

뇌성마비(腦性痲痺) kelumpuhan otak ¶뇌성마비의 menderita kejang

뇌쇄(惱殺) 뇌쇄하다 mempesonakan; menawan hati; memikat ((hati)); mencuri hati; mengambil hati ¶뇌쇄시키다 membuat tidak berdaya ((seorang laki-laki))

뇌수술(腦手術) pembedahan otak 뇌수술하다 melakukan pembedahan (operasi pada) otak

뇌신경(腦神經) 【해부학】 saraf kepala (otak) ⊙ 뇌신경세포 sél otak. 뇌신경쇠약 kelemahan urat syaraf. 뇌신경외과(外科) pembedahan urat syaraf; 【병원의】 bagian pembedahan urat syaraf: 뇌신경외과의 ahli bedah syaraf

뇌염(腦炎)【의학】 peradangan (radang) otak; encephalitis; penyakit radang otak ⊙ 뇌염경보 peringatan terhadap berjangkitnya penyakit radang otak. 뇌염모기 nyamuk penyebab penyakit radang otak. 뇌염증세 gejala penyakit radang otak. 뇌염환자 penderita (pasién) radang otak

뇌우(雷雨) hujan badai yang disertai guruh dan petir

뇌일혈(腦溢血) 【의학】 pendarahan otak; penyakit pitam (otak); sawan bangkai ¶뇌일혈을 일으키다 diserang (terkena serangan) pendarahan otak

뇌장애(腦障碍) gangguan otak ¶뇌장애를 일으키다 menderita ((karena)) gangguan otak

뇌전(雷電) guruh dan petir (kilat); halilintar

뇌종양(腦腫瘍) 【의학】 tumor otak

뇌진탕(腦震蕩) 【의학】 gegar otak

뇌척수(腦脊髓)⊙뇌척수막 염 【의학】 radang cairan otak

뇌출혈(腦出血) 【의학】 pendarahan otak

뇌충혈(腦充血) 【의학】 penyumbatan aliran darah karena terjadi penyempitan pembuluh darah

뇌파(腦波) gelombang otak ⊙ 뇌파검사 tés gelombang otak

뇌하수체(腦下垂體) kelenjar pituitari

뇌 혈전(腦血栓) penyumbatan pembuluh darah pada otak karena pembekuan darah

누(累) kesusahan; kesulitan; keterlibatan ¶누를 끼치다menyusahkan; membuat susah orang lain; (menyebakan) kesusahan

누가 siapa

누각(樓閣) gedung yang bertingkat banyak; gedung yang tinggi; kastil istana ¶모래 위에 누각을 짓다 mendirikan rumah di atas pasir (rumah khayalan) ⊙ 공중누각 khayalan kosong

누계(累計) jumlah kumulatif; jumlah total (keseluruhannya) 누계하다 berjumlah; menjumlahkan

누구 ①【특정인의 경우】 siapa ②【불특정 인물】 seseorang; orang lain ③【양보 절에서】 barang siapa; siapapun

누그러뜨리다 melunakan; meredakan; melembutkan

누그러지다 ①【날씨 등이】 menjadi lebih baik(lebih panas; lebih sejuk); menjadi kurang keras; berkurang; mengurangi ②【시세가】 menjadi turun; menurun; merosot; turun ③【감정 · 태도 등이】 menjadi lebih tenang; menjadi reda; menjadi aman; tentram ④【아픔 등이】 reda; berkurang ⑤【딱딱한 것이】 menjadi lembut (lunak)

누글누글하다 lunak; lembék; kurang keras; agak empuk

노글노글하다 lembék; liat

누긋하다 ①⇒ 노긋하다 ②【성질이】 tenang; kalem; reda; tidak répot-répot

누기(漏氣) kelembaban; keadaan lembab; kebasahan; uap lembab

누기차다(漏氣-) lembab; basah; lembab dan panas

누나 *kakak* perempuan

누누이(屢屢-) sering; sering kali; kerap kali; acap kali; berkali-kali; berulang kali

누다 mengosongkan; melepaskan; buang air ¶오줌을 누다 buang air kecil; kencing

누대(屢代) génerasi yang turun temurun ¶누대에 걸쳐 dari génerasi ke génerasi

누더기 baju yang compang-camping (yang bertambal); kain buruk

누덕누덕 bertambal-tambal

누드 telanjang; bugil ⊙ 누드모델 modél (peragawati) telanjang. 누드사진 potrét (gambar) telanjang. 누드쇼 pertunjukan telanjang

누들 bakmi; mi

누락(漏落) penghilangan; 누락하다 menghilangkan; menghapuskan

누렁 kuning; celupan berwarna kuning ⊙ 누렁물 air berwarna kuning; air kotor

누렇다 ①【색깔이】 kuning keemasan ②【얼굴빛이】 pucat kekuningan

누룩 ragi ⊙ 누룩밑 ragi dibuat dari beras ketan. 누룩곰팡이 jamur aspergillus

누룽지 kerak nasi; beras (nasi) yang hangus dari dasar panci

누르다[1] 【빛이】 kuning; keemas-emasan; kekuning-kuningan

누르다[2] ①(a)【내리밀다】 menekan (b)【도장을】 menindih; menempélkan; membubuhi ②(a)【진압 · 억압】 menindas (b)【압박하다】 menekan ③【억제】 menahan; menekan; menguasai ④【상대방을 이기다】 mengalahkan ⑤【압도】 meliputi; melebihi; mengungguli ⑥【힘으로 지배하거나 억압하다】 memerintah

누르스름하다 kekuning-kuningan; agak (sedikit) kuning

누릇누릇하다 kuning; bintik kuning

누리[1] 【세상】 dunia; alam; dunia ini ¶온 누리에 di seluruh dunia.

누리[2] 【우박】 hujan és; hujan batu és; butir-butir salju

누리꾼 【네티즌의 우리말】 nétizen; para pengguna internét

누리다[1] ①【냄새가】 berbau busuk ②【국물 등】 berbau (berasa) tengik (basi)

누리다[2] 【향유】 memperoléh; menikmati

누린내 ①【노린내】 bau busuk; bau amis ②【국물 등의】 bau tengik; bau basi

누명(陋名) dakwaan (tuduhan) palsu (tidak adil); kecurigaan yang tidak berdasar ¶누명을 쓰다 dituduh palsu; dicurigai 《disangka》 bersalah secara tidak adil

누범(累犯) pelanggaran berulang

누비 pelapisan; yang menyambung-nyambung potongan kain ⊙ 누비옷 baju yang dibuat dari potongan kain. 누비이불 selimut kapas. 누비포대기 selimut kapas bayi

누비다 ①【바느질하다】 melapisi dengan kapas; menyambung-nyambung potongan kain ②【거리낌 없이 다니다】 menyusup; menyelip-nyelip

누선(淚腺) kelenjar air mata

누설(漏泄) kebocoran; ketirisan 누설하다 membuka rahasia; membocorkan; memberitahukan ¶누설되다 dibocorkan; disingkapkan ⊙ 군기누설 kebocoran (pengkhianatan; penyingkapan) rahasia militér

누수(漏水) kebocoran air lédeng; air lédeng yang bocor 누수하다 menjadi bocor

누습(陋習) kebiasaan buruk

누습(漏濕) ¶누습한 lembab; basah

누승(累乘) 【수학】 involusi

누실(漏失) 누실하다 kehilangan; rugi

누심(壘審) 【분류】 wasit bidai

누에 ulat sutera ¶누에를 치다 memelihara (membiakkan) ulat sutera ⊙누에고치 kepompong. 누에나방 ngengat ulat sutera

누옥(陋屋) ①【누추한 집】 rumah yang sederhana; pondok (gubuk) yang buruk sekali ②【자기 집】 rumah saya

누워떡먹기 tugas yang mudah (ringan)

누워먹다 makan roti dengan tak berbuat apa-apa; hidup bermalas-malas

누이 kakak (adik) perempuan dari seorang anak lelaki ¶손위누이 kakak perempuan yang lebih tua ⊙ 누이동생 adik perempuan

누이다[1] 【대소변】 menyuruh (membiarkan) membuang air besar atau membuang air kecil

누이다[2] ⇒ 눕히다

누적(累積) penumpukan; penghimpunan; timbunan 누적하다 menghimpun; mengumpulkan

누전(漏電) 【근본】 korsléting; kebocoran listrik; putusnya aliran listrik 누전하다 kebocoran listrik ⊙ 누전 계(計) detéktor tanah; penunjuk kebocoran

누진(累進) kenaikan(kemajuan) yang berturut-turut (berangsur-angsur) ¶누진하다 kenaikan selangkah demi selangkah; mendapat kenaikan secara terus-menerus ⊙ 누진과세 pajak progrésif; pajak yang bertahap. 누진세율 perséntase pajak yang bertahap

누진세(累進稅) pajak penghasilan progrésip

누차(屢次) 【거듭, 누누이】 beberapa kali; berulang kali; berkali-kali ¶누차 말하다 bicara berulang-ulang (berkali-kali)

누추하다(陋醜-) kotor; dekil; cabul; mesum; busuk

누출(漏出) kebocoran 누출하다 bocor; tiris

눅눅하다 lembab; basah

눅다 ①【반죽 등이】 lembut; remas ②【습기로】 menjadi lunak dan basah (lembab) ③【성질이】 tenang ④【날씨가】 menjadi lebih hangat ¶날씨가 눅어졌다 cuaca menjadi lebih hangat ⑤【값이】 turun harga

눅이다 ①【굳은 것을】 melunakkan ②【마음을】 meredakan; mengamankan; menenangkan; menenteramkan ③【적시다】 basah; lembab

눅진눅진하다 lunak dan léngkét

눈[1] ①【신체 기관】 mata ¶졸린 눈 mata yang mengantuk ②【표정】 ¶경멸의 눈으로 보다 memandang rendah (hina) ③【시력】 ¶눈이 밝다 (좋다) mempunyai pandangan yang baik ④【마음의】 ¶ (…의) 눈에 들다 disenangi; menyenangi; menyukai ⑤【주의 · 눈길】 ¶눈을 돌리다 memberi perhatian kepada; memperhatikan; memasang mata ⑥【안식】 mata (ahli); penilaian ¶눈이 높다 bercita-cita tinggi ⑦【입장】 pandangan; pertimbangan; sudut pandangan (pendirian); segi pendapat ⑧【자각】 sadar ⑨【태풍의】 mata 《topan, taifun, angin puyuh》 ⑩【기타】 ¶눈 딱 감고 tanpa keraguan

눈² ①【싹】 pucuk; kuncup; semi kuman; basil; tunas; kecambah ¶ 눈트다 bertunas; berkuncup; berkecambah ②【저울의 눈금】 skala; timbangan
눈³ 【그물 등의】 mata jala
눈⁴ 【내리는】 salju ⊙ 눈썰매 keréta salju (ditarik anjing); keréta luncur (memakai kincir). 눈구덩이 lubang dalam timbunan salju. 눈 덩이 bola dibuat dari salju
눈가 sudut (pojok) mata; lingkaran (sekitar) mata
눈가리개 【말의】 penutup mata; 【사람의】 pembalut mata; tutup mata
눈가림 penipuan; kecurangan; muslihat 눈가림하다 menipu; memperdayakan
눈가죽 ((kulit dari)) kelopak mata
눈감다 ①【눈을】 menutup mata ②【죽다】 menarik nafas penghabisan; meninggal dunia ③【못 본 체하다】 ⇒ 눈감아 주다
눈감아주다 memaafkan; mengabaikan; membiarkan; pura-pura tidak melihat
눈겨름 main tatap-tatapan mata
눈결 ((melihat)) sambil lalu; melihat sepintas lalu; sekilas
눈곱 ①【눈에서 나오는 진득진득한 액】 tahi mata; lendir ((keluar dari)) mata ¶눈곱이 끼다 bertahi mata ②【비유적】 benda yang sangat kecil; sejumlah kecil; sedikit sekali
눈곱자기 ⇒ 눈곱
눈구멍¹ 【해부학】 lekuk mata; rongga mata
눈구멍² ⇒ 눈구덩이
눈구석 sudut mata
눈금 tanda derajat (catatan) dalam skala ¶눈금을 매기다 menandai dengan skala; menskala
눈길¹ ①【시선】 arah penglihatan; mata ((menatap)) ¶눈길을 돌리다 memalingkan muka ②【관심】 ¶눈길을 끌다 menarik perhatian (tatapan)
눈길² 【눈 덮인 길】 jalan bersalju
눈깔 【눈의 속된 말】 ¶눈깔사탕 permén kojek; permén bulat
눈꺼풀 kelopak mata; pelupuk mata
눈 꺼지다 mata menjadi cekung
눈꼴사납다 ①【부드럽지 않다】 roman muka yang keras (kasar) ②【아니꼽다】 menjijikkan; merasa benci untuk melihatnya; tidak sedap dipandang; merusak pemandangan
눈꼴시다 ⇒ 눈꼴사납다
눈꼴틀리다 benci melihat; muak; jemu; bosan
눈꼽 ⇒ 눈곱
눈 높다 ①【안식이 높다】 mata tinggi; seléra tinggi; pandai menilai ②【까다롭다】 menginginkan hal-hal yang berada di luar batas kemampuan; bercita-cita tinggi
눈대중 ukuran mata; ukuran pertimbangan; perkiraan (penilaian) kasar 눈대중하다 mengukur dengan mata (dengan pertimbangan); menaksir menurut penglihatan; menilai dengan pertimbangan
눈독 mata((nya)) menjelajah kepada ((benda dengan maksud untuk membeli atau mencurinya kemudian)) ¶눈독들이다 menaruh perhatian; tidak dapat menjauhi dari mata
눈동자(-瞳子) biji mata; pupil mata; anak mata
눈두덩 ((bagian yang menonjol dari)) kelopak mata sebelah atas
눈딱부리 mata yang terbelalak; 【사람】 orang yang melotot (yang membelalak) mata
눈뜨다 ①【감은 눈을】 membuka mata ¶눈뜨고 볼 수 없는 seram; mengerikan; mengejutkan; menjijikkan ②【깨닫다】 sadar; disadarkan; insaf; menjadi tahu; terbuka mata
눈뜬장님 orang yang buta huruf; tuna aksara
눈 띄다 menarik perhatian; menyolok; menonjol ¶눈에 띄는 menyolok mata; luar biasa; hébat; menarik perhatian
눈망울 bola mata; biji mata
눈 맞다 jatuh cinta satu sama lain; saling jatuh cinta
눈 맞추다 ①【마주보다】 saling berpandangan; memandang satu sama lain; bertukar pandang; kerlingan (pandangan) isyarat ②【남녀가】 bermain mata; sa-

ling berkasih-kasihan

눈매, 눈맵시 bentuk mata yang ((indah))

눈멀다 menjadi buta; kehilangan penglihatan; dibutakan ((oléh))

눈물[1] ①【일반적】 air mata ②【인정】 hati yang lembut ¶눈물 있는 사람 orang yang simpatik; orang yang berhati lembut

눈물[2]【녹은 눈】 salju yang mencair

눈물겹다 menyedihkan; berkesan; mengharukan; menghancurkan hati; menyayat hati

눈물짓다 mengeluarkan air mata; menangis; mencucurkan air mata; mata berlinang-linang dengan air mata

눈바람 ((turun)) salju dan angin; badai salju

눈발 lapisan salju; serpihan salju

눈밭 tanah ditutupi salju

눈병(-病) penyakit mata; gangguan mata

눈보라 badai (topan) salju; salju yang ditiup angin

눈 부라리다 membelalakkan mata

눈부시다 ①【빛이】 menyilaukan; bersinar-sinar ②【업적 · 활동 등】 cemerlang; brilian; menonjol; terkenal

눈빛 sinar mata; sorot mata; warna mata; lirikan mata; perasaan((nya)) nampak dalam mata; pandangan mata

눈사람 orang-orangan salju

눈사태(-沙汰) longsoran salju

눈살 kerut (kerput) di antara alis mata ¶눈살을 찌푸리다 mengerutkan kening; mengerutkan dahi

눈 설다 anéh; ganjil; asing; tidak biasa; tidak lazim; tidak akrab

눈 속이다 menipu; memperdayakan; mengaburkan

눈속임 penipuan; tipu-daya; yang menjiplak; penyamaran 눈속임하다 ⇒ 눈 속이다

눈송이 serpihan (kepingan) salju

눈시울 tepi (pinggir) dari kelopak mata ¶ 눈시울이 뜨거워지다 terharu; tersentuh ((oléh))

눈싸움 permainan bola-bola salju; peperangan dengan bola salju 눈싸움하다 bermain (berlémparan) bola salju

눈싸움 lomba melotot 눈싸움하다 memelototi seseorang

눈썰미 ¶눈썰미가 있다【없다】 cepat (pandai)【lambat】 mempelajari sesuatu

눈썹 alis mata ⊙ 눈썹연필 penghitam alis mata. 인조눈썹 ⇒인조속눈썹 bulu mata palsu

눈알 bola mata; biji mata

눈앞 ①(a) 【바로 앞】 ¶눈앞에 di depan mata; tepat di depan seseorang; dalam kehadiran; di hadapan (b)【현재 · 당장】 ¶눈앞의 yang tersedia dekat; yang ada ②【가까운 미래】 ¶눈앞에 di dekat

눈어림 ⇒ 눈대중 ukuran mata

눈언저리 ⇒ 눈가 lingkaran mata

눈엣가시 nyeri di mata; suka menyusahkan orang ¶눈엣가시로 여기다 menganggap sebagai musuh; memandang dengan rasa permusuhan

눈여겨보다 mengamati dengan teliti (cermat); memperhatikan (memandang) dengan hati-hati

눈요기하다(-療飢-) mencuci mata; menyenangkan mata; melihat dengan puas

눈웃음 ¶눈웃음(을)치다 tersenyum dengan mata; bermain mata; memandang dengan berahi dan kasih

눈 익다 akrab; yang dikenal; familiér

눈인사(-人事) ⇒ 목례 ¶눈인사를 하다 mengangguk; menyambut dengan anggukan

눈자위 lingkaran mata

눈정기(-精氣) ketajaman mata (penglihatan); kilatan (kerlipan) mata

눈 주다 memperhatikan ((seseorang)); melihat sekilas dengan isyarat; memandang dengan penuh arti

눈짐작 ⇒ 눈대중

눈짓 kerdipan; kejapan 눈짓하다 mengedip; mengejapkan mata

눈초리 ékor mata; sudut mata

눈총기(-聰氣) kekuatan (kemampuan) pengamatan ¶눈총기가 좋다 mempunyai pengamatan yang teliti; cepat mengerti

눈치 ①【센스, 남의 마음을 알아차림】 kebijaksanaan; perasaan sosial ¶눈치 있다 bijaksana; pandai; cerdik; lekas mengerti; memperhatikan keadaan sosial ②【기미· 기색】 ⦅maksud, kecenderungan⦆ pikiran; sikap méntal; tanda yang sedikit dari sikap mental ¶눈치를 보다 ⇒ 눈치보다/눈치를 채다 ⇒ 눈치 채다 ⊙ 눈칫밥 makanan diberikan dengan segan; keramah-tamahan yang tidak bersungguh-sungguh

눈치레 penampilan semata; paméran (pertunjukan) semata-mata; yang berlagak baik ¶눈치레하다 berdandan untuk menarik perhatian orang; pura-pura berbuat baik; pura-pura berlagak baik/ 눈치레로 untuk paméran (pertunjukan); untuk penampilan semata

눈치보다 ①【살피다】 membaca situasi; melihat bagaimana perkembangan di sekelilingnya; mencoba untuk membaca pikiran (wajah); membaca air muka orang ②【어려워 하다】 merasa tegang; tidak leluasa

눈치 채다 menjadi sadar akan; mendapat isyarat (petunjuk); menaruh curiga; menaruh syak

눈코 mata dan hidang 눈코 뜰 새 없다 sangat sibuk; tidak mempunyai waktu

눈 허리시다 ①【우습다】 lucu; anéh; ganjil; sangat menggelikan ②【아니꼽다】 memuakkan; menjijikkan; memualkan

눈 흘기다 membelalang; membelalak

눋다 hangus; terbakar; gosong ¶밥이 눋다 nasi menjadi hangus

눌러 ①【계속】 terus-menerus; berturut-turut ②【너그러이】 dengan bermurah hati; dengan sabar; dengan bersikap toleran; dengan tulus

눌러앉다 ①【같은 장소에 계속 머무르다】 terus (meneruskan) tinggal ②【같은 직위·직무 등에 유임하다】 tetap dalam posisi (kedudukan) yang sama; tetap dalam kekuasaan (jabatan)

눌리다[1] ⇒ 눋다

눌리다[2] ①【눌림을 당하다】 ditekan; diperas ②【억눌리다, 억압당하다】 ditindih; tertekan; dikuasai

눌변(訥辯) gagap dalam bicara; canggung dalam berpidato

눌어붙다 ①【타서】 menjadi hangus (gosong) dan melekat ②【한 곳에】 tinggal terus; tinggal lama; menetap

눌은밥 nasi yang hangus; nasi yang gosong

눌하다(訥-) berbicara dengan gagap; menggagap

눕다 berbaring; merebahkan diri

눕히다 ①【때려】 memukul sampai jatuh; merobohkan dengan pukulan ②【자리에】 membaringkan di tempat tidur; menyuruh merebahkan diri

눙치다 menenangkan (menentramkan) dengan kata-kata yang menyenangkan

뉘[1] 【쌀에 섞인】 gabah; antah

뉘[2] ⇒ 누구 siapa

뉘앙스 nuansa ¶말의 뉘앙스 nuansa dalam arti (uangkapan)

뉘엿거리다 ①【해가】 hampir tenggelam; siap untuk terbenam ②【속이】 merasa mual; merasa sakit

뉘우치다 menyesali

뉴스 ①【방송 프로그램】 berita ②【새로운 뉴스】⇒소식 ⊙ 뉴스기자 penyiar berita. 뉴스방송 siaran warta berita. 뉴스속보 kilas berita. 뉴스캐스터 penyiar warta-berita. 뉴스해설 koméntar (ulasan) berita. 뉴스해설자 koméntator berita

뉴트럴 nétral

뉴 페이스 muka baru

느글거리다 merasa mual; merasa mabuk

느긋하다 merasa sangat senang (puas; bahagia); tenang sekali; santai; merasa lega; tinggal dengan tenteram

느끼다 ①【감각감정 등을】 merasa; menyadari; menjadi tahu ②【감동】 terharu oléh; tergerak; terpengaruh (terbawa) oléh émosi ③【흐느끼다】 diliputi oléh kesedihan ¶느껴 울다 tersedu-sedu; terisak-isak; menangis secara diam-diam

느끼하다 berminyak; berlemak

느낌 kesan; perasaan ¶…한 느낌을 주다 memberi kesan; mengesankan ⊙ 느낌표 tanda seru

느닷없다 tiba-tiba; mendadak; tidak diduga-duga; tidak disangka-sangka

느닷없이 dengan tiba-tiba; dengan mendadak; dengan tidak diduga-duga

느럭느럭 dengan lamban; pelan-pelan;

dengan bermalas-malas
느릅나무 【식물】 pohon elm
느리광이 orang yang terlambat; pencorot
느리다 ①【동작이】 lambat ②【성기다】 longgar; goyah; lepas
느림보 pemalas; orang yang lambat
느릿느릿 ①【동작이】 pelan-pelan; lambat-laun 느릿느릿하다 sangat lambat; melempem ②【성기게】 longgar 느릿느릿하다 semuanya longgar
느물거리다 berbicara (berkelakuan) sangat berhati-hati
느슨하다 ①【헐겁다】 lepas; longgar; kendur; tidak kencang; (마개 등이) tidak kuat ②【마음이】 tenang; santai 느슨해지다 menjadi lalai (lengah) ③【경계가】 léngah; dalam keadaan tidak hati-hati; tidak dijaga
느즈러지다 ①【졸린 것이】 menjadi lepas; 【팽팽한 것이】 menjadi longgar; menjadi lepas ②【기한이】 ditangguhkan; ditunda; diperpanjang ③【마음이】 pikirannya tenang
느지감치 agak terlambat; lebih lambat dari biasanya
느지막이 ⇒ 느직이
느지막하다 agak terlambat
느직이 ①agak terlambat; agak lambat ②【느슨히】 agak longgar; kendur; lamban
느직하다 ①【시간】 agak terlambat; 【행동】 agak lambat; agak ketinggalan ②【느슨하다】 agak longgar (kendur; lamban)
느치 【곤충】 kadel
느타리버섯 jamur tiram
느티나무【식물】 pohan zelkova
늑간(肋間) 【의학】 ⊙ 늑간 신경통 nyeri di antara tulang rusuk
늑골(肋骨) ⇒ 갈빗대 tulang rusuk (iga)
늑대 serigala
늑막(肋膜) selaput dada (paru-paru) ⊙ 늑막염 radang selaput dada (paru-paru)
늑장부리다 berlambat-lambat; lambat; membuang-buang waktu; bermalas-malas
늘 selalu; terus-menerus
늘그막 hari tua; masa senja
늘다 ①【수량 · 정도·체중 등이】 bertambah; melipat gandakan; (배로) mengalikan; ⟪힘 · 무게 등이⟫ menambah; mengembang; bertambah; ⟪팽창⟫ membengkak; memperbesar; menambah; memperbanyak; naik; (강물이) meluap; (증식) bertambah; memperoléh ② 【재주 · 솜씨 등】 bertambah baik
늘름─ ⇒ dengan cepat
날름 ⇒ 날름─
늘리다 ①【수량 · 부피 · 길이 등을】 menambah; memperbanyak; menaikkan ②【길 · 면적을】 memperlebar; memperbesar ③【능력 · 실력 등을】 menambah; memperbanyak
늘보 orang yang lamban; orang yang tidak gesit; pemalas
늘비하다 didérétkan; dijajarkan; diatur; disusun terbentang; tersebar; disalurkan ¶늘비하게 dalam jajaran; dérétan
늘씬하다 ⇒ 날씬하다 ①【키가】 langsing; ramping; 【서술적】 tinggi sekali ②【힘이 빠져】 sangat letih
늘어가다 ①【수량이】 bertambah terus ②【솜씨 · 실력 따위】 maju; berkembang
늘어나다 【길이가】 meluas; merentang; mengulur; memanjang
늘어놓다 ①【벌여놓다】 memamérkan; menaruh; menjajarkan; mendérétkan ②【어지르다】 berantakan; menghamburkan; menabur; menaruh secara tidak teratur; membiarkan tersebar ③【사업을】 memperluas ④【말 · 변명 등을】 memperpanjang
늘어뜨리다 menguntai; berjuntai; teruntai; menurunkan; melepaskan; membiarkan jatuh; terkulai
늘어서다 berdiri dalam barisan; berbaris; berdérét; antri
늘어앉다 duduk dalam dérétan; duduk bermalas-malas; duduk santai
늘어지다 ①【아래로 처지다】 terkulai; terurai; teruntai; lepas; melengkung ②【몸에 기운이 없다】 ¶늘어지게 기지개를 켜다 terlentang ③【지쳐서】 tidak bersemangat; lesu; layu; ④【시간이】 ditunda; ditangguhkan ⑤【팔자가】 hidup dalam kesenangan; hidup senang ⑥【잠을】 ¶ 늘어지게 자다 tidur sepuasnya; tidur pulas

늘이다 ①【길이를】 memperpanjang; menjadi panjang; membuat lebih panjang; merentangkan; melébarkan ②【처뜨림】 menggantungkan; terkulai
늙다 bertambah tua; menua
늙다리 ①【늙은 짐승】 binatang tua ②【늙은이】 jompo; tua; orang tua yang sudah seperti kanak-kanak kelakuannya
늙수그레하다 ketua-tuaan; hampir tua
늙어빠지다 sangat tua; tua sekali; tua bangka
늙은이 orang tua
늙히다 menjadikan tua; menuakan
늠름하다(凜凜-) berwibawa; bermartabat; bersemangat tinggi; ganteng; gagah; jantan
늠실거리다 melirik; mengerling
능(能) kecakapan; kemampuan; kesanggupan; bakat; kapasitas; daya tampung
능(凌) makam raja ¶세종대왕 릉 makam megah Raja Sejong
능(稜) 【수학】 sudut; segi
능가하다(凌駕-) mengungguli; mengalahkan; meléwati; melebihi; lebih unggul (ulung; mulia; tinggi) dari pada
능구렁이 ①【동물】 ular yang berbintik kuning ②【사람】 orang yang lihai; orang jahat (licik); orang yang busuk hatinya
능글능글하다 ⇒ 능글맞다
능글맞다 lihai; licik; busuk
능금 apel
능동(能動) ①【자발적】 spontanitas ②【활동적】 kegiatan; aktivitas ¶능동적 aktif; gesit; giat; bersemangat; atas kemauan sendiri/능동적으로 secara aktif (spontan; giat) ⊙ 능동태 【문법】 bentuk aktif
능란하다(能爛-) terampil; tangkas; cekatan; ahli; pakar; pandai; mahir ¶능란하게 dengan mahirnya; dengan sekatan; dengan keterampilan; dengan bijaksana; dengan memakai akal budi
능력(能力) kemampuan; kecakapan; kesanggupan; kapasitas ¶…할 능력이 있다【없다】 mampu 【tidak mampu】 mengerjakan(melaksanakan); cakap 【tidak cakap】 untuk/능력에 따라 menurut kemampuan ⊙ 능력자 orang yang serba bisa; orang yang cakap (mampu; sanggup). 지불 능력 kesanggupan melunaskan hutang; kemampuan untuk membayar
능변(能辯) ①【말】 kelancaran berbicara; kepandaian (kefasihan) berpidato ②【사람】 pembicara yang fasih (pandai); ahli pidato
능사(能事) ①【적당한 일】 pekerjaan yang tepat dan sesuai ②【잘 하는 일】 pekerjaan yang dapat ditangani dengan tangkas dan mudah
능선(稜線) batas (garis) punggung gunung (bukit)
능소능대하다(能小能大-) sangat pandai; terampil dan dapat menyesuaikan diri
능수(能手) ①【솜씨】 kepandaian; keterampilan; kecakapan ②【사람】 orang yang cakap (terampil; mampu); kawakan; orang yang berpengalaman; ahli siasat; pakar; véteran
능숙(能熟) kemahiran; ketrampilan; kecakapan; keahlian 능숙하다 mahir; ahli ¶능숙해지다 menjadi terampil (mahir); mencapai keahlian
능욕(凌辱) ①【모욕】 penghinaan; cercaan; hinaan 능욕하다 menghina; memperlakukan dengan penghinaan; mencemoohkan ②【강간】 perkosaan; pelanggaran 능욕하다 memperkosa; menyerang ¶능욕을 당하다 diperkosa; diserang
능지기(-) pengurus (penjaga) makam raja (agung)
능지처참하다(陵遲處斬-) memenggal dan membuntungi; memotong-motong orang penjahat
능청 tipu muslihat; akal bulus; kecurangan; kebohongan; ketidak jujuran; kemunafikan; pura-pura ¶능청부리다(떨다) pura-pura tidak bersalah (berdosa); kelihatan sikapnya tidak bersalah; menyembunyikan /능청맞다 ⇒ 능청스럽다 ⊙ 능청이 orang yang lihai; orang yang licik
능청스럽다 cerdik; lihai; pandai berpura-pura

능통하다(能通-) menjadi ahli; mempunyai keunggulan; menguasai; benar-benar mengetahui ⦅dalam⦆; ahli dalam; mempunyai pengetahuan yang lengkap
능하다(能-) mahir; pandai; pakar; ahli
능히(能-) dengan mudah; dengan baik; dengan cakap; dengan bagus; mampu untuk
늦- terlambat ¶늦더위 panas yang terlambat; panas menjelang akhir musim panas/ 늦서리 embun beku yang terlambat/늦가을 musim gugur lanjut; menjelang akhir musim gugur/ /늦장마 musim hujan yang terlambat datang; hujan di akhir musim panas/늦추위 hawa dingin (udara dingin; musim dingin) yang terlambat datangnya
늦깎이 orang yang terlambat berkembang
늦다 ①【시간적으로】 terlambat; lambat ¶늦어도 paling lambat ②【느슨하다】 longgar; kendur
늦둥이 ①【늦게 난】 anak yang lahir ketika orang tua lanjut usianya ②【늦된】 anak yang terlambat pertumbuhan jiwanya; lambat méntalnya; anak yang dungu
늦되다 terlambat déwasa; terlambat matang
늦바람 ①【바람】 angin sepoi-sepoi di soré hari; angin bertiup menjelang malam hari ②【늦게 난 난봉】 ¶늦바람나다 menjalani hidup bébas ⦅mengejar kesenangan⦆ pada usia tua; mengumbar nafsu di usia tua
늦배 lahir dan menetas terlambat
늦복(-福) keberuntungan (untung baik) pada hari tua; kebahagiaan pada hari-hari kemudian (pada hari tua)
늦어도 *paling lambat; paling jauh; yang terjauh*
늦어지다 terlambat; ketinggalan waktu; terbelakang; tertunda
늦잠 hal bangun terlambat (kesiangan) ¶늦잠자다 bangun kesiangan (terlambat) ⊙ 늦잠꾸러기 penidur; tukang tidur; orang yang biasa bangun terlambat
늦추다 ①【죈 것 · 속도를】 melonggarkan; melepaskan; mengendurkan ②【날짜 · 시간을】 menunda; mengundurkan; menangguhkan
늪 rawa; paya; kolam; tanah berlumpur
니그로 orang negro; orang berkulit hitam
니르바나 Nirvana
니스[1] 【프랑스의 도시】 Nice
니스[2] pernis; minyak rengas ¶니스를 칠하다 mempernis; mempergunakan pernis
니켈 nikel (기호: Ni) ⊙ 니켈시계 arloji nikel. 니켈도금(-鍍金) lapisan nikel
니코틴 nikotin ¶니코틴을 제거하다 menghilangkan nikotin ⊙ 니코틴중독 peracunan nikotin
니크네임 nama panggilan
니크롬선(-線) kabel nikrom
니트 ¶니트의 merajut setélan ⊙ 니트웨어 pakaian hasil rajutan; pakaian yang dirajut
니힐 nihil ⊙니힐리스트 nihilis. 니힐리즘 nihilisme
님 ⇒ 임[1]
-님 【이름 · 직위 명 앞에서】 Tuan; Bapak; Nyonya; Ibu ¶사장님 Bapak Diréktur
님비 Tidak di halaman belakang kami; Asal tidak di halamanku
님프 peri; bidadari
닢 ¶한 닢 sekeping ⦅koin⦆

다 ①【모두】 semuanya; segalanya; sepenuhnya; semua (orang) ②【거의, 대부분】 hampir ③【고작】 paling banyak; paling-paling

다가가다 mendekati; menghampiri

다가놓다 menaruh (meletakkan) lebih dekat; mendekatkan

다가붙다 menghampiri; mendekati; merapat manja

다가서다 mendekati; menghampiri lebih dekat ¶안으로 다가서 주세요(버스 등에서) Silakan maju ke depan.

다가 쓰다 【앞당겨】 mempergunakan sebelumnya (dahulu)

다가앉다 duduk lebih dekat

다가오다 ①【접근하다】 mendekati; menghampiri; mendatangi ②【시기가 임박하다】 dekat; mendekati ③【느껴지다】 merasakan; merupakan

다각(多角) ⊙ 다각경영 manajemén ganda; pengelolaan yang beragam (yang bermacam-macam). 다각무역 perdagangan multilateral

다각적(多角的) multilateral; beranéka ragam; berjenis-jenis; berbagai ragam; bermacam-macam; bersegi banyak

다각화하다(多角化-) memvariasikan; divérsifikasi

다각형(多角形) 【수학】 poligon segi banyak

다갈색(茶褐色) warna coklat kekuning-kuningan

다감하다(多感-) berperasa dan beramah

다과(多寡) banyak dan (atau) sedikit; 【양】 kuantitas; jumlah; 【수】 jumlah 《nomor; bilangan》; 【액】 jumlah; banyak

다과(茶菓) téh serta kué-kué; minuman dan makanan ringan ⊙ 다과회 jamuan minum téh

다구(茶具) peralatan minum téh

다국적(多國籍) multinational ⊙ 다국적기업 perusahaan multinasional; badan hukum berbagai bangsa

다그치다 ①⇒ 다그다 mendorong; mendesak ②【몰아치다】 menekan; memaksa

다급하다 darurat; mendesak luar biasa; mendesak sekali; urgén ¶다급히 tergesa-gesa; darurat

다기(茶器) cangkir téh ⊙ 다기일습 perlengkapan téh

다난하다(多難-) penuh dengan kesusahan (kesukaran; kesulitan); penuh kejadian; dalam krisis

다녀가다 mampir; singgah ke rumah; mengunjungi

다녀오다 pulang; kembali; singgah dan kembali lagi

다년간(多年間) bertahun-tahun; beberapa tahun

다년생(多年生) ⊙ 다년생식물 tanaman tahunan

다뇨증(多尿症) 【의학】 polyuria; kompliksi ginjal dan hiperténsi

다능(多能) ¶다능한 serba bisa; cakap (pandai) dalam berbagai hal

다니다 datang dan pergi; pulang pergi; 【배가】 menjelajahi 《hilir mudik》; 【차 등이】 berjalan 《antara》; 《개통》 terbuka untuk lalu-lintas; 《통근하다》 pulang pergi kerja

다다르다 ①【장소에】 sampai pada; mencapai; datang pada ②【어떤 상태에】 mencapai; memenuhi; sampai pada

다다미 tikar jerami Jepang; késétan lantai dari Jepang

다다익선(多多益善) makin banyak makin baik (bagus)

다닥다닥 berhimpitan; berdémpétan; berkerumun; berkelompok; berdesak-desakan; padat

다단하다(多端-) rumit; ruwét; sulit; penuh kejadian luar biasa; sibuk; ramai

다단계판매(多段階販賣) penjualan secara piramida

다달이 setiap bulan; bulanan; tiap-tiap bulan; bulan

다대기 bumbu saus cabé mérah

다대하다(多大-) banyak; besar; agung; hébat; berat; sangat

다도(茶道) tata tertib minuman téh

다독(多讀) bacaan yang luas; banyak membaca 다독하다 membaca secara luas; membaca banyak ⊙ 다독가 pembaca yang luas; pembaca yang bahan bacaannya banyak; orang yang berpengetahuan banyak

다독거리다 ①【가볍게 두드리다 】menepuk ②【위로하다】menenangkan

다되다 ①【떨어지다】dihabiskan; dipakai; berakhir; habis ②【시한】berakhir; habis waktu; harus dibayar pada tanggal pembayaran

다듬다 ①【매만지다】mempercantik; memperindah; menghiasi; membubuhi; merawat ②【푸성귀 · 나무 · 돌 등을】memangkas; memotong; membersihkan ③【땅바닥을】meratakan; mendatarkan ④【피륙을】melicinkan ⑤【글 · 문장 등을 마무리하다】menyelesaikan; merapikan; mengolés

다듬이질하다 meratakan ⊙ 다듬잇돌 balok (ganjal) batu untuk memukulmukul kain (cita)

다듬질 pekerjaan penyelesaian terakhir; sentuhan terakhir 다듬질하다 memberikan sentuhan terakhir; menyelesaikan

다디달다 sangat manis

다라지다 berani; tidak kenal takut; licik

다락 tingkat atas; loténg ⊙ 다락방 loténg di bawah atap

다락같다【값이】sangat tinggi

다람쥐【동물】bajing; tupai

다랍다 ①【인색】kikir; pelit; bakhil ②⇒ 더럽다

다랑어【어류】ikan tongkol; cakalang

다래끼 ①【바구니】keranjang ②【눈병】bintilan; timbil; ketimbis; bintil

다량(多量) jumlah yang sangat banyak; jumlah yang besar ⊙ 다량생산 produksi besar-besaran

다루다 ①(a)【문제 · 일 등을】mengerjakan; mengatur; mengendalikan; mengurus; memperlakukan ¶다루기 쉬운 mudah ditangani; mudah dihadapi (b)【기계 · 기구 · 악기 등을】menangani; mengurus; menggerakkan; menggunakan; menjalankan ②【가죽 등을】⇒ 무두질 menyamak; melunakkan; menghaluskan

다르다 ①【같지 않다】berbéda ②【별개】tidak sama; berubah ⇒ 딴[2] ③【불일치】tidak sesuai dengan; tidak memenuhi; berlawanan dengan; tidak sepadan dengan ¶그것은 약속과 다르다 ltu tidak sesuai(cocok) dengan janjinya. ④【예사롭지 않다】tidak biasa; luar biasa

다름 아니다 tidak lain hanya; tidak lebih dari

다름없다【서술적】tidak berbéda; sama; serupa

다름없이 sama halnya dengan; dengan (dalam) cara yang sama; demikian juga; sama; serupa; sama-sama

다리[1] ①【사람 · 동물의】kaki; tungkai; anggota badan ((yang berjalan));【낙지 등의】lengan; tangan; alat peraba ¶다리가 저리다 kaki kesemutan/ 다리를 꼬다 menyilangkan kaki; bersilang kaki/다리에 쥐가 나다 kram di kaki ②【가구 · 안경 등의】kaki ¶책상 kaki méja ⊙ 다릿심 kekuatan kaki

다리[2] jembatan ¶다리의 난간【교각】jeruji jembatan; tonggak jembatan ⊙ 다릿목 jalan kecil ke jembatan; kaki jembatan. 돌다리 jembatan batu.

다리다 menyeterika

다리미 seterika ⊙ 다리미판 papan seterika. 전기다리미 seterika listrik. 스팀다리미 seterika uap. 무선 다리미 setrika nirkabel

다림질 ⇒ 다리다

다릿돌 batu loncatan
다만 ①【오직】 hanya; saja; belaka; melulu; bagaimanapun ②【그러나】 tetapi
다망(多忙) kesibukan; tekanan kerja 다망하다 sibuk
다모(多毛) ¶다모의 berbulu
다모작(多毛作) tumpang sari; pekerjaan tani yang berlipat ganda
다목적(多目的) serba guna ⊙ 다목적댐 bendungan serba guna
다문(多聞) pengetahuan yang luas ⊙ 다문박식(博識) kaya informasi dan berpengetahuan luas; lnformasi dan pengetahuan yang luas
다물다 menutup; mengunci; terkatup; terkancing ((mulut))
다미씌우다 ⇒ 더미씌우다
다민족국가(多民族國家) negeri yang mempunyai suku bangsa banyak
다반사(茶飯事) ⇒ 항다반사 sangat umum
다발¹ ⇒ 단 seikat; seberkas; setandan; serangkai; 【벼 · 서류 등의】 gulungan; gumpalan
다발(多發)² serentak
다방(茶房) warung kopi; kedai téh ⊙ 다방레지 pelayan wanita kedai téh; pramusaji kedai téh. 다방마담 pengelola wanita kedai téh
다방면(多方面) ¶다방면의 serba bisa; beragam; berbagai macam; serbanéka
다변(多邊) ¶다변적 multilateral ⊙다변적외교 diplomasi multilateral. 다변형(形) segi banyak
다변(多辯) kesukaan berbicara; banyak bicaranya; suka ngomél; keceréwétan ¶다변의 suka berbicara; banyak bicara; banyak mulut; dapat berbicara lancar; ceréwét ⊙ 다변가 pembicara yang hébat; tukang bicara; tukang ngobrol; pembual, pengocéh
다변화(多邊化) ¶다변화되다 dibédakan; diversifikasi/ 수출시장의 다변화 diversifikasi pasar ékspor
다보록하다 ⇒ 더부룩하다
다보탑(多寶塔) *Dabotap*
다복(多福) nasib baik 다복하다 direstui; diberkahi
다복다복 ⇒ 더북더북
다부일처(多夫一妻) poliandri; bersuami lebih dari satu
다부지다 ①【몸이】 kuat; tegap; kokoh; gigih; gagah berani ②【의지가】 kokoh; tekun; bertékad; berhati berani; gagah berani ③【힘들다】 keras; sukar; susah; kuat; kasar
다분하다(多分-) banyak
다분히(多分-) banyak
다붓하다 dekat; tebal; padat ¶다붓이 dengan padat; dengan tebal (dekat)
다붙다 merapat
다붙이다 merapatkan
다비(茶毘) 【불교】 pembakaran mayat; pengabuan; krémasi 다비하다 membakar mayat sehingga menjadi abu; mengkrémasi ⊙ 다비소(所) tempat krémasi (pembakaran mayat). 다비식 ritual krémasi biksu Budha
다사(多事) ①【일이 많음】 kesibukan 다사하다 sibuk; ramai; penuh kejadian ②【참섭을 좋아함】 keinginan tahu; keinginan mencampuri 다사스럽다 suka mencampuri urusan orang lain; ingin mencampuri
다사다난(多事多難) penuh kejadian 다난하다 luar biasa
다사다단(多事多端) ⇒ 다사다난
다산(多産) daya produksi; kesuburan 다산하다 menghasilkan banyak; subur; menjadi produktif ¶다산의 produktif; subur
다상(多相) beberapa tahap; beberapa bentuk
다색(多色) beberapa warna; beranéka-warna ¶다색의 beranéka-warna
다섯 lima ¶다섯째 ke lima/다섯 배(의) berlipat lima
다세대주택(多世帶住宅) perumahan multipléks ¶다세대주택 3층에 살다 tinggal di lantai tiga unit perumahan multipléks
다소(多少) lebih kurang; agak; kira-kira
다소곳이 dengan lemah lembut; dengan patuh; dengan taat; dengan diam-diam; dengan hati-hati
다소곳하다 ①【고개를 숙이고】 rendah hati (sopan) dan diam dengan kepala yang tertunduk ②【청종(聽從)】 rendah hati; sopan; lemah-lembut; jinak; patuh; taat

¶다소곳한 태도 sikap yang patuh
다수(多數) ①【수】banyak; dominan; rombongan besar; sekelompok ②【사람 수의】sebagian besar; sejumlah besar ③【과반수】mayoritas; sebagian besar ⊙ 다수당 partai kelompok mayoritas. 다수안 【의견】saran 【pendapat】orang banyak. 다수표 jumlah suara terbanyak. 절대다수 mayoritas mutlak
다수결(多數決) keputusan berdasarkan suara mayoritas (terbanyak)
다수확(多收穫) hasil panén yang luar biasa besarnya (banyaknya); produksi yang tinggi ¶다수확의 berhasil banyak; berproduksi tinggi ⊙ 다수확품종 biji-bijian yang banyak hasilnya
다스 lusin; dosin
다스리다 ①(a)【통치】memerintah (b)【보살펴 처리함】mengatur; mengurus; mengelola; menjalankan; melakukan ②【통제】menguasai; mengendalikan ③【평정】menaklukkan; menundukkan ④【병을】menyembuhkan ⑤【죄를】menghukum ⑥【마음·감정 등을】kontrol; mengendalikan
다슬기【어패류】siput (kéong) rawa
다습(多濕) 다습하다 lembab; lengas; berkabut ¶고온 다습한 panas dan lembab
다시 ①【또, 되풀이해서】lagi; berulang kali; sekali lagi ¶다시없는 hanya; satu-satunya ②【거듭】berkali-kali; berulang-ulang ③【처음부터】dari awal; dari semula
다시다 ¶입맛을 다시다 mengecap-ngecapkan bibir; menjilat moncong; menjilat bibir; (불쾌 · 분할 때) mendecak-decakkan lidah; membunyikan lidah
다시마 gelora laut
다시없다 ①【견줄 곳 없다】tidak ada bandingan; tidak ada taranya; tanpa bandingannya; tidak berbanding ②【두 번 없다】tak pernah terjadi lagi; tidak akan terulang lagi; hanya untuk satu kali saja
-다시피 seperti; sebagaimana; hampir; hampir-hampir ¶ 보시【아시】다시피 sebagaimana yang anda lihat【ketahui】
다식(多食) 다식하다 makan banyak; makan ⟪sampai⟫ berlebihan ⊙ 다식 가 orang yang makannya banyak; juara gembul
다신교(多神教) politéisme; agama yang menyembah banyak Tuhan ⊙ 다신교도 orang yang berTuhan banyak; penganut politéisme; politéis
다액(多額) sejumlah besar ¶다액의 자본【자금】modal【dana】yang besar ⊙ 다액납세자 pembayar pajak yang tinggi
다양성(多樣性) keserbaragaman; diversitas; multiplisitas
다양(多樣) keserba-ragaman; keanekawarnaan; keanékaragaman 다양하다 beragam; bermacam-macam; beranékaragam
다양화(多樣化) diversifikasi ¶다양화하다 mendiversifikasi; menganekaragamkan
다언(多言) ①【말이 많은】¶다언의 banyak bicara; banyak mulut; ceréwét ②【여러 말】banyak perkataan; banyak kata
다용도(多用途) ⇒ 다목적(多目的)
다우존스 (공업평균)지수 (-工業 平均 指數) salah satu indéks pasar saham untuk mengukur performa komponén industri di pasar bursa (saham) Amerika
다운 ①【권투 등에서】kejatuhan ¶다운시키다 memukul; jatuh; kejatuhan/다운되다 jatuh ②【가격이】turun; jatuh ③【컴퓨터가】rusak ④【기분이】muram; murung
다운로드하다 mengunduh ¶프로그램을 다운로드하다 mengunduh program
다운증후군(-症候群) sindrom Down ⟪mongoloid⟫
다원(多元) pluralisme ¶다원적인 jamak; banyak ⊙ 다원론 pluralisme. 다원주의 pluralisme 다원화 multi pluralisme
다육(多肉) kegemukan ¶다육질의 gemuk; berdaging ⊙ 다육식물 tanaman yang subur
다음 yang berikutnya; lain kali; bertangguh ¶다음 날 hari berikutnya; sehari setelah/ 다음 달 bulan depan/다음 해 tahun yang akan datang; tahun depan; tahun berikutnya
다음가다 ⟪tempat⟫ kedua setelah; mendapat tempat kedua

다음다음 setelah berikut ¶다음다음날 lusa
다음절(多音節) suku kata banyak
다의(多義) polisémi; banyak (bermacam-macam) artinya ¶다의의 berarti dua; mempunyai banyak arti ⊙ 다의어 kata yang mempunyai banyak arti
다이내믹하다 dinamis; bersemangat
다이너마이트 dinamit; bahan peledak
다이빙 penyelaman; loncat indah 다이빙하다 menyelam; terjun ⊙ 다이빙경기 pertandingan penyelaman
다이아 ①【보석】 intan; berlian ¶다이아반지 cincin berlian ②【열차의】 daftar perjalanan; daftar jam; diagram; skétsa
다이아몬드 ⇒ 다이아① ¶다이아몬드를 깎다 menggosok berlian ⊙ 다이아몬드혼식【婚式】 Peringatan Perkawinan Berlian
다이어그램 ①【도표】 diagram; skétsa ②【예정표】 daftar perjalanan ⇒ 다이아②
다이어트 diét ¶ 그는 다이어트 중이다 Dia sedang diét. ⊙ 다이어트식품 makanan diét
다이얼 tombol penyetél (piringan); tombol (penyetél) radio (télépon) ¶다이얼을 돌리다 memutar angka (tombol) télépon/ 119번을 돌리다 putar nomor satu, satu, sembilan
다이옥신 dioksida
다이제스트 intisari; perpéndékan; persingkatan; 【잡지】 intisari; majalah yang berisi perpéndékan
다작(多作) produksi (hasil) yang berlimpah-limpah; kebanyakan hasil ((dalam tulisan)) 다작하다 menghasilkan berlimpah-limpah; menulis banyak sekali; banyak hasilnya ⊙ 다작가 penulis yang banyak karyanya
다잡다 melakukan pengawasan yang ketat; memperketat pengawasan (pengaturan); menerapkan kontrol yang ketat; mengawasi dengan teliti; memusatkan pikiran; bertékad hati; memperkuat diri
다재(多才) bakat dalam berbagai kepandaian; kepandaian dalam banyak hal; kepandaian yang beraneka ragam 다재다능하다 berbakat banyak; mempunyai banyak bakat
다정(多情) keramah-tamahan; kebaikan hati; yang penuh kasih sayang 다정하다 beramah-tamah; mesra; simpatik; mengharukan; berhati ramah
다정다감(多情多感) perasaan halus 다정다감하다 émosionil; penuh perasaan; mesra; penuh gairah
다조(-調) 【음악】 C; nada C
다족류(多足類) 【동물】 miriapod; héwan berkaki banyak
다죄다 memperketat; memperkuat
다중인격(多重人格) kepribadian ganda
다지다 ①【단단히】 mengeraskan ②【다잡다】 menekankan; menegaskan; meyakinkan; mendesak ③【고기 · 양념 등을】 mengiris; memotong-motong; mencincang ((dengan halus)); memotong kecil-kecil ④【기반 · 토대 등을】 meletakkan fondasi; mengetatkan ⑤[마음 · 결의 등을]menguatkan diri sendiri ⑥【친분 · 화합 등을】 mengeras; menguatkan; memperkuat
다짐【확약】 janji; ikrar; sumpah; jaminan; kepastian 다짐하다 meyakinkan; menjanjikan; membuat (memberikan) janji; berjanji; bersumpah; mengangkat sumpah ¶ 다짐받다 mendapat jaminan dari; mendapat jawaban yang pasti
다짜고짜 tanpa peringatan; langsung; dengan tak diduga-duga; dengan kasar; dengan tiada sebab maupun alasan
다채롭다(多彩-) berbagai; berbéda
다처(多妻) banyak istri ⊙ 일부다처 poligami
다치다 ①【부상을 당하다】 cedra; terluka ②【피해를 입다】 terluka ③【감정 · 기분 등을】 menyakiti; menyinggung
다큐멘터리 dokuméntér
다크호스 kuda hitam; kuda yang tidak disangka-sangka memperoléh kemenangan
다투다 ①(a) 【말다툼 · 싸움】 berselisih; bertengkar; bercékcok; ribut (b) 【논쟁】 memperdébatkan; ikut serta dalam perdébatan (sengkéta) (c) 【불화】 bertengkar; berselisih paham ②【승부 · 우열 등을 겨룸】 bersaing; bertanding; bersaing untuk memperebutkan sesuatu; ber-

juang ((demi keunggulan))

다툼 ①【말다툼 · 논쟁】 perselisihan; percékcokan; pertengkaran; perdébatan; penentangan; perbantahan; sangkalan ②【경쟁】 persaingan

다트 anak panah; *dart*

다하다[1] ①【시간 · 힘 등이】 habis; kehabisan; berakhir semuanya; selesai; kelelahan ②【끝내다】 menyelesaikan; menghabiskan ③(a)【전력을】 menghabiskan tenaga ¶전력을 다하여 sekuat-kuatnya; dengan sepenuh hati; dengan segala daya upaya (b)【책임 · 의무 등을】 menyumbangkan jasa; melayani ④【목숨이】 mati; meninggal

다항식(多項式) 【수학】 persamaan polinominal

다행(多幸) keuntungan 다행하다 beruntung ¶다행히 untungnya

다혈질(多血質) watak panas ¶ 다혈질의 berdarah panas/ 다혈질인 사람 orang yang lekas naik darah; orang yang galak; pemarah

다홍(-紅) mérah tua ⊙ 다홍치마 rok mérah tua.

닥뜨리다 berjumpa; bertemu

닥치는 대로 apa saja; secara impulsif; secara serampangan; dengan sembarangan; dengan sembrono; dengan cara yang tidak berketentuan

닥치다[1] 【가까워 옴】 mendekat; mendesak; menjelang

닥치다[2] 【입을 다물다】 ¶입 닥쳐! Tutup mulut! Diam!

닥터 doker ¶ 닥터 이 Dr. Yi

닦다 ①【광을 내다】 menggosok; menyemir; memolés; mengkilapkan; membersihkan ②【먼지 · 눈물 · 땀 등을】 ((물로 씻다)) mencuci; membersihkan; (손 · 천 등으로) menghapus; menggosok ③【길 · 터 등을】 memperbaiki; meratakan ④【단련 · 힘씀】 meningkatkan; mengusahakan; melatih

닦달하다 mendesak

닦달질 【닦아세움】 kemarahan; omélan; teguran; celaan; cercaan; nistaan; dampratan; pembicaraan secara terus menerus 닦달질하다 ⇒ 닦아세우다

닦아세우다 mengomél; memarahi; mencaci-maki; memaki-maki; menegur

닦음질 pembersihan; penyapuan

닦이다 ①【윤이 나도록】 dipolés ②【깨끗이】 dibersihkan; digosok ③【길 등이】 disapu; dibersihkan

단[1] 【묶음을 세는 단위】 bungkusan; ikat; berkas; bundel ¶장작 한 단 sebundel (seikat) kayu bakar

단[2] 【옷의】 keliman hém

단(段)[3] ①【지적의 단위】 satu *dan* (0,245 acres=4072 m2) ②【인쇄물의】 kolom ((karangan)) ③【계단】 anak tangga; tangga ④【태권도 · 유도 등의】 *dan*; tingkat ⑤【자동차의】 ¶2단 기어로 변속하시오 masuk ke gigi dua

단(壇)[4] ①【높게 가설한 자리】 podium; mimbar; altar; panggung ②【…계】 dunia; lingkungan ¶문단 dunia (lingkungan) sastra

단(斷)[5] keputusan ¶단을 내리다 mengambil keputusan; memberikan keputusan

단(單)[6] 【겨우 · 단지】 hanya; satu ¶단 한번 hanya sekali

단(但)[7] tetapi; bagaimanapun; asalkan…

단(團)[8] 【단체】 badan; kesatuan; kelompok; partai; tim; gerombolan; korps ¶관광단 kelompok wisatawan/외교단 korps diplomatik

단가(短歌) ①【짧은 노래】 nyanyian dengan nada yang cepat dan singkat ②【시조】 sajak yang péndék

단가(單價) satuan harga; biaya per satuan ⊙ 생산단가 satuan harga produksi; biaya setiap unit produksi

단가(團歌) lagu resmi perkumpulan (partai; asosiasi)

단감 buah kesemak yang manis

단강(鍛鋼) baja (besi) tempa

단거리(短距離) jarak dekat; jarak péndék ⊙ 단거리 경주 lomba jarak dekat. 단거리선수 pelari jarak péndék. 단거리탄도미사일 rokét balistik jarak péndék (RBJP)

단검(短劍) pedang (golok) péndék (kecil); 【비수】 pisau belati

단것 makanan yang manis-manis; manisan; gula-gula

단견(短見) ①【좁은 소견】 pandangan (pendapat) sempit; pandangan picik ②【자기의】 pendapat saya yang sederhana; pandangan pribadi saya

단결(團結) solidaritas; persatuan 단결하다 bersatu

단결에 dengan tiupan; 【기회 있을 때에】 sementara ada kesempatan ⇒ 단숨에

단경(斷經)haid (ménstruasi) berhenti 단경하다 berhenti haid secara alamiah; mati haid ⊙ 단경기 masa (saat) ménopause

단경기(端境期) di antara musim; musim sebelum panén

단계(段階) 【순서】 taraf; tingkat; tingkatan; 【등급】 tingkat; kelas; kwalitas; 【국면】 tahap; fase ¶예비단계 tahap percobaan; tingkat permulaan (pendahuluan)

단골 【손님】 langganan; nasabah; konéksi; pengunjung tetap (teratur) ¶단골손님 langganan tetap/ 단골 미용실 salon kecantikan favorit

단과대학(單科大學) fakultas

단교(斷交) pemutusan hubungan 단교하다 memutuskan hubungan

단구(短軀) perawakan péndék 단구이다 kurang tinggi

단구(段丘) 【지리】 téras; pétak

단군(檀君) *Tangun*; bapak pendiri bangsa Korea ⊙ 단군신화 mitologi *Tangun*

단권(單卷) satu jilid

단궤(單軌) rél tunggal ⊙ 단궤철도 《jalan keréta api》 monorail

단근(單根) ①【화학】 sangat sederhana ②【식물】 akar yang sederhana

단근질 penyiksaan dengan besi yang panas sekali 단근질하다 menyiksa dengan besi yang panas sekali

단기(短期) jangka péndék; waktu singkat ¶단기의 jangka péndék; bertanggal singkat ⊙ 단기간 masa yang singkat; jangka waktu singkat. 단기강습 kursus jangka péndék; kursus kilat. 단기복무 pelayanan waktu singkat. 단기체류 tinggal untuk sementara waktu

단기(單機) pesawat tunggal

단기(單騎) penunggang tunggal; pengendara kuda satu-satunya ¶단기로 sendirian di atas kuda

단기(團旗) bendéra (panji-panji) perkumpulan (partai; organisasi)

단기(檀紀) tarikh (zaman) *Tangun* ¶서기 2011년은 단기 4334년이다 Tahun 2011 dalam tarikh masehi itu jatuh pada 4343 dalam tarikh *Tangun*.

단꿈 ¶그녀는 신혼의 단꿈에 젖어 있다 Ia sedang menikmati hidupnya sebagai pengantin baru.

단내 bau hangus; bau gosong

단념(斷念) pengunduran diri; permintaan berhentii 단념하다 melepaskan; menyerahkan; meninggalkan; menganggap

단단하다 ①【굳다】 keras ¶단단해 지다 menjadi keras/쇠 같이 단단하다 sekeras besi ②(a) 【굳셈 · 튼튼함】 kokoh; kuat; sungguh-sungguh ¶몸이 단단하다 tegap; sehat dan kuat (b) 【맨 것 · 박힌 것이】 kuat-kuat; rapat

단단히 ①【튼튼히】 dengan keras; dengan kuat ②【꽉】 dengan kuat; dengan erat ③【굳게】 dengan sungguh-sungguh; teguh; kuat ¶그는 마음을 단단히 먹었다 Dia menguatkan hatinya. ④【엄중히】 dengan keras ⑤【크게】 sangat; cukup besar

단답형(短答形) pertanyaan dengan jawaban singkat

단도(短刀) pedang péndék; 【비수】 pisau belati

단도직입(單刀直入) keterus-terangan ¶단도직입적인 terus terang; langsung; jujur/단도직입적으로 secara berterus terang; dengan langsung; tanpa mukadimah; tanpa pendahuluan

단독(單獨) ¶단독의 sendiri; (개개인의) individu; tersendiri/단독으로 secara terpisah; secara perseorangan; secara bébas; dengan sendirian; tanpa bantuan ⊙ 단독내각 partai tunggal. 단독주택 rumah tunggal. 단독회견 wawancara éksklusip

단돈 sejumlah kecil uang ¶단돈 백 원도 없다 bahkan tidak ada uang seratus won pun

단두대(斷頭臺) alat pemenggal kepala; tempat penggantungan; tiang gantungan; balok; pemancung

단둘 hanya dua orang
단락(段落) 【문장의】 akhir paragraf; penutup; kesimpulan ¶단락을 짓다 menyimpulkan; membuat kesimpulan; menyelesaikan
단란(團欒) lingkungan (keluarga) yang bahagia; keselarasan; (화합) kecocokan 단란하다 rukun; bahagia
단란주점(團欒酒店) bar karaoke
단련(鍛鍊) ①【쇠붙이를】 tempaan; hasil tempaan; penempaan 단련하다 mengeraskan ((besi)); menempa ②【심신의】 latihan; pelatihan; penggembléngan 단련하다 melatih; menguatkan; menggembléng ¶심신을 단련하다 menempa jiwa dan raga; melatih (memperkuat) tubuh dan pikiran; menggembléng fisik dan méntal/단련되다 tergembléng; digembléng; dididik hingga berhati teguh ③【익숙해지다】¶단련되다 terbiasa
단리(單利) bunga yang tidak berganda; bunga uang sederhana ⊙ 단리법 métode berbunga sederhana
단막(單幕) satu babak ⊙ 단막극【물】 drama 【sandiwara】 satu babak
단말기(端末機) 【버스의】 pembaca kartu
단말마(斷末魔) saat terakhir; saat kematian; nafas yang terakhir ¶단말마의 고통 sakaratul maut; penderitaan menjelang kematian (maut)
단맛 rasa manis ¶단맛이 있다 mempunuyai rasa (seléra) manis; rasanya (séléranya) manis/단맛 들게 하다 dipermanis; dimaniskan; dibubuhi gula
단면(斷面) ①【부분적인 모습】 bagian; séksi ②【물체의 잘린 면】 penampang ⊙단면도 rencana ((bangunan)) setempat; pandangan satu penampang. 수평 【종, 횡, 수직】 단면 bagian (potongan) yang mendatar 【membujur, melintang, tegak lurus】
단명(短命) kehidupan yang singkat (péndék); jangka hidup yang péndék; mati muda 단명하다 ①【오래 살지 못함】 berumur péndék; mengalami hidup singkat ②【오래 가지 못하고 곧 무너지다】 tidak bertahan lama
단모음(單母音) vokal tunggal
단무지 acar lobak manis
단문(短文) ①【글】 kalimat(karangan) péndék ②⇒ 천학(淺學)
단문(單文) 【문법】 kalimat tunggal; kalimat sederhana
단물 ①【담수】 air segar; air tawar ②【맛이 단】 air manis ③【연수(軟水)】air lunak ④【비유적】 ¶단물을 빨아 먹다 mendapat semua keuntungan; mengambil yang terbik
단물나다 usang ¶단물난 옷 pakaian usang
단박(에) segera; dengan segera; dalam sekejap; seketika
단발(斷髮) 【헤어스타일】 potongan rambut yang péndék 단발하다 memotong péndék rambut ¶그녀는 단발머리를 하고 있다 Rambutnya dipotong pendek
단발(短髮) rambut péndék
단발(單發) ①【한발】 satu témbakan ②【발동기】 mesin tunggal ⊙ 단발총 senapan tunggal
단방(單放) ①【한 방】 témbakan((satu-satunya)); sekali témbakan ② ⇒ 단번(單番)
단배식(團拜式) Perayaan Hari Tahun Baru ((organisasi))
단백(蛋白) albumin; putih telur ⊙ 단백 뇨증 albuminuria. 단백질 protéin; albumen. 동물성 【식물성】 단백질 protéin héwani 【nabati】
단번에(單番-) sekali jadi; dengan sekali pukulan; dengan sekali percobaan; dengan usaha satu-satunya; dengan sangat mudah
단벌(單-) pakaian satu-satunya ⊙ 단벌신사 orang yang tidak memiliki pakaian salin
단병접전(短兵接戰) pertempuran (perkelahian) dalam jarak dekak
단복(團服) pakaian seragam
단 본위(單本位) 【경제】 standar (dasar) satu-satunya ⊙ 단본위제 monométalisme; sistém standar tunggal. 단 본위 화폐 mata uang dari logam murni
단봇짐 berkas (buntelan) yang berguna
단봉낙타(單峰駱駝) 【동물】 unta berpunuk satu; unta Arab yang berponok satu
단분수(單分-) 【수학】 pecahan tunggal
단비 hujan yang dinanti-nanti; hujan

yang tepat pada waktunya; hujan yang menyegarkan

단비(單比) 【수학】 perbandingan yang mudah; rasio (nisbah) sederhana

단비례(單比例) 【수학】 perbandingan sederhana

단산(斷産) penghentian kemampuan beranak secara alamiah 단산하다 berhenti melahirkan; meléwati usia melahirkan anak

단상(壇上) podium; mimbar ¶단상에 서다 berdiri di atas podium; berdiri di mimbar; naik ke podium/의정 단상에 서다 menjadi anggota Majelis Nasional

단상(斷想) pikiran yang terpisah-pisah

단색(單色) monokromatik; warna tunggal; satu warna ⊙단색화 lukisan satu warna

단서(端緖) 【처음】 asalusul; permulaan; 【제일보】 langkah awal; 【실마리】 kunci rahasia; petunjuk; bukti ¶ 단서를 찾다 menemukan bukti

단서(但書) syarat; persyaratan ¶단서가 붙은 bersyarat; dengan syarat

단선(單線) ①【외줄】 lin (jalur) tunggal ②【궤도】 rél tunggal ⊙ 단선철도 keréta api berél satu

단선(斷線) pemutusan(pemotong) kabel; pemutusan hubungan 단선되다 terputus; kabel (kawat) putus

단성(單性) satu jenis kelamin; satu séks

단세포(單細胞) 【동물 · 식물】 satu sél; sél tunggal; sél satu-satunya ¶단세포의 bersél satu (tunggal) ⊙ 단세포식물 【동물】 tanaman 【binatang; héwan】 yang bersél satu

단소하다(短小-) kecil dan péndék

단소(短簫) *danso;* seruling yang dibuat dari bambu ¶단소를 불다 bermain seruling

단속(團束) pengawasan; pengaturan; pengendalian 단속하다 ①【불법행위를】 mengatur; mengurus; mengawasi; mengendalikan ②【주의시키다】 mengendalikan; menjaga ⊙ 단속반 regu: 마약 단속반 regu narkotik. 단속자 pengawas; pengendali; pengamat. 집중단속 pengawasan inténsip

단속(斷續) 단속하다 sebentar-sebentar; datang kadang-kadang ¶비가 단속적으로 오고 있다 Hujan turun dengan sebentar-sebentar. ⊙ 단속기(器) penyela

단속곳(單-) rok (baju) dalam

단손 ①【혼잣손】 tanpa bantuan ¶단손으로 dengan seorang diri; dengan sendirian; tanpa bantuan (pertolongan) ②【일격】 satu pukulan

단수(斷水) pemutusan suplai air; penyetopan persediaan air 단수하다 memutus suplai air; menutup (menghentikan) persediaan air; menghentikan air

단수(單數)【문법】 nomor tunggal ¶단수의 tunggal; singular/단수와 복수nomor tunggal dan nomor jamak

단수(端數) ⇒ 끝수 jumlah (hitungan) yang ganjil; pecahan; rintangan

단순(單純) kesederhanaan 단순하다 sederhana ¶단순히 hanya; belaka/단순하게(화)하다 menyederhanakan ⊙ 단순개념 konsép sederhana

단순화(單純化) penyederhanaan 단순화하다 menyederhanakan; mempermudah

단순호치(丹脣皓齒) ①【입술과 이】 bibir mérah dan gigi putih ②【용모】 wajah yang cantik; kecantikan; keindahan

단술 【막걸리】 minuman yang dibuat dengan beras dan gandum

단숨에 dengan sekali tiupan; dengan satu nafas (senafas); dengan sekali uluran; sekali jadi; tanpa berhenti

단시(短詩) syair (sajak) yang péndék

단시간(短時間) waktu yang singkat; jangka péndék

단시일(短時日) ¶단시일에 dalam waktu singkat; dalam sehari

단시합(單試合) 【테니스 · 탁구의】 permainan (pertandingan) tunggal

단식(斷食)[1] puasa; pantang 《makanan》 단식하다 berpuasa 《selama 3 hari》; berpantang makanan; menjalankan (mematuhi) puasa ¶단식을 중지하다 berbuka puasa ⊙ 단식일 hari puasa. 단식투쟁 mogok makan

단식(單式)[2] ①【수학】 persamaan (perhitungan) sederhana ②【테니스 · 탁구의】 tunggal; satu-satu ⊙여자 단식 준

결승 pertandingan semifinal tunggal putri

단신(單身)[1] 【홀몸】 sendiri; 【부사적】 dengan sendiri; tanpa bantuan; di tangan sendiri ¶단신여행하다 bepergian sendiri

단신(短身)[2] péndék ¶그는 단신이다 Dia bertubuh péndék.

단신(短信)[3] berita (surat; catatan; pesan) singkat ⊙ 경제계 단신 berita ékonomi ⟪yang⟫ singkat

단심제(單審制) 【법률】 sistém pengadilan tunggal

단아(端雅) keméwahan; kecantikan; keanggunan; kehalusan budi bahasa 단아하다 molék; élok; luwés; anggun; élégan; berbudi halus; beradab; sopan

단안(斷案) keputusan; kesimpulan; putusan akhir ¶단안을 내리다 membuat putusan ⟪terakhir⟫; menarik kesimpulan

단애(斷崖) ⇒ 벼랑 ngarai; tebing yang curam; jurang tebing; karang yang terjal ⊙ 단애절벽 jurang yang terjal (yang bergantungan); ngarai yang curam

단어(單語) kata; perkataan; perbendaharaan kata ⊙ 단어집 kumpulan kata; kamus kecil

단언(斷言) pernyataan yang tegas (positif; pasti); penegasan; penguatan; pengesahan; deklarasi 단언하다 menyatakan (menegaskan) dengan pasti; mengesahkan; membuat pernyataan yang tegas

단역(端役) peran kecil ¶단역을 하다 memainkan peranan kecil ⊙단역배우 pemain yang berperan sedikit (kecil)

단연(斷煙) perhentian merokok; abstain dari tembakau 단연하다 berhenti (menghentikan) merokok; berpantang (menjauhkan diri) dari tembakau

단연(코)(斷然-) dengan tegas; dengan pasti; secara positif; dengan mutlak

단열(斷熱) ¶단열재(材) bahan pelindung panas; bahan isolasi; penyekatan

단엽(單葉) 【식물】 daun tunggal ⊙ 단엽식물 tanaman yang berdaun tunggal

단오(端午) *Dano*; hari kelima dari bulan lima menurut kalénder bulan ⊙단오제 féstival *Dano*

단원(單元) 【학습 단위】 kesatuan; satuan; unit ⊙ 단원제도 sistém satuan krédit

단원(團員) anggota partai (perkumpulan; grup dan lain-lain); rombongan ⊙합창단원 anggota paduan suara

단원제(單院制) sistém kamar tunggal; sistém majelis tunggal

단위(單位) satuan; unit ⊙ 단위원(元) 【수학】 unsur kesatuan. 기본단위 unit kesatuan standar (pokok). 화폐단위 unit monétér

단음(短音) bunyi yang péndék (singkat)

단음(單音) suara (bunyi) tunggal; kata bersuku satu; 【음악】 nada (bunyi) tunggal

단음절(單音節) ¶단음절의 bersuku satu

단의어(單義語) 【언어】 kata yang mempunyai satu arti (satu makna)

단일(單一) kéesaan; persatuan; kesatuan; kesederhanaan ¶단일의 tunggal; satu-satunya; sendiri; unit; sederhana/단일화 하다 menyatukan ⊙ 단일국가 negara kesatuan. 단일기계 unit mesin tunggal. 단일팀 tim tunggal ⟪antar-Korea⟫. 단일후보 calon tunggal

단임제(單任制) sistém masa satu-satunya

단자(短資)[1] pinjaman jangka péndék ⊙ 단자회사 perusahaan (lembaga) pembiayaan jangka péndék

단자(端子)[2] terminal ⊙ 단자 판(板) pelat (papan) terminal

단자(單字) ①【글자】 watak (karakter) yang mewakili (melambangkan) kata ② ⇒ 단어(單語)

단작(單作) penanaman satu jenis ⊙ 단작지대 lahan penanaman satu jenis

단작스럽다 kotor; kikir; pelit; terlampau hémat

단잠 tidur nyenyak; tidur pulas; tidur dengan baik

단장(團長) pemimpin; ketua ⊙ 소년단장 pemimpin (ketua) pramuka

단장(丹粧) ①【화장】 dandanan; rias; dandanan muka; rias wajah 단장하다 berdandan (berpakaian) sendiri; memakai dandanan muka; mengenakan rias wajah ②【건물 · 홈페이지 등을】 hiasan; dékorasi; pekerjaan mengecat 단장하다 menghiasi; memperindah; mengecat

단장(短杖) tongkat
단장(斷腸) remuk hati; papah hati ¶단장의 비애를 느끼다 merasa seakan-akan hati akan hancur; merasa hati terkoyak-koyak; merasa hati hancur berkeping-keping
단적(端的) ¶단적으로 secara terus terang; secara langsung
단전(丹田) perut ((bagian bawah)); abdomén ⊙ 단전호흡 pernapasan perut
단전(斷電) pemutusan (kerusakan; gangguan) aliran listrik 단전하다 memutuskan (menghentikan) aliran listrik ⊙ 단전일 hari tanpa listrik
단절(斷絕) ①【존재의】 pemadaman; pematian; kepunahan 단절하다 menjadi mati (hilang; padam); berhenti untuk hidup; telah mati ¶가문이 단절되었다 Keluarga itu telah menghilang (telah lenyap). ②【끊음】 pemutusan; putusnya; pemotongan; pemusnahan 단절하다 memutuskan; memotong ⊙ 국교단절 pemutusan (putusnya) hubungan diplomatik
단점(短點) titik lemah; kekurangan; kelemahan
단정(端正) kepantasan; kesopanan; kelakuan yang baik; kesusilaan; kerapian; kebersihan; kejujuran 단정하다 sopan; pantas; layak; lumayan; baik; jujur ¶품행이 단정하다 bertingkah laku (berlaku) dengan sopan
단정(斷定) kesimpulan; keputusan 단정하다 menyimpulkan; memutuskan; menimbang ¶단정적으로 secara menyimpulkan
단조(短調) 【음악】 ((kunci)) minor ¶장조에서 단조로 바뀌다 berganti dari mayor ke minor
단조롭다(單調-) monoton; membosankan; menjemukan; tidak menarik; 【음악이】 nada yang datar ¶단조로운 연설 pidato (cara berbicara) yang membosankan
단종(斷種) penstérilan; pemandulan; 【거세】 pengebirian ¶ 단종 되다 (상품) tidak diproduksi lagi
단좌(單坐) ⊙ 단좌식 yang bertempat duduk satu; yang mempunyai tempat duduk tunggal
단좌(端坐) duduk tegak
단죄(斷罪) keputusan (pertimbangan) atas kejahatan; penghukuman; pengapkiran 단죄하다 menghukum; mengapkir ¶단죄되다 dihukum
단주(斷酒) pantang dari alkohol 단주하다 berhenti (menghentikan) minum minuman keras; menjauhkan diri minum alkohol
단지 kendi; guci; panci; periuk; tempayan
단지(但只) 【다만】 hanya; belaka
단지(團地) kawasan ((perumahan; industri)); kompléks ⊙ 공업단지 kompléks perindustrian; kawasan industri. 주택단지 kompléks perumahan. 아파트단지 kompléks apartmén
단지하다(斷指-) memotong jari
단짝 sahabat karib; teman akrab (intim); teman baik yang tidak dapat dipisahkan; konco; bayangan
단참에(單站-) ⇒ 단숨에
단철(鍛鐵) besi tempa
단청(丹靑) ① 【그림】 *dancheong*; gambar yang mempunyai banyak warna dan bentuk ②【색, 칠】 warna; corak; lukisan
단체(團體) partai; badan; kelompok; grup; organisasi; perkumpulan; regu ¶단체를 조직【해산】하다 membentuk 【membubarkan】 organisasi ⊙ 단체경기 perlombaan ((antar)) regu; persaingan (kompétisi) regu; pertandingan tim. 단체생활 kehidupan kelompok. 단체여행 perjalanan berkelompok (dalam kelompok). 단체행동 tindakan bersama. 단체 활동 gerakan (kegiatan) kelompok. 단체훈련 latihan berkelompok. 자선【실업】단체 organisasi amal 【usaha; perusahaan】. 단체전 pertandingan beregu; kompétiti tim
단총(短銃) senapang péndék; pistol; revolver; senjata api genggam ⊙ 기관단총 mitralyur ringan; senapan sémi otomatis
단추 ①【옷의】 kancing ¶바지단추 가 열려 있군요 【완곡하게】 Kancing baju Anda terbuka. ②【기계의】 tombol ¶ 비상 단추 tombol darurat ⊙ 단춧구멍 lubang

kancing. 커프스단추 kancing mansét
단축(短縮) pemotongan; peméndékan; pengurangan 단축하다 mengurangi; memperpéndék; meméndékkan; memotong; meringkaskan ⊙ 조업(操業)단축 pengurangan produksi (operasi). 단축키 (컴퓨터) tombol cepat(pintas) *keyboard*
단출하다 ①【식구 수가】 keluarga kecil ②【간편한】 sederhana ¶단출한 살림 rumah tangga yang sederhana
단층(單層)[1] 【건물】 satu tingkat ¶단층의 berlantai satu ⊙ 단층집 rumah bertingkat satu; rumah satu tingkat
단층(斷層)[2] 【지질】 patahan géologi ⊙ 단층사진 (의학) tomogram 단층촬영 (의학) tomografi
단침(短針) jarum péndék
단칭(單稱) ¶단칭의 tunggal ⊙ 단칭명제 proposisi tunggal
단칸방(單-房) kamar tunggal; ruangan kecil; tempat tinggal berukuran kecil
단칼에(單-) dengan sekali pukulan pedang; dengan satu serangan
단타(單打) pukulan tunggal
단타(短打) 【야구】 pemukulan péndék ¶단타를 치다 memukul ((bola)) péndék
단파(短波) 【물리】 gelombang péndék ⊙ 단파방송 siaran gelombang péndék. 단파송신기 【수신기】 pemancar 【penerima】 gelombang péndék. 초단파 frékuénsi yang sangat tinggi
단판(單瓣) klép (katup) tunggal
단판(單-) satu ronde; satu babak ¶ 단판씨름 adu gulat satu ronde/단판승부 pertandingan satu babak
단팥죽 *danpatjuk;* bubur kacang mérah manis dengan kué beras
단편(短篇) potongan péndék; ské tsa ⊙ 단편소설 cerita péndék; cerpén
단편(斷片) sebagian; potongan ¶단편적(인) tidak lengkap
단평(短評) kritikan péndék; kupasan yang singkat; koméntar (ulasan; resénsi) singkat ¶단평을 하다 memberi koméntar dengan singkat ⊙ 시사단평 komentar singkat mengenai peristiwa masa kini; koméntar singkat tentang kejadian terbaru
단풍(丹楓) ①【나무】 pohon maple ②【잎·추색】 daun-daun yang bewarna mérah (bewarna mérah tua, kuning); warna musim gugur (musim rontok) ¶단풍이 들다 berubah mérah (kuning); diwarnai dengan mérah; memberikan (memakai) warna musim gugur ⊙ 단풍놀이 pesiar untuk melihat daun-daun bewarna
단합(團合) persatuan; kesatuan 단합하다 menyatukan; menggabung menyatukan; menggabungkan ¶우리 팀은 단합이 잘【안】 된다 Tim kita 【kurang】 kompak 【kurang persatuan】.
단항식(單項式) 【수학】 persamaan pangkat satu
단행(斷行) pelaksanaan yang pasti; tindakan tegas 단행하다 melaksanakan; mengambil langkah pasti ¶내각 개편을 단행하다 melaksanakan perubahan susunan kabinet
단행범(單行犯) pelanggaran tunggal (satusatunya)
단행본(單行本) buku sejilid; jilid yang terpisah (yang tersendiri)
단호하다 tegas; pasti; drastis ¶단호한 조처를 취하다 mengambil tindakan yang tegas
단호히 dengan tegas; dengan pasti
단화(短靴) sepatu tanpa tali
닫다 ①【열린 것을】 menutup ②【점포를】 menutup ¶가게를 닫다 menutup toko; (폐업 하다) gulung tikar; mengakhiri (menghentikan) bisnis (usaha); menutup toko ③【입·마음 등을】 ¶마음의 문을 닫다 menutup pintu hati
닫아걸다 mengunci ((pintu)); memalang; memasang gréndél kunci
닫치다 menutupkan
닫히다 tertutup
달 ① bulan; rembulan ¶맑은 (밝은) 달 bulan terang/보름달 bulan purnama /초승달 bulan sabit ②【달력의】 bulan ¶한 달에 한 번 sekali dalam sebulan ③【임신의】 ¶(임신) 다섯 달 째다 sedang hamil lima bulan/달수가 차지 않은 아이 bayi lahir dini; bayi prématur
달가닥거리다 berderak-derak; berderik-derik; bergemerincing; bergerak dengan

ramai

달가워하다 senang; berbahagia

달갑다 dikehendaki; disukai

달걀 telur ¶반숙한【삶은】달걀 telur rebus setengah matang【telur rebus yang matang】 ⊙ 달걀흰자【노른자】putih【kuning】telur

달견(達見) pandangan (pendapat; idé; gagasan) yang baik sekali (yang jauh ke depan); pendapat yang bijaksana

달곰새금하다 masam-manis

달관(達觀) pandangan yang luas (yang jauh); kebijaksanaan; pandangan (pendapat) yang filosofis 달관하다 berpandangan luas (tidak picik); berpandangan filosofis; menerima hal-hal secara filosofis

달구 penumbuk tanah; oengeras tanah ⊙ 달구질하다 menumbuk tanah dengan penumbuk; mengeraskan tanah

달구다 ①【쇠·돌 등을】memanaskan ②【분위기·감정 등을】memanaskan situasi (keadaan)

달구지 pedati; gerobak; gerbong ¶달구지를 끌다 menarik (menghéla) pedati ⊙소달구지 gerobak lembu

달그락거리다 kertak-kertuk; gemertak; bising

달다[1] ①(a)【매달다】menggantungkan (b)【몸에】memakai ②【붙이다】mengikatkan; melekatkan; memasang; menaruh; menempatkan; merangkaikan ((dua benda bersama-sama)) ¶꼬리표를 달다 melekatkan tanda pengenal bagasi (kopor) ③【설비·가설】memasang; melengkapi ④【기입】memasukkan; menghutang;【덧붙임】menambahkan; menggabungkan ⑤【값을】memasang

달다[2]【무게를】mengukur; menimbang

달다[3] ①【졸아들다】dididih sampai berkurang air; dikeringkan ②(a)【뜨거워지다】menjadi sangat panas (b)【화끈해지다】merasa panas; hangat ③【속이】ingin sekali; tidak sabar

달다[4] ①【맛이】manis; bergula ¶달게 하다 mempermanis; memaniskan; membubuhi gula ②【입맛이】mempunyai seléra makan yang baik

달달[1] ①【콩 등을】memanggang ②【들볶다】menyiksa keterlaluan (terlalu keras); mengoméli ③【뒤지다】yang menggeledah; yang membongkar-bongkar; yang menggedor ④【완전히 외우는 모양】menghafal dengan mudah

달달[2] ⇒ 덜덜[1], 덜덜[2]

달동네 kawasan (daérah) tertinggal (miskin)

달뜨다 menjadi gelisah; berubah-ubah; tidak tetap; plin-plan

달라붙다 ⇒ 들러붙다 ①【붙어서 떨어지지 않다】melekat; bertahan; berdiri di dekat ②【가까이 다가가다】terpaku pada ③【옷 등이 몸에 꼭 끼다】terlalu ketat

달라지다 berubah ((bentuk)); mengubah; mengalami perubahan ¶달라지지 않다 tidak berubah; tetap; konstan

달랑 hanya

달랑거리다 gemerincing; berkelénténg

달랑달랑하다 hampir habis; menjadi sedikit

달래【식물】*rocambole* liar

달래다 menenangkan; menenteramkan; memanjakan; menghibur; membujuk

달러 dolar ⊙ 달러시세 nilai pertukaran dolar

달려가다 berlari; lari

달려들다 menerkam; menyerang; menyerbu

달려오다 lari kemari; datang dengan tergesa-gesa (dengan terburu-buru)

달력(-曆) kaléndar; almanak; primbon ¶매일 찢어내는 달력 kaléndar kertas harian

달리【다르게】secara berbéda; berlainan; dengan cara lain; dalam cara yang berbéda; (따로) secara terpisah 달리하다 berbéda ¶의견을 달리하다 berpendapat tidak sama; berbéda pendapat

달리기 perlombaan; balapan; pacuan ⊙ 달리기선수 pelari yang ikut perlombaan; peserta perlombaan

달리다[1] ①【매달리다】menguntai; berjuntai; teruntai; menggantung ②【…여하에】bergantung ③【우수리가】menambahkan

달리다[2] ①(a)【붙어 있다】melekat; dicantélkan; diikatkan (b) 【가설 · 시설】 dipasang ②【첨가되다】 ditambahkan; dilampirkan

달리다[3] ①【힘이】 merasa lesu (lelah); menjadi terkulai ②【눈이】 terasa berat; lesu; lelah

달리다[4] ①【일손 · 비용 등이】 kekurangan ②【힘 · 능력 등이】 kurang mampu; tidak cukup; di luar kekuatan; bukan tandingan bagi

달리다[5] ①【질주하다】 lari cepat; melarikan; memacu; mengemudikan cepat ②【몰다】 menderapkan

달마다 tiap bulan

달막거리다 ⇒ 들먹거리다

달맞이하다 【민속】 menyambut gembira bulan purnama yang pertama kali

달맞이꽃 【식물】 bunga mawar di malam hari

달무리 cincin di sekeliling bulan; lingkaran cahaya (pagar bulan) di sekeliling bulan

달밤 malam terang bulan; malam bulan purnama

달변(達辯) kefasihan; kelancaran berbicara; kepandaian berpidato; lidahnya (bicaranya) fasih ¶달변의 pandai bicara; lancar ⊙ 달변가 pembicara yang lancar (yang fasih; yang baik)

달변(-邊) bunga tiap bulan

달빛 sinar (cahaya) bulan

달성(達成) pencapaian; penunaian; penyelesaian 달성하다 mencapai; melaksanakan; menyelesaikan ¶목적을 달성하다 mencapai (menyelesaikan) tujuan (maksud)

달싹하다 berpindah; pindah (bergerak) sedikit

달아나다 ①【빨리 가다】 berjalan cepat ②【도망】 melarikan diri; mengambil langkah seribu; kabur; minggat; pergi tanpa minta izin ③【붙어 있던 것이 떨어지다】 ¶목이 달아나다 (참수당하다) dipenggal; ditémbak

달아매다 menggantung; mengikat

달아보다 ①【무게를】 memeriksa berat (bobot); menimbang barang ②【사람을】 menilai; mengira-ngira

달아오르다 ①【물체가】 meradang; menjadi mérah ②【몸 · 얼굴 등이】 merasa panas; memérah ③【분위기가】 memanas; memanaskan; menghangatkan

달음(박)질 lari 달음박질하다 berlari

달이다 mengurangi dengan memasak terus; menyusutkan; merebus sampai susut

달인(達人) ahli; pakar ¶요리의 달인 ahli dalam masak-memasak

달착(달짝)지근하다 kemanis-manisan; agak manis

달콤하다 ①【맛이】 kemanis-manisan; manis rasanya ②【말이】 manis mulut; memuji-muji; menyanjung-nyanjung

달팽이 【동물】 kéong; siput ⊙ 달팽이 걸음 langkah yang lambat sekali. 식용 달팽이 eskargo; siput yang dapat dimakan. 달팽이 요리 masakan (hidangan) siput (kéong)

달포 sedikit lebih sebulan

달품 pekerjaan yang dibayar bulanan

달필(達筆) 【솜씨】 tangan yang mahir (cekatan; trampil); 【글씨】 keahlian menulis indah yang trampil ⊙ 달필 가 ahli menulis

달하다(達) mencapai; mewujudkan; mendapatkan ¶절정에 달하다 datang pada puncaknya/ 소원을 달하다 mencapai keinginan (hasrat); mendapatkan apa yang diinginkan

닭 【암탉】 ayam betina; 【수탉】 ayam jantan; 【병아리】 anak ayam; 【거세한 육용】 ayam kebiri; 【산란용】 ayam petelur; ayam babon; 【총칭】 unggas; unggas piaraan ¶닭고집 orang yang keras kepala; bandel싸움 닭 ayam sabungan; ayam aduan ⊙ 닭고기 daging ayam: 닭띠 Tahun Ayam. 닭싸움(사람이 하는) pertandingan gulat lutut: (싸움닭이 하는) adu ayam; sabungan (perkelahian) ayam. 닭장 kandang ayam. 닭백숙 ayam yang direbus

닮다 serupa ; mirip ¶닮지 않다 tidak mirip; tidak sama

닮은꼴 【수학】 serupa; sama

닳다 ①【해지다】 usang ②【졸아들다】 menjadi kering ③【 '닳도록' 의 형태로 쓰여】

berulang kali ④【세파에】 mengalami kesukaran
담(장) témbok; pagar
담(痰) ①【가래】 dahak; lendir ②【병】 penyumbatan ¶가슴에 담이 있다 menderita karena dada tersumbat
담(膽) ①【쓸개】 kantong empedu; kandung kemih ②【담력】 semangat; keberanian ¶담이 크다 berani; tegas; gagah
담그다 ①【물에】 merendam; memasukkan; menceburkan; membenamkan; mencelupkan ②【김치 · 젓갈 등을】 menyiapkan; menyediakan; mengawétkan; menggarami; memberi garam ③【술 · 장 등을】 membuat; meragi; menjadikan ragi
담금질하다 mengeraskan; memadamkan; melembutkan
담기다 ①【그릇에】 dibotolkan; dihidangkan; terisi ②【글 · 그림 등에】 diisi ③【생각 · 감정 등이】 diberikan perasaan
담낭(膽囊) 【해부학】 kantong empedu ⊙ 담낭 관 pembuluh kista; saluran kantung cairan tubuh
담녹색(淡綠色) hijau muda
담다 ①【그릇에】 mengisi; berisi; menyajikan; menghidangkan ②【입에】 menggunakan; berkata; mengucapkan ((kata-kata makian)) ¶입에 담지 못할 욕 kata-kata kasar; kata-kata yang kotor (yang tidak sopan) ③【내용 · 생각 등을】 memasukkan
담담하다 ⇒ 덤덤하다
담담하다(淡淡-) ①【물이】 bersih; jernih; 【달빛이】 terang ②【맛이】 sederhana ③【심경이】 tenang; tenteram
담당(擔當) tugas; urusan; penguasaan 담당하다 bertugas; berwénang ⊙ 담당검사 jaksa (penuntut) yang berkuasa. 담당구역 aréa tanggung jawab; bagian di bawah perintah (pimpinan). 담당자 orang yang berwénang; orang yang bertugas (berkuasa). 담당책임자 orang yang bertanggung jawab
담대하다(膽大-) ⇒ 대담
담력(膽力) keberanian ¶담력이 있다 berani; gagah
담록색(淡綠色) hijau muda
담론(談論) pembicaraan; argumén; diskusi; percakapan 담론하다 memperdébatkan; menentang; membantah
담박하다(澹泊, 淡泊) ①【맛 · 빛깔의】 ringan ¶담박한 음식 makanan yang ringan ②【마음이】 acuh tak acuh; tidak tertarik; 【솔직한】 terus terang; jujur; tulus; berhati terbuka ¶담박한 사람 orang yang berwatak jujur
담방 ⇒ 덤벙
담배 sigarét; rokok; tembakau ¶담배를 끊다 berhenti merokok/줄 담배를 피우는 사람 orang yang merokok terus menerus; pecandu rokok; perokok berat ⊙ 담배꽁초 puntung rokok. 담뱃갑 kotak tembakau. 담뱃값 uang untuk membeli tembakau; (생기는 푼돈) uang persén; uang rokok. 담뱃대 pipa tembakau. 담뱃불 api untuk pipa rokok. 담뱃재 debu-debu (abu) tembakau. 담뱃진 nikotin; getah tembakau
담백하다(淡白-) ⇒ 담박
담벼락 ①【담】 témbok ②【사람】 orang yang tidak ada réaksi seperti témbok; orang yang tidak memperlihatkan réaksi
담보(擔保) ①【빚에 대한 보증】 jaminan; penanggung ¶토지를 담보로 하다(잡히다) menggadaikan tanah; menawarkan tanah sebagai jaminan ②【목숨 · 성공 등을】 jaminan 담보하다 menjamin ⊙ 담보권 hak jaminan. 담보물 barang jaminan; gadaian; tanggungan. 담보인 penjamin. 담보증서 akta jaminan. 이중 담보 hipoték rangkap (dobel)
담비 【동물】 sejenis musang kecil
담뿍 ⇒ 듬뿍 penuh; banyak
담색(淡色) warna muda; warna terang
담석(膽石) 【의학】 batu empedu¶담석 제거 수술을 받다 menjalani operasi empedu ⊙ 담석증 *cholelithiasis*
담세(擔稅) yang menanggung pajak ⊙ 담세능력 kemampuan membayar pajak. 담세인 pembayar pajak
담소(談笑) percakapan; obrolan 담소하다 mengobrol; bercakap-cakap; mengadakan obrolan yang menyenangkan
담수(淡水) air tawar ⊙ 담수어 ikan air

tawar. 담수호(湖) danau air tawar

담쌓다 ①【담 두르다】memagari; mendirikan dinding (témbok) ②【관계를 끊다】memutuskan hubungan

담요(擔-) selimut ¶담요를 덮다 berselimut; menyelimutkan

담임(擔任)【담당】tugas; tanggung jawab 담임하다 bertugas; bertanggung jawab ⊙ 담임교사 guru wali kelas. 담임 반 kelas di bawah tanggung jawab

담쟁이(덩굴)【식물】tumbuhan menjalar

담즙(膽汁) air empedu

담차다(膽-) keberanian; berani

담채(淡彩) warna muda (lembut)

담청색(淡靑色) biru muda; warna biru langit; nilakandi

담판(談判) perudingan; négosiasi; pembicaraan 담판하다 berunding dengan; membicarakan mengenai ⊙ 외교담판 perundingan diplomatik

담합(談合) ①【몰래 미리 의논하여 정하는 것】persekongkolan; konsultasi; perundingan; persetujuan; (가격의) penetapan harga 담합하다 bersekongkol; berkonsultasi; berunding ¶담합을 통해 가격을 정하다mengatur 《bersekongkol》 penetapan harga ②【입찰 가격을 사전에 모의하는 것】담합하다 menawar dengan curang ¶담합 입찰을 하다 mencurangi penawaran

담해(痰咳) batuk yang basah

담홍색(淡紅色) 《warna》 mérah muda

담화(談話) percakapan; pembicaraan 담화하다 berbicara; bercakap-cakap; mengadakan pembicaraan ⊙담화문 pernyataan resmi

담황색(淡黃色) kuning muda; warna pérang; kekuning-kuningan

답(答)①【궁금증에 대한】jawaban; solusi ¶답을 내다 memberi jawaban ②문제를 풀어서 얻은 결과】pemecahan ¶다음 질문에 답하시오 Jawab pertanyaan berikut.

답곡(畓穀) gabah dari sawah

답답하다 ①【속이】merasa berat; tertekan;【날씨 등이】suram; murung; mendung ②【갑갑하다】(a)【숨이】sesak; pengap (b)【좁아서】sempit dan pengap ③(a)【사람됨이】picik; kaku; kurang kepandaian dalam banyak hal; tidak mempunyai akal (b)【언동이】tidak berani; ragu-ragu ④【소식이 없어】khawatir

답례(答禮)【인사】pemberian hormat yang dibalas; hadiah balasan;【방문에 대한】kunjungan balasan 답례하다 membalas hormat(kunjungan); memberi hormat sebagai balasan; mengirim hadiah sebagai balasan

답배하다(答-) mengirim balasan kepada orang bawahan

답배(答拜) pemberian hormat balasan 답배하다 menghormati kembali; membalas penghormatan; membungkuk

답방하다(答訪-) kunjungan kembali (balasan): melakukan kunjungan balasan

답변(答辯)【대답】jawaban 답변하다 menjawab; memberikan jawaban

답보(踏步) jalan buntu; kemandekan 답보하다 menjadi macet; tetap tak berubah; tetap tak bergerak; mandek

답사(踏査) penjelajahan; éksplorasi;【측량】survéi; penelitian; penyelidikan; pemeriksaan;【실지의】penelitian (penyelidikan) setempat (lapangan) 답사하다 menjelajahi; mengéksplorasi; menyelidiki; memeriksa; meneliti ⊙ 답사대(隊) rombongan penyelidikan. 현지답사 《mengadakan》 penelitian setempat

답습하다(踏襲-) mengikuti jejak

답신하다(答申-) membalas laporan ⊙ 답신서 laporan

답신(答信) balasan; jawaban;【전신의】télégram balasan (jawaban) 답신하다 membalas (menjawab) atas télégram

답안(答案)【용지】kertas ujian; naskah ujian

답장(答狀) jawaban; balasan 답장하다 menjawab surat; membalas surat

답전(答電) télégram balasan 답전하다 menjawab (membalas) dengan télégram; mengirimkan télégram sebagai balasan (jawaban)

답지하다(遝至-) mengalir masuk; melimpah; kebanjiran; dibanjiri; berduyun-duyun memasuki

답파(踏破) berkeliling dengan berjalan kaki 답파하다 berjalan kaki kemana-mana; menjelajahi ⟪seluruh pelosok negeri⟫

답하다(答-) menjawab; membalas

닷 lima

닷새 ①【다섯 날】 lima hari②【초닷새】 hari kelima ¶닷새에 한 번 sekali setiap lima hari

닷컴 기업(-企業) 【인터넷 기반의 IT 업체】 perusahaan Dot Com (perusahaan yang berbasis internet)

당(黨) 【정당】 partai ¶당을 조직하다 membentuk partai ⊙ 당 기관 aparat partai. 당 대회 konvénsi partai; rapat umum partai

당-(當) ①【바로 그, 이】 ini; itu ¶당 역(驛) stasiun ini ②【현재】 kini; sekarang

-당(當) 【수량의 단위】 setiap; tiap ¶1인당 setiap orang; rata-rata tiap orang

당고모(堂姑母) keponakan perempuan kakék dari pihak saudara laki-laki

당구(撞球) bilyar; bola sodok 당구 치다 bermain bilyar ⊙ 당구공 bola bilyar. 당구대 méja bilyar. 당구장 tempat bilyar. 당구 채【큐】 tongkat bilyar

당국(當局) yang berkuasa; yang berwewenang ¶당국의 명에 의하여 atas perintah yang berkuasa ⊙ 당국자 ⇒ 당국. 군 당국 wewenang (wibawa) militér. 군 수사 당국 wewenang pemeriksaan tentara

당권(黨權) kekuasaan (hégemoni) partai; 【당수직】 keprésidénan partai

당규(黨規) peraturan partai

당근 ①【홍당무】 bortél; wortél ②【비유적】 ¶당근과 채찍을 함께 쓰다 mengambil tindakan “wortél” dan “cemeti”

당금(當今) sekarang; kini

당기(當期) masa kini; masa sekarang ⊙당기순손실 【이익】 kerugian 【keuntungan】 bersih dalam satu waktu (masa)

당기(黨紀) ketertiban (disiplin) partai ⊙ 당기문란 pelanggaran disiplin partai. 당기위원회 panitia disiplinér

당기다 ①【끌어서 가까이 오게 하다】 menarik; merenggutkan; menghéla ②【물건 등을】 mempererat; meregangkan; merentangkan ③【기일을】 ⇒ 앞당기다 memajukan; mempercepat ④【입맛 등을】 merangsang (menambah) seléra makan ⑤【근육 · 피부 등이】 ⇒ 땅기다

당나귀(唐-) keledai

당년(當年) 【금년】 tahun ini; 【그 해】 tahun itu

당뇨 【의학】 diabétés ¶나는 당뇨가 있다 Aku menderita diabétés. ⊙ 당뇨병 diabétés; penyakit kencing manis; penyakit gula

당당하다 ①【체격 · 몸집 등이】 gagah; wibawa ②【정정 당당】 sah; wajar; adil dan jujur ③【힘 · 세력 등이】 ¶그는 늘 당당해 보인다 Dia selalu terlihat percaya diri.

당당히(堂堂-) dengan kemegahan dan kemuliaan; secara jujur; secara terbuka

당대(當代) ①【한평생】 seumur hidup ②【시대】 masa (generasi) sekarang

당도(糖度) kandungan gula

당도하다(當到-) sampai; mencapai; mendapat

당돌하다(唐突-) ①【야무지고 용감하다】 tidak takut; berani ②【버릇없다】 kasar; lancang

당두하다(當頭-) ⇒ 박두 dekat

당락(當落) hasil (keberhasilan) dalam pemilihan

당략(黨略) politik (kebijakan) partai; taktik (siasat) partai

당량(當量) 【화학】 padanan

당론(黨論) pendapat (opini) partai

당류(糖類) gula; sakaroid

당리(黨利) kepentingan partai

당면(當面) 당면하다 menghadapi; menghadapkan; berhadapan muka ¶당면한 mendesak; urgén; penting/당면한 급선무 keperluan yang mendesak

당명(黨命) perintah dari partai; kebijakan partai

당목(唐木) bahan katun Cina; katun halus

당무(黨務) urusan (perkara; hal ihwal) partai ⊙ 당무위원 anggota éksékutif partai. 당무회의 rapat komite éksékutif partai

당밀(糖蜜) molase; tengguli; air gula; kinca

당번(當番) 【차례】 yang sedang bertugas;

giliran; 【사람】 orang yang bertugas
당부하다(當付-) beramanat; mengamanatkan
당부(當否) benar dan salah; kesopanan atau ketidak pantasan; keadilan atau ketidak adilan
당분(糖分) kadar gula; kandungan gula ¶ 당분을 함유하다 mengandung gula
당분간(當分間) buat sementara; untuk beberapa waktu
당비(黨費) pengeluaran partai; biaya partai
당사(黨舍) markas besar partai
당사국(當事國) negara (negeri) yang bersangkutan (berkepentingan)
당사자(當事者) orang (pihak) yang berkepentingan ⊙ 당사자 일동 semua yang bersangkutan
당선(當選) ①【선거에】 당선하다 menang dalam ⟪pemilihan⟫; memenangi ¶당선되다 dipilih; terpilih ②【심사 · 공모 등에】 당선하다 memenangkan hadiah; diterima; dipilih ⊙ 당선무효 pembatalan dari pemilihan; tidak berlakunya hasil pemungutan suara. 당선소설 novél pemenang hadiah. 당선자 orang yang terpilih; pemenang hadiah
당세(當世) waktu ini
당세(黨勢) kekuatan (wibawa) partai; pengaruh partai
당수(黨首) pemimpin partai
당숙(堂叔) sepupu laki-laki dari ayah ⊙ 당숙모 istri sepupu laki-laki dari ayah
당시(唐詩) syair Dinasti Tang
당시(當時) ①【명사】 masa itu; ⟪pada⟫ waktu itu ②【부사】 saat itu
당시(黨是) prinsip (asas; program) partai
당신(當身) ①【2인칭】 anda ②【3인칭의 존칭】 beliau; ia, dia sendiri ③【부부 사이의 호칭)】 sayang
당연(當然) 당연시하다 mengénténgkan; meréméhkan; menyia-nyiakan ¶당연한 wajar; maklum; masuk akal; pantas/당연히 sewajarnya; sepantasnya; semestinya/당연하게 여기다 menganggap sudah semestinya
당원(黨員) anggota partai; pengikut ¶당원이 되다 menjadi anggota partai ⊙ 당원명부 daftar anggota partai. 유령 당원 anggota gadungan
당월(當月) bulan ini
당위성(當爲性) 【철학】 kepantasan; bagaimana seseorang sebaiknya berbuat
당의(糖衣) 【약품】 lapisan gula ¶당의의 berlapis gula ⊙ 당의정(錠) pil (kapsul; tablét) yang berlapis gula
당의(黨議) 【회의】 déwan partai; 【결의】 keputusan partai; 【강령】 kebijakan partai
당인(當人) ⇒ 당원(黨員)
당일(當日) ⟪pada⟫ hari itu ¶당일 세탁【게시】 Cucian sehari.
당일치기(當日-) ¶당일치기로 다녀오다 pulang pergi dalam sehari; kembali pada hari yang sama; mengadakan perjalanan sehari
당자(當者) orang yang bersangkutan
당장(當場) dengan segera; seketika itu (waktu itu) juga
당쟁(黨爭) perselisihan (persaingan; pertentangan) partai
당적(黨籍) daftar (régister) anggota partai ¶당적에 있다 ada pada daftar partai ⊙ 당적증명서 surat keterangan keanggotaan partai
당정(黨政) pertemuan antara pemerintah dan partai berkuasa ⊙당정협의 rapat konsultasi pemerintah antar partai berkuasa
당좌(當座) ¶당좌를 트다 membuka rékening ⊙ 당좌계정 rékening. 당좌대부금 pinjaman rékening. 당좌예금 simpanan rékening. 당좌잔고 neraca rékening
당지(當地) tempat ini; di sini
당직(當直) 당직하다 sedang bertugas ⊙ 당직원 orang yang sedang bertugas. 당직의사 dokter jaga. 당직실 ruang tugas (jaga) malam
당직(黨職) jabatan dalam partai ⊙ 당직개편 perubahan susunan hirarki partai; réorganisasi hirarki partai. 당직자 anggota pelaksana (éksékutif) partai; staf pelaksana anggota partai
당질(堂姪) anak laki-laki dari kemenakan laki-laki ⊙ 당질녀 anak perempuan dari kemenakan laki-laki

당차다 tegas; kuat
당착(撞着) ⇒ 모순(矛盾) kontradiksi; konflik; pertentangan 당착하다 bertentangan; berlawanan ⊙ 자가당착 pertentangan (penyangkalan) sendiri: 자가 당착하다 mempertentangkan sendiri
당첨(當籤) menang hadiah; undian (lotré) hadiah 당첨하다 (되다) menang (meraih) hadiah; mendapat nomor yang menang ⊙ 당첨자 pemenang hadiah; penarik nomor mujur
당초(當初) ⇒ 애초 awal; semula; pertama ¶당초에 pada awalnya; pada mulanya/당초부터 dari semula; dari awal
당치 않다(當-) tidak masuk akal; mustahil; tidak sah; tidak adil; tak pantas; tak semestinya
당칙(黨則) peraturan partai
당파(黨派) partai; faksi ¶비 당파적인 tidak berpartai; tidak memihak ⊙ 당파싸움 perselisihan (pertengkaran) partai. 초 당파외교 diplomasi supra partai
당하다(當-) ①【사리에 맞다】 beralasan; masuk akal ②【피해를 입다】 mengalami; menanggung; menderita; kena; mendapat ¶불행을 당하다 mengalami bencana/창피한 꼴을 당하다 dipermalukan; dibuat malu ③【맞서 이겨내다】 dihadapkan pada; menanding ④【남에게】 ditipu; diperdayakan; dikécoh
당해(當該) terkait; kompetén ⊙ 당해관청(관헌) instansi yang terkait
당헌(黨憲) undang-undang (peraturan) dasar partai
당혹(當惑) 당혹하다 bingung dan kagét; gugup; tercengang; malu 당혹스럽게 하다 membingungkan; dibuat bingung; dipermalukan; dibuat malu ⊙당혹감 perasaan bingung (gugup); rasa malu
당황하다(唐慌-) bingung; melonglong; kegugupan; kelagapan ¶당황하여 dengan bingung/당황케 하다 membingungkan; mengusutkan
당황스럽다(唐慌-) dipermalukan; merasa malu
닻 jangkar; sauh ¶닻줄 tali jangkar/닻을 내리다 membuang sauh; melepaskan jangkar
닿다 ①【물체 등에】 mencapai; sampai; menyentuh ②【목적지에】 mencapai; tiba ③【연락 · 연줄 등이】 mempunyai konéksi (rélasi) ④【가슴 · 이치 등에】 masuk akal; dapat dimengerti ⑤【기회 · 운 등이】ada kesempatan ⑥【힘 · 생각 등이】 sebanyak mungkin; sejauh itu
닿소리 konsonan; huruf mati
대[1] 【대나무】 bambu ¶대를 쪼개다 membelah bambu/ 대마디 tulang sendi bambu/대숲 semak-semak bambu
대[2] 【식물의 줄기】 batang; tangkai ¶한 대 setangkai
대[3] 【의지 · 줏대】 pendapat sendiri yang pasti ¶대가 세다 berani; kuat; tidak ada rasa malu/대가 약하다 lemah; takut; malu-malu; tidak berani/대가 센 사람 orang yang kuat pendirian/대쪽 같은 사람 orang yang lurus hati; orang yang bersifat terus terang
대[4] ①【담배를 세는 단위】 pipa tembakau ¶담배를 한 대 권하다 menawarkan rokok ②【때리는 횟수를 나타내는 단위】 pukulan ¶한 대에 dengan sekali pukul ③【갈비 · 치아 등을 세는 단위】 buah
대(大) kebesaran; keagungan; besar; agung; hébat ¶대사고 kecelakaan yang mengerikan
대(代) ①【혈통】 génerasi; zaman; waktu ¶아들 대 génerasi anak/아버지 대에는 pada zaman ayah/대를 잇다 meneruskan garis keturunan ②【연령의 범위】 usia; umur ¶그녀는 30대이다 Dia berumur tiga puluhan. ③【값】 harga; biaya; béa ¶도서대 harga buku
대(隊) unit; kesatuan; korps; badan; kelompok
대(對) ①⇒ 짝 ②【상대】 lawan; versus; melawan; banding ¶민주주의 대 공산주의 démokrasi lawan komunisme
대(臺) ①【받침】 penyangga; kiap; rak; méja kecil ②【차 · 비행기 등을 세는 단위】 buah ¶다섯 대의 자동차 lima buah mobil ③【수 · 액수 등이】 tingkat; lével ④【고대(高臺)】 bukit; tempat yang tinggi
대가(代價)①【보상, 보수】 imbalan; upah; ongkos; hadiah ②【희생, 노력】 ¶어떤 대가를 치르더라도 berapapun ongkosnya

대가(大家) ①【권위】 orang yang terkemuka; 【학문의】 seorang sarjana yang hébat (ulung; terkenal); ilmu pengetahuan yang terkemuka ¶문단의 대가 penulis (pengarang) yang termasyhur/대가 연(然)하다 menganggap dirinya ahli; mengaku sebagai ahli; berlagak sebagai seorang ahli yang ulung (yang terkenal) ②【큰집】 rumah yang besar ⊙ 대갓집 rumah orang kaya-raya; keluarga yang berkuasa (yang berkedudukan tinggi)

대가다 【시간에】 datang tepat pada waktunya; 【정각에】 tiba tepat pada waktunya

대가리 ①【머리】 kepala; tengkorak; ujung ②【동물 · 생선 등의】 ¶생선 대가리 kepala ikan ③【콩나물의】 ¶콩나물 대가리 ujung kecambah ((togé)) ⊙ 소대가리 kepala seékor lembu jantan

대가족(大家族) keluarga besar ⊙ 대가족제 sistém keluarga besar

대각선(對角線) garis sudut menyudut; garis diagonal ¶ 대각선의 sudut menyudut/대각선을 이루어 secara diagonal

대각거리다 bunyi berkerisik

대간첩(對間諜) anti spionase ⊙ 대간첩작전 operasi anti spionase

대갈 paku sepatu kuda; paku ladam ⊙ 대갈장군 orang berkepala besar

대갈하다(大喝-) berteriak

대강(大綱) ①⇒ 대강령 ②【개론】 garis besar; bagan; skéma; 【대강 줄거리】 garis besar; isi pokok; intisari; ringkasan; ikhtisar; persingkatan ¶대강을 말하다 memberikan garis besar; menguraikan secara ringkas ③【대충】 secara umum; secara kasar

대강하다(代講-) menggantikan mengajar; memberi ceramah (kuliah) sebagai pengganti ¶A선생의 대강을 하다 mengisi (memenuhi) tempat tuan A; menggantikan tempat tuan A

대강당(大講堂) auditorium

대강령(大綱領) prinsip dasar (pokok); kaidah umum

대갚음(對-) 【보복】 pembalasan dendam 대갚음하다 membalas dengan setimpal

대개(大概) ①【개요】 ringkasan; ikhtisar; rékap; tulasi ②【대략】 garis besar;pada umumnya; hampir ¶대개의 umum; sebagian besar/대개의 경우 dalam kebanyakan kasus; pada umumnya

대개념(大概念) 【논리】 konsép utama

대거(大擧) sejumlah besar; pada skala besar

대검(帶劍) pedang ¶대검을 빼다 menghunus pedang

대검찰청(大檢察廳) Kantor Kejaksaan Agung

대견하다, 대견스럽다 puas; bangga; memuaskan; memberi kepuasan

대결(對決) konfrontasi; perselisihan; pertikaian 대결하다 berselisih; berkonfrontasi; menghadapi; sampai menjadi pertikaian (bentrokan) ¶ 1 대 1 로 대결하다 bertarung satu lawan satu ⊙ 대결정책 kebijakan konfrontasi

대경하다(大驚-) sangat kagét; sangat terkejut ¶ 대경실색하다 sangat terkejut; sangat kagét

대계(大系) garis besar

대계(大計) rencana jangka panjang; rencana yang hébat(luas)

대공(大功) jasa besar; pengabdian yang berjasa ¶대공을 세우다 membuat jasa besar

대공(對共) anti komunis

대공(對空) anti serangan pesawat udara ⊙ 대공감시병 pengintai; peninjau. 대공레이다 radar pelacak (pencarian; penyelidikan) di udara. 대공방어 pertahanan terhadap serangan pesawat udara

대공황(大恐慌) Deprési Besar tahun 1930-an

대과(大過) kesalahan besar; kekalahan yang berat (yang serius); kekeliruan yang gawat

대관(大觀) pendapat (pandangan) yang luas (umum); pendapat (pandangan) yang menyeluruh 대관하다 mengambil pendapat yang menyeluruh (yang umum)

대관료(貸館料) biaya séwa tempat

대관식(戴冠式) upacara penobatan ⊙ 엘리자베스 2세 대관식 upacara penobatan (pemberian mahkota) untuk Elizabeth II

대관절(大關節) gerangan
대괄호(大括弧) 【수학】 tanda kurung besar
대교(大橋) jembatan besar (hébat) ⊙ 마포 대교 jembatan besar Mapo
대교구(大教區) keuskupan agung
대구(大口) 【생선】 ikan kod ⊙ 대구탕 sup ikan kod. 대구포 ikan kod yang dikeringkan
대구루루 suara gemuruh (gaduh) ¶대구루루 구르다 bergelinding; berguling-guling; berputar-putar
대국(大局) situasi (keadaan) umum ¶대국적으로는 secara keseluruhan
대국(大國) negara besar; kekuatan (kekuasaan) yang besar
대국(對局) 【바둑 · 장기의】 pertandingan; permainan 대국하다 bermain catur
대군(大君) pangéran
대군(大軍) kekuatan tentara (militér) yang besar
대굴대굴 ⇒ 떼굴떼굴 ¶대굴대굴 구르다 bergelinding terus menerus
대권(大權) kedaulatan ¶대권에 도전하다 mencalonkan diri sebagai présiden
대권(大圈) lingkaran besar ⊙ 대권항로 jalur lingkaran besar
대궐(大闕) istana raja; kraton; puri ¶대궐 같은 집 rumah besar seperti istana
대규모(大規模) besar-besaran; skala besar; ukuran besar ¶대규모로 secara besar-besaran
대그락거리다 berkerisik
대그릇 mangkuk bambu
대근하다(代勤-) mengambil alih tugas
대금(代金) pembayaran; 【상품에 대한 값】 harga; biaya ¶카드대금을 결제하다 membayar tagihan kartu
대금(大金) sejumlah besar uang; jumlah uang yang sangat besar; banyak uang ¶대금을 내다 membayar sejumlah besar
대금(貸金) 【돈놀이】 peminjaman uang 대금하다 meminjamkan ⊙ 대금업 bisnis (usaha) peminjaman uang. 대금업자 lintah darat; orang yang meminjamkan uang dengan bunga tinggi; tukang riba. 단기대금 pinjaman 《jangka》 péndék.
대금(大琴) 【악기】 seruling bambu
대기(大氣) 【공기】 udara; angkasa ¶대기가 불안정하다 kondisi atmosférnya tidak stabil ⊙ 대기권 atmosfér. 대기압【력】 tekanan atmosfér (udara). 대기오염 pencemaran udara
대기(待機) tunggu kesempatan 대기하다 melihat dan menunggu kesempatan ¶항상 대기하고 있다 selalu bersiaga; selalu waspada ⊙ 대기모드 mode siaga: 시스템이 대기모드로 전환되었다 Sisténmnya berganti ke mode siaga. 대기실 ruang tunggu. 대기자 명단 daftar tunggu. 대기상태 keadaan siap-siaga
대기(大忌) keengganan; keseganan; kebencian; kejijikan 대기하다 tidak menyukai; benci; menghindari; menjauhkan diri
대기(大器) ①【큰 그릇】 mangkuk besar ②【인재】 orang yang cakap; orang yang berbakat; tokoh yang besar; orang yang kecerdasan (berkemampuan) luar biasa
대기만성(大器晩成) suksés yang besar biasanya tidak terjadi dengan cepat ¶대기만성형의 사람 orang yang terlambat (telat) berkembang
대기권(大氣圈) atmosfér ¶대기권 밖(의 우주) 《dari; ke》 angkasa luar
대기업(大企業) perusahaan besar; 《계열 회사를 거느린》 konglomerat
대기오염(大氣汚染) pencemaran (polusi) udara
대길(大吉) untung besar
대꾸하다 jawab; menjawab
대난(大難) kemalangan (bencana; kesulitan) yang besar
대남(對南) ¶대남의 melawan Korea Selatan/대남 방송을 하다 menyiarkan siaran propaganda ke Korea Selatan ⊙ 대남간첩 agén spionase melawan Korea Selatan
대납하다(代納-) ①【대신 납부하다】 membayar untuk seseorang ②【물건으로 대신 내다】 membayar dalam bentuk sesuatu
대낮 siang hari bolong; tengah hari
대내(對內) ¶대내적 dalam negeri; doméstik/대내외 di dalam dan luar negeri ⊙ 대내정책 kebijakan dalam negeri
대뇌(大腦) sérébrum; otak besar ⊙ 대뇌

막 selaput otak

대님 *daenim;* pita kain dipakai untuk mengikat ujung pantalon ¶대님을 매다 mengikatkan bagian bawah pantalon dengan tali

대다[1] ①【연결 · 대면】 mengenakan; menghubungkan ¶홍 선생을 좀 대 주세요【전화】 Boléhkah saya berbicara dengan Tuan Hong? ②【손을】 tersentuh ③【갖다 대다】 menaruh ④【착수 · 관계하다】 campur tangan; turut serta ⑤【덧대다】 memperbaiki ⑥【비교하다】 membandingkan ⑦【핑계 · 사실 등을】¶핑계를 대다 mencari-cari alasan ⑧【인맥 · 연줄】 berhubungan dengan

대다[2] ①【물을】 memindahkan air; mengairi ②【공급 · 주선하다】 menyediakan

대다[3] 【사실을】 memberitahu ¶떠들어 대다 gaduh; ribut

대다[4] 【배 · 차 등을】 membawa

대다수(大多數) sebagian besar; mayoritas; kebanyakan

대단원(大團圓) kesimpulan; final; penutup; bagian terakhir

대단찮다 ①【수 · 양적으로】 tidak banyak ②【대수롭지 않다】 biasa; tidak berarti ③【병세 · 사정이】 tidak keras; tidak gawat ④【정도가】 tidak terlalu; tidak begitu

대단하다 ①【많다】 besar; banyak ②【매우 뛰어나다】 terkenal; termasyhur; hébat ③【아주 중요하다】 serius; gawat ④【정도가 심하다】 keras

대단히 sangat; besar

대담하다(對談-) mengadakan pembicaraan (wawancara; percakapan)

대담(大膽) ¶대담한 berani; tak gentar; tidak takut/대담성 keberanian

대답(對答) jawaban; respon 대답하다 menjawab; menyahut ¶질문에 대답하다 menjawab pertanyaan

대대(大隊) batalyon ⊙ 대대기(旗) bendéra batalyon. 대대부관 ajudan batalyon. 대대공병 batalyon téknik mesin. 비행대대 skwadron

대대(代代) ¶대대로 dari génerasi ke génerasi; turun-temurun; dari bapak ke anak

대대적(大大的) besar; agung ¶대대적으로 secara besar-besaran

대도(大盜) perampok besar; pencuri yang beréputasi buruk

대도(大道) ①【윤리】 prinsip moral yang baik ②⟹ 대로(大路)

대도시(大都市) kota besar

대독하다(代讀-) membacakan atas nama ((seseorang))

대돈변(-邊) 10 persén bunga setiap bulan

대동단결(大同團結) persatuan; kesatuan; penyatuan; penggabungan; gabungan; koalisi 대동단결하다 disatukan; mempersatukan; bersatu; berada bersama-sama; bergabung

대동맥(大動脈) urat nadi (arteri) utama; batang nadi

대동소이하다(大同小異-) hampir sama; praktis sama

대두(大豆) kacang kedelai

대두하다(擡頭-) tampil ke depan; menjadi yang berpengaruh; bangkit

대두되다(擡頭-) muncul; maju ke depan

대들다 menentang; melawan; menyanggah

대들보 ①【건물의】 bubungan; balok penopang ②【중요한 사람】 tulang punggung

대등(對等) kesamaan ¶대등한 sama; setaraf

대뜸 langsung; segera; seketika

대란(大亂) kekacauan (kerusuhan) yang gawat (yang hébat); huru-hara (pemberontakan) yang hébat ¶경제 대란 krisis ékonomi

대략(大略) ①【개략】 ringkasan; garis besar; abstrak; secara kasar ②【대충】 kira-kira

대량(大量) jumlah yang besar (yang banyak); volume (isi) yang besar ¶대량으로 구입하다 membeli dengan cara borongan ⊙ 대량구입 pembelian secara borongan. 대량 살상 무기 senjata pemusnah masal. 대량생산 produksi besar-besaran; produksi masal. 대량 소비 konsumsi masal. 대량 실업 pemecatan masal; pemecatan besar-besaran. 대량실업(失業) pengangguran besar-besaran. 대량주문 pesanan secara borongan

(besar-besaran). 대량해고 pemecatan (pemberhentian) secara besar-besaran
대련하다(對鍊-) saling serang menyerang
대령(大領) kolonél
대령하다(待令-) menunggu perintah; siap untuk melaksanakan perintah
대례(大禮) 【결혼식】 upacara perkawinan
대로(大怒) kemarahan membabi buta 대로하다 marah besar; murka
대로(大路) jalan besar; jalan raya
대로 ①【…처럼, …에 따라서】 seperti ¶얘기한대로 seperti yang dikatakan ②【…하면 곧】 segera
대롱 ①【관】 pipa bambu yang kecil (tipis); tebung bambu ②【물레의】 kumparan pemintalan
대롱거리다 berayun
대륙(大陸) benua ¶대륙적 kontinental/대륙성 기후 iklim benua ⊙ 대륙붕(棚) betang benua; lémpéngan benua. 신대륙 Benua Baru / 구대륙 Benua Lama. 대륙성기후 iklim benua; hawa darat.
대리(代理) wakil; agén; perantara; wali; pengganti; députi 대리하다 menjadi wakil; mewakili; mengambil kedudukan orang lain ⊙ 대리업 bisnis perantara. 대리위임장 surat kuasa. 대리인 wali; mandataris; orang yang diperintahkan; agén perdagangan. 판매 대리인 agén penjualan
대리석(大理石) marmer; pualam
대리점(代理店) agén; perwakilan ⊙ 판매대리점 toko waralaba. 직영 대리점 cabang toko waralaba
대립(對立) oposisi; konfrontasi; pertentangan; konflik 대립하다 berlawanan; berbéda dengan; melawan; menentang; memusuhi ¶대립적인 lawan; rival; saingan ⊙ 대립개념 konsép kontradiksi. 대립관계 hubungan yang berlawanan (bermusuhan). 대립자 pelawan
대마(大馬) 【바둑】 sekumpulan batu yang besar
대마(大麻) 【식물】 ganja ⊙ 대마 씨 bibit ganja; biji ganja
대마초(大麻草) marijuana; sigaret yang dibuat dari daun ganja ⊙ 대마초 사범 pelanggar marijuana. 대마초흡연자 perokok marijuana
대마루 ①【지붕의】 bubungan atap ②【대마루판】 saat yang gawat (penting)
대만원이다(大滿員-) sudah penuh; penuh sesak; tak ada tempat lagi; diisi sampai penuh
대망(大望) ambisi besar; aspirasi ¶대망을 품다 berambisius
대매출(大賣出) penjualan istiméwa yang murah sekali ⊙ 연말대매출 penjualan murah akhir tahun
대머리 kepala botak; kepala gundul
대면(對面) wawancara; bertemu muka; bertatap muka 대면하다 menemui; mewawancara
대명(大命) perintah (tugas) kerajaan
대명(待命) hal menantikan perintah
대명사(代名詞) ①【문법】 kata ganti ②【대표적인 특색을 나타내는 말】 sinonim kata; pandanan kata ⊙ 관계【지시, 의문, 인칭】 대명사 kata ganti penghubung 【penunjuk, tanya, orang】
대모(代母) ①【가톨릭의 여자 후견인】 wali wanita; ibu Baptis ②【한 분야에서 영향력 있는 여자】 *doyenne*
대 모집(大募集) pengerjaan borongan (jumlah besar) ¶남녀 공원 대 모집【광고】 dibutuhkan (dicari) tenaga kerja dalam jumlah besar
대목[1] masa yang paling sibuk; saat yang terpenting; puncak dari masa(waktu) yang khusus ⊙ 대목장 pekan raya pada akhir tahun
대목[2] 【이야기 · 글 등의 특정 부분】 bagian; posisi (tempat) yang paling penting ¶난해한 대목 bagian yang sukar
대목(大木) ①【큰 건축의】 pemimpin tukang kayu ② ⇒ 목수(木手)
대목(臺木) 【접본】 persediaan induk
대못 【죽정】 pasak (paku) bambu ⊙ 대못박이 tolol; goblok; orang bodoh
대못(大-) paku (pasak) besar
대문(大門) pintu gerbang yang besar; pintu masuk utama
대문자(大文字) ①【웅대한 글】 tulisan yang bagus sekali ②【로마자의】 huruf besar; huruf kapital
대문짝(大門-) pintu gerbang; pintu pagar

¶신문에 대문짝만하게 내다 masuk ke dalam berita pokok
대문장(大文章) ①【글】 karangan agung ②【사람】 sastrawan besar; ahli gaya (bahasa) yang terkenal
대물(代物) pengganti
대물(對物) benda; obyék; barang ⊙ 대물대부 pinjaman dengan jaminan. 대물변제 pembayaran sebagai pengganti
대물리다(代-) 【대물림하다】 mewariskan kepada keturunan
대미(大尾)[1] penutupan
대미(對美)[2] ¶대미 관계 hubungan dengan Amerika Serikat ⊙ 대미무역 perdagangan dengan Amerika
대민(對民) ¶양질의 대민 서비스를 제공하다 memberikan jasa besar pada masyarakat ⊙ 대민봉사 활동 pelayanan untuk kesejahteraan umum. 대민사업 proyék untuk rakyat
대박 ¶ 대박이 나다 meraih keuntungan besar
대발 kordén dari bambu yang dianyam
대번(에) 【단숨에】 segera; sepintas lalu; sekali pandang; selirik;. 【곧】 segera; 【쉽사리】 mudah; 【서슴치 않고】 langsung; tidak segan-segan
대범하다(大汎-) 【너그럽다】 berpikiran luas; tidak terlalu ceréwét; murah hati; berpendirian luas
대법(大法) 【원칙】 prinsip pokok; 【국법】 hukum negeri; 【바꿀 수 없는】 hukum yang kekal (yang abadi)
대법관(大法官) hakim tertinggi; hakim Mahkamah Agung
대법원(大法院) Mahkamah Agung ⊙ 대법원장 ketua pengadilan; ketua Mahkamah Agung. 대법원판사 hakim Mahkamah Agung
대법회(大法會) 【불교】 ①【설법 회】 pertemuan besar penganut Budha untuk menghadiri ceramah ②【재 올림】 massa yang besar dari penganut Budha
대변(大便) kotoran badan; benda najis; benda buang; tinja ¶대변을 보다bérak; buang air besar ⊙ 대변검사 pemeriksaan tinja (kotoran). 대변불통 tidak bisa buang air besar
대변(大辯) 대변하다 ①【대표로 말함】 berbicara atas (untuk); mewakil bicara ②【나타내다, 상징하다】 indikasi; mengindikasikan ⊙ 대변자, 대변인 juru bicara
대변(貸邊) lajur krédit ¶대변에 기입하다 memasukkan ke lajur krédit ⊙ 대변 계정 perkiraan krédit
대변(對邊) 【수학】 sisi yang berlawanan
대별하다(大別-) menggolongkan (membagi-bagikan) secara kasar; membuat penggolongan (klasifikasi) umum
대보다 membandingkan ((A dengan B))
대보름(大-) *Daeboreum;* tanggal 15 Januari dari tahun kamariah ⊙대보름달 bulan purnama pertama tahun baru
대본(大本) prinsip dasar; landasan
대본(貸本) ⇒ 세책(貫册)
대본(臺本) naskah sandiwara(film); skénario; naskah opera
대본산(大本山) 【절의】 kuil (kelenténg; candi) tempat diam
대부(大父)[1] ①【가톨릭의 남자 후견인】 wali laki-laki seorang bayi; bapak baptis ②【어떤 집단에서 영향력 있는 남자】 bapak; pemimpin
대부(貸付)[2] peminjaman 대부하다 meminjamkan; memberi pinjaman ⊙ 대부금 uang pinjaman. 신용대부 pinjaman kredit; pinjaman tanpa jaminan (boreh)
대부분(大部分) kebanyakan; mayoritas; sebagian besar
대부인(大夫人) ibu anda yang mulia; ibunya yang terhormat
대북(對北) ¶대북 방송을 하다 menyiarkan propaganda ke Korea Utara ⊙ 대북방송 siaran propaganda terarah (ke) Korea Utara
대분수(帶分數) 【수학】 pecahan
대불(大佛) patung Budha yang hébat
대비(大妃) ibu ratu; janda permaisuri ratu; ibu suri
대비(對比) ①【대조, 비교】 pertandingan; kontras 대비하다 membandingkan ②[미술】 kontras
대비(對備) persiapan 대비하다 bersiap; menyediakan ¶만일에 대비하다 bersiap untuk keadaan darurat ⊙대비책 persiapan

대빈(大賓) tamu kehormatan

대사(臺詞) dialog; pembicaraan 《dalam skénario》 ¶대사를 잊다 melupakan dialog ⊙ 독백대사 bicara sendiri

대사(大事) ①【중대한 일】 perkara yang gawat (berat); masalah yang penting; hal yang hébat; peristiwa besar ②【큰 사업】 perusahaan (usaha) yang besar ③【혼인과 같은 집안의 일】 upacara perkawinan

대사(大使)【외교관】 duta besar; duta ¶미국 주재 한국대사 duta besar Korea untuk Amerika ⊙ 대사급(級)회담 konperénsi tingkat duta besar. 순회 (이동) 대사 duta besar keliling. 특파대사 utusan khusus; duta luar biasa

대사(大師) pendéta agung Budha

대사(大蛇) ular yang sangat besar

대사(大赦) ⇒사면(赦免)

대사(代謝) ⇒ 신진대사(新陳代謝)

대사관(大使館) kedutaan besar ⊙주일미국 대사관 kedutaan besar Amerika di Jepang

대사립 pintu pagar bambu

대삿갓 topi bambu yang berbentuk kerucut

대상(對象) sasaran; tujuan; obyék; pokok; pokok kalimat ¶공격의 대상 sasaran penyerbuan

대상(代償) ganti rugi ¶…의 대상으로 sebagai ganti rugi

대상(隊商) kafilah; karavan

대상(大祥) hari peringatan kematian tahun kedua

대상(大喪) mangkatnya raja; perkabungan raja

대서하다(代書-) menulis untuk orang lain

대서양(大西洋) Samudra Atlantik ⊙ 대서양헌장 Piagam Atlantik

대서특필하다(大書特筆-) ¶그 사건은 대서특필되었다 Insidénnya menjadi berita utama.

대석(臺石) batu alas; batu sendi

대선(大選) pemilihan présidén ⊙ 대선 주자 kandidat présidén

대선(貸船) 대선하다 menyéwakan perahu (kapal) ⊙ 대선료 biaya penyéwaan perahu (kapal). 대선장 tempat penyéwaan perahu

대설(大雪)【눈】 salju lebat

대성하다(大成-) suksés; terkenal; memperoléh kebesaran (keagungan)

대성(大姓) nama keluarga yang terkemuka (yang amat terkenal)

대성(大聖) ①【현인】 orang bijaksana yang termasyhur (yang hébat) ②【공자】 Konfusius

대성(大聲) suara keras; teriakan

대성공(大成功) suksés yang luar biasa; hasil yang baik sekali

대성통곡하다(大聲痛哭-) menangis dengan keras; menggerung-gerung

대성황(大盛況) suksés yang luar biasa; keberhasilan besar

대세(大勢) kecenderungan umum; situasi secara keseluruhan; arus yang besar; arus utama ¶대세를 좇다 mengikuti arah (jalan) yang umum; mengikuti arus (suasana); menerima jalan peristiwa

대소(大小) ukuran besar dan kecil

대소변(大小便) buang air besar dan buang air kecil; berak dan kencing ¶아이가 아직 대소변을 못 가리나요? Apakah anakmu sudah bisa éé dan pipis?

대소동(大騷動) kerusuhan; huru-hara; kekacauan; kegemparan; keributan; kegembiraan yang besar; kekacauan (kegaduhan) yang besar 대소동하다 berada dalam huru-hara 《dalam keributan》; sangat gembira; mengamuk; membabi buta ¶대소동을 일으키다 menimbulkan kegemparan (kegaduhan; keributan) yang besar

대소사(大小事) perkara yang besar dan yang kecil; segala macam perkara (persoalan); semua urusan

대소쿠리 keranjang bambu

대속(代贖) penebusan dosa 대속하다 menebus; bertobat

대솔(大-) pohon cemara yang besar

대수【중요한 것, 대단한 것】 penting; berharga

대수(大數)【대수학】 aljabar ⊙ 대수 학자 ahli aljabar

대수(代數)【수학】 logaritma ⊙ 대수표 tabél logaritma

대수롭다 memperhatikan; penting; berharga; signifikan
대수술(大手術) operasi pembedahan besar
대승(大勝) ⇒ 대승리(大勝利) ①【시합에서】 kemenangan yang besar 대승하다 mendapat (memperoléh) kemenangan besar; menang besar ¶5대 0의 대승 kemenangan yang besar dengan (dengan skor) lima-nol ②【선거에서】 memperoléh kelebihan suara
대시 ①【문장부호】 tanda hubung; tanda garis; tanda pisah; tanda alangan (-) ②【돌진】 pergi tergesa-gesa; berlari; menghancurkan ③【이성에게】 ¶너무 망설이지 말고 한번 대시해 봐라 Jangan ragu-ragu, cobalah saja.
대식(大食) ①【끼니】 makanan utama; makan pagi dan makan malam ②【많이 먹음】 kerakusan; makan makanan yang berlebihan 대식하다 makan dengan lahapnya; makan terlalu banyak ¶대식의 suka makan rakus/대식하는 아이 anak pelahap
대식가(大食家) jago makan; tukang makan; pelahap besar; orang rakus makan
대신(代身) ①【대리 · 대용】 pengganti 대신하다 menggantikan; mengambil alih ¶자기 대신 사람을 보내다 mengirim wakil ②【대상(代償)】 ganti; penggantian ③【한편】 tetapi
대실(貸室) kamar(ruangan) yang diséwakan ⊙ 대실료 ongkos (harga) kamar
대심(對審) pemeriksaan pengadilan; sidang pengadilan 대심하다 berhadapan muka si terdakwa dengan pendakwa (penuduhnya)
대아(大我) 【철학】 diri sendiri yang mutlak (yang sesungguhnya); dirinya yang lebih tinggi.
대안(代案) gagasan (rencana; usul) pilihan (pengganti); alternatif ⊙ 대안학교 sekolah alternatif
대안렌즈(對眼-) 【물리학】 lénsa mata
대액(大厄) bencana besar
대야 tempat cuci tangan; wastafel
대양(大洋) lautan; samudera ¶대양을 향해 가다 mengarungi lautan ⊙ 대양도(島) pulau lautan. 대양학 ilmu samudra. 대양항로 jalur lautan. 대양항로선 kapal laut
대양주(大洋洲) Oséania
대어(大魚) ikan besar
대언(大言) kata-kata penting; pembualan yang menyolok 대언하다 berkata besar; menyombongkan diri; membanggakan
대언장담(大言壯談) ⇒ 대언(大言) 대언장담하다 beromong besar; membual
대업(大業) usaha yang besar; perbuatan (préstasi) yang hébat; kewajiban (tugas) yang besar ¶대업을 이루다 mencapai karya yang besar
대여(貸與) pinjaman; peminjaman 대여하다 meminjamkan; meminjami ⊙ 대여료 ongkos séwa. 대여점 toko séwa. 대여 장학금 beasiswa pinjaman
대여섯 sekitar (kira-kira) lima atau enam
대역(大役) 【역할】 tugas (peranan) penting
대역(代役) 【연극 · 영화의】 aktor (aktris) pengganti; penggantian ¶대역을 하다 memainkan pemeran pengganti
대역(大逆) pengkhianatan besar ¶대역죄로 사형을 선고 받다 dijatuhi hukuman mati atas tuduhan pengkhianatan besar ⊙대역죄 dosa penkhianatan besar
대역(對譯) terjemahan dengan téks asli pada halaman yang berdampingan
대열(隊列) barisan; formasi ¶대열을 짓다 membentuk barisan
대엿새 sekitar lima atau enam hari
대오(隊伍) ⇒ 대열(隊列)
대오다 sampai (datang) tepat pada waktu
대오(大悟) kesadaran spiritual(batin; rohani) 대오하다 mencapai kesadaran spiritual
대왕(大王) ①【선왕】 Seri Baginda Raja Almarhum ②【현왕】 Seri Baginda yang Mulya ¶세종대왕이 한글을 창제했다 King Sejong yang agung menciptakan Hangul.
대외(對外) ¶대외의 luar negeri; éksternal ⊙ 대외무역 perdagangan luar negeri. 대외정책 kebijakan luar negeri
대요(大要) garis besar; ringkasan; prinsip umum
대용(代用) pengganti; substitusi 대용하다 mengganti((kan)) ⊙ 대용식 makanan

pengganti. 대용품 barang pengganti (ganti)

대용하다(貸用-) mengambil pinjaman; meminjam

대우(待遇) perlakuan; penyambutan; 【보수】 gaji; upah 대우하다 memperlakukan; menyambut; menggaji; membayar upah ¶차별 대우를 하다 mendiskriminasikan orang ⊙ 대우개선 perbaikan kondisi kerja; kenaikan upah

대우주(大宇宙) 【철학】 alam semesta yang besar

대운(大運) ①【운명】 nasib; takdir ②【큰 운수】 peruntungan besar

대원(隊員) anggota ((dari tim ékspedisi)) ⊙구조대원 anggota penyelamatan

대원(大願) keinginan (doa; sembahyang) yang sungguh-sungguh; hasrat keinginan yang besar ⊙ 대원성취 pencapaian keinginan (hasrat)

대원칙(大原則) prinsip (dasar) yang kuat

대위(大尉) kaptén ¶대위로 진급하다 diangkat menjadi kaptén

대음(大飮) 【술을 많이 마심】 minum minuman keras yang banyak sekali; minuman yang memabukkan

대응(對應) 대응하다 meréson; membalas; sepadan; ékuivalén ¶대응책을 마련하다 menyiapkan tindakan balasan

대의(大意) idé (gagasan; rencana; maksud) umum; pokok; intisari

대의(大義) tugas yang paling besar (berat); keadilan; peradilan; perkara yang adil ⊙ 대의명분 alasan yang tepat (yang pantas): 대의명분이 서지 않다 tidak dapat dibenarkan; tidak dapat diberikan alasan

대의(代議) perwakilan ⊙ 대의기관 badan perwakilan. 대의정치 perwakilan politik. 대의제(도) sistém perwakilan

대의명분(大義名分) dalih; pembenaran

대의원(代議員) délegasi ¶대의원 회의를 열다 menyelenggarakan konferénsi délegasi

대이동(大移動) migrasi masal

대인(大人) ①【성인, 어른】 orang déwasa; akil baligh ②【거인】 orang terkenal; tokoh besar ③【덕망·도량이 큰 사람】 orang besar; orang murah hati; pemurah; dermawan ④【대인군자】 pria bangsawan yang mulia ⑤【남의 아버지】 ayah orang lain ⊙ 대인 국 negeri raksasa

대인(對人) 【부사적】 terhadap personil (orang) ¶대인의 personil; personalia; pribadi; perorangan ⊙ 대인관계 hubungan pribadi

대인기(大人氣) ketenaran (kepopuléran) besar; suksés besar; yang sangat sénsasi (kegemparan)

대일(對日) 【부사적】 terhadap Jepang ⊙ 대일감정 perasaan sentimén terhadap Jepang

대임(大任) tugas besar (penting)

대입(大入) 【대학 입학】 ¶대입제도 sistém izin masuk perguruan tinggi

대자대비(大慈大悲) kasihan dan kemurahan hati yang besar

대자보(大字報) poster besar; poster dinding

대자색(大豕色) warna boréh yang mérah

대자연(大自然) alam raya; alam semesta; sifat keibuan; sifat dasar Ibu

대작(大作) ①【뛰어난 작품】 karya besar; karya agung ②【규모가 큰 작품】 *blockbuster*

대작하다(對酌-) minum minuman keras bersama-sama (saling berhadpan); tukar-menukar cangkir minuman

대작(代作)【다른 사람을 대신하여 글 씀】 penulisan (karangan) untuk orang lain 대작하다 mengarang untuk orang lain

대장(大將)[1] ①【군대의 계급】 (육군, 해병대) jénderal; (해군) laksamana; (공군) jénderal; marsekal ②【우두머리】 pemimpin; bos ③【어떤 일을 잘하거나 즐겨하는 사람】 ¶그는 지각 대장이다 Dia adalah Pak Terlambat.

대장(隊長)[2] 【무리의 우두머리】 pemimpin; (특히 군대의 지휘관) komandan; panglima; pemimpin; kaptén ¶탐험대장 pemimpin ekspédisi

대장(大腸)[3] 【큰창자】 usus besar ⊙대장균 basilus (baktéri) usus besar. 대장암 kanker *colorectal:* 대장암 판정을 받다 didiagnosa mengidap kanker *colorectal.* 대장염(炎) radang usus besar. 대장카타르

radang selaput lendir

대장(臺帳)[4] 【원장】 buku besar; buku kas induk; 【등록대장】 daftar; buku daftar ⊙ 출납 대장 buku besar untuk pemasukan dan pengeluaran

대장[5] ⊙ 대장간 toko besi. 대장장이 tukang besi

대장경(大藏經) 【불교】 kumpulan lengkap dari kitab suci penganut Budha (Sutra); hukum dan risalat

대장부(大丈夫) orang yang gagah; laki-laki yang berani (yang jantan; yang bersifat pahlawan) ¶대장부답게 굴다 berkelakuan seperti pria sejati

대장정(大長征) prosés besarnya

대적하다(對敵-) berkelahi; bertempur; melawan; bersaing

대적(大敵) musuh besar

대전(大全) ①【책의】 kumpulan (koléksi) lengkap (sempurna) ②【완전히 갖춤】 kesempurnaan; penyempurnaan; kelengkapan

대전(大典) ①【의식】 upacara kerajaan (negara) ②【법전】 peraturan agama; norma

대전(大殿) Sri Baginda Raja yang Mulya ⊙ 대전마마 ⇒ 대전(大殿)

대전(大戰) perang besar; perang dunia ¶ 대전 전【후】의 sebelum 【sesudah】 perang ⊙ 제2차 세계대전 Perang Dunia Kedua

대전(帶電) 【물리학】 éléktrifikasi 대전하다 berisi listrik; mengéléktrifikasikan ⊙ 대전체 benda yang diisi listrik (berisi)

대전(對戰) ①【전쟁】 pertempuran; peperangan 대전하다 bertempur; menentang musuh ②【경기 · 시합 등】 pertandingan ¶대전시키다 mempertandingkan ⊙대전료 uang pertarungan; bayaran pertandingan

대전제(大前提) prasyarat; dasar pikiran yang pokok (yang utama)

대전차(對戰車) anti tank ⊙ 대전차미사일 misil anti-tank. 대전차지뢰 ranjau anti-tank

대절(貸切) cadangan; carter 대절하다 memesan; menyediakan; menyéwa; mencarter ⊙ 대절버스 bus yang dicarter (diséwa)

대접 ①【그릇】 mangkuk sup ②【쇠고기의】 tulang kering

대접(待接) penjamuan; penyambutan; resépsi 대접하다 melayani; menyambut; menjamu; menyajikan; mentraktir ¶극진히 대접하다 memberi sambutan hangat

대제(大帝) Kaisar Agung ¶피터대제 Peter yang Agung

대제사장(大祭司長) pendéta agung; kepala pendéta

대조(對照) perbandingan; pemadanan 대조하다 membandingkan; memadankan ①【비교하다】 membandingkan ②【서로 달라서 대비되다】 kontrast; berbéda dengan ¶대조적 kontras

대조(大潮) air pasang yang besar (yang banjir)

대졸(大卒) lulusan universitas

대종(大宗) ①【계통】 garis keturunan; garis silsilah dari kepala keluarga ②【주요한 것】 pokok utama; hal-hal yang besar ¶ 대종을 이루다 membentuk golongan mayoritas ⊙ 대종가(家) kepala keluarga umum. 대종손(孫) ahli waris dari garis keturunan kepala keluarga

대죄(大罪) 【도덕상의】 dosa besar; dosa yang membawa maut; 【법률상의】 pelanggaran berat; kejahatan tinggi ⊙ 대죄인 penjahat; narapidana; pelanggar besar; penjahat yang kejam

대죄하다(待罪-) menunggu kepastian resmi tentang hukuman

대주(大酒) ⊙ 대주가 peminum banyak (berat)

대주(貸主) pemberi pinjaman; kréditor

대주교(大主教) 【가톨릭】 Uskup Agung

대주다 menyediakan; memberikan ¶용돈을 대주다 memberikan uang saku

대중(大衆) rakyat; khalayak ramai; massa ¶대중화되다 menjadi populér/대중의 지지를 얻다 mendapat dukungan masyarakat ▸대중성 daya tarik populér ⊙ 대중가요 lagu pop. 대중교통 transportasi (kendaraan) umum. 대중문화 budaya pop. 대중매체 media massa

대중 ①【겉어림 · 추측】 taksiran kasar; terkaan 대중하다 membuat taksiran (perhitungan) kasar ②【표준】 standar

대중없다 ①【의미 없음】 tidak berarti; tidak konsékwén ¶대중없는 말 ucapan (kata-kata) yang tidak konsékwén; pernyataan yang tak dapat dipercaya ②【표준 없음】 tidak tepat; tidak ada peraturan

대지(大地) bumi

대지(垈地) aréa tanah

대지(大志) ambisi; aspirasi

대지(帶紙) pembungkus; sampul; selubung

대지(臺地) dataran tinggi

대지(臺紙) papan pengumuman; papan penémpélan

대지주(大地主) tuan tanah yang besar; pemilik tanah besar

대진(代診) pemeriksaan pasién atas nama dokter yang lain 대진하다 memeriksa sebagai pengganti dokter

대진(對陣) 【군대】 대진하다 berhadapan satu sama lain; saling diadu; mengambil posisi berlawanan dengan musuh

대질(對質) konfrontasi ¶대질시키다 memperhadapkan; mengkonfrontasi

대짜(大-) yang besar ¶대짜 못 paku yang besar

대쪽 belahan bambu ¶성미가 대쪽 같은 사람 orang yang tulus ikhlas

대차(大差) perbédaan besar ¶…과 대차 없다 tidak banyak berbéda dengan; hampir sama dengan

대차(貸借) pinjaman ⊙ 대차계정 perkiraan débitor dan kréditor. 대차관계 hubungan antara orang yang berhutang dengan orang yang meminjamkan uang: 대차관계가 있다 ada perhitungan yang harus dibéréskan. 대차대조표 lémbar neraca; lémbaran perkiraan. 대차인 yang meminjami dan peminjam; orang yang berhutang dan orang yang meminjamkan uang.

대찰(大刹) candi agung

대책(對策) tindakan balasan; langkah balasan ¶대책을 강구하다 merencanakan tindakan balasan; mempertimbangkan rencana balasan ⊙ 수해대책 tindakan untuk pengendalian banjir. 인플레대책 tindakan untuk mencegah inflasi; kebijakan anti-inflasi

대처(大處) kota ⊙ 대처사람 orang kota

대처승(帶妻僧) pendéta Budha yang menikah

대처하다(對處-) menanggulangi; mengatasi; menghadapi

대천(大川) sungai besar (lebar)

대첩(大捷) kemenangan besar (gemilang) 대첩하다 meraih kemenangan besar

대청(大廳) ruangan (kamar) berlantai besar; aula; gedung utama ⊙ 대청마루 ⇒ 대청

대청소(大淸掃) ¶대청소를 하다 membersihkan secara besar-besaran

대체(代替) pengganti; alternatif 대체하다 mengganti《kan》 ⊙ 대체물【법률】 pengganti. 대체 식량 makanan alternatif. 대체에너지 énergi alternatif. 대체 인력 pekerja pengganti

대체(大體) ①【요점】 bagian yang mendasar; 【개요】 ringkasan; garis besar ¶대체적인 umum; utama; kasar ②【도대체】 gerangan ¶대체 넌 누구냐 Siapa gerangan kamu?

대체로(大體-) umumnya; secara keseluruhan

대체(對替) pemindahan; transfer 대체하다 memindahkan; mentransfer ⊙ 대체 계정 rékening pemindahan

대추 【과실】 jujube; kurma Cina ¶대추씨 같다 orang yang kecil tetapi tabah

대출(貸出) peminjaman; pinjaman 대출하다 ①【돈을】 meminjam ¶대출을 받다 meminjam uang ②【책을】 pinjam ¶그 책은 대출 중입니다 Buku ini dipinjam. ⊙ 대출계 bagian peminjaman《perpustakaan; bank》. 대출금 uang pinjaman (yang dipinjamkan). 대출도서 buku yang dipinjamkan; buku pinjaman. 대출동결 penyetopan pinjaman. 담보대출 pinjaman diberikan dengan jaminan. 대출 한도 batas krédit. 신용대출 pinjaman yang diberikan tanpa jaminan

대충자금(對充資金) dana imbangan

대충하다(代充-) melengkapi dengan pengganti

대충 ①【대강】 secara kasar; dengan singkat ②【거의】 kurang lebih; hampir; kira-kira

대취(大醉) keadaan mabuk sekali; kemabukan yang sangat 대취하다 menjadi mabuk sekali

대치(對峙)[1] 대치하다 berdiri berhadapan muka

대치(代置)[2] penggantian 대치하다 menggantikan 《A dengan B》

대칭(對稱) ①【수학】 simétri ¶대칭적(으로) simétris ②【제2인칭】 orang kedua

대타(代打) ①【야구】 pemukulan ganti 대타하다 menggantikan ②【대신할 사람】 pengganti ⊙ 대타자 pengganti memukul

대통(大統) garis keturunan kerjaan ¶대통을 잇다 meneruskan garis kerajaan; menggantikan tahta kerajaan

대통(大通) suksés; kemakmuran 대통하다 berhasil baik; menjadi makmur

대통령 préidén ¶대통령의 présidénsial ⊙ 대통령관저 Istana Présidén. 대통령교서 Amanat Présidén. 대통령부인 Ibu Negara. 대통령선거 pemilihan Présidén. 대통령입후보자 calon Présidén

대통령권한대행(大統領權限代行) penjabat (pemangku jabatan) sementara Présidén

대퇴(大腿)【해부학】paha ⊙ 대퇴골(骨) tulang paha

대파(大破) ①【깨짐 · 파손】 kehancuran yang besar; kerusakan yang berat (yang serius) 대파하다 hancur (bobrok) sekali; rusak secara berat; rusak sama sekali ②【격파】 대파하다 mengalahkan habis-habisan; menghancurkan

대판(大-) ¶대판 싸우다 bertengkar (berkelahi) sengit

대판(代版) ukuran besar

대패 【공구】 pengetam ¶대패질하다 mengetam ⊙ 대팻손 gagang pengetam

대패(大敗) ①【크게 짐】 kekalahan yang serius 대패하다 menderita kekalahan; kalah sama sekali ¶대패시키다 dikalahkan; dihancurkan ②【실패】 kegagalan besar

대포[1] ¶대포를 한잔하다 meminum *makgeolli* dengan mangkuk

대포(大砲)[2] ①【포】 senapan ¶대포소리 dentuman senapan/대포로 쏘다 menémbakkan senapan ②【거짓말】 omong kosong; omongan yang besar

대폭(大幅) ①【폭】 lébarnya penuh ②【많이】 dengan tajam; menyolok ¶대폭적인 besar; substansial ⊙대폭삭감 pemotongan tajam. 대폭인상 kenaikan yang menyolok (yang tajam)

대표(代表) wakil; délegasi; utusan 대표하다 mewakili ¶…을 대표하여 atas nama…/대표적인 khas; répréséntatif; tipikal; mewakili ⊙ 대표단 délegasi. 대표부 utusan; perwakilan: 유엔 한국 대표부 utusan Korea untuk PBB. 대표이사 présidén; (최고 경영자) *CEO (Chief Executive Officer)*

대풍(大風) angin keras; angin besar; angin kencang; angin badai

대풍(大豊) hasil panén yang luar biasa besarnya; hasil panén yang berlimpah-limpah

대피(待避) 대피하다 melangsir; (공습 등을) berlindung; bernaung 《dalam; di bawah》 ⊙ 대피로 garis langsir; stasiun langsir. 대피선(線) jalan pinggir. 대피소 tempat berlindung

대필하다(大筆-) menulis untuk orang lain

대하(大河) sungai yang lebar ⊙ 대하드라마 drama épik; drama historis. 대하소설 hikayat; novél épik

대하(大厦) gedung (bangunan) besar

대하(帶下) buangan 《dari rahim》 ⊙ 대하증(症) penyakit keputihan

대하다(對-) ①【대상으로 하다】 tentang; terhadap ②【마주하다, 마주보다】 berhadap-hadapan ③【상대하다】 memperlakukan

대학(大學) universitas; perguruan tinggi ⊙ 대학교수 profésor; guru besar universitas; maha guru. 대학교 총장 réktor universitas. 대학구내 kampus universitas. 대학생 mahasiswa perguruan tinggi (universitas). 대학입학 수능고사 tés kemajuan pelajaran yang dicapai untuk masuk universitas. 대학출신자 lulusan sarjana muda universitas. 국립 【사립】대학 universitas negeri 【swasta】. 여자대학 universitas untuk para wanita

대학원(大學院) fakultas (Akadémi) untuk tingkat sarjana; kuliah pada tingkat sarjana ¶ 대학원 학생 mahasiswa tingkat sarjana

대학교육(大學敎育) pendidikan universitas (perguruan tinggi) ¶대학교육을 받다 mendapat pendidikan di universitas

대학생(大學生) mahasiswa ⊙ 학생기질 semangat mahasiswa; cara berpikir mahasiswa. 학생자치 기구 badan mahasiswa otonomi. 학생증 kartu mahasiswa. 학생활동 kegiatan mahasiswa. 학생회 senat (persatuan) mahasiswa. 학생회장 ketua déwan mahasiswa. 총 학생회 Himpunan Mahasiswa. 전국학생총연합회 Federasi Nasional Persatuan Mahasiswa

대학자(大學者) sarjana yang termasyhur (yang terkemuka); orang yang sangat terpelajar

대한(大韓) Korea ⊙ 대한상공회의소 Kamar Dagang dan Industri Korea. 대한적십자사 Palang Mérah Nasional Korea

대한(大旱) musim kemarau yang hébat; cuaca di musim kering yang panjang

대한민국(大韓民國) Republik Korea

대합(大合) 【어패류】 kerang besar ⊙ 대합구이 daging kerang panggang. 대합 찜 daging kerang kukus

대합실(待合室) ruang tunggu ⊙ 버스 대합실 ruang tunggu terminal bus

대항(對抗) perlawanan; oposisi 대항하다 melawan; menentang ⊙ 대항전 kompétisi olahraga: 국가 대항전 kompétisi internasional. 대항 기 pertandingan; turnamén

대해(大害) kerusakan (kerugian) besar

대해(大海) lautan; samudera

대형(大型) ukuran besar ⊙ 대형할인점 toko diskon besar

대형(隊形) formasi 《militér》 ⊙ 전투대형 formasi pertempuran

대형(大兄) Tuan …; Bapak

대화(大火) ⇒ 큰불

대화(大禍) bencana (malapetaka) yang besar ¶대화를 입다 mendapat bencana

대화(對話) pembicaraan; dialog; percakapan; perundingan 대화하다 berkomunikasi; mengadakan pembicaraan ⊙ 대화명 idéntitas *online*. 대화창 jendéla percakapan: 대화창이 떴다 jendéla percakapan muncul. 대화체 gaya dialog. 남북대화 dialog antar Korea Utara dan Korea Selatan

대환(大患) penderitaan; bencana; malapetaka; kemalangan yang besar

대회(大會) ①【큰 모임 · 회의】 rapat besar; rapat umum; (총회) konperénsi; kongrés; pertemuan; konvénsi ¶대회를 열다 mengadakan rapat umum ②【스포츠 · 경시 대회】 pertandingan; turnamén ¶전국 테니스 대회 turnamén ténis seluruh Korea ⊙ 대회사 pidato pembukaan. 대회신기록 rékor baru

대흉(大凶) 【불길】 nasib buruk yang luar biasa; kemalangan besar; 【흉년】 hasil panén yang luar biasa buruk; 대흉하다 mempunyai pertanda buruk; tidak menyenangkan sama sekali; buruk sekali ⊙ 대흉년 tahun yang buruk sekali hasil panénnya

댁(宅) ①【집의 높임말】 rumah ②【너, 당신】 ¶댁의 말씀이 옳아요 Anda benar.

댁내(宅內) keluarga anda

댁대구루루 ⇒ 떽대구루루

댄서 penari; pedansa

댄스 dansa; tarian ⊙ 댄스교사 【교습소】 pelatih 【sekolah】 dansa (tari). 댄스파티 pésta dansa. 댄스홀 ruangan dansa. 댄스곡musik dansa. 댄스그룹 grup tari

댐 bendungan ¶댐을 건설하다 mendirikan (membangun) bendungan ⊙ 다목적댐 bendungan serbaguna

댓 kira-kira lima ¶댓 번 kira-kira lima kali

댓글 koméntar

댓돌(臺-) batu sendi

댓바람 sekali pukul; segera; seketika

댓진(-津) getah tembakau yang menumpuk dalam pipa

댕강 ⇒ 댕그랑

댕그랑거리다 berdenting

댕기 *daenggi:* pita kuncir

더 lebih ¶더 한층 lebih banyak/더욱 더

lebih···lebih

더 가다 ①【거리】 berjalan meléwati; maju ②【정도】 melebihi; melampaui; bertahan lebih lama; lebih banyak dari pada ③【시계가】 berlalu terlalu cepat

더그아웃 【야구】 tempat tunggu para pemain basbal; tempa duduk pemain

더구나 【게다가】 lagi pula; lebih-lebih

더군다나 ⇒ 더구나

더껑이 selaput; lumut; lapisan; kepala susu; buih; lapisan kotoran; karang pelapis; 【상처의】 keropéng ¶상처에 더껑이가 지다 Luka itu sudah berkeropéng./더껑이를 걷어내다 menyaring lapisan kotoran

더께 lapisan kotoran; buih

더더구나, 더더군다나 ⇒ 더구나

더덕 *deodeok;* akar tumbuhan pegunungan yang mempunyai éfék penyembuhan ⊙더덕구이 akar *deodeok* yang dipanggang

더덕더덕 dipenuhi dengan

더덜더덜 ⇒ 다닥다닥

더덩실 ⇒ 두둥실

더뎅이 keropéng ¶부스럼에 더뎅이가 앉다 keropéng terbentuk di atas borok

더듬거리다 ①【손으로】 meraba-raba; mencari-cari; merogoh ②【말을】 menggagap ¶더듬거리며 말하다 berbicara dengan gagap

더듬다 ①【말을】 menggagap; berbicara dengan gagap; bicara terputus-putus ②【손으로】 meraba-raba; mencari-cari; merogoh ③【근원 · 기원 · 옛 자취를】 mengikuti jejak; menelusuri; menempuh; menuruti; menjelajahi; menyelidiki; memeriksa

더듬이[1] 【말더듬이】 orang yang berbicara gagap

더듬이[2] 【동물】 alat penangkap; alat peraba; alat perasa; anténa; sungut serangga

더디다 lambat ¶일손이 더디다 lambat bekerja

-더라도 【비록】 betapapun; apapun; sekalipun; bahkan; walaupun ¶무슨 일이 있더라도 apapun yang terjadi; dalam keadaan apa saja

더러[1] ①【얼마쯤】 beberapa; agak sedikit ②【이따금】 kadang-kadang; adakalanya

더러[2] 【···에게】 kepada; terhadap

더러움 【얼룩】 noda

더러워지다 ①【불결해짐】 kotor; tercemar; menjadi kotor ②【도의심, 지조가】 menjadi rusak; menjadi kotor; menjadi hina ¶마음이 더러워지다 berpikiran licik ③【이름 · 명성들이】 menjadi kotor; ternoda; tercemar ④【순결이】 menjadi tidak suci; ternoda; kehilangan kesucian (kemurnian); menjadi aib; tercemar ¶몸이 더러워지다 kehilangan kesucian

더럭 tiba-tiba; seketika

더럼타다 mudah menjadi kotor

더럽다 ①【깨끗하지 못하다】 kotor; dekil; jorok; tidak bersih ②【비열하다】 licik ③【추잡하다】 tidak senonoh; kotor; ceroboh; cabul; mesum; sangat tidak menyenangkan ¶더러운 이야기 omongan kotor (ceroboh) ④【못마땅하다, 불쾌하다】 buruk sekali; mengerikan

더럽히다 ①【지저분하게 만들다】 mengotori; menodai; mencemarkan; membuat kotor ②【공중도덕을】 merusak moral masyarakat ③【명예 등을】 mengotori; mencemarkan; menodai ④【순결을】 memperkosa (seorang wanita)

더미 tumpukan; timbunan; gundukan; onggokan ¶쓰레기더미 timbunan sampah

더미씌우다 mengalihkan (memindahkan) beban (tanggung-jawab); melemparkan kesalahan; mengélakkan (menghindarkan) tanggung jawab

더버기 banyak; timbunan; tumpukan

더벅머리 ①【머리】 rambut yang kusut; rambut yang tidak rapi; ②【아이】 anak kecil

더부룩하다 kusut; tidak rapi; terurai ¶더부룩한 머리 rambut yang kusut /속이 더부룩하다 merasa gembung; mengalami perut gembung

더부살이 orang (pembantu; pelayan) yang menumpang

더북더북하다 berada dalam ikatan; tebal; lebat

더불다 ①【함께 하다】 bekerja bersama-sama; ikut serta ②【동행】membawa dengan; ditemani; disertai; pergi dengan; menyertai; menemani

더불어 bersama-sama dengan; berdampingan ¶더불어 즐기다 menikmati bersama

더블 rangkap; dobel ¶마우스 왼쪽 버튼을 더블 클릭하시오 klik kiri tetikus dua kali ⊙더블보기 (골프)*double bogey* (istilah golf). 더블베드 tempat tidur untuk dua orang. 더블플레이【야구】permainan ganda. 더블 캐스팅 pemilihan peran ganda

더빙 sulih suara; penyuaraan; pengisi suara 《TV》 더빙하다 diisi suara

더없이 paling; yang terbaik; amat; sangat

더욱 bahkan lebih; lebih-lebih lagi

더욱이 selain; lagi pula

더워지다 menjadi lebih (semakin) panas

더워하다 peka terhadap panas; mengeluh karena kepanasan; menderita karena kepanasan

더위 ①【날씨】udara yang panas ②【병】sakitnya karena udara panas

더치다 ①【병세가】menjadi lebih buruk; diperburuk ②⇒ 덧들이다

더치페이 bayar masing-masing (BSBS= bayar sendiri-sendiri) ¶더치페이 합시다 Marilah BSBS, ya?

더 펄 개 anjing yang berbulu kusut

더펄거리다 ①【머리 등이】melambung (terbang) naik turun ②【사람이】bertindak (berbuat) pontang-panting dan tergesa-gesa

더펄머리 rambut yang beterbangan (yang melambung)

더하기 tambahan ¶5 더하기 3은 8이다 lima ditambah tiga sama dengan delapan

더하다[1] 【비교해서】lebih; semakin

더하다[2] ①【심해지다】lebih…; semakin …; menaikkan ¶병세가 더하다 sakitnya semakin parah ②【보태다】menambah

더할 나위 없다 【완전】sempurna; benar-benar; sepenuhnya; 【탁월】tak dapat dibandingi; tidak ada bandingan ¶더할 나위 없이 사랑스러운 benar-benar menyenangkan

덕(德) ①【인격적 능력】kebaikan hati; kebajikan; sifat baik; keunggulan moral; budi ¶덕이 있다 berbudi luhur/ 덕 있는 사람 orang yang bermoral tinggi; orang yang berbudi luhur/덕스럽다 kelihatan berbudi luhur; ramah ②⇒ 덕택 ③ ⇒공덕(功德)

덕담(德談) kata-kata (ucapan) selamat

덕대[1] 【광업】pertambangan yang diséwakan

덕대[2] 【어린애 무덤】kuburan anak yang digali secara tidak rapi

덕망(德望) pengaruh moral; réputasi karena kebaikan (kebajikan) ¶덕망이 있다 berbudi luhur; bermoral tinggi; terkenal karena kebaikan (kebajikan) ⊙ 덕망가 orang yang terkenal berbudi luhur

덕분(德分) ⇒ 덕택

덕성(德性) sifat moral; sifat murah hati; sifat penyayang; sifat saléh

덕육(德育) pendidikan moral; latihan pemeliharaan moral; pembangunan karakter (watak)

덕지덕지 tertutup 《dengan kotoran》; dengan berlapis-lapis; dalam lapisan tebal

덕택(德澤) kemurahan hati; kebaikan hati; keramahan; jasa; perlindungan

덕화(德化) perbaikan moral; pengaruh moral 덕화하다 mempengaruhi (memperbaiki) dengan contoh yang baik (yang bijaksana)

덕행(德行) kebajikan; tindakan luhur; pahala

던적스럽다 kikir; lokék; pelit; bakhil; 《추잡하다》 tidak senonoh

던져두다 ①【방치】menaruh (melémparkan) kepada sisi; meninggalkan; membiarkan ②【하던 일을】mengesampingkan; menyisihkan; membiarkan tanpa perawatan (tanpa diawasi) ¶하던 일을 던져두다 membiarkan pekerjaan terbengkalai

던지기 lémpar ¶원반던지기 lémpar cakram / 창던지기 lémpar lembing

던지다 ①【공 · 돌 · 주사위 등을】melémpar ¶공을 던지다 melémpar bola ②【시선 · 추파 등을】¶시선을 던지다 mengalihkan pandangan; melempar tatapan ③【몸을】melémpar dirinya ke ④【말 · 질문 · 의

문 등을】 lémpar ⑤【표를】 memberi ((kan)) suara

던지럽다 kikir; pelit; bakhil

덜 kurang; belum ¶덜 익은 kurang matang

덜거덕– ⇒ 달가닥–

덜그럭– ⇒ 달가닥–

덜다 ①【적게 하다 · 빼다】 mengurangi; mengambil; memotong ②【경감 · 완화】 menghilangkan; mengurangi; meringankan

덜덜 ①【춥거나 무서워서 떠는 모양】 ¶덜덜 떨다 gemetar; menggig ②【큰 물체가 흔들리는 소리 · 모양】 bunyi menderak-derak((kan))

덜되다 ①【사람이】 tidak baik ②【덜 익다】 tidak matang ③【미완성】 tidak lengkap; belum selesai

덜렁거리다 ⇒ 달랑거리다 ①【공중에서 흔들리다】 berdenting-denting; berkerontangan ②【신중하지 못하게 행동하다】 berlaku sembrono

덜렁쇠 orang yang sembrono; orang yang tidak tenang

덜렁하다 ①⇒ 달랑하다①. ②【가슴이】 merasakan goncangan (kejutan; getaran); sangat terkejut; jantung berdebar-debar ((karena sangat terkejut)); merasa jantung berhenti

덜먹다 ①【다 안 먹고 남기다】 tidak makan semua ②【실컷 안 먹다】 tidak puaskan; rasa lapar

덜미 belakang léhér; tengkuk léhér ¶덜미를 잡다 menangkap basah seseorang

덜미잡이하다 menangkap (memegang; mencengkam) belakang léhér (tengkuk léhér); memegang erat-erat; menggenggam

덜어내다 mengambil ¶그릇에서 밥을 덜어내다 mengambil nasi dari mangkuk

덜커덕 ①【소리】 bunyi ceklékan; bunyi klik 덜커덕하다 membunyikan; berbunyi klik; bergedebuk ¶덜커덕 소리 내며 dengan bunyi gedebuk ②【갑자기】 tiba-tiba ③【가슴이】 덜커덕하다 mengejutkan

덜커덕거리다 berderik-derik

덜커덩, 덜컹 dengan bantingan; dengan suara keras; dengan dentaman 덜커덩하다 berderak-derak; bertabrakan; tubrukan

덜커덩거리다, 덜컹거리다 terus menerus memukul (berdentam; berderik-drik); berbunyi bising

덜컥– ⇒ 덜커덕–【일이 갑자기 일어나는 모양】 tiba-tiba; tidak terduga

덜컹– ⇒ 덜커덩–

덜하다 kurang ¶효과가 덜하다 kurang éféktif

덤 tambahan; ékstra; prémi; hadiah; uang jasa; bonus ¶이건 덤입니다 Ini adalah tambahan (gratis; cuma-cuma).

덤덤하다 diam; sunyi; tidak suka bicara; terdiam; tetap diam; tetap membisu; menutup mulut; tetap bungkam

덤벙 dengan ceburan 덤벙하다 memercikan; menimbulkan kegemparan ¶물에 덤벙 떨어지다 jatuh tercebar ke dalam air

덤벙거리다 【덜렁거리다】 bertindak sembrono

덤벼들다 ①【달려듦】 mulai mengerjakan; menyerang; menyerbu; menentang ((untuk berkelahi)) ②【일에】 mulai bekerja; melakukan

덤불 semak-semak; belukar

덤비다 ①【서둘다】 tegesa-gesa; terburu-buru ¶덤비지 말라 Jangan begitu terburu-buru (tergesa-gesa). *atau* Santailah. ②【공격하다, 대들다】 menerkam; menyerang

덤터기 ¶덤터기 씌우다 mengalihkan (memindahkan) kesalahan; mengélakkan tanggung jawab

덤프카 mobil rongsokan

덤프트럭 truk pembuangan; truk yang bisa menuangkan isinya dengan mengangkat dasar baknya

덤핑 【경제】 dumping; banting harga 덤핑하다 menjual secara dumping; mendumping ⊙ 덤핑방지 관세 pajak anti dumping

덥다 merasa panas; hangat

덥석 dengan tergesa-gesa; dengan cepat; dengan segera

덥수룩하다 【텁수룩하다】 beréo; beréwok

덥히다 【데우다】 memanaskan; menghangatkan

덥적거리다 ①【남의 일에】 turut campur; turun tangan ②【붙임성 있게】 melakukan segala macam hal yang menyenangkan

덧 【짧은 시간】 waktu péndék(singkat) ¶ 어느덧 sebelum orang tahu

덧나다[1] ①【상처가】 semakin memburuk ②【성나다】 tersinggung

덧나다[2] 【이가】 berdémpét

덧내다 ①【병을】 menyebabkan bertambah buruk; memperburuk; membuat lebih buruk ②【덧들이다】 membangkitkan kemarahan; menyebabkan (membuat) marah

덧니 gigi gingsul; gigi tambahan; tumbuh dari akar gigi yang lain; gigi rangkap; gigi berdémpét ¶덧니가 나다 tumbuh gigi gingsul ⊙ 덧니박이 orang dengan gigi samping (gigi tambahan); orang gigi berdémpét

덧달다 menggantungkan di atas ¶덧달리다 tergantung di atas

덧버선 kaos kaki tambahan

덧붙이다 ①【더 붙이다】 melekatkan; melampirkan; memasang; menémpélkan ②【보태다】 menambahkan; membubuhkan

덧셈 ⇒ 더하기

덧신 sepatu luar; sepatu karét

덧신다 memakai (mengenakan) di atas sepatu

덧없다 ①【속절없음】 terlalu cepat berlalu; tak lama bertahan ¶덧없는 세월 waktu yang singkat; waktu yang cepat berlalu ②【무상】 fana; tidak kekal; berlangsung; sebentar saja ¶덧없는 세상 dunia yang tidak menentu/ 덧없는 희망 harapan sia-sia ③【자취 · 흔적】 tanpa meninggalkan bekas (jejak) apa-apa

덧없이 cepat ¶세월이 덧없이 가다 waktu berlalu tanpa kita menyadari (mengetahui)

덧입다 memakai di atas pakaian

덧저고리 mantel tambahan yang dipakai di atas mantel biasa

덧짐 muatan (beban) tambahan

덧칠하다 mengecat ulang

덩굴 tanaman yang merambat; salur ⊙ 고구마덩굴 salur-salur kentang

덩굴지다 merambat; menjalar; merangkak

덩그렇다 tinggi dan besar; kelihatan kosong; mengesankan

덩달다 mengikuti; berbuat demikian pula

덩달아 dengan cara yang sama; yang mengikuti; yang berbuat demikian pula

덩실거리다 melompat-lompat; menari-nari dengan girang (dengan gembira: dengan bersemangat)

덩어리 ①【하나로 뭉쳐진 것】 gumpalan; potong; kelompok; bongkah ¶얼음 덩어리 sebongkah és.핏 덩어리 segumpalan darah ②【사람들의 집단】 kelompok; kumpulan ⊙ 골칫덩어리 orang yang menyusahkan. 욕심덩어리 orang yang sangat tamak: 그는 욕심 덩어리다 Dia tamak (serakah; kikir).

덩어리지다 menggumpal; menyumbat; membungkah

덫 perangkap; jerat; cantélan; pengait ¶ 덫을 놓다 memasang perangkap (jerat)/ 덫에 걸리다 terjebak; terperangkap; terjerat; jatuh dalam perangkap

덮개 【침구】 sepréi; selimut; kain-kain tempat tidur

덮다 ①【이불 · 뚜껑 등을】 memasang; menyelubungi; menyelimuti ②【책을】 menutup ③【잘못 · 문제 등을】 《숨기다, 은폐하다》 menutupi; menyembunyikan; melindungi

덮어놓고 tanpa sebab apa-apa; tanpa memberikan alasan (keterangan) apa-apa; tanpa menyelidiki kebenaran dari perkara (persoalan) ¶덮어놓고 치다 memukul tanpa memberikan penjelasan (keterangan) apa-apa

덮어두다 menutup mata; membiarkan léwat tanpa diperiksa ¶아무의 잘못을 덮어두다 menutup mata terhadap kesalahan seseorang; memaafkan kesalahan seseorang

덮어쓰다 ①【모자 · 이불 등을】 ⇒ 뒤집어쓰다 ②[죄 · 책임 등을】 ⇒ 뒤집어쓰다 ③【컴퓨터】 timpa ¶이미 같은 이름의 파일이 있습니다. 덮어쓰시겠습니까? Berkas dengan nama yang sudah ada. Timpa?

덮어씌우다 ⇒ 뒤집어씌우다
덮이다 ditutupi; diselimuti
덮치다 ①【갑자기 공격하다】 menyerang; menerjang; menukik; menangkap ②【여러 가지 일이】 beberapa hal terjadi serentak pada waktu yang sama ¶엎친 데 덮치다 Kemalangan senantiasa datang berbarengan.
데 tempat; kejadian; kasus
데굴데굴 【데구루루】 데굴데굴 구르다 bergelinding terus ¶계단에서 데굴데굴 굴러 떨어지다 jatuh terguling dari tangga
데꺽 ①【소리】 bunyi yang keras; bunyi ceklék ②【손쉽게】 dengan cepat dan dengan mudah
데님 semacam kain képar (dril)
데다 ①【불 · 열에】 terbakar; mendapat luka bakar; terluka bakar; menjadi panas (hangus) ¶덴 자국 bekas luka bakar ②【혼나다】 mempunyai pengalaman yang pahit; sudah bosan
데드라인 【마감】 saat terakhir untuk memasukkan berita
데드볼 【야구】 bola mati
데려가다 membawa serta; membawa pergi; mengajak pergi
데려오다 membawa
데릴사위 orang yang dijadikan suami dari ahli waris perempuan ¶그는 데릴사위로 들어갔다 Dia menikah dan tinggal dengan keluarga istrinya.
데모 démonstrasi 데모하다 berdémonstrasi ¶데모에 가담하다 ikut serta dengan démonstrasi ⊙ 데모대 kelompok démonstrasi. 데모행진((을 하다)) ((mengadakan)) pawai (parade) démonstrasi. 가두데모 unjuk rasa di jalan; démonstrasi di jalan
데모크라시démokrasi
데뷔 début; pemunculan pertama di muka umum; pertunjukkan yang pertama 데뷔하다 membuat pemunculan pertama; membuat début
데생 【미술】 skétsa ((kasar))
데스마스크 topéng mayat
데스크 ①【책상】 méja tulis ②【호텔의】 bagian pendaftaran; bagian régistrasi
데시벨 désibél
데우다 memanaskan; memanasi; menghangatkan
데이지 semacam bunga aster
데이터 data ¶데이터를 입력하다 memasukkan data ⊙ 데이터베이스 *database*. 데이터 처리 장치 mesin pengolah data
데이트 perkencanaan; pacaran 데이트하다 berkencan ((dengan)); berpacaran ¶데이트 어땠니? Bagaimana kencan mu?
데치다 memasak setengah matang
데카당 kemerosotan; kemunduran; dékadénsi ⊙ 데카당 문학 sastra yang merosot
데카당스 dékadénsi; keadaam muncur
데커레이션 hiasan; dékorasi
데퉁스럽다, 데퉁맞다 canggung; kagok; janggal; anéh
덱데구루루 ⇒ 떽데구루루
덴가슴 mudah menjadi takut sejak mendapat pengalaman buruk
델리킷 ¶델리킷한 sulit; lekas tersinggung /델리킷한 입장 keadaan (situasi) yang genting
뎅그렁– ⇒ 댕그랑–
도(度) ①【각도의】 derajat; ②【정위도】 derajat ¶북위 38도 38 derajat garis lintang utara ③【온도】 derajat ④【렌즈의】 lénsa ¶안경 도수가 맞지 않다 lénsa tidak cocok(tidak sesuai) dengan mata ⑤【알코올의 도수】 persén; kadar ⑥【정도】 tingkat; batas ¶도를 지키다 menjaga (memelihara) dalam batas; tidak memihak
도(道) ①【행정 구역】 propinsi; daérah; distrik; wilayah ②【도리】 moral; prinsip; kebenaran; 【종교상의】 ajaran agama
도 ①【역시】 demikian pula; juga ②【…도 …도】 baik… maupun… ③【…조차도 · …라 할지라도 · 아직도】 walaupun; masih; kendatipun
–도(度) 【연도】 tahun
도가(都家) ①【동업자의 집합소】 tempat pertemuan para pengusaha dalam bidang yang sama ②【도매상】 toko yang menjual secara borongan
도가니[1] 【쇠붙이를 녹이는 그릇】 wadah peleburan besi ¶홍분의 도가니로 변하다 berubah menjadi sangat gembira

도가니[2] 【소의 무릎 연골】 tulang lutut lembu

도감(圖鑑) petunjuk bergambar

도강(渡江) ¶도강하다 menyeberangi sungai

도강(盜講) ¶나는 국문학 수업을 도강했다 Saya masuk kelas Sastra Korea sebagai pendengar tanpa izin sebelumnya.

도계(道界) garis batas antara daérah-daérah

도공(陶工) perajin (pengrajin) barang tembikar; ahli keramik; pembuat porselin

도교(道敎) Taoisme ⊙도교 신자 penganut Taoisme

도구(道具) ①【연장】 perkakas; alat; perabot; perlengkapan ②【수단 · 방법】 alat; sarana ③【앞잡이】 kaki tangan ④【컴퓨터】 *tool* ¶메뉴의 '도구'를 클릭하세요 Klik "*tools*" pada bar pilihan. ⊙ 도구상자 kotak peralatan

도국(島國) negara pulau ⊙ 도국근성 insularisme

도굴(盜掘)도굴하다 menggali secara sembunyi-sembunyi; menjarah kuburan ⊙ 도굴범 perampok (penjarah) kuburan. 도굴 품 benda yang digali secara tidak sah

도그마 【외래어】 dogma; ajaran agama

도금(鍍金) sepuhan; penyepuhan 도금하다 melapisi; menyepuh ¶금으로 도금한 반지 cincin berlapis (menyepuh) dengan emas ⊙ 도금 공 tukang sepuh. 도금 술 seni menyepuh. 도금액 larutan sepuhan. 도금제품 barang sepuhan

도급(都給) 【하청】 kerja borongan; kontrak ¶도급을 주다 mengontrak; memberi borongan (kontrak) ⊙ 도급인 kontraktor; pemborong. 도급일 pekerjaan yang dikontrakkan

도기(陶器) barang tembikar; barang pecah-belah; porselin ⊙ 도기상 pedagang barang tembikar (barang pecah-belah); toko keramik

도깨비 hantu; angker ¶도깨비가 나오는 집 rumah berhantu

도깨비불 【사람의 혼】 api jin (hantu)

도끼 kapak; kapak kayu; pemotong; beliung 도끼질 하다 memakai kapak; mengapak ⊙ 도끼자루 gagang kapak

도끼눈 ¶도끼눈을 하고 보다 membelalak dengan sengit; memandang dengan marah; memberungut

도난(盜難) perampokan ¶도난을 당하다 dirampok; dicuri ⊙ 도난 경보기 alam (alat) keamanan pencuri. 도난품 barang curian

도내(道內) dalam propinsi

도넛 kué donat ⊙ 트위스트 도넛 kué donat yang berbelit

도다리 【어류】 semacam ikan laut yang gépéng

도달(到達) kedatangan ①【장소에】 도달하다 sampai; tiba ②【어떤 상태에】 ¶목표에 도달하다 meraih tujuan (sasaran)

도당(徒黨) kelompok; golongan kecil; gerombolan; kumpulan; perkumpulan; persatuan; ikatan; komplotan; faksi; klik ¶도당을 짓다 berkumpul; bersatu; membentuk golongan; berkomplot; bersekongkol

도대체 gerangan; agaknya; barangkali

도덕(道德) moralitas; kesusilaan; akhlak; kesopanan ¶도덕적(인) moral; susila/도덕상 secara moral; dari segi kesusilaan ⊙ 도덕가 moralis; orang yang berbudi luhur (saléh); orang yang bermoral tinggi. 도덕군자 orang pria yang terkenal kebaikan. 도덕심 rasa (pengertian) kesusilaan. 도덕의식 kesadaran moral. 공중도덕 akhlak umum.

도덕재무장운동(道德再武裝運動) gerakan mempersenjatai kembali moral

도도록하다 bengkak; gembung; cembung

도도하다 sombong; angkuh; congkak; bangga; pongah; tinggi hati; bersifat agung

도도하다(滔滔-) 【변설이】 fasih; lancar berbicara

도둑 【도둑놈】 pencuri; 【도둑질】 pencurian; perampokan 도둑질하다 mencuri; merampok; menjarah ¶도둑맞다 dicuri; kecurian ⊙ 도둑고양이 kucing liar yang berkeliaran di jalan (di malam hari). 도둑질한 물건 benda curian

도드라지다 bengkak; gembung; menggelembung; menonjol; menjulang; terungkap dengan jelas; menjadi mudah terlihat ¶뾰루지가 도드라지다 Borok itu membengkak (bengkak).

도떼기시장(-市場) pasar terbuka; pasar loak; pasar rombéngan

도라지 ((akar)) bunga balon; bunga loncéng

도락(道樂) ①【취미】 rékréasi; hiburan; kegemaran; hobi; kesenangan; hiburan favorit ②【방탕】 perbuatan jahat ¶도락에 빠지다 berlaku boros; menjalani kehidupan bébas (yang tidak teratur)

도란거리다 ⇒ 두런거리다

도란도란 ⇒ 두런두런 berbisik-bisik

도랑 selokan; parit ⊙ 도랑창 got

도랑치마 rok mini; rok péndék

도래(到來) kedatangan 도래하다 datang

도량(度量) ①【마음이】 keluhuran budi; kemurahan hati; ketidak-picikan; kedermawanan ¶도량이 넓은 berpandangan (berpikiran) luas ②【수완】 bakat (kemampuan) memimpin

도량형(度量衡) bobot (berat) dan ukuran ⊙ 도량형 표 daftar bobot dan ukuran

도려내다 mengikis; memotong; menyayati; melubangi; mengeluarkan; mencungkil ¶눈을 도려내다 mencungkil mata

도련님 ①【옛날에 미혼 남성을 부르던 말】 anak muda; pemuda yang belum menikah ②【시동생】 panggilan untuk adik laki-laki pihak suami

도령 bujangan; jejakan; pemuda yang belum kawin

도로(道路) jalan; jalan raya ⊙ 도로 계획 perencanaan jalan. 도로공사 perbaikan jalan. 도로교통 통제 pengendalian lalu lintas jalan raya. 도로교통표지 rambu-rambu jalan. 도로망 jaringan jalan-jalan. 도로 표지(標識) tanda penunjuk jalan. 유료도로 jalan tol; jalan bébas hambatan

도로 ①【다시】 lagi ¶도로가다【오다】 pergi【datang】 lagi ②【전처럼】 ¶도로주다 mengembalikan

도로아미타불(-阿彌陀佛) (헛수고) kemunduran; kemerosotan ¶도로 아미타불이다 telah kehilangan semua yang diperoléhnya; menjadi sia-sia

-도록 ①【목적】 untuk; agar; supaya ¶…하지 않도록 supaya tidak ②【…때 까지】 hingga; sampai ③【되도록…】 se…mungkin

도롱뇽 【동물】 semacam kadal (raksasa); salamander

도롱이 jas hujan jerami

도료(塗料) 【페인트】 cat; zat warna ⊙ 도료분무기 semprotan cat; alat penyemprot cat. 야광(夜光)·발광(發光) 도료 cat yang bercahaya (yang berkilauan)

도루(盜壘) ¶도루하다 base yang dicuri ((istilah baseball))

도루묵 ①【어류】 ikan pasir sailfin ②【비유적】 ¶도루묵이 되다 menjadi sia-sia

도륙하다(屠戮-) menyembelih; memotong; menjagal

도르다[1] 【분배】 membagikan; mengantarkan; menyebarkan ¶초대장을 도르다 menyebarkan undangan

도르다[2] 【변통】 mengurus; mengatur; mengelola; 【융통하다】 meminjam

도르래 katrol; kérék; kapi

도리(道理) 【사리】 alasan; akal budi; pertimbangan yang séhat; kebenaran; keadilan; peradilan ¶도리 상 seperti hal yang sudah selayaknya/도리에 맞다 pantas; layak; masuk akal; sudah semestinya; cocok dengan pertimbangan yang séhat ②【의무】 kewajiban ③【방법】 jalan; cara

도리깨 cambuk; pukulan; perontokan ((padi))

도리다 memenggal; mengiris; menyayat

도리머리 menggéléngkan kepala sebagai tanda (isyarat) sangkalan

도리사(-紗) sejenis kain rami

도리어 ①【반대로】 berlawanan; sebaliknya ¶내가 도리어 미안해 Sayalah yang seharusnya minta maaf kepadamu. ②【오히려】 bertambah; lebih

도리질하다 ①【아기가】 menggoyang-goyangkan ((kepala)) ②【부정의 뜻】 menggéléngkan kepala; berkata "tidak"

도립(道立) ¶도립의 propinsi ⊙ 도립공원 taman propinsi

도마 ①【조리용】 papan dapur; papan potong; talenan ②【비유적】 ¶도마에 오른

고기 sudah tidak ada harapan lagi; tidak ada yang dapat dilakukan sekarang
도마(跳馬) 【체조】 lompat galah
도마뱀 【동물】 kadal; cicak
도망(逃亡) 도망치다, 도망하다 melarikan diri; mengambil langkah seribu; lari cepat-cepat; luput; lolos ¶도망치게 하다 membuat orang melarikan diri ⊙ 도망병 tentara yang melarikan diri
도맡다 ①【혼자서】 menanggung seorang diri; bertanggung jawab sendiri; melaksanakan sendiri ②【몰아서】 mengambil alih (membawa) ⦅keseluruhan⦆
도매(都賣) penjualan borongan; grosir 도매하다 menjual secara borongan ¶도매와 소매(小賣) borongan dan écéran ⊙ 도매가격 harga grosir; harga borongan. 도매시장 pasar kulak; pasar borongan; pasar grosir. 도매점 toko grosir. 도매상(商) 【사람】 pedagang borongan; 【영업】 usaha (perdagangan) borongan. 도매시세 harga grosir
도메인 【인터넷】 domain ⦅nama⦆ ¶도메인을 신청하다 mengajukan domain
도면(圖面) gambar; skétsa; denah
도모(圖謀) perencanaan 도모하다 merencanakan; berusaha
도무지 sama sekali ¶ 도무지 알 수 없다 tidak dapat mengerti sama sekali
도미 【생선】 ikan kakap
도미(掉尾) ①【꼬리 흔듦】 도미하다 melambaikan ékor ②【활약】 usaha terakhir
도미(渡美) 도미하다 pergi (merantau) ke Amerika; mengunjungi Amerika; beremigrasi ke Amerika ¶도미유학생 mahasiswa Korea belajar di Amerika Serikat
도미노 domino; kartu domina ¶도미노를 쌓다 membuat domino ⊙ 도미노이론 téori "domino"
도민(島民) penduduk (penghuni) pulau
도민(道民) penduduk pulau ⊙황해 도민회 Perkumpulan orang-orang dari daérah (propinsi) Hwanghaé
도박(賭博) ①【노름】 perjudian; judi 도박하다 berjudi ②【요행을 바라고 하는 일】 judi ⊙ 도박꾼 penjudi. 도박단 grup judi. 도박사 penjudi profésional. 도박장 kasino; rumah judi. 사기도박 perjudian yang curang
도발하다(挑發-) menimbulkan; merangsang ⦅kemarahan⦆; sugéstif
도발적(挑發的) ①【남을 공격하는 듯한】 provokatif ②【성적으로 유혹하는 듯한】 provokatif; sugéstif; sensasional
도배(塗褙) penémpélan kertas di dinding dan langit-langit ①【벽을】 도배하다 menémpéli kerktas di dinding ②【신문 · 게시판 등을】 ¶도배되다 dipenuhi oléh ⊙ 도배장이 tukang témpél kertas. 도배지 kertas dinding
도벌(盜伐) penebangan pohon secara tidak sah; pencurian (perampokan) kayu 도벌하다 menebang pohon secara gelap (sembunyi-sembunyi); mencuri kayu
도법(圖法) métode (cara) gambar bangunan ⊙ 평면【투영】도법 gambar datar 【proyéksi】
도벽(盜癖) kebiasaan (kecenderungan) mencuri ¶도벽이 있는 사람 kléptoman; orang yang berpenyakit mencuri ⊙도벽증 kléptomani
도벽(塗壁) pemberian lapisan; penurapan 도벽하다 berturap; menurap dinding; menutupi ⦅dinding⦆ dengan pléster; mempléster (memberi pléster) dinding
도별(道別) penggolongan ⦅digolongkan⦆ menurut propinsi; per propinsi ⊙ 도별 인구 표 grafik jumlah penduduk per propinsi
도보(徒步) jalan kaki ¶도보로 dengan jalan kaki ⊙ 도보경주 lomba jalan cepat. 도보 여행 kepergian berjalan-jalan
도복(道服) seragam⦅*takwon-do*⦆
도부(致付) pedagang (penjaja) yang berkeliling; penjualan keliling 도부하다 pergi berkeliling untuk dagang; berjual keliling; berjaja; menjajakan ⊙ 도부 꾼, 도붓장수 penjaja; pedagang keliling
도사(道士) pengikut Tao ①【도를 닦은 사람】 pertapa ②【어떤 일에 아주 능숙한 사람】 ahli; jago
도사(導師) ⦅guru⦆ pembimbing rohani dalam agama Budha
도사공(都沙工) kepala pekerja di kapal
도사리 ①【과일】 buah-buahan jatuh yang

masih mentah ②【잡풀】 bibit tembakau yang telah bermunculan di tempat persemaian

도사리다 ①【다리를】 ¶도사리고 앉다 menyilangkan kaki; duduk dengan bersilang kaki ②【마음을】 menenangkan; meredakan ¶마음을 도사리다 menenangkan pikiran; menenangkan diri

도산(倒産) kebangkrutan; kepailitan 도산하다 bangkrut

도산매 borongan dan éceran

도살(屠殺) penyembelihan; pemotongan 도살하다 menyembelih; memotong ⊙ 도살자 tukang daging. 도살장 rumah jagal; rumah pemotongan héwan

도상(途上) 【도중】 sedang

도상(圖上) ¶도상작전 latihan perang; siasat di atas peta

도색하다(塗色-) mengecat

도색(桃色) warna mérah muda; kecabulan; ketidak-senonohan ¶도색의 berwarna mérah; mérah muda/도색적인(성적인) menggairahkan; menggiurkan; cabul; mendatangkan nafsu berahi; érotik ⊙ 도색 본(本) buku cabul. 도색사진 gambar (foto) cabul. 도색잡지 majalah cabul; majalah yang membuat berita sensasi

도서(島嶼) kepulauan; pulau-pulau

도서(圖書) buku ⊙ 도서 목록 katalog buku. 도서실 ruang baca. 신간 도서 buku baru

도서관(圖書館) perpustakaan ⊙ 도서관사서 pustakawan; pegawai perpustakaan. 공공 【국립】도서관 perpustakaan umum 【nasional】. 순회도서관 perpustakaan yang beredar (yang berkeliling)

도선(渡船) kapal penyeberangan; féri ⊙ 도선료(料) ongkos féri. 도선장 pangkalan féri

도선(導線) kawat (kabel) penghantar

도설(圖說) illustrasi; gambar; uraian

도수(度數) ①【회수】 frékwénsi ②【안경 등의】 derajat; tingkat ¶당신 안경은 도수가 어떻게 되요? Seberapa kuat kaca mata Anda? ③【술의】 kadar ¶도수가 높은 위스키 wiski berkadar alkohol tinggi ⊙ 도수제 sistém tarif pesan

도수(徒手) tangan kosong; kekuatan sendiri ¶도수(공권으로) dengan tangan kosong; dengan kekuatan sendiri ⊙ 도수체조 senam bébas; latihan senam tanpa memakai peralatan

도수장(屠獸場) rumah potong héwan

도술(道術) sulap penganut taoisme ¶도술을 부리다memperlihatkan sihir taoisme

도승(道僧) pendéta Budha yang mendapat penerangan (pencerahan; kebenaran)

도시(都市) kota ⊙ 도시계획 perencanaan kota. 도시생활 kehidupan kota. 도시인 penduduk kota; orang kota. 도시화 urbanisasi

도시락 rantang; keranjang (bungkusan) makan siang; kotak makan siang ⊙ 도시락 통 kotak (rantang) makan siang

도식(圖式) diagram; grafik; skéma

도식하다(徒食-) 【무위도식】 hidup bermalas-malas; hidup tanpa guna; membuang-buang waktu

도심(都心) pusat kota; bagian tengah kota ⊙ 도심지대 daérah tengah kota

도안(圖案) rancangan; skétsa; rangka ¶도안을 만들다 merancang; membuat rancangan ⊙ 도안가 perancang

도야(陶冶) pembinaan; pengembangan; pembentukan 도야하다 membina; mengembangkan; membentuk ⊙ 인격도야 pembinaan sifat

도약(跳躍) lompatan; loncatan 도약하다 melompat ⊙ 도약판 papan lompat

도어 로크 kunci pintu

도열하다(堵列-) berbaris

도열병(稻熱病) 【식물】 penyakit tanaman padi

도예(陶藝) seni keramik (tembikar); seni barang pecah belah ⊙ 도예가 pembuat tembikar

도와주다 membantu; memberikan pertolongan

도외시하다(度外視-) mengabaikan; tidak menghiraukan; tidak mengindahkan; tidak mempedulikan; menyia-nyiakan; melalaikan

도용(盜用) 【금전을】 penggelapan; pencurian; 【물건 등을】 penggunaan dengan sembunyi-sembunyi; pencurian untuk penggunaan sendiri 도용하다 mencuri untuk penggunaannya sendiri; menggunakan secara diam-diam ¶남의 아이디어를 도용하다 menjiplak idé (gagasan) orang

도우미 pemandu; pembantu

도움 bantuan; pertolongan ¶도움을 청하다 meminta bantuan ⊙ 도움말 naséhat

도읍(都邑) 【수도】 ibu kota

도의(道義) moral ⊙ 도의심 rasa moral. 도의적 책임 tanggung jawab (kewajiban) ((secara)) moral

도의회(道議會) majelis (déwan) propinsi ⊙ 도의회의원 anggota Majelis Propinsi (Daérah); anggota Déwan Kotapraja Propinsi

도인 ⇒ 도사

도일(渡日) kunjungan ke Jepang 도일하다 mengunjungi (pergi ke) Jepang

도입(導入) ①【글의】 kata pengantar 도입하다 memasukkan ②【자본 · 시스템 등의】 pengenakan; 도입하다 memperkenalkan; mengadopsi

도자기(陶磁器) keramik ⊙ 도자기공 tukang keramik

도작(稻作) 【농업】 pemeliharaan padi; pertanian padi

도장(圖章)[1] ségél; cap; stémpél ¶도장을 찍다 menyégél ⊙ 도장방 toko mengukir stémpél

도장(道場)[2] 【무술을 가르치는 곳】 ruangan latihan; gedung olahraga

도장(塗裝)[3] 【페인트 칠】 lapisan; pekerjaan mengecat 도장하다 melapisi dengan cat ⊙ 도장 공사 pengecatan

도저히 bagaimanapun juga ¶…은 도저히 있을 수 없다 Bagaimanapun juga tidak mungkin …

도적(盜賊) ⇒ 도둑

도전(挑戰) penentangan; tantangan 도전하다 ①【 싸움을 걸다】 menentang; mengajukan tantangan ¶도전적 menentang ②【기록 · 어려움 등에】 menguji ¶세상은 도전하는 자의 것이다 Dunia milik meréka yang menguji dirinya sendiri. ⊙ 도전자 penentang. 도전장 tantangan ((yang tetulis))

도전하다(盜電-) memakai arus listrik dengan sembunyi-sembunyi; menyadap kabel (kawat); mencuri tenaga listrik

도전(導電) penyaluran (konduksi) listrik; penyaluran arus listrik ⊙ 도전율 daya konduksi; daya penyaluran. 도전체 alat penyalur listrik

도정(道程) rencana perjalanan

도정하다(搗精-) membersihkan kulit padi dengan memukul-mukul

도제(徒弟) magang; murid pertukangan ¶도제가 되다 menjadi magang ⊙ 도제 기간 masa tugas; masa pelayanan. 도제제도 sistém magang

도주하다(逃走-) melarikan diri

도중(途中) ①【길을 가는 중간】 ¶도중(에) dalam perjalanan; pertengahan jalan; setengah jalan/도중하차하다 berhenti di perjalanan; menghentikan perjalanan; melakukan persinggahan ②【일을 하는 중간】 ¶식사 도중에 ditengah-tengah makan

도지(賭地) ①【논밭 · 집터】 tanah untuk bertani ②⇒ 도조

도지다[1] ①【심하다】 ékstrim; parah ②【단단하다】 keras

도지다[2] menjadi lebih buruk; memburuk

도지사(道知事) gubernur

도착(到着) 도착하다 tiba; sampai ¶도착순으로 dalam urutan kedatangan ⊙ 도착불(拂) pembayaran waktu sampai (kedatangan). 도착역【항】 stasiun 【pelabuhan】 kedatangan

도착(倒錯) penyimpangan; perbuatan yang tak wajar ⊙ 성도착 penyimpangan séksual; perbuatan séksual yang tak wajar. 성도착증상 gejala penyimpangan séksual

도처(에)(到處-) di mana-mana

도청(盜聽) 【전화의】 penyadapan télépon tanpa diketahui 도청하다 menyadap ((kawat télépon)); memasang alat pendengar (alat penyadap) rahasia dalam ruangan; ¶ 도청되다 disadap/ 휴대전화 도청을 방지하다 mencegah penyadapan télépon selulér ⊙ 도청기(장치) (대화) mikrofon yang tersembunyi; (전화의) alat penyadap suara dari sambungan télépon. 도청사건 skandal penyadapan

télépon. 도청 자 penyadap télépon
도청(道廳) kantor propinsi
도체(導體) 【물리】 alat konduktor (penerus) medium; penghantar; konduktor ⊙ 반(半)도체 alat penerus (konduktor) setengah. 양도체 penghantar yang baik. 부도체 nonkonduktor
도출(導出) deduksi; pangambilan kesimpulan 도출하다mengambil; menarik ¶결론을 도출하다 menarik kesimpulan
도취(陶醉) ①【술에 취한 기분】 keadaan mabuk 도취하다 menjadi mabuk ¶성공에 도취하다 dimabuk oléh keberhasilan ②【사물에】 rasa terpesona; rasa gembira 도취하다 terpesona (tertarik) oléh; merasa gembira sekali atas; tenggelam dalam rasa pesona; mabuk ¶자연의 아름다움에 도취하다 terpesona oléh keindahan alam ⊙ 자아도취 narsisme
도치(倒置) 도치하다 membalikkan ¶ 도치되다 dibalik ⊙ 도치법 pembalikan; invérsi
도큐먼트dokumén; surat-surat perjalanan
도큐멘터리 film dokuméntasi
도크 dok ((galangan kapal)) ¶도크에 넣다 memasukkan ke dok
도킹 perkaitan; pengaitan; hubungan ruang angkasa 도킹하다 mengait; berkaitan ((dengan pesawat induk))
도탄(塗炭) kesengsaraan (kesukaran) yang besar ¶도탄에 빠지다 jatuh dalam kesengsaraan
도탑다 ⇒ 두텁다
도태(淘汰) 도태하다 membuang (dibuang; mengeluarkan) yang tak berguna; menyéléksi ⊙ 자연 【인위】도태 séléksi alam 【séléksi buatan】. 자웅도태 séléksi séksual
도태되다 ①【동물 · 식물 등의】 mati ②【사람 · 기업 등의】 gagal
도토리 buah atau biji pohon ék
도톨도톨 tidak halus; kasar; tidak rata; berbentuk butir-butiran (bintil-bintil) ¶ 도톨도톨한 피부 kulit yang kasar
도톰하다 ⇒ 두툼하다
도통(都統) sama sekali
도통하다(道通-) pandai mengetahui
도투락【댕기】 pita rambut yang dipakai oléh gadis kecil
도포(塗布) penggunaan; pemakaian 도포하다 menyebarkan; mengoléskan; memakai ((obat salep untuk)) ⊙ 도포 약【연고】 obat salep; 【물약】 obat gosok
도포(道袍) pakaian tradisional lengkap (jubah) Korea
도표(道標) papan arah; papan penunjuk jalan; batu peringatan; tonggak bersejarah
도표(圖表) péta; grafik; bagan; skétsa; diagram ¶도표로 나타내다 mendiagramkan; menggambarkan dengan peta
도피(逃避) pelarian 도피하다 melarikan; lari ⊙ 도피생활 kehidupan pelarian dari dunia; hidup mengkhayal; kehidupan khayal. 도피주의 éskapisme
도핑검사(-檢査) tés obat bius
도하(都下) ibu kota; kota besar
도하(渡河) ⇒ 도강(渡江) ⊙ 도하작전 operasi penyeberangan sungai
도학(道學) filsafat; moral; étika ⊙ 도학자 moralis
도합(都合) jumlah seluruhnya (keseluruhan); jumlah total
도항(渡航) pelayaran; penyeberangan 도항하다 berlayar ke; menyeberangi perairan
도형(圖形) gambar; diagram; bagan alat perlengkapan ¶도형으로 나타내다 menunjukkan dalam (dengan) diagram (bagan; skétsa)
도화(桃花) bunga persik
도화(圖畵) 【그림】 gambar; ⊙ 도화지 kertas gambar
도화선(導火線) ①【심지】 sumbu; tali api ¶ 도화선에 불을 붙이다 menyalakan sumbu ②【계기】 pemicu; penyebab; pendorong; dorongan; perangsang ¶반란의 도화선이 되다 menjadi pemicu (penyebab) pemberontakan rakyat (massa); menimbulkan kerusuhan massa
도회지(都會地) kota
독 kendi; guci; tempayan; gentong; bejana air ¶독 안에 든 쥐다 seperti tikus dalam perangkap; berada dalam keadaan tidak berdaya
독(毒) ①【해로운 물질】 racun; bisa; bahan

yang beracun; 【독약】 obat yang beracun ¶독이 있다 beracun; berbisa; mengandung racun ②【해독】 bahaya ③【독기】 kedengkian; kebencian; keganasan; kebuasan; kegarangan

독 ⇒ 선거(船渠) dok; dermaga; galangan kapal

독가스(毒-) gas beracun; gas yang mengandung racun (yang berbahaya) ⊙ 독가스공격 serangan dengan gas. 독가스마스크 kedok (topéng) gas

독감(毒感) penyakit influénsa; flu; selésma; pil다 ¶독감에 걸리다 terserang oleh influénsa; kena influénsa

독거(獨居) 독거하다 hidup sendiri; hidup dalam kesunyian; hidup membujang ⊙ 독거노인 warga tua yang hidup (tinggal) sendiri

독경하다(讀經-) membaca (menyanyi) kitab suci agama Budha; membaca kebaktian

독계(毒計) maksud (tujuan) jahat; rencana jahat; tipu muslihat

독과점(獨寡占) 【독점】 monopoli dan 【과점】 oligopoli ⊙ 독과점품목 barang-barang monopoli dan oligopoli

독극물(毒劇物) bahan kimia yang mengandung racun

독기(毒氣) sifat beracun; sifat jahat ¶독기 있는 beracun; jahat

독나방(毒-) ngengat yang berékor coklat

독농가(篤農家) petani yang produktif

독단(獨斷) keputusan sewenang-wenang; kesewenang-wenangan 독단하다 memutuskan sewenang-wenangnya; memutuskan sendiri; mengambil keputusan atas pertimbangan sendiri ¶독단적 dogmatis; fanatik terhadap suatu ajaran; sewenang-wenang ⊙ 독단가 orang yang keras kepala; orang yang berpendirian keras

독대하다(獨對-) mengadakan pertemuan pribadi; menjalani konsultasi pribadi

독려하다(督勵-) dorongan 【격려하다】 mendorong; memberi semangat

독력(獨力) ¶독력으로 dengan usaha sendiri

독립(獨立) ①【자립】 kemandirian; kepercayaan atas diri sendiri 독립하다 mandiri; menjadi bébas; berdiri sendiri ②【정치적】 kemerdékaan; kebébasan 독립하다 menjadi bébas ③【분리】 terpisah ⊙ 독립가옥 rumah yang terpisah. 독립투사 pejuang kemerdékaan nasional. 독립체산제 sistém akuntansi mandiri

독립자영(獨立自營) manajemen mandiri; pengelolaan bébas 독립자영하다 mengelola (menjalankan) secara mandiri (dengan bébas)

독립자존(獨立自存) kemerdekaan dan keberadaan diri (kehidupan sendiri) 독립자존하다 dapat berdiri sendiri

독립자활(獨立自活) kemandirian; kemerdékaan dan berdiri sendiri 독립자활하다 mandiri; memenuhi kebutuhan sendiri

독무대이다(獨舞臺-) memonopoli; menguasai seluruh pentas (lapangan; bidang) untuk diri sendiri ¶그 뒤로는 그의 독무대였다 Sejak waktu itu, dia menguasai lapangannya sendiri.

독물(毒物) ①【물질】 zat (bahan) beracun ②【사람】 orang yang jahat (ganas; keji; galak; kejam) ⊙ 독물검출 penemuan bahan (zat) beracun

독방(獨房) ①【혼자 쓰는 방】 kamar untuk seorang ②【교도소의】 sél pengasingan (tersendiri)

독백(獨白) monolog 독백하다 berbicara sendiri

독버섯(毒-) jamur payung; jamur beracun

독벌레(毒-) serangga beracun

독보(獨步) ¶독보적인 unik; khas; khusus; tidak mempunyai saingan; tak ada bandingan; tak ada taranya; tidak tersaing

독본(讀本) bacaan ⊙ 한국어독본 bacaan bahasa Korea

독부(毒婦) wanita jahat; wanita penggoda

독불장군(獨不將軍) ①【제 주장하는】 orang yang suka menonjolkan diri sendiri; orang yang merasa benar (baik) sendiri; 【고집통이】 orang yang keras kepala ②【겉도는 사람】 orang yang diasingkan; orang buangan masyarakat

독사(毒蛇) ular berbisa; ular yang berbahaya

독사진(獨寫眞) foto masing-masing (sendiri-sendiri)
독살(毒殺) pembunuhan dengan racun; peracunan 독살하다 membunuh dengan racun ¶독살을 당하다 diracun sampai mati ⊙ 독살사건 perkara (kasus) peracunan. 독살 자 peracun; tukang racun
독살부리다(毒殺-) bertindak (bersikap) pendendam; bertindak jahat (dengan cara yang keji)
독살스럽다(毒殺-) berbisa; sengit; dengki; jahat; dendam; ganas; keji; kejam; buas
독생자(獨生者) Yésus Kristus
독서(讀書) pembacaan 독서하다 membaca ⊙ 독서가 pembaca yang hébat; orang yang banyak membaca. 독서계(界) dunia pembaca. 독서광(狂) kutu buku
독설(毒舌) kata-kata yang memfitnah ¶독설을 퍼붓다 bergunjing kata-kata yang memfitnah; berkata dengan perasaan benci ⊙ 그는 독설가다 Dia berlidah tajam.
독성(毒性) sifat berbisa (beracun); karakter (sifat) yang mengandung racun; kejahatan ¶독성의 yang dapat membinasakan; beracun; berbisa; jahat
독소(毒素) zat beracun ⊙ 항(抗)독소 anti racun
독송(讀誦) pembacaan; intonasi ¶독송하다 membaca; mendéklamasikan
독수(毒手) cara keji ¶…의 독수에 걸리다 menjadi korban
독수공방(獨守空房) 독수공방하다 hidup sendirian; hidup kesepian karena suami jauh
독수리(禿-) ①【조류】 burung rajawali; burung élang ②【비유적】 ¶독수리타법으로 치다 mengetik dengan dua jari
독순술(讀脣術) pembacaan bibir ¶독순술로 해독하다 membaca bibir
독습(獨習) belajar sendiri
독시(毒矢) anak panah beracun
독식(獨食) monopoli 독식하다 memonopoli
독신(獨身) hidup membujang; 【남자】 kejejakaan; 【여자】 hidup sebagai gadis tua ¶독신이다 tidak menikah/독신으로 살다 hidup sendirian 독신자 bujangan; orang yang hidup sendirian
독신(篤信) kepercayaan (keyakinan) sungguh-sungguh; ketaatan; kesetiaan 독신하다 percaya dengan sungguh-sungguh; setia kepada agama ⊙ 독신자 penganut yang beriman; orang yang taat kepada sesuatu
독실(篤實) ketulusan hati; kesungguhan hati; keikhlasan; kesetiaan 독실하다 setia; benar; sejati
독심(毒心) kedengkian; kebencian ¶독심을 먹다 dipenuhi dengan rasa dendam (dengki)
독심술(讀心術) pembacaan pikiran; télépati 독심술이 있다 membaca isi hati (pikiran) orang ⊙ 독심술사 orang yang membaca pikiran (isi hati) orang
독액(毒液) cairan (juice; getah; obat) yang beracun
독약(毒藥) obat yang beracun
독어(獨語) bahasa Jerman
독연(獨演) pertunjukan solo
독염(毒焰) nyala api beracun
독일(獨逸) negara Jerman
독자(讀者) 【일반적】 pembaca; 【구독자】 langganan ¶독자의 소리 suara pembaca ⊙ 독자 난 kolom pembaca; surat-surat kepada rédaktur. 독자층 golongan (kelas) pembaca
독자(獨子) putra satu-satunya; putra tunggal
독자성(獨自性) idéntitas
독자(獨自) ¶독자의 【개인의】 asli; khas; pribadi; unik ⊙ 독자성 individualistis; originalitas
독작하다(獨酌-) minum sendirian; minum tanpa seorang teman
독장수셈 usaha yang tidak berhasil; usaha yang sia-sia ¶독장수셈을 하다 menghitung ayam sebelum mereka ditetaskan
독재(獨裁) otokrasi; kekuasaan absolut; kekuasaan mutlak 독재하다 mempunyai wewenang mutlak; wewenang sepenuhnya; menjadi diktator ⊙ 독재군주 raja yang lalim; penguasa absolut. 독재자 diktator
독전하다(督戰-) memimpin dalam peperangan; memaksa prajurit berperang

lebih keras

독점(獨占) monopoli 독점하다 memiliki (menggunakan) sendirian; memonopoli ¶독점적 éksklusif; terpisah dari yang lain ⊙ 독점가격 harga monopoli. 독점권 hak monopoli; hak tunggal. 독점자 pemilik tunggal. 독점판매 penjualan éksklusif

독종(毒種) ①【종자】bibit (benih) jahat ②【사람】orang ⟪yang⟫ bertekad keras

독주하다(獨走-) menang jauh tanpa saingan; meninggalkan orang lain jauh di belakang; mendapat kemenangan yang mudah

독주(獨奏) solo; tunggal 독주하다 bermain solo (sendirian) ¶피아노 독주를 하다 memainkan solo piano ⊙ 독주곡 lagu (nyanyian) solo. 독주회 pertunjukan solo

독주(毒-) ①【독한 술】minuman keras ②【독약을 탄】cairan beracun

독지가(篤志家)【자선가】dermawan; orang yang murah (kebaikan) hati

독직(瀆職) kecurangan ⟪pejabat⟫; perbuatan jahat (korup); korupsi; penyuapan; penyogokan 독직하다 melakukan kecurangan (korupsi); menerima suap (uang sogok) ⊙ 독직공무원 pejabat pemerintah yang korup. 독직사건 skandal korupsi; kasus penyuapan; kasus penyogokan

독차지하다(獨-) memonopoli; mengambil semua untuk diri sendiri; menguasai

독창(獨唱) nyanyian tunggal; lagu tunggal 독창하다 menyanyi solo ⊙ 독창자 penyanyi solo. 독창회 pertunjukan solo

독창(獨創) 독창성 keaslian; ketulénan; kréativitas; orisinalitas ¶독창적(獨創的) orisinal; kréatif; asli; tilén/ 독창력 bakat kréatif; orisinalitas

독채(獨-) rumah terpisah; rumah sendiri

독초(毒草) tumbuh-tumbuhan (tanaman; rumput-rumputan) yang berbahaya (yang beracun)

독촉(督促) 독촉하다 mendesak ⊙ 독촉장 surat tuntutan; surat peringatan

독충(毒蟲) serangga yang beracun (berbisa)

독침(毒針) ①【곤충의】sengat beracun ¶독침에 쏘이다 disengat ②【독을 묻힌 바늘】jarum beracun

독탕(獨湯) kamar mandi pribadi

독특(獨特) ¶독특한 istiméwa; orisinal; unik; khusus; khas

독파하다(讀破-) membaca sampai selesai

독판(獨-) ⇒ 독장치다

독필(毒筆) péna yang sengit (tajam)

독하다(毒-) ①【유독】beracun; berbisa ②【맛 · 성질이】keras; kuat ③【성격이 표독하다】jahat; binal; keji ④【의지 · 결심 등이 꿋꿋하다】tegar; kuat

독학(篤學) gemar akan belajar; tekun kepada pelajaran ¶독학의 rajin belajar; tekun belajar; kerja keras

독학(獨學) belajar sendirian 독학하다 mengajar diri sendiri; belajar sendiri ⊙ 독학자 orang yang belajar sendiri

독해력(讀解力) kemampuan membaca dan mengerti; pengertian; pemahaman

독행(篤行) perbuatan baik; amal baik; tingkah laku yang jujur (tulus)

독행하다(獨行-) bertindak sendiri

독회(讀會) bacaan ⊙ 제1【2, 3】독회 bacaan pertama【kedua, ketiga】

독후감(讀後感) kesan (pengaruhnya) ⟪dari⟫ sebuah buku

돈[1]【금전】uang; keuangan;【현금】uang tunai;【지폐】uang kertas;【부정한】uang haram ¶돈세탁 pencucian uang / 인간만사 돈 세상 Uang memerintah dunia.

돈[2]【귀금속의 무게】don; 1=0,135 ons, 3,7565 gram¶이 금반지는 두 돈짜리다 cincin emas ini berbobot dua *don.*

돈구멍 ①【뚫린】lubang ditengah uang logam yang dipakai pada zaman dulu ②【돈줄】sumber keuangan; sumber penghasilan

돈궤(-櫃) peti uang

돈가스 sayatan (potongan) daging babi

돈꿰미 tali; tambang uang

돈냥 sejumlah uang; banyak uang

돈놀이 usaha peminjaman uang; riba 돈놀이하다 meminjamkan uang dengan bunga; menjalankan riba ⊙ 돈놀이꾼 lintah darat; tukang riba

돈단무심하다(頓斷無心-) tidak menaruh

perhatian; acuh tak acuh

돈독(-毒) cita rasa yang tidak séhat terhadap uang ¶돈독이 오르다 menjadi mata duitan

돈독(敦篤) ketulusan hati; hubungan dekat (erat)

돈맛 cinta pada uang ¶돈맛을 알다 mencintai (menyukai) uang; mengetahui nilai uang; menyadari kegunaan uang

돈모(豚毛) bulu babi

돈방석(-方席) ¶돈방석에 앉다 punya banyak uang

돈벌이하다 mendapatkan (mendatangkan) uang; mencari uang ¶돈벌이를 잘하다 pandai mencari uang

돈벼락 kekayaan yang mendadak ¶돈벼락을 맞다 menjadi kaya dengan tiba-tiba

돈복(-福) keberuntungan dengan uang ¶돈복이 터지다 mendapat kekayaan

돈육(豚肉) daging babi

돈절(頓絕) penghentian (keputusan) yang mendadak 돈절하다 berhenti dengan mendadak; menghentikan (terputus) dengan tiba-tiba

돈주머니 kantong uang; dompét ¶돈주머니가 가볍다 kantong tipis; mempunyai sedikit uang

돈줄 sumber keuangan; dukungan keuangan; 【후원자】 penyokong keuangan; patron ¶돈줄을 잡다 menemukan (mendapatkan) penyandang dana; menemukan (mendapatkan) seorang penyokong keuangan

돈지갑(-紙匣) dompét

돈지랄하다 membelanjakan uang dengan cara yang gila

돈쭝 ⇒ 돈²

돈키호테 Don Quixote ¶돈키호테식의 gaya Don Quixote

돈표(-票) bon; cék

돈푼 sedikit uang

돋구다 ①【높이다】 menambah((kan)); meninggikan ②【자극하다】 merangsang; membangkitkan; menggoda ¶식욕【입맛】을 돋구다 merangsang seléra

돋다 ①【해 등이】 terbit ②【싹 등이】 tumbuh; keluar ¶싹【움】이 돋다 bertunas ③【피부에 두드러기·소름 등이】 timbul; keluar ¶여드름이 돋다 jerawat timbul (keluar) pada pipi

돋보기 ①【안경】 kaca mata baca; kacamata untuk orang sudah lanjut usia ¶돋보기를 끼다 memakai kacamata baca ②【확대경】 kaca pembesar; suryakanta

돋보이다, 돋뵈다 kelihatan lebih baik; membuat nampak lebih baik

돋우다 ①【심지를】 membesarkan; menaikkan ②(a)【높이다】 meninggikan; membendung ¶베개를 돋우다 meninggikan (menaikkan) bantal (b) 【목청을】 meninggikan; mengangkat ③【기운 등을】 menaikkan; mengangkat ④【감정 등을】 mendorong; menghasut ⑤【부추기다】 menghasut; membuat ⑥【식욕을】 merangsang; meningkatkan

돋치다 tumbuh; bertunas ¶날개가 돋치다 tumbuh sayap/날개가 돋치듯 팔리다 laku dengan laris

돌[1] 【돌날】 hari ulang tahun yang pertama seorang bayi ⊙ 돌떡 kué beras yang dibuat untuk hari ulang tahun pertama. 돌 반지 cincin ulang tahun pertama. 돌잔치 pésta ulang tahun pertama. 돌장이 bayi yang berumur se(satu) tahun

돌[2] batu; 【조약돌】 batu kerikil; pasir (kerikil) yang halus; 【쌀 등에 섞인】 batu api; 【라이터】 gerétan ⊙ 돌가루 batu yang hancur; debu batu. 돌결 serat batu. 돌밭 tempat berbatu-batu. 돌산 gunung batu. 돌집 rumah (bangunan) batu

돌개바람 angin puyuh; pusaran angin

돌격(突擊) serangan; penyergapan; sergapan 돌격하다 menyerang; menyerbu; melakukan serangan; menyergap ¶돌격 앞으로! Serang! Maju! 돌격대 pasukan buru sergap

돌계단(-階段) tangga batu; anak tangga dari batu

돌계집 wanita mandul; wanita yang tidak bisa mempunyai anak

돌고래【동물】ikan lumba-lumba

돌기(突起) penonjolan; tonjolan keluar 돌기하다 menonjol keluar

돌기와 lémpéngan batu untuk bahan atap

⊙ 돌기와 집 rumah yang beratap batu
돌김 【식물】 lumut pada batu di dalam air
돌다 ①【회전하다】 berputar; berkeliling ②【순찰하다】 meronda; pergi ronda; mengadakan patroli (ronda); 【배회하다】 mengadakan perjalanan keliling; berpariwista ③【순환 · 유통하다】 berédar ④【몸의 기능이】 berjalan; berfungsi ¶혀가 잘 돌다 pandai bicara; fasih lidah; banyak bicara; jago bicara/머리가 잘 돌다 otak cerdas; berpikiran tajam ⑤【약 · 술기운 등이】 merasakan; dibawah pengaruh ¶술기운이 돌다 di bawah pengaruh minuman keras ⑥【눈 · 머리 등이】 merasa pusing (pening) ⑦【손에서 손으로】 mengédar ⑧【전염병이】 berjangkit; mewabah ⑨【소문이】 tersebar ⑩【소생함】 menjadi sadar kembali ⑪【방향을 바꾸다】 berbélok ⑫【우회하다】 mengambil jalan memutar ⑬【정신이】 menjadi gila (sinting)
돌다리 jembatan batu ¶돌다리도 두드려보고 건너다 sangat hati-hati; pikir dahulu sebelum berbuat sesuatu agar tidak menyesal kemudian hari
돌담 témbok (dinding) batu
돌대 【회전축】 poros (sumbu) perputaran pasak
돌대가리 orang bodoh; dungu; tolol
돌덩이 sepotong batu
돌도끼 kapak batu
돌돌 ①【마는 모양】 menggulung ②【구르는 모양】 berguling
돌돔 【어류】 ikan nuri
돌라매다 【새끼를】 mengikatkan
돌라붙다 berpaling
돌라앉다 ⇒ 둘러앉다
돌려보내다 mengembalikan; membiarkan pulang
돌려보다 mengédarkan; mengopor
돌려쓰다 meminjam
돌려주다 ①【반환하다】 mengembalikan ②【융통하다】 meminjamkan
돌리다[1] ①【회전하다】 memutar; menggelindingkan ②【방향을】 mengarahkan; memalingkan ¶눈길을 돌리다 memalingkan matanya ((dari; kepada)) ③【차례로】 mengédarkan ④【회부하다】 menyerahkan ⑤【전임시키다】 memindahkan ⑥【전단지 · 초대장 · 카드 등을】 mengantarkan; mengédarkan ⑦【마음 · 주의를】 mengalihkan ¶화제를 돌리다 mengalihkan pokok pembicaraan ⑧(a) 【원인 · 책임을】 menyalahkan; menyerahkan (b) 【영광을】 membawa; memberi ⑨【가동 · 운영】 menggerakkan; menjalankan ⑩【뒤로 미루다】 menunda; mengalihkan ⑪【기타】 ¶농담으로 돌리다 menganggap sebagai lelucon
돌리다[2] ①(a) 【병이】 ¶병이 돌리다 menjadi kurang serius; menjadi lebih baik (b) 【쉬다】 ¶잠시 숨을 돌리다 beristirahat ②【변통하다】 mendapata pinjaman
돌리다[3] ①⇒ 따돌리다 ②【손님을】 tidak ramah; memperlakukan (menerima) dengan kasar
돌림 ①【교대】 giliran; édaran ②돌림병 penyakit yang menular ⊙ 돌림 장이 orang yang dibenci (dihin- dari) oléh setiap orang. 돌림편지 surat édaran
돌림감기(-感氣) influénsa; flu; pilek
돌림자(-字) ¶내 항렬의 돌림자는 '영'이다 'Young' adalah kata segénerasi dalam sisilah keluarga
돌멘 【고인돌】 dolmén
돌멩이 batu ¶돌멩이질하다 melémparkan batu
돌무더기 setumpuk batu
돌발(突發) ledakan ; ketiba-tibaan; ketidak terdugaan; wabah 돌발하다 terjadi tiba-tiba ⊙ 돌발사고 kecelakaan yang tidak dapat diramalkan (yang tidak diharapkan); kecelakaan tak terduga
돌배 【식물】 buah pér hutan (liar)
돌변(突變) perubahan yang mendadak 돌변하다 berubah dengan tiba-tiba; berubah secara mendadak; (병이) menjadi gawat (se- rius)
돌보다 merawat; menjaga; memelihara ¶돌보아 주는 사람 pengurus; penjaga; pengasuh
돌부리 batu sandungan; batu penarung ¶돌부리에 채여 넘어지다 kakinya terantuk (tersandung pada; terbentur pada) batu
돌부처 ①【돌로 만든 불상】 patung Budha

dari batu ②【목석같은 사람】 ¶그는 돌부처 같은 사람이다 Dia orang yang tidak ékspésif (pendiam).

돌비(-碑) tugu peringatan batu; batu nisan

돌비늘 【광물】 mika

돌삼 【식물】 rami liar; rami hutan

돌솥 *dolsot*;stone pot 돌솥 비빔밥 *dolsot bibimbap*; nasi campur daging dimasak dalam panci batu

돌아가다 ①【집 · 고향 등으로】 kembali; pulang; balik; berganti arah ②【원래 상태로】 kembali ¶정상 상태로 돌아가다 kembali normal ③⟹ 돌다 ①, ③, ④. ⑩, ⑪. ⑭【끝나다】 berakhir ¶헛수고로 돌아가다 tidak berhasil; sia-sia ⑤【책임 · 욕 따위가】 jatuh ((ke dalam)); menghubungkan dengan ⑥【복구 · 회복】 kembali ⑦【죽다】 meninggal; mati ⑧【차례가】 bergiliran ⑨【분배되다】 dibagikan ⑩【입 · 넥타이 등이】 miring

돌아눕다 tidur menunggungi

돌아다니다 ①【이곳저곳을】 berkeluyuran; berkelana; berkeliling; berkeliaran; mengembara; menelusuri ②【퍼지다】 berédar; menyebar

돌아들다 ①【되돌아옴】 terbang (datang) kembali ②【물이】 membélok

돌아보다 ①【뒤를】 menoléh (melihat) ke belakang ②【과거를】 mengenang (memikirkan) kembali ③【두루 살피다】 melihat-lihat ④【생각하다】 memperhatikan

돌아서다 ①【몸을 뒤로 향해】 membelakangi; membalikkan badan ②【마음 · 태도 등이】 putus hubungan dengan; berbalik melawan; membelakangi; memalingkan muka; diasingkan; dijauhkan ③【병이】 bertambah baik; mulai pulih ④【상황 · 형편 등이】 berbalik

돌아앉다 duduk membela- kang

돌아오다 ①【원래 있던 곳으로 귀환】 pulang; kembali ②【본래의 상태로】 kembali ke (pada); ((의식이)) sadar ③【때 · 차례 등이】 telah datang; telah kembali ④【몫 · 책임 · 비난 등이】 ditimpakan; didatangkan

돌알 ①【수정 알】 lénsa kristal ②【삶은 달걀】 telur yang direbus matang

돌연(突然) dengan tiba-tiba; mendadak; secara tidak terduga; sekonyong-konyong

돌연변이 【생물】 mutasi ¶돌연변이를 일으키다 bermutasi ⊙ 돌연변이 유발요인 mutagén. 돌연변이 유발유전자 gén mutator

돌연사(突然死) ¶돌연사하다 kematian mendadak

돌이키다 ①【고개를】 menoléhkan muka; melihat ke belakang ②【회상하다】 melihat ke masa lampau; (반성하다) memikirkan ③【재고하다】 menimbang kembali; memikirkan lagi ④【원래 상태로 되돌리다】 kembali; sembuh ⑤【마음 · 생각 등을 바꾸다】 berubah pikiran

돌입하다(突入-) masuk (menyerang) ke dalam ¶파업에 돌입하다 melangsungkan pemogokan

돌절구 penumbuk batu

돌진하다(突進-) menyerang; berjalan dengan cepat

돌짬 celah di antara batu-batu

돌출(突出) tonjolan; penjorokan 돌출하다 ①【튀어나오다】 menonjol keluar; menjorok ②【예상치 못하다】 tidak terduga ⊙ 돌출부 bagian yang menonjol (yang menjorok

돌파(突破) ①【적진 · 방어선 등을 뚫고 나감】 돌파하다 mendobrak; menerobos ②【기록 · 기준 등을 넘어섬】 melebihi ③【장애 · 어려움 등을 극복하다】 돌파하다 mengatasi; menanggulangi ⊙ 돌파작전【군사】 operasi menerobos. 중앙돌파 menerobos dari depan

돌파구(突破口) terobosan

돌핀 ikan lumba-lumba

돌팔매 batu lemparan ⊙ 돌팔매질 lemparan batu: 돌팔매질하다 melemparkan batu

돌팔이 pedagang setengah ahli ⊙ 돌팔이 의사 dokter gadungan

돌풍(突風) hembusan angin

돌확 ⇒ 돌절구

돔 ①【교회】 kubah ③ 【휨】 lengkungan

돕다 ①【거들다, 힘을 보태다】 menolong; membantu; mendukung ②【구함】 menyelamatkan ③【기부 · 기여 · 후진】 memberi; menyumbang; membantu ¶건강을 돕다 bermanfaat bagi keséhatan ④【촉진시키다】 memajukan

돗바늘 jarum besar untuk membuat késétan kaki dan lain-lain

돗자리 késétan tikar ¶돗자리를 깔다 membentangkan tikar

동[1] 【묶음】 sekumpulan; seberkas

동[2] ①【조리 · 이치】 masuk akal; logis; konsekwen ¶동이 닿다 dapat dimengerti; masuk akal; pantas; layak ②【동안】 batas waktu ¶동이 뜨다 jarak waktu lebih lama dari pada biasa ③【옷의】 mansét¶ 소맷동, 끝동 mansét lengan baju ④【상치의】 sebatang selada

동(東) 【동쪽】 timur

동(洞) 【행정구역】 *dong;* kelurahan ⊙ 동사무소 kantor kelurahan

동(同) 【같은】 sama ¶동일 동시 pada waktu yang sama di hari yang sama

동(銅) 【구리】 tembaga; loyang ⊙ 동 파이프 pipa tembaga

동(棟) kompléks apartemen

동가식서가숙(東家食西家宿) pengembara; kelana 동가식서가숙하다 menjalani hidup sebagai pengembara (petualang)

동감(同感) perasaan yang sama; sependapat 동감이다 setuju; berperasaan sama

동갑(同甲) orang yang sama (sebaya) umur 동갑이다 sebaya; seusia

동강 sekeping; sepotong ¶동강나다 pecah menjadi berkeping-keping ⊙ 동강치마 rok péndék

동개 tempat anak panah

동거(同居) 동거하다 ①【여러 사람이】 tinggal dalam rumah yang sama; tinggal di bawah atap yang sama ②【결혼하지 않은 남녀가】 tinggal bersama ⊙ 동거인 orang yang menumpang

동거리(同距離) jarak yang sama

동격(同格) ①【같은 자격 · 지위】 pangkat (golongan; status; kedudukan) yang sama; persamaan 동격이다 berada di pangkat yang sama ②【문법】 keterangan tambahan

동결(凍結) pembekuan; penyetopan 동결하다 terbeku; dibekukan ⊙ 임금동결 penyetopan (pembekuan) upah: 임금동결 정책 kebijakan pembekuan upah (gaji). 자산동결 pembekuan asét

동경(憧憬) rindu; kangen 동경하다 merindukan; memuja; mengagumi

동경(東經) 【방위】 bujur timur

동경(銅鏡) cermin tembaga

동계(冬季) musim dingin ⊙ 동계방학, 동계휴가 liburan musim dingin. 동계올림픽 Olympiade musim dingin. 동계 훈련 latihan musim dingin

동계(同系) ¶동계의 sama dengan ((berhubungan darah; bersanak)); keturunan yang sama ⊙ 동계회사 perusahaan bergabung

동고동락(同苦同樂) penderitaan dan kegembiraan bersama-sama 동고동락하다 sama-sama merasakan kesenangan dan kesusahan (kesedihan)

동곳 jepitan rambut (jambul) ((dipakai oléh pria)) ¶동곳을 꽂다 memakai jepitan rambut di jambul

동공(瞳孔) 【눈동자】 biji mata ⊙ 동공 막 pelebaran (penciutan) biji mata

동광(銅鑛) bijih tembaga; tambang tembaga

동구(東歐) Eropa Timur ⊙ 동구권 Blok Eropa Timur

동구(洞口) jalan masuk ke désa ⊙ 동구밖【동구】 daérah pinggiran désa

동국(同國) negara yang sama (bersangkutan) ⊙ 동국인 orang senegeri (satu tanah air)

동굴(洞窟) gua ¶동굴에 사는 사람 penghuni gua ⊙ 동굴벽화 lukisan dinding dalam gua. 동굴탐험 penjelajahan gua

동궁(東宮) ①【세자】 putra mahkota ②【세자궁】 istana putra mahkota

동권(同權) hak yang sama; persamaan hak ⊙ 남녀동권 hak yang sama untuk pria dan wanita

동그라미 lingkaran; putaran ¶정답에 동그라미를 치다 lingkari jawaban yang benar

동그라지다 jatuh ke tanah; jatuh tunggang langgang ¶미끄러져 동그라지다 tergelincir dan jatuh tunggang langgang

동그랗다 bundar; bulat; berbentuk bola

동그스름하다 agak bundar; agak bulat ¶동그스름한 얼굴 muka yang kebulat-bulatan

동글다 ⇒ 둥글다

동급(同級) kelas yang sama ¶저와 그를 동급으로 생각하지 마세요 Jangan menyejajarkan saya dengan dia. ⊙ 동급생 teman sekelas

동기(同氣) 【형제 · 자매】 saudara kandung; kakak dan adik ¶동기간 hubungan saudara kandung/동기간의 우애 cinta persaudaraan

동기(同期) ①【같은 시기의】masa yang sama ②【같은 학교 · 회사 등의】 seangkatan ⊙ 동기생 lulusan (tamatan) tahun yang sama

동기(動機) motivasi; dorongan; pendorong; sebab; maksud ¶동기는 좋다 Dia bermaksud baik. *atau* Maksudnya baik.

동기(銅器) perkakas tambang (perunggu); barang tembaga ⊙ 동기시대(時代) zaman perunggu

동나다 kehabisan; 【상품이】 habis terjual; kehabisan persediaan

동남(東南) tenggara ⊙ 동남풍 angin tenggara

동남아시아(東南-) Asia Tenggara

동냥 ①【구걸】permintaan 동냥하다 meminta ②【주는 금품】 beras ((uang)) diberikan kepada pengemis ¶동냥을 주다 memberi beras ((uang)) kepada pengemis ⊙동냥자루 karung pengemis. 동냥질 perbuatan mengemis. 동냥아치 pengemis

동네(洞內) 【마을】 désa; kampung ¶동네어른 sesepuh désa/동네의 소문 gosip (gunjingan) di lingkungan/동네사람 orang désa

동년배(同年輩) ¶그녀는 나와 동년배다 Dia hampir seumuran saya.

동 닿다 ①【조리가】 sudah sewajarnya; sudah semestinya ②【이어지다】 berturut-turut

동댕이치다 mencampakkan; membuang

동동[1] ⇒ 둥실둥실

동동[2] 【발을】 ¶발을 동동 구르다 merentakkan kaki; menghentak-hentakkan kaki

동동거리다 melompat- lompat; mundar mandir dengan gelisah ¶추워서 발을 동동거리다 melompat-lompat karena kedinginan

동등(同等) kesamaan 동등하다 ekuivalén; setara; sederajat; seimbang; sederajat ¶대학 졸업 또는 이와 동등한 학력의 소지자 lulusan universitas atau meréka yang sederajat

동떨어지다 ①【거리가 멀다】 jauh terpisah ②【관련이 없다】 berbéda dari; tidak masuk akal

동란(動亂) perang; pergolakan; hasutan; agitasi; keributan; huru-hara; kegemparan ¶동란을 일으키다 menyebabkan kerusuhan (huru-hara); menimbulkan huru-hara ⊙ 한국 (육이오)동란 perang Korea 1950−1953

동량지재(棟樑之材) tiang negara; penyokong (pendukung) utama

동력(動力) daya penggerak ¶동력을 공급하다 suplai listrik ⊙ 동력계(計) dinamométer. 동력선 kapal mesin. 동력자원부 Kementerian(Departemén) Energi dan Sumber Daya Alam

동렬(同列) tingkat yang sama

동료(同僚) rekan sekerja; teman sejawat; koléga; kawan; sahabat

동류(同類) kelas yang sama

동률(同率) ¶ 동률이 되다 menyejajarkan dengan

동리(洞里) désa

동마루(棟-) bubungan; atap genting

동막이하다 menambak

동매 tali; jerami

동맥(動脈) ①【의학】 artéri; pembuluh nadi ②【비유적】 urat nadi ¶산업의 동맥 urat nadi industri negara ⊙ 동맥경화증 pe- ngerasan artéri; artérisklerosis. 동맥 대 artéri utama

동맹(同盟) persekutuan; perserikatan; gabungan; persatuan; ikatan; liga; serikat sekerja; persekutuan (konféderasi) ¶동맹을 맺다 bersekutu dengan; mengadakan persekutuan; bersatu; bergabung ⊙ 동맹국 negara sekutu. 동맹군 tentara (pasukan) sekutu. 동맹휴교 pemogokan pelajar (mahasiswa); pemogokan perguruan tinggi. 동맹파업 pemogokan: 동맹파업자 pemogok

동메달(銅-) médali perunggu

동면(冬眠) 동면하다 berhibernasi; tidur di musim dingin ¶동면에서 깨어나다 bangun dari masa hibernasi

동명(同名) nama yang sama ⊙동명이인(異人) orang yang namanya sama

동명사(同名詞) 【문법】 *gerund*

동무 【친구】 kawan; sahabat; teman; handai; rekan 동무하다 menemani; menyertai; mengiringi; bersama ¶동무가 되다 menjadi teman; berteman; bersahabat

동문(同文) tulisan (naskah) yang sama ¶ 이하동문 yang lainnya sama seperti di atas

동문(同門) teman sekolah; teman sekelas; 【졸업생】 lulusan; tamatan; alumni ⊙ 동문회 himpunan alumni

동문서답(東問西答) jawaban yang tidak rélevan (tidak sesuai; tidak bertalian; yang menyimpang) 동문서답하다 menjawab yang tidak sesuai; menjawab tidak keruan ((dengan kacau)); memberikan jawaban yang tidak relévan

동문수학하다(同門修學-) belajar pada guru yang sama

동물(動物) binatang ¶동물적(인) 본능 naluri binatang ⊙ 동물계 dunia binatang. 동물병원 klinik héwan. 동물시험 tés biologi. 육식동물 héwan karnivor; binatang pemakan daging. 초식동물 héwan hérbivor; binatang pemakan tumbuh-tumbuhan

동물성(動物性) sifat dasar binatang; héwani ⊙ 동물성단백질 protein binatang. 동물성식품 makanan héwani. 동물성지방 lemak héwani

동민(洞民) orang (penduduk) kelurahan; rakyat (penduduk) désa

동반(同伴) 동반하다 pergi dengan; mengikut sertakan; ikut serta; mengiringi ⊙ 동반자 pengiring

동반구(東半球) belahan bumi bagian timur

동반자살(同伴自殺) bunuh diri bersama dengan; bunuh diri dengan kekasih; (한집안의) bunuh diri seluruh keluarga ⊙ 모자 동반자살 bunuh diri ibu dengan anak-anak

동방(東方) ketimuran ¶동방의 timur

동방(東邦) negeri timur; bangsa timur

동방(洞房) ①【침실】 ruang; bilik ②【화촉동방】 ruang (bilik) perkawinan ⊙ 동방화촉 perayaan perkawinan; bermalam pengantin

동방구리 botol (kendi; guci) berperut gendut

동백(冬柏) 【식물】 bibit kamélia ⊙ 동백기름 minyak bunga kamélia ((yang digunakan untuk menghiasi rambut)). 동백꽃 bunga kamelia

동병(同病) penyakit yang sama ¶동병상련(相憐)하다 ikut sedih jika teman mengalami kesedihan

동병하다(動兵-) memobilisasi tentara

동복(冬服) pakaian (seragam) musim dingin

동복(同腹) anak-anak yang lahir dari ibu yang sama (dari satu ibu) ¶동복의 yang seibu; dari satu ibu ⊙ 동복형제 saudara yang lahir dari seibu

동봉(同封) 동봉하다 melampirkan; menyertakan ¶동봉한 편지 surat yang terlampir

동부(東部) daérah bagian timur

동부인하다(同夫人-) pergi keluar dengan istri; membawa serta istri; menemani (mendampingi; didampingi) istri

동북(東北) timur laut ¶동북의 bagian timur laut ⊙ 동북동 timu-timurr laut

동분모(同分母) 【수학】 angka sebutan yang sama

동분서주(東奔西走) sangat sibuk; sibuk sekali 동분서주하다 sangat terdesak; pergi ke mana-mana

동사(同事) perusahaan (usaha) bersama 동사하다 mengadakan usaha dengan

동사(動詞) 【문법】 kata kerja

동사(凍死) 동사하다 mati beku; mati kedinginan ⊙ 동사자 orang yang mati kedinginan

동사무소(洞事務所) kantor kelurahan

동산 ①【자그마한 산】 bukit kecil ②【정원·공원】 ¶에덴동산 Taman Firdaus/ 놀이

동산 taman hiburan

동산(動産) asét (harta kekayaan) bergerak; tanah milik (harta kekayaan; milik) pribadi

동상(同上) sama seperti di atas

동상(凍傷) radang dingin ¶동상에 걸리다 mendapat luka karena dingin yang luar biasa; mendapat penyakit gatal karena kedinginan ⊙ 동상자 penyakit radang dingin; orang yang terkena radang dingin

동상(銅像) patung perunggu ¶이순신 장군 동상 patung perunggu Admiral Yi Sun-Shin

동상이몽(同床異夢) masing-masing mempunyai tujuan yang berbéda

동색(同色) warna sama

동색(銅色) warna tembaga ¶동색의 berwarna tembaga

동생(同生) adik laki-laki; adik perempuan ¶막내 동생 adik laki-laki (perempuan) bungsu

동생공사하다(同生共死-) sama-sama mengalami senasib ¶모두 동생공사의 운명이다 Semuanya senasib.

동서(同書) buku yang sama

동서(同棲) 동서하다 tinggal bersama sebagai suami istri; hidup (tinggal) bersama ⊙ 동서하는 자 orang yang hidup bersama

동서(同壻) suami saudara perempuan istri; ipar laki-laki istri; saudara ipar laki-laki; 【남편 형제의 아내】 saudara ipar perempuan; istri saudara laki-laki suami; ipar perempuan suami.

동서(東西) ①【동쪽과 서쪽】 timur dan barat ②【동양과 서양】Barat dan Timur; Negeri Timur dan Negeri Barat ③【공산 진영과 자유 진영】Timur dan Barat; Negara Timur dan Negara Barat ¶동서의 긴장 ketegangan Timur-Barat

동서고금(東西古今) sepanjang masa dan semua negara ¶동서고금을 막론하고 dari berbagai penjuru negeri

동서남북(東西南北) ke empat titik kardinal; utara, selatan, timur, dan barat

동석하다(同席-) duduk bersama

동선(動線) aliran lalu lintas

동선(同船) 동선하다 berlayar dalam perahu sama; naik kapal yang sama ⊙동선자 teman seperjalanan; teman sekapal

동선(銅線) kawat perunggu; kawat tembaga

동설(同說) téori (pendapat; pandangan) sama

동성(同性) jenis kelamin (séks) sama; sesama jenis ⊙ 동성연애 cinta homoséksuil; cinta dengan kawan sejenis; homo séksualitas

동성(同姓) 【성씨가 같음】 nama keluarga yang sama ⊙ 동성동본 nama keluarga sama dan asal keluarga juga sama

동성애(同性愛) homo séksualitas ⊙ 동성애자 homo; homo séksual; lésbian

동소체(同素體) 【화학】 alotropi

동수(同數) jumlah yang sama ¶동수의 sama banyak/가부 동수인 경우에는 dalam kasus suara yang sama

동숙하다(同宿-) menginap dalam rumah yang sama; 【호텔에】 tinggal dalam hotél yang sama ⊙ 동숙인 【하숙의】 teman sepondokan (sepenginapan)

동승하다(同乘-) naik mobil (keréta) bersama; sama-sama memakai mobil ⊙ 동승자 penumpang

동시(同時) ①【같은 시기】 waktu (masa) yang sama ¶동시에 serémpak; bersama-sama; berbarengan ②【한꺼번에】 seréntak; pada waktu yang sama ¶동시다발적 terjadi seréntak ③【어떤 사실을 겸함】 sama; dalam waktu yang sama ⊙ 동시발생 kejadian pada waktu yang sama; kejadian keseréntakan. 동시발표 pengumuman serémpak: 동시발표하다 diumumkan secara serémpak. 동시통역사 penterjemah simultan

동시(凍屍) mayat yang mati beku; mayat yang membeku

동시(童詩) sajak anak-anak

동시대(同時代) zaman(periode) yang sama ¶동시대의 sezaman; sebaya; seumur

동식물(動植物) héwan (binatang) dan tumbuh-tumbuhan (tanaman); flora dan fauna

동실(同室) kamar yang sama ⊙ 동실 자

(인) teman sekamar

동실동실 ⇒ 둥실둥실

동심(童心) pikiran (hati) anak-anak; kenaifan ¶동심으로 돌아가다 menjadi kanak-kanak kembali/동심을 좀 먹다 mengecéwakan anak; merusak kemurnian pikiran kanak-kanak

동심(同心)【같은 마음】pikiran yang sama; kebulatan suara; persetujuan; persesuaian; keserasian 동심하다 seia-sekata ⊙ 동심협력 kerjasama secara harmonis: 동심협력하다 bekerja sama secara harmonis; bekerja dengan satu pikiran

동아【식물】labu lilin; mélon labu putih ⊙ 동아줄 tali; tambang tebal dan tahan lama

동아(冬芽)【식물】pucuk (kuncup) musim dingin

동아(東亞)【동아시아】Asia Timur

동아리 klub; grup; komunitas

동안 ①【사이】selama; interval; selang ¶여러 해 동안 selama bertahun-tahun ②【…하는 동안】sementara; selagi

동안(東岸) pantai (pesisir) timur; tepi (sungai) sebelah timur

동안이다(童顔-) berwajah muda

동액(同額) jumlah yang sama

동양(東洋) timur; ketimuran ⊙ 동양문화 peradaban (kebudayaan) timur. 동양사람 orang timur. 동양사상 oriéntalisme. 동양학 ilmu ketimuran. 동양화 lukisan timur

동업(同業) usaha yang sama; profési yang sama 동업하다 menjalankan usaha bersama ⊙ 동업자 mitra (rekan) usaha; kompanyon; kawan di satu usaha perdagangan mitra

동여매다 mengikat; mengecangkan

동영상(動映像) ¶무료 동영상 강의를 듣다 mendengarkan ceramah gratis dari internét

동요(動搖) ①【흔들림】gemetaran; goncangan; goyangan 동요하다 berguncang; gemetar; bergetar; (배가) bergoyang; berguling-guling; berputar-putar; terhempas; (마차 등이) terguncang; tergoyang-goyang ②【불안】kerusuhan; gangguan; kegemparan 동요하다 gelisah; terganggu; tidak tentu; tidak tenang; berkisar; terembang-ambing ¶물가의 동요 ketidaktetapan harga/마음의 동요 gejolak batin; kegelisahan (kerésahan) pikiran

동요(童謠) nyanyian kanak-kanak ¶동요를 부르다 menyanyikan lagu anak ⊙ 동요작가 penulis lagu kanak-kanak. 동요집(集) nyanyian kanak-kanak

동우(同友) teman sepikiran (sehaluan)

동원(動員) pengerahan; mobilisasi 동원하다 mengerahkan; menggerakkan; memobilisasi ¶ 동원되다 dikerahkan untuk ⊙ 동원계획 rencana mobilisasi. 동원령 perintah mobilisasi. 산업동원 pengerahan (mobilisasi) industri

동월(同月) bulan yang sama

동위(同位) pangkat (jabatan) yang sama; lokasi (tempat) yang sama; koordinat ¶동위의 menyelaraskan; koordinatif ⊙ 동위각【수학】segi (sudut) yang sama (yang sesuai). 동위원소 isotop: 방사성동위원소 radioisotop

동유럽(東-) Eropa Timur

동음(同音) suara yang sama; homofoni ⊙ 동음이의어 homonim

동의(同義) arti yang sama ¶동의의 yang searti; sama arti ⊙ 동의어 sinonim; kata yang searti

동의(同意) persetujuan 동의하다 menyetujui; mengizinkan ¶동의를 얻다 mendapat izin (persetujuan) ⊙ 동의서 formulir persetujuan. 동의안 mosi

동의(胴衣)【동옷】jakét laki-laki;【조끼】rompi; mantel péndék

동의(動議) gerakan; mosi; usul 동의하다 bergerak; mengajukan usul ¶B씨의 동의로 atas usul (mosi) Tuan B/동의를 가결하다 ⇒ 동의하다 ⊙ 긴급동의 mosi (usul) darurat (yang mendesak)

동이 kendi ⊙ 물동이 kendi air

동인(同人) ①【뜻·취미 등이 같은 사람】orang terdekat ②【동료】anggota; koléga ③【그 사람】orang yang bersangkutan ⊙ 동인지 majalah masyarakat sastra. 동인잡지 majalah kesusasteraan

동인(動因) motif; penyebab

동인도(東印度) Hindia Timur

동일(同一) 동일하다 sama; serupa ¶동일하게 취급하다 memperlakukan tanpa perbédaan; memperlakukan yang sama ⊙ 동일원리 prinsip identitas

동일시하다(同一視-) menempatkan dalam kategori (golongan) yang sama; mengidentifikasi A dengan B; membicarakan tanpa diskriminasi

동자(童子) anak; anak muda ⊙ 동자승 rahib (biarawan) muda

동자르다 ①【관계를】 memutuskan ②【토막내다】 memotong

동작(動作) tindakan; aksi; gerakan; sikap diri; langkah; kelakuan; perbuatan; gerak 동작하다 bergerak; bertindak; mengambil tindakan

동장(洞長) kepala kelurahan

동장군(冬將軍) musim dingin yang hébat (keras)

동저고리 mantel; jas

동적(動的) dinamis

동전(銅錢) képéng; gépéng; kobang ¶동전 한 푼 없다 tidak punya uang sesénpun ⊙ 동전교환기 mesin penukar uang

동절(冬節) masa musim dingin

동점(同點) nilai yang sama; séri ¶동점이 되다 menjadi séri

동진하다(東漸-) maju (berjalan) ke arah timur; bergerak (meluas) ke arah timur

동정 *dongjeong;* léhér keméja yang terpasang pada pinggir paling atas kebaya (mantel Korea) ¶동정을 달다 memasang potongan kerah di atas mantel

동정(同情) simpati; keharuan; perasaan kasihan 동정하다 bersimpati; merasa kasihan; menaruh kasihan ¶ 동정을 나타내다 (표시하다) menyatakan (memperlihatkan) simpati (kasihan) ⊙ 동정금 sedekah; derma; zakat. 동정심 perasaan simpatik. 동정표 suara simpati; dukungan simpati

동정(童貞) kesucian; kemurnian; kebersihan; keperawanan; kegadisan ¶동정을 잃다 kehilangan kesucian (kemurnian) ⊙ 동정남 pria yang masih suci. 동정녀 perawan; anak dara; (성모 마리아) Bunda Maria

동정(動靜) gerakan; keadaan; situasi; perkembangan

동제(銅製) ⊙ 동제품 barang tembaga

동조(同調) 동조하다 mengikuti langkah; bertindak bersama-sama ⊙동조자 kawan seperjalanan; orang yang bersimpati

동족(同族) 【동포】 sebangsa; saudara setanah air; ras yang sama; (혈족) darah yang sama; ⟪일족⟫ keluarga yang sama

동족상잔(同族相殘) perang saudara 동족상잔하다 berperang saudara

동종(同種) jenis (bidang) yang sama

동주(同舟) ⇒ 오월동주 musuh besar dalam kapal yang sama

동지(冬至) *dongji;* titik balik matahari di musim dingin ⊙ 동지섣달 bulan di musim dingin yang paling dingin

동지(同志) pikiran yang sama; semangat yang cocok; 【사람】 kawan; teman; kawan seperjuangan; orang yang mempunyai perhatian yang sama ¶동지를 규합하다 mengumpulkan orang yang mempunyai perhatian yang sama ⊙ 동지애 persahabatan

동진하다(東進-) bergerak ke arah timur; berjalan ke sebelah timur

동질(同質) keserbasamaan; sifat yang sama ¶동질의 mutu (bahan) yang sama; serbasama; homogén; yang asalnya sama/ 동질성 keserbasamaan ⊙ 동질감 rasa yang sama; rasa persaudaraan

동쪽(東-) sebelah timur ¶동쪽에 di sebelah timur/…에서 부는 바람 angin timur

동차(同次) 【수학】 homogén ⊙ 동차식 persamaan homogén

동참(同參) partisipasi 동참하다 bergabung; berpartisipasi

동창(東窓) jendéla yang menghadap ke timur; jendéla sebelah timur

동창(同窓) teman sekolah (sekelas); alumnus; alumni ⊙ 동창회 himpunan alumni

동천(東天) langit di sebelah timur

동체(胴體) badan pesawat ¶동체착륙하다 mendarat perut ⊙ 동체착륙 pendaratan darurat (perut)

동체(動體) 【물리학】 badan yang bergerak; 【유동체】 zat cair

동충하초(冬蟲夏草) *Cordyceps militaris.*

동치미 dongchimi; acar lobak
동침(-鍼)【한의학】jarum akupunture
동침하다(同寢-) tidur setempat tidur; tidur dengan perempuan (laki-laki) lain
동태(凍太)【생선】ikan polak beku ⊙동태찌개 rebusan yang dibuat dengan ikan polak beku
동태(動態) pergerakan populasi
동통(痛痛) rasa sakit; sakit yang memusuk ¶손에 심한 동통을 느끼다 tangan merasa sangat sakit
동트기 fajar; dinihari
동트다(東-) fajar ¶동틀 무렵에 출발하다 berangkat pada waktu fajar menyingsing
동티나다 ①【천벌을 받다】menderita kutukan déwa bumi ②【잘못되다】mengalami kesulitan
동파(凍破) ¶동파되다 membeku dan pecah
동판(銅版) lémpéng tembaga ⊙ 동판인쇄 《cekatan》 plat tembaga
동편(東便) sisi bagian timur
동포(同胞) saudara sebangsa (sekampung; sedarah); persaudaraan ⊙ 동포애 cinta saudara setanah air. 사해(四海)동포 persaudaraan sedunia. 해외동포: 그는 재일 동포 2세다 Dia adalah génerasi kedua Korea-Jepang.
동풍(東風) angin timur ⊙ 마이(馬耳) 동풍이다 menulikan telinga 《terhadap nasehat》
동하다(動-) ①【움직이다】bergerak; berguncang ②【마음이】terhasut; tergoncang
동학(同學) teman sesekolah (sekuliah)
동해(東海) laut timur ⊙ 동해안 pantai timur
동해(凍害) kerusakan akibat angin
동행(同行) ①【같이 길을 감】동행하다 pergi bersama; ikut serta; menemani ②【같이 길을 가는 사람】¶ 동행자 (인) teman seperjalanan
동향(同鄕) tempat asal yang sama; daérah (kota; désa; propinsi) yang sama
동향(東向) menghadap ke timur ⊙ 동향집 rumah yang menghadap ke timur
동향(動向)【경향, 추세】kecenderungan ¶ 여론의 동향 kecenderungan pendapat masyarakat
동혈(同穴) gua; cerak
동형(同型) jenis (pola) yang sama
동호(同好) seléra yang sama; perasaan yang sama 동호하다 membagi perasaan yang sama ⊙ 동호인 teman yang mempunyai seléra(perasaan) yang sama.동호회 perkumpulan pencinta 《musik》; keanggotaan klub
동화(童話) ceritera dongéng; ceritera (dongéng) kanak-kanak ⊙ 동화극 drama kanak-kanak. 동화작가 penulis ceritera dongéng (ceritera kanak-kanak)
동화(同化) asimilasi; perpaduan; penerimaan yang merata 동화하다 berasimilasi; menerima; menyesuaikan diri ¶동화하기 어렵다 sukar untuk berasimilasi / 자연에 동화되다 bersatu dengan alam ⊙ 동화력 kekuatan (tenaga) bersifat menerima. 동화조직 jaringan berasimilasi
동활자(銅活字) huruf tembaga
돛 layar; pelayaran; kain kanvas ¶순풍에 돛 berlayar (berjalan) lancar/돛을 달다 memasang layar; membentangkan layar/돛을 올리다【내리다】menaikkan (memasang)【menurunkan】layar
돛단배 kapal (perahu) layar
돼먹지 않다 bajingan yang menjijikkan
돼지 ①【동물】babi ¶돼지같이 먹다 rakus seperti babi; makan seperti babi; makan dengan rakus(dengan lahap) ②【비유적】orang yang rakus (tamak; loba); pemakan banyak ⊙ 돼지고기 daging babi. 돼지 띠 Tahun Babi. 돼지우리 kandang babi: 돼지우리 같은 집 gubuk yang buruk. 돼지 저금통 celéngan berbentuk babi. 새끼돼지 anak babi
되[1]【부피의 단위】satu doé = 2 liter; takaran; ukuran; timbangan ¶되로 팔다 menjual dengan takaran (ukuran)
되[2] ①【만주인】rakyat yang pernah tinggal di sebelah utara sungai Tumen ② ⇒오랑케 ③⇒ 되놈 ①
되 ①【…이지만】meskipun; tetapi ②【…이나 정말】benar-benar
되감다 memutar balik
되게 sangat; benar-benar; sungguh-sung-

guh

되나오다 kembali keluar; muncul lagi

되넘기 【장사】 perdagangan perantara 되넘기하다 menjual kembali

되넘기다 menjual kembali

되놈 ①【경멸적: 중국인】 orang Cina ②【미개인】 orang biadab

되뇌다 terus menerus mengulangi; mengatakan sekali lagi ¶같은 소리를 되뇌다 mengulangi hal yang sama

되는대로 ①(a) 【함부로】 dengan sembarangan; dengan (secara) serampangan; dengan sembrono ¶ 되는대로 지껄이다 bicara tanpa bertanggung-jawab; bicara dengan sembarangan; mengatakan sesuatu tanpa dipikirkan lagi; mengatakan sesuatu dengan sembarangan (b) 【정신없이】 dengan suam-suam; dengan tanggung-tanggung ②【되어 가는 대로】 ¶ 되는대로 살아가다 menyerahkan diri kepada nasib (takdir)

되다[1] ①【새로운 신분 · 지위 등을 갖다】 menjadi; mencapai ②【…하게 되다】 mulai ⟪melakukan⟫ ③【때 · 시기 등에 이르다】 menjadi; mencapai ④【변화】 berubah ⑤【계절 · 때가】 datang ⑥【지나다】 berlalu ⑦【수가】 ada; berukuran ⑧【결과】 menjadi ⑨【성립】 terdiri dari ⑩【성취 · 완성】 berhasil; menjadi ⑪【자라다】 tumbuh; makmur ⑫【쓸모 · 적합】 ¶그것은 말이 되지 않는다 Itu mustahil. *atau* Itu omong kosong. ⑬【수명이 다하다】 ¶ 시계 건전지가 다 되었다 baterai di jamnya mati

되다[2] 【되질하다】 mengukur; menakar

되다[3] ①【질지 않다】 kental; keras ②【심하다】 berat; sangat ③【벅차다】 hébat; berat; krisis

되도록 ①【될 수 있는 대로】 se… mungkin; 【될 수 있으면】 jika keadaan mengizinkan ②【될 수 있게】 untuk

되돌리다 ①【원래 상태로】 mengembalikan semula ②【반환하다】 mengembalikan ③【뒤로 물리다】 menempatkan (meletakkan) kembali; memutar kembali

되돌아가다 kembali

되돌아보다 mengenang (mengingat) kembali

되돌아오다 kembali; dikembalikan

되들다 mengangkat muka dengan menantang

되뚝거리다 berjalan terhuyung-huyung; tidak stabil; goyah; goyang

되롱거리다 berjuntai; teruntai-untai; bergoyang; terayun-ayun

되묻다 menanya balik; bertanya lagi (kembali)

되바라지다 ①【그릇이】 dangkal ②【편협하다】 berpikiran sempit; picik; tidak bertoleransi ③【깜찍하다】 terlalu cepat menjadi dewasa; déwasa sebelum waktunya; lancang

되받다 ①【돌려받다】 mencaci-maki (memarahi; menghardik) kembali ②【대꾸하다】 menjawab; menegur

되부르다 memanggil kembali; menarik kembali

되살다 ①【먹은 것이】 perut merasa kenyang; merasa tidak énak ⟪karena salah cerna⟫ ②【소생하다】 hidup kembali; bangun kembali; menyala lagi; giat kembali; sadar kembali ③【헤어졌던 부부가】 disatukan kembali; kembali kepada hubungan yang dahulu

되살리다 ①【사람을】 menghidupkan dari kematian; menyelamatkan nyawa ②【잊고 있던 것을】 membangkitkan (menimbulkan) ⟪kenangan⟫; membawa kembali ③【전통 · 세력 등을】 membangkitkan

되살아나다 ①【죽어 가던 것이】 bangkit ②【세력 · 활력 등이】 meledak lagi ③【잊고 있던 것이】 dibawa (diingat) kembali

되살피다 memeriksa kembali; mengingat kembali kepada hal itu ⟪lagi⟫

되새기다 ①【소 등이】 memamah biak; mengunyah-ngunyah ②【비유적】 merenungkan (memikirkan) kembali

되새김질하다 memamah biak; mengunyah rumput

되쏘다 【총을】 menembak kembali (lagi)

되쏘아보다 memandang (menatap) kembali; membelalak kembali

되씌우다 menyalahkan orang lain; meletakkan kesalahan pada orang lain; memindahkan (melepaskan) kesalahan (tanggung-jawab)

되씹다 ①【말을】 mengulangi pernyataan; mengatakan 《berkata》 berkali-kali (berulang-ulang) ②⟹ 되새기다
되알지다 agrésif
되어가다 ①【일이】 berlangsung (meneruskan; berjalan》 dengan lancar (tanpa rintangan) ②【완성을 향해】 diselesaikan ③【시일 · 때가】 berada; menjelang
되지기[1] 【밥】 memanaskan kembali nasi
되지기[2] 【논밭】 ladang yang cukup luas untuk menanami satu *toé* bibit (benih)
되지못하다 ①【미달】 kurang; di bawah ②【미완성】 belum selesai ③【격이】 tidak pantas
되직하다 agak (sedikit) tebal; agak terlalu keras ¶밥을 되직하게 짓다 memasak nasi agak keras
되질 pengukuran 되질하다 mengukur
되짚다 ①【길을】 kembali; menelusuri jejak ②【다시 떠올려 생각하다】 mengenang (melihat) kembali
되찾다 mendapat kembali ¶건강을 되찾다 memulihkan keséhatan
되팔다 menjual kembali
되풀이 【반복】 pengulangan 되풀이하다 mengulangi; melakukan berulang-ulang
된똥 kotoran (tinja) yang keras
된바람 【강풍】 angin kencang (keras); angin yang menerjang (menyerang)
된서리 【서리】 embun beku (cuaca penuh és) yang tebal
된서방(-書房) suami yang keras (kejam; kasar) ¶된서방 맞다 menikah dengan seorang suami yang kasar; (비유적) mende- rita siksaan; mengalami kesusahan yang besar
된장(-醬) *doenjang;* pasta kacang kedelai¶ 된장을 담그다 membuat *daénjang* /된장국 sup saus kacang/ 된장찌개 rebusan pasta kacang kedelai
된통 benar-benar
될성부르다 ¶일이 될성부르다 rasanya akan berhasil
됨됨이 *sifat; karakter;* kepribadian
됫박 mangkuk dibuat dari labu manis yang digunakan sebagai takaran ¶됫박질하다 menakar dengan mangkuk labu; membeli beras dalam jumlah kecil

두 dua ¶두 번째 kedua
두각(頭角) menonjolkan diri; terkenal dalam
두개골(頭蓋骨) 【해부학】 tengkorak
두건(頭巾) tudung (kerudung) dari rami untuk orang berkabung
두견(杜鵑) 【조류】 semacam burung tekukur; burung élang malam
두고두고 waktu yang lama sekali; terus menerus; selama-lamanya
두고 보다 memperhatikan (mengamati) dengan tekun; menjaga ¶좀 더 두고 봅시다 Mari kita tunggu dan lihat (saksikan).
두골(頭骨) tengkorak kepala
두근거리다 berdebar; berdenyut; berdetak; berdegup-degup
두꺼비 【동물】 katak betung ⊙ 두꺼비집 【전기】 kotak sékering; alat pemutus arus 《untuk keselamatan》
두껍다 tebal ¶낯짝이 두껍다 tidak tahu malu; berani
두껍닫이 【건축】 liang pintu sorong; pintu dorong
두께 tebalnya; ketebalan
두뇌(頭腦) ①【신체 기관】 otak ②【지능, 슬기, 지혜】 ¶두뇌가 명석한 사람 orang yang pandai ⊙ 두뇌집단 sekelompok pemikir
두다 ①【어떤 장소에 놓다】 meletakkan; menaruh ②【보관하다】 menyimpan ③【남겨 두다】 meninggalkan ④【그대로 두다】 membiarkan; meninggalkan ⑤【데리고 있다】 memelihara; mengangkat ⑥【설치하다】 mendirikan ⑦【차이 · 중점을】 menaruh ⑧【시간적 · 공간적 간격을】 menyisakan ⑨【마음에】 menaruh; 《이성 등에게》; merasa tertarik pada seorang wanita (pria) ⑩【다짐을】 menjanjikan; berjanji ⑪【장기 · 바둑을】 main catur ⑫【넣다】 memasukkan
두 다리 ¶두 다리 걸치다 bermain ganda (dobel)
두 달 dua bulan ¶두 달에 한 번 dua bulanan
두더지 【동물】 tikus mondok ⊙ 두더지전술(戰術) kampanye di bawah tanah. 두더지 굴 terowongan bawah tanah

두덜거리다 ⇒ 투덜거리다

두덜두덜 【투덜투덜】 yang menggerutu; yang mengeluh; yang mengomél

두덩 【논 · 밭의】 tumpukan; onggokan tanah; bendungan; tanggul; dermaga; gundukan tanah

두두룩이 ①【수북하게】 dengan menonjol; dengan menjulang; dalam timbunan; dalam gundukan ②【많이】 banyak; sepuasnya ¶돈을 두두룩이 집어주다 memberi banyak sekali uang

두둑하다 ①【두껍다】 agak tebal ②【풍부하다】 banyak; cukup ¶돈이 두둑하게 있다 mempunyai banyak uang; berkecukupan uang

두둔하다 【편들다】 mendukung; menyokong; memberi bantuan (sokongan); memihak; berpihak kepada; membéla

두둥실 dengan ringan; dengan gaya yang ringan

두드러기 【의학】 bercak; rasa gatal dengan bintik mérah; betik-betik mérah (ruam) yang seperti membakar

두드러지다 ①【뚜렷하다】 menonjol ②【툭 튀어나오다】 mengembung; menonjol; menjendol

두드리다 menepuk; mengetok; memukul

두들기다 memukul; menggedor

두런거리다 saling memberi bisikan; berbicara (berbisik) bersama-sama dengan nada lembut

두렁 galangan; pematang

두레 kincir gayung ¶두레질하다 mengairi dengan kincir gayung

두레박 timba (émbér) sumur⊙ 두레박줄 tali timba sumur

두려움 rasa takut; ketakutan; kengerian; kekhawatiran; kecemasan

두려워하다 ①【무서워하다】 takut ¶죽음을 두려워하지 않다 tidak takut mati; menantang maut ②【염려하다】 takut; khawatir ③【외경(畏敬)】 hormat

두렵다 ①【무섭다】 takut; ngeri ②【외경(畏敬)스럽다】 hormat ③【~하지 않을까】 merasa khawatir

두령(頭領) kepala; atasan; ketua; pemimpin; majikan

두루 【골고루】 umum; secara luas; di mana-mana tanpa pengecualian; keseluruhan; secara merata

두루마기 *durumagi;* jas luar (mantel) seorang pria Korea

두루마리 segulung kertas (surat); surat gulungan; surat perkamén ⊙ 두루마리 구름 ⇒ 새털구름 kumulus gulung. 두루마리 화장지 kertas toilét

두루뭉수리 ①【사물】 berantakan; kekacauan ¶두루뭉수리를 만들어 놓다 membuat kekacauan ②【사람】 orang yang tidak berguna sama sekali

두루뭉술하다 【두리 뭉실하다】 samar-samar; ambigu; ragu-ragu

두루미 【조류】 burung bangau ⊙ 재두루미 burung bangau bertengkuk putih. 흑두루미 burung bangau yang berkerudung

두루치기하다 menggunakan untuk berbagai tujuan

두르다 ①(a) 【울타리 · 담 등을】 melingkungi; memagari (b) 【치마 · 띠 · 수건 등을】 mengenakan; memakai ②【돌리다】 memutar ③【손아귀에】 menguasai sepenuhnya; berbuat sekehendak hatinya ④【변통하다】 meminjam ¶돈을 둘러 주다 meminjamkan uang

두름 【물레 · 채소의】 seikat; serangkai; ikatan sayur- mayur ¶청어 두 두름 dua ikat (dua rangkai) ikan haring

두리반(-盤) méja makan yang bundar dan besar

두리번거리다 memandang sekeliling; melihat sekeliling dengan gelisah

두마음 pengkhianatan; perbuatan bermuka dua ¶두 마음을 품다 berkhianat; memainkan permainan ganda

두말 lidah yang ganda; pengkhianatan 두말하다 berlidah ganda; berkhianat; melanggar (tidak memenuhi) janji ¶한 입으로 두 말하다 berkata dusta; berdusta; berbohong/두말없이 dengan mudah

두메산골 désa terpencil di gunung ¶두메산골에 살다 tinggal di désa terpencil

두목(頭目) kepala; atasan; pemimpin

두문불출하다(杜門不出-) hidup menyendiri; mengurung diri di rumah; tinggal di dalam rumah

두바이유(-油) minyak mentah Dubai

두발(頭髮) rambut ⦅kepala⦆
두방망이질 debaran jantung ¶가슴이 두방망이질 치다 jantung berdenyut cepat; jantung berdebar keras
두벌갈이【농업】pembajakan (pengerjaan tanah) yang kedua kali 두벌갈이하다 menaburkan dua kali
두부(豆腐) tahu; dadih buncis ¶두부 한 모 sepotong tahu ⊙ 두부장수 pedagang (penjual) tahu. 두부튀김 tahu goréng
두 사이 ①【간격】jarak antara dua tempat; ruang di antara dua ¶ 두 사이에 끼이다 tersangkut (terjepit) ditengah-tengah; terselip di antara ②【관계】hubungan antara dua orang
두상(頭想) bentuk kepala
두서(頭書) tulisan yang ditulis di atas ¶ 두서의 tertulis di atas;【상기의】yang disebutkan di atas
두서 ①【일의】penunjuk; petunjuk; gelagat ②【조리】konsisténsi; ketetapan ¶두서없는 yang bertélé-élé
두서너, 두서넛 dua atau tiga; beberapa
두엄【거름】kompos; pupuk kandang ¶두엄을 주다 memupuk ⊙ 두엄더미 tumpukan pupuk
두운(頭韻) pemakaian kata-kata yang permulaannya sama bunyinya
두이레 bayi yang berumur 14 hari
두절(杜絕) penghentian; gencatan; pengskorsan 두절되다 terputus; terhenti ¶소식이 두절되다 tidak mendengar apa-apa
두텁다 hangat; ramah; ramah tamah; penuh kasih sayang
두통(頭痛) sakit kepala; pening (pusing) kepala; ; puyeng; mumet
두통거리(頭痛-) hal yang memusingkan kepala; hal sakit kepala; penyebab kekhawatiran
두틀두틀하다 tidak rata
두툼하다 agak tebal
두한족열(頭寒足熱) menjaga kepala dingin dan kaki tetap hangat ⦅untuk keséhatan⦆
두피(頭皮) kulit kepala
둑 tombak; tangguli pematang; bendungan;【논둑】pematang sawah; bubungan di antara sawah
둔각(鈍角)【기하학】sudut tumpul ⊙ 둔각삼각형 segi tiga bersudut tumpul
둔감(鈍感) ketumpulan; kebodohan 둔감하다 bodoh; dungu; berkulit tebal ¶둔감해지다 menjadi tumpul
둔갑하다(遁甲-) menjelma; menyamarkan; berubah wujud
둔갑술(遁甲術)【민속】seni gaib yang membuat dirinya tidak kelihatan kepada orang lain
둔기(鈍器) senjata tumpul
둔덕 tempat berbukit-bukit; dataran tinggi; tanah tinggi
둔부(臀部)【엉덩이】pantat; pinggul
둔사(遁辭) ucapan (kata-kata) yang mengélak; dalih
둔재(鈍才) kebodohan; ketumpulan;【사람】orang bodoh; dungu ¶둔재의 bodoh; tumpul otak
둔치 tepi sungai
둔탁하다(鈍濁-) ①【사람이】bodoh; dungu; tumpul otak ②【소리 등이】serak; parau
둔하다(鈍-) ①【머리가】lamban; bodoh ②【동작 · 행동 등이】lambat; melempém ③【감각 · 신경 등이】tumpul; lambat
둔화하다(鈍化-) melambat; menghambat
둔해지다(鈍-) menjadi tumpul; menjadi kurang cakap (kurang mampu; tidak tajam)
둘 ①【하나에 하나를 더한 수】dua ¶둘 다 kedua-kuanya ②【비유적】¶둘도 없는 unik; tidak ada bandingan
둘둘감다 melilitkan ⦅tali⦆; menggulung; mengelilingi
둘러대다 ①【말을】membuat alasan; berdalih ②【변통하다】mengarang; memakai untuk sementara
둘러막다 memagari; melingkungi; mengelilingi; membatasi
둘러메다 memikul di atas bahu; menénténg
둘러보다 melihat-lihat; melihat keliling; meninjau
둘러서다 berdiri dalam lingkaran
둘러싸다 ①【주위를】mengelilingi; melingkungi; menyelubungi; melingkari ②【관심의 중심으로 삼다】peduli
둘러싸이다 dikepung; dikerumuni; dikeli-

lingi
둘러쌓다 menimbun (menumpukkan) dalam lingkaran
둘러쓰다 ①【머리에】 memakai sekeliling kepala ②【먼지를】 tertutup oléh debu
둘러앉다 duduk sekeliling; duduk dalam lingkaran; berkumpul dalam lingkaran
둘러엎다 menjungkir-balikkan; menggulingkan; menjatuhkan; menumbangkan; merobohkan
둘러치다[1] ①【내던지다】 melempar dengan keras ②【때리다】 memukul
둘러치다[2] 【두르다】 mengelilingi ¶담을 둘러치다 mengelilingi dengan tembok
둘레 ukuran lilitan; diaméter; keliling; lingkar; bundaran
둘레둘레 ¶주위를 둘레둘레 살피다 memandang (menatap; melihat) sekeliling
둘리다 dikelilingi; dilingkari
둘째 yang kedua; nomor dua
둔하다 janggal; canggung; bodoh; bebal; dungu; kurang pandai
둥[1] 【음악】 nada kedua dari skala musik Korea asli
둥[2] ¶자는 둥 마는 둥 하다 setengah tertidur
둥굴이 batang kayu yang terkupas.
둥그러지다 ambruk (jatuh jungkir-balik); jatuh terguling-guling
둥그렇다 【둥글다】 bundar
둥그스럼하다 agak bulat
둥글다 ①【모양이】 bulat; bundar ②【성격 등이】 luwés
둥둥 ①【떠다니는 모양】 ¶공중을 둥둥 떠다니는 기분이다 Aku merasa melayang di udara. ②【북소리】 suara genderang
둥실둥실 【뜨다】 mengapung dengan ringan
둥실둥실하다 bulat; bundar; gemuk; montok; sintal
둥우리 keranjang yang dibuat dari jerami, bambu atau lainnya ⊙ 둥우리장수 penjual keliling daging sapi
둥주리감 buah kesemak yang bundar
둥지 sarang ¶둥지를 치다 (틀다) membuat sarang; bersarang
둥치 【밑동】 dasar ⟪dari batang pohon⟫; ⟪bagian di dekat⟫ akar ¶나무 밑둥치를 자르다 menebang pohon pada dasarnya; menggergaji pohon pada akarnya
뒈지다 【속어】 mati; rebah; jatuh ¶뒈져 버려 Pergilah ke neraka!
뒤 ①【뒤쪽】 belakang ¶뒤에서 밀다 mendorong ⟪gerobak⟫; 【후원하다】 menyokong; mendukung ②【행적】 mengikuti jejak ③【시간적으로】 (a) (나중 · 이후) yang berikut ¶그 뒤(로) sejak itu/그 뒤 곧 segera setelah itu (b) (앞으로) masa depan; yang akan datang ¶뒤에 kemudian; nanti ④【순서상의 나중】 ¶일을 뒤로 미루다 menunda pekerjaan ⑤【뒤의 일】 ¶뒤를 부탁하다 meminta untuk mengurus perkara (pekerjaan) sementara ia pergi ⑥【죽은 후】 ¶처자식을 뒤에 남기고 죽다 mati dengan meninggalkan istri dan anak-anak ⑦【배후】 ¶뒤에서 욕하다 menjelékkan ketidak-hadiran ⑧【계승】 ¶뒤를 잇다 menggantikan (mengambil alih) ⟪usaha⟫; menggantikan ⟪ayah sebagai kepala keluarga⟫; (후임) mengganti kedudukan ⑨【돌봄 · 대줌】 dukungan ⑩【대변】 buang air besar; tahi; bérak; tinja ⑪【나머지 · 여타】 sisa; belakang ⊙ 뒷좌석 kursi belakang. 뒷줄 barisan belakang
뒤까불다 bertindak dengan sembrono
뒤꽁무니 ⇒ 꽁무니
뒤꼍 kebun (pekarangan) belakang
뒤꿈치 tumit
뒤끓다 ①【물이】 mendidih ②【한데 섞여】 berkerumun; penuh ③【소란】 hiruk pikuk
뒤끝 hasil akhir; penutup ¶ 뒤끝을 맺다 menyelesaikan ⟪persoalan; urusan⟫
뒤넘다 jatuh (terlémpar) ke belakang; tumbang; ambruk; terjengkang
뒤늦다 terlambat; telat
뒤대다[1] 【대주다】 menyediakan; memberi
뒤대다[2] 【비뚜로 말하다】 memberi keterangan yang salah; membuat pernyataan palsu(tidak benar)
뒤덮다 menutupi; menyelimuti
뒤덮이다 ditutupi; terbentang luas; terselubung
뒤돌아보다 ①【뒤를】 menoléh ke belakang; membalik ②【과거를】 mengenang kem-

bali

뒤둥그러지다 ①【뒤틀리다】 melengkung; menyimpang ②【생각 · 성질이】 tekun; gigih

뒤따르다 ①【뒤를 따르다】 mengikuti ②【어떤 결과가 생기다】 ¶모든 일에는 위험이 뒤따르기 마련이다 Ada risiko di setiap hal di dalam hidup.

뒤딱지 penutup sebelah belakang ⟪arloji⟫

뒤떨어지다 ①【처지다】 (a)【능력 · 기술 등이】 ketinggalan; tertinggal di belakang; terbelakang (b)【낙오되다】 mengeluyur; keluar dari ②【거리가 떨어지다】 di belakang; tertinggal ③【시대 · 유행 등에】 tertinggal; ketinggalan

뒤뚱거리다 terhuyung-huyung; tertatih-tatih; sempoyongan

뒤뚱뒤뚱 terhuyung-huyung; goyah ¶뒤뚱뒤뚱 걷다 berjalan dengan langkah yang goyah (yang terhuyung)

뒤뚱발이 orang yang berjalan terhuyung--huyung

뒤뜰 kebun (halaman) belakang

뒤란 rumah belakang

뒤룩거리다 ①【눈알을】 terbeliak mata; melotot; membelalak; mendelik (melihat) dengan marah ②【몸을】 menggoyangkan ③【성이 나서】 menunjukkan gerakan marah; merenggut dengan marah

뒤룩뒤룩 ¶뒤룩뒤룩 살이 찌다 menjadi sangat gemuk

뒤미처 segera (sesaat) setelah; tanpa istirahat

뒤바꾸다 membalikkan

뒤바뀌다 dibalikkan; kacau

뒤밟다 mengikuti jejak; membayangi

뒤범벅 kacau balau; keadaan berantakan; kumpulan yang campur-aduk; keadaan berantakan 뒤범벅되다 kacau; bingung; bercampur-aduk ¶뒤범벅을 만들다 membuat kacau-balau; membuat berantakan; mencampurkan; mencampur-adukkan

뒤보다[1] 【잘못 봄】 salah baca; salah tafsir

뒤보다[2] 【용변】 buang hajat; pergi ke belakang

뒤보아주다 ⇒ 돌보다

뒤서다 tertinggal di belakang

뒤섞다 mencampur adukkan; tercampur aduk

뒤섞이다 bercampur (tercampur) aduk; bercampur-baur

뒤숭숭하다 ①【꿈자리 · 마음 등이】 merasa gelisah; mengerikan ②【물건이】 kacau-balau; berantakan; tidak rapi ③【분위기 · 상황 등이】 terguncang; bermasalah

뒤엉키다 ①【실 · 줄 등이】 menjadi kusut ②【이야기 등이】 menjadi bingung; 【사건 등이】 menjadi rumit (ruwét); berbelit-belit

뒤엎다 ①【밥상 · 그릇 등을】 menggulingkan ②【판결 · 학설 등을】 menumbangkan; membalikkan

뒤이어 diikuti; mengikuti

뒤웅박 labu

뒤적거리다, 뒤적이다 menggeledah; mencari-cari; melihat-lihat; membolak-balik

뒤져보다 mencari-cari; mengaduk-aduk; mengobrak-abrik; menggeledah

뒤주 peti kayu (tempat) untuk menyimpan beras

뒤죽박죽 campur-aduk; kacau-balau; terbolak-balik

뒤지(-紙) kertas klosét; kertas toilét

뒤지다[1] 【찾음】 mengobrak- abrik; mencari-cari; menggeledah; mengaduk-aduk

뒤지다[2] 【뒤떨어지다】 keti- nggalan; mundur; terbelakang ¶시대(유행)에 뒤지다 ketinggalan zaman (mode)

뒤집다 ①【안을 밖으로】 membalikkan bagian dalam keluar ②【판결 · 학설 등을 뒤엎다】 balikkan; menumbangkan ③【일 · 계획 · 순서 등을】 membalikkan ⟪urutan⟫ ④【위를 아래로】 membalik; menjungkirkan ⑤【상황 등을】 menentang ⑥【마음을 언짢게 하다】 mengganggu; menyakiti

뒤집어쓰다 ①【모자 · 이불 등을】 (a) (푹 덮다 · 가리다) menarik (b) (물 · 먼지 등을) tertutup; terpecik ②【죄 · 책임 등을】 memikul

뒤집어씌우다 ①【이불 · 천 등을】 menyelimuti; menutupi ②【죄 · 책임 등을】 menjatuhkan kesalahan; menuntut; memfitnah

뒤집어엎다 ⇒ 뒤엎다

뒤집히다 ①(a)【안이 밖으로】 terbalik (b)【순서가】 terbalik; berubah ¶순서가 뒤집히다 urutan terbalik (berubah) ②【전복되다】 ditumbangkan (b)【판결 · 결과 등이】 terbalik; diputar-balikkan ③【난리가 나다】 gempar; gaduh; hiruk-pikuk ④【마음 · 속 등이】 merasa sakit; (정신이) menjadi gila ¶배가 고파 눈이 뒤집힐 것 같다 hampir kalut karena kelaparan ⑤【상황 등이】 terbalik

뒤쪽 bagian belakang

뒤쫓다 mengejar; memburu

뒤채 rumah belakang

뒤처리(-處理) penyelesaian; pembérésan 뒤처리하다 menyelesaikan ((urusan; perkara)); mengatur dengan rapi; membéréskan

뒤처지다 ①【거리가 떨어지다】 tertinggal ②【수준 · 기준 등에】 tertinggal ③【시대 · 유행 등에】tertinggal; ketinggalan

뒤척이다 berguling-guling di tempat tidur

뒤축 tumit kaki ¶뒤축이 높은【낮은】 bertumit tinggi【rendah】

뒤치다꺼리 ①【돌봄】 perawatan 뒤치다꺼리하다 mengurus; merawat ②⇒ 뒤처리

뒤탈(-頉) kesukaran yang akan datang (terjadi) ¶뒤탈이 없도록 untuk mencegah setiap kesukaran yang mungkin terjadi di masa depan

뒤통수 bagian belakang kepala

뒤퉁스럽다 canggung; janggal; kagok; tolol; dungu; bodoh; tumpul ¶뒤퉁스러운 사람 orang yang kerjanya ceroboh; perusak

뒤틀다 ①【비틀다】 memilin; memutar; menggeliat ②【방해하다】 merintangi; menggagalkan

뒤틀리다 ①【비틀리다】 digeliat; menjadi béngkok ¶성질이 뒤틀리다 tidak jujur; jahat ②【일이】 gagal; digagalkan; dirintangi ③【몸이】 terpelintir

뒤풀이 pésta penutupan

뒤품 lébar bahu sebuah pakaian

뒤흔들다 ①【마구 흔들다】 menggoyangkan ②【마음대로 하다】 mengganggu; mengacaukan ③【충격을 주다】 mengguncang; mengagetkan

뒤흔들리다 ①【사물이】 bergoncang-goncang; digoncang ②【동요되다】 terganggu ¶마음이 뒤흔들리다 pikiran terganggu

뒷간(-間) kakus; kamar kecil

뒷감당하다(-堪當-) menun- taskan

뒷갈망하다 menghadapi akibat buruk; menyelesaikan; membéréskan

뒷거래 (-去來) urusan tidak sah; perdagangan (usaha) gelap

뒷걸음치다 mundur

뒷골 bagian belakang kepala

뒷골목 ①【큰길 뒤쪽의 작은 골목】 jalan belakang; gang ②【범죄 세계】 lorong belakang

뒷공론(-公論) ①【비평 · 헌담】 뒷공론하다 memfitnah; menjelékkan (mencela) di belakang punggung; mempergunjingkan; menikam dari belakang ②【일 끝난 뒤의】 omongan kosong setelah sesuatu terakhir 뒷공론하다 membicarakan setelah berakhir; mengulangi lagi

뒷구멍 pintu belakang; jalan belakang; cara yang tidak sah; cara yang haram ¶뒷구멍으로 돈을 먹이다 menyogok secara diam-diam

뒷 굽【동물의】 kuku belakang héwan ¶뒷굽을 갈다 mengganti hak sepatu

뒷그림자 ①【그림자】 bayangan di belakang ②【뒷모습】 rupa (keadaan) punggung

뒷길 jalan belakang

뒷날【훗날】 masa depan ¶뒷날 다시 봅시다 Sampai bertemu lagi kapan-kapan.

뒷다리 kaki belakang

뒷담당하다(-擔當-) bertanggung jawab atas akibat buruk

뒷 담화 ¶뒷 담화를 하다 berbicara di balik punggung seseorang

뒷덜미 tengkuk; belakang léhér

뒷돈 ①【준비금】 dana(uang) cadangan ②【밑천】 persediaan uang; modal ¶노름 뒷돈을 대다 memberikan taruhan perjudian ③【은밀히 주고받는 돈】 sogokan ¶뒷돈을 챙기다 menerima sogokan

뒷동산 bukit di belakang rumah

뒷말【뒷공론】 fitnah

뒷맛 sisa rasa; rasa yang masih terasa di mulut stelah memakan sesuatu ¶뒷맛이 좋다【깨끗하다】 meninggalkan sisa rasa

yang menyenangkan【bersih】
뒷맵시 penampilan (bentuk badan) dari belakang ¶뒷맵시가 곱다 kelihatan bagus dari belakang
뒷머리 ①【머리카락】rambut bagian belakang ②【뒤통수】bagian belakang kepala
뒷면(-面) bagian belakang; baliknya; ékor
뒷모습 ⇒ 뒷모양 penampilan belakang
뒷문(-門) gerbang (pintu) belakang
뒷물하다 mencuci bagian pribadi; mencuci aurat
뒷밀이 ①【일】뒷밀이하다 mendorong ((keréta)) dari belakang ②【사람】orang yang mendorong keréta dari belakang; orang yang ambisius; orang yang bergiat untuk maju
뒷바라지하다 membantu; memberi bantuan; mendukung
뒷받침 dukungan; sokongan 뒷받침 하다 ①【입증하다】mendukung; membuktikan ②【지원하다】menyokong
뒷발 ①【발】kaki belakang; tumit ②【발길】kaki belakang
뒷발굽 kuku belakang binatang
뒷발질하다 menyepak dengan tumit
뒷방(-房) kamar di belakang ⊙ 뒷방마누라 istri yang tidak disukai suaminya tinggal di belakang sementara gundik kesayangan tinggal di kamar utama
뒷부분(-部分) ①【물체의 뒤쪽】belakang; bagian belakang②【이야기 · 상황 등이】bagian akhir
뒷북 ribut-ribut setelah sesuatu terjadi
뒷산 pegunungan (bukit) di belakang rumah
뒷생각 renungan; pikiran kemudian
뒷소리 ①【응원】sorak-sorai yang mengobarkan semangat ¶뒷소리치다 bersorak; berteriak; memberikan teriakan yang mengobarkan semangat ②⇒ 뒷공론
뒷소문(-所聞) gosip tentang kejadian yang sudah léwat
뒷손 ¶뒷손벌리다 minta disogok (disuap)
뒷손가락질하다 mencemoohkan; menghina di belakang
뒷수습(-收拾) penyelesaian
뒷심 ketahanan
뒷이야기 sambungan (lanjutan) cerita
뒷일 peristiwa (kejadian) yang kemudian; akibat (buntut) peristiwa; sisa
뒷입맛 ⇒ 뒷맛
뒷자락 rok (keliman baju) bagian belakang
뒷자리 tempat duduk belakang ①【좌석】kursi ((di)) belakang ②【숫자, 번호】¶주민등록번호 뒷자리 숫자 6개를 입력하시오 Masukkan enam angka terakhir dari kartu penduduk Anda.
뒷전 ①【굿의】¶뒷전놀다【무당이】melakukan tahap terakhir dari upacara mengusir sétan ②【뒤 · 배후】belakang ¶멀리 뒷전에 앉다 duduk jauh di belakang; tidak memperdulikan ③【미룸】¶공부를 뒷전으로 돌리다 mengabaikan (mengesampingkan; tidak memperdulikan) pelajaran
뒷정리하다(-整理-) mengatur dengan rapi; memberéskan
뒷조사(-調査) penyelidikan rahasia 뒷조사하다 memeriksa latar belakang; menyelidiki secara rahasia
뒷짐 지다 menyilangkan tangan di belakang punggung
뒷집 rumah yang berdampingan di bagian belakang
뒹굴다 ①【구르다】menggelinding; berguling ②【빈둥거리다】mengeluyur; membuang-buang waktu ③【널려 있다】bertebaran
듀스【테니스】jus
듀엣 ①【연주】duét ¶듀엣으로 노래하다 bernyanyi duét ②【사람】duo
드나들다 ①【출입하다】keluar masuk; sering mengunjungi ②【갈아들다】seringkali berubah ③【들쭉날쭉하다】tidak teratur; tidak lurus; berliku-liku
드넓다 luas (lébar; lapang) menyolok; terbentang luas
드높다 tinggi menyolok
드높이다 meningkatkan; bertambah
드디어 akhirnya
드라마 ①【방송극】drama; sandiwara;【연속극】opéra sabun ②【극적인 사건 · 상황】drama; dramatis ⊙ 라디오 드라마 sandiwara radio

드라이빙mengemudikan
드라이버 ①【운전사】 sopir ②【공구】 sekrup ¶십자드라이버 selrup Phillips /일자드라이버 sekrup pipih ③【컴퓨터】 *driver* ¶프린터 드라이버를 설치하다 menginstal *driver printer*
드라이브 ①【자동차를 타고 달리는 것】 perjalanan 드라이브하다 mengendarai; berkendaraan; pergi naik mobil ②【컴퓨터】 *drive* ¶ D 드라이브 drive D(komputer) ③【구기 종목의】 *drive*
드라이아이스 és kering; biang és
드라이어 (alat) pengering ⊙헤어드라이어 pengering rambut
드라이클리닝 pekerjaan binatu kimia 드라이클리닝하다 mencuci kering (tanpa air)
드러나다 ①【알려지다】 diketahui; terbuka; terungkap; tersiar ②【나타나다】 (a) (사물이) terlihat; terbuka (b) (성질 · 표정 · 특징 등이) menunjukkan; menampakkan mengungkapkan
드러내다 ①(a) 【보이다】 memperlihatkan; menun- jukkan (b) 【명성 · 두각을】 menjadi terkenal; termasyhur ②【노출하다】 【성질 · 본심 · 속마음 등을】 memperlihatkan; menyatakan; mengungkapkan; menyingkapkan ③【폭로하다】 membongkar; menyingkap
드러눕다 【편하게 눕다】 merebahkan diri; berbaring pada punggung; menelentang
드러쌓이다, 드러쌔다 ①【쌓이다】 terimpun; tertumpuk ②【많다】 penuh
드렁거리다 berdengkur; mengorok
드렁드렁 ¶코를 드렁드렁 골다 berdengkur (mengorok) dengan keras
드럼 【악기】 drum; gendang; tabur
드럼(통) drum; tong
드레스 rok; gaun (특별한 경우에 입는) gaun ⊙ 웨딩드레스 gaun pengantin. 이브닝드레스 gaun malam
드로잉 ①【그림】 gambar ②【 공격】 lemparan dalam
드롭프스 【사탕】 gula-gula; kembang gula cincin⊙레몬 르롭프스 gula-gula berisi air jeruk
드르렁거리다 mendengkur (mengorok) dengan keras
드르르 ①【미끄러져】 dengan lancar; dengan licin; dengan mulus ②【떠는 모양】 ¶드르르 떨다 gemetar; menggigil; menggetar; bergetar ③【막힘없이】 tanpa halangan; dengan lancar
드리다[1] ①【주다의 높임말】 memberi ②【기도 등을】 ¶기도를 드리다 berdoa
드리다[2] 【곡식을】 menampi ((padi))
드리다[3] 【꼬다】 menjalin; memintal; 【머리 등을】 menjalin
드리다[4] 【방 · 마루를】 membuat ((kamar))
드리블 【운동경기】 dribel; penggiringan bola
드릴 ①【전기드릴】 bor listrik ② ⇒ 스릴 ¶ 드릴을 느끼다 merasa mencekam
드문드문 ①【시간적으로】 sesekali; sekali-sekali; kadang-kadang ②【공간적으로】 berselang; berjarak
드물다 【흔치 않다】 jarang; langka
드새다 menginap; bermalam
드세다 ①【성질이】 sangat kuat; sangat keras ②【집터가】 bertanda (beralamat) buruk
드잡이 ①【격투】 드잡이하다 berkelahi ¶서로 드잡이하다 bergulat satu sama lain ②【가마채의】 드잡이하다 menolong seorang pembawa tandu dengan memikul salah satu dari tiang silang
득(得) ①⇒ 소득 ②【이득】 keuntungan ¶득이 되다 membawa keuntungan) /득이 되는 menguntungkan; bermanfaat
득남하다(得男-) melahirkan anak laki-laki
득녀하다(得女-) melahirkan anak perempuan
득달같이 segera; tepat pada waktu
득도하다(得道-) mencapai Nirwana; mencapai kesadaran rohani
득득 ①【금 · 줄을】 dengan tertekan yang berulang- ulang ②【긁다】 ¶득득 긁다 menggaruk diri dengan keras ③【얼어붙다】 membeku keras
득명하다(得名-) memperoléh kemasyhuran (popularitas; nama baik); menjadi termasyhur (terkenal)
득세(得勢) ①【세력 등을】 득세하다 mendominasi; memperoléh kekuasaan (pengaruh); menjadi berpengaruh ②【국면이】 득세하다 mendapat kesempatan (dukungan)

득승하다(得勝-) menang; mendapat kemenangan

득시글득시글 penuh; dikerumuni 득시글득시글하다 penuh sesak; padat; 【벌레 등이】 menggeliat-geliat kerumunan (kawanan)

득실(得失) ①【손익】 keuntungan dan kerugian; pendapatan dan kerugian ②【얻고 잃음】 keberhasilan dan kegagalan ③【장단점】 kebaikan dan kekurangan

득실득실 ⇒ 득시글득시글 ¶득실거리다 dikerumuni; dipenuhi

득의(得意) ①【뽐냄】 kebanggaan ¶득의만면하여 dengan bangga; dengan sangat gembira ②【실의(失意)에 대한】 kemakmuran; kejayaan ¶득의의 시절에 masa jaya

득점(得點) angka-angka diperoléh; 【경기의】 angka-angka dicétak; 【총괄적】 angka; skor 득점하다 memperoléh angka; mencetak angka ⊙ 득점게시판, 득점표 papan angka. 득점자 pembuat gol; pencatat hasil pertandingan. 개인【팀】득점 angka (skor) perseorangan【beregu】

득책(得策) kebijaksanaan; rencana yang menguntungkan; hal yang sebaiknya (bijaksana; terbaik) untuk dilakukan

득표(得票) jumlah suara telah diperoléh 득표하다 mendapat suara ⊙ 최고득표 pemberian suara yang terbesar

든거지난부자(-富者) seseorang yang kelihatan kaya tetapi sebenarnya miskin

든든하다 ①【튼튼하다】 (a) 【굳세다】 kuat; keras; tegap; séhat dan kuat (b)【단단하다】 keras ¶마음을 든든하게 하다 memperkeras hati; memperkeras diri sendiri ②【미덥다】 tidak ada yang perlu dikhawatirkan ③【배가】 puas hati; penuh dengan makanan

든든히 ①(a) 【굳세게】 dengan keras; dengan kuat (b)【단단히】 dengan keras ②【배부르게】 dengan penuh 《makanan》; yang banyak ③【미덥게】 dengan selamat (aman)

든부자난거지(-富者-) seseorang yang kelihatan miskin tetapi sebenarnya kaya

-든지 ①【~일지라도】 …atau; apakah … atau ¶얼굴이야 어떠하든지 tanpa memperhatikan seperti apa rupanya ②【~하더라도】 apapun ¶무슨 일이 있든지 apapun yang akan terjadi ③【안 가림】 … atau… ¶가든지 오든지 datang atau pergi

든직하다 【사람됨이】 bermartabat dan dapat dipercaya

듣기 kemampuan menyimak ⊙ 듣기평가 ujian menyimak

듣다 ①(a) 【소리를】 mendengar《kan》; menguping (b) 【소식 · 소문 등을】 mendengar; sampai pada pengetahuan ②【말 · 충고 등을】 ¶청을 들어주다 mengabulkan permohonan; memenuhi permintaan ③【효과가 있다】 mujarab; jitu; berpengaruh ④【강의 · 수업 등을】 menghadiri; mengambil

듣다못해 tidak cukup sabar untuk mendengarkan

들[1] 【벌판】 tanah datar; dataran; daratan; ladang

들[2] 【등등(等等)】 dan banyak hal lainnya; dan lain semacamnya

들개 anjing liar

들것 usungan

들고나다 ①【참견】 turut campur; suka mencampuri urusan orang lain ②【물건을】 membawa untuk dijual agar mendapatkan uang

들고일어나다 【항의하다】 protés; membuat protés

들고뛰다, 들고튀다 melarikan diri; mengambil langkah seribu

들국화(-菊花) bunga krisan (seruni) liar

들기름 minyak *perilla*

들길 jalan kecil di ladang

들까불다 ①【키질】 mengipas; menampi ②【흔들다】 menggoyangkan; terguncang-guncang; mengayun-ayun; 【배가】 berguling-guling

들깨 *perilla*

들끓다 ①【혼잡하다】 penuh; ramai; hiruk-pikuk ②【해로운 것들이】 dikerumuni; penuh dengan ③【여론 · 감정 등이】 hiruk-pikuk; ramai; bergejolak

들날리다 menjadi terkenal (termasyhur; populér)

들녘 ⇒ 들판 tanah dataran; lapangan terbuka

들놀이 piknik; jalan-jalan

들다[1] ①【밖에서 안으로】 (a) (들어가다 · 오다) masuk; memasuki (b) (투숙하다) menginap ¶셋방에 들다 menyewa kamar (c) (침입하다) masuk; mendobrak (d) (볕이) bersinar ②【가입하다】 masuk ¶클럽에 들다 menjadi anggota perkumpulan (klub); didaftarkan dalam perkumpulan ③【병이】 menderita sakit ④【담기다】 berisi ⑤【수용하다】 menampung ⑥【소요되다】 memerlukan; membutuhkan ⑦【상태로 되다】 menjadi; mendapat ¶멍이 들다 terluka memar/정이 들다 menjadi akrab (intim); mencintai ⑧【때 · 운 따위가】 mendapat; tiba ⑨【물들다】 diwarnai; mendapat warna ⑩【마음에】 merasa puas; merasa senang; sesuai dengan perasaan (keinginan; seléra) ⑪【맛이】 matang; ranum ⑫【시중 · 주선 · 편 역을】 memihak ¶중매를 들다 bertindak sebagai perantara

들다[3] 【나이가】 menjadi tua; sudah lanjut usia

들다[4] 【날씨가】 menjadi terang; jernih kembali

들다[5] ①【손에】 memegang ②【올리다】 mengangkat ③【사실 · 예를】 memberi ④【음식을】 makan; minum

들들 ⇒ 달달

들떼놓고 dengan cara yang tidak langsung; dengan menyindir; menyindir dengan tak langsung

들뜨다 ①【붙은 것이】 terlepas; melekuk di ujung ②【마음이】 menjadi gelisah (resah); pikiran menjadi tidak keruan ③【살이】 kelihatan (nampak) pucat dan bengkak

들락거리다 keluar masuk

들락날락하다 pulang balik tak putus-putusnya; seringkali keluar masuk

들러리 ①【신랑의】 lelaki pengiring pengantin pria; 【신부의】 gadis pengiring pengantin wanita ②【보조 역할을 하는 사람】 asisten

들러붙다 ①【물건에】 melekat; meléngkét; menémpél ¶찰싹 들러붙다 menémpél kencang pada ②【바짝】 tetap bersatu; menémpél ¶귀찮게 들러붙다 terus-menerus mengganggu

들려주다 【알리다】 memberitahu; menceritakan; 【읽어서】 membacakan; 【연주하여】 memainkan; 【노래 불러】 bernyanyi

들르다 mampir; singgah

들리다[1] ①【귀에】 terdengar di telinga ¶전화가 잘 들리지 않는다 Télépon itu tidak jelas bunyinya. ②【소문이】 dikatakan; sampai ke telinga ¶들리는 바에 의하면 menurut desas-desus (kabar angin); dari apa yang saya dengar

들리다[2] ①【병이】 menderita; tersarang ②【귀신이】 kesurupan

들리다[3] ①【위로】 terangkat; diangkat ② ⇒ 바닥나다

들먹거리다 ①【물체가】 bergerak turun-naik ②【몸 · 마음이】 bergerak ③【몸 · 마음을】 menggelisahkan; menghasut ④【남을 들추다】 menyebutkan

들먹이다 【언급하다】 menyebutkan; mengungkit; membicarakan

들보[1] 【건축】 balok penopang

들보[2] cawat; kain pinggang

들볶다 【괴롭히다】 mengganggu; menggoda; menyiksa dengan kejam (dengan keras); memperlakukan dengan kasar ¶들볶이다 diperlakukan dengan kasar; diganggu; dianiaya

들부수다 meremukkan

들새 burung (unggas) liar (hutan)

들소 banténg; kerbau hutan

들손 pegangan

들숨 udara yang dihirup orang; pernapasan; penghirupan ¶들숨날숨 pernapasan

들썩이다 ⇒ 들먹거리다, 들썩거리다 ①【위아래로 움직이다】 bergerak-gerak ②【어깨 · 엉덩이 등을】 berguncang ③【마음 · 분위기 등이】 bergairah dengan

들썽거리다 tidak sabar; ingin sekali melakukan

들쓰다 ①【덮어 쓰다】 menutupi ②【물 등을】 bepercikan ¶물을 들쓰다 menuangkan air kepada diri; 【튀는 물을】 air bepercikan ke seluruh badan ③【머리에】 memakai ④ 【허물 등을】 memikul ((kesalahan; tanggung-jawab)) pada dirinya sendiri

들쑥날쑥하다 ①【고르지 않다】 tidak rata ②【일정하지 않다】 tidak tetap

들어가다 ①【안으로】 masuk ke ②【틈 · 속 · 사이에】 menembus; merasuk ③【특정한 곳에】 masuki; (입학하다) masuk ④【수용하다】 memuat ⑤【포함하다】 mengandung; terdiri dari ⑥【가져가다】 mengambil; mencuri ((secara kecil-kecilan)); menyikat ⑦【삽입되다】 tercantum ⑧【새로운 상태 · 시기로】 memulai ¶치료에 들어가다 memulai perawatan ⑨【움푹 파이다】 cekung ⑩【비용 · 물자 · 노력 등이】 harga; biaya ⑪【어떤 현상이 사라지다】 menghilang; habis

들어내다 ①【밖으로 옮기다】 membawa keluar ②【쫓아내다, 제거하다】 mengeluarkan; membuang; menyérét; mengusir

들어맞다 ①【꿈·예상 등이】 jadi kenyataan; kena; benar; pas ②【일치하다】 benar

들어먹다 【날리다, 탕진하다】 menghabiskan; menghambur-hamburkan; memboroskan

들어붓다 ①【물을】 menuangkan ke dalam; turun dengan lebat; menyiramkan ¶들어붓듯 쏟아지는 비 hujan lebat ②【술을】 minum banyak sekali

들어서다 ①【안으로】 masuk ②【아이가】 hamil ③【수효에】 cocok ④【계통 · 자리에】 ¶후임으로 들어서다 menggantikan pada jabatan (kedudukan); menempati tempat duduk yang ditinggalkan (dikosongkan) ⑤【어떤 시기에 접어들다】 tiba ⑥【건물 등이】 dipadati; penuh

들어앉다 menetap di rumah

들어오다 ①【안으로】 masuk; memasuki; melangkah masuk ②【모임 · 단체 등에】 bergabung; berada ③【입학 · 입회】 masuk; menjadi anggota ④【수입이】 menerima; mendapat ⑤【감각에】 (a) (눈에) dapat dilihat (dipandang) (b) (머리 · 눈 · 귀 등에) dapat didengar; mendengar ⑥ 【전기 등이】 tersedia; punya ⑦【사상 · 문화 · 기술 등이】 diperkenalkan

들어 올리다 mengangkat

들어 쟁이다 menimbun (ditimbun) tinggi (banyak)

들어주다 mengabulkan; mengijinkan; memperkenankan; meluluskan

들어차다 bergerombol; dipenuhi ¶꽉 들어차다 berjejal-jejal

들여가다 ①【안으로 가져가다 】 membawa masuk ②【물건을 사다】 membeli; mendapat ¶과일 좀 들여가세요 Tolong beli buah-buahan.

들여놓다 ①【안으로】 membawa; memsukkan ②【사들이다, 구입하다】 memasukkan; membeli ③【비유적】 melangkah; menginjakkan kaki; memasuki; memulai

들여다보다 ①【안을】 memandang; mengintip; mengincar ②【잠간 들르다】 mampir; menjenguk ③【자세히 보다】 memandang; menatap ④【속 내용을 알다】 membaca

들여다보이다 tembus nyata; mudah dipahami (dimengerti; diselami); benar-benar kelihatan (nampak)

들여보내다 ①【안으로】 menyuruh masuk ②【단체 · 조직 등으로】 mengirim

들은귀 ①【경험】 pengalaman yang diperoléh ②【지식】 pengetahuan yang berguna diperoléhnya

들은풍월(-風月) pengetahuan yang didengar

-들이 berisi ¶ 2 리터들이 병 botol berisi dua liter

들여오다 ①【밖에서 안으로】 memasukkan dari luar ke dalam ②【수입품 등을】 impor; (밀수하다) menyelundupkan

들이다 ①【안으로】 memberi izin masuk; mengizinkan masuk ②【입회시키다】 menerima ③【사람 · 양자 등을】 mengambil; mengangkat ④【맛을】 ada seléra (keinginan) ⑤【잠을】 menidurkan ⑥【염색하다】 mencelup; mewarnai ⑦【습관 등을】 melatih; mengajar ⑧【힘 · 노력 · 비용 · 시간을】 membelanjakan; menghabiskan ⑨【광내다】 menggosok; menyemir; memolés ⑩【땀을】 menyejukkan diri; mengambil nafas

들이닥치다 ①【바싹】 datang tiba-tiba ②【사람이】 dikunjungi dengan tiba-tiba

들이대다 ①【대들다】 menentang; memprotés ②【코앞에】 melémparkan di muka; meletakkan di bawah hidung ③【공

급하다】 memperléngkapi; menyédiakan
들이덤비다 ①【서둘다】 bertindak dengan tergesa-gesa (buru-buru) ②【덤벼들다】 menantang; menerkam dengan keganasan
들이마시다 menghirup 《udara》; bernafas; mereguk 《air》
들이몰리다 ①【안쪽으로】 didesak; digésér ②【호되게】 dimarahi; dicaci-maki ③【떼지어】 penuh
들이밀다 ①【안으로】 memasukkan ②【냅다】 mendorong; memberi dorongan
들이밀리다 terdorong ke dalam
들이박다 memalu
들이받다 menabrak; menubruk; membentur; memukul
들이불다 ①【이쪽 안으로】 meniup ke arah (jalan; daérah) ini ②【세차게】 meniup keras
들이붓다 ①【쏟아 붓다】 menuang ke dalam ②【계속해서】 menuangkan terus-menerus
들이빨다 menghisap; menétél; menghirup (air)
들이쉬다 menghirup ¶숨을 들이쉬다 menarik nafas; bernafas
들이차다 ①【안으로】 mendobrak ②【세차게】 menéndang dengan keras (dengan kuat)
들이치다[1] 【바람 등이】 menerjang (masuk) ke dalam 《kamar》
들이치다[2] 【습격】 menyerang; mengadakan penggerebekan
들이켜다 minum; meminum ¶쭉 들이켜라! Minum sampai habis!
들일 pekerjaan ladang; usaha tani
들쥐 【동물】 tikus ladang (sawah)
들짐승 binatang liar
들쩍지근하다 agak manis; kemanis-manisan
들쭉날쭉하다 tidak rata; bergerigi
들창(-窓) jendéla yang dapat diangkat (ditopang) terbuka
들창코 hidung yang menengadah; 【사람】 orang yang mempunyai hidung menengadah; hidung mencuat ke atas
들추다 ①【폭로하다】 membuka; mengungkap ②【뒤지다】 mencari-cari; mengaduk-aduk ③【들어 올리다】 mengangkat
들추어내다 membuka; mengungkap; melucuti
들치기 【행위】 penjambrétan; 【사람】 penjambrét 들치기하다 menjambrét
들키다 ketahuan; tertangkap basah
들통(-桶) émbér
들통 나다 ketahuan; terungkap
들판 lapangan (hijau); dataran
듬뿍 banyak; penuh
듬성듬성 dengan jarang; dengan terpencar-pencar; dengan tersebar di sana-sini
듬쑥 dengan rakus; dengan banyak
듬직하다 【믿음직스럽다】 dapat diandalkan; dapat dipercaya
듯 ①【짐작·추측】 sepertinya ②【같이, 비슷하게】 seolah-olah ③【그런 것 같기도 하고 아닌 것 같기도 한】 seakan-akan ④【사실이 아닌데도 그런 것처럼】 seolah-olah
듯싶다 【것 같다】 kelihatan; tampak
듯(이) 【부사】 seperti; seolah-olah
등 belakang; punggung ¶등을 보이다 membalikkan punggung
등(等) ①【등급】 tingkat; peringkat; kelas ②【등수, 석차】 peringkat ③【…따위】 dan lain-lain; dan lain sebagai
등(燈) lampu; léntera; beléncong
등(藤) 【식물】 rotan
등가(等價) 【화학】 ekuivalénsi ⊙ 등가 량 ekuivalén
등각(等角) 【기하학】 sudut yang sama
등갓(燈-) kap lampu
등거리 mantel bulu 《kemeja》 tak berlengan; rompi
등거리(等距離) jarak sama ⊙ 등거리외교 dipolmasi berjarak sama
등걸 tunggul; puntung; ujung; potongan ⊙ 등걸불 api puntung
등걸잠 ¶등걸잠자다 tidur dengan pakaian dan tanpa penutup apa-apa
등겨 dedak padi; sekam padi
등고선(等高線) garis kontur
등골 ①【등줄기】 cekungan punggung ¶등골에 땀이 나다 mengalami kesusahan; merasa malu sekali/등골이 오싹하다 membuat menggigil sampai ke tulang sumsum ②【척수】 urat saraf (sumsum)

tulang belakang ¶등골이 빠지다 menderita sekali; mengalami kesukaran/등골이 빠지게 일하다 bekerja keras ⊙ 등골뼈 tulang punggung; tulang belakang

등과하다(登科-) menjadi praja yang tinggi

등교하다(登校-) bersekolah

등극(登極) 【왕 · 황제로】 penobatan; penaikan tahta kerajaan(penobatan) 등극하다 naik tahta kerajaan

등급(等級) kelas; tingkat; pangkat; taraf; derajat; kualitas; mutu ¶등급을 매기다 menggolongkan

등기(登記) ①【등기 우편】 pendaftaran; pencatatan 등기하다 mendaftar; mencatat ¶등기우편으로 dengan pos tercatat ②【땅 · 집 등의 재산을】 pendaftaran ⊙ 등기료 uang pendaftaran (pencatatan). 등기소 kantor pendaftaran. 등기용지 formulir pendaftaran. 등기편지 surat tercatat. 등기 필 terdaftar. 가등기 pendaftaran sementara

등꽃(藤-) bunga wisteri(rotan)

등나무(藤-) 【식물】 rotan ⊙ 등나무덩굴 sulur rotan

등단하다(登壇-) naik ke mimbar ¶문단에 등단하다 memulai karir kesusastraan

등대(燈臺) menara api; mercu suar; lentéra laut ⊙ 등대선 kapal suar; menara api yang mengapung. 등대지기 penjaga mercu suar. 등댓불 lampu menara api

등덜미 bagian atas punggung

등등(等等) dan sebagainya(dsb); dan lain-lain (dll)

등등하다(騰騰-) sombong; memperlihatkan keberanian

등락(騰落) naik-urun; fluktuasi

등록(登錄) pendaftaran; pencatatan; pembukuan; registrasi 등록하다 mendaftar ⊙ 등록금 uang kuliah. 등록상표 mérék dagang terdaftar. 등록인 pendaftar. 등록필 terdaftar. 의장등록 pendaftaran rancangan(disain). 주민등록 pendaftaran penduduk: 주민등록증 kartu tanda penduduk (*KTP*)

등롱(燈籠) lentéra gantung; lentéra taman ⊙ 등롱석 lentéra batu

등롱문(燈龍門) ⇒ 등용문

등마루 ruas tulang belakang

등반(登攀) pemanjatan; pendakian 등반하다 memanjat; mendaki ¶암벽등반을 하다 pergi mendaki tebing ⊙ 등반대 kelompok pendaki gunung. 히말라야 등반대 ekspedisi Himalaya

등받이 ①⇒ 등거리 ②【의자의】 sandaran kursi

등변(等邊) 【수학】 sisi sama ⊙ 등변삼각형 segitiga sama sisi

등본(謄本) catatan; salinan yang telah disahkan;; duplikat; turunan yang terbukti kebenaran (yang sah) ¶등본을 신청하다 meminta duplikat ⊙ 호적등본 salinan daftar keluarga yang tercatat (disahkan); salinan daftar cacah jiwa

등분하다(等分-) membagi ¶이등분하다 dibagi dua

등불(燈-) lampu

등비(等比) 【수학】 perbandingan yang sama ⊙ 등비급수 derét ukur

등뼈 tulang punggung; tulang belakang

등사(謄寫) rekaman; tulisan; réproduksi; salinan 등사하다 membuat salinan; merekam ⊙ 등사원지 kertas sténsil. 등사판 mimeografi. 등사기 mesin sténsil; miméograf

등산(登山) pendakian gunung 등산하다 naik (mendaki) gunung; mendaki gunung ⊙ 등산가 pendaki gunung. 등산대 rombongan (kelompok) pendakian gunung. 등산시즌 musim pendakian gunung. 등산화 sepatu bot (lars) untuk mendaki gunung

등성이 punggung bukit; bubungan

등세공(藤細工) kerajinan rotan ⊙ 등세공품 barang kerajinan rotan

등속(等速) kecepatan konstan ⊙ 등속운동 gerakan seragam

등속(等屬) dan sebagainya (dsb)

등솔기 lapisan pada bagian belakang sebuah mantel

등수(等數) tingkat; pangkat; peringkat; angka yang sama

등식(等式) 【수학】 persamaan ¶부등식 ketidaksamaan

등신(等身) ukuran hidup; ukuran sebenarnya ⊙ 등신상 patung ukuran sebenarnya

등신(等神) orang bodoh; tolol ¶등신 같은 짓을 하다 melakukan hal yang bodoh
등심(-心) potongan tipis daging sapi yang tak bertulang; daging pinggang
등심(燈心) sumbu lampu
등쌀 gangguan
등쌀대다 mengganggu; mengacaukan; menjéngkélkan
등압선(等壓線) isobar; garis isobar
등온(等溫) ¶등온의 isotermal ⊙ 등온선【지리】garis isotermal
등외(等外) ¶등외로 밀려나다 gagal meraih hadiah; disingkirkan; disisihkan
등용(登用) pengangkatan; penunjukan 등용하다 mengangkat; menunjuk; memasukkan dalam dinas (pemerintah) ¶인재를 등용하다 mengangkat orang yang berbakat (yang punya kemampuan) kepada kedudukan yang lebih tinggi
등용문(登龍門) pintu gerbang untuk suksés; gerbang keberhasilan; kesempatan untuk mendapat kehormatan
등위(等位) pangkat; tingkat; peringkat
등유(燈油) minyak lampu; minyak tanah; minyak parafin
등잔(燈盞) semangkuk minyak lampu; wadah minyak lampu ¶등잔불 cahaya lampu; lampu pelita
등장(登場) ①【무대 등에】pintu masuk di atas panggung 등장하다 naik ke panggung; muncul di atas pentas ②【새로운 인물·현상 등이 나타남】datang; muncul; penampilan ③【소설·영화 등에】muncul ⊙ 등장 순 urutan pertunjukan
등재하다(登載-) mencatat
등정하다(登頂-)【등반】mencapai puncak sebuah gunung
등정(登程) keberangkatan 등정하다 mulai mengadakan perjalanan; berangkat
등줄기 garis tulang belakang; punggung
등지다 ①【틀어지다】putus hubungan ②【사람·나라 등을】melawan; berbalik ③【등 뒤에 두다】menyandarkan punggung pada
등짐 géndongan; buntalan di punggung; beban dibawa pada punggung ⊙ 등짐장수 penjual keliling yang membawa barang dagangan dalam buntilan; penjaja
등차(等差) ⊙ 등차수열【수학】dérét ukur (hitung)
등창(-瘡)【한의학】bisul (tumor) pada punggung
등청하다(登廳-) hadir di kantor; pergi ke kantor
등촉(燈燭) lampu yang menyala; lampu cahaya
등치다 ①【때리다】menepuk punggung ②【빼앗다】memeras (merampas) ((uang dengan ancaman))
등판하다(登板-) maju ke tempat memukul
등피(燈皮)【유리 꺼펑이】corong asap lampu; lampu bola
등하불명(燈下不明) di bawah lampu selalu gelap; orang harus pergi ke luar negeri untuk memperoleh berita negerinya
등한시하다(等閑視-) melalaikan tugas; meréméhkan; menganggap énténg; mengabaikan
등허리 punggung dan pinggang; bagian belakang dari pinggang
등화(燈火) sinar; sinar lampu ¶등화가친지절 musim baik untuk membaca ⊙ 등화관제 pemutusan penerangan(listrik)
디기탈리스【약품】daun-daun obat penguat jantung
디데이 hari -H ¶ 디데이를 정하다 menetapkan hari-H
디디다 menginjak; mengambil langkah; memasuki
디딜방아 alat yang dijalankan dengan menginjak-injak
디딤돌 ①【평평한 돌】batu pijakan ②【비유적】(발판) batu loncatan
디럭스 méwah ⊙ 디럭스 판(版) édisi méwah. 디럭스호텔 hotél méwah
디렉터 pemimpin; diréktur (경영); sutradara(영화)
디시, 디스카운트 potongan harga; diskon; korting
디스켓 diskét ¶공 디스켓 diskét kosong / 디스켓을 포맷하다 memformat diskét / 파일을 디스켓에 저장하다 menyimpan berkas di dalam diskét
디스크' ①【음반】piringan hitam ②【컴퓨터】하드디스크 *hard drive;* diskét ⊙ 디

스크자키【방송】joki piringan hitam; penyiar yang menghidangkan lagu-lagu rekaman
디스크[2] ¶목 디스크로 치료를 받다 dirawat karena sakit sendi tengkuk
디스토마 distoma ⊙ 간(肝)디스토마 distoma hepatikum; cacing hati
디스플레이 paméran; pertontonan
디시【할인】diskon; korting
디자이너【의상】perancang busana; disainer; pembuat modél; perencana; perancang ⊙실내 장식디자이너 perancang intérior
디자인 rancangan; pola; desain 디자인하다 merancang ((pakaian))
디저트 makanan pencuci mulut; kué-kué
디젤 ⊙ 디젤기관 mesin diesél (listrik). 디젤기관차 lokomotif diesél. 디젤엔진 mesin disél
디지털 digital ⊙ 디지털계산기 mesin hitung yang mempergunakan angka-angka untuk sistim perhitungan tertentu. 디지털 방송 penyiaran digital. 디지털 카메라 kaméra digital. 디지털시계 jam digital
디 카페인 mengeluarkan "caffeine"
디프테리아 diptéri; dépteri ⊙ 디프테리아 혈청 serum anti diptéria
디플레(이션) deflasi ⊙ 디플레정책 kebijakan deflasi
디테일 perincian; seluk beluk
딛다 ①【발을】mengambil langkah ②【고향 땅에】mengunjungi ③【좌절 · 역경 등을】mengatasi; menanggulangi
딜레마 pilihan; diléma ¶딜레마에 빠지다 menemui suatu diléma; tidak ada pilihan
딜레이 yang menunda
딜러 penyalur
딩딩하다 ①【힘이】tegap; kuat ②【단단하다】keras; 【팽팽하다】terentang (terbentang) sepenuhnya ③【기반이】stabil; terjamin ¶살림이 딩딩하다 kaya; berada; beruntung
딩동 ding-dong
딩크족(-族)]【아이를 갖지 않는 맞벌이 부부】*DINK (Double Income No Kids)* Penghasilan Dobel Tanpa Anak
따갑다 ①⇒ 뜨겁다 ②【피부 · 목 · 눈 등이】sakit tajam ③【시선 · 눈길 등이】kasar
따귀 ⇒ 빰 ¶따귀를 때리다 menampar pipi; menempéléng pada telinga/따귀를 맞다 ditampar pipi; ditinju pada telinga
따끈따끈하다【따뜻하다】hangat
따끔거리다 sengatan; pedih
따끔하다 ①【쑤시다】menusuk ②【충고 · 비평 등이 호되다】tajam; pedas; keras
따다[1] ①【꽃 · 열매 등을】memetik ②【병 · 캔 · 문 등을】membuka ③【경기 · 내기에서 이겨) menang ④【학점 · 자격증 등을】mendapat; meraih ⑤【손을】menusuk ((jari dengan jarum)) ⑥【요약하다】mengutip; memungut; mencontohi ⑦【표절 · 인용하다】menjiplak; mencuri ⑧【얻다 · 받다】mendapatkan; memperoléh ⑨【돈을】menang; memenangkan
따다[2] ①【만나주지 않다】menolak untuk menjumpai ②【따돌리다】membiarkan; menghindarkan diri
따돌리다 ①【싫은 사람을】tidak menghiraukan; meninggalkan seseorang; membiarkan sama sekali sendirian ②【뒤쫓아 오는 사람을】menghindarkan
따돌림【왕따】¶따돌림을 당하다 dikucilkan
따뜻하다 ①【덥다】panas; hangat ②【마음이】ramah; baik hati; kasih sayang
따라가다 ①【사람 · 길 등을】pergi bersama ¶아버지를 따라가다 pergi bersama-sama dengan ayah; mengikuti ayah ②【남 하는 대로】⇒ 따르다2 ③【쫓아가다】mengikuti ④【겨루다】bersaing; menyamai ⑤【의견 · 유행 등을】mengikuti
따라다니다 ①【사람 · 동물 등의 뒤를】mengikuti ②【생각 · 소문 · 느낌 등이】menghantui; dihantui; mengikuti
따라서 ①【그러므로】karena itu; dan; sehingga; dengan demikian ②【~에 따라】sesuai ((dengan)); menurut ③【…함에 따라】menurut; sesuai dengan ④【끼고】mengikuti; sepanjang dengan
따라오다 ①【함께】datang bersama ②【남이 하는 대로】mengejar; menyusul ③【능력 · 가르침 등을】bertanding; bersaing ¶따라올 사람이 없다 tidak ada bandingannya; tidak ada tandingannya; tidak ada taranya ④【길 · 표지판 등을】

ikuti

따라잡다 ①【거리를】 mengejar ②【능력·수준 등을】 mengejar

따라지 【따분한 존재】 ⊙ 따라지목숨 hidup yang pahit(sial)

따라하다 meniru

따로 ①【별도로】 terpisah ¶따로 두다 menyimpan (menaruh) ((benda)) secara terpisah ②【여분·별도】 tambahan ③【특별히】 khusus ④【별도로·개인적으로】 ((secara)) pribadi

따로내다 【살림을】 menyuruh mendirikan rumah terpisah (tersendiri)

따로따로 masing-masing; terpisah; sendiri-sendiri ¶따로따로 계산해주세요 Hitunglah sendiri-sendiri.

따르다[1] ①【따라가다】 (a) 【뒤를】 mengikuti; mencontohi ¶엄마 뒤를 따라가다 membuntuti ibu (b) 【시류·유행 등을】 mengikuti; mengejar ②【본뜨다】 mengikuti; mencontohi ③【복종하다】 patuh kepada; tunduk ④【준수하다】 patuh ⑤【응하다】 memenuhi; mengabulkan ⑥【견주다】 bertanding; bersaing ¶따를 자가 없다 tidak ada bandingan (tara) ⑦【인기가 있어】 menjadi kesayangan; gemar; disukai; dicintai ¶여자들이 따르다 disukai oléh gadis-gadis ⑧【수반하다】 disertai; menyertai ⑨【의하다】 (a) (달리다) tergantung (b) (의거하다) didasarkan (berdasarkan) atas; menurut

따르다[2] 【액체를】 menuangkan; mengisi

따르릉 berdering

따름 hanya; semata-mata

따먹다 ①【돈 등을】 memenangkan ②【여자의 정조를 빼앗다】 memperkosa ¶여자를 따먹다 tidur dengan seorang gadis (wanita)

따발총(-銃) senapan semi-otomatis

따분하다 ①【느른하다】 merasa lesu ②【지루하다·맥 빠지다】 bosan; lemas ③【난처하다】 mempersukar; memalukan

따사롭다 hangat

따스하다 ⇒ 따사롭다

따오기 【조류】 burung iblis berjambul

따옴표 tanda kutip(petik)

따위 ①【등등】 dan lain-lain; dan seterusnya ②【얕잡아 보거나 부정적으로 쓰여】 seperti

따지다 ①【잘잘못을 가리다】 membédakan; mencari ((kesalahan)) ②【신경 쓰다】 berhati-hati; waspada ③【따져 묻다】 menanyakan; mendesak pertanyaan ④【계산하다】 memperhitungkan; memperkirakan

딱 ①【소리】 gemeretak ¶머리를 딱 때리다 memukul dengan pukulan keras pada kepala ②【바라짐·벌림】 lebar ③【꼭】 (a) (사물·수량·크기 등이) pas; cocok (b) (시간적으로) tepat (c) (단지·다만) hanya ④ 【버티는 꼴】 berdiri tegar ⑤ 【단호히】 bulat-bulat; mentah-mentah ¶딱 잘라 말하다 berbicara secara tegas

딱 다구리 【조류】 burung pelatuk

딱 다기 【나무토막】 lonceng kayu

딱 다 깨비 【곤충】 sejenis belalang

딱딱 ①【마주치는 소리】 bergemeretak ②【부러지는 소리】 menggertak terus menerus

딱딱거리다 【을러대다】 berbicara dengan kasar; keras (bengis); membentak

딱딱하다 ①【물건·음식 등이 단단하다】 kering dan keras ②【태도·규칙·분위기 등이】 kaku; formal ③【문장 등이】 kaku; menjemukan

딱 바라지다 péndék dan sintal (gemuk)

딱 부릅뜨다 【눈을】 membelalakkan mata

딱부리 orang yang melotot (membelalak); orang dengan mata yang sangat besar(yang menonjol); mata terbelalak

딱정벌레 【곤충】 kumbang tanah; kumbang

딱지[1] ①【상처의】 keropéng (radang) ((yang kering)) ¶딱지가 앉다 berkeropéng; keropéng terbentuk di atas ((borok)) ②【종이의】 bintik-bintik pada kertas ③【껍데기】 kulit ¶ 게딱지 kulit kepiting ④【시계의】 ¶금딱지 시계 arloji (jam) emas

딱지[2] penolakan ¶딱지놓다 menolak; 【구혼자에게】 menolak ((seorang pelamar; peminang)) /딱지맞다 ditolak

딱지(-紙) ①【우표·증지 따위】 perangko; meterai ②【놀이딱지】 sejenis mainan, *ttakji* ¶딱지를 접다 melipat sebuah *ttakji* ③【압류딱지】tamda penyitaan ④【자동차에 대한】¶ 속도위반 딱지 surat tilang ⑤

【사람 등에 대한 평가, 꼬리표】 labél; étikét
딱총(-銃) petasan; mercun
딱하다 ①【가엾다】 meyedihkan; mengibakan ¶딱한 사정을 호소하다 memohon belas kasihan ②【난처하다】 sukar; sulit
딱히 yang tepat
딴[1] 【'딴에는, 딴은' 의 형태로 쓰여】 caranya sendiri
딴[2] 【다른】 lain; berbéda ¶딴 때에 pada waktu yang lain
딴꽃가루받이 【식물】 pembuahan silang dari bunga-bunga
딴데 di suatu tempat lain
딴따라패(-牌) 【배우】 aktor
딴마음 【딴 생각】 maksud lain; maksud tersembunyi ¶딴마음이 없다 tulus hati; berhati tulus
딴말 ①【딴 소리】 ucapan yang tidak selaras ②【약속을 어기다】 tidak memenuhi janji
딴맛 seléra(cita rasa) yang berlainan; 【색다른】 seléra (cita rasa) yang khas
딴머리 rambut palsu
딴사람 ①【다른 사람】 orang lain; orang yang berbéda ②【달라진 사람】 orang yang sangat berubah (berbéda)
딴살림하다 hidup terpisah
딴생각 【다른】 gagasan (idé) yang lain; maksud (tujuan) yang berbéda; 【엉뚱한】 maksud yang tersembunyi
딴소리 ucapan yang tidak selaras
딴은 sungguh-sungguh; betul-betul; memang ¶내 딴은 menurut saya; bagi saya
딴전 ¶딴전부리다 mengucapkan kata-kata yang menyimpang; terlepas (keluar) dari pokok persoalan
딴지 ucapan yang tidak selaras ¶딴지걸다 membantah
딴청【딴전】 ¶딴청을 피우다 berpura-pura tidak tahu (tidak tertarik)
딴판 keadaan yang sama sekali berbéda (tidak sama)
딸 *anak perempuan* ¶첫딸 anak perempuan sulung/귀여운 딸 anak perempuan kesayangan /막내딸 anak perempuan bungsu/딸을 낳다 melahirkan seorang anak perempuan/딸을 시집보내다 mengawinkan anak perempuan
딸기 buah arbéi ⊙ 딸기밭 kebun buah arbéi. 딸기화채 minuman campuran buah arbéi. 딸기코 hidung mérah
딸꾹질 kecegukan; cegukan yang berulang-ulang; sedakan 딸꾹질하다 tersedak; terceguk
딸랑거리다 bunyi gemerincing
딸랑이 mainan anak yang berbunyi gemerencung
딸리다 ①【붙어 있다, 속하다】 terikat pada; kepunyaan ②【자식 등이】 bergantung ¶딸린 가족이 많다 mempunyai banyak tanggungan ③【따라가게 하다】 menyuruh agar ditemani (didampingi) oléh ⟪orang lain⟫
딸리다[2] ①【일손, 물량 등이】 kehabisan ②【기력, 실력 등이】 ¶힘이 딸리다 tidak punya énérgi
땀 keringat ¶땀을 흘리다 berkeringat; (몹시) bercucuran keringat ⊙ 땀구멍 pori; lubang kulit. 땀띠 ruam panas. 땀복 baju hangat. 땀샘 kelenjar keringat
땀나다 keringatnya keluar ¶땀나는 일 pekerjaan yang sukar (berat)
땀내 【땀 냄새】 bau keringat ¶땀내 나다 berbau keringat; keringat yang bau busuk
땀등거리 baju kaos (pakaian dalam) tebal berlengan panjang
땀띠 biang keringat; ruam (bintik-bintik) pada bagian tubuh akibat dari kepanasan ¶땀띠가 돋다 mendapat ruam (bintik-bintik); menderita karena biang keringat ⊙ 땀띠약 bedak talek ⟪untuk sakit biang keringat⟫
땅[1] ①【대지】 tanah ②【영토】 wilayah; daérah ¶땅을 넓히다 memperluas daérah (wilayah) ③【토지】 tanah ¶개인 땅 tanah milik pribadi ④【토양】 tanah ⊙ 땅값 harga tanah. 땅문서 sertifikat tanah. 땅 사기꾼 penipu tanah; pedagang perantara tanah yang palsu
땅[2] bunyi letusan; bang
땅강아지 【동물】 orang-aring
땅개 ①【개】 anjing bertubuh péndék ②【사람】 orang yang kurang tinggi
땅거미 【황혼】 senjakala; waktu petang

hari; menjelang malam
땅굴(-窟) terowongan bawah tanah
땅기다 dikekang; merasa kejang; merasa kaku ¶옆구리가 땅기다 merasa kejang di pinggang
땅꾼 【뱀 잡는】 penangkap ular
땅내 bau tanah; baunya (harumnya) tanah
땅딸막하다 péndék dan gemuk
땅딸보 orang yang gemuk dan péndék
땅땅거리다 【큰소리치다】 membual; menyombong
땅뙈기 sebidang kecil tanah; sepotong kecil ladang
땅마지기 beberapa akre ladang
땅바닥 tanah (yang) gundul
땅볼 【야구】 *grounder* (bola rendah) ¶그는 3루 땅볼로 아웃이 되었다 Dia men*ground* ke base ketiga.
땅세(-貰) séwa tanah
땅임자 pemilik tanah; tuan tanah
땅재주(-才-) ¶땅재주를 넘다 melakukan jungkir-balik; berjungkir-balik, bergulung-gulung
땅콩 kacang tanah ⊙ 땅콩버터 selai kacang; pindekas
땋다 mengépang ((rambut)); menjalin
때[1] ①【시간】 waktu; jam; saat; ketika ¶점심때 waktu makan siang/때를 보내다 menghabiskan waktu; meléwatkan waktu ②【…한 때 경우】 kesempatan; peluang; musim; waktu; masa ¶마침 좋은 때에 persis pada saat yang tepat ③【기회】 kesempatan ④【당시】 hari itu; waktu itu; masa itu ⑤【끼니 · 식사 시간】 makanan
때[2] ①【몸의 때】 (각질) kulit mati; (먼지 등의) kotoran; (옷의) kotoran; (얼룩) noda ¶옷의 때를 비벼 빼다 menggosok kotoran pakaian ②【마음의】 rusak ⊙때밀이 *ttaemiri;* pembersih profésional yang menggosok orang mandi di pemandian umum
때가다 【잡혀가다】 dibawa ke ((pos polisi)); ditangkap; ditahan
때굴때굴 ⇒ 떼굴떼굴
때그락 ⇒ 대그락-
때깔 potongan dan warna kain
때꼽재기 kotoran; kecemaran; debu yang melekat
때꾼하다 menjadi cekung ((karena kelelahan; keletihan)) ¶때꾼한 눈 mata yang cekung
때늦다 terlambat
때다[1] 【잡히다】 ditangkap; ditahan
때다[2] 【불을】 membakar; membuat api
때때로 sekali-sekali; kadang-kadang; ada kalanya
때때옷 pakaian berwarna untuk kanak-kanak
때려눕히다 menjatuhkan; menghajar
때려 부수다 mendobrak; menghancurkan
때려잡다 ①【때려서 쓰러뜨리다 menjatuhkan; menangkap ②【미루어 짐작하다】 menduga; mengagak-agak
때려죽이다 memukuli sampai mati
때려치우다 berhenti
때로 sesekali; terkadang; dari waktu ke waktu
때리다 ①【치다】 memukul ¶ 뺨을 때리다 menampar pipi/때려눕히다 memukul jatuh; menjatuhkan ②【비판하다】 mengkritik; mencaci
때마침 tepat waktu
때문 ¶때문에 karena; sebab; disebabkan oléh; gara-gara; akibat; oléh karena
때물 kotoran; lumpur; kekasaran; ketidaksopanan
때 아닌 tidak sesuai musim
때우다 ①【땜질】 memateri ②【깁다】 menambal; menémpéli ③【임시변통으로】 mengganti ④【간단히 요기하다】 cukup ⑤【시간을】 menghabiskan waktu
땔감 fuel; kayu bakar
땔나무 kayu bakar ¶땔나무를 하다 mengumpulkan kayu bakar
땜가게 toko patri; béngkél patri; toko pematrian.
땜납 soldér; patri
땜인두 besi soldér
땜장이 tukang patri (soldér)
땜질 penyoldéran; pematrian ①【금이 가거나 구멍이 난 물건을 고침】 땜질 하다 menyolder; mematri; mengisi; menambal ②【임시변통】 menambal
땟국 kotoran; debu yang melekat

땟물【자태】bentuk badan ¶땟물이 훤하다 mempunyai bentuk badan yang bagus; ganteng; gagah; tampan
땟솔 sikat kamar mandi; penggosok
땡 gemerincing ¶땡 소리가 나다 bergemerincing
땡감 buah kesemak yang mentah dan berkerut
땡기다 ⇒ 땅기다
땡땡이【장난감】drum (tambur) mainan
땡땡이[2] ¶학교를 땡땡이치다bolos kelas
땡땡하다 ①【팽팽하다】keras ②【속이】padat dan segar
땡볕 terik matahari; sinar matahari yang membakar
땡잡다 mengalami nasib baik; mendapat untung; beruntung besar
떠나가다 meninggalkan
떠나다 ①【있던 곳에서 다른 곳으로】(a) (출발하다) berangkat; pergi; meninggalkan (b) (물러나다) meninggalkan ((tempat tugas; jabatan)); meletakkan jabatan ¶회사를 떠나다 berhenti dari perusahaan ②【떨어지다】terpisah; tersendiri ③【머릿속 · 마음에서】diasingkan; dijauhkan ¶마음에서 떠나지 않다 selalu berada dalam ingatan; terbayang; tidak dapat melupakan ④【출발하다】¶먼 길을 떠나다 memulai perjalanan jauh ⑤【사라지다】hilang; tidak meninggalkan
떠내다 ①【액체를】menyéndok; menciduk; menyekop; mengeduk ②【초목 등을】menggali
떠내려가다 berhanyut-hanyut; dihanyutkan
떠넘기다 meninggalkan (melimpahkan) sesuatu ke seseorang
떠다니다 melayang; mengapung; lari ke sana ke mari
떠다밀다 ①【밀다】mendorong; menembus ②【제 일을 남에게】memaksa untuk menerima ((pekerjaan; tanggung jawab)); *meletakkan* ((kesalahan)) pada orang lain; mengalihkan kepada orang lain
떠돌다 ①【정처 없이】mengembara; keluyuran; berkeliling ②【말 · 소문 등이】berédar
떠돌이 pengembara; musafir; kelana; petualang ⊙ 떠돌이별 planet
떠들다 ①【시끄럽게】membuat kegaduhan; gegar; ribut ②【소문나다】didesas-desuskan; dipergunjingkan; digosipkan ③【주장하다】menyatakan
떠들썩하다 ①【시끄럽다】gaduh; ribut ②【어수선하다】kegemparan
떠들어대다 membuat huru-hara; membuat kekacauan (ribut)
떠름하다【마음이】(a)【내키지 않다】merasa enggan ((untuk bekerja)); tidak ada kemauan; merasa takut ((berjalan)) (b)【꺼림하다】membebani pikiran; berada dalam pikiran; merasa waspada
떠맡기다 menyerahkan (membebankan) kepada orang lain; memaksa; membebani
떠맡다【일을】mengerjakan; mengoper; mengambil alih ¶모든 책임을 혼자 떠맡다 memikul seluruh tanggung jawab
떠먹다 makan ¶집에 가서 밥 한술 떠먹고 가자 Mari pulang dan makan sebelum kita berangkat.
떼 메다 mengangkat ((sebuah benda)) di atas bahu
떠밀다 ①【힘으로 밀다】mendorong; mendesak ②【억지로 넘기다】mendesak ¶떠밀리다 didesak
떠받다 menanduk; melukai dengan tanduk
떠받들다 ①【쳐들어 올리다】mengangkat ②【공경하다】menyungkumkan ③【추대하다】menghormati; memuja ④【소중히 하다】memuji-muji; menghormati; menghargai
떠받치다 mendukung; menyokong; menyangga
떠버리【수다쟁이】tukang ngobrol; pengocéh; ((허풍선이)) pembual ¶그는 떠버리다 Dia orang bermulut besar. *atau* Dia tukang gosip.
떠벌리다 ①【과장하다】berbicara besar; omong besar ②【크게 차리다】membuat ((sesuatu)) dalam ukuran besar
떠보다 ①【달아 보다】menimbang ②【사람을】(a) (인품을) mengukur ((orang)) (b) (남의 속을) menanyakan; menyelidiki;

memeriksa; merasa; menduga
떠안다 mengambil; menanggung
떠오르다 ①【물 위에】 terapung; naik ke permukaan; timbul; mengambang ②【공중에】 muncul; terbit ③【생각 등이】 timbul (terlintas) dalam pikiran ④【웃음 등이】 tersenyum ⑤【수사 선상에】 kelihatan ⟪seperti orang yang dicurigai⟫ ⑥【관심의 대상으로】 muncul
떠올리다 mengingat; mengenang
떠지다 ⟪matanya⟫ terbuka; menjadi sadar
떡 *tteok*; kué beras ⊙ 떡볶이 *tteokbokki;* kue beras dengan saus pedas. 떡집 toko kue beras
떡² 【벌어진 모양】 ¶어깨가 떡 벌어지다 berlapang dada
떡가루 tepung beras
떡국 *tteokguk;* sup kué beras ⟪dibuat dengan irisan kué beras, daging sapi, telur dan lain-lain⟫
떡갈나무 pohon ek
떡값 ①【보너스】 bonus ②【뇌물】 sogokan; pelancar
떡고물 ①【음식물의】 sisa makanan ②【비유적】 ¶떡고물이 떨어지기를 바라다 berharap mendapatkan sesuatu tanpa kerja keras
떡두꺼비 ¶떡두꺼비 같은 아들 bayi laki-laki yang sehat
떡메 pemukul yang dipakai untuk memukul-mukul (menumbuk) beras menjadi kué
떡밥 umpan pasta
떡방아 penggilingan tepung beras ¶떡방아를 찧다 membuat tepung beras; menumbuk beras menjadi tepung
떡보 orang yang gemar akan kué-kué beras
떡산적 semacam saté yang dibuat dari kué beras yang diiris dan daging.
떡잎 【식물】 daun bibit ¶될 성 부른 나무는 떡잎부터 알아본다 Bakat memperlihatkan dirinya sejak masa kanak-kanak.
떡심 ①【심줄】 urat daging (tulang rawan) dan bagian-bagian daging sapi yang liat ②【사람】 orang yang keras (kuat; keras kepala)
떡살 beras untuk membuat kué beras
떨거지 sanak keluarga; ampas; sampah
떨 구다 merendahkan mata; meundukkan
떨기 tandan ¶한 떨기 꽃 bunga tunggal
떨다¹ ①【신체를】 gemetar; menggigil; gemeletuk; mengeletar ¶무서워서 떨다 gemetar karena takut; merasa takut dan gemetar ②【추워서】 menggigil; gemetar ③【무섭거나 화가 나서】 gemetaran; menggigil ④【흥분 · 초조. 불안하여】 gemetar
떨다² ①【붙은 것을】 membersihkan; mengenyahkan debu ②【팔다 남은 것을】 menjual habis.
떨다³ 【애교 · 엄살 따위】 memperlihatkan
떨떠름하다 ①【맛이】 pahit; asam; masam ②【기분이】 masam ¶떨떠름한 표정을 짓다 mempertunjukkan wajah masam
떨리다¹ ①【신체가】 gemetar; menggigil; bergoyang; menggeletar; gemeletuk ②【분노 · 두려움으로】 gemetar ③【흥분 · 긴장으로】 gemetar; bergetar)
떨리다² ①【떨어지다】 disapu; disikat; hilang ②【떨려나다, 해고되다】 dipecat; dikeluarkan
떨어내다 membersihkan; melepaskan
떨어뜨리다 ①【아래로】 menjatuhkan; menyesatkan; mencemplungkan ②【분실하다】 lepas; turun; jatuh ③【가격 · 가치 · 품질 등을 하락시키다】 mengurangi; menurunkan ④【체온 · 수치 등을】 menurunkan; mengurangi; merendahkan ⑤【사기 · 명성 등을】 menjatuhkan; menurunkan ⑥【지위를】 menurunkan ⑦【시험에서】 ditolak; tidak lulus ⑧【거리 · 시야 등을】 ¶속력을 떨어뜨리다 mengurangi kecepatan ⑨【해뜨리다】 memakai sampai, habis(usang)
떨어 먹다 menghamburkan; menghabiskan ⟪kekayaan⟫
떨어지다 ①【밑으로】 jatuh; turun ②【몸에서】 jatuh; terjatuh; terlepas ③【해가 지다】 terbenam ④【하락하다】 (a) (온도 · 열이) turun; reda; berkurang (b) (값이) turun; berkurang (c) (가치 · 신용 · 품위 등이) menurun; berkurang ¶위신이 떨어지다 kehilangan wibawa (d) (감퇴하다) berkurang; merosot ¶인기가 떨어지다

kehilangan ketenaran (popularitasnya); ketenarannya berkurang (surut) (e) (성적 · 점수 등이) turun ⑤【질 등이】 lebih lemah (buruk); ketinggalan ⑥【거리 · 간격 등이】 jauh ((dari)) ⑦【헤어지다】 terpisah ⑧【…손에 넘어가다】 jatuh ke dalam ⑨【남다】 ditinggalkan ⑩【뒤떨어지다】 ketinggalan ⑪【실패하다】 gagal ⑫【옷 · 신발 등이 해지다】 usang ⑬【바닥나다】 habis; kehabisan ⑭【유산(流産)】 menggugurkan; gugur ⑮【끝나다】 selesai; diselesaikan ⑯【숨이】 menghembuskan nafas yang terakhir; mati ⑰【병, 습관이】 dihilangkan; dilenyapkan ¶버릇이 떨어지다 dihilangkan (dilenyapkan) kebiasaan ⑱【정 · 정나미가】 jijik ⑲【입맛이】 merusak; hilang ⑳【시험 · 선거 · 선발 등에서】 gagal; kalah

떨이 barang obralan; harga yang murah sekali ⊙ 떨이 판 penjualan obral; obral barang rombéngan

떨치다 ①【명성을】 bergema; menggema; menggaung; terkenal ke mana-mana; menjadi terkenal di dunia ②【생각 · 느낌 등을】 mengenyahkan; mengesampingkan; menghilangkan

떫다 ①【맛이】 berkerut; rasa kecut ②【못마땅하다】 asam; masam

떳떳이 secara benar; secara terhormat

떳떳하다 adil dan jujur

떵떵거리다 ①⇒ 땅땅거리다 ②【호화롭게 살다】 hidup méwah; hidup seperti seorang anak raja

떼[1] kumpulan; rombongan; gerombolan ¶떼를 지어 dalam gerombolan

떼[2] lémpéngan rumput ¶떼를 입히다 memasang lémpéng rumput

떼[3] 【뗏목】 rakit

떼[4] bersikeras ¶떼를 쓰다 meminta hal yang mustahil; réwél; cèréwét; berbicara dengan jéngkél

떼거리 grup; gerombolan

떼거지 ①【떼 지어 다니는】 peminta dalam gerombolan ②【재해로 생긴】 orang yang telah menjadi pengemis karena terjadinya bencana alam; bangsa pengemis

떼다 ①【붙은 것을】 (a) (걸린 것 · 끼운 것 · 붙은 것 등을) menanggalkan; melepaskan; menghilangkan (b) (잡아떼다) melepaskan; mencabut ②【떼어 놓다】 (a) (간격을) memberi jarak; menjauhkan spasi (b) (갈라놓다) memisahkan ③【세금 · 수수료 등을 공제하다】 memotong ④【바람직하지 않는 것을】 (a) (아이를) melakukan pengguguran kandungan (b) (병 · 버릇 등을) menghilangkan; menghentikan ⑤【젖을】 menyapih menyayak; menghentikan anak menyusu ⑥【떼어 두다】 menyisihkan ⑦【봉한 것을】 membuka ⑧【거절하다】 menolak ⑨【수표 · 어음 등을】 menarik cek; mengeluarkan (memberikan) cék ⑩【시치미를】 ⇒ 시치미[1] ⑪【코를】 ⇒ 코 떼다 ⑫【끝내다】 menyelesaikan ⑬【손을】 menarik diri; mengundurkan diri

떼돈 uang banyak; keuntungan ¶떼돈을 벌다meraup uang; mendapatkan keuntungan besar (*jackpot*)

떼먹다 lalai membayar; ngemplang ((hutang)); menghindarkan (mengélakkan) pembayaran ¶공금을 떼먹다 mengantongi (menggelapkan) uang rakyat

떼밀다 mendorong

떼어 놓다 ①【사이를】 memisahkan ②【간격을 두다】 menyisakan ruang; meninggalkan ruang

떼이다 menjadi tidak dapat diperoléh lagi; tidak ditagih

떼죽음 kematian secara besar-besaran 떼죽음하다 mati secara besar-besaran

떼 짓다 membentuk kelompok (kumpulan; golongan)

뗏목(-木) rakit ⊙ 뗏목 꾼 tukang rakit

뗏장 sepotong (sebongkah) lémpéng rumput

또 ①【그리고 · 또한】 juga; tambahan lagi ②【다시】 lagi ③【상상의】 sementara

또는 maupun; atau; barangkali

또다시 lagi; sekali lagi

또랑또랑하다 jelas sekali

또래 berusia(berumur) sama; berukuran sama

또렷이 ⇒ 뚜렷이 dengan jelas

또렷하다 ⇒ 뚜렷하다 jelas; nyata; cerah

또박또박 ①【정확히】 rapi; tepat ②【거르지 않고】 tepat pada ((waktunya))

또아리 【똬리】 bantal kepala untuk wanita yang dibuat dari jerami waktu membawa beban
또한 juga; selain; lebih-lebih; pada waktu yang sama
똑 ①【물방울이 떨어지는 소리】 berdetak ②【정확히 · 비슷한 모양】 ¶돈이 똑 떨어지다 kehabisan uang sama sekali
똑같다 tepat sama; idéntik
똑같이 tepat seperti; sama; demikian pula
똑딱거리다 bunyi tik-tuk; detikan jam
똑딱똑딱 bunyi tik-tuk
똑딱단추 pengait kancing ¶똑딱단추를 채우다 menutup pengait kancing; mengaitkan kancing
똑딱선(-船) perahu motor
똑똑 ①【물방울 등이 떨어지는 소리】 bunyi tik-tik ②【부러짐】 derik; kertakan ③【가볍게 두드리는 소리】 ketukan ¶문을 두드리다 mengetuk pintu
똑똑하다 ①【분명하다】 jelas; terang; gamblang; kentara. ②【사람이】 cerdik; pandai; cerdas; cemerlang ¶똑똑하게 생기다 terlihat pintar
똑똑히 ①【분명히】 dengan jelas; dengan seksama ②【영리 · 현명하게】 dengan cerdas; dengan bijaksana
똑바로 ①【곧게】 dalam garis lurus; lurus; tegak ¶똑바로 집으로 가다 langsung pulang ke rumah ②【바르게 · 제대로】 terus terang; tepat
똘똘이 anak yang cerdas; anak laki-laki yang pandai
똘똘하다 pandai; cerdik; tajam; cemerlang
똘마니 pengikut; antek ¶저 녀석은 깡패 똘마니다 Pria itu pengikut geng.
똥 kotoran ((orang)); bérak; tahi; najis; cirit ¶똥마렵다 merasa mau buang air besar(hajat) ②【더껑이】 kekam ¶이똥 kotoran kuning yang keras; (치석) karang gigi
똥값 harga murah
똥개 anjing kampung
똥거름 pupuk kandang; tinja
똥구멍 dubur ¶똥구멍이 찢어지게 가난하다 sangat miskin
똥끝 ¶똥끝(이)타다 merasa sangat khawatir
똥 누다 buang hajat
똥배 perut gendut
똥싸개 bayi
똥싸다 ① ⇒ 똥 누다 ②【혼나다】 mengalami kesukaran; mengalami waktu yang susah
똥집 ①【큰창자】 usus besar ②【몸집】 badan yang besar sekali; badan yang gemuk; perut gendut ③【체중】 badannya
똥줄 ¶그는 똥줄이 빠지게 달아났다 Dia berlari secepat mungkin.
똥차(-車) ①【분뇨차】 gerobak (keréta) pengangkut kotoran orang ②【고물차】 mobil bobrok; mobil buruk; mobil tua
뙤약볕 sinar matahari yang membakar (menyilaukan mata; terik)
뚜껑 tutup; kelubung; sungkup
뚜렷이 dengan menyolok; dengan nyata; dengan jelas; dengan menonjol
뚜렷하다 menyolok; nyata; menonjol
뚜벅뚜벅 ¶뚜벅뚜벅 걷다 berjalan dengan sikap sombong (angkuh); berjalan mengigal
뚜쟁이 calo; kaki tangan
뚝 ①【아래로 떨어지는 소리나 모양】 bergedebug ②【부러지거나 끊어지는 모양】 berderik; dengan bunyi bergedebuk ③【갑자기】 tiba-tiba
뚝뚝 bunyi tétésan; bunyi tik-tik
뚝뚝하다 【성격 · 태도 · 말씨 등이】 tidak ramah; ketus; kaku
뚝배기 *ttukbaegi;* mangkuk tembikar yang tidak berlapis
뚝심 kekuatan fisik yang besar; tenaga (kekuatan) yang kasar
뚫다 ①【통하게 하다】 (a) (구멍을) mengebor; menembus; mencoblos; melubangi (b) (막힌 것을) menggali; membuka ②【헤어나다】 (a) (어려움 등을) menemukan jalan keluar dari kesulitan; mengatasi rintangan; keluar dari kesukaran (b) (법 · 감시 등을) menghindarkan; mengélakkan ③【곬을】 mendapatkan ¶돈구멍을 뚫다 mendapatkan cara untuk mencari uang
뚫리다 ①【구멍이 나다】 dibor; dilubangi; dicoblos; ditembus ②【이치가】 mencapai
뚫어내다 mengebor; melubangi

뚫어지게 보다 menatap; memandang
뚫어지다 ①【구멍이 나다】 berlubang ②【주의 깊게 바라보다】 menatap
뚱딴지 orang yang tidak masuk akal; gila-gilaan tak diduga-duga; menyimpang
뚱땅거리다 meributkan; memukul tambur dan memetik gitar ¶뚱땅거리며 놀다 berpesta pora; hiruk-pikuk; hingar-bingar
뚱뚱보 orang gemuk; orang gendut
뚱뚱하다 ①【사람이】 gemuk; montok; padat ¶뚱뚱해지다 menjadi gemuk; bertambah berat badan ②【배가】 gendut
뚱보 ⇒ 뚱뚱보
뚱하다 ①【성질이】 orang pendiam; kalem ¶뚱하여 말이 적다 suka menyendiri dan pendiam ②【심술 나다】 merengut; cemberut
뛰놀다 bermain-main dengan riang gembira
뛰다[1] ①【달리다】 melompat; melonjak; menerjang ¶뛰어가다 pergi berlari ②【점프하다】 meloncat ¶기뻐서 뛰다 berjingkrak (meloncatloncat) kegirangan ③【물가 · 가치 등이】 naik ④【뛰어넘다】 melompat ⑤【순서를】 melampaui; meloncat ⑤【일하다, 활동하다】 bekerja
뛰다[2] ①【물 등이】 memercikkan; memerciki; memercik; bepercikan ②【달아나다】 melarikan diri; mengambil langkah seribu
뛰다[3] 【맥박 · 가슴 등이】 berdebar-debar; bergetar; (맥박이) berdenyut; berdebar-debar ¶맥박이 뛰다 nadi berdenyut/ 가슴이 뛰다 jantung berdebar-debar
뛰어가다 pergi lari
뛰어나가다 lari keluar
뛰어나다 melebihi; mengungguli; lebih unggul (ulung; tinggi); menjulang tinggi di atas ((orang lain)); menjadi terkenal ¶뛰어나게 sangat unggul; menonjol
뛰어내리다 melompat ke bawah
뛰어넘다 ①【담 · 장애물을】 melompati ②【한계 · 예상 들을】 melēwati; melampaui; melakukan di luar
뛰어다니다 berjalan terlompat-lompat; berjalan berjéngkék-jéngkék; bersekedidi; berjingkat-jingkat; berjingkrak-jingkrak
뛰어들다 ①【물속으로】 terjun; melompat turun ke bawah; mencemplungi ②【갑자기 달려들다】meloncat ¶철길에 뛰어들다 melemparkan diri di atas rél keréta api ③【일 · 사건 등에】 ikut campur (mencampuri) dalam
뛰어 들어오다 mendadak masuk ke dalam ((kamar))
뛰어오다 lari; berlari datang
뛰어오르다 ①【점프하다】 muncul (lompat) di atas; menaik; meloncat; meninggi; melambung ②【계단 · 산길 등을】 naik; maju; berlari ③【가격이 갑자기 오르다】 merokét ④【지위 · 신분 등이】naik
뛰쳐나가다 lari ¶집을 뛰쳐나가다 berlari keluar rumah; (가출하다) melarikan diri dari rumah
뛰쳐나오다 ①【밖으로】 berlarian ②【집 · 회사 등을】 melarikan diri
뜀 lompatan; lari
뜀뛰기 ⊙ 뜀뛰기선수 pelompat. 뜀뛰기운동 latihan melompat. 뜀뛰기 판 papan lompat
뜀박질 lari; lompatan
뜀틀 kuda lompat galah
뜨개바늘 jarum rajut; peniti (pengait) rajut; cantélan untuk mengait
뜨개질 rajut; perajutan 뜨개질하다 merajut
뜨겁다 ①【열 · 온도 등이】 panas; hangat ②【연애 관계가】 mabuk cinta ③【감정 · 열정 등이】 panas; bergairah ④(논쟁 등이) memanas; dipanaskan; dihangatkan
-뜨기 ¶사팔뜨기 orang yang juling matanya/시골뜨기 orang kampungan/ 칠뜨기 orang pandir (tolol); dungu/ 얼뜨기 orang bodoh
뜨끈뜨끈하다 hampir panas
뜨끈히 ⇒ 따끈히
뜨끔하다 menyengat
뜨내기 ①【사람】 pengembara; kelana; gelandangan; petualang ②【일】 pekerjaan yang tidak tetap; pekerjaan yang dibuat sebentar-sebentar (sekali-sekali) ⊙ 뜨내기손님 pengunjung (langganan) yang kebetulan datang (yang tidak tetap); tamu sementara

뜨내기장사 usaha yang tidak tetap (yang sementara) ¶뜨내기장사 하다 melakukan usaha yang tidak tetap

뜨다[1] ①【느리다】 lambat; telat berpikiran ②【입이】 pendiam

뜨다[2] ①【물 · 하늘에】 terapung ¶(비행기가) 뜨다 ((pesawat udara)) berangkat ②【해 · 달이】 terbit ③【연이】 melayang-layang bébas ④【벌어지다】 terlepas; renggang ¶잇새가 뜨다 ada renggang di antara gigi ⑤【사이가】 (a) (공간적으로) jauh; terpisah dari (b) (시간적으로) jarang sekali; lambat

뜨다[3] ①【썩다】 menjadi ((panas dan)) pengap (sepak); berubah menjadi buruk ((karena panas)); rusak ②【얼굴이】 menjadi pucat dan bengkak ③【발효하다】 mengalami peragian; beragi

뜨다[4] 【뜸을】 membakar ((kulit)) dengan moksa

뜨다[5] 【있던 곳을】 meninggalkan ¶세상을 뜨다 meninggal dunia/자리를 뜨다 meninggalkan tempat (kedudukan)

뜨다[6] ①【떼어 내다】 memotong ②【푸다】 menyendok; menimba; menciduk; mengambil ③【종이 등을】 menyalin; meniru ④【수란을】 merebus di air yang mendidih ((telur)) ⑤【각 뜨다】 memotong ⑥【저미다】 mengiris ¶포를 뜨다 mengiris (menyayat-yayat) daging ((untuk dikeringkan)) ⑦【옷감을】 membeli

뜨다[7] ①【눈을】 membuka ((mata)); membelalak; bangun ②【청각을】 mendengar; menangkap

뜨다[8] ①【떠서 만들다】 (a) (그물을) merajut; menun (b) (짜다) merajut ②【깁다】 menjahit

뜨다[9] ①【본을】 meniru ¶나쁜 점을 본뜨다 meniru sifat buruk; meniru (mengikuti) contoh buruk ②【도면 등을】 menyalin ③【지형(紙型) 등을】 membuat

뜨뜻미지근하다 ①【온도가】 suam-suam; hangat-hangat kuku ②【태도가】 ragu-ragu; tanggung-tanggung ③【너무 온건하다】 terlalu lunak (lemah); ragu-ragu

뜨물 air bekas cucian beras

뜨악하다 enggan; segan ((hati))

뜨음하다 ⇒ 뜸하다 tidak sering

뜨이다 ①【눈이】 terbuka; sadar ¶현실에 눈이 뜨이다 menyadar akan kenyataan hidup ②【눈에】 menarik perhatian seseorang; terpesona oleh mata seseorang; 【두드러지다】 menyolok mata; menonjol

뜬것 【귀신】 sétan (iblis; roh jahat) yang keluyuran (mengembara)

뜬계집 kekasih yang tidak tetap.

뜬구름 awan melayang ¶인생이란 뜬구름이다 Kehidupan merupakan mimpi yang kosong.

뜬눈 mata yang tidak tidur; mata yang terbuka lebar ¶뜬눈으로 밤을 새다 tidak dapat tidur sekejap pun; tidak tidur sama sekali; bergadang semalam suntuk

뜬세상(-世上) dunia yang fana (tidak kekal); kehidupan sementara (yang singkat)

뜬소문(-所聞) desas-desus (kabar angin) yang tanpa dasar; laporan yang tak berdasar

뜯기다[1] ①【물리다】 digigit ②【빼앗기다】 dipaksa; diperas ③【잃다】 kehilangan

뜯기다[2] membawa ((sapi)) ke padang rumput; menggembalakan ternak memberi rumput

뜯다 ①【떼어내다】 (a) (잡아떼다) mencabut; memecahkan; membului; menyiangi ¶닭의 털을 뜯다 membului ayam/잡초를 뜯다 menyiangi kebun (b) (뜯어내다) membongkar ②【뜯어먹다】 menggigit ③【돈을】 memeras; merampas ④【노름판에서】 mengambil

뜯어고치다 ①【해체하며】 memecahkan ②【개조하다】 mengubahkan; merubah ②【시정하다】 mengatasi; memperbaiki

뜯어내다 ①【붙은 것을】 melepaskan; merobék ②【분해 · 해체하다】 memprétéli; melucuti; membongkar; menghancurkan ¶기계를 뜯어내다 membongkar mesin ③【금품을】 mengambil; memeras

뜯어말리다 menghentikan ((perkelahian)); memisahkan yang bertengkar; menghentikan perkelahian

뜯어먹다 ①【먹다】 (a) (풀을) merumput (b) (입으로) memakan; (손으로) memotong dengan tangan dan memakan ②【희생으

로 하여】 membebankan mata pencaharian; hidup dari belas kasihan orang lain

뜯어보다 ①【봉한 것을】 membuka ②【살펴보다】 melihat dari tiap-tiap sudut; meneliti dengan cermat; memeriksa secara terperinci

뜰 kebun; halaman; pekarangan; pelataran

뜸 【한의학】 pembakaran luka ¶뜸뜨다 membakar ⦅kulit⦆ dengan moksa; membakar luka untuk menghilangkan zat racun

뜸들이다 ①【음식을】 memasak (mengukus) benar-benar ②【일할 때】 memberikan selingan waktu seperlunya; memberikan waktu yang cukup ¶일을 뜸 들여 하다 menyediakan (memberikan) waktu cukup untuk menyelesaikan suatu pekerjaan

뜸부기 【조류】 unggas air

뜸질 【뜸뜨기】 pembakaran moksa

뜸하다 tidak sering

뜻 ①【의향】 maksud; kehendak; hasrat; tujuan ¶할 뜻이 있다, 할 뜻을 갖다 bermaksud akan mengerjakan(berbuat) ②【목적 · 희망】 keinginan; kehendak; cita-cita ③【의미】 arti; makna ¶좁은【넓은, 엄밀한, 글자대로의】 뜻으로 dalam arti yang sempit【luas, tepat, sebenarnya】

뜻대로 seperti yang diharapkan

뜻 맞다 ①【뜻이 맞다】 sependapat; dapat bergaul baik; sepakat; cocok ②【마음에 들다】 cocok dengan hati; sesuai dengan keinginan

뜻밖 ¶뜻밖의 tidak terduga

뜻 받다 menuruti (tunduk) kehendak; menyerah (mematuhi) kehendak

뜻있게 dengan arti dan tujuan; dengan bijaksana; dengan berguna; untuk maksud baik

뜻하다 ①【마음먹다】 berencana; bermaksud; berharap ②【의미하다】 berarti

띄어 쓰다 memisahkan kata-kata; memberi jarak spasi

띄엄띄엄 ①【드문드문】 selang-seling; dengan jarang; secara aporadis; dengan melompat-lompat; secara serampangan ②【느릿느릿】 ⦅berjalan⦆ dengan pelan-pelan ¶띄엄띄엄 걸어도 황소걸음 pelan-pelan tetapi pasti; alon-alon kelakon

띄우다[1] ①【공중에】 menerbangkan ②【물 위에】 mengapung ③【얼굴에】 memperlihatkan ¶입가에 웃음을 띄우다 dengan senyuman di sekitar bibir; senyuman tersungging pada bibir ④【편지를】 mengirim

띄우다[2] 【훈김으로】 meragi

띄우다[3] 【사이를】 memberikan ⦅jarak⦆; memberi jarak spasi

띠[1] ①【허리띠】 ikat (pinggang)⦆ ②【탄생한 해의】 ¶그녀는 말띠이다 Dia lahir dalam Tahun Kuda.

띠다 ①【띠를】 memakai; mengenakan ②【재다】 memakai; menyandang ⦅senjata⦆; dipersenjati ③【용무를】 dibebankan dengan; dipercayakan ④【빛 · 기색을】 ¶걱정하는 빛을 띠고 dengan perasaan khawatir (cemas)

띠지(-紙) secarik kertas; berkas uang

띵하다 merasa sakit kepala; sakit kepala yang ringan

ㄹ

-ㄹ【…할】akan ¶올 봄 musim bunga yang akan datang

-ㄹ걸 ①【추측】saya kira; saya rasa ¶아닐 걸 Saya kira tidak. ②【탄식】alangkah baiknya kalau ¶그 책을 살 걸 Alangkah baiknya kalau saya membeli buku itu.

-ㄹ것 같다 ¶《할 올》것 같다 nampaknya seperti akan; hampir

-ㄹ까 ①【의문 · 의심】jika seandainya; apakah; saya khawatir(takut) ②【…할까요?】mau? ¶갈 까요 Mau pergi?

-ㄹ께 akan ¶잠깐 다녀 올 께 Saya akan segera kembali.

-ㄹ락말락 hampir; ragu-ragu ¶말을 할락 말락한다 Dia ragu-ragu apakah harus mengatakan sesuatu atau tidak.

-ㄹ망정 biarpun; mungkin; sekalipun; walaupun; meskipun demikian ¶빌어먹을망정 그한테 신세는 안지겠다 Sekalipun saya harus mengemis (meminta), saya tidak akan minta tolong kepadanya.

-ㄹ모양(模樣) ada tanda; nampaknya ¶쌀값이 내릴 모양이다 Ada tanda-tanda bahwa harga beras akan turun.

-ㄹ수록 lebih… lebih; makin… makin; semakin… semakin ¶빠르면 빠를수록 좋다 Lebih cepat lebih baik.

-ㄹ지 tidak ada kepastian; kalau-kalau; jikalau; jika ¶그가 올지 안 올지 모르겠다 Tidak ada kepastian apakah dia akan datang atau tidak.

-ㄹ지라도 ¶《할 올》지라도 walau bagaimana pun; meskipun; sungguhpun; sekalipun

-ㄹ지언정 ¶《할 올》지 언 정 sekalipun; sungguhpun; walaupun

-라고 ⇒ -으라고 agar; untuk ¶이것을 보라고 하시오 Katakan kepadanya agar melihat 《memperhatikan》 ini.

(-)라도【…까지도】bahkan; pun;【설사…일지라도】sekalipun; sungguhpun;【어떤…이라도】apa(siapa) saja;【어느 것이라고】(atau)…atau ¶어떤 책이라도 괜찮다 Buku apa saja boleh.

라듐 radium(Ra) ⊙ 라듐광천【요법】penyemprotan(perlakuan) radium. 라듐방사능 radioaktivitas

라디에이터 penyinar; radiator

라디오 radio ¶라디오를 틀다【끄다】memasang【menutup】 radio/라디오를 듣다 mendengar《kan》 radio ⊙ 라디오 뉴스 warta berita radio. 라디오 방송 siaran radio. 라디오 중계(방송) penyiaran 《radio》yang serempak; siaran langsung. 라디오 청취자 pendengar radio

라디칼 radikal

라르고 pelan dan lembut

라마 pendéta Lama ⊙ 라마교 Lamaisme: 라마교도 pengikut (penganut) Lama

라마즈법(-法)【분만법】métode kelahiran bayi; *lamaze*

라면[1] mi 《segera》; mi instan; *ramyeon*

라면[2] seandainya; sekiranya

라벨 labél; étikét; nama

라비 pendéta Yahudi

라섹 lasék; téknik pengeluaran lénsa yang mengalami kekeruhan karena katarak

라식수술 operasi (bedah) mata dengan menggunakan laser

라서 gerangan; mungkin; barangkali

라스트 penghabisan; saat terakhir ⊙라스

트 스퍼트 serangan (dorongan; semburan) terakhir
라야, 라야 만 hanya… saja; satu-satunya; sendiri ¶너라야 kamu sendiri; hanya kamu
라우드 스피커 pengeras suara
라운드 【권투 · 골프】 ronde ¶10 라운드의 권투 시합 pertandingan tinju sepuluh ronde
라운지 【호텔 · 클럽 따위의 사교실】 tempat duduk-duduk ⟪ruang di Hotél⟫ ⊙ 라운지 슈트 pakaian lelaki(kolbér)
라이벌 persaingan; saingan; lawan ¶두 회사는 라이벌 관계에 있다 Kedua firma (perusahaan) itu sedang saling bersaing. ⊙ 라이벌 의식 rasa persaingan (bersaing)
라이브 공연 pertunjukan hidup
라이브러리 perpustakaan
라이브 콘서트 konser langsung
라이선스 surat izin; lisénsi
라이스 nasi ⊙ 카레라이스 karé dan nasi; nasi karé
라이온singa
라이카 ⟪kaméra⟫ leika
라이터 gerétan; korék(gorés) api; 【문필가】 penulis; pengarang ¶라이터를 켜다 menyalakan korék ⊙ 라이터 돌 batu korék
라이트[1] ¶턱에 강한 라이트를 먹이다 memberi pukulan yang keras pada rahang ⊙ 라이트 윙 【축구】 sayap kanan
라이트[2] ①【빛】 lampu ⟪mobil⟫ ¶라이트를 끄【켜】시오 Nyalakan 【Matikan】 lampu. ②【체급】 kelas ¶라이트급 kelas ringan (57–60 kg). 라이트 웰터급 kelas *welter* ringan (60–63.5 kg)
라이트윙 【축구】 sayap kanan
라이트필더 【야구】 penangkap dan pelempar bola kanan
라이트필드 【야구】 lapangan kanan
라이프 hidup; kehidupan
라이플(총)(-銃) bedil; senapan
라인 garis ¶라인을 긋다 menarik garis
라인업 barisan; susunan
라일락 【식물】 sejenis bunga bungur
라임라이트 lampu panggung
라지 besar; luas
라커 룸 ruang dengan lemari untuk menyimpan alat-alat atau pakaian; kamar pakaian di tempat berolahraga
라켓 rakét
라틴 latin; hispanik; orang Hispanik ¶그는 라틴계이다 Dia adalah orang Hispanik. ⊙ 라틴아메리카 Amerika Latin
…락 말락 hampir-hampir tidak ¶보일락 말락 하다 hampir-hampir tidak kelihatan
란도셀 ransél; tas ¶란도셀을 메다 membawa ransel pada (di atas) punggung
란제리 pakaian dalam wanita
랑데부 janji; perjanjian ⟪dengan pacar⟫; saling bertemu; rendevu ¶랑데부 상대 kencan; teman gadis; pacar/랑데부를 하다 berkencan⟪an⟫; berpacaran
-래 orang berkata (mengatakan); saya mendengar
래커 pernis ¶래커를 칠하다 memberi pernis; melapisi ⟪suatu benda⟫ dengan pernis
래프팅 arung jeram 래프팅을 하다 melakukan arung jeram
랜드 마크 penunjuk; sesuatu yang mudah dilihat atau dikenal; hal yang menonjol
랜딩 pendaratan
랜턴 lentéra
랠리 【테니스】 permainan dengan pukulan yang bertubi-tubi (pukulan kembali-mengembalikan)
램프[1] lampu ¶램프를 켜다 (끄다) menyalakan (mematikan) lampu ⊙ 책상 램프 lampu méja. 램프 갓 kap lampu
램프[2] 【진입로】 jalur yang melandai; jalan melandai; léréngan
랩[1] bungkus plastik ¶음식을 랩에 싸서 냉장고에 넣다 membungkus makanan dalam plastik pembungkus dan masukkan ke dalam lemari és (pendingin)
랩[2] 【음악】 musik rap ⊙ 랩 가수 penyanyi rap
랩소디 【음악】 rapsodi; kegembiraan
랩타임 waktu lintasan; waktu putaran
랭크되다 diurutkan; diberi peringkat ¶1위에 랭크되다 diurutkan Nomor satu; mengambil (mendapatkan) peringkat No. 1
랭킹 【순위】 kedudukan; peringkat

량(輛) gerbong
러그 permadani; babut
러너 pelari
러닝 lari ⦅perlombaan⦆ ⊙러닝메이트 teman sepencalonan. 러닝머신 alat bantu lari; *treadmil* (mesin untuk latihan berlari). 러닝셔츠 baju kaos dalam
러버 karét
러브 cinta ⊙ 러브레터 surat cinta. 러브신 adegan cinta. 러브호텔 hotél yang melayani pasangan; hotél yang ingin main cinta dalam waktu terbatas
러시아 Rusia ⊙ 러시아혁명 Révolusi Rusia
러시아워 jam sibuk; waktu kesibukan
럭비 olahraga rugbi (sépak bola) ⊙ 럭비공 bola rugbi
럭키 keberuntungan ⊙ 럭키 세븐 angka tujuh; angka berkeuntungan
럭스 keméwahan; barang méwah
런천 makan siang; pertemuan makan siang
런치 santap siang; makan siang ⊙ 런치타임 waktu (réhat) makan siang; réhat santap siang
럼【주酒】rum; minuman keras
레가타 perlombaan perahu layar
레게【음악】musik dan tarian populer India Barat yang diiringi irama yang keras ⊙ 레게머리 Rambut kepang gimbal
레귤러 biasa; tetap;【정식 선수】pemain tetap ⊙ 레귤러멤버 anggota biasa (tetap)
레그혼 ayam leghorn
레더 kulit
레디메이드 ¶레디메이드의 siap dipakai; sudah jadi
레모네이드 limun; limonade
레몬 jeruk lémon ¶레몬 한 조각 sepotong lémon; seiris lémon ⊙ 레몬 쥬스 air jeruk lémon; sitrun; sari lémon
레벨 tingkat; mutu ¶레벨을 높이다 menaikkan tingkat; menaikkan tingkatnya
레스토랑 réstoran; warung makanan
레스트 stirahat
레슨 pelajaran ¶바이올린 레슨을 받다 mengambil pelajaran biola ⊙ 피아노 레슨 pelajaran piano
레슬링【스포츠】gulat ⊙ 레슬링 선수 pegulat; pemain gulat. 프로 레슬링 gulat profesional
레이【하와이의】kalung bunga
레이더 radar ¶레이더에 잡히다 muncul di rader; (비유적) ada di radar seseorang ⊙ 레이더 기지 pangkalan radar. 레이더 장치 sistem (instalasi) radar
레이디 wanita ⊙ 레이디퍼스트 wanita dulu
레이서 pembalap; pengebut ⦅oto, sepéda, kuda⦆
레이스 ①【경주】perlombaan; balapan; pacuan ②【수예품】rénda ⦅tali⦆ ⊙ 레이스코스 arena (gelanggang) pacuan kuda
레이싱 balapan ⊙ 레이싱 카mobil balap(kecil); pembalap cilik(kecil)
레이저 laser ⊙ 레이저 빔(광선) sinar laser. 레이저프린터 printer laser (jenis mesin pencetak kertas)
레인 jalur
레인지 kompor ⊙ 전자레인지 kompor éléktrik (listrik)
레인코트 jas hujan
레일 rél; jalan keréta api ¶레일을 깔다 memasang rél
레임덕 fenoména *lameduck* (orang yang mengalami kesulitan dalam menjabat beberapa bulan lagi; gejala lumpuh
레저 pelesiran; waktu senggang; waktu luang; hiburan di waktu senggang ¶레저 활동을 즐기다 menikmati kegiatan liburan (waktu luang); menikmati kegiatan-kegiatan hiburan ⊙ 레저 붐 bum pelesiran. 레저산업 industri pelesiran; Industri hiburan
레즈비언 homoséks wanita; lésbian
레지 pramusaji warung teh
레지스탕스 perlawanan ⊙ 레지스탕스 운동 gerakan perlawanan
레커차(-車) mobil dérék ¶레커차에 끌려가가 ditarik oléh mobil dérék
레코드 ①【기록】catatan; dokumén; rekaman ②【축음기의】piringan hitam; rekaman gramopun ¶레코드에 녹음하다 merekam ⦅pada pita suara⦆ ⊙ 레코드 플레이어 gramofon 레코드판 rekaman;

rekaman plastik
레퀴엠 doa((seringkali berbentuk musik)) untuk orang mati dan diadakan dengan upacara di geréja
레크리에이션 rekréasi; hiburan ⊙ 레크리에이션 센터 pusat rekréasi; pusat hiburan
레테르 labél; étikét; pelekat; témpélan ¶ 레테르를 붙이다 memberi labél; melabél
레티놀 *rétinol*
레퍼리 【심판】 wasit
레퍼토리 【연주목록】 répértoar ¶다양한 레퍼토리를 연주하다 memainkan banyak répértoar
렌즈 ①【빛을 모으거나 분산하는 물체】 lénsa ②【콘텍트 렌즈】 lénsa mata ⊙ 오목【볼록】렌즈 lénsa cekung【cembung】
렌탈 perséwaan ⊙카 렌탈 perséwaan mobil
렌터카 mobil séwaan
렌트séwa
–려고 ⇒ -으려고 untuk
–려네 akan; maksud
로 ①【수단】 dengan; memakai ¶수표로 계산하다 membayar dengan cék ②【원료 · 재료】 dari ¶벽돌로 지은 집 rumah yang dibuat dari bata ③【원인 · 이유】 karena ¶부주의로 karena kecerobohan/ 화재로 karena kebakaran ④【지위 · 신분 · 자격】 sebagai; untuk ¶대표로 sebagai wakil ⑤【변화】 menjadi ¶가랑비가 폭우로 변하다 Hujan gerimis meningkat menjadi (berkembang menjadi/ berubah menjadi) hujan deras. ⑥【방향】 ke; menuju ¶ 대구로 향하다 berangkat ke Taegu ⑦【판단의 근거】 dari ¶ 외모로 사람을 판단하지 마라 Jangan menilai (melihat) orang dari penampilan mereka. ⑧【경로】 oléh; dengan ¶이 길로 가면 역이 나옵니까? Apakah saya dapat ke stasiun melalui jalan ini? ⑨【상태, 정도】 ¶편한 자세로 앉다 duduk ((pada; di)) posisi yang nyaman
로고 logo
로고송 lagu téma; nyanyian utama
로고스 【철학】 ilmu
–로군 ¶그것 참 좋은 생각이로군 Itu benar-benar gagasan yang baik.
로그인 catat masuk ⊙ 로그아웃 catat keluar
로그아웃 keluar; tutup (istilah komputer/internet) ¶로그아웃하는 것을 잊지 마라 Jangan lupa untuk menutup.
로그인 masuk ¶자동 로그인 masuk otomatis ((istilah komputer/internét))
로드쇼 pertunjukan keliling
로드워크 pekerjaan jalan
로또복권(-福券) lotto (lotré)
로마 Roma ¶로마의 Rum; Rumawi ⊙ 로마가톨릭교도 seorang Rum Katolik. 로마숫자 angka-angka Rumawi. 로마자(字) abjad Romawi (Latin)
로맨스 hubungan asmara; percintaan kisah cinta
로맨스어(-語) Bahasa Rumawi ((bahasa Perancis, bahasa Itali dan lain lain))
로맨티스트 seorang romantis
로맨티시즘 romantisme
로맨틱 romantis ⊙ 로맨틱 음악 musik romantis
로밍 *roaming* ¶그는 일본으로 출장을 가기 전에 로밍 서비스를 신청했다 Dia meminta layanan *roaming* sebelum berangkat perjalanan dinas ke Jepang.
로봇 ①【인조인간】 robot; manusia mesin; mesin yang bertingkah laku seperti manusia ②【허수아비 같은 사람】 bukan pemimpin sungguh-sungguh; pemimpin namanya saja; boneka ⊙ 로봇공학 industri Robot (seperti robot); mesin yang bertingkah laku seperti manusia
로비 ①【호텔 · 극장 등의 휴게실】 lobi; di ruang tunggu hotél ②【막후교섭】 mencoba mempengaruhi ¶로비의 mencoba mempengaruh ⊙ 로비활동 kegiataan untuk mencoba mempengaruhi. 로비활동가 (로비스트) ahli lobi; pelobi; orang mencoba mempengaruhi pembuat undang-undang dan lain lain
로사리 tasbih
로서 ①【기능 · 자격】 sebagai ¶대표로서 sebagai wakil ②【안정된, 알려진, 생각된 상태 · 신분】sebagai ¶교사로서의 책임 tugas sebagai guru
로션 losion; air pembersih ¶얼굴에 로션을 바르다 taruh losion pada wajah;

memakai losion di wajah ⊙ 헤어로션 pembersih (losion) rambut
로스트 daging sapi (babi) panggang
로이드안경 kaca mata berbingkai tanduk
로열 megah
로열티 honorarium; raja; keluarga raja; *royalty*
로이터 Reuter ⊙ 로이터통신사 kantor berita Reuter
로직 logika; ilmu mantik ⊙로지컬 logis
로커 lemari tempat peralatan ⊙ 로커 룸 kamar pakaian di tempat berolahraga
로컬 setempat; lokal ⊙ 로컬뉴스 berita setempat (lokal)
로케이션 ①【장소】 tempat; letaknya ②【영화】 lokasi ¶로케중이다 berlokasi
로켓 rokét; panah api; cerawat ¶로켓을 발사하다 meluncur sebuah rokét ⊙ 로켓 발사장(대) daérah (landasan) peluncuran. 로켓 발사 장치 peluncur rokét
로큰롤 musik dengan suara (ritme) keras
로터리 putaran; bundaran; bundaran lalu lintas ¶ 로터리를 돌다 berputar bundaran lalu lintas
로테이션 rotasi; perputaran; pergiliran ¶ 로테이션으로 secara bergiliran
로퍼【끈으로 묶지 않고 편하게 신는 신발】 pantofel
로프 ①【밧줄】 tali; jerat ¶…을 로프로 동이다 mengikat dengan tali ②【권투 · 레슬링 경기장의】 tali
로 하여금 ¶…로 하여금 …을 시키다【강제로】 memaksakan ⟪untuk melakukan⟫; menyebabkan;【허락】 membolé hkan
로힐 sepatu yang bertumit rendah (rata)
록 *rock* (musik) ⊙ 록밴드 kelompok pemain musik *rock*
론【상업】 pinjaman
-론(論) ①【논설】 karangan ②【논의】 perdébatan; percékcokan ¶한자 폐지론 perdébatan mengenai penghapusan huruf Cina
론코트 lapangan rumput
론테니스 permainan ténis di lapangan rumput
론칭 peluncuran
롤러 penggulung; gelinding; alat penggulung; roda ¶롤러로 벽에 페인트칠을 하다 mencat dinding dengan roller (alat gelinding) ⊙ 롤러블레이드 (sepasang) sepatu luncur. 롤러스케이트 ⟪sepasang⟫ sepatu roda: 롤러스케이트를 타다 meluncur dengan sepau roda. 롤러코스터 peluncur alas beroda
롤 블라인드 kerai gulung
롤렛 rulét; permainan rolét
롱 드레스 gaun landung; busana landung
롱런 jangka panjang ¶'오페라의 유령'은 롱런하고 있는 뮤지컬이다 'Opera phantom' adalah drama musikal berdurasi panjang.
뢴트겐 sinar rontgen; sinar X ⊙ 뢴트겐 사진 radiograf; foto sinar X: 뢴트겐 사진을 찍다 mengambil foto sinarX
루브르 ⊙ 루브르 박물관 Musium Louvre
루블 Rubel (mata uang Rusia)
루비【광석】 delima ⊙ 루비반지 cincin batu delima
루스리프 buku yang halamannya lepas
루주 gincu; lipstik ¶루주를 바르다 mengenakan gincu; memakai lipstik
루키 prajurit baru; calon
-루타(壘打)【야구】 pukulan dasar ¶ 2 루타를 치다 memuat 2 pukulan dasar
루트【경로】 rute; saluran ⊙ 판매【정상, 불법】 루트 rute penjualan【resmi, tidak resmi】
루틴 rutine; kebiasaan sehari-hari
루피 Rupe (mata uang India)
루피아 Rupia (mata uang Indonesia)
룩색 ransel
룩스 luks
룰 peraturan ¶룰을 어기다 melanggar peraturan
룸 kamar ⊙ 베드룸 kamar tidur. 룸메이트 teman sekamar. 룸살롱 pelayan bar; bar pramuria. 룸서비스 layanan kamar
룸펜 petualangan; gelandangan; tunawisma; pengembara; jémbél;【실업자】 orang yang menganggur; tunakarya; penganggur ⊙ 룸펜생활 hoboisme
-류(流) ①【형】 cara ¶ 한국인 류의 생각 cara pemikiran orang Korea ②【유파】 sistém ③【등급】 ¶일류시인 penyair yang terbaik
-류(類) jenis; tipe; gaya; mode

류머티즘 penyakit rematik (éncok) ⊙ 급성【만성】류머티즘 pernyakit rematik yang akut【kronis】. 류머티즘성 관절염 rematik tulang
륙색 ransél
르네상스 kebantunan kembali; renaisan; *Renaissance*
르포(르타주) laporan; reportase
리(厘 · 釐) ¶그 선수의 타율은 3할 2푼 1리다 Pukulan pemain bisbol rata-rata adalah 3.3.1.
리그 liga ⊙ 리그전 turnamén liga
리더 pemimpin ¶리더가 되다 menjadi pemimpin ⊙ 리더십 kepemimpinan
리드 memimpin
리드미컬 berirama
리듬 ①【음악의】irama; ritme; témpo ②【신체 · 생활 등의】¶생체리듬 bio ritme ⊙ 리듬앤블루스 (음악) irama dan blues (jenis musik). 리듬체조 senam ritmis; irama olah raga senam; ritme olah raga senam. 리듬체조 선수 seorang pesenam ritmis
리메이크 pembuatan ulang;【음악의】vérsi baru
리모델링 remodél; mengubah modél; mengkopi ulang (meniru) 리모델링하다 mengubah bentuk
리모콘 alat pengendali jarak jauh (*remote control*)
리무버 penghilang; pembersih; penghapus
리무진 limusin
리바운드【농구】tangkapan pantul ¶리바운드를 잡다 mendapatkan (menangkap) pantul; memantulkan ulang
리바이벌 kebangkitan kembali ⊙ 리바이벌 붐 bom kebangkitan kembali
리베이트 ①【사례금, 보상금】potongan harga ¶자동차 회사들이 현금 리베이트로 구매자들을 유혹하고 있다 Penjual mobil sedang memikat pembeli dengan potongan harga tunai. ②【뇌물】suap ¶리베이트를 챙기다 mengambil uang suap; menerima suap
리벳 paku sumbat; paku keling ¶리벳을 박다 memaku; menumpu; memancangkan ⟪dengan paku sumbat⟫
리본 pita ¶리본을 달다 memakai pita/리본을 풀다 melepaskan (membuka) pita
리볼버 revolver; pistol
리비도 nafsu berahi; nafsu hidup
리사이틀 konser; pertunjukan ⟪piano⟫
리서치 risét; penelitian; penyelidikan ¶리서치를 하다 melakukan penelitian ⊙ 리서치 회사 perusahaan penelitian. 마케팅 리서치 penelitian pemasaran
리셉션 resépsi; perjauman makan ¶리셉션을 열다 mengadakan resépsi
리스산업(-産業) industri kontrakan
리스트 daftar ¶리스트를 만들다 membuat (menyusun) daftar; mendaftarkan
리시브 menerima; mendapat
리어카gerobak sorong
리얼 nyata; riil ⊙리얼리티 réalitas; kenyataan. 리얼리즘 réalisme
리저브cadangan
리젝트 ¶리젝트 당하다 ditolak
리조트 resor; sanggraloka; tempat liburan tepi pantai; penginapan tepi pantai ⊙ 리조트호텔 hotél résor; hotél sanggraloka
리치 ¶리치가 길다 memiliki jangkauan panjang
리코딩rekaman
리콜 menarik kembali; ditarik kembali; memanggil kembali ¶엔진결함으로 리콜되다 dipanggil kembali berkenaan dengan kesalahan mesin
리크루트 rékrut; calon
리퀘스트 lagu permintaan ⊙ 리퀘스트 프로【방송】acara pilihan pendengar (hadirin)
리터 liter
리턴 kembalinya ⊙리턴매치 pertandingan ulang
리트머스 litmus; lakmus ⊙ 리트머스 시험지 kertas litmus (lakmus)
리포터 ①【신문, 방송의】wartawan; jurnalis ②【보고자】pelapor
리포트 laporan; makalah ¶리포트를 제출하다 menyerahkan makalah
리프트 pengangkat ski; lift ski
리필하다 isi ulang; mengisi ulang ⊙ 리필제품 produk isi ulang; produk yang bisa diisi ulang
리허설 latihan; ulangan; repetisi ¶리허설

을 하다 mengadakan latihan permainan lagi; melatih lagi permainan

리히터 skala *richter*

린스 kondisioner rambut; pembilas 린스로 헹구다 memakai pembilas

린치 menghukum mati tanpa pemeriksaan pengadilan

릴 【낚시 도구】 katrol ⊙ 릴 낚싯대 pancing katrol; alat penggulung (kili-kili memancing dengan kail)

릴레이 lari beranting ⊙릴레이 레이스 perlombaan éstafét 《400 méter》

릴렉스 bersenang-senang; bersantaisantai; beristirahat

림프 limfa ⊙ 림프조직 jaringan limfoid

립 bibir ⊙ 립 라이너 pénsil bibir. 립글로스【입술 화장품】 kilap bibir; pengilap bibir. 립스틱 lipstik; cat pemérah; pulas bibir

립싱크 lipsing; menyanyi tanpa mengeluarkan suara; menirukan penyanyi

링 ①【권투】 ring tinju ②【반지】 cincin ⊙ 링 사이드 sisi ring tinju

링구아 프랑카 bahasa perantara (pergaulan; perhubungan)

링거 IV; suntikan larutan ringer; solusi ringer ¶링거주사를 맞다 mendapat suntikan larutan ringer ⊙ 링거주사 suntikan larutan ringer

링겔 ⇒ 링거

링크[1] ①【경제】 hubungan ②【스케이트장】 lapangan luncur és; gelanggang és ③【체인 】mata rantai

링크[2] 【컴퓨터】 jaringan aktif

마[1] ①【남쪽】 bagian selatan ②【옛 말】 ¶마파람 angin dari selatan
마[2] 【식물】 ubi rambat; ubi jalar
마[3] (碼) ⟪ukuran⟫ *yard*
마(魔) ①【일을 방해하는 기운】 roh jahat; pengaruh jahat (buruk); maut; sétan ②【극복하기 어려운 장벽】 penghalang
마가린 margarin; mentéga ⊙ 식물성 마가린 mentéga nabati
마가복음(-福音) Injil Mark
마각(馬脚) watak buruk; sifat asli; sifat sebenarnya
마감 penutupan; penghabisan 마감하다 mengakhiri; menyelesaikan; menyudahi; menghabiskan; menutup ⊙ 마감 날(일) hari penutupan; hari (tanggal) terakhir; saat terakhir untuk memasukkan berita; *deadline*. 마감시간 jam (waktu) tutup
마개 sumbat botol; tutup; prop; 【포도주통 등의】 kayu penyumbat 마개를 하다 menyumbat; menutup 마개뽑이 pembuka botol
마고자 mantel luar ⟪yang dipakai para pria di atas mantelnya⟫; jas luar
마구(馬具) perlengkapan kuda ⊙ 마구(장사) toko yang menjual perlengkapan penunggang kuda
마구(馬廏) kandang; gudang ¶마구에 넣다 mengandangkan; menempatkan di kandang; menaruh (meletakkan) dalam kandang
마구 ①【아무렇게나, 함부로】 dengan sembrono; secara serampangan; secara sembarangan; dengan acuh tak acuh; dengan cara yang kacau; dengan (secara) kasar ②【몹시, 심하게】 ¶사람을 마구 때리다 memukul habis-habisan
마구간(馬廏間) ⇒ 마구(馬廏) ¶말을 마구간에 넣다 mengandangkan kuda
마구잡이 ①【행동】 kelakuan yang serampangan (sembrono); tindakan membabi buta ②【선택】 pilihan secara serampangan (sembrono); tanpa memilih-milih
마굴(魔窟) ①【악마의】 sarang sétan ②【악한의】 sarang bajingan (bangsat; penjahat); tempat dunia penjahat ③【창녀의】 rumah pelacuran; daérah lampu mérah ④【아편굴】 sarang pecandu
마권(馬券) karcis (tikét) taruhan pacuan kuda
마귀(魔鬼) roh jahat; sétan; iblis; orang yang licik ⊙ 마귀할멈 tukang sihir wanita; wanita tua yang buruk muka dan jahat hati
마그네사이트 magnesit
마그네슘 magnesium (Mg)
마그넷 maknit; besi (batu) berani
마그마 magma
마나님 nyonya tua; perempuan tua; 【호칭】 Nyonya; Ibu
마냥 ①【실컷】 sepuas-puasnya; sepenuhnya ②【그저】 hanya; saja ③【줄곧, 계속】 tanpa batasnya; tak (tanpa) henti-hentinya; terus menerus
마네킹 peragawati; manékén; bonéka pajangan ⊙ 마네킹인형 bonéka pajangan di étalase
마녀(魔女) tukang sihir wanita; 【여자 악마】 iblis wanita
마누라 ①【자기 아내】 istri ②【호칭】 adik; sayang
마늘 【식물】 bawang putih ⊙ 마늘장아찌

bawang putih yang diasamkan

마니아 penggemar; pecinta; penggemar

마닐라 Manila ⊙ 마닐라 삼 rami Manila

마님 nyonya; madam

마다 setiap; tiap-tiap; masing-masing ¶날마다 tiap hari/ 이틀마다 dua hari sekali

마담 madam; pemilik (pengelola) wanita; hostes ⊙ 다방마담 manajer wanita '*coffee shop*'. 유한마담 wanita yang bersenang-senang; wanita kaya yang senang bermalas-malas

마당 ①【뜰】 kebun; pekarangan; halaman ②【곳】 tempat; tanah ③【'마당에'의 형태로 쓰여】 hal; 【때】 saat ④【판소리를 세는 단위】 épisode; bagian ⊙ 마당놀이 *madangnori;* semacam pertunjukan tradisi Korea di luar rumah. 앞(【뒤】 마당 halaman depan 【belakang】

마대(麻袋) karung goni; karung berisi pasir

마도로스 pelaut ⊙ 마도로스 파이프 pipa tembakau

마돈나 【성모】 Perawan Suci

마들가리 ①【나무의】 ranting (batang; cabang) yang mati ②【해진 옷의】 keliman pakaian yang lusuh

마들다(魔-) kemasukan (dirasuki) sétan; kemasukan (dirasuki) pengaruh roh jahat

마디 ①【식물의】 ruas; simpul; buhul; mata kayu ¶나무마디 mata kayu ②【관절】 tulang sendi; persendian; (손가락, 무릎의) buku jari; bagian antara buku dan buku ③【말 · 노래의 짧은 토막】 sepatah; sebuah

마디다 awét; tahan lama; tidak lekas rusak

마디마디 ①【식물의】 semua sendi ②【뼈의】 setiap tulang sendi

마땅하다 ①【적합하다】 layak; cocok; sesuai; wajar; adil ②【당연하다】 pantas; tepat; 【의당하다】 harus; mesti

마땅히 ①【적당히】 sesuai; cocok; pantas; tepat; sebagaimana mesti; layak ②【의당히】 secara adil; pantas; tentu saja; sudah sepantasnya; seperti soal biasa

마뜩찮다 tidak menyenangkan; tidak énak; menyakitkan hati; tidak sopan

마뜩하다 memuaskan; cocok; serasi; pantas

마라톤 ①【육상 경기】 perlombaan maraton ②【비유적】 ¶마라톤협상을 벌이다 mengadakan négosiasi berturut-turut ⊙ 마라톤선수 pelari maraton

마력(馬力) kekuatan; daya (tenaga) kuda

마력(魔力) 【이상한 힘】 kekuatan gaib; daya magis; 【매력】 daya mempesonakan ¶마력에 걸리다 【홀리다】 terkena oléh 【terpesona oléh】 pengaruh sihir

마련(磨鍊) ①【준비】 persiapan; rencana 마련하다 mempersiapkan; menyiapkan; menyediakan; mengadakan ②【변통】 마련하다 mengurus; mengatur ③【당연】 ¶…하게 마련이다 pasti; pasti jadi; yakin; yang tak terélakkan

마렵다 kebelet; merasa ingin sekali ⟪buang air kecil; buang air besar⟫; tidak tertahankan lagi keinginan

마로니에 【식물】 sejenis pohon berangan kuda

마루 ①【건축】 lantai ②【지붕 · 산의】 perabungan; pegunungan ⊙ 마루방(房) kamar dengan lantai. 산마루 puncak gunung

마루터기, 마루턱 puncak; bubungan; ujung

마르다[1] ①【건조하다】 mengering; menjadi kering; merasa haus; 【시들어죽다】 layu; kering; mati ②【살이 빠지다, 야위다】 menjadi kurus; (슬픔 · 사랑으로) merana ③【돈 등이 고갈되다】 ¶돈이 마르다 tidak mempunyai uang sama sekali

마르다[2] memotong; menggunting

마르크스 Karl Mark ⊙ 마르크스주의 Marxisme; ajaran Karl Mark

마른걸레 kain lap yang kering

마른기침 batuk kering

마른반찬 daging (ikan) kering yang dimakan dengan nasi ⟪sebagai hidangan tambahan⟫

마른밥 ①【뭉친 밥】 bola-bola nasi; nasi dibentuk bulat-bulat ②【국 없는】 nasi yang dimakan tanpa sup

마른버짐 psoriasis; sejenis penyakit kulit kronis

마른안주(-按酒) makanan ⟪sederhana⟫ terdiri dari daging dan ikan kering di-

makan dengan anggur (bir)
마른옴【의학】gatal; kudis
마른일 pekerjaan rumah tangga yang tidak membasahi tangan 마늘일하다 menjahit dan (atau) menenun; melakukan pekerjaan rumah tangga yang kering
마른하늘 langit biru yang cerah ¶마른하늘에 생벼락 "petir di siang bolong"; kejadian yang tak terduga
마른행주 lap piring; serbét méja
마름【식물】berangan air
마름【사람】pengawas petani yang diséwa
마름모꼴 bentuk intan; belah ketupat
마름질 pemotongan 마름질하다 memotong ((kayu; pakaian))
마리 ékor ¶소 두 마리 dua ékor sapi
마리아 Bunda Maria
마리화나 marijuana
마마[1] ¶마마를 하다, 마마에 걸리다 menderita sakit cacar; terkena (menderita karena) sakit cacar ⊙ 마마자국 bopéng; burik
마마[2](媽媽) ①【경칭】Seri Baginda; yang Mulia ②【귀인의 첩】Nyonya; Ibu ⊙ 상감마마 baginda; raja. 동궁마마 pangeran. 중전마마 ratu; seri ratu
마마보이 anak mama; anak ibu
마말레이드 semacam selé jeruk
마멸(摩滅)【훼손】perusakan; pencacatan; pengikisan; usang karena bekas pemakaian; kemusnahan; abrasi; luka lécét; luka gorés 마멸되다 dikikis; menjadi usang
마모(磨耗) abrasi; pengikisan selaput lendir; kegorés ringan; luka lécét; barét
마무르다 ①【끝손질하다】memperbaiki; memperindah; menghabiskan; menyelesaikan ②【뒤끝을】menghabiskan; menyelesaikan; mengakhiri ¶일을 마무르다 menyelesaikan pekerjaan
마무리하다 menyelesaikan; mengakhiri; menyudahi
마바리(馬-) ①【말】kuda beban ②【짐】beban kuda ③【수확】pemungutan hasil panen dua *som* padi pada satu bidang tanah *majigi* ⊙ 마바리꾼 kusir (pengendara) kuda beban; penjual keliling dengan mengendarai kuda beban
마병【넝마】barang-barang rongsokan (loakan) ⊙ 마병장수 tukang loak; tukang rongsokan
마법(魔法) mantra; ilmu sihir; guna-guna. ⊙ 마법사 ahli (tukang) sihir
마부(馬夫) kusir (pengendali) délman (pedati); sais
마분(馬糞) pupuk kandang; tahi kuda ⊙ 마분지 kardus; karton; kertas tebal
마블 marmar; pualam
마비(痲痺) kelumpuhan; kekakuan ¶마비되다 menjadi kaku (kebas; mati rasa); menjadi lumpuh ⊙ 소아마비 lumpuh masa kanak-kanak. 심장마비 kelumpuhan jantung
마사지 ¶마사지를 하다 memijit; memijat ⊙ 마사지사 orang (tukang) pijat; ahli pijat; pramupijat
마상(馬上) punggung kuda ⊙ 마상객 penunggang; pengendara; ahli penunggang kuda
마상이 perahu kanu; jongkong
마성(魔性) perihal kesétanan ¶마성의 jahat; jahanam; jahat dan kejam/마성을 지닌 여자 wanita penggoda; wanita pemikat hati
마수 ①【그날 운수】kebéruntungan (kemujuran) penjualan pertama pada hari itu ②⟹ 마수걸이
마수(魔手) tangan sétan; pengaruh jahat
마수걸이 penjualan pertama pada hari itu; transaksi pertama pada permulaan usaha 마수걸이하다 menjual pertama kali pada hari itu; mengadakan transaksi pertama pada permulaan usaha
마술(馬術)【곡마술】kepandaian (seni) menunggang kuda ⊙ 마술경기 perlombaan berkuda (menunggang kuda); pacuan kuda
마술(魔術) ilmu hitam; sihir ¶마술을 부리다 menggunakan (mempratékkan; mengerjakan) sihir ⊙ 마술사 tukang sihir; tukang sulap; penyihir; ahli ilmu hitam
마스카라 maskara; penghitam alis ¶마스카라를 하다(지우다) memakai (menghapus) maskara
마스코트 jimat; azimat; maskot ((keber-

untungan》
마스크 ①【탈】 topéng; kedok; masker; alat yang menyelimuti (menutupi) mulut dan hidung ¶마스크를 쓰다 memakai topéng ②【용모】 penampilan; wajah ⊙ 산소마스크 masker oksigén
마스터[1] 【주인】 pemilik; tuan rumah; 【경영자】 pemilik
마스터[2] penguasaan; ahli; pelukis ulung 《seperti Rambrandt》 ¶마스터하다 menguasai 《bahasa Korea》
마스터베이션 masturbasi
마스터키 kunci induk; kunci maling
마스터플랜 pola induk; rencana (rancangan) induk; *masterplan*
마시다 ①【물 · 술 등을】 minum; mereguk; menelan ②【공기 · 냄새 등을】 menghirup; menarik nafas
마시멜로【캔디】 manisan yang putih dan empuk
마신(魔神) sétan; iblis; roh jahat
마약(麻藥) narkotik; obat perangsang; obat bius 《morfin, candu dan lain lain》 ⊙ 마약단속 pencegahan (pengawasan) obat bius; pemeriksaan narkotik (obat terlarang). 마약단속법 Hukum Pengendalian Narkotik. 마약 밀매 자 pengédar penjual obat bius. 마약상습(중독)자 pecandu obat bius; orang yang ketagihan obat bius
마왕(魔王) ①Sétan; Pangeran Kegelapan ②【불교】 Roh Jahat
마요네즈 mayonis; saos selana 《nama bumbu (saos) selada dari telor, minyak dan cuka》
마우스 【컴퓨터】 tetikus; maus; *mouse* ⊙ 마우스패드 alas *mouse* (tetikus) : 마우스 오른쪽 버튼을 클릭하다 mengklik tombol kanan pada *mouse*
마운드 【야구】 bidal 《bisbol》; gundukan ¶마운드에 서다 berdiri di bidal ⊙피처마운드 gundukan pelémpar
마을 ①【동네】 désa; dusun kecil; masyarakat pedésaan (pedalaman) ②【옛 관청】 kantor pemerintah ⊙마을문고 perpustakaan désa
마을가다 ① mengunjungi désa ② mengunjungi tetangga 《untuk ngobrol》
마음 ①【정신】 pikiran; akal; ingatan; mentalitas; daya otak ¶마음이 놓이다 merasa lega (bébas) ②【사려】 perhatian; pertimbangan ③【진심 · 마음 속】 ketulusan hati; keikhlasan hati ¶마음속 깊이 jauh di lubuk hati ④【의향】 keinginan; kesukaan; kemauan ¶마음속으로는 dalam hati; dalam batin; dalam lubuk hati /마음속을 들여다보다 membaca pikiran/ 마음은 굴뚝같다 ingin sekali untuk ⑤【취미 · 기호】 kesukaan; kecocokan ¶마음에 들다 sesuai dengan keinginan; suka kepada; tertarik dengan
마음가짐 ①【마음 태도】 sikap méntal; keadaan pikiran ②【결심】 ketetapan (kebulatan) hati; tékad; iktikad; kemauan (kehendak) yang pasti
마음결 sifat; watak; tabiat ¶마음결이 곱다 lembut hati; berhati lembut; baik hati; berwatak lemah-lembut
마음껏 ⇒ 실컷 sesuka hati; sepuas-puasnnya
마음 내키다 mau melakukan; mau berbuat; ada kemauan
마음 놓다 ①【안심하다】 melegakan hati (pikiran); menghilangkan rasa tegang di hati ②【방심하다】 mengurangi perhatian; mengurangi usaha
마음대로 sesuka hati; (독단으로) atas kemauan (kehendak) sendiri; (자유로이) dengan bébas 마음대로 하다 melakukan menurut kehendak; berbuat seperti apa (sesuai dengan) yang diinginkan ¶그건 자네 마음대로일세 Terserah kepadamu.
마음 든든하다 aman; terjamin; merasa aman; tenteram; 【사물이 주어】 menenteramkan; menenangkan; membesarkan hati
마음먹다 ①【의도하다】 bermaksud untuk; memaksudkan; berharap; memperuntukkan; ingin; mau; menghendaki ②【결심하다】 menetapan hati; menentukan; memutuskan
마음보 sifat dasar; watak; tabiat
마음 쓰다 memikirkan; mengingat; 【배려해 주다】 memperhatikan; menaruh perhatian

마음씨 sifat; watak; tabiat; pikiran

마음 졸이다 mencemaskan diri; merasa gelisah (khawatir); takut (gugup)

마음 죄이다 merasa cemas; merasa khawatir; susah hati; bingung; terganggu; takut; resah

마이너스 ①【수학】 minus; kurang; kekurangan ②【손실 · 적자】 kerugian; défisit; tekor ¶마이너스가 되다 merugi; mengalami kerugian ③【결점】 kelemahan ⊙ 마이너스부호 tanda kurang. 마이너스성장 kemajuan negatif

마이동풍(馬耳東風) ¶마이동풍이다 tidak peduli terhadap apa yang dikatakan orang; tidak mendengarkan; seperti menasehati angin; masuk di telinga kanan, keluar di telinga kiri

마이신 streptomisin

마이크(로폰) mikrofon; corong ⊙마이크 공포증 penyakit ketakutan terhadap mikrofon. 무선마이크 mikrofon tanpa kawat; corong radio yang tidak memakai kabel

마이크로 mikro ⊙ 마이크로 버스 minibus; mikrobus. 마이크로필름 mikrofilm

마일 mil ¶시속 60 마일로 달리다 memacu (berlari kecepatan) enam puluh mil per jam ⊙ 마일 수 jumlah mil; jarak dalam mil

마일리지 poin *mileage*

마작(麻雀) 마작하다 bermain mahjong

마장 *ri* ⊙ 반 마장 setengah *ri* ((10 *ri* = 4km))

마저【남김없이】 juga; lagi pula; tambahan; sepenuhnya; dengan semua yang lain; dengan segala lain-lainnya (sisanya)

마적(馬賊) bandit (pencuri) berkuda

마조(-調)【음악】 nada E ⊙ 마장【단】조 nada mayor【minor】E

마조히즘【의학】 masokisme; kegembiraan (kesenangan) karena menderita (disiksa)

마주 놓다 mengatur (memasang; menyusun) saling berlawanan

마주보다 saling berhadapan muka; berhadapaan muka satu (dengan) sama lainnya

마주서다 berdiri berhadapan muka; berdiri tepat bertentangan

마주앉다 duduk berhadap-hadapan; duduk di seberang méja

마주치다 ①【충돌하다】 ⇒ 부딪치다 bertabrakan; bertubrukan; bentrokan; menubruk; menabrak; menumbuk; tertumbuk pada ②【우연히 만나다】 bertemu tiba-tiba; berpapasan; menemukan (menemui; menjumpai;) secara kebetulan

마주하다 berhadapan; berlawanan; menghadapi; menghadapkan

마중 penyambutan ¶마중 나가다 pergi keluar untuk menemui (menyambut) /마중을 받다 ditemui; disambut

마지기 *majigi;* sebidang kecil ladang yang membutuhkan satu mal benih ¶논 한 마지기 sebidang kecil sawah ((= 500 m2))

마지막【최후】 terakhir; akhir; bagian terakhir; penghabisan ¶마지막으로 akhirnya; pada akhirnya/마지막까지 sampai pada akhirnya

마지못하다 terpaksa ¶ 마지못하여 dengan enggan; dengan setengah hati/마지못해 하다 terpaksa melakukan; diharuskan berbuat

마지않다 terima kasih tak terhingga ¶축하해 마지않다 memberikan ucapan selamat yang paling tulus (yang sungguh-sungguh)

마직물(麻織物) kain rami

마진①【이익】 marjin ((dari laba)) ②【페이지】 pinggiran; garis tepi ⊙ 마진 제 sistém marjin

마차(馬車) keréta kuda; béndi; délman ¶ 마차를 타다 naik keréta kuda

마찬가지 sama; sama benar; serupa; mirip ¶마찬가지로 dengan cara yang sama; sama; serupa; sama-sama; demikian pula

마찰(摩擦) ①【물체의】 pergéséran; penggosokkan 마찰하다【문지름 · 비빔】 menggosok((kan)); membuat panas ②【의견 · 이해 등의】 perselisihan; percekcokan; perbantahan 마찰하다 bercekcokkan; berselisihan ⊙ 마찰음 bunyi pergéséran

마천루(摩天樓) pencakar langit

마취(痲醉) anestési; pembiusan; narkotisme; mati rasa 마취하다 membius; melakukan pembiusan ⊙ 마취약(제) anestétik; narkotik; obat lali. 마취전문의 ahli di bidang anestési; anestésiolog 마취학 anestésiologi

마치[1] palu kecil; palu cakar; martil ⊙ 마치대가리 bagian ujung palu. 마치질 pemartilan

마치[2] mars ⊙ 웨딩마치 mars perkawinan

마치[3] 【처럼】 seperti; persis seperti; seolah-olah; seakan-akan

마치다[1] ①【닿다】 dibentur; dipukul; ditabrak; dihalangi; dirintangi; mengenai; memukul; membentur ②【걸리다】 merasa sakit perih; menjepit; melukai

마치다[2] 【끝나다】 mengakhiri; menyudahi; menyelesaikan; menghabiskan; menghabisi; menghentikan; 【졸업하다】 tamat sekolah

마침 tepat pada waktunya; pada waktu yang tepat; mujurlah; untunglah; kebetulan

마침가락 yang paling cocok untuk; yang tepat untuk

마침내 akhirnya; pada akhirnya; bagaimana pun juga; betapapun

마침표(-票) titik; tanda akhir

마카로니 makaroni

마케팅 pemasaran; perdagangan ⊙ 마케팅리서치 penelitian (risét) pemasaran. 마케팅 매니저 manajer pemasaran

마켓 pasar; pasaran ⊙ 슈퍼마켓 toko serba ada; pasar swalayan

마크 tanda; (레테르) étikét ((nama)); (상표) cap dagang; mérek dagang; lencana; logo ¶마크를 달다 menandai; memberi tanda

마크하다 menjaga

마태복음(-福音) 【성경】 Injil Matthew

마파람 angin selatan; angin haluan ¶마파람에 게 눈 감추듯 menghabiskan dengan cepat sekali

마포(麻布) kain rami

마피아 Mafia ¶마피아의 보스 bos Mafia

마필(馬匹) kuda-kuda

마하 【음속】 kecepatan suara (mach)

마호가니 mahogani; mahoni

마흔 ⇒ 사십 empat puluh

막(幕) ①【초라한 집】 pondok; gubuk; lumbung ②【무대를 가리는 천】 ténda; kémah; layar ¶막이 오르다 layar naik ③【연극의】 babak ¶첫 막 babak pertama; pembukaan ④【끝장】 terakhir; berakhir

막[1] 【방금】 baru saya; barusan; tepat; tepat pada waktunya ¶막 하려던 참이다 baru saja mau ((melakukan))

막[2] ⇒ 마구 ①【몹시, 심하게】 ¶막 때리다 memukul dengan membabi buta ②【아무렇게나 · 함부로】 sembarangan; sembrono

막(膜) 【물체의 표면을 덮고 있는 얇은 조직】 lapisan; selaput

막가다 berkelakuan kasar ¶ 상황이 막가고 있다 Situasinya tak terkendalikan.

막간(幕間) ①【연극의 막과 막 사이】 intermisi; jarak waktu; selingan ②【잠시 쉬는 동안】waktu istirahat; waktu turun minum; jéda

막강하다(莫强-) sangat kuat; berkuasa

막걸리 *makgeolli;* minuman keras Korea dibuat dari beras

막국수 *makguksu;* soba mi

막급하다(莫及-) ⇒ 막심하다 sungguh-sungguh; sekali

막내 anak bungsu; anak yang dilahirkan terakhir; anak yang termuda (paling kecil) ⊙ 막내둥이 anak bayi kesayangan

막노동(-勞動) ⇒ 막일 pekerjaan kasar; kerja tangan ⊙막 노동자 buruh kasar; pekerja tangan

막다 ①【길 · 구멍 등을 틀어막다】 menyumbat; menutupi; (틈을) mengisi ②【…못하게】 (a) (방지하다) mencegah; menahan; menghalangi (금지하다) melarang; mencegah; (비밀이 안 새게) mendiamkan ③【공격 · 침입 등을 방어 · 저지하다】 mengendalikan; menjauhkan ④【차단하다】 merintangi (menghalangi) jalan; menahan; melindung; (흐름을) membendung ⑤【칸을】 menyekat; memisah-misah; membagi ⑥【둘러막다】 (가로대로) memagari; melingkari; (줄로) membatasi dengan tali ⑦【사고 · 질병 등을】 mencegah ⑧【부도 · 어음 등을】

membayar (tagihan)
막다르다 sampai di jalan buntu; sampai pada ujung ¶막다른 골목 jalan (lorong) buntu
막대기 sepotong kayu; tongkat; galah ⊙ 대막대기 tongkat bambu
막대하다(莫大-) besar sekali; sangat besar; luas sekali; luar biasa besarnya; hébat sekali; mengagumkan; menakjubkan
막돼먹다 kasar; tidak sopan
막둥이 ①【막내】anak bungsu ②【잔심부름꾼】pelayan
막되다 kurang ajar; kasar; bersikap buruk; tidak sopan, tidak tahu adat; tidak patuh kepada hukum; tidak menurut perintah
막론(莫論) ¶막론하고 tidak pandang; tidak peduli; tanpa menghiraukan; mengabaikan (tiada gunanya) berkata (dikatakan)
막막하다(寞寞-)【쓸쓸하다】 muram; sunyi; suram redup;【외롭다】kesepian
막막하다(漠漠-) luas; sangat banyak; tidak ada batasnya
막말 ucapan (omongan; cara berbicara) kasar; percakapan tidak sopan (kasar) 막말하다 berbicara secara kasar
막무가내(幕無可奈) ¶막무가내로 dengan keras kepala; dengan tegas; dengan bandel
막바지 puncak; penghabisan sekali; ujung sekali; saat terakhir; klimaks
막벌이하다 memperoléh upah(gaji) sebagai buruh harian; mendapat uang sebagai buruh harian ⊙ 막벌이꾼 pekerja (buruh) harian
막부득이(幕不得已) tak dapat dihindarkan; tak dapat diélakkan
막사(幕舍) barak; asmara sementara
막상 pada akhirnya; sesungguhnya; dengan sebenarnya; dalam kenyataannya
막상막하(莫上莫下) keduanya sama saja ¶막상막하의 seimbang; setanding; sepadan; setara
막심하다(莫甚-) sangat; besar sekali; luas sekali; hébat sekali; dahsyat
막아내다 ⇒ 막다 menghindari; menahan; mencegah; menghalangi; mengendalikan; mempertahankan; membela diri; melindungi; menjaga; menangkis
막역(莫逆) keintiman; kekariban; kerukunan; keakraban; kebiasaan; kedekatan 막역하다 intim; karib; akrab; mengenal baik sekali ¶막역한 친구 teman karib (akrab; intim); teman sejati
막연하다(漠然-) samar-samar; tidak jelas; tidak dikenal; berkabut; remang-remang ¶막연히 secara samar-samar; dengan kabur
막이 pencegah; perlindungan; pembelaan ¶액막이 pencegah kemalangan
막일 ⇒ 막노동 kerja (pekerjaan) fisik; pekerjaan kasar ⊙ 막일하다 melakukan pekerjaan kasar ⊙ 막일꾼 buruh kasar
막장 pekerjaan éksploitasi 막장하다 ikut serta dalam éksploitasi tambang; menambang ⊙ 막장일 pekerjaan pertambangan
막중하다(莫重-) sangat penting; sangat berharga
막지르다 ①【앞길을】merintangi; menghalangi; menghambat ②【소리를】berteriak dengan keras
막차(-車) kendaraan (kereta api; bus) terakhir ¶막차를 놓치다 ketinggalan kereta terakhir
막판 ①【마지막 판】 putaran (adegan) akhir ②【중대한 때】 saat terakhir (genting); saat krisis
막후(幕後) di belakang layar (tirai) ¶막후의 인물 orang di belakang layar
막히다 ①【구멍 등이】disumbat; tersumbat; ditutupi; tertutup; diisi; diblokir ¶숨이 막히다 dicekik/하수도가 막히다 saluran air tersumbat ②【길 · 말 · 생각이】dirintangi; diblokir; terputus; terpotong; tersayat ¶말이 막히다 menjadi kaku lidah; tidak tahu apa yang harus dikatakan ③【칸이】dibagi; disekat; (가로놓임) melintangi ④【융통성이 없다】kaku
만(萬)【숫자】sepuluh ribu; banyak sekali ¶만에 하나라도 ada kemungkinan/만사람 banyak sekali orang/수십 만 ratusan ribu
만(滿) penuh; keseluruhan ¶만 3일간 selama tiga hari penuh

만(卍) lambang Budha; Swastika (lambang kaum Nazi di Jerman)
만(灣) teluk
만 ①【다만 뿐】 hanya; satu-satunya ②【만큼】 benar-benar; tepat; hanya; sejumlah ③【겨우 그 정도】 sebanyak
만 ⇒ 마는
만가(輓歌) nyanian sedih; élégi; 【장례의】 lagu pada waktu pemakaman (penguburan); 【애가】 syair ratapan
만감(萬感) segala macam pikiran (émosi); seribu émosi; seribu perasaan
만강(萬康) ketentraman dan kemakmuran; ketenangan; kesentosaan; keamanan; kesejahteraan; keselamatan; kesé hatan
만경(萬頃) keluasan; kehébatan; kebesaran; besar sekali; luas sekali; luasnya ⊙ 만경창파 keluasan air yang tidak ada batasnya
만개하다(滿開-) ⇒ 만발하다
만고(萬古) 【옛날】 seluruh zaman purbakala;; 【영원】 keabadian; kekekalan; kebakaan ¶ 만고불변의 abadi; kekal ⊙ 만고불멸 abadi selamanya. 만고풍상: 만고풍상을 다 겪다 mengalami segala macam penderitaan (kesukaran)
만곡(灣曲) tikungan; liku; bélokan; lekuk; lekak; lengkung; lekukan; lengkungan 만곡하다 berlekuk; berliku-liku; melengkung
만국(萬國) mancanegara; negara di dunia; seluruh dunia ⊙ 만국기 bendéra semua bangsa. 만국박람회 paméran (éksposisi) internasional; paméran sedunia
만금(萬金) jumlah uang yang banyak sekali
만기(滿期) berakhirnya 《masa》; batas pembayaran 《rékening》 ¶만기가 되다 【임기가】 habis waktu; 【복무가】 menyelesaikan masa dinas (masa tugas) ⊙ 만기일 habis témpo; sudah léwat jangka waktunya; batas tanggal yang seharusnya dibayar; (음식의) tanggal kedaluwarsa
만끽(滿喫) 만끽하다 menikmati benar-benar (sepenuhnya); cukup pantas
만나 【외래어】 makanan dari sorga
만나다 ①【사람을】 bertemu; berjumpa ②【비 · 폭풍 등을】 mengalami; kena; diserang
만난(萬難) kesulitan yang tak terkira banyaknya ¶만난을 무릅쓰다 mengatasi (menanggulangi) segala kesulitan
만날 selalu; senantiasa; setiap hari; sehari-hari; terus-menerus; tidak putus-putusnya; tidak henti-hentinya
만남 pertemuan ¶만나다 bertemu
만년(晩年) ⇒ 늘그막 hari tua; masa tua; tahun-tahun terakhir
만년(萬年) sepuluh ribu tahun; keabadian; kekekalan; kebakaan ⊙ 만년후보 calon yang tak pernah terpilih; kandi dat yang selalu gagal
만년설(萬年雪) salju abadi (kekal; permanén)
만년필(萬年筆) pulpén
만능(萬能) kemahakuasaan; serba bisa ¶ 만능의 yang maha kuasa; serba bisa; serba dapat; segala-galanya ⊙ 만능선수 atlit (pemain) yang serba bisa
만다라(曼陀羅) gambar (lukisan) Budha
만단(萬端) segala macam urusan (perkara; hal); 【온갖 방법】 setiap cara ¶ 만단의 준비를 갖추다 menyediakan segala-galanya; segala sesuatunya tersedia
만담(漫談) dialog komik; obrolan yang gembira (lawakan) 만담하다 mengadakan obrolan (mengobrol) yang gembira ⊙ 만담가 pelawak; komedian; 《pasangan》 pedialog komik
만돌린 【악기】 mandolin
만당(滿堂) seluruh rumah (ruangan) ¶만당의 갈채를 받다 mendapat tepuk tangan yang meriah
만대(萬代) segala zaman ¶만대에 untuk segala zaman; untuk selama-lamanya
만두(饅頭) kué kismis yang diisi dengan danging dan sayuran yang dibumbui dan dicincang ⊙ 만두 국 sup kué bola. 고기만두 kué kismis yang diisi dengan daging. 만두소 isian daging untuk kué kismis. 물만두 kué bola berisi daging yang direbus. 찐만두 kué bola berisi daging yang dikukus

만들다 ①【물건 등을】 membuat; membikin; menghasilkan ②【되게 하다】 membuat; menjadikan; mengubah menjadi ③【작성하다】 menyusun; membuat; menulis ④【건설하다】 membangun; mendirikan; membuat ⑤【조직 · 창립하다】 mendirikan; mengadakan ⑥【도야하다】 mendidik ⑦【조작하다】 menyusun; mengarang-ngarang; membuatkan ⑧【창조하다】 menciptakan ⑨【…하게 하다】 memaksakan; menyuruh melakukan (berbuat); membujuk; menyebabkan ¶가게 만들다 membujuk pergi

만록(漫錄) ései (karangan) ringan

만료(滿了) waktu berakhir; kesudahan; akhiran ¶만료되다 berakhir; sudah habis 《masa berlakunya》 ⊙ 만료일 tanggal berakhirnya. 기한만료 waktu (masa) berakhirnya. 임기만료 kesudahan (penghentian) jabatan

만루(滿壘) 【야구】 *fullbase* (dalam bisbol) ¶만루가 되다 menjadi *fullbase* (dasarnya penuh)

만류하다(挽留-) mencegah; menghalangi; menahan; meminta

만리(萬里) jarak jauh ¶만리창파를 건너서 오다 datang dari jauh di seberang lautan ⊙ 만 리길 jalan (perjalanan) panjang. 만리장천(長天) langit yang tinggi

만리장성(萬里長城) ①【중국의】 Témbok Raksasa Cina ②【비유적】 ¶만리장성을 쌓다 (남녀가) bercinta

만만하다 ①【무르다】 halus; lembut; lunak; lemah; luwes; supel ②【다루기가】 mudah 《untuk berurusan》/만만하게 보다 menganggap rendah; menganggap mudah 《untuk》 dihadapi ③【대수롭지 않다】 tak berarti; sepélé; dapat diabaikan; énténg

만만하다(滿滿-) penuh; diisi; dipenuhi; diliputi ¶자신이 만만하다 penuh kepercayaan diri

만만히 ①【쉽게】 dengan mudah ②【우습게】 énténg; dengan lalai (sembrono; alpa) ¶만만히 보다 (여기다) tidak menghargai; menganggap rendah; memandang énténg; merendahkan; réméh

만면(滿面) seluruh wajah (muka; permukaan) ¶희색이 만면하다 wajahnya berseri-seri karena gembira; rasa gembira terpancar di seluruh wajahnya ⊙ 만면수색(愁色) wajah yang memancarkan (yang diliputi) rasa cemas. 만면수참(羞踵): 만면수참하다 diliputi oléh rasa malu

만무하다(萬無-) tidak mungkin; mustahil; tidak ada alasan mengapa ¶그럴 리가 만무하다 Hal itu tidak mungkin. *atau* Hal itu mustahil./사실일 리가 만무하다 Itu tidak benar.

만문(漫文) ①【수필】 karangan; éséi ②【만필】 catatan yang menyimpang (yang sembarangan; yang bertélé-télé)

만물(萬物) semua makhluk (benda; hal); semua ciptaan ¶만물의 영장 manusia ⊙ 만물박사kamus berjalan; orang yang berpengetahuan luas. 만물상 toko serba-ada. 우주만물 seluruh ciptaan; segala hal alam semesta

만민(萬民) semua orang; semua rakyat; seluruh bangsa

만반(萬般) segala macam; bermacam-macam; setiap macam (jenis)

만발(滿發) mekar; berbunga penuh 만발하다 sedang berbunga penuh (mekar); berada dalam keadaan yang paling baik

만방(萬方) semua jurusan (arah); setiap arah (jurusan); semua cara yang memungkinkan (yang tepat) ¶만방으로 손을 쓰다 berusaha sekuat tenaga

만방(萬邦) semua bangsa di dunia; seluruh dunia

만병(萬病) segala macam penyakit ⊙ 만병통치(약) obat untuk setiap penyakit; obat mujarab

만보(漫步) jalan-jalan; pengembaraan 만보하다 berjalan-jalan; berkeliling; berkeluyuran

만복(滿腹) merasa kenyang; perut terasa penuh ⊙ 만복감 perasaan penuh

만복(萬福) untung besar; nasib baik; kebahagiaan tertinggi; segala macam keberuntungan (nasib baik) ¶댁내의 만복을 빕니다 Saya mohon doa restu kepada keluarga Anda.

만부당(萬不當) ⇒ 천만부당
만부득이(萬不得已)⇒ 부득이
만분지일(萬分之-) sepér sepuluh ribu; satu dalam sepuluh ribu; sedikit
만사(萬事) segala sesuatu; segala-galanya; semua hal (benda); semua urusan (perkara) ¶만사에 dalam semua hal /만사 오케이 segala sesuatunya bérés /만사가 돈이면 다다 Uang merupakan segala-galanya./만사가 잘 되어간다 Semuanya berjalan baik.
만사여의하다(萬事如意-) segala sesuatunya menjadi seperti yang diinginkannya (dikehendakinya)
만사태평(萬事太平) 【잘됨】 semuanya baik; 【무 걱정 · 태연】 sikap tak ambil pusing; ketelédor; tak peduli; acuh-tak-acuh
만사형통하다(萬事亨通-) makmur dalam segala-galanya ¶만사형통하시길 바랍니다 Saya harap semua berjalan lancar dengan Anda.
만삭(滿朔) 《bulan menjelang》 kelahiran; bulan parturiensi 만삭이다 menjelang waktu bersalin; dalam bulan terakhir kehamilan; parturien
만산(滿山) seluruh gunung; seantera pegunungan
만상(萬象) semua makhluk di alam semesta; alam semesta; dunia nyata
만석꾼(萬石-) orang yang hasil sepuluh ribu gantang; tuan tanah kaya; jutawan
만선(滿船) ¶만선이 되어 돌아오다 kembali dengan muatan penuh ikan
만성(晩成) ⇒ 대기(大器) ¶만성하다 terlambat menjadi déwasa; lambat pertumbuhan; jiwanya lambat menjadi déwasa ⊙ 대기만성 orang jenius lambat berkembang
만성(慢性) kronis; kekronisan ¶만성의, 만성적 menjadi kronis; menahun; tidak hilang-hilang; terus-menerus/만성이 되다 menjadi kronis ⊙ 만성질환 penyakit kronis. 만성 후두염 penyakit kerongkongan. 만성위장병 *inveterata dispepsia*. 만성인플레 inflasi kronis
만세(萬世) semua abad (zaman); semua umur; 【영겁】 kekekalan; keabadian; kebakaan
만세(萬歲) ①【만년】 sepuluh ribu tahun; sepanjang masa; semua generasi; waktu lama ②【외침】 sorak-sorai ¶만세삼창하다 memberikan sorak-sorai sebanyak tiga kali ⊙ 만세력(曆) almanak (kalénder) yang kekal (abadi)
만수(滿水) diisi 《penuh-penuh》 dengan air
만수(萬壽) umur panjang; usia lanjut; dirgahayu ⊙ 만수무강 umur panjang; dirgahayu; usia lanjut: 만수무강하다 hidup lama; memiliki umur panjang/만수무강을 빕니다 Panjang umurnya!
만시지탄(晩時之歎) penyesalan yang terlambat 만시지탄하다 menyesali akan kesempatannya yang hilang (yang terlepas)
만신 dukun wanita
만신(滿身) seluruh tubuh; sekujur tubuh ¶만신에 di seluruh tubuh/만신창이다 luka sekujur tubuh
만심(慢心) kebanggaan; kegagahan; rasa harga diri 만심하다 suka membanggakan diri; sombong; congkak; angkuh
만안(萬安) perdamaian; ketentraman; ketenangan; kesentosaan; keamanan; kesejahteraan; keséhatan; keselamatan 만안하다 tenang; tentram; damai; hening; sentosa; aman
만약(萬若) ⇒ 만일 jika; apabila; bila
만연(蔓延 · 蔓衍) penyebaran; tersebarnya 만연하다 menyebarkan; tersebar luas; merajalela ¶병의 만연을 막다 mencegah penyebaran (tersebarnya) penyakit
만용(蠻勇) keberanian; kenékatan; kesembronoan; keberanian yang nékat; keberanian yang mengandung risiko ¶만용을 부리다 memperlihatkan keberanian yang sembrono(nékat)
만우절(萬愚節) Hari Bohong 1 April
만원(滿員) penuh; penuh sesak; tidak ada lowongan ¶만원을 이루다 penuh sesak ⊙ 만원버스 bus yang penuh sesak
만월(滿月) bulan purnama
만유(萬有) semua makhluk di alam semesta; semua ciptaan ⊙ 만유인력 gravitasi universal: 만유인력의 법칙 hukum gravitasi

만인(萬人) setiap orang; semua orang
만인(蠻人) orang biadab; liar; ganas
만일(萬-) jika; apa bila; sepuluh ribu kurang satu; keadaan darurat; kemungkinan yang tipis (kecil); hal yang paling buruk; hal yang tak diduga-duga; tak disangka-sangka; sedikit kemungkinan ¶만일에 대비하다 bersiap-siap menghadapi hal yang paling buruk/만일의 경우에는 jika sesuatu ((jika yang terburuk)) terjadi; dalam keadaan darurat
만자(卍字) swastika; salib berkait ⊙ 만자창(窓) jendéla dengan kosén (bingkai) berbentuk swastika; tingkai jendéla berbentuk swastika
만장(萬丈) ketinggian (kedalaman) yang tak dapat diduga ¶만장의 기염을 토하다 mencurahkan perasaan sepenuhnya; bercakap besar; memberikan pidato yang menggugah perasaan
만장(輓章 · 挽丈) lagu pujian pada upacara penguburan; syair ratapan; sehelai pita kertas di mana dituliskan syair pujian untuk upacara penguburan
만장(滿場) seluruh ruangan; seluruh majelis (hadirin)
만장일치(滿場一致) kebulatan suara; persetujuan suara bulat ¶만장일치로 dengan persetujuan suara bulat
만재(滿載) keadaan penuh muatan; muatan yang penuh 만재하다 membawa beban (muatan) yang penuh; dimuati (dibebani; diisi) penuh
만적거리다 ⇒ 만지작거리다 meraba-raba; menyentuh; menangani; bermain-main dengan
만적이다 ⇒ 만적거리다
만전(萬全) ¶만전의 aman; tidak berbahaya; hati-hati; selamat; terjamin;【틀림없는】sempurna; mutlak /만전을 기하다 mengamankan sepenuhnya
만점(滿點) ①【최고점수】angka (skor) sempurna; utuh; lengkap ¶만점을 받다 *mendapat* angka (nilai) penuh ②【아주 만족할 정도】kesempurnaan; kepuasaan 만점이다 sempurna; memuaskan; lengkap; sepenuhnya ¶서비스 만점이다 Pelayanannya betul-betul memuaskan.
만져보다 menyentuh; mencoba dengan tangan; meraba ¶손가락으로 만져보다 meraba dengan jari
만조(滿朝) seluruh istana ⊙ 만조백관 semua pejabat istana
만조(滿潮) air pasang yang tinggi ¶만조시에 pada air pasang tinggi (penuh)
만족(滿足) kepuasan hati; kepuasan dengan diri sendiri; kegembiraan; kesenangan 만족하다 merasa puas ¶만족케하다 memuaskan ⊙ 만족감 perasaan puas. 만족도 tingkat kepuasan
만족(蠻族) suku bangsa yang biadab (liar)
만종(晩鍾) loncéng (bél) malam; jam malam
만좌(滿座) ¶만좌중에(서) di muka umum; di muka setiap orang/만좌중에서 창피를 당하다 dihina di depan umum
만주(滿洲) Manchuria ⊙ 만주인 orang Mancu
만지다 menyentuh; meraba-raba; mengusap; menggosok; memegang; memperbaiki ((rambut))
만지작거리다 menggeranyang; mengutak-atik; meraba-raba; merabai
만질만질하다 halus; lembut; lunak
만찬(晩餐) makan malam ¶최후의 만찬 makan malam terakhir ⊙ 만찬회 jamuan makan malam
만천하(滿天下) seluruh dunia (alam) ¶만천하에 di seluruh dunia (alam); ke seluruh negara/만천하에 알려지다 dikenal semua orang; terkenal (termasyhur) di seluruh dunia
만추(晩秋) musim gugur lanjut
만춘(晩春) musim semi lanjut
만취(漫醉) minum sampai mabuk 만취하다 benar-benar mabuk; menjadi mabuk
만큼 ①【비교】seperti; se… ¶오늘은 어제만큼 춥지 않다 Hari ini tidak sedingin kemarin. ②【정도】derajat; tingkat; luas; kadar;【~할 정도】sebanyak itu; cukup untuk ¶얼마만큼 berapa banyak; sejauh mana; sampai ke tingkat apa ③【~이니까】disebabkan
만큼만 ((hanya)) sebanyak
만판【그저】sepenuhnya; sama sekali; semata-mata; melulu; secara keseluruh-

an; seluruhnya
만평(漫評) kupasan (kritikan) yang tidak berketentuan (yang bertélé-télé) 만평하다 memberikan tinjauan secara sembarangan; mengupas (mengecam) tanpa berketentuan ⊙ 시사만평 ulasan (koméntar) yang bertélé-télé mengenai kejadian-kejadian hangat
만풍(蠻風) adat (kebiasaan) yang biadab (yang kejam)
만필(漫筆) catatan yang menyimpang (yang sembarangan; yang bertélé-télé); catatan
만하(晩夏) musim panas lanjut
만하다 ①【족하다】 baik…; cukup ②【가치가 있다】 berharga; berguna; bermanfaat ¶읽을 만하다 dapat dibaca ((menarik)); berguna untuk dibaca ③【때가】 hampir ((dilakukan, dikerjakan)); telah mencapai tingkat ④【가능하다】 ¶이 컴퓨터는 아직 쓸 만하다 Komputer ini masih dapat digunakan.
-만하다 【비교】 sebesar (sekecil) dengan; sebanyak (sesedikit) dengan; menjadi ukuran dari ¶호랑이만하다 besar seperti harimau; sebesar harimau
만학(晩學) pendidikan yang terlambat 만학하다 belajar pada usia lanjut; mendapat pendidikan terlambat
만학(晩壑) lembah dalam; tempat yang terpencil di gunung ⊙ 만학천봉(千峰) gunung yang tinggi dan lembah yang dalam
만행(蠻行) kekejaman; kebuasan; kekasaran; ketidak-sopanan; perbuatan tajam; perbuatan ganas(buas) ¶만행을 저지르다 melakukan tindakan kekejaman
만혼(晩婚) pernikahan (perkawinan) yang terlambat 만혼하다 menikah terlambat; kawin terlambat
만화(漫畵) 【인물】 karikatur; 【시사의】 komik; kartun; cerita bergambar ¶만화화하다 membuat sindiran dengan karikatur ⊙ 만화가 kartunis; karikaturis; pembuat karikatur; seniman kartun; pelukis kartun. 만화영화 film kartun. 만화 책 buku komik. 불량 만화 buku komik murahan
만화경(萬華鏡) kaléidoskop
만화방창(萬花方暢) pertumbuhan yang subur(rimbun) di musim semi 만화방창하다 dalam musim semi segalanya tumbuh dengan subur
만회(挽回) pemulihan; restorasi 만회하다 mengejar kembali ((kerugian-kerugian)); mendapat kembali ((kekayaan)); memperbaiki ((reputasi, nama)); mengembalikan kekayaan yang bang- krut (yang jatuh) ¶만회할 수 없는 tidak dapat diperoleh lagi; tidak dapat dipulihkan; tidak dapat disembuhkan/실추된 이미지를 만회하다 memulihkan reputasi yang hilang
많다 ①【수가】 banyak; berlebih-lebihan; berlimpah-limpah; penuh ¶많은 banyak; banyak sekali; sejumlah besar ②【잦다】 sering
맏- 【첫째】 sulung; yang pertama; lahir pertama ¶맏딸 anak perempuan yang pertama (yang tertua; yang sulung)/맏손자 cucu laki-laki yang pertama.맏상제 putra tertua dari almarhum
맏물 panén pertama; hasil pertama dari musim ¶맏물사과 buah apel yang ada pertama kali pada waktu musim
맏배 【동물의】 anak pertama (héwan) ¶맏배 돼지 anak pertama babi
맏이 putera tertua; anak pertama
말[1] ①【분량을 재는 단위】 *mal;* satuan ukuran; ukuran (takaran) yang berisi kira-kira 18 liter ¶되로 주고 말로 받는다 memberi telur dan memperoléh lembu jantan.
말[2] 【동물】 kuda ¶새끼 말 anak kuda/수말 kuda jantan /암말 kuda betina/경주말 kuda pacuan; pembalap kuda/조랑말 kuda poni/말을 타다 menunggang (naik) kuda/말띠 Tahun Kuda /그는 말띠다 Dia lahir pada Tahun Kuda.
말[3] 【장기 · 윷 따위의】 buah catur
말[4] ①【언어】 bahasa; (방언) bahasa daérah ¶외국말 bahasa asing/자기 나라 말 bahasa ibu; bahasa asli; bahasa daérah (logat asli)/상말 cara berbicara yang kasar (yang tidak sopan)/서울말 logat Seoul; dialék Seoul/시골말 dialek se-

tempat; dialék lokal/표준말 bahasa baku ②【언사】 bahasa; ucapan; kata¶ 가시 돋친 말 bahasa kasar; ucapan (kata-kata) yang tajam (yang menusuk hati); kata-kata yang menyakitkan hati/말없이 dengan diam; tanpa berkata apa-apa; tanpa sepatah katapun/말로 다할 수 없는 tak terkatakan; tak terlukiskan / 말에 궁하다 tak tahu apa yang harus dikatakan/ 말을 걸다(건네다) menyapa; berbicara; menegur; memulai percakapan ③【잔소리】 teguran; cercaan ④【소문】 desas-desus; kabar angin; gosip; gunjingan ¶말이 돌다 kata (desas-desus) yang sedang tersebar (tersiar) ⑤【이야기】 cerita; kisah; pepatah; peribahasa ¶ 옛말 kisah lama; pepatah lama ⑥【전갈】 pesan ⑦【의미 · 경우】 maksud ⑧【주장】 suara; tuntutan; tagihan; (불평) keluhan; pengaduan ¶양쪽 말을 듣다 mendengarkan kedua pihak

-말(末) 【마지막】 akhir; ujung ¶4월말에 pada akhir bulan April

말갈기 bulu tengkuk kuda; surai

말갛다 éncér; bersih; terang ¶말간 국 sup yang éncér

말개지다 menjadi jelas (bersih; terang)

말거리 ①【말썽】 sasaran (obyék) kecaman; penyebab keluhan (pengaduan) ¶일을 그르쳐 말거리가 되다 membuat kesalahan dan menjadi sasaran kecaman ②【화제】 pokok pembicaraan

말경(末境) 【끝판】 akhir; ujung; 【말년】 hari tua

말고 selain; sebagai pengganti; dari pada; kecuali

말고 ¶그렇고말고 tentu saja; pasti; memang

말고삐 tali kekang; kendali

말공대하다(-恭待) menyapa dengan sebutan kehormatan

말괄량이 anak tomboy; anak perempuan yang kelaki-lakian; anak perempuan yang nakal sekali; gadis modern

말굽 ①【발톱】 kuku kuda ②【편자】 ladam; sepatu kuda ¶말굽을 박다 memasangi sepatu kuda; memasangi ladam ⟪pada seekor kuda⟫ ③⇒ 말굽추녀 ⊙ 말굽옹두리 tempurung lutut sapi jantan yang berbentuk sepatu kuda. 말굽추녀 sepotong kayu berbentuk sepatu kuda melekat pada ujung bagian atap

말귀 【말뜻】 arti (maksud) kata; 【알아듣는 총명】 pendengaran; pengertian ¶말귀가 밝다 cepat mendengar; cepat tanggap/말귀가 어둡다 pendengarannya kurang baik; lambat mengerti apa yang dikatakan orang

말기 ikat pinggang bagian atas ⟪dari celana panjang⟫ rok Korea

말기(末期) akhir; waktu (tahun, hari; tahap) terakhir; lanjut

말꼬리 ¶말꼬리 잡지 마라 Jangan mengumpat apa yang saya katakan.

말꼬투리 ⇒ 말꼬리

말꼴 makanan héwan (ternak) yang kering

말끄러미 ⇒ 물끄러미

말끔하다 bersih; rapi; bérés; tepat; baik; bagus ¶ 말끔한 방 kamar yang bersih

말끔히 membersihkan; merapikan; dengan rapi; sepenuhnya; keseluruhannya; secara total; secara lengkap ¶방을 말끔히 치우다 membéréskan (merapikan) kamar dengan rapi

말끝 akhir kata; ujung pembicaraan ¶말끝을 흐리다 menyataan akhir kata dengan samar-samar (tidak jelas); menyamarkan ujung pembicaraan

말나다 ①【이야기에 오르다】 dibicarakan; dikemukakan; dimulai pembicaraan; didesas-desuskan; digosipkan ②【비밀이】 keluar; mengeluarkan; dibocorkan; disingkapkan

말 내다 ①【의견 · 제안을】 menganjurkan; memulai pembicaraan; membawa ke dalam percakapan ②【비밀을】 menyingkap; membuka rahasia; membocorkan; memberitahukan

말년(末年) ①【인생의 막바지】 masa lanjut usia; masa tua; tahap terakhir dari hidup; akhir hidup ¶말년을 편안하게 보내다 menikmati masa tua dengan nyaman ②【어떤 시기의 막바지, 말기】 akhir; beberapa tahun terakhir

말눈치 ①【말의 뜻】 isyarat; petunjuk;

gambaran; tanda; info ¶사직할 듯한 말눈치다 membayangkan (mengisyaratkan) pengunduran diri ②【이해】 fahaman ¶말눈치가 빠르다 cepat memahami; cepat menangkap isyarat

말다[1] 【둘둘】 menggulung ¶두루마리를 말다 menggulung kertas

말다[2] 【국·물에】 menaruh ke dalam sup; mencampur 《makanan》 dengan kuah

말다[3] ①【그만두다】 berhenti; menghent-ikan; tidak meneruskan; menghindari; menjauhi ¶일을 하다가말다 berhenti bekerja; meninggalkan pekerjaan ②【아니하다】 tidak peduli

말다[4] ①【금지】 jangan; menghindari; menjauhi ¶가지 말라 Jangan pergi. ②【필경】 akhirnya

말다툼 perselisihan; perdébatan; percékcokan; pertengkaran mulut; adu mulut 말다툼하다 berdébat (berselisih); bertengkar mulut; bercékcok

말단(末端) rendah; bawah; ujung ⊙ 말단 공무원 pegawai rendah (bawahan); éselon terbawah dari pegawai negeri. 말단 기관 badan (pemerintahan) paling rendah (terbawah). 말단사원 pekerja rendah; karyawan rendah

말대꾸(-對-) ①【응수】 jawaban balasan; tanggapan; réaksi; sanggahan 말대꾸하다 membalas jawab; menyanggah ②⟹ 말대답

말대답(-對答) bantahan; perbantahan; pertentangan; kontradiksi; kelancangan 말대답하다 membalas menjawab; membantah; bertindak lancang; menyangkal

말더듬다 menggagap; berbicara gagap

말더듬이 orang gagap; penggagap

말 되다 ①【사리에 맞다】 sudah semestinya; dapat dimengerti ¶말도 되지 않는 소리 omong kosong ②【합의 되다】 menjadi sepaham; bersepakat; mencapai persetujuan ③【말썽이 되다】 menjadi sasaran kecaman (pengaduan; keluhan)

말똥거리다 menatap mata dengan hampa; mata tak berkejab

말똥말똥 dengan mata hampa; dengan tidak berkedip-kedip; dalam keadaan bingung; dalam keadaan tak sadar ¶말똥말똥 쳐다 보다 menatap dengan tidak berkejab; berani menghadapi 《seseorang》/ 눈이 말똥말똥하다 mata terbuka lébar; bergadang

말뚝 tiang; pancang; tonggak ⊙말뚝잠【잠】 tidur sambil duduk tegak lurus. 말뚝잠(簪) 【비녀】 semacam jepitan rambut dari logam

말라깽이 orang yang kurus

말라리아【의학】 malaria

말라빠지다 menjadi kurus; menjadi kurus kering dan cekung; kehilangan berat badan

말라붙다 mengering

말라죽다 layu; hancur; rusak; binasa

말랑거리다 menjadi lembut (lunak; lembék; halus)

말랑말랑하다 lunak; lembut; halus; énak dan lunak; mengandung banyak air

말레이 Malayu ⊙말레이반도 semenanjung Malayu

말려들다 tersangkut; terlibat; terbawa-bawa; tersérét; melibatkan diri

말로(末路) hari terakhir; akhir

말리다[1] ①【만류하다】 menghentikan; meminta supaya jangan mengerjakan; mencegah ¶싸움을 말리다 menghentikan pertengkaran ②【금지하다】 melarang; terlarang; tidak dibeléhkan

말리다[2] 【젖은 것을 건조시키다】 mengeringkan; mengawétkan melalui prosés pengeringan

말리다[3] 【감기다】 tergulung ¶치맛자락이 말리다 ujung rok tergulung

말마디 ungkapan; ucapan; pembicaraan; 【꾸지람】 omélan; hardikan; caci-maki ¶말마디나 듣다 mendapat omélan

말막음하다 mendiamkan; mencegah kata-kata 《orang lain》; menyuruh diam

말머리 ①【말의 첫 부분】 permulaan (awal) pembicaraan ②【이야기의 방향】 arah pembicaraan ¶말머리를 돌리다 mengalihkan (merubah; mengubah) arah percakapan

말먹이 pakan ternak; jerami; rumput

말몰이꾼 kusir

말문(-門) ¶말문이 막히다 terkejut; tercengang; kehilangan kata; tak tahu apa yang harus dikatakan

말미 cuti; perlop ¶말미를 얻다 mendapat cuti (izin) /말미를 주다 memberikan cuti

말미(末尾) ujung; akhirnya

말미암다 disebabkan olèh; karena; akibat; timbul dari; berasal dari

말버릇 cara berbicara; kebiasaan berkata (mengucapkan); ucapan favorit

말벗 kawan (teman) bercakap; orang yang dapat diajak bercakap-cakap

말복(末伏) hari terpanas yang terakhir pada musim panas

말본 ⇒ 문법

말살(抹殺) penghapusan; pengikisan; kemusnahan 말살하다 menghapus((kan)); mengikis; menghilangkan; melenyapkan ¶명부에서 말살하다 menghapus ((nama)) dari daftar

말상(-相) 【얼굴】 wajah yang panjang; 【사람】 orang yang mempunyai wajah panjang ¶말상이다 berwajah panjang; wajahnya mirip dengan bentuk wajah kuda

말석(末席) kedudukan yang paling rendah (terbawah) ¶말석을 더럽히다 merendahkan karena hadir; 【일원으로】 merasa bangga menjadi anggota

말세(末世) akhir dunia; abad degénerasi

말소(抹消) penghapusan; pembatalan ¶등기의 말소 pembatalan régistrasi (pendaftaran)

말소리 suara; bisikan ¶말소리를 죽이어 dengan bisikan; secara berbisik

말속 ¶말속을 모르다 tidak mengerti tentang apa yang dikatakan; tidak dapat mengerti maksud

말솜씨 kemampuan berbicara; bakat berpidato ¶말솜씨가 좋다 pandai berbicara; lancar bicara; kepandaian berpidato; bakat dalam bicara; fasih

말수(-數) jumlah kata yang dibicarakan; kata-kata; perkataan ¶말수가 많다 suka berbicara; dapat berbicara lancar/말수가 적다 pendiam; kalem

말승냥이 ①【이리】 serigala ②【키가 큰 사람】 orang tinggi; orang jangkung

말실수(-失手) kesalahan kata; kesilapan ucapan; ketidak pantasan dalam ucapan; keseléo lidah ¶말실수를 하다 menyatakan ucapan (kata) yang tidak pantas; lidahnya tergelincir; kesalahan kata

말싸움 말싸움하다 ⇒ 말다툼 argumén; pertengkaran 말싸움하다 bertengkar

말썽 kekacauan; kesukaran; kesulitan; kesusahan ¶말썽스러운 menyusahkan; menjéngkélkan; mengganggu ⊙ 말썽거리 sumber persoalan (kesulitan; kesusahan). 말썽꾸러기 pengacau; perusuh; peribut; tukang kacau

말쑥이 dengan rapi; dengan bersih; baik; bagus; dengan tangkas; dengan tampan ¶옷을 말쑥이 차리다 berdandan dengan tampan (baik)

말쑥하다 bersih; rapi; tampan; baik

말씀 kata; pembicaraan; percakapan; pidato; omongan; ceramah 말씀하다 berbicara; berkata; berpidato; mengatakan; menceritakan; mengucapkan ¶먼저 말씀하십시오 Silakan, bicara dulu.

말씨 ①【말투】 gaya berbicara; cara bicara; tutur kata; logam berbicara; bahasa ¶점잖은 말씨 gaya berbicara yang sopan/말씨가 투박하다 kasar cara bicaranya ②【어조, 사투리】 aksén; dialék

말아니다 ①【당찮다】 omong kosong; tak ada arti (guna); keterlaluan; tak masuk akal; mustahil ②【형편없다】 buruk; menyedihkan; susah sekali; miskin; pahit; dalam keadaan yang sangat buruk ¶말 아닌 생활 kehi dupan yang menyedihkan (miskin)

말아먹다 membuang; menghabiskan; mengendalikan

말안되다 tak masuk akal; mustahil; keterlaluan; tidak rasional; bertentangan dengan logika

말없이 【조용히】 tanpa berkata apa-apa; tanpa komentar; tanpa keluhan apa-apa; 【말썽 없이】 tanpa ribut; 【선뜻】 dengan réla; dengan mudah; 【무단으로】 tanpa pemberitahuan ¶아무 말 없이 결근하다 tidak hadir ((kantor)) tanpa pemberitahuan

말엽(末葉) akhir

말일(末日) hari terakhir

말장난 permainan kata 말장난하다 bermain kata; bertengkar

말재주 bakat berbicara; kelancaran berbicara; kepandaian berpidato; kefasihan lidah ¶말재주가 있다 berbakat dalam berbicara (berpidato); lancar berbicara

말조심(-操心) 말조심하다 berhati-hati dalam bicara; menjaga ucapan

말주변 kefasihan berbicara ¶말주변이 좋다 fasih berbicara/말주변이 없다 canggung (janggal; kagok) berbicara

말직(末職) jabatan terendah; kedudukan (jabatan) yang paling rendah

말질【남의 말】 adu mulut 말질하다 mempergunjingkan orang lain ¶말질 잘 하는 사람 pengadu; tukang fitnah; orang yang suka ikut campur dalam urusan orang lain

말짜 ①【물건】 barang bermutu paling rendah; bahan (barang) yang paling buruk ②【사람】 orang yang hina (keji)

말짱 benar-benar

말짱하다 ⇒ 멀쩡하다 ①【흠 없다】 utuh; lengkap; bersih; tak bernoda; sempurna ¶말짱히 utuh; lengkap; dalam keadaan yang lengkap; tanpa cacat (cela); dengan aman (selamat) ②【정신이】 waras; séhat ingatan; 【취하지 않고】 tidak mabuk ¶정신이 말짱하다 berpikiran jernih; pikirannya séhat; séhat pikirannya

말참견하다(-參見-) turut campur; nimbrung; menyela; menyisipkan (menyelipkan) kata

말참례(-參禮) ⇒ 말참견

말채찍 cambuk kuda; cemeti kuda ¶말 채찍질하다 mencambuk kuda

말초(末梢) 【가지 끝】 ujung ranting; 【해부학】 keliling; batas luar; 【말단】 ujung sekeliling ¶말초적 sepélé; réméh; tidak berarti

말초신경(末梢神經) urat syaraf sekeliling; syaraf periferal

말총 surai; rambut kuda

말치레 percakapan yang menyenangkan 말치레하다 mengatakan hal-hal yang menyenangkan; menggunakan kata yang muluk-muluk

말캉말캉하다 ⇒ 말랑말랑하다 lunak; lembut

말투(-套) cara (gaya) berbicara; logat; aksén

말깡 ⇒ 물컹

말편자 sepatu (tapal) kuda; ladam

말하다 ①【이야기하다】 berkata; berbicara; mengatakan; menceritakan; mengadakan pembicaraan ¶한국어로 말하다 berbicara bahasa Korea ②【말로 나타내다】 menyebutkan; mengatakan; menggambarkan; melukiskan ¶말할 수 없는 tak terkatakan; (비밀의) rahasia; (절묘한) hébat sekali/위에 말한 바와 같이 seperti yang dikatakan (disebutkan) di atas ③【부탁하다】 menanyakan; meminta ④【불평 · 따짐 · 꾸짖음】 mengeluh; mengadu; memprotés; menyanggah; membangkang; memarahi; mengomél; menghardik

말하자면 sebenarnya; boléh dikatakan

말할 것도 없다 Itu soal biasa bahwa…; tidak ada gunanya untuk mengatakan; tidak usah dikatakan lagi

맑다 ①【흐리지 않다】 (a) (물 · 공기 등이) jernih; segar; bersih (b) (날씨가) indah; terang; cerah ②【처세 · 생활 · 환경 등이】 jujur; bersih; (청빈하다) miskin tetapi jujur ¶맑은 사람 orang yang tulus hati (jujur) ③【정신 · 기분 등이】 jernih; segar ④【소리가】 nyaring

맑디맑다 sangat terang; sangat jernih (bening)

맘마 【아이 말】 makanan; nasi ¶맘마 먹다 makan

맘모스 *mammoth*; besar-besaran; hébat

맘보 【음악】 mambo ⊙ 맘보바지 celana mambo

맙소사 Oh…tidak! Tuhan yang Maha Ampun

맛 ①【음식의 맛】 cita rasa; seléra; pengecap(an) ¶매운 맛 rasa pedas/신맛 rasa masam/맛이 있다(좋다) énak; lezat; sedap; énak rasanya; mempunyai rasa yang énak/맛을 【간을】 보다 mencicipi bagaimana rasanya/맛이 변하다 menjadi basi (apak); (시어지다) menjadi masam/맛이 어떻습니까 Bagaimana rasanya? ②【사물에서 느끼는】 perasaan; kesenangan ③【경험】 pengalaman ¶맛(을)보다 mengalami ④【혼쭐내기】 ¶맛을 보여주다 mengajar

맛깔스럽다 ①【맛이】 énak; lezat; gurih; membangkitkan seléra ②【마음에】 memuaskan; pantas; cocok

맛나다【맛있다】 sedap; lezat

맛난이 ①【조미료】 bumbu makanan; penyedap rasa ②【음식】 makanan yang lezat

맛 들다 menjadi énak untuk dimakan (diminum); masak

맛들이다 ①【음식을】 memberi rasa ¶김치를 맛들이다 mengawétkan kimch'i dengan baik ②【재미를】 mengenal rasa

맛보다 ①【음식을 시식하다】 mencicipi; mencoba rasa ②【경험하다, 겪다】 merasakan; mengalami

맛살 daging di bagian dalamnya kerang berbentuk pisau cukur

맛없다 makanan yang tidak énak; hambar; tawar

맛있다 énak; lezat; sedap

망(望) ①【동정을 살핌】 kewaspadaan ¶망을 보다(서다) menjaga; berjaga-jaga; mengawasi/망보는 사람 penjaga ②【만월】 bulan purnama ③hari yang ke- 15 dari (menurut) tahun kamariah

망(網) ①【그물】 jala; jaringan; jaring ¶머리 망 penutup sanggul; jala rambut ②【조직】 jaringan ¶수사망을 펴다 merentangkan (melemparkan) pukat (jaringan) ⊙ 방송망 jaringan radio. 철도【통신】 망 jaringan jalan kereta api【komunikasi】

망가뜨리다 merusak

망가지다 ①【물건 · 기계 등이】 rusak ②【몸매 · 인생 · 이미지 등이】 kehilangan sosok (badan; tubuh); runtuh; menjadi bahan lelucon

망각(忘却) kehilangan ingatan; pelupaan 망각하다 lupa; tidak ingat

망건(網巾) *manggon:* ikat kepala dari surai bulu kuda

망고【식물】 mangga

망고스틴【식물】mangis

망국(亡國) keruntuhan (kehancuran) negeri; kehancuran nasional

망그러뜨리다 merusak((kan)); memecahkan; menghancurkan

망그러지다 rusak; pecah; cacat; hilang bentuk

망극(罔極) ①【은혜가】 망극하다 tak terbatas; tak terkira-kira; tidak terhingga besarnya ¶망극한 은혜 kasih sayang yang besar; cinta yang tak terbatas ②【슬픔이】 berduka cita yang besar; ratapan yang tak terbatas

망나니 ①【과거의 사형 집행인】 algojo; tukang potong kepala ②【못된 사람】 orang celaka; orang sial; bajingan; penjahat; bandit; orang yang suka bergaduh; gangguan masyarakat (umum)

망년회(忘年會) ⇒ 송년회 pésta akhir tahun

망념(妄念) ⇒ 망상(妄想)

망동(妄動) tindakan ceroboh (sembrono); tindakan terburu-buru; tindakan tidak berhati-hati 망동하다 bertindak ceroboh; bertindak sembrono ⊙ 경거망동 perilaku sembrono

망둥이【어류】 ikan gobi

망라하다(網羅-) berisi; mengandung; terdiri dari; meliputi; berkumpul; membawa bersama-sama; memasukkan

망령(亡靈) arwah almarhum; sukma orang yang meninggal

망령(妄靈) sifat pikun, sifat kekanak-kanakan karena umur tua; keadaan uzur karena usia tua; masa kanak-kanak yang kedua 망령되다(스럽다) kekanak-kanakan ¶망령된 말 kata-kata yang tak masuk akal/망령들다 menjadi uzur; menjadi pikun

망론(妄論) pendapat yang bodoh (tolol); pendapat yang yang tak masuk akal (yang mustahil)

망루(望樓) menara pengintai; menara pengawasan

망막(網膜)【해부학】 rétina ⊙ 망막 검시 경 rétinoskop; skiaskop. 망막염【의학】 rétinitis; radang retina

망망하다(茫茫-) luas; tidak ada batas

망명(亡命) suaka politik; pelarian dari negerinya sendiri; pengasingan 망명하다 mengasingkan diri; melarikan diri dari negerinya sendiri; mencari perlindungan di negeri asing ⊙ 망명객 orang buangan politik; pelarian; pelarian politik; pencari suaka. 망명정권 rezim yang terasing; rejim pelarian

망발(妄發) kata-kata yang ngawur (yang memalukan; yang tak masuk akal; yang mustahil) 망발하다 mengatakan (mengucapkan) yang tak masuk akal

망부(亡父) almarhum ayah

망부(亡夫) almarhum suami

망사(網紗) kain kasa berjaring

망상(妄想) angan-angan; gagasan yang tak masuk akal; fantastis; pikiran yang tanpa alasan (sembarangan) 망상하다 membuat angan-angan; melamun ¶망상에 빠지다 tenggelam dalam fantastis (khayalan)/ 망상을 품다 menaruh angan-angan (khayalan) ⊙ 과대망상증 megalomania. 피해망상증 persekusimania; kegilaan merasa dikejar-kejar terus-menerus

망설이다 ragu-ragu; tertegun-tegun; terombang-ambing ¶망설이지 않고 tanpa keragu-raguan/망설이지 않고 …하다 tidak ragu-ragu melakukan(berbuat)

망신(亡身) kehilangan nama (muka); kehilangan réputasi; malu; aib; hina 망신하다 kehilangan muka (nama); memalukan diri ¶망신을 당하다 mencemarkan diri (memalukan diri) di depan umum (masyarakat)/망신시키다 menyebabkan (membawa) aib; memalukan

망실(亡失) kerugian; kehilangan 망실하다 merugi; kehilangan

망아지 kuda kecil; anak kuda ⊙ 수망아지 anak kuda jantan. 암 망아지 anak kuda betina

망양지탄(茫洋之歎) penyesalan ketidakberdayaan (ketidakmampuan); perasaan putus asa; perasaan ketidakcakapan ¶망양지탄이 있다 merasa tujuan (maksud) tidak mungkin dapat dicapai

망언(妄言) ucapan (kata-kata) yang ngawur (yang tak masuk akal); pembicaraan (percakapan) yang bodoh (tolol) 망언하다 mengeluarkan kata-kata sembrono; berbicara tolol

망연자실(茫然自失) keadaan bingung; kelumpuhan 망연자실하다 bingung; kacau pikiran; tertegun; terpana

망연하다(茫然-) ①⇒ 아득하다 ②【할 바를 모르다】 keadaan linglung; tak sadar; pusing; kosong; hampa; melamun; bingung

망운(亡運) nasib malang yang akan membawa kehancurannya (kejatuhan)

망울 ①【덩어리】 gumpalan; bongkah; bengkak; pentolan; pentil ¶망울지다 menjadi kental ②【꽃의】 kuncup bunga ③【림프선의】 buncak limpa yang membengkak; limfadenamo

망원경(望遠鏡) téleskop;【쌍안경】 teropong ¶망원경으로 보다 melihat ((bintang)) melalui téleskop (teropong) ⊙ 천체 망원경 téleskop astronomi. 굴절망원경 téleskop yang membiaskan (membélokkan). 반사망원경 téleskop réfleksi

망원렌즈(望遠-) lénsa potrét jarak jauh; lénsa telefoto

망인(亡人)⇒ 망자 almarhum

망일(望日) hari bulan purnama; hari yang kelima belas dari bulan kamariah

망조(亡兆) alamat (pertanda) kehancuran (keruntuhan); pertanda keruntuhan ¶망조가 들다 memperlihatkan tanda kehancuran; mengalami kehancuran

망종(亡種) orang tak berguna; berandal (anak nakal) yang tidak berguna; bajingan

망종(芒種)【절후】 satu dari 24 bagian musiman

망 주석(望柱石) sepasang batu yang ditempatkan di depan kuburan

망중한(忙中閑) saat santai setelah sibuk bekerja; istirahat sejenak dalam jam-jam sibuk

망집(妄執) obsési; délusi yang mendalam

망처(亡妻) almarhumah istri

망측하다(罔測-)【해괴하다】 cerita yang tak masuk akal (yang cabul);【상스럽다】 tidak senonoh;【추잡하다】 ganas; buruk; keji; kurang ajar;【꼴이】 buruk; jelék; tak pantas ¶망측한 소리 pembicaraan yang tidak senonoh yang hina)

망치 palu; martil ¶망치로 두드리다 memalu(kan); memukul dengan palu; memartil ⊙ 망치자루 tangkai (gagang) palu

망치다 merusak(kan); mengganggu; menghancurkan; mengotori; membinasakan ¶계획을 망치다 merusak (menggagalkan) rencana

망태기(網-) tas jala

망토 mantel; jubah; jas panjang

망하다(亡-) ①【멸망】 binasa; habis ②【집안·회사 등이】 runtuh; melarat; jatuh ke jurang kesusahan; bangkrut ③【고약하다】 buruk; malang; sengsara; sukar

망향(望鄕) kerinduan pada kampung halaman; rasa rindu; nostalgia ¶망향병에 걸리다 rindu pada kampung halaman; hendak pulang ke kampung

망혼(亡魂) arwah roh) orang mati; jiwa almarhum; jiwa yang meninggal

맞- yang menghadapi; yang berhadapan; berlawanan dengan angsung; lurus; sebenar-benarnya; dengan persetujuan; bersama-sama

맞고소(-告訴) tindakan balasan; tuntutan balasan; aksi balas 맞고소하다 menggugat balik

맞교대(-交代) dua kelompok pekerja giliran

맞다[1] ①【안 틀리다·옳다】 tepat; baik; betul; benar; 【시계가】 tepat; 【계산·장부 끝이】 sesuai dengan ¶맞는 답 jawaban yang tepat ②【일치하다】 setuju; cocok; sesuai ¶사실과 맞지 않다 bertentangan dengan kenyataan (fakta)/사리에 맞다 masuk akal; layak; pantas/조건에 맞다 sesuai dengan keadaan ③【적합하다】 cocok dengan; sesuai dengan ¶이상에 맞다 memenuhi (sesuai dengan) cita-cita/비위에 맞지 않다 sukar diterima ④【알맞다】 cocok; selaras ¶맞지 않다 tidak selaras; tidak cocok ⑤【몸·구멍 등에】 cocok ⑥【마음이】 cocok; sehaluan; yang menyenangkan ¶마음이 맞다 berpendapat sama/마음이 맞는 친구 teman yang cocok (yang menyenangkan) ⑦【수지가】 menguntungkan; berguna ⑧【들어맞다】 (a) (명중·적중) mengenai; tepat; menjadi kenyataan (예상등이) ternyata benar; menjadi kenyataan (b) (당첨) menang (mendapat) lotré

맞다[2] ①【영접】 menjemput; menyambut¶정거장까지 가서 맞다 menjemput di stasiun ②【맞아들임】 menerima; mencarikan; mendapatkan ¶양자를 맞다 mengangkat anak ③【노출되다】 terkena ¶비를 맞다 terkena hujan ④【당하다】 menghadapi bahaya (kesulitan) ¶도둑을 맞다 telah dicuri/벼락을 맞다 disambar oléh kilat (hali lintar) ⑤【얻어맞다】 mendapat pukulan; diapkir ¶빰을 맞다 ditempéléng pada telinga/매를 맞다 dicambuk; dicemeti; didera ⑥【주사를】 mendapat suntikan; disuntik ⑦【점수를】 mendapat nilai ⑧【기타】 ¶풍을 맞다 kena stroke

맞닥뜨리다 ①【갑자기 만나다】 berpapasan dengan; datang berhadapan muka ②【문제·반대 등에】 dihadapi; dihadapkan; menghadapi

맞닥치다 ¶일요일과 축제일이 맞닥쳤다(겹치다) hari libur jatuh pada hari Minggu

맞담배 ¶맞담배 피우다, 맞담배질하다 duduk sambil merokok bersama-sama

맞당기다 menarik (tali) satu sama lain

맞닿다 saling menyentuh; bersentuhan; bergabung satu sama lain

맞대면(-對面) pertemuan berhadap-hadapan 맞대면하다 bertemu berhadap-hadapan; berhadapan muka

맞대하다(-對-) bertemu satu sama lain ¶얼굴을 맞대하다 berhadapan muka

맞돈 tunai: pembayaran tunai ¶맞돈을 내다 membayar secara tunai/맞돈주고 사다 membeli dengan tunai

맞들다 ①【둘이】 mengangkat bersama-sama ②【협력】 membantu satu sama lain

맞뚫다 membor (menembus) satu sama lain

맞먹다 【필적하다】 cocok; seimbang; sama dengan; sesuai; sanggup; 【상당하다】 sama dengan

맞물다 ①【이가】 saling menekan ②【톱니바퀴가】 mencocokkan; menyesuaikan

맞물리다 ①【끊기지 않고 연결되다】 menyambungkan; tersambung ②【밀접한 관련을 맺다】 terhubung dengan

맞바꾸다 menukarkan dengan; mempertukarkan; barter

맞바람 ①【맞은편에서 불어오는 바람】 angin berlawanan; angin haluan ②【남녀의】 ¶맞바람을 피우다 berhubungan rahasia sebagai balas dendam

맞받다 ①【정면으로】 menerima langsung ②【응수】 membalas dengan segera ③【충돌】 saling membentur

맞받이 tempat (sisi) yang berlawanan ¶맞받이 언덕 bukit di hadapan

맞벌이하다 bekerja bersama-sama mencari nafkah; pendapatan ganda; memperoléh mata pencaharian bersama-sama ⊙ 맞벌이 가정 keluarga yang berpenghasilan (berpendapatan) ganda (dobel)

맞보다 saling memandang (melihat)

맞부딪치다 saling bertabrakan; menabrak

맞붙다 ①【한데】 tetap bersatu; tetap berdampingan; berdekatan; melekat; berpegangan erat ②【격투】 bergulat; bergumul; berkelahi ¶맞붙어 싸우다 berkelahi satu sama lain

맞붙이다 ①【사람을】 menghubungkan; memperhubungkan; 【경기 등에서】 mengadu《A》 melawan 《B》 ②【붙이다】 melekat; mempléstér; merekat; menyatukan

맞붙잡다 menggenggam (mencengkam) satu sama lain

맞서다 ①【마주서다】 menghadap《i》; menghadapkan; berhadapan muka; menentang ②【대결】 menentang; berlawanan; bertentangan ¶…에(와) 맞서 bertentangan dengan/맞서 싸우다 berkelahi (berjuang) melawan satu sama lain ③【견줌】 mengatasi; menguasai; menanggulangi; menandingi

맞선 ¶맞선보다 bertemu dengan calon pengantin wanita (pria); bertemu satu sama lain sebelum menikah; temu ahad

맞소송(-訴訟) aksi balas; gugatan bertentangan; tindakan balasan

맞수(-手) tandingan (saingan) yang baik; lawan sederajat (setanding)

맞아떨어지다 ①【계산이】 cocok; benar; tepat ¶계산이 맞아떨어지다 perhitungan yang tepat (benar); jumlah (bilangan) yang cocok ②【기대 · 예상 등이】 nyata; terjadi

맞은편(-便) 【위치】 sisi yang berlawanan; 【상대편】 pihak yang bertentangan ¶맞은편에 pada sisi yang berlawanan; berlawanan

맞이하다 menyambut; pergi menjemput; menerima ¶아내를 맞이하다 beristeri; menikah; kawin/따뜻하게 맞이하다 menyambut dengan hangat; menyambut dengan senyuman/새해를 맞이하다 menyambut tahun baru

맞잡다 ①【…을】 memegang bersama-sama ¶손에 손을 맞잡고 bergadéngan tangan ②【사람끼리】 saling bergulat; berjuang; menghadapi ¶머리끄덩이를 맞잡다 saling menjambak rambut ③【협력】 bekerja bersama-sama; menolong (membantu) orang lain

맞잡이 sebanding; pertandingan yang baik; sepadan; setara ¶씨름의 맞잡이 pertandingan gulat; adu gulat

맞장구치다 menyetujui dengan; menyataan setuju berulang kali

맞절하다 saling membungkuk; saling menundukan kepala; saling memberi salam

맞접다 melipat satu sama lain; melipat dengan sendirinya

맞줄임 【수학】 potongan (pengurangan) ukuran yang biasa 맞줄임하다 mengurangi ukuran (takaran) yang biasa

맞추다 ①【시계 · 주파수 등을】 menyetél; memasang; menyusun kembali ¶시계를 맞추다 menyetél jam; 【라디오 시보에】 mencocokkan arloji 【dengan radio】 ②【음악 · 박자 등에】 mencocokkan ③【부품 · 퍼즐 등을】 memasang; merakitkan (menyusun) kembali ④【비교하다】 membandingkan; mencocokkan ⑤【시간 · 기한에】 mencocokkan ⑥【옷 · 신발 등을 몸에 맞게 만들다】 membuat sesuai dengan ukuran ⑦【옷을 어울리게 입다】 mencocokkan ⑧【조화를 이루다】 seimbang ⑨【기분 등을】 menjilat; memuji-muji; menggulai ⑩【입을】 ¶입을 맞추다 berciuman; mencium; 《saling》 memberi ciuman

맞추다 menempah; memesan 《pakaian》

맞춤 kesesuaian; 【양복의】 tempahan ⊙맞춤옷 pakaian tempahan; pakaian jadi; pakaian buatan penjahit

맞춤법(-法) kaidah (sistém) éjaan; ortografi ⊙ 맞춤법통일안 konsép sistém éjaan baku (standar). 한글맞춤법 kaidah éjaan Korea. 현행맞춤법 sistém éjaan sekarang ini; sistém éjaan yang berlaku

맞혼인(-婚姻) perkawinan yang diatur atas hubungan sederajat

맞흥정 transaksi (dagang) langsung 맞흥정하다 melakukan tawar menawar langsung

맞히다 ①【알아맞힘】 menerka (menduga) tepat ¶잘못 맞히다 menduga (menerka) salah ②【목표에】 mengenai 《tanda sasaran》 ③【비 · 바람 등을】 membiarkan

맡기다 ①【보관을 부탁하다】 menitipkan; menyetorkan ¶우산은 입구에 맡겨 주십시오 Silakan titipkan (simpan) payungmu pada méja depan. ②【일 · 책임 등을 위임 · 위탁하다】 mempercayakan; menyerahkan; menyerahkan dalam pemeliharaan (penjagaan; perlindungan) ③【상상 · 판단 등에】 menyerahkan diri; membiarkan ④【담보로 잡히다】 meninggalkan (menitipkan) sebagai jaminan

맡다[1] ①【보관하다】 menyimpan; menerima; memelihara ②【책임 · 담당 · 감독 등을】 menerima 《tugas》 bagi diri; menerima dalam tanggung jawab; bertanggung jawab ③【허가를】 mendapat

맡다[2] ①【냄새를】 mencium; mendapat bau ②【낌새를】 menduga; mencurigai; merasa

매[1] ①【때리는】 cambuk; pecut; cemeti; batang kayu; logam yang kecil dan lurus ¶매를 때리다 mencambuk; mendera; mencemeti/매를 맞다 dicambuki; didera; dicemeti ②【매질】 pencambukan; deraan; pukul-pukulan

매[2] 【맷돌】 batu giling (penggilingan)

매[3] 【매흙】 tanah lempung abu-abu dan halus 《untuk mempléster》

매[4] 【조류】 burung elang

매[5] 【울음소리】 mengembék

매(枚) helai

매-(每) tiap; tiap-tiap; setiap; masing-masing ¶매달 tiap bulan

-매 bentuk; potongan ¶몸매 bentuk badan; potongan badan

매가(買價) harga pembelian; harga beli

매가(賣家) penjualan rumah; rumah untuk (akan) dijual

매가(賣價) harga penjualan

매각(賣却) penjualan; obralan 매각하다 menjualkan; mengobral; menjual dengan obralan ⊙ 매각공고 pemberitahuan penjualan (pelélangan) umum. 매각인 penjual. 매각조건 syarat-syarat penjualan

매개(媒介) perantara; perantaraan; penyelesaian sengkéta dengan menengahi 매개하다 bertindak sebagai perantara (penengah) ¶…의 매개로 dengan perantaraan dari… ⊙ 매개자 perantara. 매개체 media. 매개물 (병균이) pembawa; penyebar; alat pengangkut: 전염병의 매개물 pembawa infeksi

매관매직하다(賣官賣職-) menjual beli jabatan

매국(賣國) pengkhianatan akan negeri 매국하다 mengkhianati negeri ¶매국적 bersifat khianat/매국적인 행위 perbuatan (tindakan) pengkhianatan ⊙ 매국노(奴) pengkhianat negara

매기(每期) setiap masa; setiap periode

매기(買氣) kecenderungan pembelian

매기다 memberi nilai; menggolongkan; mengklasifikasikan; menyusun menurut tingkat; memberi harga; menghargakan

매끄럽다 ①【감촉이】 licin; mengkilap ②【글 · 말 · 진행 등이】 mulus; fasih; memolés

매거진 majalah

매너【예의】 kelakuan; tatakrama

매너리즘【타성】 perilaku (pelakuan; tingkah; lagak) kebiasaan

매년(每年) setiap tahun

매뉴팩처 mempaberik; membuat dengan tangan (mesin) ⊙매뉴팩처러 pabrikan; pengusaha paberik

매니저 manajer; pengelola (pemimpin)

usaha ¶호텔 매니저 manajer hotel. 세일즈 매니저 pemimpin (diréktur) bagian penjualan
매니큐어 perawatan tangan dan cat kuku 매니큐어하다【스스로】merawat tangan dan cat kuku; melakukan perawatan tangan dan cat kuku;【남이 해주다】mendapat perawatan ((pada kuku))
매니플레이션【외래어】manipulasi; perbuatan curang
매다 ①【묶다·동이다】merapikan; menganyam; mengikat; mencambuk; membalut ②【잡아매다】mengikat((kan)); merantai; menambatkan ③【달아매다】(a) (목을) menggantung (b) (가설) membuat; memasang ¶선반을 매다 memasang rak (c) (줄을) mengencangkan; mengeratkan; merentangkan ④【일·직업에】terikat pada ⑤【김을】menyiangi ⑥【베를】merawat benang dengan perekat (lém); mengeraskan untuk menenun ⑦⇒ 매기다 ⑧【만들다】menjilid ¶책을 매다 menjilid buku
매달(每) tiap bulan
매달다 ①【달아매다】menggantungkan ②【일·직장에】menggantungkan ((hidup)); mengikat diri ((pada pekerjaan)); terikat; tergantung
매달리다 ①【위에서 아래로 늘어지다】terurai; tergantung; berayun-ayun ②【붙잡고 사정하다】berpegang erat pada; melekat; menggantungkan ③【딸리다】tergantung pada; bergantung pada ④【애원하다】memohon
매도(罵倒) pengaduan; pencelaan 매도하다 mengadukan; mencela
매도(賣渡) penjualan 매도하다 menjual ⊙ 매도계약 kontrak penjualan. 매도인 penjual; penjual keliling; penjaja. 매도증서 bon (rékening) penjualan
매독(梅毒)【의학】sipilis; penyakit raja singa ¶제1【2, 3】매독 penyakit sipilis tahapan pertama【kedua, ketiga】/매독에 걸리다 mengidap (kena) penyakit sipilis ⊙ 매독검사 pemeriksaan penyakit sipilis. 매독환자 pasién sipilis. 선천성 매독 penyakit sipilis turun-temurun. 양성【음성】매독 sipilis positif【négatif】
매듭 simpul; ikatan; buhul; tali ¶매듭이 풀리다 simpul yang terlepas/매듭을 맺다 mengikat; membuhul/매듭을 풀다 membuka (melepaskan) simpul
매듭짓다 ①【끈 등을】mengikat; membuat simpul ②【결말을】memberéskan; menyelesaikan; menentukan; mengakhiri
매력(魅力) daya mempesonakan; sifat (keadaan) menarik; pesona; daya tarik; keélokan; kecantikan; kemolékan ¶성적 매력 ((memancarkan)) daya tarik séks/매력이 없다 tidak tertarik ; tidak mempunyai (memberikan) daya tarik
매료(魅了) ¶매료시키다 mempesonakan; menawan; memikat; membuat ((penonton; hadirin)) terpesona
매립(埋立) pengurukan; penimbunan tanah 매립하다 menguruk; menimbuni ⊙ 매립 공사 pekerjaan pengurukan. 매립지(地) tanah (lahan) urukan; tanah yang digarap dengan cara mengeringkan rawa
매만지다 merapikan; meratakan; memangkas; berdandan; bersolék
매맞다 mendapat deraan (cambukan); didera; dicambuk
매매(賣買) perdagangan; perniagaan; penjual-belian 매매하다 berdagang; berjual-beli; menjual-beli ⊙ 매매가격 harga penjual-belian. 매매계약 kontrak (perjanjian) penjualan: 매매계약을 맺다 mengadakan kontrak (perjanjian) penjual-belian; membuat kontrak jual beli. 매매증서 surat penjual-belian
매머드 ①【고대 생물】mamut ((sejenis gajah besar yang hidup dalam zaman purba)) ②【대단한】besar-besaran; hébat ⊙매머드건물 gedung (bangunan) raksasa. 매머드기업 perusahaan raksasa
매명(賣名) pengiklanan diri sendiri 매명하다 memperkenalkan diri kepada umum; mencari publisitas; mencari kemasyhuran ¶매명을 일삼다 sangat menginginkan kemasyhuran; berusaha keras untuk mendapatkan publisitas
매몰하다(埋沒-) menguburkan ¶매몰되다 dikubur; terkubur; terpendam
매몰스럽다 ⇒ 매몰차다 tidak mempunyai

perasaan; kejam; kasar ¶매몰스러운 태도 sikap dingin; sikap acuh tak acuh/매몰스럽게 굴다 bersikap kasar; bersikap acuh tak acuh

매무새 penampilan pakaian ¶매무새를 고치다 mengatur (mencocokkan) pakaian; merapikan diri/매무새가 단정하다 kelihatan rapi dan teratur

매무시 dandanan 매무시하다 berdandan; merawat diri; mematut diri

매물(賣物) barang yang akan dijual; 【게시】 Akan (Untuk) dijual. ¶매물로 내놓다 menawarkan untuk dijual

매미 【곤충】 cengkerik; jengkerik

매번(每番) tiap kali; setiap waktu; 【자주】 sering; 【늘】 selalu

매복하다(埋伏-) bersembunyi untuk menyergap; bersembunyi dalam semak

매부(媒夫) suami adik perempuan; saudara ipar

매부리[1] orang yang melatih burung elang untuk berburu

매부리[2] paruh burung elang

매부리코 hidung béngkok; hidung béngkok seperti paruh rajawali

매사(每事) setiap hal; setiap usaha; setiap perkara; setiap keadaan; setiap rencana; setiap tindakan

매사냥 olah raga berburu denganburung elang ⊙ 매사냥꾼 orang yang melatih burung elang untuk berburu

매상(買上) pembelian; belanjaan; 【정부의】 usaha mendapatkan; usaha memperoléh 매상하다 membeli; memperoléh ⊙ 매상가격 harga pembelian pemerintah

매상(賣上) hasil penjualan; hasil pendapatan ⊙ 매상계정 rékening penjualan. 매상장부 buku penjualan (selip penjualan)

매상고(賣上高) jumlah yang terjual; hasil penjualan; penghasilan; keuntungan; pengambilan ⊙총 매상고 penjualan bruto. 순 매상고 penjualan bersih (nétto)

매석(賣惜) keengganan (ketidakinginan) untuk menjual 매석하다 tidak mau menjual; tidak ingin dijual

매설하다(埋設-) memasang ((kabel)) di bawah tanah

매섭다 ①【기세 · 비판 등이】 keras; bengis; sangat; berat; sengit; hébat ¶매서운 공격 serangan yang hébat; kecaman yang sengit ②(비난) ¶매서운 눈초리 sinar mata yang tajam ③【날씨 · 바람 등이】 sangat; tajam

매수(枚數) jumlah lembaran

매수(買收) ①【물건 등을 매입】 pembelian; pemborongan 매수하다 membeli; memborong ②【금품 · 권력으로 남을】 penyogokan; penyuapan 매수하다 menyuap; menyogok ¶매수할 수 있는 dapat disogok; dapat disuap/ 매수되다 disogok ⊙ 매수가격 harga pembelian

매수(買受) 매수하다 membeli; memperoléh ⊙ 매수인 pembeli

매스게임 pertunjukan massa; pertunjukan kelompok 매스게임하다 mempertunjukkan senam kelompok

매스껍다 ⇒ 메스껍다

매스미디어 media massa; alat penghubung (komunikasi) umum; alat komunikasi massa

매스컴(매스커뮤니케이션) komunikasi massa; jurnalisme; sistém perhubungan massa; publisitas pérs; kewartawanan ¶나 어제 매스컴 탔어요 Saya ada di TV kemarin.

매슥 ⇒ 메슥

매시(每時) tiap (setiap) jam; per jam

매시드 포테이토 kentang puré (tumbuk)

매식(買食) 【행위】 yang makan di rumah makan; 【음식】 makanan yang dibeli (dibayar) 매식하다 makan di réstoran

매실(梅實) plum; buah zahib; sejenis aprikot dari Jepang

매씨(媒氏) ①【남의 누이】 adik perempuan orang lain ②【손위 누이】 kakak perempuan

매암 돌다 ⇒ 맴돌다 ①【돌다】 berputar; berpusing ②【발전이 없다】 tetap dalam ketidak jelasan; tetap dalam keadaan tak dikenal

매약(賣約) kontrak penjualan 매약하다 mengadakan kontrak penjualan; mengadakan kontrak untuk menjual; menanda-tangani penjualan

매약(賣藥) obat patén; obat jadi; obat-

obatan 매약하다 menjual obat jadi ⊙ 매약상인 ahli obat-obatan; apotéker. 매약상(商) toko obat; apotik. 매약행사인 penjual keliling (penjaja) obat-obatan; penjaja obat ajaib

매양(每-) selalu; setiap waktu

매연(煤煙) 【연기】 asap hitam; asap penuh jelaga ¶매연이 많은 penuh asap; berjelaga ⊙ 매연공해 polusi (pencemaran) asap: 매연차량 kendaraan yang mengeluarkan asap berbahaya

매우 sangat

매운탕(-湯) *maeuntang;* ikan gulai sempedas

매음(賣淫) pelacuran; prostitusi; ketunasusilaan 매음하다 melacurkan diri; melakukan pelacuran ⊙ 매음굴 rumah pelacuran. 매음녀 ⇒ 창녀 perempuan lacur; pelacur; wanita lacur; wanita tunasusila; sundal

매이다 ①【줄 · 끈 등으로】 diikat; dipertalikan; terikat; tertambat ②【목이】 tergantung ③【구속을 받다】 terikat ¶일에 매이다 terikat pada pekerjaan (usaha); selalu sibuk dengan bisnis

매인 목숨 orang bawahan; pekerja

매일(每日) tiap; tiap-tiap hari; setiap hari ¶매일의 sehari-hari; tiap-tiap hari/매일 매일 setiap hari; hari demi hari; dari hari ke hari

매일반(-般) sama; yang itu juga; serupa; namun demikian

매입(買入) pembelian 매입하다 membeli; memperoléh ¶대량으로 매입하다 mengadakan pembelian ((beras)) besar-besaran ⊙ 매입원가 harga pembelian

매장(埋葬) ①【시체를 땅속에 묻음】 pemakaman; penguburan 매장하다 memakamkan; menguburkan; mengebumikan ¶시신을 매장하다 mengubur mayat ②【사람을 사회적으로 따돌림】 pengasingan (pemboikotan) dari masyarakat 매장하다 mengasingkan; memboikot; membuang (mengusir) dari masyarakat; memperlakukan sebagai orang buangan masyarakat ¶매장되다 diusir dari masyarakat; menjadi orang buangan masyarakat ⊙ 매장비 ongkos (biaya) pemakaman. 매장지 tanah pemakaman

매장(埋藏) ①【묻어 감춤】 매장하다 mengubur; memendam (bersembunyi) di bawah tanah ②【지하자원 등이】 lapisan; endapan; bahan galian 매장되다 terpendam dalam tanah; tersimpan ((minyak)) di bawah tanah ⊙ 석탄【석유】의 매장량 cadangan lapisan (endapan) batu bara 【minyak】

매장(賣場) 【판매장】 méja pajangan; ruang penjualan; 【점포】 toko; kedai; kios ¶할인 매장 toko diskon ⊙ 매장판매원 pelayan toko; pramuniaga

매저키즘 【의학】 kegembiraan; kesenangan karena menderita (disiksa)

매절(賣切) ⇒ 매진 ¶매절되다 dijual habis; habis terjual

매점(賣店) kafétaria; kantin ⊙ 학교 매점 kafétaria sekolah

매점(買占) pemborongan; monopoli ((beras)) 매점하다 memborong; memonopoli

매정하다, 매정스럽다 dingin; tidak ramah; tidak berperasaan

매제(妹弟) ipar laki-laki

매주(每週) setiap minggu ¶매주의 tiap minggu/ 매주토요일 setiap hari Sabtu

매주(買主) 【사람】 pembeli; langganan

매주(賣主) 【사람】 penjual

매직 ilmu gaib; ilmu sihir; gaya tarik ⊙ 매직아이 【라디오 등의】 mata gaib. 매직잉크 tinta magis. 매직핸드 tangan gaib; penyeléwéng; manipulator

매진(賣盡) penjualan 매진하다 menjual habis ¶매진되다 habis terjual

매진하다(邁進-) bergerak maju; meneruskan; mempercepat; bekerja keras; berusaha terus; berkonséntrasi pada

매질 deraan; cambukan; pukulan 매질하다 mencambuk; mendera; memukul; mencemeti

매체(媒體) ①【전달 수단】 ¶대중매체 média massa; alat penghubung umum /방송매체 média penyiaran ②【전달시키는 물질】 perantara; perantaraan ⊙ 광고매체 perantaraan iklan; média periklanan

매초(每秒) setiap detik

매춘(賣春) ⇒ 매음(賣淫) pelacuran ¶매춘을 하다 melacur ⊙ 매춘부 pelacur; (전

화로 부르는) 콜걸 perempuan (wanita) panggilan

매출(賣出) penjualan; penjualan obral 매출하다 menjual; menjual habis; mengobral ⊙ 매출가격 harga penawaran. 연말 대매출 penjualan dengan harga murah (obralan) pada akhir tahun

매치 ①【경기】 pertandingan ②【서로 조화를 이루어 어울림】 cocok

매치복스【외래어】 kotak korék api

매칭【외래어】 sesuai

매캐하다 ①【연기 내다】 penuh dengan asap; berasap; berjelaga ②【곰팡내가】 apak; busuk ¶매캐한 냄새가 나다 berbau apak (busuk)

매콤하다 pedas; agak pedas

매큼하다 ⇒ 매콤하다

매트 ①【깔개】 tikar; késétan; pengesat kaki ②【스포츠】 pertandingan; tandingan

매트리스 kasur; tilam; matras

매트릭스【외래어】 ①susunan angka-angka; matriks ② matrés ③batuan ④ kandungan; rahim

매파(-派) aliran garis keras

매파(媒婆) mak comblang; pencari jodoh; perempuan tua yang menjadi pengantara

매팔자(-八字) keadaan mudah (ringan); gaya hidup yang bébas dan santai

매표(賣票) penjualan karcis 매표하다 menjual karcis ⊙ 매표구 lokét (jendéla) penjualan karcis. 매표소 lokét; tempat pemesanan karcis

매품(賣品) barang yang mau dijual;【게시】 Untuk (Mau) dijual.

매한가지 ⇒ 마찬가지 kesamaan; persamaan ¶매한가지의 yang sama; sama saja; hampir sama; banyak kesamaan

매형(妹兄) suami kakak perempuan; saudara ipar

매호(每戶) tiap rumah; setiap rumah

매호(每號) tiap (setiap) nomor

매혹(魅惑) pemikatan; pesona; daya tarik yang sangat kuat; yang memikat; yang menarik 매혹하다 mempesonakan; mengagumkan; memikat; menawan; menarik hati ¶매혹적인 mempesonakan; menawan hati; sangat menarik/매혹되다 tertarik; terpikat hati; jatuh hati

매화(梅花) pohon aprikot Jepang

매회(每回) setiap waktu; (권투 등의) setiap babak (ronde; réntétan)

맥(脈) ①【맥박】 nadi; denyut ¶ 맥이 뛰다 berdenyut/맥을 보다 【진맥】 mengukur denyut nadi; (살핌) memeriksa; mencoba mengetahui ((keadaan)); melihat bagaimana situasi (keadaan) ②【광맥】 retakan pada batu-batuan (minéral); barang tambang ¶맥을 찾아내다 menemukan lapisan bijih (tambang) ③【풍수지리의】 tempat yang baik di mana roh naga-naga diperkirakan berkumpul ④【전통의】 ¶전통의 맥을 잇다 mewariskan tradisi

맥락(脈絡) ①【혈맥】 urat darah halus; pembuluh vena ②【사물의】 tali hubungan; hubungan timbal-balik; kontéks

맥류(麥類) gerst; gandum hitam yang dipakai untuk membuat bir

맥박(脈搏) denyut nadi; denyutan; debaran; getaran ¶맥박에 이상 없다 denyut nadi normal/맥박을 재다 mengukur denyut nadi ⊙ 맥박계 alat mengukur denyutan (urat nadi)

맥보다(脈-) ①【진맥】 mengukur denyut nadi ②【살피다】 memeriksa; mencoba mengetahui keadaan

맥분(麥粉) tepung gandum

맥빠지다, 맥나다(脈-) ①【피곤】 merasa lemah; lelah; sangat letih ②【낙심】 merasa kecéwa; tidak bersemangat

맥없다(脈-) 【기운이】 lemah; 【풀 없다】 sedih; kesal; putus asa; patah hati; kecil hati; tidak bersemangat; lesu

맥없이(脈-) ①【기운 없이】 dengan lemah; letih; lesu ②【쉽게】 dengan mudah; tanpa kesulitan ②【공연히】 tanpa alasan

맥주(麥酒) bir ¶맥주의 거품 busa (buih) bir/김빠진 맥주 bir hambar; bir tawar ⊙ 맥주병 botol bir. 깡통맥주 bir kaléngan. 생맥주 bir kran; bir yang diambil dari tahang

맥줄(脈-) urat nadi; pembuluh nadi

맥추(麥秋) waktu panén gerst (sejenis

gandum)

맥 풀리다 ⇒ 맥 빠지다

맨[1] 【온통】 hanya; semata-mata

맨[2] 【가장, 제일】 paling ¶맨 처음【먼저】 pertama-tama; sebelum segala sesuatu yang lain; sebelum yang lain/맨 나중, 맨 끝찌 paling akhir

맨- 【접두사】 tanpa bantuan; tak dilindungi; tak terlindung; gundul; kosong; telanjang; tanpa disertai ¶맨머리 kepala gundul (botak); tanpa tutup kepala/맨발 telanjang kaki; kaki telanjang. 맨손 dengan tangan kosong; tanpa sumber penghasilan

맨 날 【매일】 tiap hari; setiap hari

맨둥맨둥하다 gundul; tidak berpohon

맨 뒤 bagian paling belakang antrian

맨드라미 【식물】 (bunga) jénggér ayam

맨땅 tanah kosong

맨머리 tanpa tutup kepala; kepala gundul; botak

맨 먼저 pertama-tama; paling pertama; permulaan

맨몸 ①【벌거숭이】 telanjang; ketelanjangan; keadaan telanjang ¶맨몸이 되다 menjadi telanjang; menelanjangi ②【무일푼】 ¶ 맨몸으로 tanpa modal; tidak mempunyai uang sesénpun

맨몸뚱이 ⇒ 맨몸②

맨 밑 paling dasar; dasar sekali ¶맨 밑의 paling rendah; paling sedikit

맨바닥 dasar yang kosong; lantai tanpa selimut

맨발 kaki telanjang ¶맨발의 tidak beralas kaki

맨밥 nasi tanpa lauk-pauk; nasi tanpa memakai hidangan tambahan

맨살 tanpa tutup badan

맨션 rumah yang besar; flat golongan atas ⊙ 맨션아파트 flat méwah; rumah flat golongan atas

맨손 ⇒ 맨주먹 tangan kosong ((tanpa senjata)); kepalan tangan kosong ¶【비유적】 맨손으로 사업을 시작하다 memulai usaha dari nol

맨숭맨숭하다 ①【털이 없어 반반하다】 tidak berambut; tidak berbulu ¶턱이 맨숭맨숭하다 tidak berjanggut; dagu licin; dagu tidak ada janggut ②【술을 마셔도 정신이 멀쩡하다】 tidak mabuk; waras ③【심심하고 어색하다】 kikuk; membosankan

맨 아래 dasar sekali; paling dasar ¶맨 아래의 paling rendah; paling bawah

맨 앞 barisan depan; bagian depan ¶맨 앞의 terkemuka; terutama/맨 앞에 di bagian depan

맨 얼굴 tanpa riasan

맨 위 puncak sekali; paling atas; paling penting ¶맨 위의 paling tinggi (atas); paling penting

맨입 mulut (perut) kosong; tanpa makan ¶맨입에 술을 하다 minum minuman keras dengan perut kosong

맨 정신(-精神) pikiran normal

맨주먹 ⇒ 빈손, 맨손 【빈주먹】 tangan kosong ¶맨주먹으로 dengan tangan kosong; tanpa modal

맨처음 paling pertama; mula-mula; permulaan ¶ 맨 처음에 오다 datang pertama

맨투맨 ⇒ 일대일 satu-satu; satu-ke satu ¶맨투맨 방어 pertahanan orang perorang

맨틀피스 papan (rak) di atas tungku

맨홀 lubang got ⊙ 맨홀 뚜껑 penutup lubang got

맴돌다 ①【주변을】 mendekat di ②【일정한 범위에 머무르다】 di sekitar; di sekeliling ③【생각 등이 머릿속에서】 berputar-putar

맴맴 ¶매미가 맴맴 울다 Seekor belalang yang mengerik (melengking).

맵 peta

맵다 ①【맛이】 pedas; panas ②【혹독하다】 keras; hébat; sangat ③【눈 · 코가】 perih; pedih ④【손 등이】 ¶그녀는 내가 생각한 것보다 손이 매웠다 Pukulannya lebih sakit dari yang kukira.

맵시 ketampanan; kebagusan; kegagahan; potongan; bentuk tubuh ¶맵시 있다 gagah; ganteng; bagus; tampan; berbentuk baik; berpotongan bagus ⊙ 옷맵시 potongan baju

맷돌 batu gerinda; batu gilingan

맷방석(-方席) késétan (tikar) jerami yang bulat

맹격(猛擊) serangan hébat (keras); serangan yang ganas ¶맹격을 가하다 menyerang dengan hébat; melakukan serangan dahsyat

맹견(猛犬) anjing galak ¶맹견주의【게시】Awas, ada anjing galak.

맹공격(猛攻擊) serangan hébat (keras) 맹공격하다 menyerang dengan hébat (ganas); melakukan serangan dahsyat ¶맹공격을 받다 terserangan yang keras (berat)

맹금(猛禽) burung pemangsa; burung buas (ganas)

맹꽁맹꽁 bunyi kuak-kuak

맹꽁이 ①【동물】sejenis kodok (katak) bulat kecil ②【멍청하고 답답한 사람, 맹추】otak burung; orang bodoh; orang pandir; tolol; dungu ⊙ 맹꽁이자물쇠 gembok gantung; kunci kura-kura.

맹도견(盲導犬) anjing penuntun orang buta

맹독(猛毒) racun yang mematikan ¶맹독이 있다 beracun yang mematikan

맹랑(孟浪) 맹랑하다 ①【허망하다】tidak benar; (믿을 수 없다) tak dapat dipercaya; tidak masuk akal; palsu; bohong; (무근거) tak berdasar; (터무니없다) mustahil; yang bukan-bukan; keterlaluan ②【깜찍하고 당돌하다, 허투루 볼 수 없다】lebih sulit (keras; berat) dari pada yang dikira; tidak sepélé; tidak dapat diabaikan

맹렬(猛烈) 맹렬하다 ganas; garang; buas; galak; sengit dahsyat; penuh semangat; berapi-api; keras; hébat; tajam; tekun ¶맹렬히 dengan keras; dengan hébat; dengan sengit; dengan dahsyat; dengan ganas

맹목적(盲目的) kebutaan; ketunanétraan ¶맹목적(으로) membabi buta; dengan sembrono; dengan serampangan /맹목적인 사랑 cinta buta

맹물 ①【아무것도 첨가하지 않은 물】air biasa; air tawar; makanan yang hambar (tawar) ②【아무지지 못한 사람】orang dungu

맹 반격하다(猛反擊-) mengadakan serangan balasan yang hebat

맹방(盟邦) sekutu

맹성(猛省) pemikiran yang serius; perenungan diri; réfleksi (pencerminan diri) yang sungguh-sungguh 맹성하다 merenung diri; meréfleksikan diri dengan sungguh-sungguh ¶맹성을 촉구하다 mendesak untuk mempertimbangkan kembali dengan sungguh-sungguh

맹세【신 앞에】sumpah; ikrar; janji 맹세하다 bersumpah; mengangkat sumpah; berjanji; menjanjikan; berikrar ¶맹세를 지키다 menetapi (memegang) janji (sumpah)/ 충성을 맹세하다 berikrar (berjanji; bersumpah) setia

맹수(猛獸)【사나운 짐승】binatang ganas (galak; buas; liar)

맹습(猛襲) serangan (penyerangan) sengit (hébat) 맹습하다 menyerang dengan hébat (dengan ganas)

맹신(盲信) kepercayaan (keyakinan) yang membabi buta 맹신하다 percaya secara membabi-buta

맹아(盲啞)【장님】buta dan bisu ⊙ 맹아교육 pendidikan untuk orang yang buta dan bisu; pendidikan untuk tuna nétra dan tuna rungu

맹아(萌芽) kuncup; pucuk; semi

맹약(盟約) perjanjian; pakta; persekutuan; liga ¶맹약을 맺다 menandatangani (mengadakan) perjanjian

맹연습(猛練習) latihan yang keras (inténsif) 맹연습하다 berlatih dengan keras; melakukan (melaksanakan) latihan yang keras (hébat)

맹위(猛威) keganasan; kebuasan ¶맹위를 떨치다 menjadi buas; mengganas; (사람이) mempergunakan pengaruh yang besar sekali

맹인(盲人) orang buta; tuna nétra;【총칭】buta

맹자(孟子) Mencius

맹장(盲腸) usus buntu; apéndiks ¶맹장을 떼어내다 usus buntunya dipotong/맹장수술을 받다 dioperasi usus buntu ⊙ 맹장염 apéndisitis; radang apéndiks. 급성 맹장염 usus buntu akut

맹장(猛將) jénderal yang berani; pemimpin (tokoh) yang berani; pejuang

véteran
맹점(盲點) titik kelemahan (kekurangan)
맹종(盲從) ketaatan (kepatuhan) yang membabi-buta 맹종하다 patuh (tunduk) secara membabi buta; mengikuti secara membuta
맹주(盟主) pemimpin ((persekutuan; persekongkolan; konféderasi)); adidaya ¶맹주가 되다 menjadi pemimpin (tokoh)
맹진(猛進) gerakan; lari cepat 맹진하다 maju (berlari) ke depan
맹추 bodoh; tolol; dungu; bebal
맹추(孟秋) awal musim gugur
맹춘(孟春) awal musim bunga
맹타(猛打) pukulan yang keras 맹타하다 memukul dengan keras; menghantam ((bola))
맹탕 ①【싱거운 국물】 sup éncér; sup yang tawar; sup yang hambar ②【실속 없는 사람】 orang dungu; orang yang membosankan; orang yang tidak menarik perhatian
맹폭(盲爆) pengeboman membabi buta (sembarangan) 맹폭하다 membom secara membabi buta
맹폭(猛爆) pengeboman hébat (gencar; berat); serangan udara yang intensif 맹폭하다 membom dengan berat (hébat)
맹하(孟夏) awal musim panas
맹호(猛虎) harimau (macan) yang ganas (buas)
맹화(猛火) api (nyala api; kebakaran) yang mengamuk
맹활동(猛活動) kegiatan (tindakan) yang penuh semangat; aktivitas penuh 맹활동하다 bertindak (berbuat) dengan penuh semangat; dalam aktivitas penuh
맹활약하다(猛活躍-) sangat (berperan) aktif
맹훈련(猛訓練) latihan yang bersemangat (yang keras) 맹훈련하다 melatih dengan keras
맹휴(盟休) ⇒ 동맹휴교, 동맹휴학 pemogokan; pemogokan mahasiswa (pelajar) 맹휴하다 mogok sekolah
맺다 ⇒ 매다 ①【끈 · 매듭을】 membuat simpul ②【열매를】 berhasil; membawa hasil; berbuah ③【끝을】 mengakhiri; menyelesaikan; menyudahi; menghabiskan ④【원한을】 menaruh ((dendam)); menahan; mengandung; menanggung ⑤【계약 · 관계를】 mengadakan ((hubungan; perjanjian; kontrak)); mengikat tali perkawinan; menandatangani ((perjanjian))
맺음말 ucapan (kata-kata) penutup; kesimpulan
맺히다 ①【매듭이】 terikat; terbuhul; tersimpu; diikat ②【열매가】 menghasilkan ③【원한 · 응어리 등이】 dapat dikendalikan; tertanam; terpendam; berakar ④【이슬 · 눈물 · 피가】 terbentuk ¶이슬이 맺히다 berembun
머그 컵 mangkuk
머금다 ①【입속에】 menahan (menyimpan) dalam mulut ②【마음에】 menaruh ¶원한을 머금다 menaruh dendam ③【눈물 · 이슬을】 berlinang; bergenang air mata ④【미소 등을】 mengulum senyum
머나멀다 ①【거리】 sangat jauh ②【시간】 sangat lama; jauh ¶머나먼 옛날 masa dahulu
머루 buah anggur hutan
머름 【건축】 lapis kayu pada dinding; papan dasar
머리① 【목 위의 부분】 kepala ¶머리가 어찔어찔하다 merasa pusing; pusing kepala/머리가 잘 안도는 lambat mengerti/머리가 돌다 menjadi gila; kehilangan akal ②【끝 · 꼭대기】 puncak; bubungan; ujung kepala ③【첫머리】 permulaan ¶머리말 kata pendahuluan; kata pengantar ④【머리카락】 rambut ¶머리감다 mencuci rambut/머리를 깎다 memotong (memangkas) rambut
머리끄덩이 ¶머리끄덩이를 잡다 menjambak rambut
머리끝 ujung rambut ¶머리끝에서 발끝까지 dari ujung rambut sampai ujung kaki
머리맡 ¶머리맡에(서) di sisi tempat tidur; dekat bantal
머리 얹다 ①【머리를】 mengatur rambut ②【혼인】 menikah; mencapai kedewasaan ③【기생이】 kehilangan kegadisan (keperawanan)

머리염색(-染色) cat rambut
머리치장 tata rias rambut; penataan rambut 머리치장을 하다 merapikan rambut; menghiasi rambut
머리채 anyaman (kepang) rambut yang panjang
머리카락, 머리칼 rambut ¶흰 머리카락 rambut putih; uban
머리털 rambut; bulu tengkuk ¶머리털이 곤두서다 bulu roma berdiri; menjadi takut
머리핀 jepitan rambut; tusuk kondé
머릿기름 minyak rambut; pomade
머릿니 kutu kepala
머릿수(-數) jumlah orang; hitungan kepala
머무르다 menginap; berdiam; tinggal; (직책 등에) di; dalam ¶주막에 머무르다 menginap di rumah penginapan/현직에 머무르다 dalam jabatan sekarang
머무적거리다 ⇒ 머뭇거리다
머무적머무적 dengan ragu-ragu; dengan termangu-mangu; dengan bimbang; dengan gugup
머뭇거리다 ragu-ragu; bimbang; termangu-mangu; berkata dengan gagap
머스터드 mostar
머슴 buruh tani; pelayan tanah pertanian ¶머슴(을) 살다 menjadi (membantu sebagai) buruh tani ⊙ 머슴애 anak buruh tani; (사내아이) anak laki-laki
머쓱하다 ①【키가】 tinggi ¶키가 머쓱하니 크다 tinggi semampai; tinggi ramping ②【기가 죽다】 menjadi kecil hati (patah hati; sedih); kelihatan (nampak) malu
머저리 ⇒ 바보 tolol; bodoh
머지않아 segera; tak lama lagi
머큐리 merkuri; air raksa
머플러 ①【목도리】 syal; seléndang léhér yang tebal ¶머플러를 두르다 mengenakan syal ②【자동차의 소음기】 peredam (penyegap) suara; knalpot suara
머핀 sejenis kué
먹 tinta Cina
먹구름 awan hitam; awan gelap
먹구름 ①[검은 구름】 mendung; awan gelap (hitam) ②【좋지 않은 징조】 bayangan

먹다[1] ①【음식을】 makan ②【먹고 살다, 생계유지】 hidup; mendapat penghasilan ¶먹기 위해 일하다 bekerja untuk sesuap nasi; bekerja untuk mencari makan ③【담배·물·약 등】 merokok; menghisap; minum ④【벌레 등이】 merusak; melubangi; dimakan ngengat (ulat) ⑤【남의 것·재물을】 mengambil; merebut; merampas; menyita ⑥【이문을】 menerima; mengambil ⑦【욕·겁을】 mendapat; menderita ¶욕을 먹다 mendapat makian (omélan; hardikan) ⑧【나이를】 menjadi tua ¶…보다 두 살 더 먹다 dua tahun lebih tua dari pada ⑨【더위를】 dirusak oléh panas; menderita karena cuaca panas; sakit karena kepanasan ⑩【판돈·상금 따위를】 memenangkan ((hadiah; taruhan)) ⑪【주먹 등을】 ¶한 대 먹다 diberi pukulan; dipukul ⑫【녹 등을】 menerima; mendapat ⑬【마음을】 mengatur; bermaksud akan mengerjakan (melakukan)
먹다[2] ①【날이 잘 들다】 memotong dengan baik; tajam sekali ②【맷돌이】 menggerinda(mengasah) dengan baik ③【물감·풀 등이】 dicelup dengan baik ④【씨아가】 memisah biji (kapas) ⑤【들다】 mahal; merugikan
먹다[3] 【귀가】 kehilangan pendengaran ¶귀가 먹다 menjadi tuli; menjadi pekak
먹똥 ①【먹물찌끼】 endapan kering tinta Cina ②【먹 자국】 noda tinta hitam
먹먹하다 【귀가】 tuli pekak
먹물 ①【먹을 갈아 만든 물】 tinta Cina ②【검은 물】 air hitam; tinta ¶오징어가 먹물을 내뿜었다 gurita menyemburkan tintanya ③【학식·지식】 ilmu pengetahuan
먹보 pelahap
먹빛 warna tinta hitam
먹새 ⇒ 먹음새 ②
먹성(-性) kapasitas (daya tampung) makan ¶먹성이 좋다 mempunyai seléra (nafsu makan) yang baik (besar)
먹실 ①【실】 benang yang dicelup hitam ②【문신】 tato; tanda rajah
먹음새 tata cara (tata krama) makan
먹음직스럽다 kelihatan lezat (énak); me-

rangsang seléra ¶먹음직스러워 보이다 kelihatan lezat (enak); menimbulkn air liur

먹음직하다 ⇒ 먹음직스럽다

먹이 makanan; pakan; makanan ternak; mangsa; sasaran ¶먹이를 주다 memberi makanan/먹이로 하다 memangsai; menjadikan mangsa ⊙ 먹이 사슬 rantai makanan. 먹이통 keranjang makanan; émbér makanan binatang; bak untuk memberi makan binatang

먹이다[1] ①【음식을 먹게 하다】 memberi makanan; menghidangkan; menyajikan; menjamu makan ②【부양 · 사육하다】 menyokong; memberi; memelihara ¶소를 먹이다 memelihara sapi ③【뇌물을】 menyuap; menyogok ④【때리다】 memberi pukulan; memukul; menampar; menempéléng ⑤【피해 · 겁 · 욕을】 menyebabkan menderita; membebankan; menyusahkan; menakut-nakuti

먹이다[2] ①【물감을】 mencelup ②【풀을】 menganji ③【기름을】 meminyaki; mempergunakan minyak ④【기계에】 memberi makan ⑤【돈을 들이다】 membelanjakan

먹자골목 gang (lorong) makanan

먹자판 【먹고 떠드는 자리】 pésta besar; pésta makan

먹줄 ①【실】 benang peninta; benang arang ②【금】 garis tinta yang digunakan oléh tukang kayu ¶ 먹줄 친 듯하다 lurus dan rata

먹지(-紙) kertas karbon

먹칠(-柒) 먹칠하다 melumuri (mengotori) dengan tinta; mencoréng arang di muka ¶명성에 먹칠을 하다 menodai nama baik (reputasi); menodai popularitas

먹통(-桶) ①【먹 담은】 tempat (kotak) tinta ②【끊김】 terputus; mati

먹히다 ①【잡아먹히다】 termakan; dimakan; ditelan ②【먹게 되다】 dimakan ¶밥이 많이 먹히다 mempunyai seléra baik ③【돈 · 비용 등이】 dihabiskan; memerlukan ④【빼앗기다】 dirampas; tertipu ¶돈을 먹히다 ditipu uang; kehilangan uang

먼 길 perjalanan panjang

먼 나라 negeri yang jauh

먼눈[1] 【소경의】 mata yang buta

먼눈[2] 【먼 곳을 보는】 pandangan jauh

먼데 tempat yang jauh; perjalanan jauh

먼동¶먼동이 트다 fajar menyingsing/먼동이 트기 전에 sebelum fajar menyingsing; sebelum dini hari

먼로주의(-主義) doktrin Monroe

먼발치(기) tempat yang jauh

먼빛으로 dari jauh; dari kejauhan

먼일 hal (masa) yang akan datang

먼저 ①【앞서서】 sebelum; mendahului ¶먼저가다 pergi sebelum orang lain ②【우선】 sebelum segala hal lainnya; pertama-tama; terutama sekali; di atas segalanya ③【미리】 di muka; sebelumnya ④【전기】 《beberapa waktu》 yang lalu; sebelum itu; sebelumnya; tadinya; dahulu ¶먼저 말한 바와 같이 seperti yang disebutkan sebelumnya; seperti yang dikatakan di atas

먼지 debu; abu; abuk ¶먼지투성이의 penuh dengan debu; tertutup oléh debu ⊙ 먼지떨이 alat pembersih debu

멀개지다 menjadi lebih pudar; menjadi lebih cerah (jernih); 【묽어지다】 menja encer

멀거니 dengan pandangan kosong (jauh) ¶ 멀거니 앉아 있다 duduk melamun

멀건이 orang yang pelupa

멀겋다 ①【흐릿하게 맑다】 pudar; pucat; sedikit cerah (jernih); tidak betul-betul cerah (jernih) ②【국물 등이 묽다】 kelihatan éncér

멀다[1] ①【거리가】 jauh ②【촌수 · 관계 등이】 jauh ¶먼 친척 keluarga jauh ③【시간적으로】 lama waktu; jauh ¶먼 옛적 dahulu; waktu yang lampau; waktu yang lalu/ 멀지 않아 tidak lama lagi ④【기준에 못 미치다】 jauh 《mencocokkan; menandingi》; (미숙련) tidak mahir

멀다[2] ①【시력 · 청력을 잃다】 kehilangan penglihatan ¶눈이 멀다 menjadi buta ②【비유적】 ¶돈에 눈이 멀어서 dibutakan oléh uang

멀뚱멀뚱 dengan kosong (hampa) 멀뚱멀뚱하다 kosong; hampa

멀리 jauh 멀리하다【경원하다】 menjauhkan diri; menghindari; mengélakkan; mengasingkan

멀리뛰기 lompatan(lompat) jauh ¶ 멀리뛰기 선수 pelompat jarak jauh

멀미 ①【배·차 등의】 mabuk; mual; sakit 멀미하다, 멀미나다 merasa mual; menjadi sakit ¶뱃멀미 mabuk laut/비행기 멀미 mabuk udara ②【진저리】 menjadi bosan; merasa muak 멀미나다 bosan; muak

멀쑥하다 ①【마르고 키가 크다】 kurus dan tinggi ¶키가 멀쑥하다 kurus semampai ②【묽다】 éncér; berair ¶멀쑥한 국 sup yang éncér

멀어지다 ①【소리 등이】 lenyap dari pendengaran; suaranya bertambah lemah (redup) ②【사이·관계 등이】 menjadi asing; menjadi jauh; terlepas 《satu sama lainnya》 ③【거리가】 menjadi jauh; (멀리 사라지다) menjadi jauh; surut; hilang ④【가까이 하지 않다】 menjauh; tidak mendekat

멀쩡하다 ①【아무 탈 없다】 ⇒ 말짱하다 normal; utuh; (정신이 또렷하다) tampak tenang; normal, ②【뻔뻔스럽다】 tak tahu malu; lancang; kurang ajar

멀찌감치 ⇒ 멀찍이

멀찍멀찍 dengan jarak waktu yang panjang (lama); terpisah jauh

멀찍이 agak (cukup) jauh; jauh terpisah

멀티 beranéka; bermacam-macam ⊙멀티컬러 beranéka warna

멈추다 ①【그치다】 berhenti; 【엔진이】 mati ②【그치게 하다】 menghentikan

멈칫거리다 ragu-ragu; terombangambing; bimbang; menarik diri; membuang-buang waktu; menghabiskan waktu

멈칫멈칫 dengan ragu-ragu; pelan-pelan

멈칫하다 berhenti dengan tiba-tiba (sebentar); segan-segan; menarik diri; mengundurkan (menjauhkan) diri

멋 ①【운치】 rasa; cita rasa; perasaan; kesenangan; kesukaan; kegemaran ¶멋있는 penuh cita rasa; penuh perasaan; sangat menarik; mempesonakan; bagus sekali; lewes; perlénté; sopan; beradab; berbudi halus ②【세련되고 아름다움】 sifat pesolék ¶ 멋으로 untuk pamér; untuk memamérkan diri

멋 내다 ⇒ 멋 부리다 mendandani dengan rapi

멋대로 sesuka hatinya; semau-maunya; dengan mengingat kepentingan sendiri; tidak patuh ¶멋대로 굴다(행동하다) memakai caranya sendiri; berbuat apa yang disukainya

멋들어지다 mempesonakan; menarik; penuh kegembiraan (keindahan; keanggunan; perhatian); tampan; cakap; bagus

멋모르다 ketidaktahuan

멋부리다 berdandan dengan rapi; merapikan diri; mempercantik; memperindah

멋있다 ⇒ 멋지다

멋없다 kekurangan (kurang) rasa; hambar; tawar; tidak bagus

멋쟁이 pesolék; pedandan; orang yang perlénté; orang yang sadar fésyen

멋지다 【근사하다】 bergaya; cakap; gagah; perlénté; tampan ¶멋져 보이다 kelihatan élok (cantik; jelita)

멋쩍다 【쑥스럽다】 merasa tidak énak (tidak tenang); merasa malu; canggung; kikuk

멍 ①【신체의】 luka memar; 《biru》 lebam ¶멍이 들다 terluka; mendapat luka memar ②【마음의】 ¶멍이 들다 menyakiti hati

멍멍 gonggongan (galak) anjing 멍멍거리다 menyalak; menggonggong

멍멍개 【어린애 말】 anjing kecil

멍멍하다 menjadi pekak (tuli); bingung; linglung

멍석 tikar (késétan) jerami; lapik 멍석을 깔다 membentangkan tikar jerami di tanah

멍에 beban; kuk ¶멍에를 메우다 memasang kuk (beban) pada/멍에를 벗다 melepaskan kuk (beban); (비유적) bébas dari pengekangan (pengendalian)

멍울 ⇒ 망울 gumpalan

멍청이 ⇒ 바보, 얼간이 orang bodoh; orang tolol; goblok; orang dungu; orang bebal

멍청하다 bodoh; dungu; tolol ¶멍청히 de-

ngan tolol/멍청한 사람 ⇒ 멍청이
멍키 monyét; kera
멍하다 linglung; melamun; hampa; kosong
멎다 ①【멈추다, 정지하다】 berhenti; kehabisan nafas ②【비 · 바람 등이】 berhenti; reda
메[1] palu; martil; penggebuk; 【큰 것】 palu besar; godam
메[2] 【제삿밥】 nasi yang dipersembahkan kepada para déwa atau roh orang yang sudah meninggal
메가 méga- ⊙메가바이트 mégabit. 메가사이클 mégasikel. 메가와트 mégawatt
메가폰 ①【확성기】 mégafon; alat pengeras suara ¶메가폰에 대고 말하다 berbicara melalui mégafon ②【비유적】 ¶메가폰을 잡다 mengarahkan produksi film
메기 sejenis ikan yang berkumis; ikan lélé; limbat ⊙ 메기입 mulut besar (panjang); 【사람】 orang bermulut besar
메기다[1] ¶소리를 메기다 memainkan lagu (nyanyian)
메기다[2] ①【화살을】 memasang ②【윷놀이】 memindahkan
메꾸다 ⇒ 메우다
메뉴 ménu; daftar makanan ¶메뉴판 좀 갖다 주세요 Boléh saya lihat ménunya?
메다[1] tersumbat; tercekik; terhalang; terkungkung ¶목이 메게 울다 tersedu-sedu; terisak-isak/파이프가 메었다 Pipa itu tersumbat
메다[2] ①【어깨에】 memanggul; memikul; membawa di bahu; membawa di atas pundak ②⇒ 메우다²
메달 médali; bintang ¶메달을 획득하다 meraih (memenangkan) médali ⊙ 금【은 · 동】 메달 médali emas 【pérak, perunggu】. 금 메달수상자 pemenang peraih médali emas
메달리스트 pemenang (peraih) médali
메들리 urut-urutan; rampai-rampai; medlei
메뚜기 【곤충】 belalang
메리야스 perajutan; barang yang dirajut; pakaian hasil rajutan; (샤쓰) baju kaos (baju dalam) hasil rajutan ⊙ 메리야스 공장 pabrik perajutan. 메리야스 기계 mesin (alat) perajut
메마르다 ①【땅이】 sangat kering; kering sekali; gersang; tandus; mandul; tidak subur ②【감정 · 정서 등이】 keras; kasar; bengis; berhati dingin; tidak punya émosi ③【입술 등이】 kering; pecah-pecah
메모 mémo; nota; peringatan; catatan 메모하다 mencatat ¶메모를 남기다 meninggalkan catatan ⊙ 메모지 kertas corat-corét. 메모장 bloknot untuk mémo; buku catatan kecil
메모리 【컴퓨터】 mémori ¶가상 메모리가 부족합니다 mémori virtualnya tidak cukup ⊙ 메모리칩 mémori chip. 메모리카드 kartu mémori
메밀 soba; sejenis gandum ⊙ 메밀가루 tepung soba (gandum). 메밀국수 mi soba (gandum)
메스 ①【칼】 pisau bedah; skalpel ②【비유적】 ¶ 메스를 대다 menyelidiki ((perkara)) sampai ke dasar (ke inti); membedah ((unsur yang jelék))
메스껍다 ①【역겹다】 merasa mual (sakit); merasa muak; merasa mau muntah ②【눈에 거슬리다】 menjijikkan
메슥거리다 merasa sakit; merasa mual (muak)
메시아 【신약 성서의 예수】 imam Mahdi; al-Maseh; Is Almasih
메시지 pesan; wasiat; amanat ¶메시지를 남기다 meninggalkan pesan
메신저 ①【전달자】 pesuruh; pembawa pesan; utusan ②【인터넷 메시지】 perpesanan instan ¶메신저에 등록하다 mendaftar dalam layanan perpesanan instan
메아리 gema; gaung ((di gunung)); kumandang ¶메아리치다 menggema; bergema; digemakan; bergaung
메어치다 menjatuhkan ke tanah; memukul sampai jatuh; merobohkan; membanting
메우다[1] ①【구멍 · 틈 등을】 mengisi; menutupi; menyumbat; memenuhi ②【모자라는 것을】 memenuhi; memberikan; (결함을) menutup; mengisi ((kekosongan)); menutupi kesalahan (kekurangan) ¶결원을 메우다 mengisi lowongan ③【부족

한 것을】 mengganti; menebus; menutupi ¶결손을 메우다 mengganti (membayar; menutupi) kerugian

메우다[2] ①【테를】 memasang gelindingan ②【북을】 memasang kulit tambur (drum) ③【쳇불을】 memasang jala ayakan (saringan) pada bingkai ④【멍에를】 memasang kuk ⑤【짐을】 mencoba mengangkat di atas bahu

메이저 mayor; mata pelajaran pokok ⊙메이저리그 【야구】 loga mayor

메이커 mérék; pembuat; pengusaha pabrik (pabrikan) ¶일류 메이커의 제품 mérék ternama

메이크업 dandanan muka ¶메이크업하다 berhias; memakai dandanan muka

메인 utama; inti; pokok ¶메인 요리 hidangan utama

메일 pos

메조소프라노 mézzo-soprano

메주 ①【식품】 kacang kedelai untuk membuat pasta kedelai atau saus ¶메주를 쑤다 mengukus kacang kedelai untuk membuat pasta kedelai atau saus ②【비유적】 ¶그녀는 얼굴이 메주다 Dia buruk rupa. /재주가 메주다 kurang berbakat

매질하다 memukul dengan palu; memalu

메추리, 메추라기【새】 burung puyuh

메치다 melemparkan; mendorong

메카 Mékah; tanah suci Mékah

메커니즘 mékanisme; cara kerja ¶시장 메커니즘 mékanisme pasar

메탄【화학】 métan ⊙ 메탄가스 gas métan; gas rayap

메탈 métal; logam

메틸알코올 metanol; metil alkohol

멘스 ⇒ 월경【생리】 haid; méns; datang bulan

멘토 penasehat

멘탈 méntal ¶멘탈 테스트 tés (pemeriksaan) méntal

멘트 koméntar

멜대 galah (tiang)

멜라민 *melamin*

멜라토닌 *melatonin*

멜로 ⊙ 멜로드라마 sandiwara sénsasi; sandiwara sedih (sayu); sandiwara yang penuh dengan kejadian sedih, tetapi berakhir dengan kegembiraan. 멜로영화 film romantis

멜로디 ⇒ 곡조, 선율 lagu; nyanyian; mélodi

멜론 mélon; buah semangka

멜빵 tali sandang; sabuk sandang; tali (tali pengikat) untuk membawa sesuatu di atas bahu; tali pengikat bahu; 【총의】 kain géndongan; 【바지의】 sepasang tali selémpang ⊙ 멜빵붕대 kain géndongan

멤버 anggota ⊙ 멤버십keanggotan. 멤버십카드 kartu keanggotan. 베스트멤버 anggota (pemain) yang terbaik. 정규멤버 anggota tetap

멥쌀 beras yang tidak léngkét; beras biasa

멧돼지 babi hutan

멧부리 puncak; bubungan; ujung

멧새【조류】 sejenis burung pegunungan; burung hutan

며느리 menantu perempuan; istri anak laki-laki ¶며느리를 맞다(보다) mengawinkan anak laki-laki (putra)

며칠날 tanggal berapa ¶오늘이 며칠날이냐 Tanggal berapa sekarang(hari ini)?

며칠 ①⇒ 며칠날 ②【일수】 berapa hari; berapa lama; beberapa hari ¶며칠 동안 selama beberapa hari

멱【목】 batang léhér; tenggorokan; kerongkongan 멱따다 memotong tenggorokan; menyembelih ¶돼지 멱따는 소리 bunyi jeritan (pekikan; lengkingan)

멱 ⇒ 미역 mandi; renang ¶ 멱을 감다 berenang

멱살 tenggorokan; kerongkongan ¶멱살을 잡다 memegang (menangkap; mencengkram) tenggorokan (tenggorokan)

멱통 tenggorokan; kerongkongan

면[1] (面) ①【입체의 면】 segi; permukaan; pihak; muka ②【방면】 segi ③【측면】 sisi; pihak ④【얼굴 보호용의】 pelindung muka ⑤【책 · 신문의】 halaman ¶ 일면 halaman muka (depan)

면[2] (面) 【행정구역】 *myon*; kotapraja; bagian wilayah

면[3] ⇒ 무명【직물】 kapas; katun

면(麵) 【국수】 mi; ba(k)mi

-면 jika; bila; apabila ¶ 비가 오면 jika

hujan turun
면각(面角) 【수학】 sudut permukaan
면경(面鏡) cermin tangan; cermin kecil yang dipegang
면관(免官) ⇒ 면직(免職)
면구스럽다, 면구하다(面灸-) kemalu-maluan; malu; merasa canggung (malu)
면담(面談) wawancara; pembicaraan 면담하다 bertemu dan berbicara; mengadakan wawancara; berbicara secara pribadi ¶…와 직접 면담하다 mengadakan wawancara pribadi (perorangan)
면대(面對) konfrontasi secara berhadapan muka 면대하다 saling berhadapan (bertemu) muka ¶면대하여 berhadap-hadapan dengan
면도(面刀) 【칼】 pisau cukur 면도하다 mencukur sendiri; bercukur ⊙ 면도날 silét. 면도솔 sikat cukur. 안전면도 pisau cukur silét. 면도기 pisah cukur. 면도 크림 krim pencukur
면려(勉勵) pengerahan tenaga; pemerasan tenaga; usaha keras; sikap penuh perhatian 면려하다 bekerja keras; mencurahkan tenaga; tekun; rajin
면류(麵類) mi; permiselli
면류관(冕旒冠) mahkota raja ⊙가시 면류관 (예수의) mahkota duri
면면(面面) ①【여러 사람, 여러 사람의 얼굴】 setiap wajah orang ②【여러 면】 berbagai sisi
면면(綿綿)kontinuitas; kelestarian; yang tak ada habis-habisnya; yang tiada akhirnya 면면하다 terus menerus; tak putus-putus; tak henti-hentinya; berlanjut
면모(面貌) wajah; roman muka; air muka; paras ¶면모를 되찾다 kembali ke keadaan semula
면목(面目) ①【얼굴】 air (roman) muka; penampilan; paras; rupa; wajah¶면목을 일신하다 merubah penampilan; mengalami perubahan menyeluruh ②【체면】 martabat; kehormatan ¶면목 없다malu akan dirinya sendiri/ 면목을 세우다 menjaga nama baik; menjaga harga diri/면목을 더럽히다 mencemarkan kehormatan (kemurnian)
면밀(綿密) 면밀하다 【세밀】 teliti; terperinci; 【빈틈없음】 hati-hati; teliti; cermat; seksama ¶면밀히 dengan teliti; dengan terperinci
면박하다(面駁-) menuding muka orang; menyalahkan di hadapan muka; mengéjék ¶면박 당하다 ditegur; disalahkan di depan muka
면방(적)(綿紡(績)) permintalan kapas
면벽(面壁) 【불교】 méditasi menghadap témbok; latihan Zén yang menghadap ke témbok
면부득하다(免不得-) tidak dapat dihindarkan (diélakkan)
면분(面分) kenalan sepintas lalu
면사(免死) lepas dari cengkraman maut ((dari kematian))
면사(綿絲) benang kapas
면사무소(面事務所) kantor administratif *myŏn*; kantor kotapraja
면사포(面紗布) ①【결혼식 때 신부가 쓰는 흰 천】 tudung (kerudung) pengantin wanita ¶면사포를 쓰다memakai tudung pengantin ②【비유적】 ¶면사포를 쓰다 kawin; menikah
면상(面上) muka ¶면상을 치다 memukul muka
면상(面相) air muka; wajah; paras
-면서 ①【동작의 진행】 sambil ¶울면서 말하다 menceritakan (bercerita) sambil terisak-isak ②【…에도 불구하고】 walaupun; meskipun; sungguhpun; dan masih; kendatipun
면서기(面書記) pegawai kantor administratif kotapraja (*myŏn*); pegawai kecamatan
면세(免稅) bébas béa ⊙면세점 kedai bébas béa.면세품 barang-barang yang bébas béa
면소(免訴) penolakan; pembébasan ((seorang tawanan; narapidana)) 면소하다 menolak ((suatu perkara)); membébaskan ¶면소되다 telah ditolak perkara; dibébaskan; dikeluarkan; diberhentikan
면수(面數) jumlah halaman
면식(面識) kenalan; perkenalan ¶면식이 있다 mengenal; berkenalan sendiri

면실(棉實) biji kapas ⊙ 면실유 minyak dari biji kapas

면양(綿羊·緬羊) domba; biri-biri

면역(免役) 【노역】 pembébasan dari tugas umum; 【병역】 pembébasan dari dinas militér 면역하다 dibébaskan dari dinas militér

면역(免疫) ①【의학】 imunitas; kekebalan penyakit ¶ 면역이 되다 menjadi kebal; menjadi immun ②【비유적】 ¶면역이 되다 tidak mempunyai perasaan terhadap cacian ⊙ 면역기간 masa kekebalan. 면역 체계 systém kekebalan tubuh

면장(免狀) 【면허장】 surat izin; surat lisénsi; 【사면장】 surat pengampunan (grasi)

면장(面長) ketua *myŏn* (camat)

면적(面積) ukuran persegi; aréa; luas

면전(面前) ¶면전에서 di muka; di hadapan

면접(面接) wawancara; tanya jawab 면접하다 mewawancara; mengadakan wawancara ⊙ 면접시험 tés (ujian) lisan (wawancara)

면제(免除) pembébasan; potongan; pengecualian 면제하다 membébaskan ((pajak)); melepaskan ((kewajiban; hutang)) ¶병역을 면제받다 dibébaskan dari dinas militér; memperoléh kebébasan wajib militér

면제품(綿製品) bahan (barang) katun

면죄(免罪) pembébasan; pelunasan pengampunan dosa 면죄하다 membébaskan; membatalkan; mengampuni

면지(面紙) bagian dalam sampul buku; halaman kosong pada awal (dan akhir) buku

면직(免職) pemberhentian ((jabatan)); pemecatan (pembébasan) dari kantor ((dinas)) 면직하다 memecat (memberhentikan; mengeluarkan) ((dari tugas)); membébas-tugaskan ¶면직되다 dibébas-tugaskan dari jabatan; kehilangan jabatan

면직물(綿織物) barang tenunan dari kapas; kain kapas ⊙ 면직물업자 penenun kapas

면질(面質) ⇒ 대질(對質)

면책(免責) pembébasan (pelepasan) dari tanggung jawab (kewajiban) 면책하다 melepaskan diri dari kewajiban (tugas; tanggung jawab) ¶면책되다 dibébaskan dari kewajiban ⊙ 면책조항 klausa pembébasan. 면책특권 hak tidak bertanggung jawab; hak bébas dari bertanggung jawab

면책(面責) celaan di hadapan muka; teguran pribadi ((secara perorangan)) 면책하다 memarahi di hadapan muka ((secara terang-terangan))

면치레하다(面-) menjaga nama baik; menjaga harga diri; menjaga (memelihara) penampilan

면포(綿布) kain katun; bahan katun ⊙ 면포 상(商) penjual barang katun

면하다(免-) ①【모면하다】 (a) (피하다) luput dari ((bahaya; penangkapan; wajib militér)); diselamatkan dari ¶감염을 면하다 luput dari inféksi (peradangan) (b) (회피하다) menghindari ((kecelakaan)); mengélakkan (menghindarkan) tugas ②【면제 되다】 dibébaskan ((pajak; hukuman)); dibébas-tugaskan ③【고통·욕·시달림 등을】 menghilangkan; menghindari ¶성가심을 면하다 menghilangkan susah ④【겨우 …하다】 dengan kesulitan mengatur untuk meloloskan diri untuk keluar

면하다(面-) menghadap; menghadapi; berhadapan

면학(勉學) pencarian ilmu pengetahuan 면학하다 belajar; menuntut ilmu ⊙ 면학분위기 suasana akademis; suasana rajin belajar di kampus

면허(免許) izin; lisénsi ¶면허가 있는 berlisénsi /자동차 운전면허 시험 ujian (tés) untuk memperoléh ijazah supir (SIM) ⊙ 면허료(料) biaya lisénsi (surat izin). 면허제 sistém lisénsi; sistém surat izin

면허증(免許證) surat keterangan; akte; (증명서) sertifikat; (허가증) surat izin; izin mengemudi (SIM) ¶가(假)면허증 surat izin sementara/면허증을 보여 주십시오 Tolong tunjukkan SIM Anda.

면화(棉花) 【식물】 kapas ⊙ 면화씨 biji kapas. 면화씨 기름 minyak biji kapas

면회(面會) wawancara; pertemuan; rapat

면회하다 melihat; menemui; bertemu; berjumpa ¶면회를 신청하다 meminta untuk menemui; meminta untuk wawancara ⊙ 면회시간 jam kunjungan; jam bertamu. 면회인 tamu. 면회객 pengunjung

멸공(滅共) penghancuran (penumpasan; pembasmian) Komunis ⊙ 멸공정신 semangat menghancurkan (membasmi) Komunisme; semangat pembasmian Komunis

멸구 【곤충】 serangga padi; belalang daun

멸균하다(滅菌-) menstérilkan; memberantas kuman penyakit dengan memanaskan sampai 70 derajat

멸망(滅亡) keruntuhan; kehancuran; kejatuhan 멸망하다 runtuh; jatuh; roboh; ambruk; binasa; téwas; punah ¶멸망시키다 menghancurkan; memusnahkan; menjatuhkan; menggulingkan

멸문(滅門) pembasmian (pemusnahan) keseluruhan anggota keluarga ¶멸문지화 bencana (malapetaka; kemalangan) yang memusnahkan seluruh keluarga

멸사봉공(滅私奉公) kesetiaan (pengabdian) tanpa pamrih terhadap negeri

멸시(蔑視) penghinaan; hina; sikap acuh tak acuh 멸시하다 memandang rendah; meréméhkan; tidak menghargai; menghina; tidak menghiraukan; mengabaikan; tidak memperdulikan ¶멸시당하다 dipandang rendah; diabaikan

멸절(滅絕) pembasmian; pemusnahan; kepunahan; punahnya

멸족(滅族) pembasmian (pemusnahan) suku bangsa (keluarga) 멸족하다 memusnahkan seluruh keluarga (suku bangsa); ((keluarga)) yang menjadi punah (yang berakhir)

멸종(滅種) pemusnahan (pembasmian) keturunan 멸종하다 memusnahkan (membasmi) keturunan; menjadi mati (punah; berakhir)

멸치 sejenis ikan haring; ikan téri ⊙ 멸치젓 ikan téri asin

멸하다(滅-) menghancurkan; memusnahkan; merusak; membinasakan

명 ①【무명】 kain katun ②【목화】 tanaman kapas; katun

명(名) ①【사람의 숫자를 세는 단위】 orang ②【접두어로 쓰임】 termasyhur; amat terkenal; yang terkemuka; hébat; besar; bijaksana ¶명 재판 keputusan (pertimbangan) yang bijaksana

명(命) ①【목숨】 hidup; kehidupan; umur; jiwa ¶명이 길다 hidup lama/제 명에 죽다 meninggal secara wajar ②⟹ 운명 ③【명령】 perintah; pesanan; aba-aba; komando

명(銘) 【기념비】 prasasti; 【묘비】 tulisan batu nisan; 【경계의 말】 peribahasa; pepatah ⊙ 좌우(座右)명 semboyan; prinsip

명가(名家) ①【가문】 keluarga yang mempunyai nama baik; keluarga terhormat (terkemuka) ¶명가출신이다 berasal dari keluarga yang terhormat ②【명망인】 orang terkenal (ternama)

명가수(名歌手) penyanyi yang terkenal (termasyhur); penyanyi besar (hébat)

명견만리(明見萬里) pengetahuan (pengertian) yang dalam; kekuatan melihat jauh (melihat masa depan)

명경(明鏡) kaca yang jelas; kaca tak bernoda ¶명경지수(止水)와 같다 Pikiran yang cemerlang dan jernih seperti cermin yang tak bernoda.

명곡(名曲) musik yang termasyhur

명공(名工) ahli; pakar; seniman; pengrajin terampil

명관(名官) gubernur yang terkenal (yang termasyhur; yang baik; yang pandai)

명구(名句) ucapan (pernyataan) yang menyenangkan; pepatah (peribahasa) yang terkenal (bijaksana); ucapan (kata-kata) yang baik sekali ⊙ 명구 집 bunga rampai (antologi) peribahasa (pepatah) kesayangan

명군(明君) raja (penguasa) yang bijaksana

명궁(名弓) pemanah terkenal; pemanah ahli (jitu)

명기(名器) barang yang terkenal (yang baik sekali)

명기하다(明記-) menulis secara jelas (nyata); menguraikan; menerangkan ¶계약서에 명기하다 dijelaskan dalam kontrak

명년(明年) tahun depan; tahun yang akan datang

명단(名單) daftar nama

명담(名談) ucapan (kata-kata) yang bijaksana

명답(名答) jawaban yang tepat (pintar; cemerlang) 명답하다 menjawab tepat; menjawab dengan cemerlang

명답(明答) jawaban yang pasti

명당(明堂) ①【좋은 묏자리】 tempat yang baik (yang tepat) untuk kuburan; tempat yang strategis ②【평지】 tempat datar (rata) di muka kuburan ③【좋은 자리】 tempat yang idéal ④【정전】 ruangan pertemuan raja

명도(明度) 【미술】 kecerahan; luminositas ¶명도가 낮다 kecerahan rendah

명도(明渡) pengiriman; penyerahan 명도하다 menyerahkan; melepaskan; mengosongkan ⟪rumah⟫ ¶명도를 요구하다 meminta meninggalkan ⟪rumah⟫ ⊙ 명도소송 gugatan pengusiran. 명도신청 petisi pengusiran

명도(冥途) dunia bawah; dunia lain; alam baka

명랑(明朗)⇒쾌할 kecemerlangan; kecerahan 명랑하다 riang gembira; ceria ¶명랑한 사람 orang yang ceria; orang yang hati terbuka; orang yang riang dan gembira

명령(命令) 【분부】 perintah; aba-aba; 【법령】 peraturan; titah; 【훈령】 perintah; insruksi 명령하다 memerintahkan; menyuruh; menitahkan ¶명령대로 seperti yang diperintahkan; menurut perintah ⊙ 명령계통 dérétan (rangkaian) perintah. 명령문【문법】 kalimat perintah. 명령법 bentuk perintah

명론(名論) pendapat (penyanggahan; risalat) yang baik sekali; argumén yang meyakinkan

명료(明瞭) keadaan yang jelas (yang terang) 명료하다 jelas; terang; nyata tajam pikiran; cerdas

명리(命利) kemasyhuran dan kekayaan ¶ 명리에 뜻이 없다 tidak tertarik (acuh tak acuh) pada kemasyhuran dan kekayaan ⊙ 명리 심 semangat duniawi

명마(名馬) kuda yang terkenal (termasyhur); kuda yang sangat bagus (baik)

명망(名望) réputasi nama; nama baik ¶명망이 있는 terkenal; termasyhur ⊙ 명망가 orang yang sangat dihormati (dihargai; dikagumi)

명맥 jiwa; hidup; keberadaan ¶겨우 명맥을 유지하다 hidup dengan susah payah

명멸(明滅) 명멸하다 berkelip-kelip; berkelip; berkedip-kedip; berkelip redup; bercahaya redup ⊙ 명멸신호 tanda (isyarat) yang berkedip-kedip

명명(命名) 명명하다 memberi nama; menamai; menyebutkan; membaptis; memanggil; menandakan ⊙ 명명식 upacara pemberian nama (pembaptisan). 명명자 pembaptis; pemberi nama

명명백백하다(明明白白-) sangat jelas; sangat terang; sejelas siang hari

명목(名目) sebutan; penunjukkan; penandaan; nama ¶명목상의 secara nominal; hanya namanya saja ⊙ 명목임금 upah nominal. 명목자본 modal nominal

명문(名文) karangan yang baik sekali (yang terkenal; yang terkemuka) ¶명문이다 tertulis baik sekali/명문을 쓰다 menulis bagus ⊙ 명문가 penulis (pengarang) yang bagus gaya bahasanya. 명문 집 kumpulan prosa pilihan

명문(名門) 【가문】 keluarga yang terhormat (yang terkemuka; terpandang⟫ ¶명문출신이다 berasal dari keluarga ningrat (terhormat); berasal dari keturunan terhormat ⊙ 명문거족(巨族) suku (kaum) yang kuat (hébat). 명문교 sekolah yang mempunyai réputasi akadémis yang tinggi; sekolah dengan tradisi yang amat terkenal; sekolah yang bergéngsi. 명문대학 Perguruan Tinggi yang beréputasi

명문(明文) ①【조문】 ketetapan (pernyataan) yang jelas (tegas) ②【증서】 akte notaris; perjanjian (kontrak) tertulis

명문화(明文化) ketentuan; syarat 명문화하다 menetapkan dengan jelas dalam téksnya (isinya; naskahnya) ¶명문화 되

다 ditetapkan dalam téksnya; dinyatakan dengan jelas dalam hukum (undang-undang)

명물(名物) ①【특산물】 hasil produk khas; hasil yang paling terkenal (yang termasyhur) ②【어떤 지방의 이름난 사물】 orang atau hal yang terkenal (populér); keistiméwaan ¶안개는 런던의 명물이다 London termasyhur karena ((dengan)) kabut. ③【특이한 사람】 populér

명미하다(明媚-) indah; cantik; permai; indah seperti dalam lukisan

명민(明敏) kecerdasan; kebijaksanaan; kecerdikan; ketajaman pikiran (otak) 명민하다 cerdas; pandai; intelijén

명백(明白) kejelasan; keterangan; kecerahan; kewajaran 명백하다 jelas; nyata; wajar ¶명백히 dengan jelas; dengan wajar

명복(冥福) kebahagiaan di dunia lain ¶명복을 빌다 berdoa untuk ketenangan arwah; berdoa untuk arwahnya beristirahat dalam kedamaian (dengan tentram)

명부(名簿) ⇒ 명단 daftar nama-nama ¶명부에 기입하다 mendaftarkan ⊙ 기부자 명부 daftar sumbangan. 선거인명부 buku daftar pemilih

명부(冥府) ⇒ 명도(冥途 dunia lain; alam barzakh

명분(名分) ①【도리】 kewajiban (tugas) moral; (정당성) pembenaran; dasar kebenaran (moral) ¶명분이 서지 않는 tidak benar; tidak tepat; tidak dapat dipertanggung jawabkan secara moral ②【구실, 이유】 ¶명분이 없다 tidak dapat dibenarkan

명사(名士) orang yang terkenal (yang terpandang; yang kenamaan; yang termasyhur) ¶경제계의 명사 tokoh terkemuka dalam lingkungan bisnis

명사(名詞) 【문법】 kata benda

명산(名山) gunung terkenal (ternama) ⊙ 명산대천 gunung dan sungai yang bagus

명산(名産) hasil yang istiméwa (yang khusus); hasil yang terkenal (yang ternama)

명상(瞑想) semédi; meditasi; perenungan 명상하다 bermeditasi; bermenung-menung ¶명상에 잠기다 tenggelam dalam meditasi

명색(名色) ⇒ 명목(名目) nama saja; sebutan

명석(名晳) keadaan yang jelas (terang); kejelasan 명석하다 jelas; terang; cerah ¶명석치 못한 tidak cerdas; tidak jelas/두뇌가 명석하다 cerdas; ketajaman pikiran; kecerdasan

명성(名聲) kemasyhuran; ketenaran; popularitas; réputasi ((nama)) ¶명성 있는 terkenal; termasyhur; yang terkemuka/명성을 얻다 mencapai (memperoléh) réputasi; menjadi terkenal; mendapat kemasyhuran

명성(明星) ①【샛별】 bintang fajar; Lucifer ②【인기인】 bintang ((aktor))

명세(明細) perincian; rincian; uraian; keterangan 명세하다 teliti; terperinci ¶명세하게 dengan teliti; dengan seksama; secara terperinci; secara lengkap; sedalam-dalamnya

명세서(明細書) spésifikasi; pernyataan yang terinci (terperinci); déskripsi yang teliti ⊙급여 명세서 daftar spésifikasi gaji (upah). 선적 명세서 spésifikasi perkapalan (pelayaran; pengiriman). 지출 명세서 rékening pengeluaran

명소(名所) tempat yang terkenal (termasyhur) ; tempat indah ¶명소를 구경하다 melihat-lihat tempat pemandangan yang indah ⊙ 관광명소 tempat daya tarik turis (wisatawan)

명수(名手) 【달인】 ahli; pakar ¶사격의 명수 penémbak kelas satu; penémbak jagoan; jago témbak

명수(命數) nasib (takdir; untung seseorang); masa hidup ¶명수가 다하다 masanya (waktunya) telah tiba/자기 명수를 알다 mengetahui ajalnya

명승(名勝) pemandangan yang terkenal ⊙ 명승고적 tempat pemandangan indah dan obyék bersejarah. 명승지 tempat yang indah

명승(名僧) pendéta agung; pendéta yang terkenal (terkemuka); imam besar

명시(明示) pernyataan yang jelas; penjelasan; uraian 명시하다 menjelaskan; menguraikan; menyatakan dengan terus terang ¶계약서에 명시하다 dijelaskan dalam kontrak

명시(明視) penglihatan (daya lihat; pandangan) yang jelas; daya tanggap yang jelas 명시하다 melihat dengan sinar (cahaya) yang terang; terlihat jelas ⊙ 명시거리 jauhnya jarak penglihatan

명실(名實) sebutan nama; réputasi dan kenyataan ¶명실상부 하다 sesuai dengan nama; cocok dengan sebutan (réputasinya)/명실 공히seperti sebutan dan kenyataan; baik nama maupun kenyataan

명심하다(銘心-) mengingat dengan baik; menyimpan (menahan) dalam hati (pikiran); memperhatikan baik-baik

명안(名案) rencana yang baik sekali; gagasan (idé) yang cemerlang

명암(明暗) ①【밝음과 어두움】cahaya dan kegelapan ②【행복과 불행】terang dan gelap 명암법 métode bayangan

명약관화하다(明若觀火-) terang; cerah; cukup terang; cukup jelas

명언(名言) pepatah yang bijaksana; peribahasa yang sangat baik; kata-kata yang sangat tepat; ucapan yang cocok (pantas)

명언(明言) pernyataan yang tegas (jelas) 명언하다 menyatakan (menerangkan; mengumumkan) dengan tegas (dengan jelas)

명연기(名演技) pertunjukan yang hébat sekali (yang indah sekali); akting yang hébat

명예(名譽) kehormatan; kebanggaan; keharuman nama; kemasyhuran ¶명예를 얻다 mendapat (memperoléh) kehormatan /명예를 더럽히다【손상하다】memberi malu【aib】kepada; menodai【merusak】kehormatan (nama baik) ⊙ 명예교수 guru besar kehormatan. 명예박사(학위) gelar dokor kehormatan. 명예욕 ambisi; keinginan penghargaan. 명예직 kedudukan (posisi) terhormat 명예퇴직 pengunduran diri (pénsiun dini) secara sukaréla

명왕성(冥王星) *Pluto*

명우(名優) aktor termasyhur (terkenal); bintang film terkenal (hébat)

명월(明月) bulan purnama

명의(名義) nama ¶명의상(은) hanya dalam nama saja; secara namanya saja; secara gelar saja/명의만의 사장 presidén dalam namanya saja/…의 명의로 di bawah nama ⊙ 명의도용(盜用) pemakaian (penggunaan) nama orang lain secara tidak sah. 명의 변경 perubahan (pemindahan) nama (pemilik).

명의(名醫) dokter yang termasyhur (terkenal)

명인(名人) ahli; pakar;

명일(名日) hari pésta; hari libur nasional

명일(明日) ⇒ 내일(來日) bésok

명일(命日) hari peringatan kematian

명작(名作) karya besar (agung)

명장(名匠) tangan ahli; pekerja yang mahir (yang cakap); ahli; juru

명장(名將) jénderal yang terkemuka (terkenal)

명저(名著) karya besar; karya agung; karya yang terkenal

명절(名節) ①【날】hari pésta; hari raya nasional ②【명분과 절의】kewajiban moral dan keadilan

명정(酩酊) keadaan mabuk; kemabukan 명정하다 mabuk; ada dalam keadaan mabuk; menjadi mabuk

명정(銘旌) bendéra dengan tulisan nama dan pangkat orang yang sudah meninggal

명제(命題) dalil; usul; masalah; hal ⊙ 긍정적【부정적】명제 usul setuju【tidak setuju】

명조[1] (明朝) bésok pagi

명조[2] (明朝)【역사】dinasti Ming

명주(明紬) ⇒ 비단 sutera

명주(銘酒) minuman keras mérek terkenal (yang bermutu tinggi)

명중(命中) kena tepat; sangkil (sasaran) 명중하다 mengena; mengenai tepat (jitu) ¶목표에 명중하다 mengenai sasaran ⊙ 명중탄 témbakan tepat sasaran; témbakan langsung

명징(明澄) keadaan terang (jelas; cerah)

명징하다 terang; cerah; jelas
명찰(名札) 【이름표】 pelat nama; papan nama; 【좌석의】 kartu tempat duduk; 【문패】 pelat pintu; 【짐 · 미아 등의】 kartu pengenal ¶명찰을 달다 mencantélkan (melekatkan) kartu pengenal
명찰(名刹) candi yang terkenal
명찰(明察) wawasan; pengertian; penglihatan (daya tanggap) yang tajam; ketajaman 명찰하다 melihat dengan tajam; mengerti; menyelami
명창(名唱) 【노래】 lagu yang termasyhur (terkenal); 【사람】 penyanyi yang termasyhur (terkenal)
명철(明哲) kecerdasan; kecerdikan; kebijaksanaan 명철하다 cerdas; cerdik; bijaksana
명추(明秋) musim gugur berikutnya
명춘(明春) musim semi berikutnya
명치 pusar; hulu hati
명칭(名稱) nama; sebutan; panggilan; gelar; titel; tanda pangkat ¶명칭을 붙이다 memberi nama; memberi sebutan; menandakan
명콤비(名-) pasangan yang serasi (yang baik sekali); kombinasi (gabungan) yang idéal ¶명콤비를 이루다 menjadi pasangan yang baik sekali; membentuk pasangan yang serasi
명쾌(明快) keadaan yang jelas (yang terang; yang jernih) 명쾌하다 jelas; tegas; terang; cerah ¶명쾌하게 dengan jelas (tegas; terang)
명태(明太) *pollack;* ikan polok Alaska
명패(名牌) papan nama; 【문패】 pelat pintu; 【이름표】 kartu nama; kartu pengenal
명품(名品) ①【뛰어난 작품】 mahakarya ②【이름난 상품】 produk bermérék
명필(名筆) 【글씨】 tulisan tangan yang baik sekali; tulisan indah; 【사람】 penulis tangan yang terkemuka
명하다(命-) ①【명령을 내리다】 memberi perintah; menyuruh; memerintahkan ②【임명하다】 mengangkat; menunjuk; menentukan; mencalonkan
명함(名銜) kartu nama ¶명함을 주고받다 menukarkan (tukar-menukar) kartu nama ⊙ 명함판 (사진 규격) pas foto; ukuran foto 8.3 x5.4 cm.
명현(明賢) orang bijak; orang bijaksana yang terkemuka (terkenal)
명화(名花) bunga yang termasyhur (terkenal); 【미인】 wanita cantik yang terkenal
명화(名畵) 【유명한 그림】 gambar (lukisan) termasyhur; karya seni agung; 【훌륭한 영화】 film terkenal (yang agung)
명확하다(明確-) pasti; tertentu; nyata; tepat; seksama ¶ 명확히 하다 menjelaskan
명후년(明後年) tahun setelah berikutnya; tahun yang mendatang
명후일(明後日) ⇒ 모레
몇 ①【많지 않은 수】 berapa; 【수】 berapa banyak; 【거리】 berapa jauh; 【시일】 berapa lama; 【시간】 berapa jam ¶몇 주일씩이나 selama berminggu-minggu ②【의문문에서】 ¶몇 번에 거셨죠? Nomor berapa yang Anda hubungi?
몇 가지 beberapa macam (cara)
몇몇 beberapa; berbilang ¶몇몇 사람 beberapa orang
몇 번(-番) berkali-kali; beberapa kali ¶몇 번이고 beberapa kali; berkali-kali
몇 시간(-時間) berapa jam
모[1] 【어린 벼】 tanaman padi yang baru tumbuh; tunas padi; 【모종】 semaian; 【묘목】 pohon muda; anak pohon; tanaman (pohon) muda ¶모를 내다(심다) memindahkan semaian-semaian padi; menanam batang padi
모[2] ①【각】 sudut; segi ¶모가 난 bersiku-siku/세모(꼴) segi tiga ②【모서리】 tepi; pinggir; sudut ③【원만치 못함】 kekakuan; ketajaman; tajamannya; kekerasan; sulitnya ¶모가 있는 kaku; keras; sulit; tidak ramah
모[3] balok; potong; cétakan ¶두부 한 모 sebalok (sepotong) tahu
모(毛) 【양털】 wol domba
모(母) ibu; induk
모(某) orang tertentu; seseorang; anu; 【어떤】 pasti; tentu ¶모처 tempat tertentu/김 모 pria yang bernama Kim/모 박사 dokter anu; dokter yang tidak dikenal

모가지 ①【'목'의 속된 말】 léhér ¶모가지가 달아나다 kepalanya putus; terpenggal léhérnya ②【'해고, 파면' 의 속된 말】 ¶모가지를 자르다【해고】 memecat dari pekerjaan/모가지를 잘리다【해고당하다】 dipecat dari pekerjaan; menerima pemecatan

모계(母系) garis ibu; keturunan seibu; pihak ibu ⊙ 모계사회 masyarakat matrilineal

모계(謀計) kelicikan; kecerdasan; akal; tipu-muslihat; komplotan; siasat; maksud yang tidak baik; tipu daya ¶모계를 꾸미다 berkomplot; bersekongkol

모골 rambut dan tulang ¶모골이 송연하다 merasa ngeri; merasa merinding; merasa tegak bulu roma; berdiri bulu roma

모공(毛孔) pori-pori

모과【식물】buah *quince* dari Cina

모관(毛管) tabung kapiler ⊙ 모관작용 aksi kapiler. 모관현상 gejala kapiler

모교(母校) almamater ¶모교를 방문하다 mengunjungi almamater (bekas sekolah; universitas)

모국(母國) negeri asal; tanah air; tanah tumpah darah ⊙ 모국관광단 sekelompok wisatawan berkunjung ke tanah air. 모국어 bahasa ibu

모권(母權) hak (kekuasaan) ibu; otoritas ibu

모근(毛根) akar rambut ⊙ 모근이식 implantasi rambut

모금(募金) pemungutan (pengumpulan) dana (sumbangan) 모금하다 memungut (mengumpulkan) dana; mencari dana ⊙ 모금운동 gerakan untuk mengumpulkan dana; kampanye pengumpulan dana. 모금함 kotak pengumpulan. 가두모금 pungutan sumbangan di jalan

모금 teguk; (담배의) isapan ¶물 한 모금 seteguk air

모기【곤충】nyamuk; rengit; angit; gegat ¶모기한테 물리다 digigit oléh nyamuk/모기가 앵앵거리다 dengungan nyamuk ⊙ 모기향 obat nyamuk. 모깃소리 suara halus dan kecil ((sekali)); suara yang hamir-hampir tak didengar ⊙ 모기장 kelambu. 모깃불 pengasapan nyamuk; alat (api) pengusir (penghalau) nyamuk

모기지론 pinjaman hipoték

모꼬지 pertemuan; kumpulan orang ¶모꼬지하다 berkumpul bersama-sama

모나다 ①【물건이】berbentuk persegi; bersiku-siku ②【성행이】kaku; kasar; tidak ramah(-tamah); tidak kompromi ③【두드러짐】sangat jelas; anéh; luar biasa; menonjol ¶모난 행동 kelakuan yang anéh

모내기 pemindahan (semaian) padi 모내기하다 ⇒ 모내다[1] ⊙ 모내기철 musim penanaman padi

모내다[1]【농업】memindahkan semaian padi; menanam tanaman padi

모내다[2]【각을 내다】membuat (membikin) sudut

모녀(母女) ibu dan anak perempuan

모년(某年) tahun yang tertentu

모노그래프 monografi; risalah

모노그램 monogram; lukisan huruf

모노드라마 *monodrama*

모노레일 rél tunggal; keréta api rél tunggal

모놀로그 bicara sendiri; percakapan seorang diri; monolog

모눈종이 kertas grafik

모뉴먼트【외래어】① monumén; tugu ② karya bedar

모니터 ① monitor; pamantauan ② penerima (pencatat; pendengar) siaran-siaran radio (tv; téléfon) 모니터하다 memantau; monitor ⊙ 모니터 제【방송】sistém monitor (pamantauan). 모니터링【방송】menangkap

모닝 pagi hari ⊙ 모닝드레스 pakaian untuk pagi hari. 모닝코트 mantel pagi hari. 모닝콜 panggilan pagi hari

모닥불 api unggun; api besar (kebakaran) yang dinyalakan di udara terbuka ¶모닥불을 피우다 menyalakan api unggun

모던 modérn ⊙모던 걸 gadis modérn. 모던재즈 jazz modérn jazz

모델 ①【패션모델】modél; peragawati ¶모델이 되다 bertindak sebagai modél (peragawati, contoh); berpose untuk seniman; duduk untuk dilukis ②【제품】 modél; mérék ¶이것이 인기 있는 모델입니다 Ini adalah modél popular. ③【본보기】 contoh ⊙ 모델하우스 rumah modél (contoh). 패션모델 peragawati mode

모뎀 *modém*

모독(冒瀆) pemitnahan; pengotoran; pencemaran; kata-kata yang tidak senonoh; penodaan 모독하다 memfitnah; mengotorkan; mencemarkan; merusakkan; mengotori; mencemari

모두 semua; seluruhnya; setiap; segala-galanya

모두(冒頭) permulaan; pembukaan ¶ 모두에 pada pembukaan; pada permulaan

모두뜀 melompat dengan kedua kaki

모드 cara; mode

모든 segala; setiap; semua; seluruh; segenap; tiap; para; semesta ¶모든 사람 setiap orang; semua orang

모들뜨기 orang yang bermata juling

모뜨다 meniru; mencontoh

모라토리엄 penundaan; pertangguhan

모락모락 ⇒ 무럭무럭 ¶갓 지은 밥에서 김이 모락모락 났다 Uap bergulung dari nasi yang baru ditanak.

모란(牡丹) 《pohon》 peoni

모랄 moral; akhlak; ilmu étika; peraturan tentang pengetahuan yang benar dan salah

모래 pasir; pasir atau kerikil yang halus ¶모래가 많은 berpasir ⊙ 모래강변 pantai berpasir. 모래밭 ladang berpasir. 모래사막 padang pasir. 모래사장 pantai berpasir. 모래알 butir pasir. 모래주머니 (모래를 채운 주머니) karung pasir; (새, 닭 등의 내장 기관) empedal unggas

모략(謀略) tipu daya; muslihat; komplotan; rencana jahat; strategi; siasat ¶모략을 꾸미다 merencanakan tipu daya (muslihat); membuat (menyusun) komplotan/모략에 걸리다 jatuh ke dalam perangkap; terjebak; jatuh terperangkap; jatuh terjebak ⊙ 모략 가 pengatur siasat jahat. 모략선전 propaganda yang strategis

모레 lusa ⊙ 모레아침 lusa pagi

모로 ①【비껴서】 secara diagonal ②【옆으로】 menyamping; miring; membujur; kesamping; dengan miring; méncong

모르다 ①【알지 못하다】 tidak mengetahui; tidak menyadari akan; tidak kenal dengan ¶모르고 tanpa mengetahui ②【이해 못하다】 tidak mengerti; tidak tahu ③【인지하지 않다】 tidak menghargai ¶돈을 모르다 tidak menghargai nilai uang; tidak tertarik kepada uang ④【깨닫지 못하다】 tidak menyadari ⑤【느끼지 못함】 tidak merasa ⑥【경험이 없다】 tidak berpengalaman; tidak mengetahui ⑦【기억하지 못함】 tidak ingat ⑧【관심이 없다】 tidak mengindahkan; tidak memperdulikan

모르모트 【실험용 · 애완용 쥐】 tikus guinea; marmot

모르면 몰라도 jika saya duga (kira) benar; Jika dugaan (perkiraan) saya benar

모르스 ¶모르스 부호 kode (huruf) morse

모르타르 adukan semén

모르핀 morfin ⊙ 모르핀주사 suntikan morfin. 모르핀중독 pecandu morfin

모른 체하다 【시치미 떼다】 berpura-pura tidak mengetahui; 【무관심】 dengan acuh tak acuh; bersikap tak peduli

모름지기 sebaiknya; seharusnya; sudah semestinya

모리(謀利) pencatutan; pengambilan untung berlebihan 모리하다 mencatut; mengambil untung berlebihan ⊙ 모리배 tukang catut; pencatut

모멘트 saat; waktu; momén

모면(謀免) pengélakan; penyingkiran 모면하다 lolos dari; meloloskan (melepaskan; melarikan) diri; menghindarkan; mengélakan; menyingkiri ¶간신히 모면하다 nyaris mati; nyaris celaka

모멸(侮蔑) cemoohan; penghinaan 모멸하다 memandang rendah; mencemoohkan; mencaci-maki; meréméhkan; tidak menghargai

모멸감(侮蔑感) ¶모멸감을 느끼다 merasa terhina

모모(某某) ⇒ 아무아무

모모한(某某-) terkenal; ternama ¶모모한 인사 orang yang terkenal (termasyhur)

모물(毛物) pakaian yang terbuat dari bu-

lu binatang; barang dari bulu binatang
모반(母斑) tanda lahir
모반(謀叛) pemberontakan; pengkhianatan 모반하다 memberontak; melawan ¶ 모반을 꾀하다 merencanakan pemberontakan ⊙ 모반자 pemberontak; pengkhianat; pendurhaka; orang yang berkomplot
모발(毛髮) rambut ⊙ 모발영양제 obat penguat (penyubur) rambut
모방(模倣) tiruan 모방하다 meniru; meniru-nirukan; menjiplak; mencontoh; mengikut contoh ⊙ 모방본능 naluri peniruan. 모방자 peniru; penyalin
모범(模範) percontohan; teladan; modél ¶ 모범적인 mencontoh; patut dicontoh ⊙ 모범공무원【운전사】 pegawai negeri【sopir】teladan. 모범부락 désa teladan; désa percontohan. 모범생 siswa teladan; siswa yang patut dicontoh
모병(募兵) penerimaan untuk menjadi serdadu (prajurit) militér (wajib militér) 모병하다 menerima (mengerahkan) tenaga baru untuk menjadi prajurit; memanggil wajib militér
모병제(募兵制) sistém sukarélawan miliér
모본단(摸本緞) kain damas (sutera)
모빌 mobil ⊙모빌유(-油) minyak mobil
모사(毛絲) benang wol
모사(模寫) 【그림】 réproduksi ⸨gambar⸩; 【베낌】 salinan; tembusan; tiruan 모사하다 meniru; menjiplak; meréproduksi
모사(謀士) ahli siasat; penyiasat
모사(謀事) perencanaan siagat 모사하다 merencanakan siagat; merancang stragegi; membuat suatu rencana siagat ⊙ 모사꾼 pengatur siasat; penyusun komplotan
모살(謀殺) pembunuhan yang direncanakan 모살하다 membunuh berencana dengan maksud jahat
모색(暮色) taram-temaram ⸨waktu samar-samar; kesuraman⸩ di malam hari; senja kelabu; sore hari
모색하다(摸索-) merabaraba; mencari-cari ¶암중모색하다 mera-raba dalam kegelapan (gelap)
모서리 sudut; pojok; pelosok; tepi; pinggir; tebing
모선(母船) kapal induk; kapal dépot ⊙포경(捕鯨) 모선 kapal induk penangkap ikan paus
모성(母性) keibuan ⊙ 모성본능 naluri keibuan. 모성애 kecintaan ibu; kasih sayang ibu. 모성형 tipe wanita keibuan
모세【성경】Musa
모세관(毛細管) pipa (pembuluh) kapilér ⊙ 모세관인력(引力) daya tarik kapilér. 모세관척력(斥力) penolakan kapilér. 모세관현상 aksi (fénoména) kapiler
모세혈관(毛細血管)【해부학】pembuluh kapilér
모션 gerakan;【법률】mosi; usul ¶…하려는 모션을 쓰다 membuat gerakan; bergerak
모순(矛盾) kontradiksi; ketidak konsékwénan; ketidaksesuaian; ketidak-cocokan; pertentangan ¶모순되는 ⸨saling⸩ bertentangan dengan; berkontradiksi/모순되지 않는 berpendirian tetap; konsistén; sesuai; cocok ⊙ 모순개념 konsép (pengertian) bertentangan
모스부호(-符號) kode Morse
모스크 mesjid
모스키토 nyamuk
모슬린 kain muslin
모습(貌襲) ①【사람의 생김새】bentuk badan; wajah; paras; rupa; penampilan ¶ 뒷모습 rupa (penampilan) dari belakang /모습이 아버지를 닮다 menyerupai ayah ②【자취】¶모습을 감추다 hilang; menghilang; hilang dari pandangan; menyembunyikan diri/모습을 드러내다 muncul; kelihatan; nampak; tampil; memperlihatkan diri ③【사물의】 tampak; kelihatan
모시 ①【옷감】kain rami ②⇒ 모시풀 ⊙ 모시옷 pakaian dari rami
모시(某時) waktu tertentu
모시다 ①【웃어른을 따라가다】 melayani; menyertai; mengiringi; mengantarkan; 【섬기다】 mengurus (melayani); meladéni ¶부모를 모시다 melayani (meladéni) orang tuanya; membantu (menyokong) orang tua ②【청해 오다】mengundang; menyuruh datang; menyuruh memanggil

③【정해진 곳으로】 membawa ke; mengantar; menuntun ④【조상 · 신주 등을】 mendéwakan; memuja; memperdéwa; menyembah; 【사당을】 mengabdikan; menyimpan dalam tempat suci (dalam kuil); mempersembahkan ¶조상을모시다 memuja (menyembah) leluhur ⑤【받들다】 menjadikan; melantik; mengangkat ¶총재로 모시다 melantik sebagai Presidén

모시조개 sejenis kerang

모시항라(-亢羅) kain rami yang ditenun dengan longgar

모씨(某氏) si anu; si polan; orang tertentu

모양(模樣 · 貌樣) ①【형태】 bentuk; kondisi ¶모양을 이루다 mewujudkan; membentuk; mempunyai bentuk ②【생김새 · 맵시】 rupa; penampilan; kelihatan; wajah ¶모양이 좋다 kelihatan baik; berbentuk baik ③【체면】 martabat; géngsi; kelakuan yang baik; kehormatan; réputasi ④【형편 · 상태】 keadaan ⑤【전망 · 징후 · 추단】 tanda-tanda; pertanda; gelagat; gejala ¶모양이다 nampaknya; rupa-rupanya; menyerupai; memperlihatkan tanda-tanda ⑥【방식】 cara; jalan ⊙ 모양다리 bentuk; keadaan; kondisi

모양새(模樣-) ①【됨됨이】 keadaan; kondisi; kelihatan ②【체면의 꼴】 kehormatan; kemuliaan

모어(母語) bahasa ibu

모여들다 berkumpul; berdesak-desak; berkerumun; berduyun-duyun masuk

모옥(茅屋) gubuk; pondok yang beratap jerami (rumbia; ilalang)

모욕(侮辱) penghinaan; hinaan; sikap yang meréméhkan (pengabaian) 모욕하다 menghina; memandang rendah (hina); menyinggung kehormatan; memperlakukan dengan hina; mencemoohkan; melécéhkan ¶ 모욕을 당하다 mendapat penghinaan (hinaan); dihina; dicemoohkan/모욕을 참다 menanggung (menelan) hinaan ⊙ 법정 모욕죄 pelanggaran tata tertib pengadilan; penghinaan pengadilan

모월(某月) bulan tertentu

모유(母乳) susu ibu; air susu ibu (ASI) ¶ 모유로 기르다 menyusui

모으다 ①【사물 · 인원을】 mengumpulkan; menghimpun; mengerahkan; memanggil; memungut; mengambil ②【집중하다】 memusatkan ③【관심 · 시선 등을 끌다】 menarik; menyérét; menghéla ④【돈을】 mengumpulkan; menumpuk; menghimpun; menimbun; menyimpan ⑤【조각을】 memasang; mengumpulkan

모음(母音) huruf hidup; vokal ¶모음화하다 menyuarakan; membunyikan ⊙ 모음변화 gradasi vokal (huruf hidup). 반모음 bunyi (huruf) semi-vokal. 이중모음 diftong; bunyi rangkap

모의(模擬) cara meniru; peniruan; tiruan; salinan ¶모의의 tidak sungguh-sungguh; imitasi; pura-pura; tiruan ⊙ 모의시험 ujian uji coba. 모의전 perang-perangan. 모의투표 pemungutan suara tak resmi

모의(謀議) komplotan; 【음모】 sekongkolan; permufakatan; kongkalingkong 모의하다 berkomplot; (음모를) bersekongkol bersama-sama

모이 makanan héwan; pakan ¶모이를 주다 memberi makanan

모이다 ①【한곳에】 berkumpul; bertemu; bersatu; berkerumun; berdesak-desak ②【회합】 hadir; bertemu; berjumpa ③【물건 · 돈이】 bertumpuk; terkumpul; ditabung ④【관심 · 시선 등이】 memusatkan; berpusat pada; berkonséntrasi pada

모인(某人) orang tertentu; seseorang; si polan; si anu

모일(某日) hari tertentu; suatu hari

모임 pertemuan; rapat; majelis; pésta; kumpulan orang ¶모임에 나가다 menghadiri (hadir pada) pertemuan

모자(母子) ibu dan anak ⊙ 모자보건 센터 pusat keséhatan untuk anak dan ibu

모자(帽子) topi; tutup kepala ¶모자를 쓰다 memakai (mengenakan) topi/ 모자를 벗다 membuka (mengangkat) topi ⊙ 모자걸이 gantungan topi; rak topi

모자라다 ①【부족하다】 kekurangan; tidak mencukupi; tidak cukup; memerlukan; membutuhkan ¶한국어 실력이모자라다

lemah (buruk) dalam bahasa Korea/일손이 모자라다 kekurangan tenaga (bantuan) ②【멍청하다】 tumpul; bodoh; tolol; dungu

모자이크 【미술】 mosaik; kepingan batu

모작(模作) tiruan ¶피카소의 모작 karya Picasso tiruan

모정(母情) kasih sayang ibu

모정(慕情) kerinduan; keinginan; cinta; asmara; kasih-sayang; kecintaan

모조(模造) ①【본떠 만듬】 imitasi; tiruan 모조하다 meniru; mencontoh; menuruti; membuat tiruan; memalsukan ¶모조의 pura-pura; (인조의) palsu; buatan; tiruan ②【모조지】 kertas tebal ⊙모조금 emas tiruan; emas imitasi. 모조품(模造品) barang tiruan; barang imitasi

모조리 semua; segala; seluruh; tanpa kecuali; sepenuhnya; benar-benar

모조지(模造紙) kertas tebal

모종 semaian; bibit; tumbuhan yang masih muda; tanaman (pohon) muda; pohon-pohon dari kebun bibit 모종 하다, 모종내다 memindahkan tumbuhan yang masih mudah; menanam (mencangkok) semaian

모종(某種) jenis (macam) tertentu ¶모종의 tertentu; sesuatu; tidak bernama; tidak disebut nama

모주 peminum kelas berat; peminum yang sudah kecanduan; pemabuk ⊙ 모주꾼 【망태】 ⇒ 모주

모주(母酒) ⇒ 밑술 minuman keras ⊙ 모주 집 toko yang menjual minuman keras

모지(某地) tempat tertentu

모지다 ⇒ 모나다 kaku

모지라지다 ¶모지라진 aus; usang; tumpul

모지랑비 sapu usang

모직(毛織) ⊙ 모직물 barang wol

모진 목숨 kehidupan yang terkutuk (yang hina); kehidupan yang susah sekali; nasib yang menyedihkan

모질다 ①【마음 · 행동 등이 잔인하다】 jahat; kasar; keras hati; tajam; hébat; tanpa belas kasihan; tak kenal ampun; kejam; bengis; zalim; kurang ajar; tidak sopan ②【견디어 내다】 kuat ¶마음을 모질게 하다 menguatkan diri ③【바람 · 날씨 따위】 buruk; keras

모질음 kekerasan; kekasaran; kesukaran ¶모질음을 쓰다 berjuang keras; melawan kepedihan; melawan penderitaan yang mendalam

모집(募集) 【징집】 pengumpulan orang untuk menjadi tentara; perekrutan; 【기금 등의】 pengumpulan; pemungutan 모집하다 mengumpulkan; menerima mengambil; meminta ¶기금을 모집하다 mengumpulkan dana; meminta sumbangan 《dana》/점원(여점원) 모집【게시】 Pelayan toko yang dibutuhkan. ⊙ 모집 요강 syarat-syarat lamaran; syarat-syarat aplikasi. 모집광고 iklan lowongan kerja

모쪼록 ⇒ 아무쪼록

모창(模唱) tiruan suara

모처(某處) tempat tertentu (pasti; khusus); tempat tersembunyi; suatu tempat

모처럼 ①【오랜만에】 ditunggu lama; ditunggu-tunggu; dinantinantikan; setelah waktu 《jarak waktu; ketidak-hadiran; perpisahan) lama ②【귀중】 ¶모처럼의 dinantikan; berharga ③【애써서】 dengan susah payah; dengan usaha keras ④【친절하게도】 dengan baik hati; dengan kebaikan hati; dengan jasa yang istiméwa; khususnya ⑤【벼르고 벼른 끝에】 ¶모처럼 시작하다 baru memulai (dimulai)

모체(母體) badan ibu; tubuh induk ⊙ 모체전염 penularan (penjangkitan) turun temurun; perpindahan turun-temurun

모친(母親) ⇒ 어머니 ibu ⊙ 모친상 kematian ibu

모태(母胎) rahim 《peranakan》 ibu; kandungan ibu ¶모태신앙 agama keturunan

모터 mesin motor ⊙ 모터보트 perahu motor; kapal mesin; spit-bot. 모터사이클 sepéda motor. 모터카 mobil; oto. 모터케이트 iringan-irngan mobil

모텔 motél; 【여관】 rumah penginapan; losmén

모토 semboyan; motto ¶…을 모토로 하다 menjadikan…sebagai semboyan

모퉁이 ⇒ 코너 sudut; penjuru; simpangan; pojok; tikungan; bélokan; tempat berbélok ⊙ 모퉁이 집 rumah di pojok; rumah di sudut jalan

모티브 motif; téma

모판(-板) 【농업】 persemaian padi

모포(毛布) ⇒ 담요 selimut

모표(帽標) lencana topi

모피(毛皮) bulu binatang ⊙ 모피상 pedagang (pembuat) pakaian bulu. 모피외투 mantel bulu binatang

모필(毛筆) kuas untuk menulis (melukis) ⊙ 모필 화 gambar (lukisan) kuas

모함(母艦) kapal induk ⊙ 잠수모함 kapal selam. 항공모함 kapal induk pesawat terbang

모함(謀陷) komplotan fitnah 모함하다 memfitnah; mengumpat; menjebak; menjerat ¶모함에 빠지다 jatuh ke dalam perangkap; terjebak dalam perangkap

모해(謀害) rencana jahat (merusak) 모해하다 bersekongkol (berkomplot) jahat; berencana merugikan

모험(冒險) petualangan; perbuatan yang mengandung risiko (spékulasi); percobaan (usaha) yang berbahaya 모험하다 bertualang; bersedia mengambil risiko ¶모험적인 sangat berani; berbahaya; penuh risiko; mengandung risiko ⊙ 모험가 petualang; orang yang suka mengadu untung. 모험담 cerita (kisah) petualangan

모형(模形) modél; contoh; teladan; cetakan; (주물 등의) bentuk ⊙ 인체 모형 contoh tubuh manusia

모형(母型) matriks; acuan

모호하다(模糊-) ¶애매모호하다 samar-samar; tidak jelas; suram; berarti-dua; kurang tegas

모회사(母會社) perusahaan induk

목 ①【사람 · 생물 등의】 léhér; tengkuk ¶기다란 목 léhér panjang; léhér ramping (langsing)/짧은 목 léhér péndék/목이 가늘다 berléhér jenjang/목이 잘리다 (해고) diberhentikan; dipecat ②【목구멍】 tenggorokan; kerongkongan ¶목이 아프다 tenggorokan sakit ③【좁은 부분 · 요충】 bagian (tempat) yang sempit; posisi kunci ¶버선 목 bagian pergelangan kaos kaki ④【목소리】 suara ⑤【사람들이 많이 다니는 지점】 lokasi

목(目) ①【항목】 hal; item; artikel; bagian; pembagian; kelas; golongan ②【분류】 divisi; pembagian; kelas; golongan; urutan ③【바둑의】 biji

목가(牧歌) nyanyian (syair) pedusunan; lagu-lagu daérah ¶목가적인 yang berhubungan dengan pedusunan

목각(木刻) 【조각】 pahatan kayu; ukiran kayu; 【목각화】 cétakan balik kayu; 【활자】 huruf cétak 목각하다 mengukir (memahat) kayu ⊙ 목각 술 kerajinan kayu. 목각인형 bonéka kayu; golék

목간(沐間) pemandian 목간하다 mandi ¶목간시키다 memandikan ⊙ 목간통 bak mandi

목걸이 kalung; 【개의】 ikat léhér ((binatang))

목검(木劍) pedang kayu

목격(目擊) penyaksian 목격하다 menyaksikan; mengalami; melihat dengan mata sendiri ⊙ 목격자 saksi; saksi mata

목곧이 orang yang bersikeras (yang degil)

목공(木工) tukang (pekerja) kayu; tukang kayu yang membuat mébel ⊙ 목공기계 【공구】 mesin 【alat】 untuk pekerjaan tukang kayu. 목공소 kilang (toko) kayu; pertukangan.

목관악기(木棺樂器) alat tiup dari kayu yang berbentuk pipa

목구멍 【목】 kerongkongan; tenggorokan ¶목구멍이 아프다 tenggorokan sakit

목금(木琴) 【음악】 sejenis gambang

목기(木器) barang dari kayu; peralatan yang terbuat dari kayu ⊙ 목기전 toko yang menjual barang kayu

목다리(木-) tongkat ketiak; penopang ¶목다리로 걷다 berjalan dengantongkat ketiak (penopang)

목단(牧丹) ⇒ 모란

목덜미 ①【뒷덜미】 tengkuk; kuduk ¶목덜미를 움켜잡다 menangkap (mencengkram) tengkuk ②【비유적】 ¶목덜미를 잡히다ditangkap

목도(木刀) pisau (pedang; tongkat) kayu
목도(目睹) ⇒ 목격(目擊)
목도리 syal; mafela; kain pembalut léhér
목돈 jumlah uang yang cukup besar (yang lumayan)
목동(牧童) anak gembala; penggembala
목련(木蓮) magnolia ⊙ 목련화 kumpulan bunga magnolia
목례(目禮) anggukan ((untuk menyambut)) 목례하다 mengangguk; menyambut dengan mata; menyambut dengan anggukan
목로(木領) stand minuman; kedai minum; papan yang ditinggikan untuk meletakkan minuman ⊙ 목로주점 kedai minuman keras
목록(目錄) ①【상품 · 장서의】 daftar; pendaftaran; katalog ¶목록을 만들다 membuat daftar (katalog)/목록에 넣다 mendaftarkan ② ⇒목차 daftar isi ⊙ 물품목록 daftar barang. 상품 목록 katalog barang dagangan
목마(木馬) kuda kayu; kuda goyang; kuda mainan; kuda-kudaan yang berputar ¶ 목마를 타다 naik kuda kayu /회전목마 komedi (kuda) putar/ 트로이의 목마 Kuda Troya
목마르다 ①【갈증이 나다】 haus; merasa haus ②【갈망하다】 merasa haus terhadap; sangat membutuhkan; ingin sekali sangat mengharapkan; menginginkan ¶ 지식에 목마르다 haus akan ilmu pengetahuan
목마름 ⇒ 갈증 ①kehausan
목말 ¶목말 타다 naik di pundak (bahu)/ 목말 태우다 menggéndong ((anak)) pada pundak; membawa di atas pundak (bahu); memanggul (menaikkan) di atas bahu (pundak)
목매다 mencekik; menggantung léhér ②【죽음】 mencekik diri sendiri; menggantung diri
목매달다 ⇒ 목매다
목메다 *tercekik*
목면(木綿) ①【식물】 tumbuhan (tanaman) kapas ②【목화】 bahan kapas; kapas mentah ③【무명】 kain katun
목물하다 mencuci (memandikan) punggung
목민(牧民) 목민하다 memimpin rakyat ⊙ 목민관 gubernur
목발(木-) ⇒ 목다리 tongkat ketiak; penopang
목불인견(目不忍見) ¶목불인견이다 tidak tahan (sanggup; kuasa) melihat; mengerikan
목사(牧師) pendéta; kepala geréja ¶김 목사님 pendéta Kim
목상(木像) 【망석중이】 bonéka; bentuk badan dari kayu; 【조각용】 patung kayu
목석(木石) ①【나무와 돌】 pohon-pohonan (batang) dan batu-batuan; 【생명 없는 것】 benda (barang) mati (tidak bernyawa) ②【무감정】 ketidak-sadaran ¶목석같은 tidak dapat merasakan; tidak mudah dipengaruh
목선(木船) kapal kayu
목성(木星) Jupiter
목소리 ①【음성】 suara; nada ¶고운 소리 suara yang merdu (bagus)/목소리를 떨며 dengan suara gemetar (menggigil) ②【의견 · 주장】 pendapat; suara
목수(木手) tukang kayu ¶목수일 pekerjaan perkayuan
목숨 【생명】 nyawa; jiwa; nafas kehidupan ¶ 목숨을 끊다 (남의) membunuh; (스스로) membunuh diri
목쉬다 menjadi serak (parau) suara ¶목쉰 소리 suara serak (parau)
목양말(木洋襪) kaos kaki katun
목요일(木曜日) hari Kamis (Kemis)
목욕(沐浴) mandi 목욕하다 mandi; mencuci diri ¶목욕시키다 memandikan; membersihkan ⊙ 목욕간(실) kamar mandi; kamar kecil. 목욕재계: 목욕재계하다 menyucikan diri; melakukan pembersihan (pencucian). 목욕탕 tempat mandi: 목욕통 bak mandi
목자(牧者) ①【양치는】 penggembala ②【성직자】 pendéta; pastor
목 자르다 ①【목 베다】 memenggal; memotong léhér ②【해고하다】 memecat; memberhentikan
목잠(木簪) jepitan rambut kayu dengan hiasan
목 잠기다 menjadi parau (serak); kehabis-

an suara
목장(牧場) tempat peternakan; ladang peternakan; padang rumput ¶목장을 경영하다 mengelola peternakan ⊙ 목장주인 pemilik ladang peternakan; peternak; pengusaha peternakan
목장갑 sarung tangan kerja dari katun
목재(木材) kayu; kayu gelondong; 【각목】 batang kayu ⊙ 목재벌채인부 penebang kayu (pohon). 목재상 pedagang (pengusaha) kayu gelondong. 목재소 penggergajian kayu; pabrik kayu; tempat penjualan kayu
목적(目的) maksud; tujuan; sasaran; targét ¶목적하다 bermaksud; bertujuan/무슨 목적으로 untuk apa; untuk maksud apa
목적어(目的語) 【문법】 objék; obyék ¶직접 목적어 objék langsung /간접 목적어 objék tidak langsung
목전(目前) ⇒ 눈앞 ¶목전의 di muka (di depan) mata; yang akan datang; yang mendatang; dekat /목전의 위험 bahaya yang sudah dekat/목전에 di hadapan
목젖 anak lidah; anak tekak
목제(木製) ¶목제의 《terbuat》 dari kayu ⊙ 목제품 barang (hasil) dari kayu
목조(木造) ¶목조의 《dibangun》 dari kayu ⊙ 목조 가옥 【건물】 rumah 【bangunan】 kayu
목차(目次) daftar isi
목책(木柵) pagar (penghalang) kayu
목청 ①【성대】 pita suara ②【목소리】 suara ¶목청껏 dengan suara keras/목청을 돋우다 meninggikan (mengeraskan) suara
목초(牧草) rumput ⊙ 목초지 padang rumput
목축(牧畜) peternakan sapi 목축하다 memelihara (membesarkan) ternak ⊙ 목축업 usaha peternakan: 목축업자 peternak héwan; pengusaha peternak
목측(目測) ukuran mata; pengukuran dengan mata; visuil 목측하다 mengukur dengan mata; mengukur dengan cara yang tampak
목침(木枕) bantal kayu
목타르 getah kayu
목탁(木鐸) ①【불교】 balok kayu ¶목탁을 두드리다 memukul balok kayu ②【사회의】 pemimpin ¶사회의 목탁이 되다 menjadi pemimpin masyarakat
목탄(木炭) arang kayu ⊙ 목탄가스 gas arang. 목탄화 skétsa arang
목판(木版) baki (piring besar) kayu ⊙ 목판 술(術) cétakan (pengukiran) kayu. 목판화(畵) gambar dari ukiran kayu. 목판인쇄 hasil cétakan balok kayu
목표(目標) tujuan; maksud; targét; sasaran; objék 목표하다 bertujuan; menargétkan; menuju ke; mengarah ¶목표에 달하다 mencapai cita-cita (tujuan) ⊙ 목표지점 titik sasaran. 공격목표 targét serangan
목피(木皮) kulit kayu
목화(木花) kapas; kapas yang belum diprosés ⊙ 목화송이 bunga kapas. 목화밭 ladang kapas
목회(牧會) ⊙ 목회자 pastor; pastur
몬순 angin musim; musim hujan
몫 ①【여럿이 나누어 가지는 부분】 pembagian; bagian; belahan; jatah; porsi ¶내 몫을 줘 Berikan bagian saya. ②【일, 임무】 bagian; tugas ③【중요성, 비중】 bagian terbesar ④【수학】 hasil bagi
몫몫이 tiap bagian (porsi; jatah); bagian masing-masing
몬순 musim hujan lebat
몰- 【전부】 semua; seluruh; 【없음】 tanpa; sudah habis; sudah terpakai; kehabisa
몰각하다(沒却-) tidak memperdulikan; tidak menghiraukan; mengabaikan; melupakan
몰골 ⇒ 꼴 bentuk yang tidak baik ¶몰골사납다 berbentuk jelék; tidak senonoh; tidak pantas
몰교섭(沒交涉) ①【교섭이 없음】 ketiadaan hubungan 몰교섭하다 tidak ada hubungan apa-apa; menjauhkan diri dari ②【무간섭】 tidak campur tangan
몰다 ①【말·차·배 등을】 mengendarai; mengemudikan; menyetir; menjalankan; menggerakkan; (말을) memacu ②【뒤쫓다】 mengejar; mengikuti; memburu ③【궁지로】 memojokkan; menyudutkan ¶궁지【막다른 골목】에 몰다 mendorong ke pojok; memojokkan orang ④【죄인으로】

mendakwa; menuduh

몰딩 membentuk; papan hias témbok

몰두하다(沒頭-) bertekun; asyik dalam; mencurahkan; membenamkan diri

몰라보다 ①【일아 보지 못하다】 tidak dapat mengenal (dikenal) ②【무례하게 굴다】 tidak menghormati ③【제대로 평가하지 못하다】 tidak menghargai

몰락(沒落) jatuhnya; runtuhnya; keruntuhan; kebangkrutan; kehancuran 몰락하다 menjadi runtuh (lapuk); bangkrut; jatuh ¶몰락한 사람 orang yang bangkrut/ 몰락시키다 meruntuhkan; menjatuhkan; menggagalkan; mengadakan kegagalan

몰래 tanpa pengetahuan; diam-diam; secara rahasia; sembunyi-sembunyi

몰려가다 ①【밀려감】 didorong; dihalau; didesak ②【떼지어감】 berduyun-duyun; berdesak-desak; berkerumun

몰려가다 ①【밀려감】 didorong; dihalau; didesak ②【떼지어감】 berduyun-duyun memasuki; berkumpul (berdesak-desak; berkerumun) ke arah

몰려나다 ①【쫓겨나다】 dikeluarkan; diusir; dipecat; (셋집에서) diusir (dihalau) dari rumah séwaan ¶회사에서 몰려나다 dikeluarkan dari perusahaan ②【떼지어 나가다】 keluar bergerombol

몰려다니다 ①【쫓기어】 diusir (dihalau) di sana-sini ②【떼 지어】 bergerak-gerak di sana-sini secara berkelompok

몰려들다 didorong (didesak) ke dalam; datang dalam kelompok (kerumunan); memenuhi

몰려오다 ①【안개 · 구름 등이】 membentang ②【떼 지어 오다】 datang dalam kelompok (dalam kerumunan); berjubel masuk ¶우르르 몰려오다 datang berkerumun

몰리다 ①【한쪽으로 밀리다】 didesak; didorong; dihalau ②【뒤쫓은 자에게】 dikejar; diburu; diikuti; (사냥에서) dicari; *dikejar*; diburu ③【난처한 처지에 놓이다】 didesak ¶돈에 몰리다 didesak oléh uang ④【범인 · 도둑 등으로】 dituduh; dituntut; didakwa ⑤【한 곳으로】 berkumpul ke satu sisi (tempat)

몰매 ⇒ 뭇매 pemukulan bertubi-tubi; pengeroyokan ¶몰매를 맞다 mendapat hujan pukulan dan téndangan

몰사하다(沒死-) dibinasakan; dibasmi; dimusnahkan

몰살(沒殺) pembunuhan besar-besaran; pembantaian; pembinasaan; pembasmian 몰살하다 membasmi; membinasakan; memusnahkan; membunuh secara kejam dan besar-besaran

몰상식(沒常識) 몰상식하다 tidak mempunyai pikiran séhat; tidak berperikemanusiaan; tidak masuk akal (mustahil) ¶몰상식한 행동을 하다 bertindak tak rasioanal

몰수(沒收) penyitaan; pengambilan alih 몰수하다 mengambil alih; menyita ¶몰수되다 disita; diambil alih ⊙ 몰수 품 barang sitaan

몰아(沒我) ¶몰아 적 tidak mementingkan diri sendiri; dengan melupakan diri sendiri

몰아 semuanya sekaligus; segala-galanya; bersama-sama; serempak; dalam keseluruhannya ¶한데 몰아서 semuanya; pada keseluruhannya/ 몰아사다 memborong semua; membeli dalam borongan

몰아가다 ① 【함께】 mengusir; menghalau ¶바람이 구름을 몰아가다 Angin mengusir awan. ②【휩쓸어 감】 membawa (mengangkut) semua

몰아내다 ①【직위 · 장소 등에서】 mengusir; mengeluarkan; memecat; (셋집 등에서) mengusir 《penyéwa dari rumah》 ¶왕을 왕위에서 몰아내다 menurunkan dari tahta ②【사냥에서】 menghalau

몰아넣다 ①【안으로】 mendorong; menghalau binatang ke suatu tempat ¶방안으로 몰아넣다 mendorong ke dalam kamar ②【어떤 처지 · 상태로】 memojokkan ③【한 곳으로】 memasukkan (mendesakkan; menjejalkan; menumpukkan) semuanya ke dalam

몰아대다 ①【막 해냄】 mencela; memakimaki ②【독촉】 mendesak; memaksa; menekan

몰아들이다①【몰아넣다】 mendorong ②【휩쓸어】 mengambil (memborong) semua

몰아 때리다 ⇒ 몰아치다
몰아 받다 menerima (mendapat) semua dengan sekaligus
몰아붙이다 ①【한쪽으로】 memasukkan semua ke satu sisi ②【한 곳에】 mengatur (menempatkan) semua dalam satu tempat ③【어떤 상태로】 mengendalikan ④【근거 없이 공격하다】 menuduh
몰아사다 membeli dengan sekaligus (dalam keseluruhannya); membeli dalam borongan (jumlah besar)
몰아세우다 ①【심하게 나무라다】 mencaci-maki; menyalahkan dengan keras ②【근거 없이 공격하다】 ⇒ 몰아붙이다④
몰아오다 ①【한꺼번에】 《hujan; salju》 turun sekaligus ②【몰고 옴】 mendorong; berlalu dengan cepat; (휩쓸어 옴) mengambil (memborong) seluruh
몰아주다 【한꺼번에】 memberi (membayar) sekaligus
몰아치다 ①【한 군데로】 menempatkan semua pada satu tempat (sisi) ②【일을】 mengerjakan dengan cepat
몰염치(沒廉恥) ⇒ 파렴치 ¶몰염치한 tak tahu malu; keji
몰이 pengejaran; pemburuan 몰이하다 mengejar; memburu; menghalau; mengusir ⊙ 몰이꾼 pemburu; pengejar; penghalau
몰이해(沒理解) ¶몰이해한 tidak berpengertian
몰인정(沒人情) ¶몰인정한 kurang simpati; kejam; bengis; zalim; berhati dingin (kejam); tidak berperasaan; tidak berperikemanusiaan
몰입(沒入) pembenaman; pencurahan; keasyikan; penyerapan 몰입하다 terserap (asyik; terbenam) dalam ¶감정에 몰입하다 larut dalam émosi
몰지각(沒知覺) kurang bijaksana; kurang kewaspadaan 몰지각하다 tidak bijaksana; tidak berhati-hati; tak dipikirkan; tanpa memikirkan
몰칵 ⇒ 물컥
몸 ①【사람 · 동물의 신체】 badan; tubuh; kerangka; bentuk badan; 【육체 · 살】 daging ¶몸이 큰 berbadan besar/몸에 걸치다 memakai; mengenakan; memasang ②【몸통】 badan; tubuh; batang tubuh ③【건강】 kesèhatan ¶몸이 좋지 않다 merasa tidak séhat; merasa sakit ④【습관】 ¶몸에 익다 sudah biasa ⑤【신분】 keadaan; lingkungan ¶귀한 몸 tokoh mulia; orang keturunan bangsawan ⑥【월경】 menstruasi; méns ¶몸을 하다 datang bulan; haid
몸가짐 【품행】 kelakuan; tindak-tanduk; 【행실】 tingkah-laku; tindakan; aksi ¶행실이 얌전하다 berkelakuan baik; bertindak pantas/몸가짐이 점잖다 berkelakuan sopan
몸값 ①【인질 등의】 tebusan ¶몸값을 요구하다 merminta tebusan untuk seorang sandera ②【운동선수 등의】 bayaran untuk atlét ③【창녀 등에 지불하는】 uang untuk pelacur; 【포로 등의】 uang tebusan
몸꼴 badan; bentuk badan; perawakan; tubuh
몸 나다 menjadi gemuk (gendut); bertambah gemuk
몸놀림 ¶몸놀림이 빠르다 gesit; cepat
몸단장하다(丹粧-) menghiasi (melengkapi) diri; berdandan
몸 달다 menjadi gelisah
몸담다 bekerja di
몸뚱이 badan; tubuh
몸매 bentuk badan; kondisi badan ¶ 날씬한 몸매 bentuk badan yang ramping (langsing)
몸무게 ⇒ 체중 berat; bobot
몸보신하다(補身-) memperkuat tubuh
몸부림하다(치다) menggelepar; menggeliat 《dengan kesakitan》; meronta-ronta
몸 빼(바지) celana kerja longgar untuk perempuan
몸살 ¶몸살이 나다 menderita (sakit) karena keletihan; jatuh sakit karena terlalu banyak bekerja
몸서리치다 merasa ngeri; jemu; bosan; muak
몸소 sendiri; secara pribadi
몸수색(-搜索) penggeledahan tubuh (badan) 몸수색하다 menggeledah; memeriksa badan
몸싸움 perkelahian

몸져눕다 terbaring di tempat tidur
몸조리(-調理) perawatan (pemeliharaan) kesehatan; penyembuhan 몸조리하다 merawat kesehatan
몸조심하다 ①【건강을 돌보다】 jaga kesé-hatan; berhati-hati mengenai kesehatan; memelihara (menjaga) diri ②【언행을 삼가다】 berhati-hati dalam ((tindakan))
몸종 budak pelayan wanita pribadi seorang wanita bangsawan
몸주체 pengawasan (perawatan) tubuh; pemeliharaan(perawatan) diri sendiri
몸집 badan; tubuh
몸짓 gerak; isyarat 몸짓하다 memberi (membuat) gerak-isyarat; menggerakkan tangan
몸치장하다(-治粧-) berdandan; berhias; berpakaian lengkap
몸체(-體) keranda ¶자동차의 몸체 keranda mobil
몸통 jasad badan; fisik; raga; batang tubuh
몸 풀다 ①【해산하다】 melahirkan bayi ②【피로를】 beristirahat; melepas lelah
몹시 【대단히】 amat; sangat; terlampau; terlalu; betul-betul
몹쓸 ①【도덕적으로】 jahat; tidak sopan; tumasusila; asusila ¶몹쓸 행동 tingkah laku asusila, tindakan tak bermoral ②【악성의】 sangat berat ((yang menular)); buruk; menjijikkan; parah
못[1] paku ¶못대가리 kepala paku/못을 박다(치다) menancapkan paku; memakukan
못[2] ①【굳은살】 kutil; penebalan kulit ¶못이 생기다(박히다) menjadi tebal kulit; berkutil; mempunyai kutil ②【비유적】¶귀에 못이 박히다 jemu (bosan; muak) mendengarkan nasehat
못[3] 【연못】 kolam; telaga; genangan air
못[4] 【불가 · 불능】 tidak mungkin; tidak bisa; tidak dapat 【강한 부정 · 거절】 tidak baik
못나다 ①【어리석다】 bodoh; tolol; dungu ②【못생기다】 jelék; buruk
못난이 【바보】 orang bodoh; tolol; orang yang tak berguna
못내 selalu; selama-lamanya; senantiasa; dengan terus-menerus; tak henti-hentinya; secara konstan
못되다[1] ①【덜됨】 belum diselesaikan; belum dikerjakan ②【미달】 kekurangan; di bawah; kurang dari ③【모양이】 kelihatan lemah; kurang baik; dalam keadaan tidak baik; 【형편 · 상태가】 menjadi buruk
못되다[2] 【나쁘다】 buruk; jahat; jelék ¶못되게 굴다 bertindak (berbuat) jahat
못마땅하다 tidak memuaskan; tidak disukai; tidak menyenangkan
못박이다 ①【손발에】 mempunyai kulit tebal ¶손바닥에 못박이다 ada kutil pada telapak tangan ②【가슴 속에】 sakit hati; hati yang terluka ③【시선 · 발 등이】 terpaku ¶그 자리에 못박이다 berdiri terpaku di tempat itu
못 본 체하다 ①【무시하다】 meréméhkan; tidak mengindahkan; berpura-pura tidak melihat ②【잘못 등을】 mengabaikan; membiarkan; melalaikan; memperlihatkan sikap acuh tak acuh
못뽑이 pencabut paku
못살게 굴다 mengganggu; menggoda; mengusik; memperlakukan dengan buruk; menyiksa; menyakiti
못살다 ①【가난하다】 miskin ②【견디지 못하다】 tidak tahan
못생기다 ①【얼굴이】 jelék; buruk ¶저 여자는 못생겼다 Dia kelihatan sederhana (kurang menarik). ②【어리석다】 bodoh; tolol
못쓰다 ①【행위 · 사람】 buruk; jahat; kasar; salah; keliru; tidak patut; tidak benar; 【금지】 tidak seharusnya ((melakukan)) ¶몹쓸 사람 orang yang tidak baik (tidak berguna) ②【사물】 buruk; jahat; kasar ¶못쓰게 하다 merusakkan; menghancurkan/못쓰게 되다 rusak; buruk; hancur; musnah
못자리 ①【모판】 persemaian (tanah persemaian) padi ②【씨 뿌림】 못자리하다 menaburkan benih padi
못줄 【농업】 garis pedoman untuk menanam jajaran (dérétan) semaian padi
못지않다 sama baiknya; tidak lebih rendah; tidak kurang

못질하다 menancapkan paku; memaku.
못하다 ①【수준이 떨어지다】 tidak sebaik; lebih rendah ¶남보다 훨씬 못하다 jauh di bawah yang lainnya ②【'못해도'의 형태로 쓰여】 paling tidak ③【할 수 없다】 tidak dapat; gagal; tidak berhasil ¶가지 못하다 tidak dapat pergi ④【않다】 tidak ¶물이 맑지 못하다 Air tidak jernih.
몽고 Mongolia ⊙ 몽고사람 orang Mongol
몽글몽글하다 beku; kental; tidak halus
몽니 ketamakan; kelobaan; kerakusan; keserakahan ¶몽니 궂다, 몽니 사납다 tamak; serakah ⊙ 몽니쟁이 orang tamak (loba; rakus)
몽달귀(-鬼) hantu jejakan (bujangan)
몽당붓 kuas yang sudah usang
몽당비 sapu usang
몽당치마 rok péndék
몽둥이 alat pemukul; pentungan; tongkat ¶몽둥이로 얻어맞다 dipukul dengan tongkat
몽둥이세례(-洗禮) pementungan; pemukulan dengan tongkat ¶몽둥이세례를 주다 memukul dengan tongkat /몽둥이세례를 받다 dipukul dengan tongkat
몽땅 seluruhnya; semuanya; segalanya; dengan gumpalan; dengan bongkah
몽똑하다 péndék dan gemuk; tumpul
몽롱하다(朦朧-) tidak jelas; kabur; berkabur; samar-samar; remang-remang ¶몽롱하게 dengan samar-samar; dengan tidak jelas; dengan kabur/의식이 몽롱하다 kurang sadar
몽매(蒙昧) kebodohan; kedunguan; ketidak-tahuan; biadab 몽매하다 bodoh; dungu; tidak mengetahui ¶무지 몽매한 사람 orang yang tidak mengetahui kebenaran
몽매(夢寐) ¶몽매간에도 bahkan selagi tidur; bangun atau tidur; sadar atau tidak sadar
몽상(夢想) lamunan; angan-angan; impian; bayangan; angan-angan yang gila; khayalan; fantas. 몽상하다 melamun; berangan-angan ¶몽상도 못할 tidak dimimpi-mimpikan
몽설(夢泄) mimpi basah
몽실몽실 montok; gemuk; padat; sintal ¶몽실몽실 살찌다 gemuk dan montok
몽유병(夢遊病) 【의학】 tidur sambil berjalan ⊙ 몽유병자 orang yang tidur sambil berjalan
몽정(夢精) ⇒ 몽설(夢泄) mimpi basah 몽정을 하다 bermimpi basah
몽진(蒙塵) ⇒ 파천(播遷) 몽진하다 lari dari istana
몽치 ⇒ 망치 pentung tebal dan péndék; gada; pentung ⊙ 쇠몽치 gada besi
몽타주 montase; penyusunan gambar ¶몽타주를 만들다 membuat skétsa wajah ⊙ 몽타주사진 gambar gabungan (susunan); gambar montase
몽탕몽탕 ¶몽탕몽탕 자르다 memotong dalam potongan péndék
몽혼(朦昏) ⇒ 마취(痲醉) mati rasa
몽환(夢幻) impian dan khayalan ¶몽환적 seperti mimpi
뫼 ①【무덤】 kuburan; makam; pusara ¶뫼 쓰다 mengubur; memakai tanah untuk kuburan/선산에 뫼를 쓰다 menguburkan di tanah keluarga ②【산】 bukit; gunung ⊙ 뫼 자리 tempat kuburan
묘(卯) 【민속】 ①【십이지의】 Kelinci ⊙ 묘년 Tahun Kelinci
묘(妙) kegaiban; mistéri; keajaiban; kekuatan gaib; keanéhan; 【교묘함】 ketangkasan; kecerdasan; kecakapan ¶조화(造化) 의 묘 kegaiban (mistéri) alam semesta
묘(墓) ⇒ 무덤 kuburan
묘(廟) 【사당】 tempat suci; tempat keramat; 【능】 makam yang besar dan amat indah
묘구도적(墓丘盜賊) 【물건 파내는】 perampok kuburan; penjarah (perampas) kuburan; 【송장 파내는】 pencuri mayat; penjarah mayat
묘계(妙計) ⇒ 묘책
묘기(妙技) 【솜씨】 keahlian (ketrampilan) yang hébat sekali; 【연기 등】 perbuatan (préstasi) yang sangat hébat; permainan yang bagus ¶묘기를 보이다 memperlihatkan (menunjukkan) préstasi; melakukan perbuatan (préstasi) yang sangat hébat (yang bagus sekali)
묘령(妙齡) usia yang sedang menginjak

déwasa; masa muda; pubertas ¶묘령의 여성 gadis; wanita dalam usia yang pantas untuk kawin

묘막(墓幕) pondok (gubuk) yang didirikan dekat kuburan

묘목(苗木) pohon muda; anak pohon; semaian; ipukan ¶묘목을 심다 menanam semaian (ipukan)

묘미(妙味) daya tarik; pesona; keindahan; kehalusan; kecantikan

묘방(妙方) ①【약방문】 petunjuk (resép doktor) yang mujarab; petunjuk (resép doktor) rahasia ②⇒ 묘법①

묘법(妙法) ①【방법】 cara (métode) yang baik sekali; cara rahasia ②【불법】 hukum Budha yang mengagumkan (yang sangat bagus)

묘비(墓碑) batu nisan; batu kubur ¶묘비명(銘) tulisan di batu nisan; prasasti pada batu nisan

묘사(描寫) gambaran; pelukisan; déskripsi; pelukisan 묘사하다 menggambarkan; melukiskan ¶성격을 묘사하다 menggambarkan watak (sifat) ⊙ 심리 묘사 gambaran kejiwaan. 인물묘사 gambaran karakter

묘상(苗床) ①【모종판】 persemaian; pembibitan ② ⇒못자리①

묘소(墓所) ⇒ 산소 【무덤】 tanah kuburan; pekuburan; makam; pusara

묘수(妙手) ①【사람】 ahli pakar; jagoan ②【바둑 등의】 langkah yang baik sekali (yang cerdik)

묘안(妙案) rencana yang sangat baik; maksud (muslihat) yang banyak akal; idé (gagasan) yang cemerlang ¶묘안을 생각해 내다 menemukan idé (gagasan) yang bagus; cemerlan; idé (gagasan) terlintas dalam pikiran

묘안석(描眼石) 【광물】 mata kucing; biduri

묘약(妙藥) obat yang manjur (mujarab); obat yang menyembuhkan ¶두통의 묘약 obat yang mujarab untuk sakit kepala

묘역(墓域) batas kuburan; pekuburan

묘연하다(杳然-) ①【거리가】 jauh sekali; terpencil ②【기억이】 suram; samar-samar; tidak jelas ¶소식이 묘연하다 tidak mendengar apa-apa

묘지(墓地) makam; kuburan; pusara ⊙ 공동묘지 pemakaman (kuburan) umum. 공원묘지 taman makam. 국립묘지 makam nasional

묘지(墓誌) tulisan di batu nisan ⊙ 묘지명(銘) prasasti di batu nisan

묘지기(墓-) penjaga (pemelihara) kuburan

묘책(妙策) rencana yang bagus

묘판(苗板) ⇒ 못자리

묘포(苗圃) 【농업】 persemaian; pembibitan; pengipukan

묘하다(妙-) ①【썩 잘되다】 hébat sekali; indah sekali; halus sekali ¶묘하게 되다 dibuat secara halus; dibuat dengan indah sekali ②【이상하다】 anéh; ganjil; asing; yang tak dikenal ¶묘하게 보이다 kelihatan anéh (ganjil)

묘혈(墓穴) kuburan; liang kuburan ¶스스로 묘혈을 파다 menggali kuburan sendiri; menghancurkan diri sendiri

무 ①【채소】 lobak ②【비유적】 ¶무 쪽 같아 kelihatan kurang menarik; sederhana⊙ 무김치 kimchi lobak. 무말랭이 irisan lobak kering. 무채 irisan lobak. 무청 bagian lobak yang hijau. 무 총 batang lobak yang muda

무(武) 【무예】 seni bela diri; seni militér; 【군사】 urusan kemilitéran; militarisme

무(無) ①【없음】 tidak ada; nihil; sia-sia ¶무가 되다 tidak berhasil; sia-sia; gagal ②【접두어로】 tidak mempunyai ¶무관계 tidak mempunyai hubungan (konéksi); tidak bertalian; tidak bersangkutan ③【무승부】 seri

무가내(無可奈), 무가내하(無可奈何) ⇒ 막무가내 ¶무가내다 tidak mempunyai pilihan; yang tidak ada jalan lain

무가당 bebas gula; tidak diberi gula; tidak dimaniskan

무가지(無-) surat kabar gratis

무가치(無價値) keadaan tidak berharga (tidak bernilai) 무가치하다 tidak berharga; tidak bernilai

무간(無間) 무간하다 dekat; erat ¶무간하게 지내다 berhubung intim dengan; bersahabat erat

무간섭(無干涉) tidak ikut campur; tidak campur tangan; non intervénsi ⊙ 무간

섭주의 politisi non intervensi; politik tidak campur tangan

무감각(無感覺) ketidak-dapat merasakan; ketidak-sadaran; 【무감동】 tidak berperasaan; berkulit tebal 무감각하다 ①【감각이 없다】 tidak dapat merasakan; tidak sadar ¶무감각이 되다 menjadi kaku; menjadi mati rasa ②【관심이 없다】 kebas; acuh-tak-acuh ⊙ 무감각증【의학】 mati rasa

무 감찰(無鑑札) ¶무 감찰의 tanpa rebewés; tanpa surat izin; tanpa lisénsi

무개(無蓋) ¶무개의 terbuka

무겁다 ①【무게가】 berat ②【언행이】 berat; serius; sungguh-sungguh ¶입이 무겁다 pendiam; tidak suka bicara ③【기분이】 sedih; berat ④【병이】 berat; serius; 【죄가】 gawat; berat; genting ⑤【책임 등이 중대하다】 penting

무게 ①【중량】 berat; bobot ¶무게가 늘다 bertambah berat ②【언행의 의젓함】 sopan ¶무게 있는 사람 orang yang bermartabat ③【가치 · 중요성】 nilai; kepentingan; konsentrasi ④【마음으로 느끼는 정도】 berat ⊙ 무게중심 pusat gravitasi; (수학) pusat masa

무결근(無缺勤) ⇒ 무결석(無缺席)

무결석(無缺席) kehadiran tetap (sepenuhnya); kehadiran utuh (teratur) ¶무결석이다 tidak absén; tidak mangkir

무경험(無經驗) kurang pengalaman; kekurangan pengalaman ¶무경험의 belum berpengalaman; masih muda ⊙ 무경험자 orang yang kurang (belum) berpengalaman; orang yang tidak terlatih

무계획하다(無計劃-) tidak direncanakan; sembarangan; serampangan; sembrono

무고하다(無故-) tidak mendapat kesukaran; tidak ada masalah; aman

무고(誣告) tuduhan (tuntutan) palsu; fitnah; pencemaran nama; umpat 무고하다 menuduh secara palsu; memfitnah; mengumpat ⊙ 무고 자 pendakwa (penuduh) palsu; orang yang suka memfitnah; tukang fitnah

무고하다(無辜-) tidak bersalah; tidak berdosa

무곡(舞曲) lagu (musik) dansa (tarian)

무골충(無骨蟲) 【벌레】 cacing (ulat) yang tidak bertulang; 【사람】 orang lemah

무골호인(無骨好人) orang yang baik sekali; orang yang kelèwat baik

무공(武功) jasa kemilitéran yang berkenal ⊙ 무공훈장 tanda jasa kemilitéran

무과(武科) ujian untuk mengikuti dinas militér

무관(武官) perwira (opsir) militér ⊙ 대사관 근무무관 Atasé militér pada Kedutaan Besar

무관계하다(無關係-) tidak ada hubungan (sangkut-paut; pertalian; konéksi); tidak bertalian (bersangkut-paut); tidak mempunyai hubungan (pertalian)

무관심(無關心) ketidakacuhan; ketidakpedulian 무관심하다 tidak perduli; acuh-tak acuh; tidak ambil pusing; kurang perhatian mengenai; tidak mempunyai perhatian ¶무관심한 체하다 berpura-pura acuh-tak acuh (tidak tertarik)

무관의 제왕(無冠-帝王) raja tanpa mahkota; wartawan

무교육(無敎育) ¶무교육의 tidak berpendidikan; tidak beradab; tidak berbudaya ⊙ 무교육 자 orang yang tidak berpendidikan

무 교회(無敎會) non-geréja

무구(無垢) kemurniaan; kesucian; keadaan tidak bersalah 무구하다 murni; bersih; tidak berdosa; tidak bersalah

무국적(無國籍) kehilangan kewarga-negaraan ⊙ 무국적자 orang yang didenasionalisasikan; orang yang tidak bernegara

무궁(無窮) keabadian; kekekalan; kebakaan 무궁하다 abadi; baka; kekal; terusmenerus; tidak ada akhirnya (habis-habisnya) ¶무궁히 selalu; selama-lamanya; senantiasa; tidak terbatas; tidak terhingga

무궁무진하다(無窮無盡-) tidak ada batasnya; tidak terbatas; tak ada habis-habisnya

무궁화(無窮花) Mugunghwa; bunga raya sharon; bunga nasional Korea ⊙ 무궁화동산 negeri Korea yang indah

무궤도(無軌道) penyimpangan; penyeléwengan; sikap (tindakan) yang berlainan; keluar-biasaan ¶무궤도의 tidak berjalur; tidak berencana; sembrono ⊙ 무궤도전차 trém tanpa rél; trém listrik

무균(無菌) keadaan bébas bakteri; 【살균된】 yang distérilkan; yang dimandulkan ⊙ 무균상태 keadaan cuci hama. 무균우유 susu bébas kuman

무극(無極) yang tak terbatas; yang tidak ada batasnya ⊙무극분자 molekul non polar

무근(無根) 무근하다 tidak berdasar; tanpa dasar ¶무근지설 desas-desus (kabar angin) tanpa dasar(yang sembarangan)

무급(無給) ¶무급의 belum (tidak) dibayar/무급으로 일하다 bekerja tanpa dibayar (digaji)/무급 휴가 cuti tanpa mendapat gaji

무기(武技) seni kemilitéran

무기(武器) ①【싸움 · 전쟁 등에 쓰는 도구】 senjata; persenjataan; perlengkapan perang ¶무기를 버리다 menyerahkan (meletakkan) senjata ②【효과적인 수단】 senjata ¶눈물은 여자의 무기다 Air mata merupakan senjata wanita. ⊙ 무기고 gudang senjata; perbekalan senjata. 무기불법 소지《ditahan atas tuduhan》 memiliki senjata gelap (tidak sah). 재래식 무기 senjata biasa (konvénsionil)

무기(無期) tanpa batas waktu ¶무기의 tidak terbatas; tidak ada batasnya ⊙무기(징역)수 narapidana seumur hidup. 무기연기 penundaan yang tidak terbatas

무기(無機) ¶무기의 mineral; anorganik/토양의 무기성분 isi tanah yang mengandung mineral ⊙ 무기물【체】 zat【bahan; benda】 anorganik. 무기질 mineral. 무기화학 ilmu kimia anorganik

무기력하다(無氣力-) lemah; lemas; lesu; tidak bersemangat ¶무기력하게 하다 melemahkan; melemaskan

무기명(無記名) ¶무기명식의 tidak ditandatangani; tidak dicatat; tidak tercatat; tidak terdaftar; tidak bernama ⊙ 무기명투표 pemungutan suara secara rahasia

무기한(無期限) ¶무기한으로 tidak terbatas; tidak tentu; batas waktu yang tidak ditentukan ⊙ 무기한파업 pemogokan masa (waktu) tidak tentu

무꾸리(질) 【민속】 upacara dukun

무난하다(無難-) ①【별다른 어려움이 없다】 mudah; gampang; énténg ¶무난히 dengan mudah; tanpa kesulitan ②【흠잡을 데 없다, 괜찮다】 cukup baik

무남독녀(無男獨女) anak perempuan satu-satunya; putri tunggal

무너뜨리다 ①【건물 등을】 meruntuhkan; merusakkan; menghancurkan; membinasakan ②【균형 · 질서 등을】 mengganggu permintaan ③【국가 · 체제 등을】 merobohkan

무너지다 ①【건물이】 hancur; binasa; rusak; runtuh; ambruk; roboh; rebah ②【몸이 힘을 잃고 쓰러지다】 rubuh ③【균형 · 질서 · 체제 등이】 hancur ④【계획 · 희망 등이】 hancur ⑤【안정을 잃다】 hancur; tenggelam ⑥【경기에서 지다】 kalah; remuk

무녀(巫女) ⇒ 무당

무념무상(無念無想) 【불교】 kebébasan dari semua pikiran (duniawi) 무념무상하다 bébas dari gangguan

무능(無能) tidak punya bakat; ketidak cakapan; ketidak-mampuan 무능하다 tidak cakap; tidak mampu

무능력(無能力) ketidak-cakapan; ketidak-mampuan 무능력하다 tidak mempunyai kecakapan (kemampuan); tidak cakap; tidak mampu; tidak sanggup ¶무능력자 orang yang tidak cakap; orang yang tidak punya kemampuan

무늬 ①【물체 겉면에 나타난 일정한 모양】 pola; contoh; bentuk; corak ¶무늬 없는 polos; tidak bercorak ②【비유적】 namanya saja; hanya nama

무단(武斷) kemilitérian ⊙ 무단정치 pemerintahan militér. 무단주의 militérisme

무단(無斷) ¶무단히, 무단으로 tanpa pemberitahuan; tanpa peringatan ⊙ 무단결근【결석】 ketidak-hadiran (absén) tanpa pemberitahuan lebih dulu: 무단결석하다 membolos; membolos kuliah/무단결근 하다 membolos tanpa izin

무담보(無擔保) ¶무담보의 tanpa jaminan; tidak ada jaminan ⊙ 무담보 대부금 pinjaman tanpa jaminan
무당(巫) 【영매】 dukun wanita; ahli sihir wanita; peramal; tukang ramal ⊙ 무당서방 suami peramal(dukun)
무당(無糖) ⊙ 무당연유 susu kental
무당개구리 【동물】 kodok yang berperut mérah
무당벌레 【곤충】 kumbang kecil.
무대(舞臺) panggung pentas; ruang-lingkup; aréna ¶무대에 서다 muncul di atas panggung; (배우가 되다) bermain di panggung sandiwara ⊙ 무대감독 sutradara panggung; pemimpin pementasan. 활동무대 ruang-lingkup (aréna) kegiatan; lapangan (bidang) kegiatan. 회전무대 panggung yang berputar
무더기 (se)tumbuk; tumpukan; gundukan; onggokan; timbunan; himpunan ¶무더기로 쌓아 올리다 menumpuk-numpukkan; menimbun; bertumpuk/무더기로 쌓이다 ditimbun; ditumpuk-tumpukkan ⊙ 무더기해고 pemberhentian massal
무더기무더기 dalam tumpukan; dalam gundukan (onggokan)
무더위 keadaan panas dan lembab; cuaca yang panas dan lembab
무덕(無德) kekurangan kebaikan (kebajikan) 무덕하다 tidak mempunyai kebaikan (kebajikan)
무던하다 ①【사람 · 정도가】 sungguh memuaskan; dermawan; murah hati ¶무던한 사람 orang yang baik ②【엄청나다】 hébat sekali; bukan main; ekstrim
무던히 ①【좋게】 sungguh baik (bagus) ¶무던히 굴다 berkelakuan baik ②【어지간히】 sungguh; betul-betul ¶무던히 많다 sungguh (betul-betul) banyak
무덤 ①【산소】 kuburan; makam; pusara ¶무덤을 파다 menggali kuburan ②【비유적】 ¶스스로 무덤을 파다 menggali kuburan sendiri; mencelakakan diri sendiri
무덤덤하다 tenang
무덥다 panas dan lembab; panas sekali; panas terik
무도(武道) ①【도】 kekesatriaan; kesopanan ②【무예】 seni kemilitéran
무도(無道) 무도하다 jahat; kejam; keras; bengis
무도(舞蹈) tarian; dansa 무도하다 menari; berdansa ⊙ 무도곡 musik dansa. 무도장 ruangan dansa. 무도화 sepatu dansa. 무도회 pésta dansa: 가면무도회 pésta topéng
무독(無毒) ①【무해】 tidak beracun; tidak berbisa; tidak berbahaya; tidak merusak ②【성질】 kehalusan; kelemahlembutan. 무독하다 lemah lembut; jinak
무두장이 penyamak kulit; tukang samak kulit
무두질 ①【모피의】 penyamakan 무두질하다 menyamak; menghiasi; membalut ②【쓰림】 무두질하다 sakit parah; sakit perih sekali
무드 suasana hati; suasana; atmosfir ¶화해 무드 suasana rekonsiliasi ⊙ 무드음악 musik yang murung; musik mood
무득점(無得點) tanpa angka; tanpa skor ¶무득점의 tanpa angka; sama kosong; kosong-kosong
무등 ⇒ 목말
무디다 ①【칼날 등이】 tumpul; muntul ②【감각 등이】 tolol; berkepala berat; dungu; tumpul otak ¶결심이 무디어지다 ragu-ragu; goncang ③【말이】 kasar ¶말을 무디게 하다 berbicara dengan terus terang
무뚝뚝하다 kasar; berterus-terang; ketus ¶무뚝뚝한 사람 orang yang tak ramah
무량하다(無量-) tak terbatas; tak terhingga ¶감개가 무량하다 Hati saya diliputi émosi yang meluap.
무럭무럭 ①【자람】 dengan cepat ⦅pesat⦆ ¶무럭무럭 자라다 menjadi (bertambah) cepat; menjadi déwasa dengan cepat ②【김 · 연기 등】 mengepul-ngepul
무려(無慮) kira-kira; sekitar; sebanyak; tidak kurang dari
무력(武力) kekuatan senjata; kekuatan militér (tentara) ¶무력으로 해결하다 menyelesaikan dengan kekerasan ⊙ 무력간섭 campur tangan melalui senjata; intervénsi militér. 무력도발 hasutan (provokasi) militér (bersenjata). 무력행

사 penggunaan kekuatan bersenjata (angkatan bersenjata)

무력(無力) keadaan tidak berdaya; ketidak-mampuan; ketidak-cakapan 무력하다 tidak berdaya; tidak mampu; tidak cakap; tidak mempunyai kekuasaan (pengaruh) ¶무력하게 하다 menjadikan tidak berdaya ⊙ 무력감 perasaan akan keadaan tidak berdaya (keadaan tidak berguna)

무렵 ⇒ 즈음 【때】 waktu; masa; zaman; musim; kali; 【쯤】 sekitar; kira-kira

무례(無禮) 무례하다 tidak sopan; kasar; kurang ajar; biadab; ¶무례한 말을 하다 mengatakan hal yang tidak sopan (kasar)

무뢰한(無賴漢) orang gelandangan; pengembara; penjahat; bajingan; orang yang kasar sifatnya; bangsat; orang yang suka bergaduh; orang yang suka berkelahi; orang jahat

무료(無料) gratis; cuma-cuma ¶무료의 secara percuma/무료로 제공하다 diberikan (ditawarkan) dengan cuma-cuma (tanpa ongkos) ⊙ 무료봉사 pelayaran (jasa) cuma-cuma (gratis). 무료입장권 tikét gratis. 무료진료소 klinik gratis (tanpa membayar)

무료(無聊) perasaan (rasa) bosan; rasa jemu; lelah 무료하다 bosan; jemu; membosankan; menjemukan; menderita karena rasa bosan

무르녹다 ①【무르익다】 (a) (과일이) menjadi matang (masak) (b) (기회가) siap untuk ⦅bertindak⦆; 【음모 등이】 sudah matang; menjadi gawat; mencapai puncak ②【녹음 등이】 segar; dalam keadaan yang paling baik

무르다[1] ①【단단하지 않고 연하다】 lunak; lembut; halus; lemah; empuk ②【마음이 약하다】 lemah; 【엄하지 않다】 pemurah; sangat sabar (ramah); terlalu baik; bermurah hati

무르다[2] ①【과일 등이】 menjadi lunak (empuk) ②【삶은 것이】 menjadi lembék; empuk; dimasak dengan baik (matang)

무르다[3] mengembalikan barang dan minta kembali uangnya; membatalkan pembelian; menarik kembali (mendapatkan kembali) uang untuk membatalkan pembelian; 【판 것을】 mengembalikan uang untuk membatalkan penjualan ②【장기 · 바둑에서 이미 한 일을】 menarik kembali (mencabut kembali) satu langkah ¶그러지 말고 한 수 무르자 Ayo, biarkan aku mengganti.

무르익다 ①【과일 · 술이】 masak; menjadi matang; telah ranum ②【시기 · 분위기 등이】 kesempatan (saat) yang baik

무릅쓰다 berani; mengambil (menghadapi) risiko ¶위험을 무릅쓰다 berani menghadapi bahaya

무릇 pada umumnya; biasanya; secara umum ¶무릇 사람이란 것 orang pada umumnya

무릉도원(武陵桃源) negara impian; negara khayalan; utopia

무릎 ①【신체 부위】 lutut; pangkuan ¶무릎을 꿇다 berlutut; bersujud; (굴복) membungkukkan diri ⦅di depan⦆ ②【비유적】 ¶우리 팀은 결승전에서 무릎을 꿇었다 Tim kami dikalahkan di final. ⊙ 무릎마디 【관절】 tulang sendi lutut

무릎맞춤 ⇒ 대질(對質)

무리[1] ⇒ 떼 ①【사람의】 kelompok; golongan; grup; gerombolan ¶무리를 짓다 berkumpul; mengelompok; membentuk kelompok (grup) ②【동물의】 kumpulan; kawanan; kelompok ¶양의 무리 sekawanan domba ③【도당】 rombongan; kompi; kelompok ¶김과 그의 무리가 도당을 짓다 Kim dan kelompoknya bersekongkol (berkomplot).

무리[2] 【해 · 달의】 lingkaran cahaya; korona

무리(無理) ①【이치에 맞지 않음】 무리하다 tidak masuk akal; keterlaluan; (부당하다) tidak dapat dibenarkan; (부자연하다) tidak wajar ¶무리하게 tidak layak; tidak masuk akal/무리 없는 (자연스러운) wajar; alamiah ②【불가능】 ketidakmungkinan; kemustahilan 무리하다 tidak mungkin; mustahil; tidak sanggup ¶무리한 짓을 하다 mencoba di luar kemampuan ③【억지 · 강제 · 과도】 paksaan; keharusan 무리하다 terlalu memaksakan; (과로) terlalu banyak bekerja; bekerja melampaui batas ⑤【수학】 ¶무리의 irasional 무리수 bilangan irasioanl

무마하다(憮摩-) menepuk; mengusap; membelai; meredakan; menenangkan; membujuk; menentramkan ¶노여움을 무마시키다 menenangkan (menentramkan) kemarahan

무면허(無免許) tanpa surat izin ¶무면허 문전을 하다 menyetir tanpa rijbewés (SIM) ⊙ 무면허 운전사 pengendara mobil (sopir) tanpa rijbewés(SIM). 무면허 의사 dokter tanpa izin

무명 kain katun; kapas ⊙ 무명 실 benang katun. 무명 옷 pakaian katun

무명(無名) ¶무명의 tak dikenal; tanpa nama; tidak diketahui nama; yang tak dikenal ⊙ 무명 씨 orang yang tak diketahui nama. 무명용사 prajurit tanpa nama. 무명인(사)【작가】 orang【penulis】 yang tak dikenal

무명지 jari manis; jari cincin

무모(無毛) tanpa rambut; tanpa bulu ¶무모의 tidak berambut

무모(無謀) 무모하다 tanpa sumber; tanpa akal; sembrono; nekat; berani; serampangan; ceroboh; gegabah ¶무모하게 dengan sembrono; dengan serampangan

무미하다(無味-) hambar; tawar; tak bermutu; tanpa seléra

무미건조(無味乾燥) 무미건조하다 membosankan; menjemukan; tidak menarik ¶무미건조한 강의 ceramah (kuliah) yang membosankan

무반(武班) kaum ningrat kalangan militér

무반동(無反動) ¶무반동 총 (포) senapan yang tidak memantul

무반주(無伴奏) ¶무반주의 tidak diiringi alat musik

무방비(無防備) ¶무방비의 tanpa perlindungan (pertahanan) ⊙ 무방비도시 kota yang terbuka; kota yang tidak dibénténgi; kota tanpa bénténg

무방하다(無妨-) tidak membahayakan; tidak merusak; tidak merugikan; tidak membahayakan ((orang)); 【상관없다】 tidak menghalangi; tidak mengganggu; 【해도 좋다】 boléh; mungkin; dapat; bisa

무배당(無配當) ¶무배당의 tanpa keuntungan saham; tanpa déviden/무배당이다 keuntungan saham tidak dibayarkan (sedang dibuat) ⊙ 무배당주 pembayaran tanpa déviden

무벌점이다(無罰點-) bersih dari angka hukuman

무법(無法) pelanggaran hukum; ketidak-adilan; hal yang tidak adil 무법하다 tidak sah; tidak menurut hukum ¶무법한 짓을 하다 bertindak (berbuat) secara tidak sah; berbuat salah ⊙ 무법자 orang kasar; bandit; bajingan. 무법천지 dunia tanpa hukum; negara anarkis

무변(無邊) ①【무한】 jumlah tak terakhir; jumlah tak terbatas 무변하다 tak terbatas; tidak habis-habis; tidak terhingga ¶ 광대무변한 luas dan tidak ada batasnya ②【무이자】 bébas dari bunga; tidak menanggung bunga ⊙ 무변대해(大海) lautan yang tak berbatas. 무변전(錢) pinjaman tanpa bunga

무 변화(無變化) ketidakberubahan; keadaan tidak berubah;【단조】 sifat yang membosankan; monotomi ¶무변화의 tidak berubah; membosankan

무병하다(無病-) keadaan keséhatan baik; séhat

무보수(無報酬) tidak membayar ¶무보수로 tanpa bayaran (imbalan jasa; hadiah); (무료로) cuma-cuma; gratis/무보수로 일하다 bekerja tanpa bayaran

무복(巫卜) dukun dan ahli nujum; tukang sihir wanita dan tukang tenung (tukang ramal)

무분별(無分別) ketidak bijaksanaan; perbuatan tidak bijaksana; kelalaian; kekurang-akalan 무분별하다 kurang hati-hati; tidak bijaksana; tidak berhati-hati

무비(武備) alat perang; preparat (persiapan) militér

무비하다(無比-) tidak ada bandingannya; tak ada taranya; tak ada duanya

무비판(無批判) ¶무비판적(으로) tanpa kritik

무사(武士) pejuang; prajurit; serdadu; kesatria ⊙ 무사도 kekesatriaan; kesopanan

무사(無私) 무사하다 tidak mementingkan diri sendiri; jujur; adil; tidak memihak ¶공평무사한 adil dan benar
무사(無事) selamat; aman; tidak berbahaya; perdamaian; ketentraman ¶무사히 tanpa kecelakaan; tanpa kejadian
무사고(無事故) bebas kecelakaan ⊙ 무사고비행【운전】terbang【naik mobil】tanpa kecelakaan
무사안일주의(無事安逸主義) prinsip mengutamakan tenang (santai; tidak suka répot-répot); prinsip kepuasaan
무사마귀【의학】kutil ¶무사마귀가 나다 kutil tumbuh
무사분주하다(無事奔走-) sibuk tak karuan; sibuk dengan hal yang bukan-bukan (yang kurang penting)
무사하다(無事-) séhat dan selamat; séhat walafiat; tentram; aman ¶네가 무사해서 정말 다행이다 Syukurlah kamu selamat.
무사태평하다(無事泰平-) tenang; damai
무산(無產) ⊙ 무산계급 golongan miskin; golongan tidak berharta; kaum marhaén. 무산자 prolétar
무산되다(霧散-) menghilang; hilang; lenyap; bubar; dibatalkan
무 산소(無酸素) ¶무산소의 anaérob ⊙무산소 운동 latihan anaérob
무상(無上) ¶무상의 tertinggi/무상의 영광 kehormatan yang tertinggi ⊙ 무상 권 keunggulan; supremasi
무상(無常) ketidaktentuan; kesementaraan 무상하다 untuk sementara waktu; tidak tertentu ¶인생은 무상하다 semuanya sia-sia dalam kehidupan; kehidupan manusia itu tidak kekal
무상(無償) ¶무상으로 dengan gratis; dengan cuma-cuma ⊙ 무상대부 pinjaman tanpa bunga. 무상배급 pembagian gratis (cuma-cuma). 무상원조 hibah
무상출입하다(無常出入-) keluar masuk (berkunjung) dengan bebas
무색(無色) polos; tanpa warna
무색하다(無色-) malu; merasa malu; memalukan; mencemarkan ¶무색케 하다 mempermalukan; membuat malu; mengalahkan; jauh melebihi
무생물(無生物) benda mati; benda yang tak bernyawa ⊙ 무생물계 alam benda mati
무서리 embun beku pertama
무서움 ketakutan ¶무서움을 타다 mudah ditakuti; mudah menjadi takut
무서워하다 takut; khawatir
무선(無線) tanpa kawat (kabel) ⊙ 무선 인터넷 internét nirkabel. 무선중계국 pemancar penyambung radio (stasiun pengulang radio). 무선통신국 stasiun pemancar komunikasi melalui radio
무선전신(無線電信) télégraf ¶무전신선으로 léwat radio/무선전신을 치다 mengirim télégram léwat radio ⊙ 무선전신기사 operator radio
무선전화(無線電話) télépon (pesawat) tanpa kawat ¶ 무선전화로 말하다 berbicara melalui télpon radio ⊙ 휴대용 무선전화기 alat walkie-talkie
무섬타다 mudah ditakuti; menjadi takut
무섭다 ①【끔찍하다】dahsyat; mengerikan; (섬뜩하다) seram; (사나워서) sengit; galak; ganas; buas; garang ¶무섭게 mengerikan /무섭게 하다 menakutkan; mengerikan/무서워지다 menjadi gelisah (gugup; takut) ②【대단 · 지독하다】mengerikan; dahsyat, hébat; buruk sekali ¶무서운 속도로 dengan kecepatan yang hébat (yang dahsyat) ③【두렵다】takut; khawatir ¶ 무서울 것 없다 tidak ada apa-apa yang harus ditakutkan
무성(無性) ¶무성의 tanpa kelamin ⊙ 무성생식 pembuahan séksual
무성영화(無聲映畵) film bisu
무성음(無聲音)【언어】bunyi yang tak bersuara
무성의(無誠意) ketidak-tulusan hati 무성의하다 tidak tulus hati; tidak jujur; berubah-ubah; tidak tetap; plin-plan ¶ 무성의한 짓을 하다 berbuat tidak jujur
무성자음(無聲子音) konsonan tak bersuara
무성하다(茂盛-) ①【풀 · 나무 등이】subur; banyak sekali ②【생각 · 말 · 소문 등이】banyak
무세(無稅) ¶무세의 bébas cukai (pajak)/무세로 bébas béa ⊙ 무세수입품 barang impor yang bébas béa (yang tanpa béa)
무소【동물】badak ⊙ 일각 무소 badak

bercula satu
무소득하다(無所得-) tidak memperoléh keuntungan; tidak beruntung
무소부지(無所不知) Maha Tahu
무소불능(無所不能) Maha Kuasa
무소불위(無所不爲) Maha Kuasa ¶무소불위의 권력을 휘두르다 memegang kekuasaan penuh
무소속(無所屬) 무소속이다 tidak terikat; nétral; merdéka; bébas; berdiri sendiri ¶무소속의 yang bergabung tanpa kelompok/무소속으로 출마하다 mencalonkan diri tanpa persetujuan (rékomendasi; diajukan) partai ⊙ 무소속의원 anggota déwan non partai
무소식(無消息) tidak ada berita ¶무소식이다 tidak mendengar berita apa-apa; tidak mendapat berita (kabar)
무속(巫俗) ilmu perdukunan ⊙ 무속인(영매) dukun; sihir
무쇠 besi
무수(無數) 무수하다 banyak sekali; tidak terhitung ¶무수히 tidak terbatas; banyak sekali; melebihi perhitungan; tak terhitung; tak terbilang
무수리 【궁중의】 pelayan wanita istana; dayang-dayang
무수입(無收入) ¶무수입의 tanpa penghasilan apa pun
무수정(無修正) ¶무수정으로 tanpa perbaikan (perubahan)
무숙자(無宿者) pengembara tunawisma; orang gelandangan; petualang; tunawisma
무순(無順) ketidak teraturan ¶무순의 tanpa urutan; tidak dalam urutan
무술(巫術) perdukunan ¶무술을 하다 mengerjakan perdukunan
무술(武術) 【무예】 seni kemiliteran; seni bela diri ¶그는 무술의 달인이다 Dia ahli bela diri.
무스gél rambut
무스탕 jakét kulit ((domba))
무슨 apa; macam apakah ¶무슨 일 【의문】 apa; 【어떤 일】 sesuatu; 【만사】 segala sesuatu; segala hal/무슨 까닭에 mengapa; apa sebab; kenapa; karena (untuk) alasan apa/무슨 일이 있더라도 apa pun yang mungkin terjadi; bagaimana pun juga
무승부(無勝負) seri; tidak menang tidak kalah ¶무승부가 되다 berakhir dengan seri
무시하다(無視-) ①【존재나 가치를 알아주지 않다】 mengabaikan; tidak memperdulikan ¶ 무시되다 diabaikan ②【업신여기다】 meré-méhkan; melalaikan
무시로(無時-) setiap waktu juga; secara tidak tentu; secara tidak teratur
무시무시하다 mengerikan; buruk sekali; dahsyat; menakutkan
무시험(無試驗) ¶무시험의 tanpa ujian; bebas dari ujian
무식(無識) ketidak-tahuan; kebodohan; kedunguan 무식하다 tidak mengetahui; bodoh; dungu ¶무식한 사람 orang bodoh (dungu)
무신경(無神經) ketidak sadaran; keadaan tidak dapat merasakan; apati; sifat tidak berperasaan 무신경하다 tidak sadar; lesu; tidak acuh; tidak berperasaan; tidak sénsitif
무신고(無申告) ¶무신고로 tanpa pemberitahuan; tanpa peringatan sebelumnya
무신론(無神論) athéisme ⊙ 무신론자 orang kafir; orang yang tak beriman; athéis; kaum dahriah
무실점(無失點) ¶무실점으로 tanpa kehilangan angka/무실점으로 이기다 menang tanpa kehilangan poin
무심(無心) ①【생각 없음】 kekurang hati-hatian ②【불교】 sikap tidak menaruh minat terhadap keduniawian
무심코(無心-) dengan sembrono; tanpa disadari; dengan tak sadar; tanpa diduga-duga; tanpa pikir panjang/ 무심코 한 말이다 ucapan sambil lalu
무심하다(無心-) ¶무심히 tanpa disadari; dengantak sadar; tanpa diduga-duga; tanpa pikir panjang; dengan cara sambil lalu/ 무심히 말하다 berkata secara sambil lalu; ucapan (kata-kata) yang kurang hati-hati
무쌍하다(無雙-) tak ada bandingannya; tak ada taranya ¶용감무쌍한 사람 orang yang sangat berani (gagah)

무아(無我) pengosongan diri; sifat tidak menonjolkan diri ¶무아의 경지에 이르다 mencapai tingkat pengosongan diri yang sempurna ⊙ 무아지경(地境) kegembiraan yang luar biasa (yang meluap-luap) kondisi pengosongan diri

무안(無顔) kehilangan muka; malu ¶무안을 주다 membuat malu; memalukan

무어 ①【무엇】apa; sesuatu ②【감탄 · 놀람】apa ③【어리광 · 대단함】¶무어 괜찮아 tidak apa-apa; tak apalah; saya tidak peduli

무어라 ¶무어라하든 apa saja yang mungkin dikatakan orang lain; bagaimanapun juga; betapapun

무언(無言) berdiam diri; sikap bungkam; sifat kediaman ¶무언의 diam-diam; tidak diucapkan; bisu; tidak berkata apa-apa

무언극 pantomim; pertunjukan sandiwara bisu

무얼【무엇을】¶무얼 달라고 Apa yang kamu inginkan (perlukan)?

무엄하다(無嚴-) kasar; tidak sopan; kurang ajar; biadab; congkak; 【버릇없다】lancang ¶무엄한 놈 orang kasar; orang yang kurang ajar/무엄하게도 …하다 tidak sopan (kurang ajar); cukup kasar

무엇 apa ¶무엇이든 apa saja/무엇이라 말할 수 없는 tidak terlukiskan/무엇하러 untuk apa

무엇보다 yang terpenting; yang terutama sekali

무엇하다【거북하다】canggung; anéh; kaku; janggal

무엇하면 【원한다면】jika kamu suka (ingin; mau);【필요하면】jika perlu; kalau perlu

무역(貿易) perdagangan; perniagaan 무역하다 mengadakan perdagangan; berdagang ⊙ 무역마찰 perselisihan (friksi) dalam perdagangan. 무역박람회 pekan raya dagang; paméran perdagangan. 무역사절단 misi perdagangan. 무역상사 perusahaan perdagangan (ékspor-impor). 무역수지 neraca (keseimbangan) perdagangan. 무역장벽 penghalang (hambatan) perdagangan. 무역정책 kebijakan perdagangan. 자유【보호】무역 perdagangan bébas【yang dilindungi】

무역풍(貿易風) angin pasat; angin musim ⊙ 겨울【여름】무역풍 angin musim kemarau【musim hujan】

무연(無緣) ⇒ 무연고

무연(無煙) tak berasap ⊙ 무연탄 batu bara tak terasap. 무연화약 bubuk ⟪mesiu⟫ tak berasap

무연고(無緣故) ¶무연고의 tanpa famili; tanpa sanak keluarga ⊙ 무연고분묘 kuburan ⟪makam⟫ yang tidak terpelihara (yang menyedihkan). 무연고자 orang tanpa keluarga atau teman

무예(武藝) seni kemilitéran; seni perang

무욕(無慾) bébas dari ketamakan 무욕하다 tidak mementingkan diri sendiri

무용(武勇) keberanian; kegagahan ⊙ 무용담 cerita tentang keberanian (kepahlawanan); cerita éksploitasi héroism

무용(無用) ketidakgunaan 무용하다 tidak berguna; tidak bermanfaat ¶무용 자 출입 금지【게시】Dilarang masuk kecuali untuk urusan.

무용(舞踊) tarian; dansa 무용하다 berdansa; menari ⊙ 무용가 penari; pedansa. 무용극 drama yang dibawakan dalam bentuk tarian. 무용단 rombongan penari balét

무용지물(無用之物) hal yang tidak berguna; hal yang tidak bermanfaat

무운(武運) keuntungan dalam peperangan ¶무운장구를 빌다 berdoa untuk keberhasilan dalam peperangan

무운(無韻) ¶무운의 tidak berirama; datar

무위(武威) martabat (keagungan; wibawa) militér

무위(無爲) kemalasan; ketidak-aktifan ¶무위하게 dengan bermalas-malas

무위도식하다(無爲徒食-) hidup bermalas-malas (santai); hidup menganggur

무의미하다(無意味-)【의미 없다】tidak berarti; sepélé; réméh;【무익하다】tidak berguna;【얼토당토않다】mustahil; tak masuk akal ¶무의미한 생활을 하다 hidup sia-sia

무의식(無意識) ketidaksadaran; keadaan pingsan; ⟪정신분석⟫ bawa sadar ¶무의식

적인 tidak sadar; tidak sadarkan diri; tanpa sengaja ⊙ 무의식상태 keadaan ketidak sadaran
무의촌(無醫村) désa yang tidak ada dokter
무의탁(無依托) ⊙ 무의탁노인 orang warga kota (warga negara) senior yang tidak mempunyai tanggungan; orang tua tanpa tanggungan
무이자(無利子) ¶무이자로 tanpa bunga; bébas dari bunga
무익(無益) ketidak gunaan; kesia-siaan 무익하다 tidak berguna; tidak bermanfaat, percuma; sia-sia
무인(武人) prajurit; serdadu
무인(拇印) tanda (cap) jempol ¶무인을 찍다 membubuhi ségel dengan ibu jari
무인(無人) ¶무인의 tanpa manusia; tanpa penghuni; tidak didiami; tidak berpenghuni ⊙ 무인 발급기 mesin tikét otomais. 무인 판매 anjungan layanan mandiri. 무인위성 satelit tak berawak
무인도(無人島) pulau tidak berpenghuni
무일푼이다(無-) tak beruang sesénpun ¶무일푼이 되다 kehilangan segala-galanya
무임(無賃) ¶무임으로 cuma-cuma; percuma/무임승차하다 naik mobil cuma-cuma; naik gratis ⊙ 무임승객 penumpang gratis
무임소(無任所) ¶무임소의 tanpa jabatan menteri; tanpa portofolio ⊙ 무임소장관 Menteri Negara; Menteri tanpa Portfolio
무자각(無自覺) ¶무자각한 tidak sadar; tidak dapat merasakan
무자격(無資格) diskualifikasi; ketidakcakapan; yang tidak memenuhi syarat; (무면허) tanpa surat izin ⊙ 무자격교사 guru tanpa surat izin (ijazah); guru diskualifikasi; guru yang tidak memenuhi syarat
무자맥질 penyelaman 무자맥질하다 menyelam ((ke dalam; ke bawah)) air
무자본(無資本) ¶무자본의(으로) tanpa modal (dana; uang)
무자비(無慈悲) 무자비하다 tak kenal ampun; tanpa kasihan; kejam; bengis; lalim ¶무자비한 짓을 하다 melakukan hal yang kejam
무자식이다(無子息) tidak mempunyai anak; tidak mempunyai ahli waris
무작위(無作爲) ¶무작위화 secara acak; yang sembarangan ⊙ 무작위 표본【통계】 percontoh acak
무작정하다(無酌定-) tanpa tujuan (tanpa arah; tanpa rencana) yang pasti; tidak mempunyai maksud yang pasti dalam pikiran ¶무작정하고 secara serampangan; secara sembrono; dengan gegabah
무장(武將) jénderal; panglima
무장(武裝) alat perang; peralatan; perlengkapan 무장하다 mempersenjatai dengan; mengangkat senjata ¶완전무장을 하다 mempersenjatai ⊙ 무장간첩 agén yang bersenjata; agén spionase. 무장 강도 perampok bersenjata. 무장경찰 polisi bersenjata. 무장공비 gerilya (prajurit penyerang) komunis yang bersenjata. 무장해제 perlucutan senjata; pengurangan persenjataan
무장지졸(無將之卒) laskar (bala tentara) yang tidak mempunyai pemimpin
무재(無才) 무재하다 tidak mempunyai kecakapan (kemampuan) ⊙ 무재인 orang yang tidak berbakat
무저항(無抵抗) tanpa perlawanan; pasif; tidak aktif ¶무저항의 tidak melawan ⊙ 무저항주의 prinsip tanpa perlawanan
무적(無敵) ¶무적의 tidak ada bandingan; tidak ada tara ⊙ 무적함대 armada yang tak terkalahkan
무적(無籍) 무적이다 tidak ada tempat tinggal yang tercatat; tidak mempunyai catatan ⊙ 무적자 orang tanpa tempat tinggal yang tercatat (terdaftar); tuna wisma
무전(無電) télégrap; tanpa kawat (kabel) ⊙ 무전장치 peralatan télégrap
무전(無錢) ¶무전취식하다 makan minum tanpa membayar; makan minum dengan gratis ⊙ 무전여행 perjalanan tanpa mengeluarkan uang sesénpun; perjalanan mengembara (berkelana) ⊙ 무전여행가 pemboncéng; tukang boncéng; orang ikut nebéng
무절제(無節制) kehilangan pengendalian diri; tanpa kontrol 무절제하다 meléwati

batas; tidak dapat kontrol
무정(無情) ketiadaan rasa belas kasihan; kekejaman; kekerasan; kebengisan 무정하다 tidak mempunyai belas kasihan; berhati dingin; kejam; bengis
무정견하다(無定見-) tidak mempunyai prinsip pasti (tetap); tidak mempunyai pendapat (pendirian) tetap ¶무정견한 tanpa pendirian
무정란(無精卵【생물】 telur yang tidak dibuahi
무정부(無政府) anarki ⊙ 무정부상태 keadaan anarki; keadaan kacau-balau (semrawut). 무정부주의 anarkisme. 무정부주의자 anarkis
무정형(無定形) ¶무정형의 tidak berbentuk
무제(無題) tidak ada gelar (judul) ¶무제의 tanpa gelar (judul)
무제한(無制限) ketidak-terbatasan 무제한하다 tidak terbatas; tanpa batas; tidak ada batas; tidak terlarang; terbuka ¶무제한으로 tanpa dibatasi apa-apa; tanpa pembatasan; dengan bébas
무조건(無條件) ¶무조건의 tidak bersyarat; mutlak ⊙ 무조건항복 penyerahan tanpa syarat
무좀 penyakit kutu air; jamur kulit ¶무좀에 걸리다 kakinya mengidap jamur kulit ⊙ 무좀약 obat anti jamur kulit
무종교(無宗教) ¶무종교의 tidak beragama; tidak beriman ⊙ 무종교 자 orang yang tidak beragama; orang athéis
무죄(無罪) ketidakbersalahan; keadaan tidak bersalah (tidak berdosa) 무죄다 tidak bersalah; tidak berdosa; tanpa kesalahan ¶무죄가 되다 diketahui tidak bersalah ⊙ 무죄석방 pembébasan; pelunasan
무주(無主) tanpa pemilik; yang tidak ada pemilik ⊙ 무주공처(空處) tanah yang tidak ada pemilik
무주택(無住宅) tunawisma; yang tidak mempunyai rumah ⊙ 무주택 서민 non-pemilik rumah; orang (rakyat) yang tidak mempunyai rumah sendiri
무중력(無重力) keadaan tak berbobot; ketidak adaan gravitasi (daya tarik bumi) ⊙ 무중력상태 keadaan tak berbobot
무지(拇指)【엄지】ibu jari
무지(無地) ¶무지의 tidak bergambar; hitam pekat ⊙ 무지 천 kain yang berwarna sederhana (kuat); kain tanpa pola (tanpa gambar dan warna)
무지(無知) ketidak-tahuan; kebodohan; kedunguan 무지하다 bodoh, dungu; bebal ⊙ 무지몽매한 백성 rakyat yang tidak mengetahui kebenaran; rakyat yang tidak berpengetahuan
무지(無智) sangat; sekali
무지각(無知覺) ketidaksadaran; ketidakbijaksanaan 무지각하다 tidak sadar; tidak dapat merasakan ¶무지각한 짓을 하다 melakukan kelalaian (kekurangakalan); bertindak secara tidak bijaksana (tidak berhati-hati)
무지개 pelangi; bianglala ¶무지개가 서다 muncul (nampak) pelangi ⊙ 무지개 빛 warna pelangi. 쌍무지개 pelangi ganda; pelangi bergandéngan
무지근하다 merasa berat; tersumbat; rasa capai ¶위가 무지근하다 isi perutnya tersumbat (sesak)
무지러지다 menjadi buntu (tumpul); menjadi usang
무지렁이 orang bodoh (tolol; dungu)
무지막지(無知莫知) ①【상스럽고 포악하다】kebodohan dan kasar; kebodohan yang tak tahu adat 무지막지하다 bodoh dan kasar; tak tahu adat ②【지나치게 크다】sangat besar
무직(無職) 무직이다 menganggur; tidak mempunyai pekerjaan yang tetap ⊙ 무직자 penganggur; orang tunakarya
무작하다 ⇒ 무지근하다
무진(無盡) ①【무한】tanpa akhir 무진하다 tidak ada hentinya; tak terbatas ②【금융】gabungan pembiayaan (pembelanjaan) bersama
무진장(無盡藏) tidak habis-habisnya; tak terbatas; tak ada batasnya
무질서(無秩序) kekacauan; keadaan tidak teratur; kerusuhan 무질서하다 kacau-balau; tidak teratur; berantakan; melanggar hukum
무찌르다 ①【닥치는 대로】membinasakan; memusnahkan; memberondong habis;

menghancurkan ②【공격 · 격파】 melancarkan serangan; menghancurkan; meremukkan; menggagalkan

무차별(無差別) indiskriminasi; tidak mendiskriminasi 무차별하다 sembarangan; tidak pandang bulu; sama ¶무차별한(하게) tidak pandang bulu; tanpa pembédaan; tanpa membédakan/무차별하게 다루다 adil; tidak memihak

무착륙(無着陸) ¶무착륙의 tanpa berhenti; tanpa hinggap

무참하다(無踵-) memalukan; mencemarkan; menodai

무참하다(無慘-) kejam; berdarah dingin ¶무참하게 tak kenal ampun; tanpa kasihan; tanpa kenal ampun; dengan kejam; dengan bengis

무채색(無彩色) warna akromatik

무책(無策) ⇒ 속수무책 kurang kebijaksanaan; kurang perencanaan

무책임(無責任) ketiadaan rasa tanggung jawab; tidak mempunyai rasa tanggung jawab 무책임하다 tidak mempunyai rasa tanggung jawab ¶무책임하게 tanpa mempunyai rasa tanggung jawab

무척 sangat; banyak; sekali; luar biasa

무척추동물(無脊椎動物) binatang (héwan) yang tidak bertulang punggung (belakang)

무체(無體) ¶무체의 ((hal yang)) tak dapat diraba; tidak memenuhi kebutuhan badaniah

무취(無臭) tidak berbau

무 취미(無趣味) ⇒ 몰취미

무치다 ¶나물을 무치다 membumbui sayur-sayuran dengan rempah-rempah

무턱대고 ⇒ 무작정 tanpa sebab; tanpa pengaturan sebelumnya; tanpa persiapan; tanpa akal (kecakapan; kemampuan); dengan gegabah; dengan terburu-buru; dengan sembrono; awur-awuran

무테(無-) tidak berbingkai; tidak ada pinggiran ⊙ 무테안경 kacamata tanpa bingkai

무통(無痛) keadaan tanpa rasa sakit ⊙ 무통분만 kelahiran tanpa rasa sakit

무투표(無投票) ¶무투표로 tanpa pemungutan suara ⊙ 무투표당선 dipilih tanpa pemungutan suara

무패(無敗) tidak ada kekalahan; tidak kalah; rékor (skor) bersih ¶무패의 전적이다 mempunyai daftar bersih tanpa ada tanda kekalahan

무표정(無表情) kurang perasaan; kurang éksprési 무표정하다 tidak berperasaan; tidak berseri-seri; ngelamun; kosong

무풍(無風) ⊙ 무풍지대 ruang gerak (daérah) yang tenang ¶무풍의 tidak ada angin ⊙ 무풍지대 ruang gerak (daérah) yang tenang. 무풍상태 keadaan (situasi) tenang

무학(無學) ketiadaanpendidikan 무학하다 tidak ada pendidikan

무한(無限) jumlah yang tak terbatas; ketidakterhinggaan 무한하다 tidak terbatas; tidak terhingga; tidak ada batas ¶무한히 secara tak terbatas(tak terhingga); tanpa batas; selalu

무한대(無限大) jumlah tak terbatas; jumlah tak berakhir ¶무한대의 tidak terbatas; tidak terhingga

무한정(無限定) jumlah yang tak terbatas; secara tak terbatas ¶무한정이다 tidak ada akhir

무해하다(無害-) tidak berbahaya; tidak merusak; tidak berbisa ¶무해 무익한 tidak berbahaya dan tidak berguna

무해무득하다(無害無得-) tidak ada keuntungan dan tidak ada kerugian; tidak untung maupun tidak rugi

무허가(無許可) tidak ada izin; tanpa izin; liar ⊙ 무허가건물 bangunan yang tidak sah; bangunan liar. 무허가판잣집 pondok (gubuk) liar (tidak sah)

무혈(無血) ¶무혈의 tidak menumpahkan darah; tanpa pertumpahan darah

무혐의(無嫌疑) ¶무혐의로 풀려나다 dibébaskan tanpa dicurigai

무협(武俠) kekesatriaan; kepahlawanan ¶무협적인 bersifat kepahlawanan; gagah berani ⊙ 무협 영화 film aksi bela diri; film kepahlawanan

무형(無形) keadaan tak berbentuk; abstrak; tidak berwujud; tidak berbentuk; tidak materiil; moril; batin; rohani; tidak dapat diraba; tidak dapat dinyatakan; tidak kelihatan ⊙ 무형문화재 warisan budaya yang tidak berwujud (tidak dapat diraba (tidak kelihatan). 무형자산 (재산) harta milik tak berwujud; asét yang utuh

무화과(無花果) buah ara

무효(無效) ketidakberlakuan; ketidaksyahan; ketiadaan 무효로 하다 membatalkan dan tidak berlaku ¶무효의 tidak berlaku; tidak sah; sia-sia; gagal/무효가 되다 dibatalkan dan tidak berlaku ⊙ 무효계약 kontrak yang tidak sah

무훈(武勳) jasa (dinas) militér istiméwa

무휴이다(無休-) tidak mempunyai hari libur ¶연중무휴(이다) dibuka sepanjang tahun

무희(舞姬) gadis penari; penari

묵 *muk;* selai ⟪khas Korea⟫ ⊙ 도토리묵 selai dari buah atau biji pohon ék

묵계(默契) pengertian diam-diam; tahu sama tahu; persetujuan penuh 묵계하다 menyetujui secara diam-diam; membuat persetujuan secara diam-diam

묵과(默過) kerja sama secara diam-diam 묵과하다 menutup mata; bekerja sama secara diam-diam; meléwatkan (mengabaikan) secara diam-diam

묵념(默念) ①⇒ 묵상(默想) ②⇒ 묵도(默禱) ¶ 묵념을 올리다 mengheningkan cipta; berdoa diam

묵다[1] ①【오래되다】 ketinggalan zaman; ketinggalan mode; kuno; usang; bekas pakai ¶케케묵다 sudah basi; sudah usang; usang sekali; tua; (음식이) basi ②【낙제하여】 tinggal di kelas ③【자본 등이】 tinggal; 【상품이】 tinggal tak terjual

묵다[2] tinggal ⟪di; dengan⟫; menginap ¶하룻밤 묵다 menginap semalam

묵도(默禱) doa diam-diam 묵도하다 berdoa secara diam-diam

묵독하다(默讀-) membaca dalam hati; membaca dengan diam

묵례(默禮) tunduk menghormat dengan diam-diam; anggukan; tanda setuju 묵례하다 membungkuk dengan diam-diam ¶서로 묵례하다 saling memberi anggukan

묵묵부답(默默不答) diam dan tidak memberi réaksi (tidak menanggapi)

묵묵히(默默-) dengan diam; dengan bisu sunyi; tidak dibunyikan; bisu; tidak berkata apa-apa; tak diucapkan

묵비권(默秘權) hak untuk membisu (diam); hak untuk berdiam diri

묵살하다(默殺-) tidak memperhatikan; mengabaikan; memperlakukannya hina secara diam-diam ¶의안을 묵살하다 mengabaikan (menolak) usulan/ 묵살되다 diabaikan

묵상(默想) semadi; méditasi 묵상하다 merenungkan; memikirkan; berméditasi

묵시(默示) wahyu 묵시하다 mewahyukan ⊙ 묵시록(錄) ⇒ 계시록(啓示錄) Buku Wahyu

묵시하다(默視-) memandang ke bawah; mengabaikan

묵은세배(-歲拜) ¶묵은세배를 드리다 membungkuk menyambut para sesepuh (orang tua) di malam Tahun Baru

묵은해 tahun lalu

묵음(默音) ¶묵음의 bisu; tidak berkata apa-apa

묵인(默認) persetujuan (izin) secara diam-diam 묵인하다 menyetujui (mengizinkan) dengan diam-diam; berkomplot

묵종(默從) persetujuan secara diam-diam; kepatuhan yang pasif 묵종하다 menyetujui tanpa protés; mematuhi (mentaati) secara pasif; tunduk (menyerah) dengan lemah

묵주(默珠) 【가톨릭】 tasbih; rosario ¶묵주기도를 드리다 berdoa dengan (ucapkan) rosario

묵주머니 ①【묵의】 kantong selai ②【일의】 ¶일을 묵주머니를 만들다 mengacaukan; mengotori

묵즙(墨汁) tinta Cina cair

묵지(墨紙) kertas disalin; kertas karbon

묵직이 berat

묵직하다 ①【무게가】 agak berat ②【몸가짐이】 agak serius ¶입이 묵직하다 agak bersifat pendiam

묵화(墨畵) lukisan dengan memakai tinta Cina

묵히다 membiarkan tak terpakai; menyimpan ⟪uang⟫ tidak dipergunakan

묶다 ①【줄 · 끈 등으로】 mengikat; menjilid; membalut ②【속박하다】 membatasi ¶규칙으로 묶다 membatasi dengan peraturan

묶음 berkas; ikat 【볏단】 berkas; ikatan; 【장작】 berkas kayu api; seikat kayu bakar; 【새끼 등】 gulungan ¶묶음으로 하다 membuat ikatan; mengikat/묶음으로 팔다 menjual dengan ikatan

묶이다 ①【물건이】 diikatkan bersama-sama ②【사람이】 diikat; ditambatkan ③【속박되다】 diikat dengan; dibelenggu denganl terbelenggu; dibatasi

문(文) ①【문장】 kalimat ②【문학 · 학문】 pengetahuan ¶문은 무(武)보다 강하다 Pena lebih berkuasa dari pada pedang. ③【신발의】 ukuran alas kaki

문(門) ①【출입문】 pintu gerbang; 《장지문》 pintu sorong ②【부문】 golongan; kelas ③【해부의】 bagian; pembagian; divisi ④【대포를 세는 단위】 meriam

문(紋) ⇒ 무늬

문(問) soal; persoalan; masalah; pertanyaan ¶제1문 pertanyaan (soal) pertama

문【외래어】 bulan; rembulan ⊙문 라이트 sinar bulan

문간(門間) bagian pintu gerbang; pintu masuk ⊙ 문간방 ruang di bagian pintu gerbang (pintu masuk)

문갑(文匣) lemari berlaci untuk menyimpan alat penulisan (kertas surat)

문경지교(刎頸之交) sahabat sehidup semati; persahabatan sejati (erat)

문고(文庫)【기록 보존의】 arsip; tempat penyimpanan dokumén ⊙ 문고본(本) ukuran (format) kecil. 마을문고 perpustakaan désa

문고리(門-) alat pengunci pintu; pegangan besi yang berbentuk cincin 《yang diletakkan pada pintu》 ¶문고리를 걸다 mengunci pintu

문공위원회(文公委員會) Komite Kebudayaan dan Penerangan

문과[1](文科) jurusan sastra ⊙ 문과대학 Fakultas Sastra

문과[2](文科)【과거】 ujian pamong praja di bawah kerajaan

문관(文官) pegawai negeri 《sipil》 karyawan negara; 【총칭】 pamong praja

문구(文句) kata; frase; ungkapan ¶ 선전 문구 slogan yang menarik /상투적 문구 frase stéréo tipe

문구(文具) alat tulis

문구멍(門-) lubang pintu

문기둥(門-) tonggak pintu pagar

문단(文壇) dunia kesusastraan; dunia tulis-menulis ¶문단에 등단하다 memasuki (memulai) karir sastra; membuat début dalam kesusastraan

문단(文段) paragraf; ayat; alinéa

문단속하다(門團束-) mengunci pintu dengan kokoh (dengan rapat)

문답(問答) tanya dan jawab 문답하다 mengadakan tanya-jawab ¶문답식(式)으로 dalam bentuk tanya-jawab; (대화) dialog; percakapan dwicakap

문대다 ⇒ 문지르다

문도(門徒) murid; pengikut; penyokong

문둥병 ⇒ 나병(癩病) penyakit kusta; lépra

문둥이 penderita penyakit kusta

문드러지다 bernanah; memborok; membisul; hancur; menjadi busuk; ambruk; menjadi radang

문득 ⇒ 문뜩, 불현듯

문뜩【갑자기】 dengan tiba-tiba; dengan mendadak; tanpa disengaja; tanpa diduga-duga; tanpa disangka-sangka

문란(紊亂) kekacauan; keadaan tidak teratur 문란하다 tidak teratur; berantakan; keliru; melanggar peraturan; kacau balau ⊙ 관기문란 pelanggaran disiplin pegawai. 풍기문란 pelanggaran moral masyarakat

문례(文例) contoh kalimat

문루(門樓) tingkat atas pintu masuk bénténg 《kota》

문리(文理) ①【문장의 조리】 kontéks ②【깨달아 아는 길】 jalan pikiran ③【문과와 이과】 kesusastraan dan ilmu pengetahuan ⊙ 문리과 대학 Fakultas Sastra dan Ilmu Pengetahuan

문맥(文脈) kontéks; hubungan kata-kata; jalan pikiran ¶문맥상의 kontékstual

문맹(文盲)【글을 모름】 tuna aksara; buta huruf; 【글을 모르는 사람】 orang buta huruf ⊙ 문맹률 angka kebuta-hurufan. 문맹퇴치 pemberantasan buta huruf

문면(文面) isi (susunan kata) surat

문명(文名) kemasyhuran sastra ¶문명을 떨치다 meraih kemasyhuran dalam bidang sastra; menjadi terkenal sebagai pengarang

문명(文明) kebudayaan; peradaban 문명하다 berbudaya; beradab ⊙ 문명국 negeri (bangsa) beradab. 문명사회 masyarakat yang beradab

문묘(文廟) tempat suci pengikut Konfusius

문무(文武) pekerjaan sipil dan militér; pengetahuan dan kekuatan; pena dan pedang ¶문무겸비하다 mempunyai kedua-duanya baik kepandaian sastra maupun kemiliteran; menguasai pengetahuan dan kekuatan ⊙ 문무(백)관 para pejabat sipil dan militér

문물(文物) peradaban ¶서양의 문물 peradaban Barat

문밖(門-) ①【문의 바깥】 di luar rumah (pintu; pintu gerbang) ②【성문 밖 · 교외】 di luar pintu gerbang (pintu masuk) kota; bagian pinggir (daérah pinggiran) kota ¶서울 문밖에 살다 hidup di bagian pinggir kota Seoul

문발(門-) tirai; layar; tabir; keré

문방구(文房具)【문구】 alat tulis-menulis

문벌(門閥) garis keturunan; garis silsilah; asal-usul; 【명문】 garis keturunan baik-baik ¶문벌 있는 집안에 태어나다 berasal dari keluarga baik (ningrat; golongan tinggi)

문법(文法) tata bahasa; pramasatra; gramatika ¶문법적(으로) dipandang dari sudut tata bahasa

문병(問病) besuk; kunjungan kepada orang sakit 문병하다 mengunjungi yang sedang sakit; membesuk

문빗장(門-) palang pintu; palang (penghalang) pintu gerbang; geréndél kunci

문사(文士) penulis; sastrawan

문살(門-) rangka pintu sorong kertas

문상(問喪) kunjungan bélasungkawa 문상하다 turut berdukacita atas kehilangan; menyampaikan rasa bélasungkawa atas kejadian yang sedih ¶문상을 받다 menerima tamu-tamu yang ikut bélasungkawa ⊙ 문상객 pengunjung bélasungkawa

문서(文書) ⇒ 서류 dokumén; surat penting; (기록) arsip; tempat penyimpanan dokumén; dokumén résmi ¶문서(형식)으로 secara tertulis; dalam bentuk tertulis ⊙ 문서 과(課)【관청】 bagian arsip dan dokuméntasi; 【회사】 bagian koréspondénsi(surat-menyurat). 문서보관함 lemari arsip. 문서위조(죄) pemalsuan dokumén. 문서철(綴) arsip; berkas surat-surat: 문서철 표지 map

문선(文選) ①【시문집】 bunga rampai; antologi ②【인쇄】 pemilihan contoh 문선하다 memilih contoh

문설주【건축】 tempat tambahan di antara pintu (jendéla; pintu masuk)

문소리(門-) suara yang terjadi karena membuka atau menutup pintu; suara pintu; ketukan di pintu

문수(文數) ukuran sepatu

문신(文臣) menteri pemerintah

문신(文身) ⇒ 먹실 tato; cacahan; tanda rajah ②문신하다 merajah; mencacah

문안(門) ①【문의 안】 dalam pintu gerbang ②【성내】 di dalam pintu gerbang kota

문안(文案) 【의안 따위】 konsép; bagan; skétsa; draf ¶문안을 작성하다 membuat konsép (bagan)

문안(問安) pertanyaan tentang keséhatan (keamanan) orang lain 문안하다 menyampaikan (mengirimkan) salam manis; menanyakan keséhatan

문양(文樣) ⇒ 무늬 pola; susunan gambar dan warna

문어(文魚) 【바다 생물】 ikan gurita ¶문어발 tangan gurita

문어(文語) 【문자 언어】 bahasa tulisan; 【낱말 표현】 perkataan (ungkapan) sastra ⊙ 문어체 gaya penulisan

문예(文藝) seni dan sastra; kesusasteraan ⦅dan seni⦆ ⊙ 문예란 kolom (halaman; bagian) tentang seni dan sastra. 문예작품 hasil karya sastra. 문예평론가 pembahas (pengeritik) seni dan sastra

문외한(門外漢) 【국외자】 orang luar; orang

awam; 【영역 밖의】 bukan ahli (spesialis) ¶문외한의 생각 pikiran (idé) orang awam
문우(文友) teman sejawat sesama pengarang; rekan (teman) pengarang
문운(文運) kemajuan dalam kebudayaan
문의(文義·文意) arti tulisan; pokok isi (arti) dari suatu bagian
문의(問議) pertanyaan; penyelidikan 문의하다 menanyakan; meminta keterangan ⊙ 문의서(書) surat keterangan; référénsi
문인(文人) sastrawan; penulis; pujangga; pengarang; penyair ⊙ 문인사회 kalangan (lingkungan) sastra
문자(文字) ①【글자】 huruf; harfiah ¶문자 그대로 secara harfiah; menurut isi ②【어려운 한자 낱말】 susunan kata-kata yang berhubungan dengan ungkapan Cina ¶문자 메시지 pesan téks
문장(文章) karangan; susunan; komposisi, gubahan; tulisan; 【문체】 gaya; gaya bahasa ⊙ 문장구조 susunan kalimat
문장(紋章) hiasan bagian atas ⟪kepala; puncak⟫
문재(文才) bakat sastra
문전(門前) di muka pintu gerbang (pintu masuk) ¶문전걸식하다 meminta makanan dari rumah ke rumah
문제(問題) ①【질문】 pertanyaan; soal; persoalan ¶문제를 내다 menyiapkan pertanyaan /문제를 풀다 memecahkan pertanyaan②【해결해야할 일】 soal; persoalan; masalah; pokok pembicaraan hal; perkara ¶ 문제가 되다 menjadi persoalan; menyebabkan (menimbulkan) kesusahan/문제에 부딪치다 menemui (menghadapi) masalah ③【"문제의"의 형태로 쓰여】¶ 문제의 인물 pria kontrovérsi ④【중요한 것】 hal utama ⊙ 문제아 anak berproblém (bermasalah). 금전문제 masalah (perkara) uang
문제점(問題點) problém; hal yang diperkarakan ¶문제점을 지적하다 mengindikasikan masalah
문제화하다(問題化-) menjadikan pokok persoalan; 【표면화】 menjadi gawat; tampil ke depan; 【말썽】 menyebabkan (menimbulkan) persoalan(kekacauan)
문조(文鳥) 【조류】 burung sawah; burung gelatik
문죄(問罪) tuduhan; dakwa; dakwaan 문죄하다 menuduh ⟪seseorang⟫ berbuat kejahatan
문중(門中) keluarga; suku; kaum; marga; sanak keluarga dekat ¶문중의 땅을 되찾다 memperoléh tanah warisan nenek moyang
문지기(門-) penjaga pintu; portir
문지르다 menggosok; menggaruk; menggerét; membarut; mengerik ¶문질러 없애다 menggosok sampai hilang; menyeka sampai bersih
문지방(門地枋) ①【문턱】 ambang pintu ②【비유적】 ¶문지방이 닳도록 찾아가다 datang berkali-kali; mengunjungi berkali-kali
문직(紋織) susunan (tékstur) bergambar
문진(文鎭) penindih kertas
문질리다 【피동】digosok(-gosokkan)
문집(文集) kumpulan (koléksi) hasil karya; kumpulan prosa; (여러 작가의 선집) antologi; bunga rampai
문짝(門-) daun pintu
문책(問責) ⇒질책 celaan; kecaman; teguran ¶문책하다 memarahi; mengoméli; mencela; mengecam; menanyakan tanggung jawab
문체(文體) gaya bahasa; gaya penulisan ¶ 쉬운 문체(로) ⟪dengan⟫ gaya biasa (mudah; sederhana)
문초(問招) penyelidikan 문초하다 menyelidiki; memeriksa ¶문초중이다 di bawah pemeriksaan
문치(文治) pemerintahan sipil
문치(門齒) gigi seri; gigi manis
문치적거리다 ragu-ragu; bimbang; membuang waktu; berlengah-lengah
문턱(門-) ①【문지방】 ambang pintu ②【비유적】¶문턱이 닳도록 ⟪mengunjungi⟫ berulang kali; ⟪mengunjungi⟫ terlalu sering kali
문투(文套) gaya (bentuk) bahasa; gaya penulisan
문틀 kerangka (kusén) pintu
문틈(門-) celah di pintu; cela jendéla

(pintu gerbang)
문패(門牌) pelat nama di pintu; papan nama
문풍지(門風紙) kertas pelindung angin
문필(文筆) seni sastra ¶문필로 먹고 살다 hidup dari hasil menulis; hidup dari pena ⊙ 문필가 sastrawan; penulis. 문필노동 karya sastra
문하(門下) di bawah pengajaran (bimbingan) ⊙ 문하생(인) murid; pengikut; penyokong
문학(文學) sastra; kesusastraan ¶문학에 취미가 있다 mempunyai cita rasa akan kesusastraan ⊙ 문학이론 téori kesusastraan. 문학소녀 wanita muda yang mempunyai minat (perhatian) terhadap sastra. 문학성 nilai sastra. 문학평론가 pengkritik sastra. 대중【고전】문학 literatur populér【klasik】
문항(問項) pertanyaan
문헌(文獻) pustaka; catatan; dokumén ⊙ 문헌학 ((ilmu pengetahuan tentang)) bibliografi. 참고문헌 bibliografi; daftar pustaka
문형(文型) pola kalimat
문호(文豪) penulis agung (besar); sastrawan agung
문호(門戶) pintu ⊙ 문호개방주의 prinsip pintu terbuka
문화(文化) kebudayaan; peradaban ¶문화가 뒤떨어지다 terbelakang dalam peradaban; ada pada tingkat kebudayaan yang rendah ⊙ 문화교류 pertukaran kebudayaan. 문화국민 bangsa berbudaya (beradab); para warga kota (warga negara) yang beradab (yang sopan). 문화사절 utusan (duta; misi) kebudayaan. 문화수준 tingkat (standar) kebudayaan. 문화유산 warisan kebudayaan
문화재(文化財) asét kebudayaan; kekayaan budaya ⊙무형문화재 Karya budaya Takbenda ((Warisan Manusia)). 유형문화재 Karya budaya Benda ((Warisan Manusia))
문후하다(問候-) menanyakan ((melalui surat)) keséhatan (kesejahteraan) orang lain
묻다[1] 【피 · 잉크 · 흙 등이 붙다】 ternoda; tercemar; melekat; menancap; menempel ¶피가 묻어 있다 dinodai darah
묻다[2] ①【땅에 파묻다】 memendam; menanamkan; menguburkan ②【비밀 등을】 menyembunyikan; menyimpan
묻다[3] ①【질문하다】 menanyakan tentang ((nama; alasan) ②【책임을】 menuduh ③【문제 삼다】 peduli ④【안부를】 menanyakan keadaan ¶소식을 묻다 menanyakan kabar
묻히다[1] 【액체 · 가루 등을】 menodai; mengotori; melumuri; mengolési; mencemarkan
묻히다[2] ①【땅에】 dikubur; ditimbun ¶산채로 묻히다 dikubur hidup-hidup ②【휩싸이다, 둘러싸이다】 dikelilingi ¶어둠에 묻히다 dikelilingi kegelapan ③【감춰지다, 숨겨지다】 disembunyikan
물[1] ①【투명한 액체】 air ¶시원한 물 air segar ②【강 · 바다 · 호수 등의】 air banjir; penggenangan; pembanjiran ¶ 물이 나다 membanjiri; menggenangi; mengaliri/물에 잠기다 dibanjiri; kebanjiran ③【과즙, 수액】 jus; getah air; getah tumbuh-tumbuhan ④【기타】 ¶돈을 물 쓰듯 하다 menghabiskan uang seperti air ⊙ 물 오염 pencemaran(polusi) air
물[2] 【빛깔】 warna celupan ¶물이 날다 warna yang luntur/물이 들다 ⇒ 물들다 mencelup
물[3] ①【옷 빨래의】 ¶새물 옷, 첫물 옷 pakaian baru yang belum dicuci ②【과일 · 해산물의】 musim; masa; waktu ¶만물 사과 panen buah apel yang pertama ③【누에의】 sekumpulan ulat sutera
물가【강변】 tepi air; pantai
물가(物價) harga ¶물가가 오르다 harga naik (meningkat)/물가가 내리다 hargaga turun (menurun)/ 소비자물가지수 indéks harga konsumen ⊙ 물가고(高) harga komoditas yang tinggi. 물가동결 pembekuan (penetapan) harga. 물가안정 stabilisasi harga; kestabilan harga komoditi. 물가지수 penunjuk (indeks) harga. 소비자 물가 harga para konsumen. 주요물가 harga bahan pokok
물갈래 anak sungai; cabang

물갈이되다 diganti《kan》
물갈퀴 jaringan; selaput di antara jari kaki bébék; 《물갈퀴 있는 발》 kaki berselaput
물감 bahan celupan; zat pewarna ¶물감을 들이다 mencelup/물감이 잘 먹다 dicelup dengan baik
물개【동물】 anjing laut; 《수달》 berang-berang
물거미【동물】 laba-laba air
물거품 ①【물에 생기는 거품】 buih; gelembung; busa ¶ 물거품이 지다 menggelembung; bergelembung; berbuih; berbusa ②【비유적】 berakhir sebagai asap; terbukti gagal ¶물거품이 되다 menjadi sia-sia
물건(物件) ①【물체】 barang; benda;【물품】 alat; harta benda;【재료】 bahan;【소유물】 barang milik;【상품】 produk ②【품질】 mutu; kwalitas
물걸레 kain pél basah; lap basah ¶물걸레질하다 menyeka dengan lap basah (kain lap basah)
물것 serangga penggigit
물결 ①【물의 파동】 gelombang; gelora; ombak ¶잔물결 riak air ②【비유적】 ombak; air pasang
물결치다 ①【파도가 치듯이】 bergerak ombak(gelombang); bergulung-gulung; berputar-putar; berombak-ombak ②【비유적】 tergerak hati
물경(勿驚) 《cukup》 menghérankan; mengejutkan; mengagétkan
물계(物-) ①【시세】 harga sekarang; harga yang sedang berédar; harga penjualan ②【물정】 keadaan sekarang; keadaan yang ada ¶물계를 알다【모르다】 memahami【sukar memahami】 keadaan
물계(物界)【물질계】 alam jasmaniah
물고(物故) kematian¶물고 나다 mati; meninggal/물고 내다 membunuh
물고기 ikan ⊙ 물고기 뼈 tulang ikan. 물고기 떼 sekawanan ikan. 물고기자리 *Pisces:* 그는 물고기자리다 Dia berzodiak *Pisces.*
물고 늘어지다 ①【이빨로】 menggigit dan mencengkram ②【자리 · 약점 등을】 mengumpat
물 고동 keran; kran
물곬 terusan; saluran; jalan air; pengaliran air
물구나무서다 berdiri bertumpu pada tangan; berdiri di atas tangan; menjungkir ¶물구나무서기 tegak tumpu tangan;【체조】 jungkir; penjungkiran/물구나무서서 걷다 berjalan dengan tangan
물구덩이 genangan
물굽이 belokan (tikungan) sungai
물권(物權) hak riil; kebenaran sejati ⊙ 물권법 hukum kenyataan; hukum riil
물귀신(鬼神) sétan (hantu) air; siluman air ¶물귀신이 되다 mati tenggelam; tenggelam sampai mati
물그림자 bayangan pada air
물기 embun; uap; kelembaban; keadaan lembab ¶물기가 있는 éncér; berair banyak/물기 없는 kering
물 기근 kekurangan air
물기름 minyak rambut
물길 jalan air; terusan; rute air; aliran air; anak sungai
물꼬 pintu air; pintu irigasi (pengairan) ¶논의 물꼬를 트다 membuka gerbang pintu air padi (sawah)
물끄러미 menatap (dengan mata yang pasti; dengan mata tak berkedip》
물난리(亂離) ①【홍수로 인한】 bencana banjir ②【가뭄으로 인한 물 부족】 kekurangan persediaan air
물놀이 ①【잔물결이 읾】 desiran air; desiran atau kerenyut air 물놀이하다 berdesir; menjadi kusut; berkerut ②⟹ 물장난 ③【행락】 pesiar di pinggir perairan; pesiar dengan kapal (laut)
물다[1] ①【동물이】 menggigit; memagut; mematuk; mencatuk ②【물고기가】 menggigit ③【물것이】 menggigit; menyengat ④【얻어 차지하다】 mendapat; memperoléh; mengambil; menjadi ⑤【입에】 membawa (memegang) dalam mulut; menahan(memegang) di antara gigi ⑥【톱니바퀴가】 memasukkan; mencocokkan
물다[2] ①【벌금 · 이자 등을】 membayar; membayar kembali; mengganti ②【보상 · 배상】 mengganti kerugian; membayar

kembali
물다[3] 【살이】 membusuk; menjadi busuk
물덤벙술덤벙 dengan membabi buta; tanpa tujuan; tanpa arah 물덤벙술덤벙하다 bertindak dengan membabi buta (dengan naif)
물독 botol; kendi; cérék air
물동계획(物動計劃) rencana pengerahan bahan (alat-alat)
물동이 kendi (botol) air
물두부 dadih kacang
물들다 ①【빛깔이】 mencelup; menyerap warna ¶꺼멓게 물들다 dicelup dengan warna hitam ②【스며들다】 dinodai; dikotori; dilumuri ③【사상 · 풍조 등에 감염 되다】 dipengaruhi ((oléh)); terpengaruh
물딱총(-銃) pistol (senapan) air; alat penyemprot
물때[1] 【조수 시간】 waktu pasang; 【밀물】 pasang naik ¶물때를 기다리다 menunggu pasang naik
물때[2] 【물의】 kerak air ((pada kétél)); daki air
물러가다 ①【뒤로】 mundur; surut; menyusut ②【어떤 장소에서】 mundur; mengundurkan diri; menarik diri ③【기상 현상이, 끝나다】 meléwati; melalui; berlalu; léwat
물러나다 ①【뒤로】 menarik diri dari; mundur ②【일 · 직위 등에서】 mengundurkan diri; mundur; berhenti; pensiun
물러서다 ①【뒤 · 옆으로】 ke belakang; kembali; 【후퇴】 mundur; menarik diri ②【양보하다, 포기하다】 menarik kembali; meninggalkan
물러앉다 ①【자리를】 menarik (memindahkan) tempat duduk ke belakang ②【관직에서】 ⇒ 물러나다 ③mengundurkan diri; meletakkan jabatan
물러지다 ①【물건이】 menjadi lembut (lunak; halus; lemah); melunak
물렁팥죽 ①【사람】 orang yang lembut hati; orang penurut ②【물건】 bahan yang halus
물렁물렁하다 ①⇒ 말랑말랑하다①. ②【성격이】 lembut; lemas; menyerah; mengalah; berhati lemah
물렁뼈 ⇒ 연골 tulang rawan; tulang muda
물레 mesin pemintal; 【도자기용의】 jentera pembuat tembikar ⊙ 물레바퀴 roda mesin pemintal (kincir air). 물레방아 kincir air
물려받다 mewarisi; mengambil alih
물려주다 menyerahkan; memindahkan; melepaskan; turun tahta; mewariskan
물론(勿論) sudah selayaknya; pasti; tentu saja; tiada gunanya untuk dikatakan
물류(物流) distribusi ¶ 물류 센터에서 일하다 bekerja di pusat distribusi ⊙ 물류비 biaya distribusi
물리(物理) 【사물의 이치】 hukum alam; hukum fisik; 【물리학】 ilmu fisika ⊙ 물리화학 ilmu fisika dan ilmu kimia
물리다[1] 【싫증나다】 sudah bosan; muak; jemu; mual
물리다[2] 【푹 익히다】 memasak sampai lunak (empuk)
물리다[3] ①【연기함】 menunda; menangguhkan ②【옮김】 merubah arah (jurusan); mengubah; memindahkan; mengalihkan
물리다[4] 【치워버림】 membersihkan; menghilangkan; memindahkan; mengangkat
물리다[5] 【잡귀를】 mengusir; mengeluarkan; memaksa keluar; menghalaukan; menghilangkan
물리다[6] 【동물 · 벌레에】 digigit
물리다[7] menyuruh mengganti kerugian
물리적(物理的) ①【물리학의 원리에 기초한】 fisik; jasmaniah ¶물리적 성질 sifat fisik ②【힘 · 폭력 등을 행사하는】 non verval; paksaan fisik
물리치다 ①【유혹 · 제안 등을 거절하다】 menolak; tidak menuruti ②【적을 격퇴시키다】 mengusir; memukul mundur ③【경쟁자 등을】 mengalahkan; menggagalkan ④【멀리하다】 menjauhi; menghindari
물리치료(物理治療) perawatan fisik ⊙물리치료사 ahli terapi fisik
물리학(物理學) ilmu fisika; ilmu alam ⊙ 이론【응용】 물리학 ilmu alam fisika 【téoritis】
물림 ①【건축】 ruang tambahan pada kamar biasa semacam beranda (serambi)

②【넘겨받음】 kekayaan yang diturunkan (diwariskan, diserah-terimakan) ¶ 물림재산 kekayaan yang diwariskan oléh nénék moyang
물마루 puncak ombak(glombang); kepala ombak
물만두(-饅頭) kué isian yang dimasak dalam air panas; ravioli yang direbus
물말이 ①【밥】 nasi di dalam air minum ②【젖은 것】 barang dibasahi air
물맛 rasa air ¶물맛이 짜다 air rasanya asin
물망(物望) dukungan masyarakat; harapan umum; bakal calon yang terkenal ¶ 물망에 오르다 mendapat dukungan masyarakat
물매[1] pukulan (deraan) keras ¶물매 맞다 dicambuk (didera) dengan keras
물매[2] 【무릿매】 katapél; jeprétan; kain géndongan yang dipakai untuk melemparkan batu
물매[3] 【경사】 léréng; landaian; kemiringan ¶물매가 싸다 atap yang léréng curam; atap yang miring sekali
물매질하다 mencambuk (mendera) dengan keras
물멀미 keadaan mabuk laut ¶물멀미하다 merasa pusing; mabuk laut
물명(物名) nama barang
물목 【물 어귀】 tempat di mana air mengalir keluar ¶물목을 지키다 mengamati cabang sungai
물목(物目) katalog barang
물문 pintu air
물물교환(物物交換) tukar-menukar barang 물물교환하다 menukarkan ((A dengan B)) ¶물물교환으로 dengan (dengan sistém) tukar-menukar
물밀다 【조수가】 naik; pasang; timbul; membanjir; mengalir ¶물밀 때 arus air pasang
물밑 dasar air; dasar laut; dasar sungai ¶ 물밑 협상을 벌이다 mengadakan negosiasi di bawah méja
물바가지 labu menciduk air
물바다 air banjir
물받이 pancuran (bak) di bagian atap
물방아 ①【방아】 kincir (lesung) air; penggilingan air ②【방아두레박】 timba (gayung; émbér) kincir air
물방울 setétés air; tétésan air ⊙ 물방울무늬 bintik-bintik ((pada kain)): 물방울무늬 넥타이를 매다 memakai dasi polka-dot
물뱀 【바다 뱀】 ular air; ular laut
물베개 bantal berisi air
물벼락 ¶물벼락(을)맞다 tersiram air; dengan tiba-tiba dituang air
물벼룩 【동물】 kutu air
물병(-甁) botol air ⊙ 물병자리 *Aquarius*
물보라 semprotan air; percikan air
물볼기 ¶물볼기(를) 치다 mencambuk; mendera
물부리 【궐련의】 tempat rokok
물분(-粉) cairan bedak; bedak yang cair
물불 ¶물불 안 가리다 menempuh bahaya maut; menyusup ke dalam api dan air
물빛 ①【물감의】 warna celupan ②【남색】 biru laut
물비누 sabun cair; sabun lunak
물산(物産) hasil tanaman; hasil bumi; produk ¶물산이 풍부하다 kaya dalam produk
물살 arus(aliran) air ¶물살이 세다 arus air yang deras sekali
물상(物象) 【사물】 benda; barang; obyék; 【현상】 perwujudan; fénoména; jasmaniah; 【학과】 ilmu alam
물새 unggas air; unggas burung yang bisa berenang; burung air
물색(物色) ①【물건의 빛깔】 warna (corak) sebuah benda ②【물들인 빛】 warna yang dicelup ③【풍경】 alam; sifat; sifat dasar; pemandangan ((alam))
물색없다 tidak masuk akal; tidak layak; keterlaluan; mustahil
물색하다(物色-) memilih; mencari
물성(物性) 【물리학】 sifat zat
물샐틈없다 ①【꼭 막힘】 tidak dapat dibantah ¶물샐틈없는 변론 argumén yang tak dapat dibantah ②【완벽】 ketat; keras
물세(物稅) 【법률】 pajak kekayaan
물세례(洗禮) ①【기독교】 pembaptisan; permandian ②⇒ 물벼락
물소 kerbau

물소리 bunyi (suara) air yang mengalir; bunyi desiran sungai kecil
물속 ¶ 물속에 di dalam air; pada dasar air; di bawah permukaan air
물수건 handuk basah
물시계(-時計) ①【시계】 jam air; klepsidra ②【수도 계량기】 alat pengukur air; méteran air
물신(物神) jimat; pemujaan yang mendalam
물실호기하다(勿失好機-) tidak kehilangan (melepaskan) kesempatan; tidak sia-siakan kesempatan
물심부름하다 pergi mengambilkan air
물심양면(物心兩面-) baik secara materli maupun secara moril; baik fisik maupun spiritual
물싸움 pertengkaran (perselisihan) mengenai irigasi (hak atas air) 물싸움하다 bertengkar mengenai hak air (perairan)
물 쓰듯 하다 mengeluarkan uang berlebih-lebihan (seperti air); menhamburhamburkan uang
물씬하다 ①【부드러움】 lembut; lunak; halus; empuk ②【냄새가】 berbau menyengat; berbau keras; berbau amis; berbau busuk berbau énak
물안경(-眼鏡) 《sepasang》 kaca mata penyelam; kaca mata renang
물약(-藥) obat cair
물어내다 membayar; mengganti kerugian; mengganti rugi; mengimpaskan
물어넣다 membayar kembali; mengganti uang 《kerugian》
물어뜯다 menggigit 《dengan keras》; menyobék dengan gigi; menggerogoti; mengerumit
물어보다 menanyakan; menanyai; menyelediki; melakukan penyelidikan
물어주다 membayar; mengganti
물역(物役) ①【건축 재료】 bahan bangunan ②【품과 비용】 tenaga kerja dan biaya untuk pekerjaan (mengerjakan) bangunan ⊙ 물역장사 pedagang bahan bangunan
물오르다 ①【나무에】 tumbuh; muncul; keluar ②【사람이】 menjadi lebih baik dari sebelumnya; menjadi kaya; memperoléh banyak uang
물오리 【조류】 bébék (itik) liar
물욕(物慾) keinginan (hawa hafsu; hasrat) duniawi ¶물욕에 눈이 멀다 dibutakan oleh hasrat duniawi
물위 ① ⇒ 수면(水面) ②【상류】 daérah hulu (muara) sungai
물유리 【화학】 gelas air (cairan; larutan)
물음 pertanyaan; soal; penyelidikan ⊙ 물음꼴 bentuk pertanyaan. 물음표 tanda tanya
물의(物議) kecaman umum; kritik tajam; skandal ¶물의를 빚다 (일으키다) menimbulkan kecaman; menimbulkan skandal (kritik tajam)
물자(物資) barang-barang; mata dagangan; komoditi; sumber daya ¶물자의 수급 persediaan dan permintaan barang-barang ⊙ 물자공급 suplai barang-barang. 물자활용 penggunaan (pemanfaatan) bahan-bahan. 생활물자 barang keperluan sehari-hari
물자동차(-自動車) mobil (truk) penyiram jalan (pohon-pohon)
물 잡다 memindahkan air ke 《sawah》; menyediakan air 《untuk sawah》
물장구 sepak-sepakan air ¶물장구치다 menyepak-nyepak air
물장난하다 bermain-main dalam air
물장사 perdagangan minuman
물장수 pembawa air
물적(物的) fisik; materi; jasmaniah ⊙ 물적 증거 bukti fisik (utama; nyata)
물정(物情) keadaan urusan; perasaan umum ¶세상 물정을 모르다 tidak mengetahui tentang dunia; kurang berpengalaman
물주(物主) ①【자본주 · 전주】 pemberi modal; pembiaya; ahli keuangan; penyokong keuangan ¶물주가 되다 menjadi juru bayar ②【노름판의】 penyokong keuangan
물주다 memberi air
물줄기 ①【강 등의 흐름】 jalan air; aliran 《sungai》 kecil; arus ②【세차게 내뿜는】 pancaran air
물증(物證) bukti nyata; bukti fisik
물지게 alat untuk memikul air

물질(物質) ①【질량을 갖는 자연의 요소】 zat; bahan, matéri; substansi ②【재물】 matéri; kekayaan ⊙ 물질만능 déwa kekayaan. 물질 욕(慾) keinginan memperoléh bahan (matérial). 물질주의 matérialisme; faham kebendaan. 물질주의자 orang yang mementingkan kebendaan; matérialis

물질적(物質的) matéri; bahan ¶물질적 번영 kemakmuran matéri

물집【피부의】 lepuh karena ⟪air⟫ ¶발에 물집이 생기다 melepuh pada kaki

물찌똥【똥】 tinja (kotoran manusia) éncér

물차【살수차】 penyiraman jalan;【급수차】 mobil yang mengangkut air; mobil tangki air

물체(物體) badan; tubuh; benda; jasad; matéri; obyék

물총(-銃) pistol air

물총새(-銃-) burung pekakak

물치 ikan mackerél pergata

물커지다 ⇒ 물크러지다

물컥(물컥) dengan bau busuk (bau amis) keras; berbau menyengat

물컹거리다 sangat lémbék (lunak; lembut; empuk); ⟪menjadi⟫ terlalu lunak; kehilangan jaringan (susunan; tékstur)

물컹이 ①【물건】 yang terlalu masak ②【사람】 orang lemah; orang lembut hati

물컹하다 lunak, lembut; lémbék;

물크러지다【너무 익어】 dilumatkan;【썩어】 menjadi busuk; membusuk

물타작하다(-打作-) memanén padi sebelum kering

물통 embér air

물퉁이【사람】 orang gemuk tetapi lemah

물 퍼붓듯 seolah-olah air mengalir (turun) derasnya ¶비가 물 퍼 붓듯 오다 Hujan turun dengan derasnya.

물표(物標) tanda penerimaan ⟪barang⟫; tiket

물품(物品) barang-barang; benda; alat-alat ⊙ 물품목록 daftar barang; inventaris. 물품 세 pajak komoditi (barang dagangan)

물행주 kain pencuci piring; kain basah

물화(物貨) barang dagangan; komoditi

물활론(物活論)【철학】 pemujaan benda ⊙ 물활론자 penganut animisme

묽다 éncér; berair; susu ⟪kopi; bubur; lém⟫ éncér

묽디묽다 sangat éncér; berair

묽숙하다 agak éncér

뭇[1]【묶음】 ikat ¶장작 한 뭇 seikat kayu bakar

뭇[2]【여러】 semua; semuanya; seluruh; segala macam; apa saja

뭇매 pemukulan bertubi-bubi ¶뭇매 맞다 mendapat hujan pukulan dan téndangan

뭇발길 téndangan bertubi-bubi

뭇소리 cémoohan dan olok-olokan

뭇시선(-視線) tatapan umum; mata khalayak

뭉개다[1]【으깨다, 짓이기다】 menggumalkan; meremukkan; menghancurkan; melumatkan; meremas; memencét; menginjak-injak sampai hancur ¶뭉갠 감자 kentang yang dilumatkan; kentang puré

뭉개다[2] berlengah-lengah; membuang-buang waktu

뭉게구름 awan kumulus

뭉그러뜨리다 menghancurkan; merusak kan; membinasakan; melumpuhkan

뭉그러지다 ambruk; runtuh; roboh; jatuh

뭉그적뭉그적 ⇒ 뭉그적거리다 berléngah-léngah; membuang-buang waktu; dengan lesu; tanpa gairah; tanpa tujuan; tanpa arah

뭉근하다 ⟪api⟫ kecil tetap ¶뭉근히 panasnya kecil tetapi tetap (terus-menerus)

뭉글 ⇒ 몽글

뭉긋이 melandai atau melengkung sedikit ¶고개가 뭉긋이 경사지다 Bukit agak melandai.

뭉긋하다 ①【기울어짐】 melengkuk ②【휘어짐】 agak (sedikit) bungkuk (bongkok)

뭉기다 menjauhkan; menghancurkan; merusakkan; memusnahkan

뭉떵뭉떵 gumpalan demi gumpalan; bongkah; potongan besar

뭉뚝하다 péndék dan gemuk ¶뭉뚝한 사람 orang yang péndék dan gemuk

뭉뚱그리다 membéndel (membungkus) dengan kasar; membungkus dengan

serampangan (ceroboh); menyusun dengan gegabah
뭉실뭉실 ⇒ 몽실몽실
뭉치 【덩이】 berkas; béndel; gulungan; rol; gumpalan; segumpal; sebungkah; setumpuk; seikat ¶지폐 한 뭉치 seberkas uang kertas
뭉치다 ①【단결하다】 bersatu; menyatu; bergabung ②【합치다】 mempersatukan ¶힘을 뭉치다 bekerja sama; usaha bersama ③【덩이 짓다】 membuat gumpalan; menyatukan; menggumpalkan
뭉클하다 ①【먹은 것이】 merasa 《berat》 di perut; merasa kekenyangan ¶속이 뭉클하다 terasa berat di dalam perut ②【가슴이】 terharu; merasa tersumbat pada tenggorokan
뭉키다 ①【몰리다】 berkerumun (berkumpul) bersama-sama; mengerumuni ②【덩어리 짐】 menggumpal; menyumbat; berkumpul
뭉텅이 ⇒ 뭉치 gumpalan; kumpulan; bundel ¶지폐 뭉텅이 sebundel uang kertas
뭉툭하다 tumpul; tidak tajam; dempak; tidak runcing
뭍 tanah kering; pantai; tepi laut; darat; tanah daratan¶뭍바람 angin daratan; angin sepoi-sepoi 뭍에 오르다 pergi ke darat (ke pantai)
뭐 【무엇】 ⇒ 무어 apa
뭐니 뭐니 해도 bagaimana pun juga
뮤지컬 komidi musik ⊙ 뮤지컬드라마 drama musik; opera. 뮤지컬코미디 komedi musik
뮤직 musik ⊙ 뮤직홀 ruangan musik
-므로 【까닭으로】 karena; sebab; sebagai; disebabkan oléh
미(未) 【민속】 ①【십이지의】 jejak domba (kambing) ②⇒ 미방(未方) ③⇒ 미시(未時)
미(美) ①【아름다움】 keindahan; kecantikan; keéolokan; kemolekan ¶자연의 미 keindahan alam/미의 감각 rasa keindahan ②【성적의 등급】 ¶국어는 수를 받았는데 미술은 미를 받았다 Saya menerima nilai A untuk bahasa Korea dan C untuk seni.
미-(未) belum ¶미완성의 tidak selesai; tidak lengkap
미가(米價) harga beras ⊙ 미가정책 kebijakan harga beras
미 가공(未加工) ¶미가공의 mentah; kasar; belum diprosés; belum diolah
미각(味覺) 《Indra》 perasa; cita-rasa; cita selera ¶미각을 만족시키다 memuaskan seléra ⊙ 미각기관 alat perasa
미간(未刊) ¶미간의 belum diterbitkan
미간(眉間) ⇒ 양미간 alis; kening ¶미간을 찡그리다 mengernyutkan kening
미감(美感) rasa keindahan; rasa éstetis
미감아(未感兒) anak yang belum terkena penyakit lépra
미개(未開) ①【문명의】 미개하다 biadab; tidak beradab; kejam; ganas; buas; galak ②【꽃의】 미개하다 belum berkembang ⊙ 미개사회 masyarakat primitif. 미개인 orang biadab (liar; ganas). 미개지 negeri biadab (liar); negeri yang belum maju (belum berkembang); tanah perawan; tanah yang belum dibuka (digarap)
미개발(未開發) ¶미개발의 belum dikerjakan (digarap); belum diéksploitasi; 【저개발】 belum maju (belum berkembang) ⊙ 미개국(國) negeri terbelakang. 미개발지역 daérah yang belum maju (belum berkembang)
미개척(未開拓) ¶미개척의 kurang maju; belum berkembang; masih terbelakang; belum dimanfaatkan; belum diselidiki ⊙ 미개척분야 lapangan yang masih belum diselidiki; bidang yang masih harus diselidiki. 미개척지 tanah yang belum digarap (dibuka); tanah yang masih kosong; daérah (wilayah) yang belum dimanfaatkan
미결(未決) ¶미결의 menantikan; menunggukan; belum pasti; belum jelas; belum diputuskan; tidak tentu; tidak pasti; berubah-ubah; belum dihukum ⊙ 미결 감(監) rumah tahanan sementara. 미결수(囚) tahanan yang menunggu keputusan pengadilan; tawanan yang belum dijatuhi hukuman 미결안(案) rancangan undang-undang yang belum diputuskan

미결산(未決算) ¶미결산의 belum diselesaikan; belum tetap

미결정(未決定) ¶미결정의 ragu-ragu; bimbang; tidak dapat ditentukan

미결제(未決濟) ¶미결제의 belum selesai; belum dilunsasi

미경험(未經驗) kurang (belum) berpengalaman ⊙ 미경험자 orang baru; orang yang kurang berpengalaman

미곡(米穀) beras ⊙ 미곡상 pedagang beras. 미곡연도 tahun panén padi. 미곡창고 lumbung padi

미골(尾骨) 【해부학】 tulang sulbi; tulang tungging; tulang ékor

미공인(未公認) ¶미공인의 belum diakui secara resmi ⊙ 미공인 기록 rékor (catatan; dokumén) yang belum resmi

미관(美觀) pemandangan indah yang menyenangkan ¶미관을 해치다 merusak keindahan

미관(微官) kedudukan (jabatan; keadaan) rendah ⊙ 미관말직 jabatan yang paling rendah

미구(未久) ¶미구에 tidak lama lagi; segera

미국(美國) Amerika Serikat ¶미국의 berkenaan dengan Amerika/미국화하다 menjadi seperti Amerika; meng-Amerika/미국말 bahasa Inggris-Amerika

미군(美軍) Angkatan Perang Amerika Serikat di Korea

미궁(迷宮) mistéri; susunan yang membingungkan 《labirin》; jaringan jalan yang ruwet; simpang-siur jalan ¶미궁에 빠지다 terselubung dalam mistéri

미그 【제트기】 pesawat tempur jét MIG

미급하다(未及-) belum tercapai; belum cukup; lebih rendah mutu; tidak memenuhi

미기(美技) pertunjukan (hasil) cemerlang (bagus; rapi); 【스포츠】 permainan (lakon) bagus

미꾸라지 ikan *mudfish* ¶미꾸리지 같은 놈! Teman yang licik!

미끄러지다 ①【넘어지다】 meluncur; terpelését; tergelincir ¶미끄러져 넘어지다 terpelését dan jatuh/빙판에서 미끄러져 떨어지다 tergelincir di atas és ②【낙방하다】 gagal; jatuh dalam ujian

미끄럼 peluncuran ¶미끄럼 타다 tergelincir di atas és; meluncur di atas salju 《dalam keréta luncur》/미끄럼을 방지하다 mencegah 《roda》 tergelincir ⊙ 미끄럼대 tempat meluncur. 미끄럼틀 tempat meluncur

미끄럽다 licin; mengkilap; berminyak

미끈거리다 merasa licin; berminyak

미끈하다 ①【사물이】 licin; lancar; mengkilap ¶미끈한 자동차 mobil yang mengkilap ②【사람이】 manis; berpakaian baik (rapi) ¶미끈하게 생기다 ganteng; tampan; rupawan/미끈하게 차리다 berpakaian mencolok (menyilaukan)

미끼 umpan; pemikat; perangkap; pikatan; daya tarik; iming-imingan; bujukan ¶미끼에 걸려들다 terpikat; terbujuk ⊙ 낚시 미끼 umpan ikan

미나리 daun peterseli

미남(美男) pria tampan (ganteng)

미납(未納) 미납하다 lalai dalam pembayaran; tak membayar; menunggak; meninggalkan tidak dibayar ⊙ 미납금(金)【액(額)】 jumlah tunggakan. 미납자 orang yang menunggak; penunggak

미네랄 minéral; barang tambang; 【광천수】 air minéral

미녀(美女) wanita (gadis) cantik ¶절세의 미녀 wanita yang kecantikannya tidak ada bandingnya (tiada taranya)

미농지(美濃紙) sejenis kertas merang

미늘 【낚시의】 mata kail; 【갑옷의】 sisik-sisik logam "pada mantel baju baja" ⊙ 미늘창 tombak bercabang dua

미니 mini; bentuk kecil ⊙ 미니스커트 rok mini. 미니시리즈 mini séri. 미니어처 miniatur; model dalam bentuk kecil. 미니카메라 kaméra mini

미닫이 pintu (jendéla) sorong (gésér) ⊙미닫이창 jendéla sorong

미달(未達) kekurangan; ketiadaan 미달하다 kurang ¶연령 미달의 masih di bawah umur

미담(美談) kisah indah; kisah yang mengesankan; anékdot (peristiwa) yang patut dipuji

미대(美大) Fakultas Seni Murni

미덕(美德) kebaikan; sifat baik; sifat terpuji; kebajikan

미덥다 dapat dipercaya; dapat diandalkan; berkaki cekatan; 【희망 있는】 memberi harapan

미동(美童) anak laki-laki yang tampan

미동(微動) goncangan (getaran) sedikit ¶ 미동도 않다 tidak mau bergerak sedikitpun; berdiri sekokoh batu karang; berpegang teguh

미드나이트 tengah malam

미드필더 gelandang

미들 pertengahan ⊙미들급 kelas ringan petinju

미등(尾燈) lampu belakang

미등(微騰) 【경제】 kenaikan sedikit; kemajuan kecil

미디 rok yang melebihi lutut; rok (baju) tanggung

미디어 alat jalur

미디엄 ① 【사이즈】 medium ②【중개】 perantaraan; perantara ③【삶은 계란, 스테이크】 setengah matang

미라 ⇒ 미이라 mirra

미래(未來) ①【장래】 waktu yang akan datang; masa depan; masa datang ¶미래의 yang akan datang; bakal; calon ② 【내세】 masa yang akan datang ⊙ 미래사(事) peristiwa yang akan datang. 미래상(像) gambaran masa depan

미량(微量) jumlah yang sangat sedikit (kecil); sedikit; mikro ⊙ 미량분석【화학】 analis mikro; analisis rénik. 미량측정기 alat pendetéksi rénik

미려(美麗) keindahan; kecantikan; kemolekan 미려하다 indah; cantik; bagus; molek; luwes

미력(微力) tenaga (kemampuan) yang lemah; kecakapan sedikit ¶미력이 나마 meskipun kecakapan (kemampuan) kurang

미련 kebodohan; ketololan; kejanggalan; kekakuan; kecanggungan 미련하다, 미련스럽다 bodoh; tolol; bebal; dungu; canggung; janggal ⊙ 미련쟁이(퉁이) orang bodoh (tolol)

미련(未練) 【애착】 keseganan untuk melepaskan; tidak dapat menghentikan (menyerahkan; melepaskan); 【후회】 penyesalan

미령(靡寧) kurang énak badan 미령하다 sakit

미로(迷路) ①【그릇된 길】 jalan yang salah (yang keliru) ②【방향을 알 수없는 길】 jaringan jalan yang ruwet; simpang siur jalan ③【비유적】 labirin

미료(未了) belum selesai ⊙ 미료안(案) acara (rancangan; undang-undang) yang dinantikan

미루다 ①【날짜 · 일정 등을 연기하다】 menangguh (kan); menunda ②【책임 · 잘못 등을 남에게】 memindahkan; mengalihkan ((kesalahan, tanggung jawab)) ③ 【짐작 · 추측하다】 memahami; mengambil kesimpulan; menilai

미루적거리다 menunda; menangguhkan

미륵(彌勒) 【불교】 patung Budha

미리 sebelumnya; di muka; terdahulu; terlebih dulu ⊙ 미리보기 pratinjau

미립(微粒) butir; unsur

미립자(微粒子) butir (partikel) kecil ¶미립자의 korpuskuler

미만(未滿) ¶미만의 di (ke) bawah; kurang dari ; tidak lebih dari

미망(迷妄) khayalan; angan-angan; ilusi; maya ¶미망에서 깨어나다 sadar dari khayalan

미망인(未亡人) ⇒ 과부 janda; janda yang berhak menerima warisan ¶미망인이 되다 menjadi janda; kehilangan suami ⊙ 전쟁미망인 janda perang; istri yang kehilangan suami karena peperangan

미명(未明) kegelapan di pagi hari ¶미명에 sebelum fajar; dini hari

미명(美名) nama baik ¶…의 미명아래 atas nama; dengan berdalih

미모(美貌) keelokan; kemolekan; wajah yang cantik (yang tampan) ¶미모의 cantik; tampan; rupawan

미목(眉目) roman muka; paras ¶미목이 수려하다 berparas tampan (rupawan; cantik)

미몽(迷夢) ilusi; khayalan; angan-angan ¶ 미몽에서 깨어나다 terjaga dari mimpi

미묘(微妙) keadaan genting 미묘하다 sulit; ganjil; lekas tersinggung

미문(美文) prosa yang bagus sekali ⊙ 미

문 체 gaya bahasa yang berbunga(muluk)

미물(微物) ①【미생물】 jasad renik; kuman; mikroba ②【하찮은 것】 barang sepélé

미미하다(微微-) sedikit; sepélé; tidak berarti; tidak signifikan

미 발견(未發見) belum ditemukan; belum diselidiki.

미발달(未發達) ¶미발달의 kurang maju; belum berkembang

미발표(未發表) belum diumumkan

미발행(未發行) ¶미발행의 belum keluar; belum diterbitkan

미백(美白) pemutih; pencerah ⊙ 미백에센스 sari pemutih. 미백크림 krim pemutih. 미백치약 pasta gigi pemutih. 미백 효과(피부의) éfék pencerah kulit

미복(微服) penyamaran 미복하다 menyamar; menyaru ¶미복으로 dengan menyamar (menyaru); dalam penyamaran

미복(美服) pakaian(busana) bagus

미 본토(美本土) ¶미 본토에서 di Amerika Serikat

미봉하다(彌縫-) menyelesaikan sementara; bertindak sementara

미봉책(彌縫策) tindakan sementara ¶미봉책을 쓰다 menambal sementara

미분(微分) 【수학】 kalkulus diferénsial; perbédaan 미분하다 membédakan; memperbédakan ⊙ 미분계수 koefisién berbéda. 미분방정식 persamaan diferénsial

미분자(微分子) molekul; partikel

미 분명(未分明) ketidak-tentuan 미분명하다 ragu-ragu; tidak menentu; tidak tentu; tidak jelas; berubah-ubah

미불(未拂) tertunggak ¶미불의 belum (tidak) dibayar ⊙ 미불금 rékening yang belum dibayar. 미불 액 jumlah yang belum dibayar

미불(美弗) ⇒ 미화(美貨) dolar Amerika

미불입(未拂入) ¶미불입의 belum dilunasi ⊙ 미불입 주 【자본금】 saham 【modal】 yang belum dibayar

미비(未備) keadaan yang tak dipersiapkan (tak bersedia); 【부족】 kekurangan; ketiadaan; 【미비점】 kecacatan 미비하다 tidak sempurna; tidak dipersiapkan; tidak bersedia; kurang baik; cacat

미쁘다 ⇒ 미덥다 dapat dipercaya; dapat diandalkan

미사(美辭) kata-kata (bahasa) berbunga; kata-kata yang muluk-muluk ⊙ 미사여구(麗句) kata-kata berbunga-bunga; bahasa yang penuh hiasan; ungkapan yang indah

미사 【가톨릭】 misa ¶미사를 올리다 mengucapkan (membaca) misa ⊙위령(慰靈)(진혼) 미사 misa berdoa (untuk orang yang meninggal)

미사일 【군대】 rudal; peluru kendali ⊙ 미사일기지 pangkalan peluncuran rudal. 미사일 발사대 landasan peluncuran rudal. 공대공(空大空) 미사일 peluru kendali udara ke udara. 유도미사일 rudal kendali. 지대공(地對空) 미사일 peluru kendali darat ke udara. 핵미사일 rudal nuklir

미산지(米産地) daérah penghasilan beras

미삼(尾蔘) akar ginséng

미상(未詳) ¶미상의 tidak dikenal; tidak diketahui /작자 미상의 anonim; tidak dikenal

미상불(未嘗不) dalam kenyataan; sesungguhnya; sebenarnya; sungguh-sungguh; tentu saja

미상환(未償還) ¶미상환의 belum kembali uang

미색 【색깔】 kuning muda; kekuningkuningan

미색(美色) kecantikan wanita

미생물(微生物) mikroba; jasad renik; mikrobiologi ⊙ 미생물학 ilmu mikrobiologi

미성(美聲) suara yang merdu (yang bagus)

미성년(未成年) yang belum déwasa; anak kccil ¶미성년의 masih di bawah umur; belum déwasa

미성년자(未成年者) anak kecil; orang yang belum déwasa; anak dibawah umur ¶미성년자 보호법 undang-undang perlindungan anak kecil

미성숙(未成熟) ketidakmatangan; ketidakdéwasaan; keadaan (sifat) belum matang (belum déwasa) 미성숙하다 belum matang; belum déwasa; masih hijau;

belum berpengalaman

미세하다(微細-) sangat kecil; halus; teliti; rinci; terperinci ¶미세하게 secara terperinci; secara panjang lebar ⊙ 미세 먼지 debu halus

미션스쿨 sekolah misi; sekolah pengabar Injil

미소(美蘇) Amerika Rusia

미소하다(微少-) kecil sekali; kecil-kecilan; réméh; rendah; picik

미소(微笑) senyuman 미소하다 tersenyum ¶ 만면에 미소를 띄우고 dengan tersenyum lebar pada wajah

미소년(美少年) anak muda yang tampan (ganteng); adonis

미속(美俗) adat (kebiasaan) yang bagus (yang patut dipuji)

미송(美松) 【식물】 pinus oregon

미수 ⊙ 미수가루 tepung sagun Korea ⟪sejenis penganan Korea⟫

미수(未收) 미수하다 belum terkumpul; belum ditagih ⊙ 미수금 tagihan; uang yang belum ditagih (yang belum dilunasi)

미수(未遂) ¶미수의 percobaan; yang dicoba; yang diusahakan/미수로 끝나다 gagal dalam usaha percobaan ⊙ 미수범 kejahatan berupa usaha (rencana) percobaan. 암살 (살인) 미수 usaha percobaan pembunuhan. 자살미수 usaha percobaah bunuh diri

미수(未壽) berusia 80 tahun

미수교국(未修敎國) negara yang belum mempunyai pertalian (hubungan) diplomatik

미숙하다(未熟-) ①【과일이】 belum matang (masak); mentah ②【경험이】 kurang berpengalaman; tidak terampil; belum berpengalaman; masih hijau

미숙련(未熟練) 미숙련하다 tidak mahir; belum ahli; tidak terlatih; belum terdidik ⊙ 미숙련공(工) pekerja tanpa keahlian; pekerja yang tidak mahir; tenaga kerja yang tidak terampil

미숙아(未熟兒) bayi prematur

미술(美術) seni; kesenian ¶미술적인 artistik ⊙ 미술가 artis; seniman. 미술 감정가 pakar meneliti karya seni. 미술계 dunia seni. 미술관 museum seni. 국립현대미술관 Museum Nasional Seni Modérn. 미술애호가 pencinta karya seni. 미술전람회 paméran kesenian. 미술학교 Sekolah (Akademi) Kesenian

미션 tugas; 【종교】 misi

미셔너리utusan (pekabar) injil; 【이슬람】 mualim; penganjur

미션오일 fluida transmisi

미스 ①【미혼녀】 gadis; wanita yang tidak menikah ②【호칭】 nona ③【실수】 kesalahan; kekeliruan

미스터 tuan

미스터리 (cerita) mistéri; kegaiban

미스테이크 kesalahan; kekeliruan ¶미스테이크를 범하다 membuat (melakukan) kesalahan

미스프린트 kesalahan cetak

미시(微視) ¶미시적 mikroskopsi ⊙미시경제 mikroékonomi

미시족(-族) wanita menikah yang membawa dirinya dan berpakaian seperti gadis

미시즈 perempuan yang sudah menikah; nyonya(Ny)

미식(美式) cara (gaya) orang Amerika ⊙ 미식축구 sépak bola Amerika

미식(美食) makanan yang lezat (méwah) ⊙ 미식가ahli pencicip (cicip) makanan; penggemar makanan dan minuman

미식하다(米食-) makan nasi

미신(迷信) takhyul; ketakhyulan; kepercayaan pada (akan) takhyul; kepercayaan bertakhyul ¶미신적인 bertahyul ⊙ 미신가 orang yang percaya pada(akan) takhyul

미심(未審) 미심스럽다, 미심쩍다, 미심하다 meragukan; menyangsikan; mencurigakan; dapat dipertanyakan ¶미심쩍게 여기다 merasa ragu-ragu terhadap…; sangsi akan

미싱 【재봉틀】 mesin jahit

미아(迷兒) anak yang hilang (yang tersesat) ¶미아가 되다 hilang; tersesat; (길에서) kehilangan jalan ⊙ 미아보호소 rumah untuk anak yang tersesat

미안(美顔) wajah cantik ⊙ 미안수 lulur kecantikan. 미안술 perawatan (pemeli-

haraan) kecantikan
미안스럽다 ⇒ 미안하다
미안쩍다 ⇒ 미안하다
미안하다(未安-) menyesal; menyesali; minta maaf
미안해하다 menyesal; menyesali
미약(媚藥) zat perangsang nafsu berahi
미약하다(微弱-) lemah
미양(微恙) keadaan sakit ringan; kurang enak badan
미어지다 tersobék; terkoyak ¶가슴이 미어질 듯한 menyayat hati; menghancurkan hati; memilukan (menyedihkan) hati
미어터지다 【자동차 안】 penuh sesak (sarat) penumpang; (짐으로) penuh sarat muatan
미역[1] 【목욕】 pemandian; renang ¶미역 감다 mandi; berenang
미역[2] 【식물】 ganggang laut
미역국 sup ganggang laut ¶미역국 먹다 (비유적) memecat; memberhentikan; menolak/ 미역국 먹이다 dipecat; diberhentikan; ditolak
미연(未然) ¶미연에 sebelumnya; sbelum 《itu》 terjadi/미연에 방지하다 mencegah sebelum terjadi
미열(微熱) demam; demam sedikit ¶미열이 있다 sedikit demam
미온적(微溫的) setengah hati; hangat-hangat tahi ayam; suam-suam kuku ¶미온적인 반응을 보이다 memberikan respon yang setengah hati
미완(未完), 미완성(未完成) ¶미완의 belum selesai; belum lengkap; masih kasar; dalam prosés pembuatan; tidak selesai ⊙ 미완성 교향곡 simfoni yang belum selesai
미용(美容) perawatan (pemeliharaan) kecantikan ⊙ 미용사 ahli kecantikan; penata rambut. 미용술 seni (pemeliharaan) kecantikan. 미용식 ménu (makanan) untuk kecantikan. 미용실(원) salon kecantikan. 미용성형 operasi kosmétik. 미용체조 senam kecantikan. 애견 미용사 penata rias anjing
미욱하다 bodoh; tolol; dungu; tidak tajam
미움 kebencian; rasa benci; rasa permusuhan ¶미움을 사다 membangkitkan (menimbulkan) rasa benci/미움 받다 dibenci
미워하다 membenci; benci akan 《pada》
미의식(美意識) rasa éstétika (keindahan)
미음(米飮) bubur nasi éncér
미이다 tersobék; terkoyak
미이라 mumi; mayat yang diawétkan (dibalsem)
미인(美人) ①【미녀】 wanita (gadis) cantik (élok) ⊙ 미인계 muslihat dengan perempuan cantik sebagai umpan; siasat bunga. 미인선발대회 kontés (perlombaan) kecantikan ②【미국인】 orang Amerika (Yankee)
미작(米作) ①【벼농사】 pemeliharaan padi ②【수확】 panén (hasil panén) padi ⊙ 미작지대 daérah (distrik) penghasil beras
미장원(美粧院) salon kecantikan; salon perawatan kecantikan
미장이(-匠-) tukang pléster ⊙ 미장이일 pekerjaan mempléster
미 저골(尾骶骨) tulang tungging (sulbi)
미적(美的) éstétis ¶미적으로 secara éstétis ⊙ 미적가치 nilai éstétis. 미적 감각 perasaan éstétis: 미적 감각이 전혀 없다 tidak menghargai(tidak peka) akan keindahan
미적거리다 ⇒ 미루적거리다 ①【연기하다】 menunda dari hari ke hari; menangguhkan ②【밀다】 bergerak maju sedikit demi sedikit
미적분(微積分) perhitungan (hitungan) diferénsial dan intégral
미적지근하다 ⇒ 미지근하다 hangat-hangat kuku; setengah hati
미전(美展) pameran seni
미점(美點) hal keindahan; kebaikan; kebajikan; sifat baik
미정(未定) 미정이다 tidak diputuskan ¶미정의 ragu-ragu; belum pasti; belum ditentukan; tidak tentu; tidak pasti; tetap ragu-ragu
미제(未濟) ¶미제의 belum diselesaikan; belum dilunasi; menantikan
미제(未製) ⊙ 미제품 barang (produk) yang belum selesai
미제(美製) buatan Amerika
미조직(未組織) ¶미조직의 tidak tersusun;

tidak diatur
미주(美洲) benua Amerika ¶미주 시장을 개척하다 masuk ke pasar Amerika
미주알고주알 dengan seksama; dengan teliti sampai hal yang kecil-kecil; dengan terperinci; secara rinci
미증유(未曾有) ¶미증유의 belum pernah terjadi sebelumnya; belum pernah terdengar
미지(-紙) 【납지】 kertas lilin
미지(未知) ¶미지의 yang belum dikenal; yang tidakdiketahui
미지근하다 ①【온도가】 hangat-hangat kuku; tidak cukup hangat ¶미지근한 물 air hangat-hangat kuku; air suam-suam ②【행동·태도 등이 미온적이다】 kurang bersemangat
미지수(未知數) jumlah yang belum dikenal; jumlah yang tidak diketahui
미진(微塵) debu halus; hal yang réméh; hal yang tidak berarti
미진(微震) goncangan kecil ((karena gempa bumi)); getaran bumi
미진하다(未盡-) tidak (belum) selesai; tidak lengkap; tidak puas
미착(未着) ¶미착의 belum datang; belum dikirimkan; belum diantarkan
미착수(未着手) ¶미착수의 belum dimulai (mulai)
미처 sebelumnya; lebih dulu
미처리(未處理) ¶미처리의((usaha)) yang belum dicapai
미 처분(未處分) ¶미 처분의 belum selesai; tidak tentu; ((barang)) yang belum dijual
미 처치(未處置) 【치료가】 ¶미 처치의 dibiarkan tidak dirawat (tidak diobati)
미천하다(微賤-) rendah; sederhana; hina; dina
미추룸하다 séhat dan tampan (rupawan)
미취학(未就學) ¶미취학의 pra sekolah; belum bersekolah. ⊙ 미취학아동 anak yang belum masuk sekolah; anak prasekolah
미치광이 ①【광인】 orang gila ②【미치광이 짓】 tindakan orang gila: 미치광이 짓을 하다 bertingkah laku seperti orang gila ¶미치광이의 gila; sinting; sakit ingatan
미치다[1] ①【정신이 이상해지다】 menjadi gila; gila ②【열중하다】 tergila-gila; gemar sekali; kehilangan akal ¶사랑에 미치다 buta karena cinta/계집에 미치다 tergila-gila dengan seorang wanita
미치다[2] ①【닿다, 이르다】 mencapai; 【걸치다】 menjangkau; menyampai; 【언급하다】 menguraikan ¶손이 미치지 않다 di luar jangkauan ②【기대·수준 등에】 memenuhi; mencukupi ③【재난 등이】 menimpa ④【영향을】 mempunyai (menggunakan) pengaruh; mempengaruhi; berpengaruh ⑤【생각이】 cukup pandai (bijaksana) berpikir (mengingat)
미크론 mikron
미타(彌陀) Amitabha
미태(媚態) kegenitan ¶미태를 부리다 genit; berkelétah
미터 ①【길이】 méter ②【계량기】 méteran; ukuran ¶미터를 검사하다 【고장유무를】 memeriksa méteran; 【사용량을】 melihat catatan (memeriksa) méteran ⊙ 미터검사원 pembaca (pencatat) méteran. 미터법 sistém métrik. 가스 【수도, 전기】미터 méteran gas 【air, listrik】. 택시미터 méteran taksi; argométer taksi
미트 daging ⊙미트볼 bakso; bulatan-bulatan daging
미팅 【남녀의】 kencan buta; 【회의】 rapat; pertemuan ¶오늘 미팅을 했다 Saya berkencan buta hari ini.
미투리 sandal rami
미풍(美風) adat yang terpuji; adat yang bagus ⊙ 미풍양속 adat-istiadat; moral umum (masyarakat)
미풍(微風) angin sepoi-sepoi; angin silir-an; angin silir-semilir
미필(未畢) 미필하다 belum selesai; tidak memenuhi; tidak menyelesaikan ¶미필의 tidak selesai; tidak lengkap; tidak dipenuhi; tidak ditepati.
미 필적고의(未必的故意) 【법률】 kelalaian yang disengaja
미학(美學) éstétika ¶미학의 éstétik; éstétis. 미학자 ahli éstétika
미해결(未解決) ¶미해결의 belum dipecahkan; belum terbongkar; belum dapat dihilangkan

미행(尾行) 미행하다 mengikuti; membuntuti; membayangi; mengékor ¶미행을 당하다 dibuntuti; diikuti ⊙미행자 orang yag membuntuti

미행(美行) tingkah laku (perilaku) yang terpuji (yang baik); perbuatan baik

미행(微行) perjalanan menyamar 미행하다 melakukan kunjungan pribadi; bepergian dengan menyamar

미혹(迷惑)【미망】khayalan; angan-angan; ilusi; delusi; kekaguman;【헤맴】kegingungan; keraguan 미혹하다 (그릇된 길에) tersasar; (여자에게) kagum; tergoda; terbujuk; terpikat; tertawan; tergila-gila; (헤맴) bingung

미혼(未婚) ¶미혼의 tidak kawin; tidak menikah ⊙ 미혼모(母) ibu yang tidak dinikahi. 미혼자 orang yang tidak kawin; lajang; (남자) jejaka; bujangan; (여자) perawan (gadis)

미화(美化) pemolekan; pengelokan; pencantika 미화하다 memperindah; mempercantik; membubuhi ⊙ 도시 미화운동 gerakan memperindah (mempercantik) kota

미화(美貨) ①【달러, 미국의 화폐】mata uang Amerika; dolar Amerika ②【화물】barang dari Amerika

미확인(未確認) ¶미확인의 belum tetap; belum pasti ⊙ 미확인보도 sumber berita yang belum dikonfirmasikan. 미확인비행 물체 benda terbang yang tidak dikenal; piring terbang (UFO)

미흡하다(未洽-) tidak mencukupi; tidak cukup; tidak memuaskan (memenuhi; meyakinkan)

미희(美姬) wanita (gadis) cantik (jelita)

믹서 alat pencampur listrik; mikser; blender

믹스 campuran

-민(民)【인민】rakyat;【국민】bangsa ¶유목민 bangsa yang hidup mengembara/이재민 para penderita; orang yang menderita

민가(民家) ①【개인집】rumah pribadi ②【서민들의 집】rumah orang biasa; rumah rakyat jelata

민간(民間) ¶민간의【공적이 아닌】pribadi tersendiri; swasta; sipil; tidak resmi; bukan pemerintah ⊙ 민간단체 organisasi partikelir (bukan pemerintah). 민간설화 dongeng (cerita) rakyat. 민간신앙 kepercayaan rakyat. 민간인 rakyat (orang) sipil. 민간항공 penerbangan swasta (sipil)

민감(敏感) ¶민감한 peka; sénsitif/민감한 기질 sifat mudah kena; sifat rentan; mudah tersinggung /나는 민감성 피부다 Saya mempunyai kulit yang sénsitif. ⊙ 이상 민감성【병리학】kepekaan yang luar biasa; alérgi

민국(民國) republik; negara republik

민권(民權) hak sipil (rakyat) ¶민권을 옹호하다 membela (mempertahankan) hak-hak rakyat ⊙ 민권수호 운동 gerakan membela hak-hak rakyat. 민권운동 gerakan démokratis

민단(民團) kelompok pemukiman ⊙ 재일한국 거류민단 perhimpunan (Federasi) Penduduk Korea (pro-Korea Selatan) yang tinggal di Jepang

민도(民度) standar《penghidupan, kebudayaan》rakyat ¶민도가 매우 높다【낮다】standar (ukuran) penghidupan rakyat sangat tinggi【rendah】

민둥민둥하다 tidak berpohon; gundul; tandus

민둥산 gunung yang gundul; gunung yang tidak ada pohon-pohonan

민담(民譚) cerita rakyat; folktale

민들레 dandalion yang berbunga kuning

민란(民亂) huru-hara; keributan; kerusuhan; pemberontakan bersifat umum; pemberontakan rakyat

민력(民力) kekuatan bangsa (nasional)

민망하다(憫惘-) malu; menyesal; merasa malu; merasa menyesal

민머리 ①【백두】orang tanpa jabatan ②【대머리】kepala gundul; botak

민며느리 gadis yang diasuh di rumah sebagai calon istri putra

민물 ⇒ 담수 air segar; air tawar ⊙ 민물고기 ikan air tawar. 민물호수 danau air tawar

민박(民泊) tempat kediaman pribadi untuk sementara waktu digunakan 민박하

다 menginap di pemondokan pribadi; menggunakan tempat penginapan (pemondokan) di rumah pribadi

민방(民放) ⇒ 민간방송

민방위(民防衛) pertahanan sipil (hansip) ⊙ 민방위대 satuan Korps pertahanan sipil. 민방위대원 anggota satuan pertahanan sipil. 민방위본부 《pemimpin》 Markas Besar Pertahanan Sipil. 민방위훈련 latihan pertahanan sipil

민법(民法) hukum perdata (sipil)

민병(民兵) milisi; wajib militér (wamil) ⊙ 민병대 korps wajib militér

민복(民福) kesejahteraan warganegara (nasional); kesejahteraan rakyat

민본주의(民本主義) demokrasi

민사(民事) perkara sipil; perkara perdata ⊙ 민사사건 perkara sipil; perkara perdata. 민사소송 gugatan (pengaduan) perkara sipil. 민사재판 pengadilan sipil

민생(民生) kesejahteraan rakyat (masyarakat); mata pencaharian rakyat; kehidupan umum ¶민생의 안정 stabilisasi (pemantapan) mata pencaharian rakyat ⊙ 민생고(苦) keadaan buruk (kesulitan) ékonomi rakyat

민선(民選) pemilihan umum ¶민선의 terpilih (dipilih) oléh rakyat

민성(民聲) pendapat umum

민소매 baju tanpa lengan

민속(民俗) adat-istiadat suku bangsa; adat-istiadat daérah (rakyat; bangsa) ¶민속의상을 입다 memakai pakaian tradisional ⊙ 민속공예품 barang kerajinan rakyat. 민속무용 tarian daérah (rakyat). 민속극 sandiwara rakyat (tradisional). 민속 문학 kesusastraan rakyat. 민속촌 taman mini budaya daérah

민수(民需) kebutuhan rakyat (orang sipil; konsumén); permintaan swasta ⊙ 민수산업 industri swasta; industri keperluan non-militér (orang sipil, konsumén); perusahaan swasta. 민수품 barang keperluan orang sipil (konsumén)

민숭민숭하다 gundul; tandus; botak

민심(民心) perasaan umum (masyarakat) pikiran rakyat ¶민심을 잃다 kehilangan dukungan rakyat; kehilangan ketenaran (popularitas)

민영(民營) pengelolaan (operasi) pribadi (swasta) ¶민영의 swasta; dijalankan (diusahakan; dikelola) secara pribadi (sendirian) /민영화하다 privatisasi; memprivatisasi; menyerahkan kepada badan usaha swasta ⊙ 민영방송 penyiaran swasta. 민영사업 perusahaan(usaha) swasta. 민영아파트 rumah apartemén yang dibangun oléh swasta

민예(民藝) seni (kerajinan) rakyat ⊙ 민예품 barang kesenian rakyat

민완(敏腕) kecakapan; kemampuan; kesanggupan; kekuatan; kapasitas ¶민완의 mampu; sanggup; trampil; tangkas⊙ 민완가 orang yang cakap; orang yang berkemampuan

민요(民謠) lagu rakyat; balada ⊙ 민요가수 penyanyi lagu rakyat

민원(民怨) kebencian rakyat; rasa permusuhan rakyat; keluhan rakyat; ketidak-puasan masyarakat (rakyat)

민원(民願) permohonan penduduk(sipil) ⊙ 민원창구 kantor urusan sipil (penduduk). 민원안내【실】【Ruang】 penerangan untuk pelayanan (petisi) penduduk (sipil)

민유(民有) hak milik pribadi; milik swasta ⊙ 민유림 hutan pribadi (swasta). 민유지(地) tanah pribadi (swasta)

민의(民意) kehendak rakyat (orang-orang); opini publik; pendapat rakyat; pendapat umum; persetujuan umum ¶민의를 존중하다 menghargai kehendak rakyat/ 민의를 묻다 meminta pendapat (pertimbangan) orang-orang (rakyat)

민의원(民議院)【하원】Majelis Rendah;【미국 · 일본】Déwan Perwakilan Rakyat;【영국】Majelis Perwakilan Rendah

민적(民籍)【등록】pendaftaran (registrasi) sénsus;【등본】daftar sénsus keluarga

민정(民政) pemerintahan sipil ⊙ 민정이양 pergantian kekuasaan kepada pemerintahan sipil (yang terpilih)

민정(民情) kondisi rakyat; keadaan orang-orang

민족(民族) bangsa; ras; rakyat; anak negeri; penduduk; kebangsaan; suku bangsa ¶민족의 화합 perdamaian nasional ⊙ 민족감정 perasaan kebangsaan; séntimén nasional. 민족성 ciri-ciri (sifat) rasial; karakteristik rasial. 민족자본 modal nasional. 민족적 비극 tragédi nasional. 민족정신 semangat nasional (kebangsaan). 민족주의 rasialisme. 소수민족 golongan kecil; minoritas. 다민족국가 negeri yang terdiri dari berbagai bangsa

민족자결(民族自決) penentuan nasib bangsa sendiri ⊙ 민족자결주의 prinsip penentuan nasib bangsa sendiri

민주(民主) démokrat; démokrasi ¶민주적인 démokratis; sebagai sesamanya ⊙ 민주공화국 Republik Démokratis. 민주국 negeri démokratis. 민주당 Partai Démokrat. 민주제도 sistém démokratis

민주적(民主的) démokratis; démokrat ¶반민주적 anti démokratis/비민주적 tidak démokratis

민주주의(民主主義) démokrasi ⊙ 민주주의자 orang démokrat. 의회【사회, 민족적, 교도】민주주의 démokrasi parleménter【sosial, nasional, terpimpin】. 직접【간접】민주주의 démokrasi langsung【tidak langsung】

민주화(民主化) pendémokrasian; démokratisasi

민중(民衆) rakyat; orang-orang; bangsa ¶민중적 populér; terkenal; bersifat umum/민중화 popularisasi; penyebaran berpropaganda: 민중화하다 mempopulérkan; membuat terkenal ⊙ 민중가요 lagu protés; lagu aktifis akar rumput. 민중 심리 psisikologi massa. 민중예술 seni populér; seni yang tidak ilmiah. 민중운동 gerakan rakyat

민짜 barang (benda) biasa; benda tanpa seni; benda alamiah

민첩(敏捷) kecepatan; ketangkasan; kecekatan; kegesitan; kecerdasan; ketajaman; kecerahan 민첩하다 (동작이) cepat; lekas; tepat; tangkas; gesit; cerdas; cekatan; (성질이) tajam; jelas; cerdik; keras; teliti ¶민첩하게 dengan cepat; dengan tangkas (gesit; cerdas); dengan tangkas/행동이 민첩하다 gesit dalam tindakan; cepat bertindak

민통선(民統) 【민간인 출입 통제선】 Gagis Larangan Penduduk (di Korea)

민폐(民弊) kerugian masyarakat (rakyat); siksaan (perlakuan kejam) yang diderita oléh rakyat (masyarakat); gangguan terhadap masyarakat (rakyat) ¶민폐를 끼치다 menyebabkan (menimbulkan) gangguan kepada rakyat

민 하다 bodoh; tolol; dungu

민항기(民航機) 【민간 항공기】 pesawat penerbangan sipil

민화(民話) dongéng rakyat; cerita rakyat

민화(民畵) lukisan rakyat

민활 ¶민활한 cepat; aktif; laju

믿다 ①【사실이라고 생각하다】 percaya; memberi kepercayaan; mempercayai ②【신뢰하다】 mempercayai; mempercayakan; percaya kepada; menaruh kepercayaan; mengandalkan; 【기대】 mengharapkan ¶믿을 만하다 dapat dipercaya; terpercaya; (의지하다) mengandalkan (bergantung) kepada ③【확신】 yakin; percaya ④【신앙심】 memeluk; percaya ((akan; pada)); mempunyai kepercayaan; mengakui kepercayaan

믿음 ①【믿는 마음】 kepercayaan; keyakinan ②【신앙심】 beriman; berTuhan ¶믿음이 없는 사람 orang yang tidak beriman (berTuhan); kafir/ 믿음이 두텁다 alim; saleh; beriman; mempunyai kepercayaan yang kuat

믿음성 hal yang dapat dipercaya; hal yang tahan uji; sifat dapat dipercaya ¶믿음성 있다 dapat dipercaya; dapat diandalkan; terpercaya

믿음직하다, 믿음직스럽다 dapat dipercaya; dapat diandalkan; terpercaya; penuh harapan; meyakinkan

밀[1] 【소맥】 gandum ⊙ 밀밭 ladang gandum

밀[2] ①【밀랍】 lilin ((kuning); malam; lilin tawon ②【광물】 mineral disuling dari batu bijih; barang tambang (mineral) yang dihaluskan dari batu karang bijih

밀가루 tepung terigu; tepung gandum

밀감(蜜柑) 【식물】 jeruk mandarin; jeruk keprok

밀계(密計) rencana(komplotan) rahasia; plot ¶밀계를 꾸미다 merencanakan dengan diam-diam (rahasia)

밀고(密告) keterangan (informasi) bersifat rahasia; laporan (pemberitahuan) tanpa nama 밀고하다 memberi informasi secara gelap ¶밀고를 받다 menerima (mendapat) keterangan rahasia ⊙ 밀고자 pelapor; pengadu; pengkhianat

밀고나(아)가다 【앞으로】 mendorong ke depan (maju); mendesak; memaksa; 【끝까지】 meneruskan

밀국수 mi terigu

밀기름 minyak rambut yang dibuat dari lilin tawon lebah dan minyak wijén

밀기울 antah gandum

밀다 ①【힘으로 떠밀다】 mendorong; mendesak; memaksa ②【머리 · 수염 · 때 등을】 menggosok ((gosokkan)); membersihkan; mencuci; mencukur; (대패로) mengetam ③【지지하다】 memuji kebaikan; menyokong; mendukung; mengemukakan ④【평평하게 만들다) meratakan; mendatarkan

밀담(密談) pembicaraan rahasia (gelap) 밀담하다 berbicara secara diam-diam; berbicara di belakang pintu tertutup ¶밀담을 나누다 berbicara secara rahasia; mengadakan rapat tertutup; (밀실에서) mengadakan rapat tertutup

밀대 ①【막대】 kemudi untuk mendorong

밀도(密度) kepadatan; densitas ⊙ 인구밀도 kepadatan penduduk

밀도살(密屠殺) penyembelihan (pemotongan) yang tidak sah (gelap; yang liar) 밀도살하다 menyembelih ((ternak)) secara gelap (secara rahasia)

밀떡 obat salep (gips) yang dibuat dari tepung gandum yang diberi madu (diberi gula)

밀랍(密蠟) lilin tawon lebah ⊙ 밀랍 인형 patung lilin

밀레니엄 millennium ⊙ 밀레니엄버그 (컴퓨터) kutu millennium; kutu Y2K

밀려나다 【밖으로】 didorong (dipaksa) keluar; dipecat; diusir; dikeluarkan; 【아래로】 diturunkan; dipindahkan

밀려들다 ①【한꺼번에 몰려오다】 berdesak-desak; membanjir; berduyun-duyun memasuki; melanda; menyerbu ¶ 주문이 밀려들고 있다 Pesanan membanjir. ②【파도 · 어둠 등이】 meninggi; menggelora ③【유행 · 사상 등이】 membanjiri; menggelora ④【격한 감정 등이】 menggelora

밀렵(密獵) perburuan tanpa izin 밀렵하다 berburu ((kelinci)) tanpa izin ⊙ 밀렵자 pemburu gelap

밀리(미터) milliméter ⊙ 밀리그램 milligram. 밀리리터 millilitér

밀리다 ①【힘 · 세력 등에】 didesak; terseret ②【깎임】 bercukur; mencukur diketam; 【대패로】 diserut ③【일이】 tidak selesai; tertunda; menumpuk; menimbun ④【내야 할 돈이】 ditunggak; tertunggak; tidak dibayar; terlambat; melampaui batas waktu ⑤【차가】 macét; padat ⑥【일정 · 순서 등이】 diundur; dimundurkan; didorong ke belakang

밀리터리 tentara; militér ⊙밀리터리 룩 busana(mode) militér

밀림(密林) ⇒ 정글 hutan yang lebat; rimba raya

밀매 (密賣) penjualan secara gelap; 【술의】 penyelundupan 밀매하다 menjual secara diam-diam ⊙ 밀매 자 penjual gelap. 장기 밀매 perdagangan ilégal organ tubuh manusia

밀매매(密賣買) perdagangan gelap 밀매매하다 mengadakan usaha dagang secara rahasia; melakukan perdagangan secara gelap

밀매음(密賣淫) pelacuran tanpa surat izin 밀매음하다 melakukan prostitusi secara gelap ⊙ 밀매음녀 pelacur (wanita tunasusila) yang tidak mempunyai surat izin

밀모(密謀) komplotan 밀모하다 berkomplot; bersekongkol

밀무역(密貿易) penyelundupan 밀무역하다 menyelundupkan ⊙ 밀무역 자 penyelundup

밀물 arus (naiknya) air pasang; 【조수】 air pasang yang meluap (naik) ¶밀물 때에 pada pasang naik

밀반입(密搬入) ⇒ 밀수 ¶밀반입하다 me-

nyelundupkan
밀반출(密搬出) ¶밀반출하다 menyelundupkan ke luar
밀방망이 gilingan adonan
밀범벅 kué pudding dari labu dan terigu
밀보리 gandum dan gerst
밀봉하다 menutup rapat; menyégel ⊙ 밀봉교육 latihan secara rahasia; latihan secara gelap (sembunyi-sembunyi)
밀봉(蜜蜂) lebah bermadu
밀사(密使) utusan (kurir) rahasia
밀서(密書) pesan rahasia ¶밀서를 지니다 membawa pesan rahasia
밀선(密船) kapal penyelundup
밀송하다(密送-) mengirim secara rahasia(secara diam-diam)
밀수(密輸) penyelundupan 밀수하다【밀수입】menyelundupkan ke dalam 《negeri》;【밀수출】menyelundupkan ke luar negeri ⊙ 밀수단 jaringan penyelundupan. 밀수업자 penyelundup
밀수제비 potongan-potongan adonan tepung yang direbus dengan sup daging
밀실(密室) kamar (ruang) rahasia
밀약(密約) perjanjian(persetujuan) rahasia ¶밀약을 맺다 menandatangani perjanjian rahasia
밀어(密語) pembicaaan rahasia
밀어내다 ①【있는 위치에서】mendorong (mengusir; memaksa) keluar ②【자리·지위에서) mengusir; menyalip
밀어 넣다 mendorong masuk ke dalam
밀어붙이다 ①【한 쪽으로 세게 밀다】mendorong ke satu sisi;【사람을】mendorong; mendesak (memaksa) dengan keras ②【계속 몰아붙이다】terdesak maju ¶계획을 밀어붙이다 terdesak maju dengan rencana
밀어주다 mendukung
밀어젖히다 mengesampingkan; menyingkirkan
밀월(密月) ①【허니문】bulan madu ¶밀월여행을 떠나다 pergi berbulan madu ②【친밀한 관계】hubungan baik ⊙ 밀월여행 perjalanan bulan madu
밀의(密議) pertemuan pribadi 밀의하다 berunding secara pribadi; mengadakan pertemuan rahasia ¶밀의중이다 bertemu secara pribadi (rahasia)
밀입국(密入國) 밀입국하다 masuk secara tidak sah (secara gelap) ke dalam negeri; menyelundup ke dalam negeri; menyelundup masuk; menyelinap ⊙밀입국자 imigran ilegal
밀전병(-煎餠) kué terigu yang dipanggang
밀접(密接) 밀접하다 dekat; akrab; karib; intim ¶ 밀접한 관계가 있다 berhubungan rapat
밀정(密偵) mata-mata; agen rahasia
밀조(密造) pabrik gelap(yang tanpa surat izin); pembuatan minuman keras yang tidak syah (tanpa surat izin) 밀조하다 membuat (menyuling) secara gelap (tanpa surat izin)
밀주(密酒) anggur buatan sendiri; minuman keras yang dibuat secara gelap¶밀주를 만들다 membuat minuman keras ilégal ⊙ 밀주제조자(製造者) penyulingan gelap; pembuat minuman keras secara gelap
밀집하다(密集-) berkerumun; berdesak-desakan; mengerumuni; merapatkan
밀짚 jerami gandum (gerst) ⊙ 밀짚모자 topi jerami
밀착(密着) pelekatan yang rapat (erat) 밀착하다 melekat erat; melekat dengan rapat
밀책(密策) rencana rahasia
밀초(蜜-) lampu lilin
밀치다 mendorong; mendesak; menggésér ¶옆으로 밀치다 mengesampingkan; menyingkirkan
밀치락달치락하다 dorong-mendorong; saling mendorong; saling berdesak-desakan
밀칙(密勅) perintah rahasia dari raja.
밀크 susu ⊙ 밀크 로션 losion susu; calir susu. 밀크커피 kopi dengan (pakai) susu
밀탐하다(密探-) memata-matai; mengadakan penyelidikan secara rahasia; sibuk dengan spionase (pengintaian)
밀통(密通) ①【간통】hubungan (pergaulan) gelap; zinah; perzinahan 밀통하다 melakukan perzinahan (berzinah); berbuat sérong; menyeléwéng ②【내통】komunikasi rahasia 밀통하다 berkomunikasi

secara rahasia; berkhianat ⊙ 밀통 자 pezina(h); 【내 통자】 pengkhianat

밀폐하다(密閉-) menutup (mengunci) rapat-rapat; menyegel

밀항(密航) penyelundupan; naik kapal secara gelap(diam-diam; rahasia) 밀항하다 menyelundup masuk; berlayar dengan diam-diam ⊙ 밀항자 penumpang gelap; penyelundup

밀행(密行) bepergian dengandiam-diam 밀행하다 beraksi rahasia (diam-diam)

밀회(密會) randevu; pertemuan (rapat) gelap (rahasia) 밀회하다 bertemu secara rahasia; mengadakan pertemuan rahasia; mengadakan pertemuan di tempat tertentu ⊙ 밀회장소 tempat pertemuan (rapat) rahasia

밉광스럽다 merasa sangat benci; jijik; menjijikkan

밉다 ①【생김새가】 buruk; jelék ②【행동거지가】 merasa benci; menjijikan; memuakkan; buruk sekali; menjengkelkan

밉살맞다 ⇒ 밉살스럽다

밉살스럽다 menimbulkan rasa benci; jijik; menjijikkan; menjéngkélkan

밉상(-相) ①【미운 얼굴】 wajah (roman muka) buruk (yang menjijikkan; menyebalkan); tampak buruk ②【미운 짓을 하는 사람】 sumber masalah

밋밋하다 ①【굴곡이 없다】 panjang dan tipis; halus (licin) dan rata; lurus (licin) dan rata; lurus dan licin; flat ②【특색 없이 평범하다】 tak bersemangat; tidak memberi inspirasi

밍밍하다 【싱겁다】 hambar; tawar; éncér ¶ 밍밍한 국 sup yang éncér/밍밍한 맥주 bir yang hambar

밍크 bulu binatang cerpelai ⊙ 밍크코트 mantel dari bulu cerpelai

및 baik … maupun

밑 ①【사물의 아래쪽】 bagian rendah; bawah ¶밑의 di bawah; bagian bawah ②【속 · 바닥】 dasar ③【하위】 ¶아무) 밑에서 일하다 bekerja di bawah (seseorang)) ④【조건 · 환경】 ¶밑에 di bawah ⑤【뿌리】 akar; sumber; bagian dasar ¶귀밑까지 빨개지다 menjadi mérah sampai ke akar-akar rambut ⑥【근본】 dasar; asal ¶밑도 끝도 없는 소문 desas-desus yang tak berdasar; kabar angin(gosip) yang tak berdasar ⑦【음부】 bagian pribadi (tersendiri) rahasia; (항문) anus; anal ⑧【기타】 ¶밑 빠진 독 kapal yang bocor

밑각 【수학】 sudut dasar (alas)

밑감 【원료】 bahan

밑거름 pupuk yang diberikan pada waktu menabur benih (pada waktu penanaman) ¶밑거름이 되다 mengorbankan diri

밑구멍 【밑의 구멍】 lubang dasar; 【항문】 dubur; 【음부】 kemaluan wanita

밑그림 gambaran (skétsa) kasar; draft

밑돌다 lebih sedikit (lebih rendah); jatuh di bawah (rata-rata)

밑동 dasar; akar; sumber; alas; pangkalan

밑면 dasar; alas

밑바닥 ①【물건의 바닥】 dasar; alas; telapat; tapak ②【아무 것도 없는 상태, 최하층】 lapisan masyarakat yang paling rendah; sampah masyarakat

밑바탕 ①【기초】 dasar; pondasi; fondamén; landasan ②【성격 · 본성】 watak (sifat) asli

밑반찬(-飯饌) hidangan sampingan

밑받침 ①【밑에 까는】 alas; tatakan untuk menulis ②【버팀】 penopang ¶기둥의 밑받침 penopang dasar tiang (pilar)/담의 밑받침 penyangga (penopang) dinding (témbok)

밑씻개 kertas W.C; kertas kamar kecil.

밑줄 garis bawah ¶…에 밑줄을 치다 【긋다】 menggaris-bawahi; menekankan

밑지다 rugi; menderita kerugian

밑창 sol ¶구두 밑창 tapak sepatu/밑창을 깔다 memasang sol; mensol

밑천 uang; modal; kapital ¶밑천을 들이다 menanam uang

밑층(-層) lapisan dasar; 【건물의】 lantai di bawah

밑 화장(-化粧) dasar dandanan

바[1] ①【쇠막대기】 batang; palang ②【기상】 ⇒ 밀리바 millibar
바[2] 【밧줄】 tali; tambang; (소 · 말 用) tambatan
바[3] ①【방법】 cara ¶어찌할 바를 모르다 tidak tahu apa yang harus dilakukan ②【앞에서 말한 내용】 ¶위에서 말한 바와 같이 sebagaimana disebutkan di atas
바[4] 【술집】 bar; warung minum ⊙ 바걸 (호스티스) pelayan bar
바가지 ①【그릇】 gayung ②【터무니없는 요금 · 가격】 dijual terlalu mahal ⇒ 바가지 쓰다, 바가지 씌우다 ③【주로 아내의 잔소리】 omél ¶바가지를 긁다 mengoméli
바가지 쓰다 dibayar dengan harga tinggi; disuruh membayar dengan harga yang terlalu mahal (tinggi)
바가지 씌우다 menjual terlalu mahal; meminta harga terlalu tinggi
바각 dengan bunyi bergerésék ¶바각거리다 bunyi (suara) bergerésék (menggésék)
바겐 tawar-menawar ⊙ 바겐세일 dijual murah; obralan
바구니 keranjang; (자전거) tempat barang ((pada sepéda)) ¶장바구니 keranjang belanjaan
바구미 kumbang penggérék padi
바그르르 【물이】 ¶바그르르하다 mendidih dengan perlahan-lahan
바글거리다 ①【끓다】 mendidih; menggelegak; (거품이) berbusa ②【북적거리다】 hiruk-pikuk; penuh dengan; (벌레가) berkerumun; berkeriapan; menggerumut
바깥 【밖】 sebelah luar; di luar; ke luar; di luar pintu ⊙ 바깥사돈 ayah dari menantu. 바깥양반 suami
바께쓰 émbér; timba
바꾸다 ①【변경하다】 memutarbalikkan; mengubah; 【음악】 (높이 · 음성을) mengatur; memodulasi ②【고치다】 memperbaiki; mengubah ((undang-undang)); membentuk kembali (mengubah) peraturan ③【교환하다】 bertukar; menukarkan; mengkonvérsikan ¶수표를 현금으로 바꾸다 menguangkan cék ④【갱신】 memperbaharui ⑤【대용】 mengganti
바꿔 ¶바꿔 말하면 dengan kata lain
바꿔치다 mengganti secara curang; menukar secara diam-diam
바뀌다 ①【다르게】 diubah; dirévisi ②【교체하다】 berubah; digantikan; menggantikan ¶세상이 바뀌다 zaman berubah
바나나 pisang ⊙ 바나나 껍질 kulit pisang
바느질 jahitan 바느질하다 menjahit ⊙ 바느질삯 ongkos jahitan
바늘 ①【실 꿰는】 jarum; (핀) peniti ②【주사 · 낚시 등의】 jarum ③【나침반 · 시계 등의】 jarum ④【상처를 꿰맨 횟수】 setik ⊙ 바늘겨레 bantalan jarum. 바늘귀 mata (lubang) jarum. 바늘방석 (1)⇒ 바늘겨레 (2)【비유적】 alas paku ¶바늘방석에 앉은 것 같다 merasa sangat gugup
바닐라 panili; vanila
바다 【해양】laut; samudera ⊙불바다 lautan api. 바닷길 jalan (rute) laut
바다표범 【동물】 anjing laut
바닥 ①【물체의 평면】 dasar; lantai; tanah ¶손바닥 telapak tangan ②【밑 부분】 dasar ③【고갈】 ⇒ 바닥나다 habis
바닥보다 ①【밑천이】 habis modalnya ②【실패하다】 gagal
바둑 *baduk* ¶바둑을 두다 bermain *baduk*.

⊙ 바둑무늬 bentuk (modél; mode) yang berbintik-bintik. 바둑판 papan *baduk*
바둑이 anjing yang berwarna hitam-putih; anjing belang; 【개 이름】 Si Bintik
바둥거리다 ①【팔다리를 내저으며 자꾸 움직이다】 moronta-ronta; menggelepar; menggeliat ②【안간힘을 쓰다】 berjuang
바들바들 【오들오들】 ¶추워서 바들바들 떨다menggigil kedinginan
바디로션 losion badan; calir badan
바라다 ①【소원】 menginginі; menginginkan; menghendaki; mengharapkan; meminta; bercita-cita; berambusi ②【기대·예기】 mengharapkan; berharap ③【간원·부탁】 meminta⟪kan⟫; memohonkan: berharap; mengharap
바라(다)보다 ①【가만히 보다; 관찰하다】 memandang; melihat ②【어떤 나이에 이르다】 mendekati ③【기대하다】 berharap
바라보이다 terlihat; kelihatan; dipandang
바라지 perawatan (pemeliharaan) yang penuh perhatian 바라지하다 memelihara; menjaga
바라크 barak; asrama tentara (polisi); gubuk; pondok (tempat perlindungan) sementara
바락바락 mati-matian; dengan penuh kekalutan; dengan susah payah
바람[1] ①【대기의 유동】 angin; (미풍) angin sepoi-sepoi; (질풍) angin ribut; badai; (폭풍) angin topan ②【외풍】 aliran udara ③【풍선·타이어 등의】 ¶바람이 빠진 타이어 ban mobil yang kempis ④【들뜸】 berfoya-foya ¶바람난 menyeléwéng; asusila ⊙ 바람둥이 (1) 【허풍선이】 tukang pembual; tukang bual (2) ⇒ 바람장이 penyeléwéng; mata keranjang; pria (wanita) yang berganti-ganti pasangan
바람[2] 【길이】 panjangnya jengkal lengan
바람[3] ①【'~하는 바람에'의 형태로 쓰여】 ⟪kata penghubung; kata sambung⟫ sedang; sehingga; akibat ②【차림】 keadaan tidak berpakaian ¶샤쓰 바람으로 tanpa jasnya
바람[4] 【소망, 희망】 harapan; impian
바람개비 ①【풍향계】 gada-gada; penunjuk (arah) angin; baling-baling ⟪cuaca⟫ ②⇒ 쏙독새
바람결 kabar angin; desas-desus ¶바람결에 들으니 mendengar desas-desus tentang peristiwa (perkara)
바람나다 mengadakan hubungan asmara secara diam-diam
바람 들다 ①【푸성귀가】 menjadi lembék (lunak); menjadi empuk sekali ②【바람나다】 memulai hidup yang bebas
바람맞다 ①【중풍】 menderita lumpuh; mendapat serangan ⟪pada⟫ otak; strok ②【속다·허황됨을 당하다】 ditipu; diperdayakan; dibohongi
바람맞히다 membiarkan menunggu dengan sia-sia
바람잡이 umpan
바람직하다 diinginkan; diminati; diperlukan sekali
바랑 ransel
바래다[1] ①【빛이】 luntur; pudar ②【표백하다】 memutihkan; mengelantang (kelantang); mencelup
바래다[2] 【배웅】 mengantar⟪kan⟫
바래(다)주다 mengantarkan; membawa pulang
바로[1] ①【제대로, 바르게】 (정당하게) secara adil; (합당하게) dengan pantas; (틀림없이) dengan benar (tepat); (진실 되게) secara jujur ②【곧·곧장】 terus; langsung ③【아주 가까이】 persis; benar-benar; tepat ④【마치】 seperti; seolah-olah ⑤【똑바로】 lurus; tepat ⑥【다름이 아니라, 꼭】 tentunya; (dengan) tepat
바로[2] 【구령】 ¶바로! Siap!
바로미터 【청우계】 barométer; ukuran
바로잡다 ①【자세·매무새 등을】 meluruskan ②【잘못 등을】 memperbaiki; menghilangkan
바로크 【예술 양식】 barok; zaman Barok
바르다[1] ①【선·자세 등이 곧다】 lurus; tegak ②【사람·행동 등이】 benar; adil; jujur; tepat; baik
바르다[2] ①【붙이다】 menémpélkan ②【묻히다·칠하다】 mempléster; memakai; membedaki
바르르 ⇒ 부르르 ①【끓는 소리】 gelembung; menggelegak ②【성냄】 dengan marah; dalam kemarahan ¶바르르 성이 나다 bergejolak (meledak) dalam ke-

marahan

바른길 ①【곧은 길】 jalan yang lurus ②【옳은 길】 jalan kebenaran; jalan kebajikan; jalan yang benar

바른말 ①【옳은 말】 perkataan yang masuk akal (benar; pantas) ②【직언】 pembicaraan yang terus terang (yang sejujurnya) 바른말하다 berkata secara masuk akal; berkata dengan (secara) terus terang

바리[1] ①【그릇】 mangkuk nasi kuningan untuk wanita ⊙ 바리전(廛) toko barang-barang dari kuningan

바리[2] 【짐을 세는 단위】 muatan ¶장작 두 바리 dua muatan kayu bakar

바리캉 pemotong rambut

바리케이드 penghalang; penghambat; barikade ¶바리케이드를 치다【쌓다】 memasang 【membuat】 penghalang (barikade)

바리톤 penyanyi bariton

바바리(코트) 《mantel panjang》 *Burberry*

바보 orang bodoh; orang tolol; orang pandir; orang dungu; orang goblok ¶바보 같은 소리하다 bercakap ketolol-tololan; bercakap seperti orang tolol

바비큐 barbekyu; daging(ikan) bakar 바비큐하다 memanggang daginga(ikan)

바빌로니아 Babilonia

바쁘다 sibuk; kesibukan; tak bébas; répot

바삐 ①【쉴 새 없이】 dengan sibuk (répot); dengan tergesa-gesa (terburu-buru)

바삭거리다 berdesau; gemerisik; mengerkah 《berulang-ulang》

바삭바삭 ¶바삭바삭하게 구은 토스트 roti bakar yang garing

바소쿠리 keranjang anyaman

바스라기 ⇒ 부스러기

바스락 dengan desiran (desau)

바스락거리다 berdesir; menggersik; menggersak

바스러뜨리다 meremukkan; menghancurkan

바스러지다 hancur; rapuh; remuk; pecah

바스켓 keranjang; tempat barang 《pada sepéda》

바싹 ①【물기가 없게】 kering ②【몸이 마른】 kurus dan cekung ③【죄는 모양】 dekat; mendekatkan; menempatkan dekat ④【완강히】 keras kepala; dengan keras ⑤【바삭】 gercik

바야흐로 baru saja; sedang 《melakukan; berbuat》

-바에야 【이왕…이면】 dari pada ¶항복할 바에야 죽겠다 Saya lebih baik mati dari pada menyerah.

-바와 같이 seperti ¶생각한 바와 같이 seperti yang diharapkan

바우처 vocer; kupon

바운드 loncatan; lambungan 바운드하다 melambungkan; meloncat; memecat

바위 batu karang; tebing batu yang terjal ¶바위투성이의(가 많은) berbatu ⊙ 바위너설 tebing (tepi) batu karang yang tajam (bergerigi). 흔들바위 batu yang berguncang; batu yang bergoyang. 바위섬 pulau karang

바위 옷 【식물】 lumut batu-batuan (bebatuan)

바이러스 ①【미생물】 virus ¶바이러스 병의 bersifat virus ②【컴퓨터】 virus (pada) komputer ¶컴퓨터는 바이러스에 걸렸다 Komputerku terkena virus.

바이블 kitab lnjil

바이어 pembeli; langganan ⊙ 외국바이어 pembeli asing

바이어스 miring

바이오리듬 bioritme

바이올린 biola ⊙ 바이올리니스트 (바이올린 연주자) pemain biola

바이올렛 bunga violét

바이킹 ①【민족】 Viking ②【놀이기구】 kapal bajak laut; ayunan bandul

바이트 *byte*

바인더 penjilik buku; map

바인드 mengikat

바자 【울타리】 pagar bambu

바자회(-會) 【자선】 pasar amal (derma); bazar

바지 celana panjang; pantalon; seluar ⊙ 바지걸이 gantungan celana panjang. 바지주머니 kantung (saku) celana panjang

바지저고리①【옷】 jakét dan celana panjang ②【비유적】 orang udik (orang kampung); orang laki-laki yang tidak berani

바지락 sejenis kerang

-바치 pembuat ¶갓 바치 pembuat barang kulit

바짝 ⇒ 바싹

바짝바짝 【초조】 dalam keadaan kegelisahan; perasaan tegang

바치다[1] ①【드리다】 memberikan; menyerahkan; mentahbuskan; (노력 · 시간 · 돈 등을) mengabdikan; (신에게) membaktikan ②【예술에】 ¶일생을 바치다 mencurahkan hidupnya (jiwanya) untuk 《seni》; mengabdikan hidup

바치다[2] 【지나치게 즐기다】 kecanduan (ketagihan) akan; sangat gemar; asyik dengan

바캉스 【휴가】 liburan; préi ¶바캉스를 떠나다 pergi berlibur

바퀴 ①【자동차 · 자전거 등의】 roda; putaran ¶바퀴가 빠지다 roda yang terlepas ②【도는 횟수】 berputar ⊙ 바퀴살 jari-jari. 바퀴자국 bekas roda; jejak roda; cetakan sebuah roda

바퀴벌레 kecoa; lipas

바탕[1] ①【타고난 성질】 watak; sifat; sifat dasar ②【토대 · 기초】 basis; landasan; dasar ③【천 · 종이 등의 기본 색깔】 dasar ⊙바탕 화면 (컴퓨터) gambar dinding pada layar komputer

바터 barter; tukar-menukar ⊙ 바터무역(貿易) perdagangan barter (tukar menukar). 바터 제 sistém barter (tukar-menukar)

바텐더 penjual minuman keras pada bar; peramutama(petugas pelayan) bar; bartender

바통 tongkat éstafét 《yang dipakai oléh pelari gawang》 ①【다음 주자에게】 ¶바통을 물려받다 menerima tongkat éstafét ②【사업에서】 mengambil alih tugas; mengambil alih tongkat pimpinan

바투 dekat; rapat

바티칸 【교황청】 (kota) Vatikan

박[1] 【식물】 labu; kundur

박[2] ①【긁거나 가는 소리】 menggaruk; dengan garukan yang kuat ②【찢는 소리】 dengan sobékan (cakaran)

박(泊) tinggal; menginap

박(箔) perada ¶금박 emas perada

박격포(迫擊砲) mortir; tomong; meriam kecil

박다 ①【못 · 말뚝 등을】 menancapkan; memalu; memacak ②【사진 · 명함 등을】 mengambil 《gambar》; mencetak ③【재봉틀로】 menjahit ④【소를】 mengisi 《daging, kué beras》 dengan 《bahan yang lezat》 ⑤【찍어내다】 mencetak ⑥【보석 등을】 memasang ⑦【부딪치다】 menabrak; membentur

박달나무 sejenis pohon

박대(薄待) 【냉대】 박대하다 memperlakukan dengan buruk ¶박대 받다 diperlakukan dengan kejam (kasar)

박덕하다(薄德-) kurang berperibudi; mempunyai kebajikan sedikit

박동(博動) detak jantung

박두하다(迫頭-) mendesak; dekat; sebentar lagi

박락하다(剝落-) mengelupas

박람(博覽) ①【널리 읽음】 bacaan luas; pengetahuan yang luas 박람하다 membaca secara luas ¶박람의 berpengetahuan luas; serba mengetahui; banyak membaca ②【널리 봄】 박람하다 mempunyai pandangan yang luas tentang

박람회(博覽會) paméran; pekan raya ⊙ 박람회장 aréna paméran; tempat (gelanggang; aréna) pekan raya

박력(迫力) daya; kekuatan; inténsitas ¶박력이 있다 kuat; mempunyai daya penarik yang kuat

박론(駁論) bantahan; sangkalan; pembuktian kesalahan; penangkisan; pembantahan; penyanggahan 박론하다 menyangkal; membantah; menyanggah; menangkis; membuktikan bahwa sesuatu itu salah

박리(薄利) keuntungan sedikit (kecil)

박리다매(薄利多賣) keuntungan kecil dan pengembalian cepat ⊙ 박리다매주의 kebijakan pengembalian yang cepat

박멸하다(撲滅-) membasmi; menindas; memadamkan

박명(薄命) nasib malang; nasib yang menyedihkan 박명하다 tidak beruntung; tidak mujur; sial; malang

박물(博物) 【넓은 견문】 yang mempunyai pengetahuan luas ⊙ 박물군자 orang yang berpengetahuan luas. 박물학 sejarah alam. 박물학자 penyelidik alam; naturalis; orang yang berilmu; orang terpelajar

박물관(博物館) museum

박박[1] ①【긁거나 문지르는 소리】 dengan keras; dengan kuat ②【찢는 소리】 dengan bunyi keras mengoyak-ngoyak

박박[2] ①【얽음】 penuh 《dengan bopeng, burik》 ②【짧게 깎은 모양】 péndék; rapat

박복(薄福) kemalangan; nasib malang; kesedihan 박복하다 tidak mujur; tidak beruntung; malang; sial

박봉(薄俸) gaji (upah) yang kecil

박사(博士) doktor ⊙박사논문 disertasi. 박사학위 gelar dokter. 만물박사 orang yang berpengalaman luas; orang yang terpelajar

박살나다(撲殺-) memukul sampai mati ¶박살내다 menghancurkan; meremukkan; memecahkan; merusakkan

박색(薄色) paras yang jelék; roman yang tidak cakap; muka jelék; wajah buruk

박수【무당】 dukun sihir laki-laki

박수(拍手) tepuk tangan 박수치다 bertepuk tangan 《dengan sorakan》 ¶우레와 같은 박수 속에 di tengah-tengah tepukan tangan yang bergemuruh (tepuk tangan riuh)

박수갈채(拍手喝采) sorakan; tepuk tangan 박수갈채하다 memberikan tepuk tangan dan sorakan; bertepuk tangan dengan riuhnya

박식(博識) pengetahuan 박식하다 terpelajar; berpengetahuan luas; berilmu

박스 peti; kotak

박애(博愛) filantrofi; kedermawanan; hal kecintaan sesama manusia; kebajikan; perbuatan baik; perikemanusiaan ¶박애의 murah hati; berhati lembut; ; dermawan; cinta sesama manusia ⊙ 박애주의 filantrofisme; faham kecintaan sesama manusia; faham kedermawanan

박약(薄弱) 박약하다 lemah; mempunyai kemauan lemah ¶정신박약아 orang yang berméntal lemah

박음질 jahit menjahit; jahitan

-박이【박혀 있는 사람 · 물건】 《barang; orang》 yang menatah ¶덧니박이 orang mempunyai gigi sampingan 《gigi dobel》

박이다[1] ①【속에】 terlekat; tertanam; terpatri; (마음에) melekat; tertanam ②【몸에 배다】 menjadi terbiasa

박이다[2] 【인쇄하다】 mencétakkan; 【사진을】 dipotrét

박자(拍子) témpo; ritme; irama; matra ¶박자를 맞추다 menémpokan; memberi témpo (irama); menyesuaikan pembicaraan orang lain

박장대소(拍掌大笑) tepuk tangan yang bercampur dengan gelak tawa; tempik-sorak 박장대소하다 tertawa sambil bertepuk tangan; bertempik sorak-sorai

박절하다(迫切-) kejam; bengis; melampaui sifat kemanusiaan; tak berperikemanusiaan

박정하다(薄情-) berhati dingin; tidak berperasaan kasih sayang; kejam

박제(剝製) burung (héwan) isian (sumpalan) 박제하다 menyumpal; mengisi 《kulit hewan) ¶박제한 disumpal; diisi ⊙ 박제 술 kepandaian mengisi kulit binatang dengan kapas sehingga tampak seperti hidup

박쥐 【동물】 kelelawar; kalong; keluang; kamprét

박진감(迫眞感) keadaan seperti yang sebenarnya ¶박진감 있는 berasa seperti sebenarnya

박차(拍車) ①【신발 뒤축에 댄 톱니 모양의 쇠】 penggertak; sungga ¶말에 박차를 가하다 memacu kuda ②【비유적】 ¶박차를 가하다 mempercepat; melajukan; memberi dorongan; mendorong; memacu 《orang untuk berbuat》

박차다 menéndang keluar dengan keras; menolak mentah-mentah

박치기 tandukan; sundulan 박치기하다 tertubruk (tertumbuk) kepala; bertubrukkan (bertumbukkan) kepala; (서로) saling menumbukkan (membentur) kepala

박타다【박을】 membelah buah labu manis menjadi dua

박탈(剝脫) pencabutan 박탈하다 mengelupas; melepaskan ¶박탈당하다 kehila-

ngan ((hak penduduknya))
박테리아 baktéri; kuman; baksil
박토(薄土) tanah yang tandus; tanah yang tidak subur; tanah gersang
박하(薄荷) 【식물】 pepermin ⊙ 박하담배 rokok berméntol. 박하사탕 permen rasa mint
박하다(薄-) ①【인색하다】 kikir; pelit ②【인정이】 tidak berperasaan ③【이익 · 소득 등이 적다】 sedikit
박학(博學) pengetahuan yang luas 박학하다 terpelajar; berpengetahuan luas ¶박학한 사람 orang yang terpelajar
박해(迫害) penyiksaan; penganiayaan; penindasan 박해하다 menganiaya; menyiksa; menindas ¶박해를 받다 menderita tekanan (penyiksaan; penganiayaan) ⊙ 박해자 penganiaya; penindas
박히다 ①【가시 · 못 등이 들어가 꽂힘】 tertancap; terpatri; terpancang ②【찍히다】 dicetak; difotokan ③【기억 · 뇌리 등에】 terperangkap dalam pikiran ④【어떤 장소에】 ⇒ 틀어박히다 ⑤【틀에 박히다】 klisé
밖 ①【바깥쪽】 sebelah luar; (외부) bagian luar; (집밖) luar ②【어떤 범위 · 한도 등을 넘어선 것】 yang lainnya; sisanya; kecuali
밖에 ¶그 밖에 di samping itu; tambahan
반(反) anti ((bertentangan)); melawan; memusuhi ⊙ 반제국주의 anti Impérialisme
반(半) sebagian; separuh; setengah; perdua¶3시 반 pukul setengah empat
반(班) ①【일정한 목적으로 조직된 집단】 parta; tim; séksi; (동네의) rukun kampung; (군대)) regu; pasukan ¶ 연구반 tim penelitian ②【학급】 kelas
반가공품 (半加工品) barang setengah jadi; barang separuh jadi
반가워하다 【즐거워하다】 gembira; girang; senang hati
반가이 dengan gembira; dengan senang; dengan girang
반감(反感) antipati; perasaan benci (bermusuhan) ¶반감을 보이다 memperlihatkan (menunjukkan) rasa benci-nya
반감하다(半減-) mengurangi separuh
반갑다 gembira; senang; girang; bahagia
반값(半-) setengah (separuh) harga
반격(反擊) serangan balasan 반격하다 menyerang kembali; melakukan serangan balasan
반경(半徑) radius; garis tengah
반골(叛骨) ¶반골의 pantang mundur ⊙ 반골정신 semangat pantang mundur
반공(反共) anti Komunisme ⊙ 반공운동 gerakan anti-Komunis. 반공교육 pendidikan anti-Komunis
반공일(半空日) hari Sabtu; setengah libur
반관반민(半官半民) sémi pemerintah
반구(半球) hemisfir; belahan bumi ⊙ 남반구 belahan bumi selatan
반국가적(反國家的) anti kebangsaan; anti nasional
반군(叛軍) tentara pemberontak (pendurhakaan)
반기(反旗) bendéra (panji-panji; spanduk) dari pemberontakan ¶반기를 들다 menentang; memberontak; mengangkat senjata
반기(半期) setengah massa (tahun); tengah tahun; seméster ¶상【하】반기 seméster pertama 【kedua】 ⊙ 반기결산 perhitungan setengah tahunan
반기(半旗) bendéra setengah tiang
반기다 menyambut; merasa gembira untuk melihat atau mendengar
반나마(半-) lebih dari setengah
반나절 beberapa jam ((dari hari itu)); separuh hari
반나체(半裸體) ¶반나체의 setengah telanjang
반납하다(返納-) mengembalikan; memulangkan
반년(半年) setengah tahun
반닫이 lemari dari kayu cedar ((untuk menyimpan pakaian))
반달 ①【달의】 bulan separuh; setengah bulan ¶반달모양의 ((berbentuk)) sabit; bulan sabit ②【보름동안】 setengah bulan; dua minggu
반달곰(半-) beruang hitam Asia
반당(反黨) 【행위】 kegiatan anti partai

반대(反對) ①【속성 · 위치 · 방향 등이】 perlawanan; pertentangan; oposisi; keberatan. 반대하다 menentang; berkeberatan; membantai; menyangkal ¶반대의 berlawanan; bertentangan ②【행동 · 의견 등에】 kebalikan; lawan ¶반대로 sebaliknya; bertentangan dengan itu ⊙ 반대급부 balas budi. 반대당 partai yang menentang; partai oposisi. 반대어(말) antonim; lawan kata. 반대자 pelawan; penentang; orang yang suka mengeluh; oponén

반도(半島) semenanjung; jazirah ⊙ 한반도 Semenanjung Korea

반도(叛徒) pemberontak; pembangkang

반도체(半導體) sémi konduktor

반동(反動) ①【작용에 대한 반작용】 réaksi; usaha melawan (menentang) 반동하다 beréaksi; memberi réaksi ②【진보 · 발전 등을 반대하는 태도】 ¶반동적인 réaksionér ⊙ 반동요인(요소) unsur-unsur réaksionér. 반동분자(orang) réaksionér

반드럽다 ①【물건이】 licin dan bercahaya (berkilat-kilat) ②【사람됨이】 pintar; cerdas; cerdik

반드르르하다 licin mengkilap

반드시【틀림없이】 pasti; tentu; tentu saja; bagaimanapun; dengan sendirinya; tidak dapat dihindari ¶반드시 …은 아니다 tidak selalu…

반들거리다 mengkilap; berkilat-kilat; berkilau-kilauan; kilau kemilau; bermalas-malas

반듯이 teratur; rata; rata dan datar; sejajar

반듯하다 ①【모양이】 lurus; persegi dan rata; tidak bercacat ②【반반하다】 (a) (흠없다) sempurna; mulus (b) (생김새가) cantik; élok; molék; menarik

반등(反騰) kenaikan yang réaksionér 반등하다 melambung ((dalam harga))

반딧불 cahaya kunang-kunang ⊙반딧불이 kunang-kunang

반라(半裸) ¶반라의 telanjang

반란(反亂) pemberontakan ¶반란을 일으키다 memberontak; mengangkat senjata/ 반란을 진압하다 mengganyang (menentramkan) pemberontakan ⊙ 반란군 tentara pemberontak; tentara pembangkang. 반란자 pemberontak

반려자(伴侶者) teman; rekan; sahabat ¶일생의 반려자 ((배우자)) teman hidup; suami istri

반론(反論) argumen balasan; bantahan; sangkalan 반론하다 menyangkal; membantah; mendebat

반만년(半萬年) lima ribu tahun

반말 bahasa (pembicaraan) yang kasar; cara berbicara yang tidak sopan (yang ceroboh; yang kurang ajar) 반말하다 berbicara dengan kasar; berbicara (berkata) secara tidak sopan; menggunakan cara berbicara yang rendah (yang hina)

반면(反面) kebalikan; sisi (pihak) yang lain ¶반면에 sebaliknya; di sebelah lain; pada sisi yang lain

반면(半面) satu sisi; sebelah; raut muka¶생활의 반면 satu sisi kehidupan ⊙ 반면상(像) siluét; bayangan

반목(反目) permusuhan; perselisihan; percékcokan; antagonisme; pertikaian. 반목하다 bermusuhan; berseteru

반문(反問) pertanyaan balasan; pertanyaan silang 반문하다 menanya balik (kembali)

반문(斑紋) bintik; noda; selékéh; bercak

반미(反美) ¶반미의 anti Amérika

반미치광이 orang yang setengah sinting

반바지(半-) celana pendek; celana tanggung

반박(反駁) pembantahan; penyangkalan; pertentangan; kontradiksi 반박하다 membantah; menyangkal; memusuhi; menjawab dengan pedas (keras)

반반(半半) 【절반】 ¶반반으로 separuh-separuh; setengah-setengah; lima puluh-lima puluh

반반하다 ①【반듯하다】 mulus; rata; halus; tarah; licin ¶반반하게 하다 mendatarkan; meratakan; melicinkan ②【인물이】 cantik; tampan; tampang yang bagus

반발(反撥) ①【거절】 penolakan 반발하다 menolak; memukul mundur ¶반발성 penolakan; penangkisan ②【반항】 반발하다 oposisi; perlawanan; melawan ⊙ 반

발심 résistensi
반백(半白) ¶반백의 uban; beruban; berambut uban
반백(半百) setengah abad; ⟪berumur⟫ 50 tahun
반벙어리(半-) setengah busu
반병신(半病身) ①【반불구자】 setengah lumpuh (pincang) ②【반편】 orang bodoh
반복(反復) ⟪peng⟫ulangan 반복하다 mengulangi lagi; berulang-ulang; berkali-kali ⊙ 반복설 téori rékapitulasi. 반복시험 tés; ulangan. 반복연습 latihan yang berulang-ulang
반분하다(半分-) membagi dua; memaroh; memaruh
반비(反比) perbandingan terbalik; nisbah; timbal balik
반비례하다(反比例-) berbanding terbalik
반사(反射) bayangan; pencerminan; pemantulan; pantulan; réfléksi 반사하다 membayangkan; memantulkan; mencerminkan ¶빛을 반사하다 memantulkan cahaya/반사적 réfléksif /반사적으로 secara réléksif ⊙ 반사 신경 réfléks. 반사작용 tindakan réfléks
반사회적(反社會的) antisosial ⊙ 반사회적 행위 tindakan anti sosial
반삭(半朔) setengah bulan; lima belas hari
반상(班常) golongan atas dan golongan bawah
반상기(飯床器) seperangkat peralatan meja makan (minum)
반상회(班常會) pertemuan (rapat) di antara tetangga-tetangga
반색하다 menunjukkan kegirangan yang besar; gembira sekali; sangat riang
반생(半生) setengah baya; paruh baya
반석(盤石) batu sendi ¶반석 같은 (같이) sekeras batu sendi
반성(反省) 【자성】 penelaahan diri; introspeksi diri; mawas diri 반성하다 bermawas diri; memeriksa diri sendiri; mempertimbangkan kembali; menelaah kembali ¶반성을 촉구하다 meminta mempertimbangkan kembali ⟪persoalan; pekerjaan⟫ itu ②【숙고】 pertimbangan 반성하다 mempertimbangkan kembali; (후회하다) sesal; menyesal; menyesali ⊙반성문 surat permintaan maaf
반세기(半世紀) setengah abad
반소(反訴) 【법률】 tuntutan balasan; serangan balasan
반소(反蘇) anti Soviet ¶반소의 bertentangan dengan kepentingan orang Rusia
반소매(半-) setengah (separuh) lengan; lengan péndék
반송하다(返送-) mengembalikan; memulangkan
반송장(半-) orang yang separuh mati; orang yang kelemahan; lelaki (wanita) tua yang tak berguna; jompo
반수(半數) setengah dari jumlah; setengah ⟪dari anggota⟫
반숙(半熟) ¶반숙의 setengah matang (masak)
반시간(半時間) setengah jam; (잠시) sebentar
반식민지(半植民地) ¶반식민지국가 negara semi kolonial; negara setengah terjajah
반신(半身) separuh badan ⊙ 반신불수 kelumpuhan separuh badan; hemiplegia. 반신욕 mandi separuh badan. 상반신 separuh badannya bagian atas
반신(返信) jawaban; balasan; sahutan 반신하다 mengirim surat balasan ⊙ 반신료 perangko balasan
반신(半神) ⊙반신반수 setengah déwa dan setengah binatang. 반신반인 setengah déwa
반신료(返信料) perangko balasan (jawaban)
반신반의하다(半信半疑-) bimbang; ragu-ragu; meragukan
반심(叛心) hati yang pemberontak; pikiran yang berbahaya (yang khianat); maksud untuk memberontak
반액(半額) setengah harga
반어(反語) ironi; ejekan halus ¶반어적(인) secara ironis; ironis
반역(反逆・叛逆) pemberontakan; pengkhianatan; pembangkangan 반역하다 memberontak; melakukan pemberontakkan ¶반역적 berkhianat; suka melawan (memberontak, menentang) ⊙ 반역자 pengkhianat; pembangkang;

pemberontak

반열(班列) kedudukan; pangkat ¶선진국 반열에 오르다 masuk ke dalam negara terkemuka

반영(反映) refléksi; bayangan; gambaran; pencerminan 반영하다 mencerminkan; tercermin ¶여론의 반영 refléksi pendapat umum (masyarakat); pantulan opini masyarakat

반영(反英) anti Inggris

반영구적(半永久的) sémi (setengah) permanén

반올림하다(半-) menggenapkan; menggenapi

반원(半圓) setengah lingkaran

반월(半月) bulan separuh ⊙ 반월형 bentuk sabit

반유동체(半流動體) setengah cair

반 유태(反猶太) anti Yahudi

반음(半音)【음악】setengah ketukan¶반음 올리다【내리다】meninggikan【mendatarkan; menurunkan】suara ⊙ 반음계 skala kromatis

반응(反應) réaksi; réspons; tanggapan; éfek; akibat 반응하다 beréaksi ¶반응을 보이다 memberikan réspons; beréspons ⊙ 양성【음성】반응 réaksi positif【negatif】

반의반(半一半) seperempat

반의식(半意識) kebawahsadaran ¶반 의식적 bawah sadar; setengah sadar

반의어(半意語) antonim; lawan kata

반일(反日) ¶반일의 anti Jepang

반입하다(搬入-) membawa masuk; memasukkan

반자 langit-langit; plafon ⊙반자널 papan plafon. 반자지 kertas plafon

반작용(反作用) réaksi ¶반작용의 beréaksi / 작용과 반작용aksi dan réaksi

반장(班長)【학급의】ketua kelas【동네의】ketua RT;【작업의】mandor; pengawas ⊙ 형사반장 kepala pasukan detéktif (penyelidik)

반장화(半長靴) sepatu but; sepatu lars

반전(反戰) anti perang ⊙반전론 faham anti perang: 반전론자 orang yang anti perang

반전(反轉) kebalikan 반전하다 berbalik ⊙ 급반전 perubahan terpisah

반절(半切) ①【접음】pelipatan dua ②【반쪽】separuh (setengah) dari kertas

반점(斑點) bintik; noda; bercak ¶반점이 있는 bernoda; berbintik; berbercak

반정(反正)【회복·쇄신】réstorasi; perbaikan; pembaharuan; pemugaran; rénovasi

반정부(反政府) ¶반정부의 anti pemerintah ⊙ 반정부당 partai oposisi; golongan oposisi

반제(反帝) anti impérialisme; anti penjajahan ⊙ 반제(국주의) 운동 gerakan anti penjajah

반제품(半製品) barang setengah jadi

반주(伴奏) iringan 반주하다 mengiringi ((dengan piano)) ⊙ 반주자 pengiring

반주(飯酒) minuman keras yang diminum pada waktu makan

반죽 adonan 반죽하다 mengadoni; meremas ((tepung)) ¶반죽이 너무 되다(질다) adonan terlalu kental (éncér)

반죽음(半-) mati suri; setengah mati; pingsan 반죽음의 hampir mati; hampir terbunuh ¶반죽음이 되다 menjadi setengah mati

반증(反證) ①【반대되는 주장을 증명하는 증거】bukti sangkalan; bukti yang bertentangan; bukti menanta ¶반증을 들다【제시하다】membuktikan yang sebaliknya; mengemukakan bukti sangkalan; menyangkal ②【어떤 사실을 반영하는 것】menunjukkan; membuktikan

반지(半紙) kertas tulis Cina

반지(斑指·半指) cincin ⊙ 결혼반지 cincin kawin (pertunangan)

반지르르 dengan mengkilap; licin

반지름(半-) ⇒ 반경(半徑) jari-jari; radius

반 지하(半地下) ruang bawah

반짇고리 kotak jarum

반질거리다 ①【매끈거리다】mengkilap; licin; halus ②【교활하다】licik; lihai; pintar; pikiran busuk

반질반질 licin; mengkilap ¶반질반질한 대머리 kepala gundul seperti telur; botak; plontos ((tidak ada rambut sama sekali))

반짝거리다 (빛나다) berkilau; bercahaya; (깜박거리다) kedip-kedip; berkedip; berkelap-kelip

반짝이다 berkilau; bergemerlap; bercahaya; bersinar; berbinar

반쯤 agak; setengah

반쪽 (半-) setengah; separuh; 【하나를 둘로 쪼갠 것 가운데 하나】 belahan

반찬(飯饌) lauk-pauk

반창고(絆瘡膏) plaster; pléstér ¶반창고를 붙이다 menémpélkan pléster

반체제(反體制) anti-kemapanan

반추(反芻) pemamah biak; ruminansi 반추하다 memamah biak ⊙반추동물 binatang (héwan) yang memamah biak

반출하다(搬出-) membawa keluar; mengeluarkan

반취하다(半醉-) setengah mabuk

반칙(反則) kecurangan; pelanggaran peraturan 반칙하다 melanggar peraturan

반타작(半打作) pembagian hasil panén separuh-separuh dengan pemilik tanah 반타작하다 mencapai angka 50 persén; berbagi hasil sama rata

반투명(半透明) setengah tembus cahaya; transparan

반팔(半-) baju tanpa lengan

반편(半偏) tolol: bégo; bodoh; pandir ¶반편이 orang tolol (bodoh; bégo)

반평생(半平生) setengah hidup

반포하다(頒布-) memproklamirkan; menyebarluaskan; mengumumkan dengan resmi

반품(返品) barang yang dikembalikan (yang dipulangkan) 반품하다 mengembalikan; memulangkan

반하다[1] ①【이성에게 마음이 끌리다】 jatuh cinta; jatuh hati ②【감탄하여 끌리다】 tertarik pada; terpesona

반하다[2] ⇒ 빤하다

반하다(反-) ①【반대 · 대조되다】 menentang: bertentangan dengan: melanggar ②【의견 등을 거스르다】 berlawanan dengan ¶이에 반하여 sebaliknya

반항(反抗) pembangkangan: penentangan; perlawanan; daya tahan; résistensi; oposisi 반항하다 menentang; membangkang; melawan; melakukan perlawanan; memberontak ⊙ 반항심 kekuatan (semangat) yang berlawanan atau bertentangan

반향(反響) gema; gaung; kumandang 반향하다 bergema; bergaung ¶반향이 있다 mendapatkan réspons/반향을 불러일으키다 menimbulkan sénsasi

반혁명(反革命) kontra révolusi ¶반혁명의 anti révolusioner

반환(返還) pengembalian; pemulangan; pemulihan 반환하다 mengembalikan; memulangkan; memulihkan

받다 ①【물건을】 menerima; mendapat; beroléh ②【요금 · 값 등을】 memberi harga ③【당하다】 mendapat; mengalami; menderita ④【수술 · 치료 등을】 menjalani; melalui; mengalami ⑤【공 등을】menangkap ⑥【물 등을】 menadah; menerima; menuangkan ⑦【우산 등을】 memasang ⑧【뿔 · 머리로】 menunduk; menyundul ⑨【뒤를 잇다】 menerima warisan; mewarisi; menggantikan ⑩【사다】 membeli ⑪【아기를】 menolong dalam bersalin ⑫【햇빛 · 열 등을】 berjemur; bersinar; bercahaya; berkilauan; memancar ⑬【강의 · 교육 등을】 mendapat ⑭【전화 · 질문 등을】 menerima ⑮【행동 · 작용 등의 영향을】 ¶귀염을 받다 disayangi ⑯【신청 · 허가 등을】 menerima ⑰【학위 · 점수 등을) memperoléh

받다[2] 【사진 · 화장 등이】 ¶그는 사진이 잘 받는다 Dia sangat fotogenik.

받다[3] 【뿔 · 머리 등으로】 menyeruduk dengan

받들다 ①【추대하다】 mengangkat ((sebagai)) ②【지지하다】 mendukung; menyokong; mematuhi ③【부모 등을 공경하다】 menghormati; menghargai ④【뜻 · 가르침 등을】 ¶나는 그분의 뜻을 받들 것이다 Aku akan mengikuti keinginannya.

받들어총(-銃) ¶【구령】 Angkat senjata!

받아넘기다 ①【공 · 공격 등을】 (공을) kembalikan; (공격을) menangkis ②【질문 · 농담 등을】 mengelak

받아다 팔다 menjual barang-barang dengan cara éćeran

받아들이다 ①【받다】 menerima; (동의하다) menyetujui; (들어주다) mengabulkan; memenuhi ②【문화 · 기술 등을】 ¶미국의

생활양식을 받아들이다 mengambil cara hidup Amerika ③【요구 · 부탁 · 말 등을】 menerima ④【사상 · 현실 등을】 menerima

받아쓰기 pendiktéan ¶받아쓰기를 하다 mendikté

받아쓰다 mencatat ((apa yang didiktékan))

받아치다 memukul kembali; membalas serangan; memberi pukulan balas

받치다 ①【지탱하다】 menyangga; menopang; mengganjal ②【배기다】 menghimpit karena terlalu sempit ③【배기다】 ¶의자가 등에 받치다 kursi keras pada punggung ④【우산 등을 펴 들다】 pegang payung

받침 ①【다른 물건 밑에 괴는 것】 sesuatu ((barang)) untuk menyangga (menopang) ¶받침을 괴다 meletakkan penopang; menyokong ②【책받침】 kertas karton; kardus ⊙ 받침대 topangan; penyangga; penunjang

받히다 ①【머리 · 뿔 등에】 ditanduk; dilukai dengan tanduk; dipukul; ditampar ②【자동차 등에】 ditabrak; tertabrak

발[1] ①【사람 · 동물 등의】 kaki ②【걸음】 langkah ③【한 발짝】 selangkah ④【비유적】 ¶발을 빼다 memutuskan hubungan dengan ⑤【물건의】 kaki ¶네 발 달린 책상 méja berkaki empat

발[2] 【가리는】 tirai bambu; kerai

발[3] ⇒ 발쇠

발[4] 【천의】 depa; sedepa

발(跋) épilog; penutup dari suatu tulisan.

발[5] 【길이】 rentangan dari kedua lengannya

발(發) 【탄알의 수효를 세는 단위】 réntétan; berondongan; témbakan

-발(發) ①【출발】 keberangkatan ②【발신】 pengiriman

발가락 jari kaki

발가벗다 ⇒ 벌거벗다 menanggalkan pakaian; tak berpakaian; telanjang

발가숭이 ⇒ 벌거숭이

발각(發覺) penyingkapan pernyataan; pembocoran 발각되다 ketahuan; kelihatan; tersingkap; terbocor

발간(發刊) penerbitan; publikasi 발간하다 menerbitkan; mempublikasi; mempublikasikan ¶발간되다 diterbitkan; dipublikasi

발갛다 mérah terang

발개지다 menjadi mérah; menjadi mérah (malu; merasa malu)

발걸음 langkah; gaya berjalan

발걸이 【의자 등의】 palang pada kaki kursi; 【자전거의】 tempat pijakan kaki; pedal; 【발 놓는 데】 penunjang kaki

발견(發見) penemuan 발견하다 menemukan

발광(發光) radiasi; pemancaran sinar 발광하다 memancarkan; bersinar ¶발광하는 bercahaya; berkilauan; memancarkan; bersinar-sinar

발광(發狂) kegilaan 발광하다 menjadi gila; menjadi sinting

발구르다 menghentak-hentakan kaki

발군(拔群) ¶발군의 istiméwa; luar biasa

발굴(發掘) ①【유물 등의】 penggalian 발굴하다 menggali ②【신인 · 인재 등의】 ¶숨겨진 재능을 발굴하다 menggali bakat terpendam ⊙ 발굴자 penggali

발굽 ⇒ 굽 ¶말 발굽소리 gemuruh kaki-kaki kuda

발권 catatan pengeluaran

발그레하다 kemérah-mérahan

발그림자 jejak; bayangan ¶발그림자도 얼씬 안 하다 tidak nampak; tidak kelihatan; menghentikan kunjungan

발그무레하다 kemérah-mérahan

발그스름하다 ⇒ 발그레하다

발급(發給) 발급하다 mengeluarkan; menerbitkan ¶여권을 발급하다 mengeluarkan paspor

발긋발긋하다 berbintik-bintik mérah

발기(發起) proyéksi; saran; proposal; usul 발기하다 mengusulkan; menyarankan; mengajukan usulan ⊙ 발기인 promotor; proyéktor

발기(勃起) eréksi; penegangan 발기하다 tegang; menjadi kaku ¶발기력 감퇴 impoténsi; lemah syahwat

발기다 mengoyak-ngoyak; menyobék-nyobék; merobék-robék

발길 ①【차는 힘】 ((kekuatan)) tendangan ②【걸음】 jejak; langkah ¶발길을 끊다 berhenti mengunjungi (berkunjung)

발길질 téndangan; sepakan 발길질하다 menéndang; menyepak

발깍 ①【성내다】 ¶발깍 성내다 terangsang marah; dirangsang kemarahan ②【뒤집히다】 kerusuhan; huru-hara; keributan; dalam kekacauan

발꿈치 ⇒ 발뒤꿈치 tumit ¶발꿈치를 들고 걷다 berjinjit; berjalan dengan ujung jari kaki

발끈 marah dengan tiba-tiba; dalam keadaan marah

발끈거리다 meledak marah; mudah marah

발끝 ujung jari kaki ¶발끝으로 걷다 berjingkat-jingkat /발끝으로 서다 berdiri berjinjit

발단(發端) 【실마리】 awal; permulaan; pangkal; asal usul

발달(發達) ①【신체 · 정서 · 지능 등의 발육】 pertumbuhan; perkembangan 발달하다 tumbuh; tumbuh kembang ②【기술 · 문명 등의 진보】 perkembangan; kemajuan 발달하다 berkembang; maju

발 돋음 ¶발 돋음 하다 ①【발끝으로 서다】 berdiri pada ujung jari kaki; berjinjit ②【비유적】 berkembang maju

발동(發動) ①【마음 · 호기심 등의】발동하다 muncul; timbul; terangsang ②【법적 · 권한의】 operasi; penggunaan; pelaksanaan. 발동하다 (행사하다) menggunakan; memakai; menjalankan; melakukan ③【기계의】pelaksanaan; (기계를) menjalankan; melaksanakan

발동기(發動機) motor; mesin ⊙ 발동기선 perahu motor: (디젤 엔진의) kapal motor disél

발뒤꿈치 tumit ¶(…같은 건) 발뒤꿈치에도 못 미치다 tak sebanding; tak bisa dibandingkan; jauh lebih rendah

발뒤축 ⇒ 뒤축

발등 punggung kaki

발딱- ⇒ 벌떡-

발라내다 menguliti; membersihkan; menulangi

발라드 balada

발라맞추다 menjilat; membujuk; merayu; menyanjung; memuji-muji

발라먹다 mendapatkan dengan bersikap manis

발랄하다 (潑剌-) segar; lincah; bersemangat; vitalitas; penuh énergi

발레 balét ⊙ 발레단 grup balét. 발레리나 balerina; perempuan penari balét

발렌 타인 데이 Hari Valéntine; Hari Kasih Sayang

발령(發令) pemberitahuan pengangkatan perintah (resmi); 【사령】 pengumuman pengangkatan yang resmi ¶그는 대기 발령 중이다 Dia (sedang) menunggu diangkat.

발로(發露) eksprési; perwujudan

발론(發論) proposal; usulan; usulan mosi 발론하다 mengusulkan; mengajukan mosi ¶발론할 것이 있다 ada usul ⊙ 발론 자 pengusul; orang yang mengajukan usulan

발리【테니스】 pukulan bola sebelum bola itu jatuh ke tanah

발리다 ①【속의 것을】 membuka; menguliti ②【불까다】 mengebiri ③【벌리다】 memperluas; melebarkan

발맞추다 berbaris (berjalan) selangkah (sejajar); menyamakan langkah; melakukan (mengerjakan) bersama-sama

발매(發賣) penjualan 발매하다 menjual ¶발매중이다 sedang dijual⊙ 발매부수 jumlah perédaran. 발매일 【시기】 tanggal terbit. 발매처 agén penjualan

발명(發明) penemuan; ciptaan 발명하다 menemukan; menciptakan ⊙발명가 penemu. 발명품 (barang) penemuan

발모가지 ⇒ 발목

발모제(發毛劑) solusi menumbuhkan rambut

발목 ①【신체】 mata kaki ¶발목을 삐다 kaki keseléo ②【비유적】 ¶발목을 잡히다 (일에) tertekan; terikat (terbelenggu) ke suatu urusan ③【약점이 있어】 disalahkan atas suatu kesalahan

발밑 ¶발밑에 di bawah kaki/ 발밑에도 못 따라가다 jauh lebih rendah; tak sebanding; tak bisa dibandingkan; bukan tandingan

발바닥 telapak kaki

발바리 【개의 한 종류】《anjing》 spaniel

발발(勃發) pecahnya《perang》; ledakan 발

발하다 meledak; memecah

발버둥 치다 menggeliat; menggelepar; meronta-ronta; mengipas-ngipaskan kakinya

발병(-病) penyakit kaki; kaki yang luka; rasa sakit di kaki

발병하다(發病-) diserang penyakit; jatuh sakit

발본(拔本) pembasmian; pemberantasan; pencabutan 발본하다 membasmi; menyapu bersih; mencabut ¶발본색원하다 memberantas akar kejahatan; menumpas sumber kejahatan

발부하다(發付-) mengeluarkan

발부(髮膚) rambut dan daging; tubuh ⊙ 신체발부 raga

발부리 ujung jari kaki; kaki ¶발부리로 걷다 berjalan dengan berjinjit

발분하다(發憤-) didorong; dirangsang; didesak; distimulasi.

발빼다 mencuci tangan; memutuskan hubungan; memisahkan; mengundurkan diri; menolak mengerjakan

발뺌 penghindaran; pernyataan menyesal; dalih; alibi 발뺌하다 menemukan alasan; melalaikan; mengélakkan

발사(發射) penembakan; peluncuran 발사하다 menembak; meluncurkan ⊙ 발사대 landasan peluncuran

발산하다(發散-) memancar; menyorot; bersinar menyebarkan; mengeluarkan

발상(發想) konsép; 【음악】 éksprési ¶발상을 전환하다 merubah cara berfikir

발상하다(發喪-) mengumumkan kematian ⟪dengan mulai meratap⟫

발상지(發祥地) ①【임금의】 tempat asal raja ②【요람】 tempat kelahiran

발생(發生) 【일어남 생김】 kejadian; kemunculan; 【비롯됨】 asal; 【생물 · 열 · 전기 · 등의】 pembangkitan; 【자람】 pertumbuhan 발생하다 terjadi; muncul; berasal; berawal; berkembang ⊙ 발생지(地) tempat asal; tempat kelahiran

발설하다(發說-) membuka rahasia; memberitahukan; membocorkan; menyingkap; mengungkapkan

발성(發聲) ucapan; ungkapan 발성하다 berucap; mengungkapkan; mengucapkan ⊙ 발성기 organ vokal; alat bicara. 발성법 vokalisasi. 발성영화 film bersuara

발소리 bunyi langkah kaki

발송(發送) 발송하다 mengirim; mengirimkan ⊙발송인 pengirim

발신(發信) pengiriman pesan (surat) 발신하다 mengirim pesan; menyampaikan ⊙ 발신인【편지의】 orang yang dikirimi; si alamat. 발신지 tempat pengiriman

발싸개 kaos kaki; pembalut kaki ¶거지발싸개 같은 놈 Kau ceroboh!; Kau sampah!

발아하다(發芽-) bertunas; berkecambah

발악하다(發惡-) menggunakan kata-kata kasar; mencémooh; mencaci maki; menyumpah dan mengutuk

발안(發案) usul; saran; idé; proposal 발안하다 mengusulkan; menyarankan; merencanakan; menemukan ⊙ 발안자 pemula; pengusul; pengaju usul

발암(發癌) segala sesuatu yang menyebabkan kanker; penyebab kanker ¶발암성의 penyebab kanker; karsinogénik

발암물질(發癌物質) zat karsinogén; zat penyebab kanker; bahan-bahan penyebab kanker

발야구(-野球) bola tendangan

발언(發言) ucapan; ungkapan; 【제언】 pembicaraan 발언하다 mengucapkan; berbicara; mengatakan; menyatakan; mengemukakan ¶발언을 취소하다 menarik ucapan (kata-kata)

발언권(發言權) hak untuk bersuara; hak untuk berbicara; hak untuk mengatakan pendapat ⊙발언권자 pembicara

발연(發煙) asap; uap 발연하다 berasap ⊙ 발연탄 bom asap

발열(發熱) ①【열을 내는 것】 pembangkit panas 발열하다 membangkitkan (menghasilkan) panas ②【체온이 높아지는 것】 demam 발열하다 terserang deman

발원(發源) 발원하다 berasal dari; bersumber dari; timbul ⟪muncul⟫ ⊙ 발원지 sumber; hulu; hulu sungai

발원(發願) doa; sembahyang 발원하다 memanjatkan doa; mengajukan ⟪surat⟫ permohonan

발육(發育) pertumbuhan; perkembangan 발육하다 tumbuh; berkembang ¶발육이 빠르다 【느리다】 tumbuh dengan pesat 【lambat】⊙ 발육기 masa (periode) pertumbuhan

발음(發音) pengucapan; pelafalan 발음하다 mengucapkan; melafalkan ⊙ 발음기관 alat pembentukan suara; organ suara. 발음학 fonétik; ilmu tentang bunyi bahasa

발의(發議) saran; usulan; proposal; 【동의】 mosi; 【고안】 idé awal; model 발의하다 menyarankan; mengusulkan; mengajukan mosi ¶…의 발의로 atas usul (saran) ⊙발의권 hak mengajukan usul

발인하다(發靷-) membawa peti jenazah keluar rumah

발자국 bekas jejak kaki; jejak; tapak kaki; bekas

발자귀 jejak kaki binatang

발자취 ①【흔적】 jejak kaki ②【지나온 과거의 행적】 jalan; bagian; jejak; jalur

발작(發作) serangan tiba-tiba; kekejangan; sawan 발작하다 mengalami serangan tiba-tiba; kena kejang; terserang sawan

발장구치다 ①【발질】 memukul; mengepakkan ②【태평하게 지냄】 meléwati hari-hari dalam kesenangan; bermalas-malasan

발장단(-長短) ¶발장단을 치다 menémpo dengan hentakan kaki

발전(發展) perkembangan; pertumbuhan 발전하다 maju; berkembang; mengembang¶발전시키다 memperkembangkan; mengembangkan ⊙ 발전성 kemungkinan; peluang

발전(發電) pembangkit tenaga listrik 발전하다 membangkitkan tenaga listrik

발전기(發電機) pembangkit tenaga listrik; génerator ⊙ 열핵 발전기 génerator termonuklir

발전소(發電所) stasiun pembangkit tenaga listrik ⊙ 자가 발전소 stasiun pembangkit tenaga lisltrik swasembada

발정(發情) rangsangan séksual; ketertarikan séksual. 발정하다 dalam birahi ⊙ 발정기 《usia》 masa remaja; masa pubertas; musim (masa) kawin. 발정호르몬 hormon éstrogen; hormon séks pria

발족(發足) pembukaan; pelantikan; inagurasi 발족하다 memulai; membuat permulaan; membuka

발주(發注) pemesanan 발주하다 mengadakan pesanan; memesan; memesankan; memberi pesanan

발진(發疹) erupsi 발진하다 memekar; (부스럼) ruam ¶발진성의 eruptif ⊙ 발진티푸스 tipus eruptif; penyakit tipus

발진(發進) 【비행기 등의】 keberangkatan; 【로켓의】 peluncuran 발진하다 berangkat; meluncur

발진기(發振器) oscilator

발짝 langkah ¶한 발짝 한 발짝 langkah demi langkah; selangkah demi selangkah

발 짧다 terlambat untuk 《makan dan lain lain》; tidak beruntung; kehilangan kesempatan

발차(發車) pemberangkatan 발차하다 berangkat ⊙ 발차 계 (원) petugas pemberangkatan (juru lepas) kereta api. 발차시간 waktu pemberangkatan. 발차신호 sinyal (tanda) pemberangkatan

발착(發着) keberangkatan dan kedatangan 발착하다 berangkat dan datang ⊙ 발착시간표 jadwal keberangkatan dan kedatangan

발췌(拔萃) 【골라냄】 séléksi; pemilihan; 【뽑아냄】 pencabutan; pengecualian; kekecualian; 【적요】 kutipan; ikhtisar; petikan 발췌하다 memilih; mengikhtisarkan ⊙ 발췌곡 instrumentalia pilihan

발치 【근처】 arah kaki 《tempat tidur》; sekitar; hampiran

발칙하다 kasar; kurang ajar; bertabiat buruk; tidak sopan; 【괘씸하다】 tidak dapat diampuni; membangkitkan rasa benci

발칵 ⇒ 발깍

발칸 Balkan ⊙ 발칸반도 semenanjung Balkan

발코니 balkon

발탁하다(拔擢-) memilih; menyeléksi

발톱 kuku jari kaki; cakar; talon ¶이 발톱

의 때만도 못한 녀석아! Kurang ajar kau!

발파(發破) 발파하다 meledakkan ⊙ 발파공(工) peledak

발판(-板) ①【발을 의지하는】 pemijak kaki; pedal; injakan; anak tangga ②【발돋움 받침】 pijakan ③【계기 · 수단】 batu pijakan; batu loncatan

발포(發布) pengumuman; pemberitahuan; penyebarluasan 발포하다 mengumumkan dengan resmi; menyebarluaskan; menyatakan

발포(發泡) pembusaan 발포하다 berbusa; berbuih ⊙ 발포제 bahan(zat) pembusa

발포(發砲) 발포하다 menembak ⊙발포사건 insidén penembakan

발표(發表) pengumuman; pernyataan; pemberitahuan 발표하다 mengumumkan; menyatakan; memaklumatkan ⊙ 발표자 pembicara. 발표회(음악 등의) pertunjukan; déklamasi; (연구 등의) konferénsi

발하다(發-) ①【발산】 memancarkan; menyinarkan; mengeluarkan ②【명령 등을】 mengeluarkan; memaklumatkan

발한(發汗) keringat; peluh 발한하다 berpeluh; berkeringat ⊙ 발한제 diaforétik

발행(發行) ①【도서 · 잡지 등의】 publikasi; penerbitan 발행하다 mempublikasi; menerbitkan ②【화폐 · 채권 · 증명서 등의】 penarikan; pengeluaran; penerbitan; pengédaran 발행하다 mengédarkan; menarik rekening ⊙ 발행고 jumlah édaran; jumlah pengeluaran. 발행인(자) penerbit; penarik ⟪rékening⟫; pihak yang mengeluarkan ⟪cék⟫. 발행일 tanggal pengeluaran

발행부수(發行部數) sirkulasi; oplah

발현하다(發現-) menampakkan; membuka ⟪rahasia⟫

발화(發火) ①【점화】 penyalaan; pengapian pembakaran 발화하다 membakar; menyalakan ②【화재】 ledakan kebakaran 발화하다 meledak kebakaran ⊙ 발화장치 perangkat penyala (pembakar). 발화점 titik nyala; titik pengapian. 자연발화 pembakaran spontan

발효(發效) hal yang berlaku; eféktifikasi 발효하다 menjadi eféktif (berlaku)

발효(醱酵) peragian; diferméntasi 발효하다 beragi; meragi; mengalami peragian ¶발효시키다 meragikan ⊙ 발효소(素) ragi; diferméntasi

발휘하다(發揮-) mempertunjukkan; memperagakan

발흥하다(勃興-) naik dengan tiba-tiba; timbul menjadi kekuatan

밝기 kecerahan; kekilauan; luminositas

밝다[1] ①【불빛이】 terang; cerah; bercahaya ②【눈 · 귀가】 tajam ③【어떤 일을 잘 알다】 sudah diketahui; familiar dengan; mengetahui banyak ④【얼굴 · 표정 · 기분 · 성격 등이】 riang; cerah ⑤【전망 · 장래 등이】 cerah; baik ⑥【세상 · 사회 등이】 bersih; jujur; teratur dan wajar

밝다[2] 【동이 트다】 subuh; fajar; fajar menyingsing

밝을 녘 fajar menyingsing

밝히다[1] ①【사실 · 비밀 · 입장 등을 분명히 하다】 menjelaskan; memperjelas; (파헤쳐서) membuka; memperlihatkan ②【불을 환하게 하다】 menerangi; menyoroti; menyinari; menyuluhi ③【지나치게 좋아한다】 gila; haus dengan

밝히다[2] 【밤을 새우다】 tinggal (duduk) sepanjang malam; tetap terjaga sepanjang malam; bergadang

밟다 ①【발로】 menginjak; merencah; menginjak-injak ②【뒤를】 mengikuti; mengékor; membayangi ③【수속 · 절차 · 과정 등을】 menyelesaikan ④【경험하다】 ¶무대를 밟다 naik panggung; bermain sandiwara

밟히다 ①【발에】 diinjak ②【비유적】 berkelip-kelip; berkedip ¶죽은 아이의 모습이 눈에 밟히다 dihantui oleh bayangan anak yang meninggal itu

밤[1] malam hari ¶밤마다 setiap malam/밤늦게 까지 sampai jauh malam (larut malam) ⊙ 밤안개 kabut malam hari. 밤이슬 embun malam

밤[2] 【열매】 buah berangan; kastanye ⊙ **밤송이** buah berangan. 밤알 biji berangan

밤거리 jalanan di waktu malam ¶밤거리의 여인 kupu-kupu malam; perempuan jalanan; pelacur

밤길 perjalanan di malam hari; perjalanan di waktu malam hari
밤낮 ①【밤과 낮】 siang ⦅dan⦆ malam ②【밤낮을 가리지 않고】 selalu; setiap saat
밤눈[1] 【보는 힘】 daya lihat (penglihatan) pada malam hari ¶밤눈이 어둡다 buta malam
밤눈[2] 【내리는 눈】 salju turun pada malam hari
밤바 ①【완충 장치】 bemper; jok mobil ②【차번호】 nomor pelat mobil
밤사이, 밤새 pada malam hari
밤새도록, 밤새껏 sepanjang malam
밤새(우)다 berjaga; tetap terjaga; tetap bangun
밤새움, 밤샘 duduk(tinggal) sepanjang malam 밤샘하다 tetap terjaga sepanjang malam
밤색(-色) warna buah berangan; coklat kemérah-mérahan ⊙짙은 밤색 coklat tua
밤소경 orang yang rabun senja; rabun ayam; orang yang buta malam
밤손님 pencuri (maling) di waktu malam
밤이슬 embun malam; kelembaban malam hari ¶밤이슬 맞는 놈 pencari di waktu malam
밤일 ①【밤에 하는 일】 kerja malam; kerja malam ②【성교】 séks; kelamin; hubungan séks
밤잠 tidur malam
밤중(-中) waktu larut malam; tengah malam ¶밤중에 di (pada) tengah malam; di (pada) waktu larut malam
밤차(-車) keréta api malam
밤참 makanan ringan di larut (tengah) malam
밤톨 buah berangan; buah kastanye ¶밤톨만하다 sebesar biji berangan
밤하늘 langit malam
밥[1] ①【지은 밥】 nasi ¶밥을 짓다 memasak (menanak) nasi ②【식사】 makan; makanan ③【생계】 nafkah; rezeki ④【먹이】 pakan; mangsa ⑤【희생물】 korban; mangsa ¶…의 밥이 되다 menjadi mangsa
밥[2] 【부스러기】 bahan sampah hasil pemotongan

밥값 【식비】 harga untuk makanan; biaya (ongkos) makanan; ⦅하숙의⦆ biaya indekos
밥그릇 mangkuk nasi
밥맛 ①【밥의 맛】 rasa nasi ②【식욕】 seléra; nafsu makan
밥물 ①【밥 짓는】 air rebusan nasi ②【넘치는】 air beras
밥벌레 orang yang tak berguna; pemalas
밥벌이 pekerjaan; nafkah 밥벌이하다 mencari nafkah; menghidupi; menjalani hidup
밥상(-床) méja makan ¶밥상을 차리다 menyiapkan (menyediakan) méja makan
밥솥 periuk nasi ⊙ 전기밥솥 panci nasi listrik
밥술 seséndok penuh nasi; beberapa séndok nasi
밥장사하다 membuka réstoran; menjual makanan; mengusahakan rumah makan
밥장수 orang yang mengusahakan réstoran (rumah makan)
밥주걱 kincir kayu untuk mengolah beras; céntong nasi
밥주머니 tak berguna ⇒ 밥통 ③
밥줄 sumber pendapatan; pekerjaan; mata pencarian
밥집 rumah makan
밥짓다 menanak nasi; menyiapkan makanan; bertanak
밥통(-桶) ①【밥을 담는 통】 wadah nasi ②【위】 perut ③【어리석은 사람】 orang yang tak berguna; orang bodoh; orang yang konyol
밥투정하다 menggerutu (mengeluh) tentang makanan
밥풀 ①【풀】 perekat (lém) nasi ②【밥알】 butiran nasi ⊙ 밥풀강정 kué yang digoréng dilapisi dengan butiran nasi
밧줄 tambang; tali
방(房) ①【거처하는】 kamar; bilik ②【명사 뒤에서】 toko ⊙방값 séwa kamar
방(榜) ①【방목】 daftar calon yang berhasil ⦅dalam ujian pegawai negeri yang tinggi⦆ ②【방문】 plakat; catatan publik (resmi); pemberitahuan umum
방(放) ①【총 · 포 등의】 témbakan ¶총을 쏘

다 menémbak ②【주먹 · 홈런 등의】 pukulan; tinju
-방(方) ①【방위】 arah ¶동방 Timur ②【명사 뒤에서】 dengan alamat (d/a)
방갈로 bungalo; banglo
방계(傍系) ¶방계의 turunan ⊙ 방계비속【존속】 anak cucu seketurunan. 방계회사 anak persusahaan; perusahaan tambahan (gabungan)
방고래 corong (cerobong) asap *ondol*
방공(防共) pertahanan melawan komunisme; anti Komunis 방공하다 melawan (menentang) komunisme
방공(防空) pertahanan udara ⊙ 방공연습【훈련】 latihan anti serangan udara (pertahanan udara). 방공호 lubang perlindungan
방과(放課) bubaran kelas ¶방과 후 setelah ⟪jam⟫ sekolah; habis sekolah
방관(傍觀) 방관하다 duduk sebagai penonton ¶방관적(인) 태도를 취하다 bersikap sebagai penonton; bersikap tak peduli ⊙ 방관인【자】 penonton
방광(膀胱) kandung kemih; kandung kencing ⊙ 방광염 peradangan kandung kemih
방구석(房-) kamar
방귀 ¶방귀를 뀌다 kentut; buang angin / 누가 방귀 뀌었어? Siapa kentut?
빙그레 ¶빙그레 웃다 tersenyum manis
방글거리다 tersenyum ⟪bayi⟫
방금(方今) barusan; baru saja
방긋이 ¶방긋이 웃다 tersenyum; berseri
방나다(榜-) ①【일이】 diketahui; diputuskan ②【명단 등이】 diumumkan
방년(芳年) umur dua puluh tahun
방뇨하다(放尿-) kencing; buang air kecil
방담(放談) percakapan sengit; pengobrolan; pembicaraan bébas
방대(尨大) 방대하다 besar ¶방대한 계획 program (rencana) berskala besar
방도(方途 · 方道) cara; tindakan; jalan
방독(防毒) ⊙ 방독 마스크【면】 masker anti gas; topéng anti gas. 방독 실 kamar anti kebocoran gas
방랑(放浪) 방랑하다 mengembara; berkelana; menjelajahi; menjalani kehidupan bebas ⊙ 방랑객【자】 pengembara; musafir; pengelana. 방랑벽 kebiasaan mengembara
방류(放流) ①【액체의】 방류하다 menyalurkan; membuang ②【물고기의】 melepaskan; membebaskan
방망이 pentungan; tongkat pemukul; kayu pemukul ¶방망이질하다 memukul dengan tongkat ⟪dalam mencuci, melicinkan pakaian; 【가슴이】 ⟪jantung⟫ berdegup kencang berdebar; berdebaran
방매(放賣) penjualan 방매하다 menawarkan penjualan
방면(方面) ①【지역】 wilayah ②【분야】 bidang; 【각도】 sudut ¶각 방면에서 dari setiap sudut pandang; dari semua sudut
방면하다(放免-) membébaskan; meloloskan; melepaskan
방명(芳名) nama yang terhormat ⊙ 방명록 daftar nama; buku tamu
방목(放牧) 방목하다 menggembalakan; membawa ke padang rumput ⊙ 방목지 padang rumput
방문(房門) pintu kamar
방문(訪問) kunjungan; lawatan 방문하다 mengunjungi; berkunjung; melawat ⊙ 방문객 tamu; pengunjung; pelawat. 방문단 rombongan pengunjung (wisatawan). 방문판매 penjualan dari pintu ke pintu
방문(榜文) plakat; catatan umum (resmi); catatan pemerintah
방물 barang dagangan untuk para wanita; barang perhiasan ⊙방물장수 penjaja barang keperluan para wanita; penjual barang keperluan para wanita dari rumah ke rumah
방미(訪美) kunjungan ke Amerika Serikat
방바닥(房-) lantai kamar
방방곡곡(坊坊曲曲) seluruh negeri; semua bagian negeri
방범(防犯) pencegahan kejahatan 방범하다 mencegah kejahatan; mengambil tindakan pencegahan kejahatan ⊙ 방범대원 penjaga(keamanan) malam hari. 방범 카메라 kamera keamanan
방법(方法) cara; métode; upaya; jalan; strategi ⊙ 방법론 métodologi
방벽(防壁) rintangan: penghalang; peng-

hambat; témbok perlindungan; pertahanan; bénténg; kubu

방부(防腐) antiseptis; 【시체의】 pembalseman 방부하다 membalsem; memelihara; merawat

방부제(防腐劑) antiseptik; bahan pemelihara ¶방부제 처리를 하다 merawat dengan antiseptik

방불(彷彿) 방불하다 sangat mirip ¶방불케 하다 mengingatkan pada ⟪sesuatu⟫; menggambarkan

방비(防備) pertahanan 방비하다 mempertahankan

방사(房事) hubungan kelamin 방사하다 melakukan hubungan séks

방사(放射) radiasi; émisi; penyinaran 방사하다 memancar

방사능(放射能) radiasi; radioaktivitas ¶방사능이 없는 non-radioaktif ⊙ 방사능 낙진 jatuhan radioaktif. 방사능 비【구름】 jatuhan hujan【awan】 radioaktif. 방사능 오염 pencemaran radioaktif

방사림(防沙林) pohon yang ditanam untuk mencegah perpindahan pasir

방사선(放射線) sinar radial; sinar X ¶방사선치료를 받다 diobati radiologi ⊙ 방사선 요법 radiotérapi. 방사선 치료의【醫】 ahli radiologi

방사성(放射性) radioaktivitas ⊙ 방사성 동위 원소 radioisotop. 방사성 물질 bahan (zat) radioaktif. 방사성 폐기물 sampah radioaktif; sampah nuklir

방생(放生)【불교】 pelepasan héwan-héwan tangkapan 방생하다 melepaskan (membébaskan) burung atau héwan tangkapan

방석(方席)【깔개】 bantal kursi ⊙ 수방석 alas duduk bersulam

방성대곡(放聲大哭) ⇒ 방성통곡

방성통곡(放聲痛哭) 방성통곡하다 meratap; menangis dengan keras dan memilukan

방세(房貰) bayaran (séwa) kamar

방세간(房-) perabotan

방송(放送) ①【음성 · 영상 등을 전파로 내보내는 일】 siaran; penyiaran 방송하다 menyiarkan; memancarkan ②【비유적】 ¶지방 방송 좀 꺼주세요 Mohon jangan ribut. ⊙ 방송극 drama radio(TV). 방송순서【프로】 program radio(TV). 방송시청자 penonton ⟪télévisi⟫. 상업방송 siaran komersil. 생방송 siaran (program) langsung. 전국방송 siaran nasional. 해외방송 siaran luar negeri

방송국(放送局) stasiun siaran (penyiar); stasiun radio (TV) ⊙ 중앙【지방】 방송 stasiun séntral【setempat】

방수(防水) tahan air; kedap air ⊙방수외투 mantel yang tahan air. 방수화 sepatu karét yang tahan air

방수(放水) pelepasan air 방수하다 menyalurkan air ⊙ 방수로 saluran pembuangan (pelepasan) air. 방수문 pintu air

방습(防濕) ¶방습의 tahan lembab

방식(方式)【형식】 formula; contoh;【양식】 modél; bentuk;【방법】 métode; sistém;【절차】 formalitas

방실거리다 tersenyum manis

방심(放心) kecerobohan 방심하다 ceroboh; lalai; lengah; tidak sadar

방아 penggilingan; lumpang; lesung; mortir ¶방아를 찧다 menggiling padi (biji-bijian) ⊙ 방앗공이 alu; alat penumbuk. 디딜방아 alat jentera yang dijalankan dengan menginjak-injaknya. 물레방아 kincir air

방아깨비 sejenis belalang

방아쇠 pelatuk ⟪picu⟫ ¶방아쇠를 당기다 menarik (menekan) pelatuk

방안(方案) rencana; skéma; program ¶방안을 세우다 merencanakan; mengambil langkah

방안지(方眼紙)【모눈종이】 kertas grafik

방약무인(傍若無人) 방약무인하다 congkak; lantang; sombong; kurang ajar

방어(防禦) pertahanan; perlindungan 방어하다 mempertahankan; melindungi ⊙ 방어전 pertandingan mempertahankan gelar. 밀집방어 pertahanan ketat. 지역방어 zona pertahanan; daérah pertahanan; wilayah pertahanan

방언(放言)【사투리】 dialék; logat; aksén; gaya ⊙ 방언학 dialéktologi

방역(防疫) pencegahan épidémik (wabah) ⊙ 방역대책 tindakan anti épidémi. 방역차 truk pembasmi hama

방열(防熱) pencegahan (perlindungan)

panas ⊙ 방열복 pakaian (baju) tahan panas

방열(放熱) panas pancaran 방열하다 memancarkan panas ⊙방열기 radiator

방영(放映) penyiaran dengan TV 방영하다 menyiarkan dengan TV

방울 ①【작은 종】 bél; genta; klenengan ②【물방울】 setétés

방울방울 tétésan ¶방울방울 떨어지다 jatuh dalam tétésan-tétésan

방울뱀 ular berbusa

방울새 【조류】 kutilang hijau

방위(方位) arah; kompas; penjuru angin; lintasan; azimut ⊙ 방위각 sudut azimut. 방위측정기 【비행기의】 pengukur letak bintang

방위(防衛) pertahanan; perlindungan; pembelaan ¶방위하다 mempertahankan; membela ⊙ 방위군 korps pertahanan. 민간방위 pertahanan sipil. 정당방위 pembelaan (pertahanan) resmi

방음(防音) kedap suara 방음하다 menahan (menyerap) suara ⊙ 방음벽 dinding (témbok) kedap suara. 방음재 bahan kedap suara. 방음 실 ruang (kamar) yang kedap suara. 방음장치 【소음장치】 penahan suara; peredam suara

방임(放任) tidak campur tangan ¶방임하다 membiarkan semaunya; menyerahkan kepada dirinya; memberi kebébasan (kekuasaan) penuh

방임주의(放任主義) prinsip "sesuai keadaan"; kebijakan tidak campur tangan

방자(房子) pelayan bujang (laki-laki)

방자(放恣) sombong ¶방자하게 굴다 bertingkah sesukanya

방장(方丈) ①【주지】 kepala pendéta; kepala biara pria ②【처소】 markas kediaman seorang pendeta tinggi

방적(紡績) 【실을 뽑는 일】 pemintalan; pintal ⊙ 방적 공 pemintal. 방적공장 【회사】 pabrik 【 perusahaan】 pemintalan

방전(放電) buangan listrik 방전하다 membuang (muatan) listrik ¶배터리가 방전되다 baterainya (akinya) habis

방점(傍點) sisi (tanda) samping ¶방점을 찍다 menandai dengan titik di samping

방정 tindakan (sikap; kelakuan) sembrono; tingkah laku tidak keruan ⊙ 방정꾼 【꾸러기】 orang sembrono; orang yang lancang (kurang ajar)

방정하다(方正-) baik; lurus

방정떨다 bersikap sembrono; berbicara berlebih-lebihan

방정맞다 ①【경솔하고 주책없다】 ⇒ 경망스럽다 sembrono; tidak bersungguh-sungguh; tidak keruan; tidak menyenangkan ②【불길하다】 tidak menyenangkan

방정식(方程式) rumus penyamaan ¶I 【2, 3】 차 방정식 persamaan sederhana 【kwadarat, pangkat tiga】 ⊙ 연립방정식 persamaan serempak

방정하다(方正-) jujur dan bertanggung jawab

방제(防除) 【해충 등의】 pencegahan perkembangbiakan dan pemberantasan

방조(幇助) bantuan (pertolongan) dalam kejahatan 방조하다 membantu (menolong) dalam kejahatan ⊙방조자 penolong dalam kejahatan. 자살방조죄 kejahatan membantu dan bersekongkol bunuh diri

방조제(防潮堤) tanggul penahan air pasang; témbok (dinding; dam) laut

방종(放縱) percabulan 방종하다 kelakuan buruk; cabul; jangak

방주(方舟) bahtera; perahu; kapal ¶노아의 방주 bahtera Nabi Nuh

방주(旁註) catatan kaki (samping; pinggir)

방죽(防-) tambak; tanggul; pematang

방증(傍證)¶방증으로서 sebagai bukti pendukung; sebagai bukti-bukti yang menguatkan

방지(防止) pencegahan 방지하다 mencegah; menangkal; memelihara ((benda dari kerusakan)); 【미연에】 menghentikan pada permulaan ⊙방지책(策) tindakan pencegahan. 인플레방지책 kebijakan anti inflasi

방직(紡織) pemintalan dan penenunan 방직하다 memintal dan menenun ⊙방직공업 industri (pabrik) tékstil. 방직공장 pabrik pemintalan

방진(防塵) ¶방진의 anti debu

방책(方策) rencana; skéma; upaya; akal; kebijakan; kebijaksanaan

방책(防柵) pagar pancang; barikade; penghambat; penghalang ¶방책을 두르다 memagari; menghalangi

방첩(防諜) anti (kontra) spionase ⊙방첩부대 Korps Kontra Inteligén

방청(傍聽) pemirsaan; penontonan 방청하다 menonton; menghadiri ⊙방청권 karcis masuk. 방청석 tempat duduk untuk umum; 【의회 법정 등의】 balkon. 방청인 pendengar; hadirin; penonton. 방청객 penonton

방추(紡錘) kumparan ¶방추형(의) berbentuk kumparan

방축하다(放逐-) mengusir; mendéportasikan

방축(防縮) ¶방축의 anti susut ⊙방축가공 perawatan anti susut

방출(放出) ①【물자의】 pengeluaran 방출하다 mengeluarkan ②【배출】 pelepasan 방출하다 melepaskan

방충(防蟲) 방충제 inséktisida; 【좀약】 kapur barus

방충망(防蟲網) kasa nyamuk

방취(防臭) penghilangan bau busuk 방취하다 menghilangkan bau ⊙방취제 penghilang bau

방치(放置) yang meninggllkan (membiarkan) sendiri; 【등한시】 kesembronoaan 방치하다 membiarkan sendiri; mengabaikan

방침(方針) kebijakan; 【방향】 pedoman; petunjuk; 【정책】 prinsip; 【목적】 tujuan; 【계획】 rencana ¶방침을 세우다 membuat rencana; menetapkan kebijaksanaan ⊙근본 방침 kebijaksanaan yang fundaméntal (mendasar). 시정【영업】방침 kebijakan administrasi 【usaha】

방탄(防彈) tahan peluru; perlindungan terhadap peluru ⊙ 방탄조끼 rompi tahan peluru. 방탄유리 kaca tahan peluru

방탕(放蕩) 방탕하다 berfoya-foya; memboros; beroyal ⊙방탕생활 hidup berfoya-foya; kehidupan yang boros. 방탕아 【자】 penjangak

방파제(防波堤) témbok laut; bendungan gelombang

방패(防牌) ①【무기】 perisai; tameng ②【비유적】 ¶…을 방패삼다 menggunakan sebagai perisai; bersembunyi di belakang 《sesuatu》 ⊙방패막이 pelindung

방편(方便) upaya; akal; ikhtiar ¶일시적 방편 kebijaksanaan sementara; tindakan sementara ②【불교】 kebijaksanaan untuk menyebarluaskan ajaran Budha

방폐(放廢) 【방사능폐기물처리장】 fasilitas pembuangan limbah radioaktif

방풍(防風) perlindungan angin; penahan angin

방학(放學) liburan sekolah 방학하다 berlibur (pakansi) sekolah

방한(防寒) perlindungan terhadap hawa dingin ¶방한 준비를 하다 mengadakan persediaan (perbekalan) untuk hawa dingin ⊙ 방한모 topi musim dingin. 방한 외투 mantel untuk cuaca dingin. 방한화 sepatu musim dingin

방한(訪韓) kunjungan ke Korea 방한하다 mengunjungi Korea ⊙ 방한경제 사절단 misi ékonomi ke Korea

방해(妨害) halangan; gangguan; rintangan; interupsi 방해하다 menghalangi; menahan; merintangi ¶방해가 되다 menjadi perintang ⊙ 교통방해 hambatan lalu lintas

방해물(妨害物) penghalang; penghambat; rintangan; gangguan

방해석 (方解石) 【광석】 kapur

방향(方向) ①【방위】arah; tujuan; haluan; jurusan ②【목표, 방침, 진로】 tujuan ¶방향을 그르치다 tersesat; menyimpang dari jalan yang benar ⊙ 방향감각 rasa akan arah. 방향탐지기 alat pendéteksi arah; mesin pengarah

방향(芳香) bau énak; keharuman; kewangian ¶방향이 있는 harum; aroma; bau yang harum ⊙방향제 aromatik; pengharum (ruangan)

방형(方形) segi empat ¶방형의 persegi empat

방호(防護) perlindungan 방호하다 melindungi

방화(防火) pencegahan kebakaran; pencegahan terhadap kebakaran 방화하다 mencegah kebakaran (api) ¶방화의 tahan api ⊙ 방화벽 témbok kebakaran. 방화전(栓) keran kebakaran

방화(邦畵) film nasional
방화(放火) pembakaran rumah 방화하다 membakar ⊙ 방화범(犯) 【죄】 pembakaran rumah disengaja; 【범인】 pembakar rumah. 방화용의자 orang yang tersangka pembakaran rumah
방황(彷徨) pengembaraan 방황하다 mengembara; berpetualang; berkelana; merantau ¶방황하는 사람 pengembara; petualang; orang yang berkelana
밭 ladang; tanah pertanian; perkebunan ¶밭을 갈다 mengolah (mengerjakan) tanah
밭갈이 cocok tanam 밭갈이하다 bercocok tanam; menanami
밭고랑, 밭골 galur; alur
밭곡식(-穀食) bijian lahan kering
밭농사 (-農事) pertanian lahan kering
밭다[1] ①【시간 · 공간적으로】 dekat; sangat rapat ¶시간이 밭다 waktu mendesak; terdesak waktu ②【인색하다】 pelit; kikir ③【기침이】 batuk kering ¶밭은기침을 하다 berbatuk kering
밭다[2] 【졸아붙다】 menjadi kering
밭다[3] 【체에】 menyaring; mengayak
밭도랑, 밭돌 sélokan (parit) di ladang
밭떼기 spekulasi sayuran di lokasi produksi
밭매기하다 menyiangi ladang kering
밭보리 semacam gandum yang tumbuh di ladang kering
배[1] ①【복부】 perut ¶배가 거북하다 merasa mual ②【샘】 cemburu; iri hati ¶배가 아프다, 배를 앓다 merasa cemburu sekali ③【태내】 peranakan (rahim) ibunya ¶배가 부르다【임신해서】 mengandung; hamil
배[2] 【탈것】 kapal; kapal samudera 《정기선》; kapal barkas (tongkang); 《거룻배》 sampan; jung-jung ¶배로 dengan kapal /배를 타다 naik kapal ⊙ 뱃멀미 mabok laut. 뱃사공 pelaut
배[3] 【과일】 배나무 buah pér
배(胚) ⇒ 씨눈
배(倍) ①【갑절】 dua kali; penggandaan ②【부사적】 kali; lipat ¶배 비싸다 berharga dua kali lipat ③【수량을 나타내는 말 뒤에 쓰여】 ¶3배 tiga kali; lipat tiga

배가하다(倍加-) menggandakan; melipatgandakan
배갈 minuman keras (arak) Cina; Kaoliang
배겨나다 menahan dengan tabah; berusaha keras
배격하다(排擊-) menolak; membantah; mengapkir
배경(背景) ①【뒤쪽의 경치】 latar belakang ②【무대의】 dékor ③【시대적 · 사회적 환경】 latar belakang
배고프다 lapar
배곯다 perut kosong
배관(配管) pemasangan pipa 배관하다 menata (menyusun) pipa ⊙ 배관공 tukang pipa(lédéng). 배관공사 pekerjaan pipa
배교(背教) murtad 배교하다 mengkhianati; menjadi pengkhianat ⊙배교자 pengkhianat; orang murtad
배구(排球) bola voli
배금(拜金) pemujaan terhadap uang; déwa kekayaan ⊙ 배금주의자 pemuja uang; Mammonis
배급(配給) perédaran; distribusi; pencatuan; pembagian; rangsum 배급하다 membagikan; merangsum; menjatahkan; mengédarkan; menyebarkan ⊙ 배급소 pusat (tempat; stasiun) perédaran (distribusi). 배급 자 distributor. 배급표 tikét(kupon) rangsum
배기(排氣) buangan; ventilasi 배기하다 menukar udara ⊙배기가스 gas buangan
배기다[1] 【마치다】 mengganjal; terasa ganjal
배기다[2] 【견디다】 menanggung ¶배길 수 있는 bisa ditahan; bisa ditahankan; bisa ditanggung
배꼽 ①【신체 부위】 puser; pusar ②【열매의】 buah dengan kelopak yang menonjol ③【비유적】 ¶배꼽이 빠지도록 웃다 tertawa terpingkal-pingkal ⊙ 배꼽쟁이 orang yang mempunyai pusernya menonjol
배낭(胚囊) kantong émbrio; mégaspora
배낭(背囊) ransel ¶배낭을 벗다 membuka (melepaskan) ransel
배내- ①【타고난】 bawaan ②【갓난이의】

bayi yang baru lahir ¶배내옷 bedong bayi ③【배 안의】 di dalam perutnya; isi perutnya

배 내밀다 menolak 《tawaran orang》

배냇냄새 bau dari bayi yang baru lahir

배냇니 gigi susu

배냇머리 rambut bayi yang dipangkas

배냇병신 pincang sejak lahir

배뇨(排尿) kencing 배뇨하다 kencing; buang air kecil

배니싱 크림 krim penghilang

배너 광고(-廣告) spanduk iklan

배다[1] ①【촘촘하다】 rapat ②【속이 차다】 dipak dengan terlalu penuh; diisi penuh

배다[2] ①【물기 · 냄새 등이】 meresap (masuk) ke dalam; menyerap; merémbés ②【버릇 등이】 kebiasaan; terbiasa ¶일이 손에 배다 terampil

배다[3] 【아이를】 hamil; mengandung

배달(配達) pengantaran; pengiriman 배달하다 mengantar; mengirim; menyampaikan ⊙배달료 ongkos pengantar (pengiriman). 배달 불능 편지 surat kaléng. 배달원 pengantar; pembawa

배달(倍達) 《nama yang paling awal untuk》 Korea ⊙ 배달겨레 ras (orang) Korea

배당(配當) pembagian; dividén 배당하다 membagikan dividén ⊙ 배당금 dividén; untung séro. 배당소득 pendapatan saham. 무배당 non saham; non dividén

배덕(背德) tunasusila; ketidak-sopanan; pelanggaran susila ¶배덕의 tak bermoral ⊙ 배덕 자 orang yang tak bermoral

배드민턴 【스포츠】 bulu tangkis; badminton

배란(排卵) ovulasi 배란하다 berovulasi ⊙ 배란기 fase pembuahan

배려(配慮) pertimbangan 배려하다 mempertimbangkan

배럴 【용량 단위】 barél

배례하다(拜禮-) bersujud; membungkuk hormat

배 맞다【남녀가】 berbuat sérong; melakukan hubungan gelap; berzina

배면(背面) belakang ⊙배면공격 serangan belakang

배밀이하다 【아기의】 bergerak dengan pelan (merayap; bergerak) dengan perut

배반(背反) pengkhianatan; pendurhakaan; pembelotan 배반하다 berkhianat; mengkhianati; mendurhakai ⊙배반자 pengkhianat; pembelot

배반(胚盤) cakram kuman

배변하다(排便-) membuang isi perut

배본(配本) pembagian buku-buku; pengiriman buku 배본하다 membagikan buku; distribusi buku

배부(配付) penyebaran; pengédaran 배부하다 mengédarkan; menyebarluaskan; membagikan

배부르다 ①【양이 차다】 perut kenyang ②【넉넉하다】 mampu; berada

배부른 흥정 penjualan (lamaran) serampangan; ketidakpedulian terhadap hasil(transaksi) ¶배부른 흥정을 하다 (비유적) bersikap tak peduli

배분(配分) ⇒ 분배 pembagian; distribusi; jatah 배분하다 membagi-bagikan; menjatahi; memberikan

배불뚝이 orang berperut gendut

배불리 dengan kenyang

배불리다 mengisi perut; 【사복을 채우다】 memperkaya diri

배상(拜上) 【편지에서】 "Salam Hormat"

배상(賠償) penggantian kerugian; pampasan 배상하다 mengganti rugi; mempampas; membayar denda ⊙ 배상금 uang ganti rugi. 배상청구권 hak untuk meminta ganti rugi

배색(配色) pencampuran warna

배서(背書) pengesahan; persetujuan; penandatanganan; pengabsahan 배서하다 menandatangani; menguasakan; mengesahkan 《cek》 ⊙배서인 penandatangan

배석(陪席) 배석하다 mendampingi ⊙ 배석자 pendamping. 배석판사 hakim anggota

배선(配線) pemasangan kawat (kabel) 배선하다 memasang kawat (kabel)

배설(排泄) pembuangan kotoran; ékskrési 배설하다 membuang kotoran ⊙배설 기관 organ pembuangan. 배설물 tinja; kotoran; tahi

배속(配屬) penugasan 배속하다 menugaskan 배속되다 ditugaskan

배수【수학】ganda (pangkat); perkalian ②【갑절】angka ganda ⊙ 공배수 perkalian biasa

배수(排水) 【물 빠짐】 pembuangan air; pengurasan 배수하다 membuang; mengalirkan ⊙ 배수관 pipa pembuangan. 배수펌프 pompa aliran (saluran; pembuangan)

배수(配水) 【물 공급】 배수하다 memasuki air ⊙ 배수관 pipa saluran. 배수로 aliran; saluran

배수진(背水陣) ¶배수진을 치다【펴다】jalan mundur terpotong; berperang dengan punggung menghadap dinding ((laut))

배식하다(配食-) pendistribusian makanan

배신(背信) pengkhianatan 배신하다 berkhianat; mengkhianati kepercayaan ⊙ 배신자 pengkhianat

배심(背心) hati yang memberontak (melawan); pikiran khianat

배심(陪審) 【배석함】 pengadilan oléh juri 배심하다 menjadi juri; duduk sebagai juri ⊙ 배심재판 pengadilan memakai juri

배심원(陪審員) juri; déwan juri; anggota juri ⊙ 배심원석 tempat duduk juri

배아(胚芽)【동물의】janin; benih

배알 ⇒ 밸 ①【창자】usus; isi perut ②【배짱】keberanian ; kegagahan ③【부아】kemarahan ¶배알이 꼴리다 merasa gusar (terganggu); merasa tersinggung (terluka)

배알(拜謁) audiénsi; temu muka 배알하다 bertemu dengan raja; melihat seorang yang lebih tinggi kedudukannya

배앓이 mulas perut ¶배앓이를 앓다 sakit perut

배액(倍額) biaya ganda; jumlah biaya (ongkos; harga)) ganda; biaya menduakalikan ¶요금의 배액을 물다 membayar dobel; menggandakan jumlahnya

배양(培養) pembiakan 배양하다 ①【세균·미생물 등의】membiakan ②【실력·국력 등의】 membangun ⊙ 세균배양 budidaya bakteri; pengembangan bakteri

배역(配役) pelaku ((sebuah sandiwara)) ¶배역을 정하다 menetapkan peran

배열하다(排列-) mengatur; menyusun

배영(背泳) gaya punggung ((berenang)) 배영하다 berenang dengan gaya punggung

배외(排外) anti asing; anti luar negeri ⊙ 배외사상 idé (faham) anti asing; semangat anti asing

배우(俳優) 【연기자, 남자배우】 aktor; pemain film; (여배우) aktris ⊙ 성격배우 aktor karakter. 주연배우 aktor (aktris) utama. 조연배우 aktor pembantu. 엑스트라 배우 aktor tambahan

배우다 ①【지식·기술 등을】belajar; mengambil pelajaran ②【연습하다】berlatih ③【행동·태도 등을】dipelajari ④【습관·버릇 등을】belajar

배우자(配偶者) suami((istri)); pasangan hidup; teman hidup

배우자(配偶子)【생물】gamét

배움 ¶배움의 길 belajar ⊙배움터 sekolah; tempat belajar; lokasi belajar

배웅 pelepasan 배웅하다 melepaskan ¶배웅 나가다 mengantar; pergi melepaskan

배은망덕하다(背恩忘德-) tidak berterima kasih; tidak bersyukur; melupakan kebaikan(budi); tak berbudi

배일(排日) anti Jepang

배임(背任) pelanggaran tugas ¶업무상 배임 kelalaian melakukan tugas

배자(褙子) rompi

배전(倍前) ¶배전의 lebih dari itu; yang lebih baik; lebih

배전하다(配電-)menyalurkan listrik; mendistribusikan daya listrik; menyediakan listrik; menyebarkan listrik

배점(配點) pemberian nilai

배정(配定) penugasan 배정하다 menugaskan ¶일을 배정하다 memberikan tugas

배제(排除) pengeluaran; penyisihan 배제하다 mengeluarkan; menyisihkan; mengesampingkan

배종(胚種) 【동·식물】 kuman; basil; sél kuman ⊙배종세포 gelembung kuman

배지 lencana; tanda pengkat

배지기【씨름】sirip perut

배짱 keberanian ¶배짱이 있다 berani; percaya diri; yakin

배차(配車) alokasi mobil 배차하다 mengalokasikan mobil; beroperasi

배척(排斥) penolakan; boikot 배척하다 menolak; memboikot 배척되다 dipan-dang rendah(dijauhi; ditinggalkan) oléh semua

배추 sawi putih ⊙ 배추김치 acar kubis; kubis yang diasamkan

배출(排出) 배출하다 membuang; mengeluarkan; keluar ⊙ 배출 관 pipa pembuangan asap. 배출구 lubang keluar

배출하다(輩出-) menghasilkan dalam jumlah banyak

배치하다(背馳-) berlawanan; bertentangan

배치(配置) pengaturan; penempatan; penyusunan 배치하다 mengatur; menempatkan ⊙ 배치도: 좌석 배치도 denah kursi (tempat duduk)

배타(排他) penyingkiran ¶배타적(인) éksklusif ⊙ 배타적 경제 수역 zona ékonomi éksklusif (ZEE). 배타주의 éksklusivisme

배탈 penyakit perut; gangguan perut ¶배탈 나다 sakit perut; menderita karena salah cerna

배태하다(胚胎-) berasal dari; hamil

배터【야구】adonan; pemukul bisbol

배터리【건전지】aki; bateri ¶배터리를 충전해 주세요 Tolong, isi bateri.

배턴 【음악 지휘봉】tongkat konduktor; 【운동】tongkat éstafét; 【경찰】tongkat senjata polisi

배팅【야구】pemukulan bola ⊙배팅오더 perintah memukul

배편(-便) pelayanan perkapalan; jasa pengapalan ¶배편으로 dengan (melalui) kapal

배포(排布) skala pemikiran;【계획】perencanan; skéma ¶배포가 크다 berangan-angan besar; gagasan besar; murah hati; luas pemikiran

배포(配布) 【배부】distribusi; pembagian; penyebaran 배포하다 membagikan; menyebarkan

배필(配匹) pasangan hidup; suami istri ⊙ 천생배필 pasangan suami istri yang serasi

배합(配合) ①【조화】harmonis; kombinasi; keselarasan; keserasian; kecocokan; kesesuaian 배합하다 menggabungkan¶색의 배합 kombinasi warna-warna ②【적절한 배치】pemaduan kombinasi 배합하다 menyerasikan ③【혼합】campuran 배합하다 bercampur ¶배합되다 tercampur; terbaur; mencampurkan ⊙배합사료 pangan campuran

배화교(拜火敎) agama pemujaan api; Zoroaster

배회(徘徊) 배회하다 ①【서성거리다, 어슬렁거리다】berkeliaran; mondar-mandir; ngeluyur; berkeluyuran; berkeliling; mengembara ②【도둑이】bergelandang; berkeliling mencari mangsa

배후(背後) ①【뒤쪽】belakang; latar belakang; dukungan ②【어떤 일의 드러나지 않은 이면】¶배후에서 조종하는 사람⇒배후인물(조종자) dalang; orang di belakang layar; pengatur siasat di belakang layar

백(白) ①【흰색】putih ②【흰 바둑돌】batu putih *(baduk)*

백(百)【숫자】seratus ¶백번 seratus kali

백【밀어주고 보살펴 주는】pendukung; dukungan ⊙백그라운드 latar belakang

백【외래어】kurung; kantong; tas

백계(百計) segala usaha(tindakan); semua (setiap) alat ¶백계를 쓰다 mencoba semua kemungkinan; mencoba segalanya ⊙ 백계무책 ketidak berdayaan

백계노인(白系露人) orang Rusia Putih

백골(白骨)【뼈】tengkorak ¶백골난망이다 sangat bersyukur

백곡(百穀) segala macam bijian

백곰 beruang putih; beruang kutub

백과(百科) semua cabang ilmu pengetahuan ⊙백과사전 énsiklopédia

백관(百官) semua pejabat pemerintah ⊙ 문무백관 semua pegawai sipil dan militér

백구(白鷗) burung camar laut

백군(白軍)【경기에서】tim putih

백그라운드 latar belakang

백금(白金)【금속】emas putih; platina; logam putih(기호 Pt)

백기(白旗) bendéra putih ¶백기를 들다 mengibarkan 《menaikkan》 bendéra putih; tanda menyerah

백난(百難) semua halangan (kesulitan); semua jenis masalah

백날(百-) ①⇒ 백일(百日) ②【허구한 날】 selalu

백납(白-) vitilago; léukoderma ¶백납 먹다 menderita léukoderma

백내장(白內障) katarak; bular mata ¶노인성 백내장 katarak uzur

백넘버 nomor pemain (seragam)

백년(百年) ①【한 세기】 seratus tahun ②【한평생】 sepanjang kehidupan

백년가약(百年佳約)【결혼 서약】 ikatan perkawinan ¶백년가약을 맺다 mengikat tali perkawinan; menjadi suami ⟪dan⟫ istri untuk senang dan sengsara bersama

백년대계(百年大計) kebijakan jangka panjang; rencana yang terentang selama seratus tahun

백년해로(百年偕老) 백년해로하다 hidup ⟪dengan bahagia⟫ sama sampai ke hari tua; menjadi tua bersama-sama

백로(白露) ①【이슬】 embun putih ②【계절】 pembagian musim ke-16 dari 24 musim ⟪sekitar 8 September⟫

백로(白鷺)【조류】 burung bangau putih

백마(白馬) kuda putih

백만(百萬) sejuta ¶백만분의 1 seper sejuta ⊙백만장자 jutawan; milyuner

백면서생(白面書生) seorang sarjana tanpa pekerjaan

백모(伯母) tante; bibi

백 뮤직 musik latar

백묵(白墨) ⇒ 분필 kapur

백문불여일견(百聞不如一見) Sekali melihat lebih baik dari pada mendengar seratus kali.

백 뮤직 musik latar

백미(白米) beras sosoh

백미(白眉) karya agung; karya terbaik; karya kanon

백미러【한국식의 영어】 kaca spion; cermin pemantul

백반(白斑) ①【반점】 noda putih ②【태양의】 fakula ③【의학】 ⇒백납

백반(白飯) nasi putih

백반(白礬)【화학】 tawas

백발(白髮) rambut putih; uban ¶백발의 beruban ⊙ 백발노인 orang tua berambut putih (beruban)

백발백중하다(百發百中-) tak pernah gagal; tak pernah kehilangan targét (sasaran)

백방(百方) segala cara; segala upaya; segala daya; segala kemungkinan

백배하다(百拜-)membungkuk (menundukkan kepala) seratus kali; membungkuk beberapa kali ¶백배사례를 하다 mengucapkan terima kasih beribu kali

백배(百倍) seratus kali

백병전(白兵戰) pertempuran berhadapan; perang jarak dekat; perang dengan pedang dan bayonet ¶백병전을 벌이다 berkelahi (berperang) berhadapan

백부(伯父) paman

백분하다(百分-) membagi menjadi seratus bagian ¶100분의 10 sepuluh persén

백분율(百分率) perséntase; per seratus

백분(白粉) bedak muka; pupur

백사(白沙) pasir putih

백사(白蛇) ular putih

백사장(白沙場) pantai berpasir

백색(白色) warna putih ⊙백색인종 ras kulit putih. 백색테러 téror siang bolong

백서(白書) buku putih

백설(白雪) salju

백설기(白-) *baekseolgi*; kué beras yang dikukus

백설탕(白雪糖) gula putih

백성(百姓) rakyat ¶만【온】 백성 semua【seluruh】 orang

백세(百世) seratus génerasi; selamanya

백수(百獸) semua binatang ¶백수의 왕 raja binatang buas

백수(白手)【직업이 없는 사람】 penganggur ⊙백수건달 gelandangan; pengangguran

백숙(白熟) sup daging

백신 ①【의학】 vaksin ②【컴퓨터】 vaksin komputer (antivirus)

백씨(伯氏) kakak laki-laki orang lain; kakak laki-laki sulung; abang sulung

백악(白堊) kapur; 【흰 벽】 dinding putih ⊙ 백악관 Gedung Putih

백안시하다(白眼視-) melihat dengan dingin; meréméhkan; memandang dengan rendah

백야(白夜) malam hari dengan matahari

bersinar sampai tengah malam

백약(百藥) segala macam obat

백양(白羊) domba putih ⊙ 백양궁(宮) Aries

백양(白楊) 【식물】 pohon aspen putih

백업 【컴퓨터】 cadangan; sérep ¶백업 파일 dokumén cadangan

백연(白鉛) timah putih ⊙ 백연광 timah karbonat

백열(白熱) ①【온도의】 panas terik; cahaya yang pucat (putih) ¶백열(화)하다 【되다】 menjadi panas bara; memancarkan cahaya putih ②【열을 띰】 ¶백열화 하다(되다) menjadi gembira (héboh; gelisah); (토론회 등이) menjadi panas ⊙ 백열전 perkelahian yang seru (panas; sengit)

백열등(白熱燈) lampu pijar

백옥(白玉) jade putih

백운(白雲) awan putih

백운모(白雲母) mika putih

백의(白衣) ①【옷】 baju (pakaian, jubah) putih ②【포의(布衣)】 sarjana tanpa jabatan pemerintah; rakyat jelata ⊙백의민족 rakyat yang berpakaian putih; rakyat (orang) Korea. 백의천사 malaikat yang berpakaian putih; jururawat yang berpakaian putih

백의종군하다(白衣從軍-) bekerja sebagai orang awam

백인(白人) orang kulit putih ⊙백인여자 wanita kulit putih. 백인종 ras kulit putih

백일(白日) hari terang ¶백일하에 드러나다 dijadikan terang; dibuka terhadap pandangan publik ⊙ 백일몽 lamunan; mimpi siang bolong; khayalan; fantasi. 백일장 perlombaan mengarang

백일(百日) ①【아기가 태어 난 지 백 일째 되는 날】 ulang tahun bayi keseratus hari ②【날 수, 백일 간】 seratus hari ⊙ 백일잔치 pésta(perayaan) bayi berumur seratus hari. 백일제(齋) 【불교】 selamatan Budha pada hari ke seratus setelah ⟪*orang*⟫ meninggal

백일몽(白日夢) khayalan

백일해(百日咳) batuk kering; batuk rejan

백일홍(百日紅) pacar belanda

백자(白磁) keramik putih

백작(白爵) 【귀족 작위 중 세 번째】 gelar bangsawan lelaki

백장 ①【최 하층민】 anggota kelas yang paling rendah ⟪yang pernah terlibat terutama dalam eksekusi, penggali kubur, penjagal, pengrajin kulit, dan penganyam⟫ ②【도살자】 tukang daging ③【욕】 bréngsék; bangsat

백전(百戰) pertempuran seratus kali

백전노장(百戰老將) véteran; pahlawan perang

백전백승하다(百戰百勝-) menang setiap pertempuran

백절불굴(百折不掘) ¶백절불굴의 tidak kenal lelah; gigih

백점(百點) nilai seratus; nilai penuh (A)

백정(白丁) tukang daging

백조(白鳥) ①【고니】 angsa ②【해오라기】 burung bangau putih

백주(白晝) ¶백주에 pada siang hari/ 백주 대낮에 pada siang hari bolong

백중(白中) Hari Sepuluh Jiwa Budha ⟪pertengahan Juli menurut kaléndar bulan⟫

백중(伯仲) ①【만형과 그 다음】 abang sulung dan abang kedua ②【실력 등이】 백중하다 hampir sama dengan; sebanding

백지(白紙) ①【흰 종이】 kertas putih ②【아무 것도 기입하지 않은 】 kertas kosong; blanko ③【이전의 상태】 ¶백지(상태로)돌리다 mulai dari awal lagi; melupakan masa lalu ⊙ 백지수표 cék yang sudah ditandatangani tanpa mengisi jumlahnya. 백지 위임장 surat kekuasaan penuh

백지도(白地圖) peta buta

백차(白車) mobil patroli (polisi)

백척간두(百尺竿頭) ¶백척간두에 서다 berada pada saat yang gawat (genting); dalam keadaan yang kritis

백청(白淸) madu yang dibersihkan (disaring)

백출하다(百出-) timbul beraneka ragam

백치(白痴) 【상태】 kebodohan; kedunguan; kesintingan; 【사람】 orang bodoh; tolol; dungu; orang pandir

백태(白苔) 【혀의】 lapisan di lidah; épitél; 【눈의】 lénsa mata yang berlapisan tak

normal
백태(百態) ¶인생백태 berbagai tahap kehidupan
백토(白土) tanah liat putih
백통(白-) nikel; nékel; kuningan putih ⊙ 백통돈 (전) uang logam dari nikel
백팔(百八) 【불교】 seratus delapan ⊙백팔 번뇌 108 siksaan manusia; 108 godaan bagi manusia
백팔십도(百八十度) 【각도】 seratus delapan puluh derajat; setengah putaran
백 퍼센트(百-) seratus persén
백포도주(白葡萄酒) minuman anggur putih
백합(百合) bunga lili
백해무익하다(百害無益-) sangat berbahaya; lebih banyak mudarat dari pada manfaat
백핸드 스트로크 【테니스】 békhén; pukul pungkur
백혈구(白血球) sél darah putih ⊙백혈구 감소증 léukosit
백혈병(白血病) 【의학】 léukemia; kanker darah ¶선천성 백혈병 léukemia kelamin
백형(伯兄) abang; sulung
백호(白虎) ①【천문학】 "harimau putih", kelompok bintang zodiak Cina yang termasuk 7 bintang di barat ②【민속】 simbol déwa yang bertanggung jawab di barat ③【지맥】 gunung di cabang sebelah kanan; gunung utama yang tinggi
백호주의(白濠主義) kebijakan Kulit Putih Australia
백화(白話) bahasa Cina percakapan; bahasa Cina sehari-hari
백화(百花) segala jenis bunga
백화점(百貨店) toko serba ada (toserba)
밴대질 hubungan séks di antara wanita; lésbian; lésbianisme 밴대질하다 【치다】 mempunyai hubungan séks dengan wanita lain
밴댕이 【어류】 ikan haring yang bermata besar
밴드 ①【띠 · 끈】 tali; (혁대) ikat pinggang; sabuk ¶고무 밴드 karét gelang /헤어밴드(머리띠) bandana; bando ②【붕대】 pembalut; perban ③【악단 · 악대】 bén; orkés; band musik; kelompok musik ⊙ 밴드 마스터 pemimpin kelompok musik. 밴드 맨 pemain band. 재즈밴드 kelompok musik jazz
밴텀급(-級) kelas bantam
밴티지 menguntungkan ⊙밴티지 포인트 tempat yang menguntungkan
밸런스 ⇒ 균형 keseimbangan ¶밸런스가 잡힌 seimbang
밸류 menilai; menghargai
밸브 katup; klép ⊙ 밸브 간극 celah katup. 밸브 콕 keran katup; klép kran
뱀 ular
뱀 딸기 【식물】 murbéi India
뱀띠 【민속】 lambang-lambang 《yang lahir di tahun》 Ular
뱀장어(-長魚) 【어류】 belut; ikan moa
뱁새 【조류】 sejenis burung kecil ⊙뱁새눈이 orang dengan mata yang sipit
뱃고동 bunyi peluit kapal
뱃길 jalan kapal ¶뱃길로 가다 naik kapal ke
뱃노래 nyanyian kelasi (pelaut)
뱃놀이하다 bersampan-sampan
뱃머리 haluan kapal
뱃멀미 mabuk laut 뱃멀미하다 menderita mabuk laut
뱃사공(-沙工) tukang perahu
뱃사람 【선원】 pelaut; kelasi; marinir
뱃삯 ongkos kapal (pelayaran)
뱃살 lemak(daging) perut ¶뱃살을 잡다 terbahak; terbahak-bahak
뱃속 ①【배의 속】 perut ¶배가 고파서 뱃속에서 꼬르륵 소리가 난다 Perutku keroncongan. *atau* Perutku berbunyi karena lapar. ②【속마음】 pikiran; maksud; hati ¶뱃속이 검다 berhati jahat
뱃심 ⇒ 배짱 keberanian; kelancangan; kekurangajaran ¶뱃심(이) 좋다 tidak tahu malu dan tamak
뱃자반(-佐飯) ikan yang diasinkan; ikan asin
뱃지 【배지】 émblém
뱃전 sisi perahu; lambung kapal
뱃줄 tambatan kapal
뱃짐 muatan 《kapal》; barang kapal ¶뱃짐을 부리다 membongkar muatan dari kapal
뱅충이 orang yang canggung; orang bégo;

orang bodoh
뱅킹 perbankan
뱉다 【침 등을】 berludah; meludah
버겁다 【벅차다】 terlalu berat untuk ditangani; di luar kendali
버그 hama
버그러지다 celah; belahan; retakan; longgar; terbelah; terpecah; terpisah
버글거리다 ①【끓다】 mendidih ②【거품이】 menggelegak; membuihkan
버금가다 ①【비슷하다, 대등하다】 lebih dekat; mendekati ②【으뜸의 바로 아래가 되다】 kedua; berikutnya; di tempat kedua; di urutan berikutnya
버긋하다 sedikit terbelah; dilonggarkan (dilepaskan) sedikit
버너 alat pembakar ⊙ 가스버너 pembakar gas
버둥거리다 meronta; menggelepar-gelepar
버드나무 pohon wilow
버들 【버드나무의 준말】 wilow ⊙버들눈 pucuk pohon wilow 버들잎 daun wilow
버디 【골프】 (golf) memasukkan bola ke lubang dalam satu pukulan kurang dari jumlah par
버라이어티 serbanéka ⊙버라이어티쇼 pertunjukan serbanéka
버럭 dengan tiba-tiba; meledak
버려두다 biarkan dia sendiri
버르장머리 【버릇】 sikap; perilaku; tingkah laku ¶버르장머리가 없다 tidak punya sopan santun
버릇 ①【습관 · 습성】 kebiasaan: keganjilan; kekhasan; sikap; tingkah laku 버릇하다 membiasakan ¶먹어 버릇하다 terbiasa makan ②【예의】 sikap; tingkah laku 버릇없다 kasar; kurang adat; manja ¶버릇없이 dengan kurang adat
버리다[1] ①【쓰레기 등을】 membuang ②【포기하다, 떠나다】 meninggalkan; menelantarkan; melepaskan
버리다[2] 【조동사】 menghabiskan; menyikat habus; meludéskan
버무리다 mencampur
버물리다 ①【버무려지다】 tercampur; bercampur ②【버물게 하다】 mencampurkan
버선 kaos kaki Korea 《yang lama》 ⊙ 버선발 kaki berkaos
버섯 jamur; cendawan; jamur payung (독버섯) jamur beracun ⊙ 버섯구름 awan jamur
버스bus ¶버스로 가다 pergi naik (dengan) bus ⊙ 버스노선 rute bus. 버스 전용차선 jalur khusus bus. 버스정류장 tempat perhentian bus. 통학버스 bus sekolah
버스러지다 ①⇒ 바스러지다 ②【벗겨져 떨어지다】 jatuh; terlepas; lepas; koyak; terkelupas ③【범위 밖으로】 tersesat; terlepas
버저 bél; aparat dengungan ¶버저를 누르다 membunyikan bél; mengebél
버전 vérsi ¶최신 버전 vérsi mutakhir
버젓하다 terhormat ¶버젓한 집안 keluarga terhormat
버짐 kurap; kadas
버찌 buah céri
버캐 bulu; lapisan; kotoran ¶버캐가 끼다 dilapisi dengan bulu
버클 gésper; timang; ketimang
버터 mentéga
버터플라이 【수영】 berenang gaya kupu-kupu
버튼 tombol; ketikus ¶마우스 왼쪽 버튼을 두 번 클릭해라 tekan dua kali sebelah kiri tetikus
버티다 ①【겨루다】 tetap bertahan dengan berani (dengan tak gentar); bertahan; berkukuh kepala ②【견뎌 내다】 menahan; menanggung ¶버티어 나가다 bertahan ③【지탱하다】 memberi sandaran; menopang; menyangga; menyokong; mendukung
버팀목 【지지 목】 penyangga (tiang) dari kayu; sokoguru; penopang
벅차다 ①【일 · 상황 등이 힘에 겹다】 di luar kemampuan ②【가슴이】 terlalu penuh
번(番) ①【당번】 tugas malam; jaga malam ②《per》 selang-selingan ③【횟수】 kali ¶여러 번 berkali-kali ④【차례】 nomor; jumlah《susunan nomor》
번갈아 bergiliran; berganti-ganti; bertukar-tukar; berselang-selang
번개 kilat ¶번개같이 secepat kilat; dalam sekejap
번갯불 api(cahaya) kilat ¶번갯불에 콩 볶

아 먹겠다 cepat(gesit) dalam tindakan; cekatan

번거롭다 menyusahkan; mengganggu; rumit; menjéngkélkan

번거롭게 하다【귀찮게 함】menyusahkan; membuat susah; menimbulkan masalah

번뇌(煩惱) kesengsaraan; nafsu duniawi;【불교】nafsu-nafsu jahat 번뇌하다 tergoda oléh nafsu jahat; menderita kesakitan

번다(煩多) 번다하다, 번다스럽다 menyusahkan

번답(反畓) mengubah ladang menjadi sawah

번데기 ①【곤충의 애벌레】pupa; kepompong ②【식용의 누에고치】*boendegi*; kepompong ulat sutera yang dikukus

번들거리다 berkilat

번듯하다 layak

번뜩이다【불빛 등이】menyala; terkilas; (빛이) berkelip; gemerlapan; (생각이) terlintas dalam pikiran

번민(煩悶) penderitaan; kesengsaraan; kecemasan 번민하다 sengsara; cemas; khawatir

번번이(番番-) setiap waktu; selalu; kapanpun

번복하다(飜覆-) berubah; merubah; berbalik

번분수(繁分數) pecahan gabungan

번서다(番-) berjaga

번성(繁盛)【자손의】번성하다 tumbuh subur; berkembang makmur

번성(繁盛) kemakmuran; kejayaan 번성하다 makmur; berjaya

번식(繁殖) perkembangbiakan; pembiakan 번식하다 berkembang biak ⊙번식력 daya berkembang biak; kesuburan

번안(飜案) penyaduran 번안하다 menyadur ⊙ 번안소설 novél (cerita) saduran

번역(飜譯) penerjemahan; interprestasi; penafsiran 번역하다 menterjemahkan ⊙번역가 (자) penterjemah; penafsir

번영(繁榮) kemakmuran; kesejahteraan 번영하다 berkembang; makmur; sejahtera ⊙ 공동 번영 kesejahteraan umum (bersama)

번잡하다(煩雜-) ramai; penuh sesak; rumit; menyusahkan

번죽거리다 bersikap menyinggung; mengganggu; memancing kemarahan

번지(番地) nomor rumah

번지수(番地數) alamat

번지다 ①【퍼지다】(a) (잉크 · 먹 등이) menyebar; melimpah; mengotori; menodai (b) (널리) memperluas; memperpanjang; menjalar; mengalir ②【사건 · 일 등이】menjadi serius

번지르르하다 mengkilap ¶겉보기만 번지르르하다 menipu; tidak sebagus kelihatannya

번지점프 terjun bébas ¶번지점프를 하다 melakukan terjun bébas

번쩍 ①【빛 등이 잠깐 나타났다가 사라지는 모양】dengan kilatan 번쩍하다 berkilat ②【감관 · 의식에 들어옴】tiba-tiba ¶귀가 번쩍 뜨이다 menarik didengar ③【들어 올리는 모양】dengan mudah; dengan gampang

번쩍이다【반짝이다】berkilau; mengerdip; berkelip-kelip; berkilauan

번차례(番次例) giliran; urutan ¶번차례를 기다리다 menunggu giliran

번창(繁昌) kemakmuran; kejayaan; kesejahteraan; kemajuan; tumbuh dengan subur 번창하다 berjalan baik; maju; berkembang dengan baik ¶번창하는 makmur; sejahtera; maju

번철(燔鐵) wajan; kuali; penggoréngan

번호(番號) nomor; angka ¶번호를 매기다【찍다】memberikan nomor ((kepada)); menomori ⊙ 번호순 urutan nomor. 번호표 tikét nomor

번화하다(繁華-) ramai

번화가(繁華街) pusat pertokoan; pusat hiburan; (환락가) tempat hiburan

벌[1]【들】dataran; tanah datar; padang (ladang; ladangan) terbuka; padang rumput yang luas sekali ((tanpa pohon-pohon))

벌[2]【곤충】lebah; tawon; (꿀벌) lebah madu; (땅벌) tabuhan; penyengat ¶벌(의)떼 sekawan lebah/벌집 sarang lebah; sarang tabuhan; sarang madu/벌떼 쏘이다 disengat lebah ⊙벌침 sengatan lebah

벌(罰) hukuman ¶벌을 주다 menghukum/

벌을 받다 dihukum

벌(閥) klik; kelompok; golongan kecil ¶군벌 klik tentara; grup militér/학벌 kelompok akadémik

벌【그릇 등의】seperangkat; 【옷 등의】sehelai; sepasang

벌거벗다 telanjang

벌거숭이 ①【벌거벗은 몸】badan telanjang ¶벌거숭이의 telanjang; bugil ②【나무나 풀이 없는 산】gunung gundul

벌겋다 mérah

벌그스름하다 kemérah-mérahan

벌게지다 menjadi mérah

벌금(罰金) denda ¶벌금을 물리다 mendenda/벌금을 물다 didenda; kena denda; membayar denda; mengeluarkan hukuman ⊙ 벌금형 hukuman denda

벌꿀 ⇒ 꿀① madu

벌다[1]【틈 사이가】merenggang ¶사이가 벌다 makin buruk; memburuk

벌다[2] ①【생계를 위해】memperoléh; mendapat; menghasilkan②【자초하다】meminta; mendatangkan ¶매를 벌다 mendatangkan deraan ③【시간 등을】memperoléh; (절약하다) menghémat

벌떡 tiba-tiba

벌떡거리다 ①【물을】meneguk (menelan) sekaligus; meminum dengan lahap ②【가슴 · 맥박이】berdebar-debar; berdenyut-denyut

벌렁 telentang

벌렁거리다 bergerak tangkas; berdetak; berdebar

벌레【곤충】hama; serangga; (나방 · 좀 따위) ngengat; (해충) binatang kecil yang mengganggu; (우는 벌레) jengkerik ¶벌레 먹은 berulat/벌레가 먹다 dimakan ulat ⊙벌레집 kepompong; kokon. 책벌레 kutu buku

벌름거리다 kembang kempis

벌룬 balon; pelembungan

벌리다 ①【입 · 팔 등을】membuka ②【간격 · 사이 등을 넓히다】memperlebar; (펴다) merentangkan; merenggangkan

벌목(伐木) penebangan 벌목하다 menebang ⊙ 벌목꾼 penebang kayu

벌벌【춥거나 두려워서 떠는 모양】gemetar ¶벌벌 떨다 gemetar 《seperti daun aspen》; (겁을 먹고) takut; gugup; ketakutan; cemas

벌서다(罰-) berdiri di sudut

벌써【진작】dahulu kala; masa lalu; sejak lama; 【이미】sudah; telah

벌쐬다 disengat oléh lebah(tabuhan)

벌쓰다(罰-) dihukum

벌씌우다(罰-) menghukum

벌어먹다 mencari nafkah ¶겨우 벌어먹고 지내다 hidup dengan susah payah

벌어지다 ①【틈이】melebar ②【일이】terjadi ③【거리 · 차이 등이】memiliki perbédaan 《besar》; berbéda 《dari》 ④【경기 등에서】¶(차가) 크게 벌어지다sangat berbéda ⑤【어깨 · 가슴 등이】besar dan kuat ¶어깨가 떡 벌어지다 berbahu bidang(lebar) ⑥【사이가】¶(두 사람) 사이가 벌어지다 terasing satu sama lain

벌이 pekerjaan; pencaharian 벌이하다 bekerja untuk mencari nafkah

벌이다 ①【시작하다】mulai; memulai ②【행사 · 행동 · 잔치 등을】mengadakan

벌점(罰點) nilai hukuman ¶벌점을 주다 memberi tanda hitam

벌주(罰酒) minuman paksaan sebagai hukuman

벌집 sarang lebah tabuhan)

벌채(伐採) pemotongan kayu; penebangan kayu (pohon) 벌채하다 menebang kayu (pohon); memotong kayu

벌책(罰責) comélan; kemarahan; teguran; celaan 벌책하다 mencoméli; memarahi ¶벌책을 당하다 dimaki 《karena》; mendapat cacian; dimarahi

벌초하다(伐草-) membersihkan kuburan (makam); mencabuti rumput-rumput di atas makam

벌충하다 melengkapi; menutupi; menebus 《kecurian》

벌칙(罰則) aturan hukuman ¶벌칙에 저촉되다 melanggar peraturan hukum

벌컥 tergesa-gesa; tiba-tiba

벌통 (-桶) sarang lebah(tabuhan)

벌판【들판】lapangan; dataran; 【황야】alam bébas; kawasan(alam) bébas

범【호랑이】harimau ¶범에 날개 membuat tak dapat dikalahkan; membuat sangat kuat

범– (汎) seluruh; Pan ¶범아시아 Pan Asia

–범(犯) pelanggaran; perkosaan; 【사람】 pelanggar; orang yang bersalah (berdosa)

범국민(汎國民) ¶범국민적인 nasional seluruhnya; Pan nasional ⊙범국민운동 kampanye (gerakan) seluruh negeri

범띠 【민속】 lambang ((orang yang lahir di tahun)) Harimau

범람(氾濫) ①【강 · 하천 등의】 범람하다 membanjiri; menggenangi ②【문물 · 정보 등의】 banjir; kelebihan kiriman (pasokan)

범례(凡例) uraian pendahuluan; catatan penjelasan

범미(汎美)Pan Amerika ⊙ 범미주의 Pan-Amerikanisme

범백(凡百) ①【사물】 semua benda; semua persoalan ②【언행】 sikap yang baik; perilaku; adat

범벅 ①【음식】 makanan yang dicampur dengan berbagai jenis ②【뒤죽박죽】 kacau balau; berantakan; kumpulan campur-aduk; perkara (keadaan) yang ruwet (rumit) ¶범벅이 되다 bercampur-aduk; dicampur-adukkan

범법(犯法) pelanggaran hukum 범법하다 melanggar hukum ⊙범법자 pelanggar hukum

범부(凡夫) orang biasa; orang awam

범사(凡事) 【모든 일】 semua hal; 【평범한 일】 hal biasa

범상(凡常) 범상하다 biasa; rata-rata ¶범상치 않은 luar biasa

범선(帆船) kapal layar

범세계적(汎世界的) ¶범세계적인 Pan internasional

범속(凡俗) keadaan yang biasa (yang lumrah); kekasaran; kerendahan 범속하다 biasa; lazim; kasar; rendah ¶범속한 사람들 orang biasa; rakyat

범신론(汎神論) pantéisme

범안(凡眼) kecerdasan rata-rata; mata awam

범위(範圍) ruang lingkup; cakupan; kisaran; batasan ¶내가 아는 범위로는 sepanjang yang saya ketahui ⊙활동범위 lingkungan (lapangan) kegiatan

범의(犯意) niat (maksud) jahat

범인(凡人) orang biasa

범인(犯人) penjahat; pelanggar ⊙범인 인도 협정 perjanjian bilateral ékstradisi penjahat

범재(凡才) orang dengan kemampuan biasa

범절(凡節) étikét

범죄(犯罪) kejahatan; kriminal ¶범죄를 저지르다 melakukan kejahatan ⊙ 범죄수사 penyelidikan kejahatan

범죄자(犯罪者) penjahat; pelaku kriminal ((kejahatan; pelecehan)) ¶범죄자 취급을 당하다 diperlakukan seperti penjahat

범주(範疇) katégori

범천(梵天) 【불교】 Déwa Brahma ⊙ 범천왕 Brahma

범칙(犯則) pelanggaran hukum 범칙하다 melanggar peraturan; lalai ⊙ 범칙자 pelanggar; orang yang berdosa; orang yang lalai

범칙금(犯則金) pénalti

범포(帆布) kanvas; kain layar

범퍼 bémper; pelindung tumbukan (kendaraan)

범하다(犯-) ①【죄악 · 잘못 등을 저지르다】 melakukan kesalahan; melanggar; berbuat jahat ②【정조를 빼앗다】 memperkosa

범행(犯行) 【범죄】 kejahatan; pelanggaran 범행하다 melakukan kejahatan ⊙ 범행현장 adégan (tempat) kejahatan

법(法) 【법률】 hukum; (법칙) peraturan; (법전) kode ②【예법】 étikét; tata krama ③【방법】 cara; métode; (과정) prosés; (기술) téknik ④【수학】 pembagi ⑤【언어】 makna kata kerja ⑥【불교】 ⇒ 불법(佛法)

법과(法科) fakultas hukum ⊙ 법과대학 fakultas hukum

법관(法官) aparat hukum; penegak hukum

법규(法規) peraturan hukum ⊙ 현행법규 hukum yang berlaku

법당(法堂) bangunan(gedung) yang berisi sebuah patung Budha; ruangan utama

법도(法度) hukum; peraturan

법등(法燈) ①【불법】 cahaya Budhisme ②

【등불】 cahaya pada altar Budha ③【전통】 tradisi Budha; warisan Budha
법랑(琺瑯) lapisan(glasir) 《porselén》; émail ⊙ 법랑철기 barang dari besi (logam) yang dilapisi émail
법령(法令) undang-undang ; hukum; peraturan ⊙ 법령집 kitab undang-undang
법례(法例) hukum pelaksanaan; penerapan hukum
법률(法律) undang-undang; hukum ⊙ 법률고문 penasihat hukum. 법률위반 pelanggaran hukum
법률상(法律上) secara hukum; berkata secara resmi
법리(法理) prinsip hukum; kaidah hukum ⊙ 법리학자 ahli hukum; yuris
법망(法網) cengkeraman hukum; jaringan hukum
법명(法名) 【불교】 nama Budha
법무(法務) perkara hukum ⊙ 법무관 petugas hukum; pengadilan; kehakiman; 【군대】 oditur; jaksa tentara. 법무부【장관】 Departmen 【Menteri】 Kehakiman
법문(法文) ①【법률】 hukum ¶법문에 명시되어 있다 dikhususkan dalam hukum ②【불교】 tulisan orang Budha ⊙ 법문화 pengabsahan; pengesahan; légalisasi: 법문화 하다 menyusun undang-undang
법문(法門) 【불교】 Budhisme; orde suci ¶ 법문에 들어가다 menjadi pendéta Budha; memeluk agama Budha
법복(法服) toga (jubah) hakim; toga (jubah) pengacara; jubah pendéta Budha
법사(法師) pendéta Budha ¶삼장 법사 Xuanzang, pendéta Tang China
법사위원회(法司委員會) 【국회의】 Panitia pelaksanaan urusan hukum
법석 keributan; kegaduhan 법석하다 ribut; gaduh ⊙ 법석판 kejadian yang ribut (busing); kehebohan
법식(法式) ①【법도와 양식】 rumusan; formula; métode; proses; formalitas ②【불교】 persyaratan upacara Budha; upacara Budha
법안(法案) rancangan undang-undang
법어(法語) khotbah (literatur) Budhis
법열(法悅) ①【불교】 kekhusukkan beragama ②【황홀감】 kekhusukkan; keasyikan; keriangan
법원(法院) pengadilan ⊙가정법원 pengadilan keluarga. 고등법원 pengadilan tinggi. 대법원 Mahkamah Agung. 민사【형사】법원 pengadilan perdata 【pidana】
법의(法衣) jubah pendéta Budha; jubah kependétaan
법의학(法醫學) juris prudensi médis; kedokteran forénsik ⊙ 법의학자 ahli forénsik
법인(法人) badan hukum ⊙ 법인세 pajak perusahaan; pajak badan usaha. 법인자산 asét perusahaan. 재단법인 yayasan; badan hukum
법적(法的) 《menurut》 hukum; resmi; sah ⊙ 법적하자 cacat hukum
법전(法典) kitab (kode) undang-undang
법정(法廷) 【재판정】 pengadilan ⊙법정투쟁 perjuangan untuk menuntut secara hukum
법정(法定) ¶법정의 legal; sah; resmi ⊙ 법정기일 batas waktu resmi. 법정대리인 wakil resmi. 법정상속인 pewaris menurut hukum. 법정이율 suku bunga resmi. 법정전염병 epidemik resmi; penyakit menular resmi
법제(法制) sistém perundang-undangan
법조(法曹) pekerjaan yang menurut hukum (yang sah); 【사법관】 petugas pengadilan (hukum); 【변호사】 pengacara; advokat
법조계(法曹界) dunia hukum
법조인(法曹人) (판사) hakim; (검사) penuntut; (변호사) pengacara; advokat
법치(法治) pemerintahan konstitus ⊙법치국가 negara konstitusi
법칙(法則) hukum; peraturan ¶머피의 법칙 Hukum Murphy /자연의 법칙 hukum alam
법하다 ①【당연】 mempunyai alasan ②【상정】 mungkin; boléh jadi ③【추측】 kelihatannya…mungkin
법학(法學) ilmu hukum ⊙ 법학도 mahasiswa hukum. 법학사 sarjana hukum (SH). 법학자 ahli hukum
법호(法號) nama tokoh penganut Budha (anumerta)
법화(法貨) penawaran (ténder) yang sah;

uang yang sah menurut hukum
법화(法話) khotba Budha
법회(法會) 【설법】 Misa Buddha; upacara peringatan
벗 teman; kawan; sahabat
벗겨지다 ①【몸에 걸친 것이】 terlepas ②【껍질 · 가죽이】 lepas; terkelupas ③【머리가】 botak
벗기다 ①【몸에 걸친 것을】 melepaskan; menanggalkan ②【덮인 것을】 (a) (거죽 · 껍질 등을) mengupas (b) (붙어 있는 것을) membuka; mengambil; menyingkirkan; melepaskan ③【덮게 · 때 등을】 ¶때를 벗기다 menggosok kotoran; membersihkan ④【누명 · 혐의 등을】 membersihkan sesuatu ⑤【비밀 · 신비 등을】 menemukan; mendapati; membuka
벗나가다 meléwati batas; menyimpang; meléncéng; membélok; tersesat; (비유적) bersikap tak pantas
벗다[1] ①【덮인 것을】 (a) (몸에 걸친 것을) membuka; menanggalkan (b) (허물을) melepaskan; menanggalkan; bertukar kulit; meninggalkan kepompong ②【누명 · 혐의 등을】 membersihkan diri (melepaskan diri) dari 《tuduhan palsu》 ③【짐을】 lepas dari; (책임을) bébas dari tugas; membébaskan diri dari tugas; melepaskan diri dari tanggung jawab
벗어나다 ①【가난 · 구속 등에서 헤어나다】 keluar dari 《kesulitan》; lolos (lepas) dari; mengatasi; membébaskan diri; menghindari; mengélakkan hukum ②【눈 밖에 나다】 tidak disenangi; mendatangkan (menimpakan) ketidaksenangan ③【기준 · 규칙 등을】 bersimpangan; berbélok; berlawanan; melawan ④【궤도 · 항로 등을 빗나가다】 kehilangan jejak; tersesat; menyimpang
벗어던지다 ⇒ 벗어버리다
벗어버리다 ①【옷 등을】 menanggalkan; melepaskan ②【누명 · 혐의 등을】 membébaskan; melepaskan
벗어부치다 melepaskan (membuka) pakaian
벗어지다 ①【몸에 걸친 것이】 terlepas ②【붙은 것 등이】 (a) (칠 · 껍질 · 비늘 등이) mengelupas; terkelupas (b) (대머리가) menjadi botak ③【피부가】 terkelupas
벗하다 ①【벗 삼다】 menjadi teman akrab ②【비유적】 berteman dengan; bersahabat dengan
벙거지 ①【군인이 썼던】 topi laken ②【모자】 topi
벙글거리다, 벙긋거리다 tersenyum; berseri-seri
벙글벙글, 벙긋벙긋 tersenyum lebar; tersenyum senang
벙벙하다 bengong
벙실거리다 tersenyum
벙어리[1] (orang) bisu
벙어리[2] 【저금통】 céléngan; tabung pekak
벙커 ①【골프】 lubang berisi pasir; bunker ②【군사】 bunker; tempat perlindungan
벚꽃 pohon céri ⊙벚꽃놀이 piknik yang diadakan di bawah pohon céri yang berbunga
벚나무 pohon céri
베 【삼베】 kain rami
베개 bantal; (긴 베개) bantal panjang 《semacam guling》 ¶베개를 베다 membantali; meletakkan kepalanya di atas batal ⊙ 베개 잇 sarung bantal
베갯머리 arah kepala tempat tidur; tepi ranjang
베갯밑송사(-公事) permintaan pribadi seorang istri pada suami; permintaan rahasia
베끼다 menyalin; membuat salinan
베네룩스 Benelux (Belgia, Belanda dan Luxemberg)
베니어판(-板) lapisan kayu halus
베다[1] 【베개 등을】 meletakkan kepala di atas bantal ¶…을 베고 dengan berbantalan
베다[2] memotong; mencincang; mengiris; menebang; 《톱으로》 menggergaji
베드 tempat tidur ⊙베드신 adégan séks; adégan di tempat tidur. 더블베드 ranjang ganda
베들레헴 Bétheléhém
베란다 beranda; serambi
베레모(-帽) topi barét
베물다 memotong dengan gigi; mengerat; menggigit 《buah dan sebagai》
베르사이유 *Versailes*

베를린 Berlin

베링 ⊙ 베링해협 selat Bering

베스트 terbaik; paling baik ¶베스트를 다하다 bekerja sebaik-baiknya; berusaha sedapat mungkin

베스트셀러 buku yang paling laku; buku terlaris

베어내다 memotong lepas

베어링 *bearing*; hubungan; bantalan poros

베어 먹다 menyayat (memotong) dan memakannya

베어버리다 memotong buang

베옷 baju rami; pakaian dari rami

베이비 bayi

베이다 terpotong; terluka

베이스 ①【야구】 bidai; base; pangkalan ¶베이스를 밟다 menginjak base ②【음악】 bas ③【기본】 dasar; pokok ⊙ 베이스 기타 gitar bas. 임금 베이스 upah dasar (pokok)

베이스 볼【야구】 bisbol

베이스캠프【등산】 pangkalan; *base camp*

베이지 sejenis warna antara abu-abu dan coklat

베이커리bakeri; usaha roti

베이컨 daging babi yang diasin dan dikukus

베이킹파우더 bubuk pengembang roti

베일 kerudung; cadar; selubung

베짱이 belalang ¶베짱이 울음소리 suara kerikan belalang

베타 béta; β ⊙ 베타선 sinar béta

베터랑 véteran; pakar

베틀 perkakas tenun

베풀다 ①【잔치 등을】 mengadakan; menyelenggarakan ②【친절 · 자비 등을】 memberikan; memberi ¶자비를 베풀다 memberi sedekah (derma)

벤젠【화학】 bénzéna; bénzol

벤처기업(- 企業) perusahaan bisnis baru

벤치 ①【긴 의자】 bangku ②【야구 선수의】 tempat duduk para pemain bisbal

벤치마킹하다 mematokan

벨 loncéng; bél; tombol ¶벨을 누르다 menekan (memencét; membunyikan) loncéng (bél)

벨기에 Belgia

벨벳 vélvét; beludru

벨트 ikat pinggang; sabuk ⊙ 컨베이어 벨트 sabuk pembawa; ban berjalan pembawa barang. 안전벨트 ikat pinggang penyelamat; sabuk pengaman

벼 padi ¶벼를 심다 menanam padi

벼농사(-農事) pertanian padi

벼락 ①【자연현상】 halilintar; petir ¶벼락치다 disambar petir(halilintar) ②【비유적】 ¶벼락 맞다 disambar petir; tersambar oléh kilat

벼락감투 jabatan pemerintah tanpa latar belakang atau kemampuan ¶벼락감투를 쓰다 menjadi pegawai pemerintah dalam waktu yang singkat

벼락공부하다(-工夫-) belajar buru-buru (tergesa-gesa)

벼락부자(-富者) orang kaya baru (OKB); jutawan yang tumbuh dengan cepat

벼락치기 persiapan buru-buru

벼랑 tebing yang curam (terjal) ; karang yang terjal

벼루 ①【먹을 가는】 batu tinta ②⇒벼랑

벼룩 kutu héwan ⊙벼룩시장 pasar loak (barang bekas)

벼르다[1] ①【마음먹다】 bermaksud; merencanakan; bertekad kuat ②【나누다】 membagi ¶두 몫으로 벼르다 membagi dua bagian

벼리다 mempertajam ujung ⟪pisau⟫; mengasahi

벼멸구 serangga beras

벼슬 kedudukan(jabatan, dinas) pemerintahan 벼슬하다 memasuki dinas pemerintahan ⊙ 벼슬길 pekerjaan (pengabdian) pada pemerintah. 벼슬아치 pegawai pemerintah

벼훑이 mesin pengirik; padi; mesin penebah padi

벽(壁) ①【집 · 방 등의 구조】 dinding ⟪pemisah⟫ ¶벽을 바르다 menambal dinding (témbok) ②【한계 · 장애】 ¶벽에 부딪치다 macét; buntu; mogok ⊙ 벽걸이: 벽걸이 텔레비전 télévisi yang dapat ditémpél di dinding벽시계 jam dinding

벽(癖) ①【버릇】 kebiasaan ②【기습(奇習)】 keanéhan; kebiasaan yang nyentrik; kenyentrikan

벽걸이(壁-) permadani hiasan dinding

벽난로(壁煖爐) tempat perapian
벽돌(甓-) batu bata ¶벽돌을 쌓다 memasang bata ⊙ 벽돌공 tukang (pembuat) batu bata
벽두(劈頭) ①【글제의】 pembukaan 《buku》 ②【일의】 pertama; permulaan
벽력(霹靂) halilintar; petir; geledek ¶청천벽력 petir di siang bolong
벽로(壁爐) perapian
벽보(壁報) poster; plakat; surat kabar (koran) dinding ¶벽보를 붙이다 memasang poster
벽서(壁書) tulisan di dinding
벽서(僻書) buku yang langka dan anéh; buku yang ganjil
벽성(僻姓) nama keluarga yang tidak lazim (yang jarang; tidak umum)
벽안(碧眼) mata biru ¶벽안의 bermata biru
벽오동(碧梧桐) pohon parasol Cina
벽장(壁欌) lemari dinding
벽지(僻地) tempat (daérah) terpencil
벽지(壁紙) 【벽에 바르는 종이】 kertas dinding
벽창호(碧昌-) orang yang keras kepala
벽촌(僻村) désa yang terpencil; dusun kecil yang terletak jauh terpencil
벽해(碧海) laut biru
벽화(壁畵) lukisan dinding
변(便) 【대소변】 bérak; tahi ¶변을 보다 buang air besar; 【소변을】 buang air kecil; kencing
변(邊) ①【수학】 sisi ②【바둑의】 daérah tepi 《di atas *paduk*》 ③【과녁의】 pinggir (tepi) bulatan sasaran ④【한자의】 huruf sisi (karakter Cina) ⑤【변리】 suku bunga
변(變) 【돌발사】 peristiwa; kejadian; 【사고】 kecelakaan; 【재난】 bencana; kemalangan
변격(變格) konjugasi; tidak beraturan
변경(邊境) 《daérah》 perbatasan
변경(變更) perubahan; modifikasi 변경하다 mengubah; memindahkan; memodifikasi
변계(邊界) ⇒ 변경(邊境)
변고(變故) =변(變) kecelakaan; kemalangan; keadaan darurat; bencana
변괴(變怪) ①【재변】 bencana; petaka ②【악행】 kelakuan buruk yang luar biasa
변기(便器) 【변소의】 jamban; pispot
변덕(變德) perubahan pikiran yang tiba-tiba 변덕스럽다, 변덕맞다 berubah-ubah; tak tetap; plin-plan ⊙ 변덕꾸러기, 변덕쟁이 orang yang suka berubah pikiran
변돈(邊-) uang yang dipinjamkan dengan bunga
변동(變動) perubahan; fluktuasi; naik turun 변동하다 mengubah; merubah
변두리(邊-) ① 【교외】 daérah pinggiran kota ②【가장자리】 perbatasan
변란(變亂) kerusuhan masyarakat; 【반란】 pemberontakan; pendurhakaan; 【전란】 peperangan
변론(辯論) ①【논쟁】 pembicaraan; diskusi; perundingan; (토론) perdébatan; diskusi; perbincangan ¶변론에 들어가다 mulai berdébat ②【법정의】 pembélaan; permohonan ¶피고를 위해 변론하다 membantah kasus tanggungan ⊙ 변론가 pendébat
변류기(變流器) 【전기】 pengubah; konvérter
변리사(辨理士) pengacara (hakim) patén
변리(邊利) ⇒ 변(邊) ⑤
변명(辯明) alasan 변명하다 mencari alasan; beralasan ⊙ 변명서 keterangan (penjelasan) tertulis
변명(變名) nama alias (samaran)
변모(變貌) perubahan ; transfigurasi 변모하다 berubah; mengalami perubahan menyeluruh
변박(變駁) 【논박】 penyang-kalan 변박하다 menyangkal
변발 kucir; rambut taucang; ékor babi orang Cina 변발하다 menjalin rambutnya menjadi taucang (kucir)
변방(邊方) ①【가장자리 방면】 pinggir; sisi ② ⇒ 변경(邊境) 【국경지역】 garis depan; garis batas; wilayah perbatasan
변변치 못하다 ⇒ 변변찮다
변변찮다 ①【생김새가】 tidak menarik; sederhana ②【시시하다】 (a) (하찮다) keréméhan; kesepéléan; kekecilan (b) (초라하다) kecil; tak berarti
변변하다 ①【생김새가】 ganteng; tampan ②

【사람 · 사물이】 baik; layak; patut; lumayan; pantas
변별(辯別) perbédaan; diskriminasi 변별하다 membédakan; membéda-bédakan
변복(變服) penyamaran 변복하다 menyamar
변비(便秘) sembelit ¶변비에 걸리다 mengalami sembelit; mengalami susah buang air besar ⊙ 변비증(症) ⇒ 변비. 변비약 obat sembelit; obat laksatif
변사(辯士) ①【변사】 dalang ②【무성영화의 해설자】 pembicara film bisu
변사(變死) kematian yang tidak alamiah 변사하다 mati secara tidak alamiah ⊙ 변사자 orang yang mati kecelakaan
변사체(變死體) mayat; bangkai
변상(辨償) 【판상(瓣償)】 kompensasi; penggantian kerugian 변상하다 mengganti kerugian; memberi kompensasi (ganti rugi) ⊙ 변상금 uang ganti rugi
변색(變色) ①【빛깔의】 awawarna; perubahan warna 변색하다 berubah warna ¶변색하지 않는 tahan cuci; tidak luntur ②【안색의】 perubahan wajah 변색하다 berubah wajah; berubah sikap
변설(辯舌) kefasihan; kepandaian berpidato; kelancaran berbicara ¶변설이 유창한 pandai bicara; fasih bicara; lancar; fasih ⊙ 변설가 ahli pidato; pembicara yang fasih
변성(變成) regénerasi 변성하다 meregénerasi ⊙ 변성작용 métamorfisma
변성(變性) 변성하다【바뀌다】 memburuk; 【바꾸다】 mengubah sifat sesuatu benda
변성(變聲) perubahan suara 변성하다 merubah suara ⊙ 변성기(期) masa remaja (masa pubertas) berubah suara
변성명(變性名) ①【이름을 갊】 perubahan nama 변성명하다 mengubah nama ②【가짜 이름】 nama alias; nama palsu
변소(便所) toilét; w.c.; kamar kecil; kamar mandi; kakus ¶변소에 가다 pergi ke toilét ⊙ 공동변소 kakus (w.c.) umum. 수세식 변소 kakus dengan sistém siram otomatis
변속(變速) perubahan kecepatan
변속기(變速器) 【장치】 transmisi ⊙ 자동 변속기 transmisi otomatis. 수동 변속기 transmisi manual
변수(變數) ①【변화를 일으키는 요인】 variasi ②【수학】 perubah; variabel
변스럽다(變-) anéh; ganjil ¶ 변스럽게 굴다 bersikap anéh (janggal)
변신(變身) ⇒ 변장 ¶변신하다 berubah; mengubah; menyaru; menyamar
변심(變心) perubahan pikiran; ketidaktetapan 변심하다 mengubah pikiran
변압(變壓) transforma 변압하다, 변압시키다 mentransformasi ⊙변압기 transformer; alat yang dapat merubah arus listrik
변위(變位) 【물리학】 pemindahan ⊙ 변위전류 pemindahan arus
변이(變異) variasi ⊙ 돌연변이 (설) téori mutasi
변장(變裝) samaran 변장하다 menyamar; menyamarkan diri
변전(變轉) mutasi; perpindahan; pergantian; perubahan 변전하다 berubah; berganti; beralih ¶변전 무쌍한 senantiasa berubah
변전소(變電所) substasiun transformer
변절(變節) ingkar terhadap agama atau partai; kemurtadan; pembelotan; pengkhianatan 변절하다 berkhianat ¶변절하지 않다 tetap setia ⊙ 변절자 orang murtad; pengkhianat; pembelot
변제(辯濟) pembayaran kembali 변제하다 membayar ((kembali)); mengembalikan
변조(變造) pengubahan; pemalsuan 변조하다 mengubah; memalsukan ⊙ 변조수표 cék palsu. 변조자(者) pemalsu ((cék))
변조(變調) 【음악】 perubahan nada; variasi; modulasi suara ⊙ 변조주파(수) frekuénsi modulasi
변종(變種) mutan; mutasi; varian; varitas ¶변종 바이러스 mutasi virus
변주곡(變奏曲) 【음악】 variasi ¶피아노 변주곡 variasi piano
변죽(邊-) pinggiran ¶변죽을 울리다 memberi isyarat
변증(辯證) démonstrasi; bukti percobaan ¶변증적 dialéktis
변증법(辨證法) dialéktika ¶유물 변증법 dialéktika matérialistik
변지(邊地) daérah terpencil; 【변경】 daé-

rah pinggiran; daérah perbatasan

변질(變質) 변질하다 ①【음식이 상하다】 mengubah mutu; memburuk; rusak ②【성질이 다른 것으로 변하다】 memicu; berubah ⊙ 변질 자 ((orang)) yang merosot akhlaknya

변천(變遷) perubahan; transisi 변천하다 berubah; mengalami perubahan

변칙(變則) ketidakbiasaan; anomali ¶변칙적 tidak biasa; tidak normal

변칭(變稱) perubahan nama; nama yang diubah (diganti) 변칭하다 mengubah nama

변태(變態) ①【생물의 변화】 metomorfosis; perubahan bentuk ②【성적으로 비정상적인 행동·사람】 ketidaknormalan; anomali ¶변태적인 tidak normal

변통(變通) 【융통성】 kepandaian yang beranéka ragam; kepandaian dalam banyak hal; sifat melentur; keserbabiasaan; keserbagunaan; adaptabitas; fléksibilitas; 【임기응변】 penyesuaian; 【가변성】 ketidaktetapan; perubahaan 변통하다 mengatur; menyesuaikan; mengakomodasi ¶변통 없다 tetap; teguh; tak pernah gagal ⊙ 임시변통 penggantian (penyesuaian) sementara

변통성(變通性) kepandaian yang beranéka ragam((dalam banyak hal)); penyesuaian diri; sifat melentur ¶변통성 있는 bisa ditukar-tukar; mudah disesuaikan; dapat menyesuaikan; serbaguna

변하다(變-) ①【…이】 berubah ¶변하기 쉬운 berubah-ubah ¶맛이 변하다 menjadi asam (basi); menjadi apak; makanan menjadi rusak ②【…을】 merubah ¶태도를 변하다 merubah sikap

변함(變-) berubah-ubah ¶변함없는 tidak berubah; tetap

변혁(變革) perubahan; reformasi; révolusi 변혁하다 berubah; berévolusi

변형(變形) perubahan; 【바뀐 형태】 modifikasi ; kelainan bentuk; 【기형】 bentuk yang cacat 변형하다 merubah bentuk ⊙ 변형문법 tata bahasa transformasionil

변호(辯護) ①【변명, 편들기】 pembélaan; pembenaran 변호하다 membéla; menjelaskan; membenarkan ②【변론】 pertahanan ; pembélaan 변호하다 membéla; mempertahankan; mengadakan pembélaan ⊙ 변호인 pengacara; pembéla. 국선변호인 pengacara yang ditunjuk oléh pengadilan

변호사(辯護士) pengacara ⊙ 고문 변호사 penasehat hukum. 악덕변호사 pokrol bambu (pengacara)

변화(變化) ①【바뀜·바꿈】 perubahan; variasi; selingan;((변전)) mutasi; ((변천)) peralihan; transisi 변화하다 berubah; mengubah-ubah; mengubah ②【변태·변형】 perubahan; transformasi 변화하다 mengubah ③【다양】 kesérbaragaman; keanékawarnaan; keanekaragaman ¶변화 있는 mengubah; mengubah-ubah/변화 없는 membosankan

별 ①【하늘의】 bintang ②【군대의 계급】 bintang ¶별을 달다 menjadi jénderal

별-(別) 【다른】 lain; 【별난】 luar biasa ¶별천지 dunia lain

-별(別) dikelompokkan oléh ¶군(郡) 별 인구 penduduk menurut daérah

별개(別個) yang lain; hal yang berbéda ¶별개의 lain; béda; khusus

별거(別居) 【따로 삶】 kehidupan berpisah; 【부부의】 pisah ranjang 별거하다 berpisah hidup; berpisah ranjang ⊙ 별거수당 tunjangan uang yang diberi suami kpada mantan istrinya

별것(別-) ①【진기한 것】 sesuatu yang ganjil (yang lain) ②【괴상한 것】((orang)) yang anéh; kejadian yang tak diharapkan ((anéh)) ③【별개의 물건】 hal yang berbéda; hal yang lain

별고(別故) ①【사고】 peristiwa sial (yang tidak baik); lintangan; halangan; aral ¶별고 없이 dalam keadaan séhat; terhindar (bébas) dari kecelakaan ((penyakit)) ②【까닭】 alasan tertentu

별과(別科) ujian (bagian) khusus

별관(別館) ruangan tambahan

별궁(別宮) istana yang terpisah; istana tambahan

별기(別記) catatan terpisah ¶별기와 같이 seperti disebutkan pada bagian lain

별꼴 hal(orang) yang menjijikkan ¶별꼴이다, 별꼴 다 보겠다 Alangkah jijiknya.

별나다 khas; ganjil; anéh; luar biasa
별나라 dunia bintang
별납(別納) pembayaran terpisah 별납하다 membayar (mengirim) secara terpisah
별다르다(別-) tidak biasa; janggal; anéh
별달리(別-) ⇒달리 berlainan; berbéda; sebaliknya; 【특별히】 terutama sekali; (ter)istiméwa
별당(別堂) ①【딴 집】 rumah tambahan ②【퇴설당】 kediaman (wilayah) kuil Budha yang lebih tinggi
별도(別途) ¶별도의 khusus ⊙ 별도 수입 pendapatan khusus. 별도 지출 pengeluaran (pembiayaan) khusus
별도리(別道理) cara yang lebih baik; pilihan; alternatif ¶별도리가 없다 Tidak ada pilihan lain.
별동대(別動隊) pasukan (kelompok) mobil baja; pasukan (korp) terpisah
별똥【운석】 météor; bintang jatuh
별똥별 bintang yang beralih; bintang jatuh
별로(別-) secara khusus; khususnya ¶별로 위험하진 않다 tak terlalu bahaya
별말(별말씀) ucapan yang luar biasa; ucapan yang berlebih-lebihan ¶별 말씀 다 하십니다 Jangan sebutkan itu. *atau* Tidak apa-apa.
별명(別名) nama lain; nama panggilan; nama samaran
별문제(別問題) soal lain; masalah yang berbeda ¶그것은 별문제이다 itu soal lain ; itu lain lagi ceritanya
별미(別味) ①【맛】 seléra yang luar biasa; rasa yang istiméwa ②【음식】 makanan yang lezat
별반(別般) ⇒ 별로
별별(別別) dari berbagai macam ¶별별 경험 pengalaman yang beragam/ 별별 사람 segala macam orang
별 볼일 없다 ⇒ 시시하다
별사람(別-) ①【이상한】 orang anéh ②【특별한 사람】 orang spésial (khusus) ¶그도 별사람은 아니다 Dia orang awam.
별세하다(別世-) kematian; mati; meninggal
별세계(別世界) dunia (lingkungan) lain; dunia yang berbéda; planit lain; negeri dongéng
별소리 ⇒ 별말
별수(別-) ①【행운】 keberuntungan ②【별다른 방법】 cara yang khusus; kunci rahasia ③【여러 방법】 berbagai cara
별스럽다(別-) ⇒ 별나다
별식(別食) ménu khusus
별실(別室) ①【딴방】 kamar lain (terpisah) ②【첩】 gundik; selir
별안간(瞥眼間) dengan tak diduga-duga; tiba-tiba; mendadak
별의별(別-別) macam-macam; anéka
별일(別-) sesuatu yang tambahan; sesuatu yang anéh; masalah; kecelakaan ¶별일 없이 dengan selamat
별자리 konstélasi ((perbintangan) ¶별자리가 어떻게 되세요? Apa simbol zodiak Anda?
별장(別莊) rumah peristirahatan; rumah indah di luar kota; vila⊙ 별장지기 penjaga (pemelihara; pengurus) vila
별정직(別定職) posisi pemerintah khusus
별종(別種) jenis istiméwa
별지(別紙) kertas tambahan; lembar tambahan (terpisah); sisipan ¶별지의 (동봉한) dilampirkan
별책(別冊) buku lampiran; jilid terpisah
별책부록(別冊附錄) lampiran (tambahan) jilid yang terpisah; penambahan buku lampiran
별천지(別天地) ⇒ 별세계 dunia lain
별첨(別添) lembaran terpisah (tambahan) ¶별첨과 같이 seperti terlampir
별표(-票) asteris; tanda bintang
별표(別表) daftar (lembar; tabél) lampiran; daftar yang terlampir ⊙ 별표 양식 formulir yang terlampir
별항(別項) paragraf terpisah; bagian lain
별행(別行) baris terpisah
별호(別號) 【호】 nama samaran; 【별명】 nama panggilan
볍씨 biji padi
볏 【새의】 jénggér ayam jantan
볏가리 tumpukan padi
볏단 seikat padi
볏섬 segoni padi; karung dari padi (jerami)
볏짚 jerami (batang) padi

병(丙) kelas tiga; kualitas C
병(甁) ①【담는】 botol; (주둥이가 큰) kelér ②【셀 때】 botol
병(病) ①【질병】 penyakit; gangguan ¶병난 sakit; tidak séhat/ 병이 낫다 sembuh; pulih ②【허물 · 결점】 kelemahan; kesalahan
병가(病暇) cuti sakit
병고(病苦) penyakit ¶병고에 시달리다 menderita akibat (karena) penyakit
병골(病骨) orang penyakitan; orang yang lemah (mudah sakit)
병과(兵科) cabang infanteri ⊙ 병과 장교 perwira yang bertempur (pejuang)
병구(病軀) tubuh yang sakit ¶병구를 무릅쓰고 walaupun dia sakit
병구완(病-) perawatan; pemeliharaan 병구완하다 merawat
병권(兵權) kekuatan militér
병균(病菌) virus; benih penyakit ¶병균에 감염되다 terinféksi virus ⊙ 병균 보유자 pembawa (penyebar) virus
병기(兵器) 【무기】 persenjataan; perang; 【총칭】 meriam; senjata; perlengkapan perang ⊙ 병기고 gudang persenjataan
병나다(病-) ①⟹ 병들다 ②【고장 나다】 memburuk; kacau; rusak
병내다(病-) ①【병을】 menyebabkan sakit ② 【탈을】 merusak
병독(兵毒) bibit penyakit; virus; kuman penyakit; pencemar ¶병독에 감염되다 terinféksi
병동(病棟) bangsal ⊙ 격리병동 bangsal isolasi; karantina. 외래 【입원】 병동 bangsal pasién luar 【pasién yang menginap】. 일반병동 bangsal umum
병들다(病-) jatuh sakit ¶병든 sakit; tak énak badan; tak séhat
병란(兵亂) perang; pergolakan
병략(兵略) 【군략】 strategi; taktik; siasat
병력(兵力) kekuatan militér
병력(病歷) sejarah penyakit 《kasus》
병렬(竝列) 병렬하다 berdérét; berbaris; membentuk barisan ⊙ 병렬회로 rangkaian paralél
병리(病理) patologi ⊙ 병리학 ilmu penyakit: 병리학(상)의 patologis. 병리학자 patolog; ahli patologi
병립(竝立) 병립하다 berdiri berdampingan ⊙ 병립개념 konsép koordinat (sederajat)
병마(兵馬) ①【병기와 군마】 senjata dan kuda berperang; 【군사와 말】 tentara dan kuda ②【군대 · 병무】 urusan militér; ketentaraan
병마(病魔) ¶병마가 덮치다 jatuh sakit; terserang penyakit
병마개(甁-) tutup botol; sumbat botol; gabus botol
병명(病名) nama penyakit
병목구간(甁-區間) léhér botol; kawasan kemacétan
병목현상(甁-現象) fénoména léhér botol; fénoména kemacétan
병무(兵務) urusan militér (ketentaraan) ⊙ 병무 국 kantor (Biro) Urusan Militér. 병무소집 panggilan wajib militér
병법(兵法) 【전략】 stratégi; taktik; siasat ⊙ 병법가 ahli stratégi(taktik)
병사(兵士) 【사병】 prajurit; serdadu; tentara
병사(兵舍) barak; asrama tentara
병사(兵事) urusan militér
병사(病死) 【병으로 죽음】 kematian akibat sakit; yang meninggal karena penyakit 병사하다 meninggal karena penyakit
병살타(倂殺打) 【야구】 permainan ganda; *double play* 《istilah bisbol》 ¶병살타 당하다 terkena permainan ganda
병상(病床) tempat tidur orang sakit; ranjang pasien ⊙ 병상일지【병자의】 catatan harian klinis; 【병원의】 laporan (buku harian) klinis
병상(病狀) kondisi pasién
병색(病色) ¶병색이 보이다 kelihatan sakit-sakitan (berpenyakitan)
병서(兵書) buku tentang taktik (stratégi) perang
병석(病席) tempat tidur 《orang》 sakit ¶병석에서 일어나다 baik (sembuh) dari sakit
병선(兵船) kapal perang; kapal tentara
병설(竝設) pembangunan sebagai ruangan tambahan
병세(病勢) keadaan (kondisi) penyakit (pasién) ¶병세가 악화【호전】되다 kondisi

memburuk【membaik】

병술(瓶-) minuman keras botolan

병신(病身) ①【불구자】orang cacat ¶병신이 되다 menjadi cacat ②【병든 몸】badan (yang) sakit ③【바보】orang (yang) bodoh

병신구실(病身-) sikap (tindakan) yang konyol 병신구실하다 bersikap (bertindak) konyol; berbuat bodoh

병실(病室) kamar perawatan; ruangan rumah sakit ¶개인 병실 bangsal pribadi

병아리 anak ayam ¶병아리를 까다 menetaskan telur ⊙ 병아리 감별사 penentu jenis kelamin anak ayam

병약(病弱) badan yang lemah; kelemahan 병약하다 sakit-sakitan

병역(兵役) dinas militér ¶병역을 필한 자 orang yang memenuhi tugas(militer)nya ⊙ 병역면제 pembébasan dari dinas militér. 병역 연한 masa tugas militér. 병역 의무 wajib militér

병영(兵營) barak; asrama militér

병용하다(竝用, 倂用-) memakai bersamaan; menggunakan serentak

병원(病院) (종합병원) rumah sakit; (의원) klinik ¶병원에 입원하다 masuk rumah sakit ⊙ 병원비 tagihan rumah sakit; biaya pengobatan. 병원차 ambulans

병원(病源) penyebab(sumber) penyakit; penyebab étiologi ⊙ 병원균 kuman penyakit; baksil; virus. 병원체 organ patogénik

병인(病因) penyebab penyakit; faktor étiologis

병자(病者) orang sakit

병장(兵長) sersan

병적(病的) tak waras; tidak séhat; kelainan ¶병적으로 secara tidak waras

병적(兵籍) ①【군인으로서의 기록】catatan dinas militér ②【신분】status militér ⊙ 병적부 buku catatan dinas militér

병정(兵丁) tentara; orang militer ¶병정놀이를 하다 bermain menjadi tentara

병조림(瓶-) pembotolan 병조림하다 membotolkan

병존(竝存) ⇒ 공존 koeksistensi; keberadaan bersama 병존하다 berada bersama; hidup bersama; terdapat bersama-sama

병졸(兵卒) prajurit; tentara

병종(丙種) kelas (tingkat) tiga

병중(病中) selama sakit ¶병중에 pada waktu sakit

병증(病症) sifat penyakit; gejala (tanda) penyakit

병참(兵站) perbekalan; logistik ⊙ 병참기지 markas perbekalan

병충해(病蟲害) kerusakan oléh penyakit tumbuh-tumbuhan dan serangga berbahaya; kerusakan akibat hawar dan serangga berbahaya

병치(竝置) penjajaran 병치하다 menempatkan (meletakkan) dalam penjajaran

병폐(病弊) penyakit kronis; prakték penyeléwéngan(kejahatan); kejahatan yang merusak; perbuatan yang tidak wajar; perbuatan jahat; sifat buruk

병풍(屛風) layar (tirai) gulung; tirai lipat

병합(倂合) ⇒ 합병

병행(竝行) ①【나란히 감】병행하다 bergandengan ②【동시에 함】병행하다 menjalankan 《dua hal》 berdampingan; melakukan (melaksanakan; meréalisasikan; mengadakan) pada saat yang sama

병환(病患) penyakit

병후(病後) pemulihan keséhatan sesudah sakit

볕 ⇒ 햇볕 sinar matahari ¶ 볕에 말리다 menjemur; mengeringkan dalam sinar matahari

보(步) ①【걸음을 재는 단위】langkah; jangkah ②【단위】ukuran lebar (=6 *cha*)

보(保)【보증】jaminan; keamanan; pemberi jaminan;【보증인】penjamin; rékomendasi ¶보(를) 서다 menjamin

보(洑) ①【저수지】waduk untuk irigasi ② ⇒ 봇물

보(褓)【덮거나 싸는】kain untuk pembungkus (penutup) ¶상보 taplak méja

보(補) pembantu; asistén ¶차관보 asistén menteri muda

보각(補角)【수학】sudut pelengkap

보감(寶鑑) ①【책】buku penuntun; buku pedoman ②【모범】teladan; contoh

보강(補强) 보강하다 memperkuat ⊙ 보강공사 pekerjaan memperkuat

보강(補講) kuliah (kelas) tambahan 보강하다 memberi kuliah tambahan; melengkapi kuliah yang ketinggalan

보건(保健) 《pemeliharaan》 kesėhatan; sanitasi ⊙ 보건소 pusat(kantor; balai) kesėhatan; Puskesmas. 세계 보건기구 Organisasi Kesėhatan Dunia (WHO)

보검(寶劍) 【칼】 pedang pusaka; 【예복용】 pedang (keris) yang dipakai pada pakaian tradisi

보결(補缺) pelengkap; tambahan; pengganti 보결하다 mengisi kekosongan; menyediakan kekurangan; melengkapi ¶보결의 pelengkap/ 보결로 입학하다 diterima di sekolah untuk mengisi kekosongan ⊙ 보결생 pelajar(murid) cadangan 《untuk masuk ke suatu sekolah》. 보결선수 pemain pengganti; pemain cadangan

보고(報告) laporan; informasi; berita; kabar; 《연구 · 조사 등의》 laporan ilmiah; riwayat hidup singkat 보고하다 melaporkan; menyampaikan; mengatakan; menyiarkan; mewartakan ⊙ 보고자 wartawan; pelapor

보고(寶庫) tempat simpanan barang yang berharga; gudang harta; perbendaharaan; 【땅】 kekayaan daérah dengan sumber alamnya

보고서(報告書) laporan

보관(保管) penyimpanan; perwalian; penitipan; penjagaan 보관하다 menyimpan ⊙ 보관료 ongkos penyimpanan (penitipan). 보관물 barang yang dititipkan. 보관소 tempat penyimpanan

보국(報國) jasa patriotik; patriotisme 보국하다 mengabdikan diri pada negara

보국훈장(保國勳章) Penghargaan Keamanan Nasional 《Bintang tanda jasa dan lain lain》

보궐선거(補闕選擧) pemilihan khusus

보균자(保菌者) pembawa kuman; penular ¶콜레라 보균자 pembawa koléra

보글보글 mendidih perlahan

보금자리 ①【새의 둥지】 sarang; ténggéran; sangkar ¶사랑의 보금자리 sarang cinta ②【집 · 거처】 rumah

보급(普及) penyebaran; difusi; pendistribusian; popularisasi 보급하다 menyebar ⊙보급소 agén pendistribusian. 보급판 édisi populér(murah)

보급(補給) perlengkapan; persediaan; perbekalan; penambahan 보급하다 menyediakan; memenuhi; memberikan; mengisi; melengkapi lagi ⊙ 보급기지 pusat (pangkalan) perbekalan. 보급로 rute pemasok perbekalan. 보급선(船) kapal perbekalan

보기[1] 【예, 예시】 contoh; umpama; ibarat

보기[2] 【보는 각도】 cara memandang ¶내가 보기에는 menurut pendapatku

보기 【골프】 *bogi;* satu pukulan di atas par pada permainan golf

보나마나 pasti; tak terbantah; dalam semua kemungkinan

보내다 ①【…에게】 mengirim; mengajukan; 【사람을】 mengirimkan; mengirim; menyuruh; mengutus ②【배웅하다】 mengantar ③【시간 · 세월을】 melewati; menjalani 《waktu; kehidupan》; menghabiskan 《waktu》; hidup ④【그냥】 membiarkan berlalu

보너스 ⇒ 상여금 bonus; uang jasa gratifikasi

보는 눈 daya pengamatan; ketajaman mata ¶보는 눈이 있다 bisa melihat; bisa menilai 《benda-benda seni yang kuno》

보닛 【모자】 topi ; kerudung kepala; 【자동차의】 kap motor

보다[1] ①【눈으로】 melihat; memandang; menyaksikan ③②【구경하다】 melihat; mengunjungi ③【읽다】 membaca ④【보살피다】 (a) (일을) melakukan; mengontrol (b)(돌보다) menjaga; mengawasi ⑤【맡아보다】 berurusan dengan ⑥【조사 · 검사하다】 memeriksa; mengawasi ⑦【…로 생각하다】 memandang; menganggap ⑧【당하다】 mengalami; menderita ⑨【치르다】 mengikuti; menjalani ⑩【누다】 membuang hajat ⑪【장 · 시장 등을】 membeli; berbelanja ⑫ 【값을】 menilai; menawarkan 《harga》 ⑬【새 식구를】 menerima; mempunyai ⑭【사귀다】 mempunyai hubungan rahasia (asmara) ⑮【판단하다】 menilai ⑯【사주 · 손금 등을】 meramal 《nasib》

보다[2] 【추측】 tampaknya; kelihatannya; rupanya

보다[3] 【해보다】 mencoba

보다[4] dari pada; alih-alih

보다 못하다 tak bisa membiarkan berlalu tanpa diperhatikan; tak bisa tetap tak peduli ¶보다 못해 tidak bisa tinggal diam

보답(報答) imbalan; ganjaran; balas budi 보답하다 membalas kebaikan; membalas budi

보도(步道) 【인도】 trotoar; pinggir jalan tempat pejalan kaki; kaki lima ⊙ 보도블록 bahan sejenis bata keras. 횡단보도 tempat penyeberangan kaki

보도(報道) laporan; berita; informasi 보도하다 melaporkan; memberitahu; menginformasikan ⊙ 보도관제 penghentian berita; penyensuran berita. 보도기관 media massa. 보도부 séksi pérs; kantor informasi umum. 보도진 rombongan wartawan

보도(輔導) bimbingan; pengarahan 보도하다 memimpin; membimbing; mengarahkan ⊙ 직업【학생】보도 bimbingan kejuruan 【siswa】

보드 게임 permainan yang menggunakan papan(karton)

보드랍다 lembut; lentur

보드카 vodka; minuman keras khas Rusia

보들보들하다 lembut; lunak; halus

보디 badan; raga ⊙ 보디가드 pengawal pribadi; tukang pukul. 보디랭귀지 bahasa tubuh. 보디빌딩 gerak badan

보딩 naik ke kapal atau kapal terbang ⊙ 보딩 패스 pas naik ke kapal atau kapal terbang

보따리(褓-) bungkusan; buntalan (bungkusan) ⊙ 보따리장수 penjaja keliling

보라색 warna ungu; lembayung ¶연보라색 ungu muda

보람 ①【효력】 guna; pengaruh; hasil ¶보람 있는 berguna; éféktif ②【표적】 tanda; petunjuk ¶보람 뵈다 menunjukkan tanda

보랏빛 warna ungu; lembayung ¶연보랏빛 ungu muda; gandaria

보료 kasur fantasi yang dipakai sebagai alas duduk

보루(堡壘) bénténg; kubu

보류(保留) penundaan; penangguhan 보류하다 menangguhkan; menunda

보름 ①【15일】 lima belas hari ②【보름날】 tanggal lima belas penanggalan bulan ⊙ 보름달 bulan purnama

보리 【곡물】 *barley*; jawawut; gandum ⊙ 보리밭 ladang *barley*

보리(菩提) ①【지혜】 Bodhi ((Sans)); Pencerahan (Kebijaksanaan) Tertinggi ②【불과(佛果) 달성의 길】 Pencapaian Budha ⊙보리심 watak saléh (beriman); kehendak untuk Budha

보링 【구멍 뚫기】 pengeboran; 【동사】 membosankan

보모(保姆) pramusiwi; pengasuh anak

보무(步武) ¶보무당당하게 dalam barisan teratur

보물(寶物) harta benda; barang yang berharga ⊙ 보물선【섬】 kapal 【pulau】 harta karun

보배 harta; barang berharga; harta karun ¶보배롭다, 보배스럽다 berharga

보병(步兵) infanteri; pasukan jalan ¶그는 보병으로 근무했다 Dia bertugas di infantri ⊙ 보병과 pasukan infanteri

보복(報復) pembalasan dendam; tindakan balasan 보복하다 membalas dendam ¶보복적인 balas dendam ⊙ 보복정책 kebijakan (kebijaksanaan) membalas. 보복정치 politik pembalasan. 보복행위 tindakan pembalasan dendam

보부상(褓負商) penjaja (penjual) keliling ¶보부상을 하다 menjajakan

보살(菩薩) ①【불교】 Bodhisatwa; orang suci Budha ②【불교의 여신도】 biarawan tua yang patut dimuliakan ⊙ 보살할미 biarawati penganut Budha dengan rambut yang tidak dipotong

보살피다 merawat; menjaga; melindungi; mengurus

보상(報償) ganti rugi; penebusan; penggantian 보상하다 mengganti rugi

보상(補償) 【손해를 갚음】 ganti rugi; kompénsasi; penggantian 보상하다 mengganti kerugian ⊙ 보상금 uang ganti rugi. 보상조치 tindakan penggantian

(kompénsasi)

보색(補色) warna pelengkap

보석(保釋) 【법률】 보석하다 membébaskan atas jaminan ¶보석되다 dibébaskan dengan jaminan ⊙ 보석금 uang jaminan. 병보석 jaminan sakit

보석(寶石) 【귀금속】 permata; batu berharga; intan; mustika; manikam; ratna; geliga ⊙ 보석상(사람) pedagang toko permata; (가게) toko permata

보선(保線) pemeliharaan jalan 보선하다 memelihara rél (jalan)

보세(保稅) pajak tangguhan kontrak olah ⊙ 보세가공 pengolahan kontrak: 보세가공수출 ékspor pengolahan kontrak

보송보송하다 kering

보수(報酬) pembayaran gaji(imbalan); balas(imbalan) jasa ¶…의 보수로서 sebagai imbalan; sebagai balas jasa

보수(補修) 보수하다 【수리】 perbaikan ⊙보수공사 pekerjaan perbaikan (perawatan)

보수(保守) konservatisme ¶보수적인 konservatif ⊙ 보수당 partai konservatif. 보수진영 kubu konservatif

보수계(步數計) pédométer

보스 pemimpin; atasan; bos

보슬보슬 rintik-rintik; gerimis

보슬비 hujan rintik-rintik; hujan gerimis; hujan yang berkabut

보습(補習) pekerjaan pelengkap 보습하다 melengkapi ⊙ 보습과 kursus tambahan

보습학원(補習學院) institut pendidikan pelengkap

보시(布施) 【행위】 pemberian sedekah (derma); 【금품】 sedekah; derma; amal; zakat; sumbangun ⟪untuk kuil, pendéta⟫ 보시하다 mengadakan sumbangan (monetér) kepada sebuah kuil

보신(保身) 【자신의 몸을 지킴】 bela diri 보신하다 membela diri; melindungi ⊙ 보신술 seni melindungi diri. 보신책 cara(téknik) perlindungan diri

보신(補身) 【몸의 영양을 보충함】 보신하다 meningkatkan keséhatan dirinya dengan menggunakan obat penguat ⊙ 보신탕 sup daging anjing

보쌈(褓-) *bossam;* rebusan daging babi yang dimakan dengan saus gurih dan terbungkus sayur ⊙ 보쌈김치 Kimchi yang dibungkus dalam daun kol seperti bundel

보아란듯이 untuk pamér ; memamérkan; untuk penampilan; mencolok

보아주다 menjaga; merawat; membantu

보안(保安) pemeliharaan keamanan masyarakat¶보안을 강화하다 mengetatkan keamanan ⊙ 보안경찰 polisi keamanan masyarakat. 보안관 Kapolsek(kepala polisi sektor). 보안등 lampu keamanan. 보안사범 pelanggar keamanan umum. 보안요원 personil penjaga keamanan

보약(補藥) tonikum ¶밥이 보약이다 Makan makanan séhat akan menyéhatkan Anda.

보양(保養) pemeliharaan kesébatan 보양하다 menjaga keséhatan ⊙ 보양지 wilayah keséhatan

보양(補陽) 보양하다 memperkuat daya kejantanan ⊙ 보양제(劑) obat untuk membantu (memperkuat) kejantanan; obat kuat

보얗다 ①【빛깔이】 buram; tak tembus cahaya; keputih-putihan ¶살결이 보얗다 mempunyai kulit seperti mutiara ②【연기 · 안개가】 berkabut

보어(補語) pelengkap penderita ⊙목적격 보어 pelengkap penderita obyék

보여주다 memperlihatkan; menunjukkan

보온(保溫) 보온하다 tetap panas; tetap hangat ⊙ 보온병(甁)(상표명) térmos

보완(補完) pelengkap 보완하다 melengkapi

보우하다(保佑-) melindungi; membantu

보위(寶位) tahta; mahkota

보유(保有) 보유하다 memiliki; memegang; menyimpan; mencadangkan ⊙ 외환 보유고 penyimpanan (penyediaan; cadangan) uang asing. 정부보유미 beras cadangan pemerintah; persediaan beras ⟪milik⟫ pemerintah

보육(保育) 보육하다 mengasuh; memelihara; mendidik; merawat; membantu perkembangan; membesarkan; mendidik ⊙보육원 sekolah perawat (indera); sekolah taman kanak-kanak; (고아원) panti asuhan

보은(報恩) balas budi 보은하다 membalas budi; membalas kebaikan orang

보이 pelayan ⊙ 보이 장(長) kepala pelayan

보이다[1] ①【눈이】 dapat dilihat; melihat ②【눈에】 (a) (눈에 들어오다) melihat ¶안 보이게 감추다 menyembunyikan ((sesuatu)) dari pandangan (b)(발견되다) terlihat

보이다[2] ①【보여주다】 memperlihatkan; menunjukkan; memamerkan; memperagakan; memamérkan ②【공개하다】 membuka untuk umum

보이스 suara

보이스카우트 pramuka ⊙보이스카우트 대회 perlombaan pramuka; ((주로 국제적인)) Jamboré

보이콧 ((gerakan)) boikot 보이콧하다 memboikot((kan))

보일러 kétél uap; *boiler*

보자기 kain pembungkus ¶보자기에(로)싸다 membungkus dalam kain

보잘것없다 keréméhan; kesepéléan; kekecilan; sepélé; réméh-téméh

보장(保障) jaminan; tanggungan 보장하다 menjamin ¶보장되다 terjamin ⊙ 사회보장 jaminan sosial

보전(保全) integritas; keutuhan; pelestarian 보전하다 melestarikan ¶목숨을 보전하다 menyelamatkan nyawa

보전(寶典) 【법전】 kode yang penting (sangat berharga)

보조(步調) ①【걸음】 langkah ¶보조를 맞추다 tetap melangkah dengan ②【일의 진행 속도, 조화】 ¶보조를 맞추다 bertindak (bekerja) beriringan; bertindak selaras dengan

보조(補助) ①【도움, 보탬】 bantuan; tunjangan 보조하다 membantu; memberi tunjangan ¶보조를 받다 ditolong (dibantu; didukung; diberi subsidi ②【보조하는 사람】 asistén; pembantu

보조개 lesung (cawak) pipi ¶보조개가 지다 berlesung pipi

보조금(補助金) (정부의) uang subsidi (bantuan) ¶보조금을 주다 memberikan (memberi) bantuan; memberi subsidi/보조금을 받다 diberi bantuan dari ⊙생활보조금 biaya penunjang hidup

보존(保存) pengawétan; penyimpanan 보존하다 mengawétkan; melestarikan; memelihara; melindungi; menyelamatkan

보좌(補佐) bantuan; asisten; pembantu; wakil 보좌하다 membantu ⊙보좌관 pembantu. 대통령 보좌관 pembantu presidén

보중하다(保重-) menjaga keséhatan; menjaga diri

보증(保證) ①【보장】 jaminan; garansi; tanggungan 보증하다 menjamin; mengasuransikan ¶보증된 dijamin; terjamin; digaransi/보증을 서다 memberi jaminan ②【빚보증】 ¶보증을 서다 menjadi penjamin untuk ⊙보증보험 jaminan asuransi. 보증수표 cék yang dijamin bank

보증금(保證金) uang jaminan

보증인(保證人) penjamin; pemberi jaminan

보지 【여성의 외음부】 vulva; kemaluan wanita

보지하다(保持-) mempertahankan; memegang

보직(補職) penugasan untuk suatu posisi 보직하다 menunjuk ((seseorang jabatan untuk)) ¶보직되다 ditugaskan untuk suatu posisi

보짱 【배짱】 hati; pikiran; niat

보채다 réwél; ceréwét; gusar

보청기(補聽器) alat bantu pendengaran

보초(步哨) penjagaan; pengawalan; penungguan; pengawal prajurit ¶보초서다 dalam ((tugas)) berjaga ⊙ 보초병 pengawal; penjaga

보충(補充) pelengkap; tambahan; penggenap 보충하다 melengkapi ; mengisi ¶결원을 보충하다 mengisi kekosongan ⊙보충병 tentara cadangan. 보충수업 pelajaran pelengkapan (tambahan)

보칙(補則) 【법률】 peraturan tambahan

보크사이트 【광물질】 bauksit

보컬 suara ⊙보컬리스트 penyanyi. 리드보컬 penyanyi utama

보태다 ①【모자라는 부분을 채우다】 melengkapkan; melengkapi; mengisi; memasuk ②【첨가하다】 menambah

보탬 bantuan
보톡스 botox ¶보톡스 주사를 맞다 mendapatkan suntikan botox
보통(普通) 【보통의】 biasanya; lazimnya; pada umumnya; 【일반의】 umum; awam; 【평균】 biasa; pukul rata; rata-rata; 【보통의 것】 normal; wajar; lumrah ¶보통(의) 경우에(는) dalam keadaan biasa; biasanya ⊙ 보통우편 pos biasa
보통내기(普通-) orang biasa
보퉁이(褓-) pakét; bungkusan; buntalan; bundelan
보트 perahu(dayung); lembing ¶보트를 젓다 mendayung (mengayuh) perahu
보편(普遍) unsur universil ¶보편적(으로) secara universil; secara umum ⊙ 보편성 kemutlakan; universalitas
보폭(步幅) langkah
보풀 【옷감 등의】 bulu halus dan péndék pada permukaan kain; bulu halus ¶보풀이 인 berbulu kasar; berbulu halus
보필하다(輔弼-) membantu; memberikan asistensi
보하다(補-) ①【원기를】 memperkuat; menguatkan; menambah 《kesèhatan》 ② 【관직을】 mengangkat; menunjuk; menugaskan
보합(保合) kestabilan; kemantapan; keseimbangan 보합하다 stabil; menjaga keseimbangan
보행(步行) berjalan; pergi jalan kaki ⊙보행기 alat bantu berjalan untuk bayi. 보행자 pejalan kaki
보험(保險) asuransi ¶보험에 들다 mengasuransikan; mengasuransi ⊙ 보험계약자 orang yang diasuransikan. 보험금액 uang (jumlah) asuransi. 보험료 prémi asuransi. 보험회사 perusahaan jasa asuransi. 상해【 양로, 종신】 보험 asuransi kecelakaan 【masa tua, seumur hidup】. 생명【화재, 실업, 해상, 자동차】 보험 asuransi jiwa 【kebakaran, pengangguran, kecelakaan laut, mobil】
보험금(保險金) uang (jumlah) asuransi ⊙ 보험금 수취인 ahli waris (penerima warisan) asuransi
보헤미안 orang yang berkehidupan bébas; seperti seniman; orang Bohémia
보혈(寶血) 【기독교】 darah yang memberi kekuatan 《Yésus》; pengorbanan Yésus ⊙ 보혈제 Haematik
보호(保護) perlindungan; naungan; suaka; penghindaran; perwalian 보호하다 menjaga; melindungi; menaungi; menyelamatkan; merawat; membela) ⊙보호관찰 dalam hukuman percobaan. 손목보호대 pelindung siku. 보호무역주의 protéksionisme perdagangan. 보호자 pelindung; penaung; pengasuh; pembela; pemelihara; pendidik; pembimbing. 미아보호소 rumah penampungan untuk anak yang hilang
보화(寶貨) ⇒ 보물
보훈(報勳) véteran ⊙ 보훈병원 Rumah Sakit Véteran
복 【복어】 ikan gembung ¶복의 독(毒) tetrotoksin/복에 중독되다 keracunan ikan gembung
복(福) kebahagiaan ¶복된 bahagia /복을 주다(받다) berkat; diberkati
복간(復刊) penerbitan 《yang dihidupkan》 kembali 복간하다 menerbitkan kembali
복강(腹腔) rongga perut ⊙복강임신 kebuntingan abdominal
복걸하다(伏乞-) bertelungkup (bersujud) dan memohon
복고(復古) 【예전대로】 kemunculan gaya kuno; perbaikan; réstorasi; 【손실의】 penemuan kembali; kesembuhan 복고하다 memperbaiki; memulihkan; mengulasi baru ⊙ 복고풍 gaya rétro
복교(復校) pengembalian lagi ke(di) sekolah 복교하다 kembali lagi ke sekolah
복구(復舊) perbaikan; rehabilitasi; pemugaran 복구하다 dipulihkan kembali ke dalam keadaan normal ¶복구시키다 diperbaiki; direstorasi
복권(復權) réhabilitasi; pengembalian hak; pemulihan kembali 복권되다 dipulihkan kembali kepada haknya; dikembalikan lagi hak-haknya/복권시키다 mengembalikan lagi; merehabilitasikan
복권(福券) karcis lotré; karcis undian ¶복권추첨 lotré/복권이 당첨되다 menang lotré; menang undian
복귀하다(復歸-) kembali; mengembalikan;

ditempatkan kembali

복근(腹筋) otot perut (abdominal) ¶복근 운동을 하다 melatih otot abdominal

복날(伏-) 《setiap》 salah satu dari tiga hari terpanas

복당하다(復黨-) masuk lagi dalam partai

복대(腹帶) pembalut keséhatan 《perut》; 【임부의】 sabuk (pengikat)kehamilan

복대기다 ①【떠들다】 ribut; gaduh ②【정신 못 차리다】 terdesak

복대기치다 ⇒ 복대기다

복더위(伏-) gelombang panas selama pertengahan musim panas

복덕(福德) nasib baik dan pahala; kebahagiaan dan kemakmuran; (불교) hadiah pahala

복덕방(福德房) agén makelar tanah dan bangunan; perantara jual beli rumah dan tanah

복도(複道) koridor

복되다(福-) ⇒ 복스럽다

복리(福利) ⇒ 복지(福祉)

복리(複利) bunga majemuk; bunga berbunga ¶복리로 계산하다 memperhitungkan dengan bunga majemuk ⊙ 복리법 métode bunga majemuk

복마전(伏魔殿) tempat kediaman sétan (jin); kekacauan yang sangat; hirukpikuk; keributan yang dahsyat ¶정계의 복마전 kekacauan dan ketidakadilan politik

복막(腹膜) peritonium; selaput perut ⊙ 복막염 radang selaput perut

복망하다(伏望-) sangat ingin

복면(覆面) kedok; topéng; kerudung; tudung; selubung 복면하다 mukanya ditutup; mukanya bertopéng: menutupi (menyelubungi) diri ⊙ 복면강도 perampok bertopéng

복명하다(復命-) melaporkan ⊙ 복명서 laporan

복모음(複母音) diftong; vokal rangkap

복무(服務) dinas 복무하다 berdinas ¶군(軍)에 복무중이다 《bertugas》 dalam ketentaraaan 《angkatan laut》 ⊙ 복무규정 peraturan dinas. 복무기간 masa tugas (aktif)

복문(複文)kalimat kompléks; kalimat majemuk

복받치다 memancar; menyembur; (감정이) memenuhi hati ¶복받치다 terpancar; yang tidak dapat menahan

복병(伏兵) penghadangan

복부(腹部) perut ⊙복부수술 pembedahan (operasi) perut

복부인(福夫人) ibu rumah tangga kaya yang mengerjar keuntungan spékulasi; wanita-wanita pencari untung mengerumuni tempat spékulasi

복비(福費) komisi agén makelar tanah dan pembangunan

복비례(複比例) perbandingan majemuk

복사(複寫) 【복사물】 salinan; duplikat; kopi. reproduksi 복사하다 mereproduksi; menyalin ⊙복사기 alat fotokopi; mesin fotokopi. 복사 용지 kertas fotokopi (kertas salinan)

복사(輻射) 【물리】 radiasi; pancaran 복사하다 beradiasi; memancar ⊙복사에너지 énergi sinar. 복사선 sinar radiasi. 복사열 panas radiasi

복사뼈 tulang pergelangan

복상하다(服喪-) berkabung

복색(服色) warna dan gaya pakaian

복서 ⇒ 권투 선수 petinju

복선(伏線) 【소설 · 희곡 등의 장치】 pertandaan ¶복선을 깔다 memberi pertanda 《kejadian yang akan datang》; memberi isyarat yang harus diikuti

복선(複線) dua jalur ¶복선으로 하다 memakai jalur ganda

복성스럽다 muka manis (bulat gembira)

복소수(複素數) angka kompléks

복수(復讐) pembalasan dendam; tuntutan darah 복수하다 membalas dendam ⊙ 복수심 pikiran penuh dendam; pikiran balas dendam. 복수 자 pembalas dendam; orang yang balas dendam. 복수전 pertempuran balas dendam

복수(腹水) 【의학】 busung perut

복수(複數) 【둘 이상의 수】 angka jamak ⊙ 복수명사 benda jamak

복술(卜術) seni ramalan

복숭아 persik; *peach*

복스 【상자】 kotak

복스오피스①【창구】 biro (lokét) tikét ②【영

화】 film laris
복스럽다(福-) muka berseri; muka manis
복습(復習) pengulangan lagi pelajaran 복습하다 mengulangi lagi pelajarannya
복시(復視) 【의학】 diplopia; pandangan ganda
복식(服飾) pakaian dan perhiasan ⊙복식잡지 majalah mode
복식(複式) ganda; jamak; majemuk; 【부기】 tata buku ⊙복식경기 pertandingan ganda. 혼합 복식 ganda campuran
복식호흡(腹式呼吸) pernapasan perut
복신(福神) Déwa Kekayaan; Pembawa Keberuntungan
복싱 adu tinju ⊙ 섀도복싱 tinju bayangan
복안(腹案) gagasan; idé ¶복안을 세우다 merencanakan ⟪maksud yang tidak baik⟫
복약(服藥) 복약하다 minum obat
복어(-魚) ⇒ 복
복역(服役) ①【병역】 복역하다 bertugas di ketentaraan ⟪kantor umum⟫; sedang bertugas ②【징역】 hukuman penjara 복역하다 menjalani hukuman; menjalani masa tahanan ⊙ 복역 기간 masa hukuman
복엽(複葉) 【식물】 daun majemuk ⊙ 복엽비행기 pesawat terbang dua sayap
복용(服用) hal minum obat 복용하다 minum (makan) obat ⊙ 복용량 dosis:. 최대 복용량 dosis maksimum
복원(復元) pemulihan 복원하다 dipulihkan kembali seperti keadaan semula ⊙ 복원력 daya réhabilitas
복원(復員) démobilisasi 복원하다 mendémobilisakikan ⊙ 복원령(令) perintah démobilisasi
복위(復位) pemulihan; pengembalian; perbaikan; restorasi 복위하다 dikembalikan ⟪ke tahta⟫
복음(複音) suara majemuk
복음(福音) berita gembira dari Isa Almasih ⊙ 복음교회 geréja Injil. 복음서 ke empat kitab Injil
복자(覆字) 【인쇄】 asteris; tanda bintang
복작거리다 ⇒ 북적거리다 ramai; penuh sesak; galau
복잡(複雜) ①【문제 · 일 · 감정 등이】 keruwétan; kerumitan; kesulitan; komplikasi 복잡하다 ruwét; berbelit-belit; rumit ¶복잡해지다 menjadi sulit (rumit; ruwét) ②【혼잡하다】 keramaian; kerumunan
복장 【마음속】 pusat rongga dada ; hati
복장(服裝) 【옷차림】 pakaian ¶복장은 자유【주의사항】 Pakaian bébas.
복적하다(復籍-) kembali ke tempat tinggal asal; kembali ke keluarga asal
복제(服制) ①【거상 때 복장】 sistém tradisionil memakai pakaian berkabung ②【복식】 peraturan (sistém) pakaian; seragam
복제(複製) réproduksi; salinan 복제하다 meréproduksi ⊙복제 인간 kloning manusia; penggandaan manusia. 복제품 réproduksi; penggandaan:불법 복제품 réproduksi yang ilégal (liar; tanpa izin)
복종(服從) kepatuhan; ketaatan; kepasrahan 복종하다 mematuhi; menuruti ¶복종적(인) patuh; taat; penurut/복종시키다 menundukkan; menaklukkan
복중(伏中) "hari-hari terpanas" pertengah an musim panas
복중(服中) ⟪selama⟫ masa berkabung
복지(福祉) kesejahteraan masyarakat ⊙ 복지국가 negara yang sejahtera. 복지시설 fasilitas kesejahteraan. 국민복지연금 ⟪sistém⟫ pénsiun nasional
복지부동(伏地不動) ¶복지부동의 태도를 보이다 mempunyai perilaku keranjingan
복직(復職) penjabatan kembali 복직하다 dikembalikan (dipulangkan) ke jabatan semula; ditunjuk kembali; diangkat kembali
복창하다(復唱-) mengulangi; menghapal
복채(卜債) ongkos tukang ramal
복통(腹痛) ⟪menderita⟫ sakit perut; mulas
복판 tengah; pusat; jantung ¶복판에 di tengah-tengah
복학하다(復學-) kembali ke sekolah ¶복학했어요? Apakah kamu kembali ke sekolah?
복합(複合) kompléks; campuran 복합하다 mempersulit; menambah; mencampurkan ¶복합의 senyawa; komposit; kom-

pléks ⊙ 복합어 kata majemuk. 주상복합건물 gedung serbaguna
볶다 ①【불에 익히다】 memanggang; membakar; menggoréng; menyelarkan; menyanya ②【사람을 성가시게 굴다】 ⇒ 들볶다 mengganggu; menggoda
볶아대다 terus mengganggu (mengacau; merongrong)
볶아치다 menggegas-gegas; tergesa-gesa; bergegas
볶음 ①【하기】 pemanggangan; pembakaran ②【음식】 makanan panggang ⊙ 볶음밥 nasi goréng
본(本) ①【본관】 asal muasal keluarga ②【본보기】 contoh; modél; teladan ③【옷을 만드는 데 쓰는】 pola ④⇒ 본전(本錢)
본- (本) ①【본디의】 asal; pokok ¶본값 harga pokok ②【자기】 saya; diri saya ¶본인 saya sendiri ③【주된】 utama; pusat ¶본점 kantor pusat ④【실제의】 sebenarnya; 【정식의】 regulér ¶본명 nama sebenarnya
본가(本家) 【본집】 keluarga utama; 【친정】 rumah gadang
본값(本-) harga pokok
본거지(本據地) basis operasi: markas besar ¶생활의 본거지 tempat hidup utama
본건(本件) urusan (hal; masalah) ini
본격적 ¶본격적인 sebenarnya/본격적으로 dengan sungguh-sungguh
본견(本絹) sutera sejati
본고장 ①【고향】 tempat asal; tempat kelahiran ②【본바닥】 pusat; tempat kediaman
본고향(本故鄕) daérah (tempat) asal; rumah; kampung halaman
본과(本科) kursus regulér ⊙ 본과생 siswa regulér
본관(本官) ①【자칭】 petugas saat ini; saya; kami; kantor ini ②【겸직에 대한】 pekerjaan resmi
본관(本貫) ⇒ 본 【시조의 고향】 rumah pusaka; asal muasal keluarga ¶본관이 어디십니까 Di mana asal keluarga Anda?
본관(本館) gedung utama
본교(本校) sekolah ini (kami)
본국(本局) kantor pusat
본국(本國) tanah tumpah darah; negara asal ⊙ 본국정부 pemerintahan dalam negeri
본남편(本男便) ①【전남편】 mantan suami ②【남편】 suami (secara hukum)
본능(本能) naluri; insting ¶본능적(인) menurut naluri; secara naluriah
본당(本堂)【불교】 bangunan utama; 【가톨릭】 geréja jemaah
본대(本隊) badan (kekuatan) utama
본댁(本宅) ①【본집】 rumah gadang ②【정실】 isteri sah
본드 ⇒ 접착제(접착) lém; perekat ¶본드를 흡입하다 mencium lém
본디 asalnya; asal mulanya; secara alami
본딧말(本-) kata-kata asli; kata yang oténtik
본때 ①【본보기】 contoh; modél ⇒ 본때 있다 ②【교훈】 pelajaran; peringatan; contoh ¶본때를 보이다 membuat contoh (pelajaran); mengajar pelajaran; menghukum
본때 있다 patut dicontoh ¶본때 있게 잘 하다 mengerjakan pekerjaan yang bagus
본뜨다 ①【모델로 삼다】 menjadikan modélnya; contoh; modél ②【형을】 gaya; corak; mode
본뜻(本-) ①【본심】 maksud sebenarnya; makna asli; tujuan ②【의미】 arti asli; arti yang tertulis
본래(本來) ⇒ 원래 asalnya; terutama; pada hakékatnya; pada dasarnya ¶본래의 asli; penting; wajar; sejati; sebagaimana adanya
본령(本領) ①【특색】 karakter khusus; ciri-ciri; 【본분】 bidang (fungsi) yang pantas; tugas ②【본성】 sifat asli; sifat sebenarnya; sifat utama
본론(本論) masalah pokok (utama) ¶본론으로 들어가다 meneruskan ke masalah pokok
본류(本流) arus utama; ibu sungai
본말(本末) "akar dan cabang"; penyebab dan akibat; cara dan hasil; bahan dan bayangan ¶(문제의) 본말을 전도하다 menyalahgunakan cara (alat) untuk mencapai tujuan; mendahulukan keréta dari kuda
본명(本名) nama sejati

본무대(本舞臺) panggung utama
본문(本文) induk karangan; pokok (surat)
본문제(本問題) 【본래의】 masalah (soal) yang sebenarnya
본바닥(本-) asli; tempat asal; pusat ¶본바닥영어 bahasa Inggris seperti yang diucapkan oléh penutur aslinya ⊙ 본바닥 사람 orang asal (pribumi)
본바탕(本-) dasar; watak asli
본받다(本-) mengikuti contoh; meneladani; mencontoh; meniru
본보기(本-) ①【귀감】 teladan; contoh ②【비유적】 contoh ¶다른 이에게 본보기로 untuk memberi contoh kepada yang lain
본봉(本俸) gaji tetap; gaji pokok
본부(本部) markas besar; kantor pusat ⊙ 본부석 tempat duduk kotak
본분(本分) tugas; kewajiban; peranan ¶본분을 다하다 melakukan tugas seseorang
본사(本社) 【중심이 되는 회사】 kantor pusat; 【우리 회사】 perusahaan kami (ini)
본사(本寺) 【불교에서】 kuil induk
본산(本山) candi (kelenténg) utama
본새(本-) ①【생김새】 rupa; tampang; wajah ¶본새가 곱다 tampan; cakap; ganteng ②【바탕】 dasar ¶본새가 사납다 buruk (jelék) dasarnya
본색(本色) ①【빛깔】 warna natural; warna asal ②【정체】 watak asli ¶본색을 드러내다 menunjukkan watak asli
본서(本署) kantor polisi pusat
본선(本選) finalis
본선(本船) 【이배】 kapal ini; 【모선】 kapal induk ⊙ 본선 인도가격 harga FOB; harga barang sampai di atas kapal
본성(本性) sifat asli; perangai; tabiat; tingkah laku; kodrat ¶본성을 드러내다 menampakkan sifat yang sebenarnya; mengungkapkan diri sendiri
본시(本是) ⇒ 본디 asalnya; memangnya
본심(本心) pikiran séhat; perasaan; maksud (sifat) yng sebenarnya ¶본심은 ⟪di dasar⟫ hati; di hati yang sebenarnya/본심을 드러내다 (밝히다) menunjukkan tujuan (sifat) yang sebenarnya; membuka diri
본안(本案) ①【원안】 usul (rencana) asli (dasar) ②【이 안】 usul (rencana) ini
본얼굴(本-) wajah asli (tak berubah; tanpa polésan)
본업(本業) pekerjaan utama (pokok)
본연(本然) ⇒ 본래 alami; wajar
본위(本位) ①【통화의】 standar; baku; monetér ②【기본】 standar; 【기초】 dasar ¶자기 본위의 사람 orang yang égois ⊙ 금 본위 standar emas. 품질본위 yang mengutamakan mutu (kualitas)
본의(本意) ①【참의도】 maksud (keinginan; tujuan) yang sebenarnya; kemauan ②【진심】 hati; pikiran; kesadaran; sifat baik
본인(本人) ①【당사자】 orang yang bersangkutan ¶본인자신(이) sendiri; diri sendiri ②【나, 자기】 saya; saya sendiri
본임자(本-) pemilik asli
본적(本籍) 【원적】 tempat tinggalnya (alamatnya) yang tetap; kediaman tetap; 【본적지】 tempat kelahiran
본전(本錢) 【원금】 modal; pokok
본점(本店) kantor (toko) pusat
본제(本題) pokok pembicaraan ¶본제로 돌아가서 kembali ke pokok pembicaraan kita
본지(本旨) 【본래의 취지】 tujuan utama (terpenting); tujuan yang sebenarnya; 【참 목적】 sasaran sebenarnya
본직(本職) ①【본업】 pekerjaan (profési) tetap; usaha pokok ②【관리 등의 자칭】 saya; saya sendiri
본질(本質) hakékat; kebenaran; prinsip; dasar; azasi; pokok; jenis asli
본질적(本質的) ésénsial; hakiki ¶본질적으로 pada hakékatnya
본처(本妻) istri syah; istri yang dinikahi; istri pertama
본체(本體) ①【정체】 bentuk sesungguhnya ②【본바탕】 ésénsi; sifat di dalam; dasar ③【철학】 substansi; inti; isi ④【불교】 kenyataan ⑤【컴퓨터】 désktop ⊙ 본체론 ontologi
본체만체하다 tidak peduli; pura-pura tidak melihat
본초(本草) 【한의학】 tanaman obat-obatan (jamu) ⊙본초가 ahli tanaman obat(jamu). 본초 강목 daftar tumbuhan; flora
본초자오선(本初子午線) garis meridian uta-

ma

본토(本土) daratan utama ¶본토 산(産)의 dihasilkan di tanah asal《Cina》; berasal dari 《Korea》 ⊙본토박이 penduduk asli; oborigin

본회담(本會談) konferénsi utama

본회의(本會議) pléno; sidang utama

볼[1] ①【뺨】 pipi ②【너비】 lébar ③【버선의】 tambalan 《untuk kaus kaki kain》 ④【그릇】mangkuk

볼[2] 【공】 bola ¶볼을 던지다 melemparkan bola

볼거리 【구경거리】 tontonan; atraksi

볼거리【한의학】 parotitis; penyakit gondok

볼기 pantat ¶볼기를 맞다 ditampar (ditepuk) pantat; dipukul pada pantat

볼꼴 penampilan; kelihatan ¶볼꼴 사납다 jelék; hina/볼꼴 사납게 굴다 bersikap buruk; bersikap tak baik (tak pantas)

볼 낯이 없다 merasa malu untuk melihat; kehilangan muka; malu

볼록하다 cembung ¶볼록거리다 kembang kempis ⊙ 볼록거울 cermin cembung

볼레로 blus péndék wanita

볼륨 ①【부피】 isi; volume ②【음량】 volume

볼링 permainan bola guling; bola pancang; *bowling* ⊙ 볼링공 bola gelinding. 볼링장 tempat *bowling*

볼만하다 bagus (baik) dilihat; mengesankan

볼멘소리 kata-kata gerutuan; kata-kata yang bersungut-sungut; ucapan yang ketus ¶볼멘소리로 dengan nada (suara) marah/볼멘소리로 답하다 dijawab dengan ketus

볼모 ①【담보】 jaminan; tanggungan ②【인질】 sandera; tawanan ¶볼모로 잡히다 ditahan sebagai sandera

볼 보이 pemungut bola

볼셰비즘 Bolsévikisme

볼셰비키 Bolsévik

볼썽사납다 canggung; jelék

볼일 ①【용무】bisnis; urusan perjanjian; 【심부름】 suruhan ¶급한 볼일 urusan yang penting (mendadak) ②【용변】 ¶볼일 보러 화장실에 좀 다녀 오겠습니다 Permisi sebentar, saya perlu ke kamar kecil.

볼 장 다 보다 berakhir dengan gagal; pekerjaan berantakan (gagal)

볼트 ①【물리】 volt; voltase ②【나사 못】 baut; mur; pasak 《sekrup》; gréndél

볼펜 bolpoin; péna

볼품 rupa (penampilan; bentuk) yang baik

불호령(-號令) bentakan keras 불호령하다 membentak keras

봄 ①【계절】 musim semi; musim bunga ¶이른 【늦은】 봄 awal 【akhir】 musim semi ②【비유적】 hari baik ⊙ 봄기운 suasana (udara) musim semi. 봄 농사 tanaman musim semi

봄갈이 pengolahan tanah musim semi

봄나물 tanaman (tumbuhan) hijau yang muda

봄날 cuaca musim semi; hari musim semi

봄눈 salju musim semi ¶봄눈 슬듯하다 lenyap (musnah) ke udara terbuka

봄빛 ①【계절】 pemandangan musim semi ②【비유적】 suasana musim semi

봄소식(-消息) berita bunga-bunga

봄철 musim semi

봄추위 cuaca dingin di awal musim semi; hawa dingin yang tak hilang-hilang di musim semi; hawa dingin yang masih terasa di musim dingin

봅슬레이 【썰매】 gerobak tanpa roda yang disérét; sérétan keréta luncur

봇도랑, 봇둘(洑-) parit; saluran irigasi; selokan (saluran) irigasi

봇물(洑-) air waduk 《reservoir》

봇짐(褓-) bungkusan; buntalan ⊙ 봇짐장수 penjaja; pedagang asongan

봉 【메우는】 pekerjaan memateri; menambal 《충치의》 ¶봉(을) 박다 menutup; memateri; menutup lubang

봉(封) ①pembungkus kertas ¶약 한 봉 sebungkus obat ②⇒ 봉투

봉(鳳) ①⇒ 봉황 ②【만만한, 속이기 쉬운 사람】 korban mangsa; korban; sasaran

봉건(封建) ①【봉함】 pengangkatan pangeran ②【제도】 féodalisme; sistém féodal ¶봉건적(인) féodal; kolot ⊙ 봉건사상 gagasan(idé) féodalistis. 봉건주의 féodalisme; faham féodal

봉고【차】 mobil van; minibus
봉고도(棒高跳) 【장대높이뛰기】 lompat galah
봉급(俸給) gaji; bayaran; upah ¶봉급을 타다 menerima (mendapat) gaji (bayaran) ⊙ 봉급생활자 orang gajian. 봉급일 hari gajian
봉기(蜂起) pemberontakan 봉기하다 memberontak
봉납하다(奉納-) mengabdi
봉돌 bandulan pemberat jala (pancing)
봉두난발(蓬頭亂髮) rambut kusut
봉랍(封蠟) lilin (lak) penutup
봉 박다 menyumbat lubang
봉변(逢變) ①【변을】 kecelakaan; kemalangan 봉변당하다 mengalami saat yang sulit; mendapat (mengalami) pengalaman pahit ②【욕을】 penghinan 봉변당하다 mendapat (menerima) penghinaan; dipermalukan
봉분(封墳) gundukan tanah pekuburan (makam)
봉사(奉仕) pelayanan 봉사하다 melayani; mengabdi ⊙ 봉사가격 harga murah sekali. 봉사료 persénan. 사회봉사 pelayanan sosial (masyarakat). 자원 봉사자 pekerja rélawan
봉사(奉祀) persembahan untuk para leluhurnya 봉사하다 mempersembahkan leluhurnya
봉사(奉事) 【소경】 orang buta
봉서(封書) surat yang diségél
봉선화(鳳仙花) bunga balsam
봉쇄(封鎖) blokade; rintangan; hambatan; pemblokiran 봉쇄하다 memblokade ⟪pelabuhan⟫; menghalangi ⟪jalan⟫; membekukan ⟪asét⟫ ⊙ 경제봉쇄 blokade ékonomi
봉숭아 ⇒ 봉선화
봉양하다(奉養-) menyokong (melayani) orang tua
봉오리 tunas ¶봉오리가 지다(맺혀있다) bertunas; menghasilkan (memiliki) pucuk; berpucuk; mengeluarkan pucuk ⊙ 꽃봉오리 pucuk bunga
봉우리 puncak gunung
봉인(封印) ségél; penyégélan 봉인하다 menyégél ¶봉인을 뜯다 membuka (merobék) ségél
봉제(縫製) jahit-menjahit ⊙ 봉제공 tukang jahit; penjahit. 봉제공장 pabrik pakaian. 봉제품 hasil(produk) jahitan
봉지(封紙) ①【봉투】 amplop; kantong kertas; sampul ②【세는 단위】 pakét; bungkus
봉직하다(奉職-) bertugas; berdinas
봉착하다(逢着-) dihadapi; dihadapkan
봉창(封窓) ①【봉한 창】 jendela bertutup; jendela yang direkat ②【뚫은 창】lubang di dinding ¶자다가 왠 봉창 두드리는 소리냐? Apa yang kamu bicarakan?
봉창질하다 menimbun barang; merahasiakan; menyembunyikan; mengejar (menutupi) kerugian
봉축(奉祝) perayaan 봉축하다 merayakan
봉토(封土) tanah timbunan
봉투(封套) amplop; sampul ¶봉투를 봉하다 menyégél ⊙ 반신용 봉투 amplop kembalian
봉피(封皮) amplop sampul
봉하다(封-) ①【문 · 봉투를】 mengelém; menutup rapat-rapat ②【입을】 menutup ⟪mulut⟫ ③【구멍을】 menutup ④【봉토를】 menimbuni ⑤【작위를】 memberikan berkah(anugerah); menganugerahkan gelar bangsawan
봉함(封緘) ségél; penyégélan 봉함하다 menyégél ⟪surat⟫ ⊙ 봉함엽서 kartu surat; kartu pos
봉합(縫合) jahitan ⟪luka⟫ 봉합하다 menjahit ⊙ 봉합 사(絲) 【외과】 benang bedah; benang jahitan. 봉합선 jahitan; pelipit
봉행하다(奉行-) mematuhi perintah; melaksanakan (melakukan) perintah orang atasan
봉화(烽火) api tanda(sinyal); nyala api; panah api; suar; kembang api; mercu suar ¶봉화를 올리다 menyalakan api isyarat (sinyal api); meluncurkan panah api sebagai isyarat. ⊙ 봉화대 mercu suar; menara api
봉황(鳳凰) burung mérak Cina
봐하니 sejauh yang saya amati
봐주다 memahami
뵙다 bertemu; melihat ¶처음 뵙겠습니다 Apa kabar?

부(否) tidak; bukan ¶가부(可否) ya dan tidak; pro dan kontra

부(部) ①【부서】 departemén; biro ②【부류】 bagian ③【책 · 신문 등을 세는 단위】 salinan; jilid ¶1부 천 원 seribu won setiap buah (salinan; kopi) ④【부분】 bagian

부(富) kekayaan

부(副) pembantu; asistén; wakil ¶부시장 wakil wali kota

-부(附) ①【날짜】 tertanggal ②【소속】 termasuk ke dalam; untuk ¶대사관 부 무관 wakil atase militer untuk kedutaan

부가(附加) 부가하다 menambah; melampirkan ¶부가적 tambahan ⊙ 부가세 pajak tambahan

부가가치(附加價値) pertambahan nilai ¶부가가치를 창출하다 menciptakan nilai tambah ⊙ 부가가치세 pajak pertambahan nilai (PPn; VAT)

부각(俯角) 【수학】 sudut tekanan (penyimpangan)

부각(浮刻) gambar timbul 부각하다 timbul; menghiasi dengan hiasan timbul; 【새기다】 memahat (mengukir) dengan gambar timbul ¶부각되다 menjadi timbul; dihiasi dengan sulaman timbul; (비유적으로) disoroti; diajukan (dibawa) ke depan

부감(俯瞰) 부감하다 melihat dari atas ⊙ 부감도 pandangan dari atas

부갑상선(副甲狀線) kelanjar parathyroid

부강(富强) kekayaan dan kekuasaan

부결(否決) penolakan 부결하다 menolak ⊙ 부결 권 hak veto

부계(父系) garis ayah ⊙ 부계가족 keluarga pihak ayah. 부계사회 masyarakat patrilinial (garis ayah)

부고(訃告) berita kematian; berita duka cita

부과(賦課) 부과하다 ①【세금 · 벌금 등을】 membebani (mengenakan) pajak ②【임무 · 책임 등을】 ¶부과되다 ditugaskan ⊙부과금 pembayaran pajak. 부과액 taksiran pajak. 자동부과(세)제 perpajakan dengan sistém penjadwalan

부관(副官) ajudan ⊙ 전속 부관 ajudan pribadi

부교(浮橋) jembatan ponton

부교감신경(副交感神經) saraf parasimpatik

부교재(副教材) buku pelajaran pembantu (penolong)

부교수(副教授) tingkatan posisi profésor

부국(富國) negara kaya ⊙ 부국강병책 tindakan untuk mensejahterakan dan memperkuat negeri

부군(夫君) suami

부권(父權) hak ayah ⊙ 부권사회 masyarakat yang menganut azas garis ayah

부귀(富貴) kekayaan dan kemasyhuran ¶ 부귀한 집안에 태어나다 terlahir kaya; kaya sejak lahir ⊙ 부귀공명(功名) kekayaan, pangkat dan ketenaran. 부귀영화 kekayaan dan kemakmuran

부근(附近) sekitar; daérah sekitar (sekeliling) ¶부근에 di dekat/서울 부근 sekitar Seoul

부글거리다 ①【끓어서】 mendidih; menggelembung ②【거품이】 membusa

부금(賦金) ①cicilan; premi ②⇒ 부과금 ⊙ 상호 부금 rekening tabungan bersama

부기(附記) catatan tambahan; apéndiks 부기하다 menambahkan

부기(浮氣) pembengkakan ((kulit))

부기(簿記) tata buku ⊙부기장(帳) buku tabungan

부끄러워하다 ①【수줍어하다】 malu ②【창피해하다】 merasa malu

부끄럼 ①【창피】 rasa malu; aib; arang di muka; (굴욕) penghinaan ¶부끄럼을 모르다 tidak mempunyai rasa malu ②【수줍음】 malu; segan ¶부끄럼(을) 타다 malu-malu; segan

부끄럽다 ①【창피하다 · 수줍다】 memalukan ¶부끄러운 일입니다만… Saya malu mengakui (Saya malu mengatakan) bahwa… ②【불명예】 ¶부끄럽지 않게 살다 hiduplayak; hidup secara pantas

부나비 【곤충】 ngengat

부낭(浮囊) ①【구명용】 pelampung ②【수영용】 ban dalam

부녀(父女) ayah dan puterinya

부녀(자)(父女(子)) perempuan; wanita

부녀회(婦女會) perkumpulan perempuan; asosiasi perempuan ⊙ 아파트 부녀회 asosiasi perempuan pada komunitas

apartemén
부농(富農) petani kaya dan makmur
부닥치다 ①【충돌하다】 kena; menghadapi; dihadapkan pada ¶난관에 부닥치다 menghadapi (berhadapan dengan) kesulitan ②【직면하다】 mendapat halangan; menemukan rintangan
부단하다(不斷-) 【꾸준하다, 끊임없다】 ¶부단한 terus-menerus; berkesinambungan
부담(負擔) ①【의무, 책임】 beban; tanggung jawab 부담하다 menanggung ((biaya)); memikul ((beban)) ②【정신적】 ⇒ 짐 beban ③【신체적】 ¶부담을 주다 (음식이) tidak mudah dicerna; sulit dicerna ⊙ 부담액 andil; bagian; jatah; pemberian. 각자 부담 【회식 등의】 makanan atau hiburan yang dibayar sendiri-sendiri
부담스럽다 terbebani
부당(不當) ¶부당한 tidak adil; tidak jujur; curang; tidak pantas ⊙ 부당해고 pemecatan yang tidak adil
부대(負袋) 【자루】 kantong goni; karung
부대(附帶) 【부수적】 ¶부대의 insidéntal; sekunder; serap ⊙ 부대비용 biaya insidental (tidak terencana). 부대시설 fasilitas tambahan. 부대조건 kondisi kolateral
부대(部隊) unit; kesatuan; korps ⊙ 부대장 komandan. 외인부대 legiun asing. 전투부대 satuan tempur
부대하다(富大-) gemuk; gendut
부대끼다 ①【시달리다】 diganggu; dirundung; disiksa ②【배 속이 불편하다】 ¶나는 자주 속이 부대낀다 Saya sering menderita sakit pencernaan.
부덕하다(不德-) tidak berperibudi; tidak sopan; asusila; ganas
부덕(婦德) keperibadian wanita; sifat baik kewanitaan(wanita)
부도(不渡) ¶부도가 나다 tak dibayar; tidak berlaku ⊙ 부도수표 cék kosong
부도(附圖) map gantung; gambar tambahan
부도(婦道) kewanitaan; tugas (kewajiban) seorang wanita
부도덕(不道德) immoralitas; dursila 부도덕하다 tidak bermoral ¶부도덕한 짓을 하다 berbuat (melakukan perbuatan) tak bermoral
부도체(不導體) non konduktor
부동(不同) perbédaan; anéka ragam 부동하다 tidak sama; tidak teratur ¶표리가 부동한 bermuka dua; khianat
부동(不凍)【얼지 않음】 ⊙ 부동액 anti beku; pencegahan anti dingin
부동(不動) 【움직이지 않음】 keadaan (sifat) tak bergerak ¶부동의 tegar; kuat; yang tak dapat digerakkan; tak bergerak ⊙ 부동자세 sikap yang tidak berubah-ubah; postur yang kokoh (tegak)
부동(浮動) 【고정되어 있지 않음】 부동하다 mengambang; berfluktuasi ¶부동하는 goyah; yang mudah terombang-ambing ((pikiran)); tak tegak; tidak kokoh ⊙ 부동인구 penduduk yang mengambang. 부동표 suara (pilihan) yang mengambang (berubah); massa mengambang
부동하다(符同-) berkelompok bersama; bergabung; bersekongkol
부동산(不動産) realéstate; lahan yasan; tanah bangunan; harta (barang; benda) tak bergerak ⊙ 부동산(소개)업자 pialang (makelar) real éstate. 부동산 투기 spékulasi dalam perumahan; spékulasi tanah bangunan. 부동산 투자 penanaman modal pada benda-benda tak bergerak (perumahan)
부두(埠頭) ⇒ 선창 dermaga; pangkalan ⊙ 부두인부 kuli pelabuhan
부둥켜안다 【끌어안다, 얼싸안다】 memeluk dengan kencang; mendekap erat
부드럽다 ①【촉감이】 ringan; halus; lembut ②【태도 · 성품 · 목소리 등이】 ringan; halus; lembut ③【동작 · 작동 등이】 halus
부득부득 ①【고집을 부리는 모양】 dengan keras kepala ②【이를 가는 모양】 mengertakkan gigi; menggeratkan
부득불(不得不) tak terélakkan; terpaksa 부득불하다 dipaksa ((melakukan))
부득이하다(不得已) terpaksa; bertentangan dengan kemauan; tidak dapat dihindari ¶부득이한 사정으로 karena keadaan yang tak bisa diélakkan
부들부들 ¶부들부들 떨다 menggigil; gemetar
부들부들하다 【부드럽다】 sangat lembut;

halus

부듯하다 ⇒ 뿌듯하다 ①【꼭 맞다】 ketat; erat ②【꼭 차다】 penuh; ketat ③【가슴이】 meluap ⟪kebanggaan⟫

부등(不等) ketidaksamaan 부등하다 tidak sama ⊙ 부등식 pertidaksamaan

부등변(不等邊) ¶부등변의 ⟪segi tiga⟫ tidak sama kaki ⊙ 부등변 삼각형 segi tiga tak sama kaki (tak sama sisi)

부등속(不等速) ⊙부등속 운동【물리】 gerakan tidak seragam (dipercepat)

부디 ①【기어이 · 꼭】 apapun caranya; bagaimanapun caranya ②【바라건대】 sudi

부딪다 ①【맞다】 mengenai; membentur; menabrak; (충돌하다) bertuburukan; bertabrakan; bentrokan; ⟪배가⟫ mendampar ②【부닥치다】 (a)(당면하다) menghadapi (b)(해보다) mencoba; melakukan; mengerjakan

부딪뜨리다 membenturkan; menabrakan

부딪치다 ⇒ 부딪다

부딪히다 terbentur; tertabrak; tertumbur

부뚜막 kompor (api) dapur ¶부뚜막엣 소금도 집어넣어야 짜다 【속담】 Setiap hal memerlukan usaha.

부라리다 membelalakkan; menatap dengan garang

부락(部落) 【마을】 désa; kampung ⊙ 부락민 orang désa. 산간 부락 désa di antara gunung-gunung

부란(孵卵) inkubasi; penetasan ⊙부란기(器) inkubator: mesin penetas

부랑(浮浪) 부랑하다 mengembara; mengeluyur; berkeliling-keliling ⊙ 부랑아 bajingan; perisau

부랑자(浮浪者) bajingan; orang gelandangan; petualang

부랴부랴 sangat buru-buru; bergegas

부러 【일부러】 dengan sengaja

부러뜨리다 memecahkan; mematahkan

부러워하다 iri hati; cemburu

부러지다 ①【단단한 물체가】 pecah; rusak; patah ②【'딱 부러지게'의 형태로 쓰여】 *dengan sempurna;* dengan jelas

부럼【민속】 *bureom;* kacang yang dimakan pada hari ke 15 bulan pertama ⟪untuk menjaga diri dari nasib buruk sepanjang tahun⟫ ¶부럼을 깨물다 memakan *bureom*

부럽다 rasa iri ¶부러운 듯이 보다 memandang dengan rasa iri

부레 ①【물고기의】 kantong udara ②【부레풀】 mika ¶부레질하다 merekat dengan mika

부레끓다 menjadi marah; naik pitam; mendidih darahnya ⟪karena kemarahan⟫

부려먹다 ⇒ 부리다 ¶막 부려먹다 mempekerjakeraskan

부력(浮力) daya apung ¶부력의 중심 pusat pengapungan ⊙ 부력 계 pengukur daya apung

부력(富力) kekayaan; sumber daya; keuangan

부령(部令) ordonasi departemén; perintah (keputusan) dari kementerian; peraturan

부록(附錄) ①【별도의 책자】 tambahan; lampiran; pelengkap ②【본문 끝에 덧붙이는 기록】 lampiran ⊙ 별책 부록 tambahan terpisah yang bisa dicabut

부루퉁하다 【뾰로통하다】 ①【화가 나다】 muka muram; masam; agak marah; geram; merengus ②【불만스러워】 merengut; cemberut; sebal hati; dongkol

부류(部類) kelas; jenis; golongan; katégori ¶…부류에 속하다 termasuk katégori

부르다[1] ①【배가】 kenyang; cukup ②【애를 배서】 hamil; mengandung ⟪anak⟫ ③【중배가】 menonjol; gendut

부르다[2] ①【소리 내어】 memanggil ②【오게 하다】 (a) (불러오다) memanggil; menyuruh datang ¶전화로 부르다 menélépon; memanggil léwat télépon (b)(청하다) mengundang; meminta datang ③【일컫다】 menyebut; menamai ¶…라고 부르다 disebut… ④【값을】 menawarkan ⟪harga⟫ ¶부르는 값 harga yang ditawarkan ⑤【노래를】 menyanyikan ⟪sebuah⟫ lagu ⑥【외치다】 berteriak ¶만세를 부르다 berteriak "horéee"

부르르 ¶부르르 떨다 gemetar ⟪karena takut⟫; menggigil ⟪kedinginan⟫

부르릉거리다 meraung; raungan

부르주와 【개인】 borjuis; kaum kaya; 【계급】 (부르주아지) kaum burjuis; kelas menengah yang kaya

부르쥐다 mengepalkan

부르짖다 ⇒ 외치다 ①【소리치다】 berteriak ②【사회에 대해서】 mengajukan; menyatakan; menuntut

부르짖음【외침】 teriakan; jeritan; pekikan; sambutan; teriakan dukungan; keributan; (노호) geraman

부르트다 melepuh

부릅뜨다 melotot; mendelik

부리 【주둥이】 paruh; moncong; catok; sudu; 【끝】 ujung runcing ⊙ 총부리 mulut (mocong) senjata

부리나케 【급히】 dengan buru-buru; dengan cepat

부리다 ①【아랫사람을 일시키다】 mempekerjakan ②【조종하다】 mengatur; menjalankan; mengoperasikan ③【행세하다】 ¶허세를 부리다 memamérkan diri; berlagak ④【꾀 · 재주 · 말썽을】 berbuat jahat; memainkan; memperagakan

부리부리하다 besar dan cemerlang

부마(도위)(駙馬都尉) menantu laki-laki raja

부메랑 ①【무기의 일종】 bumérang ¶부메랑을 던지다 melempar bumérang ②【비유적】bumérang; merugikan diri sendiri ⊙ 부메랑 효과 éfék bumérang

부모(父母) orang tua; ayah ibu

부목(副木) pembalut 《lengan》; belat ¶부목을 대다 memakai belat; membelat; membalut 《lengan》

부문(部門) 【부류】 kelompok; cabang; katégori; (방면) bidang; séktor; bagian

부복하다(府伏-) bertiarap

부본(副本) salinan; rangkap dua

부부(夫婦) suami istri; pasangan; sejoli ¶부부의 pasangan ⊙ 부부생활 kehidupan perkawinan. 맞벌이 부부 pasangan yang bekerja bersama untuk hidup. 신혼부부 pengantin baru

부분(部分) bagian; porsi; potongan; pecahan; penggalan ¶부분적(인) sebagian; terbatas ⊙ 부분품 ⇒ 부품 perlengkapan; suku cadang

부빙(浮氷) és yang terapung (yang tertimbun)

부사(副使) wakil utusan; wakil duta

부사(副詞) 【문법】 kata keterangan; kata tambahan ⊙ 부사구 【절】 frase 【kalimat】 keterangan

부산물(副産物) hasil sampingan; hasil ikutan

부산하다 ①【바쁘다】 sibuk; berdesak-desakan ②【시끄럽다】 ribut; keributan; gaduh

부삽 sekop arang

부상(負傷) luka; cedera; lécét 부상하다 terluka ⊙ 부상병 tentara yang luka

부상하다(浮上-) ①【위로】 muncul (naik) ke permukaan; timbul; terbit; menyembul; mengambang ②【관심의 대상으로】 muncul; tampil ke muka

부상(副賞) 【상금, 상품】 hadiah tambahan (ékstra)

부서(部署) posisi; tempat; séksi ⊙부서장 kepala departemén

부서지다 ①【깨지다】 pecah; rusak; patah; réyot ¶부서지기 쉬운 mudah pecah; rapuh ②【파괴되다】 hancur ③ 【희망 · 기대 등이】 hancur; patah

부석부석하다 agak bengkak

부선거(浮船渠) dok yang terapung

부설(附設) 부설하다 menambah ¶사범대학 부설 고등학교 sekolah menengah itu berafiliasi dengan fakultas pendidikan ⊙ 부설기관 organ pembantu; bagian tergabung

부설하다(敷設-) memasang 《ranjau, kabél》 ¶철도를 부설하다 membangun (membentangkan) jalan keréta api ⊙ 부설권 hak pemasangan rél. 부설기뢰 ranjau kapal selam

부성(父性) ayah; hal berbapak; keayahan ⊙ 부성애(愛) kasih sayang ayah

부속(附屬) 부속하다 termasuk ke; menémpél ¶부속의 témpélan; tambahan⊙ 부속기관 badan pembantu; organisasi tergabung. 부속병원 rumah sakit yang tergabung dari suatu universitas. 부속시설 fasilitas tergabung (gabungan); badan tambahan

부속물(附屬物) perlengkapan; tambahan

부수(部數) jumlah salinan; sirkulasi; lembaran

부수(附隨) 부수하다 sejajar; ada hubungannya; seiring dengan; menyertai; disertai ⊙ 부수사건 kejadian yang sesuai keadaan

부수다 memecahkan; merusak; membantingkan; meruntuhkan

부수입(副收入) penghasilan tambahan (sampingan)

부스러기 pecahan (kepingan-kepingan; potong-potongan) kecil; sisa; rémah-rémah; barang-barang rombéngan; ampas

부스러뜨리다 memecahkan; menghancurkan

부스러지다 pecah berkeping-keping

부스럭거리다 bergemerisik

부스럼 ①【종기】 bengkak; tumor; benjol; bintul ¶부스럼이 나다 memiliki bengkak; membengkak ②【비유적】 ¶긁어 부스럼을 만들다 menimbulkan keributan

부스스 ①【조용히】 dengan tenang; dengan perlahan-lahan ②【머리 · 털 등이】 부스스하다 tidak rapi; kusut

부슬부슬[1] ¶(비가) 부슬부슬 내린다 hujan gerimis

부슬부슬[2] ⇒ 바슬바슬

부시 potongan logam 《untuk menyalakan api》 ¶부시(를)치다 membuat percikan api 《dengan logam dan batu api》

부시다 menyilaukan ¶눈이 부시다 mata silau

부시장(副市長) wakil wali kota

부식하다(扶植-) menanam; memelihara; membesarkan; membina ¶자기 세력을 부식하다 membina (meluaskan) pengaruhnya

부식(腐蝕) 【금속의 화학작용】 kerusakan; pengkaratan; pengikisan 부식하다 merusak; membusuk; runtuh; berkarat ¶부식되지 않는 yang tak korosif ⊙ 부식제 perusak; benda korosif; kaustik

부식(물)(副食物) 【반찬】 lauk pauk

부식토(腐植土) tanah humas; jamur

부신(副腎) kelenjar adrénal

부신피질(副腎皮質) lapisan luar kelenjar *adrénalin* ⊙ 부신피질 호르몬 hormon-hormon lapisan luar kelenjar adrénalin

부실(不實) 부실하다 ①【몸이 튼튼하지 못하다】 lemah; rapuh ②【내용이 충실하지 못하다】 tidak lengkap; tidak memadai; kekurangan ③【믿음성이】 tidak dapat dipercaya; tak berharga ④【불성실】 tak tulus; tak jujur; tak terpercaya ⊙ 부실기업 perusahaan yang bangkrut(pailit)

부심(副審) wasit pembantu

부심하다(腐心-) bersusah payah; berusaha keras; menggunakan segala daya; bekerja keras

부싯돌 pemantik

부아 ①【허파】 paru-paru ②【분함】 rasa marah ¶부아가 나다, 부아를 내다 membuat marah; menjéngkélkan

부양(扶養) pemeliharaan; dukungan 부양하다 menyokong; mendukung; memelihara⊙ 부양가족 keluarga yang masih bergantung (belum bisa mandiri). 부양공제 pengurangan pajak untuk tanggungan. 부양수당 tunjangan 《keluarga》

부양하다(浮揚-) terapung; mengambang ¶공중 부양을 하다 terbang di udara /경기를 부양하다(시키다) menggalakkan usaha

부어오르다 bengkak; menggembung

부언(附言) perkataan tambahan 부언하다 menambahkan

부업(副業) busnis tambahan (sampingan); pekerjaan tambahan (sambilan)

부엉이 burung hantu ⊙부엉이셈 perhitungan yang nékat (yang bodoh; yang salah)

부엌 【주방】 dapur ⊙ 부엌데기 pelayan dapur

부여하다(附與-) memberi; menghadiahi; menganugerahkan

부여(賦與) sumbangan; sokongan; anugerah. 부여하다 menyumbang seseorang dengan ¶재능이 부여되다 dianugerahi dengan bakat

부여잡다 mengambil (menggenggam) (tangan)

부역(賦役) 【강제 노역】 kerja paksa ¶부역을 시키다 dikerjapaksakan

부연(敷衍) pengerasan; penjelasan tambahan 부연하다 mengeraskan (memperkuat) suara; bercakap dengan panjang-lebar

부영사(副領事) wakil konsul

부옇다 【뿌옇다】 keputih-putihan; keabu-abuan
부용(芙蓉) teratai
부운(浮雲) awan berarak
부원(部員) anggota; staf ⊙ 편집 부원 anggota staf éditorial
부유(浮游) 부유하다 terapung; mengambang ⊙ 부유물 benda terapung. 부유생물 plankton
부유(富裕) 부유하다 kaya; makmur ⊙ 부유층 golongan kaya
부유스름하다 agak keputih-putihan
부음(訃音) berita kematian; berita duka cita ¶부음에 접하다 mendengar (diberitahu) tentang kematian
부응하다(副應-) memenuhi ¶요청에 부응하다 memenuhi permintaan
부의(賻儀) sumbangan duka cita 부의하다 memberikan uang (barang) sebagai tanda belasungkawa ⊙ 부의금 uang duka
부의장(副議長) wakil ketua
부익부빈익빈(富益富貧益貧) yang kaya makin kaya, yang miskin makin miskin
부인(夫人) 【아내】 istri; 【기혼자】 nyonya
부인(婦人) wanita; perempuan ¶중년의 부인 wanita separuh baya(tua) ⊙ 부인과 gineakologi: 부인과 의사 dokter gineakologi. 부인회 perkumpulan wanita
부인(否認) pengingkaran; ketidaksetujuan; kontradiksi 부인하다 mengingkari; memungkiri; tidak menyetujui; tidak mengakui; menyangkal
부임(赴任) 부임하다 mendapat jabatan baru ⊙ 부임지 tempat penempatan jabatan baru
부자(父子) ayah dan anak ⊙소원해진 부자관계 hubungan ayah-anak yang retak
부자(富者) orang kaya; orang mampu; orang mapan; hartawan ¶부자가 되다 menjadi kaya
부자연하다(不自然-) 【부자연스럽다】 tidak alami; buatan
부자유하다(不自由-) 【부자유스럽다】 tidak ada bébas (kebébasan); terkekang
부작용(副作用) réaksi yang merugikan; éfék sampingan
부잣집(富者-) keluarga (rumah) kaya
부장(部長) kepala bagian ⊙ 경리【인사】 부장 ketua bagian akuntan 【urusan personalia】
부재(不在) ketidakhadiran 부재하다 tidak hadir ⊙ 부재자 orang yang tidak hadir. 부재증명 alibi; bukti ada di tempat lain
부저 【버저】 bél
부적(符籍) azimat; jimat ¶행운의 부적 jimat keberuntungan
부적격(不適格) ¶부적격의 tidak memenuhi syarat/부적격이다 tidak cocok
부적당하다(不適當-) tidak sesuai; tidak layak
부적임(不適任) ¶부적임의 tidak memadai; tidak sesuai; tidak kompetén; tidak tepat; tidak pantas ⊙ 부적임자 orang yang tidak kompetén
부적절(不適切) ketidakcocokan; ketidakcakapan 부적절하다 tidak cocok; tidak tepat
부적합하다(不適合-) tidak sesuai; tidak serasi; tidak cocok
부전(不全) 【의학】 sebagian ⊙ 부전마비 lumpuh sebagian
부전(不戰) penolakan (anti) perang
부전(附箋) cap; labél ¶부전을 붙이다 mencap; memberi étikét (labél)
부전공(副專攻) kajian minor
부전승(不戰勝) kemenangan tanpa tanding 부전승하다, 부전승이 되다 mendapat kemenangan tanpa tanding
부전자승(父傳子承) ⇒ 부전자전(父傳子傳)
부전자전(父傳子傳) pewarisan dari ayah kepada anak lelaki ¶부전자전이다 Begitu ayah, begitulah anaknya.
부절제(不節制) berlebihan 부절제하다 melampaui batas
부젓가락 jepitan api; penjepit arang
부정(不正) ketidakadilan; kecurangan 부정하다 tidak adil; curang ¶부정한 짓을 하다 berbuat curang (salah); bertindak (berbuat) tak jujur; (시험에서) menyonték ⟪dalam ujian⟫ ⊙ 부정공무원 pegawai korup. 부정부패 ketidakjujuran dan korupsi; penyalahgunaan kekuatan dan kekuasaan. 부정선거 pemilihan yang curang. 부정식품 makanan yang tak séhat (berbahaya).부정 입학 masuk sekolah secara ilégal

부정(不定) 부정하다 tidak tentu; tidak tetap ⊙ 부정관사 kata sandang tidak tentu
부정(不貞)【정절을 지키지 않음】ketidaksetiaan 부정하다 tidak setia
부정(不淨) ①【더러움】부정하다 kotor; haram ②【기휘(忌諱) 할 때의 불길한 일】peristiwa kotor 《kelahiran atau kematian》 ¶부정 타다 menderita kemalangan
부정(否定) pengingkaran 부정하다 mengingkari ¶부정할 수 없는 tidak dapat diingkari ⊙ 부정문 kalimat négatif
부정적(否定的) négatif
부정기(不定期) ¶부정기의 tidak teratur; irégulér ⊙ 부정기선 kapal irégulér. 부정기 예금 simpanan yang tak teratur. 부정기 항공 penerbangan yang tak dijadwalkan (berjadwal)
부정수단(不正手段) cara yang melanggar hukum ¶부정수단으로 dengan cara tak jujur; secara tak jujur
부정축재(不正蓄財) pengumpulan kekayaan dari harta yang haram 부정축재하다 mengumpulkan kekayaan dari harta yang tidak sah (yang haram); menjadi kaya karena harta yang tidak sah ⊙ 부정축재자 koruptor
부정확(不正確) ketidaktepatan 부정확하다 tidak tepat
부조(扶助) ①【잔칫집 · 상가에의】부조하다 menyokong; menopang; memberi uang (barang) untuk ucapan selamat (belasungkawa) dalam membantu perkawinan (pemakaman) ②【도움】bantuan 부조하다 memberi bantuan ⊙ 부조금 uang pemberian untuk ucapan selamat (untuk belasungkawa). 상호부조 bantuan bersama
부조(浮彫)【미술】relief; pahatan; gambar timbul ⊙ 부조세공 pekerjaan relief; pengukiran; pemahatan
부조리(不條理) ketidakteraturan; ketidakbérésan; kemusykilan ⊙ 금융부조리 penyalahgunaan di bank; penyeléwéngan di bank. 사회부조리 ketidakbérésan sosial
부조화(不調和) ketidakharmonisan 부조화하다 tidak harmonis
부족(不足) kekurangan 부족하다 tidak cukup; défisit ¶부족을 메우다 mengatasi kekurangan; menutupi (memenuhi) kekurangan ⊙ 부족액 jumlah kekurangan (défisit). 수면 부족 kekurangan (kebutuhan) tidur. 식량부족 kejarangan (kekurangan) makanan (persediaan)
부족(部族) suku; suku bangsa ⊙ 부족사회 masyarakat suku
부존(賦存) ⊙ 부존자원 sumber daya alam
부종(浮腫)【의학】bengkak; pembengkakan ¶부종을 앓다 menderita pembengkakan
부주의(不注意) ketidakhati-hatian; kecerobohan 부주의하다 tidak hati-hati; ceroboh ¶ 부주의로 dengan ceroboh; karena ketelédoran
부증(浮症)【부종】pembengkakan
부지(敷地) tempat; situs; lokasi ¶부지선정 pilihan lokasi
부지(扶支 · 扶持) 부지하다 menahankan diri ¶부지 못하다 tidak dapat bertahan; tidak dapat tinggal
부지(不知) ⊙ 부지거처 tempat yang tak diketahui; hilang. 부지하세월(何歲月) tak tahu kapan 《sesuatu》 bisa diselesaikan
부지기수(不知其數) tak berjumlah; tak bisa dihitung (terhitung)
부지런하다 tekun; rajin; penuh perhatian
부지런히 dengan rajin; dengan tekun;【번번히】sering-sering; sering kali; kerap
부지불식간에(不知不識間-) ketidaksadaran; ketidaktahuan
부진(不振) stagnasi; ketidakaktifan 부진하다 stagnan; tidak aktif ¶부진에 빠지다 sedang lesu; mendapat kelesuan
부진(不進) kemajuan yang sedikit 부진하다 memperoléh kemajuan sedikit; tidak ada kemajuan
부질없다 sia-sia; tidak berguna
부질없이 dengan sia-sia
부집게 alat pemadam api; penjepit arang
부쩍 dengan hébat (kentara; mencolok)
부차적(副次的) kedua; sékunder
부착하다(附着-) menémpél; merekat ⊙ 부착력 daya rekat

부창부수(夫唱婦隨) cara hidup di mana seorang istri mengikuti petunjuk suaminya; istri menari suami menabuh gendang

부채(負債) hutang; tanggung jawab ¶부채가 있다 berhutang ⊙ 부채상환 penebusan hutang

부채 kipas angin ⊙ 부채꼭지 sumbu (poros) kipas angin. 부챗살 bingkai kipas angin

부채질하다 ①【부채를 부치다】 berkipas-kipas; menggunakan kipas (kipas angin); mengipasi dirinya ②【악화시키다】 menjadi lebih buruk (lebih jelék); menjadi lebih serius; (선동하다) menghasut

부처【석가모니】 Budha; 【성인】 orang suci; 【불상】 patung Budha

부처(部處) departemén

부처(夫妻) suami istri ¶김 씨 부처 Tuan dan Nyonya Kim

부총리(副總理) wakil perdana menteri

부추 【식물】 ganda ⸨sejenis sayuran⸩

부추기다 menghasut; mendorong; memanasi ⸨orang⸩

부축하다 memayang; mengampu; menyokong; membimbing; memapah; menyangga

부치다[1] 【힘이 모자라다】 di luar kemampuan

부치다[2] 【부채를】 mengipasi

부치다[3] ①【보내다】 mengirim; menyampaikan ②【돌리다】 mengajukan; mengirimkan ¶재판에 부치다 mengajukan ke pengadilan

부치다[4] 【논밭을】 mengerjakan tanah; membudidayakan

부치다[5] 【음식을 지지다】 memasak pada wajan yang cépér ¶달걀을 부치다 menggoréng telur

부칙 (附則) aturan tambahan

부친(父親) ayah

부침(浮沈) jatuh bangun; pasang surut; gelombang ⸨kehidupan; nasib⸩; kemakmuran dan kemunduran

부침개 kué yang dadar; makanan serabi

부츠 sepatu bot; sepatu tinggi lars ⊙앵클부츠 sepatu memata kaki

부탁(付託) ①【맡김】 tanggung-jawab ②【청함】 permintaan; permohonan 부탁하다 meminta; memohon ¶부탁이 있다 sudi meminta; sudi memohon

부탄 【화학】 butan ⊙ 부탄가스 gas butan

부터 ①【시간】 dari ¶두시부터 세시까지 dari pukul dua sampai pukul tiga ②【순서】 mulai dengan; bermula dari ③【장소】 dari; keluar ④【…에게서】 dari ¶…으로부터 독립하다 bébas dari ⑤【범위】 dari… sampai

부통령(副統領) wakil présiden (waprés)

부티(富-) kesan orang kaya

부팅하다 menyalakan kembali ¶컴퓨터를 재부팅하다 menyalakan kembali komputer

부패(腐敗) ①【썩다】 dekomposisi; pembusukan 부패하다 menjadi busuk; membusuk ¶부패한 busuk; rusak; basi; tengik ②【타락하다】 korupsi; kecurangan 부패하다 korup; jahat; buruk ⊙ 부패정치 kebusukan politik

부평초(浮萍草) rumput liar yang terapung ¶부평초 같은 생활을 하다 menjalani hidup yang sulit (bahaya)

부표(否票) suara penolakan; suara menentang; suara 'tidak' ¶부표를 던지다 memberi suara menentang; memberi suara 'tidak'

부표(浮漂) pengapungan 부표하다 mengapung

부표(浮標) pelampung ⊙ 부표등 lampu pelampung

부풀다 ①⟹ 보풀다 ②【부풀어 오르다】 menjadi besar sekali; membengkak; membesar; melembung ②【희망 · 기대 등으로】 berbesar hati; membesarkan hati; dada membusung ③【피부가】 membengkak ④【소문 · 의혹 등이】 membesar; menguat

부풀리다 ①⟹ 보풀리다 ②【부피를】 menggelembungkan; membuncitkan; mengembangkan ③【과장하다】 membesar-besarkan

부품(部品) bagian; komponén; onderdil ¶부품을 조립하다 merakit bagian

부피 ukuran isi; volume ¶부피 있는 berukuran besar

부하(負荷) ①【짐】 beban; muatan ②【전기】

muatan listrik ⊙ 부하시험 uji muatan
부하(部下) bawahan; anak buah ¶부하사병 tentara (prajurit) di bawah komando
부하다(富-) gemuk; gendut
부합(符合) kesesuaian; kepantasan; kelayakan; kecocokan 부합하다 sesuai dengan; klop; cocok; acur; sepakat
부형(父兄) orang tua dan saudara lelaki
부항(附缸) 【한방 치료법】 téknik penyembuhan dalam pengobatan tradisional Timur ¶부항을 뜨다 melakukan pengobatan dengan pemanasan mangkuk
부호(符號) tanda; lambang; simbul; isyarat; kode; sandi ¶부호를 붙이다 menandai; memberi tanda
부호(富豪) orang kaya
부화(孵化) pemeraman; penetasan 부화하다 mengeramkan; menetasan ⊙ 부화기 inkubator. 인공 부화(법) inkubasi buatan
부화뇌동하다(附和雷同-) mengikut secara membabi buta
부활(復活) kebangkitan kembali 부활하다 lahir kembali; bangkit kembali ¶ 부활시키다 membangkitkan ⊙ 부활절 Paskah: 부활절 전야 malam Paskah
부회장(副會長) wakil ketua
부흥(復興) rékonstruksi; pemulihan; rehabilitasi; pemugaran; pengembalian 부흥하다 merékonstruksi; menyusun kembali; mengatur kembali; memugar ⊙ 경제부흥 rehabilitasi ékonomi. 문예부흥 renaisanse; renaisans; zaman pencerahan
북[1] 【베틀의】 kumparan; gelendong
북[2] 【악기】 genderang; tamtam; rebana; tambur ¶북을 치다 memukul genderang
북[3] 【흙】 tanah yang menutupi (melindungi) akar; tanah yang ditimbun sekitar tanaman ¶북을 주다 menimbun tanah sekeliling
북(北) utara
북광(北光) cahaya di langit bagian utara
북괴(北傀) rezim bonéka Korea Utara; Korea Utara (Komunis)
북구(北歐) Eropa Utara ¶북구의 Skandinavia ⊙ 북구사람 orang Nordik
북국(北國) negara bagian utara
북극(北極) kutub utara ⊙ 북극곰 beruang kutub. 북극광 lingkaran Artika. 북극성 bintang kutub
북녘(北-) 【북쪽】 ke arah utara; bagian utara
북단(北端) ujung bagian utara; ujung utara ⊙ 최북단 ujung paling utara
북대서양(北大西洋) (Samudra) Atlantik utara ⊙ 북대서양조약기구 Pakta Pertahanan Atlantik Utara(NATO)
북 더기 sampah jerami; jerami sisa (buangan)
북도(北道) 【경기도 이북의】 propinsi (wilayah) utara; 【남·북단의】 bagian utara propinsi ⊙경상북도 Propinsi Kyongsang utara
북돋우다 ①【북주다】 memberi tanah pada tanam-tanaman ②【원기·힘을】 memberi semangat; membangkitkan keberanian ¶사기를 북돋우다 mempertinggi (menggerakkan; meningkatkan) moral ((semangat pasukan))
북동(北東) timur laut ⊙ 북동풍 angin timur laut
북두칠성(北斗七星) Beruang Besar; Bintang Biduk; Bintang Bajak
북미(北美) Amerika Utara
북반구(北半球) belahan bumi utara
북받치다 ⇒ 복받치다
북방(北方) 【북쪽】 utara; daérah utara ¶북방의 bagian utara ⊙ 북방정책 kebijakan utara
북벌하다(北伐-) mengirimkan ékspedisi untuk menaklukkan bagian utara (sebelah utara)
북부(北部) utara
북북 menggaruk dengan keras
북북동(北北東) utara timur laut
북북서(北北西) utara barat laut
북상하다(北上-) bergerak ke arah utara
북새 keramaian; kehirukpikukan ¶북새놓다 hiruk pikuk ⊙ 북새판 ⇒ 북새통
북새통 kekacauan; kejadian (keadaan) bergerak
북서(北西) 【서북】 barat laut ⊙ 북서풍 angin barat laut
북송(北送) 북송하다 mengembalikan (memulangkan) ke bagian utara ⊙ 북

송선(船) kapal pengangkut untuk pemulangan
북슬개 anjing berbulu lebat; anjing pudel
북아메리카(北-)【북미】Amerika Utara
북안(北岸) pantai bagian utara
북양(北洋) laut bagian utara
북어(北魚) ikan polak kering
북위(北緯) garis lintang utara
북유럽 Eropa Utara
북적거리다 ramai; penuh sesak; galau
북진하다(北進-) pergi (berlayar) ke utara; bergerak cepat ke arah utara
북쪽(北-) ¶북쪽의 utara
북창(北窓) jendéla utara
북채 tongkat pemukul genderang
북통(-筒) kerangka genderang; badan (kayu) genderang; dari um
북태평양(北太平洋) Pasifik Utara (Oseania)
북풍(北風) angin utara; angin kelambu
북한(北韓) Korea Utara
북해(北海) Laut Utara
북회귀선(北回歸線) garis balik utara; garis balik sartan (dalam astronomi)
북행(北行) menuju utara
북향(北向) 북향하다 menghadap utara ⊙ 북향집 rumah yang menghadap utara
분【사람을 높이는 말】orang (yang mulia)
분(分) ①⇒ 푼【1/10】persén ②【시간의 단위】menit ③【각도의 단위】¶북위 30도 10분 30 derajat 10 menit lintang utara
분【분수】nasib; keadaan; kedudukan; kedudukan sosial
분(忿)【분개】marah; rasa berang
분(盆)【화분】pot bunga
분(粉)【화장품】bedak; pupur; puyer; bubukan ¶분을 바르다 membedaki wajah ⊙ 분내 aroma bedak
분(分) ①【부분】bagian ¶3분의 1 sepertiga ②【몫】andil; bagian ¶식사 5인분 makanan untuk lima orang
분가(分家) keluarga baru 분가하다 membentuk keluarga baru; pindah dari rumah orang tua
분간(分揀) pembédaan; diskriminasi 분간하다 membédakan; memilih bulu ¶분간하기 어려운 sulit(sukar) dibédakan
분개(憤慨) perasaan berang; kedongkolan 분개하다 sangat marah; mendongkol; mendendamkan ¶분개시키다 menggusarkan
분견(分遣) pemisahan; pelepasan 분견하다 memisahkan; melepaskan
분결같다 halus dan putih; seperti beludru; mulus ¶얼굴이 분결같다 Wajahnya berkulit kuning langsat.
분계(分界) perbatasan; demarkasi 분계하다 menentukan batas; mendemarkasi
분계선(分界線) garis perbatasan; garis demarkasi ¶분계선을 긋다 menarik garis demarkasi antara 《keduanya》 ⊙ 군사분계선 garis demarkasi militer
분골쇄신하다(粉骨碎身-) melakukan segala daya; melakukan segala kemampuan
분과(分科) bagian; cabang ⊙ 분과위원회 sub panitia; sub komite
분과(分課) pembagian; séksi; biro 분과하다 membagi 《kantor》; membagi 《biro》 menjadi bagian-bagian
분관(分館) bangunan tambahan
분광(分光) spéktrum; prisma ⊙ 분광계 spéktrométer. 분광기 spéktroskop. 분광사진 spéktrogram
분교(分校) sekolah cabang (filial) ¶이 학교의 분교 filial sekolah ini
분국(分局) kantor (biro) cabang
분권(分權) déséntralisasi dari kekuasaan (wewenang) 분권하다 kekuasaan yang didéséntralisasikan ⊙ 분권주의 déséntralisme
분규(紛糾) kerumitan; kekacauan; komplikasi; perselisihan; pertengkaran ¶분규를 일으키다 menimbulkan (membuat) kekacauan (masalah; pertengkaran)
분극(分極)【전기】polarisasi
분기(分期) seperempat tahun
분기(分岐) percabangan 분기하다 bercabang menjadi dua; bercabang-cabang; mencabangkan ⊙ 분기선 garis cabang
분기점(分岐點) ①【고속도로 등의】perempatan (persimpangan) jalan; pertigaan ②【전환점】titik balik
분기하다(奮起-) memunculkan diri; memberanikan diri; tampil ke muka; berbuat sesuatu; bertindak ¶분기시키다 mendorong orang berbuat

분김(憤-) ¶분김에 dalam luapan amarah
분납(分納) pembayaran angsuran (cicilan) 분납하다 membayar dengan angsuran (cicilan)
분노(憤怒 · 忿怒) kemarahan; kegusaran; kemurkaan 분노하다 marah; gusar; berang; memurkai
분뇨(糞尿) tahi; tinja ¶분뇨를 퍼내다 menimba tahi keluar ⊙ 분뇨차 truk tinja. 분뇨처리 prosés pembuangan kotoran
분단(分團) bagian(séksi) kelas ⊙분단장 pemimpin (kepala) séksi kelas; perwakilan bagian (séksi)
분단(分斷) pembagian 분단하다 membagi ¶분단되다 dibagi; menjadi bagian; ditaruh ⊙ 분단국 negeri yang terbagi. 국토 분단 divisi nasional; pembagian (pemisahan) negara
분담(分擔) andil; bagian; kewajiban; saham 분담하다 andil dalam pekerjaan; berbagi kerja ¶비용을 분담하다 menanggung biaya bersama; berpatungan; berbagi ongkos ⊙ 분담금 uang andil (sumbangan); iuran
분당하다(分黨-) memisahkan diri dari partai politik
분대(分隊) regu; skuad: kesatuan ⊙ 분대장 pimpinan skuad (kesatuan)
분도기(分度器) busur derajat
분란(紛亂) kekacauan; kesusahan; kesukaran ¶분란을 일으키다 mengacaukan; merumitkan (mempersulit) masalah
분량(分量) jumlah; dosis ¶분량이 늘다【줄다】 bertambah【berkurang】jumlah
분류(分類) klasifikasi; pembédaan; penggolongan 분류하다 mengklasifikasi; menggolong-golongkan ⊙ 분류표 daftar klasifikasi. 분류학(學) taksonomi
분류(奔流) arus yang deras (cepat)
분류(分溜)【화학】penyulingan fraksinasi 분류하다 pecah; retak ⊙ 분류관 tabung fraksinasi. 분류장치 fraksinator
분리(分離) segrégasi; pemisahan; awahubung; pengasingan; pengucilan; perceraian 분리하다 memisahkan; menceraikan ¶분리할 수 없는 tidak dapat dipisahkan ⊙ 분리과세 pemajakan terpisah. 분리대 (도로의) garis médian (pemisah jalan); pusat réservasi. 분리수거 pengumpulan terpisah. 쓰레기 분리수거함 tempat sampah untuk daur ulang. 분리주의 séparatisme
분립하다(分立-) memisah; menjadi bebas; menyisih
분만(分娩) kelahiran anak; prosés kelahiran 분만하다 bersalin; melahirkan
분말(粉末) bubuk; tepung; serbuk; puyer ¶분말의 ⟪berbentuk⟫ bubuk
분망(奔忘) kesibukan 분망하다 sibuk
분명(分明) ①【뚜렷하다】kejelasan; kentaraan 분명하다 jelas; kentara; terang; nyata; mencolok mata ¶분명해지다 menjadi jelas ②【명확하다】teryakini; terpastikan; (알게 되다) diketahui; menjadi jelas; menjadi nyata ③【틀림없다】tentu; tentu saja; jelas; terang; terlihat jelas
분명히 dengan jelas; dengan terang; terus terang ¶분명히 하다 menjelaskan; memperjelas; membuktikan/분명히 말하면 secara terus terang; secara jujur
분모(分母)【수학】penyebut; angka sebutan ⟪dalam bilangan pecahan⟫ ¶공통분모 sebutan persamaan
분무(噴霧) 분무하다 menyemprot ⊙분무도장(塗裝) pengecatan yang disemprot
분무기(噴霧器) semprotan; alat penyemprot; pompa semprot
분바르다 membedaki
분받침(盆-) pegangan pot bunga
분발(奮發) usaha yang keras; semburan; semprotan 분발하다 bekerja(berusaha) keras; berdaya upaya ¶자, 분발 합시다 Ayolah! Terus berusaha! ⊙분발심 semangat yang kuat; semangat berupaya keras
분방하다(奔放-) bébas dan tidak terkekang
분배(分配) pembagian; distribusi; penjatahan 분배하다 membagi-bagikan, mendistribusikan; menjatahkan ⊙ 분배액 bagian; jatah
분별(分別) ①【구별】pembédaan; (차이의) diskriminasi; (분류) klasifikasi 분별하다 membédakan ②【사려 판단】kebijaksanaan ¶분별이 있는 bijaksana ⊙분별력 kemampuan membédakan yang baik dan

yang buruk

분부(分付) perintah; suruhan; aba-aba; komando 분부하다 menyuruh; memerintah; memberi instruksi ¶분부대로 하다 berbuat menurut perintah

분분하다(紛紛-) ①【뒤숭숭하다】 rumit; sulit; ruwét ②【의견 등이】 bermacam-macam; beragam; berbéda-béda

분비(分泌) sékrési; pengeluaran 분비하다 bersékrési; menyékrési; mengeluarkan; mengékskrésikan ¶내분비 sékrési internal/ 호르몬을 분비하다 mensékrési (mengeluarkan) hormon ⊙ 분비기관 organ sékrési; alat tubuh yang keluar (yang mengeluarkan). 분비물 sékrési; ékskrési. 분비선(腺) kelenjar sékrési. 분비액 cairan sekrési

분사(分詞) 【문법】 partisipel; waktu selesai ⊙ 과거【현재】분사 waktu selesai lampau 【sekarang】

분사하다(憤死-) mati karena kemarahan

분사(噴射) semprotan; injéksi 분사하다 menyemprot; memancar ¶연료 분사 시스템 sistém injéksi bahan bakar

분산(分散) ①【흩어짐】 pemencaran; penyebaran 분산하다 memecah; memencarkan ¶분산되다 dibubarkan; terpencar-pencar ②【물리】 pembubaran; penyebaran ¶빛의 분산 penyebaran cahaya

분석(分析) penyelidikan; pemeriksaan; penelitian; penelaahan; analisa; 【금속의】 pengujian kadar logam 분석하다 menganalisa; menafsirkan. menguraikan; menguji kadar logam ¶분석적인 analitik ⊙ 분석가 ahli analis; penganalisa; penguji kadar logam. 분석력 kemampuan (kemahiran) analisis. 분석 학 ilmu analitis. 분석학자 analis

분성(分性) divisibilitas; kemampuan bagian

분쇄(粉碎) 분쇄하다 menipis; menghancurlumatkan; membubuk; menggiling; menggagalkan ⊙ 분쇄기(機) penumbuk ((gilingan))

분수(分數)[1] ①【사려 분별】 kebijaksanaan; kepantasan ¶분수없는 tidak bijaksana; tidak pantas/분수 있는 berpikiran séhat; bijaksana ②【자기의 처지에 맞는 한도】 kedudukan; status sosial ¶분수를 모르다 lupa mengetahui keadaan dirinya sendiri; tidak dapat mengenal diri sendiri

분수[2](分數) 【수학】 pecahan; bilangan pecahan ¶분수의 pecahan ⊙ 분수방정식 persamaan terpisah

분수(噴水) air mancur air yang menyemprot ⊙ 분수기(器) pipa penyemprot air; alat pemancar air

분수령(分水嶺) ①【경계가 되는 산마루, 산줄기】 gunung batas air ②【전환점】 titik balik; dataran pemisah

분승(分乘) 분승하다 mengendarai terpisah ¶다섯 대의 자동차에 분승하고 dalam lima mobil terpisah

분식(粉食) makanan pokok tepung 분식하다 memakan tepung

분식(粉飾) ①【화장】 perhiasan; dandanan. 분식하다 berhias; berdandan ②【꾸밈】 penghiasan; perhiasan; hiasan; perbubuhan 분식하다 membubuhi; membumbui; menghiasi ¶이야기를 분식하다 membubuhi cerita

분식 회계(粉飾會計) kecurangan (penipuan) penghitungan ¶분식 회계를 하다 melakukan kecurangan (penipuan) penghitungan

분신(分身) ①【불교】 inkarnasi Budha ②【제2의 나】 diri yang lain ¶그는 나의 분신이다 Dia adalah bentuk pribadi saya yang lain.

분신(焚身) 분신하다 membakar diri sampai mati ⊙분신자살 pembakaran diri sampai mati

분실(分室) kantor tambahan; kantor terpisah

분실(紛失) kehilangan 분실하다 hilang ⊙ 분실물 barang yang hilang. 분실신고 laporan kehilangan barang

분야(分野) bidang; lapangan ¶연구 분야 lapangan penelitian

분양(分讓) penjualan((tanah)) menurut bidang-bidang tanah ①【여럿에게 나누어 주다】 분양하다 menjual ((tanah)) menurut bidang-bidang tanah; menjual (tanah) per kavling ②【토지 · 건물 등을 나누어 팔다】 menjual dibagi dalam jumlah banyak (kavling-kavling) ⊙분양주택 rumah yang dibangun untuk dijual; rumah petak-petak

분업(分業) pembagian buruh; spésialisasi 분업하다 membagi pekerjaan ¶분업의 시대 zaman spésialisasi ⊙ 의약분업 pemisahan farmasi dan rumah sakit

분연(憤然) ¶분연(히) dengan marah; dengan berani; dengan penuh semangat; dengan dahsyat

분열(分列) 분열하다 memencarkan barisan ¶분열행진하다 berbaris dalam jajaran; berparade ⊙ 분열식 parade

분열(分裂) ①【집단사상 등이 갈라져 나뉨】 pembagian; pemecahan; pemencaran 분열하다 membagi; memecah-mecahkan ¶둘로 분열되다 terpecah dua ②【생물학, 물리학】 divisi; bagian; séksi membagi; tempat pemecahan; tempat pembagian ⊙ 세포분열 ségmentasi. 원자핵분열 pembelahan nuklir (atom)

분요(紛擾) ¶분요를 일으키다 menimbulkan kerumitan (kesukaran)

분원(分院) gedung terpisah; rumah sakit cabang

분위기(雰圍氣) suasana

분유(粉乳) susu kering; susu bubuk;【신생아가 먹는】 bubuk formula ¶탈지분유 susu bubuk tanpa lemak

분자(分子) ①【화학】 molekul ②【개개의 구성원】 orang; unsur ⊙ 분자구조 struktur molekul. 분자량 berat molekul. 분자식 rumus molekul. 불평분자 orang yang mengeluh

분장하다(分掌-) membagi ⟪tugas di kantor⟫

분장(扮裝) penyamaran; samaran; dandanan 분장하다 menyamar (berperan) sebagai ¶…으로 분장하여 dalam samaran sebagai… ⊙ 분장실 kamar rias

분재(盆栽) penanaman dalam pot bunga; tanaman yang ditaruh dalam jambangan(pot) 분재하다 menanam(memelihara) ⟪pohon⟫ dalam pot bunga ⊙분재소나무 pohon cemara bonsai

분쟁(分爭) perselisihan; percékcokan 분쟁하다 berselisihan dengan partai

분쟁(紛爭) percékcokan; pertengkaran; sengkéta; perpecahan; pertikaian; permusuhan ¶분쟁중이다 berkonflik (berselisih)/분쟁을 일으키다 membangkitkan komplikasi; meningkatkan masalah (problém) ⊙ 국제분쟁 perselisihan internasional. 노사(勞使)분쟁 konflik antara buruh (pekerja) dan manajemén (diréksi; pimpinan)

분전(奮戰) perkelahian (pertarungan) yang berani(yang nekat); perkelahian (pertarungan) yang keras 분전하다 berkelahi dengan nekat (mati-matian); bertempur dengan sengit

분점(分店) toko cabang

분젠 bundén ⊙ 분젠등 lampu bundén

분주하다(奔走-) sibuk ¶분주하게(히) dengan sibuk; sikap buru-buru

분지(盆地) lembah⟪yang bulat⟫; lembah sungai; dataran cekung

분책(分冊) volume terpisah

분첩(粉貼) pengolés bedak ¶분첩으로 얼굴을 두드리다 membedaki wajah

분청사기(粉青沙器) tembikar dengan lapisan putih dan hijau keabu-abuan

분초(分秒) saat; detik ¶분초를 다투는 문제이다 Itu tak bisa ditunda.

분출(噴出) ①【액체 · 기체 등이】 penyemprotan; yang menyembur 분출하다 menyemburkan; menyemprotkan; memancarkan; mengeluarkan ②【감정 · 욕구 등을】 menyalurkan; muncrat ⊙ 분출구(口) penyemprot; pipa semprot. 분출물 letusan; érupsi

분침(分針) jarum panjang

분탄(粉炭) bubuk batu bara

분탕질(焚蕩-) pemborosan 분탕질하다 memboroskan (menghamburkan; menghilang) harta keluarga; berfoya-foya

분통(憤痛) kemarahan; kedongkolan; kejéngkélan ¶분통이 터지다 marah; dongkol; jéngkél

분투(奮鬪) perjuangan keras 분투하다 berjuang dengan keras; berusaha dengan keras ⊙ 분투노력 usaha yang berat (kuat)

분파(分派) sékte; faksi; golongan; kelompok ⊙ 분파주의 faksionalisme

분패(憤敗) ⇒ 석패(惜敗)

분포(分布) distribusi; penyebaran; pemencaran 분포하다 terdistribusi; tersebar ⊙분포도(圖) péta distribusi; péta penyebaran

분풀이(憤-) pembalasan dendam 분풀이하다 melepaskan (menyemburkan) kemarahan (dendam); membalas dendam

분필(粉筆) kapur tulis ¶분필로 쓰다 menulis dengan kapur ⊙ 색(色)분필 kapur berwarna

분하다(憤-) menjéngkélkan hati; mengesalkan hati ¶분한 나머지 dengan (dalam) kejéngkélan hatinya; karena kekesalan hati; karena kecéwa/ 분해하다 menjéngkélkan; mengesalkan; mengecéwakan

분할(分割) pembagian; pembelahan 분할하다 membagi; membelah; mematok tanah ((dalam keping-keping)) ⊙ 분할상환 pembayaran dengan mencicil

분할하다(分轄-) membagi untuk tujuan administratif

분할 불(分割拂) pembayaran dengan angsuran (cicilan) ¶분할 불로 사다【팔다】 membeli 【menjual】 dengan angsuran (cicilan) bertahap

분합(分閤) 【건축】 jendéla (pintu sorong) yang digunakan untuk menutup kamar berlantai

분해(分解) ①【기계 등을】 analisis; résolusi; disintegrasi; pembagian 분해하다 menganalisis; memisah-misahkan; menguraikan ②【화학작용】 【환원】 dekomposisi; résolusi 분해하다 memisahkan; memecahkan; melarutkan ⊙ 분해수리 pemeriksaan yang sangat teliti. 분해 작용 disintegrasi; katabolisme

분향(焚香) pembakaran dupa (kemenyan) 분향하다 membakar kemenyan ⊙ 합동분향소 altar bersama; altar tanda peringatan

분홍(粉紅) pink; mérah muda; mérah jambu

분화(分化) diferénsiasi; spésialisasi; pengkhususan; pembédaan 분화되다 diferénsiasi; dikhususkan; dibédakan

분화(噴火) erupsi; letusan; aktivitas gunung berapi 분화하다 meletus; mengeluarkan lahar ⊙ 분화구 kawah; lubang kepundan. 분화산 gunung berapi; gunung api

붇다 ①【물에 젖어 부피가】 basah kuyup ¶불은 bengkak; gembung ②【수 · 양이 많아지다】 bertambah; meningkat ③【물이】 meluap; meningkat

불[1] ①【타는 현상】 api; 【화염】 nyala ¶불을 끄다 memadamkan api (kebakaran)/ 불을 붙이다 menyalakan; membakar ②【불빛, 등불】 lampu; lampu listrik ③【화재】 kebakaran; api berkobar ④【스토브 · 화로 등의】 api ⑤【격렬한 정열 · 감정】 api hasrat

불[2] ①【음낭】 kantung buah pelir; kantung kemaluan ②【불알】 buah pelir; biji kemaluan

불(弗) 【달러】 dolar

불(佛) 【불타】 Budha

불—(不) tidak…; bukan…

불가(不可) 불가하다 salah; buruk; keliru; tidak patut ⊙ 가불가 benar atau salah; baik atau buruk

불가(佛家) ①【신자 · 불문】 kependétaan ((Budha)); pendéta Budha ②【절】 kuil Budha

불가결(不可缺) hal-hal pokok; hal-hal perlu sekali 불가결하다 sangat diperlukan; sangat penting; ésénsial

불가능(不可能) ketidak-mungkinan; kemustahilan 불가능하다 tidak mungkin; tidak dapat dicapai (laksanakan)

불가분(不可分) ¶불가분의 tidak dapat dipisahkan; tidak dapat dibagi

불가불(不可不) mau tidak mau; tidak terelakkan; tidak terhindarkan

불가사리 ①【괴물】 makhluk dongéng yang makan baja ②【동물】 binatang laut; asteroid

불가사의(不可思議) mistéri; keajaiban; mukjizat 불가사의하다 mistérius; anéh; ajaib; penuh rahasia; sulit diketahui atau dijelaskan

불가시(不可視) invisibilitas ⊙ 불가시광선 sinar gelap; sinar yang tidak terbagi

불가역(不可逆) tak dapat diubah ⊙ 불가역성 ireversibilitas; ketidakmampu-balikan

불가역현상(不可逆現象) fénoména yang ireversibil
불가침(不可侵) non agrési; inviolabilitas ¶불가침의 tidak boléh melanggar wilayah; tidak dapat diganggu gugat ⊙ 불가침조약 pakta non agrési
불가피 sifat tak dapat dielakkan (dihindarkan) 불가피하다 tidak dapat dielakkan; tak bisa dihindari; tak terelakkan; tak terhindarkan
불가항력(不可抗力) kekuatan yang tidak dapat ditahan ¶불가항력의 tidak terkendalikan; tidak dapat dikontrol
불가해하다(不可解-) mistérius; anéh; tak dapat dipahami
불간섭(不干涉) non intervénsi 불간섭하다 tidak campur tangan; tidak ikut campur ⊙ 불간섭 정책(주의) kebijakan non-intervénsi
불감증(不感症) ①【잘 느끼지 못하는 증세】 frigiditas; hati dingin ②【성적으로 쾌감을 느끼지 못하는 증세】 frigiditas; ketiadaan nafsu birahi
불개미 semut mérah; semut abang
불개입(不介入) non intervénsi; tidak campur tangan ⊙ 불개입정책【방침】 kebijakan non intervénsi (tidak campur tangan)
불거지다 ①【튀어나오다】 menonjol keluar; menyembul ¶불거진 눈 mata yang menonjol ②【일 · 현상 등이】 muncul; tampil; tampak kelihatan
불건전하다(不健全-) tidak séhat; tak waras; abnormal
불결(不潔) kekotoran; kecabulan; kemesuman; kecemaran; kelicikan 불결하다 kotor; tidak bersih (murni); najis; cabul; mesum; ceroboh
불경(佛經) kitab-kitab suci agama Budha; sutra ¶불경을 외다 (읽다) mengucapkan (menyanyikan; menyenandungkan) sutra; membacakan kebaktian
불경기(不景氣) masa sulit; kemerosotan (kemunduran) usaha (bisnis); déprési ¶심각한 불경기 déprési yang parah/ 불경기가 되다 melambat; berkurang; (점포 등이) mengalami saat sulit
불경제(不經濟) pemborosan ¶불경제적인 tidak ékonomis
불경스럽다(不敬-) menghina (menyerapah) Tuhan; kurang ajar; kasar; tidak sopan; lancang
불계승(不計勝) permainan satu pihak; pertandingan yang berat sebelah 불계승하다 menang mutlak; menang dengan selisih yang besar
불고(不顧) kealpaan; kelalaian; kesembronoan 불고하다 mengabaikan; melécéhkan; tidak mengacuhkan; tak memperdulikan
불고기 *bulgogi;* daging sapi panggang yang diiris dengan tipis
불공하다(不恭-) kurang ajar; tidak sopan; kasar
불공(佛供)sembahyang(doa) agama Budha
불공대천(不共戴天) ¶불공대천의 원수 musuh yang garang; permusuhan hébat
불공정하다(不公正-) tidak adil; tidak jujur; memihak; berat sebelah
불공평하다(不公平-) tidak adil; memihak; berat sebelah
불과(不過) hanya tidak lebih dari; tidak lain hanya
불과(佛果) nirwana
불교(佛敎) Budhisme; agama Budha ¶불교를 믿다 menganut agama Buddha ⊙ 불교도 penganut agama Budha
불구(不具) bentuk (badan) yang cacat; kelainan bentuk ¶불구의 cacat; buntung; pincang; lumpuh ⊙ 불구자 orang yang cacat (lumpuh; buntung)
불구대천(不俱戴天) ⇒ 불공대천(不恭戴天)
불구속(不拘束) non penahanan; tidak ada pengekangan (pengendalian) ¶불구속 입건하다【되다】 mendakwa (menuntut) 【didakwa; dituntut】 tanpa déténsi (penahanan; penawanan) ⟪jasmani, fisik⟫
불구하고(不拘-) meskipun; walaupun; kendatipun ¶그럼에도 불구하고 namun; meskipun begitu (demikian) ②【…에 관계없이】 tanpa memperhatikan; tanpa menghiraukan; baik…atau…
불굴(不屈) ketabahan; keuletan ¶불굴의 gigih; yang sukar dikekang; berani
불귀객(不歸客) orang yang meninggal; almarhum ¶불귀객이 되다 meninggal du-

nia; mangkat; wafat

불규칙(不規則) ketidakteraturan; iregularitas; ketidakbérésan 불규칙하다 tidak teratur; tidak sistématis ¶불규칙하게 secara tidak teratur; secara tidak sistématis ⊙불규칙동사 kata kerja tak beraturan

불균형(不均衡) ketidakseimbangan; ketimpangan 불균형하다 tidak seimbang; tidak proporsional; timpang

불그레하다 kemérah-mérahan

불그스름하다 suram kemérah-mérahan

불급하다(不急-) tidak sangat penting; tidak mendesak

불긋불긋하다 berbintik-bintik mérah

불기(-氣) tanda api

불기둥 tiang (kepulan, bubungan) dari api (nyala api) ¶불기둥이 일다 kepulan (bubungan) nyala api yang menjulang

불기소(不起訴) non prosekusi ¶불기소가 되다 dibébaskan ⦅dari tuntutan⦆ ⊙ 불기소 처분 disposisi untuk tidak melakukan penuntutan

불기운 panas api; tekanan api

불길 nyala api ¶불길에 (휩)싸이다 terselubung (terkurung oléh) dalam nyala api

불길하다(不吉-) malang; celaka; sial ¶불길한 징조【조짐】 pertanda buruk (jahat)

불김 kehangatan api

불까다 mengebiri

불깍쟁이 orang yang sungguh égois tabiatnya

불꽃 nyala api; 【불똥】 percikan; cetusan; bunga api; 【놀이의】 kembang api ⊙불놀이 permainan kembang api (petasan)

불끈 dengan tiba-tiba; dengan cepat

불나다 terjadi kebakaran

불난리(-亂離) kekacauan karena kebakaran

불내다 menyebabkan (memulai) kebakaran; secara tak sengaja menyebabkan kebakaran

불놀이 ①⇒ 불꽃놀이 ②【불장난】 permainan api 불놀이하다 bermain dengan api

불 놓다 ①【방화하다】 membakar⦅(i)⦆ rumah; melakukan pembakaran ②【광산】 menyalakan sumbu

불능(不能) ketidakcakapan; ketidakmungkinan; kemustahilan 불능이다 tidak cakap; tidak mampu; tidak mungkin; mustahil ⊙ 성적(性的) 불능 impotén. 지불 불능 ketidakmampuan untuk membayar; keadaan bangkrut

불다[1] 【바람이】 berhembus; bertiup; bernapas

불다[2] ①【입으로 바람을】 meniup ⦅peluit⦆ ¶불을 불다 meniup api ②【악기 · 휘파람 등을】 meniup ⦅suling⦆; bersiul ③【사실을 자백하다】 mengakui

불단(佛壇) altar Budha

불당(佛堂) kuil Budha

불덩이 ①【불덩어리】 bola api ②【고열로】 terkena demam

불도(佛徒) penganut agama Budha; orang Budha

불도(佛道) ajaran Budha; Budhisme ⊙불도수행 ⦅pelaksanaan⦆ pertapaan Budha

불도저 bildoser

불 독 anjing bulldog

불 때다 membakar kayu; menyalakan (menghidupkan) api

불똥 ①【심지의】 sumbu api ②【작은 불덩이】 bunga api; percikan ③【비유적】 terlibat dengan; terkena imbas

불란서(佛蘭西) ⇒프랑스 Perancis

불량(不良) ①【질 · 상태 등이】 불량하다 buruk; hina; rendah ⦅mutu⦆ ②【성품 · 행실 등이】 nakal; jahat 불량하다 merusak akhlak; merusak moral ¶불량해지다 menjadi nakal (jahat); berhubungan dengan orang jahat ⊙ 불량도체【전기】 non konduktor; insulator. 불량배 bajingan; bangsat; penjahat; bandit; ⦅anak⦆ yang sudah rusak (bejat) akhlaknya. 불량소년 (소녀) anak-anak yang nakal (jahat). 불량 식품 makanan kurang(tidak) bersih; makanan kotor; makanan tidak higiénis: makanan yang rendah kualitasnya. 불량품 barang yang rendah mutunya. 불량학생 siswa yang nakal. 성적【발육】 불량 hasil 【perkembangan】 yang buruk

불러내다 memanggil keluar; 【전화통에】 memanggil léwat télépon; 【꾀어내다】 memancing keluar

불러들이다 ①【불러서 들어오게 하다】 memanggil (menyuruh) masuk ②【소환하다】 memanggil
불러 모으다 memanggil semua
불러 세우다 memanggil dan menghentikan; memanggil supaya berhenti
불러오다 ①【불러서 오게 하다】 memanggil ¶사람을 보내 불러오다 mengirim untuk memanggil ②【야기하다】 ⇒ 불러일으키다 menimbulkan
불러일으키다 membangkitkan; menimbulkan
불려가다 dipanggil; diminta datang
불력(佛力) kekuatan (pengaruh) Budha
불로(不老) masa muda yang abadi; awét muda 불로하다 selalu muda; menikmati masa muda yang abadi; memperoléh awét muda ¶불로의 장수 약 obat yang mujarab untuk segala macam penyakit jiwa
불로소득(不勞所得) penghasilan tanpa kerja
불로장생(不老長生) masa muda yang abadi 불로장생하다 selalu awét muda; menikmati masa muda yang abadi ¶불로장생의 비결 rahasia awét muda dan umur panjang ⊙ 불로장생약 ⇒ 불로초
불로초(不老草) obat awét muda; obat yang mujarab untuk segala macam penyakit jiwa
불룩하다 membengkak ¶불룩한 지갑 dompét tebal /배가 불룩하다 berperut gendut; gendut perutnya
불륜(不倫) pelanggaran susila; asusila ¶불륜의 ((perbuatan yang)) asusila/불륜한 짓을 하다 melakukan perbuatan tak senonoh
불리하다(不利-) merugikan; tidak menguntungkan
불리다[1] 【자기 배를】 ¶배를 불리다 mengenyangkan ((perut sendiri)); memperkaya diri sendiri
불리다[2] ①【쇠를】 mengeraskan ¶쇠를 불리다 mengeraskan besi ②【곡식을】 menampi; memisahkan
불리다[3] ①【부름을 받다】 dipanggil; disuruh datang; diundang
불리다[4] 【바람에】 bertiup; meniup
불리다[5] ①【물체를 액체에 담그다】 merendam; membasahi ②【재산·세력 등을 커지게 하다】 meningkatkan; menambahkan
불만(不滿) ketidakpuasaan; ketidaksenangan; pengaduhan; keluhan ¶불만의 (불만스러운) tidak memuaskan; tidak menyenangkan; tidak memenuhi harapan/ 불만의 빛을 나타내다 menunjukkan ketidakpuasan
불만족(不滿足) ⇒ 불만(不滿)
불매운동(不買運動) mogok (boikot) konsumén; kampanye untuk memboikot pembelian produk
불면(不眠) insomnia ¶불면의 밤을 보내다 menderita kesulitan tidur (tidak bisa tidur; insomnia)
불면불휴하다(不眠不休-) berbuat tanpa tidur atau istirahat; bekerja siang malam; bekerja keras
불면증(不眠症) imsomnia; penyakit tidak busa tidur ¶불면증에 시달리다 menderita insomnia (sulit tidur)
불멸(不滅) keabadian; kekekalan; kehidupan yang kekal; kebakaan; kelestarian ¶영혼 불멸 kekekalan jiwa (arwah)
불명(不明) ①【사리에】 kurang cemerlang; kurang pemahaman; kurang kebijaksanaan; kurang kecerdikan; kebodohan 불명하다 bodoh; dungu; tolol ②【불분명】 ketidakjelasan; keadaan tidak dikenal 불명하다 tidak terang; tak jelas; kabur
불명료(不明瞭) ⇒ 불분명
불명예(不名譽) aib; malu; noda; cela; cacat; nista 불명예스럽다 memalukan; menodai; mencemarkan ⊙ 불명예제대 pelepasan tugas secara tidak hormat
불명확하다(不明確-) tidak jelas
불모(不毛) ¶불모의 tandus; gersang; tidak subur
불모지(不毛地) tanah yang tandus; tanah gurun; tanah kosong
불목(不睦) perselisihan ((keluarga)); pertikaian; ketidakserasian; permusuhan 불목하다 bermusuhan; berselisih; bertengkar; tak bersesuaian
불목하니 【불교】 pengurus; tukang masak

di kuil
불문하다(不問-) tidak menghiraukan; terlepas dari
불문(佛門) kependétaan Budhisme ¶불문에 들다 menjadi seorang Budha
불문법(不文法) hukum adat
불문율(不文律) undang-undang (peraturan) yang tidak tertulis; hukum adat
불미(不美) 불미하다, 불미스럽다 menjijikkan; memalukan, yang tidak pantas; buruk
불민(不敏) kebodohan; ketololan 불민하다 tidak cakap; bebal
불바다 lautan api ¶불바다가 되다 menjadi lautan api
불발(不發) ①【총알 · 폭탄 등의】 불발하다 macét; gagal ¶탄환은 불발이었다 Peluru itu tidak diledak. ②【계획 등의】 gagal ⊙ 불발탄 peluru yang tidak diledak
불법(不法) ilégalitas; ketidaksyahan; hal melanggar hukum 불법하다 ilégal; tidak syah; melanggar hukum; gelap ⊙ 불법감금 pengurungan ilégal. 불법소지 pemilikan ilégal; pemilikan tidak syah: 무기불법소지 pemilikan senjata tak resmi. 불법외국인 근로자 pekerja asing ilégal; pekerja gelap. 불법입국 imigrasi gelap: 불법입국자 imigran gelap; pendatang gelap. 불법행위 malatindak
불법(佛法) agama Budha; 【교법】 hukum Budha; peraturan agama Budha
불벼락 ①【번갯불】 ledakan petir ②【비유적】 keputusan (perintah) yang kejam; titah tirani
불변(不變) 불변하다 tetap; kekal; abadi; tidak dapat dirubah; konstan ¶불변의 법칙 hukum (undang-undang) yang tetap (yang kekal)
불볕 ⇒ 땡볕, 뙤약볕 sinar matahari yang membakar 불볕이다 matahari bersinar terik
불복(不服) ①【불복 죄】 penyangkalan akan kesalahan; pengingkaran; keberatan; protés 불복하다 menyatakan diri tidak bersalah; menyangkal kesalahannya; tidak mematuhi; memprotés ②【불복종】 ketidakpatuhan; ketidaktundukan 불복하다 tidak patuh; tidak tunduk
불복종(不服從) ⇒ 불복②
불분명(不分明) kesamaran; ketidakjelasan; kekaburan 불분명하다 tidak jelas; samar; kabur
불붙다 terbakar ¶불붙기 쉽다 mudah terbakar
불비(不備) kekurangan; ketidaksempurnaan; cacat 불비하다 tidak sempurna; cacat; rusak
불빛 ①【빛깔】 warna api ②【빛】 sinar; cahaya
불사(不死) ¶불사의 kekal; abadi; baka ⊙ 불사조 burung *phoenix*
불사(佛事) kebaktian (pengamalan) Budha
불사르다 membakar; memanggang; memanaskan
불사신(不死身) ¶불사신의 kebal; tidak dapat dikalahkan/불사신이다 tak dapat dikalahkan; abadi
불사하다(不辭-) tidak menolak; tidak kuasa menolak ¶…하기를 불사하다 réla melakukan; siap (bersiap) melakukan
불상(佛像) patung Budha; arca Budha
불상놈(-常-) orang yang sangat vulgar (kasar)
불상사(不祥事) perkara yang memalukan; skandal
불성(佛性) hakikat Budha
불성공(不成功) kurang suksés 불성공하다 gagal; berakhir dalam kegagalan; menemui kegagalan; terbukti gagal
불성실(不誠實) ketidaktulusan 불성실하다 tidak tulus
불세출(不世出) kelangkaan ¶불세출의 luar biasa; istiméwa; tak ada bandingan
불소(弗素) zat florin (기호 F) ⊙불소치약 pasta gigi fluorida(florin)
불손(不遜) kesombongan; keangkuhan; keangkaran 불손하다 angkuh; besar kepala; sombong
불수(不髓) lumpuh; kelumpuhan; paralisis ⊙ 반신불수 lumpuh sebagian
불수의(不隨意) ¶불수의의 tanpa sengaja; réfléks ⊙ 불수의 근(筋) otot réfléks. 불수의 작용 tindakan(aksi) réfléks
불순(不純) yang tidak murni; kotoran 불순하다 tidak murni; kotor; busuk; cu-

rang ⊙ 불순분자 unsur yang tidak murni: unsur pembangkangan
불순(不順) 불순하다 ①【불순종】 tidak tunduk; tidak sopan; kasar ②【날씨가】 berubah-ubah; tidak teratur; tidak tetap ⊙월경불순 ketidakteraturan haid
불순물(不純物) noda; kotoran; kenajisan
불승인(不承認) ketidaksetujuan
불시(不時) ①【때 아님】 di luar musim ②【뜻밖】 tak diharapkan; tiba-tiba ¶불시의 tidak diduga-duga; tidak dikira-kira
불시착(不時着) pendaratan darurat 불시착하다 melakukan pendaratan darurat; melakukan darurat
불식(佛式) upacara agama Budha
불식하다(拂拭-) menghilangkan; menyapu bersih; menyingkirkan
불신(不信) ketidakpercayaan; kehilangan kepercayaan; kecurigaan 불신하다 tidak mempercayai ⊙ 상호불신 saling tidak percaya; kehilangan kepercayaan
불신감(不信感) ketidakpercayaan; kecurigaan ¶불신감을 품다 curiga; tidak percaya akan
불신임(不信任) ketidakpercayaan 불신임하다 tidak mempercayai ⊙ 불신임 결의 résolusi ketidakpercayaan
불신임안(不信任案) mosi ketidakpercayaan ¶불신임안을 상정하다 mengajukan (menyatakan) mosi tak percaya
불심(佛心) ①【부처의 마음, 자비심】 hati Budha yang penuh kemurahan hati (penuh belaskasihan); kasih Budha ②【번뇌치 않는】 pikiran yang bébas dari nafsu jahat
불심검문(不審檢問) pertanyaan menyelidik; pertanyaan atas sikap yang mencurigakan; pemeriksaan mendadak 불심검문하다 menanya (memeriksa) secara mendadak ¶불심검문을 받다 kena periksa mendadak
불쌍하다 menyedihkan; malang; kasihan
불쌍히 menyedihkan; yang menimbulkan belas kasihan ¶불쌍히 여기다 mengasihani; merasa iba
불쏘시개 penyala api; gerétan; ranting-ranting kayu kecil ¶불쏘시개로 쓰다 menggunakan keping-keping kayu yang kering untuk menyalakan api
불쑥 dengan tiba-tiba; tiba-tiba saja; tahu-tahu
불쑥거리다 ①【내밀다】 mengeluarkan dengan tiba-tiba ②【노하다】 menjadi marah dengan segera
불쑥하다 menonjol; mengembang
불씨 ①【작은 불덩이】 yang menyalakan arang (menghidupkan batu bara) untuk membuat api ②【사건의 원인 · 실마리】 benih; sebab; sumber; asal
불안(不安) kegelisahan; rasa khawatir; ketidak-tentuan; ketidak-pastian; perasaan was-was (khawatir) 불안하다 gelisah; khawatir; cemas; risau ¶불안하게 만들다 membuat (menyebabkan) gelisah/불안해지다 menjadi gelisah; menjadi tidak tenang; mendjadi khawatir ⊙ 불안감 perasaan gelisah (tidak tenang)
불안정(不安定) ketidakstabilan; ketidakmantapan 불안정하다 tak stabil; tidak mantap; goyah; tidak aman ⊙ 불안정감 perasaan yang tidak tentu (tidak pasti)
불알 buah pelir; biji kemaluan ¶불알을 까다 mengebiri
불야성(不夜城) kawasan ((kota)) terang benderang
불어(佛語) bahasa Perancis
불어나다【늘다, 늘어나다】 bertambah; meningkat; naik
불어넣다 memberi semangat; mengilhami
불여의하다(不如意-) berjalan tidak sesuai dengan keinginan; keliru
불역(不易) kekekalan; ketetapan; abadi ¶만세 불역의 진리 kebenaran abadi; hukum abadi
불연성(不燃性) inkombustibilitas; hal tahan api ¶불연성의 tahan api; tidak terbakar; tidak dipat menyala ⊙불연성 물질 bahan-bahan tahan api. 불연성 필름 film tahan api
불연속(不連續) ketidaksinambungan ¶불연속적 secara tidak kontinu ⊙불연속 선(線) garis ketidaksinambungan
불온(不穩) keresahan; kegelisahan; ketidaktenangan; kerusuhan 불온하다 meresahkan; mengancam; menggelisahkan; mengganggu ⊙ 불온문서 doku-

mén yang subvérsif (berbahaya); publikasi yang subversif. 불온분자 unsur-unsur yang meresahkan; unsur-unsur pengganggu. 불온사상 pendapat yang berbahaya

불온당(不穩當) ketidakpantasan; ketidak layakan 불온당하다【부적당함】tidak patut; tidak benar; salah;【부당함】tidak adil;【지나침】tidak wajar; luar biasa

불완전(不完全) ketidaksempurnaan; ketidaklengkapan 불완전하다 tidak sempurna; tidak lengkap ⊙ 불완전동사【문법】kata kerja yang tidak lengkap

불요불굴(不撓不屈) ¶불요불굴의 gigih; keras hati; berani; sukar dikekang

불요불급(不要不急) ¶불요불급의 tidak mendadak; tidak (sangat) penting

불용성(不溶性) ketidak-dapatan dipecahkan (dilarutkan); ketidaklarutan; insolubilitas ¶불용성의 tak dapat dipecahkan; tak dapat dilarutkan (dicairkan); tak dapat dimasukkan

불우(不遇) kemalangan; ketidakberuntungan 불우하다 tidak beruntung; tidak menentu; malang ⊙ 불우이웃 돕기 운동 Kampanye (Gerakan) "Marilah kita membantu tetangga yang membutuhkan".

불운(不運) kemalangan; ketidakberuntungan; ketidakmujuran; kesialan 불운하다 tidak beruntung; bernasib buruk; malang; sial; apes; celaka ¶불운하게(도) sayang sekali

불원(不遠) ①【거리】tidak jauh 불원하다 tidak jauh ¶불원천리하고 meskipun jauh ②【시간】tidak lama lagi

불유쾌(不愉快)⇒불쾌(不快)

불응(不應) 불응하다 tidak mengikuti; tidak memenuhi; tidak menyetujui; tidak mematuhi

불의(不意)【미처 생각지 못했던】¶불의의 tiba-tiba; mendadak;【우연의】kebetulan;【뜻하지 않은】tidak terduga

불의(不義) ①【부도덕】immoralitas; pelanggaran susila;【부정】ketidakadilan;【배신】khianat; kedurhakaan ¶불의의 asusila; tidak pantas; tidak sopan; melanggar aturan ②【밀통】⇒ 간통 hubungan séks yang haram(gelap)

불이익(不利益) ⇒ 불리 mudarat; kerugian

불이행(不履行) pelanggaran《janji》; kegagalan menunaikan ¶약속의 불이행 gagal menepati janji; mengingkari janji ⊙ 불이행자 pelanggar kontrak. 계약 불이행 kontrak yang tak dipenuhi

불인가(不認可) ketidaksetujuan; penolakan 불인가하다 menolak; tidak menerima ¶불인가되다 ditolak; tidak diterima

불 일 듯이 dengan giat; aktip; gesit; berkembang dengan pesat

불 일 듯하다 berkembang baik; maju

불일치(不一致) ketidakcocokan; ketidakselarasan; ketidak-sesuaian 불일치하다 penuh pertentangan; tidak harmonis; sumbang; tidak cocok; tidak sesuai; tidak selaras ⊙ 언행 불일치 ketidakkonsékwénan perkataannya dengan perbuatannya (tindakannya); ketidak selarasan antara kata dan perbuatan

불임(不姙) stérilitas; pemandulan ⊙불임수술 operasi stérilisasi: 불임수술을 받다 menjalani operasi stérilisasi. 불임유전자 gén stérilitas

불임증(不姙症) stérilitas; pemandulan ¶불임증에 걸리다 menjadi stéril; kehilangan daya berkembang biak

불입(拂入) pembayaran; penyetoran 불입하다 membayar ⊙ 불입금 uang pembayaran. 불입자본 modal. 일부 불입 pembayaran sebagian; pembayaran cicilan; 전액 불입 pembayaran penuh

불자(佛子) orang Budha; penganut agama Buddha

불장난 ①【불을 가지고 노는 일】¶불장난을 하다 bermain《main dengan》api ②【남녀의】hubungan asmara《cinta》yang tidak berarti 불장난하다 bermain《main dengan》cinta ¶사랑의 불장난 petualangan cinta-kasih

불전(佛典) kitab Agama Budha

불전(佛殿) tempat suci agama Budha

불제자(佛弟子) penganut Budha

불조심(-操心) tindakan pencegahan terhadap bahaya kebakaran 불조심하다 was-

pada terhadap api
불종(佛鐘) lonçéng kuil
불좌(佛座) tempat duduk patung Budha
불 지르다 membakar
불 지피다 membuat (menghidupkan) api
불질 ①【불을 땜】 불질하다 menyalakan api ⟪untuk memasak⟫ ②【총질】 menembakan ⟪senapan⟫
불집게 pemadam api; alat pemadam lilin; sepasang penjepit api
불 쬐다 【사람이】 berdiang; menghangatkan diri dekat api; 【사물을】 menghangatkan
불찬성(不贊成) ketidaksetujuan; ketidak sepakatan; keberatan 불찬성하다 menentang; tidak setuju ⊙불찬성자 orang yang tidak setuju
불찰(不察) kesembronoan; kealpaan; pengabaian; kelalaian; kesalahan
불참(不參) ketidakhadiran; kemangkiran 불참하다 tidak hadir; tidak muncul; mangkir; absén ⊙불참자 orang yang tidak hadir
불철주야하다(不撤晝夜-) tak pernah bersantai siang dan malam
불청객(不請客) tamu tak diundang
불청하다(不聽-) ①【듣지 않다】 tak mendengar; tak menghiraukan ②【불 승낙】 tidak menyetujui ⟪tanpa bantahan⟫
불 체포특권(不逮捕特權) kekebalan dari penahanan
불초(不肖) anak yang tidak berguna ⟪yang memalukan⟫ 불초하다 memalukan akan ayahnya ¶불초 소인(小人) Saya, merupakan orang yang tidak berguna (tidak mampu). 불초자식 anak yang tidak berbakti(berguna)
불출(不出) ①【못난이】 orang bodoh; orang tolol ②【안 나감】 yang mengurung diri di rumah; tetap tinggal di rumah ¶두문불출하다 mengurung diri di rumah; tetap tinggal di rumah
불충(不忠) ketidaksetiaan; ketidakpatuhan; *kedurhakaan* 불충하다 tidak setia; tidak patuh; durhaka
불충분(不充分) kekurangan; ketidakcukupan; ketidakcakapan 불충분하다 tidak cukup; kurang; kekurangan; kurang sempurna
불충실(不忠實) ketidaksetiaan; ketidak patuhan 불충실하다 tidak setia
불측하다(不測-) ①【헤아릴 수 없다】 tidak terkira-kira; tidak terduga ②【음흉하다】 jahat ¶불측한 놈 orang jahat!
불치(不治) ¶불치의 tidak tersembuhkan; fatal; mematikan ⊙ 불치병 penyakit yang tidak tersembuhkan. 불치환자 pasién yang tidak ada harapan
불친절(不親切) ketidakbaikan; ketidakramahan 불친절하다 tidak ramah
불침번(不寢番) jaga malam; 【사람】 penjaga malam ¶불침번을 서다 berjaga sepanjang malam
불콰하다 mérah; séhat
불 켜다 menyalakan api; menghidupkan ⟪lampu, api⟫
불쾌(不快) ①【마음의】 ketidaksenangan; ketidaknya aman; kegelisahan; perasaan tidak senang ¶불쾌감을 주다 memberikan ⟪orang lain⟫ perasaan (kesan) yang tak menyenangkan ②【몸의】 kurang énak badan; sakit 불쾌하다 merasa tidak senang (tidak nyaman) ⊙불쾌감 ketidaknyamanan, ketidak senangan. 불쾌지수 tingkat ketidaknyamanan
불타(佛陀) Budha
불타다 ①【불이】 terbakar; menyala; berapi ②【감정 · 열정 등이】 ¶불타는 사랑 cinta yang menyala ③【노을 · 단풍 등이】 menjadi bara api; menyala
불통(不通) ①【교통 · 통신의】 interupsi; pemutusan; penyetopan; penghentian 불통하다 diputuskan; dihentikan; diinterupsi; dihambat ¶전화가 불통이다 Télépon ⟪kabél⟫ putus. *atau* Hubungan ⟪télépon⟫ tak ada. ②【이해 · 사정의】 ketidakpahaman; ketidaktahuan. 불통하다 tidak mengerti; tidak paham; tidak mengetahui ③【교제 · 연락의】 불통하다 tak punya hubungan; tak berhubungan; kurang hubungan ⊙ 고집불통 tak punya pengertian sama sekali; keras kepala; tak menyerah; tegar
불퇴전(不退轉) kepercayaan yang teguh; ketetapan hati yang teguh
불투명(不透明) ①【유리가】 keburaman; ke-

kusaman 불투명하다 buram; tak tembus cahaya; keruh; suram ②【상황·미래 등이】⇒ 불확실하다 tidak pasti ⊙ 불투명색 warna yang buram

불퉁불퉁 ①【내민 꼴】 ketidakrataan; kekasaran 불퉁불퉁하다 tidak rata; tidak datar ②【말】 kekasaran; kekakuan; keterusterangan 불퉁불퉁하다 kasar; terus terang; kaku

불퉁스럽다 kasar; kaku; tidak ramah; keras; terus terang

불퉁하다 kasar; tidak ramah; keras; terus terang; kaku

불특정(不特定) ¶불특정의 tak ditentukan ⊙ 불특정 기간 masa yang tak ditentukan. 불특정 다수인 banyak orang yang tak tertentu

불티 percikan bara api; kembang api; nyala terbang

불티나게 laris terjual; laku terjual seperti kacang goréng ¶불티나게 팔리다 laris seperti kacang goréng

불편(不便) ①【몸 등의】 ketidaknyamanan; ketidaksenangan 불편하다 merasa tidak énak; merasa ketidaknyamanan ②【이용하기에】 kesusahan; ketidakenakan 불편하다 tidak menyenangkan; susah; sukar ¶휴대하기 불편하다 sulit dibawa; tak ringan untuk dibawa ③【몸·마음 등이】 ¶불편을 느끼다 merasa tidak enak; merasa terganggu; merasa gelisah/불편을 끼치다 menyusahkan; menyebabkan kesusahan

불편부당(不偏不黨) sikap (sifat) tidak memihak ¶불편부당의 adil; tidak memihak; netral

불평(不平) ketidakpuasan; keluhan; keluhkesah; ketidaksenangan 불평하다 mengeluh; menggerutu; mengomél; bersungut-sungut; memberengut ⊙ 불평가【객, 꾼】 pengomel; perengut. 불평분자(分子) orang yang tak puas; orang yang tak senang

불평등(不平等) ketidaksamaan; ketaksamaan; ketidakadilan; ketidakmerataan 불평등하다 tidak sama; tidak adil; tidak merata ⊙ 불평등조약 perjanjian yang tidak adil

불포화(不飽和) tidak jenuh ⊙ 불포화기(基) radikal tidak jenuh. 불포화 화합물 senyawa tidak jenuh; campuran tidak jenuh

불필요하다(不必要-) tidak ésénsial; tidak diperlukan

불하(拂下) pemindahan ⟪pemindahan hak milik tanah⟫; pelélangan 불하하다 memindahkan; melélang ⊙ 불하품 barang-barang yang dilélang oléh pemerintah

불한당(不汗黨) perampok; penyamun; bajingan; bangsat; gangster

불합(不合) perselisihan; perbantahan; perpecahan 불합하다 tidak setuju ⟪dengan⟫; tak sesuai ⟪dengan⟫

불합격(不合格) kegagalan; penolakan 불합격하다 gagal; ditolak; tidak memenuhi standar ¶불합격되다 ⇒ 불합격하다/검사에 불합격되다 gagal menjalani tés; tidak diterima ⊙ 불합격자 calon yang tidak berhasil; calon yang gagal. 불합격품 barang-barang yang dikembalikan (ditolak)

불합리하다(不合理-) tidak logis; tidak masuk akal; tidak rasional

불행(不幸) ①【마음의】 ketidakbahagiaan 불행하다 tidak bahagia; tidak pantas ②【불운】 kesengsaraan; kemalangan; nasib buruk; kesialan 불행하다 tidak beruntung; sengsara; malang; sial; gagal; nahas; apes ¶불행하게도 sayang sekali; malang benar/불행을 당하다 terkena kemalangan

불허하다(不許-) tidak menjanjikan; tidak mengijinkan; tidak menyetujui; 【경제사정이】 tak bisa mencapai

불현듯(이) ⟪dengan⟫ tiba-tiba; seketika

불협화음(不協和音) ①【음악】 bunyi sumbang; disonansi; bunyi yang janggal ②【마찰】 ketidakcocokan; ketidakharmonisan; ketidakselarasan; perselisihan ⟪faham⟫; pertentangan ¶불협화음의 tidak selaras; penuh pertentangan

불호(佛號) nama seorang rahib Budha

불호령하다(-號令-) berkata dengan sikap marah; mengeluarkan perintah yang kasar; memberikan perintah yang tegas; berkata dengan keras; membentak

불혹(不惑) usia 40 tahun; usia yang bébas dari kebimbangan; usia yang sudah mantap pikirannya
불화(不和) perselisihan; pertentangan; pertengkaran; ketidakrukunan; perseteruan 불화하다 berselisih; berselisih faham; berseteru ¶불화의 씨 bibit perselisihan ⊙ 가정불화 perselisihan (pertengkaran) keluarga
불화(佛化)【화학】fluoridas ⊙불화수소【칼슘】hidari ogen【kalsium】fluorida
불화(佛畵) lukisan Budha
불확실(不確實) 불확실하다 tidak pasti; tidak tentu ⊙ 불확실성 ketidakpastian; kesangsian; keragu-raguan
불확정하다(不確定-) tidak pasti; tidak menentu; berubah-ubah; ragu-ragu; bimbang
불황(不況) deprési; kemerosotan; resési ¶ 불황의 tidak aktif; lamban; stagnan; mandek /경제의 불황 kelesuan ékonomi/ 불황을 극복하다 mengatasi resési ⊙ 불황기(期) masa deprési; musim kelesuan ((matinya; mundurnya)); saat (masa) kemunduran; masa-masa sulit
불효(不孝) ketidakpatuhan 불효하다 tidak patuh; membangkang; tidak menurut ⊙ 불효자 anak yang tak berguna (berbakti); anak yang tidak menurut (tidak patuh)
불후(不朽) keabadian; kehidupan yang kekal; kekekalan 불후하다 abadi; kekal; tak terhancurkan
붉다 mérah; mérah tua ¶붉어지다 menjadi mérah; memérah; (사상이) menjadi (berubah) komunis
붉디붉다 mérah sekali
붉어지다 memerah; menjadi merah
붉으락푸르락하다 menjadi mérah padam
붉히다 menjadi mérah padam; terangsang kemarahan ¶얼굴을 붉히며 dengan wajah memérah
붐 bum; sangat laku; ledakan; tiang; bom ((perintang pelabuhan)) ¶붐을 일으키다 menimbulkan ledakan
붐비다 penuh sesak; ramai; berjejal-jejal; berdesak; berjubel ¶붐비는 시간【출퇴근시】jam sibuk
붓 kuas; pena celup; mopit
붓끝 ①【필단】ujung kuas; ujung péna ②【필봉】tulisan; pegangan péna; gorésan péna; manipulasi péna
붓다[1] 【부어오르다】①【눈 · 얼굴 등이】membengkak; bengkak; balut; sembab ②【성이 나서 뽀로통해지다】mendongkol; merajuk; merongséng
붓다[2] ①【액체 등을 쏟다】menuangkan; mengisi; mencurahkan ②【뿌리다】menabur ((benih)) ③【적금 등을】membayar cicilan; (계 등에) membayar uang arisan dengan mencicil
붓대 tangkai (gagang) sikat; tangkai (batang) péna
붓 뚜껑 tutup sikat (kuas); tutup logam untuk ujung sikat (kuas)
붓질 pelukisan 붓질하다 membuat corétan dengan kuas; mencat; melukis
붕 ①【방귀소리】berkentut ¶방귀를 붕 뀌다 membiarkan kentut ②【벌 · 비행기 등의 소리】dengungan; deruman ③【허망하게】¶(계획 등이) 붕 뜨다 berakhir dengan sia-sia
붕괴(崩壞) keruntuhan; keambrukan; kerobohan 붕괴하다 ambruk; runtuh; roboh; gugur; hancur
봉긋하다 ①【솟다】sedikit (agak) tinggi ②【들뜨다】sedikit (agak) longgar
붕당(朋黨) faksi; golongan; kumpulan orang dalam partai politik; kelompok kecil; klik; kalangan teman-teman ¶붕당을 맺다(이루다) membentuk kelompok teman; berkelompok bersama-sama ⊙ 붕당질 semangat partai
붕대(繃帶) kain pembalut; balutan; perban; pembebat ¶붕대를 하다(감다) membalut; memperban; memalut ⊙ 멜빵붕대 ambin; kain gendongan
붕붕 ①【날다】dengungan ②【경적이】tet! tet!; bunyi tuter 붕붕하다, 붕붕거리다 terbang di atas; mengklakson
붕사(硼砂) boraks
붕산(硼酸) asam borat
붕소(硼素) unsur boron(B)
붕어 ikan karper
붕어(崩御) kematian
붕우(朋友) teman; kawan ⊙ 붕우유신 ke-

percayaan di antara teman

붕장어(-長魚) ikan sidat; ikan sejenis belut laut

붙다 ①【달라붙다】 melekat; menémpél ②【가까이 있다】 tetap (berdiri) dekat ((ke)) ③【별명 등이】 dijuluki; diberi julukan ④【인접하다】 berdekatan ⑤【따르다, 추종하다】 memelot ⑥【얹혀살다】 bergantung; menjadi parasit ¶친척집에 붙어살다 hidup (bergantung) pada rélasi ⑦【몸에 꼭 끼다】 ketat ⑧【한 곳에 머물다】 tinggal ⑨【생기다, 늘어나다】 bertambah ⑩【세금이】 kena pajak ⑪【불이】 dinyalakan; dibakar ⑫【시험에】 lulus ujian ⑬【악귀 등에 씌다】 dikuasai; terobsési; terhantui

붙들다 ①【놓치지 않게】 menahan; tahan; melerai; menangkap ②【가지 못하게】 menahan

붙들리다 【붙잡히다】 ditahan; ditawan

붙박아놓다 mengunci tak bergerak; menahan

붙박이 perlengkapan tetap; peralatan tetap

붙박이다 dipasang tetap; (집에) dikurung ((dalam kamar))

붙어 다니다 mengikuti; membayangi

-붙이 ①【사람】 keluarga (darah) yang sama ¶살붙이 handai taulan dan sanak keluarga/가까운 일가붙이 kerabat dekat; sanak keluarga ②【물건】 ¶쇠붙이 barang dari besi

붙이다 ①【부착시키다】 melekatkan; menémpélkan; memasang ②(풀 등으로) merekat; memasang; mengencangkan; menémpélkan ③(입히거나 깔아서) memasang ④【가까이, 닿게】 menempatkan di dekat ⑤(배 · 차 등을) membawa ⑥【가입시키다】 menerima; memberi ijin masuk ⑦【의지하다】 menggantungkan pada; mengandalkan pada ⑧【불을】 menyalakan; menghidupkan ⑨【노름 · 흥정 · 싸움을】 mengatur ⑩【내기에서 돈을】 menaruh ((uang)) ⑪【의견을】 memberikan pendapat; membuat koméntar tambahan ⑫【사람을】 menyertai; menemani ⑬【때리다】 menampar; menempéléng ⑭【교접시키다】 mengawinkan ⑮【말을】 menyapa; menegur; mendekati; berbicara ⑯【마음 · 취미 등을】 tertarik; senang ⑰【첨부하다】 menambahkan

붙임성 keramah-tamahan; kebaikan hati; kehangatan hati ¶붙임성 있는 ramah tamah; baik hati; suka bergaul

붙잡다 ①【놓치지 않게 붙들다】 menangkap; meraih; merenggut; merebut; mencengkam; menjawat; mencekal ②【범인을】 menahan; menangkap ③【가지 못하게 붙들다】 menahan ④【일자리를】 mendapat; menemukan; memperoléh ⑤【돕다】 membantu; menolong

붙잡히다 ditangkap; ditahan

뷔페 bufef; prasmanan; jamuan dengan layanan sendiri ⊙ 뷔페식당 restoran bufet. 점심뷔페 makan siang prasmanan; santap siang bufet

뷰티 cantik ((orang))

브라보 bagus! baik sekali!

브라스밴드 band yang terbuat dari kuningan; orkés alat musik tiup

브라운 warna coklat

브라운관(-管) TV; télévisi; tabung gambar (katode; layar) ¶브라운관에 등장하다 muncul di télévisi; tampil di télévisi

브러시 sikat

브런치 【늦은 아침밥】 sarap siang

브래지어 kutang; bra; béha 브래지어를 하다 memakai kutang

브랜드 mérék; cap ¶브랜드 이미지 citra mérék

브랜치 cabang; filial

브레이크[1] rém; penahan; kendali; pekam ¶브레이크를 밟다 menginjak pedal rém

브레이크[2] 【권투】 pisah ((dalam tinju))

브레인트러스트 gabungan otak; tenaga pemikir

브렉 퍼스트 sarapan; makan pagi

브로마이드 ①【감광지】 bromida; kertas bromida ②【그림, 사진】 potrét; gambar; lukisan

브로슈어 brosur

브로치 bros; peniti dada

브로커 pedagang perantara (komisi); pialang; broker; makelar ¶브로커 노릇을 하다 bertindak sebagai pedagang perantara ⊙ 부동산 브로커 makelar ba-

rang tak bergerak
브롬 【화학】 bromin ⊙브롬칼리 potasium bromida
브롬화(-化) 【화학】 brominasi; réaksi dengan bromin 브롬화하다 meréaksikan dengan bromida ⊙ 브롬화물 senyawa bromida
브리지 ①【다리】 jembatan ②【카드놀이】 jembatan utama ③【치아】 pegangan untuk gigi palsu
브리프 singkat
브리핑 taklimat; penjelasan singkat; penerangan yang ringkas ¶브리핑을 하다 memberi penjelasan singkat; menjelaskan dengan singkat
블라우스 blus; baju wanita
블라인드 kerai; keré (penutup ruangan dari sinar matahari)
블랙리스트 daftar hitam
블랙박스 kotak hitam; rekaman dalam penerbangan; perekam suara kokpit
블랙홀 lubang hitam
블랭크 kosong; blanko; formulir
블로그 *blog* ¶블로그를 만들다 membuat *blog*/ 블로그에 글을 올리다 menulis di *blog*
블로킹하다 blokir; menghalang
블록 blok; balok; berkas ¶경제블록을 형성하다 membentuk blok ékonomi ⊙ 블록경제 blok ékonomi. 달러블록 blok dolar
블론드 berambut pirang; pirang
블루머 celana péndék yang diikat dekat lutut
블루스 ①【느리고 슬픈 노래】 blues; sejenis musik Negro Amerika Serikat ②【춤】 tarian lambat
블루진 celana jin; jéngki
블루칩 ①【주식】 saham-saham yang baik ②【도박】 kepingan bundar bernilai uang dipakai dalam permainan judi
블루칼라 pekerja berkerah biru; buruh
비[1] hujan ¶부슬비 hujan gerimis; hujan rintik-rintik/비를 맞다 kena hujan; kehujanan
비[2] sapu ¶빗자루 gagang sapu/비로 쓸다 menyapu dengan sapu
비(比) nisbah; rasio; proporsi; perbandingan
비(妃) ①【왕비】 permaisuri ②【황태자비】 isteri putra mahkota
비(騙) almarhum ibu
비(碑) batu nisan; monumen; tugu peringatan
비-(非) bukan; tidak; anti
비가(悲歌) syair tatapan; lagu duka cita; lagu sedih
비각(碑閣) rumah monumén
비감(悲感) perasaan sedih; duka cita; nestapa
비강(鼻腔) rongga hidung
비걱거리다 berbunyi; k(er)i-at-k(er)iut 《pada waktu membuka pintu》
비겁하다(卑怯-) curang; bersifat hina ¶비겁한 짓을 하다 bertindak pengecut; memakai tipuan keji; (경기 등에서) berbuat licik pada
비견하다(比肩-) sejajar; setanding; sederajat; bisa dibandingkan
비결(秘訣) rahasia; kunci ¶건강의 비결 rahasia kesehatan
비경(秘境) kawasan yang belum pernah dijelajahi
비계[1] 【돼지의】 lemak; lemak babi
비계[2] 【토목 · 건축】 tempat peng gantungan; tempat berpijak (tumpuan)
비계(秘計) rencana rahasia; kartu truf
비고(備考) catatan; referensi; keterangan ⊙ 비고란 kolom référénsi (keterangan)
비곡(悲曲) nyanyian sedih; lagu sedih
비공개(非公開) ¶비공개의 pribadi; informal; tertutup ⊙ 비공개회의 pertemuan (rapat) tertutup; pertemuan pribadi
비공식(非公式) ¶비공식의 【적인】 【secara】 tidak resmi; tidak sah ⊙ 비공식세계 기록 rékor dunia yang belum disahkan
비과세(非課稅) bébas pajak
비과학적(非科學的) tidak ilmiah ¶비과학적인 조사 (수사) survéi (penyelidikan) yang tidak ilmiah
비관(悲觀) pésimisme; kekecéwaan 비관하다 pesimis; memiliki pandangan yang suram; kecéwa ⊙ 비관론 pesimisme. 비관론자 orang pesimis
비관적(悲觀的) pésimistis ¶비관적으로 보다 berpandangan secara pésimis (gelap)

비교(比較) perbandingan 비교하다 membandingkan; memperbandingkan ¶비교도 안 된다 tak ada perbandingan antara ((keduanya, A dan B)); tak sebanding; tak bisa dibandingkan ⊙ 비교급【문법】((tingkat)) komparatif. 비교문학 sastra perbandingan

비교적(比較的) ((secara)) komparatif; secara perbandingan

비구니(比丘尼) bhikkhuni; biarawati; rahib wanita

비구승(比丘僧) biksu; pendéta Budha

비군사적(非軍事的) non militér; bukan militér

비군사화(非軍事化) demilitarisasi

비굴하다(卑屈-) bersikap merendahkan diri

비극(悲劇) tragédi; sandiwara sedih ¶비극적(인) tragis; hubungan yang tragis ⊙ 가정비극 tragédi rumah tangga (keluarga)

비근하다(卑近-) umum; lazim; biasa; sederhana

비금속(非金屬) bukan logam non metalik

비금속(卑金屬) logam dasar

비기다[1] berakhir seri

비기다[2] menyamakan; membandingkan ¶비길 만하다 bisa dibandingkan dengan

비길 수(-手)【장기 등】séri; pacuan yang terakhir dengan séri

비꼬다 ①【끈을】memilin; memintal ②【말을】berbicara secara ironis (secara sinis); bernada sindiran tajam (nada sinis)

비꼬이다 ①【길이】dipintal; dijalin ②【마음이】jahat; tidak jujur

비난(非難) penyalahan; kecaman; celaan; dakwaan; tuduhan; gugatan 비난하다 menyalahkan; menuduh; menimpakan kesalahan; mengeritik; mencela ⊙비난자 pengkritik

비너스 Venus; bintang Johar; zohral

비녀 jepitan rambut hiasan

비논리(非論理) ¶비논리적(인) tidak logis; tidak sesuai dengan jalan pikiran yang séhat; tidak masuk akal.

비뇨기(泌尿器) organ uriner; organ kandung kemih ¶비뇨기 질환에 걸리다 menderita penyakit kandung kemih ⊙ 비뇨기과 bagian uriner

비누 sabun ⊙ 비누 거품 buih sabun (détergén). 비눗방울 busa sabun. 비눗물 air yang bersabun. 가루비누 sabun bubuk. 세수 비누 sabun toilet. 빨래비누 sabun cuci

비늘 sisik ¶생선의 비늘을 벗기다 membersihkan sirip ikan; menyisiki ikan

비늘구름 sirokomulus

비능률(非能率) inéfisiénsi; ketidakéfisiénan ¶비능률적(인) tidak éfisién

비닐【화학】vinil ⊙ 비닐수지(樹脂) resin vinil. 비닐봉지 kantung plastik. 비닐하우스 rumah kaca plastik vinil

비닐론 vinilon

비다 ①【방·자리·공간 등이】kosong; hampa; lowong ②【시간이】bébas ③【머리가】bodoh ④【마음이 공허하다】hampa; kosong ⑤【돈이 모자라다】kekurangan

비단(非但) tidak hanya… tetapi juga…

비단 sutera; tékstil seperti beludru ⊙비단실 benang sutera. 비단이불 seprei (selimut) sutera

비당파적(非黨派的) tidak memihak; tidak berpartai

비대(肥大) kegemukan 비대하다 ①【몸이】gemuk; gendut; gembrot ②【조직·권력 등이】kegemukan; gemuk ③【의학】pembengkakan ⊙ 심장비대 pembesaran (pembengkakan) jantung (hati)

비대칭(非對稱) tidak simétris

비데 bidét

비도덕적(非道德的) tidak bermoral

비동맹(非同盟) hal tidak berpihak; nonblok ⊙ 비동맹국 negara non-blok

비둘기 burung merpati; burung dara ⊙ 통신용비둘기 merpati pos

비둘기파(-派) aliran garis lunak ((dalam partai))

비듬 ketombé; kelemumur; sindap ¶비듬투성이의 yang berketombé ⊙ 비듬 약 obat anti ketombé

비등하다(比等-) ¶비등비등하다 hampir sama; sebanding; setara

비등(沸騰) ①【열】비등하다 mendidih; mengelegak ②【소란·격동】keributan;

kegemparan; kehebohan; pergolakan; huru-hara 비등하다 menjadi panas (héboh); bergolak; gempar ¶여론이 비등하다 opini publik terbangkitan (bergolak) ⊙ 비등점 【물리】 titik didih

비디오 ①【영상】 alat pemutar video; video ②【녹화 · 재생하는 기계】 alat perekam video (VCR) ⊙ 비디오 가게 toko penyéwaan video. 비디오방 ruang video. 비디오테이프 pita video

비뚜로 miring; sérong; condong; mencong

비뚜름하다 miring; mencong

비뚝거리다 goyang; goyah; timpang ②【걸음이】 berjalan dengan gerakan sempoyongan; terhuyung-huyung

비뚤다 miring; mencong; di sudut yang salah

비뚤어지다 ①【한쪽으로】 menjadi mencong; miring; menyimpang; kelok; mengsol ②【마음 · 성격 등이】 menjadi kusut 《pikiran》; tidak jujur; menyimpang

비래하다(飛來-) datang dengan pesawat terbang

비럭질하다 meminta-minta; mengemis

비련(悲戀) cinta yang tragis

비례(比例) proporsi; nisbah; rasio 비례하다 sebanding 《dengan》 ⊙ 비례대표(제) 《sistém》 perwakilan sebanding. 정【반】비례 perbandingan lurus【terbalik】

비로소 【처음으로】 pertama kali; baru

비록(秘錄) laporan ilmiah yang bersifat rahasia; dokumen (catatan) rahasia

비록 meskipun; sekalipun; biarpun; walaupun

비롯되다 dimulai dengan; berasal dari

비롯하다 ¶(…을) 비롯해서, 비롯하여 mulai dengan; termasuk; dimulai dengan

비료(肥料) pupuk

비루【獸醫】 semacam kudis pada anjing ¶ 비루먹다 terkena penyakit anjing

비루(鄙陋) 비루하다 vulgar; hina; buruk; kotor ¶비루한 근성 jiwa yang buruk

비리(非理) korupsi; ketidakteraturan; irasionalitas; kemusykilan

비리다 ①【냄새 · 맛이】 amis ¶비린내 bau ikan (anyir)/비린내가 나다 berbau amis ②【피가】 berbau darah ③【비유적】 kikir; pelit; menjijikkan

비리비리하다 kurus dan kering

비린내 bau ikan; bau amis

비릿하다 agak amis

비만(肥滿) 비만하다 gemuk; gendut; montok ⊙ 비만형 tipe gemuk

비말(飛沫) percikan; semprotan

비망록(備忘錄) mémorandum; mémo ¶비망록에 기입하다 mencatat mémorandum; memasukkan dalam mémo

비매품(非賣品) barang yang tidak untuk dijual ¶비매품【게시】 Tidak dijual. *atau* Diédarkan Terbatas.

비명(非命) ¶비명에 죽다【가다】 mati tidak wajar

비명(悲鳴) 【외마디 소리】 jeritan; teriakan; seruan ¶비명을 지르다 menjerit (berteriak) minta tolong

비명(碑銘) tulisan (ukiran) di batu nisan

비몽사몽(非夢似夢) ¶비몽사몽간에 antara tertidur dan terjaga

비무장(非武裝) ¶비무장의 didemilitérisasi/비무장화하다 mendemilitérisasikan

비무장지대(非武裝地帶) zona demilitérisasi

비문(碑文) inskripsi; prasasti

비민주적(非民主的) tidak démokratis; otoritér

비밀(秘密) ①【숨겨야 할 일 · 내용】 kerahasiaan; rahasia; mistéri ¶비밀의 rahasia; pribadi/비밀히 dengan rahasia; dengan tertutup ②【밝혀지지 않은 내용 · 사실】 rahasia ⊙ 비밀결사 organisasi rahasia. 비밀결혼 perkawinan sembunyi-sembunyi. 비밀경찰 polisi rahasia. 비밀번호 kata sandi; nomor PIN (*personal indentification number*) PIN number

비바람 hujan dan angin; hujan badai ¶비바람을 맞다 dilanda hujan badai

비바리 penyelam wanita

비방(秘方) métode(resép) rahasia; rumus rahasia (simpanan)

비방(誹謗) umpat; makian; fitnah; caci maki dan sindiran 비방하다 mengumpat; memaki; memfitnah; mempergunjingkan

비번이다(非番-) perai; tidak berdinas; tidak bertugas

비범하다(非凡-) luar biasa; tidak biasa; istimewa; langka
비법(秘法) métode rahasia
비법인(非法人) ¶비법인의 bukan badan hukum.
비보(悲報) berita duka; berita duka cita ¶ 비보에 접하다 mendengar (menerima) berita sedih
비복(婢僕) pelayan rumah; pembantu rumah tangga
비분(悲憤) kemarahan; kedongkolan; kejéngkélan; kesebalan ¶비분강개하다 mendongkol
비비꼬다 ①【몸 등을 꼬다】 memilin-milin; membelit-belit; memutar-mutar ②【말을】 berbicara secara ironis (secara sinis)
비비다 ①【문지르다】 menggosok ¶눈을 비비다 menggosok mata ②【송곳을】 membor; mengebor ¶③ 【버무리다】 mencampur; membuat campuran ④【기타】 berdesak-desakkan di antara orang banyak
비비대기 dorong-mendorong; dorong-dorongan; desak-desakan
비비대다 menggosok berulang-ulang
비비적거리다 menggosok-gosok
비비 틀다 memutar dengan keras
비빔⊙비빔국수 *bibimguksu;* mi campur. 비빔밥 *bibimbap;* menanak nasi dengan bermacam-macam campuran
비브리오 *vibrio*
비사(秘史) sejarah rahasia
비사교적(非社交的) tidak dapat bermasyarakat; tidak sosial
비산하다(飛散-) menyebar; menyerakkan
비산(砒酸) 【화학】 asam arsenik
비상(非常) darurat; bencana ¶비상시 darurat; krisis/ 비상시에는 dalam ((kasus)) darurat/비상용 untuk keadaan darurat ⊙ 비상구 pintu ((keluar)) darurat. 비상경보 sinyal bél bahaya. 비상계단 tangga darurat; jalan keluar dari kebakaran. 비상금 dana darurat. 비상식량 ransum-ransum darurat. 비상착륙 pendaratan terpaksa (darurat)
비상(砒霜) racun arsenik
비상하다(飛翔-) terbang; membubung

비상선(非常線) barisan (lingkaran) penjagaan; jaringan polisi; barisan (garis) patroli
비상장주(非上場株) saham yang tidak terdaftar
비상하다(非常-) ①【예사롭지 않다】 keluarbiasaan 비상하다 tidak umum; luar biasa; istiméwa ②【뛰어나다】 tidak biasa; khusus; istiméwa
비생산(非生産) ¶비생산적(인) tidak produktif
비서(秘書) ①【사람】 sékretaris ((pribadi)) ②【책】 buku pusaka ⊙ 비서실 kantor sékretariat
비석(碑石) tugu batu; nisan ((batu kubur)); batu bersurat ¶비석을 세우다 menegakkan monumen batu nisan; memasang monumen
비소(砒素) 【화학】 arsenik; warangan; tuba tikus
비속(卑俗) kekasaran; ketidak-sopanan 비속하다 kasar; tidak sopan; cabul; rendah; hina; keji ⊙ 비속어 bahasa non standar; bahasa slang
비속(卑屬) keturunan ⊙ 직계【방계】 keturunan yang langsung 【seketurunan】
비숍 uskup
비수(匕首) ⇒ 단도(短刀) ①pisau belati ¶ 비수로 찌르다 menikam; menusuk dengan pisau péndék
비수기(非需期) masa sepi ¶관광 비수기 masa sepi kunjungan wisatawan
비술(秘術) seni rahasia; muslihat
비스듬하다 miring; condong; tidak rata; tidak datar; tidak tegak; tidak lurus ¶비스듬히 기울다 condong miring
비스킷 buskuit; kué kering
비슬거리다 terhuyung-huyung; sempoyongan; bergerak dengan goyah (dengan tidak tegak)
비슷비슷하다 sangat mirip; berjenis sama; banyak kesamaan ¶둘이 비슷비슷하다 Keduanya banyak persamaannya.
비슷이[1] sama; mirip ¶비슷이 닮다 memiliki beberapa persamaan
비슷이[2] miring; condong
비슷하다[1] 【같다】 serupa; tidak ubah dengan; seperti; mirip; seiras; semacam

비슷하다[2] ⇒ 비스듬하다
비시지 BCG (*Bacillus Colmetle Gurein*) ⊙ 비시지접종 suntikan BCG
비신사적(非紳士的) tidak jéntelman; basa-basi ¶비신사적행위 tindakan yang tidak jéntelmen
비실거리다 ①【비틀거리다】 terséok-séok ②【몸에 기운이 없다】 lemah
비실제적(非實際的) tidak praktis
비싸다 ①【비용이】 mahal ②【도도하게 굴다】 sombong
비씨 sebelum Maséhi
비아그라 【상표명】 Viagra
비아냥거리다 sinis; membuat ungkapan yang sarkastik (sindiran kasar)
비애(悲哀) duka cita; penderitaan; kesedihan; kepiluan; rasa kesedihan ¶비애를 느끼다 merasa sedih
비애국적(非愛國的) tidak patriotik
비약(飛躍) ①【뛰어오름】 lompatan; loncatan 비약하다 melompat; meloncat ¶암중비약하다 aktif (berperan) di balik layar; berperan di belakang ②【진보 · 향상】 kemajuan ¶비약적 발전을 하다 membuat kemajuan besar (pesat); maju dengan pesat ③【논리 · 사고방식 등의】 lompat; melompat; loncat; meloncat
비약(秘藥) obat ajaib; obat langka
비어(卑語) ①【천한 말】 slang; ungkapan kasar; ungkapan sehari-hari ②【낮춤말】 ucapan yang bersifat mencela
비어(蜚語) desas-desus yang keji (kejam); laporan palsu ⊙ 유언비어 ⇒ 유언(流言) desas-desus yang sembarangan
비어 bir ⊙ 비어홀 tempat minum bir
비업무용(非業務用) tujuan non bisnis ⊙비업무용 토지 lahan menganggur
비열하다(卑劣, 鄙劣-) hina; kotor; rendah; cabul; mesum; jorok
비열(比熱) 【물리】 rasio kepanasan
비영리(非營利) nirlaba; tidak mencari keuntungan ⊙ 비영리사업 usaha nirlana
비옥하다(肥沃-) subur; kaya; biak
비올라 biola
비옷 jas hujan; mantel hujan
비용(費用) biaya; ongkos; belanja; béa¶비용에 관계없이 berapapun biayanya ⊙ 마케팅비용 biaya pemasaran. 생산비용 biaya produk. 프로모션 비용 biaya promosi
비우다 ①【안에 든 것을】 mengosongkan ②【방·집 등을】 (a) (외출하여) meninggalkan rumah dalam keadaan kosong; pergi 《dari rumah》; keluar (b) (명도하다) meluangkan; pindah ③【마음을】 kosongkan pikiran
비우호적(非友好的) tidak ramah; tidak bersahabat
비운(悲運) kemalangan; nasib buruk; sengsara
비웃 【청어】 ikan haring
비웃다 tertawa mengéjek; mencemoohkan; mencibirkan; tertawa dengan mencemooh; sinis
비웃음 tertawaan; éjékan; cémoohan; sindiran; olok-olok ¶비웃음을 사다 tersindir/ 비웃음거리가 되다 menjadi objék (sasaran) olok-olok (éjékan; tertawaan)
비원(秘苑) *biwon*; taman istana Korea
비위(脾胃) ①【비장과 위】 limpa dan perut ②【기호. 미각】 cita rasa; seléra; kesukaan; kegemaran ¶비위에 맞다 sesuai (cocok) dengan seléra ③【기분 · 성미】 tabiat (keadaan) marah ¶비위를 맞추다 (아첨하여) menjilat; membujuk untuk mencari nama ④【신경이 굵음】 ¶비위가 좋다 tidak bermalu; lancang; kurang ajar
비위생적(非衛生的) tidak memenuhi syarat keséhatan
비유(比喩) (직유) kiasan; (은유) métafora; 【우화】 kiasan; alégori; ibarat; cerita perumpamaan ¶비유적인 《secara》 kiasan; arti kiasan
비율(比率) proporsi; tingkatan; kadar; nisbah; perséntase ¶…의 비율로 pada tingkat (rasio)
비음(鼻音) suara hidung; bunyi sengau
비이성적(非理性的) tidak rasional; irasional
비인간적(非人間的) tidak manusiawi
비인도적(非人道的) tidak berperikemanusiaan; kejam
비일비재하다(非一非再-) banyak kasus yang demikian; tidak jarang terjadi

비자 visa; visum ¶비자를 얻다(받다) mendapat visa
비자금(秘資金) uang (dana) rahasia
비잔틴 Romawi Timur
비장(秘藏) penyimpan dengan rahasia 비장하다 menyimpan dengan rahasia; menyimpan dengan sangat hati-hati ¶비장의 솜씨를 발휘하다 menunjukkan kemampuan yang dirahasiakan ⊙ 비장품 barang penyimpan rahasia; barang berharga; harta
비장(脾臟) limpa; anak limpa
비장하다(悲壯-) tragis; menyentuh; héroik
비재(菲才) ketidakmampuan; ketidakcakapan ¶비록 비재이지만 meskipun tidak mampu (tidak berdaya)
비적(匪賊) bandit; pemberontak; pelawan hukum; penjahat
비적성(非敵性) sifat tidak bermusuhan ⊙ 비적성국가 negeri (negara) yang tidak bermusuhan
비전(秘傳) pusaka resép rahasia ¶비전을 전수하다 memberitahu rahasia
비전 bermasa depan ¶비전이 있는 사람 orang yang bermasa depan (cerah); orang yang berpandangan luas (ke depan)
비 전략물자(非戰略物資) barang-barang non stratégis
비전론(非戰論) anti-peperangan
비전문가(非專門家) non-spésialis; awam; amateur
비전투원(非戰鬪員) anggota militér yang tidak ikut perang
비접 ¶비접 나가다 pindah ke tempat lain ((untuk keséhatan))
비정규(非正規) ¶비정규의 tidak régulér ⊙ 비정규군 tentara irégulér. 비정규직 posisi sementara; pekerja non-régulér; pekerjaan yang tidak tetap
비정상(非正常) ketidaknormalan; ketidakteraturan ¶비정상의 tidak normal; tidak biasa; istiméwa ⊙ 비정상아(兒) anak yang tidak normal; anak yang abnormal
비정하다(非情-) berhati dingin; tidak berperasaan; kejam
비좁다 【좁다】 sempit dan rapat; kesempitan; sesak; bertumpuk-tumpuk
비종교적(非宗教的) non religius
비주류(非主流) kelompok sisi; bukan kelompok utama
비주얼 visuil
비죽 ①【입술을】 ¶비죽거리다 mencibirkan mulutnya; memiringkan bibirnya ②【울려고】 menahan tangisan; bersungut-sungut ③【내밀다】 mengeluarkan
비준(批準) ratifikasi; persetujuan; pengesahan 비준하다 meratifikasi; mengesahkan; mengakui; menyetujui ⊙비준서 surat pengesahan (ratifikasi)
비중(比重) ①【물리】 gravitasi ②【중요도】 kepentingan
비즈니스 bisnis; urusan; usaha ⊙ 비즈니스맨 pengusaha; usahawan; pedagang. 비즈니스 클래스 kelas bisnis
비지 *biji*; ampas dadih buncis; ampas tahu ⊙ 비지국 sup kasar yang dibuat dari ampas tahu. 비지찌개 rebusan *biji* sebagai lauk pauk
비지땀 mandi keringat; cucuran keringat ¶비지땀을 흘리며 bercucuran keringat
비지떡 *bijitteok* ¶싼 게 비지떡 【속담】 Pembelian yang murah adalah uang hilang. *atau* Harga murah berarti kualitas rendah.
비집다 ①【틈내다】 membelah; membuka; mendorong terbuka ②【헤치다】 mendorong ③【눈을】 menggosok mata terbuka
비쩍 ¶비쩍 마른 langsing; kurus
비참하다(悲慘-) menyedihkan; tragis; sengsara; melarat; mendukakan
비책(秘策) rencana rahasia
비천(卑賤) 비천하다 rendah; hina dina ¶비천한 태생 orang yang terlahir hina
비추다 ①【빛을】【빛 · 불빛 등을】 menyinari; menerangi ②【반사하다】 (a) (거울 · 수면 등에) menyorotkan; memantulkan (b))그림자를) mencerminkan ¶영화를 스크린에 비추다 memproyéksikan filem ke atas layar ③【넌지시】 mengisyaratkan ④【'비추어'의 형태로 쓰여】 menurut; membandingkan
비추다, 비취다 tersinari; terpantul; tercermin

비축(備蓄) pencadangan; persediaan untuk keadaan darurat 비축하다 menyimpan untuk keadaan darurat ⊙ 비축미(米) beras persediaan; beras (padi) yang disimpan dalam lumbung rakyat

비취(翡翠) 【보석】 jade lumut ⊙ 비취색(빛) hijau jade; hijau lumut

비치 pandai ⊙비치파라솔 payung pantai

비치하다(備置-) melengkapi; menyediakan; menyiapkan

비치다 ①【빛이】 bersinar; memancar; menyorotkan ②【그림자가】 tercermin; terpantul ③【속엣 것이】 tembus; kelihatan ④【인상을 주다】 menunjukkan; memperlihatkan ⑤【생각 · 의사 등을】 menyarankan; mengisyaratkan; disirat; disiratkan ⑥【얼굴 · 모습 등을】 muncul; memunculkan; membuat pemunculan

비치되다(備置-) diperlengkapi; disediakan

비칭(卑稱) nama rendah; nama éjékan

비커 gelas kimia

비켜나다 menyingsut ke sisi; menyisi; minggir

비켜서다 melangkah ke sisi; melangkah minggir

비키니 bikini; pakaian mandi wanita yang hanya cukup untuk menutupi aurat dan buah dada)

비키다 ①【길을】 menyisikan; menghindari; pergi menjauh ②【위치를 옮기다】 menggerakkan ke samping (menyingkir) ③【자리를】 menarik diri; meninggalkan

비타민 vitamin; zat makanan ⊙ 비타민결핍증 vitaminosis. 종합비타민 multivitamin

비타협적(非妥協的) ¶비타협적인 tidak kompromi/ 비타협적태도 sikap tanpa kompromi

비탄(悲嘆) duka cita; ratap tangis; (특히 누군가가 죽었을 때의) perkabungan; belasungkawa 비탄하다 berduka cita; meratap; berbelasungkawa

비탈 léréng; kemiringan; dakian ⊙ 비탈길 jalan yang melandai

비통(悲痛) duka cita; kedukaan; perkabungan; belasungkawa 비통하다 menyedihkan; menyentuh; memilukan

비트 nada keras

비틀거리다 terhuyung-huyung; yang goyang; gelayaran; terséok-séok

비틀걸음 langkah terhuyung-huyung ¶비틀걸음으로 걷다 berjalan terhuyung-huyung; berjalan sempoyongan (goyah; bergoyang-goyang)

비틀다 memilin; memutar; memutarbalikkan; memelintir

비틀리다 dipelintir

비틀어지다 ①【꼬이다】 dipelintir ②⟹ 틀어지다②

비파(琵琶) mandolin Korea

비판(批判) kritikan; tanggapan; koméntar; bahasan; diskusi 비판하다 mengeritik; mengoméntari; membahas ¶비판적 kritikal/ 비판적(으로) 《secara》 kritis ⊙ 비판자 kritikus

비평(批評) kritikan; tanggapan; ulasan; pendapat; teguran; koméntar 비평하다 mengeritik; mengkritik; mengoméntari; mendebat ¶비평을 받다 menerima kritik; dikritik ⊙ 비평가 kritikus; koméntator; peninjau

비포장도로(非鋪裝道路) sjalan yang tidak diaspal

비폭력(非暴力) non kekerasan ¶비폭력의 tidak keras; bersifat non kekerasan

비품(備品) peralatan ⊙사무용 비품 peralatan kantor

비프 daging sapi ⊙ 비프스테이크 steak daging sapi; daging bistik. 비프스튜 rebusan daging sapi. 비프커틀릿 sayatan (potongan) daging sapi. 로스트비프 daging 《sapi》 panggang

비하하다(卑下-)merendahkan diri; menghina diri sendiri

비하다(比-) mem(per)bandingkan; (대조) berlawanan dengan ¶비할 수 없을 만큼 di luar bandingan

비 학술적(非學術的) tidak ilmiah; tidak akadémis

비합리적(非合理的) irasional; tidak masuk akal; tidak beralasan; tidak logis

비합법(非合法) ¶비합법적(인) tidak syah; ilégal; haram; melanggar hukum/비합법화하다 mengilégalkan; menyatakan 《suatu partai》 tidak sah

비핵화(非核化) denuklirisasi 비핵화하다 membebaskan dari nuklir ¶한반도의 비핵화 prosés pembébasan nuklir di Semenanjung Korea

비행(非行) perbuatan jahat; kelakuan tidak senonoh; tindakan yang salah ¶비행을 저지르다 melakukan (berbuat) kesalahan (kenakalan)

비행(飛行) penerbangan 비행하다 terbang; bepergian dengan pesawat terbang; melakukan perjalanan udara ⊙ 비행속도 kecepatan udara(terbang). 비행 스케쥴 jadwal penerbangan (terbang)

비행기(飛行機) pesawat udara; pesawat terang; kapal terbang ⊙ 비행기사고 ((menemui kematian)) dalam kecelakaan (jatuhnya) pesawat udara. 비행기 표 tikét pesawat

비행사(飛行士) penerbang; pilot; juru kapal terbang ⊙ 여류비행사 penerbang wanita

비행선(飛行船) zéppelin; kapal zéplin; balon berkemudi; kapal udara

비행장(飛行場) lapangan terbang; pelabuhan udara; pangkalan(bandara; bandar) udara

비현실적(非現實的) tidak nyata; khayal ⊙ 비현실적성 bukan kenyataan; khayalan

비협조적(非協調的) tidak bekerja sama

비호(庇護) perlindungan; proteksi; patronase 비호하다 melindungi; menutupi; memayungi; mengasuh; menjaga ¶…의 비호 하에 di bawah perlindungan (penjagaan; naungan)

비호(飛虎) harimau yang tangkas; macan terbang ¶비호같다 cepat seperti kilat; secepat kilat

비화(飛火) ①【불똥】bara (api) yang beterbangan 비화하다 menyala ②【사건의】akibat yang tidak diharapkan 비화하다 berakibat ((lain)); réaksi yang tidak diharapkan terjadi

비화(秘話) cerita rahasia

비화(悲話) cerita (kisah) sedih

비효율적(非效率的) tidak éfisién

빈객(賓客) tamu kehormatan; tamu terhormat; tetamu

빈고(貧苦) kemiskinan yang menjepit ¶빈고에 시달리다 terjepit (terdesak) kemiskinan

빈곤(貧困) ①【가난】kemiskinan; kemelaratan; kepapaan; kesengsaraan 빈곤하다 miskin; melarat; papa ②【내용의 부족】kekurangan; ketiadaan

빈궁(貧窮) ⇒ 빈곤(貧困)

빈농(貧農) petani miskin; petani gurem

빈대【곤충】kutu busuk; kepinding 빈대에 물리다 digigit kepinding

빈대떡 *bindaetteok*; martabak Korea: kué serabi dari buncis ¶빈대떡을 지지다 membuat kué serabi dari kacang buncis

빈도(頻度) frékuénsi; keseringan

빈둥거리다 bermalas-malasan; menganggur; berkeliaran; luntang-lantung

빈둥빈둥 bermalas-malas; lamban; dengan malas

빈말 pembicaraan kosong; omong kosong; janji kosong 빈말하다 berbicara kosong; membuat janji kosong; menjual petai hampa

빈민(貧民) orang miskin; kaum miskin ¶빈민을 구제하다 memberi bantuan orang yang miskin(membutuhkan) ⊙ 빈민가(街) ⇒ 빈민굴.

빈민굴(貧民窟) perkampungan yang miskin dan kotor; perkampungan yang melarat;【총칭】daérah jembél; rumah-rumah gubuk

빈발(頻發) kejadian (kemunculan) berulang 빈발하다 muncul selalu; sering terjadi

빈방(-房) ruang (kamar) kosong

빈번하다(頻繁-) sering ¶빈번히 sering kali

빈병(-甁) botol kosong

빈부(貧富) kekayaan dan kemiskinan;【가난한 자와 부자】orang kaya dan miskin

빈사(瀕死) kondisi sekarat; ((berada)) di ambang kematian ¶빈사상태에 있다 dalam keadaan sekarat

빈소(殯所) tempat di mana jenazah disemayamkan sebelum pemakaman

빈속 perut kosong

빈손 tangan kosong; tangan hampa

빈약하다(貧弱-) miskin; lemah

빈자리 ①【빈 좌석】tempat; ruang ②【결원】kelowongan; kekosongan ¶빈자리를

메우다 mengisi kekosongan ③【여백】 ruang; tempat ¶빈자리를 메우다 mengisi ruang

빈정거리다 sinis; sarkastis; membuat (mengeluarkan) perkataan (ungkapan) yang sarkastik

빈주먹 tangan kosong ¶빈주먹으로 bertangan kosong; tanpa uang

빈집 rumah kosong; rumah yang tidak dihuni ⊙ 빈집털이【행위】 pencurian menyelinap; 【사람】 pencuri yang menyelinap

빈차(-車) mobil kosong; taksi kosong

빈촌(貧村) désa miskin

빈축(嚬蹙) 빈축하다 memberengut (merengut) pada; tidak menyukai ¶(남의) 빈축을 사다 diberengut; tidak disukai

빈칸 spasi kosong

빈탕 ①【과실의】 yang berisi kosong ②【실속 없는 것】 kekosongan; lowongan

빈털터리 【무일푼】 orang yang bokék; orang yang tidak punya uang; orang berkantong kosong; orang tidak beruang ¶빈털터리가 되다 menjadi bokék

빈틈 ①【벌어진 틈】 celah; gap ¶빈틈없이 dengan rapat; dengan padat ②【준비 안 됨】 ketidaksiapan; sisi buntu ¶빈틈없는 이론 alasan yang tepat (mengena) ③【허점】 tidak sempurna

빈티(貧-) ¶빈티가 나다 tampak miskin

빈혈(貧血) kurang darah ⊙ 빈혈증 anemia: 빈혈증이 있다 kekurangan darah; menderita anemia; terserang anemia (kurang darah). 악성빈혈 penyakit anemia yang gawat (pernisius)

빌다 ①【구걸 · 탄원하다】 memohon; meminta dengan sangat ②【기원하다】 berdoa ③【용서를】 minta maaf ④【인용하다】 meminjam kata-katanya

빌딩 【건물】 gedung ¶고층 빌딩 pencakar langit

빌라 vila; rumah téras; tempat peristirahatan ¶호화 빌라를 짓다 membangun tempat peristirahatan yang méwah

빌려 주다 meminjamkan

빌리다 ①【대여하다】 meminjam; menyéwa ②【임대하다】 menyéwakan ③【금품을】 meminjam ④【명의 · 아이디어 · 힘 등을】 mendapat bantuan ⑤【임차하다】 meminjam; menyéwa

빌미 penyebab malapetidaka; kutukan ¶빌미(가) 붙다 mengutuk

빌미잡다 melantarkan; menganggap berasal dari

빌보드 papan pengumuman; papan iklan; pelakat besar

빌붙다 bersandar

빌빌거리다 ①【기운이 없이 느리게 움직이다】 lemah; loyo ②【할 일이 없이 돌아다니다】 berkelana

빌어먹다 hidup meminta-minta ¶빌어먹는 한이 있더라도 walaupun harus mengemis

빗 sisir ¶빗으로 머리를 빗다 menyisir rambut ⊙ 빗살 gigi sisir

빗기다 ①【머리를】 menyisiri ②【시켜서】 meminta seseorang menyisir rambut

빗길 ¶빗길에 운전 조심하세요 Hati-hati mengemudi dalam hujan.

빗나가다 ①【기대 · 예상 등이】 menyimpang; nyasar; tidak mengenai sasaran ②【행동 · 태도 등이】 tersesat; kesasar dari jejak yang benar; menyeléwéng ③【총 · 알 · 화살 등이】 luput dari; tidak kena sasaran; keluar dari sasaran (meléncéng)

빗다 menyisir; bersisir ¶잘 빗은 머리 rambut yang tersisir rapi

빗대다 ①【에둘러 꼬집다】 mengisyaratkan; memberi tanda; mengucapkan sindiran; memberi sindiran tidak langsung; menyindir secara tidak langsung ②【틀리게】 membuat pernyataan palsu; salah menyatakan; melakukan sumpah palsu

빗맞다 ①【표적에】 kehilangan sasaran; melését ②【일이】 tersesat; salah; keliru; salah bawa; menyeléwéng

빗물 air hujan ¶빗물이 괸 곳 kubangan; genangan hujan

빗발치다 ①【총알 등이】 mencurah; menghujani; jatuh seperti hujan ②【말 · 글 · 소리 등이】 menghujani; dihujani

빗방울 tétésan hujan ⊙ 빗방울소리 bunyi tétés hujan

빗변(-邊) hipoténusa; sisi miring segitiga

빗소리 suara hujan
빗속 di tengah-tengah hujan
빗자루 sapu ¶빗자루로 쓸다 bersihkan dengan sapu; menyapu
빗장 palang ¶문에 빗장을 걸다 memalang pintu
빗줄기 guyuran hujan deras ¶빗줄기가 세다 Hujan 《sangat》 lebat
빗질하다 menyisir
빙 ①【한 바퀴 도는 모양】 berputar; berkeliling ②【둘러싸거나 앉다】 melingkar ¶빙 둘러앉다 duduk dalam lingkaran (melingkar) ③【정신이】 ¶머리가 빙 돌다 merasa pusing (pening); kepala pusing (puyeng) ④【눈물이】 ¶눈물이 빙 돌다 merasa ingin menangis
빙고(氷庫) gudang és batu
빙과(氷菓) és krim; és ⊙빙과류 makanan penutup yang dingin(dibekukan)
빙그레 ¶빙그레 웃다 tersenyum; berseri-seri
빙그르르 berputar-putar
빙글거리다 tersenyum; berseri-seri
빙글빙글 berputar-putar
빙긋(이) ⇒ 빙그레
빙벽(氷壁) dinding es; dinding terjal
빙빙 ①【원을 그리며 도는 모양】 ¶빙빙 돌다 berkeliling-keliling; berputar-putar ②【어찔해지는 모양】 pusing ③【말을 돌리는 모양】 berputar-putar
빙산(氷山) ①【얼음덩어리】 gunung és ②【비유적】 ¶빙산의 일각 bongkah és terapung
빙상(氷上) di atas és ⊙ 빙상 경기 olahraga és
빙설(氷雪) és dan salju
빙수(氷水) air és
빙원(氷原) padang és
빙의(憑依) pemasukan roh ¶빙의 현상을 겪다 kemasukkan roh
빙자하다(憑藉-) berdalih; berbuat dalih; membuat alasan yang dicari-cari ¶…을 빙자하여 dengan berdalih
빙점(氷點) titik beku
빙초산(氷醋酸) asam asetat glasial; biang cuka
빙충맞다 canggung; kikuk
빙충이 orang yang canggung
빙판(氷板) és; jalan yang licin karena terlapis és
빙탄(氷炭) és dan batu bara
빙하(氷河) laut és ¶빙하전기의 masa sebelum glasial ⊙ 빙하기 masa glasial; zaman és. 빙하시대 periode glasial; zaman és
빚 ①【갚아야 할 돈】 utang; pinjaman ¶빚을 지다 berutang /빚을 갚다 melunasi utang ②【마음의 빚, 은혜】 ¶빚을 지다 berutang budi
빚거간하다(-居間-) bertindak sebagai agén pemberi pinjaman
빚꾸러기 orang yang terjerat hutang
빚내다 meminjam uang; mendapat pinjaman
빚 놓다 meminjamkan uang
빚다 ①【가루 · 반죽을】 membuat ②【술을】 ragi ③【마찰 · 물의 · 혼선 등을】 menimbulkan ¶물의를 빚다 menimbulkan skandal
빚더미 utang yang besar
빚쟁이 【채권자】 kréditor; pemberi pinjaman ¶빚쟁이에게 시달리다 dikejar-kejar oléh kréditor (pemberi hutang)
빚 주다 meminjamkan uang ¶빚 주고 뺨맞기 kebaikan dibalas dengan kejahatan
빚지다 ①【돈을】 berhutang ②【신세 등을】 berutang budi
빛 ①【광선】 sinar; cahaya; kilatan ¶빛을 발하다 mengeluarkan (menghasilkan) cahaya ②【빛깔】 warna; corak ¶빛이 변하다 berubah warna; memudar ③【얼굴빛】 roman; warna; rupa; air muka ¶실망의 빛 kelihatan kecéwa ④【광명 · 희망】 sinar; cerah ¶장미 빛의 미래 masa depan yang cerah (menyenangkan) ⑤【부류】 ¶빛 다른 사람 orang berkedudukan berbéda ⑥【기타】 ¶빛을 보다 (1)【실현되다】 melihat terangnya hari; dinyatidakan; (계획 등이) diwujudkan (2)【발견되다】 menjadi jelas ¶세상에서 빛을 못 보다 tidak dikenal di dunia
빛깔 pewarnaan; warna
빛나다 ①【비치다 · 번쩍이다】 bersinar; memancar ②【영광스럽다】 cemerlang; terang; cerah ③【돋보이다】 cemerlang
빛내다 mengkilapkan; menerangkan;

menjadikan terang; memarakkan; menjayakan ¶모국을 빛내다 menjayakan nama negara
빛바래다 pudar; memudar
빛살 sinar cahaya
빠개다 ①【단단한 것을】 membelah; membagi-bagi ②【일을】 merusak; merintangi
빠개지다 ①【조각나다】 terbelah ¶머리가 빠개질 듯이 아프다 sakit kepala; pusing ②【일이】 gagal; sia-sia
빠득빠득하다 ①【언행이】 suka melawan; suka menentang ②【떫다】 ¶감이 빠득빠득하다 buah kesemak itu membuat mulutku berkerut ③【눈이】 lelah dan panas
-빠듯 kurang sedikit dari; di bawah; sedikit péndék dari
빠듯이 hampir tidak; sedikit saja
빠듯하다 ①【꼭 끼다】 sempit; ketat ②【겨우 미치다】 hampir mencukupi ③【여유가 없다】 ¶생활이 빠듯하다 hidup pas-pasan
빠뜨리다 ①【떨어뜨리다】 menjatuhkan; kehilangan ¶지갑을 빠뜨리다 menjatuhkan dompét; kehilangan dompét ②【누락시키다】 tidak memasukkan; mengeluarkan ③【함정 · 계략 등에】 memerangkan; menjerat; menjerumuskan
빠르다 ①【속도 · 행동 등이】 (a)(속도가) cepat; pesat; segera; lekas ¶(시계가) 2분 빠르다 dua menit cepat (b) (민활하다) cepat ¶이해가 빠르다 cepat mengerti; cepat menangkap maksud ②【시간적으로 이르다】 lebih awal; dini; prematur
빠른 걸음 ¶빠른 걸음으로 dengan langkah cepat; dengan langkah terburu-buru (tergesa-gesa)
빠져나가다 keluar dari; melarikan diri
빠져나오다 melepaskan diri; melarikan diri; keluar dari
빠지다[1] ①【물 · 허방 등에】 jatuh; tenggelam; karam ¶진창에 빠지다 terjebak dalam lumpur ②【상태에】 terjerat; jatuh ¶계략에 빠지다 jatuh ke dalam jerat; terperangkap; terjerat ③【탐닉하다】 tenggelam dalam; menyerahkan diri kepada; jatuh ke dalam ¶주색에 빠지다 tergila-gila pada wanita dan minuman keras ④【탈락하다】 (a) (누락하다) tidak termasuk; tidak diterima (b) (붙은 것 · 끼인 것) rontok; menipis (c) (색깔 등이) pudar ¶물이 빠지기 쉬운 lekas hilang (d) (칼 붙이 · 그릇 등의 이가) patah; sumbing ⑤【물 · 부기 등이】 mengering; menyusut ¶부기가 빠지다 bengkak menyusut ⑥【몸이】 menjadi kurus; mengurus ⑦【힘 · 김 · 냄새 따위가】 ¶힘이 빠지다 kelelahan ⑧【불참하다】 tidak hadir ⑨【빠져나가다】 terhindar dari; lolos; lari; menghindari; mengelak; menyingkiri ⑩【탈퇴 · 불관여하다】 meninggalkan; menarik diri dari
빠지다[2] 【조동사】 menjadi ((tua, busuk))
빠짐없이 tanpa pengecualian; secara penuh; secara menyeluruh
빠트리다 ⇒ 빠뜨리다
빡빡 dengan berisik
빡빡하다 ①【음식이】 kering dan keras ②【일정, 수업 등이】 ketat; inténsif ③【성격이】 sempit ④【돈이】 ketat; pas-pasan
빤하다 【뻔하다】 ①【분명하다】 jelas; terang ②【환하다】 terang ③【한가하다】 terluang ¶빤한 틈 waktu terluang; waktu sambilan ④【병이】 agak baik ⑤【틈 · 구멍이】 dapat dilihat
빤히 ①【환히】 terang ②【명백히】 dengan jelas; dengan terus terang ③【정면으로 보다】 dengan tajam; menatap muka orang lain
빤한 kentara; benar-benar
빨강 mérah; mérah tua
빨강이 【물건】 benda yang berwarna mérah; 【사람】 orang Komunis; kaum Komunis
빨갛다 mérah
빨개지다 memérah; menjadi mérah
빨그스름하다 kemérah-mérahan
빨갱이 orang komunis
빨다[1] lonjong
빨다[2] menghisap; mereguk; mencucup; menyedot
빨다 mencuci; mendobi
빨대 penyedot; sedotan
빨래 ①【세탁】 cuci; pencucian 빨래하다 mencuci; membersihkan ②【세탁물】 cucian pakaian ⊙ 빨래판 papan cucian.

빨랫비누 sabun cucian
빨려 들다 terhisap ke dalam
빨리 segera; dengan cepat; seketika; dengan tergesa-gesa
빨리다 dihisap; diserap; dihirup; diperas; 【빨게 하다】 menétéki ¶(아이에게)젖을 빨리다 menyusui ⟪bayi; anak⟫
빨아들이다 ①【입속으로】 menghirup; menghisap; menyerap; meresap ②【흡수하다】 resap; meresap ; menyedot
빨아먹다 ①【음식물 등을】 minum; menghirup; mengisap ②【우려내다】 memeras
빨아올리다 menghisap
빨치산 gerilya; partisan (pendukung) Korea Utara
빳빳이 kepala batu; kukuh
빳빳하다 ①【단단하고 곧다】 kaku; lurus dan kaku ②【비유적】 kejang; tegang
빵[1] 【음식】 roti ¶구은 빵 roti panggang/빵한 조각 sepotong roti
빵[2] ①【소리가】 bunyi letusan; dentur; degam ②【구멍이】 lubang
빵꾸 ①【타이어의】 bocor; kebocoran; keausan ¶타이어가 빵꾸나다 ban bocor; kebocoran; ban kempés ②【양말 등의】 빵꾸나다 berlubang
빵빵 ①【소리】 meledak-ledak; (총소리) dor! dor!; dengan suara letusan ②【구멍】 lubang demi lubang
빵빵거리다 mengelakson
빵점(-點) 【영점】 nilai nol
빻다 menumbuk; menggiling jadi tepung; membubuk; menggilas; melumatkan ¶빻은 가루 bubuk tepung
빼곡하다 penuh
빼기 【수학】 pengurangan
빼내다 ①【박힌 것을】 mencabut; menarik ②【골라내다】 memilih; mengeluarkan; memetik ③【훔치다】 mencuri; mencopét ¶짐을 빼내다 mencuri muatan(barang) ④【교도소 등에서】 melepaskan; membebaskan ⑤【인력을】 memburu (staf) secara gelap ⑥【정보 등을】 mencuri; mencoléng
빼놓다 ①【제외하다】 tidak memasukkan; mengeluarkan; menghilangkan ②【넘어가다】 lompati ③【골라놓다】 pilih; pilih (ambil) salah satu
빼다 ①【뽑아내다】 mencabut; menghunus ②【물을】 mengeringkan ③【제거하다】 menghilangkan; menghapus; membuang ④【제외하다】 menghapus ⑤【차감 · 공제하다】 mengurangi; memotong ⑦【회피하다】 menghindari; menyingkir; mengelakkan; mengingkari ⑧【차려 입다】 berdandan ⑨【살을】 menghilangkan
빼돌리다 【선수 등을】 menyembunyikan jauh-jauh; membujuk seseorang pergi jauh-jauh
빼먹다 ①【빠뜨리다】 menghilangkan; tidak memasukkan; lupa ②【훔치다】 mencuri; mencopét ③【규칙적으로 하던 일을】 membolos ⟪dari sekolah; dari kelas⟫; mangkir ¶학교를 빼먹다 membolos sekolah
빼물다 menyombong; mencibir ¶입을 빼물다 mencebik (menjebik; menabir) bibir
빼빼 kurus sekali
빼앗기다 ①【제 것을 남에게】 kecurian; kehilangan; kecopétan; dicopét; dicuri; dirampok ②【권리 · 자격 등을】 kehilangan ⟪hak;kekayaan⟫ ③【마음 · 정신 등을】 terpikat; terpesona; tenggelam ⟪dalam⟫ asyik; khusuk
빼앗다 ①【남이 가진 것을】 merampas; merampok; menggarong; menyamun; membegal; mencuri ②【마음 · 정신 등을】 menarik ⟪perhatian⟫; memikat ③【시간을】 mengambil waktu
빼어나다 melebihi; mengatasi; lebih unggul; mengungguli; melampaui
빼입다 mendandani
빽[1] ¶빽 소리 지르다 berteriak; menjerit
빽[2]【연줄】 konéksi; pendukung; patron; tulang punggung; patronase ¶…을 빽으로 하여 didukung oléh/빽이 있다 ada konéksi
빽빽이 dengan ketat; dengan padat; dengan rapat
빽빽하다 ①【촘촘하다】 rapat; padat; dikemas penuh ②【막혀서】 tersumbat ③【성질이】 berpikiran sempit
뺀찌 penyepit; pengapit
뺄셈 pengurangan ¶뺄셈을 하다 kurang; kurangi; mengurangi
뺏기다 ⇒ 빼앗기다

뻣다 ⇒ 빼앗다
뺑뺑이 ¶뺑뺑이를 돌리다(추첨) putar (memutar) roda keberuntungan
뺑소니 pelarian 뺑소니치다 melarikan diri 다 melarikan diri dengan mobil ⊙ 뺑소니 사고 kecelakaan tabrak lari. 뺑소니 차량 mobil yang tabrak lari
뺨 pipi ¶뺨(을) 때리다(치다) menampar / 뺨(을) 맞다 ditampar
뺨치다 ①【뺨을】 menampar di pipi; menggaplok ②【못하지 않다】 melebihi
뻐개다 ①【나무 등을】 memotong; membelah ②【일을】 merusak; menodai
뻐개지다 dibelah; dipotong; potong; dipotong ¶머리가 뻐개질 듯이 아프다 sakit (pusing) kepala
뻐근하다 ①【거북하다】 merasa berat; pegal-pegal ②【벅차다】 keras ¶뻐근한 일 bekerja keras
뻐기다 menyombong; membangga-banggakan diri
뻐꾸기 cuckoo; gila; sinting ⊙ 뻐꾸기시계 jam kuku
뻐끔뻐끔 ①【구멍】 dengan beberapa lubang ②【빨다】 mengisap
뻐끔하다 terbuka; dalam dan luas
뻐드렁니 gigi tonggos
뻐드렁이 orang yang giginya menonjol (mencuat; menganjur) ke depan; orang bergigi tonggos
뻑뻑하다 ①【물기가 적다】kurang berair dan kering ②【작동이 매끄럽지 않다】 keras
뻑적지근하다 merasa pegal dan kaku
뻔뻔하다, 뻔뻔스럽다 tidak punya malu; lancang; kurang ajar; tidak sopan
뻔질나게 terus-menerus datang dan pergi; sangat sering
뻔하다[1] ⇒ 빤하다
뻔하다[2] 【까딱하면…】 hampir; mendekati
뻗다 ①【가지 · 덩굴 등이】 memanjangkan; mengembangkan; menyebarkan; merentangkan ②【팔 · 다리 등을】 membentangkan; merentangkan; mengulurkan ¶팔을(다리를) 뻗다 meregangkan lengan (kaki) ③【쓰러지다】 ¶다들 술에 취해 뻗어 있다 Setiap orang mabuk dan tidak terkontrol.
뻗치다 ①【저 끝까지】 memanjang; merentang ②【가지 · 힘 따위가】 menyebarkan; mengembangkan; berkembang ③【…을】 mengembangkan; merentangkan; mengulurkan ④【머리가】 menonjol; mencuat
뻘 lumpur
뻘겋다 muka mérah-mérah; kemérahan; memérah
뻘뻘 sedalam-dalamnya; sebanyak-banyaknya ¶땀을 뻘뻘 흘리다 basah kuyup oléh keringat
뻣뻣하다 ①【물건 · 몸 등이】 kaku; keras; teguh; gigih ②【태도 등이】 kaku; kebas; keras; bangka; tidak bersahabat
뻥 ①【거짓말】 ¶뻥까는 사람 pembual/ 그것은 뻥이다 Itu adalah bohong. ②⇒뻥짜 ③【소리】 letusan ¶뻥하고 dengan letusan ④【구멍이】 ¶구멍이 뻥 뚫어지다 membuka lébar; membongkar
뻥뻥 ①【터지다】 meledak-ledak ②【뚫리다】 berlubang-lubang ③【큰소리치는 모양】¶ 큰소리를 뻥뻥 치다 membual ④【구멍이 여러 개 뚫려 있는 모양】 ¶그의 옷에는 구멍이 뻥뻥 뚫려 있었다 Pakaiannya berlubang.
뻥튀기하다 ①【과자】 membesarkan ②【과장】 membesar-besarkan
뼈 ①【골】 tulang; abu; sisa 《유골》 ¶뼈가 삐다【부러지다】 keseleo 【mematahkan】 tulang ②【속뜻, 저의】 maksud (makna) yang tersembunyi; maksud yang tersirat ③【기타】 ¶뼈 빠지게 일하다 bekerja habis-habisan
뼈다귀 sepotong tulang
뼈대 rangka; fisik; bentuk; kerangka; bangun
뼈마디 tulang sendi
뼈저리다 menusuk hati(tulang); melukai hati; merasa (menyadari) dengan sungguh-sungguh
뼘 jengkal ¶뼘으로 재다 menjengkal
뽀드득 ¶이를 뽀드득 갈다 mengasah gigi
뽀뽀하다 cium; patuk; pagut ¶아빠한테 뽀뽀해 봐 Beri ayah ciuman.
뽀얗다 ①【피부 · 빛깔 등이】 seperti susu ; putih susu; terang ②【먼지 · 가루 등이】 putih
뽀얘지다 bersih dan putih

뽐내다 sombong; menyombong; membangga-banggakan diri ¶뽐내는 sombong; angkuh; kibir; congkak; tinggi hati; tekebur
뽑다 ①【빼다】 mencabut; menghunus; menarik ②【선택하다】 memilih ③【직원을】 merekrut ④【속에 있는 액체 등을】 menghela; merenggut; memikat; pikat; menarik ⑤【견적 · 경비 등을】 perkiraan; kalkulasi; penghitungan ⑥【돈을】 penarikan (mengambil uang) ⑦【노래를】 menyanyikan
-뽑이 penarik; penjepit; pencakar
뽑히다 ①【빠지다】 tercabut②【선발】 dipilih; terpilih
뽕 ① 【식물】 murbei ②【'필로폰'을 속되게 이르는 말】 candu; metaamfetamin
뽕나무 pohon mulberi
뽕빠지다 ①【결딴나다】 bangkrut ②【지치다】 merasa capé
뽕잎 daun murberi
뽕짝 【트로트】 *teuroteu*
뾰로통하다 murung; muram; dongkol
뾰루지 jerawat; bintil-bintil
뾰족구두 sepatu bertumit tinggi
뾰족탑(-塔) menara; menara lancip
뾰족하다 ①【끝이 날카롭다】 tajam; runcing; lancip ②【생각 · 방법 등이 신통하다】 pintar; brilian
뿌듯하다 penuh; merasa senang
뿌리 ①【식물의】 akar ¶뿌리를 박다 (내리다) mengakar; berakar ②【근원, 근본】 asal
뿌리 깊다 berurat-akar; mapan; tidak tergoyahkan; telah mapan; berakar; mendarah daging
뿌리다 ①【비 · 눈 등을】 menaburkan; memerciki ②【가루 등을】 menyirami; menyebarkan; menyemaikan; mencipratkan; melemparkan ③【씨를】 menebar (menebarkan; menabur; menaburkan) benih ④【돈 등을】 menghamburkan ⑤【전단 등을】 menyebarkan
뿌리 뽑다 mencabut; memberantas; menghapuskan; membasmi 《malaria》
뿌리치다 ①【붙잡고 있는 것을】 menolak; membuang; mencampakkan; menepis tangan ②【유혹 · 제안 등을】 menolak
뿌옇다 【보얗다】 keputih-putihan; keabu-abuan
뿐 hanya; saja; melulu ¶…할 뿐《만》 아니라, …뿐더러 tidak hanya… tetapi juga
뿔 ①【동물의】 tanduk; cula ¶뿔 세공 kerajinan tanduk ②【물건의】 tonjolan keluar ③【화】marah
뿔뿔이 berserakan; terpisah; tersebar; terbelah; terpecah; disebarkan; diserakkan
뿜다 menghembuskan; memuntahkan; mengeluarkan
삐걱거리다 berkeretak; berderit; berdecit
삐끗하다 terkilir; keseleo; belit (membelit)
삐끼 pemikat; orang yang menjual sesuatu dengan agresif
삐다[1] keseléo; terpelecok
삐딱하다 ①【모양 · 위치 등이】 agak miring; membelok; menyimpang ②【행동 · 마음 등이】 sesat; bersifat busuk
삐뚤다 ⇒ 비뚤다
삐뚤삐뚤하다 tidak rata; ganjil
삐라 selebaran; kertas témpélan ¶삐라를 붙이다 memasang poster; menémpélkan selebaran (plakat)
삐악 ¶삐악 울다 menciap-ciap; mencicit
삐에로 ⇒ 피에로
삐져나오다 menonjol; menonjolkan; menjulur; menjulurkan
삐죽거리다 mencibir; bermuka asam
삐치다 menjadi murung; bermuka asam; cemberut
삥땅 penipuan ¶삥땅치다 menipu

사(士) orang terpelajar; orang berkedudukan baik

사(巳) 【민속】 ①【십이지의】 tanda zodiak ular ②⇒ 사방(巳方) ③⇒ 사시(巳時)

사(死) kematian

사(私) ①【공에 대한】 kepribadian; (사리) kepentingan; pribadi; (비밀) kerahasiaan ¶사가 있는 égois; suka mementingkan diri sendiri ②【정실】 sikap memihak

사(邪) kejahatan; kebusukan; (이단) bida'ah, murtad

사(社) 【회사】 perusahaan; firma; 【사무소】 kantor

사(紗) kain kasa tipis

사(辭) ①【한시의】 bentuk komposisi puisi Cina ②【인사말】 pidato ¶송별사 pidato perpisahan

사(四) empat; ke empat ¶4차원 diménsi ke empat

-사(史) sejarah; tarikh; kronik

사가(史家) ahli sejarah; sejarawan

사가(私家) rumah (kediaman) pribadi

사각(四角) persegi empat ⊙사각형 bentuk segi empat; empat sudut

사각(死角) sisi gelap; segi mati

사각(射角) sudut tembakan

사각(斜角) sudut miring

사각거리다 mengerkah; 《눈 위 발자국이》 berderak

사각사각 ¶사각사각 먹다 memamah; memamah biak

사감(私感) perasaan benci; kebencian; dengki; kedengkian; dendam ¶사감을 품다 merasa benci (dendam)

사감(舍監) 【남자】 kepala asrama laki-laki; 【여자】 ibu asrama; pengawas (kepala) asrama perempuan

사거리(四-) persimpangan; perempatan jalan

사거리(射距離) ⇒ 사정(射程) jarak témbak

사건(事件) kejadian; peristiwa; insidén; kecelakaan; 【소송의】 kasus; urusan; perkara; 【추문】 skandal ⊙ 간통 사건 skandal perzinahan (penyeléwéngan). 괴사건 kejadian (peristiwa) ganjil (anéh). 사기사건 perkara (kasus) penipuan

사격(射擊) penémbakan 사격하다 menémbak ⊙ 사격대회 pertandingan (perlombaan) menémbak. 사격연습 latihan menémbak. 사격장 lapangan menémbak

사격전(射擊戰) pertempuran senapan ¶사격전을 벌이다 témbak menémbak; baku témbak

사견(私見) pendapat pribadi ¶사견으로는 menurut pendapat saya

사경(死境) situasi yang membawa maut; situasi yang berbahaya; situasi krisis ¶사경을 벗어나다 terlepas dari cengkeraman maut; keluar dari keadaan buruk

사계(斯界) bidang terkait; profési ¶사계의 권위자 ahli dalam bidang khusus; orang yang berwénang dalam bidang terkait

사계절(四季節) empat musim

사고(事故) ①【뜻밖에 일어난 나쁜 일】 insidén; kecelakaan; kejadian ¶사고가 나다 terjadi kecelakaan ②【사정 · 이유】 keadaan ¶부득이한 사고 keadaan yang tak dapat dihindarkan ③【말썽】 kesulitan; masalah ⊙ 사고빈발 지점 tempat yang sering terjadi kecelakaan. 사고사(死) kematian karena kecelakaan

사고(思考) pemikiran; pertimbangan 사고하다 memikirkan; mempertimbangkan ¶긍정적으로 사고하다 berpikir secara positif ⊙ 사고력 daya pikir; daya pertimbangan; kekuatan (kemampuan) berpikir. 사고방식 cara berpikir

사고(社告) pengumuman (pemberitahuan) dari perusahaan (instansi)

사고무친(四顧無親) 사고무친하다 menjadi yatim piatu dan tidak memiliki teman; tidak mempunyai sanak keluarga untuk meminta tolong

사고뭉치(事故-) pembuat onar

사고팔다 jual dan beli; beli dan jual

사골(四骨) tulang kaki sapi

사공(沙工) tukang perahu; pendayung; awak kapal

사과(沙果) apel ¶사과를 깎다 mengupas buah apel

사과(謝過) permintaan maaf 사과하다 meminta maaf; memaafkan ⊙ 사과문 pernyataan minta maaf

사관(士官) perwira militér ⊙ 사관생도 kadét (calon perwira) militér. 사관학교 akademi militér. 사관후보생 kadét (perwira); calon perwira

사관(史觀) segi sejarah; pandangan (pendapat) menurut sejarah ⊙ 유물사관 pandangan sejarah berdasarkan matérialistis

사교(邪教) kelenik; bidah; agama yang sesat; ajaran yang sesat ¶사교의 menyembah berhala ⊙ 사교도 penyembah berhala

사교(社交) interaksi sosial; pergaulan ¶사교적 sosial; mudah bergaul ⊙ 사교가 orang yang suka (mudah) bergaul. 사교계 dunia pergaulan; dunia modérn. 사교성 kesukaan bergaul; sifat ramah. 사교술 seni bergaul; seni pergaulan. 사교춤 tarian sosial; dansa pergaulan

사교육(私教育) pendidikan pribadi; pendidikan privat ¶사교육비 biaya pendidikan pribadi

사구(砂丘) bukit pasir

사군자(四君子) Empat Tanaman Bernilai ⟪plum, anggrek, krisan, dan bambu⟫

사권(私權) 【법률】 hak pribadi

사귀(邪鬼) roh jahat; iblis, setan

사귀다 ①【남녀가 교제하다】 berpacaran ②【사이좋게 지내다】 berkenalan dengan; bergaul dengan; (알게 되다) berhubungan dengan; berteman

사귐성(-性) sosiabilitas; kemudahan bergaul; afinitas; daya gabung

사규(社規) aturan perusahaan

사그라지다 ⇒ 수그러들다 【감정 · 고통 등이】 mengurai; larut; (녹아서) mencair; (종이 등이) menjadi hilang

사극(史劇) drama sejarah

사근사근하다 ramah; ramah tamah; menyenangkan

사글세 ⇒ 월세 séwa bulanan ⊙ 사글셋방 kamar yang diséwa (dibayar) bulanan

사금(砂金) pasir emas ⊙ 사금채취 penambangan pasir emas

사 금융(私金融) pinjaman swasta; pinjaman pribadi

사금파리 serpihan

사기(士氣) semangat tempur; semangat keyakinan

사기(詐欺) ①【남을 속임】 tipu; penipuan; tipu daya ¶사기 치다 menipu; mengecoh; menyilap ②【돈을】 menipu ¶사기를 당하다 ditipu; tertipu ⊙ 사기꾼 penipu. 사기행위 penipuan yang lihai. 사기혐의자 tersangka penipuan. 사기결혼 penipuan perkawinan

사기(邪氣) ①【악의】 kedengkian; kebencian; kejahatan ②【독기】 racun yang keluar dari tanah (rawa)

사기(沙器) barang pecah belah ; keramik; tembikar; porsélen

사기(史記) buku (karya) sejarah; babad

사기업(私企業) perusahaan swasta; perusahaan pribadi

사나이 ⇒ 사내 ①【남자】 pria; laki-laki ②【남성】 jenis kelamin laki-laki ③ jantan ¶사나이다운 bersifat laki-laki; jantan

사나토리움 ⇒ 새너토리엄 sanatorium

사날 tiga atau empat hari; beberapa hari

사납금(社納金) sétoran; uang dari hasil pendapatan para sopir taksi tiap hari yang harus diserahkan kepada perusahaan

사납다 ①【성질 · 행동 · 생김새 등이】 buas;

liar; galak; kasar; ganas ②【비·바람·운수 등이 나쁘다】(a) (운수·조짐 등이) buruk; jelék; malang; sial; celaka ¶운수가 사납다 tidak mujur (b) (날씨 등이) buruk; mengamuk (c) (팔자·인심·꿈자리 등이) tidak baik; keras; bengis; kejam; tidak mempunyai perasaan belas kesihan; tidak senang ¶인심 사나운 세상 dunia keras yang kejam

사낭(砂囊) ①【모래주머니】karung berisi pasir ②【조류】empedu unggas

사내 ⇒ 사나이 ①【남자】laki-laki ②【남편】suami

사내(社內) ¶사내의 (에) di kantor (perusahaan) ⊙ 사내연수 latihan di dalam kantor

사냥 perburuan; penémbakan 사냥하다 memburu; menémbak ⊙ 사냥감 héwan buruan. 사냥개 anjing pemburu. 사냥꾼 pemburu. 사냥질 perburuan

사념(邪念) pikiran jahat; pikiran keji

사농공상(士農工商) susunan golongan masyarakat pada zaman tradisi Korea: sarjana; petani, pekerja tangan yang ahli (pengrajin), dan pedagang

사다 ①【돈을 주고】⇒ 구입하다 membeli ②【곡식을】menjual ③【미움·환심·부러움 등을 초래하다】membangkitkan; menimbulkan; mendatangkan ④【태도·가치 등을 인정하다】menghargai; memuji; mengagumi ⑤【음식 값을 치르다】traktir; meneraktir; beli; membeli ⑥【사람을 고용하다】mendatangkan; menyéwa orang ⑦【하룻밤 자기 위해 여자를】¶여자를 사다 membayar tunasusila (pelacur)

사다리 tangga ⊙ 사다리 차(소방차) mobil pemadam kebakaran yang bertangga. 이삿짐 차 truk pemindah barang yang dilengkapi tangga. 사닥다리 ⇒ 사다리

사다리꼴 bentuk segi empat tanpa sisi sejajar; jajaran genjang

사단(社團) yayasan ⊙ 사단법인 badan hukum yayasan

사단(事端) asal mula (penyebab) suatu perkara (peristiwa); kesusahan; kesukaran; masalah

사단(師團) ①【군대의 편성·단위】divisi 《tentara》 ②【공통점을 지닌 사람의 집단】tim ⊙ 사단사령부 markas divisi. 사단장 komandan divisi

사담(私談) pembicaraan pribadi; pembicaraan rahasia 사담하다 berbicara secara pribadi

사당(私黨) faksi; 【음모의】kelompok; komplotan rahasia

사당(祠堂) tempat suci; tempat (ruangan) leluhur; tempat keramat; kuil 《Bali》 ¶사당에 제사 드리다 memberikan pemujaan di tempat suci leluhur

사당패(-牌) rombongan pemain sandiwara berkeliling (yang berpindah-pindah)

사대(事大) tunduk terhadap yang berkuasa ⊙ 사대근성 kepatuhan seperti budak kepada penguasa. 사대주의 paham penjilatan. 사대주의자 penjilat; peléceh

사대부(士大夫) pria bangsawan; keturunan bangsawan; golongan yang berasal dari keluarga baik-baik; pejabat yang termasyhur (yang terkenal)

사대육신(四大肉身) tubuh; seluruh bagian tubuh

사도(使徒) rasul; utusan; pesuruh ¶평화의 사도 rasul perdamaian ⊙ 십이사도 kedua belas Rasul; kedua belas murid Yésus

사도(私道) jalan pribadi

사도(邪道) jalan sétan; jalan kejahatan ¶사도에 빠지다 tersesat; kesasar

사도(師道)tugas (kewajiban) seorang guru

사도(斯道) ①【유교의】kesusilaan (moralitas) penganut Konfusius ②【각 사람의】pokok; bidang

사돈(查頓) bésan ¶사돈의 팔촌 keluarga jauh; kerabat jauh ⊙ 사돈집 rumah besan

사동(使童) pesuruh (opas) kantor; pelayan

사두마차(四頭馬車) keréta berkuda empat

사들이다 membeli; menstok 《barang-barang toko》

사디스트 sadis; kejam; keji; tidak berperikemanusiaan; biadab

사디즘 sadisme; keinginan yang abnormal untuk berbuat kejam

사라지다 menghilang; lenyap

사람 ①【인간】 orang; manusia ¶어떤 사람 seseorang ② 【방문자】 pengunjung; tamu ③【자기 자신】 saya ④【됨됨이, 성질】 sifat; kepribadian; karakter 사람구실 ¶ 사람구실 하다 berkelakuan sewajarnya; berkelakuan sebagaimana seharusnya (sebagaimana adanya)

사람답다 manusiawi ¶ 사람다운 생활을 하다 hidup sewajarnya; hidup dengan layak

사람됨 watak; sifat dasar; kepribadiannya

사람멀미 ¶사람멀미하다 merasa sakit (mual) karena terlalu sesak; merasa jemu di tengah kerumunan

사랑[1] cinta; kasih sayang; asmara 사랑하다 mencintai; menyukai; tertarik pada¶ 사랑에 빠지다 jatuh cinta ⊙ 사랑노래 nyanyian kasih-cinta; musik asmara

사랑[2] 【임】 kekasih

사랑(舍廊) kamar terpisah yang digunakan sebagai ruang laki-laki; ruang resépsi untuk para tamu pria ⊙ 사랑양반 suami((ku; mu)). 사랑채 rumah (gedung) terpisah

사랑니 geraham bungsu; gigi bungsu

사레 ¶사레들리다 terceguk; menelan dengan cara yang salah; tersangkut sesuatu di batang tenggorokan

사려(思慮) pemikiran; pertimbangan; kebijaksanaan ¶사려 깊은 bijaksana; penuh tidak bijaksana

사력(死力) usaha yang nekad; usaha mati-matian ¶사력을 다하다 berusaha dengan keras; berusaha sedapatnya

사령(司令) perintah ⊙ 사령관 komandan. 사령부 markas besar. 연합군 최고 사령관 komando tertinggi tentara sekutu. 사령탑 (단체의 총책임자) pimpinan tertinggi

사령(辭令) ①【응대 말】 diksi; pilihan kata ②【관직의】 perintah tertulis dari pemerintah ⊙사령장 perintah yang tertulis

사례(事例) 【예】 contoh; kasus; préséden; hal yang telah terjadi dan dapat dijadikan contoh¶ 사례를 따르다 mengikuti préséden yang ada ⊙ 사례 연구 penyelidikan mengenai keadaan yang sebenarnya

사례(謝禮) rémunerasi; terima kasih; penghargaan 사례하다 mengimbali; memberi imbalan (penghargaan) ⊙ 사례금 hadiah uang jasa; imbalan

사로잡다 ①【생포하다】 menangkap hidup-hidup; menangkap tawanan ②【매료시키다】 menawan; memikat; mempesonakan

사로잡히다 ①【생포되다】 ditangkap ②【마음을 빼앗기다】 (a) (매혹되다) ditawan; terpikat (b) (격렬한 감정 등에) tercekam; dilanda; ditimpa ③【생각·느낌 등에 지배되다】 mengikuti; tetap kepada; taat kepada

사론(史論) ései sejarah; karangan sejarah

사론(私論) pendapat (pandangan) pribadi

사롱 kain sarong

사뢰다 melaporkan kepada atasan

사료(史料) bahan-bahan (catatan-catatan) sejarah ⊙ 사료편찬 penulisan sejarah. 사료편찬 관【위원】 penulis sejarah

사료하다(思料-) mempertimbangkan; menganggap

사료(飼料) makanan héwan yang kering; makanan ternak ⊙ 사료곡물 makanan ternak. 배합 사료 makanan campuran

사륙배판(四六倍) ukuran oktavo besar

사륙판(四六判) ukuran dua désimal

사륜(四輪) empat penggerak roda

사르다[1] ①【태워 없애다】 membakar ②【불붙이다】 menyalakan

사르다[2] menampi; menyaring

사르르 【스르르】 rasa mengantuk

사리 gulungan mi ¶여기 (라면) 사리하나 추가해주세요 Boléh saya tambah (mengambil) lagi mi?

사리(私利) kepentingan (keuntungan) pribadi

사리(舍利) sarira; abu ⊙ 사리탑 sarira stupa. 사리함 keranda abu

사리(事理) alasan; fakta ¶사리에 닿다 (맞다) dapat dimengerti; beralasan; masuk akal; logis

사리다 ①【몸을】 menjauhkan diri dari bahaya; menyelamatkan diri ②【포개 감다】 menggulung; melingkar; menggelung; melilit

사리사욕(私利私慾) keinginan dan hasrat égois

사린(四隣) negara tetangga; negeri jiran; tetangga sekeliling

사립(私立) ¶사립의 swasta; partikelir ⊙ 사립탐정 detéktif swasta. 사립학교 sekolah swasta

사립문(-門) pintu bilah; pintu pagar yang dibuat dari dahan-dahan dan ranting-ranting

사마귀 ①【곤충】 *mantis* ②【피부에 돋는 군살】 kutil; bintil ③【검은】 tahi lalat pada kulit

사막(沙漠) padang pasir; gurun pasir

사망(死亡) kematian 사망하다 mati; meninggal; berpulang ke rahamatullah ⊙ 사망기사 berita kematian. 사망보험 asuransi jiwa untuk kematian. 사망진단서 sertifikat kematian

사망률(死亡率) angka kematian; mortalitas ¶평균사망률이 높다【낮다】 angka kematian yang tinggi 【yang rendah】

사망자(死亡者) orang yang mati ⊙ 사망자명단 daftar kematian

사면(四面) ke empat sisi; segala arah ¶사면팔방에 pada semua sisi

사면(赦免) pengampunan; amnésti 사면하다 membébaskan dari hukuman ¶사면되다 dibébaskan dari hukuman ⊙ 사면장 surat pengampunan. 특별사면 pengampunan khusus

사면(斜面) kemiringan; bidang miring

사면초가(四面楚歌) ¶사면초가다 dikelilingi oléh musuh; terkepung oléh musuh

사멸(死滅) pemunahan; kepunahan; punahnya; penghancuran; pembasmian; pembinasaan; pemusnahan 사멸하다 punah; musnah; rusak

사명(社命) perintah perusahaan; tugas perusahaan

사명(使命) tugas; misi ¶사명을 띠다 ditugaskan suatu misi ⊙ 사명감 rasa tanggung jawab terhadap tugas

사모(思慕) ①【그리워 함】 kerinduan 사모하다 merindukan; rindu akan ②【경모】 cinta yang mendalam; cinta sejati; pemujaan; penyembahan

사모님(師母-) ①【스승의 아내】 istri guru ②【호칭】 ibu; nyonya

사무(事務) urusan; pekerjaan kantor ¶사무적 praktis; cekatan; bersifat urusan dagang/사무를 보다 melaksanakan tugas ⊙ 사무관 sékretaris; juru tulis. 사무용품 alat-alat kantor; keperluan kantor. 사무복 pakaian seragam (setélan) kantor. 사무원【직원】 pegawai kantor. 사무총장 sékretaris jénderal

사무자동화(事務自動化) otomasi pekerjaan; otomatisasi kantor ⊙ 사무자동화기기 mesin otomat pekerjaan

사무치다 menyentuh hati; menyinggung hati; meresap ke dalam hati ¶가슴에 사무치다 menusuk (menyinggung) perasaan; meresap jauh ke dalam hati

사문(死文) surat kadaluarsa; undang-undang yang sudah tidak berlaku lagi tetapi belum dicabut

사문(沙門) pendéta Budha

사문(査問) penyelidikan; pemeriksaan 사문하다 menginterogasi; menyelidiki; memeriksa ⊙ 사문위원회 komite penyelidik

사문서(私文書) dokumén pribadi ⊙ 사문서위조 pemalsuan dokumén pribadi

사물(事物) hal ihwal; masalah

사물(私物) barang pribadi; barang personil ⊙사물함 lemari atau peti kecil yang dapat dikunci

사물(死物) benda yang mati; benda yang tidak bernyawa

사물놀이(四物-) *samulnori;* kuartét permainan alat musik tradisional Korea

사뭇 ①【마음껏 · 마냥】 sangat banyak; 【그저】 hanya ②【아주 · 매우】 sama sekali; benar-benar ③【줄곧】 dari permulaan sampai habis; terus

사바사바하다 menyogok; menyuap

사바세계(娑婆世界) saba; sabha; dunia ini ¶사바세계의 keduniawian; duniawi

사박거리다 memamah; mengunyah dengan pelan-pelan

사박스럽다 kasar

사반(四半) seperempat ⊙ 사반기(期) kuartal. 사반세기 seperempat abad

사발(沙鉢) mangkuk porselin ⊙ 사발농사하다 hidup sebagai pengemis; mengemis; meminta makanan. 밥사발 mangkuk nasi

사방(四方) semua arah; keempat sisi

사방(砂防) pengendalian érosi (pengikisan; longsor); penanaman hutan di pasir ⊙ 사방공사 perlindungan dari tumpukan karung pasir

사방팔방(四方八方) di mana-mana; setiap jurusan (arah)

사배(四倍) empat kali ¶사배의 empat kali lipat

사범(事犯) aksi pelanggaran; kejahatan; pelanggaran ⊙ 경제사범 kejahatan (pelanggaran) ékonomi. 선거사범 ilégalitas pemilihan; pelanggaran pemilihan

사범(師範) guru; ahli; instruktur ⊙사범학교 Sekolah Guru. 권투사범 pelatih tinju

사범대학(師範大學) Fakultas Pendidikan

사법(司法) pelaksanaan kehakiman ⊙ 사법고시(考試) ujian jabatan profési hukum. 사법관 pejabat kehakiman; para hakim dan jaksa. 사법당국 wewenang pengadilan. 사법시험 ujian (pemeriksaan) hukum negara

사법(死法) hukum kedaluwarsa

사법(私法) hukum perdata ⊙ 사법단체 Badan Hukum Swasta

사변(四邊) ke empat sisi (segi) ¶사변의 bersisi empat

사변(事變) ①【심상치 않은 일】 kecelakaan ②【변란】 peristiwa; kejadian; (이변) keadaan darurat ⊙ 만주 사변 peristiwa di Manchuria

사변(思辨) ①【분별】 diskriminasi; perbédaan; sifat memilih-milih; pilih-pilih bulu ②【철학】 spékulasi

사변적(思辨的) bersifat spékulasi; spékulatif 사변적인 사람 spékulan; orang yang mencari untung ⊙ 사변철학 filsafat spékulatif

사별(死別) perceraian karena kematian (karena ajal) 사별하다 kehilangan; bercerai mati ¶남편과 사별하다 kehilangan suami karena ajal

사병(士兵) prajurit biasa; tamtama

사보(社報) buletin (majalah intérn) perusahaan

사보타주 ⇒ 태업(怠業) sabotase; perusakan mesin-mesin, alat-alat dan sebagai untuk menghambat gerakan 사보타주하다 mengadakan (melakukan) sabotase

사보텐【식물】 kaktus

사복(私服) pakaian sipil ⊙ 사복형사 detéktif (polisi) yang berpakaian orang biasa (sipil; préman)

사복(私腹) keinginan; seléra; perut ¶사복을 채우다 mengisi kantong sendiri; memperkaya diri sendiri; 【공인이】 korupsi; permainan sogok

사본(寫本) manuskrip; salinan; kopi ¶사본을 만들다 menyalin; membuat salinan

사부(四部) empat bagian ⊙ 사부합주 kuartét. 사부합창 kuartét paduan suara

사부(師父) ①【스승과 아버지】 ayah dan guru ②【스승】 guru ((yang bersifat kebapak-bapakan))

사부(師傅) ①【스승】 guru ②【태사 · 태부】 guru pribadi untuk para putra (cucu) raja

사분(四分) 사분하다 membagi empat ¶사분의 seperempat/사분의 3 tiga perempat ⊙ 사분음표 not seperempat not

사분(私憤) dendam pribadi

사분사분 dengan langkah yang ringan ¶사분사분한 baik hati; sopan santun

사분오열(四分五裂) kekacauan; perpecahan; pemisahan; perceraian 사분오열하다 kacau (terganggu; terpecah-pecah; terpisah; berantakan) sama sekali; pecah berkeping-keping

사붓(사붓) dengan langkah kaki yang ringan

사비(私費) biaya pribadi; pengeluaran pribadi ¶사비로 atas (dengan) biaya pribadi (sendiri)

사비(社費) biaya (pengeluaran) perusahaan

사뿐 dengan langkah ringan

사뿐사뿐 ⇒ 사분사분 dengan lemah gemulai ¶사뿐사뿐 걷다 berjalan (santai) dengan ringan; mengendap-endap; berjalan dengan berjinjit

사사(私事) persoalan (masalah) pribadi

사사하다(師事-) belajar di bawah bimbingan; menjadi murid

사사건건(事事件件) tiap peristiwa; tiap

perkara; tiap urusan; dalam segala hal
사사로이(私私-) secara pribadi; perorangan
사사롭다(私私-) pribadi ¶사사로운 감정【일】perasaan【urusan】pribadi
사사오입(四捨五入) 사사오입하다 membulatkan angka;【소수점 이하를】menghitung pecahan dari 5 ke atas
사사일(私私-) persoalan (urusan; masalah) pribadi
사사하다(師-) belajar di bawah (dengan) bimbingan
사산(死産) lahir mati 사산하다 melahirkan anak yang telah mati dalam kandungan
사살하다(射殺-) menembak mati; membunuh dengan menembak
사상(史上) dalam sejarah ¶사상 유례가 없다 tidak ada bandingan dengan sejarah
사상(死相) tanda kematian pada muka
사상(死傷) mati dan luka-luka ⊙ 사상자 orang yang mati dan luka; korban
사상(事像) fénoména; perwujudan; kejadian; gejala
사상(思想) pemikiran; gagasan; idé ⊙ 사상가 pemikir (ahli pikir) yang terkenal (hébat); filosof; ahli filsafat. 공산주의 사상 idé Komunis. 과격 사상 pemikiran yang radikal (Bolshévik). 근대【자유】사상 pemikiran yang modérn【yang bébas】. 현대사상 pemikiran modérn
사상(絲狀) ¶사상의 seperti benang ⊙ 사상균【식물】jamur berbentuk filamén; kapang berfilamén
사상(寫象) bayang-bayang; gambar; pencitraan
사상누각(砂上樓閣) bangunan yang lemah ((di atas pasir))
사상자(死傷者) orang yang terbunuh dan yang terluka; korban ⊙ 사상자명단 (명부) daftar korban kecelakaan
사색(思索) spékulasi; pemikiran; méditasi; renungan 사색하다 berpikir; berméditasi; merenung ¶사색에 잠기다 tenggelam dalam méditasi ⊙ 사색가 pemikir; ahli pikir; pertapa
사색(死色) pandangan pucat ¶얼굴이 사색이 되다 menjadi sangat pucat
사색(四色) ①【색】empat warna ②【역사】empat golongan ((dari masa pertengahan kerajaan Chosun)) ⊙ 사색당쟁 perselisihan antara empat golongan
사생(死生) hidup dan(atau) mati ⊙ 사생관두(關頭) hampir mati; di ambang kematian
사생(寫生) skétsa ⊙ 사생대회 kontés skétsa; kontés gambar (menggambar); sayembara menggambar
사생결단(死生決斷) 사생결단하다 menyabung nyawa; mempertaruhkan jiwa ¶사생결단하고 dengan taruhan nyawa
사생아(私生兒) anak haram; anak jadah ¶ 사생아로 태어나다 lahir sebagai anak haram; lahir di luar perkawinan
사생활(私生活) kehidupan pribadi
사서(司書) pustakawan; ahli perpustakaan
사서(四書) ke empat kitab ((dari zaman Cina kuno)) ⊙ 사서삼경 ke empat kitab dan ke tiga sastra kuno
사서(史書) buku sejarah
사서(辭書)【사전】kamus
사서함(私書函) kotak pos
사석(沙石) pasir dan batu; batu kerikil
사석(私席) ¶사석에서 pada pertemuan pribadi; di tempat tidak resmi (informal)
사선(死線) krisis antara hidup dan mati; batas waktu ¶사선을 넘어 meléwati batas waktu; bertahan hidup setelah krisis
사선(私線) jalan milik pribadi
사선(斜線) garis miring
사설(社說) tajuk rencana; induk karangan ⊙ 사설 난 kolom (lajur) tajuk rencana; kolom éditorial
사설(私設) 사설하다 mendirikan (membuat; mengadakan) sendirian ¶사설의 swasta; pribadi ⊙ 사설강습소 Institut Milik Swasta
사설(邪說) ajaran yang berhubungan dengan bidah (kelénik); ajaran kelénik
사성(四姓) ke empat kasta; ((성직자)) Brahmana, ((무사)) Ksatria, ((농민 · 상인)) Waisya dan ((천민)) Sudra
사성(四聖) empat orang suci terkemuka di dunia
사세(事勢) keadaan; situasi ¶사세 부득이

tak dapat diélakkan; tak dapat dihindarkan

사소하다(些少-) sepélé; réméh; belaka; semata-mata; tidak berarti; kecil ¶사소한 일 hal réméh; barang sepélé

사수(死守) pertahanan yang nékat; keras kepala 사수하다 mempertahankan sampai terakhir (titik akhir); mempertahankan sampai mati-matian

사수(射手) ahli menémbak; penémbak jitu; 【활의】 pemanah ⊙ 기관총 사수 penémbak senapan mesin. 명 사수 jago témbak

사숙하다(私淑-) memuja ⟪seseorang⟫ dalam hati; mencintai ⟪seseorang⟫ secara diam-diam

사숙(私塾) sekolah swasta

사순절(四旬節) 【기독교】 Lent (40 hari sebelum Paskah); bulan puasa Maséhi ¶사순절의 menjelang bulan puasa

사슬 ①【쇠사슬】 rantai; rangkaian; réntétan; 【개를 매는】 tali tambatan ¶사슬로 매다 merantai; mengikat dengan rantai/사슬에 매여 있다 dirantai (diikat) pada rantai ②【비유적】 ¶사슬에서 벗어나다 bébas dari pengekangan (kekangan) ⊙ 사슬고리 mata rantai

사슴 rusa; kijang ⊙ 사슴고기 daging rusa. 사슴뿔 tanduk rusa

사시(巳時) 【민속】 Perlindungan Ular; Jaga Ula ; waktu sekitar 9 dan 11 pagi

사시(四時) keempat musim ⊙ 사시사철 sepanjang tahun; dalam semua musim

사시(斜視) mata juling ¶사시의 bermata juling; melihat dengan rasa curiga (dengan rasa tak setuju)

사시나무 【식물】 pohon *aspen* ¶사시나무 떨듯하다 bergetar (gemetar) seperti daun *aspen*

사시장청하다(四時長靑-) selalu berdaun hijau

사시장춘(四時長春) ①【언제나 봄】 musim semi abadi; musim semi yang tetap (yang tak berakhir) ②【안락생활】 kehidupan yang senang

사식(私食) makanan tersendiri yang dikirimkan kepada orang hukuman (tawanan); makanan yang diberikan secara pribadi kepada tahanan

사신(私信) pesan (surat; catatan; télégram) pribadi

사신(使臣) duta; utusan; wakil ¶각국의 사신 para wakil (utusan; duta) dari luar negeri; 【외교관】 korps diplomatik

사실(史實) kenyataan sejarah; fakta sejarah

사실(私室) kamar (ruang) pribadi; kamar (ruang) sendiri

사실(事實) kenyataan; fakta, kebenaran; sebenarnya ¶사실로 말하면 menceritakan yang sebenarnya/ 사실무근의 mustahil; tak masuk akal; tidak beralasan; tak berdasar/사실적 secara réalistis; secara nyata ⊙ 기정 【기성】 사실 kenyataan yang tak bisa dipungkiri 【yang telah terjadi】

사실(査實) penyelidikan tentang kenyataan (kebenaran; fakta-fakta) 사실하다 mengadakan penyelidikan (penelitian)

사실(寫實) hal-hal yang menggambarkan seperti apa yang sebenarnya ¶사실적으로 secara nyata; realistis ⊙ 사실주의 réalisme: 사실주의자 réalis; orang yang menganut réalisme

사실상(事實上) benar-benar; sebenarnya; sesungguhnya ¶사실상의 sebetulnya

사심(邪心) pikiran jahat ¶사심이 있는 dengki; jahat; dendam

사심(私心) 【이기심】 sifat égois; sifat mementingkan diri sendiri

사십(四十) empat puluh

사십구재(四十九齋) upacara peringatan pada hari ke empat puluh sembilan setelah kematian

사악(邪惡) kejahatan; kenakalan; kekejian; kebusukan 사악하다 jahat; nakal; keji; busuk; dengki; curang

사안(事案) isu; masalah; persoalan

사안(私案) rencana (idé) pribadi

사암(砂岩) batu pasir

사약(賜藥) pemberian racun ⟪sebagai hukuman mati⟫ ¶사약을 내리다 memberikan racun sebagai hukuman mati

사양(斜陽) dalam usia senja; dalam tahap menurun ¶사양길에 접어들다 semakin berkurang ⊙ 사양 산업 industri yang mundur (yang menurun; yang merosot)

사양(辭讓) 사양하다 menolak secara halus; tidak menerima kemurahan hati (bantuan) orang lain ¶사양하지 않고 dengan terang-terangan; tidak menampik

사어(死語) 【언어】 bahasa mati; bahasa yang tidak dipakai lagi

사업(事業) usaha; bisnis; perusahaan; pelaksanaan proyék ¶사업에 성공【실패】하다 berhasil【gagal】 dalam usaha ⊙ 사업가 pengusaha. 사업비 ongkos pekerjaan; biaya kerja. 사업주 pemilik perusahaan. 국가사업 usaha (perusahaan) pemerintah. 민간사업 perusahaan (usaha; industri) milik swasta

사업화(事業化) 【공업화】 industrialisasi; 【상업화】 komersialisasi 사업화하다 mengadakan industrialisasi

사에이치클럽(四-) perkumpulan 4-H

사역(使役) ①【일, 작업】 pekerjaan; jabatan 사역하다 bekerja; berjabatan; mempekerjakan ②【기독교】 pelayanan ⊙ 사역동사 kata kerja kausatif

사연(事緣) asal mula dan keadaan suatu perkara (kasus); hal ihwal

사연(辭緣) isi surat

사열(四列) empat baris

사열(査閱) pemeriksaan (inspéksi) pasukan tentara 사열하다 menginspéksi; memeriksa pasukan tentara ¶사열을 받다 diperkisa oléh ⊙ 사열관 penguji; pemeriksa. 사열대 panggung défilé. 사열식 parade défilé militér. 사열 장 lapangan pawai

사영(私營) operasi (eksploitasi) oléh pihak swasta 사영하다 menjalankan (mengoperasikan) sendiri ⊙ 사영사업 perusahaan swasta

사영(射影) proyéksi; penyorotan 사영하다 memproyéksikan; memperhitungan ⊙ 사영 기하학 géométri proyéktif

사영(斜影) bayangan yang miring

사오정 ¶너 사오정이니? 왜 사람 말을 못 알아들어? Apakah ada sesuatu dengan telingamu? Mengapa tidak dapat memahami apa yang saya katakan kepadamu?

사옥(社屋) gedung (bangunan) perkantoran (perusahaan)

사외 이사(社外 理事) diréktur luar

사욕(私慾) keuntungan pribadi; kepentingan sendiri ¶ 사욕에 사로잡히다 suka mementingkan diri sendiri; menjadi budak dari kepentingan diri sendiri

사욕(邪慾) 【못된 욕심】 keinginan yang jahat; 【육욕】 hawa nafsu

사용(使用) penggunaan; pemakaian 사용하다 mempergunakan; memakai ⊙ 사용료 ongkos pemakaian: 기술 사용료 biaya téknologi. 사용인 pekerja; karyawan; buruh. 사용자 (고용주) majikan yang mempekerjakan; (소비자) pengguna; pemakai

사용(私用) ①【사사로이 씀】 penggunaan untuk pribadi (perorangan); menyalahgunakan(menyeléwéngkan) untuk pribadi 사용하다 memakai untuk diri sendiri ②【사사 일】 urusan pribadi

사용(社用) urusan kantor (perusahaan)

사우(社友) rekan sekerja; koléga

사우나 sauna; mandi uap

사우스포 【야구】 《pelémpar bola》 yang kidal

사운(社運) ¶사운을 걸고 dengan mempertaruhkan masa depan perusahaan itu

사운드 【음향】 suara; bunyi ¶사운드트랙 lajur bunyi; pita suara

사원(寺院) 【회교 사원】 mesjid; (성당) biara; (절) kuil Budha

사원(私怨) dendam (rasa dengki) pribadi ¶사원으로 karena dendam pribadi/사원을 품다 menanggung dendam

사원(社員) anggota; staf; pegawai ¶사원이 되다 menjadi anggota (staf) ⊙ 정 사원 anggota tetap

사월(四月) bulan April

사위 menantu laki-laki ⊙ 사윗감 orang yang sesuai (cocok) untuk menjadi menantu laki-laki

사위(詐僞) penipuan; muslihat; kecurangan 사위하다 menipu; memperdaya《kan》; mencurangi

사위다 membakar habis

사위하다 menjauhi (menghindari) pertanda kejahatan 사위스럽다 buruk sekali; tidak menyenangkan; menjijikkan

사유(私有) hak milik (barang milik) pribadi ¶사유의 memiliki secara pribadi/토지의 사유 hak milik tanah pribadi ⊙ 사유권 hak milik pribadi. 사유재산 milik pribadi (perorangan)

사유(事由) alasan; sebab; prasyarat; pertimbangan ¶다음 사유에 의하여 dengan alasan berikut; karena alasan yang diberikan di bawah

사유(思惟) pertimbangan; spékulasi 사유하다 berpikir; mempertimbangkan; berspékulasi

사육(飼育) peternakan; pemeliharaan; pembudidayaan 사육하다 menternakkan; membiakkan; memelihara; membudidayakan ⊙ 사육자 peternak; pemelihara. 사육장 peternakan

사육제(謝肉祭) karnaval

사은(師恩) kebaikan hati (kemurahan hati) dari tuannya

사은(謝恩) 사은하다 membalas kebaikan hati ⊙ 사은품 hadiah gratis (cuma-cuma). 사은회 pésta untuk guru sebagai tanda penghargaan

사의(謝意) ①【감사하는 마음】 rasa terima kasih; penghargaan ②【사과의 뜻】 permintaan maaf; pengganti yang tidak seimbang ¶사의를 표하다 menyatakan permintaan maafnya

사의(辭意) ketetapan hati (maksud) untuk berhenti bekerja; keinginan untuk berhenti bekerja; keinginan untuk mengundurkan diri ¶사의를 표명하다 memberitahukan pengunduran diri

사이 ①【공간적인 거리】 (간격) jarak waktu; selingan; spasi ②【간(間)】 di; di antara ③【시간적인】 waktu; selingan; jangka; masa; (틈 · 짬) waktu luang; waktu senggang; (쉬는) waktu istirahat ¶눈 깜짝 할 사이에 dalam sekejap ④【사람과의 관계】 hubungan; perhubungan, pertalian ¶사이가 가깝다 mempunyai hubungan yang intim (yang akrab)

사이다 sari buah apel; air soda; minuman berkarbon

사이드 sisi; segi; pihak; samping ⊙ 사이드미러 kaca spion samping. 사이드브레이크 rém darurat; rém tangan. 사이드아웃 sisi keluar. 사이드 테이블 méja kecil; méja samping. 사이드 카 gandéngan samping ((dari sepéda motor)); séspan

사이렌 siréne; bunyi siréne ¶사이렌을 울리다 meniup (membunyikan) siréne

사이버 *cyber*; dunia maya ((internét)) ¶사이버 교육이 확대되다 pendidikan dunia maya mengembang

사이버네틱스 sibernétika

사이비(似而非) pura-pura; palsu; gadungan; tidak benar; sumbang ⊙ 사이비군자 orang munafik; orang yang berpura-pura. 사이비 기자 wartawan palsu (gadungan)

사이사이 ①【공간】 di antara; tempat-tempat; ruang-ruang ②【틈틈이】 kadang-kadang; sebentar-sebentar; sewaktu-waktu

사이즈 ukuran ¶사이즈가 맞다【안 맞다】 cocok【tidak cocok】 ukuran/사이즈를 재다 mengukur

사이참(-站) ①【휴식】 istirahat; jeda; 'ngopi' ②【음식】 makanan ringan ¶사이참 먹다 mengudap makanan

사이코 *psycho*; jiwa ¶이 사이코 같은 자식아! Kamu sakit jiwa! ⊙ 사이코드라마 drama psikologis

사이클 ①【주기】 putaran; peredaran; lingkaran orbit ②【자전거】 sepéda ¶사이클을 타다 mengendarai sepéda ⊙사이클 선수 pembalap sepéda profésional

사이클로트론 mesin pemecah atom; siklotrun

사이클론 tofan; topan; taufan

사이클링 olahraga bersepéda

사이키 jiwa; hati

사익(私益) ⇒ 사리(私利)

사인(死因) penyebab kematian ¶사인이 불명이다 meninggal tanpa sebab yang diketahui

사인(私人) individu; tersendiri; pribadi

사인(私印) ségel pribadi ⊙ 사인위조 pemalsuan ségel pribadi

사인 ①【신호】 tanda; isyarat ②【서명】 tanda tangan 사인하다 menandatangani;membubuhkan tanda tangan ¶사인

좀 부탁합니다 Mohon tanda tangan. *atau* Tolong ditandatangani. ③【수학】 sinus ⊙ 사인북, 사인첩 album (buku) tanda tangan

사인교(四人轎) tandu yang dipikul di atas galah oléh empat orang

사 인승(四人乘) ⊙ 사 인승 자동차 mobil yang dapat menampung empat orang; mobil dengan empat tempat duduk

사인조(四人組) kwartét

사인펜 spidol; spidol ajaib

사일런트 ①【묵음 자】 huruf yang tidak dibunyikan ②【무성 영화】 film bisu

사임(辭任) pengunduran diri; permintaan berhenti; peletakan jabatan 사임하다 mengundurkan diri; meletakkan jabatan

사자(死者) orang yang meninggal; almarhum

사자(使者) ①【사람, 왕의 특사】 kurir; utusan ¶사자를 보내다 mengirim kurir (utusan) ②【불교】 utusan yang membawa arwah orang mati ke neraka

사자(嗣子) pengganti; ahli waris

사자(獅子) singa ⊙ 사자새끼 anak singa

사자(寫字) salinan; transkripsi

사자코 hidung pésék

사자후(獅子吼) ①【사자의】 auman seékor singa ②【열변】 pidato yang bersemangat; pidato yang berkobar-kobar (yang fasih) ¶사자후를 토하다 mengucapkan pidato dengan fasih (dengan baik)

사장(社長) diréktur; kepala; pimpinan ¶사장이 되다 menjadi diréktur perusahaan ⊙ 부사장 wakil diréktur; wakil présidén

사장(死藏) ¶사장되다 lenyap; tidak berguna

사장(沙場) pantai pasir; gosong

사장(射場)lapangan pemanahan (panahan)

사장(寫場) studio foto; studio potrét

사재(私財) dana (modal; harta; milik; kekayaan) pribadi

사재(社財) milik perusahaan

사재기 ¶사재기하다 membeli secara besar-besaran dalam waktu singkat; memborong dan menyimpan (menimbun; menabung) untuk digunakan di masa depan

사저(私邸) kediaman (gedung; rumah) pribadi

사적(史的) historis; bersifat sejarah ¶사적 고찰 penelitian sejarah

사적(史蹟) tempat peninggalan sejarah ¶사적이 많다 kaya dengan bekas-bekas peninggalan yang bersejarah

사적(史籍) buku sejarah

사적(私的) pribadi; tersendiri ¶사적감정 perasaan pribadi/이것은 사적인 일이다 Ini adalah urusan pribadi.

사적(事績) préstasi; perbuatan

사적(事蹟·事蹟) fakta-fakta; tanda; bukti; keterangan; petunjuk

사전(私田) tanah ladang milik pribadi

사전(私錢) uang palsu ⊙ 사전꾼 pemalsu

사전(事前) ¶사전에 terlebih dahulu; di muka; sebelum kenyataan ⊙ 사전검열 penyénsoran sebelumnya. 사전선거 운동 kampanye prapemilihan. 사전통고 pemberitahuan awal; peringatan terlebih dahulu. 사전협의 konsultasi (perundingan) lebih dahulu

사전(辭典) kamus; 【용어 풀이】 daftar kata-kata; 【보전(寶典)】 énsiklopédi atau buku yang berisi keterangan ¶사전을 찾다 mencari ((sebuah kata)) dalam kamus ⊙ 사전편집자 penyusun kamus; pakar perkamusan. 사전학 léksikografi

사절(四折) dilipat menjadi empat ⊙ 사절판 édisi (cetakan) ukuran kuarto

사절(使節) (일행) deligasi; misi; perutusan; utusan; (개인) duta; wakil ¶경제 사절단을 파견하다 mengirimkan délegasi (perutusan) ékonomi ⊙사절단 délegasi. 친선 사절 perutusan (misi) muhibah

사절(謝絕) ①【거절】 penyangkalan; penolakan 사절하다 menyangkal; menolak; tidak menuruti ②【병실의】 hanya dengan (untuk) perjanjian ③【작업 중에】 kunjungan (wawancara) yang ditolak pada waktu jam-jam kerja

사정(私情) perasaan (anggapan; pertimbangan; kasih sayang) pribadi ¶사정에 이끌리다 (좌우되다) terpengaruh oléh perasaan pribadi

사정(事情) ①【형편 · 처지 · 이유 등】 keadaan; situasi ¶사정 여하를 막론하고 tanpa menghiraukan keadaan ②【간청 · 부탁】 pertimbangan; perhatian; tenggang rasa 사정하다 memohon pertimbangan; memohon perhatian ⊙ 주택사정 situasi (keadaan) perumahan

사정(査定)【세금의】penilaian; penaksiran; taksiran;【예산의】perbaikan; révisi;【자격의】 penyaringan 사정하다 menilai; menaksir ¶사정받다 dinilai; ditaksir ⊙ 사정가격 harga yang dinilai (yang ditaksir). 세액 사정 penilaian atas pajak

사정(射程) jarak (jangkauan) témbak-menémbak ¶사정안에 들다 tercakup dalam jarak ⊙ 원거리【근거리】사정 jarak yang jauh【yang dekat】

사정(射精) éjakulasi; pengeluaran dengan tiba-tiba; penyemburan 사정하다 mengeluarkan dengan tiba-tiba; mengeluarkan spérma ⊙ 체외사정 éjakulasi éksternal. 사정관 pipa (saluran) penyemburan

사정(司正) inspéksi (pemeriksaan) perbaikan ⊙ 사정 기관 agén pemeriksa

사정사정하다(事情事情-) memohon pertimbangan (pembelaan)

사정없다(事情-) tanpa belas kasihan; tak kenal ampun

사제(司祭) pendéta; pastur ⊙ 사제관(館) rumah (kediaman) pendéta. 천주교 사제단 organisasi pendéta Katolik

사제(私製) ¶사제의 buatan sendirian (sendiri) ⊙ 사제 폭탄 bom rakitan. 사제품 barang buatan sendiri

사제(舍弟) ①【자기 아우】 adik laki-laki saya ②【형에게】 saya; sayalah adik laki-lakimu

사제(師弟) guru dan murid ¶사제지간 hubungan guru dan murid

사조(思潮)kecenderungan pemikiran; arus pendapat umum ⊙ 문예 사조 kecenderungan literatur (sastra)

사조직(私組織) kelompok pribadi; organisasi probadi

사족(四足) ①【팔다리】 empat kaki ②【사지】 anggota badan ③【비유적】¶사족을 못 쓰다 terpesona; tergila-gila akan

사족(蛇足) superfulitas; kelebihan yang tidak perlu ¶사족을 달다 membuat penambahan yang tak perlu

사죄하다(赦罪-) mengampuni

사죄(謝罪) permintaan maaf 사죄하다 meminta maaf; mengakui kesalahan (kekeliruan)

사주(四柱) ¶사주를 보다(점쟁이에게) konsultasi kepada peramal; (점쟁이가) meramal nasib seseorang ⊙ 사주쟁이 peramal nasib; tukang ramal. 사주팔자 nasib; takdir

사주(社主) pimpinan (kepala; pemilik) perusahaan

사주(使嗾) dorongan; anjuran; hasutan 사주하다 mendorong; menghasut ⊙ 사주자 penghasut

사주(砂洲) délta; lanar; sédimén

사주팔자(四柱八字) nasib; keberuntungan; kemujuran

사중(四重) ¶사중의 kembar empat ⊙ 사중창 kwartét 《vokal》

사중주(四重奏) kwartét ⊙ 현악 사중주 kwartét gések

사증(査證) visa; visum ¶여권에 사증을 받다 mendapat visa untuk paspor ⊙사증료 biaya visa. 입국【출국】사증 visa masuk【keluar】

사지(四肢) anggota badan

사지(死地) cengkraman maut; rahang kematian; posisi yang fatal ¶사지로 들어가다 menuju ke cengkraman maut

사지(寺址) tempat kuil

사지 kain képar ⊙ 순모 사지 kain képar dari wol

사자춤【민속】tarian topéng singa

사자코 hidung yang pések

사직(司直) pelaksanaan keadilan (peradilan);【총칭】 wewenang pengadilan; para pakar pengadilan ⊙ 사직당국 ⇒ 사직

사직(社稷)【신】Déwa Tanah dan Déwa Bumi; Déwa Penjaga Negara;【국가】 kedaulatan; negara ¶사직지신(之臣) tiang negara

사직(辭職) pengunduran diri; permintaan berhenti 사직하다 meletakkan (melepaskan) jabatan; berhenti bekerja; keluar dari kantor ⊙ 총사직 pengunduran diri (permintaan berhenti) secara besar-besaran

사직 당국(司直當局) (법원) pengadilan; (법집행 기관) otoritas hukum

사직원(辭職願) permohonan pengunduran diri ¶사직원을 내다 mengajukan permohonan pengunduran diri

사진(砂塵) debu pasir

사진(寫眞) foto; potrét ¶사진을 찍다 mengambil foto/사진이 잘 받다 baik untuk dipotrét; baik dalam potrét ⊙ 사진가 artis foto; 사진기 kaméra; tustél:. 사진기자 juru kaméra. 사진첩 album foto. 사진촬영 대회 lomba fotografi; pertandingan membuat foto; 취미사진 kegemaran memotrét. 전신사진 foto penuh (sepanjang badan). 반신사진 foto setengah badan. 컬러사진 foto berwarna. 흑백 사진 foto hitam putih

사진식자(寫眞植字) komposisi foto

사진전송(寫眞電送) 사진전송하다 mengirimkan foto melalui télégraf

사차(四次) ⟪kali⟫ yang ke empat

사차선도로(四車線道路) jalan empat lajur

사차원(四次元) diménsi keempat; ukuran yang keempat ⊙사차원의 세계 hipotétis semesta dengan empat diménsi

사찰(寺刹) 【절】 kuil untuk penganut Budha

사찰(査察) pemeriksaan; pengusutan; penyelidikan; penelitian; pengendalian (penguasaan) pikiran 사찰하다 menyelidiki; memeriksa; meneliti; mengusut ⊙ 사찰 관 inspéktur; penilik. 사찰제도 sistém pemeriksaan; sistém inspéksi. 세무사찰 pemeriksaan pajak. 학원 사찰 pemeriksaan atas kegiatan-kegiatan kampus

사창(私娼) pelacuran liar; pelacur (wanita tuna susila) yang tidak mempunyai izin praktik ⊙ 사창가 kawasan pelacur yang tidak mempunyai izin praktik. 사창굴 *rumah* pelacuran; rumah bordil

사채(私債) pinjaman pribadi ⊙ 사채놀이 usaha pinjaman milik pribadi (milik swasta). 사채시장 pasaran uang milik swasta. 사채업자 lintah darat swasta. 사채중재인 perantara (calo) pinjaman swasta

사채(社債) obligasi; surat utang ⊙ 사채권(券) obligasi; surat utang. 사채발행 penerbitan obligasi (surat utang). 사채상환 penebusan surat utang (obligasi). 보증사채 jaminan surat utang (obligasi). 장기사채 obilgasi jangka panjang

사천왕(四天王) empat déwa

사철(四-) ①【네 철】 empat musim ②【부사적】 sepanjang tahun

사철(私鐵) jalur (jalan) keréta api swasta (pribadi)

사철(砂鐵) pasir yang keras

사철나무(四-) pohon spindel

사체(死體) mayat ⊙ 사체부검 bedah mayat; otopsi

사촌(四寸) ①【친족】 saudara sepupu ⟪dari pihak ayah⟫ ¶외사촌 saudara sepupu dari pihak ibu

사춘기(思春期) masa remaja; masa pubertas ¶사춘기의 puber

사출(射出) 사출하다 memancarkan; menyembur; menjulurkan ⊙ 사출기 ketepél; jeprétan

사취(詐取) penipuan; penggelapan; kecurangan 사취하다 mendapatkan ⟪sesuatu⟫ dengan cara menipu (dengan penipuan)

사치(奢侈) kemewahan 사치하다 royal; boros; bermewah ⊙ 사치품 barang méwah. 사치풍조 kecenderungan akan keméwahan

사치스럽다(奢侈-) méwah; royal; luar biasa; boros ¶사치스러운 옷【음식】pakaian【makanan】 yang méwah/사치스럽게 살다 hidup dalam keméwahan

사칙(社則) peraturan perusahaan

사칙연산(四則演算) empat dasar operasi aritmatik

사친회(師親會) Perkumpulan Orang tua Murid dan Guru (POMG); persatuan antara guru dan orang tua

사칭(詐稱) 사칭하다 mengambil nama ⟪lain⟫ yang palsu; memakai jabatan palsu ¶이름을 …로 사칭하여 dengan nama alias dari; dengan nama (jabatan) gadungan ⊙ 학력 사칭 pernyataan karir akadémis yang palsu

사카린 gula sakarin

사커 sépak bola

사타구니 selangkangan; lipat paha

사탄 ⇒ 악마 sétan

사탑(斜塔) ¶피사의 사탑 menara Pisa yang miring

사탕(砂糖) ①【설탕】gula ②【과자】gula-gula; permén; manisan

사탕발림(砂糖-) bujukan; rayuan; kata-kata yang manis 사탕발림하다 mulut manis; merayu; membujuk

사태 tulang kering 《daging》 sapi yang digunakan untuk membuat sup kental

사태(沙汰) ①【무너짐】longsoran tanah ②【많은】banyak; banjir ¶사람사태 kerumunan; banyak orang

사태(事態) ①【상황】keadaan; situasi ¶비상사태 keadaan darurat ②【사건】¶천안문 사태 pembantaian Tiananmen

사택(私宅) tempat kediaman pribadi

사택(社宅) rumah (tempat tinggal) perusahaan 《yang disediakan untuk para pegawai》 ¶사택에 거주하다 hidup (tinggal) di rumah perusahaan

사토(沙土 · 砂土) tanah berpasir

사통(私通) ①【편지】koréspondénsi (surat-menyurat) secara gelap 사통하다 mengadakan koréspondénsi gelap (rahasia) ②【밀통】hubungan gelap; perbuatan zina; persetubuhan di luar nikah 사통하다 mempunyai hubungan yang tidak patut (tidak layak) ⊙ 사통 자 orang yang berbuat zina

사통오달하다(四通五達-) menyebar ke segala arah

사통팔달하다(四通八達-) menuju (membentang) ke semua arah (jurusan); menyebar ke segala arah

사퇴(辭退)【사직】pengunduran diri; peletakan jabatan; permintaan berhenti;【사양】penolakan; penampikan 사퇴하다 berhenti; meletakkan jabatan

사투(死鬪) perjuangan hidup atau mati 사투하다 berjuang untuk hidup atau mati; bertempur sampai mati; bertempur (berjuang) sampai titik darah penghabisan

사투(私鬪) perselisihan (percékcokan) pribadi 사투하다 berjuang sendiri

사투리 dialék; logat; aksén ¶심한 사투리로 말하다 berbicara dengan dialék yang kasar/경상도 사투리로 말하다 berbicara dengan aksén (logat) Kyongsang

사특(邪慝) 사특하다 jahat; ganas; buruk; kejam; brutal

사파(娑婆) ⇒ 사바(세계)

사파리 ékspédisi berburu; safari

사파이어 batu nilam; nila kandi

사팔눈 mata juling ¶사팔눈의 bermata juling

사팔뜨기 orang yang bermata juling

사포(砂布) kertas amplas

사표(師表) contoh; teladan; modél

사표(辭表) pengunduran diri secara tertulis ¶사표를 내다 mengajukan (menyampaikan; menyerahkan) surat pengunduran dirinya ⊙ 일괄 사표 surat pengunduran diri secara masal (secara besar-besaran)

사푼【사뿐】dengan ringan

사풋 dengan langkah kaki yang ringan

사프란【식물】semacam kunyit ¶사프란색의 berwarna kuning jingga

사필귀정이다(事必歸正-) kebenaran akan menang pada akhirnya; kebenaran menang (berhasil) pada hakikatnya; akibat yang wajar

사하다(赦-) memaafkan; mengampuni; memberi ampun

사하라사막(-沙漠) gurun Sahara

사하중(死荷重) bobot mati; beban berat

사학(史學) ilmu pengetahuan sejarah ⊙ 사학과 jurusan sejarah. 사학자 ahli sejarah; sejarawan

사학(私學) sekolah (lembaga pendidikan) swasta

사학(斯學) pelajaran (pengetahuan; mata pelajaran; penelitian) ini ¶사학의 권위 yang berwenang dalam bidang

사항(事項) masalah; persoalan; pokok bahasan; *item*; perincian; seluk beluk; bagian kecil-kecil ¶…의 사항에 관하여 berkenaan dengan

사해(四海) keempat lautan; dunia keseluruhnya ¶사해를 평정하다 menegakkan (mengadakan) perdamaian dan ketertiban (ketentraman) di dunia ⊙ 사해 동포 persaudaraan sedunia; persaudaraan universal; persaudaraan umat manusia

사해(死海) Laut Mati

사행(射倖) 사행하다 mengadu untung; berspékulasi ⊙ 사행행위 단속법 undang-undang pengawasan (pengendalian) terhadap spékulasi

사행심(射倖心) semangat untung-untungan; kiwa spekulatif ¶사행심을 조장하다 menimbulkan semangat untung-untungan (perjudian)

사향(思鄕) pikiran (perhatian) akan kampung halaman (akan rumah) 사향하다 memikirkan rumah (kampung halaman) ⊙ 사향 병 kerinduan akan kampung halaman

사향(麝香) musang; kesturi ⊙ 사향고양이 musang; kesturi. 사향뒤쥐 tikus air. 사향 초 semacam tumbuhan yang liar; tumbuhan hutan

사혈(瀉血) darah kotor; darah yang dapat mematikan; pendarahan 사혈하다 kehabisan darah

사형(死刑) hukuman mati ¶사형에 처하다 menghukum mati/사형을 받다 dihukum mati/사형을 선고하다 menjatuhkan hukuman mati ⊙ 사형선고 hukuman mati. 사형수 penjahat yang dihukum mati. 사형집행인 algojo;【교수인】algojo; tukang gantung; tukang jagal

사형(舍兄) abang; kakak saya yang lebih tua

사화(士禍) pembunuhan secara besar-besaran terhadap para sarjana ⊙ 갑자 사화 bencana (malapetaka) terhadap para sarjana Kapcha

사화(史話) cerita (kisah) sejarah

사화(私和) penyelesaian secara pribadi;【화해】perdamaian; rékonsiliasi; perukunan kembali 사화하다 menyelesaikan *secara pribadi* (di luar pengadilan); berdamai dengan

사화산(死火山) gunung berapi yang sudah mati (yang tidak meletus lagi)

사환(使喚) opas kantor; pesuruh kantor

사활(死活) hidup dan(atau) mati; kehidupan dan (atau) kematian ¶사활이 걸린 문제 persoalan (masalah) hidup dan mati

사회(司會) pimpinan pertemuan (upacara);【사회자】pemimpin upacara; pembawa acara 사회하다 mengetuai (memimpin) rapat(pertemuan); membawa acara ⊙ 사회봉(捧) palu; martil

사회(社會) masyarakat; sosial; perkumpulan ¶사회를 위하여 demi kebaikan masyarakat ⊙ 사회계층 lapisan sosial; lapisan kemasyarakatan. 사회기강 disiplin (tertib; ketertiban) masyarakat. 사회당 partai sosialis. 사회보장 jaminan sosial. 사회복지 kesejahteraan sosial. 사회봉사 jasa sosial; jasa kemasyarakatan. 사회상(相) keadaan (fase; segi) sosial (kehidupan). 사회성 kemasyarakatan. 사회악 kejahatan masyarakat; ketidakbérésan dalam masyarakat; éndémis masyarakat. 사회인 anggota masyarakat. 문명사회 masyarakat beradab; masyarakat berbudaya. 봉건【시민】사회 masyarakat féodal. 상【중 · 하】류 사회 golongan (kelas) tinggi【menengah, rendah】. 원시사회 masyarakat primitif

사회불안(社會不安) kegelisahan sosial (masyarakat) ¶사회불안을 빚다 (조성하다) menimbulkan kegelisahan (keresahan) sosial (masyarakat)

사회사업(社會事業) kerja sosial; jasa sosial ¶사회사업을 하다 bekerja untuk kebaikan masyarakat (rakyat) ⊙ 사회사업가 pekerja sosial

사회생활(社會生活) kehidupan dalam masyarakat

사회자(司會者) ketua; pemimpin rapat (sidang); pemimpin upacara; penengah ¶ 사회자로 사회를 맡아보다 bertindak sebagai pemimpin upacara

사회적(社會的) sosial; kemasyarakatan ⊙ 사회적 긴장 ketegangan sosial. 사회적 의무 kewajiban sosial (masyarakat). 사회적 제재 sanksi-sanksi sosial

사회정서(社會情緒) keadaan sosial (masyarakat); kecenderungan (arus; arah; gejala) masyarakat

사회정화(社會淨化) purifikasi sosial; pembersihan masyarakat ⊙ 사회정화운동 gerakan (kampanye) purifikasi sosial (pembersihan masyarakat)

사회주의(社會主義) sosialisme ⊙ 사회주의 국가【단체 · 운동 · 정책】negara【organisasi, gerakan, politik】sosialis

사후(死後) ¶사후에 sesudah mati; sepeninggal ⊙ 사후공명(功名) kemasyhuran (popularitas) sesudah kematian

사후(事後) ¶사후에 setelah sesuatu (hal) dilakukan ⊙ 사후대책 tindakan (langkah) setelah mengetahui kenyataan. 사후보고 laporan setelah mengetahui keadaan yang sebenarnya. 사후승인 izin (persetujuan) setelah mengetahui kenyataan

사흗날 hari ke tiga ((dari bulan itu)) ¶5월 사흗날 tanggal 3 Méi

사흘【3일간】tiga hari;【3일째 되는 날】hari ke-3 ¶ 사흘마다 setiap 3 hari/사흘에 한번 sekali dalam setiap 3 hari

삭(朔) satu bulan ¶일 이 삭 beberapa bulan

삭감(削減) pengurangan; penurunan; potongan; rabat; korting; réduksi 삭감하다 mengurangi; membatasi; memotong; mengkorting

삭다 ①【오래되어】(a) (낡다) kelihatan tipis; usang sekali; sudah aus (menipis) (b) (부식 되다) menjadi busuk; rusak ②【음식이】(a) (유동식 · 술 등이) busuk; meragi; tidak énak (b) (소화되다) dicerna; dicernakan; diselami (c) (익다) mengembangkan aroma; memperkuat (menyerap) rasa ③【기운이】(a) (감정 등이 누그러지다) dikurangi; diredakan; diringankan (b) (염증이) pecah (c) (사위다) mati; habis terbakar ¶불이 삭다 api yang padam (mati)

삭도(索道) jalan (arah; jarak) kabel ⊙ 삭도 차 trém yang ditarik dengan kabel

삭막하다(索莫-) menjadi suram; redup; lengang; (황야 등이) luas dan hampa

삭망(朔望) ①【초하루와 보름】hari pertama dan ke-15 dari bulan kamariah ②【제사】upacara peringatan yang diselenggarakan pada hari pertama dan ke-15 dari bulan kamariah

삭발(削髮) guntingan (potongan) rambut 삭발하다 menggunting (memotong) rambut; mencukur; membotakkan

삭신 otot dan tulang sendi ¶삭신이 쑤시다 merasakan sakit perih di manamana

삭이다 ①【음식을】mencernakan; menyelami ¶삭이기 쉽다【어렵다】mudah【sukar】dicernakan ②【감정을】meredakan ((kemarahan))

삭정이 cabang yang mati pada pohon

삭제하다(削除-) menghapuskan; menyisihkan; mengeluarkan; mencorét ¶명부에서 삭제하다 mencorét nama dari daftar/삭제되다 terhapus

삭탈관직(削奪官職) pemecatan pegawai negeri dari jabatan (tugas); pemberhentian (pemecatan) seorang pejabat pemerintah dari kantor 삭탈관직하다 melucuti (memecat)) dari jabatan

삭풍(朔風) angin musim dingin dari utara

삭히다 ①【소화】mencernakan; menyelami isi ②【발효】férméntasi; peragian ¶김치를 삭히다 meragi *kimchi*

삯 ①【품삯】upah buruh; honorarium; gaji ¶삯을 받다 menerima (mendapat) upah ②【요금】ongkos; biaya; harga ¶기차 삯 harga karcis keréta api

삯바느질 perkerjaan jahit-menjahit yang dilakukan untuk mendapatkan upah

삯품 upah buruh ¶삯품(을) 팔다, 삯품팔이하다 bekerja untuk mendapatkan upah

산(山) ①【산악】gunung; puncak; ((봉우리)) bubungan ¶산을 넘(어가)다 melintasi gunung ②【야생의】liar ¶산딸기 buah arbei liar; buah arbei gunung

산(酸)【화학】zat asam ¶산과다(증) kadar asam (keasaman) yang berlebihan

-산(産) ①【산물】produksi; buatan; produk ¶외국산(의) buatan luar negeri ②【출신】penduduk asli; berasal ¶서울 산이다 datang dari Seoul

산간(山間) ¶산간의(에) di antara gunung (bukit) ⊙ 산간벽지 tempat yang terpencil dan terpisah di (di antara) gunung-gunung; tempat terpencil di pegunungan. 산간벽촌 désa yang terpencil di gunung

산개(散開) perluasan; pengembangan; penyebaran 《militér》 산개하다 memperpanjang; memperluas; menyampaikan; mengulurkan; membentang; berurai

산계(山系) susunan gunung; bukit barisan; rantai pegunungan

산고(産苦) rasa sakit yang datang waktu melahirkan; kepedihan waktu melahirkan

산골(山-) daérah pegunungan tempat terpencil ¶산골사람 orang (penduduk) gunung (bukit) ⊙ 산골짜기, 산골짝 lembah di gunung

산과(産科) bagian kebidanan ⊙ 산과병동 klinik (rumah sakit) bersalin. 산과의사 dokter bersalin; bidan

산금(産金) pertambangan emas 산금하다 menghasilkan (menambang) emas ⊙ 산금 량 produksi (hasil) emas

산기(産氣) rasa sakit yang datangnya sebelum melahirkan anak ¶산기가 있다 mulai melahirkan anak

산기(産期) masa (waktu) kelahiran (prosés kelahiran) ¶산기가 되다 datang masa kelahiran; datang prosés kelahiran

산기슭(山-) léréng gunung; kaki gunung; kaki pegunungan

산길(山-) jalan kecil (jalan setapak) di gunung; jalan pegunungan

산꼭대기(山-) puncak gunung; puncak bukit

산나물(山-) sayuran hijau dari bukit yang dapat dimakan; tumbuhan liar yang dapat dimakan

산놀이 darmawisata (piknik) di gunung

산 놓다(算-) menghitung dengan sipoa (sempoa)

산달(産-) bulan (masa) melahirkan

산더미(山-) tumpukan; onggokan ¶산더미 같은 숙제 banyak sekali pekerjaan rumah; setumpuk pekerjaan rumah

산도(産道) 【의학】 saluran untuk melahirkan; saluran untuk prosés kelahiran; jalan lahir

산도(酸度) 【화학】 kadar asam; keasaman

산돼지(山-) babi hutan

산들거리다 bertiup (berhembus) sejuk dan sepoi-sepoi

산들바람 angin sepoi-sepoi

산들산들 《meniup》 dengan lembut

산등성마루 ⇒ 산마루

산등성이 puncak gunung; punggung pegunungan; léréng pegunungan

산디【민속】 sandiwara bertopéng dari abad pertengahan ⊙ 산디놀음 sandiwara (drama) bertopéng

산딸기(山-) *raspberry*

산뜻하다 ①【기분 · 느낌 등이】 segar dan kering ②【걸모습이】 bersih; rapi; cerah; segar

산란(産卵) telur ikan; telur katak dan lain lainl 산란하다 bertelur; memijah ⊙ 산란기 musim bertelur; musim memijah

산란하다(散亂-) berserakan; tidak teratur; berantakan ¶마음이 산란해지다 kacau; kusut

산록(山麓) kaki pegunungan

산림(山林) 【삼림】 hutan ¶산림욕을 하다 berjalan-jalan ke (melintas) hutan ⊙ 산림보호 konservasi hutan

산마루(山-) punggung pegunungan

산만(散漫) keadaan tersebar (terpencar-pencar) 산만하다 léngah; kurang berkonséntrasi; tidak bérés; terserak; kacau; kusut

산망스럽다 tidak menentu; tidak teratur; sembrono; sembarangan

산매(散賣) penjualan écéran

산맥(山脈) pegunungan; bukit barisan

산명(山鳴) ⇒ 산울림

산명수려(山明水麗) keindahan pemandangan

산모(産母) wanita yang melahirkan bayi; wanita bersalin

산모롱이 ⇒ 산모퉁이

산모퉁이 tikungan jalan di antara bukit; bélokan di punggung gunung

산목숨 penghidupan

산문(山門) ①【절의 문】 pintu gerbang utama kuil Budha ②【산 어귀】 jalan masuk ke gunung ③【절】 kuil Budha

산문(産門) kemaluan wanita; mémék; vulva; vagina

산문(散文) prosa ⊙ 산문 작가 penulis

prosa. 산문체 gaya prosa

산물(産物) ①【산출물】 hasil; produk; produksi ¶주요 산물 hasill bahan pokok ②【성과】 hasil

산미(產米) ①【산출한】 hasil padi (beras) ②【해산쌀】 beras yang diberikan kepada seorang wanita selama persalinan

산미(酸味) asiditas; kadar asam; keasaman ¶산미가 있는 asam; masam

산 밑 kaki gunung

산바람 angin gunung

산발(散發) kejadian sporadis (yang kadang-kadang); peristiwa yang sekali-sekali; kejadian témporal 산발하다 terjadi sekali-sekali; sporadis ¶산발적(으로) dengan sekali-sekali; secara sporadis

산발(散髮) rambut yang terurai (yang kusut masai); rambut yang tidak rapi (tidak disisir) 산발하다 berambut kusut masai

산보(散步) ⇒ 산책

산봉우리 puncak gunung

산부인과(産婦人科) ilmu kebidanan dan kandungan; obstétri dan ginékologi ⊙ 산부인과 의사【산과】 dokter dalam ilmu kebidanan;【부인과】 dokter ahli kandungan

산부처 Budha yang hidup

산불 kebakaran hutan (bukit)

산붕(山崩) ⇒ 산사태 longsoran; tanah longsor

산비탈(山-) léréng gunung yang curam (yang terjal)

산사(山寺) candi (kuil) di gunung

산사람 orang gunung

산사태(山沙汰) longsoran; tanah longsor

산산이(散散-) berkeping-keping; hancur; berceraiberai

산산조각(散散-) potongan (bagian) yang hancur ¶산산조각이 나다 pecah (hancur) berkeping-keping

산산하다 ⇒ 선선하다

산삼(山蔘) ginséng gunung; ginséng liar

산새(山-) burung pegunungan

산상(山上) ¶산상의 (에) pada puncak gunung ⊙ 산상수훈 khotbah di atas Gunung

산성(酸性) 【화학】 asiditas; kadar asam; keasaman ⊙ 산성반응 réaksi kadar asam. 산성비 hujan asam. 산성토양 tanah yang asam

산세(山勢) segi fisik (ciri-ciri géografis) gunung

산소(山所) makam (kuburan) leluhur (nénék moyang)

산소(酸素) 【화학】 oksigén; zat pembakar; zat asam ⊙ 산소마스크 penutup untuk melindungi oksigén (zat asam). 산소호흡기 alat pernapasan (penghirupan) oksigén. 산소흡입 penghirupan (penghisapan) oksigén

산속(山-) bagian tengah gunung; ceruk gunung (pegunungan)

산송장 mayat (bangkai) hidup

산수 (山水) ①【산과 물】 gunung dan air ②【경치】 pemandangan alam ③⇒ 산수화 ⊙ 산수화【그림】 lukisan pemandangan alam. 산수화가 pelukis pemandangan alam

산수(算數) ilmu hitung; aritmatik

산술(算術) 【수학】 aritmatik; ilmu hitung

산스크리트 bahasa Sansekerta

산식(算式) rumus aritmatik

산신(山神) déwa gunung ⊙ 산신제 upacara keagamaan memuja déwa gunung

산실(產室) kamar bersalin ¶서양 문명의 산실인 그리스 Yunani, buaian peradaban Barat

산아하다(産兒-) 【해산】 bersalin; sedang melahirkan ⊙ 산아제한(産兒制限) ⇒ 피임 pembatasan kelahiran

산악(山岳) pegunungan【산악의, 에 자라는, 에 사는】《생물》《tumbuh-tumbuhan》 gunung ⊙ 산악병 penyakit mabuk gunung. 산악지대 daérah pegunungan. 대한 산악연맹 Féderasi Pendaki Gunung Korea

산야(山野) ladang dan gunung; bukit dan lembah ¶산야를 두루 돌아다니다 menjelajahi (melalui) bukit dan lembah

산양(山羊) ①【염소】 kambing gunung ②【영양】 semacam kijang

산업(産業) industri; perindustrian ¶산업화 industrialisasi/ 산업화하다 mengindustrialisasikan ⊙ 산업공해 polusi (pengotoran) karena industri. 산업도시 kota industri. 산업박람회 paméran industri. 산업재해 kemalangan (malapetaka; bencana; kecelakaan kerja) dalam industri. 산업재해자 korban kemalangan (malapetaka) dalam industri. 기간산업 industri pokok. 방위산업 industri (yang membuat) alat-alat pertahanan; industri militér. 주요산업 industri utama. 철강 산업 industri besi dan baja

산욕(産褥) persalinan ⊙ 산욕기 masa bersalin (persalinan) 산욕부(婦) wanita yang sedang bersalin. 산욕열 demam panas waktu bersalin

산울림 ⇒ 메아리 suara gemuruh dari gunung

산울타리 pagar tanam-tanaman

산유(産油) hasil minyak; penghasil minyak ⊙ 산유국 negara penghasil minyak

산입하다(算入-) memasukkan dalam perhitungan; memperhitungkan

산자락(山-) ⇒ 산기슭 kaki perbukitan

산자수명(山紫水明) keindahan pemandangan

산장(山莊) vila di pegunungan

산재하다(散在-) berhamburan di mana-mana; berserakan; berpencar-pencar; terpencar-pencar; tersebar di sana-sini

산적(山賊) penyamun; bandit; penjahat

산적(山積) gundukan (tumpukan) yang besar sekali 산적하다 bertumpuk; menimbun; menumpuk-numpukkan

산적(散炙) saté yang memakai tusukan daging ¶산적을 부치다(만들다) membuat *sanjeok* ⊙ 산적 꼬챙이 tusuk daging untuk saté

산전(産前) sebelum bersalin (melahirkan)

산전수전(山戰水戰) perjuangan untuk mengatasi segala macam kesukaran (penderitaan) ¶산전수전을 겪다 mengalami penderitaan (kesukaran); merasakan pahit manisnya kehidupan

산정(山亭) punjung; rumah kecil yang dinaungi tanaman menjalar di gunung

산정(山頂) puncak gunung

산정(算定) perhitungan; 【평가】 taksiran; penilaian 산정하다 menghitung; memperhitungkan ⊙ 산정 가격 harga (nilai) yang ditaksir

산줄기 jajaran gunung; rangkaian pegunungan

산중(山中) ¶산중의, 산중에(서) di antara bukit-bukit

산중턱(山-) léréng bukit

산증(疝症) 【한의학】 sakit pinggang

산지(山地) daérah (wilayah) yang bergunung-gunung

산지(産地) 【산물의】 tempat (daérah) produksi; 【동식물 등의】 tempat berdiam; (식물의) daérah yang sedang tumbuh (yang sedang berkembang) ¶쌀의 산지 daérah yang menghasilkan padi (beras)

산지기(山-) penjaga kehutanan

산채(山砦) bénténg (kubu) di pegunungan; sarang bandit di gunung

산채로 yang hidup; langsung ¶산채로 잡히다 【묻히다】 tertangkap 【terkubur】 hidup-hidup

산책(散策) jalan-jalan 산책하다 berjalan-jalan ¶산책을 나가다 pergi keluar untuk jalan-jalan

산천(山川) gunung-gunung dan sungai-sungai kecil ⊙ 산천초목 alam

산초(山椒) lada (merica) Cina

산촌(山村) désa di gunung (di pegunungan)

산출(産出) produksi; hasil 산출하다 menghasilkan; membuat; mengeluarkan; menciptakan ⊙ 산출량 jumlah hasil produksi. 산출 력 daya produktif. 산출지 daérah (pusat) penghasilan

산출(算出) perhitungan; kalkulasi 산출하다 menghitung; memperhitungkan

산타마리아 Santa Maria; Bunda Maria yang Suci

산타클로스 Sinterklas: Santaklaus

산탄(霰彈) témbakan; penémbak ⊙ 산탄총 senapan untuk berburu

산턱(山-) ceruk léréng gunung

산토끼(山-) 【동물】 kelinci; terwélu ⊙ 산토끼 사냥 perburuan kelinci

산토닌 【약학】 santonin; asam santonat

산통(産筒) 【점대의】 tempat cangkokan-cangkokan bambu untuk meramal nasib; 【산가지의】 tempat untuk menghitung potongan-potongan ¶산통 깨(뜨리)

다 merusak; mengganggu/산통 깨지다 dirusak; dihancurkan

산파(産婆) ①【직업】 perawat wanita hamil; bidan; dukun beranak ②【어떤 일이 이루어지도록 힘쓰는 사람】 perantara ③【비유적】 sponsor; penyokong; penaja; patron ¶ 산파역을 하다 bertindak sebagai perantara; berperan dalam ((pembentukan kabinét)); menjadi penengah ⊙ 산파 학 ilmu kebidanan

산판(山坂) hutan lindung; hutan cadangan; cagar (suaka) alam

산포하다(散布-) menyebar; tersebar; berpencar; menjalar

산포도(山葡萄) ①【머루】 anggur hutan (liar) ②【담쟁이】 semacam tumbuhan menjalar

산하(山河) 【산천】 gunung-gunung dan sungai-sungai

산하(傘下) ¶산하의 di bawah pengaruh; di bawah perlindungan ⊙ 산하기관 organisasi yang bergabung (berafiliasi). 산하회사 perusahaan tambahan; perusahaan cabang

산학(算學) ilmu hitung

산학협동(産學協同) kerjasama pendidikan industri ⊙ 산학협동체 kompléks industri yang berhubungan dengan pendidikan

산해(山海) gunung-gunung dan laut ⊙ 산해진미 makanan yang lezat dari semua daratan dan lautan; segala macam kelezatan

산행(山行) naik gunung; naik gunung sampai puncak

산허리(山-) 【중턱】 léréng gunung

산호(珊瑚) batu karang ¶산호 모양의 berbentuk batu karang ⊙ 산호섬 kepulauan batu karang

산화(散華) gugur dengan gagah berani dalam perjuangan 산화하다 meninggal (gugur) dengan gagah berani; meninggal (mati) sebagai pahlawan

산화(酸化) 【화학】 oksidasi 산화하다 mengoksidasi ⊙ 산화망간 mangan oksida. 산화물 oksida. 산화철 baja yang diprosés melalui réaksi oksidasi

산회(散會) penutupan (penundaan) sidang 산회하다 menunda (menutup) sidang ((rapat; pertemuan))

산후(産後) ¶산후의(에) pasca kelahiran; setelah bersalin; setelah prosés kelahiran/산후 우울증에 시달리다 menderita deprési setelah melahirkan ⊙산후 조리 perawatan setelah melahirkan (pasca melahirkan):산후 조리원 pusat perawatan pascamelahirkan

살[1] ①(a)【뼈 · 가죽에 대하여】 daging; otot ¶살의 berdaging; gemuk/살이 단단한 사람 orang yang berotot (yang kuat) ②【피부】 kulit; (육체) badan; tubuh ¶ 살을 에는 듯한 추위 hawa dingin yang menusuk ③【동물 · 생선 · 과일 등 의】 (고기) daging; (생선) ikan

살[2] ①【뼈대】 (a) (장지문 등의) bingkai; kosén; kisi-kisi (b) (버티는 것) batang; tongkat; kemudi; (부채 · 우산 · 바퀴 등 의) jari-jari; ruji ②【빗살】 gigi 살이 가는 빗 sisir dengan gigi yang halus

살[3] ①【화살】 anak panah ②【기운】 kekuatan seperti anak panah; 【빛의】 sorotan ((sinar) 【흐름의】 arus

살[4] 【벌레의】 sengatan ¶살에 쏘이다 disengat; dilukai

살[5] 【떡의】 pola (contoh) hiasan kué

살[6] 【나이】 umur; usia

살(煞) ①【악령】 roh jahat; perbuatan sétan ¶살(이) 낀 날 hari yang membawa celaka (sial) ②【나쁜 기운】 benci; perasaan bermusuhan

살가죽 【피부】 kulit

살갑다 ①【다정하다】 berhati penuh kasih ②【속이】 berhati lapang; luas pendirian

살강 ⇒ 설경 rak dapur

살갗 kulit

살결 kulit; jaringan ¶살결이 곱다 mempunyai kulit halus (yang lembut)

살구 buah aprikot ⊙ 살구 씨 biji buah aprikot

살균(殺菌) stérilisasi; penyucihamaan 살균하다 menstérilkan; menyucihamakan; menghapus (membasmi) hama atau kuman; mempasteurisasi ((susu)) ⊙ 살균 기 alat stérilisasi. 살균력 daya stérilisasi; kekuatan yang menstérilkan (yang membasmi kuman). 살균우유

susu yang telah distérilkan

살그머니 dengan diam-diam; secara sembunyi

살금살금 dengan (secara) diam-diam; dengan rahasia

살기(殺氣) nafsu membunuh; kehausan darah; keganasan; watak (sifat) yang bengis ¶살기등등하다 menjadi bernafsu membunuh; menjadi ganas

살길 ①【생활의】 cara hidup; mata pencarian ¶살길을 찾다 mencari jalan untuk mendapatkan penghasilan ②【활로】 cara melarikan diri (meloloskan diri) ¶살길을 찾다 menemukan jalan keluar

살날 sisa hidup ¶살날도 얼마 없다 Ajalnya sudah dekat.

살 내리다 menjadi kurus; kehilangan berat badan

살다[1] ①【생존하다】 hidup; hidup terus; bertahan; 【소생하다】 hidup kembali; tumbuh lagi ②【생활하다】 hidup ③【거주 · 서식하다】 hidup; mendiami; bertempat tinggal; menetap di ¶살기에 적당한 dapat didiami; dapat ditempati ④【생동하다】 daya hidup; meriah ⑤【바둑】 lepas dari bahaya ⑥【야구】 aman

살다[2] 【벼슬 · 징역을】 menjalani 《masa hukuman》

살대 ①【화살대】 gagang (batang) anak panah ②【건축】 tiang (penyangga) sementara yang digunakan untuk menahan rumah agar tegak lurus

살뜰하다 ①【애정이】 penuh kasih sayang ¶살뜰히【애정 깊게】 dengan mesra ②【알뜰하다】 hémat; cermat ¶【알뜰하게】 hémat-cermat

살랑거리다 ①【바람이】 meniup dengan sepoi-sepoi ②【걸음걸이가】 《berjalan》 dengan lemah gemulai (dengan anggun)

살랑살랑 ①【바람이 부는 모양】 《meniup》 dengan lemah lembut; dengan sepoi-sepoi ②【꼬리 등을 흔드는 모양】 mengibaskan dengan perlahan

살래살래하다 *melambaikan* ¶머리를 살래살래 흔들다 menggéléngkan kepala/개가 꼬리를 살래살래 흔들다 Anjing itu mengibas-ngibaskan ekornya.

살려내다 menyelamatkan; menolong keluar dari 《tempat yang berbahaya》

살려주다 ①【목숨을】 menyelamatkan; menolong ②【죽게 된 것을】 menyelamatkan dari kematian

살롱 salon; bar; rumah minuman ⊙뷰티 살롱 salon kecantikan

살육(殺戮) ⇒ 살육

살리다[1] ①【죽이지 않고】 menyelamatkan; menolong ②【죽게 된 것을】 menyelamatkan dari kematian ③【경제 · 회사 등을】 menghidupkan kembali ④【활용하다】 mempergunakan sebaik-baiknya ⑤【생기를 주다】 memberi kehidupan; memberi semangat ⑥【분위기 · 특징 등을】 mengubah; menampilkan

살리다[2] memperpanjang; memperbesar; melebarkan

살림 【생계】 mata pencaharian; pekerjaan 【살림살이】 rumah tangga; 【형편】 keadaan 살림하다 berumah tangga; mengurus rumah tangga ¶살림을 꾸려나가다 mengatur urusan rumah tangga ⊙ 살림꾼 【맡은 이】 ibu rumah tangga

살맛 ¶살맛이 없어지다 menjadi bosan (jemu) akan hidup

살며시 ①【가만히】 dengan hati-hati ②【남몰래】 dengan diam-diam

살무사 ular berbisa yang hidup di lubang; ular biludak; ular kepak

살문(-門) 【건축】 kisi-kisi pintu (jendéla)

살바르산 【의약】 suntikan obat salvarsan

살벌하다(殺伐-) berdarah; berlumur darah; buas; brutal; ganas

살별 ⇒ 혜성(彗星) komét; bintang berékor

살붙이 ①【일가】 handai-taulan dan sanak-saudara ②【고기】 daging; isi

살빛 ①【피부 빛】 warna kulit ②【육색】 warna daging 《manusia》 ¶살빛 스타킹 kaos kaki berwarna nétral

살살이 penjilat; orang yang licik (cerdik; lihai); pengatur siasat

살살[1] ①【가만가만】 dengan lemah-lembut; dengan hati-hati; dengan ringan; pelan-pelan; lambat-laun ②【꾀거나 달래는 모양】 membujuk; menghibur ③【녹는 모양】 mencair ④【약하게, 가볍게】 dengan ringan; dengan lembut

살살[2] ①【기다】 merangkak dengan cepat

②【흔들다】 géléngan yang lemah lembut ¶ 살살 머리를 흔들다 menggéléngkan kepala dengan lemah lembut ③【배가 약간 아픈 모양】 sakit sedikit

살상(殺傷) pertumpahan darah 살상하다 membunuh dan melukai; menumpahkan darah; terbunuh terluka

살생(殺生) kehancuran jiwa; penyembelihan; pembunuhan kejam 살생하다 membunuh; membinasakan (mengambil) jiwa; menyembelih

살수(撒水) penyiraman air 살수하다 menyirami dengan air ⊙ 살수기 alat penyiram; alat penyembur api

살신성인하다(殺身成人-) mengorbankan diri untuk mempertahankan keutuhan; menjadi martir untuk umat manusia

살아가다 hidup; menempuh (menjalani) kehidupan; tinggal

살아나다 ①【소생하다】 hidup kembali; tumbuh lagi; bangkit kembali; kesadaran pulih kembali ¶살아나게 하다 menyadarkan ②【구조되다】 diselamatkan; ditolong; (모면하다) luput dari ③【기운이】 (a) (불 등이) menyala; berkobar ((lagi)) (b)(세력 · 기운 등이) dikerahkan ④【형태가】 dikembalikan kepada bentuk yang semula (yang asli))

살아남다 bertahan; terus hidup

살아생전(-生前) seumur (selama) hidup

살얼음(판) lapisan és yang tipis ¶살얼음을 밟는【딛는】 것 같다 merasa bagai berjalan di titian lapuk; merasa seolah-olah sedang menginjak (meluncur di atas) és yang tipis ⊙ 살얼음판 situasi (keadaan) yang rumit (sulit)

살육(殺戮) pembunuhan; 【무차별의】 pembunuhan besar-besaran; pembantaian 살육하다 membunuh; membantai; menyembelih; membunuh secara besar-besaran dan kejam; menjagal

살의(殺意) maksud (berniat) jahat

살인(殺人) pembunuhan 살인하다 membunuh ¶살인을 저지르다 melakukan pembunuhan ⊙ 살인미수 percobaan pembunuhan; pembunuhan yang gagal. 살인범 pembunuh. 살인용의자 orang tersangka pembunuhan

살인적(殺人的) ¶살인적인 yang membawa maut; yang mematikan

살인죄(殺人罪) dosa membunuh ¶살인죄를 범하다 melakukan pembunuhan (membunuh)

살점(-點) potongan daging

살집 kegemukan ¶살집이 많다 gemuk; montok

살짝 ①【남몰래】 secara sembunyi (rahasia) ②【손쉽게】 tanpa memerlukan tenaga; tanpa kesukaran; dengan mudah ③【가볍게】 dengan ringan

살짝곰보 wajah yang agak bopéng (berbintik-bintik)

살찌다 gemuk; montok; berat badan

살찌우다 menggemukkan

살창(-窓) jendéla yang berkisi-kisi

살촉(-鏃) mata (ujung) panah

살충(殺蟲) 살충하다 membunuh (membinasakan) serangga ⊙ 살충 분무기 alat penyemprot untuk membasmi serangga

살충제(殺蟲劑) obat pembasmi serangga ¶ 살충제를 뿌리다 menyemprot serangga (inséktisida)

살코기 daging yang tidak berlemak; daging yang mérah

살쾡이 kucing liar

살팍지다 berotot; kekar

살판나다 berada dalam keberuntungan; hidup senang (kaya)

살펴보다 ①【방 안 · 집 등을】 melihat-lihat ②【본질을】 ⇒ 살피다 mencoba memeriksa; melihat

살포(撒布) penyiraman; penyembur 살포하다 menyiram; berpencar; ⊙ 살포기 alat penyiram; alat penyembur api. 살포약 obat bubuk penyiraman

살포시 pelan-pelan; dengan diam-diam

살포하다(撒布-) ①【농약 · 독가스 등을】 menyemprot ②【돈 · 금품 등을】 membagikan; mendistribusikan

살풀이 ①【민속】 *salp'uri*; yang mengusir roh jahat ¶살풀이를 하다 mempertunjukan *salp'uri* ②【음악의】 semacam lagu 살풀이하다 bermain dalam (membuat) lagu *salp'uri*

살풍경(殺風景) kehambaran (ketiadaan) seléra (rasa); hilang seléra (rasa) ①【살

풍경하다】 hambar; tawar; kosong ②【쓸쓸하다】 suram; redup ③【재미없다】 sepi; menjemukan; membosankan

살피다 ①【잘 보다】 memperhatikan; menjaga; mengamati; 【고찰하다】 mempertimbangkan; memikirkan; mengingat; 【조사하다】 memeriksa; menguji; menyelidiki; menggeledah; 【기색을】 memata-matai ②【헤아리다】 mempertimbangkan; memikirkan; membaca; menilai; mengadili; menduga; mengira; mengingat ③【주의하다】 memberikan perhatian; mengawasi; berhati-hati

살해(殺害) pembunuhan 살해하다 membunuh ⊙ 살해사건 kasus (perkara) pembunuhan. 살해자 pembunuh. 살해현장 tempat pembunuhan

삵 괭이 kucing liar; kucing hutan

삶 ⇒ 인생 hidup; kehidupan; ¶삶을 영위하다 menjalani kehidupan; menempuh hidup

삶다 ①【끓이다】 merebus ②【구워삶다】 membujuk; menyogok ③【흙을】 menggaruk

삶아지다 masak; dimasak; direbus

삼[1] rami

삼[2] ¶삼(을) 가르다 memotong tali pusar (pusat)

삼(三) tiga ¶제3 yang ketiga

삼(蔘) ⇒ 인삼(人蔘)

삼가 dengan hormat; dengan rendah hati

삼가다 ①【억제하다】 mengendalikan diri; menahan diri; menjauhi ②【조심하다】 berhati-hati

삼각(三角) kesegi-tigaan; 【삼각형】 segi tiga ¶ 삼각의 bersegi tiga ⊙ 삼각관계 cinta segi tiga. 삼각점 keselarasan antara tiga pihak. 삼각주(洲) délta; beting. 역 삼각형 segi tiga yang terbalik. 정 삼각형 segi tiga biasa

삼각(三脚) tripoda; tiga kaki; tumpuan kaki-tiga; standar kaki-tiga

삼강(三綱) tiga ikrar manusia yang utama ((antara penguasa dan warga negara, ayah dan anak laki-lakinya, suami dan istri))

삼강오륜(三綱五倫) tiga azas (prinsip) pokok dan lima disiplin moral dalam hubungan manusia

삼거리(三-) persimpangan tiga jalan; pertigaan; jalan yang bercabang tiga

삼겹실(三-) benang berpilin tiga

삼겹살(三-) daging babi bagian perut (yang berlemak; yang berminyak)

삼경(三更) tengah malam; jauh tengah malam

삼경(三經) tiga sastra klasik ((dari Cina kuno)) ⊙ 사서삼경 keempat kitab dan tiga buku klasik (tiga sastra klasik)

삼계탕(蔘鷄湯) sup ayam muda bercampur ginséng

삼고초려(三顧草廬) beberapa kali meminta(nya)

삼관왕(三冠王) tiga piala kejuaraan ¶삼관왕이 되다 menjadi pemenang tiga piala emas

삼교(三校) pencétak yang ketiga

삼국(三國) tiga negeri (negara) ⊙ 삼국동맹 persekutuan tiga negara; tiga gabungan. 제 삼국 negara ke tiga

삼군(三軍) 【전군】 seluruh balatentara; 【육해공군의】 ke tiga angkatan bersenjata ⊙ 삼군사관학교 ketiga Akadémi militér. 삼군의장대 pasukan kehormatan ke tiga angkatan

삼권(三權) ketiga kekuasaan ((administrasi, perundang-undangan, dan pengadilan)) ⊙ 삼권분립 triaspolitika

삼남(三南) ketiga provinsi (daérah) bagian selatan Korea

삼년(三年) tiga tahun ¶삼 년마다 setiap tiga tahun/삼 년째, 삼년 동안 selama tiga tahun ⊙ 삼년상(喪) perkabungan tahun ketiga

삼노 tali rami

삼다 ①【…을 ~으로, 이용하다】 menganggap sebagai ¶ 소일삼아 untuk menghabiskan waktu/…를 구실삼아 dengan dalih/…을 벗 삼다 menjadi teman (kawan; rekan) ②【짚신을】 ¶짚신을 삼다 membuat sandal dari jerami ③【실을】 memintal ¶명주실을 삼다 memintal sutera ④【특별한 관계가 되게 하다】 membuat

삼단 seikat rami ¶삼단 같은 머리 rambut tebal yang panjang

삼단(三段) tiga tingkat (tingkatan); tiga

taraf; tiga tahap ⊙ 삼단로켓 rokét bersusun tiga

삼단논법(三段論法) silogisme

삼대 batang (tangkai) kami

삼대(三代) tiga génerasi; tiga angkatan ⊙ 삼대독자 anak laki-laki tunggal dalam tiga génerasi (génerasi ketiga)

삼동(三冬) ①【석 달】tiga bulan musim dingin ②【세 겨울】tiga kali musim dingin

삼등(三等) yang bermutu rendah; kelas kambing; 【셋째】tempat ketiga; kelas tiga ⊙ 삼등객 penumpang kelas tiga; 【배의】penumpang kelas dek (geladak) di kapal. 삼등 표 karcis (tempat) kelas tiga 삼등석(비행기의) kelas ékonomi

삼등분(三等分) tiga bagian 삼등분하다 membagi (memotong) menjadi tiga bagian yang sama; membelah tiga

삼라만상(森羅萬象) alam semesta; seluruh bidang; sifat dasar; semua makhluk

삼루(三壘) base ketiga ⊙삼루수 penjaga base ketiga

삼류(三流) yang bermutu rendah ¶삼류의 bermutu rendah ⊙ 삼류작가 penulis yang bermutu rendah. 삼류학교 sekolah kelas tiga; sekolah bermutu rendah

삼륜차(三輪車) kendaraan beroda tiga

삼림(森林) hutan; kayu ⊙ 삼림 남벌 penebangan hutan yang sembrono (serampangan). 삼림보호【애호】pengawétan【perlindungan】hutan-hutan. 삼림자원 sumbersumber hutan. 삼림학 ilmu kehutanan ⇒ 임학(林學)

삼매(三昧) pemusatan; konséntrasi; kekhusukan ¶독서삼매로 날을 보내다 hidup sehari-hari di antara buku-buku

삼매경(三昧境) ¶삼매경에 들다 memasuki ((mencapai) keadaan yang sempurna dari pemusatan rohani (batin); mencapai keadaan pemusatan spiritual yang sempurna

삼면(三面) ①【세 방면】tiga sisi; tiga muka ②【신문의】halaman ketiga dari ((sebuah surat kabar)) ⊙ 삼면경(鏡) lemari rias yang mempunyai tiga cermin. 삼면기사 berita kota; berita polisi; berita daérah; berita halaman ketiga

삼모작(三毛作) tiga kali panén dalam setahun

삼목(杉木) pohon cemara (cedar) dari Jepang; kriptomeria

삼민주의(三民主義) Tiga Prinsip Bangsa; Tiga Dasar Rakyat

삼박자(三拍子) ①【음악】tiga témpo (ketukan) ②【조건】ketiga syarat yang penting; ketiga syarat yang diwajibkan (yang dibutuhkan)

삼발이(三-) tripod; tumpaan (tatakan) kaki tiga

삼배(三倍) tiga kali 삼배하다 tiga kali lipat; melipat-tigakan ¶삼배의 ((sebanyak; sebesar)) tiga kali

삼배(三拜) yang membungkuk tiga kali

삼베 kain rami; rami halus ⊙ 삼베옷 baju rami

삼보 일 배하다(三步一拜-) membuat ziarah "tiga langkah, satu tundukkan kepala ((yang berdo'a))"

삼복(三伏) masa (waktu) terpanas dalam musim panas; pertengahan musim panas ⊙ 삼복더위 hawa terpanas dalam musim panas

삼부(三部) tiga bagian ⊙ 삼부 곡【음악】삼부작 karangan tiga bagian (trilogi). 삼부합창【합주】paduan suara yang terdiri dari tiga bagian; trio (paduan suara). 삼부형식 bentuk tiga bagian

삼분하다(三分-) membagi menjadi (dalam) tiga bagian

삼분오열하다(三分五裂-) pecah berkeping-keping

삼사분기(三四分期) triwulan ketiga

삼사월(三四月) Marét dan/ atau April

삼삼오오(三三五五) berdua dan bertiga; berkelompok ¶삼삼오오 떼를 지어 걷다 berjalan berkelompok (bersama)

삼삼하다 ①【기억이】tidak dapat dilupakan ②【음식이】lezat karena ada sedikit rasa asin ; lezat karena sentuhan sedikit rasa asin

삼색(三色) tiga warna ⊙ 삼색기 bendéra tiga warna. 삼색판 cétakan tiga warna

삼선(三選) ¶삼선되다 dipilih kembali untuk masa yang ketiga (masa yang berurutan)

삼성하다(三省-) menguji dirinya berkali-kali (berulang kali); mawas diri

삼성(三聖) ketiga Juru Selamat yang suci ⦅Budha, Yésus, Kong Hu-Chu⦆

삼세(三世) tiga génerasi; tiga angkatan; tiga keturunan; génerasi (angkatan; keturunan) yang ketiga

삼세번(三-番) yang ketiga kali

삼수(三修) ¶그는 삼수 끝에 한국대학에 들어갔다 Ia masuk ke Universitas HanKuk setelah tiga kali mencoba.

삼승(三乘) ①【수학】⇒ 세제곱 ②【불교】 ketiga pengangkutan (alat pengangkut)

삼시(三時) makan tiga kali sehari ⦅makan pagi, makan siang dan makan malam⦆

삼신(三神) ①【삼성】 tiga orang pendiri Korea legéndaris ②【신령】 ketiga déwa yang menentukan (yang menguasai) kelahiran anak

삼실 benang rami

삼십(三十) tiga puluh ¶제 삼십 yang ketiga puluh

삼십육계(三十六計) ¶삼십육계를 놓다 mundur; melarikan diri; mengambil langkah seribu

삼십팔도선(三十八度線) 38 derajat garis lintang utara; 【한반도의】 garis lintang sejajar yang ke-38 derajat (yang membagi Korea)

삼씨 biji rami ⊙ 삼씨기름 minyak biji rami

-삼아(서) sebagai kesimpulan; melalui; meléwati ¶시험 삼아(서) sebagai percobaan

삼엄(森嚴) kekhidmatan; kesungguhan 삼엄하다 khidmat; sungguh-sungguh; serius

삼원색(三原色) tiga warna utama (pokok)

삼월(三月) (bulan) Marét

삼위일체(三位一體) tritunggal; trinitas yang suci

삼인(三人) tiga orang; tiga laki-laki ⊙ 삼인조 kelompok tiga orang; trio. 삼인칭 orang ketiga: 삼인칭 단수 (복수) orang ketiga tunggal (jamak)

삼일(三日) 【초사흘】 hari ketiga dari bulan itu; 【세날】 tiga hari; 【해산, 결혼한 뒤의】 hari ketiga setelah 【bersalin, menikah】 ¶삼일동안 selama tiga hari/5월 삼일 tanggal 3 Mei

삼일운동(三一運動) gerakan kemerdékaan Korea (Samil) pada tahun 1919

삼일절(三一節) *samiljeol*; hari peringatan gerakan anti-Jepang (kemerdékaan) pada 1 Marét 1919

삼자(三者) ①⇒ 제삼자 kelompok ketiga ②【삼인】 tiga orang ¶삼자간의 tiga pihak ⊙ 삼자회담 pertemuan tiga pihak (tripatrit)

삼재(三災) ①【재난】 *samjae*; bencana (malapetaka) ⦅yaitu banjir, kebakaran, dan angin atau perang, wabah dan kelaparan⦆ ②【민속】 tiga tahun ketidakberuntungan, terhitung dalam tradisi Korea rakyat ¶삼재가 들다 terbelenggu dalam *samjae*

삼족(三族) ketiga kumpulan sanak (saudara) keluarga; (집밖의) sanak keluarga dari (pihak) ayah; (집안의) orang tua, saudara-saudara kandung, istri dan anak-anak ¶삼족을 멸하다 memusnahkan satu keluarga dan saudara-saudaranya

삼종(三從) saudara sepupu yang ketiga

삼종(三種) tiga macam; 【제3종】 kelas tiga

삼중(三重) kali lipat ⊙ 삼중고(苦) rintangan tiga kali lipat. 삼중충돌 tabrakan tiga jurusan

삼중주(三重奏) 【음악】 trio

삼지 사방(-四方) semua arah (jurusan); segala jurusan (segala arah)

삼지창(三枝槍) ①【창】 tombak bermata tiga; trisula ②【포크】 garpu

삼짇날 hari ketiga dalam bulan ketiga

삼차(三次) kali yang ketiga ⊙ 삼차산업 industri ketiga

삼차원(三次元) tiga diménsi

삼창(三唱) tiga kali sorak-sorai; (독창의) yang mendéklamasikan (yang menyanyi) tiga kali 삼창하다 【만세를】 memberikan tiga kali sorak-sorai; 【노래를】 menyanyi tiga kali

삼척동자(三尺童子) masih anak-anak

삼천리(三千里) ⊙ 삼천리강산【강토】 seluruh negeri Korea

삼천세계(三千世界) seluruh dunia

삼천포(三千浦) menyimpang ¶이야기가 삼천포로 빠졌잖아 Anda menyimpang dari topik (pembicaraan).

삼촌(三寸) paman ((dari pihak ayah)) ⊙ 삼촌댁 rumah paman. 외삼촌 paman dari pihak ibu. 처삼촌 istri paman

삼총사(三銃士) trio; tritunggal; tiga serangkai

삼추(三秋) ①【석 달】 tiga bulan musim gugur ②【세 가을】 tiga kali musim gugur

삼춘(三春) ①【석 달】 tiga bulan musim semi ②【세 봄】 tiga kali musim semi

삼층(三層) tiga tingkat; lantai (tingkat) yang ketiga ⊙ 삼층집 rumah tiga tingkat

삼치 semacam ikan mackerel; tenggiri luding

삼칠(三七) dua puluh satu ⊙ 삼칠일 bayi yang berumur dua puluh satu hari ((dirayakan dgn pésta))

삼키다 ①【입으로】 menelan; menahan; menekan ¶군침을 삼키다 menelan air liur (air ludah) ②【남의 것을 부당하게】 mengambil (harta) milik orang lain; menggelapkan (uang); mengantongi ③【눈물을 억지로 참다】 menahan; mempertahankan

삼태(三胎) ((yang melahirkan)) anak kembar tiga

삼태기 keranjang untuk alat pengangkut

삼투(滲透) peresapan; penjenuhan; kejenuhan; perémbésan; penyusupan; infiltrasi 삼투하다 memenuhi; merémbés; meresap; menyusup; masuk ke ⊙ 삼투압 tekanan penyerapan

삼파전(三巴戰) pertempuran dari tiga arah (jurusan); pertandingan segi tiga ¶삼파전을 벌이다 berkobar pertempuran tiga pihak

삼판선(三板船) sampan; perahu; 【거룻배】 tongkang; erétan; géték

삼팔선(三八線) paralél ke-38; garis pemisahan Korea Utara dan Korea Selatan

삼포(蔘圃) ladang ginséng

삼하(三夏) tiga bulan dari musim panas; tiga kali musim panas

삼한(三韓) ketiga negara bagian Han

삼한사온(三寒四溫) putaran (giliran) dari tiga hari dingin dan empat hari panas

삼할(三割) 30 persén

삼할미 bidan; dukun beranak

삼합사(三合絲) benang berpilin tiga

삽(鍤) sekop; sodok 삽질하다 mengerjakan dengan sekop (sodok) ¶삽으로 푸다 menyekop; menyodok; mengambil dengan sekop

삽사리, 삽살개 anjing yang berbulu kusut

삽시간(揷時間) sebentar; sekejap; menit; saat; waktu ¶삽시간에 dalam waktu yang sebentar; dalam sesaat; dalam sekejap mata; secepat kilat

삽입(揷入) sisipan; selipan; penempatan 삽입하다 memasukkan; menyisipkan; menempatkan; menyelipkan; memasang; menambah ⊙ 삽입구 kalimat sisipan. 삽입부(음악) épisode. 삽입 면【영상】 selipan. 삽입물 penempatan; peletakan

삽화(揷話) kisah; peristiwa

삽화(揷畫) ((penyisipan)) ilustrasi; gambar ¶삽화를 넣다 menghiasi (memberi) gambar; menyisipkan (memasukkan) ilustrasi ⊙ 삽화가 juru ilustrasi

삿갓 topi berbentuk kerucut dari buluh (bambu) yang dianyam

삿대【상앗대】 galah; tiang; kutub; tangkai

삿대질하다 menggoyangkan satu jari di depan

삿자리 tikar buluh ¶삿자리를 깔다 membentangkan tikar buluh (bambu; alang-alang)

상(上) ①【부분】 atas; di atas; (등급) ((kelas; kualitas)) pertama ¶상부 bagian atas/상반신 bagian atas tubuh ②【신분·지위 등의】 atasan; lebih tinggi ③【상권】 jilid pertama ④【금상】 Seri Baginda ④【위쪽】 ¶도로상의 장애물 rintangan di jalan

상(床) méja ¶상을 차리다 【보다】 mengatur (menyiapkan) méja makan

상(相) ①【관상】 ilmu firasat; (얼굴) air muka; wajah; raut wajah; mimik; raut muka; roman muka ¶ 상을 보다 meramal; membaca nasib baik dan(atau)

buruk dari wajah (garis-garis di telapak tangan) ②【상태】 aspék; tahap; bentuk; fase ③【표정】 pandangan ¶왜 그렇게 죽을상을 하고 있니? Mengapa (merengut) cemberut?

상(喪) perkabungan ¶상중(喪中)에 있다 berkabung

상(想) gagasan; pikiran; idé; gambaran; konsépsi

상(象) gambar; gambaran; foto; potrét; (조상) patung; (우상) pujaan; ⦅물리⦆ kesan; bayang-bayang

상(賞) hadiah ⦅untuk kelakuan; untuk préstasi⦆ yang baik; pemberian; upah; pahala; hadiah ¶…의 상으로 sebagai hadiah/상을 타다 memenangkan (memperoléh) hadiah/상을 받다 menerima hadiah/상을 주다 memberikan (menyerahkan) hadiah

—상(上) 【…상으로 보아】 dari segi (pandangan); dari sudut pandang

—상(狀) 【모양】 seperti; sama dengan; 【상태】 bentuk; kondisi; keadaan

—상(相) menteri ⦅kabinet⦆ ¶교육상 Menteri Pendidikan

—상(商) 【장사】 usaha; 【상인】 pengusaha; saudagar; pedagang 【상점】 toko

상가(商家) toko; warung; kedai

상가(商街) pusat (bagian) usaha; pusat perusahaan; daérah perbelanjaan ⊙ 상가아파트 rumah toko (ruko); rumah flat dengan toko-toko pada lantai dasarnya. 지하상가 area berbelanja bawah tanah

상가(喪家) rumah orang yang berkabung; rumah perkabungan; rumah duka

상각(償却) pembayaran kembali; pengembalian kembali; penebusan 상각하다 membayar kembali; mengganti; membalas ⊙ 감가상각 turunnya nilai: 감가 상각기금 dana yang turun nilainya

상감(上監) Sri Baginda; Raja

상감(象嵌) tatahan; penatahan 상감하다 menatah ⊙ 상감세공 hasil penatahan

상갑판(上甲板) geladak; dék atas

상객(上客) ①【상빈】 tamu kehormatan; tamu utama ②【후행】 anggota keluarga yang mendampingi pengantin wanita atau pengantin pria pada perkawinan

상객(常客) langganan yang tetap; orang yang sering mengunjungi

상거래(商去來) transaksi dagang (bisnis; usaha) ⊙ 불법상거래 transaksi bisnis ilegal

상거지(上-) para pengemis yang paling susah (paling menyedihkan; paling sial)

상격(相格) ilmu firasat ¶장수할 상격이다 ⦅mempunyai⦆ wajah yang memberi pertanda umur panjang

상견(相見) wawancara; tanya-jawab 상견하다 mengadakan wawancara (tanya-jawab); saling bertemu; saling berjumpa

상견례(相見禮) pertemuan; pertemuan resmi dari ikatan simpul perkawinan 상견례하다 bertemu dengan

상경하다(上京-) datang (pergi) ke ibu kota

상고(上古) masa purba; zaman kuno ¶상고의 kuno; purba; purbakala ⊙ 상고사(史) sejarah purbakala

상고(上告) ①【고함】 yang mengadukan kepada atasannya ②【법률】 permohonan banding ⦅kepada Mahkamah Agung⦆ 상고하다 naik banding ⦅ke pengadilan yang lebih tinggi⦆; memohon banding; petisi untuk révisi ⊙ 상고기각 penolakan permohonan terakhir. 상고심(審) pemeriksaan untuk pertimbangan terakhir. 상고인 pemohon banding

상고(尙古) pemujaan kebudayaan kuno 상고하다 memuja (menyembah) kebudayaan kuno ⊙ 상고주의 aliran pemujaan klasik

상고(詳考) pemeriksaan yang hati-hati (yang teliti); penelitian dengan cermat (dengan saksama) 상고하다 memeriksa (menguji) dengan hati-hati (dengan teliti); mempertimbangkan sepenuhnya

상고(商高) sekolah menengah atas komersial

상고머리 potongan rambut laki-laki yang péndék sekali; 【머리】 ⦅rambut⦆ kepala yang dipotong péndék dan potongan persegi

상공(上空) udara (bagian) atas; langit; angkasa

상공(商工) perdagangan dan industri ⊙ 상공부 Departemén (Kementerian)

Perdagangan dan Industri. 상공부 장관 Menteri Perdagangan dan Industri. 상공회의소 Kamar Dagang dan Industri

상공업(商工業) perdagangan (perniagaan) dan Industri ⊙ 중소 상공업자 para pengusaha dan para industrialis yang kecil dan sedang (menengah)

상과(商科) bagian (kursus) perdagangan; bagian ékonomi ⊙ 상과대학 Akadémi (Fakultas) Perdagangan; Fakultas Ekonomi

상관(上官) perwira atasan ¶상관을 모욕하다 menghina atasan

상관(相關) ①【상호 관계】 hubungan timbal balik; perhubungan korélasi; pertalian 상관하다 berhubungan (bertalian) dengan ②【관련】 hubungan; 【관여】 pengikutsertaan 상관하다 【관여】 mengambil bagian; ikut serta dalam; 【말려들다】 dilibatkan (terlibat; tersangkut) dalam ③【간섭】 상관하다 mencampuri (campur tangan) ④【개의】 상관하다 menyangkut; mengenai; melibatkan; menyusahkan diri sendiri; peduli ⊙ 상관계수(統計) koéfisien dari hubungan (pertalian). 상관관계 hubungan timbal-balik

상관습(商慣習) kebiasaan bisnis

상관없다(相關-) ①【관계없다】 (a) 【관련 없다】 tidak ada hubungan (urusan) dengan; tidak terlibat (tidak mencampuri) ⦅dalam⦆ (b) 【무방하다】 boléh; mungkin; dapat dibenarkan ②【괜찮다】 tidak peduli; 【중요치 않다】 tidak jadi persoalan; tidak peduli

상관적(相關的) sifat saling berhubungan

상궁(尙宮) ketua (kepala) dayang

상권(上卷) jilid satu; volume satu

상권(商權) kekuatan (keunggulan) perdagangan; 【법률】 hak dagang (perniagaan)

상궤(常軌) arah normal; jalan yang ditempuh ¶상궤를 벗어나다 anéh; sinting; tidak normal; menjadi abnormal; keluar dari jalur

상규(常規) peraturun yang tak bisa dipungkiri; aturan mapan

상극(相剋) pertentangan; persaingan; perkelahian satu lawan satu; yang saling merusak; ketidakcocokan 상극이다 tidak cocok dengan; saling bertentangan ¶신구 세대의 상극 pertentangan antara génerasi (angkatan) tua dan génerasi muda; pertentangan antargénerasi

상근(常勤) waktu penuh ⊙ 상근자 pekerja waktu penuh; pekerja réguler

상글거리다 tersenyum ramah; tersenyum dengan lemah lembut

상글방글, 상글상글 yang berseri-seri; yang tersenyum dengan ramah

상금(尙今) hingga kini; sampai sekarang; masih

상금(賞金) huadiah; ang hadiah ¶상금을 타다 mendapat (memenangkan) hadiah

상급(上級) kelas atas; 【학교의】 kelas atas ⦅lebih tinggi; lanjutan⦆ ¶상급의 ⦅golongan; kelas⦆ atas ⊙ 상급관리 pejabat tinggi (atasan; senior). 상급생 mahasiswa (pelajar) senior. 상급학교 sekolah lanjutan

상긋거리다 tersenyum; berseri-seri

상기(上記) ¶상기와 같이 seperti yang disebutkan di atas

상기(上氣) aliran darah naik ke kepala; mérah padam 상기하다 menjadi mérah padam; menjadi marah; malu; menjadi mérah; menjadi gelisah ¶상기된 볼 pipi yang menjadi mérah ⦅sebagai bukti adanya perasaan malu⦆

상기(祥記) gambaran yang teliti (saksama) 상기하다 menggambarkan dengan teliti (saksama); menyebutkan (menguraikan) secara terperinci

상기(想起) ingatan; kenangan 상기하다 mengingat; mengingat kembali ¶상기되다 teringat kembali/상기시키다 mengingatkan

상납(上納) pembayaran kepada pemerintah (penguasa); (뇌물의) uang suap dari orang bawahan 상납하다 menyogok; menyuap; (상사에게) memberikan uang suap ⦅secara teratur⦆ ⊙ 상납금 uang yang diberikan kepada atasan

상냥하다 lemah-lembut; jinak; halus; yang penuh kasih sayang; ramah-tamah ¶ 상냥하게 dengan lemah-lembut; dengan baik hati; dengan manis; dengan halus

상년(常-) 【비천한】 wanita yang berasal

dari golongan rendah; wanita yang kasar (yang hina); 【상스런】 wanita hina; 【음란한】 perempuan jalang; wanita tunasusila; wanita cabul (kotor; jalang)

상념(想念) dugaan; gagasan; idé; pikiran; gambaran

상놈(常-) ①【신분이 낮은 사람】 orang rendah (hina); orang yang kasar; orang yang kurang ajar; orang yang tidak sopan ②【욕설】 pria yang jahat (licik; hina, nakal) ③【천민】 orang kampungan; laki-laki yang kurang halus; udik

상늙은이(上-) yang tertua dari sekelompok orang tua

상다리(床-) kaki meja ¶ 상다리가 휘어지게 차리다 menghidangkan (menyajikan) segala macam makanan yang lezat di atas méja

상단(上段) ①【종이 · 그림 등의】 bagian (divisi; paragraf) yang paling atas ②【선반 등의】 atas

상단(上端) bagian paling atas

상달(上-) bulan yang ke sepuluh; bulan panén

상달(上達) laporan kepada atasan 상달하다 melapor kepada atasan

상담(相談) konsultasi; perundingan; pembicaraan; percakapan; perbincangan ¶ 상담 중입니다 Kami sedang ((melakukan)) konsultasi. ⊙ 상담 난【신문의】kolom (lajur) yang memberi nasihat ((dari surat kabar)); kolom konsultasi. 상담역【회사 등의】 konsultan; penasihat; 【개인의】 penasihat

상담(商談) pembicaraan bisnis; 【교섭】 perundingan; transaksi 상담하다 membicarakan bisnis dengan ¶상담을 매듭짓다 mencapai persetujuan tentang harga; menyelesaikan pembicaraan bisnis; menutup transaksi dengan

상담소(相談所) pusat konseling; kantor penerangan; kantor konsultasi ⊙ 결혼상담소 kantor penasihat perkawinan. 무료진료 상담소 klinik pengobatan gratis (secara cuma-cuma). 아동상담소 klinik bimbingan untuk anak nakal: 직업상담소 klinik kejuruan

상답(上畓) sawah yang banyak hasilnya (yang subur)

상당(相當) ¶상당의 pantas; cocok; sesuai; sama dengan

상당하다(相當-) ①【알맞다】 pantas; tepat; cocok; sesuai; sebanding; seimbang ¶상당한 보수 hadiah yang pantas (patut; tepat)②【어지간하다】 (a) (꽤 …하다) sekali; amat; baik; lumayan ¶ 상당한 거리 jarak yang baik (yang lumayan) (b) (부끄럽지 않다) layak; pantas; baik; sopan ¶ 옷차림이 상당하다 berpakaian dengan sopan (pantas; baik) ③【무리 없다】 wajar; adil; lumayan; cukup ¶ 상당한 이유 alasan yang cukup (baik) ④【해당 · 맞먹다】 sesuai dengan; sama dengan

상당히(相當-) agak baik; hampir; cukup; pantas; patut; layak

상대(相對) ①【대면】 상대하다 berhadapan muka (menghadapi; melihat) satu sama lain; saling berhadapan muka ②【짝패】 teman; kawan; rekan; pasangan; jodoh; suami; istri; pacar 상대하다 menemani ¶ 이야기【말】상대 teman bercakap ③【적수】 lawan; saingan; tandingan 상대하다 menghadapi; memperlakukan; menerima tantangan ¶상대가 안 되다 bukan tandingannya ④【대상】 sasaran; obyék; tujuan ⑤【철학】 kenisbian; hal timbal-balik ⊙ 상대개념 konsép (pengertian) yang bersifat rélatif (nisbi). 상대적 평가 évaluasi (penilaian) yang rélatif (nisbi)

상대(商大) ⇒ 상과 대학

상대성(相對性) kenisbian; rélativitas ⊙ 상대성 원리 asas (téori) rélativitas (kenisbian)

상대적(相對的) secara rélatif; secara nisbi

상대역(相對役) pemain peranan berlawanan; 【춤의】 pasangan ¶상대역을 하다 memainkan peranan berlawanan ((dengan seorang aktor)); antagonis

상대편(相對便) lawan; musuh

상도(常道) cara (jalan) biasa; arah régulér; hukum (undang-undang) universal ¶상도를 걷다 mengikuti jalan régulér

상도(商道) étika bisnis

상도덕(商道德) moralitas usaha (dagang;

bisnis))
상도의(商道義) ⇒ 상도덕
상동(相同) homogén; serba sama
상되다(常-) kasar; tidak sopan; cabul; vulgar; hina; rendah
상두(喪-) ⇒ 상여(喪輿)
상등(上等) keunggulan; ulung; mutu yang baik sekali ¶ 상등의 kelas satu; mutu yang paling bagus ⊙ 상등석 tempat duduk kelas satu. 상등품 barang yang berkualitas paling tinggi
상등(相等) persamaan 상등하다 sama; sederajat
상등병(上等兵) kopral; (해군) kelasi
상란(上欄)kolom (karangan) yang utama; kolom (karangan) yang terdahulu
상량(上樑) 상량하다 mendirikan kerangka ((sebuah rumah)); meletakkan balok bubungan ⊙ 상량식 upacara mendirikan tiang bubungan rumah
상량(商量) pertimbangan; perhatian ¶비교 상량하다 mempertimbangkan
상련하다(相連-) berdampingan; bersebelahan; bersangkut-paut; terlibat; menghubungkan dengan
상련(相憐) saling simpati ¶동병(同病)상련 sesama para penderita mengasihani satu sama lain; para penderita saling simpati
상례(常例) pemakaian yang biasa (lazim; umum); adat-istiadat; yang tidak bisa dipungkiri lagi ¶상례의 biasa; lazim; régulér
상례(喪禮) upacara pemakaman (penguburan)
상록(常綠) ¶상록의 selalu berdaun hijau ⊙ 상록수 pohon yang selalu hijau
상론(詳論) pembahasan (laporan) yang lengkap; penjelasan (keterangan) yang terperinci 상론하다 membicarakan tentang persoalan secara terperinci
상류(上流) ①【하천의】 aliran atas ¶상류의【에, 로, 에서】 ke hulu; ke udik ②【사회의 계층】 golongan atas ⊙ 상류계급 golongan atas. 상류부인 wanita dari golongan atas dalam masyarakat. 상류사회 ⇒ 상류②. 상류생활 kehidupan kelas atas
상륙(上陸) ①【군대의】 pendaratan 상륙하다 mendarat; naik ke darat; berlabuh ②【태풍 등의】 melanda ⊙ 상륙일 Hari Pendaratan. 상륙작전 operasi pendaratan. 상륙지점 tempat (titik) pendaratan
상리(常理) sudah tentu; hal yang memang sudah selayaknya
상막하다 suram; samar-samar; tidak jelas; redup
상말(常-) ①【쌍말】 kata (ucapan) yang kasar (tidak sopan; cabul); pembicaraan (omongan) yang tidak senonoh ¶상말을 쓰다【하다】 menggunakan bahasa (kata) yang kasar ②【속담】 pepatah; peribahasa
상머리(床-) pinggir (sisi) méja
상면하다(相面-) ((saling)) melihat; bertemu untuk pertama kali; bertatap muka
상모(相貌) rupa; penampilan; kelihatan; pertunjukan; air muka; wajah; mimik; roman muka
상모(象毛) *sangmo* ¶상모를 돌리다 memutar sangmo
상무(尙武) militarisme 상무하다 mendorong militarisme ¶상무의 기상 semangat kepahlawanan; semangat jihad
상무(常務) ①【업무】 usaha tetap; pekerjaan harian ; pekerjaan rutin ②【이사】 diréktur pelaksanan (pengelola) ⊙ 상무위원 panitia kerja yang tetap
상무(商務) urusan perdagangan (perusahaan) ⊙ 상무관 atasé (wakil) perdagangan. 상무성(省) Departemén Perdagangan
상미(上米) beras kelas satu; beras bermutu tinggi
상미(賞味) penghargaan; aprésiasi 상미하다 menikmati; menyukai; merasakan dengan suka hati
상미하다(賞美-) memuji-muji; menghargai; mengagumi; menyambut dengan tepuk-tangan
상민(常民) orang (rakyat) biasa; rakyat jelata
상박(上博) lengan atas ⊙ 상박동맥 pembuluh darah yang berhubungan dengan tangan
상반(相反) 상반하다 ((saling)) berlawanan;

bertentangan ⊙ 【상반곡선 tikungan (garis) timbal-balik

상반기(上半期) setengah tahun pertama; pertengahan pertamadari tahun

상반신(上半身) bagian atas tubuh; setengah badan ⊙ 상반신 사진 pas foto; foto ⦅potrét⦆ separuh badan

상방(上方) bagian atas ¶상방에 di atas

상배(喪配) ⇒ 상처(喪妻) kematian istri 상배하다 kehilangan istri

상배(賞盃) piala hadiah; trofi

상벌(賞罰) hadiah dan hukum; imbalan dan hukuman ¶상벌 없음(이력서에서) Tak ada hadiah dan tak ada hukuman. *atau* Tidak ada imbalan dan hukuman.

상법(商法) 【법률】 hukum (undang-undang) perniagaan (komersial)

상병(上兵) kopral

상병(傷兵) prajurit yang luka; (제대한) véteran yang cacat; (총칭) yang luka

상병(傷病) yang sakit dan yang luka ⊙ 상병 포로 para tawanan perang yang sakit dan yang luka

상보(床褓) alas (taplak) meja; kain penutup makanan

상보(詳報) laporan yang terperinci (yang lengkap) 상보하다 melaporkan secara lengkap (terperinci)

상보다(床-) menyiapkan meja ⦅untuk makan malam⦆

상보다(相-) menceritakan nasib (peruntungan) menurut ilmu firasat

상보적(相補的) yang saling melengkapi

상복(喪服) pakaian berkabung

상봉하다(相逢-) saling bertemu; melihat; menyatukan kembali

상부(上部) ①【부분】 bagian atas ②【직위 · 관청】 jabatan (pengusaha) atasan ⊙ 상부구조 struktur kepemimpinan

상부하다(喪夫-) menjadi janda; kehilangan suami

상부(孀婦) janda muda

상부상조(相扶相助) saling menolong (membantu); gotong-royong

상비(常備) keadaan siap sedia (siap siaga) 상비하다 【예비하다】 mencadangkan; menyediakan; 【준비해 두다】 tersedia; 【마련해 두다】 diperlengkapi dengan ¶상비의 tetap ⊙ 상비군 tentara cadangan. 상비금 dana cadangan. 가정상비약 obat persediaan dalam rumah tangga

상사(上士) sersan kepala; sersan satu; ⦅해군⦆ bintara ¶ 주임(특무) 상사 sersan mayor

상사(上司) pejabat tinggi; atasan ¶상사의 명령에 복종하다 patuh kepada atasan

상사(相似) persamaan; kemiripan; keserupaan ¶상사의 serupa; mirip

상사(相思) 상사하다 saling jatuh cinta; saling mencintai; saling merindukan; saling merana ⊙ 상사병 penyakit cinta; sakit asmara: 상사병이 나다, 상사병에 걸리다 mabuk kepayang; mabuk cinta; merana karena cinta; menderita karena cinta

상사(商社) perusahaan dagang (niaga; bisnis) ¶상사를 설립하다 mendirikan perusahaan perdagangan⊙ 외인 상사 perusahaan asing. 종합 (무역) 상사 perusahaan perdagangan umum

상사(商事) urusan perusahaan; urusan bisnis ⊙ 상사계약 kontrak (perjanjian) perniagaan. 상사회사 perusahaan perniagaan

상사(常事) hal ikhwal (kejadian) seharihari; peristiwa biasa ¶상사의 biasa; lazim/ 상사가 아닌 luar biasa

상사(喪事) ⦅urusan⦆ kematian; perkabungan ¶상사가 나다 berkabung

상사람(常-) orang biasa; rakyat jelata

상상(想像) daya khayal; khayalan; imajinasi; fantasi; angan-angan; 【추측】 perkiraan; pengandaian; terkaan; dugaan 상상하다 membayangkan; mengira; mengkhayalkan; berangan-angan ¶상상적(인) bersifat khayal; imajinér; imajinatif /상상하기 어렵다 di luar dugaan (gambaran; khayalan) ⊙ 상상세계 dunia impian; alam khayal. 상상임신 kehamilan yang tidak benar (yang imajinér)

상상력(想像力) daya khayal; kemampuan yang penuh daya khayal

상상봉(上上峰) puncak yang tertinggi

상서(上書) surat kepada atasannya 상서하다 menulis (mengirim) surat kepada

atasan
상서롭다(祥瑞-) sangat baik; menguntungkan ¶상서로운 조짐 pertanda yang baik/상서로운 기회 kesempatan yang menguntungkan
상석(上席) tempat duduk bagian atas; tempat duduk yang lebih tinggi; 【주빈석】 tempat duduk (tempat) kehormatan; 【석차의】 kedudukan yang lebih tinggi
상석(床石) méja persembahan batu di depan makam (kuburan)
상선(商船) kapal dagang (perdagangan); kapal niaga ⊙ 상선 대(隊) armada niaga
상설(常設) pendirian (pembukaan) yang tetap 상설하다 mendirikan (membuka) secara tetap ¶상설의 tetap; permanén ⊙ 상설경제협력기구 organisasi koperasi perékonomian
상설하다(詳說-) menerangkan secara terperinci (secara lengkap)
상세(詳細) perincian; seluk beluk ¶상세한 teliti; saksama; terperinci; lengkap
상소하다(上疏-) mempersembahkan tanda peringatan kepada raja
상소(上訴) permohonan; naik banding 상소하다 naik banding kepada (memohon kepada) pengadilan yang lebih tinggi ¶상소를 취하 (포기)하다 menarik kembali (membatalkan) permohonan banding ⊙ 상소권 hak mohon naik banding
상소리(常-) kata vulgar; kata yang tidak pantas (tidak senonoh); kata tabu
상속(相續) penggantian; warisan; pusaka; harta peninggalan 상속하다 mewarisi ((tanah milik; harta)); menggantikan ⊙ 상속권 hak warisan. 상속법 hukum warisan. 상속세 pajak warisan. 상속인【자】 pengganti; ahli waris; pewaris laki-laki (perempuan). 법정 상속인 ahli waris yang sah
상쇄(相殺) pengganti kerugian 상쇄하다 saling mengimbangi; saling membatalkan; menutupi satu sama lain ⊙ 상쇄계정 anggaran berimbang; rékening pengganti kerugian
상쇠(上-) pemain gong pertama dalam orkés (band) rakyat
상수(上手) ①【사람】 ahli; orang yang mahir; orang yang cekatan(trampil) ②【솜씨】 kecakapan; kepandaian; ketrampilan; keahlian; ketangkasan ¶…보다 상수이다 lebih unggul (lebih tinggi; lebih besar) dari pada; melebihi; melampaui; mengungguli
상수(上壽) ①【나이】 sangat panjang umurnya ②【노인】 orang yang berusia lebih dari seratus tahun
상수(常數) ①【수학】 kesatuan konstan; konstanta ②【운명】 nasib; takdir
상수도(上水道) penyediaan air; pelayanan air ⊙ 상수도 시설 fasilitas pengadaan (pasokan) air
상수리나무 pohon ék
상순(上旬) awal bulan; permulaan bulan; sepuluh hari pertama dari satu bulan
상술(上述) ⇒ 상기 gambaran (penjelasan) yang terdahulu (sebelumnya) 상술하다 menyatakan (menyebutkan) di atas ¶상술의【한】 yang dinyatakan (yang disebutkan)) di atas
상술(商術) kemampuan (bakat) usaha (bisnis; perdagangan); seni berdagang; tipu-muslihat (cara) perdagangan
상술하다(詳述-) menjelaskan (menerangkan) secara lengkap (terperinci); memberikan penjelasan secara terperinci (secara panjang lébar)
상스럽다(常-) kasar; licik; jahat; tidak sopan; cabul; tidak senonoh
상습(常習) 【사회의】 kebiasaan; kaidah; 【개인의】 perbuatan yang sudah biasa dilakukan; kebiasaan; cara pemakaian ¶상습적 sudah biasa; sudah biasa dilakukan ¶상습적으로 …하다 menjadi kebiasaan ⊙ 상습사기 penipuan yang sudah biasa. 도박 상습자 penjudi yang sudah tetap; penjudi yang sudah kecanduan
상습범(常習犯) 【사람】 orang yang sudah biasa menjadi penjahat; 【죄】 kejahatan yang sudah biasa ⊙ 소매치기 상습범 tukang copét yang sudah tetap (yang sudah biasa)
상승(上昇) naiknya ((temperatur; suhu));

【경향】 kecenderungan menaik; perbaikan; kemajuan ¶상승하다 naik; naik membumbung; bangkit; meningkat ⊙ 상승기류 arus udara yang naik. 상승효과 éfék sinergi.

상승(常勝) ¶상승의 tak terkalahkan

상승(相乘) 【수학】 perkalian 상승하다 mengalikan ⊙ 상승 법 métode perkalian. 상승비(比) perbandingan géomégtris

상시(常時) ⇒ 평상시 waktu yang biasa ¶상시에 pada waktu yang biasa (normal)

상식(常食) makanan pokok; makanan sehari-hari 상식하다 hidup dengan makanan pokok 《nasi》

상식(常識) ①【양식 · 판단력】 pikiran séhat; perasaan (pengertian; pikiran) yang baik; akal séhat ¶상식적 berdasar pikiran (akal) séhat/ 상식에 벗어(어긋)나다 tidak berakal séhat; ekséntrik ②【누구나 알고 있는 사실】 pengetahuan umum

상신(上申) laporan kepada pejabat tinggi 상신하다 melapor 《memberitahukan》 kepada pejabat tinggi; menyampaikan laporan kepada atasan ⊙ 상신서 laporan (pernyataan) yang tertulis kepada atasan. 상신자 pelapor

상실(喪失) kehilangan 상실하다 kehilangan; hilang ¶기억의 상실 kehilangan ingatan 《daya ingat》/의욕 상실 kehilangan semangat (daya juang)

상심(喪心) kekesalan; kepatahan hati 상심하다 murung; masgul; merasa suram

상심(傷心) kesedihan; patah hati; keadaan sukar; penderitaan 상심하다 duka cita; berduka cita; bersedih hati; sedih; susah

상아(象牙) gading ¶상아빛의 putih seperti gading; berwarna gading

상아탑(象牙塔) menara gading; alam khayalan; tempat mengasingkan diri; kampus seperti menara gading ¶상아탑에 묻혀 살다 hidup dalam kampus (dalam tempat pengasingan)

상악(上顎) rahang atas ⊙ 상악골 tulang rahang bagian atas

상어 ikan hiu ¶상어 밥이 되다 menjadi mangsa ikan hiu

상업(商業) perdagangan; perniagaan 상업하다 berdagang; berniaga ¶상업성의 bersifat komersial/상업에 종사하다 terlibat dalam usaha (perusahaan; dagang; bisnis; niaga); melibatkan diri dalam usaha ⊙ 상업고교 Sekolah Menengah Niaga. 상업광고 iklan komersial. 상업도시 kota perdagangan (perniagaan). 상업은행 bank dagang; bank perniagaan. 상업성 poténsi perdagangan (dagang); kekuatan dagang. 상업주의 komersialisme; faham(aliran) yang mementingkan pasar. 상업지구 kawasan bisnis. 상업통신(문) koréspondénsi (suratmenyurat) bisnis

상업방송(商業放送) siaran komersial; siaran niaga; siaran radio/télévisi komersial (perdagangan); 【프로】 program radio/TV komersial ¶상업방송을 개시하다 memulai siaran radio/télévisi komersial (perdagangan)

상업화(商業化) komersialisasi; memperdagangkan 상업화하다 mengkomersilkan

상여(喪輿) tandu jenazah; keranda jenazah (pemakaman) ¶꽃상여 dékorasi (hiasan) yang berwarna-warni pada keranda; keranda yang didékorasi (dihiasi) dengan warna warni/상여를 메다 memikul tandu (keranda) jenazah ⊙ 상여꾼 pengusung jenazah; pembawa keranda. 상여소리 nyanyian pengusung jenazah

상여금(賞與金) ⇒ 보너스 uang jasa; bonus; hadiah; pahala ¶상여금을 주다 memberi bonus ⊙ 연말 상여금 bonus akhir tahun

상연(上演) pertunjukan; pementasan 상연하다 mementaskan; mempertunjukkan 《permainan; sandiwara》 di atas panggung

상영(上映) pemutaran film; penayangan film 상영하다 memutar; mempertunjukkan ¶현재 상영 중인 영화 film yang sedang ditayangkan (diputarkan) ⊙ 상영시간 waktu putar; lamanya waktu pemutaran

상오(上午) pagi hari; sebelum tengah hari

상온(常溫) suhu yang normal; temperatur

normal

상왕(上王) raja yang turun tahta

상용(常用) penggunaan sehari-hari (umum); penggunaan yang biasa (yang tetap) 상용하다 mempergunakan secara biasa (umum) ⊙ 상용어 kata-kata yang lazim (umum); perkataan sehari-hari. 상용자 pemakai(pengguna) tetap (biasa); pecandu:. 마약 상용자 pecandu obat bius. 상용한자 huruf Cina dalam pemakaian umum (lazim; biasa)

상용(商用) urusan perdagangan (dagang) ¶상용으로 untuk urusan dagang; dalam bisnis ⊙ 상용문 surat menyurat perdagangan. 상용어 istilah perdagangan (bisnis)

상용화하다(商用化-) komersialisasi; memperdagangkan

상운(祥運) nasib baik

상원(上院) Majelis Perwakilan Tinggi; Sénat ⊙ 상원의원 anggota Majelis Tinggi; Senator 《di Amerika》

상위(上位) kedudukan (pangkat; jabatan) tinggi ¶상위를 차지하다 mempunyai (menduduki) pangkat tinggi ⊙상위권 peringkat tertinggi

상위(相違) perbédaan; pertentangan; perselisihan; ketidakcocokan; ketidak-sesuaian 상위하다 berbéda 《dari》 ¶위와 같이 상위 없음 Saya menegaskan yang tersebut di atas itu benar (dan baik) dalam segala hal.

상응(相應) ①【대응】 persesuaian 상응하다 cocok; dapat disamakan ②【적합】 kecocokan; keserasian; pantas-tidaknya ¶상응한 pantas; cocok; sesuai

상의(上衣) jas; pakaian bagian atas; blus

상의(上意) kehendak (maksud; keinginan) dari yang berkuasa (dari atasan) ¶상의하달하다 menyampaikan keinginan (kehendak; maksud) penguasa (yang berkuasa) kepada rakyat; membawa keinginan dan idé yang memerintah kepada yang diperintah

상의(相議) ①【의논】 konsultasi; perundingan; pembicaraan 상의하다 berkonsultasi; berunding; merundingkan; membicarakan; ②【조언을 구하기 위한】 상의하다 berunding dengan; meminta nasehat kepada ¶신상 문제를 상의하다 berunding dengan 《seseorang》 mengenai urusan pribadi

상이(傷痍) ¶상이의 cacat; terluka ⊙ 상이 군인 prajurit (serdadu) yang terluka

상이하다(相異-) berbéda

상인(常人) ⇒ 상사람

상인(商人) saudagar; pedagang; pengusaha ¶모피상인 pedagang bulu binatang ⊙ 상인근성 semangat (jiwa) pedagang. 도매상인 pedagang tengkulak (grosir; borongan). 소상인 pedagang kecil. 악덕 상인 pengusaha yang jahat

상일 pekerjaan kasar; pekerjaan fisik (jasmani) ⊙ 상일꾼 pekerja kasar

상임(常任) ¶상임의 tetap; permanén ⊙ 상임고문 penasehat tetap. 상임위원 anggota panitia yang tetap (permanén). 상임위원회 panitia tetap (permanén). 상임이사 diréktur (pemimpin) pelaksana

상자(箱子) kotak; peti ¶ 빈 상자 kotak (peti) kosong ⊙ 보석상자 kotak perhiasan. 음악상자 kotak musik

상잔(相殘) 상잔하다 bertempur; berkelahi ⊙ 동족 (골육) 상잔 permusuhan (dendam kesumat) sesama bangsa

상장(上場) 상장하다 mendaftarkan 《bursa; saham》 ¶상장되다 terdaftar 《dalam pertukaran bursa; saham》 ⊙ 상장기업 perusahaan yang terdaftar dalam pertukaran bursa Korea. 상장주 saham terdaftar. 비(非) 상장주 saham tidak terdaftar

상장(喪章) lencana (pita) perkabungan ¶ 상장을 달다 (팔에) mengenakan perkabungan; (가슴에) memakai lencana perkabungan 《pada dadanya》

상장(賞狀) sertifikat (ijazah) penghargaan (kehormatan); surat jasa ¶상장을 수여하다 menyerahkan sertifikat penghargaan ⊙ 우등상장 ijazah (diploma) kehormatan

상장막대(喪杖-) tongkat orang yang berkabung

상재(商材) kemampuan (kecakapan) berusaha (bisnis)

상재(霜災) kerusakan karena embun beku

¶상재를 입다 menderita karena embun beku (cuaca penuh és)

상쟁(相爭) perselisihan; percékcokan; pertengkaran 상쟁하다 berselisih; bertengkar

상적(相敵) ①【적대】 permusuhan; perlawanan; pertentangan; antagonisme 상적하다 bertanding; berjuang; melawan; menentang ②【겨룰 자】 saingan; tandingan 상적하다 menandingi; mengadu; menyamai; menyaingi

상적(商敵) saingan dalam perdagangan; saingan dagang

상전(上典) tuan; majikan ¶상전 노릇을 하다 bertindak (bergaya) seperti seorang tuan (raja)

상전(相傳) warisan; pusaka 상전하다 mewarisi; meneruskan; menurunkan; menjatuhkan

상전(桑田) ladang mulberi ⊙ 상전벽해 évolusi (ledakan) alam; perubahan-perubahan di alam

상점(商店) toko; kedai ¶상점을 벌이다 membuka (memulai) toko ⊙ 상점가 daérah(kawasan) pertokoan; pusat pertokoan (perbelanjaan). 상점주인 pemilik (pengusaha) toko

상접하다(相接-) saling berhubungan; bersentuhan

상정(上程) pengajuan《rancangan undang-undang》 kepada Majelis 상정하다【일정에】 mengajukan (menyampaikan)《rancangan undang-undang》 dalam agénda;【의회에】 mengajukan《rancangan undang-undang》 ke Majelis; mengemukakan《rancangan undang-undang》 untuk dibicarakan

상정(常情) sifat (perasaan) manusia

상정(想定) pengiraan; anggapan; pengandaian 상정하다 mengira; menduga; menganggap; menaksir; menilai ¶상정적(인) khayal; imajinér;【어림한】 yang ditaksir; yang dinilai

상제(喪祭) Tuhan

상제(喪制) ①【사람】 orang yang berkabung ②【제도】 kebiasaan (atat-istiadat) perkabungan

상조(尙早)《menjadi》 sebelum waktunya; belum waktunya ¶상조의 gegabah; sebelum waktunya; prematur; terlalu awal; terlalu dini/시기상조이다 waktunya belum matang (masak; siap) untuk melakukan; terlalu dini untuk melakukan

상조(相助) saling membantu (menolong) 상조하다 membantu (menolong) satu sama lain; bekerja sama

상종(相從) pergaulan; hubungan; perkumpulan; persahabatan 상종하다 bergaul dengan; berhubungan dengan; mengadakan hubungan

상종가(上終價) nilai tertinggi harian yang diizinkan《saham》

상좌(上佐) biarawan yang pertama mendapat giliran untuk menggantikan gurunya

상좌(上座) tempat duduk paling atas; tempat kehormatan

상주(上奏) laporan (amanat) kepada raja 상주하다 melapor kepada raja; mengajukan《persoalan》 kepada raja

상주(常住) 상주하다 bertempat tinggal (berumah; terletak) ⊙ 상주인구 penduduk yang menetap

상주(常駐) 상주하다 di tempatkan secara tetap ⊙ 상주대사관 Kedutaan Besar Tetap《di Seoul》. 상주특파원 wartawan yang ditempatkan secara tetap

상주(喪主) pemimpin orang yang berkabung

상주(詳註) catatan yang terperinci

상중(喪中) masa perkabungan ¶상중에 있다 berkabung

상중하(上中下)【3단계】 kelas pertama, kedua dan ketiga; (품질 · 능력 등의) baik, lebih baik, dan yang paling baik ¶상중하 3권【한질】 buku yang terdiri dari tiga jilid: buku trilogi

상지(上肢) anggota badan atas

상지 상(上之上) yang terbaik《dari yang paling baik》; yang paling baik

상질(上質, 上秩) ⇒ 상길(上-)

상징(象徵) lambang; tanda; simbol; lencana;【모양으로 나타내기】 gambaran secara perlambangan 상징하다 melambangkan; menandakan; menyimbolkan

¶상징적(인) 의미 arti simbolis; arti perlambangan ⊙ 상징극 sandiwara (drama) simbolis

상찬(賞讚) kekaguman; kebanggaan 상찬하다 mengagumi; menghargai; membanggakan

상찰(詳察) pertimbangan yang lengkap (terperinci) 상찰하다 mempertimbangkan secara lengkap (terperinci); mengamati dengan hati-hati (dengan teliti; cermat)

상책(上策) rencana (idé) utama; rencana yang terbaik

상처하다(喪妻-) kematian (kehilangan) istri

상처(傷處) ①【몸의】 luka; 《타박상》 luka memar; 《찰과상》 luka kecil (luka garutan; gorésan); 《흉터》 bekas luka (gorésan) ¶상처가 나다 (를 입다) terluka ②【마음의】 luka; sakit ⊙ 옛 상처 luka (sakit) lama

상천(上天) ①(하늘) langit; Tuhan

상체(上體) badan (tubuh) bagian atas

상추 daun sla; selada

상춘(賞春) musim semi yang abadi (yang kekal) ⊙ 상춘객 orang yang berpiknik (menikmati) musim semi

상층(上層) lapisan atas; daérah (udara) atas; 【건물의】 lantai (tingkat) atas ⊙ 상층계급 lapisan masyarakat tinggi; kelas atas. 상층기류【공기】 arus (aliran) udara atas. 상층운 awan bagian atas

상치 daun sla ⊙ 상치 쌈 nasi yang dibungkus dengan daun sla

상치(相値) perselisihan; percekcokan; konflik; pertentangan; bentrokan; tabrakan 상치하다 berselisih; bertentangan dengan

상쾌하다(爽快-) menyegarkan; segar

상큼하다 ①【맛 · 냄새 등이】 segar ②【인상이】 segar; menyegarkan

상 타다(賞-) memenangkan (mendapatkan) hadiah

상탄(賞嘆) ⇒ 찬탄, 찬미 kekaguman; kebanggaan; pujian

상태(狀態) keadaan; kondisi; 【국면】 situasi; 【양상】 segi; aspék ¶현재 상태로서는 dalam keadaan sekarang itu ⊙정신상태 keadaan méntal (jiwa). 재정상태 keadaan keuangan. 혼수상태 dalam keadaan pingsan

상태(常態) keadaan normal (biasa)

상통(相通) saling pengertian; hubungan; komunikasi 상통하다 saling mengerti; berhubungan dengan

상투 ①【예전에 장가든 남자가 머리를 정수리 위에 틀어 맨 것】 jambul ¶상투를 틀다 bersanggul; mengikat jambul; menggelung rambut ②【기타】 ¶상투를 틀다 (남자가 결혼하다) menikah

상투(常套) adat yang berlaku; kata-kata basa-basi; kata-kata yang hampa ¶상투적(인) konvénsional; yang biasa; yang lumrah; sudah usang; sudah basi ⊙ 상투어 ungkapan (ucapan) yang sudah usang (yang klisé); éksprési basi; éksprési yang sudah lazim

상투수단(常套手段) muslihat yang usang; kebiasaan yang lazim (yang biasa; yang sudah usang); trik yang sudah basi

상판(相 -) wajah; muka

상팔자(上八字) nasib baik

상패(賞牌) medali ¶상패가 수여되다 dianugerahi médali

상편(上篇) jilid (volume) pertama

상표(商標) mérék (cap) dagang; étikét; labél ¶상표를 도용하다 membajak mérék dagang ⊙ 상표권 hak atas mérék dagang: 상표권 침해 pembajakan atas mérék dagang. 상표등록필【표시】 mérék dagang yang didaftarkan

상품(上品) ①【일등품】 barang kelas (pilihan) pertama; barang kualitas terbaik ②【불교】 tanah (negeri) kebahagiaan yang tertinggi

상품(商品) ⇒ 물건 barang; barang dagangan ⊙ 상품견본 contoh dagangan; 【옷감의】 contoh; pola. 상품권(卷) sertifikat hadiah; kupon barang dagangan. 상품목록 katalog. 상품재고 jumlah persediaan. 상품진열실【진열창, 진열장】 ruang paméran 【étalase; lemari kaca paméran】

상품(賞品) hadiah ¶상품을 타다 memenangkan (mendapat) hadiah

상피(上皮) 【동 · 식물】 épitél; kulit luar;

jaringan sél yang menutup kulit dan selaput lendir

상피(相避) ¶상피 붙다 melakukan hubungan séks dengan saudara; melakukan hubungan séksual terlarang

상피 병(象皮病) 【의학】 penyakit kaki gajah; élefantiasis

상하(上下) ①【위와 아래】 puncak dan dasar; atas dan bawah ②【귀천】 golongan (kelas) atas dan bawah ¶상하 구별 없이 terlepas dari pangkat; tanpa perbédaan kedudukan sosial; tanpa membédakan kedudukan sosial ③【책의】 jilid yang pertama dan yang terakhir

상하(常夏) musim panas yang abadi (yang terus-menerus) ¶상하의 나라 negeri yang bermusim panas abadi

상하다(傷-) ①【음식이】 membusuk; menjadi busuk; menjadi asam; menjadi basi; apak 《생선 등이》【썩기 쉬운】 mudah rusak (busuk) ¶음식이 상했다 makanan itu telah basi (busuk) ②【물건을(이)】 rusak; 《상처 나다》 cacat; 《나빠지다》 menjadi buruk; memburuk ③【마음 · 기분 등을(이)】 terluka; sakit hati ¶상하게 하다 menyakiti; melukai; menyusahkan ④【몸을(이)】 menjadi kurus dan cekung; merusak keséhatan

상학(上學) pembukaan (permulaan) sekolah 상학하다 memulai ⊙ 상학시간 jam pelajaran sekolah mulai: 상학시간은 9시다 Sekolah mulai pada jam sembilan. 상학종 loncéng (bél) pembukaan sekolah

상학(相學) ilmu pengetahuan firasat

상학(商學) ilmu dagang; ilmu niaga

상한선(上限線) batas yang paling tinggi; maksimum ¶상한선을 두다(정하다) memakai batas tertinggi; menentukan (membuat) batas; menetapkan nilai maksimum

상한(象限) 【수학】 kuadran; seperempat dari lingkaran (busur 90 derajat)

상항(商港) *pelabuhan dagang; bandar perdagangan*

상해(傷害) luka-luka 상해하다 melukai; merugikan ¶상해를 입히다 ⇒ 상해하다 ⊙ 상해보험 asuransi kecelakaan (korban kecelakaan). 상해죄 tuduhan atas merugikan (melukai) orang lain. 상해치사죄 luka-luka jasmani yang mengakibatkan kematian

상해하다(詳解-) menerangkan secara teliti (secara terperinci); memberi penjelasan yang lengkap

상해(霜害) kerusakan karena embun beku ¶상해를 입다 menderita 《karena kena embun》 beku

상행(上行) 상행하다 pergi ke arah Seoul ⊙ 상행선 (열차) keréta api jalur (arah) atas

상행위(商行爲) transaksi perdagangan (bisnis)

상향(上向) ¶상향의 menaik; meningkat; menanjak

상현(上弦) bulan baru mulai kelihatan; kuartal pertama ⊙ 상현달 bulan yang baru muncul; bulan muda

상형문자(象形文字) hiéroglif; huruf lambang

상호(相互) timbal-balik; satu sama lain ¶상호의 saling; bersama/상호간에 saling ⊙ 상호방위 조약 perjanjian pertahanan bersama. 상호작용 interaksi; pengaruh timbal-balik. 상호조직 sistém koperatif; sistém kerjasama. 상호저축은행 bank tabungan bersama

상호(商號) nama perusahaan

상호부조(相互扶助) bantuan bersama 상호부조하다 saling membantu

상호의존(相互依存) keadaan saling tergantung ¶상호의존의 (적인) saling bergantung (tergantung)

상호협조하다(相互協助-) membantu satu sama lain; saling membantu

상혼(商魂) semangat (jiwa) dagang ¶ 악착같은 상혼 gigih dalam bisnis; giat berdagang; pengusaha yang lihai (pintar)

상환(相換) pertukaran; penukaran 상환하다 menukarkan; bertukar; tukar menukar ⊙ 상환권 kupon; karcis penukaran

상환(償還) pembayaran kembali; penebusan; pelunasan 상환하다 membayar kembali; mengganti; melunasi; mengembalikan uang; menebus ⊙ 상환금 uang yang dibayar kembali (yang diganti); pembayaran kembali; dana (uang) untuk penebusan. 상환기한 jangka waktu pelunasan; masa penebusan. 상환만기일 batas waktu pinjaman

상황(上皇) Kaisar yang turun tahta

상황(狀況) keadaan; halnya; situasi ¶현재의 상황으로는 menurut keadaan sekarang ⊙ 상황증거 bukti (petunjuk) yang tidak langsung (yang langsung)

상회하다(上廻-) paling atas; paling tinggi; tertinggi; lebih dari; di atas dari

상회(商會) perusahaan; firma

상훈(賞勳) surat pujian (penghargaan) atas jasa

상흔(傷痕) bekas luka; gorésan

샅바 ①【씨름】 pengikat (pembalut) paha pegulat ②【죄인의】 pengikat kaki 《untuk seorang tawanan》 ¶샅바채우다 mengikat kaki ⊙ 샅바씨름 adu gulat dengan memakai pembalut (pengikat) paha

샅샅이 di mana-mana; ke mana-mana; seluruh; setiap sudut dan celah

새[1] angin dari timur

새[2] ①【조류】 burung; unggas; 【참새】 burung pipit; burung geréja ¶새 소리 kicauan burung/새의 보금자리 sarang burung ②【비유적】 ¶쥐도 새도 모르게 사라지다 lenyap tanpa jejak

새[3] ⇒ 사이

새[4] 【새로운】 baru; 【신선한】 segar; baru; 【최초의】 baru saja; baru-baru ini

새- kuat; hébat ¶새 하얗다 putih salju

새가슴 ①【신체】 dada burung ¶새가슴의 berdada burung ②【겁쟁이】 penakut; pengecut

새것 hal (jenis) baru

새겨듣다 mendengarkan dengan teliti; memperhatikan; memahami (mengerti) arti

새경 gaji tahunan (tiap tahun) yang diberikan kepada buruh tani

새근거리다[1] bernafas keras; mengap-mengap ¶성이 나서 새근거리다 bernafas keras karena marah

새근거리다[2] merasa ngilu 《di persendian》; merasa sakit 《pada tulang sendi》

새근새근 tidur dengan tenang (tentram; damai)

새근하다 ⇒ 새근거리다[2]

새기다[1] ①【파다】 mengukir; memahat 《kan》; menggoreskan ②【마음에】 mengukir; melukis; mengesankan; mempengaruhi; mencamkan; mencap; menyimpan; mencatat 《dalam ingatan》

새기다[2]【해석하다】 mengartikan; menafsirkan; menguraikan; menterjemahkan; mengalih-bahasakan

새기다[3] 【새김질하다】 memamah biak

새김 ①【해석】 tafsiran penterjemanan; interpretasi ②【조각】 ukiran; pahatan; pengukiran; seni pahat; seni ukir

새김질 pemamahbiakan; 【조각】 pengukiran; pemahatan 새김질하다 ⇒ 새기다[3]

새까맣다 ①【빛깔이】 hitam pekat; hitam legam ②【지위 · 연배 등이】 ¶그는 내 새까만 후배다 Dia adalah yunior saya bertahun-tahun.

새끼[1] tali jerami; tali yang kasar ¶새끼를 꼬다 membuat 《memilin; menjalin》 tali

새끼[2] ①【한 마리의】 anak 《héwan》 ¶소의 새끼 anak sapi /한 배 새끼 seperindukan/새끼를 낳다【치다】 melahirkan anak ②【자식】 anak; (아들) anak laki-laki; (딸) anak perempuan ②【욕】 ¶개 새끼 (같은 놈) Kamu (anak) binatang! Kamu anjing! ③【이자】 bunga ¶새끼를 치다 menghasilkan bunga ⊙ 새끼집 kandungan 《peranakan》 binatang

새끼발가락 kelingking kaki ⊙ 새끼발톱 kuku jari kelingking kaki.

새끼손가락 jari kelingking

새날 ①【새로 밝아 오는 날】 hari baru ②【새로운 시대】 masa (éra; zaman) baru

새내기 mahasiswa tingkat pertama; plonco

새다 ①【날이 밝다】 fajar; subuh; menjadi terang ¶날(밤)이 새다 fajar menyingsing ②【불빛 · 말소리 등이 밖으로】 (a) (기체 · 액체 등이) keluar; bocor; mulai surut; habis; (빛 등이) melalui; meléwati (b) 【말소리가】 terdengar keluar (di luar) (c) (비밀 · 정보 등이) keluar; tersiar (d) (말 · 감정 등이) keluar; terlepas ③【도중에 딴 데로 빠지다】 menyimpang; pergi ke lain tempat ④【주제 · 화제 등이】 me-

nyimpang; menyeleweng
새달 bulan depan; bulan yang akan datang
새댁(-宅) pengantin (mempelai) baru
새둥주리 sarang burung
새들새들하다 agak layu
새 뜨다【공간적으로】terpisah; dipisahkan; (시간적) jarang sekali;【관계가】dijauhkan; diasingkan
새뜻하다 segar dan terang
새로 baru; semula
새로이 baru; sekali lagi; dari semula
새록새록 berturut-turut; beriring-iringan
새롭다 baru; asli; orisinal; segar
새마을 *saemaul*: masyarakat (perkumpulan) baru ⊙ 새마을운동 gerakan saemaul (masyarakat baru). 새마을정신 semangat masyarakat baru
새 맛 kesegaran
새매【조류】élang Asia
새물 ①【과일·생선의】produk ((hasil)) pertama dari musimnya ¶새물의 pertama; permulaan ②【옷의】yang baru
새벽[1] waktu fajar; dini hari; waktu subuh ⊙ 새벽녘 mulai fajar; mulai menjelang pagi. 새벽밥 makan pagi ((sarapan)) di waktu subuh. 새벽잠 tidur nyenyak di waktu fajar menyingsing
새벽[2]【건축】tanah liat; lempung ¶새벽을 바르다 mempléster
새봄 permulaan (awal) musim semi
새빨갛다 mérah tua; mérah menyala; (거짓말 등이) tidak tahu malu; kurang ajar
새빨개지다 berubah (menjadi) mérah (mérah tua);【상기하여】menjadi mérah sekali;【성이 나서】menjadi mérah padam;【부끄러워】menjadi mérah padam (mérah tua) ((karena malu))
새사람 ①【앓고 난】orang yang baru saja sembuh dari sakit parah (serius) ② ⇒ 새색시, 신부 ③【신인】orang (tokoh) baru; pendatang baru ④【갱생한】orang yang menjadi lebih baik ¶그는 완전히 새사람이 되었다 Dia benar-benar menjadi orang lain sekarang.
새살거리다 bertindak (berkelakuan) secara sembrono; tidak sungguh-sungguh
새살궂다 sangat sembrono; bermulut usil
새살림 rumah baru
새살스럽다 sembrono; bermulut usil; pandai ngomong; dangkal; tidak keruan ¶새살스런 여자 wanita yang dangkal pikirannya
새삼스럽다 ingat dengan tiba-tiba hal yang sudah lama ¶새삼스럽게 tiba-tiba; mendadak; dengan sengaja; dari semula; lagi; sekali lagi; khususnya;【이제와서】sekarang; kini
새새 ①⇒ 새실새실 ②⇒ 사이사이
새색시 pengantin wanita; wanita yang baru menikah
새 생활 (-生活) kehidupan baru
새서방(-書房) pengantin laki-laki; suami baru
새순(-筍) tunas; kuncup; kecambah; kuntum
새시 daun (bingkai) jendéla⊙ 알루미늄 새시 daun jendéla aluminium
새 시대(-時代) abad (zaman; masa) baru
새신랑(-新郎) pengantin baru
새실새실하다 meringis; menyeringai
새싹 ①【새로 돋은 싹】tunas; pucuk; kecambah ¶새싹이 나다 berpucuk; bertunas ②【어린이】anak-anak
새아기 menantu pengantin wanita baru
새알 telur burung ¶새알꼽재기만 하다 kecil; sedikit; réméh
새 암 kecemburuan; perasaan iri hati 새암하다 cemburu; iri pada; merasa iri hati
새앙 ⇒ 생강 jahé; halia ⊙ 새앙즙 air (jus) jahé. 새앙차 téh jahé ; téh yang dicampur dengan irisan jahé
새앙 쥐 tikus ((rumah)); mencit ¶물에 빠진 새앙 쥐가 되다 basah kuyup sampai ke seluruh tubuh; menjadi basah kuyup
새옹 cérét kuningan yang kecil
새옹지마(塞翁之馬) rahmat (berkah) dibalik malapetaka ¶인간 만사 새옹지마 Tak dapat diduga (Gaib) merupakan kebiasaan Tuhan. *atau* Hidup bagai roda pedati.
새우[1] udang ¶⊙ 새우덮밥 nasi yang ditutup bagian atap dengan udang yang digoréng garing. 새우등 punggung yang

bongkok (yang tegap): 새우등의 berbahu bungkuk; membungkuk. 새우젓 udang-udang kecil yang diasinkan; cencaluk

새우[2] pléster lumpur pada genténg atap

새우다 tidak tidur (bergadang) semalam suntuk; tetap berjaga

새우잠 ¶새우잠을 자다 tidur meringkuk (melekuk); berbaring berimpit-impitan di tempat tidur

새장(-欌) sangkar burung

새조개 semacam tiram yang dapat dimakan

새중간(-中間) pertengahan

새집[1] rumah yang baru didirikan; rumah baru ⊙ 새집증후군 sindroma rumah baru

새집[2] sarang burung

새짬 ①【공간의】 lubang (lobang; celah) di antara ②【시간의】 istirahat ⟪di antara tugas-tugas⟫

새척지근하다 kemasam-masaman

새총(-銃) ①【공기총】 senapan angin ②【고무총】 katapél; jeprétan

새참(-站) ①【곁두리】 makanan kecil untuk para buruh tani; panganan untuk pekerja di sawah ②【끼니 외의】 makanan kecil; kudapan; makanan yang diambil (diperoléh) pada waktu yang tidak tentu

새 출발 (-出發) permulaan baru ¶새 출발하다 memulai hidup baru; mulai semula

새치 ubanan dini (sebelum waktu) ¶새치가 나다 rambut ubannya kelihatan (muncul) sementara orang masih muda

새치기 ①【차례 등의】 새치기하다 menyelonong (menyelang; menerobos; memintas) antrian ②【샛서방 봄】 pengkhianat suami 새치기하다 mengkhianati (memperdayakan; mencurangi) suami; melakukan zinah; berzinah

새치름하다 ①【냉랭하다】 dingin; acuh tak acuh; menyendiri; menjauhkan diri; tidak ramah-tamah; dingin sekali dalam sikap; 【서술적】 bersikap sombong ②【불만으로】 tidak puas

새침데기 orang yang suka penyendiri; orang yang pendiam

새침하다 ⇒ 새치름하다

새카맣다 ⇒ 시커멓다

새콤하다 asam; masam ¶새콤달콤한 맛 rasa manis dan asam

새터민 pembelot (pendatang) dari Korea Utara

새털 bulu burung

새파랗다 ①【매우 파랗다】 biru menyala; biru laut; warna nila ②【얼굴 등이】 pucat pasi; seputih kertas ③【매우 젊다】 anak muda

새하얗다 ①【매우 하얗다】 putih menyilaukan mata; putih bersih; putih murni; putih seperti salju ②【얼굴에 핏기가 없다】 pucat pasi

새해 tahun baru ¶새해에 복 많이 받으십시오 Selamat Tahun Baru. ⊙ 새해문안 ucapan selamat tahun baru. 새해 차례 upacara peringatan leluhur pada hari tahun baru

새호리기 【조류】 semacam burung elang yang digunakan untuk berburu

색(色) ①【빛깔】 (a) 【일반적인】 warna; 【색조】 corak warna; warna-warni (b) 【그림·물감의】 warna ¶색을 바르다【칠하다】 mencat; membubuhi warna (c) 【얼굴의】 corak kulit ¶(얼굴)색이 희다 mempunyai corak kulit yang terang ②【여색】 nafsu; gairah; berahi; kesenangan berhawa nafsu

색 ①【자루】 karung; guni ②【피임구】 kondom

색골(色骨) orang yang cabul; orang yang bejat moralnya; hidung belang; buaya darat

색광(色狂) orang yang gila séks; keranjingan séks ⊙ 색광 증 séksual-mania; penderita érotomania

색깔 warna; corak warna

색다르다 tidak biasa; berbéda; luar biasa ¶색다른 맛이 없는 biasa; lazim; umum; yang biasa; yang lumrah; kejadian segari-hari

색도(色度) kromatisitas; tingkat warna ⊙ 색도 측정(測定) pengukuran warna

색동(色-) ⟪kain dengan⟫ garis yang banyak warna ⊙ 색동옷 pakaian yang berstrip (bergaris) pelangi ⟪untuk anak-anak)). 색동저고리 jakét (blus) dengan lengan baju bergaris (berstrip) warna-warni

색마(色魔) pemburu wanita; keranjingan (gila) séks; petualang séks; maniak séks

색맹(色盲) kebutaan akan warna 색맹이다 buta warna; tidak dapat membédakan warna ⊙ 적색맹 buta warna mérah. 전색맹 buta warna total; akromatopsia. 색맹검사 tés buta warna. 색신검사 tés warna

색상(色相) corak warna

색상자(色箱子) peti (kotak) yang berwarna

색색 bernafas dengan hembusan nafas ringan ¶색색 잠을 자다 tidur dengan manis (dengan tenang; dengan damai)/ 색색거리다 bernafas dengan pelan-pelan

색소(色素) bahan pewarna; zat warna; pigmén ⊙ 색소세포 sél pigmén. 식용 색소 pewarna ((corak)) makanan. 멜라닌 색소 melanin. 색소결핍증 albinisme. 색소 침착 pigmentasi. 인공색소 pewarna buatan

색소폰【음악】saksofon

색시 ①【처녀】gadis ②【새색시】pengantin perempuan; mempelai wanita ¶색시를 얻다 menikah ③【아내】istri ④【접대부】wanita pelayan; pramuria bar; pelayan bar ⊙ 색싯감 calon pengantin wanita

색실(色-) benang berwarna

색안경(色眼鏡) ①【선글라스】kacamata berwarna ②【선입견】pendapat yang berprasangka; pendapat yang berat sebelah

색약(色弱) kelemahan (kekurangan) warna

색연필(色鉛筆) pénsil berwarna

색유리(色琉璃) kaca berwarna

색의(色衣)【색옷】pakaian yang dicelup; pakaian berwarna

색인(索引) indéks; daftar penunjuk

색정(色情) dorongan (desakan) séksuil; nafsu séksuil; nafsu birahi

색조(色調) sifat warna; tingkat warna; corak warna

색종이 kertas berwarna

색주가(色酒家) ①【창녀】wanita tuna susila; pelacur ②【술집】bar; tempat minum minuman keras; warung remang-remang

색채(色彩) ①【색깔, 빛깔】warna; corak; corak warna; warna-warni ¶색채를 가하다 mewarnai; memberi warna (corak) / 난한(야한)색채 warna yang bersemarak ②【경향, 성향】¶지방적 색채 suasana daérah/종교적 색채를 띠다 bercorak religius; mempunyai warna (corak) keagamaan ⊙ 색채감각 sénsasi (rasa) warna

색출(索出) 색출하다 mencari; menguber-uber; menyelidiki; melacak 간첩색출작전 operasi pencarian agén spionase (mata-mata)

색칠(色漆) pewarnaan; pengecatan 색칠하다 mewarnai; memberi warna; mengecat

색탐(色貪) nafsu; gairah; birahi; hasrat cabul (bejat) 색탐하다 gila akan séks

샌님 ①【생원】sarjana yang sopan santun ②【얌전한】orang yang penurut

샌드 pasir ⊙ 샌드백 karung berisi pasir; karung tinju. 샌드페이퍼 ampelas; amril

샌드위치 ①【패스트푸드】*sandwich*; roti apit; roti berlapis; roti isi ②【비유적】¶샌드위치가 되다 terjepit di antara ⊙모짜렐라 샌드위치 roti apit *mozarela*. 햄샌드위치 roti berlapisan daging babi. 샌드위치 맨 orang yang diséwa untuk membawa papan reklame

샌들 sandal; terompah; sepatu sandal; lapik kaki

샐그러지다 ⇒ 씰그러지다

샐러드 selada; sayur-mayur dimakan sebagai lalap ⊙ 샐러드유, 샐러드기름 minyak selada. 샐러드드레싱 bumbu kuah selada. 야채샐러드 selada sayuran. 햄 샐러드 daging babi dan selada

샐러리맨 orang gajian; pegawai kantor; karyawan

샐비어 sejenis daun harum yang berwarna mérah tua

샐쭉하다 ⇒ 토라지다 merajuk

샘[1] sumber air; mata air; air mancur ¶샘솟다 memancar keluar seperti sumber air; bercucuran ⊙ 샘구멍 sumber asli; sumber air; mata air. 샘물 air dari

mata air (sumber air; air mancur). 샘터 tempat sumber air; kawasan mata air
샘² ⇒ 새암
샘플 ⇒ 견본 contoh; sampel
샘플링 penarikan contoh
샛- 【빛깔이】 hidup; hébat ¶샛말갛다 terang; jernih
샛강 anak sungai yang mengalir di sebelah (di samping) sungai besar
샛길 ①【작은 길】 jalan samping; jalan sampingan; jalan kecil yang sempit ②【비유적】 ¶내 이야기가 잠시 샛길로 빠졌다 Ceritaku telah disimpangkan.
새까맣다 ⇒ 새까맣다
샛노랗다 【싯누렇다】 kuning tua
샛노랗다 kuning cerah; kuning menyala (cemerlang); keemasan
샛문 pintu gerbang samping
샛바람 angin dari timur
샛별 ①【금성】 bintang pagi; bintang kejora ②【장래가 촉망되는 사람】 ¶샛별로 떠오르다 muncul (bangkit) sebagai bintang baru
샛서방(-書房) kekasih gelap
생¹(生) kehidupan
생²(生) aku; saya
생(-生) ①【안 익은 · 죽지 않은】 hijau; mentah; yang belum berpengalaman; (조리하지 않은) mentah; tak dimasak; (설익은) kurang masak; kurang matang; (가공하지 않은) mentah; tidak diolah; (신선한) segar ②【살아 있는】 hidup ③【엉뚱한 · 공연한】 tak masuk akal; keterlaluan; tidak logis; sewenang-wenang
-생(生) ①【학생】 mahasiswa ¶의학생 mahasiswa kedokteran ②【생년의】 dilahirkan pada ⟪tahun; pada tanggal⟫
생가(生家) rumah tempat lahir; tempat kelahiran; rumah orang tua dari pihak ayah
생가죽 kulit mentah; kulit bulu yang kasar
생각 ①【사고】 pikiran; gagasan; pemikiran ¶생각에 잠기다 tenggelam dalam pikiran ②【관념 · 착상】 gagasan; idé; prakarsa; inisiatif; ikhtiar ③【…하려는】 (a) (의도) maksud; tujuan; alasan ¶ …할 생각으로 dengan maksud akan ⟪mengerjakan⟫ (b) (마음) perasaan ¶…하고 싶은 생각이 들다 merasa melakukan ⟪sesuatu⟫ ④【의견】 pendapat; pandangan; pikiran; keyakinan ¶ 내 생각으로는 menurut pendapat (pandangan; pikiran) saya ⑤【사려 · 분별】 kebijaksanaan; keleluasaan ⑥【예상】 dugaan; (소원) keinginan; kehendak; hasrat; kemauan; harapan ¶생각 밖의(지 않은) tak diduga-duga; tak disangka-sangka; tak terduga ⑦【상상】 daya khayal; khayalan; imajinasi ⑧【기억 · 회상】 ingatan; kenang-kenangan ⑨【고려】 pertimbangan; perhatian ⑩【각오 · 결의】 pemecahan; résolusi; ketetapan hati
생각나다 sadar kembali; teringat; terkenang; terlintas ¶생각나게 하다 mengingatkan
생각 컨데 menurut saya; saya pikir …; dengan berpikir; berkenaan dengan
생각하다 ①【사고하다】 mengingat; memikirkan ②【숙고하다】 mempertimbangkan ③【…하려고】 bermaksud melakukan ④【의견 · 견해를 갖다】 melihat; memandang ¶이렇게 생각해보면 dilihat dari segi (sudut) ini ⑤【판단하다】 menilai; menarik kesimpulan; berpendapat; percaya; yakin ⑥【예기하다】 menyangka; mengharapkan; mengharap; berharap; menduga; (걱정하다) khawatir ¶생각지 않은 tak disangka; tak diduga ⑦【바라다】 mengharapkan; menginginkan; mengingini; menghendaki ¶ 생각한 대로 seperti yang diharapkan (diinginkan) ⑧【고려하다】 mempertimbangkan; menganggap; (걱정하다) mencemaskan ⟪dirinya⟫ tentang ⑨【상상하다】 membayangkan; mengkhayalkan ⑩【기억 · 추억하다】 mengingat; menarik kembali ⑪【각오 · 준비하다】 bersiap-siap menghadapi; sudah siap ⟪untuk melakukan⟫ ⑫【간주하다】 menganggap ⑬【염두에 두다】 memikirkan; mengingat; (사랑하다) mencintai; (그리워하다) rindu akan; merindukan ⑭【느끼다】 merasa
생각해내다 menemukan ⟪pikiran⟫; menda-

patkan; (상기(相起)) mengingat; teringat akan
생강(生薑) jahé ⊙ 생강차 téh jahé
생것【날것】makanan mentah
생견(生絹) sutera kasar
생경하다(生硬-) kasar; buruk; liar; belum matang; masih hijau
생계(生計) mata pencaharian; nafkah; rezeki ⊙ 생계비 ongkos (biaya) hidup: 생계비 지수 indéks biaya hidup. 생계수단 cara ((untuk)) hidup
생과부(生寡婦) istri yang disia-siakan; istri yang terabaikan; istri yang ditinggal suami
생과실(生果實) buah-buahan yang mentah
생과자(生菓子) kué; kué kering
생굴(生-) tiram mentah (segar)
생글거리다 tersenyum ramah
생긋【싱긋】¶생긋 웃다 tersenyum dengan manis
생기(生氣) semangat; kegembiraan; kekuatan; kegiatan; daya hidup; vitalitas ¶생기가 있다 hidup; hidup bersemangat
생기다 ①【없던 것이】menjelma; menjadi; ada;【형성되다】membentuk; terbentuk ②【발생하다】(a)(일어나다) terjadi kebetulan saja; (전쟁 · 화재 등이) berkobar; timbul; keluar (b) (기인 · 기점 등) timbul dari; (유래하다) berasal dari; akibat dari; diakibatkan oléh (c) (이자 등이) bertambah ③【얻다】memperoléh; menghasilkan ④【친구가】mendapat ⑤【출생】lahir ¶ 아기가 생기다【임신하다】menjadi hamil ⑥【얼굴이】nampak; kelihatan
생기발랄하다(生氣潑剌-) riang gembira; penuh daya hidup; bersemangat
생김새 wajah; raut muka; penampilan (pertunjukkan) pribadi
생나무【살아 있는】pohon hidup;【설마른】pohon-pohonan (kayu) yang tidak kering;【생목】pohon hijau; kayu basah
생남(生男) kelahiran anak laki-laki (seorang putra) 생남하다 melahirkan seorang anak laki-laki
생녀(生女) kelahiran anak perempuan (seorang putri) 생녀하다 melahirkan anak perempuan
생년(生年) tahun kelahiran
생년월일(生年月日) tanggal kelahiran ¶생년월일을 쓰다 menuliskan (mencatat) tanggal kelahiran
생니 gigi yang séhat
생담배 puntung rokok yang hidup (yang menyala)
생도(生徒) ⊙ 사관생도 kadét; calon perwira;【해군의】mahasiswa Akadémi Angkatan Laut
생돈 uang yang dibelanjakan (dihabiskan) dengan sia-sia; uang yang dihamburkan tanpa tujuan ¶생돈을 쓰다 mengambur-hamburkan uang
생동(生動) penuh semangat 생동하다 lebih bersemangat; hidup lebih beragam; penuh dengan kehidupan
생동생동하다 masih giat; masih bersemangat; séhat dan segar; séhat walafiat
생득(生得) ¶생득의 alam; alamiah; wajar; dasar; pembawaan sejak lahir
생때같다 séhat; tegap; séhat dan kuat
생떼 sifat keras kepala; sifat membandel; ketegaran ¶생떼를 쓰다 meminta terus menerus; tetap melakukan dengan keras kepala; bersikeras; berkukuh
생략(省略) penghilangan; penghapusan sebagian;【줄임】singkatan; perpéndékan 생략하다 menghilangkan; mempersingkat; menyingkatkan; mempersingkat; meméndékkan; mengurangi ¶생략된 dihilangkan; disingkatkan ⊙ 생략 문 kalimat élipsis. 생략부호 tanda apostrof; tanda penghilangan
생령(生靈) orang; jiwa
생로병사(生老病死) lahir (kelahiran), usia lanjut (tua), sakit, dan mati (kematian) adalah empat tahapan dalam hidup (kehidupan)
생리(生理) fisiologi; ilmu faal alat tubuh; ilmu tentang fungsi dan prosés organisme hidup ¶생리적(인) fisik; fisiologis/자연스러운 생리 현상 gejala fisikologis yang alami ⊙ 생리작용 fungsi fisiologis. 생리학(生理學) fisiologi; ilmu faal alat tubuh. 생리학자 ahli (pakar) fisiologis
생리(生理)【월경】datang bulan; ménstruasi ⊙ 생리대(帶) pembalut

kesehatan. 생리일(日) waktu haid; waktu datang bulan. 생리통 kram perut; penderitaan haid. 생리휴가 cuti fisiologis bulanan; cuti bulanan wanita; hari libur wanita

생매장(生埋葬) 생매장하다 menguburkan hidup-hidup; 【비유적】 mengeluarkan dari perkumpulan (masyarakat) ¶생매장되다 dikuburkan(terkubur) hidup-hidup; (비유적) diasingkan dari masyarakat

생맥주(生麥酒) bir tahang; bir kran

생머리(生-) rambut lurus

생면(生面) pertemuan (wawancara; perkenalan) yang pertama; 【사람】 orang baru; kenalan baru 생면하다 bertemu (mewawancarai; diperkenalkan) untuk pertama kali ⊙ 생면부지 orang asing; orang yang tak pernah bertemu sebelumnya; orang baru sama sekali

생명(生命) hidup; kehidupan; jiwa; nyawa ¶생명이 없는 tidak hidup; tidak bernyawa/생명을 걸고 dengan taruhan (risiko) jiwa

생명보험(生命保險) asuransi jiwa ¶생명보험에 들다 mengasuransikan jiwanya

생모(生母) ibu kandung

생목(生-) ¶생목이 오르다 memuntahkan 《makanan》

생목[1](生木) kain katun yang tidak diputihkan (dikelantang)

생목[2] (生木) ⇒ 생나무

생목숨 ①【살아있는】 hidup; jiwa; kehidupan; badan dan jiwa; jiwa-raga ②【죄 없는】 jiwa yang tidak berdosa

생무지 《orang》 yang belum berpengalaman; 《orang》 baru

생물(生物) makhluk hidup; benda hidup; kehidupan ⊙ 생물계 dunia kehidupan; dunia flora dan fauna

생물학(生物學) ilmu biologi; ilmu hayat ¶ 생물학적 요인 faktor (unsur) biologis ⊙ 생물학자 ahli (pakar) biologi

생방송(生放送) siaran langsung; penyiaran yang hidup 생방송하다 menyiarkan secara langsung ¶텔레비전으로 생방송되다 disiarkan melalui télévisi secara langsung

생벼락 caci-maki yang keterlaluan; kemarahan yang tidak masuk akal (tidak pada tempatnya); bencana (malapetaka) yang mendadak

생병(生病) gangguan urat syaraf secara mendadak; sakit karena terlalu banyak bekerja

생부(生父) ayah (bapak) kandung

생불(生佛) Budha hidup; penjelmaan; inkarnasi

생사(生死) hidup dan(atau) mati; 《운명》 nasib; takdir ¶생사를 같이하다 sehidup semati; sama-sama menanggung nasib ⊙ 생사고락 hidup dan mati, sengsara dan sedih; kegembiraan dan kesengsaraan

생사(生絲) sutera kasar (mentah)

생사람 ①【아무 잘못 없는 사람】 orang yang tak bersalah ②【관계없는 사람】 orang luar; orang yang tidak bertalian (tidak bersangkutan)

생산(生産) ①【경제】 produksi; penghasilan; pembuatan 생산하다 membuat; menghasilkan; memproduksi ¶생산적(인) produktif; menghasilkan ⊙ 생산가격 ongkos produksi. 생산력 daya produksi. 생산물 hasil. 생산자 produsén; penghasil: 생산지 daérah yang menghasilkan. 국내생산 produksi doméstik (dalam negeri). 국민 총생산 Hasil Nasional (Negara) Besar; hasil (produksi) nasional; 대규모 생산, 대량생산 produksi besar-besaran

생산성(生産性) daya produksi; keproduktifan

생살 ①【성한 살】 daging(kulit) yang séhat ②【새살】 kulit baru

생살(生殺) ⊙ 생살권 kekuasaan atas hidup dan mati

생살여탈(生殺與奪) ¶생살여탈권을 쥐다 berkuasa atas hidup dan mati

생색(生色) kesan yang menyenangkan 생색나다 berbuat budi; bertindak sebagai déwa penolong ¶ 생색을 내다 mengaku sebagai dermawan; berlagak sebagai déwa penolong

생생하다(生生-) baru; segar; bersemangat; penuh semangat; giat; yang hidup

생석회(生石灰) kapur mentah
생선(生鮮) ⇒ 물고기 ikan yang segar ⊙ 생선가게 toko ikan. 생선구이 ikan bakar (panggang). 생선매운탕 rebusan ikan yang pedas. 생선장수 pedagang ikan. 생선회 irisan ikan mentah
생성(生成) ciptaan; penciptaan 생성하다 menciptakan; tercipta; membentuk; terbentuk; menghasilkan
생소(生疎) ①【낯 설음】 ketidakakraban; ketidaklaziman; pengasingan 생소하다 tidak kenal; tidak biasa ②【서투름】 ketidak-cakapan; kekurangan pengalaman 생소하다 tidak cakap (mahir); tidak berpengalaman
생소리 pernyataan (kata-kata; ucapan) yang tidak berdasar; pembicaraan yang tidak masuk akal (yang dibikin-bikin); kebohongan; kedustaan; pemalsuan 생소리하다 mengatakan yang tidak masuk akal (yang keterlaluan)
생손 ⇒ 생인손
생수(生水) sumber air; mata air
생시(生時) ①【난 시간】 masa (saat; waktu) kelahiran ②【살아 있을 때】 waktu hidup ③【현실】 realitas; kenyataan
생식하다(生食-) memakan makanan mentah
생식(生殖) géneratif; perkembang-biakan 생식하다 memperanakkan; berkembang biak; menjadi ayah; menghasilkan ⊙ 생식기 organ-organ séksual; organ kelamin: 생식기장애 penyakit kelamin. 생식력 daya generatif; kekuatan (kemampuan) menghasilkan keturunan. 생식불능 kelemahan syahwat. 생식 불능 자 impotén; orang yang lemah syahwat. 생식세포 sél géneratif; sél benih
생신(生辰) ⇒ 생일
생쌀 beras yang belum dimasak
생안손 jari sakit bengkak; paronikia
생애(生涯) hidup; waktu kehidupan; seumur hidup; karir ¶생애를 마치다 mengakhiri hidup (karirnya)
생약(生藥) jamu; obat-obatan dari tumbuh-tumbuhan; obat-obatan mentah (yang belum diolah) ⊙ 생약 학(學) farmakognosi
생억지 ¶ 생억지를 쓰다 meminta cara sendiri; mengatakan hal-hal yang tak masuk akal; bersikap keras kepala
생업(生業) pekerjaan; perdagangan; perusahaan; usaha; urusan ¶…을 생업으로 하다 mencari nafkah dengan; hidup dengan ⊙ 생업자금 dana untuk usaha éksploitasi
생원(生員) orang yang lulus ujian negara untuk pelajaran tambahan; 【성 밑에】 Tuan …
생육(生育) pertumbuhan; perkembangan; 【나서 자람】 kelahiran dan pemeliharaan (asuhan) 생육하다(키우다) tumbuh; memelihara; membesarkan; menjadi déwasa
생육(生肉) daging mentah
생으로 ①【날로】 mentah; segar; tak dimasak ②【부당히】 tidak masuk akal; tidak layak; 【억지로】 dengan(secara) paksa (kekerasan) ¶생으로 때리다 memukul tanpa alasan
생이별(生離別) perpisahan (perceraian) terpaksa 생이별하다 dipisahkan (terpisah) terpaksa
생일(生日) hari ulang tahun ¶생일을 축하합니다 Selamat hari ulang tahun. ⊙생일선물 kado (hadiah) hari ulang tahun. 생일잔치 《mengadakan》 pésta hari ulang tahun. 생일 케이크 kué ulang tahun
생장(生長) ⇒ 성장 pertumbuhan; perkembangan
생장작(生長斫) kayu bakar basah
생전(生前) seumur hidup ¶생전에 selama hidup; dalam seumur hidup/생전처음 untuk yang pertama kali dalam hidup
생존(生存) éksistensi; keberadaan; adanya; keadaan hidup; kehidupan 생존하다 ada; hidup; bertahan ⊙ 생존자 orang yang selamat; survivor; orang yang hidup
생존경쟁(生存競爭) perjuangan untuk mempertahankan hidup; perjuangan untuk éksistensi ¶치열한 생존경쟁 perjuangan keras (sengit) untuk kehidupan (untuk hidup)
생죽음 kematian akibat kekerasan 생죽음

하다 meninggal dunia karena tindakan keras
생중계(生中繼) siaran langsung; tayangan langsung; liputan langsung
생지옥(生地獄) neraka di dunia
생질(甥姪) kemenakan laki-laki ⊙ 생질녀 kemenakan perempuan
생짜 yang mentah; bahan yang tidak dimasak
생쥐 tikus ((rumah))
생채(生菜) selada sayur-sayuran mentah ⊙ 무생채 selada lobak
생채(生彩) kecemerlangan; keterangan; kecerdasan
생채기 luka kecil (gorésan) karena bekas garukan; gorésan
생철 ⇒ 양철 séng; lembaran timah; besi putih; timah ⊙ 생철지붕 atap dari séng
생청스럽다 tidak masuk akal; gila-gilaan
생체(生體) badan (tubuh; jasad; makhluk) hidup ⊙ 생체공학 bionik. 생체리듬 bioritme. 생체해부 pembedahan makhluk hidup ((untuk tujuan ilmiah))
생크림(生-) krim penyegar
생태(生態) cara (mode) hidup; ékologi ¶현대 여성의 생태 cara hidup para wanita masa kini ⊙ 생태계 (生態系) ékosistém; sistém ékologi. 생태변화 penyesuaian diri secara ékologis; adaptasi ékologi. 생태학 ilmu ékologi
생태(生太) *pollack;* sejenis ikan
생트집 tuduhan (dakwaan) palsu ¶생트집을 잡다 mencari kesalahan; menuduh secara keliru
생판(生板) tanpa dasar; sama sekali; benar-benar ¶생판 모르는 사람이다 Saya tidak mengenalnya sama sekali.
생포(生捕) penangkapan secara hidup-hidup 생포하다 menangkap; merebut; 【동물을】 menangkap secara hidup (hidup-hidup)
생필품(生必品) kebutuhan (keperluan) sehari-hari
생호령(生號令) teguran (cercaan) yang salah 생호령하다 mencaci maki (memarahi) secara tidak layak (secara keterlauan); memarahi tanpa alasan
생화(生花) bunga alami; bunga asli; bunga segar; bunga hidup
생화학(生化學) biokimia ⊙ 생화학 무기 senjata kimia dan biologis. 생화학자 ahli biokimia
생환(生還) 생환하다 kembali dengan hidup (dengan selamat) ⊙ 생환자 survivor; orang yang kembali dengan hidup; orang yang selamat
생활(生活) hidup; kehidupan; mata pencarian; pencaharian; nafkah penghidupan 생활하다 hidup; bertempat tinggal; mendapatkan penghasilan; mendapatkan nafkah ¶월급으로 생활하다 hidup dengan (dari) gaji ⊙ 생활고 kesukaran (penderitaan) hidup. 생활기록부 préstasi siswa (mahasiswa). 생활력 kekuatan daya pendapatan; daya hidup. 생활보호대상자 peraih (penerima) perlindungan hidup (mata pencaharian). 생활비 biaya (ongkos) hidup. 생활수준 tingkat kehidupan; standar hidup. 생활필수품(생필품) kebutuhan (keperluan-keperluan) hidup. 사치생활 kehidupan yang méwah (yang berlebih-lebihan; boros). 절약생활 hidup yang hémat. 최저생활 standar (tingkat) kehidupan yang paling rendah
생후(生後) setelah kelahiran; sejak lahir
샤머니즘 shamanisme
샤먼 dukun
샤쓰(셔츠) ①【속옷】 baju dalam ②【와이샤쓰】 keméja ¶샤쓰 바람으로 tanpa jas
샤워 pancuran; dus; mandi ⊙ 샤워 실 kamar mandi dus
샤프 ①【날카로운】 샤프하다 tajam, runcing, jelas ⊙ 샤프펜슬 pensil isian; pénsil otomatis
샤프롱 wanita pengantar (pengawal)
샤프트 ⊙크랭크샤프트 poros éngkol ((mesin))
샴페인 sampanye
샴푸 sampo; obat pencuci rambut; langir 샴푸하다 mencuci ramput
샹들리에 kandelir; gantungan lampu
샹송 *chanson*
서(西) barat; sebelah barat
서(序) kata pengantar; kata pendahuluan; prakata

서(書) tulisan; karangan; 【서적】 buku; kitab; 【서간】 surat; 【필적】 tulisan tangan
서(署) kantor polisi
서 【셋】 tiga ¶서 돈 tiga ons ((Korea))
서가(書架) rak (lemari) buku
서가(書家) ahli (pakar) kaligrafi
서각(犀角) tanduk badak
서간(書簡) surat; surat-menyurat; koréspondénsi ⊙ 서간문 penulisan surat. 서간집 kumpulan surat
서거(逝去) kematian; kewafatan 서거하다 (사망하다, 죽다) mati; meninggal dunia; wafat
서경(西經) bujur barat
서고(書庫) gudang buku; perpustakaan
서곡(序曲) ①【전주곡】 musik pengantar; lagu pembukaan ②【어떤 큰 사건의 시초】 pembuka; pemicu
서관(書館) toko buku; 【출판사】 penerbitan buku
서광(曙光) fajar; 【희망 · 기대】 harapan ¶서광이 비추기 시작하다 mulai fajar menyingsing/ 희망의 서광 sinar (cahaya) harapan
서구(西歐) Eropa barat; 【서양】 Eropa ⊙ 서구문명 peradaban (kebudayaan) barat. 서구사상 pemikiran barat
서근서근하다 ⇒ 사근사근하다
서글서글하다 tidak terlalu réwél (ceréwét); suka bergaul; berhati terbuka; murah hati; ramah-tamah
서글프다 ⇒ 슬프다 sedih dan sedu; menyedihkan; kesepian; sepi; rindu; tergerak hati ((hingga menangis)) ¶서글픈 노래 lagu yang menyentuh hati
서기(西紀) sanat maséhi (SM); tahun untuk menghormati ((Isa Al-Masih, Kristus)) ¶ 서기 1996년 (Tahun) 1996 setelah Maséhi
서기(書記) juru tulis; pegawai toko ⊙ 서기관, 서기보 pembantu juru tulis
서기(瑞氣) tanda-tanda yang menguntungkan; pertanda (alamat) yang baik
서기관(書記官) sékretaris; (4급 공무원) pegawai (pejabat) kelas empat ¶1등 서기관 sékretaris pertama
서까래 kaso; kasa
서남(西南) barat daya ⊙ 서남풍 angin barat daya
서낭【민속】【서낭신】 déwa pelindung; 【나무】 pohon di mana tinggal (berdiam) déwa pelindung ⊙ 서낭 단(壇) 【서낭당】 *seonandang;* altar 【tempat】 pemujaan Déwa Pelindung
서너 tiga atau empat; kira-kira tiga ((orang))
서너너덧 tiga atau empat
서넛 kira-kira tiga ((orang))
서녀(庶女) anak perempuan yang lahir dari seorang gundik
서녘 arah (jurusan) barat
서늘하다 ①【날씨 · 온도가】 sejuk; dingin ¶서늘해지다 menjadi sejuk (dingin) ②【마음이】 kedinginan; merasa kedinginan; rasa ngeri ¶간담이 서늘해지다 dilanda rasa ngeri; merasa amat ngeri
서다 ①【물건이】 berdiri tegak; ada ②【사람이】 berdiri; berada ¶일렬로 서다 berdiri dalam barisan; 【차례를 기다리다】 antri ③【건조물이】 mendirikan; menempatkan; didirikan; dibuat; dibangun ④【수립 · 설립되다】 didirikan; 【대책 · 계획 등이】 dibentuk; dibuat; disusun ⑤【위치 · 입장 등에 놓이다】 ditempatkan dalam ((suatu posisi; kedudukan)); 【입각하다】 didasarkan ((berdasarkan) atas ⑥【정지하다】 berhenti; macét; mogok; mati ⑦【장이】 ¶장이 섰다 Pekan Raya (Pasar malam) dibuka. ⑧【날이】 ditajamkan; dipertajamkan; diruncingkan ⑨【핏발이】 menjadi mérah karena sakit atau lelah ⑩【명령 등이】 dipatuhi; ditaati; diturutkan ⑪【명분 · 이유 등이】 yang dapat dibenarkan ¶ 조리가 서지 않는 tidak logis; tidak masuk akal; keterlaluan ⑫【면목 · 체면 · 권위 등이】 memegang; mempertahankan; menjaga ⑬【아이가】 menjadi hamil; mengandung ⑭【결심이】 mengambil keputusan ⑮【무지개가】 terentang (tergantung) di atas ((langit))
서당(書堂) *seodang*; sekolah di désa; sekolah swasta ((untuk pelajaran bahasa Cina kuno))
서도(西道) propinsi (daérah) Korea bagian barat laut

서도(書道) kaligrafi; seni tulis indah; tulisan tangan yang indah
서독(西獨)Jerman Barat
서드 ke tiga ⊙ 서드 기어 persneling tiga; roda gigi tiga
서두(序頭) permulaan; mula-mula; awal
서두(書頭) kata pendahuluan (kata pembukaan)
서두르다 mempercepat; bergegas; cepat-cepat; buru-buru; terburu-buru; tergesa-gesa; tidak sabar ¶서두를 필요가 없다 tidak perlu (tidak usah) tergesa-gesa
서랍 laci méja ⊙서랍장 lemari berlaci
서러움 ⇒ 설움
서러워하다 berduka-cita; bersedih hati; merasa sedih; merasa duka cita; menyesalkan; meratapi; berkabung
서럽다 sedih; menyedihkan; memilukan; berduka cita
서력(西曆) ⇒ 서기
서로 satu sama lain; saling
서론(序論) kata pendahuluan (pengenalan; pengantar)
서류(書類) dokumén; surat-surat penting ⊙ 서류함 lemari arsip; *filing cabinet*. 기밀서류 dokumén rahasia. 중요서류 dokumén penting
서류전형(書類銓衡) penyaringan (seléksi) kandidat (calon) dengan memeriksa surat-suratnya
서른 ⇒ 삼십 tiga puluh ⊙ 서른 살 berusia tiga puluh tahun. 서른 째 yang ketiga puluh
서리[1] embun beku; cuaca penuh és ¶서리가 내렸다 embun beku turun ②【타격·피해】 pukulan; tamparan; serangan; kerugian ⊙ 된서리 embun beku yang tebal (keras);【비유적】 dipukul dengan keras
서리[2] ¶서리하다 mencuri 《buah-buahan, ayam dan lain-lain》 secara main-main ⊙ 닭서리 pencurian ayam
서리[3] banyak sekali; kelompok; grup ¶나무 서리 banyak kayu
서리(署理) (사람) wakil; (일) jabatan sebagai wakil diréktur 서리하다 menjabat sebagai wakil diréktur ⊙ 교장 서리 wakil kepala sekolah
서리다 ①【김·수증기 등이】 beruap; menguap; 《menjadi》 suram;【안개가】 menampung embun; berasap ②【감정이】 memenuhi dada ③【기가 꺾이다】 putus asa; kecéwa
서리 맞다 ①【된서리】 kena embun beku ②【비유적】 mendapat pukulan (tamparan); terpukul; merasa kecéwa; gagal; terhalang
서리서리 melingkar-lingkar
서림(書林) toko buku;【출판사】 perusahaan (penerbitan) buku
서릿발 ①【서리의】 gumpalan és yang naik lurus ke atas ②【추상같이】 keras ¶서릿발 같은 명령 perintah yang keras
서막(序幕) ①【연극의】 babak (adégan) pembuka (pertama) ②【일의 시초】 yang membuka; mendahului; permulaan
서머 musim panas ⊙ 서머스쿨 sekolah musim panas. 서머타임 peméndékan waktu siang hari pada musim panas
서먹하다 jauh; tidak ramah; merasa canggung (janggal; gugup); merasa kecil (rendah; malu); tidak biasa; tidak lazim
서면(書面) surat; dokumén; isi; tulisan
서명(書名) judul (nama) buku ⊙ 서명목록 katalogus judul buku
서명(署名) tanda tangan; tulisan sendiri 서명하다 menandatangani; membubuhkan (menuliskan) tanda tangan ¶서명한 (이 있는) ditanda tangani ⊙ 서명자 penanda-tangan; orang yang menandatangani
서모(庶母) gundik ayah; ibu tiri
서목(書目)【목차】 daftar isi;【도서 목록】 katalogus buku
서몽(瑞夢) mimpi yang baik (yang mujur); mimpi firasat
서무(庶務) urusan umum ⊙ 서무과 bagian urusan umum
서문(序文) kata pengantar; kata pendahuluan; prakata ¶서문을 쓰다 menulis kata pengantar
서민(庶民) rakyat biasa; rakyat jelata; orang awam ¶서민적인 populér; bersifat umum ⊙ 서민계급 golongan rakyat. 서민금융 pinjaman untuk golongan karyawan (untuk kaum buruh)

서바이벌 게임 permainan ketahanan hidup
서반구(西半球) belahan bumi barat
서반아(西班牙) ⇒ 스페인
서방(西方) ①【서쪽】 barat ②【지방】 daérah (wilayah) barat; 【서유럽의 자유주의 국가】 negara Barat ¶서방측 진영 blok Barat ③【불교】 surga Amitabha bagian barat
서방(書房) ①【남편】 suami ②【호칭】 Tuan ¶김 서방 Tuan Kim ③【하인에게】 ¶김 서방 Pak Kim
서방질(書房-) penyeléwéngan (perzinahan) ⟪seorang wanita yang telah menikah⟫ 서방질하다 menyeléwéng (mencurangi) suami; melakukan perzinahan (berzina)
서법(書法) keahlian menulis indah; tulisan indah
서변(西邊) barat; bagian barat
서부(西部) bagian barat ¶서부의 barat ⊙ 서부극 film koboi
서북(西北) ①【방향】 (bagian) barat laut; 【서와 북】 barat dan utara ②【지방】 propinsi (daérah) bagian barat dan utara ⊙ 서북풍 angin barat laut
서브 【테니스】 servis; giliran ¶ 서브(를) 넣다 memukul ⟪bola⟫/서브권이 넘어가다 pindah bola; pindah servis ⊙서브선 garis servis
서브타이틀 judul tambahan; anak judul
서비스 ①【친절 · 봉사】 pelayanan; servis 서비스하다 memberikan pelayanan (jasa) ②【테니스 · 탁구에서】 servis ③【공짜 · 덤】 ¶이건 서비스입니다 Ini bébas biaya. *atau* Ini gratis. ⊙ 서비스개선 perbaikan pelayanan. 서비스라인 garis pukulan serpis. 서비스료(料) ongkos servis (pelayanan). 서비스 맨 tukang(juru) réparasi. 서비스업 industri pelayanan. 서비스 센터 pusat pelayanan. 서비스 스테이션 pompa bénsin; béngkél mobil
서빙 【음료】 penghidangan
서사(敍事) cerita; kisah; narasi 서사하다 melukiskan; menggambarkan; membuat; menceritakan ¶서사적 déskriptif; naratif ⊙ 서사문 déskripsi. 서사시 syair kepahlawanan; épik
서사(書寫) salinan; tulisan 서사하다 menyalin; menuliskan ⊙ 서사 료 ongkos menyalin
서산(西山) gunung (bukit) sebelah barat ¶ 서산에 지는 해 matahari yang tenggelam di gunung sebelah barat
서생(書生) ①【유생】 mahasiswa dari sastra klasik Cina ②【남의 집의】 tanggungan mahasiswa ③【학생】 pelajar; siswa; murid
서서(瑞西) 【스위스】 Swiss
서서히(徐徐-) pelan-pelan; lambat-laun; ⟪secara⟫ berangsur-angsur
서설(序說) kata pengantar; kata pendahuluan; prawacana
서설(瑞雪) salju; salju yang menguntungkan
서성거리다 berjalan (melangkah) mondar-mandir dengan gelisah (resah)
서속(黍粟) semacam padi-padian
서수(序數) 【수학】 ⟪bilangan⟫ urutan ⊙ 서수사(詞) bilangan-bilangan (angka-angka) urutan
서술(敍述) gambaran; lukisan; déskripsi 서술하다 melukiskan; menggambarkan; menceritakan ¶서술적인 déskriptif; naratif ⊙ 서술자 pembawa cerita; orang yang bercerita. 서술어 sebutan prédikat; predikatif
서스펜스 ketegangan; keadaan tegang ¶서스펜스가 넘치는 penuh ketegangan; merasa tegang sekali
서슬 ①【날이】 yang mengkilap (berkilat); tajam; yang berkilat ②【기세】 bersikap ancaman; semangat yang tinggi ¶서슬이 푸르다 bersikap ancaman
서슴거리다 = 서슴다
서슴다 ragu-ragu atas (mengenai)); bimbang; merasa takut akan
서슴없이 tidak ragu-ragu; tanpa keragu-raguan
서식(書式) bentuk yang seharusnya (yang pasti; yang sudah ditentukan)); formulir ¶서식에 따라 menurut formulir
서식(棲息) penempatan 서식하다 tinggal (hidup) di; mendiami ¶서식에 적합한 dapat (layak) didiami (ditempati; dihuni) ⊙ 서식지 tempat hidup; tempat kediaman; habitat

서신(書信) surat menyurat; koréspondénsi; surat

서안(西岸) pantai bagian barat

서약(誓約) sumpah; janji 서약하다 bersumpah; mengucapkan sumpah; berjanji; menjanjikan ¶서약을 이행하다 menunaikan (memenuhi) janji/서약을 어기다 melanggar (menginkari) sumpah ⊙ 서약서 sumpah tertulis; perjanjian

서양(西洋) Barat ¶ 서양화(化) 하다 mem-Baratkan; menjadikan Barat/서양물이 들어 있다 dipengaruhi dengan kebudayaan Barat ⊙ 서양문명【사상】 peradaban 【pemikiran】 Barat. 서양식 gaya (cara) Barat. 서양인 orang Barat

서언(序言) kata pendahuluan; prakata; prawacana; kata pengantar

서역(西域) negeri yang berbatasan dengan Cina bagian barat

서열(序列) kedudukan; peringkat; ranking; golongan ¶그는 서열이 높다【낮다】 kedudukannya tinggi【rendah】

서염(暑炎) cuaca panas yang luar biasa; panas yang hébat 《musim panas》

서예(書藝) tulisan tangan yang indah; kaligrafi ⊙ 서예가 pembuat kaligrafi

서운(瑞雲) awan pertanda baik

서운하다 ①【사람이】 menyedihkan; mengecewakan ②【일 · 처사 등이】 tidak menyenangkan; menyesal; patut disesalkan

서울 ①【수도】 ibu kota ②【한국의】 Seoul ¶ 서울로 가다 datang ke Seoul ⊙ 서울 나기 orang 《kelahiran》 Seoul. 서울시민 warga kota Seoul. 서울시장 wali kota (Gubernur) Seoul. 서울시청 Balai kota Seoul

서원(書院) ①【강론하는】 ruang kuliah; aula ②【제사하는 데】 ruang (aula) tempat peringatan para sarjana termasyur pada masa lalu

서원(署員) anggota staf ¶세무서원 pegawai kantor pajak

서인도제도(西印度諸島) India Barat

서임(敍任) penunjukan; pengangkatan; pelantikan; instalasi 서임하다 menunjuk; menentukan; melantik; menempatkan

서유럽(西-) Eropa Barat

서자(庶子) anak yang lahir dari gundik; 【사생아】 anak yang lahir di luar perkawinan; anak haram

서장(書狀) surat; catatan; nota

서장(署長) kepala; ketua; pemimpin; komandan ⊙ 경찰 서장 komandan polisi; kepala kantor polisi

서재(書齋) ruang bacaan; ruangpustaka

서저리【의학】 ilmu bedah; pembedahan; operasi

서적(書籍) buku-buku; penerbitan; terbitan ¶중고 서적을 판매하다 menjual buku bekas ⊙ 서적광(狂) pencinta buku. 서적상 【사람】 penjual buku; 【가게】 toko buku

서전(瑞典) 【스웨덴】 Swedia

서전(緖戰) permulaan (taraf pertama) dari sebuah peperangan ¶서전을 장식하다 memenangkan pertandingan pertama

서점(西漸) perémbésan (penetrasi) ke arah Barat; maju (gerakan) ke jurusan (ke arah) Barat

서점(書店) toko buku ⊙ 중고 서점 toko buku bekas. 인터넷 서점 toko buku internét

서정(庶政) pamong praja ¶서정을 쇄신하다 membersihkan administrasi (staf pegawai) ⊙서정쇄신 pembersihan (pembaharuan) staf pegawai

서정(敍情 · 抒情) gambaran (lukisan; déskripsi) perasaan ⊙ 서정시 puisi liris. 서정시인 penyair liris

서조(瑞兆) pertanda (alamat) yang baik; tanda (pertanda) yang menguntungkan

서지(書誌) bibliografi ⊙ 서지학자 ahli (pakar) bibliografi

서진(書鎭) bobot kertas

서쪽 barat; bagian barat ¶서쪽으로 menuju 《ke arah, jurusan》 barat

서창(西窓) jendéla sebelah barat; jendéla yang menghadap ke barat

서책(書冊) buku-buku; penerbitan; terbitan

서천(西天) langit di sebelah barat

서첩(書帖) buku témpél untuk tulisan-tulisan dan gambar-gambar

서체(書體) gaya tulisan tangan; gaya kali-

grafi
서출(庶出) keturunan seorang gundik 서출의 haram; dilahirkan di luar ikatan perkawinan yang sah
서치라이트 lampu sorat ¶서치라이트로 비추다 mengarahkan (menyorotkan; memainkan) lampu sorat
서캐 telur kutu ¶서캐 훑듯 하다 berusaha keras 《dalam pencarian; penyelidikan》
서커스 【곡예】 sirkus ¶서커스의 곡예사 pemain sirkus ⊙서커스단 rombongan sirkus
서클 lingkungan; lingkaran ⊙ 서클활동 kegiatan-kegiatan lingkungan. 독서 서클 lingkungan pembaca
서투르다 tidak mahir; tidak ahli; tidak cakap; buruk sekali; tidak biasa; tidak lazim dengan ¶서투르게 dengan canggung (janggal)/서투른 짓을 하다 membuat kesalahan besar; (어리석은 짓을) bertindak dengan bodoh (tolol)
서평(書評) tinjauan (resénsi) buku ¶ 서평을 하다 menulis resénsi buku ⊙ 서평가 penulis resénsi (peninjau) buku
서품(敍品) 【가톨릭】 pentahbisan; penobatan 서품하다 mentahbiskan; menobatkan ⊙ 서품식 upacara pentahbisan (penobatan)
서풍(西風) angin dari barat
서풍(書風) gaya tulisan indah
서포트 sokongan; bantuan; sandaran; bantalan
서핑 olahraga menaiki ombak dengan papan luncur
서핑하다 【인터넷】 ¶인터넷 서핑을 하다 menelusuri internét
서한(書翰) ⇒ 서간(書簡)
서해(西海) laut sebelah barat; 【황해】 Laut Kuning ⊙ 서해안 pantai barat
서행(徐行) 서행하다 pergi (berjalan) pelan-pelan; 【기선이】 berlayar dengan pelan-pelan; 【점차로】 memperlambat; mengurangi kecepatan ⊙ 서행속도 kecepatan rendah
서향(西向) menghadap ke barat; terbuka ke sebelah barat ⊙ 서향집 rumah yang menghadap ke barat
서화(書畵) lukisan dan tulisan ⊙ 서화전 paméran lukisan dan hasil karya tulisan indah
서훈(敍勳) penganugerahan tanda jasa 서훈하다 menganugerahkan tanda jasa kepada
석 tiga ¶석 달 tiga bulan/석장 tiga helai kertas
-석(石) ¶18석의 시계 arloji dengan 18 batu
-석(席) tempat; tempat duduk ¶부인석 tempat duduk para wanita (nyonya)/지정석 tempat duduk yang dipesan
석가모니(釋迦牟尼) Budha; Sakyamuni ⊙ 석가모니탄신일 hari ulang tahun Buddha
석가산(石假山) bukit buatan
석각(石刻) pahatan batu; batu yang dipahat 석각하다 memahat pada batu
석간(夕刊) terbitan 《édisi》 soré; koran (surat kabar) soré ¶석간신문 koran (surat kabar) édisi soré
석경(夕景) pemandangan soré hari
석경(石鏡) cermin
석고(石膏) gips; pléster; dempul
석공(石工) tukang batu; pemahat batu
석관(石棺) peti mayat dari batu
석굴(石窟) gua besar yang berbatu-batu; gua batu ⊙ 석굴암(庵) gua *Sokkuram*
석권하다(席卷-) sangat berhasil; mengadakan penaklukan; menaklukkan; menundukkan; mengatasi
석기(石器) periuk belanga; 【고고학】 peralatan dari batu ⊙ 석기시대 zaman batu: 신석기시대 zaman batu baru: 구석기시대 zaman batu lama. 석기시대의 유물 peninggalan Zaman Batu
석녀(石女) wanita yang mandul
석돌 batu yang mudah hancur; batu yang rapuh
석등(石燈) lentéra batu
석랍(石蠟) minyak batu bara; lilin; parafin
석류(石榴) buah delima ⊙ 석류나무 pohon buah delima
석류석(石榴石) batu akik yang berwarna mérah tua.
석면(石綿) asbés ¶석면을 건축자재로 사용하다 memakai asbés dalam kon-

struksi(bangunan) ⊙ 석면섬유【슬레이트】 serat asbés

석명(釋明) keterangan; penjelasan; pemulihan nama baik 석명하다 menerangkan; menjelaskan; mempertahankan dirinya sendiri ; memberéskan; minta maaf

석물(石物) gambar dari batu yang ditempatkan di muka kuburan; nisan berukir

석방(釋放) pembébasan; pelepasan; pengeluaran 석방하다 membébaskan; melepaskan ¶교도소에서 석방되다 dibébaskan dari penjara/죄수를 석방하다 membébaskan tahanan dari penjara

석벽(石壁) dinding batu; jurang; karang yang terjal

석별(惜別) rasa penyesalan (keengganan; keseganan) untuk berangkat 석별하다 enggan (tidak suka) berangkat; berpisah dengan penyesalan ¶석별의 정 keengganan (ketidaksediaan) untuk berpisah ⊙ 석별연 pésta untuk mengucapkan selamat jalan

석부(石斧) kapak batu

석불(石佛) patung Budha yang dibuat dari batu

석비(石碑) tugu dari batu

석사(碩士) sarjana yang tidak pantas (layak) memegang jabatan; Sarjana 《Master》 ¶석사과정을 밟다 studi ke jenjang master ⊙ 석사논문 tésis untuk meraih gelar Sarjana. 문학 석사 gelar Sarjana

석산(石山) gunung yang berbatu-batu

석삼년(-三年) sembilan tahun

석상(石像) patung batu; arca batu

석상(席上) ¶석상에서 pada rapat; pada pertemuan; 【그때】 dalam kesempatan (upacara; peristiwa)

석쇠 alat pemanggang (panggangan); alat masak berupa kisi

석수(石手) tukang batu; pemahat batu ⊙ 석수질 pekerjaan (bangunan) pertukangan batu

석순(石筍) stalagmit

석순(席順) ⇒ 석차(席次)

석양(夕陽) matahari soré; matahari yang terbenam ⊙ 석양녘 menjelang matahari terbenam

석연하다(釋然-) merasa puas; memuaskan; merasa bébas (terlepas) dari keraguan

석연치 않다(釋然-) tidak memuaskan; tidak meyakinkan; tidak dapat dimengerti; tidak jelas

석염(石鹽) garam batu

석영(石英) kwarsa ⊙ 석영사 pasir kwarsa. 석영유리 kaca kwarsa

석유(石油) minyak tanah ⊙ 석유가스 minyak gas; bénsin. 액화 석유가스 minyak gas (bénsin) yang mencair. 석유난로【스토브】 tungku gas. 석유등 lampu minyak tanah; lampu témplok. 석유수출국기구 OPEC; organisasi negara-negara pengékspor minyak. 석유자원 sumber minyak. 석유풍로 kompor minyak 《untuk memasak》. 석유파동 krisis minyak; guncangan minyak

석인(石人) patung dari batu

석재(石材) batu untuk bangunan (gedung) ⊙ 석재 상 pedagang batu permata

석전(釋典) kitab Suci penganut Budha

석전(釋奠) pésta (perayaan) yang diselenggarakan dua kali setahun untuk menghormati Konfusius

석조(夕照) cahaya soré hari

석조(石造) bangunan dari batu ⊙ 석조건물 rumah (bangunan; gedung) batu

석차(席次) urutan kedudukan; peringkat kelas ¶석차가 오르다 naik peringkat kelas ⊙ 석차다툼 persaingan untuk mendapatkan kedudukan berkelas yang lebih tinggi

석청(石淸) madu hutan

석축(石築) dinding batu yang memperkuat ⊙ 석축제방 tanggul (tambak) dari batu

석탄(石炭) batu arang; batu bara ¶ 석탄을 때다 membakar batu bara ⊙ 석탄가스 gas batu bara. 석탄갱부 buruh tambang batu bara. 석탄매장량 jumlah lapisan batu bara 《yang diperkirakan》. 석탄 차 gerobak batu bara. 석탄층 lapisan batu bara

석탑(石塔) pagoda (stupa) batu

석판(石版) cétakan dari batu (logam) yang ditulisi (digambari); tulisan (gambar) yang dilukiskan logam (batu badar) ⊙ 석판인쇄 percétakan (cétakan) lithografis

석패하다(惜敗-) dikalahkan dengan perbédaan angka yang tipis sekali

석필(石筆) pénsil untuk batu tulis (papan tulis)

석학(碩學) sarjana yang hébat (yang termasyhur)

석화(石火) percikan api; api (bunga api) dari gerétan ¶전광석화 같이 seperti cahaya kilat (halilintar); sangat cepat

석회(石灰) limau; kapur ¶석회분이 많은 음식 makanan yang banyak zat kapur ⊙ 석회석【암】batu kapur. 석회수 air yang mengandung kapur

섞갈리다 membingungkan; menjadi bingung

섞다 ①【혼합하다】bercampur; bergaul; mencampurkan; menggabungkan; (불순물을) mencampurkan; memalsukan dengan ②【패 등을 뒤섞다】membaur; mengocok ¶패를 잘 섞으세요 Kocok kartu dengan baik.

섞바꾸다 mengacau; mencampurkan; mengocok; mengucek-ngucek

섞바뀌다 diaduk; dicampurkan; dikucek-kucek

섞이다 ①【혼합되다】menjadi bingung ¶유머가 섞인 연설 pidato yang dibumbui (dicampuri) dengan humor ②【남들과】bercampur ¶군중 속에 섞이다 bercampur di antara orang banyak ③【패 등이 뒤섞이다】tercampur baur

선 ①【맞선】pertemuan dengan tujuan pertunangan pernikahan ¶선보다 temu muka dengan calon pengantin ②【첫 등장】début; pemunculan pertama di muka umum

선(先) ①【차례】lebih diutamakan dari pada; lebih tinggi ②【바둑 · 장기의】giliran *(langkah) yang pertama* ③【화투 · 카드 놀이의】pembagi ¶선을 하다【두다】mendapat giliran pertama ④【돌아간】almarhum ¶선대인 almarhum ayahmu

선(善) kebaikan; kebajikan; sifat baik;【선행】perbuatan baik ¶선과 악 baik ban buruk (jahat)

선(腺) kelénjar ¶림프선 kelénjar getah bening

선(線) ①【줄】garis; baris ¶선을 긋다 membatasi; mengambil batas ②【수준】tingkat; derajat ③【씨줄 · 날줄】¶자오선 garis bujur ④【전화 · 전선 등의】kawat; kabel ¶전화선 kawat (kabel) téléfon ⑤【철도 · 항로】jalan ¶2번선 jalan (rute) yang ke dua/상행【하행】선 jalan yang naik【yang turun】⑥【사물의 윤곽】bentuk

선(縇) tepi; pinggir; tebing; rumbai-rumbai; hiasan tambahan ¶선을 두르다 memasangkan hiasan tambahan

선(選) pilihan; pemilihan ¶선에 들다 dipilih; terpilih

선(禪)【불교】Zen; Méditasi

선-【덜됨】tidak terlatih; tidak terdidik; tidak mahir; tidak ahli; belum déwasa; belum matang; masih hijau; baru ¶선무당 dukun yang tidak mahir. 선머슴 anak yang belum déwasa (tidak terdidik)

-선(船) kapal ¶외국선 kapal asing/운송선 kapal pengangkut (angkutan)

선가(船價) ongkos kapal;【화물의】tarif muatan (pengangkutan); ongkos kirim

선가(禪家)【불교】kuil Zén (pendéta Zén)

선각하다(先覺-) melihat (merasa) sebelumnya; meramalkan

선각자(先覺者) orang yang bisa melihat ke masa depan; pemimpin yang bijaksana; pelopor; pionir; perintis jalan ¶시대의 선각자이다 mendahului zaman; sudah lebih maju

선개교(旋開嬌) jembatan yang memutar (berputar)

선객(先客) tamu yang terdahulu; tamu yang sebelumnya

선객(船客) penumpang kapal ¶1(2)등 선객 penumpang kelas pertama【ke dua】⊙ 선객명부 daftar penumpang. 선객 실 tempat tinggal penumpang

선거(船渠) dok; galangan kapal ⊙ 건선거 dok kering; dok darat. 습선거 dok basah; dok air

선거(選擧) pemilihan 선거하다 memilih; memberikan suara; mengusulkan ¶선거에 나서다(출마하다) mencalonkan diri untuk pemilihan ⊙ 선거구 daérah (wilayah) pemilihan. 선거관리 administrasi pemilihan. 선거법 hukum (undang-undang) pemilihan: 선거법위반자 pelanggar hukum pemilihan. 선거운동 kampanye pemilihan: 사전 선거운동 kampanye pemilihan sebelum waktu. 선거위원 anggota panitia pemilihan. 선거연설 pidato kampanye. 선거인 pemilih. 선거일 hari pemilihan; hari pemungutan suara. 총선거 pemilihan umum. 대【소】선거구제 sistém eléktorat besar【kecil】

선견(先遣) 선견하다 mengirimkan (mengutus) sebelumnya ⊙ 선견부대 pasukan terdepan

선견지명(先見之明) kebijaksanaan; kebijaksanaan untuk melihat jauh ke depan ¶선견지명이 없는 yang tidak bijaksana; yang berpandangan dangkal/선견지명이 있다 berpandangan jauh ke depan; mempunyai pandangan jauh (luas)

선결(先決) keputusan sebelumnya 선결하다 memutuskan (menentukan) sebelumnya ⊙ 선결문제 persoalan sebelumnya; persoalan yang dahulu; prasyarat 선결요건 prasyarat; syarat sebelumnya

선경(仙境) tempat kediaman ahli sihir; negeri dongéng; tempat yang menyenangkan dan menarik; tanah (taman) yang mempesona

선고(先考) almarhum ayah

선고(宣告) pengumuman; pemberitahuan ①【알리다】 beritakan; memberitakan; mengatakan; menyiarkan ②【판결】 keputusan; pernyataan; pengumuman; (재판의) keputusan pengadilan; putusan 선고하다 menjatuhkan hukuman; memvonis; menghukum ¶사형을 선고하다 menjatuhkan hukuman (menghukum) mati kepada

선곡(選曲) pemilihan musik 선곡하다 memilih lagu

선공하다(先攻-) 【야구】 menyerang pertama kali

선광(選鑛) bijih besi bersih 선광하다 membersihkan bijih besi

선교(宣敎) pekerjaan misionari; pekerjaan menyebarkan Injil 선교하다 menyebarkan; mengajarkan agama ⊙ 선교사 penyebar Injil; pendakwah Injil. 선교사단 misi; perutusan

선교(船橋) 【배다리】 jembatan ponton; 【배의 갑판의】 jembatan

선구(先驅) ①【앞섬】 petunjuk; bimbingan; peranan penting ¶선구가 되다 menjadi orang pertama; menunjuk jalan ②⟹ 선구자 ③【차 · 말의】 barisan depan

선구자(先驅者) pelopor; pionir; perintis jalan

선구적(先驅的) ¶선구적인 역할을 하다 memainkan peran utama

선글라스 kacamata mentari; kaca mata hitam

선금(先金) pembayaran sebelumnya; pembayaran di muka ¶선금을 치르다 membayar di muka

선급(先給) pembayaran di muka; pembayaran sebelumnya

선급(船級) penggolongan (golongan) tentang kapal; klasifikasi kapal ⊙ 선급증서 sertifikat klasifikasi

선남선녀(善男善女) para pria dan wanita; orang muda yang berhati bersih (tulus)

선납(先納) pembayaran sebelumnya 선납하다 membayar di muka; membayar lebih dulu

선내(船內) ¶선내에 di dalam kapal

선녀(仙女) bidadari

선다형(選多型) sistém pilihan ganda ⊙ 선다형 문제 pertanyaan (soal) pilihan ganda

선단(船團) armada; kesatuan kapal ⊙ 출어선단 armada penangkapan ikan

선대(先代) ①【앞 세대】 zaman (masa) sebelumnya; angkatan (génerasi) sebelumnya ②【선조】 leluhur (pendahulu) ((dalam garis keluarga)); génerasi sebelumnya (yang lalu)

선대(船臺) dék; dok

선도(先導) pimpinan; pedoman; kepemimpinan; bimbingan 선도하다 menuntun; membimbing; memimpin; memandu; mendahului ⊙ 선도자 pemandu; pemimpin. 선도차 mobil yang memandu (menuntun)

선도(鮮度) kesegaran ¶선도가 높은 sangat segar/선도가 떨어지다 menjadi kurang segar

선도(善導) bimbingan yang baik (yang bijaksana) 선도하다 memimpin; menuntun; menuntun ke jalan kebajikan (kebaikan); membimbing kembali ke jalan yang benar

선동(煽動) hasutan; dorongan 선동하다 menghasut; bersekongkol (berkomplot) dengan; mendorong ¶선동적(인) yang bersifat menghasut; durhaka/ 누군가의 선동을 받아 atas hasutan (dorongan) seseorang ⊙ 선동자 penghasut

선두(先頭) garis terdepan; bagian depan; kepala; peranan penting; petunjuk ¶아무를 선두에 세우고 dipimpin (dikepalai) oléh ⊙ 선두부대 barisan depan; pasukan yang memimpin (yang terpenting). 선두주자 pelopor; pratanda. 선두타자 pemukul pertama

선득거리다 ①【추워서】 merasa dingin ②【놀라서】 merasa takut (ngeri)

선들 ⇒산들-

선들바람 angin yang sejuk; angin yang sepoi-sepoi

선떡 kué yang setengah matang

선뜩 dengan rasa dingin yang mendadak 선뜩하다 dingin; merasa dingin ((karena ngeri, takut))

선뜻 【가볍게】 énténg; ringan; 【흔쾌히】 dengan senang hati; dengan mudah; 【빨리】 dalam waktu singkat; dengan cepat

선디 éskrim berisi setrup

선량(善良) kebaikan; kebajikan 선량하다 baik ¶ 선량한 시민 warganegara yang baik (yang mematuhi hukum)

선량(選良) *wakil* rakyat; pilihan rakyat

선령(船齡) umur sebuah kapal

선례(先例) 【전례】 contoh yang terlebih dahulu (yang pertama); sesuatu yang bisa dijadikan teladan (contoh) ¶선례가 없는 일 hal yang belum pernah terjadi sebelumnya/선례로 삼다(하다) mengambil sebagai contoh

선로(線路) rél jalan keréta api; jalan; jejak; jurusan ¶선로를 놓다 (깔다) membuat jalan (jalan keréta api ⊙ 선로공사 pembuatan jalan keréta api

선린(善隣) hubungan baik; persahabatan dengan baik ⊙ 선린관계 hubungan persahabatan dan keramah-tamahan. 선린정책 kebijakan untuk bertetangga yang baik

선망(羨望) iri pada 선망하다 mengirikan; merasa iri hati; melihat (memandang) dengan iri hati

선매(先賣) penjualan di muka (sebelumnya) 선매하다 menjual sebelumnya ⊙ 입도(立稻) 선매 penjualan hasil padi sebelum panen

선매권(先賣權) hak untuk memiliki (membeli) lebih dulu ¶선매권을 얻다 memiliki hak lebih dulu

선머슴 ①【개구쟁이 남자 아이】 anak laki-laki yang liar (jahat; nakal) ②【차분하지 못한 여자 아이】 tomboi

선명하다(宣明-) menyatakan; memproklamasikan; memberitahukan; mempermaklumkan; mengumumkan dengan resmi; menyebar-luaskan

선명(鮮明) kejelasan; keterangan; keadaan yang terang (jelas; jernih) 선명하다 terang; jelas; bersih; nyata; hidup ¶ 선명하게 dengan jelas ⊙ 선명도 ((tingkat)) ketajaman. 선명야당 partai oposisi yang tegas

선무(宣撫) pengamanan; perdamaian; penenangan ⊙ 선무공작 operasi (kegiatan) pengamanan

선무당 dukun yang tidak mahir

선문답(禪問答) teka-teki Zen; pertanyaan dan jawaban yang kurang jelas

선물(先物) ①⇒ 맏물 ②【경제】 spékulasi ((saham)) ¶선물거래를 하다 mengadakan usaha dagang secara spékulasi ⊙ 선물거래 perdagangan spékulasi; perdagangan secara berspékulasi

선물(膳物) buah tangan; hadiah; cendramata; kado; oléh-oléh; souvenir; pemberian; persembahan 선물하다 memberikan hadiah kepada ¶해외여행의 선물 oléh-oléh dari perjalanan ke luar negeri/선물을 주다 ⇒ 선물하다 ⊙ 선물 가게 toko cenderamata; toko hadiah. 생일 선물 kado (hadiah) hari ulang tahun. 연말【크리스마스】 선물 hadiah akhir Tahun【hadiah Natal】

선미(船尾) buritan; bagian belakang kapal ⊙ 선미갑판 geladak belakang

선민(選民) orang yang terpilih ⊙선민사상 doktrin pemilihan; elitisme; sikap mendahulukan kaum atas

선바이저 penahan sinar matahari

선박(船舶) kapal; perkapalan; pelayaran ⊙ 선박국적 증서 surat keterangan mengenai kebangsaan sebuah kapal. 선박 소유자 pemilik kapal. 선박 업 usaha perkapalan. 선박입항【출항】신고 izin untuk masuk【keluar】 sebuah kapal. 선박 회사 perusahaan perkapalan

선반 rak ¶선반을 매다 membuat (memasang) rak

선반(旋盤) mesin bubut ⊙ 선반공 orang yang mengerjakan mesin bubut: 선반공으로 일하다 mengerjakan mesin bubut

선발(先發) ①【선발 투수】 ¶선발 투수로 기용하다 menunjuk seseorang sebagai penangkap bola pertama ②【남보다 먼저 시작함】 선발하다 memulai mendahului orang lain ⊙ 선발 투수【야구】 pelempar bola yang memulai

선발(選拔) pilihan; pemilihan 선발하다 memilih ¶선발된 yang terpilih ⊙ 선발군【팀】 regu yang terpilih. 선발시험 ujian untuk dapat memilih

선방(善防) pembelaan (pertahanan) yang baik 선방하다 mengadakan pembélaan yang baik

선배(先輩) senior; orang yang lebih tua; atasan; pemimpin; pendahulu ¶ 선배연하다 bersikap (berlagak) sebagai senior (orang yang lebih tua)

선별(選別) penyortiran; pilihan;【광석의】 pemusatan; konséntrasi 선별하다 menyortir; memisah-misahkan; memilih; memusatkan pikiran ⊙ 선별 공 tukang pilih; orang yang memilih-milih. 선별융자 peminjaman seléktif

선보다【맞선을】 saling bertemu dengan maksud untuk pernikahan

선봉(先鋒) barisan depan ¶선봉이 되다 memimpin barisan depan; menjadi pelopor untuk maju (menyerang)

선부(先夫) suami yang almarhum; suami yang sudah meninggal

선분(線分)【기하학】 garis lurus yang pasti (tertentu)

선불 peluru nyasar; peluru yang kesasar

선불(先拂) uang muka; pembayaran di muka 선불하다 membayar di muka; membayar lebih dulu ((gaji, upah)) ⊙ 선불 금 uang yang dibayar di muka; pembayaran sebelumnya. 선불 제 sistém prabayar. 선불카드 kartu prabayar

선비 sarjana; orang terpelajar

선비(先妣) ibu yang almarhum; ibu yang sudah meninggal

선사(先史) prasejarah ⊙ 선사시대 masa prasejarah

선사(善事) pemberian; penyajian 선사하다 memberikan hadiah kepada; mempersembahkan ((lagu)) ¶ 선사를 받다 menerima (mendapat) hadiah

선사(禪師)【불교】 pemimpin (pendéta) aliran Zen; pendéta yang mulia

선산(先山) pekuburan (makam) leluhur (keluarganya) ¶선산에 성묘 하다 memberi penghormatan di pekuburan keluarga

선상(船上) ⊙ 선상난민 pengungsi di kapal

선생(先生) ①【교사】 guru; pengajar ¶ 선생이 되다 menjadi guru ②【존칭】 Tuan; Bapak;【의사】 dokter ③【당신】 anda ⊙ 학교 선생 guru sekolah

선서(宣誓) sumpah; pembebasan bersyarat 선서하다 bersumpah ⊙ 선서문 pernyataan ((penurunan dari tahta; endapan)); sumpah yang ditulis. 선서증인 déponén

선선하다 ①【날씨가】 sejuk; dingin; menyegarkan ②【사람 · 태도가】 jujur; tulus ikhlas; terus terang;【서술적】 mau melakukan; siap sedia untuk mengerjakan

선선히 dengan jujur; dengan terus terang; dengan bersemangat; dengan gembira;【기꺼이】 dengan mudah; dengan rela

선소리 kata-kata yang tak masuk akal (mustahil); omong kosong; bualan

선손질하다 memulai perkelahian (pertengkaran)

선수(先手) ¶선수를 치다【쓰다】mengambil【menggunakan; mendapat】inisiatif; mendahului yang lain/선수를 빼앗기다 tercegah; dicegah

선수(船首) haluan; kepala; bagian depan

선수(選手) ①【운동선수】 pemain; atlit; regu ¶국가 대표 선수 anggota tim nasional ②【어떤 일을 익숙하게 잘 하는 사람】 profesional; ahli ⊙ 선수단 regu; tim. 선수선서 sumpah para atlit. 선수촌 perkampungan para atlit. 후보 선수 pemain cadangan

선수권(選手權) gelar juara; kejuaraan ⊙ 선수권보유자 pemegang gelar juara; juara bertahan. 세계 선수권 gelar kejuaraan dunia (Internasional)

선술집 bar; kedai minuman

선승하다(先勝-) memenangkan pertandingan pertama; mencétak gol (angka) pertama

선실(船室) kamar di kapal; tempat tinggal penumpang ¶1등【2등】선실 kamar kelas satu【kelas dua】di kapal/선실을 예약하다 memesan tempat di kapal (di keréta api)

선심(善心) hati yang baik; peramah; kemurahan hati; kedermawaan; kebajikan; perbuatan baik ¶선심을 쓰다 berbuat jasa kepada; melakukan kebaikan

선심(線審)【축구】penjaga garis

선악(善惡) baik dan/atau jahat; sifat baik dan sifat buruk; benar dan salah ¶ 선악을 분별하다 membédakan (melihat) yang baik dari yang buruk (jahat) ⊙ 선악과(果)【성경】hasil Pohon Pengetahuan 《tentang kebaikan dan kejahatan》

선약(仙藥) obat yang sangat manjur; obat yang mujarab untuk segala macam penyakit kehidupan

선약(先約) perjanjian (janji) sebelumnya ¶ 선약이 있다 mempunyai perjanjian sebelumnya; sudah mempunyai janji lebih dahulu

선양(宣揚) peningkatan; peninggian; kenaikan 선양하다 meningkatkan; menaikkan; memuliakan; mengagungkan ⊙ 국위 선양 peningkatan martabat (wibawa) nasional

선언(宣言) pernyataan; pengumuman; proklamasi 선언하다 mengumumkan; menyatakan; memproklamirkan ⊙ 독립 선언 pernyataan kemerdékaan. 선언서 surat déklarasi; surat pernyataan

선열(先烈) para nénék moyang yg patriotik; martir; syuhada ⊙ 순국선열 para patriot (pencinta tanah air) yang syuhada (yang mati syahid)

선왕(先王) raja yang almarhum; raja yang terdahulu

선외(選外) yang tidak ada dalam seléksi (pemilihan) ¶선외의 tidak ada dalam seléksi (pemilihan); mengapkir; tidak terpilih; ditolak; diapkir ⊙ 선외가작(佳作) karya baik yang tidak terseléksi

선용(選用) penggunaan yang baik 선용하다 mempergunakan (memakai; mendayagunakan) dengan baik; memanfaatkan dengan bijaksana

선웃음 senyum yang terpaksa ¶선웃음을 치다 tertawa (tersenyum) yang dibuat-buat (yang pura-pura); tersenyum yang terpaksa

선원(船員) awak kapal; pelaut; kelasi ¶선원이 되다 menjadi pelaut (kelasi anak kapal) ⊙ 선원생활 kehidupan pelaut (kelasi). 고급 선원 perwira kapal. 하급 선원 pelaut; kelasi; anak kapal

선유(船遊) pesiar dengan berlayar

선율(旋律) lagu; nyanyian ¶선율적 merdu; bersifat mélodi

선의(善意) pengertian (perasaan) yang baik; maksud (tujuan) yang baik ¶선의의 bermaksud baik/선의의 경쟁 persaingan (kompetisi) dengan cara yang jujur (yang baik)

선이자(先利子) suku bunga yang dibayar sebelumnya (yang dibayar di muka)

선인(仙人) ⇒ 신선(神仙)

선인(先人) ①⇒ 선친(先親) ②【전대의 사람】 pendahulu; leluhur;【선구자】para pelopor; para perintis jalan ¶선인미답의 발자취를 더듬다 menempuh jalan yang belum ditempuh

선인(船人) ⇒ 뱃사람

선인(善人) orang yang berbudi luhur; orang yang saléh ¶선인과 악인 yang baik dan yang jahat; 【비유적】 biri-biri dan kambing

선인선과(善因善果) 【불교】 hasil (akibat) perbuatan yang baik; pahala; imbalan

선인장(仙人掌) kaktus ¶선인장 가시에 찔리다 tertusuk duri batang kaktus

선임(先任) kesenioran; senioritas; kedudukan yang lebih tinggi; 【전임자】 pendahulu ¶선임의 senior; lebih tua; atasan ⊙ 선임 병 tentara senior. 선임 연구원 peneliti senior. 선임 장교 perwira atasan; perwira tinggi

선임(船賃) biaya perjalanan

선임(選任) pemilihan 선임하다 memilih dan menentukan ¶선임되다 terpilih

선입감(先入感) pendapat yang diambil sebelumnya; prasangka; praanggapan

선입견(先入見) pendapat yang diambil sebelumnya; prasangsa; praduga ¶선입견을 품다(가지다) berprasangka; berpraduga; mempunyai gagasan (pendapat) yang dipertimbangkan sebelumnya

선입관(先入觀) pandangan (gagasan) berprasangka

선자(選者) pemilih; orang yang berhak memilih; hakim; wasit; penilai

선잠 ¶선잠을 자다 tidur sebentar; tidur ayam; tidur sekejap; tidur tidak tenang; tidur yang gelisah; tertidur sebentar-sebentar

선장(船長) nakhoda; kapten kapal ⊙ 선장실 ruang nakhoda di kapal

선적(船積) kiriman; pengiriman; pengangkutan dengan kapal; pengapalan; pemuatan; muatan 선적하다 mengirimkan (mengapalkan) muatan; memuati; mengisi kapal ⊙ 선적인 pengirim; pengangkut. 선적항(港) pelabuhan untuk pemuatan (pengiriman) barang. 선적화물 muatan

선적(船籍) kebangsaan sebuah kapal; bendéra kapal ¶미국 선적의 배 kapal yang berkebangsaan Amerika ⊙ 선적항 pelabuhan régister (tempat pendaftaran)

선전(宣傳) ①【주의 · 주장 등을】 propaganda; publisitas ②【광고 등을】 iklan; adverténsi 선전하다 menyebarkan; mengiklankan; memasang iklan ¶선전을 위해 untuk tujuan propaganda ⊙ 선전방송 siaran radio yang berisi iklan. 선전부 bagian publikasi; bagian humas (hubungan masyarakat). 선전 포스터 poster iklan; poster propaganda. 악선전 propaganda bohong (palsu); propaganda yang membahayakan (yang jahat)

선전(宣戰) ⇒ 선전 포고

선전(善戰) perjuangan pertandingan (pertempuran) yang baik 선전하다 berjuang (bertempur; bertanding) dengan baik

선전포고(宣戰布告) pernyataan (pengumuman) perang 선전포고하다 menyatakan (mengumumkan) perang 《terhadap》

선점(先占) pendukukan sebelumnya ⊙ 선점취득 peroléhan karena pemilikan

선정(善政) pemerintahan yang baik ¶선정을 베풀다 memerintah dengan baik (dengan bijaksana)

선정(選定) pilihan 선정하다 memilih; menyeléksi

선정적(煽情的) yang menghasut; sénsasional; menggairahkan; menggiurkan; penuh berahi ⊙ 선정적 소설 novél yang penuh berahi (yang menggairahkan)

선제(先制) skor (angka) pertama ¶선제 점을 올리다 mencétak angka pertama

선제공격(先制攻擊) serangan terlebih dahulu (lebih dulu) 선제공격하다 mengadakan serangan lebih dulu; menyerang 《musuh》 terlebih dahulu (lebih dulu)

선조(先祖) nénék moyang; leluhur

선주(船主) pemilik kapal

선지 *seonji;* darah hewan segar ⊙ 선짓국 *seonjiguk*; sup dari darah lembu jantan. 선짓덩이 《gumpalan》 darah yang kentol

선지자(先知者) Nabi; Rasul

선진(先陣) barisan depan; bala tentara ¶선진이 되다 memimpin barisan depan

선진(先進) maju ⊙ 선진기술 téknologi maju. 선진조국 tanah air yang maju

선진국(先進國) negara (bangsa) yang maju

선집(選集) karya pilihan; buang rampai
선착(先着) ①【먼저 도착】kedatangan yang terdahulu (yang pertama) sebelumnya ¶선착 자 pendatang pertama (terdahulu) ②【먼저 착수】 usaha (perbuatan; pengusahaan) terdahulu 선착하다 berusaha pertama kali; mengerjakan pertama kali
선착순(先着順) ¶선착순으로 dengan urutan kedatangan
선착장(船着場) dermaga
선창하다(先唱-) memimpin paduan suara; memukul irama; 【비유적】 menganjurkan; menyokong
선창(船窓) tingkapan ((di sisi kapal))
선창(船艙) dermaga ¶선창까지 전송하다 mengantarkan ke dermaga
선책(先策) rencana yang baik (yang besar); kebijaksanaan yang baik
선처(善處) 선처하다 berbuat sebaik-baiknya; mengambil tindakan yang tepat; membantu kesulitan ¶선처를 부탁드립니다 Saya meminta anda mengelolanya (mengurusnya) dengan baik.
선천적(先天的) asli; asal; alamiah; inhéren; dibawa sejak lahir; pembawaan dari (sejak) lahir; 【유전적】 yang diwarisi; turuntemurun ¶선천적 불구 bentuk cacat bawaan sejak lahir
선체(船體) lambung kapal ¶선체를 인양하다 menyelamatkan lambung kapal
선출(選出) pemilihan 선출하다 memilih ¶종로에서 선출되다 terpilih dari Chongno
선취(先取) 선취하다 mengambil (menduduki) duluan; menduduki (memiliki) lebih dulu ¶한 점을 선취하다 mencétak satu angka pertama dari pertandingan; (야구에서) mencétak angka lebih dulu
선취권(先取權) hak pra pendudukan
선취특권(先取特權) hak prioritas; prioritas untuk menuntut; hak préferensial
선친(先親) almarhum ayah saya
선탁(宣託) ilham; inspirasi; ramalan; sabda déwa; jawaban yang sangat bijaksana; firman
선택(選擇) pilihan; pemilihan 선택하다 memilih ¶…의 선택에 맡기다 membiarkan untuk memilih ⊙ 선택권 hak untuk memilih; opsi. 선택법 cara (métode) untuk memilih
선탠 warna kulit sawo matang; menyamak kulit ¶선탠로션을 바르다 memakai pelembab sinar matahari
선편(先鞭) prakarsa; inisiatif ¶선편을 대다 mengambil prakarsa (inisiatif)
선편(船便) dinas (jasa) pengapalan; jasa mengangkutan dengan kapal ¶선편으로 dengan kapal
선포(宣布) pernyataan resmi; pengumuman; proklamasi 선포하다 menyatakan; mengumumkan; mengumumkan dengan resmi; menyebarluaskan
선표(船票) tikét (karcis) penumpang; tikét (karcis) kapal
선풍(旋風) angin puyuh; angin taufan; topan ¶(일대) 선풍을 일으키다 menimbulkan sénsasi yang besar
선풍기(扇風機) kipas angin listrik
선하(船荷) muatan kapal; pengangkutan; kargo ⊙ 선하주 pengangkut; pengirim
선하다 terbayang jelas dalam ingatan ¶눈에 선하다 hidup dalam ingatan
선하다(善-) ⇒ 착하다
선하품【억지의】kuap sedikit;【소화 불량시의】kuap yang disebabkan oléh salah cerna 선하품하다 memaksakan menguap; menguap sedikit
선학(禪學) ajaran dari sekte (mazhab) Zen
선행(先行) yang terdahulu 선행하다 mendahului; pergi duluan; pergi lebih dulu ¶시대에 선행하다 mendahului masa (waktu) ⊙ 선행사【문법】kata atau bagian kalimat yang mendahului kata pengganti. 선행지수【경기의】 penunjuk gabungan yang utama (yang terpenting). 선행지표 petunjuk yang utama
선행(善行) perilaku yang baik; tingkah laku (perbuatan) yang baik
선향(仙鄕) tempat yang sangat indah dan menyenangkan
선험(先驗) ⊙ 선험론 faham transendéntal; kesadaran (pengertian) yang sukar dipahami
선험적(先驗的) transendén-talisme; apriori ¶선험적으로 인식하다 memahami secara

intuitif; tahu secara intuisi
선헤엄 renang berdiri; renang menginjak-injak air
선현(先賢) orang bijaksana zaman dulu
선혈(鮮血) darah yang segar ¶선혈이 낭자하다 berlumuran darah; bergelimang darah
선형(扇形) bentuk kipas ¶선형의 berbentuk kipas
선호(選好) pilihan; preferénsi 선호하다 lebih suka; melebihkan; berkenan ¶남아 선호사상 lebih suka anak laki-laki daripada anak perempuan ⊙ 선호도 preferénsi; pilihan
선홍색(鮮紅色) mérah tua; mérah padam
선회(旋回) putaran; perkisaran 선회하다 berputar; berkisar ⊙ 선회비행 penerbangan sirkulér (memutar); penerbangan yang tidak langsung
선후(先後) 【앞뒤】 depan dan belakang; permulaan dan akhir; 【순서】 urutan; rangkaian; rentetan ¶사건의 선후 관계를 분명히 하다 membuat jelas urutan kejadian
선후배(先後輩) senior dan yunior
선후책(善後策) usaha (tindakan) pemulihan (perbaikan) ¶선후책을 강구하다 merencanakan usaha (tindakan) perbaikan; mempertimbangkan (memikirkan) bagaimana mengatasi keadaan
섣달 bulan ke 12 Imrék ⊙ 섣달그믐 malam tahun baru Imrék
섣불리dengan terburu-buru; dengan gegabah; dengan kurang pikir; dengan janggal; dengan canggung; tanpa berhati-hati; tanpa pemikiran; tanpa pikiran ¶ 섣불리 입 밖에 내다 membuka rahasia kesembronoan
설(정초) 《waktu》 Tahun Baru Tahun Kamariah (Imrék) ¶설(을) 쇠다 merayakan hari tahun baru
설(說) ①【의견】 opini; pendapat; pikiran ②【학설 · 신조】 téori; ajaran; doktrin ③【소문】 desas-desus; kabar angin; percakapan; 【해석】 vérsi ¶…라는 설이 있다 Ada desas-desus bahwa …
설- tidak cukup; setengah selesai ¶설익은 setengah masak
설거지 cucian piring 설거지하다 mencuci piring
설겅거리다 setengah matang; separoh masak; tidak halus; tidak matang sepenuhnya; mengunyah dengan sukar
설겅설겅 pengunyahan yang sukar (susah; keras); yang setengah matang
설경(雪景) pemandangan bersalju
설계(設計) perencanaan; rencana; rancangan 《modél; bentuk》 설계하다 ①【계획 등의】 merencanakan; membuat rencana; merancang; menyusun rencana ②【건물 등의】 mendesain ⊙ 설계도 cétak biru; skéma; gambar rancangan. 설계자 perencana; perancang
설교(說敎) ①【성직자의】 khotbah; wejangan 설교하다 berkhotbah; memberikan khotbah (nasehat) ②ceramah yang memperbincangkan soal salah dan benar; omélan; hardikan; bantahan; keluhan 설교하다 mengoméli; memarahi; menegur (memperingatkan) ¶설교를 듣다 dimarahi; dioméli ⊙ 설교단 mimbar. 설교사 khatib; pendéta
설기 kué beras yang dikukus
설날 Hari Tahun Baru tahun Kamariah
설다 ①【설익다】 mentah; belum matang; setengah masak ¶선 과일 buah-buahan yang tidak matang ②【술 · 김치 등이】 tidak meragi ③【잠이】 tidak cukup tidur ④【익숙지 않다】 tidak biasa ¶낯이 설다 tidak dikenal; asing ⑤⇒ 서럽다
설다루다 mengurus dengan tidak hati-hati; keliru menangani
설대 gagang pipa dari bambu ¶설대 같다 lurus
설득(說得) bujukan; bujuk rayu; rayuan; persuai 설득하다 membujuk; mendesak ⊙ 설득력 daya persuai; kekuasaan (kekuatan) yang meyakinkan
설렁거리다 ①【바람이】 meniup dengan lembut; meniup sepoi-sepoi ②【걷는 꼴】 berjalan cepat
설렁탕 *seolleongtang;* sup tulang dan bagian dalam daging sapi 《dan nasi》
설렁하다 agak (sedikit) dingin
설레다 berdebar; berdenyut-denyut; 【불안 흥분으로】 merasa gelisah ¶가슴이 설레

다 Hatinya berdebar-debar.

설레설레 ⇒ 살래살래 ¶고개를 설레설레 젓다 menggéléng-géléngkan kepala

설령(設令) sekalipun; sungguhpun; meskipun; bahkan saja ¶설령 어떠한 일이 있더라도 apapun yang mungkin terjadi

설립(設立) pendirian; pembentukan; pembuatan; fondamén 설립하다 mendirikan; mengadakan; membentuk ⊙ 설립자 pendiri; organisator. 설립취지서 prospéktus; buku sebaran

설마 masa; masakan; mana boléh; tidak mungkin ¶설마 한들【하니】? Sungguh? *atau* Betulkah demikian?

설맞다 tidak mengenai yang dituju; memelését; tidak mengenai sasaran

설맹(雪盲) buta salju; 【의학】 nifablésia

설명(說明) keterangan; penjelasan; ilustrasi; uraian; 【삽화나 사진의】 tulisan di bawah gambar 설명하다 menerangkan; menjelaskan; memberi keterangan (penjelasan); menguraikan ⊙ 설명서 surat keterangan; catatan penjelasan; buku pedoman éksploitasi. 설명자막 téks bawah pada film

설문(設問) pertanyaan; soal 설문하다 mengajukan pertanyaan; mengemukakan soal ¶설문 조사를 하다 melakukan survai ⊙ 설문지 daftar tanyaan

설법(說法) khotbah ((penganut Budha)); wejangan 설법하다 berkhotbah; memberikan khotbah

설복(說服) ⇒ 설득 pérsuasi

설봉(舌鋒) ¶날카로운 설봉으로 dengan ucapan (lidah) yang tajam

설비(設備) 설비하다 memperlengkapi dengan; memasang; menempatkan; memberi akomodasi (penginapan); menampung ¶…의 설비가 되어 있다 dipelengkapi (ditempatkan) dengan ⊙ 설비투자 invéstasi dalam peralatan (fasilitas)

설빔 baju baru (pakaian) untuk tahun *baru; pakaian bagus yang* dipakai (dikenakan) pada hari tahun baru 설빔하다 berdandan untuk menyambut tahun baru

설사(泄瀉) mencérét; 【의학】 diaré 설사하다 menderita diaré; mencirit; memurus ¶설사를 막다 menghentikan diaré ⊙ 설사약 obat diaré

설사(設使) sekalipun; sungguhpun

설산(雪山) gunung yang diliputi salju

설상가상(雪上加霜) ¶설상가상으로 memperburuk; memperparah

설설 ①【끓는 모양】 pelan-pelan; perlahan-lahan; dengan hangat ②【순종하는 모양】 ¶ 설설 기다 di bawah kekuasaan (pengaruh); dibawah pengaruh; 【무서워서】 ketakutan; takut; gelisah; gugup

설암(舌癌) 【의학】 kanker lidah

설야(雪夜) malam yang penuh salju; malam yang bersalju

설왕설래하다(說往說來-) memperdebatkan (mendesak) bolak-balik; mempertengkarkan; bercékcok; berbantah-bantahan; bersilang kata

설욕(雪辱) ①【치욕 등의】 usaha pertahanan atas kehormatan 설욕하다 menebus malu; mempertahankan kehormatan; menghapuskan rasa malu ②【패배의】 membalas kekalahan 설욕하다 melakukan balas dendam atas kekalahan ⊙ 설욕전 pertandingan balasan dendam

설움 kesedihan; kepiluan; dukacita; penderitaan; keadaan susah; keadaan sedih (sukar); sengsara; kesengsaraan ¶설움을 겪다 【당하다】 mendapat kesulitan (kegagalan; kesengsaraan)

설원(雪原) lapangan yang ditutupi salju

설원하다(雪冤-) membersihkan diri dari tuduhan palsu; membuktikan keadaan tidak bersalah

설유(說諭) teguran; peringatan; naséhat 설유하다 menegur; memperingatkan; mengingatkan

설익다 setengah matang; setengah masak

설인(雪人) orang-orangan dari salju (yang buruk)

설전(舌戰) peperangan secara lisan; pembicaraan (diskusi) yang panas; perang kata; perang mulut 설전하다 berperang kata

설정(設定) pendirian; pembukaan; pembuatan 설정하다 mendirikan; mengadakan; menentukan; menciptakan; membuat; menentukan; menyediakan; mengatur; memasang; menetapkan ¶기금(基金)을 설정하다 menetapkan (uang) dana ⊙저당권설정 penetapan hak hipotéк

설중(雪中) ¶설중의【에】 di dalam salju; melalui (meléwati) tengah-tengah salju

설차림하다 mempersiapkan (menyediakan) masakan untuk pésta tahun baru

설측음(舌側音)【음성】 bunyi sampingan

설치(設置) pendirian; pembentukan; yayasan; pemasangan; instalasi 설치하다 mendirikan; mengadakan; membentukan; memasang; membuat; menempatkan; mengorganisasikan ⊙설치비 biaya pemasangan

설치다 ①【중도에 그만두다】 membiarkan ((keadaan; hal)) setengah selesai; mengerjakan setengah-setengah;【잠을】 tidur dengan susah (dengan buruk); gagal untuk bisa tidur; tak dapat tidur ②【날뛰다】 menyerbu; marah-marah; mengamuk

설탕(雪糖) gula ⊙ 설탕가루 gula bubuk; gula pasir. 설탕그릇【식탁용】 mangkuk gula. 설탕물 air gula. 모래 설탕 gula pasir. 백【정제】설탕 gula putih【murni; halus】. 흙 설탕 gula kasar; *muscovado*

설 태(舌苔)【의학】 sariawan ¶설 태가 낀 혀 lidah sariawan

설파(說破) penjelasan; pernyataan yang jelas;【논파】 pembuktian kesalahan (sangkalan) 설파하다 menyatakan dengan terus terang; menjelaskan; menguraikan;【논파하다】 menyangkal ((penjelasan; uraian)); membantah lawan; menyanggah

설편(雪片) kepingan salju

설파제(-劑) obat sulfa

설핏하다 ditenun agak longgar; agak kasar; mentah; kesat

설하선(舌下腺)【해부학】 kelenjar bawah lidah

설한(雪寒) udara dingin yang diikuti (disusul) dengan turunnya salju

설해(雪害) kerusakan akibat salju

설혹(設或) sekalipun; sungguhpun

설화(舌禍) kesalahan kata (kekhilafan ucapan) yang membawa bencana; persoalan (kesusahan) yang disebabkan oléh kesalahan kata

설화(雪花) kepingan salju; bunga salju; salju pada cabang-cabang pohon

설화(說話) cerita; kisah; dongéng; dongéng binatang(fabel) ⊙ 설화문학 cerita dongéng. 설화 체 gaya cerita

섧다 ⇒ 서럽다

섬[1] ①【멱서리】 karung dari jerami ¶쌀 섬 karung beras ②【곡식을 세는 단위】 beras *seom*: kesatuan *seom* (≒180 liters)

섬[2] tangga-tangga

섬[3] pulau; pulau kecil ¶섬의 yang berhubungan dengan pulau/외딴 섬 pulau yang terpencil

섬거적 tikar (késétan) dari jerami

섬광(閃光) cahaya; kilasan; kilatan cahaya; pancaran cahaya ¶섬광을 내다【발하다】 menyorotkan; mengirim cahaya

섬기다 melayani; meladéni ¶부모를 섬기다 patuh terhadap orang tua

섬나라 negara pulau ¶섬나라 근성 semangat (jiwa) negara pulau

섬돌 anak tangga dari batu; undakundakan batu

섬뜩하다 menjadi takut; dikejutkan; takut; terkejut; merasa takut (ngeri) ¶섬뜩하게 하다 membuat merasa takut (ngeri)

섬멸(殲滅) penghancuran; pembinasaan; pembasmian 섬멸하다 menghancurkan; membinasakan; membasmi; memusnahkan

섬섬옥수(纖纖玉手) tangan yang lembut (halus)

섬세(纖細) kehalusan; yang lembut 섬세하다 lembut; halus; baik; bagus; menyenangkan ¶섬세한 감성 perasaan yang halus (lembut)

섬약(纖弱) kehalusan; kelemahan 섬약하다 lemah lembut; gampang (mudah) pecah

섬유(纖維) serabut; tékstil; serat ¶섬유질의 berserat; berserabut ⊙ 섬유산업 industri tékstil; industri sandang. 섬유제

품 barang (produksi) tékstil; produksi sandang. 인조【합성, 화학】섬유 serat buatan【serat tiruan】. 천연 섬유 serat alam (alamiah). 천연 섬유소 selulosa alam (alamiah)

섬유소(纖維素) fibrin ⊙섬유소원 fibrinogen

섬유질(纖維質) serat; zat serat; kandungan serat

섬화(閃火) cahaya; kilasan; percikan; bunga api

섭렵하다(涉獵-) membaca secara luas; banyak membaca buku; menyelidiki tentang

섭리(攝理) ①【병 조섭】pemeliharaan keséhatannya yang buruk 섭리하다 menyembuhkan diri; menguatkan diri kembali ②【하느님의】pemeliharaan yang baik 《Tuhan》; dispénsasi; Takdir (Firman) Tuhan ¶자연의 섭리 dispénsasi (takdir) alam

섭생(攝生) pemeliharaan (perawatan) akan kesèhatan; penyembuhan 섭생하다 《병전에》 memelihara akan kesèhatan; 《병후에》 menyembuhkan diri; mendapatkan diri

섭섭하다 (a)【서운하다】menyedihkan; menyesal; sedih; enggan; segan; penuh penyesalan ¶헤어지기가 섭섭하다 merasa sedih berpisah (b)【애석·유감스럽다】menyesal; penuh sesal ¶섭섭하게 여기다 menyesal atas;【원망스럽게】merasa kecéwa; merasa dendam terhadap

섭씨(攝氏) sélsius ¶섭씨15도 15 derajat sélcius ⊙ 섭씨온도계 thermométer berskala 100 derajat

섭외(涉外)【연락】hubungan;【대외 관계】hubungan masyarakat (humas) ⊙ 섭외계원 pegawai humas; petugas penghubung; petugas di bagian hubungan masyarakat. 섭외 과(부) bagian humas. 섭외사무 urusan humas

섭정(攝政) ①【일】perwalian ②【사람】bu*pati; regén* 섭정하다 *memerintah* sebagai regén

섭취하다(攝取-) menerima; mengambil; menelan; mengasimilasi ¶영양을 섭취하다 mengambil (memakan) gizi

섰다 semacam permainan kartu Korea

성 kemarahan; kegusaran; amarah; kemurkaan; kedongkolan; kejéngkélan; perasaan tidak senang; perasaan tersinggung ¶성을 잘 내다 cepat tersinggung perasaan; lekas merasa dihina; mudah naik darah

성(姓) nama keluarga; nama akhir ¶성이 어떻게 되세요? Apa nama keluarga anda?

성(性) ①【본성】sifat; sifat dasar ¶타고난 성이 우둔하다 tolol (bodoh) sejak lahir; ditakdirkan tolol ②【문법】jenis kelamin ¶남【여·중】성 jenis kelamin laki-laki【wanita, nétral/banci】③【철학】sifat ④【남녀의 육체적 관계】séks ¶성적 매력 daya tarik séks/ 성폭행을 당하다 diperkosa ⊙ 성관계 hubungan séksual: 혼전 성 관계 séks pranikah; hubungan séks sebelum menikah. 성교육(性教育) pendidikan (penerangan) tentang séks. 성 매매 pelacuran. 성범죄 pelanggaran (kejahatan) séks. 성차별 diskriminasi jenis kelamin. 성추행 pelécéhan séksual

성(省)【내각의】departemén; jabatan;【행정구역】propinsi ¶산동 성 Propinsi Shantung/재무성 Departemén Keuangan

성(城) bénténg; kastil; puri;【성벽】témbok; dinding ¶성을 포위하다 mengepung (menyerbu) bénténg

성(聖)①【성인】orang bijaksana; orang yang suci ¶성스러운 suci; keramat; kudus ②【그 방면에 도통한 사람】orang yang termasyhur; jagoan yang hébat

성가하다(成家-) membuktikan dirinya sebagai jagoan; mendirikan rumah tangga sendiri ¶자수성가하다 menjadi kaya dengan usaha sendiri

성가(聖歌) lagu kudus; himne; nyanyian suci; nyanyian keagamaan; nyanyian pujian ⊙ 성가대 paduan suara di geréja (di sekolah). 성가집 buku nyanyian pujian

성가(聲價) réputasi; nama baik; kemasyhuran; (인기) popularitas; ketenaran ¶성가를 높이다 meningkatkan réputasi

성가시다 menyusahkan; menjéngkélkan;

mengganggu; menjéngkélkan; mengusik; menjemukan; mendongkolkan; memberatkan; (끈덕지다) keras hati; teguh hati; 《졸라 대어서》 meminta dengan sangat; mendesak

성가족(聖家族) keluarga yang suci (keramat)

성감(性感) rasa berahi; perasaan séksual ¶성감을 높이다 menaikkan (meningkatkan) perasaan séksual; membangkitkan berahi ⊙ 성감대(帶) daérah érogén; bagian yang peka terhadap rangsangan séksual

성게 kastanye laut

성격(性格) 【성품】 ①【사람의】 watak; karakter; kepribadian; individualitas ¶성격이 강한【약한】 사람 orang yang berwatak keras 【lemah】/ 좋은 성격을 가지다 mempunyai karakter (sifat) yang baik ②【사물의 고유 성질】 alam; perilaku; watak; sifat ¶ 정치적 성격을 띠다 berkarékteristik politis ⊙ 성격묘사 gambaran watak; diskripsi karakter. 성격파탄자 【이상자】 watak yang anéh; watak yang tidak normal

성결(性-) sifat; sifat dasar; alam; watak

성결(聖潔) kesucian (kekudusan) dan kemurnian 성결하다 suci (kudus) dan murni ⊙ 성결교회 geréja kekudusan (kesucian)

성경(聖經) kitab Injil; Kitab Suci ; Bibel; Alkitab ¶성경의 인용 kutipan dari kitab Injil ⊙ 신【구】약 성경 Kitab Injil Baru 【lama】; Perjanjian Baru 【Lama】

성공(成功) ①【잘됨】 keberhasilan; kesuksésan; pencapaian 성공하다 berhasil; suksés; mencapai keberhasilan; berjaya ¶사업에 성공하다 berhasil dalam usaha ②【출세】 keberhasilan dalam kehidupan (dunia); 【번영】 kemakmuran 성공하다 berhasil di dunia; berhasil baik; menjadi makmur; maju dengan pesat ¶성공의 비결 rahasia (kunci) suksés ⊙ 성공률 nilai keberhasilan

성공회(聖公會) Geréja Anglican; Geréja Inggris

성과(成果) hasil; peroléhan; pendapatan; buah; akibat ¶노력의 성과 hasil dari kerja; hasil dari usaha

성과급(成果給) bonus; tambahan; pembayaran atas hasil ⊙성과급제 sistém pembagian kerja; sistém pembayaran atas hasil

성곽(城郭) 【성】 bénténg; kastil; 【성채】 kubu; 【성곽】 témbok kastil; 【성벽】 témbok bénténg ⊙ 성곽도시 kota yang dikelilingi témbok kastil

성교(性交) hubungan séksual; persetubuhan; senggama 성교하다 bersetubuh; berhubungan séksual; menggauli; menyetubuhi; bersenggama ⊙ 성교불능 impoténsi; lemah syahwat; mati pucuk. 성교 불능 자 orang impotén

성구(成句) ungkapan kata; frase idiom

성군(星群) 【천문학】 asterisme; kelompok bintang

싱글벙글 dengan berseri-seri; dengan senyuman yang lemah-lembut

성금(誠金) kontribusi; sumbangan; derma; pemberian (hadiah) uang; iuran ⊙ 방위성금 sumbangan untuk dana pertahanan nasional

성급하다(性急-) terburu-buru; tergesa-gesa; gegabah; lekas marah; tergopoh-gopoh

성기(性器) kelenjar (organ) kelamin; kemaluan

성기다 jarang; tipis; longgar; kasar

성깃성깃 tipis; jarang 성깃성깃하다⇒성깃하다

성깃하다 jarang; tipis

성깔(머리) watak (sifat) yang keras; lekas marah ¶성깔을 부리다 murka; hilang kesabaran; naik pitam

성나다 ①【화가 나다】 menjadi marah; tersinggung perasaan; sakit hati ¶성(이)나 있다 menjadi marah

성내(城內) di dalam bénténg (témbok kota; istana)

성내다 ¶벌컥 (발끈) 성을 내다 meledak kemarahan

성냥 korék api; gerétan ¶성냥을 긋다 menggorés (menyalakan) korék api ⊙ 성냥갑 kotak korék api: 성냥 갑 같은 집 rumah yang kecil sekali. 성냥개비 batang korék api; anak korék api

성녀(聖女) 【가톨릭】 wanita suci

성년(成年) déwasa; kedéwasaan; akil baligh ¶성년에 달하다 menjadi déwasa; mencapai kedéwasaan ⊙ 성년식 perayaan atas datangnya kedéwasaan; perayaan menjadi déwasa. 성년자 akil baligh; orang déwasa

성능(性能) kapasitas; kekuatan; daya tampung; daya tahan; kemampuan; kekuatan; 【기계의】 pertunjukan; perbuatan; préstasi; 【특질】 sifat ¶성능이 좋은 éfisién; 《mobil》 yang daya gunanya baik (tinggi); berkekuatan (bertenaga) tinggi ⊙ 성능계수 faktor mutu (sifat). 성능시험【검사】 tés éfisién; tés prestasi; tés daya guna

성단(星團) 【천문학】 kelompok (kumpulan) bintang

성단(聖壇) mimbar; altar; tempat suci; tempat keramat

성당(聖堂) geréja (Katolik)

성대(聖代) ⇒ 성세(聖世) ¶태평성대 pemerintahan yang tenang (damai)

성대(盛大) 성대하다 hébat; agung; bagus sekali; meriah; bermegah sekali ¶성대히 secara besar-besaran; dengan meriah

성대(聲帶) pita suara; organ bersuara ⊙ 성대 결절 pita suara. 성대모사 cara meniru suara seseorang: 성대모사를 하다 (사람의 목소리를) meniru-niru suara (cara berbicara; cara menyanyi) seseorang

성도(成道) pencapaian kesempurnaan; 【불교】 pencapaian Budha tentang kebajikanan yang baik 성도하다 menjadi ahli

성도(聖徒) orang suci (Kristen; nasrani); rasul; 【사도】 murid Kristus (Yésus)

성대하다(盛大-) hébat; menarik; bagus; méwah

성량(聲量) volume suara ¶성량이 부족하다 kekurangan volume suara

성령(聖靈) roh kudus; arwah suci ¶성령이 충만하다 dipenuhi oléh Roh Kudus ⊙ 성령강림절 Waktu Pantekosta

성례(成禮) *upacara perkawinan* 성례하다 menyelenggarakan (mengadakan; melangsungkan) upacara perkawinan

성루(城壘) bénténg menara kecil ti tembok kastil; kubu pertahanan

성리(性理) tabiat (sifat) manusia dan hukum-hukum alam ⊙ 성리학 Néo-Konfusianisme

성립(成立) ①【생겨남】 성립하다 terwujud; tercipta; réalisasi; perwujudan ¶성립시키다 menciptakan; mewujudkan; 【실현시키다】 terwujud ②【조직됨】 pembentukan; formasi 성립하다 terbentuk; dibentuk; diadakan; tersusun; terbuat ¶ 내각이 성립했다 Kabinét itu telah dibentuk. ③【협정 · 약정 등의】 kesimpulan; penyelesaian 성립하다 disimpulkan; ditandatangani ¶계약이 성립했다 Kontrak itu telah ditandatangani.

성망(聲望) réputasi; nama baik; kemasyhuran; popularitas; ketenaran ¶성망이 있는 terkenal; termasyhur; memiliki réputasi yang tinggi

성명(姓名) nama lengkap; nama keluarga dan nama kecil ¶성명미상의 tidak teridentifikasi; tidak bernama

성명(盛名) kemasyhuran; nama yang termasyhur; ketenaran; réputasi ¶성명을 떨치다 membuat nama terkenal

성명(聲明) deklarasi; pernyataan; statemen; pengumuman; maklumat; pemberitaan; proklamasi 성명하다 mengumumkan; menyatakan; memberitahukan ¶지지【반대, 찬성】성명을 내다 menyatakan dukungan【anti, pro】⊙ 성명서 surat pernyataan 《umum, tertulis》. 공식성명 pernyataan resmi

성모(聖母) Bunda Suci; Bunda Maria ⊙ 성모 마리아 Bunda Maria; Perawan Suci. 성모상 patung Perawan Maria

성묘(省墓) 성묘하다 berziarah; mengunjungi makam leluhur ⊙ 성묘객 peziarah; penziarah. 성묘행렬 antrian para pengunjung ke makam leluhur

성문(成文) yang tertulis; yang tersurat ¶ 성문화 kodifikasi; penyusunan undang-undang/성문화하다 mengkodifikasikan ⊙ 성문법(성문율) undang-undang tertulis (hukum)

성문(城門) pintu gerbang kota (istana; bénténg) ¶ 성문을 지키다 menjaga pintu gerbang istana (bénténg)

성문(聲門) 【해부학】 celah suara; glotis ⊙

성문폐쇄음 hamzah; nambat glotal

성미(性味) sifat; sifat dasar; alam; watak; tabiat; perangai ¶성미가 좋은【고약한】bersifat baik【buruk】/성미가 급하다 lekas marah; cepat naik darah/성미가 못된 jahat; keji

성범죄(性犯罪) kejahatan (pelanggaran) séksual ⊙ 성범죄자 pelécéhan séks

성벽(性癖) watak asli (dasar); watak alamiah; pembawaan alami; kebiasaan mental; kecenderungan; kecondongan ¶그에겐 이상한 성벽이 있다 Dia mempunyai kebiasaan yang anéh.

성벽(城壁) témbok istana (bénténg; kastil); kubu

성별(性別) perbédaan (pembédaan) jenis kelamin ¶성별에 관계없이 dengan mengabaikan (terlepas dari; tanpa perbédaan) jenis kelamin

성병(性病) penyakit kelamin; penyakit kotor ⊙ 성병감염 inféksi (peradangan) kelamin

성복하다(成服-) memakai (mengenakan) baju perkabungan

성분(成分) bahan; komponén; ramuan; unsur; unsur pokok ¶ 성분을 분석하다 menganalisis bahan-bahan ⊙ 주(요) 성분 unsur utama; unsur pokok (prinsip)

성불하다(成佛-) menjadi Budha; memasuki Nirwana; mendapat kebaikan Budha;【죽다】meninggal dunia; mati

성불성(成不成) keberhasilan dan ((atau)) kegagalan; hasil atau gagal

성비(性比) rasio jenis kelamin; rasio génder

성사(成事) penyelesaian; pelaksanaan; réalisasi; pencapaian; keberhasilan; kesuksésan 성사하다 berhasil suksés; menyelesaikan; mencapai

성사(盛事) usaha yang baik sekali; peristiwa (kejadian) yang menyenangkan (besar)

성사(聖事) kebaktian yang keTuhanan;【가톨릭】sakramén

성산(成算) kepercayaan (harapan; kesempatan) akan berhasil; peluang suksés; keyakinan suksés ¶성산이 있다【없다】yakin【tidak mempunyai harapan】akan berhasil

성상(星霜) tahun-tahun ¶10개성상 waktu sepuluh tahun

성상(聖上) Seri Baginda Raja

성상(聖像) patung (ukiran) yang suci; ikon

성서(聖書) ⇒ 성경(聖經)

성선(性腺)【해부학】kelénjar jenis kelamin; kelénjar séks

성선설(性善說) ajaran étika bahwa watak asli manusia adalah baik; ajaran susila bahwa sifat pembawaan manusia sejak lahir itu baik

성성이(猩猩-)【동물】orang utan

성성하다(猩猩-) beruban; abu-abu ¶백발이 성성한 머리【머리털】rambut ((yang berbintik-bintik)) putih dan kelabu;【머리】rambut yang beruban

성세(盛世) masa yang makmur

성소(聖所) tempat suci

성쇠(盛衰) naik turunnya; saat gembira dan saat sedih; maju mundur ¶인생의 성쇠 perubahan dalam kehidupan

성수(星宿)【천문학】konstélasi; perbintangan

성수(星數) nasib baik

성수(聖水)【가톨릭】air suci

성수(聖壽) usia raja

성수기(盛需期) masa permintaan tinggi; masa laku sekali ¶성수기를 맞이하다 banyak laku sekali; laris sekali

성수품(盛需品) barang dagangan (bahan keperluan) yang laris sekali

성숙(成熟) ①【잘 익은】kematangan; kemasakan 성숙하다 matang; masak ②【신체가】pertumbuhan penuh (lengkap) 성숙하다 mencapai pertumbuhan lengkap (penuh) ¶성숙한 처녀 gadis déwasa/그녀는 나이에 비해 성숙해 보인다 Dia tampak déwasa untuk usianya. ③【의식 등이】kedéwasaan 성숙하다 déwasa; mencapai kedéwasaan ⊙ 성숙기(期) umur pancaroba; usia pubertas; umur akil-baligh

성스럽다(聖-) suci; kudus; keramat; bersifat keTuhanan;【숭고하다】agung; khidmat

성시(成市) ¶문전 성시하다 penuh sesak

dengan para pengunjung (tamu; langganan); terus menerus dibanjiri para pengunjung

성시(城市) kota yang dikelilingi dengan témbok bénténg; kota bénténg

성시(盛時) masa sebaik-baiknya; masa makmur

성신(星辰) bintang-bintang ⊙ 성신숭배 pemujaan bintang

성신(聖神) roh suci; roh kudus

성실(誠實) ketulusan hati; kesungguhan hati; keikhlasan; kesetiaan; kejujuran 성실하다 tulus hati; bersungguh-sungguh ¶성실성이 없다 kurang ikhlas; tidak jujur

성심(聖心)【기독교】hati yang suci

성심(誠心) kesungguhan hati; ketulusan hati; keikhlasan ¶성심껏, 성심으로 dengan ikhas; dengan sungguh-sungguh; dengan sepenuh hati

성싶다 rasanya; kelihatannya; tampaknya; rupanya; saya kira; saya rasa ¶눈이 올 성싶다 Kelihatannya (Nampaknya; Rasanya) mungkin turun salju.

성씨(姓氏) nama keluarga ⟪yang mulia⟫

성악(聲樂) lagu; nyanyian; perpaduan suara ⊙ 성악가 penyanyi; biduan

성악설(性惡說) pendapat étis bahwa sifat dasar manusia itu adalah jahat; ajaran étika bahwa tabiat asli manusia adalah jahat

성안(城-) ⇒ 성내(城內)

성안(成案) rencana yang pasti; rencana (program) yang konkrit 성안하다 membentuk rencana yang pasti; merencanakan program yang konkrit

성애(性愛) cinta (kecintaan) séksual; cinta birahi

성업(成業) penyelesaian pekerjaan 성업하다 menyelesaikan pekerjaan

성업(盛業) usaha yang sedang berkembang baik ¶성업 중이다 mengerjakan usaha (perdagangan) yang berjalan baik (yang maju); usaha yang berkembang dengan baik

성에 ①【얼어붙은】⟪lapisan⟫ embun beku; gumpalan és yang terapung ¶냉장고의 **성에**를 제거하다 menghilangkan bekuan és dalam kulkas (lemari és) ②【성엣장】 és yang bertimbun

성역(聖域) tempat (daérah) suci; bagian geréja di dekat altar (tempat pelindungan) ¶성역을 침범하다 melanggar daérah (wilayah; kawasan) suci

성역(聲域) tingkat nada suara

성연(盛宴) perjamuan; pésta makan; pésta yang hébat sekali ¶성연을 베풀다 mengadakan perjamuan yang hébat sekali

성염(盛炎) panas yang hébat; musim (cuaca) yang paling panas

성외(城外) di luar témbok bénténg (istana; kota)

성욕(性慾) nafsu séksual; nafsu birahi; nafsu bersetubuh ⊙ 성욕도착(倒錯) perbuatan séks yang tidak wajar. 변태 성욕 séksualitas yang tidak normal

성우(聲優) aktor (aktris) radio

성운(星雲) sekelompok bintang di langit yang nampak seperti kabut bercahaya; nebula

성운(盛運) nasib baik; kemakmuran

성원(成員) kuorum ¶성원이 되다 mencapai kuorum ⊙ 성원 미달 kekurangan kuorum

성원(聲援) ①【기운을 북돋움】 dorongan; dukungan moril 성원하다 mendorong; mendukung ②【경기에서】 성원하다 memberi semangat kepada ⟪suatu regu untuk kemenangan⟫; mengelu-elukan ⟪bersorak-sorak⟫ dengan meriah ⊙ 성원자 pendukung; pemberi semangat; orang yang bersorak-sorai

성월(星月) bulan dan bintang-bintang

성유(聖油)【가톨릭】minyak suci

성은(聖恩)【왕의】kemurahan hati raja;【신의】kemurahan hati Tuhan

성음(聲音) bunyi (suara) vokal ⊙성음학 ilmu ponétik

성의(誠意) ketulusan hati; kesungguhan hati; keikhlasan ¶성의 있는 tulus hati; bersungguh-sungguh/성의(가) 없는 tidak tulus; tidak ikhlas; tidak bersungguh-sungguh

성인(成人) orang déwasa; akil-baligh ¶성인이 되다 menjadi déwasa ⊙ 성인교육

pendidikan masyarakat ⦅untuk orang déwasa⦆. 성인병 penyakit-penyakit gériatrik (orang déwasa).

성인(聖人) orang bijak; orang suci; guru agama yang hébat (terkenal) ¶성인 같은 suci; saléh/옛 성인 orang tua yang bijak

성자(聖子)【예수 그리스도】putra Tuhan

성자(聖者) orang suci

성작(聖爵)【가톨릭】mangkuk untuk perjamuan suci

성장(成長) petumbuhan; perkembangan 성장하다 tumbuh; berkembang; bertumbuh; menjadi déwasa ¶(다) 성장한 yang sudah déwasa ⊙ 성장기간【과정】masa【prosés】perkembangan (pertumbuhan). 성장산업 industri yang mencapai perkembangan. 성장요인 faktor pertumbuhan (perkembangan). 성장률 tingkat (kecepatan; laju) perkembangan (pertumbuhan). 성장호르몬 hormon pertumbuhan. 경제성장 perkembangan ékonomi

성장(盛裝) pakaian yang indah (bagus; lengkap) 성장하다 berpakaian (berdandan) dengan bagus (gagah) ¶성장하여 berpakaian pésta/성장시키다 mendandani dengan lengkap

성적(成績) ①【학교의】hasil;【점수】angka; nilai ¶성적순 menurut rékor préstasi yang dicapai; dalam urutan nilai/ 좋은 성적을 올리다 memperoléh (menghasilkan) hasil yang baik (yang memuaskan); membuat rekor yang baik ②【업무·경기 등의】rékor; rekaman; (사업 등의) hasil ⊙ 성적표 daftar rékor (nilai) siswa;【통지표】rékor (catatan) akadémis. 학교 성적 rékor (nilai) sekolah; angka rapor sekolah

성적(性的) séksual ⊙ 성적매력 ⦅mempunyai⦆ daya tarik séks. 성적욕망 nafsu birahi (bersetubuh). 성적충동 dorongan (desakan) séks

성전(聖殿) tempat suci; tempat keramat; bagian dari geréja di dekat altar (tempat perlindungan) ¶성전을 건립하다 membangun geréja

성전(聖戰) perang suci

성전환(性轉換) perubahan (pergantian) kelamin; ganti kelamin ⊙ 성전환자 orang transéksual

성정(性情) watak; sifat dasar; sifatnya

성조(聲調) intonasi; nada suara

성조기(星條旗) bendéra nasional Amerika Serikat

성좌(星座) kedudukan bintang; konstélasi ⊙ 성좌도(圖) péta bintang

성주【민속】déwa pelindung (penjaga) rumah

성주(城主) penguasa istana(bénténg)

성지(城址) reruntuhan bénténg

성지(聖旨) kehendak raja ¶성지를 받들어 patuh terhadap kehendak Sri Baginda

성지(聖地) tanah suci; tempat yang suci; Mekkah ⊙ 성지순례 ziarah ke tanah suci; naik haji ke Tanah Suci:성지순례자 orang berziarah: 성지순례를 하다 berziarah

성직(聖職) golongan suci; kependétaan ¶성직에 있다 masuk golongan suci ⊙성직자 pendéta; anggota geréja yang setia; penghulu agama; pastur

성질(性質) ①【천성】sifat; sifat dasar; watak;【기질】tabiat;【성격】karakter ¶온화한【난폭한】성질의 사람 orang yang mempunyai watak lembut【kasar】②【특징】sifat; milik;【소질】watak; karakter ③【사물의】sifat

성징(性徵) ciri-ciri (karakteristik) séksual

성찬(盛饌) makan malam méwah (hébat); makan besar

성찬(聖餐) Jamuan Suci ⊙ 성찬식 Komuni Suci

성찰(省察) réfléksi; introspéksi; mawas diri; ujian bagi diri; bayangan diri

성채(城砦) bénténg; kubu

성철(聖哲) orang bijaksana

성체(聖體)【왕의】raja;【가톨릭】tubuh ⦅Yésus⦆;【천주교 의식에서 먹는 떡】⦅성찬⦆ roti suci; makanan suci

성총(聖寵)【왕의】kemurahan hati raja;【가톨릭】kemurahan hati Tuhan

성충(成蟲)【동물】imago

성취(成就) préstasi; hasil yang dicapai; pencapaian; pemenuhan; réalisasi; keberhasilan; suksés; hasil baik 성취하다

mencapai ⟪tujuan; sasaran; kehendak⟫; berhasil

성층(成層) stratosfir ⊙ 성층권 비행 penerbangan melalui stratosfir. 성층암 batu bertingkat-tingkat. 성층화산 gunung berapi bertingkat-tingkat

성큼(성큼) dengan langkah-langkah panjang (cepat); dengan langkah kaki yang ringan ¶(기일 등이) 성큼 다가오다 mendekati; (mendatangi) cepat

성탄(聖誕) ①【왕 · 성자의】 kelahiran seorang suci (raja) ②【기독교】 ⇒ 성탄절 ⊙ 성탄일【절】 hari Natal

성터(城-) reruntuhan (sisa-sisa) sebuah bénténg (istana); tempat berdirinya bénténg (istana) kuno

성토(聲討) kecaman; celaan; tuduhan; pengaduan 성토하다 mengecam; mencela; mengadukan; mendakwa; menuduh; menyalahkan

성패(成敗) keberhasilan dan/atau kegagalan

성폭행(性暴行) pelanggaran séksual; pelécéhan séksual ¶성폭행 당하다 diperkosa

성풀이 ⇒ 화풀이

성품(性品) sifat; sifat dasar; alam; watak; tabiat; perangai ¶타고난 성품 watak alamiah; watak dasar; sifat dasarnya

성하(盛夏) pertengahan musim panas; musim panas yang panas sekali

성하(聖下) kesucianNya (kekudusanNya); kesucianMu(kekudusanMu) ¶요한 바오로 2세 교황 성하 Sri Paus Paulus Yohannes II

성하다 ①【온전하다】 baik; utuh; lengkap; murni; tidak rusak; sempurna; tidak cacat ¶성한 생선 ikan segar ②【탈 없다】 séhat; dalam keséhatan yang baik

성하다(盛-) ①【초목이】 tebal; padat; rimbun; subur ②【기운이】 makmur; giat; penuh semangat; 【광범위 하다】 luas ¶성해지다 menjadi makmur; menjadi terkenal (populér)/전염병이 성하다 Wabah *yang sedang mengamuk.*

성학(星學) 【천문학】 ilmu bintang; astronomi

성함(姓銜) nama mulia; nama kehormatan

성행(性行) watak dan kelakuan

성행(盛行) kelaziman; meratanya; mode 성행하다 berlaku; lazim; umum

성행위(性行爲) perbuatan séksuil 성행위하다 mengadakan hubungan séks; bercinta-cintaan; bermain cinta

성향(性向) kecenderungan; kecondongan ⊙ 소비【저축】 성향 kecenderungan untuk mengkonsumsi 【menghemat】

성현(聖賢) orang suci; orang bijaksana ¶성현의 가르침 ajaran dari orang bijaksana; kata-kata dari orang bijaksana

성혈(聖血) darah ⟪Yésus⟫ suci

성형(成形) ①【생물】 bentuk orang déwasa ¶성형 재(材) plastik yang mudah dibentuk (dilekukkan) ②【의학】 perbaikan kelainan bentuk; 【얼굴의】 bedah kecantikan ⊙ 성형수술 operasi (bedah) plastik. 성형외과의사 ahli bedah plastik

성호(聖號) tanda silang; salib

성혼(成婚) pernikahan; perkawinan

성홍열(猩紅熱) penyakit jengkering

성화(成火) kekhawatiran; perasaan cemas; gangguan; kejéngkélan; kesusahan; kesukaran; kekacauan; kesengsaraan ¶성화 나다 terganggu; jéngkél; menjadi tidak sabar; menjadi gelisah ⊙ 성화거리 sumber (penyebab) kejéngkélan

성화(星火) ①⇒ 운성(隕星) ②【별똥 빛】 cahaya bintang (météor) yang beralih

성화(聖火) api (nyala api) suci; obor suci ¶올림픽의 성화 (회장의) api Olimpiade; 【릴레이의】 obor Olimpiade ⊙ 성화대 tempat api; pemegang api; kaldron. 성화주자 pembawa obor

성화(聖畵) gambar suci

성화같다(星火-) mendesak ¶성화 같이 amat; sangat

성황(盛況) kemakmuran; sangat laku; ledakan; keberhasilan; hasil baik; sukses ¶성황을 이루다 sangat berhasil; ramai dihadiri; ramai dikunjungi

성황당(城隍堂) tempat suci (tempat tinggal) para déwa

성훈(聖訓) ajaran dari orang bijaksana (orang suci); perintah raja

성희롱(性戲弄) pelécéhan séksual 성희롱하

다 mengganggu (melécéhkan) séksual ¶성희롱을 당하다 dilécéhkan séksual

섶[1] semak; belukar; kayu bakar

섶[2] sangga; penopang; tiang; penyokong; raji; batang kayu ¶섶으로 나무를 받치다 menyangga tanaman dengan batang kayu

섶[3] kerah mantel sebelah luar

세(貰) 【임대 · 임차】 kontrak; séwa-menyéwa; penyéwaan; carteran¶방【집】세uang séwa kamar 【rumah】/세를 들다 【얻다】 menyéwa kamar/세를 주다menyéwakan

세(稅) pajak; béa; cukai ¶세를 내다 membayar pajak ((béa))/세를 징수하다 memungut (menagih) pajak

세(歲) umur; usia

세(勢) ⇒ 세력(勢力)

세 tiga ¶셋째 yang ketiga/세 사람 tiga orang

-세(世) ①【때 · 시대】 angkatan; génerasi; keturunan ②【지질】 jangka waktu (zaman; masa)

-세 marilah kita ⇒ -자 ②가세 Marilah kita pergi.

세가(勢家) 【사람】 orang berpengaruh; 【집안】 keluarga yang sangat kuat (kuasa)

세간 perkakas atau perabot rumah tangga

세간(世間) dunia rakyat ¶세간에 화제를 뿌리다 menjadi bahan pembicaraan di kota

세간나다 berpisah rumah setelah menikah; mulai berumah tangga sendiri

세간내다 mendirikan rumah yang terpisah (tersendiri)

세거리【삼거리】 jalan bercabang tiga; jalan bersimpang tiga

세게 dengan kuat; dengan keras; dengan kukuh; (인상) dengan mengesankan ¶(태도를) 세게나오다 menunjukkan yang berani (yang pantang mundur); bersikap angkuh; bersikap dengan penuh semangat

세계(世界) ①【세상】dunia; alam ¶세계각지로부터 dari semua penjuru dunia ②【우주】 alam semesta; 【그 일부】 dunia; alam ③【특수 사회】 dunia; masyarakat ¶꿈의 세계 dunia impian ④【특정 지역에 있는 국가】 dunia ¶서방세계 dunia Barat/ 제3 세계 국가들 Negara Dunia Ketiga ⊙ 세계관 pandangan tentang dunia. 세계기록 rékor dunia, 세계대전 perang dunia: 제 1【2】차 세계대전 perang dunia pertama 【kedua】. 세계보건기구 organisasi keséhatan sedunia. 세계연방 Féderasi Bangsa-Bangsa Sedunia. 세계인 orang lnternasional. 세계일주 perjalanan (tur) keliling dunia

세계적(世界的) dunia; yang meliputi seluruh dunia; yang tersebar ke seluruh dunia ¶세계적 불경기 deprési yang meliputi seluruh dunia/세계적 인물 tokoh dunia

세공(細工) karya; kerajinan; 【제품】 barang 세공하다 dibuat; mengerjakan; membuat ¶정교하게 세공되어 있다 dibuat (ditempa) dengan trampil ⊙ 세공품 hasil karya; barang kerajinan. 금속세공 hasil karya dari logam (métal)

세관(稅關) kantor pabéan; cukai; pabéan; duane ¶세관의 검사 pemeriksaan cukai (pabéan) ⊙ 세관송장 faktur pabéan. 세관신고서 daftar (laporan) kepada pabéan. 세관압수품 penyitaan. 세관원 pegawai béa cukai; petugas kantor pabéan

세균(細菌) kuman; basil; baktéri ¶세균을 죽이다 membunuh kuman ⊙ 세균성 질병 penyakit kuman. 세균전 perang kuman. 세균학 ilmu baktériologi. 세균학자 pakar (ahli) baktériologi

세금(稅金) pajak; 【지방세】 béa; cukai ¶세금을 내다【납부하다】 membayar pajak (béa)/세금을 부과하다 membebankan béa ⊙ 세금공제 potongan pajak; pajak pribadi: 세금공제 급료 gaji setelah potongan (dipotong) pajak

세기(世紀) abad ¶금세기 abad ini; abad sekarang ini/21세기 abad yang kedua puluh satu

세기말(世紀末) ①【한 세기의 끝】 akhir abad ②【퇴폐적 · 향락적 분위기로 되는 시기】 ¶세기말적인 seperti akhir zaman; merosot; mundur

세끼 tiga kali makan ((sehari)) dengan teratur; makanan sehari-hari

세나다 menjual laris; laku sekali; banyak permintaan¶요새 달걀이 세가 난다 Telur-telur terjual laris (laku sekali) sekarang ini.

세납(稅納) ⇒ 납세 pembayaran pajak

세내다(貰-) menyéwa

세놓다 menyéwakan

세뇌(洗腦) indoktrinasi; cuci otak 세뇌하다 mengindoktrinasikan ⊙세뇌교육 pendidikan indoktrinasi

세다[1] ①【강하다】 (a) (힘이) kuat; keras; kokoh; sangat kuat; giat; penuh semangat; berotot; tegap; séhat dan kuat; kokoh (b) (마음이) keras; kuat ¶고집이 세다 keras kepala; kepala batu (c) (세차다 · 강렬하다) kuat; kokoh; keras; bersemangat; dengan memakai kekuatan secara paksa ②【풀이】 keras ③【팔자가】 mempunyai pertanda (alamat) buruk; malang; sial; tidak mujur

세다[2] 【머리카락이】 berubah menjadi kelabu (putih); menjadi beruban ¶머리가 세다 rambut beruban

세다[3] menghitung; mengkalkulasi; menjumlahkan ¶셀 수 없이 많은 tidak terhitung

세다[4] ⇒ 세우다

세단【자동차】 mobil sédan

세단뛰기(-段-)【육상】 lompatan tiga kali

세대(世代) génerasi; angkatan; keturunan ¶새로운 세대, 신세대 génerasi baru/젊은 세대 génerasi harapan bangsa; angkatan (génerasi) muda/세대의 단절【차】 jurang【perbédaan】 antara génerasi ⊙ 세대교체 alih génerasi. 세대차 kesenjangan antar génerasi

세대(世帶) rumah tangga ⊙ 세대수 jumlah rumah tangga. 세대주 kepala rumah tangga; kepala keluarga

세도(勢道) kekuasaan; kekuatan; wewenang; pengaruh (politik) 세도하다 meraih kekuasaan politik; menggunakan kekuatan politik ¶세도를 부리다 menggunakan wewenang (kekuasaan; kekuatan) ⊙ 세도가(家) ⇒ 세도장이 · 세도장이(꾼) orang yang berkuasa (berpengaruh)

세라믹 ¶세라믹으로 된 keramik ⊙세라믹 제품 barang keramik

세레나데【음악】 rayuan musik; *serenande*

세력(勢力) ①【지배력】 pengaruh kekuatan; tenaga; engeri; kekuasaan wewenang; pengaruh ¶세력이 있다 berpengaruh; mempunyai pengaruh ②【물리적인 힘】 kekuatan; tenaga ③【집단】 kekuatan ¶반대 세력 kekuatan oposisi ⊙ 세력가 orang yang berpengaruh. 세력다툼 perebutan kekuasaan

세련(洗練) kehalusan budi bahasa; kemurnian; perbaikan; pengkilap; penggosok 세련하다 memperhalus (budi pekerti); menghaluskan; memolés; menyempurnakan; menggosok 세련되다 diperhalus; dihaluskan; halus; luwes ¶세련된 숙녀 wanita yang halus budi

세례(洗禮) ①【기독교 의식】 permandian; pembaptisan ¶세례를 주다 membaptiskan; melakukan pembaptisan/세례를 받다 menerima pembaptisan; dipermandikan; dibaptiskan ②【잇따른 공격】 ¶포탄 세례를 받다 menerima berondongan tembakan ⊙ 세례명(名) nama baptis; nama Kristen: 세례자 pembaptis

세로【명사】 panjangnya; 【부사적】 dengan tegak lurus ¶세로 넉자다 ukuran panjangnya 4 *cha* ⊙ 세로무늬 garis tegak lurus. 세로쓰기 ⇒종서(縱書). 세로줄 garis tegak lurus; garis yang membujur

세론(世論) pandapat umum; opini publik

세루 ⇒ 사지 kain kepar (dari) sutra atau wol ¶세루 옷 setélan dari bahan sutera atau wol

세루(世累) perhatian duniawi

세리(稅吏) petugas (pegawai) pajak; pemungut (pengumpul) pajak

세면(洗面) 세면하다 mencuci (membasuh) muka ⊙ 세면기 tempat cuci tangan (muka); waskom; wastafel; 【붙어 있는】 bak mandi; kamar mandi; kamar kecil. 세면대 méja cuci muka. 세면소 kamar mandi; kamar kecil; W.C.

세모 tiga sudut ¶세모가 나다 mempunyai tiga sudut; bersudut tiga ⊙ 세모꼴 segi tiga

세모(歲暮) akhir (penutupan) tahun ¶거리의 세모풍경 suasana jalan pada akhir tahun

세모시(細-) kain rami dari tékstur yang halus

세목(細目) perincian; rincian; bagian kecil-kecil; keterangan-keterangan; pokok-pokok ¶세목으로 나누다 merincikan; memerinci; memperinci; menyebutkan secara terperinci

세무(稅務) urusan perpajakan ⊙ 세무공무원 petugas (pegawai) pajak. 세무사 akuntan pajak berlisénsi. 세무사찰【조사】pemeriksaan 【pengawasan】pajak. 세무서 kantor pajak. 세무회계 akuntansi (laporan) pajak

세물(貰物) barang untuk disewakan ⊙ 세물전 toko sewa

세미(細微) kekecilan; yang lembut 세미하다 kecil; halus; bagus; menyenangkan; lembut

세미나 séminar

세미다큐멘터리 【영화】 film sémi dokuméntér

세미콜론 titik koma

세미파이널 sémi-final; ronde pertandingan satu tingkat sebelum finale

세미프로 【사람】 orang yang setengah ahli ¶세미프로의 setengah ahli

세밀하다(細密-) terperinci; halus; bagus; rumit; teliti ¶세밀히 dengan teliti; dengan seksama; secara terperinci

세밑 akhir tahun

세발(洗髮) cuci rambut 세발하다 mencuci rambut; melangir; berlangir ⊙ 세발 제 shampo; pencuci rambut; langir

세배(歲拜) salam tahun baru; soja pada hari tahun baru; 세배하다 bersoja pada hari Tahun Baru; membungkuk menghormati para sesepuhnya pada hari tahun baru ⊙ 세배꾼 para tamu yang datang untuk mengadakan kunjungan kehormatan pada hari tahun baru. 세뱃돈 hadiah uang tahun baru yang diberikan kepada para yunior

세 번(-番) tiga kali ¶세 번째로 unutk ketiga kali/세 번에 한 번은 sekali dalam tiga kali

세법(稅法) hukum perpajakan; 【과세 방법】 sistém (pola) perpajakan

세별하다(細別-) membagi-bagi; memerinci

세부(細部) perincian; seluk beluk ¶세부적 terinci; mendetil; tuntas; saksama

세부득이(勢不得已) terpaksa oléh keadaan; karena keadaan yang memaksa; karena keadaan yang tak dapat dihindarkan (yang tak terelakkan) 세부득이하다 tak dapat dihindarkan; tak terélakkan

세분하다(細分-) membagi kecil-kecil; membagi lagi; memerincis; pecah menjadi bagian-bagian; memerincis

세비(歲費) 【지출】 pengeluaran (pembelanjaan) tahunan; 【수당】 gaji (upah) tahunan ⟪setiap tahun⟫

세비지orang biadab; orang liar; orang ganas; ganas; buas

세사(世事) hal-hal (urusan) duniawi; dunia; kehidupan; masyarakat ¶세사일 urusan (masalah) duniawi

세 살(細-) bingkai (kosén) kecil

세상(世上) ①【세간】 dunia; masyarakat (umum) ⟪사회⟫ ¶이 세상 dunia ini/ 저 세상 dunia yang akan datang ②【시대】 masa; zaman ¶세상의 변천 perubahan waktu (zaman)/세상에 뒤지다 ketinggalan zaman ③【독무대】 yang menjadi majikan sendiri; yang mempunyai cara sendiri ¶여기는 내 세상이다 Di sini saya menjadi bos sendiri (menjadi majikan sendiri). ⊙ 세상사 hal-hal duniawi. 세상살이 cara hidup; kehidupan

세상(世相) ⇒ 세태(世態)

세상맛(世上-) manis dan getirnya kehidupan ¶세상맛을 알다 mengetahui bagaimana keadaan dunia (keadaan kehidupan)

세상물정(世上物情) keadaan (kondisi) dunia; 【인간의 속성】 sifat (tabiat) manusia; perikemanusiaan; umat manusia

세상없어도(世上-) dalam kondisi apapun; bagaimana pun juga; dalam setiap keadaan; apapun yang terjadi

세상없이 tak terkatakan; tak terlukiskan; tak ada bandingan; sama

세세(世世) ⇒ 대대(代代)

세세하다(細細-) ①【세세하다】 kecil; halus ②【상세하다】 terperinci; teliti

세세히(細細-) dengan teliti; seksama; khusus; secara terperinci

세속(世俗) kebiasaan umum; 【세상】 duniawi; keduniaan; alam ¶세속의 umum; lazim; duniawi; kasar; cabul/ 세속적 keduniwian; matéralistis; sekulér⊙세속명성 kemasyhuran duniawi

세수(洗手) 세수하다 mencuci ((muka)) ⊙ 세수간 kamar mandi; kamar kecil. 세수대야 waskom; baskom; 세면대 wastaful; tempat cuci muka. 세수 비누 sabun mandi. 세수수건 handuk muka

세수(稅收) hasil-hasil pajak; penerimaan pajak 세수하다 menerima pajak

세습(世襲) turun-temurun 세습하다 meneruskan (menularkan) génerasi kepada génerasi; meneruskan turun-temurun ¶세습의 turun temurun; patrimonial; pewarisan; pusaka. ⊙ 세습 권 hak pusaka. 세습재산 tanah milik (harta) pusaka; warisan dari ayah atau leluhur

세시(歲時) awal (permulaan) tahun; tahun baru ⊙ 세시 풍속 kebiasaan musiman tradisional

세심(細心) keadaan berhati-hati; keberhati-hatian; kebijaksanaan 세심하다 sangat berhati-hati; bijaksana; cermat; teliti; seksama ¶세심하게 dengan sangat berhati-hati; dengan bijaksana

세쌍둥이(-雙童-) anak kembar tiga

세안(洗眼) 세안하다 mencuci (membersihkan) mata ⊙ 세안 약 obat cuci mata

세액(稅額) jumlah pajak ¶세액을 정하다 menaksir (menilai; membebani) jumlah pajak

세업(世業) pekerjaan (jabatan) turun-temurun

세우(細雨) hujan gerimis; hujan rintik-rintik

세우다 ①【서게 하다】 (a) (일으켜 세우다) mendirikan; menegakkan; menempatkan ((buku)) di tepi; memasang ((telinga)) (b) (사람을) menyusun dalam barisan (dérétan); menempatkan ((orang-orang)) dalam satu dérétan ②【건조물을】 mendirikan; membangun; membuat; memasang ③【수립하다】 (a) (설립 · 조직하다) membuat; menyusun; membentuk ¶좋은 전통을 세우다 membuat (membentuk) tradisi yang baik (b) (계획을) membuat rencana (c) (이론 · 학설 · 원칙 등을) memajukan; mendahulukan; merumuskan; menetapkan; menyatakan ¶원칙을 세우다 merumuskan (menentukan) prinsip ④【정하다】 menentukan; menetapkan ¶규칙을 세우다 menetapkan peraturan ⑤【차 · 말을】 menghentikan; menahan ((taksi)) ⑥【날을 날카롭게】 menajamkan; mengasah ⑦【뜻을】 menentukan ¶삶의 목표를 세우다 menentukan tujuan hidup ⑧【예산을】 membuat anggaran belanja ⑨【생계를】 menyokong (membiayai) diri sendiri; mendapat penghasilan ⑩【공을】 membuat; melakukan; menyumbangkan ((jasa yang termasyhur; terkenal)) ⑪【기대놓다】 menaruh; meletakkan; menyandarkan ⑫【체면 등을】 menyelamatkan nama baik (kehormatan) ⑬【어떤 위치에】 mengajukan; mengatur; mengangkat ⑭【기타】 ¶기강을 세우다 menegakkan disiplin (ketertiban)

세월(歲月) ①【시일】 waktu ②【시세 · 경기】 perdagangan; usaha ¶요새 세월이 어때요? Bagaimana usahamu sekarang ini?

세율(稅率) tingkat pajak; tarif pajak ⊙ 세율 표 daftar tarif pajak. 수입세율 tarif béa (cukai) impor. 탄력세율 tarif pajak élastis (luwes)

세이브 【스포츠】 penyelamatan; tangkapan; 【동사)】 menghémat; menabung; menyelamatkan

세이프 aman; peti besi ⊙세이프 디포지트 복스 peti besi tempat menyimpan barang-barang berharga

세인(世人) orang banyak; rakyat umum; masyarakat; publik

세일 penjualan murah; obralan ⊙ 바겐세일 penjualan obralan

세일러 pelaut; kelasi; anak kapal ⊙세일러복 blus modél pelaut; setelan pelaut

세일즈맨 wiraniaga; salesman; penjual barang; (지방으로 도는) pedagang keliling; (호별 방문의) pedagang dari rumah ke rumah

세입(稅入) penerimaan pajak
세입(歲入) pendapatan; penghasilan; pajak ⊙ 세입세출(歲出) pendapatan dan pengeluaran
세입자(貰入子) penyéwa
세자(世子) putra mahkota
세자(洗者) 【가톨릭】 pembaptis; orang yang membaptiskan
세전(世傳) 세전하다 meneruskan dari génerasi kepada génerasi; meneruskan turun-temurun ¶세전지물(之物) harta pusaka
세전(歲前) sebelum tahun baru
세정(世情) keadaan masyarakat
세정(洗淨) cucian; pembersihan
세정(稅政) pelaksanaan (administrasi) pajak 세정하다 melaksanakan urusan pajak
세제(洗劑) bahan pembersih; deterjen ⊙ 중성【합성, 연성】 세제 bahan pembersih netral 【sintétis; lembut】
세재(稅制) sistém perpajakan (pajak) ⊙ 세재개혁 perubahan (perbaikan) sistém perpajakan
세제곱 【수학】 pangkat tiga; pemangkatan tiga 세제곱하다 memangkatkan tiga ¶3의 세제곱은 27이다 Pangkat tiga dari 3 adalah 27. ⊙ 세제곱근(根) akar pangkat tiga
세족(勢族) kaum (suku; keluarga) yang sangat kuat; marga yang berkuasa
세존(世尊) Budha; Sakyamuni
세주다 menyéwakan; mengontrakkan
셋째 ketiga; yang ketiga
세차(洗車) 세차하다 mencuci mobil
세차다 sangat kuat; keras; bengis
세찬(歲饌) ①【음식】 makanan untuk menjamu para tamu di tahun baru ②【선물】 hadiah tahun baru
세책(貰冊) buku séwaan
세척(洗滌) 세척하다 mencuci; membersihkan ¶위를 세척하다 memompa perut ⊙ 세척기 alat pencuci (pembersih); mesin cuci
세출(歲出) pengeluaran (pembelanjaan) tahunan
세칙(細則) peraturan-peraturan rincian (yang terperinci); 【부칙 · 준칙】 peraturan-peraturan untuk anggaran rumah tangga ⊙ 시행세칙 aturan pelaksanaan
세칭(世稱) apa yang dikenal sebagai; apa yang disebut (dinamakan) orang
세컨드 ①【야구】 dasar yang kedua ②【권투】 pembantu; yang kedua ③【시간의 초】 seditik; sebentar ④【첩의 속된 말】 istri yang kedua; istri simpanan (gelap)
세탁(洗濯) pencucian; binatu 세탁하다 mencuci; membinatu ⊙ 세탁기 mesin cuci. 전기세탁기 mesin cuci listrik. 세탁요금 ongkos binatu. 세탁물 cucian. 세탁소 binatu: 세탁소 사람 tukang binatu
세태(世態) kondisi masyarakat (sosial); keadaan masyarakat pada masanya
세트 ①【그릇 · 가구 등의】 perangkat ¶커피잔 세트 perangkat kopi; secangkir kopi dan alasnya ②【 영화 · 연극 등의】 latar ③【경기의】 set (dalam permainan) ¶세트 포인트 angka sét ④【퍼머의】 sét rambut ¶머리를 세트하다 mensétkan rambut ⑤세트 메뉴(저녁) pakét makan malam
세파(世波) pahit getirnya kehidupan; badai kehidupan
세평(世平) pendapat umum; opini publik ¶세평에 의하면 menurut pendapat umum
세포(細胞) ①【생물학】 sél ¶세포의 berkenaan dengan sél ②【단체의】 sél komunal ¶지하세포 sél di bawah tanah ⊙ 세포막 dinding (selaput) sél. 세포분열 pembelahan sél. 세포조직 jaringan sél. 세포질 sitoplasma; cairan luar inti sél: 세포학 ilmu tentang sél (sitologi). 줄기세포 sél batang
섹션 bagian; séksi; golongan
섹소폰 saksofon
섹스 ①【남녀별의】 séks ②【성교】 hubungan kelamin ⊙ 섹스어필 daya tarik séks (séksual)
섹시하다 menggairahkan; menggiurkan ¶섹시한 여자 gadis yang menggairahkan
섹터séktor; kawasan
센머리 uban; rambut abu-abu (kelabu) ¶센머리가 나다 rambutnya beruban
센서 sénsor
센서스 cacah jiwa

센세이션 sénsasi; kegemparan; kegegaran ¶일대 센세이션을 일으키다 menimbulkan (menyebabkan) kegemparan yang hébat; menggemparkan

센스 perasaan; daya tanggap; pengertian ¶센스가 있다【없다】 lekas【lambat】 mengerti; mempunyai pengertian yang baik【tidak mempunyai pengertian】

센터 ①【야구】 lapangan bagian tengah ②【중심지 · 시설】 pusat ⊙ 센터포워드【하프】【축구】 pemain depan bagian tengah (gelandang tengah). 쇼핑센터 pusat perbelanjaan

센터링 menyilang; persilangan ¶센터링한 menyilang gawang

센털 bulu abu-abu; rambut putih (beruban)

센트 sén

센트(미터) sentiméter

센티멘털 séntiméntil

셀로판지 selofan; kertas kaca

셀룰로이드 séluloida

셀러리 selédri

셀프서비스 swalayan; pelayanan sendiri ¶셀프서비스 식(式) 가게 toko swalayan

셀프타이머【사진】 alat pengatur waktu otomatis

셈[1] ①【계산】 perhitungan; kalkulasi ⇒셈하다 ¶셈에 넣다 memperhitungkan;【고려하다】 mempertimbangkan /셈을 틀리다 salah hitung; salah perhitungan ②【지불】 pembayaran rékening ⇒셈하다 ¶셈을 치르다 membayar rékening ③【셈판】 keadaan; situasi; sebab; alasan ④【속셈 · 작정】 maksud; tujuan; idé; gagasan; pikiran; alasan; sebab; harapan; dugaan

셈[2] perkiraan ¶그의 노력은 실패한 셈이다 Usahanya dikira gagal.

셈나다 menjadi bijaksana; déwasa; arif; berpikiran séhat

셈들다 menjadi bijaksana

셈본【산수】 ilmu matematika

셈속 ①【속 내용】 keadaan (duduk perkara) sebenarnya; perincian di bagian dalam ②【속뜻】 maksud tersembunyi; alasan pokok

셈 치다 mengira; menduga; menganggap; memperkirakan; andaikan

셈판 kondisi; keadaan; situsasi; alasan; sebab; pertimbangan ¶셈판을 모르겠다 tidak mengetahui duduk perkaranya

셈(평) 펴이다 hidup menjadi senang; dalam keadaan lebih baik

셈하다 ①【계산을】 menghitung; mengkalkulasi ②【치를 것을】 membayar rékening

셋[1] ①【한 벌】 satu setélan; satu pasang; sepasang; sét ②【장치】 latar; lingkungan; letak;【영화의】 perlengkapan untuk 《film》 ③【수신기】 pesawat penerima ¶ 라디오 셋 pesawat radio ④【테니스 등의】 sét

셋[2] tiga; tri

셋돈 uang séwa

셋방(貰房) kamar diséwakan; kamar séwaan

셋집 rumah diséwakan; rumah séwaan;【빈민들의】 rumah petak ¶셋집을 얻다 menyéwa rumah

셋째 ketiga

셔츠 keméja; hém; baju ¶셔츠를 입다 memakai baju

셔터 ①【카메라의】 alat pengatur cahaya ¶셔터를 누르다 menekan alat pengatur cahaya 《kaméra》 ②【창문】 daun penutup jendela (pintu) ¶셔터를 내리다 menurunkan daun penutup pintu ⊙ 자동셔터 alat pengatur cahaya 《kamera》 otomatis

셔틀 bus, keréta api atau pesawat terbang yang berdinas pulang pergi

셔틀콕 bola bulu tangkis; kok

셰퍼드 anjing gembala Jerman; Alsatian

소[1]【총칭】 lembu; sapi 《황소》 sapi jantan; 《암소》 lembu sapi ¶소 같이 먹다 makan dengan lahapnya

소[2] bumbu isian; isian; pengisi ¶팥소 selai kacang

소(小) kecil; sedikit ¶소도시 kota kecil

소(沼) rawa; paya; tanah berlumpur

소가족(小家族) keluarga kecil; keluarga sedikit ⊙ 소가족제도 sistém keluarga kecil

소가지【심지】 sifat; sifat dasar; alam; watak ¶소가지가 나쁘다 bersifat buruk

소각(燒却) 소각하다 memusnahkan ((barang)) dengan membakar; membakar barang; memasukkan barang ke dalam api; melemparkan ke dalam api ⊙소각로 tempat pembakaran; alat pembakar. 소각장 pembakaran lahan

소간사(所幹事) urusan; perkara; hal; usaha ⊙ 일상 소간사 kebiasaan sehari-hari

소갈머리 méntalitas; daya otak; kapasitas méntal; 【생각】 pikiran; pemikiran ¶소갈머리가 없다 berpikiran sempit; tidak bijaksana; picik

소갈증(消渴症) penyakit kehausan

소감(所感) kesan; pemikiran; pendapat; opini ¶ 소감을 말하다 menyatakan kesan (pendapat)

소강(小康) ⊙ 소강상태 ketenangan; keteduhan: 소강상태가 되다 meréda; berakhir dengan keadaan tenang

소개(紹介) ①【알게 함, 사람을 맺어 주는 일】 perkenalan; pengenalan; rékomendasi 소개하다 memperkenalkan; merékomendasikan ¶…라고 자기소개를 하다 memperkenalkan diri sebagai ②【알선 · 주선】 jasa baik; 【후원】 rékomendasi; 【중개하다】 bertindak sebagai penengah ③【사실 · 지식 등에 대한 안내】 laporan ¶소개되다 dilaporkan ⊙ 소개료 komisi. 소개자 orang yang memperkenalkan; 【주선인】 perantara; pengantar; 【추천인】 orang yang memberikan surat pujian (rékomendasi). 자기소개 perkenalan diri

소개(疏開) 【산개】 pengusiran; pembubaran; 【철거】 pemindahan; 【퇴거】 pengungsian; pengosongan 소개하다 membongkar; memindahkan; mengevakuasi; mengosongkan; membersihkan ⊙ 소개자 pengungsi. 소개지 tempat perlindungan. 강제소개 evakuasi paksa

소개장(紹介狀) surat perkenalan

소거(消去) pembersihan; penyisihan; pengeluaran 소거하다 membersihkan; menyisihkan; mengeluarkan

소거(踞車) mesin pemintal

소격(疎隔) pengasingan; pemisahan; kerenggangan 소격하다 mengasingkan; dipindahkan; dijauhkan

소견(所見) pandangan; pendapat ¶소견을 말하다 memberikan (menyatakan) pendapat

소경 orang buta; tuna netra ¶소경의 buta; kurang penglihatan/소경이 되다 menjadi buta; kehilangan penglihatan

소계(小計) jumlah; total ¶…소계가 되다 berjumlah; jumlah keseluruhannya

소고기 daging sapi

소곡(小曲) sebuah lagu (puisi) yang singkat

소곤 ⇒ 수근

소곤거리다 berbisik; berbicara berbisik-bisik; membisikkan

소곳이 yang terkulai (yang tergantung) rendah; direndahkan; diturunkan

소관(所管)[1] kewewenangan ⊙소관사항 hal-hal yang berada dalam kewenangan. 소관청 pejabat yang bersenang

소관(所管)[2] apa yang dikhawatirkan; apa urusannya ⊙ 소관사(事) urusan; usaha; soalnya; perhatian

소관(所關) yang terikat ⊙ 소관사 hal-hal yang terikat

소구 【악기】 tambur; tambur (drum) kecil ⊙ 소구잡이 pemain tambur

소국(小國) negara kecil; bangsa yang lemah

소굴(巢窟) sarang; liang; gua; tempat persembunyian ¶도둑의 소굴 sarang para perampok/범죄의 소굴 sarang kejahatan

소권(訴權) 【법률】 hak untuk memperkarakan (hak untuk mengambil tindakan】 di pengadilan

소규모(小規模) skala kecil; kecil-kecilan ¶ 소규모의 bersekala kecil

소극(消極) ¶소극적(인) négatif; pasif/소극적 태도를 취하다 bertindak secara pasif ⊙ 소극성 pasifitas; kepasifan; ketidakpedulian. 소극주의 négatifisme; faham yang meninjau segala sesuatu dari sisi négatif (segi buruk)

소극(笑劇) pertunjukan jenaka; sandiwara lelucon

소극장(小劇場) teater kecil

소금 garam ¶소금에 절이다 mengawétkan dengan garam; mengasinkan; mengacar ⊙ 소금기(氣) rasa asin. 소금물 air garam: air asin

소급(遡及) 소급하다 kembali ke masa lalu; tinjauan kembali; berlaku surut《sampai》 ¶소급해서 dengan berlaku surut/(급여 등을) 소급해서 지급 받다 menerima gaji tunggakan ⊙ 소급 법 hukum yang berlaku surut

소기(所期) harapan; dugaan ¶소기의 yang diharapkan; diperkirakan; diduga; disangka/소기 한 대로 seperti yang diharapkan orang

소꿉 perkakas rumah boneka; mainan ⊙ 소꿉질【소꿉놀이】main rumah-rumahan 소꿉동무 teman masa kanak-kanak

소나기 hujan reda; hujan badai yang turun mendadak

소나무 pohon cemara; pohon pinus (eru) ⊙ 소나무 잎 jarum-jarum (daun runcing) cemara

소나타【음악】sonata

소네트 sonéta

소녀(少女) anak gadis; anak perempuan ¶ 십대(十代) 소녀 gadis berumur belasan tahun; gadis tanggung ⊙ 소녀단 pramuka (pandu) putri. 소녀시절 masa gadis; masa remaja

소년(少年) anak laki-laki; anak muda ¶소년다운 kelaki-lakian; 《kelakuan》 anak muda/ 비행소년 anak laki-laki yang nakal (jahat) ⊙ 소년단 pramuka (pandu) putera. 소년소녀 para muda mudi; orang muda; pemuda. 소년원 panti asuhan (penjara) anak-anak; Lembaga Pemasyarakatan Anak Nakal. 불량소년 anak laki-laki yang nakal

소농(小農) petani kecil; kaum tani; petani gurem (guram) ⊙ 소농가(家) rumah tangga petani kecil

소뇌(小腦)【해부학】otak kecil

소다 air soda; air belanda ⊙ 소다수 air soda

소담(小膽) perasaan pengecut; kekecutan hati; sifat takut-takut; sifat malu-malu 소담하다 *takut*; malu-malu

소담스럽다 ①【모양이】【탐스럽다】mekar dengan penuh; berkembang penuh; matang ②【음식이】berseléra; melezatkan; menimbulkan seléra (kelezatan); nampak lezat; terlihat énak; mengundang seléra

소담하다 besar dan bagus; penuh ¶소담한 색시 gadis montok (gemuk)

소대(小隊) peleton ⊙ 3소대 Peleton Ketiga. 소대장 pemimpin (komandan) peleton

소대상(小·大喪) hari peringatan kematian pertama dan kedua

소도(小島) pulau kecil

소도구(小道具) peralatan panggung

소도둑놈 ①【도둑】pencuri ternak ②【욕심 많은】orang yang tamak dan pemarah

소독(消毒) désinféksi; pembasmian (penghapusan) kuman; stérilisasi; pemandulan 소독하다 menstérilkan; memberantas kuman penyakit; mengasapi untuk désinféksi; mendésinféksikan ¶끓는 물로 소독하다 menstérilkan dengan air mendidih ⊙ 소독기 alat stérilisasi; alat pembasmi kuman. 소독붕대 pembalut désinféksi (yang sudah distérilkan). 소독약(제) obat pembasmi kuman; obat désinféksi

소동(騷動) kekacauan; hasutan; agitasi; pergolakan; kegemparan; kegaduhan; keributan; keributan; huru-hara; kegemparan; perselisihan; percékcokan; pertengkaran;【사건】perkara; peristiwa; hal ¶소동을 일으키다(벌이다) menimbulkan (menyebabkan) kekacauan (kerusuhan); membuat keributan (huru-hara)

소두(小斗) ukuran setengah *mal*

소득(所得) ①【수입】penghasilan; pendapatan; perolehan;【수익】keuntungan; untung; laba ②【성과】hasil ⊙ 소득공제 potongan pendapatan. 소득격차 perbédaan penghasilan《di antara》. 소득계층 golongan penghasilan. 소득세 pajak pendapatan (penghasilan). 소득수준 tingkat penghasilan. 소득자 orang yang memperoléh penghasilan; pencari nafkah: 고액소득자 golongan berpenghasilan tinggi. 국민소득 pendapatan nasional. 연간소득 pendapatan tahunan

소등(消燈) 소등하다 memadamkan (mematikan) lampu ¶소등시간 saat untuk memadamkan lampu

소라 ①【어패류】 barai; siput; kerang yang dirangkai berbentuk lingkaran ②【악기】 terompét dari kerang ⊙ 소라 고동 kulit kerang; kulit kéong; kéong terompét

소란(騷亂) ①【소동】 kerusuhan; kekacauan; gangguan; keributan; kegemparan; huru-hara; ②【시끄러움】 kegaduhan; ingar-bingar 소란하다, 소란스럽다 ribut; gaduh; berisik; sangat ramai gaduh ¶소란을 피우다 membuat kegaduhan (keributan) ③【사건으로】 menimbulkan kegemparan (sénsasi) ¶소란을 피우다 membuat keributan (huru-hara)

소량(少量) sejumlah kecil; kecil; sedikit

소련(蘇聯) Uni Soviet; Rusia

소령(少領) 【육군 · 해병대】 mayor; 【해군】 létnan

소로(小路) jalan kecil yang sempit; jalan setapak; lorong; gang

소론(所論) pandangan; pendapat; opini

소루(疏漏) 소루하다 sembrono; serampangan; sembarangan; tak dipikirkan; lalai; ceroboh

소르르 ①【풀리다】 melepas dengan mudah; terurai dengan mudah ②【바람 · 잠이】 dengan lemah-lembut; pelan-pelan; sepoi-sepoi

소름 bulu roma berdiri; tegak bulu kuduk ¶소름이 끼치다 merasa bulu roma berdiri; merasa seram; merasa ngeri/소름(이) 끼치는 mengerikan; menakutkan

소리 ①【음향】 bunyi; suara; (소음) riuh; gaduh; kegaduhan; bunyi gemuruh; deru ¶나팔 소리 bunyi terompet/맑은 소리 suara nyaring/(뱃속의) 꾸르륵 소리 suara keroncongan perut/벨소리 bunyi dering bél ②【목소리】 suara; (외치는 소리) teriakan; jeritan; raungan ¶큰 【굵은 · 가는 · 낭랑한 · 목쉰 · 맑은】 소리 suara yang keras 【dalam, lemah, nyaring, parau, jelas】/소리(를) 지르다 berteriak; bersorak; memekik ③【판소리 · 창】 lagu rakyat; balada ④【말】 ¶이상한 소리 같지만 Itu mungkin kedengaran anéh, tetapi … ⑤【소문】 desas-desus; kabar angin ⊙ 소리 결 gelombang suara

소리 지르다 berteriak; menjerit; memekik; bergembar-gembor

소리치다 berteriak; bersorak; menjerit; memekik

소립자(素粒子) unsur elementer; unsur dasar

소망(所望) hasrat; keinginan; kehendak; permintaan; permohonan ¶소망하다 menginginkan; menginginí; meminta; mengharapkan; menyangka; mengira

소망(素望) keinginan yang telah lama diharapkan; hasrat (keinginan) hati

소매 【윗옷의】 lengan baju ¶ 소매를 걷다 (걷어 올리다) menyingsingkan lengan baju; menggulung mansét ⊙ 소맷자락 ujung lengan baju

소매(小賣) penjualan écéran 소매하다 menjual secara écéran ⊙ 소매가격 harga écéran. 소매점 toko écéran (pengécér). 소매상 perdagangan kecil. 소매상인 pedagang écéran; pengécér

소매치기 ①【사람】 tukang copét; pencopét ②【행위】 pencopétan 소매치기하다 melakukan pencopétan ¶소매치기 당하다 dicopét

소맥(小麥) terigu; gandum

소면(素麵) bakmi biasa 《tanpa daging》

소멸(消滅) pemadaman; pematian; kepunahan; hilangnya; kehilangan 소멸하다 menjadi padam (mati; hilang; punah); menghilang; lenyap; menjadi batal; menjadi tidak berlaku; kedaluwarsa dihapuskan; dipadamkan ¶소멸시키다 mematikan (menghapuskan) 《hipoték》; meniadakan; menghilangkan ⊙ 소멸시효 masa berlaku habis; masa kadaluarsa. 자연 소멸 kepunahan secara alamiah; punah dengan sendirinya

소멸(燒滅) pemusnahan (pengrusakan) oléh api 소멸하다 memusnahkan dengan api; membumihanguskan ¶소멸되다 dimusnahkan (dirusakkan) oléh api

소명(召命) panggilan (perintah) raja

소모(消耗) konsumsi; pemakaian; pemborosan; kelelahan; keletihan; kepayahan 소모하다 menghabiskan; meletihkan; melemahkan; menghamburkan ⊙ 소모품 barang konsumsi; 【사무용】 persediaan kantor

소묘(素描) skétsa (bagan) kasar; gambar yang belum diperhalus
소문(所聞) desas-desus; kabar angin ¶소문에 의하면 menurut desas-desus/근거 없는 소문 desas-desus (kabar angin) yang tanpa dasar (yang tak berdasar)/…라는 소문이다 didesas-desuskan (dikabarkan) bahwa
소문만복래(素門萬福來) Tertawa mendatangkan bahagia.
소문자(小文字) huruf kecil
소박(素朴) kesederhanaan 소박하다 sederhana; biasa
소박(疎薄. 疏薄) perlakuan buruk terhadap istri 소박하다 menganiaya ¶아내를 소박하다 mengkhianati (meninggalkan) istri; menyia-nyiakan istri; memperlakukan istri dengan buruk/소박맞다 ditinggalkan oléh suami; disia-siakan oléh suami ⊙ 소박데기 istri yang diperlakukan dengan kasar; istri yang ditinggal suami; istri yang disia-siakan
소박이 acar ketimun yang diisi
소반(小盤) baki; talam; penampan
소방(消防) pemadam kebakaran 소방하다 menahan penyebaran api ⊙ 소방관【대】 petugas【pasukan】pemadam kebakaran. 소방서 pos (stasiun) pemadam kebakaran. 소방(자동)차 mobil pemadam kebakaran
소변(小便) air kencing; air seni; urine ¶소변을 누다(보다) buang air kecil; kencing; berurine ⊙ 소변검사 ⇒ 검뇨(檢尿)
소복(素服) pakaian putih;【상복】pakaian berkabung《yang putih》소복하다 mengenakan pakaian putih; berpakaian putih
소분(小分) bagian 소분하다 membagi lagi;【세분하다】memerincikan
소비(消費) konsumsi; pemakaian; penggunaan 소비하다 menghabiskan; mengkonsumsi; memakan; mencurahkan; menghabiskan ¶돈을 소비하다 mengeluarkan uang/시간을 소비하다 mencurahkan waktu ⊙ 소비성향 kecenderungan menghabiskan konsumén. 소비세 pajak konsumsi: 특별 소비세 pajak konsumsi khusus (istiméwa). 소비인구 jumlah penduduk yang mengkonsumsi. 소비자 pemakai; konsumén; pelanggan: 소비자가격 harga konsumén: 소비자물가지수 indéks harga konsumén. 소비재 barang konsumén; barang yang dipakai sehari-hari. 소비절약 penghematan pemakaian
소사(掃射) senapan mesin 소사하다 memberondong; menembaki
소사(燒死) mati karena kebakaran 소사하다 terbakar sampai mati ⊙ 소사자 orang yang terbakar sampai mati
소산(所産) hasil; produk; buah; peroléhan ¶다년간의 노력의 소산 hasil dari bertahun-tahun kerja
소상(小祥) peringatan tahun pertama kematian
소상(昭詳) 소상하다 lengkap; penuh; terperinci; kecil ¶소상히 dengan seksama; teliti
소상(塑像) gambar-gambar tanah liat
소생(小生) aku; saya; saya sendiri
소생(所生) anak; keturunan ¶첩의 소생 anak dari gundik (selir)
소생(蘇生) hidup kembali; kebangkitan kembali; penyadaran; reanimasi 소생하다 kembali hidup; bangun kembali; menjadi sadar kembali; siuman ¶소생시키다 menghidupkan kembali
소석고 (燒石膏)【화학】gips kapur; batu tahu
소석회(消石灰) kapur mati
소선거구(小選擧區) daérah pilihan kecil;【1구 1인의】jumlah pemilih anggota tunggal ⊙ 소선거구제 sistém jumlah pemilih kecil; sistém konstitusi anggota tunggal
소설(小說) cerita roman; novél; fiksi ¶소설적인 romantis; khayalan/소설화하다 menulis cerita roman ⊙ 소설가 pengarang (penulis) novél; novélis. 단편소설 cerita péndék. 모험 소설 cerita petualangan. 역사 소설 cerita roman sejarah. 신문 소설 novél《bersambung》surat kabar. 통속 소설 novél populér. 추리 소설 novél mistéri (detéktif)
소성(塑性)【물리학】kekenyalan; plastisifas ¶소성이 있다 liat; kenyal; plastik

소소하다(小小-) tidak penting; réméh-téméh; sepélé

소속(所屬) kedudukan 소속하다 termasuk; masuk; melekat; terletak pada ¶소속미정(未定)의 tidak terikat; lepas/민정당 소속의 국회의원 anggota DPR yang bergabung dengan (termasuk) Partai Keadilan Démokrat Rakyat ⊙ 소속부대 résimén; kesatuan

소속감(所屬感) perasaan terikat (termasuk; tergabung) ¶소속감을 느끼다 merasa diterima; merasa termasuk

소송(訴訟) perkara hukum; gugatan; tuntutan perkara 소송하다 menggugat; menuntut; memperkarakan ¶소송중이다 berperkara hukum/소송을 제기하다 mengadakan (mengajukan) perkara hukum ⊙ 소송대리인 pengacara; pokrol bambu. 소송의뢰인 klien; orang yang dibela oléh pengacara. 소송인 penggugat; penuntut. 이혼 소송 gugatan perceraian

소송사건(訴訟事件) perkara hukum; perkara (kasus) dalam prosés pengadilan

소송절차(訴訟節次) prosedur penuntutan yang sah ¶소송절차를 밟다 mengikuti (ikut) prosedur penuntutan

소수(小數) 【수학】 désimal; 《pecahan》 persepuluhan ⊙ 소수점 angka (tanda; koma) désimal

소수(少數) minoritas; nomor (jumlah) kecil; golongan kecil ¶소수의 사람들 sejumlah kecil orang ⊙ 소수민족 ras minoritas. 소수의견 pendapat minoritas; pendapat dari golongan kecil

소수(素數) 【수학】 bilangan pokok

소스 ①【요리의】 kuah; saus; kuah daging ¶소스를 치다 menuangkan saus ②【정보등의 출처】 sumber ¶정보의 소스를 제공하다 memberi sumber informasi ⊙ 소스병 botol saus (kuah); tempat saus

소스라치다 menjadi takut; dikejutkan ¶비명 소리에 소스라치다 dikejutkan oléh jeritan

소슬(蕭瑟) 소슬하다 suram; gelap; dingin; sepi (sunyi) dan sedih ¶소슬한 가을바람 angin musim gugur yang dingin

소승(小乘) 【불교】 Hinayana; Wahana kecil ¶소승적 berpandangan sempit/ 소승적 견지 segi pandangan yang sempit

소시(少時) ⇒ 소시 적 masa kanak-kanak

소시민(小市民) ¶소시민 계급 golongan (kelas) mengengah bawah (rendah)

소시지 sosis

소식(小食) 소식하다 makan sedikit; tidak makan banyak ⊙ 소식가 orang yang tidak banyak makan; orang yang makan sedikit

소식(素食) makanan tanpa daging; makanan (hidangan) sederhana

소식(消息) 【뉴스, 정보】 kabar; berita; warta; informasi 【동정】 gerakan ¶소식을 듣다 mendengar berita /소식을듣지 못하다 tidak mendengar apa-apa; tidak mendengar berita ⊙ 소식통(계통) nara sumber

소신(所信) kepercayaan; keyakinan; pendirian; pandangan; opini ¶소신을 피력하다 menyatakan pendapat; mengemukakan pandangan; berbicara secara terus terang

소실(小室) gundik; selir; kekasih gelap ⊙ 소실자식 anak dari gundik (selir)

소실(消失) hilangnya; kehilangan 소실하다 hilang; menghilang; kehilangan; lenyap

소실(燒失) pengrusakan (kehilangan) oléh api 소실하다 terbakar habis; dimusnahkan (dirusakkan; habis dimakan) oléh api; hilang oléh api

소심(小心) ①【겁이 많음】 sifat takut; sifat malu-malu ¶소심한 takut; malu-malu; hati-hati; tidak berani/소심한 사람 penakut; mengecut; pemalu ②【주의 깊음】 kebijaksanaan 소심하다 bijaksana; hati-hati

소아(小兒) anak kecil ⊙ 소아과 의사 dokter anak-anak. 소아정신과 ilmu penyakit jiwa kanak-kanak

소아(小我) égo; kedirian

소아시아(小-) Asia kecil

소아마비(小兒痲痺) kelumpuhan kanak-kanak; polio; *poliomyelitis* ¶소아마비에 걸리다 terjangkit (penyakit) polio; dijangkiti polio; terpapar polio

소액(少額) jumlah kecil uang ⊙ 소액권:

uang kertas kecil; uang kertas récéh. 소액주주 pemegang saham minoritas. 소액 투자자 invéstor kecil

소야곡(小夜曲) sérenade; rayuan musik

소양(素養) pengetahuan; kecakapan; kepandaian; pencapaian; hasil yang dicapai; prestasi ¶소양이 있는 terpelajar; terdidik; berbudaya

소양인(少陽人) *soyangin*; *soyang*, tipe psikologis soyang

소연(小宴) pésta kecil; makan malam tak resmi (secara ramah tamah)

소연하다(騷然-) ribut; gaduh; bergolak; rusuh

소염제(消炎劑) anti-flogistik

소외(疏外·疎外) pengasingan; pemisahan; kerenggangan 소외하다 menjauhkan; menjadi asing ¶소외당하다 diasingkan; dijauhi; diabaikan ⊙ 소외감 perasaan (rasa) terasing

소요(所要) ¶소요의 dibutuhkan; diperlukan; dikehendaki/ 두 시간 소요되다 memakan waktu dua jam

소요(逍遙) 소요하다 berjalan-jalan;; melancong; makan angin

소요(騷擾) gangguan; kerusuhan; kekacauan ¶소요를 일으키다 menimbulkan kekacauan (huru-hara) ⊙ 소요죄 kejahatan hasutan

소용(所用) kegunaan; kebutuhan; keperluan; apa yang diperlukan (dipakai) ¶소용되는 perlu; diputuhkan; berguna; bermanfaat/소용없다 tidak berguna; tidak diperlukan; sia-sia

소용돌이 ①【물의】 pusaran air; olakan air 소용돌이치다 berpusar; berolak ¶소용돌이 속에 휩쓸리다 terserét ke dalam pusaran air ②【급류】 perairan (aliran air) yang deras (yang berpusar)

소우주(小宇宙) dunia kecil; alam semesta kecil

소원(所願) keinginan; kehendak; kemauan; hasratnya ¶소원을 들어 주다 mengabulkan (memenuhi) keinginan/ 소원을 이루다 mewujudkan keinginan; mendapatkan keinginan (kehendak)

소원(疏遠) pengasingan; pemisahan; kerenggangan 소원하다 jauh; menjadi asing ¶소원해지다 menjadi jauh; menjaga jarak

소원(訴願) petisi; permohonan banding 소원하다 mengajukan permohonan (petisi)

소위(少尉) (육군·해병대) létnan dua (Létda); perwira

소위(所謂) apa yang disebut; biasa disebut

소위원회(小委員會) sub komite; panitia kecil

소유(所有) milik; kepemilikan; kepunyaan 소유하다 mempunyai; memiliki ¶Y씨 소유의 yang dimiliki (kepunyaan) Tuan Y ⊙ 소유권 hak kepemilikan (milik): 소유권 침해 pelanggaran hak milik ((seseorang)). 소유물 barang milik; kepunyaan. 소유욕(慾) keinginan untuk memiliki; hasrat kepemilikan. 소유자 (주) pemilik; orang yang empunya. 개인【공동】 소유권 hak milik pribadi【bersama】

소음(騷音) kegaduhan; keriuhan; keributan ¶도시의 소음 hiruk-pikuk (keriuhan) dan kesibukan kota ⊙ 소음공해 polusi (pengotoran) bunyi (suara). 소음방지 pencegahan (penekanan) bunyi

소음기(消音器) peredam suara (bunyi)

소음인(少陰人) *soeumin*; tipe psikologis *soeum*

소읍(小邑) kota kecil

소이(小異) perbédaan kecil 소이하다 berbéda sedikit ¶대동소이하다 serupa betul

소이(所以) sebab; alasan

소이탄(燒夷彈) bom pembakar

소인(小人) ①【어린이】 orang yang belum déwasa; orang kecil ②【난장이】 orang kerdil; orang katé; ③【소인물】 orang kikir (pelit) ④【겸칭】 saya; diri saya ⊙ 소인국 negeri orang kerdil (liliput)

소인(素因) faktor (unsur) yang menyebabkan; sebab utama

소인(消印) cap (stémpel) pos 소인하다 memberi cap pos

소인배(小人輩) orang yang lemah pendirian dan sempit pikiran

소일(消日) 소일하다 menghabiskan (mengisi; meléwatkan) waktu; meléngahkan waktu ¶빈둥빈둥 소일하다 membuang-buang waktu/독서로 소일하

다 mengisi waktu dengan membaca ⊙ 소일거리 peléngah (pengisi) waktu

소임(所任) ①【직임】 tugas; kewajiban ¶ 소임을 맡다 menerima tugas (jabatan)/소임을 다하다 memenuhi (melaksanakan) kewajiban (tugas) ②【책임】 tugas; kewajiban ¶소임을 맡다 menerima (memikul) tugas untuk diri ③【하급 역원】 orang bawahan

소립자(素粒子) unsur dasar; partikel éleménter

소자(小子) saya; aku

소자(素子) 【천문학】 élemén; 【전자공학】 élemén ⊙ 발광 소자 dioda pemancar cahaya

소자본(小資本) modal kecil; modal terbatas

소작(小作) séwa-menyéwa (jangka perséwaan) lahan 소작하다 menyewa tanah pertanian ¶소작을 주다 memberi lahan untuk penyéwa (penggarap) perkebunan ⊙ 소작농 petani penyéwa; petani penggarap. 소작료 séwa lahan. 소작인(人) petani penyéwa

소장(小腸) usus kecil

소장(少壯) kaum muda yang penuh semangat (yang giat) ¶전도가 유망한 소장 실업가 pengusaha muda yang berbakat (yang memberi harapan)

소장(少將) 《육군》 mayor jénderal ; (해군) laksamana muda; (공군) marsekal madya udara

소장(所長) ketua; kepala; pemimpin

소장(所藏) kepunyaan; milik; barang milik ¶김 박사 소장 《barang》 yang dimiliki oléh Dr. Kim; kepunyaan Dr. Kim

소장(訴狀) ①【소송을 제기하는 문서】 pengaduan (keluhan) tertulis ②【진정서】 surat permohonan; petisi ¶소장을 제출하다 mengajukan surat permohonan

소장파(少壯派) golongan (kelompak) muda; aliran orang muda

소재(所在) tempat beradanya; kedudukan; posisi; keadaan menyembunyikan diri ¶ 소재를 찾아【알아】 내다 menemukan 【mengetahui】 tempat berada ⊙ 소재지 tempat; letaknya; kedudukan

소재(素材) ①【영화 · 소설 등을 만들기 위한】 bahan; matéri; (소설 등의) pokok persoalan; (신문 기사 등의) salinan; tembusan; kopi ②【물건을 만들기 위한】 matéri; bahan matéri

소전(小傳) biografi singkat; ringkasan biografi

소전제(小前提) 【논리학】 prémis minor

소절(小節) ①【박자의 가장 작은 단위】 bagian; bar 《dalam musik》 ¶노래 몇 소절을 부르다 menyanyikan beberapa bar (bagian) sebuah lagu ②【예절】 tata cara

소정(所定) ¶소정의 《tempat; waktu》 yang tertentu; mapan; yang ditetapkan/소정의 사항 hal (pokok, soal) yang ditunjuk

소제(小題) sub (anak) judul

소제(掃除) ⇒ 청소

소주(燒酒) minuman keras yang disuling; arak; *soju* ¶강소주를 마시다 minum soju tanpa makan sesuatu

소중(所重) kepentingan; pentingnya 소중하다 penting; berharga; bernilai ¶소중히 sungguh-sungguh; dengan hati-hati; dengan teliti/소중히 여기다 menghargai; memperhatikan

소지(所持) pemilikan; barang milik; kepunyaan 소지하다 【가지다, 지니다】 mempunyai; menjadi milik; memiliki; membawa ⊙ 소지자 pemilik; penguasa.:면허증소지자 pemegang lisénsi. 소지품 barang; barang milik; barang pribadi

소지(素地) dasar; landasan; fondasi

소진하다(消盡-) menghilang (lenyap) sama sekali; lenyap

소진(燒盡) 소진하다 【건물이】 terbakar habis; musnah dimakan api; habis dimakan api; habis terbakar

소질(素質) bakat; watak; sifat; perangai; 【경향】 kecenderungan ¶소질이 있다 mempunyai bakat (kesanggupan; kecerdasan pikiran)/ 암에 걸리기 쉬운 소질 kecenderungan turun temurun mempunyai penyakit kanker

소집(召集) panggilan; pengumpulan 《apel》; seruan; imbauan 소집하다 memanggil 《rapat》; mengumpulkan; mengerahkan; 【군대에】 memanggil menjadi tentara ¶군대에 소집되다 dipanggil untuk menjadi tentara; 【예비역이】 diaktipkan kembali dalam tugas ⊙ 소집령 panggilan wajib militér. 소집영장 surat pengerahan wajib militér

소쩍새 【조류】 burung tekukur; burung elang malam

소찬(素饌) makanan sederhana

소채(蔬菜) sayur-sayuran

소책자(小冊子) brosur; pamflet; selebaran

소철(蘇鐵) 【식물】 pohon sagu

소청(所請) permohonan; permintaan ¶소청이 있다 ada (mempunyai) permohonan (permintaan) untuk

소총(小銃) senapan; senjata kecil ¶자동소총을 발사하다 menembakkan senapan otomatis ⊙ 소총탄알 peluru; pélor; anak bedil. 카빈소총 karabén

소추(訴追) 【형사상의】 penuntutan; pendakwaan; dakwaan; pengusutan 소추하다 menuntut (mendakwa; menuduh) atas suatu kejahatan

소출(所出) hasil panén; produk ¶소출이 많은 sangat produktif; berproduksi tinggi

소치(所致) disebabkan oléh; akibat; hasil; éfék

소켓 stopkontak ¶소켓을 달다 memasang stopkontak

소쿠리 keranjang anyaman; keranjang bambu

소탈(疎脫) sewajarnya; hal (keadaan) tidak resmi 소탈하다 tidak resmi; informal

소탐대실(小貪大失) 소탐대실하다 menderita rugi besar setelah memperoléh keuntungan sedikit; mendapat kerugian besar yang disusul dengan keuntungan kecil

소탕(掃蕩) 소탕하다 membersihkan; mengadakan pembersihan; menyapu bersih; membéréskan ¶적을 소탕하다 membersihkan ((daérah)) musuh ⊙ 소탕작전 operasi pembersihan; operasi sapu bersih

소태 【나무】 kayu suma; 【껍질】 kulit kayu sumak ¶소태 같다 pahit bagaikan empedu

소택(沼澤) rawa-rawa; paya ⊙ 소택지 daérah paya (rawa); tanah bancah

소통(疏通) 소통하다 saling pengertian; saling mengerti; memahami satu sama lain

소파 【의자】 sofa; dipan ⊙ 소파베드 dipan yang dapat dijadikan tempat tidur

소포(小包) pakét; bingkisan ⊙ 소포 우송료 béa pos (pakét). 국내【국제】소포 pakét (bingkisan) dalam negeri 【lnternasional】

소포우편(小包郵便) pos pakét; 【우편물】 pakét pos; bingkisan melalui pos ⊙ 소포우편료(料) ongkos pakét pos. 소포우편【취급】 창구 lokét pakét pos

소폭(小幅) kelébaran kecil; jarak yang sempit (yang terbatas)

소품(小品) 【그림 · 조각】 lukisan (patung) kecil; 【연극】 alat-alat (peralatan) yang diperlukan di atas pentas ⊙ 소품담당 pemelihara alat

소풍(逍風) makan angin; pesiar;tamasya; piknik; darmawisawa 소풍가다 berpiknik; berdarmawisata; berjalan-jalan; mendapat udara segar ¶학교의 소풍 darmawisata sekolah; piknik sekolah ⊙ 소풍객 darmawisatawan

소프라노 soprano; sopran

소프트 lunak; ringan ⊙ 소프트드링크 minuman ringan. 소프트볼 sof bol

소프트웨어 【컴퓨터】 peranti lunak; bahan berisi catatan untuk keperluan menjalankan komputer ¶새로운 소프트웨어를 깔다 memasukkan (memasang) peranti lunak baru

소피(所避) ¶소피보다 buang air kecil; kencing; mengeluarkan air kencing

소피스트 orang yang tersesat pandangannya

소할(所轄) jurisdiksi

소해(掃海) 【군사】 pembersihan laut; penyapuan ranjau 소해하다 membersihkan laut; menyapu ranjau ⊙ 소해정(艇) kapal penyapu ranjau

소행(所行) perbuatan; tingkah laku; tindakan ¶소행이 사납다 berkelakuan buruk

소행(素行) tingkah laku; perilaku; kelakuan; tindak tanduk; watak (sifat) dasarnya ¶소행이 나쁜 사람 orang yang berkelakuan buruk /소행이 나쁘다 bertingkah laku tidak pantas (tidak layak)

소행성(小行星) asteroid; gugusan batuan angkasa

소형(小形 · 小型) ukuran kecil ¶소형의 berukuran kecil; mini/ 소형화하다 memperkecil; menjadikan kecil ⊙ 소형차 mobil mini; mobil berukuran kecil. 소형 카메라 kaméra mini (kecil)

소홀(疏忽) pengabaian; kelalaian; ketidak-acuhan; kealpaan; kesembronoan ¶ 소홀히 하다 mengabaikan; menyia-nyiakan; melalaikan; sembrono akan

소화(小話) cerita yang péndék; anékdot

소화(笑話) cerita lucu; lelucon

소화(消火) pemadaman api; pemadaman kebakaran 소화하다 memadamkan api (kebakaran) ⊙ 소화기 alat pemadam api (kebakaran). 소화전 hidran. 소화호스【펌프】 selang 【pipa air】 pemadam api (kebakaran)

소화(消化) ①【음식물을】 pencernaan 소화하다 mencernakan; menyelami isi ¶소화가 잘 되다 dicernakan dengan baik ②【지식 · 기술 등을】 asimilasi; perpaduan; penerimaan 소화하다 memahamkan; mengerti; menerima; menyelam isi ③【소비】 penyerapan 소화하다 menyerap; menampung ⊙ 소화기(器) alat pencernaan: 소화기 계통 saluran pencernaan. 소화력 daya pencernaan. 소화불량 《menderita; mendapat serangan》 gangguan pencernaan; salah pencernaan. 소화제 obat pencernaan

소화물(小貨物) bingkisan; pakét ¶소화물로 보내다 mengirimkan dengan (melalui) pos

소환(召喚) panggilan; himbauan 소환하다 memanggil; mengumpulkan ¶법정에 소환되다 dipanggil untuk (muncul di depan) pengadilan ⊙ 소환장 《surat perintah》 panggilan

소환(召還) pemanggilan kembali; penarikan kembali 소환하다 menarik kembali; memanggil kembali

속 ①【안】 bagian dalam; 【깊숙한】 ceruk yang paling dalam ¶속에 di (dalam); 【많은 속에】 ditengah-tengah ②【마음 · 생각】 dalam; kedalaman ¶속이 검은 berhati hitam/속을 떠보다 menduga hati ③【속의 내용물】 isi; isi pokok; bahan ④【중심 · 핵】 inti; pokok; bagian tengah; sumsum ¶속속들이 썩다 jahat sekali; jahat sampai ke tulang sumsum ⑤【위장】 isi perut ¶빈 속 perut kosong/속이 더부룩하다 Saya merasa gembung.

속(屬) 【생물】 génus

속(續) kelanjutan; sambungan; rangkaian; séri ke dua

속가(俗歌) lagu rakyat; balada

속간(續刊) kelanjutan penerbitan 속간하다 meneruskan penerbitan (publikasi)

속개(續開) penerusan; permulaan lagi; pembukaan lagi 속개하다 memulai lagi; melanjutkan; mendapat kembali

속결(速決) ⇒ 즉결(卽決)

속계(俗界) kehidupan (lingkaran) duniawi

속고(續稿) manuskirp (naskah) berikutnya

속고갱이 bagian tengah; inti; pokok ¶양배추의 속고갱이 bagian tengah kubis

속곳 rok dalam; pakaian dalam ¶속곳 바람으로 tanpa mengenakan apa-apa hanya (kecuali) rok dalam

속공(速攻) serangan (penyerbuan) yang cepat 속공하다 menyerang dengan cepat terhadap 《musuh》

속구(速球) 【야구】 bola cepat ⊙ 속구투수 pelempar bola cepat

속국(屬國) negara jajahan; negara taklukan

속궁리하다(-窮理-) mengenang-ngenangkan; memikirkan sendiri

속기(速記) ①【속필】 tulisan cepat 속기하다 menulis cepat; mencatat dengan cepat ②【속기법】 sténografi 속기하다 menulis sténo ⊙ 속기록 catatan sténografis. 속기사 juru sténo; penulis cepat

속꺼풀 lapisan sebelah dalam dari kain penutup

속 끓이다 merasa cemas (khawatir); menderita kegelisahan

속내 keadaan (perkara; hal) yang sebenarnya

속눈썹 bulu mata ⊙ 인조 속눈썹 bulu mata palsu

속다 tertipu; terperdaya; ditipu; dikelabui

속닥거리다 bisikan; bisik; berbisik; membisik

속단(速斷) ①【빠른 단정】 kesimpulan yang terburu-buru (tergesa-gesa) 속단하다 menarik kesimpulan dengan terburu-buru; membuat kesimpulan ②【빠른 판단】 keputusan (pendapat) yang segera 속단하다 memberikan keputusan yang segera; memutuskan dengan tergesa-gesa

속달(速達) pengiriman kilat (khusus) ¶속달로 보내다 mengirimkan (mengantarkan) dengan kilat (eksprés); mengirimkan 《surat》 secara khusus ⊙ 속달료 biaya pengiriman kilat; béa kirim kilat. 속달우편 suat kilat

속 달다 cemas; khawatir; gelisah; menginginkan sekali; ingin sekali ¶속(이) 달다 menjadi gelisah (resah)

속담(俗談) pepatah; peribahasa; bidal

속대 bagian tengah sayur mayur

속대중 penilaian pribadi

속도(速度) kecepatan; laju; tempo ¶무서운 속도로 dengan kecepatan yang mengerikan/속도를 줄이다【늦추다】 mengurangi kecepatan ⊙ 속도계 pengukur (méteran) kecepatan; otométér; spedométer

속도위반(速度違反) pelanggaran batas kecepatan ¶속도위반을 하다 melanggar (melampaui) batas kecepatan

속도제한(速度制限) batas kecepatan

속독(速讀) baca cepat 속독하다 membaca dengan cepat

속되다(俗-) kasar; tidak sopan; vulgar; lazim; 【세속적】 duniawi ¶속된 말로 하면 dalam bahasa sehari-hari; dalam bahasa umum; menggunakan kata yang kasar

속등(續騰) kemajuan yang berkelanjutan (berkesinambungan) 속등하다 terus laju (maju); terus naik

속락(續落) kejatuhan yang terus-menerus *(berkelanjutan)* 속락하다 *terus* jatuh; terus merosot

속력(速力) kecepatan ¶전 속력으로 dengan kecepatan penuh/속력을 줄이다 mengurangi kecepatan ⊙ 최대 속력 kecepatan tertinggi; kecepatan maksimum

속령(屬領) daérah (wilayah) jajahan; tanah (negeri) jajahan

속례(俗例) adat

속론(俗論) pendapat awam

속마음 hati kecil; hati sanubari; lubuh (dasar) hati; perasaan yang paling dalam; maksud (keinginan) rahasia

속말 pembicaraan rahasia (pribadi)

속명(俗名) ①【통속적인】 nama umum; nama lazim ②【속된 명성】 kemasyhuran (reputasi) duniawi ③【법명에 대한】 nama duniawi; nama sekulér

속명(屬名) 【생물학】 nama generik

속문학(俗文學) sastra populér

속물(俗物) orang yang hanya memikirkan keduniawian ¶그는 속물이다 Dia seorang matérialistis. ⊙ 속물근성 jiwa keduniawian

속박(束縛) pengekangan; pengendalian; pembatasan kebébasan; belenggu 속박하다 menahan; mengendalikan; mengekang; membelenggu; mengikat ¶속박을 받다 dikekang; menderita kekangan/속박을 벗어나다 membébaskan diri dari kekangan; melepaskan kekangan

속병(-病) penyakit dalam yang kronis (yang menahun; yang akut) ¶속병을 앓다 menderita penyakit dalam; menderita sakit jantung ⊙ 속병장이 penderita penyakit dalam yang menahun (yang kronis)

속보(速步) langkah cepat

속보(速報) laporan (berita; pemberitahuan) cepat; berita (warta) kilat 속보하다 melaporkan dengan cepat; membuat laporan kilat ⊙ 속보판(板) papan pengumuman (papan warta) kilat

속보(續報) laporan kemudian; laporan berikutnya; berita (keterangan) lebih lanjut

속보이다 memperlihatkan (menyingkap) maksud (perasaan); mengungkapkan hati

속 보인다 terselami; dapat diselami; dapat diduga; dapat dipahami

속사(速寫) penyalinan cepat; 【사진】 foto

(pemotrétan) cepat 속사하다 menyalin dengan cepat; mengambil snapshot ⊙ 속사카메라 kaméra foto cepat

속사랑 cinta yang terpendam

속사정(-事情) keadaan yang tidak nampak

속사포(速射砲) meriam penembak cepat; senapan yang menembak cepat

속삭이다 berbisik-bisik; berkata secara berbisik; 【시냇물 · 바람 등이】 berdesir ¶귀에【대고】 속삭이다 berbisik (membisikkan) di telinga

속삭임 bisik; bisikan

속산(速算) hitung cepat

속살 ①【옷 속의】 bagian badan yang tertutup oléh pakaian ②【고기의】 daging ((udang karang; laut)) bagian dalam

속살 찌다 lebih montok (gemuk) dari pada kelihatan

속상하다(-傷-) mengalami banyak kesukaran; merasa jéngkél; mendongkol

속상해하다 【…이】 ((kamu; dia)) sedih; cemas; khawatir; jéngkél; dongkol; susah; penuh kesukaran; 【…을】 menjadi jéngkél; menjadi kesal (dongkol; cemas; gusar)

속설(俗說) pembicaraan (omongan) umum

속성(速成) 【단기 양성】 latihan inténsif; 【조기완성】 penyelesaian cepat 속성하다 memberikan latihan kilat; berlatih dengan cepat; menyelesaikan dengan cepat ⊙ 속성과(科) kursus kilat (singkat; inténsif); 속성법 métode kilat

속성(屬性) sifat; lambang; atribut; 【생물】 sifat (watak) umum ¶인간의 고유한 속성 sifat kemanusiaan

속세(俗世) dunia (alam) ini; kehidupan duniawi; kehidupan keduniawian; alam fana ¶속세를 버리다 mengundurkan diri dari dunia; hidup dalam pengasingan; hidup mengasingkan diri

속세간(俗世間) ⇒ 속세

속셈 ①【꿍꿍이】 maksud pribadi (rahasia); tujuan tersembunyi; pikiran dalam; hasrat terpendam ¶속셈을 드러내다 membuka (mengungkapkan) maksud (rencana) rahasia ②【암산】 hitungan di luar kepala ¶속셈을 하다 mengitung di dalam kepala

속샤쓰 keméja (pakaian) dalam; baju dalam; baju kaos

속속(續續) berturut-turut; satu per satu; seorang demi seorang; secara bergiliran; secara bergantian

속속곳 pakaian dalam wanita; rok dalam

속속들이 sampai ke inti (dalam); keseluruhan; sepenuh; benar-benar ¶속속들이 썩다 busuk sampai ke dalam/속속들이 젖다 basah kuyup

속수무책(束手無策) keadaan tidak berdaya (tidak mempunyai akal) ¶속수무책이다 tidak berdaya; kehilangan akal; tidak tahu apa yang harus dilakukan

속 썩다 merasa sakit pada hati (dalam batin); mencemaskan diri

속아 넘어가다 tertipu; terperdaya; dikelabui

속어(俗語) kata ucapan populér; kata slang; bahasa pergaulan; bahasa pasaran

속어림 dugaan; perkiraan ¶속어림으로 menurut perkiraan; secara perkiraan; dengan dugaan

속언(俗言) perkataan umum

속언(俗諺) peribahasa umum; pepatah

속없다 tidak kuat; lemah; 【악의 없다】 tidak berdosa; tidak berbahaya ¶속없는 말 omong kosong/속없는 사람 orang yang gampangan; orang yang dangkal pikiran; orang yang lemah

속여먹다, 속여 넘기다 menipu; memperdayakan

속옷 pakaian dalam

속요(俗謠) lagu pop; lagu rakyat

속요량하다(-料量-) mengira (menduga; menilai) dirinya sendiri

속이다 ①【기만하다】 menipu; memperdayakan ¶속이기 쉬운 mudah tertipu/자신을 속이다 menipu (memperdayakan) diri sendiri ②【거짓말 · 허위 등으로】 berbohong; berdusta; 【가장하다】 berpura-pura ¶대학생으로 속이다 berpura-pura menjadi seorang mahasiswa; menyaru sebagai mahasiswa/이름을 속이다 memakai nama palsu ③【잔재주를 피워】 memalsukan; 【일시적으로 넘기다】 menunggu kesempatan yang baik ¶장부를

속이다 menyulap (memalsukan) rékening
속인(俗人)【평신도】orang awam;【세속인】orang matérialistis
속인주의(屬人主義) prinsip pribadi
속임수 penipuan; tipu daya; tipu muslihat curang ¶속임수를 쓰다 menipu; memperdaya; melakukan penipuan; terpaksa menggunakan tipu muslihat /속임수에 걸리다 tertipu; terperdaya
속잎 daun dalam
속전속결(速戰速決) serangan mendadak yang gencar ⊙ 속전속결전법 siasat serangan kilat
속절없다 tidak ada harapan; sia-sia; putus asa; tidak berdaya; tidak dapat dihindarkan; tidak dapat dielakkan;【소용없다】sia-sia; gagal; tidak berhasil ¶ 속절없이 tanpa daya (berdaya)
속정(俗情) pikiran (perasaan) biasa (lazim); pendapat bersifat umum
속죄(贖罪) penebusan (taubat) atas dosa 속죄하다 bertobat (menebus) atas dosa (kejahatan); mengaku kesalahan ¶속죄할 수 없는 tidak terampuni; tidak tertebuskan ⊙ 속죄양 kambing hitam; orang yang dikorbankan
속주다 membuka hati; mengeluarkan pendapat; berbicara terus terang; menaruh kepercayaan
속지(屬地) jajahan; wilayah kekuasaan ⊙ 속지주의【법률】prinsip kewilayahan
속진(俗塵) keduniaan; urusan duniawi ¶ 속진을 떠나다 menjauhkan diri dari orang banyak (dari hal-hal keduniawian)
속창 sol dalam
속출(續出) kejadian yang berturut-turut (yang sering) 속출하다 muncul (terjadi; datang) berturut-turut
속치레 dékorasi (hiasan) interior
속치마 rok dalam wanita
속치장(-治裝) hiasan (dékorasi) dalam
속칭(俗稱) nama umum; nama yang terkenal;【학명에 대해】istilah umum ¶속칭하다 menyebutkan/ 속칭…라 하다 biasa disebut
속타다 merasa cemas (khawatir); merasa gelisah; merasa jéngkél (kesal); réwél
속탈(-止頁) gangguan(penyakit) perut; isi perutnya kurang baik ¶속탈이 나다 menderita sakit perut
속태우다 ①【자신의 속을】menyusahkan (mencemaskan) diri; terganggu; kesal; dongkol ②【남의 속을】menyusahkan; mengganggu; mencemaskan; menyakiti
속티(俗-) penampilan vulgar (kasar); vulgaritas
속편(續編) sambungan; lanjutan; volume (jilid) ke dua
속표지(-表紙) halaman judul; halaman depan
속필(速筆) tulisan tangan cepat
속하다(屬-) termasuk; kepunyaan
속행하다(速行-) berjalan dengan cepat; membawa (melaksanakan) dengan cepat; mengambil tindakan (bertindak) dengan cepat
속행(續行) kelanjutan; sambungan 속행하다 meneruskan; melanjutkan; melangsungkan
속화(俗化) keadaan tidak sopan; keadaan kasar; vulgarisasi 속화하다 berbuat kasar (tidak sopan); mempopulérkan
속회하다(續會-) melanjutkan (melangsungkan) sidang
속히(速-) dengan cepat
솎다 menjarangkan; berkurang ¶무를 솎다 menjarangkan dérétan tanaman lobak
솎음【일】hal yang menjarangkan; pekerjaan menyiangi 솎음하다 menjarangkan; menyiangi
손[1] ①【신체】tangan ¶ 손이 닿는【미치는】곳에 있다 dalam jangkauan; dalam tangan/손을 흔들다 melambaikan tangan ②【수중】tangan; pemilik ¶손에 넣다 mendapat; mendapatkan; memiliki ③【일손】tenaga ¶손이 모자라다 kekurangan tenaga ④【손질】pekerjaan ⑤【관계 · 교제】hubungan ¶손을 끊다 melepaskan diri; memisahkan diri dari; memutuskan hubungan; berpisah ⑥【때림】pukulan; tamparan ¶손을 대다⟹ 손대다 memukul; menampar ⑦【수단 · 방법】léwat; melalui ¶손을 거쳐서 melalui perantara

손[2] ①【손님】 tamu; pengunjung; petualang; pelancong; turis; musafir ②【민속】 roh jahat yang berkeliling
손(孫) keturunan; anak cucu
손(損) rugi; hilang; rusak; susut
손[3] 【가정 · 양보】 jika; misalkan
손가락 jari tangan ¶손가락을 꼽아 세다 menghitung jari-jari ⊙ 손가락자국 tanda (bekas) jari. 엄지손가락 ibu jari; jempol. 집게【가운데, 약, 새끼】손가락 jari telunjuk 【jari tengah, jari manis, jari kelingkung】
손가락질, 손가락질하다 menunjuk; menuding; menyalahkan ¶손가락질을 받다 ditunjuk (dituding; dibicarakan) dengan cemoohan; menjadi sasaran celaan masyarakat
손가방 tas tangan; kopor kecil
손거울 kaca tangan
손 거칠다 panjang tangan; suka mencuri; mengutil; suka mengambil
손곱다 kaku; kebas
손그릇 peralatan rumah tangga sehari-hari
손금 garis-garis tangan; suratan tangan; rajah tangan ⊙ 손금쟁이 peramal nasib; pembaca garis tangan
손금(損金) kerugian uang
손길 bantuan tangan; jangkauan ¶따뜻한 구호의 손길을 뻗(치)다 memberi bantuan (pertolongan)
손꼽다 ①【날짜를 꼽으며 기다리다】 membilang jari tangan ¶손꼽아 기다리다 menunggu-nunggu dengan membilang jari tangan ②【수가 적거나 뛰어나다】 terkemuka ¶손꼽는 실업가 usahawan terkemuka
손꼽아치다 diperhitungkan; terkemuka; istiméwa
손 끊다 【관계를】 menarik diri; berpisah; memutuskan hubungan; membebaskan diri
손끝 ujung jari ¶손끝이 여물다 hémat; irit/손끝이 닳도록 일하다 bekerja keras
손 넘기다 ①【잘못 세다】 salah menghitung; keliru perhitungan ②【때 놓치다】 kehilangan kesempatan; kehilangan peluang
손녀(孫女) cucu perempuan
손 놓다 menelantarkan pekerjaan
손님 ①【방문객】 tamu ¶손님을 맞다 menerima (menyambut) tamu ②【고객】 pelanggan; konsumén; patron; (승객) penumpang ¶손님이 없다 tidak punya langganan ③【천연두】 cacar
손대다 ①【건드리다】 menyentuh; memegang; menjamah; meraba ¶손대지 말 것 【게시】 Jangan sentuh. ②【관여하다, 시작하다】 ikut campur; campur tangan; turut serta; (여자에게) menjadi rapat dengan seorang gadis; berhubungan badan ¶정치에 손을 대다 turut serta dalam gerakan politik ③【때리다, 해치다】 memukul; menampar ④【처리하다】 menangani; mengambil alih ⑤【남의 재물에】 mencuri; mencoléng; (공금 등에) mencatut; menggelapkan; menilap ¶남의 돈에 손대다 memakai (merogoh) uang orang lain
손대중 pengukuran tangan; penimbangan tangan ¶손대중으로 menurut ukuran tangan
손도끼 kampak tangan; beliung
손도장(-圖章) cap jempol; cap ibu jari ¶손도장을 찍다 mencap dengan jempol
손독(-毒) ¶손독이 오르다 terinféksi (rusak) akibat sentuhan
손동작(-動作) gerakan tangan
손들다 ①【손을 들다】 mengangkat tangan ②【굴복하다, 항복하다】 dikalahkan; menyerah; mengangkat tangan ③【애먹다】 merasa terganggu ④【찬성하다】 setuju dengan
손등 punggung tangan
손때 noda tangan; pengotoran oléh tangan ¶손때 묻은 ternoda tangan; bercap tangan/손때 묻히다 mengotori tangan
손 떼다 ①【끝내다】 ¶일을 손 떼다 menyelesaikan tugas; menyudahi pekerjaan ②【관계 했던 일을】 mengakhiri; menarik diri; mencuci tangan; mengundurkan diri
손마디 buku jari; tulang jari ¶손마디가 저린다 jari-jariku kaku (kebas)
손 맑다 ①【생기는 것이 없다】 miskin; menghasilkan uang tak layak; tidak ada

pendapatan sampingan ②【다랍다】 kikir; pelit; bakhil

손맵다 bertenaga kuat

손목 pergelangan tangan ¶손목을 잡다 memegang pergelangan tangan ⊙ 손목시계 jam tangan

손바느질 jahitan tangan

손바닥 ①【손의 안쪽】 telapak tangan ②【비유적】 ¶손바닥만 한 땅 sebidang tanah; sepetak tanah

손발 【수족】 ①【손과 발】 tangan dan kaki; anggota badan ②【비유적】 ¶남의 손발이 되어 일하다 melayani seperti alat

손버릇 ①【도벽】 kebiasaan mencuri; sifat suka mencuri ②【남을 때리는 버릇】 kebiasaan buruk memukuli

손보다 ①【고치다】 memperbaiki ②【돌보다】 menjaga; memelihara; merawat

손봐주다 memberikan bantuan; mengulurkan tangan

손부끄럽다 merasa sungkan (segan)

손 빌다 menerima bantuan; mendapat pertolongan ¶손 빌려주다 memberikan bantuan /친구의 손을 빌어 atas pertolongan teman

손뼉 telapak tangan ¶손뼉(을) 치다 bertepuk tangan; 【칭찬】 menghargai (menyambut) dengan tepuk-tangan

손사래 치다【손짓】 melambaikan tangan

손상(損傷) kecederaan; kerusakan; luka-luka 손상하다 【…을】 merusak; melukai ¶손상되다 dirusaki; dilukai; mengalami kerugian; cacat

손색(遜色) inférioritas; perasaan rendah diri ¶손색이 있다 tak sebanding; tak setara /손색이 없다 sebanding; setara

손서(孫壻) suami anak cucu perempuan

손 서투르다 tak mahir; tidak ahli; 【서술적】 canggung; ceroboh; kikuk

손수 dengan tangan sendiri; secara pribadi ¶손수 만든 buatan sendiri

손수건(-手巾) saputangan; selampé; selampik

손수레 gerobak tangan; gerobang dorong

손쉽다 mudah; sederhana ¶ 손쉽게 dengan mudah

손시늉 gerak (tiruan) tangan

손실(損失) 【손해】 kerugian; kehilangan ¶ 국가적 손실 kerugian nasional/손실을 입다 mengalami kerugian

손쓰다 mengambil tindakan; mengambil langkah-langkah ¶이리저리 손을 쓰다 mencoba segala cara ((yang mungkin))

손아귀 ①【엄지손가락과 다른 손가락의 사이】 pegangan; genggaman; cengkeraman ¶ 손아귀에서 벗어났다 lolos dari genggaman (cengkeraman) ②【세력】 ¶손아귀에 넣다 menguasai/손아귀에 들다 jatuh ke tangan (seseorang); dikuasai

손아래 yunior; yang lebih mudah; adik ¶ 손아래뻘 되다 berada dalam hubungan bawahan/ 손아랫사람 seorang junior

손어림 ukuran (taksiran) tangan

손위 senior; kakak; abang; yang lebih tua ¶손윗사람을 섬기다 menghormati senior/손윗사람 orang yang lebih tua; (항렬이) anggota génerasi sebelumnya

손익(損益) laba dan rugi; keuntungan dan kerugian ⊙ 손익계산서 lembaran perhitungan laba dan rugi. 손익분기점 titik impas

손익다 mahir; terbiasa; familier ¶손익은 일 pekerjaan yang biasa dilakukan

손일 pekerjaan tangan; kerajinan tangan

손자(孫子) cucu laki-laki

손자국 bekas tangan; cetakan tangan

손잡다 ①【서로 손을 잡다】 menjabat tangan; menggenggam tangan ②【힘을 합치다】 bekerja sama dengan; bergabung; berserikat; bersekutu ③【화해하다】 rékonsiliasi; memperbaiki hubungan; berdamai dengan

손잡이 pegangan; tangkai gagang; (자동차의) éngkol ¶문의 손잡이 pegangan pintu ⊙ 손잡이 끈 tali pegangan

손재수(損財數) kehilangan hak milik; malapetaka

손재주 ketrampilan; kecekatan; ketangkasan ¶손재주가 있는 cekatan; bertangan terampil; tangkas

손전등(-電燈) sénter; sénter (obor) listrik

손질 ①【손으로 매만져 다듬다】 ¶손질을 하다 memelihara; merawat ((pohon, tanaman dan lain lain))/손질이 잘된 terpelihara dengan baik ②【수리하다】 memperbaiki ¶손질이 잘 되어 있다 dalam keadaan baik; terjaga dengan baik ③【글 등을 다듬다】 mengédit; menyunting

손짓 isyarat tangan 손짓하다 memberi isyarat tangan ¶앉으라고 손짓하다 mengisyaratkan duduk

손찌검하다 memukul; menampar; menempéléng

손 크다 royal; murah hati; dermawan

손 타다 ⟪beras⟫ dicuri

손톱 ①【손가락의 끝 부분】 kuku tangan ¶손톱만큼도 sedikitpun; tak sedikitpun ②【비유적】 ¶거짓말은 손톱만큼도 없다 Saya tak berdusta sedikit pun. ⊙ 손톱깎이 gunting kuku; pemotong kuku. 손톱 다듬는 줄 kikir kuku. 손톱자국 gorésan kuku

손풍금(-風琴) akordéon

손해 kerusakan; kerugian; kehilangan ¶손해를 입다 mengalami rugi besar/손해를 배상하다 mengganti kerugian ⊙ 손해보험 asuransi kerugian (kehilangan). 손해배상 ganti rugi; kompénsasi untuk kerusakan. 손해액 jumlah kerugian

손회목 pergelangan tangan

솔[1] 【소나무】 ⟪pohon⟫ pinus; cemara; eru ⊙ 솔방울 kerucut pinus. 솔잎 daun cemara

솔[2] sikat; sol; berus ¶솔로 털다 menyikat

솔기 kelim; pelipit; setik balik ¶솔기가 터지다 kelim (pelipit) terbuka (lepas)

솔개 【조류】 layangan hitam

솔깃하다 tertarik; berminat pada; antusias

솔다[1] ①【자극함】 gatal dan sakit ②【좁다】 sempit; ketat; kecil

솔다[2] ①【귀가】 bosan (jenuh) mendengar; jemu ②【단단히 굳다】 kering; mengetat (mengerut) kekeringan

솔대 ①【건축】 bilah; bilah tipis ②【활 쏠 때의】 tiang sasaran panah

솔로 【음악】 solo; nyanyian tunggal ¶솔로로 노래하다 menyanyi solo (sendiri; tunggal) ⊙ 피아노솔로 piano solo

솔벤트 bahan pelarut

솔선하다(率先-) mengambil inisiatif; mempelopori; memberi contoh

솔솔 dengan lembut; dengan ringan; secara lunak

솔직(率直) ketulusan; kejujuran 솔직하다 terus terang; jujur; tulus; polos ¶솔직히 sesungguhnya; sebetulnya/ 솔직히 말하면 terus terang dikatakan/ 솔직하게 dengan terus terang; dengan jujur

솔질 penyikatan 솔질하다 menyikat; menggosok; memberus; menyerit; menguas

솜 kapas; kapuk ¶솜을 두다 mengisi dengan kapuk; memasukkan dengan kapuk /솜을 틀다 memisahkan biji kapas ⊙ 솜뭉치 gumpalan katun (wol). 솜옷 pakaian yang diisi kapas; pakaian yang diberi lapisan empuk. 솜틀 mesin pemisah biji kapas

솜사탕(-砂糖) kembang gula; gula-gula kapas

솜씨 kemahiran; keterampilan; kecekatan; kecakapan; keahlian ¶솜씨 있게 mahir; terampil; cekatan; cakap/솜씨가 좋다 cakap; mahir

솜털 bulu halus; bulu roma ¶솜털이 보송보송한 앳된 얼굴 wajah muda dengan bulu roma

솟구다 berjingkat; meloncat; melompat ¶몸을 솟구다 melompat-lompat

솟구치다 ①【아래에서 위로】 meningkat dengan cepat; naik dengan cepat ②【불길이】 menyala; berkobar ¶불길이 솟구치다 api menyala ③【감정 · 힘 등이】 melonjak; gelombang yang tiba-tiba datang

솟다 ①【힘 · 용기 등이】 menyembur ¶힘이 솟다 mendapat kekuatan; mendapat tenaga ②【산 · 건물 등이】 membubung; menjulang tinggi; naik; memuncak ③【연기 · 불길 · 물체 등이】 berkobar-kobar; menyala-nyala

솟아나다 ①【물 등이】 memancar; menyembur; menyimbah; muncul ¶너 어디서 솟아났느냐 Dari mana kau muncul? ②【여럿 중에서】 menyolok mata

솟을대문(-大門) gerbang (gapura) yang tinggi

송가(頌歌) lagu (nyanyian) pujian (geréja)

송골매 【조류】 rajawali kelabu besar

송곳 bor kayu; gérék kayu ¶송곳으로 구멍을 뚫다 membor; membuat lubang dengan bor

송곳니 gigi taring

송구(送球) ①【던짐】 송구하다 melempar bola ②【스포츠】 ⇒ 핸드볼

송구스럽다(悚懼-) ①【감사하다】 merasa amat berterima kasih 《pada》; berterima kasih pada《seseorang》 atas ②【부끄럽다】 merasa segan; merasa malu ③【미안하다】 menyesal

송구영신(送舊迎新) Tahun lama berakhir dan tahun baru datang

송금(送金) pengiriman uang 송금하다 mengirim uang; mengirimkan; melakukan pengiriman ⊙ 송금수취인 penerima 《kiriman》. 송금수표 cék pengiriman. 송금인 pengirim

송기(松肌) endodermis cemara; kulit cemara ⊙ 송기떡 kué rasa endodermis cemara

송년(送年) tahun lama berakhir ⊙ 송년회 pésta akhir tahun

송달(送達) pengantaran; pengiriman 송달하다 mengantar; mengirim; mengirimkan

송덕(頌德) eulogi; pidato (kata-kata) pujian seseorang yang sudah meninggal ⊙송덕비 tugu (monumén) peringatan

송독하다(誦讀-) menceritakan 《dari ingatan》

송두리째 keseluruhan; secara keseluruhan; utuh; akar dan cabang ¶송두리째 파(뽑아)내다 mencabut secara utuh; menumbangkan (membasmi) keseluruhan

송로(松露) ①【이슬】 embun dipucuk-pucuk pinus ②【버섯】 jamur; cendawan

송료(送料) béa kirim; perangko ⊙ 송료선불 bea kirim dibayar di muka

송림(松林) hutan cemara

송별(送別) ucapan selamat 《jalan》 송별하다 memberi (menyampaikan) ucapan selamat; melepas keberangkatan; memberangkatkan ⊙ 송별사 pidato perpisahan; pidato pemberangkatan. 송별회 *pésta (pertemuan) perpisahan:* 송별회를 열다 mengadakan makan malam (pésta) perpisahan

송부하다(送付-) mengirim; mengantar

송사(訟事) perkara hukum; gugatan; tuntutan hukum

송사(頌辭) eulogi; pidato pujian tentang seseorang yang telah meninggal

송사리 ①【어류】 ikan yang sangat kecil ②【하찮은 사람】 orang yang kecil (rendah)

송송 ①【썰다】 memotong menjadi kepingan-kepingan ②【구멍이】 penuh dengan lubang

송수(送水) persediaan air; alat pengangkut (pembawa) air 송수하다 menyediakan air ⊙ 송수관 pipa air

송수(送受) ⊙ 송수신기【라디오의】 pengirim 《sinyal》; pemancar

송신(送信) transmisi; pengiriman; pengantaran; penghantaran 송신하다 mengirimkan; menghantar ⊙ 송신국【탑】 stasiun【menara】 pemancar. 송신기 alat pemancar; transmiter

송아지 anak sapi ¶수송아지 anak sapi jantan ⊙ 송아지 고기 daging sapi muda

송알송알 ¶송알송알 땀이 나다 berkeringat; berpeluh

송어(松魚) 【어류】 ikan trout

송연하다(悚然-) takut; menakutkan; mengerikan ¶모골이 송연해지는 menegakkan bulu roma; mengerikan; menakutkan

송영(送迎) penyambutan dan pelepasan dengan sebaik-baiknya 송영하다【보내고 맞음】 menyambut dan melepaskan

송영하다(誦詠-) membaca 《puisi》

송유(送油) persediaan minyak; suplai minyak 송유하다 menyediakan (menyuplai) minyak ⊙ 송유관 pipa suplai minyak

송이 ①【포도 등을 세는 단위】seikat; sesisir; setandan ¶포도 한 송이 sesisir (setandan) buah anggur ②【내리는 눈의】 serangkaian; sekelompok ③【종자 방울】 kerucut biji

송이(松珥) jamur *song-i;* jamur pinus (cemara) ⊙ 송이전골 jamur *song-i* dan daging sapi dalam mangkok

송이송이 berkelompok-kelompok; bergerombol-gerombol; berlimpah ruah

송장 jenazah; mayat; bangkai ¶송장을 파묻다 menguburkan mayat ⊙ 산송장 mayat hidup

송장(送狀) faktur; faktir; paktur; pengiriman ¶송장을 작성하다 membuat faktur ⊙ 수출【수입】송장 pengiriman ékspor【impor】

송전(送電) 송전하다 menghantarkan listrik; mentransmisikan arus listrik ⊙ 송전선 saluran listrik; kabel (kawat) listrik. 송전탑 menara transmisi

송죽(松竹) pinus (cemara) dan bambu

송진(松津) résin tusam; getah kayu pinus

송청하다(送廳-) menyerahkan ke kantor kejaksaan

송축하다(頌祝-) memuja dan memuji; memuliakan

송충이 ulat cemara(pinus); ulat pohon ¶송충이를 대하듯 싫어하다 membenci seperti ular-ular berbisa; sangat membenci ⊙ 인간송충이 orang yang hidup seperti ulat; orang yang suka menggerogoti orang lain

송치하다(送致-) mengirim; menyerahkan ¶용의자를 송치하다 menyerahkan tertuduh

송판(松板) papan eru; papan kayu pinus

송편(松-) *songpyeon;* kué beras yang diisi selai kacang

송풍(送風) ventilasi; peranginan; peredaran hawa ⊙ 송풍관 pipa udara; lubang angin. 송풍기 ventilator; peniup udara

송화(松花) bunga cemara

송화(送話) transmisi; pnghantaran; pengiriman 송화하다 mengirimkan; menghantar ⊙ 송화구 corong bicara. 송화기 pemancar

송환(送還) pemulangan; déportasi; pengiriman pulang 송환하다 memulangkan; mendéportasikan ¶본국에 송환하다 memulangkan ke negara asal; mendéportasi(kan) ⊙ 송환자 orang yang didéportasi

솥 periuk; dandang ⊙ 솥뚜껑 penutup periuk. 밥솥 periuk nasi; tempat menanak nasi

솥 밥【요리】nasi dengan daging sapi yang dicincang; makanan laut dan sayuran dalam satu mangkok

솨【소리】¶비가 솨 오다 Hujan mengucur dengan deras.

솰솰 흐르다 mengalir tiada hentinya (tak henti-hentinya); mengalir deras

쇄골(鎖骨)【해부학】tulang selangka; klavikula

쇄국(鎖國) pemencilan nasional; isolasi (pemisahan) nasional 쇄국하다 menutup pintu ((bagi orang asing)) ⊙ 쇄국정책 kebijakan isolasi nasional. 쇄국주의 sekluisionisme; isolasionisme; faham pemencilan (pemisahan) nasional

쇄도(殺到) kelimpah-ruahan; keramaian; banjir 쇄도하다 membanjiri; berjubel; berjejal; membluduk masuk ¶신청이 쇄도하다 dibanjiri (penuh) dengan lamaran-lamaran (tawaran-tawaran) ②【세차게 달려듦】penyerang bergegas

쇄빙(碎氷) pecahnya és; penghancuran és 쇄빙하다 memecahkan(menghancurkan) és ⊙ 쇄빙선 kapal pemecah és

쇄신(刷新) perbaikan; rénovasi; pembaharuan 쇄신하다 memperbaiki; memperbarui; merénovasi

쇄편(碎片) pecahan; serpi; penggalan; fragmen

쇠 ①【철】besi; logam ¶쇠로 만든 dari besi ②【지남철】kompas ③【여 잠그는】kunci ④【경첩】éngsél

쇠-【소의】sapi ⊙ 쇠가죽 kulit sapi. 쇠고기 daging sapi: 수입 쇠고기 daging sapi impor. 쇠꼬리 ékor (buntut) sapi

쇠갈고리 kail (cantelan) besi

쇠고랑 belenggu; borgol ¶쇠고랑을 차다 ditahan; dipenjara/쇠고랑을 채우다 membelenggu

쇠귀 ¶쇠귀에 경 읽기 berkhotbah ke telinga tuli

쇠귀신(-鬼神) ①【죽은 소의】hantu lembu ②【사람】orang yang keras kepala

쇠기름 lemak daging sapi; gemuk

쇠꼬챙이 tusuk besi

쇠다[1] ①【야채가】menjadi kasar dan berserabut ②【병 등이】memburuk; menjadi kronis ¶기침이 쇠다 Batuk((nya)) memburuk.

쇠다[2]【명절을】merayakan; memperingati ¶명절을 쇠다 merayakan hari raya/ 설을 쇠다 merayakan Tahun Baru

쇠똥[1]【쇠의 부스러기】terak; ampas bijih

쇠똥[2] 【소의】 tahi sapi; kotoran sapi

쇠망(衰亡) kemunduran dan kejatuhan 쇠망하다 mundur; jatuh; runtuh; hancur

쇠망치 martil(palu) besi

쇠몽둥이 batang besi; batang logam; balok besi

쇠뭉치 massa besi

쇠버짐 sejenis kurap (kadas)

쇠붙이 【쇠】 barang logam

쇠비름【식물】 bilang-bilang; kerokot

쇠뼈 tulang sapi; tulang jawi

쇠뿔 tanduk sapi ¶쇠뿔도 단김에 빼랬다 【속담】 Pukullah besi ketika masih panas.

쇠사슬 rantai ¶쇠사슬로 매다 merantai; membelenggu

쇠새 【물총새】 pekakak

쇠스랑 penggaruk; canggah; sekop

쇠약(衰弱) pelemahan; pengurusan 쇠약하다 lemah; kurus ¶병으로 쇠약해지다 menjadi lemah akibat sakit ⊙ 신경쇠약 gangguan urat syaraf

쇠운(衰運) nasib yang menurun ¶쇠운으로 접어들다 mendekati kehancuran; mulai tenggelam (mundur); mulai menurun

쇠잔(衰殘) 쇠잔하다 menjadi lemah; kehilangan kekuatan; melemah ¶쇠잔한 몸 badan yang lemah

쇠죽(-粥) makanan ternak rebus dicampur dengan buncis

쇠줄 kawat besi; kabel; rantai

쇠진(衰盡) kelelahan; keletihan; kepayahan 쇠진하다 lelah; letih; payah

쇠코뚜레 cincin hidung sapi

쇠창살(-窓-) terali besi; jeruji; sekat; kisi-kisi

쇠톱 gergaji besi (logam)

쇠퇴하다(衰退, 衰頹-) ambruk; menurun

쇠푼 sejumlah uang yang sedikit (kecil-kecilan)

쇠파이프 pipa besi

쇠하다(衰-) menjadi lemah; hilang kekuatan; melemah ¶운이 쇠하다 sedang bernasib buruk

쇤네 hamba; sahaya; pembantu yang hina

쇳내 rasa logam ¶쇳내가 나다 merasai logam

쇳덩이 bongkahan logam

쇳물 noda karat; karat (tahi) besi

쇳소리 bunyi logam; suara yang kasar(bising) ¶쇳소리가 나다 berbunyi seperti logam (besi)

쇳조각 sepotong besi

쇳줄 【광맥】 pembuluh mineral

쇼 ①【오락물】 pertunjukan; tontonan; peragaan; démonstrasi ¶쇼를 보러가다 pergi melihat pertunjukan ②【일부러 꾸미는 짓】 dalih; kepura-puraan; tindakan pura-pura 쇼를 하다 berpura-pura; mempertunjukan ⊙ 쇼걸 gadis panggung. 쇼룸 ruang paméran; kamar pajangan. 쇼맨 pemain sandiwana (pertunjukan). 퀴즈쇼 pertunjukan kuis

쇼맨십 kecakapan memainkan pertunjukan ¶쇼맨십을 발휘하다 menunjukkan kemampuan seorang pemain (aktor)

쇼비니즘 sifat patriotik yang berlebih-lebihan; savinisme

쇼윈도 jendéla pamér; jendela pajangan; étalase ¶쇼윈도를 장식하다 menata étalase/쇼윈도에 진열돼 있다 dipajang di tempat pajangan

쇼크 ①【충격】 *shock*; kejutan ¶쇼크를 느끼다 merasa terkejut/쇼크를 받다 mengalami *shock* (terkejut)/쇼크를 주다 memberikan kejutan ②【의학】 *shock*; kejutan ⊙ 쇼크사(死) kematian karena *shock* (terkejut). 쇼크 상태 keadaan terkejut

쇼킹하다 kejutan; mengejutkan ¶쇼킹한 뉴스 berita yang mengejutkan

쇼트트랙 jalur meluncur(peluncuran) péndék dengan kecepatan ⊙ 쇼트트랙 선수 peluncur di jalur péndék

쇼핑 perbelanjaan 쇼핑하다 berbelanja ¶쇼핑하러 가다 pergi belanja ⊙쇼핑객 pembeli; (고객) pelanggan. 쇼핑몰 pusat perbelanjaan: mal belanja: 인터넷 쇼핑몰을 운영하다 menjalankan mal belanja melalui internet. 쇼핑아케이드(대형 상가 건물) arkade belanja. 쇼핑카트 keréta dorong untuk berbelanja. 쇼핑백 tas belanja; tas pasar. 쇼핑센터 pusat belanja

숄 seléndang; syal; mafela

숄더백 tas sandang; ransel

수[1] 【수컷】 jantan ¶수캐 anjing jantan

수[2] ①【도리 · 방법】 cara; sumber daya; sarana; perangat; alat ¶무슨 수를 써서라도 dengan cara apapun; dengan risiko apa pun; apapun risikonya ②【경우 · 가능】 ⇒-ㄹ수 있다 kemungkinan; kemampuan

수(手) ①【손】 tangan ②【바둑 · 장기의】 langkan ((atur)); 【씨름 등의】 trik; 【꾀 · 계략】 tipuan; muslihat ¶한 수 위다 mengungguli; unggul; lebih ahli; lebih tinggi

수(秀) 【학업 성적의】 cemerlang ¶수를 받다 mendapatkan nilai "cemerlang"

수(數) ①【운수】 keuntungan ¶수가 좋으면 jika beruntung; jika keberuntungan menyertainya ②【수효】 bilangan; nomor; angka ¶수많은 sejumlah besar; banyak ③【몇】 beberapa ¶수일 beberapa hari

수(壽) ①【연령】 usia; umur ②【장수】 umur panjang; panjang usia; dirgahayu ¶수를 누리다 umur panjang; hidup lama

수(繡) 【자수】 sulaman; borail ¶수를 놓다 menyulam ⊙ 수실 benang sulaman. 수틀 kerangka sulaman

수(首)¶시 한 수를 읊다 membaca puisi (sajak)

수가(酬價) biaya (ongkos) pengobatan; ongkos dokter; ongkos perawatan pengobatan ⊙ 의료 보험 수가 biaya asuransi kesehatan (pengobatan)

수감(收監) pemenjaraan 수감하다 memenjarakan; memasukkan ke dalam bui; mengeram di penjara ¶수감돼있다 di ((tahan)) dalam penjara(bui); di belakang terali besi ⊙ 수감자 tahanan; penghuni penjara

수갑(手匣) belenggu; borgol ¶수갑을 채우다 membelenggu; memborgol

수강하다(受講-) mengambil pelajaran ((universitas)); menghadiri(mengikuti) kuliah ¶수강 신청을 하다 mendaftarkan di kelas

수개(數個) beberapa ¶수개월 beberapa bulan/수개월의 berbulan-bulan

수갱(竪坑) terowongan; lubang

수거(收去) 수거하다 mengumpulkan ((pajak; hutang)); mengambil; menghilangkan ⊙ 쓰레기 수거차 keréta sampan; gerbong(truk) sampah

수건(手巾) handuk; tuala ⊙ 수건걸이 rak (gantungan) handuk. 손수건 sapu tangan

수검(受檢) 수검하다 memeriksa; menjalani pemeriksaan ⊙ 수검자 orang yang diperiksa

수결(手決) tanda tangan ¶(…에) 수결을 두다 menandatangani; membubuhkan tanda tangan

수경(水耕) hidroponik; pembiakan dalam tabung ⊙ 수경법 pembiakan dalam air; pembudayaan dalam air; hidroponik

수고(手苦) 수고하다 bekerja keras; bersusah payah; berpenat-penat ¶헛수고 usaha yang sia-sia /수고를 끼치다 menyusahkan 수고 하셨습니다 Terima kasih atas usaha Anda.

수공(手工) kerajinan (pekerjaan) tangan; pertukangan ⊙ 수공품 barang kerajinan tangan

수공업(手工業) usaha kerajinan tangan; usaha pertukangan ⊙ 가내수공업 industri rumahan. 수공업자 pekerja tangan

수공예(手工藝) kerajinan tangan ⊙ 수공예품 kerajinan tangan

수괴(首魁) pemimpin gerombolan; biang keladi

수교하다(手交-) bertukar; mempertukar ¶각서를 수교하다 mempertukar mémorandum; bertukar nota

수교(修交) hubungan baik; persahahatan ⊙ 수교조약 perjanjian hubungan baik (persahabatan). 수교훈장 Bintang Jasa

수구(水球) 【스포츠】 polo air

수구(守舊) kesetiaan pada adat tradisional; konservatisme 수구하다 setia pada adat tradisional; konservatif ¶수구와 진보 kaum réaksioner dan kaum liberal ⊙ 수구파 orang-orang konservatif; orang yang mendukung paham lama

수국(水菊) hidrangéa

수군거리다 berbisik-bisik; kasak-kusuk

수근수근 berbisik-bisik; dengan suara rendah; 【가만히】 dengan diam-diam

수권하다(授權-) memberi kekuasaan

(kekuatan)
수그러들다 surut; reda; mereda; menyurut; mati perlahan
수그러지다 ①【고개 · 몸 등이 앞으로】 merendah; jatuh; terkulai; turun ②【기세가 누그러지다】 menjadi lunak; reda; mengurangi ¶추위가 수그러졌다 Hawa dingin telah berkurang kekuatannya.
수그리다 ⇒ 숙이다
수금(收金) pemungutan utang 수금하다 memungut utang ⊙ 수금원 koléktor utang; penagih utang
수급(需給) permintaan dan penawaran ¶ 수급의 균형을 유지하다 menjaga keseimbangan persediaan dan permintaan ⊙ 수급계획 program permintaan dan penawaran. 수급조절 penyesuaian permintaan dan penawaran
수긍(首肯) persetujuan; pengabulan; pengiyaan 수긍하다 menyetujui; mengabulkan; mengiakan ¶수긍이 가게 하다 meyakinkan
수기(手記) nota; catatan péndék; surat peringatan; memorandum ¶수기를 쓰다 menulis kenangan
수기(手旗) bendéra; semafor ¶수기로 신호하다 memberi tanda dengan bendéra ⊙ 수기신호 pemberian isyarat bendéra (semafor)
수난(水難) bencana banjir
수난(受難) penderitaan; siksaan; kesusahan ¶예수의 수난 penderitaan Yésus ((di tiang salip)); pengorbanan sang Juru Selamat
수납(收納) penerimaan 수납하다 menerima; mendapat ⊙ 수납계원 penerima
수납(受納) 수납하다 menerima; menyetujui ⊙ 수납자 penerima; résipién. 수납장 lemari penyimpan
수냉식(水冷式) ¶수냉식의 didinginkan air
수녀(修女) biarawati; suster ¶수녀가 되다 menjadi biara (biarawati) ⊙ 수녀원 biara untuk biarawati
수년(數年) *beberapa tahun*
수뇌(首腦) pemimpin; pimpinan ⊙ 수뇌부 badan pengelola; managemén puncak. 수뇌회담 pembicaraan tingkat atas
수다 océhan; obrolan ¶수다(를) 떨다 mengobrol; mengocéh; beromong-omong/ 수다스럽다 suka ngomong; banyak mulut; bawél; berbicara; senang bicara ⊙ 수다쟁이 pembual; tukang ngobrol; pengocéh
수단(手段) ①【목적을 이루기 위한 방법 · 도구】 cara; jalan; tindakan; langkah; perbuatan ¶수단을 안 가리고 dengan segala cara; secara jujur atau curang; dengan cara apapun ②【일을 처리하는 솜씨와 꾀】 cara ⊙ 수단가 orang yang cakap; orang yang mampu (berkapasitas); ahli siasat
수달(水獺) 【동물】 berang-berang air; anjing air ⊙ 수달피 kulit berang-berang
수당(手當) tunjangan; bonus; uang jasa ¶ 수당을 주다 memberi tunjangan ⊙ 가족수당 tunjangan keluarga. 연말 수당 bonus akhir tahun. 초과 근무수당 biaya kerja lembur. 퇴직수당 tunjangan pénsiun (berhenti). 특별 수당 tunjangan khusus
수더분하다 sederhana; wajar; bersahaja ¶ 수더분한 사람 orang yang tak suka répot-répot
수도(水道) penyediaan air bersih; pelayanan air ¶수도를 틀다【잠그다】 membuka 【menutup】 keran ②【수로】 anak sungai; jalan air ⊙ 수도 계량기 alat pengukur air. 수도관 pipa air. 수도꼭지 keran. 수도요금 bea air; harga(tarif) air. 수돗물 air keran; air pipa; air lédéng
수도(首道) ibu kota; metropolitan; kota besar
수도(修道) 수도하다 menjalani kehidupan biarawan; mempraktikan asletisisme ⊙ 수도사 biarawan; pendéta. 수도생활 kehidupan biarawan. 수도승 biarawan; pendéta; rahib. 수도원 biara. 수도자 pertapa
수도권(首都圈) daérah ibu kota; kawasan metropolitan
수동(手動) ¶수동의 dioperasi tangan; dijalankan dengan tangan/내 차는 수동이다 Mobilku memiliki transmisi manual. ⊙ 수동브레이크 rém tangan
수동(受動) kepasifan; ketidakpedulian ¶수

동적(으로) dengan pasif/ 수동적 태도를 취하다 bersikap pasif

수동태(受動態) bentuk pasif

수두(手痘) cacar air

수두룩하다 melimpah; berlimpah-riuh; banyak sekali; berlebih-lebihan ¶할 일이 수두룩하다 banyak kerja yang harus diselesaikan

수 때우다(數-) mencegah ramalan nasib buruk dengan menjalani sedikit kesulitan sebelumnya

수라(水剌) makanan méwah; ménu méwah

수라장(修羅場) porak poranda; berantakan ¶수라장이 되다 menjadi kacau (berantakan); menjadi porak poranda

수락(受諾) penerimaan; persetujuan 수락하다 menerima; menyetujui ¶요청을 수락하다 memenuhi permintaan

수량(水量) volume (isi) air ¶강의 수량이 불었다 Sungai itu meluap (menaik).【수와 양】kuantitas; jumlah isi; volume ¶수량이 늘다 bertambah dalam jumlah

수렁 ①【진흙이 깊게 깔린 웅덩이】rawa; tanah berbencah; tanah bécék; tanah berlumpur ¶수렁에 빠져들다 terperosok ke dalam rawa ②【비유적】¶절망의 수렁에 빠지다 terjerumus (tenggelam) ke dalam lorong keputusasaan ⊙ 수렁배미 sawah berawa

수레 keréta; gerobak ¶수레를 끌다 menarik keréta ⊙ 수레바퀴 roda kendaraan ((gerbong))

수려하다(秀麗-) indah; cantik; élok; molek; permai

수력(水力) tenaga air ⊙ 수력발전 pembangkitan listrik tenaga air: 수력발전소 stasiun hidroéléktrik

수련(修鍊) praktik 수련하다 berpraktik ¶심신을 수련하다 melatih pikiran dan tubuh ⊙ 수련원 pusat pelatihan. 수련의 dokter praktik

수련(睡蓮)【식물】seroja; bunga teratai

수렴(收斂) ①【세금 등의】수렴하다 mengumpulkan ②【물리·수학】konvérgénsi ③【의견·사상 등의】수렴하다 mengumpulkan ⊙ 수렴렌즈 lénsa konvérgén. 수렴제 zat penciut

수렴청정(垂簾聽政) pemerintahan dari balik tirai 수렴청정하다 memerintah dari balik tirai

수렵(狩獵) ⇒ 사냥 ¶수렵하러가다 pergi berburu ⊙ 수렵가 pemburu. 수렵기 musim berburu: 수렵금지기 musim dilarang berburu. 수렵지 kawasan perburuan

수령(受領) 수령하다 menerima ¶틀림없이 수령 하였습니다 Menerima dengan baik. ⊙ 수령인 penerima

수령(首領) pimpinan; kepala; ketua; bos

수령(樹齡) umur pohon

수로(水路) jalan air; terusan; saluran; anak sungai ⊙ 수로측량 survai (pengamatan) hidrografik (pengairan). 관개수로 kanal (parit) irigasi

수로안내(水路案內) pemanduan kapal;【사람】pemandu; pilot 수로안내하다 memandu kapal ⊙ 수로 안내 료 iuran pemanduan

수록하다(收錄-) menghimpun; mencatat

수뢰하다(受賂-) menerima suap

수뢰(水雷) torpedo; ranjau; bom kumbang ¶수뢰를 발사하다 menémbakkan torpedo ⊙ 수뢰정 kapal torpedo

수료하다(修了-) menamatkan; menyelesaikan; merampungkan ¶전 과정을 수료하다 menyelesaikan seluruh masa pelajaran

수류탄(手榴彈) granat tangan ¶수류탄을 던지다 melemparkan granat tangan

수륙(水陸) darat dan air ⊙ 수륙공동 작전 operasi ampibi. 수륙양서 동물 ampibi; hewan yang hidup di dua alam. 수륙양용 전차 tank ampibi

수리【조류】élang

수리(水利) suplai air; pengairan; pengangkutan air ⊙ 수리사업 proyék irigasi. 수리시설 fasilitas irigasi

수리하다(受理-) menerima; menyetujui; meluluskan ¶고소를 수리하다 menerima tuntutan

수리(修理) perbaikan; réparasi; pemugaran 수리하다 memperbaiki; meréparasi ¶수리 중(中)이다 sedang diréparasi; sedang diperbaiki ⊙ 수리공 tukang réparasi; tukang perbaiki. 수리공장 béngkel réparasi: 자동차 수리공장 béngkel perbaikan mobil. 수리비 ongkos (biaya) perbaikan (réparasi). 수리 점【전기 기구·라디오의】 béngkel servis

수리(數理) prinsip matematik (ilmu pasti) ¶수리적(인) secara matematis ⊙ 수리경제학 ekonomi matematika

수림(樹林) hutan; rimba

수립하다(樹立-) mendirikan; membentuk; membangun; mengorganisir

수마(水魔) banjir; penggenangan ¶수마가 덮치다 dilanda banjir yang hébat (bencana banjir)

수마(睡魔)【잠】 kantuk ¶수마가 덮치다 menjadi mengantuk; dilanda rasa mengantuk

수만(數萬) puluhan ribu

수많다(數-) ¶수많은 jumlah (kuantitas) yang besar; banyak; tak terhitung; sangat banyak

수매(收買) pembelian; pengadaan 수매하다 membeli

수맥(水脈) pembuluh air ¶수맥을 찾아내다 mencari pembuluh air

수면(水面) permukaan air

수면(睡眠)【잠】 tidur ⊙ 수면병 sakit tidur. 수면시간 jam tidur. 수면제 obat (pil) tidur; narkotika

수면부족(睡眠不足) ¶수면부족이다 tak tidur dengan baik; kurang tidur

수명(壽命) ①【사람·생물 등의】 umur; usia; jangka waktu hidup ¶수명을 다하고 죽다 mati secara wajar ②【물건·시설 등이】 ¶자동차의 수명 umur mobil ⊙ 평균수명 jangka hidup 《manusia》 rata-rata; umur rata-rata

수모(受侮) keaiban; kehinaan 수모하다 menghina; mencaci maki; mencemooh ¶수모를 받다 dihina; menderita penghinaan; dicaci; dicemooh; dicerca

수목(樹木) pohon-pohon 《dan semak-semak》; punjung; pokok kayu; tumbuhan besar

수몰(水沒) 수몰되다 *tergenang* di bawah air; banjir; menyelam ke dalam air ⊙ 수몰지역 daérah banjir; wilayah (daérah) di bawah air

수묵화(水墨畵) lukisan tinta

수문(水門) pintu air

수문(水紋) ①【수명의】 cincin air ②【비단의】 pola-pola air (berombak) di sutera

수문장(守門將) ①【궁궐·성문 등을 지키던 무관 벼슬】 kepala penjaga gerbang ②【골키퍼】 kiper; penjaga gawang; penggawang

수미(首尾) awal dan akhir masalah; alfa dan omega; seluruh kejadian ¶수미상접하다 terus berlanjut; terus menerus

수미(愁眉) pandangan cemas; pandangan (wajah) khawatir ¶수미를 펴다 merasa lega

수박 ①【과일】 semangka ¶씨 없는 수박 semangka tak berbiji ②【비유적】 ¶수박 겉핥기 pengetahuan yang dangkal

수반(水盤) baki bunga

수반(首班) kepala; ketua ¶내각의 수반 kepala kabinet; perdana menteri

수반(隋伴) iringan; hal yang bersamaan 수반하다, 수반되다 mengiringi; seiring 《an》 dengan; menyertai; menemani ¶어려움이 수반되다 mendapat (membawa) kesulitan

수발하다 merawat; memperhatikan

수방(水防) pencegahan kebanjiran ⊙수방대책 tindakan mengatasi banjir

수배(手配) persiapan; pembagian; penempatan;【경찰의】 instruksi (perintah) pencarian 수배하다 menyiapkan; membagi; menempatkan;【경찰이】 mencari pelaku kejahatan ¶그는 경찰의 수배를 받고 있다 Dia dicari oléh polisi. ⊙ 수배사진 foto penjahat yang dicari; foto buroan

수백(數白) beberapa ratus; ratusan; beratus-ratus ⊙ 수백만 jutaan

수범하다(垂範-) memberikan contoh (teladan); mencontohkan ¶솔선수범하다 mengambil inisiatif dan memberikan contoh

수법(手法) teknik; gaya; cara; metodé ¶똑같은 수법 tipuan (permainan) sama; tipuan itu juga/인터넷 사기 수법 métode mengakali internét

수병(水兵) pelaut; kelasi; anak kapal; bahariwan ⊙ 수병복 seragam pelaut

수복(收復) pekerjaan memperoléh tanah;

didapatnya kembali; penemuan (perolehan) kembali ((wilayah yang hilang)) 수복하다 mendapatkan (memperoléh; menemukan) kembali ((wilayah yang hilang)) ⊙ 수복지구 wilayah (kawasan; daérah) yang diperoléh kembali

수복(修復) pengembalian 수복하다 dikembalikan (mengembalikan) pada keadaan awal

수복(壽福) umur panjang dan kebahagiaan ⊙ 수복강녕 umur panjang, kebahagiaan dan kesehatan

수부(水夫) ⇒ 수병

수북이 dengan tumpukan penuh

수북하다 bertumpuk; bertimbun

수분(水分) air; cairan; jus ¶수분이 많은 berair; mengandung banyak air; éncér/ 수분을 빼다(없애다) menghilangkan air; mengeringkan; mengawétkan melalui pengeringan

수비(守備) ①【방어】 pertahanan; pembelaan; penjagaan; perlindungan 수비하다 mempertahankan; menjaga; membela; melindungi ¶수비를 강화하다 memperkuat pertahanan ②【야구】 수비하다 bermain di médan (lapangan) ⊙ 수비대 pasukan pengawal; penjaga: 국경수비대 penjaga perbatasan. 수비병 penjaga; pengawal

수사하다(手寫-) menyalin dengan tangan

수사(修士) pendéta; rahib; biarawan

수사(修辭) kata kiasan seperti métafora; rétorika ¶수사적 rétorik; bersifat rétorika

수사(搜査) pertanyaan dan penyelidikan ((oléh polisi; penuntut)); penyelidikan kejahatan; pengusutan 수사하다 menyelidiki; mencari keterangan; memeriksa; mengusut ¶수사에 착수하다 mengadakan (melakukan; melaksanakan) penyelidikan ⊙ 수사과 séksi penyelidikan kejahatan. 수사관 polisi penyelidik; detektif. 수사기관 agén penyelidik. 합동수사반 tim penyelidik gabungan. 수사본부 markas penyelidikan

수사(數詞) 【문법】 angka; numeral; kata bilangan

수사납다(數-) sial; malang; tidak beruntung; nahas

수사돈(-査頓) 【바깥사돈】 ayah menantu lelaki

수사망(搜査網) jaringan polisi ¶수사망에 걸려들다 tertangkap dalam jaringan polisi /수사망을 펴다 menyebarkan jala

수산(水産) produk (hasil) kelautan (perairan; perikanan) ⊙ 수산대학【학교】 Akadémi 【Sekolah Tinggi】 Perikanan. 수산물 produk perairan; hasil kelautan. 수산업 industri perikanan. 수산청 Diréktorat Jénderal Perikanan

수산(蓚酸) 【화학】 asam oksalat ⊙ 수산염 oksalat

수산화(水酸化) 【화학】 hidrasi ⊙ 수산화나트륨 sodium hidroksida

수삼(水蔘) ginséng hijau; ginséng basah

수삼차(數三次) beberapa kali

수상(水上) ¶수상의 perairan; permukaan air/수상에(서) di ((permukaan)) air ⊙ 수상가옥 rumah yang dibangun di atas permukaan air. 수상경기 olah raga air; olah raga bahari. 수상스키 ski air

수상(手相) ⇒ 손금 ⊙ 수상술 seni meramal berdasarkan rajah tangan

수상(首相) perdana menteri; ketua (kepala) kabinét ¶수상이 되다 menjabat perdana menteri; mengepalai kabinét

수상(受像) 수상하다 menerima siaran; menyiarkan melalui télévisi ⊙ 수상기 perangkat penerima télévisi; pesawat télévisi

수상(受賞) 수상하다 memenangkan (mendapat) hadiah ⊙ 수상자 pemenang hadiah. 노벨상 수상자 pemenang hadiah Nobel

수상(殊常) 수상하다 meragukan; mencurigakan ¶수상스럽게 여기다 mencurigai; merasa curiga

수상(授賞) 수상하다 menghadiahi; memberikan hadiah ⊙ 수상식 upacara pemberian hadiah

수상(隨想) pikiran yang kadang-kadang timbul

수색(搜索) penyelidikan; pemburuan ((penjahat)); invéstigasi 수색하다 mencari; menyelidiki; menelusuri; menggelédah ¶범인을 수색하다 mencari penjahat ⦿ 수색대 kelompok (rombongan) pencari. 가택수색영장 surat perintah menggelédah rumah

수색(愁色) roman khawatir; suasana murung ¶수색을 띠다 menampakkan wajah khawatir

수서(水棲) ¶수서의 akuatik ⟪berhubungan dengan air⟫ ⦿ 수서동물 héwan air

수석(首席) ①【가장 좋은 성적】 peringkat teratas ②【사람】 ketua; kepala; pimpinan ¶학급의 수석을 차지하다 mendapat peringkat teratas di kelas ③【제일 높은 직위】 ketua ⦿ 수석대표 kekua délegasi. 수석판사 ketua juri

수석(水石) batu alam

수선 keributan; percekcokan; pertengkaran; perselisihan 수선스럽다 ribut; gaduh; ramai-ramai; riuh ¶수선부리다 ⇒ 수선떨다 ⦿ 수선쟁이 tukang ribut

수선(修繕) perbaikan; réparasi 수선하다 memperbaiki; meréparasi ¶수선이 안 된다 tak bisa diperbaiki ⦿ 수선공 tukang réparasi; tukang (petugas) perbaikan. 수선비 biaya perbaikan; biaya réparasi

수선떨다, 수선 피우다 membuat keributan; bertengkar; bercékcok

수성(水性) pemilikan air ⦿ 수성가스 gas air. 수성 도료 cat air

수성(水星) 【행성】 Merkuri

수성(獸性) kebinatangan; kebuasan; kebrutalan

수세(守勢) sikap bertahan; pembelaan diri ¶수세를 취하다 mengambil sikap bertahan; bertahan

수세(水勢) arus air; kekuatan (daya) air

수세미 penggosok; spon penggosok; pembersih panci

수세식(水洗式) ¶수세식 화장실로 개조하다 mengubah kamar mandi menjadi menyiram wc ⦿ 수세(식) 화장실 W. C; kakus sistém alir

수소 sapi jantan

수소(水素) 【화학】 hidrogén; zat air ¶수소의 *hidrik; berhidrogén* ⦿ 수소가스 gas hidrogén. 수소폭탄 bom hidrogén; bom-H

수소문하다(搜所聞-) menanyakan isu-isu; bertanya sekeliling; menanyakan (isu-isu)

수속(手續) 【절차】 prosés; prosedur ¶수속을 밟다 mengikuti prosedur

수송(輸送) transportasi; pengangkutan 수송하다 mengangkut; membawa ¶수송중이다 dalam perjalanan; diperjalanan ⦿ 수송기 pesawat angkut. 수송비 biaya transportasi; ongkos transport. 국내수송 angkutan lokal. 철도【항공】수송 pengangkutan (angkutan) léwat keréta api【udara】

수쇠 ①【돌쩌귀의】 ensel yang menonjol ②【자물쇠의】 pinggiran bergerigi (gerigi) pasak ③【맷돌의】 poros (pasak) kincir

수수【식물】 milét India ⦿ 수수깡 batang padi-padian. 수수쌀 biji-biji padi (milét)

수수(授受) pengiriman dan penerimaan 수수하다 memberi (mengantar) dan menerima

수수께끼 ①【놀이】 teka-teki; tebakan; terkaan; cangkriman ¶수수께끼 같은 seperti teka-teki; misterius; membingungkan/ 수수께끼 같은 사람 orang misterius/ 수수께끼를 풀다【맞히다】 memecahkan【menebak; menjawab】 teka-teki ②【미스터리】 mistéri

수수료(手數料) béa; komisi ¶수수료를 내다 membayar komisi ⦿ 판매 수수료 komisi jualan

수수방관하다(袖手傍觀-) melihat dengan tangan terlipat; melihat tanpa peduli; berdiri dengan pasif; tetap menjadi penonton yang diam; telédor

수수하다 sederhana; bersahaja; seadanya; biasa ¶(옷을) 수수하게 차리다 berpakaian biasa-biasa saja; berpakaian secara sederhana

수술【식물】 benang sari; serbuk sari

수술(手術) operasi; pembedaan 수술하다 mengoperasi; melakukan pembedaan ¶수술을 받다 dioperasi ⦿ 수술대【실】 méja【ruang】 operasi. 복부수술 operasi perut

수습(收拾) ①【사태 · 민심 등을】 kontrol; kendali; pengawasan 수습하다 mengendalikan; mengatasi; menangani ¶수습할 수 없게 되다 tak dapat diatasi (dikontrol); tidak terkendalikan ②【시신 등을】

mengumpulkan

수습(修習) masa percobaan; magang 수습하다 mendapat pelatihan (percobaan); berpraktik ⊙ 수습기간 masa (periode) percobaan. 수습사원 pegawai percobaan. 수습제도 sistém pelatihan magang

수시(隨時) ①【자주, 종종】 ¶수시로 setiap saat; sepanjang waktu ②【필요에 따라】 sesuai permintaan; sesuai muncul kesempatan ¶수시로 드나들다 datang dan pergi secara berkala

수식(水蝕) érosi; pengikisan tanah

수식(修飾) 수식하다 menghiasi; mendandani; memperindah ⊙ 수식어 modifiér

수신(水神) déwa air; peri air; peri; bidadari

수신(受信) penerimaan pesan; resépsi 수신하다 menerima ¶메일을 수신하다 menerima surat éléktronik ⊙ 수신국 stasiun penerima. 수신기 pesawat (perangkap) penerima. 수신인《편지 · 소포 등의》 penerima; orang (alamat) yang dituju; 《화물 등의》 penerima barang konsiyasi. 수신안테나 anténe penerima

수신(修身) pembinaan moral ¶수신제가하다 menata diri sendiri dan rumah tangga; mengatur budi pekerti dan mengatur rumah tangga

수심(水深) kedalaman air ¶수심을 재다 mengukur kedalaman air ⊙ 수심측량기 alat pengukur kedalaman air; hidrobarométer

수심(垂心)【수학】 ortosénter

수심(愁心) kecemasan; kekhawatiran

수심(獸心) hati yang kejam; pikiran seperti binatang

수십(數十) puluhan; berpuluh-puluh ¶수십 년 berpuluh-puluh tahun/수십만 명 ratusan ribu orang

수압(水壓) tekanan air ¶수압이 높다【낮다】 tekanan hidrolik (air) tinggi【rendah】 ⊙ 수압계 méteran air. 수압관 pipa hidrolik

수액(樹液) getah pohon; air tumbuh-tumbuhan ¶수액을 채취하다 menyadap; mengambil getah

수양(收養) adopsi; pengangkatan anak 수양하다 mengadopsi; mengangkat anak ⊙ 수양딸【아들】 puteri【putera】 adopsi. 수양아버지【어머니】 ayah【ibu】 angkat

수양(修養) pemupukan (pembinaan) budi pekerti (akhlak) 수양하다 membina; memperbaiki 《diri sendiri》 ¶수양이 없는 tidak berbudaya; kurang berakhlak

수업(授業) pengajaran; pelajaran; instruksi 수업하다 mengajar; memberikan instruksi; memberikan pelajaran ¶수업을 받다 di dalam kelas; diajarkan; mendapat pelajaran/수업을 빼먹다 membolos pelajaran ⊙ 수업료 uang sekolah. 수업시간 jam sekolah. 과외수업 kelas ékstra; pengajaran di luar sekolah

수업(修業) pelajaran; studi;【수료】 penyelesaian kursus 수업하다 bersekolah; menuntut ilmu ⊙ 수업일수 jumlah hari sekolah (belajar)

수 없다 tak punya cara melakukan《nya》; tak bisa melakukan《nya》; tak dapat; tidak mampu; tidak sanggup

수 없다[1] (數-) kurang (tak) beruntung

수 없다[2] (數-) tak terhitung banyaknya ¶수없이 많은 terlalu banyak untuk dihitung

수여(授與) 수여하다 memberikan; menghadiahi; menganugerahkan ¶졸업 증서 수여 pemberian diploma

수여식(授與式) upacara penganugerahan ¶졸업 증서(학위) 수여식 upacara kelulusan; wisuda

수역(水域) perairan ⊙ 경제수역 zona ékonomi: 공동 규제수역 perairan yang diawasi bersama 《zona perikanan》. 중립수역 perairan bebas; perairan nétral

수역(獸疫) penyakit ternak

수연(壽宴) pésta ulang tahun untuk orang tua; pésta ulang tahun merayakan usia panjangnya

수열(數列)【수학】 dérét angka ⊙ 등비수열 dérét géométrik

수염(鬚髥) kumis; cambang; jenggot; jénggut ⊙ 콧수염 kumis; 턱수염 jénggot 구레 나루 godék; cambang; rambut yang tumbuh di pipi; 염소수염 jénggot kambing; 고양이 쥐 등의 kumis; cambang ¶수염을 깎다 mencukur kumis; bercukur;【이발소 등에서】 menyuruh kumis dipotong ⊙ 가짜수염 kumis palsu. 옥수수수염 jénggot jagung

수영(水泳) renang 수영하다 berenang ¶수영하러 가다 pergi berenang/수영을 잘【잘못】하다 mahir【tidak mahir】berenang; berenang yang baik【buruk】⊙ 수영장 tempat berenang; kolam renang

수예(手藝) seni menyulam; seni bordir ⊙ 수예품 barang sulaman

수온(水溫) suhu(temperatur) air

수완(手腕) kemampuan; kecakapan; talénta; bakat ¶수완이 있는 mampu; cakap; berkemampuan; berbakat

수요(需要) permintaan; keperluan; tuntutan ¶꾸준한 수요 permintaan yang tetap/수요가 많다 banyak diminta; banyak dibutuhkan; sangat diinginkan ⊙ 수요공급 permintaan dan persediaan. 수요억제 pengendalian permintaan. 잠재수요 permintaan poténsial

수요일(水曜日) hari Rabu

수욕(獸慾) nafsu héwani; nafsu birahi

수용(水溶) laut air ¶수용성의 dapat larut dalam air ⊙ 수용성 daya larut dalam air. 수용액 larutan

수용(收用) ékspropriasi; hak negara untuk mengambil alih tanah atau milik swasta lainnya terutama untuk kepentingan umum dengan memberi ganti rugi kepada pemiliknya 수용하다 mengambil alih untuk kepentingan umum (negara) ¶수용한 토지에 대한 보상 penggantian tanah yang diambil alih ⊙ 토지수용법 Undang-undang tentang Penggantian (Pembebasan) Tanah

수용(收容) penampungan 수용하다 menampung ¶ 수재민을 수용하다 menampung korban banjir ⊙ 수용(능)력 kapasitas penampungan;【호텔 등의】akomodasi tidur《untuk 100 orang》. 수용소 barak-barak (kamp; suaka) penampungan. 수용인원 jumlah orang yang diterima

수용(受容) *resépsi*; penyambutan; sambutan 수용하다 menerima; menyambut ⊙수용성(력) kapasitas penerimaan. 수용태세 persiapan untuk menyambut (menerima)

수용(需用) konsumsi; pemakaian ⊙ 수용자 konsumen; pemakai; pengguna; pelanggan

수용성(水溶性) kelarutan air

수운(水運) transportasi (angkutan) air

수원(水源) hulu sungai; sumber air ⊙ 수원지 waduk

수원(受援) penerimaan bantuan《luar negeri》⊙ 수원 국 negara penerima (bantuan)

수월찮다 ①【쉽지 않다】tidak mudah; sukar; sulit ②【적지 않다】banyak; cukup mahal

수월하다 mudah; sederhana; ringan ¶ 수월하지 않다 tidak mudah; menjadi masalah

수월히 dengan mudah ¶수월히 할 수가 있다 mudah dilakukan

수위(水位) tinggi permukaan air ¶수위가 높다【낮다】batas(tingkat) air yang tinggi【rendah】⊙ 위험수위 tinggi permukaan yang berbahaya

수위(守衛) penjaga; penjaga pintu; satpam ¶수위를 보다 menjaga; mengawasi. ⊙ 수위실 kantor (ruang) penjaga. 수위장 kepala penjaga

수위(首位) tempat(peringkat) pertama; posisi memimpin ¶수위를 차지하다 berada pada peringkat pertama ⊙ 수위타자【야구】pemukul terbaik《baseball》

수유(授乳) 수유하다 menyusui; menétéki; (모유의) menyusui dengan air susu ibu; (젖병으로) menyusui dengan botol susu ⊙ 수유기 masa menyusui; laktasi

수육(-肉)【쇠고기】daging rebus;【돼지고기】daging babi rebus

수은(水銀) air raksa; merkuri ⊙ 수은농약 bahan kimia pertanian yang mengandung air raksa. 수은등 pengukur suhu lampu. 수은중독 keracunan air raksa

수은주(水銀柱) alat ukur suhu; térmométer

수음(手淫) masturbasi; onani; rancap 수음하다 melakukan masturbasi; beronani; merancap

수의(壽衣) kain kafan

수의(囚衣) seragam penjara

수의(隨意) ¶수의로 dengan sukaréla; secara sukaréla/복장은 수의【안내장 · 게시】 Pakaian bébas. ⊙ 수의계약 kontrak pribadi. 수의선택 pilihan bébas

수의사(獸醫師) dokter héwan ⊙ 수의사 Departemén Kedokteran Héwan: 수의사(과) 대학 Fakultas Kedokteran Héwan

수익(收益) peroléhan; laba; untung ¶수익을 올리다 membuat laba ⊙ 수익률 tingkat penghasilan. 수익세 pajak keuntungan. 수익자 ahli waris; orang yang menerima kekayaan

수인(囚人) tahanan; narapidana; orang hukuman

수인성(水因性) ¶수인성의 yang ditularkan (berasal) dari air

수일(數日) beberapa hari

수임(受任) 수임하다 dinominasikan; dicalonkan ¶사건을 수임하다 menerima sebuah kasus ⊙ 수임료 biaya pengacara; biaya hukum. 수임 자 orang yang dinominasikan (dicalonkan)

수입(收入) pendapatan; peroléhan; penerimaan; pemasukan; penghasilan ¶수입이 많다【적다】 berpendapatan besar【kecil】 ⊙ 수입인지 materai pajak. 고정수입 penghasilan tetap. 실수입 pendapatan bersih. 잡수입 penghasilan tambahan. 총수입 penghasilan total (keseluruhan)

수입(輸入) impor; pemasukan 수입하다 mengimpor; memasukkan; mengintrodusir ¶수입관세를 폐지하다 menghapuskan biaya (tarif) impor ⊙ 수입가격 harga impor. 수입국 negara pengimpor; negara importir. 수입대리점 agén impor. 수입상【업자】 importir; pedagang pengimpor. 수입상사 perusahaan pengimpor. 수입신용장 L/C*(Letter of Credit)*; surat krédit. 수입자유화 kebébasan mengimpor. 수입절차 prosés (prosedur) impor. 수입품 barang impor. 수입할당 kuota impor

수입규제 pembatasan impor; larangan impor

수입초과(輸入超過) kelebihan impor 《atas ékspor, keseimbangan perdagangan yang tidak menguntungkan》

수 있다(數-) dapat; mampu; sanggup

수자원(水資源) sumber daya perairan ⊙수자원개발 pengembangan sumber daya perairan

수작(秀作) mahakarya; karya 《seni》 hébat

수작(授爵) pengangkatan sebagai bangsawan 수작하다 menganugerakan gelar kebangsawan

수작하다(酬酌-) ①【술잔을】 menukar gelas anggur; bertukar cangkir ②【말을】 berbasa-basi; membual; berhandai-handai

수작업하다(手作業-) manual; dibuat dengan tangan

수잠 들다 tidur sejenak; tidur ayam

수장(首長) kepala

수장(水葬) penguburan di laut 수장하다 menguburkan di laut

수장하다(收藏-) mengumpulkan; mengoléksi

수재(水災) bencana banjir ¶수재를 당하다 menderita akibat banjir ⊙ 수재민 korban banjir. 수재의연금 dana untuk korban banjir

수재(秀才) jenius; orang berbakat; siswa yang sangat cerdas ⊙ 수재교육 pendidikan anak berbakat

수저 ①【숟가락과 젓가락】 séndok dan sumpit ②【숟가락의 높임말】 séndok; makan ⊙ 수저통 tempat séndok

수적(數的) menurut angka ¶수적우세 unggul angka

수전(水戰) pertempuran laut

수전노(守錢奴) orang kikir; orang pelit

수전증【의학】 kelumpuhan (gemetaran) pada tangan

수절하다(守節-) berpegang tetap; menjaga prinsip; tetap percaya pada; 【여자가】 tetap percaya pada 《almarhum》 suami; mempertahankan kesetiaan

수정(水晶) kristal; hablur ¶수정같이 맑은 물 air sebening kristal ⊙ 수정체 lénsa kristal; lénsa hablur; kanta. 연(煙)수정 batu nilam kecubung. 자(紫)수정 ametis

수정(受精) pembuahan; fertilisasi; penyerbukan 수정하다 dibuahi; diserbuk ⊙ 수정란【卵】 telur yang dibuahi. 인공수정 pembuahan buatan. 체외수정 pembuahan luar

수정(修正) modifikasi; révisi; perbaikan 수정하다 merubah; memodifikasi; merévisi; mengoréksi ¶의안을 수정하다 merubah rancangan undang-undang ⊙ 수정안 améndemén. 수정 액 cairan pengoréksi. 수정예산 anggaran yang dirévisi. 수정주의 révisionisme

수정(修訂) koréksi; pembetulan 수정하다 membetulkan; mengoréksi

수정하다(修整-) menyesuaikan; mencocokkan

수정과(水正果) *sujeonggwa*; minuman kesemak rasa kayu manis

수정관(輸精管) saluran spérma (mani)

수정안(修正案) rancangan; rancangan undang-undang yang telah dirubah (diperbaiki); améndemén

수정하다(授精-) membuahi; menyerbukkan; menyerbuki ¶인공적으로 수정하다 menyerbukkan secara buatan

수제(手製) ¶수제의(손으로 만든) buatan tangan; buatan sendiri ⊙ 수제폭탄 bom buatan tangan. 수제품 barang buatan tangan; kerajinan tangan

수제비 *sujebi;* sejenis mi pangsit

수제자(首弟子) murid terbaik; siswa brilian

수조(水槽) tangki air; wadah penampungan air

수족(手足) ①【손발】tangan dan kaki; anggota badan ②【비유적】¶수족처럼 일하다 mengabdi pada; melayani seperti hamba

수족(水族) héwan air (laut); makhluk laut ⊙ 수족관 akuarium

수종(樹種) pohon-pohonan

수죄(數罪) banyak kejahatan;【죄를 들춤】tuduhan kejahatan-kejahatan 수죄하다 menanyai kejahatan

수주(受注) 수주하다 menerima order (pesanan) ⊙ 수주산업 hasil industri yang sesuai dengan pesanan. 수주액 jumlah pesanan yang di terima

수준(水準) tingkat permukaan; standar ¶수준에 달하다 mencapai lével (standar) ⊙ 생활수준 standar hidup. 최고수준 lével tertinggi; batas tertinggi

수준급(水準級) lévél profésional

수줍다 malu; segan

수줍음 sifat takut-takut; sifat malu-malu

수중(水中) ¶수중에 di bawah permukaan air ⊙ 수중안경 kacamata renang; hidroskop. 수중촬영 fotografi bawah air

수중(手中) ¶…의 수중에 있다 menjadi milik…;ditangan ((seseorang)); dimiliki oléh

수증기(水蒸氣) uap

수지 cabikan (potongan) kertas; kertas (tisu) WC (kamar mandi); (두루마리 휴지】gulungan kertas toilét

수지(收支) ①【수입과 지출】pendapatan dan pengeluaran; penerimaan dan pembelanjaan ②【이익, 이득】untung; keuntungan; laba ¶수지가 맞다 mencapai impas; beruntung ⊙ 수지균형 keseimbangan (neraca) antara pendapatan dan pengeluaran

수지(樹脂) résin; rosin; getah damar ¶수지의 berésin; bergetah ⊙ 합성수지 plastik

수지(獸脂) lemak (gemuk) héwan

수지침(手指鍼) *sujichim*; akupuntur tangan

수직(手織) ¶수직의 tenunan tangan ⊙ 수직기 alat tenun tangan

수직(垂直) ¶수직의 tegak lurus; vertikal ⊙ 수직선 garis tegak lurus

수질(水質) mutu air; kualitas air ⊙ 수질검사 analisa (pengujian) air: 수질검사하다 menganalisis (menguji) air ((sumur)). 수질오염 pencemaran (polusi) air

수집(蒐集) koléksi; pengumpulan 수집하다 mengoléksi; mengumpulkan ¶내 취미는 우표 수집이다 Kegemaranku adalah mengumpulkan(mengoléksi) prangko. ⊙수집가 koléktor; pengumpul. 수집벽 mania koléksi. 우표수집 pengumpulan prangko; filateli: 우표수집가 pengumpul prangko; filatelis

수차(數次) berulang-ulang; berkali-kali; sering

수차(水車) kincir air; penggilingan tenaga air

수차(收差)【물리학】abrasi ⊙ 구면(球面)수차 abrasi berbentuk bola

수채 saluran; selokan air ¶수채를 쳐내다 membersihkan selokan/수채가 막혔다 Selokan air itu tersumbat ⊙ 수채통 pipa saluran (selokan)

수채화(水彩畵) lukisan cat air ⊙ 수채화가 pelukis cat air. 수채화물감 cat air

수챗구멍 saluran air; selokan pembuangan

수척(瘦瘠) kurus kering ¶수척한 모습 wajah (figur) yang kurus dan cekung

수천(數千) ribuan; beribu-ribu

수첩(手帖) buku catatan; buku memo; buku saku

수청(守廳) ¶수청 들다 《seorang *kisaeng*》 memberikan tubuhnya dari waktu ke waktu pada hakim setempat; melayani hakim 《pada zaman dulu》

수초(手草) tempat pengolahan air

수축(收縮) pengerutan; peméndékan; kontraksi 수축하다 mengkerut; mengerut; meméndék ⊙ 수축계수 koéfisién kontraksi. 수축성 daya kontraksi; kontraktabilitas

수출(輸出) ékspor; pengéksporan; pengiriman barang ¶수출을 금하다 melakukan (menjalankan) embargo; melarang ékspor ⊙ 수출경쟁력 persaingan di bidang ékspor; daya saing ékspor. 수출국 negara pengékspor. 수출상(업자) pedagang ékspor; éksportir. 수출송장(送狀) faktur ékspor. 수출 업 usaha ékspor: 수출업자 pedagang ékspor; éksportir. 수출의 날 Hari Ekspor. 수출장벽 penghalang ékspor

수출금지(輸出禁止) larangan (hambatan) ékspor; embargo 수출금지하다 menjalankan (melakukan) embargo; melarang ékspor

수출시장(輸出市場) pasaran ékspor

수출입(輸出入) impor dan ékspor ⊙ 수출입은행 bank ékspor-impor

수출초과(輸出超過) kelebihan ékspor; perdagangan dengan neraca yang menguntungan

수출품(輸出品) barang-barang ékspor ⊙ 주요수출품 barang ékspor utama

수취(受取) penerimaan 수취하다 menerima ⊙ 수취인 penerima; résipién

수치(羞恥) 수치스럽다 malu; aib; noda; nista; cela ¶수치를 당하다 dipermalukan; kena malu; berputih mata 가문의 수치다 aib bagi keluarga

수치(數値) nilai numerik; nilai angka; penilaian ¶수치를 구하다 menilai; mengévaluasi

수치심(羞恥心) perasaan malu ¶수치심을 느끼다 merasa malu

수칙(守則) aturan; peraturan; tata tertib; regulasi

수캉아지 anak anjing jantan

수캐 anjing jantan

수컷 pejantan ¶수컷의 jantan

수탁(受託) penerimaan titipan 수탁하다 dititipi ⊙ 수탁 금 uang titipan. 수탁물 barang titipan. 수탁자 penerima titipan

수탈(收奪) éksploitasi 수탈하다 mengéksploitasi ¶식민지 수탈정책 kebijakan éksploitasi kolonial/ 토지를 수탈당하다 disita (dirampas dan ditahan) tanah

수탉 ayam jantan

수태(受胎) kehamilan; kebuntingan 수태하다 hamil; bunting

수토(水土) air dan tanah;【풍토】iklim

수통(水桶) térmos; botol minum tentara

수틀 bordir bersulam

수펄 lebah jantan

수평(水平) ¶수평의 mendatar; horizontal/ 수평으로 secara mendatar; secara horizontal ⊙ 수평면 bidang datar; permukaan datar. 수평비행 terbang mendatar

수평선(水平線) garis ufuk

수포(水疱) ①【물거품】buih; busa; gelembung ¶수포가 일다 berbuih ②【헛된 결과】nol ¶수포로 돌아가다 gagal; sia-sia; tidak mendatangkan hasil ③【물집】bengkak mengandung air; lepuh ¶수포가 생기다 melepuh

수표(手票) ①【현찰 대신 쓸 수 있는 증서】cék ¶수표로 지급하다 membayar dengan cék/수표를 떼다【발행하다】menarik cék/ 수표를 현금으로 바꾸다 menguangkan cék; menukarkan cék ②【비유적】jaminan ⊙ 가계수표 cék rumah tangga. 보증수표 cék yang dijamin oléh bank; cék terjamin; cék fiat. 부도수표 cék yang ditolak oléh bank; cék kosong; cék putih. 분실【위조】수표 cék yang hilang【palsu】

수퍼맨 manusia unggul

수풀 hutan; rimba

스프 sup ⊙ 스프접시 piring sup. 야채스프 sup sayuran

수피(樹皮) kulit pohon

수필(隨筆) éséi; karangan singkat ⊙ 수필가 penulis esei. 수필집 kumpulan ései

수하(手下) ①【손아래】 bawahan ②【부하】 pengikut; anak buah; (조직에서 지위가 낮은 사람) subordinat; bawahan

수하(誰何) ①【누구】 siapa ¶수하를 막론하고 siapa saja; siapa pun dia ②【검문】 teguran

수하물(手荷物) bagasi; barang-barang muatan

수학(數學) matematika; ilmu pasti ¶수학을 잘하다 bagus di bidang matematika; menguasai (pintar di) matematika ⊙ 수학문제 soal matematika. 수학자 ahli (pakar) matematika. 응용【순수】수학 matematika terapan【murni】

수학(修學) 수학하다 belajar; studi ⊙ 수학여행 darmawisata sekolah; perjalanan studi

수학능력시험(修學能力試驗) ujian bakat (kemampuan) ⟪untuk masuk perguruan tinggi⟫

수해(水害) rusak oléh banjir; bencana banjir ¶수해를 입다 mengalami bencana banjir; menderita akibat banjir ⊙ 수해대책 tindakan pengendalian banjir. 수해 이재민 korban (orang yang menderita) banjir. 수해지(地) kawasan terkena banjir

수행(修行) pelatihan; latihan; prakték 수행하다 bertapa ⊙ 수행자 petapa

수행(遂行) pelaksanaan 수행하다 melaksanakan; mewujudkan; melangsungkan; menjalankan ¶ 임무를 수행하다 menjalankan (melaksanakan) tugas

수행(隨行) 수행하다 mengikuti; mengiring; menemani ¶…를 수행하여 mengiring(i); mengiringkan; menemani ⟪seseorang⟫ ⊙ 수행원 pengiring

수험(受驗) 수험하다 ikut ujian ¶수험준비를 하다 *mempersiapkan* diri untuk ujian ⊙ 수험생(수험자) peserta ujian. 수험과목 mata pelajaran yang diuji

수혈(輸血) transfusi darah 수혈하다 mentransfusi darah ¶수혈을 받다 menerima transfusi darah

수형(受刑) 수형하다 menghukum; menghukumkan; menjatuhkan hukum ⊙수형자 narapidana

수혜(受惠) manfaaat; faédah; untung ¶수혜를 받다 mendapat manfaat

수호(守護) 수호하다 melindungi; menjaga; membela ¶정의를 수호하다 melindungi (membela) keadilan ⊙ 수호신 Déwa (Tuhan) Pelindung. 수호자 pelindudng; pembela. 수호천사 malaikat pelindung

수호(修好) persahabatan ⊙ 수호조약 perjanjian persahabatan

수화(水化, 水和) 【화학】 hidrasi; kehilangan air ⊙ 수화물 hidrat

수화(手話) bicara dengan ⟪jari-jari⟫ tangan; bahasa isyarat ¶수화로 이야기 하다 berkomunikasi dengan jari tangan (dengan bahasa isyarat)

수화기(受話機) pesawat penerima; alat penerima télépon

수화물(手貨物) barang-barang; bagasi ¶ 휴대수화물 kopor tangan; bagasi tangan/ 수화물을 맡기다 menitipkan bagasi ⊙ 수화물 꼬리표 labél koper (bagasi); karcis bagasi; tanda (tanda periksa) bagasi. 수화물 보관소 tempat penyimpanan (penggantungan) bagasi; ruang bingkisan. 수화물 취급소 kantor (ruang) bagasi

수확(收穫) ①【곡식의】 panénan; hasil memanén; yang dipanén ¶수확이 많다【적다】 mendapat panén yang baik【buruk】 ②【성과】 hasil; hasil pekerjaan ¶ 수확이 없다 tidak menghasilkan ⊙ 수확기(期) waktu panénan. 수확물 hasil panén

수회(收賄) 수회하다 menerima suap (sogokan) ⊙ 수회공무원 pegawai yang korup. 수회사건 kasus peryuapan; perkara sogok (korupsi). 수회 자 penerima suap

수회(數回) beberapa waktu ¶수회에 걸쳐 beberapa kali; pada beberapa kesempatan; berulang-ulang

수효(數爻) ¶수효가 많다【적다】 banyak【sedikit】 jumlahnya; besar【kecil】 jumlahnya

수훈(垂訓) ajaran; perintah; petunjuk ⊙ 산상수훈【성서】Khotbah di Atas Bukit

수훈(殊勳) jasa luar biasa ¶수훈을 세우다 membuat jasa ⊙ 수훈 상【운동 경기 등의】 hadiah pemain (penampilan) terbaik. 수훈타【야구】 pukulan kemenangan

숙고(熟考) pertimbangan; pemikiran; peninjauan 숙고하다 mempertimbangkan ((dengan teliti)) ¶숙고한 끝에 setelah banyak dipertimbangkn; setelah merenungkan secara matang; setelah dipikirkan lagi

숙녀(淑女) wanita ¶숙녀다운 seperti wanita kewanitaan; keputrian

숙다 merunduk

숙달(熟達) kecakapan; keahlian 숙달되다【숙련되다】 menjadi mahir; menguasai ¶…에 숙달해 있다 ahli; trampil; menguasai; pandai; mahir

숙덕거리다 berbisik; berisik-bisik; bicara sambil berbisik-bisik

숙독(熟讀) pembacaan dengan teliti 숙독하다 membaca dengan teliti

숙련(熟練) kepandaian; kecakapan; ketrampilan; kepiawaian; kemahiran; kemampuan ¶숙련된 pandai; cakap; mampu; mahir; ahli; pakar; terlatih; piawai/미숙련의 tidak cakap; tidak berpengalaman; tidak mahir ⊙ 숙련공 pekerja trampil

숙망(宿望) hasrat; kehasratan; dambaan; keinginan (harapan) yang kuat; keinginan yang didambakan

숙맥(菽麥) ①【콩과 보리】 kacang dan barlei ②【어리석은 사람】 tolol; dungu; bodoh; pandir

숙면하다(熟眠-) tidur dengan nyenyak

숙명(宿命) takdir; nasib; ketetapan (ketentuan) Tuhan; suratan takdir (tangan) ¶숙명적인 sudah takdir/(선생이 될)숙명이다 bernasib; telah di taktirkan ((menjadi guru)) ⊙ 숙명론 fatalisme; kepercayaan kepada takdir: 숙명론자 orang yang percaya kepada takdir

숙모(叔母) bibi; éték; tante; makcik

숙박(宿泊) penginapan; pemondokan 숙박하다 menginap; mondok((di)); tinggal ((di)) ¶숙박시키다 menempatkan; menyediakan tempat ⊙ 숙박요금, 숙박비 biaya(tarif) penginapan. 숙박소 hotél; tempat penginapan; pesanggrahan.; tempat peristirahatan. 숙박인 tamu; penginap

숙부(叔父) paman; mamak; pakcik

숙사(宿舍) asrama; 【군대의】 tempat penginapan tentara

숙성하다(熟成-) prematur; terlalu dini; besar untuk umurnya ((anak-anak)); bongsor ¶아이가 참 숙성합니다 Anak lelakimu besar (bongsor) untuk seusianya.

숙소(宿所) tempat tinggal; alamat pondokan

숙수(熟手) ahli masak

숙식(宿食) 숙식하다 makan dan menginap ⊙ 숙식비 ongkos makan dan penginapan

숙어(熟語) ungkapan ⊙ 숙어집 buku frase; buku ungkapan

숙어지다 ⇒ 수그러지다 ①【기울다】 terkulai; tertunduk ②【줄다】 menjadi kurang berat; menjadi ringan

숙연하다(肅然-) ketenangan; kekaleman ¶숙연히 dengan tenang; dengan kalem; diam-diam

숙원(宿願) hasrat; keinginan yang didambakan selamanya

숙원(宿怨) dendam kesumat; ganjalan; permusuhan yang mendalam ¶숙원을 풀다 melepas dendam lama; melunasi ganjalan

숙의하다(熟議-) mempertimbangkan; merundingkan

숙이다 menundukkan ((kepala)) ¶머리를 숙이고 dengan kepala tertunduk; dengan penuh hormat; dengan memohon

숙적(宿敵) musuh lama; musuh bebuyutan 숙적이다 bermusuhan bebuyutan (turun-temurun)

숙정(肅正) pembersihan; pemberantasan; perbaikan 숙정하다 merégulasi; membersihkan; membéréskan; memperbaiki ⊙ 공무원 숙정작업 tindakan pembersihan pegawai negeri

숙제(宿題) ①【학교의】 pekerjaan rumah (PR); tugas rumah ¶숙제를 하다 me-

ngerjakan pekerjaan rumah ②【해결해야 할 문제】 masalah yang tidak terpecahkan
숙주(나물) taugé
숙지하다(熟知-) mengetahui dengan baik; mengenali baik; menginsafi; menyadari
숙직(宿直) tugas malam; ronda 숙직하다 berjaga (berdinas; bertugas) malam; meronda ⊙ 숙직실 ruang dinas malam; pos ronda. 숙직원 orang yang bertugas malam; peronda
숙질(叔姪) paman dan kemenakan (keponakan)
숙청(肅淸) perbaikan; pembérésan; pembersihan; pemberantasan 숙청하다 membéréskan; memperbaiki; membersihkan; memberantas ¶숙청당한 사람 orang (yang) diusir
숙취(宿醉) mabuk; agak pening
숙폐(宿弊) kejahatan lama; kejahatan yang berurat (berakar); perbuatan kejam yang berurat (berakar) ¶숙폐를 일소하다 memberantas semua kejahatan lama
숙환(宿患) penyakit kronis; penyakit yang sudah parah
순(旬) ①【열흘간】 sepuluh hari ¶상【중, 하】순 bagian permulaan 【pertengahan, akhir】 suatu bulan ②【십년】 sepuluh tahun ¶칠순 노인 orang berumur tujuh puluh tahun
순(筍) tunas; kecambah ¶순이 나다 berpucuk; bertunas
순 sangat; sepenuhnya; sempurna ¶순 못된 놈 orang yang sangat jahat; bangsat besar
순(純) murni; asli; sejati; bersih ¶순 거짓말 bohong sama sekali/순 한국식의 gaya asli Korea
-순(順) 【순서】 urutan; giliran; order ¶가나다순 urutan abjad/연령순 《menurut》 susunan usia/연령순으로 하면 dengan prioritas umur
순간(旬刊) ¶순간의 diterbitkan sepuluh hari sekali
순간(瞬間) sesaat; sedetik; sekejab; seketika; sekelébat mata; sekelébatan ¶극적인 순간 suatu saat dramatis ⊙ 순간 최대 풍속 kecepatan angin sesaat maksimum
순검(巡檢) perjalanan pemeriksaan (inspéksi) 순검하다 berkeliling; mengadakan perjalanan inspéksi (keliling)
순견(純絹) sutera murni; sutera tulén ⊙ 순견양말 kaus kaki sutera
순결(純潔) ①【순수】 kesucian; kemurniaan 순결하다 murni; suci; bersih ¶순결한 사랑 cinta murni; platonis ②【동정】 ¶순결을 빼앗기다 kehilangan suci ⊙ 순결교육 pendidikan dalam moralitas séksual
순경(巡警) polisi ⊙ 교통순경 polisi (petugas) lalu lintas
순교(殉敎) kesyahidan; mati syahid 순교하다 mati syahid; mati sebagai syuhada ⊙ 순교자 martir; syuhada; orang yang mati syahid
순국(殉國) pengorbanan patriotik 순국하다 mati untuk negara; gugur demi tanah air ⊙ 순국선열 syuhada tanah air; pahlawan. 순국정신 jiwa (semangat) kepahlawanan
순국산(純國産) ¶순 국산의 buatan Korea ⊙ 순국산품 produk buatan Korea sepenuhnya
순금(純金) emas murni
순난하다(殉難-) mati untuk masyarakat; gugur demi negara
순대 *sundae*; sosis usus babi ⊙ 순댓국 *sundaeguk*; sup babi dicampur dengan irisan sosis *sundae*
순도(純度) tingkat kemurnian; karat ¶순도 99.9%의 금 99.9 persén emas murni
순두부(-豆腐) tahu halus ⊙ 순두부찌개 sop tahu halus
순라(巡邏) patroli; ronda ⊙ 순라 꾼 orang yang berpatroli; peronda
순량하다(順良-) baik; jujur; taat
순례(巡禮) ①【성지를】 naik haji 순례하다 berziarah; naik haji ¶성지 순례를 하다 mengadakan ziarah ke tempat suci; (기독교의) mengunjungi Tanah Suci ②【국토 등을】 ¶국토 종단 순례에 참가하다 mengambil bagian dalam perjalanan menjelajah negeri ⊙ 순례자 peziarah; orang yang naik haji. 순례지 tempat

berziarah
순록(馴鹿)【동물】rusa kutub
순리(純理) logika; jalan pikiran ¶순리적인 rasional; logis; masuk akal; mantiki ⊙ 순리론(論) rasionalisme; paham rasionalis
순리(順理) ¶순리적 masuk akal; rasional; wajar; benar/순리적으로 secara rasional; menurut akal séhat
순면(純綿) katun murni; kartun tulén
순모(純毛) wol murni; wol sejati ¶순모의 murni dari wol; murni wol ⊙ 순모제품 barang-barang dari wol murni
순문학(純文學) literatur sejati
순미(純美) kecantikan yang mutlak; kecantikan klasik
순박하다(淳朴, 醇朴-) sederhana dan jujur; berhati lugu; tak berubah; murni; naif
순발력(瞬發力) ¶순발력 있게 대응하다 bertindak dengan cepat
순방(巡訪) perjalanan(kunjungan) keliling 순방하다 melakukan kunjungan keliling
순배하다(巡杯-) mengédarkan cangkir
순백(純白) ¶순백의 putih murni; putih bersih; putih salju
순번(順番) urutan; giliran ¶순번으로 secara berurutan; menurut urutan/순번을 기다리다 menunggu giliran/순번이 돌아오다(되다) giliran tiba
순보(旬報) laporan seputuh harian ((majalah; surat kabar)
순분(純分) kehalusan; kemurniaan; karat ⊙ 순분도【금의】jumlah karat
순사(殉死) ①【자결】pembunuhan diri 순사하다 membunuh diri ②【따라 죽음】pengorbanan diri 순사하다 mengorbankan diri
순산(順産) kelahiran yang mudah 순산하다 melahirkan dengan mudah
순색(純色) warna murni (sejati)
순서(順序) urutan; prosedur; giliran; susunan; langkah-langkah¶ 순서가 뒤바뀌었다(엉망이다) tak teratur; tak tersusun/나이 순서로 앉다 duduk menurut senioritas/순서를 기다리다 menunggu giliran;【점포 등에서】menanti perhatian ②【절차】prosedur; formalitas ¶순서를 밟다 mengikuti prosedur (formalitas)
순수(巡狩) perjalanan raja ⊙ 진흥왕 순수비 monumén peringatan perjalanan Raja Chinhung
순수(純粹) kemurnian; kesejatian; keaslian 순수하다 murni; tulén; sejati; tak bercampur ¶순수한 동기 motif sebenarnya ⊙ 순수성 kemurnian. 순수예술 seni murni
순수입(純收入) penghasilan (pendapatan) bersih
순순히(順順-) lembut; lemah lembut; taat; patuh ¶순순히 명령에 따르다 mematuhi (menyerah pada) perintah tanpa perlawanan
순순하다(諄諄-) ¶순순히 dengan lemah lembut; dengan sabar
순시(巡視) 순시하다 melakukan inspéksi (pemeriksaan); menginspéksi; berpatroli ⊙ 순시선 kapal patroli. 순시 자 orang yang berpatroli
순시(瞬時) sesaat; sebentar
순식간에(瞬息間-) ¶순식간에 dalam sekejab mata; dengan seketika
순양(巡洋) 순양하다 berlayar; menjelajah ⊙ 순양전함 kapal perang. 순양함 kapal penjelajah (pesiar)
순연(順延) 순연하다 menunda; menangguhkan; mengundurkan ¶우천순연 Penundaan waktu hujan. *Atau* Jika hari hujan akan ditunda sampai hari cerah berikutnya.
순열(順列)【수학】pérmutasi 순열하다 mengubah letak urutan angka-angka ⊙순열조합 perubahan urutan dan kombinasi
순위(順位) tingkat; peringkat; pemeringkatan ¶순위를 정하다 menentukan peringkat ⊙ 순위표 daftar peringkat (ranking)
순유(巡遊) 순유하다 melakukan tur; bepergian; berkeliling
순은(純銀) pérak murni
순응(順應) 순응하다 menyesuaikan diri; beradaptasi ¶시대에 순응하다 mengikuti arus zaman ⊙ 순응성 adaptasi; daya menyesuaikan diri
순익(純益) keuntungan bersih ¶ 연(年) 3 할의 순익을 올리다 hasil bersih 30 per-

sén setahun ⊙ 순익금 ⇒ 순익

순일(旬日) 【열흘】 ⟪jangka waktu⟫ sepuluh hari; 【초열흘】 hari kesepuluh bulan

순장(旬葬) penguburan pada hari kesepuluh setelah kematian

순장하다(殉葬-) 【옛 제도】 menguburkan yang hidup dengan yang mati

순전(純全) 순전하다 mutlak; sempurna; paripurna; penuh lengkap; utuh ¶순전히 dengan sempurna; betul-betul; secara murni

순절하다(殉節-) mati demi kemurnian (keutuhan; kesetiaan)

순정하다(純正-) murni; sejati

순정(純情) hati (pikiran) yang murni ¶순정어린 berhati murni/그는 완전 순정파다 Dia sangat romantis. ⊙순정만화 komik percintaan. 순정소설 roman cinta monyét

순조(順調) 순조롭다 menguntungkan; baik; memuaskan; mulus; normal ¶순조롭게, 순조로이 dengan memuaskan; dengan menguntungkan; dengan baik; dengan mulus; dengan lancar

순종(純種) keturunan asli ¶순종의 berdarah murni; turunan sejati

순종(順從) kepatuhan 순종하다 【복종하다】 mengikuti secara patuh; mematuhi tanpa melawan; menaati; menyerahkan; menurut; berpasrah

순직하다(純直-) murni dan jujur; sederhana dan lurus

순직(殉職) 순직하다 mati dalam (menjalankan) tugas; terbunuh saat bekerja; mati dalam pekerjaannya ⊙ 순직경찰관 polisi yang gugur dalam tugas. 순직자 orang mati dalam tugas

순진(純眞) 순진하다 naif; murni; polos; tidak berdosa; lugu ¶순진한 사랑 cinta yang murni; cinta yang tanpa pamrih/마음이 순진하다 berhati murni(tulus)

순차적(順次的) dalam urutan yang teratur (urutan; serial) ¶순차적으로 secara berurutan

순찰(巡察) patroli; perondaan 순찰하다 mengadakan kunjungan keliling; berpatroli; pergi (berjalan) berkeliling ⟪di barak-barak⟫ ¶순찰 나가다 mengadakan kunjungan tugas (dinas) keliling ⊙ 순찰구역 kawasan keliling. 순찰대원 anggota patroli; peronda

순치(馴致) ①【길들임】 순치하다 menjinakkan ②【초래】 순치하다 mengakibatkan; menimbulkan; melahirkan; secara bertahap menuju ⟪ke⟫

순치음(脣齒音) 【음성】 bunyi labiodental (bibir dan gigi)

순탄하다(順坦-) 【순조롭다】 ①【길이】 datar; rata ②【무사】 damai; lancar

순풍(順風) angin yang menyenangkan (baik; menguntungkan)

순하다(旬-) mengorbankan diri; mati berkorban ¶국난에 순하다 mati untuk negara; mengorbankan diri dalam masalah bangsa

순하다(順-) ①【성격 · 태도 등이】 taat; patuh; lemah lembut; penurut ②【맛이】 ringan ¶순한 담배 rokok ringan ③【일이】 mudah; lancar

순항(巡航) ①【순조로운 항해】 pelayaran; penjelajahan 순항하다 berlayar; berpesiar dengan (naik) kapal; menjelajahi ¶연안을 순항하다 menjelajahi pantai ②【일의 순조로운 진행】 lancar ⊙ 순항선 kapal pesiar; kapal penjelajah

순행하다(巡行-) berkeliling; pergi (mengadakan) keliling; pergi berpatroli

순행(巡幸) perjalanan raja 순행하다 mengadakan perjalanan raja

순혈(純血) darah murni; darah sejati; keturunan sejati (murni) ¶순혈의 berdarah murni; turunan murni

순화하다(純化, 醇化-) memurnikan; membersihkan

순환(循環) perédaran; perputaran; sirkulasi; daur; rotasi 순환하다 berédar; berputar; berotasi ¶혈액 순환을 좋게 하다 memperbaiki perédaran darah ⊙ 순환계통의 병 penyakit sistém perédaran; penyakit perédaran darah. 순환기(器) organ sirkulasi. 순환도로 jalan melingkar. 순환선(線) 【철도의】 jalur sabuk; rél melingkar; jalan putaran; jalan melingkar: 교외 순환선 jalan lingkar pinggiran kota. 혈액순환 perédaran darah

순회(巡廻) patroli; ronda; perjalanan inspéksi 순회하다 berkeliling; meronda; berpatroli ⊙ 순회강연 tur kuliah. 순회공연 pertunjukan keliling. 순회대사 duta besar keliling. 지방순회 tur propinsi

순후하다(醇厚-) ramah; baik hati; berhati hangat

숟가락 séndok ¶밥숟가락 séndok makan/찻숟가락 séndok téh/숟가락으로 뜨다 menyéndok

술[1] ①【알코올음료】 minuman keras 《약주 등》; anggur 《포도주》 ¶독한 술 minuman keras/술만 들어가면 saat minum; saat sedang minum minuman keras/술이 세다 (약하다) kuat(lemah) dalam minum/술에 취하다 ketagihan minum; mabuk minuman keras/술을 마시다 minum minuman keras/술을 끊다 berhenti minum ⊙술친구 teman minum

술[2] 【분량】 sepenuh séndok

술[3] 【장식용의】 jumbai; rumbai

술[4] 【식물】 putik-putik dari benang sari bunga

술[5] 【책의 부피】 ketebalan buku (kertas atau kain)

술(戌) 【민속】 ①【십이지의】 tanda zodiak anjing; sio anjing ②⇒ 술 방 ③⇒ 술시

술값 ①【술 먹은 대금】 ongkos (harga) minuman; uang minum ②【팁】 tip; persén

술고래 peminum berat

술국 sup daging untuk membersihkan arak

술기운(-氣運) pengaruh alkohol (minuman keras; anggur)

술김 ¶술김에 karena mabuk; karena pengaruh minuman/술김에 부리는 객기 keberanian semu

술꾼 peminum berat; pecandu minuman keras; pemabuk

술내 bau minuman keras; bau alkohol ¶술내가 나다 berbau arak; berbau anggur; nafas berbau alkohol

술독 kendi arak

술독(-毒) ¶술독이 오르다 mukanya memerah (akibat minuman)

술래 orang yang main petak umpet

술래잡기 petak umpet; cari-carian 술래잡기하다 bermain petak-umpet; bermain cari-carian

술렁거리다 bising; gaduh; mengganggu

술맛 ¶술맛을 보다 merasakan (mengecap) anggur

술망나니 pemabuk; peminum berat

술먹은개 pemabuk; peminum

술방(戌方) 【민속】 Arah Angin (barat-laut-barat)

술버릇 ¶술버릇이 나쁘다 kebiasaan minum buruk

술법(術法) ilmu hitam (gaib); sihir; tenung; teluh ¶술법을 쓰다 menggunakan ilmu hitam 《untuk merugikan orang lain》

술병(-甁) botol minuman

술부대(-負袋) ⇒ 모주꾼

술살 gemuk karena kebiasaan minum alkohol

술상(-床) méja minum

술수(術數) ① ⇒ 술법(術法) ②【술책】 akal; muslihat; taktik; siasat; kelicikan; kecerdasan

술술 ①【새는 모양】 bercucuran ②【유창하게】 dengan lancar ③【풀리는 모양】 dengan mudah; dengan mulus

술시(戌時) 【민속】 Pengawasan Anjing ① jam kecil dari 12jam ganda 《saat antara jam 7 dan 9 malam》 ②jam ke 21 dari 24 jam 《7:30~8:30 malam》

술안주 hidangan sampingan; makanan kecilan

술어(述語) predikat

술어(術語) istilah téknis; istilah ilmiah ¶의학상의 술어 istilah médis

술자리 pésta minum ¶술자리를 베풀다 mengadakan pésta minum-minum

술잔(-盞) cangkir (gelas) anggur ¶술잔을 돌리다 mengédarkan minuman (gelas anggur); saling menawarkan minuman/술잔을 권하다 menawarkan minum 《cangkir》/술잔을 주고받다 bertukar minuman

술잔치 pésta minuman ¶술잔치를 베풀다 melakukan pésta minum-minum

술장사 usaha (penjualan) minuman keras

술집 bar; rumah minum ⊙ 술집여자【호스티스】 pelayan bar. 술집주인 pemilik rumah minum

술책(術策) taktik; strategi; trik; tipu daya; akal; muslihat ¶술책에 능한 사람 orang yang penuh akal; ahli siasat/술책을 부리다 menggunakan taktik

술청 tempat miuman keras

술추렴하다 berbagi biaya minuman; menyuruh setiap orang menyumbang untuk minuman

술타령하다(-打令-) hanya memikirkan minuman keras

술통(-桶) tong anggur; tong minuman keras

술회(述懷) 술회하다 mengenang; mengingat; berbicara masa lalu; berbicara isi hati ⊙ 술회 담 kenangan; mémori

숨①【호흡】 nafas ¶단숨에 sekilas; sejangkauan/숨을 쉬다 bernafas; menarik nafas/숨을 죽이다 menahan nafas/ 숨을 헐떡이다 terengah-engah; kehabisan nafas/ ②【채소 등의】 kesegaran ¶숨이 죽다 sayuran layu (kehilangan kesegarannya)

숨 가쁘다 terengah-engah; sangat sibuk

숨결 ①【숨 쉬는 상태】 nafas; pernafasan ¶ 숨결이 거칠다 bernafas berat; megap-megap ②【어떤 현상의 기운이나 느낌】 napas ¶자연의 숨결을 느끼다 merasakan napas (suasana; kehidupan) alam

숨구멍 ①【숨통】 batang tenggorokan ②【동·식물】 pori; lubang kulit

숨기(-氣) ¶아직 숨기가 있다 masih bernafas; menunjukkan tanda-tanda kehidupan

숨기다 menyembunyikan; melindungi; merahasiakan; menyamarkan; menutupi fakta ¶나이를 숨기다 merahasiakan usia/본색을 숨기다 menyembunyikan sifat asli; menyamarkan diri; memakai (memasang) topéng

숨김없이 terus terang; berhati terbuka ¶ 숨김없이 말하다 mengakui

숨다 menyembunyikan diri; menghilang; berlindung ⟪dalam⟫; mengasingkan diri ¶숨은 자선가 dermawan yang tak dikenal

숨 돌리다 mengambil nafas; bernafas lagi; hidup lagi; 【휴식】 berhenti untuk bernafas; berhenti sejenak ¶숨 돌릴 틈도 없다 tak punya waktu untuk bernafas

숨 막히다 tercekik ¶숨 막히는 더위 panas yang mencekik

숨바꼭질, 숨박질 petak umpet 숨바꼭질하다 bermain sembunyi-sembunyian (petak umpet)

숨소리 nafas; debas ¶숨소리를 죽이다 menahan nafas

숨쉬다 bernafas; mengambil nafas

숨어들다 masuk dengan menyelinap; menyelundupkan diri masuk

숨지다 menghembuskan nafas yang penghabisan; meninggal dunia

숨차다 terengah-engah; kehabisan nafas

숨통(-筒) batang tenggorokan ¶숨통을 끊다 mengakhiri hidup; memberikan ajal

숫 murni; tidak berdosa; bersih; tak bernoda ¶숫총각 bujang

숫구멍 ubun-ubun

숫기(-氣) ¶숫기가 좋다 lancang; tidak malu-malu/숫기가 없다 merasa malu; 【낯을 가리다】 malu pada orang-orang asing

수놈 【조류】 ⇒ 수컷 jantan

숫돌 batu gerinda; batu canai; batu asahan ¶숫돌에 갈다 menggerinda

숫되다 polos; lugu; berpikiran sederhana; naif

숫색시 ⇒ 숫처녀 gadis muda yang tak ternoda; perawan

숫자(數字) angka; bilangan; nomor ¶세 자리숫자 tiga angka/숫자 계산을 잘 하다 pintar menghitung ⊙ 아라비아【로마】숫자 angka Arab【Romawi】. 천문학적 숫자 angka-angka astronomi

숫제 ①【진실하게】 sungguh-sungguh ②【아예】 sama sekali; lebih baik; dari yang pertama

숫처녀(-處女) perawan

숫총각(-總角) bujang

숭고하다(崇高-) luhur; mulia

숭굴숭굴하다 ①【생김새가】 gemuk ②【성질이】 menyenangkan; tak susah-susah; mudah diajak berteman

숭늉 *sungnyung;* minuman air kerak

숭배(崇拜) pemujaan 숭배하다 memuja ⊙ 숭배자 pemuja. 영웅【조상】숭배 pemujaan pahlawan【nenek moyang】

숭상(崇尙) rasa hormat; kehormatan 숭상하다 menghormati; menghargai
숭어 【어류】 sejenis ikan
숯 arang ¶숯을 굽다 membakar arang/숯이 되다 menjadi arang; hangus; gosong
숯가마 tungku arang
숯내 bau hangus terbakar; bau yang dikeluarkan dari barang yang terbakar
숯불 api arang; nyala arang ¶숯불을 피우다 membuat api dengan arang ⊙숯불갈비 arang untuk memanggang
숱 ketebalan; kepadatan ¶머리숱이 많다【적다】 berambut tebal【tipis】/머리숱을 치다 menipis《kan》 rambut
숱하다 banyak; berlimpah; banyak sekali melimpah
숲 hutan
숲길 jalan hutan
쉬(이) Shh!; Hus!
쉬[1] 【파리알】 telur lalat
쉬[2] , 쉬하다 pipis; buang air kecil ¶엄마, 나 쉬 할래 Ibu, saya ingin pipis (buang air kecil).
쉬[3] Hus!; Stt!
쉬다[1] basi; busuk; masam ¶쉰 밥 nasi yang basi/쉰내 bau asam; bau basi(apak)
쉬다[2] menjadi parau (serak); memarau; menyerak ¶쉰 목소리 suara yang parau (garau)
쉬다[3] ①【휴식을 취하다】 istirahat ¶쉬는 시간 istirahat; jeda/잠시 쉬다 beristirahat; bernafas sejenak/쉴 사이도 없다 tak punya waktu untuk istirahat ②【일을】 libur; absen ¶이 삼 일 쉬다 mengambil libur beberapa hari ③【중단】 menunda; menangguhkan; ditutup; tidak buka ④【자다】 tidur; beristirahat
쉬다[4] bernafas; menarik 《nafas》; menghéla nafas
쉬쉬하다 merahasiakan; menutupi 《fakta》; menyembunyikan; mendiamkan
쉬엄쉬엄 dengan santai
쉬이 ①【쉽게】 dengan cepat; dengan mudah ②【곧】 segera; tidak lama
쉬파리 lalat hijau
쉬하다 kencing; mengeluarkan air kecil
쉰 【오십】 lima puluh ¶나이 쉰을 바라보다 mendekati usia lima puluhan
쉰내 bau asam (kecut)
쉰둥이 seorang anak lahir ketika seseorang berumur lima puluh tahun
쉴 새 없이 tanpa henti; tak putus-putusnya; tidak mengakhiri
쉼터 ①【휴식처】 daérah(kawasan; wilayah; area) istirahat; tempat peristirahatan(beristirahat) ②【노숙자 등의】 pondok; penampungan ¶ 청소년 쉼터 penampungan pemuda
쉼표(-標) ①【음악】 istirahat; jeda ¶온【2분, 4분】 쉼표 tanda istirahat penuh 【setengah; seperempat】 ②【문장 부호】 koma
쉽다 ①【용이하다】 mudah; sederhana; ringan ¶ 감기에 걸리기 쉽다 mudah kena flu ②【경향이 있다】 cenderung; condong
쉽사리 dengan mudah; tanpa kesulitan
슈미즈 rok (baju) dalam perempuan
슈크림 kué sus ⊙ 슈크림 빵 kué krim
슈팅 baku témbak; témbak-menémbak
슈퍼 ⊙ 슈퍼마켓 supermarket; toko serba ada(toserba)
슈퍼바이저 pembimbing; pengawan; pengamat
슛 tembakan 슛하다 menembak bola ¶롱슛 tembakan jauh/골밑슛 tembakan di bawah keranjang
스님 pendéta Budha (비구) biku; wiku biku; wiku; (비구니) bikuni; wikuni
스낵 kudapan; makanan kecil ⊙스낵바【가게】 gerai【kedai】 kudapan
스냅【사진】 ¶스냅 찍다 menjépret dengan kamera; memotrét
스노타이어 ban salju
스라소니 ①【동물】 lyhx 《sejenis binatang buas》 ②【비유적】 orang yang kurus kering; orang yang tak bersemangat; orang yang tak berguna
스란치마 rok panjang
스르르 dengan mulus; dengan mudah; dengan lembut ¶간장이 스르르 녹다 hati luluh
스릴 getaran hati; sénsasi ¶스릴을 느끼다 tergetar 《oléh》
스릴러 sesuatu yang mengerikan; roman

atau cerita détéktip
스마트écerdas; pintar; bijak 스마트하다 bergaya; menurut mode; tampan; gagah; 【옷차림이】 berpakaian indah; tampil dengan gaya
스매싱 【테니스】 pukulan; smés ¶스매시하다 【테니스】 memukul; menyemés
스멀거리다 gatal-gatal
스모그 kabut; asap
스모킹 merokok ⊙스모킹 룸 ruang merokok
스무 dua puluh; ke-20 ⊙ 스무고개 《permainan》 "Dua puluh pertanyaan"
스무드하다 mulus; licin; berlangsung lancar; berlangsung tanpa hambatan
스물 dua puluh; skor
스미다 ①【액체 · 기체 등이】 meresap; menembus; menyerap ¶스미어 나오다 bocor; keluar; menetés ②【사상 · 감정이】 terkesan 《pada pikiran》; membakar 《pikiran》
스산하다 ①【분위기가】 suram ②【마음이】 ¶마음이이 스산하다 Saya merasa sepi dan sendirian.
스스럼없다 ¶스스럼없이 tanpa takut dan malu-malu/스스럼없이 이야기 하다 berbicara dgn akrab
스스럽다 malu-malu ¶스스러워 하다 merasa malu-malu; merasa segan
스스로 ①【저절로】 secara sepontan ②【몸소】 sendiri; 【자발적】 atas inisiatif sendiri ③【혼자서】 sendiri; diri sendiri ¶스스로 연구하다 mempelajari《nya》 untuk diri sendiri ④【명사적】 ¶스스로(에게) 묻다 bertanya pada diri sendiri
스승 guru ¶스승의 날 Hari Guru
스웨터 baju rajutan ¶스웨터를 뜨다 merajut keméja dari wol
스위치 alat pemindah aliran; saklar ¶스위치를 넣다【끄다】 menyalakan 【mematikan】 saklar
스위트룸 kamar khusus yang méwah
스윙 ①【음악】 irama; musik swing; lenggang ¶스윙댄스 tarian ayun ②【운동】 ayunan ¶스윙 연습을 하다 berlatih sebuah tari mengayun
스쳐보다 melirik; melihat dari sudut mata; mengerling

스치다 ①【살짝 닿다】 berpapasan dengan; menyénggol; 【수면 등을】 meluncurkan; melancar; meluncur ¶나뭇잎의 스치는 소리 gemerisik dedaunan ②【생각 · 표정 등이】 terpikir
스카우트 pandu; pencarian; pembajakan 《karyawan, pemain》 스카우트하다 mencari; membajak 《karyawan, pemain》 ¶ 그녀는 경쟁사에 스카우트되었다 Dia seorang pencari pekerja untuk perusahaan saingan. ⊙ 걸 스카우트 pandu puteri; pramukawati. 보이스카우트 pramuka
스카이 langit ⊙ 스카이다이빙 terjun payung. 스카이라운지 kamar duduk di atas《tak beratap》. 스카이라인 kaki langit. 스카이 블루 biru angkasa; biru langit. 스카이웨이 jalan raya atas; jalan gunung 《panorama》
스카치테이프 pita perekat; (상표명) pita (perekat) Scotch; pléster plastik
스카프 syal; seléndang
스칼라십 beasiswa; danasiswa
스캐너 mesin (alat) pemindai; penyaring gambar(tv)
스캔하다 pindai ¶사진을 스캔하다 memindai gambar
스캔들 skandal; perkara keji; perbuatan yang memalukan; keonaran ¶스캔들을 일으키다 menimbulkan suatu skandal
스커트 rok ¶스커트를 입다【벗다】 mengenakan (memakai)【membuka】 rok ⊙ 롱 【타이트, 플레어】스커트 rok panjang 【ketat, kembang】
스컹크 【동물】 binatang yang mengeluarkan bau apabila diserang
스케이트 seluncur ¶스케이트를 타다 bermain seluncur ⊙ 스케이트 구두 sepatu seluncur. 스케이트 보드 papan seluncur
스케일 skala; 【인물의】 kecakapan; kemampuan; kaliber ¶스케일이 큰 【작은】 사람 pria berkemampuan besar 【kecil】
스케일링 penskalaan; pembersihan gigi 스케일링하다 membersihkan gigi; mengelupas
스케줄 【일정】 jadwal; program; daftar perjalanan 《bis, kereta api, kapal terbang》; daftar (rencana) pelajaran ¶스케

줄대로 sebagaimana yang dijadwalkan; menurut jadwal/내가 네 스케줄에 맞출게 Saya akan mengatur jadwal agar cocok denganmu.

스케치 skétsa 스케치하다 membuat sképts; menyekét ⊙ 스케치북 buku skétsa

스코어 skor; angka; nilai ¶스코어를 기록하다 mencatat angka/2대2의 타이 스코어다 Skornya terpaku dua lawan dua. ⊙ 스코어보드 papan skor (nilai)

스콜 hujan badai yang turun mendadak

스쿠버다이빙 penyelam skuba 스쿠버다이빙하다 menyelam skuba

스쿠터 sepéda motor; skuter ¶스쿠터를 타다 berkendaraan skuter (véspa)

스쿠프하다 【특종】 mendahului ⟪berita; koran lawan⟫; memuat berita dulu; memberitakan lebih dulu

스쿨 sekolah ⊙ 스쿨버스 bus sekolah

스쿼시 ①【운동】 *squash:* sejenis permainan seperti tenis ②【음료】 campuran air dengan bahan lain seperti és ⊙ 레몬스쿼시 minuman terbuat dari jeruk nipis

스퀘어댄스 tarian rakyat Amerika

스크래치 luka garutan; gorésan

스크램블드 애그 telur aduk (goréng)

스크랩 guntingan; potongan ⊙ 스크랩 북 buku témpél; buku kliping. 신문 스크랩 kliping koran

스크린 【영사】 layar putih; 【영화계】 dunia film ⟪layar⟫ ¶스크린에 나오다 muncul di layar; bermain di layar ⊙ 스크린 도어 pintu kasa. 스크린 테스트 uji layar. 스크린쿼터 kuota layar

스크립트naskah; tulisan

스키 【스포츠】 ski; 【기구】 sepatu ski ¶스키하러 가다 pergi bermain ski/스키를 타다(하다) main ski ⊙ 스키 리프트 kursi gandulan pengangkut pemain ski. 스키어 pemain ski. 스키장 kawasan permainan ski

스킨 kulit; (화장품) toner kulit ¶스킨케어 perawatan kulit ⊙스킨로션 losion kulit; calir kulit 남성용 스킨 perlengkapan rawat kulit pria

스킨십 ①【남녀간의】 fisik sayang ②【피부접촉】 kontak fisik ¶가벼운 스킨십을 하다 menyapa seseorang dengan cara bersahabat

스킬 kecakapan; ketrampilan

스킵 lompatan; loncatan; (동사) meléwati; melampaui

스타 bintang film; bintang layar pérak ¶스타가 되다 dijadikan (menjadi; muncul sebagai) bintang ⊙ 영화스타 bintang film ⟪bioskop⟫. 인기스타 bintang film pop (populér). 일류스타 bintang film kelas satu

스타덤 pekerjaan sebagai bintang film ¶스타덤에 오르다 menjadi (mencapai) bintang film

스타디움 stadion; aréna; gelanggang

스타일 ①【옷·머리 등의】 gaya; corak mode; penampilan ¶최신 유행의 스타일 gaya terakhir; gaya terbaru ②【체면】 ¶스타일 구기다 tampak jelék; jelék ③【방식·양식】 gaya ⊙ 스타일리스트【문장의】 pengarang yang bagus gaya bahasanya; 【복장의】 pesolék. 스타일 북 buku mode

스타킹 sepasang stoking ⟪bahan pembalut kaki dari nilon⟫

스타트 awal; permulaan ¶스타트가 좋다【나쁘다】 memulai dengan baik【buruk】; membuat awal (start) yang baik【buruk】 ⊙ 스타트라인 garis awal; garis start

스태미나 daya tahan; keulétan; stamina ¶스태미나가 있다【없다】 mempunyai【kurang】 stamina/스태미나를 기르다 membina stamina

스태프 staf; majelis; para pegawai ¶스태프 일동 semua anggota staf/스태프의 일원이다 menjadi staf

스탠드 ①【관람석】 tribune ②【대(臺)】 stélan; tempat ¶잉크스탠드 ⟪stélan⟫ tempat tinta ③【탁상용 램프】 lampu méja ④【간이식당】 warung ⑤【판매장】 kedai; stan ⑥【주유소】 stasiun⟪pengisian⟫ gas

스탬프 perangko; stémpel; cap; cap pos ¶스탬프를 찍다 membubuhi stémpel; mengecap; memperangkoi ⊙ 스탬프잉크 tinta perangko. 기념 스탬프 perangko peringatan

스턴트 akrobatik; pertunjukan ketangkasan ⊙스턴트 맨 laki-laki (perempuan)

pengganti untuk aktor dalam adegan berbahaya di film
스테그플레이션 stagflasi
스테레오 ①【오디오】 alat gramofon dengan stéréo ②【입체음향 재생방식】 stéréo ¶스테레오로 듣다 mendengarkan dengan stéréo ⊙ 스테레오 녹음 rekaman stéréoponis. 스테레오 전축 stéréofon
스테미나 daya tahan; keuletan
스테이 tinggal
스테이지 panggung; pentas ⊙ 스테이지매니저 manejer panggung
스테이크 stéik ¶조금 덜 구운 (masak) setengah mentah/ 보통으로 구운 (masak) setengah matang. 완전히 구운 (masak) matang ⊙스테이크 하우스 réstoran bistik
스테이플러 stapler
스테인리스 nirkarat; tak bernoda
스테인리스스틸 baja tahan karat
스텐실 stensil
스텝 langkah ¶스텝을 밟다 melangkah; menari
스토리cerita; ceritera; kisah
스토브 kompor; tungku pemanas; perapian ¶스토브를 피우다 menyalakan kompor (pemanas) ⊙ 가스스토브 pemanas(kompor) gas. 석유【전기】 스토브 pemanas minyak 【listrik】
스토어 toko; warung; kedai ⊙스토어 룸 kamar gudang. 체인 스토어 toko gabungan; toko serba guna(ada)
스토커 pemburu
스토킹 ①【양말】 kaus kaki ②【타인을】 ¶스토킹하다 memburu; mengejar 스토킹을 당하다 dikejar-kejar
스톡 saham; séro; persediaan; stok ⊙스톡옵션 opsi stok
스톱 perhentian; setopan ¶스톱! 스톱! Berhenti! Berhenti! ⊙ 스톱워치 jam henti; penghitung detik; pengatur waktu
스튜 rebusan; masakan hospot ⊙ 비프스튜 *rebusan* *daging* sapi
스튜디오 studio; lokasi ⊙ 방송 스튜디오 studio penyiaran
스튜어디스 pramugari
스트라이커 pemogok; 【스포츠】 penyerang
스트라이크 ①【파업】 pemogokan kerja ¶스트라이크 중이다 sedang mogok; pemogokan sedang berlangsung ②【야구】 ¶카운트는 원 스트라이크 투 볼 Hitungan (Pukulan) adalah dua bola, satu angka.
스트레스 strés; ketegangan; tekanan ¶스트레스가 쌓이다 strés meningkat
스트레이트 ①【운동 경기의】 pukulan lurus ¶스트레이트로 이기다 menang 2 sét langsung ②【양주】 langsung ¶위스키를 스트레이트로 마시다 meminum wiski langsung
스트로 penyedot
스트로크 pukulan ¶ 원 스트로크의 차로 이기다【지다】 menang 【kalah】 tipis dalam ((perlombaan))
스트레칭¶스트레칭하다 meregangkan otot
스트립쇼 striptis; pertunjukan tarian telanjang (tari ranggas)
스터디 투어 wisata studi; widiawisata
스티로폼 *styrofoam*
스티커 ①【광고 · 상표 등으로 붙이는 종잇조각】 labél; étikét; mérék dagang ¶스티커를 붙이다 menaruh (menémpél) labél di atas ②【교통 위반 딱지】 karcis; tikét ¶주차 위반 스티커를 떼이다 ambil tikét pelanggaran parkir ⊙ 스티커사진 labél foto
스틱 tongkat; batang
스틸 baja
스팀 pemanasan uap; uap air ¶스팀이 들어오다 dipanaskan dengan uap
스파게티 spagét: makanan mie dari Italia
스파르타 Sparta ¶선수들을 스파르타식으로 훈련시키다 melatih para atlét seperti tentara (Spartan)
스파링 【권투】 latih tanding ⊙스파링 파트너 teman berlatih; lawan latih tanding; lawan bertinju latihan persiapan
스파이 mata-mata ¶스파이노릇을 하다 memata-matai; bertindak sebagai agén rahasia ⊙ 스파이망 jaringan spionase; jaringan mata-mata. 산업스파이 mata-mata perusahaan
스파이더 laba-laba
스파이크 ①【바닥에 징이나 못을 박은】 paku ¶스파이크구두【화】 sepatu berpaku; sepatu berduri ②【배구에서 내려치

는 공격】 스파이크하다 menghantam bola
스파크 percikan; cetusan; kilatan api; bunga api yang terloncat 스파크하다 mencetuskan; menerbitkan bunga api
스패너 kunci inggris; kunci pas
스팸메일 surat sampah
스퍼트【스포츠】 semburan; dorongan 스퍼트하다 menyembur; menyemprotkan ⊙ 라스트 스퍼트 semburan terakhir
스펀지 spons; bunga karang
스펀지케이크 kué bolu; bolukukus
스페어 ①【여분】 cadangan; sérép; sérap ¶ 스페어 열쇠 kunci cadangan ②【볼링】 menyelamatkan suatu keadaan yang tidak menyenangkan ⊙ 스페어타이어 ban sérép; ban cadangan
스페셜 istiméwa; khusus
스페이스 tempat; ruang; spasi ¶스페이스를 남기다 memberi spasi ((huruf-huruf; kata-kata)); membuat ruang ⊙ 파킹 스페이스 tempat parkir
스펙터클 tontonan; pertunjukan besar-besaran ¶스펙터클한 hebat; spéktakulér; mengagumkan; menakjubkan ⊙ 스펙터클 영화 film yang spéktakulér
스펙트럼 spéktrum; lengkungan semua warna pelangi ⊙ 스펙트럼분석 analisis spéktrum
스펠(링)【철자】 éjaan
스포츠 olahraga; sport ¶스포츠를 좋아하는 gemar akan olahraga; gemar berolah raga ⊙ 스포츠계 dunia olahraga. 스포츠난【잡지】 kolom olahraga. 스포츠뉴스 berita olahraga. 스포츠맨 olahragawan; atlét. 스포츠정신 semangat olahraga. 스포츠평론가 koméntator olahraga. 스포츠캐스터 penyiar berita olahraga
스포트라이트 ①【조명】 lampu sorot ¶스포트라이트를 비추다 menyorot lampu langsung ②【관심】 sorotan ¶스포트라이트를 받다 menjadi pusat perhatian
스포티【자동차, 옷】 yang menyolok
스폰서 sponsor; penyokong ¶스폰서가 되다 mensponsori; menjadi sponsor; membiayai; mengongkosi
스폰지 ⇒ 스펀지 sepon; bunga karang ⊙ 스폰지 고무 karét sepon
스푼【숟가락】 séndok ¶스푼으로 하나 seséndok penuh/스푼으로 뜨다 menyéndokkan
스프레드 penyebaran; (동사) membentangkan
스프레이 ①【분무기】 semprot ②【미용 재료】 penyemprot rambut
스프린트 lomba lari jarak péndék; lari cepat
스프링 ①【용수철】 pér; pegas ②【봄】 musim semi ⊙ 스프링보드 papan loncat. 스프링클러 alat penyiram; alat penyembur api
스피드 kecepatan ¶스피드를 올리다 mempercepat; menambah (meningkatkan; menaikkan) kecepatan ⊙ 스피드광 maniak (pemburu) kecepatan. 스피드 시대 abad kecepatan
스피츠【동물】 anjing spit
스피커 pengeras suara
스핀 putaran; kisaran
스핑크스【이집트의】 *Sphinx:* makhluk mitologi berbadan singa bermuka manusia di Mesir Kuno
슬그머니 diam-diam; dengan rahasia; sembunyi-sembunyi
슬금슬금 diam-diam; dengan rahasia; dengan sembunyi
슬기 kebijaksanaan; kecendekiaan ¶슬기가 있다 memiliki akal baik; intéligén
슬기롭다 bijak; bijaksana; cendekia; berakal; cerdik ¶슬기로운 사람 orang yang bijaksana; orang yang banyak akal
슬다[1] ①【없어지다】 lenyap; kehilangan ②【채소가】 melayu
슬다[2] ①【알을】 bertelur ②【녹이】 berkarat
슬라이드 slide lentéra; gambar sorot
슬라이딩【야구】 슬라이딩을 하다 meluncur; menuburuk
슬랙스 celana panjang wanita
슬랭 logat (ucapan) populér; slang
슬럼 kumuh; perkampungan yamg miskin dan kotor ⊙ 슬럼가 daérah kumuh. 슬럼화(化) kerusakan daérah menjadi daérah kumuh
슬럼프 kemerosotan ¶슬럼프에 빠지다 jatuh ke dalam kemerosotan
슬레이트 batu tulis (atap) ⊙ 슬레이트 지

붕 atap dengan batu tulis
슬로건 slogan; motto; semboyan ¶…라는 슬로건을 내걸고 dengan semboyan…
슬리퍼 sandal; sandal jepit; terompah
슬리핑 백 karung untuk tidur
슬리핑 카 keréta (gerbong) tidur
슬립 rok dalam
슬며시 dengan rahasia; dengan sembunyi-sembunyi; diam-diam
슬슬 ①【서두르지 않고 천천히】 tidak terburu-buru; perlahan-lahan; dengan tenang ②【가볍게】 dengan lembut; dengan baik; dengan lembut; dengan membujuk-bujuk dengan halus ③【슬그머니】 secara diam-diam; dengan rahasia
슬쩍(슬쩍) ①【남이 모르는 사이에 재빠르게】 ¶일을 슬쩍 해치우다 mempersingkat kerja ②【가볍게】 ¶옆구리를 슬쩍 찌르다 menyentuh seseorang di dadanya
슬쩍하다 mencuri; mencopet
슬퍼하다【…을】 berduka cita 《atas berita, atas kematian》; bersedih; merasa sedih; 【한탄하다】 menyesalkan; meratapi; menderita
슬픔 kesedihan; kedukaan ¶슬픔에 잠기다 tenggelam dalam kedukaan
슬하(膝下) lindungan orang tua
습격(襲擊) serangan; serbuan 습격하다 menyerang; melakukan serangan (serbuan); menyerbu
습관(習慣) kebiasaan; adat kebiasaan ¶일찍 일어나는 【담배 피우는】습관 kebiasaan bangun pagi【merokok】/…하는 습관이 있다 terbiasa melakukan ⊙ 습관성 kebiasaan: 습관성 의약품 obat-obatan yang membuat kecanduan
습기(濕氣) kelembaban; kebasahan udara ¶습기 없는 kering; bebas dari kelembaban
습도(濕度) kelembaban 《udara》 ¶습도를 재다 mengukur kelembaban 《atmosfir》 ⊙ 습도계 higrometer; alat pengukur kelembaban udara
습득(拾得) 습득하다 memungut; mendapatkan; menemukan; mengambil ⊙ 습득물 barang pungutan. 습득자 penemu sesuatu yang hilang
습득하다(習得-) belajar; menguasai
습랭(濕冷) rematik di bagian bawah badan
습성(習性) ①【버릇, 습관】 kebiasaan; cara-cara seseorang ¶습성이 되다 menjadi kebiasaan; tumbuh menjadi kebiasaan; berjangkit kebiasaan ¶습성을 지니다 memiliki kebiasaan ②【동물의 한 종류에 공통된 행동 양식】 alami; kebiasaan
습성(濕性) basah; lembab ⊙ 습성늑막염 radang selaput dada basah
습속(習俗) adat; adat istiadat; kebiasaan
습용하다(襲用-) menggunakan (mempekerjakan) secara turun temurun
습자(習字) kaligrafi 습자하다 melakukan (mempelajari) tulisan tangan (kaligrafi) ⊙ 습자지 kertas tulis. 습자 책 buku kaligrafi
습작(習作) latihan menulis(mengarang) 습작하다 melatih menulis (mengarang)
습작하다(襲爵-)melanjutkan (mewarisi) gelar 《kebangsawanan》
습전지(濕電池) baterai galvanik
습지(濕地) rawa-rawa; paya; tanah berbencah
습진(濕疹) éksém ¶주부습진에 걸리다 terserang (tertular; terpapar) éksém
습포(濕布) komprés (balutan; kain bantalan) basah ⊙ 습포제 tapal 《obat》
습하다(濕-) lembab; basah ¶습한 공기 udara lembab
승(乘)【수학】 perkalian; pengganda
승(勝) kemenangan ¶7승 3패 7 menang tujuh lawan tiga; tujuh kemenangan dan tiga kekalahan
승강(昇降) 승강하다 naik turun ⊙ 승강기(機) elevator
승강(乘降) naik dan turun ¶서울행 열차는 3번 승강장에서 출발한다 Kereta menuju Seoul meninggalkan jalur tiga. ⊙승강장 (기차의) stasiun; (택시의) tempat taksi
승강이 pertengkaran kecil ¶서로 승강이를 벌이다 saling bertengkar
승객(乘客) penumpang ⊙ 승객명부 daftar penumpang. 갑판승객 penumpang geladak. 기차승객 penumpang keréta api.

일등승객 penumpang kelas satu
승격(昇格) kenaikan (peningkatan) status 승격하다 naik jabatan; dipromosikan (dinaikkan; diangkat) ke pangkat yang lebih tinggi
승경(勝景) pemandangan yang indah
승계(承繼) pewarisan 승계하다 melanjutkan; meneruskan; mewariskan
승공(勝共) kemenangan atas komunisme ⊙ 승공통일 penyatuan dengan mengalahkan komunisme
승급(昇級) kenaikan ke tingkat yang lebih tinggi; kemajuan; perbaikan 승진하다 dipromosikan; naik pangkat ¶승진시키다 mempromosikan; memajukan
승급(昇給) kenaikan gaji 승급하다 naik gaji
승기(勝機) kesempatan menang; peluang kemenangan ¶승기를 잡다 meraih kesempatan menang
승낙(承諾) persetujuan 승낙하다 setuju; menyetujui ¶승낙을 구하다 meminta izin/승낙을 얻다 memperoléh (mendapatkan) izin (persetujuan)
승냥이【동물】anjing liar Korea
승단(昇段) kenaikan *dan* (*taekwondo, baduk* dan lain-lain). 승단하다 naik *dan*; naik ke tingkat yang tertinggi
승려(僧侶) pendéta (rahib) Budha ¶승려가 되다 menjadi rahib; memasuki kependétaan
승률(勝率) perséntase kemenangan; peluang berhasil
승리(勝利) kemenangan 승리하다 menang; meraih kemenangan ¶승리의 여신 déwi kemenangan/승리를 거두다(얻다) menang; memperoléh (mendapat; mendapatkan; mencapai) kemenangan; memenangkan ⊙ 승리자 pemenang
승마(乘馬) tunggang kuda 승마하다 menunggang kuda ⊙ 승마바지 celana joki. 승마복 pakaian joki. 승마술 seni menunggang kuda. 승마 화(靴) sepatu bot untuk menunggang kuda
승무(僧舞) tarian Budha
승무원(乘務員) awak keréta api; awak bus; awak kapal; kondéktur
승문(僧門) kependétaan Budha; ajaran Budha
승방(僧房) biara rahib
승벽(勝癖) semangat perlawanan (bersaing; kompetitif) ¶승벽을 부리다 mencoba melawan
승병(僧兵) serdadu pendéta; pendéta perang
승복(承服) ①【동의】izin; persetujuan;【받아들임】penerimaan 승복하다 mengizinkan; menyetujui; menerima ¶선거 결과에 승복하다 menerima hasil pemilihan ②【고백】pengakuan kejahatan 승복하다 mengakui ((suatu kejahatan)) ③【굴복】ketundukan; kepatuhan 승복하다 tunduk; menyerah; menerima ((pendapat seseorang))
승복(僧服) jubah pendéta
승부(勝負)【승패】kemenangan atau kekalahan; pertandingan; permainan ¶단판승부 permainan satu ronde/승부의 세계 dunia di mana kekuatan berkuasa/무승부 pertandingan séri ⊙ 승부차기 tendangan pénalti setelah hasil seri
승산(勝算) prospék kemenangan ¶승산이 있다 ada peluang untuk menang
승상(承相) ⇒ 정승(政丞)
승선(乘船) embarkasi 승선하다 naik kapal ⊙ 승선장 tempat mendarat; landasan
승소하다(勝訴-)【사람이 주어】memenangkan (mendapatkan) perkara (kasus; gugatan);【사건이 주어】atas persetujuan
승수(乘數)【수학】bilangan pengganda
승승장구하다(乘勝長驅-) menang terus menerus
승압(昇壓) 승압하다 menambah (meningkatkan) voltase (tegangan) ⊙ 승압기 transforméter penaik (tegangan)
승용(乘用) ¶승용의 untuk menunggang; untuk naik ⊙승용차 mobil. 고급 승용차 mobil méwah
승원(僧院) biara Budha
승인(承認) pengakuan; persetujuan 승인하다 mengakui; menyetujui; memberikan persetujuan (izin); mengizinkan ¶승인서 pengakuan tertulis/ 사실상의 승인 pengakuan de facto/정식승인 pengakuan de jure/사실을 승인하다 mengakui fakta

승자(勝者) pemenang ¶승자 없는 전쟁 perang tanpa kemenangan

승적(僧籍) silsilah pendéta

승전(勝戰) 승전하다 memenangkan perang (pertempuran) ⊙ 승전고(鼓) gendang kemenangan. 승전보 berita kemenangan

승점(勝點) angka kemenangan

승제(乘除) 【수학】 perkalian dan pembagian ⊙ 가감승제 empat operasi Aritmetika

승지(勝地) tempat yang indah

승직하다(陞職-) mendapat promosi; naik pangkat

승직(僧職) kependétaan; jabatan pendéta

승진(昇進) kenaikan pangkat (peringkat) 승진하다 naik pangkat(jabatan)

승차(乘車) 승차하다 naik mobil; menumpang ⊙ 승차구 jalan masuk mobil. 승차권 tikét; karcis. 승차권매표소 lokét menjual tikét

승천(昇天) kenaikan ⊙ 예수 승천축일【기독교】 Hari kenaikan Isa Almasih

승패(勝敗) kemenangan atau kekalahan ¶승패를 겨루다 berjuang untuk menang; berebut kemenangan

승하(昇遐) kemangkatan 승하하다 mangkat; wafat; tutup usia; berpulang

승함하다(乘艦-) naik ke geladak kapal perang; naik ke kapal; menaiki kapal

승합차(乘合車) minibus; van untuk 15 penumpang

승화(昇華) ①【화학】 sublimasi; penguapan 승화하다 mensublimasikan ②【더 높은 상태로 전환】 sublimasi; mensublimasikan

시(市) 【행정구역】 kota ¶시 당국 pemerintah kota praja ②【시장】 pasar ¶야시 pasar malam ⊙ 시의회 déwan kota

시(時) ①【시간】 jam; waktu; pukul ¶두 시 pukul dua/ 지금 몇 시 입니까 Jam berapa sekarang?/2시 20분입니다 Pukul dua lewat dua puluh menit./5시 5분 전이다 *Jam lima kurang* lima menit. ②【경우, 때】 siang ataupun malam

시(詩) puisi; sajak; syair ¶서사【서정】시 puisi épik【lirik】/시를 짓다 menulis puisi

시가(市街) jalanan kota ⊙ 시가전 pertempuran di jalan (ke jalan). 시가지 daérah (wilayah) pinggiran. 시가지행진 pawai

시가(媤家) keluarga suami

시가(詩歌) puisi dan lagu ⊙ 시가선집 antologi

시가 【외래어】 cerutu; lisong

시가(市價) harga pasar; harga sekarang ¶시가로 팔다 menjual dengan harga pasar(harga sekarang)

시각(時刻) waktu; jam ¶제 시각에 tepat waktu; pada waktunya/시각을 다투는 문제 persoalan mendesak

시각(視角) sudut pandang; pandangan

시각(視覺) 《indra》 penglihatan; pandangan ¶시각적 visual ⊙ 시각교육 pendidikan visual. 시각 장애 kecacatan visual (pandang; penglihatan). 시각 장애인 orang buta; orang yang mengalami kecacatan pandang (penglihatan). 시각적 효과 visual efék

시간(時間) waktu; jam ¶제시간에 pada waktunya; tepat pada waktunya/시간이 모자라다 tak punya cukup waktu/시간에 늦다 terlambat dari waktu yang ditetapkan; terlambat dari perjanjian/시간을 맞추다 menyetél jam sesuai dengan/시간을 보내다 meléwatkan waktu; (무료함을 달래기 위해) membunuh waktu ⊙ 시간강사 pengajar (dosén) tidak tetap; dosén biasa. 시간엄수 ketepatan waktu; keakuratan waktu. 시간표 daftar waktu. 영업시간 jam buka. 집무시간 jam kerja. 휴식시간 resés; istirahat

시간급수(時間給水) pembagian air; sejam dibatasi menyediakan air

시간대(時間帶) zona waktu; periode waktu

시간외(時間外) ¶시간외의【에】léwat waktu; diluar jam-jam kerja (kantor);【학교의】 di luar jam-jam sekolah; setelah sekolah ⊙ 시간외 근무 kerja lembur. 시간외 수당 bayaran (ongkos) lembur

시건방지다 lancang dan kurang sopan

시 경찰국(市警察局) Biro Kepolisian Kota ⊙ 시경(찰)국장 Kepala Polisi Kota

시계(時計) jam; arloji ¶내 시계는 정확하다 Jam saya tepat waktu. /시계 방향의 menurut jalan jam; mengarah ke kanan 《putaran》 ⊙ 시계탑 menara jam. 뻐꾸

기시계 jam kukuk. 전자시계 jam eléktronik. 탁상시계 jam méja

시계(視界) ⇒ 시야 jarak pandang; jangkauan penglihatan

시고모(媤姑母) bibi dari pihak suami ⊙ 시고모부(夫) suami bibi dari pihak suami

시골 ①【지방】 kampung; pedésaan; pedusunan ¶시골태생의 kelahiran désa/시골티가 나는 kampungan; kedusun-dusunan ②【고향】 rumah; kampung halaman ¶시골에 내려가다 pulang; pulang ke rumah halaman ⊙ 시골구석 désa terpencil. 시골뜨기 orang udlik; orang canggung (kikuk). 시골말【사투리】 dialék daérah. 시골사람 orang désa; orang kampung. 시골생활 kehidupan désa

시공하다(施工-) membangun; membuat konstruksi ¶그 건물은 K 건설이 시공하고 있다 Gedung itu dibangun oléh K Konstruksi.

시공(時空) waktu dan ruang; waktu jeda

시구(市區) daérah kota praja

시구(始球) lémparan bola pertama 시구하다 melémpar bola pertama ⊙ 시구식 upacara pembukaan pertandingan bola

시구(詩句) baris sajak; stanza

시국(時局) situasi; keadaan; 【비상시】 keadaan darurat; 【전시】 masa perang; 【위기】 masa gawat; saat genting ¶시국에 대처하다 menghadapi situasi ⊙ 비상시국 situasi darurat(krisis; saat perang). 중대 시국 situasi gawat. 시국 사범(정치범) tahanan politik

시굴(試掘) 시굴하다 memprospék ⟪pertambangan⟫; membor ⟪untuk mendapatkan minyak⟫ 시굴권 hak prospéksi. 시굴 자 prospéktor ⟪pertambangan⟫

시궁창 parit; got; selokan; saluran ¶시궁창에 빠지다 jatuh dalam selokan

시그널 sinyal; tanda; rambu-rambu

시극(詩劇) drama puitis

시근거리다[1] 【숨을】 termengah-mengah; terengahengah; megap-megap

시근거리다[2] 【관절이】 merasa sakit tulang; ngilu tulang

시글시글 ①【물이】 mendidih ②【무리가】 dalam kerumunan; dalam keramaian

시금떨떨하다 keasamasaman dan kecut

시금치 bayam

시급(時給) ¶시급제로 일하다 dibayar per jam

시금석(試金石) batu uji; batu ujian

시급하다(時急-) mendesak; amat perlu; penting; darurat

시기(時期) masa; periode; ketika; waktu; saat; musim ¶시험시기 waktu ujian/여행하기에 적당한 시기 waktu yang sesuai untuk bepergian

시기(時機) peluang; kesempatan; waktu ¶시기를 기다리다 menunggu peluang yang baik; menunggu kesempatan/시기를 포착하다 meraih peluang

시기(猜忌) kecemburuan; kejelusan; perasaan iri hati 시기하다 iri hati; cemburu; jelus ¶남을 시기하다 iri pada yang lain

시기상조(時期尙早) terlalu dini; waktu belum cukup baik

시꺼멓다 ①【색깔이 아주 검다】 hitam; hitam pekat; hitam legam ¶시꺼멓게 타다 terbakar hitam ⟪oléh sinar matahari⟫ ②【마음이 음흉하다】 jahat; dengki

시끄럽다 ①【소란하다】 ribut; riuh; ramai; gaduh; hingar-bingar ¶시끄럽게 굴다 ceréwét ②【말썽 · 탈 등이 많다】 banyak dibicarakan; banyak diributkan ③【엄격하다】 keras; ketat; menyulitkan

시끌벅적하다 berisik; bising; hiruk pikuk; 【어수선하다】 kaos

시나리오 ①【영화 등의 대본】 skénario ¶시나리오를 쓰다 menulis skrip (naskah) film ②【가상의 결과 · 계획】 rencana ⊙ 시나리오 작가 penulis skénario

시나브로 ①【조금씩】 lambat laun ②【사이사이에】 di antara pekerjaan-pekerjaan lain; pada saat-saat anéh

시난고난하다 memburuk secara berangsur-angsur

시내 anak sungai; terusan; selokan

시내(市內) dalam kota ¶시내에서 살다 hidup di kota ⊙ 시내거주자 penduduk kota. 시내버스 bis kota. 시내전화 panggilan lokal

시네라마 sinérama

시네마 bioskop

시네마스코프 sinemaskop

시너 cat pengécér (pencair)
시너지 sinergi ⊙ 시너지 효과 éfék sinergi
시녀(侍女) dayang-dayang; gadis pelayan di istana
시누이(媤-) adik (kakak) perempuan suami; ipar perempuan
시늉 mimikri; penyamaran; penyaruan; peniruan 시늉하다 berpura-pura; berlagak; menyamar; meniru ¶우는 시늉을 하다 berpura-pura meratap; menangis dibuat-buat
시니어 senior; orang yang lebih tua
시니컬 sinis
시다 ①【맛이】 masam; asam; kecut; sepat ②【관절이】 ngilu tulang ③【하는 짓이】 tidak pantas dan tak menyenangkan; tidak bisa diterima; menderita kerasnya ④【눈이】 silau mata; menyilaukan
시단(詩壇) dunia puisi
시달하다(示達-) menginstruksikan; memerintahkan; memberikan pengarahan
시달리다 diganggu oléh; diusik; dianiaya; menderita ¶가난에 시달리다 menderita kemiskinan (fakir-miskin)/남편에게 시달리다 dianiaya oléh suami
시답잖다 ①【보잘것없다】 sepéle; réméh; tidak penting; tidak masuk akal ②【불만족스럽다】 tidak memuaskan; tidak menyenangkan
시대(時代) periode; masa; éra; jaman ¶학생 시대에 masa sekolah/시대에 뒤진【뒤떨어진】 ketinggalan jaman; kuno ⊙ 시대극 drama sejarah. 시대상(相) fase zaman; tahapan waktu. 시대착오 anakronisme: 시대착오의 anakroniatrik. 우주시대 zaman angkasa. 원자력시대 abad atom
시댁(媤宅) keluarga suami; rumah ayah mertua
시덥지않다 tak disenangi; tak disukai
시도(市道) kota dan provinsi
시도(試圖) usaha; percobaan; upaya 시도하다 berusaha; mencoba; berupaya
시동(始動) ¶시동을 걸다 menstater; menghidupkan ((énjin; mesin; kendaraan)) ⊙ 시동장치 stater; alat (sistém) pemulai; perangkat penyala
시동생(媤-) adik laki-laki suami
시들다 ①【식물이】 layu; melayu; kering; mengering ②【열정 · 외모 등이】 melemah; kehilangan kesegaran; lenyap ¶젊음이 시들어 버렸다 Kemudaannya telah hilang (lenyap).
시들부들, 시들시들 agak layu (keruput); berkeriput sedikit ¶꽃이 시들시들 시들었다 Bunga itu agak layu.
시들하다 ①【탐탁지 않다】 tidak memuaskan; setengah hati; tidak tertarik; réméh ②【썩 내키지 않다】 segan melakukan; tak berminat; tak ikhlas; setengah hati; tak ingin melakukan ③【싫증나다】 jemu; bosan
시디플레이어 alat pemutar CD
시래기 daun lobak yang kering ⊙시래깃국 sup yang dimasak dengan daun lobak
시량(柴糧) bahan bakar dan makanan; bekal
시러베아들 ⇒ 실없쟁이
시럽 sirup; seterup; air gula
시렁 rak
시력(視力) daya penglihatan; daya lihat ¶시력이 좋다【약하다】 memiliki penglihatan yang baik 【lemah】/시력을 잃다【회복하다】 kehilangan 【mendapatkan kembali】 penglihatan ⊙ 시력감퇴 ambliopia. 시력검사 uji penglihatan; pemeriksaan mata: 시력검사표 peta uji mata
시련(試鍊) uijan; cobaan ¶가혹한 시련 cobaan berat; cobaan yang pahit
시론(時論) ①【여론】 opini umum; kecenderungan pendapat saat ini; pandangan saat ini (masa kini); perasaan umum ((saat ini)) ②【시평】 koméntar tentang kejadian (peristiwa) terbaru
시론(詩論) éséi tentang puisi; kritik puisi
시료(試料) contoh ¶시료를 분석하다 menganalisis sebuah contoh
시료(施療) pengobatan gratis 시료하다 mengobati cuma-cuma ¶시료를 받다 diobati secara gratis
시루 periuk ((tanah)); belanga ⊙ 시루떡 kué beras yang ditanak
시류(時流) arus zaman; mode ((terbaru)) ¶시류에 따르다【풍조를】 mengikuti mode

《saat ini》; mengikuti waktu (arus); menyesuaikan diri dengan waktu

시름 kecemasan; kekhawatiran ¶시름이 많다 penuh masalah; penuh kesusahan

시름시름 tak hilang-hilang; yang masih melekat ¶시름시름 앓는 병 penyakit (sakit) yang tidak hilang-hilang

시름없이 dengan bengong; tidak berketentuan

시리다 ①【손 · 발 등이】 merasa kedinginan ②【눈이】 menyilaukan

시리얼 cerita bersambung; sérial

시리즈 【출판물 · 방송 · 운동경기 등의】 séri; rangkai ¶시리즈로 출판하다 menerbitkan dalam bentuk seri ⊙ 시리즈물 cerita bersambung. 월드시리즈 Séri Dunia

시립(市立) kota 시립이다 didirikan kota; di bawah pengelolaan kota praja ⊙ 시립도서관 perpustakaan kota. 시립병원 rumah sakit kota

시말(始末) awal dan akhir; fakta-fakta masalah; hal-hal yang penting

시말서(始末書) permintaan maaf tertulis 시말서를 쓰다 menulis permintaan maaf ¶시말서를 쓰게 되다 diminta memberikan penjelasan tertulis

시멘트 semén ¶시멘트를 바르다 menyemén ⊙ 시멘트 공장 pabrik semén

시무(始務) pembukaan kantor di awal tahun; pembukaan kembali urusan kantor setelah liburan Tahun Baru ⊙시무식 upacara pembukaan kerja

시무(時務) masalah saat ini; bisnis 《saat ini》

시무하다(視務-) bertugas; sedang bekerja

시무룩하다 muram; merengut; kurang bersemangat

시민(市民) warga; warga negara ⊙ 시민대학 universitas terbuka untuk umum

시민권(市民權) kewarganegaraan ¶시민권을 부여하다 mewarganegarakan/미국 시민권을 얻다 memperoléh kewarganegaraan di Amerika Serikat

시뮬레이션pekerjaan tiruan

시발(始發) ¶ 서울시발 부산행 열차 keréta api ke Pusan dari Seoul ⊙ 시발역 stasiun pelepas; stasiun (terminal) keberangkatan

시발점(始發點) asli; titik awal; titik mulai

시범(示範) teladan; modél (contoh) untuk yang lainnya 시범하다 memberikan contoh (teladan) ⊙ 시범경기 pertandingan éksibisi. 시범 종목(올림픽의) demonstrasi olah raga; peragaan olah raga

시베리아 Siberia

시보(時報) ①【보도】 berita hangat; buletin; laporan ②【방송에서 시간을 알림】 pengumuman waktu; penunjuk (siaran) waktu yang tepat; tanda (sinyal) waktu ¶시계를 시보에 맞추다 menyetél jam sesuai dengan tanda waktu radio

시보(試補) probasioner; orang yang berprakték dalam masa percobaan ⊙사법관 시보 orang yang prakték hukum

시부렁거리다 océhan; kécék; gerutuan

시부모(媤父母) orang tua suami; mertua

시비(市費) pembelanjaan kota; pengeluaran kota ¶시비로 atas biaya balai kota; ats pengeluaran kota

시비(是非) baik dan/atau buruk; benar dan/atau salah ②【말다툼】 perselisihan; percékcokan ¶시비조로 나오다 bersikap berkelahi; bersikap menantang

시비(詩碑) monumén bertuliskan puisi

시뻘겋다 mérah tua ¶시뻘겋게 단 쇠 besi yang panas membara

시사(示唆) isyarat 시사하다 memberi isyarat ¶시사적(인) sugéstif/ 시사하는 바가 크다 sangat berkesan; penuh kesan

시사(時事) kejadian-kejadian terbaru; peristiwa (perkara) terakhir ¶시사를 해설하다 mengoméntari topik masa kini ⊙ 시사문제 topik terbaru (saat ini; sekarang). 시사해설 ulasan tentang topik terbaru. 시사평론가 koméntator berita

시사(試射) uji penembakan 시사하다 menguji 《senapan; tembakan》

시사(試寫) pertunjukan perdana 시사하다 mempertunjukkan pertama kali; melakukan pertunjukan perdana ⊙ 시사회 pemutaran perdana film

시삼촌(媤三寸) paman dari suami ⊙ 시삼촌댁 isteri paman dari suami

시상(施賞) penghargaan 시상하다 memberi penghargaan; memberi hadiah ⊙ 시상

대 podium pemenang; podium kehormatan. 시상식 upacara pemberian hadiah
시상(詩想) idé puisi; perasaan puitis; imaginasi (inspirasi) puitis
시새(우)다 sangat cemburu; sangat iri ¶남을 시새(우)다 sangat iri pada orang-orang lain
시선(視線) ①【눈길】 mata; tatapan mata; pandangan ¶시선을 피하다 menghindari pandangan; mengelak pandangan ②【관심】 perhatian
시선(詩選) antologi puisi; kumpulan puisi terpilih
시설(施設) institusi; perlengkapan; fasilitas 시설하다 memberikan fasilitas ⊙ 시설비 biaya peralatan. 시설자금 dana fasilitas. 시설투자 invéstasi dalam peralatan. 공공시설 fasilitas umum. 군사시설 fasilitas militér. 하수【위생】시설 pengaturan saluran air 【kebersihan】. 항만시설 fasilitas pelabuhan
시성(詩聖) pujangga besar
시성하다(諡聖-) menjadikan sebagai seorang suci; menyatakan seorang martir (orang yang berkorban) sebagai orang suci
시세(市稅) pajak (béa; tarif) kotapraja
시세(市勢) ①【경제】 kondisi pasar ②【시정상태】 kondisi kehidupan kota; keadaan kota
시세(時世) zaman (waktu; masa) kini
시세(時勢) ①【세상 형편】 tanda-tanda waktu; perjalanan waktu; situasi; kondisi; masa-masa ¶시세를 타고 나다 dilahirkan di bawah naungan bintang keberuntungan ②【시가(時價)】 harga saat ini; harga pasar; 【경기】 kondisi bisnis ¶시세의 변동 turun naik di pasaran; fluktuasi dalam pasar ⊙ 개장【폐장】시세 penentuan harga buka 【tutup】. 증권시세 harga bursa. 최고(최저)시세 harga maksimum (minimum)
시소 papan ungkit (jungkit-jungkit); unggang-unggit; mundur maju ¶시소를 타고 놀다 bermain papan ungkit ⊙ 시소게임 permainan papan ungkit
시속(時俗) kebiasaan (adat istiadat) zaman itu
시속(時速) kecepatan per jam
시숍 operator sistém
시숙(媤叔) saudara laki-laki suami
시술(施術) prosedur keséhoatan; prosedur pembedahan ¶보톡스 시술을 받다 mendapat injéksi Botox ⊙ 불법의료시술 operasi keséhoatan ilégal
시스템 sistém; susunan; jaringan
시승(試乘) uji coba kendaraan 시승하다 mengujicobakan kendaraan
시시(時時) ¶시시로 kadang-kadang
시시각각(時時刻刻) setiap jam; sebentar-sebentar; sebentar lagi
시시덕거리다 ngobrol sambil ketawa; tertawa dan mengobrol
시시때때로(時時-) dari waktu ke waktu; sekarang dan kemudian; biasanya; kadang-kadang
시시부지하다 mulai dilupakan; mulai kabur; lenyap; menjadi asap ¶시시부지 되다【끝나다】 hilang; kabur; menjadi asap
시시비비(是是非非) ①【잘잘못】 시시비비하다 membuat keputusan yang adil; memberikan keputusan; memutuskan yang mana benar atau salah; menyatakan yang putih adalah putih, yang hitam adalah hitam ②【싸움】 percékcokan; pertengkaran 시시비비하다 bercékcok; bertengkar; berbantah
시시콜콜 dengan selidik; secara rinci
시시하다 réméh; sepélé; tidak berharga; membosankan; menjemukan; tidak menarik ¶시시한 강연 pidato(pembicaraan) yang membosankan
시식(時食) makanan musiman
시식하다(試食-) mencicipi; mencoba memakannya
시신(屍身) mayat; tubuh orang yang mati ¶시신을 묻다 menguburkan mayat
시신경(視神經) saraf mata; urat penglihatan
시아버지 mertua laki-laki; ayah suami
시아주버니 abang (kakak) suami
시아이디 CID; Détasémen Penyelidikan Kriminal
시안(試案) rencana sementara ¶시안을 작성하다 merumuskan rencana sementara

시앗 gundik suami
시야(視野) ①【눈으로 볼 수 있는 범위】 médan penglihatan; jangkauan penglihatan ②【생각의 범위】 pandangan; gambaran ¶시야가 넓다【좁다】 berpandangan luas【sempit】
시약하다(施藥-) memberi obat dengan gratis
시약(試藥)【화학】 réagen; bahan réaksi ¶ 임신진단시약 tés kehaliman
시어(詩語) kata puitis
시어머니, 시어미 ibu mertua
시어머님 ibu mertua yang hormat
시업(始業) permulaan kerja; pembukaan 시업하다 memulai kerja ⊙ 시업시간 jam buka. 시업식 upacara pembukaan kerja
시여하다(施與-) menyumbang; memberi derma; bersedekah
시역(弑逆) kejahatan membunuh raja 시역하다 membunuh raja
시연(試演) pertunjukan perdana 시연하다 berlatih di depan umum; pra pertunjukan
시영(市營) tata laksana oléh kota ¶시영의 《di bawah tata laksana》 kota/가스·수도 사업의 시영 penyediaan kota atas jasa gas dan air ⊙ 시영버스 bis kota; bis yang dikelola oléh pemerintah kota
시외(市外) pinggiran kota; luar kota ¶시외 부탁합니다【전화】 Saya ingin interlokal. ⊙ 시외거주자 orang yang tinggal di luar kota. 시외통화 interlokal
시외가(媤外家) rumah(keluarga) ibu suami
시외삼촌(媤外三寸) paman suami dari pihak ibu; saudara laki-laki dari pihak ibu suami
시외전화(市外電話) jalur interlokal; jalur jarak jauh;【통화】 télépon interlokal ⊙ 시외전화 국번 nomor (kode) interlokal; kode wilayah
시용하다(試用-) mencoba; mengujicobakan
시우(時雨) hujan musiman
시우쇠 besi gubal
시운(時運) peruntungan waktu ¶시운이 나쁘다 bernasib buruk; kondisi tak menguntungkan
시운전(試運轉) uji coba kendaraan 시운전하다 menguji coba; melakukan uji coba
시원섭섭하다 merasakan émosi yang campur baur; merasakan campuran émosi kegembiraan dan kesedihan
시원스럽다 berhati terbuka; terus terang ¶시원스런 성격의 berwatak terus terang; bersifat bebas dan terus terang
시원시원하다 jelas dan cepat; tangkas; hidup; aktif; menarik ¶시원시원하게 대답하다 memberikan jawaban yang langsung
시원찮다 ①【흡족하지 않다】 tidak senang; tidak énak; tidak terang; tidak memuaskan ¶시원찮은 대답 jawaban yang tak memuaskan/사업이 시원찮다 Usaha sedang tak lancar. *atau* Bisnis sedang lesu. ②【몸이 건강하지 않다】 tidak baik; kurang séhat
시원하다 ①【상쾌한】 merasa segar; merasa lega ②【후련하다】 lega; merasa segar (nyaman) ③【음식이】 ¶국물이 시원하다 sop ini lezat
시월(十月) Oktober ⊙ 시월막사리 sekitar akhir Oktober. 시월상달 Oktober; Bulan Panénan
시위[1] tali panah
시위[2] banjir ¶시위가 나다 sungai banjir; kebanjiran
시위(示威) démonstrasi; unjuk rasa 시위하다 berdémonstrasi; melakukan unjuk rasa ¶시위 적 démonstratif ⊙ 시위대 para pemrotés; para pendémo. 시위자 démonstran; mengunjuk rasa. 시위행진 pawai
시위(侍衛) pengawal; pengiring 《Raja》 시위하다 mengawal; mengiring ⊙ 시위대 kelompok pengawal raja
시유(市有) 《dimiliki》 kota ¶시유화하다 menjadikan milik kota ⊙ 시유 림 hutan kota (milik kota). 시유재산 kekayaan kota. 시유지 tanah kota
시음하다(試飮-) mencicipi minuman
시읍면(市邑面) kota kecamatan dan kabupaten
시의(時宜) waktu yang tepat; keadaan; situasi ¶시의에 맞는 tepat pada waktunya

시의(猜疑) kecurigaan; kecemburuan 시의하다 mencurigai; cemburu

시의회(市議會) déwan kota madya ⊙ 시의회의원 anggota déwan kota

시인(是認) persetujuan; pengakuan; perkenaan 시인하다 mengaku; menyetujui; berkenan

시인(詩人) penyair; penyajak

시일(時日) ¶시일과 장소 waktu dan tempat/시일을 정하다 menentukan tanggal; memilih hari; menetapkan hari/시일이 걸리다 memerlukan ⦅banyak⦆ waktu

시작(始作) permulaan; awal 시작하다 memulai ¶정치 생활을 시작하다 memasuki karir politik

시작(試作) produksi percobaan 시작하다 memproduksi untuk percobaan; 【작품을】 menyusun (menulis; memahat dan lain lain) sebagai suatu percobaan

시작(詩作) penggubahan (pengarangan) syair 시작하다 menulis (mengarang) puisi

시장 kelaparan 시장하다 lapar; merasa lapar

시장(市長) wali kota ⊙ 시장관사 kediaman wali kota. 시장선거 pemilihan wali kota. 시장 직 jabatan wali kota

시장(市場) pasar; pekan ¶청과시장 pasar sayuran/시장이 불황이다【약세다】 Pasaran datar (mandeg; lemah; lesu). ⊙시장가격 harga-harga pasar; harga pasaran. 시장다변화 penganékaragaman pasar. 시장조사 survéi (risét) pasar (pemasaran). 국내시장 pasar lokal (doméstik). 금융시장 pasar uang (modal; invéstasi). 노동시장 pasaran kerja. 도매 pasar borongan (grosir). 암시장 pasar gelap. 증권시장 pasar bursa

시장기 rasa lapar ¶시장기를 느끼다 merasa lapar

시장성(市場性) marketabilitas; daya pasar ¶시장성이 있는 dapat dipasarkan

시재(時在) ①【갖고 있는 것】⦅uang⦆ yang di *tangan* ②【현재】 *sekarang; saat* ini ⊙ 시재액(額) uang tunai di tangan

시재(詩才) jenius di bidang puisi; keahlian berpuisi

시적(詩的) puitis ⊙ 시적 감흥(이 솟아나다) ⦅memiliki⦆ ilham puisi; perasaan puitis

시절(時節) musim ¶꽃피는 시절 musim bunga ②【시기】 masa ¶그 시절에(는) pada masa itu; pada waktu itu/학생시절에 di masa-masa (semasa) sekolah

시점(時點) waktu; ketika; saat ini ¶이 시점에 pada (dari) saat ini

시점(視點) sudut pandangan

시접 batas menjahit (mengelim); pelipit

시정(市井) ①【시가】 jalan; jalanan ¶시정의 일들 kejadian-kejadian di jalanan ②【시정아치】 pedagang pasar; orang kota ⊙ 시정인(人) orang di jalan

시정(市政) pemerintahan tingkat kota madya ⊙ 시정개선 perbaikan (pembaruan) masyarakat

시정(是正) koréksi; pembetulan 시정하다 memperbaiki; membetulkan; mengoréksi

시정(施政) pemerintahan ⊙ 시정방침 kebijakan pemerintahan (administratif); 【정당의】 garis partai. 시정연설 pidato kebijakan tentang masalah-masalah negara; pidato kebijakan-kebijakan administratif

시정(詩情) perasaan puitis

시제(時制) 【문법】 kala; masa ⊙현재시제 kala kini

시제(市制) sistém kota madya

시제(時祭) selamatan untuk mengenang jasa-jasa leluhur pada tiap musim gugur

시조(始祖) pendiri; pemula; nénék moyang

시조(時調) syair Korea ¶시조를 읊다 mendeklamasikan syair (puisi)

시종(侍從) pengurus rumah tangga raja ⊙ 시종무관 pejabat yang menemani yang Mulia

시종(始終) dari permulaan sampai akhir ¶시종여일하다 sama dari awal sampai akhir; konsisten

시종일관(始終一貫) secara terus menerus; dari awal hingga akhir

시주(施主) 【불교】 persembahan 시주하다 memberikan persembahan; memberikan sumbangan ⦅uang⦆; mempersembahkan; derma

시준(視準) 시준하다 membuat paralél cahaya ⊙ 시준기 alat untuk membuat pararél cahaya

시중 pelayanan; perawatan; pemeliharaan 시중들다 membantu; memberikan bantuan; melayani; merawat; memelihara; menolong

시중(市中) ①【거리】 di kota ②【시장】 pasar ⊙ 시중은행 bank kota

시즌 musim; waktu; masa ¶야구【수영】시즌 musim bisbol【berenang】

시진(視診) inspéksi dengan melihat langsung ¶시진만으로도 …로 진단하다 memeriksa pasién dan mendiagnosisnya dengan mata

시집(媤-) keluarga dari suami

시집(詩集) kumpulan sajak

시집가다(媤-) menikah ¶그녀는 시집갈 나이가 지났다 Dia meléwati usia nikah.

시집보내다(媤-) menikahkan (mengawinkan) anak perempuan

시집살이(媤-) kehidupan perkawinan (rumah tangga) di rumah orang tua suami ¶시집살이를 잘하다 mengatur rumah dengan baik

시차(視差) perbédaan waktu; perbédaan masa ¶시차를 회복하는데 이틀 정도 걸렸다 Perlu bebarapa hari untuk sembuh dari mabuk udara. ⊙ 시차제 sistém bergantian. 시차제 출근 jam-jam kerja bergantian

시찰(視察) inspéksi; penilikan 시찰하다 melakukan inspéksi ⊙ 시찰단 rombongan inspéksi

시책(施策) tindakan; kebijaksanaan 시책하다 melakukan kebijakan ¶시책을 강구하다 mempertimbangkan bagaimana mengatasi 《situasi》; mengambil tindakan yang sesuai 《dengan situasi》

시청(市廳) balaikota; kantor kota madya

시청(視聽) ¶텔레비전을 시청하다 menonton télévisi ⊙ 시청료 iuran pelanggan télévisi

시청각(視聽覺) indra penglihatan dan pendengaran ⊙ 시청각 교육 pendidikan pandang dengar. 시청각 교재 alat bantu pandang dengar. 시청각실 ruangan audiovisual (pandang-dengar)

시청률(視聽率) tingkat pemirsaan ⊙ 시청률 조사 《mengadakan》 survéi peringkat pemirsa

시청자(視聽者) pemirsa TV ⊙ 시청자 여론조사 survéi réspon pemirsa. 시청자 참가프로 program partisipasi

시체(屍體) mayat; jenazah ¶시체 발굴 penggalian jenazah/시체로 발견되다 ditemukan mati; ditemukan sudah jadi mayat ⊙ 시체검사 pemeriksaan jenazah. 시체부검(剖檢) otopsi. 시체유기 pembuangan jenazah. 시체 해부 otopsi; pembedahan mayat

시초(始初) permulaan; awal; asal mula

시추(試錐) pemboran 시추하다 membor ⊙ 시추선(船) anjungan pengeboran minyak

시추에이션 keadaan; situasi

시치미[1] penipuan; pura-pura; sok ¶시치미를 (뚝) 떼다 pura-pura tidak tahu

시치미[2] 【매의】 tanda pengenal dilekatkan di ékor burung élang; tanda pengenal burung élang

시침 ①⇒ 시침질 ②⇒ 시치미

시침(時針) jarum péndék

시커멓다 hitam pekat ¶마음이 시커멓다 berhati jahat (kejam; dengki)

시큰거리다 nyeri

시큰둥하다 kurang sopan; lancang; kurang ajar

시큼하다 asam; masam; rasa kecut ¶시큼한 냄새가나다 tercium bau asam/우유가 상해서 시큼한 맛이 난다 susu itu telah masam

시키다 ①【남에게 어떤 일을 하게 하다】 menyuruh; memesan ¶아무에게 일을 시키다 menyuruh seseorang bekerja ②【음식을 주문하다】 memesan ¶ 잡채를 시키다 memesan capcai

시트 【자리】 tempat duduk; 【우표의】 lembar; 【침대의】 spréi; sprai; alas tiram

시트콤 komedi situasi; sitkom

시판(市販) pemasaran 시판하다 memasarkan ¶시판되고 있다 berada di pasaran; sedang dijual ⊙ 시판 품 barang-barang yang dipasarkan

시퍼렇다 ①【물 · 풀 등의 빛깔이】 biru tua; menjadi biru kehitam-hitaman ②【안색이】 pucat 《basi》 ③【날붙이 서슬이】 ta-

jam; menakutkan ¶서슬이 시퍼래지다 【사람이】 tampil menakutkan
시편(詩篇) Kitab Zabur
시평(時評) koméntar tentang kejadian (peristiwa) terbaru; 【신문의】 tajuk rencana; koméntar (catatan-catatan) éditorial ⊙ 시평 란(欄) kolom éditor. 문예시평 kolom sastra
시폐(時弊) kejahatan masa kini
시하(侍下) 【부사적】 tinggal bersama orang tua serta kakék-nénék ((perempuan setelah menikah))
시한(時限) batas waktu ¶법적시한 batas waktu resmi (sah) ⊙ 시한부 동맹파업 pemongokan pembatasan waktu
시한부(時限附) ¶6개월 시한부 선고를 받다 diberi waktu enam bulan untuk hidup
시한폭탄(時限爆彈) bom waktu ¶시한폭탄을 설치하다 memasang bom waktu
시할머니(媤-) nénék dari suami
시할아버지(媤-) kakék dari suami
시합(試合) ⇒ 경기 permainan; pertandingan kompetisi; (선수권대회) kejuaraan; (토너먼트) turnamen ¶권투 시합 pertandingan tinju/ 시합에 지다 kalah dalam pertandingan (permainan)
시해(弑害) pembunuhan 시해하다 membunuh
시행(施行) pelaksanaan; penyelenggaraan; pemberlakuan 시행하다 memberlakukan; menjalankan; menyelenggarakan ¶시행되고 있다 berlaku; terlaksana
시행착오(施行錯誤) percobaan dan kesalahan; kesalahan dan keliruan ¶시행착오를 겪다 mengalami kesalahan dan keliruan
시험(試驗) ①【지식 · 능력 등을 평가하는 일】 ujian; tés; pengujian 시험하다 menguji; memeriksa; mengetés ¶시험에 떨어지다 gagal dalam ujian (tés)/시험에 합격하다 lulus ujian ②【실험, 테스트】 tés; percobaan; eksperimén ¶시험적으로 dengan cara (sikap) sementara; secara sementara; secara coba-coba; atas dasar percobaan ③【유혹】 godaan; percobaan ⊙ 시험과목 mata pelajaran uji. 시험발사 peluncuran uji coba. 시험위원 penguji. 시험지옥 siksaan(neraka) ujian. 검정시험 ujian bersertifikat lisénsi. 국가시험 ujian negara. 능률【성능】시험 tés éfisiénsi. 진급시험 ujian kenaikan pangkat. 필기시험 ujian tulisan. 학기시험 ujian seméster. 학년말시험 ujian akhir tahun
시험관(試驗管) tabung percobaan; tabung kimia ¶시험관아기 bayi tabung
시험대(試驗臺) ajang évaluasi ¶여론의 시험대에 오르다 memasuki penyelidikan media
시험 삼아(試驗-) dengan uji coba; secara sementara; sebagai ujian (percobaan) ¶시험 삼아 해보다 mencoba; mencobakan; mengerjakan secara coba-coba; menguji coba
시험 준비(試驗準備) persiapan ujian ¶시험 준비를 하다 mempersiapkan diri untuk ujian; bersiap untuk ujian
시호(諡號) gelar anumerta
시화(詩畵) sajak dan gambar; puisi dan lukisan; ilustrasi(gambar) puisi
시화전(詩畵展) pameran ilustrasi puisi
시황(市況) keadaan pasar ¶시황이 활발【한산】하다 Pasaran lancar【lesu】. ⊙ 시황보고 laporan pasar
시효(時效) 【법률】 masa berlaku ¶시효에 걸리다 terkena masa berlaku ⊙ 시효기간 jangka waktu berlaku. 시효정지 penangguhan ketentuan
시후(時候) musim;【날씨】 cuaca
시흥(詩興) inspirasi membuat puisi ¶시흥이 솟다 diilhami membuat (mengarang) syair; memiliki inspirasi puitis
식(式) ①【의식】 upacara ¶식을 거행하다 mengadakan (melaksanakan) upacara; merayakan ((pernikahan)) ②【양식】 bentuk; tipe; modél ③【형】 gaya; tipe ¶한국식(의) bergaya Korea ④【수학】 rumus ¶식으로 나타내다 merumuskan; menunjukkan dengan rumus
식간(食間) di antara jam makan
식객(食客) orang yang menumpang ¶식객 노릇을 하다 menumpang hidup
식견 ketajaman; wawasan; pengertian; pengetahuan; pendapat ¶식견이 높은 사람 orang yang luas pandangannya dan berintéligén tinggi (pintar sekali)

식곤증(食困症) ngantuk setelah makan ¶ 식곤증이 오다 merasakan kantuk setelah makan

식구(食口) ①【가족】 keluarga; anggota keluarga ¶식구가 많다【적다】 keluarga besar【kecil】 ②【단체에 속해 있는 사람】 anggota ¶새 식구가 되다 menjadi anggota baru

식권(食券) karcis makan; kupon makan

식기(食器) alat-alat makan-minum; barang pecahbelah ⊙ 식기 건조기 alat mengering piring. 식기 세척기 mesin pengering piring

식다 ①【열·음식 등이】 jadi dingin ¶식기 전에 먹어라 Makanlah (Ambillah) sebelum menjadi dingin. ②【애정·열정 등이】 berkurang ¶열의(熱意)가 식다 berkurang minat

식단(食單) daftar makanan; ménu ¶다이어트 식단을 짜다 merencanakan ménu diet ⊙ 주문 식단 제 sistém *a la carte* di réstoran

식당(食堂) réstoran; rumah makan; (작은) kedai makan; kedai nasi; warung nasi; (셀프 서비스 식) kafétéri ¶저희 부모님은 식당을 하세요 Orang tuaku mengelola réstoran. ⊙ 식당차 keréta (gerbong) makan

식대(食代) ongkos makanan

식도(食刀) ⇒ 식칼

식도(食道) saluran pencernaan; tenggorokan; kerongkongan; lekum ⊙ 식도암【의학】 kanker esopagus. 식도염(鹽)radang esopagus

식도락(食道樂) kegemaran makan énak ⊙ 식도락가 penggemar makanan

식량(食糧) pangan makanan ¶하루치의 식량 perbekalan sehari ⊙ 식량농업기구【유엔의】 Organisasi Bahan Pangan (FAO). 비상식량 ransum darurat. 예비 식량 cadangan perbekalan

식료(食料) makanan

식료품(食料品) bahan makanan ⊙ 식료품상 penjual bahan makanan. 식료품점 toko penjual bahan makanan

식림(植林) penanaman hutan; penghutanan 식림하다 menghutankan

식모(食母) pembantu; tukang masak;【하녀】 babu ¶식모구함【광고】 Pembantu rumah tangga dicari. *atau* Pembantu rumah tangga dibutuhkan. *atau* Dicari seorang Pembantu rumah tangga. ⊙ 식모살이 kehidupan sebagai pembantu: 식모살이하다 hidup sebagai pembantu

식목(植木) penanaman pohon 식목하다 menanam pohon ⊙ 식목일 Hari Penghijauan

식물(植物) tanaman; tumbuhan ⊙ 식물원(園) kebun raya. 식물인간 orang yang tak berguna. 고산【열대】식물 tanaman dataran tinggi【tropikal】. 기생식물 tanaman parasit; pitoparasit

식물성(植物性) nabati ⊙ 식물성 기름 minyak sayuran; nabati 식물성 단백질 albumin nabati; protéin sayuran. 식물성 섬유 serat sayuran

식물채집(植物採集) pengumpulan tanaman (tumbuh-tumbuhan); pengkoléksian tumbuhan ¶식물 채집가 pengumpul tanaman; pengoléksi tumbuh-tumbuhan

식물학(植物學) ilmu tumbuh-tumbuhan ⊙ 식물학자 ahli ilmu tumbuh-tumbuhan

식민(植民) pendudukan; penjajahan 식민하다 menduduki; menjajah ⊙ 식민시대 masa penjajahan. 식민주의 kolonialisme

식민지(植民地) daérah jajahan ¶식민지의 penjajahan; kolonial/식민지화 kolonialisasi

식별(識別) diskriminasi; perbédaan 식별하다 membédakan; menilik; memperbédakan ⊙ 식별력 pembédaan; kekuatan penglihatan; daya penglihatan

식복(食福) ¶식복이 있다 diberkahi dengan makanan-makanan yang baik

식비(食費) ongkos makan; biaya makanan ¶식비로 얼마씩 내고 있느냐 Berapa banyak kau bayar untuk makananmu?

식빵(食-) roti ¶한 덩어리【조각】 sepotong roti

식사(式辭) pidato pembuka

식사(食事) makanan 식사하다 makan; bersantap ¶식사대접을 하다 menjamu makan/언제 식사나 한번 같이 합시다 Kapan-kapan kita makan bersama. ⊙ 식사시간 waktu makan: 식사시간이다 Saatnya makan malam. 식사예법 tata krama waktu makan

식산(殖産) kenaikan produksi 식산하다 menambah produksi ⊙ 식산공업 industri produktif(produksi)

식상(食傷) 식상하다(물리다) sakit karena; bosan dengan; jemu; mual

식생활(食生活) kehidupan ⟪yang berkaitan dengan⟫ makanan ¶식생활을 개선하다 memperbaiki ménu makanan

식성(食性) makanan yang disenangi dan yang tidak disenangi ¶식성에 맞다 sesuai dengan seléra/식성이 까다롭다 sangat pemilih dalam makanan

식솔(食率) ⇒ 식구

식수(食水) air minum ¶식수를 공급하다 mensuplai air minum/ 이 물은 식수로 적합하다 Air ini layak diminum.

식수(植樹) ⇒ 식목

식순(式順) susunan acara; acara berikutnya

식식거리다 termengap-mengap; terengah-engah

식습관(食習慣) kebiasaan makan ¶식습관을 바꾸다 mengubah kebiasaan makan

식언하다(食言-) tidak menepati janji; mengingkari pembicaraan

식염(食鹽) garam dapur

식염수(食鹽水) larutan garam

식욕(食慾) nafsu makan ¶식욕을 돋우다 merangsang (meningkatkan; menaikkan; memacu; membangkitkan) nafsu makan /식욕이 없어지다, 식욕을 잃다 hilang (kehilangan) nafsu makan

식용(食用) ¶식용의 dapat dimakan ⊙ 식용개구리 kodok betung. 식용품 bahan makanan

식용유(食用油) minyak masak; minyak sayur

식육(食肉) daging yang dapat dimakan ⊙ 식육류 pemakan daging

식은땀 keringat dingin ¶식은땀을 흘리다 berkeringat dingin

식은 죽(-粥) bubur dingin ¶그런 것은 식은 죽 먹기다 Itu mudah sekali.

식음(食飮) makan dan minum ¶식음을 전폐하다 tidak makan dan minum

식이요법(食餌療法) pengobatan diét; perawatan dengan diét ¶식이요법을 하다 ⟪menjalani⟫ diét ketat

식인(食人) pemakan manusia ⊙ 식인종 suku pemakan manusia

식자(識者) orang bijak; cendékiawan ⊙ 식자층 golongan cendékiawan

식자우환(識者憂患) Ketidaktahuan adalah kebahagiaan.

식장(式場) aula (gedung; ruangan) upacara

식전(式典) upacara; ritual

식전(食前) ①【식사 전】 sebelum makan (sarapan) ②【이른 아침】 pagi-pagi sekali; sebelum makan pagi ⊙ 식전바람 sebelum makan pagi ⟪waktu⟫

식중독(食中毒) keracunan makanan ¶식중독에 걸리다 teracun makanan

식지(食指) ⇒ 집게손가락

식초(食醋) cuka ¶식초를 치다 memberi cuka ⟪makanan⟫

식충(食蟲) orang rakus; pelahap ⊙식충류 pemakan serangga; inséktivora

식칼 pisau dapur

식탁(食卓) méja makan ¶식탁을 치우다 membersihkan méja ⊙식탁보 taplak méja; alas méja

식탈(食頉) sakit perut karena terlalu banyak makan

식탐(食貪) kerakusan makanan; keserakahan dalam makanan

식품(食品) bahan makanan ⊙ 식품공업 industri makanan. 식품위생 kebersihan makanan. 냉동식품 makanan dingin

식피(植皮) 【의학】 okulasi; pencangkokan kulit; pemindahan kulit 식피하다 kulit cangkokan; mencangkok ⊙ 식피 술 operasi pencangkokan kulit

식혜(食醯) *sikhye;* minuman manis dibuat dari beras ketan yang diragi

식후(食後) setelah makan ¶식후 30분에 복용 Dimakan 30 menit setelah makan.

식히다 mendinginkan ¶땀을 식히다 beristirahat sehingga keringat kering

신[1] sepatu; lapik kaki; pembungkus kaki ¶신을 신다 memakai sepatu/신을 벗다 membuka sepatu

신[2] semangat besar; antusias ¶신이 나다 menjadi antusias

신(申) 【민속】 ①⟪십이지의⟫ tanda kesembilan dari 12 macam waktu; Shio Monyet ②⇒ 신방(申方) ③⇒ 신시(申時)

신(神) Tuhan ¶신의 은총 kemurahan Tuhan/ 신의 가호 perlindungan Tuhan /…을 신에게 빌다 berdo'a pada Tuhan untuk…

신(腎) ginjal

신 adégan drama ¶ 라스트신 adégan terakhir/러브 신 adégan cinta

신(新) baru; modérn; terbaru; mengikuti zaman

신가정(新家庭) rumah baru

신간(新刊) terbitan baru ¶신간의 baru; baru terbit ⊙ 신간목록 katalog (daftar) terbitan baru. 신간소개 tinjauan buku; resénsi buku

신개발(新開發) pengembangan baru

신개척지(新開拓地) tanah yang baru dibuka

신격(神格) keTuhanan ⊙ 신격화 pendéwaan; 신격화하다 memuja déwa; menuhankan; mendéwakan

신경(神經)①【감각기관】 syaraf ¶신경성의 gelisah; gugup; bersifat syaraf ②【느낌, 생각】 kehalusan perasaan ③【관심】 peduli; acuh; pelihara; rawat; perhatian ¶ 신경을 쓰다 memikirkan; peduli ((akan)); mencemas kan (meresahkan);【너무 쓰다】 berhati-hati; memikirkan ((réputasi)); peka ((penampilan)) ⊙ 신경과 의사 ahli syaraf. 신경병 penyakit syaraf. 신경세포 sél syaraf. 신경안정제【진정제】 obat penenang syaraf (ketegangan). 신경정신병 neuropsikosis; sakit syaraf dari fisik. 신경통 sakit syaraf; neuralgia

신경과민(神經過敏) kegugupan

신경쇠약(神經衰弱)【의학】lemah syaraf ¶ 신경쇠약에 걸리다 menderita penyakit syaraf

신경지(新境地) ¶신경지를 개척하다 membuka lapangan baru

신경질(神經質) ¶신경질을 부리다 menunjukkan kegugupan/신경질이 나게 하다 menggelisahkan; membuat gugup

신경향(新傾向) kecenderungan baru ¶신경향을 보이다 menunjukkan (menampakkan) kecenderungan baru

신고(申告) laporan; pemberitahuan 신고하다 memberitahukan; melaporkan ⊙ 신고납세 pembayaran pajak dengan penaksiran sendiri. 사망신고 catatan kematian. 세관신고 laporan pabéan. 전입【전출】신고 pemberitahuan pindah. 출생신고 pendaftaran (pemberitahuan) kelahiran

신고(辛苦) kesukaran; penderitaan; godaan 신고하다 menderita kesukaran; sukar

신고서(申告書) surat laporan ⊙ 원산지신고서 keterangan asal usul. 입고【선적】신고서 keterangan penggudangan【pengapalan】

신곡(新曲) lagu baru

신관 wajah ¶신관이 좋으십니다 Anda tampak baik.

신관(信管) sumbu ⊙ 시한신관 sumbu waktu

신관(新館)bangunan baru

신교(信敎) kepercayaan agama 신교하다 beriman dalam agama

신교(新教) aliran Protéstan ¶신교의 선교사 misionaris Protéstan ⊙ 신교도 Protéstan

신구(新舊) lama dan baru ¶신구사상의 충돌 pertentangan antara idé yang lama dan baru

신국면(新局面) fasé baru; tahap baru; aspék baru

신권(神權) hak Tuhan ⊙ 신권정치 téokrasi 제왕 신권설 doktrin hak agung raja

신권(新券) tagihan baru; nota baru ¶은행에서 낡은 지폐를 신권으로 바꾸다 menukar tagihan (bon) lama dengan yang baru di bank

신규(新規) ¶신규의 baru ⊙ 신규모집 perekrutan. 신규사업 perusahaan (usaha) baru. 신규예금 tabungan baru

신극(新劇) drama baru (modérn) ⊙ 신극여배우 atris drama baru. 신극운동 gerakan drama baru

신기(神技) keahlian yang mengagumkan; di luar kemampuan manusia

신기(新奇) yang baru; keaslian 신기하다 asli; baru ¶신기한 방법으로 dengan cara baru

신기다 memakaikan ((sepatu)); menyuruh memakai ((kaus kaki))
신기록(新記錄) rékor baru ¶신기록을 세우다 membuat (menciptakan) rékor dunia baru ⊙ 한국 신기록 rékor Korea baru
신기루(蜃氣樓) fatamorgana; khayalan belaka; pembayangan udara ¶신기루를 좇다 memburu (mengejar) fatamorgana
신기원(新紀元) zaman baru
신기하다(神奇-) bagus sekali; luar biasa; gaib; mengagumkan; ajaib; menakjubkan. ¶신기하게 dengan mistéri; dengan ajaib/신기한 일 mistéri; keajaiban; hal yang luar biasa; hal yang gaib
신나 pengecér (pencair) cat
신나다 menggembirakan; menyenangkan; memberi semangat tinggi
신 내리다(神-) dirasuki oléh arwah; sedang kesurupan
신년(申年) Tahun Monyét
신년(新年) tahun baru ¶신년을 맞이하다 menyambut tahun baru ⊙ 근하신년 Selamat Tahun Baru. 신년사 sambutan akhir tahun
신념(信念) kepercayaan; keyakinan ¶신념을 가지고 dengan kemauan kuat
신다 memakai ¶구두를【양말을】신다 memakai sepatu【kaos kaki】
신당(神堂) tempat suci; rumah keramat
신당(新黨) partai politik baru ¶신당을 결당하다 membentuk (menyusun) partai politik baru
신대륙(新大陸) Benua Baru; Dunia Baru
신데렐라 *Cinderella;* sénsasi ⊙신데렐라 콤플렉스 *Cinderella* kompléks
신도(信徒) penganut; pengikut; penggemar ((yang taat kepada sesuatu)) ⊙ 기독교【불교】신도 penganut Kristen【Budha】
신도시(新都市) kota baru
신동(神童) anak yang jenius; anak ajaib; anak yang luar biasa; anak yang hébat
신드롬 sindrom; sindroma ¶신드롬에 빠지다 terjebak dalam sindroma
신들리다(神-) kerasukan; kesurupan
신 뒤축 hak (tumit) sepatu
신디케이트 sindikat; kongsi; gabungan perusahaan
신딸(神-) pemagang muda *mudang*
신랄하다(辛辣-) tajam; pedas ¶신랄한 풍자 sindiran yang tajam
신랑(新郎) pengantin pria; mempelai pria ⊙ 신랑감 calon pengantin pria. 신랑들러리 saksi pengantin pria. 신랑신부 calon pengantin
신력(新歷) kalénder baru
신령(神靈) déwa; roh rahmani;【정령】jiwa (roh) orang yang mati(meninggal) ¶신의 가호 perlindungan déwa ⊙ 산 신 déwa gunung; roh penjaga gunung
신록(新綠) hijau segar ¶신록의 계절 musim hijau segar
신뢰(信賴) kepercayaan; keyakinan 신뢰하다 percaya pada; mempercayai ¶신뢰할 수 있는 dapat dipercaya
신망(信望) kepercayaan ¶세인의 신망을 얻다 mendapat (memperoléh) kepercayaan umum
신명(身命) hidup; nyawa
신명(神明) Tuhan; Allah ¶천지신명에 맹세하다 bersumpah demi Tuhan (demi Surga)
신명나다 merasa antusias; terpikat; tertarik pada; bersemangat
신묘(辛卯)【민속】masa ganda ke-28 dari siklus enam puluh tahun
신묘하다(神妙-) mistéri; mengagumkan; menakjubkan; luar biasa
신무기(新武器) senjata baru
신문(訊問) pemeriksaan; interogasi 신문하다 memeriksa; menginterogasi; menguji ⊙ 신문 자 penanya; pemeriksa
신문(新聞) surat kabar; koran; warta harian; harian pérs ¶헌 신문 surat kabar bekas/신문을 보다【구독】berlangganan surat kabar;【읽다】membaca surat kabar/ 신문배달을 하다 mengantarkan surat kabar ⊙ 신문가판대 kios surat kabar. 신문광고 iklan (pemasangan iklan) di surat kabar. 신문기사 artikel surat kabar. 신문구독료 biaya langganan koran (surat kabar). 신문구독자 pembaca(pelanggan) surat kabar. 신문보급소 agén surat kabar. 신문배달부 pengantar koran; loper koran. 신문소설

cerita bersambung di surat kabar. 일간 신문 surat kabar harian. 조간【석간】신문 surat kabar pagi【soré】.

신문고(申聞鼓) *sinmungo;* alat penyampaian keluhan untuk rakyat

신문기자(新聞記者) wartawan surat kabar; kuli tinta ⊙ 신문기자단 korps pérs: 신문기자단 회견 wawancara pérs. 신문기자클럽 klub pérs

신물 ①【위에서 목으로 넘어오는 시큼한 액체】air muntah; air menyembur ¶신물이 올라오다 mendapat semburan air ②【비유적】 신물이 나다 jemu; memuakkan; membuat mual; tak tahan; sangat terganggu/신물이 날 정도로 sampai membosankan

신민(臣民) pejabat dan orang biasa; warganegara

신바닥 tapak sepatu; sol

신바람 semangat; kegembiraan ¶신바람이 나다 sangat bersemangat; bergembira

신발 sepatu ¶신발을 닦으시오(터시오)【게시】 Késétlah sepatu sebelum masuk ⊙ 신발주머니 kantong (tempat) sepatu

신발명(新發明) penemuan baru 신발명하다 baru ditemukan

신 발족(新發足) awal baru 신발족하다 membuat awalan baru; memulai awalan

신방(辛方)【민속】sebelah barat-barat laut

신방(新房) kamar pengantin

신벌(神罰) hukuman (ganjaran) Tuhan

신법(新法) ①【법률】 aturan baru; hukum baru ②【방법】 métode baru; téknik baru

신변(身邊) pribadi ¶신변의 위험 ancaman pribadi ⊙ 신변경호 perlindungan pribadi. 신변잡기 kisah pribadi

신병(身柄) badan; fisik

신병(身病) penyakit ¶신병으로 드러눕다 terbaring sakit

신병(新兵) rekrut; tentara baru ⊙ 신병훈련 latihan tentara yang baru masuk; perekrutan. 신병훈련소 pusat latihan bagi calon-calon tentara

신볼 ukuran sepatu ¶신볼이 좁다 Sepatu itu ketat sekali di kaki

신봉(信奉) 신봉하다 percaya ⊙ 신봉자 penganut; pengikut

신부(神父) pastor; paderi ¶신부가 되다 dinobatkan sebagai pastor

신부(新婦) pengantin wanita ⊙ 신부들러리 gadis pendamping (pengiring) pengantin wanita

신부전(腎不全) gagal ginjal ¶만성 신부전 환자 pasién yang menderita penyakit ginjal kronis dalam gagal ginjal

신분(身分) ①【사회적 지위】 status sosial; derajat; kedudukan sosial ¶신분이 높은 사람 orang berkedudukan (berpangkat) tinggi/신분여하를 막론하고 tanpa memandang jabatan; jabatan apapun yang dipegang/신분이 다르다 berbéda dalam status sosial ②【신원】 identitas; jati diri ¶신분을 밝히다【감추다】 membuka【merahasiakan; menyembunyikan】 jati diri ⊙ 신분증명서 kartu tanda pengenal (KTP). 신분제 sistém kasta

신불(神佛) déwa-déwa dan Budha ¶신불의 가호 perlindungan yang Maha Kuasa

신비(神秘) mistéri; kegaiban; rahasia 신비하다, 신비롭다 mistik; penuh rahasia; mistérius ¶자연의 신비 mistéri-mistéri alam/신비에 싸여 있다 terselubung oléh (terliput oléh) mistéri

신빙성(信憑性) kepercayaan; krédibilitas ¶신빙성이 있다 dapat dipercaya; dapat diandalkan; auténtik

신사(紳士) jéntelman; pria; laki-laki ¶신사적인, 신사다운 jéntelman; sopan ⊙ 신사도 moral jéntelman; tanda orang terhormat. 신사복 pakaian pria

신사(神社) Tempat Suci Shinto; Tempat Suci Yashkuni

신산(辛酸)kesukaran; kesusahan; kepahitan; kesulitan

신상(身上) tubuh; badan;【처지】 situasi; keadaan; identitas ⊙ 신상문제 masalah pribadi. 신상 상담 난 kolom konsultasi pribadi

신상필벌(信賞必罰) hukuman yang pasti dan hadiah yang pasti

신상품(新商品) produk baru ¶신상품을 출시하다 meluncurkan produk baru

신색(神色) roman muka; air muka

신생(新生) hidup baru; kelahiran baru ⊙ 신생국 negara yang baru bangkit. 신생

팀 tim pemula
신생면(新生面) tahapan baru; bidang (lapangan) baru
신생아(新生兒) bayi; anak yang baru lahir
신생활(新生活) kehidupan baru
신석기(新石器) ⊙ 신석기시대 zaman batu baru
신선(神仙) pertapa Tao dengan kekuatan gaib; penyihir gunung; 【은자】 pertapa; 【초속한 사람】 orang yang tak mementingkan soal-soal duniawi ⊙ 신선 경 tanah impian; tempat yang didambakan
신선(新鮮) kesegaran 신선하다 segar; sejuk; nyaman
신선도(新鮮度) kesegaran ¶신선도가 높은【좋은】 sangat segar; hidup
신선로(神仙爐) anglo kuningan; sayuran, daging dan makanan laut dalam anglo
신선미(新鮮味) kesegaran ¶신선미가 없다 kekurangan kesegaran
신선하다(新鮮-) ①【채소·과일·공기 등이】 segar; nyaman ②【새롭고 산뜻하다】 segar; baru; baru
신설(新設) 신설하다 membangun baru ¶신설의 baru dibangun/우체국을 신설하다 membuka kantor pos baru ⊙ 신설학교【공장】 sekolah【pabrik】 yang baru dibangun. 신설회사 perusahaan yang baru dibentuk
신설(新說) ①【학설】 téori (doktrin) baru; ②【견해】 pandangan baru ③【해석】 pemahaman baru
신성(新星) ①【별】 bintang meledak ②【비유적】 bintang baru
신성(神性) keTuhanan
신성(神聖) kesucian; kekudusan 신성하다 suci; kudus; keramat ¶신성화하다 menyucikan; mensucikan/신성시하다 menganggap suci/신성불가침이다 tak dapat diganggu gugat ⊙ 신성동맹 (역사) Sekutu Suci. 신성모독 penghujat agama; penghujatan terhadap Tuhan (agama)
신세(身世) ①【형편, 처지】 kondisi; nasib ¶딱한 신세 hidup yang merana (celaka); situasi yang buruk; nasib sedih/신세타령하다 menangisi nasib buruk; mengeluhkan nasib ②【남에게 도움을 받는 일】 utang budi ¶신세를 지다 berhutang pada; hutang budi pada; (도움을 받다) menerima bantuan; (짐이 되다) menjadi beban bagi; hidup atas biaya
신세계(新世界) dunia baru
신세대(新世代) génerasi baru
신소리 permainan kata-kata 신소리하다 bermain dengan kata-kata; jawaban yang jenaka
신소재(新素材) materi (bahan) baru
신속(迅速) kecepatan 신속하다 cepat; lekas; laju; pesat ¶신속히 dengan cepat
신수(身手) rupa; penampilan ¶신수가 훤하다 berpenampilan baik (bagus); berpenampilan kerén; mempunyai penampilan yang baik
신수(身數) keberuntungan; bintang ¶신수를 보다 meramalkan nasib
신승(辛勝) 신승하다 menang dengan angka tipis
신시대(新時代) éra baru; zaman baru
신시사이저 pembentuk sintesis; semacam alat musik pencampur
신식(新式) gaya (tipe; cara; métode) baru ¶신식의 baru; modérn ⊙ 신식생활 cara hidup yang baru; hidup modérn
신신당부하다(申申當付-) meminta dengan sungguh-sungguh
신실(信實) ketulusan ((hati)); kesungguhan hati; keikhlasan 신실하다 tulus; ikhlas
신심(信心) 【믿음】 iman ¶신심이 깊다 beriman; saléh
신안(新案) mode baru; rancangan baru ⊙ 실용신안특허(를 신청하다) ((meminta)) hak patént atas rancangan baru
신앙(信仰) kepercayaan; keimanan ¶신앙의 자유 kebebasan beragama/신앙(심)이 없는 tidak beriman/신앙이 두텁다 beriman; saléh ⊙ 신앙고백 pengakuan iman. 신앙인 orang yang percaya; penganut agama
신약(神藥) obat ajaib; obat mujarab
신약(新約) Perjanjian Baru
신약(新藥) obat yang baru
신어(新語) kata yang baru
신어미(神-) 【민속】 *mudang* (perantara roh) yang meloloskan keahliannya pada

orang cantrik

신여성(新女性) gadis modérn

신역(新譯) terjemahan baru

신열(身熱) suhu badan; demam ¶신열이 높다 mendapat demam tinggi/신열이 나다 terkena demam/신열이 좀 내리다 demam mereda sedikit

신예(新銳) 【신인】 (pemain) baru; (penulis) baru dan unggul(ulung) ⊙ 신예기(機) pesawat yang baru keluar

신용(信用) kepercayaan; keandalan; réputasi 신용하다 mempercayakan; mengandalkan; berkeyakinan ¶신용이 있다 dipercaya oléh/신용이 없다 kurang dipercaya; tak dihargai/신용을 잃다 kehilangan kepercayaan/신용을 유지하다 mempertahankan réputasi (penghargaan) ⊙ 신용금고 persatuan (asosiasi) krédit; asosiasi simpan pinjam. 신용도 peringkat pinjaman (krédit); tingkat krédit. 신용보험 asuransi krédit. 신용정보 회사 perusahaan informasi krédit. 신용조합 persatuan (asosiasi) krédit. 신용조회 penyelidikan krédit. 신용카드 kartu krédit

신용거래(信用去來) penjualan secara krédit ¶신용거래를 하다 menjual 《membeli》 secara krédit; melakukan (menjalankan) transaksi krédit

신용대부(信用貸付) 《pinjaman secara》 krédit ¶신용대부하다 memberikan (menjamin) krédit ⊙ 장기【단기】신용대부 krédit jangka panjang 【péndék】

신용상태(信用狀態) kondisi (status; kedudukan) keuangan (krédit) ¶신용상태를 조사하다 menyelidiki status keuangan

신용장(信用狀) (L/C) surat krédit ¶신용장을 개설하다 membuka pinjaman(krédit) ⊙ 신용장 개설【발행, 매입, 확인】 은행 pembukaan 【pengeluaran, perundingan, pengesahan】 krédit bank

신우(腎盂) pelvis ginjal ⊙ 신우 염(鹽) radang ginjal

신원(身元) identitas; jati diri; ciri-ciri pribadi ¶신원불명의 yang tidak dikenal; yang tidak teridentifikasi/⊙ 신원조사 pemeriksaan identitas. 신원증명서 kartu identitas

신원하다(伸寃-) mengatasi keluhan (kesalahan)

신원보증(身元保證) penjaminan ⊙ 신원보증인 sponsor; penjamin

신위(神位) buku catatan leluhur

신음(呻吟) 신음하다 mengerang; merintih ¶고통으로 신음하다 merintih kesakitan

신의(信義) kesetiaan; kepercayaan ¶신의가 있다 setia; dapat dipercaya

신의(神意) kehendak Ilahi (Tuhan)

신의(神醫) dokter ahli

신인(神人) ①【신 같은 사람】 orang yang suci; orang yang seperti déwa; manusia agung; manusia déwa ②【신과 사람】 Tuhan(Allah) dan manusia ¶신인공노할 죄 kejahatan yang menentang Tuhan dan manusia ③【기독교】 Tuhan dalam Manusia ⊙ 신인상통 hubungan antara déwa dan manusia

신인(新人) penampilan baru; wajah baru; orang baru; 【영화 등의】 aktor baru ¶정계의신인 tokoh politik baru; 【신 참자】 orang baru dalam politik ⊙ 신인가수 penyanyi baru. 신인상 penghargaan tahunan untuk pemain baru. 신인왕(복싱에서) raja baru

신임(信任) kepercayaan 신임하다 percaya ¶신임이 두터운 dipercayai/신임을 얻다 mendapatkan kepercayaan; dipercayai oléh ⊙ 신임 안 mosi percaya

신임(新任) pengangkatan; penunjukan 신임하다 mengangkat; menunjuk ¶신임의 baru diangkat; baru dipilih ⊙ 신임교수 profésor yang baru diangkat

신임장(信任狀) surat kepercayaan

신임투표(信任投票) pungutan suara kepercayaan

신입(新入) baru masuk ¶신입 회원을 모집하다 menerima anggota baru ⊙ 신입자 orang yang baru masuk. 신입 사원 pekerja baru; karyawan baru

신입생 siswa baru ¶신입생을 모집하다 merekrut siswa baru ⊙ 신입생 환영회 pésta sambutan untuk siswa baru

신자(信者) orang yang percaya; penganut ¶기독교 신자가 되다 menjadi 《menganut》 agama Kristen

신작(新作) karya baru ⊙ 신작소설 novel

karya baru
신작로(新作路) jalan baru; jalan raya
신장(身長) tinggi ¶신장이 얼마나 됩니까 Berapa tinggimu?
신장(伸張) peningkatan; perpanjangan; perluasan 신장하다 meningkatkan; memperpanjang; memperluas ⊙ 신장성 ekspansibilitas; daya pemanjangan
신장(神將) ①【장수】 jénderal berkemampuan agung (istiméwa) ②【귀신】 semangat yang kuat
신장(新裝) pakaian baru 신장하다 mendandani diri dengan pakaian baru; menghias baru; menyediakan peralatan baru; membuat rancangan baru; mendekorasi kembali
신장(腎臟) ginjal; buah pinggang ¶신장을 이식하다 pencangkokan ginjal ⊙ 신장결석 batu ginjal. 신장병 penyakit (gangguan) ginjal. 신장염 pembengkakan ginjal. 인공신장 mesin ginjal
신장개업하다(新裝開業-) dibuka baru
신저(新著) karya (tulisan) baru
신전(神殿) tempat suci; tempat keramat; kuil; pura ((Bali)), tempat perlindungan ⊙ 고대 그리스의 신전들 Kuil Yunani Kuno
신접살림(新接-) 신접살림하다 ①【새살림】 mengatur rumah baru ¶ 신접살림을 차리다 mendirikan rumah tangga baru ②【이사하여 삶】 mengisi kediaman baru ((di tempat baru)) ⊙ 신접살이 kehidupan rumah tangga baru
신정(神政) negara agama
신정(新正) tahun baru ¶신정을 쇠다 merayakan Tahun Baru
신정(新訂) perbaikan baru 신정하다 révisi baru
신제품(新製品) produk baru ¶신제품을 출시하다 meluncurkan produk baru
신조(神助) pertolongan (perlindungan) Tuhan; rahmat (bantuan) Tuhan
신조(信條)【종교의】 ajaran; paham; kredo; 【신념】 prinsip; kepercayaan ¶신조를 지키다 menjaga iman; menepati keyakinan ⊙ 생활신조 prinsip-prinsip hidup
신조(新造) 신조하다 membuat (membangun) baru ¶신조한 dibuat (dibangun) baru ⊙ 신조어(語) kata baru
신종(新種) ①【종자】 jenis baru; variétas baru ②【신형】 tipe (gaya) baru; jenis baru ¶신종사기 penipuan gaya baru
신주(神主)【죽은 사람의 위패】 buku catatan kamar mayat ; lembaran leluhur; buku catatan leluhur ¶신주를 모시다 menyimpan buku catatan leluhur
신주(新株) saham baru ¶신주를 배당하다 membagikan saham baru/신주를 공모하다 menawarkan saham baru untuk publik (umum)
신중(愼重) perhatian; kebijaksanaan 신중하다 hati-hati; bijaksana ¶신중히 고려하다 mempertimbangkan (memikirkan) dengan serius/신중한 태도를 취하다 bertindak (berlaku) hati-hati
신지식(新知識) idé-idé baru; pengetahuan yang baru (yang maju) ¶신지식의 소유자 orang yang berpengetahuan mutakhir (mengikuti zaman)
신 지피다(神-)【민속】 tahu banyak akibat persatuan mistis dengan déwa
신진(新進) ¶신진의 baru muncul/신진기예의 yang muda dan bersemangat ⊙ 신진작가 penulis (pengarang) baru
신진대사(新陳代謝) penerimaan yang baru dan pengeluaran yang lama; penggantian regénerasi; perubahan; métabolis 신진대사하다 diperbarui ¶신진대사가 심하다 bermétabolisme (tingkat métabolisme) yang tinggi
신짝 sepatu ¶헌 신짝처럼 버리다 membuang seperti kotoran; menolak karena tak berharga
신착(新着) 신착하다 baru tiba ⊙ 신착 품 barang yang baru tiba
신참(新參) 신참이다 baru masuk kerja; belum lama kerja; masih hijau ⊙ 신참 자 orang baru; pendatang baru
신창 sol sepatu ¶신창을 갈다 minta sepatu diberi sol
신천옹(信天翁)【조류】 burung unta
신천지(新天地) dunia baru ¶신천지를 개척하다 membuka dunia baru
신청(申請) permohonan; pelamaran; mosi; petisi 신청하다 melamar; meminta; memohon ¶신청이 쇄도하고 있다

Lamaran-lamaran mengalir. *atau* Ada banyak lamaran. ⊙ 신청곡 permintaan lagu. 신청기한【마감】 batas waktu untuk melamar. 신청서 surat lamaran; 【용지】 formulir (blanko) lamaran. 신청순(順) urutan lamaran-lamaran yang diterima. 신청인 pelamar; orang yang melamar

신체(身體) tubuh; badan; jasmani; jasad; fisik; raga; awak ¶신체의 jasmaniah; badaniah/신체의 결함 cacat tubuh/신체가 튼튼하다 Tubuhnya kuat (tegap). *atau* Dia bertubuh kuat.

신체검사(身體檢査) pemeriksaan badan ¶ 신체검사를 하다 melakukan pemeriksaan badan

신체장애자(身體障碍者) orang cacat

신체제(新體制) orde baru

신체조(新體操) senam olahraga ritmik

신축(伸縮) 신축하다 memperluas dan mengkerut; élastis ¶신축자재(自在)의 élastis; fléksibel

신축성(伸縮性) ①【천·직물 등의】 keélastisan; kelenturan ¶신축성이 없는 kurang élastisitas ②【상황 등의】 kefléksibelan ¶정부는 예산을 신축성 있게 책정했다 pemerintah menyediakan anggaran secara fléksibel

신축(新築) 신축하다 membangun baru ¶신축한 집 rumah yang baru dibangun (didirikan) ⊙ 신축건물 bangunan baru

신춘(新春) tahun baru; musim semi baru ⊙ 신춘휘호 tulisan pertama tahun ini

신춘문예(新春文藝) sayembara mengarang pada musim semi; kontés tahunan mengarang musim semi

신출(新出) ①【산물】 produk pertama musim ini ②【사람】 ⇒ 신출내기 orang (tokoh, wajah) baru; pemula; pendatang baru

신출귀몰(神出鬼沒) gerakan-gerakan yang sukar ditangkap; kegesitan yang tak biasa 신출귀몰하다 sukar ditangkap; muncul dan hilang dengan tiba-tiba; muncul ditempat-tempat tak terduga ¶ 신출귀몰하는 seperti siluman

신출내기(新出-) orang baru; pemula ¶ 신출내기 형사 detéktif pemula

신탁(信託) penitipan; perwalian 신탁하다 menitipkan; titip ⊙ 신탁기금 dana perwalian. 신탁예금 tabungan (dana) perwalian. 신탁재산 harta yang dititipkan. 투자신탁 perserikatan permodalan. 신탁통치 ((di bawah)) perwalian ((PBB))" ¶신탁통치이사회 Déwan Perwalian

신탁(神託) Wahyu; Firman Tuhan

신토불이(身土不二) *sintoburi*; kepercayaan bahwa hasil pertanian doméstik (dalam negeri) adalah yang terbaik

신통(神通) ①【점·약효 등이】 hal-hal yang gaib 신통하다 luar biasa; gaib; anéh; ajaib ②【대견하고 훌륭하다】 ¶신통한 아이 anak yang luar biasa ⊙ 신통력 kekuatan gaib(supernatural); kekuatan Tuhan:신통력이 있다memiliki kekuatan supernatural

신통찮다(神通-) kurang memuaskan; tidak cukup

신트림하다 bersendawa (sendawa) cairan asam

신파(新派) ①【유파】 aliran baru; faksi baru ②⇒ 신파(연)극 ⊙ 신파배우 aktor aliran baru

신파극(新派劇) opera sabun; mélodrama; mélodrama

신판(新版) terbitan baru ⊙ 신판물 penerbitan baru

신품(新品) barang baru

신품종(新品種) vasiasi baru; ragam baru

신하(臣下) pegawai bawahan kerajaan

신학(神學) téologi ⊙ 신학교 Sekolah Téologi. 신학대학 Kolej (Sekolah Tinggi) Téologi. 신학자 ahli ilmu agama

신학기(新學期) seméster baru; seméster depan

신학문(新學問) ilmu pengetahuan baru (modern)

신형(新型) modél (gaya; tipe) baru; modél terakhir ⊙ 신형 차 mobil modél baru

신호(信號) tanda; rambu-rambu; sinyal 신호하다 memberi tanda(sinyal) ¶신호를 무시하고 길을 건너다 menyeberang persimpangan pada waktu lampu mérah ⊙ 신호기(旗) bendéra tanda(sinyal). 신호기(機) alat-alat (mesin) tanda: 자동폐쇄 신호기【열차의】 tanda perintang otomatis. 신호등 lampu tanda (sinyal): 빨간 신호등 lampu mérah. 교통신호 tanda lalu lintas. 수기신호 tanda bendéra; 【군대의】 semafor. 위험신호 tanda bahaya. 자동신호 tanda otomatis. 정지신호 tanda berhenti. 호출신호 tanda panggilan

신혼(新婚) baru menikah ⊙신혼부부 pengantin baru. 신혼생활 kehidupan perkawinan (pengantin) baru

신혼여행(新婚旅行) bulan madu ¶신혼여행자 orang yang berbulan madu

신화하다(神化-) mendéwakan; menuhankan

신화(神話) legénda; dongéng; mitologi ¶신화적인 dongéngan/신화적 영웅들 pahlawan-pahlawan dalam legénda ⊙ 신화시대 zaman(éra) mitologi. 건국신화 dongéng kelahiran bangsa

신효(神效) kemujaraban; kemanjuran ⟪obat-obatan⟫ 신효하다 manjur; mustajab; mujarab ¶신효한 약 obat yang mujarab

신흥(新興) baru naik; baru muncul ⊙ 신흥계급 kelas (golongan) yang baru muncul. 신흥세력 kekuatan yang sedang tumbuh (yang baru maju). 신흥종교 agama baru

싣다 ①【물건 · 짐 등을】 memuat; mengapalkan ¶화물차에 석탄을 싣다 memuat batu bara digerbong barang ②【책 · 신문 등에】 memasukkan; memasang; mencantumkan; menerbitkan; 【광고를】 memasukkan (memasang) iklan ¶기사를 싣다 memuat berita; memberitakan ③【차 · 비행기 등의 탈것에 오르다】 ¶버스에 몸을 싣다 naik ke atas bus ④【뜻 · 힘 등을】 dukung; mendukung

실[1] benang ¶실을 감다【실패에】 menggulung benang

실(實) ketulusan; kesungguhan; keikhlasan ¶실은 sebenarnya; sungguh-sungguh

실(失) kehilangan; kerugian

실[2] ségél; tanda; cap ¶실을 붙이다 menyégél; memasang ségél

실가(實價) ①【진가】 nilai hakiki ②【현실의】 harga yang sebenarnya (yang sesungguhnya) ③【원가】 biaya; harga ¶실가의 반액으로 setengah dari nilainya

실각(失脚) ①【헛디딤】 kaki tergelincir; terpelését; tergelingsir ②【몰락】 kehilangan jabatan; kejatuhan 실각하다 hilang jabatan

실감(實感) perasaan sebenarnya ¶실감이 나다 tampil sesuai kenyataan; réalistis; sebenar-benarnya; membuat perasaan seolah-olah itu benar-benar ⊙ 실감온도 【의학】 suhu yang berlaku(éfék)

실감개 gulungan; kumparan ¶실감개에 실을 감다 memutar benang pada kumparan; menggulung (memutar) pada gulungan

실격(失格) 실격하다 didiskualifikasi ⊙ 실격자 orang yang didiskualifikasi (dikeluarkan)

실경(實景) pemandangan yang alamiah

실고추 cabe iris

실과(實果) ⇒ 과실(果實)

실과(實科) mata pelajaran praktis

실국수 mi halus

실권(失權) kehilangan kekuasaan dan kekuatan; kehilangan hak

실권(實權) kekuatan yang sebenarnya ¶실권을 장악하다 memegang (mengambil) kendali pemerintahan; memegang ⟪mempunyai⟫ kekuatan ⟪yang sebenarnya⟫ ⊙ 실권자 orang yang berkuasa. 실권파 orang-orang berkuasa; birokrat

실금 celah halus; celah seperti benang

실기하다(失期-) gagal memenuhi waktu; gagal memenuhi persetujuan (perjanjian)

실기(實技) bakat praktik; ketrampilan praktis ⊙ 실기시험 ujian prakték; tés pertunjukan

실기(實記) sejarah; catatan sebenarnya

실꾸리 gulungan (gelendong) benang

실낱 seutas benang ¶실낱같은 목숨 hidup dalam keadaan kritis

실내(室內) ¶실내에서 di dalam ruangan ⊙ 실내복 hoskut. 실내운동 olah raga dalam ruangan. 실내장식 dékorasi intérior; dékorasi (perhiasan) ruangan. 실내 체육관 sarana olahraga; gimnasium. 실내화 sendal; sandal

실눈 mata sipit ¶실눈을 뜨다 menyipitkan mata
실답다 benar dan dapat dipercaya ¶실다운 청년 orang muda yang pantas dipercaya
실덕(失德) 실덕하다 tidak dihargai; kehilangan kebaikan (réputasi)
실뜨기 ayunan; buaian
실낙원(失樂園) 【밀턴의】 Surga yang Hilang
실랑이(질)하다 bertengkar
실력(實力) ①【능력】 kesanggupan; kemampuan ¶실력 있는 sanggup; cakap; mampu/ 실력을 기르다 membina (meningkatkan; mengembangkan) kemampuan; memperbaiki diri; mengahlikan diri ②【폭력 · 무력】 kekuasaan; kekuatan ¶실력에 호소하다 memohon kepada kekuasaan ⊙ 실력자 orang yang berpengaruh; orang yang kuat. 실력행사 penggunaan kekuasaan; pemogokan
실례(失禮) kekasaran; perilaku yang jelék; pelanggaran étikét ¶실례되는 tidak sopan; tidak hormat/실례 합니다 Maaf! *atau* Saya minta maaf! ②【남의 옆을 통과할 때】Permisi ③【남의 집을 찾아가서】 Boléh saya masuk? ④【자리를 뜰 때】 ¶먼저 실례 합니다 Maaf saya pergi lebih dulu./이만 실례 하겠습니다 Saya harus pergi sekarang. *atau* Saya harus pergi.
실례(實例) contoh; teladan ¶실례를 들면 contohnya, misalnya
실로(實-) sungguh; sebenarnya; benar-benar; betul-betul
실로폰 【악기】 gambang
실록(實錄) sejarah(catatan) otentik (asli) ⊙ 조선왕조실록 Sejarah Dinasti Joseon
실루엣 siluet; bayangan ¶실루엣의 옆모습 bayangan tubuh
실룩거리다 menggerenyét; bergerak-gerak
실리(實利) keuntungan sebenarnya; keuntungan bersih ¶실리적인 berfaédah; bermanfaat 실리주의 utilitarianisme. 실리주의자 materialis; pengguna
실리하다(失利-) menderita kerugian (keuangan)
실리다 ①【신문 · 잡지 등에】 muncul 《di koran》; dimuat ②【차 · 배 등에】 dibawa; dimuat
실리카 silika ⊙실리카 겔 gel silika
실리콘 ①【규소】 silikon (기호Si) ②【화학물질】 silikon
실린더 silinder
실마리 permulaan; jawaban; petunjuk ¶…의 실마리를 찾다【놓치다】 menemukan 【kehilangan】 jawaban untuk…
실망(失望) kekecéwaan; kesesalan 실망하다 kecéwa; menyesal; berkecil hati; patah hati; hancur hati ¶실망하여 dengan kecéwa/실망시키다, 실망스럽다 mengecéwakan
실명(失名) nama yang tak dikenal 실명하다 tak dikenal 《namanya》 ⊙ 실명씨 orang yang tak dikenal
실명(失明) 실명하다 kehilangan penglihatan; menjadi buta ⊙ 실명자【총칭】 orang buta
실명(失命) kehilangan jiwa 실명하다 kehilangan nyawa
실명(實名) 【본명】 nama asli; nama sebenarnya ⊙ 실명제 sistém transaksi finansial (keuangan) dengan nama asli (sebenarnya)
실무(實務) prakték bisnis; urusan (usaha) praktis ¶실무적 praktis/실무를 배우다【익히다】 belajar (melatih diri) prakték bisnis/실무에 어둡다 tidak mahir dengan urusan praktis ⊙ 실무(담당)자 pegawai pelaksana. 실무자(급)회담 pembicaraan (perundingan) tingkat pelaksana. 실무진 kelompok kerja
실물(實物) barang asli; barang sebenarnya ¶실물보다 사진이 더 낫다 kelihatan lebih baik difoto ⊙ 실물경제 séktor ékonomi riil. 실물거래 perdagangan (transaksi) di suatu tempat. 실물광고 sasaran iklan. 실물크기 ukuran sebenarnya
실바람 desiran angin sepoi
실밥 ①【실의 짧은 가닥】 sisa benang; benang sisa ②【옷 · 수술 부위의】 penempatan pelipit-pelipit; kelim
실버타운 rumah pénsiun
실비(實費) harga pokok; ongkos sebenarnya ⊙ 실비제공 penjualan dengan harga pokok. 실비진료소 klinik umum;

klinik berongkos murah; apotéк umum
실사(實査) 실사하다 memeriksa secara nyata ⊙ 기업경기실사지수 Indéks Survéi Bisnis
실사(實寫) gambar yang diambil di tempat (lokasi); gambar yang aktual
실사회(實社會) dunia nyata (sebenarnya); dunia sehari-hari (kerja sehari-hari; seadanya); kenyataan kehidupan ¶실사회에 나가다 terjun ke dunia (masyarakat); memasuki dunia; memulai kehidupan
실상(實狀) kondisi (keadaan; duduk perkara) sebenarnya ¶실상을 말하면 mengatakan yang sebenarnya; faktanya adalah; sebenanya
실상(實相) kenyataan sebenarnya ¶사회의 실상 gambaran hidup sebenarnya/실상은 이러하다 Sebenarnya adalah begini.
실색하다(失色-) hilang warna muka; memucat
실생활(實生活) hidup sebenarnya; realitas kehidupan
실성하다(失性-) menjadi gila; sinting ¶실성한 사람처럼 seperti orang gila; secara sinting
실세(實勢) orang yang berpengaruh; orang yang berkuasa
실세하다(失勢-) kehilangan kekuatan (pengaruh)
실소하다(失笑-) ketawa terbahak-bahak ¶실소를 금치 못하다 tidak dapat menahan ketawanya
실속(實-) isi pokok ¶실속 있는 berisi; substansial/겉보다 실속을 택하다 mementingkan isi dari pada penampilan
실수(失手) kesalahan; kekhilapan; kekeliruan 실수하다 membuat kesalahan
실수(實收) pendapatan bersih; hasil bersih
실수(實數) ①【수학】 angka (jumlah) sebenarnya ②【병력의】 kekuatan éféktif (yang sebenarnya)
실습(*實習*) *praktik*; latihan 실습하다 berpraktik; berlatih ⊙ 실습생 siswa praktik. 실습시간 jam praktik. 교육실습 praktik mengajar: 교육 실습생 pelatih
실시(實施) penggunaan praktik; pelaksanaan; operasi 실시하다 melakukan; mengoperasikan; melaksanakan; menjalankan secara nyata; mewujudkan; menjalankan dalam pelaksanaan ((tindakan; praktik)) 실시되다 dilakukan; dilaksanakan; dioperasikan; dijalankan secara nyata; dijalankan dalam tindakan
실시간(實時間) saat yang sama
실신하다(失神) pingsan; tidak sadar
실어증(失語症) aphasia; penyakit yang tidak dapat bicara ⊙ 실어증환자 pasién (penderita) aphasia
실언(失言) keseléo lidah 실언하다 salah ucap (bicara); menggunakan (menge luarkan) ucapan yang tak sopan; berbicara secara tak sopan; melakukan pernyataan yang kurang hati-hati; bicara sembarangan ¶실언을 사과하다 minta maaf karena (atas) keseléo lidah
실업(失業) pengangguran 실업하다 hilang pekerjaan ¶그는 현재 실업중이다 Dia menganggur sekarang. ⊙ 실업대책 kebijakan (tindakan mengatasi) pengangguran. 실업률 tingkat pengangguran. 실업수당 tunjangan kehilangan pekerjaan
실업(實業) bisnis; usaha ¶실업에 종사하다 bekerja di bidang usaha; berusaha terjun ke bisnis ⊙ 실업가 pengusaha; wirasusaha. 실업계(界) dunia usaha. 실업교육 pendidikan keterampilan. 실업팀 tim bisnis
실업자(失業者) orang yang tak bekerja (menganggur); penganggur; tuna karya ¶실업자가 늘고 있다 Penganggur meningkat. ⊙ 완전실업자 penganggur sepenuhnya. 잠재실업자 penganggur poténsial
실없다 tidak sungguh-sungguh ¶실없는 소리 말아 Jangan omong kosong. *atau* Jangan (Hentikan) membual (lelucon-lelucon).
실없이 yang bukan-bukan; dengan sembrono; sembarangan ¶실없이 말하다 mengucapkan sembrono (sembarangan)
실연(失戀) patah hati 실연하다 kecéwa dalam bercinta ¶실연한 patah hati

실연(實演) pertunjukan panggung 실연하다 hadir di pentas; memberikan (mengadakan) pertunjukan umum; mengadakan penampilan panggung

실오라기 selémbar benang (tali) ¶ (몸에) 실오라기 하나 걸치지 않고 telanjang bulat; tidak memakai apa-apa

실외(室外) ¶실외의 luar ruangan/실외에(서) di luar ruangan

실용(實用) penggunaan praktis ⊙ 실용성 kepraktisan; kegunaan. 실용상용품 barang yang berguna; barang kebutuhan. 실용주의 pragmatisme

실용적(實用的) praktis; berguna ¶정말 실용적이다 Ini banyak sekali gunanya.

실은(實-) sebenarnya; sesungguhnya

실의(失意) kekecéwaan ¶실의의 시절 hari-hari kelam; masa (saat) bernasib buruk

실익(實益) keuntungan bersih ¶취미와 실익을 겸하고 있다 Itu menggabungkan keuntungan dengan hobi.

실인(實印) materai (cap) légal

실인심(失人心) kehilangan kesayangan orang 실인심하다 menjadi tidak terkenal

실장(室長) kepala departemén

실재(實在) réalitas; kenyataan; kewujudan 실재하다 nyata; benar; wujud ¶절대적【물질적, 영적, 잠재적】실재 keberadaan mutlak【matéri, roh, poténsi】⊙ 실재론 réalisme

실적(實績) hasil nyata ¶좋은 실적을 올리다 memberikan hasil yang memuaskan; mendapat hasil-hasil yang baik/아무런 실적도 못 올렸다 Belum ada hasilnya. ⊙ 실적제(制) sistém jasa. 영업실적 hasil-hasil usaha

실전(實戰) perang sebenarnya ¶실전에 참가하다 ikut perang yang sebenarnya ⊙ 실전경험 pengalaman berperang

실점(失點) kehilangan dalam pertandingan

실정(實情) keadaan nyata; keadaan yang sebenarnya; kondisi nyata; fakta-fakta masalah; situasi nyata ¶실정을 알다 tahu keadaan yang sebenarnya; tahu bagaimana kedudukan masalah sebenarnya

실정법(實定法)【법률】hukum positif ¶실정법을 위반하다 melanggar hukum positif

실정조사(實情調査) pencarian fakta (keadaan) yang sebenarnya ⊙ 실정조사기관 agén pencari fakta

실제(實際) kebenaran; kenyataan; praktik; keadaan ¶이론과 실제 téori dan prakték/실제로 있었던 일 kejadian yang sebenarnya ⊙ 실제문제 pertanyaan (masalah) praktis

실조(失調) ⊙ 영양실조 kekurangan gizi; gizi tak seimbang

실족하다(失足-) mengambil langkah yang keliru ¶계단에서 실족하다 tergelincir di tangga

실존(實存) 실존하다 berada; menjadi ada; ada ⊙ 실존주의 eksisténsialisme; faham yang membahas tentang keberadaan :실존주의자 orang eksisténsialis

실종(失踪) kehilangan 실종되다 hilang; menghilang ⊙ 실종신고 laporan tentang kehilangan orang. 실종자 orang yang hilang

실증(實證) bukti nyata 실증하다 membuktikan ¶실증적(으로) 《secara》 positif/실증을 잡고 있다 memegang bukti-bukti nyata ⊙ 실증론【주의】positivisme

실지(失地) wilayah yang hilang ¶실지를 회복하다 mendapatkan wilayah yang hilang ⊙ 실지회복 pemulihan (peroléhan kembali) wilayah yang hilang

실지(實地) prakték; kenyataan; realitas; aktualitas ¶실지의 nyata; praktis; aktual/실지로 dalam prakték; secara praktis ⊙ 실지경험 pengalaman prakték. 실지답사 survéi nyata; penelitian yang sebenarnya

실직(失職) 실직하다 kehilangan pekerjaan; tidak bekerja; tak masuk kantor ⊙ 실직자 orang yang tak bekerja; penganggur

실질(實質) isi; bobot; kualitas ¶실질적(으로) secara substansial; pada hakékatnya ⊙ 실질경제 성장 pertumbuhan (perkembangan) ékonomi yang sebenarnya. 실질소득【임금】pendapatan【upah; gaji】nyata (yang sebenarnya)

실쭉하다 ① ⇒ 씰그러지다 ②【불만으로】tidak puas; tidak senang

실책(失策) ①【실수】 kesalahan; galat 실책하다 membuat kesalahan; membuat galat ¶큰 실책 kesalahan yang besar (yang serius) ②【운동경기】 keliru ¶실책을 범하다 melakukan kekeliruan

실천(實踐) praktik 실천하다 mempraktikkan ¶실천적(으로) praktis ⊙ 실천가 pelaku; penindak. 실천주의 aktivisme. 실천도덕【이성】 moralitas 【kemampuan berpikir】 praktis

실천력(實踐力) daya pelaksanaan; kemampuan pelaksana (eksékutip)

실체(實體) anasir; substansi; sari pati ¶실체화하다 mensubstansialisir/실체를 잘 모르다 tak tahu apa (itu) sebenarnya; kebenarannya belum dipastikan (masih belum diketahui) ⊙ 실체론 doktrin réalitas nyata

실추(失墜) 실추하다 kehilangan préstasi (harga diri) ¶신용의 실추 kehilangan penghargaan/위신을 실추하다 kehilangan géngsi

실측(實測) survéi nyata 실측하다 memeriksa; mengadakan survéi ⊙ 실측도(圖) map (peta) survéi nyata

실컷 sebagaimana yang disuka; lebih dari cukup; sesuai dengan isi hati; sepuas hati ¶실컷 먹다【마시다】 makan【minum】 sesukanya (secukupnya)/실컷 울다 menangis sepuas hati

실크 sutera ¶실크 스카프를 두르다 mengenakan selendang sutera ⊙ 실크로드 Jalur Sutera. 실크 블라우스 blus sutera

실탄(實彈) peluru ¶실탄을 발사하다 menémbakkan peluru ⊙ 실탄사격 penémbakan peluru

실태(失態) ①【창피】 aib; cela ②【실수】 kesalahan; kekeliruan; kegagalan ¶실태를 부리다 membuat kesalahan besar

실태(實態) réalitas; keadaan sebenarnya; kenyataan ⊙ 실태조사 penelitian kondisi (keadaan) sebenarnya: 실태조사 위원회 *komite* pencari fakta

실토하다(實吐-) mengakui ¶실토해라 Mengakulah. *atau* Akuilah semuanya.

실투하다(失投-) melémpar bola secara ceroboh; membuat lémparan yang ceroboh

실파 bawang berserat

실팍지다 bertubuh kukuh; kekar; keras; tegap; padat; berisi ¶실팍한 사람 orang berbadan tegap

실패 gulungan; kumparan ¶실패에 실을 감다 menggulung benang di gulungan

실패(失敗) kegagalan 실패하다 gagal ¶실패로 돌아가다 berakhir dengan kegagalan; menemui (mendapat) kegagalan; mengalami kegagalan ⊙ 실패자 orang yang gagal

실핏줄 urat kecil saluran kapiler ¶눈의 실핏줄이 터졌다 Kapiler di mataku memar.

실하다(實-) ①【건강】 kuat; tegap ¶몸이 실한 사람 orang yang bertubuh tegap ②【재산이】 kaya ③【믿을 만하다】 bisa dipercaya; bisa diandalkan; mantap ¶실한 친구 kawan yang bisa diandalkan ④【내용이】 penuh kepuasan; penuh; puas

실학(實學) *Shilhak:* ilmu yang dipelajari matéri pada masa Dinasti Joseon ⊙ 실학자 seorang ahli *Shilhak*

실행(實行) ①【실천】 pelaksanaan; pengerjaan; prakték; penunaian; pengamalan; perbuatan 실행하다 melaksanakan; mengerjakan; mempraktékkan; melakukan ¶실행할 수 있는【없는】 dapat【tidak dapat】 dipraktékkan (dilaksanakan)/실행에 옮기다 melaksanakan idé; mewujudkan idé ②【컴퓨터】 ¶포토샵 프로그램을 실행시키다 mengoperasikan Photoshop ⊙ 실행력 daya (kemampuan) pelaksanaan

실향(失鄕) kehilangan kampung halaman ⊙ 실향민 orang yang dipindah (yang kehilangan kampung halamannya

실험(實驗) ekspérimen; percobaan; uji coba 실험하다 membuat ekspérimen; mentés ¶실험적(으로) 《secara》 percobaan; secara ekspérimen/실험중이다 di bawah percobaan; dalam tahap percobaan ⊙ 실험과학 ilmu ekspérimental. 실험극장(무대) teater ekspérimental. 실험동물 binatang percobaan; laboratorium binantang. 실험실 laboratorium. 실험주의【철학】 ekspérimentalisme: 실험

주의자 ekspérimentalis. 핵실험 percobaan nuklir

실현(實現) réalisasi; perwujudan 실현하다 meréalisir; mewujudkan ¶실현(불)가능한【의】【tidak】dapat diréalisasikan/이상을 실현하다 mewujudkan impian

실형(實刑) hukuman tanpa percobaan

실화(失火) kebakaran yang tidak disengaja

실화(實話) kisah nyata ⊙ 범죄 실화 laporan fakta kejahatan

실황(實況) kondisi nyata; pandangan yang nyata ¶실황을 목격하다 menyaksikan kejadian itu

실황방송(實況放送) siaran langsung ¶실황방송을 하다 menyiarkan kejadian di tempat; menyiarkan secara langsung

실효하다(失效-) kehilangan éfék ⟪kemanjuran⟫; menjadi ⟪tak berarti dari⟫ hampa; menjadi cacat; hilang

실효(實效) akibat; éfék ¶실효가 있다 éféktif/실효를 거두다 bekerja baik; memberikan hasil yang memuaskan

싫건 좋건 apakah menyukainya atau tidak; baik rela atau tidak; réla ataupun tak réla; baik suka ataupun tidak

싫다 ①【불쾌】tidak menyenangkan ¶싫은 얼굴을 하다 bermuka masam; tampak tak senang ②【혐오】menjijikkan; enggan; jemu; kehilangan minat

싫어하다 tidak suka; tidak mau; sungkan ¶수학을 싫어하다 tidak suka matematika

싫증 kejijikan; kemuakan ¶싫증이 나다 merasa jijik; merasa muak; bosan dengan; jemu; menjadi bosan (jenuh); kehilangan minat pada/싫증나게 하다 membosankan; menjemukan

심 ⇒ 심줄

심(心) ①【나무의】hati; teras;【핵심】inti ②【줄기】serabut; serat; barik-barik ¶무에 심이 있다 lobak Cina berserabut ③【연필의】sumbu ④【심지】bahan pengisi ¶심을 넣다 mengisi ⟪bantalan⟫ ⑤【새알심】kué bola berisi buah apel ⑥【마음】hati ¶애국심 patriotisme/충성심 réla kesetiaan

심(審) pengadilan ¶제1심 pengadilan pertama

심각(深刻) 심각하다 serius; berat ¶심각한 불황 deprési yang dalam/심각히 생각하다 berpikir secara mendalam (secara serius)/심각하게 되다 menjadi serius

심경(心境) keadaan pikiran ¶심경의 변화를 가져오다 mengalami perubahan pikiran; merubah pikiran

심계항진(心悸亢進)【의학】debaran jantung; akselerasi jantung

심근(心筋)【해부학】otot jantung

심근경색(心筋梗塞) pelanggaran (serangan) myokardiat; kematian otot jantung karena tidak adanya suplai darah

심금(心琴) hati sanubari; perasaan hati ¶심금을 울리다 menyentuh hati yang paling dalam

심기(心氣) perasaan ¶심기전환을 위하여 dalam maksud menghibur (mengalihkan) pikiran/심기가 좋지 않다 sedang dalam perasaan (hati) yang sedih (buruk); tak senang

심기(心機) pikiran ¶심기일전하다 berubah hati; menjadi orang baru

심다 ①【식물을】menanam pohon; menabur ⟪benih⟫; membudidayakan ②【인상·생각 등을】menanam; membudidayakan ③【사람을】menanam

심대하다(甚大-) sangat besar ¶심대한 손해 kerugian yang besar (serius)

심덕(心德) kebaikan; kebajikan; watak moral

심도(深度) ①【바다·강 등의】⟪mengukur⟫ kedalaman ¶심도를 재다 mengukur kedalaman ②【연구·이론 등의】dalam; mendalam ⊙ 심도 계 ukuran kedalaman

심드렁하다 enggan; tidak tertarik; menyambaléwa; seakan-akan tidak mau pergi

심란(心亂) kekusutan pikiran 심란하다 kusut pikiran

심려(心慮) kekhawatiran 심려하다 khawatir; cemas ¶ 심려를 끼치다 mencemaskan

심력(心力) kekuatan méntal

심령(心靈) jiwa; roh ⊙ 심령술 spiritualisme. 심령현상 gejala kejiwaan

심로(心勞) kecemasan; kekhawatiran

심리(心理) keadaan méntal (pikiran); méntalitas; psikologi ¶심리적(으로) secara psikologis ⊙ 심리묘사 déskripsi kejiwaan. 심리상태 keadaan pikiran; méntalitas; psikologi. 심리요법 térapi kejiwaan. 심리전(쟁) perang psikolog. 심리치료 psikotérapi; terapi psikologis. 심리테스트 tés psikologis. 군중심리 psikologi massa (orang banyak)

심리(審理) pengadilan; pemeriksaan 심리하다 memeriksa; mengadili ¶심리를 받다 di muka pengadilan/심리중이다 sedang diadili

심리적(心理的) psikologi; ilmu jiwa; méntal; berkaitan dengan pikiran

심리학(心理學) psikologi; ilmu jiwa ¶심리학을 연구하다 meneliti ilmu jiwa ⊙ 심리학자 ahli ilmu jiwa. 교육심리학 psikologi pendidikan (pédagogi). 민족【인종】심리학 psikologi daérah【étnik】. 범죄【행동】심리학 psikologi kejahatan【tingkah laku】. 사회심리학 psikologi sosial. 아동심리학 psikologi anak

심마니 pencari ginséng liar

심문(審問) pemeriksaan; pengadilan; pengusutan 심문하다 mengusut; memeriksa ¶증인심문 pemeriksaan saksi/심문을 받다diadili; diperiksa

심미(審美) penghargaan keindahan; éstétika ¶심미적 éstétika; keindahan ⊙ 심미감 rasa kecantikan (keindahan); rasa(perasaan) éstétis. 심미안 mata keindahan: 심미안이 있다 memiliki citarasa keindahan

심박(心搏) debar jantung ¶심박 수(數) degup jantung

심방(心房) 【해부학】serambi atas jantung

심방(尋訪) kunjungan 심방하다 mengadakan kunjungan; pergi dan mengunjungi

심보(心-) ⇒ 마음보 ¶너는 왜 그렇게 심보가 못 됐니? Mengapa kamu sangat keji?

심복(心服) *kepatuhan; ketaatan* 심복하다 setir; patuh; taat; penurut

심복(心腹) ①【가슴과 배】hati dan perut ②【긴요한 것】sangat diperlukan; perlu; penting ③【사람】orang kepercayaan; tangan kanan; acang-acang

심볼 lambang ¶평화의 심볼 lambang perdamaian

심부름 suruhan; pesan 심부름하다 pergi untuk suruhan; mengerjakan suruhan ⊙ 심부름 값 bonus buat kurir; biaya suruhan. 심부름꾼 pesuruh

심벌 lambang; tanda; simbol

심벌즈canang; gembréng

심사(心事) kepedulian

심사(心思) ¶심사가 나쁘다(사납다) dengki; jahat; berpikiran jahat

심사(審査) inspéksi; pemeriksaan; penyelidikan; penelitian; penelaahan 심사하다 memeriksa; menyelidiki; meneliti ¶최종 심사 penyaringan akhir/심사에 합격하다 lulus pemeriksaan; memenuhi syaraf ⊙ 심사관 pemeriksa. 심사제도 sistém penyaringan. 심사 위원 juri; penilai. 심사평 koméntar

심사숙고(深思熟考) 심사숙고하다 mempertimbangkan; memikirkan secara mendalam ¶심사숙고 끝에 setelah pertimbangan secara mendalam

심사위원(審査委員) anggota komite penilai;【위원회】komite penilai; juri pertunjukan; komite penyaring ¶심사위원이 되다 bertindak sebagai juri ⊙ 심사위원장 ketua juri; ketua déwan juri

심산(心算) maksud ¶…할 심산으로 dengan maksud melakukan; bermaksud untuk melakukan

심산(深山) jantung gunung ⊙ 심산궁곡【유곡】gunung yang terpencil dan lembab yang gelap

심상(心象) kesan mental; kesan; imaji

심상(尋常) 심상하다 biasa ¶심상치 않은 tidak biasa; serius; kritis

심성(心性)【마음씨】sifat; watak

심술(心術) kebengisan; kemasaman ¶심술궂다 bertemperamen buruk; suka membantah; keras kepala; bandel/심술을 부리다【내다, 피우다】 merengut; memberengut; bermuka masam ⊙ 심술쟁이【통이, 꾸러기】pengusik

심신(心身) pikiran dan tubuh; jiwa dan raga; méntal dan fisik ¶심신의 피로 lelah fisik dan méntal/심신을 단련하다

melatih tubuh dan jiwa ⊙ 심신장애자 orang yang cacat méntal dan fisik
심신(心神) pikiran; méntal ¶심신이 산란하다 hilang ingatan; lemah pikiran ⊙ 심신장애자 orang berméntal lemah
심실(心室)【해부학】bilik jantung
심심소일(-消日) ⇒ 심심풀이
심심파적(-破寂) ⇒ 심심풀이
심심찮다 sering
심심풀이 pengisi waktu 심심풀이하다 membunuh waktu; menghabiskan waktu; melewatkan waktu ¶심심풀이로 untuk mengisi waktu
심심하다 ①【무료하다】bosan; merasa jemu ¶심심해 죽겠다 teramat bosan ②【맛이】berasa agak tawar; kurang asin
심악하다(甚惡-) kasar; keras; kejam; bengis; lalim
심안(心眼) mata hati ¶심안을 뜨다 membuka mata pikiran
심야(深夜) tengah malam ¶심야까지 sampai larut malam. ⊙ 심야방송 siaran tengah malam; acara TV(radio) tengah malam (larut malam). 심야영업 usaha tengah malam (larut malam). 심야 영화 film dini hari
심약하다(心弱-) ragu-ragu; tidak tegas; lemah
심연(深淵) lubuk; tempat yang dalam; palung; 【비유적】jurang pemisah ¶절망의 심연에 빠지다 jatuh ke dalam lubang keputusasaan
심오하다(深奧-) dalam; amat sangat; besar; mus(y)kil; sulit dimengerti; mendalam
심원(心願) keinginan hati
심원(深怨) kebencian (dendam) yang dalam 심원하다 mendendam sekali
심원하다(深遠-) dalam; mendalam
심의(審議) pertimbangan; bahasan; kupasan 심의하다 mempertimbangkan; merundingkan; membahas ¶심의중이다 sedang dipertimbangkan; sedang dipikirkan ⊙ 심의기관 badan konsultasi. 교육 심의회 déwan pendidikan
심장(心臟) jantung ¶심장의 기능 fungsi jantung/심장의 고동이 멎었다 Jantungnya berhenti berdetak. ⊙ 심장마비 serangan jantung. 심장병 penyakit jantung. 심장이식【수술】【operasi】pencangkokan jantung. 심장판막 katup jantung. 심장판막증 penyakit katup jantung
심장하다(深長-) dalam; mendalam ¶의미 심장하다 arti yang dalam
심장부(心臟部) hati; jantung ¶도시의 심장부 jantung kota
심적(心的) méntal; tekanan émosional ⊙ 심적 작용 aksi méntal. 심적 태도 sikap méntal; keadaan méntal; méntalitas. 심적 현상 fénoména méntal
심전계(心電計) éléktrokar diograf
심전도(心電圖) grafik debar jantung ¶심전도 검사를 받다 melakukan ECG
심정(心情) perasaan ¶울고 싶은 심정이다 Saya merasa ingin menangis.
심줄 urat daging
심중(心中)【의중】hati ¶심중에 di hati; dalam hati ¶심중을 밝히다 membuka hati; membuka rahasia (melepaskan beban) diri/심중을 헤아리다 memahami pikiran; merasakan perasaan
심증(心證) keyakinan ¶ 심증을 얻다 mendapatkan kepercayaan diri
심지(心-) ①【등잔·초 따위의】sumbu ¶심지를 올리다【내리다】menaikkan【menurunkan】sumbu ②【상처의】ayakan disisipkan pada luka untuk menyaringnya; sepon sumbu ¶짼 상처에 심지를 넣다 memasukkan sepon sumbu dalam toréhan luka ③【옷 등의】mengisi bantalan
심지(心志) watak asli ¶심지가 곱다 memiliki sifat yang lemah lembut/심지가 사납다 memiliki sifat yang buruk (jahat)
심지어(甚之於) pun; bahkan
심취(心醉) 심취하다 sangat tertarik dengan; sangat tekun ¶미술에 심취하다 terpesona dengan seni ⊙ 심취 자 penggemar berat; pemuja
심층(深層) kedalaman; kesadaran ¶심층 분석을 하다 melakukan analisis mendalam
심층기사(深層記事) kisah yang mendalam
심통(心統) ⇒ 심술 watak yang buruk ¶심통이 사납다 jahat; tak jujur

심통(心痛) penderitaan méntal (pikiran); khawatir; cemas 심통하다 kacau pikiran; cemas akan

심판(審判) ①【판결을 내림】 perwasitan; penjurian 심판하다 mewasit; menjadi juri ¶최후의 심판 Pengadilan Terakhir/최후의 심판 날 Hari Kiamat; Hari Pembalasan ②【운동경기의】 ¶심판을 보다 menilai; bertindak sebagai wasit (juri) ⊙ 심판관 wasit; juri

심포니 simfoni

심포지엄 simposium

심하다(甚-) parah; keras; serius ¶심한 상처를 입다 sangat terluka; mendapat luka serius ②【엄하다】 keras; ketat ¶심한 규칙【기율】 aturan【disiplin】 yang ketat

심해(深海) laut dalam ⊙ 심해어 ikan laut dalam. 심해어업 usaha penangkapan ikan laut dalam

심혈(心血) darah jantung;【비유적】 jantung (hati) dan jiwa; seluruh tenaga ¶심혈을 기울이다 memberikan seluruh pikiran (tenaga)

심호흡(深呼吸) bernafas dengan dalam 심호흡하다 mengambil nafas yang dalam

심혼(心魂) jiwa; hati ¶일에 심혼을 기울이다 bekerja dengan sepenuh hati

심화(心火) api kemarahan

심화하다(深化-) mendalam; memperkuat

심히(甚-) sangat; parah

십(十) sepuluh

십각형(十角形) segi sepuluh

십간(十干) 10 tanda-tanda kaléndor

십계명(十誡命) ①【기독교】 Sepuluh Firman Tuhan ②【비유적】 persyaratan

십구(十九) sembilan belas ⊙ 십구공탄 brikét (bata) berlubang sembilan belas. 십구세기 abad ke -19

십년(十年) sepuluh tahun ¶십년지계 rencana selama sepuluh tahun; rencana jangka panjang ⊙ 십년지기 kenalan (teman) lama

십대(十代) belasan tahun ¶십대의 소년【소녀】 remaja; anak belasan tahun

십만(十萬) seratus ribu ¶수십만 ratusan ribu

십분(十分) ①【시간】 sepuluh menit ②【십등분】 bagi sepuluh ③【충분히】 cukup ¶십 분 믿을 만하다 bisa mempercayai sepenuhnya/네 처지를 십분 이해한다 Aku sepenuhnya memahami keadaanmu.

십삼(十三) tiga belas ¶제 십삼 ketiga belas

십상 tepat; sempurna; pantas; cocok; baik sekali; unggul; ulung ¶그 모자가 너에게는 십상이다 Topi itu "dibuat" untukmu!

십상팔구(十常八九) ⇒ 십중팔구(十中八九)

십시일반(十匙一飯) melakukan usaha bersatu membantu

십억(十億) satu milyar

십오(十五) lima belas ¶제 십오 ke-15/십오 분 seperempat jam ⊙ 십오야 malam bulan purnama; malam panénan

십육(十六) enam belas ¶제 십육 ke-16 ⊙ 십육밀리 (영화) film 16 miliméter

십이(十二) dua belas; lusin

십이월 Desember

십이지장(十二指腸) 【해부학】 usus dua belas jari ⊙ 십이지장궤양 borok (bisul) pada usus dua belas jari. 십이지장충(蟲) cacing tambang

십일월 Novémber

십일조(十一租) sepersepuluh penghasilan ¶십일조를 내다 memberi persembahan (sepuluh persén sumbangan)

십자(十字) tanda silang ¶십자(성호)를 긋다 membuat tanda salib

십자가(十字架) salib ¶십자가가에 못 박다 menyalibkan/십자가를 지다 memikul salib; memikul penderitaan (kesusahan)

십자군(十字軍) prajurit Perang Salib; orang-orang yang ikut Perang Salib

십자로(十字路) simpang empat; persilangan ¶십자로에 서다 berada (berdiri) di simpang empat (persimpangan jalan)

십자매(十姉妹) 【조류】 burung nuri

십자수(十字繡) pelipit silang ¶십자수를 놓다 tusuk silang

십자포화(十字砲火) témbakan silang (bersilangan)

십자형(十字形) bentuk silang (palang) ¶십자형의 berbentuk palang/십자형으로 menyilang; bersilang

십장(什長) ketua pekerja; mandor

십장생(十長生) Sepuluh Simbol

Tradisional Berusia Panjang
십종경기(十種競技) dasa lomba ⊙ 십종경기선수 atlet dasa lomba; peserta dasa lomba
십중팔구(十中八九) kemungkinan besar; paling mungkin; sembilan di antara sepuluh
십진(十進) désimal ⊙ 십진법 sistém désimal. 십진분류법【도서의】 klasifikasi désimal
십팔(十八) delapan belas ¶제 십팔 ke-18 ⊙ 십팔금 emas 18 karat
십팔번(十八番) kekhususan; spésialitas; kesukaan ¶그 노래는 아버지의 십팔 번이었다 Lagu itu adalah lagu kesukaan ayahku.
십팔기(十八技) 18 seni perang
싯뻘겋다 ⇒ 시뻘겋다
싯퍼렇다 ⇒ 시퍼렇다
싱겁다 ①【음식이】 kurang garam; hambar; kurang berasa ¶맛이 싱겁다 terasa hambar; hambar rasanya ②【언행이】 bebal; dungu; tumpul hati ¶싱겁게 굴지 말아 Jangan begitu bégo!
싱그럽다 segar
싱그레 ¶싱그레 웃다 tersenyum tenang
싱글 ①【미혼자】 sendiri ; orang yang belum menikah ②【객실의 일인용】 tempat tidur untuk satu orang ③【탁구 등의 단식 경기】 tunggal ¶싱글경기를 하다 bermain tunggal ④【음반】 sendiri; seorang diri; buah lagu
싱글거리다 seringai; menyeringai; tersenyum lebar
싱글벙글하다 tersenyum; berseri-seri; bercahaya air muka
싱글싱글 seringai; ringis ¶싱글싱글 웃다 tersenyum lebar; meringis; menyeringai
싱숭생숭하다 gelisah; risau; kebat-kebit
싱싱하다 segar ¶싱싱한 생선 ikan segar
싱크대(-臺) bak cuci piring
싱크로 keserempakan; sinkronisasi; penyelarasan ¶싱크로의 sinkronisasikan; diserempakkan
싱크로트론【물리】 sinkrotron
싶다 ①【욕구】 ingin; mau; berharap ¶…하고 싶은 마음이 든다 merasa ingin melakukan; merasa suka ((melakukan; berjalan)) ②【추측】 kelihatannya; nampaknya; tampaknya
싶어 하다 suka; berharap; ingin sekali
싸가지 ¶싸가지가 없다 tidak punya sopan santun
싸개 pembungkus
싸고돌다 ①【위요(圍繞)】 membentuk kelompok kecil (lingkungan akrab) di sekeliling ②【비호】 melindungi; menutupi
싸구려 barang murah ¶이 옷은 싸구려 티가 난다 Pakaian ini terlihat murah. ⊙ 싸구려판 tempat menjual barang dengan harga yang murah. 싸구려시장 pasar murah
싸늘하다 ⇒ 차갑다 ①【날씨 · 온도 등이】 dingin; sejuk ②【표정 · 태도 등이】 dingin; bersikap dingin; tak acuh.
싸다[1] ①【값이 저렴하다】 rendah; murah ¶싸지다【물건이】 menjadi murah; rendah harganya; murahan ②【마땅하다】 selayaknya; pantas; patut; layak ¶욕먹어 싸다 celaan yang layak; perlu dicaci/그래 싸다 Itu pantas untukmu!
싸다[2] cepat; laju ¶입이 싸다 sembrono; gatal mulut
싸다[3] membungkus; mengepak; menutupi ¶짐을 mengepak barang-barang/도시락을 싸다 menyiapkan kotak makan siang
싸다[4] ①【대 · 소변을】 buang air ¶똥을 싸다 buang air besar ②【비유적】 bersusah payah
싸다니다 berkeluyuran; berkeliling; berjalan ke mana-mana ¶싸다니기를 좋아하다 suka bepergian
싸돌아다니다【쏘다니다】 berkelana; berkeliling bertualang; mengelana; mengembara
싸라기 ①【쌀의】 melukut; menir; recak; busi-busi ②【싸락눈】 salju recak
싸락눈 hujan és; butiran salju
싸매다 membungkus dan mengikat
싸우다 ①【말 · 힘 · 무기 등으로】 bertengkar; (불화) bercékcok; berkelahi; (난투) bercedera; (투쟁) bertempur; berperang ¶사소한 일로 싸우다 bertengkar tentang hal-hal réméh ②【전쟁】 berperang; berjuang ¶필사적으로 싸우다 berjuang mati-matian ③【운동경기에서】 bermain

¶우승을 걸고 싸우다 menantang merebut juara; bermain memperebutkan gelar ④【시련 · 어려움 등에 맞서】 berjuang ¶조국을【자유를】 위해서 싸우다 berjuang untuk negara【kemerdékaan】

싸움 perang; pertempuran; pertengkaran 싸움하다 ⇒ 싸우다 ¶싸움에 나가다 pergi berperang; pergi ke garis depan ⊙ 싸움꾼 orang yang suka berkelahi (bertengkar; bertempur). 부부싸움 pertengkaran suami isteri; kegaduhan (percekcokan) rumah tangga. 싸움닭 adu ayam jago

싸움터 aréna pertempuran; médan perang

싸움판 adégan pertempuran

싸움패 gerombolan

싸이다 ①【안개 · 신비 등에】 diselimuti; ditutupi ②【천 · 종이 등으로】 dibungkus; diselimuti

싸이코 sakit jiwa

싸잡다 semua

싸전(-廛) toko beras ⊙ 싸전장이 pedagang beras

싸하다 ①【맛 · 냄새 등이】 rasa menthol; pedas; rasa permén ②【분위기 등이】 kurang menyenangkan

싹[1] ①【새순】 pucuk; tunas; bakal cabang; kuntum bunga ¶싹이 트다 bertunas; berkecambah

싹[2] ①【단번에】 dengan satu pukulan saja ¶종이를 싹 베다 memotong kertas dengan satu gerakan ②【완전히】 dengan sapuan bersih; secara lengkap; seluruhnya; rapi

싹둑 sekaligus; dengan satu kali

싹둑싹둑 ngiris-iris; memotong; menggunting-gunting

싹수 pertanda baik; harapan; perjanjian ¶싹수가 노랗다 tidak ada harapan

싹싹[1] memohon maaf dengan menggosok-gosokkan tangan

싹싹[2] ①【베다】 dengan memotong ②【쓸다】 《dengan》 sapuan yang tepat saling susul

싹싹하다 【사근사근하다】 ①nyaman; menyenangkan; ramah ¶싹싹하게 굴다 berlakulah sikap yang menyenangkan

싹트다 ①【싹눈이】 bertunas; berkecambah ②【생각 · 감정 등이】 mulai berkembang ¶사랑이 싹트다 cinta berkembanga (mulai; mulai merekah; bersemi)

싼값 harga murah (rendah) ¶싼값에 사다 membeli dengan harga murah

싼흥정 ¶싼흥정으로 팔다 menjual murah; merugi

쌀 ①【미곡】 beras ¶쌀 고장 wilayah penghasil beras/쌀을 안치다 menyiapkan beras untuk menanas ②【모든 알곡】 biji sekam

쌀값 harga beras ¶쌀값이 오르다【내리다】 Beras naik【turun】 harganya.

쌀강아지 anak anjing berbulu péndék

쌀농사(-農事) ①【재비】 pengolahan padi; penanaman padi ②【수확】 panénan padi ¶쌀농사가 잘【잘 안】되다 panén padi yang baik【buruk】

쌀눈 pucuk embrio 《padi》

쌀뜨물 air buangan sisa dari pencucian beras; air beras

쌀랑거리다 ⇒ 살랑거리다

쌀랑쌀랑 ⇒ 살랑살랑①

쌀랑하다 ⇒ 살랑하다

쌀래쌀래 ⇒ 살래살래

쌀벌레 kumbang beras

쌀쌀[1] ⇒ 살살[2]

쌀쌀[2] 【복통】 terasa sedikit sakit di perut ¶배가 쌀쌀하다 (아프다) sakit perut sedikit

쌀쌀맞다 dingin; kasar; berhati dingin; tidak acuh; tidak ramah ¶쌀쌀맞은 대답 jawaban yang kasar

쌀쌀하다 ①【날씨 · 바람 등이】 dingin; sejuk ②【사람이】 berhati dingin; tidak ramah; tidak acuh ¶쌀쌀하게 대하다 bersikap dingin

쌈 ①【음식】 lalap; ulam; nasi dibungkus dalam daun-daun 《selada; ganggang laut; dan lain-lain》; daun-daun yang diisi ¶상치 쌈 lalap daun selada; nasi dibungkus selada ②【바늘 등의】 sekotak 《jarum》; sebundel 《pakaian》

쌈박하다 sejuk; dingin; asyik; hébat; benar-benar cantik (menarik)

쌈지 kantong tembakau ⊙쌈지담배 tembakau pipa

쌈질 perkelahian; pertengkaran 쌈질하다 berkelahi; bertengkar

쌉쌀하다 astingént; astringén; agak pahit ¶나는 녹차의 쌉쌀한 맛을 좋아 한다 Saya suka rasa astringén dari téh hijau.

쌍(雙) ①【둘을 하나로 묶어 세는 단위】¶귀걸이 한 쌍 sepasang anting-anting ②【남녀의】sepasang; sejuli; serangkap

쌍가마(雙-) pusaran ganda rambut pada mahkota kepala

쌍가마(雙架馬) kursi édan dibawa oléh dua ekor kuda, satu di depan satu di belakang

쌍갈지다 terbagi (menjadi) dua bagian ¶우리는 쌍갈진 데로 나왔다 Kami sampai pada persimpangan.

쌍견(雙肩) kedua bahu; pundak ¶국가의 운명을 쌍견에 짊어지다 memikul nasib bangsa di pundak

쌍곡선(雙曲線) hiperbola

쌍꺼풀 kelopak mata yang dobel ¶쌍꺼풀지다 mempunyai kelopak mata ganda / 쌍꺼풀 수술을 하다 mengoperasi kelopak mata

쌍두(雙頭) sepasang ((binatang)); dua ékor

쌍두마차(雙頭馬車) ①【두 필의 말이 끄는 마차】kereta yang ditarik oléh dua ékor kuda ②【비유적】dwitunggal

쌍둥이(雙-) anak kembar ⊙ 세쌍둥이 kembar tiga

쌍무(雙務) ¶쌍무적 dua belah pihak; timbal-balik; bilateral ⊙ 쌍무계약【협정】kontrak yang disetujui oléh kedua belah pihak

쌍무지개(雙-) pelangi ganda

쌍바라지(雙-) pintu yang berdaun dua

쌍발(雙發) mesin ganda ⊙ 쌍발비행기 pesawat bermesin ganda

쌍방(雙方) kedua belah pihak ¶쌍방을 다 안다 Saya mengenal keduanya. *atau* Saya mengenal mereka keduanya.

쌍벽(雙璧) sepasang permata; kedua penguasa yang terbesar

쌍봉낙타(雙峰駱駝) unta berpunuk dua

쌍수(雙手) kedua belah tangan ¶쌍수를 들어 찬성하다 menyokong dengan sepenuh hati/쌍수를 들어 환영하다 menerima dengan tangan terbuka

쌍시류(雙翅類) serangga yang bersayap dua

쌍심지(雙-) bersumbu dua ¶눈에 쌍심지를 켜고 dengan mata bersinar/눈에 쌍심지를 켜다 memandang dengan mata marah; menjelang

쌍쌍(雙雙) dua-dua; sepasang-sepasang ¶쌍쌍이다 berpasang-pasangan/학생들은 쌍쌍이 나갔다 Murid-murid berangkat sepasang-sepasang.

쌍안경(雙眼鏡) teropong ¶쌍안으로 보다 melihat melalui teropong; meneropong

쌍태(雙胎) janin kembar

쌓다 ①【포개다】menumpuk ¶부(富)를 쌓다 menumpuk kekayaan ②【구축】membangun; membuat; mendirikan ¶담을 쌓다 membuat(membangun) dinding ③【축적】menimbun; menimba ¶경험을 쌓다 memperoleh pengalaman; mengumpulkan pengalaman

쌓이다 ①【물건이】bertumpuk; menimbun; bertambun; membukit ②【일 · 경험 · 지식 등이】¶할 일이 태산같이 쌓였다 Saya punya banyak kerja yang harus dilakukan. ③【감정 · 피로 등이】¶쌓이고 쌓인 원한 kebencian yang berakar dalam

쌔근쌔근 kalem; tenang; ketenangan; hening; damai; kedamaian ¶아기가 쌔근쌔근 자고 있다 Bayi itu tidur nynyak (tenang).

쌩쌩 dengan gesit; cepat

쌩쌩하다 berénergi; bersemangat; dengan kuat; dinamis; lincah

쌨다 melimpah-limpah; melimpah ruah

써늘하다 ⇒ 서늘하다

써레【농기구】sisir tanah; garu; penggaruk ¶써레질하다 menyisir tanah; menggaru; menyikat

써먹다 menggunakan; berguna; berfaédah ¶써먹을 만하다 berguna/써먹을 데가 없다 tidak berguna

썩 ①【매우】sangat ¶썩 좋은 기회 kesempatan yang sangat menguntungkan ②【당장】segera ¶썩 나가거라 Tinggalkanlah ((kamar ini)) segera!

썩다 ①【부패하다】membusuk; rusak;

usang; lapuk ¶우유가 썩다 susu basi/그 정부는 썩었다 Pemerintah korup. ②【돈·물건·재능 등이】 bertumpuk debu; menjadi berkarat ③【사회·제도 등이】 menjadi rusak; korupsi; bau busuk ③【마음이】 menjadi berat; terasa berat; berasa sesak ④【군대·교도소 등에서】 menghabiskan waktu

썩어 빠지다 buruk sepenuhnya; membusuk

썩이다 ①【부패】 membiarkan busuk ②【마음을】 mengecéwakan hati; sakit hati; makan hati; mematahkan hati ¶걱정으로 속을 썩이다 makan hati karena cemas

썩히다 ①【음식 등을】 membusukkan ②【재능·물건 등을】 tidak menggukakan; menyia-nyiakan ¶지식을 썩히다 tidak menggunakan (menyia-nyiakan) pengetahuan

썬팅 tabir surya

썰다 memotong; mengiris-iris

썰렁하다 ①【온도가】 sejuk; dingin ②【농담·분위기 등이】 tidak biasa; terasa anéh; kurang bergairah ¶농담이 정말 썰렁 하군요. Lelucon itu hambar.

썰매 papan luncur

썰물 air surut

썰썰하다 merasa lapar

썸벅하다 mengiris mudah dengan pisau

쏘개질하다 menjelék-jelékkan

쏘다 ①【벌레 등이】 menyengat; menggigit ②【화살·총·대포 등을】 menémbak ¶총을【대포를】쏘다 menémbakkan senapan【senjata】 ③【말투가 날카로운 모양】 mengeritik ④【쑤시다】 berdenyut-denyut (ngilu) kesakitan; merasa sakit berdenyut-denyut ¶이가 쏘다 sakit gigi; menderita sakit gigi ⑤【맛·냄새 등이】 tajam; runcing ; panas ; terbakar ¶ 겨자는 톡 쏘는 맛이 난다 mustard memiliki rasa pedas

쏘다니다 berkeliaran (berkeliling) ke sana ke *mari; bertualang*

쏘대다 ⇒ 쏘다니다

쏘삭거리다 menghasut; mengadu ((orang lain)); memicu

쏘시개 ⇒ 불쏘시개

쏘아보다 menatap (memandang) marah

쏘아붙이다 memarahi; menegur

쏘아 올리다 meluncurkan; melepaskan; melepas

쏘이다 disengat; digigit

쏘지르다 ⇒ 쏘다니다

쏙닥- ⇒ 숙덕-

쏜살 ¶쏜살같이 seperti anak panah; dengan kecepatan kilat

쏟다 ①【액체 등을 붓다】 menuangkan; menumpahkan; mencurahkan ②【마음·정신·관심 등을 집중하다】 memusatkan ((pikiran)); berkonséntrasi ¶정력을 쏟다 memusatkan enérgi((pada))/…에 마음을 쏟다 mencurahkan; memusatkan) pikiran pada; memberikan perhatian pada ③【생각·불평 등을】 melepaskan; mencurahkan ④【눈물·피 등을】 mencucurkan; menangis

쏟아지다 ①【한꺼번에 많이 떨어지다】 mencurah; mengucur; mengalir ②【담긴 것이 한꺼번에 나오다】 memancar; memancur; menyembur; menghambur; bersemburan; mengucurkan; mencurahkan

쏠다 menggerit; menggerogoti; merongsong

쏠리다 ①【한쪽으로 기울다】 condong; cenderung ¶배가 한쪽으로 쏠리다 Kapal itu oléng (miring; condong) ke satu sisi. ②【시선·마음 등이】 terpikat oléh; berfokus pada

쏠쏠하다 senang; menikmati

쐐기[1] paji; tangsel; pating; pasak; paku kayu ¶쐐기를 박다 menangsél; memasang pasak; memating

쐐기[2] ulat ((bulu))

쐬다[1] ①【햇빛 등에】 berangin-angin; menganginkan ¶이불을 햇볕에 쐬다 menganginkan selimut; membiarkan kain tempat tidur (sepréi; selimut dan lain lain) mendapat cahaya matahari ②【햇빛 등을】 berjemur ¶햇빛을 쐬다 berjemur di sinar matahari/저녁 바람을 쐬다 menikmati sejuknya senja

쐬다[2] ⇒ 쏘이다

쑤군- ⇒ 수군-

쑤다 memasak ((bubur))

쑤석거리다 ⇒ 쏘삭거리다

쑤시개 tusuk; tusukan ⊙ 굴뚝쑤시개 sodokan cerobong asap. 이쑤시개 tusuk gigi

쑤시다[1] ①【꼬챙이 · 막대기 등으로】 menusuk ¶이【귀, 코】를 쑤시다 menusuk (mencungkil) gigi 【telinga, hidung】 ②【다른 사람을 부추기다】 menghasut; mendorong; memanas-manasi

쑤시다[2] ngilu; nyeri; linu ¶다리가 쑤시다 ada denyutan di kaki

쑥[1] 【식물】 *ssuk*; *mugwort* ¶쑥을 뜯다 mengambil *ssuk*

쑥[2] bodoh; dungu; tolol

쑥[3] ①【내밀거나 들어간 모양】 menonjol; mencuat; mengeluarkan ②【밀어 넣거나 뽑는 모양】 mencabut dengan sentakan; menyentak ③【느닷없이 나타나는 모양】 tiba-tiba; sekonyong-konyong; tidak disangka-sangka; tidak diduga; tidak terduga

쑥갓 aster mahkota ⊙ 쑥갓쌈 aster mahkota diisi dengan nasi bumbu

쑥대밭 ladang *mugwort* ¶쑥대밭을 만들다 terbengkalai ((tanah)); menjadi puing/쑥대밭이 되다 menjadi hancur total

쑥덕- ⇒ 숙덕-

쑥덕공론(-公論) pembicaraan rahasia 쑥덕공론하다 berbicara secara rahasia

쑥맥 ⇒ 숙맥 orang bodoh

쑥밭 ⇒ 쑥대밭

쑥버무리 kué beras kukus dicampur dengan *mugwort*

쑥스럽다 canggung; kikuk; malu

쓰다[1] menulis; mengarang; menyurat

쓰다[2] ①【사람을】 mempekerjakan ¶(시험 삼아) 써 보다 mempekerjakan dengan percobaan/그 사람 쓸 만한 사람이다 Dia cukup berguna. ②【돈 · 물자 · 시간 등을】 memakai; menggunakan ¶다 써버리다 menghabiskan ③【착복 · 유용】 menggelapkan ④【힘을】 menggunakan; bekerja ¶힘을【애를】 쓰다 bersusah payah; melakukan segala usaha; menggunakan kekuatan(énergi); bekerja keras; berusaha keras ⑤【사용】 menggunakan ¶쓰다 남은 것 kelebihan; sisa/유효하게 쓰다 menggunakan secara baik (bermanfaat)/오래 쓸 수 있다 awét digunakan ⑥【말 · 언어 등을】 berbicara; menggunakan bahasa(kata) ⑦【술법을】 mempraktikkan ¶수단을 쓰다 mengambil (melakukan) tindakan/트릭을 쓰다 menjalankan tipuan-tipuan ⑧【행사하다】 mengédarkan ¶가짜 돈을 쓰다 mengédarkan uang kertas tiruan ⑨【약을】 memberi dosis; menggunakan; memakai

쓰다[3] ①【모자 · 안경 등을】 mengenakan; memakai ¶가면을 쓰다 memakai topéng; menyamarkan diri; bersikap munafik (pura-pura) ②【우산 등을】 memegang payung di atas kepala ③【뒤집어 쓰다】 menyiramkan air sendiri; 【먼지를】 tertutup debu; menyelimuti; menyelubungi ④【죄를】 dituduh secara keliru (secara salah) ¶남의 죄를 쓰다 menanggung kesalahan orang lain/누명을 쓰다 ternoda; dicap buruk; mendapat hinaan

쓰다[4] memilih lokasi penguburan ¶묘를 쓰다 menetapkan kuburan

쓰다[5] ①【맛이】 pahit ②【비유적】 ¶쓴 경험 pengalaman pahit/입맛이 쓰다 terasa pahit/쓴맛 단맛 다 보다 merasakan manis pahitnya kehidupan

쓰다듬다 mengelus-elus; mengusap; meraba-raba ¶턱을 쓰다듬다 mengelus (mengusap) dagu/어린아이를 쓰다듬다 memeluk seorang anak ②【달래다】 membujuk ¶우는 아기를 쓰다듬다 membujuk bayi yang menangis

쓰라리다 ①【상처가】 sakit; menyakitkan ②【마음이】 pahit ¶쓰라린 경험 pengalaman pahit/가슴이 쓰라리다 membakar hati; menyayat hati

쓰러뜨리다 ①【사람 · 사물 등을】 menebangkan; merobohkan; menumbangkan; membunuh ②【정권 등을】 menggulingkan; menjatuhkan; keruntuhan ③【경기에서】 mengalahkan

쓰러지다 ①【넘어지다】 jatuh; menumbang ¶푹 쓰러지다 jatuh berdebuk; jatuh bergedebuk; jatuh bertumpukan ②【병 · 피로 등으로】 jatuh sakit; terserang batuk; mati ¶기진맥진 하여 쓰러지다 jatuh kelelahan ③【기업 등이】 bangkrut; pailit

쓰레기 sampah; buangan; kotoran; sempelah ¶쓰레기 버리는 곳 tempat pembuangan sampah ⊙ 쓰레기봉투 kantung sampah. 쓰레기 종량제 sistém pembuangan sampah. 쓰레기 분리수거 memisah-misahkan tumpukan sampah. 쓰레기차 truk sampah; gerobak sampah. 쓰레기통 keranjang (tong) sampah. 부엌쓰레기 sampah makanan; sampah rumah tangga. 인간쓰레기 sampah masyarakat

쓰레받기 pengki; sedokan debu (sampah)

쓰레질하다 menyapu

쓰르라미 jengkerik

쓰리다 ①【속이】 menusuk; pedih; sakit; perih; nyeri ulu hati ②【마음이】 nyeri ulu hati; sakit hati

쓰이다[1] ①【적히다】 ditulis; dituliskan ②【쓰게 하다】 menyuruh menulis; membuat menulis

쓰이다[2] ①【소용되다】 dibutuhkan; dikonsumsi; dibelanjakan ¶집에 돈이 많이 쓰이다 Suatu rumah membutuhkan banyak biaya. ②【사용되다】 dipakai; digunakan ¶널리 쓰이다 banyak digunakan; digunakan secara luas umum ③【신경이】 dipedulikan; dihiraukan; mempedulikan; menghiraukan

쓱 cepat dan tenang; ⟪lenyap⟫ dari pandangan mata; dengan tiba-tiba

쓱싹하다 menyalahgunakan; menggelapkan; menyelewengkan ¶공금을 쓱싹하다 menggelapkan dana (uang) masyarakat

쓱쓱 dengan gerakan yang tangkas ¶두 손을 쓱쓱 비비다 mengusap-usap tangan

쓴맛단맛 rasa pahit dan rasa manis ¶인생의 쓴맛단맛을 다 겪다 merasakan pahit manisnya kehidupan

쓴웃음 senyum getir; senyum pahit ¶쓴웃음을 짓다 tersenyum getir

쓸개 ①【신체 기관】 empedu; nyali ②【줏대】 ¶쓸개 빠진 사람 orang yang tidak bernyali; orang yang tidak berpendirian (beriman)

쓸다 ①【방 · 마당 등을】 menyapu bersih ②【가슴 · 머리 등을】 menyapu ③【태풍 · 전염병 등이】 ⇒ 휩쓸다 ¶전염병이 한 마을을 쓸다 penyakit menular menyapu bersih suatu désa ④【기타】 ¶판돈을 쓸다 memenangkan semua uang; menyikat papan ⟪perjudian⟫

쓸데없다 tidak penting; sepélé; tidak ada guna

쓸리다 tersapu habis; disapu; hilang; lenyap

쓸모 guna; faédah; manfaat ¶쓸모가 없다 tidak berguna; tidak terpakai

쓸쓸하다 ①【적적하다】 kesepian; kesunyian; terpencil; terasing; terisolasi; sunyi ②【날씨가】 muram; mendung

쓸어버리다 membersihkan; menyapu bersih; menghilangkan; menghapuskan

씀씀이 pengeluaran; belanja ¶씀씀이가 헤프다 menghambur-hamburkan uang

씁쓸하다 kepahit-pahitan ¶씁쓸하게 웃다 tersenyum pahit

씌다 ①【귀신 등에 홀리다】 dikuasai oléh roh jahat; dikuasai iblis ¶마치 무엇이 씐 것같이 행동하다 bertindak seperti orang kerasukan/그는 눈에 콩깍지가 씌었다 Cinta telah membutakannya. ②⇒ 쓰이다①, ②, ③. ⇒ 씌우다

씌우다 ①【모자 · 천 등을】 memasangkan ②【누명 · 바가지 등을】 menimpakan kesalahan; menuduh secara keliru; menyalahkan kesalahan

씨[1] ①【종자】 biji; bijit ②【짐승의】 benih; bibit ¶씨가 좋다 berbibit baik ③【사람의 혈통】 darah pihak ayah ④【근원】 penyebab; sumber

씨[2] pakan ¶씨와 날 pakan dan bujur

씨[3] ⇒ 품사(品詞)

씨(氏) ①【특정한 성을 가진 집안 · 사람】 keluarga ②【성 · 이름 뒤에 붙여서】 tuan; nyonya; nona

씨근거리다 【헐떡거리다】 megap-megap ¶씨근벌떡거리며 dengan megap-megap

씨닭 ayam pembibit

씨돼지 babi pembibit

씨름 ①【민속경기】 gulat 씨름하다 bergulat; bermain gulat dengan; bergelut ②【노력】 berusaha keras ⊙ 씨름꾼 pemain gulat; pegulat. 씨름판 pertandingan gulat

씨아 mesin pemisah biji kapas
씨알 【종란】 telur dipelihara
씨알머리 bangsat; bajingan; orang yang jahat ¶씨알머리 없다 nakal
씨암탉 induk ayam; ayam betina pembibit
씨앗 【씨】 bibit; benih
씨에프 adperténsi (iklan) TV
씨족(氏族) keluarga; suku; kaum; marga; kerabat; sanak saudara ⊙ 씨족사회 masyarakat marga. 씨족제도 sistém kekeluargaan
씨종 budak keluarga; pelayan turun temurun
씨 주머니 tempat bibit
씨줄 ⦅garis⦆ lintang
씩 ¶씩 웃다 meringis; menyeringai
-씩 setiap ¶조금씩 sedikit demi sedikit
씩씩거리다 terengah-engah; menghembus; berembus; hembusan; tiupan
씩씩하다 berani; jantan; gagah
씰그러지다 tak teratur; tak seimbang; menyeleweng; bergoyang
씰룩거리다 【실룩거리다】【입술 · 눈썹 등을】 berkedut; berkejang; menggerenyét; (엉덩이를) bergoyang-goyang
씹 ①【보지】 vagina ②【성교】 hubungan séks ¶씹하다 mengadakan hubungan séks
씹다 ①【음식 · 손 등을】 mengunyah; memamah; menyepah ②【사람을 헐뜯다】 membicarakan di belakang orang; mencaci
씹히다 ①【음식 등이】 dikunyah ②【헐 뜯김을 당하다】 dihina; dicaci; dibicarakan di belakang
씻가시다 membersihkan; mencuci
씻개 sesuatu untuk menyapu; penyapu ⊙ 밑씻개 kertas W.C(toilét)
씻기다 ①【하게 하다】 menyuruh mencuci; membersihkan ②【씻음을 당하다】 dibersihkan ③【다른 사람을】 membersihkan; memandikan
씻다 ①【물 등으로】 cuci; mencuci; menggosok ¶잘 씻다(물건을) membersihkan dengan baik ②【누명 · 오명 · 원한 등을】 membersihkan ¶누명을 씻다 membersihkan diri dari tuduhan palsu; menghapus penghinaan ③【닦아내다】 menyeka; mengusapkan ④【피로 · 병 등을】 menyeka; mengusap; membasuh; membersihkan; menyingkirkan
씻은 듯이 semuanya; keseluruhannya
씽 ¶씽 불다 berkesiur/바람이 씽 불다 angin berkesiur
씽긋 ⇒ 싱긋

ㅇ

아(亞) Asia ¶유라시아(歐亞洲) 대륙 benua Asia-Eropa

아(阿) Afrika ¶아아(亞阿) 블록 blok Asia-Afrika

아【감탄】 Ah; Oh; Astaga!

아가 【아기)】 bayi

아가리 【속된 표현】 mulut ¶아가리 닥쳐 Diam! *atau* Tutup mulutmu! ⊙ 아가리질 bicara; pertengkaran; 【욕】 bahasa kasar

아가미 insang

아가씨 ①【처녀】 gadis; wanita muda; anak perempuan ②【부를 때】 nona

아교(阿膠) lém; perekat ¶아교로 붙이다 menémpélkan dengan lém

아국(我國) negara kita

아군(我軍) tentara kita

아궁이 tungku api (perapian)

아귀[1] ①【사물의 갈라진 부분】 sela; sudut; celah ¶입아귀 sudut mulut ②【옷의 터놓은 곳】 belahan samping ③【씨의】 bagian dari biji di mana ia bertunas ¶씨가 트다 bibit bertunas (merekah) ④【활의】 bagian yang melengkung dari busur panah

아귀 【어류】 *monkfish*; ikan mas koki ¶아귀찜 rebusan ikan *monkfish* dalam bumbu saus

아귀(餓鬼) ①【불교】 hantu lapar ②【염치없이 먹을 것을 탐하는 사람】 orang yang berseléra rakus ¶아귀 같은 tamak; loba; rakus ⊙ 아귀다툼 pertengkaran; percékcokan; perselisihan

아귀세다 ①【굳세다】 kuat; tegas; berkemauan keras ②【절 힘이】 punya pegangan yang kuat

아귀아귀 dengan rakus; dengan tamak

아그레망 agrimen(F); perjanjian; persetujuan; penerimaan ¶아그레망을 요청하다 meminta persetujuan

아기 ①【어린애】 bayi; anak ②【딸 · 며느리】 anak kesayangan

아기뚱거리다 terhuyung-huyung

아기똥하다 sombong; angkuh; congkak; tinggi hati

아기서다 hamil; mengandung

아기자기하다 ①【잘 어울려 예쁘다】 manis; sangat menarik; mempesona; 【취미 등이】 penuh cita rasa; éstetis ②【재미있다】 menarik; menyenangkan

아기작거리다 tertatih-tatih

아기집 rahim; kandungan

아까 belum lama berselang; beberapa waktu yang lalu; sesaat yang lalu ¶아까부터 dari tadi

아깝다①【애석하다】 sayang; pantas disesalkan; menyedihkan ②【소중하다】 berharga; mulia ③【과분하다】 terlalu baik

아끼다 ①【절약하다】 (돈 등을) menghémat ¶아끼는 pelit; lokék; kikir/아끼지 않다 boros; royal atas ②【소중히 여기다】 menyimpan (memelihara) dengan baik

아낌없이 royal; boros; tidak irit; tak tanggung-tanggung; tanpa berhémat; pemurah

아나운서 pewara; penyiar (radio; tv)⊙ 스포츠 아나운서 pewara acara olahraga

아낙 ①【내간】 kamar rias wanita ②【아낙네】 wanita; istri ⊙ 아낙네들 kaum ibu; kaum wanita

아날로그 analog(ue) ⊙ 아날로그 방송 siaran analog

아내 istri ¶아내를 얻다 mendapat istri/아내로 삼다 memperistri

아네모네 anémon
아녀자(兒女子) anak-anak dan wanita
아뇨 tidak; bukan
아늑하다 menyenangkan; senang; rapi; nyaman
아는 체하다 ①【잘난 체하다】 berpura-pura mengetahui; berbicara dengan sikap (gaya) sok tahu ②【사람을】 menegur
아니 ①【부사적】 tidak ②【대답】 tidak; tidak setuju; "ndak"; 【긍정】ya ③【놀람 · 의심】 apa; kenapa; astaga; Masya Allah
아니꼬와하다 mual akan; muak oléh; jijik pada
아니꼽다 merasa muak; memuakkan; merasa mual; menjemukan; menjijikkan
아니나 다를까 seperti yang diduga; sebagaimana dicurigai
아니다 tak; tidak; bukan
아니면 kalau tidak; yang lain; atau
아닌게아니라 memang; cukup pasti; sebagaimana yang dipikirkan; sungguh: betul-betul
아닌 밤중(-中) ¶아닌 밤중에 tiba-tiba; secara tak terduga; secara mendadak
아다지오 【음악】 adagio; perlahan-lahan
아담(雅淡) 아담하다, 아담스럽다 mungil; anggun; cantik; menyenangkan
아동(兒童) anak; anak muda; (학동) murid-murid ¶취학 전의 아동 anak-anak pra sekolah ⊙ 아동상담소 pusat konsultasi anak; klinik bimbingan anak
아둔하다 berkepala angin; bodoh; tolol; dungu; tumpul
아드님 anak anda
아드레날린 *adrenalin*
아득하다 jauh sekali; di kejauhan sana; jauh di sana
아들 anak laki-laki; putra
아따 Wah; Astaga; Aduh: Masya Allah; Celaka; Persetan; Masa bodoh
아뜩하다 merasa pusing; bingung; linglung; terpesona
아라비아 Arabia ⊙ 아라비아 숫자 angka Arab
아랑곳하다 memperhatikan; menaruh perhatian; ikut campur; berkaitan dengan ¶아랑곳없다 tidak peduli; tidak mengindahkan; tidak ikut campur; tidak punya kepentingan
아래 ①【아랫부분 · 아래쪽】 bagian bawah ¶아래를 보다 melihat ke bawah ②【지위 · 연령이】 di bawah ③【기준보다】 ¶평균보다 아래 di bawah rata-rata ④【다음】 berikut ⑤【압박】 di bawah 《beban》; memikul ⑥【영향 · 인도 · 관할】 di bawah 《pengaruh; bimbingan; arahan; sokongan》 ⑦【하체】 bagian bawah tubuh; (음부) bagian pribadi
아래위 atas dan bawah; naik dan turun; tinggi dan rendah
아래윗벌 pakaian atas dan bawah
아래쪽 arah ke bawah; di bawah; yang lebih rendah
아래채 paviliun 《rumah》 depan; bagian rumah yang terletak di samping rumah induk
아래층(-層) lantai bawah
아래턱 dagu; rahang bagian bawah
아랫길 ①【길】 jalan di bawah ②【품질】 kualitas yang rendah mutunya; kelas 《kualitas》 yang lebih rendah
아랫대(-代) génerasi-génerasi berikutnya
아랫도리 bagian bawah dari tubuh; 【부사적】 dari pinggang ke bawah
아랫목 tempat di lantai yang terdekat ke perapian
아랫물 bagian hilir
아랫방(-房) kamar terpisah
아랫배 perut bagian bawah
아랫사람 ①【손아래】 yunior; bawahan ②【지위의】 orang bawahan
아랫입술 bibir bawah
아량(雅量) toleransi; kedermawanan; keluhuran budi; kemurahan hati ¶아량이 있는 murah hati; berpandangan luas; berpikiran luas
아련하다 suram; samar-samar; redup; kabur; tidak jelas
아령(啞鈴) dumbel; sebuah halter (gerak badan) ⊙ 아령체조 latihan dengan halter (dumbel)
아로새기다 mengukir; menyimpan ¶마음에 아로새기다 menyimpan dalam pikiran; mengukir dalam hati
아롱다롱하다 beranéka ragam; ternoda; berbintik-bintik; ditandai dengan ti-

tik-titik

아뢰다 mengatakan (memberitahu) orang atasan; melaporkan

아류(亞流) pengikut; penganut

아르바이트 arbeit; pekerjaan sambilan (sampingan); pekerjaan paruh waktu 아르바이트하다 melakukan kerja sampingan; bekerja sampingan; bekerja untuk biaya sekolah

아르에이치 Rh tipe-tipe darah (kelompok) Rh ⊙ 아르에이치 마이너스 négatif Rh. 아르에이치플러스 positif Rh

아르오티시 ROTC (Korps Latihan Perwira Cadangan)

아른거리다 berkedip-kedip; berkelip-kelip

아름 jangkauan kedua lengan; satu jangkauan lengan; rangkul ¶한 아름의 책 serangkulan buku

아름다움 kecantikan; keindahan

아름답다 cantik; indah; menyenangkan; 【용모가】 ganteng; tampan

아름드리 satu lengan; serangkul ⊙ 아름드리나무 pohon berukuran keliling lebih dari serangkul

아리다 ①【상처 · 살갗 등이】 sakit ②【혀가】 pedas; tajam; sengit ③【가슴이】 hati tersentuh dan bersimpati; sakit hati

아리땁다 cantik; manis; menarik

아리송하다 samar-samar; tidak jelas; kabur; bingung

아리아 【음악】 nyanyian tunggal; Aria

아리안 【인종】 orang Aria ⊙ 아리안 족 suku Aria

아릿하다 sengit; pedas; tajam; menyengat lidah

아마(亞麻) rami halus ⊙ 아마사(絲) benang rami. 아마유 minyak biji rami. 아마천 linen

아마 mungkin; kemungkinan; barangkali; boléh (bisa) jadi; 【십중팔구】 sembilan kasus dari sepuluh

아마추어 amatir; penggemar secara sambil lalu; orang yang kurang berpengalaman

아말감 logam campuran

아메리카【대륙】 Benua Amerika; 【미국】 Amerika Serikat

아메바 amuba

아명(兒名) nama kecil; nama waktu anak kecil

아몬드 kacang almond; buah badam

아무 ①【누구】 tiap orang; siapa pun; tak seorang pun ②apapun; semua; 【부정】 tidak sama sekali; tidak ¶아무짝에도 못쓰다 tidak berguna; tak bermanfaat

아무개 ①【누구】 siapa saja ②【어떤 사람】 si anu; seseorang; orang tertentu; Pak Anu: Tuan

아무것 apa saja

아무데 di suatu tempat ¶아무데나 di mana saja

아무 때 ¶아무 때나 setiap waktu (saat); kapan-kapan; kapan saja

아무래도 ①【어떻든】 bagaimana pun ②【불가피하게】 pasti; tidak dapat tidak; tentu saja ③【결코】 bagaimanapun; dengan cara apa pun: bagaimanapun juga ④【결국】 pada akhirnya; kesudahannya: pada hakékatnya; bagaimana pun juga ⑤【아무리 보아도】 kelihatannya

아무려면 dengan cara apa pun; dalam hal apa pun; bagaimanapun dia: apapun yang anda katakan

아무런 ¶아무런 까닭 (이유)도 없이 tanpa alasan apapun: tidak karena apapun

아무렇게나 dengan ceroboh; dengan telédor: dengan serampangan: dengan acuh tak acuh; setengah hati

아무렇게도 tidak sama sekali; tidak sedikitpun; tidak peduli

아무렇든지 bagaimana pun juga; dalam semua hal (peristiwa)

아무렇다 ¶아무렇지도 않다 tidak peduli

아무렴 jelas; pasti; tentu ¶아무렴 그렇지 Tentu saja!

아무리 betapapun

아무 말 ¶아무 말 없이 tanpa bicara sepatah kata pun

아무아무 orang tertentu; seseorang; Si Anu

아무 일 sesuatu; tidak ada apa-apa

아무짝 guna apapun; 【아무데】 di manapun

아무쪼록 sebaik mungkin; semaksimal mungkin; sebaik-baiknya

아무튼 dalam kasus apa pun

아무튼지 bagaimanapun juga

아물거리다 ①【가물거리다】 samar; kabur; berkedip ¶아물거리는 기억 ingatan yang samar-samar ②⇒ 어물거리다

아물다 ①【상처 · 부스럼 등이】 sembuh; bertaut ②【아픈 기억이나 경험이】 sembuh; menyembuhkan

아물리다 ①【아물게 하다】 menyembuhkan ⟪luka⟫ ②【일을】 menyelesaikan: menyimpulkan; mengakhiri

아미(蛾眉) alis mata yang lentik

아미노 amino ⊙ 아미노산 asam amino. 필수 아미노산 ⟪delapan⟫ asam amino yang mendasar

아미타불(阿彌陀佛) 【불교】 Amithabha

아바타 avatar

아방가르드 golongan perintis; golongan pelopor terutama dalam seni

아방궁(阿房宮) rumah yang besar sekali dan megah; istana

아버지 ayah; bapak: 【어린이 말】 papa ¶아버지다운 kebapakan; seperti bapak

아범 ①【비칭】 ayah; bapak; 【며느리가 남편을 지칭】 suami saya; 【어른이】 ayahmu ②【하인】 pelayan laki-laki yang tua

아베마리아 Bunda Maria

아베크 dua sejoli; 【밀회】 perkencanan 아베크하다 berkencan; berpacaran

아부(阿附) penjilatan; rayuan; sanjungan 아부하다 merayu; menyanjung; menjilat ⊙ 아부 꾼 penjilat; pengampu

아비규환(阿鼻叫喚) ①【불교】 Avici dan Raurava ⟪Sans.⟫, dua dari delapan neraka menurut Budhisme ②【참상】 hiruk pikuk; kekacauan yang sangat (yang membingungkan) ¶아비규탄의 소리 teriakan hiruk pikuk; jerit tangis yang mengenaskan

아비산(亞砒酸) 【화학】 asam arsenik ⊙ 아비산염 racun arsenik. 아비산 해독제 penangkal arsenik

아빠 papa; papi

아뿔싸 Aduh!; Astaga!

아사(餓死) mati akibat kelaparan 아사하다 mati kelaparan

아삭 ①【깨무는 소리】 mengerkah; garing ②【씹히는 소리】 mengunyah-ngunyah

아서라 Berhenti! Jangan!

아성(牙城) bénténg ¶보수주의의 아성 bénténg konservatisme

아성층권(亞成層圈) substratosfir

아세테이트 【화학】 asam cuka

아세톤 【화학】 aséton

아세틸렌 【화학】 asétiléna ⊙ 아세틸렌가스 gas karbit (asétiléna)

아셈 Pertemuan Asia-Eropa (ASEM)

아수라(阿修羅) Asura ⟪Sans⟫; iblis raksasa perang Budhisme ¶아수라 같이 싸우다 bertempur seperti sétan (dahsyat); bertempur sengit ⊙ 아수라장 rusak; kacau; menjadi gila

아쉬워하다 merasa kekurangan; 【섭섭해하다】 segan; tak réla; kurang puas

아스운대로 meskipun tak cukup; sebagai ganti sementara

아쉽다 kurang puas; menyesal; merasa kehilangan (kekurangan) ¶아쉬운 감이 들다 merasa kurang sesuatu; membutuhkan sesuatu; sayang

아스라이 jauh; suram

아스라하다 samar-samar; redup; kelam; suram; kabur; kabut; berkabut

아스러지다 ①【덩어리가】 ambruk; remuk ②【살이】 lécét

아스파라거스 asparagus

아스팍 Déwan Asia dan Pasifik (ASPAK)

아스팔트 aspal ¶아스팔트를 깔다 mengaspal ⊙ 아스팔트 길 jalan aspal

아스피린 aspirin

아슬아슬하다 berbahaya; berisiko; kritis; menegangkan

아시아 Asia ¶아시아 (사람)의 tentang Asia ⊙ 아시아 경기 대회 Pertandingan se-Asia

아아(阿亞) Afrika dan Asia ⊙ 아아 블록 Blok Asia-Afrika

아악(雅樂) musik klasik

아야 Aduh!

아양 rayuan; kegenitan; penjilatan 아양 떨다 bergaya genit; merayu; menjilat

아어(雅語) ucapan yang sopan

아역(兒役) aktor (aktris) anak-anak

아연(亞鉛) séng (기호 Zn) ¶아연을 입힌 berlapis séng ⊙ 아연도금 pelapisan dengan séng 아연판(板) pelat séng

아연(俄然) tiba-tiba ¶아연 긴장하다 tegang dengan tiba-tiba

아연(啞然) ternganga; tertegun ¶아연케 하다 membuat membisu; membuat tak bicara; membuat terkesima; mengagétkan; mencengangkan

아연실색하다(啞然失色-) memucat karena terkejut (ketakutan)

아열대(亞熱帶) subtropis ⊙ 아열대 식물 tanaman subtropis

아예 ¶거짓말은 아예 하지 말라 Jangan pernah berdusta.

아옹거리다 bertengkar; bercékcok; saling berselisih; bermusuh (bermusuhan); berseteru

아옹다옹하다 ⇒ 아옹거리다

아우 adik

아우성 pekikan; teriakan; hiruk pikuk ¶아우성을 치다 memekik; berteriak; membuat keributan

아욱 【식물】 *mallow*

아울러 bersama dengan ¶아울러 가지다 memiliki bersama dengan

아웃 keluar

아웃라인 garis besar; bagan; skétsa; kerangka

아웃사이더 orang luar

아웃사이드 sebelah luar; di luar; ke luar

아웃소싱 prosés menerima dari luar; membeli dari luar

아이 【애】 ①【어린애】 anak ¶아이를 가지다 (배다) me-
ngandung; hamil ②【자식】 putera sendiri; anak laki-laki kami ③【젊은이】 orang muda ⊙ 아이 아버지 ayah anak; suami

아이고(머니) aduh!; ah!; oh!; Ya Tuhan

아이디어 idé; pendapat ⊙ 아이디어맨 orang yang penuh idé

아이러니 ironi

이이러니컬하다 ironis ¶아이러니컬하게도 secara ironis

아이론 seterika ¶옷을 아이론으로 다리다 menyeterika (*menggosok*) pakaian

아이보리 gading

아이섀도 celak mata ¶아이섀도를 바르다 memakai celak mata

아이스 és ⊙ 아이스링크 gelanggang és. 아이스박스 kotak pendingin. 아이스 쇼 pertunjukan és. 아이스캔디 és mambo. 아이스크림 és krim. 아이스하키 hoki és

아이엠에프 Dana Monéter Internasional (IMF)

아이언 besi; (다리미) seterika

아이오시 Komite Olimpiade lnternasional (IOC)

아이콘 ①【우상】 ikon; tanda ¶아이콘의 yang diidolakan; dipuja ②【컴퓨터】 tanda

아이큐 angka intélijensi; tingkat kecerdasan ¶그녀는 아이큐가 높다(낮다) Dia memiliki IQ yang tinggi (rendah).

아이템 item; rencana ¶사업 아이템 sebuah rencana bisnis

아이피주소(-住所) IP *address* ¶컴퓨터의 아이피주소가 어떻게 되세요? Apa IP *address* komputer Anda?

아작아작 ¶아작아작 씹다 mengunyah-ngunyah dengan suara nyaring

아장거리다 ①【어린애가】 tertatih-tatih ② ⇒ 어정거리다

아쟁(牙箏) 【악기】 alat musik bersenar tujuh

아저씨 ①【삼촌】 paman ②【부모 또래】 oom, tuan ¶기사 아저씨, 여기서 (택시를) 좀 세워 주세요 Tuan, mohon berhenti di sini.

아전(衙前) pegawai rendahan di masa lalu, yang pekerjaannya turun-temurun dan biasanya tidak digaji

아전인수(我田引水) mencari keuntungan (kepentingan) sendiri ¶아전인수의 mementingkan diri sendiri

아제 ①⇒ 아저씨 ①②【자매의 남편】 suami dari saudara perempuan

아주 ①【썩 · 영영】 sangat; sekali; sama sekali ②【꼭】 persis seperti; 【아주】 belaka; semuanya; seluruhnya

아주(亞洲) benua Asia

아주(阿洲) benua Afrika

아주까리 【식물】 jarak ⊙ 아주까리기름 minyak jarak

아주머니 ①【숙모】 bibi; makcik ②【아줌마】 tante; éték

아줌마 ⇒ 아주머니 wanita usia setengah baya

아주버니 ipar; saudara ipar
아지랑이 uap ⟪dari tanah waktu musim bunga⟫ ¶아지랑이가 끼었다 Udara beruap.
아지작아지작 mengunyah; memamah; mengerkah
아지트 tempat persembunyian (bersembunyi); rumah aman
아직 ①【여전히】 masih; belum; lagi ②【겨우】 hanya; baru
아직까지【지금까지】 sampai sekarang belum
아집(我執) égois; mementingkan diri sendiri
아찔하다 pusing; mabuk; berputar-putar
아차(차) Astaga; Aduh!
아첨(阿諂) bujukan; penjilatan 아첨하다 memikat; membujuk; memuji-muji; menjilat ⊙ 아첨꾼【쟁이】 penjilat; perayu; pemuji
아취(雅趣) cita rasa (seléra) yang tinggi
아치(雅致) seléra yang baik ¶아치 있는 berseléra tinggi (baik)
아치 busur; lengkung ¶아치형의 membusur; melengkung
아침 ①【오전】 pagi; pagi hari ¶아침부터 저녁까지 dari pagi hingga malam; sepanjang hari ②【아침 식사】 sarapan ¶아침 겸 점심 sarapan siang; makan pagi lanjut; *brunch* ⊙ 아침거리 makanan pagi; makanan untuk sarapan.
아침저녁 pagi dan soré (malam)
아카데미 akadémi ⊙ 아카데미상 수상 배우【여배우】 aktor【aktris】 peraih Oscar
아카시아【식물】 pohon akasia
아카펠라 ¶아카펠라로 노래를 부르다 menyanyi akapela
아케이드 gedung yang mempunyai gang yang beratap biasanya ditempati toko-toko
아코디언【악기】 akordion ⊙ 아코디언 연주자 pemain akordeon
아퀴 penyelesaian; pemapanan; sentuhan akhir ¶일의 아퀴를 짓다 menyelesaikan pekerjaan; mengakhiri suatu masalah
아크 busar
아크등(-燈) lampu bulat
아크릴 akrilik ¶아크릴로 된 간판 papan dalam bentuk akrilik
아크로바트 akrobat; penambul; 【재주】 akrobatik ⊙ 아크로바틱 댄스 tarian akrobatik
아킬레스 ①【발꿈치의 힘줄】 *Achilles* ②【치명적인 약점】 titik yang mudah diserang ⊙ 아킬레스건(腱) otot *Achilles*; urat keting
아태국가(亞太國家) nagara-negara Asia dan Pasifik
아트지(-紙) kertas seni
아틀리에 studio; sanggar; 【일터】 béngkél; ruang kerja; lokakarya
아티스트 artis; seniman
아파트 apartemén; rumah su sun(rusun); flat; flét ⊙ 아파트 단지kompléks apartemén (rumah susun). 서민 아파트 bangunan apartemén bagi yang berpenghasilan rendah. 임대【분양】 아파트 apartemén yang diséwakan【dijual】
아파하다 merasa (mengeluh) sakit; cemburu
아편(阿片) candu; madat; opium; racun ¶아편을 피우다 mengisap ganja (madat) ⊙ 아편굴 rumah madat. 아편쟁이 pemadat. 아편중독 keracunan opium (candu). 아편전쟁 perang candu
아프다 ①【몸이】 sakit ②【마음이】 sakit ¶마음이 아프다 merasa sakit hati; menderita/ 배가 아프다 sakit perut; cemburu; iri hati
아프터서비스 pelayanan purna-jual; pelayanan setelah penjualan ⊙ 아프터서비스 담당원 tukang (insinyur ahli mesin) servis
아픔 sakit; nyeri ¶아픔을 참다 menahan rasa sakit
아하 Oh!; Aha! ¶아하 그것을 깜박 잊었구나 Ya Tuhan! Saya lupa!
아해(兒孩) anak
아호(雅號) nama samaran
아홉 sembilan ¶아홉째(의) yang kesembilan ⊙ 아홉수 angka-angka berakhir dengan 9 (19, 29, dan lain-lain)
아황산(亞黃酸) 【화학】 asam sulfur (belerang); solfater ⊙ 아황산가스 gas asam belerang
아흐레【아홉 날】 sembilan hari; 【구일】

tanggal sembilan ⊙ 아흐렛날 (제 9일) hari yang kesembilan; (그 달의) hari kesembilan bulan itu

아흔 sembilan puluh ¶아흔째(의) yang kesembilan puluh

악[1] ①【모질게 쓰는 기운】 ¶악이 바치다 menjadi marah sekali ②【노한 감정】 ¶악을 쓰다 berteriak

악(惡) kejahatan; keburukan; kriminal ¶악의 소굴 dunia kriminal; dunia kejahatan

악[2] Astaga!; Oh!

악감(惡感) perasaan benci; dendam ¶악감을 품다 menanggung benci (dendam)

악감정(惡感情) ⇒ 악감 ¶국제간의 악감정 kebencian internasional

악귀(惡鬼) roh jahat; iblis; sétan; jambalang; perdom ¶악귀 같은 jahat; kejam/ 악귀가 들리다 kerasukan sétan (iblis)

악극(樂劇) opera ⊙ 악극단 rombongan opera

악기(樂器) alat (instrumén) musik ¶악기를 연주하다 memainkan alat musik ⊙ 악기반주 iringan musik. 건반악기 alat musik pencét. 관악기 alat musik tiup. 현【타】악기 alat musik petik【pukul】

악녀(惡女) tukang sihir wanita; penyihir wanita;【용모의】wanita yang buruk

악다구니 cékcok mulut; pertengkaran 악다구니하다 bertengkar mulut; cékcok; berteriak-teriak

악단(樂團) orkéstra; orkés ⊙ 악단연주 konser band; grup musik. 교향악단 orkés simfoni

악담(惡談) makian; kutukan; serapah; seranah 악담하다 mencaci maki; memaki; mengutuk

악당(惡黨) bangsat; bajingan; penjahat; buaya darat ¶(이) 악당 같으니! (kamu) sétan; (kamu) bangsat!

악대(樂隊) bén musik;【취주악의】bén musik tiup;【관현악단】orkés ⊙ 악대원 pemain orkés. 육군 악대 korps musik militér

악덕(惡德) perbuatan jahat; kecurangan;【타락】perbuatan tidak bermoral ⊙ 악덕기업주 pengusaha yang curang. 악덕상인 pedagang perbuatan jahat (tidak bermoral)

악독(惡毒) kekejaman; kejahatan; sifat jahat 악독하다 kejam; jahat

악동(惡童) anak lelaki yang jahat (nakal)

악랄하다(惡辣-) buruk; ganas; jahat; kejam

악령(惡靈) sétan; iblis; jin ¶악령에 씌인 사람 orang yang kesurupan

악마(惡魔) roh jahat; sétan; iblis ¶악마에 들려 (씌어) 있다 kerasukan iblis; kerasukan roh jahat

악명(惡名) réputasi yang jelék ¶악명 (이) 높은 terkenal dengan nama (réputasi) yang jelék (buruk)

악몽(惡夢) mimpi buruk

악물다 ¶이를 악물다 menggertakkan gigi

악바리 orang yang gigih

악법(惡法) hukum yang ketidakadilan

악보(樂譜) not lagu; titi nada; kertas (lembaran) musik ⊙ 악보 대 cantelan (rak) musik. 악보집 buku musik

악사(樂士) pemain bén; pemusik ¶거리의 악사 pemusik jalanan ⊙ 악사장 ketua pemain bén

악상(樂想) subjék (subyék) utama; mélodi; motif

악선전(惡宣傳) propaganda palsu; berita (kabar) bohong ¶악선전하다 menyebarkan berita bohong (propaganda palsu)

악성(惡性) penyakit yang berbahaya; kejahatan; keburukan ¶악성의 yang menular; yang membahayakan; sangat jahat; ganas ⊙ 악성종양 tumor yang menular. 악성코드 kode bahaya

악성(樂聖) musisi terkenal (ternama)

악세서리 aksesoris; pernak-pernih perhiasan; (보석류의) perhiasan

악센트 ①【강세】aksén; tekanan suara ②【억양】aksén

악셀러레이터 pedal gas; akséleratör; alat pemercepat

악수(握手) ①【손을 잡음】jabat tangan 악수하다 berjabat tangan; bersalaman ②【비유적】berdamai; bekerja sama

악수(惡手) ⟪melakukan⟫ perbuatan buruk

악순환(惡循環) lingkaran keburukan (sétan) ¶가난의 악순환 lingkaran kemis-

kinan
악습(惡習) kebiasaan jelék (buruk);【나쁜 관행】praktik korupsi ¶나쁜 악습을 멀리하다 menjauhkan kebiasaan buruk
악심(惡心) pikiran (maksud) jahat
악쓰다 ①【소리치다】berteriak marah (protés); memekik; menjerit ②【기 쓰다】berjuang tanpa guna; berjuang sia-sia
악어 buaya ⊙ 악어가죽 kulit buaya; 악어가죽 핸드백 tas dari kulit buaya
악업(惡業)【불교】karma; hukum sebab dan akibat;【악행】tindakan jahat; kejahatan; perbuatan keliru; kekeliruan
악역(惡逆) peran penjahat; karakter jahat ¶악역을 맡(아 하)다 memainkan peran penjahat
악연(惡緣) hubungan (takdir) yang buruk (yang jahat); ikatan yang fatal; ikatan yang menimbulkan bencana; perkawinan yang tidak bahagia
악영향(惡影響) pengaruh yang jelék (buruk)
악용(惡用) penyalahgunaan; salah pakai; perlakuan kejam 악용하다 menyalahgunakan
악우(惡友) teman yang jelék (tidak baik) ¶악우와 사귀다 bersahabat (bergaul) dengan orang yang tidak baik
악운(惡運) nasib buruk; nasib malang
악의(惡意) maksud jahat; kebencian; kedengkian; durkarsa ¶악의 있는 bermaksud jahat; dengki
악인(惡人) penjahat; orang jahat; durjana
악장(樂長) konduktor musik; pemimpin orkés
악장(樂章)【음악】bagian simfoni ¶제1 악장 bagian pertama
악장치다 bertengkar dengan sengit
악재(惡材) faktor yang tidak menguntungkan
악전고투(惡戰苦鬪) perjuangan (pertempuran) sengit;【경기】pertandingan yang seru;【경쟁】kontés yang seru 악전고투하다 berjuang (bertempur) dengan sengit (keras); bertarung seru
악조건(惡條件) keadaan (kondisi) yang tak menguntungkan (yang merugikan)
악종(惡種) orang jahat; penjahat; bajingan; bangsat
악질(惡疾) penyakit yang berbahaya ¶악질에 걸리다 terserang penyakit yang berbahaya
악질(惡質) ¶악질의 keji; pemarah; jahat / 악질적 ganas; dengan niat jahat; jahanam; buruk ⊙ 악질분자 unsur jahat.
악착같다 gigih ¶악착 같이 dengan gigih
악처(惡妻) istri yang jahat
악천후(惡天候) cuaca yang buruk (jelék)
악취(惡臭) bau yang tidak sedap(busuk) ¶악취를 풍기다 berbau busuk; menyengat baunya; mengeluarkan bau yang tak sedap/생선이 악취를 풍긴다 Ikan itu anyir.
악취미(惡趣味) seléra rendah (buruk); kebiasaan buruk (jelék)
악평(惡評) réputasi yang jelék; kritikan yang merugikan 악평하다 mengkritik yang jelék (yang merugikan)
악폐(惡弊) kebiasaan yang jahat (yang jelék; yang buruk) ¶악폐를 일소하다 memadamkan kejahatan; menghilangkan (menyapu) kekejaman; membersihkan masyarakat dari kejahatan
악풍(惡風) kebiasaan buruk (jahat) ¶세상의 악풍에 물들다 tertular kejahatan-kejahatan dunia
악필(惡筆) tulisan yang jelék (yang buruk) ¶악필이다 menulis dengan buruk (jelék)
악하다(惡-) jahat ¶성질이 악하다 bersikap jahat
악한(惡漢) ⇒ 악당 penjahat; orang jahat; bajingan; bandit
악행(惡行) perbuatan jahat; tindakan jahat; kejahatan
악형(惡刑) hukuman yang berat (kejam)
악화(惡化)【형세 · 상태의】perubahan menjadi lebih buruk; perubahan memburuk;【품질 등의】keburukan;【풍속 등의】kemerosotan; kecurangan 악화하다 serius; memburuk; merosot
악화(惡貨) uang buruk
안[1] ①【내부의】di dalam ¶안으로부터 dari dalam ②【이내】dalam; kurang dari ¶기한 안에 dalam batas waktu ③【뒷면】sisi lain ¶천의 안쪽 sisi kain

안[2] lapisan dalam; puring ¶안을 대다 melapisi ((mantel dengan bulu))

안[3] ①【내실】 kamar wanita dalam rumah; kamar hias wanita; kamar pribadi wanita ②【여자】 wanita; 【아내】 istri ¶안주인 nyonya rumah/안손님 tamu wanita

안(案) ①【안건】 usul; anjuran ②【계획】 rencana ¶안을 세우다 menyusun (membuat; merancang) rencana ③【의안】 rancangan; konsépsi

안간힘 ¶안간힘을 쓰다 berusaha keras; menahan diri

안감 puring; pelapis dalam

안개 kabut ¶안개가 짙은 berkabut tebal/안개에 싸이다 diselubungi kabut ⊙ 안개구름 awan bertingkat-tingkat. 안개등 (자동차의) lampu kabut. 안개 속 (미궁) mistéri; keanéhan; teka-teki

안개꽃 sejenis bunga

안거하다(安居-) hidup dengan damai; menjalani kehidupan yang aman

안건(案件) hal; masalah; perkara ¶중요안건 hal yang penting

안경(眼鏡) kacamata ¶테 없는 안경 kacamata tanpa bingkai/도수가 강한 안경 kacamata berlénsa kuat/제 눈에 안경이다 Kecantikan adalah di mata orang yang melihat. ⊙ 안경잡이 orang yang berkacamata. 색안경 kacamata berwarna; kacamata matahari ((pelindung sinar mata hari))

안고나다 melaksanakan tanggung jawab orang lain; mengambil alih tugas

안고름 tali pita di dalam mantel Korea

안과(眼科) ①【의학】 ilmu tentang mata ②【병원의】 rumah sakit (klinik) mata ¶안과에 가다 menemui dokter mata ⊙ 안과 의사 dokter ahli mata

안광(眼光) mata yang cemerlang; cahaya mata; kecemerlangan mata ¶안광이 날카롭다 bermata tajam (jeli)

안구(眼球) bola mata ⊙ 안구 건조 증 penyakit mata kering

안기다[1] dipeluk

안기다[2] ①【팔에】 memberikan (melekatkan) di lengan ②【부담 · 책임 등을】 menyerahkan tanggung jawab; membebani ¶빚을 안기다 membebani hutang ③【물건을】 mengoper; 【강매】 memaksakan penjualan ④【알을】 dieramkan ⑤【치다】 memukul; menghajar

안내(案內) bimbingan; panduan; petunjuk; tuntutan 안내하다 menuntun; memimpin; menunjuk jalan; memandu; membimbing ⊙ 안내소 bagian informasi (penerangan). 안내인(자) pemandu; pembimbing. 안내장 surat undangan

안녕(安寧) ①【평안】 kesejahteraan umum; ketentraman; kesentosaan; kestabilan ②【인사】 selamat pagi (siang; petang) ¶안녕 하십니까 Apa kabar?

안다 ①【팔 · 품에】 mengempit; memeluk; merangkul ②【불행을】 memikul; menderita; menanggung ③【바람을】 melawan ④【책임을】 memegang tanggung jawab; bertanggung jawab atas ⑤【알을】 mengerami

안달(복달)하다 resah (cemas) diri; menjadi tak sabar; gugup ⊙ 안달(뱅)이 orang yang cemas; pencemas; orang yang suka resah

안대(眼帶) penutup mata ¶안대를 하다 mata dibalut

안도(安堵) kelegaan 안도하다 merasa lega ¶안도의 한 숨을 쉬다 menghela napas kelegaan ⊙ 안도감(感) perasaan lega

안되다 ①【유감스럽다】 sedih; menyedihkan; menyesal; menyayangkan ②【금지】 tidak boléh; seharusnya tidak ③【쓸모없다】 tak berguna; tak ((akan)) berhasil; gagal ④【조심】 ¶…하면 안 되니까 agar… tidak; kalau tidak ⑤【얼굴이 상하다】 kurus ⑥【기타】 ¶…않으면 안 된다 harus melakukan (dilakukan); perlu dikerjakan

안뜰 halaman dalam rumah

안락(安樂) kesenangan; kenyamanan; ketentraman 안락하다 senang; tentram; nyaman ¶안락하게 살다 hidup nyaman; hidup senang; menjalani hidup senang (nyaman) ⊙ 안락사(死) tindakan membunuh seseorang untuk meringankan penderitaannya. 안락의자 kursi malas; kursi goyang

안력(眼力) penglihatan; daya penglihatan

안료(顔料) ①【화장품】 alat (bahan) kecantikan; perisa ②【도료】 pewarna; 【색소】 pigmén

안마(按摩) pijat; pijit; urut 안마하다 memijat; memijit; mengurut ⊙ 안마시술소 panti pijat. 안마장이 tukang urut; tukang pijat

안면(安眠) 안면하다 tidur 《dengan》 nyenyak ⊙ 안면방해 gangguan tidur

안면(顔面) ①【얼굴】 muka; wajah; paras ②【친분】 perkenalan ¶안면이 있다 berkenalan dengan; kenal dengan ⊙ 안면신경 saraf wajah: 안면신경 마비 penyakit kelumpuhan saraf wajah

안면부지(顔面不知) ¶안면부지의 tak dikenal; tak lazim; anéh

안목(眼目) ①【견식】 mata yang selidik ¶전문가의 안목 mata ahli ②【주안(主眼)】 obyék utama; pokok

안무(-撫) pengamanan; pasifikasi; perdamaian; penyabaran; penenangan 안무하다 menenangkan; meredakan; mendamaikan; menenteramkan

안무(按舞) penataan tarian; koréografi 안무하다 menata tarian ⊙ 안무가 koréograf(er); penata tari; ahli mencipta dan mengubah gerak tari

안문(-門) pintu dalam

안방(-房) ruang utama; ruang wanita

안배하다(按排-) membagi rata

안벽(岸壁) dermaga

안보(安保) keamanan nasional ⊙ 안보의식 rasa keamanan nasional

안부(安否) keadaan keséhatan ¶김 선생에게 안부 전해주십시오 Sampaikan salam saya pada Tuan Kim.

안부모(-父母) ibu

안분(按分) 안분하다 membagi secara proporsional (berimbang) ⊙ 안분비례 pembagian proporsional: 안분비례로 나누다 membagi secara adil

안빈낙도하다(安貧樂道-) merasa puas di tengah kemiskinan dan merasa senang dengan cara Taois

안사돈(-査頓) besan; ibu dari menantu perempuan; ibu dari menantu laki-laki

안사람 istri

안살림 pengaturan rumah tangga

안색(顔色) ①【얼굴】 corak muka; air (warna) muka; wajah ②【표정】 air muka; roman muka

안성맞춤(安成-) hal yang paling cocok; hal yang paling diinginkan (dihasrati) ¶안성맞춤의 cocok

안손님 tamu wanita

안수하다(按手-) 【기독교】 menadahkan tangan 《dalam do'a》

안식(安息) 안식하다 beristirahat ¶영원한 안식을 얻다(죽다) beristirahat dalam damai (meninggal) ⊙ 안식교(教) Geréja Adven Hari ketujuh.안식처 tempat perlindungan (damai). 안식일 hari Sabat; hari Tuhan

안식구(-食口) isteri

안심【쇠고기의】 daging tak berlemak dari rusuk péndék ⊙ 안심 스테이크 *filet mignon;* panggang daging sapi yang tak bertulang

안심(安心) 《keadaan》 pikiran (hati) yang lega; kelegaan; ketenangan; ketentraman 안심하다 merasa lega (tenang; tentram); tak cemas; merasa lega ¶안심시키다 melegakan; menenangkan; menyenangkan; menentramkan

안아 일으키다 menolong berdiri; menolong duduk di ranjang

안압(眼壓) tekanan intraokuler

안약(眼藥) obat 《tétés》 mata

안양반(-兩班) nyonya rumah; istri

안온(安穩) perdamaian 안온하다 damai; tenang

안위(安危) keamanan; ketentraman ¶국가의 안위 krisis nasional

안이하다(安易-) mudah; gampang ¶안이한 생각 cara berpikir yang gampang (mudah)

안일(安逸) kelambanan; kemalasan 안일하다 lamban; malas-malas; segan-segan ⊙ 무사 안일주의 prinsip mengutamakan keselamatan

안장하다(安葬-) mengubur ¶그는 이곳에 안장되었다 Dia terbaring istirahat di sini.

안장(鞍裝) pelana ¶안장을 지우다 mempelanai kuda/안장을 풀다 melepas sadel kuda ⊙ 안장코 hidung pésék

안전(安全) keselamatan; kesentosaan;

keamanan 안전하다 selamat; aman; sentosa ¶안전히 dengan (secara) selamat atau aman/안전거리 유지【게시】 Menjaga jarak yang aman. ⊙ 안전등【광산용의】 lampu pengaman; lampu tambang. 안전띠 sabuk pengaman. 안전사고 kecelakaan lalai. 안전지대 daérah aman. 안전핀 peniti pengaman

안전(眼前) ¶안전에서 di depan mata

안절부절못하다 resah; gelisah; gugup; berdebar; terganggu

안정(安定) kestabilan; stabilisasi; kemantapan ¶물가의 안정 kestabilan harga/심리적 안정을 잃다 kehilangan kestabilan psikologis ⊙ 안정감 rasa keamanan. 안정 기금 (자금) dana pengamanan (stabilisasi). 안정도 keseimbangan. 안정성stabilitas

안정(安靜) istirahat ¶안정시키다 merédakan; menenangkan; melegakan ⊙ 안정요법 penyembuhan dengan cara istirahat; tetirah

안주하다(安住-) hidup dengan damai

안주(按酒) hidangan sampingan (tambahan); hidangan pembangkit seléra

안주머니 saku dalam

안주인 nyonya rumah; induk semang

안중(眼中) ①【눈 속】 dalam mata ②【마음속】 perhatian ¶안중에 없다 di luar perhatian (pertimbangan)

안중문(-中門) pintu sebelah dalam

안질(眼疾) penyakit mata ¶안질을 앓다 sakit mata

안집 rumah induk

안짝 ①【…내】 tidak lebih dari ¶천 원 안짝의 금액 jum lah yang tak melampaui seribu won ②【문법】 baris pertama ⟪dari satu bait⟫

안짱다리 orang yang berkaki pengkar (pincang); pengkar keluar ¶안짱다리로 걷다 berjalan dengan pengkar

안쪽 dalam; bagian dalam ¶안쪽에서 dari dalam

안착(安着) kedatangan yang selamat 안착하다 tiba dengan selamat

안창 sol

안채 bangunan utama ⟪dari rumah⟫

안초비ikan kecil semacam haring

안치(安置) ①【안전하게】 안치하다 membaringkan dengan tenang ②【죄인을】 menempatkan penjahat di tempat pengasingannya ⊙ 안치소 (위패 등의) tempat pengasingan jenazah

안치다 ¶쌀을 안치다 menyiapkan beras untuk memasak (menanak)

안타 (安打) 【야구】 pukulan ¶멋진 안타 pukulan bersih/안타를 치다 membuat pukulan yang aman

안타깝다 ①【애타다】 menjéngkélkan; mengecéwakan; mengganggu; merasa terganggu (jéngkél); meresahkan dan menggelisahkan ②【애처롭다】 menyentuh hati; mematahkan hati; membuat sedih; menyedihkan; menyesalkan

안테나 anténa; kabel udara ¶안테나를 세우다 menyetél (merentang; memasang) anténa

안티 에이징 크림 krim anti tua; krim antipenuaan

안팎 ①【안과 밖】 bagian dalam maupun bagian luar; internal dan éksternal ¶안팎으로 다난한 해 tahun yang penuh kejadian di dalam dan luar negeri ②【겉과 속】 dua sisi; sisi baik dan buruk ¶그는 안팎이 다르다 Dia bermuka dua. ③【정도】 kira-kira; sekitar

안표(眼標) tanda 안표하다 menandai; memberi tanda

안하무인(眼下無人) kesombongan; keangkuhan ¶안하무인이다 sombong; angkuh; congkak/안하무인의 거동 sikap yang kurang ajar

앉다 ①【자리에】 duduk ¶책상다리하고 앉다 duduk dengan kaki bersilang ②【지위에】 menempati posisi (jabatan); dilantik; ditempatkan ¶후임으로 앉다 melanjutkan posisi; mengisi (menduduki) jabatan ③【새 · 곤충 등이】 hinggap; bertengger ④【먼지 따위가】 berkumpul; terkumpul

앉은걸음 ¶앉은걸음으로 가다 merangkak dengan lutut; merayap

앉은뱅이 lumpuh

앉은일 pekerjaan yang duduk; kerja duduk

앉은자리 ¶앉은자리에서 dengan segera; di

tempat
앉은장사 ¶앉은장사를 하다 menjaga toko
앉은 저울 timbangan kecil; timbangan duduk
앉은키 tinggi duduk
앉을자리 tempat duduk
앉음 ¶앉음새 cara duduk; sikap tubuh waktu duduk
앉히다 ①【앉게 하다】 menyuruh duduk; menempatkan duduk ②【지위에】 menempatkan 《dalam posisi; jabatan》 ¶시장 자리에 앉히다 menunjuk kedudukan walikota
않다 tidak
않을 수 없다 terdesak; tertekan; terpaksa; perlu melakukan; memaksa (mendesak) melakukan
알 ①【새·물고기 등의】 telur ¶알을 낳다 bertelur ②【달걀】 telur ③【작고 둥근 것】 setiap benda yang kecil bundar; manik-manik ¶눈알 bola mata ④【낟알·알맹이】 butir; bijian ¶쌀알 butir beras ⑤【안경의】 lénsa ⑥【수를 세는 단위】 tablét; pil
알– telanjang ¶알몸 tubuh telanjang
알갱이 butir ⊙ 모래 알갱이 butir pasir
알거지 orang melarat ¶알거지가 되다 menjadi melarat; menjadi miskin
알겨먹다 menipu orang yang lemah; meniup; menggelapkan
알곡(-穀) ①【알곡식】 butiran murni tanpa campuran di dalamnya ②【깍지 벗긴】 bijian sekam
알 깍정이 benar-benar kikir; orang yang sangat kikir
알다 ①【일반적으로】 mengetahui; menyaksikan ¶아는 체하다 pura-pura tahu; bicara seakan-akan tahu ②【이해하다】 mengerti; memahami; memaklumi ③【깨닫다·인지하다】 mengenal; menyadari ④【안면이 있다】 berkenalan ¶그를 어떻게 알게 됐느냐 Bagaimana kau 《bisa》 mengenalnya? ⑤【깨닫다】 menyadari ⑥【느껴 알다】 mengenal; merasa; sadar ⑦【미루어 알다】 menyimpulkan ⑧【경험】 ¶슬픔【가난】을 알다 mengetahui duka 【kemiskinan】 ⑨【관여하다】 berhubungan; berkaitan dengan ⑩【…으로 보다】 menganggap ⑪【능력이나 소양이 있다】 tahu; mengerti ¶음악을 알다 mengerti musik ⑫【여기다】 menganggap
알딸딸하다 merasa mabuk
알뜰하다 hémat; berhemat; 【정성스럽다】 sepenuh hati; sungguh-sungguh
알라 Allah
알람 tanda peringatan
알랑거리다 menyanjung; memuji-muji; menjilat
알랑알랑 dengan sanjungan; dengan menjilat
알량하다 【비꼬는 투】 "cukup baik"; "hébat"; "menyenangkan" ¶알량한 놈 orang yang tak berguna
알레그로 【음악】 Alégro
알레르기 alérgi; alégik; perasa tidak suka sama sekali ⊙ 알레르기반응 réaksi alérgi. 알레르기성 질환 penyakit alérgi
알려지다 ①【정보·지식 등이】 diketahui ②【유명해지다】 terkenal
알력(軋轢) perselisihan; percékcokan; permusuhan; pertengkaran; ketidakrukunan
알로하셔츠 keméja aloha
알록달록하다 beranéka warna
알루미늄 aluminium ⊙ 알루미늄새시 kusén jendéla yang terbuat dari aluminium
알리다 memberitahukan; mengumumkan; mengabarkan; memperkenalkan
알리바이 alibi; bukti ada di tempat lain dari pada ditempat terjadinya kejahatan ¶알리바이를 세우다 membuktikan (menyusun) alibi; membuat alibi
알맞다 layak; pantas; cocok; sedang; sesuai; patut ¶신분에 알맞은 cocok dengan posisinya
알맹이 ①【과일 속】 biji ②【내용】 isi; inti; pati; pokok; sari ¶알맹이 없는 tak berisi; kosong
알몸 ⇒ 알몸뚱이, 나체
알몸뚱이 tubuh telanjang ¶알몸뚱이의 telanjang bulat ②【빈털 털이】 tak beruang
알밤 ①【밤톨】 buah berangan; buah kastanye ②【꿀밤】 pukulan

알배기 ikan yang penuh telur
알부민 【생화학】 albumin; putih telur
알사탕(-砂糖) kembang gula yang keras
알선(斡旋) perantaraan; rékoméndasi 알선하다 merekomendasi ⊙ 알선업체 agén pencari (kerja). 알선업자 perantara; pemberi rékoméndasi
알슬다 bertelur; meletakkan telur
알심 ①【동정】 simpati yang tersembunyi ②【힘】 kekuatan tersembunyi ③【고갱이】 inti; sari
알싸하다 sedikit pedas; berasa pedas; berbau pedas tajam
알쏭달쏭하다 samar-samar; meragukan; tidak dapat dipahami ¶알쏭달쏭한 말을 하다 menghindari pokok masalah
알씬거리다 menjilat
알아내다 menemukan; mendapatkan; mengetahui; mencari; mendétéksi; melacak
알아듣다 mengerti; memahami; mengenali
알아맞히다 menebak; menerka dengan benar
알아보다 ①【조사하다】 menanyakan; mencari; menyelidik ②【확인】 meyakinkan ③【기억하다】 mengenal; kenal ④【찾다】 mencari ¶취직자리를 알아보다 mencari pekerjaan
알아주다 ①【인정하다】 menghargai; mengenal; mengerti ②【이해하다】 memaklumi; mengerti
알아차리다 menyadari sebelumnya
알아채다 menyadari; mengenali; merasakan
알아 하다 melakukan tanpa disuruh; melakukan dengan kebijaksanaan ¶알아 해라 Lakukan sesukamu.
알알이 telur demi telur; butir demi butir; buah demi buah
알알하다 ①【상처 등이】 terasa gatal ②【맵다】 tersengat; terbakar; pedas; tajam¶ 혀가 알알하다 lidah berasa pedas (tersengat)
알약(-藥) tablét
알은체 ①【남의 일에】 perhatian; keprihatinan; keikut campuran 알은체하다 ikut campur; mencampuri; memperhatikan ②【사람을 보고】 pengakuan; pengenalan 알은체 하다 mengakui; mengenal
알음알음 ①【아는 관계】 saling kenal ②【친분】 keakraban
알젓 telur ikan berbumbu (yang diasinkan)
알짜 barang yang terbaik; inti sari; pilihan; ésénsi; pokok
알짝지근하다 terasa sedikit pedas; agak pedas
알짱거리다 berkeliaran memperdayakan orang dengan menjilat
알차다 bernas; berarti; penuh makna
알츠하이머병(病) penyakit *alzheimer* ¶알츠하이머병에 걸리다 menderita *alzheimer*
알칼리 alkali ¶알칼리성 반응 réaksi alkali/ 알칼리토양 tanah alkali
알코올 【화학】 alkohol ¶알코올성의 bersifat alkohol ⊙ 알코올음료 minuman beralkohol. 알코올중독 alkoholisme; racun alkohol. 알코올중독자 pecandu alkohol
알토 【음악】 nada suara alto ⊙ 알토가수 penyanyi alto
알토란같다(-土卵-) yang berharga
알통 otot lengan sebelah atas
알파 alfa; alpha ⊙ 알파선 sinar alfa. 알파입자 partikel alfa
알파벳 abjad; alfabét ¶알파벳순【順】 menurut abjad
알파인 yang berhubungan dengan pegunungan
알파카 【동물】 alpaka
알프스 Alpen ⊙ 알프스산맥 pegunungan Alpen
알피니스트 pendaki gunung
알현하다(謁見-) menghadap raja
앓는 소리하다 mengeluh; mengerang; berpura-pura sakit
앓다 ①【병을】 sakit ¶이를 앓다 menderita sakit gigi ②【근심으로 괴로워하다】 menderita sakit; tertekan (terganggu) dengan; merasa terganggu atas ¶골치를 앓다 menderita sakit kepala
암 ①【자성(雌性)】 betina ②【기와 등의】 lekok; bagian dalam
암 tentu saja; mengapa tidak
암(癌) ①【질병】 kanker ¶암세포 sél kanker ②【폐단 · 화근】 sumber masalah; sumber petaka; sumber penderitaan

암갈색(暗褐色) coklat tua
암거(暗渠) selokan di bawah jalan ⊙ 암거배수 pembuangan air melalui selokan di bawah jalan
암거래(暗去來) perdagangan (transaksi di) pasar gelap; perdagangan (transaksi bisnis) yang tak sah; perdagangan terselubung; perjanjian di bawah (di belakang) layar 암거래하다 jual beli dengan gelap ⊙ 암거래 상 pedagang pasar gelap
암기(暗記) 암기하다 menghafal ⊙ 암기과목 pelajaran hafalan. 암기력(力) daya ingatan
암꽃술 【식물】 putik bunga ⟪bunga betina⟫
암내 ①【발정기의 암컷의 몸에서 나는 냄새】 bau badan betina yang birahi ¶암내 내다 sedang birahi ②【겨드랑이에서 나는 냄새】 bau ketiak yang keras; bau badan
암놈 perempuan; wanita
암달러(暗-) harga dolar di pasar gelap ⊙ 암달러상인 pedagang dolar di pasar gelap
암담하다(暗澹-) suram; muram ¶전도가 암담하다 masa depan tampak suram (kelabu; kelam)
암류(暗流) arus bawah
암만해도 dalam segala hal; dari segala sudut pandang
암매매(暗賣買) perdagangan secara gelap 암매매하다 berdagang secara gelap
암매장하다(暗埋葬-) mengubur mayat secara rahasia
암모니아 zat kimia (unsur) amoniak ⊙ 암모니아수 cairan amoniak
암묵(暗默) kesunyian; keheningan ¶암묵리에 diam-diam; tak diucapkan; dengan diam
암반(岩盤) tebing ⊙ 천연 암반 수 air tebing alami
암벽(岩壁) dinding karang; tebing ⊙ 암벽등반 pendakian tebing
암산(暗算) hitung di luar kepala 암산하다 menghitung di luar kepala
암살(暗殺) pembunuhan 암살하다 membunuh ¶암살당하다 terbunuh ⊙ 암살계획 rencana pembunuhan. 암살미수 percobaan pembunuhan yang tak berhasil. 암살자 pembunuh
암상 kecemburuan; perasaan iri hati 암상궂다, 암상스럽다 iri hati; cemburu ¶암상떨다, 암상내다 ⇒ 암상부리다 ⊙ 암상꾸러기 orang yang beriri hati
암상부리다 menunjukkan kecemburuan
암상피우다 ⇒ 암상부리다
암석(岩石) wadas; cadas ¶암석이 많은 bercadas; berbatu-batu ⊙ 암석층 lapisan batuan. 암석학 pétrologi
암송하다(暗誦-) hafalan; menghafal⟪kan⟫
암수 betina dan jantan
암수(暗數) ⇒ 속임수 akal; muslihat ¶암수를 쓰다 menipu; memperdayakan/암수에 걸리다 terjebak; terpikat; terpancing
암술 【식물】 putik; bakal buah
암시(暗示) petunjuk; isyarat; kesan; bisikan. ilham; sugésti 암시하다 mengisyaratkan; memberi isyarat ¶암시적인 sugéstif/암시를 주다 memberi isyarat (petunjuk) ⊙ 자기 암시 isyarat diri; sugésti pada diri sendiri
암시세(暗時勢) harga pasar gelap
암시장(暗市場) pasar gelap
암실(暗室) kamar gelap
암암리에(暗暗理) diam-diam; tak diucapkan; secara diam-diam
암야(暗夜) malam yang gelap ⊙ 암야공포증 nyétophobia
암약(暗躍) aktivitas (tindakan) di belakang layar; kegiatan (tindakan-tindakan) rahasia 암약하다 bertindak rahasia; aktif di belakang layar; terlibat dalam kegiatan-kegiatan rahasia
암염(岩鹽) 【광물】 garam batu
암영(暗影) bayangan gelap; suram; 【장애】 halangan; rintangan; hambatan
암운(暗雲) kabut (awan) hitam ¶암운이 감돌다 awan hitam menyelubungi; awan kelabu menggantung
암울하다(暗鬱-) suram; redup
암유(暗喩) métafora ¶암유 적(으로) bersifat métafora
암자(庵子) ①【작은 절】 kuil kecil Budha ¶암자를 짓다 membangun kuil kecil ②【중의 거처】 pondok pertapaan
암자색(暗紫色) ungu tua

암장하다(暗葬-) mengubur secara diam-diam (secara sembunyi; dengan diam)
암죽(-粥) bubur nasi éncér
암중(暗中) dalam kegelapan; dalam kebingungan ⊙ 암중모색: 암중모색하다 mencari dalam gelap; meraba-raba dalam kegelapan
암초(暗礁) batu karang ⟪di dalam air⟫ ¶ 암초에 부딪치다 (걸리다) membentur batu karang; menabrak karang
암치질(-痔疾) pendarahan di dalam
암캉아지 anak anjing betina
암캐 anjing betina
암컷 betina
암키와 genténg (genting) cembung
암닭 ayam betina
암퇘지 babi betina
암투(暗鬪) perjuangan diam-diam; permusuhan rahasia 암투하다 berjuang diam-diam; berseteru diam-diam
암팡스럽다 ①【몸집 작은 사람이】 agrésif; bersemangat; gesit ②【서술적】 énergik; kuat; gesit; aktif ¶암팡스럽게 밥을 먹다 makan dengan lahap
암팡지다 ⇒ 암팡스럽다
암펄【암벌】 lebah betina; ratu lebah
암페어 ampér ⊙ 암페어계 alat pengukur ampér
암평아리【암 병아리】 anak ayam betina
암표(暗票) tikét ilégal ⊙ 암표상 calo (pialang) karcis
암행(暗行) perjalanan secara diam-diam 암행하다 bepergian dengan rahasia (menyamar); melakukan perjalanan secara diam-diam ⊙ 암행어사 utusan (wakil) rahasia raja; pengawas kerajaan secara diam-diam
암호(暗號) sandi; kode; tanda; isyarat; kata (sapaan) rahasia ¶암호를 풀다(해독하다) membaca sandi ⊙ 암호전보(暗號電報) télégram kode (sandi). 암호해독 pemecahan kode (sandi)
암흑(暗黑) kegelapan ¶암흑의 gelap ⊙ 암흑가 dunia *penjahat; dunia kejahatan;* dunia kriminal. 암흑시대 zaman kegelapan
압권(壓卷) bagian terbaik ⟪sebuah buku⟫; karya agung; karya terbaik
압도하다(壓倒-) melebihi; mengungguli; mengatasi; menanggulangi; menguasai
압력(壓力) ①【물리적】 tekanan ¶압력을 가하다 menekan; mendesak ②【권력 · 세력 등에 의한】 tekanan; paksaan ¶압력을 가하다 memaksa; menekan ⊙ 압력계 manométer. 압력단체 kelompok penekan. 외부압력 tekanan luar
압류(押留) penyitaan 압류하다 menyita ¶ 물품을 압류하다 merampas (menyita) barang-barang /압류당하다 disita harta milik/압류딱지를 붙이다 menémpélkan cap sitaan pada barang-barang ⊙ 압류영장 surat perintah penyitaan. 압류 품 barang sitaan. 가(假)압류 penyitaan (penarikan pajak) provisional: 가압류하다 menyita (mengambil) harta orang lain untuk sementara
압박(壓迫) tekanan; penindasan; tindasan 압박하다 menekan; menindas ¶압박을 받다 ditekan; ditindas ⊙ 압박감 perasaan tertekan. 압박민족 ras(bangsa; orang-orang) yang tertekan: 피압박민족 bangsa yang tertindas
압사하다(壓死-) tertimpa mati; tergencét sampai mati
압살하다(壓殺-) menekan sampai mati
압송하다(押送-) mengirim ⟪penjahat⟫ ke penjara
압수(押收) perampasan; penyitaan; pengambil alihan 압수하다 merampas; menyita; mengambil alih ⊙ 압수품 barang sitaan. 압수수색 영장 surat perintah penyitaan dan pencarian; surat keputusan penggeledahan dan penyitaan
압승(壓勝) kemenangan yang gemilang 압승하다 mendapat kemenangan besar; menang besar; menang sapu bersih (mutlak)
압정(押釘) paku payung; paku rebana
압제(壓制) tindasan; paksaan; tirani; kelaliman 압제하다 menindas ¶압제적 lalim; kejam ⊙ 압제자 penindas. 압제정치 politik kelaliman (penindasan) rakyat
압지(壓紙) kertas pengisap tinta; kertas penyedot
압착(壓搾) tekanan 압착하다 menekan ⊙ 압착기 alat penekan

압축(壓縮) ①【부피의】 komprési; tekanan; pengembunan 압축하다 memadatkan; memampatkan; mengembunkan ②【파일 · 프로그램 등의】 padat; nampat ¶파일을 압축하다 memampatkan dokumén ⊙ 압축가스【공기】 gas【udara】 mampat. 압축기 kompresor; pemampat

앗 Ya ampun!; Astaga! ya, Tuhan!

앗다 ①【빼앗다】 merampas sesuatu; (지위 · 권리를) mencabut ((gelar, hak-hak)); (주의나 마음을) memikat ¶목숨을 앗다 mengambil nyawa ②【씨를 빼다】 memisahkan biji

앗아가다 menjambrét

앗아라 jangan; hentikan

앙가슴 bagian tengah dada

앙갚음하다 membalas dendam; melepaskan dendam (itikad buruk) pada

앙글방글 ①【아기의 웃음】 ((senyum anak)) dengan manis; dengan berseri-seri ②【선웃음】 dengan senyum dibuat-buat; dengan senyum tak tulus

앙금 endapan; ampas; sempelah ¶앙금이 앉았다 ampas ditumpuk di dasar

앙금앙금 merangkak; merayap; bergerak pelan

앙등(昂騰) kenaikan yang melonjak; aprésiasi 앙등하다 naik dengan melonjak; membubung tinggi; meloncat tinggi

앙망하다(仰望-) mengharapkan; berharap sangat

앙모하다(仰慕-) mengagumi; memuja

앙버티다 bertahan sampai akhir

앙상블 ①【전체적인 조화】 énsambel ¶앙상블을 이루다 membentuk énsambel ②【합주단】 énsambel

앙상하다 ①【살이 빠져서】 kurus kering dan cekung ②【나무가】 gundul; telanjang

앙숙이다(怏宿-) hidup seperti anjing dan kucing

앙심(怏心) dendam; dendam kesumat; kebencian; permusuhan ¶앙심을 품다 menaruh dendam

앙앙하다(怏怏-) tak puas; tak bersemangat; kecéwa; tak bahagia ¶앙앙 불락하다 merasa tak puas; kecéwa; tak puas

앙양(昂揚) kenaikan; pengangkatan; peningkatan 앙양하다 menaikkan; meningkatkan; mengangkat

앙증맞다, 앙증스럽다 mungil

앙천대소하다(仰天大笑-)tertawa terbahak-bahak; tertawa keras; tertawa tergelak-gelak

앙칼지다, 앙칼스럽다 agrésif; kasar; tajam; judes; berapi-api

앙케트 kuisionér; angkét; daftar pertanyaan

앙코르 nyanyian ulang ¶앙코르를 청하다【받다】 meminta【menerima】 nyanyian ulang

앙큼하다 lihai; cerdik; pintar

앙탈하다, 앙탈부리다 mencoba menghindari apa yang benar; menggerutu ¶공연히 앙탈하다 menggerutu terhadap hal tak berarti

앞[1] ①【전면】 bagian depan; yang depan ¶바로 앞(에) ((tepat)) di depan ②【행렬 · 순서의】 pertama; depan ③【면전 · 대중 앞】 publik; kehadiran ④【미래】 masa depan; masa datang ⑤【몫】 bagian; kuota; jatah ⑥【먼저】 ¶앞에서 말한 바와 같이 sebagaimana telah kami katakan di atas; sebagaimana dijelaskan sebelumnya ⑦【눈 앞】 apa yang berada di depan mata ⊙ 앞줄 baris terdepan

앞[2] ①【편지 등의】 dialamatkan (ditujukan) ¶당신 앞으로 편지가 왔다 Ada surat untuk anda. ②【어음 등의】 menarik rékening atas nama

앞가슴【흉부】 dada

앞길 ①【갈 길】 jalan di depan; jalan yang dituju; jalan yang harus ditempuh; perjalanan di depan ②【전정 · 전망】 masa depan; prospék

앞날 hari-hari di depan (mendatang); masa depan; tahun-tahun (hari-hari) tersisa; sisa hidup

앞니 gigi depan

앞다리 ①【네발짐승의】 kaki depan ②【집】 rumah (kediaman) yang baru untuk pindah ¶앞다리를 정해놓고 집을 팔다 menjual rumah setelah mendapatkan yang baru ③【중개인】 perantara; agén

앞 다투다 berebut

앞당기다 memajukan ⟪tanggal⟫; mempercepat
앞대문(-大門) pintu gerbang depan
앞뒤 ①【위치】 muka (depan) dan belakang ¶앞뒤를 둘러보다 melihat sekeliling; melihat kedua arah ②【순서 · 도리】 susunan; urutan; konsekuénsi ¶앞뒤 생각없이 tanpa pikir; tanpa menghiraukan (mempedulikan) akibat/앞뒤가 닿다 konsisten; konsekuén
앞뒷집 tetangga ¶앞뒷집에 살다 ⟪hidup⟫ saling bertetangga
앞뜰, 앞마당 taman depan
앞 못 보다 ①【소경】 buta ②【무식】 tak acuh
앞면(-面) sisi depan
앞문(-門) pintu gerbang depan
앞바퀴 roda depan
앞발 kaki depan
앞산(-山) gunung di muka ⟪rumah⟫
앞서 ①【이전에 · 지난번】 lebih dulu; sebelumnya ②【먼저】 mendahului; lebih dulu; lebih dini; diutamakan dari ¶남보다 앞서가다 pergi mendahului (melampaui) yang lain
앞서다 ①【앞에 서다】 mendahului; meléwati; melampaui ¶곧 뒤따라 갈 테니 앞서 가세요 Jalan saja duluan. Saya akan menyusul nanti. ②【감정 등이】 datang sebelum; mendahului ③【순위 · 점수 등이】 mendahului; memimpin ¶경기에 앞서다 memimpin dalam perlombaan
앞세우다 ①【앞에 서게 하다】 memberikan prioritas; mendahulukan; membiarkan di muka ②【손아래 식구를 먼저 여의다】 bertahan hidup lebih lama; hidup lebih lama
앞이마 dahi; kening
앞일 hal yang akan datang; masa depan
앞자락 bagian depan (ujung) pakaian
앞자리 ①【좌석】 kursi di bagian depan ②【숫자 · 번호】 ¶비밀 번호 앞자리 두 개를 입력해주세요 Masukkan dua digit nomor idéntifikasi pribadi Anda.
앞잡이 ①【길잡이】 pemandu; penunjuk jalan ②【끄나풀】 kaki tangan; agén; alat ¶앞잡이가 되다 diperalat
앞장 kepala; pemimpin ¶앞장을 서다 berdiri di depan; memimpin
앞지르다 【추월하다】 ①【사람 · 차 등을】 mendahului yang lain; melampaui ¶훨씬 앞지르다 jauh melampaui ②【경쟁 등에서】 mengalahkan; menang atas ¶앞지름을 당하다 (전문 분야에서) dikalahkan oléh orang lain
앞집 rumah di depan
앞차(車) mobil di depan
앞치마 celemék; rok kerja
애[1] ①【창자】 isi perut ¶애를 끊다 menyayat (merobék) hati ②【수고로움】 usaha; masalah; daya upaya ¶애를 쓰다 berusaha keras; bekerja keras ③【초조한 마음】 kecemasan; kekhawatiran ¶애가 타다 cemas; gugup; resah diri; tidak tenang; terganggu; tak sabar; meresahkan
애[2] 【아이의 준말】 ⇒ 아이
애– ①【어린】 masih kecil ⟪bayi⟫ ②【앳된】 hijau; mentah; tak déwasa; tak berpengalaman ¶애송이 wajah baru; orang baru ③【첫】 anak pertama
애가(哀歌) Elegi; Ratapan
애개(개) Ampun ¶애개 이렇게 조금만 주니 Ampun, sedikit sekali kau beri aku.
애걸하다(哀乞-) meminta; memohon
애고대고하다 menangis dan meratap
애곡하다(哀哭-) meratapi; meratap; menangis
애견(愛犬) anjing peliharaan ⊙ 애견인 pecinta anjing
애교(愛嬌) keatraktifan; daya tarik; daya pesona ¶애교 있는 menarik; mempesona; atraktif; menawan hati/애교부리다 bersikap atraktif; menunjukkan keramahan; menyenangkan orang
애교심(愛校心) cinta almamater
애구 Oh! Masya Allah!
애국(愛國) patriotisme; cinta tanah air ¶애국적 patriotik ⊙ 애국가 lagu kebangsaan; lagu patriotik. 애국심 semangat patriotik. 애국자 patriot; pecinta tanah air
애기 【아기】 bayi
애꾸 【눈】 pecak; buta sebelah; 【사람】 orang yang pecak (buta sebelah); orang bermata satu ¶애꾸눈의 bermata satu

애꿎다 teraniaya secara tak semestinya ¶ 애꿎은 사람 orang yang tak bersalah
애끓다 merasa gusar; resah; cemas; tak tenang; gugup; resah diri
애늙은이 orang muda yang tampak (bersikap) seperti orang tua
애니메이션 animasi
애니미즘 animisme
애달다 resah; tak sabar; mencemaskan
애달프다 memilukan; menyayat hati: masygul; penuh derita; menyedihkan; merasa sakit di hati
애당초(-當初) ⇒애초
애도(哀悼) belasungkawa; duka cita; perkabungan 애도하다 berbelasungkawa; berdukacita; berkabung; meratapi ¶애도의 뜻을 표하다 menyatakan belasungkawa
애독(愛讀) 애독하다 asyik membaca ⊙ 애독서 buku favorit. 애독자 pembaca tetap; pembaca setia; pelanggan
애드리브 improvisasi
애드벌룬 iklan bola; balon réklame
애련(哀憐) keharuan 애련하다 kasihan; mengharukan ¶애린의 정(情) rasa kasihan
애로(隘路) masalah; rintangan; jalan sempit ¶애로를 타개하다 mengatasi masalah ⊙ 애로 사항 kesulitan; kesusahan
애림(愛林) konservasi hutan ⊙ 애림녹화【게시】 "Jagalah kehijauan pohon."; "Selamatkan pohon-pohon."
애마(愛馬) kuda kesayangan
애매(曖昧) 애매하다 samar-samar; ragu-ragu; meragukan; tak menyatakan pendapat; tidak yakin; tak pasti ¶애매한 태도를 취하다 bersikap tak pasti (ragu-ragu); bersikap tidak tegas
애매하다 dituduh (dicurigai) secara keliru (secara tak beralasan)
애먹다 mengalami kesulitan; mengalami masa-masa yang sukar; bermasalah; tak bisa mengatasi; habis daya; tak berdaya
애먹이다 menggoda; mengganggu; membingungkan; membuat habis daya; membuat hilang akal; memberi banyak masalah
애먼 ①【엉뚱한】 dibuat-buat; dibikin-bikin ②【죄 없는】 tak bersalah; tak terlibat; dituduh secara keliru
애모(愛慕) 애모하다 terpikat pada; cinta; rindu; berhasrat ¶애모를 받다 dicintai oléh
애무하다(愛撫-) membelai; memanjakan; menimang
애물 ①【애태우는 것】 kecemasan; sumber kegelisahan ②【죽은 자식】 putera yang mati muda
애물단지 gangguan; susah; réwél
애벌 ①【대충 만진 것】 hasil kerja kasar (sementara; dangkal) ②【부사적】 secara kasar; secara sementara ③⇒ 초벌 ①¶ 애벌 찌다 memanaskan pertama kali (awal) ⊙ 애벌빨래 pencucian pertama; pencucian kasar. 애벌일 kerja kasar; kerja sementara. 애벌칠(-漆) lapisan bawah, lapisan dasar; lapisan pertama
애벌레 larva
애브노멀 tak normal; tak alami
애사(哀史) cerita sedih; kisah sedih; sejarah sedih
애사심(愛社心) ¶애사심이 강하다 sangat setia kepada perusahaan
애상(哀傷) duka 애상하다 berduka
애서다 mengandung; hamil
애석하다(哀惜-) sedih; menyedihkan; memilukan; disesalkan
애송(愛誦) 애송하다 suka membacakan puisi; gemar bersyair (berpantun) ⊙ 애송시 sajak yang digemari
애송이 orang muda; orang baru; pemuda yang masih blm berpengalaman
애수(哀愁) kesedihan dan kekhawatiran ¶ 애수에 잠기다 dilanda duka
애시당초(-當初-) ⇒ 애초
애쓰다 ①【힘쓰다】 berdaya; berpayah-payah; berjerih payah; berikhtiar ¶ 애쓴 보람이 없다 bekerja sia-sia; bekerja tanpa hasil ②【힘을 바치다】 melayani; memberi pelayanan
애연가(愛煙家) perokok; orangyang merokok secara teratur (secara kebiasaan)
애오라지 satu-satunya; hanya
애완(愛玩) 애완하다 menyayangi ((binatang)) ¶애완용으로 sebagai binatang

(burung) peliharaan ⊙ 애완동물 binatang peliharaan
애욕(愛慾) cinta (asmara) dan nafsu
애용(愛用) 애용하다 menggunakan selalu; memakai secara tetap ¶애용의 favorit; kegemaran ⊙ 애용자 pemakai tetap: pelanggan
애원(哀願) 애원하다 memohon dengan sangat; meminta; memohon ⊙ 애원하는 사람 pemohon
애음하다(愛飮-) minum secara teratur (secara kebiasaan)
애인(愛人) kekasih; pacar
애잔하다 sangat sedih; rapuh
애장하다(愛藏-) menyimpan dengan penuh perhatian
애절하다(哀切, 哀絕-) menyentuh hati; sedih; kedukaan
애정(愛情) cinta; muhibah; kasih sayang ¶애정을 품다(가지다) memiliki cinta; merasa cinta (mesra); memiliki perasaan sayang
애제자(愛弟子) murid kesayangan; siswa yang paling disukai
애조(哀調) mélodi sedih ¶애조를 띤 bernada sedih
애족(愛族) kecintaan bangsa ⊙ 애국 애족 pengabdian pada negara dan rakyat; cinta kepada tanah air dan bangsa
애주(愛酒) 애주하다 gemar (suka) minum minuman keras ⊙ 애주가 orang yang suka minum minuman keras
애중(愛重) ⇒ 애지중지(愛之重之)
애증(愛憎) cinta dan benci
애지중지하다(愛之重之-) mencintai dan menghargai
애착(愛着) kasih sayang; cinta ¶…에 애착을 가지다 terikat pada; tertarik pada/애착을 느끼게 되다 tertambat hati
애창(愛唱) 애창하다 suka menyanyikan ⊙ 애창곡 lagu kesayangan
애처(愛妻) istri yang disayangi ⊙ 애처가 suami yang setia
애처롭다 mengharukan; menyedihkan; mendukakan ¶애처롭게 여기다 tersentuh rasa iba; merasa kasihan (iba)
애첩(愛妾) selir kesayangan; wanita simpanan
애초 awal; asal; yang pertama ¶애초에 pada awalnya; pada mulanya
애칭(愛稱) nama kesayangan
애타(愛他) mementingkan keuntungan orang lain ¶애타적 bersifat mementingkan orang lain⊙ 애타심 faham mengutamakan kepentingan orang lain
애타다 merasa gelisah; merasa cemas; gugup
애태우다 khawatir; cemas akan; mengkhawatirkan; membuat khawatir ¶부모를 애태우다 membuat khawatir (mengkhawatirkan) orang tua
애통(哀痛) 애통하다 meratapi; menyesali ¶애통할 patut disesalkan; patut diratapi
애티 hal (sifat) kekanak-kanakan ¶애티를 벗다 bertumbuh déwasa
애프터서비스 layanan purna jual; layanan tindak lanjut
애플리케이션 surat lamaran; permintaan
애피타이저 yang merangsang seléra
애호(愛好) cinta; kesukaan; kegemaran 애호하다 mencintai; menyukai; gemar akan; menjadi pengabdi (pecinta) ⟪musik, memancing⟫; senang sekali pada ⟪olahraga⟫ ⊙ 애호가 penggemar; pecinta
애호(愛護) 애호하다 mencintai dan melindungi; merawat; melindungi dengan perawatan yang baik; bersikap baik ⟪pada⟫⊙동물애호협회 Badan Pencegahan Kekejaman terhadap Héwan
애호박 labu muda
애화(哀話) cerita sedih
애환(哀歡) suka dan duka
액(厄) malang ¶액을 쫓아내다 menghalau sétan; mengusir roh jahat
액(液) cairan
-액(額) 【금액】 jumlah ¶생산액 jumlah produksi; volume produksi
액년(厄年) tahun buruk
액달(厄-) bulan buruk
액땜하다(厄-) meloloskan diri dari nasib buruk (nasib malang)
액막이(厄-) 【민속】 pencegahan nasib buruk; pengusiran roh jahat 액막이하다 mencegah nasib buruk

액면(額面) nilai nominal; nilai yang tertulis ¶액면이상으로【이하로】 di atas【di bawah】 nilai nominal/말을 액면그대로 받아들이다 menerima ucapan ((seseorang)) begitu saja

액모(腋毛) bulu ketiak

액세서리 perhiasan

액세스 jalan masuk; barang tambahan; alat ékstra

액셀 【액셀러레이터】 akselerator; alat mempercepat; pédal gas ¶액셀을 밟다 menginjak pédal gas

액션 laga; aksi ⊙ 액션 영화 film laga

액수(額數) jumlah

액운(厄運) nasib buruk; kesialan ¶액운을 만나다 mengalami kemalangan (nasib buruk)

액자 bingkai foto ¶액자에 끼우다 memasang ((gambar)) pada kerangka

액자(額子) géntél; huruf-huruf yang tertulis pada papan penanda

액정(液晶) kristal cair ⊙ 액정 화면 LCD layar kristal cair

액즙(液汁) sari buah

액체(液體) cairan ⊙ 액체연료 bahan bakar cair

액화(液化) pencairan 액화하다 mencairkan ¶액화 되다 menjadi cairan ⊙ 액화석유가스 gas minyak cair; élpiji (LPG). 액화천연가스 gas alam cair(LNG)

앤티크 barang antik

앨리트 élite; golongan atas; orang-orang terkemuka

앨범 ①【사진첩】 album; buku foto ¶접착식 앨범 album berlém/ 포켓 식 앨범 album dengan selipan ②【음반】 album ¶새로운 앨범 album baru

앰블런스 ambulans

앰프 amplifier; pengeras suara

앳되다 ¶그는 나이에 비해 앳돼 보인다 Dia terlihat muda untuk seusianya.

앵[1] 【소리】 suara mengaung (mendengung-dengung)

앵[2] 【불쾌할 때】 Oh!; Cih!

앵글 sudut; segi

앵돌아지다 mendongkol; merongséng

앵두 buah ceri

앵무새(鸚鵡-) nuri

앵벌이 【사람】 pengemis

앵앵하다, 앵앵거리다 suara mengaung; berdengung

앵커 jangkar; pembaca berita utama ⊙앵커맨 tokoh télévisi

앵콜 ⇒ 앙코르

야(野) oposisi ⊙ 야당 partai oposisi

야 【놀람】 Astaga!; Masya Allah!; Hui!

야간(夜間) waktu malam ¶야간에((는)) pada malam hari ⊙ 야간경기 pertandingan malam hari. 야간영업((게시)) Dibuka tiap malam. *atau* Tetap buka. 야간통행금지 jam malam

야경(夜景) pemandangan malam hari

야경(夜警) jaga malam 야경하다 berjaga malam; meronda pada malam hari ¶야경 돌다 meronda di malam hari ⊙ 야경꾼 penjaga malam

야곡(夜曲) musik rayuan

야광(夜光) ¶야광의 kilau malam hari ⊙ 야광도료 cat berkilau (bercahaya). 야광시계 jam berkilau. 야광충(蟲) kunang-kunang

야구(野球) bisbol ⊙ 야구선수 pemain bisbol. 야구장 lapangan bisbol. 야구 열 demam (mania) bisbol

야권(野圈) oposisi; partai oposisi

야근(夜勤) kerja malam; tugas malam 야근하다 bekerja pada malam hari; lembur ⊙ 야근수당 tunjangan kerja malam; tunjangan lembur

야금(冶金) métalurgi ⊙ 야금술 téknik métalurgi. 야금학자 ahli métalurgi

야금야금 ①【조금씩 먹는 모양】 sedikit demi sedikit ②【침입】 masuk secara bertahap

야기(夜氣) udara malam; dinginnya malam

야기하다(惹起-) menyebabkan; mengakibatkan; membangkitkan

야뇨증(夜尿症) ¶야뇨증이 있다 mengompol waktu tidur

야누스 ¶그는 야누스의 얼굴을 갖고 있다 Dia seorang bermuka dua.

야단(惹端) ①【소동 · 소란】 kegemparan; kegaduhan; huru-hara 야단하다 membuat keributan; membuat kegégéran (gangguan); ribut; berteriak ②【꾸짖음】

teguran 야단하다 memaki-maki; mengoméli ¶야단을 맞다 dimaki; dioméli; ditegur ③【곤란 · 낭패】 permasalahan; kesulitan ¶야단나다 dalam kesulitan; kesusahan

야단법석 keributan; kerepotan kegaduhan 야단법석하다 ribut; répot; gaduh

야담(野談) vérsi cerita sejarah yang tidak resmi

야당(野黨) partai oposisi ⊙ 야당당수 pemimpin oposisi. 야당통합 penggabungan partai-partai oposisi

야독하다(夜讀-) membaca di malam hari; belajar sampai larut malam

야드 yard (=3 feet, 0.9114 méters)

야들야들하다 lembut dan lemah; lembut dan bercahaya

야료(惹鬧) gangguan ¶야료를 부리다 bersikap kasar; membuat keributan; meneriaki

야릇하다 anéh; ganjil ¶야릇한 기분이 들다 merasa anéh

야리다 ⇒ 여리다

야만(野蠻) ¶야만적 biadab; barbar ⊙ 야만인 orang biadab. 야만행위 tindakan biadab

야망(野望) ambisi ¶야망 있는 berambisi; ambisius

야맹증(夜盲症) rabun senja

야멸스럽다, 야멸차다 hati dingin; tidak berperasaan

야무지다 tegas; kuat; kukuh ¶솜씨가 야무지다 gesit; ringan tangan; tangkas

야물다 ①【씨 등이】 matang; masak ②【일 등이】 kuat; padat; siap; aman; mapan

야바위 tipu daya; kelicikan ¶야바위에 걸리다 ditipu; dikecoh; menjadi korban penipuan ⊙ 야바위꾼 orang yang licik; penipu; pembohong

야박(野薄) 야박하다 tidak berperasaan; tidak acuh; dingin hati ¶야박하게 굴다 bersikap kejam; keras pada

야반(夜半) ¶야반에 di tengah malam

야반도주하다(夜半逃走-) melarikan diri di tengah malam secara sembunyi

야밤(夜-) tengah malam

야번(夜番) jaga malam; tugas malam; 【사람】 penjaga malam

야비하다(野卑-) kasar; tidak sopan; kurang ajar

야사(野史) sejarah yang tidak resmi

야산(野山) bukit kecil

야살 kekesalan; kejengkelan; kemarahan; suka mengeluh ¶야살 떨다 ⇒ 야살부리다 ⊙ 야살(장)이 orang yang suka mengeluh; pengumpat

야살부리다 bersikap munafik (pura-pura); berbuat menipu

야생(野生) ¶야생의 liar; tidak jinak; buas; jalang ⊙ 야생동물 héwan (binatang) liar. 야생식물 tumbuhan liar

야성(野性) sifat liar ¶야성적(인) liar; kasar; buas ⊙ 야성미(美) kecantikan yang kasar (alami)

야속하다(野俗-) kasar; berhati dingin

야수(野獸) binatang buas; satwa liar ¶야수 같은 seperti binatang; kejam; bengis ⊙ 야수성 kebuasan; kesadisan. 야수파 (미술) Fauvism

야습(夜襲) serbuan di malam hari 야습하다 menyerbu (menyerang) di malam hari ¶야습을 당(當)하다 diserang pada malam hari

야시장(夜市場) pasar malam

야식(夜食) makanan tengah malam; sahur

야심하다(夜深-) larut malam; tengah malam

야심(野心) ambisi; hasrat; cita-cita ¶야심 있는 berambisi; bercita-cita ⊙ 야심가 orang yang berambisi. 야심작 karya yang ambisius

야업(夜業) tugas malam ⊙ 야업수당 upah kerja malam

야영(野營) perkémahan 야영하다 berkémah ⊙ 야영지 (장) tempat perkémahan

야옹 ngéong; méong ¶야옹하고 울다 mengéong

야외(野外) lapangan; halaman yang luas; lapangan terbuka ⊙ 야외극장 téater terbuka

야위다 kurus; menjadi kurus (ceking; kurus kering) ¶몹시 야위다 kurus sekali; kerémpéng; sangat kurus sehingga tulang rusuk tampak menonjol

야욕(野慾) ambisi

야유회(野遊會) piknik; darmawisata; pe-

siar ¶야유회를 가다 berpiknik; pergi piknik
야유(揶揄) cemoohan; éjékan 야유하다 mencemoohkan; mengéjék; meneriaki
야음(夜陰) malam yang gelap ¶야음을 틈타 di balik kegelapan ((malam)); di bawah tabir malam; mengambil keuntungan (memanfaatkan) kegelapan
야인(野人) ①【시골 사람】 orang désa; orang kampung ②【조야한】 warga nétral ((tidak masuk partai)) ③【벼슬 않는】 orang tanpa jabatan; orang awam
야자(椰子) ((pohon)) kelapa; ((pohon)) nyiur ⊙ 야자수 pohon kelapa. 야자열매 buah kelapa. 야자유 minyak kelapa
야적(野積) penyimpanan udara terbuka ⊙ 야적장 halaman penyimpanan terbuka
야전(野戰) operasi lapangan (médan) ⊙ 야전군 tentara lapangan (médan). 야전병원 rumah sakit lapangan (médan). 야전포병 artileri médan
야조(夜鳥) burung malam
야차(夜叉) 【민속】 yaks(h)a ((Sansekérta)); iblis; sétan
야찬(夜餐) makan malam
야채(野菜) sayur-mayur; sayur-sayuran yang hijau ¶야채를 가꾸다 menanam sayur-sayuran ⊙ 야채가게 kedai sayur. 야채밭 kebun sayuran. 야채샐러드 selada sayur. 야채스프 sayur lodéh
야코죽다 merasa kecil; terkagum-kagum
야쿠자 yakuza
야트막하다 agak rendah
야포(野砲) artileri médan ⊙ 야포대(隊) satuan artileri (bantuan) tempur
야하다(冶-) ①【난하다】 ((pakaian yang)) menyolok; ménor ¶야한 옷 pakaian yang norak/이 옷은 내겐 너무 야하다 Pakaian ini terlalu menyolok (norak) untuk saya. ②【속되다】 vulgar; séksual
-야하다 harus; mesti; seharusnya
야학(夜學) sekolah malam; kelas malam ¶야학에 다니다 bersekolah malam
야합(野合) hubungan gelap; penyeléwéngan 야합하다 mengadakan hubungan gelap; menyeléwéng
야행(夜行) perjalanan malam; perjalanan setelah hari gelap 야행하다 berjalan malam hari ⊙야행성 kebiasaan nokturnal. 야행성 동물 binatang malam
야호 hooray; hurray; hore ¶야호, 우리가 이겼다 Hore, kami menang.
야화(夜話) lelucon; percakapan yang jenaka
야회(夜會) pésta malam ⊙ 야회복 gaun pésta malam
약(藥) ①【약품】 obat ¶잠 오는 약 pil (obat) tidur ¶약가심하다 menghilangkan rasa yang tertinggal ((obat))/약되다 manjur sebagai obat ②【화공 약】 obat kimia; farmasi ③【비유적】 manfaat; kebaikan ④【매수】 sogokan; uang suap; uang pelicin ¶약을 쓰다 memakai uang suap; menggunakan uang pelicin ⊙ 약값 harga (biaya) obat; ongkos obat; rékening dokter (farmasi)
약(約) kira-kira; hampir; kurang lebih
약(弱) kurang sedikit dari
약간(若干) agak; sedikit
약골(弱骨) tubuh yang lemah; 【사람】 orang yang lemah
약과(藥果) ①【전통 과자】 kué yang terbuat dari tepung gandum, minyak dan madu; kué madu ②【별것 아닌 일】 hal yang mudah ¶그것은 약과다 Itu perkara gampang.
약관(約款) surat persetujuan; klausa
약관(弱冠) umur dua puluh tahun; masa muda ¶약관에 pada masa muda
약국(藥局) apotik; toko obat; farmasi
약기하다(略記-) membuat uraian singkat
약다 cerdik; lihai ¶약은 수법 cara yang lihai /약게 굴다 bertindak pintar; taktis
약대((藥大)) Fakultas Farmasi
약도(略圖) péta (map) skétsa; denah
약동(躍動) gerak yang aktif; denyut; 약동하다 bergerak aktif; hidup aktif; penuh kehidupan ¶생기가 약동하다 penuh gairah hidup
약력(略歷) profil; riwayat singkat; riwayat hidup; gambaran karir (kehidupan)
약리(藥理) ⊙ 약리작용 aksi médis. 약리학 ilmu tentang obat-obatan
약물(藥-) ①【약수】 air obat; air mineral ②【탕약 달인 물】 air yang dipanaskan un-

tuk jamu obat ③【우린 물, 탄 물】 air di mana obat dilarutkan

약물(藥物) obat-obatan; obat; bahan obat-obatan ⊙ 약물요법 perawatan médis. 약물중독 keracunan obat

약방(藥房) ①【약국】 apotik; toko obat ②【비유적】 ¶약방의 감초 (필수적인 물건) hal yang sangat diperlukan; (꼭 필요한 사람) manusia khusus; orang yang menguasai segalanya

약방문(藥方文) resép ¶사후 약방문 tindakan yang terlambat/ 약방문을 쓰다 menulis (memberi) resép; meresépkan

약복(略服) pakaian sederhana (santai)

약빠르다 cepat dan bijaksana; bijaksana dan cekatan

약빠리 orang yang lihai (pintar; pandai; cerdik)

약사(略史) sejarah singkat ¶한국 약사 ringkasan sejarah Korea

약사(藥師) ahli obat; apotéker ⊙ 약사국가시험 ujian negara apotéker. 약사법 Undang-Undang tentang Obat, Kosmétik dan Peralatan Médis

약사발 ¶약사발을 내리다 memberi racun sebagai hukuman mati

약삭빠르다, 약삭스럽다 ⇒ 약빠르다 cerdik; lihai

약설(略說) ringkasan 약설하다 meringkaskan; menyimpulkan

약세(弱勢) murah; rendah

약소(弱少) lemah dan kecil ⊙ 약소민족 orang-orang (bangsa) yang kecil dan lemah kekuatannya

약소하다(略少) sedikit; tidak berarti ¶약소한 돈 sedikit uang

약속(約束) ①【언약】 janji; akad; 【계약】 kontrak; 【협정】 persetujuan 약속하다 membuat (memberi) janji; berjanji dengan; menyetujui ¶약속을 지키다 menepati janji/약속을 어기다 melanggar janji ②【가망】 harapan; janji

약손(藥-) sentuhan tangan yang membuat nyaman (yang menyejukkan)

약손가락 jari manis

약수(約數) 【수학】 pembagi ⊙ 공약수 pembagi umum

약수(藥水) air mineral ⊙ 약수터 tempat (sumur) air mineral

약수건(藥手巾) kain rami (linan) untuk menyaring obat (jamu)

약술(略述) ringkasan; penjelasan ringkas (péndék dan tepat); skétsa; kerangka 약술하다 meringkaskan; membuat garis besar; membuat skétsa kasar

약시(弱視) penglihatan yang lemah ¶약시의 berpenglihatan lemah

약식(藥食) ⇒ 약밥(藥-)

약식(略式) keinformilan; hal (keadaan) tak resmi ¶약식의 tidak formal/약식으로 tanpa formalitas ⊙ 약식복장 pakaian sehari-hari. 약식재판 pengadilan kilat. 약식절차 acara tak formal

약어(略語) singkatan; kepéndékan

약언(略言) 약언하다 membuat secara ringkas; meringkaskan ¶약언하면 singkatnya; péndéknya; secara ringkas

약 오르다 ①【고추·담배 따위가】 matang rasanya ②【골나다】 tersinggung; pedas hati; marah; gusar

약 올리다(藥-) menyinggung perasaan

약용(藥用) ¶약용의 médis/약용에 쓰다 memakai untuk tujuan médis ⊙ 약용비누 sabun pengobatan. 약용식물 tumbuhan obat

약육강식(弱肉强食) hukum rimba 약육강식하다 yang kuat memangsa yang lemah; yang kuat memakan yang lemah

약자(弱者) orang (kaum) lemah

약자(略字) singkatan

약장(藥欌) tempat (lemari) obat

약재(藥材) bahan-bahan obat

약전(略傳) ringkasan riwayat hidup; biografi ringkas

약전(藥典) farmakopé; buku daftar obat-obatan dan cara pemakaiannya

약점 titik lemah; kelemahan; kekurangan; sisi buruk; kawasan kelemahan ¶약점을 지니고 있다 mempunyai kelemahan

약정(約定) 약정하다 berjanji; membuat persetujuan (kontrak) ⊙ 약정기한 waktu yang ditentukan. 약정서 surat perjanjian; kontrak

약제(藥劑) obat-obatan ⊙ 약제사 ahli obat

약조하다(約條-) berjanji; bersumpah; berikrar

약종(藥種) obat-obatan ⊙ 약종상 penjual obat; toko obat

약주(藥酒) ①【청주】 anggur ②【약술】 minuman keras untuk kesėhatan

약진(弱震) gempa bumi lemah

약진(躍進) 약진하다 ①【앞으로 뛰어나감】 ¶약진 앞으로! Serangan!; Serbuan! ②【빠른 발전】 maju dengan cepat

약질(弱質) orang yang lemah

약체(弱體) badan (tubuh) yang lemah ⊙ 약체내각 kabinét yang lemah

약초(藥草) tumbuh-tumbuhan obat ⊙ 약초 상(商) pedagang tumbuhan; ahli jamu. 약초원(園) kebun obat-obatan

약칭(略稱) singkatan

약탈(掠奪) penjarahan; perampasan; pencurian 약탈하다 merampas; menjarah; mencuri ⊙ 약탈자 perampas; pencuri. 약탈품 barang rampasan; hasil jarahan

약탕관(藥湯罐) mangkok dari tanah liat (cérét belanga) untuk merebus obat-obatan

약품(藥品) ①【의약품】 obat-obatan; jamu ②【화학약품】 kimia ⊙ 불량약품 obat-obatan yang jelék (buruk)

약하다(弱-) ①【힘 · 세력 등이】 lemah ②【각오 · 의지 · 마음 등이】 ¶의지가 약(弱)한 《orang》 bertekad lemah ③【몸이】 ¶몸이 약하다 (체질상) bertubuh (berbadan) lemah; (건강) lemah secara fisik; lemah (buruk) kesėhatan ④【술 · 추위 · 유혹 등에】 mudah dipengaruhi ¶술에 약하다 mudah mabuk ⑤【능력이 부족한】 ¶그는 수학이 약하다 Dia buruk (lemah) dalam matematika.

약하다(略-) ①【줄이다】 menyingkatkan; menyederhanakan ②【생략하다】 mengabaikan; menghilangkan

약해(藥害) éfék obat yang membahayakan; (농약의) kerusakan karena pupuk kimia

약호(略號) kode alamat ⊙ 전신 약호 kode alamat telegram

약혼(約婚) pertunangan 약혼하다 bertunangan ⊙ 약혼반지 cincin pertunangan. 약혼식 upacara pertunangan. 약혼자 tunangan. 약혼파기(파혼) pelanggaran janji perkawinan. 약혼피로연 pésta pertunangan

약화하다(弱化-) melemah; menjadi lemah

약효(藥效) éfék (kemanjuran; kekuatan; kemujaraban) obat; manfaat obat; pengaruh obat

얄궂다 suka melawan (menentang); jahat; anéh; ganjil ¶얄궂게도 secara ajaib; secara anéh; secara menakjubkan/얄궂은 운명 nasib yang ironi

얄따랗다 agak tipis

얄밉다 menimbulkan benci; menjijikkan ¶얄밉게 굴다 bersikap kurang sopan (kurang ajar)

얄팍하다 agak tipis ①【두께가】 tipis ②【속셈 · 술책 등이】 trik

얇다 ①【두께가】 tipis ②【기타】 ¶그는 귀가 얇다 Dia memercayai apa saja yang didengarnya.

얌전떨다, 얌전부리다, 얌전피우다 bersikap sopan 《santun; baik》

얌전하다 ①【차분 · 단정】 sopan; beradab; tahu adat ¶몸가짐이 얌전하다 bersikap baik; tetap sopan; bersikap elok ②【솜씨 · 모양이】 baik; rapi; bagus

얌체 orang yang mementingkan diri sendiri; orang yang tak tahu malu

양(羊) biri-biri; domba ¶양가죽 kulit biri-biri (domba)/양이 울다 Domba mengembik. ⊙ 양고기 daging domba 양띠 Tahun Domba. 양털 wol

양(良) baik; bagus; C 《peringkat》 ¶영어에서 양을 받다 mendapat nilai C dalam bahasa Inggris

양(量) ①【분량】 jumlah; banyaknya; kuantitas ¶양적(인) kuantitatif ②【먹거나 마실 수 있는 분량】 kesanggupan makan ¶양껏 먹다 makan sampai kenyang (sampai puas; sesukanya)

양(陽) "Yang", prinsip positif di alam ¶음과 양 positif dan négatif; betina dan jantan

양(兩) ①【옛 화폐 단위】 unit (satuan) mata uang kuno Korea ②【무게 단위】 satuan berat

-양(孃) nona

양가(良家) keluarga terhormat ⊙ 양갓집

keluarga yang dihormati
양가(兩家) keluarga kedua belah pihak
양각(陽刻) pahatan; gambar timbul; relif 양각하다 membuat relif
양갈보(洋-) pelacur yang melayani orang asing
양감(量感) perasaan (kesan) yang baik
양계(養鷄) peternakan ayam 양계하다 memelihara ayam; beternak ayam ⊙ 양계가 peternak ayam. 양계 업 usaha peternakan ayam. 양계장(場) tempat beternak ayam
양곡(糧穀) bahan makanan; biji-bijian ⊙ 양곡도매상 pedagang perantara biji-bijian; pedagang perantara padi-padian
양과자(洋菓子) kué barat
양국(兩國) kedua negara
양궁(洋弓) panah ala barat ⊙ 세계 양궁 선수권 대회 Kejuaraan Panahan Sedunia
양귀비(楊貴妃)【식물】pohon opium
양극(兩極)【양극과 음극】kedua (dwi) kutub; kutub positif dan negatif ⊙ 양극화 polarisasi. 양극지방 daérah kutub
양극(陽極)【전위가 높은 극】kutub positif; anoda
양기(陽氣) ①【햇볕의】sinar matahari ②【남자의】vitalitas; daya hidup; kekuatan
양기와(洋-) genténg atap modél barat
양껏(量-) ¶양껏 먹다 makan kenyang (penuh)
양녀(洋女) gadis (wanita) barat
양녀(養女) puteri angkat; anak angkat perempuan
양념 bumbu; penyedap rasa ¶양념을 치다 memberi bumbu; membumbui
양다리(兩-) ⇒ 두 다리 ¶양다리 걸치다 membunglon; bermuka dua
양단(兩端) kedua ujung
양단(兩斷) pemotongan dua bagian 양단하다 memotong dua
양단(洋緞) kain satin
양단간(兩斷間) satu atau yang lain; di antara dua pilihan; bagaimanapun juga; dengan hal apapun; pada keadaan apapun
양달(陽-) tempat yang banyak kena sinar matahari ¶양달에 말리다 mengeringkan di matahari (sinar matahari) ⊙ 양달쪽 bagian yang kena sinar
양담배(洋-) rokok impor
양당(兩黨) dua partai politik ⊙ 양당정치【제도】politik【sistém】dua partai
양도(兩刀) dua pedang; sebuah pedang pada setiap tangan ⊙ 양도논법 diléma
양도(讓渡) pemindahan; timbang terima; transfer 양도하다 memindahkan; menimbang terimakan; mentransfer ⊙ 양도가격 harga transfer. 양도소득세 pajak pendapatan (keuntungan) transfer. 양도인 orang yang mengadakan serah terima (transfer). 양도증서 surat penyerahterimaan; surat transfer
양도체(良導體) pengantar yang baik
양돈(養豚) peternakan babi 양돈하다 memelihara babi; beternak babi ⊙ 양돈가 peternak babi. 양돈업 industri daging babi 양돈장(場) tempat peternakan babi
양동이(洋-) émbér
양동작전(陽動作戰) taktik pura-pura
양두(兩頭) dua kepala; dua pemimpin ⊙ 양두정치 pemerintahan dua pemimpin
양두구육(洋頭拘肉) serigala berbulu domba; kecurangan; penipuan; pura-pura
양딸(養-) puteri angkat
양떼(洋-) kawanan domba ⊙ 양떼구름【기후】awan altokomulus
양력(揚力)【물리학】daya angkat
양력(陽曆) kalender matahari
양로(養老) persediaan untuk orang-orang tua ⊙ 양로시설 fasilitas untuk orang yang lanjut usia
양로원(養老院) rumah (panti) jompo ⊙ 유료 양로원 rumah (panti) bayaran untuk orang jompo (orang-orang lanjut usia)
양론(兩論) kedua argumén; argumén kedua belah pihak
양륙(揚陸) pendaratan 양륙하다 mendarat; membongkar muatan ⊙ 양륙 장(場) tempat pendaratan; tempat bongkar maut
양립하다(兩立-) berdiri bersama ¶양립할 수 없다 tidak bisa berdiri bersama
양막(洋膜)【해부학】ketuban

양말(洋襪) kaus kaki; sarung kaki ¶양말 한 켤레 sepasang kaus kaki ⊙ 양말대님 ikat kaos kaki; tali kaos kaki
양면(兩面) kedua muka; kedua sisi ¶양면의 bermuka dua; bersisi dua ⊙ 양면작전 taktik dari dua sisi; operasi dua sisi
양명하다(揚名-) tenar; menjadi top; menjadi terkenal; mendapat nama; mendapat kemasyhuran
양명학(陽明學) filsafat (doktrin; ajaran) Wang Yang-ming
양모(養母) ibu angkat
양모(羊毛) wol; bulu domba ¶양모를 깎다 mencukur (memotong bulu) domba ⊙ 양모제품 barang-barang wol
양모제(養毛劑) penyubur rambut; obat penguat rambut
양미간(兩眉間) tengah-tengah dahi; kening ¶양미간을 찌푸리다 mengerutkan dahi
양민(良民) warga negara yang baik; warga negara yang mematuhi hukum ⊙ 양민학살 pembunuhan orang yang tidak bersalah
양반(兩班) ①【계급】 dua kelas atas Korea lama; kelas bangsawan; ningrat ②【사람】 pria; orang; (옛 시대) bangsawan; priyayi ⊙ 주인 양반 pemilik toko; (자기 남편) suami saya
양방(兩方) kedua sisi (partai)
양배추(洋-) kol; kubis ⊙ 양배추 밭 tanah (kebun) yang ditanami kubis
양변(兩邊) kedua sisi
양병(養兵) pembinaan angkatan bersenjata 양병하다 membina angkatan bersenjata
양보(讓步) pengalahan; kerélaan; konsési; kompromi 양보하다 mengalah; berkompromi
양복(洋服) pakaian barat; gaun ⊙ 양복걸이 gantungan pakaian. 양복점 toko penjahit pakaian
양봉(養蜂) peternakan (budidaya) lebah 양봉하다 membudidayakan (beternak) lebah ⊙ 양봉가 peternak lebah. 양봉업 usaha peternakan lebah
양부모(養父母) orang tua angkat
양부인(洋婦人) ①【서양부인】 wanita asing ②【양갈보】 pelacur asing
양분하다(兩分-) membelah (memotong) dua; mengeping
양분(養分) gizi ¶양분이 있다 bergizi
양산(洋傘) payung ¶양산을 받다【펴다, 접다】 memakai【membuka, menutup】 payung
양산(量産) produksi skala besar 양산하다 memproduksi secara besar-besaran (massal)
양상(樣相) aspék; fase; segi
양상군자(梁上君子) perampok; pencuri
양상추(洋-) *lettuce*; sejenis sayuran
양생(養生) pemeliharaan keséhatan 양생하다 merawat (berhati-hati) keséhatan; meningkatkan keséhatan; (병후에) menguatkan (menyembuhkan) diri kembali ⊙ 양생법 peraturan keséhatan; hyangiene
양서(良書) buku bagus; karya yang baik
양서(洋書) buku asing (Eropa; Amerika); buku barat ⊙ 양서목록 katalog buku-buku asing
양서류(兩棲類) ampibi; hidup di dua alam ⊙ 양서류 동물 héwan (binatang) ampibi
양성(兩性) dua jenis kelamin ((bunga)) ¶양성의 berjenis kelamin ((bunga))
양성(陽性)【의학】 kepositifan ¶양성의 positif ⊙ 양성반응 réaksi positif. 양성화(化) pengesahan
양성(養成) pelatihan; pembinaan 양성하다 melatih; membina; mendidik ¶인재를 양성하다 melatih orang-orang berbakat (berkemampuan) ⊙ 양성기간 masa latihan; masa magang. 양성소 sekolah latihan : 교원【간호사】양성소 sekolah latihan untuk guru【perawat】; pusat pelatihan guru【perawat】
양성자(陽性子) proton; unsur proton
양성화하다(陽性化-) légalisasi; melégalkan
양속(良俗) adat istiadat yang baik; kebiasaan yang baik ⊙ 미풍양속 adat yang baik dan indah
양손(兩-) kedua tangan; bunga di kedua tangan ¶양손에 꽃 diberkahi secara ganda; diberkahi sepenuhnya
양손(養孫) cucu lelaki angkat
양송이(洋松栮)【버섯】 jamur sampinyon
양수(羊水) cairan amnii ¶양수 검사를 하다

mengetés cairan amniotik

양수(兩手) ①【양손】 kedua tangan; dua tangan ②【장기 등의】 dua poin (angka ganda) dalam pertandingan

양수기(揚水機) pompa air ¶ 양수기로 물을 퍼내다 memompa air dengan air pompa

양수기(量水器) méteran air

양순(良順) kepatuhan; ketaatan 양순하다 patuh; taat ¶양순한 백성 rakyat yang taat hukum

양식(良識) pengetahuan yang baik ¶양식 있는 사람 orang yang bijaksana (bijak); orang yang berpikiran séhat

양식(洋式) gaya Barat; gaya Eropa

양식(洋食) makanan atau masakan Barat (Eropah) ⊙ 양식집 réstoran Barat (Eropa)

양식(樣式) ①【역사적 · 사회적으로 정해진】 bentuk; gaya; modél (gaya; bentuk) bangunan ②【서류의】 formulir ¶이 양식을 작성 하세요 Mohon lengkapi formulir ini. ③【예술 작품 · 건축물 등의】 gaya ⊙ 건축양식 gaya arsitéktur. 생활양식 cara hidup; jalan hidup

양식(養殖) pemeliharaan; pembudidayaan 양식하다 beternak; memelihara; membudidayakan ⊙ 양식장 tempat pembudidayaan. 양식진주 mutiara piaraan. 굴 양식 budidaya (pemeliharaan; peternakan) tiram

양식(糧食) makanan; santapan; 【여행을 위한】 bekalan

양심(良心) kesadaran; kata hati ¶양심의 가책을 받다 terjaga (tersengat oléh) kesadaran; menderita kesadaran; merasakan penyesalan kata hati; tersengat nurani ⊙ 양심수(囚) tawanan nurani

양아들(養-) anak angkat

양아버지(養-) ayah angka

양아치 penjahat; gangster; seorang yang berjalan terhuyung-huyung

양악(洋樂) musik Barat

양안(兩岸) kedua sisi pinggir

양안(兩眼) kedua mata ¶양안이 다 멀다 kedua mata buta

양약(良藥) obat mujarab ¶양약은 입에 쓰다 Obat yang baik terasa pahit. *atau* Nasehat yang baik berat diterima.

양약(洋藥) obat Barat (Eropa; Amerika); obat-obatan Barat (impor) ⊙ 양약국 toko kimia. 양약재 obat-obatan (farmasi) impor

양양하다(洋洋-) luas; lapang; gemilang; cerah; tak terbatas

양양하다(揚揚-) gagah berani

양어(養魚) budidaya ikan 양어하다 membibitkan (memelihara) ikan ⊙ 양어가 peternak ikan; orang yang menternakkan ikan

양어장(養魚場) tempat peternakan ikan

양어머니(養-) ibu angkat

양여(讓與) transfer; konsesi; pemindahtanganan 양여하다 menyerahkan; mentransfer; memindah tangankan

양옥(洋屋) rumah gaya modél Barat

양요(洋擾) invasi Korea oléh kekuatan Barat

양요리(洋料理) makanan (hidangan) asing; masakan Eropa

양용(兩用) kegunaan (fungsi) ganda ⊙ 수륙 양용전차 tank ampibi

양원(兩院) kedua déwan ⊙ 양원제도 sistém dua majelis. 상하 양원 Majelis tinggi dan Majelis rendah

양위(讓位) turun tahta 양위하다 melepaskan tahta

양육(養育) 양육하다 membesarkan; memelihara; mengasuh ⊙ 양육권 hak mengasuh. 양육비 biaya membesarkan (pemeliharaan) anak. 양육원 (고아원) rumah yatim piatu; panti asuhan

양은(洋銀) nikél; albata ⊙ 양은그릇 barang dari albata

양의(良醫) dokter yang baik (pintar; ahli)

양의(洋醫) dokter gaya barat (modérn)

양이(壤夷) pengusiran orang asing

양이온(陽-) 【물리학】 ion positif

양익(兩翼) kedua sayap

양인(兩人) kedua orang (partai)

양인(洋人) orang Barat; orang Eropa

양자(兩者) kedua pria; kedua kelompok partai

양자(陽子) 【물리학】 proton; partikel positif yang dikeluarkan oléh inti atom

양자(量子) 【물리학】 kuantum ⊙ 양자론 téori kuantum. 양자역학 (力學) ilmu dinamika (mekanika) kuantum

양자(養子) anak angkat laki-laki yang syah secara hukum; adopsi ¶양자 가다, 양자 들다 diadopsi menjadi anak angkat/양자로 삼다 mengangkat sebagai anak (putera) sendiri

양자택일하다(兩者擇一-) memilih satu di antara dua

양잠(養蠶) produksi sutra; pembiakan (pemeliharaan) ulat sutera 양잠하다 membiakkan (memelihara) ulat sutera ⊙ 양잠 가 penghasil (pembiak) sutera. 양잠농가 peternakan ulat sutera

양장(洋裝) ①【서양식 여성복】 pakaian modél Barat (asing) 양장하다 mengenakan pakaian asing (modél Barat); berpakaian Barat(modél Barat) ②【제본】 penjilidan ⟪buku⟫ menurut gaya Barat 양장하다 menjilid buku menurut gaya Barat ⊙ 양장점 toko jahit pakaian; rumah penjahit pakaian wanita

양재(良材) ①【재료】 bahan yang bagus ②【인재】 orang yang berkemampuan

양재(洋裁) jahitan pakaian ⟪modél asing⟫ ⊙ 양재사 penjahit pakaian ⟪wanita⟫. 양재학원 sekolah menjahit pakaian modél asing

양재기(洋-) barang-barang dari kuningan

양잿물(洋-) soda api; cairan(larutan) alkali; NaOH ⟪bahan pembuatan sabun⟫

양전기(陽電氣) 【물리학】 listrik (arus) positif

양전자(陽電子) 【물리학】 positron

양젖(羊-) 【양유】 susu kambing

양조(釀造) pembuatan minuman keras; distilasi; penyulingan 양조하다 membuat minuman (keras); memasak ⟪wiski⟫ dengan cara distilasi ⊙ 양조업 usaha pembuatan minuman. 양조(업)자 pengusaha (orang yang membuat) minuman keras; penyuling. 양조장 tempat penyulingan; tempat pembuatan minuman

양주(兩主) suami dan istri; sepasang suami istri

양주(洋酒) minuman alkohol Barat; minuman keras ⟪impor⟫; minuman keras buatan luar negeri ¶양주를 마시다 minum minuman keras

양지(洋紙) kertas modél Barat; kertas impor

양지(陽地) tempat yang mendapat banyak cahaya matahari; 【햇볕】 cahaya (sinar) matahari ¶양지바르다 cerah; penuh sinar (cahaya) matahari/ 양지쪽 bagian (sisi; tempat) yang penuh sinar matahari

양지(諒知) 양지하다 mengetahui; memahami ¶양지 하시는 바와 같이 sebagaimana anda lihat (ketahui)

양지머리 bagian dada dari daging sapi; daging rusuk sapi ⊙ 양지머리뼈 tulang rusuk sapi

양진영(兩陣營) kedua kubu; kedua kelompok partai

양질(良質) kualitas (mutu) yang baik (tinggi) ¶양질의 서비스를 제공하다 melayani berkualitas tinggi

양쪽(兩-) ①【쌍방】 keduanya; kedua pihak (partai); tiap pihak; masing-masing dari keduanya ¶양쪽 다 나쁘다 keduanya bersalah ②【양편】 kedua sisi ¶길의 양쪽 kedua sisi jalan itu

양차(兩次) dua kali ⊙ 양차대전 kedua perang dunia

양찰하다(諒察-) mempertimbangkan; mengingat akan; memahami; bersimpati dengan

양책(良策) rancangan (rencana; kebijaksanaan; pendapat) yang baik

양처(良妻) istri yang baik ⊙ 현모양처 seorang istri yang baik (setia) dan ibu yang bijaksana

양철(洋鐵) kaléng; 【아연을 입힌】 lembaran timah; besi putih ¶양철로 만들다 membuat dengan besi putih ⊙ 양철집 rumah beratapkan timah. 양철통 émbér terbuat dari timah; bejana terbuat dari logam

양초(洋-) lilin¶양초를 켜다 【끄다】 menyalakan 【memadamkan】 lilin ⊙ 양초심지 sumbu lilin. 양 촛대 kandil; tempat lilin

양춘(陽春) ①【음력·정월】 bulan Januari ⟪dari kalender bulan⟫ ②【봄】 musim semi; waktu musim semi ⊙ 양춘가절 musim semi yang menyenangkan

양춤(洋-) dansa Barat; dansa *ballroom*
양측(兩側) ①【두 편, 양편】 kedua pihak; dua belah pihak; tiap sisi ②【양쪽의 측면】 kedua sisi
양치(養齒) 양치하다 menggosok gigi; berkumur-kumur mulut (kerongkongan) ⊙ 양치 소금 garam pasta gigi. 양칫물 air kumur; 【약】 obat kumur
양치기(洋-) peternakan domba; 【사람】 penggembala domba (biri-biri)
양치류(羊齒類) 【식물】 pakis; paku
양치질(養齒-) ⇒ 양치(養齒)
양친(兩親) orang tua
양코(洋-) hidung besar yang menonjol; hidung orang asing ¶양코배기 orang asing
양키 orang Amerika; orang Yankee ⊙양키기질 Yankeeisme
양탄자(洋) karpét; permadani; tikar; alas lantai ¶양탄자를 깔다 membentangkan (memasang) karpét
양털(羊-) bulu domba
양토(養兎) pemeliharaan kelinci; budidaya kelinci 양토하다 memelihara kelinci
양파(洋-) bawang mérah ¶양파 껍질을 벗기다 mengupas bawang
양팔(兩-) kedua lengan
양편(兩便) kedua sisi; tiap sisi; kedua kelompok partai
양푼 mangkuk (baskom) besar dari kuningan
양품(洋品) barang impor; barang buatan luar negeri; barang perhiasan ala Barat
양품점(洋品店) butik; toko barang-barang asing
양풍(良風) adat (kebiasaan) yang baik (bagus); adat yang patut dipuji ⊙ 양풍미속(美俗) adat yang baik dan terpuji
양풍(洋風) adat Barat; kebiasaan asing; gaya orang Eropa (Barat; Amerika)
양피(羊皮) kulit domba (biri-biri); kulit wol; 【제본용】 kulit domba yang lunak ⊙ 양피지(紙) kertas kulit; sampul kulit *biri-biri*
양학(洋學) ilmu pengetahuan Barat (Eropa)
양해(諒解) pengertian; pemahaman; persetujuan; sepakat 양해하다 menyepakati; menyetujui; mengerti; memahami ¶양해할 수 있는 dapat dimengerti; dapat dipahami ⊙ 양해 각서 nota kesepakatan
양행(洋行) ①【외국행】 perjalanan ke luar negeri 양행하다 pergi (bepergian) ke luar negeri; mengadakan perjalanan ke luar negeri ②【회사】 perusahaan ((dagang)) asing
양호(良好) bagus 양호하다 memuaskan; baik; menyenangkan
양호(養護) perawatan; ilmu perawatan 양호하다 merawat; memberi perlindungan; melindungi ⊙ 양호교사 guru perawat
양화(良貨) uang yang baik (berguna; syah) ¶악화(惡貨)는 양화를 구축한다 Uang buruk mendesak habis uang yang baik.
양화(洋畵) ①【그림】 lukisan Barat; lukisan gaya Barat; lukisan minyak ②【영화】 film Barat; gambar asing
양화(洋靴) ⇒ 구두 ⊙ 양화 공(工) tukang sepatu. 양화점 toko sepatu. 양화점 주인 pemilik toko sepatu; pembuat (pedagang) sepatu
양회(洋灰) semén putih
얕다 ①【깊이 따위가】 dangkal; datar ②【생각 · 지식 등이】 céték; dangkal; sembrono ③【높이 · 지위가】 rendah; sederhana; rendahan ¶신분이 얕다 berkedudukan rendah
얕보다 memandang rendah (énténg); mengecilkan arti dari; 【경시하다】 menganggap tidak berharga; tidak memperdulikan; menghinakan; meréméhkan; menghina; tidak dihargai
애 ①【이 애】 anak ini; dia; ia ②【부를 때】 Anakku!; Nak!
얘기 ⇒ 이야기
어 【감탄】 Oh!; Aduh!
어가(御駕) keréta raja yang ditarik oléh kuda
어간(語幹) akar kata
어감(語感) rasa bahasa; perasaan berbahasa; rasa peka terhadap bahasa
어거지 ⇒ 억지
어구(語句) kata-kata ¶어구의 용법 penyu-

sunan kata-kata
어구(漁具) alat-alat penang-kapan ikan
어군(魚群) kawanan ikan
어군(語群) 【문법】 kelompok kata
어귀 muara; pintu masuk; jalan masuk; lorong ¶강의 어귀 muara sungai/동네의 어귀 jalan masuk ke désa
어귀어귀 dengan rakus ¶어귀어귀 먹다 makan dengan rakus
어그러지다 ①【법 · 약속 · 기대에】 menentang; bertentangan dengan; melampaui; menyimpang dari ((pokok persoalan)); melawan ((peraturan)); berlawanan dengan ¶예상이 어그러지다 menduga salah ②【사이가】 menjadi jauh (asing); menjadi tegang
어근(語根) kata dasar; radiks
어금니 gigi geraham; gigi pengunyah; gigi belakang
어금지금하다, 어근버근하다 agak sama; banyak persamaannya
어긋나다 ①【길이】 saling berpapasan; berpapasan; menyilang satu sama lain ¶길이 어긋나다 berpapasan ②【기대 · 원칙 · 계획 등이】 tidak (gagal) menyesuaikan; bersengkéta satu sama lain; berjalan salah ③【일치하지 않다】 bertentangan
어긋매끼다 menyilangkan; menyusun secara bergantian
어긋물리다 saling bersilang
어긋버긋하다 longgar; terlepas; lepas
어기다 melanggar; tidak menurut; mengabaikan; menyeléwéng; memungkiri ((janji))
어기적거리다 berjalan dengan kaku; berjalan tersérét-sérét
어기중하다 tanggung
어기차다 keras kepala; kokoh; tekun; gagah berani; disengaja kuat
어김 pelanggaran ((janji)); kelalaian ¶어김없는 tidak mungkin salah; tentu saja / 어김없이 pasti
어깨 ①【사람의】 bahu ¶어깨에 메다 memikul; memanggul; membawa (mengangkut) di bahu/어깨를 으쓱하다 mengangkat bahu ② 【비유적】 ¶어깨를 겨누다 bersaing dengan; menandingi/어깨를 나란히 하다 bahu membahu; setara dengan; sederajat; séndél bahu
어깨너머 ¶어깨너머 글 pengetahuan pungutan; peroléhan pengetahuan sedikit-sedikit secara kebetulan
어깨동무 ①【친구】 sahabat karib; kawan semasa kecil ②【서로 팔을 얹음】 어깨동무하다 saling memeluk bahu ③【놀음】 permainan anak-anak dengan cara melingkari lengan pada bahu satu sama lain
어깨에 총 (-銃) ①【총을 멤】 menyandang senapan di bahu ②【구령】 Sandang (Angkat) senjata!
어깨춤 dansa (tari) bahu; gerakan bahu turun naik ¶어깨춤을 추다 berdansa dengan bahu naik dan turun
어깻바람 ①【신바람】 bahu bergoyang-goyang karena gembira (kegirangan hati) ②【뽐냄】 angkuh; sombong ¶어깻바람이 나서 dengan semangat tinggi
어깻죽지 tulang sendi bahu
어눌하다(語訥-) sukar dalam berbicara; berbicara dengan gagap
어느 ①【의문문】 yang mana ②【한】 satu; suatu; 【어떤】 sesuatu; suatu ¶어느 날 suatu hari ③【그 중의 어느…】 yang mana
어느덧 tanpa sadar (disadari); tanpa mengetahui; tak ketahuan; sebelum orang mengetahui (menyadari); sebelum menginsafi; cepat sekali
어느 때 bila ¶어느 때든지 kapan saja; bilamana saja; selalu
어느새 ⇒ 어느덧
어느 쪽 ①【의문】 yang mana ②【무엇이든】 yang manapun ③【선택】 baik… atau pun; tidak… tidak juga ④【두 쪽 다】 keduanya; salah satu dari dua; (부정) tak satupun dari keduanya ¶양자 중 어느 쪽 salah satu dari keduanya ⑤【방향】 arah(sisi) yang sama
어두육미(魚頭肉尾) cicipan makanan yang énak terbuat dari kepala ikan dan bagian belakang daging
어두커니 dalam cahaya temaram di pagi hari (fajar pagi)
어두컴컴하다 amat gelap ¶어두컴컴한 밤

malam yang pekat; malam tiada cahaya
어둑어둑하다 gelap
어둑하다 sedikit gelap
어둔하다(語鈍-) lamban dalam berbicara; lidah kaku
어둠 kegelapan ¶어둠이 깔리다 Malam turun (tiba).
어둠침침하다 gelap dan suram; muram; murung
어둡다 ①【밝지 않다】 gelap; kabur; samar-samar ②【사물에】 kurang paham; tak mengetahui; tak mempunyai pengalaman; tidak mengerti; tak tahu apa-apa ③【약하다】 lemah 《penglihatan; pendengaran》 ¶눈이 어둡다 mempunyai penglihatan lemah (kabur) ④【표정 · 성격 등이】 gelap; muram ⑤【희망이 없이 막막하다】 suram
어디[1] ①【의문】 di mana; ke mana ¶어디까지【거리】 berapa jauh; 【정도】 seberapa jauh/어디(에)서 dari mana ②【어딘가】 suatu tempat; tempat lain ¶어딘가(에) di suatu tempat; dalam beberapa hal (pokok); 【의문문에】 di manapun ③【개괄적으로】 tempat apapun; setiap tempat; di manapun; 【부정】 tidak di (ke) mana-mana ¶어디를 가더라도 ke mana pun engkau pergi
어디[2] 【감탄사】 nah; sekarang; coba saya lihat
어딘가, 어딘지 tanpa mengetahui mengapa; tanpa alasan tertentu
어떠한 ①【무슨 여하한】 apa pun ¶어떠한 일이 있어도 apa pun yang terjadi; dalam keadaan apa pun; demi alasan apapun ②【알지 못하는】 tak dikenal ¶어떠한 사람 seseorang; Tuan Anu
어떤 ①【여럿 중에서】 apa; yang mana ②【특성 · 성격 · 상태 등을 물을 때】 ¶그는 어떤 사람인가요? Seperti apa dia? ③【뚜렷하지 않은】 sesuatu; seseorang
어떻게 ①【어찌】 bagaimana; dalam hal apa; *cara bagaimana* ¶어떻게 지내느냐 Bagaimana keadaanmu? ②【몹시】 sangat ③【이럭저럭】 bagaimanapun ¶어떻게 될 테지 Bagaimanapun hasilnya akan baik nanti.
어떻게 되다 ①【사람 · 일이】 bagaimana kejadiannya (akhirnya) ②【그럭저럭】 berakhir dengan satu atau lain cara
어떻게든 dengan cara bagaimanapun juga; bagaimana pun juga
어떻든(지) bagaimana pun juga; apapun yang terjadi; apa pun hasilnya nanti; tanpa menghiraukan
어댑터 pencocok; penyadur
어드레스 alamat
어드벤티지 keuntungan
어란(魚卵) telur ikan; telur atau spérma ikan 《yang keras》
어려움 kesusahan; kekurangan; kemiskinan; kesulitan
어려워하다 ①【사람을】 merasa tidak leluasa; menunjukkan rasa hormat (sikap hati-hati); gelisah ②【문제 등을】 sulit
어련하다 tentu; biasa atau lazim; pasti; sudah semestinya; tidak mungkin keliru
어련히 seperti selayaknya; seperti yang dikehendaki
어렴풋하다 suram; dengan samar-samar; kabur; tidak jelas; secara kabur; tak terang; tidak jelas atau tertutup halimun ¶어렴풋한 기억 kenangan samar-samar (kabur; tak jelas)
어렵(漁獵) penangkapan ikan; perikanan
어렵다 ①【힘들다】 sukar; sulit; ②【까다롭다】 rumit; menyusahkan; sulit; berat ③【거북하다】 merasa canggung; memalukan; tidak leluasa; tak senang ④【가난하다】 miskin; melarat; fakir; papa ⑤【조심스럽다】 tidak nyaman
어렵사리 dengan sulit
어렵지 않게 dengan mudah
어로(漁撈) penangkapan ikan ¶어로 작업을 하다 menangkap ikan ⊙ 어로 금지구역 batas zona (wilayah perairan) penangkapan ikan. 어로수역 wilayah perairan penangkapan ikan. 어로협정 persetujuan dalam hal penangkapan ikan
어록(語錄) catatan kata-kata; kutipan dari
어뢰(魚雷) torpedo ¶어뢰를 발사하다 melepaskan (menémbakkan) torpedo ⊙ 어뢰발사관 tabung torpedo; tabung

peluncuran. 어뢰정 kapal motor torpedo

어루러기 kulit belang penyakit karena ketiadaan pigmén

어루만지다 ①【쓰다듬다】 membelai-belai; mengusapkan tangan; meratakan ⦅rambut⦆; 【애무하다】 memeluk sambil membelai; menimang ②【마음을】 (달래다, 위로하다) menghibur; menentramkan; menenangkan; meredakan

어룽더룽하다 beranéka ragam; ternoda

어류(魚類) jenis ikan; rumpun bersirip ⊙ 어류학 ilmu pengetahuan tentang ikan: 어류학자 ahli ikan

어르다 memanjakan; menimang; memberi ⦅bayi⦆ apa yang diinginkan; menentramkan; menggembirakan; bermain-main dengan ⦅bayi⦆

어른 ①【윗사람 · 노인】 orang senior; sesepuh; orang-orang tua ②【성인】 orang déwasa; pria

어른거리다 terlihat hilang timbul; berkelip-kelip; terbayang-bayang ②【어리대다】 berkeliaran; berkeluyuran; bermalas-malasan

어른스럽다 kedéwasaan; nampak seperti orang déwasa ¶어른스럽게 굴다 bertingkah laku (bersikap) seperti orang déwasa

어름거리다 ①【언행을】 berbuat (berkata) tak jelas; berkomat-kamit; kurang tegas; samar-samar ②【일을】 melakukan pekerjaan secara sembarangan (tidak cermat; tidak sungguh-sungguh)

어리광 cara seorang anak menarik hati (merayu) 어리광스럽다 berlaku seperti bayi kecil; menawan hati ¶어리광피우다 ⇒ 어리광 떨다

어리광떨다, 어리광부리다 memperlihatkan cara-cara yang menawan hati; berlaku seperti bayi kecil; berkelakuan seperti anak manja; 【남자에게】 bersifat genit

어리굴젓 tiram yang diasinkan dengan garam

어리다[1] ①【나이가】 ⦅amat⦆ muda; kanak-kanak; anak kecil sebagaimana keadaannya ②【생각 · 경험 등이】 belum déwasa (matang); masih hijau; bersifat kekanak-kanakan ③【동물 · 식물 등이】 biji-bijian kecil

어리다[2] ①【눈물이】 mengenang di mata ②【엉기다】 membeku; mengental; kaku atau tegang ③【눈에】 dihantui; menghantui ④【눈이】 terpesona; silau

어리둥절하다 seperti kena bius ; terkejut; merasa bingung; tidak mengerti; tidak sadar ¶어리둥절케 하다 membingungkan

어리벙벙하다 menjadi bingung; kacau

어리석다 bodoh; tolol

어리숭하다 ①【분명치 않다】 (a) (희미하다) suram; kabur; tidak jelas; samar-samar (b) (모호하다) arti atau maksud yang tidak jelas ②【어리석다】 (서술적) kelihatan agak bodoh

어리어리하다 suram; kabur; tidak jelas; samar-samar; ⦅kelihatan⦆ tolol; silau ¶눈이 어리어리하다 Mata saya silau.

어린것 anak kecil

어린 녀석 anak kecil; anak bandel

어린년 anak perempuan; gadis kecil

어린 시절(-時節) masa kanak-kanak

어린애 anak kecil ¶어린애(와)같은 seperti anak kecil; kekanak-kanakan

어린이 anak muda; kanak-kanak; anak-anak ⊙ 어린이날 Hari Kanak-Kanak. 어린이대공원 Taman Hiburan Anak-Anak. 어린이헌장 piagam kanak-kanak

어림 perkiraan; taksiran kasar 어림하다 ⇒어림잡다 ¶어림잡아 menurut perkiraan secara kasar; secara kasar/어림잡다 mengira; menduga-duga; menaksir (membuat kalkulasi, membuat taksiran) secara kasar ⊙ 어림셈 perhitungan (taksiran) kasar; jumlah perkiraan kasar. 어림수 jumlah (angka) kasar; angka perkiraan; jumlah kira-kira

어림없다 tidak tepat; jauh dari perkiraan; mustahil; tak masuk akal; gila-gilaan; tak mungkin; di luar…; belum sebaik seperti; sama sekali tidak

어림잡다 diperkirakan

어림짐작 dugaan; cara kira-kira 어림짐작하다 menduga; memperkirakan

어릿광대 badut; pelawak

어릿어릿하다 lamban; otak tumpul (lamban); tidak bersemangat; tidak giat; melempem; linglung ¶어릿어릿한 사람 orang yang berméntal lamban/어릿어릿하게 굴다 bertindak lamban

어마어마하다 ①【장엄·당당하다】 mengagumkan; mengesankan; megah ②【엄청나다】 luar biasa, hébat; besar sekali ③【과장적】 berlagak; angkuh; megah ¶어마어마하게 차려입다 berpakaian menyolok; berpakaian untuk menarik perhatian orang; lengkap dari kepala sampai ke kaki

어망(漁網) jala untuk menangkap ikan ¶어망을 던지다 melémpar jaring penangkap ikan

어머(나) Astaga!; Aduh!; Ya, Ampun!; Ya, Allah! ¶어머 이게 뭐야 Ya, ampun! Apakah ini?

어머니 ①【모친】 ibu ((kandung)); mak; mama; mami; bunda ②【사물의 근원】 asal-usul; asal mula; sumber ⊙ 어머니날 Hari Ibu

어멈 pembantu rumah tangga yang sudah tua

어명(御命) perintah raja; titah

어묵(魚-) petis ikan rebus

어물(魚物) ikan kering ⊙ 어물전 toko penjual ikan kering

어물거리다 berbicara (bertindak) tanpa maksud yang jelas; berdalih; berbicara putar balik

어물어물 dengan semberono; secara semrawut; dengan tidak rapi

어물쩍거리다 berdalih; berbicara putar balik ¶어물쩍 거리는 태도 sikap yang tak menentu

어미 ①【동물의】 induk; indung ¶어미 새 induk burung ②【어머니】 ibu

어미(語尾) akhiran kata ⊙ 어미변화 infléksi; perubahan kata

어민(漁民) nelayan; penangkap ikan

어버이 orang tua

어법(語法) tata bahasa; pemakaian bahasa; susunan kata; gramatika ¶어법에 어긋나다 *membuat kesalahan dalam gramatika*

어부(魚夫) nelayan; penangkap ikan

어부지리(漁父之利) ¶어부지리를 얻다 mengambil keuntungan dari suasana yang sedang kacau; keuntungan berada di pihak kelompok ketiga

어불성설(語不成說) perkataan yang tidak masuk akal 어불성설이다 tidak (kurang) masuk akal; kemustahilan; tidak logis; tak benar

어사(御史) seorang utusan kerajaan; penilik atau pengawas kerajaan yang bepergian secara menyamar memeriksa pemerintahan daérah

어사리하다(魚-) menangkap ikan dengan jaring yang ditambatkan; menjala ikan

어살(魚-) bubu; lukah; pemayang

어색하다 (語塞-) merasa kaku (malu); merasa tak nyaman; canggung; kikuk; tak wajar ¶어색하게 dengan kaku; dengan tak wajar

어서 ①【빨리】 cepat; tanpa menunda ②【부디】 silahkan; dengan senang hati; tanpa ragu-ragu ¶어서 드시지요 Silahkan ambil sendiri.

어선(漁船) kapal penangkap ikan; kapal nelayan ⊙ 어선 대 armada penangkap ikan

어설프다 kasar; longgar; sumpah serapah; tak teratur; telédor berbicara; semberono; céngéng; janggal; keengganan ¶어설픈 지식 pengetahuan yang dangkal (yang céték)

어세(語勢) tekanan; penekanan; logat; nada suara ¶어세를 높이다 menekankan; memberi tekanan (penekanan)

어수(語數) jumlah kata

어수룩하다 sederhana; naif atau tak dibuat-buat; tolol

어수선하다 ①【장소가】 berantakan ②【분위기 등이】 dalam kacau-balau; semrawut; tidak teratur; porak poranda; susah; terganggu

어순(語順) susunan kata yang teratur

어스레하다 samar-samar; agak gelap; kehitam-hitaman ¶어스레해지다 menjadi agak gelap

어스름 【땅거미】 waktu samar-samar; petang; menjelang malam 어스름하다 agak hitam; kehitam-hitaman ¶어스름이 깔렸다 hari menjelang senja, sebentar lagi hari gelap

어슬렁거리다 berjalan-jalan (berkeliling-keliling) sekitar; berjalan mundar-mandir; ngeluyur; berkeliaran; berkelana; berjalan berlambat-lambat; berjalan malas-malasan

어슴푸레하다 【희미하다】 ①【형체가】 suram; samar-samar; redup; agak hitam kelam; berkabut; tak jelas ②【불빛이】 redup; samar-samar ③【기억이】 samar-samar mengingatkan

어슷비슷하다 banyak persamaan; hampir sama; hampir serupa; setali tiga uang

어슷하다 miring; méncong

어시스트 【운동 경기】 bantuan; pertolongan

어시장(魚市場) pasar ikan

어안(魚眼) ¶어안 렌즈 lénsa mata ikan

어안이 벙벙하다 ternganga; linglung; melongo; tercengang hampa

어언간(於焉間) tanpa disadari; tanpa sepengetahuan; begitu cepat

어업(漁業) perikanan ¶어업에 종사하다 bekerja di industri perikanan ⊙ 어업권 hak penangkapan ikan. 어업협정 persetujuan perikanan. 어업조합 koperasi (persekutuan serikat kerja) kaum nelayan. 근해어업 penangkapan ikan lepas pantai. 연안어업 penangkapan ikan dekat pantai. 원양어업 penangkapan ikan laut dalam

어여쁘다 ⇒ 예쁘다 cantik

어여차 berteriak; Yuhu!

어엿하다 pantas; baik; tak dapat disalahkan

어영부영 menghabiskan ⟪waktu⟫

어용(御用) layanan pemerintah ⊙ 어용신문 pérs yang dikontrol (dikendalikan) pemerintah. 어용학자 skolar (sarjana) yang patut pada pemerintah

어우러지다 bersama-sama; berpadanan; mempersatukan

어우르다 mempersatukan; menggabungkan; bekerja sama

어울리다 ①【한데 섞이다】 menghubungi; bergaul dengan; bercampur dengan ②【조화(調和) 되다】 cocok; sesuai; sepadan; serasi; seimbang

어원(語源) asal mula (asal) dari sebuah kata; ilmu étimologi ⊙ 어원학(學) ilmu asal kata; étimologi

어유(魚油) minyak ikan

어육(魚肉) ①【생선의 고기】 ikan ②【생선과 짐승의 고기】 ikan dan daging

어음 cěk; nota; surat tagihan; surat hutang; surat wésel ⟪bank⟫ ¶어음으로 지급하다 membayar dengan cék (wésel bank) ⊙ 어음수취인 penerima cék. 개인어음 cék pribadi. 약속어음 nota perjanjian. 환어음 wésél bank

어의(語義) makna (arti) kata

어의(御醫) dokter kerajaan

어이[1] 【짐승 어미】 induk binatang

어이[2] 【어찌】 bagaimana

어이[3] 【부를 때】 hai!; hoi! wahai!

어이구 Oh! Wah! Wow!

어이어이 【울 때】 ratapan orang-orang yang berkabung; ratapan pemakaman; Aduh!

어이없다 terkejut; tercengang; melebihi yang biasa; gila-gilaan; tak masuk akal; mustahil; dahsyat

어장(漁場) daérah (dekat tepi sungai; tempat) penangkapan ikan

어저께 【어제】 kemarin

어적거리다 memamah

어전(御前) kehadiran Raja

어정거리다 berjalan santai; berkeliling

어정쩡하다 tanggung; ragu-ragu; berdalih

어제 kemarin ⊙ 어젯밤 tadi malam

어제오늘 ¶어제오늘의 일이 아니다 tidak ada yang baru

어젯밤 malam tadi

어조(語調) intonasi; aksén; logat; nada suara; nada bunyi; nada berbicara

어조사(語助辭) 【문법】 partikel

어족(語族) rumpun bahasa ⟪menurut ilmu linguistik⟫ ¶우랄 알타이어족 rumpun bahasa *Ural-Altaic*

어줍다 lamban; canggung; tidak tegas ¶어줍은 사람 watak ragu-ragu; orang yang tidak tegas

어줍잖다 【어쭙잖다】 menggelikan; menyebalkan

어중간하다(於中間-) 【중간】 kira-kira setengah jalan (di pertengahan); 【엉거주춤】 ragu-ragu; tidak tegas; tidak mem-

berikan pendapat; tanggung-tanggung
어중이떠중이 siapa saja; orang biasa; semuanya
어지간하다 ①【웬만하다, 엔간하다】 lumayan; cukup; agak baik; sungguh ②【정도가 지나치다】 luar biasa
어지간히 agak; layak; sekali; sangat ¶어지간히 지내다 agak kaya; mendapat nafkah yang layak
어지러뜨리다 bertebaran di sana-sini; membuat ⟪kamar⟫ berantakan (kacau)
어지러이 berserakan
어지럼증(-症) rasa pusing; rasa pening; kepala pusing; keadaan tubuh lemah; hilang keseimbangan
어지럽다 ①【눈·정신이】 pusing; pening ②【어수선함】 kacau-balau; kusut; tidak teratur; berserakan;
어지럽히다 membuat kacau-balau (rusak); mengacaukan; mengusutkan; bertebaran di sana-sini; 【교란】 mengganggu ⟪kedamaian⟫; menghasut; menggoncangkan ⟪dunia⟫; merusak ⟪akhlak orang banyak⟫; membingungkan pikiran
어지르다 berserakan; menyerakkan ¶어질러 놓다 meninggalkan ⟪barang-barang⟫ bertebaran di sana-sini
어질다 ramah; baik hati; bijaksana; penuh kebajikan
어질어질 하다 merasa pening (pusing)
어째 ①【왜·어찌하여】 mengapa; bagaimana jadi demikian ¶어째 서 =어째/어째 서냐 하면 karena; sebab; alasannya ialah··· ②【웬일인지】 entah bagaimana; tanpa mengetahui apa sebabnya
어쨌든 ⟪biar⟫ bagaimanapun; walaupun; setidak-tidaknya
어쩌고저쩌고 blah-blah-blah
어쩌다[1] ①【우연히】 secara kebetulan; kebetulan; begitu saja; dengan tak diduga-duga ¶어쩌다가 ⇒ 어쩌다 ②【이따금】 sekali-sekali; kadang-kadang; adakalanya; kadang kala
어쩌다[2] 【어찌하다】 ¶어쩌다 시계가 고장 났을까? Bagaimana mungkin jam itu rusak?
어쩌면 ①【감탄사】 alangkah ②【아마·혹시】 barangkali; mungkin; dengan suatu kemungkinan; menurut keadaan
어쩐 ¶어쩐 일이야? Ada apa?
어쩐지 ①【왠지】 tanpa mengetahui sebabnya; entah bagaimana; entah kenapa ②【왜 그런지】 tidak héran; jelas
어쩔 수 없다 tak dapat dihindari; tak terhindarkan; tak berdaya; tak dapat berbuat apa-apa; tak ada yang dapat dilakukan; tak terélakkan
어쩔 줄 모르다 tidak tahu harus berbuat apa
어쭙잖다, 어쭙지않다 kasar; hina; patut dicela ¶어쭙잖게 말하다 berbicara kasar
어찌 ①【왜】 mengapa; bagaimana ②【어떻게】 dengan cara apa
어찌나 terlalu; begitu; amat; sungguh; demikian
어찔하다 pusing; pening
어차피(於此彼) bagaimana pun juga; walau bagaimana
어처구니없다 mengejutkan; menghérankan; gila-gilaan; mustahil; kagét; terkejut; terperanjat; tercengang
어촌(漁村) kampung (désa) nelayan
…어치 seharga; senilai
어투(語套) cara (nada) berbicara
어패류(漁貝類) ikan dan kulit ikan
어패럴 pakaian
어퍼컷 【권투】 pukulan arah ke atas; pukulan *uppercut* ⟪ke arah rahang⟫
어폐(語弊) penyesatan pembicaraan ¶어폐가 있다 ⟪bicara⟫ menyesatkan
어포(魚脯) irisan (potongan) ikan kering yang telah dibumbui rempah-rempah
어프로치 ①【접근】 ⟪melakukan⟫ pendekatan ②【길·입문】 pendekatan
어필 ①【심판에게 항의하다】 permohonan; pertimbangan; banding; apel 어필하다 memohon kepada ②【흥미를 일으키다】 daya tarik ¶섹스어필하다 daya tarik séksual
어학(語學) pelajaran mengenai bahasa; ilmu bahasa ⊙ 어학실습실 laboratorium bahasa. 어학연수 studi bahasa di luar negeri. 어학자 ahli filologi; ahli bahasa
어항(魚缸) basin ikan; bak kaca untuk ikan mas
어항(漁港) pelabuhan ikan

어허 ⇒ 아하 Ah! Astaga!
어험 Deham! ((daham untuk menarik perhatian atau membersihkan kerongkongan)); hmmm hmmm!; suara dengungan;
어혈(瘀血) 【한의학】 darah yang dipencét keluar
어형(語形) bentuk kata
어획(漁獲) penangkapan ikan; hasil tangkapan (pengambilan) ikan ⊙ 어획고【량】 jumlah hasil tangkapan. 어획기 musim penangkapan ikan. 어획할당량 kwota(jatah) penangkapan ikan
어휘(語彙) perbendaharaan kata; kosa kata
억(億) seratus juta ¶10억 seribu juta; satu milyar
억누르다 menekan; menahan; mengekang; menguasai; menjejalkan; mengendalikan ¶억누를 수 없는 tidak dapat ditekan; tidak dapat menahan
억눌리다 ditekan; tertekan ¶억눌린 감정 perasaan tertekan
억류(抑留) penahanan; interniran 억류하다 menahan (menjaga) dengan paksaan; menginternirkan ¶억류되어 있다 sedang ditawan ⊙ 억류 소 kamp tawanan (interniran). 억류자 orang tahanan; tawanan; interniran
억만(億萬) ①【억】 seratus juta ②【무수함】 banyak sekali; tak terhitung banyaknya ⊙ 억만년 tahun-tahun yang tak terhitung jumlahnya. 억만장자 milyarder; zilyuner
억병 peminum berat ¶억병으로 취하다 mabuk berat
억설(臆說) ①【억측】 pikiran sendiri; gagasan tanpa dasar (tanpa asal-asal); dugaan ②【가정】 perkiraan; pra anggapan
억세 【식물】 Rumput *Flame*; Rumput Perak
억세다 ①【체격 · 마음이】 kuat; kukuh; kekar ②【뻣뻣하다】 keras; kaku; liat liut ③【'억세게'의 형태로 쓰여】 luar biasa; sangat
억수 hujan lebat sekali (lebat disertai angin)
억압(抑壓) tekanan; penindasan; penghimpitan; deprési ¶억압된 감정 perasaan yang tertekan (ter pendam)
억양(抑揚) intonasi; tekanan; aksén ¶억양 있는 berintonasi; bertekanan; disesuaikan kunci nada/억양 없는 목소리 suara (yang) monoton
억울하다(抑鬱-) merasa teraniaya; merasa jadi korban; menderita perlakuan curang; merasa tertekan; 【허위】 bohong; tidak benar; ((무근거)) tanpa dasar ¶억울한 죄를 쓰다 dituduh secara keliru
억제(抑制) pengendalian; penekanan; penindasan 억제하다 menahan; mengendalikan; mengontrol ¶억제할 수 없는 tidak dapat dikontrol (dikendalikan)/ 인플레를 억제하다 mengendalikan inflasi ⊙ 억제력 daya pengendalian; daya mengontrol (menahan)
억조(億兆) ①【수】 sejuta dan semilyar ②【무수】 banyak sekali; tak terhitung banyaknya ¶몇 억조 zilyun ⊙ 억조창생 ribuan orang; massa atau rakyat banyak
억지 pemaksaan ¶억지(를)부리다, 억지 쓰다 bersikeras untuk mengambil jalan sendiri; bertahan (berkeras) tetap melakukan; menuntut dengan tuntutan yang tak masuk akal ⊙ 억지웃음 senyuman yang dibuat-buat; tertawa paksaan (terpaksa)
억지로 ①【무리하게】 dengan paksa; di bawah tekanan (paksaan); dengan kekerasan ¶억지로 웃다 terpaksa senyum/억지로 웃게 하다 memaksa tersenyum ②【간신히】 dengan mengalami kesulitan; dengan banyak usaha
억지스럽다 keras kepala; bandel
억지춘향이(-春香-) ¶억지춘향이로 dengan memaksa; dengan paksaan; bertentangan dengan kemauan
억척 sikap keras kepala 억척스럽다 keras kepala; bandel; keras hati; tak mau mundur ⊙ 억척꾸러기 seseorang yang tak kenal henti (tak kenal lelah)
억측(臆測) dugaan tanpa alasan; dugaan yang sembarangan; prakira; perkiraan; spékulasi; sangkaan; anggapan 억측하다 terka; mengira; memikirkan ¶억측에

지나지 않는다 semata-mata perkiraan saja
언감생심(焉敢生心) ¶언감생심 그러느냐! Bagaimana bisa engkau seberani itu!
언급(言及) 언급하다 menyebutkan; mengatakan; merujuk pada ¶앞서 언급한 seperti dinyatakan di atas
언니 kakak perempuan; mbak yu; uni
언더라인 garis bawah ¶언더라인을 긋다 menggaris-bawahi kata
언덕 léréng; bukit ¶언덕지다 berbukit-bukit; condong ⊙ 언덕길 léréng; jalan yang landai (menanjak; mendaki)
언도(言渡) putusan hukuman; vonis 언도하다 menghukum; memvonis ¶판결을 언도하다 memberi hukuman; memberikan putusan hukuman ⊙ 사형언도 hukuman (vonis) mati
언동(言動) perkataan dan perbuatan
언뜻 sepintas lalu; sekilas; dalam sesaat; dengan cepat ¶언뜻 보다 melihat sekilas
언론(言論) pérs ⊙ 언론계(界) dunia jurnalisme; média massa; lingkungan média cétak (persuratkabaran). 언론기관 badan massa média; sarana pernyataan opini umum. 언론중재위원회 Komisi Arbitrase Pérs
언명(言明) deklarasi; pernyataan 언명하다 mengumumkan; menyatakan
언문(諺文) ⇒ 한글 ⊙ 언문일치 gabungan bahasa tulisan dan bahasa ucapan
언밸런스 tidak cocok
언변(言辯) bakat berbicara; pembicaraan yang fasih
언사(言辭) perkataan; pembicaraan; bahasa; ucapan
언성(言聲) intonasi suara; nada suara
언약(言約) perjanjian lisan; ikrar; sumpah 언약하다 membuat janji; berjanji; berikrar
언어(言語) bahasa; bahasa lisan; ucapan; bicara ⊙ 언어불통 kesulitan dalam berkomunikasi. 언어장애 kesukaran (cacat) dalam berbicara; cacat wicara. 언어장애자 penderita aphasia
언어도단이다(言語道斷-) sukar untuk (tak dapat) dinyatakan dengan kata-kata; tak masuk akal; gila-gilaan
언어학(言語學) ilmu bahasa; filologi ⊙ 언어학과 jurusan Linguistik; jurusan Filologi. 비교언어학 lingustik komparatif
언재(言才) bakat (ahli; kepaandaian) berpidato; bakat berbicara (mengomong)
언쟁(言爭) pertengkaran mulut 언쟁하다 bertengkar mulut
언저리 tepi; pinggir ¶접시언저리 pinggiran piring/입 언저리 di pinggir mulut
언제 ①【의문문에서 쓰여】 kapan; suatu waktu; suatu hari ¶시험은 언제 시작 됩니까 Kapan ujian dimulai? ②【막연한 시기】 kapan-kapan ③【과거의 어느 때】 dulu ④【언제고】 setiap waktu; sewaktu-waktu; kapan saja; kapan pun; senantiasa
언제까지 berapa lama; sampai kapan; selama-lamanya
언제나 ①【항상】 selalu; setiap waktu; senantiasa; sediakala;【…할 때 마다】 kapan saja; setiap waktu ②【언제쯤】 kapan
언제든지 kapan saja; bilamana saja
언제부터 sejak kapan
언젠가 kapan-kapan; suatu hari; suatu ketika; suatu waktu nanti
언죽언죽 dengan tidak merasa malu; kurang ajar; lancang
언질(言質) perjanjian; jaminan; ikrar; komitmen
언짢다 ①【불길하다 · 흉(凶)하다】 buruk; sial ②【해롭다】 berbahaya; merugikan; buruk ③【속이 · 안색이】 tidak énak; sakit; buruk; jelék ¶얼굴빛이 언짢다 kelihatan pucat; mempunyai warna (corak) yang buruk ④【마음이】 tidak senang; bersusah hati ⑤【못되다】 salah ¶언짢은 일을 하다 berbuat salah ⑥【열등】 rendah mutunya; kualitas rendah
언청이 《seseorang》 dengan bibir sumbing; cacat bibir
언필칭(言必稱) bicaranya selalu
언해하다(諺解-) memberi ulasan dalam bahasa Korea 《mengenai karya sastra klasik Cina》
언행(言行) perkataan (kata-kata) dan per-

buatan; ucapan dan tindakan (tingkah laku) ⊙ 언행록(錄) buku kenang-kenangan; mémoar. 언행일치 ketetapan dalam ucapan dan perbuatan; tindakan sesuai dengan kata-kata

얹다 menempatkan sebelah atas (di atas sekali); meletakkan; menaruh

얹어주다 memberi ékstra (tambahan); memberi tambahan sebagai ékstra

얹혀살다 hidup bergantung pada orang lain; menumpang hidup

얹히다[1] ①【위에 놓이다】 diletakkan di atas; ditempatkan di sebelah atas ②【먹은 것이 체하다】 salah cerna; tidak tercerna menyebabkan sakit perut

얻다 ①【획득하다】 mendapat⦅kan⦆; mencapai; memperoléh; memenangkan; menerima ②【교훈 · 정보 등을】 peroléh; belajar banyak hal ②【줍다】 menemukan; memungut ③【결혼】 menikah ¶아내를 얻다 beristri/남편을 얻다 bersuami ④【일자리를】 memperoléh; mendapat; menerima ⑤【신임 · 마음 등을】 memperoléh; mencapai; mendapat ⑥【빌리다】 ¶은행에서 빚을 얻다 meminjam uang dari bank

얻어듣다 mendengar sambil lalu; mendapat ⦅informasi⦆ dari kabar angin; mendengar dari orang lain

얻어맞다 mendapat (menerima) pukulan; dipukul

얻어먹다 ①【음식 등을】 meminta; mengemis; ⦅대접 받다⦆ ditraktir ②【욕을】 diéjék; dipersalahkan; dimaki

얼 jiwa; semangat ⇒ 얼빠지다, 얼 빼다

얼간 ①【절임 간】 bergaram sedikit【주로 생선】; acar sedikit asin ②【사람】 orang bodoh; orang tolol ¶얼간이다 orang bodoh ⊙ 얼간구이 ikan asin panggang

얼간이, 얼간망둥이 ⇒ 얼간 ②

얼갈이 ①【논밭의】 bajak dalam musim dingin ②【푸성귀의】 sayur-mayur yang duluan ditanam di waktu musim dingin tahun itu

얼거리 garis besar; struktur umum

얼결 ⇒ 얼떨결

얼굴 ①【용모】 wajah; muka; paras ¶예쁜【못생긴, 여윈, 둥근】 얼굴 wajah yang cantik【buruk, kurus dan cekung, bundar】/얼굴생김새 roman muka; paras ②【표정 · 모습】 raut wajah; roman muka; air muka ¶불안한 얼굴을 하다 nampak gelisah ③【체면】 muka; kehormatan; harga diri; prestasi ¶얼굴에 똥칠을 하다 memberi aib (malu); mencorong arang di muka

얼굴빛 corak kulit (muka); air muka; roman muka; wajah ¶얼굴빛이 희다【검다】 mempunyai kulit yang terang【gelap】

얼근하다 ①【맛이】 agak pedas; kepedasan; terlalu banyak bumbu ②【술이】 agak mabuk

얼굼뱅이 ⇒ 곰보

얼기설기 kusut; ruwét; berbelit-belit ¶얼기설기 얽히다 menjadi kusut; ruwét; menjadi rumit; berbelit-belit

얼김에 secara mendadak; tanpa dipikirkan lebih dahulu; ketéledoran

얼다 ①【액체 · 물 등이】 membeku; kebas karena dingin ②【추위로】 kebas; beku; kaku ③【긴장 · 공포 등으로】 gemetar ketakutan; kecut; merasa takut ④【무대 등에서】 demam panggung; takut di atas panggung

얼떨결 ¶얼떨결에 dalam kebingungan; pada saat lengah

얼떨떨하다 bingung ¶얼떨떨하여 dalam keadaan bingung; dalam kebingungan

얼뜨기 orang bodoh; orang tolol

얼뜨다 ①【어리석다】 bodoh; tolol ②【겁이 많다】 pengecut

얼렁뚱땅하다 bekerja serampangan; bekerja semula(asal) jadi; melakukan pekerjaan secara semberono (sembarangan); berbicara putar balik; berbelit-belit

얼레 rol; gulung; gulungan; kumparan

얼레빗 sisir yang kasar

얼룩 noda; lumuran; coréng; karah ¶얼룩이 진 bernoda; berlumur; bercoréng; berkarah ⊙ 얼룩말 zebra; kuda belang. 얼룩점 warna bintik-bintik; warna tutul-tutul

얼룩덜룩하다 berwarna-warni; burik; beranéka-warna; berbintik-bintik lebar

얼룩얼룩하다 ⇒ 얼룩덜룩하다

얼룩이 ①【동물】 seekor héwan tutul; anjing belang-belang coklat ②【점】 tanda warna tutul (warna burik)

얼룩지다 kena noda; kena bintik-bintik kotor; ditandai

얼르다 ⇒ 어르다 membujuk; menyenangkan hati

얼른 dengan cepat; dengan segera; seketika

얼리다 membekukan; mendinginkan

얼마 ①【값】 berapa ¶얼마입니까 Berapa harganya? *atau* Berapa angkosnya (biayanya; bayarannya)? ②【동안】 berapa; berapa lama; beberapa saat ③【수 · 양 · 정도】 berapa jumlah; berapa banyak; beberapa (sejumlah) sedikit ④【무게 · 높이 · 깊이】 berapa berat; berapa tinggi; berapa dalam jumlah(takaran) yang banyak ⑤【거리】 berapa jauh; jauh sekali ⑥【나이】 berapa umur (usia) ⑦【일부】 sebagian

얼마간(-間) ①【다소】 sedikit banyak ②【얼마 동안】 sementara; beberapa waktu

얼마나 ①【값】 《kira-kira》 berapa harga ②【동안】 berapa lama ③【수 · 양】 berapa jumlahnya; berapa banyak ④【무게 · 깊이 · 높이 · 넓이】 berapa berat (dalam; tinggi; takaran)nya ⑤【거리】 berapa jauh ⑥【나이】 berusia (berumur) berapa ⑦【느낌 · 감탄 등의 정도】 betapa; berapa kadarnya (tingkatnya)

얼마든지 ①【한 없이】 tanpa batas ②【원하는 만큼】 sebanyak yang disukainya

얼마만큼, 얼마쯤 ⇒ 얼마큼

얼마큼 ①⇒ 얼마나 ②【어느 정도】 agak; sedikit; sebagian; kurang lebih

얼버무리다 berbicara dengan maksud tak jelas; berbicara putar-balik; berdalih

얼빠지다 menjadi gila; menjadi tidak perasa; linglung; terpana

얼 빼다 membuat 《orang》 tolol; membuat seperti kena bius; menyebabkan kelengar; membuat 《orang》 hilang pikiran; membuat 《orang》 terpana

얼싸 【흥겨울 때】 Huree; Wah 《sorak kegirangan》

얼싸안다 memeluk (merangkul) erat-erat (kuat-kuat); mendekapkan ke dada; merangkulkan lengan

얼씨구 Hurée; Wah ¶얼씨구 좋구나 Hurée! Alangkah senangnya!

얼씬 ¶얼씬거리다 datang; muncul/ 얼씬하다 kelihatan; datang; muncul; tampil / 얼씬 못하다 tidak berani datang; tak berani menampakkan diri

얼어붙다 ①【추위로】 membeku ¶얼어붙은 길 jalan beku ②【긴장 · 공포 등으로】 membeku; merasa ngeri

얼얼하다 ①【아파서】 kesakitan; terasa sakit ¶②【매워서, 추워서】 merasa panas; menyengat ¶혀가 얼얼하다 lidah menyengat panas

얼음 és; air beku ¶얼음의, 얼음 같은 seperti és/얼음장 같다 sedingin és ⊙ 얼음덩이 balok és. 얼음물 air és. 얼음사탕 gula kristal; gula pasir. 얼음주머니 kantong és. 얼음찜 menggunakan kantong és untuk mengatasi demam. 인조얼음 és buatan

얼음지치다 meluncur di atas és; bermain sepatu luncur 《di kolam》

얼음판 gelanggang és; daérah (lapangan) tertutup és

얼쩡거리다 luntang-lantung

얼추 ①【거의】hampir; kebanyakan ②【대충】 lebih kurang; hampir

얼추잡다 membuat taksiran kasar; membuat skéma (skétsa)

얼치기 menengah; di antara; setengah-setengah; bersifat campuran

얼큰하다 ①【술이 거나하게 취하다】 mabuk ②【매워서 얼얼하다】 sedikit pedas; memiliki rasa pedas

얼토당토않다 ①【관련이 없다】 tidak berurusan dengan; tak ada hubungan dengan; tidak rélevan ②【당치 않다】 tidak pantas; tak masuk akal; mustahil; tak ada hubungan; jauh menyimpang dari yang dimaksud ¶얼토당토 않는 말 ucapan yang tak ada rélevansinya

얼핏 ⇒ 언뜻

얽다 ①【얼굴이】 kena (menjadi) bopéng; berbintik-bintik karena cacar ¶얽은 자국 bekas cacar; bopéng/얼굴이 얽다 muka bopéng ②【묶다】 mengikat; mengikatkan; mengebat ③【거죽이】 tidak rata

얽매다 melarang; menahan

얽매이다 terikat erat; terbelenggu; terkongkong; diikat ¶시간에 얽매이다 terbatas oléh waktu /정에 얽매이다 terikat karena kasih sayang

얽히다 kena ikat; terikat; melingkarkan; menggelungkan; kena lingkar; terlibat; menjadi kusut

엄격하다(嚴格-) keras; tegas

엄금(嚴禁) larangan keras 엄금하다 melarang keras ¶소변엄금【게시】Dilarang kencing.

엄단하다(嚴斷-) bertindak keras (tegas)

엄동(嚴冬) musim dingin yang keras (kuat) ⊙ 엄동설한 dinginnya cuaca di musim dingin

엄두 keberanian ¶엄두를 못 내다 tidak berani; terpikir pun tidak

엄마 mama; mam; ibu; éma

엄명(嚴命) perintah (instruksi) yang keras; perintah yang tepat (pasti) 엄명하다 memberi perintah (instruksi) keras

엄밀(嚴密) kekerasan; ketepatan; keakraban; amat rahasia 엄밀하다 keras; tepat; bersifat amat rahasia

엄벌(嚴罰) hukuman keras (berat) ¶엄벌에 처하다 memberi hukuman keras ⊙ 엄벌주의 kebijakan hukuman keras; prinsip (disiplin) keras

엄벙덤벙 acak-acakan; tidak sepenuh hati; dengan ceroboh; dengan serampangan; dengan semberono 엄벙덤벙하다 memulainya dengan tidak sepenuh hati

엄부(嚴父) bapak yang keras dengan disiplin (keras dengan peraturan)

엄살 hal sepélé yang dibesar-besarkan 엄살하다 melebih-lebihkan; pintar berpura-pura ⊙ 엄살꾸러기 orang yang pintar berpura-pura; orang yang suka melebih-lebihkan

엄살 부리다 berpura-pura 《sakit》; membesar-besarkan hal yang sepélé

엄선(嚴選) pilihan yang cermat 엄선하다 memilih dengan cermat (dengan hati-hati); amat disiplin dalam memilih

엄수하다(嚴守-)menjaga dengan ketat; menjalankan 《peraturan》 dengan keras; memegang 《rahasia: janji》 dengan teguh; mematuhi; amat mentaati ¶비밀을 엄수하다 memegang rahasia dengan teguh/시간을 엄수하다 menjaga waktu dengan ketat; tepat pada waktu

엄숙(嚴肅) kesungguh-sungguhan; ketekunan; keteguhan 엄숙하다 khidmat; sungguh-sungguh; serius; teguh ¶엄숙히 말하다 berbicara dengan sungguh-sungguh

엄습하다(掩襲-) menyerang secara tiba-tiba; menyerang mendadak

엄연하다(儼然-) meyakinkan; tidak dapat dibantah ¶엄연히 sungguh-sungguh

엄정(嚴正) ¶엄정히 dengan ketat (tegas; keras) ⊙ 엄정중립 kenétralan dengan patuh; nétralitas yang tegas

엄중하다(嚴重-) keras; ketat

엄지【엄지손가락】ibu jari; jempol ⊙ 엄지발【가락】empu kaki. 엄지발톱 kuku empu kaki. 엄지손가락 ibu jari. 엄지손톱 kuku ibu jari

엄책하다(嚴責-) menegur dengan kasar

엄처시하(嚴妻侍下) suami yang dikuasai istri; pemerintahan wanita ¶엄처시하에 살다 dikuasai istri

엄청나다 hébat; luar biasa; besar sekali

엄친(嚴親) bapak saya

엄탐(嚴探) pencarian yang seksama 엄탐하다 mencari dengan cermat (inténsif; teliti); mengawasi dengan tajam; menyelidiki dengan teliti

엄폐하다(掩蔽-) menyembunyikan ⊙ 엄폐호(壕) parit perlindungan yang tertutup

엄포 ancaman; gertakan 엄포 놓다 mengancam; menggertak

엄하다 ketat; tegas; keras ¶엄한 부모 orang tua yang keras dengan disiplin

엄한(嚴寒) sangat dingin

엄호(掩護) perlindungan 엄호하다 melindungi; memberi perlindungan; mendukung; memberi dukungan ⊙ 엄호사격 témbakan perlindungan

업(業) ①【직업】pekerjaan; profési; usaha; 《sedérétan》 tugas ¶문필을 업으로 삼다 menulis sebagai profési ②【업보】takdir; karma 《Sanskerta》

업계(業界) dunia perdagangan; dunia industri

업그레이드하다 mengupgrade; meningkatkan

업다 ①【등에】 menggéndong di punggung ¶애기를 (등에)업다 menggéndong bayi ②【끌고 들어가다】 menyérét dan melibatkan

업데이트 pembaruan 업데이트하다 membarui

업둥이 anak angkat yang kebetulan dapat (ditinggal) di depan pintu rumah

업무(業務) dinas; tugas; urusan; hal; perusahaan ¶업무다망으로 dalam kesibukan kerja ⊙ 업무관리 managemén perusahaan; pengelolaan kerja. 업무시간 jam-jam kantor (kerja)

업보(業報) 【불교】 akibat hukum karma

업소(業所) bisnis; urusan

업신여기다 menganggap hina (rendah); meréméhkan

업신여김 caci-maki; hina; rendah ¶업신여김을 당하다(받다) dianggap énténg (rendah)

업원(業冤) 【불교】 hukuman balasan di dunia terhadap dosa yang diperbuat waktu hidup dulu

업자(業者) pedagang (pengusaha) yang bersangkutan ⊙ 악덕업자 penyalur yang korup (tak bermoral)

업적(業績) keberhasilan; pencapaian; préstasi ¶학문의 업적 préstasi akadémis

업종(業種) jenis (lapangan) usaha (industri); macam-macam perusahaan (industri; firma); kelompok perusahaan ¶업종을 변경하다 mengubah lapangan usaha ⊙ 업종별 klasifikasi industri: 업종별 임금 upah yang berdasarkan jenis industri. 유망 업종 bisnis dengan prospék yang baik

업주(業主) pemilik usaha

업체(業體) bisnis; perusahaan ¶민간 업체 perusahaan pribadi

업태(業態) kondisi (status) industri

업히다 ①【등에】 digéndong ②【…위에】 *menumpuk; bertumpuk* ¶주전자 위에 찻잔이 업혀 있다 Cangkir téh ditumpuk (diletakkan) di atas téko téh.

없다 ①【존재하지 않다】 tidak ada ②【소유하지 않다】 tidak punya; ketiadaan ¶없을 경우에는 kalau tak ada ③【있던 것이】 lenyap; tak ditemukan; hilang ④【가난하다】 tidak punya ⑤【결점 등이】 tidak bersalah; tidak ada cacat; sempurna ⑥【걸리는 것 · 구속 따위】 bébas dari; tidak ada yang menghalangi ⑦【죽어 없다】 mati; almarhum

없애다 melepaskan; membuang; menghilangkan; mencorét; membasmi; menghabiskan; membunuh; menghancurkan

없어지다 ①【잃어버리다】 hilang; lepas ②【떨어지다】 kehabisan; habis; habis terpakai; melenyap; lenyap; menghilang; sirna

없이 tanpa; tidak punya ¶예외 없이 tanpa pengecualian

없이 살다 hidup dalam kemiskinan (melarat)

엇가다 sesat; kesasar; berlawanan dengan akal; menyimpang

엇갈리다 ①【감정이】 silih berganti ②【길이】 berselisih jalan; saling tak bertemu ③【생각 · 주장 등이】 tidak sama

엇대다 memasang (meletakkan) tambalan miring (tidak lurus); menjawab salah

엇바꾸다 tukar menukar satu dengan lainnya; saling menukar

엇베다 memotong miring

엇비슷하다 serupa; menyerupai; hampir serupa; hampir sama

엉거주춤하다 ①【자세】 antara tegak dan duduk; setengah berdiri (tegak); punggung dibungkukkan; ragu-ragu

엉겁결에 tak disangka; tak diduga

엉겅퀴 【식물】 tumbuhan (tanaman) berduri; jeruju

엉금엉금 merangkak; terlentang; meraba-raba

엉기다 ①【뭉치다】 membekukan; mengental; menggumpal ¶우유가 엉기다 susu mengental ②【일이】 terlibat ¶일이 엉기다 terlibat dalam pekerjaan

엉덩방아 ¶엉덩방아 찧다 terjatuh (terjerembab) dengan bokong (pantat belakang) lebih dulu; jatuh gedebuk

엉덩이 ①【둔부】 pantat; bokong; pinggul ②【비유적】 ¶엉덩이가 무겁다 (자리를 뜰 줄 모른다) tinggal terlalu lama;(게으르

다) melempem; tidak giat; lamban; malas
엉덩잇바람 menggoyang-goyangkan pinggul
엉덩잇짓 gerakan pinggul; goyangan (putaran) pinggul 엉덩잇짓하다 menggoyang-goyangkan pinggul; memutar pinggul
엉덩춤 tari pinggul; tari hula-hula
엉덩판 pinggul; pantat; bokong
엉뚱하다 mustahil; berlebihan; keliru; gila-gilaan; fantastis; luar biasa; ⟪secara⟫ serampangan
엉망 berantakan; bentuk buruk tak keruan; rongsokan ¶엉망이 되다 berantakan; rusak sama sekali; kacau/엉망을 만들다 mengacaukan; mengacau-balaukan; merusakkan; membuat berantakan
엉망진창 ⇒ 엉망
엉성하다 ①【째이지 않다】 biasa; longgar; jarang; kasar ②【탐탁찮다】 tidak memuaskan; 【일 등이】 secara serampangan; jelék
엉엉거리다 ①【울다】 menangis sejadi-jadinya ②【하소연】 mengeluh akan nasibnya yang buruk; meréngék-réngék
엉클다 membelit; mengusutkan
엉클어지다 kusut; menjadi kusut; terbelit; dibelit
엉큼대왕(-大王) pria yang berambisi besar (luar biasa); seorang yang licik
엉큼성큼, 엉큼엉큼 berjalan dengan langkah panjang
엉큼하다, 엉큼스럽다 lihai, cerdik; berambisi yang mendalam; menyimpan ambisi
엉키다 kusut; menjadi kusut; menjadi ruwét ¶일이 엉키다 keadaan menjadi ruwét
엉터리 ①【미덥지 못한 사람 · 짓】 penipu; tipuan; kepalsuan; kepura-puraan; buatan buruk; sembrono ②【터무니없는 언행】 dasar; fondasi; tolol ¶엉터리없는 수작 ucapan tanpa dasar (tak berdasar)
엊그저께, 엊그제 beberapa hari yang lalu
엊저녁 tadi malam; semalam
엎다 menangkupkan; menelungkup; membalikkan; merobohkan ¶정부를 엎다 menggulingkan pemerintah
엎드러지다 jatuh tertelungkup; jatuh tiarap; jatuh tersandung ¶엎드리면 코 닿을 데 tepat di depan hidung; dekat sekali
엎드리다, 엎디다 jatuh tersungkur ⟪di tanah⟫; tiarap; berbaring telungkup ¶엎드려 바랍니다 Saya mohon anda bersedia membantu saya.
엎어놓다 meletakkan telungkup (terbalik)
엎어누르다 menekan ke bawah; memberangus
엎어지다 ①【넘어지다】 jatuh tiarap; jatuh tengkurap; jatuh ke depan; rebah; roboh; jatuh tersungkur ②【뒤집히다】 (a) (위아래가 거꾸로) terbalik (b) (전복되다) terguling ¶계획이 엎어지다 rencana rusak
엎지르다 menumpahkan; menétés ¶엎지른 물 air tumpahan
엎치락뒤치락하다 ①【몸을】 membalik-balik jungkat-jangkit; turun-naik guling ke kiri dan ke kanan ②【경기 · 게임에서】 berganti-ganti yang unggul atau mendahului ¶엎치락뒤치락의 경기 permainan jungkat-jungkit
엎친데덮치다 menambah kesusahan bagi orang; memperburuk keadaan
에[1] 【감탄사】 nah; sekarang; tunggu; oh
에[2] ①【때, 시간】 di; pada; dalam ¶제시간에 pada waktunya ②【나이】 pada ③【장소】 di; di dalam; di atas ④【방향】 ke; ke pada; untuk; ke; ke dalam ⑤【비 인칭 간접목적】 ke ⑥【비율 · 꼴】 dengan; dalam; untuk; per ⑦【…에 대해, 관계】 untuk; atas; pada; dalam; akan ⑧【작인(作因); 이유】 oléh; karena ⑨【원인】 karena; akan ⑩【열거】 dan; dengan macam-macam lagi; dan sebagainya ⑪【대조】 dengan; berlawanan
에게 pada; kepada
에게 로 kepada; terhadap
에게 서 dari ⟪orang⟫
에고 diri sendiri; aku ⊙ 에고이스트 orang yang hanya mengejar kepentingan diri sendiri 에고이즘 sifat mementingkan diri
에구구 Oh; Aduh!; Astaga! ¶에구구 이거 웬일이야 Astaga! Ada apa ini?

에게 Oh; tidak; Cis! Waduh; Oo!; Aduh
에나멜 énamél; patén; cat halus ¶에나멜을 입히다 melapisi dengan énamél ⊙ 에나멜구두 sepatu yang dilapisi énamél. 에나멜페인트 cat kilat
에너지 ①【인간이 활동하는 물리적 · 심리적 힘】 tenaga; kekuatan ②【물리】 tenaga; énergi ⊙ 에너지 량 jumlah énergi. 에너지 자원 sumber tenaga (énergi) 열에너지 énergi panas. 에너지절약 운동 gerakan (kampanye) penghématan énergi
에누리 diskon; pemotongan harga ①【가격 · 할인】 에누리하다 meminta diskon; mengurangi; memberi potongan ¶현금 거래 에누리 없음【게시】 Bayar kontan dan harga tetap. ②【과장 · 축소】 에누리하다 ¶이야기를 에누리해서 듣다 tidak menerima sepenuhnya cerita
에다[1] 【도려내다】 menusuk; mencungkil; mengorék keluar; melubangi; menggali keluar; memotong ¶살을 에는 듯이 춥다 Dinginnya terasa menusuk.
에다[2] 【조사】 ke; di; pada
에덴 Firdaus ⊙ 에덴동산 Taman Firdaus
에도 baik… maupun; meskipun
에러 ①【야구의】 kesalahan; kecerobohan ¶ 에러를 범하다 berbuat kesalahan; membuat kecerobohan ②【컴퓨터 · 전산망 등의】 rusak; gagal ⇒ 오류 ¶계속 에러 메시지가 뜬다 Saya terus mendapat pesan yang gagal
에로 【에로티시즘】 érotisme; kecabulan; porno ⊙ 에로문학 pornografi atau kecabulan. 에로영화 film porno (érotik atau yang menimbulkan berahi); film séks. 에로잡지 jurnal rendahan
에로틱하다 sénsual; érotis; mendatangkan nafsu
에멀션 émulsi; émulsa
에메랄드 【광석】 zamrud; batu permata; ratna wilis
에보나이트 ébonit
에서 【조사】 ①【장소】 di; pada; di atas ②【…로부터】 dari ③【시간】 dari ④【보다】 dari pada ⑤【원인 · 이유 · 동기】 dari; karena ¶호기심에서 karena keingintahuan ⑥【근거 · 견지】 dari; oléh ¶사회적 견지에서 보면 dari segi (titik pandangan) sosial ⑦【관점】 dari
에세이 ①【수필】 karangan; éséi ②【보고서】 risalat; laporan
에센스 intisari; pokok
에스에프영화 film fiksi ilmiah
에스오에스 【조난 신호】 panggilan SOS (Selamatkan Jiwa kami); tanda bahaya
에스컬레이터 éskalator; tangga berjalan
에스코트 pemandu 에스코트하다 memandu
에스키모 Inuit; Eskimo
에스트로겐 éstrogen
에어 udara ⊙ 에어라인【항공회사】 penerbangan. 에어컨디셔너 alat pendingin udara; AC
에어로빅 【댄싱】 tarian érobik
에어백 kantung udara
에어쇼 pertunjukan udara
에어컨 pendingin udara ¶에어컨을 설치하다 memasang sebuah pendingin udara
에움길 【굽은 길】 jalan memutar; jalan panjang memutar ¶에움길로 가다 mengambil jalan memutar
에워싸다 mengelilingi; mengepung
에이급(-級) katégori (kelas) A
에이디 T.M.(Tarich Maséhi); sesudah lahirnya Nabi Isa
에이엠방송(放送) siaran radio AM (modulasi amplitude)
에이에스 센터 pusat layanan pelanggan
에이스 ①【트럼프】 kartu as ¶하트 에이스 kartu as hati②【테니스】 layanan utama ③【야구】 pelempar unggul
에이즈 AIDS *(Acquired Immune Deficiency Syndariome)* ¶그는 에이즈 바이러스 보균자다 Dia menderita HIV positif.
에이커 acre (=0.4646 ha)
에이프런 rok kerja; baju masak
에칭 étsa; pengétsaan; penggorésan
에테르 【화학】 étér
에탄올 étanol
에티켓 tata cara; étika; kelakuan baik ¶ 식사의 에티켓 tata cara di méja makan
에피소드 ①【삽화】 kejadian; 【일화】 anakdot; kejadian lucu; épisode ②【책 · 드라마 등의】 épisod
에필로그 bagian terakhir; épilog

엑기스 ékstrak ⊙ 홍삼엑기스 ékstrak ginséng mérah
엑스 jumlah yang tidak diketahui
엑스레이 sinar X ⊙ 엑스레이검사 pemeriksaan memakai (dengan) sinar X. 엑스레이사진 pemotretan dengan sinar X. 엑스레이요법【의학】terapi dengan sinar X
엑스세대(-世代) Génerasi X (1960-1970년대에 태어난 세대, Génerasi Y 1980-1990 년대에 태어난 세대)
엑스트라【단역】orang figuran; sorang pembantu ⟪bagian⟫ tambahan
엑스포 éksposisi; paméran
엔【일본의 화폐단위】Yén Jepang ¶일본 엔화도 받습니까? Anda menerima Yén Jepang?
엔간하다 layak; sesuai; pantas; lumayan ¶ 엔간하게 살고 있다 Hidupnya lumayan
엔도르핀 éndorfin
엔드라인 garis belakang
엔들 bahkan; juga
엔지【영화 등의】¶엔지 내다 tidak becus; merusak; mengacaukan
엔지니어 insinyur
엔진 mesin ¶엔진을 걸다 menghidupkan mesin/엔진을 멈추다 menghentikan mesin ⊙ 디젤엔진 mesin diesél. 엔진오일 minyak pelumas
엔트리 masuk ke dalam ¶엔트리를 마치다 mendaftarkan diri; masuk ke dalam
엘니뇨【기상】El Nino
엘리베이터 tangga listrik; élevator; lift;【화물용】lift barang ¶엘리베이터의 버튼 tombol lift ⊙ 엘리베이터 운전원 pramu-lift; pelayan lift
엘리트 golongan élit; golongan yang terpilih; kaum atasan; orang-orang terkemuka ⊙ 엘리트의식 kesadaran élit; élitisme
엘보 siku
엘피지 élpiji; gas alam cair; bahan bakar gas alam cair
엠보싱 yang menghiasi dengan hiasan timbul
엠씨 pemandu acara
엠피【헌병】polisi militér
엠티 trip perjalanan
엥커 tokoh télévisi
여(女) ⇒ 여자 wanita; perempuan; gadis; anak perempuan
여가(餘暇) waktu luang; waktu terluang; waktu senggang
여간(如干) jarang; tidak pernah; sedikit; kecil
여간내기(如干-) orang umum
여간 아니다(如干-) luar biasa; tidak biasa; bukan tugas (perkara) muda ¶여간 아닌 노력을 하다 berusaha mati-matian
여감(女監) ruang (sél) penjara untuk wanita
여객(旅客) penumpang ⊙ 여객기 pesawat penumpang; pesawat udara. 여객선 kapal penumpang; kapal laut. 여객명단 daftar penumpang. 여객수화물 bagasi penumpang. 여객수화물 보관소 ruang bagasi. 여객열차 keréta api penumpang. 여객운임 tarip penumpang. 통과여객 penumpang transit
여건(與件) kondisi (keadaan) tertentu
여걸(女傑) pahlawan wanita; wanita yang berani (gagah berani)
여겨지다 dianggap
여경(女警) orang polwan (polisi wanita)
여고(女高) sekolah menengah atas khusus perempuan ⊙ 여고생 pelajar perempuan sekolah menengah atas
여공(女工) pekerja perempuan pabrik; buruh wanita
여과(濾過) penyaringan 여과하다 menyaring; menapis ⊙ 여과기 filter; penyaring. 여과지(地) tempat saringan air. 여과지(紙) kertas filter. 여과 층 lapisan filter
여관(旅館) hotél; losmén; pondokan; tempat penginapan ¶여관에 들다 menginap (mendaftarkan nama) di losmén ⊙ 여관비 biaya (rékening) penginapan. 여관주인 pengurus hotél (losmén)
여광(餘光) sisa cahaya; sisa sinar yang tertinggal
여교사(女教師) guru wanita
여국(女國) ①【전설상의】negeri dongéng wanita ②【남자 없는】negeri kaum wanita; negeri tanpa kaum pria
여군(女軍) tentara wanita

여권(女權) ①【여성의 권리】 hak-hak wanita ②【여성 참정권】 hak pilih wanita ⊙ 여권론 【주의】 féminisme. 여권론 자 orang féminisme; orang yang mendukung pentingnya hak wanita

여권(旅券) paspor ⊙ 관용여권 paspor resmi. 복수여권 paspor multipel. 외교관 여권 paspor diplomat. 일반여권 paspor biasa

여권(與圈) partai pemerintah; partai yang berkuasa

여급(女給) pelayan wanita

여기(餘技) hobi; kegemaran

여기 ①【이곳】 sini ¶여기까지 hingga tempat ini; sejauh ini; sampai ke sini ②【이 대목】 sekian; sini

여기다 mengira; menganggap; bertanya-tanya dalam hati; menduga ¶나쁘게 여기다 berpikiran buruk

여기자(女記者) wartawan (réporter) wanita; wartawati surat kabar

여기저기 di sana-sini; dari pada satu tempat ke tempat lain; di tempat-tempat; kian-kemari; di mana-mana

여난(女難) kesusahan (kemalangan) karena perempuan

여남은 kira-kira sepuluh

여념(餘念) ¶여념 없다 asyik; tekun; sibuk; memberi perhatian sepenuhnya; menyibukkan diri 《dalam tugas》

여느 ①【보통의】 lumrah; biasa ¶여느 사람 orang biasa; orang kebanyakan ②【그 밖의 다른】 yang lain; tidak sama

여느 때 waktu-waktu biasa ¶여느 때의 biasa; tiap hari/ 여느 때와 같이 seperti biasa; dengan cara biasa

여단(旅團) 【군대】 brigade ¶여단으로 편성하다 membentuk brigade ⊙ 여단장 seorang komandan brigade. 보병여단 brigade infantri. 혼성여단 brigade gabungan

여닫다 membuka dan menutup

여닫이 pintu (jendéla) dorong

여담(餘談) tambahan bicara

여당(餘黨) kelompok kecil yang masih tinggal

여당(與黨) partai pemerintahan; partai yang berkuasa ⊙ 여당의원 anggota DPR dari partai berkuasa.

여대(女大) perguruan tinggi (universitas) wanita ⊙ 여대생 mahasiswi

여덟 delapan ¶여덟째 kedelapan

여독(餘毒) akibat dari penyakit; éfék sisa dari pada penyakit

여동생(女同生) adik perempuan

여드레 delapan hari

여드름 jerawat ¶여드름이 나다 berjerawat

여든 delapan puluh ¶여든째 kedelapan puluh

여러 가지 berbagai (segala) jenis; beberapa macam

여러 달 berbulan-bulan; beberapa bulan

여러모로 dengan berbagai (beberapa) cara

여러 번(-番) beberapa (banyak) kali; seringkali; berulang kali

여러분 saudara-saudara; anda semua; yang dimuliakan; para hadirin ¶신사 숙녀여러분 Ibu-Ibu dan Bapak-bapak sekalian

여럿 sejumlah besar; banyak; banyak orang

여력(餘力) kekuatan (tenaga) yang berlebih; cadangan énergi; 【돈의】 kelebihan uang

여론(輿論) pendapat (perasaan) orang banyak (umum); pandangan umum; trén opini; suara rakyat opini masyarakat ⊙ 여론비판 kritik pendapat umum. 여론함 kotak saran

여론조사(輿論調査) survéi (sénsus) pendapat umum

여류(女流) wanita pada umumnya (secara umum); kaum wanita ⊙ 여류문학가 sastrawati; penulis wanita. 여류비행사 penerbang (pilot) wanita

여름 musim panas ¶여름 내 sepanjang musim panas ⊙ 여름휴가 liburan musim panas

여름타다 sénsitif (peka) dengan panas di musim panas; menjadi kurus di musim panas

여리다 ①【부드럽고 연하다】 lembut; lunak; 【약하다】 lembék; lemah; mudah robék; rapuh ¶연한 빛 warna muda (lembut)/ 여린 살결 kulit yang halus ②【모자라다】 kurang; tidak cukup; kekurangan ③【감

정 등이 모질지 못하다】 hati yang lembut
여망(餘望) harapan yang tersisa
여망(輿望) kepopuléran; ketenaran; kepercayaan; kemuliaan
여명(餘命) sisa hidup; hari-hari akhir kehidupan
여명(黎明) waktu fajar ¶새 시대의 여명기 mulainya zaman baru
여무지다 kukuh; cerdas; cerdik; lihai; mahir; cekatan ¶여무지게 dengan cekatan; dengan cerdik (kukuh; cerdas; pintar)
여물[1] jerami yang dipotong-potong; makanan ternak(héwan); sekam; pakan sapi ⊙ 여물통 tempat makanan kuda atau ternak; palung; palungan
여물[2] air sumur pagar
여물다 ①【열매가】 matang; menjadi masak ②【일이】 berlangsung dengan baik; berjalan lancar ③【사람이】 kokoh (tetap) 《pendirian》
여미다 merapikan; mematut-matut ¶옷깃을 여미다 merapikan baju; mematut-matut pakaian; menyesuaikan (mengatur) diri
여반장(如反掌) pekerjaan (tugas) yang amat mudah 여반장이다 merupakan pekerjaan (tugas) yang amat mudah ¶여반장으로 tanpa susah; dengan mudah
여배우(女俳優) aktris; pemain film wanita ◎ 여배우지망자 calon (bakal) aktris. 최우수 여배우상 hadiah aktris terbaik
여백(餘白) spasi kosong; jalur-jalur kosong; kelapangan; kelonggaran ¶이하여백 Tak ada lagi pernyataan (rincian keterangan) di bawah ini.
여벌(餘-) sisa-sisa; bekas-bekas; kelebihan; cadangan; serap ¶여벌이 하나 있다 Ada tambahannya.
여보 ①【남을 부를 때】 hallo, hai ②【부부 사이의 호칭】 panggilan antara suami istri; kakak; abang (부인이 남편에게) abang; (남편이 부인에게) adik
여보세요 ①【다른 누군가를 부르는 말】 maafkan saya ②【전화를 하거나 받을 때】 Halo! ¶여보세요 누구시죠 Halo! Siapa yang bicara ini?
여복(女服) pakaian (baju) wanita
여봐란듯이 suka démonstratif; suka berlagak
여부(與否) ya atau tidak; betul atau tidak ¶여부(가) 없다 itu soal biasa; tak diragukan/성공여부 suksés atau gagal
여북 betapa; alangkah; tidak sedikit; amat banyak; banyak sekali 여북하다 bukan sedikit
여분(餘分) kelebihan; ada lebihnya; ékstra; sisa; réstan
여비(旅費) biaya (ongkos) perjalanan
여사(女史) ①【여망 있는】 wanita yang terpelajar ②【이름에 붙여】 Nyonya; Ibu; (미혼) Nona ¶김 여사 Nyonya (Bu) Kim ②⇒ 부인(夫人)
여사(如斯) ¶여사한 seperti ini; sejenis ini
여사무원(女事務員) pegawai wanita; wanita bisnis
여상(女商) Sekolah Menengah Gadis Kejuruan
여상(女相) wajah seorang pria yang féminin (mirip wanita); wajah yang kewanita-wanitaan (tidak jantan)
여색(女色) ①【미색】 kecantikan wanita; daya tarik wanita ¶여색에 빠지다 tergila-gila dengan seorang perempuan; hanyut dalam cinta nafsu ②【색욕】 nafsu; hawa nafsu ③【육체적 관계】 hubungan badan (séksual) dengan seorang perempuan
여생(餘生) sisa hidup
여섯 enam ¶여섯째 keenam
여성(女性) wanita; kaum wanita; kewanitaan; jenis féminin ¶여성적 féminin/ 기혼의 여성 wanita yang telah menikah/ 미혼의 여성 wanita perawan; wanita yang belum menikah. ⊙ 여성공포증 takut wanita. 여성미 kecantikan féminin (wanita). 여성참정권 hak pilih wanita. 여성해방 émansipasi wanita. 여성호르몬 hormon (séks) wanita. 여성화(化) menjadi féminin
여성(女聲) suara wanita ⊙ 여성합창 paduan suara wanita
여성용(女性用) untuk wanita ⊙ 여성용 화장실 toilét untuk wanita
여세(餘勢) sisa tenaga; daya (tenaga) yang berlebih; moméntum

여소 야대(與小野大) partai oposisi menjadi mayoritas

여송연(呂宋煙) cerutu; rokok ¶여송연을 피우다 merokok cerutu

여수(女囚)【여죄수】 tahanan (narapidana) wanita

여수(旅愁) kesepian (kejenuhan) perjalanan; rasa murung (kesedihan) seorang pelancong; nostalgia (rasa rindu akan) perjalanan ¶여수를 느끼다 merasa murung di perjalanan

여승(女僧) biarawati Budha ¶여승이 되다 menjadi seorang biarawati Budha

여식(女息) anak perempuan; putri

여신(女神) déwi ¶자유의 여신 Déwi Kemerdékaan (Kebébasan)

여신(與信) krédit; piutang ¶여신을 주다 memberikan (mengabulkan) krédit ◎ 여신관리【규제】 pengawasan krédit: 여신상태 kondisi krédit; keadaan piutang. 여신한도 batas krédit (pinjaman)

여실(如實) sesuai dengan kenyataan; nyata 여실하다 benar; sungguh; jelas; réalistis

여심(女心) hati wanita; 【처녀의】 perasaan perempuan (gadis)

여아(女兒) anak perempuan; gadis kecil; perempuan kecil; bayi perempuan

여야(與野) partai pemerintah dan partai oposisi

여염(閭閻) ①【서민사회】 kelompok masyarakat golongan menengah ②【백성】 penduduk awam ⊙ 여염집 kediaman golongan menengah; kediaman ((keluarga)) mengengah: 여염집 부녀 istri-istri dan anak-anak perempuan dari golongan menengah

여왕(女王) raja wanita; maharani; ratu ⊙ 여왕 국 keratuan. 여왕벌【개미】 lebah 【semut】 ratu

여우 ①【동물】 rubah ¶여우의 모피 bulu rubah/ 여우가 울다 menyalak; mendengking ②【교활한 사람】 orang yang licik; seékor rubah tua ¶여우같다 licik/ 여우에 홀리다 terpesona oléh seékor rubah ⊙ 여우 굴 kandang (lubang) rubah. 여우비 hujan sebentar-sebentar turun; curah hujan turun tertegun-tegun. 여우사냥 berburu rubah

여우(女優) akris; pemain film wanita

여운(餘韻) kesan; nada 【영향】 pengaruh dari pada si mati atau almarhum yang masih melekat; akibat yang tak hilang-hilang; arti; gaung; suara yang tak hilang-hilang; gema suara ¶여운이 있는 bergaung/ 여운이 많은 penuh kesan

여울 tempat yang dangkal; riam ⊙ 여울목 bagian sempit dari pada riam

여위다 menjadi kurus dan cekung; menjadi melarat ¶여윈 얼굴 wajah yang cekung

여윈잠 tidur ayam

여유(餘裕) ①【물질적, 공간적, 시간적】 lebih; tambahan ¶돈【시간】의 여유 uang 【waktu】 yang lebih ②【마음의】 ketenangan

여유만만하다(餘裕滿滿-) santai

여의(如意) 여의하다 menjadi keinginannya; seperti yang diperkirakan (diharapkan) ¶여의하게 dengan sepuas hati/ 여의치 않다 berlawanan (bertentangan) dengan keinginannya; memberi hasil buruk (kacau); mengecéwakan harapannya

여의다 ①【잃다 · 죽다】 kehilangan ¶자식을 여의다 ditinggalkan oléh anak laki-laki ②【보내다】 mengirim jauh-jauh ¶딸을 멀리여의다 mengawinkan anak perempuan jauh-jauh

여의사(女醫師) dokter perempuan

여의주(如意珠) cintamani

여인(女人) wanita; perempuan ⊙ 여인천하 pemerintahan wanita

여인숙(旅人宿) losmén; tempat penginapan; pondokan ¶싸구려여인숙 tempat penginapan biasa

여일(如一) ketetapan 여일하다 tidak berubah; tetap ¶여일하게 secara konstan; tanpa kecuali; terus-menerus

여자(女子) wanita; anak gadis ¶여자다운 kewanita-wanitaan/여자용의 untuk wanita ⊙ 여자고등학교 sekolah menengah atas putri. 여자호주 nyonya pimpinan rumah

여장(女裝) dandanan wanita; kostum wanita 여장하다 mengenakan (memakai)

pakaian wanita

여장(旅裝) perlengkapan perjalanan ¶여장을 꾸리다 mempersiapkan (membuat persiapan) perjalanan; memperlengkapi diri untuk perjalanan

여장부(女丈夫) pahlawan wanita

여전하다(如前-) seperti biasa; seperti dulu; seperti biasa pada waktu dulu

여점원(女店員) pramuniaga wanita; wanita penjaga toko

여정(旅程) ①【거리】 jarak perjalanan yang harus ditempuh ②【여행의 일정】 rencana perjalanan ¶하루의 여정 perjalanan sehari

여정(旅情) kejenuhan perjalanan

여제(女帝) kaisar wanita; ratu

여존남비(女尊男卑) hormat pada wanita dan hinaan bagi laki-laki; mengutamakan wanita ⊙ 여존남비주의 paham cenderung rasa hormat kepada wanita

여종(女-) pelayan; budak perempuan

여죄(餘罪) kejahatan lainnya

여주인(女主人) milik perempuan; nyonya rumah

여주인공(女主人公) peran (pemain) utama perempuan

여중(女中) sekolah menengah untuk perempuan

여중군자(女中君子) perempuan yang baik; wanita terhormat; wanita berbudi baik

여중호걸(女中豪傑) wanita yang gagah berani

여지(餘地) tempat; kesempatan; celah; ruang gerak ¶타협의 여지가 있다 perlu kompromi; memberi kesempatan untuk berkompromi/ 개선의 여지가 있다 Ada kesempatan untuk memperbaiki.

여지껏 sampai sekarang; sejauh ini

여진(餘震) goncangan kemudian; gemetaran yang kemudian munculnya ¶여진이 있다 merasa goncang kemudiannya

여쭈다, 여쭙다 ①【말씀드림】 memberitahukan; mengatakan; menyampaikan ②【문의】 bertanya; menanyakan

여차(如此) seperti ini; dengan cara ini 여차(여차)하다 beginilah dan seperti inilah; cara inilah ¶여차여차 begini-begitu

여차하면 bila keadaan mendesak; dalam keadaan genting (terdesak); kalau diperlukan; jika seandainya diperlukan

여축(餘蓄) uang tabungan; simpanan; cadangan; persediaan 여축하다 menabung; menyimpan; mencadangkan

여치 【곤충】 belalang yang bersungut panjang; tonggérét

여탈(與奪) yang memberi dan mencabut kembali ⊙ 여탈 권 kekuasaan untuk memberi dan mencabut kembali: 생사여탈권을 쥐다 berkuasa atas hidup dan mati

여탕(女湯) tempat mandi umum bagian wanita

여태 hingga sekarang (kini); sampai sekarang(kini); selama ini ¶여태까지 ⇒ 여태/ 여태 없었던 일 suatu kejadian yang belum pernah terjadi sebelumnya

여파(餘波) ①【남은 파고】 gelombang besar setelah angin topan ②【영향】 akibat kemudian; akibat buruk; éfék sisa

여편네 (女便-) ①【아내】 istri ②【기혼녀】 wanita yang telah menikah

여필(女筆) tulisan tangan wanita

여필종부(女必從夫) istri harus bersikap patuh (tunduk) kepada suami

여하(如何) bagaimana; apa; bagaimana dengan; bagaimana keadaannya; keadaan; kondisi ¶여하한 경우라도 bagaimanapun juga; dalam keadaan apapun; apapun yang terjadi/ 사정 여하에 달리다 tergantung pada keadaan

여하간(如何間) ⇒ 어쨌든 walaupun demikian

여하튼(如何-) bagaimanapun juga

여학교(女學校) sekolah wanita; sekolah putri

여학생(女學生) murid wanita; pelajar putri

여한(餘恨) bekas-bekas dendam yang tak hilang; sesal yang berkepanjangan ¶여한이 없다 tidak ada sesalan

여행(旅行) perjalanan; pelancongan; darmawisata 여행하다 mengadakan perjalanan; bepergian; melancong; berwisata ⊙ 여행가방 kopor (tas) untuk bepergian; 【단기용】 tas untuk bermalam. 여행사 agén pariwisata (perjalanan;

(perlawatan). 여행상해 보험 asuransi kecelakaan perjalanan. 여행일정 jadwal (rencana) perjalanan. 여행자 pelawat; turis; wisatawan; pelancong: 여행자 수표 cék pelawat (turis): cék perjalanan. 국내여행 wisata domestik; wisata nusantara. 기차여행 perjalanan dengan keréta api. 당일여행 wisata pulang hari; wisata sehari. 수학여행 ékskursi (darmawisata) sekolah; studi tour. 해외여행 perjalanan ke luar negeri.

여향(餘響) gaung; gema

여호와 Tuhan

여흥(餘興) bersuka ria (bergembira) tanpa rasa lelah; 【연예】 hiburan; pertunjukan tambahan ¶여흥으로 sebagai (untuk) hiburan; sebagai pertunjukan tambahan

역(逆) perlawanan; pertentangan ¶역으로 sebaliknya

역(驛) stasiun 《keréta api》

역(役) 【배역】 peran ¶…의 역을 하다 memainkan (berakting) peran

역(譯) ⇒ 번역

역(亦) juga

역겹다(逆-) merasa mual (sakit); sakit perut; 【혐오】 jijik; menjijikkan

역경(逆境) situasi yang sulit (malang); kesulitan; kesengsaraan ¶역경에 처하다 dalam kesengsaraan; dalam kemalangan

역광선(逆光線)¶역광선으로 melawan arah sinar/ 역광선 사진을 찍다 memotrét menentang cahaya ⊙ 역광선 사진 foto bayangan

역군(役軍) orang yang cakap; pekerja terampil

역기(力器) barbel; congkat besi

역기능(逆機能) éfék berlawanan

역내(域內) dalam wilayah ⊙ 역내무역 perdagangan intra

역대(歷代) génerasi lanjutan; génerasi demi génerasi

역도(力道) angkat besi ⊙ 역도선수 atlét angkat besi. 대한 역도연맹 Féderasi Angkat Besi Korea

역도(役徒) sekelompok pemberontak; pengacau

역동적(力動的) dinamis

역량(力量) kesanggupan; kapasitas; kemampuan; kecakapan ¶역량이 있는 sanggup; mampu; cekatan

역력하다(歷歷-) jelas; nyata; tak dapat disangkal

역류(逆流) arus balik; arus kebalikan; arus ke hulu 역류하다 menentang arus; mengalir terbalik; mengalir ke arah hulu

역마차(驛馬車) keréta kuda

역모(逆謀) rencana pemberontakan; penghasutan; persekongkolan 역모하다 bersekongkol; merencanakan pemberontakan

역무원(驛務員) pekerja stasiun

역반응(逆反應) réaksi yang berlawanan

역병(疫病) épidemi; wabah ¶역병이 발생하다 wabah menyebar

역부족(力不足) ketiadaan kemampuan 역부족이다 di luar kemampuan; tak cakap

역불급(力不及) di luar kemampuan (kesanggupan) 역불급하다 berada di luar kemampuan

역비(逆比) 【수학】 perbandingan terbalik ⊙ 역비례 perbandingan terbalik

역사(力士) orang yang kuat

역사(役事) pekerjaan pembangunan (umum)

역사(歷史) ①【옛】 sejarah; babad; tambo; riwayat ¶역사에 기록되다 dicatat dalam sejarah ②【내력】 sejarah ¶역사 있는 대학 universitas lama; universitas bersejarah panjang/역사적인 bersejarah ⊙ 역사소설 novél sejarah. 역사학 ilmu sejarah. 동양역사 sejarah Timur

역사(驛舍) bangunan stasiun

역사하다(轢死-) mati karena kecelakaan lalu lintas; terlindas dan terbunuh karena kendaraan ⊙ 역사 자 orang terlindas dan mati

역산(逆産) ①【의학】 kelahiran sungsang ②【재산】 harta (milik) seorang pengkhianat

역선전(逆宣傳) propaganda balasan (tandingan) 역선전하다 berpropaganda balasan (tandingan)

역설하다(力說-) menekankan; menitik beratkan
역설(逆說) paradoks; lawan 역설하다 menyatakan secara berlawanan ¶역설적으로 secara berlawanan
역성 kepemihakan; parsialitas 역성들다 berpihak pada; memihak kepada; menyokong; mendukung
역수입(逆輸入) pengimporan kembali 역수입하다 mengimpor kembali; memasukkan kembali
역수출(逆輸出) pengéksporan kembali 역수출하다 mengékspor kembali; mengirim kembali
역습(逆襲) serangan balik (balasan) 역습하다 mengadakan serangan balik; 【말로】 menjawab kembali ¶역습을 받다 dibalas
역시(亦是) ①【또한】 juga; biarpun begitu; biar begitupun ¶그도 역시 그렇다 Begitu juga dia. ②【아직도】 masih ③【그래도】 tetapi; namun; meskipun; meskipun demikian ④【예상대로】 sebagaimana biasa; seperti yang lain
역연하다(歷然-) jelas; nyata
역용(逆用) kegunaan terbalik (berlawanan) 역용하다 menyalahgunakan; salah guna
역원(役員) pegawai; pekerja kantor; anggota déwan pengurus
역원(驛員) pegawai (pekerja; karyawan) stasiun
역임하다(歷任-) memegang jabatan; memegang berbagai jabatan berturut-turut
역자(譯者) penterjemah
역작(力作) karya besar 역작하다 bekerja (berusaha) keras
역작용(逆作用) éfék berlawanan; réaksi; aksi kebalikan
역장(驛長) kepala stasiun ⊙ 역장 실 kantor (ruang) kepala stasiun
역저(力著) karya tulisan yang baik
역적(逆賊) pemberontak; pembangkang; pengkhianat; pendurhaka ¶역적의 누명을 쓰다 dicap sebagai pengkhianat (pemberontak) ⊙ 역적질 pemberontakan; ((aksi)) pengkhianatan
역전하다(力戰-) bertempur dengan keras (gigih)
역전(逆轉) pembalikan 역전하다 terbalik ((sendirinya)); berbalik; membalik ⊙ 역전승 kemenangan di saat nyaris kalah. 역전패 kekalahan yang diperoléh setelah hampir menang: 역전패하다 mendapat kekalahan di saat menang
역전(歷戰) ¶역전의 véteran; berpengalaman/ 역전의 용사 véteran perang; tentara berpengalaman; pejuang véteran
역전(驛前) di depan stasiun
역전경주(驛傳競走) lomba lari éstafét jarak jauh
역점(力點) penekanan; titik dinamika ¶역점을 두다 menekankan pada
역정(逆情) kemarahan ¶역정이 나다 menjadi marah; kesal
역정(歷程) perjalanan
역조(逆潮) turun naik cuaca; arus (pasang) berlawanan
역조(逆調) keadaan (kondisi) yang merugikan; kondisi yang tak menguntungkan ⊙ 무역역조 ketidakseimbangan (berat sebelah) perdagangan; kelebihan impor
역주(譯註) terjemahan dan keterangan; terjemahan dengan catatan
역주하다(力走-) berlari dengan cepat
역진하다(力盡-) kehabisan tenaga; capék; lelah
역코스(逆-) arah yang berlawanan; jalan berputar ¶역코스를 취하다 mengambil jalan berputar
역투(力鬪) perjuangan yang berat; perkelahian sengit 역투하다 berkelahi sengit; berkelahi dengan sekuat tenaga
역투하다(力投-) 【야구】 melempar dengan keras (dengan sekuat tenaga)
역풍(逆風) angin yang berlawanan; angin dari pada depan ¶역풍이다 Angin tak menguntungkan. *atau* Angin melawan kita.
역하다(逆-) menjijikan; buruk; menusuk hidung
역학(力學) ①【물리】 dinamik; mekanik ¶역학적, 역학 산의 dinamis ②【힘】 dinamik ⊙ 생체(生體)역학 【의학】 dinamik vital; ilmu gerak vital

역학(易學) ilmu meramal
역학(疫學) 【의학】 épidemiologi ¶역학조사를 하다 melakukan penyelidikan épidemiologi
역할(役割) ①【직책, 임무】 peranan; bagian ¶중대한 역할을 하다 memainkan peranan penting ②【드라마 · 영화 등의 역】 peran; bagian ¶역할을 하다 memerankan; melakukan permainan
역행(力行) usaha yang berat; usaha keras 역행하다 berusaha keras; berdaya upaya
역행(逆行) gerakan mundur; kemunduran 역행하다 mundur; bergerak mundur; bergerak ke belakang; membalik ¶시대에 역행하다 menentang waktu; melawan arus
역효과(逆效果) akibat yang berlawanan (merugikan); réaksi berlawanan; éfék berlawanan (kebalikan; bumerang) ¶역효과를 내다 (가져오다) menyebabkan éfék berlawanan (bumerang); menghasilkan akibat yang berlawanan (merugikan)
엮다 ①【엮어 만들다】 menganyam; menjalin; merajut; mengikat ②【편찬하다】 menyunting; menyusun; mengédit
엮은이 éditor; penyunting
엮이다 terlibat
연(年) setahun; satu tahun ¶연 수입 pendapatan per tahun
연(鉛) timah hitam
연(鳶) layang-layang; layangan ¶연을 날리다 bermain layangan
연(蓮) teratai; seroja ¶연꽃 bunga teratai
연(連) ①【종이의】 satu rim 《kertas》 ②【계속】 berturut-turut
연(聯) stanza ¶2연 4행을 보세요 Perhatikan baris keempat dalam stanza kedua.
연(延) jumlah ⊙ 연인원 jumlah orang
연가(戀歌) nyanyian cinta
연간(年間) tahunan; selama setahun; per tahun ⊙ 연간계획 program tahunan. 연간생산고 hasil tahunan
연감(年鑑) buku tahunan; almanak
연갑(年甲) teman sebaya
연거푸 berturut-turut; berurutan
연건평(延建坪) luas lantai total
연결(連結) ①【물체와 물체의】 hubungan; pertalian; ikatan; kaitan; sambungan 연결하다 menghubungkan; mengkaitkan ②【전화의】 hubungan ¶잠시 만요, 연결해 드릴 게요 Sebentar, saya hubungkan. ③【사건 · 현상 등의】 konéksi; jaringan; menghubungkan
연계(連繫) hubungan; kontak; sentuhan ¶연계가 있다 berhubungan dekat; menémpél
연고(軟膏) obat urap; salep
연고(緣故) konéksi; jalinan; latar belakang; hubungan; pengaruh ⊙ 연고자 kerabat. 연고지 kampung halaman
연고로(緣故-) atas alasan itu; karena itu; maka
연골(軟骨) ①【해부학】 tulang rawan; tulang muda ②【사람】 orang muda; orang belum déwasa ⊙ 연골조직 jaringan tulang rawan
연공(年功) pelayanan (dinas) bertahun-tahun; pengalaman kerja bertahun-tahun; dinas lama ¶연공으로 léwat pengalaman (dinas) yang panjang
연공서열(年功序列) senioritas ⊙ 연공서열제 aturan (sistém) senioritas
연공(年貢) upeti tahunan
연관(沿管) pipa
연관(聯關) ⇒ 관련
연구(研究) studi; penelitian; risét; kajian 연구하다 mempelajari; meneliti; menelaah ⊙ 연구가 peneliti; perisét. 연구방법 métode kajian (risét); métodologi. 연구보고서 naskah riset. 연구소 lembaga penelitian; institut risét. 연구시설 instalasi risét. 역사연구 kajian sejarah
연구개(軟口蓋) langit-langit lunak ¶연구개의 vélar ⊙ 연구개음【음성】 bunyi langit-langit (vélar)
연극(演劇) sandiwara; pertunjukan; tonil; drama 연극을 하다 ①【극을】 bermain sandiwara; memberi (mempersembahkan; mengadakan) pertunjukan; menampilkan drama ②【남을 속이기 위한 연극을 부리다】 membuat tipuan; berpura-pura ⊙ 연극계 dunia sandiwara. 연극 부 klub teater. 연극애호가 pengge-

mar sandiwara
연근(蓮根) akar teratai
연금(年金) tunjangan hidup; pénsiun ⊙ 연금수령자 penerima tunjangan. 양로연금 pensiun usia tua. 종신연금 tunjangan seumur hidup
연금(軟禁) tahanan; tahanan rumah 연금하다 menahan dalam; menempatkan dalam tahanan rumah
연금술(鍊金術) alkimia ⊙ 연금술사 ahli alkimia
연기(延期) penundaan; pengunduran; penangguhan; pertangguhan 연기하다【미루다】 menunda; menangguhkan ¶무기 연기되다 ditunda dalam waktu tak tentu
연기(連記) 연기하다 menulis pada kartu suara ⊙ 연기투표 pengumpulan suara komulatif: 무기명 연기투표 pemungutan suara rahasia dengan peserta banyak
연기(煉氣) asap ¶연기(가) 나는 berasap ⊙ 담배연기 asap rokok
연기(演技) penampilan; akting ¶훌륭한 연기를 보이다 menampilkan akting yang hébat; menampilkan peran dengan brilian/오버하는 연기 akting berlebihan ⊙ 연기자 aktor
연꽃(蓮-) bunga teratai; seroja
연내(年內) dalam tahun ini; sebelum akhir tahun ini
연년(年年) tiap tahun; dari tahun ke tahun
연년(連年) tahun-tahun yang berurutan; 《selama》 bertahun-tahun ⊙ 연년생(生) anak bersaudara kandung yang lahir berjarak masing-masing satu tahun (yang lahir dalam dua tahun berurutan)
연단(演壇) mimbar; podium
연달아(連-) berturut-turut; bersambung ¶ 연달아 이야기하다 bicara terus; bicara terus menerus
연대(年代) zaman; masa; abad ¶연대순(으로) menurut urutan waktu ⊙ 연대사, 연대기 sejarah; tarikh; tabél (grafik) sejarah. 연대표 kronologi; urut-urutan peristiwa
연대(連帶) solidaritas; tanggung-jawab koléktif ¶연대하여 secara bersama; secara koléktif ⊙ 연대감(感) rasa (perasaan) ikatan umum; rasa solidaritas. 연대책임 tanggungan bersama (koléktif)
연대(聯隊) résimén ⊙ 연대기 bendéra (panji) résimén. 연대본부 markas résimén. 연대장 komandan résimén
연대보증(連帶保證) penjaminan bersama ⊙ 연대보증인 penjamin bersama
연도(年度) tahun; periode ¶회계연도 tahun pembukuan ⊙ 연도보고 laporan tahunan
연도(沿道) daérah sepanjang jalan (rute); tepi jalan; pinggir jalan ¶연도의【에】 sepanjang jalan (rute); di tepi jalan
연독(鉛毒) keracunan timah
연동(聯動) persnéling; sambungan 연동하다 berhubungan; bersambungan ⊙ 연동기(機) kopling. 연동장치 peralatan penghubung; roda gigi
연두(年頭) awal (permulaan) tahun ¶연두기자회견을 열다 mengadakan (menangani) konferénsi pérs awal tahunan ⊙ 연두교서 Pernyataan Pesan Tahunan Présidén; Pernyataan Pesan Nasional. 연두사 Pidato Tahun Baru
연두색(軟豆色) hijau muda
연락(連絡) ①【관계】 hubungan; konéksi 연락하다 berhubungan dengan ¶…와 연락이 있다 dihubungkan dengan/ 연락이 끊겨 있다 terputus hubungan dengan ②【통신】 komunikasi 연락하다 berkomunikasi ③【교통편의 접속】 hubungan; gabungan 연락하다 berhubungan ⊙ 연락장교【사무소】 pegawai【kantor】 penghubung
연락선(連絡船) kapal féri; kapal lintas terusan; kapal penghubung
연래(年來) ①【오래된】 bertahun-tahun; beberapa tahun ini; selama ini ②【-년 이래의】 selama; bertahun-tahun sekarang
연령(年齡) umur; tahun; usia ¶연령의 차(差) perbédaan (ketidaksesuaian) umur ⊙ 연령제한 batas usia. 연령층 lingkup (kelompok) usia. 결혼연령 usia perkawinan; umur menikah 평균연령 usia rata-rata
연례(年例) ¶연례의 tiap tahun; tahunan

⊙ 연례보고 laporan tahunan. 연례행사 peristiwa (upacara; acara) tahunan. 연례회 rapat tahunan

연로(年老) usia tua 연로하다 tua; berumur

연료(燃料) bahan bakar ¶연료가 떨어지다 kehabisan bahan bakar ⊙ 연료가스 bahan bakar gas. 연료보급 persediaan bahan bakar; pengisian bahan bakar. 연료비 ongkos (biaya) bahan bakar. 고【기, 액】체 연료 bahan bakar padat【gas, cair】

연루(連累) keterlibatan 연루되다 tersangkut; terlibat ⊙ 연루자 komplotan; sekongkol; sekutu; makar

연륜(年輪) lingkaran (cincin) tahunan ⟪pohon⟫; umur ¶연륜 있는 작가 penulis véteran

연리(年利) bunga tahunan; bunga per tahun

연립(聯立) koalisi; persekutuan; aliansi ⊙ 연립 내각 kabinét koalisi (gabungan). 연립방정식 persamaan simultan. 연립주택 rumah petak; rumah-rumah berdérét

연마(研磨) ①【보석 등을】 penggosok; pengkilap 연마하다 menyemir; mengkilapkan; menggosok; mengasah ②【기술·학문 등을】 studi; penelitian 연마하다 meneliti; mempelajari ⊙ 연마기 penggosok; penyemir; pengasah; gerinda

연마하다(鍊磨-) melatih; meningkatkan ¶기술을 연마하다 melatih (meningkatkan) keahlian(ketrampilan)

연막(煙幕) tabir asap ¶연막을 치다 memasang (menurunkan) tabir asap ⊙ 연막전술 taktik tabir asap

연만하다(年滿-) menua; berumur; cukup tua

연말(年末) akhir tahun ⊙ 연말보너스(상여금) bonus akhir tahun. 연말정산 penyesuaian pajak akhir tahun

연맹(聯盟) perserikatan; persekutuan; perhimpunan; liga ¶연맹하여 bergabung dengan/ 연맹에 가입하다 bergabung liga; menjadi anggota perserikatan

연명하다(延命-) hidup pas-pasan; bertahan; mempertahankan kehidupan (keberadaan)

연명(連名) penandatanganan bersama; tanda tangan bersama 연명하다 menandatangani bersama ⊙ 연명진정서 petisi bersama

연모(戀慕) cinta hasrat; kasih sayang séntiméntil 연모하다 cinta ⟪dan hasrat⟫ pada; merasa sayang pada; merindukan

연목구어하다(緣木求魚-) mencari yang tak mungkin (yang mustahil); memanjat pohon mencari ikan

연못(蓮-) kolam teratai; kolam

연무(烟霧) asap dan kabut; kabut asap; kabur

연무(鍊武) latihan militér 연무하다 mendapat latihan militér; terlibat latihan militér ⊙ 연무장 aula latihan militér

연미복(燕尾服) jas berékor

연민(憐憫·憐愍) simpati; belas kasihan; keibaan ¶연민의 정을 느끼다 merasa kasihan

연발(延發) keberangkatan yang terlambat (tertunda) 연발하다 berangkat terlambat

연발(連發) ①【총을 연달아 쏨】 témbakan berulang 연발하다 menémbak berulang dengan cepat; menémbak berturut-turut ②【연이어 일어남】 ¶질문을 연발하다 menanyakan pertanyaan secara beruntun; menanyakan pertanyaan satu demi satu ⊙ 연발 총 senapan otomatis

연방(聯邦) perserikatan; persemakmuran; féderasi; konféderasi; uni ¶연방의 féderal; konféderasi ⊙ 연방정부 pemerintah féderal

연배(年輩) 【나이】 umur yang sama; 【사람】 orang berumur hampir sama dengan yang lain; sebaya; seumur ¶동 연배의 berumur sama

연 번호(連番號) nomor séri

연변(年邊) bunga tahunan

연변(沿邊) daérah sepanjang ⟪sungai, jalur keréta api, perbatasan⟫ ¶철도 연변의 집 rumah di sepanjang jalur keréta api

연병(練兵) latihan militér 연병하다 berparade; berlatih ⊙ 연병장 lapangan latihan

연보(年報) laporan tahunan

연보(年譜) catatan (daftar) kronologis; sejarah yang dicatat sesuai dengan urutan tahun

연보(捐補) sumbangan untuk orang lain; bantuan geréja 연보하다 menyumbang; berderma ⊙ 연보금, 연보 돈 uang sumbangan. 연보함 kotak sumbangan

연봉(年俸) upah tahunan; gaji tahunan ⊙ 연봉제 sistém pembayaran gaji tahunan

연봉(連峯) rangkaian (rantai) puncak pegunungan ⊙ 알프스연봉 pegunungan Alpen

연부(年賦) cicilan (angsuran) tahunan ¶연부로 dengan cicilan tahunan; dengan angsuran tahunan/ 3개년 연부로 cicilan berjangka selama tiga tahun ⊙ 연부상환 penebusan dengan cicilan tahunan

연분(緣分) ikatan takdir; jalinan takdir; hubungan sebelum diberkati ¶부부의 연분을 맺다 mengikat tali perkawinan; menetapkan (mensahkan) ikatan perkawinan; kawin/ 그들은 천생 연분이다 Mereka adalah pasangan yang serasi.

연분홍(軟粉紅) mérah muda

연불(延拂) pembayaran yang ditangguhkan ⊙ 연불수출 ékspor dengan pembayaran yang ditangguhkan

연비(燃比) bahan bakar per mil; éfisiénsi bahan bakar

연비(連比) perbandingan lanjutan

연비례(連比例) proporsi (perbandingan) lanjutan

연사(演士) pemberi kuliah; penceramah; pembicara ((publik)) ⊙ 초청연사 pembicara tamu

연산(演算) penghitungan ⊙ 사칙연산 empat dasar operasi aritmatika

연산(年産) hasil tahunan; hasil produksi per tahun

연산(連山) jajaran (barisan) pegunungan

연상(年上) senioritas umur ¶연상의 lebih tua; senior/ 5살 연상이다 lima tahun lebih tua

연상(聯想) asosiasi 연상하다 teringat; mengingatkan akan ¶연상시키다 menyarankan ke pikiran; mengingatkan pada; mengemukakan kesan tentang

연서(連書) tanda tangan bersama 연서하다 menandatangan bersama; ikut menandatangani ⊙ 연서인 orang yang ikut mendukung dengan tanda tangan; pendukung tanda tangan bersama

연석(宴席) pésta; tempat duduk di aula jamuan ¶연석을 베풀다 mengadakan (jamuan) pésta makan malam/ 연석에 참석하다 menghadiri jamuan

연석(連席) kehadiran; keberadaan 연석하다 duduk bersama; hadir; ada; duduk pada ¶회의에 연석하다 menghadiri rapat; duduk sebagai anggota rapat ⊙ 연석자 hadirin

연설(演說) pidato ((umum)); amanat; ucapan 연설하다 berpidato; berbicara; menyampaikan amanat ((audiénsi)) ⊙ 연설가 ahli pidato; pembicara. 기조연설 amanat utama. 탁상연설 pidato ramah tamah; pidato setelah makan malam

연성(軟性) 【물리학】 lembut ⊙ 연성세제 detergén lembut

연세(年歲) usia

연소(年少) muda; belum déwasa 연소하다 muda; di bawah umur; remaja

연소(延燒) penyebaran api 연소하다 terbakar karena sebaran api

연소(燃燒) pembakaran 연소하다 membakar; menyalakan ⊙ 연소물(物) barang mudah terbakar. 자연연소 pembakaran dengan sendirinya; pembakaran spontan

연소자(年少者) anak; yang di bawah umur; yang belum déwasa

연속(連續) kelanjutan; kesinambungan; susulan; turutan; réntétan; séri 연속하다 meneruskan; melanjutkan ¶연속적(인) dengan terus-menerus; berangkaian/연속해서 berturut-turut; berurutan; secara terus menerus ⊙ 연속만화 buku komik sérial. 연속방송극 drama séri; drama réntétan bersambung. 연속번호 nomor berurutan. 일일【주간】연속극 drama séri harian【mingguan】

연쇄(連鎖) rantai; rangkaian; séri ⊙ 연쇄반응 reaksi berantai. 연쇄상(狀) 구균 bakteri stréptokokus. 연쇄점(店) toko berangkai; toko ganda; toko yang mempunyai banyak cabang. 연쇄충돌 tabrakan berantai (beruntun)

연수(年收) pendapatan tahunan

연수(年數) jumlah tahun; jumlah bertahun-tahun ¶연수를 지난 tua; berumur ⊙ 연수가산(加算) cara tambahan tiap tahun

연수(硏修) penelitian; kajian risét dan latihan 연수하다 studi; meneliti; mendapat latihan ⊙ 연수생(生) peserta pelatihan. 연수원(院) institut (lembaga) pelatihan: 연수회 lokakarya

연수(軟水) air lunak ¶(경수를) 연수로 만들다 melunakkan air

연습(演習) latihan 연습하다 berlatih; mengadakan latihan ⊙ 연습림(林) perkebunan percontohan. 예행연습 latihan ulangan; latihan awal

연습(鍊習) prakték; latihan 연습하다 berlatih ⊙ 연습경기 pertandingan (permainan) latihan uji coba. 연습문제 soal latihan. 연습생 peserta latihan; 연습생 pelatih. 연습장: 골프 연습장 kawasan latihan golf

연습부족(鍊習不足) kurang latihan 연습부족이다 tak cukup terlatih

연승(連勝) kemenangan berturut-turut (berurutan); rangkaian kemenangan 연승하다 mencapai kemenangan berurutan; memenangkan setiap pertempuran ¶연전연승하다 memenangkan setiap permainan (pertempuran)

연시(年始) permulaan tahun

연시(軟柿) kesemek yang matang dan lembut

연식(年式) model ¶이 차는 연식이 오래되었다 Mobil ini adalah model lama.

연식(軟式) jenis yang lunak (lembut) ⊙ 연식야구 bisbol bola lunak. 연식정구 tenis

연안(沿岸) distrik (propinsi) sepanjang pantai; pantai ¶연안의【에】 sepanjang pantai ⊙ 연안무역 perdagangan pantai (pesisir). 연안항로 jalur pelayaran pantai. 연안 항해 pelayaran (navigasi) pantai

연애(戀愛) cinta kasih; cinta asmara 연애하다 jatuh cinta; bercinta ⊙ 연애결혼 perkawinan cinta: 연애결혼을 하다 kawin atas dasar cinta. 연애대장 *playboy; Don Juan*. 연애소설【시】 kisah【puisi】 cinta. 연애편지 surat cinta. 동성연애 homo séksual;【남자간의】 sodomi;【여자간의】 lésbian. 삼각연애 《skandal》 cinta segi tiga. 자유연애 cinta bébas

연액(年額) jumlah per tahun; upah tahunan;【부사적】 setahun; tiap tahun ⊙ 연액보장 임금제 sistém jaminan upah tahunan

연약(軟弱) 연약하다 lemah; bokoh; rapuh ⊙ 연약외교 diplomasi yang lemah

연어(連語)【복합어】 kata majemuk;【구】 frase

연어(涓魚) ikan salem ¶소금에 절인연어 salem asin/ 훈제연어 salem asap ⊙ 통조림 연어 salem kaléngan

연역(演繹) deduksi 연역하다 mendeduksi; mengembangkan ¶연역적(으로) deduktif ⊙ 연역법 métoda (logika) deduktip

연연(戀戀) cinta (kasih sayang) yang kuat 연연하다 sangat bergairah ¶(아직도) 연연 해 하다 masih cinta; memiliki rasa cinta yang tak hilang-hilang

연예(演藝) penampilan; hiburan 연예하다 menampilkan; menghibur ⊙ 연예계 dunia hiburan. 연예란 kolom (bagian) hiburan 《dalam surat kabar》. 연예방송 program hiburan. 연예인 artis; bintang

연옥(煉獄) neraka;【가톨릭】 tempat api penyucian dosa

연와(煉瓦) batu bata

연원(淵源) sumber; asal ¶연원을 더듬다 mencari sumber

연월일(年月日) hari; bulan dan tahun; tanggal ¶연월일이 없는 tak bertanggal

연유(緣由) alasan; sumber; asal 연유하다 berasal dari; bersumber dari

연유(煉乳) susu kental

연유(燃油) minyak bahan bakar

연이율(年利率) suku bunga tahunan

연익(年益) keuntungan tahunan

연인(戀人) kekasih; pacar

연인원(延人員) jumlah orang secara keseluruhan

연일(連日) tiap hari; dari pada hari ke hari

연일수(延日數) jumlah seluruh hari

연임(連任) melayani secara berurutan
연임하다(延任-) dipilih (diangkat) kembali
연잇다(連-) berlangsung; berturut-turut
연잎(蓮-) daun teratai
연자매(研子-) gerinda yang dikerjakan oléh kuda ⊙ 연자맷간 penggilingan yang dikerjakan oléh lembu
연장 peralatan; alat-alat; perkakas; perabot; perlengkapan
연장(年長) ¶연장의 yang lebih tua; yang lebih senior ⊙ 연장자 orang yang lebih tua (dihormati): 집안의 최 연장자 orang tertua dalam suatu keluarga
연장(延長) lanjutan; perpanjangan 연장하다 memperpanjang; merentangkan; meregangkan; mengulurkan ⊙ 연장선 garis perpanjangan. 연장전 pertandingan yang diperpanjang; babak tambahan; waktu ékstra (lembur)
연재(連載) penerbitan bersambung; bentuk publikasi berséri 연재하다 menerbitkan secara bersambung ¶(잡지에) 연재되다 diterbitkan berséri ((dalam suatu majalah)); dijadikan séri ⊙ 연재만화 kartun sérial. 연재소설 cerita bersambung (cerbung); novél sérial
연적(硯滴) kotak tinta cair
연적(戀敵) saingan cinta
연전(年前) dua atau tiga (beberapa) tahun yang lalu; beberapa tahun ke belakang
연전(連戰) rangkaian pertempuran 연전하다 bertempur dalam serangkaian pertempuran ⊙ 연전연승 kemenangan terus-menerus; kemenangan tak terputus; rangkaian kemenangan. 연전연패 serangkaian kekalahan; kekalahan beruntun (tak terputus)
연접하다(連接-) menghubungkan; mempertalikan; menyatukan
연정(戀情) perasaan kasih mesra; kasih sayang; cinta ¶연정을 느끼다 mencintai; menyayangi
연제(演題) pokok amanat; pokok pembicaraan (pidato; kuliah); téma
연좌하다(連坐-) terlibat; terjerat; menghubungkan nama dengan ⊙ 연좌데모 démontrasi duduk. 연좌제도 sistém hubungan kesalahan; sistém keterlibatan
연좌시위(連坐示威) ¶연좌시위를 벌이다 menjalankan protés
연주(演奏) pertunjukan (pagelaran) musik 연주하다 mengadakan pertunjukan ¶피아노를 연주하다 memainkan piano; mempersembahkan permainan piano ⊙ 연주곡(목) program musik; daftar lagu-lagu yang akan dimainkan. 연주여행 tur pertunjukan. 연주자 pemain musik. 피아노 연주회 konser piano
연주창(連珠瘡) penyakit kelenjar; semacam penyakit TBC
연줄(緣-) pertalian; konéksi; hubungan ¶연줄이 있다 ada konéksi; mempunyai pertalian
연중(年中) sepanjang tahun; setahun penuh; selalu ⊙ 연중무휴 buka sepanjang tahun. 연중행사 upacara (ibadah) tahunan; perayaan tahunan
연지(臙脂) pemérah pipi ¶뺨에 연지를 바르다 memérahkan pipi; memberi warna mérah pada pipi; bergincu
연직 vertikal ⊙ 연직선 garis vertikal (tegak lurus)
연차(年次) ①【햇수】 urutan tahun (umur) ¶연차로 menurut umur (tahun) ②【매년】 tahunan ⊙ 연차계획 program (rencana) tahunan. 연차대회 konvensi tahunan. 연차보고 laporan tahunan. 연차휴가 cuti tahunan
연착(延着) kedatangan yang tertunda (telat; terlambat); ketertundaan; penundaan ((kedatangan)) 연착하다 terlambat datang; datang telat
연착(軟着) pendaratan yang mulus ¶달에 연착하다 mendarat mulus di bulan
연착륙(延着陸) mendarat secara halus
연창(-窓) jendéla sebelah luar
연천하다(年淺-) tidak lama; singkat
연철(鍊鐵) besi tempaan
연체(延滯) penunggakan; penundaan 연체하다 menunda; menunggak ¶(지불이) 연체돼 있다 ditunda; ditunggak ((pembayaran)) ⊙ 연체료 uang tunggakan. 연체이자 bunga tunggakan; bunga keterlambatan membayar. 연체일수 hari-hari penundaan
연체동물(軟體動物) moluska; binatang lu-

nak
연초(年初) awal tahun
연초(煙草) tembakau
연출(演出) pementasan; pemanggungan; penyutradaraan 연출하다 mementaskan; memanggungkan; menyutradarai ⊙ 연출법 cara penampilan (pelaksanaan; dramatik). 연출효과 éfék panggung
연타(連打) 연타하다 ①【종 따위를】 membunyikan ((lonceng, bel)) berulang-ulang ②【구타】 melontarkan pukulan
연탄(煉炭) batu bara; brikét batu bara ⊙ 연탄가스 gas brikét batu bara. 연탄가스 중독 keracunan gas brikét (batu bara). 연탄재 batu bara yang dipakai; sisa brikét
연통(煙筒) corong asap; cerobong asap ⊙ 연통 청소부 penyapu (pembersih) cerobong
연판(連判) penandatanganan (tanda tangan) bersama 연판하다 menandatangani (mengecap) bersama ⊙ 연판 자 pendukung tanda tangan. 연판장 daftar penanda-tanganan kesepakatan; surat perjanjian penandatanganan bersama
연패(連敗) kekalahan yang berturut-turut; kekalahan beruntun 연패하다 kalah terus (berturut-turut)
연패(連覇) kemenangan yang berturut-turut; kemenangan beruntun
연표(年表) daftar urutan; kronologi susunan yang diatur sesuai dengan urutan tahun
연평균(年平均) perkiraan tahunan
연필(鉛筆) pénsil ¶연필의 끝 ujung pénsil/ 연필을 깎다 menajamkan (meruncingkan) pénsil ⊙ 연필깎이 peruncing pénsil. 연필화 skétsa pénsil. 색연필 pénsil warna. 제도연필 pénsil menggambar
연하(年下) ¶연하의 lebih muda; lebih junior
연하(年賀) ucapan tahun baru; 【연하장에서】 Selamat Tahun Baru ⊙ 연하 객 *tamu tahun baru.* 연하우편 pos tahun baru. 연하장 kartu Tahun Baru
연하다(連-) berhubungan; berkaitan dengan
연하다(軟-) ①【질기지 않다】 lembut; empuk; halus ¶연해지다 menjadi empuk (lembut; lunak); melembut ②【빛이】 muda; pudar ¶연한 빛 warna muda
–연하다(然-) berpura-pura; bertingkah seolah-olah ¶학자연하는 사람 sarjana (pelajar) yang suka menonjolkan keilmuannya
연한(年限) periode tertentu; masa ¶연한을 채우다 memenuhi masa dinas ⊙ 복무연한 masa pelayanan (kerja). 수업연한 masa belajar. 의무연한 masa kewajiban; masa wajib
연합하다(聯合-) bersatu; berserikat; berasosiasi; bersekutu; bergabung ⊙ 연합국 negara-negara sekutu. 연합군 pasukan sekutu. 연합작전 operasi gabungan (bersama). 국제연합 Perserikatan Bangsa-Bangsa
연해(沿海) laut sepanjang pantai ⊙ 연해 도시 kota-kota pantai. 연해어업 penangkapan ikan di pantai
연해(煙害) polusi asap
연해(連-) dengan terus menerus
연해주(沿海州)【지리】 Propinsi Maritim
연행하다(連行-) membawa seorang tertuduh ke pos polisi ¶경찰에 연행되다 dibawa ke polisi
연혁(沿革) sejarah; cerita; riwayat
연호(年號) nama masa; nama éra; sanat
연호하다(連呼-) meneriakkan nama
연화하다(軟化-) menjadi lembut; melembut
연화(軟貨) mata uang yang tidak stabil
연회(宴會) pésta makan malam; perjamuan ¶연회를 열다 mengadakan pésta ((makan malam; perjamuan)) ⊙ 연회장 aula perjamuan. 신년연회 perjamuan (pésta) tahun baru
연후(然後) ¶연후에 setelah itu; sesudah itu
연휴(連休) liburan berturut-turut; liburan berurutan
열(列) barisan; lapis; dérét; jéjér
열(熱) ①【몸체의】 panas; kalor ¶열의 termali; kalorik/ 열을 가하다 memanaskan ②【몸의】 temperatur; suhu; panas tubuh ¶열이 나다 demam; menjadi demam ③【열중 · 유행】 antusiasme; sem-

angat; kegairahan ¶축구 열 gila sepak bola/ 투기열 maniak spékulasi/열이 식다 bersikap dingin/ 열이 없다 tidak berantusias ④【걱정 · 노함】 marah; sifat berapi-api; kehébatan ¶열이 나다 marah; naik darah ⊙ 열기구 balon udara panas. 열소비량 pemakaian panas. 열용량 kapasitas panas. 열전도 konduksi panas uap

열 sepuluh ¶열 번째 ke sepuluh

열가소성(熱可塑性) térmoplastisitas ¶열가소성의 térmoplastis ⊙ 열가소성재료 bahan térmoplastik

열강(列强) negara adidaya; kekuatan dunia

열거(列擧) perincian; uraian 열거하다 memerinci; mendaftarkan; menguraikan ¶일일이 열거할 수가 없다 terlalu banyak untuk disebutkan satu persatu

열관리(熱管理) pengatur (pengontrol) panas

열광(熱狂) rasa antusias; kegila-gilaan; fanatisme; kehebohan; maniak; semangat berapi-api; kefanatikan 열광하다 sangat senang; sangat antusias; tergila-gila; fanatik ¶열광적으로 dengan semangat yang besar; dengan fanatik

열국(列國) dunia; seluruh dunia; semua negara ¶열국의 간섭 intervénsi (campuran) luar negeri

열기하다(列記-) menyebut satu demi satu

열기(熱氣) panas; udara panas; kalor ¶열기가 식다 menjadi dingin/열기를 식히다 mendinginkan ②【신열】 demam; panas ③【흥분된 분위기】 kegembiraan; kepanasan

열김(熱-) ①【열중 · 흥분한 열】 semangat; keinginan; hasrat; antusias ②【홧김】 luapan amarah

열나다(熱-) ①【신열이】 demam; menderita demam; terkena demam ②【열중하다】 sangat antusias; tergila-gila; gila; gemar ③【화나다】 marah; berang; naik darah

열나절 waktu yang sangat lama

열넷 empat belas ¶열넷째 ke empat belas

열녀(烈女) istri (wanita) teladan (berbudi)

열다[1] ①【닫힌 것을】 membuka ②【시작하다】 membuka; memulai ③【길 · 땅 등을】 membuka; mengembangkan 《daérah》 ④【모임을】 mengadakan 《pesta; jamuan》 ⑤【가게 · 회사 등을】 buka; mengatur ¶가게를 열다(하루의 장사를 시작하다) membuka toko; (개업하다) membuka usaha (bisnis); membuka (memulai) toko

열다[2] 【열매가】 berbuah

열다섯 lima belas ¶열다섯 째 ke lima belas

열대(熱帶) daérah khatulistiwa; daérah tropis; daérah beriklim panas ⊙ 열대기후 beriklim tropis. 열대야 malam tropis. 열대성 저기압 tekanan udara yang rendah di daérah tropis. 열대지방 daérah tropis; tropika

열댓 kira-kira lima belas

열도(列島) rangkaian pulau; kepulauan; nusantara

열도(熱度) ①derajat panas (temperatur); demam ②【열심의 도】 tingkat antusiasme

열둘 dua belas ¶열두째 ke dua belas

열등(劣等) keadaan (sifat) yang rendah; inférioritas 열등하다 inférior ⊙ 열등감【콤플렉스】 perasaan rendah diri; komplék rasa rendah diri. 열등아(兒) (생) anak yang terbelakang (lamban). 열등품 barang-barang kelas (berkualitas) rendah

열띠다(熱-) bergairah; menjadi panas; bergelojak ¶열띤 sangat antusias; paling menggairahkan; sangat menggiurkan/ 열띤 경기 pertandingan (kontés) yang seru; pertempuran yang sengit

열락(悅樂) kegembiraan; kesenangan

열람(閱覽) pembacaan; penelahaan 열람하다 membaca; menelah ⊙ 열람권 tikét (karcis) masuk. 열람실 ruang bacaan. 열람자(인) pembaca; pengunjung 《perpustakaan》. 특별 열람석 【도서관의】 karél

열량(熱量) jumlah panas; kalori; 【발열량】 daya kalori ¶열량이 많다【적다】 tinggi 【rendah】 kalori ⊙ 열량가치 nilai kalori

열렬하다(熱烈-) bersemangat; bernafsu; berahi

열렬히(熱烈-) dengan bersemangat; dengan gairah; dengan bernafsu ¶열렬히 사랑하다 cinta dengan sepenuh jiwa

열리다 ①【닫힌 것 · 잠긴 것이】 dibuka; terbuka ②【가게 · 모임이】 membuka; dibuka; memulai; mengadakan; diadakan ¶…의 주최로 열리다 yang diadakan atas bantuan dari ③【문물이】 menjadi beradab; diterangi; diperbarui; dimodernisir ④【열매가】 berbuah ⑤【마음 · 사고 등이】 ¶열린 사고를 가지다 berpikiran terbuka ⑥【새로운 기틀이 마련되다】 dibuka; mulai

열망(熱望) keinginan yang meluap-luap; hasrat yang membara 열망하다 sangat berhasrat; sangat ingin; haus; ingin sekali; bersemangat; terbakar hasrat

열매 ①【과일 등의】 buah; biji ②【비유적】 hasil

열반(涅槃) 【불교】 ①【입적】 kematian seorang pendéta Budha ②【해탈】 Nirwana; Surga 《keadaan tanpa adanya keinginan》; tujuan Budhisme ¶열반에 들다 memasuki nirwana

열변(熱辯) pidato yang bergairah (meluap-luap; penuh semangat; berapi-api)

열병(閱兵) ⇒ 사열(査閱) pemeriksaan pasukan 열병하다 memeriksa pasukan ⊙ 열병식 pawai barisan tentara (militér); pawai; parade

열병(熱病) penyakit demam ¶열병에 걸리다 mendapat (terkena) demam

열분해(熱分解) pirolisis

열사(烈士) pecinta tanah air; orang yang mempunyai pendirian yang teguh; patriot ⊙ 민주 열사 martir patriotis untuk demokrasi

열사병(熱射病) serangan panas; penyakit pitam; stroke karena panas ¶열사병에 걸리다 kena (menderita) penyakit panas

열상(熱傷) luka gorésan ¶열상을 입다 terluka gorésan

열선(熱線) *sinar panas (termis)*; gelombang mérah infra

열성(熱誠) kesetiaan; minat (semangat) besar 열성스럽다 setia; berminat; bersemangat ¶열성적 antusias; sangat berminat; bersemangat ⊙ 열성 가 peminat; pengikut setia; penggemar; pencandu

열성(劣性) sifat resésif; inférioritas ¶열성의 resésif ⊙ 열성인자 gén resésif

열세(劣勢) kekuatan yang lemah 열세하다 kurang dalam kekuatan ¶수적 열세를 극복하다 mengatasi numerik inférioritas

열셋 tiga belas ¶열셋째 ke tiga belas

열쇠 ①【문을 여는 도구】 kunci ¶열쇠로 잠그다 mengunci ②【해결의 실마리 】 petunjuk; kunci pemecahan

열심(熱心) ketekunan; pertekunan; kesungguhan; antusiasme 열심이다 bersemangat; tekun; antusias

열십자(-十字) salib ¶열십자의 berbentuk silang (salib)

열악하다(劣惡-) inférior; kasar; memburuk

열애(熱愛) cinta nafsu; gairah 열애하다 sangat cinta; mencintai yang penuh gairah

열어젖히다 membiarkan terbuka; membuka

열없다 ①【열 적다】 canggung; malu ②【소심】 tidak bersemangat

열여덟 delapan belas ¶열여덟째 ke delapan belas

열여섯 enam belas ¶열여섯째 keenam belas

열연(熱演) penampilan yang bergairah 열연하다 memainkan dengan antusias; memberikan penampilan yang bersemangat

열외(列外) tidak dimasukkan; dimaafkan dari segala hal

열위(列位) ⇒ 각위(各位)

열의(熱意) hasrat yang besar; semangat; antusiasme ¶열의 있는 berhasrat; bersemangat antusias

열자기(熱磁氣) termomagnetisme

열 적다 ①【멋쩍다】 malu; memalukan; bingung; kebingungan; 【서술적】 menjadi sadar diri ②⇒싱겁다 ③【무료하다】 bosan; menderita kebosanan

열전(列傳) biografi; riwayat hidup

열전(熱戰) ①【냉전에 대한】 perang yang panas (sengit) ②【치열한 경기】 pertandingan yang sengit (seru) ¶열전을 벌이다 bertarung sengit; bertanding ketat

열전기(熱電氣) térmoéléktrisitas

열전도(熱傳導) penghantaran panas; konduksi panas; konduktivitas panas

열전류(熱電流) arus termoelektrik; arus listrik panas

열정(熱情) hasrat besar ¶애국의 열정 semangat patriotis/ 열정적 bernafsu; bersemangat ⊙ 열정 가 orang yang bergairah; orang yang bersemangat tinggi; orang yang berdarah panas

열중하다(熱中-) terserap; giat; antusias; mencurahkan diri; bersungguh-sungguh; bertekun

열차(列車) keréta api ⊙ 열차사고 kecelakaan keréta api. 열차 시간표 jadwal (skédul) keberangkatan dan kedatangan keréta api. 급행열차 keréta api cepat (eksprés). 보통【완행】열차 keréta api ékonomi【lambat】. 야간열차 keréta api malam. 임시열차 keréta api tambahan (khusus). 화물열차 keréta api muatan; kereta api barang

열탕(熱湯) air mendidih; air panas

열파(熱波)【물리학】gelombang panas

열팽창(熱膨脹) perluasan suhu ⊙ 열팽창율 koéfisién perluasan suhu

열풍(烈風) angin kencang; angin topan

열풍(熱風) angin panas; samun

열하루 sebelas hari; hari ke sebelas

열핵(熱核) termonuklir ⊙ 열핵반응【동력, 융합】réaksi【daya, penyatuan】termonuklir. 열핵폭발 ledakan termonuklir. 열핵폭탄 bom termonuklir

열혈(熱血) darah panas ⊙ 열혈남아 orang yang berdarah panas

열호(劣弧)【수학】busur kecil

열화(烈火 · 熱火) api yang menyala; nyala api yang hébat ¶열화 같이 노하다 menjadi marah; berang

열화학(熱化學) térmokimia

열흘 sepuluh hari

열 흡수(熱吸收) penyerapan panas

엷다 ①【두께가】tipis; kurang ketebalan ②【빛이】muda; tipis ③【언행이】dangkal ¶속이 엷은 사람 orang berpikiran dangkal

염가(廉價) harga murah (rendah) ¶염가로 팔다 menjual murah; menjual dengan harga rendah ⊙ 염가판 édisi murah. 염가판매 penjualan dengan harga murah

염광(鹽鑛) tambang garam

염낭(-囊) kantong uang; dompét

염두(念頭) pikiran; perhatian ¶염두에 있다 berada dalam pikiran

염라(閻羅) Déwa Yama ((orang Hindu)); Déwa Neraka; Raja Neraka ⊙ 염라국 neraka. 염라대왕 Yama; malaikat maut

염려(念慮) kecemasan; kekhawatiran; kemasygulan 염려하다 mencemaskan; mengkhawatirkan

염력(念力) psikokinésis

염료(染料)【물감】bahan pencelup; celupan, pewarna ⊙ 염료공업 industri pewarna (pencelupan). 인조【합성】염료 warna buatan【sintétik】

염매(廉賣) penjualan dengan harga murah 염매하다 menjual murah

염모(染毛) cat rambut

염문(艶聞) afair cinta; perkara (gosip) cinta; romans; skandal

염병(染病) ①【장티푸스】demam tipus ②【전염병】penyakit menular ¶염병에 걸리다 mendapat demam tipus/ 염병할 자식 Jahanam kau!

염복(艶福) keberuntungan dalam percintaan (asmara); nasib baik dalam cinta ⊙염복가 pujaan wanita; pria yang digemari wanita

염분(鹽分) kegaraman; kadar garam; salinitas ¶염분이 있는 mengandung garam; masin

염불(念佛)【불교】pengulangan nama sua Amitabha; doa umat Budha 염불하다 memuja Budha; menyebut Amitabha; berdoa kepada Budha

염산(鹽酸) asam hidarioklorik; asam ⊙ 염산가리 kalium klorit garam

염색(染色) pencelupan 염색하다 memberi warna; mencelup ⊙ 염색공 pencelup. 머리 염색약 pewarna rambut

염색체(染色體) kromosom ⊙ 와이(엑스) 염색체 kromosom-Y(X). 성 염색체 kromosom séks

염서(炎暑) panas yang hébat di musim

panas
염세(厭世) pésimisme 염세하다 pesimis ¶ 염세적 pésimistis ⊙ 염세가 orang yang pésimis. 염세관 pandangan yang pésimis (suram) tentang kehidupan; pésimisme. 염세자살 bunuh diri karena pésimis (karena kehidupan yang tak bahagia)
염소 kambing ¶염소가 울다 kambing mengembik ⊙ 염소가죽 kulit kambing. 염소수염 janggut kambing. 숫 (암) 염소 kambing jantan (betina)
염소(鹽素) 【화학】 klorin ⊙ 염소산 asam klorat
염수(鹽水) air asin
염습하다(殮襲-) memandikan dan mengkafani mayat
염오(厭惡) kebencian; kejijikan; kesegananan 염오하다 jijik; benci ¶염오할 menjijikkan; memuakkan
염원(念願) keinginan hati; kemauan; hasrat hati; ambisi (harapan) yang terbaik; doa 염원하다 hasrat; keinginan ¶염원이 성취되었다 Doa terkabul.
염장(鹽藏) ①【소금 · 간장】 garam; saus ②【비유적】 ¶염장을 지르다 oléskan garam di atas luka
염전(鹽田) ladang garam
염주(念珠) rosari Budha; tasbih doa ¶염주를 굴리다 memainkan tasbih dengan jari; menggelindingkan biji tasbih ⊙ 염주 알 biji tasbih
염증(炎症) peradangan; pembengkakan ¶ 염증을 일으키다 menjadi radang
염증(厭症) kebencian; ketidaksukaan; kejijikan ¶염증이 나다 jijik; bosan; merasa benci
염직(染織) pewarnaan dan penenunan 염직하다 mencelup dan menenun ⊙ 염직공장 pabrik pencelupan
염천(炎天) matahari yang panas (menyengat) ¶염천 하에 di bawah matahari yang membakar (panas sekali)
염출하다(捻出-) ①【생각을】 merencanakan; memikirkan (menjalankan) ⟪suatu rencana⟫ ②【돈을】 mendapatkan uang ¶ 재원을 염출하다 mendapatkan sumber penghasilan yang baru
염치(廉恥) perasaan malu; rasa kehormatan ¶염치가 없다 tidak bermuka; tak punya rasa hormat; tak punya malu/ 염치없는 사람 orang yang tak tahu malu
염탐하다(廉探-) memata-matai; mengintai ⊙ 염탐꾼 mata-mata; agén rahasia
염통 jantung
염통머리 ⇒ 염치(廉恥)
염화(鹽化) khloridasi 염화하다 prosés khloridasi ⊙ 염화칼슘【나트륨】 kalsium 【sodium】 khlorida
엽견(獵犬) anjing pemburu
엽관운동(獵官運動) pencarian (perburuan) jabatan pemerintah ¶엽관운동을 하다 mencari (memburu; mengejar) jabatan
엽궐련(葉-) cerutu; rokok; lisong ¶엽궐련을 피우다 merokok; mengisap rokok
엽기(獵奇) pemburu keanéhan 엽기하다 mencari hal anéh dan berbéda; memburu keanéhan ¶엽기적인 살인 사건 kasus pembunuhan yang anéh ⊙ 엽기소설 kisah yang anéh; cerita petualangan. 엽기심 rasa ingin tahu
엽록소(葉綠素) zat hijau daun; khlorofil
엽서(葉書) kartu pos ⊙ 그림엽서 kartu pos bergambar. 반신용 엽서 kartu pos balasan. 봉함엽서 kartu surat. 왕복엽서 kartu pos balasan (terbayar)
엽전(葉錢) koin kuningan
엽차(葉茶) ⇒ 차
엽초(葉草) daun tembakau
엽총(獵銃) senjata api berburu; senapan angin
엿 gula-gula
엿- enam ¶엿새 enam hari
엿가래 sebatang gula
엿기름 kecambah gandum yang dikeringkan ⟪untuk membuat gula-gula⟫ ⊙ 엿기름가루 bubuk gandum rendaman yang dikeringkan
엿듣다 mendengar secara rahasia; mendengarkan dengan diam-diam; menguping
엿보다 ①【몰래보다】 mencuri pandang; melihat secara diam-diam; mematamatai; mengintip (mengintai) ②【기회를 노리다】 mengintai; menunggu ③【남의 것을 빼앗으려 하다】 menginginkan ¶지

위를 엿보다 menginginkan jabatan
엿보이다 menunjukkan
엿새 hari ke enam
영 ①【전혀, 도무지】 tidak; sama sekali tidak ②【아주】 sangat
영(令) perintah
영(零) nol; kosong ¶104번 【전화 번호】 satu-kosong(nol)-empat
영(靈) jiwa; roh; nyawa ¶영적 batin; rohani; spiritual
영가(靈歌) ⊙ 흑인 영가 semangat Afrika -Amerika
영감(令監) ①【노인】 lelaki tua; lelaki yang lanjut usia ②【나이 든 남편을 부르는 말】 suami ¶여보 영감 sayangku ③【지체 높은 양반】 Tuan
영감(靈感) inspirasi; ilham ¶영감을 받다 diilhami; mendapat inspirasi; mendapat ilham
영걸(英傑) orang besar; pahlawan 영걸스럽다, 영걸하다 gagah; perkasa; heroik
영검 karunia yang ajaib 영검하다, 영검스럽다 berakibat baik (hébat)
영겁(永劫) ⇒ 영원(永遠)
영결(永訣) perpisahan terakhir 영결하다 berpisah selamanya; dipisahkan oléh kematian ⊙ 영결식 upacara (pelaksanaan) penguburan
영계(-鷄) ①【어린 닭】 ayam muda ②【젊고 어린 여자】 perempuan muda ⊙ 영계백숙 ayam yang direbus dengan beras ketan
영계(靈界) dunia rohani (arwah); dunia spiritual
영고(성쇠) (榮枯盛衰) kemakmuran dan kemunduran; pergantian 《kehidupan》; naik dan turun; pasang surutnya
영공(領空) wilayah udara (angkasa) ⊙ 영공침범 pelanggaran wilayah udara
영관(領官) 【육군】 perwira; 【해군】 kaptén (대령); komandan (중령); létnan kolonél (komandan) 《소령》 ⊙ 영관급 장교 pangkat perwira menengah
영광(榮光) kehormatan; kemuliaan; kejayaan; kemegahan; kebesaran adikara 영광스럽다 mulia; agung; hormat; berjaya
영교(靈交) pertemuan arwah ⊙ 영교 술 spiritualisme
영구(永久) kekekalan; keabadian; ketetapan; kepermanénan 영구하다 kekal; abadi; tetap; permanén ⊙ 영구성 ⇒ 영구(永久). 영구치(齒) gigi tetap (kedua); gigi sejati
영구(靈柩) peti mayat; peti mati ⊙ 영구차 mobil (keréta) jenazah
영국(英國) Inggris ⊙ 영국연방 Negara Persemakmuran Inggris Raya
영글다 masak; matang; tua; tumbuh menjadi matang
영남(嶺南) wilayah *Yeongnam*; wilayah tenggara Korea
영내(營內) barak bagian dalam ¶영내의 dalam barak ⊙ 영내거주 hidup dalam barak. 영내근무 pelayanan di barak. 영내생활 kehidupan di dalam barak
영농(營農) pertanian 영농하다 berhubungan dengan bertani; bertani ¶영농의 기계화 mékanisasi pertanian 《métode pertanian》 ⊙ 영농 가 petani. 영농자금 dana (pinjaman) pertanian. 전(全)천후영농 pertanian segala cuaca
영단(英斷) keputusan yang tepat (dan bijaksana); keputusan yang tegas; tindakan drastis; langkah yang pasti ¶영단을 내리다 mengambil langkah yang menentukan (tindakan drastis)
영단(營團) perusahaan; badan hukum; kelompok (organisasi) manajemén ⊙ 주택영단 Perusahaan Perumahan
영달(榮達) kemajuan ¶영달을 바라다 menginginkan (mengharapkan) hormat; mendambakan kemajuan
영도(零度) 《derajat》 nol; titik beku ¶영도 이하의 기후 cuaca di bawah nol ⊙ 절대영도 suhu mutlak; nol derajat
영도(領導) bimbingan; pimpinan; arahan 영도하다 memimpin ¶영도 하에 di bawah pempinan ⊙ 영도자 pemimpin
영동(嶺東) kawasan Yeongdong
영락(零落) kehancuran; kerubuhan; keruntuhan 영락하다 mengalami kegagalan; malang; bernasib malang; miskin;
영락없다(零落-) ¶영락없이 tanpa kesalahan; tanpa gagal; sempurna; pasti; persis

영령(英領) daérah jajahan Inggris; jajahan kerajaan Inggris
영령(英靈) roh (jiwa) orang yang sudah meninggal; 【군인의】 roh orang yang meninggal dalam perang; 【애국지사의】 pahlawan yang gugur ¶영령이여 고이 잠드소서 Semoga jiwamu yang mulia berada dalam damai.
영롱(玲瓏) kilauan yang cemerlang 영롱하다 bersinar cerah; bersih dan cemerlang; cerah sempurna
영리(營利) laba; peroléhan ¶영리적인 komersial; bersifat mencari untung ⊙ 영리단체 organisasi pencari keuntungan. 비 영리단체 organisasi nirlaba. 영리주의 komersialisme
영리하다(怜悧-) bijaksana; pintar; pandai; cerdik; cakap; cerdas; cendekia
영림(營林) kehutanan; administrasi (pengaturan) hutan; penanaman hutan ⊙ 영림서(署) kantor kehutanan daérah. 영림서원 pegawai kehutanan
영마루(嶺-) puncak gunung
영매(靈媒) cenayang; perantaran 《roh; jiwa》
영면(永眠) kematian; tidur (istirahat) yang abadi 영면하다 meninggal; mati; tidur yang terakhir
영명(令名) nama yang terhormat (terkenal); tenar; beréputasi baik
영명하다(英明-) pintar; cerdas
영묘하다(靈妙) ajaib dan mistérius
영문 ①【형편】 situasi; keadaan; suasana ¶무슨 영문인지 모르겠다 tak tahu apa yang terjadi ②【이유】 alasan; sebab; mengapa
영문(英文) tulisan (kalimat) bahasa Inggris ¶영문으로 쓰다 menulis dalam bahasa Inggris ⊙ 영문법 tata bahasa bahasa Inggris. 영문편지 surat dalam bahasa Inggris. 영문학 sastra Inggris
영물(靈物) makhluk halus (suci); cerdas
영미(英美) negara Inggris (Britania) dan negara Amerika
영민(英敏) kecerdikan dan ketepatan; kepintaran; kecerdasan 영민하다 cepat dan cemerlang (pintar); cerdik; tajam; tepat ¶머리가 영민한 사람 orang yang cerdas dan cekatan
영부인(令夫人) istri présidén; istri orang yang terhormat (mulia)
영빈관(迎賓館) wisma tamu negara
영사(映寫) penyorotan; proyéksi 영사하다 menyoroti (menyinari) pada layar ⊙영사기 proyéktor (penyorot) film. 영사막 layar
영사(領事) konsul ⊙ 영사관 konsulat. 명예영사 konsul kehormatan. 총영사 konsul jénderal
영상(映像) refléksi; pantulan; bayangan
영상(零上) di atas nol
영상(領相) Perdana Menteri
영생(永生) kekekalan; keabadian 영생하다 hidup secara kekal; menikmati keabadian
영선(營繕) perbaikan 영선하다 memperbaiki ⊙ 영선비 biaya perbaikan
영성(靈性) alam keTuhanan; kerohanian
영성체(領聖體) komuni suci
영세(領洗) baptisme; baptis ¶영세를 받다 menerima baptis
영세(永世) keabadian; kekekalan ⊙ 영세중립국 negara yang nétral secara permanén
영세(零細) réméh; kecil 영세하다 tak berharga; tak berarti; tak penting; kecil ⊙ 영세기업 perusahaan kecil. 영세농(민), 영세소농 petani yang réméh; petani yang berpenghasilan kecil. 영세민 orang fakir; orang miskin; orang melarat: 도시 영세민 penduduk kota berpenghasilan rendah. 영세어민 nelayan miskin. 영세업자 pengusaha berskala kecil
영속(永續) keabadian; kekekalan 영속하다 berlangsung lama; tetap bertahan ¶영속성 permanen
영솔하다(領率-) memimpin; memerintahkan
영송하다(迎送-) menjemput dan mengantar
영수(領收 · 領受) penerimaan 영수하다 menerima ⊙ 영수증 kuitansi; tanda terima. 영수 필 【표기】 Lunas
영수(領袖) pemimpin; ketua; bos
영시(英詩) puisi dalam bahasa Inggris ¶영시를 낭독하다 membaca sebuah sajak

Inggris
영시(零時) pukul 0.00; tengah malam
영식(令息) putra anda; putranya
영아(嬰兒) anak bayi ⊙ 영아사망률 tingkat kematian anak-anak (bayi). 영아살해 pembunuhan bayi. 영아 위탁 소 tempat penitipan bayi; tempat perawatan bayi harian
영악하다 pintar; cerdas
영악하다(靈惡-) licik; manipulatif
영안실(靈安室) kamar mayat rumah sakit ¶영안실에 안치하다 menempatkan mayat dalam kamar mayat rumah sakit
영애(令愛) putri anda; putrinya
영약(靈藥) obat yang manjur; obat yang mujarab
영양(令孃) anak perempuan
영양(鈴羊) antelop
영양(營養) nutrisi; gizi ¶영양이 많다 (있다) mengandung zat makanan; bergizi ⊙ 영양과다 kelebihan gizi. 영양분 unsur gizi. 영양불량 kekurangan gizi; kurang (tak cukup) gizi. 영양소 nutrién. 영양사 ahli gizi. 영양식 makanan bergizi. 영양실조 malagizi; malnutrisi; gizi yang tak seimbang. 영양크림 krim penyubur
영양가(營養價) nilai gizi; kalori ¶영양가가 높은 bergizi tinggi
영어(囹圄) penahanan; pengurungan ¶영어의 몸이 되다 ditahan; dikurung dalam penjara; dipenjarakan
영어(英語) bahasa Inggris
영어(營漁) penangkapan ikan; perikanan ⊙ 영어자금 dana perikanan
영업(營業) usaha; perdagangan;bisnis 영업하다 berusaha; membuka usaha ¶영업용의 untuk kepentingan usaha ⊙ 영업방침 kebijakan usaha. 영업비 biaya kerja; biaya operasi (menjalankan); ongkos usaha. 영업 사원 pekerja pemasaran: 영업소 tempat (kantor) usaha. 영업시간 jam usaha (kantor); waktu kegiatan usaha. 영업자 manajer bisnis; pedagang. 영업장소 lokasi usaha; tempat usaha. 영업주 pemilik usaha
영업권(營業權) hak untuk berdagang (usaha)
영역(領域) ①【주권 · 세력 등이 미치는 범위】 wilayah; kawasan ②【전문 분야】 bidang lingkungan; lapangan ¶영역을 넘다 di luar bidang; di luar lapangan
영역(英譯) terjemahan bahasa Inggris 영역하다 menterjemahkan ke dalam bahasa Inggris
영역(靈域) tanah suci; tempat yang keramat
영영(永永) selama-lamanya
영예(榮譽) kemuliaan; kehormatan; kejayaan; kebesaran; harga diri ¶영예롭다, 영예스럽다 berjaya terhormat
영외(領外) di luar wilayah (bidang)
영외(營外) di luar barak ⊙ 영외거주 hidup di luar barak: 영외거주하다 tinggal di luar barak
영욕(榮辱) kejayaan dan kehinaan; kehormatan dan(atau) kehinaan
영웅(英雄) pahlawan ⊙ 영웅담 cerita épik (kepahlawanan); kisah kepahlawanan. 영웅숭배 pemujaan pahlawan
영원(永遠) kelestarian; kebakaan; keabadian; kekekalan 영원하다 abadi; tetap; selamanya ¶영원히 selama-lamanya; abadi; kekal; baka⊙ 영원성 sifat abadi
영위하다(營爲-)menjalankan; mengoperasikan ¶삶을 영위하다 menjalankan kehidupan; hidup
영유하다(領有-) memiliki ¶…의 영유로 되다 jatuh ke tangan; dikuasai; di bawah kekuasaan
영육(靈肉) jiwa dan raga; jasmani dan rohani ⊙ 영육일치 kesatuan (dan harmoni) antara jasmani dan rohani; kesatuan antara raga dan jiwa
영일(寧日) hari yang tenang; hari yang damai ¶영일이 없다 tiada hari yang tenang; sibuk setiap waktu
영입하다(迎入-) merekrut
영자(英字) huruf dalam abjad Inggris; tulisan (cétakan) bahasa Inggris ⊙ 영자신문 surat kabar berbahasa Inggris
영장(令狀) ①【법원에서 발부하는】 surat perintah; surat penahanan ¶영장을 발부하다 mengeluarkan surat perintah ((untuk penahanan seseorang)) ②【징병

통지서】 catatan buram ⊙ 구속영장 surat perintah penahanan. 소집영장 surat (kartu) panggilan. 소환영장 surat perintah panggilan. 수색영장 surat perintah penyidikan

영장(靈長) makhluk utama; tuan dari pada 《segala》 makhluk ⊙ 영장류 makhluk utama; primata

영재(英才) kepintaran yang brilian; orang yang brilian (berbakat); orang berbakat; jenius; orang dengan kecerdasan yang tinggi ⊙ 영재교육 pendidikan khusus untuk orang berbakat; pendidikan bakat

영적(靈的) spirituil ¶영적생활 kehidupan sprituil (rohani)

영전(榮典) tanda penghargaan

영전(榮轉) kenaikan pangkat; promosi 영전하다 dinaikkan pangkat; dipromosikan (dinaikkan) ke jabatan yang lebih tinggi

영전(靈前) di hadapan roh orang yang telah meninggal ¶영전에 바치다 menyembah pada yang meninggal

영점(零點) ①【빵점】 nilai nol; nilai kosong; tanpa nilai; tanpa angka; tiada ②【빙점】 titik beku ③【무능 · 무성과】 gagal; tiada; nol; sia-sia

영접하다(迎接-) menyambut ¶공항에서 영접을 받다 disambut (diterima) di lapangan udara

영정(影幀) gambar lukisan (potrét) almarhum

영제(令弟) adik laki-laki

영주(永住) tempat tinggal tetap 영주하다 tinggal secara permanen; tinggal menetap ⊙ 영주권 hak kediaman permanén (tetap); hak kewargaan 영주권자 warga yang tinggal secara tetap (permanén). 영주민 orang yang menetap; penghuni tetap; warga. 영주지 rumah tetap; tempat kediaman tetap; domisili tetap

영주(英主) penguasa yang bijaksana; raja yang termasyhur

영주(領主) sultan; penguasa

영지(領地) ①⇒ 영토(領土) ②【봉토】 wilayah kesultanan

영지(靈地) tempat (tanah) suci

영차【이영차】 Holopis kontul baris!

영창(映窓) 【건축】 jendéla kertas; kaca jendéla

영창(詠唱) 【음악】 nyanyian tunggal

영창(營倉) kerpus; rumah tutupan bagi serdadu ¶영창에 갇히다 ditahan di rumah jaga

영천(靈泉) pancuran ajaib; 【온천】 tempat pemandian air panas yang berkhasiat hébat

영치(領置) tahanan sementara; berada dalam penjagaan 영치하다 menitipkan barang pada (petugas penjara) ⊙ 영치물 uang dan pemilikan pribadi disimpan dalam tahanan; barang titipan tahanan

영탄(詠嘆) déklamasi; pembacaan 《puisi》 영탄하다 mendeklamasikan 《sajak; puisi》

영토(領土) wilayah ⊙ 영토권 hak wilayah. 영토 분쟁 pertengkaran wilayah.

영특하다(英特-) bijaksana; cendekia; cerdik

영판 ①【길흉을 맞힘】 ramalan yang benar (tepat; jitu) ②【꼭】 persis; mirip; 【아주】 persis sama; sangat; amat

영패(零敗) tanpa angka ¶영패 당하다 tak mendapat angka; tidak memperoléh angka; gagal mendapat angka

영하(零下) di bawah nol; di bawah titik beku ¶영하의 기온 suhu di bawah nol

영합하다(迎合-) 영합하다 menjilat; mengikuti; membéo ⊙ 영합주의 oportunisme; pencari kesempatan

영해(領海) wilayah perairan; laut tertutup

영향(影響) pengaruh; akibat ¶영향을 주다 berpengaruh; mempengaruhi; memberi éfék(pengaruh); mengganggu/영향력을 행사하다 berpengaruh

영험(靈驗) ⇒ 영검

영현(英顯) roh yang dikenang dan dipuja; jiwa para pahlawan yang meninggal dalam perang; roh yang meninggal dalam perang

영형(令兄) abang anda yang terhormat

영혼(靈魂) jiwa; roh; arwah; nyawa; sukma ⊙ 영혼불멸(설) (doktrin) keabadian

jiwa; kekekalan jiwa
영화(英貨) mata uang Inggris (pound)
영화(映畵) film; gambar hidup; bioskop ¶ 영화화하다 memfilmkan/영화구경을 하다 pergi ke bioskop ⊙ 영화각본 skénario. 영화각본 작가 penulis skénario. 영화감독 sutradara. 영화검열 sénsor film. 영화계 dunia perfilman (layar; layar pérak). 영화관 gedung biokop. 영화배우 aktor (aktris) film. 영화사업 industri film. 영화스타 bintang film. 영화제 féstival film. 영화제작 produksi film: 영화제작가 produser film. 영화제작소 studio film. 영화팬 penggemar film; orang yang suka menonton film. 기록【교육, 극, 문화】 영화 film dokuménter 【pendidikan, sandiwara, budaya】. 뉴스영화 film berita. 천연색【흑백】 영화 film berwarna 【hitam-putih】
영화(榮華) kemakmuran; kejayaan; kemuliaan 영화롭다 makmur; jaya; mulia
엳다 ①⇒ 얕다 ①②③. ②【빛이】【엷다】 muda; pudar ¶엳은 푸른 빛 warna biru muda
옆 sisi; pinggir; samping; tepi; belah ¶옆으로 비키다 minggir ke samping
옆구리 sisi; tepi; lambung; lambungan ¶ 오른쪽 옆구리 sisi kanan; tepi kanan
옆길 lorong
옆모습 profil
옆문(-門) pintu masuk (bagian) samping; pintu samping
옆면(-面) ⇒ 측면
옆바람 angin sisi
옆방(-房) kamar sebelah
옆집 rumah yang berdekatan; rumah tetangga (sebelah) ⊙ 옆집사람 tetangga sebelah rumah
옆쪽 sisi
옆찌르다 menyentuh di bagian samping; menyodok iga (rusuk) ; menyikut ke sisi
연폭(-幅) lébar sisi
예[1]【옛적】 zaman dulu; waktu dulu; masa lampau ¶예나 지금이나 dulu atau pun sekarang
예[2]①【대답】 ya ②【반문】 Begitu? ¶예, 그렇습니까 Jadi begitu? *atau* Sungguh?

예(例) ①【본보기】 contoh; tiru teladan; misal; umpama ¶예를 들면 sebagai contoh ②【전례】 teladan; contoh ¶예가 되다 menjadi contoh ③【관례】 kebiasaan; prosedur; cara pemakaian
예(禮) ①【의식】 upacara ②【경례】 hormat; salut; tabik; soja ¶예를 하다 memberi hormat; memberi tabik ③【예의 · 예법】 kepantasan; étika; kesopanan; tata krama
예각(銳角)【수학】 sudut lancip
예감(豫感) alamat; pertanda; firasat 예감하다 berprasangka; berfirasat; berpraduga ¶불길한 예감 firasat yang buruk (muram; tak menyenangkan)/ 예감이 들다 ⇒ 예감하다
예견하다(豫見-) meramalkan ¶예견되다 diramalkan
예고(豫告) pemberitahuan sebelumnya; maklumat sebelumnya (awal); peringatan awal 예고하다 memperingatkan (memberitahukan; memaklumatkan) sebelumnya; memberi peringatan awal ¶ 예고 없이 tanpa peringatan (pemberitahuan; maklumat) sebelumnya ⊙ 예고편 【영화의】 cuplikan film mendatang; preview; pra pertujukkan
예과(豫科) jurusan (kelas) persiapan; kursus (kelas) persiapan ((bagi universitas)) ¶예과를 수료하다 menyelesaikan pelajaran (kursus persiapan) ⊙ 예과생 seorang siswa kelas persiapan
예광탄(曳光彈) peluru berapi
예규(例規) hukum (aturan) yang mapan
예금(預金) simpanan; tabungan; déposito 예금하다 menyimpan uang; menabung uang ⊙예금이자 bunga déposito. 예금통장 buku déposito. 보통예금 rékening tabungan biasa. 신탁예금 déposito jaminan. 은행예금 déposito bank; rekening bank. 저축예금 déposito tabungan. 정기예금 déposito berjangka. 예금인출기 Mesin Pembayar Otomatis
예기(銳氣) kekuatan; semangat
예기(豫期) harapan; cita-cita 예기하다 mengharapkan; menantikan ¶예기치 않는 tidak diharapkan; tidak disangka
예기치 못하다(豫期-) tidak pernah diha-

rapkan

예납(豫納) ⇒ 선납, 전납(前納)

예년(例年) tahun biasa; tahun-tahun sebelumnya

예능(藝能) seni; kesenian; karya artistik; 【연예의】 seni pertunjukan; hiburan rakyat ⊙ 예능인 penghibur; pemain sandiwara; pelaku. 예능과 jurusan seni

예니레 enam atau tujuh hari

예닐곱 enam atau tujuh

예단(豫斷) ⇒ 예측(豫測)

예단(禮緞) hadiah pernikahan diberikan oléh pengantin (perempuan) kepada keluarga pengantin (laki-laki)

예라 ①【그만둬라 · 비켜라】 Berhentilah. ②【결심 · 체념】 baiklah; baik

예리하다(銳利-) 【날카롭다】 tajam ①【칼날 등이】 ¶예리한 칼날 pisau yang tajam ②【감각 · 판단 등이】 tajam

예매(豫買) pembelian di muka; langganan 예매하다 membeli (memesan) di muka

예매(豫賣) penjualan di muka; pemesanan 예매하다 menjual di muka ⊙ 예매권 tikét pesanan; tikét yang dijual di muka

예명(藝名) nama pentas; nama di layar (film); nama pena

예문(例文) kalimat contoh ¶이 사전은 예문이 풍부하다 Kamus ini memberi banyak contoh.

예물(禮物) ①【선물 · 답례용】 hadiah; pemberian ¶예물을 보내다 memberi hadiah kepada ②【결혼의】 ¶예물을 주고받다 saling bertukar hadiah simbolis dilakukan oleh mempelai pria dan wanita

예민하다(銳敏-) ①【감각이】 tajam; peka ¶예민한 감각 rasa yang tajam ②【감정 · 신경 등이】 sénsitif; tegang

예바르다(禮-) sopan; santun; berkelakuan baik; punya tatakrama

예방(禮訪) kunjungan kehormatan 예방하다 mengadakan kunjungan kehormatan

예방(豫防) pencegahan; penangkalan 예방하다 mencegah; menangkal ¶예방의 *prevéntif;* bersifat pencegahan ⊙ 예방약 obat pencegahan penyakit. 예방의학 ilmu pengobatan pencegahan penyakit. 예방접종 vaksinasi: 예방접종 증명서 surat jaminan; surat keséhatan; kartu kuning. 예방주사 injéksi (suntikan) pencegahan penyakit

예배(禮拜) penyembahan; perbaktian; pemujaan; badah 예배하다 menyembah; mengagungkan ¶예배는 10시에 시작 한다 Geréja (Misa keagamaan) mulai pukul 10. ⊙ 예배당 geréja; tempat ibadah. 예배 자 penyembah; orang yang berbakti

예법(禮法) kesopan-santunan; étika; tata krama ¶식탁의 예법 étika di méja makan

예보(豫報) peramalan; ramalan; prakiraan 예보하다 meramal ¶예보한 대로 seperti diramalkan sebelumnya/ 일기를 예보하다 meramal cuaca ⊙ 일기예보 ramalan cuaca

예복(禮服) pakaian upacara; pakaian lengkap (resmi); setelan; 【군인용】 pakaian seragam; 【여성용】 jubah dengan léhér yang rendah; 【야회용】 pakaian malam (tuksedo) ¶예복을 입다 berpakaian lengkap

예봉(銳鋒) ujung tombak; ujung péna; perdebatan sengit ¶예봉을 꺾다 mematahkan hujung tombak (péna); menumpulkan serangan/ 예봉에 맞서다 menghadapi gencarnya (serangan)

예불(禮佛) 【불교】 persembahan patung Budha ¶예불을 드리다 menyembah (membuat persembahan pada) Budha

예비(豫備) 예비하다 ①【여분】 mempersiapkan; menyediakan; mencadangkan; menyimpan ②【준비 단계의】 ¶예비로 갖다 menyimpan sebagai cadangan ⊙ 예비교섭 négosiasi pendahuluan. 예비금 【비】 dana cadangan; dana darurat; uang yang disimpan sebagai cadangan. 예비타이어 ban serap. 예비회담 konperénsi (pertemuan) pendahuluan (persiapan)

예비군(豫備軍) pasukan cadangan; tentara cadangan bersenjata ¶직장【지역】예비군 laskar cadangan tempat kerja 【regional】/ 예비군 훈련 latihan pasukan cadangan

예비역(豫備役) dinas cadangan ¶예비역 장교 perwira cadangan/예비역에 편입되다

ditempatkan dalam daftar cadangan; ditransfer ke cadangan.

예쁘다 cantik; menarik

예쁘장하다, 예쁘장스럽다 agak cantik; manis; indah

예사(例事) ①【늘 있는 일】 kebiasaan sehari-hari; kejadian biasa; umum ¶예사가 아닌 luar biasa; tidak biasa ②【무관심하다】 acuh tak acuh ¶예사로 여기게 되다 terbiasa dengan ③【일상사】 peristiwa sehari-hari; peristiwa biasa ③【버릇】 kebiasaan

예사롭다(例事-) biasa ¶예사로운 일 hal yang terjadi setiap hari; hal yang wajar

예산(豫算) anggaran; perkiraan 예산하다 menaksir ¶예산이 없다 tidak ada anggaran ⊙ 예산결산 특별 위원회 Komite Penyusun Anggaran Khusus. 예산연도 tahun fiskal. 예산편성 penyusunan anggaran. 내년도 예산 anggaran untuk tahun (fiskal) depan. 본(本)예산 anggaran utama (asli; dasar). 총예산 anggaran total (keseluruhan). 추가【경정】예산 anggaran tambahan 【éstimasi; perkiraan】. 평시【전시】예산 anggaran masa damai 【masa perang】

예산외(豫算外) ①【비목에 안 든 것】 ((berada)) di luar anggaran; tidak termasuk dalam anggaran ②【생각지 않는 것】 tidak diperkirakan; tidak diduga; tidak diawasi

예삿일(例事-) ¶이것은 예삿일이 아니다 Ini bukan masalah kecil.

예상(豫想) pengharapan; ramalan; perkiraan 예상하다 mengharapkan; meramalkan ¶예상 이상이다 di luar harapan ⊙ 예상수확량 panén (hasil) yang diramalkan. 예상액 jumlah perkiraan (taksiran). 피해 예상액 kerugian yang telah diramalkan. 예상치 angka perkiraan

예상외(豫想外) di luar dugaan (perkiraan; antisipasi); tidak diharapkan; tidak terduga

예선(豫選) ①【선거의】 eliminasi; séléksi (pemililhan) sementara; pemilihan pendahuluan; pra-pemilihan; pemilihan yang utama (primér) 예선하다 memilih (menyéléksi) pada tahap pra pemilihan ②【경기의】 pertandingan (kontés) pendahuluan; babak penyisihan 예선하다 mengadakan pertandingan (kontés) babak pertama

예속되다(隷屬-) di bawah pengawasan (kekuasaan)⊙ 예속 국 bangsa yang dijajah; negara jajahan

예수 Yesus; lsa Almasih; Kristus ⊙ 예수교 agama Kristen. 예수교도, 예수교인 orang Kristen. 그리스도 Yesus Kristus

예순 enam puluh

예술(藝術) seni; kesenian ¶예술적 artistik ⊙ 예술가 artis; seniman. 예술계 dunia (lingkungan) seni. 예술사진 foto artistik. 예술원(院) Akademi Seni; Akademi Sastra Nasional. 예술작품 karya seni. 예술제 féstival seni. 예술지상 seni untuk (kepentingan) seni

예스럽다 kuno; lama ¶예스런 말투 ungkapan kuno

예습(豫習) persiapan untuk belajar 예습하다 mempersiapkan untuk belajar

예시(例示) ilustrasi; pemberian contoh; penjelasan 예시하다 menjelaskan; memberikan gambaran

예식(例式) bentuk yang mapan

예식(禮式) tata cara; upacara; (결혼식) upacara penikahan ¶예식을 올리다 menjalankan(mengadakan) upacara; (결혼식) merayakan pernikahan ⊙ 예식장 gedung upacara ((perkawinan))

예심(豫審) pemeriksaan awal; sidang pendahuluan ¶예심중이다 dalam pemeriksaan awal

예약(豫約) pemesanan; perlangganan 예약하다 memesan ¶예약되다 dipesan ⊙ 예약 석 tempat duduk yang telah dipesan. 예약자 pemesan; orang yang memesan. 예약판매 penjualan dengan berlangganan

예언(豫言) ramalan; nujum; nujuman 예언하다 meramalkan ⊙ 예언자 nabi; rasul

예외(例外) pengecualian ¶예외의 luar biasa; istiméwa/ 예외 없이 tanpa kecuali

예우(禮遇) perlakuan yang penuh hormat 예우하다 memperlakukan dengan hormat; menerima dengan hangat (ramah)

¶예우를 받다 disambut dengan hangat (ramah); mendapatkan sambutan hangat ⊙ 예우정지【의원·외교관 등의】 pengskorsan hak istiméwa

예의(銳意) tekun; penuh perhatian; sungguh-sungguh ¶예의검토하다 menyelidiki dengan tekun; memeriksa dengan sungguh-sungguh

예의(禮儀) kesopan-santunan; rasa hormat; adab; akhlak; étika ¶예의바르게 beradab; sopan ⊙ 예의범절 tata cara étika

예의 주시하다(銳意注視-) ¶행동을 예의 주시하다 mengamati perilaku secara dekat

예인하다(曳引-) menyeret keluar; menarik keluar ⊙ 예인망 pukat; jala serét; jaring besar. 예인선 kapal penyerét (penarik)

예전 waktu dulu ¶예전대로 seperti dulu (dahulu); sebagaimana biasanya/ 예전부터 sejak masa lampau

예절(禮節) kesopanan; tata krama; persyaratan tata tertib; adab; santun; formalitas; protokolan ¶예절을 중시하다 mengutamakan etika (tata krama)

예정(豫定) rencana; jadwal 예정하다 merencanakan ¶예정대로 seperti yang diharapkan (direncanakan); sesuai jadwal ⊙ 예정일 tanggal yang telah ditetapkan sebelumnya; tanggal yang telah dijadwalkan. 예정표 jadwal

예제(例題) contoh

예증(例證) ilustrasi; contoh; gambaran; teladan; penjelasan 예증하다 menjelaskan; memberi contoh

예지(叡智) kebijaksanaan

예지하다(豫知-) meramalkan

예지력(豫知力) ¶그녀는 예지력이 있다 Dia memiliki kekuatan untuk meramal masa depan.

예진(豫診)【의학】pemeriksaan keséhatan pendahuluan (awal) 예진하다 melakukan (mengadakan) diagnos awal

예진(豫震) getaran awal

예찬(禮讚) kekaguman; pujian yang tinggi; cara memuja 예찬하다 memberi pujian; mengucapkan selamat; mengagumi ⊙ 예찬자 pemuja; pengagum; orang yang mengagumi

예측(豫側) ramalan; dugaan; perkiraan; terkaan; taksiran 예측하다 meramal; menduga; menaksir

예치하다(預置-) déposit ⊙ 예치금 uang déposit; uang simpanan

예컨대(例-) seperti; sebagai contoh; misalnya; yaitu

예탁(預託) setoran; déposito 예탁하다 menyetor; menyimpan; menabung ⊙ 예탁금 setoran; uang déposit

예탐(豫探) penyelidikan awal 예탐하다 memata-matai; mencari; menyelidiki dengan diam-diam ⊙ 예탐꾼 mata-mata; agén rahasia

예편하다(豫編-) mentransfer ke cadangan; menempatkan dalam daftar cadangan

예포(禮砲) témbakan penghormatan; témbakan salvo ¶21발의 예포 penghormatan dengan 21 témbakan/ 예포를 쏘다 melakukan (memberikan) témbakan penghormatan (salvo); menghormati dengan témbakan meriam

예행(豫行) latihan; ulangan; repetisi 예행하다 berlatih

예행연습(豫行演習) latihan; ulangan; répétisi ¶개막식 예행연습 latihan untuk upacara pembukaan

옐로페이지 halaman adperténsi (dibuku télépon)

옐로저널 majalah (koran) yang memuat berita-berita sénsasi

옛 lama; dulu

옛날 zaman dahulu; zaman purbakala; kuno ¶옛날에 pada zaman dahulu/ 옛날부터 sejak zaman dulu; sejak mula ⊙ 옛날 애인 kekasih (kecintaan) lama. 옛날 옛적 dahulu kala; masa-masa dulu

옛말 ①【고어】kata kuno (usang); kata yang tidak dipakai lagi ②【격언】pepatah(peribahasa) ③【과거지사】cerita lama; yang tidak dilakukan (diakui)

옛 모습 wajah dulu; bayangan dirinya dulu; bayangan masa makmur dulu

옛사람 manusia purbakala

옛사랑 cinta yang berlalu

옛 상처(-傷處) luka lama; gorésan ¶옛 상처를 건드리다 (비유적) membuka aib (skandal) orang

옛 식(-式) tatacara (kebiasaan; cara) lama (kuno; tradisional)

옛이야기 hikayat (kisah) lama; cerita lampau.

옛일 kejadian (peristiwa) yang telah berlalu; kejadian di masa lampau ¶옛일을 생각하다 berpikir tentang masa lalu

옛정(-情) cinta lama; perasaan 《cinta》 yang telah berlalu

옛집 rumah lama; rumah masa dulu; rumah tua; 【보금자리】 sarang yang sudah tua; tempat 《lama》 yang sering dikunjungi dulu

옛 추억 kenangan masa lampau; kenangan lama

오(五) lima ¶제오 ke lima

오(午)【민속】 ①【십이지(十二支)의 Tanda Kuda ②⇒ 오시(午時) siang ¶오년 Tahun Kuda

오 Oh; Aha; Wah

오가다 datang dan pergi; lalu lalang

오가리 potongan (sayatan) labu kering

오각(五角) segi lima ⊙ 오각형 segi lima

오갈피 【한의학】 kulit akar tanaman *aral-iaceous*

오감(五感) panca indera; lima perasaan

오거리(五-) simpang lima

오계(五戒) 【불교】 5 perintah Budha 《tidak melakukan pembunuhan, pencurian, zina, penipuan dan minum minuman keras》

오고가다 ⇒ 오가다 datang dan pergi; lalu lalang

오곡(五穀) ①【곡식】 kelima jenis biji-bijian 《yaitu beras, *millet,* kacang buncis, gerst, *barnyard millet*》 ②【총칭】 padi-padian yang penting; makanan pokok ⊙ 오곡밥 nasi dicampur dengan empat jenis biji-bijian

오관(五官) panca indra; lima alat (organ) indra 《pendengaran, penglihatan, pengecap, pencium, perasa》

오그라들다 menggulung; mengerat; menggerek menyempit; mengkerut

오그라뜨리다 ⇒ 오그리다

오그라지다 ①【오그라들다 · 졸아 들다】 menggulung; melengkung; menjadi lengkung; membéngkok; menjadi béngkok ②【찌그러지다】 ¶오그라진 냄비 panci lengkung/ 오그라진 차(車) mobil ringsek; mobil rusak dan pesuk

오그리다 ①【손 · 발 · 팔을】 melekukkan; merundukkan; mendekam; mendekapkan; gemetar ketakutan; meringkuk ¶몸을 오그리고 자다 tidur meringkuk ②【물건을】 meremukkan; menghancurkan; mematahkan

오글거리다 ①【물이】 mendidih bergelembung-gelembung; mendidih perlahan-lahan ②【벌레가】 menggeliat-geliat dalam kerumunan; mengerumuni

오글쪼글 kerut; kerat 오글쪼글하다 berkerat ¶오글쪼글한 손 tangan berkerut/ 사과가 시들어 오글쪼글하다 Apel itu telah lisut.

오금 ①【무릎 · 팔의】 lekuk 《bagian dalam》 lutut(siku) ¶오금을 펴다 meregangkan lutut ②【비유적】 mengecilkan hati; gemetar ketakutan

오금 박다 mendapati dalam kontradiksi ucapannya; menyudutkan dengan kata-katanya; memalukan; membungkamkan

오금 박히다 tepergok dalam kontradiksi ucapannya; terperangkap (tersudut) dengan ucapan atau kata-kata sendiri

오긋하다 melekuk ; ditekan ke dalam; didorong ke dalam

오기(誤記) kesalahan dalam menulis; salah tulis 오기하다 membuat kesalahan dalam menulis; menulis salah

오기(傲氣) semangat yang pantang menyerah; semangat tak mau mundur; keras kepala; semangat bersaing 오기부리다 enggan (tidak mau) mengakui kesalahan; pantang menyerah; berusaha menyaingi

오나가나 selalu; setiap kali; setiap saat

오냐 ya; boléh

오년(午年) 【민속】 Tahun Kuda

오누이 saudara dan saudari; abang dan adik perempuan

오뉴월(五六月) bulan Mei dan bulan Juni

오늘 hari ini; sekarang ⊙ 오늘밤 malam ini

오늘날 déwasa ini; zaman sekarang; masa kini; saat ini; sekarang ini

오너 pemilik; yang empunya

오다 ①【일반적으로】 datang ¶잘 오셨습니다 Selamat datang! ②【도착】 datang; tiba; sampai ¶기차가 올 때까지 sampai keréta api tiba ③【다가옴】 datang; tiba; sudah dekat ④【불·비·눈이】 turun; hujan; menyala ¶전기가 오다 lampu menyala ⑤【유래·전래】 berasal dari; berakar dari ⑥【원인·결과】 terjadi dengan; berasal dari; disebabkan oléh; muncul dari

오다가다 sekali-sekali; kadang-kadang; terkadang-kadang; jarang sekali ¶오다가다 있는 일 hal yang jarang terjadi

오달지다 ①【여무지다】 keras; padat ②【피륙이】 ketat dan kuat ③【사람이】 tegas; kukuh; pintar; cerdik

오답(誤答) jawaban salah

오대양(五大洋) Lima Samudra

오대주(五大洲) Lima Benua

오더 perintah; pesanan; tata tertib; ketenteraman

오뎅 kue ikan; bakso ikan

오도(悟道) 【불교】 pengertian akan kebenaran; kesadaran 오도하다 memperoléh kebenaran; tersadar; terjaga dari pada ilusi

오도독 bunyi derak 오도독거리다 berderak ¶오도독오도독 derak; kunyah; gertak gigi/ 오도독오도독 먹다 mengunyah ((makanan)) garing

오도 방정 kesembronoan; tingkah tidak keruan; terburu-buru ¶오도 방정을 떨다 bertindak (berlaku) sembrono

오도하다(誤導-) menyesatkan; memutarbalikkan

오독하다(誤讀-) salah membaca

오돌오돌하다 keras dan berbungkah ((dikunyah)); berserat; keras dan liat

오동나무(梧桐-) pohon polonia

오동통하다 péndék dan gemuk; montok; *sintal*; gemuk padat

오두막(-幕), **오두막집** pondok; gubuk ¶오두막을 짓다 mendirikan (membuat) pondok

오두방정 kelakuan sembrono; tingkah laku tidak keruan ¶오두방정을 떨다 berkelakuan sembrono; bertingkah laku tidak keruan

오들오들 getaran; gigil ¶추워서 오들오들 떨다 gemetar kedinginan/ 무서워서 오들오들 떨다 gemetar ketakutan; menjadi ngeri

오등(吾等) kami; kita; kita sekalian

오디 bebesaran ((pohon tempat ulat sutera))

오디션 percobaan; seleksi bagi penyanyi atau pemain musik ¶오디션을 통과하다 lulus audisi

오디오 penerimaan bunyi; pendengaran ⊙ 오디오비주얼 audio-visuil

오똑 ⇒ 우뚝

오뚝이 boneka akrobat; bonéka tegak sendiri

오라[1] 【포승】 tali pengikat penjahat; tali merah untuk mengikat bandit ¶오라지다 diikat tangan belakang dengan tali/ 오라로 묶다 mengikat dengan tali

오라[2] 【옳아】 ya, baik ¶오라 네가 옳아 Ya, anda benar.

오라기 potongan ((benang)); carikan (sobekan) ((kain, kertas)) ¶헝겊오라기 sepotong (secarik) kain/실오라기 하나 걸치지 않고 telanjang bulat; tanpa sehelai benangpun di badan

오라버니 abang

오락(娛樂) ①【여가 활동】 hiburan; pelesiran; pengisi waktu; rékréasi ¶오락으로(서) untuk kesenangan; untuk hiburan; dengan mengisi waktu senggang; sebagai rékréasi ②【전자오락】 permainan video; permainan di komputer ⊙ 오락가(街) pusat hiburan. 오락물 alat mainan;【영화의】 film hiburan. 오락비 biaya rékréasi. 오락산업 industri hiburan. 오락잡지 majalah hiburan; bacaan hiburan. 오락프로 program hiburan

오락가락 kedatangan dan kepergian 오락가락하다 datang dan pergi; mondar mandir; berkeliling-keliling; berdesak-desakan ¶정신이 오락가락하다 pikiran melayang (menerawang)

오랑캐 orang aborigin (asli) yang tidak beradab yang dulu tinggal di utara sungai Tumen; 【만족】 orang barbar; orang buas; orang biadab

오래[1] lama; untuk jangka (waktu) lama ¶오래 계속되다 berlangsung lama/오래 걸리지는 않습니다 Saya tidak akan lama.

오래가다 berlaku (tahan; berlangsung) lama

오래간만 selang waktu yang lama; lama sekali

오래다 lama sekali; tahan lama; berlangsung lama ¶오래지 않아 tidak lama lagi; tak lama kemudian

오래도록 lama sekali; sampai berlarut; selamanya

오래되다 lama

오래전(-前) masa lalu

오랜 lama; panjang; masa lalu

오래오래 untuk waktu yang lama sekali; selamanya; kekal

오랫동안 untuk waktu yang lama; sudah lama sekali; untuk jangka waktu yang lama

오레오마이신 obat anti biotik

오렌지 jeruk ⊙ 오렌지스쿼시 sari atau jus jeruk. 오렌지 쥬스 air jeruk

오려내다 memotong; menggunting

오로라 aurora

오로지 hanya; cuma; satu saja; jua; belaka; pun; sendiri ¶오로지 너 때문에 demi anda

오롱이조롱이 sekelompok kecil barang (orang); serombongan

오롱조롱 ((barang kecil)) dalam kelompok; berombongan; berkelompok-kelompok

오류(誤謬) ①【잘못, 실수】 kesalahan; kekeliruan ¶오류를 범하다 membuat kesalahan (kekeliruan) ②【컴퓨터】 ¶모니터에 오류창이 계속 뜬다 Pesan kesalahan terus bermunculan dimonitor.

오륜(五倫) kelima azas pokok mengenai moralitas (kesusilaan) manusia; aturan moral (norma) untuk mengatur Lima Hubungan Antar Manusia

오륜(五輪) gelanggang olimpiade ⊙ 오륜기(旗) bendéra Olimpiade (bergambar lima cincin)

오르가슴 orgasm

오르 되 브르 makan kecil; kudapan

오르간 organ; orgél ⊙ 파이프오르간 organ pipa. 오르간 연주가 pemain organ

오르내리다 ①【높은 곳을】 turun-naik ②【물가 등이】 turun-naik; berubah-ubah; berfluktuasi ③【먹은 것이】 tidak tetap; mapan ¶먹은 것이 오르내리다 menderita akibat salah pencernaan ④【남의 입에】 dibicarakan orang; digosipkan; menjadi buah bibir orang

오르다 ①【높이 · 높은 곳에】 mendaki; naik; meningkat; memanjat ②【올라타다】 mengendarai ((kuda)); menumpang ((mobil)); naik ③【물가 등이】 naik; menaik ④【나아지다】 maju; berkembang baik ⑤【승급 · 승진하여】 naik; dinaikkan; dipromosikan; diangkat ¶지위가 오르다 naik pangkat; dipromosikan ke posisi yang lebih tinggi ⑥【밥상 등에】 dilayani; dibawakan; disajikan; ditempatkan di muka ⑦【의제 등에】 dimunculkan (ditemukakan) untuk didiskusikan (didebatkan) ⑦【열 등이】 naik; meningkat ⑧【살이】 bertambah; menambah ¶살이 오르다 bertambah gemuk; menjadi gemuk; menggemuk ⑨【술 · 약기운 등이】 membawa akibat; mengakibatkan ¶술이 오르다 menjadi agak mabuk ⑩【연기 · 김 따위가】 keluar; naik ¶굴뚝에서 연기가오르다 asap keluar dari pada cerobong ⑪【병 · 독이】 tertular; terjangkit ¶옴이오르다 tertular penyakit gatal; menderita gatal-gatal ⑫【입에】 menjadi pembicaraan (percakapan); menjadi buah bibir ⑬【물이】 meningkat ⑭【떠나다】 berangkat; memulai perjalanan ⑮【거슬러】 memudik; berlayar ke hulu ((sungai)) ⑯【약이】 berang; marah ⑰【성과가】 menghasilkan; mencapai ⑱【기세 등이】 bangkit; menjadi bersemangat tinggi

오르락내리락 kenaikan ((dan)) keturunan 오르락내리락하다 naik ((dan)) turun

오르막 pendakian ⊙ 오르막길 jalan (bukit) mendaki

오른 kanan ¶오른쪽 sebelah kanan ⊙ 오른손 tangan kanan. 오른팔 lengan kanan; 【심복】 orang kedua; kaki tangan; tangan kanan

오름세(-勢) kecenderungan meningkat (naik); peningkatan

오리 itik; angsa liar 오리걸음 jalan berjongkok

오리(汚吏) pegawai negeri yang korup

오리나무 【식물】 pohon alder

오리다 memotong ⟪menjadi potongan kecil⟫

오리무중(五里霧中) kebingungan sepenuhnya ¶오리무중이다, 오리무중을 헤매다 berada dalam kegelapan (kabut); dikabutkan; kehilangan arah karena kabut tebal

오리발 ①kaki itik; 【물갈퀴】 kaki berselaput; 【사람】 telapak tangan berselaput ②【딴전을 부리는 모양】 ¶오리발 내밀다 berpura-pura tidak tahu (tak bersalah)

오리엔테이션 oriéntasi

오리엔트 【동양】 Asia Timur

오리온자리 【천문학】 gugusan bintang orion

오리지널 【원본】 asli; karya (buku) asli; orisinil ⊙오리지널 아이디어 pikiran yang orisinal 오리지널 프라이스 harga semula

오막살이 pondok; gubuk

오만(五萬) ①【수】 lima puluh ribu ②【잡다함】 banyak sakali; tak terhitung; ribuan; jutaan ¶오만가지 걱정 banyak sekali kecemasan (kesusahan)

오만하다(傲慢-) sombong; angkuh; congkak; pongah; bangga

오만상(五萬相) perubahan wajah ⟪memberengut, masam, berkerut⟫; seringai; pandangan marah ¶오만상을 짓다 【찌푸리다】 merubah wajah; berwajah masam; menyeringai

오매불망(寤寐不忘) 오매불망하다 teringat saat jaga atau tidur; yang tak terlupakan; tetap teringat setiap saat

오명(汚名) ⇒ 누명(陋名) ¶오명을 남기다 meninggalkan nama buruk; meninggalkan aib

오목(하다) cekung; kimpus ¶뺨이 오목 들어갔다 pipinya kimpus ⊙ 오목거울 cermin cekung; pemantul cahaya. 오목렌즈 lénsa cekung

오목(五目) 【놀이】 *omok;* permainan *paduk* dengan lima baris ¶오목을 두다 main *omok*

오묘하다(奧妙-) muskil; sulit dimengerti; mendalam

오물(汚物) kotoran; sampah; cemar; noda; tahi ¶오물의 처분 pembuangan sampah ⊙ 오물수거인 tukang sampah. 오물 차(車) gerobak sampah; mobil sampah

오물거리다 ①【…이】 berkerumun; menggeliat ②【-을】 mengunyah ⟪permén⟫ ¶입을 오물거리다 komat-kamit; mengunyah-ngunyah ③【말을】 menggumamkan

오므라들다 menggulung; melekuk; menyusut; mengerut; mengisut

오므라이스 telur dadar berisi nasi goréng, berbumbu kécap

오므리다 menutup; mengatup; melipat; mengerut

오믈렛 telur dadar

오미(五味) lima rasa yakni tawar, pahit, pedas, manis, asin

오밀조밀(奧密稠密) 오밀조밀하다 ①【면밀】 sangat teliti; sangat rinci ②【솜씨가】 halus; rumit; cermat; penuh cita rasa

오바이트하다 muntahan

오발(誤發) tembakan yang nyasar 오발하다 salah menembak; menembak tanpa disengaja

오버 di atas; ke atas 오버하다 melampaui; melebihi ¶그는 너무 오버하는 것 같다 Saya pikir dia terlalu berlebihan. ⊙오버타임 lembur:오버타임 페이 bayaran lembur. 오버 웨이트 kelebihan berat

오버랩 saling meliputi; saling melengkapi; (동사) bersamaan waktu

오버올 baju (pakaian) kerja

오버코트mantel ⊙털 오버 코트 mantel bulu

오버웨이트 kelebihan berat

오버타임 lembur ⊙오버타임 페이 bayaran lembur

오벌 bujur telur

오변형(五邊形) ⇒ 오각형

오보(誤報) kesalahan informasi; laporan yang tidak benar; laporan palsu 오보하다 salah memberikan informasi; salah melaporkan

오보에【음악】 obo; semacam suling ⊙ 오보에 연주자 pemain obo
오복(五福) lima karunia ⟪yakni: umur panjang, kekayaan, kesēhatan, cinta pahala, kematian yang damai⟫
오불관언(吾不關焉) sikap tidak peduli 오불관언하다 tidak memperdulikan; bersikap acuh tak acuh
오붓하다 lumayan; memadai ¶오붓하게 살다 hidup tanpa masalah; agak kaya
오븐 kompor; tungku; perapian ¶오븐에 굽다 memanggang dalam kompor
오비이락(烏飛梨落) buah pir jatuh saat seekor gagak terbang; kebetulan dua kejadian terjadi pada saat yang sama
오빠 kakak; abang
오사리 ikan tangkapan pertama pada saat pasang naik ⊙ 오사리잡놈【불량한 잡배들】bajingan; bejat
오산(誤算) kesalahan hitung 오산하다 salah menghitung
오색(五色) lima warna ¶오색찬란하다 berwarna-warni ⊙ 오색구름 awan lima warna; awan bercahaya
오색영롱(五色玲瓏) 오색영롱하다 bersinar cemerlang dalam lima warna; bersinar cerah dengan berbagai warna; sangat cerah gemerlapan
오선지(五線紙) kertas (lembaran) musik
오성(悟性)【심리】kebijaksanaan;【철학】pengertian
오세아니아 Oceania
오소리 *badger;* sejenis burung
오손(汚損) noda; kotoran; cemaran; kerusakan 오손하다 menodai; mengotori; mencemari; mencemarkan; merusakkan
오솔길 jalan setapak
오수(午睡) tidur siang
오수(汚水) air comberan; air selokan ¶오수를 무단으로 방류하다 membuang air limbah secara ilegal ⊙ 오수처리 pembuangan sampah
오순도순 dengan ramah; dengan rukun; dengan bersahabat
오슬오슬하다 merasa dingin; menggigil
오식(誤植) kesalahan cétak (harfiah; penerbitan) ralat ¶오식이 많다 penuh dengan salah cétak ⊙ 오식 정정 표 daftar ralat; daftar salah cétak
오심(誤審) salah hukum; salah adil 오심하다 salah mengadili; mengadili secara salah; (운동 경기에서의) salah penjurian; kesalahan mewasiti
오십(五十) lima puluh ¶오십대에 dalam usia lima puluhan ⊙ 오십년 축전 peringatan setengah abad
오십견(五十肩) bahu beku
오십보백보(五十步百步) ¶오십보백보다 semua sama; ⟪ada⟫ perbédaan kecil antara keduanya
오싹 ⟪gemetar⟫ kedinginan 오싹하다 merasa dingin; gemetar ⟪ketakutan⟫; ngeri; bergetar
오아시스 oasis; sumber ketenangan
오얏 pohon prem
오언절구(五言絶句) syair empat baris dengan lima suku kata di tiap baris
오 엑스 benar-salah ⊙ 오엑스문제 pertanyaan benar-salah. 오 엑스 식 테스트 tés benar-salah
오역(誤譯) kesalahan terjemahan 오역하다 salah terjemah; membuat kesalahan dalam terjemahan
오열(五列) pasukan kelima; mata-mata; agén rahasia ⊙ 제 오 대원 anggota agén rahasia
오열하다(嗚咽-) tersedak dengan isakan; mengisak; tersedan; tersedu; terisak
오염(汚染) infeksi; penularan; pencemaran;【대기 등의】polusi 오염하다(오염시키다) terkotori; menginféksi; mencemari; mengotori; menularkan; mengkontaminasi ⊙ 오염대책 tindakan antipolusi. 오염물질 bahan pengotor. 오염원 sumber polusi (pencemaran). 공기【환경, 수질】오염 polusi (pencemaran) udara【lingkungan, air】. 방사능오염 pencemaran (kontaminasi) radioaktif
오욕(汚辱) aib; malu ¶오욕을 참다 menanggung (menahan) aib
오용(誤用) penyalahgunaan 오용하다 menyalahgunakan
오월(五月) Méi; bulan lima
오월동주(吳越同舟) musuh-musuh sengit (bebuyutan) di satu perahu
오이 ketimun; mentimun ⊙ 오이생채 la-

lap ketimun. 오이소박이 kimchi ketimun. 오이지 acar (asinan) ketimun
오이스터 tiram
오인(吾人) ①【나】 saya ②【우리】 kita; kami
오인(誤認) salah konsépsi 오인하다 salah paham; salah kenal; mengelirukan
오일(午日) 【민속】 Hari Kuda
오일(五日) lima hari; hari kelima
오일 oli; minyak; petroleum minyak; gasoline; bénsin ⊙ 오일 램프 lampu minyak tanah. 오일쇼크 krisis minyak. 오일스토브 kompor minyak. 오일탱크 tangki oil. 오일펌프 pompa oil
오입(誤入) perzinahan 오입하다 berzinah ⊙ 오입쟁이 penjangak; penzinah
오자(誤字) ralat; kata yang salah; salah cétak
오장육부(五臟六腑) lima rongga perut 《hati, jantung, limpa, usus, ginjal》 dan enam isi perut ¶오장육부가 없는 사람 manusia loyo; manusia tanpa semangat
오전(午前) pagi hari
오전(誤傳) keterangan yang salah 오전하다 memberi keterangan yang salah
오점(汚點) noda; palit; cemar; coréng; cacat; selékéh; kotoran ¶오점을 남기다 meninggalkan noda; mencoréng nama baik
오젓 udang asin 《dibuat dari tangkapan awal tahun》
오정(午正) tengah hari; siang hari
오존 ozon ¶오존의 ozonik ⊙ 오존계(計) alat pengukur kadar ozon. 오존주의보 peringatan mengenai ozon. 오존층 lapisan ozon
오종경기(五種競技) panca lomba ⊙ 근대오종경기 panca lomba modérn
오종종하다 kecil dan membosankan
오죽 sangat; sungguh
오줌 air kencing; pipis ¶오줌 누다 mengencingi; membuang air kecil; mengompol; ngompol ⊙ 오줌똥 tinja dan air kencing. 오줌소태 frekuénsi kencing. 오줌싸개 pengompol. 오줌통【방광】 kandung kemih; 【통】 tabung air kecil; tempat untuk kencing
오중주(五重奏) kwintét
오지(奧地) daérah pedalaman; pelosok; désa; dusun
오직 hanya; saja; semata-mata; cuma; sekedar
오진(誤診) diagnosis yang keliru 오진하다 membuat diagnosis yang keliru
오징어 cumi-cumi; sotong; ikan tinta ⊙ 오징어포 cumi-cumi kering
오차(誤差) kesalahan ; kekeliruan
오찬(午餐) makan siang ⊙ 오찬회 jamuan makan siang
오체(五體) seluruh tubuh (rangka)
오촌(五寸) sepupu laki-laki (perempuan); sepupu ayah ⊙ 오촌 아저씨 paman. 오촌조카 sepupu jauh
오케스트라 orkéstra
오케이 ya; jadilah; baiklah
오토메이션 otomatisasi ¶오토메이션화하다 mengotomatisasi
오토바이 sepéda motor ¶오토바이를 타다 mengendarai sepéda motor
오톨도톨하다 tidak rata; kasar
오트밀 bubur gandum
오판(誤判) perkiraan yang salah; perhitungan yang keliru; kesesatan (kesalahan) pengadilan 오판하다 salah mengkalkulasi; salah memperhitungkan (hitung); salah mengadili
오팔【광석】 mata kucing; baiduri
오퍼 tawaran; penawaran ¶오퍼를 내다 menawarkan; memberi tawaran; mengajukan tawaran ⊙ 오퍼상 agén komisi
오페라 opera; komidi ⊙ 오페라가수 penyanyi opera. 그랜드오페라 opera besar
오페레타 operét
오펙 OPEC; Organisasi Negara-negara Pengékspor Minyak
오프너 pembuka; pembukaan
오프라인 ¶우리 인터넷 카페에서는 주말에 오프라인 모임을 갖기로 했다 Anggota kafe internet memutuskan untuk bertemu pada akhir minggu.
오프사이드 【축구 · 럭비 등의】 *offside* 《dalam permainan sépak bola》
오프셋【인쇄】 offsét ⊙ 오프셋인쇄 cétakan offsét
오픈 buka ⊙ 오픈게임 pertandingan terbuka; permainan eksibisi (pertunjukan).

오픈 마인드 pikiran terbuka; buka hati. 오픈카 mobil terbuka; mobil touring

오픈하다 dibuka

오피스텔 apartemén éfisién; studio

오한(惡寒) ¶오한이 나다 merasa dingin; kedinginan

오합지졸(烏合之卒) gerombolan yang kacau; kerumunan yang tak teratur; pengacau; perusuh

오해(誤解) kesalahfahaman; kesalahpengertian; kesalahterimaan 오해하다 salah mengerti; salah faham; salah terima; keliru

오호(嗚呼) Aduh ((menyatakan kesusahan, penyesalan, ketakutan))

오후(午後) sore hari; petang; senja

오히려 ①【차라리】 malah; dari pada; lebih ②【도리어】 sebaliknya; malah

옥(玉) ①【보석】 jade ②【비유적】 segala yang baik ⊙ 옥가락지 cincin permata jade

옥(獄) penjara ¶옥에 가두다 memasukkan ke dalam penjara

옥고(獄苦) kesengsaraan hidup dalam penjara ¶옥고를 치르다 merintih dalam penjara

옥고(玉稿) tulisan (naskah) yang baik

옥내(屋內) bagian dalam sebuah rumah ¶ 옥내의 dalam ruangan ⊙ 옥내경기【스포츠】 permainan【olahraga】 dalam ruangan

옥니 gigi tak rata ⊙ 옥니박이 orang bergigi tak rata; orang yang bergigi bengkok ke dalam

옥답(沃畓) sawah yang subur

옥당목(玉唐木) belacu murahan

옥도(沃度) 【화학】 yodium ⊙ 옥도정기(丁機) 【약품】 larutan yodium

옥돌(玉-) batu jade

옥동자(玉童子) anak lelaki yang tampan

옥문(獄門) gerbang penjara

옥바라지 pakaian dan makanan dari luar penjara 옥바라지하다 menyediakan pakaian dan makanan bagi orang tahanan

옥사(獄死) kematian dalam penjara 옥사하다 mati dalam penjara; berakhir di penjara

옥사(獄舍) rumah penjara; tahanan ⊙ 옥사장이 sipir penjara

옥살이(獄-) kehidupan penjara; kehidupan di balik terali.

옥상(屋上) atap; wuwungan; puncak gedung ⊙ 옥상정원 taman gantung; taman di atas atap

옥새(玉璽) Meterai (Ségél) Kerajaan; Meterai (Ségél) Rahasia

옥색(玉色) hijau permata jade; hijau lumut

옥석(玉石) ①【옥돌】 batu-batu berharga; jade ②【좋은 것과 나쁜 것】 jade dan batu; baik atau buruk ⊙ 옥석구분(俱焚) penghancuran tanpa membédakan antara baik dan buruk; penghancuran secara keseluruhan

옥쇄(玉碎) kematian yang terhormat 옥쇄하다 mati secara terhormat; mati tetapi tak pernah menyerah; mati sebagai pahlawan

옥수(玉水) air bersih

옥수(玉手) ①【임금의 손】 tangan yang berkuasa; tangan raja ②【미인의 섬섬옥수】 tangan wanita yang indah dan halus

옥수수 jagung

옥신각신 pertengkaran; perbantahan; perdébatan 옥신각신하다 bertengkar; berbantah; bercekcok; berdébat; berkelahi kecil; adu mulut

옥신거리다 ⇒ 욱신거리다

옥안(玉顔) ①【용안】 wajah raja; roman (paras) raja ②【미인의】 wajah wanita cantik

옥양목(玉洋木) kain belacu; kain mori mentah; kain keci

옥외(屋外) di luar rumah; udara terbuka ⊙ 옥외광고판 papan iklan di luar. 옥외집회 pertemuan di udara (lapangan) terbuka; pertemuan di luar ruangan

옥졸(獄卒) sipir penjara

옥좌(玉座) tempat duduk raja; singgasana; tahta

옥죄이다 terlalu ketat; mengetat; merasa kejang; merasa terlalu sukar

옥중(獄中) dalam penjara; dalam tahanan ⊙ 옥중 기(記) catatan harian ditulis di penjara

옥체(玉體) ①【임금의 몸】 tubuh (badan)

raja ②【편지에서】 tubuh anda; anda
옥타브 satu oktaf ¶한 옥타브 올리다 menaikkan seoktaf lebih tinggi
옥탄가(-價) 【화학】 bilangan (nilai; angka) oktan ¶옥탄가가 높은 가솔린 minyak tanah beroktan tinggi
옥탑방(玉塔房) rumah(kamar) beratap tinggi
옥토(沃土) tanah yang subur ¶메마른 땅을 옥토로 만들다 menyuburkan tanah tandus
옥토끼(玉-) ①【흰 토끼】 kelinci putih ②【달 속의】 kelinci di bulan
옥편(玉篇) kamus bahasa Cina-Korea
옥황상제(玉皇上帝) Déwa surga tertinggi dalam Taoisme; Surga
온 seluruh; semua; sekalian; penuh segalanya ¶온 세상 seluruh dunia
온감(溫感) rasa hangat
온갖 setiap; semua; semua jenis (macam); dari berbagai bentuk; semua cara
온건하다(穩健-) moderat; cukupan; sedang-sedang ⊙ 온건주의 moderatisme; sifat yang tak berlebih-lebihan. 온건파(派) aliran moderat
온고지신(溫故知新) meninjau yang lama dalam mempelajari yang baru; membawa pengetahuan ke bidang-bidang baru
온기(溫氣) kehangatan
온난하다(溫暖-) menjadi hangat; menghangat ¶지구 온난화 pemanasan global ⊙ 온난전선(前線) muka massa hawa panas
온누리 seluruh dunia
온당하다(穩當-) cocok; tepat; benar; pantas; wajar ¶온당치 않다 tidak pantas; tidak cocok; tidak wajar; salah
온대(溫帶) 《daérah》 beriklim sedang ⊙ 온대식물【동물】 flora【fauna】《daérah》 beriklim sedang; tumbuh-tunmbuhan 【binatang】 iklim sedang
온데간데없다 lenyap dari pandangan; tak berada di mana-mana; di luar pandangan
온도(溫度) témperatur; suhu ¶온도를 조절하다 mengukur (menyetél; mengatur) suhu ⊙ 온도조절 장치 alat pengatur (pengontrol) suhu 《panas》. 실내온도 témperatur 《dalam》 ruang. 일 년 평균 온도 témperatur rata-rata tahunan
온도계(溫度計) pengukur suhu; términométer; alat pengukur suhu ⊙ 섭씨【화씨】 온도계 términométer Selsius【Fahrenheit】. 최고【최저】 온도계 términométer maksimum【minimum】
온돌(溫突) sistém pemanas bawah tanah, lantai Korea ⊙ 온돌방 *ondolbang*; kamar dengan sistém pemanas lantai gaya Korea
온라인 langsung ¶온라인방식【시스템】 sistém pemrosesan informasi langsung
온몸 keseluruhan tubuh; seluruh tubuh; dari kepala sampai kaki
온밤 sepanjang malam
온상(溫床) tempat berkembang biak; tempat pembiakan; sarang
온수(溫水) air panas; air hangat
온순하다(溫順-) sopan; lembut; lemah hati
온스【중량 단위】 ons
온실(溫室) ①【식물 등을 재배하는 구조물】 rumah hangat; rumah hijau; rumah kaca; 【방】 kamar yang hangat (panas) ② 【비유적】 ¶온실에서 자라다【과 보호로】 dibesarkan seperti tanaman di rumah kaca ⊙ 온실식물 bunga (tanaman) rumah kaca. 온실재배 pertumbuhan di rumah kaca
온아하다(溫雅-) halus; lembut; sopan; ramah
온유하다(溫柔-) sopan; lembut; manis
온음(-音)【음악】 seluruh nada; nada penuh ⊙ 온음계 kunci G. 온음표 not penuh
온전(穩全) 온전하다 kuat; utuh; tak terganggu
온정(溫情) perasaan yang hangat (ramah) ¶온정 있는 keramahtamahan; berhati ramah
온종일(-終日) sepanjang hari; seluruh hari
온 집안 seluruh keluarga; seluruh rumah
온채 seluruh rumah
온천(溫泉) mata air panas; mata air pengobat; tempat pemandian air panas; tempat berair ¶온천에 가다 pergi tem-

pat pemandian air panas ⊙ 온천요법 pengobatan (penyembuhan) dengan mandi di mata air panas. 온천장 tempat pemandian air panas; tempat wisata mata air panas

온탕(溫湯) ①【온천】 mata air panas; perairan panas ②【더운 물】 air panas (hangat)

온통 seluruhnya; keseluruhan; semuanya; segala; 【전면】 seluruh permukaan; di manapun; di mana saja

온혈동물(溫血動物) héwan berdarah panas

온화(溫和) 온화하다 ①【인품 · 성격 등이】 lembut; ramah ¶온화한 미소 senyum ramah ②【날씨 · 기후 등이】 sedang ¶온화한 기후 cuaca yang sedang

온후하다(溫厚-) bersifat baik

올[1] ⇒ 올해 ¶올 여름 휴가【오는】 liburan musim panas mendatang/올 안에 dalam tahun ini; sebelum akhir tahun ini

올[2] helaian; lapisan; tékstur ¶세 올 실 benang berlapis tiga

올– 【조숙한】 masak awal ¶올 벼 padi yang cepat matangnya

올가미 ①【도구】 tali jerat; perangkap; jebakan ¶올가미를 씌우다 menjebak/ 올가미에 걸리다 dijebak; dijerat; ditangkap dengan jerat ②【함정】 tipu; akal bubuk; muslihat

올곧다 ①【마음이】 jujur; tulus; lurus ②【줄이】 langsung; lurus

올나이트하다 begadang sepanjang malam

올되다 ①【일되다】 déwasa dini; bijaksana di atas usia; melampaui usia ¶올 된 아이 anak yang terlalu cepat déwasa ②【피륙의 올이】 ketat; rapat ③【농작물이】 cepat matang; masak dini

올드미스 perawan tua

올라가다 ①【위로】 (a) 【높이 · 높은 데로】 ke atas; meningkat; naik; meninggi; memanjat; membubung (b) 【물가가】 naik; meningkat ¶값이 올라가다 harga naik (meningkat); kenaikan (peningkatan) harga (c) 【승진이나 승급(昇給)】 naik; dinaikkan; dipromosikan; diajukan; diangkat ¶봉급이 올라가다 gaji naik (d) 【이름이】 naik (e)【나아지다】 maju; makin baik; membuat kemajuan (f) 【열 · 기온 · 온도 등이】 naik ②【진출하다】 masuk ke; maju ke ¶준결승에 올라가다 masuk ke sémifinal; meraih (memenangkan jalan) ke sémifinal ③【서울로】 pergi ke ibu kota (Seoul) ④【없어지다】 《uang》 hilang ⑤【강을】 berangkat; berlayar ⑥【죽다】 meninggal

올라서다 naik ke tempat (posisi) yang lebih tinggi; menjejak naik

올라앉다 ¶돈방석에 올라앉다 menjadi kaya

올라오다 ①【아래에서 위로】 naik ¶무대로 올라와주세요 Silakan naik ke panggung. ②【지위 · 등급 등이】 meningkat ③【서울로】 ¶서울에 올라오다 pergi ke Seoul

올라타다 naik ke atas

올려놓다 ①【물건을】 meletakkan pada ②【등급 · 지위 등을】 menempatkan

올려다보다 memandang ke arah; melihat ke atas; menengadah

올록볼록하다 yang ditimbulkan

올리다 ①【위로】 mengangkat; menaikkan; menaiki; mengérék ②【지위 · 비율을】 naik; promosi; meningkat ③【바치다】 memberikan; mempersembahkan; berbuat ¶기도를 올리다 berdoa ④【기록하다】 melaporkan; memasukkan 《nama》 ⑤【내놓다】 mengemukakan; menghidangkan; mempersembahkan ⑥【병을】 menjangkit; dijangkiti oleh ⑦【점수 · 성과 · 초과를】 ¶훌륭한 성과를 올리다 memperoléh (mendapat; meraih; mencapai; memenangkan) hasil yang gemilang ⑧【칠을】 melapisi; mengulasi dengan; memakai ⑨【소리를】 menaikkan 《suara》; berteriak ⑩【식을】 mengadakan 《upacara》; merayakan ⑪【홈페이지 · 게시판 등에】 ¶제가 홈페이지에 올린 사진 보셨어요? Apakah anda melihat gambar yang kupasang di *homepage*ku? ⑫【기타】 ¶약을 올리다 membikin marah

올리브 buah zaitun ⊙ 올리브유 minyak zaitun

올리브 그린 warna hijau pudar

올림 ①【증정】 persembahan; dipersembahkan oléh; dengan (atas) pujian ②【편지에서】 Hormat kami

올림픽 ⟪pertandingan⟫ Olimpiade ⊙ 올림픽경기 pertandingan Olimpiade. 올림픽선수촌 perkampungan Olimpiade. 올림픽성화 obor Olimpiade. 동계올림픽【하계올림픽】 Olimpiade Musim Dingin【Panas】

올망(-網) jala untuk memancing di laut dalam

올망졸망 segala jenis benda kecil 올망졸망하다 beraneka ukuran kecil

올바로 dengan jujur; dengan sebenarnya; dengan baik; dengan wajar; tulus; benar

올밤 buah berangan (kastanye) yang matang dini

올벼 padi yang masak dini

올백(머리) rambut disisir ke belakang.

올빼미【조류】 burung hantu; kukuk beluk

올새 tenunan

올스타 semua bintang

올 인원 dipakai untuk berbagai keperluan; semua ada

올지다 ⇒ 오달지다

올차다 kekar; padat

올챙이 berudu; cébong ⊙ 올챙이기자 wartawan baru

올케 ipar perempuan

올콩 kacang yang matang dini

옭다 ①【잡아매다】 mengikat; mengebat ②【올가미로】 mengikat; mengancing ③【죄를 씌우다】 menuduh

옭매다 mengikat; mengikat erat; melilit

옭아매다 ①【끈 · 줄 등으로 잡아매다】 mengikat ②【죄를 덮어씌우다】 membuat tuduhan palsu

옭히다 ①【올가미에】 tertangkap; terikat; terlibat; terjerat; terkebat ②【얽히다】 terikat rimpul ③【걸려들다】 tersangkut dalam; dilibatkan

옮겨 다니다 berpindah dari satu tempat ke tempat lain

옮기다 ①【이전】 memindahkan; pindah ②【액체 등을】 mencurahkan; menuangkan ③【실행 · 행동으로】 membawa; melaksanakan; menjalankan; meneruskan ④【돌리다】 membelokkan; memutar; mengalihkan; mengarahkan ⑤【병 등을】 memberi; menjangkitkan; menularkan ⑥【말을】 menyampaikan ⑦【번역하다】 menterjemahkan

옮다 tertular; berjangkit; menular ¶병이 옮다 tertular penyakit

옮아가다 ①【퍼져가다】 tersebar; meluas ②【넘어감】 sampai; lewat; tiba ¶남의 수중으로 옮아가다 sampai ke tangan orang lain

옮아오다【퍼져오다】 tersebar; meluas

옳다[1] ①【마음이】 jujur ②【행동 · 일 · 경우 등의】 benar; adil; pantas【헌법적】 syah; berhak ¶네 말이 옳다 Anda benar.

옳다[2] Benar!; Baik!

옳은 길 jalan yang benar; jejak yang lurus

옳은 말 kata-kata yang benar(jujur)

옳지 ⇒ 옳다[2]

옴[1] gatal; kudis; borok

옴[2] Ohm ¶옴의 법칙 hukum Ohm

옴니버스 omnibus; yang meliputi banyak hal

옴질거리다 ①【입을】 mengunyah (memamah) dengan lambat ②【주저】 lamban ¶일을 옴질거리다 lambat bekerja ③【움직임】 bergerak lambat; menggeliat

옴짝달싹 gerakan yang sangat lambat ¶옴짝달싹 않다 tidak bergerak seincipun; tetap kukuh seperti karang; sama sekali tak takut; tidak mau mengalah sedikitpun /옴짝달싹 못 할 지경이 되다 berada dalam kesulitan

옴츠러들다 menyusut; tersentak; bergerenyit

옴츠러뜨리다 ①【몸을】 mengkerut; mendesakkan diri; menarik ke dalam ②【질리게 하다】 menggentarkan; menakuti ¶고함으로 옴츠러뜨리다 menakuti dengan teriakan keras

옴츠러지다 ⇒ 옴츠러들다

옴츠리다, 옴치다 ⇒ 옴츠러뜨리다

옴팡눈 mata cekung

옴폭 cekung; dalam; longsor

옵서버 peninjau; pemerhati

옵션 pilihan; kehendak ¶시내 관광은 옵션입니다 Tur keliling kota merupakan pilihan.

옷 ①【의복】 pakaian ¶속옷 pakaian dalam/잠옷 piyama/옷을 입다 memakai pakaian; berpakaian ②【비유적】 ¶그는 이번 사건으로 옷을 벗었다 Dia mengundurkan diri dari posisinya setelah peristiwa itu. ⊙ 옷걸이(사람) penampilan pakaian. 옷걸이 gantungan jas; rak pakaian

옷고름 tali dada baju perempuan ¶옷고름을 매다【풀다】 mengikat 【membuka】 tali dada baju

옷깃 kerah jas (jakét); léhér jakét

옷자락 ¶옷자락을 걷어 올리다 melipat bagian ujung pakaian (rok) yang rendah

옷장(-欌) lemari pakaian; rak pakaian

옷차림 penampilan pribadi; pakaian

옷핀 peniti cantel

-옹(翁) Bapak tua; orang yang sudah tua; Si tua; Tuan… ¶김 옹 Pak Kim Tua

옹고집(壅固執) sifat keras kepala; kekukuhan ¶옹고집부리다 berkeras kepala; berkukuh ⊙ 옹고집장이 orang yang keras kepala

옹골지다 berisi benar; kekar; padat ¶몸이 옹골지다 bertubuh kekar

옹골차다 keras; padat; kekar ¶옹골찬 사람 orang bertubuh kekar

옹기(甕器) ⊙ 옹기장수 pedagang barang pecah belah. 옹기장이 pembuat tembikar. 옹기전(廛) toko tembikar

옹기옹기, 옹기종기 kelompok kecil ¶옹기종기TV 앞에 모이다 berkumpul bersama di depan (menonton) TV

옹달- kecil dan dangkal (berongga) ¶옹달샘 sumur (pancuran; mata air) kecil

옹립(擁立) 옹립하다 menobatkan; 【떠받듦】 menyokong; mendukung; memberikan sokongan

옹벽(擁壁) tembok tanah

옹색하다(壅塞-) ①【궁핍하다】 (생활 · 돈이) kekurangan uang; dalam keadaan susah (miskin) ②【비좁다】 sempit; terkekang

옹생원(-生員) orang yang berpikiran sempit; orang picik

옹위하다(擁衛-) melindungi; mengawal; menjaga

옹이 bongkol; bonggol; mata 《pada kayu》 ¶옹이 있는 berbonggol; bermata 《pada kayu》

옹졸하다 picik; berpikiran sempit ¶옹졸한 사람 orang berpikiran sempit

옹주(翁主) putri selir

옹추 musuh sebuyutan

옹크리다 ⇒ 웅크리다

옹하다 ⇒ 옹졸하다

옹호(擁護) dukungan; sokongan; perlindungan; pertahanan 옹호하다 mendukung; menyokong; mempertahankan; melindungi 《A dari B》; menjaga ⊙ 옹호자 pelindung; pembela; penyokong

옻 rengas; 【옻나무의 진】 getah pohon pernis ¶옻을 칠하다 mengecat dengan pernis ⊙ 옻나무 pohon rengas (pernis)

옻오르다 terkena racun gatal-gatal; diracuni dengan rengas

옻칠(-柒) 옻칠하다 mempernis ¶옻칠한 그릇 piring berpernis; piring dilapisi pernis

옻 타다 sénsitif (alergi) dengan racun sampang

와[1] bergemuruh ¶와 웃다 tertawa terbahak-bahak (tergelak-gelak)

와[2] 【함께】 bersama; dan; dengan; lawan; berhubungan dengan; dari; seperti; seperti (sama) dengan

와글거리다 berkerumun; berkumpul; bergerombol; berdesak-desakan ¶정거장에 사람들이 와글거리다 stasiun berjejal-jejal (penuh sesak) ②【떠들다】 ramai; riuh rendah; hiruk; ribut

와글와글 ①【북적임】 beramai-ramai; berkumpul; bergerombol ②【시끄럽게】 dengan ramai; dengan riuh; ribut

와니스 pernis; minyak rengas

와당탕 berdebukan; keributan; ribut; bising 와당탕하다 membuat berdebukan; membuat keributan

와당탕퉁탕 berdentang-dentang; dengan gaduh

와들와들 gemetar; bergetar

와락 langsung; bergegas; dengan cepat; tiba-tiba; seketika

와르르 ①【사람이】 dengan segera ②【무너짐】 berderai-derai; gemerincing; jatuh berderak ③【천둥소리】 bergemuruh ④

【끓음】 mendidih
와병하다(臥病-) terbaring (berbaring) sakit di ranjang
와신상담하다(臥薪嘗膽-) bertahan kesulitan demi balas dendam; menahan ketetapan hati dan kegigihan untuk membalas dendam
와이더블유시에 Ikatan Pemudi Kristen
와이셔츠/와이샤쓰 keméja putih
와이어 kawat; dawai; kabel
와이엠시에이 Ikatan Pemuda Kristen
와이퍼 wiper; penghapus ⦅pembersih⦆ kaca mobil
와이프 istri; bini
와인 minuman anggur
와전(訛傳) cerita yang salah; informasi (laporan) yang keliru (menyimpang); kesalahan menampilkan 와전하다 memberikan laporan palsu; bercerita secara keliru (secara menyimpang); salah menginformasikan
와중(渦中) dalam; ketika
와지끈 dengan berderak 와지끈하다 hancur; pecah; berderak
와트【전기】watt
와플 kué sepit; wafel
와해(瓦解) jatuh berkeping-keping; kehancuran 와해하다 jatuh berkepingan; hancur; rubuh; ambruk; pecah
왁스 lilin
왁자지껄하다 menjadi ribut; berisik; menjadi hiruk-pikuk
왁친【의학】vaksin ⊙ 왁친주사 injéksi vaksin; vaksinasi
완강하다(頑强-) keras kepala; kukuh
완결(完決) keputusan yang pasti 완결하다 memutuskan (menentukan) dengan pasti
완결(完結) kesimpulan; penyelesaian; kesudahan; finis 완결하다 menyimpulkan selengkapnya; menyempurnakan; menyudahi; menyelesaikan; mengakhiri ¶완결되다 diselesaikan; disimpulkan; diakhiri
완고(頑固) kekukuhan; kefanatikan ¶완고한 kukuh; fanatik
완곡(婉曲) jalan berputar-putar; ungkapan pelembut 완곡하다 tidak langsung; berputar-putar ¶완곡하게 secara tak langsung; dengan cara berputar-putar; secara halus
완구(玩具) mainan; bonéka ⊙ 완구점 toko mainan
완급(緩急) kelambatan dan kecepatan; kecepatan tinggi dan rendah; témpo ¶완급을 조절하다 mengatur kecepatan ⊙ 완급기호 nota témpo
완납(完納) pembayaran penuh 완납하다 membayar penuh; membayar seluruh jumlah ⦅pajak⦆
완두콩(豌豆-) kacang polong
완력(腕力) kekuatan fisik (otot); paksaan; tenaga; daya tahan; stamina ¶완력으로 dengan cara kekerasan; dengan kekuatan ⊙ 완력가 lelaki kuat; lelaki berotot
완료하다(完了-) menyelesaikan; menyempurnakan ⊙ 완료시제 bentuk kata kerja selesai. 현재【과거】완료 bentuk kata kerja selesai sekarang【lampau】
완만(緩慢) kelambatan; ketidak aktifan; kelambanan; kelesuan; kekendoran 완만하다 lambat ⦅bergerak⦆; tak aktif; landai; lesu
완만하다(緩晩-) lambat; lamban; perlahan-lahan
완벽(完璧) ksempurnaan; kelengkapan 완벽하다 sempurna; tanpa cacat; bébas dari cela
완본(完本) édisi yang tak diringkas;【전집】karya yang lengkap
완비하다(完備-) mnyempurnakan; melengkapkan; membuat sempurna ¶완비되어 있다 lengkap; sempurna;【설비가】dilengkapi sepenuhnya
완상(玩賞) penghargaan; penikmatan 완상하다 menghargai; menikmati; mengagumi
완성(完成) penyelesaian; penyempurnaan; perampungan 완성하다 menyelesaikan; menyempurnakan; menyiapkan ⊙ 자기완성 kesempurnaan diri. 완성품 barang jadi
완수(完遂) pelaksanaan yang sukses; penyempurnaan; penyelesaian 완수하다 menyempurnakan sesuatu dengan suksés; mencapai

완숙(完熟) ¶달걀을 완숙으로 삶다 merebus telur matang
완승(完勝) kemenangan yang lengkap 완승하다 memenangkan (mencétak angka) kemenangan yang lengkap (besar)
완역(完譯) terjemahan lengkap (seluruhnya) 완역하다 menterjemah lengkap
완연하다(宛然-) jelas; nyata; kentara
완자 goréng bakso dalam adonan telur ⊙ 완자탕(湯) sejenis sup "wonton"
완자(卍字) salib berkait ⊙ 완자창(窓) jendéla dengan kusen berbentuk swastika (lambang Nazi Jerman)
완장(腕章) ban lengan ¶완장을 두르다 memakai ban lengan
완전(完全) kesempurnaan; kelengkapan 완전하다 menyempurnakan; melengkapi ¶완전하게 하다 melengkapi; menyempurnakan; membuat sempurna /완전해지다 dibuat sempurna; disempurnakan; menjadi lengkap ⊙ 완전범죄 kejahatan yang sempurna. 완전실업자 orang yang tak bekerja sama sekali; penganggur
완주하다(完走-) berlari menempuh jarak seluruhnya; menjalani seluruh jarak
완충하다(緩衝-) menahan goncangan; meredam getaran; menyangga ⊙ 완충국 negara penyangga. 완충장치 alat penyangga. 완충지대 daérah nétral
완치(完治) pengobatan sempurna 완치하다 menyembuhkan secara keseluruhan; mengobati seluruhnya ¶완치되다 sembuh total; pulih kembali
완쾌(完快) sembuh sepenuhnya 완쾌하다 sembuh; séhat kembali; membaik
완투하다(完投-)【야구】melontar dalam sebuah permainan secara komplit
완파하다(完破-) menghancurkan; menekan; meremukkan
완패(完敗) kalah sepenuhnya 완패하다 (menderita) kekalahan sempurna
완행(緩行) 완행하다 melambat; memperlambat; melambatkan; berjalan lambat ⊙ 완행열차 keréta api lambat
완화(緩和) kelonggaran; keringanan; dispénsasi; peredaan 완화하다 melonggarkan; meringankan; meredakan ⊙ 완화제 pereda
왈가닥 wanita kelaki-lakian
왈가왈부(日可日否) argumén; alasan pro dan kontra 왈가왈부하다 bertengkar pro dan kontra; berdebat setuju tidak setuju
왈츠 irama Waltz ⊙ 왈츠 곡 lagu berirama Waltz
왈칵 seketika; tiba-tiba; dengan cepat
왈패(日牌) orang yang kasar
왔다갔다하다 ①【움직이다】datang dan pergi; mondar-mandir; bergelandangan ②【정신이】⇒ 오락가락하다
왕(王) ①【임금】raja; sultan; pangeran ②【으뜸이 되는 사람 · 동물】¶백수의 왕 raja binatang/꽃 중의 왕 Ratu bunga/손님은 왕이다 Pelanggan adalah raja
왕- (王) besar; hébat; ukuran besar; raksasa
왕가(王家) keluarga kerajaan
왕개미(王-)【곤충】semut raksasa; semut raja
왕거미(王-) laba-laba raksasa
왕겨 sekam; kulit padi
왕관(王冠) mahkota
왕국(王國) kerajaan; kesultanan
왕궁(王宮) istana raja; keraton
왕권(王權) kekuasaan (hak) tertinggi; kekuasaan (wewenang) raja ⊙ 왕권신수설(神授說) téori kekuasaan raja yang berasal dari Tuhan
왕녀(王女) putri raja
왕년(往年) tahun-tahun yang léwat (berlalu); masa lalu ¶왕년의 씨름 왕 seorang pegulat véteran di masa lalu
왕눈이(王-) orang bermata besar
왕대비(王大妃) ratu janda; ibu suri
왕도(王都) ibu kota kerajaan
왕도(王道) undang-undang raja; jalan kerajaan; prinsip-prinsip raja; martabat raja; hak-hak raja
왕따 buangan; orang buangan ¶왕따를 당하다 dikeluarkan dari lingkungan; terancam sebagai orang buangan
왕래(往來) ①【오고 감】datang dan pergi; 《banyak》 lalu lintas 왕래하다 datang dan pergi ②【교제】hubungan akrab; kunjungan; surat menyurat 왕래하다

berhubungan ((dengan)); berkunjung; bersurat-suratan

왕릉(王陵) makam kerajaan

왕림하다(枉臨-) datang mengunjungi; datang berkunjung

왕명(王命) perintah raja; amanat raja

왕모래(王-) pasir kasar

왕방울(王-) lonceng besar ¶눈이 왕방울 같다 bermata besar (bundar)

왕벌(王-) 【곤충】 ①【여왕벌】 lebah ratu ②【큰 벌】 tawon (lebah) besar; lebah penyengat; lebah pekerja

왕복(往復) kepergian dan kedatangan 왕복하다 pergi dan datang; pulang pergi; pergi dan kembali; bolak balik; hilir mudik ¶부산까지의 왕복요금은 얼맙니까 Berapa biaya pulang pergi ke Busan? ⊙ 왕복차표 tikét pulang pergi

왕비(王妃) permaisuri; ratu

왕새우(王-) udang besar

왕생극락(往生極樂) kepergian setelah kematian ke surga (nirwana) 왕생극락하다 pergi ke nirwana setelah mati

왕성(旺盛) ¶왕성한 bersemangat; berkobar-kobar; meluap-luap

왕세손(王世孫) anak laki-laki tertua (putra sulung) dari putra mahkota

왕세자(王世子) putra mahkota ⊙ 왕세자비 istri putra mahkota

왕손(王孫) cucu raja; cucu (pewaris) kerajaan

왕실(王室) ruangan raja; keluarga (kerabat) kerajaan

왕업(王業) kekuasaan raja

왕왕(往往) sering; selalu; kerap kali; dari waktu ke waktu

왕위(王位) mahkota; tahta; singgasana ¶왕위에 오르다 naik tahta

왕자(王子) pangéran ⊙ 왕자 병: 그는 왕자병이 있다 Dia seorang yang suka bergaya. *atau* Dia pikir dia seorang déwa menghadiahi para perempuan.

왕자(王者) ①【임금】 raja ②【경기의】 juara ¶축구의 왕자 한국 Korea, pemenang kejuaraan sépak bola

왕정(王政) kerajaan; pemerintahan yang berbentuk kerajaan; aturan kerajaan; monarki

왕조(王朝) dinasti ⊙ 조선 왕조 dinasti Chosun

왕족(王族) keluarga (anggota) kerajaan

왕좌(王座) tahta; kekuasaan; tempat pertama

왕지네(王-) lipan besar

왕진(往診) kunjungan dokter pada pasién; kunjungan ke rumah; 【밤의】 kunjungan malam 왕진하다 pergi dan melihat pasién di rumahnya; mengunjungi pasién; mengadakan kunjungan ke rumah ⊙ 왕진 료 ongkos (biaya) dokter untuk kunjungan; ongkos (pembayaran) panggilan dokter ke rumah. 왕진시간 jam-jam kerja dokter; jam berkunjung ke orang sakit

왕창 banyak sekali

왕초(王-) bos; kepala ⊙ 소매치기 왕초 kepala pencopét

왕통(王統) keturunan bangsawan (raja)

왕후(王后) istri raja; permaisuri

왕후(王侯) raja dan raja muda ((pengikut-pengikutnya)); pangéran dan bangsawan

왜(倭) Jepang; orang Jepang

왜 mengapa; kenapa; untuk apa; apa sebab; apa sebabnya

왜가리 burung bangau; burung ranggung

왜간장(倭-醬) kécap asin Jepang

왜곡하다(歪曲-) memandang yang menyimpang; memutarbalikkan; menyampaikan dengan keliru ¶사실을 왜곡하다 menyimpang fakta (kebenaran); menyalahkan (memutarbalikan) fakta

왜구(倭寇) perampok bajak laut Jepang

왜건 gerbong keréta

왜녀(倭女) wanita (gadis) Jepang

왜놈(倭-) orang Jepang

왜색(倭色) tata cara (cara-cara) Jepang; hal-hal Jepang ¶왜색을 일소하다 menyapu bersih tata cara Jepang

왜소(倭小) péndék dan kecil; cebol 왜소하다 péndék dan kecil; di bawah ukuran

왜식(倭式) ala (gaya) Jepang

왜식(倭食) makanan Jepang ⊙ 왜식집 réstoran Jepang

왜인(倭人) orang Jepang

왜인(矮人) orang kerdil

왜적(倭賊) perusuh (bajak laut) Jepang
왜적(倭敵) musuh Jepang, bebuyutan Jepang
왜정(倭政) penjajahan (kekuasaan) Jepang; rezim Jepang ⊙ 왜정시대 35 tahun kekuasaan Jepang di Korea (1910–1945); masa pengaturan Jepang
웩웩 muntah-muntah
왠 ⇒ 웬
왱 dengan dengungan 왱하다 berdengung
왱왱 ①【바람을 차는 소리】 dengungan 왱왱거리다 bersiul ②【길게 뿜는 소리】 kuat-kuat; keras-keras ③【벌레가】 왱왱거리다 bergemuruh; berdengung
외(外) ①【밖】 di luar; luar; asing ②【접두어】 keluarga dari pihak ibu (외가 쪽) ③【그 밖】 kecuali; selain; dengan pengecualian; di luar
외- hanya; satu; sendiri; semata-mata; terpisah ¶외아들 putra satu-satunya
외가(外家) keluarga dari pihak ibu; rumah ibu
외각(外角) 【수학】 sudut luar; pojok luar
외각(外殼) kulit luar
외간 남자(外間男子) orang lain; laki-laki bukan suami
외갈래 percabangan tunggal ⊙ 외갈래 길 jalan bercabang tunggal
외견(外見) penampakan (penunjukan) luar; muka ¶외견은 kelihatannya; dalam penampilan; dalam semua keadaan
외겹 ¶외겹의 tunggal; satu lapis; satu lipat
외경(畏敬) penghormatan; kekaguman
외계(外界) dunia luar; luar angkasa ⊙ 외계인 manusia (makhluk) ruang angkasa; pendatang ruang angkasa
외고집(-固執) sikap keras kepala yang picik ⊙ 외고집장이 orang yang keras kepala
외골수(-骨髓) ¶그는 외골수적인 면이 있다 Kadang-kadang dia berpikiran satu sisi saja.
외곬 jalan tunggal; alur tunggal; lintasan tunggal
외과(外科) bagian bedah ¶외과적 치료 perawatan bedah ⊙ 외과병원 rumah sakit bagian bedah. 외과수술 operasi pembedahan. 외과의(醫) ahli bedah. 임상【성형】외과 bedah kliniks【plastik】
외과피(外果皮)【식물】 eksokarpus
외곽(外廓) ①【성】 dinding luar (kota bertémbok) ②【바깥 테두리】 batas luar
외관(外觀) penampilan luar; penunjukan luar; pandangan luar; penampakan ¶외관상 (으로) kelihatannya; tampaknya; rupanya
외교(外交) diplomasi; hubungan diplomatik ②【섭외】 tugas luar ⊙ 외교가 orang diplomat; orang yang diplomatis. 외교단 korp (délegasi) diplomatik. 외교문서 dokumén (catatan; naskah) diplomatik. 외교백서 naskah putih diplomatik. 외교사절단 misi diplomatik. 강경【약체】외교 kebijakan luar negeri yang keras【lunak】. 비밀【공개】외교 diplomasi rahasia【terbuka】
외교관(外交官) diplomat; pelayanan diplomatik; pejabat diplomatik ¶외교관이 되다 menjadi seorang diplomat; memasuki pelayanan diplomatik. ⊙ 직업외교관 diplomat karir
외교관계(外交關係) hubungan diplomatik
외구(外寇) musuh luar
외구(畏懼) pesona; pengertian 외구하다 terpesona; terpana ¶외구 심을 갖다 terkagum-kagum
외국(外國) negara (negeri; tanah) asing ¶외국의 asing; anéh; luar negeri/외국제의 buatan asing; bikinan negara asing ⊙ 외국상사 perusahaan asing. 외국시장 pasar asing (luar negeri). 외국유명 상표 mérék dagang asing yang terkenal. 외국자본 modal asing. 외국 풍(風) cara-cara (gaya) asing; éksotisme
외국어(外國語) bahasa asing ⊙ 제2외국어 bahasa asing kedua
외국인(外國人) orang asing ⊙ 외국인관광객 turis (pengunjung) asing. 외국인노동자 pekerja asing
외국환(外國換) mata uang asing ⊙ 외국환관리(管理) pengawasan valuta asing
외근(外勤) tugas (pelayaran) luar 외근하다 bertugas luar; bekerja di luar ⊙ 외근기자 wartawan keliling. 외근직원 pegawai pelayanan luar

외기(外氣) udara terbuka ¶외기를 쐬다 berangin-angin; menghirup udara segar ⊙ 외기권(圈) ruang angkasa luar
외길 jalan satu-satunya; jalan tunggal ⊙ 외길목 gerbang sempit ke jalan tunggal
외김치 asinan (acar) ketimun
외나무다리 jembatan sebatang kayu ¶외나무다리에서 원수를 만나다 bernasib malang tak bisa lepas
외날 《pisau》 bermata satu
외다 menghafal 《di luar kepala》; mengingat; belajar menghafal
외도(外道) perselingkuhan ①【바람을 피우다】hidup berfoya-foya; tersesat; jalan yang salah ②【다른 일에 손을 대다】 penyimpangan dari bidangnya 외도하다 menyimpang dari bidangnya; meninggalkan bidang 《penyiaran》
외동이 putra tercinta satu-satunya
외동딸 putri satu-satunya
외등(外燈) lampu luar
외따로 terpencil; sendirian
외딴 terpencil; terisolir; terasing
외딸다 jauh; terpencil
외람(猥濫) kesombongan; kelancangan; kekurang-ajaran 외람하다, 외람되다 sombong; angkuh; kurang ajar; lancang
외래(外來) ①【외국에서 들어옴】 외래하다 datang dari luar negeri ¶외래의 asing; dari luar negeri; diimpor ②【통원 치료를 받음】 ¶외래로 진찰을 받다 diobati sebagai pasién rawat luar ⊙ 외래어 kata 《dari》 bahasa asing; kata pinjaman. 외래자 pengunjung; orang asing. 외래진료소 klinik pasién luar. 외래품 barang-barang impor; barang buatan luar negeri. 외래환자 pasién rawat luar
외로이 sendirian; kesepian; sebatang kara ¶외로이 지내다 hidup sendirian; hidup kesepian (kesunyian)
외로움 kesepian ¶외로움을 느끼다 merasa kesepian
외롭다 kesepian; sepi; sunyi; terpencil ¶외로운 마음 《perasaan》 kesunyian; kesendirian/외로운 사람 orang yang kesepian/외롭게 살다 hidup sendirian/외로워하다 merasa sunyi (sepi)
외마디 ①【동강】 batang; potongan ②【소리】 jeritan; suara yang nyaring
외면[1](外面) penampilan luar; penampakan ⊙ 외면 묘사 deskripsi bagian luar
외면[2](外面) ①【얼굴을】 외면하다 memalingkan muka ②【진실 · 사실 · 인물 등을】 dihindari; melihat dengan cara lain
외모(外貌) penampilan luar; aspék luar; penampakan; raut muka; bentuk muka ¶그 여자 외모는 어때요? Bagaimana penampilan dia?
외무(外務) ①【나라의】 urusan luar negeri ②【섭외】 ⇒ 외교(外交) ⊙ 외무부 Kementerian Luar Negeri. 외무부 장관 menteri luar negeri
외박하다(外泊-) tidur (menginap) di luar
외방(外方) ①【외국】 tanah luar negeri; bagian luar negeri ②【바깥】 luar ③【서울밖】 distrik yang jauh dari ibu kota (Seoul)
외벽(外壁) dinding sebelah luar
외부(外部) sebelah luar ¶외부의 luar; ékstern ⊙ 외부인 orang luar
외분비(外分泌)【의학】 sékrési luar ⊙ 외분비선 kelénjar sékrési luar
외빈(外賓) tamu asing; pengunjung asing
외사(外事) urusan luar negeri; urusan asing ⊙ 외사과(課) séksi urusan luar negeri
외사촌(外四寸) saudara sepupu dari pihak ibu
외삼촌(外三寸) paman dari pihak ibu
외상 krédit; utang ¶외상으로 dengan berhutang/외상을 주다 memberikan krédit ⊙ 외상값 krédit; hutang. 외상손님 pelanggan krédit. 외상판매 penjualan secara krédit
외상(-床) méja untuk seorang; méja satu orang ¶외상을 받다 dihidangkan untuk satu orang
외상(外相) Menteri Luar Negeri ⊙ 외상회의 konferénsi Menteri Luar Negeri
외상(外傷) luka luar; luka traumatik
외선(外線) jalur (lin) luar; kawat luar; garis luar ⊙ 외선 공사 kawat (kabel) luar
외설(猥褻) kecabulan; ketidaksenonohan 외설하다 tidak bermoral; tak sopan; tak senonoh ⊙ 외설문학 literatur cabul; bacaan pornografi. 외설행위 perbuatan ca-

bul

외세(外勢) ①【형세】 kondisi (situasi) luar ②【세력】 kekuatan (pengaruh) luar (asing, luar negeri) ¶외세에 의존하다 tergantung pada kekuasaan asing

외손 satu tangan ⊙ 외손뼉 tangan tunggal. 외손잡이 orang bertangan satu

외손(外孫) keturunan dari pihak anak perempuan ⊙ 외손자(녀) cucu laki-laki (perempuan) dari anak perempuan

외숙(外叔) mamak; paman dari pihak ibu ⊙ 외숙모(母) istri paman

외식하다(外食-) makan (makan malam) di luar 외식산업 industri pelayanan makanan; industri réstoran ⊙ 외식 자 orang yang makan di luar

외신(外信) berita luar negeri; pérs asing ⊙ 외신 기자 reporter (wartawan) berita asing. 외신부 bagian berita luar negeri

외심(外心) 【수학】 lingkungan luar

외아들 putra tunggal

외야(外野) 【야구】 di luar ⊙ 외야석(席) tempat duduk terbuka di stadion. 외야수 pemain di luar

외양(外洋) samudera ⊙ 외양 항해선 kapal laut; kapal samudera

외양(外樣) penampilan luar; pertunjukan luar

외양간 kandang ¶소 잃고 외양간 고치는 격이다 Bagai membuat pintu kandang setelah sapi dicuri.

외연(外延) 【논리】 perluasan ¶외연적(인) luas

외연기관(外延機關) mesin pembakaran di luar

외용(外用) ((untuk)) penggunaan luar 외용하다 digunakan (dipakai) di luar ⊙ 외용약 obat untuk penggunaan luar saja; obat luar; 【약병에】 쓰인 주의 "Hanya untuk bagian luar".

외우(外憂) takut akan invasi dari luar negeri; ancaman luar negeri; masalah luar negeri

외우내환(外憂內患) ¶외우내환을 겪다 menderita dari internal dan éksternal

외유(外遊) tur (perjalanan) ke luar negeri 외유하다 melawat (mengadakan perjalanan) ke luar negeri

외유내강(外柔內剛) berpenampilan tenang, tetapi bersemangat; orang yang keras tetapi berperangai lembut

외음부(外陰部) kemaluan wanita ¶외음부의 saluran kemaluan wanita

외이(外耳) 【해부학】 telinga bagian luar ⊙ 외이도(道) saluran pendengar bagian luar

외인(外人) ①【외국인】 orang luar negeri; orang asing ②【밖의 사람】 orang luar ⊙ 외인부대 legiun asing. 외인상사 perusahaan (bisnis) asing. 재류외인 penduduk asing

외자(-子) satu karakter; satu silabe

외자(外資) modal (dana) asing ¶외자를 유치하다 menarik modal asing ⊙ 외자도입 penarikan modal asing. 외자도입법 hukum penanaman modal asing

외장 골(外腸骨) tulang penyambung selangkangan dan usus bagian luar (panggul) ⊙ 외장 골 동맥【정맥】 urat nadi【vena penyambung】 selangkangan dan usus

외적(外的) luar; sebelah luar

외적(外敵) musuh asing

외전(外電) télégram (kawat) luar negeri; berita tertulis dari luar negeri ¶외전에 의하면 menurut berita luar negeri; berita luar negeri mengatakan…

외제(外製) ¶외제의 buatan luar negeri ⊙ 외제차 mobil ((buatan)) luar negeri. 외제품 barang-barang buatan luar negeri

외조모(外祖母) nénék di pihak ibu

외조부(外祖父) kakék di pihak ibu

외종사촌(外從四寸) ponakan dari pihak ibu

외주(外注) sumber dari luar; subkontrak

외지(外地) ①【다른 고장】 tanah asing; daratan luar negeri; daérah luar; wilayah luar ②【외국】 negara asing; tanah asing ⊙ 외지근무 pelayanan luar negeri; tugas luar. 외지수당 tunjangan dinas luar

외지(外紙) surat kabar asing; pérs luar negeri

외지다 terisolir; terasing; terpisah

외채(外債) hutang luar negeri; pinjaman luar negeri ⊙ 외채상환 기금 dana penebus utang luar negeri

외척(外戚) kerabat dari pihak ibu
외출(外出) keluar; makan angin 외출하다 keluar; keliling dengan mobil; makan angin ⊙ 외출금지 pengurungan; penahanan. 외출 날 hari keluar (bepergian). 외출복 pakaian keluar (bepergian)
외치(外治) ①⇒ 외교 ②【의학】 perawatan keséhatan luar 외치하다 berobat luar
외치다 ⇒부르짖다 ①【소리치다】 berteriak; memanggil; memekik; menjerit; mengeluarkan teriakan; berseru; menggeram ②【강하게 주장하다】 menuntut ¶남북통일을 외치다 menuntut penyatuan Korea
외침 teriak; tuntutan; 【놀람 · 감탄의】 seruan; 【비명】 pekikan; jeritan ¶개혁의 외침 tuntutan perubahan
외탁하다(外-) berpenampilan (bersikap) seperti pihak ibu; menuruni sifat (ciri) ibu
외톨 sendiri; sendirian; kesepian
외톨이 orang sendirian; orang yang kesepian
외통 hanya satu jalan; sekak mati ⊙ 외통 수(手) gerakan sekak mati: 외통수로 몰리다 disekak mati
외투(外套) mantel; baju luar; jas luar ¶외투를 입고 있다 bermantel; memakai mantel ⊙ 외투걸이 rak jakét (mantel)
외판(外販) penjualan (tawaran) perjalanan; paket perjalanan ⊙ 외판원 penjual; pramunjaga: 서적 외판원 penjual buku dari pintu ke pintu
외팔 satu lengan ⊙ 외팔이 orang berlengan satu
외풍(外風) ①【바람】 aliran ⟪udara⟫; angin luar ②【외국 풍】 cara-cara (modél; gaya; sikap) asing; modél éksotis; aliran asing; gaya luar negeri
외피(外皮) kulit luar; sekam
외할머니(外-) ⇒ 외조모
외할아버지(外-) ⇒ 외조부
외항(外港) pelabuhan luar negeri
외항선(外航船) kapal untuk pelayaran keluar negeri
외향성(外向性) keterbukaan; keceriaan ¶외향성의 sifat terbuka
외형(外形) bentuk eksternal; bentuk luar ¶외형상(의) luar/외형은 berbentuk luar
외화(外貨) valuta asing; mata uang asing (dévisa) ⊙ 외화보유고 simpanan dévisa. 외화준비금 cadangan dévisa. 외화획득 pendapatan mata uang asing
외화(外畵) film asing ⊙ 외화수입 쿼터 quota impor film asing
외환(外患) ketakutan akan serangan luar negeri; masalah (gangguan) luar negeri
외환(外換) ⇒ 외국환 ⊙ 외환관리법 Hukum Kontrol Valuta Asing; Hukum Pengawasan Valuta Asing. 외환시장 【시세】 pasar 【tingkat】 valuta asing
왼발 kaki kiri
왼소리 kabar duka cita
왼손 tangan kiri ⊙ 왼손잡이 orang kidal; orang bertangan kiri
왼쪽 sisi kiri; kiri
왼팔 lengan kiri
요(要) ¶요는, 요 컨데 yang penting ialah…; masalahnya adalah…; dengan ringkas; péndéknya
요(褥) kasur; tilam; matras
요 ①【얕잡을 때】 yang kecil ini ¶요까짓 sekecil ini ②【시간 · 거리】 dekat; benar; di tangan ¶요새, 요즈음 saat ini; sekarang; baru-baru ini; kini
요가 yoga ¶요가의 수련자 orang yang mempraktékkan yoga; yogi
요강 pot (tempat kencing) Korea
요강(要綱) garis besar; prinsip utama ⊙ 입학 요강 daftar persyaratan masuk ⟪universitas⟫
요건(要件) faktor ⟪masalah⟫ yang penting; kondisi yang penting (sangat diperlukan); keperluan; faktor penting; hal-hal penting ¶요건을 구비하다 memenuhi (memuaskan) kondisi (persyaratan)
요격(邀擊) pencegatan 요격하다 mencegat; serangan tiba-tiba ⊙ 요격기 pesawat pencegat. 요격미사일 peluru kendali anti misil; misil pencegat
요괴(妖怪) hantu; sétan; momok; jin 요괴스럽다 jahat dan mistérius; menakutkan; mengerikan; gaib ⊙ 요괴 담 cerita hantu (gaib)
요구(要求) permintaan; penuntutan; tuntutan; permohonan; gugatan; sanggah-

an; keperluan 요구하다 meminta; menuntut sesuai dengan permintaan ¶요구에 따라 atas permintaan; memenuhi permintaan ⊙ 요구 불 rékening bisa di bayar atas permintaan
요구르트 susu asam kental
요귀(妖鬼) makhluk; supernétral; hantu; roh jahat
요금(料金) biaya; ongkos; bayaran ¶요금을 안 받다 gratis; tanpa biaya/요금선불【게시】Bayar di muka. ⊙ 요금인상【인하】kenaikan【penurunan】ongkos (biaya). 가스【수도, 전기】요금 biaya gas【air, listrik】. 기본요금 tarif dasar. 부가요금 biaya tambahan. 특별요금 biaya ékstra
요기(妖氣) suasana ngeri (berhantu)
요기하다(療飢-) meredakan (menghilangkan; mengurangi; melegakan) rasa lapar
요긴(要緊) penting sekali 요긴하다 sangat penting ¶요긴한 때에 pada saat kritis; saat sangat diperlukan
요까짓 ⇒ 이까짓
요녀(妖女) kuntilanak; peri
요다음 yang berikut ¶요다음에 nanti
요담(要談) pembicaraan (konferénsi; konsultasi; musyawarah) penting 요담하다 berbicara tentang masalah (bisnis) penting
요때기(褥-) sepréi lusuh (kotor)
요도(尿道) saluran kencing ⊙ 요도검사 urethroskopi. 요도 관 saluran air kencing. 요도염 radang saluran kencing. 요도협착 penyempitan saluran kencing
요독증(尿毒症) keracunan air kencing
요동(搖動) kocokan; guncangan; gegaran 요동치다 ①【물가 · 주가 등이】mengocok; mengguncang; menggegar; menggoyang ②【자동차 · 배 등이】bergoyang
요들 bernyanyi Yodél
요란하다(搖亂, 擾亂) ①【소리가】keributan; kebisingan; ribut; bising; keras ②【겉모양 · 옷차림 등이】menyilaukan; menyolok
요란(搖亂) ①【어지러움】keributan; kekacauan; kebingungan ②【시끄러움】kegemparan; kegeteran; keributan 요란하다, 요란스럽다 kacau; ribut; bising; gempar; gegar; riuh
요람(要覽) pedoman; garus besar
요람(搖籃) ①【유아용 가구】ayunan bayi; buaian ②【발생지】tempat kelahiran ⊙ 요람기 masa ayunan; masa bayi. 요람지 tempat lahir (asal); tanah kelahiran: 문명의 요람지 tempat lahir peradaban
요략(要略) ringkasan
요량(料量) rencana; maksud; idé; pikiran 요량하다 merencanakan ¶어머니를 뵐 요량으로 dengan maksud melihat ibu
요령(要領) ①【방법 · 요점】prinsip utama; idé umum; titik utama; pokok; inti sari ②【잔꾀】tipuan; licik
요령(搖鈴) loncéng tangan
요로(要路) ①【요직】posisi penting; kedudukan tinggi; kekuasaan ¶요로에 있는 berkuasa; mendapat posisi penting ②【긴요한 길】jalan utama (penting); urat nadi (lalu lintas) utama
요론(要論) uraian (penjelasan) yang penting
요리(料理) ①【음식을 만드는 일】masakan; pekerjaan memasak; santapan; hidangan; makanan 요리하다 memasak; mempersiapkan masakan ②【일처리 · 어떤 대상을 능숙하게 다룸】pengaturan; administrasi 요리하다 mengolah; menangani; mengatur; memimpin ⊙ 요리사 koki; séf. 요리점 réstoran; rumah makan: 중국 요릿집 réstoran Cina. 생선【고기, 야채】요리 masakan ikan【daging, sayuran】. 서양요리 makanan (hidangan) barat. 한국요리 makanan Korea
요리조리 ke sana ke mari; berbagai cara; sana sini ¶요리조리 피하다 mengelak/요리조리 핑계하다 (핑계를 대다) mengemukakan segala alasan; membuat berbagai alasan bertubi-tubi; mencari alasan ini dan itu
요마(妖魔) hantu; siluman
요만 begitu sedikit (réméh)
요만것 yang kecil ini; yang réméh ini
요만큼 yang sekecil ini; pada tingkat (jumlah) sekecil ini; yang sedikit ini
요망(妖妄) perubahan pikiran dengan tiba-tiba ((tanpa sebab-sebab yang nyata)); tingkah laku yang tak keruan; ke-

sembronoan ¶요망스럽다, 요망하다 《yang berkelakuan》 seperti siluman; berubah-ubah; tidak tetap; plin-plan

요망(要望) keinginan; hajat; kehendak; niat; maksud; keperluan; kebutuhan ¶ 요망에 응하여 sesuai dengan permintaan

요면(凹面) permukaan akung; cekung; kecekungan ⊙ 요면경 cermin cekung

요목(要目) hal-hal yang penting (prinsipil); titik utama; inti; topik 《pembicaraan》; silabus ⊙ 교수요목 silabus mata kuliah

요물(妖物) barang yang anéh (gaib); hantu; sétan; jin; siluman; 【요망한 사람】 orang yang jahat

요번(-番) kali ini

요법(療法) métode perawatan; pengobatan ¶왁친 요법을 받다 diobati dengan vaksin ⊙ 가정【물리】요법 《mencoba》 perawatan rumah 【fisik】. 민간요법 pengobatan tradisional

요변(妖變) ①【사건】 kejadian yang misterius; kasus yang anéh ②【행동】 sikap yang anéh; sikap yang mencurigakan; sikap yang tak bisa diandalkan; sikap yang tak menentu; sikap yang tak bisa dipercaya ¶요변스럽다 anéh; curiga; mencurigakan; tak menentu/ 요변 떨다, 요변부리다 bersikap anéh ⊙ 요변쟁이 orang yang tak bisa dipercaya; orang khianat

요부(妖婦) wanita penggoda; wanita perayu ¶요부형의 여자 tipe wanita penggoda

요부(要部) bagian-bagian yang penting (utama)

요부(腰部) pinggang; pinggul

요사(妖邪) ⇒ 요망(妖妄)

요사떨다, 요사부리다(妖邪-) bersikap plin-plan (jahat; anéh; keji)

요사이 ⇒ 요새

요산(尿酸) 【화학】 asam urat

요상하다 anéh; asing (정상이 아니다) abnormal; tidak normal; (유별나다) ⇒ 이상하다 tidak biasa

요새(要塞) bénténg; perkubuan; pertahanan ¶요새화하다 membénténgi ⊙ 요새지대 daérah strategis; zona terbénténg

요새 baru-baru ini; akhir-akhir ini

요석(尿石) kalkulus (batu) perkencingan

요소(尿素) uréa

요소(要所) titik kunci; tempat (posisi) penting (strategis) ¶요소(요소)에 pada setiap titik penting; pada setiap daérah strategis; di setiap titik strategis

요소(要素) élémen; unsur penting; faktor penting; keperluan; pokok ⊙ 구성요소 unsur pokok

요술(妖術) 【마법】 ①【마술】 ilmu hitam; ilmu gaib; sulap; silap mata; guna-guna; ilmu sihir ¶요술을 부리다 menyulap; menyihir; mempraktekkan ilmu sihir; melakukan guna-guna; melaksanakan ilmu hitam/ ②【눈 속이는】 trik-trik; tipuan tukang sihir; trik sulapan; permainan sulap ¶요술을 부리다 bersulap; menampilkan trik-trik ⊙ 요술쟁이 tukang sulap; pesulap; pemain sulap; ahli sihir. 요술방망이 palu keberuntungan; Lampu Aladdin

요승(妖僧) pendéta Budha pembuat jahat (keji)

요시찰인(要視察人) orang-orang dalam daftar pengawasan (daftar hitam) ⊙ 요시찰인 명부 daftar hitam; daftar orang-orang yang diawasi

요식(要式) formalitas; secara formal ¶요식적 sekadar formalitas

요식업(料食業) bisnis (usaha) réstoran ⊙ 요식업자 pemilik réstoran

요실금(尿失禁) bésér ¶요실금의 sebentar-sebentar kencing

요약하다(要約-) menyingkatkan; meringkaskan; mengikhtisarkan ¶요약하면 (해 말하면) meringkas; ringkasnya; singkatnya; péndéknya; meméndékkan kisah; secara ringkas; garis besarnya

요양(療養) perawatan keséhatan 요양하다 【보양(保養)함】 menjaga keséhatan; memulihkan diri; bertetirah ⊙ 요양소 sanatorium; petirahan. 요양지 tempat keséhatan. 자택요양 perawatan rumah; penyembuhan kembali di rumah

요업(窯業) industri keramik ⊙ 요업 가

ahli keramik. 요업 소 pabrik keramik

요연하다(瞭然-) jelas; nyata; mudah dilihat

요염(妖艶) kecantikan yang menggairahkan; pesona sénsual; pesona kecantikan wanita 요염하다 mempesona; menyilaukan; menggairahkan ¶요염한 모습 figur (bentuk badan) yang mempesona/ 요염한 눈길 pandangan menggairahkan

요오드 【화학】 yodium ⊙ 요오드칼리 yodium dari kalium

요원(要員) anggota keselamatan; personil yang penting (dibutuhkan) ⊙ 기간요원 anggota dinas resmi

요원하다(遙遠-) sangat jauh; jauh sekali; sayup

요원(遼遠) padang rumput terbakar ¶요원의 불길 api padang rumput; api liar

요인(要人) orang penting; pemimpin; tokoh kunci; seorang VIP ⊙ 요인암살 pembunuhan pemimpin (tokoh kunci). 정부요인 pejabat tinggi pemerintah; tokoh kunci di pemerintahan

요인(要因) faktor utama (penting); sebab utama; suatu prasyarat; sebab yang dominan; unsur

요일(曜日) hari; sehari dalam seminggu ¶무슨 요일입니까 Hari apa sekarang?

요전(-前) waktu yang lalu; tak lama berselang; baru-baru saja; yang lalu; sebelumnya

요절(夭折) ⇒ 요사(夭死) kematian dini 요절하다 mati muda

요절나다 ①【못 쓰게 되다】 tak cocok digunakan; tak bisa dipakai; 【부서지다】 rusak; hancur; berkeping-keping; pecah; patah ②【일이】 sia-sia; gagal; tak berguna

요절내다 merusakkan; menghancurkan

요절하다(腰絕-) ketawa terbahak-bahak; tergelak-gelak; diguncang tawa

요절하다(夭折-) mati muda; mati di usia muda

요점(要點) pokok utama (esénsial); substansi ini ¶요점을 벗어나다 jauh dari inti pembicaraan

요정(妖精) bidadari; peri; déwi ¶바다의 요정 peri air; roh air

요정(料亭) gaya réstoran Korea kelas tinggi

요조(窈窕) 요조하다 anggun; sopan; luwés ⊙ 요조숙녀 wanita bersikap sopan; wanita yang luwés (anggun); wanita suci dan sederhana

요주의(要注意) ¶요주의 인물 orang yang masuk ke dalam daftar hitam

요즈음 【요즘】 akhir-akhir ini; baru-baru ini; barusan ini; kini; déwasa ini; saat ini

요지(要地) tempat penting; pangkal pokok; tempat strategis

요지(要旨) ①【요점】 hal-hal penting; pokok; inti sari; fokus; hal utama; dasar pikiran; ②【논지 · 서책 등의】 argumén; substansi; prinsip-prinsip utama ¶요지를 말하다 mengajukan pokok penting

요지경(瑤池鏡) kaca ajaib ¶세상은 요지경이다 Dunia ini sangat aneh (ajaib).

요지부동이다(搖之不動-) tak bisa digoncang; kokoh; tetap tegar; tak tergoncangkan; tak berubah; pantang mundur; tak terkalahkan

요직(要職) jabatan (pos) penting; posisi kunci

요처(要處) lokasi strategis (penting)

요철(凹凸) kenaikan dan keturunan; ketidakrataan; ketidakteraturan ¶요철 있는 lekak-lekuk/요철 주의 (게시) Hati-hati! Jalan bergelombang.

요청(要請) permohonan penting; tuntutan; permintaan yang mendesak 요청하다 memohon; meminta bantuan; menyokong

요체(要諦) kunci ; faktor kunci

요추(腰椎) tulang belakang

요충지(要衝地) 【군사상의】 titik stratégis; pokok yang penting secara stratégis; 【중요지점】 posisi stratégis; titik kunci; titik penting; pusat (fokus) penting

요컨대(要-) péndéknya; ringkasnya; secara ringkas; meméndékkan cerita; bagaimanapun

요통(腰痛) éncok; sakit punggung; sakit pinggang ¶요통을 앓다 menderita sakit punggung

요트 kapal layar; kapal pesiar ⊙ 요트 레

이스 lomba kapal layar

요하다(要-) memerlukan; membutuhkan; menginginkan; menghendaki; perlu pertolongan; minta tolong ¶주의를 요하다 perlu perhatian (penjagaan)

요항(要項) hal yang penting; pokok penting (esénsial); bahan pokok

요항(要港) pelabuhan yang stratégis (penting) ⊙ 군사요항 pelabuhan yang penting secara stratégis

요행(僥倖) nasib baik; keberuntungan; rezeki nomplok ¶요행으로 beruntung; karena nasib baik ⊙ 요행수 langkah mujur; nasib baik

요혈(尿血)【의학】air kencing bercampur darah; pendarahan dalam kencing; hematusia

욕(辱) ①【욕설】bahasa kasar (kotor); makian; umpatan ¶욕을 퍼붓다 memaki; mengumpat ②【치욕】penghinaan; aib; cemar ¶욕을 보다【당하다】dipermalukan; dihina; dicerca; dimaki ③【고생】kesulitan; kesusahan; pengalaman pahit ¶욕을 보다 dalam kesulitan; dalam kesusahan; menderita ③【비난】¶욕을 얻어먹다 diberi malu; diumpat

욕(慾) hasrat; keinginan; gairah; nafsu; haus; lapar ¶권세욕 hasrat berkuasa/명예욕 keinginan terkenal/금전욕 cinta uang; haus kekayaan/지식욕 haus ilmu pengetahuan

욕구(欲求) kemauan; keinginan; desakan 욕구하다 berhasrat; berkeinginan; berkehendak ¶생의 욕구 hasrat hidup; kemauan hidup ⊙ 욕구 불만 frustrasi; hasrat tak terpuaskan

욕기부리다(慾氣-) menginginkan tamak (serakah)

욕되다(辱-) memalukan; membuat cemar

욕망(慾望) kemauan; keinginan; kehendak; hawa nafsu; cita-cita; hasrat ¶욕망을 억제하다 mengendalikan (mengekang) keinginan; mengontrol kemauan

욕먹다(辱-) ①【욕을】dihina; menderita penghinaan; direndahkan; dipermalukan; diberi penghinaan ②【악평 · 비난을】dihina; direndahkan; dikatakan suatu cacat; reputasinya dijelékkan; dicemarkan;【신문 등에서】dikritik secara kasar; dikecam; menerima omélan

욕보다(辱-) ①【힘들게 수고하다】mengalami kesulitan; melewati kesulitan ②【강간을 당하다】diperkosa

욕보이다 (辱-) ①【치욕을 주다】dipermalukan; dihina; dimaki; dicerca; direndahkan ②【강간하다】diperkosa; memerkosa

욕설(辱說) kutukan; umpatan; makian; omong kasar 욕설하다 memaki; mencerca; mengeluarkan kata-kata hinaan ¶욕설을 퍼붓다 memaki ((dan mencerca)); menggunakan kata-kata kotor (kasar, jahat)

욕실(浴室) kamar mandi; toilet ¶욕실이 있다 diperlengkapi kamar mandi

욕심(慾心) kerakusan; ketamakan; hawa nafsu ¶욕심에서 karena mementingkan diri sendiri; karena tamak

욕쟁이(辱-) orang bermulut jahat; pengumpat; pemaki

욕정(欲情) rasa nafsu; nafsu séks; hasrat séks ¶욕정을 불러일으키다 menggairahkan

욕조(浴槽) bak mandi; bajan mandi

욕지거리(辱-) bahasa kasar; kata-kata kasar; tajam lidah; kata-kata kotor; kata-kata hinaan 욕지거리하다 memaki; mengumpat; mencaci; menghina; mencerca ¶욕지거리 그만해라! Berhenti mengumpat!

욕지기 mual; perasaan sakit (muntah-muntah) 욕지기나다 merasa mual (muak); merasa sakit; perut bergoncang

욕탕(浴湯) tempat mandi; pemandian umum

욕하다(辱-) menghina; memaki; menggunjing; mencerca; mengumpat; mencaci

용(龍) ①【상상의 동물】naga ②【큰 것】besar ¶용이 되다 menjadi kebesaran (kemasyhuran) ③【왕에 관계되는 것】berhubungan dengan raja ④【비유적】¶미꾸라지 용 되었다 dari miskin sampai menjadi kaya

용 ⇒ 용쓰다 mengerahkan tenaga

-용(用) untuk

용감(勇敢) keberanian; keperkasaan; kegagahan; keperwiraan; kepahlawanan ¶ 용감히 dengan berani; dengan gagah perkasa

용건(用件) urusan; ⟪masalah⟫ bisnis ¶용건이 무엇입니까 Apa yang bisa saya bantu?

용공(容共) pro-komunis ⊙ 용공단체 badan pro-komunisme. 용공사상 pikiran pro-komunisme

용광로(鎔鑛爐) tanur tinggi; relau

용구(用具) alat; instrumen; perkakas; peralatan ⊙ 교육용구 alat bantu mengajar. 운동용구 alat-alat olahraga

용궁(龍宮) istana Raja Naga; déwa hujan dan air

용기(容器) konténer; sejenis alat penyimpan ¶플라스틱 용기 konténer plastik

용기(勇氣) keberanian; keperwiraan; kegagahan ¶무모한용기 keberanian brutal; keberanian konyol/용기(가) 있는 berani; gagah; perkasa

용꿈(龍-) mimpi tentang seekor naga; mimpi beruntung ¶용꿈을 꾸다 bermimpi untung

용납(容納) 용납하다 mengizinkan; memperboléhkan; menerima ¶용납할 수 없다 tak bisa diterima

용단(勇斷) keputusan yang berani ¶용단을 내리다 memutuskan dengan berani; membuat keputusan; bertindak pasti; membuat langkah pasti; menetapkan

용달(用達) pelayanan antar barang; pelayaran antaran; pengantaran 용달하다 mengantarkan ⟪barang⟫ ⊙ 용달업 bisnis pengantaran barang. 용달차 mobil pengantar

용도(用度) kegunaan; pelayanan; manfaat ¶용도가 많다 memiliki beragam kegunaan; memiliki banyak kegunaan; digunakan untuk berbagai tujuan; digunakan secara luas

용돈(用-) uang saku; uang belanja; uang untuk kegunaan saat ini

용두사미(龍頭蛇尾) awal yang baik (cemerlang) dan akhir yang buruk

용두질 masturbasi; onani; memuaskan diri sendiri

용량(用量) dosis; takaran

용량(容量) muatan; kapasitas; isi; volume ⊙ 용량분석 analisis volume. 용량전류 arus kapasitas. 열【전기】용량 kapasitas panas【listrik】

용력(用力) pekerjaan méntal; pekerjaan fisik 용력하다 berkerja; berkarya; mengeluarkan tenaga; memusatkan pikiran

용렬하다, 용렬스럽다(庸劣-) bodoh; kurang cerdas; tolol; konyol; ceroboh

용례(用例) contoh

용마(龍馬) kuda yang laju

용마루 bubungan; bubung; wuwungan; karpus

용매(溶媒)【화학】pelarut ⟪kimia⟫; pencair

용맹(勇猛) keberanian; tanpa takut 용맹하다 berani; tak takut; gagah; perkasa; bernyali macan ⊙ 용맹심 semangat yang berani

용명(勇名) kemasyhuran oléh karena keberanian

용모(容貌) rupa; wajah; penampilan; paras; roman muka

용무(用務) bisnis; urusan ¶급한 용무로 urusan yang penting

용법(用法) petunjuk; cara penggunaan; cara pakai

용변보다(用便-) buang air

용병(用兵) taktik; strategi 용병하다 menjalankan siasat; bertaktik

용병술(用兵術) taktik; ilmu perang

용병(傭兵) ①【고용된 병사】tentara bayaran; tentara séwaan ②【외국인 선수】pemain dibawa dari luar negeri

용사(勇士) pemberani; jagoan; ksatria; pahlawan ¶역전의 용사 véteran; prajurit tua ⊙ 상이용사 véteran cacat

용상(龍牀) tahta (singgasana) kerajaan

용서(容恕) pengampunan; pemaafan 용서하다 mengampuni; memaafkan ¶용서를 빌다 meminta maaf; mohon maaf

용선(傭船) pencarteran; kapal carteran 용선하다 mencarter (menyéwa) kapal ⊙ 용선계약 perjanjian carter kapal. 용선료 biaya (tarif) carter kapal

용솟음(湧-) ①【끓음】용솟음치다, 용솟음하다 mendidih;【물 등이】bergolak; melédék ②【감정 · 기운 등이】 menggelegak; memancar; menyembur

용수(用水) ①【물】 air; 【천수】 air hujan; 【우물의】 air sumur ②【관개용의】 air irigasi ⊙ 용수로(路) saluran irigasi air. 용수지(池) waduk. 용수 통 tangki (tong) air hujan

용수철(龍鬚鐵) pegas 《kawat baja》; pér ¶시계의 용수철 pegar jam ⊙ 용수철 침대 kasur pegas; kasur berisi pér di dalamnya

용신(容身) ①【몸을 놀림】 용신하다 bergerak; menggésér sedikit; menggerakkan tubuh ¶용신 못하다 tak bisa (dapat) bergerak ②【겨우 살아감】 용신하다 meningkatkan kehidupan; menambah kehidupan

용신(龍神) Déwa Naga

용심(用心) kedengkian; iri ¶용심부리다 menimbulkan iri; iri pada ⊙ 용심꾸러기【장이】 orang pendengki

용쓰다 ①【기운을】 mengerahkan seluruh usaha (kekuatan); mengkonséntrasikan; memusatkan tenaga; berusaha keras ②【참다】 memaksa diri menahan

용안(龍顔) wajah raja

용암(熔岩) lahar; batu-batuan yang meléléh ⊙ 용암류(流) arus lahar; aliran lahar. 용암층(層) kepundan; kawah

용액(溶液) cairan; larutan ⊙ 소금 용액 larutan garam

용어(用語) istilah; terminologi; tata nama; katakata; bahasa ⊙ 학술용어 istilah-istilah ilmiah. 전문용어 istilah téknis

용언(用言) 【문법】 tasrif

용역(用役) pelayanan; jasa; tugas ⊙ 민간 용역단 korps pelayanan sipil. 용역 회사 perusahaan pelayanan. 경비 용역 회사 perusahaan pelayanan keamanan /청소 용역 회사 perusahaan pelayanan kebersihan

용왕(龍王) Raja Naga

용원(傭員) anggota cadangan

용의(用意) kepedulian; kesadaran; kebijaksanaan; tindakan pencegahan; kesiapan; kesediaan

용의(容疑) kecurigaan; tuduhan ⊙ 용의자(容疑者) tertuduh; orang yang dicurigai; si tersangka: 방화 용의자 terdakwa pembakar rumah. 살인 용의자 terdakwa pembunuhan (pembunuh)

용의주도하다(用意周到-) sangat berhati-hati; teliti; awas

용이하다(容易-) mudah; gampang; sederhana

용인하다(容認-) mengakui; menyetujui

용자(容姿) wajah dan ciri-ciri (bentuk); figur; penampilan ¶꽃다운 용자 wajah berseri

용잠(龍簪) jepitan rambut berbentuk kepala naga

용장(勇將) jénderal yang berani

용재(用材) bahan untuk membuat; bahan baku ⊙ 건축 용재 bahan bangunan

용적(容積) kapasitas; volume; isi; ukuran; isi kubik ⊙ 용적량 ukuran kapasitas

용적률(容積率) rasio (indéks) ruang lantai

용접(鎔接) 【공업】 las; pengelasan 용접하다 mengelas ¶전기 용접 las listrik ⊙ 용접공 juru las. 용접공장 béngkél las. 가스용접 pengelasan gas

용제(溶劑) 【화학】 pelarut; pengalir ⊙ 용제접합 lak bahan pelarut

용지(用地) tanah untuk 《penggunaan…》; tempat; lokasi; situs ¶용지를 선정하다 memilih lokasi ⊙ 건축용지 lokasi (tanah) untuk bangunan; situs bangunan. 주택용지 tanah perumahan

용지(用紙) kertas; formulir kosong (tercétak) ⊙ 시험용지 kertas ujian. 원서용지 kertas lamaran. 신청용지 formulir lamaran. 투표용지 kertas untuk memilih; kertas untuk memberi suara

용진하다(勇進-) maju dengan berani; maju ke depan dengan gagah; mendorong untuk maju dengan berani

용질(溶質) 【화학】 zat terlaruf

용출(湧出) pancaran; letusan 용출하다 menyemprot; memancar; memancur

용퇴(勇退) pengunduran diri atas kemauan sendiri; pénsiun dengan réla(sukaréla) 용퇴하다 mundur (menarik diri) dengan réla; berhenti dengan sukaréla; meletakkan jabatan atas permintaan sendiri

용트림하다(龍-) melepaskan sendawa; bersendawa keras

용품(用品) barang keperluan (persediaan) ⊙ 가정용품 barang-barang keperluan rumah tangga. 학교용품 peralatan (kebutuhan) sekolah

용하다 ①【재주가】 ahli; tangkas; cekatan; mahir ②【장하다】 mengagumkan; hébat; cemerlang; mempesona ③【뛰어나다】 luar biasa; terkenal; hébat; unggul; ulung ¶용한 재주 bakat yang luar biasa ③【다행스럽다】 untung

용해(溶解) pencairan; larutan 용해하다 berlarut;larut; mencair ⊙ 용해액 larutan. 용해 점 titik cair

용해(鎔解) fusi; peleburan 용해하다 melebur ¶용해성의 bisa dilebur; terlarut; bisa dilarutkan ⊙ 용해로 tungku peleburan; pembakaran untuk peleburan. 용해점 titik lebur

용호상박(龍虎相搏) pertempuran naga dan harimau 용호상박하다 bertanding seru; bertanding dengan baik; terjadilah pertarungan yang sengit

용화(熔化) peleburan; peléléhan 용화하다 meléléh; menjadi cair; mencair

우(右) kanan ¶우와 여히 상위(相違)없음 Yang dikemukakan tadi benar (sepanjang pengetahuan saya).

우 ①【일시에 몰리는 꼴】 tiba-tiba; seketika; segera ②【비 · 바람이】 segera; tiba-tiba

우각(牛角) tanduk lembu

우거(寓居) gubuk; kediaman (tempat tinggal) sementara 우거하다 tinggal untuk sementara

우거지 daun kol bagian luar

우거지다 menebal; memadat; subur; menyubur; ditumbuhi (ditutupi) dengan; tumbuh lebar ¶우거진 tebal; padat; subur

우거지상(-相) muka masam; wajah memberengut; wajah kusut; wajah cemberut ¶우거지상을 하다 berwajah masam; cemberut; memberengut

우겨대다 berpegang teguh; memaksakan; mempertahankan cara-cara sendiri; berpegang erat

우격다짐 pemaksaan; kekasaran; tekanan; gertakan 우격다짐하다 bersikap sewenang-wenang; memaksa; menekan; mendesak ¶우격다짐으로 secara sewenang-wenang; secara paksa; secara menekan

우격으로 menentang keinginan; memaksa; mendesak

우견(愚見) pendapat (pandangan) saya yang rendah

우경(右傾) 우경하다 berbélok (berputar; menikung) ke kanan; berhaluan ke kanan; konservatif; berubah berhaluan kanan; berpihak kepada kelompok kanan; condong ke kanan ⊙ 우경 파(派) aliran sayap kanan.

우골(牛骨) tulang lembu

우국(憂國) patrionisme; kecintaan pada tanah air ¶우국지사(之士) patriot/우국지심(之心) perasaan sosial; perasaan patriotik ⊙ 우국충정 rasa patriotisme yang teguh

우군(友軍) pasukan sekutu; tentara sekutu

우그러뜨리다 hancur (penyok) tanpa bentuk; memenyokkan; melengkukkan

우그러지다 dikerunyut; hancur tak berbentuk; pényok ¶자동차의 옆이 우그러졌다 Sisi mobil itu pényok.

우그르르 menjadi ramai; dikerumuni; berkerumun

우그리다 mengerunyutkan

우글거리다 dikerumuni; dikelilingi; penuh sesak; berkeriapan; mengeriap

우글우글 dalam kerumunan; berkerumun; ramai; penuh

우글쭈글하다 keriput; kusut; kumal; berkerenyut

우기(右記) yang diterangkan (tercatat) di atas; yang dikatakan sebelumnya

우기(雨氣) tanda hujan; mendung

우기(雨期) musim hujan

우기다 bersikeras; ingin cara sendiri; memaksakan; bertahan; mempertahankan

우는 소리 keluhan; rengekan 우는 소리하다 merengek; meminta; mengeluh

우단(羽緞) beludru; beludu

우당탕 dengan bunyi bergema; bergedebuk; suara keras; bunyi tabrakan; berdebum 우당탕하다, 우당탕거리다 bergelebuk

우대(優待) perlakuan istiméwa (khusus; manis; hangat; penuh perhatian; baik); keramahan 우대하다 berlaku istiméwa; berlaku penuh perhatian; memperlakukan dengan hangat; menunjukkan keramahan khusus ¶우대를 받다 diterima dengan hangat (ramah) ⊙ 우대권(券) karcis cuma-cuma; kartu diskon khusus. 경로 우대권 kartu diskon senior

우동 mi dari terigu

우두(牛痘) vaksinasi; suntikan ¶우두를 맞다 mendapat vaksinasi; divaksinasi ⊙ 우두증명서 sertifikat (surat) vaksinasi

우두머리 ①【꼭대기】 puncak ¶나무의 우두머리를 자르다 memotong puncak pohon ②【사람】 ⇒ 보스 kepala; ketua

우두커니 kosong; hampa; berpikiran hampa; dengan pikiran melayang

우둔하다(愚鈍-) bodoh; lamban; pandir

우듬지 puncak pohon; cabang bagian atas pohon

우등(優等) ①【등급 등의】 peringkat atas; supérior ②【학업의】 cemerlang ilmu ¶우등으로 졸업하다 menyelesaikan pelajaran (sekolah) dengan pujian; tamat 《dari universitas》 dengan pujian ⊙ 우등버스 bus prémium. 우등생 pelajar teladan

우뚝 bentuk yang tinggi 우뚝하다 tinggi; menjulang; agung

우라늄 uranium ⊙ 농축우라늄 uranium diperkaya

우락부락하다 kasar; liar; ganas

우람하다 megah; mengesankan; agung; bersemangat ¶우람스러운 모습 figur bersemangat

우량(雨量) curah hujan; hujan ⊙ 우량계 pengukur hujan; alat pengukur curah hujan; pluvialméter. 우량측정 pengukuran curah hujan

우량(優良) ¶우량한 unggul; superior; pilihan ◎ 우량도서 buku-buku pilihan; buku yang sangat bagus. 우량아 anak yang secara fisik sempurna; anak yang séhat. 우량아 선발 대회 perlombaan bayi séhat. 우량종 keturunan yang baik. 우량주(株) saham yang unggul. 우량품 barang-barang berkualitas tinggi; barang pilihan

우러나다 hilang; lenyap; menyerap

우러나오다 memancur; memancar; keluar dari hati ¶진심에서 우러나오는 감사의 말 kata-kata terima kasih dari dasar hati

우러러보다 ①【위를 쳐다보다】 melihat; memandang ke atas; mendongak ②【존경하다】 menghormati; respek

우러르다 ①【고개를 쳐들다】 memandang ke atas; menengadah ②【존경하다】 menghormati; réspék

우렁이 siput ¶우렁잇속 같다 tak dapat diduga; tak dapat ditembus

우렁차다 ①【소리가】 bergema; bergaung; nyaring; membahana ②【우람차다】 mengagumkan; hébat; agung

우레 ①【천둥】 gemuruh②【비유적】 ¶우레 같은 bergemuruh/우레와 같은 박수 tepuk tangan bergemuruh; tepuk tangan yang meriah (membahana)

우려(憂慮) cemas; prihatin; khawatir 우려하다 mencemaskan; mengkhawatirkan 《tentang》

우려내다, 우려먹다 ①【우러나게 하다】 (차 등을) menyerap ②【돈 · 재산 등을 얻어내다】 memeras

우로(雨露) hujan dan embun

우롱(愚弄) éjékan; cemoohan 우롱하다 mengéjék; mencemooh; memperolok-olokkan

우레 ⇒ 우레②

우르르 ①【물 끓는 소리】 mendidih ②【무너지는 소리】 berisik ③【무더기로】 berderak; berderai ④【여럿이】 seketika; segera; sekaligus; semuanya; sekelebatan ⑤【천둥소리】 membahana

우리[1] sangkar; kurung; kandang

우리[2] kita; kami ⊙ 우리나라 negara kita

우리다[1] ①【물에】 meresap keluar; menghilangkan kepahitan ②【때리다】 menampar dengan keras ③=우려내다

우리다[2] 【볕이】 berkas

우마(牛馬) sapi dan kuda; ternak dan kuda-kuda ⊙ 우마차 kereta kuda; pedati

우매하다(愚昧-) bodoh; bebal

우모(羽毛) bulu burung; bulu-bulu ¶우모 있는 berbulu

우무 agar-agar jeli; agar-agar Cina ¶우무 모양의 gél; seperti jéli ⊙ 우무배양기(基)medium pembiakan agar-agar

우문(愚問) pertanyaan yang bodoh ⊙ 우문현답 jawaban yang bijak atas pertanyaan yang bodoh

우물 sumur; perigi ¶우물 안 개구리 orang berpandangan picik; "katak di bawah tempurung"

우물거리다 ①【중얼거리다】 berguman ②【입속의 음식을 우물우물 씹다 mengunyah

우물우물 berkerumun; mengerumuni;【입속에서】 berkomat-kamit

우물지다 ①【보조개가】 lesung pipit ②【우묵해지다】 membentuk lesung; membentuk rongga

우물쭈물 dengan ragu-ragu 우물쭈물하다 ragu-ragu; bimbang

우뭇가사리 【식물】 agar-agar

우미(優美) 우미하다 anggun

우민(憂民) rakyat jelata; orang bodoh; orang bégo ⊙ 우민정치 politik rakyat jelata

우박(雨雹) hujan batu és; hujan beku

우발(偶發) ⟪muncul⟫ kebetulan; insidéntal. 우발하다 terjadi secara kebetulan; muncul kebetulan ¶우발적으로 secara kebetulan ⊙ 우발사건 kejadian kebetulan; kecelakaan. 우발증상 【의학】 gejala luar

우방(友邦) negara yang bersahabat; negara sekutu

우범(虞犯) ⊙ 우범자 orang yang melakukan kejahatan. 우범지역 daérah yang meningkat kejahatan; daérah-daérah yang mudah terjadi kejahatan

우비(雨備) jas (jakét) hujan; perlengkapan (persiapan) untuk hujan

우비다 menyodok; menyerik; mencungkil; menggali

우비어파다 menggali; melubangi; mengorék; mengerik

우산(雨傘) payung ⊙ 우산꽂이 tempat payung. 우산살 bingkai (kerangka) payung

우상(偶像)①【신과 같이 섬기는 그림 · 조각】 berhala; patung déwa; arca; reca; idola ¶우상화하다 memberhalakan; memuja ②【맹목적으로 숭배하는 대항】 idola ¶그는 우상화 되어 있다 Dia diidolakan. *atau* Dia dijadikan idola. ⊙ 우상숭배 pemujaan berhala. 우상숭배자 penyembah

우생(優生) ¶우생의 perbaikan keturunan; pemuliaan ⊙ 우생결혼 perkawinan yang bertujuan untuk memperbaiki keturunan

우선(優先) prioritas; pengutamaan 우선하다 mengutamakan ¶우선적(으로) secara istiméwa ⊙ 우선순위 urutan prioritas. 우선주(株) saham préferénsial

우선(于先) ①【먼저】 pertama-tama; pertama kali; terlebih dahulu;【좌우간】 bagaimanapun juga ②【일단】 untuk waktu sekarang; sementara ini

우선권(優先權) hak prioritas; hak didahulukan (diutamakan); tuntutan pertama ¶우선권이 있다, 우선권을 가지다 memiliki prioritas (hak); memiliki hak didahulukan; memiliki tuntutan utama ⊙ 통행우선권 hak untuk melintas lebih dulu

우성(優性) 【생물】 dominasi; karakter dominan ¶우성의 dominan ⊙ 우성유전 poténsi awal; prepoténsi. 우성인자 sifat yang dominan

우세 penghinaan 우세하다 dipermalukan; dihina 우세스럽다 memalukan; mendapat malu

우세(優勢) keunggulan; keutamaan; keistiméwaan; kemenangan ¶우세한 unggul

우송(郵送) 우송하다 mengirim léwat pos ⊙ 우송료 bea kirim; biaya(ongkos) pos. 우송무료 bébas memposkan

우수 ①【덤】 bonus; ékstra; sesuatu yang diberikan dalam tawaran; hadiah; prémi ②⇒ 우수리

우수(偶數) nomor genap ¶우수의 genap; bernomor genap

우수(憂愁) sifat pemurung ¶우수의 murung

우수(優秀) 우수하다 bagus; baik; memuaskan; istiméwa tinggi ⊙ 우수성 kecemerlangan; keistiméwaan. 우수 팀 tim yang jagoan

우수리 ①【거스름돈】 uang kembalian ②【끝수】 pecahan; récéhan ¶우수리를 떨어버리다 memhilangkan pecahan

우수수 berjatuhan; berguguran ¶우수수 떨어지다 jatuh berguguran

우스개 lelucon; hal yang lucu ¶우스개로 삼다 bergurau; mengolok-olok/우스갯소리 olok-olok /우스갯소리를 하다 membuat lelucon

우스꽝스럽다 lucu; menggelikan

우습게보다 memandang rendah (ringan); meréméhkan;

우습다 ①【재미있다】 lucu; menggelikan; 【기이하다】 ganjil; anéh dan langka ②【하찮다】 sepélé; réméh; kecil ¶우스운 일 hal-hal réméh; tidak ada arti

우승(優勝) kemenangan; kejuaraan 우승하다 memenangkan pertandingan; menang kejuaraan; menjadi pemenang; memenangkan gelar ⊙ 우승기 bendéra (panji) kejuaraan. 우승다툼 kompetisi kemenangan; lomba merebut panji; perburuan bendera kejuaraan. 우승배【컵】 piala kejuaraan; tropi; piala. 우승자 pemenang 《kejuaraan》. 우승팀 tim pemenang. 우승후보 pemenang harapan; calon pemenang. 준우승 juara kedua

우시장(牛市場) pasar sapi

우아(優雅) keanggunan; kéelokan ¶우아한 anggun; molék; élok; élegan; luwes; bagus sekali

우악스럽다(愚惡-) tidak berpendidikan dan kasar

우애(友愛) kasih sayang persaudaraan

우엉 【식물】 sejenis tumbuhan liar dengan daun yang lebar.

우여곡절(迂餘曲折) liku-liku; jatuh bangun ¶우여곡절 끝에 setelah banyak liku-liku

우연(偶然) hal yang kebetulan ¶우연한 kebetulan/우연히 secara kebetulan

우열(優劣) superioritas dan inférioritas

우왕좌왕(右往左往) mondar mandir 우왕좌왕하다 menjalani cara ini dan itu; ke sana ke mari; bergerak (mondar-mandir) dengan sibuk; bergegas tanpa tujuan

우울(憂鬱) kemurungan jiwa; semangat rendah ¶우울한 murung; sedih; patah hati ⊙ 우울증 déprési; hipokondariia

우월(優越) keunggulan; keistiméwaan ¶우월한 unggul; tertinggi ⊙ 우월감 perasaan superior (lebih); : 우월감을 품다 merasa diri unggul. 우월성 superioritas

우위(優位) keunggulan; keulungan; posisi yang tinggi; posisi yang lebih baik (yang lebih berpengaruh); posisi kekuasaan ¶우위에 서다 【있다】 memegang kekuasaan atas; memegang prioritas; sedang berkuasa; berada di posisi yang menguntungkan; mempunyai posisi yang lebih baik; lebih beruntung

우유(牛乳) susu sapi; susu segar ⊙ 우유배달부 pengantar susu

우유부단하다(優柔不斷-) bimbang; ragu-ragu

우육(牛肉)daging sap

우의(友誼) persahabatan ¶우의를 두터이 하다 mempererat persahabatan

우의(雨衣) mantel hujan

우이(牛耳) ①【우두머리】 pemimpin; kepala ¶우이를 잡다 mengambil pimpinan dari; mengambil perintah ②【쇠귀】 telinga 《dari》 lembu jantan ⊙ 우이독경(讀經) berkotbah kpada orang yang tuli

우익(右翼) ①【정치상의】 sayap kanan ②【대열】 lapangan kanan ⊙ 우익단체 organisasi sayap kanan

우익수(右翼手)【야구】 seorang gelandang kanan

우자(愚者) orang bodoh

우장(雨裝) mantel hujan; jas hujan

우정(友情) persahabatan ¶우정이 돈독하다 memiliki persahabatan yang erat

우정(郵政) pelayanan (administrasi) pos

우주(宇宙) alam semesta; kosmos; angkasa luar ⊙ 우주공항 pangkalan ruang angkasa; pelabuhan angkasa luar. 우주선(船) kapal ruang angkasa; pesawat ruang angkasa: 유인 우주선 pesawat ruang angkasa berawak/무인 우주선 pesawat ruang angkasa tidak berawak. 우주비행사 orang astronaut; orang kosmonaut; seorang antariksawan. 우주탐험 penjelajahan ruang angkasa

우중에(雨中-) pada waktu hujan

우줄거리다 terus bergoyang; 【뽐내다】 mendongak; berjalan dengan sikap angkuh

우중충하다 muram; suram

우지(牛脂) gemuk; lemak

우지끈 dengan pukulan; mendobrak

우지직거리다 ①【타다】 bunyi gemertak; bunyi pecah; bunyi letupan ②【나무가】 bunyi keriat-keriut; bunyi retak

우직하다(愚直-) lugu

우짖다 menjerit; berteriak

우쭐거리다 berjalan dengan congkak

우쭐하다 bangga; bermegah diri; congkak; berbesar hati; menegakkan kepala; besar kepala

우차(牛車) pedati

우천(雨天) cuaca mendung dan hujan; hari penghujan; musim hujan

우체국(郵遞局) kantor pos ⊙ 우체국장 kepala kantor pos

우체부(郵遞夫) ⇒ 우편집배원

우체통(郵遞筒) kotak surat; kotak pos

우측(右側) sebelah kanan; tangan kanan ⊙ 우측통행 Selalu jalur kanan.

우툴두툴하다 tidak rata; kasar

우파(右派) ⇒ 우익(右翼) ①

우편(右便) sebelah kanan

우편(郵便) pos surat; pelayanan surat ⊙ 우편료, 우편요금 biaya pos. 우편물 barang kiriman pos. 우편사서함 kotak surat pos. 우편엽서 kartu pos. 우편집배원 tukang pos; pak pos. 우편함 kotak surat. 우편환(煥) pos wésel. 국내【국제】 우편 pos doméstik 【internasional】. 등기 우편 surat tercatat. 항공우편 surat pos udara

우표(郵票) perangko; materai surat ⊙ 우표수집 koléksi perangko. 우표수집가 koléktor perangko; filatelis. 기념우표 perangko peringatan

우피(牛皮) kulit lembu

우 향(右向) ¶우 향 앞으로 가【구령】 Bélok kanan!; Gerak kanan!

우호(友好) persahabatan ¶우호적 ramah tamah; bersahabat ⊙ 우호관계 hubungan persahabatan. 우호조약 perjanjian persahabatan

우화(寓話) dongéng ⊙ 우화작가 penulis fabel (dongéng)

우환(憂患) penyakit; gangguan; musibah

우회(迂回) jalan yang berputar; jalan keliling; jalan memutar 우회하다 mengambil rute berputar (keliling); berkeliling; mengambil jalan keliling (memutar); membuat putaran ⊙ 우회도로 jalan memutar (pemutaran)

우회전하다(右回轉-) bélok ke kanan

우후(雨後) setelah hujan turun ¶우후죽순처럼 나타나다 bermunculan bagai jamur di musim hujan; muncul bagai rebung sesudah hujan

욱신거리다 ①【북적이다】 berkerumun ②【쑤시다】 merasa ngilu dalam; berdenyut (sakit) nyeri; sakit yang menusuk-nusuk ¶이가 욱신거리다 Gigi saya sakit nyeri.

욱적거리다 semua berdesakan dalam satu tempat; berdesak-desakan

욱죄이다 merasa kejang; terlalu ketat dengan orang

욱지르다 menakut-nakuti; menggertak

욱하다 menjadi tak sabar; kehilangan akal; meradang tiba-tiba ¶욱하고 성을 내다 tiba-tiba meledak marah

운(運) untung; nasib; rejeki ¶운이 좋은 beruntung; bernasib baik/운(이)좋게 mujur; untung/운(이)나쁘게 malang sekali; sayang sekali

운(韻) ①【운율】 bait sajak ¶운을 맞추다 menyajakkan ②【기타】 ¶운을 떼다 (말을 시작하다) mulai berbicara

운구(運柩) penguburan

운동(運動) ①【신체활동】 gerakan; gerak 운동하다 bergerak ②【물체의 움직임】 gerakan; gerak ③【조직적 집단 활동】 kampanye 운동하다 melakukan kampanye ¶가족 찾기 운동 kampanye mencari keluarga ④【노력 · 알선 · 진력】 usaha; kegiatan; aksi; lobi 운동하다 berusaha; melobi ¶운동을 하여 취직하다 memperoléh posisi melalui pengaruh orang ⊙ 운동선수 atlit; olahragawan. 운동권 grup aktivis 운동기구 alat-alat (perlengkapan) olahraga. 운동복 pakaian olahraga; baju senam. 운동장 lapangan atlétik (bermain). 공설 운동장 stadion umum/서울 종합 운동장 kompléks olahraga Seoul. 금주운동 gerakan anti minuman alkohol. 노동운동 gerakan buruh. 모금운동 kampanye pengumpulan dana. 선거운동 kampanye pemilihan umum

운동부족(運動不足) ¶운동부족으로 karena kurangnya (ketiadaan) latihan/운동부족이다 kurang terlatih

운명하다(殞命-) menarik napas terakhir; mati

운명(運命) untung; nasib; takdir; suratan; kodariat ¶운명에 맡기다 menyerahkan diri pada nasib/운명과 싸우다 berjuang melawan 《dengan》 nasib ⊙ 운명론 fatalisme. 운명론자 fatalis. 운명선【손금에서】garis nasib

운모(雲母)【광석】mika ⊙ 백운모 mika putih

운무(雲霧) awan dan kabut ¶운무에 싸이다 diselubungi oléh awan dan kabut

운문(韻文) bait sajak (puisi; syair)

운반(運搬) pengangkutan; pengiriman 운반하다 mengangkut ⊙ 운반비 ongkos angkutan 《keréta》. 운반인 pengangkut; pembawa barang; kuli barang;【인부】pemikul barang. 운반차 gerobak; wagon; lori; truk

운석(隕石) batu bintang; tahi bintang ⊙ 운석구덩이 batu météor

운세(運勢) nasib ¶운세가 나쁘다 tak beruntung; lahir di bawah bintang ketidak-beruntungan

운송(運送) pengangkutan 운송하다 mengangkut ⊙ 운송료 biaya (ongkos) angkut; biaya transportasi. 운송보험 asuransi pengang-kutan (transito). 운송사업 usaha angkutan. 운송업자 agén pengapalan (pengangkutan; ékspedisi); petugas pengiriman barang éksprés. 해상【육상】운송 transportasi pengangkutan melalui laut【darat】. 화물운송 pengangkutan barang-barang (muatan)

운수(運輸) pengangkutan; angkutan; transportasi ⊙ 운수기관 badan pengangkutan (transportasi). 운수능력 kapasitas pengangkutan. 운수사업 usaha transportasi. 운수회사 perusahaan transportasi

운수(運數) bintang seseorang; keberuntungan; untung ⊙ 운수소관 hal yang berkenaan dengan keberuntungan (nasib)

운신하다(運身-) bergerak; menggerakkan badan

운영(運營) pengelolaan; operasional; administrasi; pengusahaan 운영하다 mengelola; mengoperasikan; mengurus; memimpin; mengendalikan; mengusahakan ⊙ 운영비 biaya operasional (kerja). 운영자금 modal kerja; dana pengelolaan

운용(運用) pemakaian; penggunaan; aplikasi 운용하다 memakai; menggunakan; menerapkan ⊙ 운용자본 modal kerja

운운(云云) dan seterusnya; dan lain-lain 운운하다 ①【이러쿵저러쿵 말하다】mengatakan sesuatu atau yang lain ②【비판하다】mengkritik ③【언급하다】mengoméntari; menyebutkan

운율(韻律) irama; matra ¶운율에 맞다 berirama

운임(運賃) tarif barang-barang; ongkos angkutan ⊙ 운임표 tarif; daftar pengangkutan. 1【2】등 운임 ongkos kelas pertama【kedua】. 여객운임 ongkos penumpang. 초과운임 ongkos kelebihan. 편도【왕복】운임 ongkos sekali jalan【pulang-pergi】

운전(運轉) pekerjaan; operasional; gerakan; pengemudian 운전하다 mengemudikan; mengemudi; menjalankan 《keréta api》; mengoperasikan ⊙ 운전노선 rute bus. 운전노선 번호 nomor rute. 운전대 kursi pengemudi. 운전대(臺)【석】tempat supir. 운전면허(증) surat izin mengemudi (SIM). 시운전 tés operasi; tés; uji coba

운전사(運轉士) sopir; pengemudi; operator ⊙ 운전사면허 시험 tés SIM. 스페어운전사 supir cadangan; sopir serap

운지법(運指法)【음악】cara memainkan jari

운집하다(雲集-) berkumpul; berkerumun; mengerumun
운철(隕鐵) besi météor
운치(韻致) kesyahduan; kesedapan; keanggunan ¶운치 있는 syahdu; anggun/운치 없는 사람 orang yang tak ada seni
운필(運筆) gaya penulisan; sapuan kuas
운하(運河) kanal; terusan ⊙ 운하통과료 biaya kanal; bea terusan. 파나마운하 terusan Panama
운항(運航) pelayanan; operasi; navigasi; jalan lintasan 운항하다 mengoperasikan; menjalankan; berlayar
운행(運行) ①【천체의】 peredaran ②【차량의】 operasi kendaraan 운행하다 beredar; beroperasi ¶버스의 운행노선 rute pelayanan bus ⊙ 운행정지 penghentian (pembatalan) operasi 《untuk 3 hari》. 임시 열차 운행 pelayanan keréta api ékstra
운휴(運休) penghentian (penundaan) pelayanan 《bus》 ¶운휴되다 ditunda pelayanan
울 ①【울타리】 pagar; tanah berpagar ¶울을 치다 memagari ②【신의】 pinggir bagian luar sepatu; 【그릇 등의】 pinggiran ③【양털로 짠 직물】 wol
울걱거리다 berkumur
울근불근 ①【불화】 bertengkar; dalam perselisihan paham; pada puncak permusuhan 울근불근하다 tidak cocok dengan; berselisih paham ②【앙상함】 tulang menonjol keluar; bertulang ¶뼈가 울근불근한 사람 orang yang kurus
울근울근 mengunyah; mengomél; komat-kamit
울고불고 ¶울고불고 난리를 치다 menangis dan menjerit
울긋불긋 berwarna-warni
울꺽 ¶울꺽 토하다 muntah
울다 ①【사람이】 menangis; meratap ¶흐느껴 울다 menangis tersedu-sedu/마음속으로 울다 menangis dalam hati ②【동물이】 melolong; 【고양이】 《me》 ngéong; 【소】 menguak; 【말】 meringkik; 【당나귀】 meringkik; 【원숭이】 mericau; merépét; 【양 · 염소】 mengembék; 【범 · 사자】 meraung; mengaum; 【쥐】 mencicit; 【개구리】 berkuak-kuak; 【벌레 · 새】 mengerik; menyanyi; berkicau; bercirit-cirit; 【까마귀】 menggaok; 【닭】 (수 닭) berkokok; (암 닭) berkoték; 【오리】 kwék-kwék; 【비둘기】 mendekut; 【칠면조】 berkokok; 【종달새】 berkicau; 【벌】 mendengung ③【종 · 천둥 등이】 ⇒ 울리다 ⑤berdering ④【세간 · 물체가】 berbunyi k(er)iat-k(er)iat; mengerik ⑤【옷 등이】 mengkerut ⑥【귀가】 berdering (mendengung) di telinga orang ⑦【우는 소리 하다】 mengeluh; menggerutu; merénggék
울대[1] 【울타리의】 tiang pagar
울대[2] 【새의】 *syrinx* seékor burung
울렁거리다 ①【두근거리다】 berdebar-debar; dag-dig-dug ¶울렁거리는 가슴 hati yang berdebar ②【물결이】 berputar-putar; menggelora; mengombak ③【메슥거리다】 memuakkan; merasa mual
울력 kekuatan terpadu; kerjasama; usaha bersama 울력하다 bersama-sama; bekerja sama; membuat usaha bersatu
울리다 ①【사람을】 membuat (membiarkan) orang menangis; mendukakan (menyedihkan) hati ②【소리를】 membunyikan; berbunyi; gemerincing ¶종을 울리다 membunyikan lonceng ③【명성이】 bergema; bergaung ④【세력을】 terpengaruh; mempunyai pengaruh kekuasaan ⑤【소리가】 berdering; gema; bergema; berkumandang; guruh; bergemuruh; 【천둥이】 suara gemuruh ⑥【기타】 ¶심금을 울리다 menyentuh hati
울먹거리다 hampir menangis
울림 suara; getaran; gema; raungan; dentuman; gemuruh ¶대포의 울림 raungan meriam
울보 si céngéng; penangis
울부짖다 menjerit; menggerung
울분(鬱憤) kemarahan; keluhan; kebencian; dendam; rasa permusuhan ¶울분을 참다 menahan (mengendalikan) kemarahan/울분을 터뜨리다 melepaskan kemarahan; mengeluarkan isi hati
울상(-相) wajah yang sedih; wajah akan menangis
울새 【조류】 burung murai

울쑥불쑥 menjulang tinggi di sana-sini
울음 tangisan; ratapan ¶울음을 참다 menahan air mata
울음소리 suara tangisan ¶울음소리로 말하다 berkata dengan tersedu-sedu
울적(鬱寂) kekosongan dalam hati; kesepian; kemurungan; melankolis; kesayuan 울적하다 bermuram durja; murung
울창하다(鬱蒼-) lebat; rimbun ¶울창하게 dengan lebatnya; tumbuh subur
울컥 ①【토하는 모양】 tiba-tiba muntah ②【치미는 모양】 tiba-tiba marah;
울타리 pagar ¶울타리를 하다 membuat pagar/주위에 울타리를 두르다 memagari sekeliling
울퉁불퉁하다 tidak rata; kasar dan bergelombang
울혈(鬱血) penyumbatan darah
울화(鬱火) gelora kemarahan ⊙ 울화병 penyakit karena menahan amarah
울화통(鬱火-) ¶울화통이 터지다 meledak kemarahan; menjadi marah sekali
움[1] kuncup; tunas; kecambah; pucuk
움[2] ①【집】 pondok perlindungan berlupur; ruang bawah tanah ②【화초, 채소의】 lobang galian ¶움을 파다 menggali pondok (lubang) berlumpur
움막(-幕) gubuk tanah ⊙ 움막살이 hidup di gubuk tanah
움실거리다 berkerumun; mengeriap
움쑥하다 berlubang; cekung
움씰하다 menyentak; segan-segan; mengirik
움죽거리다 bergerak
움직거리다 bergerak; bergerak lamban (pelan); menggeliat-geliat
움직이다[1] ①【몸을】 menggerakkan; bergerak ②【마음이】 ingin melakukan; mempengaruhi ¶마음이 움직이기 쉽다 mudah terpengaruh ③【기계 등이 작동 · 가동되다】 bekerja; mengoperasikan; menjalankan; menggerakkan ¶(차 등이) 움직이지 않게 되다 menjadi macét ④【영향을 미치다】 dipengaruhi ⑤【동요하다】 ragu-ragu; terganggu ⑥【바꾸다】 berubah; beralih ⑦【흔들리다】 goyang; goyah ¶이빨이 움직이다 gigi goyah
움직임 gerakan; gerak-gerik; langkah; kegiatan; kecenderungan; trén; arah; perkembangan ¶세계의 움직임 trén dunia
움집 gubuk tanah; pondok perlindungan berlumpur
움찔하다 dengan sentakan; terkejut; tersentak; segan atau mundur kembali; menggerinyit
움츠러들다 meringkuk; mengkerut; menyusut
움츠리다 mengkerut; meringkut ¶목을 움츠리다 menarik (mengkerut) léhér/몸을 움츠리다 mengokol badan
움켜잡다 memegang; menjambret; merenggut; menangkap
움켜쥐다 memegang erat; menggenggam; mencengkeram; mengepal; memegang dengan kuat; menguasai
움큼 segenggam; sejumpluk
움파다 menggali
움패다 menjadi cekung; melesak ke dalam
움펑눈 mata cekung ⊙ 움펑눈이 orang yang bermata cekung
움푹 ①【지면 등이 패인 모양】 움푹하다 berada dalam lembah ②【눈 등이 들어간 모양】 cekung; dalam; penyok
웃- sebelah atas; di atas; di bagian luar ¶웃니 gigi atas
웃기다 membuat ⟪orang⟫ tertawa; menyebabkan senyum; membuat tertawa geli
웃다 ①【일반적】 tawa; senyum ¶눈물이 나도록 웃다 tertawa sampai air mata keluar/쓴웃음을 웃다 tersenyum pahit ②【비웃다】 menertawakan; mencémoohkan; mengéjék
웃돈 uang ékstra; prémium; kelebihan harga
웃돌다 lebih dari; melebihi; melampaui dari
윗목 tempat di lantai yang jauh dari perapian; tempat duduk yang biasa (kurang baik)
웃물 【상류의】 air di hulu sungai
웃어른 nénék atau mamak
웃옷 ①【거죽 옷】 pakaian luar; jakét ②【상의】 pakaian sebelah atas
웃을 일 hal yang lucu

웃음 tawa; gelak; 【미소】 senyum; 【조소】 seringai; cemooh
웃음거리 bahan tertawaan
웃통 bagian atas badan
웅거하다(雄據-) menjaga dan mempertahankan wilayah sendiri; mempertahankan diri
웅걸(雄傑) pahlawan; orang besar
웅그리다 berjongkok
웅기중기 ⇒ 옹기종기
웅담(熊膽) empedu beruang
웅대(雄大) 웅대하다 besar; agung; hébat ¶웅대한 구상 gagasan yang besar
웅덩이 genangan air
웅도(雄圖) ambisi; proyék yang ambisius; rencana (skéma) besar ¶웅도를 펴지 못하다 gagal mewujudkan ambisinya
웅변(雄辯) kepandaian berpidato; kefasihan berpidato ¶웅변을 토하다 berbicara dengan fasih ⊙ 웅변가 pembicara yang mahir (fasih). 웅변대회 kontés (perlombaan) pidato (berpidato). 웅변술 seni berpidato
웅비(雄飛) lompatan (penerbangan) besar; penerbangan yang ambisius 웅비하다 memulai karir; menonjolkan diri; memainkan peran yang penting
웅성거리다 ribut; gaduh; dalam huru-hara
웅숭깊다 dalam ¶웅숭깊은 사람 watak yang tak dapat diduga; pria yang tak bisa dimengerti
웅얼(웅얼)거리다, 웅얼하다 komat-kamit; bergumam
웅웅거리다 bising
웅자(雄姿) bentuk yang mengesankan; wajah yang gagah (berani); figur yang menonjol sekali ¶웅자를 나타내다 tampil dengan mengagumkan
웅장(雄壯) ¶웅장한 agung; megah
웅지(雄志) aspirasi yang tinggi; ambisi yang besar
웅크리다 merangkang; meringkuk; berjongkok; berlangkung; menggerumuk ¶웅크리고 앉다 duduk berjongkok/ 웅크리고 자다 tidur meringkuk
워낙 ①【원래】 pada dasarnya (asal); (처음부터) dari awal ②【아주】 sungguh; maka
워드프로세서 pengolah kata *(word processor)* ¶워드프로세서로 문서를 작성하다 menyusun dokumén dengan pengolah kata *(word processor)*
워밍업 pemanasan badan 워밍업하다 memanaskan; melakukan pemanasan badan; (운동하기 전) berlatih
워치 arloji; jam
워커 sepatu bot militér
워킹 berjalan kaki
워크맨 stéréo pribadi; (상표명) Walkman
워크숍 lokakarya; béngkél
워크아웃 【경제】 situasi seperti pinjaman yang tidak kembali atau perusahaan yang sedang mengalami kesulitan, sementara tindakan perbaikan sedang dilaksanakan
원 won; mata uang Korea
원(圓) lingkaran; bulatan; bundaran; keliling ¶원을 그리다 menggambar (melukis) lingkaran ⊙ 원 운동 gerakan memutar (kisaran)
원(願) keinginan; kemauan ¶원을 들어주다 mengabulkan (menuruti) kehendak
원 【감탄사】 Wah!; Astaga!; Masya Allah! ¶원, 그놈 뻔뻔도 하다 Astaga, beraninya dia!
원(元·原) asal mula; permulaan; sumber
-원(願) 【출원】 surat lamaran; permintaan; 【청원】 petisi; surat permohonan ¶사직원 surat pengunduran diri
원가(原價) harga pokok (dasar) ¶원가로 팔다 menjual dengan harga dasar ⊙ 원가절감 reduksi (pengurang) biaya. 공장원가 harga pabrik. 생산원가 biaya produksi
원거리(遠距離) jarak yang jauh (panjang); jarak jauh ¶원거리에 dalam (pada) jarak yang jauh
원격(遠隔) 원격하다 terpisah jauh; jarak jauh ⊙ 원격조종 alat kontrol jarak jauh
원경(遠景) pandangan jauh; pandangan ke depan; perspéktif
원고(原告) penggugat; penuntut; pendakwa ⊙ 원고대리인 wakil penggugat
원고(原稿) naskah; tulisan; artikel ⊙ 원고

료 honor menulis; honor karangan
원군(援軍) bala bantuan ¶원군을 보내다 mengirim bala bantuan
원근(遠近) jauh dan dekat; jarak ⊙ 원근법 métode 《gambaran》 perspéktif: 원근법에 맞다 dalam perspeéktif
원금(元金) uang pokok; modal
원급(原級) tingkat positif; klas semula
원기(元氣) kekuatan; énergi; vitalitas ¶원기를 회복하다 memperoléh kekuatan kembali/원기 왕성하다 penuh semangat; bersemangat; sangat aktif dan penuh semangat (vitalitas)
원기둥(圓-) ⇒ 원주(圓柱)
원내(院內) ¶원내의 di (dalam) Majelis Parlemén; dalam Déwan Perwakilan Rakyat ⊙ 원내교섭 단체 grup négosiasi parleménter. 원내안정 세력 kekuatan yang stabil dalam badan législatif
원년(元年) tahun pertama
원단(元旦) hari tahun baru
원단(原緞) bahan; materi ¶수입 원단 bahan impor
원당(原糖) gula mentah; gula yang belum diolah
원대(原隊) satuan; unit ¶원대로 복귀하다 kembali ke unit; kembali satuan
원대(遠大) luas; besar; berjangkauan jauh ¶원대한 포부 ambisi besar; cita-cita yang agung
원동기(原動機) motor penggerak
원동력(原動力) daya (kekuatan) penggerak; penggerak utama; kekuatan penggerak; tenaga gerak ¶사회의 원동력 tenaga penggerak sosial
원두(原豆) buah kopi ¶나는 인스턴트커피보다 원두커피를 좋아한다 Saya lebih senang kopi yang direbus dari pada yang instan.
원두막(園頭幕) *wondumak*; gubuk di atas panggung
원래(元來) pada mulanya; sebetulnya; sediannya; sesungguhnya; pada hakekatnya ¶원래대로 seperti biasanya; seperti sebelumnya/원래상태로 되다 kembali ke keadaan semula
원령(怨靈) roh yang penuh dendam; roh yang ingin balas dendam; 【유령】 mokmok
원로(元老) senior; tua; véteran ¶실업계의 원로 senior di lingkungan bisnis
원로(遠路) jalan (jarak) yang panjang ¶원로의 여행 perjalanan yang panjang (jauh)
원론(原論) téori; prinsip ⊙ 경제학원론 prinsip-prinsip ékonomi ¶원론적(原論的) pada prinsipnya; secara prinsip (téori; téoretis)
원료(原料) bahan mentah ¶원료를 확보하다 bahan mentah terjamin (didapat) ⊙ 원료공업 industri bahan mentah; industri produk pertama
원룸(아파트) apartemén studio
원리(元利) pinjaman pokok dan bunga ⊙ 원리금 jumlah pokok dan bunga
원리(原理) prinsip; azas; pokok ⊙ 근본 원리 asas yang mendasari; prinsip dasar
원만(圓滿) keserasian; kerukunan; keselarasan; keharmonian 원만하다 harmonis; rukun; selasi ¶원만한 가정 rumah bahagia/원만히 지내다 hidup harmonis
원망(怨望) penyesalan 원망하다 menyesalkan ¶원망스러운 sesal; penuh sesal/제 자신을 원망하다 menyalahkan diri
원망스럽다 menyesal; membenci
원맨쇼 pertunjukan tunggal; penampilan tunggal
원면(原綿) katun (kapas) kasar
원명(原名) nama asli
원모(原毛) bahan wol; wol yang belum diolah
원목(原木) kayu utuh (gelondongan)
원무(圓舞) tarian melingkar; wals ⊙ 원무곡 irama wals
원문(原文) téks asli; naskah
원반(圓盤) diskus; 【투원반용】 cakram ⊙ 원반던지기 lémpar cakram: 원반던지기 선수 pelémpar cakram
원방(遠方) daérah terpencil; daérah yang jauh; tempat (bagian-bagian) yang jauh
원병(援兵) bala bantuan tentara
원본(原本) salinan yang asli; téks yang asli; naskah
원부(原簿) daftar asli; buku besar; buku kas induk
원불교(圓佛敎) agama Budha aliran Won

원뿔(圓-) kerucut ¶원뿔형의 bentuk kerucut ⊙ 원뿔면 permukaan seperti kerucut
원사(原絲) benang
원사(元士) sersan mayor
원사하다(寃死-) dibunuh karena tuduhan palsu; di bawah mati geram ((karena difitnah))
원사이드게임 permainan berat sebelah; pertandingan sepihak
원산물(原産物) produk tempat asli
원산지(原産地) ①【원료·제품 등의】tempat (negeri) asal ②【동식물의】tempat kediaman; habitat ¶호주는 캥거루의 원산지다 Australia adalah rumah (habitat) kanguru ⊙ 원산지 증명 surat keterangan asli
원상(原狀) keadaan awal; kondisi semula; status quo
원색(原色) warna dasar (asal; asli) ⊙ 원색사진 foto berwarna. 삼원색 tiga warna dasar
원생(院生) ①【소년원 등의】tahanan; narapidana; penghuni rumah sakit jiwa ②【학원 등의】siswa; mahasiswa
원생(原生)【생물】génerasi yang spontan ⊙ 원생대 zaman proterozoa. 원생동물 héwan bersél satu (tunggal). 원생림(林) hutan perawan
원 샷 selamat minum; dari bawah ke atas
원서(原書) édisi asli; téks (karya) asli ¶원서로 읽다 membaca dalam karya asli
원서(願書) formulir (surat) lamaran kerja ¶원서를 제출하다 menyampaikan (mengirim) surat lamaran; mengirim (memasukkan) formulir (lamaran) ⊙ 입학원서 surat lamaran untuk masuk sekolah
원석(原石) batu yang belum diasah; batu yang kasar
원성(怨聲) pengaduan; keluhan
원소(元素) ①【화학】unsur; unsur kimia; zat asal; komponén; élemén ②【수학】élemen; unsur ⊙ 원소기호 simbol unsur kimia. 원소분석 analisis dasar. 원소주기율 hukum periodik(berkala) élemen-élemen. 동위원소 isotop
원수(元首) penguasa; kepala negara
원수(元帥) (육군) jénderal; (해군) laksamana; (공군) marsekal
원수(怨讐) musuh; lawan ¶원수지간 saling bermusuhan/원수를 갚다 membalas dendam
원숙(圓熟) 원숙하다 déwasa; matang ¶원숙해지다 menjadi déwasa/원숙의 경지에 달하다 mencapai kedéwasaan
원숭이 monyét
원시(原始) asal mula; génésis ¶원시적(인) asli; primitif ⊙ 원시림 hutan perawan (belantara). 원시시대 abad (zaman) primitif. 원시인 manusia primitif
원시(遠視) penglihatan yang jauh; pemandangan jauh; rabun dekat ¶원시안인 사람 orang yang berpenglihatan jauh; seorang hipermetropia (rabun dekat)/원시안이다 rabun dekat; mampu melihat jauh ⊙ 원시안경(鏡) kaca mata rabun dekat
원심(原審) keputusan awal; putusan semula ¶원심을 파기하다 memutar balikkan keputusan awal; membatalkan (menolak) keputusan awal
원심(怨心) hati yang dendam; iri hati
원심(圓心) pusat lingkaran
원심력(遠心力) gaya melanting; gaya séntrifugal
원심분리기(遠心分離器) pemisah séntrifugal; séntrifuge
원아(園兒) anak taman kanak-kanak
원안(原案) ①【본래의 안건】rancangan (undang-undang; konsép) awal ②【본래의 계획】rencana pertama ¶원안을 지지하다 mendukung R.U.U (mosi) yang pertama
원앙(鴛鴦) ①【조류】itik mandarin ②【비유적】¶한 쌍의 원앙 sepasang kekasih; sepasang suami istri yang berbahagia; dua sejoli ⊙ 원앙금침 pelaminan
원액(元額·原額) jumlah semula
원액(原液) solusi (larutan) yang tak dapat dicairkan; larutan asli
원양(遠洋) laut lepas jauh dari daratan; laut dalam; samudaria ⊙ 원양어선 kapal penangkap ikan di laut lepas; kapal samudaria. 원양어업 perikanan (penangkapan ikan) laut dalam ((laut

lepas)); perikanan samudra. 원양항로 pelayaran samudaria. 원양항해 pelayaran samudra; pelayaran panjang

원어(原語) bahasa asli ⊙ 원어민 penutur asli

원예(園藝) seni berkebun; perkebunan bunga; hortikultura ¶원예 작물을 재배하다 menggarap (menanam) produk perkebunan ⊙ 원예농가 ladang tanaman hortikultura. 원예가【사】 pembudidaya tanaman; tukang kebun; ahli perkebunan. 원예식물 tanaman kebun

원외(院外) ¶원외의 di luar sidang (Musyawarah Nasional); non-parleménter; di luar Déwan Perwakilan Rakyat

원외(院外) bukan anggota; status cadangan ¶원외의 cadangan ⊙ 원외 자 orang yang bukan anggota

원위치(原位置) posisi awal ¶원위치로 돌아가다 kembali ke posisi awal

원유(原油) minyak mentah

원유회(園遊會) pésta taman; tamasya

원음(原音) ①【원래의 소리】 bunyi(suara) asli; pembacaan etimologi ②【음악】 bunyi dasar

원의(原義) arti dasar; arti semula

원의(院議) keputusan majelis

원인(原人) manusia primitif ⊙ 직접원인 Homo erectus

원인(原因) penyebab; faktor; asal; sumber; kausa ⊙ 원인과 결과 sebab dan akibat. 주요원인 penyebab utama. 직접【간접】 원인 penyebab【tak】 langsung

원인(遠因) penyebab jauh

원인(願人) pelamar; pemohon

원일(元日) hari pertama dalam bulan pertama; Hari Tahun Baru

원일점(遠日點)【천문학】 kubah tinggi

원자(原子) atom; atom listrik; zarah ⊙ 원자로(爐) réaktor atom. 원자물리학자 ahli fisika nuklir. 원자병 penyakit radiasi atom. 원자(폭)탄 bom atom

원자력(原子力) tenaga atom (nuklir)⊙원자력발전소 pabrik nuklir. 원자력산업 industri tenaga nuklir. 원자력안전센터 pusat keamanan nuklir

원자재(原資材) bahan mentah

원작(原作) karya asli ⊙ 원작자 penulis asli; pengarang

원장(元帳) buku besar; buku kas induk ¶원장에 기입하다 mencatat di dalam buku kas

원장(院長) direktur ⊙ 병원 원장 diréktur rumah sakit

원장(園長.院長) kepala

원저(原著) karya asli

원적(原籍) tempat tinggal asal

원전(原典) téks asli; naskah; buku sumber

원점(原點) titik awal

원정(遠征) ①【전투】 ékspedisi; ékspedisi militér; perlawatan; perjalanan bermain 원정하다 membuat ékspedisi; pergi dalam ékspedisi ⊙ 원정경기 pertandingan keluar negeri

원제(原題) judul asli

원조(元祖) pendiri negara (kerajaan); originator; nénék moyang

원조(援助) pertolongan; bantuan 원조하다 menolong; membantu ⊙ 원조금 dana bantuan. 원조자 penyokong; pendukung. 경제【군사】원조 bantuan ékonomi【militér】

원조 교제(援助交際) ¶원조 교제를 하다 mengadakan hubungan séksual dengan anak di bawah umur

원족(遠足) darmawisata; pesiar

원죄(原罪)【기독교】 dusta asli; dosa asal

원죄(寃罪) tuduhan palsu

원주(圓柱) silinder; kolom; tabung

원주(圓周) keliling ⊙ 원주율 konstanta lingkaran

원주민(原住民) pribumi; penduduk asli; orang aborigin; populasi penduduk asli

원지(原紙) kertas sténsil; kertas telor

원지(遠地) tempat yang jauh

원지(遠志) ambisi yang besar

원질(原質) protil; zat dasar ⊙ 유전원질 gén

원천(源泉) sumber; asal; asal sumber air; mata air sungai; mata air sumur; asli ⊙ 원천과세 pemajakan atas pendapatan asal

원체(元體) ⇒ 워낙

원초적(原初的) dasar ¶원초적 본능 insting dasar

원촌(原寸) hubungan kekeluargaan yang

jauh ¶원촌의 사람 saudara jauh
원추(圓錐) kerucut
원추리【식물】bunga bakung
원칙(原則) peraturan dasar; prinsip dasar; peraturan umum ¶원칙적으로 pada prinsip; secara prinsip ⊙ 근본원칙 prinsip utama (dasar). 원칙론 téori dasar
원 컨대(願-) Saya berharap…; Saya berdoa
원탁(圓卓) méja bundar ⊙ 원탁회의 Konferénsi Méja Bundar
원통(寃痛) ①【분】원통하다 benci; marah; menyesal; sesal ②【애통】disayangkan; disesalkan; meratapi; menyesali
원통(圓筒) silinder; tabung
원판 tahap asli dari sesuatu
원판(原版) lémpéngan 《film》 négatif
원폭(原爆) bom atom ⊙ 원폭기지 pangkalan bom atom. 원폭실험 tés atom; tés-A. 원폭전(쟁) peperangan atom. 원폭투하(投下) pemboman atom. 원폭희생자 korban atom
원피스 baju terusan ⊙ 원피스 수영복 baju renang
원하다(願-) keinginan; kemauan; harapan ¶원한다면 jika kamu ingin (suka)/원하는 대로 sesuka hati
원한(怨恨) dendam; dendam kesumat ¶원한이 뼈에 사무치다 mempunyai dendam kesumat; penuh dendam
원항(遠航) navigasi lautan; pelayaran yang lama (jauh) 원항하다 mulai melayari lautan; berada dalam pelayaran yang jauh
원형(原形) ①【본래의 모양】bentuk asli ¶원형을 유지하다 memelihara bentuk asli; tetap utuh ②【어학】infinitif
원형(圓形) bentuk bundar; lingkaran ¶원형으로 dengan melingkar; lingkaran ⊙ 원형탈모증 【병적인】alopecia areata; 【유전적인】pola kebotakan. 원형극장 amphiteater; teater bundar
원호(援護) bantuan; sokongan 원호하다 membantu; mendukung; memberi pertolongan pada ⊙ 원호기금 dana (sumbangan) bantuan. 원호대상자 penerima bantuan. 원호 처 kantor urusan véteran
원호(圓弧)【수학】busur melingkar; lengkungan
원혼(寃魂) arwah gentayangan
원행(遠行) perjalanan panjang (jauh) 원행하다 mengadakan perjalanan panjang; pergi jauh
원화(-貨) won; mata uang Korea
원화(原畵) lukisan (gambar) asli
원활(圓滑) 원활하다 harmonis; lancar ¶원활하게 dengan lancar/(일이) 원활하게 되어가다 berjalan lancar
원흉(元兇) penjahat utama; biang keladi; pemimpin gerombolan
월(月) bulan ⊙ 월세계 dunia bulan. 월 평균 rata-rata bulanan. 월 1회의 sekali sebulan
월간(月刊) publikasi bulanan ¶월간의 bulanan ⊙ 월간지 majalah bulanan
월경(月經) ménstruasi; méns; haid; datang bulan ¶월경을 하다 datang bulan; (완곡히) tak séhat/월경중이다 sedang haid ⊙ 월경 기 masa haid (méns). 월경대(帶) pembalut wanita; serbet (handuk) keséhatan. 월경불순 ménstruasi tak teratur; ketidakteraturan datang bulan. 월경폐쇄기 ménopaus; perubahan hidup; mati haid
월경(越境) pelanggaran batas; penyeberangan perbatasan 월경하다 melewati batas; melanggar batas ⊙ 월경비행 penerbangan di atas wilayah lain
월계(月桂) pohon salam; pohon "bayi"
월계관(月桂冠) mahkota daun salam;【비유적】kehormatan tertinggi ¶승리의 월계관을 쓰다 dimahkotai dengan daun salam sebagai tanda kemenangan; merebat kehormatan
월광(月光) sinar bulan ⊙ 월광곡 Sonata Sinar Bulan
월권(越權) 월권하다 bertindak di luar wewenang; berada di atas kekuasaan (kecakapan; fungsi; wewenang); melampaui wewenang; melebihi kekuasaan (kecakapan) ⊙ 월권행위 aksi perebutan; pelanggaran karena jabatan
월급(月給) gaji; bayaran bulanan ⊙ 월급날 Hari gajian (pembayaran). 월급봉투 amplop gaji. 월급쟁이 pegawai kantor; orang gajian; pekerja kantoran; kar-

yawan
월남(越南) ke Selatan dari Korea Utara. 월남하다【경계선을 넘어】 ke Selatan dari perbatasan; 【북한 땅에서】 datang dari Korea Utara; melintasi garis perbatasan dari Korea Utara ke Korea Selatan ⊙ 월남 동포 pengungsi Korea Utara.
월남(越南) Vietnam ⊙ 월남전 Perang Vietnam
월내(月內) dalam bulan
월동(越冬) kehidupan musim dingin 월동하다 melewati musim dingin ¶월동준비를 하다 bersiap untuk musim dingin ⊙ 월동대책 persiapan (penyediaan) musim dingin
월드시리즈 séri dunia ¶월드 시리즈 우승을 차지하다 memenangkan séri dunia
월드컵 Piala Dunia
월등(越等) perbédaan besar dalam derajat; keunggulan; perbédaan besar 월등하다 unggul; luar biasa; istiméwa
월례(月例) ¶월례의 per bulan; bulanan ⊙ 월례보고 laporan bulanan. 월례회 pertemuan bulanan
월리(月利) bunga per bulan
월말(月末) akhir bulan ⊙ 월말 계산【셈】 pembayaran di akhir bulan
월면(月面) permukaan bulan ⊙ 월면도(圖) daftar sélénografisi. 월면 착륙 pendaratan di bulan
월반하다(越班-) meléwati tingkat
월변(月邊) bunga per bulan
월별(月別) dari bulan ke bulan
월보(月報) laporan bulanan
월부(月賦) cicilan (pembayaran) bulanan ¶월부로 dengan cicilan bulanan; secara sistém pembelian cicilan ⊙ 월부판매 penjualan dengan cicilan bulan
월북하다(越北-) ①【경계를 넘어서】 meléwati batas ke Korea Utara; ke Utara ②【북한 땅으로】 melewati perbatasan pergi ke Korea Utara
월사금(月謝金) pembayaran uang sekolah bulanan; biaya bulanan perkuliahan
월산(月産) hasil produksi per bulan
월색(月色) sinar bulan; terang bulan
월세(月貰) séwa bulanan ¶월세가 얼마입니까? Berapa biaya séwa per bulan? ⊙ 월세 방 ruang diséwakan per bulan
월세계(月世界) dunia bulan ⊙ 월세계 여행 perjalanan ke bulan
월수(月收) ①【빚】 pinjaman dengan bunga bulanan ②【수입】 pendapatan per bulan; pendapatan bulanan
월식(月蝕) gerhana bulan ⊙ 개기【부분】 월식 gerhana bulan total【sebagian】
월액(月額) jumlah per bulan
월여(月餘) kurang-lebih sebulan
월요일(月曜日) Senin
월일(月日) tanggal; hari dan bulan
월전(月前) sebulan yang lalu
월정(月定) kontrak bulanan; kontrak per bulan ⊙ 월정구독료 uang langganan bu-
lanan. 월정구독자 pelanggan bulanan
월차휴가(月次休暇) liburan bulanan
월척(越尺) ikan besar ¶월척을 낚다 menangkap ikan besar; mendapat keuntungan
월초(月初) awal bulan ¶월초에 pada awal bulan
웨딩 pésta pernikahan ⊙ 웨딩드레스 gaun nikah. 웨딩리셉션 pésta kawin. 웨딩케이크 kué perkawinan
웨이브 gelombang; keriting; ombak
웨이터 pelayan; bujang; pembantu; kacung
웨이트 berat; bobot
웨이트리스 pelayan wanita; pramusaji
웬①【어찌 된】 semacam apa ②【어떤】 ¶웬 놈이냐 Siapa lelaki itu?
웬 걸 Ya, ampun; Oh, Mengapa! Oh Tuhan tidak; wow!
웬만큼 ①【적당히】 sampai hal tertentu; hingga batas tertentu; sedang; (알맞게) tepat; cocok; agak baik ¶술에 웬 만큼 취하다 agak mabuk ②【꽤】 sangat
웬만하다 cukup bagus (baik); dapat ditolérir; memuaskan; sangat akrab denganny a; 【비꼬는 투로】 hébat; bagus; sangat; sangat bagus ¶생김이 웬만하다 cukup tampan/웬만하면 jika anda tidak keberatan
웬일 sebab apa; alasan apa ¶웬일이냐 Apa ini semua? *atau* Ada apa denganmu?

웰던 dimasak matang-matang
웰빙 produk kesejahteraan
웰컴 selamat datang
웰터급(-級) kelas menengah ((tinju)); kelas wélte ¶웰터급의 선수 petinju kelas wélter
웹 jaringan ⊙ 웹 디자이너 pendesain jaringan (situs). 웹 디자인 desain jaringan (situs). 웹 브라우저 pencari jaringan. 웹 사이트 situs wéb: 웹 사이트에 접속하다 sambung ke situs
위 ①【위쪽】 atas; bagian(sebelah) atas ②【꼭대기】 puncak ¶맨 위의 yang paling atas; yang paling penting ③【표면】 permukaan; sisi atas ④【나이 · 계급】 lebih tinggi; lebih dari ⑤【더욱 · 게다가】 lagi pula; selain itu; tambahan lagi
위(位) ①【지위 · 등급】 kedudukan; posisi; pangkat; tingkatan; rangking ¶제일 위 posisi pertama ②【위패를 셀 때】 ¶영령 백 위 seratus roh agung
위(胃) perut; lambung ¶위의 가스 gas (angin) dari perut; kentut ⊙ 위궤양 bisul (borok) perut. 위암 kanker lambung. 위염 gastritis; perut lambung
위경(危鏡) situasi krisis; bahaya; resiko bahaya ¶위경을 당하다 menghadapi krisis
위경련(胃痙攣)【의학】 kejang (kekejangan) di perut; kram perut
위계(僞計) rencana yang memperdayakan; muslihat yang curang ¶위계를 쓰다 menggunakan rencana yang licik
위계(位階) tingkatan; pangkat; rangking; kedudukan ⊙ 위계제도 sistém keturunan
위계질서(位階秩序) perintah berdasarkan pangkat
위공(偉功) pelayanan yang bermanfaat; jasa besar; perbuatan besar ¶위공을 세우다 mencapai jasa yang besar
위관(尉官)【육군】 perwira pertama
위광(威光) kekuasaan; pengaruh; kekuatan
위구(危懼) ketakutan; perasaan was-was 위구하다 takut; merasa takut akan ¶위구심을 품다 menjadi takut
위국(危局) situasi krisis
위급하다(危急-) masa gawat(genting); darurat ¶위급 시에 di saat darurat(genting; gawat); jika terjadi bahaya; di (pada; dalam) keadaan bahaya
위기(危機) krisis; kegentingan; kemelut; ketegangan; darurat; bahaya; bencana ⊙ 위기감 rasa krisis; sikap terhadap krisis
위기일발(危機一髮) saat krisis ¶위기일발에서 벗어나다 lolos pada saat krisis
위난(危難) krisis dan risiko bahaya ¶위난을 당하다 menghadapi (menemui) bahaya; dalam risiko bahaya
위대(偉大) kebesaran; keagungan 위대하다 besar; agung
위도(緯度) garis lintang ⊙ 위도선 sejajar. 고【저, 중】 위도 garis lintang tinggi【rendah, sedang】
위독(危篤) kondisi sakit yang krisis (serius) 위독하다 menjadi sakit krisis (serius; tak ada harapan); dalam kondisi krisis
위락 시설(慰樂施設) fasilitas santai (riléks)
위력(威力) kekuatan wewenang;【끼치는 힘】 pengaruh (kekuatan; tenana) yang besar
위력(偉力) kekuatan tenaga besar; éfisiénsi; kekuatan maha besar
위령(威令) perintah aba-aba bertanggung jawab
위령(違令) pelanggaran perintah (aba-aba; instruksi) 위령하다 melanggar; tak menuruti; melawan perintah
위령제(慰靈祭) upacara peringatan ⊙ 전몰자 위령제 upacara peringatan untuk korban perang. 합동 위령제제 upacara peringatan arwah bersama
위령탑(慰靈塔) tugu peringatan; menara peringatan
위로(慰勞) ①【치사】 pengakuan pelayaran 위로하다 mengakui (menghargai) jasa-jasa (pengabdian) ¶위로회를 열다 mengadakan pesta penghargaan atas jasa-jasa (pengabdian) ②【위안】 penghiburan 위로하다 menghibur 위로금 dana kompénsasi
위막(胃膜) pelindung perut
위명(僞名) nama palsu

위무하다(慰撫-) menyenangkan; menghibur

위문(慰問) kunjungan hiburan; kunjungan simpati; kunjungan ke orang sakit 위문하다 menanyakan ⟪keséhatan⟫; berkunjung ke; mengunjungi; menunjukkan perhatian pada ⊙ 위문대(袋) tas oléh-oléh. 위문편지 surat hiburan; surat simpati. 위문품 oléh-oléh untuk tentara

위반(違反) pelanggaran; ketidakpatuhan; pengingkaran 위반하다 melanggar; mengingkari ⊙ 위반자 pelanggar. 교통위반 pelanggaran peraturan lalu lintas. 주차위반 pelanggaran parkir

위배(違背) berlawanan; melawan

위법(違法) pelanggaran hukum; ketidaksahan; kesalahan 위법하다 tidak berhukum; melanggar; tidak beraturan ¶위법의 melanggar hukum; tidak sah ⊙ 위법 건축물 rumah yang dibangun secara tidak sah. 위법 자 pelanggar hukum; orang yang bersalah

위벽(胃壁) dinding perut; selaput lambung

윗변(-邊) bagian atas dari poligon

위병(衛兵) pengawal; prajurit penjaga ¶위병을 서다 menjaga ⊙ 위병근무 tugas pengawal (penjaga). 위병소 gardu jaga. 위병장교 perwira pengawal

위병(胃病) masalah perut; sakit perut; pencernaan yang terganggu

위산(胃散) puyer untuk sakit perut

위산(胃酸) asam (keasaman) lambung (perut) ⊙ 위산과다 kelebihan asam perut

위상(位相) harkat; martabat

위생(衛生) kebersihan; keséhatan ¶위생적 bersih; séhat ⊙ 위생 감사 cék keséhatan (kebersihan). 위생시설 sarana (fasilitas) kebersihan. 공중위생 keséhatan (sanitasi) umum. 정신위생 keséhatan mental

위선(胃線) kelénjar péptik

위선(僞善) kemunafikan; hipokrasi ¶위선적 munafik; hipokrit ⊙ 위선자 orang yang hipokrit

위선(緯線) garis lintang

위성(衛星) ①【행성의 주위를 도는 천체】satelit; ②【인공위성】salelit ⊙ 위성국(가) negara satelit. 위성도시 kota satelit. 기상위성 satelit cuaca.

위성항법장치(衛星航法裝置) *GPS (Global Positioning System)*

위세(威勢) kekuatan; pengaruh; wewenang

위수(衛戍) penjaga perbatasan; garnisun; penjaga keamanan ⊙ 위수령 dekrét (keputusan) garnisun. 위수병 pasukan perbatasan; pasukan garnisun. 위수병원 rumah sakit Militér; R.S.Garnisun

위스키 wiski ⊙ 위스키소다 soda wiski

위시하다(爲始-) memulai; mulai; termasuk

위신(威信) wewenang dan kepercayaan; préstasi; martabat; kehormatan ¶위신을 지키다 menjaga(mempertahankan) martabat

위아래 ①【위와 아래】bagian atas dan bagian bawah; tinggi dan rendah ②【윗사람과 아랫사람】orang yang lebih tua dan yang lebih muda; senior dan yunior

위안(慰安) penghibur; hiburan; lipur; pengobat hati 위로하다 menghibur ¶위안을 주다 memberi hiburan/위안을 찾다 mencari hiburan ⊙ 위안부 gadis penghibur; pelacur

위암(胃癌) kanker lambung (perut)

위압(威壓) paksaan; penindasan 위압하다 memaksa; menindas; sangat mengagumkan; mempesonakan ¶위압적 koérsif; paksaan/ 위압적(으로) secara pak

위액(胃液) getah lambung; cairan perut ⊙ 위액선(腺) kelenjar getah lambung

위약(胃弱) pencernaan terganggu; pencernaan tidak bagus 위약하다 salah cerna

위약(違約) kelalaian (pelanggaran) janji kontrak 위약하다 mengingkari janji (kontrak); melangggar kontrak (perjanjian) ⊙ 위약자 orang yang melanggar kontrak; pelanggar

위약금(違約金) biaya pembatalan; denda pelanggaran kontrak

위엄(威嚴) martabat; kemuliaan; keagungan ¶위엄스럽다, 위엄차다 bermartabat/ 위엄을 잃다 kehilangan martabat

위업(偉業) karya (usaha) besar; préstasi

besar; perbuatan (usaha) yang baik
위염(胃炎) radang lambung
위용(偉容·威容) penampilan (suasana) yang bermartabat (bangsawan; berwibawa; besar); suasana megah
위원(委員) panitia; komite; anggota; komisi ⊙ 위원장 ketua panitia. 국무위원 anggota kabinét. 집행위원 【총칭】 komite éksékutif
위원회(委員會) komite; badan; sidang ⊙ 소위원회 panitia kecil; sub-panitia. 준비위원회 panitia perencana. 집행위원회 panitia éksékutif. 창립 【조사】위원회 panitia pengurus 【penyelidik】
위의(威儀) ①【태도】 wajah agung; martabat; wibawa ¶위의 있는 agung; berwibawa; mengesankan/위의를 갖추고 dengan berwibawa; dengan sikap agung ②【장례의】 iring-iringan penguburan
위인(偉人) tokoh (orang) besar; pahlawan ⊙ 위인전 buku riwayat orang besar
위인(爲人) manusia; kepribadian; sifat; watak; pembawaan
위임(委任) komisi; janji; otorisasi; wewenang; 【법률】 mandat 위임하다 mempercayakan; melimpahkan wewenang; memberi mandat ¶전권을 위임하다 memberi kekuasaan penuh; memberi wewenang sepenuhnya ⊙ 위임 권 hak kuasa. 위임대리 perwakilan mandat. 위임자 wakil yang berwénang; mandator: 피 위임자 wali. 위임장 surat (surat perintah) mandat; surat-surat kepercayaan. 위임투표 pemungutan suara dengan wali
위임통치(委任統治) pemerintahan mandatoris; administrasi (perintah) yang diperintahkan
위자료(慰藉料) uang penggantian; uang ganti rugi; (별거수당) tunjangan cerai ¶위자료를 청구(請求) 하다 meminta uang penggantian
위장(胃腸) perut dan isi perut; lambung dan usus ⊙ 위장병 penyakit usus besar. 위장약 obat sakit perut. 위장염 radang usus besar
위장(僞裝) penyamaran 위장하다 menyamar ⊙ 위장수출 ékspor gelap(tipuan). 위장실업(失業) penganggur samaran (tersembunyi). 위장전입(轉入) pendaftaran tempat tinggal palsu
위정자(爲政者) negarawan; politisi
위조(僞造) pemalsuan 위조하다 memalsukan ¶수표를 위조하다 memalsukan cék ⊙ 위조단 jaringan pemalsuan. 위조문서 dokumen palsu. 위조수표 cék palsu. 위조자 pemalsu. 위조지폐 uang kertas palsu. 공문서위조 pemalsuan dokumén resmi
위주(爲主) ¶위주로 하다 meletakkan pada peringkat utama; menempatkan pada tempat pertama; membuat sebagai tujuan utama
위중하다(危重-) parah
위증(危症) gejala-gejala yang berbahaya; kondisi krisis dari penyakit
위증(僞證) bukti palsu; kesaksian palsu; sumpah palsu 위증하다 bersumpah palsu; memberi kesaksian palsu; melakukan sumpah palsu ⊙ 위증 자 orang yang bersumpah palsu; saksi palsu. 위증죄 tuduhan sumpah palsu; kejahatan kesaksian palsu
위쪽 bagian atas dinding
위촉(委囑) amanat 위촉하다 mengamanatkan; meminta ¶위촉되다 diamanatkan
위축(萎縮) pengerutan; pengecutan ①【기가 죽다】 위축되다 menjadi takut; merasa takut atau malu-malu ②【생산 · 소비 등이】 berkurang; menurun
위층(-層) lantai (tingkat) atas
위치(位置) ①【자리, 장소】 letak; tempat; lokasi 위치하다 ditempatkan ②【지위, 입장】 posisi; situasi; kedudukan
위탁(委託) titipan; penitipan 위탁하다 menitipkan ⊙ 위탁 가정 rumah pengasuhan 위탁모 ibu asuh. 위탁금 uang (dana) titipan. 위탁자 pemberi kepercayaan; pelaksana konsinyasi. 위탁판매 penjualan konsinyasi (komisi); penjualan dengan pentitipan pelaksana konsinyasi
위태롭다, 위태하다(危殆-) genting; serius; penuh bahaya ¶위태롭게 하다 membahayakan; mengancam

위턱 rahang atas
위통(胃痛) sakit perut
위트【재치】 lelucon; akal; kecerdasan ¶위트가 있는 lucu; jenaka
위패(位牌) catatan kematian (kenangan)
위폐(僞幣) uang palsu ⊙ 위폐범 pemalsu uang (kertas)
위풍(威風) kewibawaan; penampilan yang berwibawa (agung); suasana yang mengesankan (mengagumkan); kehadiran yang berpengaruh
위풍당당하다(威風堂堂-) berwibawa; penuh keagungan; megah sekali; yang mengesahkan(mengagumkan)¶위풍 당당히 dengan berwibawa; dengan penuh kemegahan
위필(僞筆) tulisan tangan palsu
위하다(爲-) ①【'위한', '위해'의 형태로 쓰여】 demi; untuk ②【공경 · 받듦】 melayani; memuja; menghormati; mengagumi; berbakti; (존중) memuliakan; memuji; menghargai; memelihara dengan baik; melakukan demi kebaikan (kepentingan; keuntungan)
위하수(胃下垂) penyakit lambung turun
위하여(爲-) ①【이익 · 편의】 untuk; demi; atas nama ②【목적】 agar; supaya; untuk tujuan; dengan tujuan (maksud) untuk
위해(危害) bahaya dan luka; risiko kerugian; kerusakan ¶위해를 가하다 membahayakan; merugikan; mengganggu ⊙ 위해물 barang yang berbahaya (membahayakan)
위헌(違憲) pelanggaran undang-undang dasar ¶위헌적 bertentangan dengan U.U.D)
위험(危險) 위험하다【위해】berisiko besar; berhadapan dengan bahaya ¶위험할 때는 jika dalam bahaya ⊙ 위험사상 pemikiran yang berbahaya. 위험상태 kondisi yang berbahaya (krisis). 위험인물 orang yang berbahaya; 【국가 안전상】 risiko keamanan. 위험표지판 tanda bahaya
위험물(危險物) barang (benda) yang berbahaya; barang yang mudah terbakar dan meledak
위험부담(危險負擔) penanggungan risiko (bahaya) ⊙ 위험부담자본 modal yang beban bahaya
위험시하다(危險視-) menganggap berbahaya
위험신호(危險信號) tanda bahaya; 【교통의】 lampu mérah ⊙ 위험신호기 bendéra mérah
위험천만하다(危險千萬-) benar-benar berbahaya
위협(威脅) ancaman; gertakan 위협하다 mengancam; merupakan ancaman bagi ⊙위협사격 tembakan peringatan
위화감(違和感) rasa ganjil; rasa keterasingan; rasa tidak cocok; ketidak-harmonisan sosial ¶위화감을 느끼다 merasa ganjil
위확장(胃擴張) pembesaran (pembengkakan) perut; pembengkakan lambung; pengembungan lambung
위훈(偉勳) jasa yang luar biasa; préstasi (perbuatan) besar
윈도 jendéla ⊙ 윈도쇼핑 melihat-lihat étalase (toko)
윗니 gigi atas
윗도리 baju atas; jakét
윗목 lantai yang panas
윗몸 일으키다 *sit-up*
윗변(-邊) bagian atas dari poligon
윗사람 ①【손윗사람】 orang ((yang lebih)) tua; senior ②【상사】 atasan; orang yang berkuasa; penguasa
윗자리 ①【상좌】 tempat duduk sebelah atas; tempat duduk utama ②【높은 자리】tempat duduk kehormatan; tingkat tinggi; hak lebih tinggi
윙[1] dengan dengungan (desingan; deru) 윙하다membuat suara dengung(desing; deru) ¶바람이 윙윙 불어댔다 Angin mendesis dan mengamuk.
윙[2] 【축구】 sayap
윙윙거리다 mendengung; 【바람이】 mendesis; 【벌이】 mendesing
윙크 kerdipan; kerjap 윙크하다 mengerdip; mengerjap
유(有) ①【존재】 éksistensi; keberadaan ②【소유】 kepunyaan ¶국유【민유】 kepunyaan negara【pribadi】
유(類) ①【종류】 macam; jenis; golongan;

tipe ¶이런 유의 사나이 pria tipe ini ② 【유례】 contoh serupa; kasus yang sama atau serupa; kasus sebanding ¶유가 없는 unik; tidak konvénsional; 【선례가 없는】 belum pernah terjadi sebelummnya; 【희귀한】 jarang

유가(油價) harga minyak

유가(有價) ¶유가의 berharga; bernilai; dapat ditawar

유가(儒家) Kong Fu Chu (skolar); siswa (murid) Kong Fu Chu (Konfusius)

유가족(遺家族) keluarga yang berduka karena kehilangan sanak famili ⊙ 전몰 유가족 keluarga yang tersisa setelah perang

유가증권(有價證券) surat-surat berharga; saham dan surat-surat obligasi; dokumén yang dapat ditawar (dinegosiasikan) ◉ 유가증권시장 pasar saham (bursa)

유감(有感) ①【불만, 섭섭함】 penyesalan; sesalan; perasaan tidak senang 유감스럽다 disesalkan; (한탄) menyedihkan; (불만) tak memuaskan ¶유감이지만 sangat menyesal ②【'유감없이'의 형태로 쓰여】 dengan sempurna; secara lengkap

유개(有蓋) ¶유개의 tertutup ⊙유개마차 keréta tertutup. 유개자동차 mobil tertutup

유격(遊擊) serangan gerilya; serangan tabrak lari 유격하다 menyerang ¶유격 훈련을 받다 menerima pelatihan gerilya ◉유격대 pasukan (satuan) gerilya. 유격병 gerilyawan; prajurit penyerang. 유격술 taktik gerilya; taktik tabrak lari. 유격전 perang gerilya (partisan)

유격수(遊擊手) 【야구】 *shortstop*

유고(有故) kecelakaan; masalah; musibah 유고하다 ada masalah yang dapat dibenarkan; mengalami musibah ⊙ 유고결석 ketidak-hadiran karena alasan yang tak dapat diélakkan. 유고시 waktu kecelakaan; dalam waktu musibah

유고(遺稿) ①surat wasiat ②peninggalan karya sastra

유고(諭告) nasihat; peringatan; teguran

유곡(幽谷) lembah yang dalam; ceruk di gunung ⊙ 심산유곡 gunung dan lembah yang dalam

유골(遺骨) abu pembakaran mayat

유공(有功) jasa 유공하다 berjasa 《melayani negara》 ⊙ 유공자 orang yang berjasa. 유공훈장 médali atas jasa-jasa; bintang tanda jasa

유곽(遊廓) daérah pelacuran (lampu mérah); tempat tinggal pelacur berizin; tempat bersenang-senang

유괴(誘拐) penculikan 유괴하다 menculik ⊙ 유괴범【범죄】 penculikan; 【사람】 penculik. 유괴사건 perkara (kasus) penculikan

유교(遺敎) ⇒ 유명(遺命)

유교(儒敎) ¶유교의 Konfusius ⊙ 유교사상 pemikiran Konfusius

유구무언(有口無言) ¶유구무언이다 tidak punya kata-kata sebagai alasan

유구하다(悠久-) abadi; kekal ¶유구한 옛날부터 dari zaman dulu

유권자(有權者) pemilih; pemegang hak; pemberi suara

유권해석(有權解釋) penafsiran yang berwewenang; autoritatif

유급(有給) ¶유급의 dibayar; digaji ⊙ 유급휴가 liburan (cuti) yang dibayar. 유급휴가 제도 sistém cuti yang digaji

유급(留級) 유급하다 tinggal kelas; tertinggal; mengulang ⊙ 유급생 siswa (orang) yang mengulang; siswa yang tinggal kelas

유기(有期) ¶유기의 berjangka; terbatas ⊙ 유기형(刑) hukuman penjara untuk jangka waktu tertentu

유기(有機) ¶유기의 organik ⊙ 유기 농산물 produk organik. 유기물 zat organis; organisme. 유기비료 pupuk organik. 유기체 bahan organis

유기(遺棄) keadaan tertinggal; hal menelantarkan; perbuatan meninggalkan; kelalaian 유기하다 menelantarkan; meninggalkan ⊙ 유기물 barang (benda) yang ditelantarkan (ditinggalkan).유기시체 mayat yang terlantar. 직무유기 kelalaian tugas: 직무유기하다 melalaikan tugas

유기(鍮器) barang kuningan

유기음(有氣音) bunyi aspirasi

유기적(有機的) sistématis; terorganisir; tidak terpisah ¶유기적으로 secara organis; secara utuh; secara tidak terpisah

유난하다【스럽다】 luar biasa; terlalu berpilih-pilih; tidak mudah puas; ceréwét; réwél

유난히 khusus; spésial

유네스코 UNESCO: Organisasi Pendidikan, Ilmu pengetahuan dan Kebudayaan; badan PBB

유년(幼年) masa kanak-kanak ⊙ 유년기(시대) masa kanak-kanak

유년(酉年)【민속】Tahun Ayam

유념(留念) pertimbangan; perhatian 유념하다 mempertimbangkan; memperhatikan; menghiraukan; mengingat

유뇨증(遺尿症)【의학】ketidaksanggupan mengatur kencing

유능(有能) kecakapan; kemampuan; kompeténsi; kesanggupan 유능하다 cakap; mampu; tangkas; sanggup

유니버설 unsur universil; sedunia; dunia

유니버시아드 pertandingan antar universitas

유니언 gabungan; persatuan; serikat ⊙ 유니언잭【영국 국기】bendéra kebangsaan Inggris

유니폼 seragam; pakaian dinas ¶유니폼을 입다 berseragam

유다르다(類-) tidak biasa; anéh; janggal ¶ 유달리 menyolok mata; luar biasa; tidak biasa; khusus

유단자(有段者) pemegang sabuk hitam; pemegang *dan* (grade)

유당(乳糖) gula susu; laktosa

유대(紐帶) pita pengikat;【관계】ikatan; hubungan; tali hubungan

유대교(-教) Judaisme

유대인(-人) orang Yahudi

유덕하다(有德-) berbudi tinggi; berbudi luhur

유덕(遺德) kebajikan (kebaikan) almar*hum*

유도(柔道)【스포츠】judo ⊙ 유도선수 ahli (pemain) judo. 유도사범 pelatih judo

유도(誘導) ①【꾀어서 이끎】 bimbingan; pengaruh; pengarahan; pengendalian 유도하다 memimpin; membimbing; mengendalikan; mengarahkan; merangsang; mempengaruhi ¶유도분만을 하다 lahir dengan induksi ②【전기】induksi; pengimbasan ⊙ 유도장치 sistém pengendalian; peralatan (pengontrol) bimbingan. 유도탄 peluru kendali (GM)

유도신문(誘導訊問) pertanyaan yang menjurus (mengarahkan) ¶유도신문을 하다 mengajukan (memberi) pertanyaan yang menjurus (yang mengarahkan); mengarahkan《seorang tersangka kriminal》 ke titik persoalan

유독(有毒) 유독하다 berbahaya; berbisa; beracun ⊙ 유독가스 gas beracun. 유독식물 tanaman beracun (berbisa; mematikan)

유독(惟獨 · 唯獨) hanya; satu-satunya

유동(流動) 유동하다 tak menentu; mengalir ⊙ 유동물 cairan. 유동상태 keadaan yang terus berubah; situasi yang berubah-ubah. 유동성 likuiditas; ketidak-stabilan; mobilitas《sosial》. 유동식(食) makanan cair; makanan berupa cairan. 유동체 zat cair; cairan

유두(乳頭) puting susu; pentil susu ⊙ 유두 염 radang puting susu

유들유들 kekurangajaran 유들유들하다 kurang ajar; lancang; tebal muka; tak tahu malu; tak sopan

유람(遊覽) perjalanan untuk cuci mata; ékskursi; tamasya; pelancongan; darmawisata 유람하다 pergi cuci mata; melihat-lihat pemandangan ⊙ 유람객 turis; wisatawan; orang yang berpesiar; orang yang bertamasya. 유람단체 rombongan turis. 유람버스 bus untuk pesiar. 유람선 kapal pesiar; perahu pelesir. 유람여행 perjalanan pelesir (pesiar). 유람 지 tempat wisata

유랑(流浪) pengembaraan 유랑하다 mengembara; menjelajah; berpindah-pindah; berkelana; bergelandang ⊙ 유랑민 bangsa nomad (pengembara); kaum nomad. 유랑자(인) pengembara; penjelajah; pengelana

유래(由來) asal; permulaan; asal usul; riwayat; tradisi; sejarah 유래하다 berasal dari; bermula dari ¶유래를 캐다 (찾다, 더듬다) mencari sumbernya (asalnya); mencari asal dari

유량(流量) 【물리】 jumlah air yang mengalir (yang tak mengalir); fluks ⊙ 유량계 pengukur aliran

유럽 Europa ⊙ 유럽 대륙 Benua Eropa. 유럽인 orang Eropa

유려하다(流麗-) lancar dan bagus; luwes dan bagus

유력(有力) 유력하다 ①【세력 · 권력 등이 있다】 berpengaruh; berkuasa penuh; penting; yang meyakinkan; terkemuka ¶유력한 신문 surat kabar terkemuka ② 【가능성이 많다】 penting; yang meyakinkan⊙ 유력자 orang yang penting; orang berpengaruh

유령(幽靈) hantu; momok; siluman; jiwa orang yang mati ¶유령 같은 seperti hantu ⊙ 유령인구 penduduk gadungan. 유령회사 perusahaan gadungan (kertas)

유례(類例) contoh (perum-pamaan) serupa; kasus paralél; kasus bandingan ¶유례없는 tidak ada bandingan

유로화(-貨) mata uang euro; mata uang yang berlaku di Eropa

유료(有料) ¶유료이다 dikenai biaya ⊙ 유료도로 jalan (jalan raya) tol; jalan raya yang memungut biaya. 유료입장 masuk dengan biaya. 유료주차장 tempat parkir yang harus bayar

유류(油類) minyak

유류(遺留) peninggalan; penghilangan 유류하다 membiarkan tertinggal; meninggalkan di belakang ⊙ 유류품 barang yang tertinggal; barang peninggalan; barang yang hilang

유리(流離) pergelandangan 유리하다 mengembara; menjelajah berkeliling; mengembara sendiri di negara asing ⊙ 유리걸식 menjelajah berkeliling mengemis

유리(琉璃) kaca; gelas; kristal ⊙ 유리 공(工) pekerja pabrik kaca-kaca. 유리그릇 barang-barang dari kaca; barang pecah belah. 유리창 jendéla kaca. 색유리 kaca yang berwarna

유리(遊離) pemisahan; penyendirian; isolasi; pemencilan 유리하다 memisahkan ¶유리시키다 membebaskan; melepaskan

유리수(有理數) bilangan rasional

유리하다(有利-) menguntungkan; bermanfaat

유린(蹂躪) pelanggaran; perkosaan; penghancuran 유린하다 melanggar; memperkosa; menghancurkan; menginjak ⊙ 인권유린 pelanggaran atas hak kemanusiaan

유림(儒林) murid-murid Kon Fu Chu; pengikut Konfusius

유망(有望) prospék (masa depan; harapan) yang cerah; janji besar; prospék yang menyenangkan; harapan 유망하다 penuh janji; menjanjikan; menuju suksés; penuh harapan; menyenangkan; cemerlang

유망주(有望株) ①【주식】 stok aktif; saham yang penuh harapan ②【사람】 orang ((politisi; pemain)) yang menuju suksés

유머 humor; lucu ¶유머가 있다 memiliki rasa humor; punya seléra humor/유머러스한 lucu; penuh kelucuan; yang menggelikan ⊙ 유머소설 novél (cerita) penuh humor. 유머작가 penulis (novélis) humor

유명(幽明) ①【어둠과 밝음】 kegelapan dan cahaya ②【이승과 저승】 dunia ini dan dunia lain ¶유명을 달리하다 meninggal dunia; mati

유명(遺命) perintah (harapan) orang mati ((raja)); pesan akhir ((raja, orang tua)); wasiat

유명무실(有名無實) 유명무실하다 cuma dalam nama; tak ada kecuali nama; tidak kenyataan ¶유명무실한 사장 presidén yang hanya namanya saja

유명세(有名稅) pengorbanan (risiko) ketenaran

유명인(有名人) orang terkenal

유명하다(有名-) terkenal; termasyhur; ternama ¶유명해지다 menjadi terkenal; menjadi populér; mendapat (memperoléh) réputasi (kehormatan; kemasyhuran)

유모(乳母) ibu susu; pengasuh; babu téték yang menyusui anak orang lain ⊙ 유모차 keréta bayi; buaian; keréta dorong

유목(遊牧) pengembaraan 유목하다 mengembara ⊙ 유목민 suku pengembara. 유목생활 kehidupan mengembara
유무(有無) keberadaan dan (atau) ketidak beradaan
유문(幽門) 【해부학】 pilorus; lubang antara perut dan usus ⊙ 유문협착 penyempitan pada lubang antara perut dan usus
유문(遺文) penulisan anumerta; tulisan yang diterbitkan setelah penulis meninggal
유물(遺物) ①【선대의 인류가 남긴 물건】 barang peninggalan; pusaka; warisan ②【비유적】 peninggalan; pusaka
유물(唯物) ¶유물적 matérialistis; kebendaan ⊙ 유물론 matérialisme; faham kebendaan. 유물론자 orang yang mengutamakan matéri; matérialis. 유물사관 konsép (inteprétasi) matérialistik dari sejarah; konsép matérialisme sejarah. 변증법적 유물론 matérialisme dialéktikal
유미(唯美) éstétik ¶유미적 yang menghargai cantik (indah) ⊙ 유미주의 faham menghargai keindahan
유민(流民) orang yang suka mengeluyur (mengembara); para migran
유발(誘發) induksi 유발하다 menyebabkan; menimbulkan
유방(乳房) buah dada; puting; payudara ⊙ 유방염 radang payudara
유배(流配) pengasingan; pembuangan 유배하다 mengasingkan; membuang; diasingkan; dibuang) ⊙ 유배지 tempat pengasingan
유백(乳白) ¶유백색의 warna putih susu
유별(有別) 유별나다 khusus; tersendiri; anéh; tidak sama; berbéda dari; berlainan ¶남녀가 유별하다 Ada perbédaan antara pria dan wanita.
유별(類別) penggolong-golongan; klasifikasi 유별하다 menggolong-golongkan; mengklasifikasikan
유보(留保) penangguhan 유보하다 menangguhkan
유복(有福) 유복하다 bahagia; beruntung; diberkati
유복(裕福) 유복하다 kaya; mampu ¶유복한 집안에 태어나다 lahir di keluarga kaya
유복자(遺腹子) anak yang lahir setelah ayahnya meninggal
유부(油腐) tahu goréng ⊙ 유부국수 mi dengan tahu goréng
유부남(有婦男) laki-laki yang berkeluarga (yang menikah)
유부녀(有夫女) wanita yang telah menikah
유비무환(有備無患) bersiap untuk tidak akan menyesal; pemeliharaan adalah pencegahan
유사(有史) permulaan sejarah ¶유사 이전 sebelum awal sejarah; masa pra-sejarah/유사 이래 sejak awal sejarah
유사(有事) dalam kesulitan; dalam bahaya ¶유사시에 pada saat darurat; pada saat dibutuhkan (diperlukan) /유사시에 대비하다 bersiap untuk keadaan darurat
유사(類似) persamaan; padanan; imbangan 유사하다 mirip; serupa; sepadan; sama dengan ⊙ 유사사항 kasus yang serupa; masalah serupa. 유사품 imitasi; tiruan. 유사환자 pasién yang dicurigai
유산(有産) kaya; milik ⊙ 유산계급 kelas borjuis. 유산자 borjuis; orang kaya
유산(乳酸) 【화학】 asam laktat ⊙ 유산균 laktobasilus; bakteri asam laktat. 유산균 음료 minuman yogurt; minuman asam laktak
유산(流産) ①【아기를】 aborsi; keguguran kandungan 유산하다 mengalami keguguran; menggugurkan kandungan ②【기타】 gagal ¶그 계획은 유산되었다 Rencana telah gagal.
유산(遺産) ①【사후에 남겨진 재산】 harta peninggalan; warisan; pusaka ¶유산을 남기다 mewariskan (meninggalkan) harta (hak milik; tanah) pada; meninggalkan warisan ②【앞 세대가 물려준 사물 · 문화】 warisan ¶문화유산 warisan budaya tradisional ⊙ 유산상속 pergantian hak milik; pewarisan harta: 유산상속세 pajak warisan/유산상속인 ahli waris; pewaris; penerima warisan
유산소운동(乳酸素運動) latihan aérobik
유상(有償) ¶유상의 kompénsasi ⊙ 유상원

조 bantuan kredit
유상(油狀) ¶유상의 berminyak; seperti minyak
유상무상(有象無象) ①【만상】 segala sesuatu di dunia; alam semesta ②【어중이떠중이】 segala jenis manusia
유색(有色) ¶유색의 berwarna ⊙ 유색인종 ras (bangsa) kulit berwarna; orang berwarna
유생(有生) ⟪pemilikan⟫ kehidupan ⊙ 유생물 makhluk
유생(儒生) sarjana Kon Fu Chu (Konfusius)
유서(由緖) sejarah ¶유서 있는 bersejarah
유서(遺書) surat wasiat; (자살의) catatan sebelum bunuh diri
유선(有線) kawat; kabel ⊙ 유선방송 penyiaran tévé kabel. 유선 식 sistém kawat. 유선텔레비전 T.V kabel; 【공청 안테나】 CATV. 유선통신 komunikasi melalui kabel
유선(乳腺) 【해부학】 kelenjar susu ⊙ 유선염(炎) radang kelenjar susu
유선형(流線型) model langsir (langsing); model yang éfisién
유성(有性) ¶유성의 séksual ⊙ 유성생식 reproduksi séksual. 유성세대 generasi séksual
유성(流聲) ¶유성의 bersuara; berbunyi ⊙ 유성영화 film (gambar) bersuara; film bicara. 유성음(音) bunyi yang disuarakan (berucap).
유성(油性) ¶유성의 berminyak ⊙ 유성페니실린 minyak pénisilin. 유성 페인트 cat minyak. 유성 페인트 cat minyak
유성(流星) météor; bintang jatuh ⊙ 유성우(雨) hujan météor
유성(遊星) 【행성】 planét
유성기(留聲機) ⇒ 축음기(蓄音機)
유세(有勢) ①⇒ 유력(有力) ②【세도 부림】 유세하다 menggunakan kekuasaan
유세(遊說) tur kampanye; kampanye 유세하다 berkampanye; pergi berkeliling berkampanye; membuat tur pemilihan
유소(幼少) masa kanak-kanak; masa kecil ⊙ 유소년 anak-anak yang sudah besar dan yang masih kecil
유속(流俗) adat yang lazim
유속(流速) kecepatan arus ⊙ 유속계 alat pengukur kecepatan arus
유속(遺俗) adat keturunan
유수(流水) air (sungai) yang mengalir ¶세월은 유수와 같다 Waktu berlalu bagaikan anak panah.
유수하다(有數-) terkemuka; terkenal
유숙하다(留宿-) menginap di
유순(柔順) ketundukan; kepatuhan 유순하다 lembut; lunak; jinak; patuh; bersikap tunduk; berkhidmat
유스호스텔 pemondokan (penginapan) remaja; asrama pemuda
유습(遺習) adat istiadat turun-temurun
유시(幼時) masa kecil; masa kanak-kanak
유시(酉時) 【민속】 jam 5-7soré
유시(諭示) instruksi; amanat; pesan 유시하다 memberi amanat ¶대통령의 유시 amanat Présidén
유식(有識) 유식하다 terpelajar; terdidik; berbudaya ¶유식한 사람 cendékiawan; orang yang terdidik (terpelajar; berbudaya) ⊙ 유식계급 kelas terpelajar (inteligén); golongan inteléktual. 유식자 orang yang terpelajar; orang intelégénsi; para inteléktual; cendekiawan
유신(遺臣) orang bangsawan dinasti terdahulu
유신(維新) pembaharuan; réstorasi; réformasi 유신하다 memperbaharui; membaharui ¶10월 유신 Réformasi Révitalisasi bulan Oktober
유신론(有神論) aliran keTuhanan ⊙ 유신론자 orang yang menganut aliran keTuhanan
유실(流失) hilang dalam ombak (banjir) 유실하다 hanyut ¶유실되다 hanyut terbawa ombak; dihanyutkan (dibawa; dihapus) jauh oléh banjir ⊙ 유실가옥 rumah-rumah dihanyutkan banjir
유실(遺失) 유실하다 hilang ⊙ 유실물 barang (hak milik) yang hilang. 유실자 orang yang hilang
유심(唯心) ¶유심적 batin; rohani; idéalistik ⊙유심론【철학】 spritualisme; idéalisme. 유심론자 spritualis; idéalis
유심히(有心-) cermat; penuh perhatian; dengan hati-hati; dengan teliti

유아(幼兒) bayi ¶유아적 kekanak-kanakan ⊙ 유아복 pakaian bayi. 유아사망률 tingkat kematian bayi

유아(乳兒) bayi yang masih menyusu; bayi ⊙ 유아기 masa kanak-kanak; masa bayi. 유아식 makanan bayi

유아독존(唯我獨尊) kesombongan diri; kemenangan sia-sia ¶천상천하 유아독존 Akulah Tuhan seantéro langit dan bumi.

유아등(誘蛾燈) perangkap lampu; lampu pemikat

유안(硫安) 【화학】 amonium sulfat

유암(乳癌) kanker payudara

유압(油壓) tekanan minyak ⊙ 유압계 alat pengukur tekanan minyak

유액(乳液) ①【식물】 getah; latéks ②【화장품】susu pembersih

유야무야(有耶無耶) 유야무야하다 berarti dua; ragu-ragu; tidak tegas; tidak pasti; samar-samar; tidak jelas ¶유야무야가 되다 tidak berhasil apa-apa; menjadi sia-sia

유약하다(幼弱-) muda dan lemah

유약하다(柔弱-) lemah

유약(釉藥) lapisan; enamel ¶유약을 칠하다 melapisi

유어(類語) sinonim

유언(流言) kabar angin; kabar yang tidak berdasar; desas-desus tak beralasan; desas-desus liar ¶유언을 퍼뜨리다 menyebarkan (menciptakan) cerita (desas-desus) liar ⊙ 유언비어 rumor tak berdasar; rumor liar

유언(遺言) wasiat; kata-kata terakhir harapan sebelum mati 유언하다 mengucapkan harapan terakhir; meninggalkan wasiat (lisan) ⊙ 유언장 surat wasiat. 자필의 유언장 wasiat berholograf. 유언자 pembuat surat wasiat. 유언 집행자 pelaksana wasiat

유업(乳業) perusahaan (bisnis) susu

유업(遺業) usaha turun-temurun; bisnis diwarisi ¶유업을 계승하다 mewarisi usaha turun temurun

유엔 PBB (Perserikatan Bangsa-Bangsa) ⊙ 유엔군 pasukan (tentara) PBB. 유엔군 사령부 komando pasukan PBB. 유엔 본부 markas PBB. 유엔 사무총장 Sékretaris Jénderal PBB. 유엔 안전보장 이사회 Déwan Keamanan PBB

유역(流域) lembah sungai

유연(悠然) suasana (sikap) kesabaran 유연하다 tenang; ketenangan; sabar; kalem

유연(柔軟) kehalusan; kelembékan 유연하다 lembut; fléksibel; halus; lunak ¶유연성 lentur; kelenturan; fléksibel

유연탄(有煙炭) batu bara lunak (muda)

유영(游泳) 유영하다 berenang ⊙ 유영술 seni berenang; 【처세술】 cara membawakan diri di dunia ini

유예(猶豫) penangguhan; pertangguhan; penundaan waktu (témpo) 유예하다 memberi waktu (témpo) ⊙ 유예기간 masa penundaan yang sah. 지급유예 masa pelonggaran bayaran. 집행유예 penundaan hukuman

유용(有用) kegunaan; keperluan 유용하다 berguna; bermanfaat; berharga ⊙ 유용식물 tanaman berguna

유용(流用) penyalahgunaan; penyelewengan; penggelapan 유용하다 salah pakai 《uang rakyat》; menyalahgunakan; menyelewengkan

유원지(遊園地) taman hiburan; taman umum (rékrasi mainan)

유월(六月) bulan Juni

유월절(踰越節) Paskah

유위하다(有爲-) mampu; cakap; cemerlang; sanggup; serba bisa

유유낙낙(唯唯諾諾) dengan kerélaan; patuh; tunduk

유유도일하다(悠悠度日-) hidup dengan santai

유유상종(類類相從) pertalian sesama satu kelas 유유상종하다 bergabung dengan kelas seseorang ¶유유상종이다 Orang-orang yang sama (Burung sejenis) berkumpul bersama.

유유자적(悠悠自適) hidup dalam suasana yang nyaman; hidup bébas dari kepedulian duniawi

유유히(悠悠-) dengan tenang; dengan kalem; santai

유의(留意) perhatian 유의하다 berhati-ba-

ti; sadar; penuh perhatian; memperhatikan; peduli ⊙ 유의사항 hal yang membutuhkan perhatian khusus
유의어(類義語) sinonim; kesamaan makna
유익하다(有益-) berfaédah; berguna; bermanfaat; menguntungkan
유인(有人) ¶유인의 《pesawat ruang angkasa》 berawak; 《pesawat》 berpilot; dikemudikan ⊙ 유인위성 satelit berawak
유인(誘引) bujukan; rayuan; daya umpan; daya pemikat 유인하다 memikat; mengumpan; membujuk; merayu ¶유인해 내다 memikat; menggoda
유인(誘因) penyebab; perangsang; pendorong ¶전쟁의 유인 penyebab perang
유인물(油印物) hal tercétak; barang cétakan; selebaran ⊙ 불온유인물 catatan tertulis bawah tanah; sselebaran anti pemerintah
유인원(類人猿) kera antropoid
유일하다(唯一-) ésa; tunggal; saja; hanya
유일무이하다(唯一無二-) satu-satunya; hanya satu
유임(留任) 유임하다 tetap (tinggal) di jabatan (kantor); berada terus ⊙ 유임운동 lobi untuk tetap memegang jabatan
유입(流入) pemasukan mengalir; aliran masuk; perkenalaan 유입하다 masuk ke; mengalir masuk; memperkenalkan ¶유입되다 masuk; mengalir ke ⊙ 외자유입 pemasukan modal asing
유자(柚子) jeruk sitrun; serai ⊙ 유자나무 batang serai (jeruk sitrun). 유자차 téh jeruk
유자격자(有資格者) orang yang berkompetén; orang yang pantas (cakap) untuk posisi; orang yang memenuhi syarat
유자녀(遺子女) anak almarhum
유자 형(U字型) ¶유자형의 *bentuk U* ⊙ 유자 형 커브 tikungan (belokan) tajam
유작(遺作) karya yang penciptanya telah meninggal
유장하다(悠長-) panjang dan berlama-lama
유저(遺著) pekerjaan anumerta; buku-buku yang tertinggal
유적하다(幽寂-) terasing
유적(遺跡) sisa; reruntuhan; peninggalan; tanda; jejak
유전(油田) ladang (daérah) minyak ⊙ 유전탐사【개발】éksplorasi minyak
유전(流傳) penyebaran; penggandaan 유전하다 menyebar; meluas; mengganda
유전(流轉)【유랑】pengembaraan;【변전】pergantian; perubahan;【윤회】transigrasi; perpindahan; pemboyongan 유전하다 mengembara; berganti; berubah
유전(遺傳) génétika; pewarisan; penurunan 유전하다 diturunkan ¶유전성의, 유전적인 turun temurun; diturunkan ⊙ 유전병 penyakit génétika (keturunan). 유전공학 rekayasa génétika
유전자(遺傳子) gén ⊙ 유전자공학 ilmu insinyur génétika. 열성(劣性) 유전자 gén resésif. 우성(優性) 유전자 gén dominan. 유전자 변형 농산물 hasil produksi génétika buatan. 유전자 조작 manipulasi gén
유정(有情) keramahan; kasih sayang; ramah; simpatis; perasaan
유정(油井) sumur minyak; penghasil minyak ¶유정을 파다 menggali sumur minyak; mengebor mencari minyak
유제(乳劑)【화학】émulsi
유제동물(有蹄動物)【동물】binatang berkuku
유제품(乳製品) produksi susu
유조(油槽) tangki minyak ⊙ 유조선 kapal minyak; tanker; (대형) supertanker; tanker raksasa. 유조차 mobil tanki; truk minyak
유족(遺族) keluarga yang tertinggal (yang ditinggalkan)
유족하다(裕足-) berada; mampu
유종(有終) komplit; kesempurnaan; penyempurnaan; tahap akhir; kemenangan ¶유종의 미를 거두다 membawa kesempurnaan; menyudahi karir dengan sempurna
유종(乳腫)【의학】tumor payudara
유죄(有罪) kesalahan 유죄하다 bersalah ¶유죄로 결정되다 ditentukan bersalah; (배심원이) memberi keputusan bersalah ⊙ 유죄인 orang yang bersalah. 유죄판결 penghukuman (keputusan) bersalah
유죄(流罪) kejahatan yang dihukum pengasingan

유증(遺贈) 【유산】 warisan; pusaka 유증하다 meninggalkan warisan; mewariskan ⊙ 유증 물 warisan; harta pusaka. 유증자 ahli waris (warisan); pewaris. 피 유증 자 orang yang mewarisi

유지(有志) orang yang terkemuka; tokoh terkemuka; tokoh terpengaruh ⊙ 지방 유지 orang yang bekerja untuk kebaikan lokal; orang yang terkemuka setempat

유지(油脂) minyak dan lemak ⊙ 유지공업 industri pembuatan minyak dan lemak

유지(油紙) kertas minyak

유지(維持) pemeliharaan; penegakan; penjagaan 유지하다 memelihara; mempertahankan; menjaga ⊙ 유지비 biaya pemeli-haraan. 유지책 tindakan pemeliharaan

유지(遺志) keinginan (wasiat; kemauan) dari orang yang telah mati

유지(遺地) reruntuhan; sisa-sisa; peninggalan

유징(油徵) indikasi (tanda; petunjuk) adanya minyak

유착(癒着) ①【깊은 관계를 맺음】 penggabungan; perapatan; hubungan erat (dekat) 유착하다 menggabung; merapat; bersatu ②【의학】 adési; adhési

유창하다(流暢-) lancar; fasih ¶유창하게 dengan lancar; dengan fasih

유체(有體) ¶유체의 bahan; material; badaniah

유체(流體) cairan; fluida ⊙ 유체역학 hidrodinamika

유채(油菜) kanola ⊙ 유채기름 minyak kanola

유추(類推) kesimpulan; analogi; analogisme; penyamaan 유추하다 menduga; mengetahui dengan analogi; mengetahui secara perbandingan ¶유추적 analogis ⊙ 유추해석 interprétasi (penafsiran) analogi

유출(流出) aliran keluar; pancaran ①【폐수 · 원유 등의】 유출하다 mengalir keluar; bocor ②【기밀 · 자금 등의】 bocor ¶회사 기밀이 유출되었다 rahasia perusahaan telah bocor ⊙ 두뇌유출 saluran otak; hijrahnya orang pintar

유충(幼蟲) larva; tempayak ⊙ 유충 기 tahap larva

유취하다(類聚-) mengumpulkan sesuai dengan jenisnya (golongannya; kelasnya)

유층(油層) lapisan minyak ⊙ 유층탐광(探鑛) éksplorasi minyak; pencarian minyak

유치(幼稚)kekanak-kanakan; kementahan; primitip; sederhana 유치하다 bersifat kekanak-kanakan; belum matang; belum déwasa ¶유치한 생각 pemikiran kekanak-kanakan ⊙ 유치원 taman kanak-kanak

유치(乳齒) gigi susu; gigi bayi

유치(留置) ①【억류】 pemeliharaan; penahanan; pengurungan 유치하다 menahan dalam penjagaan; menawan; mengurung ¶유치되다 ditahan; dipenjarai ②【우편의】 유치하다 ditinggalkan (dibiarkan) sampai (untuk) dipanggil ⊙ 유치권【법률】 hak gadai. 유치 료 biaya kelebihan waktu berlabuh: 유치우편【우편물 겉에 쓸 때】 "untuk dipanggil". 유치장 penjara; sél polisi; rumah penahanan (tahanan)

유치하다(誘致-) mengundang; menarik ¶외국 관광객을 유치하다 menarik turis asing 《wisatawan》/외자를 유치하다 mengundang modal asing

유쾌(愉快) ¶유쾌한 suka hati; senang; riang; gembira

유탄(流彈) peluru (tembakan) nyasar; témbakan sembarangan

유태(猶太) Yahudi ¶유태(사람)의 orang Yahudi ⊙ 유태인 교회 geréja kaum Yahudi

유택(幽宅) makam; kuburan; peristirahatan terakhir

유턴 bélokan berbentuk U 유턴하다 mengambil (membuat) bélokan U

유토피아 negara idaman (impian); utopia ¶유토피아의 bersifat khayalan

유통(流通) ①【화폐의】 sirkulasi; perputaran; perédaran 유통하다 berédar; berputar ②【공기의】 véntilasi; sirkulasi 유통하다 menukar udara; mengédarkan ⊙ 유통 경로 saluran distribusi. 유통구조 struktur distribusi. 유통기한tanggal ka-

daluwarsa
유파(流派) aliran; séksi
유폐(幽閉) penahanan; pemenjaraan 유폐하다 menahan; memenjarakan
유포(油布) pakaian yang diberi minyak supaya tahan air
유포(流布) penaburan; difusi; sirkulasi; penggandaan 유포하다 menyebarluaskan; menyebar; menabur; membuat sirkulasi ¶유포되다 disirkulasi; dialirkan; disebarluaskan
유품(遺品) peninggalan
유풍(遺風) budaya lama; tradisi; kebiasaan lama ¶봉건 시대의 유풍 budaya (peninggalan) masa féodal
유하다(柔-) ①【부드럽다】 halus; lemah lembut ②【걱정이 없다】 orang yang bersikap tenang; tak kenal susah; riang
유하다(留-) menginap di; tinggal di
유학(留學) 유학하다 belajar di luar negeri ⊙ 유학생 pelajar (mahasiswa) yang belajar di luar negeri. 재미 한국 유학생 mahasiswa Korea belajar di A.S/외국인 유학생 pelajar (mahasiswa) asing
유학(儒學) Konfusianisme ⊙ 유학자 pengikut Konfusius
유한(有限) 유한하다 terbatas ⊙ 유한책임 jaminan terbatas: 유한책임회사 perusahaan ⟪dengan jaminan⟫ terbatas
유한(有閑) yang mempunyai waktu senggang; santai ⊙ 유한계급 kelas santai; orang kaya yang malas. 유한마담 wanita penghibur; wanita yang santai
유한(遺恨) dendam; kebencian; rasa benci; dengki; rasa permusuhan ¶유한을 품다 mempunyai dendam
유해(有害) 유해하다 berbahaya; beracun ¶건강에 유해하다 merusak (berbahaya) akan keséhatan; jelék untuk keséhatan/유해무익하다 jauh berbahaya dari pada keberuntungan; membahayakan bukan menguntungkan ⊙ 유해물 hal (benda) yang membahayakan; barang yang berbahaya. 유해식물 tumbuhan berbisa. 유해식품 makanan beracun
유해(遺骸) sisa tubuh seseorang; mayat; tubuh orang mati; 【유골】 abu; tulang ¶유해를 화장하다 membakar (memperabukan; mengabukan; mengkrémasikan) sisa tubuh seseorang
유행(流行) ①【패션, 문화】 fashion; mode; gaya 유행하다 sedang mode; populér; disukai (disenangi) secara menyeluruh ¶최신 유행의 mode terbaru; mode populér/유행이 되다 menjadi mode (gaya)/유행을 쫓다 mengikuti (mengejar) mode ②【전염병】 kelaziman 유행하다 lazim; merajaléla ¶감기는 겨울에 유행 된다 Flu lazim pada musim dingin. ⊙ 유행가 lagu populér. 유행가 가수 penyanyi pop. 유행어 ungkapan populér
유행성(流行性) ¶유행성의 épidémi ⊙ 유행성감기 flu; pilek; selésma: 유행성감기에 걸리다 diserang flu
유행하다(遊行-) membuat tur; mengembara
유혈(流血) penumpahan (pertumpahan) darah ¶유혈참사 peristiwa (perkara) berdarah (yang berpertumpahan darah)
유형(有形) ¶유형의 nyata ⊙ 유형무역 perdagangan yang nyata (tampak). 유형무형(有形無形) moril dan matéril; lahir dan batin; nyata dan tidak nyata. 유형문화재 benda budaya nyata. 유형물 matéri yang ada; obyék yang nyata. 유형자본 dana yang nyata. 유형재산 asét nyata
유형(流刑) pembuangan; pengasingan; pengusiran ⊙ 유형지 tempat pembuangan; tempat pengasingan
유형(類型) tipe; jenis; corak; mode; tanda keistiméwaan; kekhususan ¶유형적 khas
유혹(誘惑) godaan; rayuan; bujukan; pancingan 유혹하다 menggoda; merayu; membujuk; memancing ¶술의 유혹 godaan minuman/유혹을 참다 menahan godaan ⊙ 유혹자 penggoda
유화(乳化) émulsifikasi
유화(油畵) lukisan cat minyak ⊙ 유화가 pelukis cat minyak
유화(宥和) penenangan; peredaan; penentraman 유화하다 menentramkan ⊙ 유화론자 orang yang menentramkan. 유화정책 kebajikan penentraman
유황(硫黃) 【화학】 sulfur 유황천 mata air

(sumber air) bele érang
유회(流會) penundaan rapat ¶유회되다 ditunda; dibatalkan
유효(有效) keabsahan; keberlakuan; keéféktipan; éfisiénsi; ketepatgunaan 유효하다 berlaku; absah; éféktif; sahih ¶유효적절한 éféktif dan bertujuan baik/유효한 방법 cara yang éféktif ⊙ 유효기간 jangka waktu berlaku; masa berlaku
유훈(遺訓) naséhat almarhum
유휴(遊休) pengangguran; ketunakaryaan ¶유휴의 menganggur; tunakarya; tidak digunakan; tidak diusahakan ⊙ 유휴설비【시sarana yang menganggur; fasilitas yang tidak dipakai. 유휴 인력 tenaga manusia yang tak terpakai. 유휴자금 uang yang disimpan; uang yang tidak diinvéstasi. 유휴자산 dana(hak milik) yang tak dipakai (tak digunakan). 유휴지(地) tanah kosong; lahan mengnggur
유흥(遊興) 유흥하다 bersenang-senang; bergembira; beriang-ria; menyenangkan (menikmati) diri-sendiri ⊙ 유흥가 kawasan (pusat) hiburan; tempat beriang ria. 유흥비 biaya hiburan. 유흥 세 pajak hiburan. 유흥장【지】 pusat【tempat】 hiburan
유희(遊戲) hiburan; rékreasi; permainan ⊙ 유희본능 naluri bersenang. 유희실 gedung rékreasi. 유희장 ruang bermain; taman bermain
육(六) enam ¶제 6 keenam
육(-肉) daging; raga ¶영과 육 tubuh dan jiwa; raga dan jiwa
육각(六角) persegi enam ¶육각의 bersegi enam
육감(六感) indera ke enam; intuisi; tanggapan di firasat ¶육감으로 알다 mengetahui dengan intuisi (indra keenam)
육감(肉感) ①【느낌】 perasaan ②【성적】 perasaan séksual; kegairahan; séksualitas ¶육감적 séksual; gairah ⊙ 육감주의 séksualisme
육갑(六甲) ¶병신 육갑하고 있네 Kau begitu terbelakang.
육계(肉桂) kayu manis
육괴(肉塊) segumpal daging
육개장(肉-醬) *yukgaejang*; daging sapi yang rebus dengan rasa pedas
육교(肉交) persetubuhan; senggama
육교(陸橋) jembatan penyeberangan
육군(陸軍) angkatan darat; militér ¶육군에 입대하다 bergabung (masuk; mendaftar) di ketentaraan ⊙ 육군군악대 band militér. 육군대학 Sekolah Staf Komando Angkatan Darat (SESKOAD). 육군무관【대사관의】 atasé militér. 육군병원 rumah sakit tentara. 육군사관학교 Akademi Militér. 육군참모 총장 Ketua Staf Angkatan Darat (KASAD)
육대주(六大洲) ke enam benua
육도(陸稻) padi huma
육두문자(肉頭文字) katakata sumpah
육로(陸路) rute darat; jalan darat ¶육로로 léwat darat; melalui jalan darat ⊙ 육로여행 perjalanan darat (léwat darat)
육류(肉類) bermacam-macam daging
육면체(六面體) sisi enam
육모(六-) segi enam ¶육모가 나다 bersegi enam ⊙ 육모방망이 pentung segi enam
육미(六味) enam rasa 《pahit, asin; asam, manis, pedas, hambar》
육미(肉味) rasa daging
육박(肉薄) 육박하다 dekat dengan; mendekat;【경쟁에서】 mendekat ⊙ 육박전 pertempuran jarak dekat; perlawanan satu lawan satu; pertempuran sengit
육발이(六-) orang berjari kaki enam
육법(六法) hukum enam kode ⊙ 육법전서 Kitab (ikhtisar) Enam Undang-undang
육 봉(肉峰) kelasa; punuk
육부(六腑) enam rongga perut 《usus besar, usus kecil, perut, kantong (kandung; pundi-pundi), empedu, kandung kemih dan 3 foci》
육산(陸産) hasil pertanian; hasil dari tanah
육삼삼제(六三三制)【교육】 sistém pendidikan 6-3-3 (SD-SMP-SMA)
육상(陸上) darat; tanah; pantai ⊙ 육상경기 olah raga atlétik: 육상경기 대회 perlombaan atlétik. 육상운송 transportasi darat; pengangkutan léwat darat. 대한 육상경기 연맹 Féderasi Atlétik Amatir Korea

육서(陸棲) hidup di bumi ¶육서의 yang berhubungan dengan bumi ⊙ 육서동물 binatang darat

육성(肉聲) suara manusia; suara alami

육성(育成) pemeliharaan; asuhan; didikan 육성하다 mempromosikan; membesarkan; memelihara ⊙ 육성재배 pemeliharaan dan pembudidayaan. 육성회비 【학교의】 biaya dukungan sekolah

육손이(六-) orang yang berjari enam

육수(肉水) sup (kuah) daging

육순(六旬) umur enam puluh tahunan ⊙ 육순노인 orang yang berumur enam puluh tahunan

육시처참(戮屍處斬) pemenggalan léhér 육시처참하다 menggal kepala 《orang mati》 secara anumerta

육식(肉食) makanan daging; makanan binatang 육식하다 hidup memakan daging ⊙ 육식가 pemakan daging

육신(肉身) tubuh; raga

육십(六十) enam puluh ¶제 60 ke enam puluh

육아(育兒) pemeliharaan anak; pengasuhan anak 육아하다 mengasuh(merawat) anak; membesarkan anak; memelihara anak ⊙ 육아법 seni (métode) mengasuh anak. 육아 비 biaya perawatan anak. 육아 식(食) makanan bayi. 육아원 sekolah anak-anak; 【기아의】 rumah sakit untuk bayi terlantar; 【고아의】 Panti Asuhan

육안(肉眼) mata; pandangan biasa ¶육안으로 보이지 않는 곳에 di luar jangkauan mata

육영(育英) pendidikan 육영하다 mendidik ⊙ 육영사업 usaha pendidikan. 육영회 asosiasi pendidikan

육욕(肉慾) keinginan berahi (séksuil; nafsu); nafsu binatang (héwan) ¶육욕을 억제하다 menahan(mengontrol) nafsu ⊙ 육욕주의 séksualisme

육우(肉牛) sapi pedaging

육운(陸運) transportasi; pengangkutan darat ⊙ 육운 회사 perusahaan angkutan darat

육자배기(六字-) nyanyian rakyat Korea yang cepat dan hidup 《dengan 6 kata dalam baris》

육젓(六-) udang asinan yang ditangkap bulan Juni

육종(肉腫) sarkoma

육종(育種) pemeliharaan; perkembang biakan

육중하다(肉重-) besar dan berat; kuat; gemuk maha besar; sintal

육즙(肉汁) kuah daging; kaldu

육지(陸地) daratan; tanah; bumi

육질(肉質) ¶이 고기는 육질이 연하다 (질기다) daging ini lembut (keras)

육척(六尺) enam kaki

육체(肉體) tubuh; badan; jasmani; raga; jasad ¶육체의 badaniah fisik; 【육욕의】 séksuil; berahi ⊙ 육체관계 hubungan séks (badan). 육체노동 kerja kasar; kerja fisik. 육체미 kecantikan tubuh (badaniah; fisik). 육체파 gadis yang glamor; gadis yang séksuil

육촌(六寸) ①【제종】 sepupu kedua ②【치수】 6 inch

육친(肉親) hubungan darah; darah daging; hubungan dekat 《ayah, ibu, kakak yang tua dan yang muda, istri dan anak-anak》

육탄(肉彈) peluru manusia; bom manusia ¶육탄 공세를 펼치다 melempar diri sendiri pada sesuatu ⊙ 육탄공격 serangan bunuh diri. 육탄전 perlawanan (perjuangan; pertempuran) satu lawan satu

육포(肉脯) déndéng

육필(肉筆) tulisan tangan sendiri ¶육필의 ditulis tangan

육해공(陸海空) darat, laut dan udara ¶육해공군 angkatan darat, laut dan udara; angkatan bersenjata/육해공군 합동 작전 operasi gabungan angkatan darat, laut dan udara

육혈포(六穴砲) pistol berpeluru enam

육회(肉膾) makanan daging cincang mentah

윤(潤) kilauan; semir; permukaan yang halus ¶윤을 내다 bersemir; memberi semir; meletakan semir penghalus; menyemir; 【금속에】 mempolitur

윤간(輪姦) perkosaan ramai-ramai 윤간하다 memperkosa wanita secara bergiliran ¶윤간당하다 diperkosa ramai-ramai

윤곽(輪廓) ①【사물의】 garis bentuk; skétsa; kaki langit ; ¶얼굴의 윤곽 raut muka ②【일 · 사건 등의】 garis besar; skéma; kerangka; gambaran umum

윤기(潤氣) kilauan; sinar; kebersihan ¶윤기 도는 머리 rambut yang mengkilap/윤기가 돌다(나다) berkilau; berkilap; bercahaya; mengkilap

윤나다(潤-) bersinar; bercahaya; kemilau; berkilap; mengkilap

윤년(閏年) tahun kabisat

윤달(閏-) bulan kabisat

윤독하다(輪讀-) membaca secara bergilir

윤락(淪落) 【매춘】 pelacuran ⊙ 윤락가 daérah lampu mérah; daérah banci; rumah pelacuran; rumah wanita P. 윤락 여성 wanita tuna susila

윤리(倫理) prinsip moral; tata susila; étika ¶윤리적 beradab; moral; étis ⊙ 윤리학 ilmu étika; filosofi(sains) bermoral; filosof moral. 동양 윤리학 étika Ketimuran. 실천 윤리(학) étika praktis

윤번(輪番) putaran; rotasi; pergiliran 윤번하다 bergiliran dalam rotasi; berputar ¶윤번으로 secara bergantian; menurut giliran; berotasi; dengan bergantian ⊙ 윤번제 sistém rotasi kerja; sistém pergiliran

윤색(潤色) pembubuhan warna; sinar yang berkilau; hiasan; penghiasan 윤색하다 mewarnai; menghias; menghiasi; memberi warna

윤일(閏日) hari kabisat

윤작하다(輪作-) menggilir (bergiliran) menanam

윤전(輪轉) perputaran; rotasi 윤전하다 berputar; berotasi; memutar ⊙ 윤전기 mesin pemutar; mesin pencétak berputar

윤택(潤澤) ①【윤기가 있다】 kemilau; kecemerlangan 윤택하다 bersinar; berkilau ②【넉넉하다, 풍요롭다】 윤택하다 banyak sekali; berlebih-lebihan; berlimpah ③【살림이】 kaya, mampu; berada

윤허(允許) izin kerajaan; persetujuan; jaminan 윤허하다 mengizinkan; memberikan persetujuan

윤형(輪形) bentuk lingkaran

윤화(輪禍) kecelakaan lalu lintas ¶윤화를 입다 mendapat (mengalami) kecelakaan lalu lintas

윤활(潤滑) pelumasan; pemberian minyak pelumas 윤활하다 halus; licin; lancar

윤활유(潤滑油) minyak pelumas; minyak licin ¶윤활유의 역할을 하다 melancarkan; melicinkan

윤회(輪廻) 【차례로 돌아감】 pergiliran; perputaran; 【불교】 samsara; pemindahan jiwa ⊙ 윤회설 doktrin samsara (reinkarnasi; mengulang kehidupan kembali)

율(律) ①【기율】 peraturan; undang-undang; hukum; 【형률】 kode kriminal; 【계율】 firman Budha ②【음율】 irama ⊙ 도덕률 hukum moral. 자연율 hukum alam

율(率) perséntase; angka; nilai; rasio; indéks ⊙ 사망률 angka kematian. 팽창률 koéfisién perluasan. 투표율 angka suara. 출산율 angka kelahiran. 평균율 nilai rata-rata

율동(律動) ①【리듬】 irama ②【주기적 운동】 gerakan berirama ¶율동적인 berirama; ritmis ⊙ 율동미(美) kecantikan ritmis. 율동체조 senam irama

율무 *Job's tears; Chinese pearl barley*

율법(律法) hukum; peraturan

융(絨) bahan katun yang dibuat seperti flanél

융기(隆起) bengkak; tonjol; jendol; bénjol; bincuk; jenggul; 【지질】 ketinggian; kehébohan 융기하다 menonjol; ke muka; menyembul; menonjol keluar; menjendol

융단(絨緞) karpét; permadani ⊙ 융단폭격 pemboman total. 페르시아 융단 karpét (permadani) Persia

융성(隆盛) kemakmuran; kesejahteraan 융성하다 makmur; sejahtera ¶융성해지다 menjadi makmur; memakmurkan

융숭하다(隆崇-) hormat setinggi-tingginya; sangat dihormati; mengagumi; sepenuh hati ¶융숭히 dengan hangat; ramah/융숭한 대접을 받다 diterima dengan ramah

융자(融資) peminjaman 융자하다 meminjami; memberi pinjaman ⊙ 융자금

pinjaman. 융자신청 permohonan (permintaan) pinjaman. 구제융자 pinjaman bantuan. 단기융자 pinjaman jangka péndék; pinjaman panggilan. 조건부 융자 pinjaman bersyarat

융통(融通) ①【융자】 pembiayaan; peminjaman; 【유통】 sirkulasi; 【증권 등】 négosiasi 융통하다 meminjamkan; meminjami ¶은행에서 돈을 융통하다 mendapat dana dari bank ②⇒ 융통성 kemampuan adaptasi; élastisitas; fléksibilitas; kepandaian beranéka ragam ¶융통성이 있다 fléksibel; tangan terbuka; liberal; bébas ⊙ 융통 력 kemampuan peminjaman

융합(融合) konvérgénsi; keselarasan; persatuan; perpaduan; penggabungan 융합하다 bergabung jadi satu; menjadikan satu; mempersatukan; berpadanan; berselaras dengan; berasimilasi

융해(融解) peleburan; leburan; pencairan; pembubaran 융해하다 melebur; mencair; melarut; menjadi cair ⊙ 융해열 panas penggabungan. 융해온도【점】suhu【titik】mencair (lebur cair)

융화(融化) pelunakan 융화하다 melunakkan

융화(融和) keselarasan; kerukunan; harmoni 융화하다 menyelaraskan; merukunkan

윷【놀이】*yut:* permainan empat tongkat ¶윷놀이하다 bermain *yut*

으깨다 meremas; melumatkan; melembutkan; mengadoni

으드득 ¶이를 으드득 갈다 menggertakan gigi

으뜸 ①【최고】 kepala; pertama; nomor wahid; puncak ¶으뜸가다 berada di puncak; menempati tempat pertama; rangking pertama; menjadi yang utama ②【기본】 dasar; pondasi; akar; inti ③【첩경】 cara terbaik; yang utama

으레 ①【관계적으로】 kebiasaan; biasanya; sudah tentu; yakin; secara alami; tanpa pertanyaan ②【어김없이】 selalu; setiap waktu

으로 ①【수단, 방법】 dengan; melalui; di dalam; di atas ②【원료, 재료】 dari ③【원인 · 결과 · 이유】 untuk; dengan; dari; karena ④【지위 · 신분 · 자격】 sebagai ⑤【변화】 dengan; dari ¶헌 것을 새것으로 바꾸다 mengganti lama dengan yang baru ⑥【방향】 ke; ke arah ⑦【근거 · 기준】 dengan; dari ¶겉모양으로 판단하다 menilai seseorang dengan penampilan ⑧【구성 · 연립】 terdiri dari; dibuat dari ⑨【내용】 dengan ¶설탕으로 가득 차다 penuh dengan gula

으르다 menakuti; mengancam; menakut-nakuti

으르렁거리다 ①【사나운 짐승이】 menggeram; menggertak ②【사람끼리 사납게 다투다】 berkelahi; bercékcok; bertengkar dengan

으름장 gertakan; ketakutan ¶으름장(을) 놓다 menggertak; menakut-nakuti; mengancam

으리으리하다 bagus sekali; megah; agung; mengagumkan

-으면 jika; bila; kapanpun¶시간이 있으면 jika kamu punya waktu

-으면서 ①【동작 · 상태의 겸함】sambil ②【-으나】 walaupun; meskipun ¶돈이 있으면서 walaupun punya uang

으스대다 kesombongan; membidang bahu; dalam sikap yang maha tinggi

으스름달 bulan yang redup ⊙ 으스름달밤 malam dengan sinar bulan yang redup

으스러뜨리다 dihancurkan

으스러지다 remuk; hancur

으스스하다 ①【춥다】 dingin; gemetar kedinginan ②【무섭다】 menakuti

으슥하다 terpisah; remang-remang; kehitam-hitaman; dalam; sepi ¶으슥한 곳 tempat yang sepi

으슬으슬하다 dingin; kedinginan

으슴푸레하다 redup; kabur; remang-remang; sedikit gelap; berkabut

으스대다 menyombong(kan); membual

으쓱거리다 ⇒ 으쓱하다

으쓱[1] 【추위 · 무서움으로】 dengan merinding ketakutan (kedinginan) 으쓱하다 mengerikan; membuat merinding; menakutkan

으쓱[2] ①【모르는 체하는 모양】 bahunya naik; angkat bahu ②【우쭐대는 모양】

mengangkat kepala; besar hati; bangga; dengan bahu naik penuh rasa bangga

윽박지르다 mengancam; menggertak; menyuruh diam; mendiamkan; menyudutkan 《dalam argumén》; berteriak sehingga orang berhenti bicara

은(恩) ①【은공】 kemurahan hati; kebaikan ②【은덕】 kemurahan hati dan hutang budi ③【은혜】 hutang budi; keramahan

은(銀) pérak ¶순은 pérak asli (murni)/은도금 lapisan pérak/은을 입힌 berlapis (berlapisan) pérak

은거(隱居) pengasingan diri; pénsiun dari kehidupan aktif

은공(恩功) cinta dan pengorbanan; jasa

은광(銀鑛) 【광산】 tambang pérak; bijih pérak

은괴(銀塊) pérak batangan

은근(慇懃) ①【정중】 kesopanan; kehormatan; (간절함) keinginan ②【남녀의 정·관계】 ¶은근히 secara rahasia; secara pribadi

은근슬쩍(慇懃-) diam-diam; sembunyi-sembunyi

은근짜 ①【매춘부】 pelacur; kupu-kupu malam ②【의뭉스런 사람】 orang yang licik (cerdik; lihai)

은닉(隱匿) penyembunyian; persembunyian 은닉하다 menyembunyikan ⊙ 은닉물자 barang (komoditas) yang disembunyikan

은덕(恩德) kebaikan; keramahan; kebajikan; sifat kemurahan hati

은덕(隱德) kebajikan dengan sembunyi-sembunyi (diam-diam; tersembunyi) ¶은덕을 베풀다 berbuat baik diam-diam; berbuat kebajikan kepada

은도금(銀鍍金) pelapisan dengan pérak 은도금하다 melapisi dengan pérak

은둔(隱遁) pengasingan diri; khalwat 은둔하다 mengasingkan diri; berkhalwat; mengundurkan diri dari kehidupan normal; menyita diri dari dunia (dari masyarakat) ⊙ 은둔생활 hidup pengasingan; hidup 《terpisah》 menyendiri. 은둔처 tempat pengasingan (pertapaan). 은둔자 pertapa; orang yang hidup menyendiri

은막(銀幕) layar pérak ¶은막의 여왕 ratu layar pérak; ratu film

은메달(銀-) médali pérak

은밀(隱密) 은밀하다 rahasia; tersembunyi; pribadi ¶은밀히 secara rahasia

은박(銀箔) tatahan pérak ⊙ 은박지 kertas pérak

은반(銀盤) ①【은쟁반】 piring pérak ②【달】 bulan ③【얼음판】 ring skating; gelanggang és ¶은반의 여왕 ratu di atas és; ratu skating

은발(銀髮) rambut pérak (putih); rambut abu-abu ¶은발의 rambut kepérakan

은방(銀房) toko pérak; toko perhiasan

은배(銀杯) piala pérak

은백(銀白) putih pérak

은분(銀粉) bubuk pérak

은붙이(銀-) barang-barang pérak

은빛(銀-) warna kepérak-pérakan

은사(恩師) guru yang dihormati; mantan guru; guru yang dulu

은사(隱士) pertapa

은세계(銀世界) dunia pérak; pemandangan bersalju

은세공(銀細工) kerajinan pérak

은수저(銀-) séndok dan sumpit perak

은색(銀色) warna pérak

은신(隱身) 은신하다【숨다】 menyembunyikan diri; bersembunyi ⊙ 은신처 tempat sembunyi; tempat persembunyian; tempat pengungsi

은실(銀-) benang pérak

은애(恩愛) keramahan dan rasa kasih

은어(隱語) bahasa kiasan; bahasa khusus; bahasa suatu golongan; bahasa rahasia; dialék ⊙ 십대의 은어 bahasa remaja

은연중(隱然中) secara diam-diam; secara rahasia; tanpa pengetahuan; tanpa sadar

은연하다(隱然-) terpendam; tersembunyi

은옥색(銀玉色) hijau muda

은유(隱喩) métafora; kiasan ¶은유적(으로) secara kiasan

은은하다(隱隱-) ①【향기·빛 등이】 remang-remang; samar-samar; tidak jelas ②【소리가】 samar; sayup-sayup; jauh dari telinga

은인(恩人) penolong; pelindung; orang yang telah melakukan kebaikan pada orang lain

은인(隱忍) kesabaran yang tabah; sabar 은인하다 menahan ¶은인자중하여 dengan sabar dan bijaksana

은일하다(隱逸-) menyembunyikan diri (bersembunyi) dari dunia; mengasingkan diri dari masyarakat

은자(隱者) pertapa

은잔(銀盞) cangkir perak; piala perak

은장도(銀粧刀) pedang (pisau) hiasan pérak

은전(恩典) hak khusus; hadiah khusus ¶특별 은전으로 dengan prioritas khusus

은전(銀錢) mata uang pérak

은정(恩情) kasih sayang yang penuh kebajikan

은종이(銀-) kertas pérak

은총(恩寵) karunia; rahmat ¶하느님의 은총 karunia (rahmat) Tuhan/은총을 입다 mendapat karunia (kemurahan)

은테안경(銀-眼鏡) kacamata yang berpinggiran (bergagang) pérak

은퇴(隱退) pénsiun dari posisi; pengunduran diri 은퇴하다 mengundurkan diri; mundur dari kehidupan aktif; 【권투 선수가】 pénsiun dari ring; 【연예인 등이】 pénsiun dari pentas; 【영화배우가】 pénsiun dari layar ¶정계에서 은퇴하다 mengundurkan dari dunia politik ⊙ 은퇴경기 pertandingan 《tinju》 perpisahan. 은퇴생활 hidup pénsiun. 은퇴 연주회 konsér perpisahan

은파(銀波) ombak yang putih kepérakan

은폐(隱蔽) persembunyian; penyamaran; perahasiaan 은폐하다 sembunyi; menyembunyikan; menutupi

은하(銀河) Galaksi ⊙ 은하계(係) sistém galaksi. 은하수 【은하 좌표】 koordinat galaksi

은행(銀行) bank ¶은행에 예금하다 menabung uang di bank/은행과 거래를 트다 membuka rekening bank ⊙ 은행가 bankir. 은행금리 suku bunga bank. 은행거래(銀行去來) rékening bank; transaksi bank. 은행대출 krédit bank. 은행업 perbankan. 은행신용장 krédit bank. 은행영업시간 jam buka (pelayanan) bank. 은행예금 déposito bank. 은행융자 pinjaman bank. 은행이자 bunga bank. 은행장 presidén (diréktur) bank. 은행창구 lokét bank. 상호저축은행 bank tabungan bersama. 중앙은행 bank séntral. 지방은행 bank lokal

은행(銀杏) gingko ⊙ 은행나무 pohon gingko. 은행잎 daun ginkco

은현(隱現) muncul dan hilang 《dengan cepat》 은현하다 kelihatan dan menghilang

은혜(恩惠) ①【신세 · 혜택】 karunia; berkat; anugerah; kebajikan ¶은혜를 입다 berhutang budi kepada/은혜를 갚다 membalas budi; membalas kebaikan ②【신의 은총】 anugerah

은혼식(銀婚式) perkawinan pérak ¶은혼식을 거행하다 merayakan perkawinan pérak

은홍색(隱紅色) mérah muda

은화(銀貨) mata uang pérak ⊙ 은화본위제 standar pérak

은회색(銀灰色) abu-abu kepérakan

을(乙) ①【십간의】 yang ke dua ②⇒ 을방(乙方) ③⇒ 을시(乙時) ④【성적】 "B" ke dua

을러메다 mengancam; menakut-nakuti; menakuti

을미(乙未) 【민속】 pasangan ke 32 dari lingkaran 60-an

을씨년스럽다 ①【보기에】 kelihatan jelék ②【살림이】 miskin; menyedihkan ③【날씨가】 muram; suram

을종(乙種) kelas B; kelas dua

-을지언정 【-을 망정】 walaupun; sekalipun

읊다 【시문을】 berdéklamasi; membacakan sajak; 【짓다】 membuat (menulis) sajak

읊조리다 membacakan 《puisi》

음(音) ①【소리】 suara; not ¶높은【낮은】음 suara tinggi 【rendah】/음의 고저 pola titi nada ②【한문의】 ¶음으로 읽다 membaca 《sifat-sifat Cina》 secara fonétis

음(陰) ①【동양철학】 "yin" prinsip alami 《wanita》 négatif; gelap; rahasia ②【수학】 signal negatif (minus) ③【알게 모르게】 ¶음으로 양으로 secara langsung dan tidak langsung

음각(陰刻) 【미술】 ukiran; pahatan; ukiran yang dikorék 음각하다 memahat; mengukir dengan mengorék

음감(音感) suara; bunyi; akustik ⊙ 음감교육 latihan akustik; latihan pendengaran suara (bunyi)

음경(陰莖) batang kemaluan laki-laki; zakar; batang pelir

음계(音階) skala musik; tangga nada ¶음계를 연습하다 (치다) bermain skala ⊙ 단음계 not minor. 반음계 not kromatis. 온음계 not penuh. 장음계 not mayor

음계(陰界) dunia kematian

음곡(音曲) pagelaran (pertunjukan; pementasan) musik

음극(陰極) kutub négatif; katoda ⊙ 음극선 sinar katoda. 음극판 lémpéng négatif

음기(陰氣) tenaga yin; tenaga perempuan; rasa dingin

음낭(陰囊) kantung kemaluan; kantung buah pelir

음녀(淫女) wanita cabul; wanita a susila

음담(淫談) pembicaraan cabul (kotor; cabur); pembicaraan mesum; cerita cabul ⊙ 음담패설(悖說) ⇒ 음담

음덕(陰德) kebaikan tersembunyi; perbaikan amal yang tidak diketahui orang lain; tindakan baik dirahasiakan ¶음덕을 베풀다 berbuat baik diam-diam

음덕(蔭德) kebajikan (kebaikan) nénék moyang

음독(音讀) pembacaan keras 음독하다 membaca dengan suara keras; membaca dengan bacaan Cina

음독하다(飮毒-) meminum racun ¶음독자살하다 melakukan bunuh diri (membunuh diri) dengan minum racun; meminum racun sampai mati

음란(淫亂) kemesuman; kecabulan 음란한 cabul; mesum ⊙ 음란물 pornografi. 음란 사이트 situs porno

음량(音量) volume suara

음력(陰曆) kalénder yang berhubungan dengan bulan (kamariah) ⊙ 음력설 hari tahun baru tahun kamariah

음료(飮料) minuman; sesuatu untuk diminum ¶음료에 알맞다 cocok (baik) diminum ⊙ 음료수 air yang dapat diminum; air minum; air untuk diminum. 알코올음료 minuman beralkohol; minum an keras

음률(音律) melodi; nada

음매 울다 menguak

음모(陰毛) rambut kemaluan

음모(陰謀) komplotan; sekongkol; gerombolan 음모하다 bersekongkol; berkomplot; bermufakat; bersekutu ¶음모에 가담하다 terlibat dalam persekongkolan ⊙ 음모자 orang yang berkomplot

음문(陰門) kemaluan wanita

음미(吟味) kenikmatan 음미하다 ①【시 등을】 menikmati ¶시를 음미하다 menikmati puisi/ 매 순간을 음미하다 menghargai (menikmati) setiap saat ②【음식을】 mencicipi; menikmati ¶포도주의 맛과 향을 음미하다 mencicipi rasa dan aroma anggur

음반(音盤) piringan hitam; rekaman; plat gramapon; diskét

음복(飮福) makanan sesajén

음부(淫婦) ⇒ 음녀(淫女)

음부(陰部) organ kemaluan; organ kemaluan; bagian pribadi (rahasia) ⊙ 외음부 organ kemaluan bagian luar

음산하다(陰散-) mendung dan dingin

음색(音色) warna bunyi; kualitas suara (bunyi)

음서(淫書) buku érotis; buku membuat gairah; 【총칭】 buku cabul; pornografi

음성(音聲) ①【언어】 ((bunyi)) fonétis bahasa ②⇒ 목소리 ⊙ 음성기관 organ vokal. 음성다중 방송 siaran multi fonétik. 음성 테스트 uji (tés) suara. 음성학 ilmu fonétik. 음성학자 ahli fonétik

음성(陰性) ¶음성적 rahasia; tertutup; gelap/음성의 【전기】 négatif; 【의학】 pasif ⊙ 음성거래 transaksi tidak sah (haram). 음성수입 penghasilan tambahan yang gelap (tidak sah). 음성콜레라 koléra pasif

음소(音素) foném ⊙ 음소기호 simbol fonémis. 음소론 fonémik

음속(音速) 【물리학】 kecepatan (vélositas) suara; kecepatan akustik ¶초(超)음속 kecepatan supersonik (ultra sonik)

음수(陰數) 【수학】 angka minus

음순(陰脣) labia; labium ⊙ 대【소】labium pudendi (kemaluan wanita) luar【dalam】
음습하다(陰濕-) gelap dan lembab
음식(飮食) makanan ¶음식에 손도 대지 않다 tidak makan sedikitpun; tidak sentuh pada makanan ⊙ 음식 문화 budaya makanan. 음식물 makanan (dan minuman). 명절음식 hidangan perayaan
음신(音信) berita; surat menyurat; komunikasi
음심(淫心) nafsu birahi; kecendrungan ke arah cabul (mesum)
음악(音樂) musik; seni musik ¶음악적(인) musikal ⊙ 음악가 musisi. 음악계 dunia musik. 음악당(堂) hall (gedung) konser. 음악애호가 pencinta musik. 음악회 konsér. 고전음악 musik klasik
음양(陰陽) ①【반대 성질】tenaga ganda kosmis; (소극과 적극) prinsip ganda negatif dan posisif ; (남성과 여성) prinsip lelaki dan perempuan)); (태양과 달) matahari dan bulan; (그늘과 양지) teduh dan terang ¶음양의 조화 keharmonisan prinsip lelaki dan perempuan ②【전기의】listrik negatif dan positif; katoda dan anoda ⊙ 음양가【장이】ahli nujum; peramal; tukang ramal
음영(陰影) bayangan; penggelapan
음욕(淫慾) hawa nafsu; rasa séksual; gairah séks ¶음욕을 채우다 memuaskan hawa nafsu
음용(飮用) ¶음용의 untuk (tujuan) diminum/음용에 적당하다 dapat diminum; cocok (baik) diminum ⊙ 음용수(水) air ((untuk)) minum
음운(音韻) suara vokal; struktur (bentuk) fonologi dari kata ⊙ 음운론 (언어학) fonémik; fonologi. 음운학 ilmu fonologi; ilmu yang mempelajari bunyi suara. 음운학자 ahli fonologi
음울(陰鬱) kesuraman 음울하다 suram redup; suram; murung; tak bergairah; melankolis; bersedih
음으로(陰-) secara pribadi; secara tidak langsung; secara diam-diam ¶음으로 양으로 langsung dan tidak langsung; secara umum dan secara pribadi
음자리표(音-標)【음악】kunci musik ⊙ 높은음자리표 kunci G *treble*
음전 tingkah laku (ucapan) yang bermartabat (wajar) 음전하다 bermartabat; sopan
음전기(陰電氣) arus listrik négatif
음전자(陰電子) éléktron négatif
음절(音節) suku kata ¶음절로 나누다 membagi ke dalam suku kata ⊙ 단음절 suku kata tunggal
음정(音程) interval musik ¶음정이 맞다【틀리다】seirama【tidak seirama】
음조(音調) nada; lagu; modulasi; irama ¶음조가 좋은 bermelodi; berbunyi
음주(飮酒) minuman ¶음주 가무를 즐기다 menyukai minum, menyanyi, dan menari 음주가 peminum. 음주벽 kebiasaan minum. 음주운전: 음주운전을 하다 mengemudi dalam keadaan mabuk. 음주운전자 pengendara (pengemudi) yang mabuk
음지(陰地) tempat yang teduh ¶음지와 양지 tempat yang teduh dan yang terang
-음직하다 baik untuk ((dilakukan)) ¶수박이 먹음직하다 Semangka kelihatan bagus (énak) dimakan
음질(音質) kualitas (mutu) suara; kualitas (mutu) bunyi
음치(音癡) pekak suara; kurang mampu akan musik; buta nada ¶음치이다 tidak mampu menyanyi
음침하다(陰沈-) mendung; gelap; suram; muram
음탐(淫貪) seléra cabul 음탐하다 bernafsu
음탕(淫湯) ketidak-senonohan; penyeléwéngan susila; kejangakan 음탕하다 cabul; penuh berahi; bermoral bejat; jangak; tidak senonoh ¶음탕한 눈으로 보다 melihat orang penuh berahi
음파(音波) gelombang (sonik) bunyi ¶음파를 내다 mengeluarkan gelombang suara ⊙ 음파측정 fonométer. 음파탐지기 sonar
음판(陰板) piringan negatif
음표(音標) not musik; skor musik; notasi ⊙ 2분 음표 not setengah. 8분 음표 not ke 8
음표문자(音標文字)【언어】alfabét (tanda; simbol) fonétis

음해(陰害) kerusakan yang timbul secara rahasia 음해하다 merusak (menyakiti) secara diam-diam
음행(淫行) tindakan cabul (tak bermoral; dosa)
음향(音響) suara; bunyi ¶음향을 막은 벽 dinding kedap suara; penyerap suara (bunyi) ⊙ 음향설비 fasilitas suara. 음향조절 kontrol suara. 음향효과 éfék suara (bunyi-bunyian); akustik
음험하다(陰險-) curang; licik; lihai; bermuka dua; munafik; penuh akal; khianat
음화(陰畵) gambar porno
음훈(音訓) pengucapan dan arti ((huruf Cina))
음흉(陰凶) kecurangan 음흉하다 curang; licik; lihai ⊙ 음흉주머니【마음씨 음흉한 사람의 별명】"ular di rumput"
읍(邑) kecamatan ⊙ 읍사무소 kantor kecamatan. 읍민(邑民) warga (masyarakat) kecamatan. 읍장 camat
읍(揖) membungkuk hormat dengan tangan di depan
읍내(邑內) di kota
읍소하다(泣訴-) memohon dengan sangat
응 ①【대답】uh-huh; yah; ya; benar; ok;【부정】tidak ¶응 꼭 갈께 Oh ya, saya akan datang. ②【대답을 구할 때】ok?; huh?
응결(凝結) pembekuan; pengentalan; penggumpalan 응결하다 membeku; mengental; menggumpal ⊙ 응결 물 hasil pengentalan. 응결 점 titik beku
응고(凝固) pengerasan; pemadatan; penggumpalan 응고하다 mengeras; memadat; menggumpal ⊙ 응고점【빙점】titik beku. 응고 제 pembeku; pengental
응급(應急) keadaan darurat; pengganti sementara ¶응급의 darurat; (임시의) sementara ⊙ 응급병원 rumah sakit darurat. 응급실 ruang gawat darurat. 응급치료 pertolongan pertama pada saat kecelakaan. 응급환자 pasién gawat
응낙(應諾) penerimaan; persetujuan; izin 응낙하다 memberi izin; mengizinkan; menyetujui
응달 tempat teduh; sisi yang teduh; naungan ¶응달이 지다 diteduhi; dinaungi; dilindungi
응답(應答) jawaban; balasan; sahutan 응답하다 menjawab; menyahut ¶자동 응답기 mesin penjawab ⊙ 응답자 orang yang menjawab; résponden. 질의응답 tanya-jawab; pertanyaan dan jawaban
응당(應當) tentu; pasti; penting ¶응당해야 할 일 yang harus dilakukan
응대(應對) ①【남의 말에】jawaban; balasan; tanggapan 응대하다 menjawab; membalas; menanggapi ②【면접】wawancara; tanya-jawab 응대하다 berwawancara; berbicara secara pribadi; bertemu dan bicara ③【응접(應接)】penyambutan 응대하다 menyambut
응모(應募) lamaran; abonemén 응모하다 melamar ⊙ 응모자(應募者) pelamar; pelanggan; sukarélawan. 현상응모원고 naskah yang dimasukkan untuk mendapatkan hadiah
응보(應報) balas jasa; ganti rugi; pembalasan keadilan
응분(應分) ¶응분의 pantas; yang sebanding; cocok; sesuai dengan keadaan (posisi; kemampuan; cara) ¶응분의 대우를 받다 diberi perlakuan yang pantas
응사(應射) témbakan balasan; réaksi atas témbakan yang lain 응사하다 menémbak kembali; membalas témbakan
응석 ¶응석 받다 manja/응석 부리다 bertingkah seperti anak manja; memanjakan /응석받이로 키우다 mengasuh dengan memanjakan ⊙ 응석 꾸러미【응석동이 · 응석받이】anak manja
응소(應召) 응소하다 mematuhi (memenuhi) panggilan ⊙ 응소자【병】orang【tentara】yang dipanggil
응수(應酬) jawaban; balasan; tanggapan;【말대꾸】; jawaban 응수하다menjawab; menanggapi
응수(應手) tindakan balasan 응수하다 membuat tindakan balasan
응시(凝視) tatapan; pandangan yang mantap; fiksasi visual 응시하다 menatap; memandang
응시(應試) 응시하다 mendaftar untuk ujian; melamar ujian ⊙ 응시자 pengikut (pelamar) ujian; peserta ujian

응애응애 ¶응애응애 울다 meréngék
응어리 ①【근육의】 otot yang kaku (kejang); kekakuan di otot ¶응어리지다 mengejang; menjadi kejang ②【감정의】rasa dendam kesumat; perasaan tidak énak ③【과일 등의】 inti sari ⦅buah⦆ ④【사물의】 pokok (inti; titik; dasar) permasalahan; hati (sari; inti; inti soal) masalah
응얼거리다 berkomat-kamit; menggerutu
응용(應用) penerapan; pemakaian; prakték 응용하다 mempraktékkan; menerapkan ¶응용할 수 있는 dapat diterapkan; praktis/응용 범위가 넓은 berpenerapan luas ⊙ 응용과학【수학】 ilmu terapan【matematika】. 응용문제 soal penerapan (praktis)
응원(應援) ①【운동경기】 sorakan; dukungan; pertolongan; bantuan 응원하다 menolong; mendukung; membantu; menyorak ②【지지, 격려】 ¶응원을 청하다 meminta untuk mendukung ⊙ 응원가 lagu pendukung; nyanyian simpatisan. 응원단 kelompok (grup) pendukung; kelompok para simpatisan. 응원단장 pemimpin (ketua) kelompok pendukung (simpatisan). 응원석 séksi (kursi) pendukung (penyokong; penggemar; pendorong)
응전(應戰) réspon 응전하다 menerima tantangan (pertempuran); membalas témbakan; merérespon (membalas) témbakan musuh
응접(應接) wawancara; penyambutan 응접하다 mengadakan tanya-jawab; menyambut ⊙ 응접시간 jam panggilan. 응접실 kamar(ruang) tamu: 응접실로 안내하다 mengantar ke kamar tamu; menunjukkan kamar untuk tamu
응집(凝集) kohési; kepaduan; kondénsi; pengembunan 응집하다 memadu; mengkohési; memadat; menjadi padat; mengembun ⊙ 응집력 kepaduan; daya kohési: 응집력이 있는 berpadu; kohésif
응징(膺懲) pembalasan; hukuman 응징하다 membalas; menghukum
응축(凝縮) 응축되다 ①【한곳에 집중되다】 dikondénsasikan; termuat ②【기체가 액체로】 kondénsasi; pengembunan 응축하다 memadat; menjadi padat; mengembun ⊙ 응축기 kondénsor; alat penerima dan penyimpan strom listrik
응하다(應-) ①【대답하다】 menjawab; menyahut;【순종하다】 mematuhi; mentaati; menurutkan ②【승낙하다】 menerima; mengabulkan; menyetujui ¶요구【제의】에 응하다 mengabulkan permintaan【proposal】 ③【비례하다】 menurut; cocok; sesuai; dapat disamakan; sama; bersamaan ④【응모하다】 memohon; melamar ⑤【필요 · 수요에】 mencapai ¶수요에 응하다 mencapai permintaan
응혈(凝血) gumpalan darah; darah beku 응혈하다 menggumpal; membeku darah
의(衣) pakaian ⊙ 의생활 kebiasaan(kehidupan) berpakaian
의(義) ①【바른 도리】 keadilan; kebenaran; (덕의) kesusilaan; moralitas; (신의) kepercayaan; (의기) kekesatriaan; kesopanan ②【맺혀진 관계】 hubungan; ikatan ¶친구의 의(義) ikatan persahabatan ③【뜻】 rasa; arti; pengertian; makna
의(誼)【사이】 hubungan; keintiman ¶의가 좋다 dalam keharmonisan
의(醫) prakték medis;【의사】 dokter
의 ①【소유 · 소속】 kepunyaan; dari; milik ②【…에 관한】 di; dalam; pada; di atas ¶ ③【…에 대한, …에 달하는】 untuk; pada ¶두통의 약 obat untuk sakit kepala ④【작자】 oléh ¶헤밍웨이의 소설 novél ⦅ditulis⦆ oléh *Hemingway* ⑤【재료】 dari ⑥【…이라하는】 dipanggil ¶참수(斬首)의 형(刑) hukum penggal léhér ⑦【사람의 관계】 antara; dan ⑧【…에 있는, 장소 관계】 di ⑨【시간의 관계】 dari; di ⑩【…산출의】 dari; diproduksi ⑪【…와 같은】 seperti ¶클레오파트라의 미 cantik seperti *Cleopatra*
의거하다(依據-) sesuai dengan; memenuhi; berdasar(kan); bergantung
의걸이(衣-) ⇒ 의걸이 장 lemari pakaian
의견(意見) pendapat; buah pikiran; pertimbangan; konsépsi ¶내 의견으로는 menurut pendapat saya; menurut pandangan saya
의결(議決) keputusan; résolusi 의결하다

memutuskan; memecahkan ⊙ 의결기관 Badan Légistatif. 의결 문 surat résolusi

의경(義警) polisi yang diwajibkan oléh pemerintah

의과(醫科) jurusan kedokteran; jurusan médis ((dari universitas)) ⊙ 의과대학 fakultas kedokteran

의관(衣冠) pakaian dan topi ¶의관을 갖추다 berpakaian dalam seragam penuh; dengan baju lengkap

의구하다(依舊-) tetap seperti semula; tetap tak berubah

의구(疑懼) keprihatinan; ketakutan; kecurigaan 의구하다 khawatir; takut; prihatin; gelisah; mencurigai ⊙ 의구심 was-was; keraguan; syak wasangka

의기(義氣) jiwa yang berani; jiwa pahlawan; kesopanan; 【공공심】 semangat umum ¶의기의 사나이 laki-laki bersemangat

의기(意氣) akal; jiwa; semangat ¶의기왕성하다 bersemangat tinggi

의기상투(意氣常套) pengertian kedua belah pihak; daya tarik menarik 의기상투하다 menemukan kesamaan

의기소침(意氣小針) deprési (kekurangan) semangat 의기소침하다 berada dalam semangat (keberaniannya) lemah (deprési); keadaan terkulai; tertekan semangat; putus asa; patah semangat

의기양양(意氣揚揚) semangat tinggi; kegembiraan; kejayaan 의기양양하다 jaya; bangga; gembira

의기충천하다(意氣衝天-) semangatnya naik ke langit; berada dalam semangat yang meriah (tinggi; menjulang; besar)

의기투합하다(意氣投合-) sepikiran dan cocok

의논(議論) konsultasi; musyawarah 의논하다 berkonsulitasi; bermusyawarah ⊙ 의논 상대: 의논할 상대가 없다 tidak punya seorang pun untuk berkonsultasi

의당(宜當) tentu saja; secara alami; pantas; dengan wajar; seharusnya ¶의당 받을 것을 받다 menerima yang harus (pantas) diterima

의대(醫大) Universitas Kedokteran ⊙ 의대생 mahasiswa kedokteran

의도(意圖) tujuan; maksud; kehendak; hasrat 의도하다 bermaksud; berkehendak; bertujuan ¶의도적 bermaksud; dengan sengaja; waspada

의례(儀禮) upacara; resmi ¶통과의례 ritus hidup/ 의례적 sérémonial ⊙ 가정의례 ritual keluarga

의론(議論) diskusi; tukar pendapat 의론하다 berdiskusi; bertukar pendapat

의롭다(意-) adil; benar

의뢰(依賴) ①【부탁】 permintaan; permohonan 의뢰하다 memohon; meminta ②【맡김】 kepecayaan 의뢰하다 mempercayakan; memesan ③【의지함】 ketergantungan; keandalan 의뢰하다 bergantung (mempercayakan) pada; berbalik pada; mengharap ⊙ 의뢰서 permintaan (permohonan) tertulis. 의뢰심 sifat ketergantungan

의료(衣料) pakaian ⊙ 의료비 biaya pakaian

의료(醫療) perawatan médis; pelayanan kesèhatan; pengobatan ¶농촌 의료봉사 tenaga sukaréla médis untuk masyarakat perdésaan ⊙ 의료기 peralatan médis; 【외과용】 peralatan operasi. 의료보험 asuransi keséhatan. 의료비 biaya perawatan médis; rékening dokter; biaya médis. 의료사고 malpraktik médis. 의료수가(酬價) biaya (ongkos) médis (pengobatan); biaya untuk perawatan médis; rékening dokter. 의료수가 규정【기준】 peraturan biaya médis. 의료 실 ruang klinik

의류(衣類) pakaian

의리(義理) prinsip kebenaran; perasaan moral; perasaan hormat; kewajiban; keadilan; intégritas; loyalitas ¶의리가 있다 adil; setia; jujur dengan tugas

의모(義母) ibu tiri

의무(義務) kewajiban; tugas; tanggung jawab ¶의무적으로 wajib; dari tugas ⊙ 의무감 rasa tanggung jawab; perasaan bertugas. 의무교육 pendidikan wajib. 의무연한 masa dinas (pengabdian) wajib. 의무자 orang yang bertanggung jawab; orang yang berkewajiban

의무(醫務) urusan médis; perkara keséhatan ⊙ 의무국 biro médis. 의무실 ruang médis; klinik

의문(疑問) pertanyaan; keraguan ¶의문의 sangsi; ragu-ragu; diragukan/의문의 인물(수상한) orang yang dicurigai; (수수께끼의) orang mistérius/의문을 품다 menaruh kesangsian (keraguan); meragukan ⊙ 의문문 kalimat pertanyaan. 의문부【표】 tanda tanya. 의문사(詞) introgatif

의문사(疑問死) kematian dengan mistérius

의뭉스럽다 busuk pikiran; licin; licik

의미(意味) ①【뜻】 arti; makna 의미하다 berarti ¶의미 있는 berarti; penuh arti; penting ②【가치, 의의】 penting; berarti; penting ¶의미 없는 tak berarti; tanpa makna

의법(依法) sesuai dengan hukum ⊙ 의법처분 tindakan yang sesuai dengan hukum

의병(義兵)tentara (pasukan) sukaréla; sukarélawan

의복(衣服) pakaian; busana ¶의복을 입다 memakai(memasang) pakaian; berpakaian ⊙ 의복 비 biaya pakaian

의부(義父) ayah tiri; 【수양아비】 ayah angkat

의분(義憤) kemarahan atas ketidakadilan

의붓 tiri ⊙ 의붓딸 putri tiri. 의붓아들 putra tiri. 의붓아비 ayah tiri. 의붓어미 ibu tiri. 의붓자식 anak tiri

의사(意思) maksud; kehendak; pandangan; pendapat ¶의사가 없다 tidak ada maksud; tidak bermaksud /의사를 표시하다 【보이다】 menyatakan 【menunjukkan】 maksud ⊙ 의사소통 kpmunikasi

의사(義死) kesyahidan demi keadilan ⊙ 의사자 orang yang berani terbunuh untuk menyelamatkan nyawa dan barang orang lain

의사(醫師) dokter ¶의사를 부르다 memanggil dokter/의사의 치료를 받고 있다 mendapat pengobatan dari dokter; dalam perawatan ⊙ 의사면허 surat izin médis; surat izin prakték. 단골의사 dokter langganan. 돌팔이의사 dukun; tukang obat. 전문 의사 dokter spésialis

의사(議事) pertimbangan; konsultasi; konferénsi; 【심의 사항】 pokok pembahasan ⊙ 의사당 ruang sidang: 국회 의사당 gedung DPR. 의사록 buku laporan; laporan sidang. 의사봉 palu sidang. 의사일정 agénda sidang

의사(義士) ⇒ 열사 martir yang patriotik

의사(疑似) yang mencurigakan; yang dicurigai ⊙ 의사콜레라 koléra semu

의상(衣裳) pakaian; busana ⊙ 무대의상 kostum teater (panggung). 신부의상 gaun pengantin

의서(醫書) buku keséhatan; buku kedokteran

의석(議席) kursi parlemén ¶의석을 차지하다【선거에서】 memenangkan kursi (tempat)

의성어(擬聲語) onomatopé; kata-kata untuk menirukan bunyi

의수(義手) lengan (tangan) palsu ¶의수를 하다 memakai tangan palsu

의술(醫術) keahlian kedokteran; kepandaian médis; prakték kedokteran ¶의술은 인술이다 Ilmu kedokteran adalah tindakan penuh kebaikan.

의식(衣食) pakaian dan makanan; pangan dan sandang

의식(意識) kesadaran 의식하다 sadar ¶의식을 회복하다 (되찾다) menjadi sadar kembali; pulih kesadaran ⊙의식개혁 réformasi kesadaran. 의식구조 cara pikir; garis pikiran

의식(儀式) upacara

의식주(衣食住) pangan, sandang dan perumahan (wisma); makanan, pakaian, dan tempat tinggal; kebutuhan hidup

의심(疑心) keraguan; kecurigaan; kesangsian; syak wasangka 의심하다 ragu; curiga; sangsi ¶의심 없는 tidak diragukan/의심스럽다 mencurigakan ② 【혐의】 kecurigaan ¶의심을 받다【사다】 dicurigai

의아(疑訝) 의아하다, 의아스럽다 ragu; curiga; meragukan; mencurigakan

의안(義眼) mata palsu; mata buatan; mata kaca

의안(議案) rancangan undang-undang

(U.U) ¶의안을 (의회에) 제출【상정】하다 menyerahkan【mengajukan】rancangan (ke sidang)

의약(醫藥)【약, 약품】obat; fisik;【의술과 약품】prakték kedokteran dan penyebaran farmasi; bidang kesébatan ⊙ 의약분업 pemisahan apotik dengan prakték dokter. 의약품(品) obat-obatan

의업(醫業) profési médis

의역(意譯) terjemahan bébas 의역하다 menterjemahkan secara bébas

의연(義捐) sumbangan; donor ⊙ 의연금 kontribusi; sumbangan; donor; derma: 수해 의연금 dana bantuan untuk korban banjir

의연(毅然) ¶의연한 태도 sikap yang berani (pasti; teguh)

의연히(依然-) seperti biasanya; seperti yang diingat;【아직】masih;【다름없이】seperti sebelumnya ¶의연히 dengan teguh; dengan pasti; dengan bangga; dengan sikap yang berani

의열(義烈) semangat (jiwa) ningrat; kepahlawanan; kekesatriaan 의열하다 mulia; berani; kesatria

의예과(醫豫科) prakedokteran; kursus sebelum masuk fakultas kedokteran 의예과 학생 mahasiswa sebelum kuliah kedokteran; pramahasiswa kedokteran

의외(意外) ¶의외의 tidak diduga; tidak terduga; tidak diharapkan; kejutan/의외의 일 yang mengheranhkan

의욕(意慾) kemauan; keinginan; ambisi; semangat ¶의욕적인 ambisius

의용(義勇) kepahlawanan; keberanian berkorban ⊙ 의용군 tentara (prajurit) sukaréla; sukarélawan; wajib militér

의원(依願) menurut permintaan ⊙ 의원면직 pengunduran permintaan; pemberhentian atas kemauan sendiri

의원(醫院) tempat prakték dokter; rumah sakit

의원(醫員) dokter

의원(議員) anggota majelis; anggota Majelis National; anggota Déwan Perwakilan Rakyat; anggota kongrés; anggota parlemén

의원(議院) Parlemén; Déwan ⊙ 의원내각제 pemerintahan parleméntér. 의원제도 sistém parleméntér

의의(意義) arti; tanda; maksud

의인(義人) orang yang jujur (budiman); orang yang bersemangat sosial; syahid

의인(擬人) personifikasi ¶의인화하다 mempersonifikasi ⊙ 의인법 ⇒ 의인

의자(椅子) kursi; bangku ⊙ 의자커버 penutup kursi. 흔들의자 kursi goyang

의장(衣欌) lemari pakaian

의장(意匠) disain《dékoratif; artistik》⊙ 의장가 disainer. 의장등록 pendaftaran disain

의장(儀仗) pengawal ⊙ 의장대(병) pengawal kehormatan; pengawal militér ¶의장대를 사열하다 memeriksa (meninjau) pengawal kehormatan

의장(議長) presidén; ketua; pembicara;【호칭】Pak Ketua; Pak Pembicara ¶의장이 되다 menjadi ketua/의장에 취임하다 mengambil alih jabatan kepresidénan

의장(議場) ruang sidang; ruang pertemuan; Déwan Perwakilan

의적(義賊) perampok yang sangat sopan; perampok budiman

의전(儀典) protokol ⊙ 의전 관 pembawa acara; staf acara. 의전비서 sékretaris protokol. 의전실(室) kantor protokol

의절(義絕) perpisahan yang sah; pemutusan persahabatan; perpecahan 의절하다 memutuskan hubungan baik; memungkiri; berpisah dengan sah; tidak mengakui《anaknya》¶의절당하다 dipungkiri; dibuang dari keluarga; ditinggalkan

의젓이 dengan cara yang sopan (benar, serius)

의젓하다 berwibawa ¶의젓하게 걷다 berjalan dengan langkah pelan dan anggun

의정(議定) persetujuan dengan konferénsi; keputusan dengan musyawarah 의정하다 rapat dan memutuskan; berunding dan menyetujui ⊙ 의정서【국제 공문서】protokol; surat perjanjian

의정(議政) badan pembuat undang-undang ¶의정단상에 서다《dipilih》menjadi anggota Majelis

의제(義弟) adik angkat
의제(議題) topik pembicaraan; subyék (topik; hal) diskusi; pokok perbincangan; pokok agénda
의족(義足) kaki palsu; kaki kayu; kaki buatan
의존(依存) ketergantungan 의존하다 bergantung; bersandar pada ⊙ 상호의존 saling bergantung; sandar-menyandar
의좋다(宜-) ¶이웃과 의좋게 지내다 mempertahankan hubungan baik dengan tetangga
의중(意中) pikiran (perasaan; hati) yang dalam ¶의중을 떠보다 menjajaki hati; menduga pandangan/의중을 밝히다 membuka hati; menceritakan diri
의지(依支) pertolongan; dukungan; sokongan; ketergantungan; kepercayaan 의지하다 bergantung pada ¶의지가 되다 menjadi tempat bersandar; dapat bergantung
의지(意志) keinginan; kemauan; maksud; pikiran; kehendak; tékad ¶불굴의 의지 keinginan yang kuat (gigih) ⊙ 의지력 daya keinginan
의지가지없다 tidak ada tempat bergantung
의처증(疑妻症) kecurigaan terhadap kesucian istrinya; kecurigaan tanpa dasar akan kejujuran isterinya
의치(義齒) gigi palsu; gigi buatan
의탁하다(依託-) bergantung pada; mempercayakan diri pada
의표(意表) ¶의표를 찌르다 mengejutkan seseorang
의하다(依-) ①【의존하다】 bergantung pada ②【의거하다】 berdasarkan pada ¶소문에 의하면 berdasarkan gosip (desas-desus) ③【인(因)하다】 karena; disebabkan oléh; diakibatkan oléh
의학(醫學) ilmu kedokteran ¶의학적으로 secara médis ⊙ 의학계 bidang (dunia) ilmu kedokteran. 의학생【도】 mahasiswa kedokteran
의향(意向) maksud; tujuan; hasrat; niatan ¶의향이 있다 bermaksud
의협(義俠) keberanian; kekesatriaan; keperwiraan; kepahlawanan ⊙ 의협심 jiwa kesatria
의형제(義兄弟) saudara angkat
의혹(疑惑) keragu-raguan; kecurigaan ¶의혹을 품다 menaruh kecurigaan; mencurigai
의회(議會) Déwan Perwakilan Rakyat; parlemén ¶의회를 해산하다 membubarkan sidang DP ⊙ 의회민주주의 demokrasi parleméntér. 의회정치 sistém pemerintahan parleméntér. 특별의회 Sidang Majelis Istiméwa
이[1] ①【치아】 gigi ¶이가 아프다 gigi sakit/이를 쑤시다 mencungkil gigi/이를 악물다 mengatupkan gigi ②【톱니】 gigi gergaji ③【그릇 · 연장 등의】 pinggiran yang pecah-pecah; sumbing
이[2] ①【벌레】 kutu ¶이가 끓다 penuh dijalari kutu; berkutu ②【비유적】 ¶이 잡듯 뒤지다 menjelajahi 《suatu tempat》 untuk mencari; memeriksa
이(利) ①【이문】 laba; keuntungan; untung ¶이가 남다 membawa keberuntungan; menghasilkan laba ②【유익】 keuntungan ¶이가 되다 untung; memberinya kebaikan ③【이자】 bunga
이(理) ①【사리 · 도리】 alasan; sebab; dasar ②【이치 · 법칙】 prinsip ¶음양의 이 prinsip positif dan negatif
이[3] orang ¶읽는 이 orang yang membaca; pembaca
이[4] ①【관형어로서】 ini; itu ¶이 달 bulan ini ②【명사로서】 ini; itu
이(二, 貳) dua
이가(二價)【화학】 dwi atom
이간(離間) pemisahan; perenggangan; pengasingan ¶이간 붙이다 menyebabkan bertengkar (berselisih); memisahkan; menjauhkan; mengasingkan ⊙ 이간장이 pembuat masalah (kacau)
이간질(離間-) hal untuk menciptakan pertikaian; tindakan pengasingan 이간질하다 memainkan peran memecah belah; membuat kacau
이감하다(移監-) memindahkan 《narapidana》 ke penjara lain
이것 ①ini; yang ini ¶이것 참 Oh, Tuhan! atau Ya, Allah! ②【사람을 얕잡아 부르는 말】 ¶이것 좀 봐 Lihat sini 《waktu

memanggil)).

이것저것 ini dan itu; sesuatu atau yang lain

이겨내다 dapat ditahan; menyelesaikan (mengatasi) ((rintangan)); melawan (menaklukkan) ((godaan)) ¶병을 이겨내다 sembuh dari sakitnya/자기를 이겨내다 mengontrol diri sendiri

이견(異見) perbédaan pandangan (pertikaian; pendapat); 【이의】 protés

이겹실 benang berpilin dua

이경(二更) sekitar pukul 10 malam

이골 나다 menjadi biasa: menjadi berpengalaman dalam; ahli akan

이곳 tempat ini; di sini

이공(理工) ilmu pengetahuan dan téknik ⊙ 이공계 ilmu alam dan téknik. 이공과【대학】 jurusan ilmu pengetahuan dan téknik.

이과(理科) jurusan ilmu pengetahuan alam; ilmu alam ⊙ 이과대학 Akadémi Ilmu Alam

이관(移管) pemindahan; transfer kontrol ((yurisdiksi)) 이관하다 memindahkan; mentransfer kontrol (pengawasan)

이교도(異教徒) orang bida' ah; orang kafir

이구동성(異口同聲) ¶이구동성으로 dengan suara bulat; persesuaian

이국(異國) tanah asing; negara asing ¶이국적 éksotis ⊙ 이국사람 orang asing. 이국정서 suasana (perasaan) éksotis; éksotisme

이권(利權) hak istiméwa; keuntungan; 【광산 · 철도 부설의】 konsési ¶이권 다툼을 벌이다 berusaha keras untuk memperoléh keuntungan

이글거리다 ①【불 빛 등이】 membakar ②【정열 · 분노 등이】 bersemangat kuat; berbakar; menyilaukan; berkobar ¶그의 눈은 노여움으로 이글거렸다 Matanya bersinar marah.

이글루 rumah salju bangsa Eskimo

이급(二級) kelas dua; tingkat dua

이기(利己) hal mementingkan diri sendiri ¶이기적 égois; mementingkan diri sendiri ⊙ 이기심 jiwa égois; keégoisan. 이기주의 égoisme; faham mementingkan diri sendiri. 이기주의자 orang yang égois; orang yang mementingkan diri

이기(利器) ①【편리한 기구】 alat-alat modérn; fasilitas peradaban; kemudahan ②【재능】 kemampuan praktis; bakat yang berguna ③【잘 드는 연장】 alat berisi tajm

이기(理氣) 【철학】 "prinsip-prinsip dasar" dan "kekuatan suasana" alam; kecenderungan alam pada kebaikan atau kesialan

이기다[1] ①【승리하다】 menang; mendapat kemenangan ¶겨우 이기다 menang tipis ②【이겨냄】 ⇒ 이겨내다

이기다[2] ①【반죽하다】 mengadoni; meramas; mengungguli ((adonan)); mencampur bersama ②【짓이기다】 mencincang; menghancurkan; menjadi bubur; 【짓찧다】 menumbuk hingga menjadi potongan-potongan

이기죽거리다 memberi koméntar yang menyakitkan hati; membuat sakit hati ((liuk)); mengatakan sindiran tak langsung

이까짓 begitu réméh; demikian sepélé ¶이까짓 것 yang sepélé ini

이끌다 ①【어떤 방향으로 인도하다】 membimbing; memimpin; mengepalai; mempelopori; memandu ②【단체 등을 통솔하다】 memimpin

이끌리다 ①【감정 · 자극 등에】 menjadi kendali; berpengaruh ②【남에게】 diajak; dipimpin; dibimbing

이끼 lumut ¶이끼가 끼다 berlumut

이나 ①【그러나】 namun; tetapi; walaupun; mending((an)) ②【정도】 sebanyak; sejauh; tidak kurang dari ¶세 살이나 위이다 lebih tua tiga tahun ③【선택】 atau; apakah begini atau begitu

이나마 biarpun; walaupun

이날 hari ini

이날저날 hari ini dan hari itu: dari hari ke hari

이남(以南) selatan; Korea Selatan ¶한강이남 sebelah selatan dari Sungai Han

이내 ①【바로】 dengan segera; dalam seketika ②【내쳐】 sejak; selama

이내(以內) dalam; di dalam; kurang dari

이냥 seperti ini; masih

이념(理念) ideologi; ajaran; cara berfikir; idé ¶이념적 secara idéologis

이놈 orang terkutuk ini ¶이놈아 Kamu bangsat. *atau* Kamu bajingan.

이농(離農) 이농하다 keluar pedésaan; berhenti bertani ⊙ 이농농가 petani yang berhenti bertani

이뇨(利尿) pembuangan air kecil ⊙ 이뇨제 obat yang bersifat diuretik (membuat sering buang air kecil)

이니 dan; atau

-이니(까) maka

이니셜 huruf awal; paraf; parap

이니시어티브 inisiatif ¶이니시어티브를 잡다 mendahului; mengambil inisiatif

이다[1] membawa (meletakkan) di kepala; menjunjung

이다[2] menutup; mengatapi; memasang ubin ; memberi atap dari jerami

-이다 ①【지정하는 말】 adalah ②【…이 되다】 menjadi; datang ③【수량이】 nomor; berat; ukuran

이다지 seperti ini: dengan cara ini; sangat ((banyak)); sebanyak ini

이단(異端) kekafiran; keingkaran ①【유교에서】 semua ajaran yang tidak cocok dengan Konfuchu ②【기타 종교의】 tidak berTuhan ¶이단을 배격하다 melawan bid'ah ③【사람】 orang bid'ah; orang kafi ¶이단시(視)하다 dianggap tak berTuhan ⊙ 이단자 orang ingkar

이달 bulan ini

이대로 seperti ini; sebagaimana; utuh; asli; seperti adanya sekarang ¶이대로 가면 kalau terus seperti ini

이데올로기 idéologi ¶이데올로기의 idéologis

이도(吏道) tugas pegawai ⊙ 이도쇄신 rénovasi (perombakan) kepegawaian

이동(以東) sebelah timur

이동(移動) pemindahan ①【움직임】 이동하다 pindah; berpindah; bermigrasi ②【직책 등의】 pemindahan pejabat ((pegawai)) ⊙ 이동도서관 perpustakaan keliling. 이동무대 pentas (panggung) bergerak (berpindah). 이동병원 rumah sakit (PUSKESMAS) keliling. 이동식 tipe (gaya) yang berpindah (dapat dibawa; bergerak); sistém pindah. 이동전화 télépon selulér. 이동진료소 klinik keliling. 인구이동 perpindahan (migrasi) penduduk

이득(利得) laba; untung ⊙ 부당이득 laba yang berlebihan

이듬 berikutnya ⊙ 이듬해 tahun berikut; tahun depan

이등(二等) ke dua ¶이등의 nomor dua; ke dua ⊙ 이등 상 hadiah (juara) ke dua. 이등선실 kabin kelas dua. 이등승객 penumpang kelas dua. 이등 차표 tikét kelas dua

이등변삼각형(二等邊三角形) segi tiga sama sisi (kaki)

이등병(二等兵) prajurit biasa (dua)

이등분(二等分) pembagian dua 이등분하다 membagi menjadi dua; memotong jadi dua

이따 beberapa saat kemudian ¶이따가 ⇒ 이따 sebentar lagi

이따금 dari waktu ke waktu; sering kali; sering; kadang-kadang; kadangkala

이따위 semacam ini; seperti itu

이때 pada saat ini ¶이때까지 sampai pada saat ini

이때껏 sampai pada saat ini

이똥 kotoran gigi; karang gigi

이란 Iran ⊙ 이란어 bahaa Parsi

이랑 【고랑】 tebing dan alur dari ladang; alur tebing; bidang kecil tanah; lahan

-이랑 【조사】 dan; atau

이래 dari saat itu; sejak; semenjak; sejak saat itu

이래봬도 mungkin tampak seperti itu

이래서 ①【이런 이유로】 maka, oléh sebab itu ②【이렇게 해서】 bagaimana mungkin

이래저래 dengan ini dan itu

이랬다저랬다 cara begini dan begitu; berubah; tidak tetap; tidak stabil; tidak dapat diduga

이러구러 sementara itu; begini atau begitu

이러나저러나 bagaimanapun; dalam hal apapun; kejadian apapun

이러니저러니 ini atau itu; alasan ini atau itu

이러다 jika; dengan semua yang sedang terjadi

이러이러하다 beginilah

이럭저럭 beginipun atau begitu; cara ini atau itu; sebelum orang tahu ¶이럭저럭 하는 동안에 sementara itu; sementara

이런[1] seperti ini; macam ini

이런[2] 【감탄사】 Oh sayang!; Tuhan!; Sungguh!; Wow!

이렇게 dengan cara ini; seperti ini; begini

이렇다 sebagai berikut

이렇다 저렇다 katakan ini atau itu ¶이렇다 저렇다 말하다 berbicara berbagai hal; mengkritik

이렇듯 seperti ini ¶이렇듯이 ⇒ 이렇듯/이렇듯 많은 sebanyak ini

이레 tujuh hari ¶이레 동안 selama tujuh hari

이력(履歷) ①【경력】 riwayat hidup; karir ¶이력이 좋다 mempunyai karir yang hébat ②【많이 겪어 알게 된 노하우】 ¶이력이 나다 berpengalaman; terbiasa ⊙ 이력서 data pribadi; surat riwayat hidup

이례(異例) ①【예외】 pengecualian ②【전례 없던】 kasus yang tak dapat ditiru ¶이례적인 jarang; pengecualian; tidak biasa

이론(異論) pandangan (pendapat) yang berbéda; lawanan; protés ¶이론 없이 dengan suara bulat

이론(理論) téori ¶이론과 실천 téori dan prakték ⊙ 이론가 ahli téori

이롭다 menguntungkan; bermanfaat

이롱(耳聾) ketulian ⊙ 이롱 증 gejala ketulian

이루(耳漏) 【의학】 penyakit telinga yang mengeluarkan cairan bercampur nanah; congék

이루 【'이루 ~없다'의 형태로 쓰여】 tidak dapat di··· ¶이루 말할 수 없는 tak terhitung

이루다 mewujudkan; menyelesaikan; melaksanakan; mendirikan; membentuk ¶ 뜻을 이루다 mewujudkan keinginan

이루어지다 ①【실현되다, 성취되다】 dicapai; didapat: diraih; terkabul ②【구성되다】 dibuat; dibentuk ③【성사되다】 dicapai; dibuat

이룩하다 ①【이루어 내다】 mencapai; melakukan; mendapatkan ②【새로 세우다】 mendirikan; membentuk; membangun

이류(二流) ¶이류의 kelas (nomor) dua ⊙ 이류작가 penulis kelas dua (minor). 이류호텔 hotél kelas dua

이륙(離陸) keberangkatan; lepas landas; tinggal landas 이륙하다 bertolak terbang; berangkat lepas; landas ⊙ 이륙지점【활주】 titik tinggal landas 【landasan】

이륜(二輪) roda dua ⊙ 이륜차 kendaraan roda dua; beroda dua

이르다[1] pagi sekali; pagi-pagi buta¶이른 봄 awal musim semi

이르다[2] ①【알리다】 berkata; mengatakan; beritahukan ②【가르쳐 주다】 mengajar; menerangkan ¶알아듣게 일러주다 menerangkan ((masalah)) untuk dijelaskan. ③【고자질하다】 mengadukan kepada; membawa cerita; menceritakan ((tentang; terhadap)) ④【부르다 · 말하다】 disebut; berkata; memanggil

이르다[3] ①【도달 · 도착】 sampai; mencapai; mendapat ②【수량이】 mencapai; menjadi; meningkat¶나이 80에 이르다 meningkat ke umur 80 tahun ③【통하다】 menuju ④【결과】 berakhir; mencapai; sampai pada; dibawa ke ¶믿기에 이르다 menjadi percaya ⑤【미치다】 sampai pada; mencapai; meliput; tiba pada

이른바 apa yang disebut; yang disebut

이를테면 ①【말하자면】 dikatakan; dapat disebut ②【예컨대】 misalnya; contohnya; katakan; ambil misalnya

이름 ①【일반적】 nama; 【성】 nama keluarga; 【부르는】 nama pribadi; nama Kristen ②【명성】 terkenal; reputasi; kemasyhuran ③【[lle]이름으로[er]의 형태로 쓰여】 sebab; 【구실】 dalih; permohonan ¶ 자선이라는 이름으로 dengan dalih beramal ⊙ 이름표 plat nama

이름씨 【문법】 kata benda

이름나다 menjadi terkenal (termasyhur); mendapat nama; memenangkan reputasi ¶이름난 tenar; ternama; terkenal: termasyhur; 【나쁜 뜻으로】 bernama buruk (keji)

이리[1] 【물고기의】 spérma ikan

이리[2] 【동물】 serigala

이리[3] ①【이렇게】 dengan cara ini; seperti ini; begini; begitu ②【이곳으로】 di sini; sini; jalan ini; arah ini

이리저리 【이곳저곳】 di sini dan di sana; 【이렇게 저렇게】 cara ini dan itu; satu atau lain hal

이리하다 lakukan seperti ini

이리하여 dengan cara ini

이마 dahi; kening; jidat

이마적 baru-baru ini; akhir-akhir ini

이만 sekian; sampai ini; sebanyak ini; sejauh ini

이만저만 tidak sedikit; sebanyak ini atau itu; lebih dari sekadar itu 이만저만하다 biasa saja; susah diterangkan

이만큼 sebanyak ini; sejauh ini; segini; sekian ¶이만큼이면 된다 Sebanyak ini sudah cukup.

이만하다 sebanyak (sebesar; sekecil) ini; sampai sejauh ini

이맘때 sekitar (kira-kira) jam ini; pada waktu (saat) ini ¶작년 이맘때 pada waktu ini tahun lalu

이맛살 kerut pada (di) kening; kerutan di dahi ¶이맛살을 찌푸리다 mengerutkan kening (dahi)

이메일 surat eléktronik (surel)

이면(二面) ①【두개의 면(面)】 dua sisi (aspék) ②【둘째면】 halaman kedua 《dari surat kabar》 ⊙ 이면기사 artikel pada halaman ke dua

이면(裏面 · 裡面) bagian belakang; sisi lain; sisi sebaliknya; 【내면】 bagian dalam; 【내막】 latar belakang; 【암흑면】 sisi 《masyarakat》 yang kelam; sisi yang paling buruk ¶이면에(서) di belakang 《punggung seseorang》; di belakang layar ⊙ 이면공작 muslihat di belakang; manuver belakang panggung; pekerjaan rahasia

이면 【조사】 jikalau; seandainya ¶만일 내가 너라면 jika saya kamu; seandainya saya kamu

이명(異名) alias; nama lain; nama samaran

이명(耳鳴) deringan (dengungan; dentuman) di telinga

이모(姨母) bibi 《dari pihak ibu》

이모부(姨母父) paman; suami bibi 《dari pihak ibu》

이모작(二毛作) penanaman ganda; dua kali panén per tahun

이모저모 sudut ini dan itu; setiap segi (sisi; pandangan)

이목(耳目) ⇒ 시선 mata dan telinga; 【주의나 관심】 perhatian umum ¶이목을 끌다 menarik perhatian umum

이목구비(耳目口鼻) telinga, mata, mulut dan hidung; muka; tampang

이무기 ular sanca

이문(利文) pendapatan; untung ¶이문이 있다 beruntung; menguntungkan

이문(異聞) berita anéh; cerita anéh; gosip anéh; informasi penuh tanda tanya; cerita asing

이물질(異物質) zat asing

이미 ①【벌써】 sudah; sekarang; belum ②【앞서】 sebelum; sebelumnya; lebih awal ¶이미 말한 바와 같이 seperti yang sudah katakan sebelumnya

이미지 ①【상상】 khayalan ②【인상】 kesan ¶이미지를 좋게 하다 memperbaiki kesan

이미테이션 peniruan; tiruan; imitasi

이민(移民) perpindahan; pengungsian 이민하다 berpindah-pindah; mengungsi ⊙ 이민국 kantor imigrasi. 이민노동자 pekerja emigran; pekerja impor. 이민알선자【회사】 agén 【perusahaan】 emigrasi (emigran)

이바지하다 ①【공급하다】 memberikan; membagikan ②【공헌하다】 mengabdi; menyumbang; membaktikan diri

이반(離叛) peralihan hati; keterasingan; peninggalan; penarikan diri; penembusan 이반하다 menjadi lain (asing) dari; 【이탈하다】 melepaskan diri; beralih hati

이발(理髮) potongan rambut; pemotongan rambut 이발하다 dipotong rambut ⊙ 이발사 tukang cukur; tukang potong rambut; tukang salon. 이발소 kedai cukur-cukuran; salon; tempat potong rambut

이밥 nasi putih

이방(異邦) negara asing; negara luar ⊙ 이방인 orang asing; orang pendatang

이번(-番) ①【금번】 waktu ini; sekarang ¶이번만 untuk sekali ini; hanya sekali ini ②【다음】 lain kali; yang akan datang ¶이번 일요일 Hari Minggu depan
이번(二番) nomor dua; nomor yang kedua
이벤트 pésta kejutan
이변(異變) 【변고】 fenoména luar biasa; perubahan anéh; 【사고】 kecelakaan; kejadian terbalik; 【재해】 bencana; malapetaka
이별(離別) perceraian; perpisahan 이별하다 berpisah; menceraikan 《istrinya》 ⊙ 이별가(歌) nyanyian (lagu) perpisahan. 이별주(酒) minuman perpisahan
이보다 dari ini; dari pada ini ¶이보다 앞서 sebelum ini
이복(異腹) ⊙ 이복동생 saudara laki-laki (perempuan) seayah
이부(二部) 【두 부분】 dua bagian; 【제2부】 bagian (séksi) ke dua ⊙ 이부제 sistém dua giliran. 이부제 학교 sekolah pagi petang. 이부합창【합주】 duét
이부(利附 · 利付) ¶이부의 berbunga
이부(異父) ayah yang berbéda; ayah tiri ⊙ 이부형제 saudara tiri; bersaudara lain ayah
이부자리 tempat tidur; seprai; selimut kapas
이북(以北) ①【북한】 Korea Utara ②【어느 지점에서 그 북쪽】 ¶삼팔선 이북 sebelah utara dari jajaran 38 derajat
이분(二分) 이분하다 membagi jadi dua; dibagi dua ¶이분의 일 setengah; satu setengah ⊙ 이분음표【음악】 setengah nada; not setengah
이분법(二分法) dikotomi
이분자(異分子) élémen héterogén; unsur asing; unsur luar; orang luar
이불 selimut; tutup atas seprai tempat tidur; kain penutup tempat tidur di atas seprai ¶이불속에서 활개 치는 사람 orang pengecut; singa di rumah/이불을 덮다 memakai selimut
이브닝드레스 *baju malam* 《dipakai untuk acara malam hari》
이비인후과(耳鼻咽喉科) ahli térapi THT (telinga, hidung dan tenggorokan) ⊙ 이비인후과 병원 rumah sakit spésialis THT/이비인후과 의사 dokter THT
이사(理事) diréktur; komisaris ⊙ 이사장 diréktur utama; ketua déwan diréksi. 이사회【기구】 déwan diréktur. 대표이사 Diréktur Perwakilan; Présidén Diréksi manajemén
이사(移徙) pindah rumah; pemindahan 이사하다 memindahkan tempat tinggal; pindah ¶새 집으로 이사하다 pindah ke rumah baru ⊙ 이사 턱 selamatan pemindahan rumah baru
이사분기(二四分期) triwulan kedua
이삭 bulir ①【벼 · 보리 등의】 ¶벼 이삭 bulir padi ②【땅에 떨어진】 ¶이삭을 줍다 mengumpulkan bulir
이산(離散) perpisahan 이산하다 berserakan; ter(ber)cerai-berai ⊙ 이산가족 keluarga yang bercerai-berai (terpencar; berpisah; bubar). 이산가족 찾기 운동 kampanye untuk penyatuan kembali keluarga yang bercerai-berai
이산화(二酸化) dioksida ⊙ 이산화탄소【질소】 karbon dioksida【nitrogén dioksida】
이상(以上) ①【수량이 기준보다 많음】 tidak kurang dari; atau lebih; dan lebih; di atas; lebih dari ②【정도가 기준보다 높음】 di atas; lebih dari; lampau ③【이미 그렇게 된 바에는】 sejak: sekarang; melihat hal itu ④【앞에서 말한 내용】 diucapkan di atas ⑤【끝】 ¶이것으로 훈시를 마친다. 이상 Instruksi selesai. Bubar.
이상(異狀) abnormalitas; keluarbiasaan; kecelakaan; 【고장】 salah susun; 【변화】 perubahan; 【신체 등】 gejala abnormal; salah posisi; 【정신】 kegilaan ¶이상이 없다 menjadi baik; tersusun (terkondisi) baik; menjadi normal/이상을 보이다 menunjukkan gejala abnormal
이상(異常) keanéhan; ketidaknormalan; keganjilan 이상하다, 이상스럽다 anéh; ganjil; tidak normal ¶그는 이상한 사람이다 Dia anéh (éksséntrik). ⊙ 이상난동 musim dingin yang hangat yang tidak biasanya
이상(理想) idaman; idéal ¶이상적인 남편【교사】 suami【guru】 idaman ⊙ 이상주의 idéalisme: 이상주의자 orang idéalis. 이상향 tanah idéal (khayalan); Sorga

이상야릇하다(異常-) anéh; lucu
이색(二色) dua warna ⊙ 이색 인쇄 cétakan dua warna
이색(異色) corak (warna) yang berbéda ¶ 이색적(異色的) unik; khas; khusus ⊙ 이색 작가【화가】 novelis【artis】 unik
이서(裏書) éndosemén 이서하다 menanda tangani; mengabsahkan ¶수표 뒷면에 이서해 주세요 Mohon tanda tangani cék ini di bagian belakang.
이서(以西) sebelah barat
이설(異說) pandangan (téori) yang berbéda; pendapat yang berlainan;【이단】kemurtadan; kebid'ahan; perbédaan pendapat
이성(理性) daya nalar; rasionalitas ¶이성적(인) masuk akal; rasional; beralasan
이성(異性)【성질】alam berbéda;【화학】isomerisme;【남녀 · 자웅】lawan jenis ¶ 이성을 알다 tahu seorang wanita (laki-laki) ⊙ 이성애(愛) percintaan heteroséksual
이성(異姓) nama akhir yang berbéda
이세(二世) ①【현세나 내세】dunia sekarang dan dunia masa depan ②【제2세】yunior; génerasi kedua ¶미국의 한국인 이세 orang Korea yang lahir di Amerika
이송(移送) pemindahan; transfer 이송하다 memindahkan; mengtransfer ¶이송되다 dipindahkan
이수(履修) penyelesaian 이수하다 menyelesaikan ((sekolah; kursus))
이수(利水) irigasi; penggunaan air ⊙ 이수공사 pekerjaan irigasi
이수(里數) mil; jarak
이수하다(離水-) lepas landas air; meninggalkan air
이순(耳順) usia enam puluh tahun
이슈 pokok persoalan
이스트【효모】ragi
이슈 pokok persoalan; masalah; isu
이슥하다 larut ¶이슥한 밤 larut malam
이슬 embun; tétésan embun ¶아침 이슬 pagi berembun
이슬람 lslam ⊙ 이슬람교 agama lslam; 이슬람교도 orang lslam; muslim. 이슬람사원 masjid; mesjid
이슬비 hujan gerimis; rintik-rintik; hujan berkabut
이승 dunia ini; kehidupan ini ¶이승의 duniawi
이식(移植) transplantasi; pencangkokan 이식하다 mencangkok ⊙ 이식수술 operasi pencangkokan: 심장 이식수술 operasi pencangkokan (transplantasi) jantung
이식(二食) makan dua kali sehari
이식(利息) bunga
이식(利殖) peningkatan kekayaan ⊙ 이식법 rahasia mendapatkan uang; cara menghasilkan uang
이신론(理神論)【철학】mempercayai adanya Tuhan tapi tidak beragama
이실직고(以實直告) 이실직고하다 melaporkan (berbicara) berdasarkan kenyataan
이심(二審)【법률】persidangan kedua
이심(二心)【두마음】perbuatan bermuka dua; pengkhianatan; perubahan ¶이심 있는 bermuka dua; kepengkhianatan
이심전심(以心傳心) télépati berkomunikasi dengan télépati ¶이심전심으로 tahu sama tahu; secara télépati
이십(二十)【스물】dua puluh ¶이십(번)째 kedua puluh ⊙ 이십세기 abad ke dua puluh. 이십사 시간 dua puluh empat jam
이쑤시개 tusuk gigi
이앓이 sakit gigi ¶이앓이를 하다 menderita sakit gigi
이앙(移秧) pindah tanam padi 이앙하다 menanam ((bibit)) padi; mempersiapkan padi; memindahkan padi dari persemaian ⊙ 이앙기(期) musim tanam padi
이야 bahkan; sesungguhnya
이야기 ①【일반적인】pembicaraan; percakapan; ceramah;【한담】gosip; omong-omong;【연설】pidato; amanat 이야기하다 berbicara dengan; ngomong-ngomong dengan ¶우리끼리의 이야기지만 antara kita (kamu dan saya) ②【설화】legénda;【우화】fabel;【일화】épisode;【사실담】déskripsi; narasi; fiksi 이야기하다 menceritakan; membuat déskripsi ¶꾸민 이야기 cerita bikinan; fiksi ③【화제】topik;

subyék ④【소문·소식】 gosip; pembicaraan umum; kabar angin; desas desus; berita ⑤【상담】 konsultasi; perundingan ⑥【진술】 pernyataan 이야기하다 menyatakan ⊙ 이야기꾼 tukang cerita; tukang dongéng. 이야기 투 cara (tata cara) seseorang berbicara. 이야깃거리 pokok (téma; topik) pembicaraan; sesuatu untuk dibicarakan

이야말로[1]【부사】 ini yang sesungguhnya; memang ini

이야말로[2]【조사】 sungguh; tepat sekali

이양(移讓) transfer; pemindahan; pengelepasan; pengalihan 이양하다 mengoper; melepaskan; memindahtanganankan

이어(移御) perubahan kediaman raja

이어(서)【다음에】 yang berikut;【그 후에】 setelah itu; kemudian; segera setelah itu

이어링 anting-anting; subang

이어받다【재산·성질을】 mewarisi;【지위를】 menggantikan; mengambil alih ¶아버지의 사업을 이어받다 mewarisi bisnis ayahnya

이어지다 berlangsung; tergabung; berhubungan (berkaitan) bersama; dilanjutkan

이어폰 alat pendengar

이언(二言) berganda 이언하다 mengingkari kata-kata; tidak memenuhi janji

이언정 walaupun; sekalipun.

이엉 atap jerami; atap dedaunan

이에 dalam hal ini

이에서 dari ini

이역(二役) peran ganda

이역(異域) tanah asing; negara asing; désa lain

이열(二列) dua baris

이열치열(以熱治熱) api dilawan api; keras dilawan keras; lunak dilawan lunak

이염(耳炎)【의학】 radang telinga ⊙ 중이염 radang telinga tengah

이온【화학】 ion ⊙ 이온 음료 minuman olahraga (berénérgi)

이완(弛緩) pengendoran; rélaksasi; kelambanan; kelalaian; kelemahan 이완하다 riléks; mengendorkan; memperlambat; santai

이왕(已往) ①【명사】 masa lampau; hal yang sudah-sudah ¶이왕이면 kalau demikian halnya /이왕지사 yang sudah-sudah ②【부사】 sekarang; semenjak ③【일단…이라면】 jika demikian; jika itu kasusnya ¶이왕…인 이상에는 semenjak; jika…demikian

이외(以外) ¶이외의 kecuali

이욕(利慾) kerakusan; keserakahan; ketamakan

이용(利用) penggunaan: pemakaian; penerapan 이용하다 menggunakan dengan baik akan; memakai; 이용하다 mengambil manfaat dari; menggunakan kesempatan;【사람을】 memperalat ⊙ 이용가치 kegunaan; nilai guna. 이용자 pengguna: pemakai. 폐품이용 penggunaan matérial sampah; pemanfaatan barang buangan

이용(理容) ⇒ 이발(理髮) ⊙ 이용학원 sekolah pemangkas (penata) rambut

이웃 ①【근처】 daérah sekitar; tetangga sebelah ②【사람】 tetangga¶이웃사촌【속담】 tetangga lebih baik dari pada saudara yang tinggal jauh

이원(二元) rangkap dua ¶이원적(인) secara ganda (rangkap dua) ⊙ 이원론 dualisme. 이원방송 disiarkan serentak oléh dua stasiun. 이원제 sistém dua rangkap; sistém dwi kamar

이월(二月) Fébruari

이월(移越) pemindahan saldo 이월하다 memindahkan (mentransfer) saldo ⊙ 이월금 jumlah uang yang diajukan ke rékening selanjutnya: 전기이월금 saldo yang dipindahkan

이유(理由) ①【까닭, 근거】 alasan; sebab musabab; kausa ②【변명, 핑계】 alasan

이유(離乳) 이유하다 menyapih; menghentikan ((bayi dari menyusu)) ⊙ 이유기 masa penyapihan.이유식 makanan bayi; makanan selama masa menyapi (berhenti menyusu)

이윤(利潤) laba; keuntungan ¶이윤이 높은 berlaba tinggi

이율(利率) suku (nilai) bunga ¶이율을 인상하다 menaikkan (meningkatkan) suku bunga/이율을 내리다 menurunkan suku bunga ⊙ 법정이율 suku bunga syah. 은행 이율 suku bunga bank

이율배반(二律背反) dikotomi yang saling bertentangan

이윽고 akhirnya; kemudian

이음매 sambungan

이음새 sendi; persendian

이의(異意) ①【의견이】 pandangan (pendapat) yang berbéda ② ⇒ 이심(異心)

이의(異義) arti yang berbéda; prinsip berbéda

이의(異議) sanggahan; protés; perbédaan pendapat; bantahan ¶이의를 제기하다 menyangga; menyampaikan sanggahan; mengajukan protés

이익(利益) untung; laba ¶이익이 있다【없다】 beruntung【tak beruntung】/이익이 나다 menghasilkan laba ⊙ 총【순】이익금 penghasilan kotor【bersih】. 이익배당 pembagian keuntungan; deviden. 이익집단 grup laba

이인(二人) dua orang; dua laki-laki ¶이인일조가 되다 menjadi tim yang terdiri dari dua orang ⊙ 이인승 tempat duduk dua orang. 이인조 pasangan; dua. 이인칭【문법】orang kedua

이인(異人) ①【비범한 사람】 orang jenius; ahli sihir ②【다른 사람】orang yang berbéda ⊙ 동명이인 orang yang berbéda dengan nama yang sama

이임하다(離任-) meninggalkan (berhenti) dari jabatan

이입하다(移入-) memasukkan; mengimpor

이자【해부학】pangkréas; kerénjar ludah perut

이자(利子) bunga ¶1년 6푼의 이자 enam persén bunga per tahun/비싼 이자로 bunga tinggi ⊙ 이자소득 pendapatan bunga

이자택일하다(二者擇一-) membuat pilihan; memilih di antara dua; menyeléksi

이장(里長) kepala désa

이장하다(移葬-) memindahkan kuburan

이재(理財) urusan keuangan; ékonomi 이재하다 mengurus urusan keuangan ¶이재에 능하다 mahir (tepat) dalam urusan keuangan; mahir dalam mendatangkan uang ⊙ 이재가 ahli ékonomi. 이재국(局) Biro ⟪Pengelolaan⟫ Keuangan

이재(罹災) bencana; malapetaka 이재하다 menderita atas bencana (malapetaka); menjadi korban bencana ⊙ 이재민 korban bencana

이적(利敵) keuntungan buat musuh (lawan) 이적하다 menguntungkan musuh ⊙ 이적행위 tindakan yang menguntungkan musuh

이적하다(移籍-) mentransfer

이적하다(離籍-) memindahkan nama dari daftar keluarga

이전(以前) awal dari; sebelum; dahulu ¶이전에 sebelumnya; dahulu

이전(移轉) pindah rumah; pindahan; pemindahan; ⟪권리 등의⟫ pemindahan kekuasaan 이전하다 memindahkan; pindah rumah; pindah tempat tinggal ⟪dari…ke…⟫ ⊙ 이전공고【통고】pemberitahuan pindah; catatan tentang pindah alamat. 이전신고 laporan pemindahan; laporan pindah alamat. 권리이전 pemindahan hak

이점(利點) titik (segi) keuntungan

이정(里程) jarak mil ⊙ 이정표(表) tabél (daftar) jarak tempuh

이정표(里程標) ①【도로표지판】tanda jalan; penanda ②【기준】tonggak; tonggak bersejarah; pal

이제 sekarang ¶이제 막 baru saja; barusan

이조(李朝) dinasti Yi ⊙ 이조실록 tarikh (Catatan) Sejarah dinasti Yi

이종(二種) dua macam; 【제2종】 kelas kedua.⊙ 제이종우편물 surat kelas dua

이종(異種) jenis (spésies) yang berbéda; varitas ¶이종의 jenis yang berbéda ⊙ 이종교배 hibridisasi; perkawinan silang

이종(姨從) sepupu dari bibi (tante)

이종(移種) transplantasi bibit

이 주 dua minggu ¶이 주에 한 번 dwimingguan

이주(移住) transmigrasi; perubahan tempat tinggal; imigrasi; emigrasi; perpindahan 이주하다 pindah ke; memindahkan; berpindah tempat ⊙ 이주민 emigran; imigran; transmigran

이중(二重) ¶이중의 dobul; ganda; jamak/이중으로 하다 menggandakan; menduplikat; meletakkan dua kali ⊙ 이중가격(제) sistém harga ganda. 이중과세(課稅) pajak ganda. 이중고 penyiksaan ganda. 이중국적 kewarganegaraan ganda. 이중인격 kepribadian ganda: 이중인격자 orang yang bermuka dua. 이중창【唱】duét. 이중창(窓) jendéla berlapis dua; jendéla penahan badai. 이중 턱 berdagu dua (ganda)

이즈음, 이즘[1] ⇒ 요즈음

이즘[2]【주의 · 설】aliran; faham; isme

이지(理智) intelék; kecerdasan; daya nalar ¶이지적 intelékual ⊙ 이지주의 inteléktualisme

이지러지다【한쪽이 차지 아니하다】①【달이】menyusut; menyusut ¶달이 이지러져 간다 Bulan menyusut. ②【귀퉁이】sumbing ((cangkir dan lain-lain))

이직(移職) perpindahan jabatan 이직하다 pindah jabatan; meletakkan jabatan; pindah kerja

이직(離職) 이직하다 berhenti kerja; memberhentikan diri dari pekerjaan ⊙ 이직자 orang yang tidak bekerja;【총칭】pengangguran

이진(二陣) barisan kedua ⊙ 이진선수 pemain senar kedua

이진법(二進法)【수학】sistém ganda cara perhitungan

이질(姨姪) kemenakan dari pihak istri

이질(異質)【성질이 다름】héterogénitas;【재주】kualitas atau bakat hébat ¶이질의 héterogén; asing; tak ada hubungannya; tak kohéren; beranéka ragam; berbéda-béda ⊙ 이질감 rasa ((kewaspadaan mengenai)) perbédaan. 이질성 perbédaan

이질(痢疾)【전염병】diséntri; sariawan usus; bérak darah ¶이질에 걸리다 terkena diséntri ⊙ 이질균 basil diséntri. 이질 환자 pasien diséntri 아메바 이질 diséntri amuba

이쪽 ①【이편】sisi ini; sisi lain; jalan ini ¶이쪽저쪽 jalan ini dan itu/이쪽으로 가다 pergi léwat ini ②【우리 측】pihak kita ¶이쪽저쪽 kita dan meréka

이차(二次) sékunder ¶이차의 kedua; sékunder ②【학문】kwadrat ⊙ 이차감염 infléksi yang kedua kali. 이차방정식 persamaan kwadariat. 이차산업 industri kedua

이차원(二次元) dua diménsi

이 착(二着) tempat ke dua; juara ke dua

이착륙(離着陸) tinggal landas dan mendarat

이채(異彩) kecemerlangan; kemenonjolan ¶이채를 띠다 menonjol dari yang lain; menyolok mata; cemerlang/ 이채롭다 tidak biasa; tidak umum; menarik

이처럼 seperti ini; dengan cara ini; sebanyak ini; sangat banyak

이첩하다(移牒-) memindahkan pada pihak yang berwénang

이체하다(移替-) mengalihkan

이체동심(異體同心) dua badan tapi satu pikiran; berbéda bentuk tapi sama pikiran

이층(二層) ①【두 층】dua lantai ②【둘째 층】lantai atas; tingkat dua ¶이층 방 kamar atas; kamar di lantai dua/이층에 살다 tinggal di atas ⊙ 이층버스 bus bertingkat. 이층집 rumah berlantai dua

이치(理致)【도리】alasan;【원칙】prinsip ¶자연의 이치 hukum alam/이치에 맞다 masuk akal; punya alasan; beralasan

이칭(異稱) nama samaran; nama lain; alias

이큐 Koéfisién Emosional (tingkat kecerdasan émosional) ¶이큐가 높다 memiliki tingkat kecerdasan émosional yang tinggi

이타(利他) ¶이타적 mementingkan kepentingan orang lain ⊙ 이타주의 faham mementingkan kepentingan orang lain. 이타주의자 orang yang bersifat mementingkan kepentingan orang lain

이탈(離脫) 이탈하다 menyimpang; berpisah dari; lari dari ¶직장을 이탈하다 meninggalkan pekerjaan ⊙이탈자 orang yang memisahkan diri

이탓저탓 dengan alasan ini dan itu; atas dalih satu dan lainnya

이태 dua tahun

이탤릭 cétak miring

이토록 sebanyak ini

이튿날 hari berikutnya (selanjutnya); hari setelah itu ¶이튿날 아침 pagi berikutnya

이틀[1] ①【2일】 dua hari ¶이틀 마다 setiap dua hari; setiap hari ke dua/하루 이틀에 dalam satu dua hari ②【초이틀】 hari kedua 《pada bulan itu》 ¶정월 초이틀 hari ke dua Januari

이틀[2] ①【턱뼈】 tulang rahang ②【의치】 plat (lémpéngan) gigi; geligi palsu ¶이틀을 해 박다 menyisipkan gigi palsu

이팔(二八) enam belas ⊙ 이팔청춘 remaja yang berumur enam belas tahun

이편(-便) ①【이쪽】 sisi (cara) ini; sebelah sini ②【우리 편】 pihak kita; kita; saya

이핑계저핑계(로) 《dengan》 alasan ini dan itu; 《atas》 beberapa dalih

이하(以下) ①【수량】 kurang dari; di bawah ②【정도】 di bawah ¶보통 이하 di bawah tingkat biasa; di bawah rata-rata (standar) ③【나머지】 yang berikut; sisanya; dan selanjutnya

이학(理學) ilmu alam; 【물리학】 ilmu fisik

이한하다(離韓-) meninggalkan Korea

이합집산(離合集散) pertemuan dan perpisahan ¶정당의 이합집산 perubahan jajaran partai

이항(二項) ¶이항의 binomial ⊙ 이항식 éksprési binomial

이해 tahun ini

이해(利害) keuntungan dan kerugian; untung dan laba; kepentingan ¶이해의 상충 bentrokan (konflik) kepentingan/이해를 같이하다 berkepentingan bersama ⊙ 이해관계자 orang yang berkepentingan. 이해득실(利害得失) kerugian dan keuntungan, 이해타산 perhitungan untung-laba

이해(理解) pemahaman; pengertian 이해하다 mengerti; memahami; memaklumi ¶ 이해력(理解力) kemampuan pengertian; kekuatan pengertian/이해할 수 있다 dapat dimengerti; masuk akal; dapat diterima ⊙ 상호이해 saling mengerti

이행하다(移行-) berubah menjadi; memindahkan; pindah pada

이행(履行) 이행하다 menepati; melaksanakan; melakukan 《tugas》 ¶약속을 이행하다 menepati janji; melakukan janji sumpah ⊙ 이행 자 pelaksana

이혼(離婚) perceraian 이혼하다 berpisah dari; bercerai; menceraikan ¶이혼을 요구하다 meminta perceraian ⊙ 이혼소송 gugatan (perkara) perceraian. 이혼수당 tunjangan uang cerai dari suami pada istri. 이혼절차 prosés perceraian. 이혼자 orang yang bercerai. 합의【협의】 이혼 perceraian dengan persetujuan (izin); perceraian atas kesepakatan

이화(李花) 【꽃】 bunga plum

이화(梨花) bunga pir

이화학(理化學) fisika dan kimia ⊙ 이화학연구소 Lembaga Penelitaan Fisika dan Kimia

이 회(二回) dua kali ¶1일 이회 dua kali sehari

이후(以後) setelah itu; sejak itu; dari sekarang; selanjutnya; pada masa depan

익년(翌年) ⇒ 이듬해

익다 ①【능숙하다】 membiasakan diri dengan; ahli ②【음식이】 masak; matang ③【과일 · 기회가】 matang; tua; masak; menguning ¶기회가 익었다 Waktu telah sampai. ④【김치 · 장 · 술 등이】 matang; masak ¶김치가 잘 익었다 Kimchi itu pas sekali untuk dimakan. ⑤【낯설지 않다】 dikenal; terbiasa ⑥【살갗이】 kulit terbakar

익명(匿名) anonimitas; anonim; tanpa nama ¶익명으로 tanpa nama; tidak bernama; tidak diidentifikasi ⊙ 익명광고 iklan buta. 익명 자 anonim. 익명투고(투서) surat kaléng

익사(溺死) 익사하다 mati karena tenggelam ¶익사할 뻔하다 hampir tenggelam ⊙ 익사자 orang yang mati tenggelam. 익사체 mayat yang menggelam

익살 humor; lelucon; banyolan ¶익살떨다, 익살피우다(부리다) membuat lelucon; menggelikan hati; memainkan lawakan; berkelakar; berogak-ogak/익살스럽다 lucu ⊙ 익살꾼 pelawak; orang jenaka; orang lucu; humoris; badut; komik; komédian

익숙하다 ①【능숙하다】 mahir; terlatih; telah biasa¶익숙해지다 terbiasa; biasa dengan; berpengalaman dalam ②【친숙하다】 terbiasa; kenal dengan

익일(翌日) hari berikut

익히다 ①【익숙하게 하다】 membiasakan diri dengan; mempelajari; mempraktékkan; mendapat keahlian ¶자동차 운전을 익히다 belajar mengendarai mobil/풍토에 익히다 menyesuaikan diri dengan iklim ②【익게 하다】 (a) (음식을) memasak; merebus (b) (과일을) memasakkan (c) (발효 식품을) meragi

인 ¶인이 박히다 menjadi kebiasaan; (중독되다) ketagihan

인(人)【사람】 orang ¶문화인 orang yang berbudaya/한국인 orang Korea

인(仁) kebaikan sempurna

인애(仁愛) perbuatan baik; kemanusiaan; amal

인(印)【도장(圖章)】 cap; stémpél

인(寅)【민속】 ①【십이지의】 Tanda Macan 《=ketiga dari 12 cabang bumi》 ②⇒ 인방(寅方) ③ ⇒ 인시(寅時)

인(燐)【화학】 fosfor ¶인의 fosforik

인가(人家) rumah kediaman; tempat tinggal; pemukiman ¶인가가 없는 terisolasi; tak berpenghuni

인가(認可) persetujuan; kewénangan; perizinan 인가하다 setuju; berwénang; mengizinkan ¶인가를 받다 mendapat (memperoléh) izin ⊙ 인가영업 bisnis terdafar

인간(人間) manusia; insan ¶인간의 tentang manusia /인간적 manusiawi; sifat kemanusiaan ⊙ 인간관계 hubungan manusia. 인간문화재 kekayaan (asét) budaya manusia. 인간미 peri kemanusiaan. 인간성 tabiat (sifat) manusia. 인간쓰레기 sampah manusia. 인간애 cinta manusiawi

인감(印鑑) cétakan cap; cap pribadi ¶인감등록을 하다 mengesahkan cap pribadi ⊙ 인감도장 cap yang terdaftar; cap pribadi *resmi*. 인감신고【등록】 pengesahan【registrasi】 cap pribadi

인갑(鱗甲) ①【갑옷】 sisik besi ②【비늘과 껍데기】 sisik dan kuli kerang

인건비(人件費) biaya pegawai; biaya tenaga kerja

인걸(人傑) orang yang terkemuka; orang penting; orang yang luar biasa; orang besar; pahlawan

인격(人格) kepribadian: karakter; individualitas ¶인격을 함양하다 membina kepribadian (karakter)/인격을 존중하다 menghormati kepribadian ⊙ 인격교육【양성】 pembinaan kepribadian (karakter). 인격자 orang yang berwatak (bertabiat) baik. 이중인격 kepribadian ganda. 인격체 orang; manusia; umat manusia

인견(人絹) sutera tiruan (sintétis): rayon ⊙ 인견사 benang rayon

인견(引見) audiénsi; tatap muka; wawancara 인견하다 menerima bertatap muka (beraudiénsi); memberikan wawancara

인경 loncéng malam ¶인경을 치다 membunyikan loncéng tanda jam malam

인계(引繼) pertukaran urusan; pemindahan 《administrasi》; penggantian 인계하다 menyerahkan (memindahkan) 《tugas kantor; urusan》 pada; mengalihkan ¶사무를 인계받다 mengambil alih urusan kantor

인고(忍苦) ketahanan ¶인고의 세월을 보내다 menjalani hidup yang penuh penderitaan

인공(人工) karya manusia; buatan manusia ¶인공의 buatan; tidak alami ⊙ 인공감미료 pemanis tiruan. 인공강우 hujan buatan. 인공수정 inséminasi buatan; inséminasi bayi tabung (kedokteran): 인공위성satelit bumi (pengorbit); satelit tiruan (buatan manusia). 인공호흡 pernapasan buatan

인공기(人共旗) bendéra Korea Utara

인과(因果) sebab dan akibat; kausalitas; ganti rugi ⊙ 인과관계 hubungan sebab akibat; hubungan kausalitas. 인과성 kausalitas. 인과응보 karma; balas jasa

인광석(燐鑛石)【광석】 bijih fosfat

인구(人口) penduduk ¶인구가 늘다【줄다】 pertambahan【pengurangan】 penduduk/인구가 조밀【희박】하다 berpenduduk padat【jarang】; berpenduduk banyak 【sedikit】 ⊙ 인구감소 penurunan jumlah penduduk; penurunan populasi. 인구과잉(과밀) kepadatan penduduk. 인구밀도 kepadatan populasi; kepadatan penduduk. 인구 억제책 tindakan anti popoulasi. 인구정책 kebajikaan populasi 인구조사 sénsus (cacah) jiwa (penduduk). 인구통계 statistik populasi

인국(隣國) negeri (negara) tetangga; negara yang berdekatan

인권(人權) hak asasi manusia (perorangan) ¶인권을 지키다 membela hak asasi manusia ⊙ 인권유린 penindasan (pelanggaran) hak asasi manusia. 기본적 인권 hak manusia yang mendasar. 인권옹호 perlindungan (pembélaan) hak-hak asasi manusia

인근(隣近) kedekatan; sekitaran ⊙ 인근주민들 penghuni sekitar

인기(人氣) kepopuléran; popularitas: populér; penghargaan populér; kemasyhuran ¶인기가 있다 menjadi terkenal; menjadi populér ⊙ 인기배우 aktor terkenal; bintang laris; idola layar pérak. 인기소설 novel yang sénsasionil (memikat). 인기프로 program yang paling digemari

인기척(人-) indikasi orang yang berada di sekitar ¶인기척이 있다 menunjukkan tanda-tanda adanya orang /인기척 없는 거리 jalan yang sunyi (kosong)

인내 bau (tubuh) manusia

인내(忍耐) kesabaran; ketabahan; ketahanan 인내하다 bersabar; bertekun ¶인내력이 강한 sabar; tabah; tahan

인내심(忍耐心) kesabaran ¶그는 인내심이 강하다 Ia lelaki yang sangat sabar.

인덕(人德) kebaikan; kebajikan ¶인덕이 있다 mendapat kebaikan dari orang lain

인덱스 【색인】 indéks; daftar kata-kata penunjuk ¶인덱스를 붙이다 mengindékskan; menambahkan indéks

인대(靭帶) ligamén, sendi; otot ¶발목 인대가 끊어졌다 Otot pergelangan kaki saya robék.

인도(人道) ①【보도】 jalan setapak; sisi jalan; trotoar; jalan untuk pejalan kaki ②【도덕】 kemanusiaan; moralitas ¶인도적 berperikemanusiaan; manusiawi/ 인도적 견지에서 dari segi kemanusiaan; dari sudut pandang kemanusiaan ⊙ 인도주의 humanisme

인도(引渡) 인도하다 mengantarkan; menyerahkan; memindahtanganankan ¶인도받다 menerima antaran ⊙ 인도가격 biaya antaran. 인도인 pengantar. 인도장소 tempat pengantaran. 현장인도 antaran sampai ke tempat

인도(引導) panduan; bimbingan; pengarahan 인도하다 membimbing; memandu; mengarahkan ⊙ 인도자 pembimbing; pemandu

인도(印度) negara lndia ⊙ 인도어 bahasa Hindia. 인도양 Lautan Hindia. 동【서】인도제도 kepulauan Hindia Timur 【Barat】

인두 ①(바느질의) sejenis seterika kecil ②【납땜할 때의】 besi penyoldér ⊙ 인두질 penyeterikaan: 인두질 하다 menyetrika; menyoldér. 인두판 papan seterika

인두(咽頭) tekak ⊙ 인두염 【의학】 radang tekak (hulu kerongkongan)

인두겁(人-) kedok manusia; bentuk manusia: topéng manusia ¶인두겁을 쓴 악마 iblis berbentuk manusia; sétan berwujud manusia

인두세(人頭稅) pajak kepala

인덱스 indéks; daftar kata-kata; penunjuk

인디언 suku asli Amerika (Indian)

인력(人力) ①【사람의 힘】 kekuatan (daya) manusia; usaha manusia ②【노동력】 tenaga pekerja (manusia); sumber daya manusia ⊙ 인력수출 ékspor (pengiriman) sumber daya manusia ke luar negeri; ékspor tenaga kerja ke luar negeri. 고급인력 sumber daya manusia yang berkualitas tinggi

인력(引力) 【지구의】 gravitasi; 【자기의】 daya magnét; 【물질간의】 atraksi ¶인력있는 atraktif: menarik/ 인력의 법칙 hukum gravitasi

인력거(人力車) bécak rickshaw; béndi héla ¶인력거로 가다 pergi dengan bécak ⊙ 인력거꾼 tukang bécak; penarik bécak

인류(人類) umat manusia: insan: spésies (ras) manusia ¶인류의 manusiawi; rasial ⊙ 인류사회 masyarakat manusia. 인류학 antropologi; ilmu yang mempelajari tentang manusia

인륜(人倫) moralitas; prinsip moral ¶인륜에 어그러지다 bertentangan dengan moralitas ⊙ 인륜도덕 étika dan moralitas

인마(人馬) manusia dan kuda ¶인마의 왕래 lalu lintas manusia dan kuda

인망(人望) kemasyhuran; ketenaran; popularitas ¶인망이 있는 terkenal; populér; beréputasi tinggi ⊙ 인망가 orang beréputasi luas

인면(人面) ras manusia ⊙ 인면수심(獸心) iblis dengan ras manusia: berwajah manusia, tapi berpikiran kejam

인멸(湮滅) pemusnahan 인멸하다 memusnahkan ¶증거를 인멸하다 memusnahkan bukti

인맥(人脈) hubungan pribadi

인명(人名) nama orang ⊙ 인명록 daftar nama; petunjuk nama; Apa dan Siapa. 인명사전 kamus biografi; kamus orang terkenal

인명(人命) hidup manusia; nyawa manusia ¶인명을 구조하다 menyelamatkan nyawa

인문(人文) peradaban; pengetahuan (penguasaan) manusia; kemanusiaan; kebudayaan ¶인문의 발달 kemajuan peradaban ⊙ 인문과학 ilmu budaya; ilmu masyarakat. 인문주의 faham kemanusiaan. 인문지리 geografi manusia

인물(人物) ①【사람】orang; tokoh; pelopor; 【인품】pribadi ¶위대한 인물 tokoh besar ②【인재】orang berbakat; orang berkemampuan ③【용모】¶인물이 훤하다 tampan ⊙ 인물묘사 skétsa (gambaran) karakter; profil. 인물평 kritik pribadi; gambaran karakter. 인물화 lukisan (gambaran; potongan) figur; potrét pribadi. 작중인물 tokoh dalam cerita. 중요인물 tokoh penting; tokoh pemimpin

인민(人民) rakyat; warganegara; masyarakat; sipil ¶인민의, 인민에 의한, 인민을 위한 정치 pemerintahan dari rakyat, oléh rakyat dan untuk rakyat ⊙ 인민공화국 republik rakyat. 인민당 partai rakyat. 인민재판 pengadilan yang tak sah; pengadilan rakyat

인복(人福) nasib baik memiliki kenalan (teman) yang baik

인본(印本) buku cetak

인본주의(人本主義) faham kemanusiaan; humanisme

인봉하다(印封-) memberi perangko dan ségél

인부(人夫) pekerja kasar (serabutan); tukang angkat (bawa) barang

인분(人糞) kotoran manusia; tahi; tinja manusia ⊙ 인분비료 tinja manusia untuk pupuk

인비(人秘) kerahasiaan urusan-urusan pribadi

인비(燐肥) pupuk (penyubur) posfat; superposfat

인사(人士) cendekiawan; tokoh yang berpendidikan ⊙ 반정부 인사 tokoh anti pemerintah. 재야인사 tokoh oposisi

인사(人事) ①【사교상의】salam; hormat: penghormatan; (아침·저녁의) ucapan selamat 인사하다 memberi salam (hormat); mengucapkan salam ¶인사를 주고받다 saling menukar salam ②【절】penghormatan 인사하다 menundukkan ((secara sopan)); merendahkan (membungkukkan) badan ③【감사의 답례】ucapan terima kasih; ucapan syukur 인사하다 mengucapkan terima kasih; membuat ucapan terima kasih ④【예의】kesopanan; kepantasan étikét; sikap hormat ¶인사차 방문하다 mengadakan kunjungan kehormatan ⑤【사람의 일】masalah manusia (personil); yang dilakukan manusia ⑥【의식】kesadaran; rasa; indaria ⇒ 인사불성(人事不省) ⑦【인사 행정】perubahan personalia; manajemen (administrasi) personalia ⊙ 인사고과(考課) tingkat penampilan; tingkat jasa. 인사과 séksi (bagian) personalia. 인사기록 catatan personalia. 인사말 salam; ucapan terima kasih; amanat; sambutan. 인사성 kesopanan; keramahan. 작별인사 ucapan (kata-kata) perpisahan

인사불성(人事不省) ketidaksadaran; pingsan; mati suri; koma ¶인사불성의 tak sadar; tak merasa / 인사불성이 되다 pingsan; jatuh dalam ketidaksadaran; jatuh pingsan; tak merasa; berada dalam keadaan koma

인산(因山) pemakaman negara (nasional)

인산(燐酸)【화학】asam posfat ⊙ 인산비료 pupuk (penyubur) posfat. 인산석회 kapur posfat. 인산칼리 kalium posfat

인산인해(人山人海) kerumunan orang; sekelompok orang

인삼(人蔘) ginséng; jinsom; kolésom ⊙ 인삼차 téh ginséng

인상(人相) roman; wajah; penampakan; ciri-ciri (penggambaran) wajah; garis keturunan ¶인상이 좋지 않은 berwajah kejam (jelék) / 천한 인상 berwajah rendahan; berwajah seperti orang miskin ⊙ 인상학 ilmu firasat; ilmu perwajahan. 인상학자 ahli firasat ⦅meramal léwat wajah⦆

인상(引上) naik; kenaikan; peningkatan 인상하다 menaikkan ¶운임을 인상하다 menaikkan ongkos (biaya) perjalanan ⦅transport⦆ ⊙ 물가인상 kenaikan (peningkatan) harga

인상(印象) kesan; imprési ¶인상적 mengesankan/첫인상 kesan pertama/인상을 남기다 meninggalkan kesan ⊙인상주의 imprésionisme. 인상파 aliran imprésionis; penganut imprésionis

인색하다(吝嗇-) kikir; pelit

인생(人生) kehidupan manusia; keberadaan manusia ¶인생의 kehidupan/인생의 목적【의미】tujuan【arti】kehidupan/그것이 인생이야 Beginilah kehidupan. ⊙ 인생관 pandangan hidup. 인생예찬 mazmur kehidupan. 인생항로【행로】arah【jejak】kehidupan

인선(人選) pemilihan (pilihan) manusia; pilihan orang yang sesuai 인선하다 menyeléksi (memilih) orang

인성(人性) sifat manusia; perikemanusiaan; naluri manusia ⊙ 인성학 ilmu tentang sifat manusia; éthologi

인성(人聲) suara manusia

인세(印稅)【인지세】biaya perangko;【저작물의】honorarium; royalti

인센티브 inséntif; pendorong; dorongan

인솔(引率) 인솔하다 memimpin; membimbing; mengetuai ¶선생님의 인솔 아래 dibimbing (dipimpin) oléh seorang guru ⊙ 인솔자 pemimpin; pembimbing

인쇄(印刷) cétakan 인쇄하다 mencétak; memasukkan cétakan ⊙인쇄공 pencétak; tukang cétak. 인쇄물 barang cétakan. 인쇄소 percétakan. 인쇄술 seni mencétak. 인쇄지 kertas cétakan. 인쇄체 문자 huruf cétakan

인수(人數) jumlah orang ¶인수를 세다 menghitung kepala

인수(引受) penerimaan; pengambil-alihan 인수하다 menerima; mengambil alih ¶(남의 부채를) menanggung hutang orang lain ⊙ 인수인 penerima

인수(因數)【수학】faktor ¶2와 3은 6의 인수다 2 dan 3 adalah faktor dari 6 ⊙ 인수분해 penguraian ke dalam faktor; faktorisasi

인술(仁術)【의술】ilmu pengobatan; kepandaian mengobati

인슐린 insulin

인스턴트 instan; segera ⊙ 인스턴트커피 kopi tubruk. 인스턴트식품 makanan instan

인스피레이션 inspirasi; ilham ¶인스피레이션을 얻다 mendapat (menerima; memperoléh) inspirasi (ilham); diilhami

인습(因襲) kelaziman; tata cara; konvénsional; konvénsionalitas ¶ 인습적(으로) secara umum/인습을 좇다 mengikuti kebiasaan ⊙ 인습도덕 moralitas (moral) konvénsional. 인습주의 konvénsionalisme

인시(寅時)【민속】waktu Harimau jam kelima dari 24 jam (3:30–4:30 a.m.)

인식(認識) pemahaman; penghargaan; pengertian ¶바르게 인식하다 mengerti secara benar ⊙ 인식론【철학】épistémologi. 인식표【군사】kartu pengenal

인식부족(認識不足) kekurangan pengertian (pengetahuan) ¶인식부족이다 kurang mengerti; memiliki pemahaman yang sedikit

인신(人身) tubuh manusia ⊙ 인신보호법 UU Perlin-dungan Kebébasan Pribadi

인신공격(人身攻擊) serangan (pelécéhan) pribadi; maki-makian personal 인신공격하다 melakukan serangan pribadi; menyerang pribadi

인신매매(人身賣買) perdagangan budak 인신매매하다 menjual-beli bubak; berdagang manusia ⊙ 인신매매 자 penjual (pedagang) budak

인심(人心) ①【사람의 마음】 hati orang; pikiran orang (manusia) ¶인심이 좋다 berbaik hati ②【민심】 pikiran publik; perasaan umum; perasaan massa ¶인심을 얻다 【잃다】 memperoléh 【kehilangan】 hati orang

인심(仁心) kemurahan hati; kebajikan; kedermawanan ¶인심 쓰다 bermurah hati; memberi kebaikan; bersikap murah hati/남의 것으로 인심 쓰다 murah hati dengan barang orang lain

인애(仁愛) belas kasihan; kemesraan manusia; perikemanusiaan ¶인애심이 있는 penuh kebaikan; manusiawi

인양(引揚) pengangkatan; penyelamatan 인양하다 menyelamatkan; mengangkat ¶인양되다 tertolong; diangkat ⊙ 인양작업 pekerjaan penyelamatan; operasi penyelamatan (pertolongan)

인어(人魚) ①【상상의】 puteri duyung; puteri laut ②【동물】 duyung; ikan duyung

인연(因緣) hubungan; sebab dan akibat 【불교】 karma; pernasiban; peruntungan; 【연분】 ikatan; keterikatan ¶인연을 맺다 menjalin hubungan; membentuk ikatan

인영(印影) tanda cap

인용(引用) kutipan; petikan; nukilan 인용하다 mengutip; memetik; menukil ⊙ 인용구(문) kutipan. 인용부(호) tanda kutip. 인용서(적) buku réferénsi; buku acuan

인원(人員) jumlah orang; anggota; staf; personil ¶인원부족이다 kekurangan staf/인원을 제한하다 membatasi jumlah orang (staf) ⊙ 인원배치표 tabél jatah pegawai. 인원점호 apél. 인원정리 pengurangan pegawai

인위(人爲) buatan manusia; daya (perantara) manusia ¶인위적(으로) ⦅secara⦆ buatan

인육(人肉) daging (tubuh) manusia ⊙ 인육시장 pasar (rumah) pelacuran

인의(仁義) kebajikan dan kebaikan; perikemanusiaan dan keadilan

인자(仁者) orang yang baik

인자(仁慈) ⦅cinta dan⦆ kebajikan; keramahan; pengampunan; kemurahan 인자하다 baik; ramah; pemurah; pengampun

인자(因子) faktor ⊙ 유전인자 gén; plasma pembawa sifat. 환경인자 faktor lingkungan

인장(印章) cap; stémpél ¶인장을 위조하다 memalsukan cap ⊙ 인장위조 pemalsuan cap: 인장위조자 pemalsu cap. 위조인장 cap tiruan; stémpél palsu

인재(人材) orang berkemampuan; orang yang berbakat ¶천하의 인재 orang berbakat dari seluruh dunia⊙ 인재 발굴 seléksi orang yang cocok untuk posisi yang lebih tinggi

인재(人災) ¶그 사고는 인재였다 Kesalahan manusia menyebabkan kecelakaan itu.

인적(人的) pribadi; manusiawi ⊙ 인적 사항 data pribadi. 인적손해 kerugian tenaga kerja. 인적자원 sumber daya manusia; tenaga kerja

인적(人跡) jejak (langkah; tapak) manusia

인절미 *injelomi*; kué dibuat dari ketan

인접(隣接) ¶인접한 berdekatan; berdampingan ⊙ 인접 지 tanah yang bersebelahan

인정(人情) sifat manusia; manusiawi; hati manusia; kehangatan; kebaikan; kemesraan 【인간성 · 인간미】 kemanusiaan ¶인정이 있다, 인정이 두텁다 simpatik; berhati ramah / 인정사정없이 tanpa maaf; tidak memaafkan

인정(仁政) penguasa (pemerintahan; administrasi) yang baik ¶인정을 베풀다 memerintah (mengatur) ⦅masyarakat⦆ dengan baik

인정(認定) pengakuan; pengesahan; 【인가】 otorisasi 인정하다 mengakui; ¶시인으로서 인정을 받다 diakui sebagai penyair

⊙ 인정서 pengakuan tertulis
인정심문(人定訊問) pertanyaan identitas; interogasi identitas ((diri)) 인정심문하다 menanyakan (mengin-terogasi) identitas
인제 sekarang; dari sekarang
인조(人造)buatan; pekerjaan manusia ¶인조의 palsu; buatan manusia; tiruan; sintétis ⊙ 인조가죽 kulit tiruan. 인조대리석 pualam buatan (tiruan). 인조고무 karét sintetis. 인조인간 robot; manusia mesin. 인조진주 mutiara tiruan (imitasi; palsu)
인종(人種) spésies manusia; ras; bangsa; suku; kaum ¶인종적 rasial; 【인종학상의】 rasial; etnologis; 【언어 · 습관상의】 étnik; kesukuan/인종적 편견【반감】 prasangka rasial 【antipati】/ 인종적 특성 sifat (ciri-ciri) rasial ⊙ 인종문제 masalah perbédaan ras; masalah warna kulit. 인종폭동 kerusuhan suku (ras). 인종차별(人種差別) diskriminasi suku (bangsa); perbédaan warna kulit. 백색 인종 ras (orang) kulit putih. 황색인종 ras (orang) berkulit kuning. 흑색인종 ras (orang) kulit hitam
인종(忍從) ketundukan; kepatuhan 인종하다 tunduk; menyerah
인주(印朱) bantalan stémpél ⊙ 인주합 kotak bantal stémpél
인준(認准) persetujuan ¶인준을 받다 disetujui
인중(人中) alur (alur tegak lurus) bibir atas; filtra ((lekukan antara bibir atas dan hidung))
인증(引證) kutipan: illustrasi; gambaran 인증하다 mengutip; menyebut; mengemukakan ((bukti))
인증(認證) pembuktian; pengesahan 인증하다 membuktikan; mengesahan ⊙ 인증서 catatan pembuktian; sertifikat auténtisitas
인지(人智) pengetahuan (kebjaksanaan; kepintaran) manusia
인지(印紙) méterai témpél ¶ 인지를 붙이다 membubuhi (menémpélkan; memberi) méterai ⊙ 인지세 ongkos méterai
인지(認知) pengakuan; pengenalan 인지하다 mengakui; mengenal; mengetahui; memahami
인지상정(人之常情) sifat alamiah manusia; perikemanusiaan
인질(人質) sandera ¶인질로 잡다 menyandera/인질로 잡히다, 인질이 되다 dijadikan sandera ⊙ 인질석방금 【몸값】 uang tebusan
인책하다(引責-) memikul tanggung jawab; memegang tanggung jawab ¶인책사직하다 berhenti bekerja karena tanggung jawab; bertanggung jawab dan meletakkan jabatan
인척(姻戚) hubungan keluarga karena perkawinan; keluarga semenda ¶인척관계이다 dihubungkan oléh perkawinan
인체(人體) tubuh manusia ¶인체에 영향을 주다 mempengaruhi tubuh manusia ⊙ 인체구조 struktur (susunan) tubuh manusia. 인체모형 modél anatomis tubuh manusia; anatomi; 【인형】 patung manusia. 인체실험 percobaan terhadap tubuh manusia. 인체해부 anatomi tubuh manusia
인축(人畜) manusia dan ternak (héwan)
인출(引出) pengambilan; penarikan 인출하다 menarik; mengambil ¶은행에서 예금을 인출하다 menarik uang simpanan dari bank
인칭(人稱) orang ¶제1 【제2, 제3】인칭 orang pertama 【kedua, ketiga】 ⊙ 인칭대명사 kata ganti orang
인큐베이터 inkubator; mesin penetas (pengeram) ¶인큐베이터에 들어가다 dimasukkan ke dalam inkubator
인터넷 internét ¶인터넷에 접속하다 mengaksés internét
인터벌 jarak waktu; waktu jedah
인터뷰 wawancara; tanya-jawab 인터뷰하다 berwawancara ¶기자와의 인터뷰 wawancara pérs/ …와의 인터뷰에서 dalam wawancara dengan ⊙ 단독인터뷰 wawancara khusus dengan. 전화인터뷰 wawancara télépon
인터셉트 menangkap; menahan
인터체인지 jalan simpangan (bélokan)
인터페론 interféron
인터폰 interkom; interpon
인터폴 polisi internasional; lnterpol

인턴 ①【수련의】 ¶인턴으로 근무하다 belajar keahlian di rumah sakit ②【견습 사원】 magang ; pegawai magang ⊙ 인턴제 sistém masa belajar suatu keahlian; program magang

인테리어 desain interior; dékorasi intérior ⊙ 인테리어 디자이너 pendesain intérior; perancang intérior

인텐셔널 파울 pelanggaran (pénalti) disengaja

인텔리(겐차) cendékiawan; orang terpelajar; kaum cerdik pandai ¶그는 인텔리다 Dia adalah seorang cendékiawan. ⊙ 인텔리계급 kelompok (golongan) cendékiawan

인토네이션 intonasi; tekanan

인파(人波) arus(gelombang; aliran) manusia; kerumunan orang; ¶인파에 휩쓸리다 terdesak oléh (terdorong oléh) arus manusia

인편(人便) ¶인편에, 인편으로 melalui orang (perantara)); dengan bantuan orang

인품(人品) kepribadian; martabat; penampilan orang; karakter ¶인품이 좋다 memiliki kepribadian (wajah) yang baik

인프라 infrastruktur; prasarana

인풋 pemakaian; tenaga yang dimasukkan

인플레(이션) inflasi ⊙ 인플레경향 trén inflasi; kecenderungan inflasi. 인플레대책 kebijakan (tindakan) anti inflasi. 인플레심리 psikologi inflasi; méntalitasi inflasi. 악성인플레 inflasi yang tak terkendali

인플루엔자 virus influenza; flu ¶인플루엔자에 걸리다 kena influenza (flu; selésma; pilek)

인하(引下) penurunan; pengurangan; pemotongan ((gaji)) 인하하다 menurunkan; merendahkan; mengurangi; memotong ⊙ 물가인하 penurunan (pengurangan) harga-harga

인하다(因-) lantaran; oléh karena; sebab; berasal; akibat ¶부주의로 인한 akibat kelalaian

인해(人海) lautan manusia (orang) ⊙ 인해전술 taktik lautan (gelombang) manusia; stratégi manusia

인허(認許) pengakuan; persetujuan; pengesahan 인허하다 mengakui; mengesahkan; membenarkan; mengizinkan

인형(人形) bonéka; 【꼭두각시】 anak-anakan; wayang ¶인형 같은 mirip ((seperti)) bonéka ⊙ 인형극 pertunjukan wayang

인화(人和) keselarasan di antara manusia; damai dan persahabatan dalam negara; kerukunan bangsa ¶인화를 도모하다 mendukung (memajukan) keselarasan manusia; meningkatkan kerukunan sesama manusia

인화(引火) penyalaan; pengapian 인화하다 menyala ¶인화하기 쉬운, 인화성의 mudah terbakar; mudah menyala ⊙ 인화물질 barang yang mudah terbakar

인화(印畫) cétakan 인화하다 mencétak; membuat cétakan ¶어떤 크기로 인화해 드릴까요? Anda ingin ukuran foto yang mana? ⊙ 인화지 kertas cétakan

인화(燐火) 【인광석의】 cahaya berpendar; posforesénsi

인후(咽喉) tenggorokan; kerongrongan ⊙ 인후 병 【의학】 tenggorokan bengkak; sakit tenggorokan. 인후염 radang selaput lendir tenggorokan

일 ①【건 (件)】 masalah; hal; kejadian; insidén; perkara; kecelakaan ¶돈에 관한 일 masalah uang/ 무슨 일이 있더라도 apapun yang terjadi ②【인간의 신체적 · 정신적 활동】 kerja; pekerjaan; 【일거리】 tugas ¶힘든 일 tugas yang sulit/ 일에 착수하다 memulai bekerja ③【용무】 urusan; bisnis; keperluan ¶회사 일로 urusan firma (perusahaan) ④【계획 · 의도】 rencana; acara; proyék; skéma; rancangan ¶일을 꾀하다 membuat rencana; membentuk skéma; 【음모를】 bersekongkol ⑤【경험】 pengalaman ¶…한 일이 있다 pernah melakukan; pernah dikerjakan ⑥【공적】 pencapaian; jasa; pelayanan ¶훌륭한 일을 하다 melakukan jasa yang istiméwa; memberikan pelayanan khusus pada ⑦【문제】 hal, urusan; urusan ⑧【행사】 ¶집안의 큰일을 치르다 mengadakan acara keluarga yang besar ⑨【용변 · 성교】 ¶친구 하나가

화장실에 일을 보러 갔다 Salah seorang teman saya pergi ke kamar kecil.

일(一) satu; nomor satu

일(日) hari ¶3일 tiga hari

일가(一家) ①【가정】 rumah tangga; keluarga ¶일가를 이룩하다 mendirikan (membentuk) keluarga baru ②【친척】 keluarga dan kerabat; kaum keluarga; kerabat ③【독자적 경지를 이룬 상태】¶일가를 이루다 mengembangkan (menemukan) gaya sendiri; berkuasa atas ⊙ 일가문중 kerabat dekat dan jauh. 일가붙이, 일가친척 hubungan keluarga; kerabat

일가(一價) 【화학】 univalénsi; monovalénsi ¶일가의 monovalén ⊙ 일가원소 unsur monovalén

일가견(一家見) pendapat sendiri; pandangan pribadi; andal; cakap; pandai ¶그녀는 요리에 일가견이 있다 Ia seorang koki (juru masak) yang andal.

일가족(一家族) satu keluarga; seluruh keluarga; semua anggota keluarga

일각(一刻) semenit; ssesaat; sebentar; sekejap ¶일각을 다투는 문제 masalah mendesak

일각(一角) satu bagian; satu sudut ¶빙산의 일각 bagian dari gumpalan és yang terapung

일간(日刊) terbitan (publikasi) harian ¶일간의 harian ⊙ 일간지 koran harian; terbitan harian

일간(日間) segera; tak lama; dalam beberapa hari; dalam waktu dekat

일갈하다(一喝-) berteriak sekali; berteriak dengan suara mengguntur

일감 ⇒ 일거리

일개(一介) cuma; hanya; saja ¶일개 상인 cuma pedagang

일개(一箇) satu; sepotong ¶일개 년 satu tahun

일개인(一個人) individu; perorangan ¶일개인의 pribadi; individual

일거(一擧) satu usaha; satu kegiatan ¶일거에 sekaligus; satu gerakan ⊙ 일거양득(兩得) membunuh dua burung dengan satu batu; memperoléh dua keuntungan dalam satu gerakan; dua keuntungan sekaligus

일거리 pekerjaan; tugas; hal yang harus dilakukan ¶일거리가 있다 mempunyai pekerjaan; ada kerja yang harus dilakukan / 일거리가 없다 tidak punya kerja

일거수일투족(一擧手一投足) setiap tindak tanduk; segala sesuatu yang dilakukan seseorang

일거일동(一擧一動) setiap gerakan seseorang ¶남의 일거일동을 살피다 memperhatikan setiap gerakan yang lain

일거양득(一擧兩得) sekali mendayung, dua tiga pulau terlampaui; sembari menyelam, minum air

일건(一件) urusan; masalah; kasus; perkara; soal ⊙ 일건서류 dokumén yang berkaitan dengan kasus itu

일격(一擊) serangan tunggal; sekali pukul; kejutan ¶일격에 satu serangan; satu kejutan/ 일격을 가하다 menyerang; memberi (meluncurkan) serangan

일견(一見) sekilas; sepintas lalu; pandangan; tinjauan; lintasan 일견하다 melihat pada; melihat sekilas; meninjau ¶일견하여 dengan sekilas; dengan sepintas lalu

일계(日計) pengeluaran harian; biaya harian ⊙ 일계표 saldo pengeluaran harian

일고(一考) pertimbangan; pikiran 일고하다 memikirkan ¶이것은 일고를 요하는 문제다 lni adalah masalah yang harus dipertimbangkan.

일고(一顧) perhatian; pertimbangan ¶일고도 하지 않다 tidak memperhatikan; tak menghiraukan

일곱 tujuh ¶일곱째 ketujuh

일과(一過) 일과하다 menghabiskan waktu ¶일과성(性)의 tak kekal; lekas hilang

일과(日課) kerja (tugas) harian; pekerjaan sehari-hari; tugas rutin ¶일과를 주다 memberikan tugas harian;; memberikan pelajaran harian ⊙ 일과표 jadwal harian(sehari-hari)

일관(一貫) ①【시종 여일】 konsistensi; hubungan; ketetapan 일관하다 konsisten; kohérén; tetap ¶일관하여 secara konsisten; dari pertama sampai akhir ②【성취】 pencapaian 일관하다 mencapai; menyelesaikan ¶초지를 일관하다 mencapai idé yang orisinil ⊙ 일관성 konsistensi; keterkaitan: 일관성이 없다【《결여되다》 tidak konsiten; tidak kohérén

일괄(一括) ikatan; kumpulan 일괄하다 mengikat; membundel; mengumpulkan《benda-benda》 membuat dalam satu pakét ¶일괄하여 secara koléktif; sekaligus ⊙ 일괄계약 kontrak borongan. 일괄구입 pembelian borongan. 일괄사표 surat pengunduran diri secara masal. 일괄지급 pembayaran secara sekaligus. 일괄타결 penyelesaian lengkap (seluruhnya). 일괄판매 penjualan obral

일광(日光) sinar (cahaya) matahari; cahaya sinar ⊙ 일광소독 pembasmian kuman dengan sinar matahari. 일광욕 mandi matahari; mandi surya

일교차(日較差) perbédaan suhu udara ¶일교차가 심하다 suhu udara sangat berfluktuasi

일구다 menggarap tanah; membuat gundukan; menggali ¶황무지를 일구다 menggarap lahan limba

일구월심(日久月深) 【부사적】 bersungguh-sungguh; dengan tekun; dengan sepenuh waktu

일구이언하다(一口二言-) bercabang lidah; berperan ganda; bicara dengan mendua kata

일군(一軍) ①【전군】 seluruh angkatan ②【제 1군】 Angkatan pertama ¶일군의 지휘관 Panglima Tertinggi

일그러지다 berubah; berubah air muka; berkerut ¶고통으로 일그러진 얼굴 wajah berubah kesakitan

일금(一金) jumlah uang

일급(一給) 【최상】 kelas satu; 【등급상의】 satu kelas; satu tingkat ¶일급의 kelas satu; tingkat satu; kualitas tertinggi (terbaik) ⊙ 일급품 barang-barang kelas satu; barang-barang buatan terbaik (kelas satu)

일급(日給) gaji(upah) harian ¶일급으로 일하다 kerja dengan upah harian ⊙ 일급노동자 pekerja harian

일급(一級) ①【최고 등급】 kelas pertama (utama) ¶일급 호텔에서 묵다 menginap di hotél kelas utama (bintang lima) ②【여러 등급 중에서 첫 번째】 kelas satu; kelas pertama; tingkat pertama ¶일급 자격 sertifikat kualifikasi tingkat satu

일기(一期) 【한평생】 masa hidup; seluruh hidup ②【기간】 satu masa ⊙ 일기 배당금 saham reguler 《selama 3 bulan, dan lain-lain》

일기(一騎) penunggang kuda ¶일기당천의 용사 kesatria yang kuat; pejuang hébat (gagah); lelaki dengan kecakapan yang tak tertanding

일기(日記) catatan harian ¶일기를 쓰다 menulis diari; menulis catatan harian ⊙ 일기장 diari; buku harian. 여행일기 diari perjalanan; catatan harian perjalanan

일기(日氣) cuaca ⊙ 일기개황 kondisi cuaca secara umum. 일기불순 cuaca yang berubah-ubah(tak tetap). 일기예보 ramalan (laporan) cuaca: 일기예보관 peramal cuaca; orang yang membuat ramalan cuaca

일깨우다 ①【자는 사람을】 membangunkan di pagi hari ②【가르쳐서】 menyadarkan; memberitahu

일껏 dengan segala daya upaya

일꾼 ①【품팔이】 pekerja kasar; kuli; buruh ②【역군】 orang yang cakap (mampu); pemimpin masyarakat

일 년(一年) satu tahun ¶일 년에 한 번씩 setahun sekali; pertahun/ 일 년 내 sepanjang tahun; seluruh tahun/ 일 년 걸러 setiap dua tahun ⊙ 일년생 murid tahun pertama; 【대학 등의】 mahasiswa tahun pertama. 일년생 식물 tanaman tahunan (setahun; semusim)

일념(一念) tékat yang bulat; pikiran terpusat; jiwa yang kuat

일다[1] 【바람 · 거품 등이】 terjadi; timbul; naik ¶물결이 일다 bergelombang/ 바람이 일다 angin berhembus; angin bertiup/ 불이 일다 api berkobar/ 먼지【연기】가 debu【asap】 membubung

일다[2] 【쌀 등을】 membersihkan yang tak

berguna; menggosok; mencuci; mengayak ¶사금을 일다 mendulang emas

일단(一旦) sekali; untuk sementara; untuk sesaat

일단(一段) ①【단계】 satu panggung; panggung pertama; (기어) babak pertama ¶기어를 일단으로 넣고 출발해라 memulai babak pertama ②【등급】 tingkat pertama; satu tingkat ③【문장의】 satu paragrap

일단(一端) satu ujung (akhir); satu bagian

일단(一團) satu badan; sekelompok; serombongan; satu gerombolan; satu kumpulan ¶일단의 관광객 sekelompok (serombongan) turis (pariwisata)

일단락(一段落) penyelesaian satu tahapan ¶일단락 짓다 menyelesaikan ((masalah)) untuk sementara waktu

일당(一堂) ¶일당에 모이다 berkumpul dalam satu aula (ruangan)

일당(一黨) ①【한 무리의 사람들】 kelompok kecil; komplotan; géng ②【하나의 정당 · 당파】satu partai ⊙ 일당독재 kediktatoran satu partai

일당(日當) biaya harian; gaji (upah) harian; pendapatan harian

일당백(一當百) lawan seimbang untuk seratus

일대(一大) kebesaran; sangat penting (besar) ¶일대 발견 penemuan yang sangat besar ⊙ 일대사 masalah besar; masalah mendesak (serius; darurat)

일대(一代) ①【일세】 satu génerasi; satu zaman ②【일생】 masa hidup ③【그 시대】 waktu; zaman; masa ¶일대의 영웅 pahlawan terbesar masa itu ⊙ 일대기 sejarah kehidupan; biografi; riwayat hidup

일대(一帶) seluruh daérah (wilayah); sekeliling; lingkungan

일대일(一對一) satu lawan satu

일도양단하다(一刀兩斷-) mengambil keputusan dengan cepat

일독(一讀) pembacaan seluruhnya; pembacaan dengan teliti 일독하다 membaca dengan teliti; membaca seluruhnya ¶일독 할만하다 bagus dibaca; berguna dibaca dengan teliti

일동(一同) semua orang yang hadir; semuanya ¶가내 일동 seluruh keluarga/ 회원일동 seluruh anggota / 저희들 일동 kita semua; kita seluruhnya

일득일실(一得一失) satu jasa dan satu kesalahan; keuntungan dan kerugian

일등(一等) kelas satu; rangking (tingkat) pertama; tempat pertama ¶일등을 하다 menempati (memenangi) tempat pertama ⊙ 일등국 negara adidaya. 일등급 tingkat pertama. 일등병 prajurit satu (PRATU). 일등상 hadiah pertama. 일등석 kelas satu. 일등(승)객 penumpang kelas satu (utama). 일등품 barang kelas satu; barang terbaik (utama). 일등항해사 nahkoda kepala

일란성(一卵性) ¶일란성의 satu telur; monovular ⊙ 일란성 쌍생아 kembar dari satu telur; kembar identik

일람(一覽) pandangan; tinjauan; 【개요】 ikhtisar; ringkasan; kerangka; selebaran; 【안내】 katalog 일람하다 memandang; melihat sekilas; meninjau; membaca teliti ⊙ 일람 불 어음 rékening (wésel) tercatat. 일람표 daftar; skédul: tabél; jadwal

일러두기 catatan penjelasan; kata pengantar; kata pendahuluan

일러두다 memberi perintah; menyuruh

일러바치다 mengadu(kan); memberi informasi; menyatakan; menyampaikan cerita

일러스트레이션 ilustrasi; gambar

일러스트레이터 juru gambar; pelukis

일러주다 ①【알려주다】 menginformasikan; memberitahukan; mengumumkan; memberi keterangan ②【가르치다】 mengajar; menaséhati; mengingatkan; menginstruksikan

일렁이다, 일렁거리다 timbul tenggelam; terapung-apung; melambung; berombak-ombak; bergoyang

일렉트론 【물리】 éléktron

일력(日曆) kaléndar harian

일련(一連) ①【연속】 serangkaian; serénté tan ¶일련의 사건 serangkaian (seréntétan) kejadian/일련의 거래 rangkaian transaksi ②【종이 등】 satu rim ((kertas))

⊙ 일련번호 nomor berurutan (berturut-turut); angka berséri

일렬(一列) sebaris; sebanjar; sedérét; selajur ¶일렬로 dalam satu barisan; berbaris/ 일렬로 줄서다 berdiri dalam antrian (barisan); mengantri

일례(一例) satu contoh ¶일례를 들면 sebagai contoh; contohnya; misalnya

일로(一路) jalan lurus; jalan langsung; lintasan ¶증가 일로에 있다 terus bertambah; bertambah dengan tetap

일루(一縷) benang tunggal; rangkaian ⟪asap⟫ tipis; sinar ⟪cahaya, secarik cahaya⟫ harapan ¶일루의 희망마저 잃다 kehilangan harapan terakhir

일루(一壘) base pertama

일류(一流) ①【제일위】 ¶일류의 kelas ⟪rangking; tingkat⟫ satu; rangking atas; dari kelas utama; jempolan; terkemuka; ulung ②【유파】 aliran ⊙ 일류가수 penyanyi top. 일류 교 sekolah ternama (bergéngsi). 일류병 maniak yang terbaik; sénsasi kelas satu; kegemaran kelas atas. 일류회사 perusahaan terkemuka. 일류호텔 hotél kelas satu; hotél bintang lima

일류미네이션 penerangan; percahayaan

일률 (一律) keseragaman; sikap tidak memihak; keserasian; uniformitas; keadaan rata ¶일률적 secara menyeluruh; secara seragam/ 일률적으로 secara menyeluruh; secara seragam

일리(一理) ①【어떤 이치】 beberapa alasan; beberapa kebenaran ②【같은 이치】 ⟪satu dan⟫ alasan yang sama

일리일해(一利一害) keuntungan diimbangi oléh kerugian; satu jasa dan satu cela ¶그것에도 일리일해가 있다 Ada keuntungan dan kerugiannya.

일막(一幕) satu adégan; adégan pertama

일말(一抹) ¶일말의 sedikit; agak/ 일말의 불안을 느끼다 merasa agak (sedikit) gelisah

일망(一望) ¶일망천리의 바다 lautan yang tidak ada batasnya

일망타진하다(一網打盡-) melakukan penahanan secara besar-besaran; menggulung ⟪kawanan perampok⟫

일맥(一脈) ¶일맥상통하다 memiliki kesamaan dengan; memiliki jalinan hubungan

일면(一面) ①【사물의 한 측면】 satu sisi; (양상) satu aspék; satu fase ⟪kehidupan bangsa Amerka⟫ ¶성격의 일면 satu sisi karakter ②【신문의 첫째 면】 halaman pertama(depan) ¶일면 기사 berita halaman pertama ③【한번 만남】 pertemuan satu-satunya 일면하다 bertemu (berjumpa) pertama kali ④【한 편】 di lain sisi

일면식 (一面識) kenal wajah (muka); kenalan sepintas¶…와 일면식이 있다 kenal sedikit dengan…; kenal wajah

일명(一名) ①【한 사람】 seseorang ②【딴 이름】 nama lain; alias; nama samaran; nama panggilan

일모(日暮) matahari terbenam; senja

일모작(一毛作) satu kali musim tanam; perladangan sekali panén 일모작하다 mendapat sekali panén setahun ⊙ 일모작전답 ladang sekali panén

일목요연하다(一目瞭然-) jelas pandang; nyata; seterang siang

일몰(日沒) senja ¶일몰 후【전】 setelah 【sebelum】 matahari terbenam

일문(一門) satu keluarga; satu famili; satu marga

일문일답(一問一答) pertanyaan dan jawaban 일문일답하다 bertanya dan menjawab; memberikan jawaban untuk setiap pertanyaan

일미(一味) rasa paling lezat

일박(一泊) 일박하다 menginap satu malam ⊙ 일박여행 perjalanan bermalam satu hari

일반(一般) ①【전반(全般)】 keseluruhan ¶일반의 umum; lazim; kebiasaan/일반사람 orang biasa; orang awam/일반적 lazim; umum; kebiasaan/ 일반적으로 secara umum; pada umumnya/일반화 하다 menggéneralisir; memberlakukan secara umum; mempopulérkan; melazimkan ②【…매일반】 sama; seperti ⇒ 매한가지 ⊙ 일반개념 konsép (idé; gagasan) umum. 일반교양 pengetahuan budaya (sopan santun) yang lazim. 일반

대중 publik umum; masyarakat luas. 일반론 pertimbangan umum. 일반석【극장 등의】 bangku biasa. 일반화 généralisasi; 【보급】 pempopuléran

일발(一發) satu témbakan (letusan)

일방(一方) satu sisi; sepihak; satu kelompok ¶일방적 satu sisi; unilateral; sepihak/ 일방적인 견해 pandangan sepihak/ 일방적(인) 승리 kemenangan mutlak ⊙ 일방무역 perdagangan satu jalan. 일방통행 jalan satu arah

일번(一番) pertama; nomor satu; nomor wahid ¶일번의 pertama; top ⊙ 일번타자【야구】 pemukul bola pertama

일벌【곤충】 lebah pekerja

일벌백계(一罰百戒) ¶일벌백계로 다스리다 menghukum orang sebagai peringatan bagi yang lain

일변(一邊) ①【한쪽】 satu sisi; sebelah; satu pihak ②【일방】 satu tangan

일변(一變) perubahan secara keseluruhan 일변하다 berubah sepenuhnya; berubah sama sekali ¶사람이 일변하다 menjadi orang lain /태도를 일변하다 mengubah sikap (perilaku; kelakuan)

일변(日邊) bunga harian

일변도(一邊倒) pengabdian sepenuh hati (sepenuhnya); pada satu pihak¶대미(對美) 일변도다 pro Amerika sepenuhnya; memberi dukungan sepenuhnya pada Amerika Serikat ⊙ 일변도 정책 kebijakan bergantung pada satu pihak

일별(一瞥)pandangan sekilas 일별하다 melihat sekilas

일병(一兵) prajurit kelas satu

일보(一步) satu langkah ¶일보일보 langkah demi langkah/일보도 양보하지 않다 tidak menyerah selangkahpun (*seinchipun*) ⊙ 일보전진 selangkah ke depan

일보(日報) laporan harian; koran harian ¶동아일보 Harian Dong-Ah

일보다 mengurus bisnis; menangani pekerjaan; berusaha

일봉(一封) amplop berisi uang 《sebagai hadiah》 ¶금일봉을 받았다 Dia mendapat hadiah uang.

일부(一夫) satu suami ⊙ 일부다처 beristri banyak; poligami. 일부일처(一妻) monogami. 일부종사 hanya melayani seorang suami

일부(一部) ①【일부분】 sebagian ¶일부의 sebagian; parsial/일부의 사람들 sebagian (beberapa) orang; lingkup tertentu ②【책】《sebuah》 salinan ③【한 벌】 satu sét lengkap ⊙ 일부수정 perubahan sebagian

일부(日賦) cicilan harian ¶일부로 갚다 membayar dengan cicilan harian ⊙ 일부금 pembayaran cicilan harian. 일부판매 penjualan dengan cicilan harian

일부러 sengaja; memang dikehendaki; memang diniatkan

일부분(一部分) sebagian; sekerat; sepenggal

일사(一事) satu hal; satu macam ⊙ 일사부재리(不再理)의 원칙 prinsip satu keputusan; prinsip tak melakukan hal yang sama dua kali

일사병(日射病)【의학】 kelengar kena matahari ¶일사병에 걸리다 terserang (menderita) kelengar matahari

일사분기(一四分期) seperempat tahun (triwulan) pertama

일사불란(一絲不亂) susunan sempurna; mantap sepenuhnya 일사불란하다 dalam keadaan rapi; dalam susunan (urutan) yang sempurna

일사천리(一瀉千里) kemajuan (kelancaran) yang sangat cepat ¶일사천리로 dengan sangat cepat

일산(日産) ①【생산고】 hasil produksi harian ②【일본제】 buatan (produk) Jepang

일산(一酸)【화학】 ¶일산의 monosida ⊙ 일산화질소【탄소】 nitrogén【karbon】 monosida

일삼다 menjadikan urusan; mengabdikan diri; menyediakan diri; hanya melakukan ¶술 마시기를 일삼다 hanya minum-minum

일상(日常) tiap hari; biasanya ¶일상의 biasa; lazim; wajar/일상 하는 일 kerja (urusan) harian; kerja rutin ⊙ 일상복 pakaian sehari-hari. 일상사 kejadian (urusan; peristiwa) sehari-hari. 일상생

활 kehidupan sehari-hari (harian). 일상업무 urusan harian; kerja rutin

일색(一色) ①【한 가지 색깔】 satu warna ②【미인】 kecantikan yang mempesona ⊙ 천하일색 kecantikan yang tak ada taranya ((di dunia))

일생(一生) masa hidup; seluruh hidup ¶일생의 소원 hasrat seumur hidup; hasrat yang ada selama hidup/ 일생에 한 번 sekali seumur hidup ⊙ 일생일사(一死) hidup dan mati; kehidupan dan kematian

일생일대(一生一代) ¶일생일대의 seumur hidup/ 일생일대의 걸작 karya besar seumur hidup; karya agung

일석이조(一石二鳥) sekali lempar kena dua; ((membunuh)) dua burung dengan satu batu

일선(一線) 【줄】 garis; 【전쟁 · 실무의】 garis (pertempuran) pertama ¶일선에 서다 berdiri(berada) di garis depan/일선에서 활약하다 aktif di dunia usaha ⊙ 일선근무 pelayanan lapangan (aktif)

일설(一說) ①【하나의 설】 satu pendapat (pandangan; vérsi) ②【다른 설】 pendapat lain; vérsi lain ¶일설에 의하면 menurut pendapat (laporan; pandangan; vérsi) lain

일세(一世) 【일대】 générasi; abad; 【일생】 seumur hidup; 【그 시대】; waktu; jaman ¶일세를 풍미하다 memerintah (mengatur) jaman (dunia; waktu)/일세를 경악케 하다 mengejutkan seluruh dunia

일세기(一世紀) 100 tahun

일소(一笑) ketawa ¶일소에 부치다 menertawakan; mengenyahkan dengan tertawa

일소(一掃) 일소하다 menyapu bersih; membasmi; menghilangkan; menghapus; menghalau; mengosongkan ¶악습을 일소하다 menghilangkan kebiasaan-kebiasaan jahat; menyapu bersih pelecehan

일손 ①【일】 pekerjaan yang ditangani ¶일손을 놓다 berhenti bekerja/ 일손을 붙들다 【잡다】 mulai bekerja ②【솜씨】 tangan yang ahli; ahli pada pekerjaan; ketrampilan dalam pekerjaan ¶일손이 떨어지다 berkurang keahlian (dalam ketrampilan) ③【일하는 사람】 tenaga kerja; pekerja ¶일손이 모자라다 kekurangan (kurang) tenaga; kurang pekerja/ 일손이 필요하다 membutuhkan tenaga kerja ③【일, 일하는 손】 ¶일손을 빌다 meminta bantuan yang lain; mendapat (memperoléh) bantuan dari yang lain

일수(日收) pinjaman cicilan harian ¶일수로 돈을 주다 【꾸어주다】 meminjam 【meminjamkan】 uang dengan bunga harian ⊙ 일수놀이 peminjaman uang dengan cicilan harian. 일수장이 réntenir (peminjam uang) yang menagih dengan cicilan harian

일수(日數) ①【날 수】 jumlah harian ¶많은 일수가 걸리다 memerlukan banyak hari ②【날의 운수】 keberuntungan sehari ¶일수가 사납다 bernasib buruk

일순(一巡) satu putaran; satu keliling 일순하다 mengitari; memutar berpatroli

일순간(一瞬間) segera; sekejab; sejenak; sebentar; sekilas

일습(一襲) satu stél pakaian; seperangkat; pakaian lengkap

일승일패(一勝一敗) satu kemenangan dan satu kekalahan ¶일승일패의 경기 pertandingan yang seru (yang seimbang)

일시(一時) ①【한때】 pada satu waktu; suatu ketika; sekali waktu ②【동시】 ¶일시에 pada saat yang sama; secara bersamaan; di saat yang sama ③【잠시】 sebentar; sesaat; sekejap ¶일시적으로 secara sementara/ 일시적 현상 fénomena sementara ④【갑자기】 tiba-tiba; seketika ⊙ 일시금【급(給)】 biaya seluruhnya. 일시불(拂) pembayaran dalam jumlah seluruhnya; pembayaran seluruhnya. 일시차입금 pinjaman sementara

일시(日時) tanggal dan jam; waktu; tanggal

일식(日蝕) 【천문】 gerhana matahari ⊙ 개기【부분】 일식 gerhana matahari total 【sebagian】

일식(日食) makanan Jepang ⊙ 일식집 réstoran Jepang

일식경(一息耕) beberapa saat (waktu)

일신(一身) diri sendiri ¶이것은 내 일신에

관련된 문제다 Ini urusan pribadi saya.

일신교(一神敎) agama satu Tuhan

일신하다(一新-) memperbaharui; merubah seluruhnya; merénovasi

일심(一心) ①【한마음】 satu hati (jiwa; pikiran); 【일념】 satu hati; sepenuh hati ②【전심】 konséntrasi (penyerapan) pikiran pada satu hal ⊙ 일심동체 penyatuan jiwa dan raga; sehati sebadan: 일심동체가 되다 menjadi satu tubuh. 일심전력 sepenuh hati dan sepenuh tenaga

일심(一審)【법률】 pengadilan tingkat pertama ¶일심에서 패소하다 kalah pada pengadilan tingkat pertama

일쑤 kebiasaan ¶…하기가 일쑤이다 selalu mengerjakan

일약(一躍) dengan satu lompatan (langkah; loncatan); pada satu loncatan (lompatan) ¶일약 최고 지위에 오르다 naik ke posisi teratas dengan satu lompatan

일어(日語) bahasa Jepang

일어나다 ①【잠 · 병석에서】 bangun dari tidur; bangun; bangkit ¶병석에서 일어나다 sembuh dari sakit ②【일어나다】 bangun; berdiri; bangkit ¶의자에서 일어나다 bangun dari tempat duduk ③【일 · 사건 등이 발생하다】 terjadi; muncul; timbul; pecah ④【떨쳐나서다】 timbul; muncul terjadi ⑤【융성하다】 makmur ⑥【불이】 terbakar; dinyalakan; hidup ⑦【바람이】 bertiup; datang ⑧【열 · 전기가】 diproduksi; digerakkan ⑨【기인】 timbul; terjadi karena

일어서다 ①【기립】 berdiri; bangkit ②【분기】 bangkit; menguatkan diri; mulai bertindak ¶압제에 반항해서 일어서다 bangkit melawan tekanan

일언(一言) satu kata; sepatah kata 일언하다 mengucapkan (berbicara) satu kata ¶일언반구도 없다 tak mengucapkan sepatah katapun/ 일언지하에 거절하다 menolak mentah-mentah

일없다 tidak perlu

일엽편주(一葉片舟) perahu yang ringan; kapal kecil

일요(日曜) ⇒ 일요일 ⊙ 일요판(板) édisi hari Minggu

일요일(日曜日) hari Minggu ¶다음 일요일에 pada hari Minggu depan; pada hari Minggu berikutnya ⊙ 일요일 특별 프로 film-film utama pada hari Minggu

일용(日用) penggunaan harian (seharihari) ¶일용의 harian; kebutuhan harian ⊙ 일용품 barang yang digunakan sehari-hari; kebutuhan harian

일원(一元) ¶일원적 sendiri; tunggal/ 일원화 penyatuan/ 일원화하다 menyatukan ⊙ 일원론【철학】 monisme; yang bersifat tunggal

일원(一員)【구성원】 anggota; satu anggota ¶사회의 일원 anggota masyarakat

일원(一圓) ⇒ 일대【일정 범위의 어느 지역 전부】 ¶서울 일원에 seluruh distrik Seoul

일원제(一院制) sistém kamar tunggal; sistém berbentuk tunggal ⊙ 일원제의회 badan pelaksana tunggal

일월(一月) bulan Januari

일월(日月) ①【해와 달】 bulan dan matahari ②【시간】 hari dan bulan

일위(一位) ①【수학】 satuan tempat ②【첫자리】 tempat utama (pertama); posisi pertama; nomor satu; peringkat pertama¶일위를 차지하다 mendapat (menduduki) peringkat pertama

일으키다 ①【세우다】 bangun; bangkit¶넘어진 사람을 일으키다 membantu berdiri ②【사태 · 일 등을 야기하다】 menimbulkan; membangkitkan; menyebabkan; membuat; membujuk; mengundang ¶소동을 일으키다 menimbulkan gangguan; membangkitkan masalah; memulai kerusuhan; menimbulkan kekacauan ③【개시 · 창시하다】 memulai; membentuk; mendirikan ④【나라 · 집안 · 사업 등을】 membawa (membuat) kemakmuran; membangkitkan ⑤【불을】 menyalakan (menghidupkan) api ⑥【깨우다】 membangunkan ⑦【발생】 membangkitkan; menggerakkan; menghasilkan ¶전기를 일으키다 membangkit listrik ⑧【제기하다】 ¶소송을 일으키다 membuat (membawa) tindakan (gugatan) melawan; melawan hukum ⑨【발병】 jatuh (terkena) sakit; diserang; terserang

일익(一翼) bagian; peranan ¶일익을 담당하다 memainkan (menampilkan) bagian (peran); berperan

일익(日益) seterusnya; hari demi hari

일인(一人) satu orang ⊙ 일인당(當) untuk setiap (masing-masing) orang; per kepala; per orang. 일인분 porsi satuan (tunggal); satu porsi. 일인이역(하다) ((memainkan)) peran ganda. 일인 일표 ((prinsip)) satu orang satu suara. 일인자 orang nomor satu; tokoh utama; kekuasaan tertinggi. 일인칭 소설 novél dengan sudut pandang orang pertama

일일(一日) satu hari; 【초하루】 hari pertama ((dari satu bulan)) ⊙ 일일생활권 zona hidup satu hari

일일이 segalanya; segala sesuatu; semua hal; dalam setiap hal (masalah); tanpa kecuali ¶일일이 간섭하다 ikut campur tangan dalam segala hal

일일이(一一) ①【하나하나】 satu demi satu; satu; secara individu ②【상세히】 secara detil; secara menyeluruh; semuanya

일임하다(一任-) 【전적으로 맡기다】 mempercayakan; meninggalkan sepenuhnya pada; menyerahkan semuanya pada

일자(日字) ⇒날짜

일자(一字) ¶입을 일자로 굳게 다물다 tutup mulut rapat-rapat

일자리 posisi; perkerjaan; jabatan ¶일자리를 찾다 mencari pekerjaan (kerja) /일자리를 잃다 kehilangan pekerjaan; diberhentikan

일자무식(一字無識) ketidaktahuan; kebodohan; kebutahurufan ⊙ 일자무식꾼 orang yang buta huruf; orang yang tak bisa membaca; orang yang tak kenal huruf

일잠 ¶일잠자다 tidur cepat

일장(一場) ①【연극의】 satu adegan; suatu gambaran ②【한바탕】 suatu saat; suatu jalinan peristiwa ¶일장 연설을 하다 membuat (menyampaikan) pidato; memberi amanat

일장기(日章旗) bendéra Jepang

일장일단(一長一短) kebaikan dan kekurangan; kekuatan dan kelemahan ¶일장일단이 있다 bermanfaat dan bermudarat

일장춘몽(一場春夢) impian muluk; mimpi hampa; impian kosong; harapan yang kosong

일전(一戰) satu pertempuran; satu perkelahian; 【승부】 pertandingan; kontés ¶일전을 겨루다 berkelahi ((terlibat dalam)) pertempuran; mengadakan perkelahian dengan; mengadakan pertandingan/ 일전을 불사하다 siap bertempur; siap bertarung.

일전(一轉) perubahan lengkap; pembalikan 일전하다 【회전】 berbalik; 【변화】 membuat perubahan sepenuhnya

일전(日前) beberapa hari yang lalu; baru-baru ini

일절(一切) seluruhnya; semuanya ¶일절하지 않다 tidak sekali-sekali

일정(一定) keseragaman; standar 일정하다 tertentu; pasti; tetap ¶일정불변의 tetap; tidak berubah; konstan; tak beragam/일정한 직업 pekerjaan yang mantap/ 일정한 수입 pendapatan yang teratur

일정(日程) program (jadwal) sehari; 【여행의】 rencana perjalanan ¶일정을 변경하다 merubah acara harian ⊙ 일정표 skédul; jadwal. 세부일정 【여행의】 rencana perjalanan yang rinci

일제(日帝) penjajahan Jepang ¶일제하에 di bawah penjajahan Jepang ⊙ 일제시대 Zaman penjajahan Jepang

일제(日製) ¶일제의 buatan Jepang

일제(一齊) ¶일제히 bersama-sama; seluruhnya; semua; semuanya; sekaligus; selengkapnya; seantéro ¶전국(全國) 일제히 serentak di seluruh negara ⊙ 일제검거 penahanan terselubung (besar-besaran); penangkapan sekaligus. 일제사격 témbakan secara serentak; témbakan serempak; témbakan secara berondongan

일조(一朝) ①⇒ 일조일석 ¶일조에 dalam satu hari; dalam jangka waktu singkat ②【일조 유사시】 dalam keadaan darurat

일조(日照) sinar matahari ⊙ 일조권 hak untuk ((menikmati)) sinar matahari. 일조시간 lama sinar matahari; lama pe-

nyinaran
일조일석(一朝一夕) jangka (masa) yang singkat ¶일조일석에 dalam satu hari; dalam jangka pendek
일조하다(-助-) memiliki andil; memberikan sumbangsih; memainkan peran
일족(一族) seluruh anggota keluarga; semua keluarga dan kerabat; sanak saudara; seluruh marga
일종(一種) sejenis; satu jenis; semacam; satu macam
일주(一周) satu putaran; satu pelayaran keliling; 【회전의】 satu révolusi 일주하다 menjalani (bepergian, berlayar) memutar ¶세계를 일주하다 berkeliling dunia; berlayar mengelilingi dunia ⊙ 일주기(期) satu periode. 일주기(忌) ulang tahun kematian yang pertama. 세계 일주여행 perjalanan keliling dunia
일주(一週) satu minggu
일주년(一週年) ulang tahun pertama ¶일주년기념식을 거행하다 menyelenggarakan upacara ulang tahun pertama
일지(日誌) catatan harian; buku harian ⊙ 학급일지 catatan harian pekerjaan kelas
일직(日直) tugas harian 일직하다 bertugas harian; menjalankan tugas harian
일직선(一直線) garis lurus ¶일직선으로 lurus; dalam garis lurus
일진(一陣) ①【군사의】 kamp (perkémahan) militér ②【선봉】 barisan depan ③【바람】 hembusan(tiupan) angin ⊙ 일진광풍 hembusan (tiupan) angin keras
일진(日辰) 【간지】 penunjukan sepasang hari menurut sirklus enam puluh tahun; 【운수】 hari keberuntungan ¶오늘은 일진이 나쁘다 Ini bukan hari keberuntungan saya.
일진일퇴(一進一退) kemajuan dan kemunduran; pasang dan surut 일진일퇴하다 maju dan mundur; turun naik; selalu berubah ¶일진일퇴의 경기 pertandingan mundur maju; pertandingan kejar menjejar skor
일찌감치 sedikit cepat; lebih awal; dini
일찍 lebih cepat; lebih dahulu ¶아침 일찍 pagi-pagi
일찍이 【일찍】 ①【이르게】 dini ¶일찍 죽다 mati muda ②【예전에】 dulu; pernah; suatu kali
일차(一次) pertama; sekali; 【수학】 linier ¶거기에 일차 가본 적이 있다 Saya pernah ke sana sekali/일차적 yang utama ⊙ 일차방정식 penyamaan derajat pertama. 일차산업 industri-industri pertama. 일차시험 ujian pertama
일차원(一次元) ¶일차원의 satu diménsi; berdiménsi satu
일착(一着) ①【경주의】 kedatangan pertama; yang pertama 일착하다 datang pertama kali; menyelesaikan pertama-tama; menjadi yang pertama masuk; memenangkan tempat pertama ②【옷의】 ⇒ 벌
일책(一策) satu (sebuah) rencana
일처다부(一妻多夫) poliandri; bersuami lebih dari satu
일천하다(日淺-) tidak lama; singkat
일체(一切) semua; seluruh; setiap; sembarang dan setiap benda; segala sesuatu ¶/일체의 관계를 끊다 memutuskan semua hubungan; mencuci tangan dari
일체(一體) ①【한 몸】 satu badan (tubuh); satu raga ¶일체가 되다 menyatu; disatukan/일체가 되어 일하다 bekerja sebagai satu tubuh; bekerja kompak ② ⇒전부(全部) ⊙ 일체감 rasa kesatuan 일체화(化) penyatuan; intégrasi
일촉즉발(一觸卽發) situasi yang sulit (genting; rumit)
일축(一蹴) téndangan; (거절) penolakan langsung ①【제안 · 부탁 등을 거절하다】 일축하다 menolak; menampik langsung ②【소문 · 의혹 등을】 membantah ③【차다】 menendang
일출(日出) matahari terbit
일취월장(日就月將) kemajuan harian dan peningkatan bulanan 일취월장하다 maju dengan pesat; maju hari demi hari dan bulan demi bulan
일층(一層) ①【단층】 satu tingkat; tingkat dasar; 【밑층】 lantai dasar ¶일층 집 rumah bertingkat satu ②【한결】 lebih; melebihi
일치(一致) ①【합치】 persetujuan; solidari-

tas; kesepakatan 일치하다 sesuai dengan; selaras dengan ¶의견의 일치를 보다 mencapai persetujuan; disetujui ②【부합】 kejadian yang kebetulan; persesuaian; kesesuaian 일치하다 bertepatan; dapat disamakan ③【단합】 kerukunan; penyatuan; perpaduan; koperasi. 일치하다 bersatu; mempersatukan ④【문법】 kesepakatan; konkordan ¶시제의 일치 kesesuaian kala (tata bahasa) ⊙ 일치단결 persatuan; solidaritas: 일치단결하다 bersatu dengan. 일치점 titik pertemuan (persetujuan)

일컫다 ①【칭하다】 menyebut; memanggil; menamakan ②【빙자하다】 berpura-pura; mengatakan ¶병을 일컫고 dengan alasan (dalih) sakit

일탈하다(逸脫-) keluar dari rutinitas; menyimpang; menyeléwéng

일터 tempat kerja; 【사무소】 kantor; 【공사장】 tempat pembangunan

일통(一通) ¶서류 일통 satu dokumén; suatu salinan dokumén

일파(一派) ①【일당】 satu faksi; satu partai ②【종파】 satu aliran

일패(一敗) satu ((kali)) kekalahan

일패도지하다(一敗塗地-) menderita kekalahan mutlak

일편(一片) sepotong; secercah; sedikit satu bagian ¶일편의 양심 secercah (sebagian) kesadaran ⊙ 일편단심 hati yang tulus; hati yang penuh pengabdian; ketaatan

일편(一篇) sebuah (sepenggal) ((sajak))

일평생(一平生) seumur hidup; seluruh hidup ¶일평생 잊지 못할 tak pernah terlupakan

일폭(一幅) segulung; gulungan; potongan ¶동양화 일폭 gulungan lukisan Timur

일품(一品) ①【벼슬의】 kepala kantor ②【상품】 barang berkualitas tinggi; barang unggulan ③【요리】 sepiring makanan ⊙ 일품요리 makanan paling lezat; makanan (hidangan) satu saat. 천하일품 barang unik; barang berkualitas tak ada bandingannya

일품(逸品) barang yang istiméwa; barang yang agung; karya agung

일필휘지하다(一筆揮之-) menulis dengan satu sapuan; menulis dengan kuas

일하다 bekerja; berusaha; berbuat; berkarya ¶열심히 일하다 bekerja keras; bekerja berat

일할(一割) sepuluh persén

일행(一行) ①【동아리】 kelompok; rombongan ¶관광단일행 sekelompok wisatawan(turis)/일행에 끼다 bergabung dengan rombongan ②【한줄】 satu baris; baris syair

일호(一號) ①【첫 번째】 yang pertama ②【가장 중요한 것】 nomor satu

일호(一毫) seujung rambut; bagian yang paling kecil; sedikit; sekelumit ¶일호도 tak sedikit; sekelumit ⊙ 일호반점(半點) ⇒일호(一毫)

일화(逸話) anékdot; épisode ⊙ 일화집(集) kumpulan anékdot

일확천금(一攫千金) 일확천금하다 mendapat keberuntungan dengan satu kejadian ¶일확천금을 꿈꾸다 memimpikan (bermimpi; mengkhayal) mendapat keuntungan seketika (sekejab)

일환(一環) rangkaian ((dalam satu rantai)) ¶…의 일환으로서 sebagai bagian dari

일회(一回) satu kali; suatu kali; satu putaran; satu babak ¶주 일회 sekali seminggu /일회전 babak pertama; putaran (ronde) pertama

일흔 tujuh puluh

일희일비하다(一喜一悲-) senang dan sedih silih berganti; bergembira dan berduka dalam waktu yang cepat

읽다 ①【글자 · 책 등을】 membaca; 【발음】 mengucapkan; melapalkan; 【암송】 menghafal ¶읽기 쉬운 mudah dibaca; bisa dibaca ②【생각 · 표정 등을】 membaca; menebak; mengetahui ③【숨겨진 뜻을】 menerka; terka; tebak; lihat

읽히다 ①【읽게 하다】 menyuruh membaca; menyuruh dibaca ②【읽혀지다】 membaca secara luas ¶많이 읽히는 책 buku yang dibaca secara luas ③【감정 · 의도 등을】 dibaca

잃다 ①【물건 · 집 · 자리 등을】 hilang; kehilangan ¶직장을 잃다 hilang pekerjaan ②【사라지다】 melését; hilang ¶기회를 잃다 hilang kesempatan(peluang)/면목을

잃다 kehilangan muka; merasa malu ③【길·방향·초점 등을】 nyasar; tersesat ¶길을 잃다 menyasar; tersesat; sesat ④【사별하다】 ¶어머니를 잃다 kehilangan ibu/ 생명을 잃다 mati

임 orang pencinta; kekasih

임간(林間) bagian dalam hutan ⊙ 임간학교 sekolah di perkémahan; sekolah di udara terbuka

임검(臨劍) inspéksi resmi; kunjungan pemeriksaan resmi; 【수색】 pencarian 임검하다 memeriksa; mengadakan pemeriksaan ¶현장을 임검하다 mengadakan kunjungan pemeriksaan di suatu tempat; 【범죄 현장을】 meninjau lokasi kejahatan ⊙ 임검 증 izin pemeriksaan

임계(臨界) kritis; batas ⊙ 임계각【고도】 sudut 【ketinggian】 genting (kritis)

임관(任官) pengangkatan; pelantikan; wisuda 임관하다 diangkat; dilantik ¶소위로 임관하다 dilantik menjadi létnan dua

임균(淋菌) gonokokus

임금 raja; penguasa

임금(賃金) upah; bayaran ¶이틀 치의 임금 upah dua harian / 싼 임금으로 일하다 bekerja dengan upah rendah ⊙ 임금격차 perbédaan upah. 임금인상 kenaikan gaji (upah). 임금인하 penurunan (pemotongan) gaji. 임금지급일 hari gajian. 기준임금 upah standar (dasar). 최저【최고】 임금 gaji minimum 【maksimum】. 최저임금제 sistém upah minimum

임기(任期) masa dinas masa jabatan; masa kerja; 【의원의】 masa keanggotaan; 【지사의】masa jabatan gubernur ¶임기 중 selama masa jabatan/임기가 차다 masa dinas berakhir ⊙ 임기만료 penyelesaian masa jabatan

임기응변(臨機應變) penyesuaian terhadap keadaan 임기응변하다 bertindak menurut (sesuai dengan) keadaan; menyesuaikan diri terhadap situasi (waktu)

임대(賃貸) kontrak; séwa; séwa kontrak 임대하다 menyéwa; mengontrak ¶집을 임대하다 menyéwakan rumah ⊙ 임대가격 harga séwa. 임대계약 kontrak séwa. 임대료 biaya(ongkos) séwa. 임대아파트 apartemén yang diséwakan (dikontrakkan). 임대인 pengontrak; orang yang menyéwakan. 임대주택 rumah kontrak. 임대차 계약 tanah kontrakan; kontrak séwa

임면(任免) pengangkatan dan pemberhentian 임면하다 mengangkat dan memberhentikan ⊙ 임면권 kekuasaan untuk mengangkat dan memberhentikan

임명(任命) pengangkatan; penunjukan; nominasi 임명하다 menunjuk; menominasikan nama; menobatkan ¶임명되다 ditunjuk jabatan; dinobatkan ⊙ 임명권 kuasa penunjukan. 임명장 surat penunjukan

임무(任務) tanggung jawab; pekerjaan; kewajiban; peranan; tugas; 【사명】 misi ¶ 임무를 수행하다 menjalankan (melakukan; melaksanakan) tugas

임무관(林務官) pejabat kehutanan negara; pejabat kehutanan

임박하다(臨迫-) mendekati ¶죽음이 임박하다 mendekati ajal; di ambang kematian

임부(妊婦) wanita hamil; calon ibu ⊙ 임부복 pakaian (jubah; baju) hamil

임산(林産) ⊙ 임산물 hasil hutan

임상(臨床) kunjungan pada orang sakit 임상하다 menghadiri saat orang sakit; mengunjungi pasién ¶임상의 klinis/임상적으로 secara klinis ⊙ 임상강의 kuliah klinis. 임상실험(실습) latihan klinis. 임상의학 ilmu pengobatan klinik. 임상일지 catatan dokter

임석(臨席) 임석하다 menghadiri; hadir ⊙ 임석경관 polisi yang bertugas 《di bioskop》. 임석 자 orang yang hadir (yang ada)

임시(臨時) sementara; sementara waktu; dalam keadaan sementara ¶임시의 khusus; sementara; tambahan; luar biasa / 임시로 secara khusus; secara sementara (temporér) ⊙ 임시 고용인 karyawan sementara; pekerja sementara. 임시국회 sidang khusus Majelis Nasional. 임시뉴스 berita khusus. 임시면허 izin sementara. 임시변통 pengganti sementara. 임시소집 panggilan darurat. 임시수당 biaya khusus. 임시영업 usaha sementara. 임시증간(增刊) édisi tambahan (khusus). 임시총회 rapat umum khusus. 임시채용 masa percobaan. 임시채용 자 calon (pekerja) masa percobaan. 임시휴업【게시】Hari ini libur. *atau* Tutup sementara.

임신(妊娠) kehamilan 임신하다 hamil ¶임신한 여자 wanita hamil/ 임신 중이다 sedang hamil/임신 6개월이다 hamil enam bulan; mengandung anak enam bulan ⊙ 임신중절 pengguguran disengaja

임야(林野) tanah hutan; hutan dan ladang.

임업(林業) kehutanan ⊙ 임업시험장 Balai (Pos) Percobaan Kehutanan

임용(任用) penugasan; pengangkatan; penunjukan; pengerjaan 임용하다 menugaskan

임원(任員) pegawai; staf; orang yang bertugas; diréktur; pelaksana ⊙ 임원회 rapat pegawai; pertemuan staf

임의(任意) pilihan; kesukarélaan ¶임의의 bébas; terpilih; suka réla ⊙ 임의법 hukum sukaréla. 임의선택 pilihan bébas; opsi. 임의자백 pengakuan sukaréla

임자 ①【주인】pemilik; majikan ¶임자 없는 집 rumah kosong; rumah tanpa pemilik/임자가 바뀌다 berpindah tangan ②【적임자】¶이 옷이 오늘에야 임자를 만났군요! pakaian ini dibuat hanya untukmu! ③【호칭】(자네) kamu; anda; (부부간) sayangku

임전(臨戰) 임전하다 pergi berperang; maju bertempur ⊙ 임전무퇴 tak kenal mundur dalam pertempuran. 임전태세 persiapan aksi

임정(臨政) ⇒ 임시정부 pemerintah sementara ⊙ 임정요인 tokoh-tokoh kunci pemerintahan sementara

임종(臨終) ①【죽음에 임함】ajal; (죽을 때) saat terakhir kehidupan ¶임종의 말 wasiat terakhir; kata-kata terakhir/임종이 다가오다 menghadapi kematian; *akhir* sudah dekat; di ambang kematian ②【부모임종의 배석】임종하다 hadir (ada) saat kematian orang tua; menunggu di dekat ranjang kematian orang tua

임지(任地) tempat tugas; jabatan ¶임지로 떠나다 berangkat (menuju) posisi baru

임질(淋疾)【의학】*gonorrhea*; gonoré; kencing nanah ¶임질에 걸리다 menderita gonoré

임차(賃借)【부동산의】kontrak;【차 · 선박의】penyéwaan 임차하다 mengontrak ((tanah)); menyéwa ((rumah)) ⊙ 임차가격 harga kontrak. 임차료 biaya kontrak (séwa). 임차인 penyéwa; pengontrak; pihak yang mengontrak

임치(任置) déposito; tabungan 임치하다 menyimpan uang; menabung; mendépositokan ⊙ 임치인 penyimpan uang. 임치증서 sertifikat tabungan (déposito)

임파(淋巴)【해부학】limfa ⇒ 림프. ⊙ 임치선【염】radang kelénjar getah bening

임팩트 pengaruh yang kuat

임피리얼리즘 impérialisme

임하다(臨-) ①【면하다】menghadap ¶큰 거리에 임한 집 rumah yang menghadap ke jalan ②【방문】berkenaan membalas kunjungan;【도착】sampai; mendatang ¶개회식에 임하다 menghadiri (hadir) pada upacara pembukaan ③【직면】menghadapi; dihadapkan; bertemu ¶죽음에 임하여 di saat kematian; pada waktu kematian (sakaratul-maut)

임학(林學) ilmu kehutanan ⊙ 임학자 ahli kehutanan

임해(臨海) pinggir laut; tepi pantai ⊙ 임해공업단지【지대】kompleks【daérah; kawasan】industri di pantai (di pesisr). 임해실습 latihan kelautan

입 ①【사람 · 동물의】mulut ¶입에 풀칠하다 mencari nafkah/ 입에 거미줄 치다 kelaparan; lapar/ 입에서 신물이 나다 sakit; bosan; jenuh ②【말】ucapan; kata-kata ¶입이 가볍다 suka bicara; suka ngomong/입이 걸다 suka bicara kotor; memakai bahasa yang kasar ③【식구】tanggungan; orang yang menjadi tanggungan ¶입이 많다 memiliki banyak anggota bicara ④【부리】paruh ⑤【구미】seléra ¶입이 까다롭다 berseléra tinggi; suka makanan énak ⑥【입술】¶입을 삐죽 내밀다 mencibirkan bibir

입가 dekat (sekitar) mulut ¶입가에 미소를

띠고 sambil tersenyum; dengan senyum di mulut

입가심하다 menghilangkan sisa rasa

입각(入閣) masuk (ikut serta) dalam kabinét 입각하다 memasuki (menggabungkan diri) dalam kabinét; mengambil posisi (tempat) dalam kabinét

입각하다(立脚-) didasarkan; berdasarkan pada; berlandaskan pada ¶사실에 입각하다 didasarkan pada fakta ⊙ 입각점 dasar pijakan; titik pandangan; sudut pandangan; sudut; 【입장】 pijakan

입감(入監) pengurungan; pemenjaraan ¶ 입감중이다 sedang dipenjara

입건하다(立件-) menetapkan; menahan; menjadikan perkara ¶형사 입건되다 tertahan secara kriminal

입경하다(入京-) sampai di ibu kota; tiba di Seoul

입관(入棺) pemasukan ke peti jenazah 입관하다 menempatkan mayat dalam peti mati (keranda) ⊙ 입관 식 upacara menempatkan tubuh dalam peti mati; upacara peti mati

입교하다(入校-) masuk ke (memasuki) sekolah

입교하다(入敎-) menganut kepercayaan (sékte; ajaran agama; geréja); masuk Kristen; memasuki agama

입구(入口) pintu masuk; jalan masuk ¶터널의 입구 pintu masuk terowongan

입국(入國) masuk ke suatu negara 입국하다 memasuki suatu negara ⊙ 입국기록카드 kartu pendaratan. 입국날짜 tanggal masuk. 입국사증(査證) visa masuk. 입국자 명단 daftar penumpang. 입국절차 prosedur masuk suatu negara. 입국허가【장】【surat】 izin masuk. 불법입국 masuk secara tak sah (illegal). 재입국 masuk lagi; masuk kembali

입국(立國) pendirian (pembentukan) negara ⊙ 산업입국 pembentukan negara atas dasar industri.

입궐하다(入闕-) masuk ke istana raja

입금(入金) penerimaan uang; uang masuk 입금하다 menyetor; mengirim uang ⊙ 입금전표 tanda (slip) penerimaan (pembayaran)

입김 ①【입에서 나오는 김】 uap nafas ②【영향력】 pengaruh; berpengaruh; memiliki pengaruh besar

입 냄새 bau mulut; bau nafas ¶ 입 냄새 제거제 penyegar mulut

입납(入納) tolong sampaikan pada ⟪Tuan A⟫; kepada… ¶김 씨 댁 입납 buat (kepada) Tuan Kim

입다 ①【옷을 입는 동작】 memakai; mengenakan; berpakaian ¶옷을 잘 입다 berpakaian baik ②【은혜 등을】 mendapat; menerima ¶은혜를 입다 menerima bantuan; berhutang budi ③【피해 등을】 menderita ¶피해를 입다 menderita kerugian; merugi ④【거상을】 berkabung

입단(入團) ikut serta dalam organisasi 입단하다 menggabungkan diri (memasuki) suatu organisasi ¶보이스카우트에 입단하다 bergabung dalam Pramuka

입담 kelancaran berbicara; kepandaian berpidato; kekuatan kata; kefasihan idah; pengaruh kata-kata ¶입담이 좋다 fasih (lancar) bicara/ 입담 사납다 berlidah lancang

입당하다(入黨-) menggabungkan diri dalam partai politik; bergabung (menjadi anggota; ikut serta) dalam partai politik

입대(入隊) pendaftaran; perekrutan; pengurutan 입대하다 masuk tentara (militér); mendaftarkan; dirékrut ⊙ 입대식 pawai (upacara) perékrutan anggota baru. 입대자 orang yang baru masuk tentara

입덧 perasaan mual karena kehamilan ¶ 입덧이 나다 kehilangan seléra pada makanan ⟪karena hamil⟫; kehilangaan nafsu; merasa mual

입도선매(立稻先賣) penjualan padi sebelum panén

입동(入冬) permulaan musim dingin; hari pertama musim dingin

입력(入力) masukan data; input ¶컴퓨터에 자료를 입력하다 memasukkan data ke dalam komputer /비밀 번호를 정확히 입력하세요 Mohon masukkan kata sandi dengan benar.

입막음하다 menutup bibir (mulut); melarang menjelaskan; menghentikan celotéh

입맛 nafsu makan; seléra makan; tekak ¶ 입맛에 맞다 sesuai seléra makan; cocok dengan seléra / 입맛을 잃다 kehilangan nafsu makan / 입맛을 돋우다 merangsang (menimbulkan) nafsu makan

입맛 다시다 ①【먹고 싶어】 mengecap-ngecapkan (menjilat) bibir; berdecak-decak ¶입맛 다시며 먹다 makan dengan mengecap-ngecapkan bibir; makan sambil mengecapkan bibir ②【난처하여】 sesal; kecéwa; kesal

입맛 쓰다 merasa pahit; kecéwa

입 맞추다 mencium; mengecup ¶손에 입 맞추다 cium tangan/ 느닷없이 입 맞추다 ciuman curian

입멸(入滅) 【불교】 masuk nirwana; kematian dari seorang orang suci Budha 입멸하다 mati masuk nirwana

입모습 bentuk mulut ¶입모습이 예쁘다 bermulut indah

입문(入門) ①【학문의 초보 과정】 pengantar ¶경제학입문 pengantar ilmu ékonomi ②【제자가 됨】 masuk ke sekolah swasta 입문하다 masuk sekolah; menjadi murid ③【일정한 직업 분야에 처음 들어감】 masuk; memasuki ¶정계에 입문하다 memasuki bidang politik ⊙ 입문서 pengantar; panduan

입바르다 ucapan polos (langsung); jujur ¶ 입바른 소리를 하다 berbicara jujur; bicara apa adanya

입밖 ¶입 밖에 내다 membuka; mengungkapkan ((rahasia))/입 밖에 내지 않다 merahasiakan; menutupi ((rahasia)); menyimpan

입방(立方) 【수학】 kubik ¶입방미터 satu méter kubik ⊙ 입방 근 akar kubik; akar pangkat tiga

입방아 ¶입방아를 찧다 mengumpat; meributkan; membuat koméntar yang sembrono

입버릇 kebiasaan bicara; cara bicara ¶입버릇이 고약하다 berlidah lancang; bermulut kotor/ 입버릇처럼 말하다 selalu (terbiasa) mengatakan (bicara)

입법(立法) perencanaan; penyusunan undang-undang; pembuatan hukum 입법하다 merancang; membuat merencanakan) hukum ¶ 입법정신에 위배되다 berlawanan dengan semangat perencanaan ⊙ 입법기관 badan législatif. 입법자 pembuat undang-undang

입북하다(入北-) memasuki Korea Utara

입사(入社) 입사하다 masuk (bergabung) perusahaan; menjadi anggota perusahaan ⊙ 입사시험 ujian masuk kerja (perusahaan); 【면접】 wawancara pribadi. 입사지원서 formulir aplikasi pekerjaan

입산(入山) ①【산에 들어가다】 naik (mendaki) gunung ②【중이 되다】 입산하다 menjadi pendéta Budha; masuk dalam kependétaan; melepaskan dunia ⊙ 입산 금지(게시) Dilarang masuk/ Hutan Lindung. 입산수도 pertapaan di gunung

입상(入賞) 입상하다 memenangkan hadiah; mendapat(menerima) hadiah ¶일등으로 입상하다 menang (mendapat) hadiah pertama ⊙ 입상자 pemenang hadiah; pemenang kontés.

입상(立像) patung; arca

입상(粒狀) ¶입상의 berisi biji; berbiji; berbentuk biji

입석(立席) yang berdiri; galeri; ruang pamér ⊙ 입석손님 orang yang berdiri

입선(入選) 입선하다 dipilih; terpilih; diterima ⊙ 입선자 pemenang; pemenang pertandingan. 입선작 karya yang menang; karya pemenang; karya terpilih

입성 ⇒ 옷 pakaian

입성하다(入城-) memasuki bénténg; berjaya memasuki bénténg secara resmi

입소(入所) ①【훈련소 · 연구소 등에】 입소하다 masuk; memasuki (diterima di) ((suatu institut)) ②【교도소 등에】 hukuman penjara; pengurungan 입소하다 masuk penjara; dimasukkan penjara; dikirim (dimasukkan ke) penjara; ditahan

입속말 bisikan; komat-kamit 입속말하다 berbisik sendiri; menggerutu pada (atas; tentang))

입수(入手) peroléhan 【손에 넣다】 입수하다 menerima; mendapat; memiliki ¶입수되

다 menjadi milik; diperoléh; didapat ⊙ 입수난 kesulitan memperoléh; sulit didapat

입수하다(入水-) masuk ke dalam air; memasuki air

입술 bibir ¶입술을 깨물다 menggigit bibir ⊙ 입술연지 lipstik; pemérah bibir. 위(아래)입술 bibir atas (bawah)

입시(立侍) pertemuan terhormat 입시하다 bertemu dengan raja; dihadapkan raja

입시(入試) ujian masuk ⊙ 입시문제 soal-soal ujian masuk. 입시지옥 neraka ujian; peluang yang kecil ke sekolah yang bagus

입신(立身) 【출세】 입신하다 sukses (maju) dalam hidup ¶입신을 꾀하다 mencari keberuntungan ⊙ 입신양명 kesuksésan dalam hidup. 입신출세 suksés dalam hidup; karir yang suksés: 입신출세주의 pemujaaan suksés/ 입신출세주의자 pemuja status; pencari status

입심 kelancaran bicara; kefasihan lidah; kesukaan berbicara ¶입심이 좋다 omong besar; fasih (lancar) bicara; lancar bercakap; suka berbicara

입 싸다 banyak bicara

입씨름 percékcokan; pertengkaran; perbantahan; perselisihan 입씨름하다 bercékcok; berdébat; berbantahan; bertengkar; berselisih

입 씻기다 ①【금품】 memberi uang tutup mulut ②【입가심】 menghilangkan sisa rasa

입안(立案) ①【안을 세움】 pembuatan bagan; penggambaran bagan 입안하다 membuat (membentuk) rencana; merancang; merencanakan; menbuat bagan ②【몇】 sertifikat resmi ⊙ 입안자 pembuat bagan; perencana; perancang. 정책 입안자 pembuat kebijaksanaan

입양(入養) adopsi; pengangkatan anak 입양하다 mengangkat anak sebagai putra sendiri ⊙ 입양신고 laporan adopsi. 입양기관 agén adopsi. 입양아 anak adopsi

입어(入漁) ⊙ 입어 권 hak masuk ke lokasi pemancingan. 입어료 biaya memancing

입영(入營) 입영하다 masuk tentara; mendaftarkan (bergabung) dalam tentara ¶입영중이다 dalam tentara; berada dalam tentara

입욕(入浴) 입욕하다 mandi; berendam ¶입욕시키다 memandikan bayi

입원(入院) 입원하다 masuk ke rumah sakit ¶입원중이다 berada di rumah sakit / 입원시키다 dirumahsakitkan; mengirim ke rumah sakit; memasukkan ke rumah sakit ⊙ 입원료【비】 ongkos rumah sakit. 입원치료 【가료】 pengobatan rumah sakit. 입원환자 pasién

입자(粒子) partikel

입장(入場) 입장하다 masuk ¶경기장에 입장하다 memasuki stadium /입장무료【게시】 Bébas masuk. ⊙ 입장권(卷) tikét masuk;【역의】 tikét (karcis) péron: 입장권 매표소 lokét (kantor) karcis (pesanan) masuk. 입장료 ongkos masuk; biaya masuk. 입장식 upacara pembukaan. 입장자 pengunjung; hadirin: 유료 입장 자 hadirin yang membayar. 무료입장 bébas masuk; masuk gratis. 특별 입장권 karcis cuma-cuma

입장(立場) posisi; situasi; pandangan; sudut pandang ¶곤란한 입장에 있다 berada dalam situasi yang sulit; berada di posisi yang sulit / 남의 입장이 되어보다 menempatkan diri pada posisi yang lain ⊙ 기본입장 pandangan dasar

입장단(-長短) ¶입장단을 치다 bersenandung menurut irama tarian

입적하다(入寂-) kematian orang suci

입적하다(入籍-) tercantum (memasukkan) nama dalam daftar keluarga

입전(入電) télégram yang diterima

입정하다(入廷-) memasuki ruang pengadilan ¶입정시키다 mengizinkan masuk ke ruang pengadilan

입정 사납다 ①【입이 걸다】 lancang; bermulut lancang; bermulut kotor; suka bicara kotor ②【탐식】 tamak; serakah; loba

입주하다(入住-) pindah ke 《rumah; apartemén》; menjadi penghuni ⊙ 입주 제 sistém tinggal

입증(立證) bukti; pembenaran; hal pernyataan 입증하다 membuktikan; mem-

perkuat (menguatkan) pernyataan; membenarkan pengakuan
입지(立志) 입지하다 membuat ketetapan yang kuat; menetapkan tujuan dalam hidup ⊙ 입지전 biografi (riwayat hidup) orang yang berhasil; kisah suksés: 입지전적인 인물 orang yang berhasil (suksés)
입지(立地) posisi; tempat; kedudukan ⊙ 입지조건 kondisi lokasi; keadaan tempat (letak)
입직(入直) giliran ronda di kantor 입직하다 mengambil giliran di kantor ((tugas malam))
입질 gigitan; tarikan; serangan 입질하다 menggigit; menyerang; menarik
입짓하다 menggerakkan bibir; berbicara
입 짧다 nafsu makan buruk; seléra makan kurang
입찬말, 입찬소리 bualan; omong kosong
입찰(入札) ténder; tawaran; penawaran 입찰하다 mengajukan (menawarkan) penawaran (ténder); membuat tawaran ⊙ 입찰가격 harga ténder; harga yang ditawarkan. 입찰일 hari ténder. 입찰자 pihak yang melakukan ténder; penawar. 일반【공개】입찰 ténder untuk umum【terbuka】. 지명입찰 ténder khusus; ténder untuk kontraktor-kontraktor tertentu
입천장(-天障) langit-langit; mulut palatal
입체(立體) benda tiga diménsi ⊙ 입체감 rasa perspéktif. 입체영화 film tiga diménsi. 입체음향 bunyi stéréoponis. 입체파【미술】aliran kubisme
입체하다(立替-) membayarkan; membiayai ongkos
입초(立哨) penjagaan (pengawasan) berdiri ¶입초서다 berdiri mengawasi; tugas mengawal ⊙ 입초 병 pengawal; tentara penjaga berdiri
입초(入超)【경제】kelebihan impor; neraca perdagangan yang tak menguntungkan (merugikan)
입추(立秋) awal musim gugur satu dari 24 pembagian musim ((sekitar 6-9 Agustus))
입추(立錐) ¶입추의 여지도 없다 dipak secara penuh; diisi penuh-penuh; dipadati
입춘(立春) hari pertama (awal) musim semi, satu dari 24 pembagian musim ((sekitar 3-4 Februari))
입하(入荷) persediaan barang-barang yang baru tiba; kedatangan (penerimaan) barang-barang ¶입하되다 sampai; diterima/신상품이 입하되었다 produk baru sudah masuk (ada; tersedia)
입하(立夏) hari pertama (awal) musim panas, satu dari 24 pembagian musim ((sekitar 5-6 Méi))
입학(入學) masuk sekolah; pendaftaran 입학하다 masuk (diterima) di sekolah ⊙ 입학금 biaya (ongkos) masuk; uang pendaftaran. 입학생 pelajar baru. 입학시험 ujian masuk. 입학식 upacara masuk. 입학원서 formulir masuk. 입학지원자 calon (pelamar) masuk. 재입학 masuk kembali; pendaftaran kembali
입항(入港) 입항하다 masuk pelabuhan; sampai di pelabuhan ⊙ 입항세 iuran pelabuhan. 입항신고 pemberitahuan masuk (kedatangan). 입항예정일 waktu kedatangan yang direncanakan. 입항절차 prosedur masuk
입헌(入憲) pembentukan undang-undang; penetapan undang-undang; konstitusionalisme ⊙ 입헌군주국 monarki konstitusional. 입헌주의 konstitusionalisme; faham konstitusional
입회(入會) masuk anggota; penggabungan; pendaftaran 입회하다 menjadi anggota suatu perkumpulan ¶입회를 신청하다 melamar (membuat lamaran) masuk ⊙ 입회인 anggota baru
입회(立會) kehadiran; kesaksian 입회하다 menghadiri(ada); menjadi saksi ⊙ 입회경관 polisi yang hadir. 입회인【자】saksi; pengamat
입후보(立候補) pencalonan 입후보하다 menjadi kandidat; mencalonkan diri; diumumkan sebagai calon; berposisi sebagai kandidat; maju (mengajukan diri) sebagai kandidat ⊙ 입후보자 kandidat; calon
입히다 ①【옷을】menyuruh memakai pakaian; mengenakan pakaian ②【물건의

표면에】 menutupi; melapisi pernis; (cat); sampul ¶무덤에 떼를 입히다 nisan ditutupi dengan rumput ③【손해 · 상처 등을】 merugikan; mencelakakan; menyebabkan ((kerusakan; kekalahan))

잇 sarung; sampul (penutup) kasur ¶베갯잇 sarung bantal

잇다 ①【실 · 끈 · 조각 등을】 menggabungkan; menjalin; mengumpulkan; menghubungkan; merangkai ¶줄을 잇다 menyambung tali/ 두 가닥의 새끼를 잇다 mengikat dua tali / 조각을 잇다 menyatukan bagian-bagian terpisah ②【기업 · 전통 등을】】 melanjutkan; mewarisi; mewariskan; mengikuti ¶왕위를 잇다 melanjutkan mahkota/대를 잇다 meneruskan garis keluarga ③【생계 · 말 등을】 mempertahankan; menjalani ④【줄을】 lanjut; melanjutkan ⑤【'이어', '이어서'의 형태로 쓰여】 setelah

잇달다 ⇒ 잇따르다

잇달아 【…을】 berkesinambungan; bergabung; bersama-sama; menjalin; merangkai

잇닿다 melanjutkan ((hubungan)); meneruskan; disambungkan; digabungkan

잇대다 ①【연결】 bersama-sama; bergabung; menjalin; menghubungkan; menyandingkan ¶두 책상을 잇대다 meletakkan dua méja berdampingan ②【계속】 melanjutkan; meneruskan

잇따르다 melanjutkan; meneruskan; mengikuti satu demi satu ¶ 잇따라 berurutan; satu demi satu

잇몸 gusi ⊙ 잇몸출혈 pendarahan gusi. 잇몸병 penyakit gusi

잇새 celah antara dua gigi

잇속 bentuk gigi; sebaris gigi ¶잇속이 좋다 memiliki bentuk gigi yang teratur

잇속(利-) keuntungan pribadi; sumber keuntungan ¶잇속이 있다 menguntungkan

잇자국 tanda gigi; bekas gigitan ¶잇자국이 나다 menunjukkan bekas gigitan

있다 ①【존재하다】 ada; eksis; terdapat; ((책임 · 죄 등이)) tergantung; bertumpu ②【머무르다】 tinggal; berhenti ③【시간이 지나다】 ¶앞으로 3일만 있으면 방학이다 liburan dimulai dalam tiga hari lagi ④【위치하다】 terletak; ada; berada ⑤【내재】 terletak; berada ⑥【소유하다】 memiliki; mempunyai ⑦【휴대 · 판매하다】 mempunyai; mendapat; bisa diperoléh; bisa mendapat ⑧【개최 · 거행하다】 berlangsung; diadakan; diselenggarakan ⑨【사실이다】 ada ¶그런 일이 있을 수 있을까 Bagaimana bisa begitu? ⑩【발생하다】 terjadi ⑪【경험하다】 pernah; mengalami ⑫【포함하다】 termasuk; terlibat ⑬【부속된】 mempunyai; dilengkapi ⑭【유복하다】 kaya; makmur ⑮【동작이 계속되다】 tetap ¶먹지 않고 있다 tetap tidak makan

잉꼬 burung serindit; nuri; kesturi ¶잉꼬부부 pasangan kekasih

잉어 ikan gurami; ikan mas

잉여(剩餘) surplus; saldo; kelebihan; sisa; apa yang tertinggal ⊙ 잉여가치설 téori nilai surplus (lebih). 잉여금 uang kelebihan. 잉여농산물 kelebihan hasil-hasil pertanian

잉카 lnka ⊙ 잉카문명 peradaban lnka

잉크 tinta; dawat ⊙ 잉크병 botol tinta

잉태(孕胎) kehamilan 잉태하다 hamil; mengandung

잊다 ①【물건을】 ketinggalan ②【기억하지 못하다】 lupa; lepas dari ingatan; terselip dalam ingatan ③【기억 속에서 지워버리다】 mengenyahkan dari pikiran; tak memikirkan lagi ④【깨닫거나 느끼지 못하다】 tak sadar; tidak menyadarinya

잊히다 terlintas dalam ingatan; dilupakan; terlupakan

잎 daun; daun-daunan

잎담배 tembakau daun

잎사귀 daun ⊙ 단풍나무 잎사귀 daun pohon maple

자[1] ①【길이를 재는 도구】 1 *ja* (=0.994 kaki); penggaris; mistar ¶자로 재다 mengukur dengan mistar ②【한국의 전통적 길이 단위】 1 *ja* (=3,3m) kesatuan panjang ③【척도 · 표준】 standar ⊙ 삼각자 penggaris segi tiga; siku-siku

자(字) ①【글자】 huruf ②【이름】 sebutan kehormatan; alias ③【날짜, 일자】 ¶5월 3일자로 편지를 보내다 kirim surat itu pada tanggal (tgl) 3 Mei

자(紫) ungu; mérah lembayung; warna lembayung; 【자수정의】batu nilam warna lembayung

자(者) 【사람】 orang

자(子) 【민속】 Tikus

자[2] 【주의 환기】 ayo

자가(自家) rumah sendiri (pribadi); (자기) pribadi ⊙ 자가 진단 pemeriksaan diri sendiri. 자가 치료 pengobatan sendiri

자가당착(自家撞着) pertentangan (penyangkalan) sendiri 자가당착하다 bertentangan (mempertentangkan) sendiri

자가용(自家用) ①【개인용】 pemakaian pribadi ②【자가용차】 mobil pribadi

자각(自覺) kesadaran diri; keinsafan diri 자각하다 sadar; insaf ⊙ 자각증상 gejala yang subyéktif: 자각증상이 없다 tidak ada keinsyafan

자간(字間) jarak di antara surat

자갈 batu kerikil ⊙ 자갈길 jalan yang berkerikil 자갈밭(터) tempat batu kerikil

자갈색(紫褐色) coklat keungu-unguan

자개 hiasan kulit kerang ¶자개를 박다 menatah hiasan kulit kerang ⊙ 자개장 lemari pakaian yang bertatahkan kulit kerang

자객(刺客) pembunuh bayaran

자격(資格) kualifikasi; persyaratan ⊙ 자격검정시험 ujian kualifikasi. 자격상실 diskualfikasi. 입학자격 syarat-syarat untuk diterima masuk sekolah. 유【무】 자격자 orang yang 【tidak】 memenuhi syarat; orang yang berkualifikasi

자격지심(自激之心) rasa bersalah; rasa berdosa

자결(自決) ①【해결】 penentuan sendiri 자결하다 memutuskan (menentukan) sendiri ②【자살】 bunuh diri 자결하다 membunuh diri sendiri

자고로(自古-) dari dulu

자괴감(自愧感) rasa malu

자구(字句) kata dan frase; ungkapan

자구책(自救策) stratégi (rencana) untuk menyelematkan diri ¶자구책을 찾다 mencari stratégi untuk menyelematkan diri

자국 【흔적】 tanda; jejak; tapak; bekas ¶긁힌 자국 bekas gorésan/물린 자국 bekas gigitan/자국(이)나다 berbekas; meninggalkan bekas ⊙ 이빨자국 tanda digigit gigi. 핏자국 bekas lumuran darah

자국(自國) tanah air

자궁(子宮) 【해부학】 rahim; kandungan; peranakan ⊙ 자궁병 penyakit rahim. 자궁암 kanker rahim. 자궁 외 임신 kehamilan di luar rahim

자귀 kapak; beliung 자귀질하다 memegang dan menggunaan kapak

자귓밥 serpih kayu

자그마치 ①【무려】 sebanyak ②【반어적으로】 tidak lebih kecil dari; tidak kurang dari

자그마하다, 자그맣다, 조그맣다 agak kecil; kekecil-kecilan

자극(刺戟) perangsang; pendorong; motivasi 자극하다 merangsang; mendorong; memotivasi ¶…에 자극받아 didorong oléh/자극적인 merangsang; menggairahkan ⊙ 자극제 perangsang

자극(磁極) 【물리학】 kutub magnét

자금(資金) modal; dana ¶자금이 있다【떨어지다】 ada 【 habis】 modal ⊙ 자금동결 pembekuan asét. 선거자금 dana untuk kampanye pemilihan

자금난(資金難) kesulitan modal (keuangan)

자급(自給) pemenuhan sendiri 자급하다 memenuhi sendiri ¶자급하는 berdikari; berdiri sendiri; memenuhi (mencukupi) kebutuhan sendiri ⊙ 자급식당⇒ 카페테리아 kafétéria; réstoran swalayan

자급자족(自給自足) swasembada ¶자급자족의 sanggup mencukupi keperluannya sendiri; dapat berdiri sendiri

자긍(自矜) kebanggaan; 【자찬】 pujian diri sendiri 자긍하다 memuji diri sendiri; berbangga diri; membanggakan diri

자긍심(自矜心) 【자부심】 rasa bangga; perasaan kebanggaan diri sendiri

자기(自己) ①【자신】 diri; égo ¶자기 스스로 secara pribadi ②【호칭】 【연인을 부를 때】 sayang ⊙ 자기만족 perasaan puas dengan diri sendiri. 자기반성 réfléksi diri. 자기본위 égois; égoséntris. 자기소개서 surat pengenalan diri sendiri. 자기암시 otosugésti; sugésti diri sendiri. 자기중심주의 égoséntrisme. 자기희생 pengorbanan diri

자기(瓷器) porsélin; keramik

자기(磁氣) 【물리학】 kemagnétan ¶자기를 띤 magnétik; bermagnét ⊙ 자기감응【저항】 induksi 【hambatan】 magnét. 자기부상열차 keréta api magnét. 자기측정 magnétométer

자기앞수표(自己- 手票) cék (wésél) bank

자꾸 【잇달아 · 반복해서】 seringkali; terus menerus

자나 깨나 jaga dan tidur; siang dan malam; selalu

자네 kamu

자녀(子女) 【자식】 anak laki-laki dan anak perempuan; putra dan putri

자년(子年) 【민속】 Tahun Tikus

자다 ①【잠을 자다】 tidur ¶잘 시간 waktu tidur ②【물결 · 바람이】 réda; turun; tenggelam ③【결이】 merata ¶머리가 자다 rambut disét (merata) ④【기계가】 자다berhenti ⑤【남녀가 성 관계를 갖다】 tidur dengan (bersama); melakukan hubungan séks; berhubungan séks

자단(紫檀) 【식물】 kayu rengas

자담하다(自擔-) 【자기부담】 menanggung biaya sendiri

자당(慈堂) ibu anda

자당(自黨) partai sendiri

자동(自動) otomatis ¶자동적인 bergerak sendiri; otomatis/자동적으로 secara otomatis ⊙ 자동문 pintu otomatis. 자동변속 장치 pemindah gigi otomatis. 자동제어장치 pengontrol otomatis. 자동판매기 (자판기) mesin jual otomatis; mesin swalayan; otomat pengécér. 자동이체 trasfer (pemindahan) éléktronik

자동사(自動詞) kata kerja intransitif

자동식(自動式) ¶자동식의 otomatis/반자동식의 sémi otomatis

자동차(自動車) 【차】 mobil; oto ¶자동차로 가다 pergi dengan mobil/ 자동차를 몰다 (운전하다) mengendalikan (mengemudikan) mobil ⊙ 자동차 번호판 plat nomor mobil. 자동차 보험 asuransi kecelakaan mobil. 자동차 부품 komponén mobil; bagian-bagian mobil. 자동차 사고 kecelakaan mobil. 자동차운전사 pengemudi; sopir. 자동차 정비공 montir mobil. 영업용 자동차 mobil niaga. 화물자동차 truk

자두(나무) 《pohon》 prém

자득(自得) ①【터득】 pengertian; pemahaman; keprihatinan; penangkapan 자득하다 mengerti; memahami ②【만족】 puas dengan diri sendiri 자득하다 berpuas diri

자디잘다 sangat kecil; 【사람이】 sangat teliti; cermat sekali ¶자디잔 사람 orang yang berpikiran sempit

자라 【동물】 penyu ⊙ 자라목【스웨터】 【sweater】 yang berléhér tinggi

자라다 ①【성장하다】 bertumbuh; dibesarkan ¶무럭무럭 자라다 tumbuh dengan cepat dan sehat ②【수준 · 능력 들이 발전하다】 meningkat; bertambah

자락 ①【옷의】 ujung bagian bawah pakaian ②【산등성이의】 léréng ¶산자락 léréng gunung

자랑 kebanggaan 자랑하다 membanggakan ¶제 자랑하다 membanggakan diri sendiri

자랑스럽다 bangga; bermegah hati

자력(自力) swadaya; pengerahan tenaga (usaha) sendiri; usaha (upaya) sendiri ¶자력으로 dengan upaya sendiri

자력(資力) sarana; sumber daya; dana

자력(磁力) daya magnétis; kemagnétan ⊙ 자력계(計) alat pengukur kekuatan magnét

자료(資料) bahan; data ¶자료를 수집하다 mengumpulkan bahan (data)⊙ 자료실 ruang référénsi

자루[1] ①【물건을 담는 주머니】 karung; sak ¶쌀자루 karung beras ②【길쭉한 물건을 세는 단위】 potong; batang; pucuk; pasang ¶연필 두 자루 dua batang pensil

자루[2] 【손잡이】 gagang; pegangan ⊙ 권총자루 gagang pistol. 총자루 ujung senapan. 칼자루 pangkal pedang; gagang pisau

자르다 ①【절단하다】 memotong; memenggal; mengiris ②【해고하다】 merumahkan; memecat ③【분명하게 말하다】 menjelaskan ④【말을 방해하다】 menyela

자르르 mengkikap

자리 ①【좌석】 tempat duduk ¶자리에서 일어서다 berdiri dari tempat duduk/자리를 양보하다 menawarkan tempat duduk ②【공간】 ruang ¶자리를 잡다 mengambil tempat duduk (ruang); memapankan diri ③【현장 그때】 tempat kejadian ④【터】 tempat; letaknya ⑤【위치】 posisi; keadaan; situasi; kedudukan ⑥【직책 · 일자리】 kedudukan; status; posisi (lowongan) pekerjaan ¶자리를 채우다 mengisi lowongan pekerjaan ⑦【안정】 tenang; teratur; memapankan diri ⑧【흉터】 bekas; tanda; bekas luka; gorésan ⑨【깔개】 tikar; kését; pengesat kaki; alas duduk; (침구) sepréi; selimut ¶자리를 보다 memberéskan tempat tidur ⑩【병석】tempat tidur orang sakit ⑪【숫자의】 angka; bilangan ¶네 자리의 수 bilangan 4 angka ⊙ 자리끼 air minum persediaan di malam hari. 자리옷 gaun (pakaian; baju) tidur; gaun malam tidur

–자리 【천문학】 perbintangan ¶오리온자리 Perbintangan Orion

자린고비(疵吝考批) orang kikir (pelit)

자립(自立) 【독립】 kemerdékaan; kebébasan; 【자활】 kemandirian 자립하다 berdiri sendiri; berdikari; menjadi merdéka; bébas; menanggung nafkah hidup ⊙ 자립경제 ékonomi mandiri. 자립심 perasaan mandiri

자릿자릿하다 rasa kesemutan; rasa kesetrum (tersetrum); gelenyar

자막(字幕) tulisan di bawah gambar ⊙ 대화자막 dialog terjemahan

자막대기 tongkat pengukur; kayu méteran yar

자만(自慢) 【자찬】 kebanggaan diri; keangkuhan; kecongkakan; kesombongan; 【용모 · 옷 등의】 kegagahan; rasa harga diri 자만하다 membanggakan diri; menyombongkan diri; bangga; angkuh

자매(姉妹) ①【여자 형제】 saudara perempuan (wanita); saudari ¶자매와 같은 seperti bersaudara perempuan/ 자매결연하다 mengadakan persaudaraan wanita ②【친선 관계】 자매결연하다 mengadakan hubungan persaudaraan (perserikatan) ⊙ 자매결연 pembentukan (pendirian) hubungan (ikatan) persaudaraan: 자매회사 perusahaan yang bergabung

자맥질하다 menyelam; terjun ke dalam air

자멸(自滅) penghancuran (kehancuran) sendiri 자멸하다 menghancurkan diri ¶자멸적 merusak diri sendiri

자명종(自鳴鍾) jam wéker; béker; alarm jam¶자명종을 6시에 맞추다 mengatur alarm jam pada pukul enam

자명(自明) aksioma 자명하다 terbukti sendiri ¶자명한 이치 aksioma; kebenaran yang terbukti sendiri

자모(字母) ①【언어】 alfabét; abjad; huruf ②【활자】 matriks; susunan angka

자모(慈母) ibu yang penuh kasih sayang; ibu yang lemah lembut
자못 sangat; banyak; sungguh
자문(諮問) 자문하다 berunding dengan; berkonsultasi; menanyakan; menanyai; meminta nasihat ⊙ 자문기관 badan penaséhat. 자문위원회 Komité (Déwan) Penaséhat
자문하다(自問-) bertanya pada diri sendiri
자문자답(自問自答) percakapan seorang diri; 【독백】 bicara sendiri 자문자답하다 berbicara pada diri sendiri
자물쇠 kunci; kunci kura-kura ¶자물쇠를 잠그다 mengunci/자물쇠를 열다 membuka kunci
자박 ⇒ 저벅-
자반(佇飯) ikan asin; ikan kering yang diberi garam
자발성(自發性) spontanitas
자발적(自發的) spontan; sukaréla; sengaja; fakultatif ¶자발적으로 secara spontan; dengan sendiri; dengan sukaréla ⊙ 자발적 활동 kegiatan sendiri
자방(子房) 【식물】 indung telur tumbuh-tumhuhan
자배기 mangkuk keramik yang bulat dan besar
자백(自白) pengakuan; pernyataan 자백하다 mengakui ¶자백을 강요하다 memaksa supaya mengaku
자본(資本) modal; dana; pokok ⊙ 자본가와 노동자 kapitalis dan buruh. 자본금 modal; kapital. 금융자본 modal keuangan. 투자자본 modal yang ditanamkan (diinvéstasikan). 회전【운전】자본 modal yang berédar
자본주의(資本主義) kapitalisme; paham kapitalis ⊙ 자본주의경제 perékonomian kapitalistis. 자본주의국가 negara kapitalis. 자본주의자 kapitalis. 독점자본주의 kapitalisme monopoli
자봉틀(子縫) ⇒ 재봉틀
자부(子婦) menantu perempuan
자부(自負) kebanggaan diri 자부하다 percaya pada diri sendiri; merasa yakin; bangga akan
자부심(自負心) rasa bangga diri ¶자부심이 강한 사람 orang yang sangat percaya diri /자부심이 강하다 membanggakan diri sendiri; percaya diri
자부(慈父) ayah yang penuh kasih sayang
자비(自費) biaya (ongkos) sendiri ¶자비로 atas (dengan) biaya sendiri ⊙ 자비생 sisiwa (pelajar) yang bersekolah atas biaya sendiri
자비(慈悲) 【동정】 perasaan kasihan; belas kasihan; keharuan; 【자선】 kemurahan hati; amal; derma; 【관용】 pengampunan ¶자비를 베풀다 berbuat amal (derma) /자비롭다 murah hatl ⊙ 자비심 rasa belas kasihan; hati pemurah
자빠뜨리다 ①【뒤로 넘어지게 하다】 menjatuh terlentangkan; memukul (mendorong) jatuh ②【물건을】 menjatuhkan ③【바람이】 menumbangkan
자빠지다 ①【뒤로 넘어지다】 jatuh terlentang ②【'눕다'를 속되게 이르는 말】 merebahkan diri; menelentang
자사(自社) peusahaan sendiri
자산(資産) ①【유형 · 무형의 재산】 harta; modal; kapital; tanah milik; milik; kekayaan ②【가치가 있는 것, 소중한 것】 asét; harta ⊙ 자산가 orang bermodal. 자산가 계급 golongan kaya. 자산동결 asét yang dibekukan. 자산평가 penaksiran (penilaian) asét (harta). 고정자산 modal (harta; asét) tetap. 유형(무형)자산 harta (tak) berwujud
자살(自殺) bunuh diri 자살하다 membunuh diri ¶자살을 기도하다 mencoba bunuh diri ⊙ 자살미수 percobaan bunuh diri yang gagal. 자살방조 yang membantu dan bersekongkol dalam bunuh diri. 자살자 orang yang bunuh diri. 일가 집단자살 bunuh diri seluruh keluarga
자상(仔詳) ketelitian; keseksamaan 자상스럽다, 자상하다 teliti; hati-hati; berhati-hati ¶자상하게 dengan hati-hati; dengan teliti; secara terperinci; dengan seksama (teliti)
자상(刺傷) tikaman; tusukan; pengkhianatan; luka yang menusuk
자새 gulungan ⟪rol; alat penggulung⟫ kecil ⊙ 자새질 penggulungan; penggum-

paran

자색(紫色) warna ungu ¶연한 자색 ungu muda

자생(自生) pertumbuhan liar (sendiri) 자생하다 tumbuh liar ⊙ 자생식물 tanaman liar (tumbuh sendiri)

자서(自署) tanda tangan 자서하다 menanda-tangani

자서전(自敍傳) autobiografi; riwayat hidup; cerita kehidupan ¶자서전을 쓰다 menulis riwayat hidup sendiri

자석(磁石) magnét; besi berani; daya penarik ⊙ 막대【말굽】자석 magnét batang【tapal kuda】

자선(慈善) amal; derma; kemurahan hati; kebajikan; perbuatan baik ¶자선을 행하다 beramal; berderma ⊙ 자선가 orang yang murah hati; dermawan. 자선기금 dana amal. 자선냄비 kotak amal. 자선단체 badan (organisasi) amal. 자선병원 rumah sakit amal; rumah sakit yang gratis. 자선사업 usaha (yayasan) amal. 자선쇼 pertunjukkan amal. 자선음악회 konser amal

자선(自選) 자선하다 memilih 《dari hasil karyanya》 sendiri ⊙ 자선시집 kumpulan sajak yang dipilih oléh pengarang

자성(自省) pertimbangan kembali 자성하다 mawas diri; menguji (memeriksa) diri sendiri

자성(磁性) magnit ¶자성의 amat menarik/자성을 띠다 mempunyai daya penarik.

자세(姿勢) ①【몸가짐】sikap; pembawaan ②【태도】sikap; pendirian ⊙ 고자세 sikap yang sombong (angkuh). 저자세 sikap yang rendah hati

자세하다(仔細-) teliti; terperinci ¶자세히 dengan teliti; dengan seksama; secara terperinci; secara lengkap

자손(子孫) keturunan; anak cucu ¶…의 자손이다 keturunan dari

자수(自首) penyerahan diri; penyerahan secara sukarela 자수하다 menyerahkan diri

자수(刺繡) sulaman; bordir 자수하다 menyulam; membordir ⊙ 자수틀 bingkai sulaman

자수성가하다(自手成家-) suksés atas usaha sendiri

자수정(紫水晶)【광물】batu (permata) yang berwarna kecubung (lembayung); batu nilam lembayung

자숙(自肅) disiplin diri; hal menguasai diri 자숙하다 mengendalikan diri sendiri

자습(自習) 자습하다 belajar sendiri; belajar tanpa guru ⊙ 자습서 buku pedoman untuk belajar sendiri. 자습시간 jam belajar sendiri (pelajaran)

자승(自乘) ⇒ 제곱

자승자박하다(自繩自縛-) terjebak dalam perangkap sendiri; jatuh dalam perangkap yang dipasang sendiri

자시(子時)【민속】tengah malam

자식(子息) ①【아들 딸】anak; putera; puteri ②【친근한 뜻으로】orang laki-laki ③【욕】anak jadah ¶개자식 anak jahanam; anak jalang

자신(自身)【자기】diri sendiri ¶너 자신 dirimu sendiri

자신(自信) kepercayaan pada diri sendiri 자신하다 yakin; pasti akan; mempercayai diri ¶자신 있는 사람 orang yang percaya pada diri sendiri/자신이 만만하다 penuh dengan kepercayaan ⊙ 자신감 perasaan mandiri

자실(自失) ⇒ 망연자실

자심하다(滋甚-) menjadi buruk; parah

자아(自我) diri; diri sendiri; égo ¶자아가 강한 mementingkan diri; égois ⊙ 자아의식 kesadaran diri sendiri. 자아해방 pembébasan (emansipasi) diri

자아내다 ①【실을】mengulur (memintal) ②【액체 · 기체를】menyuling 《cairan, uap, gas》 dengan mesin ③【느낌을】menimbulkan (membangkitkan) perasaan

자아올리다 menyedot (menghisap) 《air》 ¶펌프로 물을 자아올리다 memompa air

자애(慈愛) kasih sayang; kesayangan; kebaikan hati ¶자애로운 penuh kasih sayang

자애(自愛) cinta akan diri sendiri 자애하다 mengasihi diri; memelihara (menjaga) diri ¶자중자애 하시기를 빕니다 Tolong pelihara baik-baik diri anda sendiri.

자약하다(自若-) tenang; kalem; dapat

menguasai diri ¶자약하게 dengan tenang/태연자약하다 tetap tenang

자양분(滋養分) zat makanan unsur yang bergizi; nutrisi ¶자양분이 있는 bergizi

자업자득(自業自得) akibat perbuatan sendiri; konsekuénsi alami dari perbuatan sendiri ¶자업자득이다 Orang harus bertanggung jawab atas perbuatannya sendiri.

자연(自然) alam ¶자연의, 자연적인 alamiah; wajar; sewajarnya; dasar; tidak dibuat-buat; secara spontan; dengan sendirinya; liar ⊙ 자연계 dunia alam; alam. 자연미 keindahan (kecantikan) alamiah. 자연발생 kejadian spontan (generasi). 자연법(칙) hukum alam. 자연보전 구역 daérah cagar alam. 자연보호 peléstarian alam: 자연보호지역 daérah suaka alam. 자연사(死) kematian yang wajar. 자연식품 makanan alamiah. 자연인 orang (warga) umum. 자연재해 bencana alam. 자연주의 aliran naturalisme: 자연주의자 naturalis; penyidik (pengikut) 《aliran》 alam. 자연현상 fénoména alam; penangguhan otomatis

자연히(自然-) dengan sendirinya; sendiri

자엽(子葉) daun benih; kotilédon

자영(自營) swakelola; swasembada pangan 자영하다 berbisnis indepénden (berdikari); berusaha sendiri; berwiraswasta ¶자영의 swadaya; berdikari; atas usaha sendiri; berwiraswasta; indepénden

자영업(自營業) bisnis (usaha) sendiri

자오선(子午線) garis bujur

자외선(紫外線) sinar ultraviolét; sinar ultra ungu ⊙ 자외선 방지크림 krim mentari. 자외선 요법 perawatan ultra-violét. 자외선 차단제 tabir matahari; tabir surya

자욱하다, **자우룩하다** tebal ¶자욱하게 dengan tebal; tidak jelas; suram

자웅(雌雄) ①【암수】 laki-laki dan perempuan; jenis kelamin ¶자웅을 감별하다 menentukan jenis kelamin ②【승부 · 우열 · 강약】 kemenangan dan kekalahan; suprémasi (keunggulan) rélatif ¶자웅을 다투다【겨루다】 berjuang melawan seseorang untuk menguasai; berlomba untuk mendapatkan kekuasaan

자원(自願) 자원하다 bersukaréla ¶자원해서 dengan sukarela ⊙ 자원자 sukarélawan. 자원봉사자 pekerja sukaréla

자원(資源) sumber daya; kekayaan nasional ¶자원이 풍부하다 kaya akan sumber daya alam ⊙ 자원보호 pelestarian sumber. 자원부국(富國) negara yang kaya akan sumber daya alam. 물적 자원 sumber matéri. 인적자원 sumber daya manusia; tenaga manusia. 천연자원 kekayaan alam; 지하자원 sumber daya (kekayaan) bawah tanah

자위[1] ①【달걀의】 putih telur ②【눈의】 ¶눈의 흰 자위 bagian putih mata

자위[2] 【얼레】 kumparan; gulungan

자위(自慰) ①【스스로 위안함】 penghiburan diri 자위하다 menghibur diri sendiri ②【수음】 onani; masturbasi 자위하다 merancap ⇒ 수음(手淫)

자위(自衛) pembélaan diri 자위하다 menjaga diri sendiri; melindungi; membéla diri sendiri ⊙ 자위권 hak untuk membéla diri (melindungi diri). 자위본능 naluri melindungi

자유(自由) kebébasan; kemerdékaan personil (individu) ¶자유로 의견을 말하다 menyatakan pendapat dengan bébas/자유롭게 하여주다 (해방하다) membébaskan; memerdékakan ⊙ 자유결혼 perkawinan bébas. 자유경쟁 persaingan (kompétisi) bébas (terbuka). 자유무역 perdagangan bébas. 자유민 orang bébas. 자유방임주의 prinsip non intervénsi; kebijaksanaan untuk membiarkan sendiri. 자유사상 pemikiran liberal. 자유선택 pilihan bébas. 자유선택 과목 mata kuliah pilihan. 자유의사 keinginan (kemauan) sendiri. 자유인 manusia bébas. 자유주의 liberalisme. 자유주의자 orang yang liberal. 자유진영 Dunia Bébas. 자유학습 kelas terbuka: 자유학습의 날 hari tanpa buku téks; hari bébas buku téks. 자유형【수영】 renang gaya bébas

자유분방하다(自由奔放-) bébas ¶자유분방한 생활 방식 gaya hidup yang bébas

자유자재(自由自在) 자유자재하다 amat bébas; tanpa syarat apa-apa; tidak terkekang ¶자유자재로 dengan bébas

자유화(自由化) liberalisasi 자유화하다 meliberalkan ⊙ 자유화 조처 tindakan liberalisasi

자율(自律) otonom; pengawasan sendiri; pengaturan diri sendiri ¶자율적 otonomi; mengatur diri sendiri; kontrol diri ⊙ 자율신경 syaraf otonom (reflék)

자음(子音) konsonan

자의(自意) keinginan (kemauan) sendiri ¶자의(대)로 secara sukaréla; dengan persetujuan

자의(字意) makna; arti kata

자의식(自意識) 【심리학】 kesadaran akan diri sendiri ¶자의식이 강하다 kesadaran diri yang kuat

자의적(恣意的) sewenang-wenang ¶자의적으로 sesuai dengan keinginan

자이언트 raksasa

자인하다(自認-) mengakui sendiri

자임하다(自任-) ⇒ 자처하다 melihat diri sendiri seolah-olah; mengkhayalkan ((pikiran; sanjungan))((sebagai pelopor)); menganggap ((sebagai pelopor)); bergaya seperti ((orang hébat)); menyatakan diri sebagai ((seorang ilmuwan)) ¶큰 학자로 자임하다 mengkhayalkan diri sebagai seorang ilmuwan hébat

자자손손(子子孫孫) anak dan cucu; keturunan; génerasi ke generasi

자자하다(藉藉-) tersebar luas; tersiar ke mana-mana

자작(子爵) 【귀족 작위 중 네 번째】 gelar bangsawan

자작(自作) karya sendiri; buatan (pekerjaan; produksi; komposisi) sendiri 자작하다 membuat sendiri; 【농작물을】 mencanggul kebun sendiri; memproduksi sendiri ¶자작의 hasil buatan (tulisan; gubahan; tumbuhan) sendiri; yang dibikin-bikin ⊙ 자작농 petani mandiri; petani indepénden; pemilik tanah. 자작시 puisi karya sendiri. 자작자급 swasembada pangan ⇒ 자급자족

자작하다(自酌-) menuangkan anggur untuk diri sendiri; melayani diri sendiri

자작나무 sejenis pohon putih

자작자작하다 kedengarannya hampir kering

자잘하다 ①【작다】 kecil, mungil ②【사소하다】 ⇒ 자질구레하다

자장(磁場) 【물리학】 médan magnét

자장가(-歌) nina bobok; nyanyian penidur

자장면 mi goréng ala Cina

자재(自在) ¶자재의 bébas; tidak terkekang/자재로 dengan bébas

자재(資材) bahan; matéri ⊙ 건축자재 bahan bangunan

자적하다(自適-) menjalani hidup yang tenang; hidup bébas dari perkara duniawi

자전(自轉) rotasi; perputaran 자전하다 berotasi; berputar

자전거(自轉車) sepéda; keréta angin ¶자전거를 타다 naik sepéda/자전거로 가다 pergi dengan sepéda ⊙ 자전거경기 balap sepéda. 자전거 도로 jalan (jalur) sepéda

자정(子正) 【밤 12시】 tengah malam

자정(自淨) ①【자연·생태계 등의】 pembersihan (penyaringan) sendiri ②【단체 · 조직 등의】 pembaharuan; réformasi

자제(子弟) putera-puteri

자제(自制) pengendalian diri; pengawasan (penjagaan) diri sendiri 자제하다 mengendalikan diri; menjaga diri sendiri ⊙ 자제력 daya pengendalian diri

자제(自製) buatan sendiri

자조(自助) berdikari; kepercayaan atas diri sendiri

자조(自嘲) caci maki (cemoohan) diri 자조하다 mencemoohkan diri sendiri ¶자조적인 yang merendahkan (menghina) diri sendiri

자족(自足) swasembada 자족하다 dapat berdiri sendiri; sanggup mencukupi keperluannya sendiri

자존(自尊) kehormatan diri; rasa harga diri 자존하다 mempunyai rasa harga diri

자존심(自尊心) rasa harga diri; kebanggaan ¶자존심이 강한 사람 orang yang punya harga diri

자주(自主) indepéndensi; otonom ¶자주적인 indepénden; otonomi/자주적으로 dengan kehendak sendiri; atas kemauannya sendiri; dengan sukaréla ⊙ 자주국 negara yang berdaulat; negeri yang merdéka. 자주성 kemandirian; kedaulatan

자주(紫朱) 【자주색】 mérah jingga; mérah anggur ⊙ 자주 빛 warna mérah jingga

자주 sering; sering kali; kerap; acap; berulang kali ¶자주 있는 일 kejadian (perkara; peristiwa) yang sering terjadi

자중(自重) ①【자애】 cinta pada diri sendiri 자중하다 mencintai (menghargai) diri sendiri ②【조심】 kehati-hatian 자중하다 berhati-hati

자중지난(自中之亂) percékcokan (perselisihan) di bagian dalam; perang saudara

자지 zakar; batang kemaluan laki-laki; batang pelir

자지러지다 ①【몹시 놀라거나 흥분하다】 ¶자지러지게 놀라다 amat ketakutan (kengerian) ②【소리가】 menjerit; memekik ¶자지러지게 웃다 tertawa terpekik-pekik; ketawa terbahak-bahak

자진하다(自進) bersukaréla ¶자진하여 dengan (secara) sukaréla

자질하다 mengukur

자질(資質) kemampuan; kecakapan; pembawaan; 【재능】 bakat ⊙ 자질향상 peningkatan kemampuan

자질구레하다 réméh-téméh; kecil merata; sepélé ¶자질구레한 일 hal yang tak berharga (sepélé)

자찬(自讚) 【자화자찬】 pengaguman diri sendiri 자찬하다 mengagumi diri sendiri

자책(自責) penyesalan diri; penyalahan diri 자책하다 menyalahkan diri sendiri; menyesali diri ⊙ 자책감(심) perasaan berdosa; (후회) penyesalan yang dalam

자처(自處) 【체함】 preténsi; 【자결】 bunuh diri ①【체하다】 berlagak seperti; menganggap diri sebagai; mengakui ¶스스로 …임을 자처하다 mengakui sebagai ⟪seorang sarjana⟫ ②【자결하다】 membunuh diri

자천하다(自薦-) memuji diri sendiri; mengajukan diri sendiri

자청하다(自請-) bersukaréla ¶자청해서 하다 【가다】 mengerjakan 【pergi】 dengan bersukaréla

자체(自體) ①【본래의 바탕】 diri sendiri; sendiri ¶그 생각 자체가 어리석다 Idé itu sendiri bodoh. ②【스스로가 가지고 있는 것】 sendiri ⊙ 자체감사 penilikan sendiri. 자체조사 penyelidikan sendiri

자체(字體) bentuk huruf

자초지종(自初至終) dari permulaan sampai terakhir; rincian; cerita keseluruhan; cerita secara rinci ¶자초지종을 알다 mengetahui secara rinci/자초지종을 이야기하다 menceritakan keseluruhannya

자초하다(自招-) mendatangkan; membangkitkan ⟪rasa benci seseorang⟫

자촉반응(自觸反應) 【화학】 katalisis sendiri

자축하다(自祝-) merayakan sendiri

자축거리다 ¶자축거리며 걷다 berjalan pincang; berjalan dengan susah payah

자취 【흔적】 bekas; tanda; jejak ¶자취를 남기지 않다 tidak meninggalkan jejak

자취하다(自炊-) memasak sendiri

자치(自治) pemerintahan sendiri 자치하다 memerintah sendiri ¶자치의 otonomi; swatantra; yang memerintah sendiri ⊙ 자치권 hak otonom. 자치단체 badan otonom. 자치령 dominion berpemerintahan sendiri. 자치회 senat siswa

자치기 main gatrik

자친(慈親) ibu

자칫 【까딱하면】 hampir; agak (sedikit) dihasut; setidak-tidaknya

자칭(自稱) sok; gadungan; mencap diri sendiri 자칭하다 berlagak seperti; menganggap diri sendiri ¶시인을 자칭하다 berlagak seperti penyair ⊙ 자칭신사 seorang yang mencap dirinya sendiri orang jentélmen

자칼 serigala; jakal

자켓 ⇒ 재킷 jas; jakét

자타(自他) diri sendiri dan orang lain ¶자타가 다 baik diri sendiri maupun orang lain

자탄하다(自歎-) menyesali diri ¶신세를 자탄하다 menyesali nasibnya sendiri

자태(姿態) penampilan; bentuk badan ¶요염한 자태 bentuk badan yang menggairahkan (mempesona)

자택(自宅) rumah sendiri; 《주소》 alamat rumah ¶자택에서 di rumah sendiri/자택 전화 번호 nomor télépon rumah ⊙ 자택 연금 kurungan (penahanan) di rumah. 자택요법 pengobatan rumah

자토(磁土) tanah liat untuk porsélin; kaolin

자퇴하다(自退-) ①【회사를】 meletakkan jabatan secara sukaréla ②【학교를】 meninggalkan bangku sekolah dengan sengaja ¶입후보를 자퇴하다 mengundurkan diri dari calon

자투리 potong《an》; sisa kain; 【아주 작은 분량】 perca ⊙ 자투리 천 potongan kain

자파(自派) partai sendiri

자판하다(自判-) 【판명】 terbukti sendiri; memutuskan sendiri

자판(字板) 【키보드】 papan tombol jari

자포자기(自暴自棄) keputus-asaan; kepatahan hati; kehilangan harapan 자포자기하다 berputus asa; hilang harapan; putus asa

자폭하다(自暴-) merusakkan (menghancurkan; memusnahkan) diri sendiri; membunuh diri

자필(自筆) 【친필】 tulisan tangan sendiri ¶자필의 ditulis sendiri ⊙ 자필이력서 riwayat hidup yang ditulis sendiri

자학(自虐) penyiksaan diri 자학하다 menyiksa diri sendiri ⊙ 자학행위 tindakan kekejaman terhadap diri sendiri

자해(自害) bunuh diri 자해하다 membunuh diri sendiri; menyakiti diri sendiri

자행(恣行) perasaan puas (senang) sendiri 자행하다 bertindak sesuka hatinya (semaunya)

자형(字形) bentuk huruf

자형(姉兄) suami kakak perempuan; kakak ipar

자혜(慈惠) hal cinta sesama manusia; kedermawanan; amal; derma ⊙ 자혜병원 rumah sakit amal

자화상(自畵像) potrét, gambar atau lukisan orang

자화자찬(自畵自讚) pemujaan (pujian) diri sendiri 자화자찬하다 memuji diri sendiri; berbicara memuji-muji diri sendiri

자활하다(自活-) berdikari; berdiri sendiri; memenuhi (mencukupi) kebutuhan sendiri

자회사(子會社) cabang; cabang dari perusahaan

자획(字-) sapuan dalam tulisan Cina

작(作) ①【작품】 hasil karya; produksi ②【농작】 hasil panén ¶풍작 hasil panén yang berlimpah-limpah

작(爵) pangkat ¶세습 작 pangkat turun-temurun

작(勺) satu jag(=1/10 hop)

작가(作家) penulis; pengarang ⊙ 인기작가 pengarang populér

작고하다(作故-) 【돌아가다】 mati; meninggal dunia ¶작고한 almarhum

작곡(作曲) gubahan musik 작곡하다 mengubah lagu ¶A씨 작곡 digubah oléh Tuan A ⊙ 작곡가 penggubah; pengarang (pembuat) lagu; komponis

작금(昨今) baru-baru ini; sekarang ini; belum lama ini ¶작금의 baru; belakangan/작금의 추위 kedinginan baru-baru ini

작년(昨年) 【전년, 지난 해】 tahun lalu ¶작년의 오늘 hari ini pada tahun yang lalu/작년여름 musim panas lalu

작다 ①【길이 · 넓이 · 부피 등이】 kecil ¶작아지다 menjadi kecil; berkurang ②【정도 · 범위 · 규모 등이】 sepélé; réméh ③【소리 등이】 kecil; rendah ④【인물 · 도량 등이】 sempit; berpandangan picik

작다리 orang yang berbentuk badan yang péndék

작달막하다 agak péndék

작당하다(作黨-) membentuk komplotan (kelompok) ¶작당하여 dalam satu grup (kelompok)

작대기 ①【버팀대】 tiang; tongkat ②【각대기 표】 tamda x ③【긴 막대기】 tongkat

작동(作動) 작동하다 menjalankan; mengoperasikan

작두(斫-) pemotong iris

작렬(炸裂) ledakan 작렬하다 meledak

작명하다(作名-) menamai

작문(作文) karangan; komposisi ¶작문을 짓다 mengarang; menulis karangan ⊙ 자유 작문 karangan bébas. 작문제목 téma

작물(作物) hasil pertanian

작법(作法) ①【글을 짓는 법】 cara menulis ②【법칙 제정】 pembuatan undang-undang ③【농작물 짓는 법】 cara menanam

작별(作別) perpisahan; pamitan; mohon diri 작별하다 berpisah; berpamitan; mengatakan (mengucapkan) selamat tinggal (jalan) ¶작별의 인사 ucapan perpisahan/작별인사를 하러 가다 pergi untuk berpamitan

작부(酌婦) pelayan bar wanita

작사하다(作詞-) menulis sajak untuk nyanyian; menulis lirik ⊙ 작사가 pengarang liris

작살 【물고기 잡는】 tombak; seruit; kuju

작살나다 ①【완전히 깨지거나 부서지다 membanting hingga hancur; hancur; merusak ②【완전히 끝장나다】 bangkrut; menghancur; menyapu bersih

작살내다 ①【부수다】 menghancurkan; memecahkan ②【끝장내다】 membangkrutkan ③【먹어 치우다】 menghabiskan ④【매우 때리다, 혼내다】 memukul; menendang

작성(作成) penyusunan 작성하다 menyusun

작시하다(作詩-) menulis (mengarang) syair (sajak)

작신거리다 menggoda; mengusik

작심하다(作心-) memutuskan; menentukan; menetapkan

작심삼일(作心三日) keputusan yang bertahan tiga hari

작약(芍藥) pohon péoni

작약하다(雀躍-) melompat-lompat (menari-nari) kegirangan

작업(作業) pekerjaan 작업하다 bekerja ¶작업 중에 waktu bekerja/작업 중【게시】 dalam operasi ⊙ 작업능률 éfisiénsi kerja. 작업복 pakaian kerja. 작업시간 jam kerja. 작업실 ruang kerja. 작업장 tempat kerja

작열(灼熱) panas yang membara (marak) ¶작열 하는 memarak; pijar

작용(作用) aksi; daya; 【기능】 fungsi; 【효과】 éfék 작용하다 beraksi; beroperasi; bekerja ¶산(酸)의 작용 aksi asam/작용과 반작용 aksi dan réaksi ⊙ 심리작용 prosés méntal. 화학작용 aksi kimia

작위(爵位) gelar bangsawan (kaum ningrat)

작위적(作爲的) tak wajar; dibuat-buat

작은곰자리 Beruang Kecil

작은아버지 paman; oom

작은어머니 bibi; tante

작은집 ①【아우 · 아들의 집】 rumah anak atau adik laki-laki; keluarga cabang ②【첩의 집】 rumah gundik (selir) ③【첩】 gundik; selir; gendak; perempuan simpanan

작일(作日) kemarin

작자(作者) ①【소작인】 petani penyéwa sawah ②【만든 사람】 pembuat; (저자) penulis; pengarang ¶작자불명 tanpa nama; tidak diketahui namanya ③【위인】 kepribadian ④【살 사람】 pembeli ¶작자가 나서다 ada pembeli ⑤【녀석, 자】 orang

작작하다(綽綽-) tidak tergesa-gesa; bébas dan mudah ¶여유가 작작하다 mempunyai lebih dari cukup

작작[1] 【적당히】 tidak terlalu banyak; cukupan saja ¶농담 좀 작작해라 Jangan bersenda-gurau (bercanda) keterlaluan.

작작[2] ¶신을 작작 끌다 menyérét (menarik) sepatu dengan suara bising

작전(作戰) 【군사행동】 operasi militér; 【전략】 stratégi; (전술) taktik 작전하다 membuat stratégi ¶작전상(上) secara stratégi(taktik) ⊙작전계획【명령】 rencana 【perintah】 operasi

작정(作定) 【결정 · 결심】 keputusan; ketetapan; 【의향】 maksud; rencana; idé; 【목적】 tujuan 작정하다 memutuskan; menetapkan; menentukan; merencanakan ¶작정으로 dengan maksud untuk; dengan harapan

작중인물(作中人物) karakter; watak; sifat

작태(作態) tingkah laku; kelakuan 작태하다 dibikin-bikin; dibuat-buat; pura-pura ¶과거의 못된 작태 kelakuan buruk masa yang lalu

작파하다(作破-) membuang; menghentikan; meninggalkan; melepaskan

작폐하다(作弊-) menyusahkan; membuat keributan; mengganggu

작품(作品) karangan; gubahan; karya; ciptaan; komposisi ⊙ 문학작품 hasil karya kesusasteraan
작풍(作風) gaya penulisan 《menulisnya》
작황(作況) hasil panén
작히나 ⇒ 오죽
잔(殘) sisa; yang masih ada
잔(盞) ①【술잔】gelas ¶잔을 돌리다 mengédarkan gelas anggur ②【컵】cangkir ¶ 찻잔 cangkir téh
잔가지 ranting; (꽃잎이 달린) tangkai ¶잔가지를 치다 memotong tangkai
잔걸음치다 berjalan dengan langkah péndék; mundar-mandir sekitar kamar (rumah)
잔고(殘高) ⇒ 잔액 saldo; sisa ⊙ 잔고 표 neraca perdagangan; lembaran saldo. 이월잔고 saldo yang dipindahkan 《ke bulan berikutnya》
잔글씨 huruf yang kecil
잔금 kerut yang halus (kecil); garis-garis yang kecil
잔금(殘金)【대차의】saldo;【잉여금】lebihan uang; sisa uang ¶잔금을 치르다 membayar saldo/잔금은 이것뿐이다 Sisa uang adalah ini saja.
잔기침 batuk-batuk kecil ¶잔기침을 하다 membatuk péndék
잔꾀 tipu muslihat; akal bulus ¶잔꾀를 부리다 melakukan sedikit tipu muslihat
잔당(殘黨) sisa gerombolan
잔돈 ①【단위가 적은 돈】uang kecil; uang pecah; uang récéh ¶잔돈이 없습니다 Saya tidak mempunyai uang kecil. ②【거스름 돈】uang kembalian; uang kembali
잔돈푼 ①【용돈】uang saku ②【소액의 돈】sejumlah kecil uang ¶잔돈푼 깨나 모으다 menyimpan sejumlah kecil uang
잔돌 batu kerikil; koral
잔등이 ⇒ 등
잔디 rumput ¶잔디 깎는 기구 mesin pemotong rumput ⊙ 잔디구장 lapangan rumput. 잔디밭 kebun (halaman) berumput: 잔디밭에 들어가지 마시오【게시】Di larang menginjak rumput.
잔뜩 ①【꽉 차게】sepenuhnya; sepuasnya; sekenyangnya ②【몹시】sangat banyak; dengan kuat; dengan teguh
잔루(殘壘)【야구】pelari yang tinggal di bidai 잔루하다 tertinggal di bidai
잔류하다(殘留-) tertinggal; tersisa ⊙ 잔류물 sisa; ampas
잔말 obrolan; océhan; keluhan 잔말하다 mengobrol; mengomong; mengeluh; mengocéh; menggerutu
잔머리 ⇒ 잔꾀 akal (muslihat) yang picik
잔명(殘命) sisa hidup
잔무(殘務) sisa pekerjaan ¶잔무를 정리하다 menyelesaikan sisa pekerjaan (urusan; permasalahan)
잔물결 riak; riak-riak 《dalam》 air ¶잔물결이 일다(을 일으키다) beriak
잔병(-病) sakit ringan ¶잔병이 많다 sering sakit-sakitan ⊙ 잔병꾸러기 orang yang sering sakit
잔뼈 duri; tulang kecil ¶생선의 잔뼈 duri ikan
잔뿌리 akar halus
잔상(殘像) bayangan sisa
잔서(殘暑) panas 《musim panas》 yang masih terasa
잔설(殘雪) salju yang tersisa
잔소리【잔말】omélan; damprat 잔소리하다 mengomél; memarahi; mendamprat ¶잔소리를 듣다 dioméli; dihardik ⊙ 잔소리꾼 pembual; pengocéh; tukang ngomél
잔손 penanganan rinci; kerja rinci ¶잔손이 많이 들다 memerlukan banyak tenaga
잔심부름 suruhan yang kecil-kecil
잔악(殘惡) kekejaman; keganasan 잔악하다 kejam; buas; ganas
잔액(殘額) uang (jumlah) saldo (sisa) ¶은행의 예금 잔액 saldo di bank ⊙ 차감잔액 sisa saldo
잔업(殘業) kerja lembur ¶잔업을 하다 bekerja lembur ⊙ 잔업수당 tunjangan kerja lembur
잔여(殘餘) sisa; yang tertinggal ⊙ 잔여 액 uang saldo (sisa)
잔월(殘月) bulan waktu pagi; bulan sabit
잔인(殘忍) kekejaman; kebengisan 잔인하다 kejam; ganas ¶잔인한 사람 orang ke-

jam ⊙ 잔인무도 tindakan yang menjijikan; hal tidak berperikemanusiaan.
잔인성(殘忍性) sifat kejam; sifat bengis; sifat brutal
잔잔하다 tenang; reda ¶잔잔한 목소리로 dengan suara tenang (rendah)
잔재(殘滓) sisa-sisa ¶봉건주의의 잔재 sisa-sisa feodalisme
잔재미 ¶잔재미가 있는 사람 orang yang disenangi kehadirannya; orang yang menyenangkan
잔재주(-才-) taktik; tipuan kecil ¶잔재주를 부리다 memainkan tipuan kecil; menggunakan cara taktik
잔적(殘敵) sisa-sisa musuh ¶잔적을 소탕하다 menyapu bersih sisa-sisa musuh
잔 전(-錢) ⇒ 잔돈
잔존 kelangsungan hidup; peninggalan 잔존하다 terus hidup; bertahan hidup ¶잔존하고 있는 masih ada ⊙ 잔존 자 orang yang selamat dari bahaya
잔주름 keriput (kerut) yang halus; garis-garis halus ⊙ 잔주름살 keriput yang halus di kulit
잔챙이 yang kecil; ikan kecil; tangkapan yang kecil
잔치 【파티】 pésta ¶생일잔치 pésta hari ulang tahun
잔칼질하다 mencincang
잔품(殘品) barang yang tak dijual; barang yang sisa; réstan ⊙ 잔품정리 대매출 penjualan réstan; obral barang yang sisa
잔학하다(殘虐-) kejam; buas; kasar; bengis
잔해(殘骸) sisa-sisa; reruntuhan; puing
잔혹하다(殘酷-) sangat kejam (ganas)
잘 ①【만족 · 충분 · 유리】 dengan baik; dengan memuaskan ¶잘 되다 berjalan dengan baik/ 아무에게 잘 하다 baik kepada ②【상세히】 dengan cermat; dengan seksama ¶잘 알다 mengetahuinya dengan seksama/잘 생각하다 mempertimbangkan betul-betul; memikirkan dengan baik-baik ③【능수 · 능란】 amat baik; sangat; betul ¶잘 빠져나가다 luput dengan baik dari; melepaskan (melarikan) dengan cermat (hati-hati) ④【주의해서】 dengan hati-hati ⑤【많이】 banyak; 【자주】 sering ¶비가 잘 온다 Hujan turun banyak. *atau* Hujan sering ada. ⑥【걸핏하면】 biasanya; sering kali; suka ¶잘 웃다 suka tertawa ⑦【알맞게】 dengan cocok ¶옷이 잘 맞다 Pakaian itu cocok. ⑧【마침】 tepat ¶너 참 잘 왔다Kamu datang pada waktu yang tepat (tepat waktunya).
잘가닥 dengan bunyi ceklékan 잘가닥하다 berbunyi klik
잘각- ⇒ 잘가닥-
잘강- ⇒ 질겅-
잘그랑 【절그렁】 dengan dentingan 잘근잘근 menunyah
잘끈 ⇒ 질끈
잘나다 ①【잘생김】 ganteng; bagus; tampan ②【똑똑하고 뛰어나다】 terkemuka; terpandang ¶잘난 사람 orang yang terkemuka ③【반어적】 tidak berharga; tidak berguna
잘난 체하다 berlagak seperti orang penting; bersombong; sok ¶잘난 체하는 사람 penyombong; pembual; orang yang suka membanggakan diri.
잘다 ①【크기가】 kecil ②【인품 · 성질 등이】 kaliber; réwél dan kikir ¶잔사람 orang yang suka réwél dan kikir
잘되다 ①【일이 바라던 대로 되다】 berjalan dengan baik (lancar) ②【장사 · 사업 등이 흥하다】 maju; berjalan baik; berhasil baik ③【성공하다】 behasil baik; suksés ④【훌륭하게 만들어지다】 dibuat baik; dikerjakan dengan baik
잘라내다 menggunting; memangkas; 【손발을】 memotong; mengamputasi ¶신문 기사를 잘라내다 menggunting berita dari koran
잘라 말하다 menyatakan dengan tegas; menegaskan
잘라먹다 ①【동강내어】 memotong dan memakan ②【안 갚다】 mengemplang hutang ¶빚을 잘라먹다 tidak membayar hutang
잘랑거리다 bergemerincing; berdentingan
잘록하다 ramping; sempit
잘리다 ①【베이다, 절단되다】 dipotong; diputuskan ②【직장 · 학교 등에서】 dipecat
잘못 ①【명사】 kesalahan; kekeliruan ¶잘

못을 봐 주다 memaafkan kesalahan/잘못을 사과하다 meminta maaf atas kesalahannya ②【부사】【틀리거나 그릇되게】 oléh karena kesalahan 잘못하다 mengerjakan salah 잘못되다 menjadi keliru (salah) ¶잘못 듣다 salah mendengar ③【평가】 salah menilai ④【함부로】 secara ceroboh; secara sembarang

잘못되다 ①【일 · 사람 등이】 keliru; berjalan salah ②【몸에 탈이 나다】 tidak baik ③【옳지 못하다】 salah; tidak benar

잘못생각 salah paham; kesalahan; kekeliruan; pikiran yang keliru 잘못생각하다 salah mengerti; keliru menangkap (memaham) ¶나의 잘못생각이 아니라면 kalau saya tidak keliru; (기억이) kalau ingatan saya benar

잘못짚다 salah (keliru) menilai (mengira); membuat salah hitung

잘못하다 ①【실수하다】 keliru; salah; membuat kesalahan ¶계산을 잘못하다 salah hitung; keliru perhitungan ②【도리에 어긋나게 행동하다】 berbuat salah

잘살다 kaya; makmur

잘생기다 tampan; ganteng

잘잘 ①【끓음】 mendidih dengan perlahan-lahan ②【끌림】 menyérét ¶치맛자락을 잘잘 끌다 menyérét rok ③【쏘댐】 dengan tergopoh-gopoh ④【흔듦】 menggoncang ⑤【기름 · 윤기】 berminyak ⑥⇒ 잘래잘래

잘잘못 benar dan salah ¶잘잘못을 가리다 membédakan antara yang benar dan yang salah

잘하다 ①【익숙 · 능란 · 훌륭하다】 ahli dalam; mahir dalam; pandai ②【자주하다】 sering; sering kali ③【만족할 만하다】 senang; puas ④【친절히 대하다】 baik kepada

잠 ①【수면】 tidur ¶깊은 잠 tidur nyenyak (lelap)/잠이 들다 tertidur/잠에서 깨다 terbangun(bangun) dari tidur ②【푸한 것의】 tekanan; kempaan; pengempaan; pemampatan; komprési

잠결 waktu tidur

잠귀 kedengaran waktu tidur ¶잠귀가 밝다 mudah terbangun; tidur ayam/잠귀가 어둡다 susah dibangunkan; penidur nyenyak (lelap)

잠그다 ①【문 · 자물쇠 등을】 mengunci; mengencangkan ②【수도 · 가스 등을】 menutup; mematikan; memadamkan ¶수도를 잠그다 mengencangkan kran ③【단추 등을】 mengancingkan

잠기다[1] ①【문 · 자물쇠 등이】 dikunci; terkunci ②【수도 · 가스 등이】 ditutup; dimatikan; dipadamkan

잠기다[2] ①【물속으로】 direndam; dibasahi; dicelup; dibenamkan ②【홍수 등으로】 di selam ke dalam air ③【목이】 menjadi serak ④【생각 · 슬픔 등에】 tenggelam ¶생각에 잠기다 tenggelam dalam pikiran

잠깐 sebentar; sejenak; sejurus ¶잠깐사이(동안)에 dalam sejurus (sejenak)/잠깐 기다리십시오 Tunggu sebentar!

잠꼬대 ①【수면 중의 헛소리】 igauan 잠꼬대하다 mengigau ②【사리에 닿지 않는 말】 omong kosong; omongan lucu

잠꾸러기 penidur; tukang tidur; orang yang bangun kesiangan

잠들다 ¶깜박 잠들다 tertidur/깊이 잠들다 tertidur nyenyak

잠망경(潛望鏡) periskop

잠바 jakét; baju swéater

잠버릇 kebiasaan waktu (dalam) tidur

잠복(潛伏) ①【드러나지 않게 숨음】 penyembunyian diri; dormansi 잠복하다 menyembunyikan diri; bersembunyi ②【병의 증상이 밖으로 나타나지 않음】 belum kelihatan; terpendam ⊙ 잠복기 masa terpendam (tersembunyi); masa inkubasi. 잠복성 질환 penyakit yang belum kelihatan

잠사(蠶絲) benang sutera ⊙ 잠사업 usaha pemintalan sutera

잠수(潛水) penyelaman 잠수하다 menyelam ⊙ 잠수모함 induk kapal selam. 잠수부 penyelam. 잠수함 kapal selam

잠시(暫時) sebentar; sementara; beberapa lama ¶잠시(동안) untuk sementara; sebentar saja/잠시 후에 sebentar lagi; segera setelah itu

잠식하다(蠶食-) menggerogoti

잠옷 piyama; baju tidur

잠언(箴言) aphorisme; pepatah

잠업(蠶業) budidaya ulat sutera ⊙ 잠업시

험장 Tempat Eksperimén Budidaya Ulat Sutera
잠입하다(潛入-) menyelinap; menyelusup; menyelundup
잠자다 ①【잠을 자다】 tidur; tertidur ②【푸한 것을】 diatur dengan baik; dikomprés ¶머리가 잠자다 rambut diatur dengan baik ③【활동을 멈추거나 이용되지 않다】 tidak dipakai; tidak digunakan lagi
잠자리[1] 【곤충】 capung; sipatung; sibur-sibur ⊙ 고추잠자리 capung mérah
잠자리[2] ①【자는 자리】 tempat tidur ¶잠자리를 펴다 membéréskan (mempersiapkan) tempat tidur ②【성관계】 tidur bersama; seketiduran
잠자코 tanpa sepatah katapun; dengan diam; dengan patuh; tanpa diberitahukan; tanpa pamitan ¶잠자코 있다 berdiam diri
잠잠하다(潛潛-) ①【조용하다】 hening; sunyi senyap; tenang ¶잠잠해지다 menjadi tenang ②【여론 · 분쟁 등이】 tidak aktif
잠재(潛在) kemampuan 잠재하다 tersembunyi; bersembunyi; terpendam; belum kelihatan ⊙ 잠재능력 kemampuan yang belum kelihatan (dormansi). 잠재력 tenaga kekuatan. 잠재실업자 penganggur yang tak kentara. 잠재의식 bawah sadar
잠재우다 ①【잠자게 하다】 menidurkan ②【소문 · 여론 등을】 menenangkan
잠적하다(潛跡-) menyembunyikan diri; bersembunyi; menghilang
잠정(暫定) ¶잠정적, 잠정의 sementara waktu/잠정적인 합의 persetujuan (permufakatan) sementara ⊙ 잠정안 rancangan sementara. 잠정예산 anggaran sementara
잠지 batang pelir bayi
잠투정하다 meréngék sebelum tidur
잡가(雜歌) nyanyian populér; lagu pop
잡거하다(雜居-) tinggal bersama
잡것(雜-) ①【물건】 anéka barang; barang-barang réméh ②【사람】 orang yang hina
잡곡(雜穀) bermacam-macam biji-bijian
잡귀(雜鬼) sétan kecil; roh berbagai sétan; roh jahat ¶잡귀를 쫓다 menghalau roh jahat
잡기(雜技) anéka (berbagai) permainan
잡기(雜記) catatan yang serbanéka (berjenis) ⊙ 잡기장 buku catatan
잡년(雜-) wanita jahat; wanita cabul; wanita bébas; pelacur ¶이 잡년아 Kamu pelacur!
잡념(雜念) pikiran yang kacau; pikiran keduniawian ¶잡념을 버리다 membuang pikiran kacau (keduniawian)
잡놈(雜-) laki-laki cabul
잡다 ①【손으로】 memegang; menggenggam; mencengkam ¶공을 잡다 menangkap bola/아무의 손을 잡다 menggenggam tangan seseorang; 【악수】 berjabat tangan ②【범인 · 적군 등을】 menangkap ¶③【권리 · 기회 · 돈 · 증거 따위】 mendapat(kan); memegang ¶기회를 잡다 menggunakan (meraih) kesempatan ④【담보로】 menggadaikan; mengambil sebagai jaminan ⑤【예약】 memilih; memesan ¶골라잡다 memilih; menyeléksi /날짜를 잡다 mencocokkan tanggal; menentukan tanggal ⑥【차지함】 mengambil ⑦【약점 · 탈을】 mencari ¶탈을 잡다 mencari-cari kesalahan ⑧【요량 · 어림】 menilai; menaksir ¶대충 잡아서 menilai secara kasar ⑨【바로잡음】 meluruskan ⑩【도살】 menyembelih ⑪【모해】 memfitnah ⑫【불을】 memadamkan ⑬【마음을】 mendapat pegangan sendiri; menetap pikiran; menahan diri; terkontrol keinginan ⑭【주름을】 membuat lipatan; melipat
잡다(雜多) serba serbi 잡다하다 bermacam-macam; berbagai
잡담(雜談) gosip; percakapan yang malas dengan; obrolan 잡담하다 mengobrol; beromong-omong; bergosip
잡동사니 barang-barang yang beranéka ragam; anéka warna; campuran; rampai
잡되다(雜-) moral bébas; a-susila; cabul; tidak senonoh
잡맛(雜-) rasa yang bukan alami; rasa yang tidak murni
잡목(雜木) belukar ⊙ 잡목 숲 hutan belukar

잡무(雜務) urusan ékstra; berbagai tugas; sisa-sisa untuk dikerjakan; 【가정의】 tugas rumah tangga ¶잡무로 바쁘다 sibuk dengan ini itu; sibuk dengan segala urusan

잡문(雜文) bunga rampai sastra; kumpulan berbagai tulisan ⊙ 잡문가 penulis puspa ragam

잡물(雜物) ①【잡것】 hal yang beragam; keanekaragaman ②【불순】 ramuan asing; kotoran

잡범(雜犯) nara pidana (penjahat) tingkat sumir

잡배(雜輩) orang (laki-laki) hina dina; orang jembél; kaum urakan

잡병(雜病) berbagai penyakit ringan

잡부(雜夫) buruh; pekerja; tukang

잡부금(雜賦金) biaya yang kecil-kecil ¶잡부금을 일소하다 melarang mengumpulkan berbagai biaya

잡비(雜費) biaya tambahan; pengeluaran yang lain; pembiayaan serba-serbi ¶잡비를 덜다 mengurangi biaya tambahan ⊙ 제잡비 beranéka biaya

잡상인(雜商人) penjaja; penjual (penggalas) keliling; pedagang kelontong; pedagang anéka barang

잡색(雜色) 【빛깔】 warna campuran; 【사람】 semua orang ¶잡색의 beranéka warna; berbagai warna

잡석(雜石) batu segala ukuran

잡소리(雜-) ①【잡된 말】 percakapan cabul; kecabulan ②【잡담】 percakapan yang tidak berguna; océhan; omong kosong

잡수다 ①【먹다】 makan; minum ¶술을 잡수다 meminum ②【제사를】 mengadakan peringatan penyembahan untuk nénék moyang

잡수입(雜收入) pendapatan kecil-kecilan; penghasilan dari berbagai sumber

잡스럽다(雜-) cabul; tidak senonoh

잡식(雜食) makan bermacam-macam makanan ⟪daging dan sayur-sayuran⟫ ¶잡식의 yang makan segala macam makanan ⊙ 잡식 류【동물】 pemakan segala macam

잡신(雜神) roh yang jahat

잡아가다 menyerahkan ⟪seseorang ke kantor polisi⟫

잡아내다 ①【결점 등을】 mengumpat kekurangan; mengambil (mencari) kesalahan ②【밖으로】 melemparkan; menendang

잡아넣다 memenjarakan

잡아당기다 menarik; merentang ¶귀를 잡아당기다 menjéwér (menarik) telinga seseorang

잡아들이다 menangkap dan membawa masuk; membawa

잡아떼다 ①【분리】 memisahkan; menarik terpisah ②【부인】 menolak dengan mutlak; menyangkal

잡아매다 mengikat

잡아먹다 ①【동물을】 menyembelih dan memakan ②【못살게 굴다, 죽게 하다】 menyiksa ¶잡아먹느냐 먹히느냐의 싸움 perjuangan untuk hidup dan mati ③【돈·시간·노력 등을】 mengambil

잡아채다 ①【낚아채다】 menjambrét; mengambil; merenggut ②【잡아서 세게 당기다】 menarik dengan kuat

잡아타다 mengambil ¶택시를 잡아타다 mengambil taksi

잡역(雜役) pekerjaan sambilan (tidak tetap); tugas yang melelahkan ⊙ 잡역부(婦) pembantu; pelayan semua jenis pekerjaan; wanita pembersih kantor. 잡역부(夫) laki-kaki dengan pekerjaan tidak tetap; laki-laki yang cekatan; buruh

잡음(雜音) ①【시끄러운 소리】 bising; bunyi yang menggelegar dan menjéngkélkan; suara yang mengganggu ¶도시의 잡음 keributan kota ②【이의, 반대, 옳지 못한 소문】 perbédaan pendapat; keluhan; kecaman

잡인(雜人) orang luar

잡일(雜-) pekerjaan (hal) yang kecil-kecil

잡종(雜種) keturunan campuran atau peranakan; turunan silang; campuran ¶잡종의 setengah campuran; orang campuran; bermacam-macam ⊙ 잡종 개 anjing keturunan campuran

잡지(雜誌) majalah ¶수험용의 잡지 majalah panduan untuk ujian ⊙ 잡지기자 wartawan majalah. 대중【여성】잡지 majalah populér【wanita】. 월간【주간】잡지

majalah bulanan 【mingguan】. 학술잡지 jurnal ilmiah

잡채 *jamchae*; masakan campuran daging babi dan sayuran; campuran sayuran goréng; daging dan bakmi Cina; cap cai

잡초(雜草) rumput (tumbuh-tumbuhan) liar; rerumputan kasar ¶잡초가 우거진 berumput; yang ditumbuhi rerumputan ⊙ 잡초 제거기 mesin pencabut rumput

잡치다 gagal; jatuh; kalah ¶기분을 잡치다 menyakiti (menyinggung) perasaan

잡탕(雜湯)①【음식】 masakan campuran daging dan kentang yang dicincang halus dan digoréng; sup campuran ②【뒤범벅】 campuran atau urutan; kumpulan campur aduk ¶잡탕이 되다 dicampur-adukkan; diaduk; menjadi satu campuran ⊙ 잡탕밥 nasi dicampuri makanan laut

잡풀(雜-) rerumputan ¶잡풀을 뽑다 mencabut rumput

잡티(雜-) cacat; cela

잡혀가다 ditangkap dan dibawa

잡혼(雜婚) perkawinan campuran; perkawinan antar suku atau bangsa 잡혼하다 kawin (mengawini) dari kelompok atau ras yang berbéda

잡화(雜貨) barang-barang serbanéka (serbaserbi); barang kelontong ⊙ 잡화상 pengécér biasa; orang grosir; pedagang anéka barang (kelontong). 잡화점 toko bahan keperluan sehari-hari; toko serbanéka; toko kelontong; 【식품 취급의】 toko menjual bahan makanan (pangan)

잡히다[1] ①【붙잡히다】 tertangkap; ditangkap; ditahan; diserang atau dikepung oléh; jatuh ke tangan ②【불이】 dipadamkan ③【마음이】 menenangkan; di bawah kontrol; memusatkan pikiran ¶마음이 잡히지 않다 merasa gelisah (resah); merasa cemas ④【자리 등이】 ditetapkan; ditempatkan ⑤【주름이】 berkerut; terlipat; kusut ⑥【방 등이】 diséwa ⑦【택시 등이】 ambil ⑧【기타】 ¶균형이 잡히다 stabil

잡히다[2] ①【잡게 하다】 menyuruh menangkap (mengambil) ②【담보로】 menggadaikan ③【약점 · 탈을】 dicari-cari ¶흠을 잡히다 dicari-cari kesalahan (kekurangan)

잣 biji cemarah ¶잣나무 pohon cemarah putih Jepang/잣죽 bubur biji cemarah

잣다 ①【물을】 memompa ke atas; menyedot ke atas ¶물을 잣다 menyedot air ke atas; (펌프로) memompa air ke atas ②【실을】 memintal ¶목화에서 실을 자아내다 membuat kapas jadi benang

잣대 【척도】 standar; ukuran

잣송이 buah cemara

장(丈) ①【길이 단위】 ukuran panjang (=10ja) ②【어른】 orang cerdik pandai yang mulia atau dihormati ¶춘부장 ayah ⟪yang pantas dimuliakan⟫

장(長) ①【길이】 panjang ②【우두머리】 kepala; pemimpin; ketua ③【장점】 kebaikan; poin utama (bagus); keahlian; kemanfaatan ¶일장일단이 있다 Segala sesuatu memiliki keuntungan dan kerugian.

장(章) babak; éra; pasal ¶제2장 bab kedua/ 새로운 장을 열다 membuka babak (zaman) baru

장(張) lembar ¶종이 두 장 dua lembar kertas

장(場) ①【시장】 pasar; pekan ¶5일장 pasar désa berselang lima hari/장보러 가다 pergi berbelanja ②【…하는 장소】 daérah; tempat ¶골프장 lapangan golf/ 사격장 lapangan latihan menembak ③【연극의 장면】 ¶2막 4장의 극 drama dua babak dan empat adegan

장(腸) usus; perut ¶장이 나쁘다 menderita sakit usus; menderita kelemahan usus

장(醬) saus kedelai (kedelé); saus buncis kedelé; 【간장과 된장】 petis buncis dan kedelé

장(欌) lemari ¶옷장 lemari pakaian/새장 sangkar burung

장(臟) lima bagian tubuh yang sangat penting ⟪seperti jantung, hati, paru-paru, ginjal, limpa⟫, alat-alat vital; isi rongga perut; organ tubuh bagian dalam

장가(杖家) pernikahan; perkawinan; sunting 장가들다【가다】 menikah; mempersunting ¶장가들이다 mengawinkan anak/ 장가들었나 Anda telah menikah?

장가(長歌) puisi (nyanyian) yang panjang

장갑(掌匣) sarung tangan

장갑(裝甲) perlindungan diri dengan baju lapis baja ⊙ 장갑부대 satuan lapis baja. 장갑차 mobil berlapis baja

장거(壯擧) usaha yang baik sekali; proyék besar-besaran

장거리(長距離) jarak jauh ⊙ 장거리경주 perlombaan lari jarak jauh; perlombaan maraton. 장거리비행 penerbangan jarak jauh. 장거리전화 《panggilan》 télépon jarak jauh; 서울로 장거리전화를 부탁합니다 Saya ingin interlokal ke Seoul. 장거리탄도탄 peluru kendali jarak jauh. 장거리포 meriam jarak jauh

장검(長劍) pedang panjang

장골(壯骨) badan kekar

장관(壯觀) pemandangan yang indah; pertunjukan yang menyenangkan

장관(長官) anggota kabinet; menteri ¶전임 장관 mantan menteri ⊙ 보건【교육】장관 Menteri Keséhatan【Pendidikan】

장광설(長廣舌) lidah yang fasih atau pintar berbicara; pembicaraan panjang berbelit-belit ¶장광설을 늘어놓다 berpidato panjang lébar

장교(將校) perwira ¶장교와 사병 perwira dan prajurit ⊙ 고급장교 perwira kelas atas. 해군장교 perwira angkatan laut

장구 janggu: sejenis gendang Korea; drum berkepala dua yang dijepit di bagian tengah ⊙ 장구채 tongkat pemukul drum

장구(長久) periode (waktu) yang lama; keabadian 장구하다 bertahan lama; abadi; jangka panjang

장구(裝具) perlengkapan

장구머리, 장구대가리 kepala menonjol (bénjol)

장구벌레 jentik-jentik nyamuk

장국(醬-) sup dengan bumbu saus kedelé ⊙ 장국밥nasi dengan sup daging sapi

장군(將軍) jénderal; panglima tertinggi

장금(場-) harga pasar; harga saat ini ¶장금이 오르다【내리다】 naik【turun】harga pasar

장기(長技) keahlian (kemampuan) khusus; penampilan favorit ¶…을 장기로 하다 ahli dalam hal (bidang); kemampuan dalam; memiliki keahlian dalam bidang/그의 장기는 무엇이냐 Apa keahlian khususnya?

장기(長期) waktu (periode; jangka waktu; tanggal) yang lama (panjang) ¶장기의 lama; jangka waktu yang lama ⊙ 장기계획 rencana jangka panjang. 장기근속(勤續) pengabdian lama; dinas lama. 장기신용 krédit jangka panjang. 장기예금자 penabung jangka panjang

장기(臟器) bagian badan; organ; alat tubuh ¶장기를 이식하다 mencangkok organ

장기(將棋) 《permainan》 catur ¶장기를 두다 bermain catur ⊙ 장기 판 papan catur

장꾼(場-) orang-orang ahli bidang pemasaran

장난 ①【짓궂게 놀리거나 재미로 하는 짓】 permainan; (못된 짓 · 희롱) kenakalan; senda gurau; olok-olok 장난하다(치다) bermain; mengolok-olok; mempermainkan ¶운명의 장난 ironi nasib/장난으로 말하다 bersenda gurau/반 장난으로 하다 setengah berolok-olok/불을 가지고 장난하다 bermain api ②【심심풀이, 실없이 하는 짓】 kesenangan; hiburan 장난하다 menghibur; mengisi waktu senggang; bermain sesuatu yang tidak berharga ¶장난으로 untuk senang-senang; sebagai pengisi waktu luang (kesenangan) ⊙ 장난꾸러기 orang yang suka mengolok-olok ⇒ 개구 장이 anak nakal

장난감【완구】 mainan anak-anak; mainan;【노리개】giring-giring yang dipakai bayi ¶장난감 집 mainan rumah-rumahan/ 장난감이 되다 dipermainkan; menjadi alat permainan; menjadi olok-olok ⊙ 장난감가게 toko mainan. 장난감기차 keréta api mainan. 장난감말 kuda-kudaan

장난기 kelucuan; kenakalan ¶장난기가 있는 suka bermain atau melucu; penuh permainan; nakal

장난꾼 anak nakal; pembuat onar

장날(場-) hari pasar; hari pasar malam; hari pekan raya

장남(長男) putra sulung; anak laki-laki tertua

장내(場內) bagian dalam aula (lapangan; tempat) ¶장내에서 di dalam ruang ⊙ 장내정치 politik antar majelis

장녀(長女) putri sulung; anak perempuan tertua

장년(壯年) usia déwasa ¶장년이 되다 mencapai usia déwasa ⊙ 장년기(期) masa déwasa

장뇌(樟腦) kapur barus

장님 orang buta ¶눈뜬장님 orang buta huruf; tuna aksara/장님이 되다 menjadi buta; kehilangan penglihatan

장다리 tangkai penuh bunga ((kol; kubis)) ¶장다리가 나다 mulai berbiji

장단(長短) ①【길이】 panjang ②【장점과 단점】 kelebihan dan kekurangan; kekuatan dan kelemahan; manfaat dan mudarat ¶…의 장단을 생각하다 mempertimbangkan kemampuan relatif dari… ③【박자】 irama; tempo ¶장단이 안 맞는 ketidak-harmonisan; tidak selaras ④【꼬드김, 맞장구】 남의 장단에 춤추다 terjebak dengan persoalan orang lain

장단점(長短點) kelebihan dan kekurangan (kesalahan); kelebihan dan kelemahan; manfaat dan mudarat

장 닭 ayam jantan

장담(壯談) penjaminan장담하다 menjamin; meyakinkan

장대(長-) galah; tiang ⊙ 높이뛰기 lompat (loncat) galah: 장대높이뛰기 선수 pelompat galah; atlit lompat galah

장대하다(壯大-) besar dan kuat; tegap dan kuat ¶기골이 장대한 사나이 orang yang kuat dan tegap

장도(壯圖) misi penting; usaha yang ambisius; keberanian berusaha ¶장도에 오르다 memulai dengan usaha yang ambisius

장도(壯途) kepergian yang gagah berani ¶ 장도에 오르다 berangkat dengan gagah berani

장도(粧刀) pisau perhiasan

장도리 palu; 【노루발】 kuku kambing ¶장도리로 치다 memalu; memukul dengan palu

장독(醬-) tempayan (belanga) saus kedelé ⊙ 장독대 tempat meletakkan tempayan saus kedelé

장돌림, 장돌뱅이(場-) pedagang keliling; pedagang yang berpindah-pindah

장딴지 betis

장떡(醬-) kué beras terbuat dari saus kedelé

장땡 yang paling baik (bagus)

장래(將來) ①【미래, 앞날】 masa depan; hari depan ¶밝은 장래 masa depan yang gemilang (cerah); prospék yang cerah/어두운 장래 masa depan (prospék) yang suram/가까운 장래에) dalam waktu dekat ②【가능성, 전망】 kemungkinan; prospék

장려하다(壯麗-) agung; megah; bagus sekali

장려(壯勵) dorongan, desakan; pengobaran semangat 장려하다 memberi semangat; mendesak; mendorong ⊙ 장려금 subsidi; bantuan

장력(張力) 【물리학】 tegangan ⊙ 표면장력 tegangan permukaan

장렬(壯烈) ¶장렬한 gagah berani; héroik/장렬한 죽음을 하다 mati secara agung; mati dengan cara yang gagah berani

장례(葬禮) upacara pemakaman ¶장례를 지내다 mengadakan upacara pemakaman ⊙ 장례식 upacara pemakaman. 장례차 mobil untuk jenazah. 합동 장례식 upacara pemakaman gabangan

장로(長老) ①【선배】 lebih tua; senior ¶정계의 장로 negarawan yang bijak; negarawan terkemuka ②【기독교의】 anggota pengurus geréja ⊙ 장로교【교회】 Geréja Présbitérian

장롱(欌籠) lemari pakaian; lemari yang berlaci

장르 gaya; aliran ¶문학 장르 gaya (aliran) sastera

장마 musim hujan; hujan berkepanjangan ¶장마(가) 지다, 장마철로 접어들다 musim hujan mulai tiba ⊙ 장마전선 gelombang udara hujan. 장마철 musim hujan (basah)

장막(帳幕) ①【천막】 tirai; layar ¶장막을 치다 memasang tenda; memasang tirai ②【비유적】 ¶철의 장막 tirai besi/신비의 장막에 싸이다 diselubungi (dibungkus) mistéri

장만 persiapan 장만하다 menyiapkan; membuat; mendapatkan; membekali dengan ¶점심을 장만하다 menyiapkan makan siang

장면(場面) ①【연극 · 영화 등의】 adégan; lokasi ¶연애 장면 adegan cinta ②【어떤 광경】 pemandangan

장모(丈母) ibu mertua (mentua); ibu istri

장목(長木) kayu ⊙ 장목전(廛) tempat penjualan kayu

장문(長文) artikel panjang; tulisan panjang ¶장문의 전보 isi télégram yang panjang

장물(贓物) barang curian (rampokan) ¶장물을 은닉하다 menyembunyikan barang curian ⊙ 장물아비 pedagang perantara barang-barang curian; penadah barang curian. 장물취득 penadahan barang curian: 장물을 취득하다 menampung barang-barang curian

장미(薔薇) mawar; ros ¶장미 빛의 berwarna mawar (mérah)/장미 빛 같은 입술 bibir mérah ⊙ 장미꽃 bunga mawar. 들장미 mawar hutan

장바구니(場-) keranjang berbelanja

장바닥(場-) daérah pasar

장발(長髮) rambut panjang;【사람】 orang berambut panjang ¶장발의 berambut panjang

장방형(長方形) empat persegi panjang; bujur sangkar

장벽(障壁) ①【벽】 témbok; pagar; dinding ¶장벽을 쌓다 membangun (memasang; mendirikan) dinding pemisah ②【장애】 rintangan; hambatan; kemacétan ¶장벽이 되다【을 이루다】 menjadi rintangan ⊙ 관세장벽 hambatan cukai (tarif). 언어장벽 hambatan bahasa

장벽(腸壁) dinding usus

장변(場邊) bunga pasar; pinjaman bersuku bunga tinggi; bunga pinjaman untuk jangka lima hari (dari hari pasar ke pasar berikutnya) ¶장변리 ⇒ 장변(場邊)/장변놀이하다 meminjamkan uang dengan bunga tinggi

장병(將兵) serdadu; tentara; orang militér; perwira dan anggota

장보다(場-) ①【저자를 열다】 membuka stand di pasar ②【장에 가다】 pergi ke pasar; pergi berbelanja

장복(長服) pemakaian rutin; penggunaan terus-menerus 장복하다 menggunakan secara terus-menerus; menggunakan secara rutin

장본(張本) penyebab utama ⊙ 장본인 biang keladi; pemimpin rombongan; penghasut

장부(丈夫) lelaki (laki-laki) déwasa ⊙ 대장부 lelaki jantan; pahlawan

장부(帳簿) buku kas induk ¶장부에 기입하다 mencatat di dalam buku kas ⊙ 이중장부 pembukuan ganda

장비(裝備) peralatan; perlengkapan 장비하다 memperlengkapi ¶장비를 갖춘 군함 kapal perang yang diperlengkapi

장사 perdagangan; perniagaan; usaha; bisnis 장사하다 menjalankan bisnis; berusaha; bekerja dalam perdagangan; berniaga ¶장사 속 pikiran (semangat) dagang; motif mencari untung/…장사를 하다 berdagang; mengadakan usaha dagang ⊙ 장사꾼 pedagang

장사(壯士) orang (lelaki) yang kuat; lelaki yang berotot ¶힘이 장사다 sekuat Herkules

장사(葬事) penguburan ¶장사지내다 menguburkan; memakamkan ⊙ 장삿날 hari pemakaman

장사진(長蛇陣) garis panjang; antrian panjang; jajaran ¶장사진을 치다 membentuk antrian (dérétan) panjang

장삼(長衫) jubah pendéta Budha; jubah berlengan panjang

장삼이사(張三李四) setiap orang

장생(長生) kehidupan panjang; usia lanjut 장생하다 panjang umur; menikmati umur panjang ¶불로장생의 비결 rahasia awét muda

장생불사(長生不死) kehidupan abadi; keabadian 장생불사하다 menikmati hidup yang abadi

장서(長逝) kematian 장서하다 meninggal

장서(藏書) koléksi buku; pustaka pribadi 장서하다 mengumpulkan buku-buku ⊙ 장서가 koléktor buku; pengumpul buku; penggemar buku. 장서목록 katalog pustaka. 장서 벽(癖) bibliomania

장성(將星) jénderal

장성(長成) kedéwasaan 장성하다 tumbuh déwasa; menjadi déwasa

장성(長城) témbok panjang ¶만리(萬里)장성 Témbok Besar Cina

장세(場勢) pasar bursa; bursa terakhir

장소(場所) tempat; posisi; lokasi; ruang

장손(長孫) cucu laki-laki yang tertua

장송(長松) ①【나무】 pohon pinus yang tinggi ②【널】 papan pinus yang panjang

장송(葬送) 장송하다 mengiring (menghadiri) pemakaman; mengawal jenazah ⊙ 장송곡 lagu iring-iringan jenazah; arak-arakan penguburan

장수 pedagang ⊙ 생선장수 pedagang ikan

장수(將帥) panglima

장수(長壽) umur yang panjang; usia lanjut 장수하다 hidup lama; menikmati usia panjang ¶장수의 비결 rahasia berumur panjang

장수(張數) 【종이 · 유리 등의 숫자】 ¶엽서의 장수를 세다 menghitung jumlah kartu pos

장수벌(將帥-) lebah ratu

장승 *jangseung*; tiang totem ((pada zaman purba digunakan sebagai tanda peringatan)); tiang pelindung; 【키다리】 orang yang tinggi ¶장승같다 tinggi seperti tiang listrik

장시간(長時間) berjam-jama ¶장시간에 걸쳐 selama berjam-jam; selama beberapa jam

장시세(場時勢) harga pasar

장식(粧飾 · 裝飾) perhiasan; hiasan; dandanan 장식하다 berdandan; menghias; menghiasi; mendékor ¶장식용 untuk dékorasi; untuk tujuan keindahan ⊙ 장식품 barang hiasan. 장식사 (실내의) ahli dékorasi intérior; (점포의) pendekorasi jendéla. 머리장식 hiasan rambut. 무대장식 dékorasi panggung. 실내장식 dékorasi intérior (ruangan)

장신(長身) figur bertubuh tinggi ¶장신의 tinggi; jangkung

장신구(裝身具) perhiasan; aksésori

장아찌 acar irisan lobak atau mentimun ⊙ 마늘장아찌 acar bawang putih

장악(掌握) 장악하다 memegang; menguasai; memegang; memerintah; menggenggam ¶정권을 장악 하다 mengambil kekuasaan

장안(長安) ibu kota; kota besar ¶온 장안에 di seluruh kota ⊙ 서울장안 kota besar Seoul

장애(障碍) ①【어려움, 방해】 halangan; rintangan; hambatan; kesukaran; batu pengalang; batu penarung ¶중대한 장애 halangan serius/장애가 되다 menjadi rintangan; menjadi pencegah; menghalangi; merintangi ②【신체적 · 정신적 결함】 tidak kemampuan; cacat kekacauan; keadaan tidak teratur; keadaan berantakan ⊙ 장애물 halangan; rintangan; (경마의) lombat kuda melalui rintangan. 장애자(者) orang cacat. 언어장애 gangguan dalam berbicara; gagap

장액(腸液) sérum; cairan usus

장야(長夜) malam panjang; malam-malam panjang dalam musim dingin

장어(長魚) belut

장엄(莊嚴) keagungan; kekhidmatan; kemuliaan; kemegahan 장엄하다 agung; mulia; megah; khidmat; mengesankan ¶장엄한 장면 pemandangan yang mengesankan ⊙ 장엄미사 Misa Agung

장염(腸炎) radang usus

장옷(長-) sejenis kerudung panjang dipakai oléh wanita Korea

장외(場外) ¶장외의 (에) bagian luar ruangan (gedung; parlémen) ⊙ 장외정치 politik di luar parlémen). 장외주(株) saham luar bursa. 장외투쟁 perjuangan di luar saluran (parlémen)

장원(壯元) ①【첫째】 장원하다 memenangkan peringkat pertama dalam ujian negara ¶장원급제하다 ⇒ 장원하다 ②【사람】 calon yang memenangkan peringkat pertama dalam ujian negara

장원(莊園) tanah di bawah pengendalian

sistém féodal

장유(長幼) tua dan muda ⦿ 장유유서(有序) yang lebih muda hendaklah memberikan penghormatan terhadap yang lebih tua

장음(長音) suara yang panjang

장음계(長音階) 【음악】 tangga nada mayor

장의(葬儀) ⇒ 장례(葬禮) pemakaman ¶장의를 치르다 mengadakan (melaksanakan) upacara pemakaman ⦿ 장의준비 위원회 Panitia Upacara Pemakaman

-장이 tukang; pelaksana profésional; orang yang melakukan… ¶관상 장이 tukang ramal

장인(丈人) ayah mertua (mentua); bapak istri

장인(匠人) seniman yang mempunyai ketrampilan téhnik; ahli; juru

장자(長子) putra tertua ⦿ 장자상속권 hak warisan anak sulung

장자(長者) ①【어른】 atasan; senior; orang yang lebih tinggi ②【덕망가】 orang yang berpengaruh secara moral ③【부자】 orang kaya ⦿ 백만장자 jutawan

장작(長斫) 【땔나무】 kayu bakar ¶장작을 패다 membelah (memotong) kayu bakar ⦿ 장작개비 sepotong kayu bakar. 장작불 perapian kayu

장장(長長) sepanjang; selama

장장추야(長長秋夜) malam-malam panjang di musim gugur

장장하일(長長夏日) hari yang panjang di musim panas

장전하다(裝塡-) mengisi peluru di senjata

장점(長點) keunggulan; kekuatan; kelebihan; kemampuan; keahlian; kebajikan

장정(壯丁) ①【젊고 혈기 왕성한 남자】 pemuda yang kuat; pemuda yang tegap; laki-laki déwasa ②【징병 적령자】 générasi muda dalam usia wajib militér ⦿ 장정명단 daftar para wajib militér

장정(長征) ékspedisi panjang

장정(長程) jalan yang panjang; jarak yang sangat jauh ¶장정5만 마일 jarak panjang 50,000mil

장정(裝幀) penjilidan 장정하다 menjilid; merancang ⦅kulit buku⦆

장조(長調) 【음악】 kunci mayor

장조림(醬-) *jangjorim*; semur daging ⦅sapi⦆

장조카(長-) putra sulung dari abang sulung

장족(長足) langkah yang hébat ¶장족의 발전을 이루다 maju dengan pesat; membuat kemajuan pesat

장졸(將卒) perwira dan anak buah

장죽(長竹) pipa rokok yang panjang; cangklong

장중(莊重) 장중하다 kikmat; mengesanan ¶장중하게 dengan kikmat; dengan kehikmatan

장중(掌中) kekuatan seseorang; cengkraman seseorang ¶장중에 있다 di tangan; di genggaman; berada dalam cengkraman (kekuatan) ⦿ 장중보옥 perhiasan (permata) dalam genggaman; tumpuan kasih sayang: 장중보옥처럼 사랑하다 mencintai ⦅seorang anak⦆ bagaikan permata berharga

장지(障-) pintu sorong kertas; pintu kertas yang bisa digésér menurut kepentingan keadaan ¶장지를 열다【닫다】 membuka【menutup】 pintu kertas sorong ⦿ 장지문 pintu sorong kertas. 장지틀 kerangka pintu gésér

장지(壯志) ambisi besar; aspirasi yang tinggi ¶장지를 품다 mempunyai ambisi yang besar

장지(長指) jari tengah

장지(葬地) daérah pekuburan; tempat pemakaman

장질부사(腸窒扶斯) ⇒ 장티푸스

장차(將次) kelak; suatu hari

장착하다(裝着-) memasang; menempatkan

장처(長處) ⇒ 장점(長點) keunggulan

장총(長銃) senapan laras panjang

장치(裝置) perlengkapan; pemasangan; peralatan; persediaan 장치하다 melengkapi dengan; memasang; mencocokkan; menyusun ¶(…의)장치가 되어 있다 dilengkapi dengan; dicocokkan dengan ⦿ 난방장치 sistém pemanasan. 냉방장치 peralatan pendingin udara. 무대장치 seting panggung. 스테레오장치 peralatan stéréo

장침(長枕) bantal guling yang disediakan untuk meletakkan tangan
장침(長針) jarum panjang
장쾌(壯快) kesenangan hati; kegembiraan 장쾌하다 bersemangat dan menyenangkan; menyenangkan hati; menggetarkan hati
장타(長打) 【야구】 pukulan panjang ⊙ 장타자 pemukul bola panjang
장탄식(長歎息) desakan berat; napas yang dalam 장탄식하다 menghéla nafas dalam-dalam; mengeluarkan keluhan yang berat
장터(場-) pasar; tempat jual-beli
장티푸스(腸-) demam tipus ⊙ 장티푸스균 basil tipus. 장티푸스예방 주사 suntikan anti tipus. 장티푸스환자 pesakit tipus
장파(長波) gelombang panjang ⊙ 장파방송 siaran radio gelombang panjang
장판(場-) ①【시장】 daérah pasar ②【붐비는 곳】 tempat keramaian; tempat yang dikerumuni banyak orang
장판(壯版) lantai yang dilapisi dengan kertas ⊙ 장판지(紙) kertas dipernis dengan minyak kacang
장편(長篇) karya (tulisan) panjang ⊙ 장편소설 novél ((panjang)). 장편영화 film yang panjang
장하다(壯-) agung; menyenangkan; kehébatan; patut dipuji ¶장한 행실 perbuatan yang patut dipuji
장하다(長-) cakap; ahli; terampil; hébat
장학(奬學) dorongan (promosi) belajar 장학하다 mendorong semangat belajar ⊙ 장학금 béasiswa. 장학생 pelajar yang mendapat beasiswa; penerima béasiswa
장해(障害) rintangan; halangan; hambatan
장화(長靴) sepatu bot
장황하다(張皇-) panjang lebar; lama dan membosankan; memuakkan; bertélé-télé
잦다 sering; tak henti-henti; berulang-ulang; secara cepat ¶잦은걸음으로 dengan langkah cepat
잦뜨리다 membengkokkan kembali; mendongak ke belakang
잦아들다 menyusut; mengering
잦아지다 sering terjadi
잦혀놓다 ①【뒤집다】 membalikkan; memutar; meletakkan tidak pada tempatnya; terbalik ②【열어 놓다】 membiarkan ((pintu)) terbuka lébar
잦혀지다 ①【뒤집히다】 meletakkan secara berantakan (kacau balau); dibalikkan; terbalik ②【뒤로】 ditarik mundur ③【열리다】 terbuka dengan cara tiba-tiba
잦히다 ①【뒤집다】 membalikkan; memutar; meletakkan secara salah ②【뒤로】 menarik; bersandar ke belakang; menekukkan ke belakang ③【열다】 membuka lebar-lebar ④【일 등을】 meninggalkan ((pekerjaan)); menyisihkan
재[1] ①【타고 남은 것】 abu ②【비유적】 ¶다 된 밥에 재 뿌리지 마라 Jangan merusak kegembiraan orang lain.
재[2] 【고개】 pendakian; puncak gunung; bukit
재(災) bencana; malapetaka
재(齋)【불교】 penganut agama Budha mengadakan acara do'a bagi jiwa yang telah meninggal ¶재를 올리다 berdo'a untuk kebahagiaan yang telah meninggall
재-(再) lagi; kembali ¶재정리 penyusunan (pengaturan) kembali
재가하다(在家-) tinggal di rumah; 【불교】 mempelajari ajaran Budha di tempat ⊙ 재가승(僧) pendéta Budha yang menikah
재가(再嫁) perkawinan kedua ((wanita)); kawin lagi 재가하다 ((wanita)) menikah lagi; kawin lagi
재가(裁可) persetujuan; pensahan; ratifikasi; pengakuan 재가하다 menyetujui; mengesahkan; mengakui ¶재가를 얻다 mendapatkan persetujuan
재간(才幹) ①【재주】 kemampuan; bakat ¶재간이 있다 mampu; berbakat ②【방도, 방법] jalan; cara
재간(再刊) cétak ulang 재간하다 mencétak ulang
재갈 ①【입에 물리는】 kekang ¶재갈을 물리다 mengekang menyumbal mulut ②【비유적】 sumpal; sumbat ¶재갈을 물리다 menyumpal; menyumbat

재감하다(在監-) berada di penjara ⊙ 재감인 narapidana; orang tahanan; orang hukuman

재감염(再感染) penjangkitan kembali (ulang)

재개(再開) pembukaan kembali 재개하다 membuka kembali; memulai lagi

재개발(再開發) pembangunan kembali 재개발하다 membangun kembali ⊙ 재개발지역 daérah yang dibangun kembali

재개의(再改議) amandemén kedua 재개의하다 membuat amandemén kedua

재건(再建) pembangunan (pemulihan) kembali; penempatan kembali 재건하다 memulihkan kembali ⊙ 재건 비용 biaya pembangunan kembali

재건축(再建築) rékonstruksi 재건축하다 merékonstruksi membangun kembali

재검사(再檢査) pengujian kembali; pemeriksaan kembali 재검사하다 menguji kembali; memeriksa kembali

재검토(再檢討) penilaian kembali; peninjauan ulang 재검토하다 menilai kembali; melihat kembali; meninjau lagi

재결(裁決) keputusan; penilaian 재결하다 memutuskan lagi; mengambil keputusan setelah mendengar kedua belah pihak ¶재결에 따르다 patuh kepada keputusan ⊙ 재결권 hak (suara) pemilihan. 재결서 putusan (keputusan) tertulis

재결합(再結合) réuni; penggabungan 《pertemuan; persatuan》 kembali ¶이산가족의 재결합 réuni (pertemuan kembali) anggota keluarga terpisah

재경하다(在京-) tinggal di ibu kota; tinggal (bermukim) di Seoul ¶재경 중에 selama tinggal di Seoul; ketika tinggal di ibu kota

재계(財界) dunia bisnis; 【경제계】 dunia keuangan; dunia (lingkaran) perékonomian; 【실업계】 dunia bisnis; lingkaran bisnis ⊙ 재계사정 urusan keuangan. 재계인【금융가】 ahli keuangan; pengusaha; 【자본가】 kapitalis; pemilik modal

재계(齋戒) pembersihan 재계하다 membersihkan diri ⊙ 목욕재계 pembersihan jiwa dan raga: 목욕재계하고 기도드리다 memohon do'a agar diampuni lahir dan batin

재고(再考) peninjauan ulang 재고하다 meninjau ulang; mempertimbangkan kembali; memikirkan《nya》 dua kali 《atau lebih》 ¶재고를 요청하다 meminta untuk mempertimbangkan kembali/재고의 여지가 없다 tidak ada pertimbangan lagi

재고(在庫) persediaan; cadangan; stok ¶재고의【재고 없는】 ada【tidak ada】 persediaan ⊙ 재고량 jumlah cadangan; total persediaan. 재고정리 대매출 penjualan obral. 재고할인 disagio

재고품(在庫品) barang-barang di gudang; barang-barang persediaan (cadangan) ¶재고품이 있다 memiliki 《barang》 persediaan; dalam persediaan

재교(再校) koréksi kedua; perbaikan kedua

재교부(再交付) perpanjangan; pembaruan 재교부하다 memperpanjang; mengeluarkan kembali; memperbarui

재교육(再教育) pendidikan ulang (kembali); pelatihan kembali; pengoriéntasikan kembali 재교육하다 mendidik ulang; mengoriéntasi kembali ¶재교육을 받다 dididik (dilatih) kembali ⊙ 직업재교육 pendidikan kembali dalam kejuruan

재구성하다(再構成-) merékonstruksi; menyusun kem bali

재 구속(再拘束) pengiriman kembali 《ke penjara》 재 구속하다 mengirim kembali 《ke penjara》

재군비(再軍備) persenjataan kembali 재군비하다 mempersenjatai lagi

재귀(再歸) réfléksi ⊙ 재귀대명사 kata ganti réfléksi. 재귀 열(熱) 【의학】 demam yang kembuh kembali

재기(才氣) kepintaran; pantulan kecerdasan; talénta ¶재기 있는 학생 siswa yang berbakat/ 재기발랄하다 sangat cerdas atau sangat jenaka

재기(再起) pemulihan; kebangkitan kembali; kedatangan kembali; penemuan kembali 재기하다 bangkit lagi; pulih; datang lagi; menemukan ¶재기불능하다 tidak bisa aktif lagi; tipis harapan untuk sembuh

재깍 ①【소리】 mengeluarkan bunyi ceklékan; klik-klik ⦅suara jam békér⦆ 재깍하다 berbunyi ceklékan; berbunyi keras ¶재깍거리다 berbunyi klik-klik ②【일을】 dengan cepat

재난(災難) bencana; 【불운】 kemalangan; 【사고】 kecelakaan ¶재난을 당하다 menderita kemalangan/재난을 가져오다 membawa malapetaka (bencana)

재능(才能) kecakapan; ketangkasan; kemampuan; kapasitas; bakat ¶재능이 있다 berbakat/숨은 재능 bakat terpendam/타고난 재능 bakat alami

재다[1] ①【넓이 · 길이를】 mengukur; mengambil ukuran dari; 【무게를】 menimbang; 【수심 · 기분을】 menduga; menerka ②【헤아리다】 menghitung; memberikan pertimbangan; mengambil segala konsekuénsi yang mungkin sebagai pertimbangan ¶앞뒤를 재다 melihat segala kemungkinan

재다[2] ①【탄약을】 mengisi ⦅senjata⦆; memadati ¶총 탄환을 재다 mengisi senjata ②⇒ 쟁이다 ④⇒ 재우다

재다[3] ①【동작이】 cepat; siaga; cekatan ¶입이 재다 banyak berbicara; suka berbicara; ceréwét ②【으스대다, 뽐내다】 bangga akan; tinggi hati; berlagak angkuh

재단(財團) 【법률】 yayasan ⊙ 재단법인 badan hukum yayasan

재단(裁斷) ①【마름질하다】 guntingan ⦅pakaian⦆; potongan 재단하다 memotong; menggunting ②【판단하다】 menilai ⊙ 재단사 tukang jahit

재담(才談) percakapan (kata-kata) lucu; kejenakaan; kelakar 재담하다 berbicara dengan jenaka ⊙ 재담꾼 pelawak; badut

재덕(才德) bakat dan kebaikan; kemampuan dan pribudi ¶재덕을 겸비하다 berbakat dan berbudi luhur

재동(才童) anak yang pintar (cerdas)

재떨이 asbak; tempat abu rokok

재래(在來) waktu yang telah lalu; masa lampau ¶재래의 yang lalu; yang biasa; tradisionil; yang lazim ⊙ 재래식 tipe yang sesuai dengan tradisi. 재래종 benih dalam negeri; benih (jenis) asli

재래(再來) kedatangan kedua; réinkarnasi 재래하다 datang lagi

재략(才略) akal; taktik; kebijaksaan ¶재략이 있다 banyak akal; bijaksana; cakap

재량(裁量) kebijaksanaan ¶재량으로 berdasarkan kebijaksanaan

재력(財力) kekuasaan harta (kekayaan); kemampuan modal ¶재력이 있는 사람 orang yang berkekayaan

재론(再論) tinjauan 재론하다 meninjau lagi; menimbang

재롱(才弄) ¶재롱(을) 부리다 berlucu-lucu ⊙ 재롱 동이 bayi mungil yang élok; anak manis yang selalu berbuat hal-hal yang menyenangkan hati

재료(材料) bahan; 【원료】 bahan mentah; 【요소】 faktor; élémen; unsur; 【제재(題材)】 subyék kajian; topik; téma; 【자료】 fakta; data ¶재료를 입수하다 mendapatkan (memperoléh) bahan ⊙ 재료고갈 kehabisan bahan. 건축재료 bahan bangunan (konstruksi). 실험재료 bahan percobaan

재류(在留) kependudukan 재류하다 menempati; tinggal; menetap ⊙ 재류교포 penduduk Korea yang tinggal di luar negeri

재림(再臨) réinkarnasi; kedatangan kedua 재림하다 diréinkarnasikan; datang lagi ¶예수의 재림 kedatangan Yésus kedua kali

재목(材木) ①[목재] kayu ②【큰 일 을 할 사람】 anak muda yang berbakat besar ⊙ 재목상 usaha perkayuan; penjual kayu

재무(財務) urusan keuangan ⊙ 재무구조 struktur keuangan. 재무보고서 laporan keuangan. 재무부 장관 Menteri Keuangan

재무장(再武裝) rémilitérisasi; persenjataan kembali 재무장하다 mempersenjatai kembali

재물(財物) kekayaan; harta benda ¶남의 재물을 빼앗다 merampas kekayaan

재미 ①【즐거움 · 흥미】 minat; hiburan; kesenangan; kegembiraan ¶재미있다 (나다) menarik; senang; menghibur; penuh kegembiraan/재미없다 menjemukan/재미있는 사람 orang yang penuh humor/

재미를 보다 bersuka-ria ②【만족】 kepuasan ¶재미없다 tidak memuaskan ③【돈벌이 · 성과 등에서】 keberuntungan; kebaikan ④【취미】 kesenangan; rékréasi; kegembiraan ⑤【안부의 인사말에서】 ¶요즘 재미가 어떠세요? Bagaimana keadaan sekarang?

재미(在美) 【미국에 살고 있는】 ¶재미의 bermukim di Amerika ⊙ 재미교포 warga Korea yang tinggal di Amerika

재민(災民) korban; penderita

재발(再發) ①【병 · 사고 등의】 kekambuhan; keadaan sakit yang terulang 재발하다 kambuh; berulang; kumat ②【재 발송】 pengiriman kembali 재발하다 mengirimkan (mengirim) kembali

재발견(再發見) penemuan kembali

재발급(再發給) penerbitan kembali 재발급하다 mengeluarkan; menerbitkan lagi

재방송(再放送) penyiaran kembali; penayangan kembali 재방송하다 menyiarkan (menayangkan) kembali

재배(再拜) ①【절】 penghormatan 재배하다 hormat dengan membungkukkan badan ②【편지】 "hormat saya"; "salam"

재배(栽培) penanaman; pembudidayaan 재배하다 menanam; membudidayakan ⊙ 재배법 métode pengolahan; cara menanam. 속성【촉성】재배 budidaya paksa【inténsif】

재배치(再配置) peyusunan kembali; penampungan kembali; penugasan kembali 재배치하다 menugaskan kembali; menampung; menyusun kembali; menempatkan kembali

재벌(財閥) badan perusahaan besar; kelompok keuangan; 【부유 계급】 kelompok kekayaan; multi miliunér; 【개인】 para jutawan; pengusaha besar; orang kaya ⊙ 재벌기업 konglomerat; group bisnis

재범(再犯) kejahatan kedua; penghukuman yang kedua; pelanggaran kembali 재범하다 melakukan kejahatan tingkat dua

재변(才辯) kecerdasan; akal; kepandaian berpidato; kelancaran berbicara; kefasihan lidah

재보(財寶) ①【귀중품】 barang berharga; harta benda; khasanah ②【관청】 kekayaan

재보험(再保險)réasuransi; jaminan kembali 재보험하다 mengasuransikan kembali

재복무(再服務) pendaftaran kembali 《militér》 재복무하다 mendaftar kembali

재봉(裁縫) jahitan; pekerjaan jahit-menjahit 재봉하다 menjahit ⊙ 재봉공임【삯】 upah jahit. 재봉사 tukang jahit

재봉틀(裁縫-) mesin jahit ¶재봉틀에 박다 menjahit dengan mesin ⊙ 손재봉틀 mesin jahit tangan

재분배(再分配) pembagian kembali 재분배하다 membagikan kembali ¶부(富)의 재분배 pembagian kekayaan

재빠르다 cepat; sigap; tangkas ¶재빠른 사람 orang yang cerdas (lihai)/ 재빠르게 행동하다 bertindak dengan tangkas

재빨리 dengna cepat; dengan tangkas

재사(才士) orang bertalénta

재산(財産)①【유형 · 무형의 경제적 가치가 있는 것】 milik; kekayaan; harta benda ¶재산을 남기다 meninggalkan harta/재산을 물려받다 menerima warisan; mewarisi kekayaan ②【삶에서 가치가 있는 것】 aktiva; sifat yang bernilai ⊙ 재산가 orang kaya; hartawan. 재산세 pajak kekayaan. 재산양도 pemindahan aktiva: 양도세 pajak pemindahan kekayaan. 공유【국유, 사유】 재산 milik umum【pemerintah, swasta】. 유형【무형】재산 harta yang terwujud【tidak terwujud】; tanah milik (kekayaan)

재삼(再三) lagi dan lagi; beberapa kali; sering; berulang-ulang ¶재삼시도하다 berusaha beberapa kali; coba dan coba lagi ⊙ 재삼재사(再四) berulang-ulang kali

재상(宰相) perdana menteri

재색(才色) bakat dan cantik ¶재색을 겸비하다 cantik dan berbakat

재생(再生) ①【낡거나 못 쓰게 된 물건의】 pengolahan kembali 재생하다 memperbaharui ②【녹음 · 녹화의】 memutar kembali; memproduksi kembali ③【손상된 생물체의】 재생하다 menghidupkan lagi; menumbuhkan lagi ④【갱생 · 소생】

kehidupan (kelahiran) kembali 재생하다 memulai hidup; hidup kembali; menyadarkan; menciptakan kembali ⊙ 재생품 barang yang diolah kembali (dibuat seperti baru). 녹음재생 rekaman ulang

재생산(再生産) réproduksi 재생산하다 memproduksi kembali; meréproduksi ⊙ 재생산론 téori réproduksi. 축소【확대】재생산 réproduksi skala kecil【besar】

재선(再選) pemilihan kembali 재선하다 memilih kembali ¶재선되다 dipilih (terpilih) kembali

재소자(在所者) narapidana; tahanan

재수(再修) 재수하다 mempersiap mengikuti UMPT (Ujian Masuk Perguruan Tinggi) setelah gagal satu kali ⊙ 재수생 murid yang gagal dalam UMPT dan berusaha mencoba lagi

재수(財數) keberuntungan; kemujuran; peruntungan ¶재수가 있다(좋다) beruntung; bernasib mujur; bernasib baik; dalam keadaan beruntung/재수가 없다 malang; tidak beruntung; tidak bernasib mujur

재수입하다(再輸入-) mengimpor kembali ⊙ 재수입품 barang yang diimpor lagi

재수출하다(再輸出-) mengékspor kembali ⊙ 재수출품 barang yang diékspor lagi

재스민【식물】bunga melati; bunga melur

재승덕박(才勝德薄) bakat yang menonjol dan budi yang rendah 재승덕박하다 lebih berbakat dari pada berbudi

재시합하다(再試合-) mengadakan pertandingan lagi

재시험(再試驗) ujian kembali 재시험하다 mengikuti ujian ulang

재실하다(在室-) berada dalam kamar

재심(再審)【법률】pengadilan ulang 재심하다 mengadili ulang ¶재심을 청구하다 memohon pengadilan ulang

재심사(再審査) ¶재심사하다 mempertimbangkan kembli

재앙(災殃)【재난】bencana; bahaya; malapetaka; kesusahan;【불행】kemalangan ¶재앙을 당하다 menderita bencana: mengalami malapetaka

재액(災厄) ⇒ 재난, 재앙

재야(在野) di luar kekuasaan ¶재야의 tidak memerintah; tidak berkuasa/ 재야의 명사 orang penting luar pemerintah; orang terkemuka di luar birokrasi

재연(再演) pemutaran kembali 《film》; pertunjukan kembali 재연하다 mengulangi pertunjukan 《film, drama》; menampilkan kembali; mementaskan kembali

재연하다(再燃-) mengungkit kembali ¶재연되다 diungkit lagi

재외(在外) ¶재외의 di luar ⊙ 재외공관 kedutaan di luar negeri. 재외교포 penduduk Korea di luar negeri

재우다 ①【잠을】menidurkan; memberi penginapan; menyilakan menginap ②【숙박】¶하룻밤 재워 주시겠습니까? Boléhkah saya menginap malam ini?

재우다【양념하다】membumbui

재원(才媛) wanita muda yang berbakat

재원(財源) sumber keuangan; sumber penghasilan ¶재원이 풍부【빈약】하다 kaya【miskin】akan sumber keuangan; besar【kecil】penghasilan

재위(在位) kekuasaan; pemerintahan 재위하다 berkuasa; sedang berada di puncak kejayaan ⊙ 재위기간 periode kekuasaan

재인(才人) ①【광대】akrobatis ②【재사】orang yang berbakat

재인식(再認識) pemahaman baru; pengertian baru 재인식하다 memiliki pandangan baru; meninjau dengan suasana baru; melihat kemungkinan lain; mempunyai pemahaman yang lebih baik

재일(在日) ¶재일의 di Jepang ⊙ 교포(동포) warga Korea yang bermukim di Jepang; penduduk Korea di Jepang

재임하다(在任-) memegang jabatan ⊙ 재임 자 pemegang jabatan

재임(再任) pengangkatan kembali; penunjukan kembali 재임하다 terpilih kembali; mengangkat kembali

재입국하다(再入國-) masuk kembali 《ke sebuah negeri》 ⊙ 재입국허가 izin masuk kembali

재입학하다(再入學-) masuk sekolah kembali ¶재입학을 허가하다 mengizinkan masuk sekolah kembali

재자(才子) laki-laki berbakat; orang pintar ⊙ 재자가인(佳人) pemuda yang berbakat dan gadis yang cantik

재작년(再昨年) dua tahun yang lalu

재잘거리다 bercelotéh; berkicau; mengobrol

재적(在籍) pendaftaran 재적하다 terdaftar; termasuk dalam daftar ⊙ 재적인【학생】mahasiswa yang terdaftar. 재적자수 jumlah《mahasiswa》yang terdaftar

재정하다(再訂-) merévisi kembali ⊙ 재정판 édisi révisi kedua

재정(財政) keuangan; ékonomi ¶재정상의 yang berhubungan dengan keuangan/재정상 이유로 berdasarkan masalah keuangan ⊙ 재정연도 tahun anggaran belanja; tahun pembukaan. 재정전문가 ahli keuangan. 재정학(學) ilmu keuangan. 건전【흑자】재정 keuangan yang séhat; kondisi keuangan yang seimbang【angka hitam】. 긴축재정정책 kebijakan keuangan yang ketat

재정(裁定) keputusan; pengambilan keputusan setelah mengadili 재정하다 memutuskan; mengadili ⊙ 재정 안 naskah (rancangan) keputusan

재정리하다(再整理-) menyusun kembali; meréorganisasi kembali

재정립하다(再定立-) mendirikan lagi; menghidupkan kembli

재정비하다(再整備-) meréorganisasi lagi; menyusun kembali

재조명하다(再照明-) memberi keterangan baru

재제(再製) produksi kembali 재제하다 menghasilkan kembali; membuat kembali; memproduksi kembali; memperoléh kembali ⊙ 재제고무 karét yang diolah kembali. 재제염(鹽) garam yang dibersihkan

재조사(再調査) pemeriksaan ulang; penyelidikan kembali; tés ulang 재조사하다 mengoréksi kembali; menyelidiki kembali; memeriksa kembali

재조정하다(再調整-) mengatur kembali

재조직(再組織) réorganisasi 재조직하다 meréorganisasi

재종(再從) sepupu kedua ⊙ 재종간 hubungan sepupu kedua. 재종형(兄) sepupu laki-laki yang kedua

재주(才-) bakat; talénta; kemampuan; keahlian; keterampilan atau ketangkasan; kecerdasan ¶재주가 있다 berbakat; bertalénta

재주꾼 orang yang sangat berbakat; orang yang cakap

재주넘다(才-) melakukan jungkir balik

재중(在中) ¶재중의 berisi; mengandung/사진재중【우편】ada foto; foto saja/인쇄물재중【우편】barang cétakan saja

재즈 musik jazz¶재즈를 연주하다 memainkan musik jazz ⊙ 재즈 팬 penggemar musik jazz

재직(在職) dalam keadaan dinas 재직하다 dinas; memegang jabatan ¶재직 중에 saat dinas; masa dinas ⊙ 재직기간 masa dinas seseorang dalam jabatan yang dipegangnya

재질(才質) bakat alami; pemberian alami; talénta ¶재질을 살리다 memanfaatkan kemampuan sebaik-baiknya

재질(材質) kualitas barang

재차(再次) kedua; dua kali;【한 번 더】lagi; sekali lagi ¶재차 시도하다 mencoba lagi; berusaha kembali

재창조하다(再創造-) menciptakan kembali; menemukan kembali

재채기하다 bersin

재처리하다(再處理-) réprosés; mengolah kembali

재천(在天) ada di kayangan ¶재천의 di surga; surgawi/인명은 재천이다 Hidup mati sudah ditakdirkan oléh Tuhan.

재청(再請) ①【두 번째】permintaan kedua 재청하다 meminta ke dua kali ②【동의에 대해 찬성하다】pendukung

재촉 ①【독촉】permintaan dengan sangat; pendesakan 재촉하다 mendesak; menekan; meminta dengan sangat ②【서두름】pemburu-buruan 재촉하다 memburu-buru

재출발(再出發) permulaan lagi 재출발하다 memulai lagi; membuat permulaan lagi

재충전하다(再充電-) menyeterum lagi

재취하다(再娶-) beristri untuk kedua kali; menikah lagi; kawin lagi《setelah ke-

matian istri pertama》
재치(才致) kecerdasan; kecerdikan; kepintaran
재침(再侵) penyerangan kembali 재침하다 menyerang kembali
재킷 ①【상의】 jakét; jas ②【음반의 커버】 sampul CD
재탕(再湯) ①【다시 달이는 것】 재탕하다 membuat yang kedua kali ②【한 번 써먹은 것을 다시 써먹음】 pengolahan kembali 《dalam bentuk baru》 재탕하다 membuat ulang
재택근무하다(在宅勤務-) bekerja di rumah
재테크(財-) penanaman (invéstasi) secara téknik
재투자(再投資) penanaman modal kembali 재투자하다 menanamkan modal kembali
재투표(再投票) pemilihan ulang; pengulangan 재투표하다 memilih ulang
재판(裁判) pengadilan; keputusan; pemeriksaan 재판하다 mengadili; memeriksa 《penuntutan perkara》 ¶재판을 받다 diadili; menghadapi pemeriksaan pengadilan/재판중이다 sedang diadili; dalam pengadilan ⊙ 재판관⇒ 법관. 재판장 ketua hakim. 재판절차 prosedur resmi (sah); prosés pengadilan. 궐석【결석】재판 pengadilan absénsi
재판(再版) ①【인쇄의 제 2쇄】 percétakan ulang; édisi ke dua 재판하다 mencétak ulang ②【과거에 있었던 일의 되풀이】 ulangan ¶재판되다 diulang
재편(再編) ⇒ 재편성(再編成)
재편성(再編成) réorganisasi 재편성하다 merubah; mengatur kembali; menata kembali
재평가(再評價) penilaian kembali; penaksiran kembali 재평가하다 memeriksa kembali; menaksir (menilai) kembali
재학(在學) ¶재학하다 sedang berada di sekolah; dl sekolah; hadir di sekolah/재학중에 ketika di sekolah; ketika masih menjadi siswa; selama masa sekolah ⊙ 재학생 pelajar; siswa. 재학증명서 surat keterangan sekolah
재할인(再割引) potongan harga kembali 재할인하다 memotong harga kembali ⊙ 재할인율 tarif pemotongan harga
재합성(再合成) sintésa ulang 재합성하다 mensintésa kembali
재해(災害) bencana; kecelakaan ¶재해를 입다 mengalami bencana ⊙ 재해대책 tindakan mencegah terjadinya bencana (alam): 중앙 재해대책 본부 Pusat Pencegahan Bencana Alam. 재해방지 pencegahan terjadinya bencana. 재해수당(보상) dana bantuan bencana alam; dana bantuan kecelakaan. 재해지 kawasan yang dilanda bencana
재향군인(在鄕軍人) tentara (militér) cadangan; véteran ⊙ 재향군인회 persatuan véteran
재현(再現) kemunculan kembali; kebangkitan 재현하다 muncul kembali; bangkit
재형저축(財形貯蓄) sistém tabungan kekayaan pekerja
재혼(再婚) pernikahan kembali; pernikahan kedua 재혼하다 dinikahi lagi; menikah lagi ⊙ 재혼 자 orang yang menikah lagi
재화(災禍) kecelakaan; kemalangan; bencana
재화(財貨) barang-barang; komoditi
재확인(再確認) pengesahan kembali 재확인하다 mengesahkan kembali
재활(再活) réhabilitasi
재활용하다(再活用-) mengembalikan botol-botol (kaléng-kaléng) untuk dipakai lagi
재회(再會) pertemuan kembali 재회하다 bertemu kembali
잭【기중기】 dongkrak
잭나이프 pisau lipat
잼 selai; selé ¶잼 바른 빵 roti selai
잼버리 jamboré
잽【권투】 jab; jotosan 《dalam tinju》
잽싸다 cepat; tangkas; cekatan
잿더미 setumpuk abu ¶잿더미로 화하다 dijadikan abu
잿물 ①【재를 우려낸 물】 soda abu ②【양잿물】 alkali; soda berkadar tinggi
잿밥(齋-) nasi yang dipersembahkan
잿빛【회색】 warna abu-abu; uban ¶잿빛이 도는 berwarna keabu-abuan; beruban
쟁강 bunyi dentingan 쟁강하다 berdenting

쟁기 bajak; luku; tenggala 쟁기질하다 membajak; meluku

쟁론(爭論) perselisihan; percékcokan; pertengkaran 쟁론하다 berselisih; bertengkaran

쟁반(錚盤) piring bundar berbentuk cépér; baki; talam

쟁의(爭議) perselisihan; kerusuhan; konflik; pertentangan; pemogokan ¶쟁의를 중지하다 menghentikan kerusuhan (pemogokan)/쟁의중이다 mogok ⊙ 쟁의권 hak untuk mengadakan pemogokan. 노동쟁의 pemogokan buruh; kerusuhan para pekerja

쟁이다 menumpuk

쟁쟁하다(瞬瞬-) ①【말 · 소리 등이 귓가에 생생하다】 jelas; memiliki bunyi yang nyaring; bergema ¶쟁쟁한 목소리 suara nyaring ②【귀에】 terngiang-nging; mendengung

쟁쟁하다(錚錚-) ①【금속 소리가】 jelas; memiliki bunyi yang nyaring; bergema; menggetarkan ②【뛰어나다】 terkemuka; terhormat atau terkenal

쟁점(爭點) pokok permasalahan; pokok perselisihan); masalah yang hangat dalam keributan; masalah yang dipertentangkan

쟁취하다(爭取-) memperoléh; mendapatkan; merebut

쟁탈하다(爭奪-) bersaing; berjuang; melawan

쟁탈전(爭奪戰) pertandingan; perebutan; perjuangan ¶우승배 쟁탈전 pertandingan untuk merebut piala kejuaraan

저[1] 【피리】 suling; seruling

저(著) karya kulisan

저(箸) ⇒ 젓가락 penjepit; sumpit

저[2] ①【1인칭 대명사】 saya; aku ②【자기】 diri sendiri

저[3] ①【저기에 있는, 저것】 itu ②【저이】 orang itu

저가(低價) ⇒ 염가

저간(這間) waktu itu; kesempatan itu ¶저간의 사정 keadaan (suasana) pada waktu itu

저개발(低開發) terbelakang ⊙ 저개발국 negara terbelakang

저것 ①【지시 대명사】 hal itu; yang itu ②【사람을 얕잡아 부르는 말】 orang itu

저격(狙擊) penémbakan gelap; bidikan tajam 저격하다 membidik; menémbak ¶저격을 당하다 ditémbak; tertémbak ⊙ 저격대 pasukan penémbak jitu. 저격병, 저격자 penémbak gelap

저고리 blus ((ala Korea))

저곳 tempat itu; di sana

저공(低空) ketinggian yang rendah ¶저공으로 비행하다 terbang pada ketinggian rendah ⊙ 저공비행 penerbang pada ketinggian rendah

저금(貯金) tabungan; déposito; déposito simpanan 저금하다 menabung ((uang)); mendépositokan uang ((di bank)) ¶저금을 찾다 mengambil tabungan ⊙ 저금통 kotak (peti) simpanan. 저금통장 buku tabungan; buku déposito. 은행저금 déposito di bank. 적립저금 tabungan angsuran

저금리(低金利) bunga rendah ⊙ 저금리정책 kebijakan bunga rendah

저급(低級) kelas bawah; nilai rendah 저급하다 berbudi rendah; kasar; murah; kalangan bawah ¶저급한 취미 berseléra rendah

저기 ①【저쪽】 tempat itu; di sana; nun di sana ②【말을 꺼낼 때】 anu

저기압(低氣壓) ①【낮은 기압】 tekanan udara rendah; deprési barométik ②【비유적】 ¶저기압이다 marah-marah; siap untuk berperang ⊙ 열대저기압 topan tropis

저널 majalah; surat kabar ⊙저널리스트 wartawan. 저널리즘 kewartawanan

저녁 ①【시간대】 malam; tengah malam ¶저녁나절 menjelang malam ②【저녁식사】 makan malam ¶저녁에 초대하다 mengundang makan malam ⊙ 저녁놀 senja

저능하다(低能-) bodoh; lemah ingatan; lemah méntal; terbelakang ⊙ 저능아 anak yang lemah ingatan; anak yang bodoh(terbelakang)

저당(抵當) hipotik; gadai; jaminan; tanggungan 저당하다 meminjamkan uang dengan jaminan; menggadaikan; menjadikan sebagai tanggungan ⊙ 저당권 hak hipotik: 저당권자 penggadai/저당권 설정 자 orang yang menggadaikan. 저당 증서 surat penggadaian

저대로 sebagai mana adanya; membiarkan (meninggalkan) sendiri

저도 모르게 tanpa sengaja; dengan tak sadar; tanpa disadari

저돌적(猪突的) berani; nekat; ugal-ugalan ¶저돌적으로 secara serampangan

저따위 seperti itu; jenis begitu; jenis tertentu; tertentu

저러하다 ⇒ 저렇다 seperti itu

저러다 bertindak begitu

저런[1] seperti itu; semacam itu; jenis tertentu ¶저런 사람 laki-laki seperti dia

저런[2] 【감탄사】 Astagal; Busyét!; Aduh!

저렇게 seperti itu

저렇다 itu; dengan cara itu

저력(底力) kekuatan yang poténsil (yang terpendam); énergi laten (tersembunyi; terpendam; tidak kelihatan); kekuatan tersembunyi ¶저력 있는 kuat; hébat; penuh semangat/저력을 보이다 memperlihatkan (mempertunjukkan) kekuatan

저렴하다(低廉-) murah; tidak berharga

저류(低流) arus bawah; aliran dalam

저리(低利) bunga rendah; tingkat suku bunga yang rendah ⊙ 저리대부 pinjaman dengan bunga rendah. 저리자금 dana bantuan dengan bunga rendah

저리 ①【저렇게 · 저다지】 seperti itu; begitu ②【저쪽으로】 jalan itu; arah itu; di sana itu

저리다 ①【쑤시다】 menderita sakit; merasa sakit ((pada persendian)) ②【마비】 menjadi kaku; lumpuh; kesemutan; senyar ¶발이 저리다 Kakiku lumpuh. *atau* Kakiku kesemutan. ③【가슴 · 마음이】 merasa nyeri

저마다 setiap orang; masing-masing

저만큼 seperti itu; sebanyak itu; sejauh itu

저만하다 begitu banyak; sebanyak itu

저맘때 kala itu; masa itu; seusia; kira-kira (sekitar) jam tersebut

저명하다(著名-) ulung; terkemuka; terkenal ¶저명인사 orang terkemuka; orang terkenal; tokoh terkemuka

저물가(低物價) harga yang murah ⊙ 저물가정책 kebijakan penurunan harga

저물다 ①【해가 져서 어두워지다】 hari mulai gelap ¶저물도록 sampai jauh malam ②【계절 · 한 해가 지나가다】 berakhir

저미다 ①【칼로】 mengiris ; memotong tipis-tipis ②【마음을】 menyesal sekali; penuh rasa penyesalan

저버리다 ①【약속 · 기대 등을】 mengingkari; menolak ②【등지다, 떠나다】 berpaling; memalingkan muka; meninggalkan

저벅 dengan langkah berat 저벅거리다 berjalan dengan langkah yang berat

저벅저벅 dengan langkah berat; derap langkah

저번(-番) waktu yang lalu; dulu; yang belakangan ini ¶저번 일요일 Minggu lalu

저변(底邊) bawah; dasar

저분저분 ①【사람이】 ramah tamah; pandai brgaul dengan orang iain 저분저분하다 bergaul baik dengan orang lain ②【씹히는 모양】 mengunyah dengan mudah ③【먹음직한 모양】 ((makanan)) mengundang seléra; menggiurkan

저서(著書) buku; hasil karya

저성(底聲) suara rendah

저세상(-世上) akhirat; alam baka

저소득(低所得) pendapatan rendah ⊙ 저소득층 golongan berpendapatan rendah; golongan ékonomi lemah

저속(低速) kecepatan rendah

저속(低俗) kasar; rendah; vulgar 저속하다 kasar; rendah ¶저속한 취미를 가졌다 berseléra rendah; hobi yang rendah/저속한 영화 film yang rendah mutunya

저수(貯水) tempat penyimpanan air; bendungan air 저수하다 menyimpan air di bendungan; membangun tempat persediaan air ⊙ 저수량 volume simpanan air di bendungan; kapasitas waduk. 저수탱크 tanki air

저수(底數) ⇒ 밑⑥

저수지(貯水池) waduk; bendungan penyimpanan air; bendungan irigasi

저술(著述) penulisan buku-buku; karya

sastra; hasil karya 저술하다 menulis; menyusun ⊙ 저술가(家) penulis; pengarang

저습(低濕) ¶저습한 rendah dan lembab ⊙ 저습지 daérah(tempat) yang tergenang

저승 dunia lain; dunia orang-orang yang telah mati; akhirat; alam baka ¶저승으로 가다, 저승 사람이 되다 meninggal; pergi ke surga

저압(低壓) tegangan rendah; 【전기】 voltase rendah ⊙ 저압전류 arus tegangan rendah; aliran bertegangan rendah

저액(低額) jumlah yang kecil ⊙ 저액소득층 golongan berpendapatan (berpenghasilan) rendah

저어하다 takut akan

저온(低溫) suhu (témperatur) yang rendah ⊙저온소독【살균】 pasteurisasi; pemberantasan kuman penyakit dengan menggunakan suhu yang rendah

저울 timbangan; skala; 【대형 계량기】 mesin berat; 【자동저울】 skala putar ¶저울에 달다 menimbang ⊙ 저울추 pemberat; batu timbangan

저울질하다 membandingkan

저육(猪肉) daging babi

저율(低率) tingkat rendah ¶저율의 rendah

저음(低音)nada (suara) yang rendah ⊙ 저음가수 penyanyi dengan suara bas

저의(底意) maksud tersembunyi ¶저의 없이 terus terang/저의를 간파하다 memahami apa yang dimaksud

저이 orang itu; dia ¶저이들 mereka

저인망(底引網) pukat; perangkap; jala tarik. ⊙ 저인망어선 kapal pukat

저임금(低賃金) gaji rendah; pendapatan kecil ⊙ 저임금근로자 buruh gaji rendah (murah). 저임금정책 kebijakan batas gaji minimum

저자 ①【시장】 pasar ②【가게】 toko tempat menjual bahan makanan

저자(著者) penulis; pengarang; 【여류의】 penulis (pengarang) wanita

저자세(低姿勢) ¶저자세를 취하다 merendahkan diri; bersikap merendah

저작(著作) penulisan buku; kepengarangan; 【저서】 karya 저작하다 menulis karya; menulis buku ¶저작으로 생활 하다 hidup dari hasil karyanya ⊙ 저작가, 저작자 penulis. 저작물 karya

저작권(著作權) hak cipta ¶저작권을 보호하다 melindungi hak cipta((dari)) ⊙ 저작권법 undang-undang hak cipta. 저작권소유 pemilikan hak cipta. 저작권소유자 pemegang hak cipta. 저작권침해 pembajakan hak cipta

저장(貯藏) ①【식품 등을】 penyimpanan; penggudangan; pengawétan 저장하다 menyimpan; mengawétkan; mempertahankan ¶저장해 둔 dalam penyimpanan/저장하고 있다 disimpan ②【컴퓨터 파일을】 *save;* simpan ⊙ 저장고(庫) gudang penyimpanan. 저장물【품】 simpanan; cadangan; persediaan; barang persediaan. 냉동저장실 tempat penyimpanan berhawa dingin

저절로 sendiri; secara spontan; secara alami; secara otomatis

저조(低調) ①【가락의】 nada rendah; nada lambat ②【침체】 kekurangan; kemerosotan ③【활동의】kurang antusias; kurang aktivitas ¶저조한 tidak aktif; tidak hidup; lemah; merosot/저조한 성적 hasil yang tidak memuaskan

저주(詛呪) kutukan; sumpah; tulah; laknat 저주하다 mengutuk; menyumpahi ¶저주받은 terkutuk/세상을 저주하다 mengutuki dunia

저주파(低周波) frékuénsi rendah

저지(沮止) rintangan; halangan; penahanan 저지하다 menghalangi; menghambat; merintangi; menahan; mencegah

저지【외래어】 baju kaos; kain rajutan

저지대(低地帶) kawasan (daérah) rendah

저지르다 melakukan ((kesalahan)); merusak; mengacaukan; mengerjakan dengan ceroboh; membuat jadi kacau ¶일을 저지르다 merusak rencana; merusak pekerjaan (karir)

저질(低質) kualitas rendah

저쪽 ①【저곳】 seberang sana; di sana; sisi (arah) lain ②【상대방】 partai lain; meréka; dia ¶저쪽의 제의 usul dari partai lain

저촉(抵觸) pertentangan; pelanggaran 저촉되다 menjadi konflik; bertentangan dengan; melanggar; bentrok dengan tidak konsistén ¶법에 저촉하다【되다】 bertentangan dengan hukum

저축(貯蓄) tabungan; simpanan 저축하다 menyimpan; menabung ⊙ 저축금 tabungan; dana cadangan. 저축성향 kecenderungan menabung. 저축예금 deposito uang. 저축은행 bank tabungan

저층(底層) tingkat bawah

저탄(貯炭) persediaan batu bara ⊙ 저탄소, 저탄장 ladang (dépot) batu bara

저택(邸宅) kediaman; tempat tinggal; rumah megah

저하(低下) kejatuhan; kemunduran; kemerosotan; turunnya nilai 저하하다 jatuh; turun; menyusut; merosot ¶품질의 저하 penurunan kualitas barang

저학년(低學年) kelas (tingkat) rendah

저항(抵抗) ①【대항 · 반항】 pertentangan; tantangan; perlawanan 저항하다 melawan; mengambil sikap melawan (menentang); berjuang dengan; memberontak ②【물리】 résistensi ⊙ 저항운동 pergerakan résistensi

저항력(抵抗力) daya tahan

저해(沮害) rintangan; hambatan; halangan; gangguan 저해하다 mencegah; menghalangi; menghambat

저혈압(低血壓) tekanan darah rendah ¶저혈압이다 menderita tekanan darah rendah

저희(들) ①【일인칭】 kami; kita ③【삼인칭】 meréka

적(敵) ①【원수】 musuh; lawan; seteru ¶적을 만들다 membuat musuh ②【대적할 자】 saingan; tandingan ¶사업상의 적 saingan bisnis ③【비유적】 gangguan

적(積) ①【수학】 hasil; kali ②【면적】 luas

적(籍) ①【호적 · 병적 · 학적 등의 문서】 daftar keluarga; daftar sénsus; tempat tinggal ②【단체의】 keanggotaan ¶적을 두다 terdaftar; menjadi anggota

적 ①【때】 ketika; ((pada)) kesempatan; waktu ②【경험】 pernah; pengalaman masa lalu

적갈색(赤褐色) coklat kemérah-mérahan

적개심(敵愾心) rasa permusuhan; perasaan bermusuhan; kebencian ¶적개심에 불타서 dipengaruhi oléh perasaan bermusuhan

적격(適格) persesuaian standar; kualifikasi yang cocok; kecakapan; kemampuan; kecocokan; yang memenuhi syarat ¶적격의 memenuhi syarat ⊙ 적격자 orang yang memenuhi syarat (kecakapan). 적격 품 barang yang menjadi standar (yang dapat diterima); barang yang memenuhi syarat

적국(敵國) negara musuh

적군(敵軍) tentara (pasukan) musuh

적권운(積卷雲) komulosirus

적극적(積極的) aktif; konstruktif; positif ¶적극적으로 secara positif /적극적 태도를 취하다 bersikap positif ⊙ 적극론자 orang yang aktif; orang yang penuh keyakinan. 적극성 sikap (semangat) positif

적금(積金) tabungan (simpanan) cicilan ¶적금을 넣(붓)다 menabung (menyimpan uang) dengan berangsur-angsur (secara cicilan)

적기(赤旗) bendéra mérah

적기(摘記) kesimpulan; ringkasan 적기하다 menyimpulkan; meringkas

적기(適期) waktu yang tepat 적기이다 tepat pada waktu ¶적기의 tepat

적기(敵機) pesawat musuh

적나나(赤裸裸) ①【발가벗음】 ketelanjangan 적나라하다 telanjang ¶적나라하게 secara nyata ②【숨김없음】 keterusterangan; keterbukaan 적나라하다 terus terang; jelas ¶적나라하게 dengan terus terang; ceplas-ceplos

적다[1] 【많지 않다】 sedikit; jumlah kecil; jarang; ketiadaan; kekurangan; tidak cukup ¶그것 보다 적게 kurang dari itu/ 적어지다 berkurang; mengurangi

적다[2] mencatat; menulis; mengarang

적당(適當) kelayakan; kepantasan; kecocokan 적당하다 cocok; pantas; tepat; sesuai; layak ¶적당한 직업 pekerjaan yang pantas/적당히 sedang; tidak berlebih-lebihan ⊙ 적당량 jumlah (kwantitas) layak (cocok)

적대(敵對) permusuhan; pertentangan 적대하다 bermusuhan; menentang; memberontak; melawan; memperlihatkan sikap permusuhan ⊙ 적대감 rasa permusuhan; rasa dendam. 적대국 negara yang bermusuhan. 적대행위 tindakan (aksi) bermusuhan

적대시(視) sikap bermusuhan; rasa permusuhan; rasa kebencian 적대시 하다 menganggap musuh; memandang dengan sikap bermusuhan; memperlihatkan rasa permusuhan

적도(赤道) khatulistiwa

적량(適量) jumlah yang tepat; dosis yang tepat

적량(積量) daya angkut; tonasi; pemuatan

적령기(適齡期) umur yang tepat ¶적령기에 이르다 cukup tua untuk ⊙ 결혼적령기 usia yang cocok untuk menikah: 결혼 적령기에 달하다 mencapai umur yang pantas untuk menikah: 징병적령기 usia wajib militér

적례(適例) contoh yang baik; contoh yang tepat; permasalahan yang sedang dibicarakan

적립(積立) cadangan; tabungan 적립하다 menabung; menyediakan; mengumpulkan; menyimpan; menyisihkan ⊙ 적립금 dana yang tersedia; dana cadangan:. 적립배당금 dividén yang terakumulasi

적막(寂寞) kesunyian; kesepian ⊙ 적막감 rasa kesepian; perasaan sepi; rasa sepi

적바르다 cukup-cukupan saja

적바림 catatan 적바림하다 mencatat; membuat catatan

적반하장이다(賊反荷杖-) anjing menggebuk tuannya; tuan rumah disalahkan oléh si pencuri

적발(摘發) pembukaan; pembébéran; pembongkaran; penuntutan. 적발하다 membébérkan; membuka rahasia

적법(適法) kesahan; kesahan menurut hukum 적법하다 sah; sah menurut hukum ¶적법이 아니다 tidak sah; tidak sah menurut hukum ⊙ 적법조치 tindakan *yang sah menurut* kukum. 적법성 légitimasi

적병(敵兵) tentara musuh

적부(適否) kecocokan atau ketidakcocokan; kesesuaian; kelayakan ¶적부를 판단하다 memutuskan (mempertimbangkan) kelayakan; memutuskan apakah pantas atau tidak; menentukan kepantasan

적분(積分) 【기하학】 kalkulus intégral 적분하다 mengintégralkan ⊙ 적분방정식 persamaan intégral. 적분법 métode intégral

적빈(赤貧) kemiskinan; kemelaratan 적빈하다 miskin; dalam keadaan melarat

적산(敵産) harta (kekayaan) musuh ¶적산을 몰수하다 menyita harta benda musuh

적삼 baju wantia Korea musim panas tanpa kancing

적색(赤色) ①【빛깔】 warna mérah ¶적색의 mérah ②【공산주의】 Mérah (Komunis) ⊙ 적색분자 unsur-unsur Mérah. 적색(리트머스) 시험지 lakmus mérah. 적색테러 téroris mérah; pengacau Komunis

적서(嫡庶) anak yang lahir dari ibu yang sah dan anak yang lahir dari gundik

적선(敵船) kapal musuh

적선(積善) kumpulan derma; prakték amal sedekah 적선하다 berbuat kebaikan; menggagalkan sedekah; memupuk kebajikan

적선지대(赤線地帶) daérah pelacuran

적설(積雪) salju yang turun; timbunan salju yang tinggi; tumpukan salju

적설량(積雪量) kwantitas turunnya salju ¶적설량은 1미터에 달했다 Salju setebal satu méter.

적설초(積雪草) 【식물】 *ivy* menjalar

적성(適性) bakat; kemampuan dan ketangkasan; kecakapan; kecerdasan ⊙ 적성검사 uji bakat; tés ketangkasan

적성(敵性) permusuhan; sifat bermusuhan; dendam ⊙ 적성국가 negara yang bermusuhan

적소(適所) tempat yang cocok (pantas); posisi yang layak ¶적재적소 orang yang cocok memegang jabatan yang tepat

적송(赤松) ⇒ 소나무

적송(積送) pengiriman 적송하다 mengirim; mengirimkan; mengapalkan ⊙ 적송인 pengirim. 적송품 barang kiriman. 철도적송 pengiriman dengan keréta api

적쇠(炙-) alat pemanggang

적수(赤手)⇒ 빈손 ⊙ 적수공권 tangan kosong dan kepalan tangan; tanpa bantuan keuangan sama sekali; modal dengkul

적수(敵手) saingan; lawan; penyanggah ¶ 적수가 못【안】되다 tidak setanding ⊙ 호적수 lawan yang cocok (seimbang); lawan yang setanding

적시(適時) ¶적시의 tepat pada waktunya ⊙ 적시안타【야구】pukulan yang tepat

적시다 ①【옷 등을】membasahi; membuat basah kuyup; membasahi hingga basah kuyup; merendam ②【마음 · 분위기 등을】mengharu; terharu

적신호(赤信號) ①【신호등】tanda berwarna mérah; tanda bahaya; lampu mérah; tanda berhenti ②【위험신호】tanda bahaya

적실(嫡室) istri sah

적십자(赤十字) Palang Mérah ⊙ 적십자병원 Rumah Sakit Palang Mérah. 남북적십자회담 pembicaraan antara anggota Palang Mérah Korea Utara dan Selatan

적어도 paling kurang; paling sedikit; sekurang-kurangnya; setidak-tidaknya

적역(適役) peran (jabatan) yang cocok; kedudukan yang sesuai (yang tepat)

적열(赤熱) panas membara

적외선(赤外線) sinar infra mérah ⊙ 적외선사진 pemotrétan infra mérah. 적외선요법 térapi infra mérah

적요(摘要) ikhtisar; ringkasan; inti sari; garis besar 적요하다 meringkas; menyimpulkan

적용(適用) penerapan 적용하다 menerapkan ¶적용할 수 있는 dapat diterapkan

적운(積雲) ⇒ 뭉게구름

적은 집 ①【첩의 집】rumah istri simpanan ②【첩】gundik; istri simpanan

적응(適應) adaptasi; penyesuaian diri; pengaturan diri sendiri; kecocokan; kepantasan 적응하다 menyesuaikan diri ⊙ 적응력 pencocokan; penyesuaian. 적응성 sifat mudah disesuaikan; penyesuaian

적의(適意) kecocokan; ketepatan 적의하다 cocok; tepat; pantas ¶적의하게 tepat; pantas

적의(敵意) perasaan bermusuhan; permusuhan; kebencian rasa dendam ¶적의가 있는 bermusuhan; bertentangan/적의를 품다 menaruh dendam

적이 agak; sedikit; minimalnya

적이나 sekurang-kurangnya; paling kurang; setidaknya

적임(適任) cocok dengan posisi; kecocokan; kecakapan ¶적임이다 cocok; tepat; pantas ((untuk jabatan itu)); memenuhi syarat untuk ⊙ 적임자 orang yang cocok untuk kedudukan; orang yang sangat memenuhi syarat; orang yang cocok; orang yang tepat untuk jabatan

적자(赤字) kerugian; rugi; défisit; angka mérah; tekor; ketekoran ¶적자를 메우다 menutupi kerugian/ 그 회사는 해마다 적자에 시달리고 있다 Perusahaan itu selalu dilanda tekor(ketekoran) dari tahun ke tahun. ⊙ 적자경영(적자운영) operasi yang merugi. 적자예산 anggaran belanja yang ketidak-seimbangan; anggaran belanja défisit. 적자요인 faktor penyebab ketekoran (défisit)

적자(嫡子) putra dari istri sah

적자(適者) orang yang tepat (cocok)

적자생존(適者生存) kelang-sungan hidup bagi yang terkuat

적잖다 ①【수 · 양 등이 적지 않다】tidak sedikit; banyak ②【상당하다】sangat; sekali; amat

적장(敵將) komandan musuh

적재하다(摘載-) membuat ringkasan

적재(適材) orang tepat; barang yang cocok ⊙ 적재적소 orang yang cocok pada jabatan yang tepat

적재(積載) pemuatan 적재하다 memuat; membawa; mengangkut ⊙ 적재량, 적재능력 daya angkut. 적재화물 muatan di atas kapal

적적하다【쓸쓸하다】sepi; sunyi ¶적적한 감 rasa sepi; kesepian

적전(敵前) ¶적전의 (에) di hadapan (depan) musuh

적절(適切) ketepatan; kejituan; kegunaan 적절하다 pantas; tepat; patut; cocok;

layak ¶적절히 dengan pantas (layak)/적절한 말 kata-kata yang pantas

적정(敵情) gerakan musuh; intélegénsi tentang musih ¶적정을 살피다 memata-matai gerakan musuh; meninjau musuh

적정(適正) kepatutan; kelayakan 적정하다 pantas; layak; tepat; cocok ¶적정한 가격 harga pantas

적조(積阻) lalai dalam penulisan 적조하다 lalai menulis; malas melakukan surat-menyurat

적조(赤潮) air pasang mérah

적중(的中) ⇒ 명중 ①【총알 · 화살 등이】 pukulan; sasaran 적중하다 mengenai sasaran; membuat pukulan yang jitu ¶적중하지 않다 jauh dari (kehilangan) sasaran ②【예감 · 추측 등이】 ⇒ 들어맞다, 맞다 terkaan yang tepat ¶적중하지 않다 dugaan yang salah

적지(敵地) daérah (tempat; wilayah; kawasan; negara) musuh

적지 않은 banyak; besar sekali

적지않이 tidak sedikit; tidak kecil; banyak; sangat; besar sekali

적진(敵陣) pangkalan musuh; garis pertahanan musuh; posisi musuh; jalur musuh ¶적진을 돌파하다 menembus jalur musuh; melintasi garis pertahanan musuh

적체(積滯) akumulasi; penghimpuan; pengumpulan; penimbunan; kongésti; kemacétan 적체되다 terakumulasi; terkumpul; dihimpun; bertumpuk

적출(嫡出) lahir dari istri yang sah ⊙ 적출자 anak sah

적출하다(摘出-) mengambil; mengeluarkan

적출(積出) pengiriman; kiriman 적출하다 mengirim; mengapalkan ⊙ 적출인 pengirim; pengangkut. 적출항 pelabuhan pengiriman

적치하다(積置-) menumpuk; menyimpan 《dalam tumpukan》 적치장 tempat (lapangan) penumpulkan

적탄(敵彈) peluru musuh; granat musuh ¶적탄을 무릅쓰고 di hadapan témbakan musuh

적평(適評) koméntar yang tepat (cocok)

적폐(積弊) kejahatan yang telah berurat berakar; perbuatan jahat yang sudah berlangsung lama; kejahatan yang bertumpuk-tumpuk; kebiasaan buruk

적하(積荷) muatan; pengangkutan; pengiriman ⊙ 적하 량 berat muatan; 【용적】 ukuran yang diterima. 적하목록 daftar keterangan pengiriman. 적하 비용 ongkos pengiriman (muatan)

적함(敵艦) kapal musuh

적합(適合) kecocokan; ketepatan; kepantasan 적합하다 ⇒ 적당하다, 알맞다 cocok; tepat; pantas; sesuai ¶적합하게 하다 membuat cocok dengan/적합성 pantas-tidaknya; kecocokan; keserasian

적혈(赤血) darah mérah ¶적혈구 sél darah mérah

적화하다(赤化-) mengkomuniskan; menjadikan Komunis; beraliran mérah ¶적화선전 propaganda kaum mérah

적확(的確) ketepatan; ketelitian; keseksamaan; keadaan tak dapat berbuat kesalahan atau kekeliruan 적확하다 teliti; akurat; tepat; sempurna

적히다 tercatat; tercantum; dicatat

전(典) upacara

전 pelebaran bibir

전(前) ①【앞부분 · 장소】 bagian depan ②【편지에서】 yang terhormat; yang tercinta ③【전직 · 이전】 bekas; yang lebih dulu; yang lebih awal ④【시간 · 연대】 sebelum waktu ¶열 시 십 오 분 전 15 menit sebeulm jam sepuluh ⑤【막연한 과거의 어느 때】 terakhir kali; lebih awal; yang lalu; sebelum; semenjak ¶오래 전 dulu (dahulu) kala ⑥【어떤 시기의 이전】 sebelum; lebih awal dari

전(煎) daging panggang seperti martabak ¶전을 부치다 menyajikan santapan daging

전(錢) ①【단위】 kesatuan monéter; sén Korea ②【돈】 uang

전(廛) toko ¶싸전 toko beras

전(全) 【모든, 전체】 seluruhnya; semuanya; keseluruhan; total; penuh ¶전 세계 seluruh dunia

전(戰) 【전투】 perang; pertarungan; serangan; 【경기】 pertandingan ¶시가전 pertarungan di jalan raya

전(傳) kehidupan; biografi; sejarah atau tarikh ¶위인전 biografi orang besar

전가하다(轉嫁-) ①【넘겨씌움】 menyalahkan; meletakkan kesalahan pada orang lain; mengalihkan tanggung jawab kepada orang lain; mengelakkan tanggung jawab ②=재가(再嫁)

전각(殿閣) istana raja

전갈(全蠍) kalajengking ⊙ 전갈자리 bintang scorpio

전갈(傳喝) pesan; berita; amanat 전갈하다 mengirim pesan; memberitahukan

전개(展開) ①【사건 · 이야기 등이】 penyebaran; perluasan; perkembangan 전개하다 membuka; menyebar-luaskan; menyebarkan; meluaskan ②【경치 등이】 ¶전개되다 terbentang ③【운동 · 시위 등이】 memulai; menyebar-luaskan

전거(典據) landasan; dasar; kebenaran; dokumnétasi

전거(轉居) ⇒ 이전, 전출 perpindahan 전거하다 pindah alamat

전격(電擊) 【충격】 kejutan listrik; 【급습】 serangan halilintar ¶전격적(인) kilat; serangan kilat ⊙ 전격작전 taktik halilintar. 전격전 serangan kilat

전경(全景) panorama; pemandangan keseluruhan; pemandangan yang luas (indah; bagus) ⊙ 전경사진 gambar pemandangan yang luas

전경(前景) pemandangan di depan

전경(戰警) polisi tugas huru hara (kerusuhan; keributan; tempur)

전곡(田穀) hasil ladang; hasil kebun

전곡(錢穀) uang dan biji-bijian

전골(煎-) *jeongol*; masakan daging sapi dan sayuran kuah ⊙ 전골틀 tempat memasak *jeongol*

전공(專攻) kajian utama; spésialisasi; kajian (penelitian) khusus.; jurusan; bidang studi 전공하다 mengambil bidang studi; mempelajari ilmu khusus (tertentu) ⊙ 전공과목 subyék (mata kuliah) pada jurusan. 전공분야 bidang studi khusus; bidang kajian utama. 부전공과목 minor; pelajaran tambahan

전공(電工) ahli (insinyur) listrik

전공(戰功) jasa dan pengabdian selama perang; jasa perang istiméwa ¶전공을 세우다 berjasa dalam perang; menyumbangkan jasa selama perang

전과(全科) keseluruhan kurikulum; mata pelajaran seluruhnya (selengkapnya)

전과(前科) catatan kriminal (kejahatan) ¶전과4범 orang yang telah empat kali dihukum; orang yang memiliki catatan kriminal empat kali/전과가 있다 memiliki catatan kejahatan; pernah melakukan kejahatan ⊙ 전과범(자(者)) bekas narapidana; orang yang pernah melakukan tindak kejahatan

전과(戰果) hasil perang; préstasi di bidang militér

전과(轉科) pindah jurusan 전과하다 pindah ke jurusan lain ⟪di universitas⟫, mengganti bidang ilmu ⟪jurusan⟫

전관(前官) pendahulu; jabatan sebelumnya ¶전관예우를 받다 memiliki hak istimewa jabatan sebelumnya

전관(專管) hak hukum tertentu 전관하다 memiliki hak hukum istiméwa ⊙ 전관수역 zona (wilayah) perairan milik hukum istiméwa

전광(電光) kilat; ledakan; cahaya lampu listrik ¶전광을 내다 memancarkan bunga api listrik ⊙ 전광간판 tanda-tanda (simbol) listrik ⟪di toko⟫. 전광뉴스 papan berita néon

전광석화(電光石火) ledakan halilintar; dalam cahaya ¶전광석화와 같이 secepat kilat

전교(全校) seluruh sekolah; sekolah keseluruhannya ⊙ 전교생 seluruh pelajar di skolah; keseluruhan pelajar

전교하다(傳敎-) pindah sekolah

전구(電球) lampu pijar; cahaya lampu pijar ¶백 촉짜리 전구 lampu pijar 100 watt ⊙ 백열전구 bola lampu pijar. 소형(꼬마) lampu pijar kecil

전국(全局) situasi keseluruhan; situasi umum

전국(全國) negara keseluruhan; seluruh negeri; seantéro negeri ¶전국의, 전국적인 secara nasional; seluruh negara ⊙

전국대회 konferénsi nasional; 【스포츠의】 pertandingan nasional. 전국방송 siaran nasional; siaran radio dalam jaringan nasional. 전국중계 siaran langsung ke seluruh negeri

전국(戰局) situasi perang; keadaan (aspék) perang

전국구(全國區) konstituénsi nasional ⊙ 전국구의원 anggota Déwan Perwakilan Rakyat terpilih dari konstituénsi nasional

전국민(全國民) rakyat keseluruhan ¶전 국민의 nasional; seluruh negara

전국시대(戰國時代) zaman perang; zaman (periode) bergolak

전군(全軍) seluruh bala tentara (kekuatan); seluruh angkatan bersenjata

전권(全權) kekuasaan penuh; wewenang mutlak; mandat penuh ¶전권을 장악하다 mendapatkan kekuasaan penuh ⊙전권대사 duta besar yang berkuasa penuh. 특명전권대사 duta besar yang berkuasa penuh

전권(專權) hak éksklusif; hak istiméwa; kekuasaan sewenang-wenang 전권하다 menggunakan kekuasaan yang sewenang-wenang

전극(電極) éléktroda; kutub

전근(轉勤) pemindahan ⟪ke kantor lain⟫ 전근하다 pindah tugas; memindahkan ¶대구 지점으로 전근되다 dipindahkan ke cabang ⟪perusahaan⟫ Daegu

전근대적 (前近代的) pra-modérn

전기(前記) ¶전기의 yang disebut di atas; di atas tadi; sebagaimana dikatakan (dinyatakan) di atas/전기장소로 이전하다 pindah ke alamat di atas

전기(前期) ①【기간】 stengah tahun pertama; 【학기의】 seméster pertama ②【전번】 terakhir; paling terakhir ③【기한에 앞섬】 sebelum masa; léwat tanggal yang ditentukan

전기(傳奇) ①【소설】 novél; roman ②【일사·기담】 *karangan* kejadiah-kejadian anéh (menakjubkan)

전기(傳記) biografi; kisah hidup ¶전기적 yang berhubungan dengan biografi ⊙ 전기 담 kisah berhubungan dengan biografi. 전기 작가 penulis biografi

전기(電氣) ⇒ 전력 【에너지】 listrik; (전등) lampu listrik; (전류) arus listrik ¶전기의 éléktro/전기를 켜다【끄다】 menghidupkan 【mematikan】 lamp ⟪listrik⟫⊙ 전기감응 induksi listrik. 전기계산기 kalkulator listrik. 전기공학 téknik éléktro. 전기기구 peralatan listrik. 전기난로 mesin pemanas listrik. 전기냉장고 kulkas; pendingin listrik. 전기다리미 【담요】 setrika 【selimut】 listrik. 전기밥솥 pemasak nasi listrik. 전기세탁기 mesin cuci listrik. 전기요법 térapi éléktro; pengobatan listrik

전기(電機) peralatan dan mesin listrik; perlengkapan listrik

전기(戰記) catatan perang; sejarah militér ¶태평양 전기 Sejarah Perang Pasifik

전기(戰機) situasi perang; masa untuk berjuang ¶전기가 무르익다 masa untuk berjuang telah tiba

전기하다(轉記-) mencatat

전기(轉機) titik balik; saat yang menentukan

전기료(電氣料) biaya listrik

전기불(電氣) ⇒ 전등(電燈)

전기상(電氣商) ①【상점】 toko peralatan listrik ②【상인】 montir listrik

전깃줄(電-) kawat listirik; kabel listrik

전나무 【식물】 pohon eru

전날(前-) hari sebelumnya; suatu hari yang terdahulu

전남편(前男便) mantan suami

전납(全納) pembayaran lunas 전납하다 membayar lunas

전납(前納) pembayaran di muka; pembayaran lebih dulu 전납하다 membayar di muka; membayar lebih dulu

전년(前年) tahun yang berlalu; tahun sebelumnya; beberapa tahun yang lalu

전념(專念) konséntrasi pikiran 전념하다 memusatkan perhatian; mencurahkan; asyik dengan; bertekun; bekerja keras ¶공부에 전념하다 mencurahkan seluruh perhatian kepada studi (pelajaran); memusatkan hati semata-mata untuk belajar

전능(全能) kemahakuasaan 전능하다 ma-

hakuasa ¶전지전능한 maha mengetahui dan maha kuasa/전능한 신 Tuhan yang Maha Kuasa
전 능력(全能力) kapasitas (kemampuan) penuh; seluruh kemampuan ¶전 능력을 기울이다 mengarahkan (mencurahkan) seluruh kemampuan
전단(全段) seluruh halaman; seluruh ruang ⊙ 전단표제 kepala berita; berita utama
전단(專斷) pendirian sewenang-wenang; kesewenang-wenangan ¶전단적인 조치를 취하다 bertindak sewenang-wenang
전단(傳單) selebaran; surat édaran ¶전단을 뿌리다 menghamburkan (membagikan) selebaran; menjatuhkan selebaran 《dari pesawat terbang》
전달(前-) bulan sebelumnya; bulan kemarin; bulan yang lalu
전달(傳達) ①【정보 · 의사 등을】 pemberitaan; pengiriman; pengangkutan; komunikasi 전달하다 mengirim; menyampaikan; memberitahukan; melewatkan ②【사물 등을】 전달하다 mengirimkan; membawa ③【자극 · 신호 등을】 pengiriman 전달하다 mengirimkan ⊙ 전달경로 jalur komunikasi
전담하다(專擔-) bertanggung jawab éksklusif (khusus)
전담하다(全擔-) bertanggung jawab sepenuhnya
전답(田畓) sawah dan ladang
전당(典當) penggadaian ¶전당을 잡히다 menggadaikan/전당에 잡혀 있다 tergadai ⊙ 전당물품 barang gadaian; barang yang tergadai
전당(殿堂) istana; bagian di geréja dekat altar; aula
전당대회(全黨大會) konvénsi nasional; konvénsi partai
전당포(典當鋪) tempat penggadaian ⊙ 전당업자 pemilik rumah (toko) gadai
전대(前代) génerasi sebelumnya; jaman dulu
전대(纏帶) ransel; tas tempat uang; dompét yang diikatkan di pinggang
전대하다(轉貸-) menyéwakan lagi ¶가옥을 전대하다 menyéwakan rumah lagi ⊙ 전대인 orang yang menyéwakan kembali
전대미문(前代未聞) tidak pernah terdengar dalam sejarah; tidak sesuai dengan sejarah; tidak umum
전도(傳道) penyiaran ajaran (Yésus); pekerjaan penyebaran agama 전도하다 menyebarkan agama (Nasrani); menyebarkan ajaran agamanya ⊙ 전도사(師) penyiar agama; pekabar Injil; pekabar ajaran Yésus
전도(傳導) konduksi; pengiriman 《suara, bunyi, cahaya, daya gerak》; penghantaran 전도하다 menyalurkan; mengirimkan; mentransmisikan; menghantarkan ⊙ 전도율 daya konduksi; daya hantar. 전도체(體) konduktor
전도(全圖) péta lengkap ⊙ 서울전도 péta Seoul yang lengkap. 세계전도 atlas dunia
전도(全島) seluruh pulau
전도(全道) seluruh propinsi
전도(前渡) pembayaran di muka ⊙ 전도금 uang muka
전도(前導) ⇒ 선도(先導)
전도(顚倒) pemutarbalikan; pembalikan; kejatuhan ¶전도되다 menjatuhkan; menggulingkan; jatuh berguling-guling; membalikkan; memutar-balikkan/ 본말을 전도하다 membalikkan keréta di depan kuda; membalikkan (menyalahkan) perintah; mengikuti perintah yang terbalik (salah)
전도(前途) ①【장래】 masa depan; prospék; harapan ②【여정】 jarak yang harus dilalui 《dalam perjalanan》
전동(電動) pergerakan tenaga listrik ¶전동식의 bertenaga listrik ⊙ 전동기 motor listrik. 전동공구 alat listrik. 전동력 kekuatan (tenaga) éléktromotif. 전동발전기 dinamo motor. 전동차 keréta api listrik. 전동 칫솔 sikat gigi listrik
전동(箭筒) tempat anak panah
전동기(電動機) motor listrik; motor ¶전동기부하【회로】 muatan mesin【sirkuit】
전동자(電動子)【물리학】 angker dinamo
전두(前頭)【해부학】 kepala bagian depan ⊙ 전두골 tulang wajah. 전두엽 lobus depan

전등(電燈) lampu listrik. ¶전등이 밝다【어둡다】 cahaya terang benderang【suram】/전등을 달다 memasang lampu listrik ⊙ 전등갓 kap lampu. 전등알 bola lampu. 회중전등 lampu sénter

전라(全裸) ¶전라의 telanjang bulat; tanpa benang sehelai pun/전라가 되다 menelanjangi; ditelanjangi

전락(轉落) kemerosotan; keruntuhan 전락하다 merosot; runtuh; jatuh; tenggelam dalam keduniawian ¶창녀로 전락하다 terjerumus (jatuh) ke dunia pelacuran

전란(戰亂) peperangan ¶전란이 일어나다 perang pecah

전람(展覽) pertunjukan; tontonan; peméran 전람하다 memamérkan ⊙ 전람 물 barang paméran 《seni》; barang-barang yang di pamérkan

전람회(展覽會) paméran; éksibisi ¶전람회에 출품하다 memamérkan 《hasil karya》 dalam paméran ⊙ 전람회장 gedung (ruang) paméran

전래(傳來) ①【전해 내려옴】 pewarisan; pengiriman; pemindahan; penurunan 전래하다 dikirimkan; diturunkan; dibawa masuk ②【외국에서 전하여 들어옴】 diimpor; diintrodusir; diperkenalkan ⊙ 전래동화 cerita dongéng; cerita rakyat

전략하다(前略-) menghilangkan kata pengantar; dihilangkan bagian yang terdahulu

전략(戰略) stratégi; taktik; siasat; muslihat ¶전략적(的)(인) stratégis/전략을 세우다 merancang (membuat) sebuah stratégi; merencanakan tipu muslihat ⊙ 전략가 ahli siasat. 전략무기 senjata stratégis. 전략수출 품목 barang ékspor stratégis

전량(全量) jumlah keseluruhan

전량계(電量計) alat pengukur voltase

전력(全力) seluruh kekuatan; seluruh énergi (kemampuan) ¶…에 전력을 기울이다 mencurahkan semua énergi untuk…; *memberikan* jiwa dan raga untuk…; mengkonséntrasikan énergi pada…

전력(前歷) rekaman masa lalu; sejarah masa lalu ¶전력을 조사하다 meminta keterangan rekaman masa lalu

전력(電力) tenaga listrik ¶전력을 낭비하다 menghabiskan tenaga listrik ⊙ 전력계 méteran listrik; pengukur watt. 전력공급 suplai tenaga listrik; persediaan listrik. 전력소비 konsumsi (pemakaian) listrik. 전력제한 pembatasan tenaga listrik

전력(戰力) poténsi (kapasitas; kekuatan; kemampuan) perang ¶전력의 증가 penguatan poténsi perang ⊙ 미사일전력 kemampuan peluru (misil) kendali

전력(戰歷) rekaman perang ¶전력에 빛나는 군인 prajurit yang banyak berperang; seorang véteran

전령(傳令) ①【심부름꾼】 pembawa berita; utusan ②【명령】 pesan (amanat) resmi; perintah tertulis 전령하다 menyampaikan (mengantarkan) amanat resmi

전령(電鈴) bél listrik

전례(典禮) upacara

전례(前例) ⇒ 선례 teladan; pendahulu; contoh sebelumnya ¶전례 없는 belum pernah terjadi sebelumnya; yang tak ada teladan/전례로 삼다 menempatkan seperti teladan

전류(電流) arus listrik; arus voltase ¶전류를 통하다 mengalirkan arus listrik /전류를 끊다 memutuskan (menutup; mematikan) arus ⊙ 전류계 alat pengukur arus; amperemétер. 고압【저압】전류 arus tegangan tinggi【rendah】

전륜(前輪) roda depan ⊙ 전륜구동(驅動) kemudi depan: 전륜 구동 차 mobil beroda depan; kendaraan dengan penggerak empat roda. 전륜구동장치 penggerak roda depan

전리(電離) 【물리학】 ionisasi 전리하다 mengionisasikan ⊙ 전리층 ionosfir

전리품(戰利品) kenang-kenangan (waktu perang);【노획물】barang rampasan

전립선(前立腺) kelenjar prostat ⊙ 전립선비대 pembesaran(pembangkakkan) kelenjar prostat. 전립선염 radang kelenjar prostat. 전립선암 kanker prostatitis

전말(顚末) (사정) keadaan; kejadian seluruhnya; (사실) fakta; (경위) keterangan lengkap ¶사건의 전말을 말하다 memberi keterangan tentang peristiwa secara keselurahan ⊙ 전말서 laporan rincian

전망(展望) ①【경치 · 조망】 pandangan ¶전망이 좋다 mempunyai pandangan yang baik ②【장래】 prospék 전망하다 memandang ¶앞으로의 전망 prospék masa depan/전망이 밝다 prospék itu cemerlang ⊙ 전망대 observatorium

전매(專賣) ①【독점 판매】 monopoli; pemonopolian 전매하다 memonopoli; membuat monopoli; memegang monopoli ②【특기】 bidang (keahlian) khusus ⊙ 전매권 hak monopoli; hak éksklusif. 전매제도 sistém monopoli. 전매주의 monopolisme. 전매품 barang yang dimonopoli; barang patén

전매(轉賣) penjualan kembali 전매하다 menjual kembali

전매특허(專賣特許) hak patén ¶전매특허를 얻다 mendapat hak patén ⊙ 전매특허권 hak patén. 전매특허품 barang yang terpatén

전면(全面) ①【모든 부문】 seluruh permukaan; permukaan seluruhannya ¶전면적으로 secara umum ②【하나의 면 전체】 skala penuh; halaman penuh ⊙ 전면전 perang total; perang umum. 전면파업 pemogokan keseluruhan

전면(前面) ①【앞면】 depan; bagian depan ②【건물의】 bagian muka gedung ¶전면에 di depan; di bagian depan ⊙ 전면공격 serangan terdepan

전멸(全滅) penghancuran (pengrusakan) total; pembinasaan; pemusnahan 전멸하다 merusak (menghancur) dengan total ¶전멸시키다 dirusak secara total; dihancurkan; dimusnahkan; menghancurkan seluruhnya

전모(全貌) aspék keseluruhan; gambar keseluruhan ¶전모를 밝히다 memberikan gambaran secara keseluruhan; menerangkan aspék keseluruhan

전몰(戰歿) kematian di médan pertempuran (perang) 전몰하다 mati dalam perang ⊙ 전몰용사 pahlawan yang gugar. 전몰장병 prajurit yang gugur dalam perang

전무하다(全無-) tidak ada sama sekali; tidak ada seluruhnya; tidak hadir secara keseluruhan

전무(專務) ①【사무】 tugas éksklusif; tugas khusus ②【사람】 diréktur éksékutif; diréktur pengelola

전무후무(前無後無) 전무후무하다 yang pertama dan terakhir

전문(前文) kalimat yang di atas; pembukaan

전문(專門) spésialisasi; kejuruan; vak ¶전문적(의) spésial; (기술상) téknis; (직업상) profésional; ahli/전문으로 ahli; secara profésional; secara téknis/그것은 나의 전문이 아니다 Itu di luar bidang saya. ⊙ 전문가 orang spésialis; ahli; pakar. 전문화 spésialisasi; pengkhususan: 전문화하다 mengkhususkan

전문(全文) téks keseluruhan; pernyataan (kalimat) keseluruhan; naskah lengkap ¶전문을 인용하다 mengutip kalimat keseluruhan

전문(電文) télégram

전문(傳聞) kabar angin; desas-desus 전문하다 mendengar dari orang lain; mendengar seperti desas-desus; diceritakan ¶전문한 바에 의하면 menurut desas-desus; saya dengar bahwa…

전반(全般) seluruhnya; keseluruhan ¶전반의 seluruh; umum/…에 걸쳐 연구하다 mempelajari dalam semua aspék

전반(前半) pertengahan pertama; setengah pertama ¶전반기 tengah tahun petama; seméster pertama ⊙ 전반전(戰) pertengahan pertama pertandingan

전반사(全反射) 【물리학】 pemantulan total; refleksi total

전반적(全般的) ¶전반적인 umum; keseluruhan/전반적으로 pada umumnya

전방(前方) ①【앞쪽】 depan ②【군대의】 garis depan ⊙ 전방기지 pangkalan terdepan

전배(前杯) lebih awal minuman ¶전배가 있습니다 Saya telah minum sebelum saya datang kemari.

전번(前番) hari lain; kesempatan sebelumnya ¶전번의 lalu; lampau/전번에 sebelum ini; pada waktu yang lalu

전범(戰犯) ①【죄】 kriminal perang; kejahatan perang ②【사람】 penjahat perang

¶B급 전범 kriminal perang kelas B ⊙ 전범재판소 pengadilan kejahatan perang. 전범용의자 orang yang tersangka (dituduh) penjahat perang

전법(戰法) taktik; stratégi

전변(轉變) bisa berubah; bisa bervariasi; mutasi

전별(餞別) pelepasan; perpisahan ¶전별금 hadiah perpisahan

전보(電報) télégram; télégraf; kawat; kabel ¶전보 치다 mengirimkan télégram ((kawat; kabel)); menélégram ⊙ 전보료 biaya télégram. 전보배달【사람】 pengantar télégram

전보하다(轉補-) memindahkan; mentransfer ¶전보되다 dipindahkan; ditransfer

전복(全鰒) kerang laut; tiram ¶전복냉채 tiram dan sayur-sayuran

전복(顚覆) ①【차·배 등의】 pembalikan 전복하다 membalikkan ¶배가 전복했다 Kapal itu dibalikkan. ②【정부의】 perobohan; penggulingan; penjungkiran 전복하다 merobohkan; menggulingkan; membalikkan; menjungkirkan ⊙ 전복사고 kecelakaan terbalik

전봇대(電-) tiang listrik

전부(全部) seluruhnya; semua; penuh; segalanya

전분(澱粉) kanji; pati; zat tepung ⊙ 전분질 kepatian; pengkanjian: 전분질의 pati; kanjian

전비(戰備) persiapan perang; alat perang ¶전비를 갖추다 mempersiapkan untuk perang

전사(全史) sejarah lengkap

전사(戰士) ①【전투병】 pejuang; prajurit ②【일선에서 활약하는 일꾼】 pekerja ⊙ 무명전사 prajurit yang tidak dikenal: 무명전사의 무덤 pusara dari prajurit yang tidak dikenal. 산업전사 pekerja industri

전사(戰史) sejarah militér; sejarah perang ¶제2차 세계대전 전사 sejarah Perang Dunia ke-dua

전사(戰死) kematian dalam pertempuran 전사하다 mati di médan perang; mati di peperangan ⊙ 전사자 prajurit yang mati dalam perang

전산(電算) pengolahan data-data (keterangan-keterangan) di komputer ⊙ 전산망 jaringan komputer. 전산화 mengkomputerkan

전상(戰傷) luka perang 전상하다 terluka dalam perang (peperangan; perkelahian) ⊙ 전상병 prajurit yang terluka. 전상자 véteran yang terluka

전생(前生) 【불교】 keberadaan sebelumnya; kehidupan lampau ¶전생의 인연 karma; takdir

전 생애(全生涯) keseluruhan hidup; hidup seluruhnya

전서(全書) buku (karya; koléksi) lengkap ⊙ 백과전서 énsiklopédi

전서(篆書) huruf stempel

전선(前線) ①【군사】 garis depan; bagian terdepan perang (pertempuran) ②【기후】 muka massa (hawa) ⊙ 전선기지 pangkalan terdepan. 전선부대 pasukan garis depan. 강우전선 sektor kehujanan; muka massa hujan. 한랭【온난】전선 muka massa hawa dingin 【panas】

전선(電線) 【전깃줄】 kabel listrik; (전화의) kawat télépon (télégraf) ¶전선을 가설하다 memasang kabel listrik ⊙ 해리전선 kabel bawah laut

전선(傳線) 【양말의】 lubang ¶양말에 전선이 갔다 Ada lubang di kaus kaki ini.

전선(戰線) ①【전쟁터】 garis peperangan ¶서부 전선에 di garis depan barat ②【활동 분야】 bidang; séktor ⊙ 공동전선 front bersatu; séktor yang disatukan

전설(傳說) legénda; mitos; tradisi ¶전설에 의하면 menurut tradisi; Legénda mengatakan bahwa…

전성(全盛) puncak kejayaan (kemakmuran) 전성하다 berada pada puncak kemakmuran (kejayaan); menjadi berlebih-lebihan

전성기(全盛期) zaman keemasan; zaman gemilang; masa jaya

전세(前世) ①【전대】 génerasi sebelumnya; zaman terdahulu; abad lampau ②【전생】 kehidupan yang lampau

전세(專貰) pesanan; pemesan 전세 내다 mencarter; menyéwa; dipesan; membuat pesanan ¶전세자동차 mobil séwaan (carteran)

전세(傳貰) penyéwaan rumah dengan menyimpan uang ¶전세 놓다 menyéwakan rumah (kamar) dengan menyimpankan uang ⊙ 전세계약 kontrak (perjanjian) séwa rumah dengan uang simpanan yang dapat diambil bila keluar. 전세금 uang simpanan untuk séwa rumah (kamar)/전세금 융자 pinjaman untuk membayar séwa rumah

전세(戰勢) ⇒ 전황 situasi perang

전 세계(全世界) dunia keseluruhan; seluruh dunia ¶전 세계에서 모이다 datang dari berbagai penjuru dunia

전 세계(前世界) dunia sebelum sekarang ini

전세기(前世紀) abad sebelumnya

전소(全燒) pembumihangusan; kerusakan total oléh api 전소하다 hancur luluh berbakar ¶전소된 가옥 rumah terbakar

전속하다(轉屬-) termasuk secara éksklusif; di bawah kontrol éksklusif ¶전속의 éksklusif; melekat pada ⊙ 전속가수 penyanyi terikat pada; penyanyi di bawah kontrak éksklusif. 전속악단 orkéstra berhubungan dengan ((KBS))

전속력(全速力) kecepatan penuh ¶전속력으로 dengan kecepatan penuh/전속력으로 뛰다 berlari pada kecepatan penuh

전송(電送) transmisi listrik; penghantaran listrik 전송하다 mengirimkan; mentransmisikan ¶사진을 전송하다 mengirimkan téléfoto ⊙ 전송사진 téléfoto; foto kawat; foto salinan

전송(傳送) pengantaran; penyampaian; pemancaran 전송하다 memancarkan; menyampaikan; menghantarkan

전송하다(餞送-) mengantarkan ((seseorang)) ¶전송 사 ucapan perpisahan ⊙ 전송 회 pésta perpisahan

전수(全數) keseluruhan; jumlah total

전수(專修) pelajaran éksklusip; pengkhususan 전수하다 mengkhususan; mengambil spésialisasi

전수하다(傳受-) mewarisi; meneruskan

전수(傳授) instruksi 전수하다 meneruskan; menyerahkan; mengantarkan; mewariskan ⊙ 전수자 pengambil inisiatif

전술(前述) disebutkan di atas terlebih dahulu ¶전술한 바와 같이 seperti yang disebutkan di atas

전술(戰術) ①【전쟁 · 전투 상황에서의】 taktik; stratégi; seni perang ¶전술상의 taktis; stratégi ②【목적을 달성하기 위한 수단 · 방법】 taktik; stratégi ⊙ 전술가(家) ahli taktik; ahli siasat. 전술핵무기 senjata nuklir taktis

전승하다(傳承-) meneruskan; memancarkan dari satu génerasi ke génerasi; mewariskan; menurunkan ¶전승되다 diwariskan; diturunkan; dipindahkan ⊙ 전승문학 sastra lisan

전승(全勝) menang sapu bersih

전승(戰勝) ⇒ 승전(勝戰) kemenangan perang 전승하다 memenangkan perang ¶전승기념일 hari perayaan kemenangan; hari peringatan kejayaan

전시(全市) seluruh kota

전시(展示) pertunjukan 전시하다 mengadakan paméran; menunjukkan; memamérkan ⊙ 전시물 barang peragaan. 전시실 galeri; gedung pertunjukan (paméran): 전시회 paméran. 전시효과 pengaruh peragaan

전시(戰時) masa (waktu) perang ⊙ 전시상태 kondisi (keadaan) masa perang

전시대(前時代) masa lalu

전신(全身) seluruh tubuh (badan); sekujur tubuh ¶전신의 힘을 다하여 dengan segenap kekuatan ⊙ 전신사진 foto seluruh badan

전신(前身) pendahulu; hidup masa lalu; perintis

전신(電信) komunikasi télégraf; télégram; kabel ¶전신의 télégrafik/전신으로 dengan télégraf ⊙ 전신국 kantor télégraf. 전신환 pos wésel

전실(前室) istri pertama ⊙ 전실 자식 anak dari istri pertama

전심(全心) seluruh hati ¶전심을 기울여 mencurahkan hati dan jiwa

전심전력(全心全力) ¶전심전력을 다하다 mencurahkan segenap énergi; memusatkan perhatian dan tenaga

전심(專心) pemusatan pikiran 전심하다 mencurahkan diri; menempatkan hati dan jiwa; memusatkan pikiran pada ¶

전심으로 dengan sepenuh hati dan jiwa
전압(電壓) voltase; tekanan listrik ¶전압을 높이다 【낮추다】 meningkatkan 【menurunkan】 voltase ⊙ 전압계 méteran listrik; voltméter
전액(全額) jumlah (total) keseluruhan ⊙ 전액 지불 pembayaran penuh
전야(前夜) ①【바로 전날 밤】 malam sebelumnya; malam kemarin ¶성탄절 전야에 pada malam Natal ②【바로 앞의 시기·단계】 menjelang ⊙ 전야제(祭) pésta malam ((Tahun Baru, dan sebagainya))
전언(前言) ucapan sebelumnya ¶전언을 취소하다 menarik kembali (mencabut) ucapannya
전언(傳言) ①【전하는 말】 pesan; amanat ¶전언을 남기다 meninggalkan kata (pesan)/전언을 부탁받다 diminta memberikan amanat ②【소문】 kabar; berita; desas-desus
전업(專業) spésialisasi; keahlian; pekerjaan khusus; profési ¶…을 전업으로 하다 mengkhususkan dalam
전업(電業) perusahaan listrik
전업(轉業) penggantian pekerjaan 전업하다 mengganti (beralih) pekerjaan ⊙ 전업자 orang yang merubah pekerjaan. 전업자금 dana untuk penggantian pekerjaan; dana peralihan usaha
전역(全域) semua daérah; semua bagian
전역(全譯) terjemahan lengkap 전역하다 menterjemahkan secara lengkap
전역(戰役) perang; pertempuran
전역(戰域) zona perang; wilayah operasi
전역하다(轉役-) bébas tugas dari ketentaraan; memindahkan; beralih
전연(全然)⇒ 전혀
전열(前列) baris depan
전열(電熱) 【물리학】 pemanasan listrik ¶전열기(器) 【난방용】 pemanas listrik; 【장치】 alat-alat listrik
전열(戰列) garis peperangan (pertempuran); garis dari perang ¶전열에 참가하다 bersatu dengan garis perang; bergabung dengan barisan tempur
전염(傳染) ①【질병의】 penularan; (간접의) inféksi ¶전염하다 kena tular; memular; terinféksi ②【습관·분위기 등의】 menjalar ⊙ 전염매체 pembawa kuman. 전염성 penular: 전염성의 menular; meradang. 전염 원 asal inféksi. 접촉전염 infeksi kontak
전염병(傳染病) penyakit menular; penyakit infeksi; wabah ⊙ 전염병환자 pesakit inféksi; penyakit infeksi
전용(專用) pemakaian éksklusif; penggunaan sendiri (khusus) ¶전용의 pribadi; éksklusip; khusus ⊙ 전용차 mobil pribadi. 한글전용 penggunaan éksklusif Han-gul. 자동차 전용도로 jalan mobil
전용(轉用) pengalihan; penyimpangan 전용하다 menyimpangkan (menggunakan) untuk tujuan lain; menyalah-gunakan
전우(戰友) kawan seper-juangan; teman bersama-sama bersenjata
전운(戰雲) awan peperangan
전원(田園) pedésaan; daérah pedalaman; 【교외】 pinggiran kota ¶전원생활을 하다 menjalani hidup di pedalaman; hidup di désa ⊙ 전원도시 kota taman. 전원생활 kehidupan di pedalaman
전원(全員) semua anggota; staf seluruhnya ¶전원일치로 dengan suara bulat
전원(電源) sumber tenaga listrik ⊙ 전원개발 pengembangan sumber (daya) tenaga
전월(前月) bulan yang lalu
전위(前衛) penjaga (pengawal) terdepan; perintis; pelopor ¶전위적 【사상·행동이】 radikal/전위를 보다 menjaga bagian depan ⊙ 전위음악 【미술·문학】 musik 【seni, sastra】 *avant garde* (golongan perintis)
전위하다(傳位-) turun tahta
전위(電位) poténsial listrik ⊙전위차 béda poténsial. 양【음】전위 poténsial positif 【negatif】
전유하다(專有-) memonopoli; mendapat hak kepemilikan sendiri ⊙ 전유 권 hak monopoli
전유물(專有物) kepemilikan éksklusip
전율하다(戰慄-) membuat gemetar (menggigil) ¶전율할 (만한) mengerikan
전의(戰意) semangat berperang (berjuang); keinginan untuk bertempur; ke-

sungguhan pertempuran ¶전의를 잃다 kehilangan semangat berperang; hilang semangat berjuang

전이(轉移) perubahan; pertukaran; 【환부의】 penanaman; pemindahan 전이하다 memindahkan; merubah

전인교육(全人敎育) pendidikan manusia seutuhnya

전인미답(前人未踏) ¶전인미답의 tidak diselidiki; tidak didahulukan; tidak diinjak; belum terjamah; tidak didengar dari; perawan; murni

전인격(全人格) kepribadian keseluruhan

전일(前日) ①【일전】 hari lain; beberapa hari yang lain ②【전날】 hari terdahulu; hari sebelumnya

전일제(全日制) sistém waktu penuh

전임(前任) ①【사람】 pendahulu ②【벼슬】 tugas sebelumnya ⊙ 전임자 pendahulu. 전임 지 tempat tugas sebelumnya

전임(專任) tugas éksklusif; pelayanan penuh ¶전임의 kerja penuh; yang membutuhkan seluruh waktu ⊙ 전임강사 dosén tetap di perguruan tinggi

전임(轉任) pertukaran pos; pemindahan tugas ¶전임되다 dipindahkan ke tugas lain

전입하다(轉入-) pindah ⊙ 전입생 siswa pindahan; siswa dipindahkan dari sekolah lain. 전입신고 pemberitahuan pemindahan (pindah)

전입학하다(轉入學-) masuk dari sekolah lain

전자(前者) ①【때】 beberapa waktu yang lalu ②【전자에 대하여】 pertama ¶전자와 후자 pertama dan terakhir

전자(電子) 【물리】 éléktron ⊙ 전자계산기 mesin hitung éléktronik. 전자오락실 ruang permainan (kesenangan) éléktronik; tempat ding dong. 전자정보처리 시스템 sistim pemprosésan data éléktronik. 전자현미경 mikroskop éléktron

전자(電磁) éléktromagnétik ⊙ 전자단위 unit éléktromagnétik. 전자석 magnét listrik. 전자파 gelombang éléktromagnétik. 전자학 éléktromagnétisme

전작(前作) karya sebelumnya

전작(前酌) ⇒ 전배(前杯) ¶전작이 있다 telah minum alkohol sebelumnya

전장(全長) panjang seluruhnya (keseluruhan)

전장(前章) bab sebelumnya

전장(電場) 【물리】 médan listrik

전장(戰場) médan pertempuran; aréna (tempat) perang; kancah peperangan

전재(戰災) kerusakan perang; bencana perang ¶전재를 입다 menderita kerusakan perang ⊙ 전재민 pengungsi perang. 전재지구 daérah yang dirusak akibat perang

전재(轉載) produksi kembali; cétak kembali 전재하다 menghasilkan kembali; mencétak kembali ¶전재불허 Dilarang memproduksi kembali. *atau* Semua hak dilindungi.

전쟁(戰爭) perang; peperangan 전쟁하다 mengadakan perang ¶전쟁의 참화 bencana (malapetaka) perang/전쟁이 발발하다 perang pecah ⊙ 전쟁고아 piatu perang; anak yatim yang kehilangan orang tua karena perang. 전쟁도발 penghasutan perang. 전쟁도발자 penghasut perang. 전쟁희생자 korban perang. 국지전쟁 perang regional. 전면전쟁 perang total; perang habis-habisan

전쟁상태(戰爭狀態) keadaan perang; negara yang sedang berperang

전적(全的) semuanya; keseluruhan; selengkapnya; sepenuhnya ¶전적으로 secara keseluruhan

전적(戰跡) pemandangan bekas (sisa) perang

전적(戰績) ①【전쟁의】 rekaman perang; keberhasilan militer; préstasi militér ②【경기시합 등의 성적】 hasil; rékor ¶빛나는 전적 hasil yang cemerlang

전적하다(轉籍-) memindahkan daftar keluarga

전전(戰前) hari sebelum perang ¶전전의 sebelum perang; masa sebelum perang

전전(前前) ¶전전날 dua hari sebelumnya; dua hari yang lalu

전전긍긍(戰戰兢兢) ketakutan; kebingungan 전전긍긍하다 gemetar karena ketakutan; ragu-ragu bercampur takut; diliputi ketakutan; takut; bingung ¶전전긍

궁하여 dengan takut dan gemetar; dengan ketakutan

전전하다(轉轉-) berpindah pekerjaan beberapa kali; melalui dari satu pekerjaan ke pekerjaan lain; 【헤매다】 mengembara ¶직업을 바꾸어 전전하다 bekerja pada berbagai pekerjaan

전제(前提) prasyarat; dugaan; alasan; pendapat ¶…을 전제로 하고 seandainya; sekiranya ⊙ 전제조건 pra syarat. 대【소】전제 alasan yang kuat【lemah】; dasar pemikiran utama【minor】

전제(專制) absolutisme; déspotisme; kelaliman; otokrasi ¶전제적인 otokrasi; diktator ⊙ 전제국 negara monarki. 전제정치 pemerintahan kesewenangan (otokrasi). 전제주의 ⇒ 전제: 전제주의자 orang yang lalim

전조(前兆)【길흉의】pertanda;【조짐】tanda; ramalan ¶눈이 올 전조 tanda salju / 좋은 【나쁜】 전조 pertanda baik【buruk】/…의 전조이다 meramalkan

전조(前條) artikel sebelumnya

전조(轉調)【음악】transmisi; modulasi

전조등(前照燈) lampu besar; lampu depan

전족(纏足) pembalutan kaki; ikatan kaki 전족하다 mengikat kaki; membalut kaki

전죄(前罪) kejahatan sebelumnya

전주(前週) minggu lalu

전주(電柱) tiang listrik

전주(錢主) pembiaya; kréditor; pemilik uang

전주곡(前奏曲) ①【음악】mélodi pembuka ②【징조, 조짐】yang membuka; yang mendahului

전지(全紙) selembar kertas yang kosong keseluruhan

전지하다(剪枝-) memangkas; menggunting

전지(電池) sél aki (listrik); baterai ¶전지가 닳았다 Baterai itu lemah. *atau* Baterainya habis. ⊙ 건전지 baterai aki (kering)

전지(戰地) médan perang ⊙ 전지근무 layanan di médan perang

전지(轉地) pertukaran cuaca (iklim) 전지하다 pindah untuk pergantian suasana ⊙ 전지요법 perawatan melalui pertukaran suasana. 전지요양 pergantian suasana untuk keséhoatan

전지(全知) maha tahu 전지하다 serba tahu; mengetahui semuanya

전지적(全知的) mahatahu; mahamengetahui

전지전능(全知全能) maha tahu dan maha kuasa ¶전지전능의 serba tahu dan serba kuasa/전지전능의 신 Tuhan yang Maha Kuasa

전직(前職) pekerjaan (jabatan; pos) dipegang sebelumnya ⊙ 전직 장관 bekas menteri; mantan menteri

전직하다(轉職-)【직업을 바꿈】menukar (mengganti) pekerjaan

전진(前進) kemajuan; progrésip;【구령】Maju!. Jalan 전진하다 maju ke depan ⊙ 전진기지 pos terdepan; tempat kawalan luar

전진(戰陣) médan perang (pertempuran); garis depan;【전장】garis depan pertempuran

전질(-帙) sét komplit

전집(全集) karya lengkap ⊙ 전집 물 séri karya lengkap

전차(電車) trém ((listrik))

전차(戰車) tank; mobil lapis baja ⊙ 전차부대 satuan tank. 전차포 meriam tank. 수륙 양용전차 tank ampibi. 대전차포 meriam anti tank

전처(前妻) mantan istri

전천후(全天候) serbacuaca; yang tahan semua macam udara; yang dapat dipakai dalam segala cuaca ⊙ 전천후농업(영농) pertanian untuk semua iklim

전철(前轍) ¶전철을 밟다 mengikuti teladan; mengulangi kesalahan besar; mengulangi kekeliruan yang sama

전철(電鐵) rél keréta api listrik ⊙ 수도권 전철운임표 daftar perincian (jadwal) ongkos pengangkutan keréta api

전체(全體) keseluruhan; kesemuanya; keseutuhan ¶전체의 semua; seluruh/전체적으로 secara keseluruhan; pada umumnya; biasanya ⊙ 전체주의 sistém pemerintahan totalitér. 전체주의 국가 negara totalitér. 전체회의 sidang pléno

전초(前哨) pos terdepan ⊙ 전초기지 pangkalan terdepan. 전초부대 tentara barisan depan. 전초전(戰) pertempuran di baris depan

전축(電蓄) gramofon ⊙ 스테레오 전축 gramofon stéréo

전출(轉出) ①【다른 곳으로 이주함】 pemindahan tempat tinggal ②【근무지를 다른 곳으로 옮김】 pemindahan 전출하다 memindahkan; pindah ⊙ 전출신고 pemberitahuan pindah

전치(全治) sembuh total

전치사(前置詞) 【문법】 kata depan

전통(傳統) tradisi; adat; kebiasaan ¶전통적(으로) secara tradisi / 전통을 깨뜨리다 melanggar tradisi/전통을 따르다 mengikuti tradisi ⊙ 전통주의 konvénsionil

전투(戰鬪) pertempuran; perkelahian; peperangan; pertarungan 전투하다 bertempur; bertarung; berkelahi ¶전투를 개시하다 memulai pertempuran ⊙ 전투경찰대 satuan polisi tentara. 전투기 pesawat tempur. 전투력 kekuatan pertempuran. 전투태세 kesiapan bertempur

전파(傳播) penyebaran; transmisi 전파하다 menyebar

전파(電波) gelombang listrik ¶전파를 통하여 melalui radio/전파를 타다 disiarkan melalui radio ⊙ 전파탐지기 radar

전패(全敗) kekalahan total 전패하다 dikalahkan secara total (keseluruhan)

전편(全篇) buku seluruhnya ¶전편을 통해서 dari awal hingga akhir

전편(前篇) jilid (volume) pertama

전폐(全廢) penghapusan (abolisi) total 전폐하다 menghapus (mengakhiri) seluruhnya ⊙ 전폐론 abolisionisme; azas yang membéla penghapusan perbudakan: 전폐론 자 penganut abolisionisme

전폭기(戰爆機) pesawat pembom tempur

전폭적(全幅的) sepenuhnya ¶전폭적인 penuh; seluruhnya; lengkap

전표(傳票) slip; catatan jumlah uang yang terhutang ¶전표를 떼다 memberikan slip; menandatangani pada catatan jumlah uang yang terhutang ⊙ 수납전표 slip penerimaan. 지불전표 slip pembayaran

전하(殿下) yang Mulia; Seripaduka

전하다(傳-) ①【말 · 소식을】 menyampaikan: memberitahukan ¶전하는 바에 의하면 menurut kabar ②【물려주다】 menurunkan; mewariskan ③【전수】 memberikan; menyampaikan; menyiarkan; mengajar; menurunkan ④【전달】 menyampaikan

전학하다(轉學-) pindah sekolah

전함(戰艦)kapal perang; kapal meriam

전항(前項) paragraf sebelumnya

전해(電解) 【물리학】 éléktrolisis; persenyawaan dengan listrik 전해하다 mengéléktrolisis

전해 듣다(傳-) mendengar; diberitahu; mendengarkan; tahu dari kabar angin ¶전해들은 말 kabar angin

전해지다(傳-) ①【소문 · 소식 · 사실 등이】 disampaikan; diberitahukan ②【자손 · 후세 등에】 diturunkan; diwariskan ③【지식 · 문물 등이】 diperkenalkan; diintrodusir

전향하다(轉向-) beralih; berganti; menukar ⊙ 전향자 orang yang menukar agama, aliran (faham) tertentu. 전향점 titik yang menentukan

전혀(全-) semuanya; seluruhnya; sama sekali; sekali-sekali ¶전혀 들은 바 없다 tidak mendengar apa-apa

전형(典型) tipe; modél; ciri; pola; sampel; contoh

전형(銓衡) pilihan; pemilihan 전형하다 memilih ¶전형에 누락되다 menjadi tidak terpilih ⊙ 전형시험 ujian saringan

전형적(典型的) khas; khusus

전화(電化) éléktrifikasi 전화하다 mengéléktrifikasi ⊙ 전화사업 usaha (pekerjaan) éléktrifikasi

전화(電話) télépon 전화하다 menélépon ¶전화 왔습니다 Ada télépon untuk anda./전화해 주셔서 고맙습니다 Terima kasih atas téléponnya. ⊙ 전화가 입자 pelanggan télépon. 전화번호 nomor télépon. 전화번호부 buku petunjuk télépon: 업종별 전화번호부 lembar kuning (buku télépon). 공중전화 télépon umum. 시외전화 télépon antar kota. 장거리전화 interlokal

전화(戰火) api peperangan; perang

전화(戰禍) bencana perang ¶전화를 입다 terlanda bencana perang

전화위복(轉禍爲福) kemalangan berubah menjadi kemujuran

전환(轉換) perubahan; pengubahan; pengalihan 전환하다 mengubah; mengalihkan; mengganti ⊙ 전환기(期) titik perubahan (peralihan): 전환기의 한국 Korea dalam transisi. 성전환 perubahan kelamin

전황(戰況) ⇒ 전세 perkembangan pertempuran; keadaan pertempuran ⊙ 전황뉴스 berita perang

전회(前回) waktu yang lalu ¶전회의 terakhir; sebelumnya; yang mendahulukan

전횡(專橫) pemerintahan yang sewenang-wenang; sistém pemerintahan yang mutlak; kesewenang-wenangan 전횡하다 lalim; bertindak sewenang-wenang

전후(前後) ①【앞뒤】 muka(depan) dan belakang ¶전후의 생각도 없이 dengan serampangan ②【먼저와 나중】 perincian; urutan ¶전후곡절 semua perinciannya ③【안팎, 무렵】 kira-kira; sekitar

전후(戰後) pasca perang; sehabis perang ⊙ 전후파 génerasi pasca perang

절[1] kuil Budha; klenténg ¶절에 불공 드리러가다 mengunjungi kuil untuk menyembah

절[2]【인사】 hormat dengan membungkukkan badan 절하다 memberikan salam hormat dengan membungkuk ¶큰절 penghormatan sangat formal

절(節) ①【글을 내용에 따라 나눈 단락】 alinéa; paragraf; pasal ②【문법】 anak kalimat

-절(節) ①【절기】 musim ②【명절】 perayaan ¶성탄절 Hari Natal.

절간(-間) ⇒ 절[1]

절감(節減) pengurangan; pembatasan; pemotongan 절감하다 mengurangi; memotong

절감하다(切感-) merasakan sungguh-sungguh

절개(切開) pembedahan 절개하다 membedah ¶종기를 절개하다 membedah penyakit tumor ⊙ 제왕절개수술 pembedahan perut untuk menolong melahirkan anak

절개(節槪) ⇒ 지조 kesetiaan; kesucian ¶절개가 있는 사람 orang setia/절개를 지키다 menjaga kesetiaan; (여자가) menjaga kesucian

절경(絕景) pemandangan yang bagus ¶천하절경 pemandangan yang terbagus di dunia

절교(絕交) pemutusan persahabatan; retaknya persahabatan 절교하다 memutuskan hubungan

절구 alu ¶절구질하다 menumbuk biji-bijian dengan alu ⊙ 절구통 lesung: 저 여자는 절구이다 Badannya seperti tong. 절굿공이 alat penumbuk

절규(絕叫) teriakan; pekikan; jeritan; seruan 절규하다 berteriak; memekik; berseru ¶피맺힌 절규 teriakan keras yang menyakitkan

절그렁 bunyi menderak; berderak-derak 절그렁하다, 절그렁거리다 mendentingkan; berdetak; gemerincing

절기(節氣) bagian musim

절다[1] ①【소금 · 식초 등에】 diacarkan; diasinkan ②【땀 · 기름 등에】 basah kuyup; dibasahi hingga basah kuyup ③【술 등에】 tidak henti-hentinya minum alkhol

절다[2] berjalan terpincang (timpang)

절단하다(切斷 · 裁斷-) memotong; mengamputasi ⊙ 절단기 mesin pemotong. 절단환자 pasién yang diamputasi

절대(絕對) kemutlakan ¶절대의 mutlak; tanpa syarat/절대로 dengan mutlak; secara positif/절대적 mutlak; sepenuhnya; penuh/ 절대불변의 kekal; tak dapat diubah ⊙ 절대군주제 monarki absolut. 절대권력 kekuasaan mutlak. 절대다수 mayoritas mutlak. 절대주의 faham absolut; absolutisme. 절대평가 évaluasi (penilaian) mutlak (total)

절도(節度) sikap tidak ékstrim ¶절도 있는 사람 orang yang moderat

절도(竊盜) pencurian ⊙ 절도범【사람】 pencuri. 절도죄 pencurian

절뚝거리다 ⇒ 절다, 절룩거리다 berjalan

pincang
절뚝발이 orang timpang (pincang; lumpuh)
절량농가(絶糧農家) petani yang kekurangan pangan
절레절레 menggéléngkan kepala
절로 ⇒ 저절로 sendiri
절룩거리다 ⇒ 절다 pincang; timpang
절름거리다 ⇒ 절룩거리다
절름발이 ⇒ 절뚝발이
절망(絶望) keputusasaan 절망하다 berputus asa; berpatah hati ¶절망한 나머지 karena putus asa/절망케 하다 menyebabkan putus asa
절멸(絶滅) penghancuran; pembasmian 절멸하다 menghancurkan; membasmi
절명하다(絶命-) ⇒ 사망하다, 죽다 meninggal; mati; menghembuskan nafas yang terakhir
절묘하다(絶妙-) sangat baik; sangat indah; bagus sekali
절미(節米) penghématan beras 절미하다 menghémat beras ⊙ 절미운동 gerakan (kampanye) penghématan beras
절박(切迫) 절박하다 ①【급박함】 mendesak; menekan ¶시간이 절박하다 Waktunya mendesak. ②【긴장 · 심각】 절박하다 serius; akut; dalam keadaan terjepit ⊙ 절박감 rasa kehilangan harapan; rasa keputus asaan
절반(折半) ⇒ 반 separuh; setengah; seperdua 절반하다 memaruh; membelah dua
절버덕거리다, 절벅거리다, 절벙거리다 mencebur-cebur(kan); mencepak-cepuk
절벽(絶壁) ①【낭떠러지】 ngarai; tebing yang curam ②【비유적】 ¶그는 귀가 절벽이다 Ia tuli pekak.
절삭(切削) pemotongan ⊙ 절삭공구 alat pemotong
절상(切上) penghargaan; aprésiasi ¶원화를 절상하다 menilai tinggi mata uang Korea
절색(絶色) wanita yang cantik sekali
절세(絶稅) pengurangan (réduksi) pajak
절세(絶世) ①【뛰어남】 tiada bandingan ¶절세미인 wanita yang cantik sekali; kecantik yang tiada bandingannya ②【은둔함】 절세하다 cenderung menjauhkan diri dari masyarakat
절손하다(絶孫-) tidak mempunyai keturunan
절수(節水) penghématan air 절수하다 menghémat air
절식하다(絶食-) ①【단식】 berpuasa ②【절량】 kehabisan makanan
절실(切實) ①【느낌 · 생각 등이】 절실하다 serius; mendesak ¶절실히 dengan mendesak; dengan segera ②【매우 긴요하다】 urgén; mendesak
절약(節約) penghématan; kehématan 절약하다 ⇒ 아끼다 menghémat; mengurangi; membatasi ¶경비를 절약하다 mengurangi pengeluaran ⊙ 시간【비용】 절약 penghématan waktu【biaya】
절연(絶緣) ①【인연 · 관계를】 절연하다 memutuskan hubungan ②【전기 · 열 등이 통하지 못하게 하는 것】 절연하다 mengisolasikan; menyekat ⊙ 절연 기 alat penyekat. 절연체 alat penyekat; bahan isolasi
절의(節義) ketaatan kepada prinsip; kejujuran ¶절의를 지키다 mentaati (mematuhi) prinsip
절이다 mengacarkan; mengasinkan
절전(節電) penghématan listrik 절전하다 menghémat listrik ⊙ 절전운동 kampanye penghématan listrik
절절 ①【끓는 모양】 mendidih; menggelegakkan ②【흔드는 모양 géléng
절절하다(切切-) ⇒ 간절하다
절정(絶頂) puncak; pelonjakan ¶번영의 절정 puncak kemakmuran
절제(節制) pemantangan; pengontrol; (성욕 등의) pertarakan; pengendalian nafsu; pertapaan 절제하다 berpantang; menguasai; mencegah; menahan; bertarak
절제하다(切除-) pembedahan ⊙ 폐 절제 pembedahan paru-paru
절차(節次) prosedur; urutan; formalitas; tata cara ¶절차상의 berkenaan dengan cara atau prosedur/절차를 밟다 mengikuti prosedur resmi ⊙ 절차법 kaidah urutan (prosedur)
절찬하다(絶讚-) menyanjung; memuji se-

tinggi langit ¶절찬을 받다 disanjung; dipuji

절충(折衷) kompromi; persepakatan; persetujuan; jalan tengah 절충하다 bersepakat; mengadakan kompromi ⊙ 절충안(案) rencana kompromi. 절충주의 faham kompromi

절충(折衝) 【담판】 perundingan; négosiasi 절충하다 merundingkan; membicarakan ¶절충할 수 있는 dapat dirundingkan

절취(竊取) pencurian 절취하다 mencuri

절취선(切取線) garis titik-titik

절치부심하다(切齒腐心-) menggertakan gigi dengan marah dan kesal

절친(切親) keakraban; keintiman 절친하다 karib; intim; akrab; erat

절통하다(切痛-) paling disesalkan

절판(絶版) ¶절판이 되다 sudah tidak dicétak lagi

절편 【떡】 *jeolpyeon;* sejenis kue beras

절필(絶筆) pemberhentian menulis 절필하다 berhenti menulis

절하(切下) pengurangan; dévaluasi 절하하다 mengurangi; menurunkan; memotong; mendévaluasi

절해(絶海) pulau yang terpencil

절호(絶好) ¶절호의 terbaik; terbagus/절호의 기회 kesempatan yang terbaik

절후(節候) ⇒ 절기

젊다 muda ¶젊었을 때 ketika masa muda/나이보다 젊다 kelihatan muda dari pada umurnya; awét muda

젊은이 ⇒ 청년 orang muda; pemuda; muda-mudi

점(占) ⇒ 점치다 peramalan

점(點) ①【작고 둥근 표시】 tiik; noktah ¶점을 찍다 menitik; memberi tanda titik ②【성적의 단위】 nilai ③【경기의 득점】 skor ④【관점】 sudut pandang ⑤【물품의 수】 buah; helai; potong ¶의류 10점 sepuluh helai pakaian ⑥【지점】 titik ¶출발점 titik awal ⑦【반점】 noda; bintik ¶태양의 흑점 bintik matahari ⑧【소수점】 koma desimal ⑨【화학】 titik ¶비등점 titik didih ⑩【바둑】 batu ⑪【피부의】 tanda lahir; tahi lalat

점거(占據) pendudukan 점거하다 menduduki ⊙ 점거지 daérah pendudukan; daérah jajahan. 불법점거 pendudukan tidak sah

점검하다(點檢-) memeriksa; menginspéksi ¶인원을 점검하다 memanggil nama yang hadir dan tidak hadir

점괘(占卦) tanda peramalan

점도(粘度) kekentalan; viskositas

점등(點燈) penerangan 점등하다 menerangi; menyalakan lampu ⊙ 점등시간 waktu penerangan

점령(占領) pendudukan 점령하다 menduduki ¶점령 하에 있다 di bawah pendudukan ⊙ 점령지 daérah (téritori) yang menduduki

점막(粘膜) selaput lendir; mukosa ⊙ 점막분비물 dahak; cairan yang keluar dari mata, hidung atau mulut pada waktu demam

점멸하다(點滅-) ⇒ 깜박거리다 mematihidupkan

점박이(點-) ①【동물】 binatang belang ②【사람】 orang yang ada tanda lahirnya ③【손가락질 받는】 sasaran olok-olok

점보 yang luar biasa besarnya

점선(點線) garis titik-titik

점성(黏性) kekentalan; viskositas

점성(占星) perbintangan; ramalan bintang ⊙ 점성가 ahli perbintangan. 점성술, 점성학 astrologi; ilmu perbintangan

점수(點數) ①【성적의】 nilai; angka ¶점수를 매기다 memberi angka/좋은 점수를 따다 mendapat angka yang baik

점술(占術) seni peramalan (pertanda) ⊙ 점술가 ⇒ 점쟁이 ahli peramal

점심(點心) makan(an) siang ¶점심을 먹다 makan siang ⊙ 점심때 tengah hari; siang

점액(粘液) lendir ¶점액성의 berlendir; mengandung lendir ⊙ 점액분비 pengeluaran lendir

점원(店員) penjaja barang; pramuniaga; 【여자】 pramuniaga wanita

점유(占有) milik; pendudukan; penempatan 점유하다 menduduki ⊙ 점유물 barang milik. 점유자 pemilik; orang yang menduduki

점입가경(漸入佳境) semakin menarik; semakin mencapai titik puncak

점자(點字) huruf Braille ¶점자를 읽다 membaca huruf Braille

점잔 géngsi; harga diri; préstise ¶점잔하게 dengan géngsi

점잖다 patut dihormati; berkelakuan baik; sopan-santun; jéntel; pantas ¶점잖게 굴다 bertingkah laku dengan wajar/점잖지 못하다 tidak sopan; kurang ajar; bertingkah laku dengan buruk

점쟁이(占-) peramal; ahli nujum

점점(漸漸) ⇒ 점차, 차차, 차츰 sedikit demi sedikit; lambat laun; semakin ¶점점 나빠지다 semakin buruk

점점이(點點-) ①【여기저기】 di sana-sini ②【하나씩】 satu per satu

점증하다(漸增-) meningkat; bertambah secara bertahap

점진(漸進) 점진하다 maju sedikit demi sedikit; berubah secara bertahap ¶점진적으로 secara perlahan-lahan; secara berangsur-angsur ⊙ 점진주의 paham moderat

점찍다(點-) ada seseorang dalam mata

점차(漸次) secara bertahap (bertingkat); berangsur-angsur; sedikit demi sedikit

점착(粘着) pelekatan; penémpélan; adhési; viskositas 점착하다 melekat; menémpél ⊙ 점착력 daya rekat. 점착성 kelekatan; pelekatan; penémpélan; viskositas. 점착제(劑) bahan pelekat

점철되다(點綴-) ditatah

점치다(占-) ⇒ 점(占) ①【운수 · 길흉 등을】 meramal nasib ②【예측, 판단하다】 meramalkan

점토(粘土) ⇒ 찰흙 tanah liat; lempung ⊙ 점토세공 pekerjaan tanah liat. 내화점토 bata tahan api

점퍼 baju sweater; baju tak berlengan yang biasanya dipakai dengan blus didalamnya

점포(店鋪) ⇒ 가게 toko ¶점포를 열다 membuka toko

점프tokoloncatan; loncat 점프하다 melompat; meloncat

점호(點呼) apél 점호하다 mengadakan apél; memanggil nama yang hadir dan tidak hadir ⊙ 일조 (일석) 점호 【군대】 apél pagi (malam)

점화(點火) penyalaan; pencetusan; penyulutan 점화하다 menyalakan; memasang api; menghidupkan ⊙ 점화장치 sistém pengapian (penyalaan). 점화전(栓) busi

접 【마늘 등의 100개를 세는 단위】 seratus buah

접(接) cangkokkan pada tanaman ¶접(을) 붙이다 mencangkok

접객하다(接客-) menerima tamu; menyambut tamu; menjamu ¶접객용의 untuk langganan ⊙ 접객업 usaha hotél dan réstoran. 접객업자 pemilik hotél dan réstoran

접견(接見) ①【공식적으로 손님을】 resépsi; penerimaan 접견하다 menerima; melayani ②【피의자 등을】 konsultasi ⊙ 접견실 ruang tamu

접경(接境) garis (daérah) perbatasan 접경하다 berbatasan dengan; berdekatan; berdampingan

접골(接骨) pemulihan letak tulang 접골하다 mengembalikan (memulihkan) tulang pada letak semula

접근하다(接近-) ①【가까이 다가가다】 mendekati; menghampiri; mengakrabi; menuju; mengarahl ②【컴퓨터 파일 등에】 dapat dicapai ⊙ 접근 전 perkelahian jarak rapat

접다 ①【종이 · 헝겊 등을】 melipat; menggulung ②【날개 · 우산 · 자전거 등을】 menguncup; menekuk ③【의견 · 생각 · 문제 등을 제쳐 놓다】 tidak mengindahkan

접대(接待) penyambutan; pelayanan; perjamuan; resépsi 접대하다 menjamu; menyambut; melayani; memberi manfaat dengan baik ⊙ 접대부 pelayan; pramusaji. 접대비 biaya perjamuan 접대실 ruangan resépsi

접두사(接頭辭) awalan

접두어(接頭語) ⇒ 접두사(接頭辭)

접때 beberapa hari yang lalu

접목(接木) ①【나무】 cangkokan; pencangkokan; okulasi 접목하다 mengéntén; mencangkok; mengokulasi ②【기술, 분야】 접목하다 mengéntén; memindahkan

접미사(接尾辭) akhiran

접미어(接尾語) ⇒ 접미사(接尾辭)

접붙이다(接-) mengokulasi
접사(接寫) potrét dari dekat
접선(接線) ①【수학】 garis singgung; garis tangan ②【비밀스러운 접촉】 persentuhan 접선하다 bersentuhan
접속(接續) hubungan; koneksi; pertalian; pertambatan 접속하다 menyambung; menghubungkan
접속사(接續詞) kata penghubung; kata perangkai
접수(接受) penerimaan 접수하다 menerima ⊙ 접수계 penerima tamu di hotél, kantor dan sebagainya. 접수구 lokét informasi. 접수번호 nomor penerimaan. 접수처 kantor informasi
접시 ①【식기】 piring ②【수량을 세는 단위】 ¶고기 한 접시 sepiring daging
접안경(接眼鏡) lénsa okuler
접어들다 ①【지점·길 등으로】 mengarah ②【계절·때·나이 등에】 mendekat; datang mendekati
접어주다 ①【봐 주다】¶다섯 점 접어주다 memberikan handikap lima batu ((main baduk)) ②【비유적】 mengabaikan
접영(蝶泳) gaya kupu-kupu
접전하다(接戰-) berkelahi jarak dekat
접종(接種) penyuntikan; suntikan; inokulasi; vaksinasi 접종하다 menyuntik; menginokulasi ⊙ 접종요법 suntikan vaksin. 비시지접종 suntikan BCG. 예방접종 suntikan pencegahan
접지(接地)【전기】 konéksi tanah ⊙ 접지선 konduktor tanah
접 지르다 ⇒ 접질리다
접질리다 ⇒ 삐다 keseléo
접착(接着) perekat
접촉(接觸) ①【서로 맞닿음】 sentuhan; kontak; persinggungan 접촉하다 menyentuh ②【교류, 교체】 keadaan berhubungan atau bergaul 접촉하다 berhubungan dengan; berkomunikasi ⊙ 접촉감염 penularan. 접촉반응 katalisis
접 피술(接皮術) pemindahan kulit
접하다(接-) ①【만나다·대하다】 bersentuhan; menyentuh; menjamah ②【인접하다】 bersebelahan dengan; berbatasan; berdampingan dengan ③【사실·소식 등을】 menerima

접합(接合) 접합하다 menyatukan; menggabungkan; merekatkan ⊙ 접합자, 접합체 janin, 접합재 alat untuk menjilid. 접합제(劑) bahan perekat
접히다 ①【종이 등이】 terlipat; dilipat ②【바둑 등에서】 mendapat handikap
젓, 젓갈 ikan yang diacar (diasinkan)
젓가락 sumpit
젓다 ①【액체·가루 등을】 mengocok ②【배·노 등을】 mendayung; mengayuhkan ③【고개·손 등을】 melambaikan; menggoyang; (머리를) menggéléngkan
정[1]【연장】 pahat
정(情) ①【애정】 kasih sayang ②【인정】 perasaan kasihan; rasa simpati; perasaan kasihan atau sedih atas penderitaan orang lain ¶정이 많다【두텁다】 baik hati dan penuh kasih sayang/정에 무르다 émosional; mudah terpengaruh oléh perasaan; berhati lembut; mudah tersinggung; sénsitif ③【감정】 perasaan ¶그리운 정 kerinduan
정[2]【정말로】 sungguh-sungguh; memang
정(整)【금액】 jumlah bersih
정(錠) tablét
정(挺) ¶소총 한 정 sebuah senapang (bedil)
정가(定價) harga pasti; harga baku; harga mati ¶정가로 팔다 menjual dengan harga pasti ⊙ 정가표 daftar harga
정가(政街) ⇒ 정계【정치권】
정각(正刻) waktu yang tepat ¶한시 정각에 pada jam satu tepat
정각(定刻) waktu yang telah ditetapkan ¶정각에 tepat pada waktu
정간(停刊) penghentian penerbitan 정간하다 menghentikan penerbitan
정갈스럽다, 정갈하다 rapi dan bersih
정강(政綱) prinsip-prinsip politik
정강이 tulang kering; bagian depan kaki dari lutut sampai mata kaki ¶아무의 정강이를 차다 menendang tulang kering ⊙ 정강이뼈 tulang kering
정객(政客) politikus
정거(停車) pemberhentian 정거하다 berhenti ¶정거시키다 menghentikan ⊙ 급【비상】정거 pemberhentian mendadak【darurat】

정거장(停車場) ⇒ 정류장 (기차) stasiun; tempat pemberhentian; (버스) halte ¶정거장대합실 ruang tunggu di stasiun keréta api

정견(政見) pandangan politik ⊙ 정견발표회 kampanye politik

정결(貞潔) kesucian; kemurnian 정결하다 murni; bersih; suci

정결(淨潔) kebersihan; kerapian 정결하다 bersih; rapi; apik

정경(政經) ékonomi dan politik ⊙ 정경유착 kolusi pengusaha-pemerintah. 정경학부 fakultas ékonomi dan politik

정경(情景) pemandangan yang menyedihkan

정경분리(政經分離) pemisahan ékonomi dan politik 정경분리하다 memisahkan ékonomi dan politik ⊙ 정경분리정책 kebijakan pemisahan ékonomi dan politik

정계(政界) dunia politik; lingkungan politik ¶정계의 거물 tokoh politik terkemuka/정계의 불안 kekacauan politik/정계로 진출하다 terjun ke dunia politik

정곡(正鵠) sasaran; jawaban yang tepat ¶정곡을 찌르다 mengenai sasaran; menerka dengan benar/정곡을 찔리다 diterka dengan benar

정공(正攻) serangan dari depan 정공하다 menyerang dari depan; bermain secara adil ⊙ 정공법 ⇒ 정공

정관(定款) anggaran dasar

정관(精管) saluran mani ⊙ 정관절제(수)술 vaséktomi

정관하다(靜觀-) mengawasi dengan tenang; memandang; tunggu dan lihat ⊙ 정관주의 kebijakan tunggu dan lihat

정관사(定冠詞) kata sandang tertentu

정교(正教) ①【사교(邪教)에 대하여】 ortodoksi; sifat ortodok; kekolotan ②【기독교】 ⇒ 정교회(正教會)

정교(政教) ①【정치와 종교】 agama dan politik ②【정치와 교육】 politik dan pendidikan ⊙ 정교분리 【일치】 pemisahan 【penggabungan】 agama dan politik

정교(情交) ①【우정】 persahabatan 정교하다 mempunyai hubungan akrab; bersahabatan dengan ②【색정】 hubungan haram antara lelaki dan wanita 정교하다 mengadakan hubungan haram (gelap); mengadakan perzinahan dengan

정교(精巧) ketelitian 정교하다 sangat baik; sangat halus; rinci dan rumit

정교사(正教師) guru tetap

정구(庭球) 【테니스】 ténis ¶정구를 하다 bermain ténis ⊙ 정구선수 pemain ténis. 정구장, 정구코트 lapangan ténis

정국(政局) situasi politik ¶정국의 불안정 ketidak stabilan situasi politik

정권(政權) kekuasaan politik ¶정권을 쥐다 meraih kekuasaan politik ⊙ 정권교체 perubahan kekuasaan politik. 정권다툼 perebutan ambisi(keinginan) untuk mengambil kuasa. 괴뢰정권 pemerintahan bonéka

정규(正規) keteraturan; peraturan; prosedur résmi; tata cara ¶정규의 tetap; normal; biasa; régulér ⊙ 정규군 tentara régulér

정근(精勤) kerajinan; kehadiran tetap 정근하다 rajin; hadir tetap

정글 hutan rimba; belantara

정기(正氣) ①【바른 기풍】 kejujuran; semangat adil dan wajar ②【천지의】 semangat yang mendorong dan mengontrol alam seméşta

정기(定期) waktu tertentu ¶정기의 tetap; teratur; régulér/정기로 secara berkala ⊙ 정기간행물 terbitan berkala. 정기검사 pemeriksaan berkala. 정기승차권 karcis abonémén. 정기시험 ujian régulér. 정기항로【운행】 penerbangan 【rute】 régulér

정기(精氣) semangat dan kekuatan; daya hidup; vitalitas

정나미(情-) kasih sayang; cinta ¶정나미(가) 떨어지다 menjadi jijik (mual); hilang harapan; berputus asa; kehilangan kepercayaan (keyakinan)

정년(停年) batas umur; umur pénsiun ¶정년에 달하다 menjadi (mencapai) umur pénsiun/정년으로 퇴직하다 pénsiun pada batas umur ⊙ 정년제 sistém batas usia (umur)

정녕(丁寧) tentu saja; yakin ¶정녕 그러냐 Apakah anda yakin?/정녕 그렇습니다

Ya, saya yakin.

정담(政談) pembicaraan politik

정담(情談) pembicaraan ramah tamah

정답(正答) jawaban tepat (benar; pasti)

정당하다(正當-) benar; sah; tepat ¶정당한 사유 alasan yang tepat ⊙ 정당방위【법률】 pembelaan diri yang sah

정당(政黨) partai politik ¶정당에 적을 두다 menjadi anggota partai politik ⊙ 정당정치 politik partai. 보수정당 partai konservatif. 혁신정당 partai progrésif

정당화(正當化) kenyataan bébas dari kesalahan 정당화하다 membenarkan; memberi alasan yang tepat

정도(正道) jalan yang benar; kebenaran ¶정도에서 벗어나다 menyimpang dari jalan yang benar

정도(程度) ①【분량, 수준】 tingkat; derajat; kadar; taraf; standar; mutu ¶어느 정도까지 sampai batas tertentu ②【일정한 한도】 batas ⊙ 생활정도 standar kehidupan. 지능정도 tingkat kecerdasan

정독하다(精讀-) membaca dengan teliti

정돈(停頓) jalan buntu; kebuntuan 정돈하다 menemui jalan buntu; sampai pada kebuntuan ¶정돈상태에 있다 dalam keadaan berhenti (buntu)

정돈(整頓) pengaturan; penyusunan; pembenahan 정돈하다 menyusun; membenahi; mengapikkan ¶정돈된 rapi; bérés; teratur; tersusun baik

정들다(情-) suka; senang; menjadi intim (akrab); jatuh cinta; merasa kasih sayang pada ¶정든 님 kekasih; orang yang tercinta/여자한테 정들다 jatuh cinta pada seorang gadis

정떨어지다(情-) menjadi tidak puas; menjadi mual (jijik) ¶정떨어지는 이야기 cerita yang menjijikkan (tidak memuaskan)

정략(政略) ①【정치상의 책동】 siasat (stratégi) politik; politik ¶정략적(인) politis ②【책략】 kecerdikan; kecerdasan; tipu daya; kelicikan; (방편) rencana atau gagasan yang tepat untuk menyelesaikan suatu masalah ¶정략을 쓰다 menggunakan tipu daya ⊙ 정략가(家) ahli siasat politik. 정략결혼 perkawinan untuk tujuan (alasan) politik

정량(定量) jumlah yang tepat; 【내복약의】 dosis ¶정량의 berkenaan dengan jumlah; kuantitatif ⊙ 정량분석 analisa kuantitatif

정력(精力) ①【심신의 활동력】 tenaga; gaya; énergi; daya; semangat ¶정력적인, 정력이 왕성한 bersemangat; énergik ②【남성의 성적 능력】 vitalitas; séksuil¶정력을 회복하다 pulih kembali kekuatan séksuil ⊙ 정력가 orang yang énergik

정련하다(精鍊-) memurnikan ⊙ 정련소 pabrik pemurnian

정렬하다(整列-) berbaris ¶정렬하여 기다리다 menunggu berbaris

정령(精靈) jiwa; roh ⊙ 정령설 spiritualisme; animisme

정례(定例) ¶정례의 régulér; teratur; biasa; tetap/정례에 의하여 menurut (sesuai dengan) pengaturan ⊙ 정례국무 회의 pertemuan kabinet régulér. 정례기자 회견 konferénsi pérs régulér

정론(正論) arguméntasi yang tepat

정론(定論) téori yang mapan; pandangan (pendapat) yang diterima secara umum

정론(政論) pembicaraan (diskusi) politik ¶정론을 하다 berbicara tentang politik

정류하다(停留-) berhenti ⊙ 버스정류장 tempat perhentian bus; halte

정리(整理) ①【정돈】 pengaturan; pembérésan; penyesuaian 정리하다 mengatur; membéréskan ②【문제 · 불필요한 것 등을】 likwidasi; pembubaran; pemusnah; réorganisasi 정리하다 membubarkan; memusnahkan; meghancurkan; menyusun kembali; membentuk kembali ③【지불 관계를】 membayar; melunasi ⟪hutang⟫ ④【관계를】 memutuskan hubungan ⊙ 인원정리 pengurangan personalia

정립하다(正立-) memperbaiki; menukar

정립하다(定立-) membangun; mendirikan

정말(正-) ⇒ 진짜 ①【참말】 sungguh; benar ¶정말은 sebetulnya; sesungguhnya; sebenarnya ②【부사적】 benar-benar

정맥(靜脈) pembuluh darah; urat daun ¶정맥의 berurat; berpembuluh ⊙ 정맥주사 injéksi (penyuntikan) berurat: 정맥주

사를 놓다 menyuntik berurat

정면(正面) ①【마주 보이는 방향】 bagian depan; yang di depan ¶정면의 depan; muka ②【직접 마주 대함】 ¶현실에 정면으로 맞서다 menghadapi réalitas secara langsung ⊙ 정면공격 serangan dari depan

정무(政務) masalah politik (negara) ¶정무를 보다 mengurus masalah negara

정문(正門) gapura; gerbang (pintu) depan

정문(頂門) kepala ⊙ 정문일침 teguran langsung: 정문에 일침을 가하다 memberi teguran langsung

정물(靜物) benda mati ⊙ 정물화 lukisan benda mati

정미(精米) pembersihan (penggilingan) beras; beras putih 정미하다 menggiling beras. ⊙ 정미소 penggilingan beras

정밀(精密) keseksamaan; ketepatan; ketelitian; kecermatan 정밀하다 tepat; teliti; cermat ¶정밀하게 dengan teliti; dengan seksama; dengan tepat ⊙ 정밀검사 pemeriksaan secara cermat

정박(碇泊) perlabuhan 정박하다 berlabuh; membuang sauh ⊙ 정박지(항) pelabuhan

정박아(精薄兒) anak yang cacat méntalnya; anak yang terlambat méntal ⊙ 정박아수용 시설 rumah penampungan anak yang cacat mentalnya

정반대(正反對) lawan langsung ¶정반대로 secara langsung berlawanan; sebagai diaméter

정방형(正方形) ⇒ 정사각형

정백(精白) ⊙ 정백 당(糖) gula halus. 정백미 beras yang bersih (putih)

정벌하다(征伐-) menaklukkan

정변(政變) kudéta; perubahan pemerintahan

정병(精兵) tentara pilihan

정보(情報) informasi; laporan; keterangan; kabar ¶정보에 의하면 menurut informasi ⊙ 정보산업 industri informasi; bisnis komunikasi. 정보수집 pengumpulan informasi. 정보원 agén rahasia. 정보원(源) sumber berita (informasi). 정보정치 politik intelegénsi. 정보처리【컴퓨터】 pemrosésan informasi; pengolahan data: 정보활동 kegiatan mata-mata. 정보화 사회 masyarakat yang beroriéntasi informasi

정복(正服) pakaian formal (lengkap); pakaian seragam

정복(征服) ①【다른 나라 · 이민족 등을】 penaklukan; penundukan 정복하다 menaklukkan; menundukkan ¶정복할 수 없는 tak terkalahkan; tak terkendalikan ②【자연 · 질병 등을】 membasmi; mengatasi ③【외국어 · 기술 등을】 menguasai ⊙ 정복자 penakluk

정부(正副) kepala dan bawahan; asli dan salinan ⊙ 정부의장 ketua dan wakil ketua. 정부통령 présidén dan wakil présidén

정부(政府) pemerintahan; kabinet ¶정부(측)의 pihak pemerintah (kabinét)/정부를 수립하다 mendirikan pemerintah ⊙ 정부보조금 subsidi pemerintah. 정부안 rancangan pemerintah. 연립정부 pemerintah gabungan (persatuan)

정부(情婦) kekasih gelap; istri piaraan

정부(情夫) kekasih gelap ((laki-laki))

정분(情分) ⇒ 정 ①【사귀어서 든 정】 persahabatan yang intim; keintiman ¶정분이 두텁다 sangat intim ②【남녀 간의 정】 hubungan cinta (asmara) 정분나다 bercinta-cintaan

정비(整備) perbaikan; perlengkapan 정비하다 ①【조직 · 제도. 체계 등의】 memperlengkapi; memperbaiki; merawat; memelihara; menjaga stabilitas ¶정비되어 있다 diperlengkapi ②【자동차시설 · 설비 등의】 정비하다 ⊙ 정비공장 béngkél; perbéngkélan; 【자동차의】 béngkél mobil. 정비공, 정비원 montir; 【자동차의】 montir mobil

정비례(正比例) perbandingan lurus 정비례하다 berbanding lurus

정사(正史) sejarah oténtik

정사(正邪) benar dan salah; baik dan jahat ¶정사를 구별하다 membédakan benar dan salah

정사(政事) masalah politik ¶정사를 다스리다 mengelola hal-hal negara

정사(情死) tindakan bunuh diri sepasang kekasih 정사하다 melakukan bunuh diri bersama kekasih

정사(情事) hubungan asmara gelap;【밀통】 hubungan haram antara lelaki dan wanita ⊙ 혼외정사 hubungan séks di luar pernikahan

정사각형(正四角形) bentuk bujur sangkar

정사원(正社員) anggota (staf) tetap

정산(精算) perhitungan tepat; pembérésan rékening 정산하다 melakukan perhitungan tepat; membéréskan rékening

정사각형(正三角形) segitiga sama sisi

정상(正常) keadaan normal (biasa); normalitas ¶정상이 아닌 tidak wajar; anéh; abnormal; luar biasa

정상(政商) usahawan berafiliasi politik ⊙ 정상배 politikus

정상(頂上) ①【산꼭대기】 puncak ¶산의 정상에 di puncak gunung ②【최고의 상태】 tingkat tinggi ⊙ 정상회담 konferénsi tingkat tinggi

정상(情狀) keadaan; hal-hal; hal ikhwal ¶정상을 참작하여 dengan mempertimbangkan keadaan

정상화(正常化) prosés membuat jadi normal; normalisasi ¶정상화하다 membuat normal; menormalisir

정색(正色) ①【빛깔】 warna dasar ②【안색】 roman muka yang serius (sungguh-sungguh) 정색하다 memperlihatkan roman muka yang serius; menunjukkan muka yang sungguh-sungguh

정서하다(正書-) menulis dengan baik

정서하다(淨書-) membuat salinan yang baik

정서(情緖) émosi; perasaan; suasana ⊙ 이국정서 suasana asing (luar negeri)

정석(定石) rumus; bentuk yang mapan ¶정석대로 menurut téksbuk

정선하다(精選-) memilih dengan teliti

정설(定說) téori yang sudah mapan; pandangan yang tidak berubah ¶정설을 뒤집다 menggulingkan téori yang sudah mapan

정성(精誠) *keikhlasan* 정성스럽다 tulus; sejati; serius; setia ¶정성껏 dengan tulus-ikhlas/ 정성껏 돌보다 memelihara dengan sungguh-sungguh

정세(情勢) keadaan; situasi; kondisi ¶현재의 정세 keadaan sekarang ⊙ 국내정세 situasi dalam negeri. 국제정세 situasi internasional

정수(正數)【수학】 bilangan positif

정수(定數) ①【일정 수】 bilangan yang ditetapkan; kuorum;【정족수】 jumlah terbatas ②【운수】 takdir ③【수학】⇒ 상수(常數)

정수(淨水) air bersih ⊙ 정수장 tempat penyaringan air bersih

정수(精髓) ⇒ 진수 ①【뼛속의】 sum-sum ②【사물의】 intisari; pokok; isi ¶기독교의 정수 sifat dasar agama Kristen

정수기(淨水器) alat pembersih air

정수리(頂-) ubun-ubun; puncak; bagian tertinggi

정숙(貞淑) kesucian; kemurnian 정숙하다 murni; bersih; suci

정숙(精肅) ketenangan; keheningan 정숙하다 tenang; hening ¶정숙 하여라 Jangan ribut.

정승(政丞) menteri ⟪pada zaman Dinasti Korea⟫

정시(定時) waktu yang ditetapkan; jam yang telah ditetapkan ¶정시의 tetap; régulér/정시에 secara tetap (régulér) ⊙ 정시제【수학】 sistem paruh waktu

정식(正式) formalitas; bentuk mapan ¶정식의 formal; resmi; régulér/정식으로 secara formal; secara resmi ⊙ 정식결혼 perkawinan yang sah. 정식계약 kontrak formal. 정식재판 pengadilan resmi

정식(定食) makan(an) biasa (tetap)

정신(精神) jiwa; semangat; batin ¶정신적으로 secara mental; secara kejiwaan/정신이 팔리다 asyik; terpikat ¶정신을 차리다 pulih kesadaran/정신이 없다 bingung; kacau pikiran ⊙ 정신감정 tés psikiater. 정신노동 pekerjaan yang berkenaan dengan pikiran atau otak. 정신력 kekuatan méntal. 정신박약 kelemahan méntal (jiwa): 정신박약아 anak terbelakang; anak yang cacat méntalnya. 정신병 penyakit jiwa: 정신병자 orang gila. 정신병원 rumah sakit penyakit jiwa. 정신분석 analisis kejiwaan; psikoanalisa: 정신분석학자 ahli penganalisis kejiwaan. 정신분열증 penyakit jiwa berupa suka mengasingkan diri; *schizofrenio*: 정신분열증 환자 penderita *schizofrenio*. 정신연령 umur méntal. 정신이상 gangguan méntal: 정신이상자 pesakit jiwa. 정신질환 penyakit méntal. 정신착란 penyakit jiwa(gila); kelainan jiwa

정신대(挺身隊) kumpulan penghibur wanita untuk tentara Jepang

정실(正室) istri sah

정실(情實) pertimbangan (keadaan) pribadi ¶정실에 좌우되다 terpengaruh oléh pertimbangan pribadi ⊙ 정실인사(人事) perubahan personalia dengan pertimbangan pribadi

정액(定額) jumlah yang tetap ⊙ 정액소득 pendapatan tetap. 정액예금 déposito tetap. 정액제 sistém jumlah tetap

정액(精液) spérma; mani ⊙ 정액사출 pemancaran spérma

정양(靜養) istirahat 정양하다 beristirahat ¶정양 차 untuk penyembuhan kembali

정어리 【어류】 ikan sardén

정연(整然) kerapian; ketertiban 정연하다 tertib; rapi; teratur ¶정연하게 dengan teratur; dengan rapi

정열(情熱) ⇒ 열정 nafsu; antusiasme; gairah ¶정열적 bernafsu; antusias; bergairah

정염(情炎) kobaran asmara ¶정염에 불타다 menyala kobaran asmara

정예(精銳) pilihan; élite ¶정예의 terpilih/ 소수정예 anggota élite pilihan ⊙ 정예부대 tentara (unit) pilihan

정오(正午) tengah hari; siang hari ¶정오에 pada tengah hari

정오(正誤) perbaikan; pembetulan ⊙ 정오표 daftar érata; daftar kesalahan tulis (cétak)

정온(定溫) temperatur (suhu) tetap ⊙ 정온동물 binatang yang bersuhu badan tetap

정욕(情慾) nafsu birahi ¶정욕을 억제하다 menahan nafsu birahi

정원(定員) staf tetap; jumlah yang ditetapkan; kuorum ¶정원 외의 tambahan; ékstra; cadangan

정원(庭園) kebun; taman; ladang ⊙ 정원사(師) tukang kebun; tukang taman. 옥상정원 taman yang berada di atas bangunan datar

정월(正月) Januari ¶정월초하루 Hari Tahun Baru

정유(精油) penyulingan minyak; perminyakan ⊙ 정유공장 kilang minyak. 정유 관 pipa saluran minyak

정육(精肉) daging segar ⊙ 정육 상 tukang daging

정의(正義) kebenaran; keadilan ¶정의의 adil; benar/정의를 위하여 démi keadilan ⊙ 정의감 rasa keadilan. 정의사회 masyarakat adil: 정의사회구현 réalisasi masyarakat adil

정의(定義) définisi 정의하다 mendéfinisikan

정의(情意) perasaan dan keinginan ⊙ 정의상통: 정의상통하다 memiliki perasaan dan keinginan yang sama

정의(情誼) perasaan bersahabat; kasih sayang ¶옛 정의를 생각해서 demi persahabatan lama

정자(亭子) paviliun; rumah musim panas ⊙ 정자나무 pohon yang rindang

정자(精子) spérma ⊙ 정자은행 bank spérma. 정자형성(정자 낭) spérmatogénésis

정자(正字) huruf balok; huruf cétak

정작 sebenarnya; sesungguhnya; tepat

정장(正裝) pakaian lengkap 정장하다 berpakaian lengkap

정쟁(政爭) persaingan politik; perjuangan politik

정적(政敵) saingan (lawan) politik

정적(靜的) statis; pasif ¶정적으로 tidak berubah; statis

정적(靜寂) ketenangan; keheningan ¶정적을 깨뜨리다 memecahkan keheningan

정전(停電) pemutusan arus listrik 정전하다 memutuskan arus listrik ¶정전되다 arus listrik diputuskan

정전(停戰) ⇒ 휴전 gencatan senjata 정전하다 mengadakan gencatan senjata ⊙ 정전회담 perundingan gencatan senjata

정전기(靜電氣) listrik statis

정절(貞節) ⇒ 정조 kesucian; kemurnian ¶정절을 지키다 menjaga kesucian

정점(頂點) titik puncak
정정하다(亭亭-) séhat wal'afiat; tua tetapi penuh semangat (kuat)
정정(訂正) pembetulan; perbaikan; révisi; pembenaran 정정하다 memperbaiki; merévisi ⊙ 정정판 édisi yang telah direvisi
정정(政情) keadaan (situasi) politik ¶정정 안정 【불안정】 kestabilan 【ketidakstabilan】 politik
정정당당하다(正正堂堂-) jujur dan terus terang ¶정정당당히 secara terbuka; dengan jujur
정제(精製) penyaringan; penghalusan; penghilangan 정제하다 menyaring; menghaluskan; memurnikan; memperhalus; menghaluskan ¶정제한 dibersihkan; dimurnikan; disuling ⊙ 정제공장 penyulingan; perkilangan. 정제당【식염】 gula 【garam】 halus. 정제법 prosés penghalusan
정제(整除) kemampubagian ¶정제되는 dapat dibagi ⊙ 정제수 hasil bagi yang tepat
정제(錠劑) tablét; pil
정조(貞操) kesucian; kemurnian; keperawan; kegadisan ¶정조를 농락하다【짓밟다, 더럽히다】 mengotorkan 【mencemarkan】 kesucian (keperawanan)
정족(鼎足) standar kaki tiga ¶정족지세(之勢) posisi segitiga; situasi tiga pihak
정족수(定足數) 【법률】 kuorum ¶정족수 미달로 유회되다 ditunda karena tidak mencapai kuorum
정종(正宗) saké
정주(定住) kediaman; tempat tinggal 정주하다 tinggal; menetap ⊙ 정주지 tempat tinggal tetap; tempat kediaman tetap
정중(鄭重) kesungguhan; kesopanan; kebaikan; gaya tarik 정중하다 sungguh-sungguh; serius; sopan ¶정중히 dengan sungguh-sungguh; dengan serius; dengan sopan/정중한 사람 orang yang sopan
정지(停止) ①【움직이던 것이 멈춤】 penghentian; penyetopan; pelarangan; pemutusan 정지하다 menghentikan; menyetopkan; melarang; memutuskan ¶정지하고 있다 terhenti ②【하고 있던 일이 금지됨】 menutup; memadakan; menghentikan; menangguhkan ¶지급을 정지하다 menangguhkan pembayaran ⊙ 정지신호 tanda berhenti
정지(靜止) keadaan tidak bergerak; pasif; keadaan berhenti; penghentian 정지하다 terhenti; tidak berubah; tidak bergerak
정지(整地) 정지하다 mempersiapkan tanah (kebun) ⊙ 정지작업 pekerjaan meratakan tanah
정직(正直) kejujuran 정직하다 jujur; terang-terangan ¶정직히【하게】 secara jujur; secara terus terang/정직히 말하다 berbicara terus terang
정직(停職) pemberhentian dari jabatan; skorsing
정진(精進) ketekunan untuk maju; kerajinan 정진하다 bertekun untuk maju; rajin
정차(停車) ⇒ 정거(停車) penghentian 정차하다 berhenti ⊙ 정차시간 waktu berhenti
정착(定着) ①【거주】 permukiman; penetapan 정착하다 menetap; bermukim ②【문화 · 현상 · 제도 등의】 menetapkan; menentukan ⊙ 정착금 dana permukiman. 정착수당 tunjangan penetapan
정찰(正札) étikét harga; labél harga ¶정찰을 붙이다 menémpél labél harga; melabéli harga ⊙ 정찰 제 sistém harga tetap: 에누리 없음【게시】 Harga Tetap: tidak boléh tawar-menawar
정찰(偵察) pengintaian; pengintipan; perondaan 정찰하다 mengintai; mengawasi; memata-matai; mengamati; meronda; berpatroli ⊙ 정찰기 pesawat pengintai. 정찰대 kelompok pengintai. 정찰비행 penerbangan pengintaian
정채(精彩) ①【광채】 kecemerlangan; keadaan terang ¶정채가 있는 terang; cerah ②【활기】 vitalitas; daya hidup
정책(政策) kebijakan; kebijaksanaan; program politik ¶정책상의 문제 isu politik ⊙ 정책강령 prinsip umum kebijakan. 정책노선 garis kebijakan partai. 정책입안자 pembuat kebijakan. 경제【사회, 산

업】정책 kebijakan ékonomi 【sosial, industri】

정처(定處) tempat tetap ¶정처 없이 떠돌다 mengembara dari satu tempat ke tempat lain

정체(正體) sifat alami; watak asli ¶정체모를 anéh; mistérius/정체를 숨기다 menyamar dirinya

정체(政體) sistém politik; bentuk pemerintahan ⊙ 공화정체 sistém pemerintahan berbentuk republik. 입헌정체 sistém pemerintahan menurut undang-undang dasar

정체(停滯) ①【교통이】 stagnasi; penumpukan; pengumpulan; penghimpunan 정체하다 menumpuk; stagnan; macét ¶정체된 tidak aktif; malas; terhenti ②【상황 · 일 등이】 stagnasi 정체하다 stagnan

정초(正初) awal tahun baru

정충(精蟲) ⇒ 정자(精子)

정취(情取) suasana hati; keadaan hati; séntimén ¶아무 정취도 없다 suram; membosankan ⊙ 이국정취 suasana asing (luar negeri)

정치(政治) politik ¶정치적 berkenaan dengan pemerintahan (politik)/정치적 무관심 apati (kelesuan) tentang politik/정치적 망명 suaka politik ⊙ 정치가 negarawan; politikus. 정치범 【범죄】 pelanggaran politik; 【사람】 pelanggar politik. 정치사찰 pengawasan politik. 정치학 ilmu politik. 정치학자 ahli ilmu politik. 관료정치 pemerintahan birokrasi. 지방정치 pemerintahan lokal

정치문제(政治問題) isu politik ¶정치문제로 삼다 membuat isu politik

정치풍토(政治風土) suasana (iklim) politik ⊙ 정치풍토쇄신 pembaharuan suasana politik

정치활동(政治活動) kegiatan politik ¶정치활동을 하다 terjun ke dunia politik

정탐(偵探) pengintaian; kepanduan 정탐하다 memata-matai; mengintai ⊙ 정탐꾼 mata-mata

정태(靜態) yang tak bergerak; yang tak berubah ¶정태의 statis/정태의 사회 masyarakat yang statis ⊙ 정태경제학 ékonomi statis

정토(淨土) surga

정통(正統) ①【바른 계통】 ortodoksi; ortodok; kekuasaan ¶정통의 ortodoks; menguasai ortodok ②【'정통으로'의 형태로 쓰여】 tepat pada ⊙ 정통주의 aliran légiti-masi (kekuasaan). 정통주의자 legitimaris. 정통파 aliran ortodoks

정통(精通) pengetahuan yang lengkap; sudah terbiasa 정통하다 diketahui dengan baik tentang; terbiasa; memiliki pengetahuan yang betul-betul dikuasai; kenal dengan ¶정통한 소식통 sumber yang dapat dipercaya

정평(定評) pendapat yang telah disepakati; reputasi yang dikenal baik ¶정평 있는 dikenal dengan baik/정평이 있다 memiliki reputasi yang baik

정표(情表) tanda cinta; tanda mata; kenang-kenangan ¶애정의 정표 sedikit tanda cinta dan kasih sayang/감사의 정표로서 tanda syukur

정풍운동(整風運動) gerakan pembaruan (pemurnian); kampanye pembersihan

정하다(定-) memutuskan; mengatur; menyelesaikan masalah; disepakati untuk melakukan; memilih; menentukan ⟪sikap⟫ ¶정해지다 diputuskan; disepakat; menjadi selesai; (뽑히다) terpilih; dipilih/ 날을 정하다 pastikan tanggal

정학(停學) pengeluaran (penskorsan) dari sekolah ¶1주일간 정학 penskorsan satu minggu dari sekolah/정학에 처하다 menskors; 【대학이】 mengeluarkan sementara; memberhentikan/정학을 맞다 【당하다】 diskors ⟪waktu tertentu⟫

정해(正解) jawaban yang tepat (benar) 정해하다 memberikan jawaban yang benar

정해(精解) keterangan lengkap; penjelasan lengkap 정해하다 menerangkan (menjelaskan) secara lengkap

정해지다(定-) ①【날짜 · 장소 등이 결정되다】 diputuskan; dipastikan; diselesaikan; ditentukan; dimantapkan; (합의되다) disusun; diatur; disetujui atas ②【법으로 규정되다】 didasari atas; disepakati; didasarkan; diakui; ditetapkan

정향(丁香) cengkéh kering ⊙ 정향나무 batang cengkéh
정형(定形) bentuk tetap
정형(定型) standar; pola yang telah siap; tipe yang telah diatur; bentuk tertentu ¶정형적 standar; tipikal
정형(整形) pembedahan tulang ⊙ 정형수술 operasi plastik; pengobatan dengan pembedahan tulang. 정형외과 pembedahan plastik; ortopedi. 정형외과의 ahli bedah plastik; ahli bedah kecantikan
정혼(定婚) pertunangan 정혼하다 mempertunangkan
정화(淨化) ①【공기 · 물 등을 맑게 하기】 pemurnian; pembersihan 정화하다 menyucikan; membersihkan ¶공기 정화 시스템 sistém pembersih udara ②【타락 · 부정부패 등을】 pembersihan 정화하다 membersihkan ¶정계(政界)의 정화 pembersihan di lingkungan politik ⊙ 정화운동 gerakan (kampanye) pembersihan. 정화조 【음료수의】 tank penyaring air (air minum). 사회정화 pembersihan sosial (masyarakat)
정화수(井華水) air ditimba dari sumur menjelang pagi-pagi
정확(精確) ketelitian; keseksamaan; kecermatan 정확하다 akurat; teliti; tepat; jitu
정확(正確) kebenaran; ketepatan ¶정확히 dengan benar; dengan tepat; secara akurat
정확성(正確性) akurasi
정황(政況) kondisi politik
정황(情況) kondisi; keadaan; suasana; situasi; apa adanya ¶현재의 정황으로는 dalam keadaan itu; menurut keadaan ⊙ 정황증거 bukti tidak langsung
정회(停會) penangguhan rapat; penundaan rapat 정회하다 menunda rapat
정회(情懷) kenangan yang mengharukan; kenangan yang menyenangkan
정회원(正會員) anggota tetap; anggota penuh
정훈(政訓) pendidikan dan informasi bagi pasukan
정휴일(定休日) liburan resmi
정히(正-) sungguh-sungguh; sangat benar-benar
젖 ①【모유, 우유】 susu ¶젖을 떼다 menyapih ((bayi dari ibunya))/젖을 물리다 menyusui bayi ②【식물의 진】 getah; ambing; cairan putih yang léngkét ③【유방, 젖가슴】 payudara ⊙ 젖꼭지 puting susu. 젖빛 warna krem(krim); warna putih kekuningan
젖가슴 ⇒ 유방 payudara
젖내 ⇒ 젖비린내 bau susu ¶젖내 나다 berbau susu; (유치함) seperti bayi; kekanak-kanakan; belum déwasa; masih hijau
젖니 gigi susu; gigi pertama muncul
젖다 ①【축축해지다】 basah; terendam; basah kuyup; lembab ¶땀에 젖다 mandi keringat ②【귀에】 terdengar; berdering; terbiasa mendengar; akrab dengan ¶귀에 젖다 terbiasa mendengar ③【빠지다】 diserahkan kepada; menurutkan kehendak ¶술에 젖다 selalu dimabuk
젖먹이 ⇒ 영아, 유아 anak yang masih menyusu; bayi
젖멍울 【젖샘】 kelenjar susu; 【멍울】 gumpalan dalam susu
젖몸살 pembengkakan kelenjar susu ¶젖몸살을 앓다 menderita pembengkakan kelenjar susu
젖병(-甁) botol susu
젖비린내 ①【젖에서 나는 비린내】 ¶아기에게서 젖비린내가 난다 Bayi itu bau seperti ASI(air susu ibu). ②【비유적】 ¶그는 젖비린내 나는 어린애다 Ia benar-benar anak yang masih ingusan (belum déwasa).
젖산(-酸) 【화학】 asam laktat ⊙ 젖산균 bakteri asam laktat
젖소 susu sapi ¶젖소를 키우다 beternak sapi perahan
젖줄 urat nadi
젖히다 【잦히다】 ①【뒤로 기울게 하다】 membalikkan ¶고개를 뒤로 젖히다 menyenderkan kepala ke belakang ②【커튼 · 코트 자락 등을】 menyingkapkan ((tirai))
제[1] ①【나 · 저】 saya ②【나의】 punya saya; milik saya ¶제 생각으로는 menurut pendapat saya; bagi saya ③【자기의】

milik seseorang; kepunyaan seseorang ¶제 일로 urusan pribadi; bisnisnya sendiri/제 생각만 하다 memikirkan diri sendiri; égois

제² 【저기】 sana

제(帝) kaisar

제(祭) ⇒ 제사 upacara peringatan (selamatan) bagi roh nénék moyang; 【축제】 perayaan; peringatan; pésta ¶기념제 hari peringatan/백년 제 perayaan ulang tahun yang ke 100

제(題) subjék; pokok; téma; judul

제-(第) ke; nomor ¶제 일 yang pertama / 제1과 pelajaran pertama

제-(諸) beberapa; semua; banyak ¶제형(兄) teman baik

-제(制) sistém ¶8시간제 sistém delapan jam

-제(製) buatan ¶외국제 buatan luar negeri

-제(劑) obat-obatan ¶소화제 obat pencernaan

제각각(-各各) ⇒ 제각기

제각기(-各其) ⇒ 저마다 masing-masing; setiap

제값 harga yang pantas

제강(製鋼) pembuatan besi baja ⊙ 제강소 pabrik baja

제거하다(除去-) menyingkirkan; membersihkan; menghilangkan; membébaskan

제것 kepunyaan ¶제 것으로 만들다 menjadikan milik pribadi; meraup /제 것 되다 jatuh ke tangan seseorang; menjadi milik

제격(-格) posisi yang layak

제고하다(提高-) meningkat; naik; mempertinggi ¶생산성을 제고하다 meningkatkan produktifitas

제곱 pangkat; kuadariat ⊙ 제곱 근 pangkat dua: 제곱근을 구하다 cari pangkat dua; cari kuadariat. 제곱 수 bilangan kuadariat

제공(提供) penyediaan; penawaran 제공하다 menyediakan; menawarkan ¶제공을 받다 menerima tawaran ⊙ 제공자 penawar; pemberi; donor; penderma; dermawan

제공권(制空權) supremasi (keunggulan) di udara; perintah (kontrol) udara ¶제공권을 잡다 menguasai udara (angkasa)

제과(製菓) kué-kué; pembuatan kué ¶제과 기술을 배우다 belajar keterampilan membuat kué ⊙제과업 industri kué: 제과업자 pembuat kué; penjual anéka kué. 제과점 toko yang menjual anéka kué

제관(帝冠) mahkota

제관(祭官) ①【제사 맡은 자】 orang yang mengawasi upacara peringatan; pendéta ②【제사 참례자】 orang yang berpartisipasi dalam peringatan.

제관(製罐) pengaléngan ⊙ 제관 공장【업】 pabrik 【industri】 pengaléngan

제구력(制球力) 【야구】 kemampuan kontrol ¶제구력이 없다 【있다】 kurang 【mampu】 mengontrol bola

제구실 fungsinya; tugasnya; kewajiban ¶ 제구실을 못하다 tidak berlaku sewajarnya; tidak mampu melakukan apa-apa; tidak melakukan tugas dengan baik; tidak berguna

제국(帝國) kerajaan; kekaisaran ⊙제국주의 impérialisme: 제국주의적 impérialis/ 제국주의자 kaum impérialis

제국(諸國) semua negara

제군(諸君) saudara-saudara sekalian

제기¹ 【민속놀이】 *jegi*. semacam permainan bola bulu yang dimainkan dengan kaki ¶제기를 차다 bermain bola bulu

제기(祭器) alat (perkakas) yang digunakan untuk upacara pengorbanan atau pemujaan

제기(提起) ①【의문 · 문제 등을】 institusi; pembukaan; penampilan 제기하다 mengemukakan; memaparkan; menyampaikan; memperkenalkan; mengungkit ②【소송 등을】 ¶소송을 제기하다 menuntut; menggugat

제기² 【제기랄】 jahanam!; celaka!; sial!; bréngsék! ¶제기 비싸기도 하다 Celaka! Mahal sekali.

제 깐에 di dalam pikirannya; menurut pendapatnya

제꺽 ⇒ 재깍

제단(祭壇) altar 《untuk persembahan》

제당(製糖) pembuatan gula; penggilangan

tebu ⊙제당업 industri pembuatan gula. 제당회사 perusahaan produksi gula

제대(除隊) pemberhentian (pembébasan) dari dinas militér 제대하다 bébas dari dinas militér; dikeluarkan dari dinas militér ⊙ 의가사 제대 keluar dari tugas militér disebabkan masalah keluarga. 의병제대 pemberhentian (pembébasan) karena sakit

제대로 ①【있는 대로】 sebagaimana adanya; utuh; tidak tersentuh ②【잘 · 순조로이】 dengan lancar; dengan baik; baik; tidak ada rintangan; seperti cara yang diperintahkan ③【변변히】 dengan tepat; sepenuhnya; cukup ④【격식 · 규격 등에 맞게】 sesuai

제대혈(臍帶血) tali pusar

제도(制度) sistém; lembaga; rejim ⊙ 구(舊)제도 rejim kuno. 현행제도 sistém yang berlaku

제도(製圖) gambaran; denah; kartografi 제도하다 menggambarkan; membuat denah ⊙제도기 alat menggambar

제도(諸島) sekelompok pulau; kepulauan ¶하와이 제도 kepulauan Hawaii

제도(濟度) 【불교】 penyelamatan; pertolongan 제도하다 menyelamatkan; menebus; menolong ¶제도할 수 없다 tidak dapat menolong; tidak dapat diselamatkan

제독(制毒) pemberantasan akibat beracun 제독하다 memberantas éfék yang membahayakan; mencegah virus influénsa; menétralkan racun

제독(提督) Laksamana

제동(制動) ①【자동차 · 기계 등의】 pengeréman ¶제동을 걸다 merém; menghentikan; menyetop ②【비유적】 ¶제동을 걸다 menghentikan sesuatu ⊙ 제동장치 sistém rém (pengeréman). 제동거리 jarak pengeréman

제등(提燈) lentéra kertas; lampion

제등수(諸等數) 【수학】 angka kompléks

제때 waktu tepat; waktu yang dijadwalkan

제라늄 【식물】 géranium

제련(製鍊) peleburan; penyaringan 제련하다 menyaring; meleburkan; mencairkan; memurnikan logam ⊙ 제련소 pabrik pemurnian logam

제령(制令) perundang-undangan

제례(祭禮) ritual; upacara keagamaan

제로 nol; kosong

제마(製麻) pakaian dari kain rami

제막하다(除幕-) membuka selubung ⊙ 제막식 upacara pembukaan (peresmian) selubung

제멋 seléra sendiri; cara sendiri; kegemaran (gaya) sendiri

제멋대로 sesukanya; semaunya; dengan sewenang-wenang; punya cara sendiri ¶ 제멋대로 굴다 bertindak semaunya

제면하다(製綿-) memisahkan biji kapas

제면하다(製麵-) membuat mi ⊙ 제면기 mesin pembuat mi

제명(除名) pencorétan (penghapusan) nama 제명하다 mencorét nama dari daftar; memisahkan nama; mengeluarkan; melenyapkan; menghilangkan dari keanggotaan ¶제명처분을 받다 dikeluarkan dari keanggotaan; didepak

제명(題名) judul

제명(-命) usia harapan hidup alami seseorang

제모(制帽) topi seragam

제모 제(除毛劑) cairan untuk menghilangkan rambut

제목(題目) judul; subyék; téma ¶제목을 붙이다 memberi judul

제문(祭文) syair (lyris) 《pada saat》 penguburan (pemakaman)

제물(祭物) ①【제사에 쓰는 음식물 · 짐승】 benda yang digunakan dalam upacara pengorbanan; sesaji 《untuk déwa》 ②【희생물】 korban; kambing hitam

제물에 kehendak sendiri; diri sendiri; dengan sendirinya; secara spontan

제바람 usaha (pengaruh; pertahanan; semangat) sendiri ¶제바람에 atas dorongan hati nurani; diri sendiri; seorang diri

제반(諸般) semua jenis ¶제반의 bervariasi; beberapa; semua; setiap

제발 demi Tuhan; Aku memohon kepadaMu; tolonglah

제방(堤防) ⇒ 둑 tepi; tebing; bendungan;

pangkalan; tanggul ¶제방을 쌓다 membangun bendungan ⊙ 제방공사 pekerjaan perlindungan pantai; pekerjaan tanggul

제번하다(除煩-) melangkah ke pokok persoalan ¶제번하옵고 Langsung saja saya informasikan bahwa…

제법 sepatutnya; lumayan bagus ¶제법이다 lumayan bagus; lebih bagus dari pada dugaan; di atas standar

제법(製法) prosés (métode) pembuatan

제보(提報) informasi; keterangan; pemberitahuan; kabar atau berita 제보하다 memberitahukan; menerangkan

제복(制服) pakaian seragam ¶학교의 제복 seragam sekolah

제복(祭服) jubah waktu pemujaan

제본(製本) penjilidan (kumpulan) buku 제본하다 menjilid (mengikat) buku ¶제본 중이다 dalam penjilidan ⊙ 제본소 tempat penjilidan. 제본 업 usaha penjilidan buku

제분(製粉) penggilingan; penumbukan; penghalusan 제분하다 menggiling; menumbuk dan menghaluskan ⊙ 제분기 penggilingan ((tepung)). 제분업 usaha penggilingan

제비[1] undian; lotré¶제비(를) 뽑다 menarik undian (lotré) /제비뽑아 결정하다 menentukan dengan undian

제비[2] 【조류】 burung layang-layang; burung camar

제비꽃 bunga violét

제비족(-族) gigolo; pelacur pria; pemeras

제비추리 daging yang terdapat di tulang rusuk bagian dalam

제빙(製氷) pembuatan és ⊙ 제빙공장 pabrik yang membuat és. 제빙기 mesin pembuat és

제사(第四) keempat; nomor empat ⊙ 제사계급 rakyat jelata; golongan keempat; 【언론인】 jurnalis. 제사차원 diménsi keempat

제사(祭祀) upacara pemujaan untuk nénék moyang; upacara peringatan leluhur ¶(조상에게) 제사 지내다 mengadakan (melakukan) upacara peringatan leluhur ⊙ 제사 날 hari peringatan nénék moyang

제사(製絲) pemintalan; kumparan; pertenunan; pembuatan benang 제사하다 mengumparkan; menenun benang sutra; membuat benang ⊙ 제사공 penenun. 제사공장 pabrik pemintalan benang. 제사업 usaha penenunan (pemintalan) benang

제사장(祭司長) ketua pemimpin pendéta

제살붙이 ⇒ 제붙이

제살이 dorongan diri sendiri 제살이하다 memotivasi diri sendiri; mendorong diri sendiri; berdikari

제삼(第三) ketiga; tingkat tiga; yang ketiga ⊙ 제삼계급 borjuis; golongan ketiga. 제삼국 negara dunia ketiga. 제삼기 매독 sipilis tingkat tiga. 제삼세계 Dunia Ketiga. 제삼자 orang ketiga; kelompok yang tidak terlibat; orang luar

제상(祭床) méja persembahan; méja upacara peringatan leluhur

제설(除雪) pembersihan salju 제설하다 membersihkan salju ⊙ 제설작업 pekerjaan mengangkat salju. 제설차 mobil untuk mengeruk salju (lokomotif)

제설(諸說) pandangan (opini; téori) yang berbéda

제세(濟世) penyelamatan (pertolongan) dunia 제세하다 menyelamatkan dunia ⊙ 제세안민(安民) penyelamatan dunia dan pembébasan orang-orang

제소하다(提訴-) membawa perkara; membawa ke pengadilan; menuntut; memperdakwakan ⊙ 제소 자 penuntut

제수(弟嫂) istri adik; adik ipar

제수(祭需) benda untuk upacara persembahan

제스처 gerak isyarat; isyarat; bahasa tubuh ¶단순한 제스처에 불과하다 Itu adalah isyarat saja.

제시(提示) pengemukakan; pembébéran; persembahan ((idé)) 제시하다 ①【의견을】 menampilkan; mengemukakan; memperlihatkan; membébérkan ¶대안을 제시하다 menawarkan pilihan (alternatif) /조건을 제시하다 menawarkan syarat ② 【문서 · 표 등을】 menampilkan; menunjukkan ¶면허증을 제시하다 menunjukkan surat izin mengemudi ③【가격을】 memberikan harga 《penawaran》

제시간(-時間) waktu yang tepat (dijadwalkan) ¶제시간에 tepat waktu

제씨(諸氏) tuan; saudara

제안(提案) proposal; usul; anjuran; saran 제안하다 mengusulkan; mengajukan; menyarankan; menganjurkan ⊙ 제안자 orang yang memberi usulan; pengusul

제압(制壓) kontrol; supremasi; penguasaan 제압하다 berada di bawah kekuasaan seseorang; (경기 등에서】 mendominasi; mengambil alih kekuasaan; mengendalikan

제야(除夜) malam Tahun Baru ¶제야의 종 loncéng malam Tahun Baru

제약(制約) pembatasan; pelarangan 제약하다 membatasi; mengontrol; mendominasi ¶시간의 제약을 받다 dibatasi waktu

제약(製藥) farmasi; obat yang dihasilkan ⊙ 제약공장 pabrik 《yang mengolah》 obat-obatan. 제약사 (師) ahli farmasi; apotéker. 제약업자 pengusaha obat-obatan; ahli farmasi. 제약회사 perusahaan 《yang bergerak di bidang pengolahan》 obat-obatan

제어(制御) ①【감정의】 kontrol; pengawasan; pemerintahan 제어하다 mengontrol; mengatur; mengawasi; mengendalikan; mengekang ¶제어하기 쉬운 mudah dikontrol; bisa dikontrol; bisa diatur/제어하기 어려운 sukar dikontrol; sukar diatur ②【기계의】 mengatur ⊙ 제어기 pengontrol; pengatur. 제어장치 alat pengontrol

제염(製鹽) pembuatan garam ⊙ 제염소 pabrik garam. 제염업 industri garam

제오(第五) yang kelima ⊙ 제오열 barisan (pasukan) kelima

제왕(帝王) ①【황제, 국왕】 penguasa; monarkhi; kaisar; yang berdaulat ②【어떤 부문에서의 으뜸】 raja

제왕절개(帝王切開) operasi (pembedahan) perut untuk menolong melahirkan anak

제외(除外) pengecualian 제외하다 mengecualikan; mengeluarkan

제욕(制慾) pengendalian hawa hafsu; kontrol diri 제욕하다 mengontrol nafsu; mengontrol diri sendiri ⊙ 제욕주의 aliran yang hidup seperti pertapa

제우스【그리스 신】 Déwa Zéus

제위(帝位) 【왕위】 singgasana yang megah; mahkota; tahta ¶제위를 빼앗다 merampas tahta/제위를 다투다 merebut kekuasaan

제위(諸位) tuan; saudara

제유(製油) pengilangan minyak

제육(-肉) daging babi ⊙ 제육볶음 goréngan daging babi dengan bumbu pedas

제육감(第六感) ⇒ 육감 indra keenam

제의(提議) ⇒ 제안 usulan; saran; anjuran 제의하다 mengusulkan; menyarankan ¶(…의) 제의로 atas usulan 《dari》… ⊙ 제의 자 orang yang mengusulkan; orang yang memberi saran

제이(第二) (yang) kedua; sékunder; tambahan ⊙ 제이인칭 orang kedua. 제이종 우편(물) barang pos kelas dua. 제이차 세계 대전 Perang Dunia Kedua

제일(祭日) hari pemujaan roh nénék moyang; hari sakral

제일(第一) pertama; yang utama; nomor satu; yang paling penting ¶제일 먼저 pertama-tama/제일 좋은 yang terbaik ⊙ 제일보 langkah awal; langkah pertama; titik awal. 제일선 baris paling depan; garis tempur. 제일야당 partai oposisi yang utama (terbesar). 제일위 tingkat (peringkat) pertama. 제일인자 orang nomor satu; orang terkemuka

제자(弟子) pengikut; penganut; pelajar; murid ¶제자가 되다 menjadi penganut/**제자**로 삼다 mengangkat menjadi murid

제자(諸子) ①【제군】 kamu; saudara ②【자식들】 anak seseorang ③【중국의】 guru; orang yang bijaksana

제자(題字) motto pembukaan

제자리 ①【마땅히 있어야 할 자리】 tempat yang tepat; tempat asal ②【본디자리】 kembali ke asalnya ③【같은 자리】 di tempat yang sama

제자리걸음 ①【한 자리에서 걷는 동작】 jalan di tempat; perhentian 제자리걸음하다 tidak ada kemajuan; tetap tidak bergerak ②【답보 상태】 statis

제작(製作) pembuatan; produksi; pembikinan; pabrikasi 제작하다 membuat; memproduksi; menghasilkan ⊙ 제작물【품】 barang yang diolah di pabrik; barang pabrik. 제작비 biaya produksi. 제작자 pengolah; pembuat; penghasil. 영화제작자 produser film

제재(制裁) sanksi; hukuman 제재하다 mendapat sanksi; memberikan hukuman terhadap…¶제재를 가하다 menghukum (memberi saksi) kepada

제재(製材) penggergajian 제재하다 menggergaji 《batang kayu》; memotong; menebang; melakukan penebangan ⊙ 제재소 tempat pengolahan kayu

제재(題材) topik; téma

제적(除籍) 제적하다 menggésér nama dari pendaftaran; mengeluarkan dari sekolah; menghapus nama dari daftar ¶학교에서 제적을 당하다 diusir dari sekolah; dipecat dari sekolah/호적에서 제적하다 menghapus nama dari daftar nama keluarga

제전(祭典) perayaan; jamuan

제절(諸節) ①【댁내 여러분】 semua anggota keluarga; anda sekalian ¶댁내제절이 무고하신지요 Bagaimana keadaan keluargamu? ②【여러 가지 일】 segalanya; masalah yang berbéda

제정(制定) pendirian secara hukum; penetapan; institusi 제정하다 menegakkan 《hukum》; menetapkan 《syarat》; memformulasikan 《peraturan》; menginstitusikan 《perintah》 ¶법률을 제정하다 menetapkan hukum; membuat undang-undang ⊙ 제정자 pembuat undang-undang

제정(帝政) pemerintahan kerajaan; impérialisme ⊙ 제정러시아 kekaisaran Rusia

제정(祭政) geréja (agama) dan negara ⊙ 제정일치 kesatuan agama dan negara; téokrasi. 제정분리 pemisahan antara geréja (agama) dan negara

제정(提呈) persembahan 제정하다 mempersembahkan; menyampaikan dengan hormat

제정신(-精神) ①【기절에 대해】 kesadaran ②【미친 정신에 대해】 kewarasan ¶제정신을 잃다 kehilangan kesadaran; menjadi tidak sadar; (미치다) menjadi gila; tidak waras/제정신이 들다 insaf; menyadari; berbalik

제조(製造) pembuatan; pengolahan; produksi 제조하다 mengolah; membuat; menghasilkan; memprodusir ⊙ 제조법 prosés pengolahan (produksi). 제조업자 pengolah; produser; pembuat

제주(祭主) pemimpin upacara belasungkawa; penguasa ritus keagamaan

제주(祭酒) anggur perkabungan; anggur beras yang digunakan untuk ritus keagamaan ¶제주를 올리다 letakkan anggur di depan alter

제지(制止) kontrol; kendali 제지하다 mengontrol; mengendalikan ¶제지할 수 없다 di luar kontrol; di luar kekuasaan/제지를 받다 di bawah kekangan; dikekang

제지(製紙) pembuatan (pengolahan) kertas ⊙ 제지공장 pabrik kertas. 제지업 industri kertas: 제지업자 pengusaha kertas. 제지용 펄프 bubur kertas. 제지원료 pulp; bahan pembuat kertas. 제지회사 perusahaan pembuatan kertas

제창(提唱) sokongan; pembelaan; anjuran; usulan 제창하다 mengajukan; mengemukakan; mengusulkan; membéla ⊙ 제창자 pengacara; penyokong

제창(齊唱) ①【다 같이 외침】 paduan suara 제창하다 berteriak secara bersamaan (kompak); meneriakkan secara kompak ②【함께 노래함】 menyanyikan dengan serentak

제철 musim yang baik (cocok) ¶제철의 사과 musim buah apel/제철이 지나다 tidak musim

제철(製鐵) pembuatan (pengolahan) besi 제철하다 mengolah besi ⊙ 제철소 pabrik besi. 종합제철공장 pabrik pengerjaan besi terpadu

제청(提請) rékomendasi; permintaan 제청하다 merékomendasikan

제쳐놓다 ①⇒ 제치다 ②menyisihkan; mengesampingkan; meninggalkan ③【무시하다】 mengacuhkan; tak menghargai;

meréméhkan

제초하다(除草-) menyiangi; mencabuti ⊙ 제초기 alat penyiang rumput. 제초제(劑) obat pembasmi rumput liar

제출하다(提出-) mengemukakan; menyerahkan; mengajukan; menyodorkan; memajukan; memberikan

제충하다(除蟲-) membasmi ulat ⊙제충 분 bubuk (obat) pembasmi serangga. 제충제 obat pembasmi serangga; inséktisida

제충국(除蟲菊) 【식물】 bunga *pyrethrum* ((yang bisa membasmi serangga))

제취하다(除臭-) menghilangkan bau busuk ⊙ 제취 제 obat untuk membasmi (menghilangkan) bau busuk

제치다 ①【경쟁 상대를】 mengalahkan; menghapuskan; mengabaikan ②【거치적거리지 않게】 menyisihkan ③【일 · 업무 등을】 mengesampingkan

제칠(第七) ke tujuh

제트 pesawat jét ¶제트기로 dengan jét ⊙ 제트기(機) jét: 제트기 조종사 pilot jét. 제트전투기 【폭격기】 pesawat tempur jét

제판(製版) pembuatan plat; pengukiran; pahatan 제판하다 membuat plat ⊙ 제판 소 pembuat plat (gambar)

제팔(第八) yang ke delapan

제패(制覇) ①【정복, 지배】 penguasaan; dominasi; kekuasaan 제패하다 menguasai; mendominasi; memperoléh kekuasaan ¶세계를 제패하다 mengatasi (mengalahkan) dunia ②【우승】 memenangkan pertandingan ⊙ 세계제패 kekuasaan dunia; hégémoni dunia. 해상제패 suprémasi kelautan

제풀에 dengan sendirinya

제품(製品) barang buatan; barang keluaran pabrik; produk; hasil ⊙ 제품원가 harga produk. 국내제품 produksi dalam negeri

제하다(除-) ①【나누다】 membagi; memisahkan ②【빼다】 tinggalkan; kecuali; mengeluarkan ⇒ 제외(除外) ③【셈 따위를】 *mengambil; mengurangi;* memotong ¶봉급에서 제하다 kurangi dari jumlah gaji

제한(制限) batas; pembatasan; réstriksi; pengekangan 제한하다 membatasi; mengekang ⊙ 제한속도 batas kecepatan. 제한시간 batas waktu; waktu yang terbatas. 연령제한 batas umur. 산아제한 keluarga berencana.

제해권(制海權) penguasaan laut; suprémasi laut; kekuasaan kelautan

제행(諸行) 【불교】 ①【만물】 semua yang ada di alam seméstar; semua benda yang duniawi ②【수행】 prakték kehidupan seperti pertapa yang beragam ⊙ 제행무상 Semuanya sia-sia.

제헌(制憲) penetapan undang-undang ⊙ 제헌국회 dewan konstitusi. 제헌절 Hari Penetapan Undang-undang; Hari Konsititusi

제혁(製革) penyamakan; perusahaan yang mengolah kulit ⊙ 제혁 소 pabrik penyamakan kulit. 제혁업자 penyamak

제현(諸賢) ibu-ibu dan bapak-bapak

제형(蹄形) bentuk kuku kuda ¶제형의 dibentuk seperti kuku kuda; berbentuk U

제호(題號) judul buku

제화(製靴) pembuatan sepatu ⊙ 제화공(工) tukang sepatu. 제화공장 pabrik sepatu.

제후(諸侯) sultan; raja; baginda

제휴(提携) koalisi; konsorsium; persekutuan; pemasangan; persambungan; pengikatan 제휴하다 bekerja sama dengan; menyatu dengan; bekerja sama; berikatan dengan; membina hubungan dengan ¶…와 제휴하여 disekutukan dengan ⊙ 제휴회사 perusahaan afiliasi (gabungan). 기술제휴 ikatan (kerja sama) téknis antara…

젠더 jenis kelamin

젠장 Astaga!; Persetan!; Wah!; Kurang ajar!; Sungguh menjengkelkan. ¶젠장 비가 오네 Persetan dengan hujan! *atau* Hujan sialan!

젠체하다 sombong; angkuh; congkak; menampakkan keangkuhan ¶젠체하는 sok; pura-pura; congkak/ 젠체하고 dengan sok; dengan congkak

젠틀맨 jéntelmén

젤라틴 【화학】 agar-agar

젤리 *jelly*; (상표명) *Jello*

젯밥 nasi sesajén

젱겅, 젱그렁– ⇒ 쟁강– gemerincing
조[1] 【곡식】 sejenis padi-padian; juwawut
조[2] yang kecil itu ¶조놈 orang kecil itu
조(組) 【그룹】 kelompok ¶조를 짜다 membentuk kelompok
조(兆)【숫자 단위】 trilyun
조(條) ①【항목, 조목】 pasal ¶제5조 pasal 5 ②【명목, 조건】 sebagai ¶원고료 조로 sebagai biaya kontribusi
조(朝) dinasti ¶고려조 dinasti Koryo
조(調) ①【곡조】 lagu ¶장【단】조 kunci mayor【minor】 ②【품격】 perbuatan (tingkah laku) yang baik ③【행동 · 말투】nada suara ¶비난조로 dengan nada keras; dengan nada mencela
조가(弔歌) lagu (nyanyian) pemakaman
조가비 《kulit》 kerang
조각 serpihan; seiris; secarik; lapisan; potongan ⊙ 조각달 bulan sabit; cahaya bulan yang kepérak-pérakan. 조각보 kain penutup dari perca. 빵조각 sepotong roti. 유리조각 pecahan kaca (gelas). 종잇조각 sobékan kertas
조각(組閣) pembentukan kabinét 조각하다 membentuk kabinét; mengorganisir déwan menteri
조각(彫刻) pemahatan; pahatan; pengukuran; patung; arca 조각하다 memahat; mengukir ⊙ 조각가 pematung; pemahat; tukang ukir. 조각도 pahat; alat ukir. 조각물 sebuah patung; sebuah pahatan; sebuah ukiran. 조각술 seni patung; pengukiran
조각나다 ①【갈라지다】 pecah; berkeping-keping; robék menjadi serpihan; tercabik-cabik; cabikan; memecah; hancur lebur ¶두 조각나다 terbagi dua ②【의견이】 berbéda pendapat
조각배 perahu
조각조각 berkeping-keping; mejadi irisan-irisan (potong-potongan) ¶조각조각 부서지다 hancur lebur
조간(朝刊) surat kabar édisi pagi ⊙ 조간신문 koran pagi
조갈(燥渴) haus; dahaga ¶조갈이 나다 merasa haus ⊙ 조갈증 penyakit karena kekurangan air
조감하다(鳥瞰-) memiliki penglihatan yang tajam
조감도(鳥瞰圖) pandangan (gambaran) dari atas; (항공사진) pemandangan di udara
조감독(助監督) asistén diréktur
조강지처(糟糠之妻) istri yang menjadi pendukung dalam berbagai kesulitan; istri yang dinikahi pada waktu miskin; istri tua
조개 kerang-kerangan ⊙ 조개젓 asinan kerang. 조개탄 brikét oval
조객(弔客) pengunjung yang turut berbelasungkawa
조건(條件) syarat; ketentuan; kondisi ¶필요하고도 충분한 조건 syarat yang penting dan perlu/…한다는 조건으로 dengan syarat bahwa ⊙ 조건문(文) 【문법】 kalimat pengandaian. 노동조건 kondisi pekerjaan. 필수조건 syarat yang sangat penting. 선수조건 prasyarat
조건부(條件附) ¶조건부로 dengan bersyarat/…라는【한다는】조건부로 asalkan ⊙ 조건부승인 persetujuan bersyarat. 조건부임용 pengangkatan bersyarat
조경(造景) arsitéktur pertamanan¶조경 공사를 하다 melakukan pekerjaan pertamanan ⊙ 조경사 arsiték pertamanan; tukang kebun
조계(租界) penyelesaian; konsési
조계종(曹溪宗) 【불교】 perintah *Chogye* ⊙ 대한불교 조계종총무원장 pemimpin éksékutif aliran *Chogye* Budha Korea
조곡(弔哭) ratapan 조곡하다 meratap
조곡(組曲) 【음악】 sedérétan 《yang musikal》
조공(租貢) pajak
조공(朝貢) upeti 조공하다 memberi (membayar) upeti ⊙ 조공 국 negara yang terkena upeti; negara yang dijajah
조광권(租鑛權) hak penambangan; royalti pertambangan
조교(助教) ①【대학의】 asistén dosén ②【군대의】 asistén instruktur
조교(調教) latihan 조교하다 melatih ⊙ 조교사(師) pelatih
조교수(助教授) asistén profésor
조국(祖國) tanah air; negara asal ⊙ 조국애 cinta tanah air

조규(條規) syarat; pasal
조그마하다, 조그맣다 ⇒ 자그마하다, 자그맣다 kecil; lemah
조그만큼 hanya sedikit
조그맣다 kecil; mungil
조금 ①【양】 sedikit ¶조금 더 sedikit lagi/조금씩 sedikit demi sedikit; secara bertahap ②【수】 sedikit; sejumlah kecil; beberapa ③【정도】 sedikit; jumlah kecil; sepélé; agak ④【시간】 sebentar; saat; waktu ¶조금 지나면 sebentar lagi; dalam waktu singkat; tak lama setelah; segera ⑤【거리】 jarak yang péndék ¶조금씩 앞으로 나아가다 maju seinci demi seinci
조금(潮-) air perbani; air pasang surut
조금도 tidak sedikitpun; tidak sama sekali
조급하다(躁急-) tidak sabar; tergesa-gesa ¶조급히 dengan tergesa-gesa ⊙ 조급증 ketidak-sabaran; ketergesa-gesaan; watak yang lekas marah
조기[1] 【어류】 ikan kuning
조기[2] ⇒ 저기
조기(弔旗) bendéra tanda duka cita; bendéra setengah tiang ¶조기를 게양하다 menaikkan bendéra setengah tiang; menaikkan bendéra hitam
조기(早起) bangun terlalu pagi 조기하다 bangun pagi-pagi sekali ⊙ 조기회 klub olahraga pagi-pagi
조기(早期) tahap dini; awal ⊙ 조기경보체제 sistém peringatan awal. 조기진단 diagnosa dini (awal)
조깅 jogging; lari pagi ¶조깅을 하다 melakukan lari pagi
조끼[1] rompi ¶조끼를 입다 mengenakan rompi ⊙ 방탄조끼 rompi antipeluru. 구명조끼 rompi (alat) penyelamat
조끼[2] guci ¶한 조끼 가득한 맥주 seguci bir
조난(遭難) kecelakaan kapal 조난하다 tertimpa bencana (kecelakaan); dalam bahaya; dalam keadaan kecelakaan ⊙ 조난구조선 perahu penyelamat. 조난선 kapal dalam keadaan bahaya; kapal yang kena bencana. 조난신호 tanda bahaya; 【무선의】 panggilan SOS. 조난자 pengorban; penderita; 【생존자】 orang yang selamat
조달(調達) pengadaan; penyediaan; penyiapan 조달하다 menyediakan; mempersiapkan; mengadakan ⊙ 조달과 séksi perbekalan (perantara)
조도(照度) daya penerangan
조동사(助動詞) kata kerja bantu
조락(彫落) pelapukan; kehancuran; kemunduran 조락하다 runtuh; merosot; mundur; lapuk
조랑말 kuda poni; sejenis kuda kecil
조력(助力) ⇒ 도움 pertolongan; penyelamatan; bantuan 조력하다 menolong; membantu; menyelamatkan; meringankan ¶…의 조력으로 atas pertolongan…; dengan bantuan dari/조력을 청하다 meminta bantuan ⊙ 조력자 penolong; pembantu; asistén
조력(潮力) ⊙ 조력발전 pembangkit listrik tenaga gelombang
조련(調練) ①【훈련】 latihan fisik (olahraga); latihan kemilitéran; manufer 조련하다 melatih ¶야생마를 조련하다 melatih kuda liar ②【괴롭힘】 siksaan; penderitaan 조련하다 menderita; melécéhkan; mendapat bencana ⊙ 조련사 petatar; orang yang mendapat penataran (pelatihan)
조령모개(朝令暮改) perbuatan yang ragu-ragu; kurang keyakinan; perubahan; tidak punya prinsip ¶조령모개의 정책 kebijakan yang berubah-ubah; kebijakan yang tidak mantap; ketidak-konsistenan suatu kebijakan
조례(弔禮) étika (tata krama) dalam upacara belasungkawa
조례(條例) peraturan; hukum; ordonansi ¶조례를 제정하다 mengatur ordonansi ⊙ 시(市) 조례 ordonansi kota madya
조로(早老) penuaan prematur ¶조로의 penuaan dini/ 조로현상 gejala penuaan dini; gejala usia tua lebih awal ⊙ 조로증 progeria; *Sindariom Hutchinson-Gilford*
조로(朝露) ⇒ 초로(草露) embun pagi
조롱(鳥籠) sangkar burung
조롱(嘲弄) éjékan; cemoohan; cercaan; olok-olokan 조롱하다 membodohi; mem-

perolok-olokan; dicemoohkan ¶조롱당하다 diperlakukan seperti orang bodoh; dipermainkan

조롱박 ①【호리병박】 botol labu ②【쪽박】 gayung air yang terbuat dari labu

조롱복(-福) keberuntungan ¶조롱복을 타고나다 dilahirkan dalam keadaan yang baik

조루(早漏) 【조루증】 ejakulasi dini

조류(鳥類) burung; unggas; kelompok binatang yang berbulu ⊙ 조류인플루엔자 flu burung. 조류학 ilmu yang mempelajari unggas. 조류학자 ahli perunggasan

조류(潮流) ①【바닷물의 흐름】 aliran pasang; aliran ¶조류가 세다 Air pasang menghempas kuat. ②【시대의 흐름】 trén; kecenderungan; zaman sekarang ¶시대의 조류를 따르다 mengikuti arus zaman; mengarungi hidup di zaman sekarang

조류(藻類) 【식물】 tumbuhan air; alga ¶조류의 alga ⊙ 조류학 imlu yang mempelajari alga. 조류학자 ahli tentang alga

조르다 ①【죄다】 mengencangkan; mencekik; mengetatkan ¶졸라매다 mengencangkan dengan erat/목을 조르다 mencekik léhér ②【요구하다】 memohon untuk; membujuk; mendesak

조르르 ⇒ 쪼르르 tétésan; gerimis ¶조르르 흐르다 menétés

조리(笊籬) saringan bambu ¶조리로 쌀을 일다 mencuci beras dengan menggunakan saringan bambu ⊙ 조리자지 pengeluaran urine yang sering terjadi

조리(條理) logika; masuk akal; alasan ¶조리가 닿다 beralasan; masuk akal; logis; konsisten

조리(調理) ①【조섭】조리하다 menjaga kesèhatan ②【요리】 masakan 조리하다 menyiapkan makanan; memasak ③【처리】조리하다 menyelesaikan dengan tepat ⊙ 조리대 méja dapur

조리개 ①【줄】 tali pengikat; tali (benang; pita) yang mengikat erat ②【카메라의】 selaput pelangi; diafragma

조리다 merebus sampai matang

조리돌리다 menggiring ((penjahat)) di sepanjang jalan

조림 makanan yang direbus sampai matang ⊙ 통조림 makanan kaléng

조림(造林) penanaman hutan; penghijauan; reboisasi 조림하다 menanami hutan; menghutankan ⊙ 조림학 ilmu kehutanan

조립(組立) perakitan; konstruksi; susunan 조립하다 merakit; menyusun; mengumpulkan rapi atau dalam keadaan tersusun ¶자동차를 조립하다 merakit auto ⊙ 조립공 perakit; pemasang. 조립(식) 주택 rumah cetakan (pabrikan). 조립(식) 책장 rak buku yang bersekat-sekat; rak buku rakitan

조마(調馬) pelatihan kuda ⊙ 조마사(師) pelatih kuda

조마조마하다 gelisah; resah; tidak tenang; merasa kacau; bingung; gugup; bimbang; merasa tegang (cemas)

조막 ukuran tinju ¶조막만하다 sebesar kepalan tangan

조막손이 orang yang kikir

조만간(早晩間) nanti; cepat atau lambat; segera

조망(眺望) pandangan; pengintaian; tinjauan 조망하다 memandang; meninjau ¶조망이 좋다 pemandangan indah

조명(照明) ①【빛, 광선】 penerangan; penyinaran; pencahayaan 조명하다 menerangi; menyinari ②【자세히 살펴봄】 조명하다 mendapat sorotan ⊙ 간접【직접】 조명 pencahayaan yang tidak langsung 【langsung】. 무대조명 pencahayaan pentas

조모(祖母) ⇒ 할머니 nénék

조목(條目) artikel; klausa ¶조목별로 쓰다 merincikan

조목조목(條目條目) satu per satu

조무래기 ①【물건】 barang yang kecil-kecil; barang rombengan ②【어린아이를 얕잡아 이르는 말】 anak-anak kecil

조문(弔文) surat tanda turut berduka cita

조문(弔問) kunjungan turut berduka cita; pernyataan berduka cita ¶조문을 가다 memberi penghargaan pada yang berduka ⊙ 조문객 pengunjung belasungka-

wa; tamu yang turut berduka cita
조문(條文) téks; artikel; undang-undang
조물주(造物主) Sang Pencipta (alam semesta); Maha Kuasa
조미(調味) bumbu; penyedap rasa 조미하다membumbui; membumbui penyedap rasa; memakai bumbu ⊙ 조미료 bumbu: 인공조미료 penyedap rasa buatan. 천연조미료 bumbu alami
조밀(稠密) kepadatan 조밀하다 padat; ramai; sudah padat ditempati ¶인구가 조밀하다 berpenduduk padat
조바심 ¶조바심을 내다 gugup; bingung; khawatir; gelisah; sangat ketakutan; khawatir akan diri sendiri
조반(朝飯) ⇒ 아침 sarapan pagi ¶조반을 들다 (mengambil; menyantap) sarapan pagi
조밥 nasi juwawut
조방농업(粗放農業) pertanian eksténsif
조변석개(朝變夕改) perubahan; pertukaran; ketidak-tetapan 조변석개하다 selalu mengalami perubahan
조병창(造兵廠) gudang senjata; pabrik senjata
조복(朝服) toga; pakaian untuk persidangan; kostum untuk sidang
조부(祖父) ⇒ 할아버지 kakék ⊙ 조부모 eyang; embah
조붓하다 agak sempit
조사(調査) penyelidikan; pemeriksaan; penelaahan 조사하다 menyelidiki; memeriksa ⊙ 조사과 séksi penyelidikan. 조사관 penguji; pemeriksa; invéstigator; peneliti
조사(弔詞) pernyataan belasungkawa; pidato peringatan ¶조사를 하다 mengungkapkan rasa duka cita
조사(早死) wafat pada usia yang terlalu muda 조사하다 mati muda
조사(助詞)【문법】kata bantu
조사(祖師) pendiri sékte
조사(照射) penyinaran; penyorotan; penerangan 조사하다 menyinari; menyorot(i)
조산(早産) kelahiran pradini 조산하다 melahirkan bayi sebelum waktunya; dilahirkan sebelum waktunya ⊙ 조산아 bayi yang lahir pradini
조산(助產) ilmu kebidanan ⊙ 조산소 klinik kebidanan. 조산원 bidan; dukun beranak
조산(造山) gundukan tanah buatan; bukit kecil
조삼모사(朝三暮四) penipuan dengan licik
조상(弔喪) belasungkawa 조상하다 turut belasungkawa; menyatakan belasungkawa terhadap orang yang berkabung
조상(祖上) nénék moyang; leluhur ¶조상을 숭배하다 memuja nénék moyang
조상(彫像) ukiran patung; patung yang diukir ¶대리석 조상 patung dari marmer ⊙ 조상사(師) pemahat; ahli patung
조색(調色) warna campuran
조생종(早生種) jenis yang déwasa sebelum waktu
조서(詔書) dekrét (maklumat) raja
조서(調書)【법률】berita acara pemeriksaan (BAP); keterangan tertulis
조석(朝夕) pagi dan sore; makan pagi dan makan malam ¶목숨이 조석에 있다 di ambang kematian
조석(潮汐) ⇒ 조수 pasang surut
조선(造船) pembuatan kapal 조선하다 membuat kapal ⊙ 조선공 pekerja pembuatan kapal; ahli membuat dan memperbaiki kapal. 조선기사 arsiték perkapalan; insinyur kapal. 조선대 tempat peluncuran kapal;【경사진】gelangan kapal. 조선업 industri pembuatan kapal
조선족(朝鮮族) imigran Korea yang pindah dan menetap di Cina, Rusia, dan di wilayah lainya sejak awal abad ke-20
조섭(調攝) ⇒ 조리(調理)
조성하다(助成-) membantu; menolong; menyumbang ⊙ 조성금 subsidi; tunjangan; hadiah; bantuan uang
조성(造成) produksi; persiapan; reklamasi 조성하다 memproduksi; mengolah tanah; menyediakan《lahan untuk perumahan》; menjadikan tanah ¶택지를 조성하다 menyediakan lahan perumahan
조성(組成) pembentukan; penyusunan 조성하다 menyusun; membentuk
조세(租稅) ⇒ 세금 pajak; perpajakan ¶조세를 과하다 mengenakan pajak atas ⊙

조세징수 pungutan pajak
조소(彫塑) pemahatan dan pemodelan; model ukiran dari tanah liat
조소(嘲笑) ejékan; cemoohan; senyum yang menyeringai 조소하다 tertawa mengéjék; mengéjék; mencemoohkan; mentertawakan; memperolokan ¶조소적(으로) mengéjék; mentertawakan/ 조소받다 ditertawakan; diéjék/ 조소거리가 되다 menjadi bahan cemoohan
조속히(早速-) segera; sesegera mungkin; secepat mungkin
조수(助手) asistén; pembantu; penolong ¶조수로 일하다 mengabdi sebagai pembantu ⊙ 조수석 tempat duduk di samping sopir. 연구조수 asistén penelitian. 외과조수 asistén ahli bedah
조수(鳥獸) burung dan bidnatang buas; unggas dan binatang buas
조수(潮水) ⇒ 간만 air pasang ¶조수의 간만 pasang dan surutnya air/조수처럼 밀려들다 menggelombang
조숙(早熟) kedéwasaan dini; perkembangan pradini 조숙하다 matang (masak) dengan cepat; tumbuh pesat ¶조숙한 pradini; prematur; déwasa sebelum waktunya ⊙ 조숙아 anak yang terlalu cepat menjadi déwasa
조식(粗食) makanan sederhana 조식하다 makan makanan yang berkualitas rendah
조신하다(操身-) bersikap hati-hati
조실부모하다(早失父母-) kehilangan orang tua di masa kanak-kanak; kehilangan orang tua waktu kecil
조심(操心) kehati-hatian; kebijaksanaan; tindakan pencegahan 조심하다 berhati-hati; waspada ¶조심하여 dengan hati-hati /말을 조심하다 hati-hati dalam berbicara
조심성(操心性) sifat berhati-hati; kehati-hatian; kewaspadaan ¶조심성이 없다 ceroboh; tidak berhati-hati
조아리다 bersujud; berlutut sampai ke tanah; sujud ke tanah; menunduk dalam-dalam
조악(粗惡) kekasaran 조악하다 kasar; mentah; rendah mutunya ¶품질이 조악하다 mutunya rendah (kasar) ⊙ 조악품 barang yang bermutu rendah; barang kasar
조야(朝野) pemerintah dan rakyat; seluruh negeri; (사람) orang dalam maupun luar kalangan pemerintahan
조약(條約) perjanjian; fakta ¶조약에 조인하다 menandatangani perjanjian/조약을 어기다 melanggar perjanjian ⊙ 조약국 negara yang membuat fakta. 조약비준 pengesahan perjanjian. 불가침조약 Perjanjian Non-agrési. 평화조약 perjanjian damai dan persahabatan
조약돌 batu kerikil; serpihan batu kerikil; batu-batu kecil; batu koral
조어하다(釣魚-) memancing; mengail
조어(造語) kata baru; penciptaan kata baru; pembuatan kata baru
조언(助言) naséhat; saran; petuah 조언하다 menyarankan; menasehati ¶전문가의 조언 nasehat profésional/조언을 구하다 meminta saran ⊙ 조언자 penaséhat; konselor
조업(操業) pengoperasian 조업하다 mengoperasikan ⊙ 조업단축 pengurangan jam kerja. 조업일수 hari kerja. 조업제한 pembatasan waktu kerja
조역(助役) pembantu; penolong; asistén
조연(助演) 조연하다 memainkan peran pembantu ¶주연 K, 조연Y dibintangi oléh K dan peran pembantu Y ⊙ 조연자 pemeran pembantu 《aktor, aktris》; pemeran pendamping
조영(造營) bangunan; konstruksi 조영하다 membangun; mengkonstruksikan ⊙ 조영 물 pembangunan; struktur
조예(造詣) pencapaian; keahlian; kesarjanaan ¶조예가 깊다 memiliki pengetahuan yang mendalam /학문에 조예가 깊은 사람 ahli; ilmuwan
조용하다 diam; tenang; sunyi; senyap; hening; tidak bergerak ¶쥐 죽은 듯이 조용하다 sepi seperti mati
조용히 dengan diam; dengan sunyi; dengan tenang 조용히 하다 diam; tetap diam tenang; damai; penuh kedamaian; 【은밀히】 secara pribadi
조우하다(遭遇-) menemui; bertemu; ber-

jumpa; bersua; berhadapan dengan

조율(調律) ①【악기를】 penyetelan; penalaan; keselarasan; penyelaraan nada 조율하다 menyetél; menala ②【의견 · 갈등 등을】 médiasi ¶양당 간의 이견을 조율하다 memédiasi antara kedua partai ⊙ 조율료 biaya (ongkos) untuk menyelaraskan nada ⟪piano⟫. 조율사 penyetél ⟪piano⟫

조의(弔意) belasungkawa; perkabungan; ratapan; duka cita ¶조의를 표하다 menyatakan kesedihan yang mendalam; turut berduka cita atas

조이다 ①【나사 · 끈 · 허리 등을】 memper-erat ②【마음을】 mencemaskan ③【범위를 좁히다】 memperkeras; mengetatkan

조인(調印) penyégelan; penandatangan 조인하다 menyégel; membubuhkan tanda (ségel); menandakan; menulis tanda tangan ⊙ 조인식 upacara penandatanganan. 조인 자 penanda; orang yang ikut menandatangani

조인트 bersama; tulang sendi

조작(造作) pembuatan 조작하다 membuat ¶조작된 이야기 cerita yang dikarang; fiksi

조작(操作) operasi; penanganan 조작하다 mengoperasikan; mengerjakan; menangani; memanipulasi ⊙ 금융【시장】 조작 manipulasi【pasar】 monéter. 자동 조작 operasi otomatis

조잘거리다 ⇒ 재잘거리다

조잡하다(粗雜-) kasar; kesat; murahan

조장(助長) pendorongan 조장하다 mendorong

조장(組長) kepala regu; pemimpin kelompok

조전(弔電) télégram belasungkawa; télégram yang berisi kata-kata turut berduka cita

조절(調節) pengaturan; penyesuaian; penyelarasan; pengendalian 조절하다 mengatur; mengendalikan; menyelaraskan; mengontrol ¶감정을 조절하다 mengontrol (mengatur) perasaan/체중을 조절하다 mengatur berat ⊙ 조절기 pengatur; régulator; modulator

조정(朝廷) istana raja

조정하다(漕艇-) 【스포츠】 berdayung; bersampan; mendayung sampan ⊙ 조정경기 perlombaan mendayung (sampan)

조정(調定) penyelesaian; penentuan 조정하다 menyelesaikan; menentukan ⊙ 조정세액 jumlah pajak yang ditentukan

조정(調停) ⇒ 중재 pengantaraan; perantaraan; peleraian; penengahan 조정하다 mengantarai; melerai; menengahi ¶…의 조정으로 melalui penyelesaian (penengah) dari ⊙ 조정신청서 aplikasi tertulis untuk penyelesaian. 조정안 proposal arbitrasi; rencana penyelesaian; rancangan kompromi. 조정자 mediator; arbitrator; pengantara; penengah

조정(調整) penyesuaian; pengaturan; régulasi; modulasi 조정하다 mengatur; menyesuaikan; mengendalikan; memodulasi; mengontrol ⊙ 조정 기 régulator; pengatur

조제(調製) pembuatan; produksi; persiapan; pelaksanaan 조제하다 membuat; memproduksi; menyiapkan

조제(調劑) preparat (buatan; bikinan) obat 조제하다 membuat obat dari berbagai bahan ⊙ 조제 사 ⇒ 약제사. 조제실 kamar preparat obat. 조제약 obat preparat

조조(早朝) pagi sekali ⊙ 조조할인 영화 film dengan harga potongan pada pagi hari

조종(弔鐘) bunyi loncéng pemakaman seorang pahlawan

조종(祖宗) nénék moyang raja

조종(操縱) pengelolaan; manajemén; operasi; manipulasi; perbuatan curang; penyalagunaan; penyeléwéngan 조종하다 menjalankan; menggerakkan; mengelola; mengoperasikan ¶조종하기 쉽다【힘들다】 mudah【sukar】 mengontrol (mengoperasi)/ 조종당하다 dimanipulasi oléh ⊙ 조종사 pilot; penerbang. 조종석 tempat duduk pilot; kokpit

조준(照準) pembidikan 조준하다 membidik ⊙ 조준기 alat pembidik

조지다 ①【마구 때리거나 혼을 내다】 ¶반항하는 놈은 모두 조져 버려! Pukul setiap orang yang mau melawanmu! ②【망치

다】 mengacaukan

조직(組織)①【집단, 단체】organisasi; struktur; formasi; konstruksi ②【계통 · 제도】sistém ③【생물의】jaringan 조직하다 membentuk; mengatur; mengorganisasik《an》; mengorganisir; mengadakan; 《회사 등을》 menggabungkan; menjadikan badan hukum ¶조직적(으로) secara sistématis; secara teratur; dengan métodis; terorganisir ⊙ 조직원 anggota organisasi. 세포【근육】조직 jaringan sél【otot】

조짐(兆朕) ⇒ 기미 tanda; gejala; pertanda; alamat; ramalan; persangkaan; firasat¶조짐을 보이다 memberi tanda; meramalkan

조차(租借) penyéwaan《rumah, tanah, wilayah》조차하다 menyéwa; mengontrak ⊙ 조차권 hak penyéwaan. 조차지 wilayah yang diséwa

조차(操車) operasi《jalan keréta api》⊙ 조차 원 orang yang mengatur pemberangkatan《keréta api》. 조차장 tempat pemberangkatan (pelepasan)

조차 bahkan; pun; tambahan

조찬(朝餐) makan pagi; sarapan ⊙ 조찬회 pertemuan makan pagi

조처(措處) tindakan; gerakan; langkah; aksi; penyelesaian 조처하다 bertindak; mengambil tindakan; menyelesaikan ¶신속한 조처 tindakan (penyelesaian) cepat

조청(造淸) sirup bijian

조촐하다 rapi; nécis ¶조촐히 dengan rapi

조총(弔銃) témbakan penghormatan (salvo) untuk orang yang meninggal

조총련(朝總聯) féderasi penduduk Korea di Jepang yang pro-Pyongyong; *Choch'ongnyon*

조치(措置) ⇒ 조처(措處) ¶단호한 조치를 취하다 mengambil tindakan yang tegas ⊙ 후속 조치 tindakan lanjutan

조카 kemenakan; keponakan ⊙ 조카딸 kemenakan perempuan. 조카며느리 istri kemenakan. 조카사위 suami kemenakan perempuan

조크 lelucon

조타하다(操舵-) mengemudikan kapal ⊙ 조타기 roda pengemudian. 조타수 juru mudi

조퇴하다(早退-) pulang lebih cepat

조판(組版) penyusunan huruf 조판하다 menyusun huruf ⊙ 조판공(工) tukang setér; penyusun huruf

조폐(造幣) percétakan uang logam; arta yasa ⊙ 한국 조폐공사 Koperasi Percétakan Uang Korea

조포(弔砲) témbakan penghormatan《meriam》

조합(組合) ①【집단 · 조직】persatuan; perkumpulan; organisasi; perserikatan; perhimpunan; persekutuan; perkongsian; serikat sekerja ¶조합을 만들다 membentuk persatuan (perkongsian; persekutuan) ②【수학】kombinasi ⊙ 조합원 anggota perkumpulan; (노조의) anggota perserikatan

조합(調合) kombinasi 조합하다 mengombinasikan; memadukan

조항(條項) pasal; ketetapan; ketentuan; syarat ¶조항을 규정하다 membuat (menjadikan) ketetapan

조행(操行) ⇒ 품행(品行)

조혈(造血) hématolisis; pembentukan darah ⊙ 조혈기능 fungsi hématogén. 조혈제 obat pembentuk darah

조형(造形) pencétakan; penuangan ⊙ 조형미술 seni percétakan; seni plastik (tuang)

조혼(早婚) perkawinan dini 조혼하다 kawin muda ¶조혼을 장려하다 menganjurkan (mendorong) kawin muda

조화(弔花) karangan bunga berkabung

조화(造化) mistéri; yang mengagumkan ¶조화의 신 Pencipta; Tuhan; Allah Maha Pencipta

조화(造花) bunga tiruan; bunga palsu

조화(調和) kecocokan; kesesuaian; kepantasan; kelayakan; keselarasan; (음색의) simfoni; (균형) simétri 조화하다 cocok dengan; sepadan; serasi; sesuai dengan ¶조화된 harmonis; simétris/ 조화롭다 harmonis; keharmonisan

조회(朝會) rapat pagi; pertemuan pagi

조회(照會) pemeriksaan; penyelidikan; vérifikasi 조회하다 memeriksa; menyelidiki; mengadakan pneyelidikan ¶조회중이다 sedang diperiksa (diselidiki)

족(足) ①【소. · 돼지의】 kaki; betis ②【켤레】 sepasang ((kaus kaki))

족(族) suku; marga; klan ¶티베트 족 suku Tibét

족구(足球) sépak takraw ¶족구를 하다 bermain bola voli kaki (sépak takraw)

족대기다 memaksakan; menyiksa; menyuruh membuat

족두리 kerudung pengantin perempuan; mahkota pengantin Korea

족발(足-) kaki babi direbus

족벌(族閥) keluarga; klik; kelompok ¶족벌 경영을 하다 menjalankan perusahaan dengan cara nepotistik ⊙ 족벌정치 pemerintahan keluarga. 족벌주의 nepotisme

족보(族譜) silsilah keluarga; asal-usul keluarga

족속(族屬) kerabat; sanak saudara

족쇄(足鎖) ①【쇠사슬】 belenggu; pengikat; borgol ¶족쇄를 채우다 membelenggu; mengikat; memborgol; mengongkong ②【비유적】 ¶족쇄가 되다 menjadi kekangan

족욕(足浴) mandi sampai lutut

족자(簇子) gambar gulung ((ala Cina))

족장(族長) penghulu; kepala suku; kepala adat

족적(足迹 · 足跡) jejak kaki ¶족적을 남기다 meninggalkan jejak kaki

족제비 benturung; cerpelai

족족[1] setiap saat (waktu); kapan pun

족족[2] ⇒ 죽죽

족집게 ①【작은 집게】 catut; pencabut uban (duri) ②【잘 알아맞히는 사람】 ¶그는 정말 족집게 도사다 Dia benar-benar peramal yang akurat.

족치다 menghancurkan; memusnahkan

족친(族親) kerabat; sanak keluarga

족하다(足-) cukup; memadai; memuaskan ¶마음에 족하다 memuaskan/마음에 족해하다 *merasa senang* (puas) dengan

족히 cukup; memadai ¶족히 칭찬할 만하다 patut (layak; pantas) dipuji

존 zona; daérah ¶존 디펜스 zona pertahanan

존경(尊敬) penghormatan; penghargaan; pemujaan; keseganan 존경하다 menghormati; memuja; menghargai; mempermuliakan

존귀(尊貴) ningrat 존귀하다 mulia; tinggi dan agung

존대(尊待) 존대하다 memperlakukan dengan hormat ¶존대 받다 dihargai; disambut dengan penghargaan tinggi ⊙ 존댓말 bentuk hormat dalam bahasa

존득- ⇒ 쫀득-

존립(存立) adanya; kehidupan; keadaan hidup 존립하다 ada; hidup

존망(存亡) hidup mati; keadaan hidup; keberadaan ¶국가 존망의 위급한 시기에 pada saat krisis nasional seperti ini

존비(尊卑) kelas atas dan bawah ⊙ 존비귀천 kaya miskin; yang terhormat dan yang hina

존속하다(存續-) bertahan; berdiri; tetap hidup ¶존속시키다 mempertahankan

존속(尊屬) turunan satu garis ¶존속살해 pembunuhan turunan satu garis; 【부친】 pembunuhan ayah; 【모친】 pembunuhan ibu

존안(尊顔) anda; Bapak; Ibu yang terhormat

존엄(尊嚴) martabat 존엄하다 mulia; penuh kebesaran; bermartabat ¶인간의 존엄 martabat manusia

존엄성(尊嚴性) martabat; géngsi

존재(存在) keberadaan; eksisténsi 존재하다 ada; hidup ¶존재하지 않는 tidak ada; tidak hidup ⊙ 존재이유 alasan keberadaan

존절하다 berhémat; menghémat ¶존절히 dengan hémat; dengan cermat

존중(尊重) kehormatan; penghormatan; penyanjungan 존중하다 menghormati; menyanjung; menjunjung tinggi ¶여론을 존중하다 menghargai pendapat umum

존칭(尊稱) gelar kehormatan; sebutan kehormatan

존폐(尊廢) keberadaan; keberlakuan ⊙ 존폐문제 masalah keberadaan

존함(尊銜) ⇒ 성함 nama anda

졸고(拙稿) karya saya ((yang tidak berhar-

ga》
졸개(卒-) seorang bawahan
졸다 terkantuk-kantuk; mengantuk; tidur-tiduran; tidur ayam
졸다 ①【국 · 찌개 등이】 direbus 《sampai airnya》 kering ②【겁을 먹다】 ¶졸지 마라 Jangan takut.
졸도(卒倒) pingsan 졸도하다 ⇒ 기절하다, 실신하다 jatuh pingsan; kelengar
졸때기 ①【일】 kerja kecil-kecilan ②【사람】 orang picik
졸라대다 mengganggu; merundung; membéngkéngi; meminta; meréngék-réngék; mendesak
졸라매다 mengikat dengan kencang; mengencangkan; menarik dengan kuat
졸래졸래 sembrono; tidak keruan ¶졸래졸래 돌아다니다 berkeluyuran
졸렬(拙劣) kejanggalan; kecanggungan 졸렬하다 janggal; kikuk; picik; anéh; tidak cakap; tidak ahli
졸리다[1] merasa ngantuk; mengantuk ¶졸려 뵈는 kelihatan ngantuk
졸리다[2] mencekék
졸막졸막하다 berukuran kecil-kecil
졸망졸망하다 ①【옹기종기】 kecil dan tidak sama bentuk(ukurannya) ②【올통볼통】 tidak rata; kasar; bergelombang
졸문(拙文) ①【졸렬한 글】 karangan yang jelék ②【자기의 글】 karangan saya
졸병(卒兵) ⇒ 병졸 prajurit
졸부(猝富) ⇒ 벼락부자 kaya mendadak ¶ 졸부가 되다 tiba-tiba menjadi kaya
졸속(拙速) yang kasar dan segera ⊙ 졸속주의 métode yang kasar dan segera
졸아들다 mengerut; mengecil
졸아붙다 direbus 《sampai airnya》 kering
졸업(卒業) kelulusan; penamatan 졸업하다 tamat dari; lepas sekolah ⊙ 졸업장 diploma; sertifikat kelulusan. 졸업생 tamatan; lulusan; alumni. 졸업식 upacara kelulusan; upacara pemberian ijazah (diploma); wisuda
졸음 kantuk ¶졸음이 오다 merasa ngantuk; mengantuk
졸이다 ①【물 · 찌개 등을】 merebus 《sampai airnya》 kering ②【마음 · 가슴 등을】 cemas; gelisah; khawatir; gugup; takut
졸작(拙作) ①【졸렬한】 karya yang jelék ②【자기의】 ⇒ 졸저(拙著)
졸장부(拙丈夫) orang yang picik; orang yang berkaliber kecil (rendah)
졸저(拙著) karya saya yang rendah (jelék)
졸졸 ①【물이 흐르는 모양】 suara aliran kecil; gemercak ¶수돗물이 졸졸 나오다 air menétés dari kran. ②【따라다니는 모양】 mengikuti terus-menerus; membuntuti
졸중(卒中) 【의학】 kelumpuhan otak
졸지에(猝地-) tiba-tiba; dengan tak diduga-duga
졸책(拙策) ①【졸계】 rencana (kebijakan) yang kurang baik ②【자기 계책】 rencana saya
졸필(拙筆) ①【악필】 tulisan tangan yang jelék ②【악필가】 penulis yang jelék ③【자기 필적】 tulisan tangan saya
졸하다(卒-) mati; meninggal
졸하다(拙-) ①【용렬】 janggal; kagok; kikuk; tidak mahir; tidak ahli; jelék ¶글씨가 졸하다 menulis dengan jelék ②【사람됨이】 berpandangan picik; picik ¶졸한 사람 orang yang berpandangan picik
좀[1] ①【해충】 anai-anai; ngengat; kutu pakaian (buku) ②【비유적】 ¶…하고 싶어 좀이 쑤시다 ingin sekali mengerjakan; tidak sabar melakukan sesuatu; gatal
좀[2] ①【긍정 · 평서문에】 《얼마큼 · 어딘가》 sedikit; agak; 【의문 · 부정문에】 berapa; berapa banyak¶좀 있다가 sebentar lagi ②【부탁 · 동의 등을 구할 때】 tolong
좀[3] betapa; berapa; berapa banyak; betapa
좀- kecil ⊙ 좀도둑 pencuri (malang) kecil
좀것 ①【사람】 pikiran yang picik; pikiran yang sempit ②【물건】 barang-barang yang sepélé (réméh)
좀더 sedikit lagi; sedikit lama lagi
좀먹다 ①【좀이 슬다】 dimakan ngengat ②【해를 입히다】 menggerogoti
좀스럽다 ①【옹졸하다】 berpikiran sempit ¶좀스런 사람 orang kecil ②【규모가 보잘것 없다】 kecil; réméh; réméh-téméh; sepélé
좀약(-藥) kapur barus

좀처럼 jarang; dengan mudah
좀팽이 orang picik
좁다 ①【너비 · 공간 등이】 sempit ②【규모 · 범위 등이) kecil; terbatas; (집 등이) kecil; sempit; (숨 막히도록) sesak; tersumbat; (옷의 품 등이) ketat ③【도량 · 소견이】 picik
좁다랗다 agak sempit; sempit dan kecil
좁쌀 ①【조】 biji jurawut ②【비유적】 kecil; picik; rendah; réméh ⊙ 좁쌀뱅이 orang picik; orang yang berpikiran sempit. 좁쌀영감 orang tua berpikiran sempit
좁아지다 menjadi sempit
좁히다 mempersempit; membatasi; memperpicik; mendekati
종[1] tangkai 《bawang putih》
종[2] babu; hamba; budak; jongos ¶종노릇 perbudakan
종(種) ①【생물의 분류 단위】 spésiés ¶종의 기원 Asal Usul Spésiés ②【종류】 tipe; jenis; kelas ¶3종 우편 pos kelas tiga ③【품종】 asal; jenis; keturunan ¶잡종 bastar; cangkokan ④【종자】 bibit; bangsa; turunan ¶종마 kuda jantan
종(鐘) bél; loncéng ¶종소리 bunyi bél (loncéng)/종을 울리다 membunyikan loncéng
–종(宗) 【종파】 sékte (mazhab) agama; golongan agama ¶조계종(曹溪宗) Sékte *Chogye*
종가(宗家) keluarga utama
종가래 sekop kecil
종각(鐘閣) menara loncéng
종간(終刊) ⇒ 폐간(廢刊) ⊙ 종간 호(號) édisi nomor terakhir
종강(終講) ¶기말시험이 끝나면 종강이다 sekolah ditutup setelah ujian akhir
종결(終結) penutupan; konklusi; penyelesaian 종결하다 menutup; mengakhir; berakhir
종고모(從姑母) ⇒ 당고모 saudara sepupu perempuan dari ayah
종관하다(從貫-) melintasi ⊙ 종관철도 *jalan keréta api melintasi*
종교(宗教) agama; kepercayaan ¶종교상의, 종교적 berhubungan dengan agama ⊙ 종교가 orang yang beragama. 종교개혁 pembaharuan (réformasi) agama. 종교계(界) dunia keagamaan. 종교단체 organisasi keagamaan
종국(終局) akhirnya; penutupan; kesimpulan ¶종국의 akhir; final; terakhir/종국에 가서는 pada akhirnya
종군(從軍) 종군하다 mengikuti tentara; maju ke garis depan ⊙ 종군기자 wartawan perang
종극(終極) penutupan; pengakhiran ¶종극의 akhir; terakhir
종기(腫氣) bisul; buhuk; bengkak; tumor
종내(終乃) ⇒ 마침내 akhirnya; pada akhirnya
종년 budak perempuan
종놈 budak laki-laki
종다래끼 keranjang penangkap ikan; tangguk
종다수하다(從多數-) ikut pendapat mayoritas
종단(宗團) golongan keagamaan
종단하다(縱斷-) mejelajahi; menelururi
종단하다(從斷-) memotong memanjang; memotong vertikal; melintasi
종달새 semacam burung yang suka menyanyi
종답(宗畓) sawah warisan; sawah yang hasilnya diperuntukkan tujuan upacara penghormatan nénék moyang (leluhur)
종당(從當) pada akhirnya
종대(縱隊) kolom; baris ¶종대를 짓다 membentuk baris; berbaris
종돈(種豚) babi bibit
종두(種痘) ⇒ 우두(牛痘)
종래(從來) ¶종래의 yang lalu; biasa; tradisionil; 【현존의】 adanya/ 종래와 같이 seperti biasa; seperti yang sebelumnya
종려(棕櫚) ⊙ 종려나무 pohon palem
종료(終了) penghabisan; penutupan; pengakhiran 종료하다 ⇒ 끝나다 habis; berakhir; selesai; tamat
종루(鐘樓) menara loncéng
종류(種類) macam; keserbaragaman; keanékawarnaan; keanékaragaman; kelas; jenis; rupa; 《형》 tipe; katégori; 《성질》 sifat ¶온갖 종류의 bermacam-macam
종마(種馬) kuda binal
종막(終幕) penutup; adégan terakhir; berakhir

종말(終末) penghabisan; penutupan; penyelesaian

종매(從媒) kemenakan wanita

종목(種目) artikel; nomor; acara; saham; *item*

종묘(宗廟) kuil leluhur raja

종묘(種苗) ①【씨를 심음】 tanaman bibit ②【묘목】 bibit kecil ⊙ 종묘장 kebun pembibitan

종무식(終務式) upacara tutup tahun bisnis

종반전(終盤戰) ①【바둑 · 장기의】 permainan terakhir ②【선거 등의】 tahap terakhir

종발(鐘鉢) mangkuk kecil

종사하다(從事-) bekerja; mengikuti; ikut serta

종산(宗山) gunung (bukit) di mana kuburan keluarga terletak

종속(從屬) subordinasi; ketergantungan 종속되다⇒ 예속되다 terguntung pada; subordenat pada : mengebawahkan ¶종속적인 bergantung; sekunder / 종속시키다 mengebawahkan (menangguhkan) pada ; mensubordinasikan ⊙ 종속국가 negara subordinat. 종속이론 téori ketergantungan. 종속절 anak kalimat

종손(宗孫) cucu laki-laki tertua

종손(從孫) cucu laki-laki dari saudara laki-laki; cucu kemenakan laki-laki

종손녀(從孫女) cucu perempuan dari saudara laki-laki; cucu kemenakan perempuan

종숙(從叔) kemenakan laki-laki dari ayah

종숙모(從叔母) istri kemenakan laki-laki dari ayah

종식(終熄) penghentian; gencatan; pembasmian; pemberantasan 종식하다 berhenti; berakhir; membasmi; menghapuskan; mencabut; memberantas ¶종식시키다 menghentikan

종신(宗臣) ①【원훈】 menteri yang terhormat (terkenal; terkemuka) di negara ②【왕족】 keluarga raja

종신(終身) 【한평생】 seumur hidup; 【죽음】 kematian 종신하다 mati; meninggal : melayani orang tua sampai meninggal ⊙ 종신보험 asuransi (jaminan) seumur hidup. 종신징역 pemenjaraan seumur hidup. 종신회원 anggota seumur hidup

종실(宗室) keluarga raja

종심(終審) 【법률】 pengadilan akhir

종씨(宗氏) saudara semarga

종씨(從氏) ①【자기의】 kemenakan saya yang paling tua ②【남의】 kemenakan ((anda; dia/ nya)) yang paling tua

종아리 betis ¶종아리를 맞다 dicambuk pada betis/종아리를 때리다 mencambuk pada betis ⊙ 종아리뼈【해부학】 tulang betis

종알거리다 bersungut; berkomat-kamit; memberengut

종양(腫瘍) tumor ⊙ 뇌종양 tumor otak. 악성【양성】 종양 tumor ganas (jahat; yang membahayakan; yang menular) 【jinak】

종언(終焉) 【죽음】 kematian; penghabisan kehidupan; penghembusan nafas terakhir; 【종말】 penghabisan; penutupan; waktu berakhir 종언하다 meninggal; mati; berakhir

종업(從業) 종업하다 dipekerjakan; bekerja ⊙ 종업시간 jam kerja

종업원(從業員) pekerja; karyawan

종업(終業) penyelesaian pekerjaan; akhir kerja; perampungan kerja 종업하다 menyelesaikan pekerjaan ⊙ 종업식 upacara penutupan

종연(終演) akhir pertunjukan 종연하다 menyelesaikan (berakhir; tamat) pertunjukan ¶오후 10시 종연 pertunjukan berakhir pada pukul 10 malam

종용하다(慫慂-) menyarankan; menganjurkan; menasehati; menekankan; mengusulkan ¶아무의 종용으로 atas usul (saran) dari…

종유(種油) 【씨의】 minyak biji; 【평지의】 minyak lobak

종이 kertas ¶종이한 장 sehelai selembar kertas ⊙ 종이냅킨 serbét ((dari)) kertas. 색종이 kertas berwarna

종일(終日) sepanjang hari; sehari penuh

종자(種子) ①⇒ 씨[1] bibit; benih ②【사람의 혈통을 얕잡아 이르는 말】 jenis ③【동물의 혈통 · 품종】 keturunan ⊙ 종자식물 tanaman bibit

종자매(從姉妹) kemenakan perempuan

종잡다 memahami secara kasar
종장(終章) bagian terakhir sebuah lagu
종장(終場) ⊙ 종장가격 harga penutupan bursa
종적(踪迹) jejak; bekas ¶종적을 감추다 menyembunyikan; merahasiakan; menutupi jejak-jejak
종적(縱的) vertikal ¶종적인 관계 hubungan vertikal
종전(從前) ⇒ 예전, 이전 ¶종전의 sebelum《nya》; yang dahulu / 종전에 dahulu; sebelum; sampai sekarang 《ini》 /종전과 같이 seperti (sebagaimana) biasa; seperti dulu
종전(終戰) akhir dari perang; akhir dari permusuhan ¶종전이 되다 perang berakhir
종점(終點) términal; setasiun 《bus; keréta api》; tempat perhentian ⊙ 버스종점 términal bus
종조모(從祖母) istri dari saudara kakék
종조부(從祖父) saudara kakék
종족(種族) bangsa; suku bangsa; rumpun; 【동식물의】 famili; genus; jenis; macam ⊙ 종족집단 suku bangsa
종종(種種) sering; sering kali; sekali-sekali; kadang-kadang; kerap kali; acap kali
종종걸음 langkah péndék dan cepat; langkah yang terburu-buru ¶종종걸음 치다 berjalan dengan terburu-buru; pergi dengan hati berdebar-debar
종주하다(縱走-) menjelajahi; menelusuri
종주(宗主) ⊙ 종주국 negara pertuanan. 종주권 kekuasaan raja; pertuanan
종중(宗中) keluarga dari marga yang sama
종지 mangkok kecil
종지(終止) penghentian; kesudahan; gencatan 종지하다 berhenti; mengakhiri; berakhir
종지부(終止符) titik akhir ¶종지부를 찍다 memberi titik akhir; mengakhiri
종지뼈 *tempurung lutut*
종질 perbudakan 종질하다 menjadi budak
종질(從姪) kemenakan laki-laki; anak laki-laki dari saudara sepupu ⊙ 종질녀 anak perempuan dari saudara sepupu; kemenakan perempuan
종착역(終着驛) términal; stasiun akhir
종친(宗親) keluarga raja
종친회(宗親會) pertemuan keluarga
종탑(鐘塔) menara tempat lonceng bergantung
종파(宗派) ①【지파(支派)에 대한】 mazhab ②【파벌】 sékte ¶종파적(인) picik; terkungkung pada satu aliran saja ⊙ 종파싸움 perselisihan antar sékte
종합(綜合) sintésis; perumuman; penyamarataan 종합하다 menyamaratakan ¶종합적 sintésis; umum; sama rata; komposit ⊙ 종합계획 rancangan (acara; program) keseluruhan. 종합과세 perpajakan keseluruhan. 종합대학 universitas; perguruan tinggi. 종합소득세 pajak pendapatan komposit (keseluruhan). 종합예술 seni komposit
종횡(縱橫) garis tegak-lurus dan/atau garis mendatar ¶종횡으로 dalam segala arah; arah panjang dan arah lebar; semua arah/ 종횡무진으로 dengan bébas; semau-maunya
좇다 ①【뒤를】 mengejar ②【동반】 menemani; menyertai ③【규칙 · 관습 · 의견 등을】 mengikuti; memenuhi; menyesuaikan diri; mencocokkan diri; mematuhi; mentaati ¶뜻에 좇다 mematuhi kehendak
좋다[1] ①【모양 · 상태 · 성질 등이】 baik; bagus ②【유익】 baik; bermanfaat; menguntungkan ③【알맞다, 적당하다】 sesuai; cocok; pantas; sedang ④【재능이】 cakap; terampil; cekatan; terlatih; berbakat ⑤【마음에 들다, 좋아하다】 suka ⑥【바람, 소망】 mengharapkan; menginginkan; menghendaki; ingin ⑦【…이 낫다】 lebih baik ⑧【귀하다】 berharga; bernilai; mulia ⑨【괜찮다】 boléh; dapat ⑩【무방】 tidak usah; tidak perlu ⑪【길함】 mujur; untung
좋다[2] ①【기분 · 느낌】¶좋다! Bagus!; Baik!; Baiklah!/ 기분이 너무 좋다 Saya merasa baik. ②【성격 · 인품 등이】 baik; bagus
좋아지다 ①【상태가 나아지다】 bertambah baik; menjadi lebih baik; membaik ¶세상 참 좋아졌다 dunia semakin lebih

baik ②【병세가】 mulai sembuh ③【날씨가】 menjadi terang ④【아름다워지다】 makin cantik ⑤【좋아하게 되다】 menjadi suka (gemar)

좋아하다 ①【즐기다, 선호하다】 senang; suka; 【사랑】 mencintai; menyayangi; (특별히) suka (tertarik) kepada sesuatu ¶좋아하는 이 kekasih; kesayangan; pacar; jantung (tangkai) hati ②【기뻐하다, 즐거워하다】 gembira; riang

좋이 cukup

좋지 않다 ①【도덕상】 buruk; tidak sopan; tunasila; asusila; jahat ¶좋지 않은 일 kelakuan yang tak senonoh; kelakuan buruk ②【악하다】 jahat; dengki; dendam ¶좋지 않은 사람 orang jahat; bangsat; bajingan ③【해롭다】 berbahaya; membahayakan; 【불리】 yang merugikan; keadaan merugikan ④【품질이】 jelék; buruk ⑤【머리가】 bodoh ⑥【날씨】 buruk ⑦【불길】 sial; buruk; tak menyenangkan; malang; celaka ⑧【평판이】 buruk; tak baik ¶좋지 않은 소문 desas-desus (kabar-angin) buruk ⑨【건강이】 tidak séhat ⑩【기분이】 tidak senang

좌(左) kiri ¶좌향좌 Hadap kiri!

좌(座) jabatan; kedudukan ¶권력의 좌에 있는 사람들 orang-orang yang berkuasa

좌(座) 【천문학】⇒ -자리 perbintangan

좌경(左傾) kecenderungan ke kiri; radikalisasi 좌경이다 memihak ke kiri; cenderung ke kiri ¶좌경적(的) beraliran kiri; radikal; Mérah ⊙ 좌경분자(分子) unsur radikal. 좌경사상 pemikiran yang bersifat radikal

좌골(坐骨) tulang pinggul ⊙ 좌골신경통 encok pinggul; 【의학】 penyakit pegal pada pinggang

좌기(左記) yang berikut ini ¶좌기와 같이 sebagai berikut

좌담(座談) pertukaran pikiran; percakapan; pembicaraan; konferénsi; seminar; musyawarah ⊙ 좌담회 pertemuan diskusi; simposium; perundingan

좌불안석(坐不安席) keadaan (perasaan) gelisah 좌불안석이다 menjadi gelisah ¶좌불안석하게 만들다 membuat gelisah

좌상(坐像) patung duduk

좌상(座上) ①【좌중】 orang yang hadir ②【연장】 senior dalam kelompok; tertua dalam golongan

좌석(坐席) tempat duduk; bangku ¶좌석을 예약하다 memesan tempat duduk ⊙ 좌석권 karcis. 좌석버스 bus khusus duduk. 좌석정원(수) kapasitas (akomodasi) tempat duduk

좌선(坐禪) méditasi 좌선하다 duduk berméditasi

좌시하다(坐視-) tidak peduli; tinggal diam; duduk sebagai penonton

좌약(坐藥) obat yang dimasukkan ke dubur

좌욕(坐浴) cuci pantat

좌우(左右) ①【왼쪽과 오른쪽】 kiri dan kanan ¶좌우에(di) kiri dan kanan; kedua sisi ②【옆·주변】 ¶좌우를 둘러보다 melihat ke sekeliling ③【좌익과 우익】 sayap kiri dan kanan ④【측근】 pembantu; pelayan

좌우(座右) ⊙ 좌우명(銘) motto; semboyan; pepatah (peribahasa) kesayangan

좌우간(左右間)⇒ 아무튼, 어쨌든 bagaimanapun juga; toh; namun demikian

좌우익(左右翼) sayap kiri dan kanan ((idé))

좌우하다(左右-) menguasai; mempengaruhi; menentukan ¶감정에 좌우되다 dipengaruhi émosi

좌익(左翼) sayap kiri ¶좌익적(인) bersifat (beraliran) kiri

좌익수(左翼手) 【야구】 pemain sayap kiri

좌절(挫折) ①【일·계획 등의】 kegagalan; kejatuhan; keputusasaan 좌절하다 gagal; putus asa ¶좌절시키다 menggagalkan; menolak keras ②【마음·기운 등의】 kehilangan semangat; keputusasaan 좌절하다 menjadi kecil hati ¶좌절시키다 mengecilkan hati ⊙ 좌절감 kegagalan; frustrasi; halangan; lekecéwaan

좌정하다(坐定-) duduk

좌중(座中) ¶좌중을 둘러보다 memandang seluruh ruangan

좌지우지하다(左之右之-) mengontrol; mempunyai pengaruh atas; mempergunakan pengaruhnya pada

좌천(左遷) penurunan pangkat; dégradasi

좌천하다 turun kedudukan; menurunkan; pindah ke pangkat yang lebih rendah; (좌천되다) diturunkan pangkat

좌초하다(坐礁-) ①【배가 암초에 걸리다】 mendamparkan; mengandaskan ¶좌초한 배 kapal yang terdampar/좌초되다 ⇒ 좌초하다 ②【곤경에 빠지다, 일이 잘못되다】 gagal; tidak jadi

좌충우돌하다(左衝右突-) bergerak terangguk-angguk ke kiri dan kanan; menyerang kiri-kanan

좌측(左側) ⇒ 왼쪽 sebelah kiri ¶좌측통행【게시】 Berjalan di sebelah kiri.

좌파(左派) ⇒ 좌익 sayap kiri; kaum mérah; 【사람】 orang yang anggota dari sayap kiri ¶좌파의 beraliran kiri. 좌파정당 partai kiri

좌판(坐板) papan tempat duduk

좌표(座標) 【수학】 koordinat ⊙ 좌표계 sistém koordinat. 좌표축 sumbu koordinat

좌 향(左向) ¶좌향좌【구령】 Hadap Kiri!/좌향 앞으로 가【구령】 Bélok kiri!

좌현(左舷) sisi kiri

좌회전(左回轉) bélok kiri 좌회전하다 membélok ke kiri

좍 ①【퍼짐】 ((dengan)) lébar; secara luas ¶소문이 좍 퍼졌다 Desas-desus itu tersebar luas. ②【활짝】 luas; lebar ¶문이 좍 열렸다 Pintu terbuka lebar.

좍좍 ①【쏟아짐】 dengan lebat ②【거침없이】 dengan lancar; dengan fasih

좔좔 ¶좔좔거리다 menyembur; mencurat; memancar/ 물이 좔좔 흐르다 air mengalir dengan deras

죄(罪) 【법률상】 kejahatan; 【종교 · 도덕상】 dosa; 【과실 · 허물】 kesalahan; 【벌】 hukuman ¶죄 있는 berdosa; bersalah/죄 없는 tidak berdosa; tidak bersalah/죄의식 rasa (perasaan) kesalahan (dosa)/간음의 죄 dosa perzina(h)an/죄를 범하다 melakukan kejahatan

죄과(罪科) kejahatan; kesalahan; pelanggaran

죄과(罪過) kejahatan; dosa

죄다[1] ⇒ 조이다 ①【바싹】 mengencangkan; merentangkan ¶느슨한 줄을 죄다 merentangkan tali dengan kencang ②【마음을】merasa gelisah (resah) ¶마음을 죄게 하다 membuat gelisah

죄다[2] ⇒ 모두, 모조리, 몽땅 semua; seluruhnya; keseluruhan

죄명(罪名) tuntutan; tuduhan ¶살인의 죄명으로 dituduh melakukan pembunuhan

죄밑(罪-) kesadaran kesalahan; perbuatan salah; pelanggaran

죄받다(罪-) menerima hukuman ¶죄받을 짓 perbuatan dosa

죄상(罪狀) kesalahan; kejahatan ¶죄상을 시인하다 mengaku kesalahan (kejahatan)

죄송하다(罪悚-) menyesal ¶죄송하지만 Maaf; Saya mohon maaf

죄수(罪囚) narapidana; orang hukuman; tawanan ¶죄수를 석방하다 melepaskan tawanan ⊙ 죄수복 pakaian (seragam) penjara. 죄수호송차 mobil patroli

죄악(罪惡) 【법률상】 kejahatan; 【종교 · 도덕상】 dosa ¶죄악을 범하다 melakukan (menjalankan) kejahatan ⊙ 죄악감 rasa bersalah; rasa berdosa

죄이다 ①【죔을 당하다】 menjadi ketat; diketatkan ②【맘이】 merasa sempit ¶마음이 죄이다 cemas; gelisah; khawatir

죄의식(罪意識) ⇒ 죄책감 perasaan bersalah

죄인(罪人) ①【법률상의】 penjahat; narapidana; orang yang melakukan kejahatan; 【종교 · 도덕상의】 pelanggar hukum; pendosa ②【상중의】 saya

죄증(罪證) bukti kejahatan

죄책감(罪責感) rasa pertanggungjawaban terhadap kejahatan ¶죄책감을 느끼다 merasa bersalah/죄책감에서 벗어나다 menjadi bébas dari kesalahan

죔틀 catok; kepitan

주(主) ①【중심이 되는 것】 yang terpenting; pertimbangan utama ¶주된 prinsip; utama; pokok; kepala/주로 terutama; sebagian besar ②【주인 · 임자】 majikan; pemilik; yang empunya ③【기독교】 Tuhan

주(州) propinsi; negara bagian

주(洲) ①【토적】 beting; gosong ¶삼각주 délta; gosong yang panjang ②【대륙】 benua ¶아시아 주 Benua Asia

주(株) saham ¶주를 사다 membeli saham

주(週) minggu ¶금 주 minggu ini/한 주 seminggu; satu minggu

주(註) 【주석】 catatan; keterangan ¶…에 주를 달다 membubuhi catatan (keterang an)

주가(株價) ①【주식가격】 harga saham ¶주가가 오르다 naik harga saham/ 주가가 폭등(폭락)했다 harga saham merokét (jatuh) ②【물건 · 사람 등의 가치】 memperoléh réputasi yang baik ⊙ 주가지수(指數) indéks bursa: 종합 주가지수 indéks saham gabungan

주간(主幹) kepala éditor; pemimpin redaksi 주간하다 mengédit

주간(晝間) 【낮 시간】 siang hari ¶주간에 pada siang hari ⊙ 주간근무 tugas siang hari

주간(週間) minggu; pekan ⊙ 주간논평 résénsi mingguan. 교통안전 주간 Minggu Keselamatan Lalu Lintas

주간지(週刊紙) terbitan mingguan ⊙ 주간지(잡지) majalah mingguan

주객(主客) ①【주인과 손님】 tuan (nyonya) rumah dan tamu ②【중요한 것과 부차적인 것】 pokok dan alat pembantu

주거(住居) tempat tinggal; kediaman ⊙ 주거비 biaya tempat tinggal (perumahan). 주거인 penghuni. 주거지역 kawasan perumahan

주거니 받거니 ¶주거니 받거니 하며 마시다 minum bersama dengan suasana gembira; bergaul rapat dengan

주거래은행(主去來銀行) bank utama

주걱 céntong nasi ⊙ 구두주걱 séndok sepatu; pengiah kasut

주걱턱 dagu yang menonjol ke depan

주검 ⇒ 시체 mayat; bangkai; jenazah

주격(主格) 【문법】 kasus nominatif

주경야독하다(晝耕夜讀-) bekerja di sawah pada siang hari dan belajar pada malam hari

주고받다 ⇒ 나누다 bertukar; tukar menukar ¶편지를 주고받다 bertukaran surat; saling berkiriman surat

주관(主管) 【감독, 관리】 pengelolaan; ketatalaksanaan; pengawasan 주관하다 mengurus; mengatur; mengelola; mengawasi ⊙ 주관자 pengawas; pengamat; pengelola

주관(主觀) subyéktivitas; kesubyéktivan ¶주관적(으로) secara subyéktif ⊙ 주관론 subyéktifisme. 주관식 문제 soal subyéktif. 주관화 subyéktifikasi

주교(主教) ①【천주교의】 uskup ②【주된 종교】 agama utama ⊙ 주교구 keuskupan. 대주교 uskup agung

주구(走拘) ①【개】 anjing ②【앞잡이】 alat

주권(主權) kedaulatan ⊙ 주권국 negara berdaulat. 주권침해 pelanggaran berdaulat

주권(株券) sertifikat saham ⊙ 가(假)주권 uang kertas darurat. 기명 주권 saham yang terdaftar. 무기명 주권 saham tidak terdaftar

주근깨 bintik-bintik hitam

주급(週給) upah mingguan

주기(週忌) hari peringatan kematian

주기(週期) perédaran; waktu berkala ¶주기적 berkala; pada waktu-waktu tertentu

주기도문(主祈禱文) Do'a Pujaan Ajaran Kristus; Do'a Bapa Kami

주년(週年 · 周年) ulang tahun; ((hari)) peringatan; hari jadi ¶10 주년 ulang tahun ke-10

주눅 sifat takut-takut; sifat malu-malu ¶주눅(이) 들다 malu-malu; merasa malu; merasa takut

주다 ①【권리 · 기회 · 자격 등을】 memberi; memberikan ②【값을】 membayar; memberikan ③【수여】 menganugerahkan; memberi ④【힘을 가하다】 menegaskan; memberi tekanan pada ⑤【창피 · 망신 등을】 mempermalukan ⑥【주의 · 충고 등을】 menegur; menasihati ⑦【소식 · 인사 등을】 ¶오기 전에 연락을 주세요 Mohon menélépon sebelum kamu datang. ⑧【느낌 · 인상 등을】 memberi kesan ⑨【세를】 세를 주다 menyéwa ⑩【일 · 임무 등을】 memberi pekerjaan ⑪【눈길 · 시선 등을】 memberi tanda ⑫【마음 · 정 등을】 mempercayakan ⑬【도움 · 혜택 등을】 mendukung ⑭【고통 · 상처 · 피해 등을】 menyebabkan; mengakibatkan; menimbulkan

주단(紬緞) sutera dan satin

주당(酒黨) ⇒ 술꾼 peminum

주도(主導) 주도하다 memimpin ¶주도역할을 하다 memainkan peranan yang penting ⊙ 주도자 pemimpin

주도(酒道) étikét minum

주도(周到) kelengkapan; kesempurnaan; keparipurnaan 주도하다 saksama; teliti; cermat; rumit ¶주도하게 dengan teliti; sangat hati-hati; sampai kepada yang sekecil-kecilnya

주도권(主導權) inisiatif; kepemimpinan; pimpinan ¶주도권을 잡다(쥐다) mengambil inisiatip

주도면밀하다(周到綿密-) ⇒ 용의주도하다 berhati-hati

주독(酒毒) keracunan alkohol

주동(主動) kepemimpinan; kepeloporan ¶주동이 되다 menjadi pemimpin

주동자(主動者) pelopor; pemimpin

주되다(主-) utama

주둔(駐屯) 주둔하다 ditempatkan ⊙ 주둔군 pasukan yang ditempatkan di dalam satu kawasan

주둥아리 ⇒ 주둥이

주둥이①【부리】 moncong; paruh ②【입의 속된 말】 mulut ¶주둥이를 놀리다 mengobrol; menggunjing

주량(酒量) kemampuan minum ¶주량이 세다 meminum banyak; peminum berat

주렁주렁 kelimpahan; keadaan berlimpah-limpah

주력(主力) kekuatan utama ¶주력을 집결하다 memusatkan kekuatan utama ⊙ 주력업종 bisnis inti(pokok)

주력하다(注力-) mencurahkan tenaga

주렴(珠簾) tirai manik-manik

주례(主禮) ①【예식의 주장】 kepemimpinan upacara pernikahan ②【사람】 orang yang memimpin upacara pernikahan ⊙ 주례목사 pendéta yang memimpin

주로(主-) terutama; kebanyakan

주룩주룩 ①【주름이】 dengan keriputan (kusut; lipatan) ②【비가】 turun dengan *tiba-tiba* ¶주룩주룩 오는 비 hujan yang mencurah

주류(主流) ①【중심이 되는 단체·집단·경향】 arus utama; aliran utama ②【다수파】 faksi yang berkuasa ⊙ 주류파 golongan aliran utama ((dari partai politik)); golongan utama: 비 주류파 golongan anti aliran utama

주류(酒類) anéka minuman keras; minuman keras beralkohol ⊙ 비주류 음료 minuman ringan

주르르, 주르륵 ①【액체가 흘러내리는 모양】 tétésan ¶눈물이 주르르 흐르다 air mata bertétésan ②【미끄러지는 모양】 meluncur ke bawah

주름 ①【피부의】 kerutan; susutan-susutan; kerunyut-kerunyut ¶주름 잡힌 얼굴 muka berkerunyut/눈가의 주름 keriput di mata ②【옷의】 (접은 줄) lipatan ¶바지에 주름을 잡다 melipat (memberikan lipatan pada) celana panjang ⊙ 주름치마 rok yang dilipat. 잔주름 lipatan halus; keriput di mata

주름살 ①【구김살】 keriput ②【접은 줄】 lipatan; kusut

주름잡다 ①lipat; kusut ⇒ 주름 ②【지배】 mempunyai perintah dari; mendominasi; menguasai

주리 hukuman putar kaki ¶주리를 틀다 pelintir kedua kakinya sebagai hukuman

주리다 ⇒ 굶주리다 ①【배를】 kelaparan; sangat lapar ②【갈망】 haus akan; rindu sekali pada ¶애정 【돈】에 주리다 haus kasih sayang 【uang】

주리 틀다 menyikasa dengan alat pemilin; memberikan siksaan kaki; menyiksa di tempat penyiksaan

주릿대 tongkat kayu digunakan untuk menyiksa pada kaki

주마(走馬) kuda yang sedang berlari ¶주마가편하다 mencambuk kuda; mendorong bekerja lebih keras

주마간산(走馬看山) pandangan sepintas lalu; yang melihat perbukitan ketika melintas di atas punggung kuda 주마간산하다 memandang (melihat) sekilas

주마등(走馬燈) ①【등】 lentera berputar; kalaidoskop ②【비유적】 perubahan cepat ¶주마등(과)같은 berubah dengan cepat

주막(酒幕) kedai minuman; pondok ¶주막에 들다 tinggal di pondok ⊙ 주막거리

jalan dengan kedai minuman. 주막쟁이 penjaga kedai minuman; penjaga pondok

주말(週末) akhir minggu ⊙ 주말여행 perjalanan akhir pekan

주머니 ①【호주머니】 dompét. kantung; saku ¶주머니에 넣다 mengantungi; meletakkan ke dalam dompét ②【비유적】 ¶ 주머니가 가볍다 mempunyai dompét ringan; tidak ada banyak uang

주먹 ①【움켜진 손】 kepalan tangan; bogem ¶주먹을 쥐다 mengepalkan tinju ②【완력】 pukulan; tinju ¶맨주먹으로 싸우다 melawan dengan tinju ⊙ 주먹밥【뭉친】 bulatan nasi; bola nasi

주먹구구(-九九) ①【손가락 셈】 kaidah (hitungan) jari ¶주먹구구로 셈하다 menghitung dengan jari-jari tangan ②【어림】 aturan jempol; perhitungan kasar

주먹다짐 ①【때림】주먹다짐하다 memukul dengan tinju; memberikan dampratan dengan kepalan tangan; memberikan tinju pada ②【윽박지름】 ancaman kekerasan; gertakan 주먹다짐하다 mengancam

주먹질 pertarungan baku hantam; 【때리기】 《pertandingan》 baku hantam; pertukaran serangan 주먹질하다 menggungcang tinju; bertarung dengan tinju; saling meninju

주모(主謀) pemimpin persekongkolan 주모하다 memimpin persekongkolan (rencana; komplotan); menghasut

주모자(主謀者) pemimpin; penggerak utama; pemimpin gerombolan

주모(酒母) ①【술 밑】 peragian; ragi; penyaringan biji padi ②【작부】 wanita bar

주목(注目) perhatian 주목하다 memberikan perhatian; memperhatikan; mengawasi; mengalihkan perhatian ¶주목할 만한 perlu diperhatikan/주목을 받지 않다 tidak diperhatikan

주무(主務) pemimpin pengawasan 주무하다 memiliki pemimpin pengawasan ⊙ 주무장관 menteri yang terkait

주무르다 ①【손으로 만지다】 meraba ②【마사지하다】 pijat; memijit ③【마음대로 조종하다】 memperdayakan; membujuk

주무시다 tidur

주문(主文) téks; induk kalimat

주문(注文) ①【상품 · 음식 등의】 pesanan; pemesanan 주문하다 memesan; order ¶ 주문에 응하다, 주문을 받다 menerima (mendapatkan) pesanan ②【요구】 permintaan; keinginan; (희망) harapan 주문하다 meminta; menginginkan ⊙ 주문식단 제 sistem *a la carte*. 주문품 barang yang dipesan; barang pesanan. 대량【소량】주문 pesanan besar【kecil】

주문(呪文) ramuan sihir; jampi; sulap; mantera ¶주문을 외다 mengatakan kata-kata sihir

주물(鑄物) barang logam tuang ⊙ 주물공장 pabrik penuangan logam

주물럭거리다 meraba dengan; meremas

주미(駐美) ¶주미의 kediaman di Amerika ⊙ 주미한국 대사 Duta Besar Korea untuk Amerika Serikat

주민(住民) penduduk; penghuni ⊙ 주민등록 pendaftaran tempat tinggal: 주민등록증 kartu tanda penduduk (KTP); kartu pendaftaran penduduk

주밀(周密) kehati-hatian 주밀하다 cermat; teliti; seksama ¶주밀하게 dengan hati-hati

주발(周鉢) mangkuk nasi dari kuningan ⊙ 주발뚜껑 penutup mangkuk nasi dari kuningan

주방(廚房) ⇒ 부엌 dapur; ruang (tempat) masak ⊙ 주방용품 perkakas dapur. 주방장 kepala (ketua) juru masak

주버기 gumpalan; kumpulan; penuh ditutupi dengan

주번(週番) tugas mingguan

주범(主犯) ①【가장 중심이 되는 범인】 pelanggar utama; biang keladi ②【좋지 않은 결과를 만드는 주된 원인】 faktor utama; kriminal utama

주법(奏法) gaya bermain musik

주법(走法) cara berlari

주벽(酒癖) ⇒ 주사 tabiat seseorang yang dipengaruhi oléh alkohol; kebiasaan minum

주변 kemampuan; kepandaian; kebijaksanaan; fléksibilitas ¶주변이 있는【좋은】

사람 orang yang fléksibel/ 주변머리 없는 tidak mampu; tidak cakap
주변(周邊) ①【주위】 daérah pinggiran; lingkungan; sekeliling ¶서울 그 주변에 Seoul dan sekitarnya; Seoul dan daérah pinggiran ②⇒ 부근 ¶이 주변에 dekat di sini
주보(週報) laporan mingguan; buletin mingguan; koran mingguan
주부(主部) bagian utama; pokok persoalan
주부(主婦) ibu rumah tangga; nyonya (wanita) rumah
주부 코 hidung yang bulat dan mérah
주빈(主賓) tamu kehormatan; tamu utama
주뼛주뼛 malu dan ragu-ragu
주사(主事) pegawai rendah
주사(走査) pengamatan 주사하다 mengamati
주사(注射) suntikan; penyuntikan 주사하다 menyuntik; menginjéksi ¶티푸스의 예방주사를 맞다 disuntik (diinjéksi) untuk melawan typus ⊙ 주사기 alat suntik; alat semprot. 예방주사 suntikan pencegahan. 정맥【근육】주사 injéksi pembuluh darah 【ke otot】. 피하주사 injéksi hypodermik 《ke bawah kulit》
주사(酒邪) ⇒ 주벽 keadaan mabuk ¶주사가 있는 사람 pemabuk berat; orang yang kehilangan wataknya karena minuman/주사가 있다 berkebiasaan buruk waktu mabuk
주사위 dadu ¶주사위를 던지다 melempar (melepaskan) dadu ⊙ 주사위놀이 permainan dadu
주산(珠算) perhitungan sempoa (sipoa) 주산하다 menghitung pada sempoa ⊙ 주산경기 perlombaan sipoa
주산물(主産物) hasil (produk) utama
주산지(主産地) tempat penghasilan utama; produser utama
주상(主上) Penguasa; Sri Baginda; Raja
주상복합(住商複合) ¶주상복합 아파트 gedung apartemén dengan toko-toko di lantai dasar
주색(酒色) ¶주색에 빠지다 menyerahkan diri untuk minuman keras dan séks (wanita); tenggelam dalam kenikmatan hawa nafsu; terbuai oléh kesenangan hawa nafsu ⊙ 주색잡기 anggur, wanita dan permainan (judi)
주서하다(朱書-) menulis dengan tinta mérah
주석(主席) ①【자리】 ujung kursi ②【사람】 kepala; pemimpin ③【중국의】 Présidén
주석(朱錫) 【광물】 timah ¶주석을 입히다 melapisi timah
주석(柱石) pilar dan batu permata; tiang utama; pilar ¶주석지신(之臣) tiang negara
주석(酒席) pésta minuman; perjamuan
주석(註釋) catatan 주석하다 mencatat; menambahkan catatan ⊙ 주석자 pencatat; pengomentar; juru ulas
주선(周旋) 주선하다 berbuat seolah-olah agén (perantara); bertindak selaku perantara ¶친구의 주선으로 melalui jasa baik seorang teman ⊙ 주선료 komisi. 주선인 agén; perantara
주섬주섬 《mengambilnya》 satu demi satu
주성분(主成分) élémen utama; bahan dasar (utama); campuran utama
주세(酒稅) pajak minuman keras ⊙ 주세법 Undang-undang Pajak Minuman Keras
주소(住所) tempat tinggal; kediaman; alamat; domisili ¶주소를 정하다 menetapkan tempat tinggal; menetapkan kediaman ⊙ 주소록 buku alamat. 주소불명 alamat tidak dikenal. 현주소 tempat tinggal tetap; alamat sekarang
주술(呪術) jampi ¶주술로 병을 고치다 memprihatikan penyakit; merawat penyakit dengan keprihatinan ⊙ 주술사 tukang sihir
주스 jus; sari buah
주시(注視) ①【대상을】 penelitian dengan cermat; pengamatan secara teliti 주시하다 menatap pada; menetapkan mata; meneliti (melihat) dengan dekat; memandang dengan seksama ②【상황을】 memperhatikan
주식(主食) makanan utama; bahan pokok
주식(株式) saham; andil ¶주식을 발행하다 menerbitkan saham ⊙ 주식공개 pena-

waran saham untujk umum. 주식시장 bursa saham. 주식청약인 pelanggan saham. 주식청약서 surat permohonan saham. 주식투자 penanaman saham

주식(晝食) makan siang

주식회사(株式會社) perusahaan saham; Perséroan Terbatas (PT)

주심(主審) wasit utama

주악(奏樂) main musik; pertunjukan musik 주악하다 memainkan musik

주안(主眼) objék utama; tujuan utama; objék pandangan; poin utama ¶우리가 주안으로 삼은 것은 …이다 objék utama adalah; poin penting adalah; catatan penting adalah

주안상(酒案床) ⇒ 술상

주안점(主眼點) titik tujuan utama

주야(晝夜) siang dan malam ¶주야골몰하다 bekerja tanpa istirahat; sibuk siang dan malam ⊙ 주야장천 secara terus-menerus; sepanjang siang dan malam

주어(主語) 【문법】 pokok kalimat

주역(主役) ①【중요한 역할을 하는 사람】 tokoh; (배우) bintang; aktor berperan penting ¶주역을 맡다 mengambil (memainkan) bagian penting ②【중요한 배역】 peranan penting

주역(周易) Buku Perubahan ⦅buku klasik kedéwaan Cina⦆

주연(主演) 주연하다 membintangi; memainkan peranan penting ⊙ 주연배우 aktor (aktris) penting; bintang; peméran utama

주연(周延) distribusi

주연(酒宴)【잔치】 perjamuan; pésta minum ¶주연을 베풀다 mengadakan pésta (jamuan)

주영(駐英) ¶주영의 bermukim (ditugaskan) di Inggris

주옥(珠玉) mutiara; batu permata ¶주옥같은 글 tulisan yang bagus

주요(主要) 주요하다 utama; penting; prinsipil; pesanan utama; pokok; kunci ⊙ 주요목적 objék utama. 주요산물 hasil utama. 주요산업 industri kunci. 주요수출품 bahan ékspor utama. 주요인물 tokoh utama

주워 담다 memungut dan memasukkan

주워대다 menyebutkan satu demi satu dengan fasih ¶거짓말을 주워대다 membuat dusta

주워듣다 menangkap ⦅sedikit informasi⦆; mendengar selentingan ¶주워들은 지식 ilmu pengetahuan diambil dari yang lain

주워 먹다 mengambil dan makan; mengambil sedikit untuk dimakan

주워 모으다 mengumpulkan

주워섬기다 menceritakan semua yang didengar dan yang dilihat; mengobrol terus menerus

주위(周圍) ①【둘레】 sekitar ②【주변】 sekeliling; selingkung ¶주위를 둘러 보다 melihat sekeliling(héran)/ 주위의 영향을 받다 dipengaruhi oleh sekeliling ③【주변 사람】 ¶주위의 사람들 kerabat dekat; keluarga

주유(周遊) perjalanan keliling 주유하다 melakukan perjalanan keliling

주유(注油) suplai minyak; penyediaan minyak 주유하다 meminyaki; memberi isi ⊙ 주유소 stasiun gas; pangkalan untuk mengisi bénsin

주육(酒肉) anggur dan daging

주은(主恩) ①【임금의】 kebaikan yang agung; kebajikan raja ②【주인의】 kemurahan hati majikan ③【천주의】 keagungan Tuhan

주의(主意) arti yang terpenting

주의(主義) prinsip; doktrin; ajaran; téori ¶ 주의가 있는 【없는】 사람 orang berprinsip 【tidak berprinsip】 ⊙ 객관주의 objéktivisme. 비관주의 pésimisme

주의(注意) ①【주목 · 유의】 perhatian; kepedulian; kewaspadaan; kehati-hatian; tindakan pencegaha 주의하다 berhati-hati; memperhatikan; mengindahkan; menghiraukan; peduli; memperdulikan; berwaspada; mewaspadai ¶주의할 만한 penting; berarti; patut diperhatikan/주의를 끌다 menarik perhatian ②【충고】 nasehat; peringatan; saran 주의주다 memberi(kan) nasehat; membimbing; memperingatkan ¶주의시키다 memberikan peringatan/내가 주의한 대로 하시오 Ikuti nasehat saya. ⊙ 주의인물 orang yang diwaspadai

주인(主人) ①【가장】 tuan rumah; kepala keluarga; 《남편》 suami ②【소유자】 pemilik; tuan tanah; (고용주) majikan; juragan ③【손님을 맞이하는 사람】 tuan rumah; nyonya rumah ¶주인과 손님 tuan rumah dan tamu ⊙ 가게주인 pemilik toko. 여관주인 pemilik pondokan (hotél)

주인(主因) penyebab utama; faktor utama; alasan pokok

주인공(主人公) ①【소설 · 영화 등의】 pemain utama ②【주도적인 인물】 tokoh utama

주일(主日) Hari Tuhan; hari istirahat; hari libur ⊙ 주일날 ⇒ 주일

주일(週日) minggu ¶이 번【지난, 오는】 주일 minggu ini【lalu, datang】

주일(駐日) ¶주일의 bertugas di Jepang ⊙ 주일한국대사관 Kedutaan Besar Republik Korea untuk Jepang

주임(主任) kepala; ketua; manajer ⊙ 주임기사 kepala insinyur. 영업부주임 manajer pemasaran (bisnis)

주입(注入) ①【액체 · 약 등을】 pengisian; pemasukan; injéksi 주입하다 menginjéksi ②【지식 · 사상 등을】 pemasukan secara paksa 주입하다 memasukkan ke dalam 《pikiran》; menanamkan 《séntimén pada seseorang》; mengilhami; memasukkan dengan paksa; menjejalkan ¶지식을 머리에 주입하다 mengisi kepala seseorang dengan ilmu pengetahuan ⊙ 주입식 métode belajar cepat: 주입식 교육 pendidikan dengan menjejalkan; pendidikan dengan sistém cepat

주자(走者) 【야구】 pelari ¶주자를 내보내다 menempatkan pelari pada

주장(主張) tuntutan; gugatan; penyanggahan 주장하다 menuntut; menggugat; menyanggah ⊙ 주장자 penuntut; penggugat. 자기주장 pembelaan diri

주장(主將) kaptén ¶야구팀의 주장 kaptén tim bisbol

주재(主宰) kekuasaan pengawasan; pengawas; penyelenggaraan 주재하다 memimpin; mempunyai pengawasan atas; membimbing; menyelenggarakan; 【편집】 mengédit ¶…의 주재 하에 di bawah pimpinan (pengawasan) … ⊙ 주재자 penyelenggara; pemimpin; presidén; ketua

주재(駐在) 주재하다 mendiami; berdomisili; ditugaskan ⊙ 주재국 negara kediaman (domisili). 한국주재인도네시아 대사 Duta Besar Indonesia di Korea

주저(躊躇) kebimbangan; keragu-raguan 주저하다 bimbang; ragu-ragu

주저앉다 ①【서 있던 자리에 앉다】 menggeletak ②【내려앉다, 무너지다】 tenggelam; runtuh ③【그대로 머물다】 tinggal; menetap ④【포기하다, 실패하다】 menyerah

주저앉히다 menyuruh duduk; mendudukkan; membuat tinggal

주전(主戰)[1] pendukung perang ⊙ 주전론 pendapat pro-perang. 주전론자 pendukung perang

주전(主戰)[2] pemain kunci

주전부리 makanan ringan di antara hidangan makanan 주전부리하다 mengambil makanan riangan di antara waktu makan; "ngopi"

주전자(酒煎子) cérét; cérét téh; téko; kétél ⊙ 주전자뚜껑 penutup cérét

주절(主節) 【문법】 kalimat induk

주절거리다 berbicara tak teratur

주점(酒店) bar; rumah minum

주접 keburukan; kerusakan; pengrusakan

주접 들다 terhalang; kondisi buruk; rakus

주접스럽다 rakus; lahap; kelaparan

주정(酒酊) ⇒ 주벽, 주사 perbuatan jahat disebabkan oléh minuman keras; kekasaran pemabuk 주정하다 melakukan mabuk dan cara melaggar peraturan ⊙ 주정꾼 【쟁이】 pemabuk tukang ribut

주정(酒精) alkohol

주정뱅이 ⇒ 주정꾼

주제 penampilan lusuh; kelihatan jorok ¶돈도 없는 주제에 sekalipun tak punya uang/주제 사납다 memiliki penampilan jorok; tidak sopan; bermuka tebal; congkak

주제(主題) pokok; téma; motif ⊙ 주제가 lagu téma; nyanyian pokok

주제넘다 kesombongan; lancang; tidak sopan; bermuka tebal; angkuh; congkak ¶

주제넘게 dengan tidak sopan; dengan kurang ajar; dengan kesombongan; dengan menonjol/ 주제넘습니다만 Maafkan saya atas selaan…

주조(主調) 【음악】 kunci utama

주조(主潮) kecenderungan utama

주조(鑄造) pencetakan logam; penuangan; 【화폐의】 mata uang yang dipakai suatu negara 주조하다 menuang; membuat mata uang; mencétak 《logam》 ⊙ 주조화폐 mata uang logam

주종(主宗) bagian utama; bagian terbesar

주종(主從) tuan dan pembantu ⊙ 주종관계 hubungan antara tuan dan pembantu

주주(株主) pemegang saham (andil) ⊙ 주주명부 daftar pemegang saham. 주주배당금 dividén untuk pemegang saham. 대【소】주주 pemegang saham yang mayoritas 【minoritas】

주중(週中) hari biasa

주중(駐中) ⊙ 주중 한국대사 Duta besar Republik Korea untuk Cina

주지(住持) kepala pendéta Budha

주지(主旨) maksud utama; intisari

주지(周知) pengetahuan umum ¶주지의 terkenal; termasyhur/…은 주지의 사실이다 Hal ini sudah menjadi pengetahuan (masalah) umum bahwa…

주지사(州知事) gubernur

주지주의(主知主義) inteléktualisme ⊙ 주지주의자 orang inteléktual

주차(駐車) parkir 주차하다 memarkir mobil ⊙ 주차금지구역 daérah dilarang parkir. 주차난(難) masalah perparkiran. 주차브레이크 rém tangan. 주차위반 pelanggaran parkir. 주차장 tempat parkir

주창(主唱) penganjuran; peloporan 주창하다 menganjurkan; mempelopori; mempromotori ⊙ 주창자 penganjur; pelopor; promotor

주책 ¶주책이 없다 tidak mempunyai ketetapan pendapat; menjadi plin-plan; tak punya dasar; bimbang/주책없이 말하다 bicara ngawur ⊙ 주책망나니【바가지】 orang plin-plan; orang yang tak ada ketetapan

주철(鑄鐵) besi cor; penuangan besi ⊙ 주철소 pabrik pengecoran besi

주청하다(奏請-) memohon kepada atasan

주체 beban; rintangan ¶주체하다 menanggulangi (perhatian terhadap) masalah/ 주체 못하다 tak tahu harus berbuat apa; jadi tak terkuasai (tak terkontrol)/ 주체스럽다 tidak terkontrol; tidak terpegang; sulit (sukar) ditangani (diatur)/주쳇덩어리 sesuatu (seseorang) yang susah diatur (ditangani)

주체(主體) ①【중심】 obyék utama; pokok; isi pokok; inti ¶…이 주체가 되어 …을 하다 berinisiatif melakukan ②【철학】 ¶주체와 개체 subjek dan objék ⊙ 주체성 identitas; otonomi; kedaulatan; kepercayaan diri: 민족주체성 identitas nasional. 주체세력 kelompok utama; aliran utama. 주체의식 rasa kedaulatan dan kemerdekaan

주초(週初) permulaan minggu

주최(主催) sokongan; promosi; sponsor ¶…의 공동 주최로 dengan sponsor/ 내무부 주최로 di bawah bantuan (sokongan) kementerian dalam negeri ⊙ 주최국【단체】 negara【organisasi】 tuan rumah. 주최자 sponsor; pensponsor; promotor

주추(柱-) 【건축】 batu dasar; batu pertama

주축(主軸) peranan kunci; poros utama

주춤거리다 bimbang; ragu-ragu

주춧돌(柱-) ⇒ 초석 batu dasar; batu pertama

주치하다(主治-) menanggung pengobatan seorang pasién ⊙ 주치의(醫) dokter pribadi (keluarga); dokter langganan

주택(住宅) rumah; tempat tinggal; tempat kediaman; domisili; perumahan ¶가구가 딸린 주택 rumah yang berperabotan lengkap ⊙ 주택구역【지역】 lokasi tempat tinggal; daérah tempat tinggal. 주택난 kekurangan (masalah) perumahan. 주택단지 kompléks perumahan. 주택사정 situasi perumahan. 주택지 kawasan perumahan; daérah pemukiman (lokasi, areal). 주택청약 예금 déposito penawaran apartemén 《catatan bank》. 공영주택 rumah yang dibangun oléh pemerintah. 임대주택 rumah diséwakan. 조립식주택 rumah sudah siap pasang; rumah rakitan; rumah pabrikan. 호화주택 rumah luks (méwah); rumah besar yang sangat méwah

주특기(主特技) ①【주된 특기】 kepandaian (kecakapan) khusus; ketangkasan ②【군대】 keahlian khusus; bidang

주파하다(走破-) lari

주파(周波) 【전기】 siklus sebuah putaran ⊙ 고【저】주파 tinggi 【rendah】 frekuénsi

주파수(周波數) frékuénsi ¶그 방송 주파수가 어떻게 되죠? Berapa frékuénsi (gelombang) stasiun itu?

주파하다(周波-) laju ¶1마일을 4분대에 주파하다 menempuh (laju) jarak satu mil dalam témpo empat menit

주판(籌板 · 珠板) sipoa; sempoa; papan penghitung; dekak-dekak; abakus ¶주판으로 계산하다 menghitung dengan sipoa ⊙ 주판알 biji penghitung; biji sipoa

주필(主筆) kepala (pemimpin) redaksi

주필(朱筆) ¶주필을 가하다 merévisi; memperbaiki

주한(駐韓) ¶주한미군 angkatan bersenjata (perang) Amerika di Korea/주한외교 사절단 Korps diplomatik di Korea

주해(註解) keterangan; catatan penerangan; uraian; koméntar ¶주해하다 membubuhi keterangan; memberi catatan ¶주해가 붙은 bercatatan; dengan buku catatan ⊙ 주해서 buku kunci. 주해 자 orang yang membuat catatan; pengomentar

주행(走行) 주행하다 pergi 《dari A ke B》; menjalani; menempuh ⊙ 주행거리 jarak tempuh; jarak mil yang sudah ditempuh. 주행시간 waktu yang dipakai dalam perjalanan

주형(鑄型) tuangan; acuan; cétakan; pencétakan; bentukan ¶주형을 뜨다 mencétak tuangan ⊙ 주형 공 pencétak; penuang

주호(酒豪) peminum berat

주홍(朱紅) mérah tua

주화(鑄貨) ⇒ 동전 uang logam; koin

주화론(主和論) pembelaan (penyokongan) perdamaian ⊙ 주화론자 pejuang (penyokong) perdamaian; orang yang suka damai

주황(朱黃) warna oranye; mérah tua

주효(奏效) kemanjuran; éfék; keberhasilan; kebaikan 주효하다 mujarab; berpengaruh; berhasil

주효(酒肴) makanan kecil dan minuman

주흥(酒興) kegembiraan dari minuman; kesenang-senangan; bersuka ria waktu minum anggur ¶주흥에 겨워 di bawah pengaruh anggur; dalam kegembiraan yang mabuk

죽(粥) ①【음식】 bubur ¶죽거리도 없다 hidup dalam kemiskinan ②【비유적】 ¶그녀는 변덕이 죽 끓듯 한다 Dia tidak konstan.

죽[1] 【열 벌】 sepuluh potong ¶접시 한 죽 sepuluh piring

죽[2] ①【늘어섬】 dalam barisan ¶죽 서다 berada dalam barisan/죽 늘어놓다 mendérét; memamérkan ②【찢는 소리】 sobékan; robékan; dengan sobékan ¶봉투를 죽 찢다 menyobék amplop ③【줄곧】 selama; sepanjang; selamanya; terus

죽 ¶죽이 잘 맞는다 berjalan (bekerja) sama dengan baik (lancar)

죽기(竹器) barang dari bambu

죽는소리 ①【엄살】 bicara yang melebih-lebihkan 죽는소리하다 berbicara melebih-lebihkan; membicarakan (bicara) hal yang tidak baik ¶죽는소리 좀 그만해라 Jangan bicara melebih-lebihkan. ②【비명】 pekikan; teriakan; jeritan ¶아파서 죽는소리를 지르다 menjerit kepedihan

죽다 ①【목숨이 끊어지다】 meninggal; menemui ajal; mati; wafat; gugur; tidur abadi ②【자살】 bunuh diri; melakukan bunuh diri ②【성질 · 기운 등이】 putus asa; tak punya semangat; patah semangat ③【화초 · 잔디 등이】 layu; mati; melayukan ¶죽은 dilayukan; mati; kering ④【풀기가】 habis kanji 《pakaian》 ⑤【불이】 padam ⑥【동작이 멎다】 berhenti; tidak jalan ⑦【강조】 ¶배고파 죽겠다 Saya sekarat karena kelaparan. ⑧【장기 · 바둑에서】 tertangkap; mati 《buah catur》

죽담 【돌담】 témbok batu

죽도(竹刀) pisau (pedang) bambu

죽도화(-花)【식물】rumpun bambu; mawar kuning
죽림(竹林) belukar bambu
죽마(竹馬) kuda bambu
죽마지우(竹馬之友) ⇒ 죽마고우 teman dekat sejak masa kecil; teman sejak kecil
죽세공(竹細工) ⊙ 죽세공품 hasil karya dari bambu
죽순(竹筍) saluran dari bambu (rebung) ¶ 우후죽순처럼 나오다 bersemi seperti cendawan sesudah hujan; seperti rebung sesudah hujan
죽어나다 mengalami waktu yang berat
죽어라하고 mati-matian; dengan segenap usaha; sekuat tenaga
죽어지내다 hidup dalam tekanan; hidup tertindas
죽은 목숨 ①【살 길 없는】penyakit yang tak ada harapan sembuh; kehidupan sama dengan mati¶너는 인제 죽은 목숨이다 Kamu adalah orang mati sekarang. ②【자유를 잃은】kehidupan yang diperbudak
죽을 둥 살 둥 mati-matian; bertarung sampai mati
죽을병(-病) ¶죽을병에 걸리다 menderita penyakit yang bisa membawa kematian
죽을상(-相) muka seperti mayat; wajah yang mengerikan
죽을힘 usaha terakhir; usaha mati-matian ¶죽을힘을 다해서 mati-matian
죽음 kematian; kewafatan; ajal ¶죽음이 다가오다 mendekati (datangnya) waktu terakhir
죽의장막(竹-帳幕) tirai bambu
죽이다 ①【살해】membunuh; membuat ((seseorang)) tewas; mengambil nyawa ¶ 목을 졸라 죽이다 mencekik sampai mati ②【잃다】kehilangan ¶전쟁에 아들을 죽이다 kehilangan anak dalam perang ③【숨 · 소리 등을】mengendalikan; menahan; mengurangi ¶숨을 죽이다 menahan napas ④【기 · 성질 등을】¶성질 좀 죽이세요 Kamu perlu belajar mengendalikan perasaanmu. ⑤【아주 좋다】sangat bagus; sangat énak ⑥【불을】memadamkan
죽일 놈 bangsat; orang celaka; bajingan ¶ 이 죽일 놈아 Jahanam kau. *atau* Terkutuklah kau.
죽자꾸나하고 dengan tegas; mati-matian
죽장(竹杖) tongkat (batang) bambu
죽죽 ①【줄 · 금 등을 긋는 모양】dalam jajaran; dérét demi dérét ¶줄을 죽죽 긋다 menggambar jalur demi jalur ②【비가 내리는 모양】dengan lebat ③【종이 · 천 등을 찢는 모양】dalam sobékan; dalam potongan ④【기운차게】dengan cepat
죽지 ⊙ 날개 죽지 sendi sayap. 어깻죽지 persendian lengan (bahu)
죽창(竹槍) bambu runcing
죽책(竹柵) bénténg bambu
죽치다 mengurung diri di rumah; membataskan diri sendiri di rumah
죽피(竹皮) seludang (pelepah) bambu
준(準) sémi ¶준 여당 partai sémi pemerintah;【친여 정당】partai pro-pemerintah
준거하다(準據-) berdasarkan; mengarah pada standar; mengacu pada teladan ¶…에 준거해서 didasarkan atas; ikuti; teruskan; berdasarkan wewenang dari; sesuai dengan
준걸(俊傑) orang besar; pahlawan
준결승(準決勝) ⇒ 준결승전 semi final (perlombaan) ¶준결승에 진출하다 masuk babak semi final
준공(竣工) ⇒ 완공 penyelesaian; perampungan 준공하다 (되다) dilengkapkan; diselesaikan ⊙ 준공식 perayaan peresmian; perayaan untuk penyelesaian (perampungan)
준교사(準教師) guru pembantu; asistén pengajar
준금치산(準禁治産) ⇒ 한정 치산(限定治産)
준말 singkatan
준령(峻嶺) puncak yang tinggi dan curam; jajaran puncak yang berbahaya; jalan setapak ke gunung
준론(峻論) diskusi serius; kritik keras
준마(駿馬) kuda yang sangat bagus; kuda yang tangkas (cepat)
준말 singkatan
준법(遵法) kepatuhan hukum 준법하다 mematuhi hukum ⊙ 준법정신 semangat kepatuhan hukum

준봉(峻峰) puncak yang curam

준비(準備) persiapan; kesiapsediaan 준비하다 mempersiapkan diri; bersiap sedia ⊙ 준비금 dana cadangan. 준비단계 tahap persiapan. 시험 준비 persiapan untuk ujian. 여행준비 persiapan perjalanan. 【법정】 준비금 dana cadangan 【resmi】

준설(浚渫) pengerukan 준설하다 mengeruk ⊙ 준설기 mesin pengeruk. 준설선 kapal keruk. 준설작업 operasi pengerukan

준수(俊秀) keunggulan dalam bakat dan kecantikan 준수하다 melebihi dalam bakat dan kecantikan; terkemuka; berwibawa ¶준수한 젊은이 laki-laki muda yang berbudi halus; (외모가) pemuda yang gagah

준수(遵守) ketaatan; kepatuhan 준수하다 menaati; mematuhi

준엄(峻嚴) kekerasan; kepatuhan; kejituan; ketajaman 준엄하다 tegas; keras; kaku ¶준엄한 얼굴을 하다 berwajah tegang

준열(峻烈) kerasnya; kekerasan; ketajaman 준열하다 keras; hébat; tajam; keras hati

준용(準用) penyesuaian; penerapan 《aturan, dan lain-lain》 yang sesuai 준용하다 menyesuaikan; menerapkan dengan perubahan yang cocok; membuat untuk mencakup suatu masalah ¶법을 준용하다 menerapkan hukum; mencocokkan hukum 《dengan masalah》

준우승(準優勝) kemenangan urutan kedua; kemenangan di sémi final ⊙ 준우승자 pemenang kedua

준위(准尉) létnan muda

준장(准將) 【육군 · 해병대】 brigadir jéndral (brigjén)

준족(駿足) 【말】 kuda yang cepat; 【사람】 pelari yang cepat ¶준족의 kaki cepat (ringan)/ 준족이다 menjadi si kaki cepat; *menjadi pelari yang cepat*

준준결승(전)(準準決勝戰) babak perempat final

준치 【어류】 sejenis ikan haring

준칙(準則) ①【규칙】 aturan kedudukan; aturan kerja ②【기준】 standar; patokan

준하다(準-) berdasarkan; mengikuti; menyesuaikan ¶…에 준하여 sesuai dengan …; dalam ukuran atas

준회원(準會員) anggota luar biasa

준험하다(峻險-) curam

줄[1] ①【끈】 tali ¶줄을 매다 mengikat tali ②【악기의】 tali ¶줄을 죄다 menguatkan tali ③【선】 garis ¶줄을 긋다 memberi garis ④【행렬】 barisan; jajaran; antrian ¶줄을 짓다 membuat dérétan; berbaris; antri/줄을 섭시다 《Silakan》 tunggu giliran anda. ⑤【무늬】 strip; pita ⑥【연줄, 인맥】 hubungan; keterkaitan ⑦【엮어 묶은】 ikatan; rangkaian terikat ¶담배 한 줄 seikat tembakau

줄[2] 【연장】 kikiran ¶줄로 쓸다 mengikir

줄[3] 【식물】 gandum air

줄[4] ①【방법】 bagaimana caranya ②【셈속】 pengiraan; yang diasumsikan

줄거리 ①【줄기】 cabang; tangkai ②【골자】 garis besar; ringkasan ¶연극의 줄거리 alur cerita sebuah sandiwara

줄 걷다 【광대가】 berjalan di atas tambang

줄곧 sepanjang waktu; dari waktu ke waktu

줄긋다 membuat garis batasan; bergaris

줄기 ①【식물의】 batang; tangkai ②【물 따위의】 anak sungai ¶물줄기 arah arus sungai ③【산 등의】 jajaran gunung (pegunungan) ④【소나기의】 hujan lebat ⊙ 줄기세포 pusat sél; inti sél

줄기차다 penuh semangat; meledak (menyucur) dengan kekuatan; terus-menerus ¶줄기차게 dengan dahsyat

줄넘기 lompat tali; tali skiping 줄넘기하다 bermain lompat tali; memutar tali skiping

줄다 mengecil; kehilangan jumlah; menurun; berkurang; mengurangi; merendah; surut; turun ¶체중이 줄다 turun berat badan

줄다리기 ①【놀이】 tarik tambang 줄다리기하다 bermain tarik tambang ②【비유적】 bersaing sengit

줄달다 sambung-menyambung; terus-menerus ¶줄달아 secara bersambung; berturut-turut; dalam barisan; dalam jajaran

줄달음질 lari; lari cepat ¶줄달음질하다(치다) lari sekuat-kuatnya; lari tergesa-gesa; lari seperti anak panah

줄담배 ¶줄담배를 피우다 merokok terus menerus

줄 대다 teruskan; meneruskan; melanjutkan ¶줄 대어 berturut-turut; dalam urutan; dalam jajaran/줄 대어 서다 berantri

줄드리다 ①【늘어뜨리다】 menggantungkan tali ②【꼬다】 membuat (menyimpul; menguntai) tali

줄모 【농사】 ¶줄모를 심다 menanam benih padi dalam jalur-jalurnya

줄목 hal yang penting; titik kunci

줄무늬 belang; strip; coréng ¶줄무늬의 bergaris; berstrip; berbarik-barik

줄사닥다리 tangga tali

줄어들다 berkurang; menjadi kecil; menyusut ¶인구가 줄어들다 populasinya menurun

줄이다 ①【크기·정도 등을】 mengurangi; memperkecil; memperpéndék ②【생략】 menyingkatkan; meméndékkan

줄자 pita pengukur; garis pita; méteran tali

줄잡다 membuat perkiraan yang secukupnya; menaksir rendah; membuat perkiraan yang paling rendah

줄줄 ⇒ 졸졸 ①【흐르는 모양】 ¶땀을 줄줄 흘리다 berkeringat banyak ②【막힘 없이】 dengan lancar; tanpa berhenti; tanpa rintangan; dengan fasih ¶시를 줄줄 외다 mendéklamasikan puisi dengan lancar

줄줄이 dalam dérétan jajaran; dalam semua jajaran;

줄짓다 mengantri; membuat antrian

줄 창 secara konstan

줄치다 ①【종이에】 memberi jalur pada kertas; bergaris; menggarisi ②【일반적으로】 memberi batas ③【거미가】 menyusun jaringan ④【밧줄 등】 merentangkan

줄타기하다 berjalan di atas bentangan tambang yang tegang ⊙ 줄타기광대【곡예사】 penari di atas tambang; penari yang ahli memakai tambang

줄행랑(-行郎) ¶줄행랑을 치다 melarikan diri; kabur; lari cepat-cepat

줌 ①【움큼】 segenggam; genggaman ②【주먹】 kepalan tangan

줌【외래어】 memperbesar lénsa

줍다 memungut; mengumpulkan; menemukan; menarik kembali

줏대(主-) prinsip (pendirian; pendapat) yang pasti; kekuatan watak ¶줏대 있는 사람 orang yang berpendirian

중 【승려】 pendéta Budha

중(中) ①【가운데 등급】 sedang ¶중키의 사람 orang yang tingginya sedang ②【…중에서】 dari; di antara ¶십 중 팔구 sembilan dari sepuluh ③【동안】 waktu selama…; sementara ¶…중에 selama; dalam; dalam témpo/휴가 중(에) selama liburan

-중(重) ①【겹】 lipatan ¶2중의 dua kali lipat ②【쭁】 berat

중간(中間) ①【공간·시간 등의 가운데】 pertengahan ¶중간의 tengah; antara /…의 중간에 서다 bertindak sebagai penengah ②【등급·크기·차례 등의 가운데】 medium; sarana ③【이쪽도 저쪽도 아닌 그 사이】di antara ④【사람과 사람을 연결하는 역할】《orang》 penengah; pelarai ⊙ 중간고사 ujian tengah seméster. 중간상인 pedagang perantara. 중간색 warna nétral. 중간층 kelas menengah

중간치(中間-) barang medium; ukuran menengah

중개(仲介) perantaraan; keagénan; meditasi 중개하다 menengah ⊙ 중개업 bisnis perdagangan perantara. 중개인 (자) pedagang perantara; penengah

중거리(中距離) jarak menengah ⊙ 중거리 선수 pelari jarak menengah; peluru balistik jarak sedang

중견(中堅) 【중군】 tubuh utama; 【사회의】 tulang punggung; dasar utama ⊙ 중견 인물 tokoh pemimpin. 중견작가 penulis ternama. 중견수(야구) pemain tengah

중경상(重輕傷) luka berat (serius) dan ringan ¶중경상을 입다 menderita luka berat dan ringan

중계(中繼) ①【방송】 중계하다 menyambung-pancarkan; menyiarkan secara nasional; merelai ②【중간에서 이어 줌】 trasmisi; transit ⊙ 중계국 (局) stasiun relai pancar. 중계무역 perdagangan transit. 중계방송 penyiaran relai pancar. 실황 중계 relai dari situasi nyata dan baru. 현장중계 relai dari tempat kejadian

중고(中古) ①【역사】 zaman (masa) pertengahan ¶중고의 pertengahan 【헌】 bekas; bekas pakai; agak sedikit tua ⊙ 중고차 mobil bekas. 중고품 barang usang; barang bekas; barang tangan kedua

중공업(重工業) industri berat

중과(衆寡) rintangan ¶중과부적이다 ada rintangan menanggulangi (mengatasi)-nya; kalah dalam jumlah

중과세(重課稅) pajak yang berat

중구(衆口) desas-desus umum; kritik populér ¶중구난방이다 sangat sukar menutup mulut umum; sulit untuk menghentikan suara rakyat

중국(中國) China; Tiongkok ⊙ 중국사람 orang China; orang Tionghoa. 중국 통(通) orang yang berpengalaman dalam hal-hal yang berbau China

중궁(中宮) ratu; permaisuri

중궁전(中宮殿) ⇒ 중궁

중금속(重金屬) logam berat

중급(中級) kelas lanjutan; nilai (tingkat) menengah ⊙ 중급영어 bahasa Inggris lanjutan

중기(中期) periode pertengahan

중길(中-) barang berkualitas menengah

중년(中年) masa tengah ¶중년의 setengah tua ⊙ 중년기 pertengahan dari masa hidup; masa setengah baya. 중년신사 pria setengah baya. 중년층 usia setengah baya

중노동(重勞動) pekerjaan keras (berat) ⊙ 중노동자 pekerja berat

중농(中農) petani kelas (tingkat) menengah ⊙ 중농정책 kebijakan yang mengutamakan pertanian. 중농주의 doktrin yang menyatakan bahwa tanah dan alam adalah kekayaan yang utama; fisiokrasi. 중농주의자 penganut doktrin fisiokrasi

중뇌(中腦) 【해부학】 otak bagian tengah

중늙은이 orang setengah tua

중단(中段) bagian tengah buku

중단(中斷) ketidak-bersambungan 중단하다 tak bersambung; memutuskan; menghentikan; tertunda ¶학업을 중단하다 menghentikan studi

중대(中隊) kompi skuadron ⊙ 중대장 komandan kompi. 포병중대 baterai

중대(重大) 중대하다 jadi penting; serius; berat ¶중대한 문제 masalah yang serius (penting) ⊙ 중대사건 masalah yang sangat penting; urusan serius. 중대성 pentingnya; daya berat; keseriusan. 중대 성명 pernyataan serius

중대가리 ①【머리】 kepala botak; kepala yang sudah dicukur ②【사람】 orang yang berkepala hampir gundul

중대시하다(重大視-) menganggap penting; menanggapi dengan pandangan serius

중도(中途) ¶중도에서 separoh jalan; pertengahan jalan; di pertengahan

중도(中道) pertengahan jalan; sikap sedang ⊙ 중도정책 aturan moderat; kebijakan jalan tengah. 중도파 aliran jalan tengah; kaum moderat; panutan

중도금(中渡金) pembayaran menengah; pembayaran kedua

중독(中毒) ①【약품·독극물 등에】 keracunan; pemberian racun; éfék racun ¶중독되다 keracunan ②【술·마약·게임 등에】 kecanduan ⊙ 중독사 mati karena diracuni: 가스 중독사 하다 diracuni dengan gas sampai mati. 중독증상 gejala keracunan. 수은중독 keracunan merkuri. 식중독 keracunan makanan. 아편중독 keracunan ganja. 알코올중독 keracunan alkohol

중동(中東) Timur Tengah ⊙ 중동사태 situasi Timur Tengah

중등(中等) kualitas menengah; tingkat kedua; tingkat menengah; kelas kedua ¶중등의 sedang; rata-rata ⊙ 중등교원 guru sekolah lanjutan. 중등학교 sekolah lanjutan

중략(中略) penghilangan kata (bagian tengah) 중략하다 menghilangkan bagian tengah

중량(重量) berat; bobot ⊙ 중량부족 kekurangan berat. 중량초과 berat ékstra (berlebih). 총중량 berat kotor

중량급(重量級) kelas berat ⊙ 중량급 선수 pemain (petarung) kelas berat

중력(重力) gravitasi; daya tarik berat; daya tarik bumi ¶중력의 법칙 hukum gravitasi ⊙ 중력계 alat pengukur gravitasi. 무중력상태 keadaan bébas gravitasi

중령(中領) létnan kolonél

중로(中老) masa pertengahan; 【사람】 orang setengah baya ¶중로의 agak tua; setengah baya

중론(衆論) pendapat umum

중류(中流) ①【강의】 tengah sungai ②【중간계층】 kelas menengah ⊙ 중류가정 keluarga golongan menengah. 상층 중류계급 golongan kelas atas menengah

중립(中立) keadaan nétral; kenetralan; nétralitas ¶중립적인 태도를 취하다 mengambil sikap nétral ⊙ 중립국(中立國) negara nétral. 중립성 kenetralan; yang tidak memihak. 중립화 nétralisasi: 중립화하다 menétralkan

중매(仲媒) penjodohan; comblang 중매하다 mengatur pertemuan (perkawinan); menjodohkan; bertindak sebagai penengah ⊙ 중매결혼 perkawinan yang dijodohkan oléh perantara; pernikahan yang diatur oléh penengah; pertemuan yang direncanakan. 중매쟁이 mak comblang; penengah; pencari jodoh; pejodoh

중매(仲買) perdagangan perantara 중매하다 bertindak sebagai pedagang perantara ⊙ 중매상 perdagangan perantara. 중매인 pedagang perantara; penengah; pedagang komisi; agén; makelar

중문(中門) gerbang dalam

중문(重文) 【문법】 kalimat majemuk

중미(中美) Amerika Pusat; Amerika Tengah

중반전(中盤戰) ①【경기 · 선거 등의】 tengah pertanding; tahap pertengahan ¶중반전에 들어가다(바둑 등이) masuk ke tengah-tengah pertandingan ②【일정한 기간 가운데의 중간】 pertengahan

중벌(重罰) hukuman berat ¶중벌에 처하다 menjatuhkan hukuman berat; menghukum berat

중범(重犯) ①【중대한 범죄】 kejahatan besar ②【죄를 거듭 저지름】 ulangan kejahatan

중병(重病) sakit yang serius (berat); sakit parah ¶중병에 걸리다 menderita sakit yang berat; diserang sakit yang serius; jatuh sakit secara serius ⊙ 중병환자 pasién serius; pasién gawat

중복(中伏) periode pertengahan terpanas dalam bulan Juli dan Agustus

중복(中腹) léréng tengah gunug

중복(重複) pengulangan; tumpang tindih 중복하다 mengerjakan hal yang sama; bertumpang tindihan ¶중복된 diulang

중부(中部) bagian tengah; pusat ⊙ 중부고속도로 Lintasan Eksprés Jungbu. 중부지방 distrik (aréal; daérah) pusat

중뿔나다(中-) ingin tahu; suka mencampuri urusan orang lain; sombong; tak sopan ¶중뿔난 사람 orang yang ingin tahu (ikut campur)

중사(中士) sersan satu

중산계급(中產階級) 【중산층】 kelas menengah; 【사람】 orang borjuis; masyarakat (warga) kelas menengah ¶중산계급의 borjuis

중상(中傷) fitnahan; fitnah; umpatan; hujat; penghinaan 중상하다 memfitnah; mencemarkan nama; mengumpat ⊙ 중상자 pemfitnah

중상(重傷) luka hébat (serius; berat) ¶중상을 입다 mendapat luka parah; menderita luka yang serius ⊙ 중상자 orang yang mendapat luka parah; orang yang terluka serius

중상모략(中傷謀略) fitnah; umpat; jujat; pencemaran nama ¶중상모략하다 memfitnah; mengumpat

중상주의(重商主義) merkantilisme; sistém yang berhubungan dengan perdagangan

중생(重生) 【기독교】 kelahiran kembali 중생하다 dilahirkan kembali

중생(衆生) umat manusia; seluruh makhluk hidup; seluruh makhluk ¶중생을 제

도하다 menyelamatkan umat manusia

중서부(中西部) bagian Barat Tengah

중생대(重生代) zaman Mésozoik

중석기시대(中石器時代) 【고고학】 éra Mésolitikum

중선거구(中選擧區) daérah pemilihan menengah ⊙ 중선거구제 sistém perwakilan (pemilihan) menengah

중성(中性) ①【여성과 남성의 중간 성질】 jenis nétral ¶중성의 nétral ②【화학】 kenétralan ¶중성의 nétral ⊙ 중성 반응 réaksi nétral. 중성세제 deterjen alami

중성자(中性子) nétron ⊙ 중성자로 réaktor nétron. 중성자탄 bom nétron

중세(中世) masa (abad) pertengahan ¶중세의 pertengahan ⊙ 중세기(期) masa pertengahan. 중세사【건축】 sejarah 【arsitektur】 pertengahan

중세(重稅) pajak (perpajakan) yang berat

중소(中小) sedang dan kecil ⊙ 중소기업 perusahaan sedang dan kecil. 중소상공업자 pedagang dan industriawan dari perusahaan berukuran kecil dan menengah

중소(中蘇) Sino-Soviét; Tiongkok-Soviét ⊙ 중소관계 hubungan China-Rusia

중수(重水) 【화학】 air berat

중수(重修) perbaikan 중수하다 memperbaiki

중수로(重水爐) réaktor nuklir bertenaga air

중수소(重水素) 【화학】 hidariogen berat; deuterium

중순(中旬) pertengahan bulan

중시하다(重視-) memandang dengan serius; menganggap sangat penting ¶중시되다 dianggap penting

중신(重臣) negarawan senior ⊙ 중신회의 rapat para negarawan senior

중심(中心) ①【한가운데】 pusat; tengah; inti; sumbu ¶원의 중심 pusat lingkaran ②【균형】 seimbang ¶중심을 잡다【잃다】 menjaga 【kehilangan】 keseimbangannya ③【중요하고 기본이 되는 부분】 poros; pusat ¶중심을 벗어난 di luar pusat (fokus); ékséntrik ⊙ 중심가 jalan utama. 중심도시 kota penting. 중심점 titik tengah (pusat)

중심(重心) ①【균형】 keseimbangan ¶몸의 중심을 잃고 쓰러지다 kehilangan keseimbangan dan jatuh ②【무게중심】 pusat gravitasi

중심인물(中心人物) tokoh utama; karakter utama; pelaku utama; peran utama; biang keladi ¶혁명의 중심인물 tokoh utama révolusi

중압(重壓) tekanan yang kuat; beban berat ¶중압을 가하다 memberi tekanan pada

중압감(重壓感) perasaan tertindas; perasaan tertekan

중앙(中央) ①【가운데】 pusat; tengah-tengah; jantung; 【서울】 métropolis ¶도시중앙에 di pusat (jantung) kota ②【중심이 되는 곳】 ¶중앙으로 모이다 (모으다) memusatkan; mengkonsentrasikan ⊙ 중앙기상대 Kantor Météorologi Pusat. 중앙냉난방 pusat pendingin dan pemanas udara. 중앙분리대 jalur pembatas jalan. 중앙선 garis tengah jalan raya. 중앙아시아 Asia Tengah. 중앙우체국 kantor pos pusat

중앙집권(中央集權) pemusatan kekuatan administrasi; séntralisasi kekuasaan ⊙ 중앙집권제 sistém séntralisasi: 중앙집권제로 하다 menséntralisasikan

중언(부언)(重言復言) pengulangan pernyataan 중언하다 mengulangi; menyatakan kembali

중얼거리다 memberengut; mengeluh; menggerutu; bersungut-sungut

중역(重役) diréktur; 【전체】 déwan pimpinan ¶중역이 되다 menjadi diréktur ⊙ 중역 회【회의】 déwan 【pertemuan】 para diréktur

중역하다(重譯-) menerjemahkan kembali

중엽(中葉) pertengahan jangka waktu ¶19세기 중엽 pertengahan abad ke 19

중외(中外) ①【내외】 bagian dalam dan bagian luar; dalam dan luar negeri ¶중외의 internal dan éksternal; dalam negeri (doméstik) dan luar negeri; di dalam dan di luar negeri ②【조정과 민간】 pemerintahan dan rakyat ③【서울과 시골】 ibu kota dan propinsi

중요(重要) kepentingan 중요하다 penting;

esénsial ¶중요시하다 memandang (mengganggap) penting /중요한 사람 orang penting ⊙ 중요기사 berita penting; berita halaman depan; hal-hal penting ((dalam surat kabar hari ini)). 중요인물 orang yang sangat penting (VIP); orang penting

중용 (中庸) ①【중점】 sikap moderat ¶중용의 moderat/중용을 취하다 mengambil jalan tengah ②【책이름】 Doktrin Makna ⊙ 중용지도(之道) tindakan moderat; jalur tengah

중용하다(重用-) meletakkan pada posisi yang penting; menunjuk jabatan yang terpercaya ¶요직에 중용되다 ditugaskan di pos yang penting

중원(中原) daérah pusat negara

중위(中尉) 【육군, 해병대】 létnan satu

중위권(中位圏) peringkat menengah

중유(重油) minyak solar

중의(衆意) opini publik; pendapat umum

중의(衆議) pembahasan umum; diskusi umum; konsultasi umum; suara terbanyak

중이(中耳) telinga tengah; gendang telinga ⊙ 중이염 radang telinga tengah; radang selaput telinga; média otitis

중인(衆人) orang banyak; masyarakat umum ¶중인 앞에서 di depan umum; di depan semua orang

중임(重任) ①【중대 임무】 tanggung jawab yang berat; kewajiban (tugas; misi) utama ¶중임을 맡다 mendapat tanggung jawab yang berat; ditugaskan pada misi yang penting ②【재임용】 pengangkatan kembali 중임하다 dipilih kembali; ditunjuk kembali

중장(中將) 【육군】 létnan jéndral; 【해군】 laksamana madya; 【공군】 marsekal madya

중장비(重裝備) peralatan ((konstruksi)) berat ⊙ 중장비 기사 operator peralatan berat

중재(仲裁) pengantaraan; penengahan; penyelesaian 중재하다 mengantarai; menengahi ¶중재를 요청 (부탁)하다 meminta penyelesaian; meminta menengahi ⊙ 중재위원회 komite arbitrasi. 중재인(자) pendamai; penengah; médiator. 중재재판소 pengadilan arbitrasi

중전(中殿) ratu; permaisuri ⊙ 중전마마 Sang Permaisuri

중절(中絕) ⇒ 중단(中斷) pengguguran; pemutusan 중절하다 menggugurkan; memutuskan ⊙ 임신중절 pengguguran kandungan: 임신을 중절하다 melakukan aborsi

중절모(中折帽) topi laken yang lembut; topi bulat

중점(中點) 【수학】 nilai (titik) tengah; titik pusat

중점(重點) penekanan; titik berat; tekanan; pentingnya; prioritas ¶중점을 두다 menekankan pada; memberikan tekanan pada; memberikan prioritas; menitik beratkan ▸중점적 ¶중점적으로 lebih berkonséntrasi; secara prioritas ⊙ 중점주의 kebijaksanaan prioritas (pengistiméwaan); sistém prioritas

중정(重訂) révisi kedua

중조(重曹) 【화학】 tepung soda pengembang kué; soda bikarbonat

중죄(重罪) kejahatan (pelanggaran) yang berat (besar) ¶중죄를 범하다 melakukan kejahatan yang berat ⊙ 중죄인(범) penjahat; pelanggar berat

중주(重奏) duét ¶현악 4중주 kuartet gésék

중증(重症) penyakit parah (serius; berbahaya); kasus yang berat ⊙ 중증환자 pasién yang serius

중지(中止) penghentian 중지하다 berhenti ¶중지되다 dihentikan; diperhentikan; ditangguhkan; tak diteruskan; mengalami penundaan; dibatalkan/경기는 중지되었다 Pertandingan dibatalkan.

중지(中指) jari tengah

중지(衆智) kebijaksanaan umum (orang banyak) ¶중지를 모으다 mencari nasehat (meminta saran) dari orang banyak

중직(重職) tugas (jabatan; pos) penting; jabatan yang bertanggung jawab; posisi kepercayaan ¶중직을 차지하다 menempati (memegang) jabatan yang penting

중진(重鎭) pemimpin; orang yang berpengaruh; tokoh otoritas; tokoh terkemuka ¶언론계의 중진 wartawan terkenal

중진국(中進國) negara (negeri) yang sedang berkembang
중창(中-) sol sepatu bagian dalam
중창(重唱) bagian lagu ¶4중창 kuartét vokal/3중창 trio
중책(重責) tanggung jawab yang berat; misi (tugas) yang penting ¶중책을 맡다 menerima (memikul) tanggung jawab yang berat
중천(中天) di udara; titik puncak; di awang-awang; zénit
중첩되다(重疊-) ditumpuk; bertumpuk; menumpuk
중추(中樞) pusat; poros; tulang punggung; arus utama ¶중추의 pusat; utama; sangat penting/중추역할을 하다 memainkan peranan yang sangat penting ⊙ 중추 산업 industri pokok. 중추신경 saraf pusat. 중추인물 tokoh terkemuka
중추(仲秋) pertengahan musim gugur (rontok) ⊙ 중추명월 bulan panén
중축(中軸) poros; sumbu
중치(中-) ⇒ 중간치
중 크롬 산(重-)asam dikromat ⊙ 중 크롬 산염 dikromat
중키(中-)【키의】tingginya sedang ¶중키의 남자 laki-laki yang berukuran sedang
중 탄산(重歎酸) ⊙ 중탄산소다 sodium bikarbonat. 중탄산염 karbonat asam; bikarbonat
중탕하다(重湯-) memasak (memanaskan) dalam kétél ganda
중태(重態) keadaan (kondisi) yang mengkhawatirkan (gawat); kondisi serius (kritis); kegawatan sakitnya ¶중태이다 dalam kondisi yang mengkhawatirkan; dalam kondisi kritis
중턱(中-) pertengahan léréng gunung; bagian pertengahan
중토(重土)【화학】barium oksida
중퇴(中退) 중퇴하다 berhenti sekolah pada pertengahan pelajaran ¶중퇴자 orang yang berhenti ⟪dari sekolah⟫
중파(中波)【전파】gelombang medium ⊙ 중파방송 radio gelombang medium
중판(中判)【사진】ukuran medium ⟪foto⟫
중판(重版) cétakan (édisi) berikutnya
중편(中篇) ①【제2권】bagian (volum) ke dua ②【중편의 글】cerita setengah panjang ⊙ 중편소설 novélét
중평(衆評) opini (sifat kritis) publik; pendapat umum
중포(重砲) senjata berat ⊙ 중포병 tentara artileri berat
중풍(中風) penyakit lumpuh; kelumpuhan ¶중풍에 걸리다 ditimpa (terkena) kelumpuhan; mendapat kelumpuhan karena serangan otak ⊙ 중풍환자 orang menderita (pesakit) kelumpuhan
중하(重荷) beban berat; muatan berat
중하다(重-) ①【소중하다】penting; bernilai ¶중한 자리 jabatan (pekerjaan) yang penting ②【병 · 죄 등이】serius; parah; berat; kritis ¶중한 병 sakit keras ③【책임 · 임무 등이】⇒ 막중하다 ¶중한 책임 tanggung jawab yang berat
중학교(中學校) Sekolah Menengah Pertama (SMP)
중합(重合)【화학】polimérisasi ⊙ 중합체 polimér
중형(中形 · 中型) ukuran sedang (medium) ¶중형의 berukuran sedang ⊙ 중형차 kendaraan dengan ukuran sedang
중형(仲兄) abang ke dua
중형(重刑) hukuman berat ¶중형에 처하다 menjatuhkan (memberikan) hukuman yang berat
중혼(重婚) bigami; perkawinan ganda 중혼하다 melakukan perkawinan bigami; menikah kedua lali
중화(中和) 중화하다 menétralkan; menawarkan ¶독성을 중화시키다 menétralkan éfék racun ⊙ 중화제 obat penawar. 중화점 titik nétral
중화(中華) China ⊙ 중화인민공화국 Republik Rakyat China. 중화사상 Sinoséntrisme. 중화요리 makanan China
중화기(重火器) senjata api berat ¶중화기로 무장하다 dipersenjatai dengan persenjataan berat
중화상(重火傷) terbakar serius
중화학공업(重化學工業) industri kimia berat
중환(重患) sakit keras ⊙ 중환자 pasién gawat; pasién yang serius; pesakit be-

rat

중후(重厚) keseriusan dan kemurahan hati 중후하다 ①【태도가】 serius dan murah hati ¶중후한 인물 orang yang serius dan baik hati ②【분위기가】 mengesakan; mengagumkan

중흥(中興) réstorasi; kebangkitan kembali; réhabilitasi; perbaikan; pemulihan 중흥하다 bangkit kembali; diperbaiki; diréhabilitasi ¶민족중흥의 아버지 bapak réstorasi nasional

중히(重-) dengan hati-hati; dengan respék (perhatian) ¶중히 여기다 menganggap penting; menghargai; menilai tinggi

쥐[1] ①【집쥐】 tikus ¶쥐가 날뛰다 Tikus berkeliaran./쥐를 잡다 menangkap seekor tikus ②【비유적】 ¶독 안에 든 쥐 terpojok ⊙ 쥐덫 perangkap tikus. 쥐띠 Tahun Tikus. 쥐색 abu-abu tua. 쥐약 racun tikus. 집【들】쥐 tikus rumah【ladang】. 쥐잡기 운동 pembasmian tikus

쥐[2] kejang; kram ¶다리에 쥐가 나다 kena kram pada kaki; mendapat kejang pada kaki

쥐구멍 ①【쥐가 드나드는 구멍】 lubang tikus; liang tikus ¶쥐구멍을 찾다 mencari lubang tikus ②【비유적】 ¶쥐구멍을 찾다 mencari jalan untuk lolos; mencari lubang tikus

쥐꼬리 ékor tikus ¶쥐꼬리만 한 월급 gaji yang kecil (rendah); upah yang jelék/쥐꼬리만 하다 sangat kecil

쥐다 ①【주먹·멱살 등을】 menggenggam; mencengkeram; mengepal; memegang ¶주먹을 쥐다 mencengkeram tinjunya; mengepalkan tangan ②【권력·실권 등을】 memegang; menguasai ③【증거·약점 등을】 memegang

쥐덫 perangkap tikus ¶쥐덫을 놓다 memasang perangkap tikus

쥐락펴락하다 menguasai sepenuhnya

쥐방울만하다 kecil dan lucu

쥐뿔 sesuatu yang tak berharga ¶쥐뿔같다 bernilai; omong kosong; sepélé; réméh

쥐새끼 ¶쥐새끼 같은 놈 pengkhianat; orang licik

쥐약 racun tikus; tuba tikus

쥐어뜯다 mencabuti; membului ¶머리털을 쥐어뜯다 mencabut rambut /닭털을 쥐어뜯다 membului ayam

쥐어박다 meninju;memukul

쥐어 주다 ①【돈을】 menaruh《uang》 di tangan seseorang; memasukan (menyelipkan) ke dalam tangan《seseorang》 ②【뇌물을】 menyogok ③【팁을】 memberi tip

쥐어짜다 ①【액체를 꼭 짜내다】 memulas dan memerah; memeras; memilin ②【닦달하다, 조르다】 mendesak; meremas ③【골똘히 생각하다】 memeras otak

쥐어흔들다 menggoyang dan menggoncang

쥐여살다【쥐여지내다】 dikuasai oléh; berada (hidup) di bawah kekuasaan; hidup dalam cengkeraman

쥐젖 kutil kecil

즈음 waktu; saat; ketika ¶이즈음에 hari-hari ini; belakangan/그즈음에 ketika itu; pada saat itu

즉(卽) ①【다시 말하면】 yaitu; yakni ②【바로】 jelasnya; tegasnya; persisnya; tepatnya; sama; memang

즉각(卽刻) saat yang tepat; dengan segera; seketika

즉결(卽決) keputusan yang cepat (segera); pengadilan di tempat; pengadilan kilat 즉결하다 memutuskan (mengadili) dengan cepat (dengan segera) ⊙ 즉결재판 pengadilan (penghukuman) yang sumir;《keputusan》 pengadilan yang cepat

즉답(卽答) jawaban yang cepat 즉답하다 memberikan jawaban yang cepat

즉사(卽死) kematian ditempat (yang seketika) 즉사하다 mati (terbunuh) di tempat

즉석(卽席) ¶즉석의 serta merta; spontan; seadanya; segera/즉석에서 serta merta; dengan begitu saja; dengan spontan; mendadak; tanpa persiapan ⊙ 즉석연설 pidato tanpa téks; pidato yang diucapkan tanpa persiapan. 즉석요리 makanan (hidangan) yang seadanya. 즉석커피 kopi tubruk

즉시(卽時) ⇒ 당장, 즉각 segera; spontan; serta merta

즉심(卽審) keputusan pengadilan di tempat

즉위(卽位) penobatan; kenaikan tahta 즉위하다 naik tahta; menobatkan ⊙ 즉위식 upacara penobatan; 【대관식】 pemahkotaan

즉일(卽日) hari yang sama ¶즉일로 pada hari yang ((persis)) sama

즉효(卽效) éfék yang segera; pengaruh yang cepat ¶즉효가 있다 menghasilkan (mempunyai) éfék yang cepat; memberikan pertolongan yang cepat ⊙ 즉효약 pengobatan yang segera (cepat)

즉흥(卽興) hiburan tanpa persiapan ¶즉흥의 seadanya; tanpa persiapan; mendadak; improvisasi ▶즉흥적 impromptu; yang dilakukan tanpa persiapan ⊙ 즉흥시 puisi improvisasi; puisi yang tanpa persiapan

즐거움 ⇒ 낙 kegembiraan; kesenángan; kegirangan; suka cita

즐거이 dengan gembira; dengan suka cita

즐겁다 gembira; senang; suka hati ¶즐거운 옛날 masa lalu yang indah/즐겁게 지내다 hidup dengan gembira; mempunyai masa yang menyenangkan

즐겨 ①【소망하여】 dengan kemauan; 【자진하여】 kemauan (kehendak) sendiri; mau ((melakukan)) ②【종종】 sering; dengan teratur

즐기다 ①【즐거운 시간을 보내다】 menikmati; menghibur (menikmati) diri sendiri ②【좋아하여 자주 하다】 gemar; menyukai

즐비하다 berjajar rapat; berdiri berdekatan satu sama lain

즙(汁) ①【과일 · 야채 등의】 sari buah; air buah ¶과일(사과)즙 air buah-buahan (apel)/즙이 많다 air banyak; banyak airnya; berair banyak ②【고무나무의】 getah

즙내다(汁-) memeras sari buah

즙액(汁液) air (sari) buah

증(症) gejala; tanda-tanda ¶무서움증이 나다 *mempunyai tanda-tanda* ketakutan

증(證) ①【증거】 bukti; tanda; petunjuk; kesaksian ②【증명서】 sertifikat; garansi ¶학생증 ijazah pelajar; kartu siswa

증가(增加) kenaikan; peningkatan; pertambahan 증가하다 ⇒ 늘다, 늘어나다 naik; meningkat ¶체중의 증가 kenaikan berat badan ⊙ 증가율 tingkat kenaikan; persentase kenaikan. 자연 증가 pertambahan (kenaikan) secara alamiah; peningkatan secara alamiah

증간(호)(增刊號) nomor khusus; terbitan tambahan

증감(增減) kenaikan dan penurunan 증감하다 naik dan(atau) turun; meningkat dan (atau) menurun; berfluktuasi; berbéda-béda

증강(增强) penguatan 증강하다 menguatkan; memperkuat ¶병력을 증강하다 memperkuat pasukan (militér)

증거(證據) bukti; tanda; alasan hujah ¶증거로서 채택되다 diambil sebagai bukti ⊙ 증거물【품】 barang bukti. 증거서류 surat bukti; bukti dokuménter. 증거인 saksi. 증거인멸 penghilangan (pemusnahan) bukti. 간접 증거 bukti tak langsung. 물적 증거 bukti matérial

증권(證券) saham; obligasi ¶증권에 손을 대다 berspékulasi (mencoba-coba) dalam perdagangan saham; berdagang di pasar bursa ⊙ 증권거래소 pasar bursa. 증권수수료 komisi. 증권시세 ((penentuan)) harga bursa. 증권시장 pasar saham (bursa). 증권투자 invéstasi (penanaman) modal saham

증기(蒸氣) uap ⊙ 증기기관 lokomotif uap. 증기선 kapal uap. 증기소독 pembasmian hama dengan uap

증대(增大) peningkatan 증대하다 meningkat memperbesar; memperluas ⊙ 증대 판 édisi (terbitan) yang diperluas

증류(蒸溜) penyulingan; distilasi 증류하다 menyuling; menguapkan ⊙ 증류기(器) peralatan penyulingan; distiler. 증류수 air suling

증명(證明) ①【증거를 들어 사실인지 아닌지를 밝힘】 bukti; dalil; keterangan; kesaksian; vertifikasi 증명하다 membuktikan; mendalilkan; menyaksikan ②【수학 · 논리에서】 bukti 증명하다 membuktikan ⊙ 증명서 sertifikat: 건강증명서 surat keterangan séhat/신분증명서 kartu tanda penduduk; kartu idéntitas;

kartu pengenal/원산지증명서 surat keterangan asal. 증명 자 saksi

증모하다(增募-) meningkatkan rékrut (pendaftar)

증발(蒸發) ①【기화 현상】 penguapan 증발하다 menguap ②【사람 · 물건 등이 갑자기 사라짐】 hilang tanpa jejak; menghilang

증발(增發) ①【통화의】 pengeluaran 《uang kertas》 tambahan 증발하다 menerbitkan uang kertas tambahan ②【열차의】 pengoperasian keréta api tambahan 증발하다 mengoperasikan (menjalankan) keréta api khusus (tambahan)

증보(增補) perluasan; penambahan 증보하다 memperluas; menambah ⊙ 개정증보판 édisi baru yang dirévisi dan diperluas

증빙(證憑) bukti; petunjuk; kesaksian ⊙ 증빙서류 dokumén pembuktian

증산(增産) peningkatan produksi; hasil panén yang ditingkatkan 증산하다 menambah (menaikkan) produksi; meningkatkan hasil panén ⊙ 증산운동 kampanye peningkatan produksi; gerakan untuk peningkatan produksi

증상(症狀) gejala-gejala; simtom; kondisi pasien ⊙ 중독 증상 gejala keracunan

증서(證書) akta; akte; (증명서) sertifikat; (증거 서류) dokumén; (양도 등의) bursa obligasi; (졸업의) diploma ⊙ 예금 증서 sertifikat déposito. 졸업증서 diploma. 차용증서 surat (keterangan) hutang

증설(增設) penambahan bangunan; pembesaran; perluasan 증설하다 meningkatkan; mendirikan lagi; memasang lebih banyak 《télépon》

증세(症勢) gejala; keadaan sakit ¶환자는 증세가 좀 어때요? Bagaimana kemajuan (keadaan) pasién itu? ⊙ 자각 증세 gejala subyéktip

증손(曾孫) cicit laki-laki ⊙ 증손녀 cicit perempuan 증손자 cicit laki-laki

증쇄(增刷) cétakan tambahan 증쇄하다 mencétak tambahan

증수(增收) peningkatan penerimaan (pendapatan; penghasilan); peningkatan hasil 증수하다 《pendapatan; penghasilan》 meningkat

증수회(贈收賄) korupsi; penyuapan ⊙ 증수회 사건 kasus penyuapan

증시(證市) pasar saham

증식하다(增殖-) membiakkan

증액(增額) jumlah uang yang meningkat; peningkatan; perbanyakan; penambahan 증액하다 meningkatkan 《jumlah》; menaikan; memperbesar

증언(證言) persaksian; pengesahan 증언하다 memberi(kan) kesaksian; membuktikan; memberi bukti ⊙ 증언대 podium (stan; tempat berdiri) saksi

증여(贈與) pemberian; hibah 증여하다 memberikan; menghibahkan

증오(憎惡) kebencian; antipati; dendam kesumat 증오하다 membenci; menaruh dendam

증원(增員) penambahan personil (pegawai) 증원하다 menambah personil (pegawai)

증원(增援) penguatan 증원하다 memperkuat ⊙ 증원부대 unit bala bantuan

증인(證人) saksi ¶증인이 되다 menjadi saksi; memberikan kesaksian (bukti); memberikan jaminan /증인을 소환하다 memanggil saksi ⊙ 증인대 podium (tempat berdiri) saksi

증인(證印) 《membubuhkan》 ségel dokumén; ségel notaris

증자(增資) peningkatan modal 증자하다 meningkatkan modal

증정(贈呈) presétasi; persembahan; penganugerahan; 【저서에】 untuk (ditujukan untuk) Tuan A; dengan salam hormat dari… 증정하다 mempersembahkan; menghadiahkan; memberikan hadiah ⊙ 증정본 salinan presétasi; salinan dari penulis; buku hadiah

증조모(曾祖母) buyut perempuan

증조부(曾祖父) buyut laki-laki

증진(增進) peningkatan; kemajuan 증진하다 meningkatkan; memajukan ¶능률을 증진하다 meningkatkan éfisiénsi

증차하다(增車-) meningkatkan jumlah mobil (kendaraan)

증축(增築) perluasan (pembesaran) gedung 증축하다 memperluas (memperbesar;

menambah) bangunan; membangun ruangan tambahan ⊙ 증축공사 pekerjaan tambahan

증파하다(增派-) mengirimkan lebih banyak ((bala bantuan)); mengirimkan ((pasukan)) tambahan

증편하다(增便-) meningkatkan

증편(蒸-) kué beras kukus dengan ragi di dalamnya

증폭(增幅) pengerasan 증폭하다 memperkeras ((suara)) ¶증폭기 pesawat pengeras

증표(證票) tanda bukti ¶사랑의 증표 tanda cinta; tanda kasih

증회(贈賄) pemberian uang suap; penyuapan; penyogokan 증회하다 menyogok; memberi sogokan; menyogok ⊙ 증회사건 kasus penyuapan. 증회 자 pemberi suap

증후(症候) ⇒ 증세(症勢), 증상 gejala-gejala; simptom ¶증후를 보이다 memiliki gejala (simptom) ⊙ 증후군(群) sindariom: 다운 증후군 sindariom kejiwaan yang menurun

지 semenjak; sejak; dari waktu ketika ¶ 떠난 지 semenjak saya meninggalkan; sejak keberangkatan

지(至) 【까지】 sampai

지(知) kecerdasan; inteligénsi

지(智) kebijaksanaan; kearifan

지가(地價) harga (nilai) tanah ⊙ 법정지가 nilai tanah yang telah ditaksir

지가(紙價) harga kertas

지각(地殼) kerak bumi; litosfir ⊙ 지각변동 diastropisme; pergerakan yang keras (kerusuhan). 지각운동 gerakan kerak bumi

지각(知覺) ①【감각기관을 통해 인식함】 persépsi; perasaan 지각하다 merasa ¶지각하기 어려운 tidak terasa ②【이치를 분별함】 kebijaksanaan; kedéwasaan ¶지각(이) 없이 tidak berpikiran; kurang ajar; tidak bijaksana/지각(이) 나다, 지각(이) 들다 memperoleh pengertiannya; menjadi bijaksana ⊙ 지각망나니 orang tolol. 지각상실 kelumpuhan; mati rasa. 지각착란 kekacauan méntal

지각(遲刻) lambatan; keterlambatan 지각하다 terlambat ¶학교에 지각하다 terlambat datang ke sekolah ⊙ 지각생 murid yang terlambat datang

지각(地殼) lapisan kulit(kerak) bumi ⊙ 지각변동 diastrophism

지갑(紙匣) dompét; pundi-pundi; kantong kecil; tempat uang

지게 jangki gaya Korea; ransel kuli ((untuk membawa barang-barang)); ransél pengangkut; ransel punggung ¶지게 질하다 membawa barang-barang dalam ransél besar/지게를 지다 membawa jangki gaya Korea; membawa ransel besar di punggungnya ⊙ 지게꾼 kuli untuk mengangkut ransel besar; pengangkut beban; pembawa. 지게차(車) truk pengangkut barang. 지겟작대기 pegangan ransel besar ((digunakan untuk menyangga pengangkut))

지게미 ①【술의】 ampas anggur ②【눈의】 getah yang mengumpul di mata sebagai hasil dari habis banyak minum (demam) ③⇒ 비듬

지겹다 merasa jijik pada; muak ¶지겨워하다 menjijikan/아이쿠 지겨워 Jahanam! *atau* Keparat!

지경(地境) ①【경계】 batas; perbatasan ¶지경을 정하다 menentukan batas ②【형편】 situasi; hal ikhwal ¶…할 지경에 있다 hampir saja

지고지순(至高至純) suprémasi; keunggulan; keagungan; keindahan 지고지순하다 agung; indah ¶지고지순의 tertinggi

지골(指骨 · 趾骨) 【해부학】 tulang jari: ruas jari

지관(地官) ahli feng shui; ahli letak kubur

지구(地球) bumi; dunia; jagad ¶지구표면 permukaan bumi ⊙ 지구궤도 orbit bumi. 지구물리학 géofisika. 지구본 【의(儀)】 bola dunia (bumi). 지구촌(村) kampung sedunia

지구(地區) distrik; zona; daérah; wilayah; bagian ⊙ 지구당 partai cabang distrik. 경인지구 distrik Seoul Inchon. 상업 【오락, 주택】지구 kawasan usaha 【hiburan, pemukiman】

지구(持久) daya tahan; ketahanan 지구하

다 menahan ⊙ 지구력 daya tahan; ketahanan; kegigihan; keuletan. 지구전 perang ((perjuangan) panjang

지국(支局) kantor cabang

지그시 pelan-pelan; dengan tabah; dengan sabar

지그재그 *zigzag;* mabuk; berliku-liku ¶그는 술에 취해 지그재그로 걸었다 Mabuk, dia berjalan dengan zigzag (berliku-liku)

지극하다(支極-) paling; berlebihan; ékstrim

지극히(至極-) sangat; luar biasa

지근거리다 ①【집적거리다】 mengganggu; menggoda; merjéngkélkan ②【머리가】 sakit kepala ③【씹다】 mengunyah perlahan

지글거리다 mendesis

지글지글 desisan; dengan mendesis ¶지글지글 끓다 mendidih; menggelembung

지금(只今) ①【오늘날, 현재】 sekarang; kini; waktu ini; saat ini ②【말하고 있는 바로 이때】 barusan; baru saja ¶지금까지, 지금껏 sampai sekarang; hingga kini ③【지금 곧】 segera; seketika

지금거리다 ¶밥이 지금거리다 Nasi yang mengandung pasir.

지급(支給) 【공급】 pembekalan; pemberian; persediaan; bekal; 【지불】 pembayaran 지급하다 menyediakan; membekali; membayar; memberikan ¶지급되다 diberikan; dibayar ⊙ 지급능력 kesanggupan (kemampuan) membayar (melunaskan) hutang. 지급인 pembayar. 지급품 barang yang disediakan

지급(至急) keadaan darurat 지급하다 mendesak; kilat; segera ¶지급히 dengan mendesak; dengan segera ⊙ 지급전보 télégram kilat

지긋지긋하다 ①【넌더리나다】 muak; membosankan ¶지긋지긋한 일 hal yang membosankan ②【지겹다】 memuakkan; menjijikkan; tidak menyenangkan; buruk ¶지긋지긋한 날씨 cuaca yang buruk

지기(知己) ①【아는 사람】 kenalan ②【친한 친구】 teman dekat

-지기[1] 【논밭의】 petak sawah yang siap ditanami

-지기[2] 【사람】 penjaga

지껄이다 bercakap-cakap; beromong-omong ¶잘 지껄이는 사람 tukang ngobrol; pengoceh

지끈 dengan bunyi yang keras; dengan bunyi yang tajam 지끈하다 memecahkan; hancur; berderak

지끈지끈 ①【부러지는 소리】 berderak; dengan bunyi gemeretak; dengan suara geretak ②【아픈 모양】 menderita sakit

지나가다 ①【통과하다】 léwat ¶지나가는 사람 orang yang lalu lalang/우연히 지나가다 kebetulan meléwati ②【시간이 경과하다】 berlalu; masa yang léwat ③【상관하지 않다】 tidak mengindahkan (memperhatikan; memperdulikan) ④【'지나가는'의 형태로 쓰여】 sambil lalu

지나다 ①【통과】 léwat; meléwati; melintasi ②【경과】 lalu; léwat ¶지난 밤 malam tadi ③【한도 · 정도 · 기한이】 meléwati (batas) ¶(…에)지나지 않는다 tak lain hanya; lebih dari; semata-mata; belaka; hanya

지나다니다 ⇒ 다니다

지나오다 ①【통과해 오다】 datang dengan; léwat; melewati ②【겪다】 menjalani; mengalami

지나치다 ①【일정한 한도를 넘어서다】 berlebihan; keterlaluan ②【장소를】 meléwati; melampaui; melalui; melintas ③【그냥 넘기다】 membiarkan

지난(至難) kesulitan yang besar sekali 지난하다 sangat sulit; paling sukar

지난날 hari (masa) lalu

지난달 bulan lalu ¶지난달 10일에 pada tanggal 10 bulan lalu

지난번(-番) hari yang lain; beberapa waktu yang lalu; waktu terakhir

지난주(-週) minggu lalu¶지난주 오늘 hari ini seminggu yang lalu

지난해 tahun lalu

지남철(指南鐵) magnét

지남침(指南針) kompas magnét

지내다 ①【생활하다, 살아가다】 meléwati; meléwatkan waktu ¶그날그날지내다 hidup dari hari ke hari; hidup senin-kamis ②【과거에 중요한 직책 등을 맡다】 menjalani; mengalami; mengikuti karir

¶도지사를 지냈다 Dia mantan gubernur. ②【제사·장례 등의 의식을 치르다】 mengadakan; merayakan; menyelenggarakan

지내듣다 tidak memperhatikan; tidak memperdulikan

지내보다 berhubungan dengan; berteman dengan

지네【동물】lipan; kaki seribu

지느러미 sirip ⊙ 등【가슴, 꼬리】지느러미 sirip punggung【perut, ékor】

지능(知能) kecakapan 《méntal》; kepintaran, kecerdasan; inteléktual; intélegénsi ¶지능적 inteléktual/ 지능이 높은【낮은】사람 orang dengan intélegénsi tinggi【rendah; kecil】 ⊙ 지능검사 uji kecerdasan; tés intélegénsi; tés méntal. 지능범【범죄】kejahatan inteléktual; pelanggaran inteléktual;【범인】pelanggar inteléktual. 지능지수, 지능계수 tingkat kecerdasan; hasil bagi inteléktual (IQ): 지능지수가 130이다 ber-IQ 130

지니다 ①【보관하다】memiliki; memelihara; menjaga ¶몸에 지니다 menjinjing/ 비밀을 지니다 mempunyai rahsia ②【마음성품·의미 등을】mempunyai; memendam ④【본래의 모양을 간직하다】memiliki; memperlihatkan

지다[1] ①【짐을】menggéndong; membawa; memikul ②【빚을】berhutang ③【신세를】berhutang budi; menanggung budi ④【책임을】memegang; menanggung; memikul 《tanggung jawab》

지다[2] ①【꽃·잎이】gugur; rontok ②【해·달이】tenggelam ; terbenam ¶해가 지고 나서 setelah gelap; stelah matahari terbenam ③【목숨이】berakhir; mati; menarik nafas yang terakhir; berhenti bernafas ④【때 등이】terlepas; kabur

지다[3]【패배】kalah; mengalah;【굴하다】menyerah;【못하다】lebih rendah; kurang; tertinggal di belakang; di belakang ¶지기 싫어하는 keras kepala; keras hati/유혹에 지지 않다 menahan godaan/졌다고 하다 mengakui kekalahan

지다[4] ①【그늘이】diteduhi; dinaungi; teduh ②【얼룩이】ternoda; tercemar

지다[5]【장마가】tiba ¶장마가 졌다 Musim hujan telah tiba.

지다[6]【되어가다】menjadi; jadi ¶좋아【나빠, 추워, 더워, 피곤해】지다 menjadi lebih baik【lebih jelék, lebih dingin, lebih hangat, lelah】

지당하다 betul-betul benar; menjadi tepat; natural; pantas ¶지당한 말씀이오 Anda benar.

지대(地代) tanah (lahan) séwaan ¶지대를 받다 menerima (mengumpulkan) séwa tanah

지대(地帶) wilayah; zona; area; daérah; kawasan ⊙ 공장【주택】지대 kawasan (zona) pabrik【pemukiman】. 녹(錄)지대 daérah hijau. 비무장 지대 zone demilitérisasi.안전【위험】지대 zona (daérah) aman【bahaya】. 중립지대 zona (daérah) nétral

지대(地臺)【건축】fondasi; dasar ⊙ 지댓돌【지대석】batu-batu fondasi

지대공(地對空) ¶지대공의 dari darat ke udara ⊙ 지대공미사일 peluru kendali dari darat ke udara

지대지(地對地) ¶지대지의 dari darat ke darat ⊙ 지대지미사일 peluru kendali dari darat ke darat

지대하다(至大-) besar sekali; sangat besar; sangat banyak; banyak sekali

지덕(知德) pengetahuan dan kebajikan

지도(地圖) péta; atlas; map ¶상세한 지도 péta yang terinci/백분의 일의 지도 péta dengan skala 1:100/지도를 그리다 menggambar péta ⊙ 지도책 atlas. 접지도 péta lipatan. 축척지도 péta dengan skala diperkecil. 항공지도 péta udara

지도(指導) kepemimpinan; arahan; bimbingan; penyuluhan 지도하다 memimpin; membimbing; mengarahkan ¶지도층 인사(人士)들 pemimpin masyarakat/…의 지도 밑에 di bawah panduan; di bawah pimpinan … ⊙ 지도교사 guru pembimbing. 지도교수 dosén pembimbing; (학위논문)지도교수 penyelia. 개인지도 panduan pribadi. 단일 집단 지도체제 sistém kepemimpinan tunggal (koléktif)

지도력(指導力) kapasitas sebagai pemimpin; daya kepemimpinan ¶대단한 지도력이 있다 memiliki kepemimpinan yang menakjubkan

지도자(指導者) pemimpin; pengetua; pengarah ¶지도자가 되다 menjadi pemimpin; mengambil kepemimpinan

지독하다(至毒-) ①【모질고 독하다】 ganas; kejam; sadis ¶지독한 짓 tingkah laku kurang ajar ②【심하다】 keras; parah; mengerikan; ganas ¶지독한 구두쇠 orang yang sangat kikir ③【완강하다】 keras kepala; keras

지동(地動) ①【지진】 gempa bumi ②【공전·자전】 gerakan bumi; révolusi dan rotasi bumi ⊙ 지동설 téori hélioséntrik; téori *Copernicus*

지등롱(紙燈籠) lentéra kertas; lampion

지라【해부학】 kura limpa; limpa kecil

지랄 ①【지랄병, 간질】 épilépsi; ayan; sawan 지랄하다 jatuh sawan ②【변덕】 histéris 지랄하다 bertingkah laku mengamuk; membuat percékcokan; membuat gaduh; gila-gilaan; menjadi histéris ¶날씨가 참 지랄 맞다 cuacanya sangat anéh ⊙ 지랄버릇 keanéhan; ketidak-teraturan; ketidak-tetapan. 지랄병 penderita épilépsi. 지랄쟁이【간질 쟁이】 penderita ayan; 【변덕쟁이】 orang yang tidak teratur; orang yang tak bisa dipercaya; orang yang tidak bertanggung jawab

지략(智略) kepintaran; stratégi; kepanjangan akal; pikiran yang panjang ¶지략이 풍부하다 panjang akal; penuh akal daya

지렁이 cacing tanah

지레[1] 【지렛대】 pengungkil; pengungkit; pengumpil ¶지레로 들어 올리다 mengangkat dengan pengungkil ⊙ 지레작용 penungkilan

지레[2] 【미리】 lebih awal; sebelumnya; terlebih dulu

지레질하다 memindahkan dengan tuas

지레짐작 terkaan; spékulasi; antisipasi; pengharapan; prasangka; kesimpulan (déduksi) yang terburu-buru 지레짐작하다 menerka; menduga; melakukan spékulasi; mengantisipasi; mencurigai kesimpulan yang terburu-buru

지력(地力) kesuburan tanah

지력(智力) daya inteléktual; kapasitas méntal; kekuatan pikiran; méntalitas

지력선(指力線) lengkungan magnétis

지령(指令) 【명령】 perintah; instruksi ¶지령을 내리다 mengeluarkan perintah; memberikan arahan; menginstruksikan ⊙ 지령서 instruksi (perintah) tertulis. 비밀지령 perintah rahasia

지령(紙齡) nomor yang keluar secara berkala; nomor terbitan majalah

지로 sistém pembayaran éléktronik; giro

지론(至論) pendapat yang masuk akal

지론(持論) pendapat ⟪yang selalu dipegang⟫ ¶지론을 굽히지 않다 terpaku pendapatnya; bertahan pada pendapatnya

지뢰(地雷) ranjau darat ¶지뢰를 묻다 menanam (memasang) ranjau ⊙ 지뢰밭 (원, 지대) daérah ranjau. 지뢰탐지기 pendetéksi ranjau

지루하다 bosan; membosankan ¶지루한 강의(강연) kuliah (pidato】 yang membosankan

지류(支流) anak sungai; simpang sungai ¶한강과 그 지류 Sungai Han dan anak-anak sungainya.

지르다 ①【소리를】 bersorak; berteriak ②【차다】 menéndang; menyepak; memukul ③【꽂아 넣다】 memalang; menopang ④【불을】 membakar ⑤【자르다】 memotong; mengentas ¶순을 지르다 memotong (mengentas) pucuk ⑥【기운을 꺾다】 menghancurkan ⑦【질러가다】 mengambil jalan pintas; memintas ⑧【걸다】 bertaru ¶판에 돈을 지르다 meletakkan taruhan ⟪di atas méja judi⟫

지르르 ①【윤기·기름기가】 mengkilap dengan minyak; mengkilat karena lemak ②【저린 느낌】 rasa yang sangat sakit; ngilu ⟪di persendian⟫

지르박(지터버그) berdansa; *jitterbug*

지르잡다 ¶지르잡아 빨다 memegang bagian pakaian yang kotor dan mencucinya

지르코늄【화학】 zirkonium (기호: zr)

지르콘【광물】 zirkon

지름 diaméter; garis tengah ¶지름이 10미터다 Benda itu berdiaméter sepuluh méter. ⊙ 반지름 radius

지름길 jalan pintas; jalan singkat; jalan terdekat

지릅뜨다 menatap

지리(地理) ①【학문】géografi ¶지리상(上)의 géografis ②【지형】topografi ¶지리적 secara géografi/ 나는 이곳 지리에 어둡다 Saya tidak tahu (mengenal) daérah ini. ⊙ 지리책 buku géografi; buku ilmu bumi

지리다 ①【냄새가】bau kencing ②【오줌을 조금 싸다】membasahi (mengotori) celananya; terkincit

지리멸렬(支離滅裂) ①【부조리】지리멸렬하다 kacau; terkoyak hancur; tak teraturan ②【사분오열】pecah; jadi berpuing-puing; robék ¶지리멸렬이 되다 jadi berkeping; jatuh ke dalam semrawut

지린내 bau kencing; bau air seni

-지마는, -지만 tetapi; meskipun; sungguhpun

지망(志望) keinginan; kehendak; pilihan 지망하다 ingin menjadi; memilih ¶지망대로 seperti kemauan orang ⊙ 지망학과 jurusan yang dipilih. 지망학교 sekolah pilihan; sekolah yang disukai. 제 1 지망 kesukaan (pilihan) pertama

지망자(志望者) pelamar; calon

지맥(支脈) cabang dari barisan pegunungan

지맥(地脈) lapisan bumi

지면(地面)【지표면】permukaan tanah; tanah; bumi

지면(紙面) ①【신문의】surat kabar ②【여백】ruang ¶지면관계로 karena ruangan yang terbatas

지면(誌面) halaman di majalah (jurnal) ¶지면을 통해 melalui majalah

지명(地名) nama tempat; penanda tempat ⊙ 지명사전 kamus géografis; kamus ilmu bumi

지명(知名) réputasi yang besar; terkenal; terkemuka; unggul; ternama ⊙ 지명인사 orang yang ternama. 지명 작가 pengarang (penulis) terkenal

지명(知命) ①【천명을 앎】mengetahui takdir Tuhan ②【50세】usia lima puluh tahun

지명(指名) nominasi; penunjukan 지명하다 menyebutkan nama; menunjuk; mengangkat ¶의장으로 지명되다 dinominasikan sebagai ketua ⊙ 지명수배 pencarian penjahat yang sudah diidentifikasi. 지명수배자 penjahat yang dicari-cari. 지명자 penunjuk

지명(知名) ¶지명의 ternama; terpandang/ 지명도가 높다 dikenal baik

지모(智謀) kepintaran; kecerdikan ¶지모가 풍부한 사람 orang pintar; orang yang panjang akal

지목(地目) klasifikasi lahan (tanah) ⊙ 지목변경 perubahan kategori tanah: 지목변경 신고 laporan pernyataan perubahan kategori tanah

지목(指目) penunjukan; indikasi 지목하다 menuduh; menunjukkan

지문(地文) bentuk dan perubahan fisik bumi; géografi fisik ⊙ 지문학 psiografi. 지문학자 ahli psiografi

지문(指紋) sidik jari; cap jari; tanda jari; daktilogram ¶지문을 남기다 meninggalkan sidik jarinya ⊙ 지문날인 문제 masalah pembubuhan sidik jari. 지문채취 pengambilan sidik jari. 지문학 daktilografi

지물(紙物) barang kertas ⊙ 지물포 toko yang menjual barang kertas

지반(地盤) ①【토대】dasar; fondasi;【지면】tanah ¶단단한 지반 tanah yang kokoh (padat)/지반을 굳히다 memadatkan (menguatkan) fondasi ②【발판】pijakan; tumpuan; posisi ¶확고한 지반 tumpuan yang kokoh ③【세력 범위】lingkungan pengaruh;【선거구】daérah pemilihan ⊙ 지반침하(沈下) penurunan tanah

지방(地方) ①【지역】daérah; wilayah ¶지방의, 지방적인 lokal; kedaérahan/서울지방 Seoul dan daérah sekitarnya ②【수도권 밖의 지역】(시골) désa ¶지방에 가다 pergi ke (ke dalam) désa/지방적 편견 lokalisme; seksionalisme ⊙지방검찰청 kantor jaksa (penuntut umum) wilayah. 지방경찰 polisi lokal. 지방공무원 pegawai negeri lokal; pegawai pemerintah daérah. 지방공연 pertunjukan daérah. 지방관청 pemerintah daérah. 지방법원

pengadilan wilayah. 지방사투리 aksén (dialék) daérah (lokal). 지방색 warna daérah; lokalisme. 지방세법 hukum pajak setempat. 지방신문 surat kabar setempat. 지방자치 pemerintahan otonomi; swa praja lokal: 지방자치법 Hukum Otonomi Daérah. 지방판 édisi luar kota (daérah; lokal); warta daérah. 지방화 lokalisasi

지방(脂肪) lemak ¶지방이 많은 음식물 makanan berlemak ⊙ 지방간 hati berlemak. 지방과다 kelebihan lemak; obositas. 지방분해 효소 énzim lipolitik; lipase. 지방질 lemak. 지방층 lapisan lemak. 식물성지방 lemak nabati

지방(紙榜) catatan keturunan yang terbuat dari kertas

지방순회(地方巡廻) tour ke daérah ¶지방순회를 하다 melakukan (mengadakan) tour berkeliling

지배(支配) pengendalian; penguasaan; pengawasan 지배하다 mengendalikan; menguasai; mengawasi ¶지배를 받다 di bawah pengawasan (perintah)/ 감정에 지배되다 dipengaruhi perasaan pribadi/ 세계를 지배하다 mendominasi dunia ⊙ 지배계급 kelas yang memeintah. 지배자 penguasa; tuan; dominator; pengelola; pengatur

지배인(支配人) manajer; éksékutif; pengelola; diréktur ¶호텔의 지배인 manajer hotél ⊙ 부지배인 asistén manajer

지배적(支配的) dominan ¶그 생각이 지배적이다 Gagasan itu lebih dominan di antara gagasan lainnya.

지번(地番) nomor kavling (tanah); nomor petak (tanah)

지변(地變) ⇒ 천재지변 bencana alam

지병(持病) penyakit kronis; penyakit menahun ¶지병이 도지다 menderita lagi serangan penyakit menahunnya

지보(至寶) harta benda yang paling berharga ¶나라의 지보 asét nasional (negara) yang paling besar

지부(支部) kantor cabang ¶지부를 설치하다 mendirikan kantor cabang ⊙ 지부장 pemimpin (manajer) cabang

지분(持分) bagian

지분(脂粉) pemérah dan bedak ⊙ 지분 내 bau bedak

지분거리다 mengganggu; menjéngkélkan

지불(支拂) pembayaran 지불하다 membayar ¶지불을 연기하다 menunda pembayaran ⊙지불액 jumlah yang dibayar (dilunasi). 지불정지 penskorsan pembayaran

지불보증(支拂保證) jaminan pembayaran ⊙ 지불보증수표 cék yang dijamin

지불청구(支拂請求) tuntutan (penagihan) pembayaran ¶지불청구를 하다 meminta (menuntut) pembayaran

지붕 atap ¶지붕이 새다 atap itu bocor ⊙ 기와지붕 atap genting (genténg). 둥근 지붕 kubah. 초가지붕 atap jerami

지사(支社) kantor cabang

지사(志士) patriot ⊙ 애국지사 patriot; pencinta tanah air

지사(知事) gubernur ⊙ 지사관사 tempat tinggal (kediaman resmi) gubernur

지상(至上) ¶지상의 agung; tertinggi ⊙ 지상권 kekuasaan tertinggi; supermasi; kedaulatan. 지상명령 perintah tertinggi. 예술지상주의 prinsip seni untuk seni

지상(地上) tanah; darat; bumi ⊙ 지상낙원 surga (nirwana) di dunia. 지상전(戰) pertempuran darat; perang daratan

지상(地相) konfigurasi tanah

지상(紙上) ¶지상에 dalam surat kabar ⊙ 지상 상담 란 kolum konsultasi (naséhat) pribadi

지상(誌上) ¶지상에 dalam majalah

지새우다 terbangun (tetap) sepanjang malam ¶뜬눈으로 지새우다 tidak tertidur walaupun sekejap; tidak tidur semalam suntuk

지서(支署) kantor (stasiun) cabang; cabang lokal; 【경찰의】 kantor polisi cabang

지선(至善) hal yang tertinggi (agung)

지성(至誠) keikhlasan yang sempurna; kesetiaan; ketulusan hati ¶지성이면 감천이라 Keikhlasan balasannya surga.

지성(知性) intelék; intelegénsi; méntalitas ¶지성적(인) cerdik pandai; cerdas ⊙ 지성인 orang inteléktual; cendekiawan

지성(脂性) ¶내 피부는 지성이다 Saya meminyaki kulit.

지세(地貰) séwa tanah
지세(地稅) pajak tanah
지세(地勢) bentuk fisik suatu tempat; bentuk géografis (alam); tofografi ¶지세상(上) secara tofografi
지소(支所) kantor cabang
지속(持續) kelanjutan; kontinuitas 지속하다 meneruskan; melangsungkan; melanjutkan ¶지속적 kontinyu; berkesinambungan; kekal; abadi; terus-menerus ⊙ 지속기간 lamanya; jangka waktu; kelangsungan. 지속력 daya ketahanan (kesinambungan). 지속성 daya tahan
지수(指數) indéks angka; 《수학》 éksponén ⊙ 물가지수 indéks harga. 불쾌지수 indéks ketidaknyamanan. 생계비지수 indéks biaya hidup
지시(指示) petunjuk; perintah; suruhan; aba-aba; komando 지시하다 menunjukkan; memerintahkan; menyuruh; menandakan ¶지시에 따르다 mengikuti instruksi ⊙ 지시서 surat arahan (perintah). 지시인 pengarah
지식(知識) pengetahuan; pelajaran ¶지식이 있는 berpengetahuan luas; serba mengetahui/산지식 pengetahuan praktis; pengetahuan bisa berfungsi/ 지식을 얻다 mendapatkan (memperoléh) pengetahuan ⊙ 지식계급 kelompok berpendidikan; kaum inteléktual; kaum terpelajar; cendekiawan. 지식인 orang inteléktual; cendekiawan. 기초지식 pengetahuan dasar (fondasi). 전문지식 pengetahuan ahli
지식욕(知識慾) kemauan untuk memperoléh pengetahuan; keinginan untuk belajar ¶지식욕에 불타다 haus akan ilmu pengetahuan
지신(地神) déwa bumi
지심(地心) pusat bumi
지아비 【남편】 suamiku
지악하다(至惡-) bengis; keji sekali; kejam; keras
지압하다(指) mengurut; memijit ¶지압을 받다 dipijit; dipijat; diurut
지압요법(指壓療法) terapi (pengobatan) dengan tekanan jari; ilmu terapi manual; métode pengobatan dengan mengurut
지양하다(止揚-) dibuang
지어내다 membuat-buat; menciptakan; menghasilkan; mengeluarkan
지어미 istriku
지언(至言) kata-kata yang paling tepat; ucapan yang bijaksana
지엄(至嚴) kekerasan (ketajaman) yang ékstrim 지엄하다 benar-benar keras (tajam)
지에(밥) nasi yang dikukus
지엔피 GNP; produk nasional kotor
지역(地域) daérah; kawasan; wilayah; zona ¶지역적 lokal; kedaérahan ⊙ 지역간 격차 perbédaan régional. 지역구 daérah pemilihan (éléktorat) lokal (distrik). 지역사회 komunitas. 지역주민 penduduk lokal; rakyat lokal. 지역특성 karakteristik régional (wilayah). 자연보존지역 daérah pengawétan alam
지역대표(地域代表) utusan daérah; délegasi (wakil) daérah (wilayah); 【조합의】 kesatuan wakil daérah ⊙ 지역대표제 sistém perwakilan daérah
지역 차(地域差) perbédaan regional
지연(地緣) hubungan daérah; paham kedaérahan ⊙ 지연사회 masyarakat téritorial
지연(遲延) penundaan; pembatalan; penangguhan 지연하다, 지연되다 tertunda; menunda; menangguhkan ⊙ 지연작전 taktik penundaan; taktik mengulur-ngulur waktu
지열하다(止熱-) suhu menurun; demamnya sumbuh
지열(地熱) panas bumi; panas bawah tanah; géotérmal
지엽(枝葉) ①【가지와 잎】 cabang dan dahan ②【중요치 않은 일】 rincian kecil ¶지엽으로 흐르다 menyimpang (berbéda) dari pokok pelajaran
지엽적(枝葉的) sekunder; minor ¶지엽적인 tidak esensial; tidak penting/ 지엽적인 문제 isu sampingan
지옥(地獄) neraka; daérah jahanam; lubang kegelapan ¶지옥 같은 seperti neraka/ /지옥과 극락 surga dan neraka/지

옥에 떨어지다 masuk neraka; turun ke neraka ⊙ 교통지옥 kemacétan lalu lintas. 생지옥 neraka dunia. 시험지옥 neraka ujian masuk

지온(地溫) suhu tanah (bumi)

지용(智勇) kebijaksanaan dan keberanian; kecerdasan dan keberanian

지용성(脂溶性) daya larut lemak

지우(知友) teman dekat; kenalan intim

지우(知遇) kebaikan hati; keramah-tamahan yang hangat

지우개 penghapus; pembersih ⊙ 칠판지우개 penghapus papan tulis

지우다[1] ①【물건 · 짐 등을】 meletakkan di atas punggung; menyuruh menggéndong di atas punggungnya; beban ②【책임 · 의무를】 menugasi; meletakkan; membebankan ¶책임을 지우다 meletakkan tanggung jawab

지우다[2] ①【글씨 · 그림 · 흔적 등을 없애다】 menghapus; menghapuskan; mencorét ¶칠판을 지우다 menghapus papan tulis/이름을 명부에서 지우다 mencorét nama dari daftar ②【태아를】 melakukan aborsi ③【기억 · 생각 등을】 menghapus ¶기억을 지워 버리다 menghapus kenangan masa lalu

지우산(紙雨傘) payung kertas (minyak)

지원(支援) sokongan; tunjangan; bantuan 지원하다 mendukung; menyokong ⊙ 지원 부대 unit pendukung. 지원자 pendukung; penyokong

지원(志願) pelamaran; permohonan 지원하다 melamar; memohon ¶지원을 받아들이다 mengabulkan lamaran ⊙ 지원병 sukarélawan tentara. 지원서 surat lamaran; lamaran tertulis. 지원자 pelamar; sukarélawan; calon; kandidat. 입학 지원자 pelamar masuk sekolah

지위(地位) posisi; kedudukan; status ¶지위 있는 사람 orang berkedudukan (jabatan) yang tinggi/지위를 남용하다 menyalahgunakan posisi (wewenang)

지육(智育) latihan inteléktual (méntal); pendidikan méntal

지은이 ⇒ 저자 penulis; pengarang

지인(知人) kenalan; kawan

지인용(智仁勇) kebijaksanaan, prikemanusiaan dan keberanian

지자(知者) orang pintar; orang yang punya pengetahuan dan pengalaman

지자(智者) orang yang bijaksana (arif)

지자체(地自體) pemeritnah daérah; pemerintahan daérah swadaya

지장(支障) kesukaran; rintangan; halangan; kesulitan; gangguan ¶지장이 없으면 kalau tidak ada yang menghalangi; jika segalanya berjalan baik/지장을 주다 menghalangi

지장(指章)【손도장】 sidik jari; ibu jari ¶지장을 찍다 mencap dengan ibu jari

지장(智將) jéndral yang cerdik

지저귀다 menyanyi; mencicit; berkicau

지저분하다 ①【어수선하다】 kacau; tidak rapi; tidak teratur; semrawut ②《더럽다》 kotor; tidak bersih; jorok; jember ¶물건을 지저분하게 늘어놓다/ meletakkan barang-barang yang berserakan ③【행실, 태도 등이】 kotor; tidak bersih

지적(地籍) luas tanah ⊙ 지적도(圖) peta registrasi tanah; peta batas-batas tanah

지적(知的) inteléktual; méntal ¶지적활동【노력】 kegiatan【kekuatan】 méntal ⊙ 지적소유권 보호 perlindungan hak karya inteléktual. 지적재산권 hak milik inteléktual; hak properti karya inteléktual

지적(指摘) penunjukan; indikasi 지적하다 membuat indikasi; mengarahkan jari ¶위에 지적한 바와 같이 seperti yang dinyatakan (ditunjukkan) di atas

지전(紙錢) uang kertas

지절거리다beromong-omong; mengobrol; bercelotéh

지점(支店) toko (kantor) cabang ¶지점을 내다【설치하다】 membuka 【mendirikan】 kantor cabang ⊙ 지점장 manajer cabang. 한국은행 부산지점 Cabang Bank Korea di Busan. 해외지점 cabang (kantor) luar negeri

지점(地點) tempat; titik; posisi ¶출발 지점 tempat awal; lokasi bermula /도착 지점 tempat kedatangan

지정(指定) penunjukan; penentuan 지정하다 menunjuk; menentukan. ¶지정한 대

로 seperti yang ditetapkan/날짜【장소】를 지정하다 menentukan hari【tempat】⊙ 지정시간【장소】waktu【tempat】yang ditentukan. 지정인 penunjuk. 지정일 hari yang ditentukan; tanggal yang telah ditetapkan. 지정좌석권 tikét tempat duduk yang telah dipesan

지정학(地政學) géopolitik ⊙ 지정학자 ahli géopolitik

지조(地租) pajak bumi (tanah)

지조(志操) ketetapan; kesetiaan; integritas; prinsip; tujuan ¶지조가 없는 tidak tetap; tidak berprinsip

지족하다(知足-) puas mengetahui

지존(至尊) yang Mulia; Raja

지주(支柱) ①【기둥】tiang penyangga; tonggak; pilar; topangan ②【의지할 만한 존재】penyangga; dukungan; tonggak; pilar ¶한 집안의 지주 penyangga utama dari keluarga

지주(地主) pemilik (pemegang) tanah; tuan tanah ⊙ 지주계급 kelas pemilik tanah. 대지주 pemilik tanah yang luas (besar). 부재(不在)지주 pemilik tanah yang tinggal di tempat lain

지주(持株) pemilik saham ⊙ 지주회사 perusahaan pemegang saham. 종업원 지주 제도 sistém pemilikan saham bagi buruh

지중(地中) ¶지중의 bawah tanah/지중에 묻다【묻히다】menguburkan【terkubur】di dalam tanah

지중해(地中海) Laut Tengah ⊙ 지중해성기후 iklim Méditeranian

지지 Kotor!

지지(支持) ①【정책 · 의견 등을】sokongan; dukungan; bantuan 지지하다 mendukung; memberikan dukungan pada; menyokong; membantu¶국민의 지지를 얻다 didukung oléh rakyat; mendapat (memperoléh) dukungan masyarakat ②【지탱하다】menyangga ⊙ 지지자 pendukung; penyokong; pemberi sokongan

***지지**(地誌) topografi*

지지(遲遲) kelambatan; kelambanan 지지하다 lambat ¶지지부진하다 membuat kemajuan yang lamban (kecil)

지지난달 dua bulan lalu

지지난밤 dua malam yang lalu

지지난번(-番) dua kali yang lalu

지지난해 dua tahun yang lalu

지지다 ①【끓이다】mendidih; merebus ②【지짐질하다】menggoréng ③【인두 등으로】membakar; mengha-nguskan ④【머리 등을】mengeritingkan ¶머리를 지지다 rambut dikeritingkan; mengeritingkan rambut

지지르다 ①【무거운 것으로】menekan; menghimpit ¶돌로 지지르다 menghimpit dengan batu ②【기운을】mengatasi; menguasai

지지리 sangat; benar-benar ¶지지리도 못나다 (얼굴이) kelihatan sangat jelék; (태도가) benar-benar bodoh

지지부진하다(遲遲不進-) lamban; lambat

지진(地震) gempa bumi; getaran bumi ¶지진이 나다 gempa sedang terjadi; gempa sedang berlangsung; mengalami gempa bumi ⊙ 지진계 séismograf. 지진관측 penelitian gempa; séismométri; séismografi. 지진대 daérah gempa bumi. 지진학 ilmu gempa bumi. 지진학자 ahli gempa bumi. 지진현상 gejala gempa bumi

지진아(遲進兒) anak cacat méntal; anak yang mengalami perkembangan méntal yang lamban

지질(地質) sifat (kualitas) tanah; géologi ⊙ 지질공학 géotéknologi. 지질분석 analisa tanah. 지질조사 survéi géologi. 지질학 géologi. 지질학자 ahli géologi

지질(紙質) kualitas kertas

지질지질하다 basah; lunak

지짐이 rebusan

지짐질하다 menggoréng

지참하다(持參-) membawa; membawa (mengambil) dengannya; membawa serta ⊙ 지참인 pembawa pesan

지참금(持參金) mas kawin; hadiah perkawinan

지참(遲參) keterlambatan; keterlambatan hadir 지참하다 tiba (datang) terlambat ⊙ 지참자 orang yang datang terlambat

지척(咫尺) jarak yang sangat péndék ¶지척지간이다 sangat dekat

지척거리다 tertatih-tatih

지척지척 ¶지척지척 걷다 berjalan terséok-séok; berjalan pelan-pelan; berjalan dengan susah payah

지천(至賤) ①【천함】 지천하다 paling dasar; sederhana; rendah ②【매우 흔함】 ¶지천으로 berlimpahan; berlimpah ruah; terlalu banyak

지천명(知天命) *jicheonmyeong*; usia lima puluh tahun

지청(支廳) kantor cabang ((pemerintah))

지체 keturunan; kelahiran ¶지체가 높다【낮다】 dari kelahiran bangsawan【jelata】

지체(肢體) ①【팔다리】 tangan dan kaki ②【몸 전체】 anggota badan; tubuh ¶지체가 부자유한 pincang; timpang ⊙ 지체부자유아 anak cacat

지체(遲滯) penundaan; kelambatan 지체하다【꾸물거리다】 terlambat; tertunda ¶지체 없이 tanpa penundaan; segera

지축(地軸) ①【대지의 중심】 poros (sumbu) bumi ¶지축을 뒤흔드는 듯한 요란한 소리 getaran bumi bergemuruh; suara gemuruh seperti menggoncangkan bumi ②【지구의 자전축】 sumbu bumi

지출(支出)pengeluaran; pembelanjaan 지출하다 mengeluarkan; membelanjakan ¶수입과 지출 pendapatan dan pengeluaran ⊙ 지출액 jumlah pengeluaran. 총【경상, 임시】지출 jumlah pengeluaran【biasa, luar biasa】

지층(地層) lapisan bumi; strata; petala

지치다[1] ①【피로하다】 menjadi lelah (letih); capé(k) ②【싫증이 나다】 bosan; jemu

지치다[2] 【얼음 위를 달리다】 bermain sepatu luncur; menyelip ¶얼음을 지치다 meluncur (menyelip) di atas és

지친(至親) kerabat dekat; anggota keluarga dekat

지침(指針) 【행동 준칙】 pemandu ¶생애의 지침 prinsip pemandu dalam hidup ⊙ 지침서 buku pedoman (panduan). 수험 지침서 panduan ujian

지칭하다(指稱-) menamakan; memanggil; menyebut

지켜보다 ①【상황 · 결과 등을】 memperhatikan; mengawasi ¶사태의 진전을 지켜보다 mengawasi perkembangan kejadian; mengikuti perubahan kejadian ②【유심히 보다】 memperhatikan; memandang

지키다 ①【재산 · 목숨 · 나라 등을】 mempertahankan; menjaga; melindungi ②【약속 · 법 · 질서 등을】 menepati; mentaati; mematuhi ③【비밀 · 침묵 등을】 menjaga ④【자리 등을】 menjaga ⑤【분수 · 예의 등을】 terpelihara

지탄하다(指彈-) 【비난하다】 mencela; menyalahkan; menuduh; mengkritik; mencela ¶지탄받다 disalahkan; dicela

지탱하다(支撑-) menjaga; memelihara; mempertahan kan

지통하다(止痛-) menghilangkan (meredakan) rasa sakit ⊙ 지통 제 obat penghilang rasa sakit

지팡이 tongkat ¶지팡이를 짚다 bertongkat; memakai tongkat/지팡이를 짚고 걷다 berjalan dengan tongkat ⊙등산용지팡이 tongkat pendaki

지퍼 résléting; kancing tarik ¶지퍼를 끄르다 membuka résléting

지편(紙片) selémbar kertas

지평(地坪) permukaan tanah; horizontal ¶새로운 지평을 열다 membuka sebuah prospék baru (kemajuan baru)

지평선(地平線) ufuk; kaki langit; horizon; garis horizontal;【대공선】 garis angkasa ¶지평선상에 di atas(pada) horizon

지폐(紙幣) uang kertas; rékening bank ¶지폐를 회수하다 menarik rékening bank ⊙ 지폐발행 penerbitan uang kertas. 지폐본위 standar uang kertas. 소액지폐 uang kertas berukuran kecil. 위조지폐 rékening palsu. 태환지폐 uang yang dapat ditukar

지표(指標) indéks; indikasi; barométer

지표(地表) permukaan bumi ⊙ 지표수면 permukaan air

지표면(地表面) permukaan bumi; dataran

지푸라기 jerami

지프 jeep ⊙ 군용 지프 kendaraan militér

지피다 ①【불을】 menyalakan; menghidupkan api; membuat api; membakar ¶석탄(장작)을 지피다 membakar batu bara (kayu) ②【신통하다】 mendapatkan inspirasi kehendak Tuhan; diberi inspirasi

지피에스【위성항법장치】alat pelacak lokasi (posisi)

지필(紙筆) kertas dan péna ⊙ 지필묵 kertas, pena dan tinta

지하(地下) ①【땅속】《di》bawah tanah ②【저승】pusara; alam barzakh; neraka ③【비합법적인 영역】bawah tanah ¶지하에 잠입하다 bersembunyi (bergerak) di bawah tanah ⊙ 지하경제 ékonomi bawah tanah. 지하공작 operasi bawah tanah. 지하도(道) jalan lintas bawah tanah; tempat penyeberang bawah tanah. 지하실 ruangan bawah tanah. 지하자원 sumber di bawah tanah. 지하조직 organisasi bawah tanah. 지하주차장 tempat parkir bawah tanah

지하철(地下鐵) keréta api bawah tanah ⊙ 지하철역 stasiun keréta api bawah tanah. 지하철이용자 penumpang keréta api bawah tanah. 지하철2호선 jalur keréta api bawah tanah nomor dua (kedua)

지행(知行) pengetahuan dan tingkah laku

지향(志向) maksud; tujuan 지향하다 bertujuan; bermaksud

지향(指向) arah anténa 지향하다 menunjuk《kan》; mengarah

지혈(止血) 지혈하다 menghentikan pendarahan ⊙ 지혈대(帶) balutan (ikatan) untuk menghentikan pendarahan. 지혈제 obat penghenti pendarahan

지협(地峽) tanah genting; terusan; lajuran pulau ⊙ 파나마 지협 tanah genting (terusan) Panama

지형(地形) bentuk géografis; bentuk (susunan; letak; kondisi) tanah ⊙ 지형도 peta topografi. 지형측량 penelitian topografi. 지형학 ilmu topografi

지형(紙型) cétakan kertas ¶지형을 뜨다 membuat cetakan kertas

지혜(智慧)kebijaksanaan; kearifan; kecerdasan; intélijén; kepandaian ¶지혜를 짜내다 memeras (memutar) otak/지혜롭다 bijaksana; cerdas; arif

지호(指呼) 지호하다 memberi isyarat; mengisyaratkan ¶지호지간(之間)에 있다 dalam jarak dapat dipanggil; berada dalam jarak panggil

지화(指話) bahasa dengan gerakan jari (tangan); bahasa tangan ⊙ 지화법(술) métode bahasa tangan

지화자 sorakan waktu mengiringi menyanyi atau berdansa

지환(指環) ⇒ 가락지, 반지 cincin

지휘(指揮) perintah; aba-aba; titah; pimpinan; petunjuk; bimbingan 지휘하다 ①【악단 · 합창단 등의】memerintahkan; menguasai; memimpin; menunjukkan; memimpin ¶P씨의 지휘로 dipimpin oléh (di bawah pimpinan) Tuan P ②【단체의】¶지휘 밑에 di bawah perintah; di bawah pimpinan ⊙ 지휘계통 sistém (seréntétan) perintah. 지휘관 komandan: 최고 지휘관 panglima tertinggi/지휘권(權) hak pimpinan komando; kekuasaan komando. 지휘대(연주의) podium; mimbar. 지휘봉(棒) tongkat komandan; tongkat yang dipegang oléh pemimpin musik. 지휘자 komandan; (음악의) pemimpin orkés; kondéktor

직(職) pekerjaan; jabatan;【직무】tugas; kewajiban;【직업】pekerjaan; jabatan; pendudukan ¶직을 구하다 mencari pekerjaan/ 직을 잃다 kehilangan pekerjaan; (실직 중) menganggur/직에 앉다 mendapat pekerjaan; (취임하다) memegang jabatan

직(直) kewajiban; tugas ⊙ 일직 tugas harian

직-(直)【곧은】lurus; tegak lurus ¶직선 garis lurus

직각(直角) sudut tegak lurus (siku-siku) ¶직각의 bersudut tegak lurus (siku-siku) ⊙ 직각삼각형 segi tiga bersudut siku-siku

직각(直覺) intuisi; gerak hati; naluri ¶직각적으로 알다 mengetahui secara intuisi/직각적으로 berdasarkan intuisi; secara intuisi (naluriah)

직간(直諫) peringatan (teguran; bantahan) langsung 직간하다 menegur secara langsung; menegur terus terang; menyarankan langsung

직감(直感)【예감】intuisi; gerak hati; naluri 직감하다 merasa (mengetahui) se-

cara intuisi ¶직감적으로 secara intuisi
직거래(直-) transaksi langsung; transaksi di tempat; jual beli setempat 직거래하다 mengadakan transaksi langsung
직격탄(直擊彈) ①【포탄】 bom kena langsung ¶직격탄에 맞다 terkena secara langsung oléh bom ②【치명적인 피해】 dapat kecelakaan
직결(直結) hubungan (perangkai) langsung 직결하다 menghubungkan (merangkaikan) secara langsung ¶직결되다 dihubungkan secara langsung
직경(直徑) diaméter, garis tengah
직계(直系) garis (saluran) langsung ¶직계의 langsung/직계(의)자손 keturunan dalam garis langsung ⊙ 직계존속【비속】 keturunan langsung. 직계회사 perusahaan yang bergabung (berafiliasi) secara langsung
직계(職階) kedudukan; kelas; jabatan ¶직계제도 sistém klasifikasi jabatan (kedudukan)
직고하다(直告-) memberitahukan secara jujur (secara langsung); melaporkan dengan sesungguhnya
직공(職工) pekerja; karyawan; buruh ⊙ 직공 장 mandor; kepala tukang
직관(直觀) pengetahuan dengan pengamatan langsung ⊙ 직관력 intuisi; kekuatan intuisi
직교역(直交易) perdagangan barter langsung
직구(直球) 【야구】 bola lurus; bola cepat
직권(職權) wewenang resmi; kekuasaan ¶직권외의 di luar wewenang
직급(職級) rank; position posisi; peringkat
직기(織機) perkakas tenun; mesin bertenun
직녀성(織女星) Véga 《satu di antara 20 bintang yang paling terang》
직능(職能) fungsi; kegunaan ¶판사의 직능 fungsi (pekerjaan) seorang hakim ⊙ 직능검사 tés daya guna; tés préstasi. 직능대표【제】 utusan 【sistém】 kejuruan fungsional (ahli)
직답(直答) ①【즉답】 jawaban yang langsung (cepat) 직답하다 segera memberikan jawaban yang cepat ②【직접 답변】 jawaban pribadi (perseorangan)
직렬(直列) réntétan; rangkaian; seri; réntétan listrik ⊙ 직렬회로 jalan (rangkaian) arus searah
직립하다(直立-) berdiri tegak (tegak lurus) ¶직립해서 tegak (tegak lurus); dengan kedudukan (posisi) tegak lurus
직매(直賣) penjualan langsung 《di tempat; dari tangan ke tangan》 직매하다 menjual secara langsung 《di tempat》 ⊙ 직매소【점】 kios 【kedai; toko】 penjualan secara langsung
직면하다(直面-) menghadapi; berhadapan; dihadapi ¶파산에 직면하다 berada di ambang kebangkrutan; hampir bangkrut
직명(職名) judul (titel) résmi
직무(職務) kewajiban; tugas; jabatan ¶직무를 수행하다(다하다) melaksanakan (melakukan) tugas ⊙ 직무수당 tunjangan dinas; upah jasa; upah pelayanan. 직무유기 kelalaian melakukan tugas (kewajiban). 직무정지 penghentian melakukan tugas
직무태만(職務怠慢) pengabaian tugas; kelalaian melakukan tugas (kewajiban) 직무태만하다 mengabaikan tugas (kewajiban)
직물(織物) barang tenunan ⊙ 직물공장 pabrik tékstil. 직물업 perdagangan tékstil. 견【면, 모(毛)】직물 kain sutra 【katun, wol】
직배하다(直配-) mngirimkan (menyalurkan) secara langsung
직분(職分) tugas; kewajiban; pekerjaan; tanggung jawab ¶직분을 다하다 melaksanakan tugas
직불카드(直拂-) kartu débit ¶직불카드로 결제하다 membayar dengan sebuah kartu débit
직사(直射) ①【광선의】 sinar 《matahari》 langsung 직사하다 《matahari》 bersinar (memancar) secara langsung ②【포화의】 témbakan langsung 직사하다 menémbak langsung ⊙ 직사광선 sinar matahari langsung. 직사포(砲) meriam yang menémbak langsung
직사각형(直四角形) bentuk bujur sangkar;

empat persegi panjang
직삼각형(直三角形) segi tiga bersudut siku-siku
직석(直席) ⇒ 즉석(卽席)
직선(直選) pemilihan langsung ⊙ 직선제 sistém pemilihan langsung
직선(直線) garis lurus ⊙ 직선미 kecantikan (keindahan) garis lurus. 직선 코스 jalan lurus
직선거리(直線距離) jarak yang langsung; jarak lurus
직선적(直線的) langsung ke depan
직설(直說) pembicaraan langsung; keterusterangan 직설하다 berbicara terus terang (dengan terus terang); berbicara tegas (bebas) ⊙ 직설법 【문법】 indikatif
직설적(直說的) secara langsung
직성 풀리다 merasa puas (senang; bahagia; tenang; tentram); menentramkan (memuaskan) hati nurani ¶직성이 풀리지 않다 merasa tidak puas; merasa menyesal
직세(直稅) pajak langsung ⊙ 직세 과 bagian (séksi) pajak langsung
직소(直訴) permohonan (petisi) langsung 직소하다 memohon secara langsung
직소(職所) tempat pekerjaan; kantor; jabatan
직속(直屬) milik (kepunyaan) secara langsung 직속하다 memiliki secara langsung; di bawah pengawasan langsung ⊙ 직속부하 orang bawahan langsung
직손(直孫) keturunan langsung; keturunan garis langsung
직송(直送) pengiriman langsung 직송하다 mengirim secara langsung
직수입(直輸入) pengimporan (pemasukan) langsung 직수입하다 mengimpor secara langsung ⊙ 직수입품 barang impor langsung
직수출(直輸出) pengekspor (ékspor) langsung 직수출하다 mengékspor (mengirimkan) langsung ke luar negeri ⊙ 직수출상 éksportir langsung
직시하다(直視-) ①【대상을】 memandang wajah ②【문제 · 현상 등을】 menghadapi ¶현실을 직시하다 berani menghadapi kenyataan
직신(稷神) Déwa Pertanian
직신- ⇒ 작신-
직심(直心) kejujuran; kelurusan hati ¶직심스럽다 hati jujur; lurus hati
직언하다(直言-) berbicara terus terang ⊙ 직언 가 orang yang suka berterus terang
직업(職業) pekerjaan; jabatan; usaha; urusan; 【전문적】 profési ¶직업을 구하다 mencari pekerjaan/의사를 직업으로 하다 bekerja sebagai dokter ⊙ 직업 경력 karir profési; catatan (dokumen resmi) pekerjaan. 직업교육 pendidikan kejuruan. 직업병 penyakit ((yang berhubungan dengan)) pekerjaan. 직업선수 pemain profésional; pemain bayaran. 직업소개소 kantor (penempatan) tenaga kerja. 직업여성 wanita karir; wanita yang bekerja. 직업훈련 latihan kejuruan
직업적(職業的) ahli; profésional
직역(直譯) terjemahan harfiah (yang tepat; secara teliti; kata demi kata) 직역하다 menterjemahkan secara harfiah (kata demi kata)
직영(直營) pengelolaan langsung 직영하다 mengelola langsung; menjalankan (mengusahakan) ((toko, dan lain-lain)) secara langsung
직원(職員) pegawai; karyawan personalia; 【대학의】 staf pengajar di perguruan tinggi (fakultas) ¶회사의 직원으로 있다 menjadi staf pada perusahaan ⊙ 직원명부(록) daftar staf; 【공무원의】 daftar para pejabat pemerintah. 직원실 ruang staf; ruang guru (pejabat; pegawai)
직위(職位) posisi; kedudukan
직유(直喩) kiasan; ungkapan
직인(職印) ségel (cap) resmi; 【정부의】 ségel (cap) pemerintah
직장(職長) mandor; kepala tukang
직장(職場) tempat kerja ¶직장을 그만두다 meninggalkan (melepaskan) pekerjaan ⊙ 직장대항 노래자랑 perlombaan menyanyi antar perusahaan. 직장인 pekerja kantor
직장(直腸) 【해부학】 dubur; anus
직전(直前) tepat sebelum; persis sebelum
직접(直接)①【중간에 거치지 않고】 lang-

sung ¶직접간접으로 dengan langsung dan(atau) tidak langsung ②【친히 · 몸소】 sendiri; secara pribadi ¶직접 전달하다 mengantarkan(menyerahkan) secara pribadi ⊙ 직접거래 transaksi langsung. 직접매매 penjualan langsung (kontan). 직접비(費) biaya langsung. 직접선거 pemilihan langsung. 직접영향 pengaruh langsung. 직접원인 penyebab langsung. 직접투자 penanaman modal secara langsung

직접담판(直接談判) perundingan langsung 직접담판하다 merundingkan secara langsung

직제(職制) organisasi jabatan ¶직제를 개정하다【개편】merubah【memperbaiki】 peraturan kantor; mengorganisir kembali jabatan ⊙ 직제개편안 rencana penyusunan kembali jabatan

직조하다(織造-) menenun; menganyam ⊙ 직조공 tukang tenun; penenun; penganyam

직종(職種) macam (tipe; jenis) pekerjaan; kategori pekerjaan ¶전문 직종에 종사하다 bekerja di lapangan profésional

직직[1] ⇒ 작작2

직직[2]【긋는 · 찢는 소리】sobékan kertas

직직거리다 terus menyérét (melécétkan)

직진(直進) pergi terus; pergi langsung

직책(職責) tanggung jawab; tugas ¶직책을 다하다 melaksanakan (melakukan) tugas

직통(直通) ①【교통 · 통신】직통하다 berhubungan langsung; berkomunikasi langsung ②【결과 · 효과 등이 바로 나타남】 segera ③【곧 바로 직접】tepat ⊙ 직통열차 keréta api langsung (terusan). 직통전화 pelayanan (saluran) télépon langsung; (정부 수뇌간의) télépon langsung dan cepat

직판장(直販場) gerai penjualan langsung

직필(直筆) tulisan yang tidak memihak; tulisan yang tidak berwarna 직필하다 menulis apa adanya

직하(直下) ①【아래】di bawah langsung ②【내려감】jatuh tegak lurus 직하하다 jatuh secara tegak lurus

직할(直轄) pengawasan (pengendalian) langsung 직할하다 mengawasi (mengendalikan) secara langsung ¶직할이 되다 termasuk dalam pengawasan langsung ⊙ 직할시(直轄市) kota yang khusus di bawah pengawasan langsung pemerintahan pusat

직함(職銜) gelar jabatan (posisi); titel (pangkat) résmi ¶어마어마한 직함 gelar yang sangat mentéréng; gelar yang hébat

직항(直航) 직항하다【기선의】berlayar langsung;【비행기의】terbang langsung ⊙ 직항로(路) jalan (saluran; jurusan) langsung. 직항선(船) kapal api (uap) yang langsung

직행(直行) 직행하다 menuju langsung ke; berangkat (pergi) terus menerus (tanpa berhenti) ⊙ 직행버스 bus kilat; bus langsung ((tanpa berhenti)). 직행열차 keréta api langsung (terusan)

직후(直後) ¶직후의【에】segera; setelah

진(辰)【민속】①【십이지의】tanda Naga ¶진년 tahun Naga ②⇒ 진방(辰方) (3)⇒ 진시(辰時)

진(津) ①【풀 · 나무 등의】damar (getah) tumbuh-tumbuhan; resin¶송진 getah cemara ②【담배 · 연기 등으로 생긴】nikotin; tar ③【비유적】melelahkan

진(陳) ①【진영】kamp (tangsi) militér; (진형) formasi ((pertempuran)); (진지) kedudukan; posisi; (대열) barisan; garis ¶진을 치다 mengambil posisi ②【운동경기에서의】regu ③【비유적】¶장사진 barisan (garis) panjang ⊙ 보도진 korps wartawan

진(眞) nyata; sejati; asli ¶진면목 watak asli; watak sebenarnya

진가(眞假) yang benar (yang asli) atau yang tidak benar (yang palsu)

진가(眞價) nilai (harga) sejati (asli; hakiki) ¶진가를 발휘하다 memperlihatkan (menunjukkan) nilai (kemampuan) yang sebenarnya

진갑(進甲) hari ulang tahun yang ke 61

진객(珍客) tamu luar biasa; tamu yang menggembirakan

진걸레 kain pél yang basah pengepél

진격(進擊) ①【진로】baris yang menuju ke

depan; kemajuan ②【공격】 serangan; penyerbuan; penyerangan 진격하다 berbaris; maju; menyerang; menyerbu ⊙ 진격명령 perintah menyerbu; perintah untuk maju. 진격부대 satuan penyerbu

진공(眞空) kekosongan; hampa udara; ruangan hampa; vakum ⊙ 진공청소기 penyedot abu; alat penghisap debu. 진공펌프 pompa hampa udara

진구렁 lumpur; rawa; paya ¶진구렁에 빠지다 jatuh ke dalam lumpur; terperosok ke dalam lumpur

진국(津-) sup kental

진국(眞-) orang sungguh-sungguh; orang yang jujur

진군(進軍) barisan maju; mars 진군하다 berbaris maju; berdéfilé ⊙ 진군가 lagu untuk berdéfilé; lagu mars

진귀하다(珍貴-) langka; jarang didapat; berharga

진급(進級) promosi; kemajuan; kenaikan pangkat 진급하다 dimajukan; dinaikkan ¶진급이 빠르다【늦다】cepat【lambat】dalam kemajuan; cepat【lambat】kenaikan pangkat ⊙ 진급시험 ujian untuk kenaikan pangkat

진기(珍奇) 진기하다 langka; jarang; anéh; luar biasa; ganjil ¶진기한 현상 kejadian (gejala) anéh/진기한 것 barang anéh/진기해 하다 merasa anéh; héran

진기(珍器) barang yang jarang didapat; barang yang anéh; barang yang luar biasa

진날 hari hujan

진노(震怒) kemarahan; kegusaran; kemurkaan 진노하다 meledak dengan kemarahan (amarah); murka

진눈[1] radang mata

진눈[2] salju basah

진눈깨비 hujan bercampur és dan salju; hujan bersalju ¶진눈깨비가 오다 turun hujan bersalju

진단(診斷) diagnosa; pemeriksaan 진단하다 mendiagnosis; memeriksa ¶의사의 진단을 받다 berkonsultasi (pergi) ke dokter/정확하게 진단하다 mendiagnosis tepat/ 진단을 잘못하다 berbuat salah (keliru) diagnosa ⊙ 진단서 surat keterangan dokter: 건강진단 pemeriksaan keséhatan; *check-up*; pemeriksaan badan. 조기진단 diagnosis dini; pemeriksaan cepat

진달래 azalea

진담(珍談) cerita anéh; cerita ganjil; cerita lucu; jenaka

진담(眞談) pembicaraan yang sungguh-sungguh (serius) ¶진담으로 듣다 mendengar cerita dengan serius

진도(進度) kemajuan ⊙ 진도표 jadwal mengajar; rencana pengajaran; grafik kemajuan. 학과진도 kemajuan pelajaran sekolah

진도(震度) kehébatan (intensitas) gempa bumi

진돗개(珍島-) anjing dari Jindo

진동(振動) ①【흔들림】goyangan; goncangan; getaran; gegaran 진동하다 bergoncang; bergetar; menggetar; terombang-ambing; berputar ke sana-ke mari ¶진동을 느끼다 merasakan goncangan (getaran) ②【냄새가】penuh dengan bau yang enak ⊙ 진동시간 waktu getaran (goncangan); lamanya goncangan. 진동파 gelombang getaran. 진동회수 frékuénsi (kekerapan) getaran

진두(陣頭) bagian depan ⦅bala tentara⦆ ¶진두에 서다 memimpin barisan depan tentara; berdiri di depan/진두지휘하다 mengomando di depan; bertindak sebagai pemimpin ⦅bala tentara⦆

진드근하다 sangat tenang dan serius; tenang; sabar; tidak ribut ¶진드근히 dengan tenang; dengan bijaksana

진드기 ①【벌레】kutu pada binatang; sengkenit; (닭에 있는) tungau ¶진드기에 물리다 digigit oleh kutu binatang ②【비유적】¶진드기같이 꽉 달라붙다 melekat (meléngkét) seperti seékor kutu (seperti seékor lintah) ⊙ 개 진드기 kutu anjing

진득거리다 ①【들러붙다】tetap melekat; léngkét ¶페인트가 아직 진득거린다 Cat itu masih léngkét, *atau* Cat itu masih basah dan léngkét.②【검질기다】keras kepala; bandel

진득이 dengan tenang (sabar)

진득진득 ①【끈적끈적】dengan léngkét 진

득진득하다 léngkét; susah dihilangkan; kuat bertahan ②【검질긴 모양】 dengan keras kepala 진득진득하다 keras kepala

진득하다 tenang dan serius; sabar; tidak ribut ¶진득한 성격 sifat yang tenang dan serius

진디 【곤충 】⇒ 진딧물

진딧물 【곤충】 kutu daun; aphid

진땀(津-) keringat dingin ¶진땀나다, 진땀 빼다 terkeringat gelisah; mengalami kesukaran (kesulitan)

진력하다(盡力-) ①【있는 힘을 다하다】 berusaha keras; berupaya; bekerja keras ②【싫증이 나다】 ¶진력이 나다 menjadi bosan dan lelah

진로(進路) ①【이동 경로】 jalan ⟪untuk maju⟫; arah; jurusan; aliran ¶진로를 정하다 menentukan jalan (cara) ②【인생의】 karier; jalan ¶진로를 열어주다 memberi (membuka) jalan

진료(診療) pemeriksaan dan perawatan médis 진료하다 memberikan perawatan médis ¶진료 예약을 하다 membuat perjanjian dengan seorang dokter/진료를 받다 menerima perawatan ⟪médis⟫; dirawat; diobat ⊙ 진료소 klinik. 진료시간 waktu (jam) konsultasi. 진료실 ruang pemeriksaan; ruang konsultasi

진리(眞理) kebenaran ¶만고불변의 진리 kebenaran yang abadi (yang kekal)

진맥하다(診脈-) meraba denyut nadi ⟪untuk diagnosa⟫; merasakan denyut nadi

진면목(眞面目) tabiat sebenarnya; watak yang asli (yang sebenarnya) ¶진면목을 발휘하다 memperlihatkan (menunjukkan) watak (kemampuan; nilai) yang sebenarnya

진멸(盡滅) penghancuran; pembasmian; pembinasaan; pemusnahan 진멸하다 menghancurkan; membasmi; membinasakan

진무(鎭撫) pengamanan; penenangan; perdamaian 진무하다 menenangkan; menentramkan

진 무르다 menjadi radang; memborok ¶빨갛게 진 무른 살 kulit lécét yang menjadi radang/진 무른 눈 radang mata

진물 luka yang mengeluarkan air ¶진물이 나다 keluar air karena luka

진미(珍味) makanan yang lezat ⊙ 산해진미 makanan lezat dari segala jenis; segala macam makanan yang lezat

진미(眞味) cita rasa sejati ¶음악의 진미를 알다 menikmati cita rasa sejati dari musik

진발 kaki berlumpur

진배없다 sama dengan; sederajat; setingkat ¶새것이나 진배없다 boléh dikatakan baru; sama dengan baru

진범(眞犯) penjahat (pelanggar, penjahat) yang sebenarnya ⊙ 진범인 ⇒ 진범

진법(陣法) metode penyusunan pasukan; rencana kampanye

진보(珍寶) barang (harta benda) berharga

진보(進步) ⇒ 발달, 발전 ①【정도수준 등이 나아짐】 kemajuan; peningkatan 진보하다 maju; membuat ⟪memperoléh⟫ kemajuan; meningkat ¶진보적(的)인 maju; progrésif ②【사회의 변화나 발전을 추구함】 progrésif ¶진보 성향의 단체 kelompok yang progrésif ⊙ 진보주의 progrésifisme. 진보주의자 orang progrésif; orang yang berpikiran maju. 진보파 kelompok (aliran) progrésif (berpikiran maju)

진보적(進步的) sangat maju; progrésif ¶진보적인 사람 orang yang mempunyai gagasan (idé; pandangan) yang sangat maju

진본(珍本) buku yang langka; buku yang jarang didapat; buku kuno

진본(眞本) karya (tulisan; lukisan) asli

진부(眞否) kebenaran atau kepalsuan (kebohongan) ¶진부를 확인하다 memastikan (mengetahui dengan pasti) apakah itu benar atau tidak; memastikan kebenaran

진부하다(陳腐-) sudah usang; lumrah; lazim ¶진부한 학설 téori yang sudah usang

진사(珍事) peristiwa (kejadian) yang anéh (luar biasa)

진사(陳謝) permintaan maaf 진사하다 meminta maaf; menyatakan penyesalan ¶진사의 편지 surat permintaan maaf

진상(眞相) kebenaran; kenyataan (fatka; keadaan) yang sebenarnya ¶진상을 밝히다 memperlihatkan keadaan yang sebenarnya; menyatakan (mengungkapkan) kebenaran ⊙ 진상조사단【위원회】 komite penyelidikan (pencarian) fakta

진상하다(進上-) mempersembahkan hasil setempat (produk asli) kepada raja sebagai upeti ⊙ 진상물 hadiah untuk raja; persembahan untuk raja

진서(珍書) buku yang jarang didapat; buku yang berharga

진선미(眞善美) kebenaran, kebaikan dan keindahan (kecantikan)

진설(珍說) cerita lucu (anéh); pikiran (pendapat; pandangan) yang anéh

진설하다(陳設-) memamérkan; mengatur; menyusun; menyiapkan; menyediakan

진성(眞性) ①【천성】 sifatasli; sifat (tabiat) pembawaan sejak lahir ②【의학】 keaslian ¶진성의 asli; tulén; sejati ⊙ 진성뇌염 환자 penyakit radang otak sejati

진세(陳勢) penyusunan kekuatan angkatan; kekuatan militer

진세(塵世) dunia ini; alam ini

진속(塵俗) alam (dunia) ini

진솔하다(眞率-) benar dan jujur ¶진솔한 대화를 나누다 berbicara dengan jujur

진솔 ①【새 옷】 pakaian (baju) baru ②⇒ 진솔옷 ⊙ 진솔옷 pakaian baru yang dibuat di musim semi atau musim gugur

진수(珍羞) makanan yang lezat (enak) ⊙ 진수성찬 makanan méwah

진수(眞髓) ⇒ 정수 asli; intisari; pokok; inti ¶기독교의 진수 hal pokok tentang agama Kristen

진수(進水) peluncuran sebuah kapal 진수하다 meluncurkan; melancarkan; diluncurkan; dilancarkan ⊙ 진수대 landasan peluncuran. 진수식 upacara peluncuran

진술(陳述) pernyataan 진술하다 menyatakan; menerangkan; menguraikan ¶의견을 진술하다 mengeluarkan (menyatakan) pendapat ⊙ 진술서 pernyataan (keterangan) tertulis

진실(眞實) kebenaran 진실하다 benar; betul; sejati; jujur ¶진실을 말하다 menceritakan (menyatakan) yang sebenarnya

진실성(眞實性) ①【충실성】 kredibilitas; kesetiaan; ketaatan; kebenaran ②【신빙·믿음성】 kejujuran; kebenaran ¶진실성을 의심하다 menyangsikan (meragukan) kebenaran

진심(眞心) hati yang tulus; ketulusan hati; kesungguhan hati; keikhlasan ¶진심어린 tulus hati; bersungguh-sungguh; dengan sepenuh hati/진심으로 이야기하다 berkata dari hati luhur

진압(鎭壓) ①【시위·폭동 등을】 penindasan; penekanan; penahanan; penaklukan 진압하다 menindas; menekan; mengganyang; menahan; menumpas; menaklukkan; menundukkan ②【화재를】 pemadam 진압하다 memadamkan ⊙ 진압경찰 polisi anti huru-hara. 진압책 tindakan penindasan

진액(津液) damar; getah; air ((getah)) tumbuh-tumbuhan

진언(進言) saran; nasihat; bimbingan 진언하다 menyarankan; memberikan (mengajukan) pendapat; menganjurkan

진언(眞言) 【불교】 kata-kata(pesan) Budha; kata-kata (pesan) suci

진열(陳列) pemajangan; paméran 진열하다 memajangkan; memamérkan ¶진열되어 있다 dipajangkan; ditempatkan dalam paméran ⊙ 진열관 galeri musium. 진열대 stan (méja pajangan) paméran. 진열장 lemari pajangan; lemari kaca untuk paméran. 진열창 étalase; kaca paméran

진영(陣營) ①【군대의 주둔지】 tempat perkémahan tentara ¶진영을 치다 berkemah ②【대립하는 세력】 kubu; blok; kelompok; golongan ¶동서 양 진영 kubu Tumur-Barat, kedua blok dunia yang kuat (yang berkuasa) ⊙ 민주진영 kelompok (golongan) demokrat. 반공진영 kelompok (golongan) anti-komunis. 보수【혁신】진영 kelompok (golongan) konservatif (kolot). 혁신진영 kelompok progrésif (maju)

진영(眞影) gambar atau lukisan orang ¶ 세종대왕의 진영 potrét raja Séjong

진옥(眞玉) batu jade (batu giok) asli

진용(陣容) formasi (kesatuan) tempur ¶진

용을 갖추다 mengatur (menyusun) formasi; bersiap untuk bertempur

진원(지)(震源) (지리학) ①【지진의】 pusat gempa bumi ②【사건 · 소문 등의】 sumber; pusat ¶진원지 pusat gangguan; pusat kerusuhan (kekacauan)

진위(眞僞) kesungguhan; kebenaran dan (atau) kebohongan ¶진위를 확인하다 memastikan (mengetahui dengan pasti) kebenaran

진의(眞意) maksud (tujuan) yang sebenarnya

진의(眞義) arti (pengertian) yang sebenarnya

진인(眞因) alasan (sebab) yang sebenarnya

진일 kerja dapur

진일보하다(進一步-) melakukan langkah (tahapan) maju

진입(進入) ①【일정한 장소에】 진입하다 memasuki; mengikuti; menembus ②【일정한 경지 · 상태 등에】 masuk ⊙ 진입로 jalan masuk; 【비탈진】 jalan (jalur) yang melandai

진자(振子) bandul; pendulum

진자리 ①【애 난 · 죽은】 tempat di mana seorang anak baru saja lahir (yang baru saja mati) ②【똥오줌 싼】 tempat yang dikotori oleh air kencing (bérak) seorang anak ③【그 자리】 tempat ¶진자리에서 seketika itu juga; pada kesempatan (saat) itu

진작(振作) 진작시키다 (하다) mengobarkan; mendorong (merangsang) untuk bertindak

진작 seketika itu juga; segera; sebelumnya

진저리 rasa gemetar; rasa ngeri 진저리나다 gemetar (menggigil); merasa ngeri; merinding

진저에일 air jahé dengan soda

진적(眞蹟) ①【유적】 bekas-bekas (peninggalan, sisa-sisa) asli ②⇒ 자필(自筆)

진전(進展) kemajuan; perkembangan; pertumbuhan 진전하다mencapai kemajuan; membuat kemajuan ¶진전이 빠르다 mencapai kemajuan yang cepat (yang pesat)

진절머리 rasa jijik; muak ¶진절머리(가)나다 muak; jemu; bosan

진정(眞正) keikhlasan; keaslian 진정하다 ikhlas; asli; sejati ¶진정한 사랑 cinta sejati

진정(眞情) ⇒ 진심 ①【마음】 ketulusan hati; kesungguhan hati; keikhlasan; hati yang baik(setia, tulus) ¶진정의 benar; betul; setia; sebenarnya; tulus hati; bersungguh-sungguh; benar-benar ②【사정】 fakta (kenyataan; perkara) yang sebenarnya

진정(陳情) pernyataan petisi; permohonan 진정하다 mengajukan permohonan; mengajukan petisi ¶진정을 받아들이다【받아들이지 않다】menerima【menolak】 permohonan ⊙ 진정서 surat permohonan. 진정 자 pemohon

진정(進呈) pemberian; penyajian 진정하다 memberikan ((barang kepada seseorang)) ¶홍 군에게 진정함 untuk (diberikan kepada) Tuan Hong

진정(鎭定) penindasan; penindihan 진정하다 menindas; menekan; menahan; mengatasi; memadamkan; meredakan

진정(鎭靜) penenangan; pengamanan; perdamaian; ketenangan; kesentosaan; ketentraman; keredaan 진정하다 menenangkan; menentramkan; meredakan ¶노여움을 진정하다 meredakan (menenangkan) kemarahan ⊙ 진정제 obat penenang; obat pereda sakit

진종일(盡終日) sepanjang hari; selama sehari suntuk

진주(眞珠) mutiara ⊙ 진주목걸이 kalung mutiara. 진주양식 pembiakan (pemeliharaan) mutiara. 모조【인조, 양식】진주 mutiara tiruan【buatan, piaraan】

진주하다(進駐-) menduduki; ; menempati ⊙ 진주군【점령지의】 tentara pendudukan

진중(陣中) di kamp; di kémah; di gugus depan; di front ⊙ 진중근무 tugas di kamp. 진중생활 kehidupan di kamp. 진중일기 buku harian perang

진중하다(鎭重-) hati-hati; serius; bijaksana

진지 makan ((bentuk hormat)) ¶진지 잡수

셨습니까 Apakah Anda sudah makan?

진지(陣地) posisi; kedudukan; tempat perkémahan tentara; kedudukan pasukan ¶진지를 탈환하다 memperoléh kedudukan (posisi) kembali

진지(眞摯) ketulusan hati; kesungguhan hati; keikhlasan 진지하다 tulus hati; bersungguh-sungguh; serius ¶진지하게 bersungguh-sungguh/진지한 노력 usaha yang sungguh-sungguh/진지한 태도 sikap yang serius

진진하다(津津-) melimpah; meluap ¶아주 흥미진진한데 Hal itu sangat menarik hati.

진짜(眞-) barang (benda) asli; tulén ¶진짜의 asli; murni; tulen/진짜 고려자기 sebuah keramik asli dari Koryo/진짜 커피 kopi murni

진찰(診察) pemeriksaan médis 진찰하다 memeriksa 《pasién》 ¶의사의 진찰을 받다 mendapat pemeriksaan dokter; menemui dokter; berkonsultasi dengan dokter ⊙ 진찰료 biaya konsultasi. 진찰시간 jam konsultasi. 진찰실 ruang konsultasi

진창 lumpur; tempat yang berlumpur (yang bécék); jeblok ¶진창이 되다 berlumpur; menjadi bécék; membencah; menjadi bencah/진창에 빠지다 terjeblok ⊙ 진창길 jalan yang berlumpur; jalan yang membencah

진척(進陟) kemajuan 진척하다 maju; berkembang ¶진척중이다 sedang berjalan; sedang dikerjakan/진척이 없다 tidak memperoléh kemajuan

진천동지하다(震天動地-) mengguncang langit dan bumi

진출하다(進出-) bergerak maju

진취(進取) keprogrésifan 진취하다 memasuki; memulai; maju ¶진취적인 progrésif ⊙ 진취성 semangat maju; semangat yang mau berusaha

진취하다(進就-) mencapai (memperoléh) prestasi (kemajuan) sedikit demi sedikit (secara berangsur-angsur)

진 치다(陣-) memasang (mendirikan) kémah; berkémah

진탕(-宕) sepenuh hati; sepuas hati ¶진탕 먹다【마시다】 makan【minum】 sekenyang-kenyangnya

진탕(震蕩) gegar; gelegar; goncangan; getaran

진토(塵土) debu dan kotoran

진통(陣痛)kesakitan (kesulitan) melahirkan ¶진통을 느끼다 merasa kesakitan (kesulitan); mengalami sakit melahirkan

진통(鎭痛) peredaan rasa sakit; pengurangan (peringanan) rasa sakit ⊙ 진통제 obat pereda (penghilang) rasa sakit

진퇴(進退) maju dan (atau) mundur; jalan tindakan;【사임 혹은 유임】 yang berhenti dan yang tinggal di kantor ¶진퇴양난(兩難)이다, 진퇴유곡(維谷) 에 빠지다 berada (terjebak) dalam diléma (kesulitan); terjerat

진펄 tanah berlumpur

진폐증(塵肺症)【의학】 sakit paru-paru karena menghidup abu; pneumokoniosis

진폭(振幅) amplitudo (getaran); kerasnya goncangan gempa bumi ¶진폭이 크다 memiliki apmlitudo yang lebar(luas)

진풀 kanji (zat tepung) yang basah

진품(珍品) barang yang langka; barang yang jarang didapat(jarang ditemukan)

진품(眞品) benda (barang; karangan) asli; barang tulén

진풍경(珍風景) adegan tidak biasa; keabnormalan

진피(眞皮) kulit asli (tulén)

진필(眞筆) tulisan tangan sendiri; tulisan (karangan) asli

진하다(盡-) sangat letih; kehabisan tenaga ¶기운이 진하다 merasa sangat letih/운이 진하다 kehabisan (berakhir) kemujuran

진하다(津-) ①【빛깔 · 화장 등이】 dalam; mendalam; gelap; hitam; suram; tebal ¶진한 빛 warna tua ②【액체의 농도가】 kental; tebal; pekat ¶진한 국물 sup yang kental/진한 차 téh yang pekat (kental) ③【냄새 등이】 kuat; semerbak ¶꽃향기가 진하다 bunga itu baunya menyengat (kuat sekali; semerbak) ④【감정 · 애정 등의 정도가】 memperlihatkan kecintaan yang dalam

진학하다(進學) memulai pelajaran (pendidikan di sekolah); 【상급학교로】 masuk ke sekolah tingkatan (kelas) yang lebih tinggi; melanjutkan ke jenjang pendidikan yang lebih tinggi ¶대학으로 진학하다 melanjutkan ke perguruan tinggi (universitas) ⊙ 진학지망자 para pelamar untuk masuk ke sekolah tingkatan yang lebih tinggi

진항하다(進航-) berlayar

진해 제(鎭咳劑) obat 《campuran》 batuk.

진행(進行) ①【앞으로 나아감】 kemajuan; kelangsungan 진행하다 terus berlangsung; melanjutkan¶진행 중 sedang berjalan; sedang berlangsung ②【일 · 회의 등의】 ¶교섭을 진행시키다 melanjutkan (meneruskan) perundingan ⊙ 진행자 MC; pembawa acara; pemimpin acara

진행형(進行形) bentuk progrésif

진형(陣形) formasi (susunan) pertempuran ⊙ 공격 【수비】 진형 penyusunan (pengaturan) serangan 【pertahanan】

진혼(鎭魂) ketenangan arwah ⊙ 진혼곡 lagu untuk orang mati

진홍(眞紅) warna mérah tua; mérah padam

진화(進化) perkembangan; évolusi 진화하다 berkembang; berévolusi ¶진화적인 évolusional ⊙ 진화론 doktrin (ajaran) évolusi. 진화론자 penganut téori évolusi

진화하다(鎭火-) ①【소화】 (불을) padam; mati; memadamkan api; mematikan ¶불은 즉시 진화되었다 Api itu segera padam (dapat dikuasai). ②【말썽 · 문제 등을】 ¶진화시키다 menenangkan

진흙 tanah liat (lempung) 《untuk membuat barang tembikar》; lumpur ¶진흙의 berlumpur; bécék; kotor; dekil ⊙ 진흙탕【진창】 lumpur

진흥(振興) kemajuan; promosi; dorongan; desakan; pengobaran semangat 진흥하다 memajukan; memperkembangkan; menaikkan; mendorong; menganjurkan; menggerakkan ⊙ 진흥책 tindakan (langkah) untuk kemajuan

질(帙) ①【책갑】 kotak (peti) yang dilipat untuk buku ②【책 한 벌】 satu sét buku ¶이 책은 여섯 권이 한 질이다 Buku ini lengkap dalam enam jilid.

질(膣) vagina; alat kelamin perempuan ⊙ 질 벽【구 · 부】 dinding (liang) vagina. 질염 radang vagina

질(質) ①【품질】 mutu; kualitas; 《바탕》 hal; bahan; zat; isi pokok; hakékat; (성질) sifat; sifat dasar; alam ¶질이 좋은【나쁜】 비누 sabun yang baik (kurang baik; buruk) mutunya/질이 떨어지다 rendah mutunya/대학 교육의 질을 높이다 meningkatkan mutu pendidikan di perguruan tinggi ②【사람의 됨됨이】 ¶그는 질이 나쁜 인간이다 Dia orang yang jelék (buruk)

-질 《tindakan》 pekerjaan ¶톱질 yang menggergaji/서방질 zinah; perzinahan

질겁하다 terkejut cemas; terperanjat

질겅질겅 yang mengunyah; yang menggerogoti; yang mengerkah ¶질겅질겅 씹다 mengunyah-ngunyah

질곡(桎梏) belenggu; ikatan; kekang ¶질곡에서 벗어나다 membébaskan (melepaskan) diri dari belenggu

질그릇 barang tembikar yang belum (tidak) dilapisi; barang dari tanah liat

질근질근 dengan perlahan; dengan santai

질금거리다 menétés

질급하다(窒急-) ⇒ 질겁하다

질기다 ①【물건이】 kuat; liat; keras; kasar ¶질긴 옷감 kain yang dapat tahan lama ②【성질이】 ulet; tahan; kuat bertahan; gigih ¶성질이 질기다 ulet (gigih; tahan) pada dasarnya ③【고기 등이】 liat ⑤【끈질기다】 kukuh ⑥【목숨 · 인연 등이】 tak tergoyahkan; kukuh

질기와 ubin yang belum (tidak) dilapisi

질깃하다 kuat; ulet; liat; keras; kaku; sulit; kekar

질끈 ①【바짝 동여매는 모양】《yang mengikat》 kuat-kuat ②【눈 · 입 등을 힘껏 닫는 모양】 ¶눈을 질끈 감다 tutup satu mata rapat-rapat

질녀(姪女) kemenakan perempuan

질다 ①【반죽이 · 밥이】 lunak; halus; lembék; menjadi cair; berair; encer ¶밥이 너무 질게 되었다 Nasi itu menjadi terlalu lembék. ②【땅이】 berlumpur; bécék

질량(質量)【물리학】massa ((dalam hal ukuran dan berat))
질러가다 memotong jalan; cara yang singkat ¶질러가는 길 jalan yang lebih singkat
질러오다 datang dengan jalan memintas (jalan pintas)
질력 나다 sudah jemu ¶질력(진력) 나게 하다 membosankan; memuakkan; menjijikkan/질력 (진력) 나는 강의【잔소리】 kuliah【omélan】 yang membosankan (menjemukan)
질리다 ①【채이다】 ditendang; tertendang; mendapat tendangan ¶되게 내질리다 dipukul (ditendang) dengan keras ②【빛깔이】 mencelup secara tidak rata ③【진저리남】 bosan; membosankan menjadi (benar-benar) jijik ④【기가】 ketakutan; takut; terperanjat; kagét
질문(質問)【물음】 pertanyaan; soal; usul;【문의】 penyelidikan; pemerikasaan 질문하다 menanyai; mengajukan pertanyaan ¶질문을 받다 ditanyai ⊙ 질문서 pertanyaan tertulis;【앙케트의】 daftar pertanyaan; kuisioner. 질문자 penanya
질박(質樸) ⇒ 소박 kesederhanaan 질박하다 sederhana; biasa ((dan tanpa perhiasan))
질벅– ⇒ 질척–
질번질번하다 berlimpah-limpah; berlebih-lebihan; makmur; subur; berlimpah ¶질번질번하게 살다 hidup dalam keadaan méwah
질병(-甁) botol tembikar yang bemu (tidak) dilapisi
질병(疾病) penyakit
질부(姪婦) istri kemenakan laki-laki
질산(窒酸) asam nitrat; asam sendawa ⊙ 질산염 garam nitrat. 아(亞)질산 asam bernitrat
질색(窒塞) goncangan; kejutan; getaran; kengerian; ketakutan; kecemasan 질색하다 ngeri; jijik; tergoncang; cemas; *membenci* ¶수학 시간은 정말 질색이다 Saya benar-benar membenci kelas matematik.
질서(秩序) tata tertib; disiplin; urutan; sistem; cara; metode ¶질서 있는 rapi; tertib; secara teratur; secara sistematis/새 질서 orde baru/질서가 정연하다 dalam keadaan baik (bérés)
질소(窒素) nitrogén ⊙ 질소가스 gas nitrogén
질시하다(嫉視-) mengiri; mendengki; memandang dengan perasaan iri hati; tidak suka; benci; melihat (memandang) de- ngan rasa benci
질식(窒息) mati lemas; kekurangan nafas 질식하다 dicekik; ditekan; tercekik ¶질식시키다 mencekik; menyebabkan mati lemas/질식하여 죽다 dicekik hingga mati ⊙ 질식사(死)하다 mati karena kekurangan nafas; mati lemas
질실(質實) kesederhanaan dan ketulusan hati 질실하다 sederhana dan tulus hati
질의(質疑) pertanyaan; penyelidikan 질의하다 menanyai; menyelidiki ¶질의에 답하다 menjawab pertanyaan ⊙ 질의응답 tanya-jawab. 질의 자 penanya. 대정부질의【국회의원의】interpelasi parleméntér; permintaan keterangan dalam parlemén kepada pemerintah
질적(質的) menurut mutu; kualitatif ¶질적으로 menurut (dalam) kualitas (mutu)/질적으로나 양적으로나 baik secara jumlah maupun secara mutu
질주하다(疾走-) berlari cencang; berlari (berjalan) dengan penuh kecepatan
질질 ①【물건 · 신발 등을 끄는 모양】 ¶질질 끌다 menyérét; menarik ((benda yang berat)); menghéla/질질 끄는 병 penyakit yang berlarut-larut (yang berkepanjangan) ②【액체가 흘러내리는 모양】 yang menétés; yang mencucurkan ¶눈물을 질질 흘리다 mencucurkan air mata ③【시간을 끄는 모양】 ¶시간을 질질 끌다 memperlambat; menunda-nunda
질질거리다 mengembara; mengelilingi; berkelana; berkeluyuran
질책(叱責) teguran; celaan; kemarahan; omélan; cercaan 질책하다 memarahi; mengoméli; mencela; menyalahkan; menegur; mencerca ¶질책을 받다 dimarahi; ditegur; dioméli
질척거리다 basah dan bécék
질척질척 semuanya lembék (lunak) dan

basah
질척하다 lembék dan basah; bécék; berlumpur
질타(叱咤) caci-maki; omélan; hardikan 질타하다 memarahi; mencaci-maki; mengomél
질투(嫉妬) kecemburuan; perasaan iri hati 질투하다 cemburu; iri hati; dengki ⊙ 질투심 rasa (perasaan) iri hati (cemburu)
질퍽거리다 berlumpur; bécék 질퍽거리게 하다 membécékkan
질펀하다 ①【땅이】 luas dan rata (datar) ②【게으르다】 lamban; malas; ceroboh; telédor ¶질펀하게 dengan bermalas-malasan; dengan tergeletak; dengan terlentang
질풍(疾風) angin keras; angin kencang; badai; angin ribut; angin topan ¶질풍우뢰와 같이 dengan kecepatan seperti kilat (halilintar); seperti angin puyuh
질항아리 kendi air yang dibuat dari tanah liat
질호(疾乎) sorakan; teriakan 질호하다 bersorak-sorak; berteriak ¶대성질호하다 berteriak dengan suara keras
질환(疾患) 【질병】 penyakit ¶호흡기 질환을 앓다 menderita penyakit pernapasan ⊙ 흉부질환 penyakit paru-paru; penyakit dada
질흙 ①【진흙】 tanah liat ②⇒ 질
짊어지다 ①【짐을】 membawa di punggung; membebani; memikul ②【빚을】 berhutang; menanggung hutang ③【의무 등을】 memikul; menanggung
짐 beban; muatan; 【수화물】 pakét; pak; bungkusan; bingkisan; 【배의】 muatan; 【기차의】 pengangkutan; barang-barang ¶짐스러운, 짐이 되는 memberatkan/짐을 싸다 (꾸리다) berkemas-kemas barang; mengepak (memasukkan) barang-barang/짐이 무겁다 terlalu berat; (부담이) terlalu sukar (keras)/짐이 되다 menjadi beban; memberatkan
짐꾼 pembawa; pengangkut; kuli; pengangkut barang; portir
짐마차(-馬車) keréta beban; gerobak; pedati
짐바리 muatan pada pelana kuda
짐배 kapal barang; kapal pengangkut; kapal tongkang; gerétan
짐스럽다 berat; memberatkan; membebani; menyusahkan ¶짐스럽게 여기다 merasakan⟪nya⟫ berat; menganggap (memandang) gangguan
짐승 binatang buas; jahanam; bangsat; orang yang kejam dan kasar; orang yang tanpa perikemanusiaan ¶짐승 같은 놈 Kamu kejam dan kasar! *atau* Kamu tanpa perikemanusiaan.
짐작(斟酌) pertimbangan; pendugaan; penerkaan; tebakan; taksiran 짐작하다 menerka; mengira; menduga; mengagak-agak; menebak; meraba ¶내 짐작에는 menurut pendapat saya
짐짓 dengan sengaja; pura-pura
짐짝 bungkusan; pak; pakét; bingkisan; bagasi
짐차(-車) gerbong barang-barang
집 ①【사는 곳】 rumah; (보금자리) sarang; (거처) tempat tinggal; tempat kediaman ¶자기 집 rumah miliknya sendiri/집에 없다 tidak di rumah; di luar; berada jauh dari rumah/집으로 돌아가다 pergi (kembali) pulang/집을 비우다 (외박) ke luar rumah; (퇴거하다) mengosongkan rumah ②【동물의】 ¶개집 kandang anjing/새집 sarang burung ③【가정 · 집안】 rumah tangga; keluarga ④【끼거나 담아 두는】 kotak; peti; tempat; sarung ¶칼집 sarung untuk pedang (keris)/ 두꺼비집 kotak sékering (sumbu)/아기집 rahim; kandungan ⑤【바둑】 poin; angka; nilai ¶다섯 집 차로 이기다 menang dengan lima angka (nilai)
집(集) kumpulan (koléksi) karangan ¶단편집 kumpulan cerita péndék/걸작 집 kumpulan karya besar (agung)
집(輯) séri; rangkaian; réntétan ¶제 2집 séri album yang kedua
집가시다 【민속】 menyucikan (membersihkan) rumah dari roh jahat ⟪setelah pemakaman⟫
집게 penjepit; kepitan ¶부집게 penjepit api ⊙ 집게발 cakar; kuk: 집게발로 집다 menggigit dengan cakar. 집게손가락 jari

telunjuk

집결(集結) ①【일정한 장소 · 지점으로】 pertemuan; kumpulan; pemusatan 《pasukan, tentaraan dan lain-lain》 집결하다 berkumpul; menghimpun; memusatkan ②【생각 · 의지 등을】 konséntrat; konséntrasi

집계(集計) jumlah; total; perhitungan; hitungan 집계하다 menjumlahkan ¶집계에서 나타나다 dinyatakan dalam jumlah ⊙ 집계표 tabulasi

집괭이 kucing yang dipelihara di rumah; kucing peliharaan; kucing kesayangan

집괴(集塊) massa; banyak sekali; kelompok; kerumunan

집구석 dalam (sekeliling) rumah

집권(執權) 집권하다 memegang kekuasaan politik; memperoleh kekuasaan ⊙ 집권당 partai berkuasa. 집권자 orang yang berkuasa

집권(集權) pemusatan kekuasaan (wibawa; wewenang) 집권하다 memusatkan kekuasaan (kekuatan) ⊙ 중앙집권 pemusatan kekuasaan (kekuatan)

집금(集金) ⇒ 수금(收金)

집기(什器) ⇒ 집물

집나다【바둑】 sarang yang dibentuk

집내다 ①mengosongkan rumah ②【바둑】 membentuk sarang

집념(執念) ketekunan; kegigihan; pemusatan perhatian 집념하다 memusatkan pikiran; mencurahkan perhatian kepada ¶집념이 강한 ulet; kuat bertahan

집다 ①【손가락 · 집게 등으로】 mengambil; memungut; mengangkat ②【지목하다】 menunjuk sesuatu dengan jari tangan

집단(集團) kelompok; grup; badan (kumpulan) bersama ¶집단으로 dalam kelompok/집단적으로 dengan kelompok; secara bersama; koléktif/집단을 이루다 membentuk kelompok (grup) ⊙ 집단검거 penangkapan (penahanan) besar-besaran. 집단결근 ketidak-hadiran kelompok (massal). 집단살인 pembunuhan massal (secara besar-besaran). 집단식중독 keracunan makanan massal. 집단이기주의 koléktivisme. 집단행동 aksi kelompok; perilaku koléktif

집 달리(執達吏)【법률】 juru sita

집대성하다(集大成-) membuat himpunan secara luas (secara umum)

집도(執刀) pelaksanaan operasi (pembedahan) 집도하다 melakukan operasi; melaksanakan pembedahan ¶수술은 김 박사의 집도로 이루어졌다 Operasi dilakukan oléh Dr. Kim. ⊙집도 자 penyelenggara; petugas; operator

집들이 kenduri (selamatan) rumah baru 집들이하다 mengadakan selamatan untuk memasuki rumah baru(désta)

집무(執務) 집무하다 kerja; berdinas; memimpin bisnis (usaha; urusan) ¶집무중이다 bertugas; bekerja ⊙ 집무시간 jam kerja; jam bisnis. 집무지침【편람】 buku pedoman pekerjaan di kantor

집문서(-文書) surat akte rumah; surat bukti hak milik; sertifikat tanah

집물(什物) mébel dan alat perabotan rumah tangga; 《bermacam-macam》 barang rumah tangga

집배(集配) pengumpulan dan pengiriman 집배하다 mengumpulkan (mengambil) dan mengirimkan ⊙ 우편집배원 pengantar pos; tukang pos; pak pos

집비둘기 merpati; merpati yang dipelihara di rumah

집사(執事) kepala pembantu; pengurus rumah (wisma)

집사람 ⇒ 아내 istri

집산(集散) pengumpulan dan penyaluran 집산하다 mengumpulkan dan menyalurkan ⊙ 집산지 pusat penyaluran (perdagangan)

집성(集成) pengumpulan; koléksi; himpunan 집성하다 mengumpulkan dan membentuk

집세(-貰) uang séwa rumah ¶집세를 내다 membayar uang séwa; membayar séwa rumah

집시【서양의】 gypsi;【방랑자】 pengembara

집안 ①【가족】 keluarga; rumah tangga; sanaknya ¶온 집안 seluruh keluarga/집안 식구 《anggota》 keluarga; para penghuni rumah ②【집속】 bagian dalam rumah ¶집안의 공기 suasana dalam rumah ⊙ 집안싸움 perselisihan rumah tangga. 집안일 pekerjaan rumah tangga

집약하다(集約-) intensif; mempersatukan; menggabungkan ¶집약적 inténsif; mendalam dan sungguh-sungguh

집어넣다 ①⇒ 넣다 memasukkan ②【투속】 menjebloskan ke dalam penjara

집어등(集魚燈) cahaya ⟪lampu⟫ untuk menarik ikan

집어먹다 ①【음식을】 mengambil dan memakan ②【착복하다】 mencuri; melarikan; mengantongi; menggelapkan

집어삼키다 menelan

집어주다 mengambil ⟪barang⟫ dan menyerahkan (memberikan); menyuguhkan; menyogok untuk

집어치우다 meninggalkan; melepaskan; membéréskan

집오리 bébék ⟪piaraan⟫; bébék yang berbunyi kwék-kwék

집요(執拗) ketabahan hati; kekerasan hati; keuletan; ketahanan; kegigihan 집요하다 keras kepala; teguh hati; keras hati ¶집요하게 dengan keras kepala; bandel; dengan tegar; dengan gigih; terus-menerus

집적(集積) pengumpulan; penghimpunan; penimbunan 집적하다 mengumpulkan; menghimpun; menimbun; menumpuk (menimbun) bersama-sama ⊙ 집적회로 saluran integrasi. 최대 규모 집적회로 penggabungan (integrasi) yang secara besar-besaran; sirkuit terpadu

집적거리다 ①【건드리다】 menggoda; mengusik; mengganggu ②【참견 · 손댐】 mencampuri

집적집적 yang menggoda; yang mengusik; yang mengganggu; yang mencampuri

집정(執政) administrasi; pemerintahan; 【사람】 penguasa; raja 집정하다 memegang kekuasaan negara; memerintah; menguasai; menentukan

집주인(-主人) ①【가장】 kepala keluarga ②【집임자】 pemilik rumah

집중(集中) pemusatan; konsentrasi; tindakan bertemu (bersatu) di suatu tempat 집중하다 (모으다) memusatkan pikiran ⟪pada⟫; (모이다) berkumpul; berjumpa ¶주의를 집중하다 memusatkan perhatian (pikiran) pada ⟪pekerjaan⟫ ⊙ 집중공격 serangan terpusat. 집중력 kemampuan untuk memusatkan segenap kekuatan (tenaga). 집중사격 témbakan inténsif. 집중호우 curah hujan yang amat lebat

집진기(集塵機) pengumpul debu

집집마다 rumah masing-masing; setiap rumah

집착(執着)perpautan; kegigihan; kegemaran (kemesraan, kesukaan) yang berkelebihan; kasih sayang 집착하다 berpaut; bergigih; melekat; menémpél ⊙ 집착력 keulétan; kegigihan; ketahanan. 집착심(心) kasih sayang (cinta) yang mendalam; keuletan (kegigihan) untuk mencapai maksud

집찰 계(集札係) pengumpul karcis; pemungut karcis

집채⟪bagian terbesar⟫ sebuah rumah ¶집채 같다 berukuran besar

집치레 ⇒ 집치장(-治粧)

집치장(-治裝) hiasan (dékorasi) rumah 집치장하다 menghiasi rumah

집터 kavling; tempat; perumahan ¶집터를 닦다 meratakan tempat untuk membangun rumah/집터를 사다 membeli tanah kavling

집토끼 kelinci yang jinak; kelinci piaraan

집필(執筆) penulisan 집필하다 menulis; mengarang ⊙ 집필 료 pembayaran (honorarium) untuk tulisan. 집필자 penulis; pengarang 집필진 staf penulis

집하(集荷) pengumpulan barang-barang (muatan) 집하하다 mengumpulkan barang-barang. ⊙ 집하장 【부두의】 pangkalan (pos) pengangkutan kotak (muatan)

집합(集合) pengumpulan; kumpulan; himpunan 집합하다 mengumpulkan; menghimpun; berkumpul ⊙ 집합 장소 tempat berkumpul. 집합나팔 panggilan untuk berkumpul. 집합시간 jam pertemuan (rapat)

집행 pelaksanaan 집행 하다 melaksanakan ¶형을 집행 하다 melaksanakan hukuman ⊙ 집행 관 wali; pengawas. 집행 기관 badan pelaksana. 집행 영장 【명

령】surat perintah untuk pelaksanaan hukuman. 집행 위원 anggota panitia pelaksana. 집행 위원회 panitia pelaksana

집행유예(執行猶豫)【법률】penundaan pelaksanaan hukuman;【판결】hukuman yang ditunda; hukuman percobaan 집행유예하다 menghukum dalam masa percobaan ¶집행유예 2년을 선고받다 dijatuhi hukuman percobaan 2 tahun

집형(執刑) pelaksanaan hukuman 집형하다 melaksanakan hukuman

집회(集會) pertemuan; rapat; kumpulan orang 집회하다 berkumpul; mengumpul; bertemu bersama-sama; mengadakan pertemuan 《rapat》 ¶집회의 자유 kebébasan berkumpul ⊙ 집회소 tempat pertemuan (rapat). 불법집회 pertemuan (rapat) gelap. 옥외집회 pertemuan (rapat) di udara terbuka (di luar); rapat massal

집히다 ①【손에】dipungut; diambil; ditangkap; dibawa ②【생각나다】terpikir; terlintas

짓【소행】kelakuan; perbuatan; tindakan; gerakan; mosi; sikap; gerak-gerik; gerak-isyarat; aksi ¶손짓 gerakan tangan; lambaian/몸짓 gerak-isyarat/눈짓 isyarat mata

짓거리 ①gerak-isyarat (tindakan) keriangan (bersuka-ria); sedikit kegembiraan (kesenangan) ②⟹ 짓

짓궂다 nakal; badung; bandel; susah diajar; mengganggu; menjéngkélkan; menyusahkan; suka mengganggu ¶짓궂은 비 hujan yang mengganggu/짓궂은 사람 orang yang nakal

짓누르다 ①【세게 누르다】menekan 《ke bawah》; menindihkan ②【정신적으로 억압하다】memadamkan; mempertimbangkan secara berat dalam 《pikiran》

짓눌리다 ①【세게 눌리다】ditekan; ditindih; hancur; remuk ②【정신적인 억압을 받다】tertekan

짓다[1] ①【만듦】membuat; mendapat; menghasilkan 《dengan mesin》 ②【집을】membuat; menjadikan; mengadakan; membangun; mendirikan ③【책·글을】menggubah; menulis ④【밥을】memasak; menanak ⑤【열을】membuat; menjadikan; membentuk (barisan antrian) ⑥【농사를】mengerjakan usaha tani ⑦【죄를】melakukan; berbuat ⑧【표정】memperlihatkan; mempertunjukkan menyatakan; mengungkapkan ⑨【끝장을】memberéskan; menyelesaikan ⑩【약을】membuat ⑪【허구】membuatkan; menciptakan ¶지어낸 이야기 cerita yang dibuat-buat; cerita bikinan

짓다[2] keguguran; gagal

짓무르다 bernanah; memborok; menjadi borok ¶상처가 짓물렀다 luka itu bernanah; luka itu menjadi borok

짓밟다 ①【마구 밟다】menginjak-injak ②【인격 · 권리 등을】injak; menginjak

짓밟히다 ①【마구 밟히다】terinjak di bawah kaki ¶짓밟혀 죽다 diinjak-injak hingga mati ②【인격·권리 등이】diinjak

짓씹다 mengunyah-unyah; memamah

짓이기다 mengaduk sampai menjadi bubur; menghaluskan; melumatkan ¶사람을 짓이기다 memukul orang sampai babak belur; memukul orang dengan tongkat (mencambuk)

짓찧다 ①【빻다】menumbuk dengan keras; melumatkan; memipis ②【부딪치다】memukul (membentur; menabrak) dengan keras

징[1]【국악기】gong ¶징을 치다【울리다】memukul gong

징[2] pelat(ujung) logam 《pada sepatu》 ¶구두에 징을 박다 memasang tumit dan pelat ujung pada sepatu

징거두다 ①【바느질】menjahit dengan longgar (dengan setik jahitan yang panjang) untuk memperkuat ②【준비】membuat persiapan sebelumnya

징검다리 batu loncatan 《di seberang sungai kecil》 ⊙ 징검다리 휴일 liburan diselingi dengan hari kerja

징검징검 ①【꿰매다】¶징검징검 꿰매다 menjahit dengan longgar ②【걸음을 크게】¶징검징검 걷다 berjalan dengan langkah panjang

징계(懲戒) hukuman kedisiplinan; disiplin; ketertiban ⊙ 징계조치 tindakan disipliner. 징계파면 pemecatan: 징계 파면되다 dipecat sebagai hukuman disipliner

징계처분(懲戒處分) tindakan disipliner ¶징계처분을 받다 menerima (tunduk kepada) hukuman disipliner

징그럽다 merasa geli; merasa ngeri (jijik); menjijikkan

징글징글하다 merasa ngeri (geli; jijik); membuat sakit

징모하다(徵募-) menghimpun untuk wajib militér (dinas tentara); menerima tenaga-tenaga baru; mendaftarkan diri pada dinas tentara

징발(徵發) penyitaan ¶징발되다 disita; diambil alih/징발된 토지 tanah yang disita

징벌(懲罰) hukuman; disiplin 징벌하다 menghukum; mendisiplinkan ¶징벌을 받다 dijalani tindakan menghukum ⊙ 징벌규정 ketentuan disiplin

징병(徵兵) wajib militér; kewajiban dinas militér 징병하다 memanggil untuk mengikuti wajib militér; mewajibkan masuk militér ¶징병으로 나가다 menjadi tentara/징병을 면제받다 dibébaskan dari dinas militér ⊙ 징병검사 pemeriksaan badan untuk wajib militér. 징병기피 pengelakan (penghindaran) akan wajib militér. 징병기피자 orang yang melarikan diri dari tugas wajib militér

징세(徵稅) pungutan (pengumpulan) pajak 징세하다 mengumpulkan (mengambil) pajak ⊙ 징세목표 sasaran (tujuan) pengumpulan (pungutan) pajak.

징수(徵收) pengumpulan; pungutan; koléksi 징수하다 memungut; mengambil ¶세금을 징수하다 mengumpulkan (mengambil) cukai(béa); menagih pajak ⊙ 징수료 biaya (uang) pungutan (pengumpulan). 징수액 jumlah pungutan

징역(懲役) hukuman kerja paksa; hukuman penjara dengan kerja paksa 징역살다 menjalani masa hukuman di penjara ¶징역가다 dimasukkan (dijebloskan) ke penjara/징역을 받다 diberi hukuman penjara/징역 2년에 처해지다 dijatuhi hukuman (dihukum) penjara selama dua tahun ⊙ 징역꾼 narapidana; orang hukuman. 징역살이 kehidupan di penjara; kehidupan di belakang tirai besi; pemenjaraan. 무기(종신)징역 hukuman seumur hidup

징용(徵用) wamil; wajib militér 징용하다 memanggil wajib militér; memilisikan ⊙ 징용자(者) orang yang kena wajib militér; wamilda

징조(徵兆) 【전조, 조짐】 tanda; gejala; isyarat ¶…의 징조가 있다 menunjukkan (memperlihatkan; memberikan) gejala

징집(徵集) 【징병】 perekrutan wamil; pengerahan 징집하다 memanggil wajib militér; mengerahkan ¶징집되다 direkrut untuk wamil ⊙ 징집기피 penghindaran (pengelakan) dari wamil. 징집연기 penundaan wajib militér; pembébasan sementara dari wajib militér. 징집연기자 orang yang ditunda dari pengerahan

징징거리다 réngékan; mengeluh; meréngék

징크스 nasib malang; hal yang membawa sial (malang) ¶징크스가 있다 membawa nasib malang (sial); membawa sial bagi seseorang

징후(徵候) tanda; gejala; isyarat

짖다 menggonggong; menyalak; melolong; meraung

짙다 ①【색이】 gelap; tua; pekat ¶짙은 푸른빛 biru tua ②【눈썹 등이】 tebal ¶짙은 눈썹 alis mata yang tebal ③【안개 · 연기 등이】 tipis; halus 짙은 안개 kabut tipis ④【어둠 · 그림자 등이】 gelap gulita ⑤【냄새가】 kuat ⑥【기미 · 경향 등이】 ¶병색이 짙다 terlihat sangat kesakitan/이 소설은 지방색이 짙다 novél ini penuh(sarat) dengan warna lokal

짙푸르다 biru tua

짚 jerami

짚가리 tumpukan jerami ¶짚가리를 쌓다 menumpukkan jerami

짚다 ①【대다】 mengukur; meraba ¶맥을 짚다 meraba (memeriksa) denyut nadi/땅 짚고 헤엄치기다 Itu betul-betul pekerjaan yang mudah. ②【지팡이를】 bersandar ¶지팡이를 짚고 걷다 berjalan dengan tongkat ③【헤어보다】 menghitung ④【짐작하다】 menduga; mengira-ngira

짚단 berkas (ikat) jerami

짚불 api jerami

짚신 sandal jerami ¶짚신을 삼다 membuat sandal jerami

짚이다 teraba ¶전혀 짚이는 데가 없다 tidak mempunyai gagasan (idé; rencana) sedikit pun

짚 차(-車) jip; sejenis kendaraan untuk berbagai kebutuhan

짜깁기하다 ①【직물을 깁다】 menambal ②【글 · 영화 등을 편집하다】 digabungkan bersama

짜다[1] ①【제작】 membuat ②【편성】 membentuk ¶편을 짜다 membentuk golongan ③【실 등을】 menenun ④【뜨게질】 merajut ¶털실로 양말을 짜다 merajut kaus kaki dari benang wol ⑤【공모】 berkomplot; bersekongkol ⑥【계획을】 merencanakan; mempersiapkan ⑦【활자를】 menyusun

짜다[2] ①【물 · 액체 등을】 memeras ¶참기름을 짜다 memeras minyak dari biji wjién ②【빨래 등을】 memeras ¶젖은 수건을 짜다 memeras handuk yang basah ③【착취하다】 memeras ④【생각 · 지혜 등을】 memeras otak

짜다[3] ①【맛이】 ⟪rasa⟫ asin ¶짠 맛 rasa asin ②【인색하다】 pelit; kikir; ketat

–짜리 ①【가치】 harga; nilai ¶–짜리의 berharga ②【양】 jumlah; kuantitas ③【입은 사람】 orang memakai… ¶양복짜리 orang yang memakai jas

짜릿하다 menegangkan ¶짜릿한 기분을 느끼다 menjadi tegang

짜이다 ①【규모 · 규격 등이】 memiliki; menjadikan ②【조직 · 이론 등이】 dibentuk; diatur ③【피륙이】 telah ditenun; dirajut; dikait ④【계획 · 일정 등이】 dibuat; siap

짜임새 ①【글 등의 구성】 susunan; aturan; struktur ②【옷감 등의】 alur ③【언어의】 penyusunan (pembentukan) kata gabungan

짜장 sungguh-sungguh; sesungguhnya; benar-benar; betul-betul

짜장면 ⇒ 자장면

짜증 kejéngkélan; kemarahan ¶짜증을 내다, 짜증이 나다 memperlihatkan kemarahan

짜하다 tersebar (tersiar; menyebar) luas

짝[1] ①【한 쌍을 이루는 것】 pasangan; sekutu; jodoh; rekan ¶짝이 맞다 cocok satu sama lain/짝을 맞추다 membuat pasangan ②【배필】 jodoh ③【짐 등의】 barang; artikel

짝[2] ①【편】 sisi ②【갈비】 seiris tulang rusuk ③【아무짝】¶아무짝에도 못 쓴다 tidak berguna

짝[3] 【찢는 소리】 bunyi merobék ¶입을 짝 벌리다 membuka mulut lebar

짝꿍 ①【옆 자리의 학생】 teman sebangku ②【단짝】 teman baik; sahabat

짝귀 kuping yang tidak sama besarnya (ukurannya)

짝눈 mata yang tidak sama ukurannya (besarnya)

짝사랑 cinta sebelah pihak; cinta bertepuk sebelah tangan 짝사랑하다 mencintai sebelah pihak; mencintai dengan sia-sia ¶그의 사랑은 짝사랑이었다 Cintanya tidak terbalas.

짝수(-數) angka genap ⊙ 짝수 날 tanggal (hari) genap

짝신 sepasang sepatu yang bukan pasangannya (yang tidak cocok)

짝 없다 ①【비길 데 없다】 tak ada taranya; tanpa tandingan ¶기쁘기 짝 없다 bahagia luar biasa; senang tak terkira ②【대중없다】 tidak masuk akal

짝짓기를 하다 kawin; bersetubuh; berjodoh

짝짜꿍 tepuk tangan bayi

짝짝 ①【끈끈한 것이】 ¶껌을 짝짝 씹다 mengunyah sebatang permen karét sampai terdengar ②【입맛을】 mengecap-ngcapkan bibir; menjilat bibir ③【신발을】 ¶신을 짝짝 끌다 menyérét sepatu ④【찢는 소리】 ¶옷을 짝짝 찢다 menyobék pakaian

짝짝이 pasangan yang tidak cocok

짝채우다 mencocokkan; menjodohkan

짝퉁 palsu; imitasi; tiruan

짝하다 menjadi pasangan; berpasangan

짠물 air asin; air garam
짠지 rades (lobak) yang diasinkan
짠하다 merasa sedih; merasa murung
짤막짤막하다 péndék; singkat ¶짤막짤막하게 썰다 dengan potongan-potongan kecil
짤막하다 agak péndék; singkat
짤짤거리다 berkeliling dengan tergesa-gesa
짤짤이 orang yang suka pergi berkeliling dengan terburu-buru (tergesa-gesa)
짧다 ①【길이 · 거리 · 시간 등이】 singkat; péndék ¶짧은 일생 jangka (masa) hidup yang singkat/머리를 짧게 자르다 memotong rambut menjadi péndék ②【생각 · 실력 등이】 buruk; jelék
짧아지다 menjadi pendek; menjadi singkat ¶해가 점점 짧아지고 있다 Hari terasa sangat singkat.
짬 ⇒ 틈【겨를, 시간】 waktu; waktu luang ¶짬을 내다 meluangkan waktu
짬나다⇒틈나다 bébas; ada waktu
짬밥이다 bertugas di militér cukup lama
짬뽕 ①【중국 음식】 *jjampong;* mie ala Cina dengan sayuran dan makanan laut ②【뒤범벅】 mencampur; dengan
짬짬이【틈틈이】 pada waktu luang; dalam paruh waktu
짭짤찮다 ①【안 좋다】 tidak baik; jelék ②【천하다】 rendah; buruk
짭짤하다 ①【조금 짜다】 sedikit asin ②【실속이 있다】 agak baik ¶짭짤한 부자 orang yang betul-betul kaya (berada)
짱구【머리】 kepala menonjol;【사람】 dahi menonjol
짱짱하다 ①【몸이 다부지다】 kokoh; kuat; tegap; kekar; gagah berani ②【대단하다】 hebat
째【순서 · 등급의】 ke ¶두 번째의 결혼 perkawinan yang kedua
-째【통째로 · 그대로】 semuanya; seluruhnya
째다[1]【찢다】 memotong; mengerat; melukai ¶종기를 째다 membedah bisul
째다[2] ①【부족하다】 kekurangan ¶살림이 째다 hidup dalam kemiskinan; hidup kekurangan ②【작다】 terlalu kecil; sempit ¶이 옷은 너무 째 인다 Setelan itu terlalu sempit untuk saya.
째보 ①【언청이】 orang ((bibir)) sumbing ②【바보】 bodoh; goblok
째지다 ①【눈이 옆으로 길다】 ¶째진 눈 mata sipit ②【기분이 매우 좋다】 senang; puas hati ③【천 등이】 sobék; robék; belah
짹짹거리다 berkicau
쨍 berdenting
쨍그랑 ⇒ 쟁강 ¶접시가 쨍그랑 마룻바닥에 떨어졌다 Piring-piring itu telah jatuh berpecahan di lantai.
쨍쨍 terang; cerah 쨍쨍하다 bersinar; menyorot
쨍쨍거리다 membentak; menghardik ¶쨍쨍거리는 사람 orang pemberang
쩌렁쩌렁하다 bergema; bergaung; bergetar
쩍쩍거리다 mengecap-ngecapkan bibir
쩍하면 dengan mudah
쩔그렁 ⇒ 절그렁
쩔뚝거리다 ⇒ 절뚝거리다
쩔뚝발이 ⇒ 절뚝발이
쩔쩔매다 ①【어찌할 바를 모르고 갈팡질팡하다】 bingung; melakukan dengan terburu-buru; bergegas; tergopoh-gopoh ②【기를 펴지 못하다】 diintimidasi
쩝쩝거리다 mengecap-ngecapkan bibir; menjilat-jilat mulut
쩡쩡 ①【권세가】 tenar; termashyur; menyolok ②【갈라지는 소리】 suara pecah(retak)
쩨쩨하다 kikir; pelit ¶쩨쩨한 사람 orang kikir; orang pelit
쪼개다 ①【나무 · 과일 등을】 membelah; mengeping ②【시간 · 돈 등을】 ¶바쁜 시간을 쪼개다 memanfaatkan waktu di sela-sela kesibukan waktu ③【소리 없이 웃다】 tertawa kecil
쪼그랑박 labu yang tumbuh kerdil
쪼그랑할멈 nénék yang kurus kering
쪼그리다 bungkuk; membungkuk
쪼글쪼글하다 ⇒ 쭈글쭈글하다 ①(피부가) keriput; kisut; lisut; keriput ②(옷 등이) kumal; berkerut; kisut
쪼다 ①【부리 등으로】 mematuk-matuk ②【정 끌 등으로】 memahat
쪼들리다 sangat butuh; kekurangan; diganggu ¶생활에 쪼들리다 dalam keadaan miskin; serba kurang; hidup su-

sah

쪼르르, 쪼르륵 ⇒ 주르르, 주르륵 ¶수도에서 물이 쪼르륵 흐른다 Air menétés dari keran (kran).

쪼아 먹다 mematuk-matuk dan memakannya

쪽[1] 【식물】 tanaman nila

쪽[2] gaya potongan rambut

쪽[3] ①【페이지】 halaman ②【방향】 arah ③【조각】 sepotong; sehelai ¶빵 한 쪽 sepotong roti

쪽[4] 【얼굴의 속된 말】 wajah; paras; muka; wajah

쪽다리 jembatan yang dibuat dari satu papan

쪽마루 serambi (beranda) yang dibuat dari satu atau dua papan

쪽문 (-門) pintu (gerbang) kecil

쪽박 ①【작은 바가지】 gayung kecil ②【비유적】 ¶쪽박을 차다 mengalami kebangkrutan

쪽발이 ①【외발】 yang mempunyai satu kaki ②【두 갈래진】 kaki yang berkuku dua ③【왜 놈】 orang Jepang

쪽배 sampan (cano) dibuat dari batang kayu yang dikorok

쪽빛 ⇒ 남색 biru gelap; nila

쪽소매 méja tulis dengan laci-laci pada satu sisi ⊙ 쪽소매책상 ⇒ 쪽소매

쪽지 catatan kecil ¶쪽지에 몇 자 적다 mencatat (menulis) beberapa kata pada secarik kertas

쪽찌다 menyanggul

쪽팔리다 ¶아, 쪽팔려! Memalukan!

쫀득쫀득 ((me)) léngkér; lécéh; melekat

쫀쫀하다 ①【인색하다】 kikir; pelit ②【직물이】 menenun (menganyam) dengan baik

쫄깃쫄깃하다 kenyal

쫄딱 seluruhnya; semuanya ¶쫄딱 망하다 bangkrut sama sekali

쫄딱쫄딱 ①【옹졸한】 kecil-kecilan ②【조금씩】 mengerjakan (berbuat) secara bertahap

쫑긋거리다 ①【입을】 menggerakkan ((mulut; bibir)) ②【귀를】 menggerakkan telinga

쫑알거리다 ⇒ 종알거리다

쫓겨나다 diusir; dipecat ¶직책에서 쫓겨나다 diusir (dipecat) dari jabatan

쫓기다 ①【사람에게】 diburu; dikejar ¶쫓는 자와 쫓기는 자 yang diburu dan yang memburu ②【일 · 시간 등에】 didesak; terdesak ¶나는 시간에 쫓기고 있다 Saya terdesak waktu. ③【강박관념 등에】 ¶무엇인가에 쫓기는 듯한 기분이다 Saya merasa ada yang mengejar-ngejarku.

쫓다 ①【물리치다】 menghalau; mengusir ¶파리를 쫓다 menghalau lalat ②【따르다】 mengikuti; mengejar ¶유행을 쫓다 mengikuti mode (kebiasaan)/명리를 쫓다 mengejar kekayaan dan kemasyhuran ②【겨루다】 menanding

쫓아가다 ①【뒤쫓아서】 mengejar; memburu; menguber ②【추종하다】 mengikuti; meniru ③【앞선 것을】 menyusul; mengejar ④【겨루다】 menandingi ⑤【함께 가다】 menemani; mengikuti; pergi bersama; menyertai

쫓아내다 ①【밖으로】 mengeluarkan; mengusir ②【직장 등에서】memecat; mengeluarkan

쫓아다니다 ①【뛰어다님】 berlari mengelilingi ②【남의 뒤를】 mengejar-ejar ¶여자 뒤를 쫓아다니다 mengejar-ngejar gadis ③【여기저지 찾아다니다】 ¶노름판을 쫓아다니다 pergi ke manapun untuk berjudi

쫓아버리다 membubarkan

쫓아오다 ①【추적해 오다】 datang mengejar ②【바싹 따라오다】 menyusul; mengikuti ③【겨루다】 menanding; bertanding; bersaing

쫙 ①【넓게 펼쳐지는 모양】 secara luas ②【기운 등이 빠지는 모양】 menjadi lemah

쬐다[1] 【비치다】 bercahaya; bersinar; memancar

쬐다[2] ①【불에】 menghangatkan ②【쐬다】 berjemur

쭈그러뜨리다 meremukkan; menghancurkan ¶모자를 납작하게 쭈그러뜨리다 menjejalkan topi sampai rata (sampai kehilangan bentuk)

쭈그러지다 ⇒ 찌그러지다 ①【우그러지다】 diremukkan ②【쪼글쪼글해지다】 menjadi kurus

쭈그렁이 ①【물건이】 barang yang remuk ②【늙은이】 orang tua yang sudah keriput

쭈그리다 ①= ⇒ 쭈그러뜨리다 ②【우그리다】 membungkuk; berjongkok ¶몸을 membungkukkan dirinya

쭈글쭈글 keriput; péot ¶쭈글쭈글한 얼굴 muka yang keriput

쭈꾸미 【주꾸미】 ikan gurita (ikan mangsi) yang bertangan péndék

쭈뼛거리다 【머뭇거리다】 ragu-ragu

쭈뼛하다 mengerikan; ngeri ¶머리끝이 쭈뼛해지다 merasa ngeri (jijik)

쭉 ⇒ 죽 ①【곧장】 langsung; terus ②【물 · 기운 등이】 seluruhnya; sepenuhnya; sama sekali ¶온 몸의 기운이 쭉 빠졌다 terkuras sama sekali ③【찢는 모양】 suara robek

쭉정이 ①【속이 빈 곡식의 열매】 padi hampa; butir padi yang kosong ②【쓸모가 없어진 사람이나 사물】 pohon atau dahan-dayan yang mati; orang yang tak berguna

쭉쭉 ⇒ 죽죽 ①【줄을】 bergaris-garis ②【비가】 dengan lebat; dengan hébat ③【찢다】 menyerpih ④【기운차게】 dengan bersemangat; tanpa takut-takut; dengan cepat

쫑그르다 ⇒ 쫑긋거리다 ②

쭝얼거리다 ⇒ 중얼거리다

쭝얼쭝얼 ⇒ 중얼중얼

쭝쭝거리다 menggerutu; mengeluh

–쯤 ①【정도】 kira-kira; kurang lebih; sekitar ②【무렵】 sekitar ③【까지】 pada ¶지금쯤 pada saat ini ④【적어도】 sekurang-kurangnya; setidak-tidaknya; paling sedikit

쯧쯧 tut, tut

찌개 *jjigae*; rebusan dalam panci ¶된장찌개 rebusan tauco (*toenjang*) sebagai bahan makanan utama

찌그러뜨리다 menghancurkan; meremukkan

찌그러지다 pényok; berlekuk

찌그럭거리다 ⇒ 지그럭거리다

찌근덕거리다 ⇒ 지근덕거리다

찌글거리다 ⇒ 지글거리다

찌글찌글 kusut; kerisut; tidak rata; kasar; buruk

찌꺼기 sisa (먹다 남은 음식물) sisa makanan

찌다[1] 【살이】 menjadi gemuk; tambah gemuk ¶그는 너무 살이 쪘다 Dia kegemukan. *atau* Dia kelebihan berat badan.

찌다[2] ①【날씨가】 panas ②【뜨거운 김에】 mengukus

찌다[3] 【베다】 memotong

찌들다 ①【더러워지다】 ternoda; menjadi kotor ②【시달리다】 menjadi susah; lebih ¶살림에 찌들다 letih dengan urusan rumah tangga

찌르다 ①【뾰족한 것으로】 menikam ②【고하다】 melaporkan; memberitahukan; mengkhianati ③【밑천을 들이다】 menanamkan ④【자극하다】menyentuh ⑤【냄새가 코를】 tajak; menusuk ((bau)); berbau keras (busuk) ⑥【공격하다】 menyerang ⑦【충천하다】 membubung tinggi

쯔르륵 dengan menghirup

찌르륵거리다 tetap menghirup

찌르륵찌르륵 bunyi menghirup (menyedot)

찌부러뜨리다 menghancurkan; meremukkan

찌부러지다 menjadi hancur (remuk)

찌뿌드드하다 merasa kurang (tidak) énak; tidak menyenangkan

찌푸리다 ①【날씨가 흐리다】 menjadi mendung; suram; kabur; keruh ②【얼굴을 찡그리다】 mengerutkan dahi; menyeringai

찍 ①【미끄러지는 모양】 ¶찍 미끄러지다 tergelincir; terpeleset ②【긋는 모양】 ¶선을 찍 긋다 memberi garis ③【찢는 소리】 찍 찢다 menyobék ((pakaian)) ④【쥐 등의 울음소리】 ¶찍하고 울다 bercicit; mencicit; mengerik

찍다 ①【도끼 · 곡괭이 등으로】 menebang; mengampak ②【도장 · 지문 등을】 mencap; membubuhi cap ¶③【잉크 · 설탕 · 소금 등을】 memasukkan; mencelupkan ④【점 · 문장부호 등을】 menandai; memberi tanda ⑤【책 · 지폐 등을】 mencétak; memuat; mempublikasi ⑥【정답 등을】 tebak; menebak; terka; menerka ⑦【고르다, 선택하다】 mengambil ⑧【차표 등에 구멍을】 melubangi ⑨【작살 등으로】 menombak

찍다[2] mengambil potrét; memotrét ¶사진을 찍다 mengambil foto (potrét)
찍소리 sepatah kata ¶찍소리도 못하게 하다 mendiamkan; membungkamkan/찍소리도 못하다 membisu; diam; tidak dapat mengucapkan sepatah kata pun
찍소리 없다 diam ¶찍소리 없이 tanpa berkata-kata
찍어매다 menjahit
찍히다 dicap; dibubuhi cap; ditandai; diberi tanda; (사진) diambil potrét; difoto
찐득거리다 léngkét
찐빵 bakpau; cunyen
찐하다 merasa terharu; merasa sedih
찔끔거리다 ①【눈물 등을】 menétés air mata ②【비가 조금씩 오다】 gerimis
찔끔하다 kaget; terkejut
찔름찔름 sedikit demi sedikit; satu demi satu
찔레꽃 ros (mawar) liar
찔리다 ①【뾰족한 것에】 tertusuk ②【양심의 가책을 느끼다】 terganggu ⦅hati⦆
찜 masakan yang dikukus ⊙ 닭찜 ayam kukus
찜질 ①【얼음찜질, 모래찜질】 pengomprésan 찜질하다 mengomprés; mendemah ②【몹시 때리는 것】 ¶몽둥이찜질을 하다 memukul dengan tongkat getokan (pentung; alat pemukul) ⊙ 얼음찜질 pengomprésan yang mempergunakan onggokan és
찜찜하다 canggung; segan
찜통(-桶) alat pengukus
찝찝하다 【찜찜하다】 tidak nyaman; ketidaknyamanan
찡그리다 ⇒ 찌푸리다 merenggut; mengerutkan
찡긋거리다 mengerutkan wajah; mengedipkan mata
찡긋찡긋 kedipan mata 찡긋찡긋하다 mengedipkan mata; memberi isyarat dengan kedipan mata
찡얼거리다 ①【투덜거리다】 bersungut-sungut ②【애가】 réwél; meréngék-réngék
찡하다 ¶그의 말에 가슴이 찡했다 Ucapannya menggugah hatiku.
찢기다 robék; sobék ¶갈기갈기 찢기다 terkoyak-koyak
찢다 merobék; mengoyak; menyobék
찢어지다 ①【종이 · 천 등이】 robék; sobék; koyak ②【가슴이】 ¶가슴이 찢어지는 듯한 yang menghancurkan (menyayat) hati ③【귀청이】 pekikan; jeritan ④【헤어지다】 berpisah; putus
찧다 ①【빻다】 menumbuk ②【부딪치다】 menubruk; membenturkan; tertelungkup ¶코방아 찧다 jatuh tertelungkup di atas tanah/벽에 이마를 찧다 membenturkan kepala pada témbok

차(此) 【이것】 ini; sekarang ¶차제에 sekarang ini; saat ini
차(車) kendaraan 《umum》; (자동차) mobil; (버스) bus; (택시) taksi; (기차) keréta api ⊙ 차(량)사고 kecelakaan kendaraan
차(茶) téh; (잎) daun téh; (나무) pohon téh
차(差) (차이) perbédaan; keragaman; (매매 가격의) batas; (득표의) perbédaan
차(次) 【…하려던】 waktu yang tepat
차(次) ①【번, 차례】 ¶ 2차 세계대전 Perang Dunia Ke dua ②【목적】 dengan tujuan; dengan maksud
차가다 menyambar; menjarah; menjambrét; (빼앗아가다) menjambrét; (유괴하다) menculik
차간거리(車間距離) jarak antara mobilnya dan mobil di depannya
차감(差減) 【뺌】 potongan; deduksi 차감하다 mengurangi; mengambil; memotong ⊙ 차감잔액 saldo
차갑다 ①【온도 · 날씨 등이】 dingin ②【매몰차다】 hati dingin
차고(車庫) garasi mobil; (지붕만 있는) atap tambahan untuk perlindungan mobil
차곡차곡 dengan rapi; dengan baik; satu demi satu; dengan teratur
차관(次官) wakil menteri
차관(借款) pinjaman ¶차관을 제공하다 memberi krédit ⊙ 차관계약 kontrak pinjaman. 장기【단기】차관 pinjaman jangka panjang 【jangka péndék】
차광(遮光) 차광하다 menabir; menaungi; mengelamkan (menggelapkan) cahaya ⊙ 차광막 tirai perlindungan. 차광장치 penaung
차근차근 secara métodis; tahap demi tahap; dengan cara yang teratur
차기(次期) berikut ⊙ 차기정권 pemerintahan berikut
차남(次男) putra (anak) kedua
차내(車內) dalam kendaraan (mobil)》
차녀(次女) putri kedua
차다[1] 【온도 · 날씨가】 dingin
차다[2] ①【공간이】 penuh; menjadi penuh ②(좌석 · 정원 등이) penuh; kworum ③【감정 등이】 ¶기백에 차있다 penuh semangat ④【흡족하다】 puas ⑤【기한이】 berakhir; habis waktu ¶임기가 차다 masa dinas sudah habis ⑥【한도 · 상태 등에 이르다】 kehabisan
차다[3] ①【발로】 menyepak; menéndang; menerjang ②【거절하다】 menolak ③【혀를】 mengecapkan lidah; membunyikan lidah
차다[4] ①【몸에 달거나 끼우다】 memakai; mengenakan ②【쇠고랑 등을】 membelenggu ¶쇠고랑을 차다 tangannya terbelenggu
차다[5] 【차갑다】 ¶손이 차다 bertangan dingin
차단(遮斷) 차단하다 menutup; menghalangi; memblokir ⊙ 차단기 palang lintang pintu; palang lintasan. 교통차단 penghambatan lalu lintas
차도(車道) jalan kendaraan
차도(差度) kepulihan; kemajuan 《keséhatan》 ¶차도가 있다 ada kemajuan; memulih
차도르 *chador*
차돌 【광물】 kerikil putih
차등(差等) tingkat; pertingkatan; perbédaan ¶차등이 있다 berbéda kelas

(kualitas) ⊙ 차등세율 tarif bertingkat

차디차다 sangat dingin

차라리 lebih baik

차량(車輛) kendaraan ⊙ 차량등록 pendaftaran kendaraan. 차량번호판 nomor plat kendaraab. 차량십부제 운행 pembatasan (batasan) penggunaan kendaraan setiap 10 hari. 차량인식번호 nomor identifikasi kendaraan

차려입다 berdandan; berpakaian

차력(借力) kekuatan fisik yang mempesona

차렷【구령】 perhatian

차례(次例) ①【순서】 urutan; giliran; antrian ¶내 차례 giliran saya ②【회수】 kali ¶한 차례 sekali ③【목차】 daftar isi

차례(茶禮) 【정초 · 추석의】 upacara peringatan untuk nénék moyang

차례차례(次例次例) satu per satu; teratur

차로(叉路) jalan yang bercabang dua; (십자로) persimpangan jalan

차륜(車輪) roda

차리다 ①【마련하다】 (a) (장만 · 채비를 하다) menpersiapkan (b) (새로) membuka ②【외관을】 berdandan; berpakaian; memperlengkapi diri ③【정신을】 sadar; siuman ④【예의를】 menjaga ⑤【실속 등을】 mencari

차림 【형색 · 옷차림】 pakaian; perlengkapan; dandanan; penampilan ¶단정한 차림으로 berpakaian secara pantas (sopan)

차림새 ①【살림이】 aturan; susunan; dékorasi ②【옷의】 pakaian; dandanan; penampilan

차림표 【식단 · 메뉴】 ménu; daftar makanan

차마 tidak sampai hati; tidak sanggup; tidak téga

차멀미(車-) mabuk kendaraan 차멀미하다 menderita mabuk kendaraan

차명(借名) 차명하다 memakai nama orang lain ⊙ 차명 계좌 rékening bank orang lain

차바퀴(車) roda ¶차바퀴가 빠졌다 roda itu terlepas

차반(茶盤) baki; talam

차버리다 menéndang; 【거절】 menolak

차변(借邊) débét; lajur débét (piutang) ¶차변에 기입하다 mendébét; mempiutangi ⊙ 차변계정 catatan (rékening) lajur piutang

차별(差別) pembédaan; diskriminasi 차별하다 membéda-bédakan ⊙차별임금 upah (gaji) yang berbéda. 계급차별 perbédaan golongan. 인종차별 diskriminasi rasial; perbédaan (diskriminasi) warna kulit

차별화(差別-) ¶차별화된 서비스를 제공하다 menyediakan layanan yang berbéda

차별대우(差別待遇) perlakuan yang berbéda (yang istiméwa); perbédaan (diskriminasi) dalam perlakuan; ketidaksamaan dalam perlakuan ¶차별대우를 하다 memperlakukan dengan diskriminasi (perbédaan); membédakan; memperlakukan secara berbéda/ 차별대우를 받다 diperlakukan secara berbéda

차부(車夫) sopir; pengemudi; pengemudi keréta kuda

차분하다 tenang; reda; kalém; kondusif

차비(車費) ongkos bus (trém); 【교통비】 ongkos (biaya) lalu-lintas

차석(次席) kedudukan (posisi) berikut; posisi kedua ⊙ 차석 자 【수상자 등】 pemenang kedua

차선(次善) yang berikut

차선(車線) jalur; lalu lintas ¶차선을 지키다 menjaga jalur ⊙ 차선분리대 jalur (garis) pemisahan

차세대(次世代) génerasi berikut; génerasi kedua

차압(差押) ⇒ 압류(押留)

차액(差額) selisih; perselisihan ¶차액을 지불하다 membayar selisih

차양(遮陽) ①【차일】 tirai ((penghalang sinar matahari)); (집의) kéré rumah ¶차양을 치다 memasang tirai ②【모자의】 kelép pici; (운동모 등의) perisai (pelindung) mata

차용(借用) pinjaman 차용하다 berhutang; meminjam ⊙ 차용금 uang pinjaman. 차용인 peminjam. 차용증(서) surat hutang (pinjaman)

차원(次元) ①【수학】 diménsi; ukuran; matra ¶4 차원의 세계 dunia empat diménsi ②【사물을 보는 방법 · 입장】 tingkat; lével ⊙ 민간차원 tingkat sipil

차월하다(借越-) menarik hutang terlalu banyak

차이(差異) perbédaan; 【불일치】 ketidak-sesuaian; 【같지 않음】 ketidak-cocokan; 【격차】 jurang; celah; renggang ¶빈부의 차이 jurang pemisah antara yang kaya dan yang miskin ⊙ 차이점 pokok perbédaan

차이다 ①【발에】 ditendang ②【퇴짜 맞다】 diputuskan ¶그는 여자 친구에게 차였다 Dia diputuskan oléh pacarnya.

차익(差益) keuntungan antara A dan B

차일(遮日) ⇒ 차양 keré; penghalang sinar matahari; ténda rumah; peneduh

차일피일하다(此日彼日-) menunda-nunda dari hari ke hari; menangguhkan hari ke hari

차임 bunyi genta loncéng ⊙ 차임벨 bél bunyi genta

차입(差入) 차입하다 【옥바라지를 하다】 mengirimkan kepada (orang) di penjara; mengirimkan kepada tahanan ⊙ 차입물 (식사) barang (makanan) yang dikirimkan kepada tahanan

차입(借入) peminjaman; pinjaman 차입하다 meminjam ⊙ 차입금 uang pinjaman: 장기(단기) 차입금 hutang jangka panjang (jangka péndék)

차장(次長) asistén (wakil) diréktur; asistén manajer ⊙ 편집차장 rédaktur senior

차장(車掌) kondéktur ⊙ 여차장 kondéktris

차점(次點) rangking (angka; jumlah angka) kedua; 【표수】 jumlah (suara) yang kedua ⊙ 차점자 pemenang nomor dua

차제(此際) ¶차제에 sekarang; dalam keadaan ini

차조 【식물】 padi léngkét (padi ketan) yang dikuliti

차종(車種) modél mobil

차주(車主) pemilik mobil

차주(借主) peminjam; penyéwa; débitor

차중(車中) ①【차속】 ¶차중에서 dalam keréta api ②【차 탄 동안】 saat (waktu) naik ((keréta api))

차지(借地) tanah yang diséwa; tanah séwaan ⊙ 차지인 penyéwa

차지다 léngkét; pulen ((empuk dan énak nasi)) ¶차진 밥 nasi yang léngkét

차지하다 menempati; menduduki; memangku; memperoléh; mendapat; 【손에 넣다】 membuat ((sesuatu)) menjadi miliknya sendiri ¶ 높은 지위를 차지하다 memperoléh (menempati) kedudukan tinggi

차질(蹉跌 · 蹉躓) kegagalan; sesuatu yang salah (keliru) ¶일에 차질이 생기다 gagal dalam usaha/차질을 가져오다 menimbulkan (membawa; menyebabkan) kegagalan dalam rencana

차차(次次) ①【점차】 secara berangsur-angsur; satu demi satu; tahap demi tahap; sedikit demi sedikit ②【조만 간】 segera; kemudian

차창(車窓) jendéla mobil (bus; keréta api)

차체(車體) karoséri mobil; kerangka mobil; bodi mobil

차축(車軸) as roda; gandar; poros roda

차츰(차츰) sedikit demi sedikit; secara berangsur-angsur; satu demi satu; bertahap

차치하다(且置-) menyisihkan; mengesampingkan ¶이 문제는 차치하고 terlepas dari persoalan ini

차트 bagan; grafik; catatan ⊙ 계정차트 bagan akun

차편(車便) transportasi; kendaraan; pengangkutan

차표(車票) karcis; tikét ¶차표를 예매하다 memesan tikét ⊙ 차표판매소 tempat penjualan karcis; 【창구】 lokét karcis (tikét). 당일 유효차표 karcis untuk sehari. 3일간 유효차표 tikét yang berlaku tiga hari. 편도 【왕복】차표 karcis untuk sekali jalan 【karcis pulang-pergi】

차호(次號) ⇒ 다음호 nomor ((terbitan)) yang berikut

차회(次回) lain kali; kali berikut; waktu berikut ¶차회에 pada kali berikut

차회(此回) kali ini

차후(此後) setelah ini; sesudah ini; selanjutnya

착 ①【붙는 모양】 dengan rapat; ketat;

kencang ¶(옷이 몸에) 착 맞다 pas sekali ②【늘어진 모양】 dengan lembut (lemah) ¶착 가라앉은 목소리로 dengan suara yang lembut

착각(錯覺) ilusi; halusinasi; tipuan mata; pandangan yang menyesatkan; pandangan khayalan; 【잘못 생각】 salah paham 착각하다 salah mengira; salah menganggap; berkhayal; bermimpi; mengalami halusinasi

착공(着工) 착공하다 memulai kerja ⊙ 착공식 upacara pencangkulan tanah pertama; upacara perletakan dasar (batu pertama)

착란(錯亂) kebingungan; gangguan 착란하다 menjadi gila; menjadi kacau pikiran ⊙ 착란상태 keadaan gila; keadaan kacau; kondisi terganggu mental. 정신착란 kekacauan jiwa; gangguan mental

착륙(着陸) pendaratan 착륙하다 mendarat 《di; di atas》 ⊙ 착륙지점 tempat pendaratan. 동체착륙 pendaratan pada perut (lambung). 비상【불시】착륙 pendaratan terpaksa 【darurat】

착모하다(着帽-) mengenakan (memakai) topi

착복(着服) ①【옷을 입다】 pakaian 착복하다 berpakaian ②【횡령】 penggelapan; pencurian; pencatutan 착복하다 mengantongi; menggelapkan; menyelewengkan 《uang rakyat》 ke dalam kantong

착상(着床) 【생물】【수정란의】 penanaman 착상하다 ditanamkan; dibuahi

착상(着想) pikiran; idé; gagasan 착상하다 mendapat gagasan

착색(着色) warna 착색하다 memberi warna; mewarnai; memberi corak tertentu ⊙ 착색유리 kaca berwarna. 착색제 alat (bahan) pewarna

착석하다(着席-) menempati tempat duduk (kedudukan); duduk ⊙ 착석 자 orang yang duduk

착수하다(着手-) memulai pekerjaan; ber*mula* ⊙ 착수금 uang muka; uang persekot; uang panjar; uang yang dibayarkan untuk memulai (menjalankan) pekerjaan

착시 ilusi optik

착실하다(着實-) ①【진실 · 견실하다】 rajin dan jujur ②【알차다】 penuh; lengkap

착안(着眼) ilham; pandangan; pendapat 착안하다 mendapat ilham; bermaksud; berangan-angan ¶착안이 좋다 ilhamnya baik; baik pandangan (pendapat)

착안점(着眼点) sudut (segi) pandangan; segi pendapat; fokus ilham

착암기(鑿岩機) 【광산】 komprésor

착오(錯誤) kesalahan; kekeliruan 착오하다 berbuat salah; keliru; khilaf ¶ 시행착오를 통해 배우다 belajar melalui berbagai percobaan dan kegagalan

착용하다(着用-) memakai; berpakaian; berbaju

착유(搾油) penggilingan minyak 착유하다 memeras minyak ⊙ 착유공장 pabrik penggilingan minyak. 착유기 alat pemeras (penggilingan) minyak

착유(搾乳) pemerahan (pemeras) susu 착유하다 memerah (memeras) susu ⊙ 착유기 mesin pemerahan (pemerah) susu

착잡(錯雜) keruwetan; rintangan 착잡하다 sulit; rumit; ruwet

착지하다(着地-) mendarat

착착(着着) secara teratur; bertahap; langkah demi langkah; 【입에】 sesuai dengan

착취(搾取) ①【짜냄】 penghisapan 착취하다 menghisap ②【고혈의】 pemerasan; éksploitasi 착취하다 memeras; mengéksploitasi ⊙ 착취【피착취】 계급 golongan yang diéksploitasi 【yang diperas tenaga】

착탄거리(着彈距離) jarak témbak

착하(着荷) kedatangan barang-barang ⊙ 착하인도(불) pengambilan (pembayaran) waktu kedatangan

착하다 【아이 · 마음씨가】 baik; baik hati; 【온순하다】 lembut hati; 【순종하다】 patuh; penurut; taat

찬(饌) ⇒ 반찬 lauk pauk; barang tambahan untuk makanan ¶찬거리 bahan untuk lauk pauk

찬가(讚歌) lagu pujaan; nyanyian pujian

찬기(-氣) udara dingin ¶찬기를 느끼다 merasa dingin

찬동(贊同) persetujuan; izin; dukungan 찬

동하다 menyetujui; setuju; memberi persetujuan; mendukung ¶찬동을 구하다 meminta persetujuan
찬란하다(燦爛-) cemerlang; cerah; berkilau; gemilang; bersinar-sinar ¶찬란하게 dengan cemerlang; dengan berkilauan
찬모(饌母) juru masak wanita
찬물 ①【냉수】 air dingin ¶ (남에게) 찬물을 끼얹다 memercikkan air dingin ②【비유적】 ¶찬물을 끼얹다 merusak suasana; menghalang-halangi
찬미(讚美) pemujian; pujian; kekaguman; kebanggaan; pemujaan; penyembahan; cinta sejati; penyanjungan 찬미하다 memuji-muji; mengagumi; memuliakan; menyanjung ⊙ 찬미자 pemuja; pengagum; penyembah; pencinta
찬반(贊反) yang setuju dan yang tidak setuju; pro dan kontra ⊙ 찬반양론(兩論) yang menyetujui yang tidak menyetujui; baik-buruknya
찬방(饌房) ruang penyimpanan bahan makanan
찬부(贊否) setuju atau tidak ¶찬부를 묻다 menanyakan kesetujuan
찬불가(讚佛歌) lagu pujian Budha
찬사(讚辭) (kata) pujian ¶찬사를 드리다 (보내다) memuji; memuliakan; memberi pujian kepada
찬성(贊成) persetujuan 찬성하다 menyetujui; setuju akan; mendukung (menyokong; menganut) 《pandangan; pendapat》 ⊙ 찬성자 orang yang setuju (yang menyetujui)
찬송가(讚頌歌) nyanyian geréja; lagu pujian geréja ¶찬송가를 부르다 melagukan nyanyian pujian; menyanyi lagu geréja
찬스 ⇒ 기회 kesempatan; peluang ¶찬스를 잡다【얻다】 meraih【mendapat】 kesempatan/ 찬스를 놓치다 kehilangan (meléwatkan) kesempatan ⊙ 찬스메이커 pemain yang membuat kesempatan
찬양(讚揚) pujian; pemujian; pemujaan 찬양하다 memuji-muji; menyanjung; mengagumi
찬연(燦然) 【찬란한】 kecemerlangan; kecerdasan 찬연하다 cemerlang; ulung; cerah
찬장(饌欌) bupét; bufét; lemari tempat menyimpan makanan
찬조(贊助) dukungan; sokongan; dorongan ¶찬조를 얻다 mendapat (memperoléh) sokongan (perlindungan; restu; dukungan) ⊙ 찬조금 sumbangan; derma. 찬조연설 pidato dukungan. 찬조출연 kehadiran (penampilan) sebagai tamu
찬찬하다 ①【꼼꼼하다】 sangat teliti; cermat sekali; penuh perhatian ②【침착하다】 tenang; sabar
찬탄(讚嘆) kekaguman; pujian; kebanggaan 찬탄하다 memuji; mengagumi; menghargai
찬탈(簒奪) perebutan (perampasan) kekuasaan 찬탈하다 merebut; merampas kekuasaan (tahta) ⊙ 찬탈자 perebut (perampas) kekuasaan; orang yang merebut 《tahta》
찬합(饌盒) kotak (peti) makanan
찰거머리 ①【거머리】 lintah ②【사람】 orang yang meléngkét
찰과상(擦過傷) luka lécét; luka tergorés; gorésan; parut
찰기【차진】 léngkét: melekat
찰 깍정이 orang yang sangat kikir
찰나(刹那) sekejap mata; sesaat; momén; sebentar ¶찰나적인 sebentar; sekejap mata /찰나에 살다 menikmati waktu sekarang ⊙ 찰나주의 prinsip hidupnya hanya untuk sesaat (sebentar); prinsip (paham) mementingkan kenikmatan (kesenangan) sementara
찰떡 kué beras ketan
찰랑거리다 riak; bergerak
찰랑찰랑【그득 차서】 penuh-penuh; sepenuhnya
찰밥 nasi ketan
찰벼 padi ketan; padi pulut
찰싹 ⇒ 철썩
찰찰 ⇒ 철철
찰흙 ⇒ 점토 tanah liat
참[1] 【진심 · 사실】 kebenaran; kenyataan; keaslian; 【성실】 ketulusan hati; kesungguhan hati; keikhlasan ¶참사람 orang jujur; orang benar
참[2] ①【참으로】 sungguh-sungguh; benar-benar; sangat ②【감탄 적】 Alangkah;

Betapa ③【접두어】 nyata; sejati

참(站) ①【역참】 tempat; tempat tugas; pusat; jabatan ②【쉬는 곳】 tempat perhentian; penghentian; setopan ③【휴식】 istirahat ④【…하려는 때】 waktu; saat

참가(參加) partisipasi; keikut-sertaan; pengikutsertaan; pengambilan bagian 참가하다 mengambil bagian; mengikut sertakan; turut serta; hadir ⊙ 참가국【팀】 negara 【tim】 yang mengambil bagian. 참가번호 nomor peserta. 참가비 biaya; biaya partisipasi. 참가자 pengikut; peserta

참견(參見) ①【관여】 pengambil-bagian; pengikut-sertaan; campur tangan 참견하다 mengikut-sertakan; mengambil bagian; turut campur; mencampuri ②【간섭】 campur tangan; gangguan 참견하다 turut campur

참고(參考) surat keterangan; référénsi; rékoméndasi; rujukan 참고하다 merujuk pada ¶참고로 untuk rujukan (petunjuk); untuk keterangan ⊙ 참고문헌 bibliografi; buku rujukan; contoh référénsi. 참고자료 data (bahan) référénsi; bahan rujukan. 참고인 saksi

참고서(參考書) buku référénsi; buku rujukan

참관(參觀) 참관하다 mengunjungi; 【입회】 menyaksikan; mengunjungi ⊙ 참관인 saksi: 투표 참관인 saksi (pengamat) pemungutan suara

참극(慘劇) bencana; malapetaka; tragedi; kejadian sedih

참기름 minyak wijén ¶참기름 냄새가 고소하다 minyak wijén sangat beraroma

참깨 【식물】 wijén; bijén

참나무 【식물】 pohon ék

참다 ①【생리 현상 등을】 menahan; menanggung ¶참을 수(가) 없다 tak dapat ditahan; tak tertahankan; tidak dapat tahan ②【감정 · 충동 등을】 mengendalikan; menguasai; mengatur; menahan

참담하다(慘憺-) 【비참하다】 tragis; menyedihkan; menimbulkan kasihan (sengsara)

참답다 benar; sejati; setia ¶참다운 친구 teman sejati

참되다 benar; jujur; sebenarnya¶참된 용기 keberanian yang sebenarnya (yang sejati)

참뜻 arti (maksud) sebenarnya

참례하다(參禮-) 【식에】 menghadiri upacara; hadir

참례(參-) pengambilan bagian; pengikut sertaan 참례하다 mengikut-sertakan; mengambil bagian

참말 ucapan 《kata-kata》 sebenarnya ¶참말(로) 【실로】 sungguh-sungguh; sesungguhnya; benar-benar; betul-betul

참모(參謀) 【군대의】 opsir staf; 【총칭】 staf; 【상담역】 penaséhat ⊙ 참모총장【차장】 kepala 【wakil kepala】 staf angkatan bersenjata. 선거참모 penaséhat dalam kampanye pemilihan

참모습 ⇒ 실상 sebenarnya

참배(參拜) pemujaan; kunjungan tempat beribadat 참배하다 mengunjungi candi 《biara》

참변(慘變) kejadian yang tragis; bencana (malapetaka) yang mengerikan

참빗 sikat bambu

참사(參事) sékretaris ⊙【대사관의】 참사관 konselér 《kedutaan》

참사(慘死) kematian yang tragis (menyedihkan) 참사하다 mengalami kematian tragis; mati kecelakaan; meninggal secara tragis ⊙ 참사 체 badan yang terkoyak-koyak

참사(慘事) bencana; kecelakaan; tragedi; malapetaka

참사람 orang jujur ¶참사람이 되다 menjadi orang baru

참살(斬殺) pemenggalan kepala (léhér) 참살하다 memengga l(memotong) kepala ¶참살당하다 kepalanya telah dipotong; dipenggal kepala (léhér)

참살(慘殺) pembunuhan; pembantaian; penyembelihan; pemotongan 참살하다 membunuh; memotong; menyembelih; membantai ⊙ 참살사건 perkara pembunuhan yang kejam. 참살시체 badan (mayat) yang terkoyak-koyak (yang rusak); tubuh yang bergelimpangan

참상(慘狀) pemandangan yang mengerikan; kesengsaraan; situasi bencana yang mengerikan

참새【조류】burung geréja; burung pipit

참석(參席) kehadiran; keikut-sertaan 참석하다 menghadiri; menyertai; mengikut ⊙ 참석률 tingkat kehadiran. 참석자 hadirin; orang yang ikut serta

참선(參禪)【불교】semadi (méditasi) dalam agama Budha Zén;【수행】latihan semadi Zén; Méditasi 참선하다 melakukan méditasi Zén ⊙ 참선 자 orang yang berméditasi Zén

참섭(參涉) keikutcampuran 참섭하다 mencampuri urusan orang lain

참수하다(斬首-) memenggal (memotong) kepala ¶참수를 당하다 dipenggal kepala; terpenggal; terpotong kepala

참숯 arang dari kayu keras (bagus)

참신(斬新) baru; keaslian; orisinil 참신하다 asli; baru

참여(參與) partisipasi; keikut-sertaan 참여하다 mengambil bagian (ikut serta) dalam; berpartisipasi

참외【식물】buah semangka belanda; mélon ⊙ 참외넝쿨 sulur semangka (mélon). 참외밭 ladang buah semangka (buah mélon)

참으로【정말】sungguh-sungguh; benar-benar; sesungguhnya;【매우】sekali; sangat

참을성(-性) kesabaran; keulétan ¶참을성이 없다 tidak sabar/참을성 있게 dengan sabar

참의원(參議院) Majelis Tinggi

참작(參酌) pertimbangan; perhatian; perhitungan 참작하다 mempertimbangkan; memikirkan; memperhitungkan

참전(參戰)pengikut-sertaan dalam perang 참전하다 mengambil bagian (ikut serta) dalam perang

참정(參政) pengikut-sertaan dalam pemerintahan 참정하다 mengambil bagian dalam pembagian (ikut serta) dalam pemerintahan

참정권(參政權) hak pilih; hak suara

참조(參照) rujukan; perbandingan; référénsi 참조하다 merujuk; membandingkan

참치 ikan tuna

참패(慘敗) kekalahan yang menghancurkan; kekalahan yang membawa malapetaka (yang hebat; yang memalukan) 참패하다 kalah total; menderita kekalahan yang menghancurkan (yang membawa malapetaka)

참하다 ①【얌전하다】baik; bagus; menyenangkan; halus;【상당하다】sopan; baik hati; patut; pantas; lumayan;【성품이】lemah-embut; ramah ②【말쑥하다】langsing; ramping;【적합하다】cocok

참하다(斬-) memenggal (memotong) kepala

참해(慘害) kerusakan berat (hébat) ¶참해를 입히다 merusakkan ((hasil panén))

참형(斬刑) pemenggalan kepala ¶참형에 처하다 memenggal(memotong) kepala

참형(慘刑) hukuman kejam

참호(塹壕) parit; parit perlindungan; lubang perlindungan; selokan ¶참호를 파다 menggali parit perlindungan

참혹(慘酷) ①【잔인】kekejaman; kebengisan 참혹하다 kejam; bengis; kasar; buas ¶참혹하게 dengan kejam (kasar) ②【비참】kesedihan yang menimbulkan belas kasihan 참혹하다 sedih; sengsara; tragis; mengejutkan

참화(慘禍) kecelakaan mengnerikan; bencana yang benar-benar mengerikan ¶전쟁의 참화 kerusakan akibat perang

참회(懺悔)【뉘우침】rasa sesal; penyesalan;【고백】pengakuan 참회하다 diakui kesalahan (kejahatan); menyesali ¶참회의 눈물 air mata penyesalan ⊙ 참회 담 pengakuan. 참회자 orang yang bertaubat; orang yang mengakui dosa

찹쌀 beras ketan; pulut ⊙ 찹쌀떡 kué beras ketan

찹찹하다 ①【물건이】bertumpuk dengan rapi ②【마음이】tenang dan tentram

찻값(茶-) bayaran minuman téh (kopi)

찻길(車-) ①【궤도】rél ((keréta api)) ②【차도】jalan kendaraan

찻삯(車-) ongkos mobil (keréta))

찻숟갈, 찻숟가락 séndok téh ¶찻숟갈로 하나 seséndok téh

찻잎(茶-) daun téh

찻잔(茶盞) cangkir téh

찻장(茶欌) lemari kecil untuk tempat me-

nyimpan téh
찻집(茶-) rumah minum; kafétaria; warung kopi ⊙ 전통 찻집 warung téh tradisional
창[1] 【구두의】 tapak sepatu; sol sepatu ¶창을 갈(아대)다 memasang sol sepatu yang baru; mengganti sol sepatu
창[2] 【구멍】 lubang ¶양말에 창이 나 있다 Kaos kakimu berlubang.
창(窓) ①【창문】 jendéla; lokét; 【채광창】 jendéla loténg; kaca atap ¶창틀 kosén (kerangka) jendéla ②【컴퓨터의】 jendéla
창(槍) tombak; lembing ¶창으로 찌르다 menombak ⊙ 창던지기 lempar lembing
창가(娼家) rumah pelacuran
창가(唱歌) nyanyian; lagu 창가하다 menyanyi ⊙ 창가 대 paduan suara 《di geréja; di sekolah》. 창가 집 kumpulan (koléksi) lagu
창간(創刊) terbitan pertama 창간하다 menerbitkan ⊙ 창간기념호 terbitan khusus (nomor istiméwa) untuk memperingati berdirinya cetakan itu. 창간호 terbitan (édisi) pertama
창건(創建) ⇒ 창업(創業) pondasi; fondamén; dasar 창건하다 mendirikan; membuat
창고(倉庫) gudang; bangsal; barak; lumbung ⊙ 창고지기 pengawas (pengurus) gudang. 창고업 usaha pergudangan
창공(蒼空) langit biru; angkasa biru; cakra wala
창구(窓口) ①【사무실 · 영업소 등의】 lokét ②【경로】 hubungan; prosés ⊙ 창구계원 pekerja (petugas) lokét. 매표창구 lokét untuk membeli karcis
창궁(蒼穹) ⇒ 창공 kolong langit
창궐하다(猖獗-) mengamuk; mengganas; merajalela
창극(唱劇) opéra klasik Korea
창기(娼妓) wanita penghibur kelas tinggi
창녀(娼女) pelacur; wanita tunasusila; perempuan cabul; loktong; lanji
창단하다(創團-) mendirikan; memulai
창달(暢達) kelancaran; kemajuan 창달하다 berkembang; maju; meningkat
창당(創黨) 창당하다 membentuk partai ⊙ 창당이념 idéologi pendirian partai. 창당 정신 semangat pendirian partai baru
창립(創立) pondasi; fondamén; pendirian; pembentukan 창립하다 mendirikan; membuat ¶창립되다 didirikan ⊙ 창립기념일 Hari Peringatan pendirian 《sekolah》. 창립위원회 panitia urusan pendirian. 창립자 pendiri; organisator; pengatur
창망하다(蒼茫-) luas
창문(窓門) ⇒ 창(窓) jendéla
창백(蒼白) kepucatan; muka pucat 창백하다 pucat; pucat pasi; layu; merana; suram; muram
창법(唱法) métode (gaya) bernyanyi
창병(瘡病) 【의학】 sipilis; penyakit raja singa; penyakit rahasia
창부(娼婦) ⇒ 창녀 pelacur
창살(窓-) 【문의】 kisi-kisi; terali; kasa; ruji; 《감옥의》 jeriji besi
창사(創社) pendirian perusahaan
창상(創傷) luka 《karena ditetak oléh parang; pedang》
창생(蒼生) orang-orang; rakyat
창설(創設) ⇒ 창립(創立) pendirian; pembukaan; pembuatan 창설하다 mendirikan ¶창설되다 didirikan
창성(昌盛) kemakmuran 창성하다 menjadi makmur; berhasil baik
창세(創世) penciptaan dunia (bumi) ⊙ 창세기(記) 【성경】 Buku Génésis; Buku mengenai Kejadian
창시(創始) pembukaan; pendirian 창시하다 mendirikan; memulai ⊙ 창시자 pemula; pendiri
창씨개명하다(創氏改名-) mengubahkan nama
창안(創案) idé orisinil; rencana(idé) yang semula (yang asli) 창안하다 menemukan ⊙ 창안자 pemula; penemu
창업(創業) 【사업의】 pembukaan perusahaan; 【창립】 pendirian; pembuatan; pembukaan 창업하다 memulai usaha; membuka (memulai) perusahaan; ¶창업한 이래 sejak membuka (memulai) perusahaan ⊙ 창업자 pendiri
창연하다(蒼然-) 【푸릇푸릇하다】 biru tua; biru langit; 【어둑어둑하다】 suram ¶고색이 창연하다 kelihatan antik (tua)

창유리(窓琉璃) kaca jendéla
창의(創意) kekréatifan; gagasan (idé) semula; idé asli ¶창의적인 사고를 하다 berpikir kréatif
창의력(創意力) kekréatifan; gagasan (idé) semula; idé yang asli
창이(創痍) luka ¶만신창이가 되다 luka sekujur (seluruh) tubuh
창자 isi perut; jeroan; usus
창작(創作) 【저작】 penghasilan; produksi; 【소설 쓰기】 karangan fiksi; cerita rekaan; 【작품】 ciptaan 창작하다 menciptakan; membuat; (소설을 쓰다) menulis roman (cerita) ⊙ 창작가 orang pencipta; pengarang cerita. 창작력 daya cipta
창제(創製) ciptaan; hasil penemuan 창제하다 menciptakan
창조(創造) kekréatifan; penciptaan 창조하다 menciptakan; membuat ¶창조적 kréatif ⊙ 창조력 kréatifitas; kemampuan yang kréatif; daya cipta. 창조물 penciptaan. 창조자 pencipta. 창조주 Tuhan; Sang Pencipta
창졸간(倉卒間) ¶창졸간에 tiba-tiba; sertamerta; di tengah-tengah ketergesaan
창창하다(蒼蒼-) ①【푸르다】 biru; hijau ②【멀다】 jauh; jauh sekali; (끝없다) luas; lébar; besar
창천(蒼天) langit biru
창출하다(創出-) menciptakan
창틀 kosén jendéla
창파(滄波) gelombang laut; ombak yang besar ⊙ 만경창파 laut yang bergelombang
창피(猖披) rasa malu; yang memalukan 창피하다, 창피스럽다 merasa malu; memalukan; hina; (초라하다) tidak sedap dipandang; menyakitkan mata; rendah
창해(滄海) permukaan air yang luas dan biru ⊙ 창해일속(一粟) sedikit sekali; setétés air di samudra
창호지(窓戶紙) kertas untuk kosén jendéla ¶창호지를 바르다 menémpélkan (merekatkan) kertas pada kosén jendéla
찾다 ①【행방 · 소재를】 mencari; mengadakan penyelidikan 《pencarian; penelitian》 ¶서랍 속을 찾다 menggeledah (mengaduk-aduk) laci/찾아 헤매다 mencari-cari ②【찾아내다】 mengetahui; mendapatkan keterangan; menguber-uber; menemukan ③【구하다 · 요구하다】 mencari ④【방문 · 탐방】 mengunjungi ⑤【원인 · 방법 · 해결책 등을】 mencari; mengikuti jejak; menemukan ¶단서를 찾다 menemukan petunjuk ⑥【책 · 사전 등을】 mencari ⑦【맡긴 것을】 menarik kembali; menerima kembali; 【잡힌 것을】 mendapatkan kembali 《hipoték; tanah yang dihipotékkan, barang yang digadaikan》 ⑧【예금을】 menarik; mengambil
찾아가다 ①【발견하다】 menemukan ②【맡기거나 잃어버린 것을】 mengambil kembali; membawa
찾아내다 menemukan
찾아다니다 mengunjungi; mencari
찾아보다 【사물을】 mencari; meneliti; (찾아내다) menemukan
찾아오다 ①방문하다 mengunjungi; mencari ②【맡기거나 잃어버린 것을】 membawa; mengambil ③【계절 · 시기 · 사건 등이】 datang; (주로 좋지 않은 시기에) melanda
채[1] ①【채찍】 cambuk; cemeti ②【악기】 tongkat pemukul genderang (drum)
채[2] ①【건물】 gedung; bangunan ②【집을 셀 때】buah ¶집 두 채 dua buah rumah
채[3] 【잘게 썰기】 채 썰다 mengiris; memotong dengan tipis ¶채 썬 야채 sayur-sayuran yang diiris
채[4] ①【아직】 belum; masih ②【정도에 덜 참】 belum sampai; tidak cukup (mencukupi)
채[5] 【있는 상태 그대로】 persis (benar-benar) sebagaimana adanya
채광(採光) penerangan; penyinaran 채광하다 terang ⊙ 채광창 jendéla sinar; kaca atap
채광(採鑛) pertambangan; penambangan 채광하다 menambang ⊙ 채광권 hak penambangan
채굴(採掘) penggalian; penambangan; éksploitasi; pertambangan 채굴하다 menambang; mengéksploitasi; menggali ⊙ 채굴권 hak penambangan

채권(債券)【경제】surat tanggungan; surat obligasi; surat pinjaman (hutang) ⊙ 채권입찰제 sistem tawar-menawar surat obligasi;【아파트의】sistém rumah flat yang disertai dengan surat tanggungan

채권(債權) tagihan; piutang; krédit ⊙ 채권국 negara pemberi pinjaman. 채권자 kréditor; pemberi pinjaman uang

채근하다(採根-) ①【뿌리를】menggali akar (sumber);【근원을】menelusur asalnya (sumbernya) ②【독촉하다】mendesak

채금하다(採金-) menambang emas

채끝【고기】panggul daging sapi

채널 ①【방송의】saluran ②【통로·경로】saluran

채다[1] ①【낚아채다】merenggut; merampas; menjambrét;【덮치어】menyambar;【가로채다】merampas dengan paksaan ②【확 당기다】merenggut; menyentak; mencabut; menarik kuat-kuat

채다[2]【눈치·낌새를】merasa; menduga; mencurigai; membaui

채다[3]【채이다】①【걷어채다】ditendang; disepak;【돌부리에】tersandang ②【빼앗기다】dirampas(dicuri) ③【딱지 맞다】ditolak (di tampik)

채도(彩度) krom; chroma ¶채도가 높다 (낮다) mengandung krom tinggi (rendah)

채독(采毒) racun sayur-sayuran; penyakit yang dikandung dalam sayuran

채록하다(採錄-) memilih dan memasukkannya dalam catatan; mencatat dalam buku

채료(彩料) cat; pewarna; bahan yang memberi warna ⊙ 채료 그릇 palét (pelukis). 채료 붓 kuas cat

채마(菜麻) ⊙ 채마밭 kebun sayur-sayuran

채무(債務) hutang ¶채무가 있다 berhutang ⊙ 채무국 negara (bangsa) yang berhutang. 채무상환 penebusan hutang. 채무승계 peralihan jaminan. 채무자 orang yang berhutang

채반(-盤) ①【그릇】baki (nampan) anyaman rotan ②【신부의】《makanan lezat untuk pengantin wanita》 yang dibawa pulang 《kepada orang tuanya》

채벌(採伐) ⇒ 벌채 robohnya 《pohon-pohonan》

채비(-備)【준비】persediaan; perlengkapan; persiapan pendahuluan;【치장】pakaian 채비하다 mempersiapkan; menyediakan;【치장하다】memperlengkapi diri sendiri

채산(성)(採算)(性) keuntungan; laba ¶채산을 무시하고 tanpa memikirkan keuntungan ⊙ 채산가격 harga yang menguntungkan. 독립 채산제 sistém berdikari; sistém akuntasi mandiri

채색(彩色) pewarnaan 채색하다 memberi warna; mewarnai ⊙ 채색화 gambar berwarna; lukisan

채석(採石) penggalian 채석하다 menggali 《batu marmar; pualam》; menambang ⊙ 채석 공(工) penggali pertambangan. 채석권(자) (pemilik) hak untuk menambang batu permata. 채석장 tempat penggalian tambang

채소(菜蔬) sayur-mayur; sayur-sayuran ⊙ 채소가게 toko sayuran. 채소밭 kebun sayuran. 유기농 채소 sayuran organik; sayuran yang bébas dari bahan kimia. 녹황색 채소 sayuran hijau

채송화(菜松花)【식물】lumut mérah

채식(菜食) diét sayuran; nabati 채식하다 makan sayur-mayur ¶채식의 végetaris ⊙ 채식주의 végetarisme; aliran orang yang hanya makan sayuran. 채식주의자 végetarir; orang yang hanya makan sayuran; orang yang berpantang makan daging

채신없다 tidak pantas

채용(採用) ①【임용】pekerjaan (jabatan); penerimaan 채용하다 mempekerjakan; memakai; menerima ②⇒ 채택 pilihan; prarasa ⊙ 채용조건 persyaratan penerimaan. 임시채용 pekerjaan percobaan

채우다[1]【잠그다】mengunci; mengikatkan; memasang; mengaitkan

채우다[2]【몸에】menyuruh memakai ¶수갑을 (쇠고랑을) 채우다 membelenggu; memborgol

채우다[3]【차게 하다】mendinginkan;【물 얼음에】menaruh (menyimpan) dalam air dingin

채우다[4] ①【수량을】melengkapi 《nomor; jumlah》 ¶부족액을 채우다 mengisi (melengkapi) kekurangan ②【가득하게】 memenuhi; 【꽉】 memasukkan (memadatkan) ③【충족시키다】 memuaskan; memenuhi; meyakinkan ¶수요를 채우다 memenuhi permintaan ④【기한을】 menyelesaikan ⟪masanya⟫

채유(採油) pengeboran minyak; sulingan minyak 채유하다 menyuling minyak; mengebor minyak

채이다 ①【빼앗기다】 dirampas (dicuri) ②【발길에】 ditendang; disepak ③【딱지 맞다】 ditolak; ditampik dengan kasar

채점(採點) penilaian 채점하다 memberikan nilai (angka) ⊙ 채점자 penilai. 채점표 daftar nilai

채종하다(採種-) memungut (mengumpulkan) biji-bijian (bibit)

채집하다(採集-) memungut; menangkap; mengumpulkan ⊙ 채집 가 pengumpul; pemungut

채찍 cambuk; cemeti; pecut ¶채찍을 휘두르다 memegang dan menggunakan cambuk

채찍질 pencambukan; pemecutan; penderaan; 【격려】 dorongan; desakan 채찍질하다 mencambuk; mencemati; mendera; mendorong; mendesak

채취(採取) pemetikan; 【추출】 penyulingan; pencabutan; penggalian 채취하다 memetik; memilih; menusuk; mengambil; mengumpulkan ¶지문을 채취하다 mèngambil sidik jari ⊙ 채취자 pemetik; pemungut

채치다【채를 썰다】 mengiris

채칼 pisau juru masak; pisau iris

채탄(採炭) pertambangan batu bara 채탄하다 menambang batu bara ⊙ 채탄부(夫) buruh tambang (penambang; penggali) batu bara

채택(採擇)【선택】 pemilihan; pilihan; prasara 채택하다 memilih; memprasara ¶증거로 채택되다 dipilih sebagai bukti ⊙ 채택원고 naskah yang diterima

채팅 percakapan langsung; pesan instan ¶채팅에 빠지다 kecanduan percakapan langsung/ 채팅사이트에 접속하다 masuk ke situs percakapan

채혈(採血) pengambilan darah 채혈하다 mengambil darah

채화(彩畵) gambar (foto; film) berwarna ⊙ 수채화 ⟪lukisan⟫ cat air

책(冊) buku; 【읽을거리】 bacaan ⊙ 책가방 tas buku. 책벌레 【벌레】 kutu buku; orang suka membaca. 책표지 sampul buku

책(柵) ①【울】 tiang pancang ¶책을 두르다 membuat (mendirikan; membangun) tiang pancang ②【둑의】 tanggul batang kayu

─책(責) orang yang bertanggung jawab ¶조직책 organisator; orang yang mengatur

─책(策) langkah; tindakan ¶해결책 cara mengatur (membéréskan) suatu masalah

책동(策動) siasat; kasak-kusuk; kelicikan; muslihat 책동하다 mengatur siasat; berkasak-kusuk; mengerahkan ⊙ 책동가 orang yang mengatur siasat; orang membujuk gerakan

책략(策略) tipu daya; muslihat; akal kancil ⊙ 책략가 ahli siasat; orang yang mengatur muslihat

책력(冊曆) almanak buku

책립(冊立) pelantikan; instalasi; pemasangan 책립하다 memasang; melantik; menempatkan

책망(責望)【질책】 celaan; kecaman; 【비난】 sesalan 책망하다 memarahi; mengoméli mencela; mengecam; menyesalkan

책무(責務) ⇒ 의무, 책임 kewajiban; tugas; tanggung jawab

책받침(冊-) alas buku; plastik diletakkan di bawah lembaran kertas saat menulis

책방(冊房) ⇒ 서점 toko buku

책보(冊褓) pembungkus buku; kain pembungkus buku ¶책보에 싸다 membungkus dalam kain pembungkus

책사(策士) orang yang berakal (yang pandai); 【나쁜 뜻의】 pengatur siasat; penyusun komplot; orang yang penuh tipu daya (muslihat)

책상(冊床) méja tulis ⊙ 책상보 taplak méja; kain méja

책상다리(冊床-) ①【책상의】 kaki méja (méja tulis) ②【가부좌 틂】 yang duduk dengan kaki bersilang 책상다리하다 duduk bersilang kaki

책상물림(冊床-) orang yang baru terjun ke dalam masyarakat ¶책상물림이다 tidak mengetahui keadaan apa-apa

책싸개(冊-) pembungkus (sampul) buku

책씻이하다(冊-)【책례】 mentraktir (menjamu) teman-teman untuk merayakan selesainya kursus

책임(責任) tanggung jawab;【책무】kewajiban ¶책임은 …에 있다 tanggung jawabnya terletak pada… ⊙ 책임보험 asuransi kewajiban. 책임자 penanggung jawab; orang yang bertanggung jawab. 공동(연대)책임 tanggung jawab bersama

책임감(責任感) rasa tanggung jawab; rasa kewajiban ¶책임감을 느끼다 mempunyai perasaan tanggung jawab

책자(冊子) brosur; pamflét; selebaran; buku kecil ¶ 여행안내 책자 brosur perjalanan ⊙ 선전책자 pamflét propaganda

책잡다(責-) mencari kesalahan

책잡히다(責-) disalahkan; dicela

책장(冊張) halaman buku

책장(冊欌) rak buku; lemari buku

책정(策定)【예산 등의】penetapan; penyesuaian; pemberian;【가격 등의】((harga)) penentuan 책정하다 menentukan; menetapkan; menyesuaikan ⊙ 봉급책정 penetapan (persiapan) gaji

책하다(責-) menyalahkan; mencela

챔피언 juara ¶챔피언이 되다 memenangkan (meraih) kejuaraan ⊙ 챔피언십 kejuaraan

챗국 sup dingin memakai lobak yang diiris-iris

챙 ⇒ 차양(遮陽) pinggir; helm

챙기다 ①【한데 모으다】mengumpulkan;【짐을】mengepak; memasukkan; memadati ②【정리하다】merapikan; membéréskan; (처리하다) mengatur; mengelola; (보관하다) menyimpan; menaruh ③【돈 · 이익 등을】¶뒷돈을 챙기다 menerima suap ④【사람 · 건강 등을】hati-hati; menjaga keséhatan (diri)

처(妻) ⇒ 아내 istri ¶처를 얻다 beristri ⊙ 처조카 keponakan pihak istri

-처(處)【곳】tempat; jabatan;【정부 기구】kantor; jabatan ¶근무처 tempat kerja (pekerjaan)

처가(妻家) rumah (tempat tinggal) orang tua istri ⊙ 처가살이: 처가살이하다 hidup (tinggal) di rumah istri

처결(處決) keputusan; ketegasan 처결하다 memutuskan; menentukan

처남(妻男) saudara laki-laki dari istri; ipar

처넣다 ①【아무렇게나 집어넣다) menjejali;【잔뜩】mengisi (menjejalkan) ke dalam; memadai ②【가두다) menjebloskan

처네 ①【덧 이불】selimut kapas ②【아이 업는】géndongan bayi

처녀(處女) ①【미혼 여성】gadis; perawan; anak dara ②【비유적】pertama ¶그녀의 처녀작은 대 성공이었다 Novél pertamanya laris. ⊙ 처녀막 selaput dara; himen. 처녀성 kegadisan; keperawanan. 처녀시절 masa gadis; masa remaja. 처녀작【연설, 출판】karya【pidato, terbitan】pertama

처단(處斷) pemutusan; ketegasan;【처분】pembagian; penempatan; penghukuman 처단하다 mengadili; menghukum; mempertimbang; memutuskan

처덕(妻德) ①【덕행】kebaikan istri ②【은덕】pertolongan (bantuan) istri

처량하다(凄凉-) ①【쓸쓸하다】(a) (황량해서) hancur; sedih; menyedihkan (b) (적적해서) sepi; sunyi; kesepian; lengang ②【마음이】(a) (구슬퍼서) sedih; sayu (b) (비참해서) ¶처량한 생각이 들다 merasa sengsara; merasa tidak senang; merasa susah sekali

처럼【…와 같이】seperti; sama; bagai; sebagaimana; sebegitu ¶…처럼 보이다 rupanya (nampaknya) bahwa…; menyerupai…

처리(處理) ①【일 · 사건 등의】pengelolaan; penyelesaian; pemimpinan; pengaturan; keputusan ¶처리되다 bérés; selesai ②【물리적 · 화학적】perawatan; pengobatan; perlakuan;【원료 등의】pengolahan 처리하다 mengelola; memimpin; mengadakan transaksi; menyelesaikan; merawat ⊙ 하수 처리장 tempat pengolahan limbah (kotoran)

처마【건축】 cucuran atap ¶처마 밑에서 엿듣다 mendengarkan secara diam-diam ⊙ 처마 끝, 처맛기슭 tepi bagian atap

처먹다 【상스런 표현】 ①【음식을】 makan dengan lahap (rakus) ②【나이를】 berumur ¶나이를 처먹었으면 나잇값을 해라 Bertindak sesuai umur.

처방(處方) 【의사의】 resép dokter 처방하다 memberi resép ¶의사의 처방대로 seperti yang dianjurkan (ditentukan) oléh dokter ⊙ 처방전(箋) resép dokter: kertas resép

처벌(處罰) hukuman; siksaan 처벌하다 menghukum ¶처벌받다 dihukum

처분(處分) ①【팔다】처분하다 menjual; memberikan; melepaskan ¶토지를 처분하다 menjual tanah milik ②【처리하다, 조치하다】 memberikan; memperlakukan ¶관대히 처분하다 memperlakukan dengan toléran ⊙ 처분 품 barang yang harus dijual. 매각처분 pelepasan dengan menjual

처사(處事) pelaksanaan; pengelolaan;【행위】 tindakan ¶처사를 잘하다 mengambil tindakan yang tepat

처삼촌(妻三寸) istri paman

처서(處暑) ke 24 bagian menurut musim ((kira-kira 23 Agustus))

처세(處世) kebijaksanaan dalam kehidupan; tingkah laku; sikap hidup 처세하다 menjalani hidup; bersikap baik dalam hidup ⊙ 처세법 cara untuk berhasil di dunia

처세술(處世術) seni pergaulan; tata cara kehidupan ¶처세술에 능하다 mengetahui bagaimana bisa berhasil dalam kehidupan (untuk mengikuti arus kehidupan)/ 처세술을 배우다 belajar bagaimana bergaul di dunia

처소(處所) 【장소】 tempat; lokasi; 【거처】 tempat tinggal; kediaman ⊙ 임시처소 tempat tinggal sementara

처시하(妻侍下) orang laki-laki yang dikuasai ((oléh)) istri ¶처시하이다 dikuasai oléh istri; menjadi suami yang dikuasai istri

처신(處身) tingkah laku; kelakuan; tindak-tanduk; perilaku 처신하다 berkelakuan baik; bertingkah laku; bertindak

처신사납다 ⇒ 치신사납다

처신없다 ⇒ 치신없다

처연하다(悽然-) sedih; menyedihkan

처우(處遇) perlakuan 처우하다 memperlakukan; menghadapi ¶처우를 개선하다 memperbaiki kondisi (kerja)

처음 ①【시작 · 발단】 permulaan; 【최초】 yang pertama; pangkal; awal ¶ 처음부터 dari permulaan; dari awal ②【첫 번】 pertama-tama ¶처음(으로) untuk pertama kali ((dalam hidup))

처자(妻子) istri dan anak-anak; 【가족】 keluarga

처자(處子) gadis

처자식(妻子息) ⇒ 처자

처절(悽絕) kesedihan (duka cita; sedih) yang luar biasa 처절하다 sedih (susah; sengsara) sekali ¶처절한 광경 keadaan (suasana) yang menyedihkan

처제(妻弟) adik perempuan istri

처조카(妻-) kemenakan perempuan (laki-laki) istri

처지(處地) ①【형편】 keadaan; situasi; 【입장】 kedudukan; posisi; 【환경】 lingkungan ¶곤란한 처지 keadaan (situasi) yang sulit ②【사이】 hubungan; pertalian; perhubungan

처지다 ①【늘어지다】 tergantung; terkulai; melentur; melempai ②【내려앉다】 turun; jatuh; tenggelam; terbenam ③【뒤처지다】 (a) (뒤지다) ketinggalan; tertinggal; (낙오되다) tersérét; berlarut-larut; (달리기에서) ketinggalan; tersérét; mengekor; menjadi lemah (b) (…만 못하다) tidak bagus; kurang bagus

처 질녀(妻姪女) kemenakan perempuan istri

처참(處斬) pemenggalan léhér

처참하다(悽慘-) mengerikan; memilukan; menyedihkan

처처(處處) berbagai tempat ¶처처에 di mmana-mana

처첩(妻妾) istri dan selir (gundik)

처치(處置) ①【처리】 penyelesaian; pembagian; pemberian ②【조치】 tindakan 처치하다 menyelesaian; mengambil tindakan; membuang; menjual makan ②【제

거】 pemindahan; pemecatan; pembuangan; pembersihan; (죽이다) pembunuhan 처치하다 memindahkan; mengangkat; melepaskan; memecat; membunuh

처하다(處-) ①【놓이다】 ditempatkan; dimasukkan; dihadapkan ②【처벌하다】 menghukum; menjatuhkan hukuman; memvonis ③【대처하다】 mengatur; mengurus; mengelola

처형(妻兄) 【아내의 언니】 kakak perempuan istri

처형(處刑) penghukuman; penghukuman mati; perlakuan yang amat kasar 처형하다 menjalankan (melaksanakan; melakukan) hukuman; menghukum mati ¶처형되다 dihukum; terhukum ⊙ 처형대 tempat penggantungan. 처형장 tempat penghukuman mati

척(尺) 【길이를 재는 단위】 kaki Korea ((kira-kira satu kaki)) ¶그는 6척 장신이다 Tingginya hampir 180 sentimer.

척(隻) 【배를 세는 단위】 buah ¶배 한척 sebuah kapal

척 【단단히】 rapat; ketat; melekat erat ②【처짐】 yang jatuh; lepas ③【선뜻】 tanpa penundaan; tanpa ragu-ragu; (즉각) dengan segera; serta-merta ⇒ 척척 ¶척 대답하다 menjawab ((pertanyaan)) dengan cepat (dengan mudah) ④【의젓하게, 멋지게】 dengan mengesankan; dengan mengagumkan; dengan gagah

척결(剔抉) membongkar ((kejahatan; kecurangan; penipuan))

척골(脊骨) tulang punggung; tulang belakang

척도(尺度) ukuran; penunjuk; 【기준】 standar; patokan; norma ¶재는 척도가 되다 menjadi ukuran (barométer; penunjuk)

척박(瘠薄) 【토양이】 ketandusan; kemandulan 척박하다 tidak menghasilkan; tandus

척분(戚分) kekeluargaan; pertalian keluarga

척살하다(刺殺-) 【죽임】 menikam sampai mati; menusuk mati

척수(脊髓) 【해부학】 urat saraf (urat sumsum) tulang belakang ⊙ 척수마비 kelumpuhan tulang belakang

척식(拓植) kolonisasi 척식하다 dijajah ⊙ 척식은행 bank kolonial

척주(脊柱) 【해부학】 ruas tulang belakang; tulang punggung ⊙ 척주만곡【병리학】 lengkungan tulang belakang (tulang punggung)

척척 ①【차곡차곡】 lipatan demi lipatan; tumpukan demi tumpukan; dengan cara yang rapi ②【감기다】 gulungan demi gulungan ¶척척 감기다 merangkul (membelitkan) diri ③【달라붙다】 melekat (meléngkét) erat ④【지체 없이】 tanpa penundaan tanpa keragu-raguan; 【시원시원하게】 dengan cepat; dengan tepat ((pada waktunya))

척척하다 ((merasa)) basah; lembab

척추(脊椎) 【해부학】 tulang punggung; tulang belakang ⊙ 척추동물 binatang yang bertulang punggung; vértebrata. 척추마취 suntikan bius pada sumsum belakang. 척추카리에스 【의학】 kebusukan tulang belakang (tulang punggung)

척출하다(斥黜-) mengusir; memecat; mengeluarkan

척출(剔出) pencabutan 척출하다 mencabut; menyadap; menyuling ⊙ 난소척출 pembuangan (pengangkatan) indung telur

척토(瘠土) ⇒ 척지 tanah gersang; tanah tandus

척하다 ⇒ 체하다 【그럴듯하게 꾸미는 태도·모양】 berpura-pura; sok ¶나는 자는 척했다 Aku berpura-pura tidur.

척후(斥候) pengintaian; tugas patroli ⊙ 척후병 pengintai; pandu

천 【피륙 · 직물】 kain; 【견본】 contoh (carikan) kain

천(千) 【숫자】 seribu ¶수천의 beribu-ribu ((orang))

천거(薦擧) ⇒ 추천 rékoméndasi; anjura 천거하다 merékoméndasi; memuji kebaikan; membicarakan (mengatakan) yang baik ¶…의 천거로 atas rékoméndasi

천격(賤格) 【표격】 sifat yang licik (buruk;

hina; kikir; pemberang); 【사람】 orang keturunan rendah; rakyat biasa 천격스럽다 licik; buruk; hina; kikir; pemberang

천견(賤見) pandangan (pendapat) yang dangkal (sempit); gagasan (idé) yang dangkal

천계(天界) 【하늘】 langit; angkasa; 【천상세계】 ruang lingkup (lingkungan) angkasa

천고(千古) 【태고】 zaman purba-kala; 【영원】 abadi; kekal; tetap

천고마비(天高馬肥) ¶천고마비의 계절 musim gugur dengan langit yang jernih dan biru, dan kuda-kuda bertambah gemuk

천골(賤骨) 【사람】 orang yang berasal dari kalangan rakyat biasa; orang kebanyakan

천공(天空) langit; angkasa; udara

천공(穿孔) pemboran; pengeboran 천공하다 membor; mengebor; melubangi ⊙ 천공기 mesin bor

천국(天國) surga; kerajaan Tuhan ¶지상의 천국 surga keduniawian; surga dunia

천군만마(千軍萬馬) beribu-ribu pasukan dan kuda; kuda dan tentara berjumlah besar

천궁도(天宮圖) perbintangan; horoskop; primbon; ramalan

천근만근(千斤萬斤) terasa sangat berat

천금(千金) banyak uang ¶일확천금을 꿈꾸다 impian untuk menjadi kaya dengan sekaligus

천기(天氣) ⇒ 일기(日氣), 날씨 ⊙ 천기도 peta cuaca

천기(天機) ①【자연의 기밀】 rahasia alam ②【큰 기밀】 rahasia yang dalam (yang besar)

천년(千年) seribu tahun ¶천년만년 【부사적】 untuk selamanya

천당(天堂) 【천국】 surga ¶천당 가다 masuk surga; mati; meninggal; wafat

천대(賤待) perlakuan yang merendahkan (menghina; penuh kehinaan; dingin) 천대하다 memperlakukan dengan hina; memperlakukan secara tidak ramah; 【등한히 하다】 mengabaikan; melalaikan ¶천대받다 mendapat perlakuan yang hina; diperlakukan dengan hina (dengan rendah)

천더기 orang yang dipandang rendah (yang dianggap hina); orang yang hina ¶사회의 천더기 sampah masyarakat

천도(天桃) 【복숭아】 buah persik ajaib yang tumbuh di surga; buah persik dalam dongéng yang tumbuh di surga

천도(天道) ①【천지, 자연의 도리】 jalan ke surga ②【천문학】 lingkaran (orbit) benda-benda angkasa; orbit bintang-bintang di langit

천도(遷都) pemindahan ibu kota 천도하다 memindahkan ibu kota

천덕꾸러기(賤-) orang yang diperlakukan hina

천도교(天道敎) agama *Chondo* yang didirikan di Korea oléh Choé Je-wu pada tahun 1859

천동(天動) ⇒ 천둥

천동설(天動說) téori (sistém) ptolemus

천둥 guntur; guruh; gemuruh 천둥하다 bunyi (gemuruh) guntur

천둥벌거숭이 orang yang berani tapi ceroboh; orang yang kacau; amatir yang kerjanya serabutan

천려일실(千慮一失) kekhilafan (kesalahan; kekeliruan) seorang yang bijaksana

천렵(川獵) penangkapan ikan di sungai 천렵하다 menangguk ikan

천륜(天倫) kaidah moral; hubungan manusia yang alamiah (yang sewajarnya)

천리(千里) ①【거리】 seribu *ri* ②【비유적】 jarak jauh ⊙ 천리마 【나는 말】 kuda terbang; kuda yang cepat lari 【명마】 kuda yang tangkas; kuda yang bagus

천리안(天里眼) 【투시】 ahli ramal; kewaskitaan; terus mata; terus pandang; penglihatan yang kedua; 【통찰력】 wawasan; pengertian; pengetahuan yang dalam ¶천리안을 가지고 있다 memiliki kekuatan terus mata (terus pandang; daya nujum)

천막(天幕) ténda; kémah ⊙ 천막생활 kehidupan yang berkémah; 【방랑의】 hidup mengembara: 천막생활하다 hidup berkémah

천만(千萬) 【1천만】 sepuluh juta; 【무수】 jumlah yang tak terhitung; 【매우】 sangat; sekali ⊙ 천만금 berjuta-juta uang ⇒ 천금. 천만년 sepuluh juta tahun. 천만장자 milyarder

천만다행(千萬多幸) keberuntungan; kemujuran 천만다행하다, 천만다행이다 beruntung sekali ¶천만다행으로 mujurlah; untunglah

천만뜻밖(千萬-) ¶천만뜻밖의 betul-betul tidak diduga (tidak disangka)

천만번(千萬番) sepuluh juta kali

천만부당하다(千萬不當-) sama sekali tidak masuk akal (tidak benar; tidak adil)

천만에(千萬-) ①【겸사】 sama sekali tidak ②【부당】 tak pernah terjadi; tentu saja tidak; tak boleh; jangan

천명(天命) ①【수명】 masa hidupnya; masa yang ditakdirkan sebelumnya ②【하늘의 뜻】 kehendak Tuhan; 【운명】 nasib; takdir

천명(闡明) penjelasan 천명하다 menjelaskan, menerangkan ¶중외(中外)에 천명하다 menegaskan di muka (mengumumkan kepada) dunia

천문(天文) 【현상】 kejadian bintang-bintang; 【천문학】 ilmu talak; ilmu perbintangan; ilmu astronomi; 【점성술】 ilmu nujum; astrologi ⊙ 천문대 gardu penilikan bintang

천문학(天文學) ilmu falak; ilmu perbintangan; ilmu astronomi ⊙ 천문학자 pakar astronomi; ahli perbintangan

천민(賤民) rakyat biasa; rakyat jelata; kaum marhaén

천박(淺薄) kedangkalan 천박하다 céték; dangkal ¶천박한 짓을 하다 melakukan hal yang tolol (bodoh)

천방지축(天方地軸) ①【덤벙댐】 sangat kebingungan; sembarangan; ceroboh ②【허둥허둥】 dengan tegesa-gesa

천백번(千百番) banyak sekali

천벌(天罰) pembalasan; hukuman dari Tuhan; kutukan ¶천벌을 받다 menerima kutukan; dikutuk

천변(川邊) tepi (pinggir) sungai

천변(天變) ⇒ 천변지이(地異) bencana alam; kejadian (gejala) yang luar biasa

천변만화(千變萬化) perubahan yang banyak sekali; senantiasa berubah-ubah dengan cepat 천변만화하다 berubah secara terus-menerus

천복(天福) berkat(rahmat) Tuhan ¶천복을 받다 diberkati (diberi rahmat) oléh Tuhan

천부(天賦) ¶천부의 wajar; alam; alamiah

천부(賤夫) kalangan rendah

천부당만부당(千不堂萬不當) ⇒ 천만부당 benar-benar tidak masuk akal

천분(天分) 【천정】 sifat dasar; 【천부의 재주】 bakat alam

천사(天使) malaikat; bidadari; pesuruh Allah ⊙ 천사 장(長) pemimpin malaikat

천상(天上) 【하늘나라】 surga; cakrawal ¶천상에서 dari surga

천상천하 유아독존(天上天下 唯我獨尊) Saya adalah Tuhan sendiri. *atau* Hanya sayalah yang suci di seluruh langit dan bumi.

천생(天生) ①【날 때부터】 alamiah; apa yang diciptakan oléh Tuhan ②【부사적】 pada dasarnya ③【어쩔 수 없이】 tidak ada pilihan ⊙ 천생연분 ikatan perkawinan yang telah ditakdirkan oléh Tuhan

천성(天性) sifat dasar; pembawaan; tabiat ¶천성의 (적인) alamiah; dasar; wajar

천세(千歲) seribu tahun ¶이름을 천세에 남기다 mengabadikan namanya

천세나다 banyak permintaan; laris sekali

천수(天壽) masa kehidupan alamiah (yang sewajarnya) ¶천수를 누리지 못하고 죽다 meninggal sebelum waktu

천수(天水) air hujan ⊙ 천수답 sawah tadah hujan

천시(天時) ①【기회】 kesempatan (waktu; saat) baik ②【자연 현상】 pesona dari kejadian alam

천시하다(賤視-) menganggap hina; memandang rendah

천식(喘息) 【의학】 penyakit asma ¶천식(성)의 menderita (berpenyakit) asthm ⊙ 천식환자 pasién yang menderita asma; penderita asma

천신(天神) déwa-déwi yang ada di kaya-

ngan
천신만고(千辛萬苦) segala macam penderitaan dan kemelaratan 천신만고하다 mengalami segala macam penderitaan dan kekurangan; mengalami berbagai kesukaran hidup
천심(天心) ①【하늘의 뜻】 kehendak Tuhan ②【하늘 한 복판의】 puncak; zénit
천안(天顔) roman muka (wajah) Kaisar
천안문(天安門) 【 중국 · 북경의】 pintu gerbang Tienamen ⊙ 천안문광장 lapangan (alun-alun) Tienamen
천애(天涯) ①【하늘 끝】 kaki langit; ufuk; horizon ②【먼 곳】 negeri yang jauh letaknya ¶천애의 고아 orang yang sebatang kara; anak yatim yang kesepian
천양(天壤) langit dan bumi ¶천양지간(之間) di antara langit dan bumi; seluruh alam semesta
천양지차(天壤之差) perbédaan besar; perlawanan yang ékstrém ¶천양지차이다 berbéda sama sekali
천양지판(天壤之判) ⇒ 천양지차
천언만어(千言萬語) 【수없는 말】 kata-kata yang tidak dapat terhitung; argumén yang tidak putus-putusnya
천업(賤業) pekerjaan yang tidak layak; pekerjaan hina
천역(賤役) tugas (pekerjaan) yang rendah
천연(天然) ①alam ¶천연의【적인】 alami ②【부사적】《영락없이》 persis seperti; seolah-olah ⊙ 천연가스 gas bumi. 천연기념물 monumén alam; karya besar alam. 천연수(水) air alam. 천연자원 sumber alam
천연(遷延) penundaan; penangguhan 천연하다 menunda; menangguhkan
천연덕스럽다 ⇒ 천연스럽다
천연두(天然痘) 【의학】 penyakit cacar ¶천연두에 걸리다 menderita penyakit cacar ⊙ 천연두 자국 bekas bopéng. 천연두환자 pesakit (pasién) cacar
천연색(天然色) warna asli; warna alami ⊙ 천연색 사진 foto berwarna
천연스럽다(天然-) ①【자연스럽다】 wajar; dasar; alamiah; 【꾸밈없다】 tanpa disengaja; 【그럴 듯하다】 masuk akal ②【태연하다】 tidak berubah; teguh; 【무관심하다】 tidak peduli; tak ambil pusing ¶천연스럽게 dengan tenang; 【무관심 하게】 tanpa peduli
천외(天外) 【우주 밖】 di bawah langit; 【아득히 먼 곳】 daérah (wilayah) yang paling jauh ¶기상천외하다 gagasan (idé; pikiran) yang di luar dugaan
천왕성(天王星) Uranus
천우신조(天佑神助) karunia (pertolongan) Tuhan
천운(天運) 【운명】 nasib yang sudah ditakdirkan oléh Tuhan; 【운】 untung; nasib ¶천운에 맡기다 menyerahkan diri kpada nasib
천은(天恩) karunia Tuhan; rahmat Tuhan; 【임금의】 kemurahan hati (anugerah) raja
천의(天意) kehendak Tuhan ¶천의에 어긋나다 menentang kehendak Tuhan
천의무봉(天衣無縫) kecantikan yang sempurna tanpa cacat ¶천의무봉의 sempurna; mulus; tanpa cacat
천인(天人) 【하늘과 사람】 Tuhan dan manusia; 【도사】 orang yang telah mencapai "Do" (= jalan); 【뛰어난 사람】 orang yang berbakat ¶천인공노할 만행 【죄악】 kekejaman 【kejahatan】 yang mengerikan
천인(賤人) orang rendah
천일(天日) ①【해】 matahari ②【하늘과 해】 langit dan matahari
천일염(天日鹽) garam asli
천일야화(千一夜話) 【책이름】 Seribu Satu Malam
천자(千字) seribu huruf ⊙ 천자문 téks (naskah) seribu huruf Cina
천자(天子) 【황제】 kaisar; 【하늘의 아들】 putra Tuhan; Nabi lsa
천자만태(千姿萬態) ¶천자만태의 bermacam ragam; beranéka ragam
천자만홍(千紫萬紅) 《bunga》 yang beranéka warna
천장(天障) 【건물의】 ⇒ 천정(天井) langit-langit; plafon ⊙ 천장 등 lampu plafon. 천장선풍기 kipas angin pada plafon
천장하다(遷葬-) memindahkuburkan
천재(天才) 【사람】 orang jenius; orang yang luar biasa kepandaiannya; orang

berbakat; ahli (pakar); orang yang pandai ¶천재적(인) berbakat ⊙ 천재교육 pendidikan untuk anak jenius (berbakat)

천재(天災) bencana; malapetaka;【불가항력】perbuatan Tuhan ¶천재를 만나다 terkena oléh malapetaka (bencana) ⊙ 천재지변(地變) bencana (malapetaka) alam

천재일우(千載一隅) kesempatan emas (yang paling baik); yang terjadi sekali dalam seribu tahun

천적(天敵) musuh alami (alamiah); musuh bebuyutan

천정(天井) ①⇒ 천장 ②【가장 높은 곳】bagian atas ③【시세의】harga yang tertinggi ⇒ 천정부지

천정(天定) yang telah ditakdirkan sebelumnya oléh Tuhan ⊙ 천정배필 perkawinan yang telah ditakdirkan

천정(天頂)【천문학】puncak; zénit ⊙ 천정거리 jarak zénit. 천정의(儀) teropong (téléskop) zénit

천정부지(天井不知) ¶천정부지의 membubung tinggi; melangit

천조(天助) pertolongan Tuhan

천주(天主)【가톨릭】Tuhan ⊙ 천주경(經) doa pujaan ajaran Kristus. 천주삼위(三位) Trinitas; Tri Tunggal. 천주십계(十誡) Sepuluh Firman Allah

천주교(天主教) ⇒ 가톨릭

천지(天地) ①【하늘과 땅】langit dan bumi;【우주】alam semesta;【세상】dunia ¶천지의 di antara langit dan bumi ②【세계·곳】dunia;【경지】alam ③【매우 많음】menjadi penuh ⊙ 천지만물 semua makhluk

천지(天池) danau kawan Gunung Paektu

천지개벽(天地開闢) ①【세상의 창조】penciptaan langit dan bumi; penciptaan dunia 천지개벽하다 menciptakan langit dan bumi ¶천지개벽 이래 sejak dunia mulai ②【큰 변혁】perubahan besar 천지개벽하다 mengalami *perubahan* besar

천지신명(天地神明) Tuhan semesta alam ¶천지신명의 가호 perlindungan Tuhan

천직(天職) tugas; misi; pekerjaan yang diberikan

천직(賤職)【천한 직업】pekerjaan hina (rendah)

천진난만(天眞爛漫) kenaifan; keadaan tidak bersalah (tidak berdosa) 천진난만하다 naif; sederhana; tidak bersalah ¶천진난만한 태도 sikap yang wajar (yang tidak dibuat-buat)

천차만별(千差萬別) variasi yang tidak terbatas (tak terhingga) 천차만별이다 bermacam-macam; bermacam ragam; mempunyai variasi (gradasi) yang tak terbatas ¶천차만별의 bermacam ragam

천천히 pelan-pelan; lambat; lamban

천첩(賤妾) ①【첩】gundik (selia) yang berasal dari kalangan rakyat biasa ②【여자의 자칭】saya; aku

천체(天體) bintang di langit ⊙ 천체관측 observasi (pengamatan) bintang. 천체도(圖) peta angkasa. 천체망원경 teropong bintang. 천체물리학 ilmu astrofisika

천추(千秋)【천년】seribu tahun;【긴 세월】jangka waktu panjang;【부사적】selama-lamanya; senantiasa ¶하루를 천추같이 기다리다 menunggu dengan tidak sabar

천출(賤出) orang yang lahir dari selia; orang yang lahir tidak sah

천측(天測) observasi (pengamatan) bintang

천층만층(千層萬層) ⇒ 천만층

천치(天癡) kebodohan; ketololan;【사람】orang bodoh; tolol; dungu; idiot; goblok

천칭(天秤) ⇒ 천평칭

천태만상(千態萬象) bermacam-macam bentuk

천편일률(千篇一律) sifat yang membosankan ¶천편일률적 monoton; stéréotif

천평칭(千平秤) timbangan

천품(天稟) pembawaan; tabiat; watak dasar

천하(天下) ①【세상·나라】alam semesta; seluruh bidang;【한 나라】seluruh negeri;【세상】umum; masyarakat;【세계】dunia; alam;【지배권】kekuatan yang mengendalikan (yang menguasai) ¶천하에 둘도 (다시) 없는【유일한】hanya;【비길 데 없는】tidak ada bandingannya; tak ada taranya ②【마음대로 함】yang mempunyai caranya sendiri ⊙ 천하일색 kecantikan wanita yang tidak ada bandingan. 천하장사 pria yang paling kuat

천하다(賤-) ①【지위 · 신분 등이】 rendah; hina ②【말 · 행동 등이】 (a) (상스럽다) kasar; cabul; tidak sopan (b) (야비 · 비열하다) hina; jelék ③【흔하다】 banyak; 【값싸다】 murah; rendah

천하일품(天下一品) barang unik (khas); barang yang tidak ada duanya ¶천하일품이다 khusus; unik; tak ada bandingannya

천학(淺學) pengetahuan dangkal

천행(天幸) nasib baik; rahmat (pertolongan) Tuhan

천혜(天惠) rahmat Tuhan; berkat; karunia

천후(天候) ⇒ 날씨 cuaca

천황(天皇) (일본의 왕) Kaisar Jepang

철[1] ①【계절】 musim; waktu; masa ¶제철이 아닌 bukan musimnya; di luar musim/사철 empat musim ②【한창 …인 때】 musim; masa ¶복숭아철 musim buah persik

철[2] 【분별】 kebijaksanaan ¶ 철없는 짓을 하다 bertindak (berkelakuan) tanpa dipikirkan

철(鐵)[3] ①【쇠】 besi; 【번철】 panci untuk menggoréng; panci penggoréngan ¶철문 pintu gerbang dari besi ②【비유적】 ¶철의 장막 tirai besi

-철(綴)[4] ⇒ 철하다 arsip; berkas ¶서류철 arsip (berkas) dokumén (surat)

철각(鐵脚) kaki besi; kaki yang kuat

철갑(鐵甲) 【장갑】 penutup dari besi; 【칠갑】 lapisan 철갑하다 berlapis ⊙ 철갑선 kapal lapis besi

철갑상어(鐵甲-) 【어류】 semacam ikan hiu 철갑상어 알 kaviar

철강(鐵鋼) besi dan baja ¶철강제의 terbuat dari baja ⊙ 철강 산업 industri besi dan baja

철거(撤去) pengosongan; évakuasi; pemindahan; penghilangan; pembersihan; penarikan; penghapusan 철거하다 memindahkan; menghilangkan; mengosongkan; mengévakuasi; 【부수어서】 membongkar; menghancurkan ¶철거되다 dibongkar; dipindahkan; dibersihkan; dihilangkan; 【건물이】 terbongkar; dibongkar; dihancurkan

철골(鐵骨) kerangka besi (baja) ⊙ 철골건물 bangunan (gedung) yang didirikan dengan kerangka baja

철공(鐵工) tukang besi ⊙ 철공소 pabrik besi

철관(鐵管) pipa besi

철광(鐵鑛) tambang besi; 【광석】 bijih besi

철교(鐵橋) jembatan besi ¶철교를 놓다 membangun (mendirikan) jembatan besi (jembatan keréta api)

철군하다(撤軍-) menarik mundur 《pasukan》; mengévakuasi

철권(鐵拳) kepalan tangan yang kuat; jotos; tinju ¶철권을 먹이다 meninju; menjotos; memukul dengan tinju

철근(鐵筋-) ⊙철근 콘크리트 besi beton

철기(鐵器) ⇒ 철물 barang besi ⊙ 철근시대《考古》 zaman besi

철기(鐵騎) pasukan kuda yang berlapis baja

철길(鐵-) rél (jalan) keréta api

철도(鐵道) jalan keréta api ¶철도편으로 dengan keréta api ⊙ 철도사고 kecelakaan keréta api. 철도선로 jalur keréta api. 철도요금 【운임】 biaya 【tarif】 keréta api. 철도종업원 petugas (pegawai) keréta api. 광궤 【협궤】철도 rél lébar 【sempit】

철도여객(鐵道旅客) penumpang keréta api

철도자살하다(鐵道自殺-) membunuh diri dengan cara melompat ke jalan keréta api

철두철미하다(徹頭徹尾-) menyeluruh; mendalam; menyeluruh; saksama; komplit; 【부사적】 dari awal hingga akhir; dari pertama hingga terakhir; dari permulaan sampai selesai ¶철두철미하게 dengan berbagai cara; setiap inci; secara menyeluruh

철들다 sudah berakal séhat; tumbuh pemahaman

철딱서니 ¶철딱서니가 없다 masih kekanak-kanakan

철로(鐵路) ⇒ 철도

철리(哲理) filsafat métafisika ¶철리를 탐구하다 mempelajari filsafat (falsafat)
철마(鐵馬) keréta api; kuda besi
철망(鐵網) kasa kawat; 【난롯가의】 jala kawat
철면(凸面) permukaan cembung ⊙ 철면경【렌즈】 cermin cembung
철면피(鐵面皮) wajah yang tidak tahu malu; kelancangan; kekurang-ajaran 철면피하다 tidak tahu malu; tebal muka; kurang-sopan; lancang ¶철면피하게도 …하다 bermuka badak (tebal); bermuka tidak tahu malu; menjadi kurang ajar
철모(鐵帽) helm baja; helm pertempuran tentara
철모르다 tidak mempunyai akal (rasa); kurang bijaksana; kurang berpikir; belum berpengalaman
철문(鐵門) pintu besi
철물(鐵物) barang besi; peralatan dari logam ⊙ 철물상(商)【사람】pedagang besi; dealer peralatan dari logam. 철물전 toko besi
철바람 angin musim
철버덩 jatuh 《ke air》; tercebur 《ke air》
철벅거리다 berkecipak; menceburkan; rintik memercik
철벽(鐵壁) dinding baja; témbok besi; bénténg yang tidak tergoyahkan
철병(輸兵) ⇒ 철군(撤軍)
철봉(鐵棒) ①【쇠막대】batang besi; pemukul (pentungan) besi; linggis ②【체조용의】 palang besi sejajar ¶철봉을 하다 melatih di atas palang besi sejajar
철부지 ①【어린애】anak-anak ②【지각없는 사람】 orang yang bodoh (dungu); orang yang tidak mempunyai pengertian (akal séhat)
철분(鐵分) zat besi ¶철분이 있는, 철분을 함유한 mengandung bahan mineral; berkadar besi; mengandung besi *chalybeate*
철사(鐵絲) kawat ⊙ 가시철사 kawat berduri
철삭(鐵索) kabel; kawat besi
철새 burung musiman; burung pengembara
철석(鐵石) ①【쇠와 돌】besi dan batu ②【몹시 굳음】¶철석같은 teguh; keras; setia; kuat
철석간장(鐵石肝腸) hati yang keras; pikiran yang teguh (kuat); maksud yang teguh (kuat; tetap); resolusi yang tetap (yang tak berubah) ¶철석간장이 녹다 terpikat hati 《oléh seorang wanita》
철선(鐵線) kawat besi
철수(撤收) penarikan mundur; évakuasi 철수하다 menarik mundur; mengévakuasi
철시하다(撤市-) menutup toko (pasar); menghentikan urusan bisnis
철심(鐵心) ①【마음이】pikiran yang teguh; keinginan yang keras ②【심】 sebatang besi; logam 《penompang kerangka》
철썩 ①【파도가】 debur; gemercik 《bunyi gemercik air》 철썩하다 memercik; berdebur; mendebur ②【때리는 소리】 tamparan; tempéléng 철썩하다 menampar; memukul 《pantat》; menempéléng 《kepala》
철썩철썩【때리는 소리】memukul (menampar) tanpa henti
철야(徹夜) sepanjang malam terjaga 철야하다 bergadang; berjaga sepanjang malam tanpa tidur; berjaga-jaga; tidak tidur pada malam hari ¶철야하여 시험 공부하다 belajar semalam suntuk untuk ujian ⊙ 철야운행 (버스 등의) pelayanan sepanjang malam
철없다 ⇒ 철모르다 ¶철없는 것을 하다 bertingkah laku seperti anak-anak
철옹성(鐵甕城) bénténg yang kuat (yang tidak tergoyahkan) ¶철옹성 같다, 철옹성이다 menjadi sangat(amat) kuat; tidak dapat direbut
철의 장막(鐵-帳幕) tirai (jeruji) besi
철인(哲人) orang filosof; orang yang bijaksana (pintar)
철인(鐵人) orang kuat
철자(綴字) éjaan; sepélan 철자하다 mengéja; menyepél
철자법(綴字法) ⇒ 맞춤법 sistém pengéjaan
철재(鐵材) bahan besi(baja); kerangka besi
철저(徹底) keseluruhan; komplit; seksama 철저하다 menjadi sempurna; menjadi

mendalam; menyeluruh ¶철저한 seksama; teliti

철저히(徹底) sepenuhnya

철제(鐵製) ¶철제의 《ter buat》 dari besi ⊙ 철제기구 baja; peralatan dari besi; barang dari besi

철조망(鐵條網) jalinan kawat berduri ¶철조망을 뚫다 menerobos kawat berduri

철쭉【식물】⊙ 철쭉꽃 bunga Azalea

철창(鐵窓)【창】jeruji dari besi(baja);【감옥】 penjara ¶철창에 갇히다 ditempatkan dalam tahanan penjara; dipenjarakan ⊙ 철창생활 kehidupan penjara

철책(鐵柵) pagar besi

철천지원수(徹天之怨讎) musuh seumur hidup; musuh yang tidak akan berakhir sampai titik darah penghabisan

철천지한(徹天至恨) kebencian yang mendalam; penyesalan seumur hidup; permusuhan yang tidak bisa didamaikan ¶철천지한을 품다 menaruh dendam yang mendalam; memendam kebencian yang mendalam

철철 penuh sekali ¶철철 넘치다 melimpah-limpah/철철 넘치도록 sampai melimpah

철철이 setiap musim

철칙(鐵則) peraturan yang keras dan tegas; hukum yang tidak dapat dirubah (ketat); garis pertahanan (posisi) yang tidak bisa ditembus

철커덕 bunyi gemerincing

철탑(鐵塔) menara baja

철통(鐵桶) bénténg yang tidak tergoyahkan ¶철통같이 경계하다 jaga dengan ketat

철퇴(撤退) ①【쇠몽둥이】 martil besi; palu besi ¶철퇴를 가하다 memberi pukulan yang keras (berat); memerintah dengan keras ②【비유적】 penarikan mundur 철퇴하다 menarik mundur; memindahkan 《tempat》 ¶병력을 철퇴시키다 menarik mundur pasukan ⊙ 철퇴명령 perintah pemindahan. 부분【전면】 철퇴 penarikan sebagian (keseluruhan)

철판(凸板) huruf cétak; cétakan (anastatik)

철판(鐵板) plat besi; lémpéng besi;【번철】 wajan; logam panas ⊙ 철판지붕 atap rantai baja

철편(鐵片) sepotong besi

철폐하다(撤廢-) menghapus《kan》

철필(鐵筆)【펜】péna; péna besi;【등사판용】péna sténsil; péna sténsil besi; pénsil metalik ⊙ 철필대 tangkai pena; ujung pena

철하다(綴-) membundel

철학(哲學)①【학문】filsafat; falsafah ¶철학적(으로) secara filosofis/철학적으로 생각하다 berpikir secara filosof ②【인생관】 falsafah hidup ⊙ 철학개론 pengenalan (garis besar) dari filsafat. 도덕철학 filsafat moral. 동양【서양】철학 filsafat oriental【berkenaan dengan barat】. 실존철학 filsafat (faham) éksistensi. 인생철학 filsafat hidup

철혈(鐵血) darah dan besi; tentara dan senjata

철회(撤回) penarikan 철회하다 menarik kembali; menarik mundur

첨가(添加) 첨가하다 menambah ⊙ 첨가물 tambahan

첨단(尖端) ①【뾰족한 끝】 ujung; puncak; ujung yang tajam ②【맨 앞장】¶첨단적인 sangat maju; masa kini; menit terakhir/유행의 첨단 sangat modérn; avan garde; mode; gaya ⊙ 첨단기술 téknologi canggih. 첨단산업 industri téknik baru

첨벙 bunyi gemercik 《plop; plung》 ¶첨벙 뛰어들다 melompat (mencebur) ke dalam air

첨병(尖兵)【군대】pengintai ¶첨병에 서다 berada di barisan depan

첨부(添附) 첨부하다 menambahkan; meletakkan; melampirkan ⊙ 첨부서류 dokumén lampiran

첨삭(添削) koréksi 첨삭하다 memperbaiki; mengoréksi ¶첨삭을 받다 diperiksa dan dikoréksi ⊙ 첨삭요금 biaya koréksi

첨서(添書) catatan tambahan

첨예(尖銳) ketajaman; keakutan; ketetapan 첨예하다 menjadi akut; menjadi-jadi; menjadi radikal (tajam) ⊙ 첨예분자 orang yang radikal; kelompok yang radikal (ékstrim); partai radikal

첨예화하다(尖銳化) 【분쟁 등이】 menjadi (mendapat) akut (gawat); semakin memburuk; menjadi makin radikal

첨작(添酌) tuangkan anggur tambahan ke dalam gelas

첨잔(添盞) 【술이 들어있는 잔에 술을 더 따름】 ¶한국에서는 첨잔을 하지 않는다 Menurut kebiasaan minum Korea, Anda tidak mengisi gelas sebelum kosong.

첨탑(尖塔) 【교회의】 puncak menara

첩(妾) gundik; selir; bini muda ¶첩의 소생이다 dilahirkan dari gundik; menjadi anak gundik/ 첩장가들다 mengambil seorang gundik

첩지 jepitan rambut hiasan 《digunakan pada waktu upacara》

첩(貼) 【한약 봉지를 세는 단위】 pakét ¶약 두 첩 dua pakét obat jamu (tumbuhan)

-첩(帖) album; buku; catatan ¶견본 첩 buku contoh; album percontohan/사진첩 album foto

첩경(捷徑) ①【쉬운 방법】 jalan pintas (cepat; mudah); 【지름길】 jalan péndék; jalan potong; pintasan ¶성공에의 첩경 jalan pintas menuju suksés ②【부사적】 dengan mudah; dengan sigap

첩보(諜報) informasi rahasia; inteligén ⊙ 첩보기관 organisasi (agén) inteligén; dinas rahasia. 첩보망 jaringan inteligén (spionase); lingkaran spionase. 첩보 영화 film mata-mata. 첩보원 orang intelijén; orang dinas rahasia. 첩보활동 kegiatan pengintaian

첩부하다(貼付-) 【붙이다】 meletakkan; menémpélkan

첩약(貼藥) pakét berisi obat (jamu)

첩자(諜者) mata-mata; spionase ¶첩자노릇을 하다 bertindak sebagai mata-mata; bekerja dalam spionase

첩지 jepitan rambut hiasan 《digunakan pada waktu upacara》

첩첩산중(疊疊山中) 【깊은 산속】 ¶첩첩산중에 *di dalam* gunung; di dalam ceruk (tempat tersembunyi) pegunungan

첩첩수심(疊疊愁心) ¶첩첩수심에 싸이다 amat sangat cemas

첩첩이(疊疊-) kejadian yang berulang (sering)

첩출하다(疊出-) muncul

첫 pertama; baru; perdana; awal ¶첫째 yang pertama/첫딸 putri sulung; putri pertama

첫걸음 langkah pertama; langkah awal; 【초본 · 기본】 permulaan; kursus bagi pemula; ABC

첫길 perjalanan pertama; jalan (rute) yang tidak dikenal; yang baru bagi seseorang

첫날 hari (malam) pertama; hari pembukaan; 【연주의】 pertunjukan perdana

첫날밤 malam pertama bagi pengantin baru

첫눈[1] pandangan pertama; pandangan sekilas ¶첫눈에 반하다 jatuh cinta (tertawan; terpikat) pada pandangan pertama

첫눈[2] 【처음으로 오는 눈】 salju pertama pada musim itu

첫돌 【아기의】 ulang tahun pertama bagi seorang bayi

첫마디, 첫말 kata pembukaan (pembuka); kata sambutan

첫머리 awal; pendahuluan ¶장(章) 첫머리에 pada awal bab

첫무대(-舞臺) début; penampilan (preséntasi) pertama; pemunculan pertama di depan umum

첫물 ①【옷의】 baju baru; baju yang tidak pernah dicuci ②⟹ 맏물

첫발 ①【처음 내딛는 발】 langkah pertama; permulaan ¶첫발을 잘못 내딛다 memulai dengan cara yang salah ②【시작】 pemula

첫사랑 cinta pertama; cinta monyét; 【사람】 kekasih 《yang》 pertama; gadis pertama yang dia cintai

첫새벽 subuh; fajar ¶첫새벽에 pada waktu subuh; pada waktu fajar menyingsing

첫선 ①【등장】 penampilan pertama¶첫 선을 보이다 tampil pertama kali ②【공개】 pengenalan pertama ¶첫 선을 보이다 memperkenalkan pertama kali

첫술 ①【처음 뜨는 숟가락】 séndokan pertama ②【비유적】 percobaan pertama

첫인상(-印象) kesan pertama ¶좋지 않는

첫인상을 남기다 meninggalkan kesan pertama yang tidak baik
첫정(-情) kasih sayang pertama
첫째【맨 처음】nomor satu; yang pertama ¶첫째가 되다 menjadi nomor satu ②【으뜸, 제일】yang terpenting; pokok ③【맏이】anak sulung
첫추위 dingin pertama musim dingin
첫출발(出發) awal; permulaan
첫판 ronde pertama 《permainan; pertandingan》; permulaan
첫판(-版)【초판】édisi pertama
첫해 tahun pertama
첫행보(-行步) ①【처음 감】kunjungan pertama ②【첫 행상】spékulasi pertama pada perdagangan keliling
청【얇은 막】selaput ¶귀청 gendang telinga
청(請) permintaan; permohonan ¶청을 들어주다 mengabulkan permintaan
청각(聽覺) indra pendengaran; perasaan yang berhubungan dengan pendengaran (akustik) ⊙ 청각 장애인 orang tuna rungu
청강(聽講) kehadiran 《dalam kuliah》 청강하다 menghadiri 《kuliah》; mendengarkan 《kuliah》 ⊙ 청강생 pendengar
청개구리(靑-)①【동물】katak hijau; kodok pohon ②【비유적】¶그 아이는 청개구리처럼 엄마가 하지 말라는 짓만 골라서 한다 Anak itu adalah sétan kecil dan segala larangan ibunya dia lakukan.
청객(請客) tamu yang diundang 청객하다 mengundang tamu
청결(淸潔) kebersihan; kejernihan 청결하다 bersih; rapi; jernih ¶청결하게 dengan rapi ⊙ 구강 청결 제 obat kumur
청계(淸溪) aliran (sungai kecil) yang jernih
청과(靑果) buah-buahan dan sayur-sayuran; tumbuhan hijau ⊙ 청과물 ⇒ 청과. 청과시장 pasar sayuran 《dan buah》
청교도(淸敎徒) puritan; orang yang amat teguh berpegang pada peraturan tata susila ⊙ 청교도주의 puritanisme
청구(請求)【돈 · 비용 등의】permintaan; tuntutan; klaim 청구하다 meminta; menuntut; mengklaim ¶청구하는 대로 berdasarkan permintaan ⊙ 청구액 jumlah yang dituntut. 청구인(人) ⇒ 청구자
청구권(請求權) hak tuntutan
청구서(請求書) surat tuntutan; tuntutan (tagihan; rékening) yang tertulis ⊙ 손해 배상 청구서 tuntutan (tagihan) tertulis untuk kerusakan
청구자(請求者) orang yang menuntut
청국(淸國) dinasti Ching (China)
청국장(淸麴醬) *cheonggukjang;* pasta kacang yang diragi cepat
청기(靑旗) bendéra berwarna biru
청기와(靑-) ubin yang biru(hijau); genténg biru
청년(靑年) anak muda; pemuda; teruna; jejaka; remaja ⊙ 청년기(期) masa remaja; masa muda. 청년단 persatuan pemuda. 청년회 organisasi pemuda. 기독교 (여자) 청년 himpunan (pemudi) pemuda Kristen
청대【식물】sejenis bambu beruas péndék
청대콩(靑-) buncis hijau
청동(靑銅) perunggu; kuningan ¶청동의 berbentuk perunggu
청동기(靑銅器) alat yang terbuat dari perunggu ⊙ 청동기 시대 zaman perunggu
청둥오리【조류】itik (bébék) liar
청람(靑藍) biru nila
청랑하다(晴朗-) 《menjadi》 terang; cerah
청량하다(淸凉-) menjadi terang dan sejuk; menjadi sejuk dan segar
청량음료(淸凉飮料) minuman segar (dingin); 《air》 mineral; minuman ringan
청력(聽力) daya pendengaran; kemampuan mendengar ⊙청력검사 tés pendengaran. 청력계 alat pengukur pendengaran
청렴(淸廉) ketulusan; kejujuran 청렴하다 tulus; jujur; tidak bisa disogok ¶청렴한 사람 orang yang jujur (tulus)
청렴결백(淸廉潔白) ⇒ 청렴
청록색(靑綠色) hijau kebiru-biruan; biru kehijauan
청루(靑樓) rumah pelacuran ⊙ 청루주사(酒肆), 주사청루 rumah pelacuran dan bar; tempat tinggal kaum homoséksual
청맹과니(靑盲-)①【눈】orang buta namun kelihatan sempurna ②【의학】amaurosis

③【사람】 orang buta
청명(淸明) ①【맑음】 청명하다 cerah; jernih; terang; biru ②【절후】 satu dari 24 pembagian musiman ⟪sekitar 5 April⟫
청문(聽聞) tanya jawab ⊙ 청문회 rapat tanya jawab
청바지 celana jin biru
청백리(淸白吏) lelaki yang jujur dan tulus
청병(淸兵) tentara Cina
청병(請兵) permintaan ⟪pengiriman⟫ pasukan (bala tentara) 청병하다 meminta ⟪pengiriman⟫ pasukan (bala tentara)
청부(請負) ⇒ 도급(都給) kerja borongan; kontrak; perjanjian ⟪kerja⟫ ¶청부주다 memberi borongan⟪kontrak⟫ ⊙청부살인 pembunuhan kontrak. 청부업 kerja borongan; penciutan (perjanjian) bisnis: 청부업자 kontraktor; pemborong
청빈(淸貧) kemiskinan jujur ⟪dapat dihargai⟫ 청빈하다 miskin tapi jujur
청사(靑史) sejarah ¶이름을 청사에 남기다 menjadi terkenal dalam sejarah
청사(廳舍) bangunan pemerintah
청사진(靑寫眞) ①【도면】 gambaran bagan ②【계획】 rencana; cétak biru
청사초롱(靑紗- 籠) *cheongsachorong;* lentéra tradisional Korea dengan sutra warna mérah dan biru
청산(靑山) pegunungan (bukit) hijau
청산(靑酸) 【화학】 asam hidrioksianat; asam prusik ⊙ 청산염 racun sianida
청산(淸算) ①【채권 · 채무 등을】 penghapusan; penyelesaian; penjelasan ⟪hutang⟫; pembubaran; penutupan 청산하다 (지불의) membéréskan ⟪hutang⟫; (회사 등의) membubarkan ⟪perusahaan⟫ ②【관계 · 과거 등을】 청산하다 membersihkan; menghapuskan; mengubur ⊙ 청산사무 urusan pembubaran. 청산사무소 kantor likuidasi. 청산인 pelikuidasi
청산가리(淸酸加里) sianida kalium
청산유수(靑山流水) kefasihan ¶말이 청산유수다 berbicara dengan fasih
청상과부(靑孀寡婦) janda muda
청색(靑色) biru ¶옅은 청색 biru muda / 짙은 청색 biru tua
청소(淸掃) pembersihan; 【거리의】 pembersihan jalan 청소하다 membersihkan; menyapu; menggosok ⊙ 청소도구 alat pembersih. 청소부(夫) binatu; (도로의) tukang sapu jalan; (쓰레기의) penjaga kebersihan; tukang sampah. 청소차 kendaraan (truk) sampah; gerobak sampah. 도로청소 pembersihan jalan
청소기(淸掃機) alat binatu; alat pembersih ⊙ 진공청소기 alat pembersih hampa udara. 전기청소기 alat pembersih listrik
청소년(靑少年) pemuda dan pemudi; anak remaja; anak muda; génerasi muda ⊙ 청소년범죄 kenakalan remaja
청송(靑松) cemara yang hijau
청수(淸水)air bersih (murni)
청순(淸純) kebersihan; késucian 청순하다 suci dan tak berdosa; murni; bersih
청승 isyarat nasib malang; sengsai ¶청승떨다 berlaku sengsai ⊙ 청승꾸러미 orang yang kelihatan sedih
청승맞다 sengsai; sengsara; banyak derita
청신경(聽神經) 【해부학】 saraf berhubungan dengan pendengaran (akustik)
청신호(靑信號) lampu hijau; isyarat boléh jalan
청심환(淸心丸) *cheongsimhwan;* pil yang menenangkan hati
청아(淸雅) keanggunan; kemolékan; kehalusan budi bahasa 청아하다 bagus sekali; beradab
청약(請約) pemesanan di muka; langganan 청약하다 berlangganan ⟪surat obligasi; saham⟫ ⊙ 청약금 uang deposito langganan. 청약자【인】langganan; pelanggan
청어(靑魚)【어류】ikan haring
청옥(靑玉)【광석】batu nilam; nilakandi
청와대(靑瓦臺) Istana Présidén Korea
청요리(淸料理) masakan Cina ⊙ 청요리집 réstoran Cina
청우(晴雨) hujan atau panas; cuaca bagus atau basah; ⟪rélatif⟫ keadaan cuaca ⊙ 청우계 barométer
청운(靑雲) ①【구름】 awan biru jabatan tinggi ②【높은 벼슬】 ¶청운의 뜻을 품다 mengandung (mempunyai) ambisi yang tinggi (besar)
청원(請援) permohonan 청원하다 meminta

tolong; meminta (mencari) bantuan; memohon

청원(請願) petisi; permohonan; permintaan 청원하다 menyampaikan (mengajukan) petisi; memberikan (mengirimkan) sebuah petisi ⊙ 청원경찰 polisi keamanan ((bank)); polisi khusus untuk mengawal keamanan. 청원권 hak petisi. 청원서 petisi (permohonan) tertulis: 청원자【인】 pengaju petisi

청음(淸音) suara (nada) yang jelas; 【무성음】 konsonan tak bersuara (bunyi)

청음기(聽音機) pelacak suara

청일(淸日) ⊙ 청일전쟁 perang Jepang-Tiongkok (1894-1895)

청일점(靑一點) satu-satunya pria

청자(靑瓷) porselén; seladon ⊙ 청자색 warna seladon; hijau. 고려청자 seladon Koryo

청장(廳長) pemimpin; diréktur jéndral

청장년(靑壯年) pemuda dan orang paruh baya

청절(淸節) kebenaran prinsip-prinsip; integritas ¶청절을 지키다 menjaga kebenaran dan integritas

청정(淸淨) kebersihan; kemurnian 청정하다 bersih; murni ¶청정한 마음 hati yang bersih ⊙ 청정야채 sayuran yang tumbuh tanpa bahan kimia. 청정재배 pemeliharaan sanitasi. 청정제 bahan pembersih; deterjén

청주(淸酒) saké ¶특급청주 saké bermutu istimewa

청중(聽衆) hadirin; pemirsa ¶많은【적은】 청중 hadirin yang banyak【sedikit】; jumlah besar【sedikit】 orang yang hadir ⊙ 청중석(席) auditorium; tempat duduk penonton

청지기(廳-) pembantu di rumah pejabat tinggi

청진(聽診)【의학】 pendengaran dengan alat; diaknosa; stétoskop 청진하다 mendiaknosa; mendengarkan dengan alat

청진기(聽診器) stétoskop ¶청진기로 진찰하다 memeriksa dengan stétoskop

청천(靑天) langit biru

청천(淸泉) sumur dengan air bersih dan jernih

청천(晴天) langit bersih ((tak berawan)); cuaca bagus

청천백일(靑天白日) ¶청천백일의 몸이 되다 dibébaskan dari tuntutan; memperoléh bukti ketidakbersalahan; dipulihkan nama baik

청천벽력(靑天霹靂) halilintar dari langit yang jernih; serangan (sambaran) tiba-tiba ((yang tidak diharapkan)) ¶청천벽력 같이 seperti kejadian yang tidak terduga

청첩(請牒) undangan ¶청첩을 받다 memperoléh (menerima) undangan; diundang ⊙ 청첩장 surat undangan pernikahan (perkawinan)

청청하다(靑靑-) ((menjadi)) hijau terang; bagus (segar) dan hijau

청초하다(淸楚-) rapi dan bersih

청춘(靑春) masa remaja (muda); masa jaya ¶청춘의 muda; remaja/청춘의 꿈 mimpi remaja ⊙ 청춘기(期) masa remaja; masa puber. 청춘남녀 pemuda dan pemudi

청출어람(靑出於藍) kemampuan seseorang; lebih cemerlang dari pada gurunya

청취하다(聽取-) mendengar; mendengarkan ((radio)); menangkap ((sinyal bunyi)) ¶라디오로 청취하다 mendengarkan siaran radio ⊙ 청취율 ratio pemirsa. 라디오청취자 pendengar radio

청컨대(請-) Sudikah kiranya…; Saya berdoa; Saya memohon; Saya berharap (ingin)

청탁(淸濁)【맑음과 흐림】 kebersihan dan(atau) kekotoran ¶청탁을 가리지 않다 tidak pilih bulu

청탁(請託) permintaan; permohonan 청탁하다 meminta; memohon ¶청탁을 받다 diminta; menerima permintaan

청태(靑苔)【식물】【이끼】 lumut hijau

청포도(靑葡萄) anggur hijau

청풍(淸風) angin segar; angin sepoi-sepoi dingin; angin menyegarkan ⊙ 청풍명월(明月) angin sepoi-sepoi dan bulan terang

청하다(請-) ①【부탁 · 요청하다】 meminta; memanggil untuk; memohon; memohonkan ¶청하는 대로 atas permintaan; seperti diminta/용서를 청하다 meminta (memohon) maaf ②【초대하다】 mengundang makan malam ③【초빙 하다】 mengajak; memanggil; meminta ¶의사를 청하다 meminta (memanggil) seorang dokter ④【초래하다】 membawa atas 《diri sendiri》; mendatangkan; menimbulkan 《malapetaka》 ⑤【잠이 들도록 노력하다】 ¶잠을 청하다 mencoba tidur

청허하다(聽許-) mengabulkan; menyetujui; mengizinkan

청혼(請婚) lamaran perkawinan; peminangan 청혼하다 melamar 《pernikahan》; meminta pernikahan; meminang ⊙ 청혼자 orang yang meminang; peminang

청혼(請魂) 【불교】 doa bagi arwah orang yang sudah mati

청홍(青紅) biru dan mérah ⊙ 청홍치마 rok mérah dan biru 《dipakai oléh pengantin wanita》

청화(青化) 【화학】 sianida ⊙ 청화가리 sianida kalium

체[1] 【가루 · 액체 등을 거르는 도구】 ayakan; pengayak; saringan ¶체로 치다 menyaring; mengayak

체[2] 【아니꼬울 때 · 탄식할 때】 Ah masa! Aduh! Astaga!

체[3] ⇒ 척 【그럴듯하게 꾸미는 태도 · 모양】 pura-pura; berpura-pura

체(滯) 【한의학】 pencernaan yang terganggu ⇒ 체하다

체(體) 【본보기 · 방식】 gaya; bentuk ¶체를 본받다 meniru gaya

-체(體) ①【몸 · 조직】 tubuh; pisik; kerangka; badan

체감(遞減) pengurangan (penyusutan) sedikit demi sedikit 체감하다 mengurangi (menyusut) secara berturut-turut ⊙ 체감속도 kecepatan pengurangan (kemunduran)

체감(體感) 체감하다 merasa; merasakan; terasa; memperasakan rangsangan tubuh ⊙ 체감온도 témperatur yang éféktif (yang berpengaruh)

체격(體格) bentuk tubuh; fisik; keadaan jasmani; kerangka; perawakan ¶체격이 단단 (튼튼)하다 bertubuh kokoh

체결(締結) keputusan; kesimpulan 체결하다 menyimpulkan; mengontrak; memutuskan 《kontrak》

체경(體鏡) cermin besar (panjang)

체계(體系) sistém; organisasi ¶체계적(인), 체계 있는 sistématis; secara sistématis/체계가 있다 diatur; disusun ⊙ 체계적 음소론 ilmu fonétik sistématis. 철학체계 sistém filsafat

체공(滯空) 체공하다 tinggal (menetap) di udara ⊙ 체공기록 rékor daya tahan 《penerbangan》. 체공비행 daya tahan penerbangan; ketahanan di angkasa. 체공시간 lamanya penerbangan; lama terbang

체구(體軀) 【몸】 tubuh; 【키】 tinggi; 【체격】 keadaan fisik

체급(體級) 【스포츠】 bobot kelas ⊙ 체급제한 batas bobot badan

체기(滯氣) ketidak sanggupan mencerna; pencernaan yang terganggu ¶체기가 있다 merasa terganggu pencernaan; menderita gangguan pencernaan

체납(滯納) kelalaian 《pembayaran》; penunggakan pembayaran 체납하다 menunggak; lalai dalam pembayaran; membiarkan 《pajak》 menjadi tunggakan ⊙ 체납금 tunggakan. 상습체납자 penunggak yang sudah terbiasa

체납자(滯納者) orang yang lalai; penunggak

체납처분(滯納處分) pungutan paksa; penagihan paksa

체내(體內) dalam (di) tubuh (badan) ¶체내의 pada tubuh

체념(諦念) ①【불교】 pemahaman kebenaran; penerangan batin 체념하다 memahami dengan benar ②【단념】 penolakan; penyerahan diri 체념하다 menyerah (menerima) 《nasib》; pasrah (réla) terhadap 《kerugian》

체능(體能) kecakapan (kemampuan) fisik ⊙ 체능검사 uji kecakapan fisik

체득하다(體得-) mendapatkan (mempelajari; menyadari) melalui pengalaman; menguasai; memahami

체량(體量) ⇒ 체중(體重) bobot

체력(體力) kekuatan fisik (tubuh); stamina fisik ¶체력을 기르다 membina kekuatan fisik ⊙ 체력검사 tés kekuatan. 체력장 tés kekuatan fisik

체류(滯留) 체류하다 tinggal; berdiam; menetap; bertempat tinggal; berdomisili; bermukim ⊙ 체류 객 tamu; 【일반 가정의】 tamu rumah. 체류지 tempat tinggal; tempat kediaman sementara

체리 buah céri

체머리 kepala ¶체머리를 흔들다 【진저리내다】 menunjukkan keseganannya

체면(體面) kehormatan; prestise; martabat; kesusilaan; 【명성】 reputasi; nama yang bagus; 【남의 이목에 대한】 penampilan; 【영예】 kehormatan; kepercayaan ¶체면상 demi kehormatan; untuk menyelamatkan kehormatan

체모(體毛) bulu

체모(體貌) ⇒ 체면(體面)

체미하다(滯美-) menetap (tinggal) di Amerika

체벌(體罰) hukuman badan (fisik)

체불(滯拂) penundaan (penangguhan) dalam pembayaran; pembayaran yang ditunda 《upah》 체불하다 belum dibayar; menunda; ditunda ⊙ 체불임금 upah tunggakan

체세포(體細胞) sél somatik

체스【서양장기】 catur ¶체스 판 papan catur

체신(遞信) pos dan télékomunikasi ⊙ 체신업무 pelayanan pos dan télégram

체액(體液) 【생리】 cairan badan

체언(體言) 【문법】 kata benda

체열(體熱) panas badan; [동물의] panas tubuh binatang ¶체열을 발산하다 melepaskan panas tubuh

체온(體溫) suhu 《panas》 badan ¶체온을 재다 mengukur suhu tubuh ⊙ 체온계 termométer klinik

체외(體外) ¶체외에 (로) di luar tubuh ⊙ 체외수정 inseminasi buatan

체위(體位) 【체격】 bentuk badan; ukuran (kondisi) tubuh; fisik; 【자세】 posisi (postur) tubuh ¶체위를 취하다 mengambil posisi (postur tubuh) ⊙ 평균체위 ukuran tubuh rata-rata

체육(體育) olahraga senam; atlétik; latihan fisik; pendidikan jasmani ⊙ 체육가 pelatih fisik; atlit. 체육과 jurusan (departmén) pendidikan jasmani; jurusan olah raga. 체육관 gedung olah raga; gimnasium. 체육대회 perlombaan atlétik. 체육특기자 【생】 orang 【mahasiswa】 yang berjasa di bidang olah raga. 대한체육회 Perhimpunan Atlétik Amatir Korea

체인 ①【쇠사슬】 berantai ②【점포 · 호텔 등이 계열】 toko berantai; toko yang berdérét; dérétan toko ⊙체인레스토랑 rangkaian réstoran. 체인 스모커 perokok terus-menerus

체인지 perubahan

체임버 kamaar; bilik; majelis

체재(滯在) ⇒ 체류(滯留) ⊙ 체재비 biaya hotél. 체재일수 lama kunjungan

체재(體裁) bentuk; gaya; 【겉보기】 penampilan. peragaan; format ¶동일 체재의 peragaan sama; (만듦새) dari pola yang sama/책의 체재 format buku

체제(體制) 【조직】 sistém; struktur; susunan; organisai; formasi ⊙ 경제체제 struktur ékonomi. 구체제 orde lama. 기성체제 sistém yang mapan. 정치체제 sistém politik

체적(體積) 【부피】 volume; 【용적】 kapasitas

체조(體操) olah raga senam; latihan fisik 체조하다 melakukan latihan senam; mempraktékan senam ⊙ 체조기구 alat-alat (peralatan) senam 체조시간 jam (waktu) olah raga senam. 체조 팀 tim senam. 기계체조 senam alat

체중(體重) berat badan; bobot ¶체중을 달다 menimbang badan/체중을 줄이다 mengurangi (menurunkan) berat badan/체중이 늘다 bertambah (menambah) berat badan/체중이 60킬로 나가다 berat badan 60 kilogram ⊙ 체중계 skala; mesin timbangan 《badan》

체증(滯症) ①【소화가 안 됨】 pencernaan yang terganggu; gangguan pencernaan; kekacauan pencernaan ②【교통이 원활하지 않음】 kemacétan lalu lintas ⊙ 교

통체증 kemacétan (macétnya) lalu lintas

체질 pengayakan; penyaringan 체질하다 mengayak; menyaring ((batu bara; pasir; kerikil))

체질(體質) ①【몸의】((fisik)) keadaan jasmani; (특이체질) diathésis ¶체질적(으로) secara jasmaniah/체질적인 결함 cacat jasmani/체질에 맞다 sesuai dengan (cokok) keadaan jasmani ②(기업 · 단체 등의 성질】 susunan; struktur ⊙ 체질개선 ((단체, 기업 등의)) réformasi struktur (susunan)

체취(體臭) ①【몸에서 나는 냄새】 bau tubuh; ((주로 암내)) bau tubuh karinya menampakkan keistiméwaan ②【독특한 맛 · 버릇】 sifat khas

체크 ①【검사나 대조 또는 그 표시로 찍는 표】 pemeriksaan 체크하다 memeriksa; mencék; diperiksa ②【바둑판 모양의 무늬】 garis bersilang; pétak-pétak ¶체크무늬의 셔츠 baju (keméja) yang berpétak-pétak

체크인 lapor masuk; daftar masuk¶호텔에 체크인하다mendaftarkan ((diri)) masuk hotél

체크아웃 lapor keluar; daftar keluar ¶ 호텔에서 체크아웃하다 meninggalkan hotél ((sesudah membayar))

체통(體統) 【체면】 harga diri; tata susila; kehormatan; préstise; muka ¶체통이 서는 menjaga harga diri

체포(逮捕) penangkapan; penahanan 체포하다 menangkap; menahan ¶체포되다 ditangkap ⊙ 체포 영장 surat perintah (tuntutan) penangkapan

체하다 berpura-pura; berbuat seolah-olah; berlagak ((seperti)) ¶들리지 않는 체하다 berpura-pura(berbuat seolah-olah) tidak mendengarkan /시인(詩人)인체하다 berlagak seperti penyair/잠자는 체하다 pura-pura tidur

체하다(滯-) terganggu pencernaan

체한하다(滯韓-) tinggal di Korea

체험(體驗) pengalaman ((pribadi)) 체험하다 mengalami ⊙ 체험담 riwayat pengalaman. 체험주의 paham émpiris

체형(體型) tipe tubuh

체형(體刑) ①【체벌】 hukuman badan (jasmani; fisik) ②【징역】 hukuman penjara

체화(滯貨) penimbunan muatan; kemacetan muatan; penimbunan persediaan; barang di pasaran yang tidak laku

첼로 【樂器】 sélo ⊙ 첼로연주자(첼리스트) pemain sélo

쳇바퀴 ¶다람쥐 쳇바퀴 돌듯 하다 mengulangi rutinitas tanpa henti

쳐가다 mengumpulkan dan mengangkut ((sampah)); membersihkan

쳐내다 memindahkan; membersihkan; mengeruk ((sungai)); membuang ¶우물을 쳐내다 membersihkan sumur

쳐다보다 memandang; menatap; mendongak

쳐들다 mengangkat

쳐들어가다 ①【적진으로】 menyerang; menyusup ((ke dalam)) ②【집 · 현장 등으로】 menggerebek; menyergap

쳐버리다 membuang; membersihkan; memindahkan

쳐부수다 mengalahkan; menggulingkan

쳐주다 ①【값을】 menilai; menaksir ②【인정하다】 mengakui; (알아주다) menganggap; mengenal; menghargai; mempercayai ③【치워 주다】 mengangkut; memindahkan; membersihkan

쳐 죽이다 memukul sampai mati; membunuh

초 【양초】 lilin ¶초의 심지 sumbu lilin

초(秒) 【시간의 단위】 detik ¶천분의 1초 mili detik

초(醋) ①【식초】 cuka(i) ¶초를 치다 mencukai ②【비유적】 초치다 merusak

초(初) 【처음 · 초기】 permulaan; tahap awal; yang pertama; bagian pertama ¶초가을 awal musim gugur

초(草) ①【초안】 draf ⇒ 초(草)하다 ¶법안의 초 rancangan (draf) undang-undang ②【초서】 tulisan cakar ayam; tulisan kursif

초(抄) kutipan; pilihan

초(超) super; ultra; adi; yang teramat sangat ¶초자연적 super natural; adi kodrati

-초(初) ①【처음】 awal; yang pertama ¶21

세기 초에 awal abad ke-21 ②【야구의 이닝】 awal

초가(草家) ¶초가집 rumah gubuk; gubuk beratap rumput (jerami) ⊙ 초가삼간 pondok kecil

초감각적(超感覺的) di luar tanggapan panca indra normal

초강대국(超强大國) negara adikuasa; negara adidaya

초개(草芥) sehelai jerami (rumput); sesuatu yang tak berguna ¶초개같다 tak berguna; tidak berarti /초개같은 인생 kehidupan yang péndék

초경(初經) 【첫 월경】 datang bulan pertama kali

초계(哨戒) 【적의 습격에 대비하여 경계함】 patroli 초계하다 berpatroli ⊙ 초계정(艇) kapal patroli

초고(草稿) konsép; salinan kasar; catatan ¶초고를 작성하다 membuat konsép; mempersiapkan catatan

초고속(超高速) kecepatan yang tinggi (ultra tinggi); kecepatan maksimum ¶초고속의 teramat cepat 《penerbangan》/ 초고속열차 keréta peluru; keréta api berkecepatan super tinggi ⊙ 초고속도 촬영기 kaméra berkecepatan ultra tinggi

초고주파(超高周波) 【통신】 frékuénsi ultra tinggi (super tinggi)

초고추장 saus ala Korea; saus sambal cabai mérah dicampur dengan cuka

초고층(超高層) yang tertinggi; ultra tinggi

초과(超過) kelebihan 초과하다 melebihi; berkelebihan; terlalu banyak; sisa ⊙ 수출【수입】 초과 kelebihan impor 【ékspor】

초과근무(超過勤務) kerja lembur; tugas ékstra ⊙ 초과근무수당 tunjangan (bayaran) lembur

초교(初校) 【인쇄】 cétakan pertama

초근목피(草根木皮) ①【질 낮은 음식】 makanan kasar dan jelék ②【한약】 tumbuh-tumbuhan untuk obat; bahan jamu; akar rumput dan kulit pohon

초급(初級) kelas pemula; pelajaran awal ⊙ 초급한국어 bahasa Korea untuk pemula; bahasa Korea dasar

초기(初期) ①【한 시대의】 awal ②【단계】 tahap awal; tingkat primer; yang baru mulai

초년(初年) ①【인생의】 masa muda; setengah pertama dari kehidupan 《sampai umur 30 tahun》 ¶초년에 과거하다 lulus ujian negara dalam masa muda ②【첫해】 tahun pertama ⊙ 초년생(生) pemula. 초년병 tentara baru masuk; orang baru; orang masih muda

초능력(超能力) kekuatan supranatural

초단(初段) ①【계단】 tingkat pertama ②【태권도 · 바둑 등의】 tingkat satu (*dan*) ¶바둑초단 pemain *paduk* tingkat satu(*dan*)

초단파(超短波) 【물리】 gelombang mikro; gelombang ultra péndék

초당파(超黨派) ¶초당파의 suprapartai ⊙ 초당파내각 koalisi kabinet supra partai

초대(招待) undangan 초대하다 mengundang; meminta datang; memberikan undangan ¶ 초대를 받다 diundang; mendapatkan undangan ⊙ 초대권 karcis undangan. 초대장 surat undangan. 초대전(展) prapaméran

초대(初代) 【첫 번째】 yang pertama; pendiri ⊙ 초대 왕 raja pertama (pendiri) dinasti

초대(初對) ①【초대면】 pertemuan pertama ②【생소해 서투름】 ketidak kenalan

초대면(初對面) pertemuan pertama kali ¶초대면이다 bertemu untuk pertama kali

초대작(超大作) superproduksi; produksi kolosal; produksi yang hébat

초대형(超大型) ¶초대형의 ékstra besar; ukuran super ⊙ 초대형여객기 pesawat super

초동(初冬) awal musim dingin

초동(樵童) anak laki-laki penebang kayu (pengumpul kayu bakar)

초두(初頭) awal; permulaan ¶금세기 초두 이래 sejak awal abad ini

초등(初等) dasar; kelas terendah ⊙ 초등과 kursus tingkat dasar; kelas bagi pemula. 초등 반 kelas terendah

초등학교(初等學校) 【국민 학교】 sekolah rendah; sekolah dasar(SD) ⊙ 초등학교아동 murid sekolah dasar

초라하다 ①【겉모양 · 옷차림 등이】 jorok; kotor; lusuh; usang ¶초라한 옷 pakaian usang/초라한 집 pondok sederhana; pondok tua; rumah yang sudah tua ②【보잘 것 없다】 kotor; jorok; rendah; hina; tak dapat dihargai ¶초라한 짓 melakukan sesuatu yang kurang baik

초래하다(招來-) mendatangkan; mengundang; menimbulkan; mengakibatkan; menghasilkan

초례(醋禮) pernikahan; upacara perkawinan ¶초례를 지내다 merayakan upacara pernikahan ⊙ 초례청 tempat upacara perkawinan

초로(初老) awal masa tua; pada umur 50 tahunan; awal abad pertengahan ¶초로의 신사 jéntelmen awal masa tua

초로(草露) embun di atas rumput ⊙ 초로인생 kehidupan yang fana

초록(草綠) rumput hijau; warna hijau ¶초록을 띤 kehijau-hijauan ⊙ 초록색 warna hijau

초록(抄錄) abstrak; ringkasan ¶초록하다 meringkaskan ⊙ 초록 자 peringkas; orang yang meringkaskan

초롱【통】 kaléng ¶석유 한 초롱 sekaléng minyak tanah

초롱(-籠) lentéra tangan; lampion

초롱꽃【식물】 bunga genta bertitik-titik

초롱불(-籠-) lampion; lentéra; tanglung

초롱초롱하다【눈이】 jernih; terang ¶초롱초롱한 눈 mata yang jernih

초립(草笠) topi jerami ⊙ 초립동이 anak muda

초막(草幕) gubuk jerami

초만원이다(超滿員-) terisi penuh ¶초만원을 이루다 diisi penuh; diisi (dimasukkan) melimpah; diisi melebihi daya tampung

초면(初面) ⇒ 초대면 pertemuan pertama 초면이다 tidak dikenal sebelumnya ⊙ 초면인사 salam perkenalan: 초면 인사를 하다 memperkenalkan diri sendiri

초목(草木) rumput dan pohon; alam tumbuh-tumbuhan; végetasi ⊙ 산천초목 alam

초무침(醋-) sayur-sayuran dicampur dengan cuka

초문(初聞) dengar pertama kali ¶그것은 금시초문이다 Hal itu baru pertama kali saya dengar.

초미(焦眉)【매우 급함】¶초미의 mendesak; darurat; penting ⊙ 초미지급(之急) kebutuhan mendesak

초반(初盤) ①【경기 · 선거 등의】 bagian pembukaan (permainan); tahap awal ((kompanye)) ②【일정한 기간의 처음 단계】 awal

초밥(醋-) "sushi" makanan Jepang yang terbuat dari nasi dan diberi cuka

초배(初褙) lapisan dalam; lapisan pertama kertas dinding

초벌(初-) ⇒ 애벌 pekerjaan kasar ⊙ 초벌도배 ⇒ 초배(初褙). 초벌칠 lapisan pertama

초범(初犯)【범죄 (범인)】 pelanggaran (pelanggar) pertama

초벽(初壁) pléster kertas dinding; lapisan pléster pertama (kasar) ((pada dinding)); 【벽】 lapisan dinding yang kasar

초병(哨兵)【초소를 지키는 병사】 pengawal; penjaga; penjaga; pengawal ⊙ 초병근무 tugas mengawal (menjaga)

초보(初步) ①【사람】 pemula; orang yang belum berpengalaman; orang yang masih hijau ②【단계】 tahap pertama; ABC ((dari)); kursus bagi pemula; langkah pertama; dasar ¶초보의 dasar ⊙ 경제학 초보 ABC ékonomi

초복(初伏) *chobok*; permulaan hari-hari terpanas

초본(抄本) kutipan; petikan; ringkasan; ikhtisar; ékstrak; salinan (catatan) singkat ⊙ 호적초본 ikhtisar daftar keluarga

초봄(初-) awal musim semi

초봉(初俸) gaji permulaan

초부(樵夫) penebang (pemotong) kayu

초비(草肥) pupuk hijau

초빙(招聘) undangan; panggilan 초빙하다 mengundang; memberikan undangan; memanggil

초사(焦思) ¶노심초사하다 kegelisahan tidak sabar; khawatir; gelisah; cemas

초사흗날(初-) tanggal tiga

초산(初産) kelahiran anak pertama ⊙ 초산부(婦) perempuan yang melahirkan anak pertama

초산(醋酸)【화학】 asam asétat; asam sendawa ⊙ 초산나트륨 sodium asétat. 초산염 asétat. 빙(氷)초산 asam asétat yang berbentuk és

초상(初喪) perkabungan ¶초상을 당하다 berkabung untuk (ibu)/초상을 치르다 menjalani perkabungan ⊙ 초상집 rumah (keluarga) duka

초상권(肖像權) hak gambar (lukisan)

초상화(肖像畵) gambaran; lukisan potrét ¶초상화를 그리게 하다 melukiskan potrét ⊙ 초상화가 pelukis potrét. 유채 초상화 lukisan cat minyak

초생 달(初生) ⇒ 초승달 bulan muda

초서(草書) tulisan kursif 《huruf Cina》 ⊙ 초서체 gaya tulisan kursif

초석(礎石) ①【주춧돌】 batu fondasi (fondamén); batu pertama; batu sendi ②【비유적】 fondasi; dasar; pengorbanan

초선(初選) terpilih pertama kali

초성(初聲) 【언어】 suara permulaan (awal)

초소(哨所) tempat pengawal (penjaga); gardu; (검문소) tempat pemeriksaan

초속(秒速) kecepatan per detik

초속(超俗) ¶초속 적(인) tak mementingkan keduniaan; menjauhkan diri dari dunia

초속도(超速度) kecepatan super (ultra) tinggi

초순(初旬) ¶초순에 di awal; pada permulaan

초승(初-) awal bulan ⊙ 초승달 bulan sabit

초식(草食) pemakan rumput; herbivora 초식하다 hidup dengan memakan rumput (sayur-sayuran) ⊙ 초식동물 héwan pemakan rumput (tumbuh-tumbuhan)

초심(初心) ①【마음】 hati (maksud; tujuan) pertama ②【사람】 orang baru; pemula ⇒ 초보(初步) ⊙ 초심자 ⇒ 초심②

초심(初審) pemeriksaan pertama; pengadilan pertama

초아흐렛날(初-) hari ke sembilan; tanggal sembilan

초안(草案) konsép; rancangan; naskah 《masih dalam rancangan; bentuk kasar》 ¶초안을 작성 (기초)하다 membuat konsép (rancangan)

초야(初夜) ①【이른 밤】 awal malam ②【첫날밤】 malam pernikahan ⊙ 초야권 undangan malam pertama

초야(草野) tempat terisolir; tempat terpencil ¶초야에 묻혀 살다 hidup di tempat terpencil

초여드렛날(初-) hari ke delapan; tanggal delapan

초여름(初-) awal musim panas

초역(抄譯) terjemahan singkat 《ringkas》 초역하다 membuat terjemahan ringkas

초연(初演) 【첫 번째로 공연하다】 penampilan (peragaan) pertama; pertunjukan perdana; pentas untuk pertama kali

초연하다(超然-) tidak campur tangan; menyisihkan diri; menjauhkan diri ⊙ 초연주의 《prinsip》 ketidak-terlibatan

초연(硝煙) asap mesiu

초열흘날(初-) hari ke sepuluh; tanggal sepuluh

초엽(初葉) permulaan; masa awal

초엿샛날(初) ⇒ 초엿새 hari keenam; tanggal enam

초옥(草屋) ⇒ 초가(草家) gubuk jerami

초원(草原) padang rumput yang luas; dataran berumput

초월하다(超越-) mengatasi; melebihi; menjauhkan diri dari dunia ¶자기를 초월하다 mengatasi diri sendiri

초유(初有) 【최초】 ¶초유의 pertama; awal; orisinil

초유(初乳) 【젖】 kolostrum; air susu jolong

초음속(超音速) 【물리】 kecepatan supersonik; kecepatan hipersonik ¶초음속의 supersonik ⊙ 초음속제트기 pesawat jét supersonik. 초음속비행 penerbangan supersonik

초음파(超音波) 【물리】 ultrasonikasi; gelombang supersonik (ultrasonik) ¶초음파의 supersonik; ultra sonik

초이레(初-) hari (tanggal) ketujuh

초이렛날(初-) hari ketujuh; tanggal tujuh

초이틀(初-) hari kedua; tanggal dua

초인(超人) manusia super ⊙ 초인주의 supermanisme

초인종(招人鐘) bél pintu; loncéng listrik ¶초인종 소리가 난다 Bél berbunyi.

초일(初日) hari pertama; hari pembukaan

초읽기(秒-) 【급박한 상태】 penghitungan

detik-detik terakhir; hitungan mundur ¶ 초읽기를 시작하다 memulai penghitungan (mulai menghitung) detik-detik terakhir: 3, 2, 1

초임(初任) pengangkatan pertama

초임(初賃) upah (gaji; pembayaran) awal ⊙ 초임급 gaji permulaan (awal); pembayaran pertama (awal) ⇒ 초봉(初俸)

초입(初入) ①【어귀 · 입구】 pintu masuk; jalan masuk ②【어떤 시기의 시작】 yang masuk petama kali⊙ 동리 초입 pinggir désa

초자연(超自然) ¶초자연적 supernatural; adikodrati ⊙ 초자연주의 supernaturalisme

초 잡다(草-) membuat draf; membuat konsép

초장(初場) 【시작 · 처음】 awal ¶초장부터 dari awal; dari mulai

초장(初章) bait pertama dari sajak *shijo;* bagian pertama sebuah nyanyian; irama awal; babak pertama

초장(醋醬) saus ala Korea dicampur dengan cuka

초저녁(初-) awal malam ¶초저녁에 pada malam hari; menjelang malam

초전도(超傳導) superkonduktivitas ⊙ 초전도체 superkonduktor

초점(焦點) fokus; titik pusat ¶초점을 맞추다 mengatur fokus (lénsa); memfokuskan; mencocokkan fokus ⊙ 초점거리 jarak (panjang) fokus

초조(焦燥) keresahan; kecemasan; ketidak sabaran; kejéngkélan 초조하다 cemas; tidak sabar; jéngkél ¶초조해 하다 menjadi cemas; resah; jéngkél; tidak tenang

초주검(初-) ¶초주검이 되다 setengah mati; hampir mati

초지(草地)[1] padang rumput

초지(初志)[2] maksud (niat) semula ¶초지를 관철하다 melaksanakan niat semula; mencapai tujuan orisinil

초지일관(初志一貫) niat asli sampai akhir; konsistén

초진(初診) pemeriksaan keséhatan pertama; kunjungan pertama ⟪ke seorang dokter⟫ ⊙ 초진료 biaya pengobatan pertama. 초진환자 pasién (klién) baru

초집(草集) kumpulan naskah

초창기(草創期) masa pionir (awal); hari-hari permulaan; langkah awal

초청(招請) undangan; panggilan 초청하다 mengundang; memanggil ⊙ 초청경기 pertandingan undangan. 초청 국가 negara tuan rumah; negara yang mengundang 초청장 surat undangan

초췌하다(焦悴-) kurus dan cekung; kerémpéng

초취(初娶) istri pertama

초치(招致) panggilan; undangan 초치하다 memanggil; meminta; mengundang; menghimbau; menarik ⟪turis⟫

초친맛(醋-) rasa hambar

초침(秒針) jarum detik

초콜릿 coklat

초크 kapur berwarna

초토(焦土) ①【불탄 흙】 tanah yang telah hangus ②【불탄 재】 bara dan abu; puing-puing api dibumihanguskan ¶초토가 되다, 초토화(化)하다 dibumihanguskan; musnah jadi abu; menjadi gundukan api dan abu ⊙ 초토전술 taktik (strategi) bumi (tanah) hangus

초특급(超特急) ⟪keréta api⟫ super cepat

초특작(超特作) produksi super; 【영화의】 film super

초파일(初八日) 【석가탄신일】 Hari Kelahiran Budha

초판(初-) awal; permulaan; putaran ⟪pertandingan; adegan; waktu⟫ pertama ¶초판부터 dari awal; dari permulaan; dari pertama

초판(初版) 【초판본】 édisi pertama

초하다(抄-) 【기록하다】 menyalin; 【초록하다】 menyarikan; membuat abstrak; membuat inti sari (ringkasan)

초하다(草-) membuat konsép; menulis dalam bentuk kasar ¶편지를 초하다 mengonsép surat

초하루(初-) hari pertama; tanggal satu

초하룻날(初-) ⇒ 초하루

초학(初學) ①【처음 배움】 pelajaran (pengetahuan) pertama; pelajaran dasar ②【초보】 pendidikan yang belum sempurna ⊙ 초학자 pemula; orang baru

초행(初行) 【초행길】 perjalanan pertama

초현대적(超現代的) ultramodérn; supermodérn
초현실주의(超現實主義) suréalisme ⊙ 초현실주의자 suréalis
초호(礁湖) danau di pinggir laut
초혼(初婚) pernikahan pertama
초혼(招魂) kebaktian untuk memanggil arwah 초혼하다 memohon untuk memanggil arwah ⊙ 초혼제(祭) kebaktian (doa) peringatan untuk orang yang gugur dalam perang
초회(初回) ronde pertama; masa pertama ⊙ 초회(불입)금 pembayaran cicilan (angsuran) pertama kali
촉(燭) ①【촉광】kekuatan (daya) lilin ¶60촉짜리의 전구 bola lampu berdaya enam puluh lilin; bola lampu enam puluh watt
촉(鏃)【뾰족한 끝】bagian yang runcing; ujung baja ¶ 펜촉 ujuang péna/화살촉 mata panah
촉각(觸角)[1] ①【곤충】sungut; anténa ¶벌의 촉각 sungut indra lebah ②【비유적】anténa ¶촉각을 뻗치다 mengeluarkan anténa
촉각(觸覺)[2]【감각】indra peraba; perasaan yang bijaksana; sénsasi yang arif ¶촉각의 arif ⊙ 촉각기관 indra peraba (penyentuh)
촉감(觸感) ①【감촉】sentuhan; perasaan sentuhan; rasa rabaan ¶촉감이 좋다【부드럽다】terasa halus【lembut】
촉관(觸官) alat peraba
촉광(燭光)【빛의 밝기를 나타내는 단위】daya lilin; kekuatan cahaya
촉구하다(促求-)【재촉하다 · 요구하다】mendesak; menuntut ⟪jawaban jelas⟫; menghimbau; meminta; memaksakan
촉대(燭臺) ⇒ 촛대
촉망(囑望) harapan 촉망하다 menaruh (mengikatkan; menggantungkan; meletakkan) harapan ¶촉망되는 청년 pemuda yang penuh harapan masa depan
촉매(觸媒)【화학】katalis; katalisator ⊙ 촉매반응 katalisis; penyanggaan
촉모(觸毛)【동물】sungut; anténa
촉박하다(促迫-) mendesak; segera akan terjadi ¶시간이 촉박하다 diburu (didesak; dikejar) waktu
촉발(觸發) détonasi; peledakan kontak; ledakan sentuh; (감정의) kegemparan 촉발하다 didorong; meledakkan kontak; digerakkan; digempurkan ⊙ 촉발장치 peralatan détonasi kontak
촉새【조류】burung Korea yang berkepala hitam
촉성하다(促成-)【촉진하다】memelihara (menaikan; mempercepat; mengencangkan) pertumbuhan; mempromosikan penyelesaian (pelaksanaan)
촉성재배(促成栽培) penanaman ⟪budidaya, kultur⟫ paksa 촉성재배하다 mempercepat pertumbuhan; membudidayapaksakan; mengkulturpaksakan ¶촉성재배한 야채 sayuran budidaya paksa
촉수(觸手) ①【손댐】sentuhan ②【더듬이】anténa; peraba; (문어 · 오징어 등의) tentakel ¶촉수를 뻗치다 menjulurkan alat peraba
촉진(促進) promosi; percepatan; pengencangan; peningkatan 촉진하다 mempromosikan; mempercepat; menambah kecepatan; memajukan; mengencangkan; meningkatkan
촉진(觸診)【의학】palpasi ¶촉진하다 memeriksa dengan jalan meraba (dengan rabaan)
촉촉하다 ⇒ 축축하다 basah; lembab
촉탁(囑託) ①【일】kerja paruh waktu ②【사람】pekerja cadangan ⟪tidak tetap⟫; pekerja paruh waktu ⊙ 촉탁의(醫) dokter tidak tetap
촌(村)【시골】désa; pedésaan; kampung ⊙촌사람 orang désa. 촌장 kepala désa
촌(寸) ①⇒ 치[1] ②【촌수】tingkatan (derajat) kekerabatan; hubungan keturunan ¶삼촌 paman/사촌 saudara sepupu
촌가(村家) rumah sederhana
촌각(寸刻) sesaat; sedetik ¶촌각을 다투다 perlu beraksi dengan segera; perlu perlakuan segera
촌극(寸劇)【우스꽝스러운 사건】drama singkat; drama lelucon kecil; sandiwara kecil
촌놈(村-) orang kampung; kampungan; o-

rang udik; orang desa; orang dusun ¶촌놈의 수작 말라 Jangan bertingkah laku kampungan.

촌뜨기(村-) ⇒ 촌놈

촌락(村落) kampung; dusun; udik

촌로(村老) 【시골에 사는 노인】 orang tua dari désa

촌민(村民) penduduk désa (dusun); warga kampung

촌보(寸步) beberapa langkah

촌부(村婦) perempuan désa

촌수(寸數) jarak hubungan darah; derajat kekerabatan ⟪tentang hubungan keturunan yang sama⟫

촌스럽다(村-) kampungan; sifat kampungan; sifat orang udik; ⟪keadaan⟫ tidak menurut mode; berpenampilan acak; tidak berperangai baik; udik

촌음(寸陰) jangka waktu yang sangat kecil; sebentar; sesaat ¶촌음을 아끼다 berhati-hati dengan waktu; berjaga setiap detik waktu

촌지(寸志) hadiah kecil tanda terima kasih

촌철(寸鐵)senjata kecil

촌철살인(寸鐵殺人) ringkas dan tak berbelit-belit

촌충(寸蟲) cacing pita

촌티(村-) kampungan; keudik-udikan ¶촌티(가) 나다 kelihatan kampungan; berpenampilan kampungan

촌평(寸評) tinjauan singkat; koméntar (ulasan) singkat

촐랑거리다 ①【까불다】 berbuat semrawut; tidak sungguh-sungguh; bertingkah laku ceroboh (terburu-buru); sembrono ②【물이】 ⇒ 찰랑거리다

촐랑이 orang yang berlaku sembrono (ceroboh)

촐랑촐랑 【경박하게】 secara sembrono; secara semrawut; tidak dengan sungguh-sungguh ¶촐랑촐랑 돌아다니다 berkeluyuran dengan sembrono ②⇒ 찰랑찰랑

촐싹거리다 ①【경망스럽게 굴다】 tidak dengan sunguh-sungguh; bertindak sembrono ②【부추기다】 menghasut; mengadu-domba; mengacaukan; mendorong; mendesak

촐촐 dengan perut kosong 촐촐하다 agak (sedikit) lapar

촘촘하다 ①【틈새 등이】 ⟪keadaan⟫ rapat; tebal; halus ②【솜씨가】 halus; lembut; rumit; indah

촛농(-膿) lilin yang meléléh; léléhan lilin mengaliri kendil; tétésan lilin

촛대(-臺) tempat lilin

촛불 cahaya lilin ¶촛불을 켜다 menyalakan lilin

총 【말총】 bulu tengkuk (ékor) kuda

총(銃)[1] 【총기】 senapan; senjata api; senjata; 【소총】 bedil; senapan; pistol

총(總)[2] semua; keseluruhan; total; kotor; perkiraan umum ¶총소득 penghasilan kotor

총(寵) 【사랑】 kasih sayang; lindungan

총가(銃架) tempat (rak) senapan

총각(總角) ①【결혼하지 않은 성년 남자】 pria lajang; bujangan; jejaka ②【숫총각】 perawan laki-laki ⊙ 총각김치*chonggak kimchi;* acar lobak muda. 총각처녀 orang muda; pria dan wanita yang belum menikah

총감(總監) komisionér

총검(銃劍) senapan dan pedang; bayonét; (총 끝에 꽂는)⟪pedang⟫ sangkur; senjata pinggang ⊙ 총검술 kemahiran (téknik) bayonét

총격(銃擊) témbakan senapan 총격하다 menémbakkan senjata; 【저공에서】 memberondong ¶총격을 받다 ditémbak senjata ⊙ 총격전(戰) petempuran (pertarungan) senjata; perang bedil; perang senapan

총결산(總決算) penyelesaian total rékening 총결산하다 membuat penyelesaian akhir; menyelesaikan rékening seluruhnya ⊙ 연말총결산 penyelesaian total rékening akhir tahun

총경(總警) 【경찰의 계급】 inspéktur polisi senior

총계(總計) jumlah total; keseluruhan jumlah (penjumlahan) 총계하다 menjumlahkan; mentotalkan

총공격(總攻擊) serangan umum; offénsif berskala besar 총공격하다 melancarkan

serangan umum
총괄(總括) 【개괄】 kesimpulan; 【요약】 ringkasan 총괄하다 menyimpulkan; meringkaskan; menyingkatkan ¶총괄하여 secara keseluruhannya; secara total; menyingkatkan
총괄적(總括的) semuanya termasuk; mencakup semuanya; seluruhnya; jumlah bulat ¶총괄적으로 keseluruhan; yang menyeluruh; yang meliputi berbagai hal; secara koléktif ⊙ 총괄평가 evaluasi keseluruhan
총구(銃口) 【총부리】 moncong senapan
총기(銃器)[1] 【총】 senjata api ⊙ 총기 실【고】 gudang senjata
총기(聰氣)[2] ①【총명한 기운】 kecemerlangan; kecerdasan; intelegénsi ②【기억력】 daya ingat yang baik
총대(銃-) pelocok senapan ¶총대를 메다 menyandang senapan (bedil)
총독(總督) gubernur jéndral ⊙ 총독부 pemerintahan gubernur jénderal
총동원(總動員) mobilisasi umum 총동원하다 membuat (mempengaruhi) mobilisasi umum; memobilisir semua ⊙ 국가총동원 mobilisasi nasional (umum)
총득점(總得點) skor (nilai) total; keseluruhan hasil yang dibuat
총람(總攬) pengawasan 총람하다 mengawasi; menjaga; memimpin; mengontrol
총량(總量) 【총수량】 total (keseluruhan) jumlah; berat kotor
총력(總力) semua énergi (tenaga); segala daya ¶총력을 기울이다 memusatkan segenap tenaga ⊙ 총력안보 keamanan nasional secara total; ((sikap)) keamanan menyeluruh. 총력전 perang total; perang dengan segala daya
총렵(銃獵) perburuan; olah raga berburu 총렵하다 berburu ⊙ 총렵인 pemburu; penémbak
총론(總論) garis besar; pengantar; kesimpulan umum; pernyataan umum
총론(叢論) kumpulan risalat
총리(總理) ①【국무총리】 perdana menteri ②【총 관리】 pengawasan (kontrol) umum 총리하다 memimpin; mengawasi
총명(聰明) ①【영민】 kecemerlangan; kepintaran; kecerdasan; kebijaksanaan; inteléktual ②【기억력】 daya ingat yang bagus(kuat) 총명하다 cemerlang; pintar; cerdik; bijaksana ¶총명한 사람 orang yang pintar (bijaksana)
총무(總務) manajer; diréktur ⊙ 총무부 departemén urusan umum. 총무처 장관 Menteri Administrasi Negara
총반격(總反擊) serangan balik total 총반격하다 menyerang balik secara total
총받이(銃-) garis depan pertempuran
총복습하다(總復習-) mengulangi semua pelajaran
총본산(總本山) candi pusat; kuil utama
총부리(銃-) moncong senapan ¶총부리를 들이대다 menghadapkan senjata pada musuh; menodongkan moncong senapan
총사냥(銃-) ⇒ 총렵(銃獵) 총사냥하다 menémbak; memburu; berburu dengan bedil ¶총사냥가다 pergi menémbak (berburu)
총사령관(總司令官) komando (panglima) tertinggi ¶연합군총사령관 panglima tertinggi pasukan sekutu
총사령부(總司令部) markas besar ⊙ 유엔군(軍) 총사령부 komando PBB
총사직(總辭職) pengunduran diri secara umum 총사직하다 mengundurkan diri secara umum
총사퇴하다(總辭退-) mengundurkan diri secara umum
총살(銃殺) penémbakan mati; éksekusi dengan témbakan 총살하다 menémbak mati; ; menghukum dengan témbakan
총상(銃傷) luka peluru; luka tembak
총상(銃床) persediaan senjata
총서(叢書) séri buku ⊙ 국문학총서 séri kesusasteraan Korea
총생산(總生産) ¶국민총생산 Hasil Kotor Nasional (GNP)
총선(總選) ⇒ 총선거
총선거(總選擧) pemilihan umum; Pemilu 총선거하다 mengadakan (menyelenggarakan) pemilihan umum ⊙ 총선거일 hari Pemilu
총성(銃聲) ⇒ 총소리
총소리(銃-) suara témbakan; letusan sen-

jata (senapan); témbakan senjata
총수(總帥) 【영도자】 pimpinan ⟪tertinggi⟫; 【총지휘관】 panglima tertinggi ¶ K재벌의 총수 Presiden komisaris PT. K
총수(總數) jumlah total; jumlah keseluruhan; kesemuanya; semuanya; keseluruhannya
총수입(總收入) penghasilan total
총아(寵兒) favorit; anak (orang) kesayangan ¶문단(文壇)의 총아 pengarang populér; favorit dalam dunia (bidang) sastra
총알(銃-) peluru; tembakan; granat; peluru gotri; pélor
총애(寵愛) kesayangan; kasih sayang; barang kesukaan 총애하다 mencintai; memperlakukan secara istiméwa
총액(總額) jumlah total; jumlah keseluruhan
총영사(總領事) konsul jéndral ⊙ 총영사관(館) Konsulat Jéndral
총원(總員) personil keseluruhan; semua anggota; seluruhnya; semua yang tersebut
총의(總意) konsénsus; persetujuan umum
총자본금(總資本金) modal nominal; modal tertera
총잡이(銃-) penémbak; pembunuh ⟪profesional⟫; gangster
총장(總長) ①【대학의】 réktor; Présidén ②【군대의】 panglima ⟪tentara⟫ ⊙ 참모총장 kepala staf angkatan darat. 사무총장 sékretaris jéndral
총재(總裁) présidén; ketua ⊙ 당 총재 kepala (ketua) partai. 부총재 wakil présidén
총점(總點) nilai total; skor total; jumlah nilai
총지배인(總支配人) manajer umum; general manager
총지출(總支出) pengeluaran kotor (total)
총지휘(總指揮) komando tertinggi 총지휘하다 memegang komando tertinggi ⟪angkatan darat⟫
총질(銃-) penémbakan 총질하다 menémbakkan senjata
총창(銃創) ⇒ 총상(銃傷) luka kena témbakan; luka kena peluru
총채 penyapu debu
총책(總責) 【총책임자】 penanggung jawab
총체(總體) 【전부, 전체】 semuanya; seluruhnya ¶총체적으로 secara umum
총총(悤悤) ¶총총히 dengan terburu-buru; buru-buru; tergesa-gera
총총걸음 jalan tergegas-gesas
총총하다 【별들이 맑고 또렷하다】 ⟪keadaan⟫ rapat; ramai; banyak ¶총총히 dengan rapat; dengan banyak; dalam jumlah yang besar
총총히(蔥蔥) dengan lebat; dengan rapat
총출동(總出動) mobilisasi umum 총출동하다 mengadakan mobilisasi umum; keadaan semuanya termobilisir (digerakkan)
총칙(總則) peraturan umum; pasal-pasal umum ⊙ 민법총칙 pasal-pasal umum hukum perdata
총칭(總稱) istilah umum (lazim); nama générik 총칭하다 memberikan nama umum; menamakan secara umum
총칼(銃-) 【총과 칼】 senapan(senjata api) dan pedang ¶총칼로 다스리다 memerintah dengan senapan dan pedang
총탄(銃彈) peluru; pélor
총톤수(總-數) bobot mati; tonasekotor
총통(總統) Présidén ⊙ 대만 총통 Présidén Taiwan
총퇴각(總退却) pemunduran umum (penuh) 총퇴각하다 mundur secara umum
총파업(總罷業) pemogokan umum 총파업하다 mogok secara umum; mengadakan pemogokan umum
총판(總販) agén tunggal ⟪dagang⟫; penjualan éksklusif 총판하다 melakukan penjualan éksklusif
총평(總評) tinjauan umum; kritik
총포(銃砲) senapan; senjata api ⊙ 총포상 toko (kedai) senapan
총학생회(總學生會) déwan mahasiswa
총합(總合) ⟪jumlah⟫ total 총합하다 menjumlahkan; menotal; menghitung
총화(總和)【전체의 화합】 konsénsus keseluruhan ⊙ 총화정치 politik intégrasi. 국민총화 konsénsus nasional
총회(總會) sidang pléno; rapat (pertemuan) umum ⊙ 총회꾼 penghasut yang

disewa untuk menjaga rapat pemegang saham. 정기【임시】총회 rapat umum biasa 【sementara】. 주주총회 rapat umum pemegang saham

촬영(撮影) syuting ⟪film⟫; fotografi 촬영하다 membuat fotografi; mengambil gambar; membuat film; menyuting ⟪film⟫ ¶ 사진을 촬영하다 mengambil fotograf (gambar) ⊙ 촬영감독 sutradara ⟪film⟫. 촬영기사 sinematografer; kaméraman; juru kaméra. 촬영시간 waktu syuting. 영화 촬영소 studio film

최(最) yang paling; yang maksimum; ultra

최강(最强) ¶최강의 yang paling kuat; yang paling bertenaga/최강팀 tim terkuat

최고(最高) maksimum¶최고의 tertinggi; angka puncak; maksimum; superlatif ⊙ 최고가격 harga tertinggi. 최고기관 organ(badan; instansi) yang tertinggi. 최고기록 rékor tertinggi. 최고기온 suhu tertinggi. 최고사령관 panglima tertinggi. 최고속도 kecepatan maksimum. 최고수준 peringkat tertinggi. 최고한도 maksimum

최고(催告) pemberitahuan; notifikasi; 【납입의】 panggilan 최고하다 memberitahukan; menuntut pembayaran ⊙ 공시(公示)최고 panggilan umum

최고급(最高級) ⟪kelas⟫ tingkat tertinggi ¶ 최고급의 tingkat tertinggi; kualitas terbaik; terbagus

최고도(最高度) derajat tertinggi; maksimum; klimaks ¶최고도로 sepenuhnya

최고득점(最高得點) point (angka) tertinggi ¶최고득점을 하다 mendapatkan (memenangkan) skor yang tertinggi

최고봉(最高峰) ①【가장 높은 봉우리】 puncak tertinggi ②【가장 뛰어남】 terkemuka

최고위(最高位) ranking (tempat) teratas

최고조(最高潮) klimaks; puncak; puncak suksés ¶최고조에 달하다 mencapai puncak

최고학부(最高學府) tingkat pendidikan tertinggi ¶최고학부에서 배우다 berlajar di universitas (perguruan tinggi)

최근(最近) ①【거리상의】 jarak terpéndék ②【시간상의】 yang paling baru; mutakhir; modérn ¶최근의 paling baru; paling terakhir; terakhir; yang terbaru; baru-baru ini/ 최근까지 sampai saat (sekarang) ini; sampai tadi

최근세(最近世) saat ini; zaman modern ⊙ 한국최근세사(史) sejarah Modérn Korea

최남단(最南端) yang paling selatan

최다(最多) ⟪kuantitas⟫ jumlah paling besar ⊙ 최다 량【액】 maksimum

최다수(最多數) jumlah paling besar; mayoritas terbesar

최단(最短) yang terpéndék ⊙ 최단거리 jarak terpéndék; waktu tersingkat; 【지름길】 potongan péndék; jalan pintas

최대(最大) ¶최대의 yang tertinggi; yang terluas; yang termegah; yang terbesar; maksimum ⊙ 최대공약수 faktor persekutuan terbesar

최대속력(最大速力) kecepatan maksimum

최대한(도)(最大限) maksimum ¶최대한의 능률을 내다 menunjukan éfisiensi maksimum

최루(催淚) hal yang menyebabkan air mata ⊙ 최루탄 granat (bom; gas) air mata

최면(催眠) penyebab tidur; hipnosis; 【최면술의】 hipnogénesis ⊙ 최면요법 hipnotérapi. 최면 학 hipnologi

최면상태(催眠狀態) keadaan hipnotis; keadaan tak sadarkan diri ¶최면상태에 있는 사람 orang kena hipnotis

최면술(催眠術) pemikatan; hipnotisme ¶최면술의 hipnotis; secara memukau/최면술을 걸다 menghipnotis/최면술에 걸린 사람 orang yang kena hipnotis ⊙ 최면술사(師) tukang pukau; tukang (juru) hipnotis. 최면술치료 hipnotérapi

최상(最上) ¶최상의 ⟪kualitas⟫ terhalus; terbaik; tertinggi; superlatif; derajat puncak; dari peringkat pertama; nomor satu ⊙ 최상층 tingkat paling tinggi: 최상층 계급 kelas atas; kelompok élit. 최상품 barang bermutu terbaik

최상급(最上級) ①【가장 높은 등급】 kelas yang tertinggi ②【문법】 tingkat superlatif

최선(最善) ①【가장 좋은 방법】 yang terbaik; yang paling baik ②【온 정성과 노력】 maksimal; terbaik ¶최선의 노력 usaha maksimal (terbaik)

최선두(最先頭) terdepan; barisan terdepan

최성기(最盛期) puncak kemakmuran; zaman emas; musim ¶사과는 지금이 최성기다 Apel sedang musim.

최소(最小)[1] 【가장 작거나 낮음】 《keadaan》 yang terkecil; minimum ¶최소의 minimal ⊙ 최소공배수 【수학】 faktor persekutuan terkecil(terendah). 최소공분모 【수학】 pembagi umum terkecil

최소(最小)[2] 【양이 가장 적음】 paling sedikit; minimum ¶최소의 minimal/최소량 jumlah minimum

최소한(도) (最小限(度)) paling sedikit; 【부사적】 paling tidak ¶최소한의 minimum

최소화하다(最小化-) ①【사이즈】 memperkecil ②【문제를】 meréméhkan

최신(最新) ¶최신의 terbaru; mutakhir; paling terakhir

최신유행(最新流行) gaya terbaru ¶최신유행의 bergaya paling akhir

최신식(最新式) mode mutakhir; gaya terbaru; modél 《yang paling terbaru》 ultra modérn ¶최신식의 dari modél (gaya) yang paling terakhir

최악(最惡) 《keadaan》 yang terburuk ¶최악의 yang terburuk

최연소(最年少) yang paling muda

최우등(最優等) tingkat puncak; kelas tertinggi

최우선(最優先) prioritas utama

최우수(最優秀) tingkat pertama; paling (sangat) baik ¶최우수의 yang paling ulung; peingkat satu

최음제(催淫劑) 《obat》 perangsang birahi; obat penaik nafsu

최장(最長) ¶최장의 terpanjang ⊙ 최장거리 jarak terpanjang

최저(最低) yang minimum; terendah; yang paling rendah ¶최저의 minimum ⊙ 최저가(격) harga terendah; cadangan harga. 최저생활 standar hidup minimum. 최저생활비 biaya hidup minimum. 최저임금 upah terendah; upah minimum. 최저임금제 sistém upah minimum/최저임금 보장제 sistim tanggungan upah minimum

최적(最適) optimum; yang paling cocok 최적이다 paling cocok (serasi); paling pas; 【주로 생물】 optimal ⊙ 최적기준 standar optimum. 최적온도【밀도】 témperatur 【kerapatan】 optimum

최전방(最前方) garis (front) terdepan

최전선(最前線) front terdepan

최종(最終) terakhir; penghabisan ⊙ 최종결정 keputusan terakhir. 최종수요자 pemakai terakhir. 최종회(回) 【경기의】 babak terakhir

최종안(最終案) rencana terakhir

최첨단(最尖端) 【가장 진보한】 (첨단 기술의) téknologi canggi (tinggi) ¶최첨단적인 yang paling canggih

최초(最初) permulaan; pertama ¶최초에 pertama; pada peringkat pertama; pada permulaan; awal; mula-mula

최하(最下) ¶최하의 paling rendah; terendah; paling bawah; 【최악】 terburuk; terbawah ⊙ 최하급 kelas (tingkat; nilai) terendah. 최하등 kelas (peringkat) terbawah; yang terburuk. 최하층 (건물의) lantai dasar; (사회의) kelas terbawah.

최하위(最下位) peringkat (ranking) terendah; 【경기에서】 peringkat terakhir

최혜국(最惠國) negara yang diistiméwakan

최후(最後) ①【마지막】 terakhir; final; (결말) kesimpulan; penutupan ¶최후의 5분간 lima minit terakhir /최후로(에) akhirnya; untuk yang terakhir kali ②【죽음】 saat terakhir; kematian ¶비참한 최후를 마치다 berakhir tragis (menyedihkan) ⊙ 최후수단 cara terakhir (final); tindakan drastis (radikal); tindakan ékstrém. 최후운명 nasib (suratan) terakhir. 최후통첩 ultimatum

추(錘) anak timbangan; batu timbangan; pemberat ¶추를 달다 menimbang 《barang》 ⊙ 시계추 bandul jam

추가(追加) tambahan; lampiran; apéndiks; susulan 추가하다 menambahkan; menambah; melampirkan ¶추가의 tambahan; suplemetri; suplemental ⊙ 추가경

정 예산(안) anggaran tambahan. 추가비용【신청】 biaya 【permohonan】 tambahan

추격(追擊) perburuan; pengejaran; serangan lanjutan 추격하다 memburu; mengejar; 【적을】 menyerang musuh yang mundur ⊙ 추격기 pesawat pemburu. 추격전 pertempuran perburuan

추경하다(秋耕) 【가을갈이】 membajak di musim gugur

추계(秋季) musim gugur (rontok)

추계하다(推計-) memperkirakan; menaksir

추곡(秋穀) bijian musim gugur ⊙ 추곡수매 (가격) (harga) beli beras pemerintah

추구(追求) pengejaran; pemburuan; pencarian 추구하다 mencari; memburu; mengejar; mengikuti; menggeledah

추구(追究) penyelidikan menyeluruh 추구하다 menyelidiki (meneliti) secara menyeluruh; memeriksa 《masalah》 sampai ke dasarnya

추궁(追窮) tekanan berat; penyelidikan yang teliti 추궁하다 mendesak 《untuk mendapatkan jawaban》/책임을 추궁하다 meminta pertanggungjawaban

추근거리다 ¶여자에게 추근거리며 좇아다니다 mengganggu dengan membayang-bayangi (menuntut) seorang gadis

추근추근하다 mendesak; menuntut; menyusahkan

추급하다(追給-) membayar tambahan

추기(追記) catatan (tulisan) tambahan 추기하다 menambahkan; menulis kemudian

추기경(樞機卿) Kardinal 《Geréja Roma》 ⊙ 추기경회의 Rapat Déwan Geréja

추기다 【부추기다】 (달콤한 말로) membujuk; merayu; menghasut; mengacaukan; (꾀어서) memikat; daya tarik; (개 등을) menghasut anjing untuk mengejar orang ¶아무를 추켜서 …시키다 mendesak orang untuk berbuat

추남(醜男) laki-laki yang jelék (buruk) parasnya

추녀[1] 【한옥】 sudut kasau (kasok); sudut yang tonjol di atas atap

추녀(醜女)[2] 【못 생긴 여자】 wanita yang wajahnya jelék (buruk)

추념(追念) 추념하다 mengenangkan yang wafat ⊙ 추념사 pidato pengenang yang wafat

추다[1] 【칭찬하다】 ⇒ 추어주다, 추어올리다

추다[2] ⇒ 뒤지다 ①menggedor ②【채어 올리다】 menaikkan

추다[3] 【춤을】 menari ¶함께 추실까요 Bolehkah saya menari bersama?

추단(推斷) 【추론】 déduksi; inferensi; pengiraan 추단하다 menduga; mengira-ira

추대하다(推戴-) mengangkat

추도(追悼) perkabungan 추도하다 berkabung 《untuk yang telah meninggal》 ⊙ 추도가(歌) nyanyian penguburan. 추도사【식】 pidato 【upacara】 kebaktian; pemakaman; pidato 【upacara】 untuk mengenang orang yang meninggal

추돌하다(追突-) bertabrak dari belakang; menabrak di belakang

추락(墜落) ①【높은 곳에서】 추락하다 jatuh; turun ke tanah ⊙ 추락사 mati karena jatuh

추레하다 jembel; lusuh; kotor

추려내다 ⇒ 추리다

추렴 patungan; uang bantuan; andil 추렴하다 berpatungan; mengumpulkan uang ¶추렴으로 dengan biaya bersama

추록(追錄) pelengkap; tambahan 추록하다 menambah; melengkapi

추론(推論) déduksi; inferénsi; pengiraan 추론하다menyimpulkan; mendéduksi

추리(推理) penalaran; rasionisasi; kesimpulan; alasan 추리하다 bernalar; memberikan alasan; dapat berfikir; menyimpulkan; memperhitungkan ⊙ 추리력 daya nalar; kemampuan memberikan alasan. 추리소설 novél cerita mistéri (detéktif). 간접추리 kesimpulan tak langsung. 귀납【연역】추리 kesimpulan induktif 【deduktif】

추리닝 setelan baju olahraga (keringat); setelan *jogging*

추리다 memilih; menyeléksi; mencabut; menyaring; memisahkan; mengayak; menjeniskan

추맥(秋麥) barlei musim gugur

추모(追慕) 추모하다 mengenang yang meninggal; melihat kembali masa lalu ((orang sayang)) ⊙ 추모객 tamu di tugu peringatan; (장례식의) tamu pemakaman. 추모비 monumén (batu) peringatan

추문(醜聞) skandal; popularitas jelék; nama buruk ¶추문이 돌다 skandal tersebar ⊙ 추문거리 obyék skandal umum

추물(醜物) 【물건】 jelék; noda; kotoran; 【사람】 orang cacat rupa

추방(追放) ①【쫓아냄】 usiran; pengusiran; 【귀양】 pembuangan; déportasi 추방하다 mengusir; membuang; menghalau; mengasingkan; memenjarakan ¶추방된 몸 orang buangan/추방을 당하다 dibuang; diusir; disingkirkan ②【공직에서의】 추방하다 mengusir; mengasingkan dari jabatan③【과소비 등을】 menghapuskan; menyingkirkan ⊙ 추방령 perintah déportasi. 추방 자 orang buangan; orang usiran; orang asingan; orang yang diasingkan

추분(秋分) waktu siang dan malam sama pada musim gugur

추산(推算) kalkulasi; perkiraan; perhitungan; taksiran 추산하다 memperkirakan; memperhitungkan ¶5만으로 추산하다 ditaksir (diperkirakan) lima puluh ribu

추상(抽象) abstraksi; keniskalaan ¶추상적(인) abstrak; tidak objéktif; métafisik/추상적으로 secara abstrak; secara téoritis; dengan cara tidak nyata ⊙ 추상명사 kata benda abstrak. 추상파 aliran seni abstrak. 추상화 lukisan abstrak

추상(秋霜) ①【가을 서리】 embun beku musim gugur ②【엄격】 kekerasan; ketegasan ¶추상같은 tanpa belas kasihan; keras; tegas; tak kenal ampun

추상(追想) kenangan kembali; réfléksi 추상하다 mengenang; mengingat kenangan seseorang; melihat ke belakang (ke masa lalu) ⊙ 추상 록(錄) buku kenang-kenangan

추상(推想) dugaan; terkaan; sangkaan; khayalan; kesimpulan 추상하다 membayangkan; menerka; menduga; menebak; mengira-ira; menyangka; menyimpulkan

추색(秋色) warna musim rontok; pemandangan musim gugur

추서(追書) catatan tambahan

추서(追敍) penghargaan anumerta 추서하다 menganugerahkan (memberikan) penghargaan anumerta

추석(秋夕) *Chuseok*; tanggal 15 Agustus menurut tarikh Kamariah; Festival Bulan Purnama; Hari Bulan Panén

추세(趨勢) kecenderungan; aliran; arus; arah gejolak ¶일반적 추세 kecenderungan umum/세상 추세에 따르다 【를 거스르다】 mengikuti 【melawan; menantang】 aliran (arus) zaman

추수(秋收) panénan; panén 추수하다 memanén; memungut panén; ¶추수 때 masa panén ⊙ 추수감사절 Hari Bersyukur

추스르다 ①【매만져】 meluruskan ¶볏단을 추스르다 meluruskan jerami padi ②【일·마음 등을】 memberéskan; menenangkan diri

추신(追伸) catatan tambahan; notabéne (NB)

추심(推尋) kliring 추심하다 mengkliring; memungut ((hutang)) ⊙ 추심 료 ongkos (biaya) kliring. 추심어음 cék dagang kliring

추썩거리다 【어깨를】 mengangkat bahu

추악(醜惡) kebusukan; kecurangan; kekotoran; kejelékan 추악하다 menjijikkan; curang; kotor; jelék; tak sedap dipandang; hina; ((berbau)) busuk; jahat; tak sopan ¶추악하게 굴다 berbuat (bertingkah laku) menjijikkan

추앙(推仰) pemujaan; ibadat 추앙하다 beribadat; menghormat; memandang tinggi ¶신(神)으로 추앙하다 mendéwakan

추어올리다 ①【위로】 menarik; mengangkat ②【치켜세우다】 menyanjung

추어주다 memuji; menghargai; menyanjung; menyanyikan (menyuarakan) pujian

추억(追憶) ingatan; kenang-kenangan; rétrospéksi; réfléksi 추억하다 meninjau kembali; mengenang; mengingat; mengulang ((masa lalu)) dalam ingatan ¶추억 많은 penuh kenang-kenangan

추워지다 menjadi dingin
추워하다 merasa dingin; kedinginan
추월(追越) ①【사람·차 등을】 추월하다 mendahului; menyalip; léwat; 【차가】 lebih cepat dari; melebihi; memotong ((mobil lain)); 【선박이】 berlayar lebih cepat dari ¶추월금지 【게시】 Dilarang mendahului: 추월금지 구역 Zona dilarang mendahului ②【경쟁 등에서】 melacak; mendahului
추위 rasa dingin; cuaca dingin ¶추위를 느끼다 merasa dingin; kedinginan/추위에 약하다 mudah terpengaruh oléh cuaca dingin; peka terhadap dingin
추위(推胃) 【반추 동물의】 abomasum; abomasu
추이(推移) 【상황 변화】 perubahan; transisi; perkembangan; kecendedrungan kejadian 추이하다 merubah; berubah; mengalami perubahan (transisi)
추인(追認) ratifikasi; konfirmasi 추인하다 meratifikasi (memperkuat) ((hal yang lalu)); mengkonfirmasikan ⊙ 추인 자 orang yang melakukan ratifikasi (konfirmasi)
추잉검 【껌】 permén karét
추잡(醜雜) kekotoran; kecurangan; ketidak-senonohan; kecabulan 추잡하다, 추잡스럽다 kotor; curang; tidak senonoh; cabul; keji; hina; vulgar ¶추잡한 관계 hubungan gelap
추장(酋長) kepala suku
추저분하다 kotor
추적(追跡) ①【도망가는 사람을】 pengékoran; penguberan; pemburuan 추적하다 memburu; mengejar; mengikuti ((jejak)); melakukan perburuan ¶추적을 당하다 dikejar; dilacak ②【자금·계좌 등을】 ¶추적하고 있다 melakukan pencarian
추접스럽다 ((keadaan)) kotor; licik; jorok; hina dina
추젓(秋-) udang (ikan) yang diasinkan di musim gugur
추정(推定) anggapan; asumsi; dugaan; perkiraan 추정하다 menganggap; beranggapan; memperkirakan; menarik suatu deduksi ¶(손해 등이) …로 추정되고 있다 diperkirakan pada… ⊙ 추정위치 perkiraan posisi
추종(追從) 추종하다 mengikuti; meneladani; menjilat tumit ((sepatu)) ¶추종자들 pengikut; anték ⊙ 추정량 volume taksiran
추진(推進) dorongan 추진하다 ①【로켓 등을】 mendorong; mempercepat ②【계획 등을】 memacu; mendorong ⊙ 추진기 baling-baling; ((배의)) sekerup. 추진력 daya dorong
추징(追徵) 추징하다 mengumpulkan tambahan; melakukan pemungutan tambahan ⊙추징금 uang pungutan tambahan
추천(推薦) rekoméndasi; penganjuran 추천하다 merekoméndasikan; menganjurkan; mengatakan (mengucapkan) kebaikan; mengusulkan; mensponsori ⊙ 추천학생 pelajar yang terpuji. 추천자 orang yang memberikan rekoméndasi. 피 추천자 orang yang diberi rekoméndasi; calon yang diajukan. 추천장 surat rekoméndasi
추첨(抽籤) lotré; undian 추첨하다 memperundikan; mengundikan; menarik lotré ⊙ 추첨권 karcis undian
추축(樞軸) 【기계의】 poros; gandar; sumbu; 【중추】 titik pusat; titik utama; pusat
추출(抽出) abstraksi; penyarian 【화학】 ékstraksi; 【통계 조사에서】 penarikan contoh 추출하다 ①【화학】 menyarikan; menarik; mencabut ②【전체에서 물건·생각·요소 등을】 추출하다 mengambil contoh meringkas ⊙ 추출물 sari; ékstrak. 추출조사 survéi contoh
추측(推測) terkaan; dugaan; tebakan; taksiran; perkiraan; kesimpulan; spekulasi 추측하다 mengira; menduga; menganggap; menerka; melakukan spekulasi; memberikan (membuat) takaran; menarik kesimpulan ¶추측대로 seperti yang diduga ⊙ 추측기사 artikel (berita) spékulatif
추켜들다 menaikkan; mengangkat ¶추켜들려고 하다 mencoba mengangkat
추켜세우다 ⇒ 치켜세우다 memuji-muji
추켜잡다 mengangkat
추태(醜態) tingkah laku yang buruk

(memalukan) ¶추태를 부리다 bertingkah memalukan

추파(秋波) 【윙크】 kerlingan; jeling ¶추파를 던지다, 추파를 보내다】 mengerling mata

추풍낙엽(秋風落葉) daun rontok kena angin musim gugur

추하다(醜-) ①【외모가】 jelék; kelihatan buruk ②【언행이】 tak pantas; tak layak; tak serasi; tercela; memalukan; menjijikkan; rendah; tak pantas dihormati

추행(醜行) hubungan menyéleweng ¶(여자에게) 추행을 하다 melakukan tindakan cabul; memperkosa

추호(秋毫) sedikit; sama sekali ¶추호도 tidak sama sekali; tidak sedikit (sekecil) pun

추후(追後) ⇒ 나중 ¶추후에 berikutnya; nantinya/ 추후 통지가 있을 때 까지 sampai pemberitahuan berikut

축(丑) 【민속】 ①【십이지의】 Shio Sapi

축(祝) 【축문】 doa tertulis 《yang dipersembahkan pada upacara peringatan leluhur》; bentuk doa

축(軸) ①【굴대】 sumbu; poros; gandar (as) roda ②【피륙의】 tangkai; kumparan ③【지물의】 gulung ¶종이 두 축 dua gulung kertas

축[1] ①【부류】 sekelompok; gang; kelompok 《orang; barang》; satu set ¶한 축 kelompok yang sama/ 축에도 못 들다 réméh téméh; sepélé; tidak berarti ②【오징어를 세는 단위】 ¶오징어 한 축 dua puluh buah cumi-cumi

축[2] 【늘어지거나 처진 모양】 dengan lesu (lemah); 《dengan》 murung; 《dengan》 timpang; dengan terkulai ¶축 늘어지다 berjuntai; menjuntai/축 늘어진 귀 telinga yang layu (loyo; kendor)

축가(祝歌) nyanyian untuk pésta; lagu pésta ⊙ 결혼축가 nyanyian untuk perkawinan

축가다(縮-) ①【수량이】 menurun; mengurangi; memperkecil; keadaan hilang; melakukan (membuat) pengurangan; menyusut; ternyata berkurang ②【축나다】 ⇒ 몸이

축객하다(逐客-) mengusir tamu ¶문전 축객하다 mengusir tamu di depan pintu

축구(蹴球) sépak bola ⊙ 축구선수 pemain sépak bola. 축구장 lapangan sépak bola. 축구팀 kesebelasan. 대한축구협회 Asosiasi Sépak Bola Korea

축나다(縮-) ①【돈 · 재산 등이】 berkurang; mengurangi; memperkecil; keadaan kurang; menjadi (berobah; jadi) berkurang ②【몸이】 menjadi lemah; kehilangan bobot; gagal dalam keséhatan; menurun.

축내다(縮-) ①【돈 · 재산 등을】 mengurangi jumlah ②【몸 · 건강 등을】 ¶과로로 몸을 축내다 kurang séhat karena terlalu banyak pekerjaan

축농증(蓄膿症) 【의학】 empyema

축대(築臺) tanggul; élevasi; tambak; téras ⊙ 위험축대 tanggul bahaya

축도(祝禱) 【축복 기도】 doa restu; berkat ¶축도를 하다 mengucapkan doa restu

축도(縮圖) 【축소한 그림】 lukisan yang dikecilkan; miniatur; singkatan; mikrokosmos; pantografi ¶ 축도를 그리다 membuat miniatur; menggambarkan skala yang lebih kecil ⊙ 축도기(器) alat pengecilan skala; alat pantograf

축문(祝文) 【제사 때 읽는 글】 tulisan doa untuk arwah nénék moyang

축배(祝杯) sulang; minuman untuk menghormati; minuman yang bersifat perayaan ¶축배를 들다 bersulang

축복(祝福) berkat; berkah; doa restu 축복하다 memberkahi; memberikan doa selamat; mengucapkan doa restu ¶축복을 받다 diberkahi; diberi doa restu

축사(畜舍) kandang

축사(祝辭) 【축하의 글 · 연설】ucapan selamat ¶축사를 하다 memberikan ucapan selamat ⊙ 결혼축사 ucapan selamat atas pernikahan

축산(畜産) peternakan héwan ⊙ 축산시험장 Balai Penelitian Ternak. 축산학 ilmu peternakan; ilmu héwan

축산업(畜産業) peternakan ⊙ 축산업자 peternak; pemilik peternakan; ahli peternakan

축생(畜生) 【짐승】 héwan; binatang buas ⊙ 축생도(道) 【불교】 dunia héwan

(binatang)

축성(築城) pembangunan ⊙ 축성학【술】 limu 【seni】 membangun bénténg

축소(縮小) pengurangan; pembatasan; pemotongan; pengecilan skala 축소하다 mengurangi; mengurangi skala; menyusut; berkurang; memperkecil ⊙ 군비축소 pengurangan (perlucutan) persenjataan

축쇄판(縮刷版) édisi yang diperkecil

축수하다(祝手-) berdoa dengan mengatupkan tangan; memohon; meminta léwat doa

축수하다(祝壽-) berdoa untuk (mendoakan) berumur panjang

축승(祝勝) perayaan kemenangan; kegembiraan atas kemenangan

축시(祝詩) puisi ucapan selamat

축시(丑時) 【민속】 ①jam kedua (=kurun waktu antara jam 1 dan jam 3 pagi) ② jam ketiga dari 24 jam(=1:30–2:30 pagi)

축연(祝宴) pésta; perjamuan ¶축연을 베풀다 mengadakan pésta

축우(畜牛) sapi piaraan; sapi ternak

축원(祝願) doa 축원하다 berdoa untuk; mendoakan

축음기(蓄音機) gramofon; fonograf; piringan hitam; rekaman ¶축음기를 틀다 memutar piringan hitam

축의(祝意) ucapan selamat ¶축의를 표하다 mengucapkan selamat; memberikan ucapan selamat

축의금(祝儀金) uang (hadiah) untuk acara bahagia

축이다 membasahi ¶목을 축이다 membasahi kerongkongan

축일(祝日) hari raya; hari féstival; hari pésta; hari jamuan; hari libur umum ⦅resmi⦆; hari bertanggal mérah; hari bendéra

축재(蓄財) 【재물을 모음】 pengumpulan uang; penimbunan kekayaan 축재하다 mengumpulkan uang; menimbun kekayaan ⊙ 부정축재자 pencari kekayaan secara haram

축적(蓄積) pengumpulan; penghimpunan; penimbunan 축적하다 mengumpulkan (menimbun) harta

축전(祝典) perayaan; féstival ⊙ 기념축전 féstival (perayaan) peringatan

축전(祝電) 【축하 전보】 télégram (kawat) ucapan selamat

축전(蓄電) penumpukan (penimbunan) tenaga listrik ⊙ 축전기(器) kondénsor ⦅listrik⦆. 축전지(池) baterai; akumulator; aki

축제(築堤) penambakan; tambak; tanggul 축제하다 menambak; membendung; membangun tanggul ⊙ 축제공사 pekerjaan tanggul

축제(祝祭) féstival; pésta; perayaan

축조하다(逐條-) membahas ⊙ 축조심의하다 membahas pasal demi pasal

축조(築造) bangunan; konstruksi 축조하다 membangun; menyusun; mendirikan

축지다(縮-) 【몸이】 menjadi kurus; bertambah lemah

축지법(縮地法) métode sihir kontraktor jarak

축척(縮尺) skala ¶축척 천 분의 1 skala satu untuk seribu; skala 1:1000

축첩하다(蓄妾-) memelihara gundik

축축 【늘어진 모양】 terkulai; jongkat-jangkit

축축하다 agak basah; lembab; lengas; beruap

축출(逐出) pengusiran; pengeluaran secara paksa 축출하다 mengusir keluar; mengeluarkan; menyuruh keluar

축포(祝砲) salut meriam

축하(祝賀) selamat; restu; berkat; perayaan 축하하다 mengucapkan selamat; merayakan; menyalami ¶…을 축하하여 memberikan ucapan selamat…/축하의 말씀 ucapan selamat; kata-kata ucapan selamat ⊙ 축하객 orang yang mengucapkan selamat. 축하선물 hadiah (kado) sebagai tanda ucapan selamat.축하회 pésta perayaan(perjamuan)

축합(縮合) 【화학】 kondénsasi ⊙ 축합물(체) pengembunan; hasil pengembunan

축항(築港) 축항하다 membangun pelabuhan ⊙ 축항공사 pekerjaan ⦅membangun⦆ pelabuhan

춘경하다(春耕-) membajak pada musim

semi
춘경(春景) pemandangan musim semi
춘계(春季) musim semi; musim bunga ⊙ 춘계방학 liburan musim semi. 춘계운동회 pesta atlétik musim semi
춘곤증(春困症) kelesuan pada musim semi
춘궁(春窮) kekurangan makanan ⊙ 춘궁기(期) ⇒ 보릿고개 masa kekurangan makanan di musim semi
춘난(春暖) hangatnya musim semi; cuaca musim semi yang hangat ¶춘난지절(節) musim semi yang hangat
춘몽(春夢) impian (lamunan; khayalan) musim semi; angan-angan (khayalan) pengelamun ¶인생은 일장춘몽이다 Kehidupan hanyalah sebuah impian kosong.
춘부장(春府丈) ayah anda
춘분(春分) siang dan malam yang waktunya sama pada musim semi
춘삼월(春三月) bulan Marét ⊙ 춘삼월 호시절 masa paling menyenangkan pada musim semi
춘색(春色) pemandangan musim semi
춘설(春雪) salju pada musim semi
춘신(春信) kabar bunga; tanda-tanda musim semi
춘양(春陽) sinar matahari pada musim semi
춘잠(春蠶) pembiakan ulat sutra musim semi ¶춘잠을 놓다 memelihara ulat sutra di musim semi
춘정(春情) nafsu séksual; pikiran yang berisi cinta kasih; keinginan séks
춘추(春秋) ①【봄과 가을】《dalam》 musim semi dan musim rontok ②【나이】 usia ③【오경(五經) 의 하나】 sejarah tentang Lu (722-484 SM) ⊙ 춘추복 pakaian musim semi dan musim gugur
춘풍(春風) 《semilir》 angin sepoi-sepoi pada musim semi; cuaca musim semi yang segar
춘하추동(春夏秋冬) empat musim 《musim semi, musim panas, musim gugur, musim dingin》; sepanjang tahun; selama setahun.
춘화도(春畵圖) gambar cabul; gambar tak senonoh; gambar jorok; gambar menimbulkan nafsu birahi; 【총칭】 pornografi
출가하다(出家-) 【승려가 되다】 memasuki kependétaan; menjadi pendéta Budha
출가하다(出嫁-)【시집가다】 menikah dengan 《seorang pria》 ¶딸을 출가시키다 menikahkan putri
출가외인(出嫁外人) Dahulu kala, orang berpikir bahwa seorang anak perempuan menikah tidak lagi menjadi anggota keluarga mereka sendiri.
출간(出刊) ⇒ 출판
출감(出監) keluar (bébas) dari penjara 출감하다 dibébaskan; meninggalkan (ke luar dari) penjara ⊙ 출감자 narapidana yang dibébaskan
출강하다(出講-) memberikan kuliah; mengajar
출격(出擊) serangan tiba-tiba; serangan mendadak 출격하다 melakukan serangan tiba-tiba; menyerang tiba-tiba
출고(出庫) 출고하다 mengeluarkan barang dari gudang ⊙ 출고가격 harga pabrik; harga gudang. 출고지시(서) perintah pengeluaran dari gudang
출구(出口) ①【나가는 어귀】 jalan keluar; pintu keluar ⊙ 비상 출구 pintu darurat
출국(出國) 출국하다 meninggalkan negara; merantau keluar negeri ⊙ 출국허가(서) izin keluar (keberangkatan)
출근(出勤) kehadiran 출근하다 masuk kerja; pergi (datang) ke kantor bekerja; pergi bertugas ⊙ 출근부 buku kehadiran. 출근시간 jam kantor; jam kerja. 출근일수 jumlah hari kerja
출금(出金) 【지출】 pembayaran;【예금의】 penarikan 출금하다 membayar; membiayai; melakukan penarikan ⊙ 출금전표 slip pembayaran
출납(出納) penerimaan dan pengeluaran; pengeluaran dan pendapatan 출납하다 menerima dan mengeluarkan; mengambil pemilikan rékening ⊙ 출납계원 kasir; bendahara; pemegang kas. 출납부 buku rekening
출동(出動) mobilisasi 출동하다 dimobilisasi; mengambil tindakan; mulai berge-

rak; 【함대가】 berlayar; 【소방대가】 memadamkan ¶출동시키다 mobilisasikan ⊙ 출동준비 kesiapan mobilisasi

출동명령(出動命領) perintah mobilisasi

출두(出頭) penampilan; kehadiran 출두하다 hadir ((pada)); muncul; melapor sendiri ¶몸소 출두하다 muncul sendiri ⊙ 출두명령 perintah hadir. 자진 출두 kehadiran sukaréla

출람하다(出藍-) melampaui; mengatasi; mendahului; mengungguli

출렁이다 ①【물결을 이루며 흔들리다】 menggelora; terombang-ambing; menggelombang ②【신체 부위가】 goncang

출력(出力) ①【기계에너지】 daya pembangkitan kapasitas; daya pembangkitan tenaga ②【돈을 냄】 출력하다 mengeluarkan (investasi) modal ③【컴퓨터, 인쇄】 출력하다 mencétak

출루하다(出壘-) masuk basis

출마(出馬) ①【말을 탄】 출마하다 keluar dengan naik kuda ②【입후보 하다】 mencalonkan diri (mengajukan diri) sebagai kandidat

출몰(出沒) pemunculan dan penghilangan; kedatangan dan kepergian 출몰하다 muncul dan hilang; seringkali muncul; sering terlihat ¶출몰자재의 muncul tiba-tiba dan sekehendak hati

출발(出發) keberangkatan; kepergian 출발하다 ①【목적지를 향해 나아감】 berangkat ((dari)); meninggalkan; bertolak ¶서울을 출발하다 meninggalkan Seoul; berangkat dari Seoul ②【시작】 memulai; membuka ⊙ 출발시간 waktu berangkat. 출발신호 tanda keberangkatan

출발점(出發點) titik mulai berangkat; tempat keberangkatan; tempat tinggal landas; garis tempat berangkat ¶(육상경기에서) 출발점에 서다 berada pada garis tempat berangkat

출범(出帆) pelayaran; keberangkatan 출범하다 mulai belayar; berangkat dari ((Pusan ke Amerika)); melaut ⊙ 출범시간 waktu pelayaran ((kapal)). 출범일 hari (tanggal) pelayaran. 출범 표 daftar pelayaran; jadwal pengapalan

출병(出兵) pengiriman pasukan; ékspédisi pasukan; ékspedisi militer 출병하다 mengirim (memberangkatkan) pasukan (tentara); mengirim pasukan ékspedisi

출사하다(出仕-) menjadi pegawai negeri; memasuki kantor pemerintah; memasuki kantor dinas pemerintah

출산(出産)kelahiran anak 출산하다 lahir; datang ke dunia; melahirkan ((seorang bayi)); beranak ⊙ 출산율 angka kelahiran. 출산휴가 cuti bersalin. 첫 출산 kelahiran anak pertama

출생(出生) kelahiran; kedatangan ke dunia 출생하다 dilahirkan ⊙ 출생신고 laporan kelahiran. 출생연월일 tanggal lahir. 출생증명서 akte kelahiran. 출생지 tempat kelahiran; tempat asal. 시골출생 orang yang lahir di perkampungan (pedésaan)

출생 후(出生後) sejak (semenjak) kelahiran

출석(出席) kehadiran; kedatangan 출석하다 hadir; menghadirkan diri ¶출석을 부르다 memanggil nama; mengabsén ⊙ 출석부 buku kehadiran; daftar nama. 출석율 perséntase kehadiran. 출석일수 jumlah kehadiran; hari yang dihadiri. 전원출석 semua hadir

출석자(出席者) orang yang hadir; hadirin

출세(出世) kesuksésan dalam hidup; karir (hidup) yang berhasil; keberhasilan; keunggulan; pengangkatan 출세하다 suksés dalam hidup; mencapai posisi yang tinggi; mencatat keberhasilan hidup ⊙ 출세욕 ambisi terhadap keberhasilan

출세작(出世作) 【작품】 karya yang membawa kemasyhuran; karya yang telah memberikan penghargaan bagi pengarang; keberhasilan pertama (awal) seseorang; karya besar seseorang

출소하다(出所-) 【출감】 melepaskan ((dari penjara)); meninggalkan (ke luar dari) penjara ⊙ 출소자 orang tahanan yang telah dilepaskan

출소(出訴) 출소하다 mengadakan penuntutan hukum; membawa (mengajukan) suatu tindakan (gugatan); menggugat seseorang untuk membayar ganti rugi

⊙ 출소기한 batas waktu menggugat perkara. 출소자 penggugat

출시하다(出市-) mengeluarkan; melepaskan; meluncurkan

출신(出身)【신분】afiliasi; asal-usul; kelahiran ¶출신이 비천하다 dari asal-usul yang rendah (yang buruk) ⊙ 출신교 almamater; sekolah (universitas) tempat lulusan. 출신지 daérah asal; tempat lahir; kota kelahiranl kampung halaman. 대학출신 lulusan universitas. 서울출신 orang dari kelahiran Seoul

출애굽기(出-記)【성경】Kitab Keluaran

출어하다(出漁-) pergi memancing; berlayar untuk memancang ikan ⊙ 출어권 hak menangkap ikan. 출어기 musim menangkap ikan

출연(出捐) sumbangan; kontribusi 출연하다 menyumbang; membantu; menderma ⊙ 출연금 sumbangan. 출연자 donatur

출연(出演) penampilan di atas panggung 출연하다 muncul (datang) di atas panggung; mengadakan penampilan di atas panggung (télévisi); ambil bagian dalam ((konsér)) ⊙ 출연료 bayaran pertunjukan; bayaran aktor (penyanyi). 출연자 aktor; pemain drama; orang yang menampilkan pertunjukan; pelaku

출영(出迎) penyambutan tamu; penerimaan; resépsi 출영하다 menyambut; menyalami; menerima tamu ¶출영을 받다 disambut; menerima penyambutan

출옥하다(出獄-) ke luar dari (bébas dari) penjara; dibébaskan dari penjara; meninggalkan penjara ¶출옥시키다 melepaskan; membébaskan; memberi kebébasan ⊙ 출옥자 narapidana yang dibébaskan dari penjara; bekas tahanan. 가출옥 pembebasan bersyarat; pembébasan sementara

출원(出願) penerapan; permohonan 출원하다 mengajukan penerapan ((pada kantor Urusan Patén mengenai Soal Patén)); memohon ¶특허 출원 중【표시】Patén yang diterapkan. *atau* Penerapan patén. ⊙ 출원자 pemohon. 출원절차 prosedur permohonan

출입(出入) ①【드나듦】kedatangan dan kepergian 출입하다 masuk dan keluar; memasuki dan meninggalkan; sering mengunjungi ②【외출】출입하다 pergi keluar ③【물건의】meletakkan di dalam dan di luar; (금전의) penerimaan dan pembayaran yang masuk dan yang keluar ⊙ 출입권(券) tikét masuk

출입국(出入國) émigrasi dan imigrasi; masuk dan meninggalkan negara ⊙ 출입국관리(管理) biro pengontrolan (pengaturan) imigrasi. 출입국관리국 Biro Imigrasi

출자(出資) invéstasi; penanaman modal 출자하다 menanamkan modal ⊙ 출자금 uang yang diinvéstasikan (ditanamkan);【자본금】modal. 출자자 invéstor; penanam modal. 공동출자 invéstasi gabungan; modal gabungan

출자액(出資額) jumlah invéstasi; uang yang ditanam; jumlah uang yang diinvéstasikan

출장(出張) perjalanan dinas (bisnis) 출장가다 mengadakan perjalanan bisnis; bepergian untuk tugas bisnis ⊙ 출장명령 perintah pergi dalam rangka perjalanan (bisnis) tugas. 출장여비 biaya (ongkos) perjalanan (bepergian) dinas. 출장여행 perjalanan bisnis. 출장지 tempat tujuan perjalanan bisnis. 출장촬영 ⇒ 출사(出寫)

출장(出場)【어느 장소에】muncul; hadir;【참가】patisipasi 출장하다【시합 · 경기 등에】muncul; hadir; ambil bagian; ikut serta; memasuki ⊙ 출장선수 atlit yang ikut ambil bagian. 출장자 partisipan

출전(出典)【원전】sumber tulisan

출전하다(出戰-) ①【시합 · 경기 등에】berpartisipasi; bermain (ambil bagian) dalam kejuaraan (pertandingan) atlétik; ikut serta ②【전쟁에】berangkat ke garis depan

출정(出廷)【법정】kehadiran di pengadilan 출정하다 hadir di pengadilan; menghadiri pengadilan

출정하다(出征-)【전쟁터에 나가다】berangkat ke garis depan; menuju médan perang; ikut dalam perang ⊙ 출정 기(記) catatan (laporan; buku) perang

출제(出題) pembuatan soal 출제하다 memberi soal; membuat soal; menyiapkan kertas ujian ⊙ 출제자 penguji

출중(出衆) keunggulan; superioritas; keadaan terkemuka 출중하다, 출중나다 luar biasa; terkemuka; unggul; menyolok; terkenal; menjulang tinggi; jauh lebih baik; berdiri tanpa saingan; menonjol

출찰(出札) pengeluaran tikét ⊙ 출찰계원 agén (pramuniaga) tikét; pegawai bagian pemesanan; penjual tikét. 출찰구 lokét penjualan(pemesanan) tikét

출처(出處) 【나온 곳】 asal; sumber

출출하다 agak (sedikit) lapar; merasa sedikit lapar

출타하다(出他-) pergi keluar

출토(出土) ¶출토되다 digali; dikorék ⊙ 출토품 barang galian(penemuan)

출판(出版) publikasi; penerbitan; terbitan; pencétakan 출판하다 menerbitkan; mengeluarkan; mencétak ⊙ 출판계(界) dunia penerbitan; lingkungan penerbitan. 출판기념회 acara peluncuran buku. 출판물 publikasi. 출판사 penerbitan. 출판인(자) penerbit

출품(出品) éksibisi; paméran; pertunjukan 출품하다 memamérkan; mempertunjukan; memperagakan ¶출품돼 있다 sedang dipamérkan (dipertunjukkan; dipertontonkan; diperagakan) ⊙ 출품목록 katalog paméran. 출품 물(物) barang yang dipamérkan

출하(出荷) pengiriman barang ke luar; ékspedisi; pengapalan 출하하다 mengapalkan; mengirim barang ke luar; melakukan ékspedisi ⊙ 출하 자 pengirim; orang yang melakukan pengapalan. 출하지 tempat pengiriman

출항(出航) 【선박 · 항공기가 출발함】 pelayaran; keberangkatan 출항하다 memulai perjalanan; berlayar; meninggalkan pelabuhan; mengangkat sauh

출항(出港) keberangkatan 출항하다 meninggalkan pelabuhan; berlayar ⊙ 출항명령 perintah berlayar. 출항선 kapal yang akan beragkat. 출항절차 prosedur keberangkatan. 출항통지 pemberitahuan (pengumuman) perizinan

출항정지(出港停止) embargo pelabuhan ¶출항정지를 하다 memberikan embago; meletakkan di bawah embargo

출현(出現) penampilan; kemunculan; kedatangan; emersi 출현하다 muncul; tampil; menampakkan diri

출혈(出血) ①【피가 남】 pendarahan; pengeluaran (pelepasan) darah 출혈하다 berdarah; mengeluarkan darah ¶출혈이 심하다 berdarah sangat banyak (berlebihan) ②【희생 · 손실】 korbanan; pengorbanan ¶다대한 출혈 banyak korban ⊙ 출혈경쟁 【업계의】 persaingan yang tajam; dumping. 뇌출혈 pendarahan dalam otak

춤[1] (무용) tarian 춤추다 menari; berdansa

춤[2] 【운두 · 높이】 ketinggian ¶꽃병의 춤 ketinggian jambangan

춤[3] ⇒ 허리춤

춤[4] 【분량】 segenggam

춥다 ⟪jadi; merasa⟫ dingin; sejuk

충(蟲) serangga; hama; ulat; ngengat; binatang kecil ¶기생충 cacing gelang; parasit

충격(衝擊) 【물리적】 (충돌로 인한) goncangan; kejutan; pukulan ¶충격을 주다 memberi kejutan (goncangan) /충격적 mengejutkan; menggoncangkan ⊙ 충격사 mati terkejut. 충격요법 terapi kejutan. 충격파 gelombang getaran

충견(忠犬) anjing yang setia

충고(忠告) 【조언】 nasehat; peringatan; saran; anjuran 충고하다 menasehati; memberikan (menawarkan) kata-kata nasehat; memberikan peringatan; menganjurkan; menyarankan ⊙ 충고자 penasehat; pembimbing; penganjur

충당하다(充當-) memenuhi; menutupi ⟪kekurangan⟫; memakai ¶돈을 빚 갚는데 충당하다 memakai uang untuk pembayaran hutang

충돌(衝突) ①tabrakan; pertubrukan; tubrukan; bentrokan 충돌하다 【세게 맞부딪침】 bertubrukan; bertubruk; tertubruk; menabrak ②【의견 · 이해관계 등의 불화 · 불일치】 konflik; pertentangan; pertengkaran; perselisihan; sengkéta 충

돌하다 berkonflik dengan; bertentangan; bersengkéta; bertengkar; berselisih berseteru; tidak berbaikan ¶감정의 충돌 perselisihan émosi /의견의 충돌 pertentangan pendapat (pandangan) ③【무력 충돌】 pertempuran ⊙ 정면충돌 tabrakan muka ⟪dengan⟫ lawan muka

충동(衝動) ①【부추김 · 선동】 hasutan; penghasutan 충동하다 menghasut; mendorong; mengacaukan ¶…의 충동을 받아 dihasut oléh ②【순간적 욕구】 gerak hati; dorongan hati; daya pendorong; rangsangan ¶성적(性的)인 충동 rangsangan séksual/(…하고 싶은) 충동을 느끼다 mempunyai dorongan untuk berbuat ⊙ 충동구매 desakan untuk membeli

충동적(衝動的) impulsif ¶충동적으로 dengan cara mendesak; berada pada dorongan (desakan hati)

충렬(忠烈) kesetiaan yang teguh

충렬 탑(忠烈塔) tugu pahlawan yang telah gugur; monumén untuk orang yang mati dalam perang

충만(充滿) kepenuhan; kelimpahan 충만하다 penuh dengan; dipenuhi; dibanjiri

충복(忠僕) pembantu (abdi) yang setia

충분하다(充分-) memuaskan; mencukupi; memadai ¶충분한 cukup; lengkap; genap

충분히 cukup; banyak; sepenuhnya; memadai

충성(忠誠) loyalita; ketaatan; kesetiaan; kebaktian; ketulusan hati; keseriusan ¶충성스러운 setia; taaat; berbakti; tulus

충신(忠臣) kawula negara yang setia; orang yang setia; loyalis

충신(忠信) kesetiaan; loyalitas; keteguhan; keikhlasan

충실하다(充實-) penuh; lengkap; utuh; kaya ¶몸이 충실하다 séhat walafiat; mempunyai tubuh yang kuat

충실(忠實) 【성실하고 충성스럽다】 kesetiaan; ketaatan; kejujuran 충실하다 setia; taat; jujur ¶충실하게 (히) dengan taat; dengan setia (tulus; jujur)

충심(衷心) 【진심】 hati yang tulus; hati yang paling dalam; hati yang sebenarnya ¶충심으로 dengan sungguh-sungguh; dengan sepenuh hatinya; dengan segenap hati; dari lubuk hati

충양(蟲樣) ¶충양의【해부학】 berbentuk héwan kecil; vermikular; berbentuk cacing ⊙ 충양 돌기 usus buntu. 충양 돌기염【의학】 ⇒ 맹장염 appendik; usus buntu

충언(忠言) nasehat yang baik (yang setia); saran yang sungguh-sungguh 충언하다 memberikan nasehat (menasehati) yang baik

충용(忠勇) kesetiaan dan keberanian ¶충용한 yang setia dan berani

충원(充員) tambahan ⟪anggota, pegawai⟫; cadangan ⟪tentara⟫; persediaan personil 충원하다 menambah pegawai; memanggil (merekrut) personil ⊙ 충원계획 rencana penambahan personil

충의(忠義) kesetiaan; loyalitas

충일(充溢) kelimpahan; kelengkapan; keadaan yang berlebihan (kaya; subur) 충일하다 melimpah

충적(沖積 · 冲積) 【지질】 tanah baru; aluvial; tanah yang ditinggalkan oléh air sesudah surut ⊙ 충적기(期) masa aluvial; zaman tanah baru. 충적층 aluvium; timbunan aluvial

충전(充電) éléktrifikasi; pemuatan listrik (arus) 충전하다 ①【배터리 등을】 menyalurkan muatan listrik ke dalam (aki); mengisi batere; mengisi (aki) dengan aurs ②【비유적】 재충전하다 mengisi kembali ⊙ 충전기(器) alat pengisi arus. 충전장치 alat pencas. 재충전 mencas ulang

충전(充塡) penyumbatan; pengisian 충전하다 mengisi sampai penuh; menyumbat; menutup ¶치아를 충전하다 menyumbat (menutup) gigi; melapisi gigi ⟪dengan emas⟫

충절(忠節) kesetiaan

충정(衷情) perasaan yang paling dalam; hati nurani; hati yang tulus ¶충정을 털어놓다 membuka hati (pikiran); membuka rahasia sendiri

충족(充足) kecukupan; kelengkapan; kepuasaan 충족하다 mengisi penuh; memenuhi; menjawab; memuaskan; cukup;

penuh; lengkap; puas ¶조건을 충족시키다 memenuhi syarat

충직하다(忠直-) setia; jujur; lurus

충천하다(衝天-) melonjak (membubung) tinggi ke langit; membubung ke langit biru; melangit ¶사기가 충천하다 bersemangat tinggi; perasaan yang melangit

충충하다 ①【어둡다】 gelap; suram; teduh; muram; kehitam-hitaman ¶충충한 방 ruangan yang gelap (suram) ②【물이】 penuh dan gelap

충치(蟲齒) gigi yang rusak; kerusakan pada gigi ¶충치가 생기다 sakit gigi berlubang; gigi membusuk

충해(蟲害) hama serangga; penyakit tumbuhan ¶충해를 입다 rusak oléh serangga; kena hama serangga

충혈(充血) 【의학】 hyperemia; kemacetan aliran darah ¶충혈성의 macet aliran darah

충혼(忠魂) ①【죽은】 jiwa yang setia ②【충성심】 semangat (jiwa) yang jujur (setia); kesetiaan ⊙충혼비 monumén yang didédikasikan untuk prajurit setia; monumén untuk orang yang telah mati dalam perang

충효(忠孝) kesetiaan kebaktian

췌언(贅言) kata yang bertélé-télé; kata yang tidak perlu; kata berlebihan; ucapan sia-sia (tidak berguna)

췌액(膵液) getah pankréas

췌장(悴藏) 【해부학】 pankreas ¶췌장의 yang berhubungan dengan air ludah ⊙ 췌장결석 pankréatolik. 췌장절개(술) operasi (bedah) pankréas. 췌장염 pankreatis; radang pankréas

취객(醉客) pemabuk (peminum) alkohol

취관(吹管) pipa berbunyi; pipa sedot

취급(取扱) ①【사람의】 pelakuan; kegunaan; 【손님의】 layanan 취급하다 【사람·사건 등을 다룸】 memperlakukan; menghadapi ¶어린애 취급을 하다 memperlakukan seperti anak-anak; membodohi; meréméhkan/정중한 취급을 받다 diterima(diperlakukan) dengan sopan (dengan hangat) ②【물건·일 등을】 pegangan; manipulasi; perlakuan; pembagian; transaksi; konduksi. 취급하다 memegang; memanipulasi; mengelola (mengoperasikan); mengatur ¶(기계류의) 취급설명서 buku pedoman instruksi ③【기타】 menerima; mengambil; membagi; menjual; memperdagangkan ⊙ 취급소 agén. 취급인 orang yang menangani

취기(醉氣) tanda kemabukan; keadaan (rasa) mabuk ¶취기가 돌다 menjadi (merasa) mabuk; merasakan éfék minuman

취담(醉談) océhan orang mabuk; kata-kata orang mabuk; ucapan yang dibuat di bawah pengaruh alkohol 취담하다 mengocéh waktu mabuk; berbicara di bawah pengaruh minuman

취득(取得) pendapatan; peroléhan 취득하다 memperoléh; mendapatkan; menghasilkan; mengambil milik dari 《tanah milik yang baru》 ⊙ 취득세 pajak pendapatan; pajak akuisisi. 부동산 취득세 pajak pendapatan barang tidak bergerak. 취득자 pengambil; orang yang mendapatkan

취락(聚落) pemukiman; komunitas

취로(就勞) 취로하다 memulai (mendapat) pekerjaan ⊙ 취로사업 proyék yang menghasilkan lapangan kerja; pembukaan lapangan kerja

취미(趣味) seléra; kesukaan; kesenangan; hobi; kegemaran ¶고상【저속】한 취미 seléra yang tinggi 【rendah】/ 취미가 있다 mempunyai minat; berminat ⊙ 취미생활 kehidupan hobi. 독서취미 suka (gemar) membaca. 악취미 kesenangan yang jelék; hobi (seléra) yang rendah. 우표 수집취미 hobi koléksi perangko

취사(炊事) pekerjaan dapur; pekerjaan memasak; masak memasak 취사하다 memasak ⊙ 취사당번 【군대】 tugas memasak. 취사장 dapur. 공동 취사장 dapur umum

취사선택(取捨選擇) pemilihan; pilihan; seléksi; penerimaan atau penolakan 취사선택하다 memilih; menyeléksi; membuat pilihan; menerima dan(atau) menolak; mengambil dan(atau) meninggalkan ⊙ 취사선택권 hak memilih

(pilihan)

취소(取消) pembatalan; pencabutan; penarikan kembali 취소하다 membatalkan; mencorét; menghapus; mencabut ((keputusan)); menarik kembali; memohon pengunduran diri ¶취소할 수 있는 dapat dibatalkan ⊙ 취소명령 perintah pembatalan. 계약취소 pembatalan kontrak

취소불능(取消不能) ¶취소불능의 tidak bisa ditarik lagi; tidak dapat dibatalkan

취약(脆弱) kelemahan ; kelemahan moril; kerapuhan 취약하다 lemah; rapuh; lembut; halus ⊙ 취약지구【지점】【군대】 daérah rawan; daérah yang mudah diserang

취업(就業) ①【일에 들어감】 pergi bekerja; permulaan bekerja 취업하다 mulai bekerja ¶취업 중 【공장의 게시】 Dalam Operasi. ②【취직】 pekerjaan; profési 취업하다 mendapat pekerjaan; mendapat profesi; memulai karir; dipekerjakan ⊙ 취업규칙 peraturan kerja. 취업난 krisis pengangguran (ketunakaryaan). 취업자 pegawai; pekerja; karyawan; karyawati. 외국인 취업자 pekerja orang asing. 취업인구 populasi kerja. 해외취업 pekerjaan di luar negeri

취임(就任) pelantikan; pengangkatan; penobatan 취임하다 dilantik; diangkat; dinobatkan; ditempatkan pada sebuah kantor ¶공식으로 취임하다 bekerja secara formal ⊙ 취임식 upacara pelantikan; upacara penobatan; upacara peresmian; upacara pengangkatan. 취임인사【연설】 pidato pelantikan

취입(吹入) rekaman lagu 취입하다 merekam pada

취재(取材) pemilihan matéri (benda; bahan); pengumpulan berita (pokok masalah; ulasan) 취재하다 memilih (mendapatkan) data; 【신문 기자가】 mengumpulkan berita ¶취재여행을 떠나다 mengadakan perjalanan (bepergian) pengumpulan fakta untuk menulis artikel ⊙ 취재기자 répoter; pengumpul berita (data). 취재원(源) sumber berita

취조(取調) penyelidikan 취조하다 menyelidiki; memeriksa ¶취조당하다 diperiksa (oléh polisi)

취주(吹奏) 취주하다 meniup; memainkan ((lagu-lagu instrumén)) ⊙ 취주악 musik alat tiup. 취주악단 kelompok musik alat tiup. 취주악기 alat musik tiup. 취주자 pemain alat musik tiup

취중(醉中) 【부사적】 dalam (keadaan) mabuk; di bawah pengaruh alkohol ⊙ 취중운전: 취중 운전하다 mengendara (mengemudi) dalam keadaan mabuk

취지(趣旨) 【생각】 pendapat; idé;(목적) tujuan; (요지) intisari ¶질문의 취지 maksud (tujuan) pertanyaan

취지서(趣旨書) prospéktus; buku sebaran

취직(就職) pekerjaan 취직하다 mendapat (menemukan) pekerjaan; mendapat jabatan; memperoléh posisi; memasuki dinas ¶취직을 부탁하다 meminta untuk mendapatkan pekerjaan ⊙ 취직시험 tés penerimaan pegawai baru; ujian kerja. 취직지망자 pelamar pekerjaan (jabatan)

취직난(就職難) kesulitan mendapatkan pekerjaan; kekurangan (kelangkaan) pekerjaan

취직운동(就職運動) pencarian pekerjaan ¶취직운동을 하다 mencari pekerjaan; pergi ke sana ke mari untuk mendapatkan pekerjaan

취직자리(就職-) posisi; tempat kerja; kedudukan ¶취직자리를 찾다 mencari pekerjaan; memburu pekerjaan; (찾아내다) memperoléh pekerjaan; mendapat pekerjaan

취침(就寢) 취침하다 tidur; pergi ke tempat tidur ¶취침 중 sedang tidur; sementara tidur; di tempat tidur ⊙ 취침나팔 terompét tidur. 취침시간 waktu tidur

취태(醉態) kebiasaan minum ¶취태를 보이다(부리다) terlihat mabuk; memperlihatkan mabuk dan kacau

취하(取下) penarikan diri; pembatalan 취하하다 menarik kembali; mencabut; memberhentikan

취하다(取-) ①【채택 · 채용하다】 memakai; mengambil ¶입장을 취하다 mengambil posisi ②【선택하다】 memilih; mengambil; memungut ③【얻다】 mendapat;

memperoléh; mengambil ④【몸 · 자세를】 mengambil sikap atas; 【…할 채비를】 siap untuk melakukan ⑤【섭취하다】 menyerap ⟪zat makanan⟫; mengambil; memakan ⑥【해석하다】 menafsirkan ⑦【빼앗다】 mengambil milik dari; merampas ⑧【꾸다】 meminjam; meminjamkan

취하다(醉-) ①【술에】 mabuk; menjadi melayang karena alkohol; di bawah pengaruh alkohol ②【멀미】 merasa sakit; dimuakkan ¶사람에 취하다 merasa pusing dalam suasana yang ribut ③【도취하다】 mabuk; kagum; terpesona; gairah ¶여자에 취하다 terpesona oléh (karena) wanita ④【약물 등에】 diracuni; sakit ⑤【휴식 · 수면 등을】 mengambil ¶휴식을 취하다 beristirahat ⑥【연락을】 berhubungan

취학(就學) 취학하다 masuk sekolah; pergi ke sekolah ¶취학시키다 memasukkan anak ke sekolah. ⊙ 취학아동 anak sekolah. 미취학아동 anak prasekolah. 취학연령 umur masuk sekolah

취한하다(取汗-) 【한의학】 berkeringat (keluar peluh) dingin waktu sakit

취한(醉漢) pemabuk

취항하다(就航-) berlayar; beroperasi; melayani

취향(趣向) minat; kesukaan; kegemaran; 【경향】 ⟪mengikuti⟫ bakat artistik; kecendrungan ¶취향에 맞다 sesuai dengan seléra

취흥(醉興) keasyikkan dalam mabuk; suka-ria (kegembiraan) dalam kemabukan ¶취흥에 겨워 di bawah pengaruh alkohol; dalam keriangan

-측(側) pihak ¶양측 kedua pihak

측간(厠間) kamar kecil; toilét

측근(側近) ①【가까운 곁】 ¶측근에 sekitar; dekat ②【측근자】 orang yang dekat ¶대통령 측근 orang yang dekat dengan Présidén

측량(測量)①【일반의】 pengukuran; survéi 측량하다 mengukur; mensurvéi ¶토지를 측량하다 mengukur (mensurvéi) tanah ②【헤아림】 perkiraan; taksiran; penilaian 측량하다 menaksir ¶측량할 수 없다 tak terkira-kira ⊙ 측량기 alat survéi. 측량기사 orang yang mengadakan survéi; juru ukur. 측량도 péta survéi. 측량술 teknik survéi

측면(側面) ①【물체의 옆면】 sisi; samping; tepi; rusuk ¶측면의 sisi; sayap ②【현상의 한 면】 aspek; sudut ¶측면에서 돕다 membantu secara tidak langsung ⊙ 측면공격 penyerangan samping. 측면관(觀) pandangan obyék. 측면도 pandangan samping

측백나무(側栢-) 【식물】 pohon tuja

측실(側室) ⇒ 작은집 gundik; selir

측심(測深) pengukuran kedalaman laut 측심하다 mengukur kedalaman laut ⊙ 측심의(儀) (기) alat pengukur kedalaman laut

측우기(測雨器) alat pengukur curah hujan

측은(惻隱) 측은하다 merasa kasihan; menyedihkan ¶측은한 kasihan; menyedihkan /측은히 여기다 mengasihani; menaruh perasaan kasihan

측전기(測電器) eléktrométer; alat pengukur arus listrik

측정(測定) ukuran; takaran 측정하다 mengukur; menakari; menimbang ¶거리를 측정하다 mengukur jarak ⊙ 측정기 alat ukur. 비만 측정기 alat analisa lemak badan (tubuh)

측지(測地) survéi tanah 측지하다 mensurvei tanah ⊙ 측지학 ilmu yang mempelajari keadaan tanah (bumi)

측후(測候) observasi météorologi; pengamatan cuaca 측후하다 mengadakan observasi météorologi ⊙ 측후소 stasiun météorologi. 측후소원(員) anggota staf météorologi

층(層) ①【사회계급】 kelas; golongan; kalangan ¶최하층 golongan bawah ②【지층 등의】 lapisan ¶(석)탄층 lapisan batu bara ③【건물 등의】 tingkat; lantai ¶층수(層數) jumlah lantai/ 2층 lantai dua; tingkat dua ④【정도】 lebih ¶한층 더 lebih banyak; bertambah ⑤【머리 등의】 ¶머리를 층이 지게 깎다 memotong rambut tidak merata

층계(層階) tangga; undak-undakan ⊙ 층계참 undak-undakan perhentian

층면(層面) ①【쌓인 물건의】 permukaan ((dari benda-benda yang menumpuk-numpukkan)) ②【지질】 bidang stratifikasi

층상(層狀) ¶층상의 membentuk tingkatan-tingkatan; berlapis ⊙ 층상운 awan yang berlapis-lapis

층암절벽(層岩絕壁) jurang terjal berkarang; tebing curam; tebing bertingkat ¶ 층암절벽을 기어오르다 memanjat tebing curam

층애(層崖) karang bertingkat

층운(層雲) lapisan awan paling rendah

층적운(層積雲) strato kumulus; tumpukan gulungan

층지다(層-) dikelaskan; digolong-golongkan

층집(層-) rumah (bangunan yang mempunyai) lebih dari satu tingkat (lantai)

층층(層層) 【부사적】 lapisan di atas lapisan; tumpukan di atas tumpukan; semua lantai; semua tingkatan ¶층층이 쌓다 menumpuk dalam tingkatan

층층다리(層層-) anak tangga; undak-undakan

층층대(層層臺) ⇒ 층대 ¶층층대를 올라가다 【내려가다】 menaikkan 【menurunkan】 langkah

층층시하(層層侍下) melayani (menjaga) kedua orang tua dan kakék serta nénék mertua yang masih hidup

층하하다(層下-) membédakan; memilih bulu; memandang rendah

치(値) 【수학】 nilai angka; nilai numerik

치[1] 【길이의 단위】 satu inci Korea = 3.03030cm

치[2] ①【사람】 lelaki; anak muda; bujang ¶ 이【그 · 저】치 lelaki ini 【itu】; si ini 【itu】 ②【지정된 것】 satuan; jumlah tertentu; 【몫 · 양】 bagian; jatah; ransum ¶하루치의 식량 makanan jatah sehari

치[3] 【…한 물건】 bahan; benda; barang ¶상치 benda tingkat utama/막치【하치】 benda kasar 【tingkat rendah】/올 치 bahan tahun ini

치(齒) ¶치가 떨리다 ①【분해서】 menggertak gigi dengan kemarahan; tegang karena marah ②【지긋지긋해서】 disakiti; jijik

치가(治家) pengelolaan rumah tangga 치가하다 mengelola rumah tangga dengan baik

치경(齒莖) gusi

치고 【예외 없이】 kalau; 【…마다】 setiap; 【…(만)으로는】 mempertimbangkan; melihat; bagi ¶그것은 그렇다 치고 terpisah dari itu; menjadi itu sebagai

치고는 【…에 비해서는】 untuk ¶나이 치고는 크다 Dia tinggi (besar) untuk seusianya.

치골(恥骨) 【해부학】 tulang kemaluan; tulang pubis

치과(齒科) 【의학】 operasi gigi; pelayanan gigi; ilmu kedokteran gigi; 【병원】 klinik gigi ¶치과에 가다 pergi ke dokter gigi ⊙ 치과의사 dokter gigi

치국(治國) pemerintahan negara

치근거리다, 치근덕거리다 menggoda; mengganggu

치기(稚氣) sifat kekanak-kanakan ¶치기 넘친 kekanak-kanakan

치기배(-輩) pencuri dan penjambrét; perampok

치클 getah sawo untuk membuat permén karét

치다[1] ①【바람이】 meniup dengan keras; (비가) hujan deras ②【벼락이】 menerangi; guntur ¶천둥 치는 소리 bunyi guntur/벼락이 치다 dihantam petir ③【물결이】 berombak-ombak; gelombang

치다[2] ①【때리다】 (a) (손 · 물건 따위로) memukul; menghantam ¶공을 치다 menendang bola; memukul bola/귀싸대기를 치다menampar telinga (b) (시계가) memukul; pukul (c) (떡을) ¶떡을 치다 membuat kué beras; menumbuk nasi kukus menjadi adonan (d)(벼리다) menempa ¶칼을 치다 menempa pedang ②【공격하다】 menyerang; menaklukkan ③【악기 · 종 등을】 memainkan; membunyikan; membél; memukul ④【게임 · 운동을 하다】 main ¶헤엄을 치다 berenang ⑤【꼬리 등을】 menggelapak; mengibaskan ⑥【곁가지 등을 자르다】 mengentaskan; menggunting; memotong ⑦【목을】 memotong; memenggal ⑧【타자

·전보를】 mengetik; mengirim kawat (télégram) ⑨【성공하다】 mendapat keberhasilan; menjadi suksés; gemilang ⑩【채로 치다】 menambahkan; menaburkan ⑪【밤을】 menguliti kulit; kulit yang terkelupas ⑫【카드 · 화투 등을】 mengocok ⑬【 못을】 memaku ⑭【사고를】 mengacaukan; merusuh ⑮【소리 · 야단 등을】 berteriak; menghardik; memarahi; mengomél ⑯【눈웃음 · 코웃음 등을】 senyum; tersenyum; dengus; mendengus ⑰【아픔 · 괴로움으로 몸부림 · 요동 등을】 menggeliat; meronta-ronta

치다[3] ①【표시를】 menggambar; menggaris bawahi ②【찍다】 membubuhkan ③【점을】 ¶점을 치다 meramal 《 nasib》 ④【시험을】 ¶시험을 치다 melakukan (menjalani; menempuh) ujian; mengetés ⑤【셈을】 menilai; menghargai; menghitung; (포함시키다) termasuk; menaksir; mempertimbangkan ⑥【…로 보다, 가정하다】 mengingat; mempertimbangkan ¶그렇다 치더라도 meskipun demikian; bagaimanapun; masih

치다[4] ①【묻히다】 menaburkan ②【기름을】 menggunakan ③【섞다】 memberi; meletakkan ④【체로】 mengayak; menyaring

치다[5] ①【모기장을】 memasang kelambu ②【두르다】 (a) (병풍 · 울타리 등을) ¶울타리를 치다 membuat pagar; melingkari pagar; pagar mengelilingi rumah (b) (매다) mengikat; memakai; mengenakan ③【소리를】 berteriak; meraung; memekik; bersorak ④【기세 좋게 언동하다】 ¶공갈(을) 치다 mengancam; menakut-nakuti ⑤【진저리를】 ngeri; gemetar; menegakkan bulu roma

치다[6] ①【짜다】 menenun; membuat; menyusun ②【멍석을】 mengepang; menjalin ③【휘갑을】 mengelim

치다[7] ①【기르다】 membesarkan; memelihara ②【꿀을】 membuat ¶벌이 꿀을 치다 lebah membuat madu ③【가지를】 menyebarkan; menjulurkan ④【새끼를】 melahirkan; menghasilkan jenisnya (turunan); membiakkan ⑤【손님을】 menerima indekos ¶하숙을 치다 menerima orang yang mondok (orang indekos)

치다[8] ①【깨끗하게 하다】 membersihkan; merapikan; membuang sampah ②【솎아내다】 membuang yang tidak berguna

치다[9] 【장난 · 걸음을】 bermain

치다[10] 【자동차 등이】 menggilas; menubruk

치다꺼리 ⇒ 뒤치다꺼리 ①【치러냄】 pengelolaan; pengaturan; penyelesaian 치다꺼리하다 merapikan; mengatur; menyelesaikan; mengurus; mengelola ②【바라지】 bantuan; pertolongan 치다꺼리하다 memelihara; menyusun; menolong; membantu

치대다 ①【위쪽으로 대다】 menaruh (mempergunakan; menempatkan; menetapkan) pada sisi atas ②【문지르다】 meremas; menggosok; menggilas

치도곤(治盜棍) ¶치도곤을 안기다 mengajar pelajaran; (비유적) memperlakukan dengan curang

치뜨다 menaikkan (mendelik) 《mata》

치란(治亂) 【태평과 어지러움】 pemerintahan damai dan (atau) hari-hari pergolakan; 【평정】 penindasan pemberontakan 치란하다 menindas pemberontakan; memadamkan pemberontakan

치렁거리다 ①【드리운 것이】 berayun; tersérét ②【시일時日이】 berkepanjangan; diperpanjang; berlarut-larut; tertunda dari hari ke hari

치레 dandanan; penghiasan 치레하다 mendandani; menghias

치료(治療) pengobatan médis; penyembuhan; penyéhatan ¶치료를 받다 berobat; diobati; mendapat pengobatan médis ⊙ 치료법 métode penyembuhan médis. 치료비 biaya médis (pengobatan). 물리치료 pengobatan fisik. 심리치료 terapi secara fisik. 자가치료 pengobatan rumah; pengobatan sendiri. 전기치료 terapi listrik

치루(痔漏) 【의학】 luka terbuka pada bagian anus

치르다 ①【돈 · 대가 등 을 지불하다】 membayar; menebus; melunasi ②【겪다】 mengalami; menjalani; menderita ③【결혼식 · 장례 등 큰일을】 menjamu 《tamu》; meyuguhi; mengadakan pésta ¶손님을 치르다 menjamu makan; memainkan

peranan sebagai tuan rumah
치를 떨다(齒-) ①【분해서】 menggertakkan gigi; menggemertakkan gigi ②【인색하다】 berhémat; sangat pelit; sangat hémat; kikir
치마 rok ¶치마의 주름 lipatan rok
치맛자락 pinggir (akhir, ujung) rok ¶치맛자락을 걷어잡다 melipatkan rok/치맛자락이 끌리다 roknya terséret
치맛바람 desiran rok; pengaruh kekuatan (kekuasaan) wanita; 【학교에서의】 kemunculan rutin ibu-ibu 《di mana putra dan putrinya bersekolah》
치매(癡呆) 【의학】 diméntia; (노인성) penyakit *Alzheimer*
치매증(癡呆症) 【의학】 diméntia; terganggu ingatan ⊙ 노인성치매증 diménsia uzur
치명상(致命傷) ①【육체적 상처】 luka parah; pukulan yang parah; pukulan yang maut ¶치명상을 입다 mengalami luka parah ②【회복 불가능한 큰 타격】 serius; yang menimbulkan bencana
치명적(致命的) fatal; mematikan parah; maut
치밀하다(緻密-) tepat; cermat; rinci ¶치밀하게 secara teliti
치밀다 ①【복받치다】 direbut dengan; merasakan ledakan; menggelora; bergelora; mengembang ②【먹은 것이】 timbul; muncul; bangkit; keluar ③【위로 밀다】 mendorong; mendesak
치받다 bertubrukan; bertabrakan; mendorong ke arah
치받이 ①【비탈】 pendakian; tanjakan 《jalan》; kenaikan¶치받이 길 jalan mendaki; jalan menanjak; jalan memanjat ②【건축】 lumpur melekat pada loténg
치받치다 ①【버팀대로】 menyokong; 【밀어올려】 menyangga ②【연기 · 불길이】 terbit; menaik; membubung tinggi; menyala ¶연기가 치받치다 asap mengepul ③【감정이】 menggelora ④【먹은 것이】 muncul; keluar; timbul
치병(治病) penyembuhan penyakit 치병하다 menyembuhkan penyakit
치부(恥部) ①【부끄러운 부분】 bagian yang memalukan ②【생식기】 bagian kemaluan; (완곡한 표현) bagian pribadi
치부(致富) pendapatan kekayaan; perolehan kekayaan 치부하다 mencari uang; menjadi kaya; memperoléh (mendapat) uang; banyak mengumpulkan (menumpuk) kekayaan
치부(置簿) ①【장부】 buku rekening; buku kas besar 치부하다 mencatat dalam buku¶ …앞으로 치부하다 memasukkan pada rékening ②【마음속에】 ingat; mengingat ⊙ 치부책 buku kas besar; buku laporan. 외상치부 laporan krédit
치사(致謝) aprésiasi; penghargaan 치사하다 menyampaikan terima kasih; menghargai; memperlihatkan aprésiasi; menyatakan (menyampaikan) terima kasih untuk kebaikan
치사(恥事) kekejaman; keji; kekotoran 치사하다 memalukan; malu; tidak hormat; hina; tercela; keji ¶치사스러운 꼴을 당하다 dipermalukan/치사스러운 줄을 모르다 tidak punya malu
치사(致死) yang menimbulkan kematian; yang membunuh; yang membawa maut ¶치사의 dalam keadaan yang menuju ke kematian ⊙ 과실치사(죄) pembunuhan yang tidak berencana; kematian karena kecelakaan. 상해치사 luka fisik yang menyebabkan kematian
치사량(致死量) dosis yang mematikan
치사율(致死率) tingkat fatalitas
치산(治山) 【산림의】 perlindungan pelestrian hutan; penanaman hutan 치산하다 merawat hutan dengan baik; melindungi hutan
치산(治産) 【가사의】 pengelolaan urusan rumah tangga; 【재산의】 yang mengatur kekayaan 치산하다 mengelola urusan rumah tangga; mengatur kekayaan
치석(齒石) karang 《pada》 gigi; tahi gigi ¶치석이 생기다 dilapisi oléh karang gigi/치석을 제거하다 mengikis karang gigi; membersihkan gigi
치성(致誠) 【정성을 다함】 ketaatan; pengabdian yang tulus; kebaktian yang ikhlas; 【신령 · 부처에의】 kebaktian pengorbanan 《untuk roh》
치세(治世) pemerintahan; kekuasaan; rezim; 【태평시대】 masa damai ¶…의 치세

에 di ⟪bawah, selama⟫ pemerintahan

치솟다 ①【가격이】 naik; menanjak; bangkit; meluncur ②【불길 등이】 ¶불길이 치솟았다 nyala api membubung (berkobar) ③【감정 등이】 dipenuhi; mendapat serangan tiba-tiba

치수(-數) angka inchi; ukuran ¶치수를 재다 mengukur ukuran (diménsi); mengambil ukuran

치수(治水) perbaikan sungai; pengendalian banjir; penanggulangan banjir 치수하다 menanggulangi banjir; mengendalikan banjir

치수(齒髓) 【해부학】 bagian dalam gigi tempat saraf ⊙ 치수 염 【의학】 radang bagian dalam gigi

치신 tindakan; 【위신】 harga diri; martabat; géngsi ¶치신을 잃다 hilang martabat

치 신경(齒神經) saraf gigi

치신사납다 tidak senonoh; tidak sedap dipandang; memalukan

치신없다 tidak ada harga diri; kurang (tidak) sopan; tidak pantas ¶치신없는 사람 orang yang tidak punya martabat

치아(齒牙) ⇒ 이 gigi

치안(治安) ketenteraman ⟪dan aturan⟫ umum; keamanan dan ketertiban umum ¶치안을 유지하다 menjaga keamanan; mempertahankan ketentraman umum ⊙ 치안당국 otoritas pelaksanaan hukum. 치안본부 markas besar polisi nasional. 치안본부장 dirjén markas polisi nasional. 치안총감 Diréktur Jéndarial (polisi nasional); Kepala Polisi Komisariat (KP KOM)

치약(齒藥) pasta gigi; tapal gigi; obat gosok gigi

치열(治熱) 【한의학】 pencegahan demam 치열하다 mengontrol (mencék, memeriksa) demam

치열(齒列) dérétan gigi; susunan gigi; keteraturan ¶치열이 고르다 【고르지 않다】 mempunyai dérétan gigi (susunan gigi) yang teratur 【yang tidak teratur】 ⊙ 치열교정 perbaikan ketidak-teraturan gigi; pelurusan gigi. 치열교정기 jepitan (bingkai) penunjang gigi

치열(熾烈) intensitas; keganasan; kekasaran; ketajaman; kekerasan; kerumitan 치열하다 hébat; tajam; rumit; ketat; sengit ¶치열한 경쟁 kompetisi sengit; persaingan yang ketat

치외법권(治外法權) 【법률】 hak ékstra téritorial; yurisdiksi; 【외교관의】 kekebalan diplomatik; 【영사 재판권】 hak hukum konsulér

치욕(恥辱) aib; keaiban; kecemaran; malu; cacat; noda; hina; kehinaan ¶치욕을 당하다 dipermalukan; dicemarkan; dihina; mendapat penghinaan/치욕을 주다 memalukan; menghina; membuat malu; mempermalukan

치우다 ①【없애다 · 옮기다】 memindahkan; mengangkat; 【챙기다】 menyimpan; 【옆으로 비켜두다】 menyisihkan; 【본디 있던 곳에】 menyimpan kembali ②【정돈하다】 merapikan; mengatur; membersihkan ⟪ruangan⟫ ③【끝마치다】 menghabiskan; menyelesaikan; mengakhiri; menutup ④【딸을】 menikahkan; mengawini ⇒ 시집보내다

치우치다 ①【쏠리다】 condong; miring ⟪menuju⟫ ②【편파 되다】 berat sebelah berat satu sisi; memihak kepada; tidak seimbang; pilih kasih

치유(治癒) penyembuhan; kesembuhan 치유하다【고치다】 menyembuhkan; 【낫다】 pulih; sembuh; disembuhkan ¶치유할 수 있는【없는】 dapat【tidak dapat】 disembuhkan

치음(齒音) suara gigi (déntal)

치의학과 departemén keséhatan gigi

치이다[1] ①【무거운 것에】 mendapat pukulan; dipukul oléh; 【깔리다】 diremukkan; ditekan ②【차에】 digilas dengan ③【덫에】 terjebak; terperangkap

치이다[2] 【피륙의 올이】 kehilangan tenunan; 【솜 등이】 membentuk gumpalan; gumpalkan pada satu sisi

치이다[3] 【값이】 dihargai; dinilai

치자(治者) penguasa; orang yang berkuasa

치자(梔子) 【한의학】 bibit bunga kacapiring ⊙ 치자나무 【식물】 pohon bunga kacapiring. 치자색 warna kuning ke-

merah-merahan
치장(治粧) 【꾸밈】 perhiasan; dékorasi; hiasan; 【몸치장】 dandanan; pakaian 치장하다(꾸미다) menghias; mendékorasi; (몸치장을) menghias (bersolék) diri sendiri; merapikan diri sendiri; membuat menjadi cantik
치적(治績) préstasi pemerintahan; hasil administrasi
치정(痴情) hawa nafsu; cinta buta; kegila-gilaan¶치정에 이끌리어 dipengaruhi oléh hawa nafsu/치정에 빠지다 【눈이 멀다】 buta dengan nafsu ⊙ 치정관계 hubungan séks
치조(齒槽) 【해부학】 lobang tempat gigi di rahang; rongga gigi ⊙ 치조골막 penyakit pada gusi. 치조농루(膿漏) 【의학】 paradentosis
치졸(稚拙) ①【유치】 naif; tanpa seni ②【속이는】 penipuan; tipu daya ¶치졸한 akal; muslihat
치죄(治罪) hukuman kejahatan 치죄하다 menghukum kejahatan (kriminal)
치중(置重) titik berat pada 치중하다 menitik beratkan; mengemukakan (mengutamakan) kepentingan; menonjol-nonjolkan; menekankan pada
치즈 kéju ¶치즈덩어리 sebongkah kéju ⊙ 치즈크래커 biskuit kéju
치질(痔疾) 【의학】 bawasir; puru sembilit ¶치질이 있다 menderita bawasir
치켜들다 【손 · 깃발 등을】 menaikkan; 【머리 · 턱 등을】 mengangkat
치켜뜨다 mengangkat ⸨mata⸩; menaikan ⸨alis⸩
치켜세우다 ①【크게 칭찬하다】 memuji (menyanjung) setinggi-tingginya; menuji setinggi langit ②【옷깃 등을】 mengangkat; menaikkan
치키다 mengangkat; menaikkan ¶치맛자락을 치켜 올리다 melipat rok
치킨 daging ayam ⊙ 치킨라이스 ayam dan nasi. 치킨수프 sup ayam. 치킨 커틀렛 potongan-potongan ayam. 프라이드치킨 ayam goréng
치타 *cheetah*
치통(齒痛) ¶치통이 나(있)다 sakit gigi; menderita sakit gigi
치하(治下) di bawah pemerintahan (rezim; kekuasaan)
치하(致賀) ucapan selamat 치하하다 mengucapkan selamat
치한(癡漢) 【호색한】 hidung belang; mata keranjang; buaya darat; pengganggu wanita
치환(置換) ①【수학】 metatésis; penggantian ¶/X와 Y를 치환하다 mengganti X dengan Y ②【바꾸어 놓은 일】 penggantian
칙령(勅令) titah raja; surat keputusan (dekrit) raja
칙명(勅命) perintah (komando; mandat) raja
칙사(勅使) utusan raja ¶칙사 대접을 하다 memperlakukan dengan sangat hormat
칙서(勅書) surat (pesan) raja
칙칙폭폭 【기차소리】 letupan-letupan; gelembung-gelembung ¶칙칙폭폭 소리를 내며 지나가다 meletup sepanjang jalan
칙칙하다 suram; muram ¶칙칙한 빛깔 warna tua/칙칙해 보이다 kelihatan gelap dan kusam
칙허(勅許) izin (sanksi persetujuan; pengakuan) raja
친(親) ①【어버이】 orang tua ②【혈육】 sedarah; darah daging ¶친형제 saudara sedarah; saudara dari asal yang sama ③【몸소】 sendiri ④【친밀】 pro; berpihak ¶친여 후보 calon pro-pemerintah
친가(親家) ⇒ 친정(親庭) rumah orang tua
친고(親告) keluhan pribadi; tuduhan pribadi 친고하다 menuduh; mengeluh ⊙ 친고죄 kejahatan yang perlu dilaporkan
친교(親交) hubungan ramah; hubungan erat (dekat; baik; ramah); kedekatan; keakraban; keintiman
친구(親舊) teman; konco; kawan; sahabat; sobat; taulan; rekan; sejawat; sekutu ¶학교친구 teman (kawan) sekolah/평생의 친구 teman seumur hidup; teman hidup
친권(親權) kekuasaan orang tua; hak darah daging ⊙ 친권자 orang yang memiliki hak darah daging; orang yang memiliki kekuasaan orang tua
친근(親近) ①【친하다】 ¶친근한 akrab; mesra; erat ②【익숙하다】 terkenal; dikenal

③【알다】 mengetahui; tahu tentang

친근감(親近感) rasa keakraban ¶친근감을 느끼다 merasa akrab; merasa ramah

친기(親忌) upacara peringatan kematian orang tua

친남매(親男妹) saudara laki-laki dan perempuan sedarah

친동기(親同氣) saudara kandung; saudara darah

친딸(親-) anak perempuan kandung

친목(親睦) persahabatan; kesosialan ¶상호의 친목을 꾀하다 mempererat (mengembangkan) persahabatan; membina persahabatan ⊙ 친목회 pertemuan (perkumpulan) sosial; pertemuan ramah tamah

친미(親美) ¶친미의 pro Amerika

친밀(親密) ¶친밀한 akrab; intim; erat; dekat; rapat; karib

친밀감 rasa keakraban; perasaan intim

친부(親父) ayah kandung; ayah darah

친부모(親父母) orang tua kandung (darah)

친분(親分) persahabatan ¶친분이 깊다 dekat; memiliki hubungan yang intim

친상(親喪) perkabungan orang tua ¶친상을 당하다 belasungkawa pada orang tua; berduka atas orang tua; meninggal orang tua

친서(親書) surat 《pesan》 pribadi. 친서하다 menulis secara pribadi

친선(親善) hubungan persahabatan ¶친선을 도모하다 meningkatkan hubungan baik ⊙ 친선경기 pertandingan persahabatan: 국제친선경기 pertandingan persahabatan internasional. 친선관계 hubungan baik 《antara》.친선사절 misi persahabatan

친소(親疏) keakraban ¶친소를 가리지 않고 사귀다 berhubungan (bergabung) dengan semua orang tanpa membédakan

친소(親蘇) ¶친소의 pro Soviet; berpihak pada Soviet

친손녀(親孫女) anak perempuan dari anak laki-laki; cucu sendiri

친손자(親孫子) cucu kandung; anak laki-laki dari anak laki-laki

친숙하다(親熟-) akrab 《dengan》 ¶친숙한 사이 hubungan erat

친아들(親-) anak kandung; anak sendiri; anak kandung sedarah

친아버지(親-) ayah kandung

친아우(親-) adik kandung

친애(親愛) kasih sayang; cinta kasih ¶친애하는 yang tercinta; yang terhormat

친어머니(親-) ibu kandung

친언니(親-) kakak kandung

친영(親英) ¶친영의 pro Inggris

친위대(親衛隊) satuan pengawal; Pengawal Kerajaan Inggris; pengawal pribadi 《untuk raja》

친인척(親姻戚) sanak saudara; keluarga

친일(親日) ¶친일의 pro Jepang; berpihak pada Jepang

친자식(親子息) anak kandung

친전(親展) Rahasia; Pribadi; Diri sendiri ⊙ 친전서(書) surat pribadi (diri) sendiri

친절(親切) kebaikan; keramahan; simpati ¶친절한 말 kata-kata ramah/친절한 사람 orang ramah

친정(親政) kekuasaan raja secara langsung; penguasaan raja

친정(親庭) rumah orang tua seorang wanita; rumah asal

친족(親族) kerabat; hubungan kekerabatan (karib) 《dari nama keluarga yang sama》; orang sesuku; persepupuan ⊙ 친족관계 hubungan kekerabatan; hubungan melalui darah dan perkawinan. 친족법 hukum hubungan masyarakat

친지(親知) hubungan yang erat; teman karib; kenalan

친지간(親知間) keakraban; persahabatan 《di antara》 teman

친척(親戚) sanak saudara; kerabat; keluarga ⊙ 친척관계 hubungan pertalian (kekerabatan) keluarga. 일가친척 sanak sandara; sepersukuan kenalan dan kerabat; keluarga dalam hukum dan darah; keluarga melalui perkawinan dan darah

친친, 칭칭 bergulung-gulung; lingkaran dan lingkaran

친탁하다(親-) mengikuti garis keturunan ayah (kebapakan)

친필(親筆) tulisan tangan sendiri; tulisan sendiri; holograf ¶친필의 otografi

친하다(親-) 【가깝다】 akrab; mempunyai hubungan erat; menjadi teman (kawan) ②【가까이 하다】 ¶친하기 쉬운 사람 orang mudah dekat dengan; orang yang dapat bergaul; orang yang ramah dan dapat didekati

친할머니(親-) nénék kandung

친할아버지(親-) kakék kandung

친형(親兄) abang kandung

친형제(親兄弟) saudara kandung

친화(親和) 【교우 관계】 hubungan baik

친화력(親和力) 【사교성】 daya tarik (menarik)

친환(親患) penyakit orang tua; ayah (ibu) sakit

친히(親-) ①【친하게】 dengan akrab ¶친히 사귀다 menjadi dekat; menjadi intim ②【몸소】 secara pribadi ¶친히 방문하다 mengunjungi secara pribadi

칠(七) tujuh ¶제칠(의) ketujuh

칠(柒) cat; pengilap; pelitur ¶칠을 하다 memberi cat dasar; mencat tipis; memberi lapisan(warna) ⊙ 잉크 칠 noda (warna) tinta

칠거지악(七去之惡) tujuh syarat untuk bercerai

칠기(漆器) barang yang dipernis

칠뜨기 ⇒ 멍청이, 바보 orang bodoh; orang dungu; orang pandir

칠렁거리다 tumpah; melebihi (meluap) mulut émbér

칠렁하다 penuh sampai ke pinggir

칠면조(七面鳥) ①【조류】 ayam kalkun; ayam Belanda ¶수 칠면조 ayam kalkun jantan ②【사람】 orang yang tempraméntal; orang yang émosionil; orang yang mudah meledak-ledak (mudah tersinggung); orang yang tidak bisa diperkirakan

칠목기(漆木器) alat yang diberi pernis kayu

칠보(七寶) 【불교】 tujuh barang berharga (yakni emas, pérak, lapis, kristal, koral, akik dan mutiara)

칠분도미(七分搗米) beras polés 70 persén

칠삭둥이(七朔-) ①【조산아】 anak yang dilahirkan bulan ketujuh kehamilan ②【바보】 setengah matang; orang pandir; orang bodoh

칠생(七生) 【불교】 tujuh kehidupan

칠석 malam ketujuh dari bulan ketujuh kalender Imrék

칠성(七星) bintang ketujuh dari bintang Biduk (Ursa Major); Gayung Besar Bajak ⊙ 칠성각(당) pengabdian Taoist ditahbiskan pada Gayung Besar. 칠성판 garis-garis pada dasar peti mayat: 칠성판을 지다【죽다】 mati; 【사지에 들다】 masuk kuku kematian; kematian berisiko

칠순(七旬) 【칠십의 나이 ⇒ 고희】 umur tujuh puluh tahun

칠십(七十) tujuh puluh ¶제 칠십(의) ketujuh puluh

칠야(漆夜) malam pekat (kelam)

칠월(七月) Juli

칠일장(七日葬) penguburan yang dilaksanakan tujuh hari setelah kematian

칠장이(漆匠-) tukang pernis; tukang cat; pemberi pernis

칠전팔기(七顚八起) tabah dalam kesukaran; kegigihan; pantang menyerah 칠전팔기하다 pantang menyerah pada kesulitan; "tak pernah mengucapkan mati"; tegar

칠칠맞다 ceroboh; tidak terurus; morat marit; céntang perenang ¶칠칠치 못한 계집 wanita tidak bermoral; wanita murahan; wanita yang tidak rapi

칠칠하다 ①【행동이】 sopan; pantas; memuaskan ②【민첩】 gesit; trampil; tangkas

칠판(漆板) papan tulis ⊙ 칠판지우개 penghapus papan tulis

칠팔월(七八月) Juli dan/atau Agustus

칠하다(漆-) ①【페인트를】 mencat; mewarnai; mengolés; mengulas; memeliur ②【묻히다】 mengolési; menodai; mencoreng; menjadi kotor

칠현금(七弦琴) kecapi tujuh dawai

칠흑漆黑) hitam legam; hitam kelam ¶칠흑 같은 밤 malam hitam pekat (tanpa cahaya))

칡 【식물】 ararut ⊙ 칡덩굴 akar jalar ararut. 칡뿌리 akar ararut. 칡차 téh ararut

침 air liur; air ludah ¶침을 뱉다 meludah/ 침을 삼키다 menelan ludah sendiri; (탐

이 나서) bernafsu /(입에) 침이 마르도록 칭찬하다 memuji sangat

침(針) ①【가시】 duri ②【바늘】 jarum jahit; (시곗바늘) jarum jam

침(鍼) 【침술의】 jarum 《untuk tusuk jarum》; jarum 《akupuntur》; 【침술】 penusukan jarum ¶침을 놓다 menusuk jarum /침을 맞다 ditusuk jarum

침강(沈降) pengendapan 침강하다 mengendap ⊙ 침강속도 laju pengendapan

침공(侵攻) penyerangan; invasi 침공하다 menyerang; menginvasi

침구(寢具) seprai; sepréi; tikar bantal ¶침구를 개다 【펴다】 melipat 【menyediakan】 seprai

침구(鍼灸) akupuntur dan moksibusi ⊙ 침구술(術) seni akupuntur dan moksibusi: 침구술사 ahli akupuntur dan moksibusi

침낭(寢囊) kantong tidur

침노하다(侵擄-) ①【영토 · 권리를】 melakukan penyerangan; menyerobot (menyabot) 《téritorial》 ②【병이】 dihinggapi (diserang; dipengaruhi) penyakit

침담그다(沈-) mengawétkan pada air garam; mengurangi penciutan

침대(寢臺) tempat tidur; ranjang ¶접이식 침대 tempat tidur lipat ⊙ 침대차 keréta tidur; gerbong keréta api khusus tempat tidur. 침대커버 alas kasur

침략(侵略) penyerangan; penyerbuan; agrési 침략하다 menyerang; menyerbu; menginvasi ¶침략적 agrésif/ 경제적 침략 invasi ékonomi ⊙ 침략국 negara penjajah. 침략군 tentara penyerang (penjajahan). 침략자(者) penyerang. 침략행위 tindakan agrési (penjajahan)

침례(浸禮) 【기독교】 pembaptisan melalui pencelupan; pemandian ⊙ 침례교회 geréja Baptis

침로(針路) jurusan; jalur 《kapal》 ¶침로를 바꾸다 mengubah (memutar; menggantikan; mengalihkan) jalur

침 맞다(鍼-) dirawat dengan akupuntur; diobati dengan tusuk jarum(akupuntur)

침모(針母) penjahit wanita; tukang jahit wanita

침목(枕木) bantalan rél

침몰(沈沒) 【물속에 가라앉다】 tenggelam 침몰하다 tenggelam; terbenam; karam ¶침몰시키다 menenggelamkan ⊙ 침몰선 kapal yang tenggelam (yang terbenam)

침묵(沈默) ketenangan; keheningan; kebisuan 침묵하다 menjaga lidah; diam; terbatas dalam berbicara; berdiam diri ¶침묵을 깨(뜨리)다 memecah kesunyian/ 침묵은 금이다 【속담】 Diam itu emas.

침 뱉다 meludah ¶아무의 얼굴에 침 뱉다 meludahi wajah seseorang; meludah pada seseorang; (비유적) menghina seseorang

침범(侵犯) ①【영토의】 penyerangan; agrési; penyerbuan 【권리의】 pelanggaran 침범하다 menyerang; melakukan agresi; melanggar ②【병의】 ¶병이 침범하다 diserang (mendapat; diinféksi) penyakit

침 삼키다 ①【침을】 menelan (mereguk) ludah ②【탐이 나서】 bernafsu

침상(針狀) ¶침상의 berbentuk jarum tajam; meruncing; ampuh ⊙ 침상 엽 daun berbentuk jarum

침상(寢牀) tempat tidur ¶침상에 눕다 baring di tempat tidur

침소(寢所) ruangan tidur; kamar tidur

침소봉대하다(針小棒大-) melebih-lebihkan; membesar-besarkan; mempertinggi gunung; melebihi bukit kecil

침수(浸水) penggenangan; pembanjiran; tenggelam 침수되다 dibanjiri; digenangi; tergenang ⊙ 침수가옥 rumah yang terbenam (kebanjiran); rumah di bawah air

침술(鍼術) 【한의학】 akupuntur; seni tusuk jarum ⊙ 침술사 ahli akupuntur

침식(浸蝕) 【지표가 깎임】 erosi; pengikisan ¶비 【바람, 물】에 의한 침식 pengikisan hujan【angin, air ⊙ 토양침식 érosi tanah

침식(寢食) tidur dan makan; kesenangan pribadi ¶침식을 잊고 tanpa makan dan tidur; tanpa memperdulikan diri sendiri /침식을 같이하다 hidup di bawah atap yang sama

침실(寢室) kamar tidur ¶침실 겸 거실 ruangan duduk dan tidur

침염(浸染) ①【염색의】 pencelupan ¶침염시

키다 mencelupkan; mewarnai ②【감화·영향】 침염하다 mempengaruhi; diilhami
침엽수(針葉樹) pohon berdaun jarum
침울(沈鬱) kemurungan ¶침울하다, 침울한 murung; muram; bermuram durja
침윤(浸潤) 침윤하다 dijenuhkan; merémbés; menyerap ((ke dalam)) ⊙ 폐 침윤【의학】 ((amyloid)) penerobosan paru-paru
침의(寢衣) baju tidur; pakaian malam; gaun malam; (남자용) piyama
침의(鍼醫) ahli akupuntur; ahli tusuk jarum
침입(侵入) penyerbuan; invasi; penyusupan; penerobosan 침입하다【남의 영역·집 등에】 menginvasi; menyerbu; menyerang; mengadakan penyerbuan; menyelundup; menerobos; masuk secara gelap ⊙ 침입자 penerobos; pelanggar; penyerbu
침쟁이(鍼-) ⇒ 침의(鍼醫)
침전(沈澱) pengendapan 침전하다 mengendap ⊙ 침전물 endapan. 침전반응 réaksi endapan
침착(沈着) ketenangan 침착하다 tenang ¶침착하게 dengan tenang; dengan kalem
침착성(沈着性) ketenangan ((hati))
침체(沈滯) stagnasi; kemandekan 침체되다 menjadi tidak aktif (lemah) ¶침체된 시장 pasar yang merosot; pasar yang tidak maju/침체되어 있다 mandek; tidak aktif; tertekan
침침하다(沈沈-) ①【어두컴컴하다】 suram; kalam kabut ②【눈이】 sayu; kabur mata; kabur pandangan; punya mata sayu; mengabur
침통하다 suram; muram; menyedihkan; sedih; pedih; sangat memilukan ¶침통한 어조로 dengan nada(suara) yang menyedihkan
침투(浸透) penyerapan; perémbésan 침투하다 ①【속으로 스며들다】 menyerap; meresap; menapis; merémbés; menembus; memenuhi ②【사상·현상 등이】 menyelusup; masuk ke lingkungan ⊙ 침투성 perémbésan; osmosis. 침투작전 operasi penyusupan. 경제 침투 penyelusupan (penetrasi) ékonomi
침투압(浸透壓) tekanan osmosa
침팬지【동물】 simpanse
침하하다(沈下-) surut; turun; tenggelam
침해(侵害) pelanggaran 침해하다 melanggar ⊙ 침해자 pelanggar; orang yang melanggar
침향(沈香)【식물】 pohon gaharu
침흘리개 anak liuran
침 흘리다 mengeluarkan air liur;【군침을】 menétéskan air liur
칩 ①【얇거나 가늘게 썰어 기름에 튀긴 요리】 keripik/ 감자 칩 keripik kentang ②【전자공학】 *microchip* ¶메모리 칩 *chip* memori ③【도박장에서 돈 대신 쓰이는】 *chip*
칩거(蟄居) kurungan dalam rumah 칩거하다 tinggal di rumah saja; menahan dirumahkan; mengucilkan diri; mengunci diri sendiri
칫솔(齒-) sikat gigi
칫수 ⇒ **치수**(-數)
칭병(稱病) ⇒꾀병 pura-pura sakit 칭병하다 berpura-pura sakit; penyakit yang dibuat-buat ((untuk ketidak hadiran))
칭송(稱頌) pemujian; puji-pujian; penyanjungan 칭송하다 memuji; mengagumi; menyanjung
칭얼거리다 réwél
칭찬(稱讚) penyanjungan; pemujian 칭찬하다 mengagumi; menyanjung; menghargai; memuji ¶칭찬을 받다 dipuji; terpuji; memperoleh penghargaan; memperoléh kata-kata yang baik
청탁(請託) permintaan; permohonan
칭하다(稱-) ①【부르다】 menamai; disebut; bernama; dipanggil ②【일컫다】 ¶친척이라 칭하다 mengakui anggota keluarga
칭호(稱號) nama; nama kehormatan; pangkat; gelar ¶칭호를 주다 menganugrahkan gelar(pangkat) ⊙ 박사칭호 gelar dokter; tingkat doktoral

카[1] mobil ⊙ 카 스테레오 stéréo mobil. 카페리 kapal tambangan keréta. 카 스티커 témpélan mobil. 오픈 카 mobil dengan bagian atas terbuka

카[2] 【냄새 · 맛 등이 독할 때】 kata seru ((untuk bau yang tajam))

카고 muatan

카나리아 【조류】 burung kenari

카네이션 【식물】 (bunga) anyelir

카누 kano; sampan ¶카누를 젓다 bersampan dayung(kayuh kano)/카누를 젓는 사람 pengayuh sampan ⊙ 카누경조(競漕) kano lomba dayung

카니발 karnaval; pésta

카드 ①【일반적인】 kartu ¶수강등록 카드 kartu pendaftaran/ 신청 카드 kartu lamaran; kartu permintaan ②【포커 등의】 permainan kartu ⇒ 카드놀이 ¶카드를 섞어치다 mengocok kartu ③【신용카드】 kartu krédit ¶카드를 긁다 menggunakan kartu krédit ④【어떤 사항을 기록하는 종이】 kartu ¶진료 카드를 작성하다 mengisi kartu riwayat médis ⑤【방법·수단】 kartu ¶비장의 카드 kartu as (kelebihan yang dimiliki dan tidak diketahui orang lain) /그는 우리 팀의 히든 카드다 Dia adalah kartu as tim kami.

카드놀이 permainan kartu ¶카드놀이를 하다 bermain kartu

카드뮴 【화학】 kadmium (기호; cd) ⊙ 염화 카디뮴 kadmium khlorida

카디건 cardigan; swéter

카랑카랑하다 ①【날씨가】 cuaca terang, cerah dan dingin ②【목소리가】 suara jelas dan nyaring; titinada tinggi

카레 kari; 【카레라이스】 nasi kari ⊙ 카레가루 bumbu kari. 카레소스 saus kari. 카레요리를 만들다 membuat masakan kari

카르테 【의학】 ((klinik)) grafik untuk pasién; grafik pasién

카르텔 【경제】 kartél; suatu gabungan perusahaan-perusahaan yang bertujuan monopoli teristiméwa dalam mengatur harga-harga

카리브해(-海) Laut Karibia

카리스마 karisma ¶카리스마적인 berkarisma/그는 카리스마가 있다 Dia berkarisma.

카리에스 【의학】 kariés; pembusukan (perusakan) pada tulang atau gigi; mati tulang

카메라 ①【사진기】 alat potrét; kaméra; foto-tustél ¶카메라 앞에서 포즈를 취하다 berpose di depan kaméra ②【촬영기】 kaméra ¶카메라에 잡히다 tertangkap (terekam di) kaméra ⊙ 카메라 감독 pengarah fotografi. 카메라 리어설 gladi kaméra.카메라맨 juru kaméra (potrét): 카메라앵글 sudut kaméra. 몰래 카메라 tipuan kaméra

카메오 peran figuran; *cameo*

카멜레온 【동물】 bunglon

카무플라즈 penyamaran ¶캬무플라즈하다 menyamarkan; mengkamuflir; 【위장하다】 menyembunyikan maksud sebenarnya

카바레 kabarét

카바이트 【화학】 ((kalsium)) karbit

카본 【화학】 karbon ⊙ 카본복사 karbon tembusan; salinan karbon. 카본블랙 hitam arang (hangus). 카본인화법 prosés pengkarbonan. 카본지 kertas karbon

카뷰레터 【자동차의】 karburator; setelan

mesin

카빈총(-銃) karabin (senapan) ⊙ 자동 카빈총 mesin karabin

카세트 kasét ⊙ 카세트녹음기 alat perekam. 음란 카세트 kasét cabul

카센터 béngkél mobil

카스텔라 kué bolu

카스트 kasta ⊙ 카스트 제도 sistém kasta

카약 sampan kecil dipergunakan oléh orang Eskimo

카오스 kekacau-kacauan; kalang kabut

카우보이 koboi; gembala sapi ⊙ 카우보이 영화 film koboi

카운슬러 penasihat; konselor

카운슬링 konseling; pemberian nasihat; penyuluhan ¶가정 문제로 카운슬링을 받다 mendapatkan konseling tentang masalah keluarga

카운터【은행 · 상점 등의】méja pajangan; ruang perhitungan; kantor akutansi

카운트 perhitungan; jumlah; hitungan; angka 카운트하다 menghitung

카운트다운 penghitungan

카이저수염 kumis kaisar (menengadah)

카지노 kasino; tempat berjudi (penjudian)

카카오 coklat ⊙ 카카오열매 biji coklat

카키 warna hijau pujar (색); warna képar ¶카키(색)의 berwarna hijau pudar

카타르【의학】radang selaput lendir di hidung dan tenggorokan yang disertai keluarnya lendir

카타르시스 perasaan terharu disebabkan oléh sandiwara tragédi dan sebagainya ¶카타르시스를 느끼다 merasa katarsis

카타스트로프 malapetaka; bencana alam

카탈로그 katalog; brosur ¶카탈로그 무료 증정 katalog diberikan secara gratis

카테고리 kategori; kelompok; golongan ¶ 카테고리로 나누다 mengkategorikan; menggolongkan; membagikan

카투사 KATUSA (Tentara Tambahan Korea untuk Tentara Amérika Serikat】

카툰 kartun; gambar lucu

카트리지 ① pélor; peluru ② isi pulpén

카페 warung kopi;【술집】bar; kabarét; warung minum ⊙ 노천카페 kafé terbuka

카페리 kapal tambangan keréta

카페인 kaféin ¶카페인이 없는 bébas kaféin ⊙ 카페인제 pil kaféin

카페테리아 kafétaria; réstoran dimakan para pembeli melayani diri sendiri

카펫【양탄자】karpét; permadani

카풀 ¶카풀을 하다 bergabung (bersama-sama) naik mobil

카피 ①【사본】salinan; tembusan; kopi ¶ 이것 좀 카피해 주시겠어요? Maukah Anda menyalin ini untukku? ②【광고 문구】menulis ¶광고 카피를 쓰다 menulis iklan (komersial) ⊙ 카피라이터 penulis iklan. 카피라이트 hak cipta; hak pengarang

칵칵거리다 mengulangi batuk ⦅untuk melancarkan kerongkongan⦆

칵테일 *coctail;* minuman keras ⦅ wiski, jin, rum dan sebagainya⦆ ⊙ 칵테일파티 pésta *cocktail*

칸(間) ①【건축】⇒ 간 (36 kati persegi) ¶온 가족이 방 한 칸에서 생활했다 Seluruh keluarga tinggal dalam satu kamar. ②【칸막이】sekat; dinding antara pemisah; ruang terpisah ¶방의 일부를 칸을 막다 menyekat dinding bagian kamar ④【계단】tangga; tingkat; langkah

칸막이(間-)【막음】penyekatan; pemisahan; penyaringan; perlindungan;【막는 것】sekat; pembagian; layar; tabir 칸막이하다 menyekat; membagi; melindungi; menjadi dua

칸칸이【방마다】di tiap kamar; dari kamar ke kamar ¶칸칸이 사람이 들어 있다 Tiap kamar dipenuhi orang.

칸타타 nyanyian untuk paduan suara

칸틴 kantin

칼[1] ①【썰거나 자르는】pisau;【식칼】pisau dapur;【식탁용】pisau meja;【접이 칼】pisau lipat ¶다목적 칼 pisau serba guna/ 면도칼 pisau cukur/ 주머니칼 pisau saku/ 칼(을) 가는 사람 penggiling ②【무기용 검】pedang; pedang yang berat dengan ujung yang agak runcing (군도); pisau belat (비수) ¶칼을 휘두르다 mengacungkan pedang③【비유적】¶복수의 칼을 갈다 menunggu membalas dendam

칼[2]【죄인에게 씌우던 형틀】pasungan; papan kayu di mana terdapat lobang untuk mengunci kepala dan tangan yang dipergunakan pada jaman dahulu untuk menghukum orang yang bersalah ¶ 칼을 쓰다 memakai pasungan

칼[3] KAL (Penerbangan Korean Air)

칼국수 mi yang dipotong dengan pisau dapur; mi tiaw

칼금 toréhan; irisan; takik ¶칼금을 내다 menakik; menoréh

칼날 mata pisau; mata pedang ¶칼날이 무디다 mata pisau itu tumpul

칼라 【옷깃】 kerah 《keméja》 léhér baju

칼럼 kolom ⊙ 칼럼니스트 penulis atau rédaksi surat kabar atau majalah

칼로리 kalori ¶저(低) 칼로리 kalori rendah ⊙ 칼로리가(價) nilai kalori. 칼로리 계산 perhitungan kalori. 칼로리 섭취량 kalori yang diterima (masuk). 칼로리 함유량 kadar kalori

칼리 【화학】 garam abu (kalium karbonat) ⊙ 칼리비누 sabun (potas) halus. 칼리비료 pupuk potas. 칼리염 garam potas

칼리지 perguruan tinggi

칼륨 potassium 【기호 K】

칼 맞다 ditusuk; ditikam; kena pisau ¶칼 맞아 죽다 mati ditikam

칼바람 【차고 매서운 바람】 angin yang menggigit; gigitan angin

칼부림 penikaman; penusukan; perkelahian dengan pisau; 【유혈극】 pertumpahan darah 칼부림하다 memegang dan menggunakan pisau; menusuk orang ⊙ 칼부림사태 kejadian (peristiwa) pertumpahan darah: 칼부림 사태로 번지다 berubah (berkembang) menjadi pertumpahan darah; berakhir dengan pertumpahan darah

칼슘 【화학】 kalsium¶칼슘분이 있다 mengandung kalsium ⊙ 염화칼슘 kalsium khlorida. 탄산칼슘 kalsium phosphat

칼자국 gorésan dari pisau; bekas luka karena pisau (pedang) ¶칼자국이 나다 tergorés oléh pedang/ 칼자국을 내다 diiris

칼자루 ①【칼을 쥐는 부분】 gagang pisau; pangkal pedang¶칼자루를 쥐다 memegang pedang pada pangkal ②【비유적】 berkuasa

칼잡이 tukang daging; tukang jagal; pemotong ⇒ 백장②

칼제비 ⇒ 칼국수

칼질 potongan; guntingan 칼질하다 memotong

칼집 ①【칼을 넣어 두는】 sarung pedang 《atau golak》 ¶칼을 칼집에서 뽑다 menghunus pedangnya ②【고기·생선 등에】 sayatan ¶닭고기에 칼집을 내다 membuat sayatan di ayam

칼춤 tarian pedang; pencak

칼침 tusukan (tikaman) pisau (pedang) ¶ 칼침을 맞다 ditusuk dengan pisau

칼칼하다 ⇒ 컬컬하다 ①【목이】 kering (haus) kerongkong; haus; dahaga ②【음식 맛이】 pedas ¶찌개 국물이 시원하고 칼칼하다 Kuah daging ini menyegarkan dan pedas.

칼판(-板) talenan; kayu (papan) pemotong; papan pemotong daging atau sayuran di dapur

캄캄하다 ①【어둡다】 gelap gulita ¶캄캄한 방 ruang yang gelap gulita ②【암담하다】 suram; murung ¶캄캄한 앞길 (전도) masa depan yang suram ③【모르다】【서술적】 tidak mengetahui; tidak tahu apa-apa

캅셀 kapsul

캉캉(춤) *cancan*; dansa ala Perancis

캐내다 ⇒ 캐다

캐다 ①【묻힌 것을 파내다】 menggali; menambang; 【발굴하다】 mencabut; mencungkil; mencungkil akar ¶석탄을 캐다 menggali batu bara ②【과거 · 정보 등을】【캐내다】 mengusut (menyiasati) suatu rahasia; menggali; membongkar; menyelidiki ¶신원을 캐다 menyelidiki keturunan; menyelidiki latar belakang keluarga; menyelidiki riwayat pekerjaan ②【비밀 등을】 menyelinap; memancing informasi dari seseorang; mengetahui kebenaran dari kejadian (hal)

캐디 【골프】 kacung permainan golf; pembantu golf

캐러멜 karamel; gula bakar

캐러밴 kalifah ⊙ 캐러밴슈즈【상표명】 sepatu kalifah; sepatu pendakian gunung

yang ringan ((dengan sol karét))
캐럴 nyanyian (lagu) Natal ¶거리에서는 크리스마스 캐럴이 흘러나오고 있다 Lagu-lagu Natal terdengar di jalan.
캐럿 karat ¶18 캐럿의 금 emas karat18
캐리어 alat pengangkut
캐리커쳐 karikatur
캐릭터 ①【개성, 성격】 kepribadian; karakter 【성품】 karakteristik ②【만화 등의 등장인물을 디자인에 도입한 것】 karakter ¶미키마우스는 내가 제일 좋아하는 만화 캐릭터다 Micky Mouse adalah karakter kartun favorit saya. ⊙ 캐릭터 산업 (promosi) industri karakter. 캐릭터 상품 Karakter produk; produk komik yang menampilkan karakter populér
캐묻다 bertanya secara ingin tahu; bertanya dengan rasa ingin tahu ¶시시콜콜 캐묻다 bertanya sampai hal yang sekecil-kecilnya; menanyai tentang setiap perincian; mengadakan penyelidikan yang terperinci (yang teliti)
캐비닛 kabinet; lemari kaca pajangan; lemari besi; tempat tuts ⊙ 서류보관용 캐비닛 lemari arsip
캐비어 cabiar
캐비지 【양배추】 kubis; kol
캐빈 kamar di kapal; kabin ⊙ 캐빈 클라스 kelas di kapal antara kelas satu dan kelas turis
캐스터 penyiar warta berita ⊙ 기상 캐스터 ahli cuaca; peramal cuaca
캐스터네츠 【음악】 kastenyét ¶캐스터네츠를 치다 Klik (drama) kastanyét
캐스트 【배역】 pemeran; pemilihan pemain-pemain; (배우) pelaku;
캐스팅 pengaturan peranan; pilih pemeran **캐스팅하다** memilih pemeran (pemain)
캐스팅보트 pemberian (pemilihan) suara
캐시미어 【직물】 kasmir
캐주얼하다 santai; berada secara kebetulan; berada begitu saja ⊙ 캐주얼슈즈 sepatu santai ((untuk bersantai). 캐주얼웨어 pakaian santai; pakaian sederhana
캐처 【야구】 penangkap bola
캐치 menangkap
캐치프레이즈 slogan; semboyan
캐피털리즘 kapitalisme
캑캑 bunyi yang merépét; berdesis 캑캑거리다 terbatuk-batuk
캔 【깡통】 kaléng ⊙ 캔 맥주 kaléng bir 캔 커피 kaléng kopi
캔디 permén; gula-gula; manisan
캔버스 【미술】 kanvas ⊙ 캔버스 틀 rangka kanvas
캘린더 【달력】 kaléndar; penanggalan
캠코더 alat perekam vidéo; kamera vidéo; *camcorder*
캠퍼 【약】 kamper ⊙ 캠퍼주사 suntikan kamper
캠퍼스 【학원】 kampus; perkampungan pada perguruan tinggi ⊙ 캠퍼스 커플 kekasih kampus
캠페인 kampanye ¶캠페인을 벌이다 berkampanye
캠프 kémah; ténda; 【운동선수의】 kamp latihan ¶캠프를 치다 berkémah; mendirikan kémah/ 야외 캠프 kamp terbuka ⊙ 캠프생활 hidup berkémah. 캠프용품 perlengkapan kémah. 캠프장 tempat berkémah. 캠프촌(村) kampung berkémah. 캠프파이어 api unggun
캠핑 berkémah ¶캠핑가다 pergi berkémah ⊙ 캠핑장 tempat (lapangan) berkémah 캠핑카 rumah motor; mobil van; kafilah
캡 【모자】 topi; 【병뚜껑】 sumbat botol ¶대학교 제복과 캡 jubah dan peci di pergurunan tinggi
캡션 keterangan; tulisan di bawah karikatur
캡슐 kapsul
캡틴 ① kaptén ②nakhoda ③pemimpin ¶축구팀의 캡틴 pemimpin regu sépak bola
캥거루 kangguru
캥캥 【강아지 따위의 소리】 gonggongan
커 녕 sama sekali tidak; bukannya; melainkan; jauh dari; jangankan; 【말할 것도 없고】 belum lagi ¶실망 하기는 커 녕 sama sekali tidak kecéwa/ 고마워 하기는 커 녕 Bukannya berterima kasih kepada saya, dia …
커닝 penyontékan; penjiplakan; sontékan pada saat ujian ¶커닝을 하다 menyonték ((dalam ujian, dalam tés)); men-

jiplak; melakukan muslihat yang tidak jujur ⊙ 커닝 페이퍼 kertas (penyapan) sontékan

커다랗다 sangat besar; besar sekali ¶커다란 손실 kerugian yang besar/ 커다랗게 luar biasa besarnya; dengan besar; secara besar-besaran; sangat besar

커다래지다 bertambah besar; menjadi besar; makin besar

커리큘럼 【교과과정】 kurikulum; susunan rencana pengajaran di sekolah ¶커리큘럼을 짜다 membuat kurikulum untuk

커머셜【라디오 · TV의】 iklan ((di télévisi atau di radio)) ⊙ 커머셜뱅크 bank perniagaan

커뮤니케이션 hubungan; komunikasi ⊙ 매스 커뮤니케이션 komunikasi massa (rakyat)

커미션 【수수료】 komisi ¶커미션을 떼다 mengambil komisi

커밍아웃 keluar ¶커밍아웃을 하다 keluar dari tempat tertutup

커버 【덮개】 penutup; penudung; pembungkus; 【책의】 sampul ¶책상 커버 penutup méja ⊙ 커버 크림 krim penutup

커버하다 ①【손실 · 단점 등을】 menyembunyikan; menuntupi; menggantikan ②【두루 미치다】 menutupi; meliputi

커브 ①【도로, 철길의 곡선】 garis lengkung; tikungan; liku ¶커브를 틀다 membélokkan/급커브 tikungan yang curam ②【야구의 변화구】 bola lengkung ¶커브를 던지다 melémparkan (menyampaikan) bola melengkung ⊙ 아웃커브 lengkungan keluar. 인커브 lengkungan ke dalam

커서 【컴퓨터】 kursor ¶커서가 깜빡거렸다 kursor berkedip-kedip

커스터드 puding

커지다 bertambah besar; membesar; 【성장하다】 tumbuh; menjadi déwasa; 【증대하다】 mengembangkan; memperluas; mengembang; meluas; 【중대해지다】 menyusahkan; 【악화되다】 memperburuk ¶담이 커지다 membesarkan hati; menjadi berani

커트 potong rambut ¶짧게 커트해 주세요 Saya mau rambut saya dipotong pendek.

커트라인 pemotongan nilai (skor)

커튼 tirai; gorden¶커튼을 치다 menutup tirai ⊙ 커튼콜 tirai panggilan

커트릿 sayatan; potongan ⊙ 치킨【포크】 커트릿 potongan daging ayam 【babi】 yang di goréng

커프스 mansét ⊙ 커프스 버튼 kancing mansét

커플 pasangan; kawin

커피 kopi ¶커피 한 잔 하면서 이야기 합시다 Mari kita bicara sambil minum kopi. ⊙ 커피 잔 cangkir kopi. 커피포트 téko kopi. 블랙커피 kopi hitam; kopi pahit. 커피숍 kedai kopi; warung kopi. 커피브레이크 istirahat (jam) untuk minum kopi

컨덕터 kondéktur

컨디셔너 【샴푸】 pengondisi rambut

컨디션 ①【몸과 마음의 상태】 keadaan; kondisi ¶컨디션이 좋다【나쁘다】 kondisinya baik 【buruk】; berada dalam kondisi baik 【buruk】 ②【사물의 조건 · 상태】 kondisi

컨베이어 【기계】 alat pembawa barang-barang; sabuk berjalan; konveyor ⊙ 벨트 컨베이어 ban berjalan pembawa barang. 컨베이어 시스템 sistém sabuk berjalan;sistém konvéyor

컨버터블 kap terbuka

컨설턴트 konsultan

컨설팅 konsultasi 컨설팅하다 berkonsultasi ⊙ 컨설팅 회사 (bisnis) perusahaan konsultan

컨소시엄 konsorsium

컨테이너 peti kemas; kontainer ⊙컨테이너 트럭 truk kontainer

컨트롤 ①【통제, 조절】 pengawas((an)); penilikan; pengaturan; penguasaan 컨트롤하다 menguasai; membatasi; mengatur ¶감정을 컨트롤하다 mengendalikan émosi ②【제구력】 kontrol

컬 kerting ((rambut)) ¶컬이 풀리다 keriting lurus (habis)

컬러 ①【색체】warna ②【특징】 karakter; gaya khas ⊙ 컬러 방송 penyiaran berwarna (TV). 컬러사진 foto berwarna. 컬러텔레비전 télévisi berwarna. 컬러필름

film foto warna
컬컬하다 ⇒ 칼칼하다 kering (haus) kerongkong; haus; dahaga; 【술 생각이 나서】 haus minum
컬럼 kolom; lajur ⊙컬럼니스트 kolumnis; penulis tetap dari karangan dan artikel khusus dalam surat kabar
컴맹(-盲) buta komputer
컴백 kembali; kemunculan kembali dengan berhasil seperti keadaan semula 컴백하다 kembali 《ke jabatan yang dulu》
컴컴하다 ①【어둡다】 gelap; hitam; suram; mendung ¶아직 컴컴한 새벽에 pagi-pagi yang masih mendung ②【침침하다】 kurang terang; samar-samar; kabur; buram ③【마음이】 bersifat suka merahasiakan; suka menyembunyikan perasaan
컴퍼스 ①【제도 기구】 (한쪽에 연필을 끼우는) kompas; 【나침반】 kompas laut ②【보폭) langkah ¶컴퍼스가 길다(짧다) memiliki panjang (pendek) langkah
컴퓨터 komputer; mesin berhitung éléktronis ¶컴퓨터로 처리하다 mengkomputerisasi ⊙ 컴퓨터공포증 alérgi (kepekaan yang luar biasa) komputer. 컴퓨터시대 zaman (masa) komputer
컴프레서 【기계】 komprésor; pemampat
컵 ①【잔】 gelas; gelas minum; cangkir; 【우승배】 piala; tropi; tanda kemenangan ②【단위】 gelas ¶물 한 컵 segelas air ③【브래지어의 사이즈】 ¶그녀는 브래지어 C컵을 착용 한다 Wanita itu memakai kutang (béha; bra) yang berukuran C. ⊙ 컵라면 mi instant dalam kemasan gelas
컷 ①【출판물에 들어가는 삽화사진】 ilustrasi; karya seni ②【영화 사진 등의】 ¶ 그는 호수를 배경으로 사진 10컷을 찍었다 Dia mengambil 10 foto dengan tampilan latar belakang danau.
컹컹 ¶개가 컹컹 짓다 anjing menggong-gong
케이블 kawat; kabel ⊙ 케이블 뉴스 berita kawat. 케이블 선 kabel sambung. 케이블 텔레비전 (유선방송) télévisi kabel. 케이블카 keréta layang-layang. 광케이블 kabel serat optik. 케이블 방송 tv kabel
케이스 ①【용기·상자】 peti; kotak ¶케이스에 넣어 두다 menyimpan di dalam peti ⊙ 담배 케이스 peti rokok ②【 경우·사례】 kasus; contoh ¶시범 케이스로 걸리다 dijadikan contoh
케이에스 KS 【ukuran Korea】 ⊙ 케이에스 마크 cap standard Korea (KS). 케이에스 상품 barang-barang standard Korea
케이오 KO 【meninju 《lawan》 sampai roboh】 ¶케이오시키다 mengalahkan; menundukkan/ 케이오 당하다 ditinju sampai roboh
케이크 kéik ¶케이크 한 조각 sepotong kéik ⊙ 생일 케이크 kéik hari ulang tahun
케처 penangkap
케첩 saus ⊙ 토마토케첩 saus tomat
케케묵다 ①【물건이 오래되어 낡다】 tua; kuno; dimakan ulat; berulat; tengik; anyir; perat ②【생각 · 말 등이 진부하다】 ketinggalan jaman; kuno; sudah usang; sudah basi
켕기다 ①(a) 【팽팽해지다】 kencang; erat; tegang¶힘줄이 켕기다 tegang otot ②【마음이】 gelisah; tak tenang; sesuatu yang tidak bérés dalam hati ③【마주 당기다】 mengetatkan; menegangkan ④【기타】 ¶ 나는 아무것도 켕기는 것이 없다 Aku tidak ada hal yang memalukan.
켜 lapisan ¶켜를 이루다 berlapis
켜다 ①【전등 ·기계 등을 】 menerangi;【틀다】 menghidupkan ¶불을 켜다 menghidupkan lampu ②【들이켜다】 minum secara tergesa-gesa ③【현악기 등을】 bermain 《plat musik》 ④【톱으로】 menggergaji ⑤【기지개를】 merentangkan; meregangkan otot ¶하품을 하며 기지개를 켜다 merentangkan badannya sambil menguap
켤레 sepasang ¶구두 한 켤레 sepasang sepatu
코 ①【신체 기관】 hidung ¶코에서 단내가 나다 meletihkan/코를 납작하게 하다【비유적】 menghina; merendahkan orang yang sombong ②콧물 ingus ¶코를 닦다 menyeka ingus/코 묻은 돈 uang saku untuk anak kecil ③【그물뜨개질 등의 매듭】 jahitan ④【물건】 bagian depan;

ujung ¶버선 코 bagian depan kaus kaki
코감기(-感氣) flu; pilek
코걸이【코에 거는】 cincin yang dipasang di hidung ¶귀에 걸면 귀걸이, 코에 걸면 코걸이 tergantung pada keadaan
코골다 mengorok; mendengkur ¶코고는 소리 bunyi dengkur
코끼리 gajah ¶코끼리 같은 seperti gajah/ 수【암】 코끼리 gajah jantan 【betina】 ⊙ 코끼리 사냥 pemburuan gajah
코납작이 ①【코가 납작한】 orang yang berhidung pésék ②【기가 꺾인】 orang yang difrustrasi (kegagalan; kekecéwaan)
코냑 *cognac*
코너 ①【구석, 모퉁이】 sudut; pojok ¶코너를 돌다 berbelok ke sudut ②【상점·백화점 등의】 tempat pajangan yang istiméwa ③【지면, 프로그램】 fitur; ségmén ⊙ 코너킥 (축구) tendangan sudut
코넥팅 플라이트 penerbangan lanjutan
코대답(-對答) jawaban yang acuh tak acuh; jawaban yang tidak peduli 코대답하다 menjawab dengan acuh tak acuh
코드 ①【전선】 kabel listrik, kawat listrik ¶전화기의 코드를 뽑다 lepaskan stéker telepon; lepaskan télépon dari dinding ②【컴퓨터의 기호 체계】 kode ¶접속 코드 kode aksés; *spyware* / 악성 코드 *spyware* / 자동검사 코드【컴퓨터】 kode pengecék otomatis
코딱지 lendir kering; ingus kering
코디네이터 ①【의상 · 화장 등의 전문가】 penata kecantikan ②【진행 담당자】 koordinator ¶병원 코디네이터 koordinator rumah sakit
코딱지 lendir kering; ingus kering ¶코딱지를 우비다 mengorék-ngorék lendir kering; mengutik-ngutik hidung
코떼다 menolak dengan penghinaan; orang atau benda yang ditolak; dipermalukan
코뚜레 cincin hidung sapi
코르덴 sejenis beludru; korduroi ⊙ 코르덴 바지 celana korduroi
코란 【이슬람교의 경전】 kuran
코러스 paduan suara; vokal latar
코르셋 korsét
코르크 perop; gabus; sumbat ⊙ 코르크 따개 (alat) pembuka sumbat botol
코마 pingsan yang lama karena penyakit, luka atau keracunan
코맹맹이 orang yang berbicara dengan bunyi sengau ⊙ 코맹맹이 소리 bunyi sengau: 코맹맹이 소리하다 berbunyi sengau
코멘트 koméntar; ulasan ¶코멘트를 하다 memberikan koméntar (ulasan); mengoméntari
코뮈니케 komuniké; pengumuman resmi
코뮤니스트 komunis
코뮤니즘 komunisme
코미디 komidi; komédi
코미디언 pelawak; pemain komidi; (여자) pelawak wanita; pemain komidi wanita
코믹, 코믹하다 lucu ¶코믹한 표정을 짓다 membuat wajah lucu
코밑 ¶코밑에 di bawah hidung ⊙ 코밑수염 kumis
코바늘 jarum kait untuk menyulam; jarum sulam
코발트 【화학】 kobalt (기호:Co) ⊙ 코발트블루 biru kobalt. 코발트 폭탄 bom kobalt
코브라 kobra; ular séndok; ular tedung ⊙ 킹코브라 raja kobra
코빼기 ¶코빼기도 안 보인다 tak nampak batang hidungpun
코뿔소【동물】 ⇒ 무소
코사인 【수학】 kosinus (cos)
코스 ①【경주 · 여행 등의】 jalan ¶강 쪽 코스 jalan sungai ②【경주 · 경기장 등의】 jalur; rél; jalan ¶직선 코스 jalan lurus ③【학과 과정】 mata pelajaran; rangkaian pelajaran ④【과정, 절차】 ¶엘리트 코스를 밟다 persiapkan diri untuk menjadi anggota élite ⑤【요리】 hidangan ⊙ 단기 집중 코스 kursus inténsif jangka péndék
코스닥 *KOSDAQ((dealer sekuritas otomatis Korea)* ¶코스닥에 등록되다 terdaftar di KOSDAQ
코스모스 kosmos; bunga aster Meksiko
코스트 harga; ongkos
코스프레 kostum bermain ¶코스프레를 하다membuat (tahap) pola kostum
코알라 koala (*bear*)
코앞 ①【아주 가까운 곳) ¶코앞에 di depan

mata ②【아주 가까운 미래】 dekat ¶코앞에 닥치다 segera terjadi; di ambang pintu
코요태 *coyoté*
코웃음 seringai; cemooh 코웃음 치다 menyeringai; mengéjék; mencemoohkan; mencibirkan ¶그는 내 제안에 코웃음을 쳤다 Dia mencibir saran saya.
코일 【전기】 gulungan; lingkar
코쟁이 【백인을 낮춰 부르는 말】 hidung besar
코즈메틱 kosmétik
코치 ①【운동】 《행위》 yang memberi latihan; (사람) pelatih. 코치하다 melatih; memberi latihan ②【비유적】 menyarankan
코침 sesuatu yang menggelikan pada hidung ¶코침 주다 membuat geli pada hidung
코카인 【화학】 kokain ⊙ 코카인 중독 keracunan kokain; kecanduan kokain
코코넛 kelapa
코코아 coklat
코크스 batu arang ¶코크스로 하다(가 되다) menjadikan batu arang
코털 bulu hidung ¶코털을 뽑다 mencabut bulu hidung
코트[1]【외투】 mantel; baju jas
코트[2] 【경기장】 lapangan 《ténis》
코팅하다 laminasi; emlaminasi ¶이 제품은 특수 코팅 처리가 되어있다 Produk ini sudah dirawat dengan lapisan spesial.
코피 darah hidung ¶코피가 나다(를 쏟다) hidungnya berdarah
코허리 bagian ujung di hidung ¶코허리가 시큰해지다 hampir menangis karena keharuan; terharu dengan perasaan kasihan
코흘리개 anak ingusan
콕 ①【찌르는 모양】 sengat; tusuk ¶바늘로 콕 찌르다 menusuk dengan jarum ②【쪼다】 mematuk
콕콕 ①【쏘는 모양】 (a) 【찌르는 모양】 sengat atau tusuk terus-menerus (b) 【아픈 모양】 ¶콕콕 쏘는 통증 menderita rasa sakit yang sangat ②【쪼다】 mematuk terus-menerus
콘 jagung ⊙콘플레이크 serpih jagung
콘덴서 kondénsor; pengembun; alat penerima dan penyimpan strom listrik
콘덴스트 밀크 susu kental
콘도(미니엄) keanggotaan resor (hotél) ¶콘도를 예약하다 memesan (membuat pesanan atas) kamar di sebuah resor keanggotaan (hotél)
콘돔 kondom
콘사이스 rinkas; singkat ¶콘사이스 형의 사전 kamus kecil
콘서트 konsér ⊙ 콘서트홀 ruangan konsér
콘센트 【전기】 sokét ¶콘센트에서 플러그를 빼다 tarik steker keluar dari sokét
콘크리트 beton ¶콘크리트를 하다 membeton jalan ⊙ 콘크리트 믹서 pencampur semén. 철근 콘크리트 besi beton
콘테스트 kontés; pertandingan; kompetisi ⊙ 미인 콘테스트 kontés (pertandingan) kecantikan
콘텍트렌즈 lénsa kontak ¶일회용 콘텍트렌즈 lénsa kontak sekali pakai
콘트라베이스 bass ganda
콘트라스트 perbédaan; kontras ¶콘트라스트를 이루다 merupakan kontras; berkontras
콜걸 wanita panggilan
콜드크림 bedak krem untuk membersihkan kulit muka
콜라 koka kola; coke
콜라겐 kolagen
콜레라 penyakit koléra ¶콜레라의 예방주사를 하다 menyuntik untuk mencegah penyakit koléra; 【본인이 맞다】 disuntik untuk mencegah penyakit koléra ⊙ 콜레라 균 kuman; bakteri koléra. 콜레라 예방 주사 penyuntikan (injeksi) pencegah koléra; suntikan anti koléra. 콜레라환자 pasién koléra. 진성 콜레라 koléra yang menular (berbahaya)
콜레스트롤 koléstero l
콜록거리다 membatuk terus
콜록콜록 batuk kering ¶콜록콜록 기침을 하다 membatuk kering
콜론 titik dua
콜콜 ①【물이】 ¶콜콜 샘솟다 memancar; menyembur ②【깊이 든 잠】 ¶잠을 콜콜 자다 tidur nyenyak; tidur lelap

콜타르 pelangkin; tér

콜택시 taksi panggilan ¶콜택시를 부르다 memanggil (télépon) taksi

콤마 ①【구두점의】 koma ((tanda bacaan)) ②【수학】 désimal; persepuluhan ¶콤마 이하 di bawah désimal; (비유적) 콤마 이하의 인간 seorang yang tak berarti

콤바인 (농기계) *combine* ¶콤바인으로 곡식을 수확하다 panén dengan *combine*

콤비 ①【단짝, 2인조】 kombinasi; gabungan¶…와 콤비가 되다 berpasangan dengan … ⊙ 명콤비 kombinasi yang cocok (baik) ②【양복】 setelan terpisah; memadukan dan mencocokkan setelan

콤파스 ⇒ 컴퍼스

콤팩트 【화장 도구】 kompak

콤플렉스 rasa rendah (hina) diri; kompléks

콧구멍 lubang hidung; liang hidung; rongga hidung ¶콧구멍을 벌름 거리다 mengembangkan lubang hidung

콧김 napas dari hidung

콧날 ¶콧날이 서다 hidung mencuat

콧노래 senandung; dengungan 콧노래하다 bersemandung; menyanyi dengan suara rendah

콧대 ①(콧등의 우뚝한 줄기)batang hidung ②【비유적】 ¶그녀는 콧대가 높다 Dia sombong./콧대가 높다 harga diri tinggi; bangga; sombong; angkuh

콧등 ⇒ 콧마루 punggung hidung; batang hidung

콧물 ingus ¶콧물을 닦다 menyeka ingus/콧물을 흘리다 beringus; ingusan; mengeluarkan ingus

콧방귀 cih!; mustahil!; mana bisa!; dengkus; dengus ¶콧방귀 뀌다 meréméhkan; menyepélékan; tidak mengindahkan

콧방아 찧다 jatuh tengkurap

콧소리 ①【말】 bunyi sengau ②【코 먹은 소리】 suara sengau ¶콧소리로 말을 하다 bersuara sengau; berbicara melalui hidung

콧수염 kumis; misai ¶콧수염을 기르다 memelihara kumis

콧잔등 ⇒ 코허리

콩[1] ①【두류】 kacang polong; buncis; 【대두】 kacang kedelai ¶콩을 심다 menabur kacang di lapangan ②【비유적】 ¶남의 일에 콩 놔라 팥 놔라 하지 마라 Itu bukan urusanmu.

콩[2] ⇒ 쿵

콩가루 tepung kedelai; tepung soya (kacang) ¶저 집안은 완전히 콩가루다 Keluarga itu sangat berantakan.

콩고물 tepung kacang tanah ¶콩고물이 떨어지기를 바라다 berharap mendapat keuntungan walau sedikit dari harta orang lain ⊙ 콩고물 떡 kué beras yang dilapis dengan tepung kacang tanah

콩국 sup kacang tanah

콩국수 sup mie kacang dingin

콩기름 minyak kacang (soya); (낙화생 기름) minyak kacang tanah

콩깍지 ①(콩에 붙어있는) kulit kacang ②【비유적】¶그는 눈에 콩깍지가 씌었다 Dia dibutakan oléh cinta.

콩나물 ①【나물】 taugé ②【비유적】 ¶콩나물 시루 같다 memadatkan; menyumbat ⊙ 콩나물교실 kelas yg penuh-sesak. 콩나물국 sop taugé. 콩나물 대가리【음표】 nota musik. 콩나물 버스 bus yang memuat terlalu banyak penumpang

콩닥콩닥 ¶가슴이 콩닥콩닥 뛰었다 Jantungku berdebar.

콩밥 ①【콩을 섞어 지은 밥】 nasi campur kacang ②【비유적】 ¶콩밥 먹다 berada dalam penjara

콩버무리 kué beras campur kacang

콩볶듯하다 suara yang tiba-tiba dan tajam

콩알 butir kacang ¶간이 콩알만해지다 merasa takut sekali

콩소매 kar여

콩자반 kacang yang direbus dengan kecap

콩콩 ⇒ 쿵쿵

콩쿠르 kontés; pertandingan; kompetisi ⊙ 음악 콩쿠르 kontés musik

콩튀듯(팥튀듯)하다 sangat marah; melompat-lompat karena tidak tahan kemarahan; mencak-mencak marah

콩트 【문학】 cerita péndék

콩팥 ①【콩과 팥】 kacang kedelai dan kacang mérah ②⇒ 신장 ginjal ¶콩팥이 나쁘다 sakit ginjal

콩팥칠팥 secara tidak logis; secara kacau

콩팥칠팥하다 mengoceh; ngomong yang tiada arti ¶콩팥칠팥 지껄이다 berbicara tidak logis; bercakap tidak bertautan

콱 ①【세게 부딪치는 모양】 dengan keras; dengan hébat ②【단단히】 dengan tegas ③【단단히 막히는 모양】 yang mencekik ④【구멍 · 관 등이】 ¶콱 막히다 diblokir; tersumbat/ 숨이 콱 막히다 sesak bernapas

콸콸 ⇒ 펑펑 memancar; menyembur

쾅 ①【떨어지거나 부딪치는 소리】 tabrakan 쾅하다 menubruk; menabrak; membentur ②【폭발물 등이 터지는 소리】 bunyi yang keras dan tiba-tiba; letusan

쾅쾅거리다【터질 때】 bising; riuh;【떨어질 때】 bunyi jatuh yang keras ¶마루를 쾅쾅거리며 걷다 berjalan dengan menghentakan kaki

쾌【북어 셀 때】 untai ⦅ikan kering sebanyak 20 ékor⦆

쾌감(快感) perasaan yang nyaman; rasa senang; rasa enak; rasa nyaman;【성교 시의】 puncak syahwat; orgasme ¶쾌감을 느끼다 merasa senang; merasa nyaman

쾌거(快擧) perbuatan yang membangkitkan semangat; perbuatan yang gagah (berani)

쾌남아(快男兒) orang yang bersemangat; orang yang gagah dan periang

쾌도(快刀) pedang yang tajam

쾌도난마하다(快刀亂麻-) mengambil keputusan dengan cepat untuk mengakhiri keraguan

쾌락(快樂) kesenangan; kegembiraan; kesukaan; kenikmatan ¶육체적【관능적】쾌락 kesenangan jasmani【hawa nafsu】/ 쾌락을 추구하다 mencari kesenangan ⊙ 쾌락주의【설】 paham yang dianut oléh orang yang mencari kesenangan; hédonisme. 쾌락주의자 penganut paham hédonisme; orang yang gemar makan dan minum yang énak

쾌락(快諾) persetujuan dengan mudah; izin 쾌락하다 mengabulkan; menyetujui

쾌보(快報) berita yang menyenangkan; berita gembira ¶쾌보를 전하다 menyampaikan berita gembira

쾌사(快事) hal yang menyenangkan

쾌속(快速) kecepatan tinggi ¶쾌속의 berkecepatan tinggi/ 쾌속으로 dengan kecepatan tinggi ⊙ 쾌속선 kapal (perahu) layar cepat. 쾌속정 kapal bermotor yang sangat cepat jalannya

쾌승(快勝) kemenangan yang gemilang (memutuskan)

쾌유(快癒) penyembuhan ⦅dari penyakit⦆ ⇒ 쾌차 ¶빠른 쾌유를 빕니다 Saya harap Anda segera sembuh.

쾌적(快適) kesenangan; kegembiraan; kenyamanan 쾌적하다 menyenangkan; nyaman; énak ¶쾌적한 yang menyenangkan; nyaman; sedap

쾌조(快調) kondisi (keadaan) baik ¶쾌조이다 dalam keadaan baik; berada dalam konsidi yang paling bagus/ 쾌조를 보이다 lancar

쾌주하다(快走-) berlayar cepat

쾌차(快差) penyembuhan kembali 쾌차하다 sembuh; sembuh kembali

쾌청(快晴) cuaca yang baik; cuaca yang terang; hawa segar (cerah) 쾌청하다 cuaca cerah

쾌활(快活) 쾌활하다 riang; gembira ¶쾌활히 yang menyenangkan; puas/ 쾌활한 사람 orang periang/쾌활한 성격을 지니다 memiliki kepribadian yang ceria

쾌히(快-) dengan gembira; dengan senang; dengan puas ¶쾌히 승낙하다 menyetujui dengan senang hati

쾨쾨하다 ⇒ 퀴퀴하다

쿠냥(姑娘)【중국아가씨】 gadis Cina

쿠데타 kudéta; perebutan kekuasaan; kup ⊙ 군부(군사) 쿠데타 kudéta militér. 무혈 쿠데타 kudéta yang tidak berkenaan darah

쿠렁쿠렁하다【서술적】 tidak penuh; sebagian kosong

쿠션 ①【소파 등의】 bantal ¶쿠션이 좋은 의자 kursi yang empuk /쿠션에 등을 대다 bersandar bantal ②【당구의】 bantalan

쿠킹 masakan ⊙쿠킹 오일 minyak goréng 쿠킹 포일 *cooking foil*

쿠폰 kupon ⊙ 쿠폰 권(卷) karcis (sistém) kupon

쿡[1]【숙수】 tukang masak; koki

쿡[2] 【지르는 모양】 dengan keras ¶단도로 쿡 찌르다 menikam keras dengan keris (pedang)

쿡쿡 ①【찌르는 모양】 ¶옆에 앉은 친구가 계속 내 옆구리를 쿡쿡 찔렀다 Teman-teman di sebelah saya terus menyodok saya dari samping. ②【아픈 모양】 ¶쿡쿡 쑤시다 merasakan sakit yang berdenyut-denyut

쿨러 alat pendingin

쿨룩– ⇒ 콜록–

쿨리 【苦力(중국어)】 kuli

쿨쿨[1] 【물이】 yang berdeguk-deguk

쿨쿨[2] 【잠을】 dengkur; orok ¶쿨쿨 자다 tidur mendengkur

쿵 berdentum; berdebum ¶쿵하고 떨어지다 jatuh berdebum

쿵쾅거리다 ⇒ 쾅쾅거리다 menggedor; berdebar ¶내 심장은 쿵쾅거렸다 Jantungku berdebar./ 2층에서 쿵쾅거리는 소리가 들렸다 Aku bisa mendengar suara gedoran dari atas.

쿵푸(功夫) kung fu

쿼터 ①【4분의 1】 triwulan ②【할당량】 jatah ¶쿼터를 삭감하다 mengurangi jatah ③【운동경기】 babak. ⊙ 쿼터 량 [액] jatah; anggaran. 쿼터제 sistém jatah. 스크린쿼터제 sebuah layar sistém kuota. 쿼터제한 pembatasan jatah. 수입 쿼터 jatah (anggaran) impor

퀭하다 【눈이】 cekung

퀴즈 kuis; tés pengetahuan umum tidak resmi; cepat tepat ¶상식 퀴즈kuis pengetahuan umum / 퀴즈를 내다 memberikan kuis ⊙ 퀴즈프로 【라디오 · TV】 acara kuis; cepat tepat : 퀴즈프로의 사회자 pemimpin acara kuis (cepat tepat)

퀴퀴하다 berbau busuk; berbau menyengat ¶퀴퀴한 냄새 bau yang busuk; bau yang menusuk hidung

큐 ①【당구】 tongkat biliar (bilyar) ②【신호】 kiu

큐피트 dewi asmara

크게 ①【작지 않게】 besar; 【대규모로】 besar-besaran ¶크게 하다(만들다) memperbesar; (확장하다) memperluas/ 눈을 크게 뜨다 membuka mata lébar-lébar ②【매우】 sangat; amat ¶크게 기뻐하다 sangat gembira

크기 (a) ukuran; isi; volume 【용적】; jumlah; bentuk 【부피】 ¶크기는 dalam ukuran/ 크기에 따라서 menurut ukuran/ 중간 정도 크기의 ukuran sedang

크나큰 sebesar-besarnya ¶크나큰 비용 ongkos yang sangat banyak

크낙새 【조류】 burang pelatuk kepala mérah

크다 [1]①【자라다】 menjadi besar ¶나이에 비해 크다 besar untuk umurnya ②【발전하다, 성장하다) berkembang ③【마음이】 murah hati; dermawan; baik hati ¶손이 크다 (비유적)murah hati dalam memberikan ((uang atau barang)) ④【위대하다】 agung ¶큰 인물 orang besar (agung) ⑤【강대하다】 kuat ⑥【심하다】 keras; berat ⑦【거대하다】 sangat besar; seperti raksasa ⑧【광대하다】 luas ⑨【음성이】 keras; bising

크다[2] ①【크기가】 besar; tinggi ②【수량사이즈 등이】 besar ¶한 치수 큰 걸로 주세요Tolong beri saya satu ukuran lebih besar. ③【규모 · 정도 등이】 besar ¶계획에 큰 차질이 생겼다 Ada halangan besar dalam rencana. ④【소리가】 keras ¶좀 더 크게 말씀해 주시겠습니까? Bisakah Anda berbicara lebih jelas? ⑤【영향·충격 등이】 ¶큰 타격을 입다 sangat menderita ⑥【뛰어나다, 훌륭하다】 luar biasa; terkenal; terkemuka ⑦【사람 됨됨이가】 hébat ⑧【대강, 대충】 secara kasar

크레디트 piutang; krédit ⊙ 크레디트 카드 kartu pengenal untuk berhutang di toko, dan sebagainya

크래커 biskuit

크레용 krayon; pénsil warna yang terbuat dari lilin; pénsil warna

크레파스 pastél krayon

크로스 바 palang gawang

크롤(스트로크) 【수영】 gaya bébas (renang)

크루즈 【유람선】 kapal wisata; kapal pesiar 【유람선 여행】 pesiar laut

크리머 krim bubuk

크리스마스 Hari Natal ¶크리스마스 축하합니다 Selamat Hari Natal. ⊙ 크리스마스 선물 hadiah (kado) untuk Hari Natal/ 크리스마스이브 (전야) malam Natal/ 크

리스마스카드 kartu Natal

크리스탈 kristal

크리스천 orang Kristen

크림 ①【유제품】 makanan yang terbuat dari krim atau berbentuk krim ②【화장품】 vaselin kulit ¶자외선 차단 크림을 바르다 memakai krim tabir surya ⊙ 크림빛 warna putih kekuningan

큰- 【맏】 큰딸 anak perempuan sulung/ 큰손자 anak cucu 《laki-laki》 yang tertua/ 큰처남 laki-laki yang tertua dari pihak istri/큰형수 istri abang sulung

쾌재(快哉) ¶쾌재를 부르짖다 menyeru 'bravo'; berteriak dengan gembira

큰기침 batuk besar; bunyi 'ahém' besar 큰기침하다 mendéhém; 《untuk mengambil perhatian》 mengeluarkan suara yang besar dari kerongkong

큰길 jalan besar; jalan raya

큰 눈 salju lebat

큰달 【만월】 bulan purnama

큰대 자(-大字) ¶큰대자로 눕다 baring bergelimpangan; terbaring 《di tanah》

큰댁 (-宅) ⇒ 큰 집

큰돈 jumlah uang banyak ¶큰돈이 들다 memerlukan banyak uang

큰마누라 istri yang sah

큰마음 ①【대망】 harapan yang besar; ambisi ¶…이 되려는 큰마음을 품다 berambisi untuk dijadikan… ②【아량】 murah hati; baik hati ③【눈 딱 감고】 menuruti kesenangan diri ¶큰마음 먹고 …하다 memberanikan diri; memaksakan diri

큰물 kebanjiran; banjir besar; air bah ¶큰물 지다【나다】 kebanjiran; dilanda banjir

큰불 【화재】 kebakaran besar

큰방(-房) kamar tidur (ruang) utama

큰비 hujan lebat ⇒ 호우

큰사람 ①【키가】 orang yang besar ②【위대한】 orang besar

큰사랑(-舍廊) 【넓은】 ruang tamu yang besar dan luas

큰살림《mengurus》 keluarga yang besar

큰상(-床) ①【잔치의】 meja makan yang besar untuk pengantin《sesudah pésta perkawinan》 ②【귀빈의】 méja makan yang besar yang disediakan banyak makanan

큰소리 ①【음성】 suara keras (besar); nyaring teriakan; pekikan ¶큰소리로 외치다 berteriak/ 큰소리를 지르다 meneriaki ②【야단치는 소리】 teriakan; pekikan ¶큰소리로 꾸짖다 memarahi dengan suara keras ③【과장, 자랑】 omongan besar; pembualan ¶큰소리치다 menyombongkan diri; pembicaraan yang keras; beromong besar/ 큰소리치는 사람 pembohong; pembual

큰손님 ①【중요한 손님】 tamu-tamu penting ②【많은 손님】 banyak tamu

큰솥 panci besar; periuk besar

큰아기 ①【처녀】 gadis remaja ②【맏딸】 anak perempuan yang tertua; putri sulung

큰일 ①【큰 사업】 rencana besar ¶큰일을 계획하다 merencanakan perusahaan besar ②【중요한 일】 urusan besar perkara yang penting ③【예식 · 잔치 등의 큰 행사】 keselamatan besar; pesta perkawinan; upacara pemakaman ④【심각한 문제】 ¶큰일이 나다 terjadi perkara yang gawat (serius; berbahaya); menghadapi bencana (kemalangan; malapetaka)

큰절[1] 【여자의】 salam atau hormat dengan membungkuk 《wanita meletakkan ke dua tangannya ke dahinya》 큰절하다 memberikan salam hormat dengan membungkuk; menunduk; membungkuk dalam-dalam kepada

큰절[2] 【사찰】 kuil; candi; kelenteng besar (utama)

큰집 ①【크게 지은】 rumah yang besar; rumah yang besar dan indah ②【장남의 집】 rumah kakak sulung; rumah kepala keluarga ③【종가】 keluarga batang; keluarga utama ④【감옥】 penjara

큰칼【형구】 pasungan yang besar; 【칼】 pisau yang besar; pedang yang besar

큰코다치다 berpengalaman yang pahit; mempunyai waktu yang tidak menyenangkan

클라리넷 klarinét ¶클라리넷을 연주하다 memainkan klarinét ⊙ 클라리넷 연주자 pemain klarinét

클라이맥스 【절정, 최고조】 klimaks; puncak

¶클라이맥스에 달하다(이르다) menjadi puncak ((kegembiraan))

클라이언트 klien

클래스 【학급】 kelas; golongan

클래식 klasik ⊙ 클래식음악 musik klasik

클러치 【기계】 kopling ¶클러치를 밟다 menginjak kopling ⊙ 자동 클러치 kopling otomatis

클럽 ①【동아리, 동호회】 klub ¶클럽에 가입하다 bergabung (masuk) ke klub / 클럽에서 탈퇴하다 keluar (menarik diri) dari sebuah klub ②골프채 (golf) klub ③유흥장 klub malam

클레임 【경제】 tuntutan ¶클레임을 제기하다 mengajukan tuntutan (klaim)

클렌지 크림 krim pembersih

클로버 ①【토끼풀】 semanggi ②【트럼프】 klub

클로즈업 【영화】 pengambilan gambar jarak dekat ¶클로즈업 되다 di*close-up*; dikemukakan

클리닝 binatu pencucian ¶클리닝 하러 보내다 memberi ((baju)) untuk cucian ⊙ 드라이클리닝 pencucian tanpa air; cuci kering

클릭 bunyi ceklékan

클린치【권투】 pagutan 클린치하다 berpiting-pitingan

클린히트【야구】 pukulan yang bagus

클립 jepitan; 【머리의】 jepitan rambut; 【컬용】 alat pengeriting rambut

큼직이 ①【사물을】 besar; amat sangat besar ②【도량을】 murah hati; baik hati ¶마음을 큼직이 먹다 berbaik hati

큼직하다 ①【사물이】 besar; ukuran baik ②【마음이】 berbaik hati; bermurah hati

킁킁 dengusan 킁킁하다【거리다】 mendengus ¶킁킁 냄새를 맡다 menciumi

키[1] ketinggian ¶키가 전봇대 같이 크다 tingginya seperti tiang listrik

키[2] 【곡식을 까부는 기구】 penampi; terampah; nyiru ¶키로 까부르다, 키질하다 menampi

키[3] 【선박의】 kemudi ¶키를 잡다 mengemudikan ((kapal)) ⊙ 키잡이 pengemudi kapal

키[4] 【피아노 등의】 tombol; tut

키[5] kunci ⊙키워드 kata kunci

키다리 orang yang sangat tinggi

키보드 ①【컴퓨터의】 papan tik (tombol) ¶(자판) 키보드가 말을 듣지 않는다 papan tik mati (beku) ②【전자악기】 keyboard ¶키보드를 연주하다 Bermain *keyboard*

키순(-順) ¶키순으로 dalam urutan tinggi

키스 ciuman; (쪽 소리 나는) kecupan 키스하다 mencium; mengecap

키우다 ①【아이】 mengasuh; mendidik; membesarkan; 【동식물을】 memelihara; beternak ¶금이야 옥이야 하고 키웠다 dibesarkan sebagai menantang minyak tanah ②【인재 · 제자 등을】 mengajar; melatih; mendukung; menyokong; meningkatkan; mengembangkan ③【힘·능력 등을】 memperkuat; mengembangkan; memupuk; melatih; mendidik ④【병을】 melalaikan; mengabaikan; kurang memperhatikan ¶병을 키우다 membiarkan penyakit tumbuh ⑤【소리를】 membesarkan ⑥¶국내 산업을 키우다 mengembangkan industri dalam negeri

키질 penampi 키질하다 menampi

키워드 kata kunci

키위 kiwi (buah-buahan)

키친 dapur ⊙키친타월 kertas handuk di dapur

키포인트 titik utama; titik kunci

키퍼 penjaga; pengawas

킥 tendangan ¶페널티 킥을 차다 mengambil tendangan penalti

킥복싱 téndangan tinju ⊙ 킥복싱선수 petinju téndangan

킥오프 pembukaan; permulaan

킥킥거리다 tertawa tertahan-tahan; tertawa terkikik-kikik

킬킬거리다 【킥킥거리다】 tertawa kecil

킬로 【킬로그램】 kilo ¶체중이 2킬로 늘었다 Berat saya telah naik dua kilo.⊙ 킬로그램 kilogram. 킬로미터 kilométer. 킬로바이트 kilobyte ⊙ 킬로와트 kilowatt. 킬로칼로리 kilokali. 킬로헤르츠 kilohertz

킹사이즈 ¶킹사이즈의 ukuran besar

킹킹 intihan; ringkikan 킹킹하다, 킹킹거리다 meringkik ¶아이가 몹시 킹킹거렸다 Bayi itu sangat merintih (membantah; mengomél).

타(他) 【다른 사람】 orang lain; 【다른 것】 hal (barang) lain ¶타의 추종을 불허하다 tidak ada taranya; tak tersaingi; tanpa lawan

타(打) ①【다스】 selusin; dua belas ¶반 타 separuh lusin ②【골프 등에서】 pukulan ③【타자기로 글자를 찍는 것】 ketik; pemukulan

타가(他家) keluarga (rumah) lain

타각증상(他覺症狀) 【의학】 gejala yang tampak

타개(打開) pemecahan; solusi 타개하다 mencari jalan keluar; menemukan cara pemecahannya (penyelesaiannya); memecahkan ⊙ 타개책 jalan keluar; solusi

타격(打擊) ①【물리적】 pukulan ¶타격을 받다 dipukul ②【손해, 피해】 kerugian ③【스포츠】【야구의】 pukulan ⊙ 타격부진 【야구】 pukulan yang buruk (yang jelék). 타격상 hadiah pukulan

타결(妥結) persetujuan; kesepakatan; penyelesaian yang disetujui bersama; keadaan kompromi 타결하다 ⇒ 타결을 보다 ¶타결을 보다 mencapai persetujuan; berakhir dengan penyelesaian yang memuaskan ⊙ 타결점 titik temu; pokok persetujuan. 타결조건 syarat persetujuan

타계(他界) ①【저승】 dunia lain ②【죽음】 kematian 타계하다 mati; meninggal; wafat; mangkat

타고나다 dikaruniai; dibawa lahir ¶타고난 목소리 suara alami/좋은 팔자를 (복을) 타고나다 lahir dalam naungan bintang keberuntungan; sudah kaya semenjak dilahirkan

타고장(他-) daérah lain

타곳(他-) tanah (tempat) asing; tempat lain

타관(他官) 【타향】 daérah lain; tempat asing; rantau

타구(打球) 【야구】 bola yang dipukul

타구(唾具) tempolong; tempat ludah.

타국(他國) luar negeri; negara (tanah) asing

타기하다(唾棄-) mencampakkan (membuang; melemparkan) dengan rasa benci; benci akan; tidak menyukai ¶타기할 tercela; hina; keji

타내다 memperoléh; mendapat

타닌 【화학】 tanin

타다[1] ①【불에】 (a) (불이 붙어) terbakar (b) (불이 나서) musnah oléh api; menjadi abu ¶불에 타 죽다 terbakar mati (c) (까맣게 눋다) hangus; gosong ②【햇볕에】 (a)(살갗이) terbakar ((matahari)) (b)(바싹 마르다) kering; kerontang ③【목이】 kering ④【마음 · 정열 등이】 membara; terbakar (émosi) ¶애가 타다 merasa gelisah (khawatir) ⑤【빛깔이】 ¶(불) 타는 듯한 주홍빛 mérah menyala

타다[2] ①【탈것 등에】 mengendarai; menaiki; menunggangi; naik ②【산 · 나무 · 줄 등을】 mendaki; naik ③【얼음을】 meluncur di atas ((és)) ④【기회 · 틈을】 meraih; mengambil ⑤【방송 · 전파 등을】 ¶전파를 타다 disiarkan ((oléh radio)) ⑥【파도 · 바람 등을】 ¶바람을 타다 terhembus (tertiup) angin; terbawa angin; (비유적) menjadi sasaran kritik ⑦【길 · 도로 등을】 ¶1번 국도를 타는 것이 더 빠르다 lebih cepat mengambil rute 1 ⑧【기타】 ¶인기의 물결을 타다 menempuh gelombang ketenaran

타다[3] ①【액체 · 가루 등을 섞다】 mencampurkan; menambahkan ¶물을 타다 menambah air; mencairkan 《suatu larutan》 dengan air ②【차 · 커피 등을 만들다】 membuat ¶커피를 타다 membuat kopi

타다[4] 【돈 · 상 · 연금 등을 받다】 menerima; mendapat; dihadiahi

타다[5] ①【가르다】 membagi; menyibat 《rambut》; membagi (membelah) rambut ②【쪼개다】 membelah; memisahkan; memecah

타다[6] ①【악기를】 memainkan; memetik ②【솜을】 menguraikan 《kapas》

타다[7] ①【더위, 추위, 간지럼 등을】 mudah merasa; menderita 《dengan mudah》 dari; (…에 예민하다) sénsitif; peka; alergi ②【부끄럼 · 수줍음 등을) ¶부끄럼을 타다 mudah merasa malu ③【계절을】 ¶가뭄을 타다 mudah rusak oléh cuaca kering ④【분위기 · 유행 등을】 dipengaruhi ⑤【더러움 · 때 등이】 mendapat

타닥거리다 ①【걸음을】 berjalan dengan susah payah ②【살림을】 menambah mata pencaharian sedikit (tidak cukup) ③【빨래를】 memukul-mukul; membilas

타당하다(妥當-) benar; layak; masuk akal

타당성(妥當性) keabsahan; kesahihan (universal); validitas ¶타당성이 있다 memiliki validitas/ 타당성을 검토하다 mencék keabsahan

타도하다(打倒-) menggulingkan; menjatuhkan

타도(他道) daérah (propinsi) lain

타동사(他動詞) kata kerja transitif

타락(墮落) ①【도덕적인】 kemerosotan; dékadénsi 타락하다 merosot ¶도박은 인간을 타락 시킨다 Berjudi membawa orang ke arah kehancuran. ②【저하】 dékadénsi 타락하다 jatuh menjadi dékadénsi ¶인격의 타락 kebejatan karakter ⊙ 타락자 orang yang merosot akhlaknya

타래 ¶한 타래 segulung

타래박 émbér sumur bergagang panjang; timba sumur ¶타래박으로 물을 푸다 menimba air; mengambil air 《dari sumur》 dengan timba

타래타래 bergulung-gulung; dalam gulungan; melingkar-lingkar

타력(他力) kekuatan orang lain; bantuan dari luar ¶타력을 빌지 않고 tanpa bantuan luar ⊙ 타력의존 ketergantungan pada yang lain

타력(打力) 【야구】 tenaga pemukulan ¶타력에서 앞서다 memiliki tenaga pemukulan yang lebih baik; lebih unggul dari pada 《tim lawan》 dalam kekuatan memukul

타력(惰力) 【물리】 kelembaman; meméntum; inersia ¶타력으로 달리다 berlari dengan inersia

타령(打令) 【국악】 balad tradisi Korea ②【자꾸 이야기 함】 ¶신세타령을 하다 merapati; mengeluh

타륜(舵輪) roda setir (kemudi) ¶타륜을 잡다 sedang mengemudi

타르 tér; aspal; belangkin; pelangkin; nikotin

타르타르소스 semacam kuah untuk masakan ikan

타면(他面) sisi lain; sudut pandang orang lain; sudut berbéda

타박하다 mengeluh; mengoméli; menggerutu ⊙ 타박장이 penggerutu; pengeluh; pengomél

타박상(打撲傷) memar; lécét ¶타박상을 입다 mendapat (menderita) luka memar 《di kaki》

타박타박[1] 【걷는 모양】 ¶타박타박 걷다 berjalan dengan susah payah; berjalan dengan lelah

타박타박[2] 【음식이】 타박타박하다 kering; mengering; tidak lembab

타봉(打捧) 【야구】 pemukulan; pukulan

타분하다 membosankan; bosan

타블로이드 surat kabar kecil; tabloid

타사 (他社) perusahaan lain

타산적(打算的) ¶타산적인 mementingkan diri sendiri; berhitung

타산지석(他山之石) pelajaran 《obyék》; contoh yang bisa menguntungkan; teladan pikiran; suri teladan ¶타산지석으로 삼아라 Biarkan ini menjadi 《sebagai》 pelajaran yang baik (berharga) untukmu.

타살(他殺) pembunuhan

타살하다(打殺-) memukul mati

타석(打席) 【야구】 tempat pemukul

타선(打線) 【야구】 ¶타선이 작렬하다 mencétak banyak angka; mencetak banyak pukulan
타성(他姓) nama keluarga yang lain
타성(惰性) 【물리】 inersia; moméntum; 【습성】 daya kebiasaan ¶타성으로 담배를 피우다 merokok karena kebiasaan
타수(打數) ¶5 타수 3 안타를 치다 mencétak 3 angka dalam 5 pukulan
타수(舵手) pengemudi (juru mudi) kapal
타순(打順) urutan pemukulan
타스 【러시아의 통신사】 Tass
타악기(打樂器) instrumen perkusi; tabuh-tabuhan
타액(唾液) ludah; air liur; saliva ¶타액을 분비하다 meludah; mengeluarkan ludah ⊙ 타액분비 salivasi; pengeluaran saliva (air liur). 타액선(腺) kelenjar air ludah
타오르다 ①【불길이】 menyala; terbakar menjadi bara ¶타오르게 하다 menjadi api; menyala ②【분노 · 욕망 등으로】 menyala dengan berkobar-kobar ③【노을 · 단풍 등이】 berkobar
타원(楕圓) oval; bujur telur; elip ¶타원의 berbentuk elip ⊙ 타원궤도 orbit eliptik; orbit bujur telur. 타원운동 gerakan eliptik. 타원체 benda elip. 타원형 oval; bentuk bujur telur; bentuk elip
타월 ⇒ 수건 handuk ¶타월로 닦다 menyeka (mengeringkan) dengan handuk
타율(他律) ①【다른 규율】 aturan (disiplin) lain ⟪yang⟫ berbéda ②【윤리】 héteronomi ¶타율의 bersifat héteronomi
타율(打率) 【야구】 rata-rata pukulan
타의(他意) 【남의 뜻】 keinginan orang lain; 【딴 생각】 maksud yang lain; 【못된 생각】 motif tersembunyi; tujuan rahasia ¶타의 없다 tidak ada maksud lain
타이[1] 【태국】 Thailand; Siam
타이[2] ①【동점】 séri ¶타이로 끝나다 berakhir dengan séri/ 양 팀은 타이가 되었다 Kedua tim sama skornya. ②【넥타이】 dasi ⊙ 타이스코어 angka séri; angka yang sama
타이르다 menasehati ¶공부 잘 하라고 타이르다 menasehati (mengatakan) untuk belajar keras
타이머 ①【스톱워치】 penghitung detik ②【시간을 맞추는】 alat pengatur waktu
타이밍 ketepatan waktu ¶타이밍이 좋다 【나쁘다】 tepat pada waktunya 【tak tepat pada waktu】
타이어 ban ¶바람 빠진 타이어 ban ⟪yang⟫ kempés/타이어가 펑크 나다 ban kempés; ban bocor ⊙ 타이어공장 pabrik ban. 타이어 밸트 sabuk ban. 예비 타이어 ban sérep
타이츠 ①【허리까지 오는 긴 양말】 kaos kaki panjang ②【발레 · 체조 등을 할 때 입는 옷】 *leotard*
타이트하다 ①【몸에 꼭 끼다】 ketat; sempit ②【시간적 여유가 없다】 타이트한 일정 padat
타이트스커트 rok ketat
타이틀 ①【표제 · 직함】 ¶어마어마한 타이틀 gelar yang sangat berharga (bergengsi) ②【제목, 표제】 judul; *title* ③【선수권】 gelar; kejuaraan ¶타이틀을 빼앗다 (차지하다) memperoléh gelar; memenangkan juara ⊙ 타이틀매치 【권투】 pertandingan perebutan gelar
타이핑, 타이핑하다 ①【활자】 huruf cétak ②【타자기】 mesin tik ⊙ 타이핑용지 kertas ketik (ketikan)
타이푼 topan; angin puyuh
타이프라이터 mesin ketik ¶타이프라이터를 치다(찍다) mengetik ⊙ 휴대용타이프라이터 mesin tik portabel (yang mudah dibawa)
타이피스트 juru ketik(tik) ⊙ 영문 타이피스트 1명 구함 【광고】 Dicari seorang juru ketik bahasa Inggris.
타인(他人) 【남】 (a)(딴 사람) orang lain (b)(무관계한 남) orang yang tak ada sangkut paut; orang asing; orang luar
타일 ubin ¶타일을 깔다【붙이다】 memasang ubin; menutupi dengan ubin; memberi ubin ⊙ 타일 공 pemasang ubin. 타일공사 pekerjaan (pemasangan) ubin
타임【시간】 waktu; 【경기 중의】 témpo ¶(심판이) 타임을 선언하다 menyebut waktu *(time-out)* ⊙ 타임리코더 pencatat waktu. 타임아웃 waktu keluar.
타임캡슐 kapsil berisi benda-benda kenangan-kenangan

타입【형 · 유형】 tipe; sifat ¶내가 좋아하는 타입의 여자 jenis (tipe) gadis yang saya suka (sukai)

타자(打字) ⇒ 타이핑

타자(打者)【야구】 pemukul ⊙ 강타자 pemukul keras. 대(代) 타자 pengganti memukul; pemukul cadangan

타작(打作) pengirikan; perontokkan gabah 타작하다 mengirik; merontokkan gabah ¶벼를 타작하다 mengirik padi ⊙ 타작마당 lapangan pengirikan

타전하다(打電-) menélégram; mengirim télégram

타점(打點) ①【점찍음】 (a) (붓으로) 타점하다 menitik; menandai (b)(마음속으로) 타점하다 menandai pilihan di hati; menentukan pilihan ②【야구】 *RBI(run batted in)*

타조(駝鳥)【조류】 burung unta

타종하다(打鐘-) memukul (menekan; membunyikan) bél ⊙ 타종식 upacara pemukulan genta

타지(他地)【다른 지방】 propinsi lain; bagian negara yang berbéda【외국 땅】 negara asing; tanah asing ¶타지에 살다 hidup jauh dari rumah

타진(打診) ①【의학】 타진하다 memeriksa dengan mengetuk-ngetuk ¶의사는 환자의 가슴을 타진했다 Dokter mendengarkan degup jantung pasiennya. ②【남의 뜻을】 타진하다 mendengarkan; mendengar; menduga-duga; menjajaki

타짜(꾼) ⟪pe⟫main kartu yang curang

타처(他處) daérah (tempat) lain

타천(他薦) rekomendasi ⟪orang lain⟫ ¶타천자천의 후보자가 많이 있었다 Ada banyak calon yang diajukan baik oléh orang lain maupun dirinya sendiri.

타파하다(打破-) membuang; menghapus; mencampakkan ¶미신을 타파하다 mematahkan (menjauhkan; menghapuskan) tahyul ⊙ 계급타파 penghapusan perbédaan kelas

타코미터 takométer

타합(打合) pengaturan sebelumnya (pendahuluan); kajian-kajian awal; kesepakatan sebelumnya 타합하다 bersepakat sebelumnya

타향(他鄕) rantau; tanah asing

타협(妥協) kompromi; persetujuan; kata sepakat; musyawarah 타협하다 berkompromi; bermusyawarah ¶타협적 bersifat kompromi/타협을 보다 mencapai kesepakatan kompromi (persetujuan kompromi) ⊙ 타협안 jalan musyawarah; jalan kompromi

타협점(妥協點) titik temu; titik persetujuan; pokok kompromi (persetujuan)

탁 ①【부딪거나 터지는 소리】 dengan berdebam ¶문을 탁 닫다 membanting (menutup dengan keras) pintu; menutup pintu dengan keras ②【손으로 치는 소리】 dengan bantingan ⟪keras⟫; dengan menggeretak ¶어깨를 탁 치다 menepuk bahu ③【끊어지거나 풀리는 소리】 dengan keras; dengan bunyi bergeretak ¶나뭇가지를 탁 꺾다 mematahkan ranting ④【트이어 시원한 모습】 terbuka luas ⑤【숨 막히는 모양】 ¶숨이 탁탁 막히는 더위였다 Hari panas menyesakkan.

탁견(卓見) idé yang bagus; gagasan yang cemerlang ¶탁견이 있다 berpandangan jauh

탁구(卓球) pingpong; tenis meja ⊙ 탁구대 meja pingpong

탁론(卓論) pandangan yang cerdik; alasan yang kuat (pintar)

탁류(濁流) arus lumpur; sungai kecil yang keruh (yang berlumpur); air keruh

탁마(琢磨)【옥석의】 peningkatan; pembinaan 탁마하다 membina; meningkatkan; memupuk ¶절차(切磋) 탁마한 덕으로 berkat kerja keras

탁발하다(托鉢-) pergi mencari sedekah; berkeliling mengumpulkan derma ⊙ 탁발승 rahib; biarawan

탁본(拓本) ⇒ 탑본(榻本)

탁상(卓上) di atas méja ⊙ 탁상계획 rencana di atas méja (kertas). 탁상공론 ⟪hanya; semata-mata⟫ téori di atas méja (kertas). 탁상시계 jam méja. 탁상연설 pidato setelah makan malam. 탁상전화 télépon méja

탁설(卓說) pendapat (pandangan) yang cemerlang ⊙ 명론탁설 argumén yang kuat dan pandangan yang cemerlang

탁성(濁聲) suara serak

탁세(濁世) 【혼탁한 세상】 dunia yang jahat (memburuk); 【현세】 dunia ini; dunia manusia

탁송(託送) konsinyasi; pengiriman; penitipan 탁송하다 mengirimkan barang kepada agén ékspedisi (kepada kantor ékspedisi); ¶직접탁송 pengiriman langsung ⊙ 탁송 품 kiriman; titipan

탁아소(託兒所) tempat penitipan anak

탁월(卓越) ¶탁월한 unggul; bagus sekali; luar biasa; terbaik; istimewa; terutama

탁자(卓子) méja ¶탁자에 둘러앉다 duduk di sekeliling méja

탁주(濁酒) ⇒ 막걸리

탁출(卓出) ⇒ 탁월(卓越)

탁탁 ①【일을 해치우는 모양】 dengan lekas; dengan cepat ②【픽픽 쓰러지는 모양】 dalam urutan yang cepat; ((berlangsung)) saling susul ③【소리 나는 모양】 dengan letusan; dengan letupan; dengan gemeretak; meletus; meletup ④【침 뱉는 모양】 ¶침을 탁탁 뱉다 meludahkan dengan gedebuk bunyinya ⑤【숨이 막히는 모양】 tercekik; sesak bernafas; sulit bernafas

탁탁거리다 tetap menggemeretak; meletup; meletus

탁탁하다 ①【피륙이】 tebal dan kuat ⇒ 톡톡하다②②【살림이】 berlebih-lebih; berlimpah-limpah ¶살림이 탁탁하다 mapan; nyaman

탁하다(濁-) ①【물 · 공기 등이】 keruh; tidak jernih ¶탁해지다 menjadi kumuh (kotor; pengap); menjadi berkabut ②【소리가】 serak-kasar; garau; parau

탄(炭) ⇒ 석탄, 연탄

탄갱(炭坑)【鑛山】 lobang galian batu bara ¶탄갱을 파다 mengerjakan tambang batu bara

탄광(炭鑛) tambang batu bara ⊙ 탄광부 pekerja(kuli) di tambang batu bara. 탄광업 industri pertambangan batu bara: 탄광업자 operator tambang batu bara. 탄광지대 wilayah (daérah) tambang batu bara

탄내(炭-) bau gosong; 【연탄가스】 asap batu bara ¶탄내를 맡다 diracun gas bata/ 탄내가 나다 mencium bau gosong

탄대(彈帶) ⇒ 탄피 【군대】 ikat pinggang peluru

탄도(彈道) jalan peluru; jalur peluru; lintasan peluru ⊙ 탄도계수 koéfisién lintasan peluru. 탄도곡선 kurva balistik. 탄도비행 penerbangan jalan peluru. 곡사 【직사, 저사(低射)】 탄도 lintasan peluru melengkung 【datar, rendah】

탄도탄(彈道彈) peluru kendali balistik ⊙ 대륙간탄도탄 peluru kendali antar benua. 중거리탄도탄 peluru kendali antar jarak menengah

탄두(彈頭) hulu ledak ⊙ 핵탄두 hulu ledak nuklir

탄대(彈-) isi peluru yang dilingkarkan di pinggang

탄력(彈力) ①【본래의 상태로 돌아가려는 힘】 élastisitas; fléksibilitas ¶탄력 있는 élastis; memegas; gayal/탄력 없는 hilang keélastisan ②【피부 등의】 kenyalan; élastisitas ③【융통성 있게 대처하는 능력】 sifat melentur ¶탄력적 bisa ditukar-tukar; mudah disesuaikan

탄로(綻露) ¶탄로 나다 ketahuan; terungkap/일【비밀】이 탄로 났다 Hal 【Rahasia】 itu bocor.

탄복하다(歎服-) mengagumi ¶탄복할 만한 mengagumkan; patut dikagumi (dipuji)

탄산(炭酸) 【화학】 asam karbonat ⊙ 탄산가스 gas asam arang. 탄산석회 kalsium karbonat. 탄산소다 sodium karbonat. 탄산수 air soda. 탄산암모늄 amonium karbonat. 탄산천(泉) sumur berkarbon. 탄산칼리 kalium karbonat; karbonat garam abu; garam abu

탄생(誕生) ①【사람의) kelahiran 탄생하다 lahir; dilahirkan ②【조직 · 제도 등의】muncul; terwujud ⊙ 탄생일 hari ulang tahun. 탄생지 tempat kelahiran

탄성(彈性) 【물리】 kekenyalan; élastisitas ¶탄성이 있는 élastik; élastis; berpegas; ulet ⊙ 탄성고무 permén karét yang kenyal (yang élastis). 탄성 율 modulus (koéfisién) élastisitas. 탄성체 badan (benda; tubuh) yang élastis (yang lentur)

탄성(歎聲) 【감탄의 소리】 seruan kekaguman; teriakan ¶탄성을 지르다 berseru takjub (kagum)

탄소(炭素) 【화학】 karbon; zat arang ¶탄소를 함유하다 berkarbon ⊙ 탄소봉 batang karbon. 탄소선 kawat pijar karbon

탄수(炭水) ①【석탄과 물】 batu bara dan air jernih ②【탄소와 수소】 karbon dan hidrogén

탄수화물(炭水化物) karbohidrat; hidrat arang ¶탄수화물이 적은 식사 diét karbohidrat rendah

탄식(歎息) keluh-kesah; napas panjang; penyesalan 탄식하다 mengeluh; menarik napas panjang ¶불운을 탄식하다 meratapi kemalangan

탄신(誕辰) hari lahir

탄알(彈-) peluru; pélor ¶탄알에 맞다 ditembus peluru; terkena peluru

탄압(彈壓) penekanan; pemaksaan 탄압하다 memaksa; menekan; menindas ¶탄압적(인) bersifat menindas /언론탄압 tekanan terhadap pérs ⊙ 탄압정책 tindakan menekan (penindasan). 무력탄압 tekanan militér

탄약(彈藥) amunisi; mesiu; obat bedil; isi senapan ⊙ 탄약고 gudang peluru. 탄약상자 peti amunisi. 탄약통 kotak peluru

탄우(彈雨) hujan peluru (granat) ¶탄우 속을 di tengah hujan peluru

탄원(歎願) permohonan; petisi 탄원하다 memohon; mengajukan petisi ¶탄원을 받아들이지 않다 menolak permintaan ⊙ 탄원자 pemohon; pengaju petisi

탄원서(歎願書) surat permohonan (tertulis) ¶탄원서를 내다 mengajukan (memajukan) surat permohonan tertulis kepada ((pemerintah))

탄저(炭疽) ⊙ 탄저병【식물】 penyakit antraks

탄전(炭田) 【광산】 ladang batu bara

탄젠트【수학】 garis singgung; tangén

탄주(彈奏) 탄주하다 memainkan; memetik ⊙ 탄주 법 cara memainkan. 탄주 자 pemain

탄진(炭塵) debu batu bara

탄질(炭質) kualitas batu bara ¶탄질이 좋다【나쁘다】 Batu bara itu berkualitas baik【buruk】.

탄차(炭車) gerbong batu bara

탄착(彈着) pengenaan; hal kena sasaran ⊙ 탄착거리 jarak témbak. 탄착관측 pembidikan. 탄착점 titik tubrukan; titik kena

탄창(彈倉) 【군대】 tempat peluru; magasin

탄층(炭層) 【지질】 lapisan batu bara; dasar (lapisan) batu bara ¶탄층이 깊은 탄갱 ranjang yang batu baranya dalam

탄탄대로(坦坦大路) ①【평평하고 넓은 길】 jalan raya yang lébar; jalan besar ②【비유적】 ¶그의 사업은 탄탄대로를 달리고 있다 Bisnis dia berjalan dengan lancar (baik).

탄탄하다 ①【몸이】 kokoh; kukuh; teguh; tetap; kuat ¶탄탄한 체격의 남자 orang yang berbadan tegap ②【조직·구조 등이】 kokoh ¶탄탄한 집 rumah yang kokoh/탄탄하게 만들어져 있다 dibuat dengan kokoh

탄피(彈皮) kelongsong peluru

탄핵(彈劾) pendakwaan 탄핵하다 menuduh; mendakwa ¶탄핵 받다 dituduh ⊙ 탄핵연설 amanat (pidato) pertanggungjawaban. 탄핵재판소 sidang pertanggungjawaban; pengadilan pendakwaan

탄핵안(彈劾案) usul pendakwaan; mosi (resolusi) tak percaya; pungutan suara mengecam ¶탄핵안을 제출하다 menyampaikan mosi tak percaya; mengajukan usul pendakwaan

탄화(炭化) 【화학】 탄화하다 mengkarbonisasi ⊙ 탄화물 karbit. 탄화수소 hidariokarbon. 탄화칼슘 kalsium karbit

탄환(彈丸) ①【총알】 pelor; peluru; peluru meriam ②【비유적】 ¶사람들은 그를 인간 탄환이라고 부른다 Orang-orang memanggilnya "Peluru Manusia".

탄회(坦懷) kejujuran; kepolosan 탄회하다 berhati terbuka; polos; jujur

탄흔(彈痕) tanda (lubang) peluru; lubang témbakan; bekas peluru ¶탄흔이 남아있는 창문 jendéla berlubang peluru

탈 ①【가면, 마스크】 topéng; kedok ¶탈을 벗다 membuka (melepaskan, membuang) kedok ②【위선의, 거짓된 모습】 berpura-pura; bersikap pura-pura; berbasa-basi ¶탈을 벗다 menunjukkan sifat yang sebenarnya

탈(止頁) ①【병】kesakitan; penyakit ¶배탈이 나다 menderita sakit perut ②【문제·사고】kecelakaan; 【장애】masalah; gangguan; 【지장】halangan ¶별 탈이 없는 한 jika tak ada halangan; 【무사히】dengan aman; 【건강하게】dengan mulus; séhat wala'fiat/탈 없이 tanpa masalah; dengan lancar ②③【결점, 약점】cacat ¶탈을 잡다 menala; mencaci; mencela; meributkan hal kecil; 【시비를】menuduh secara keliru; membuat tuduhan palsu ④【빌미·저주】kutukan; seranah; sumpah

탈각하다(脫却-) bébas dari; melepaskan; membébaskan diri

탈것 kendaraan

탈고(脫稿) penyelesaian naskah 탈고하다 menyelesaikan naskah (tulisan)

탈곡하다(脫穀-) merontokkan gabah; mengirik ⊙ 탈곡기(機) mesin perontok

탈골(脫骨) 탈골되다 terlepas; tergelincir dari sambunganl dislokasi

탈구(脫臼) ¶탈구되다 【의학】dislokasi; lepas sendi; terkilir; terlepas dari sendi (sambungan)

탈나다(頉-) ①【병나다】menjadi(mendapat) sakit; jatuh sakit ②【고장 나다】terganggu; kacau; menyeléwéng; rusak ¶시계가 탈나다 jam rusak ③【사고 나다】mendapat halangan (hambatan, masalah); mengalami masalah (hambatan); terjadi kecelakaan

탈당(脫黨) penarikan diri 탈당하다 mengundurkan diri; menarik diri ⊙ 탈당성명(서) pernyataan ((tertulis)) penarikan diri dari partai

탈락(脫落) ①【빠짐】(a) (붙은 것이) 탈락하다 jatuh ((berkurang)) (b) (누락) 탈락하다 tersingkir; tersisih ¶탈락되다 tertinggal; tidak terpilih ②【이탈】탈락하다 menjauh dari; tertinggal; keluar ((dari sekolah)) ¶(대학생의) 중도 탈락 pengeluaran sebelum ((menjelang)) tamat ③ 탈락자 orang yang tidak terpilih(tertinggal)

탈모(脫毛) kerontokan rambut 탈모하다 hilang(rontok) rambut ⊙ 탈모제 obat penghilangan rambut. 탈모증【의학】penyakit kerontokan rambut

탈모(脫帽) buka topi 탈모하다 mengangkat topi; melambaikan topi; melepas topi dari kepala

탈바가지 topéng ((dibuat dari labu, kundur))

탈바꿈 perubahan ((bentuk)); transformasi 탈바꿈하다 mengubah ((bentuk)); menjelmakan

탈바닥 ¶탈바닥거리다 mencebur/ 진창을 탈바닥거리며 걷다 mencemplung ke dalam lumpur

탈법행위(脫法行爲) pelanggaran hukum; penyeleweng hukum

탈복(脫服) ⇒ 탈상(脫喪) berakhirnya waktu berduka

탈북자(脫北者) orang yang meninggalkan Korea Utara

탈상(脫喪) berakhirnya waktu berduka; akhir masa berkabung 탈상하다 menyelesaikan (menghabiskan) berkabung; meninggalkan (melewati) masa berkabung

탈색하다(脫色-) memutihkan; memucatkan ⊙ 탈색제 obat pemucat

탈선(脫線) ①【열차 등의】탈선하다 keluar dari rél; tergelincir; meninggalkan rél; menjauh dari rél; lari dari jalur ((utama)) ②【행동 등의】penyimpangan 탈선하다【행동이】menyimpang (menjauh) dari jalan yang benar; tersesat; sesat; tak menentu; keliru; anéh; menyeleweng ((dari sasaran)); mengambil jalan samping; keluar dari sasaran; tersesat dari sasaran (tujuan) ③【이야기 등이】menyimpang (melantur) ((dalam pembicaraan)) ¶이야기가 탈선했다 Pembicaraan itu menyimpang dari pokok persoalan. ⊙ 탈선학생 mahasiswa (pelajar) yang tak menentu (anéh)

탈세(脫稅) pelanggaran (penghindaran) pajak 탈세하다 menggelapkan pajak; menghindari pajak ¶탈세혐의로 수사하다 menyelidiki atas tuduhan penggelapan pajak ⊙ 탈세액 jumlah pelanggaran pajak; jumlah pajak yang dihindari.

탈세자 penghindar (pelanggar) pajak. 탈세 품 barang selundupan

탈속하다(脫俗-) menghindari dari urusan duniawi; melampaui hal-hal lazim

탈수(脫水) pengeringan; déhidrasi; kekurangan cairan 탈수하다 kering; menjadi kering; menghilangkan air; mendéhidrasi ⊙ 탈수기 mesin pengering. 탈수증상 pengeringan

탈습(脫濕) penghilangan lembab 탈습하다 menghilangkan lembab ⊙ 탈습기 alat menghilangkan lembab; alat pengering udara

탈싹 ⇒ 털썩 bergedebuk; berdebuk 탈싹하다 bergedebuk ¶탈싹 떨어뜨리다 menjatuhkan (piring) berdebuk

탈싹거리다 mengguncang-guncang; menggoyangkan

탈 쓰다 【얼굴에】 mengenakan topéng; memakai topéng pada wajah ¶…의 탈을 쓰고 di balik kedok (topéng) ((persahabatan; kedermawanan))

탈영(脫營) désersi dari tangsi 탈영하다 meninggalkan tangsi (ketentaraan); désersi; pergi tanpa izin ⊙ 탈영병 prajurit (tentara) yang melarikan diri

탈옥(脫獄) pembobolan penjara 탈옥하다 membobol penjara ¶탈옥을 시도하다 merencanakan (berusaha) pelarian dari sél; mencoba membobol penjara ⊙ 탈옥수 pembobol penjara

탈의(脫衣) 탈의하다 menanggalkan pakaian; membuka pakaian ⊙ 탈의실 kamar ganti ((pakaian)). 탈의장 rumah mandi ((dipinggir kolam renang))

탈자(脫字) 【빠진 글자】 kata yang dihilangkan; penghilangan kata

탈잡다(頉-) menyalahkan; mencela; mencari kesalahan; menuduh; membuat tuduhan

탈장(脫腸) 【의학】 burut; hérnia ((perut)), kondor; turun berok ¶탈장이 되다 terserang hernia

탈적하다(脫籍-) dihapus (dicorét) nama dari daftar ((keluarga, militer, sekolah, partai))

탈주(脫走) désersi; pelarian; pengungsian 탈주하다 melarikan diri; meloloskan diri; kabur; minggat ¶탈주를 기도하다 merencanakan (mengusahakan) pelarian ⊙ 탈주병 tentara yang melarikan diri. 탈주자 orang yang melarikan diri; buronan

탈지(脫脂) kehilangan lemak 탈지하다 menghilangkan lemak ⊙ 탈지면(綿) kapas penghisap (penyerap). 탈지유(乳) susu bébas lemak; susu ramping (non-lemak); susu skim

탈진하다(脫塵-) kelelahan; keletihan; kepayaan 탈진 상태이다 dalam keadaan lelah

탈출(脫出) ①【장소 등에서】 pelarian diri; pembébasan diri dari 탈출하다 melarikan diri; membébaskan diri dari; meloloskan diri ②【시련 · 역경 등에서】 keluar; lepas ⊙ 탈출구 jalan keluar

탈춤 tari topéng

탈취하다(脫臭-) menghilangkan bau busuk ⊙ 탈취제 obat penghilang bau busuk; déodoran; pewangi

탈취하다(奪取-) merebut; merampas; mengambil dengan paksa; menjambrét ¶왕위를 탈취하다 merebut mahkota

탈탈 탈탈거리다 gemeretuk; berderik-derik; bergerak atau jatuh dengan bunyi yang ramai

탈퇴(脫退) penarikan diri 탈퇴하다 menarik diri ⊙ 탈퇴자 orang yang menarik diri

탈피(脫皮) ①【곤충 · 뱀의】 penggantian kulit 탈피하다 mengelupas; melepas kulit; menanggalkan kulit; berganti kulit ②【상태 · 처지 등의 】 pembaruan diri ¶구태(舊態) 에서 탈피하다 bébas dari kebiasaan; memperbarui diri; memunculkan diri; berubah pendirian

탈환하다(奪還-) mengambil kembali dengan paksa; menang kembali; menangkap kembali; memperoleh kembali; menaklukkan kembali

탈황(脫黃) 【화학】 penghilangan sulfur 탈황하다 menghilangkan sulfur dari; memurnikan

탈회하다(脫會-) menarik diri (mundur) dari; meninggalkan ((lembaga)); keluar dari ((organisasi)) ¶탈회시키다 mengeluarkan dari ⟪klub⟫; mendesak mundur dari ⟪perkumpulan⟫ ⊙탈회신고 laporan pengunduran diri

탐관오리(貪官汚吏) pejabat yang korupsi; pejabat yang menyeléwéng

탐구(探究) penelitian; penyelidikan; risét 탐구하다 meneliti; menyelidiki; mencari ¶과학적 탐구 penyelidikan ilmiah ⊙ 탐구심 semangat ingin tahu; semangat penyelidikan. 탐구자 peneliti

탐구(探求) pencarian; pengejaran 탐구하다 mencari; mengejar ¶진리를 탐구하다 mencari (mengejar) kebenaran

탐나다(貪-) mengingini; menginginkan; tamak ¶돈이 탐나다 tamak akan uang; haus akan uang

탐내다 (貪-) tamak; rakus; menginginkan; iri hati ¶남의 것을 탐내다 iri hati terhadap apa yang dimiliki orang lain

탐닉하다(耽溺-) tenggelam; kecanduan; menyerahkan diri ¶쾌락에 탐닉하다 kecanduan (mengabdikan diri pada) kesenangan ⊙ 탐닉생활 hidup liar; hidup tak keruan; kehidupan yang berpoya-poya; hidup yang diabdikan pada kesenangan

탐독(耽讀) kecanduan membaca; kerajinan membaca 탐독하다 membaca dengan sungguh-sungguh; tenggelam dalam membaca

탐문하다(探聞-) mencari informasi

탐방(探訪) kunjungan; penyelidikan 탐방하다 mengadakan penyelidikan pribadi ⊙ 탐방기 laporan penyelidikan. 탐방기사 laporan. 탐방기자 réporter ⟪surat kabar⟫; pewawancara; penulis laporan; wartawan penyelidik

탐사하다(探査-) mengadakan penyelidikan; menyelidiki ¶석유를 탐사하다 mengéksplorasi minyak/철저히 탐사하다 mengadakan penyelidikan seksama

탐색하다(探索-) mencari; menyelidiki ¶범인의 행방을 탐색하다 menyelidiki (mencari) di mana pelaku kejahatan

탐스럽다 menarik (menggoda) seléra ¶탐스러운 과일 buah-buahan yang menarik selera

탐식하다(貪食-) makan dengan lahap (dengan rakus; dengan tamak) ¶탐식하는 사람 orang rakus; pelahap

탐욕(貪慾) kerakusan; ketamakan; keserakahan ¶탐욕스럽게 tamak; rakus; serakah/탐욕의 화신 penjelmaan sikap tamak ⊙ 탐욕 한(漢) orang yang tamak (rakus)

탐정(探偵) ①【일】 pelayanan (pekerjaan) detéktif; penyelidikan rahasia; pematamataan 탐정하다 menyelidiki; memata-matai ②【사람】 detéktif ¶탐정을 고용하다 memakai detéktif ⊙ 탐정소설 cerita detéktif (kejahatan). 군사탐정 mata-mata militér. 비밀탐정 agén rahasia. 사설탐정 detéktif swasta; detéktif pribadi (partikelir)

탐조하다(探照-) menyalakan (menghidupkan) lampu sorot ¶해상을 탐조하다 menyinari laut ⊙ 탐조등 lampu sorot

탐지하다(探知-) mengetahui dengan penyelidikan tak langsung; mendetéksi; melacak ¶음모를 탐지하다 menjejaki pengkhianatan ⊙ 탐지기 alat pendetéksi; detéktor. 탐지장치 peralatan detéksi (penyelidik); peralatan monitor

탐측(探測) penyelidikan; pemeriksaan ⊙ 탐측 기 alat penyelidik (penguji). 탐측기구 balon pemandu

탐탁스럽다【탐탁하다】 memuaskan; disukai

탐폰【의학】 kapas penghisap

탐하다(貪-) tamak; rakus ¶폭리를 탐하다 membuat keuntungan yang berlebihan; mencari untung secara berlebihan

탐해등(探海燈) lampu sorot

탐험(探險) penelitian; éksplorasi; penjelajahan; ékspedisi 탐험하다 mengadakan éksplorasi; meneliti ⊙ 탐험가 orang penjelajah. 탐험 기(記) catatan ⟪tentang⟫ ékspedisi. 탐험여행 ékspedisi penelitian

탐험대(探險隊) kelompok ékspedisi (penelitian) ¶탐험대장 ketua(pemimpin) ékspedisi

탑(塔) menara ¶공(功) 든 탑이 무너지랴【속담】 Kerja keras tak pernah sia-sia.

탑본(搨本) salinan; jiplakan

탑삭 dengan cepat (gesit); tiba-tiba

탑삭부리【텁석부리】orang yang berjenggot (berjanggut)
탑승하다(搭乘-) naik ¶비행기에 탑승하다 naik pesawat; naik kapal terbang ⊙ 탑승권(券) tiket berangkat. 탑승객 penumpang. 탑승자 명단 daftar nama penumpang
탑재하다(搭載-) memuat ¶탑재해 있다 dimuat ((dengan barang-barang))
탑전(榻前)【임금의 앞】kehadiran raja ¶탑전에 나가다 menghadapi raja
탓 ①②【이유】alasan; penyebab ¶나이 탓으로 karena usia; dengan alasan umur ②【잘못】kesalahan; kekeliruan ¶…탓이다 disebabkan oléh/…탓으로 돌리다 menyalahkan pada; melemparkan (meletakkan) kesalahan pada
탓하다 meletakkan (membentangkan) kesalahan pada; menyalahkan ((seseorang atas sesuatu)); mempersalahkan; menimpakan kesalahan pada; menuduh; mendakwa ¶자신(自身)을 탓하다 menyalahkan diri ((atas))
탕【소리】bang; bum ¶문을 탕하고 닫다 membanting pintu; menutup pintu dengan bantingan
탕(湯) ①【국】sop; kaldu ②【한약】jamu obat ③【목욕】pemandian air panas ¶남(여)탕 kamar mandi pria (wanita); pemandian umum laki-laki(wanita)
탕감(蕩減) penghapusan ((hutang)); pembatalan 탕감하다 menghapus ((hutang)); membatalkan; melunasi ((rékening))
탕건(宕巾) kopiah yang dipakai pejabat-pejabat di bawah topi ¶탕건바람으로 dengan kopiah terbuka; dengan topi (bagian luar) terbuka/탕건집 kotak kopiah
탕기(湯器) mangkuk sup
탕수육(糖水肉) daging babi yang diasam manis ⊙ 쇠고기탕수육 daging sapi yang diasam-manis
탕수조기(糖水-)【요리】ikan kuning yang diasam manis
탕아(蕩兒) orang yang boros (sesat)
탕약(湯藥) jamu obat yang direbus
탕진하다(蕩盡-) menghabiskan dengan sia-sia; menghamburkan; memboroskan; membuang; melenyapkan ¶돈을 탕진하다 menghabiskan semua uang
탕탕[1]【빈 모양】¶탕탕 비다 kosong melompong; kering kerontang
탕탕[2] ①【총을 쏘는 소리】dentuman (debum) suara berulang-ulang;【두드리는 소리】bunyi (ketokan) secara berulang-ulang ¶총소리가 탕탕나다 sepucuk senjata berdentum/문을 탕탕 두드리다 mengetuk-ngetuk pintu ②【큰소리를 치는 모양】¶탕탕 큰소리치다 beromong besar
탕하다【소리가】berdentum-dentum ¶탕하고 부딪다 menabrak ((dinding)); bergedebuk
태【금】retak
태(胎)【해부학】ketuban dan tali pusar; ari-ari;【후산의】uri; temhuni ¶태를 가르다 memotong tali pusar
태(態)【모양·맵시】bentuk badan;【외양】penampilan;【태도】lagak(-lagu); sikap yang berlagak
태고(太古) dahulu kala; zaman kuno ¶태고부터 sejak dulu kala/태고 적 사람들 orang kuno; orang primitif
태교(胎敎) perawatan pra-kelahiran; pendidikan sebelum lahir; pelatihan sebelum lahir
태권도(跆拳道) seni bela diri tangan kosong Korea; *Taekwondo*
태그 ⊙ 태그레슬링 gulat tag. 태그매치 tim pertandingan tag ((gulat))
태극(太極) yang Maha Mutlak ((dalam filsafat Cina)); sumber prinsip ganda Yin dan Yang ⊙ 태극선(扇) kipas dengan simbol(modél) T'aéguk; kipas Yin-Yang
태극기(太極旗) bendéra kebangsaan Korea
태기(胎氣) tanda (petunjuk) kehamilan; perasaan bahwa seseorang hamil
태깔 ①【태와 빛깔】bentuk dan warna ②【교만한 태도】sikap yang angkuh
태껸 seni bela diri tradisional Korea
태내(胎內) bagian dalam rahim ¶태내의 dalam kandungan; dalam rahim/태내에서 죽다 mati saat dalam rahim ⊙ 태내전염 inféksi sebelum melahirkan; inféksi pra-kelahiran
태내다(態-) bersikap congkak

태도(態度) sikap; tingkah laku; 【마음가짐】 budi pekerti; tabiat; akhlak; perangai; gaya; watak ¶태도에 나타내다 menunjukkan 《rasa tak senang》 di wajah (sikap); menyatakan 《émosi》 dengan tanda-tanda luar/태도를 밝히다 menjelaskan sikap

태독(胎毒) 【의학】 sipilis bawaan

태동(胎動) ①【태아의 움직임】 gerakan janin ②【새로운 기운이 싹트는 것】 tanda (petunjuk) 《aktivitas janin yang akan lahir》 태동하다 menunjukkan tanda ⊙ 태동기 masa (periode) kelahiran

태두(泰斗) tokoh terkemuka; ahli (pakar) besar; cendekiawan besar ¶경제학의 태두 ahli (pakar) besar dalam ékonomi

태만(怠慢) kelalaian; kemalasan; keteledoran; kelengahan 태만하다 lalai; malas ¶직무에 태만하다 menyia-nyiakan (mengabaikan) kewajiban (tugas) ⊙ 태만 죄 dosa meninggalkan tugas; kejahatan melalaikan tugas. ⊙ 직무태만 kesalahan melalaikan (meninggalkan) tugas

태몽(胎夢) mimpi kehamilan; mimpi bahwa seseorang akan hamil

태반(太半)[1] 【대부분】 bagian besar (terbaik; utama) ¶태반은 kebanyakan; sebagian besar

태반[2] (胎盤) 【의학】 ari-ari; tembuni; uri

태 부리다(態-) ⇒ 태내다 mengambil sikap

태부족(太不足) kekurangan besar 태부족하다 sangat(amat) kekurangan

태산(泰山) gunung tinggi; sesuatu yang besar sekali ¶태산같이 믿다 sangat tergantung; sangat percaya pada ⊙ 태산준령 gunung yang tinggi dan curam

태생(胎生) ①【동 · 식물】 viviparitas ②【출생】 kelahiran; asal ¶태생이 비천한 terlahir (lahir) miskin (rendah; hina)/비천한 태생이다 asalnya miskin ⊙ 태생동물 héwan yang melahirkan anak. 태생지 tempat kelahiran; tempat asal

태세(態勢) 【태도】 sikap; 【준비】 kesiapan; 【상태】 keadaan; situasi ¶…할 태세에 있다 bersiap (-siap; bermaksud) 《untuk, melakukan》/태세를 갖추다 siap sepenuhnya; membuat persiapan

태아(胎兒) 【일반적】 janin; 【3개월 이후의】 mudigah; 【임신 3개월까지】 embrio ¶태아의 yang berhubungan dengan janin ⊙ 태아교육 pelatihan (perawatan) pasca kelahiran. 태아기 kehidupan janin (pra kelahiran): 태아기의 감염 inféksi pra kelahiran

태양(太陽) ①【해】 matahari; surya ¶태양의 햇무리 halo di sekeliling matahari ②【위대한 존재】 민족의 태양 cahaya rakyat ⊙ 태양관측 pengamatan tata surya. 태양광선 sinar matahari. 태양력 kalender matahari. 태양숭배 pemujaan matahari. 태양신 déwa(déwi) matahari. 태양에너지 énergi matahari. 태양일 hari matahari: 평균태양일 hari matahari rata-rata. 태양전지 baterai(sél) tenaga surya. 태양흑점 noda matahari

태양등(太陽燈) sinar matahari; lampu matahari; lampu pijar ¶태양등을 쐬다 merawat 《pasién》 dengan lampu matahari

태양열(太陽熱) panas matahari ¶태양열을 이용하다 menggunakan (memanfaatkan) panas matahari ⊙ 태양열주택 rumah matahari (panas); rumah berpemanas tenaga surya

태양인(太陽)人) *taeyangin*; taeyang tipe fisiologis *taeyang*

태어나다 ①【사람 · 동물 등이】 lahir ¶태어난 곳【고향】 tempat lahir; kampung halaman//태어나서 처음(으로) pertama kali dalam hidup; sejak pertama kali dilahirkan/맏아들로 태어나다 terlahir putera tertua (anak sulung) ②【비유적】 muncul di dunia ¶다시 태어나다 memulai hidup baru; lahir kembali

태업(怠業) sabotase; kemacetan pekerjaan; penghentian (pemogokan) disengaja 태업하다 mengadakan (melakukan) sabotase; menghentikan kerja dengan sengaja

태없다(態-) 【뽐내지 않다】 tidak bertingkah; tidak menyombongkan diri; tidak berlaku sombong; sopan santun; rendah hati ¶태없는 사람 orang yang sederhana; orang yang rendah hati

태연(泰然) 【태도】 sikap yang tenang ¶태

연한 (히) (dengan) tenang
태연자약하다(泰然自若-) tetap tenang; tenang sepenuhnya; tenang dan yakin
태엽(胎葉) pér; pegas ¶태엽을 감다 memutar pegas/태엽이 풀리다 pér melonggar ⊙ 태엽장치 peralatan pegas. 시계태엽 pér jam
태왕(太王) ⇒ 태상왕(太上王)
태우다[1] ①【불에】 (a) (연소 · 소각하다) membakar; melakukan pembakaran; meletakkan (melempar) ke dalam api; (화재로) ((rumahnya)) terbakar ¶쓰레기를 태우다 membakar sampah (b) (눌리다) terbakar ¶밥을 태우다 menghanguskan nasi ②【애를】 khawatir; cemas ¶속을 태우다 cemas; gelisah; terbakar kecemasan (kegelisahan)사랑으로 가슴을 태우다terbakar asmara/애를 태우다 mencemaskan diri ③【피부를】 berwarna coklat; warna coklat karena berjemur
태우다[2] ①【탈것 등에】 menaikkan; mengangkut ((penumpang)) ¶손님(승객)을 태우다 menaikkan penumpang (도중에) mengambil penumpang ②【비유적】 ¶비행기를 태우다 menjilat; menghujani dengan sanjungan ③【내기에 돈을】 bertaruh; 【상금을】 menghadiahi
태우다[3] ①【가리마를】 ((rambut)) dibelah ¶가리마를 태우다 rambut dibelah di tengah ②【맷돌에】 membelah (memecahkan) ③【분배(分配)하다】 membagi-bagikan ¶재산을 아들들에게 태우다 membagi milik pada putra-putra
태우다[4] 【연줄 · 그네를】 menarik keluar masuk ¶연줄을 태우다 menarik dan mengulur benang layangan/그네를 태우다 mengayun ke depan dan ke belakang
태음(太陰) bulan ⊙ 태음력 kalender bulan
태음인(太陰人) *taeeumin; taeeum* physiological type
태자(太子) putra mahkota; pewaris tahta ⊙ 태자비 istri sang putra mahkota
태장(笞杖) ①【대 막대】 cemeti bambu ((digunakan untuk hukuman)) ②【볼기 침】 pemukulan ((di pantat)) 태장하다 memukul; mendera
태조(太祖) Kaisar (Raja) pertama ((suatu dinasti)); pendiri ((suatu dinasti))
태중(胎中) dalam kehamilan ¶태중이다 hamil; mengandung
태질 ①【타작】 menumbuk ¶벼를 태질하다 menumbuk biji padi/태질 하듯 하다 memukuli (memukul) keras-keras; menghujani pukulan ②【메어침】 태질하다 menjatuhkan; membanting ¶사람을 태질치다 menjatuhkan orang
태초(太初) awal dunia; permulaan (asal mula) dunia
태코그래프 pencatatan kecepatan; catatan ukuran kecepatan
태코미터 alat pengukur kecepatan
태클 【축구】 *tackle* ; katrol; takal태클하다, 태클을 걸다 mentackle
태평(泰平 · 太平) ①【세상의】 kedamaian; ketenangan ¶태평한 세상에 di saat damai; di masa-masa (hari-hari) yang damai ②【마음의】 hati yang damai ¶무사태평한 얼굴 wajah yang riang dan damai ⊙ 태평가(歌) lagu perdamaian. 태평무드 suasana ketenangan dan kepuasan. 태평성대 dunia yang damai
태평양(太平洋) Samudera Pasifik ¶위대한 태평양시대 ((pembukaan)) éra Pasifik agung ⊙ 태평양연안 Pantai Pasifik. 태평양전쟁 Perang Pasifik. 태평양지역 wilayah Pasifik. 태평양함대 armada Pasifik. 태평양횡단 비행 penerbangan lintas Pasifik. 환(環)태평양국가 negara-negara di sekitar Pasifik
태풍(颱風) angin topan ¶태풍의 눈 pusat topan/태풍이 북상하다 topan menuju ke utara ⊙ 태풍경보 peringatan adanya topan: 태풍경보를 발하다 memberikan (memberi) peringatan adanya tofan. 태풍권 wilayah topan. 태풍주의보 peringatan bahaya topan
태피스트리 permadani hiasan dinding
태형(笞刑) penderaan; hukuman dera ¶태형을 가하다 mendera; menghukum dengan pukulan
태환(兌換) penukaran uang; konvérsi ⊙ 태환 권 uang kertas yang dapat ditukar. 태환은행 bank konvérsi. 태환지폐 ⇒ 태환 권

태후(太后) ⇒ 황태후
택배(宅配) layanan (serpis) pakét; bungkusan; bingkisan
택시 taksi ¶택시를 타다 naik (mengambil; menyéwa) taksi/택시를 부르다【전화로】memanggil taksi ⊙ 택시강도 perampok taksi ⟪menyamar sebagai seorang penumpang⟫. 택시요금 ongkos taksi; biaya taksi. 택시운전사 pengemudi taksi; supir taksi
택일[1] (擇日) pilihan hari yang menguntungkan 택일하다 memilih hari baik; menetapkan tanggal.
택일[2] (擇一) 택일하다【하나를 고르다】memilih
택일적(擇一的) alternatif ¶택일적으로 dengan cara alternatif (pilihan)
택지(宅地) tanah (daérah) perumahan (bangunan); kapling rumah (bangunan); lokasi perumahan(bangunan) ¶택지를 조성하다 mempersiapkan lokasi rumah; mengubah ⟪lahan⟫menjadi lokasi perumahan ⊙ 택지분양 penjualan kapling rumah
택진(宅診) konsultasi kantor ¶오전 택진오후 왕진 jam konsultasi: sebelum siang (tengah hari) di kantor; soré, dipanggil ⊙ 택진시간 jam kantor
택하다(擇-) memilih; membuat pilihan
탤런트 orang berbakat ⟪teater⟫; aktor ⟪TV⟫ ⊙ 텔레비전 탤런트 aktor télévisi
탬버린【악기】rebana
탭댄스 dansa tep
탯줄(胎-)【생리】tali pusar ¶탯줄 잡 듯 하다 memegang sangat ketat (erat); memegang erat-erat
탱고【음악】tango; dansa tango ¶탱고를 추다 berdansa tango
탱자【열매】jeruk purut
탱커 kapal tangki; tanker ⊙ 오일탱커 tangki minyak
탱크 ①【군대】tank; kendaraan berlapis baja ⇒ 전차(戰車) ②【통】tangki; téng ⊙ 탱크로리 *mobil tangki*. 가스탱크 téng (tangki) bénsin. 연료 탱크 tank. tangki bahan bakar
탱탱하다 ketat; mengencang; keras dan tegang ¶줄이 탱탱하다 tali itu tegang (ketat)/종기가 탱탱 붓다 bisul membengkak keras./그녀는 피부가 탱탱하다 Kulitnya élastis.
탱화(幀畵)【불교미술】gambar Budha untuk digantung di dinding
터[1] ①【장소】tempat; lokasi; situs ¶전쟁터 tempat perang; medan perang/일터 tempat kerja; lokasi kerja; kantor ②【기초】dasar fondasi ¶터를 닦다 mempersiapkan tanah; meratakan jalan; membangun fondasi
터[2] ⇒ 터수
터[3]【예정】rencana; jadwal;【예기】harapan; rencana;【의도】maksud ¶…할 터이다【테다】akan ⟪melakukan⟫; berencana melakukan; berniat melakukan; bermaksud
터거리 ⇒ 턱1
터널 ①【굴】terowongan ¶터널을 뚫다 melubangi (membor; menggali), terowongan; membuat terowongan ⟪melalui gunung; melalui bawah tanah⟫ ⊙ 터널개통 pembukaan terowongan
터놓다 ①【막힌 것을】membuka; mengeluarkan; melepas ¶터놓은 두 방 ruangan ganda dibuka menjadi satu; dua ruangan disusun menjadi satu ②【금했던 것을】memindahkan ¶통제를 터놓다 memindahkan pengawasan ③【마음을】membuka (hati); jujur; terbuka ¶흉금을 터놓다 membuka rahasia diri; membuka (mengungkapkan) hati; membuka maksud yang paling dalam
터닝슛 berbalik dan menémbak
터다지다, 터 닦다 mendatarkan (meratakan) tanah; meratakan (memadatkan) fondasi
터닦다 ①【집터를】menyiapkan tanah; membersihkan fondasi; meratakan (mendatarkan) tanah ②【토대를】memperkuat fondasi(dasar)
터덜거리다 ①【걸음을】berjalan dengan susah; sempoyongan ②【자동차 · 수레 등이】berderak; gemerincing
터덜터덜 berjalan dengan banyak kesulitan; sempoyongan ¶터덜터덜 걷다 terhuyung; berjalan dengan sulit
터득하다(攄得-) faham ¶터득하기 어려운

sulit dimengerti (dipelajari); sulit dipahami/터득하기 쉬운 mudah dimengerti (dipelajari)

터뜨리다 ①【파멸시키다】 memecahkan ¶종기를 터뜨리다 memecahkan bisul; bisul pecah ②【폭발시키다】 meledakkan; melepaskan; meletuskan ③【꽃망울을】 mekar; berbunga ④【기사·특종 등을】 memuat ¶특종을 터뜨리다 memuat berita pertama

터럭 ⇒ 털

터무니 ¶터무니없는 tidak masuk akal; tak berdasar/ 터무니없는 요구 permintaan yang tak masuk akal; permintaan yang melewati batas(yang sangat banyak)

터무니없이 tanpa dasar; secara tidak masuk akal ¶터무니없이 비싼 tinggi sekali; amat tinggi

터미널 terminal; stasiun

터밭 ladang yang berdampingan dengan lokasi rumah; kebun pekarangan

터벅거리다 berjalan dengan susah (sempoyongan)

터벅터벅 dengan terhuyung-huyng (sempoyongan); dengan berat dan lambat

터부 ⇒ 금기 tabu ¶터부시(視)하다 menganggap tabu/터부가 되어 있다 terlarang; ditabukan

터분하다 ①【맛이】 tak énak rasanya; terasa tak menyenangkan ¶입이 터분하다 mulut terasa tak enak ②【사람됨이】 tak rapi ¶터분한 사람 orang yang tak rapi

터세다 ⟪tempat yang⟫ bernasib buruk (malang, terkutuk); 【서술적】 beraspék malang

터수 ①【처지】 status; nasib; kedudukan keuangan (sosial) ¶우리는 기와집에 살 터수가 못 된다 Kami tak cukup kaya untuk hidup di rumah beratap genting. ②【관계】 relasi; hubungan ¶둘이는 서로 너나들이 하는 터수다 Mereka saling memanggil dengan nama kecil.

터울 senjang umur; jarak usia ⟪di antara saudara-saudara kandung⟫; perbédaan usia di antara saudara kandung ¶터울이 잦다 sering hamil; sering melahirkan anak; senjang umur singkat

터전 lokasi kediaman; tempat; tanah ¶터전을 잡다 menempati (mendiami) suatu tempat

터주(-主) 【민속】 roh penjaga (pelindung; penunggu) rumah

터주다 mengizinkan; memberi izin (permisi) ¶길을 터주다 membersihkan jalan; membuka jalan; memberi peluang

터주대감(-主大監) Déwa pelindung

터지다 ①【싸움·사건 등이】 terjadi; timbul ¶중대한 사건이 터지다 suatu masalah sulit timbul ②【파열하다】 (a)【갈라지거나 찢어져서】 merekah; merobék; 【종기 등이】 pecah; meledak; 【피부가 얼어서】 merekah ¶터진 데【옷 등의】 robékan (b)【무너지다】 runtuh; bobol; roboh; hancur ③【폭발하다】 meledak; meletus; pecah ⟪perang⟫ ⑤【코피·봇물 등이】 keluar ¶코피가 터지다 berdarah hidung; hidung berdarah ⑥【얻어맞다】 dipukul; ditinju; 【깨어져 부상하다】 terluka ⑦⑧【박수·울음·웃음 등이】 ledekan 폭소가 터졌다 ledekan tertawa ⑧【골이】 mendapat ⟪goal⟫ ⑨【일복 등이】 mendapat banyak pekerjaan ⑩【기타】 게을러터지다 sangat lamban; sangat malas

터치 sentuhan 터치하다 ①【일 등에 관여하다】 mencampuri ②【운동 경기에서】 pembuatan ③【글·그림 등의】 ketrampilan; kemahiran ⊙ 터치다운(미식축구) pencétakan; goal; 터치라인 garis sentuh

터키 Turki ⊙ 터키사람 orang Turki. 터키탕 mandi Turki

터틀 léhér tinggi ⊙터틀넥 tartelnek. 터틀넥 스웨터 baju kaos berléhér tinggi

터프하다 tegap; keras; kekar; kasar ⊙ 터프가이 laki-laki maskulin; laki-laki jantan

턱 dagu; rahang ¶이중 턱 dagu ganda/턱을 쓰다듬다 mengusap dagu

턱[2] 【약간 높은 곳】 ketinggian ¶문 턱 ambang pintu (jendéla)

턱[3] 【음식 대접】 penjamuan; traktir ¶한턱을 내다【하다】 memberi traktiran; mentraktir

턱[4] ①【까닭】 alasan ¶…할【일】 턱이 없다 tak ada alasan untuk…; tak mungkin (sulit sekali) bahwa…/내가 알 턱이 있나 Bagaimana saya tahu itu? ②【정도】 tahap; tingkat ¶아직 그 턱이다 Biasa-biasa saja. *atau* Begini-begini saja. ③【능력】 kecakapan; kekuatan ¶턱도 안 닿다 di atas jangkauan (kekuatan)

턱[5] ①【행동 · 모습 등이 태연스러움】 dengan tenang; dengan si dengan sabar; tanpa ragu ¶의자에 턱 앉다 duduk nyaman di kursi ②【긴장이 풀리는 모양】 nyaman sepenuhnya ¶마음을 턱 놓다 menenangkan pikiran sepenuhnya; merasa cukup lega ③【붙잡는 모양】 ¶손을 턱 잡다 memegang tangan dengan mesra ④【숨이 막히는 모양】 kekurangan napas; mati lemas

턱걸이 ①【철봉의】 senam mengangkat badan; angkat dagu di palang 턱걸이하다 mengangkat badan di palang; mengangkat badan ②【'비유적' 간신히】 hampir tidak

턱밑 ①【턱의 끝】 ujung dagu ②【가까운 곳】 di atas dagu; tepat di bawah hidung ¶턱밑에 두고 보지 못하다 tak bisa melihat (gagal menemukan) apa yang ada di depan hidung

턱받이 kain alas dada; alas dada anak-anak

턱수염(-鬚髥) janggut; janggot

턱시도 *tuxedo*; pakaian malam pria

턱없다 ①【터무니없다】 (a)(근거 · 이유 없다) tidak masuk akal; tak berdasar ¶턱없는 소문 gosip yang tak berdasar (b)(지나치다) kelèwatan; luar biasa ¶턱없는 요구 permintaan yang luar biasa (tak masuk akal); permintaan yang tak bisa diterima sepenuhnya (c) (자금이 없다) sangat kurang ②【신분에 맞지 않다】 tak sesuai dengan tujuan; 【능력 밖이다】 melampaui jangkauan (daya)

턱주가리 ①【아래턱】 rahang bawah ②【턱끝】 ujung dagu

턱지다 berbukit-bukit

턱짓하다 menunjuk dengan dagu

턴 bélokan; putaran; giliran 턴하다 membalik; memutar

턴어라운드 perubahan haluan; (동사) berpaling; membalikkan sesuatu penting

턴테이블 piring putar ((pada gramopon))

텀블링 jengkolét; jempalit

털 ①【사람의】 bulu ¶털이 있는 berbulu ②【동물의】 wol; bulu binatang ¶털을 갈다 berganti bulu(kulit) ③【기타】 ¶나는 그에게 완전히 미운털이 박혔다 Saya benar-benar dijauhi oléhnya. ⊙ 털갈이" 털갈이를 하다berganti bulu ((kulit)) 털내의 pakaian dalam dari wol. 털옷 pakaian wol

털끝 ①【털의 끝】 ujung rambut ②【조금】 sedikit ¶털끝만큼도 ujung rambutpun; ((tak)) sedikitpun; ((tanpa)) sama sekali/털끝만큼도 개의치 않다 tak peduli sama sekali; tak peduli sedikit pun

털다 ①【붙은 것을】 menjatuhkan; membuang; (먼지 등을) menyapu bersih; mengebaskan; mengenyahkan debu ②【돈을】 (a) (가진 것을 전부) mengosongkan ¶돈지갑을 【주머니를】 털다 mengosongkan isi dompét (b) (도둑이) merampok; mencopét saku ③【일 · 감정 · 병 등을】 tinggalkan; hilangkan

털럭거리다 ①【늘어진 것이】 mengelepak-ngelepak; terkepak-kepak ¶신 뒤축이 떨어져 털럭거리다 sol sepatu terlepas dan terkepak-kepak ②【크고 무거운 것이】 tersentak-sentak; terguncang-guncang; bergoyang-goyang

털리다 ①【붙은 것 · 묻은 것이】 roboh; runtuh; jatuh; 【먼지가】 tersapu ②【모두 잃다】 kosong. ¶노름에서 몽땅 털렸다 Dia kehabisan uang karena judi. ③【도둑에게 빼앗기다】 dirampok ¶(소매치기한테) 주머니를 털리다 saku dicopét; dicuri

털버덕거리다 memercik-mercikkan

털버덕털버덕 dengan berdeburan

털벙 dengan cemplungan; dengan deburan; memercikkan; cebar-cebur; mencebur

털보 orang yang berbulu

털복숭이 ⇒ 털보

털실 benang wol ¶털실로 스웨터를 짜다 merajut baju hangat dari wol ⊙ 털실뭉치 bola rajutan

털썩 bergedebuk; berdebuk; dengan bunyi keras ¶의자에 털썩 앉다 terhenyak (menjatuhkan; menenggelamkan diri) di kursi

털어놓다 ①【속엣 것을】 membuka ¶상자 속의 물건을 털어놓다 mengguncang keluar isi sebuah kotak ②【마음속을】 membuka hati(diri); mempercayai; mengungkapkan isi hati; berbicara (bercakap) secara jujur(tanpa segan) ¶털어놓고 말하면 secara terus terang/모든 것을 털어놓다 mengungkapkan segalanya

털어먹다 kehabisan uang; bokék ¶재산을 털어먹다 menghamburkan (membuang) kekayaan

털터리 ①【사람】 ⇒ 빈털터리 orang yang kehabisan uang; orang yang tak beruang sepéserpun; orang yang tak beruang ②【탈 것】 kendaraan reot; yang berderak-derak

털털 ①【걷는 모양】 lamban; lambat dan berat ②【소리】 bergerak atau jatuh dengan bunyi yang ramai ¶털털 소리가 나다 mengeluarkan bunyi berderak-derak

털털거리다 ①【걸음을】 berjalan dengan susah ②【소리를】 tetap berisik ramai

털털하다 tak terpengaruh; bébas dan mudah

텀벙 deburan ¶물속에 텀벙 뛰어 들다 mencebur ke dalam air

텀벙거리다 berdebur-debur ¶물속에서 텀벙거리다 berkecimpung di air

텁석 dengan cepat; dengan rakus; dengan tamak

텁석부리 【짧고 텁수룩한 수염이 난 사람】 lelaki yang bercambang lebat; orang yang berjanggut lebat

텁수룩하다 ((rambut; janggut)) yang tak terpelihara; lebat ¶텁수룩한 머리 rambut yang panjang tak terawat; rambut yang tak teratur

텁텁이 orang yang tak rapi

텁텁하다 ①【음식 맛이】 tak énak rasanya; kental dan hambar ②【성미가】 bébas dan mudah; luas pendirian; tak peduli ③【입 안이】 tidak segar

텃밭 ⇒ 터알 kebun sayuran

텃세(-勢) sikap angkuh terhadap pendatang baru; ambil keuntungan di daérah sendiri (di wilayah pengaruh sendiri)

텅 ①【비어 있는 모양】 kosong; hampa; lowong ¶텅 빈 느낌 rasa kekosongan; perasaan kosong ②【비유적】 ¶그는 머리가 텅 비었다 Dia bodoh (goblok; berkepala angin).

텅텅 ¶텅텅 비다 sangat kosong

테[1] ①【안경 등의】 bingkai; kerangka ¶무테안경 kacamata tanpa bingkai; kerangka ¶무테안경 kacamata tanpa pinggir/금테【검은 테】 안경 kacamata bergagang emas 【hitam】 ②【모자 띠】 tepi ¶테가 넓은 모자 topi yang lebar tepinya ③【둘러 메우는】 simpai ¶테를 메우다【두르다】 mengikat dengan simpai; memasang simpai ((pada émbér)) ④【테두리】 hiasan tepi (pinggir)

테너 【음악】 ténor

테니스 ténis ⊙ 테니스경기【대회】 pertandingan 【turnamen】 ténis. 테니스 코트 lapangan ténis. 테니스 화(靴) sepatu ténis. 단식【복식】테니스 pertandingan (permainan) ténis tunggal 【ganda】

테두리 ①【가장자리】 pinggir; 【테】 bingkai; kerangka ②【비유적】 skéma; garis besar; bagan; skétsa ¶계획의 테두리 kerangka skéma ③【범위】 batas; garis luar ¶테두리를 넘어서다 melampaui (melewati) batas

테라마이신【약】 antibiotika teramisin

테라스 téras; beranda

테러 téror; téroisme ¶테러의 희생이 되다 menjadi korban térorisme ⊙ 테러 단 géng (kelompok) térois. 테러리스트 téroris. 테러 사건 kasus téroisme; kekejaman téroris. 테러리즘 térorisme; penggentaran

테마 téma; motif ⊙ 테마뮤직 musik téma. 테마소설 novél dengan suatu tujuan. 연구테마 subyék kajian

테스트 ujian; tés 테스트하다 mengetés; menguji ¶음성을 테스트하다 mengetés suara; (가수 등이) mengadakan audisi ⊙ 객관식테스트 tés obyéktif. 실력테스트 uji kemampuan; kecakapan. 체력테스트 tés fisik. 학력테스트 tés préstasi

테이블 méja ¶테이블에 둘러앉다 duduk mengelilingi méja ⊙ 테이블매너 tata cara di méja makan. 테이블클로스 taplak méja

테이블스피치 pidato sesudah makan malam; pembicaraan (pidato) yang diadakan pada waktu makan malam (makan siang)

테이프 ①【종이 · 비닐 등의】 pita ②【소리 · 영상 등을 담은】 pita ¶테이프에 녹음하다 merekam di atas pita; memasang ((suatu percakapan)) di pita ⊙ 테이프녹음 perekaman

테이프레코더 pita perekam ¶테이프레코더를 작동시키다 memasang (menjalankan) pita perekam

테크니컬 téknis 테크니컬 파울 téknis penalti (pelanggaran; kecurangan)

테크닉 téknik ¶테크닉이 뛰어나다 menunjukkan (memamerkan) téknik yang cemerlang; unggul dalam téknik

텍스트 téks; buku pegangan ¶텍스트대로의 인용 kutipan téks

텐트 ténda ¶큰 텐트 tempat berteduh seperti atap di muka pintu masuk sebuah gedung /소형텐트 ténda (kémah) tempat perlindungan ⊙ 텐트촌 désa (kampung) perkémahan

텔레마케터 télémarketér

텔레마케팅 télémarkéting

텔레비전 télévisi (tévé) ¶텔레비전을 보다 menonton (melihat; memandang) télévisi/텔레비전을 켜다【끄다】 menghidupkan 【mematikan】 télévisi (pesawat tévé)/텔레비전에 나오다 tampil di télévisi ⊙ 텔레비전 광(狂) pecandu télvisi. 텔레비전뉴스 berita tévé. 텔레비전드라마 drama télévisi: 연속텔레비전 드라마 drama séri télévisi. 텔레비전 시청 율 peringkat pemirsa. 텔레비전시청자 pemirsa télévisi ; penonton télévisi. 텔레비전연속(방송)극 drama séri tévé. 텔레비전프로그램 acara tévé; pertunjukan tévé. 컬러텔레비전 télévisi berwarna. 흑백텔레비전 télévisi hitam putih

텔레비전방송(-放送) siaran télévisi (tévé) ¶텔레비전방송을 하다 menyiarkan melalui télévisi; mentélévisikan 텔레비전 방송자 penyiar télévisi (tévé)

텔레타이프 télétype ¶텔레타이프로 치다(로 송신하다) mengirim lewat télétype

텔레파시 télépati ¶텔레파시로 전하다 berkomunikasi dengan télépati; berhubungan kuat télépati

템포 témpo ¶빠른【느린】템포로 bertémpo cepat 【lambat】; dengan cepat 【dengan lambat】

템플【발리】 kuil;【중국】 kelénteng 【힌두】 candi

토【한자음을 표시하는】 huruf Hangul dan suku kata fonétis Korea yang ditulis disamping hurut-hurut Cina ②【토씨】 partikel ③【말끝에 그 말에 대해 덧붙이는 말】 ¶왜 남의 말에 사사건건 토를 달고 그래요? Mengapa Anda selalu mengoméntari perkataanku?

토건업(土建業) usaha konstruksi⊙ 토건업자 kontraktor pembangunan

토관(土管) pipa dari tanah liat

토굴(土窟) gua; galian ¶토굴에서 사는 사람 penghuni gua

토기(土器) tembikar; barang dari tanah liat

토끼 ①【동물】 kelinci ②【비유적】 토끼뜀을 뛰다 melompat (meloncat) kodok ¶토끼를 다 잡으면 사냥개를 잡는다 【속담】 Suatu benda dihargai (diinginkan) hanya selama dia berguna (bermanfaat). ⊙ 토끼 굴 lubang kelinci; sarang kelinci. 토끼사냥(pergi) berburu kelinci. 토끼장 kandang kelinci

토끼잠 ¶토끼잠자다 tidur tak nyenyak; terjaga

토너멘트 turnamen ¶토너멘트에서 1위가 되다 mendapat tempat pertama dalam turnamen

토네이도 tornado

토닉【강장제】 penyubur; tonik ⊙ 헤어토닉 penyubur rambut

토닥거리다 menepuk-nepuk; mengetuk-ngetuk; memukul-mukul dengan perlahan

토닥토닥 mengetuk (memukul) secara berulang

토담(土-) dinding tanah liat; dinding bata ⊙ 토담집 pondok berdinding tanah liat; pondok berdinding bata

토대(土臺) ①【건축의】 fondasi; landasan; alas ②【기초, 기반】 dasar; basis; pokok ¶…을 토대로 한 berdasarkan atas

토라지다 ①【성이 나서】 merajuk; sebal;

mendongkol; dongkol ②【일이 틀어지다】 menyeleweng; menyimpang; sesat

토란(土卵) 【식물】 taro ⊙ 토란국 sup taro

토로하다(吐露-) mengungkapkan ((perasaan)); mengutarakan; menyatakan; menyampaikan; membicarakan ((pikiran)); memberitahukan; mengemukakan; membébérkan ¶의견을 토로하다 memberikan (menyatakan, mengutarakan, menyampaikan) pendapat

-토록 【정도】 sebanyak ¶그토록 많은가 Adakah sebanyak itu? *atau* Sebanyak itukah?

토론하다(討論-) bertukar pikiran; berdebat; membahas ¶토론의 광장 forum debat/많은 토론 끝에 setelah banyak pembicaraan ⊙ 토론회 forum; perdebatan: 공개토론회 forum terbuka

토리 【실 뭉치】 kumparan benang. ⊙ 토리실 benang yang digulung

토마토 【식물】 tomat ⊙ 토마토 케찹 saus tomat

토막 ①【잘라낸 물체의 덩어리】 sepotong; sebongkah; sekeping ¶고등어 한 토막 seiris (sepotong; sepotong tipis) ikan makerel ②【짤막한 한 부분】 singkat; pendek ¶토막잠을 자다 tidur gelisah/ 토막 기사 laporan singkat ⊙ 토막극 drama singkat; penampilan dramatik yang kecil; lakon péndék dan lucu. 토막나무 potongan kayu

토막토막 potongan demi potongan; ((menjadi)) potongan-potongan

토멸하다(討滅-) membasmi; menaklukkan; menghancurkan ¶적을 토멸하다 menghancurkan musuh

토목(土木) pekerjaan umum ¶토목(사업)을 하다 melakukan pekerjaan umum ⊙ 토목건축(업) téknik sipil dan konstruksi (industri). 토목공학 ketéknikan sipil. 토목기사 insinyur sipil. 토목도급업자 kontraktor pekerjaan umum

토박이(土-) ¶토박이의 pribumi ⊙ 서울토박이 asli (pribumi) Seoul; kelahiran (keturunan) Seoul

토박하다(土薄-) mandul; tandus ¶토박한 땅 tanah yang tidak produktif

토방(土房) kamar berlantai tanah (tanah liat)

토벌하다(討伐-) menaklukkan; membasmi; mengatasi ⊙ 토벌군【대】 pasukan pembasmi

토사(土砂) tanah dan pasir ⊙ 토사붕괴 longsoran; tanah longsor

토사(吐瀉) 토사하다 menderita muntah-muntah dan diare; muntah-muntah dan mencret-mencret ⊙ 토사곽란【한의학】 sakit perut akut; muntah-muntah dan diaré; muntabér

토산물(土産物) hasil distrik (wilayah); produk lokal; produk asli

토성(土星) 【천문학】 Saturnus

토성(土城) 【흙으로 쌓은 성】 bénténg (kubu) dari tanah

토속(土俗) adat setempat; adat lokal ⊙ 토속학 ilmu adat-istiadat lokal

토스 lambungan; lémparan 토스하다 melambungkan bola

토스트 roti panggang ⊙ 토스트샌드위치 roti berlapis diisi potongan ayam, daging, dan sebagai. 프렌치토스트 roti yang dimasukkan ke dalam susu dan telur, lalu digoréng dengan sedikit minyak (mentéga)

토시 ban tangan yang panjang ((untuk kerja di méja))

토신(土神) Déwa Tanah

토실토실하다 montok; sinyal; gemuk ¶토실토실한 볼 pipi yang gemuk/토실토실한 아기 bayi yang montok

토악질(吐-) ①【구토】 토악질하다 muntah; muntahkan ¶먹은 것을 토악질하다 memuntahkan apa yang telah dimakan ②【부정 소득의】 mengeluarkan (membayar kembali; membiayai; mengganti) uang yang diperoléh secara tak baik

토양(土壤) ①((mutu)) tanah ②【밑받침, 토대】 dasar ⊙ 토양조사 survey agronomis 토양학 pedologi

토역(土役) pekerjaan tanah ⊙ 토역꾼 buruh tanah

토요일(土曜日) hari Sabtu

토우(土雨) hujan debu

토의(討議) diskusi; perdebatan; musyawarah; perundingan 토의하다 membicarakan; mengadakan diskusi; membahas; berdebat ¶토의중이다 sedang dibicarakan (didebatkan); sedang dibahas ⊙ 토의안(案) pokok bahasan; hal-hal diagenda. 긴급토의 suatu masalah untuk debat (diskusi); konsultasi yang mendesak. 자유토의 diskusi bébas; diskusi terbuka

토익 *TOEIC;* Tés Bahasa Inggris untuk Komunikasi Internasioal

토인(土人) penduduk asli; pribumi

토일렛 toilét ⊙ 토일렛 페이퍼 kertas (tisu) wc; tisu kamar mandi

토장하다(土葬-) mengubur

토장(土醬) petis kedelai; tauco ⊙ 토장국 sup petiskacang; sup tauco

토지(土地) tanah; bumi; darat; wilayah ¶토지를 갖고 있다 memiliki (memegang; mempunyai) tanah ⊙ 토지개량 perbaikan tanah: 토지개량법 Undang-Undang Perbaikan Tanah. 토지개혁 pembaharuan tanah. 토지거래 jual-beli tanah; berdagang barang-barang tak bergerak: 토지거래 신고제 sistém pencatatan perdagangan tanah; sistém pencatatan transaksi tanah. 토지구획 정리 penyesuaian (pengaturan kembali) tanah. 토지대장【등기부】 pendaftaran tanah; kadaster; batas tanah milik. 토지매매 ⇒ 토지거래: 토지매매 거간꾼 agén barang tak bergerak; agén tanah; makelar tanah. 토지사기꾼 penipu tanah; pedagang perantara tanah palsu. 토지세제 sistém pajak tanah. 토지수용 pengambilalihan tanah. 토지수용권(權) hak ⟪pemerintah⟫ pengambil-alihan tanah.토지제도 sistém pertanahan. 토지측량 pengukuran tanah

토지소유(土地所有) kepemilikan tanah ⊙ 토지소유권【법률】 hak (pemilikan) tanah: 토지소유권 이전 등록 pendaftaran pemindahan pemilikan atas tanah. 토지소유자 pemilik tanah

토질(土疾) ⟪penyakit⟫ éndémis

토질(土質) mutu tanah; keadaan tanah ⊙ 토질분석 analisis tanah

토착(土着) 토착하다 menetap (di wilayah baru) ¶토착의 pribumi; asli/토착화 naturalisasi: pewarganegaraan 토착화하다 menaturalisasikan; memperwarganegarakan ⊙ 토착민 orang pribumi; penduduk asli

토치 obor; suluh ⊙토치 라이트 cahaya obor

토크쇼 acara perbincangan ⊙ 토크쇼사회자 pemandu (pewawancara) acara perbincangan

토큰 koin ⊙ 버스토큰 koin bus

토키【영화】 film bicara; film bersuara ⊙ 토키대본 naskah film bicara. 토키만화 kartun animasi

토템 totém; gambar yang melambangkan suku ⊙ 토템숭배 totémisme

토트 백【영성용】 tas sandang; tas punggung

토플 *TOEFL*: Tés Bahasa Inggris sebagai Bahasa Asing

토픽 pokok bahasan; topik ¶오늘의 토픽 topik saat ini; topik hangat

토핑【고명】 pemugasan; lapisan di atas

토하다(吐-) ①【게우다 · 뱉다】 muntah; memuntahkan ¶토할 것 같다 merasa mual; ingin muntah ②【감정 · 마음을】 mengutarakan; mengungkapkan; mencurahkan; mengemukakan ③【내뿜다】 mengeluarkan ④【기타】 ¶열변을 토하다 berbicara dengan bersemangat (gairah)

토혈(吐血) perdarahan; perdarahan perut 토혈하다 mengeluarkan (memancarkan) darah

토호(土豪) pemilik tanah; petani lokal yang makmur; 【호족】 keluarga setempat yang berkuasa ⊙ 토호질 ⟪menjalankan⟫ tirani; menjajah

톡 ①【불거진 모양】 yang menonjol; 【비어져 나온 모양】 melotot ¶눈알이 톡 불거져 나오다 bermata menonjol ②【끊어지거나 부러지는 소리】 berderak-derak ③【쏘다】 tajam; pedas ¶맛이 톡 쏘다 terasa pedas; pedas/톡 쏘아 붙이다 mengucapkan dengan tajam; menjawab dengan ketus ④【부딪는 소리】 berdebuk; bergedebuk ¶어깨를 톡 치다 memukul bahu ⑤【기타】 ¶벼룩이 톡 튀다 seékor kutu berlompatan

톡탁거리다 saling memukul; saling meninju; saling berkelahi

톡톡 ①【불거진 모양】 yang menonjol di (jabatan, kedudukan, bagian); 【비어진 모양】 yang bermunculan terus menerus ¶어깨를 톡톡치다 terus menerus menepuk bahu ②【기타】 ¶그는 지갑을 톡톡 털어 있는 돈을 모두 내놓았다 Dia memberikan semua uang dari dompetnya.

톡톡하다 【천 · 옷감 등이】 rapat ¶톡톡한 천 kain yang bersusunan rapat

톡톡히 ①【심하게, 엄하게】 secara kasar; dengan kasar (keras) ¶톡톡히 꾸짖다 mencaci maki; mengoméli /톡톡히 책망 듣다 dioméli secara kasar; dimaki dengan kasar ②【넉넉하게】 cukup banyak (besar) ¶톡톡히 벌다 memperoléh (mendapat) banyak uang; menghasilkan banyak uang/이문을 톡톡히 남기다 menghasilkan keuntungan yang besar

톤 ①【어조, 억양】 nada ②【색조, 분위기】 부드러운 톤 warna-warna yang bersifat lembut

톤 ton; tonase ¶미터톤 metrik ton/ 이 배는 몇 톤 입니까 Berapa tonase kapal ini? ⊙ 배수 톤 tonase pengurasan. 적재 톤 tonase pengangkutan. 중량톤 tonase berat mati. 총톤 tonase kotor

톨 【쌀, 밤 등의】 butiran

톨게이트 pos cukai (bea)

톱[1] 【자르거나 켜는 연장】 gergaji ¶톱으로 켜다 memotong dengan gergaji; menggergaji/톱으로 썰다 menggergaji《kayu》

톱[2] ①【정상】 pertama; penting; puncak; utama ¶톱을 끊다 berada di puncak ②【신문의 머리기사】 artikel utama

톱기사(-記事) kisah di halaman muka (kepala); artikel utama(kepala) di surat kabar

톱뉴스 berita utama

톱니 gigi gergaji; mata gergaji ¶톱니모양의 bergergaji; bergerigi

톱니바퀴 roda gigi ¶톱니바퀴가【맞】물리다 cocok dengan; sesuai dengan; serasi dengan

톱밥 serbuk (tahi) gergaji

톱톱하다 【국물이】 kental

통[1] ①【바지의】 lébar; kaliber ¶소매통이 좁다 lengan baju ketat ②【사람의 도량】 kecakapan; kemampuan; karakter yang relatif 《berani》 ③【다리 · 허리 등의 둘레】 ¶그녀는 허리가 절구통이다 Pinggangnya seperti tong.

통[2] 【온통】 semua; sepenuhnya; 【전연】 sama sekali; sedikitpun. ¶통 모르겠다 tak tahu ujung pangkal (sama sekali)

통[3] 【배추 · 수박 등을 세는 단위】 buah 【부피 · 몸집】 bongkol ¶배추통이 크다 Kubis itu berbongkol besar.

통[4] 【'통에'의 형태로 쓰여】 akibat; konsekwénsi ¶떠드는 통에 정신을 차릴 수 없다 tak bisa menguasai diri di tengah kebisingan dan hiruk pikuk

통(通)[5] 【문서 등의 수】 salinan ¶서류 세 통 tiga salinan dokumen; tiga dokumén

통(桶)[6] ①【용기】 tong; tahang ¶통에 넣다 memasukkan dalam tong; mengepak dalam tong ②【분량을 세는 단위】 rol; gulung

통[7] 【동아리】 gerombolan penjahat ¶한 통이 되다 bersekongkol dengan; bekerja sama (bersekutu) dengan

통(統)[8] rukun warga (RW)

통(筒)[9] ①【판 · 파이프 등】 pipa; tabung ¶대통 pipa bambu

-통(通) 【정통한 사람】 ahli; pakar ¶법률통 ahli hukum/…통이다 ahli; berpengetahuan; tahu benar 《tentang; pada》; tahu dengan baik

통가죽 【가죽】 seluruh kulit binatang

통감(統監) ①【지휘 · 감독】 pengawasan ②【관직】 kerésidenan umum

통감하다(痛感-) menyadari sepenuhnya

통거리 keseluruhan ¶통거리로 bergumpalan; bertimbun-timbun; bertumpuk-tumpuk

통겨지다 ①【쑥 비어지다】 terbuka; jelas; terang ¶비밀이 통겨지다 rahasia terbuka ②【뜯어져 틀어지다】 terbuka; terlepas; terpisah

통견하다(洞見-) memahami; mengerti

통계(統計) statistik ¶통계의 statistis/통계가 보이는 바에 의하면 menurut statistik; angka-angka (statistik) menunjukkan bahwa… ⊙ 통계국(局) Biro Statistik. 통계도표 tabel (gambar) stastistik. 통계보고 laporan statistik. 통

계분석 analisis statistik (jamak; analisis). 통계자료 data statistik. 통계조사 risét (penelitian) statistik. 통계청 Badan Statistik Nasional. 통계표 tabél statistik. ⊙ 통계학 ilmu statistik. 통계학자 ahli statistik; statistikawan. 사망【출산】통계 statistik kematian【kelahiran】. 인구통계 sénsus; statistik penduduk

통고(通告) pemberitahuan; pengumuman; peringatan 통고하다 memberitahukan; mengumumkan; memberi peringatan ¶ 통고 없이 불참하다 tak hadir tanpa pemberitahuan ⊙ 통고서 pemberitahuan tertulis. 통고처분 hukuman peringatan

통곡하다(痛哭-) meratap

통과(通過) pelulusan; pelewatan 통과하다 lulus; léwat; meléwati ①【지나가다】 meléwati ②【시험 · 검사 등을】 lulus ③【안건 등이】 ¶통과시키다 meluluskan ⊙ 통과무역 perdagangan transit. 통과사증(査證) visa transit; visa singgah. 통과 세 iuran transit; béa transit (singgah)

통관(通關) izin pabéan; izin ((barang-barang)) melalui béa cukai 통관하다 lolos dari (meléwati) pabéan; meloloskan (meléwatkan); meléwati pabéan⊙ 통관사무소 kantor béa cukai. 통관세 ongkos izin (béa-cukai); biaya pabéan. 통관신고서 rekening masuk. 수입【수출】통관 필 bebas masuk【keluar】. 통관허가서 izin bébas ((barang))

통관절차(通關節次) prosedur pabéan; persyaratan pabéan (izin masuk béa cukai)

통권(通卷) nomor volume yang berurutan

통근(通勤) 통근하다 masuk kantor; masuk kerja ⊙ 통근수당 biaya transportasi. 통근시간 waktu masuk kantor. 통근열차 keréta api pulang pergi. 통근정기 승차권 tikét pulang pergi; karcis pulang pergi

통금(通禁)【야간의】 jam malam ⇒ 통행금지(通行禁止) ¶통금을 실시하다 mengadakan (memerintahkan) jam malam ⊙ 통금사이렌 siréne jam malam. 통금시간 waktu jam malam. 통금위반 pelanggaran jam malam: 통금위반자 pelanggar jam malam. 통금해제 penghapusan (pencabutan) jam malam

통김치 acar(asinan) yang dibuat dari kol yang utuh

통나무 log; batang kayu ⊙ 통나무 집 rumah kayu

통념(通念) idé (gagasan; pendapat) umum; idé yang diterima secara umum ⊙ 사회통념 idé yang diterima secara umum; gagasan sosial yang umum; gagasan masyarakat

통달하다(通達-) tahu dengan baik (secara mendalam); berpengetahuan luar; sangat kenal; berpengetahuan baik; mahir

통닭 ayam utuh;【통닭구이】 ayam panggang

통독하다(通讀-) membaca dari awal sampai akhir; membaca seluruh ((buku)); membaca ((buku)) dari sampul ke sampul; membaca secara seksama

통람(通覽) pandangan (survei) umum 통람하다 mengamati; memandang sekilas; mengamati secara umum

통렬(痛烈) 통렬하다 keras; tajam ¶통렬히 dengan keras; dengan tajam/통렬히 비판하다 mengkritik secara keras (secara tajam; secara pedas)

통례(通例) prakték umum; biasa; kebiasaan ¶통례로 sebagai suatu pelaksanaan umum; secara umum; secara adat; biasanya

통로(通路) ①【길】 terusan; gang; lorong ¶ 통로 측의 좌석 tempat duduk di gang ②【수단】 saluran ⊙ 비밀통로 jalan rahasia; jalan bawah tanah.

통론(通論) garis besar; pendahuluan; pengantar ⊙ 문학통론 pengantar kesusasteraan

통마늘 bawang putih utuh

통메(우)다(通-) ①【테를 낌】 mengikat ((sebuah tong)) dengan simpai-simpai; memasang simpai pada tong

통문(通文) édaran ¶통문을 돌리다 mengirim (mengédarkan; mengamanatkan) sebuah édaran (surat); mengédarkan

통보(通報) laporan; pemberitahuan; pengumuman 통보하다 melapor; memberitahukan; mengumumkan ⊙ 통보기관

agen intelijen: 기상통보 berita cuaca; ramalan cuaca

통보리 biji-bijian gerst yang belum dipecah

통부하다(通訃-) mengumumkan (memberitahukan) kematian

통분하다(通分-)【수학】 menyederhanakan pecahan

통사정(通事情) ①【사정을 알아줌】 통사정하다 memiliki pemahaman yang simpatik; memiliki hati yang mengerti ②【사정함】 통사정하다 memohon yang sangat; mengeluh; mengeluhkan; menceritakan; mengatakan apa yang dipikirkan

통산(通算) keseluruhan; semuanya; jumlah total 통산하다 menjumlahkan; mentotalkan ¶통산하여 dalam jumlah keseluruhan

통상(通常)【부사적】 biasa; umum; reguler; sehari-hari ⊙ 통상복(服) pakaian sehari-hari; pakaian bisnis. 통상우편 pos biasa

통상(通商) perdagangan; perniagaan; jual beli 통상하다 berdagang (dengan) ⊙ 통상관계 hubungan dagang. 통상사절단 misi(délegasi) dagang. 통상촉진 promosi transaksi perdagangan

통상조약(通商條約) persetujuan perdagangan; perjanjian komersial

통설(通說) pendapat umum; pandangan yang lazim

통성명하다(通姓名-) saling memperkenalkan diri

통속【단체】 komplotan rahasia;【협잡꾼의】 umpan; pemikat; perangkap ¶한 통속이 되다 berkomplot (bersekongkol) bersama ((untuk menipu seseorang))/그들은 한 통속이다 Mereka bekerja sama secara rahasia. *atau* Mereka berkomplot satu sama lainnya.

통속(通俗) ①【풍속】 adat-istiadat yang umum (yang lazim) ②【일】 ketenaran; kepopuléran ¶통속적(의) populér; terkenal baik; bersifat populér; terkenal baik; bersifat biasa; umum ⊙ 통속 문학 sastra populér(ringan; hiburan). 통속소설 roman picisan. 통속어 bahasa populér; bahasa yang sudah lazim; bahasa percakapan. 통속음악 musik populér. 통속 체 gaya bahasa percakapan (yang sudah lazim)

통속화(通俗化) popularisasi 통속화하다 mempopulérkan; membuat tenar (terkenal)

통솔(統率) 통솔하다 memerintahkan; menguasai; memiliki; memberi hak ¶…의 통솔 하에 있다 di bawah perintah (kepemimpinan) dari ⊙ 통솔권 hak kepemimpinan. 통솔력 pimpinan. 통솔자 pemimpin; tokoh

통수(統帥) komando tertinggi pimpinan ⊙ 통수권(權) hak istiméwa dari komando tertinggi. 통수 부 komando tertinggi

통신(通信) ①【우편 · 전화 등의) komunikasi; koréspondénsi; surat-menyurat;【정보】 keterangan; penerangan; informasi 통신하다 mengadakan surat-menyurat ②【신문 · 방송 등의】 berita; kabar, warta ¶AFP통신에 의하면 menurut berita dari AFP ⊙ 통신강의【교육】 kuliah【pendidikan】 koréspondénsi. 통신기관 sarana (media) komunikasi. 통신기술 téknologi komunikasi. 통신대 korps penghubung. 통신대학 perguruan tinggi yang memberi pelajaran melalui siaran ⇒ 방송 통신 대학. 통신두절(방해) gangguan hubungan (komunikasi). 통신병【兵】 pemberi isyarat; pembawa berita. 통신망 jaringan komunikasi. 통신사 kantor berita. 통신시설 fasilitas (sistém; aturan) komunikasi. 통신원(신문사 등의) wartawan; juru warta; reporter; juralis. 통신위성 satelit komunikasi. 통신회사 perusahaan télékomunikasi

통신강좌(通信講座) pengajaran (memberi pelajaran) léwat (dengan) siaran ¶통신강좌를 하다 memberi pelajaran léwat siaran

통신교육(通信教育) pendidikkan koréspondénsi; pendidikan melalui surat-menyurat; pendidikan secara tertulis ¶통신교육을 하다 mengajari melalui surat-menyurat

통신원(通信員) 【신문사 등의】 wartawan; penulis berita:【회사의 통신계원】 petugas koreéspondensi ¶본사(本社) 뉴욕통

신원 wartawan (wartawati) kami yang ada di New York ⊙ 특파【종군】통신원 wartawan (wartawati) khusus【perang】

통신판매(通信販賣) pesanan melalui (dengan) pos ¶통신판매로 dengan (melalui) pesanan pos/통신판매를 하다 menjalankan usaha pesanan melalui pos ⊙ 통신판매회사【점】 perusahaan【toko】yang melayani pesanan melalui pos

통심정(通心情) pengertian (persetujuan) yang baik 통심정하다 membuka hati

통역(通譯)【일】terjemahan; interprétasi; tafsiran;【사람】penterjemah; juru bahasa 통역하다 menterjemahkan ⊙ 통역관 penterjemah resmi. 동시통역 penterjemahan serentak

통용(通用) pemakaian yang lazim; perédaran; penggunaan yang bersifat umum (yang lazim) 통용하다 mengédarkan;【표 등이】tersedia; didapatkan;【규칙 등이】tetap berlaku; dapat digunakan ⊙ 통용기간 masa (waktu) yang ditentukan; masa berlaku. 통용문(門) pintu masuk untuk khalayak ramai. 통용어 kata yang sedang berédar. 통용화폐 perédaran ((mata uang))

통운[1](通運)【운수】nasib baik; kemujuran 통운하다 beruntung; mujur ⊙ 대통운 keuntungan (kemujuran) yang baik sekali

통운[2](通運) transportasi; pengangkutan; pengiriman 통운하다 mengangkut ⊙ 통운회사 perusahaan pengangkutan (angkutan); perusahaan ékspedisi; agén transportasi; ageén pengiriman

통원하다(通院-) pergi ke rumah sakit secara teratur ⊙ 통원환자 ⇒ 외래 환자 pasién yang berobat jalan

통유(通有) sifat umum (lazim; biasa) 통유하다 lazim; biasa; umum ⊙ 통유성(性)【성격의】sifat yang umum (lazim);【물질의】sifat persoalan yang lazim (yang umum)

통으로 semua; segala; seluruh; sama sekali ¶통으로 삼키다 menelan bulat-bulat (seluruhnya)/통으로 팔다 menjual secara borongan

통음하다(痛飮-) minum (minuman keras) banyak

통인정(通人情) ⇒ 통사정(通事情)

통일(統一) ①【국가 · 조직 등의】unifikasi; persatuan; kesatuan; penyatuan; penggabungan;【집중】pemusatan; konséntrasi 통일하다 mempersatukan; menyatukan;【표준화하다】mmbakukan; menstandardisasi ¶재(再) 통일하다 menyatukan kembali((Korea)) ②【사상 · 체계 등의】persatuan;【표준화】pembakuan; standardisasi ¶통일된 yang dipersatukan ⊙ 통일견해 (의견) pendapat yang bersatu. 통일방식 formula (rumus) penggabungan. 통일성 persatuan; kesatuan. 통일천하 penyatuan seluruh dunia. 통일행동 tindakan bersama. 남북통일 penyatuan antara Korea Utara dan Selatan. 승공통일 penyatuan melalui kemenangan atas Komunisme. 정신통일 pemusatan méntal. 평화통일 penyatuan yang damai

통일교(統一敎) *Tongilgyo*: Geréja Kesatuan

통장(通帳)【은행의】buku simpanan; déposito ⊙ 수기(手記) 통장 buku simpanan yang ditulis tangan. 예금통장 déposito; buku simpanan; buku tabungan. 저금통장 buku tabungan

통장수(桶-) ①【통 파는】penjual (pedagang) bak mandi (émbér besar) ②【젓갈 파는】penjaja (penjual keliling) ikan laut asin yang dibawa dalam émbér besar

통장작 kayu bakar dari balok kayu; kayu bakar dari batang kayu yang tidak dibelah

통절하다(痛切-) mendesak; genting; keras; heébat; gawat; pedih; perih ¶통절히 dengan teliti; dengan perih (pedih)

통점(痛點)【생리】tempat yang sakit

통정(通情) ①【통사정】통정하다 meminta pengertian yang simpatik ⇒ 통사정하다, 통심정하다 ②【간통】perzinahan 통정하다 mengadakan hubungan gelap dengan ((seorang wanita; seorang pria))

통제(統制) pengawasan; pengaturan; pengendalian; pengontrolan 통제하다 menguasai; mengatur; mengendalikan;

mengadakan (melakukan) pengawasan ¶통제가 없는 tidak terkendalikan/통제를 강화하다 memperketat (memperkuat) pengawasan (pengendalian) ((atas)) ⊙ 통제 가격 harga yang dikontrol (diatur; dikendali). 통제구역 daérah yang terbatas (yang terlarang). 통제기관 alat pengawasan (pengendalian). 물가통제 pengontrolan (pengendalian) harga

통조림(桶-) pengepakan; bungkusan; pengaléngan; 【식품】 makanan kaléng; yang dikaléngkan; ((barang)) perbekalan ¶통조림의 yang dikaléngkan; yang ditempatkan di kaléng/통조림을 따다 membuka kaléng/통조림으로 하다 mengawétkan di dalam kaléng; mengaléngkan; menempatkan di kaléng ⊙통조림공장 pabrik pengaléngan. 통조림식품 persediaan kaléngan; makanan kaléngan. 통조림업자 pengusaha pengepakan. 고기통조림 daging kaléngan: 쇠고기통조림 daging sapi yang diawétkan dalam kaléng

통증(痛症) rasa sakit; kesakitan ¶따끔따끔 쑤시는 통증 rasa sakit yang menyengat (yang menusuk)

통지(通知) 【통고】 pemberitahuan; pengumuman; peringatan; 【알림】 keterangan; penerangan; 【통신】 pengumuman; komunikasi; 【상업상의】 berita; nasehat. 통지하다 memberitahukan; 【해약 · 해고 등의 예고】 memberitahu; memperingatkan ¶통지를 받다 diberitahukan ((tentang bahwa))/…을 통지해 드리는 바입니다 Saya ingin memberitahukan kepada Anda bahwa… ⊙ 통지서 pemberitahuan; pengumuman; peringatan. 계약만기통지 peringatan tentang waktu berakhirnya perjanjian (kontrak). 착하(着荷) 【이전, 해약】 통지 pemberitahuan tentang kedatangan 【pemindahan, pembatalan】

통짜다[1] 【한 동아리 로서】 membentuk kelompok; berjanji (bersumpah) untuk menjadi anggota gang (komplotan rahasia) ¶통짜고 음모하다 membentuk gerombolan untuk bersekongkol/서로 통짜다 mengadakan perjanjian rahasia

통짜다[2] 【하나로】 memasang; mengumpulkan; menyusun; merakit

통째(로) semua; segala; seluruh; sepenuhnya ¶통째 먹다 memakan secara utuh (keseluruhan); (재물 · 이익 등을) mengambil semua untuk dirinya sendiri

통찰(洞察) ketajaman; penembusan; perembesan 통찰하다 berwawasan; melihat; mengerti; menembus (merembes) ke dalam

통찰력(洞察力) daya pemahaman (pengertian); wawasan; pengetahuan yang dalam; ketajaman; kecerdasan ¶통찰력이 있는 tajam; cerdas / 통찰력이 있다 mempunyai daya pengertian; berwawasan

통첩(通牒) peringatan; instruksi; pemberi tahuan; pengumuman 통첩하다 menginstruksikan; memberitahukan; memperingatkan ¶통첩을 발하다 memberikan (menyampaikan) pengumuman ⊙ 외교통첩 surat diplomatik. 최후통첩 ultimatum; peringatan terakhir

통촉(通燭) pengertian; pertimbangan; keputusan 통촉하다 berkenan untuk mengerti (melihat); menyadari; mengetahui; mempertimbangkan; memahami

통치하다(通治-) menyem-buhkan segala macam penyakit ⊙ 만병통치약 obat manjur untuk segala penyakit; obat mujarab

통치(統治) pemerintahan; penguasaan; pengendalian ¶통치하다 memerintah (mengusai) ((negeri; rakyat)); memimpin; menjajah ¶한 나라를 통치하다 memerintah (menguasai) sebuah negeri/…의 통치하에 있다 berada di bawah kekuasaan (pemerintahan) ⊙ 통치권 kekuasaan yang tertinggi; kedaulatan. 통치기관 badan pemerintahan. 통치자 penguasa; raja. 통치제도 sistém pemerintahan. 신탁통치 perwalian

통치마 rok tanpa lipatan

통칭(通稱-) sebutan umum; nama lazim 통칭하다 disebut secara umum

통쾌(通快) kesenangan yang luar biasa 통쾌하다 sangat menyenangkan; (통렬한)

hati yang kuat (yang sangat); (호되다) tak kenal ampun; tanpa kasihan ¶통쾌하게 (실컷) untuk kepuasan hati; (호되게) tanpa kenal ampun; dengan tajam

통탄(痛打) pukulan yang menghancurkan

통탄하다 menyesali (meratapi) sekali ¶통탄할 tercela; menyedihkan; disesalkan/아주 통탄스러운 일 hal yang sangat disesalkan/ …은 통탄할 일이다 sangat menyedihkan (sangat disesalkan) bahwa…

통탕 ⇒ 퉁탕

통통[1] 【모양】 통통하다 gemuk; padat; montok ¶통통하게 살찐 여자 wanita yang montok/울어서 눈이 통통 붓다 matanya bengkat karena menangis

통통[2] 【 내는 소리】 pukulan; ketokan 통통거리다 memukulkan; memukul-mukul; mengetok; bergema; menggema; menggaung ¶통통배 perahu bermotor ⊙ 통통걸음 yang berjalan dengan langkah yang menghentak (yang cepat)

통틀어 semuanya; keseluruhannya

통팥 buncis mérah ⟪yang tidak dibelah⟫

통폐(通弊) kejahatan (penyalah-gunaan; kelemahan) umum (biasa)

통폐합(統廢合) penggabungan dan penghapusan

통풍(通風) ⇒ 환풍 peredaan hawa; véntilasi ⊙ 통풍 갱【광산의】 lubang udara; lubang angin. 통풍관 pipa udara. 통풍구 lubang udara; lubang angin. 통풍장치 peralatan (alat) untuk mengatur peredaran udara. 통풍창 jendéla yang ada véntilasi (lubang angin). 자연【인공】 통풍 aliran udara alam 【buatan】

통풍(通風) 【의학】 semacam penyakit rheumatik (éncok) ¶통풍에 걸리다 menderita sakit rheumatik

통하다(通-) ①【교통 · 차편의】 meléwati; melalui; (개통하다) dibuka untuk lalulintas; (길 등이 …로) menuju; membawa ⟪ke⟫ ¶해안으로 통하는 길 jalan yang menuju ke pantai ②【유통 · 소통하다】 (a) (전기 등이) berédar; meléwati; melampaui (b) (물 · 연기 등이 빠지다) mengalir; melintasi (c) (전화가) menghubungi; mendapat sambungan (d) (대소변이) ¶대변 【소변】이 통하다 buang air besar 【buang air kecil】 secara teratur ③【뜻 · 의사가】 (를) dimengerti; (알리다) memberitahukan; (서로 마음이) ⟪saling⟫ mengerti ④【글의 뜻이】 masuk akal; dapat dimengerti ⑤【용납되다】 diterima; disahkan; boléh masuk ⑥【알려지다】 (a) (일반에게 …로) dikenal (dipandang) sebagai (b) (얼굴이) ¶얼굴이 통하다 terkenal; mempunyai pengaruh ⑦【훤히 알다】 mengetahui (mengenal) dengan baik; benar-benar mengetahui ⑧【은밀히】 (a) (남녀가) menjadi akrab (karib; intim); mempunyai hubungan ⟪dengan⟫ (b) (내통하다) berhubungan secara rahasia ⟪dengan musuh⟫ ⑨【친히 사귀다】 bersama dengan ⑩【이름을】 memperkenalkan diri ⑪【투과하다】 menembus; merembes ⑫【유효하다】 berlaku; dapat dipergunakan; diterima; beredar; tersebar ⑬【경유 · 경과 · 부탁】 melalui; meléwati; menempuh; menyusup ke dalam

통학(通學) 통학하다 pergi ke sekolah ⊙ 통학구역 wilayah sekolah. 통학복 seragam sekolah. 통학차 bus (mobil; keréta) untuk anak sekolah; bus sekolah

통한(痛恨) penyesalan yang dalam 통한하다 berduka cita (bersedih hati) sekali

통할(統轄) pengawasan; penguasaan; pengaturan; pengendalian; supervisi 통할하다 menguasai; mengatur; mengendalikan; mengawasi ⊙ 통할구역 daérah di bawah pengawasan yang langsung

통합(統合) penggabungan; kesatuan; penyatuan; integrasi 통합하다 menggabungkan; mempersatukan; menyatukan

통행(通行) 【다님】 berlalu; jalan lintasan; 【유통】 perédaran; sirkulasi 통행하다 meléwati; melalui; melintasi ¶통행할 수 있는 dapat dilalui; dapat diseberangi/통행이 금지된 tidak dapat dilalui ⊙ 통행권(卷)【증】 paspor; 【적국 · 피 점령지의】 surat pas jalan. 통행권(權) hak melintasi (léwat). 통행금지 pelarangan lalu lintas. 일방통행 jalan satu arah (jurusan)

통행금지(通行禁止) ①【야간 외출 금지】 jam

malam ②【장소통행 금지】 pelarangan lalu lintas; 【게시】 jalan yang tertutup ⊙ 통행금지시간 waktu jam malam. 통행금지지역【구역】 daérah yang tidak bisa dilalui

통혼하다(通婚-) melamar; meminang

통화(通貨) 【경제】 mata uang; uang lancar ⊙ 통화개혁 perbaikan monetér. 통화관리 pengaturan (pengelolaan) pengédaran mata uang. 통화시장(市長) pasaran mata uang. 통화안정 stabilisasi (pemantapan) mata uang. 통화위조 pemalsuan mata uang. 통화유출【유입】 pengeluaran 【pemasukan】 mata uang. 통화유통 perédaran (sirkulasi) mata uang. 통화정책 kebijaksanaan monetér. 통화제도 sistém monetér. 통화증발 perédaran mata uang yang meningkat. 통화통제 pengawasan (pengendalian) terhadap mata uang. 통화팽창 inflasi mata uang

통화(通話) panggilan (pesan) melalui télépon; pembicaraan télépon 통화하다 berbicara melalui télépon ¶통화중이다 sedang berbicara melalui télépon; 【전화가】 télépon sedang dipakai; salurannya sedang sibuk; sedang bicara ⊙ 통화 구(口) corang ⦅télépon⦆. 통화도수(度數) ⇒ 통화 회수. 통화량 lalu lintas télépon. 통화료(料) biaya untuk panggilan télépon. 시외 통화료(料) biaya untuk panggilan télépon jarak jauh

통화회수(通貨回數) jumlah panggilan télépon

통회(痛悔) 【가톨릭】 kesedihan (perasaan dosa) yang mendalam 통회하다 merasa sedih dan berdosa

퇴각(退却) ①【후퇴】 mundurnya; tanda mundur 퇴각하다 mundur ②【거절】 penolakan 퇴각하다 menolak ⊙ 퇴각군 tentara yang mundur. 퇴각로(路) rute pemunduran. 퇴각명령 perintah (isyarat) untuk mundur. 퇴각선(線) garis mundurnya; garis tanda mundur. 총퇴각: 총퇴각하다 mundur sepenuhnya; mundur secara umum

퇴거(退去) pengosongan; pemindahan; pemberangkatan; penarikan; pengungsian besar-besaran ⦅dari sebuah negeri⦆ 퇴거하다 memindahkan; mengosongkan; meninggalkan; menarik diri (pergi) ⦅dari suatu tempat⦆ ¶퇴거를 명하다 menyuruh pindah; menyuruh keluar dari; memerintahkan meninggalkan suatu tempat ⊙ 퇴거명령: 퇴거명령을 받다 diperintahkan untuk meninggalkan tempat. 퇴거보상금 ganti rugi untuk pemindahan. 퇴거신고 laporan pemindahan

퇴고(推敲) perbaikan karangan 퇴고하다 memperbaiki karangan

퇴골(腿骨) tulang kaki (paha)

퇴교(退校) ①【퇴학】 pemecatan (pengusiran) dari sekolah 퇴교하다 meninggalkan sekolah ¶퇴교처분을 받다 dipecat (dikeluarkan) dari sekolah ②【하교】 penutupan sekolah 퇴교하다 pergi dari (meninggalkan) sekolah ¶퇴교후에 stelah jam sekolah

퇴근하다(退勤-) meninggalkan kantor; pulang dari pekerjaan; pulang kerja ¶다섯시 퇴근이다 Kantor itu tutup pada jam lima. ⊙ 퇴근시간 jam pulang kantor (kerja)

퇴기(退妓) mantan *kisaeng*

퇴기다 ⇒ 튀기다

퇴락(頹落) pengrusak 퇴락하다 merusak; ambruk; roboh; rusak sama sekali; menjadi ambruk; bobrok

퇴로(退路) jalur mundur; jalan kecil untuk mundur ¶퇴로를 끊다, 퇴로를 차단하다 mencegat (memotong; memutus) jalur mundur

퇴맞다 ⇒ 퇴박맞다 ditolak; diapkir

퇴물(退物) ①【물려받은 것】 barang bekas; barang yang telah diwariskan (dilungsurkan)⦅dari kakak⦆ ②【퇴박맞은 것】 barang yang diapkir (ditolak); barang apkiran ③orang pensiunan; mantan ¶기생퇴물 mantan kisaéng

퇴 물림(退-) ①【큰상 물림】 méja resépsi setelah itu dipindahkan ⦅dikirimkan⦆ ke rumah pengantin wanita atau pengantin pria ②【물려받은】 barang bekas dipakai ③【거절된】 apkiran; barang apkiran

퇴박맞다(退-) ⇒ 퇴 맞다
퇴박하다(退-) menolak; mengapkir
퇴보(退步) kemunduran; langkah ke belakang; 【퇴화】 kemorosotan; prosés kemunduran 퇴보하다 bergerak ke belakang ¶퇴보적인 mundur; merosot
퇴비(退肥) kompos; pupuk kandang
퇴사(退社)【퇴직】 pengunduran diri (penarikan diri) dari perusahaan 퇴사하다 mengundurkan diri (menarik diri) dari perusahaan; meninggalan (pulang dari) kantor; pensiun dari perusahaan
퇴색(退色) perubahan warna; perusakan warna; pengotoran 퇴색하다 ①【색이 바래다】 menjadi pudar; luntur, menghilang warna ¶퇴색한 kotor; berubah warna; pudar/ 퇴색하지 않는 빛깔 warna tidak luntur ②【의미 · 가치 등이 줄어들다】 tidak berarti
퇴석하다(退席-) meninggalkan kedudukan; 【퇴출하다】 mengundurkan diri; mundur; menyuruh meninggalkan kamar
퇴석(堆石) 【돌 더미】 setumpuk batu
퇴역(退役) pengunduran diri dari tugas 퇴역하다 mengundurkan diri (dari tugas); bébas tugas ¶퇴역시키다 menonaktifkan ⊙ 퇴역군인 mantan tentara; véteran; pénsiunan; bekas anggota Angkatan Bersenjata. 퇴역장교 perwira yang pénsiun; perwira purnawirawan
퇴원(退院) 퇴원하다 keluar dari (meninggalkan) rumah sakit ¶퇴원을 명하다 menyuruh ((pasién)) keluar dari rumah sakit ⊙ 퇴원환자 pasién yang meninggalkan rumah sakit
퇴위(退位) penurunan tahta 퇴위하다 turun tahta ¶퇴위시키다 menurunkan ((raja)) dari tahta
퇴일보하다(退一步-) mengambil langkah ke belakang (mundur); mundur
퇴임(退任) pengunduran diri 퇴임하다 mengundurkan diri (berhenti) dari jabatan; berhenti dari jabatan
퇴장(退場) ①【회의 · 식장 · 경기장 등에서】 퇴장하다 meninggalkan ((ruangan)); keluar dari ¶일동 퇴장할 때 까지 hingga (sampai) setiap orang pergi (keluar)/퇴장을 명하다 menyuruh keluar ②【무대에서】 퇴장하다 keluar; meninggalkan panggung (tempat) ③【의회 등에서】 퇴장하다 meninggalkan kamar (majelis, ruang) ¶퇴장을 명하다 menyuruh keluar dari kamar (ruangan) itu/퇴장당하다 disuruh keluar dari tempat (ruangan)
퇴적(堆積) penumpukan; pengumpulan; gundukan; longgokan; unggukan; penimbunan; timbunan 퇴적하다 mengumpulkan; menghimpun; menimbun; menumpuk; menonggok ⊙ 퇴적물 tumpukan
퇴정(退廷) 퇴정하다 ①【조정에서】 meninggalkan istana((raja)) ②【법정에서】 meninggalkan pengadilan (ruang pengadilan); keluar dari pengadilan
퇴조(退潮) air surut ⊙ 퇴조기(期) waktu air surut
퇴직(退職) peletakkan ((jabatan; kantor)) 퇴직하다 berhenti; meletakkan (mengundurkan) jabatan; mengundurkan diri (menarik diri) dari jabatan ¶퇴직을 명하다 memberhentikan/연금을 주어 퇴직시키다 meménsiunkan/그는 퇴직 권고를 받았다 Dia telah dipaksa pénsiun karena tidak cakap (tidak mampu). ⊙ 퇴직급여 충당금 dana (uang bantuan) untuk kepentingan pénsiun karyawan. 퇴직수당 tunjangan pénsiunan (pengundaran diri). 퇴직수당 적립금 cadangan dana pengunduran diri karyawan (dana pénsiun karyawan). 퇴직연금 pénsiun tahunan. 퇴직연령 usia pénsiun. 퇴직자 karyawan yang pénsiun
퇴직금(退職金) uang (tunjangan) pensiun; 【해고시의】 dana (uang bantuan) pemberhentian ⊙ 일시퇴직금 pembayaran uang pénsiun sekaligus
퇴진(退陣) 【비유적으로】 pengundubran diri 퇴진하다 mengundurkan diri ((dari jabatan)); mundur diri; keluar dari
퇴짜(退-) penolakan; pengapkiran 퇴짜 놓다 menolak; mengapkir ¶퇴짜 맞다 ditolak
퇴출하다(退出-) mengeluarkan; mengusir

퇴청하다(退廳-) pulang kantor ⊙ 퇴청시간 jam (waktu) tutup

퇴치(退治) ①【정복】 penaklukan; penundukan 퇴치하다 menaklukkan; menundukkan; mengatasi ②【없앰】 pembasmian; pemberantasan; pembersihan; penghapusan 퇴치하다 memusnahkan; membasmi; menyapu bersih; menghapuskan; memberantas ¶모기의 퇴치 pembasmian nyamuk ⊙ 문맹 퇴치 usaha pemberantasan buta huruf

퇴침(退枕) bantal kayu

퇴폐(頹廢) kemerosotan; prosés kemunduran; keadaan mundur; dékadénsi 퇴폐하다 menjadi busuk (runtuh); merosot; menjadi rusak ¶도의의 퇴폐 kemerosotan moral (akhlak)/ 퇴폐적 dékadénsi ⊙ 퇴폐기 masa kemerosotan (kemunduran). 퇴폐【유흥】업소 usaha【bisnis hiburan】yang merosot. 퇴폐풍조 kecendurungan yang merosot (dan memburuk): 퇴폐풍조 퇴치 운동 gerakan (kampanye) anti dékadénsi

퇴하다(退-) 【물리치다】 menolak ¶뇌물을 퇴하다 menolak uang suap (uang sogok)

퇴학(退學) ①【스스로】 퇴학하다 meninggalkan (berhenti dari) sekolah ((sebelum tamat, sebelum lulus)) ②【학교가 벌로】 pengusiran dari sekolah; pengeluaran (pemecatan) dari sekolah ¶퇴학시키다 【학교가】 dikeluarkan (dipecat) dari sekolah ⊙ 퇴학생 orang yang gagal sekolahnya sebelum lulus. 퇴학신고 peringatan (pemberitahuan) untuk meninggalkan sekolah. 퇴학처분 pengusiran seorang pelajar dari sekolah

퇴행(退行) kemunduran; régrési 퇴행하다 mundur; surut; degénérasi

퇴화(退化) kemunduran; 【기관 등의】 terhentinya pertumbuhan (atrophia); degénérasi 퇴화하다 mendegénérasi; memburuk; mengalami atrophia; mengalami terhentinya pertumbuhan ¶퇴화된 mundur; memburuk/ 퇴화시키다 menurunkan; merendahkan ⊙ 퇴화기관 organ yang diréduksi. 퇴화작용 prosés kemunduran (kemerosotan)

툇마루(退-) lantai serambi rumah Korea

툇보 balok yang melintang lantai serambi (beranda)

투(套) ①【버릇】 cara yang dilakukan; kebiasaan ¶상투(常套)cara yang klise; kata-kata hampa; basa-basi/말투 cara berbicara ②【법식】 bentuk; formulir; gaya ¶편지투 bentuk tulisan surat/옛 투 gaya lama

투견(鬪犬) ①【싸움】 perkelahian sengit ②【개】 anjing aduan; adu anjing

투계(鬪鷄) 【쌈닭】 ayam sabungan (aduan); 【닭쌈】 sabungan ayam 투계하다 mengadakan sabungan ayam ⊙ 투계장 gelanggang sabungan ayam

투고(投稿) sumbangan artikel; kontribusi 투고하다 menyumbang ((karangan pada sebuah majalah)); menulis (mengarang) ((untuk majalah)) ⊙ 투고규정 peraturan sumbangan. 투고 난(欄) kolom untuk para pembaca; kontributor

투과(透過) pengiriman; penyebaran; penularan 투과하다 meneruskan; mengirimkan; menyerap; meresap; merembes; menembus ⊙ 투과광(光) sinar (cahaya) yang diteruskan (dikirim). 투과성 keadaan dapat ditembus. 투과율【물리학】((faktor)) penyebaran (pengiriman)

투광기(投光器) proyéktor cahaya; lampu penyorot

투구 hélm; topi baja ¶투구를 쓰다 mengenakan topi baja

투구(投球) 【야구】 pelemparan 투구하다 melemparkan

투기하다(投棄-) 【버리다】 meninggalkan; melepaskan; menyerahkan

투기(投機) spékulasi 투기하다 mengadu untung; berspékulasi ¶투기적(인) bersifat untung-untungan (spékulatif) ⊙ 투기꾼【업자】spekulator; tukang catut. 투기매입 pembelian yang bersifat spékulatif. 투기사업 perusahaan (usaha) yang bersifat spékulatif. 투기심 semangat yang bersifat untung-untungan. 투기열 kegemaran (keranjingan) untuk spékulasi. 투기주(株) saham (séro) yang spékulatif

투기(妬忌) kecemburuan; kejelusan; perasaan iri hati 투기하다 merasa cem-

buru; merasa iri hati; jelus
투기(鬪技) 【맞붙어 싸우는 경기】 pertandingan; kontés ⊙ 투기장 gelanggang (tempat) pertandingan
투기적(投機的) yang bersifat spékulatif; yang mengandung risiko
투깔스럽다 kasar; buruk; mentah
투덕 ⇒ 토닥-
투덕거리다 menepuk-nepuk
투덕투덕하다 montok: gemuk padat; berpipi gemuk
투덜거리다 menggerutu; mengeluh; bersungut-sungut; mengomél; memberengut
투망(投網) jala lempar
투매(投賣) dumping ((perdagangan; perniagaan)); 【재고 정리】 penjualan obral 투매하다 mengeluarkan ((membanjiri; melimpahkan)) ⊙ 투매가격 harga yang murah sekali (yang merugi)
투명(透明) sifat tembus 투명하다 nyata; terang; jernih ((seperti kristal)); bening; tembus pandang ①【속이 비치도록】 ¶투명해지다 menjadi jernih; menjadi tembus cahaya; menjadi nyata ②【절차 · 상황 등이】 nyata; jelas ⊙ 투명도 sifat tembus; daya tembus cahaya. 투명유리 kaca tebal yang bening. 투명전구 bola lampu (lampu pijar) yang terang. 투명지(紙) kertas minyak untuk menjiplak. 투명체 benda yang nyata; benda yang tembus pandang (cahaya)
투박스럽다, 투박하다 ①【사람이】 janggal; canggung; kaku; kasar ②【물건이】 kasar; kesat ¶투박한 손 tangan kasar
투베르쿨린【의학】 tuberkulin ¶투베르쿨린검사 percobaan zat vaksin TBC/ 투베르쿨린검사를 받다 dicoba dengan zat vaksin TBC ⊙ 투베르쿨린반응 réaksi zat vaksin TBC. 음성【양성】투베르쿨린반응 réaksi negatif 【positif】 dari percobaan zat vaksin TBC. 투베르쿨린요법 pengobatan dengan zat vaksin TBC
투병(鬪病) perjuangan melawan penyakit ¶그는 투병생활 10년이 된다 Dia telah hidup selama sepuluh tahun di bawah perawatan dokter.
투사(投射) 【빛을 비추다】【수학 · 심리】 proyéksi; 【전기】 proyéksi; penyorotan; 【물리】 timbulnya; luasnya kejadian atau pengaruh 투사하다 memproyéksikan; menyorotkan ¶…에 광선을 투사하다 memproyéksikan sorotan cahaya ⊙ 투사각 sudut proyéksi. 투사광 sinar yang diteruskan (dipancarkan). 투사영(影) proyéksi (penyorotan) film (gambar)
투사(透寫) jiplakan; gambar tiruan di atas kertas tipis 투사하다 meniru (menjiplak) ⊙ 투사지(紙) kertas jiplak
투사(鬪士) pejuang ¶독립의 투사 pejuang kemerdékaan/진리의 투사 pejuang kebenaran ⊙ 혁명투사 pejuang révolusi
투서(投書) ①【익명의】 surat tanpa nama ②【투고】 sumbangan; kontribusi ⊙ 투서함 kotak saran; kotak untuk pengaduan (keluhan)
투석(投石) pelemparan batu 투석하다 melemparkan batu ⊙ 투석기 katapél; jeprétan. 투석전 perkelahian menggunakan peluru batu
-투성이 【온통…로 덮임】 tertutup (berlumuran) seluruhnya dengan; 【온통…이 많음】 penuh dengan
투수(投手) 【야구】 pelémpar bola ⊙ 투수력 kekuatan pelémparan. 투수전 perjuangan para pelémpar bola; duel pelémpar. 선발투수 pelempar bola yang memulai. 우완투수 pelémpar bola yang memakai tangan tanan. 좌완투수 pelempar bola yang kidal. 주전(主戰)투수 pelémpar bola yang ahli (jempolan); pelémpar utama
투숙(投宿) 투숙하다 menginap ⊙ 투숙객 tamu. 장기호텔투숙객 tamu yang menginap di hotel dalam jangka panjang
투시(透視) ①【비추어 봄】 terus (tembus) pandang 투시하다 menerus pandang ②【X선의】 fluoroskopi; pemeriksaan dengan fluoroskopi 투시하다 memeriksa dengan fluoroskopi; melihat melalui fluoroskopi ③【천리안】 terus mata; kewaskitaan ⊙ 투시경(鏡) cermin perspektif. 투시도 gambar tembus pandang. 투시력 daya perembesan (penembusan)
투신하다(投身-) ①【직업 · 분야 등에】 ikut

serta dalam; terlibat dalam ¶정계에 투신하다 memasuki dunia politik ②【몸을 던져 자살함】 menceburkan diri; menenggelamkan diri (tenggelam) ⟪dalam air⟫

투실투실 ⇒ 토실토실

투약(投藥) pengobatan 투약하다 menulis resép obat; memberikan obat-obatan ¶환자에게 투약하다 menulis resép obat untuk pasién ⊙ 투약 량 dosisi. 투약창구(窓口) lokét untuk mengambil obat di apoték

투어perjalanan ⊙투어 가이드 (사람) pengantar tamasya; pengantar keliling; (책) buku petunjuk pariwisata. 투어리즘 turisme; kepariwisataan

투어리스트 pariwisatawan; turis; orang pelancongan ⊙ 투어리스트 걸 pemandu pariwisata(wanita). 투어리스트 뷰로 kantor pariwisata

투여하다(投與-) 【약】 memberi⟪kan⟫ obat 【주사】 menginjéksi

투영(投影) bayangan; proyéksi 투영하다 ①【그림자의】 memproyéksikan; merefléksikan; memantulkan; mencerminkan; membayangkan; memberikan pemantulan cahaya (sinar) ②【수학 · 심리 · 미술 · 비유적】 proyéksi; penyorotan; pengerasan 투영하다 memproyéksi ⟪benda⟫ ⊙ 투영 기(機) proyéktor. 투영도법 【화법】 cara proyéksi; cara penyorotan. 투영 심(心) pusat proyéksi (penyorotan)

투옥(投獄) hukuman penjara; kurungan 투옥하다 memenjarakan; menjebloskan (melemparkan) ke dalam penjara ¶투옥되어 있다 dipenjarakan/투옥당하다 dimasukkan ke dalam penjara

투우(鬪牛) 【소】 sapi aduan; banténg aduan; 【싸움】 perkelahian manusia melawan banténg 투우하다 berkelahi dengan sapi (banténg) ⊙ 투우사 matador. 투우장 gelanggang adu banténg

투원반(投圓盤) 【스포츠】 lemparan cakram; pelempar cakram 투원반하다 melemparkan cakram ⊙ 투원반선수 atlit lempar cakram

투입(投入) ①【동전 등을】 투입하다 memasukkan (melemparkan) ke dalam ②【물자 · 자본 · 인원 등을】 mengerahkan; memakai; menyerahkan; 【화학】 memproyéksikan (menyorotkan) ¶대량투입 mengerahkan tenaga kerja secara besar-besaran ②【자금 등의】 penanaman modal (uang); invéstasi 투입하다 menanamkan modal ⊙ 투입량 tenaga yang dimasukkan

투자(投資) penanaman modal (uang); invéstasi 투자하다 menanamkan uang; menginvéstasikan uang ⊙ 투자액 jumlah (uang) yang diinvéstasikan (ditanamkan). 투자주식【증권, 채권】 saham 【jaminan; surat tanggungan】 untuk penanaman modal (invéstasi). 투자환경 iklim (suasana) penanaman modal. 개인투자 invéstasi perseorangan. 공공투자 invéstasi pemerintah. 민간투자 invéstasi swasta. 부동산투자 penanaman modal dalam barang tak bergerak. 설비투자 penanaman modal dalam pabrik (gedung-gedung) dan peralatan. 자본투자 penanaman modal. 주식투자 penanaman modal dalam saham. 해외투자 penanaman modal di negeri asing (di luar negeri). 국민 투자자금 dana Invéstasi nasional. 한국 투자개발 공사 Badan Hukum Perkembangan Invéstasi Korea

투잡 dwi pekerjaan

투쟁(鬪爭) perjuangan; pertarungan; perkelahian; pertempuran; perlawanan 투쟁하다 berjuang; memperjuangkan; berkelahi dengan; melawan; bertempur ⊙ 투쟁방침 politik perjuangan. 투쟁본부 markas besar para pemogok. 투쟁위원회 komite perjuangan. 계급【권력】 투쟁 pertikaian kelas 【kekuasaan】

투전(鬪錢) perjudian ⊙ 투전꾼 penjudi

투정 pengomélan; pengeluhan 투정하다 bersungut-sungut; meréngék-réngék; mengomél; mengeluh

투지(鬪志) semangat bertarung ¶투지만만하다 penuh semangat bertarung

투창(投槍) lémpar lembing ⊙ 투창선수 atlit lémpar lembing

투척하다(投擲-) melémpar; melontarkan; melantingkan; melembing ⊙ 투척경기 olah raga lempar

투철(透徹) 투철하다 jelas dan gamblang ¶ 투철한 사람 orang yang jelas dan gamblang/투철한 이론 téori yang jelas dan gamblang

투포환(投砲丸) lémpar peluru ⊙ 투포환선수 atlit lémpar peluru

투표(投票) suara; pemungutan suara; kartu pemilihan; votum 투표하다 memberi suara ⊙ 투표구 daérah pemungutan suara. 투표기 mesin pemungutan suara. 투표마감 penutupan pemberian suara (pemilihan). 투표소 tempat pemungutan suara. 투표수 jumlah suara. 투표(용)지 kertas surat pemilihan. 투표율 rasio kehadiran 《para pemberi suara》. 투표일 hari pemilihan. 투표자 pemilih; pemberi suara. 투표참관인 pengamat (peninjau) resmi tempat pemungutan suara. 투표함 kotak suara; tempat pemungutan suara. 기립투표 memberikan suara dengan berdiri. 기명투표 pemilihan terbuka (bebas). 단기【연기】투표 pemilihan dengan peserta tunggal 【banyak】. 대리투표 pemungutan suara secara berwakil. 부정투표 pemungutan suara yang tidak sah (tidak adil). 일반투표 pemungutan suara umum

투표권(投票權) hak memberikan suara ¶ 투표권을 행사하다 menggunakan kekuasaan pemungutan suara

투피스 setelan (pakaian) yang terdiri dari dua potong

투하(投下) 투하하다 menjatuhkan; 【자본을】 menanamkan modal; menginvéstasikan ⊙ 투하탄 bom yang dijatuhkan. 투하자본 modal yang ditanamkan

투하(投荷) pembuangan barang-barang ke luar di kapal 투하하다 membuang barang-barang ke luar dari kapal

투함하다(投函-) memasukkan《nya》 dalam sebuah kotak; memposkan 《surat》

투항(投降) penyerahan 투항하다 menyerah ⊙ 투항자 penyerah

투해머(投-) 【스포츠】 lemparan palu (martil) 투해머하다 melemparkan (menjatuhkan) palu ⊙ 투해머선수 pelempar palu

투혼(鬪魂) semangat bertarung

툭 ⇒ 톡 ①【튀어나온 모양】 menonjol; menjendol ②【소리】 suara tepukan ¶어깨를 툭 치다 menepuk bahu

툭박지다 kasar; kesat

툭탁 ⇒ 톡탁

툭닥거리다 saling memukul; beradu pukul

툭툭 ⇒ 톡톡

툭툭하다 ⇒ 톡톡하다

툭하면 tanpa alasan; selalu; setiap ada kesempatan

툰드라 padang di kutub; *tundra*

툴툴거리다 bersungut-sungut; mengomél; mengeluh (mengadu) dengan marah; menggerutu

퉁[1] 【놋쇠】 kuningan yang rendah mutu

퉁[2] 【소리】 besar dan nyaring ¶북을 퉁 울리다 memukul tambur

퉁겨지다 ①【꼭 짜여 있던 것이】 ambruk; 【뼈마디 등이】 dikeluarkan dari tulang sendi; dilepaskan; dicopot ②【일이】 disingkapkan; diungkapkan ¶비밀이 퉁겨지다 rahasia bocor (yang terungkap)

퉁기다 ①【버틴 것을】 melonggarkan ¶기둥받침을 퉁기다 memasang penopang tiang ②【현악기를】 memetik senar (tali) 《sebuah *kayagum*》 ¶기타 줄을 퉁기다 memetik gitar ③【기회를】 kehilangan; tidak dapat ¶기회를 퉁기다 kehilangan (melepaskan) kesempatan ④【뼈를】 mengeluarkan tulang sendi ¶뼈를 퉁기다 melepaskan tulang

퉁명스럽다 kaku; tumpul; kasar; berterusterang ¶퉁명스럽게 dengan kasar; blak-blakan

퉁바리 mangkuk nasi seorang wanita yang dibuat dari kuningan murah (mutu rendah) 퉁바리맞다 ditolak (ditampil) dengan kasar

퉁방울 ①【방울】 loncéng dari kuningan ②【눈】 mata yang menonjol; mata yang tersembul besar ⊙ 퉁방울이 orang bermata melotot

퉁 부처 patung Budha yang dibuat dari kuningan

퉁소 seruling bambu ¶퉁소를 불다 memainkan seruling bambu

퉁주발(-周鉢) mangkuk nasi dari kuningan yang bermutu rendah
퉁탕거리다 ①【구르는 소리】 terus-menerus memukul; memukul-mukul dengan keras ②【총소리】 terus-menerus meletus ¶총 소리가 퉁탕거리다 senapan meletus
퉁탕 ①【발소리】 suara injakan ②【총성】 letusan ¶퉁탕거리다 meletus terus-terusan
퉁퉁 ⇒ 통통 ①퉁퉁 붓다 membengkak ② 퉁퉁한 gemuk; montok
튜닝 penyetelan
튜브 pipa; pembuluh; (radio, tv) lampu; (치약) cepuk
퉤 ¶침을 퉤 받다 meludah
튀각 serpihan yang digoréng
튀기 【잡종 · 혼혈아】 darah campuran; hibrid; orang peranakan; orang berdarah campuran
튀기다[1] ①【손톱 · 손가락으로】 ¶손가락으로 튀기다 menjentikkan dengan jari/주판알을 튀기다 menggunakan sipoa (alat penghitung); (비유적) menanyakan kepentingan sendiri ②【물 등을】 bepercikan ((baju dengan lumpur, lumpur pada baju)) ③【놀라게 하다】 menghalau ④【달아나게 함】 menerbangkan
튀기다[2] 【기름에】 menggoréng
튀김 【음식】 makanan yang digoréng dalam minyak yang banyak
튀다 ①【탄력으로】 melenting; melambung; meloncat ¶(공이) 잘 튀다 meloncat dengan baik ②【터지는 힘으로】 menutup dengan bunyi keras; 【불똥 등이】 memercik; mencetuskan ③【침 · 물이】 menyembur; berhamburan; terpecik; diperciki; bepercikan; memercik; memercikkan ④【달아나다】 terbang; terbang menghilang; kabur ⑤【차림새 · 태도 등이】 menonjol
튀어나오다 ①【돌출하다】 memproyeksikan; menonjol; menonjol keluar; tersembul ②【밖으로】 pergi keluar; 【껑충】 meloncat; melompat ③【말 · 욕 · 질문 등이】 muncul; keluar
튀밥 jipang; *pup corn*
튜브 ①【치약 · 물감 등의】 cepuk ②【타이어의】 ban dalam
트기 ⇒ 튀기
트다[1] ①【싹이】 bertunas; tumbuh meninggi; berpucuk ②【피부가】 pecah; rekah ③【동이】 pecah; menyingsing
트다[2] ①【통하게 하다】 membongkar; membuka ②【거래를】 membuka (jual-beli); memulai; meresmikan ③【안면 · 친분 등을】 kenal dengan ④【말을】 ¶나이도 동갑인데 말을 트고 지내자 Mari kita bicara seperti teman (bicara secara informal) karena kita adalah usia yang sama.
트더지다 【옷 등이】 merobék; menyobék mengoyakkan; koyak; sobék
트라이앵글 【악기】 kerincing
트리코마, 트라 홈 【의학】 trakhom ¶트리코마에 걸린 menderita (terkena oleh) penyakit trakhom
트래버스 【등산】 garis melintang 트래버스하다 melintasi; meléwati
트래킹 pekerjaan mengikuti jalan
트랙 rél; jejak; jalan; trék ¶트랙과 필드 olah raga lari, lompat, lémpar dan sebagainya ⊙ 트랙경기 pertandingan olahraga; pertandingan trék atlétik
트랙터 traktor ¶경작용 트랙터 traktor untuk perkebunan (tanah pertanian)
트랜스(미션) 【도란스】 tadapter; transformator
트랜스젠더 【성전환자】 *transsexual*
트랜스 【전기】 alat merobah arus; transformer
트랜지스터 【물리】 transistor ¶휴대용 트랜지스터 satu sét transistor yang mudah dibawa ⊙ 트랜지스터라디오【텔레비전】 radio 【télévisi】 transistor
트랩 tangga belalai; tangga yang dapat digerakkan (dipindahkan); 【배의】 jalan sempit; tangga; jalan melandai untuk pesawat terbang ¶트랩을 오르다 【내리다】 naik 【turun】 tangga(jalan meladai)
트러블 pertengkaran; kesusahan; kesukaran; persoalan ¶트러블을 일으키다 bertengkar; berselisih menimbulkan kekacauan (kesulitan)
트러스 【건축】 tiang penopang ⊙ 트러스교(橋) jembatan yang memakai tiang penopang

트러스트 【경제】 perserikatan; perusahaan ¶트러스트를 만들다【조직하다】 mengatur 【mengadakan】 perserikatan ⊙ 트러스트금지법 undang-undang anti perserikatan. 트러스트발기인 penyelenggara (promotor) perserikatan. 트러스트조직 sistem perserikatan

트럭 mobil truk; oto gerobak ¶트럭으로 운반하다 membawa (memuat) dalam truk; mengangkut dengan truk (lori) ⊙ 트럭운송 pengangkutan truk. 군용트럭 mobil truk milik tentara. 소형트럭 gerobak (truk) pikap

트럼펫 【음악】 terompet; serunai; nafiri; sangkakala ⊙ 트럼펫주자(奏者) pemain (peniup) terompet

트럼프 kartu pemainan; kartu truf ¶트럼프로 점을 치다 meramalkan nasib dari kartu/트럼프를 치다 bermain (main) kartu

트렁크 ①【가방】 tempat barang di ((kapal)); kopor ¶트렁크를 가득 채운 옷 sekopor penuh pakaian ⊙ 【자동차 짐칸】 tempat barang di mobil (kompartemén) ¶트렁크 뚜껑 penutup kopor

트레이너 pelatih; penggembléng

트레이닝 latihan; pelatihan ¶트레이닝을 하고 있다 sedang dalam latihan ⊙ 트레이닝샤쓰 jakét untuk latihan. 트레이닝캠프 perkemahan tempat latihan. 트레이닝팬츠 celana panjang yang dipakai atlit dalam latihan. 하드트레이닝 latihan yang keras

트레이드 tukar menukar; bertukar; berdagang; 【야구】 pertukaran para pemain 트레이드하다 tukar-menukar ((pemain)) ⊙ 트레이드네임 nama dagang; mérék barang dagangan. 트레이드머니 uang yang dibayarkan dalam tukarmenukar pemain olah raga

트레이드마크 ①【상표】 cap (mérék) dagang ②【사람 · 사물 등의 특징】 ciri khas

트레이싱페이퍼 kertas minyak untuk menjiplak

트레일러 kereta gandéngan; rumah gandéngan ⊙ 트레일러버스 bus gandéngan. 트레일러하우스 kereta gandéngan yang berfungsi sebagai rumah tinggal

트렌드 kecenderungan; jalan; jurusan; arah gejala

트렌치코트 jas hujan

트로이 ¶트로이의 목마(木馬) kuda kayu Trojan

트로트 trot; *teuroteu*

트로피 piala; trofi ¶트로피를 타다 memenangkan piala

트롤 pukat; jaring ikan ¶트롤로 잡다 memukat; menjaring ⊙ 트롤망(網) jaring pukat. 트롤선(船) perahu pukat. 트롤어업 perikanan yang memakai pukat

트롤리 trém listrik

트롬본 【악기】 trombon ⊙ 트롬본주자(奏者) pemain trombon

트리오 trio; kelompok ketiga orang ⊙ 보컬트리오 trio penyanyi

트리플 lipat tiga ⊙ 트리플 크라운 tiga piala kejuaraan: 트리플크라운의 yang memperoléh 3 piala kejuaraan. 트리플플레이 permainan lipat tiga

트릭【속임수】 akal; muslihat; permainan; maksud ¶트릭에 걸리다 tertipu; ditipu; teperdaya ⊙ 트릭사진 gambar yang palsu (bikinan); 【사진술】 pemotrétan bikinan. 트릭플레이 permainan tipu muslihat

트릴 【음악】 bunyi getaran; goncangan ¶트릴로 노래하다 gemetar; menggetar

트림하다 bersendawa; mengeluarkan bunyi keras dari mulut ¶트림이 나(오)다 ⇒ 트림하다 ¶아기를 트림하게 하다 menepuk punggung bayi supaya besendawa

트릿하다 ①【속이】 berat; padat; merasa mangkal di perut; 【서술적】 tidak mudah dicernakan; tidak mudah diselami isi ②【사람이】 tumpul; menjemukan; tidak tajam; 【태도가】 bimbang; ragu-ragu; tidak pasti; tidak jelas

트위스트 putaran; gulungan; dansa *twist* ¶트위스트를 추다 berdansa *twist*

트이다 ①【막혔던 것이】 terang; cerah; jelas; bersih; terbuka; 【운이】 ada dalam kekuasaan ②【마음이】 bébas; tidak picik; liberal; murah hati; berhati terbuka; jujur ③【생각 등이】 ¶그는 탁 트인 성격의 소유자다 Dia adalah orang yang berpikiran terbuka.

트집 ①【까탈】 rintangan; halangan; sentakan; 【틈새】 retak; celah ¶트집(이)나다 menegangkan; mempertegang; menyiksa; menyesatkan; menjadi retak ②【탈】 menyalahkan; mencemarkan; menodai ¶트집을 잡다 membuat tuduhan palsu ⊙ 트집쟁이 orang yang réwél; orang yang selalu mencari-cari kesalahan

특가(特價) harga istiméwa; harga yang murah sekali ¶특가로 팔다 menjual dengan harga yang istiméwa (murah sekali) ⊙ 특가제공 penawaran istiméwa (khusus). 특가판매 menjual dengan harga yang istméwa (yang dikurangi; dipotong). 특가품 barang yang ditawarkan dengan harga istiméwa. 특가품 판매장 tempat penjualan barang dengan harga potongan

특공(特功) préstasi yang besar; jasa istiméwa ¶특공을 세우다 mencapai préstasi besar

특공대(特攻隊) satuan "serangan khusus"; satuan pasukan keamanan

특권(特權) hak istiméwa ⊙ 특권상실 kehilangan hak istiméwa. 특권의식 penghargaan terhadap hak istiméwa. 특권 침해 pelanggaran hak istiméwa

특권계급(特權階級) golongan tingkat atas

특근(特勤) tugas istiméwa (khusus) 특근하다 melakukan kerja tambahan; bekerja lembur ⊙ 특근수당 bayaran untuk kerja lembur

특급(特級)[1] mutu (kualitas) tinggi (istiméwa) ¶특급 대우를 받다 mendapatkan perlakuan khusus ⊙ 특급호텔 hotél bintang lima. 특급품 barang dari kualitas istiméwa (khusus)

특급(特急)[2] 【특급열차】 keréta api kilat (yang terbatas) ¶특급을 타다 naik keréta api kilat yang terbatas ⊙ 특급권 karcis keréta api kilat yang terbatas. 특급열차⇒ 특급

특기(特技) kemampuan (bakat; keahlian) yang istiméwa (khusus)

특기(特記) sebutan istiméwa (khusus) 특기하다 menyebutkan secara istiméwa (khusus); menulis dengan huruf besar ¶특기할 만한 luar biasa; hébat; baik sekali

특대(特大) ukuran yang paling besar ¶특대의 berukuran paling besar; istiméwa besarnya; besar sekali

특대(特待) perlakuan (kebaikan) khusus 특대하다 memberikan perlakuan khusus; memperlihatkan perlakuan (kebaikan) khusus ¶특대 받다 diperlakukan dengan hormat ⊙ 특대 권 karcis cuma-cuma. 특대생 mahasiswa (pelajar) yang menerima béasiswa

특등(特等) kelas khusus; kelas istiméwa ⊙ 특등석 tempat duduk khusus (istiméwa). 특등실 kamar yang istiméwa (khusus); 【배의】 kamar yang méwah (sangat bagus). 특등품 barang yang bermutu istiméwa; barang dari mutu istiméwa

특례(特例) kasus (contoh) istiméwa; 【예외】 pengecualian; kekecualian ¶특례로(서) sebagai pengecualian/특례에 따라서 sesuai dengan (menurut) pengecualian yang diberikan untuk/특례를 만들다【마련하다】 membuat pengecualian terhadap peraturan; 【선례를】 memberikan (membuat) teladan ⊙ 전시(戰時) 특례 pengecualian masa perang

특매(特賣) obral (penjualan) istiméwa 특매하다 menjual dengan harga istiméwa (khusus) ⊙ 특매기간 masa untuk obral istiméwa. 특매장 tempat penjualan barang dengan harga potongan. 특매품 barang yang dijual dengan harga istiméwa

특면(特冕) ⇒ 특사(特赦)

특명(特命) ①【특별명령】 perintah khusus; tugas; misi; utusan 특명하다 menyuruh (menunjuk) dengan khusus ¶특명의 luar biasa/특명을 띠고 dalam tugas (misi) khusus②【특지】 pertimbangan khusus. ⊙ 특명전권 대사 duta besar luar biasa dan berkuasa penuh

특목고(特目高) 【특수 목적고】 Sekolah Menengah Atas (didirikan) tujuan khusus

특무(特務) tugas khusus (istiméwa) ⊙ 특무기관 Badan Rahasia Angkatan

Bersenjata

특배(特配) penyaluran (distribusi) khusus; 【배당】 keuntungan saham istiméwa (khusus) 특배하다 membagikan dengan khusus

특별(特別) yang istiméwa (khusus) 특별하다 istiméwa; khusus; luar biasa ¶특별히 khususnya; secara khusus/특별한 것 hal yang istiméwa (khusus) ⊙ 특별공채【세, 전보, 지출, 가봉】 pinjaman【pajak, telegram, pengeluaran, gaji tambahan】 khusus. 특별국회 sidang Majelis luar biasa (istiméwa). 특별기 pesawat terbang khusus. 특별기획 proyék khusus. 특별배당 keuntungan saham tambahan. 특별상 hadiah istiméwa (khusus) ((untuk préstasi yang menonjol dalam)). 특별상여금 uang jasa istiméwa (khusus). 특별석 tempat duduk yang dipesan (yang khusus). 특별소비세(특소세) pajak konsumsi khusus.특별시 kota istiméwa. 특별예산 anggaran belanja yang luar biasa. 특별임무 tugas (misi) khusus. 특별입장권 karcis cuma-cuma. 특별조사 위원회【政】 panitia pilihan. 특별호【잡지 등의】 nomor istiméwa (ékstra). 특별회계 rékening khusus

특별배당(特別配當) keuntungan saham tambahan (istiméwa) 특별배당하다 membagi keuntungan saham tambahan

특별수당(特別手當) bonus; upah istiméwa (tambahan); tunjangan khusus

특별요금(特別料金) 【가외의】 biaya tambahan; 【할인의】 biaya (yang diturunkan secara) khusus ¶가외 특별요금을 물다 membayar ékstra (tambahan)

특별임용(特別任用) penunjukan (penetapan) khusus ¶특별 임용되다 diangkat (ditunjuk) secara khusus

특별취급(特別取扱) perlakuan yang istiméwa ¶특별취급하다 membédakan (mengecualikan) untuk kepentingan

특보(特報) laporan khusus (istiméwa) ¶특보하다 *memberikan* (menyiarkan) laporan khusus ⊙ 뉴스특보 berita singkat

특사(特使) utusan istméwa (khusus) ⊙ 대통령특사 utusan Présidén

특사(特赦) pengampunan; amnésti 특사하다 memberi pengampunan ¶특사로 출감하다 dibébaskan dari penjara dengan pengampunan ((khsusus) ⊙ 특사 권 hak istimewa untuk mengampuni. 특사 령 tindakan pengampunan

특사(特賜) dana bantuan khusus (istiméwa) ((dari raja)) 특사하다 memberikan sebagai dana bantuan khusus

특산물(特産物) hasil (produk) istiméwa (khusus); produk yang paling terkenal; hasil yang istiméwa (khusus; yang terkenal, yang asli) ⊙ 특산지 tempat pembuatan (produksi) khusus

특상(特上) yang paling baik; yang terpilih; yang paling berharga ⊙ 특상 품 barang mutu ékstra; barang pilihan

특상(特賞) hadiah istiméwa

특색(特色) watak (sifat) yang khusus (tertentu) ¶특색 있는 istiméwa; khusus; luar biasa; ciri khas; ciri khusus; khas

특석(特席) tempat duduk istiméwa (khusus); kursi kelas satu

특선(特選) ①【특별히 선정한 것】 spésial; yang terpilih 특선 요리를 주문하다 memesan makanan spésial ②【우수한 작품】pilihan khusus (istiméwa) 특선하다 memilih secara khusus

특설(特設) 【특별히 설치함】 pembuatan khusus 특설하다 mendirikan (membuat; memasang; mengadakan) secara khusus ⊙ 특설 링 jaringan (gelanggang tinju; lingkaran) yang dipersiapkan secara khusus. 특설전화 télépon yang dipasang secara khusus

특성(特性) kualitas (mutu) istiméwa; 【개인의】 sifat (ciri) pembawaan ¶특성을 갖다 memiliki ciri khas/특성을 나타내다 memperlihatkan (menunjukkan) kualitas (sifat) yang istiméwa

특수(特殊) 특수하다 spésial; istiméwa; khusus; luar biasa ¶특수한 예【지위】 contoh【keadaan】 istiméwa ⊙ 특수강(鋼) baja khusus. 특수공작 요원 prajurit penyerang (penyabot) ((dari Korea Utara)). 특수교육 pendidikan untuk orang cacat (orang terbelakang). 특수근무 tugas (pekerjaan) khusus. 특수근무수당 tunjangan untuk pelayanan (pekerjaan; tugas) khusus (istiméwa). 특수법인 badan hukum (orang hukum) yang mempunyai status istiméwa. 특수부대【군대】pasukan khusus. 특수성 sifat yang anéh (keganjilan; keanéhan). 특수조치 tindakan luar biasa. 특수층 golongan tingkat atas; golongan yang mempunyai hak istiméwa. 특수학급 kelas untuk orang-orang cacat jasmani dan anak-anak yang cacat méntal

특수(特需) bahan (usaha) istiméwa ⊙ 특수 경기 ledakan pembelian khusus. 특수수출품 bahan ékspor yang istiméwa (spesial)

특수사정(特殊事情) keadaan istiméwa (khusus)

특수취급(特殊取扱) perlakuan (pemeliharaan) istiméwa (khusus) 특수취급하다 membédakan demi kepentingan

특수화(特殊化) pengkhususan; spésialisasi 특수화하다 mengkhususkan

특실(特室) kamar (ruang) khusus;【열차의】gerbong khusus

특약(特約) perjanjian khusus (istiméwa) 특약하다 mengadakan perjanjian khusus (istiméwa) ⊙ 특약점 agén (wakil) khusus (istiméwa)

특용(特用) penggunaan (kegunaan) khusus 특용하다 mempergunakan secara khusus ⊙ 특용작물 hasil penggunaan khusus

특유(特有) sifat yang anéh (khas); sifat keganjilan (keanéhan) 특유하다 khas; ganjil; anéh; khusus; istimewa ¶특유한 맛 ciri rasa (rasa) yang khas (istiméwa) ⊙ 특유성 sifat khas; sifat anéh; sifat keanéhan (keganjilan); keunikan

특이(特異) 특이하다 unik; khas; luar biasa; anéh; ganjil ⊙ 특이성 sifat khas; sifat anéh; keanéhan; keganjilan; keunikan; kelainan 특이체질 kepekaan yang luar biasa; alergi; kelainan kondisi badan; diatésis: 특이체질이다 peka sekali 《terhadap penisilin》; alergi terhadap

특작(特作) hasil (produksi) yang luar biasa;【영화의】film yang istiméwa; film yang luar biasa ¶초 특작 hasil yang hébat; hasil yang luar biasa baiknya;【영화의】film yang hébat

특장(特長) bakat (sifat) yang kuat; kebaikan; jasa; manfaat; ciri-ciri istiméwa (khusus)

특전(特典)【특혜】kebaikan hati yang luar biasa;【특권】hak istiméwa;【편리 이익】keuntungan

특전(特電) pengiriman (berita; télégram; kawat) khusus ⊙ 로이터특전 《jasa; pelayanan》 berita dari kantor berita Reuter

특점(特點) tanda khusus (istiméwa; khas)

특정(特定) ¶spésifik; khusus; khas ⊙ 특정계약 perjanjian (kontrak) yang telah ditentukan. 특정물(物) hal tertentu; hal yang khusus. 특정외래품 barang impor tertentu. 특정요금 ongkos (tarif) yang tersendiri (yang khusus). 특정운임 tarif pengangkutan khusus. 특정인 orang tertentu. 특정재산 tanah milik tertentu (khusus). 특정지역 daérah (wilayah) khusus (tertentu)

특제(特製) buatan khusus (istiméwa) 특제하다 membuat secara khusus ¶특제의 diproduksi secara khusus ⊙ 특제품 barang yang dibuat secara khusus

특종(特種) ①【종류】jenis khusus (istiméwa) ②【뉴스】berita yang eksklusif ¶특종을(특종기사를)내다 mengumumkan berita éksklusif/특종을 잡다 mendapat berita pertama

특진(特進) kenaikan pangkat yang istiméwa 특진하다 naik pangkat luar biasa ¶2계급 특진하다 naik pangkat dua tingkat

특질(特質)【특성】sifat khas; watak istiméwa; kwalitas khusus

특집(特輯) édisi (terbitan) khusus (istiméwa) 특집하다 menerbitkan édisi khusus (istiméwa) ⊙ 특집기사 artikel (karangan) utama (khusus). 특집호 nomor (terbitan) khusus. 신년 특집호 terbitan khusus bulan Januari. 일요 특집 판 édisi spésial hari Minggu

특징(特徵)【특색】ciri-ciri (sifat) yang khusus (yang tersendiri);【인상 등의】ciri-ciri khas ¶특징적인 khas; berciri khusus ¶특있는 khas; khusus; ganjil; anéh; luar biasa; hébat; baik sekali

특차(特差)【대학 입학 특별 전형】penerimaan khusus (spésial)

특채(特採) pengangkatan ⟪jabatan⟫ istiméwa (khusus) 특채하다 mengangkat (mempekerjakan) secara khusus (istiméwa)

특청(特請)【특별히 청함) permintaan khusus 특청하다 meminta secara khusus; mengajukan permintaan khusus

특출하다(特出-) terkemuka; menonjol; menyolok ⟪mata⟫ ¶특출하게 jelas sekali; istiméwa

특칭(特稱) penandaan khusus;【논리】fakta; keterangan 특칭하다 memberi nama (sebutan) istiméwa

특파(特派) pengiriman khusus 특파하다 mengirim secara khusus ⊙특파사절 utusan istiméwa (khusus). 지방특파 pengiriman setempat (lokal)

특파원(特派員) utusan; misi【신문 · 통신사의】wartawan ⟪khusus; istimewa⟫; koréspondén khusus ⊙ AP(서울) 특파원 wartawan khusus AP⟪di Seoul⟫

특품(特品) barang bermutu tinggi; barang dagangan yang bermutu paling baik; barang yang bermutu istimewa (yang luar biasa)

특필(特筆) tulisan (karangan) yang khusus (istiméwa) 특필하다 menulis (menyebutkan) secara khusus

특허(特許) ①【특별 허가】izin khusus;【면허】surat izin; lisensi ②【정부가 은행 회사에 주는】piagam 특허하다 mengizinkan piagam résmi⟪untuk mengerjakan⟫ ③【법률】【고안품의】patén; hak patén 특허하다 mendapat hak patén ¶특허를 얻다(따다) memperoléh (mendapat) patén ⟪untuk hasil penemuan⟫ ⊙ 특허권 hak patén. 특허권자 orang yang diberi hak patén. 특허권 침해 pelanggaran hak patén. 특허기간 *masa surat izin*. 특허대리인 agén pengurus hak patén. 특허료【신청한 때의】biaya (bea) patén;【특허권 사용료】honorarium untuk hak cipta. 특허법 undang-undang hak patén. 특허사무소 kantor pengacara yang mengurus hak patén. 특허사용료 honorarium untuk hak patén (hak cipta). 특허출원 permintaan untuk memperoléh hak patén: 특허출원인 pelamar untuk hak patén. 특허품 barang yang dapat hak patén

특혜(特惠) préferénsi ¶특혜의 istiméwa; préferénsial/특혜를 주다 memberi préferénsi ⊙ 특혜관세【세율】pajak【béa】istiméwa. 특혜금리 suku bunga préferénsial. 특혜대우 perlakuan préferénsial. 특혜융자 pinjaman préferénsial

특효(特效) khasiat (kemanjuran) khusus ¶특효가 있다 manjur; mujarab ⊙ 특효약 obat khasiat

특히(特-) khususnya; secara khusus; terutama sekali; teristiméwa; pertama-tama; paling tidak; paling sedikit

튼실하다 padat dan penuh ①[몸 · 물건 등이】kuat dan teguh (kokoh)②【단체 · 조직 등이】kuat; kokoh

튼튼하다, 튼튼히 ①【물체가】¶튼튼하게】dengan keras (kuat; kokoh) ②【신체가 건강하다】séhat; kuat; kokoh; teguh; keras; padat; mantap ¶튼튼한 몸 badan yang séhat;【체격이】pria berbadan kuat (tegap; kokoh) ③【단체 · 조직 등이】kokoh; kuat ¶튼튼한 기초 dasar (fundamén) yang kuat (kokoh)/튼튼한 자본 modal yang kuat (banyak; besar)

틀 ①【테】bingkai; kerangka; kosén; lis ¶사진틀 bingkai (lis) gambar/수틀 kerangka sulaman/창틀 kosén jendéla/틀에 끼우다 memasang lis pada ⟪sebuah gambar⟫ ②【골 · 판】cetakan;【형을 뜨는 데 쓰이는】mata dadu ¶틀을 뜨다 membuat contoh (modél) dari; meniru (mencontoh) ⟪gigi pada lilin⟫ dalam cétakan ③【격식, 형식정식화⟫ formalitas; acara resmi ¶틀에 박히지 않은 di luar peraturan; di luar kebiasaan; (자유로운) bébas; merdéka ④【윤곽, 형태】bentuk; kondisi ¶틀이 잡히다 kondisi (keadaan) yang baik ⑤【기계】mesin; alat ¶재봉틀 mesin jahit ⑥【인간의】mutu; kemampuan; kecakapan; kaliber; kapasitas; daya muat; daya tahan; kekuatan ¶사람의 틀이 크다【작다】orang yang mempunyai kemampuan (kecakapan) besar 【sedikit】

틀국수 mi yang dibuat dengan mesin

틀니 gigi palsu; gigi buatan ¶틀니를 끼우다 (해 박다) memasang gigi palsu

틀다 ①【돌리다】 (a) (비틀다) memutar; memelintir; merenggut; terkikir ¶팔을 틀다 memelintir (memutar) lengan (b) (작동 시키다) memutar; memasang ¶가스를 틀다 memasang gas (c) (머리를) mengikat (merapikan) 《rambut》 ¶상투를 틀다 mengikat (merapikan) jambul d) (방향을) merubah; memutar ②【일을】 merintangi; menghalangi; menggagalkan ¶계획을 틀다 menggagalkan rencana (maksud)

틀리다 ①【답, 계산, 사실 등이 잘못되다】 keliru; salah; (잘못하다) salah mengira ②【사이가】 berselisih; bertengkar ③【나쁘다】 menjadi buruk (jahat) ④【건강이】 menjadi sakit; 【악화】 bertambah buruk; memburuk ⑤【다르다】 berbéda 《dari》; berlainan 《dari》 ⑥【일 · 계획 등이】 berjalan salah; keliru; serba salah; hancur; musnah ⑧【비틀리다】 berputar; melengkung ¶넥타이가 dasinya berbelit ⑨【상투 · 머리가】 ¶상투가 잘 틀리지 않다 Jambul rambut tidak dapat diikat dengan pantas (sebaik-baiknya).

틀림 ①【잘못】 kesalahan; kekeliruan; (믿을 수 없음) keadaan tak dapat dipercaya ②【다름】 yang membédakan

틀림없다 ①【정확 · 확실하다】benar; tepat; yang sebenarnya; (확실 · 신뢰할 만하다) pasti; yakin; khusus; tentu ¶틀림없는 사람 orang yang dapat dipercaya ②【바로…이다】 pasti; benar

틀림없이 【정확히】 dengan benar; dengan tepat; 【확실히】 pasti; tentu saja; memang; 【분명히】 dengan jelas; terang

틀어넣다 mendesak (mendorong; memaksa) masuk; memasukkan; menyorongkan

틀어막다 ①【구멍을】 menutupi; menyumbat; mengganjal 《lubang》 ②【억제 · 저지함】 mengekang; menghentikan; menyumpal 《mulut》 ¶돈으로 입을 틀어막다 menyuap supaya diam

틀어박다 ⇒ 틀어넣다

틀어박히다 mengurung diri di dalam ¶시골에 틀어 박혀 살다 hidup pengasingan diri di désa/온 종일 방에만 틀어박히다 mengurung diri dalam rumah sepanjang hari

틀어쥐다 ①【단단히 꼭 쥐다】 menjambrét; menyerobot ②【완전히 지배하다】 menguasai; mengontrol

틀어지다 ①【빗나가다】 membélok; meléncong; mengélak; kesasar; tersesat; tidak sampai; 【뒤틀려 휘다】 membengkok; melengkung ②【두 사람 사이가】 bertengkar; berselisih ③【일 · 계획 등이】 terganggu; gagal ④【꼬이다】 berbelit ¶넥타이가 틀어져 있다 Dasinya telah membelit.

틈 ①【벌이진 공간】 lubang; celah ¶문틈 celah jendéla /틈으로 엿보다 mengintip melalui lubang ②【공간】 kamar; ruang; tempat; 【간격】 jarak waktu; selingan; 【시간】 waktu; masa ¶집을 비운 틈에 sementara orang pergi; sementara orang jauh di rumah ③【여가 · 짬】 waktu senggang; waktu terluang ④【기회】 kesempatan ¶틈을 타다 ⇒ 틈타다 ⑤【불화】 lekah; retak kerenggananan; pemisahan; pengasingan ¶틈이 벌어지다 ada retak (celah); persahabatannya telah putus

틈나다 ①【벌어짐】 bebas; terluang; terbuka ②【겨를】 waktu bébas

틈내다 ①【시간】 meluangkan waktu ②【공간】 menyediakan tempat (ruang)

틈바구니 ①【깨진 틈】 celah; renggang; jurang pemisah; retak ②【틈새기】 tempat (ruang; waktu) yang sempit; tempat yang penuh sesak; tempat yang ramai ¶두 사람 틈바구니에 끼이다 terjepit di antara dua orang ③【진퇴 · 유곡】 dilema; pilihan ¶의리와 인정의 틈바구니에 끼이다 merasa bimbang (tidak dapat memilih) antara rasa kewajiban dan perasaan

틈바귀 ⇒ 틈바구니

틈보다 ①【깨진 틈을】 melihat celah ②【기회를】 mempunyai waktu untuk

틈새 ⇒ 틈바구니

틈입(闖入) 틈입하다 masuk tanpa izin;

menyalah-gunakan; mengganggu; mencampuri ⊙ 틈입 자 pelanggar; penyalah-guna; pengacau; orang yang suka turut campur

틈타다 mempergunakan kesempatan; mengambil keuntungan dari; memanfaatkan; menggunakan kesempatan

틈틈이 ①【깨진 틈마다】 pada setiap lowongan (kekosongan) ②【여가 마다】 pada setiap waktu senggang; pada setiap saat bersenang-senang

티[1] ①【이물질】 pasir atau kerikil yang halus; debu ②【흠 · 결점】 cacat; cela; noda ¶옥에 티 cacat dalam sebutir permata ③【기색】 ada roman ¶부자 티를 내다 menyombongkan diri (berlagak) seperti seorang jutawan

티[2] ①【글자】 éjaan "T" ②【차】 téh ⊙ 티백 téh celup. 티셔츠 kaos oblong. 티스푼 sendok téh. 티파티 jamuan minum; pésta téh. 티자 penggaris bentuk T

티격태격하다 berselisih; bertengkar; bercékcok ⟪dengan⟫; bercékcok satu sama lain; saling bercékcok

티껍다 ⇒ 아니꼽다 memuakkan; menjijikan

티끌 ①【먼지】 debu; abu; pasir halus ②【조금】 sedikit pun tidak ⊙ 티끌세상 dunia yang kotor (mesum)

티눈 katimumul; mata ikan ¶발에 티눈이 박이다 terdapat katimumul pada kaki

티뜯다 mencari kesalahan

티백 téh celup

티본스테이크 bistik dari daging pinggang lembu (sapi)

티셔츠 kaos oblong

티슈 selampai ⟪kertas⟫ ¶티슈페이퍼 kertas yang tipis dan lunak;【화장용】 kertas tipis halus yang dipakai untuk menyeka muka

티스푼 sendok téh

티오 jabatan kosong; tempat pekerjaan

티케이오(권투) *TKO*: teknis KO

티켓 karcis; tikét

티크 【나무】 kayu jati ⊙ 티크 재(材) kayu jati

티푸스 【장티푸스】 tipus; demam tipus ¶악성 발진 티푸스 tipus yang menular (yang berbahaya)

틴에이저 anak berumur belasan tahun

팀 regu; tim; rombongan ¶그는 자네 팀인가 Apakah dia masuk dalam regumu? ⊙ 팀 경기 olahraga beregu. 팀 레이스 lomba beregu. 홈 팀 regu tuan rumah. 팀원 anggota tim

팀워크 kerja kelompok; kerja tim

팀파니 semacam drum; tambur; genderang

팁 tip; uang persén; uang rokok; info; kabar; naséhat; rahasia ¶팁을 받다 menerima uang persén

파[1]【식물】kucai; bawang perai; awang hijau

파(派) ①【그룹 · 패거리】kelompok; golongan ②【당파】golongan; partai; kelompok ③【학파】kelompok; kawanan ④【종파】sékte; kaum(golongan) agama ⑤【족벌】marga; cabang keluarga; klén ⑥【파벌】golongan (kelompok) kecil; kilik

파【골프】par

파[2]【음악】fa

파격(破格) istiméwa; luar biasa; bukan main; perkecualian

파격적【예외적인】pengecualian;【전례 없는】tidak pernah terjadi sebelumnya;【특별한】khusus ¶파격적인 luar biasa; istiméwa; khusus

파견(派遣) pengiriman; pengutusan; ékspedisi 파견하다 mengirim; mengutus; melepaskan ⊙ 파견대 kontingén; détasemén; satuan ékspedisi

파경(破鏡) ①【거울이 깨어짐】pecahan kaca ②【이혼】perceraian; talak ¶파경에 이르다 hampir bercerai

파계(破戒) ①【불교의 계율을 어기는 것】pelanggaran 《hukum》 ridat; pemurtadan; ingkar agama 《Budha》 파계하다 memurtadkan; melanggar firman (hukum) Budha ②【불교계를 떠남】penolakan ajaran Budha 파계하다 mengingkar agama Budha ⊙ 파계승 rahib (biarawan) yang mengingkar agama Budha

파고(波高)【물결의 높이】tingginya ombak (gelombang)

파고다 pagoda; kuil Budha berbentuk menara; kelénténg

파고들다 menyelidiki; meneliti; memeriksa

파과(破瓜) masa remaja; pubertas ⊙ 파과기(期) usia (masa) pubertas; usia akil baliq

파괴(破壞) reruntuhan; kehancuran; kerusakan (rusak); destruksi; pembongkaran 파괴하다 ①【건물 · 도시 등을】meruntuhkan; merusakkan; membongkar ¶파괴되다 dirusak; diruntuhkan ②【생태계 · 균형 등을】menghancurkan ¶파괴적인 yang menghancurkan; bersifat merugikan; negatif; déstruktif ⊙ 파괴력 daya hancur(rusak). 파괴분자 oknum subversi; unsur pemecah belah. 파괴자 perusak; pengacau. 파괴행위【활동】perbuatan【kegiatan】subversif

파국(破局) malapetaka; bencana besar; reruntuhan ¶파국적인 berkenaan dengan malapetaka

파급(波及) pengaruh; penyebaran; rentangan 파급하다 menyebarkan; menyampai; memperluas; menyebarluaskan;【영향을】mempengaruhi ⊙ 파급효과【경제】pengaruh yang dapat meresap (menembus; merembes)

파기하다(破棄-) menghancurkan; menghapus; membatalkan; memusnakan; merobék

파김치 ①【김치】asinan (acar) brambang yang diasamkan ②【비유적】¶파김치가 되다 menjadi lesu; merasa sangat lelah (letih sekali); kehilangan tenaga

파나마【나라이름】Panama ⊙ 파나마모자 topi Panama; topi pandan. 파나마 운하 terusan Panama

파내다 menggali

파노라마 pemandangan yang luas; pano-

rama ¶파노라마 같은 panoramik
파니 ⇒ 퍼니 santai; bermalas-malasan
파다 ①【구멍 · 구덩이 등을】 menggali ¶구멍을 파다 menggali lubang ②【이치 · 문제 등을】 menyelidiki; meneliti ③【도장 · 이름 등을 새기다】 mengukir; memahatkan ④【전력을 기울이다】 belajar sungguh-sungguh
파다하다(播多-) disebarkan; tersebar luas
파도(波濤) ombak; gelombang ¶파도소리 bunyi gelombang
파도타기(波濤-) olahraga menaiki ombak dengan papan luncur 파도타기하다 menaiki ombak dengan papan luncur
파동(波動) 【음파 · 빛 등의】 gerakan atau bentuk bergelombang; gerakan gelombang; 【의학】 turun naik ((berubah-ubah)) 파동하다 berliku-liku; turun-naik; berombak-ombak ⊙ 가격 파동 fluktuasi (ketidak-tetapan) harga-harga. 경제 파동 krisis ékonomi
파라그라프 paragraf; alinéa
파라볼라 parabol ⊙ 파라볼라 안테나 anténa parabol
파라솔 payung ((terhadap matahari)); parasol ⊙ 비치파라솔 payung pantai
파라슈트 ⇒ 낙하산 parasut
파라오 Firaun
파라티온 paration
파라티푸스 【의학】 paratipus
파라핀 【화학】 parafin ⊙ 파라핀유 minyak parafin
파란(波瀾) kesulitan; kekacauan; kesukaran; kerusuhan dan kekacauan; pergolakan
파란만장하다(波瀾萬丈-) penuh peristiwa
파랑 【청색】 biru ¶초록빛을 띤 파랑 warna biru kehijau-hijauan
파랑(波浪) gelombang; 【큰 파도】 ombak besar
파랑새 burung biru
파랗다 【하늘 · 물이】 biru; hijau ¶파란 하늘 langit biru
파래 【식물】 *selada laut*
파래지다 ①【나뭇잎 등이】 menjadi biru; bertukar warna hijau ②【얼굴이】 menjadi pucat
파렴치하다(破廉恥-) memalukan; keji; tidak tahu malu ⊙ 파렴치한(漢) orang yang tak tahu malu
파르대대하다 ⇒ 파르스름하다
파르르 ⇒ 바르르 ①【가볍게 떠는 모양】 ¶추위에 파르르 떨다 menggigil kedinginan ②【화를 내는 모양】 ¶파르르 화를 내다 menggelegak dengan kemarahan
파르스름하다 kebiru-biruan; kehijau-hijauan
파릇파릇하다 hijau segar; yang menghijau
파리[1] 【곤충】 lalat ¶파리를 날리다 (비유적) merosot; ((dagang)) sepi ⊙ 파리 목숨 hidup seperti lalat; kehidupan yang tidak berarti (yang hina). 파리채 pemukul lalat
파리 Paris ⊙ 파리 사람 orang Paris
파리하다 pucat; kurus; kurus kering dan cekung ¶파리해지다 menjadi pucat; hilang kesegaran; menjadi kurus
파마 ⇒ 퍼머 keriting permanén 파마하다 mengkeriting
파먹다 menggerogoti; menggali keluar dan memakannya; membor (mencungkil) ke dalam ¶땅을 파먹다 (비유적) hidup dari bertani; hidup pertanian
파면(罷免) pemecatan 파면하다 memecatkan; mengeluarkan; memberhentikan ¶파면당하다 dipecatkan
파멸(破滅) kehancuran; kejatuhan; reruntuhan ((gedung)); puing; hidup yang berantakan; 파멸하다 hancur; menghancurkan; merusak; rusak binasa; membangkrutkan; ambruk (rubuh) (명성) memburuk-burukkan ¶나는 파멸했다 Aku bangkrut.
파문(波紋) ①【수면에 이는 물결】 riak; ombak kecil; pusaran lingkaran air ¶파문을 일으키다 menimbulkan riak (lingkara air) ②【영향】 keributan; kegemparan; sénsasi ¶파문을 던지다 menimbulkan kegemparan
파문(破門) pengucilan; pengeluaran; pengusiran 파문하다 mengucilkan; memaksa keluar; mengeluarkan; membuang ¶파문을 당하다 dikucilkan; dikeluarkan
파묻다[1] mengubur; memakamkan; menyembunyikan
파묻다[2] 【꼬치꼬치 묻다】 bertanya-tanya

dengan selidik; bertanya dengan ingin tahu
파묻히다 disembunyikan; didiamkan; ditutup; (시체가) dikubur
파벌(派閥) klik; kelompok; golongan atau kumpulan orang dalam partai politik; fraksi ¶파벌을 만들다 membentuk golongan kecil ⊙ 파벌주의 faksionalisme
파병(派兵) pengiriman pasukan ke; pengiriman angkatan 파병하다 mengirimkan (mengutus) pasukan
파삭거리다 segar dan kering
파삭파삭 ⇒ 푸석푸석 garing; kerésék
파산(破産) kebangkrutan; kepailitan 파산하다 menjadi bangkrut ¶파산한 bangkrut; pailit/ 파산시키다 membangkrutkan ⊙ 파산자 orang bangkrut
파상(波狀) gelombang; ombak; gerak mengombak ¶파상적인 berombak; menggelombang
파상풍(破傷風) 【병】 tétanus
파생(派生) 파생하다 menurunkan; membentuk; timbul; terjadi; berasal ¶파생적인 turunan; bentukan; kedua; (이차적인) sekunder ⊙ 파생어 kata jadian; kata bersambungan
파선(破船) 【조난】 kecelakaan kapal; peristiwa kapal karam 파선하다 mengalami kecelakaan kapal; menjadi terdampar
파손(破損) kerusakan; kerugian 파손하다 rusak; hancur ¶파손된 yang merusak ⊙ 파손 물(품) barang kerusakan
파송(派送) ⇒ 파견(派遣)
파쇄하다(破碎-) menghancur-leburkan
파쇼【주의】 fasisme; 【사람】 orang fasis ¶파쇼화하다 memfasiskan
파수(把守) penjagaan; pengawalan 파수를 보다 berjaga; berjaga-jaga ⊙ 파수꾼 orang jaga; penjaga; pengawal. 파수병(兵) pengawal; penjaga; prajurit jaga
파스 【붙이는】 pléster; pléster penghilang rasa sakit. plaster
파스텔 pastél ⊙ 파스텔컬러 warna pastél
파슬리 【식물】 péterséli; daun sup
파시(波市) pasar ikan pinggir pantai
파시스트 orang fasis
파시즘 fasisme
파악(把握) pengertian; pemahaman 파악하다 mengerti; memahami
파안(破顔) senyum《an》 besar-besaran ¶파안대소하다 tersenyum besar-besaran; terbahak-bahak
파약하다(破約-) melanggar janji; melanggar persetujuan
파양(破壞) pembatalan adopsi 파양하다 membatalkan adopsi
파업(罷業) pemogokan 파업하다 mogok ¶파업에 들어가다 mulai mogok ⊙ 파업자 pemogok. 시한 파업 pemogokan berjangka; mogok selama jumlah waktu yang terbatas. 총파업 pemogokan secara umum
파열(破裂) 파열하다 meletus; meledak; pecah ¶타이어가 파열했다 Ban itu pecah. ⊙ 파열음【언어학】 suara ledakan
파우더 ⇒ 분 bedak padat ⊙ 베이비파우더 bedak bayi
파운데이션 ①【화장품】 alas(bedak) padat ②【여자 속옷】 puring
파운드 【영국의 화폐단위】 (mata uang) pound; (무게) pon
파울 ①【반칙】 penalti; pelanggaran ¶파울의 curang; melanggar peraturan ②【야구】 foul ⊙ 파울볼 bola foul. 파울라인 garis pelanggaran
파워 kekuasaan
파이[1] 【음식】 pai; 《kué》 pastéi ⊙ 애플파이 pastéi apel
파이[2] 【수학】 pi
파이버 serabut; serat ⊙ 파이버 글라스 serat gelas; kaca serat
파이트【경쟁】 perkelahian; pertengkaran; pertarungan
파이팅 ①【격려·응원의 구호】 Ayoh! ¶대한민국 파이팅 Ayoh, Korea! ②【투지】 berjuang; semangat juang
파이프 ①【관】 pipa ②【담뱃대】 pipa tembakau 【rokok】 ⊙ 수도 파이프 pipa air. 파이프라인 saluran pipa pipeline. 파이프 오르간 orgel pipa (tiupan)
파인애플 《buah》 nanas
파일(八日) 【불교】 hari lahir Budha; tanggal 8 April kalender bulan
파일 ①【서류철】 arsip; berkas ②【컴퓨터】 file; berkas ⊙ 파일 캐비넷 lemari arsip
파일럿 pilot; penerbang

피자마 piyama; pakaian tidur

파장(波長) ①【전파·음파 등의】 panjang gelombang ¶파장을 맞추다 menyetél gelombang 《radio》 ②【영향】 pengaruh; kegemparan ⊙ 파장계 alat ukur panjang gelombang

파장(罷場) 【장이 파하는 것】 pasar ditutup ⊙ 파장시세 harga penutupan

파쟁(派爭) perselisihan antar golongan

파적하다(破寂-) membuang (menghabiskan) waktu

파전(-煎) *pajeon;* kué dadar bawang dari *Wales*

파종(播種) bibit; benih; penyemaian; taburan 파종하다 menaburkan benih ⊙ 파종기 masa penaburan. 파종기(機) mesin taburan

파죽지세(破竹之勢) kekuatan yang berlimpahan ¶파죽지세로 dengan kekuatan yang tak dapat dilawan

파지(破紙) kertas sobékan (sampah); sisa kertas; kertas bekas; sampah kertas

파초(芭蕉) 【식물】 pisang raja

파출부(派出婦) pramuwisma paruh waktu; pembantu rumah

파출소(派出所) pos (cabang) polisi

파충류(爬蟲類) binatang melata; reptilia ⊙ 파충류 시대 zaman binatang melata

파치(破-) barang yang cacat (rusak); barang buangan

파킨슨 ⊙ 파킨슨 병 【의학】 penyakit Parkinson

파카 jakét

파탄(破綻) ①【불성립】 kegagalan; perpecahan; perputusan; perpecahan 파탄 나다 gagal; lalai; memecahkan; berakhir dengan perpecahan ②【은행·회사의 지불 정지】 kebangkrutan 파탄하다 menjadi) bangkrut ③【파괴】 hancur; kehancuran; keretakan

파토스 rasa kesedihan (penderitaan)

파트 ①【부분】 bagian ②【회사조직 등의】 séksi; divisi

파트너 ①【결혼·게임】 pasangan; jodoh ②【사업】 mitra; kawan 《pasangan; rekan》 kerja; partner

파트타임 pekerjaan paruh waktu

파티 pésta; pertemuan; kumpulan orang ¶파티를 열다 mengadakan pésta ⊙ 디너파티 pésta makan malam

파파노인(播播老人) orang yang sangat tua; orang yang berambut putih

파파라치 *paparazi*

파파야 【식물】 pepaya

파편(破片) pecahan; potongan; penggalan; bagian (potongan) yang hancur (yang pecah); serpihan yang tajam ⊙ 유리 파편 pecahan kaca

파피루스 【식물】 lontar; papirus

파하다(罷-) bubar; usai; tutup; selesai

파행(跛行) pincang; timpang 파행하다 berjalan dengan susah payah; berjalan pincang (timpang)

파헤치다 menggali 《tanah》; membongkar (membuka) jalan ¶파헤쳐지다 dibongkar

파혼하다(破婚-) melanggar janji perkawinan; membatalkan (memutuskan) pertunangan

파흥하다(破興-) merusak kesenangan orang lain; mengurangi (menenangkan) antusiasme (semangat besar)

팍삭하다 ①【주저앉음】 menggeletak ②【깨짐】 remuk; rusak

팍팍 ⇒ 퍽퍽

팍팍하다 ①【음식이 메마르고 부드럽지 못하다】 kering dan garing ②【살기가 어렵다】 sulit

판 ①【일이 벌이진 자리】 tempat ¶노름판 tempat perjudian ②【상황, 판국】 keadaan; aspék; 【때】 saat; momén; 【경우】 saat; kesempatan; hal yang sebenarnya ③【승부 회수(回數)】 ronde; babak

판(板) ①【널빤지】 papan; piring; lémpéng ¶목판 papan kayu/ 철판 lémpéng baja ②【음반】 album ③【달걀(계란) 30개】 tiga puluh telur

판(版·判) ①【인쇄물의 판수】 cetakan ¶초판 cetakan pertama ②【책의 크기】 format; ukuran; 【사진의】 명함판 ukuran kartu nama ③【기타】 ¶판에 박은 듯한 stéréotip/판에 박은 듯하다 seperti pinang dibelah dua

판(瓣) ①【기기(器機)의】 katup; klép; pentil ②【악기의】 pentil

판가름 keputusan 판가름하다 memutuskan; mengadili¶판가름 나다 diputuskan

판각(板刻) ukiran kayu 판각하다 memahat (mengukir) kayu; membuat cetakan dari balok kayu ⊙ 판각본 buku dari ukiran kayu

판검사(判檢事) hakim dan penuntut umum

판결(判決) vonis; keputusan ((hakim)); dekrét 판결하다 memutuskan ¶판결을 내리다 memberi keputusan; mendekrétkan ⊙ 판결문 naskah keputusan. 최종 판결 dekrét akhir

판공비(辦公費) ⇒ 기밀비 uang kemanfaatan (kegunaan)

판국(-局) keadaan; aspék; situasi

판권(版權) hak cipta; hak pengarang ¶판권을 소유하다 memegang (memiliki) hak cipta ⊙ 판권소유 Hak cipta Dilindungi Undang-undang: 판권소유자 pemegang hak cipta

판금(板金) lémpéngan logam; lembaran-lembaran yang tipis; plat

판나다 ①【끝나다】 selesai; sampai kepada akhirnya (berakhir) ②【다하다】 habis ③【파멸하다】 bangkrut; hancur

판다르다 ⇒ 판이하다 lain sama sekali

판단(判斷) keputusan; kesimpulan; penilaian; pendapat; pertimbangan; kebijaksanaan; keleluasaan; tafsiran; pengertian; ramalan 판단하다 menyimpulkan; menilai; meramalkan ¶나의 판단으로는 menurut pendapat (keputusan; pertimbangan) saya

판단력(判斷力) daya pertimbangan

판도(版圖) wilayah; wilayah kekuasaan

판도라 ¶판도라 상자를 열다 menimbulkan segala macam kesulitan (keburukan)

판독(判讀) interprétasi; tafsiran; penafsiran; penguraian 판독하다 menguraikan ((membaca dan mengartikan))

판돈 uang taruhan; uang tagan; uang bandar

판례(判例) kasus bandingan; sesuatu bisa dijadikan teladan ⊙ 판례법 hukum kasus

판로(販路) pasaran; pasar; jalan untuk dijual ¶판로가 없다 tidak ada pasaran

판막(瓣膜) 【해부학】 katup ((badan)) ⊙ 판막 증 penyakit katup jantung

판매(販賣) penjualan 판매하다 menjual ¶판매되고 있다 sedang dijual ⊙ 판매가 harga penjualan. 판매대 kios: 신문 판매대 kios koran. 판매루트 rute pemasaran. 판매원(매니저) penjual; pramuniaga. 판매점 agén penjualan. 자동판매기 alat penjaja otomat. 신용판매 penjualan krédit. 현금판매 penjualan tunai

판명(判明) ¶판명되다 menjadi jelas (terang); dikenal; diketahui ((dengan pasti)); ditegaskan; dipastikan; diketahui; dikenal((i))

판목(版木) blok cetakan; cetakan kayu

판몰이하다 menyapu bersih taruhan

판무관(辦務官) komisaris

판무식(判無識) ⇒ 일자무식

판박이(版-) ①【책】 buku cétakan ②【틀에 박힌 것】 hal yang biasa(lazim); hal yang ditentukan; hal yang klisé

판별(判別) perbédaan; pertimbangan 판별하다 membédakan; membéda-bédakan; melihat dengan jelas ¶판별할 수 있는 dapat di(per)bédakan

판사(判事) hakim; mahkamah; 【총칭】 kehakiman ¶판사로 임명되다 ditunjuk sebagai hakim ⊙ 판사석 tempat (kursi) hakim; kursi pengadilan; mahkamah hakim. 부장 판사 hakim senior

판상(辦償) ganti ((kerugian)); penggantian 판상하다 mengganti kerugian

판새류(瓣鰓類) 【동물】 moluska berkatub jantung dua

판서(判書) 【옛 제도】 menteri

판설다 tak biasa; tidak kenal

판세(-勢) ①【노름판의】 keadaan perjudian (permainan) berjalan ②【사태】 situasi; keadaan; prospék

판소리 *pansori;* drama opéra solo klasik Korea

판수 ahli nujum yang buta; tukang ramal yang buta

판연하다(判然-) jelas; nyata; pasti; tertentu ¶판연히 dengan jelas (nyata); dengan terang

판유리(板琉璃) lémpéng kaca; kaca lembaran; kaca tebal lagi bening

판이하다(判異-) berbéda sama sekali; sa-

ngat berbéda
판자(板子) papan; balok ⦅kayu⦆; 【총칭】 papan ⊙ 판자문 pintu kayu. 판자울타리 pagar kayu ⦅dinding⦆. 판잣집 rumah papan kayu; pondok; gubug; barak
판정(判定) keputusan; putusan 판정하다 memutuskan; (시합) mewasit; (법률)mengadili ¶판정을 내리다 memutuskan/ 판정으로 이기다 (경기에서) 【지다】 menang 【kalah】 dengan keputusan ⊙ 판정승 kemenangan angka
판정패하다(判定敗-) kalah karena lebihan angka
판지(板紙) kertas papan; kardus ⊙ 골판지 kardus yang berombak
판초 mantel terusan
판촉(販促) ¶판촉 행사를 열다 mengadakan acara promosi
판치다 mengungguli; menguasai (mengendalikan) keadaan
판타지 fantasi; khayalan ⊙ 판타지 소설 novél fantasi
판판이 selalu; senantiasa; sama sekali ¶ 판판이 지다 kalah sama sekali
판판하다 licin; halus; lancar; rata
판판히 dengan lancar
판토마임 ⇒ 팬터마임 pantomime
판화(版畵) (목판화) gambar cetakan kayu ; (동판화) pencetakan dengan lempeng tembaga
팔 【신체】 lengan ¶팔로 끌어안다 memeluk; merangkul/팔을 걷어 올리다 menggulung lengan baju/ 팔을 끼다【남과】⇒ 팔짱 berjalan bergandengan
팔(八) delapan ¶제 8 yang kedelapan / 8 분의1 satu perdelapan
팔각(八角) segi delapan ¶팔각의 bersegi delapan ⊙ 팔각형 bentuk segi delapan
팔걸이 sandaran tangan
팔굽혀펴기 tolak-angkat
팔꿈치 siku
팔난봉 pencangak; *playboy;* orang yang bermoral bejat
팔다 ①【물건을 판매하다】 menjual ②【남의 이름을】 mengandalkan ⦅nama⦆ ③【양심 · 나라 등을 배반하다】 mengkhianati ④【몸을 】 몸을 팔다 menjual diri; melacur ⑤【한눈 · 정신 등을】 membelokkan perhatian; mengalihkan ⑥【곡식을】 membeli
팔다리 tangan dan kaki
팔도강산(八道江山) segenap Korea; seluruh penjuru Korea
팔등신(八等身) badan wanita yang tinggi dan berbentuk bagus
팔딱거리다 ①【심장 · 맥박 등이 박동 치다】 berdenyut; berdebar-debar ②【동물 등이】 meloncat; melompat-lompat
팔딱팔딱 ①【박동】 denyutan ②【뜀】 loncatan ¶팔딱팔딱 뛰다 ③【개구리】 melompat-lompat
팔뚝 【팔】 lengan (bawah)
팔락 ⇒ 펄럭
팔랑개비 ①【바람개비】 mainan baling-baling kertas ②【사람】 orang yang sembrono; orang yang sembarangan
팔랑거리다 ⇒ 펄렁거리다 berkibar-kibar
팔레트 palét
팔리다 ①【물건 등이】 dijual ②【얼굴 · 이름 등이 알려지다】 menjadi terkenal (termasyhur) ⦅nama dan muka⦆ ③【정신 · 시선 등이】 asyik; keasyikan
팔만대장경 (八萬大藏經) koléksi naskah yang lengkap tentang ajaran Budha yang terdiri lebih dari 80 balok kayu
팔매 lémparan ¶돌팔매 치다 melémparkan batu
팔면(八面) ⊙ 팔면체 segi delapan
팔목 pergelangan tangan
팔방(八方) ¶【사면】 팔방으로 (에) di seluruh arah; di segenap jurusan
팔방미인(八方美人) cantik dalam segala hal; orang yang serba bisa
팔베개 ¶팔베개를 하다 meletakkan (menyandarkan) kepala pada siku (lengan)
팔불출(八不出) orang bodoh
팔삭둥이(八朔童-) ①【미숙아】 bayi yang dilahirkan pada bulan ke delapan dari kandungan ②【얼뜨기】 orang bodoh
팔순(八旬) umur(usia) 80 tahun
팔심 kekuatan lengan ¶팔심이 세다 kuat lengannya
팔십(八十) delapan puluh
팔삭- ⇒ 풀석 –
팔씨름 main panco; pergulatan lengan ¶ 팔씨름을 하다 berpanco; bertanding ke-

kuatan lengan

팔아먹다 ①【매각하다】 menjual; ②【배신하다】 berkhianat; mengkhianati

팔월(八月) bulan Agustus ⊙ 팔월 한가위 hari kelima belas bulan kedelapan (kalender bulan)

–팔이 penjual; penjaja (penggalas) keliling ⊙ 신문팔이 penjual surat kabar

팔일오(八一五) hari kemerdekaan Korea, tanggal 15 Agustus, 1945

팔자(八字) 【운수】 nasib; untung; takdir ¶ 팔자가 좋다【사납다】 bernasib baik【buruk】/ 팔자가 늘어지다 beruntung sekali

팔자(八字) 【한자(漢字)의 八자】 huruf 8 (China) ⊙ 팔자걸음: 팔자걸음으로 걷다 berjalan dengan jari kaki ke arah luar

팔죽지 lengan atas

팔짓하다 mengayunkan (melambaikan) tangan

팔짝– ⇒ 펄쩍–

팔짱 ¶팔짱을 끼다 bersilang tangan; melipat tangan; bergandengan tangan

팔찌 gelang

팔촌(八寸) ①【촌수】 sepupu ketiga; saudara satu buyut (delapan derajat kekerabatan) ¶사돈의 팔촌 orang tidak ada hubungan; orang yang berkerabat jauh ②【여덟 자】 delapan inci

팔팔하다【성질이】 tidak sabar; cepat marah;【기운이】 sigap; gesit; bersemangat; segar

팔푼이(八-) orang bodoh; orang yang tolol

팜플렛 ⇒ 팸플릿 pamflét; brosur

팝송 musik (lagu) pop

팝업 *pop-up*; muncul ¶팝업창 jendéla pop-up

팝콘 jagung brondong

팡파르 keriuhan di pawai; pawai yang riuh; 【음악】 musik yang dimainkan oléh terompét

팥 kacang mérah

팥고물 kacang mérah puré (tumbuk) ((dipakai untuk kué beras Korea)); lumatan kacang mérah

팥떡 kué beras yang dilapis dengan kacang mérah yang dicincang

팥밥 nasi yang dimasak dengan kacang mérah

팥빙수(-氷水) *patbingsu;* és kacang

팥죽(-粥) bubur kacang mérah

패(牌) ①【표식·표지】 labél; étikét; kepingan untuk nama; tanda pengenal ②【무리】 gelombolan; kelompok; golongan; géng ③【카드 · 화투 등의】 kartu ¶패를 돌리다 membagi kartu

패(敗) kekalahan

패(覇) suprémasi; keunggulan; penguasaan

패가하다(敗家-) keluarganya hancur ⊙ 패가망신: 패가망신하다 merusak diri sendiri; merusak (menghancurkan) keduaduanya, baik dirinya sendiri maupun keluarganya

패검(佩劍) 【찬 칼】 pedang yang dipakai 패검하다 membawa (menyandang) pedang

패군(敗軍) tentara yang kalah

패권(覇權) 【헤게모니】 keunggulan; supremasi; kekuasaan; hégemoni ¶패권을 쥐다 menguasai; berkuasa; besar pengaruhnya; mempertahankan keunggulan ⊙ 패권주의 hégemonisme

패기(覇氣) semangat ambisius; ambisi; hasrat; cita-cita ¶패기가 만만하다 penuh berambisi

패널【토론 참석자】 panél; juri

패널【건축】 papan; panél

패널티 에리어 ¶daérah penalti

패널티 킥 tendangan penalti

패다[1] ①【빼개다】 memotong; membelah ((kayu)) ②【때리다】 memukul dengan keras

패다[2]【파이다】 menjadi galian ¶눈이 움푹 팬 사람 orang yang bermata cekung

패다[3]【이삭이】 berbutir

패담(悖談) bicara yang tidak senonoh

패덕(悖德) tunasila; ketidak-sopanan; pelanggaran susila; immoralitas; kebejatan moral ⊙ 패덕한(漢) orang yang melanggar susila

패대기치다 melemparkan

패디큐어 pedikur; rawat kuku kaki

패딩 bahan pengisi; lapisan

패랭이【옛날 모자】 topi bambu

패러글라이딩 paralayang

페러다이스 firdaus; surga; janat

패러다임【인식 체계】paradigma
패러디하다 parodi; lelucon
패러독스 paradoks; lawan asas
패류(貝類) ((ikan)) kerang- kerangan ⊙ 패류 학 ilmu yang mempelajari kerang-kerangan
패륜(悖倫) immoralitas; tunasusila; ketidaksopanan; pelanggaran susila ¶패륜의 tidak sopan, tunasusila; jahat; a-susila ⊙ 패륜아 orang yang tidak bermoral 패륜행위 tingkah-laku ((yang)) a-susila
패망(敗亡) kekalahan; penaklukan 패망하다 dikalahkan; ditaklukkan
패물(佩物) perhiasan (hiasan) pribadi
패배(敗北) kekalahan 패배하다【경기에】kala ; 【패주하다】dipukul mundur ⊙ 패배주의 sikap menyerah (kalah): 패배주의자 orang yang bersifat mengalah
패브릭 barang tenunan
패색(敗色) tanda kekalahan ¶패색이 짙다 jelas kelihatan kekalahan; tanda kekalahan sudah jelas
패석(貝石) karang fosil
패설(悖說) pembicaraan yang tidak pantas
패설(稗說) ceritera rakyat; dongéng
패션 mode; fésyen ⊙ 패션디자이너 pencipta mode. 패션모델 peragawati. 패션 산업industri fésyen. 패션잡지 majalah fésyen
패소하다(敗訴-) kalah dalam perkara hukum (penuntutan perkara)
패스 ①【무료입장권 · 승차권】tikét bébas; kartu tanda (karcis gratis);【정기 승차권】abonemén; penukaran jurusan ((arus listrik)) ②【시험】kelulusan 패스하다 lulus ③【스포츠】operan 패스하다 mengoper ⊙ 패스포트 paspor. 패스포토 pasfoto. 패스워드 kata teroran; kata sandi
패스트리 kué kering
패스트푸드 makanan cepat siap ⊙ 패스트푸드점 restoran cepat saji
패습(悖習) kebiasaan yang buruk (jahat)
패싸움(牌-) perkelahian gerombolan (kelompok) 패싸움하다 ada perkelahian dalam gerombolan
패싱 pengoperan bola
패악(悖惡) kejahatan; kenakalan 패악하다 jahat
패용(佩用) pemakaian ((pening, kepingan untuk nama, tanda pengenal)) 패용하다 memakai ¶출입증 패용【게시】Harap dipakai tanda pengenal.
패이다[1] ⇒ 패다[2] ①【땅 등이】runtuh; ambruk ②【주름 등이】berkerut
패이다[2]【장작이】terbelah; retak; terpotong-potong
패인(敗因) faktor (sebab) kekalahan; unsur kekalahan
패자(敗者) orang yang kalah
패자(覇者) orang yang berkuasa;【경기의】pemenang; juara; pemegang kejuaraan
패잔병(敗殘兵) tentara yang menyelamatkan nyawa sesudah kekalahan
패잡다(牌-) membagi kartu
패장(敗將) jénderal yang dikalahkan
패전(敗戰) kekalahan perang ⊙ 패전국 negara yang kalah
패주하다(敗走-) kalah dan melarikan diri; bergerak mundur dalam keadaan kacau-balau
패총(貝塚) tumpukan kerang
패키지 pakét ¶패키지여행 pakét tur; wisata pakét
패턴 ①【양식】pola ②【무늬】motif
패퇴(敗退) kekalahan; penaklukan kemunduran; penarikan mundur 패퇴하다【퇴각하다】mundur
패트런 patron; pelindung; penyokong
패트롤 patroli ⊙ 패트롤 카 mobil peronda (patroli)
패하다(敗-) kalah; dikalahkan
패혈증(敗血症)【의학】keracunan darah
팩 ①【미용】pak (masker) muka (wajah) ②【작은 용기】(종이로 된) kotak kardus; (비닐로 된) kantong plastik ⊙ 우유 팩 kardus susu
팩스 faksimile ¶팩스를 보내다 memfaks; mengirim faksimile
팬【애호자】penggemar; fan ⊙ 팬레터 surat penggemar; surat pujaan kepada orang yang populér
팬더【동물】Panda
팬벨트 tali kipas

팬시pakétfantasi; kesukaan; khayalan ⊙ 팬시상품 barang-barang yang indah. 팬시점 toko hadiah

팬지 【식물】 sejenis bunga

팬츠 pantalon 《pria》; celana panjang 《wanita》

팬케이크 kué dadar; kué serabi; panekuk

팬터마임 pantomim; pertunjukan sandiwara bisu ¶팬터마임을 하다 bermain pantomim ⊙ 팬터마임 배우 aktor pantomim

팬티 celana dalam wanita; celana dalam anak ⊙ 팬티거들 celana korsét. 팬티스타킹celana panti; stoking ketat

팰로십 persahabatan; béasiswa

팸플릿 pamflét; brosur; surat sebaran

팻말(牌-) papan pemberitahuan (pengumuman)

팽 【한 바퀴 도는 모양】 berputar sekali; 【아찔한 모양】 terhuyung-huyung; berkunang-kunang

팽개치다 ①【물건을 내던지다】 melemparkan; mencampakkan ②【일 · 가족 등을 포기하다】 melepaskan; meninggalkan; mengabaikan; melalaikan

팽그르르 pusingan cepat berputar ¶팽그르르 돌다 berpusar; berputar; berkisar

팽대하다(膨大-) mengembang (berkembang) bengkak; membengkak; menambah besar; meluas; mengembung

팽배하다(膨湃-) menggelora; menggelombang; meluap

팽이 gasing ⊙ 팽이치기permainan gasing

팽창(膨脹) ①【부피 · 길이 등이】 pengembangan; pemuaian; perluasan; ékspansi; tambahan 팽창하다 menambah besar; mengembang ②【수 · 양의】 memperluas; bertambah ⊙ 팽창계수 koéfisién ékspansi (perluasan). 팽창력 kekuatan perluasan; daya muai

팽팽하다 ①【줄 등이】 regang; ketat; kencang; tegang ¶팽팽하게 하다 merentang; dapat regang ②【편협하다】 berpandangan picik; berpikiran sempit ③【대등하다】 seri; sama; setara; setanding ④【긴장감 등이】 ketegangan

팽팽하다(膨膨-) kencang

팍팍 【대드는 모양】 berani; tak mau mundur; keras hati(kepala); dengan keras; 【날카롭게】 dengan menyolok; dengan tajam

퍼내다 menimba keluar; menciduk; mempompa keluar

퍼니 santai; bermalas-malasan

퍼덕거리다 ①【바람을 받아 날개가】 mengibas-ngibaskan sayap; mengepak-ngepakkan sayap ②【물고기가】 menggeletik; meronta-ronta; meloncat-loncat

퍼덕이다 ⇒ 퍼덕거리다

퍼드덕 ⇒ 퍼덕-

퍼드럭거리다 mengepak-ngepakkan sayap dengan riuh

퍼내다 mengambil; mengeluarkan

퍼뜨리다 menyiarkan; menyebarkan

퍼뜩 dalam sekejap; sekelébat (sekelébat mata; sekelébatan); selayang pandang; sepintas lalu; sekilas bayangan; sangat singkat (tentang waktu)

퍼렇다 ⇒ 파랗다 biru (hijau) tua

퍼레이드 pawai; parade 퍼레이드하다 berpawai; berbaris

퍼르르 ⇒ 바르르

퍼마시다 minum dengan rakus (lahap)

퍼머 keriting permanén 퍼머하다 membuat keriting; mengeritingkan rambut

퍼머넌트 ⇒ 퍼머 ⊙ 퍼머넌트 웨이브 keriting permanén

퍼먹다 【퍼서】 menyéndok dan makan; mengeduk dan melahap

퍼붓다 ①【퍼서 붓다】 mengambil (menyéndok) dan menuangkan ②【끼얹다】 menyiramkan 《air》 ③【폭언 · 비난 등을】 mengucapkan(melontarkan) makian ¶ 욕설을 퍼붓다 memaki-maki

퍼석(퍼석)하다 rapuh; mudah hancur

퍼센트 persén (기호: %)

퍼센티지 per seratus; perséntase

퍼스널 pribadi; perorangan ⊙퍼스널 컴퓨터 komputer pribadi (personal)

퍼 올리다 mengambil 《air》; memompa

퍼즐 teka-teki

퍼지다 ①【벌어지다】 lébar; melébarkan; memperlébar ②【삶은 것이】 direbus; menjadi lembék; terkukus dengan baik ③【널리】 (a) 【번지다】 menyiarkan; menyebarkan; 【초목이】 menjalar; 【술 · 약

기운이】 kena éfék (b)【전파 · 보급되다】 menyiarkan; menyebarkan【소문 등이】 tersebar; tersiar; menyebar (c)【병 등이】 menular; mewabah; terjangkit luas ④【자손 · 씨가】 memperbanyak; tumbuh subur ⑤【구김살이】 meratakan; menjadi licin (halus)

퍼펙트게임【야구】 permainan yang sempurna

퍼포먼스 pertunjukan; pergelaran

퍽 sangat; amat; sekali

퍽석 lemah; bergedebuk ¶의자에 퍽석 주저앉다 duduk bergedebuk di kursi dengan lemah

펀드 dana (perwalian) ⊙ 펀드매니저 pengatur dana

펀치 ①【주먹】 pukulan ②【구멍을 뚫는 기구】 alat pembuat lubang ⊙ 펀치카드 kartu berlobang-lobang (pons)

펀칭 ¶골키퍼가 펀칭으로 공을 쳐 냈다 Penjaga gawang memukul jauh bolanya.

펀펀하다 merata; mendatar

펄 ①【개펄】 tanah pasang ②【들판】 padang rumput yang luas sekali ⸨tanpa pohon-pohon⸩; dataran yang luas

펄떡거리다 ⇒ 팔딱거리다

펄럭거리다 berkibar-kibar; terkepak-kepak; melambai-lambai

펄럭펄럭 dengan berkibar; dengan terkepak-kepak

펄럭이다 ⇒ 펄럭거리다

펄렁거리다 ⇒ 펄럭거리다

펄썩 ①【먼지 · 연기 등이 나는 모양】 naik bergumpal-gumpal ②【주저앉는 모양】 jatuh; roboh; terhenyak ¶의자에 주저앉다 terhenyak di kursi

펄쩍【힘차게 뛰는 모양】 ¶펄쩍 뛰다 melompat-lompat; berjingkrak; melonjak-lonjak

펄펄 ①【끓는 모양】 mendidih ②【눈이 날리는 모양】 berkibar-kibar

펄펄하다 ⇒ 팔팔하다

펄프 bubur ⸨kayu⸩; pulp ¶펄프로 만들다 menjadikan bubur; membuburkan; membuat jadi pulp ⊙ 펄프재(材) bubur kayu. 인견 펄프 bubur rayon

펌프 pompa ¶펌프질을 하다 memompa; menjalankan pompa ⊙ 펌프 우물 sumur pompa. 소방펌프 pemadam api (kebakaran)

펑 letusan; bunyi keras; letupan 펑하다 meluap; meletus ¶펑하고 폭발하다 meletus (meledak) dengan suara keras

펑크 ①【타이어의】 kebocoran ban ②【약속 스케줄 등의】 tidak datang; tidak hadir

펑퍼짐하다 lébar dan bulat (bundar)

펑펑 ①【플래시 등이 터지는 모양】 letusan; ledakan; letupan ②【많은 양의 액체가 한꺼번에 쏟아지는 모양】 pancaran ¶펑펑 흐르다 mengalir; memancar ③【눈이】 lebat dan cepat; pencuratan

페널티【스포츠】 pénalti; hukuman ⊙ 페널티지역(축구) kawasan (daérah) pénalti. 페널티킥(축구) tendangan pénalti

페니 sén dolar ¶반 페니 setengah sén dolar

페니실린【약】 pénisilin ⊙ 페니실린 연고【주사】 salep【suntikan】 pénisilin

페달 pédal; kayuhan ¶페달을 밟다 mengayuh pédal

패더급(-級) kelas bulu ⸨tinju⸩ ⊙ 페더급 선수 petinju kelas bulu

페디큐어【발톱 미용술】 pengobatan dan pemeliharaan (jari) kaki

페리【보트】 perahu(kapal) péri; kapal penyeberang

페미니스트 pejuang hak-hak wanita; féminis

페미니즘 féminisme; keadaan kewanitaan ⊙ 급진적 페미니즘 féminisme radikal

페스트(중세의)【흑사병】 Kematian Hitam; wabah pés

페스티벌 pésta ⸨perayaan⸩

페시미스트 orang pésimis

페시미즘 pésimisme

페어플레이 bermain adil(wajar); tindakan (perlakuan) yang wajar (adil) ¶페어플레이 합시다! Mari bermain dengan adil (sportif).

페이 upah; gaji ⊙ 페이데이 hari gaji; hari upah

페이브먼트 jalan aspal; aspalan; trottoar; kaki lima

페이스 langkah ¶자기 페이스로 mengikuti langkahnya sendiri

페이스트리 kué kering
페이지 halaman; muka; pagina ¶페이지를 넘기다 membuka-buka halaman; membalikkan halaman
페이퍼【사포】 ampelas; amril; 【종이】 kertas ¶페이퍼로 문지르다 mengampelas
페이퍼백 【종이 표지 장정 책】 buku bersampul tipis
페인트 ①【도료】 cat; cét ¶페인트를 칠하다 mencat; mengecat; mengecét; mencét / 수성 페인트 cat air
페인트 【운동경기에서 상대편을 속이기 위한 동작】 gerakan tipuan; gerakan pura-pura
페치카 *pechka*
페티코트 rok dalam wanita
페퍼민트 permén
펜 【필기구】 péna ¶굵은【가는】 펜 péna yang tebal 【tipis】 ⊙ 펜대 tangkai péna. 펜팔 sahabat péna
펜네임 nama samaran
펜스 【야구】 pagar
펜싱 olah raga anggar ⊙ 펜싱선수 pemain anggar
펜치 pencapit; tang
펜타곤 segilima; sisilima
펜화(-畵) 【그림】 skétsa péna
펠리컨 burung undan
펠트 laken ⊙ 펠트모자 topi laken
펨프 【뚜쟁이】 alku; muncikari; germo; jaruman
펩신 pépsin
펭귄 penguin; semacam angsa di kutub selatan
펴내다 menerbitkan ((buku)) ¶펴낸이 penerbit
펴놓다 membentangkan; membuka
펴다 ①【펼치다】 (a) (접힌 것 등을) membentangkan; membuka (b) (굽은 것 등을) meluruskan; (구김 · 주름살 등을) meratakan; (다리미를) menyeterika (c) (뻗다) membusungkan; meregangkan ¶가슴을 펴다 membusungkan dada (d) (뜻을) mencapai ②【기를】 membangkitkan ((semangat))
펴이다 ①【펴지다】 terbuka; terbentang ②【형편이】 menjadi baik; bertambah baik
펴지다 ①【펼쳐지다】 terbuka; terbentang ②【주름이】 menjadi rata; melicin ③【굽은 것이】 diluluskan; melurus ④【닫힌 것이】 dibuka
편 【떡】 kué beras
편(便) ①【방향】 belah; arah ¶동【서】편 sebelah timur 【barat】 ②【한 패】 kelompok; grup; gerombolan ③【인편】 ¶친구 편에 보내다 mengirim melalui teman ④【교통수단】 ¶철도편【배편】으로 dengan keréta api 【kapal】 ⑤【경향, 좀 …듯싶음】 jumlah lebih besar; sedikit ¶작은 편이다 sedikit kecil ⑥【수단】 naik; dengan ⑦【선택】 lebih
편(編) 【편찬】 himpunan; penyusunan
편(篇) ①【책 · 시문의】 salinan; tembusan; kopi ②【책의 장】 bab ③【책 · 영화 등을 세는 단위】 buah ¶한 편의 시 sebuah sajak
편 가르다(便-) membagi ke dalam kelompok-kelompok
편각(偏角) 【지리】 sudut penyimpangan; deklinasi; 【수】 amplitudo
편강(片薑) jahé(halia) yang dipotong-potong
편견(偏見) prasangka; pra-anggapan; purbasangka; pandangan yang bias ¶편견을 가지다 berprasangka /편견적인 berat sebelah; condong berprasangka
편곡(編曲) 【음악】 aransemén; susunan musik 편곡하다 menyusun musik; mengaransir ¶편곡되다 diaransemén
편광(偏光) 【물리】 sinar terpolarisasi; sinar terkutub
편달(鞭撻) ①【때림】 pukulan cemeti; cambuk; pecut 편달하다 memukul dengan cemeti ②【격려】 dorongan; desakan; pengobaran semangat 편달하다 mendorong; membesarkan hati
편대(編隊) formasi; yang membentuk barisan ¶편대 비행하다 terbang dalam formasi
편도(片道) satu jurusan; sekali jalan ⊙ 편도승차권 karcis untuk satu jalan; tiket sekali jalan. 편도요금 ongkos sekali jalan
편도선(扁桃腺) 【해부학】 amandel ¶편도선이 붓다 amandel menjadi bengkak ⊙ 편도선염 radang amandel

편두통(偏頭痛) 【의학】 migrain; nyeri kepala sebelah; sakit kepala satu sisi
편들다(便-) membelah; berpihak; mendukung
편람(便覽) buku petunjuk; buku pedoman
편력(遍歷) petualangan 편력하다 mengembara; berkelana; mengadakan perjalanan; berkeliling-keliling
편리(便利) kemudahan; fasilitas 편리하다 baik sekali; sesuai; cocok ¶편리한 berguna; memudahkan/ 편리하게 하다 memudahkan; mempermudah
편린(片鱗) 【비늘】 sisik ((ikan)); 【일면】 bagian; pandangan sekilas ¶편린을 엿보다 melihat sepintas lalu; memandang sekilas
편모(偏母) ibu yang menjanda ¶편모슬하에 있다 hidup di bawah asuhan ibu yang menjanda
편무(片務) ¶편무적 sepihak ⊙ 편무계약 perjanjian sepihak
편물(編物) 【뜨게 질】 rajutan; 【짠것】 pakaian hasil rajutan 편물하다 merajut
편발(編髮) kucir; rambut tancang 편발하다 mengépang
편법(便法) kemanfaataan; kegunaan; cara (métode) yang lebih mudah; jalan pintas ¶일시적 편법 kemanfaatan sementara
편복(便服) pakaian sehari-hari
편부(偏父) ayah yang menduda
편상화(編上靴) sepatu bot bertali
편서풍(偏西風) angin barat
편성(編成) pembentukan; organisasi; penyusunan 편성하다 membentuk; mengorganisir; menyusun
편수하다(編修-) mengédit; menyunting; membaca dan memperbaiki ((naskah))
편술하다(編述-) ⇒ 편수하다
편승하다(便乘-) ①【차 · 배에】 membonceng; menggoncéng ②【기회에】 menggunakan kesempatan; mengambil keuntungan dari; memanfaatkan
편식하다(偏食-) makan secara kurang seimbang gizinya
편쌈(便-) perkelahian antar dua kelompok; perkelahian gerombolan (kelompok) 편쌈하다 berkelahi antar dua kelompok
편안(便安) keamanan; kesentosaan; ketenangan; 【편함】 kemudahan; kesenangan 편안하다 tenang; hening; sentosa; senang ¶편안히 dengan tenang (damai)
편애(偏愛) sikap pilih-kasih; sikap memihak ((kecintaan)); sikap (tindakan) memilih-milih orang yang menjadi kesayangan; favoritisme; kepemihakan 편애하다 memilih kasih terhadap; memihak; menunjukkan favoritisme
편액(偏額) gambar yang dibingkai
편육(片肉) daging rebus yang dipotong-potong
편의(便宜) kebaikan; manfaat; pertolongan; bantuan ¶편의상 untuk mudahnya; demi kemudahan ⊙ 편의점 toko serba ada (toserba)
편이하다(便易-) mudah; gampang; cekatan; énténg; menyenangkan; memudahkan
편익(便益) keuntungan; faédah; kemudahan ⊙ 편익시설 fasilitas manfaat
편입(編入) penyusunan; penyelip-nyelip; perangkaian 편입하다 ①【다른 학교로】 transfer; pindah ②【조직 · 단체 등으로의】 dimasukkan; digabungkan; menyertakan ③【군대에 · 예비역에】 memindahkan ¶예비군으로 편입되다 ditugaskan ke pasukan cadangan ⊙ 편입생 siswa pemindahan. 편입시험 ujian khusus untuk memindahkan perguruan tinggi
편자(말굽의】 sepatu kuda ⊙ 편자 공(工) tukang sepatu kuda
편자(編者) éditor; penyunting; penyusun
편재하다(偏在-) ada (hadir) di mana-mana; tersebar
편전(便殿) ruang tamu pribadi untuk raja
편제(編制) ⇒ 편성(編成) organisasi ⊙ 평시편제 pengorganisasian masa damai (biasa)
편주(扁舟) perahu (sampan) kecil ⊙ 일엽편주 perahu kecil sekali
편중(偏重) ¶편중되다 terkonséntrasi; diandalkan; dinilai terlalu tinggi
편지(片紙. 便紙) surat; 【간략한】 catatan 편지하다 mengirim surat ¶편지를 주고

받다 surat-menyurat; tukar-menukar surat ⊙ 편지봉투 amplop; sampul. 편지지 kertas surat

편집(偏執) sifat keras kepala; ketegaran; kefanatikan ⊙편집광 penyakit gila karena ketakutan atau kekecéwaan; mononamia

편집증(偏執症)【의학】penderita gangguan jiwa

편집(編集) penyuntingan 편집하다 mengedit; menyunting ⊙ 편집부 bagian rédaksi. 편집자 rédaktor. 편집장 pemimpin rédaksi. 편집후기(後記) koméntar éditor

편짜다(便-) membentuk tim (kelompok); membentuk sebuah regu;【편을 가르다】memisahkan ke dalam kelompok-kelompok

편짝(便-) pinak; partai ⊙ 이 편 짝 pihak ini

편차(偏差) déviasi; penyimpangan ⊙ 표준편차 standar déviasi; selisih pokok

편찬(編纂) himpunan; kompilasi; penyusunan 편찬하다 menyusun; mengumpulkan; menghimpun ⊙ 편찬위원 komiti kompilasi. 편찬자 penyusun; penghimpun

편찮다(便-) tidak menyenangkan; tidak séhat;【병으로】sakit

편취(騙取) penipuan; kecurangan; penggelapan 편취하다 menipu; mengécoh; memperdaya

편파(偏頗) sikap pilih-kasih; berat sebelah; menyebelah ¶편파적으로 secara tidak adil; secara sepinak; tanpa keadilan

편평족(扁平足)【병리학】kaki yang tapaknya datar

편평하다(扁平-) datar; rata

편하다(便-) ①【편리하다】berguna; baik sekali; tepat; cocok ②【몸 · 마음 등이 편안하다】aman; senang; bébas dari kegelisahan; (걱정 없다) nyaman ③【수월하다】mudah; ringan

편향(偏向) kecondongan; kecenderungan; penyéléwengan; penyimpangan 편향되다 cenderung; menyimpang ⊙ 편향교육 pendidikan yang disimpangkan; pendidikan yang berat sebelah

편협하다(偏狹-) berpandangan picik ((sempit)); tidak toléran; cupat pikiran

편형동물(扁形動物) cacing pita

펼쳐지다 ①【경치 · 광경 등이】terbentang ②【접힌 것이 펴지다】terbuka

펼치다 ①【접힌 것을】membukakan ②【자리를】membentangkan; ③【새가 날개를】menyipak-nyipakkan

폄하다(貶-) meréméhkan; menghina; mengecilkan; merendahkan

평(坪)【토지 단위】*pyeong* ①【지적의】=3.954sq【입체의】= 7.9 cub ②【유리 · 헝겊 · 벽의】0.11sq.③【조각 · 동판의】104sq. inci ⊙ 평수 luas; ruang lantai

평(評) tinjauan; résénsi koméntar; ulasan; kritikan ¶신문 평 koméntar surat kabar

평–(平) biasa ¶평교사 guru biasa

평가(平價)【경제】nilai sama pokok; kesamaan; persamaan; keseimbangan; tingkat yang sama ⊙ 평가절상 révaluasi ((kearah atas)). 평가절하 dévaluasi

평가(評價) penilaian; penaksiran; penghargaan 평가하다 menaksir; menilai; menghargai ¶과대평가하다 menilai terlalu tinggi ⊙ 과대평가 taksiran terlalu tinggi. 과소평가 taksiran terlalu rendah. 재평가 penilaian kembali

평가(平價)【경제】¶원화가 평가 절상되었다 won telah dihargai/ 평가절하 penurunan; devaluasi

평각(平角)【수학】sudut lurus

평결(評決) keputusan; vonis; putusan 평결하다 memberi putusan; memutuskan

평교(平交) teman sebaya

평균 ①【여러 수치의 합을 나눈 결과】rata-rata 평균 하다 merata-ratakan ¶평균의 rata-rata; sedang; biasa; pukul rata ②【균형 · 평형】keseimbangan; seimbang ⊙ 평균대【스포츠】balok keseimbangan. 평균점 angka rata-rata. 평균치 nilai rata-rata

평년(平年)【예년】tahun biasa; tahun normal ⊙ 평년작 hasil panén normal

평등(平等) kesamaan; kesamarataan 평등하다 sama; sederajat; sama rata ¶평등하게 sama-sama; secara rata ⊙ 평등주

의 prinsip kesamaan. 기회 평등 kesempatan yang sama

평론(評論) kritikan; résénsi; komentar; ulasan 평론하다 mengeritik; memberi ulasan ⊙ 평론가 penulis résénsi buku; peninjau; kritikus; pengulas.

평맥(平脈) denyut nadi normal

평면(平面) ①【평평한 표면】 bidang dataran; permukaan ¶평면의 datar; latar ②【겉으로 드러나는 현상】 ¶평면적 dangkal; céték ③【수학】 planét ⊙ 평면도 rencana ((lantai)); gambar bidang

평민(平民) orang biasa; orang awam; rakyat jelata

평발(平-) ⇒ 편평족

평방(平方) persegi; empat persegi; bujur sangkar ⊙ 평방미터 méter persegi

평범하다(平凡-) biasa; lazim; umum; lumlah; (특색 없다) tidak ada keistiméwaan

평복(平服) pakaian biasa; pakaian sehari-hari; pakaian sederhana

평분하다(平分-) membagi sama

평상(平床) balé-balé; tempat tidur dibuat dari kayu

평상(平常) ⇒ 평상시 ¶평상의 biasa

평상복(平常服) ⇒ 평복, 캐주얼

평상시(平常時) masa (waktu) biasa; 【평화 시】 masa damai ¶평상시와 같이 seperti biasa

평생(平生) ⇒ 일생 ¶한 평생 seumur hidup; sepanjang kehidupan ⊙ 평생교육 pendidikan kekal

평소(平素) ①biasanya; sehari-hari ¶평소와는 달리 tidak seperti biasa ②【지나간 날】 di masa lampau

평수(坪數) ukuran tanah; *pyong*; 【건평】 ukuran lantai

평시(平時) masa normal; 【평화 시】 masa damai ¶평시의 masa damai/ 평시에는 biasanya; dalam masa damai ⊙ 평시군인 tentara dalam masa damai

평안(平安) keamanan; kenyamanan; kesenangan; kesejenisahteraan; keséhatan 평안하다 *aman; séhat;* senang ¶평안히 dengan aman; secara damai

평야(平野) daratan; tanah datar; médan terbuka ⊙ 호남평야 dataran Honam

평열(平熱) suhu badan normal

평영(平泳) gaya dada 평영하다 berenang gaya dada ⊙ 평영선수 perenang gaya dada

평온(平溫) témperatur rata-rata

평온(平穩) ketenangan; kedamaian; keamanan 평온하다 tenang; aman; nyaman ¶평온해지다 menjadi tenang

평원(平原) padang rumput; daratan; dataran.

평의(評議) konsultasi; konperénsi; pembicaraan; diskusi; perundingan 평의하다 membicarakan; berunding; merundingkan; berkonsultasi ⊙ 평의원 anggota déwan

평이(平易) gampang; mudah; sederhana ¶평이하게 하다 menyederhanakan; mempermudah

평일(平日) 【공일 아닌】 hari kerja; 【평상일】 hari biasa; hari-hari kecuali hari minggu atau hari besar ¶평일에는 pada hari kerja; pada hari biasa

평전(評傳) biografi kritis

평점(評點) ①【학력에 대한 점수】 angka (nilai) ujian ②【평가】 nilai évaluasi; penilaian; ulasan

평정(評定) penilaian; évaluasi 평정하다 menilai; memberikan penilaian; mengévaluasi

평정(平靜) pasifikasi; keamanan; ketenangan; ketenteraman; penyabaran; penenangan; pengamanan 평정하다 menenangkan; menenteramkan; meredakan ¶평정을 잃다 hilang akal; hilang ketenangan

평준(平準) 【수준】 tingkat; 【평균】 kesamaan; kesamarataan ¶평준화 penyamaan; penyamarataan; ékualisasi /평준화하다 menyamakan; meratakan

평지(平地) tanah dataran; tanah yang rata

평지풍파(平地風波) kesusahan yang tidak semestinya; kesusahan yang tak ada gunanya

평탄 (平坦) ①【지면이 평평하다】 rata; datar ¶평탄하게 하다 mendatarkan; meratakan ②【순탄하다】 ketenangan; keredaan 평탄 하다 lancar; tenang; reda

평토하다(平土-) meratakan tanah

평판(平版) litograf; tulisan (gambar) yang dilukis pada batu yang rata
평판(評判)【명성】réputasi; kemasyhuran; popularitas; ketenaran; (세평) pendapat orang; desas desus ¶평판이 난 terkenal; masyhur; populér/ 평판이 좋다 beréputasi baik; memiliki nama baik
평평하다(平平-) rata; datar
평풍 ⇒ 병풍
평하다(評-) mengeritik; memberikan koméntar (ulasan); mengoméntari
평행(平行) garis lintang sejajar 평행하다 sejajar 《dengan》; bersejajar 《dengan》 ⊙ 평행봉 kisi-kisi sejajar; palang sejajar. 평행선 garis sejajar
평형(平衡) keseimbangan 평형하다 mengimbangkan ¶평형을 잃다 kehilangan keseimbangan ⊙ 평형감각 perasaan keseimbangan
평화(平和) perdamaian; keamanan 평화스럽다. 평화롭다 tenang; tenteram; damai ¶평화적인 damai; tenang; tenteram/평화롭게 살다 hidup dengan tenang ⊙ 평화공세 serangan (pelanggaran) perdamaian. 평화조약 perjanjian perdamaian
폐(肺) paru-paru ¶폐가 나쁘다 paru-paru lemah ⊙ 폐암 kanker paru-paru. 폐 절제 bedah paru-paru
폐(弊) ①【폐단】kejahatan; adat yang buruk ②【남에 대한 누, 신세】kesusahan ¶ 폐가 안 된다면 kalau tidak menyusahkan/폐 끼치다 menyusahkan; menyebabkan kesusahan
폐-(弊)【저희】hamba ¶폐사(社) perusahaan hamba
폐가(廢家) ①【낡은 집】rumah yang rubuh (ambruk); rumah yang ditinggalkan ②【상속자 없는】keluarga yang musnah
폐간(廢刊) pemberhentian penerbitan (terbit) 폐간하다 berhenti menerbit ¶폐간이 되다 dihentikan terbit; tidak dilanjutkan
폐강하다(閉講-) membatalkan kelas
폐갱(廢坑) pertambangan yang ditinggalkan (yang tidak diolah)
폐결핵(肺結核) tébésé (TBC); penyakit paru-paru ¶폐결핵에 걸리다 menderita tuberkulosis paru-paru ⊙ 폐결핵 환자 orang yang berpenyakit TBC; penderita tuberkulosis paru-paru
폐경기(閉經期) masa ménopause; mati haid
폐관(閉館) ¶폐관되다 tutup; ditutup
폐광(廢鑛) tambang mati; pertambangan yang habis terpakai 폐광하다 menelantarkan tambang
폐교하다(廢校 · 閉校-) menutup sekolah
폐기(廢棄) ①【쓸모가 없어 버림】hal yang tidak dipakai lagi; pencabutan (cabut); penghapusan 폐기하다 membuang ②【법률·조약 등을 무효로 함】pencabutan; pembatalan 폐기하다 (법률) mencabut ; membatalkan; menghapus ¶폐기되다 dicabut; dihapuskan
폐기물(廢棄物) barang buangan; barang rongsokan ⊙ 폐기물처리장【원자로의】tempat pembuangan barang sampah
폐농하다(廢農-) berhenti bertani
폐단(弊端) penyalah-gunaan; kebiasaan buruk ¶폐단을 없애다【시정하다】memperbaiki kebiasaan buruk
폐렴(肺炎)【의학】pneumonia; radang paru-paru; radang paru-paru yang akut ⊙ 급성 폐렴 pneumonia akut
폐롭다(弊-)【귀찮다】menjéngkélkan; menyusahkan; terganggu
폐막(閉幕) penutupan 폐막하다 menutup; berakhir; selesai; tamat ¶폐막되다 ditutup ⊙ 폐막식 upacara penutupan
폐문(肺門)【해부학】hilum paru-paru ⊙ 폐문 림프선염 adinitis hilum paru-paru
폐문(閉門) tutupan pintu;【게시】Ditutup pintu. 폐문하다 menutup 《pintu》; tutup
폐물(廢物) barang bekas; barang buangan; rongsokan; limbah ¶폐물이 되다 menjadi barang yang tak berguna; menjadi sampah; menjadi rongsokan ⊙ 폐물이용 pemanfaatan bahan buangan; pemanfaatan limbah
폐백(幣帛) hadiah; persembahan;【신부의】persembahan pengantin wanita kepada mertuanya
폐병(肺病)【폐결핵】penyakit paru-paru ⊙ 폐병환자 pasien (pesakit) paru-paru
폐부(肺腑) ①【폐】paru-paru ②【마음의 깊은 속】batin ¶폐부를 찌르다menusuk

hati; menusuk dalam-dalam ③【급소】 titik kritis; hal yang sangat penting

폐비(廢妃) penurunan ratu dari tahtanya

폐사하다(斃死-) mati

폐사(廢寺) kuil yang rusak

폐색(閉塞) blokade; pemblokiran 폐색하다 melakukan blokade; memblokir; memblokade

폐선(廢船) kapal bekas (rongsokan); kapal tua

폐쇄(閉鎖) penutupan; pengakhiran 폐쇄하다 menutup; mengakhiri ¶그 공장은 폐쇄되었다 Pabrik itu ditutup.

폐쇄적(閉鎖的) tertutup; (배타적인) éksklusif

폐수(廢水) air buangan; air limbah ⊙ 폐수처리 penanganan air buangan. 폐수처리장(치) sistem pembuangan air limbah. 공장 폐수 limbah pabrik

폐습(弊習) kebiasaan buruk; perbuatan tercela; adat yang buruk

폐암(肺癌) kanker paru-paru

폐어(廢語) perkataan yang sudah tak dipakai lagi; kata usang

폐업(廢業) 폐업하다 menutup perusahaan; menutup toko; mengakhiri usaha ⊙ 폐업신고 laporan penghentian perusahaan

폐원(閉院) 폐원하다 membubarkan déwan; menutup ⊙ 국회폐원식 upacara pembubaran Déwan Perwakilan Rakyat

폐위(廢位) 폐위하다 menurunkan dari takhta; turun tahta

폐유(廢油) limbah minyak

폐인(廢人) orang yang tidak mampu bergerak (bertindak) lagi

폐일언하고(蔽一言-) péndék kata; secara singkat

폐장(閉場) tutup tempat 폐장하다 bubar; usai ⟪pasar, bioskop dan lain lain⟫; menutup tempat

폐점(閉店) ①【하루 영업을 마침】 penutupan toko 폐점하다 menutup toko ②【폐업】 penutupan 폐점하다 menggulung tikar; bangkrut

폐정하다(閉廷-) menunda (menangguhkan) sidang pengadilan

폐정(弊政) pemerintahan yang lalim

폐지(廢紙) kertas daur ulang; kertas limbah ¶폐지를 재활용하다 mendaur ulang limbah kertas

폐지(廢止) 【풍속 · 제도의】 penghapusan; abolisi; 【법률 · 조약의】 pencabutan; 【취소】 pembatalan 폐지하다 menghapuskan; mencabut; membatalkan; tidak melanjuntukan 폐지되다 dihapuskan; dicabut

폐질환(肺疾患) penyakit paru-paru

폐차(廢車) mobil bobrok; mobil rongsokan ¶폐차처분하다 membesituakan mobil ⊙ 폐차장 kuburan mobil

폐품(廢品) barang pembuangan (buang); barang rongsokan; barang bekas; rombéngan; loakan ¶폐품이 되다 menjadi tidak berguna/폐품을 수집하다 mengumpulkan barang bekas ⊙ 폐품이용 pemanfaatan barang sisa (barang bekas)

폐풍(弊風) ⇒ 폐습

폐하(陛下) Baginda; yang Mulia

폐하다(廢-) ①【풍속 · 제도 등을】 menghentikan; menghapuskan; mengakhiri ②【법률 · 조약 등을】 mencabut ③【군주를】 menunrunkan dari tahta

폐합하다(廢合-) menghapus dan menyusun kembali

폐해(弊害) éfék buruk; pengaruh buruk (jahat)

폐허(廢墟) puing-puing; reruntuhan ¶폐허가 되다 dihancurkan; diruntuhkan; dimusnahkan; menjadi reruntuhan

폐활량(肺活量) kapasitas paru-paru ⊙ 폐활량 계(計) spirométer; alat pengukur kapasitas paru-paru

폐회(閉會) 폐회하다 menutup pertemuan (rapat; persidangan) ¶폐회가 되다 ditutup pertemuan ⊙ 폐회사 ucapan (pidato) penutupan. 폐회식 upacara penutupan

폐회로(閉回路) 【전기】 rangkaian tertutup; jalur terbatas

포(砲) (대포) meriam; (곡사포) artileri; (총칭) senjata; perlengkapan perang

포(脯) 【생선 · 고기 등을 얇게 저민 것】 daging kering yang diiris-iris

포(包) ⇒ 포대 【가죽 · 종이 등으로 만든 자루】 tas kain guni

포개다 ①【겹쳐 놓다】 menumpukkan ¶포

개서 쌓지 마시오【게시】Jangan ditumpuk-tumpuk. ②【여러 겹으로 접다】 lipat ¶이불을 포개다 dilipat kasur

포격(砲擊) pengeboman; bombardémen 포격하다 membom; menémbak ¶포격을 받다 ditémbaki; digranat

포경(包莖)【의학】fimosis ⊙ 포경수술 bedah fimosis; khitanan

포경(捕鯨) penangkapan ikan paus ⊙ 포경선 kapal penangkap ikan paus

포고(布告) dekrét; maklumat; pengumuman 포고하다 memaklumkan; mengumumkan ⊙ 포고령 dekrit. 포고문 pengumuman resmi; maklumat pemerintah

포괄(包括) 포괄하다 memasukkan; melibatkan; mencakup; mengandung ¶포괄적 inklusif/ 포괄적으로 secara keseluruhan

포교(布教) penyiaran agama; pekerjaan misionaris; propagandisme agama 포교하다 menyiarkan (menyebarkan) agama ⊙ 포교 자 pengabar lnjil

포구(浦口)【항구】teluk kecil; ceruk; pelabuhan; kuala

포구(砲口) moncong meriam; kaliber

포근포근하다 halus dan énak

포근하다 ①【폭신하다】hangat dan nyaman; empuk ②【따뜻하다】(a) (아늑하다) hangat; énak; menyenangkan (b) (겨울 날씨가) tidak sejuk ③【마음이】《ber》 santai; tenang sekali

포근히 ①【잠을】nyenyak 《tidur》 ②【아늑히】hangat; énak

포기 【풀 · 배추 등을 세는 단위】《se》batang; bungkul; bongkol

포기(抛棄) keadaan tertinggal; pembuangan; pengabaian; penolakan; penyianyiaan; pengunduran diri; perhentian 포기하다 menyerahkan; mengabaikan; berhenti; 【왕위】mengundurkan diri; turun takhta; 【규칙】menolak 《peraturan baru》; tidak mengakui 《anak》; melepaskan

포니 kuda yang masih muda; kuda kerdil

포닥- ⇒ 퍼덕-

포달 perlakuan kejam ¶포달(을) 부리다 memperlakukan dengan kasar (kejam; keji); mengutuk; memaki /포달스럽다 berwatak buruk (jahat); suka melawan (menentang)/포달지다 berlidah kasar

포대(布袋) karung; guni

포대(包袋) ⇒ 부대(負袋) pembalut; balutan; perban; pemalut 포대하다 membalut; memalut ¶포대를 풀다 membuka perban

포대(砲臺) dérétan meriam; 【요새】bénténg; kubu pertahanan

포대(砲隊)【포병 부대】unit artileri

포대기 bedong bayi; selimut kapas untuk melapisi badan anak kecil

포도(鋪道) jalan aspal; aspalan; jalan semén

포도(葡萄) buah anggur ⊙ 포도당(糖) gula anggur; glukosa. 포도밭 kebun anggur. 포도송이 setandan anggur. 포도주 minuman anggur. 포도즙 sari anggur

포도대장(捕盜大將)【옛 제도】ketua polisi

포도청(捕盜聽)【옛 제도】kantor (jawatan) polisi

포동포동하다 montok; sintal; gemuk; padat

포로(捕虜)【전쟁의】orang tawanan; orang tahanan ¶포로가 되다 menjadi tawanan; ditahan (ditawan) oléh musuh ⊙ 포로교환 pertukaran tawanan perang. 포로송환 pemulangan tawanan perang. 포로수용소 kamp tawanan perang; kamp konséntrasi

포럼 musyawarah; majelis; mimbar

포르노(그라피) kecabulan; porno; gambar (bacaan) cabul ⊙ 포르노사이트 situs pronografi. 포르노잡지 majalah cabul

포르말린【약품】formalin ⊙ 포르말린 소독 disinféksi formalin

프롬아미드【화학】formamid

포름(산) asam-semut; asam-formiat

프롬알데이드 formaidehida

포마드 pomade; minyak rambut

포만감(飽滿感) rasa kekenyangan ¶포만감을 느끼다 merasa kenyang

포말(泡沫) 【물거품】busa; buih; gelembung ¶포말 같은 berbuih; berbusa 《seperti bir, sabun dan sebagainya》

포맷 ①【형태】format; ukuran ②【컴퓨터의】pola; bentuk 포맷하다 memformat

포목(布木) linen dan kapas (katun) ⊙ 포목전【점(店】toko bahan pakaian

포문(砲門) 【대포 · 군함의】 mulut senjata api; tingkapan ((di sisi kapal))
포물선(抛物線) 【수학】 parabola
포박(捕縛) penangkapan; penahanan 포박하다 mengikat; menahan; menangkap; menawan
포병(砲兵) tentara artileri; pasukan bagian meriam ⊙ 포병대【단】 satuan 【korp】 artileri. 포병중대 batalyon. 포병학교 sekolah artileri (batalyon)
포복하다(匍匐-) merangkak; bergerak pelan-pelan
포복절도하다(抱腹絕倒-) tertawa terbahak-bahak; meledak dengan tertawa
포부(抱負) ambisi; hasrat; cita-cita; aspirasi ¶포부가 크다 berambisi tinggi
포상(褒賞) ganjaran; hadiah; upah; pahala 포상하다 menghargai; menjunjung; memberikan penghargaan; menghadiahi; menghadiahkan ¶포상을 받다 dihadiahi
포석(布石) ①【바둑】 posisi siasat dalam permainan *paduk* 포석하다 menaruh batu pada posisi siasat ②【비유적】 langkah-langkah awal; pendahuluan; persiapan; permulaan 포석하다 membuka jalan untuk masa depan
포석(鋪石) batu ubin
포섭하다(包攝-) menarik di pihaknya; mengambil hati kepada pihaknya
포성(砲聲) bunyi peluru; suara témbakan; dentuman meriam
포수(砲手) ①【사냥꾼】 pemburu ②【대포의】 tentara (pelayan) meriam; penembak
포수(捕手) 【야구】 penangkap bola
포스 kekuatan; tenaga
포스터 poster; plakat; surat témpélan ¶포스터를 붙이다 menémpélkan poster 【plakat】
포승(捕繩) tali yang mengikat orang kriminil (pidana; penjahat; nara pidana)
포식(捕食) 【잡아먹음】 포식하다 mencari mangsanya; memangsa ⊙ 포식동물 binatang yang makan binatang lain
포식하다(飽食-) makan sampai kenyang; makan sepuasnya
포악(暴惡) kekerasan; kebiadaban; kekejaman; kezaliman; kebengisan 포악하다 kasar; kejam; zalim; bengis
포연(砲煙) asap meriam (artileri)
포옹(抱擁) pelukan; rangkulan 포옹하다 memeluk; merangkul ¶서로 포옹하다 berpelukan
포용(包容) ①【포괄】 termasuknya; pemasukan; pencantuman ②【너그러움】 toleransi; kesabaran; kelapangan dada 포용하다 【포괄하다】 memahami; mengerti; 【사람을】 sabar menghadapi; tahan
포위(包圍) pengepungan 포위하다 mengepung; mengelilingi; melingkari; melingkungi ⊙ 포위망 jaringan pengepung
포유하다(包有-) berisi; memuat
포유(哺乳) ⊙ 포유동물 héwan pemamah biak; binatang menyusui anak. 포유류 Mamalia
포육(脯肉) daging kering yang dipotong-potong; déndéng
포어핸드【테니스】 pukulan forhén
포의(布衣) cendekiawan yang tidak memegang jabatan; orang sipil
포워드 pemain depan
포인트 ①【운동경기의 득점】 nilai; skor; angka ②【요점】 maksud; pokok ③【활자의 크기】 tipe ④【주가 · 주식 등의】 nilai; poin ⑤【소수점】 désimal; persepuluhan
포장(布帳) ①【천 · 비닐 등으로 만든 장막】 kerai linen; gorden lilin ¶포장을 걷다 mengangkat kerai ②【마차 등의】 kap (tutup) yang dapat dilipat
포장(包裝) 【물건을 싸는 일】 bungkusan; pembungkusan; pengepakan; pengemasan 포장하다 mengepak; mempak; membungkus; mengemas ¶포장을 풀다 membuka bungkusan (kemasan) ⊙ 포장지 kertas bungkus; kertas kemasan
포장(鋪裝) jalan aspal; aspalan; trotoar 포장하다 mengaspal ⊙ 포장도로 jalan aspal; aspalan; trotoar
포장마차(布帳馬車) palang keréta yang tertutup; kereta beroda empat; 【술파는】 bar keréta; tempat menjual minum-minuman keras di keréta beroda empat
포졸(捕卒) penangkap pencuri
포주(抱主) calo; germo; muncikari
포즈 pose; perlaga((k))-laga ((k))an; sikap

badan ¶포즈를 취하다 berpose
포지션【스포츠】kedudukan; posisi
포진(布陣) barisan; pembarisan 포진하다 berbaris; berdérét; mengambil posisi
포착(捕捉) penangkapan 포착하다 ①【잡다】menangkap; (적을) mengepung ②【기회 등을】기회를 포착하다 meraih kesempatan ③【발견하다】¶포착되다 didétéksi
포천 untung; nasib baik ⊙포천 텔러 ahli nujum; tukang ramal
포커 poker ¶포커를 치다 bermain poker ⊙ 포커페이스 muka poker
포커스 pusat
포켓【윗저고리의】saku jas;【안의】saku;【바지의】kantong ⊙ 포켓머니 uang saku.
포켓볼 bilyar
포크[1]【찍어 먹는】garpu
포크[2]【돼지고기】daging babi ⊙포크 찹 masakan potongan daging babi
포크댄스 tarian rakyat
포크송 lagu rakyat
포클레인 sekop hidrolik
포탄(砲彈) granat; peluru meriam
포탈(逋脫) penghindaran pajak; pengélakan pajak; penyingkiran pajak 포탈하다 mengélakan pajak
포탑(砲塔) kupel (kubah) senapan; kupel meriam
포태(胞胎) kehamilan 포태하다 mengandung; hamil
포터 portir; penjaga pintu; kuli pengangkut barang
포터블 portabel; mesin yang mudah dibawa
포털사이트 situs portal
포테이토 kentang ⊙포테이토 칩 keripik irisan kentang; serpih kentang yang digoréng
포트 pelabuhan; pot bunga; jambangan ⊙ 포트와인 anggur port
포트폴리오 tas surat; portepel; jabatan menteri
포플러 pohon poplar
포플러 musik populér
포플린 popelin
포피(包皮)【해부학】kulup; kulit khitan
포학(暴虐) kelaliman; kezaliman; kekejaman 포학하다 lalim; zalim; kejam
포함(包含) termasuknya; pemasukan; pencantuman 포함하다 memasukkan ¶포함해서 termasuk/포함시키다 dimasukkan
포화(砲火)【사격, 포격】témbakan senapan; témbakan meriam ¶포화를 퍼붓다 menghujani témbakan
포화(飽和)【물리】penjenuhan; kejenuhan 포화하다 jenuh 《dengan》 ⊙ 포화점 titik kejenuhan. 포화용액 larutan jenuh
포화상태(飽和狀態) keadaan penjenuhan
포환(砲丸) peluru gotri;【스포츠】témbakan ¶포환을 던지다 melepaskan témbakan
포획(捕獲) penangkapan 포획하다 menangkap ⊙ 포획물 《barang》 rampasan
포효(咆哮) auman; (바람이) deru; (사이렌) suara meraung; suara gemuruh 포효하다 meraung; mengaum
폭(幅) lebarnya; kelebaran ¶폭이 좁은 sempit; terbatas/ 폭을 넓히다 melebarkan; memperlebar
폭 ①【정도】kira-kira; kurang lebih ②【셈】perkiraan; anggapan
폭거(暴擧)【난폭한 행동】kekerasan; huru-hara; kerusuhan; pelanggaran
폭격(爆擊) pengeboman; bom 폭격하다 mengebom; membom ⊙ 폭격기 pesawat pembom; bomber
폭군(暴君) raja lalim; raja yang kejam; tiran
폭도(暴徒) gerombolan orang banyak; perusuh; pengacau; pemberontak
폭동(暴動) kerusuhan; huru hara; kerisauan; pemberontakan ¶폭동을 일으키다 melakukan huru-hara; memulai kerusuhan (pemberontakan) ⊙ 폭동자 perusuh; pengacau; pemberontak; pendurhaka. 무장 폭동 révolusi bersenjata
폭등(暴騰) kenaikan tiba-tiba; kenaikan tajam 폭등하다 tiba-tiba naik; meloncat; membumbung ¶폭등하는 물가 harga yang membumbung tinggi
폭락(暴落) penurunan tiba-tiba; kemerosotan; jatuh 폭락하다 merosot; turun (jatuh) tiba-tiba

폭력(暴力) kekerasan; kehebatan ¶폭력을 휘두르다【행사하다】menggunakan kekerasan ⊙ 폭력단 organisasi kekerasan; gangster; gerombolan orang. 폭력배 kelompok perusuh; holigan; penjahat jalanan

폭로(暴露) pembukaan; pembongkaran; pengungkapan; pembébéran 폭로하다 membuka; membongkar; mengungkapkan; membébérkan ¶폭로되다 dibuka; dibongkar

폭리(暴利) (부당한) keuntungan kelebihan; pengambilan untung berlebih-lebihan; (고리의) riba ¶폭리를 취하다 mengambil (mencari) untung berlebih-lebihan ⊙ 폭리 배 orang yang mencari untung berlebihan; pencatut

폭발(爆發)[1] letusan; ledakan; letupan;【화산의】letusan 폭발하다 meledak; meletus ⊙ 폭발력 daya éksplosif. 폭발물 benda yang mudah meledak; bahan peledak. 폭발성 bersifat meledak; daya ledak

폭발하다(爆發-)[2]【감정 등의】meledak; meletus ¶폭발시키다 meledakkan; meletuskan

폭발적(爆發的) bersifat meledak ¶폭발적인 인기 popularitas yang meledak; ketenaran yang luar biasa (yang hébat)

폭사하다(爆死-) mati kena bom

폭삭 ①【주저앉은 모양】sama sekali ②【망해 버린 모양】benar-benar (bangkrut)

폭서(暴暑) panas terik

폭설(暴雪) salju yang tebal (yang lebat)

폭소(爆笑) ketawa gemuruh; ketawa terbahak-bahak 폭소하다 tertawa gemuruh; meledak dalam ketawa

폭식(暴食) makan terlalu banyak 폭식하다 makan terlalu banyak

폭신하다 ⇒ 푹신하다 lembut

폭약(爆藥) alat(bahan) peledak; détonator; bubuk mesiu ⊙ 고성능 폭약 bahan peledak sénsitif

폭양(曝陽) matahari yang membakar

폭언(暴言) pembicaraan yang kasar (keras) 폭언하다 berbicara dengan suara keras; bercakap dengan birahi

폭염(暴炎) kepanasan yang hébat; gelombang panas

폭우(暴雨) hujan lebat; curahan hujan

폭음하다(暴飮-) minum terlalu banyak ¶폭음폭식하다 makan dan minum berlebihan

폭음(爆音) suara peledek; desingan yang keras

폭정(暴政) tirani; kelaliman; kezaliman; kekejaman ¶폭정에 시달리다 merintih di bawah tirani (kezaliman)

폭주(輻輳) kepadatan; keramaian; kemacetan; kongésti 폭주하다 padat; ramai sekali ¶교통의 폭주 kemacetan lalulintas

폭주족(暴走族) géng motor

폭죽(爆竹) petasan; kembang api; mercon

폭탄(爆彈) bom ¶폭탄을 투하하다 membom; mengebom ⊙ 폭탄선언 pernyataan yang amat mengejutkan; pernyataan bom; deklarasi bom

폭탄주(爆彈酒) *poktanju*; pembuat minuman sangat keras

폭투(爆投)【야구】pelemparan bola yang keras 폭투하다 melempar bola dengan keras

폭파(爆破) peledakan 폭파하다 menghancurkan ⊙ 폭파작업 operasi peledakan

폭포(瀑布) air terjun; riam; jeram

폭풍(暴風)【기상】angin topan; badai; angin keras ⊙ 폭풍경보peringatan badai. 폭풍주의보 sinyal badai. 폭풍권 zona badai; daérah badai

폭풍우(暴風雨) badai hujan; angin topan; badai ¶폭풍우를 만나다 dilanda badai hujan

폭한(暴漢) bajingan; bangsat

폭행(暴行) ①【난폭한 행동】kekerasan; kekejaman 폭행하다 melakukan serangan ②【부녀자에】pemerkosaan 폭행하다 memperkosa; memperogol ⊙ 폭행자 (《부녀자에 대한》) pemerkosa; orang biadab

폰뱅킹 télépon perbankan

폰팅 kencan léwat télépon¶폰팅을 하다 mengencani seseorang dengan berbicara léwat télépon

폴더【컴퓨터】map berkas

폴딩 lipat(an) ⊙폴딩 체어 kursi lipat

폴라로이드 카메라【상표명】kaméra pola-

roid
폴라리스 ⊙ 폴라리스 잠수함 kapal selam (bersenjata); polaris
폴라 티 pakaian dengna leher tinggi
폴리오 ①【의학】 penyakit lumpuh (anak-anak) ②【인쇄】 folio
폴로 【스포츠】 polo
폴리에스터 【화학】 poliéster
폴리에틸렌 【화학】 poliétilén
폴카 【춤】 polka; tari-tarian
폼 ①【자세】 bentuk; performa ¶폼이 좋다 mempunyai bentuk yang baik ②【멋, 모양】 ¶폼 나게 옷을 입다berpakaian dengan baik ③【비유적】 ¶폼을 재다 menyombong《kan》
퐁당 dengan cemplungan; dengan ceburan
퐁당퐁당 dengan cemplung-cemplungan; dengan cebur-ceburan
퐁퐁 ①【방귀를】 bunyi gas dalam perut (usus) ②【샘솟다】 berdeguk; mendeguk
푄현상 fénoména foéhn
표(表) ①【일람표 · 목록 따위】 daftar; jadwal ②【표지 · 표시】 tanda
표(票) ①【티켓】 karcis; tikét ¶표를 끊다【사다】 membeli karcis ②【쪽지 · 딱지】 kartu; étikét; (병 · 짐 등에 붙이는) labél; péning; kepingan untuk nama; 《꼬리표 · 짐표》 tanda pengenal ¶표를 달다 menempatkan étikét/표를 붙이다 merekatkan labél; melabéli ③【선거 · 투표】 suara ⊙ 고정표 suara (dukungan) yang kuat; suara yang setia
표(標) tanda; bukti; cap; mérek ¶물음표 tanda tanya/ 말 표 신발 sepatu cap Kuda
표결(表決) ⇒ 의결(議決)
표결(票決) pemungutan suara 표결하다 memungut suara
표고버섯 jamur; *shitake*
표구(表具) 표구하다 membingkai gambar ⊙ 표구사 toko bingkai kertas
표기(表記) ①【겉에 씀】 yang tertera; tersebut di atas ②【내용을 나타내어 적기】 pernyataan; keterangan 표기하다 menyatakan; menerangkan; melaporkan ③【철자】 éjaan 표기하다 mengéja
표기(標記) tanda; penandaan 표기하다 menandai
표 나다(表-) menonjol; menyolok
표독하다(慓毒-) 표독스럽다 kejam; buas; garang; galak
표류하다(漂流-) terapong-apong; terombang-ambing; hanyut; tidak berujung
표리(表裏) dalam dan luar; kedua sisi; bagian depan dan sebaliknya ¶표리가 없다 tulus-ikhlas; berjiwa tunggal/ 표리가 있다 bermuka dua; munafik ⊙ 표리일체 ke dalam dan keluar bersama-sama
표리부동하다(表裏不同-) bermuka dua ¶그는 표리부동한 사람이다 Dia munafik. *atau* Dia bermuka dua.
표면(表面) ①【사물의 바깥쪽】 permukaan ②【일 · 현상 등이 겉으로 드러난 부분】 ¶표면의【적인】 superfisial; luar; éksternal ⊙ 표면장력(張力) 【물리】 ketegangan permukaan
표면적(表面積) aréa (luas) permukaan
표면화하다(表面化-) ¶표면화되다 muncul ke permukaan
표명(表明) eksprési; pernyataan; perwujudan; manifféstasi 표명하다 menyatakan; mewujudkan
표방하다(標榜-) membela; menyokong
표백하다(漂白-) memutihkan ⊙ 표백제 bahan pemucat
표범(豹-) 【동물】 macan tutul
표변하다(豹變-) berubah secara mendadak; berubah seketika
표본(標本) ①【동물·식물·광물 등의】 spésimén ¶나비 표본 spésimén kupu-kupu ②【본보기, 전형】 teladan; contoh ③【통계·집단】 sampel; contoh ⊙ 표본조사 penyelidikan contoh (sampel)
표상(表象) 【상징】 simbol; lambang
표석(表石) batu nisan
표석(漂石) 【지질】 batu pancang; pal
표시(表示) ①【나타냄】 tanda; petunjuk; pernyataan 표시하다 menyatakan; menunjukkan; mengemukakan ②【표적】 tanda ¶감사(경의)의 표시로 sebagai tanda penghargaan
표시(標示) tanda; sasaran 표시하다 menandai
표식(標識) ⇒ 표지 isyarat; pengumuman; peringatan
표어(標語) semboyan; motto; slogan

표연(飄然) ¶표연히 secara tidak bertujuan; tanpa tujuan; dengan tidak mengarah
표음문자(表音文字) fonogram; alfabét fonétik
표의문자(表意文字) idéograf; tulisan (huruf) gambar
표장(標章) lambang; lencana; tanda
표장(表裝) ⇒표구
표적(表迹) tanda; bukti; jejak
표적(標的) sasaran; tanda ⊙ 표적함(艦) kapal sasaran
표절(剽竊) plagiarisme; penjiplakan; pembajakan 표절하다 menjiplak; membajak; memplagiat ⊙ 표절자 penjiplak; pembajak; plagiator
표정(表情) ①【얼굴의】 wajah; paras; air muka ¶표정이 없는 얼굴 wajah yang tak beréksprési ②【분위기】 suasana; keadaan
표제(表題 · 標題) 【책의】 judul ⊙ 표제어【사전의】 kata kepala. 표제음악 musik program
표주(標註) catatan pinggir
표주박 gayung kecil
표준(標準) standar; porma; ukuran ¶표준 이상【이하】이다 di atas 【di bawah】 standar ⊙ 표준가격 harga standar. 표준도량형 berat dan ukuran yang standar (yang baku). 표준어【말】 bahasa standar; bahasa baku
표준화(標準化) pembakuan: standarisasi: 표준화 하다 menstandarkan
표지(表紙) sampul (kulit) buku ¶표지를 씌우다 menyampul ⊙ 표지커버 sampul buku
표지(標識) tanda; rambu ⊙ 표지등 lampu menara api; lampu suar; lampu lentéra laut. 도로【교통】표지 lampu jalan 【lalu lintas】. 항공 표지 mercu suar udara. 항로 표지 tanda saluran
표차(表差)【수학】 perbédaan tabél
표창(表彰) pujian; penghargaan 표창하다 menghargai; memberi penghargaan ¶표창 받다 mendapat penghargaan yang resmi ⊙ 표창장 surat penghargaan
표창(稼槍)【무기】 anak panah; lembing
표출하다(表出-) éksprési ¶감정을 표출하다 mengékspresikan perasaan
표토(表土) tanah permukaan
표피(表皮) 【해부학 · 동물】 kutikula; epidérmis ⊙ 표피조직 jaringan epidérmis
표하다(表-) menunjukkan; menyatakan; mengemukakan ¶조의를 표하다 menyampaikan belasungkawa/사의를 표하다 menyatakan terima kasih
표하다(標-) menandai; memberi tanda
표현 éksprési; ungkapan perasaan 표현하다 mengéksprésikan; menyatakan; mengungkapkan 《perasaan》 ¶표현상의 ékspresional ⊙ 표현력 kekuatan (daya) éksprési (perasaan). 표현주의 éksprésionisme; aliran éksprésionis
푯대(標-) tonggak pertanda
푯말(標-) pal; tonggak tanda arah ¶푯말을 세우다 mendirikan tonggak pertanda
푸가【음악】 fuga
푸근하다 ①【마음성격 등이】 ramah; lembut ②【날씨가】 hangat
푸념 keluhan; gerutuan 푸념하다 mengeluh; menggerutu
푸다 ①【물 · 가루 모양의 것을】 menimba; memompa ②【밥 · 곡식 등을】 menyéndok; mengisi 《mangkok》
푸닥거리하다 menyelenggarakan upacara pengusiran roh jahat
푸대접(-待接) perlakuan dingin (yang kejam; yang tidak sopan) 푸대접하다 memperlakukan dengan dingin (tidak sopan) ¶푸대접을 받다 diterima dengan sikap acuh tak acuh; diterima perlakuan yang tidak sopan; mendapat sambutan yang dingin
푸드덕거리다 mengepak-ngepak
푸드 코트 pujasera
푸들【개】 pudel
푸딩 puding; penganan yang dibuat dari tepung(terigu, maizena, dan sebagainya)
푸르다 ①【색이】 biru; hijau; langit ¶푸른 바다 laut biru ②【서슬이】 《bermata》 tajam ¶서슬이 푸르다 【칼날이】 mempunyai tepi (pinggir) yang tajam; 【세력이】 sombong; angkuh
푸르스름하다 kebiru-biruan; kehijau-hijauan

푸른곰팡이【식물】kapang hijau
푸릇푸릇하다 hijau segar
푸새[1]【풀을 먹임】푸새하다 memakai kanji; berkanji
푸새[2]【풀】rumput-rumput
푸석돌【광물】batu yang rapuh
푸석이【물건】benda yang rapuh; 【사람】orang yang rapuh ((kesèhatan))
푸석푸석하다 rapuh; garing ¶푸석푸석 부서지다 meremukkan; pecah bercerai /얼굴이 푸석푸석해 보이다 kulit terlihat kusam dan kasar
푸성귀 sayur-sayuran
푸시 dorongan; desakan
푸시압 tolak angkat
푸싱 suka mendesak
푸주(-廚) toko daging ⊙ 푸주한(漢) tukang daging
푸줏간【정육점】toko daging
푸지다 melimpah; banyak
푸짐하다 berlebih-lebih; berlimpah-limpah; limpah méwah
푹 ①【쉬는 모양】¶푹 잠들다 tertidur pulas ②【흠씬】cukup ③【갑자기 줄어드는 모양】¶푹 줄다 mengurangi (merosot; berkurang) secara menyolok ④【고개를】¶고개를 푹 숙이고 dengan kepalanya yang terkulai
푹신하다 lembut; empuk; halus
푹푹 ①【찌르다】menikam berulang kali ②【쑤시다】menusuk-nusuk ③【아낌없이】memboros-boroskan ④【더워가】panas pengap ⑤【썩다】menjadi busuk keseluruhannya; membusuk dengan cepat ⑥【빠지다】terbenam
푼 ①【돈의 단위】peni Korea (1/100 won) ②【백분의 일】perséntase; persén ③【길이 단위】ukuran panjang ④【무게 단위】berat uang sén Korea
푼돈 uang sén; sejumlah kecil uang
푼수(-數) bodoh
푼어치 nilai satu sén
푼푼이 sén demi sén; sedikit demi sedikit
풀[1] rumput ¶풀을 베다 menyiangi (memotong) rumput ⊙ 풀뿌리 akar rumput: 풀뿌리 민주주의 démokrasi akar rumput
풀[2] ①【끈끈한 물질】lém; 【옷에 먹이는】kanji ¶옷에 풀을 먹이다 berkanji (menganji) pakaian ②【기운】semangat ¶한 풀 죽다 (풀죽다) hilang semangat; putus asa
풀[3]【수영장】kolam renang
풀가동(-稼動) operasi penuh 풀가동하다 bekerja penuh
풀기(-氣) ①【빳빳함】kepatian ¶풀기 있는 berpati ②【기운】semangat; daya tahan; keuléta
풀백 gelandang belakang
풀다 ①【끈·매듭·짐 등을】membuka; mengurai((kan)); melepaskan; mengendorkan; membongkar ②【금지·규제 등을 해제하다】mencabut; melucuti ③【물에 용해하다】melarutkan ④【논을】mengubah; mengkonvérsikan ((tanah)); mengolah ((tanah)) ⑤【피로·여독 등을】memulihkan; menghilangkan; mengendorkan ⑥【없애어 시원하게 하다】(a)【감정·의혹 등을】menghilangkan (b)【울분·원한 등을】melepaskan (kemarahan) ⑦【소원·한 등을 이루다】mewujudkan; mencapai (kehendak); mewujudkan (keinginan) ⑧【문제를】memecahkan; menjawab ⑨【진정시키다】menghilangkan ⑩【설명·해석하다】menjelaskan ⑪【코를】¶코를 풀다 membersihkan hidung
풀리다 ①【매듭이】lepas; terlepas; terurai; terbuka; melonggar ②【제거·해제되다】dicabut; dihilangkan ③【방면되다】dibébaskan ④【유통되다】diédarkan; berédar ⑤【용해되다】larut; melebur ⑥【원한이】terlepas ⑦【소원 성취되다】tercapai ⑧【누그러지다】(a)【감정·노여움이】tenang; reda; hilang (b)【날씨·몸 등이】menghangat ⑨【긴장이】tenang ⑩【문제·수수께끼가】terpecahkan; dipecahkan; terbongkar ⑪【의혹·오해가】¶혐의가 풀리다 bebas dari tuduhan (dakwaan) ⑫【피로 등이】pulih
풀무 pengembus; embusan; puputan ¶풀무질하다 mengembus api
풀밭 padang rumput
풀솜 serat sutera
풀숲 belukar; semak-semak
풀스피드 kecepatan penuh
풀썩 ①【먼지·연기 등이 일어나는 모양】

naik dalam gumpalan; naik dengan ringan ②【맥없이 주저앉는 모양】runtuh

풀 쑤다 ①【풀을】menyiapkan kanji; membuat lém (pasta)②【재산을】meng-hamburkan ((kekayaan))

풀어놓다 ①【끌러 놓다】membuka; melepaskan ②【재거 · 해제하다】mencabut; mematahkan ③【논을】mengubah

풀어주다 ①【자유로운 상태가 되게 하다】membébaskan; meloloskan; melepaskan ②【긴장·피로·화 등을】melemaskan

풀어지다 ①⇒ 풀리다 ②【국수 · 죽이】melembut; melunak ③【눈이】mengabur

풀어 헤치다 terbuka

풀이하다 ①【설명, 해석】menjelaskan ②【수학 문제】menjelaskan; memecahkan; menyelesaikan

풀잎 daun rumput ⊙ 풀잎피리 kecapi rumput

풀죽다 ①【옷이】kehilangan kanji ②【사람이】hilang semangat; putus asa

풀칠하다 ①【풀을 바르다】menémpélkan perekat; mengelém; merekat ②【겨우 끼니를 이어가다】hidup miskin; hidup melarat; hidup Senin Kamis

풀코스 ①【식사의】hidangan penuh ②【마라톤의】penuh

풀풀 ①【새가】mengelepak ②【동작이】dengan penuh kekuatan; dengan semangat yang tinggi

품 ①【옷의】lébar ¶앞품 lébar dada ②【가슴】dada ③【보호 받거나 안정을 취할 수 있는 곳】(tempat) kenyamanan ¶자연의 품에 안기어 dalam rangkulan dada alam

품[2] 【일】kerja; pekerjaan ¶하루 품 kerja sehari/ 품을 팔다 bekerja dengan upah seharian/품이 들다 membutuhkan banyak kerja ⊙ 품값 gaji; upah

품[3] 【외양】penampilan; gaya ¶말하는 품 gaya berbicara

품갚음하다 membalas pekerjaan dengan pekerjaan; bekerja sebagai membalas jasa

품격(品格) keanggunan; kebanggaan; keélokan; kerapian; harga diri ¶품격이 있다 élok; élegan; rapi

품계(品階) pangkat; peringkat

품귀(品貴) kekurangan (kelangkaan) persediaan barang ¶품귀상태이다 langka ((barang-barang))

품다 ①【가슴에】memangku; mendekap; memeluk ②【생각·느낌 등을】menaruh ((harapan)) ③【의혹 · 악의를】menanggung; memendam ((kecurigaan)) ④【알을】mengerami

품등(品等) mutu; kualitas

품명(品名) nama barang

품목(品目) daftar barang; item ¶품목 별로 item demi item/ 주요 수출 품목 barang (item) utama ekspor

품사(品詞) pembagian kata (menurut jenis) ⊙ 팔(八) 품사 delapan pembagian kata

품삯 upah tenaga kerja ¶품삯을 치르다 membayar upah

품성(品性) karakter; tabiat; watak

품성(稟性) ⇒ 천성(天性)

품속 dada ¶품속에 di dada

품안 ⇒ 품속

품앗이 pertukaran pekerjaan; gotong royong 품앗이하다 bergotong royong; bertukaran kerja

품위(品位) ①【존엄성】kemuliaan; kehormatan ¶품위를 지키다 menjaga kehormatan ②【품질】mutu; kemurnian; karat

품의하다(稟議-) berkonsultasi; berunding ((dengan atasan))

품절(品切) kehabisan persediaan ¶품절이 되다 tidak ada stok (persediaan); semua terjual; terjual habis

품종(品種) jenis; varitas; turunan ⊙ 품종개량【가축의】perbaikan jenis

품질(品質) mutu; kualitas ¶품질이 좋다 bermutu (berkualitas) baik ⊙ 품질보증 jaminan mutu; mutu dijamin. 품질본위 mutu diutamakan

품 팔다 bekerja dengan gaji harian; bekerja untuk upah; menguli

품팔이하다 menjadi pekerja harian ⊙ 품팔이꾼 buruh (tenaga) kerja harian

품평하다(品評-) mengoméntari; mengeritik; menanggapi ⊙ 품평회 pameran mutu

품하다(稟-) mengajukan (menyerahkan)

ke atasan; menceritakan (melaporkan) kepada atasannya (pimpinannya)

품행(品行) tingkah laku; perilaku; kelakuan ¶품행이 단정하다 bertingkah laku baik

풋 – ①【덜 익음】 muda; hijau; belum matang; mentah ②【새로 나옴】 baru; segar

풋것 butir padi, buah-buahan dan sayur-sayuran yang baru dipanén pada tahun itu

풋고추 cabé hijau

풋곡식 biji-bijian yang belum masak

풋과일 buah yang belum matang

풋김치 kimchi yang dibuat dari sayuran muda

풋나물 daun muda; lalapan

풋내 ①【풀냄새】 bau buah muda; bau sayur-sayuran yang berwarna hijau ②【비유적】 ¶풋내 나다 belum berpengalaman; tidak mahir

풋내기 orang yang tidak berpengalaman ¶풋내기의 hijau; baru ⊙ 풋내기기자 wartawan yunior

풋 노트 catatan kaki

풋볼 【축구】 sépak bola

풋 브레이크 rem kaki

풋사랑 cinta remaja; cinta monyét

풋솜씨 kurang cakap; kurang pandai; tidak trampil

풋풋하다 muda dan segar

풍 ①【방귀가】 bunyi kentut ②【구멍이】 yang melubang; yang membongkar

풍(風) ①【바람】 angin ②【허황함】 bualan; omongan besar; bicara tinggi ¶풍을 치다 【떨다】 membual; ngomong besar ③【중풍】 penyakit kelumpuhan ④【접미사】【양식 · 풍습】 gaya; tata krama

풍각쟁이(風角-) penyanyi jalanan

풍경(風景) ①【경관, 경치】 pemandangan; panorama ②【정경, 상황】 pemandangan ⊙ 풍경화 gambar pemandangan alam

풍경(風磬) 【종】 loncéng angin

풍광(風光) pemandangan; keindahan panorama

풍구(風-) 【농기구】 puputan; 【풀무】 embusan

풍금(風琴) organ ¶풍금을 치다 memainkan organ ⊙ 풍금연주가 pemain organ. 손풍금 akordeon

풍기(風紀) moral (moralitas) umum; disiplin masyarakat ⊙ 풍기문란 demoralisasi

풍기다 ①【냄새를】 berbau; mewangikan; mengeluarkan aroma; beraroma ②【분위기 · 인상 등을】 memancarkan; memberikan

풍년(豊年) tahun panén raya 풍년이다 mendapatkan panen besar; mendapat hasil panén besar ⊙ 풍년축제 pésta perayaan panén

풍덩 gedebur; dengan deburan; dengan bunyi percikan ¶풍덩거리다 tetap berdebur

풍뎅이 【곤충】 kumbang Méi

풍도(風渡) penampilan dan sikap; pembawaan

풍랑(風浪) ombak dan badai; angin dan gelombang; laut yang ganas ⊙ 풍랑경보 peringatan laut tinggi

풍력(風力) kekuatan angin; kecepatan angin ⊙ 풍력계 alat pengukur (méteran) angin

풍로(風爐) kompor arang (anglo) untuk memasak 《dengan lubang angin dibawahnya》 ⊙ 가스풍로 kompor gas

풍류(風流) ①【음악】 musik ②【멋 · 아치】 sikap flamboyan ¶풍류를 모르다 tidak berperasaan; seléra rendah ⊙ 풍류인(人) orang yang bercita rasa tinggi; orang yang berbudi halus

풍만하다(豊滿-) penuh; sintal; gemuk padat; montok

풍모(風貌) penampilan pribadi; roman; muka

풍문(風聞) kabar angin; desas-desus ¶풍문을 퍼뜨리다 menyebarkan desas-desus/ …이라는 풍문이다 Ada desas-desus bahwa …; konon …; kabarnya; katanya

풍물(風物) ①【한 지방의 독특한 구경거리나 산물】 panorama; alam; pemandangan ¶한국의 풍물 alam Korea; hal-hal yang berbau Korea ②【농악에 쓰이는 악기】 alat musik rakyat ⊙ 풍물패 *pungmul;* band petani Korea

풍미(風味) cita rasa; aroma

풍미하다(風靡) mempengaruhi; menguasai

풍 병(風病-) ①【풍기】 penyakit lumpuh ②【문둥병】 penyakit kusta; lépra

풍부하다(豊富-) kaya; berlimpah-limpah; banyak ¶경험이 풍부하다 mempunyai banyak pengalaman / 풍부하게 하다 memperkaya

풍비박산하다(風飛雹散-) terbang bertebaran; menghancurkan

풍상(風霜) ①【바람과 서리】 angin dan kebekuan; paparan air hujan ②【세상의 고난】kesukaran; penderitaan

풍선(風扇) 【선풍기】 kipas angin listrik; 【농기구】 kipas angin yang digunakan untuk memisahkan ⦅butir padi⦆

풍선(風船) balon ⊙ 풍선껌 permén karét balon. 고무풍선 balon karét; balon mainan. 광고 풍선 balon yang memuat réklame

풍설(風說) ⇒ 풍문 kabar angin; desas-desus

풍설(風雪) badai salju

풍성하다(豊盛-) kaya; melimpah; banyak; berlebihan

풍세(風勢) kekuatan angin

풍속(風俗)【풍습】 adat istiadat; tata susila; moral masyarakat ⊙ 풍속도 lukisan genre. 풍속사범【행위】 pelanggaran moral masyarakat;【사람】 pelanggar moral masyarakat; pelanggar tata susila. 풍속습관 tata krama dan adat-istiadat

풍속(風速) kecepatan angin ⊙ 풍속계 méteran (ukuran) angin. 순간 최대 풍속 kecepatan angin sesaat maksimum

풍수(風水)【민속】 *feng shui* ⊙ 풍수지리설 téori peramalan berdasarkan topografi

풍수해(風水害) kerusakan yang disebabkan oléh badai dan banjir ⊙ 풍수해대책 tindakan untuk menghadapi bencana alam

풍습(風習) adat istiadat; kebiasaan moral

풍식(風蝕) érosi angin; kehancuran iklim; kerusakan kena hujan dan angin

풍신(風神) ①【풍백】 Déwa Angin; Déwa Bayu ②【풍채】 penampilan ¶풍신이 좋다 berpenampilan baik

풍악(風樂) musik

풍압(風壓) tekanan angin ⊙ 풍압계 alat pengukur jurusan dan kekuatan angin

풍어(豊漁) tangkapan yang besar (banyak)

풍염하다(豊艶-) menggairahkan; menggiurkan

풍요하다(豊饒-) kaya; subur; melimpah ruah

풍우(風雨) hujan badai

풍운(風雲) ①【바람과 구름】 angin dan kabut ②【형세】 situasi ¶풍운의 뜻을 품다 mempunyai ambisi (cita-cita) ⊙ 풍운아 orang yang lahir di dunia dengan nasib baik; petualang yang beruntung

풍월(風月) ①【자연의 미】 keindahan alam ¶풍월을 즐기다 menikmati alam ②【얻어들은 짧은 지식】 pengetahuan yang didapat dari mendengar

풍유(諷諭) kiasan; sindiran

풍자(諷刺) satire; sarkasme; ironi; sindiran tajam 풍자하다 menyindir; mengecam dengan sindiran ¶풍자적 satiris; ironis; sarkastik ⊙ 풍자가 penyindir; pengarang satire. 풍자소설 novél satire. 풍자화 karikatur

풍작(豊作) hasil (panén) yang baik

풍재(風災) kerusakan karena angin

풍전등화(風前燈火) lilin yang berkelip-kelip kena angin; telur di ujung tanduk 풍전등화이다 sangat genting ¶나라의 운명이 풍전등화와 같다 Nasib bangsa itu terancam maut.

풍조(風潮) 【세태】 kecenderungan; arus ¶세상 풍조 arus zaman

풍족하다(豊足-) melimpah ruah; banyak; kaya; berada; mampu ¶풍족하게 살다 agak kaya; hidup mapan

풍증(風症) ⇒ 풍병(風病)

풍지 박산 ⇒ 풍비박산

풍진(風塵) debu yang diterbangkan angin; 【속세의】 kesulitan hidup

풍차(風車) ①【풍차】 kincir angin; kitiran angin ②⇒ 풍구 ③⇒ 팔랑개비 baling-baling

풍채(風采) penampilan ⦅pribadi⦆ ¶풍채가 좋다 kelihatan indah/당당한 풍채 penampilan yang perkasa

풍치(風致) 【경치】 panorama; keindahan pemandangan ⊙ 풍치림 hutan panorama. 풍치지구 daérah perlindungan alam; daérah hutan lindung

풍토(風土) ①【기후·토양 등의 상태】 suasana; ciri; ciri alam; iklim ¶풍토의 bersifat éndémis; selalu terdapat pada tempat tertentu ②【제도, 여건】 iklim; ciri ¶문화 【정신】적 풍토 iklim budaya 【spiritual】 ⊙ 풍토기(記) topografi. 풍토병 penyakit ringan yang umum (lazim) di tempat itu; penyakit éndémis

풍파(風波) ①【바람과 물결】 angin dan gelombang ②【인생의 고통·어려움】 penderitaan ③【분란 불화】 pertengkaran; perselisihan ⊙ 가정 풍파 persoalan (pertengkaran) keluarga. 세상풍파 badai (kekacauan dan kekasaran) kehidupan

풍향(風向) arah angin ⊙ 풍향계 alat pengukur arah dan kekuatan angin; gada-gada; penunjuk arah angin

풍화(風化) 【지질】 pelapukan oléh cuaca 풍화하다 melapukkan ¶풍화되다 menjadi rusak ⊙ 풍화작용 prosés pelapukan; gerak kekuatan alam

퓨리턴 【엄격한 사람】 orang yang amat teguh berpegang pada peraturan-peraturan tdh tata susila

퓨전 ⊙ 퓨전 요리 masakan campuran; perpaduan makanan

퓨즈 sekering ¶퓨즈를 갈다 menggantikan sekering

프라이 【요리】 goréngan 프라이하다 menggoréng ⊙ 프라이팬 kuali; wajan; bajan

프라이드 harga diri; kebanggaan ¶프라이드가 세다 harga diri tinggi

프라이버시 rahasia (urusan) pribadi

프라임 레이트 【경제】 suku bunga dasar

프락치 mata-mata

프랑 Franc (mata uang Perancis)

프랑스 Perancis ⊙ 프랑스 요리 masakan Perancis

프래그머티즘 pragmatisme

프러포즈 lamaran perkawinan 《kepada seorang gadis》 프러포즈하다 melamar

프레스 ①【누르기】 menekan ②【역도의】 alat pemeras ③【신문】 pérs ¶프레스 카드 kartu pérs

프레시 segar ¶프레시 하게 느껴지다 merasa segar ⊙프레시맨 mahasiswa tingkat (tahun) pertama; prama; pelonco

프레임 bingkai

프레젠트 hadiah; oléh-oléh; kado; hadiah 프레젠트하다 memberi hadiah (oléh-oléh)

프랜차이즈 waralaba

프러포즈 【구혼, 청혼】 lamaran pernikahan 프로포즈를 하다melamar; mengajak seseorang untuk menikah

프런트 resépsianis; méja depan

프로【전문가】 ahli; profésional ⊙ 프로선수 pemain profésional. 프로팀 regu yang ahli

프로【퍼센트】 persén (기호%)

프로【프로그램】 ⊙ 교양 프로 program (rencana) pendidikan. 라디오【텔레비전】 프로 program (acara) Radio 【TV】. 특별 프로 program khusus

프로그래머 【컴퓨터의】 *programmer*; pembuat program; perancang; penyusun

프로그래밍 【컴퓨터】 pembubuhan kode; 【라디오 등】 penyusunan acara (radio. tv)

프로그램 ①【텔레비전 · 라디오 등의】 rancangan; program; acara ②【계획 · 교육 등의】 program ③【컴퓨터】 program ¶프로그램을 설치하다(깔다) memasang program

프로덕션 produksi (studio) film

프로듀서 produsén; pengusaha sandiwara (film)

프로모터【복싱】 penyelenggara; promotor; penganjur

프로세스 prosés

프로젝트 proyék; pembangunan; rancangan

프로테스탄트 【신교】 protéstan

프로파간다 propaganda; publisitas

프로판 sejenis métan ⊙프로판 가스gas yang mengandung sejenis métan

프로페서 profésor; guru besar

프로페셔널 ①【직업적 · 전문적】 pro; profésional ②【선수】 ahli; pro

프로펠러 baling-baling

프로필 【약력】 profil; karir kepribadian; riwayat 【모양】 raut (tampang) muka

프록코트 baju rok

프롤레타리아 【사람】 kaum marhaén; 【계급】 prolétariat ⊙ 프롤레타리아독재 kediktatoran prolétar; kesewenang-wenangan atas kaum prolétar. 프롤레타리아혁명 révolusi kaum prolétar

프롤로그 prolog; kata pendahuluan

프리랜서 orang yang berusaha sendiri; pekerja bébas

프리마돈나 【오페라 여가수】 primadona; sripanggung

프리미엄 premium; prémi; bayaran kepada asuransi ¶프리미엄을 붙이다 memberikan prémi; menambah premium

프리 사이즈 satu ukuran cocok untuk semua; ukuran bébas

프리즘【물리】 prisma ⊙ 직각 프리즘 prisma yang bersudut siku-siku

프리킥 【축구】téndangan bébas

프리패브 ⊙ 프리패브주택 rumah jadi; rumah cetakan; rumah pabrikan

프리패스 kartu tanda bébas; karcis bébas

프린세스 puteri 《raja》

프린터 mesin pencétak; printer ⊙ 레이저 프린터 pencétak *laser* / 잉크젯 프린터 pencétak *inkjet* / 칼러 프린터 pencétak berwarna

프린트 ①【인쇄물】 salinan 프린트하다 mencétak ②【옷감】 cétakan; 【인쇄】 mimeograf ⊙ 프린트합판 kayu lapis cétak

프림 krim 《kopi》

프릴 jumbai-jumbai; hiasan tambahan

플라스마 plasma

플라스틱 plastik ⊙ 플라스틱제품 barang-barang plastik. 플라스틱 서저리 ilmu bedah bina

플라이 【야구】 ¶희생 플라이를 치다 memukul bola lambung untuk berkorban

플라이급(-級) kelas terbang

플라잉하다 permulaan yang gegabah 《yang belum waktunya》

플라자 alun-alun

플라타너스 platanus; Pohon *plane*

플라토닉 rohani 《keagamaan》; bersifat persaudaraan ⊙ 플라토닉 러브 cinta platonik; cinta yang bersifat persaudaraan

플란넬 cita pelanél

플랑크톤 plankton ⊙ 동물성 플랑크톤 plankton héwani; plankton héwan. 식물성 플랑크톤 fitoplankton; plankton tumbuhan

플래시 kilat; obor; bola lampu potrét; jeprétan lampu ¶플래시를 터뜨리다 menyalakan lampu kilat

플래시백 【영화】 sorot balik

플래카드 plakat; spanduk

플래티나 【화학】 platinum (Pt)

플랜 rencana; skéma; rancangan ¶플랜을 세우다 membuat rencana

플랫폼 péron ¶2번 플랫폼 péron no. 2/ 플랫폼에 들어가다 memasuki péron

플러그 【전기】 stéker ⊙ 플러그퓨즈 sumbu stéker

플러스 ①【수학】 plus; tambah 플러스하다 menambah ②【장점, 이익】 ¶플러스요소 unsur tambahan (plus) ⊙ 플러스알파 tambah lain-lain; sesuatu tambahan

플러시cahaya kemérah-mérahan

플레어스커트 rok layang; rok yang mengembang

플레이 【경기】 bermain ¶소극적인 플레이를 하다 bermain pasif

플레이보이 perayu; orang yang pandai memikat hati wanita

플레이오프 penyisihan

플레이트 【야구】 plat pelempar bola

플레이크 serpih; lapisan atas; onjot

플레인 dataran; sederhana

플로피디스크 disk ⇒ 디스켓

플롯 alur ¶소설의 플롯 alur cerita

플루토늄 plutonium (기호 Pu)

풀루트 【악기】 flute

퓨얼게이지 meteran bensin

피[1] ①【혈액】 darah ¶피 묻은 ternoda oléh darah ②【혈연】 《hubungan》 darah ¶피를 나눈 형제 saudara kandung

피[2] 【식물】 rumput pekarangan

피 cih !; hah!; phuih ¶피하다 mencémooh

피(被) ¶피압박 계급 golongan yang tertindas

피검(被檢) ditangkap; ditahan ⊙ 피검자 orang yang ditahan

피겨스케이트 skat indah ⊙ 피겨스케이트선수 pemain skat indah

피격(被擊) ¶피격되다 menderita serangan; diserang; terbunuh

피고(被告) tertuduh; tergugat; terdakwa;

orang tahanan di muka pengadilan ⊙ 피고석 bangku terdakwa. 피고 측 변호인 penaséhat (pembéla) hukum terdakwa

피고름 nanah berdarah

피고용인(被雇傭人) pekerja; pegawai; karyawan

피곤(疲困) keletihan; kelelahan 피곤하다 capé(k); letih; lelah

피골(皮骨) kulit dan tulang

피구(避球) *dodge ball*. 피구를 하다 bermain *dodge ball*

피나다 ①【피가】 darah mengalir; 【쏟아지다】 darah menyembur ②【고생하다】 menderita sekali ¶피나는 돈 uang yang diperoléh dengan sulit

피나무【식물】pohon limau

피난(避難) pengungsian 피난하다 mengungsi; menyelamatkan diri ⊙ 피난민 pengungsi. 피난살이 kehidupan sebagai pengungsi. 피난소【처】 tempat pengungsian; tempat perlindungan

피날레【음악】final; penutup; klimaks

피납(被拉) ⇒ 납치

피넛 kacang ⊙ 피넛버터 pindakas; selé kacang

피눈물【혈루】air mata darah; air mata kepahitan; air mata kesakitan

피닉스【불사조】fonik

피다 ①【반듯해짐】 ⇒ 펴이다 ②【꽃이】 mekar; berbunga; berkembang ③【불이】 mulai membakar; menyala ④【얼굴·혈색 등이】 berseri-seri; tampak bagus ⑤【형편·경제 사정 등이】 mampu; beruntung; 【편안】 merasa lega; santai; tenang sekali

피대(皮帶) sabuk kulit

피동사(被動詞) kata kerja pasif

피동적(被動的) secara pasif

피둥피둥 ①【살이 많이 찐 모양】 gemuk; montok ②【게으른 모양】 bermalas-malas

피드백 pengaruh arus balik ¶고객들의 피드백 tanggapan dari pelanggan

피딱지【혈액의】 gumpalan darah beku

피땀 darah dan keringat ¶피땀 흘려 일하다 bekerja keras

피똥【혈변】 bérak darah

피디 produsén; direktur program (acara)

피라미 ①【어류】 ikan yang amat kecil ②【하찮은 사람】 bawahan

피라미드 piramida ¶피라미드모양의 berbentuk piramid/ 피라미드식 조직 organisasi yang berhimpun-himpun

피란(避亂) pengungsian; pelarian. 피란하다 melarikan diri dari perang ¶피란가다 pergi dari peperangan ⊙ 피란민 pengungsi

피랍(被拉) penculikan; (비행기의) pembajakan 피랍되다 diculik; dibajak

피력하다(披瀝-) menyatakan; mengemukakan ¶흉중을 피력하다 membuka hatinya

피로(披露) pengumuman 피로하다 mengumumkan ⊙ 피로연 makan malam untuk mengadakan pemberitahuan (pengumuman). 결혼 피로연 pésta perkawinan

피로(疲勞) kelelahan; keletihan 피로하다 lelah; letih ¶피로를 풀다 beristirahat; menghilangkan kelelahan; melepas lelah

피뢰침(避雷針) penangkal petir (kilat)

피륙 kain tékstil

피리 seruling; suling

피리새【조류】burung finch

피리어드【종지부】 titik ¶피리어드를 찍다 membubuhkan (menaruh) titik

피마자(蓖麻子) ⇒ 아주까리【식물】 tanaman untuk membuat minyak jarak ⊙ 피마자기름 minyak jarak

피막(皮膜) lapisan(permukaan) tipis; selaput

피맺히다 memar

피멍【신체의】 memar; luka memar ¶【마음의】 가슴에 피멍이 들다 merasa sangat sedih

피바다 kolam (lautan) darah

피보험물(被保險物) barang (harta) yang diasuransikan

피보험자(被保險者) orang yang diasuransikan

피보호자(被保護者) anak yang diwalikan

피복(被服)【의복】 pakaian; busana ⊙ 피복비 biaya untuk sandang

피복(被覆)【전선 등의】pembungkusan; pelapisan; bahan pelindung ⊙ 피복선 kawat yang dibungkus

피부(皮膚) kulit ¶피부가 깨끗하다 kulitnya bersih; mempunyai kulit yang kuning langsat ⊙ 피부과 의사 dokter penyakit kulit. 피부염 dermatitis; radang (infeksi) kulit. 피부이식【술】okulasi kulit; cangkokan kulit

피붙이 darah daging; keluarga

피비린내【피 냄새】berbau darah ¶피비린내 나는 berdarah

피사체(被寫體) obyék; sasaran

피살(被殺) ¶피살되다 terbunuh ⊙ 피살자 korban pembunuhan

피상적(皮相的) pandangan di sebelah luar; dangkal

피상속인(被相續人) pewaris

피서(避暑) pakansi musim panas; liburan musim panas 피서하다, 피서가다 menghindari panasnya musim panas; melewatan musim panas ⊙ 피서객 pengunjung (wisatawan) liburan musim panas

피선(被選) ¶피선되다 terpilih; dipilih

피선거권(被選擧權) keadaan memenuhi syarat pemilihan ¶피선거권이 있다 memenuhi syarat untuk pemilihan ⊙ 피선거권인 orang yang memenuhi syarat untuk pemilihan

피선되다(被選-) terpilih

피스 potongan

피스톤 piston; torak

피스톨 pistol; revolver

피습(被襲) ¶피습당하다 diserang; terserang

피승수(被乘數)【수학】pengali

피시방(-房) kafé internét

피신하다(避身-) melarikan diri; menyembunyikan diri; mengungsi ⊙ 피신처 tempat pengungsi

피아(彼我) diri dan orang lain; dia dan saya; kedua pihak

피아노 piano ¶피아노를 치다 bermain piano ⊙ 피아노독주 piano solo

피아니스트 pemain piano; pianis

피아르 humas (hubungan masyarakat; P. R. 피아르하다 mempublikasikan; mengiklankan ¶피아르가 잘 돼 있다 dipublikasikan (diumumkan) dengan baik ⊙ 피아르영화 film humas (P. R). 피아르활동 kegiatan humas.

피안(彼岸) ①【저쪽】sebelah sana; penyeberangan 《seberang》 ②【내세】firdaus; sorga; janat

피압박(被壓迫) ⊙ 피압박계급【민족】golongan 【bangsa】 yang tertindas (tertekan)

피앙세 tunangan

피어나다 ①【불이】menyala lagi ¶불이 피어나다 api yang menyala kembali ②【의식 회복】sadar ③【회복】hidup kembali; pulih kembali ④【꽃이】berkembang; mekar

피어오르다 bangkit dari; muncul; naik ke langit

피에로 pelawak; badut

피엘오 Organisasi Pembébasan Paléstina (P.L.O)

피엑스 (군대의 매점) toko di pos tentara

피우다 ①【재주 · 계교를】menggunakan; memperdayakan; menipu ②【불 · 연기 등을】menyalakan api; membuat api; membakar (dupa) ③【담배를】merokok; membakar 《kemenyan》; mengepulkan asap ④【냄새 · 먼지 등을】mengeluarkan ⑤【부리다 · 떨다】membuat; berlagak ¶소란을 피우다 membuat keributan (huru-hara)

피의자(被疑者) orang yang dicurigai; si tersangka

피임(被任) ¶피임되다 diangkat; ditunjuk

피임(避妊) kontrasépsi 피임하다 menjalankan kontrasépsi; mencegah kehamilan ⊙ 피임약 obat pencegah kehamilan

피자 pizza ⊙ 피자 가게 réstoran pizza

피장파장이다 serba sama

피제수(被除數)【수학】pembilang

피조물(被造物) ciptaan

피지(皮脂) sebum; bahan berminyak ⊙ 피지선(腺) kelenjar minyak

피차(彼此) ①【저것과 이것】ini dan itu ②【서로】kedua pihak; satu sama lainnya

피차간(彼此間) antara anda dan saya ¶피차간에 di antara mereka

피차일반(彼此一般) ¶피차일반이다 sama satu dengan lainnya; sama-sama

피처【야구】pelémpar bola ⊙ 피처 플레이트 plat pelémpar bola

피천하다(被薦-) merékoméndasikan ¶피천되다 dirékoméndasikan

피치 kecepatan ¶피치를 올리다 mempercepat (menambah) langkahnya

피치자(被治者) yang diperintah; yang dijajah ¶치자와 피치자 penguasa dan yang dikuasai

피침하다(被侵-) diserbu; dilanggar

피칭【야구】¶피칭연습을 하다 berlatih melempar

피켈【등산】kapak és

피켓 rambu; barisan penjagaan ⊙ 피켓라인 barisan penjaga para pemogok

피콜로【악품】pikolo; suling oktaf

피크 puncak ¶피크 시에 pada jam-jam puncak ⊙피크 시즌 musim ramai

피크닉 piknik; tamasya; darmawisata 피크닉하다 berpiknik; bertamasya

피크린산(-酸)【화학】asam pikrat

피클 acar; asinan asam-asaman

피타고라스 *Pythagoras* ⊙ 피타고라스의 정리 téori *Pythagoras*

피투성이 ¶피투성이의 berdarah/ 피투성이가 되다 berlumuran darah

피트 kaki; ft (=12 inci)

피폐하다(疲弊-) habis terpakai; ludes; terkuras

피폭(被爆) ¶피폭되다 dibom /원폭피폭자 korban dari serangan udara bom atom ⊙ 피폭지구 zona (kompléks; perumahan) yang dibom

피하(皮下) ¶피하의 hipodermik ⊙ 피하조직 jaringan subkutan. 피하지방 lemak bawah kulit

피하다(避-) ①【곤란한 일·상황 등을】menghindari; menjauhkan diri dari; mengelak ②【비키다】menghindari ¶사람을 피하다 menghindari seseorang ③【모면하다】luput (lepas) dari ④【회피하다】melalaikan ④【삼가다】menghindar

피한하다(避寒-) meléwatkan musim dingin ⊙ 피한지 tempat meléwatkan musim dingin

피해(被害)【손해】kerugian ¶피해가 크다【많다】menderita kerugian besar ⊙ 피해망상 mania penganiayaan; khayalan penyiksaan. 피해 의식 mental korban. 피해자 korban

피험자(被驗者) orang yang diuji (dités)

피혁(皮革) kulit ⊙ 피혁공업 industri kulit. 피혁상(商) pedagang kulit

픽 ①【쓰러지는 모양】terkulai; jatuh dengan lemah ②【웃는 모양】menyeringai

피후견인(被後見人) orang yang di bawah perwalian

픽션 fiksi; cerita rékaan

픽업 pengambilan; pengangkatan ⊙ 픽업트럭 truk pikup

픽픽 ①【쓰러짐】dengan lemah ②【웃음】tersenyum (tertawa) tanpa tujuan

핀 penjepit; jepitan ¶안전핀 peniti cantél/ 압핀 paku payung /핀을 지르다【꽂다】menjepit; menyematkan peniti pada ((pakaian))

핀둥 ⇒ 빈둥

핀셋 pinsét; penyepit; jepitan

핀업 걸 gambar gadis cantik ((untuk digantung di dinding))

핀잔주다, 핀잔하다 mencerca; memarahi di depan muka; mengoméli ¶핀잔 듣다 dimarahi; dicerca

핀치【야구】¶핀치에 몰리다, 핀치를 맞다 terlempar ke dalam keadaan yang mendesak (daruat)

핀트 ①【카메라의 초점】fokus ¶핀트를 맞추다 memfokus; masuk dalam fokus ②【말·행동 등의 요점】pokok (persoalan)

필(匹) ①【피륙의】gulungan ②【말·소 등을 세는 단위】ékor

필(疋)【피륙을 세는 단위】gulungan kain

필(畢) lunas; selesai ¶지급필(기재 사항) Sudah dibayar. *atau* Lunas.

필갑(筆匣) kotak péna

필경(筆耕) 필경하다 menjadi penulis yang ahli (profésional) ⊙ 필경 료 biaya penyalinan. 필경 자 penyalin

필경(畢竟) ⇒ 결국 akhirnya; pada akhirnya; lama-kelamaan

필공(筆工) tukang kuas

필기(筆記) catatan 필기하다 mencatat ⊙ 필기시험 ujian tertulis. 필기장 buku catatan. 필기용구 alat-alat catatan

필담(筆談) percakapan (pembicaraan) secara tertulis 필담하다 berbicara melalui tulisan; bercakap secara tertulis

필답(筆答) jawaban tertulis 필답하다 menjawab secara tertulis ⊙ 필답시험 ujian tertulis; ujian tulisan

필독서(必讀書) buku wajib; buku yang harus dibaca

필두(筆頭) 【첫머리】 yang pertama dalam daftar

필드 【경기장】 lapangan ¶필드에 나가다 (골프) bermain golf ⊙ 필드경기 olahraga lapangan. 필드하키 hoki lapangan

필라멘트 【전기】 filamen

필력(筆力) kekuatan dalam tulisan tangan; gaya menulis; kekuatan péna

필러 pengisi; berita-berita péndék; pengisi surat kabar

필로폰 *philopon*; metampitamine

필름 【사진의】 film ¶필름에 담다 memfilmkan ⊙컬러 필름 film berwarna. 필름 페스티발 pésta film. 필름 스타 bintang film; bintang layar putih

필마(匹馬) kuda tunggal ⊙ 필마단기(單騎) naik kuda sendirian tanpa pelayan (rombongan)

필멸(必滅) mortalitas; kematian ¶필멸의 fana; mortal/생자필멸이다 Semua benda yang hidup pasti mati.

필명(筆名) nama samaran ¶필명으로 dengan nama samaran

필묵(筆墨) péna dan tinta Cina; alat-alat kantor

필법(筆法) ①【운필 법】 keahlian menulis indah ②【문체】 gaya tulisan

필봉(筆鋒) ①【붓끝】 ujung kuas ②【붓의 위세】 kekuatan tulisan (karangan) ¶필봉이 날카롭다 mempunyai gaya tulisan yang tajam

필부(匹夫) ①【한 남자】 orang individuil; orang tersendiri ②【신분 낮은 사내】 orang biasa; orang sederhana ⊙ 필부필부(匹婦) pria dan wanita yang sederhana

필사(必死) nékat; mati-matian ¶필사적으로 dengan mati-matian; dengan gigih; dengan nékat; dengan segala tenaga

필사(筆寫) penyalinan 필사하다 menyalin ⊙ 필사본 buku salinan

필산(筆算) kalkulasi (perhitungan) dengan angka-angka 필산 하다 menghitung dengan menulis angka-angka.

필살(必殺) ¶필살의 mematikan/필살의 일격을 날리다 memberikan pukulan telak ⊙ 필살기gerakan mematikan

필생(畢生) ¶필생의 seumur hidup

필설(筆舌) kuas dan lidah ¶필설로 다할 수 없다 tidak terlukiskan; tidak terucapkan; tidak tergambarkan

필세(筆勢) gorésan kuas

필수(必須) ¶필수의 wajib; diwajibkan /필수이다 wajib; diwajibkan ⊙ 필수과목 mata pelajaran wajib. 필수조건 syarat-syarat keperluan; kondisi yang diperlukan

필수품(必需品) barang kebutuhan (keperluan) pokok ⊙ 생활필수품 barang kebutuhan (keperluan) sehari-hari

필승(必勝) kemenangan yang pasti

필시(必是) tentu; tidak ada keraguan

필연(必然) keharusan; ketakterelakan ¶필연적인 perlu; tidak dapat diélakkan ⊙ 필연성 kebutuhan; keperluan

필요(必要) keharusan; keperluan; kebutuhan 필요하다 perlu ¶필요한 perlu; penting; 【긴요한】 hal-hal yang perlu; 【없으면 안 되는】 sangat diperlukan/ 필요할 때는 jika (kalau) perlu ⊙ 필요성 keperluan; kebutuhan. 필요충분조건 kondisi yang penting dan dibutuhkan

필유곡절(必有曲赤) Ada alasan untuk segala sesuatunya. *atau* Tentunya ada alasan untuk itu.

필자(筆者) penulis; pengarang

필적하다(匹敵-) sebanding; setara ¶필적할 만한 것이 없다 tidak ada bandingan.

필적(筆跡) ①【글씨 형적】 tulisan tangan ②【글 솜씨】 gaya tulisan ¶필적이 좋다 【나쁘다】 tulisannya bagus 【jelék】 ⊙ 필적감정 analisa (pemerikasaan) tentang tulisan tangan yang teliti

필지(必知) pengetahuan yang diperlukan ⊙ 필지 사항 hal-hal yang harus diketahui

필지(必至) ¶필지의 tidak terélakkan

필지(筆地) petak tanah

필진(筆陣) staf penyuntingan

필치(筆致) gaya; gorésan péna; sentuhan ¶원숙한 필치 gaya yang sempurna

필터 filter; ujung filter; saringan

필통(筆筒) kotak pénsil
필하다(畢-) menunaikan; menyelesaikan; merampungkan
필하모닉 orkés simfoni
필화(筆禍) persoalan yang ditimbulkan (disebabkan) oléh kesalahan pena ¶필화를 입다 dituntut karena tulisan (artikel)
필휴(必携) ¶필휴의 yang harus dibawa; yang diperlukan
필히(必-) pasti; tentu
핍박하다(逼迫-) menganiyaya; menyiksa ¶핍박을 당하다 dianiyaya; disiksa
핏기(-氣) warna wajah ¶핏기가 없다 menjadi pucat; menjadi pucat pasi; seputih kertas
핏대 urat darah ¶핏대(를) 올리다 menjadi biru karena marah
핏덩이, 핏덩어리 ①【피의 덩어리】 gumpalan darah beku ②【갓난아이】 bayi yang baru lahir
핏발 ¶핏발이 서다 naik darah/핏발이 선 눈 mata yang mérah karena sakit (lelah)
핏빛 merah darah
핏자국 bercak darah
핏줄 ①【혈관】 urat darah; pembuluh darah ②【혈족】 hubungan darah ¶핏줄이 같다 bersaudara
핑 【어지러움】 berputaran; pusing ¶술이 핑 돌다 Alkohol itu membuatnya mabuk.
핑거볼 kobokan; tempat cuci jari
핑계 dalih; alasan ¶핑계를 대다 berdalih; mencari alasan
핑그르르 berputar-putar
핑크 ¶핑크색의 jingga ⊙ 핑크무드 suasana jingga; suasana hati yang penuh cinta kasih
핑퐁 ping pong; ténis méja
핑핑 ¶핑핑 돌다 berputar-putar

하(下) ①【하급】 kelas (tingkat) bawah (rendah) ②【부사적】 di bawah; sebelah bawah

하 ①【입김으로】 dengan helaan napas berat ②【감탄사】 Hai; Huh; Oh

하강하다(下降-) 【높은 곳에서 낮은 곳으로】 turun; menurun; jatuh ¶급격히 하강하다 dengan tajam turun/급속히 하강하다 secara kilat turun

하객(賀客) tamu; orang yang memberi ucapan selamat; pengucap (pemberi) selamat

하계(下界) ①【이 세상】 dunia ini; 【지상】 bumi ②【낮은 곳】 tempat (daérah; kawasan) yang lebih rendah

하계(夏季) 【하기】 (waktu) musim panas ⊙ 하계강좌 kursus musim panas

하고 dan; dengan; beserta

하고많다 banyak; tak terhitung; berlimpah-limpah; melimpah

하곡(夏穀) bijian (panén) musim panas

하관하다(下棺-) menurunkan peti jenajah ke liang lahat; menurunkan keranda (peti mati) ke dalam kuburan

하관(下觀) dagu; bagian muka di bawah mulut

하교(下敎) ①【학교에서 돌아 옴】 datang (kembali) dari sekolah ②【임금의 전교】 perintah raja; perintah kerajaan ③【명령 · 지시】 instruksi; perintah

하구(河口) muara (mulut) sungai; kuala ⊙ 하구 둑 공사 konstruksi tanggul muara

하권(下卷) volume buku yang kedua; volume terakhir

하극상(下剋上) pemberontakan melawan atasan

하급(下級) golongan (kelas) rendah ⊙ 하급관리(공무원) pegawai kelas (golongan) rendah

하기(下記) ¶하기의 berikut; tersebut di bawah ini; selanjutnya

하기(夏期) musim panas

하기는(하긴) ①【…하는 것은】 ¶하기는 하지만 sebagaimana yang tengah (sedang) dilakukan②【실상은】 sebenarnya; sesungguhnya; memang; dalam kenyataannya ③【그러나】 tetapi; tapi… ; meski

하기식(下旗式) upacara penurunan bendéra

하기야 sebenarnya; pastinya

하나 ①【숫자】 satu ②【한 개】 satu; satu hal; satu-satunya; yang satu ¶하나씩 satu démi satu ③【한 사람】 seorang; 【개별적으로】 secara individu; sendiri-sendiri ④【유일한】 satu-satunya ④【동일】 satu; yang sama ⑤【뜻 · 마음 · 생각 등의 일체】 satu tubuh ¶하나가 되다 menyatu; menjadi satu; bersatu ⑥【부정적】 tidak lagi; tidak sebanyak biasanya

하나님 ⇒ 하느님

하녀(下女) pelayan; pembantu

하느님 Tuhan; Tuhan Yang Maha Esa (Yang Maha Pencipta; Yang Maha Agung) ¶하느님 맙소사 Demi Tuhan!

하늘 ①【천공 · 상공 · 공중】 biru langit; surga ¶하늘을 찌를 듯한 pencakar langit ②【종교에서】 sorga; Tuhan

하늘거리다 ayunan; goyangan; getaran

하늘 다람쥐 【동물】 bajing terbang

하늘소 【곤충】 kumbang bertanduk panjang

하늬(바람) angin ringan

하다 ①【행동 · 행위 등을 시도하다】melakukan; melaksanakan; bertindak; berbuat; menjalankan ②【만들다】membuat; menjadikan ③【부르다】memanggil; menamai; bernama ¶K라고 하는 사나이 orang yang bernama K ④【소문에 듣다】katanya; saya mendengar ⑤【말하다】berkata; berbicara; bercakap-cakap; mengomentari
하다못해 sampai-sampai; pilihan terakhir
하단(下段) ①【글, 종이 등의】di bawah ②【계단의】anak tangga terbawah; tingkat (ujung) yang lebih rendah
하달하다(下達-) memberitahu bawahan ¶명령을 하달하다 memberikan komando (perintah)
하대(下待) perlakuan yang tidak layak (tidak ramah) 하대하다 memperlakukan tidak hormat (tidak ramah; tidak layak); merendahkan【말을 낮춤】하대하다 memakai gaya bahasa (bicara) rendah
하도 terlalu; sangat; sekali
하도급(下都給) pemborong bawahan; kontrak tambahan 하도급하다 mengkontrak tambahan ⊙ 하도급업자 subkontraktor;【업체】perusahaan subkontraktor
하도롱지(-紙) kertas coklat; kertas kraft
하드 디스크 penyimpanan data untuk komputer
하드보드 papan keras
하드웨어【물체】barang-barang dari logam (besi); setiap mesin atau komponénnya yang lengkap;【군사】senjata atau perlengkapan seperti tank, meriam dan lain-lain;【전자】perangkat keras
하등(下等) kelas rendah (bawah); kasar ¶하등의 tidak bermutu; kasar ⊙ 하등동물 binatang kelas rendah
하등(何等)【전혀】sama sekali tidak; sedikitpun ¶하등의 관계도 없다 tidak punya hubungan apa-apa; tak ada sangkut pautnya; tidak berhubungan sama sekali
하락(下落) kejatuhan; keturunan ((harga)); penurunan; kemerosotan 하락하다 turun; jatuh; menurun; merosot; berkurang ⊙ 하락세 kecenderungan menurun
하렘【회교의】harém
하례(賀禮)【식】pésta selamatan; upacara selamat;【축하】ucapan selamat 하례하다 mengucapkan selamat ⊙ 신년 하례식 acara (upacara) Tahun Baru
하루 ①【초하루】hari pertama ((dari bulan)) ②【날수】sehari; satu hari ¶하루 세 번 tiga kali sehari ③【어느 날】suatu hari
하루거리【의학】demam malaria
하루빨리 secepat mungkin; tanpa penundaan
하루살이【곤충】①벌레 serangga yang hidup dan mati dalam sehari ②비유적 ¶하루살이 같은 인생 kehidupan singkat; kehidupan yang sekejap mata
하루속히 ⇒ 하루빨리
하루아침에 satu hari; dalam sehari; dalam waktu singkat; mendadak
하루 이틀 satu atau dua hari
하루 종일 sepanjang hari; seharian; dari pagi sampai malam
하루하루 harian; dari hari ke hari
하룻강아지 anjing ((yang berumur setahun))
하룻밤 satu malam;【온밤】sepanjang malam
하류(下流) ①【하천의】aliran bawah sungai; hilir sungai ②【사회의】kelas bawah ⊙ 하류계층 kelas (golongan) rendah
하릴없이 ①【뚜렷한 목적 없이】tanpa tujuan ②【할 수 없이】tak dapat dielakkan; terpaksa; tak ada pilihan; tak dapat berbuat lain
하마(河馬)【동물】kuda nil
하마터면 hampir; nyaris
하명(下命)【명령】perintah; (주문) suruhan 하명하다 menyuruh; memerintah; memberi perintah
하모니 keselarasan
하모니카 harmonika
하문하다(下問-) menanyakan; tidak segan-segan meminta nasehat kepada bawah
하물며【긍정】apa lagi; lebih banyak;【부

정】 tak perlu disebutkan; biarkan saja
하박(下膊)【해부학】 lengan bawah ⊙ 하박골(骨) tulang lengan bawah
하반(下半) separo ke bawah; separo terakhir ⊙ 하반기 setengah tahun terakhir. 하반신 bagian bawah badan
하복(夏服) pakaian musim panas; (교복) seragam musim panas
하복부(下腹部)【해부학】 di bawah perut; perut bawah
하부(下部) bagian bawah; bagian yang lebih rendah
하사(下士)【육군 · 공군 · 해병】 sersan dua; kopral ⊙하사관 【해군】 opsir rendah; bintara
하사(下賜) 하사하다【임금이 줌】 memberi; menganugerahi; mendermakan ⊙ 하사금【품】 hadiah raja; anugerah uang (barang)
하산하다(下山-) ①【산에서 내려옴】 menuruni gunung; turun gunung ②【도를 닦다가 세상으로 내려감】 ke dunia luas
하선하다(下船-) berlabuh; turun dari kapal; mendarat
하소연하다 mengeluh; memberengut
하수(下水) selokan air kotor; saluran pembuangan; kotoran; pembuangan kotoran ⊙ 하수구 got; parit; selokan
하수[1] (下手) ①【낮은 솜씨】 kurang berbakat; ketidak-trampilan ②【사람】 tangan yang tidak cekatan
하수[2] (下手) ①【살인】 pembunuhan 하수하다 membunuh ②⇒ 착수
하수 증(下垂症)【의학】 ptosis ⊙ 위하수증 gastroptosis
하수인(下手人) penjahat; pembunuh; pelaku 《kejahatan》
하숙(下宿) 【숙박】 penginapan; mondok dan menginap;【하숙집】indekos; rumah penginapan 하숙하다 indekos ⊙ 하숙생 orang indekos; pemondok
하순(下旬) akhir bulan
하악(下顎)【해부학】 ⊙ 하악골 tulang rahang; *rahang* bawah
하야하다(下野-) turun jabatan; berhenti dari tugas publik; mengundurkan diri dari jabatan
하얗다 putih; putih bersih
하얘지다 menjadi putih; memutih
하여간(何如間) pokoknya; bagaimanapun; setidaknya
하여금 membuat; mendorong
하여튼(何如-) bagaimana pun 《juga》; toh; apa pun juga
하역(荷役) pemuatan dan pembongkaran; pekerjaan bongkar muat 하역하다 memuat dan membongkar; melakukan membongkar dan memuat ⊙ 하역인부 buruh bongkar muat
하염없이 ①【생각 · 시름에 잠겨】 melamun; melongo; hilang ingatan; lupa; kosong ②【끝없이】 abadi; tak ada akhir; tak berujung
하오(下午) soré; soré hari
하옥하다(下獄-) memenjarakan; menjebloskan ke dalam penjara ¶하옥되다 dijebloskan di penjara; dipenjara; dikurung
하원(下院) Majelis Rendah
하위(下位) rangking (peringkat) bawah; posisi rendah
하의(下衣) celana
하이 tinggi ⊙하이틴 belasan tahun lanjut. 하이힐 sepatu berhak (tumit) tinggi
하이라이트 hal (acara) yang penting; bagian utama; adégan puncak
하이킹 gerak jalan; perjalanan kaki ¶하이킹 가다 (하다) pergi berjalan kaki; pergi gerak jalan
하이테크 téknologi tinggi ⊙하이테크 산업 industri téknologi tinggi
하이파이 ¶하이파이의 fidelitas tinggi; hi-fi ⊙ 하이파이 재생 장치 sistém reproduksi suara hifi
하이폰 tanda penghubung; tanda sengkang
하인(下人) pelayan; pembantu ⊙ 하인배 orang bawahan; kelas bawah
하우스키퍼 pengurus rumah tangga
하우스키핑 【집안 돌보는 일】 pekerjaan (urusan) rumah tangga
하자(瑕疵) cacat; cela; kekurangan; rusak ¶하자 없는 tanpa (tidak ada) cacat; bersih; rapi; sempurna
하자마자 segera

하잘것없다 réméh; tak berarti; tidak berharga; kecil; sepélé; (서술적) di luar perhatian; tak masuk hitungan
하제(下劑) 【약품】 obat pencahar; obat pencuci perut
하주(荷主) pengirim barang; pemilik barang
하중(荷重) muatan
하지(下肢) anggota bawah; kaki; tungkai bawah
하지(夏至) titik balik matahari musim panas
하지만 tetapi; bahkan; meskipun; bagaimana pun; walaupun; namun demikian
-하지 않을 수 없다 tidak dapat tidak; tak dapat menghindari (menahan) melakukannya
하직(下直) ucapan selamat tinggal; kunjungan perpisahan 하직하다 ①【작별하다】 minta diri; mengucapkan selamat tinggal ②【죽다】 meninggal
하차하다(下車-) ①【차에서 내림】 turun ②【중간에 그만 둠】 mundur
하찮다 【시시하다】 tak berarti; tidak penting; 【무가치하다】 tak berharga; tak bernilai ¶하찮게 여기다 menyepélékan
하천(河川) kali; sungai ⊙ 하천오염 pencemaran sungai; polusi sungai
하청(下請) subkontrak ¶하청을 주다 mensubkontrakan/ 하청을 맡다 menerima subkontrak
하체(下體) bagian bawah badan
하층(下層) kelas (golongan) yang lebih rendah; lapisan (strata) masyarakat rendah ⊙ 하층민 rakyat jelata; rakyat jémbél
하치(下-) barang kelas rendah; artikel picisan
하치장(荷置場) ruang (tempat) penyimpanan ¶쓰레기하치장 tempat (daérah) pembuangan sampah
하퇴(下腿) ⟪sebelah bawah⟫ kaki ⊙ 하퇴골 tulang kaki. 하퇴동맥 pembuluh nadi bawah
하편(下篇) ⇒ 하권(下卷)
하프 paruhan; separuh ⊙하프 라인 garis setengah. 하프 백 (축구) gelandang tengah
하품하다 menguap
하필(何必) mengapa (kenapa) harus
하하 ha…! ha…! ¶하하 웃다 tertawa
하학(下學) bubaran sekolah 하학하다 sekolah bubar; keluar dari sekolah; pulang sekolah
하해(河海) sungai dan laut ¶하해와 같은 은혜 kebaikan hati yang tak terbatas
하행하다(下行-) turun; pergi dari ibu kota (Seoul)
하향(下向) 하향하다 ke bawah; menurun ⊙ 하향세 【경향】 kecenderungan menurun
하향하다(下鄕-) pulang kampung
하현(下弦) bentuk (bagian) terakhir bulan ⊙ 하현달 bulan yang pudar (pucat); bulan sabit
하혈(下血) *melena;* pengaliran darah dalam tubuh; darah yang mengalir 하혈하다 berdarah fluks
하회하다(下廻-) ⇒ 밑돌다 kurang dari; di bawah
학(鶴)【조류】 burung bangau
학감(學監) pengawas sekolah
학계(學界) dunia (lingkungan) akadémis
학과(學科) ①【과목】 mata (pokok) pelajaran; pelajaran sekolah ②【과정】 kurikulum
학과(學課) pelajaran ⊙ 학과시간표 jadwal (daftar) pelajaran
학교(學校) sekolah ¶학교 성적 laporan hasil studi; nilai ⊙ 학교생활 kehidupan sekolah (kampus)
학교교육(學校教育) pendidikan sekolah ¶학교교육을 받다 berpendidikan sekolah
학구(學究) 【학문 탐구】 belajar; mempelajari ¶학구적(인) terpelajar; terdidik; berilmu
학구(學區) rayon sekolah ⊙ 학구제(도) sistém rayon sekolah
학군(學群) kelompok (rayon) sekolah
학군단(學軍團) 【학생군사교육단】 Korps Pelatihan Perwira Cadangan
학급(學級) kelas; tingkat ⊙ 학급담임 guru kelas; wali kelas
학기(學期) seméster; masa ⟪lamanya⟫
학내(學內) ¶학내의 dalam kampus
학년(學年) kelas; tingkat ⊙ 학년말 akhir

tahun

학당(學堂)【글방】sekolah désa;【학교】sekolah

학대(虐待) penganiayaan; kekejaman; penyiksaan; perlakuan buruk 학대하다 menganiaya; berbuat kejam pada orang atau binatang; memperlakukan dengan kasar ¶학대를 당하다 diperlakukan dengan kasar; menerima tindak kekejaman

학덕(學德) pelajaran dan kebaikan peribudi

학도(學徒) siswa; pelajar; mahasiwa ⊙ 학도병 tentara pelajar. 학도호국단 résimén mahasiswa (menwa)

학동(學童) anak sekolah; murid

학력(學力) kemampuan pelajaran; hasil pencapaian akadémis ⊙ 학력고사 tés kemampuan ujian mata pelajaran pokok

학력(學歷) karir akademis; latar belakang pendidikan; pendidikan formal ¶학력이 없다 tidak memiliki pendidikan yang régulér

학령(學齡) usia sekolah ⊙ 학령아동 anak usia sekolah

학리(學理) téori; prinsip; ilmiah ¶학리적(으로) secara téoritis

학명(學名) nama ilmiah; istilah téknis ¶학명을 붙이다 memberi nama ilmiah

학무(學務) urusan sekolah; urusan pendidikan

학문(學問) pengetahuan; pendidikan ¶학문적(으로) secara ilmiah/ 학문 있는 (교육을 받은) terpelajar; berpendidikan

학벌(學閥) strata pendidikan; golongan (kelompok) terpelajar

학부(學部) jurusan dari universitas; fakultas ¶학부 과정을 마치다 menyelesaikan studi sarjana muda

학부모(學父母) orang tua murid ⊙ 학부모회 persatuan orang tua murid

학부형(學父兄) orang tua, dan kakak murid

학비(學費) uang (biaya) sekolah; biaya pendidikan ¶학비를 벌다 bekerja untuk biaya sekolah

학사(學士) lulusan universitas; sarjana muda ¶학사 학위를 받다 meraih gelar sarjana muda ⊙ 학사학위 gelar (tingkat) sarjana muda

학사(學事) persekolahan; pendidikan ⊙학사징계 peringatan pendidikan (akadémis)

학살(虐殺) pembunuhan; pembantaian; penyembelihan 학살하다 membunuh; membantai; menyembelih ⊙ 학살자 pembantai; penyembelih

학생(學生) siswa; murid

학설(學說) téori; doktrin

학수고대하다(鶴首苦待-) menunggu penuh harapan; menunggu-nungguh; menanti-nanti

학술(學術) seni dan ilmu; ilmu pengetahuan; pengajaran ¶학술의【적인】ilmiah ⊙ 학술대회 konferénsi; simposium

학술원(學術院) Akadémi; Akadémi llmu Pengetahuan Nasional

학습(學習) latihan; pelajaran 학습하다 belajar; mempelajari; melatih ⊙ 학습서 buku pelajaran; buku pegangan murid

학식(學識) pengetahuan; kecendekiawan; kesarjanaan ¶학식이 많다 berpendidikan tinggi; terpelajar /학식이 없다 tak (kurang) berpendidikan; tidak terpelajar

학업(學業) pelajaran; pekerjaan sekolah ¶학업을 마치다 menamatkan sekolah; menyelesaikan pelajaran

학연(學緣) hubungan ikatan sekolah

학예(學藝) seni dan sastra; seni liberal;【문화 · 교양】budaya ⊙ 학예회 féstival kesenian sekolah

학용품(學用品) alat tulis

학우(學友) teman (kawan) sekolah; teman sekelas

학원(學院) insititut (lembaga) pendidikan swasta; akadémi

학원(學園) kampus; sekolah

학위(學位) gelar; (박사) tingkat doktor ¶학위를 받다 memperoléh gelar ⊙ 석사학위논문 disertasi; tésis untuk gelar sarjana. 학위수여식 upacara wisuda. 명예학위 gelar kehormatan. 박사학위 gelar doktor

학자(學者) ilmuwan; sarjana; orang terpelajar

학자금(學資金) ⇒ 학비 biaya (uang) sekolah; dana pendidikan
학장(學長) dékan
학적부(學籍簿) pendaftaran sekolah
학점(學點) krédit ¶학점을 따다 mengambil krédit ⊙ 학점제도 sistém krédit
학정(虐政) tirani; kelaliman; tindasan; pemerintah yang menindas
학제(學制) sistém pendidikan ¶학제를 개편하다 memperbaharui sistém pendidikan
학질 ①【말라리아】 malaria ¶학질에 걸리다 kena malaria ②【비유적】 tidak tahan gangguan ⊙학질모기 nyamuk malaria; nyamuk anopeles
학창시절(學窓時節) kehidupan sekolah (kampus)
학춤(鶴-) ①【학의 춤】 tarian burung bangau ②【사람이 추는】 tarian dengan kostum burung bangau
학칙(學則) peraturan sekolah
학파(學派) aliran; sékte; kelompok pengajaran ⊙ 헤겔학파 aliran Hegel
학풍(學風) tradisi akadémis; karakter sekolah; 【연구의 방법】 métode belajar
학회(學會) lembaga; akadémi; institut; institusi; 【모임】 pertemuan akadémis
한 ①【하나】 satu; tunggal ¶한 개 sebuah; sepotong; selembar ②【같은】 sama; (se) ¶한 방을 쓰다 sekamar ③【온 · 전】 meliputi; sepanjang ④【가장 · 한창】 puncak; yang paling; ter- ¶한 여름 di tengah musim panas ⑤【대략】 kira-kira
한(恨) perasaan tak énak; 【원한】 dendam; kebencian ¶한이 없다 tak ada yang disesalkan
한(限) ①【한계】 batas; batasan ¶한이 있다 dibatasi; memiliki batas/ 한이 없다 tak terbatas ②【기한】 jangka waktu; batas waktu ③【… 경우, 조건】 sejauh; sepanjang¶내가 아는 한 sepanjang yang saya ketahui; setahu saya
한가하다(閑暇-) ⇒ 한가롭다
한 가닥 ¶한 가닥의 희망 seberkas harapan
한가롭다(閑暇-) punya waktu senggang; tidak sibuk; sedang malas ¶한가로운 때 pada waktu senggang (waktu luang); ketika sedang bébas
한가운데 yang paling tengah; di tengah-tengah
한가위 hari raya *Chuseok*; hari bulan purnama; tanggal 15 Agustus kalénder Kamariah (Imrék); Féstival Musim Panén
한가을 pertengahan musim gugur; sepanjang musim panén (gugur)
한가지 ①【한 종류】 sejenis; semacam ②【같음】 《satu dan》 sama; hampir sama; sebanding; tanpa perbédaan
한갓 hanya; saja; sendiri; belaka
한갓지다 terpisah; terpencil
한강(漢江) sungai Han
한거(閑居) kehidupan yang tenang; pengasingan diri 한거하다 hidup yang tenang; hidup bermalas-malas; hidup bersenang-senang; tidak sibuk
한걱정 kekhawatiran yang mendalam 한걱정이다 sangat cemas; sangat takut; pusing kepala
한 걸음한 걸음 selangkah demi selangkah; tahap demi tahap
한걸음에 ⇒ 한달음에 tanpa terhenti 《pada jalan》
한겨울 pertengahan musim dingin
한결 ⇒ 한층 menyolok; jauh lebih; terutama
한결같다 ①【변함없다】 tetap; kekal; tak pernah berubah; konsistén; selamanya ②【모두 똑같다】 sama; konsistén
한계(限界) batas; batasan; pembatasan; jarak ¶한계를 넘다 meléwati (melangkahi) batas; keluar dari batas ⊙ 한계점 titik kritis; batas tertinggi
한고비 【위기】 saat yang gawat (kritis); klimaks; puncak ¶한고비 넘(기)다 masa gawat (saat yang terburuk) telah léwat
한과(韓菓) 【한국 전통 과자】 kué tradisi Korea
한구석 ①【모퉁이】 sudut; pinggir; tempat terpencil ¶시골 한구석에 박히다 tinggal di désa terpencil ②【한 부분】 bagian
한국(韓國) Republik Korea ¶한국화하다 Koreanisasi ⊙ 한국요리 masakan Korea
한군데 satu tempat; tempat yang sama

한글 susunan abjad Hangul, alfabét Korea ⊙ 한글날 Hari Penciptaan Huruf Hangul Korea

한기(寒氣) ①【추위】 udara dingin ②【오한】 kedinginan; serangan demam ¶한기를 느끼다, 한기가 나다 terasa dingin; merasa dingan (kedinginan)

한길【큰길】 jalan raya; jalan utama; jalan besar

한꺼번에【한 번에】 sekaligus; langsung; segera;【일거에】 serentak;【여럿이 함께】 bersama-sama

한껏(-限) ①【한도까지】 yang paling;【마음껏】 sebanyak(sejauh) mungkin; sepenuhnya ②【힘껏】 sekeras-kerasnya

한 끼 satu kali makan

한나절 setengah hari

한낮【정오】 tengah hari; waktu lohor;【백주】 siang hari

한낱 hanya; belaka; cuma

한눈 ①【한쪽 눈】 satu (sebelah) mata ②【곁눈】 ⇒ 한눈팔다

한눈팔다 melihat pada yang lain; mengalihkan (memalingkan) mata

한다한 terkenal; berpengaruh; terhormat; terpandang

한달음에 bergegas; tanpa berhenti

한담(閑談) obrolan; pembicaraan santai (ngawur); gosip 한담하다 mengobrol; menggosip; ngobrol membuang waktu

한대(寒帶)【지질】 daérah dingin; zona dingin ⊙ 한대동물 binatang kutub

한댕거리다 berayun-ayun

한더위 panas sekali; panas pertengahan musim panas

한데[1] ⇒ 한군데

한데[2] ①【노천】 di luar rumah ¶한데의 terbuka; udara terbuka ②【규정 지역 밖】 di luar ⟪daérah yang ditentukan⟫

한도(限度) batas; limit ¶한도를 정하다 menetapkan batas; membatasi ⊙ 신용한도 batas krédit. 최대 (최고)한도 batas maksimum; paling banyak. 최소 (최저) 한도 batas minimum; paling sedikit

한동안【부사적】 sementara waktu; untuk beberapa waktu

한 되다(恨-) disesali; menyesal; menjadi penyesalan

한두 satu atau dua ¶한두 번 sekali atau dua kali

한들거리다 bergoyang; berkibar

한때【일시】 satu waktu;【전에】 sekali waktu ¶한때의 sementara; témporér

한란(寒暖) panas dan dingin; suhu ⊙ 한란계 ⇒ 온도계 térmométer

한랭(寒冷) udara (hawa) dingin 한랭하다 dingin ⊙ 한랭전선 muka massa (gelombang) hawa dingin

한량(限量) ①【한정된 양】 jumlah terbatas ②【한정】 batas; limit; akhir ¶한량없다 tak terhingga; tak ada akhir; tak terbatas/한량없이 tanpa batas

한량(閑良) ①【옛 제도】 orang yang tidak lulus ujian negara ②【협협한 사람】 orang yang pemurah ③【난봉꾼】 playboy; hidung belang; mata keranjang; orang yang hidup bébas dan mengejar kesenangan ¶그는 놀기 좋아하는 한량이다 Ia adalah laki-laki hidung belang yang ingin bersenang-senang.

한류(寒流) arus dingin

한류(韓流) *Han-ryu* ¶한류열풍 gelombang budaya Korea; demam budaya Korea

한림(翰林) akadémis kerajaan

한마디 satu kata 한마디 하다 berbicara sepatah kata; mengoméntari ¶한마디로 말하면 péndék kata; dalam satu kata; dengan ringkas

한마음 hati(pikiran) yang sama; sependapat

한 모금 seteguk; sereguk

한몫 bagian; kuota; andil ¶한몫 끼다(타다) mengambil bagian; menerima jatah

한문(漢文) tulisan bahasa Cina ⊙ 한문자(字) huruf Cina. 한문학 bahasa Cina klasik; literatur bahasa Cina

한물 ①【채소 등의】 musim ②【최성기】 usia (masa) terbaik

한미(韓美) ⟪hubungan⟫ Korea-Amerika

한민족(韓民族) ras (bangsa; orang) Korea

한밑천 jumlah modal yang cukup besar ¶한밑천 장만하다 (잡다) memperoléh (mendapat) keuntungan yang besar

한바퀴 seputaran ¶한 바퀴 돌다 berkeliling (mengelilingi; merondai) sekali

한바탕 sejenak; sebenar

한반도(韓半島) semenanjung Korea
한발 selangkah
한발(旱魃) ⇒ 가뭄 kemarau ⟪panjang⟫; udara kering
한 발짝 ⇒ 한걸음 satu langkah; selangkah; setindak
한밤(중) larut malam; tengah malam ¶한밤까지 sampai tengah (larut) malam
한방(漢方) pengobatan Cina ¶한방치료를 받다 diobati dengan pengobatan cina
한 방울 setétés
한배 ①【동물의】 seperanak ②【사람】 sekandung; seperut ¶한배 형제 saudara sekandung
한번(-番) suatu waktu; sekali; satu ronde; hanya; segera ¶한번에 pada satu waktu; pada waktu yang sama/ 다시 한 번, 한 번 더 sekali lagi; lagi
한 벌 setelan; perlengkapan ¶여름옷 한 벌 satu stél pakaian musim panas
한복(韓服) *Hanbok*; pakaian Korea ¶개량 한복 *Hanbok* yang dimodernisasi
한복판 tengah-tengah; pusat; jantung
한사람 seorang; satu orang
한사코(限死-) secara terus menerus; sampai mati-matian; bersikeras
한산(閒散) 【상거래의】 ketidakaktifan; kemalasan; kelesuan; 【한가함】 sepi; santai; ketenangan 한산하다 tidak aktif; lesu; sepi
한서(寒暑) dingin dan panas; temperatur
한서(漢書) buku bahasa Cina
한선(汗腺) 【해부학】 kelenjar keringat
한세상(-世上) ①【한평생】 seumur (seluruh) hidup; masa hidup ②【한창때】 masa kejayaan (jaya); masa terbaik dalam hidup
한센 병(-病) ⇒ 나병 penyakit lépra(kusta)
한속 【한마음】 sependapat; satu pikiran; sekomplot ¶한속이다 bersekongkol; berkomplot
한수(-手) satu langkah; gerakan; trik; ketrampilan ¶한수 두다 【한 판】 main ⟪catur⟫/ 한수 높다(위다) berada di atas; lebih unggul; setingkat di atas; lebih trampil
한숨 ①【숨】 ⟪setarikan⟫ napas; 【휴식】 istirahat; berhenti sebentar ¶한숨 돌리다 lega; mengambil napas; beristirahat/ 한숨 자다 tidur sejenak ②【탄식】 helaan (tarikan) nafas ¶한숨짓다 menghela napas; menarik nafas dalam
한시(漢詩) syair (puisi) Tionghoa
한시(-時) ①【같은 시각】 waktu yang sama ②【잠깐 동안】 sesaat pun
한시름 sangat khawatir; rasa cemas yang besar; sangat gelisah; kegelisahan yang besar ¶한시름 놓다 merasa lega
한식(韓式) ¶한식의 gaya Korea ⊙ 한식집 rumah gaya Korea
한심하다(寒心-) ¶한심스럽다 kekesalan; menyesal; disesalkan; merasa sedih; menyedihkan; mengecéwakan; dikecéwakan; mematahkan harapan; melemahkan semangat
한 아름 sepemeluk; serangkulan
한약(漢藥) obat-obatan (pengobatan) Cina ⊙한약방 apotik 【toko】 obat-obatan Cina
한양(漢洋) Korea dan Eropa ⊙ 한양 식 절충 gaya sémi Eropa
한없다(限-) tak terbatas; tidak terhingga; merasa puas; tak ada yang harus disesali
한여름 dalam musim panas; pertengahan musim panas; seluruh musim panas
한역하다(漢譯-) menterjemahkan ke dalam bahasa Cina klasik
한영(韓英) Korea-Inggris ⊙한영사전 kamus Korea-Inggris
한옥(韓屋) rumah gaya Korea
한우(韓牛) daging sapi Korea
한외(限外) léwat batas
한일(韓日) Korea dan Jepang; 【형용사적】 warga Korea dan Jepan
한입 sesuap ⟪nasi⟫; segigit ⟪apel⟫
한자(漢字) huruf Cina ¶한자로 쓰다 menulis dalam huruf Cina
한잔(-盞) secangkir ⟪téh⟫; segelas ⟪bir⟫ 한잔하다 minum; minum segelas ¶한잔 내다 mentraktir minum
한잠 ¶한잠자다 tidur; tidur sejenak/ 한잠도 못 자다 tak dapat tidur sekejap pun
한재(旱災) bencana musim kemarau; kekeringan ¶한재를 입다 menderita kekeringan karena musim kemarau

한적하다(閑寂-) sepi; sunyi; terpencil; tidak ramai

한정(限定) pembatasan; penentuan 한정하다 membatasi; membuat batas ¶한정된 terbatas (dibatasi) ⊙ 한정판 édisi terbatas

한줄기 ①【한 가닥】 seberkas; secerca ②【한 바탕】 ¶소나기가 한줄기 오다 Hujan lebat sekali turun.

한중(韓中) Korea-Cina

한증막(汗蒸幕) kamar mandi uap ¶한증막 같다 panas sekali

한지(寒地) daérah dingin

한직(閑職) pekerjaan(jabatan) tidak penting; tugas yang ringan (mudah)

한집안 sekeluarga; anggota keluarga; satu keluarga; 【친척】 famili; kaum keluarga; sekerabat; satu (se)suku

한쪽 【방향】 bagian; 【양쪽 중의】 satu sisi; yang lain; yang sebelah ⟪tangan⟫; sebagian; 【다른 쪽】 bagian (pihak) lain; 【길의】 tepi

한참(-站) ①【노정】 jarak jauh ②【한차례】 masa; periode ⟪antara jam istirahat⟫; satu waktu ⟪bagian⟫ ③【얼마 동안】 untuk beberapa waktu ¶한참 만에 sesudah beberapa waktu

한창 ①【절정】 tinggi; puncak ⟪bunga; kembang⟫ ②【…하는 중】p di tengah

한창때 【최성기】 masa terbaik; masa muda remaja; masa puncak kehidupan; 【청과물 등이】 musim terbaik

한천(寒天) ①【날씨】 musim kering; musim kemarau ②【우무】 agar-agar

한추위 ①【한 차례의 추위】 musim dingin; udara dingin ②【큰 추위】 dingin sekali

한층(-層) ①【한 층계】 satu lantai ②【더욱】 lebih; masih (banyak) lebih ¶한층 (더)노력하다 berusaha lebih keras

한 치 ⇒ 치 satu inci

한 칼 ①【칼질】 satu tebasan pedang ②【고기의】 seiris; sepotong

한탄(恨歎) keluhan; ratapan; penyesalan 한탄하다 mengeluh; meratap; menyesali; mendesah

한턱 traktir; penjamuan ¶한턱내다 mentraktir/ 한턱 받아먹다 ditraktir

한테 ⇒ 에게

한통속 teman sekomplotan; sekelompok; pendukung; pengikut; burung-burung dari satu sayap ¶한통속이 되어 bersekongkol

한파(寒波) gelombang hawa dingin

한판【경기, 내기】 satu rondé; satu pertandingan; sebabak¶바둑을 한판 두다 bermain *baduk* sebabak ⊙ 한판 승부 pertandingan satu rondé

한패(-牌) sekelompok; sekongkol; sekutu ¶한패가 되다 bergabung; menggabungkan diri; bersekongkol

한편(-便) ①【자기편, 한쪽】 satu tim; sekutu ②【한편 …또 한편…】 dengan kata lain… dan; tetapi juga; sebagian… dan sebagian… ③【한편으로(는)】 di sisi lain; dalam satu segi; tapi

한평생(-平生) ⇒ 평생 seluruh hidupnya; seumur hidup; sepanjang hidup

한 푼 sepesér; seperak; satu sén dolar ¶동전 한 푼 sesén/ 한 푼 없는 tak beruang sepersérpun

한풀 꺾이다, 한풀 죽다 ①【사람이】 kehilangan harapan; putus harapan; lemah semangat; tidak bersemangat ②【기후가】 lindap ⟪udara⟫; reda ⟪angin; hujan⟫

한 풀다(恨-) ¶한(을) 풀어 주다 memenuhi (mewujudkan) keinginan; mencapai ambisi

한하다(限-) membatasi; memberi batas

한학(漢學) sastra Cina; Cina klasik ⊙ 한학자 sarjana Cina klasik

한해(旱害) kerusakan akibat kemarau ⊙ 한해지구 daérah kerusakan akibat kemarau

한해(寒害) bencana cuaca dingin

한화(韓貨) uang Korea

할(割) perséntase; persén ¶연(年) 1할 2푼의 이자 bunga 12 persén per tahun

할거하다(割據-) memiliki ⟪tanah⟫; mempertahankan pengaruhnya; memperoléh kekuasaan setempat ⊙ 군웅(群雄)할거 persaingan di antara para pemimpin yang sangat kuat

할당(割當) jatah; pembagian; kuota 할당하다 memberi jatah ⊙ 할당량 kuota; 【액】 jatah

할듯할듯하다 kelihatan seolah-olah akan

melakukan; terlihat seakan-akan mau ⟪melakukan⟫
할똥말똥하다 bimbang; ragu-ragu; tidak tetap; setengah hati
할렐루야【기독교】 pujian kepad Tuhan; nyanyian pujaan untuk Tuhan
할례(割禮) ⟪upcara⟫ sunatan; khitanan ¶할례를 행하다 menyunat; mengkhitanan
할말 ①【하고 싶은 · 해야 할】yang ingin dikatakan; sesuatu yang harus dikatakan; yang mau dibicarakan ②【불평】keluhan; keluh kesah; (이의) keberatan
할머니, 할미 ①【조모】 nénék ②【노파】 nénék ; embah; perempuan (wanita) tua
할멈 wanita tua; perempuan tua; embah
할미꽃【식물】bunga *pasque*
할미새【조류】pipit ékor panjang
할복하다(割腹-) menusuk perut sendiri; melakukan penusukan perut; harakiri ⊙ 할복자살 bunuh diri dengan membelah perut; melakukan harakiri
할부(割賦) ¶할부하다 mencicil; mengangsur; menjatahkan ⊙ 할부불입금 angsuran (uang) cicilan. 할부판매 penjualan dengan cara cicilan
할아버지 ①【조부】 kakék; éyang; datuk; engkong ②【노인】orang tua; orang usia lanjut
할아범 orang (lelaki) yang tua
할애하다 (割愛-) membagi; berbagi; memberi
할양(割讓) penyerahan; pemindahan hak kepada orang lain 할양하다 menyerah; memindahkan hak
할인(割引) diskon; potongan; pengurangan ⟪harga⟫ 할인하다 memberi potongan; mengurangi; memotong ¶할인을 받다 mendapat diskon; mendapatkan potongan harga ⊙ 할인가격 harga diskon; harga yang dipotong (dikurangi). 할인권 kupon diskon
할일 hal-hal yang akan dikerjakan ¶할일이 많다 banyak yang harus dikerjakan
할증(割增) ékstra; tambahan; prémi; keuntungan 할증하다 membayar tambahan ⊙ 할증요금 biaya ékstra (tambahan)
할퀴다 mencakar; menggorés
핥다 menjilat ¶핥아 먹다 makan atau minum dengan lidah
함(函) ① kotak ¶서류 (정리)함 lemari arsip/ 사서함 kotak pos ②*ham;* kotak hadiah diberikan oléh pihak pengantin pria untuk pengantin wanita sebelum pernikahan
함구하다(緘口-) menutup mulut; tetap diam
함께 bersama dengan; berteman dengan ¶함께 살다 tinggal dengan; tinggal seatap; tinggal serumah; hidup bersama
함대(艦隊)【큰】armada;【작은】armada kecil; skwadron ⊙ 연합함대 armada sekutu (gabungan)
함락하다(陷落-) ①【땅이】 jatuh; tenggelam; ambruk; roboh; longsor ②【적진 등을】merebut; menduduki
함량(含量) kadar; kandungan ¶높은 지방 함량 mengandung lemak yang tinggi ⊙ 알코올 【비타민】함량 kadar alkohol 【vitamin】
함몰하다(陷沒-)【땅 등의】turun; longsor; tenggelam; ambruk; terbenam; roboh; 【멸망】kerusakan total; hancur musnah; binasa
함미(艦尾) buritan kapal perang
함박꽃【식물】peoni ⊙ 함박꽃나무 pohon magnolia
함박눈 kepingan (bungkahan) salju yang besar
함부로 ①【되는 대로 · 마구】secara sembarang; secara ceroboh; (생각 없이) dengan terburu-buru; secara serampangan; secara membabi buta ②【허가 없이】tanpa izin; tanpa permisi; (이유 없이) tanpa sebab; tanpa alasan ⟪yang baik⟫; tak beralasan ③【지나치게】berlebihan
함상(艦上) di atas kapal
함석 séng; kaléng; besi berlapis séng ¶함석을 입히다 berlapis séng
함선(艦船) kapal perang dan kapal-kapal lainnya; (선박) kapal angkatan laut; semua kapal
함성(喊聲) keributan besar; teriakan; pekikan; sorak-sorai
함수(含水)¶함수의 berair; mengandung air
함수(函數)【수학】fungsi ¶함수의 fungsio-

nil ⊙ 함수관계 hubungan fungsionil. 함수방정식 kesamaan (persamaan) fungsionil

함수 초(含羞草) 【식물】 putri malu; mimosa

함양(涵養) pengembangan; penanaman; pembudidayaan 함양하다 mengembangkan; membina; membudidayakan

함유하다(含有-) berisi; termasuk; memegang ⊙ 함유량(量)⇒함량 jumlah (kadar) isi

함자(銜字) nama terhormat; nama anda (dia) ¶선생님의 함자가 어떻게 되십니까 Siapakah nama Anda, Tuan?

함장(艦長) kapten ((kapal perang)); komandan

함정(陷穽) perangkap; jebakan; jerat; perlubangan ¶함정에 빠지다 jatuh ke dalam perangkap (lubang); terperangkap; dijerat; jadi korban perangkap

함정(艦艇) kapal angkatan laut

함지 【나무 그릇】 mangkuk kayu besar; 【함지박】 pasu kayu

함축(含蓄) implikasi; anjuran 함축하다 berkonotasi; menyiratkan; menandakan; menyarankan ¶함축적 implikasi; konotasi /함축성 있는 sugéstif; bersifat menyiratkan; tersamar

함포(艦砲) senjata perang ⊙ 함포사격 penémbakan (pemboman) dari kapal perang

함흥차사(咸興差使) utusan dikirim yang tidak pernah kembali; utusan yang raib

합(合) jumlah

합격(合格) lulus (ujian) 합격하다 【수험생】 lulus dalam ujian; 【표준에】 memenuhi syarat; mencapai nilai standar ⊙ 합격여부 lulus atau gagal. 합격자 calon (pelamar) yang lulus (suksés)

합계(合計) total; jumlah seluruh; banyaknya 합계하다 menjumlahkan ¶합계하여 secara total; dengan jumlah; seluruhnya/ 합계…이 되다 berjumlah

합금(合金) logam campuran 합금하다 mencampurkan logam

합기도(合氣道) *hapkido,* seni bela diri

합당(合當) kecocokan 합당하다 cocok; tepat; serasi; sesuai; betul; mencukupi ¶ 합당하지 않다 tidak tepat; tidak cocok

합당(合黨) penggabungan partai politik 합당하다 bergabung

합동(合同) gabungan; penggabungan; koalisi 합동하다 menggabung; menyatukan; kerja sama ¶합동의 tergabung/ 합동하여 dalam gabungan; bersama-sama ⊙ 합동작전 operasi gabungan. 합동조사반 tim penyelidik gabungan

합력(合力) 【힘을 합침】 usaha bersama; kekuatan gabungan 합력하다 melakukan usaha terpadu; menyatukan usaha; menggabungkan kekuatan

합류(合流) ①【강이】 pertemuan ((dua sungai)) 합류하다 bergabung; mengalir bersama ②【사람이】 pertemuan 합류하다 berkumpul; datang bersama; bertemu; bergabung; berserikat

합리(合理) rasionalitas ¶합리적인 rasional; beralasan; masuk akal; logis ⊙ 합리주의 rasionalisme

합리화(合理化) rasionalisasi 합리화하다 merasionalisasikan; menjadikan lebih masuk akal ⊙ 경영 합리화 rasioanalisasi manajemen

합반(合班) penggabungan kelas; kelas gabungan 합반하다 menggabungkan kelas ⊙ 합반수업 pengajaran gabungan

합방(合邦) penyatuan (negara) 합방하다 menggabungkan; bergabung; digabungkan

합법(合法) légalitas; keabsahan ¶합법적 (secara) sah; (secara) légal/합법적 수단으로 dengan cara yang sah ⊙ 합법성 légitimasi; konstitusional; keabsahan; kesahan

합병(合併) penggabungan; penyatuan; persatuan 합병하다 menggabungkan; menyatukan ⊙ 기업합병 merger

합본(合本) volume (jilid) ganda 합본하다 menjilid ganda; menyatukan berapa salinan menjadi satu volume

합산하다(合算-) menjumlahkan

합석하다(合席-) duduk ((pertemuan; konsultasi)) bersama; berkumpul bersama; duduk ¶합석해도 될까요? Boléh duduk besama?

합성(合成) komposisi; perpaduan; gabungan; 【화학】 sintétis; persenyawaan 합성하다 menggabung; mempersatukan ¶합성의 gabungan; campuran; satuan ⊙ 합성고무 karét sintetis. 합성세제 deterjén sintétis. 합성수지 plastik

합세하다(合勢-) menggabungkan kekuatan

합숙하다(合宿-) menginap bersama; 【합숙 훈련의】 tinggal di barak asrama ((untuk latihan))

합승하다(合乘-) 【차】 ikut tumpangan (kendaraan); menumpang mobil ¶택시를 합승하다 menumpang taksi ⊙ 합승객 penumpang

합심(合心) persesuaian; persetujuan 합심하다 setuju; sependapat; bekerja bersama

합의(合意) persetujuan bersama 합의하다 mencapai persetujuan; bersetuju; bersepakat ⊙ 합의이혼 perceraian dengan kesepakatan; perceraian dengan persetujuan bersama

합의(合議) perunduingan 합의하다 berunding; bermusyawarah ⊙ 합의재판 pengadilan musyawarah

합일하다(合一-) bersatu; bergabung; berpadu

합자(合資) perkongsian; stok gabungan; kemitraan 합자하다 menggabungkan ((stok)); masuk dalam perkongsian; berkongsi ⊙ 합자회사 perusahaan stok gabungan; perseroan komanditér

합작(合作) kolaborasi; koperasi; kerja sama; manajemen bersama; join venture 합작하다 kerja sama; bertim ⊙ 합작품 hasil produk(usaha) bersama

합장하다(合掌-) menyatukan tangan; mengatupkan tangan ((waktu sembahyang)); meletakkan tangan bersama-sama

합장(合葬) penguburan bersama; penguburan suami dan istri dalam satu liang 합장하다 mengubur(menguburkan) bersama

합주(合奏) 【음악】 konsér; ensembel 합주하다 bermain dalam konsér ⊙ 합주곡 ensembel musik

합죽이 orang yang ompong

합중국(合衆國) federasi; serikat ⊙ 아메리카합중국 Amerika Serikat

합창(合唱) nyanyian bersama; paduan suara; ansaembel 합창하다 menyanyi bersama; menyanyi dalam paduan suara ⊙ 합창곡 nyanyian bersama. 합창대(단) paduan suara

합치(合致) persetujuan 합치하다 setuju dengan; sesuai dengan ¶사실과 합치하다 cocok dengan fakta

합치다(合-) ①【하나로】 mempersatukan; menjadikan satu; menggabungkan bersama ②【섞다】 mencampur; membuat campuran ③【셈을】 menambah; menjumlahkan; jumlah ¶모두 합쳐서 seluruhnya; semuanya

합판(合板) kayu lapis; kayu triplek

합하다(合-) ①【합치다】 bersatu ¶기도로 합하다 bersatu dalam doa ②【합쳐지다】 mempersatukan; menggabungkan; bergabung

합헌(合憲) ¶합헌의 berdasarkan undang-undang dasar ⊙ 합헌성 sifat undang-undang dasar

합환주(合歡酒) minuman untuk mengikrarkan kesetiaan pengantin; minuman pengantin

핫 panas; hangat; hébat ⊙핫뉴스 berita hébat(hangat)

핫도그 roti sosis

핫케이크 kue dadar

핫라인 hubungan télépon yang langsung dan cepat

핫 뮤직 musik yang bersemangat

핫바지 ①【솜바지】 celana panjang yang dilapisi katun ②【촌뜨기】 orang kampungan

항(項) 【항목 · 사항】 klausa; paragraf; artikel ¶제 1조 제2항에 해당되다 terletak di bawah sub séksi 2, séksi 1

항간(巷間) di jalanan; desas ¶항간에 떠도는 이야기에 의하면 desas desus mengatakan; orang-orang mengatakan bahwa

항거(抗拒) perlawanan; penolakan; pemberontakan 항거하다 memberontak melawan; membangkang

항고(抗告) protés; keluhan (terhadap keputusan) 항고하다 mengajukan permohonan banding; memohon banding;

memprotés ¶항고를 기각하다 menolak keputusan (naik banding) ⊙ 항고재판 pengadilan banding. 항고심 banding

항공(航空) penerbangan; perjalanan udara ⊙ 항공권 tikét kapal terbang. 항공봉함엽서 aerogram. 항공우편 pos udara. 대한항공주식회사 *The Korean Air Lines(Korean Air)*

항공기(航空機) kapal terbang; pesawat terbang; pesawat udara ⊙ 항공기 산업 industri pesawat terbang. 항공기 승무원 awak pesawat udara

항구(恒久) permanén; kekekalan; keabadian ¶항구적 tetap; kekal; abadi

항구(港口) pelabuhan ⊙ 항구도시 kota pelabuhan

항균성(抗菌性) antibiotik

항독소(抗毒素) 【의학】 anti racun; antijasad

항등식(恒等式) 【수학】 persamaan identik; tanda-tanda

항렬(行列) tingkat hubungan kekerabatan

항로(航路) rute laut; jalur laut; alur; servis; perjalanan; 【항공로】 rute (léwat) udara ⊙ 항로이탈 penyimpangan rute penerbangan. 유럽항로 jalur pelayaran Eropa

항만(港灣) dermaga dan teluk; pelabuhan ⊙ 항만시설 fasilitas (yang ada di) pelabuhan

항명(抗命) ketidak-patuhan; ketidak-tundukan 항명하다 tidak mematuhi perintah

항목(項目) bagian; bab; klausa; ayat ¶항목으로 나누다 membagi dalam bab/ 항목 화 spésifikasi

항문(肛門) anus; dubur ⊙ 항문과 병원 rumah sakit yang menangani penyakit anus.

항법(航法) navigasi ⊙ 위성항법장치 Alat Navigasi Satelit (GPS). 무선항법 navigasi radio

항변(抗辯) 【반박】 protés; penolakan; penyangkalan; bantahan; 【피고의】 kontradiksi; dalih 항변하다 memprotés; menyangkal; menolak; membantah

항복(降伏) penyerahan 항복하다 menyerah; menyerahkan; meletakkan senjata ¶항복시키다 membuat menyerah; membuat seseorang berlutut ⊙ 항복문서 dokumén penyerahan

항산(恒産) 【일정한 재산】 kekayaan yang tetap; 【일정한 직업】 pekerjaan tetap ¶항산이 있는 사람 pemilik kekayaan

항상(恒常) selalu; setiap waktu(saat); biasanya; terus menerus

항생제(抗生劑) antibiotik

항생물질(抗生物質) antibiotika

항설(巷說) kabar angin; pembicaraan (omongan) orang; desas-desus

항성(恒星) 【천문】 bintang tetap

항소(抗訴) 【법률】 naik banding ((ke pengadilan yang lebih tinggi)); permohonan banding ¶항소하다, 항소를 제기하다 mengajukan banding ⊙ 항소장 petisi naik banding

항속(航續) penerbangan; pesawat ⊙ 항속거리 jangkauan penerbangan (pelayaran); kecepatan dan jarak jelajah pesawat

항시(恒時) ⇒ 항상(恒常)

항아리 kendi; guci; tempayan; buyung ⊙ 물 항아리 kendi air

항암(抗癌) anti kanker ⊙ 항암물질 zat anti karsinogén (anti kanker). 항암제 obat anti kanker

항원(抗原, 抗元) antigén

항의(抗議) protés; keluhan; sanggahan; penentangan; gugatan 항의하다 memprotés; menyanggah; melawan ⊙ 엄중 항의 protés keras. 집단항의 protés massa

항일(抗日) anti-Jepang; penolakan terhadap Jepang; 【형용사적】 anti bangsa Jepang ⊙ 항일운동 gerakan anti (menentang) Jepang

항쟁(抗爭) perselisihan; perjuangan; pertentangan; penentangan; perlawanan 항쟁하다 berselisih; berlawanan; bertentangan

항적(航跡) jalur (jejak; alur) penerbangan

항전(抗戰) perlawanan 항전하다 melawan

항정(航程) 【배의】 perjalanan kapal; jarak tempuh kapal; 【항해】 pelayaran; penjelahan

항체(抗體) antibodi

항해(航海) pelayaran; penjelajahan 항해하

다 berlayar; menjelajah ⊙ 항해사(士) kelasi; pegawai pelayaran. 항해선 kapal pelayanan

항행(航行) pelayaran; penjelajahan 항행하다 berlayar; menjelajah

항히스타민(抗-) anti histamik ⊙ 항히스타민제 bahan anti histamik

해[1] 【태양】 matahari; 【일광】 cahaya matahari ¶해가 뜨다 【돋다】 matahari terbit/해가 지다 matahari terbenam

해[2] ①【년】 tahun ②【접두어】 baru ¶해콩 ⇒ 햇콩

해(亥) ①【민속】【십이지의】 (shio) Babi ② ⇒ 해방(亥方) ③⇒ 해시(亥時)

해(害) 【위해】 keburukan; kerusakan; kecelakaan; cedera; buruk

해[3] 【…의 것】 memiliki ¶내해 milik saya

해갈(解渴) 해갈하다 meredakan (menenangkan; meneduhkan; melepaskan) dahaga ¶가뭄의 해갈 terlepas dari kekeringan

해결(解決) pemecahan; penyelesaian; hasil akhir; jalan keluar 해결하다 menyelesaikan; menjelaskan persoalan; memecahkan kasus; mencari jalan keluar

해고(解雇) pemecatan; pemberhentian 해고하다 merumahkan; memecat; menghentikan; memberhentikan ¶해고되다(당하다) dipecat; dirumahkan; dihentikan; diberhentikan

해골(骸骨) kerangka; tulang kerangka; (머리) tengkorak

해괴(駭怪) keasingan; keanéhan; keganjilan 해괴하다 anéh; ganjil

해구(海狗) 【동물】 anjing laut ⊙ 해구신(腎) zakar anjing laut

해구(海溝) palung laut

해군(海軍) angkatan laut; armada angkatan laut; awak kapal ⊙ 해군기지 pangkalan angkatan laut. 해군사관 학교 akademi angkatan laut

해금(奚琴) 【악기】 biola gaya Korea

해금(解禁) pencabutan larangan; embargo; musim berburu (memancing) 해금하다 mencabut embargo; mencabut larangan 해금되다 dicabut larangan

해기(海技) kepelautan; ilmu bahari (pelayaran) ⊙ 해기면허증 sertifikat kepelautan

해꼬지하다 membahayakan; menyiksa

해끄무레하다 keputihan

해난(海難) bencana laut; kecelakaan kapal; peristiwa kapal karam ¶해난을 당하다 menjadi terdampal; mengalami kerusakan (kecelakaan) kapal

해내다 ①【이겨 내다】 menang debat; menyerang; menyerbu; menjatuhkan; (찍소리 못하게) membuat seseorang terdiam ②【수행 · 성취하다】 menyelesaikan; selesai; mencapai; berhasil; suksés

해넘이 matahari tenggelam (terbenam); senjakala

해녀(海女) penyelam wanita

해단하다(解團-) bubar

해달(海獺) 【동물】 singa laut

해답(解答) jawaban; pemecahan 해답하다 menjawab; memecahkan ⊙ 해답자 pemecah masalah; orang yang menjawab

해당하다(該當-) termasuk; sesuai dengan; memenuhi ¶제3조에 해당하다 sesuai dengan pasal ketiga

해당화(海棠花) sejenis bunga mawar

해대다 memaki-maki; mencaci-maki

해도(海圖) 【항해용 지도】 péta laut; péta bahari

해독(害毒) jahat; racun; pengaruh jahat ¶해독을 끼치다 meracuni; menimbulkan pengaruh jahat

해독(解毒) 【의학】 penjinakan (penetralan) racun; detoksifikasi 해독하다 membuang racun; meniadakan (menétralkan; menawarkan) racun ⊙ 해독제 anti racun; toksin; pengobatan melawan racun; penawar racun

해독(解讀) penguraian 해독하다 membaca dan mengartikan 《naskah》; menguraikan naskah; membaca kode (sandi)

해돋이 matahari terbit; terbitnya matahari

해로(海路) jalur (rute laut)

해로(偕老) 《pasangan menikah》 sama-sama beranjak tua 해로하다 sama-sama menjadi tua

해롭다 berbahaya; yang merusak; jelék; buruk

해류(海流) arus air laut; aliran sungai

해륙(海陸) darat dan laut ⊙ 해륙양면 작전 operasi amfibi
해리(海里) knot; mil laut
해리(海狸) 【동물】 berang-berang
해리(解離) 【화학】 disosiasi; penguraian 해리하다 mengurai
해마(海馬) kuda laut
해마다 setiap tahun; tahunan; dari tahun ke tahun
해머 martil; palu ⊙ 해머던지기 lempar martil
해먹 tempat tidur gantung; buaian
해먹다 ①【음식을】 memasak dan makan ②【횡령하다】 mengantongi; menggelapkan; memasukkan 《uang rakyat》 ke kantong sendiri
해면(海面) 【해수면】 permukaan laut ¶해면에 떠오르다 hanyut ke laut
해면(海綿) bunga karang; sepon ⊙ 해면동물 porifera
해명(解明) penjelasan; uraian 해명하다 menjelaskan; menguraikan ⊙ 해명서 surat keterangan; keterangan tertulis
해몽(解夢) penafsiran mimpi 해몽하다 menafsirkan mimpi ⊙ 해몽 가 tukang (orang) yang menafsirkan mimpi; penafsir mimpi; oneirokritis
해무(海霧) kabut laut
해묵다 berumur satu tahun; berlarut-larut sampai setahun ¶해묵은 쌀 【전년도의】 beras dipanén tahun yang lalu; 【오래된】 beras disimpan lama di gudang
해묵히다 membiarkan berlarut sampai satu tahun
해물(海物) produk maritim; produk angkatan laut ⊙ 해물탕면 sup mie yang dicampur dengan makanan laut *(sea food)*
해바라기 【식물】 bunga matahari
해박하다(該博-) luas (dalam; jenuh) pengetahuan
해발(海拔) di atas permukaan laut
해방(解放) émansipasi; kebébasan; ke*mer*dékaan 해방하다 melepaskan; membébaskan; terbébas dari; émansipasi ⊙ 노예해방 émansipasi budak. 해방감 perasaan bébas
해법(解法) kunci pemecahan ¶해법을 찾다 menemukan solusi
해변(海邊) pantai; tepi laut; pinggir laut
해병(海兵) angkatan laut; marinir ⊙ 해병대 Korp Marinir; Korp Angkatan Laut
해보다 ①【시도하다】 berusaha melakukan; berusaha; mencoba ②【겪다】 pernah; mengalami
해부(解剖) ①【생물의】 pembedahan; pemotongan; anatomi otopsi 해부하다 membedah; memotong; menganalisis; mengurai ②【구조· 내용 등의】 analisis 해부하다 menganalisis
해부학(解剖學) 《ilmu》 anatomi ⊙ 해부학자 ahli anatomi
해빙(解氷) pencairan és; peléléhan 해빙하다 mencairnya és; meléléh ⊙ 해빙기 musim meléléh
해산(解産) ⇒ 출산 kelahiran anak 해산하다 melahirkan anak ¶해산구완을 하다 menolong bersalin
해산(解散) 【모임의】 pembubaran; 【회사 등의】 pembubaran perusahaan; 【국회 · 단체 등의】 pembubaran parlemen 해산하다 membubarkan; menon-aktifkan ¶해산을 명하다, 해산되다 dibubarkan; dinon-aktifkan; dibekukan
해산물(海産物) hasil laut
해삼(海蔘) 【동물】 ketimun laut; teripang
해상(海上) laut ⊙ 해상공원 taman laut
해상(海床) 【지질】 dasar laut
해석(解析) analisa; analisis ¶해석하다 menganalisa
해석(解釋) ①【풀이】 penafsiran; 【설명】 penjelasan; éksposisi 해석하다 menafsirkan; menginterpretasi; menjelaskan ¶해석을 잘못하다 salah tafsir ②【번역】 terjemahan 해석하다 menterjemahkan
해설(解說) penjelasan; tanggapan; ulasan 해설하다 menjelaskan; menafsirkan; menanggapi ⊙ 해설기사 koméntar. 해설자 koméntator
해소(解消) ①【해약, 소멸】 pembatalan; penghapusan 해소하다 membatalkan kontrak; membatalkan perkawinan ¶해소되다 dibatalkan; dihapuskan; ditiadakan ②【해결】 jalan keluar; pemecahan 해소하다 memecahkan
해수(咳嗽) 【의학】 batuk

해수(海水) 【바닷물】 air laut; air asin ⊙ 해수면 permukaan laut

해수욕(海水浴) mandi laut ¶해수욕 하러 가다 pergi berenang ke laut (pantai) ⊙ 해수욕장 lokasi (kawasan) mandi laut; pantai tempat berenang

해시계(-時計) jam matahari

해식(海蝕) 【지리】 érosi laut

해신(海神) déwa laut; 【로마 신神】 Neptunus; 【그리스 신 神】 Poséidon

해쓱하다 pucat ¶해쓱해지다 memutih; berubah menjadi pucat pasi

해악(害惡) jahat; pengganggu; 【악영향】 pengaruh jahat; pengaruh buruk

해안(海岸) pantai; tepi laut; pinggir laut ⊙ 해안경비대 satuan penjaga pantai. 해안선 garis pantai

해약(解約) pembatalan kontrak 해약하다 membatalkan kontrak

해양(海洋) samudra ⊙ 해양성 기후 iklim samudra

헤어뜨리다 melusuhkan

해(어)지다 lusuh; usang

해역(海域) kawasan (aréa) laut

해열(解熱) peredam demam; penghilang demam 해열하다 menyembuhkan (menghilangkan) demam; meredakan panas ⊙ 해열제 pengobatan demam; obat pereda deman

해왕성(海王城) 【천문학】 Neptunus

해외(海外) luar negeri ¶해외로 수출하다 mengékspor ke luar negeri ⊙ 해외방송 siaran luar negeri. 해외여행 perjalanan ke luar negeri

해우(海牛) 【동물】 duyung

해운(海運) transportasi (pengangkutan) laut; perkapalan; pengapalan ⊙ 해운업 bisnis transportasi laut; perdagangan laut; industri perkapalan

해이(解弛) kelalaian; pengenduran; pelonggaran 해이하다 lalai; mengendur; melonggar

해일(海溢) tsunami; gelombang pasang

해임하다(解任-) merumahkan; memecat dari pekerjaan; memberhentikan dari tugas ¶해임되다 dirumahkan; diberhentikan (dikeluarkan) dari pekerjaan

해장하다 menghilangkan (mengusir) rasa sakit perut setelah minum minuman keras

해저(海底) bawah laut; dasar laut ⊙ 해저터널 terowongan bawah laut

해적(海賊) perompak laut; bajak laut ¶해적질을 하다 membajak kapal; merompak di tengah laut ⊙ 해적선 kapal bajak laut

해전(海戰) pertempuran laut; perang di laut

해제(解除) ①【경보 · 법령 등을】 pembatalan; pembubalan; penghapusan; pemusnahan 해제하다 membatalkan; menghapus; mencabut ⟪larangan⟫; melucuti ¶계약을 해제하다 membatalkan kontrak ②【무장 · 장비 등을】 pembebasan; kelepasan; pelepasan 해제하다 membébaskan; melepaskan ¶무장을 해제하다 melucuti senjata

해조(海鳥) burung laut

해조류(海藻類) tumbuhan laut; ganggang luut; rumput laut

해주다 melakukan (membantu) untuk orang lain

해지(解止) pembatalan kontrak 해지하다 membatalkan kontrak

해지다[1] ⇒ 해(어)지다

해지다[2] 【저물다】 matahari terbenam

해직(解職) 해직하다 memberhentikan tugas (kedudukan); memecat; mempénsiunkan ¶해직되다 dipecat; dirumahkan; dihentikan; dipensiunkan; di-PHK ⊙ 해직수당 tunjangan pemberhentian; tunjangan PHK

해질녘 senja kala; matahari terbenam

해질 때 ⇒ 해질녘

해질 무렵 ⇒ 해질녘

해체(解體) ①【기계 · 구조물 등의】 pembongkaran 해체하다 membongkar; memisah-misahkan ②【단체 · 집단 등의】 pembubaran; kekacauan 해체하다 membubarkan ③【체제 · 조직 등의】 pembubaran 해체하다 membubarkan; mencerai-beraikan ④【해부】 pemotongan; pembedahan ⇒ 해부

해초(海草) rumput (tumbuhan) laut

해충(害蟲) hawar.; serangga berbahaya

해치다(害-) melukai; menyakiti mengganggu; merugikan; membahayakan

해치우다 ①【끝내다】 menyelesaikan; menuntaskan; menghabiskan ②【죽이다】 membunuh

해커 orang pengaksésan tidak sah; orang yang menggunakan komputer untuk mendapatkan aksés tidak sah ke dalam data; *hecker*

해코지하다(害-) mengintimidasi; menyiksa ¶해코지를 당하다 diintimidasi; disiksa; dilukai

해킹하다 mengakséskan tidak sah ¶해킹 당하다 diaksés secara tidak sah

해탈하다(解脫-) bébas dari nafsu duniawi

해태【사자와 비슷하게 생긴 상상 속의 동물】 binatang *unicorn*

해태(海苔) ⇒ 김[1]

해파리【동물】 uber-uber; medusa

해표(海豹) ⇒ 바다표범

해풍(海風) angin laut

해프닝 ¶해프닝을 벌이다 membuat sebuah adégan

해피엔드 akhir berbahagia

해필(孩必) ⇒ 하필

해하다(害-) menyakiti; menyengsarakan; membuat terluka; melukai hati

해학(諧謔) lelucon; kelakar; humor ¶해학적인 bersifat canda (kelakar); berkelakar; bersenda-gurau ⊙ 해학가(家) orang yang suka humor; humoris

해해거리다 tertawa riang gembira

해협(海峽) selat; terusan ¶해협을 건너다 menyeberangi terusan (selat)

해후(邂逅) penyatuan kembali 해후하다 reuni; bertemu kembali ⊙ 해후상봉 ⇒ 해후

핵(核) ①【핵무기】 nukléus ②【과실의】 inti; biji; mata ¶핵의 nuklir ⊙ 핵무기(核武器) senjata nuklir. 핵무장 persenjataan nuklir. 핵분열 fisi nuklir. 핵사찰 inspéksi ⟪terhadap sarana⟫ nuklir. 핵실험 uji nuklir. 핵연료bahan bakar nuklir. 핵원자로 réaktor nuklir 핵에너지 tenaga nuklir; énergi nuklir. 핵우산 payung nuklir. 핵전쟁 perang nuklir. 핵폭발 ledakan nuklir. 핵폭탄 bom nuklir

핵폐기물(核廢器物) limbah nuklir

핵가족(核家族) keluarga inti

핵산(核酸) asam nukleat

핵심(核心) inti; intisari; pokok ¶핵심적 kunci; inti

핵질(核質)【생물학】 nukléoplasma; plasma inti

핸드백 tas tangan

핸드볼【스포츠】 bola tangan

핸드브레이크 rém darurat; rém tangan

핸드폰 ⇒ 휴대전화 télépon séluler

핸들【자전거의】 pegangan; gagang;【자동차의】 kemudi; engkol

핸들링 penanganan; perlakuan

핸디캡 ①【장애】 rintangan; halangan; handikap ②【결점】 handikap; kesukaran; kelemahan ③【골프】 rintangan

핸섬 ganteng; gagah; tampan; rupawan

핼쑥하다 pucat

햄【고기】 ham; daging babi yang biasanya diasinkan

햄버거【스테이크】 hamburger steak;【샌드위치】 roti pakai perkedél daging

햄스터 sejenis tupai

햅쌀 beras dipanén baru

햇- baru ¶햇감자 kentang baru (tahun ini)/ 햇것 hasil panén baru/ 햇곡식 ⇒ 햇것

햇무리 lingkaran cahaya matahari ¶햇무리구름 sekumpulan awan *Cirrostratus*

햇병아리 ①【새로 부화된 병아리】 anak ayam ②【풋내기】 masih muda; orang yang belum berpengalaman; orang baru; orang yang masih hijau

햇볕 sinar matahari

햇빛【태양광선】 pancaran matahari; cahaya (sinar) matahari

햇살 sinar matahari; pancaran cahaya matahari

햇수(-數) jumlah tahun

행(行) ①【줄】 baris ②【불교】 pertapaan keagamaan ③【시의】 sebaris ⟪dari syair⟫

행(幸) kegembiraan; kebahagiaan; keberuntungan

-행(行) ⟪menuju⟫ ke; jurusan ke ¶대구행 열차【차표】 tikét keréta api ke Daegu

행각(行脚)【돌아다님】 perjalanan dengan jalan kaki; tamasya berjalan;【불교】 penziarah 행각하다 bepergian jalan kaki; pergi bertamasya berjalan kaki; berziarah

행간(行間) 【행과 행의 사이】 spasi antara baris

행군(行軍) gerakan (barisan) militér 행군하다 berbaris ((militér))

행거 rak pakaian

행글라이더 pesawat peluncur menggantung

행낭(行囊) kantong surat; kantong pos

행동(行動) tindakan; suatu aksi; kelakuan tingkah laku; gerakan; cara kerja; 【군사】 tindakan-tindakan; operasi 행동하다 berperilaku; berkelakuan; bersikap; bertindak; melakukan

행동개시(行動開始) 【군사】 penyebaran; pendaratan 행동개시하다 menyebarkan; mendarat ((tentara; serdadu)) ⊙ 행동개시시간 Hari H; Hari-Nol. 행동(예정)개시일 Hari pendaratan (tentara); Hari-D

행동통일(行動統-) gerakan bersama-sama 행동통일하다 bertindak (bergerak) bersama-sama

행락(行樂) pesiar; darmawisata; piknik 행락하다 bertamasya; pergi bertamasya ⊙ 행락객 pelancong; pesiar; orang yang berpiknik; orang yang berlibur. 행락 지 kawasan wisata (piknik)

행려(行旅) perjalanan; 【사람】 orang yang melakukan perjalanan ⊙ 행려병자 orang yang jatuh sakit di jalanan

행렬(行列) ①【사람들의】 pawai; parade; iring-iringan; antrian; barisan; arak-arakan ¶행렬을 지어 가다 berbaris dalam pawai; berparade ②【수학】 matriks

행로(行路) dalam hidup; jalan; jalan kecil; 【여로】 perjalanan ⊙ 인생행로 jalan hidup (kehidupan)

행방(行方) tempat tujuan; tempat berada seseorang; jejak seseorang ¶행방이 묘연한 hilang; tersesat

행방불명(行方不明) lenyap ¶행방불명이 되다 kehilangan; tak terlihat; tidak terdengar lagi ⊙ 행방불명자 orang yang hilang

행보(行步) setiap gerakan

행복(幸福) kegembiraan; kesenangan; nasib baik; kebahagiaan 행복하다 gembira; bahagia; beruntung ¶행복하게 살다 hidup ((dengan)) berbahagia

행불행(幸不幸) kebahagiaan atau kesengsaraan; bahagia atau sengsara; nasib baik atau buruk

행사(行使) 【행동으로 실천하다】 행사하다 menggunakan; memakai; menjalankan;

행사(行事) kegiatan; suatu peristiwa; upacara; fungsi; pésta ¶행사를 개최하다 mengadakan upacara ⊙ 연중(年中)행사 upacara (tetap) tahunan

행상(行商) ①【장사】 penjajaan; penjual keliling 행상하다 menjajakan; berdagang dengan berkeliling; menjual ②【행상인】 penjual keliling; pedagang keliling; penjaja

행색(行色) penampilan ¶행색이 초라하다 kelihatan (terlihat) lusuh

행선(行船) pelayaran 행선하다 berlayar

행선지(行先地) tempat tujuan; akhir perjalanan

행세(行世) tingkah laku 행세하다 berkelakuan; bersikap; bergaya; bertindak

행세하다(行勢-) 【권세를 부리다】 mempunyai (memegang) kekuatan; menggunakan (menjalankan) kekuasaan ¶행세하는 집안 keluarga terkemuka (berpengaruh)

행수(行數) jumlah baris

행실(行實) perilaku; kelakuan; tabiat ¶행실이 나쁜 사람 orang yang berkelakuan buruk (kehilangan moral)

행여(나)(幸-) secara kebetulan; kemungkinan; dengan harapan

행운(幸運) kemujuran; keberuntungan; peristiwa yang menguntungkan ¶행운의 beruntung; mujur; bahagia

행원(行員) pegawai bank

행위(行爲) 【행동】 tindakan; suatu gerakan; perbuatan; tingkah laku; 【소행】 sikap; perbuatan ¶영웅적 행위 perbuatan héroik ⊙ 도덕(적)행위 tindakan bermoral

행인(行人) orang léwat; orang pejalan kaki; musafir

행장(行裝) peralatan (perlengkapan) perjalanan; pakaian(ransel; stélan) perjalanan ¶행장을 풀다 membuka pakaian

perjalanan; (숙박하다) mendaftar di hotél
행적(行蹟) 【살아온】 masa lalu; 【행방】 keberadaan
행정(行政) administrasi; pemerintahan; tata usaha negara ¶행정적인 【상의】 eksékutip; administratip 《manajemen》 ⊙ 행정구획 wilayah (séksi) administratip; wilayah yuridisi. 행정기구(行政機構) organisasi (susunan) administratip. 행정명령 perintah (pelaksana) administratip. 행정조직 ⇒ 행정기구
행주 kain lap; kain pencuci piring; serbét; handuk pencuci ¶행주(를) 치다 melap dengan kain pencuci piring ⊙ 행주치마 rok kerja dapur; celemék
행진(行進) 【줄지어 나아가다】 arak-arakan; barisan; parade; pawai 행진하다 berbaris; berpawai; berparade ⊙ 행진곡 lagu mars
행차하다(行次-) 【귀인의】 datang mengunjungi; pergi suatu perjalanan
행태(行態) perilaku
행패(行悖) kelakuan buruk; kebiadaban ¶ 행패를 부리다; melakukan tindakan biadab
행하(行下) tip; uang rokok; persénan
행하다(行-) melakukan; berbuat; mengerjakan; berkelakuan 《sendiri》; 【실행하다】 melakukan; mempraktékkan; melaksanakan 《rencana》; bertindak; 【거행하다】 menyelenggarakan; mengadakan; merayakan
향(香) ①【향불】 dupa; kemenyan ②【향기】 aroma; minyak wangi
향교(鄕校) *hyanggyo*; tempat sekolah lama di désa, termasuk tempat suci pengikut Konfusius
향군(鄕軍) ①【재향 군인】 véteran; bekas tentara; kadongan ②【부대】 prajurit kawakan
향긋하다 agak wangi; mempunyai aroma harum yang wangi
향기(香氣) keharuman; wangi-wangian; bau harum; bau wangi (harum) ⊙ 과일향기 aroma buah
향기롭다(香氣-) harum; manis; berbau sedap; bau enak; rasa enak
향나무(香-) 【식물】 kelembak
향내, 향냄새(香-) ⇒ 향기(香氣)
향년(享年) usia meninggal
향락(享樂) kesenangan; kenikmatan 향락하다 menik향락에 빠지다 terjebak dalam kenikmatan. mati; mencari kesenangan ¶⊙ 향락업소 tempat hiburan
향로(香爐) dupa yang dibakar; pedupaan
향료(香料) ①【식품의】 bumbu; rempah ②【화장품 등의】 wewangian; harum-haruman
향리(鄕里) kampung halaman; kampung asal; tempat kelahiran
향미(香味) cita rasa; flavor ⊙ 향미료 penyedap rasa
향방(向方) arah; tujuan; bagian
향배(向背) pro atau kontra ¶향배를 분명히 하지 않다 tidak menyatakan pendapat
향불(香) api dupa ¶향불을 피우다 membakar dupa
향상(向上) peningkatan; kenaikan; perbaikan; kemajuan; lanjutan 향상하다 meningkat; menjadi tinggi; naik; maju ¶향상시키다 mengangkat; memperbaiki ⊙ 향상심 ambisi; aspirasi
향수(香水) parfum; minyak wangi; minyak kelonyo
향수(鄕愁) 【고향에 대한】 kerinduan kampung halaman; 【과거에 대한】 nostalgia ¶향수를 느끼다 merasa rindu akan kampung halaman
향신료(香辛料) bumbu; rempah
향연(饗宴) pésta; perjamuan; jamuan ¶향연을 베풀다 mengadakan (memberikan) sebuah perjamuan
향유하다(享有-) menikmati
향유(香油) 【참기름】 minyak wijén
향응(饗應) hiburan; suguhan; makan malam; pésta makan 향응하다 menghibur 《pada acara makan malam》; menjamu; memberikan pésta (perjamuan); menyuguhi ¶향응을 받다 dihibur (disuguhi)
향촉(香燭) dupa dan lilin
향토(鄕土) tempat asal; tempat lahir ⊙ 향토민요 lagu rakyat. 향토예비군 pasukan cadangan daérah (setempat). 향토예술 kesenian rakyat

향하다(向-) ①【어느 쪽으로 방향을 잡다】 memutar ((kepala seseorang)) ke arah; 【방향을 정하여 나아가다】 meneruskan; pergi; mengambil jalan ②【면하다】 menghadap; menuju ③【겨냥하다】 menunjukkan; membidik; mengarahkan; 【가리키다】 menunjuk

향학열(向學熱) keinginan (hasrat) belajar; hasrat inteléktual

향후(向後) kemudian; selanjutnya; seterusnya

허(虛) ①【허점】 titik lemah ¶허를 찔리다 disergap dengan tak disangka-sangka ②【거짓】 kepalsuan ¶허와 실 kebenaran dan kepalsuan

허가(許可) ①【인가, 면허】 perizinan; persetujuan; izin 허가하다 memberi((kan)) izin ¶허가가 되다 (나다) diizinkan/허가를 얻다 mendapat izin ②【입학 · 입장의】 izin masuk 허가하다 menerima; diterima; mengakui ¶대학에 입학이 허가되다 diterima di universitas ⊙ 허가제 sistém izin. 허가증 surat izin; izin tertulis. 입학허가 izin masuk sekolah

허겁지겁 ⇒ 허둥지둥 tergesa-gesa; terburu-buru; pontang-panting

허공(虛空) angkasa; ruang hampa

허구(虛構) fiksi; karang-karangan; kebohongan; kepalsuan ¶허구의 memalsukan; membohong; mengarang-ngarang

허구렁(虛-) celah kosong; sela yang kosong

허구하다(許久-) sangat lama ¶허구한 세월을 덧없이 보내다 menghabiskan masa (waktu) yang lama dengan sia-sia

허기(虛飢) perut kosong; kelaparan ¶허기를 느끼다 merasa lapar (kosong)

허깨비 ①【유령】 hantu; bayang-bayang ¶허깨비를 보다 melihat bayang-bayang ((hantu)) ②【환상】 halusinasi

허다하다(許多-) banyak; sering terjadi

허덕거리다 ①【숨이 차】 terengah-engah; mengab-mengab; bernafas dengan susah (payah) ②【애쓰다】 kerja keras dan banting tulang; berusaha keras; berusaha mati-matian; berjuang

허둥거리다 【허둥대다】 tergesa-gesa; tergopoh-gopoh; sangat terburu-buru (menjadi) kebingungan; berada dalam kesusahan

허둥지둥 dalam kebingungan (tergesa); tergopoh-gopoh; terpontang-panting; terburu-buru ¶허둥지둥 밖으로 뛰어 나가다 pergi terburu-buru

허드레 barang bekas; barang rongsokan ⊙ 허드레꾼 orang yang bekerja sebagai sambilan; tukang. 허드렛일 kerja sambilan; pekerjaan réméh

허들 【장애물】 rintangan; pacuan dengan rintangan; penghalang;【육상경기) lari gawang; lari rintang ⊙ 허들선수 pelari gawang

허락(許諾) izin; persetujuan 허락하다 memboléhkan; mengabulkan izin

허랑방탕하다(虛浪放蕩) bébas; lemah; semberono; jangak

허례(虛禮) formalitas yang hampa (tidak berguna) ¶허례를 없애다 menghapus formalitas

허름하다 lusuh; usang;

허리 pinggang; pinggul ¶허리를 굽히다 membungkukkan badan; melengkung

허리띠, 허리끈 ikat pinggang; sabuk

허리춤 bagian atas celana ((pinggul atas)); saku di bagian pinggang celana

허리케인 topan

허리통 (ukuran) pinggang; sekitar pertengahan badan

허망하다(虛妄-) sia-sia

허명(虛名) nama kosong; réputasi yang sia-sia

허무(虛無) kesia-siaan; kehampaan ¶허무하게 dengan kesia-siaan; dengan hampa ⊙ 허무감 rasa hampa(kehampaan: kesia-siaan). 허무주의 nihilisme; kekosongan; ketidakadaan. 허무주의자 orang (penganut) nihilisme

허무맹랑하다(虛無孟浪-) kosong; tanpa dasar; yang tak berdasar; tak masuk akal

허물[1] ①【뱀 · 곤충 등의】 kulit ¶허물을 벗다 mengelupaskan (menganggalkan; membuang) kulit; berganti kulit ②【살갗의】 kulit

허물[2] 【잘못】 kekeliruan; kesalahan; kekeliruan ¶허물을 뉘우치다 menyesali kesalahan

허물다 meruntuhkan; merusak; menghancurkan; membongkar

허물 벗다[1] ⇒ 허물【뱀 등이】melepaskan kulit

허물 벗다[2]【누명 벗다】terbébas dari tuduhan; membébaskan dari kesalahan

허물어지다 hancur; jatuh ¶허물어져 가는 ambruk; réyot; setengah hancur

허물없다 akrab; tanpa basa-basi; tidak harus dengan resmi

허밍 dengungan; deruman

허방 lubang; lobang ¶허방에 빠지다 jatuh ke dalam lubang

허방 짚다 salah hitung; menembak pada sasaran yang salah; membuat tebakan salah; menuding kesalahan pada orang yang salah

허벅다리 paha

허벅지 paha

허비하다(虛費-) pemborosan 허비하다 membuang; memboroskan ¶시간을 허비하다 membuang (meléwatkan) waktu

허사(虛事) usaha yangsia-sia ¶(일이) 허사로 돌아가다, 허사가 되다 menjadi sia-sia

허상(虛像)ilusi; khayalan

허섭스레기 barang usang; sampah

허세(虛勢) unjuk kekuatan (keberanian; aksi; lagak) yang palsu ¶허세를 부리다 membanggakan; melagakkan; berlagak; beraksi

허송세월하다(虛送歲月-) membuang (-buang) waktu; meléwatkan waktu dengan sia-sia

허수(虛數)【수학】bilangan khayalan (imajiner)

허수아비【짚 등으로 만든】orang-orangan di sawah

허술하다 ①【초라하다】sangat tua; lusuh; lesu ¶허술한 옷 pakaian lusuh ②【허점이 있다】lalai; lemah; longgar

허스키 suara parau (keras; serak)

허식(虛式)【수학】ékspresi khayalan

허식(虛飾) sok aksi; lagak yang memperagakan; pertunjukan palsu 허식하다 memperagakan ¶허식이 없는 sederhana; tidak berlagak/ 허식이 없는 말 kata-kata tanpa hiasan

허실(虛實) kebenaran dan kekeliruan

허심탄회(虛心坦懷) kejujuran; keterus-terangan 허심탄회하다 berpikiran luas; jujur terus terang ¶허심탄회하게 dengan terus terang; dengan jujur;【편견 없이】tanpa kewaspadaan; tanpa kecurigaan

허약하다(虛弱-) lemah; tak kuat; sakit ¶허약한 사람 orang yang lemah (loyo; tak berdaya); si lemah

허언(虛言) kebohongan 허언하다 dusta; membohong

허여멀겋다, 허여멀쑥하다 bagus dan bersih

허영(虛榮) keangkuhan; kesombongan ⊙ **허영심** (jiwa) angkuh; kesombongan

허옇다 putih bersih; putih salju

허욕(虛慾) ambisi yang sia-sia; keinginan; keserakahan; ketamakan

허용(許容) izin; toleransi 허용하다 mengizinkan ¶(약의) 최대 허용량 dosis maksimum yang diizinkan ⊙ 허용범위 batas yang diizinkan. 허용한계【한도】batas yang masih diterima; batas toleransi

허우대 penampilan luar

허우적거리다 menggapai-gapai

허울 penampilan ((yang cantik)); bagian luar ¶허울뿐이다 tidak sebagus sebagaimana kelihatannya

허위(虛僞)【거짓】kebohongan; kepalsuan ¶허위의 bohong; palsul ⊙ 허위보고 laporan palsu

허위단심 berjuang dengan segala kekuatan; susah payah

허전하다【마음이】merasa hampa; merasa kosong; merasa kesepian

허점(虛點) titik lemah; kelemahan ¶허점을 노리다 mencari (menunggu) saat (titik) lemah

허정거리다 terhuyung-huyung

허접스럽다 tidak rapi; jelék

허탈(虛脫) kelesuan; kelemahan 허탈하다 letih lesu; tak berdaya

허탈상태(虛脫狀態) keadaan lesu (pingsan); kelinglungan; kelihatan linglung ¶허탈상태이다 dalam keadaan kebingungan; dalam keadaan tidak sadar

허탕 usaha sia-sia

허투루 dengan cara ceroboh; dengan cara tidak sungguh-sungguh

허튼계집 wanita cabul; wanita yang berkelakuan gampangan

허튼 맹세 (-盟誓) sumpah palsu; sumpah yang tak berarti

허튼소리, 허튼수작 pembicaraan yang tak beguna; dusta; pembicaraan yang bébas; kebohongan; pembicaraan yang tak jujur 허튼소리하다 berbicara bohong; berbicara tak berarti; berbicara dengan bébas

허파 ①【폐】paru-paru ②【비유적】¶허파에 바람이 들었다 tertawa sendirian dengan lucu

허풍(虛風) bualan besar; omongan besar ¶허풍떨다【치다】mulut besar; berbicara besar; membual;

허하다(虛-) ①【속이 비다】kosong; hampa ¶속이 허하다 lemah di dalam ②【몸이 약하다】lemah ¶기가 허하다 kurang tenaga; tak bertenaga

허행(虛行) 허행하다 ⇒ 헛걸음하다

허허벌판 daratan (lapangan) luas yang kosong belaka

허혼하다(許婚-) menerima pernikahan; memberi izin perkawinan

허황하다, 허황되다(虛荒-) palsu; tak dapat dipercaya; tak nyata; tak masuk akal ¶허황된 계획 proyék yang tak masuk akal; rencana khayalan

헉헉거리다 lenguh; melenguh; mengeluarkan bunyi lenguh ¶숨을 헉헉거리다 napasnya melenguh

헌【낡은】bekas; usang ¶헌 옷 baju usang

헌것 barang bekas

헌계집 gadis perusak; wanita yang pernah menikah; wanita yang bercerai

헌금(獻金) sumbangan; hadiah uang derma; sedekah 헌금하다 menyumbang; menderma; memberi 《dana》 ⊙ 헌금자 penyumbang; penderma. 헌금함(函) kotak amal; kotak kumpulan (sumbangan)

헌납(獻納) 헌납하다 menyumbang; mendonasikan ⊙ 헌납 식 upacara persembahan. 헌납 자 penyumbang; penderma. 헌납품 barang sumbangan

헌데【부스럼】bisul; pembengkakan; absés ¶헌데가 나다 mempunyai bisul

헌법(憲法) undang-undang dasar; konstitusi ¶헌법상(의) secara konstitusional ⊙ 헌법개정 pembaharuan (perubahan) undang-undang. 헌법재판소 Mahkamah Konstitusi (MK)

헌병(憲兵) polisi militér (PM); polisi tentara laut ⊙ 헌병대 Polisi Militér【PM】; Polisi Tentara Laut

헌상(獻上) persembahan 헌상하다 《dengan rendah hati》 menghadiahkan; memberikan hadiah; mempersembahkan ⊙ 헌상 품 pemberian; hadiah; persembahan; sumbangan

헌시(獻詩) sebuah puisi persembahan

헌신(獻身) pengabdian; pengorbanan diri; kebaktian 헌신하다 membaktikan diri ¶헌신적으로 secara tulus-ikhlas; dengan pengabdian

헌신짝 sepatu butut; sepatu usang ¶헌신짝 같이 버리다 melemparkan kayak kotoran; menolak sebagai tidak berguna

헌옷 pakaian bekas (lama; usang; tak terpakai lagi)

헌장(憲章) piagam; konstitusi ⊙ 어린이헌장 Piagam Anak-Anak

헌정(憲政)【입헌 정치】perundang-undangan ¶헌정의 위기 krisis undang-undang

헌정하다(獻呈-) mendedikasikan; mempersembahkan

헌책(冊) buku bekas ⊙ 헌책방 toko buku bekas

헌칠하다 mempunyai sosok tubuh yang baik; tinggi dan tampan

헌팅하다 ①【이성을】mencoba dan mengambil ②【장소를】mencari tempat

헌혈(獻血) sumbangan (penyumbangan) darah 헌혈하다 menyumbangkan (memberikan) darah ⊙ 헌혈자 orang donor darah

헐값(歇-) harga murah ¶헐값에 팔다 menjual dengan harga murah

헐겁다 longgar

헐다[1] ①【낡게 되다】tua; menjadi layu; lusuh; jadi lusuh ¶옷이 헐다 pakaian lusuh ②【상처 · 피부 등이】mendapat (mempunyai) bisul; menjadi bernanah ③(위가) sakit gastritis (radang perut)

헐다² ①【집 · 건물 등을 허물다】 meruntuhkan; menghancurkan; membongkar ②【돈 · 적금 등을】 memecah; menukar

헐떡거리다, 헐떡이다 ①【숨을】 megap-megap; terengah-engah ②【헐거워서】 lepas

헐뜯다 memfitnah; menjelék-jelékkan; mengumpat; mengusik

헐렁이 orang gegabah (sembrono)

헐렁하다 longgar; terlalu besar

헐레벌떡 terengah-engah; terburu-buru; kehabisan nafas

헐리다 meruntuhkan; memusnahkan; diroboh

헐벗다 ①【사람이】 berpakaian compang-camping (rusak; lusuh) ②【산 · 나무 등이】 daun dirontoki (digunduli) ¶헐벗은 산 gunung gundul (botak)

헐하다(歇-) ①【값이】 murah; harga murah ②【가볍다】 ringan ¶헐한 법칙 hukum yang ringan ③【쉽다】 énténg; ringan; sederhana ¶헐한 일 kerja ringan

험구하다(險口-) ①【험담】 memfitnah; mengkhianati; menjelékkan; mengumpat ②【사람】 ⇒ 험구가

험난하다(險難-) ①【지형 등이】 curam; terjal; penuh bahaya; membahayakan ②【인생 · 여정 등이】 suram; keras ¶앞길이 험난하다 (비유적) Prospéknya suram.

험담(險談) fitnahan 험담하다 memfitnah; mengumpat

험상궂다(險狀-) kasar; keras; seram; kelihatan liar; menakutkan

험악하다(險惡-) ①【얼굴 · 인상 등이】 menakutkan; mengancam ②【분위기 등이】 kritis; gawat; serius; genting ③【날씨 · 상태 등이】 buruk; kasar; badai

험준하다(險峻-) 【지형이】 ⇒ 험하다

험하다(險-) ①【길 · 지형 등이】 curam; berbahaya; terjal ②【날씨 등이】 buruk; badai; kasar ③【생김새 등이】 menakutkan; seram; tampang liar; galak; kejam ④【상태가】 kritis; gawat; genting ⑤【말 · 행동 등이】 kasar; agrésif ⑥【좋지 않다】 buruk

헙수룩하다 【머리털이】 tak teratur; tidakrapi; berantakan; 【옷차림이】 kusut; lusuh

헛간(-間) gudang; tempat penyimpanan barang; lumbung

헛걸음하다 mengadakan kunjungan dengan sia-sia; kembali dengan tangan kosong

헛구역(-嘔逆-) rasa (perasaan) mual ¶헛구역질하다 muak; mual

헛기침하다 mendéhém; berdéhém-déhém; batuk-batuk kambing

헛다리짚다 membuat langkah yang salah (tak benar); 【비유적】 salah menebak; membuat perkiraan yang salah; salah hitung; menebak pada sasaran yang salah

헛돌다 【기계 따위가】 menggelésér

헛되다 ①【공허하다】 sia-sia; hampa; kosong; gagal ②【사실이 아님】 tidak benar; salah

헛듣다 salah (keliru) mendengarkan((nya)); salah tangkap; 【흘려버리다】 tidak memperhatikan; tidak memberikan perhatian

헛디디다 salah langkah (pijak); mengambil langkah salah (langkah keliru); terpelését; tergelincir

헛물켜다 membuat usaha yang sia-sia; tidak ada hasil

헛배 부르다 ①【먹지 않고도】 ¶헛배가 부르다 kekenyangan semu ②【가스가 차서】 mengembung ((dengan gas)); merasa kembung

헛소리하다 【잠결에】 mengigau; berbicara dalam mimpi; 【거짓소리】 berbicara bohong (omong kosong)

헛소문(-所聞) berita (kabar angin) yang tidak berdasar; kabar burung palsu

헛손질하다 menggapai-gapai udara; mengais udara

헛수고 usaha sia-sia; usaha yang tidak berguna; usaha yang tidak membawa hasil; usaha tak bermanfaat 헛수고하다 bekerja sia-sia; tak mendapat apa-apa; sia-sia belaka

헛웃음 senyum simpul; senyuman yang berpura-pura; senyuman dibuat-buat ¶헛웃음(을)치다 tersenyum simpul; menyeringai

헛일 pekerjaan yang sia-sia; usaha yang

tak berguna; perbuatan yang merugikan (tak bermanfaat) 헛일하다, 헛일되다 melakukan pekerjaan yang tak berguna; pekerjaan tidak membawa hasil

헛헛증 kelaparan; lapar kronis ¶헛헛증이 있다 menderita kelaparan kronis

헛헛하다 ①【배 속이 빈 듯한 느낌】 sangat lapar ②【마음이 허전한 느낌】 kesepian dan kosong

헝겊 secarik kain; sehelai kain; sobékan kain

헝클다 【실 · 줄 등을】 mengusutkan; membuat kusut

헝클어지다 kusut; berada dalam keadaan kusut

헤게모니 【주도권】 hégemoni; kekuasaan ¶헤게모니를 잡다 memegang kekuasaan

헤드라이트 lampu utama; lampu depan

헤드라인 berita utama

헤드폰 alat pendengar

헤딩 tundukan; sundulan 헤딩하다 menyundul

헤로인 héroin

헤매다 ①【돌아다니다】 menggembara; berkelana; berjalan-jalan tanpa tujuan; berkeliling ②【갈피를 잡지 못하다】 bingung; dalam keadaan tersesat; meraba-raba dalam kegelapan

헤모글로빈 hémoglobin

헤벌쭉 dalam keadaan terbuka lébar 헤벌쭉하다 terbuka lébar ¶헤벌쭉 웃다 tersenyum lébar

헤브라이 【역사】 Hibrani ⇒ 히브리 ⊙ 헤브라이어(語) bahasa Hibrani

헤비급(-級) 【권투】 kelas berat ⊙ 헤비급선수 pemain kelas berat

헤아리다 ①【요량하다】 mempertimbangkan; memikirkan; merenungkan ②【마음 · 고충 등을 가늠 · 짐작하다】 menduga; mengira; menerka ③【수량을 세다】 menghitung; menaksir ¶헤아릴 수 없다 tidak dapat dihitung; tidak dapat ditaksir

헤어나다 mengatasi ((kesulitan)); menyelesaikan; membébaskan diri dari ((kesulitan)); menemui jalan keluar

헤어 rambut ⊙헤어드라이어 pengering rambut. 헤어디자이너 penata rambut. 헤어브러시 sikat rambut. 헤어스타일 gaya rambut. 헤어스타일리스트 ahli rias rambut. 헤어스프레이 semprot rambut. 헤어피스 rambut palsu. 헤어핀 jepit rambut; tusuk kondé; pasak sanggul. 헤어 컷 potong(pangkas) rambut.

헤어지다 ①【모여 있던 사람들이 흩어지다】 tersebar; bertebaran; berserakan; berpencar ②【이별하다, 관계를 끊다】 memisah; terpisah; (부부가) bercerai; dalam keadaan terpisah

헤엄 renang 헤엄치다 berenang

헤적이다 membolak-balik; menggeledah; mengaduk-aduk

헤집다 ①【뒤지거나 헤치다】 menggali; menguis; mengais ②【무리 사이를】 mendesak; mendorong

헤치다 ①【파헤치다】 menggali; mengangkat ②【물살 · 인파 등을 좌우로 흩뜨리다】 menyebarkan; memecahkan; menyisihkan; menepikan ③【난국 · 어려움 등을】 mengatasi

헤프다 ①【쓰기에】 tidak tahan lama; segera habis ②【낭비하다】 tidak hémat; royal; terbuang; menghamburkan ③【웃음이】 mudah (tertawa) ④【몸가짐 등이】 bébas

헥타르 héktar

헬레니즘 Hélénisme ((aliran Yunani Kuno))

헬륨 helium

헬리콥터 hélikopter

헬리포트 bandara hélikopter

헬멧 helm; (공사장의) topi baja

헬스클럽 klub keséhatan; gym

헷갈리다 ①【마음이】 bingung; galau; tidak bisa konsentrasi; pikiran melayang-layang ②【뜻이】 kusut; sulit untuk membédakan ③【길 등이】 sulit untuk mendapatkan

헹가래치다 melambungkan; mengangkat setinggi bahu

헹구다 membersihkan; membilas

혀 ①lidah ¶혀를 내밀다 menjulurkan (mengeluarkan) lidah / 혀를 차다 membunyikan lidah; mengecap-ngecapkan lidah

혁대(革帶) ikat pinggang kulit; sabuk kulit

혁명(革命) révolusi; perubahan yang cepat 혁명하다 mengadakan (membuat) révolusi ¶혁명적 bersifat révolusi ⊙ 혁명가(家) orang révolusionér. 무력혁명 révolusi bersenjata. 반(反)혁명 kontra (anti) révolusi. 산업혁명 révolusi industri

혁신(革新) pembaharuan; révolusi; réformasi 혁신하다 memperbarui; mengadakan réformasi ¶혁신적 bersifat pembaharuan; inovatif

혁혁하다(赫赫-) gemilang; cemerlang

현(弦) ①【활시위】 tali busur; busur lingkaran ②【수학】 garis miring segitiga ③【천문학】 bulan sabit; seperempat ((bulan))

현(現)【현재의】 sekarang; yang ada; kini

현(絃 · 弦)【현악기의 줄】 senar; tali ¶현을 퉁기다 memetik senar

현가(現價) harga sekarang

현격(懸隔) perbédaan 현격하다 berbéda; jauh berbéda; tidak sama

현관(玄關)【입구】 pintu masuk; jalan masuk;【현관 홀】 halaman jalan masuk; pendapa; serambi; beranda

현군(賢君) raja yang bijaksana

현금(現今) ¶현금의 sekarang; kini

현금(現金)【현찰】 uang kontan;【현재 있는 돈】 uang tunai; uang tersedia ¶현금으로 사다【팔다】 membeli【menjual】 dengan uang kontan ⊙ 현금가격 harga kontan. 현금 자동 지급기 mesin anjungan tunai mandiri (ATM). 현금출납계원 kasir

현기증(眩氣症) kepusingan; kepeningan ¶현기증이 나다, 현기증을 느끼다 merasa pusing; merasakan kepusingan

현대(現代) masa sekarang; saat modérn ¶현대의 modérn; mutakir ⊙ 현대교육 pendidikan modérn. 현대사 sejarah modérn (kontémporér). 현대식 gaya (modél) yang modérn

현란하다(絢爛-) ①【눈부시다, 어지럽다】 terang temerang; gemerlap; norak; menyolok ②【문체 · 말솜씨 등이】 berbunga; élaborasi; penuh hiasan

현명(賢明) kebijaksanaan; kearifan 현명하다 bijaksana; cerdas; cepat mengerti; cepat tanggap; cerdik; arif

현모양처(賢母良妻) seorang ibu yang bijaksana sekaligus istri yang baik

현몽하다(現夢-) muncul dalam mimpi

현물(現物) benda; barang ¶현물로 지급하다 membayar dengan barang

현미(玄米) padi yang belum dipolis; beras kasar ⊙ 발아 현미 beras coklat kasar (disemaikan)

현미경(顯微鏡) mikroskop

현상(現狀) keadaan sejkarang; situasi déwasa ini; keadaan yang sebenarnya; keadaan yang ada; status quo ¶현상그대로 dalam keadaan status quo; sebagaimana yang sebenarnya

현상(現象)【사물의 모양 · 상태】 fénoména; gejala ⊙ 사회현상 gejala sosial. 자연현상 gejala alami

현상(現像)【사진】 pencucian ((film)); pengembangan 현상하다 mencuci ((film; négatif))

현상(懸賞) hadiah ¶현상을 걸다 menawarkan hadiah; memberi hadiah ⊙ 현상당선자 pemenang hadiah

현세(現世) dunia ini; masa sekarang ¶현세적 keduniaan; duniawi; sifat keduniaan; sékuler ⊙ 현세주의 sékularisme

현손(玄孫) keturunan yang ke empat (anak; cucu, buyut, canggah); canggah; cucu dari cucu

현수막(懸垂幕) spanduk; plakat ¶현수막을 내걸다 memasang spanduk

현숙(賢淑) kebaikan dan kebijaksanaan seorang wanita 현숙하다 bijaksana dan berbudi

현시(現時) saat sekarang; déwasa ini

현시(顯示) pemberitahuan; penunjukan 현시하다 memperlihatkan; memberitahukan; memamérkan

현실(現實) réalitas; kenyataan ¶현실의 sebenarnya; nyata /현실적 réalistis; praktis ⊙ 현실감 rasa kenyataan. 현실도피 éskapisme. 현실성 réalitas; praktis. 현실주의 aktualisme; réalisme

현악(絃樂)【음악】 musik petik ⊙ 현악기 alat petik. 현악삼중주(단) trio musik petik

현안(懸案) hal (pertanyaan; masalah) yang harus dipecahkan; pertanyaan yang harus dijawab (diselesaikan)

현역(現役) ①【현역 군인】 dinas (tugas; pelayanan) aktif ¶현역복무중이다 berada dalam dinas aktif ②【현재 활동 중인 사람】 berada dalam pelayanan aktif
현인(賢人) orang bijaksana
현임(現任) jabatan sekarang ⊙ 현임 자 pejabat sekarang
현장(現場) tempat kejadian ⊙ 현장조사 penyelidikan di tempat kejadian
현재(現在) waktu kini; déwasa ini ¶현재까지 sampai sekarang
현저하다(顯著-) menyolok; mencolok mata; menonjol; istiméwa ¶현저히 dengan mencolok mata
현존(現存) 현존하다 ada ¶현존의(하는) ada; aktual; yang ada; hidup ⊙ 현존작가(作家) penulis yang aktif; pengarang yang masih hidup
현주소(現住所) ①【현재 사는 곳의 주소】 alamat sekarang(terkini) ②【현재 상태】 situasi sekarang (terkini)
현지(現地) tempat kejadian; tempat (lokasi) yang tepat ¶현지에서 di tempat kejadian ⊙ 현지생산 produksi lokal. 현지시간 waktu setempat
현지처(現地妻) nyonya (selir) simpanan
현직(現職) kedudukan sekarang ¶현직에서 물러나다 mengundurkan diri dari jabatan
현찰(現札) uang kontan; uang tunai
현처(賢妻) istri bijaksana
현충일(顯忠日) Hari Pahlawan
현충탑(顯忠塔) tugu (monumén) peringatan
현판(懸板) papan gantung ((dengan sebuah gambar atau beberapa kaligrafi)) ¶현판을 달다 menggantungkan papan tanda ⊙ 현판식 uapacara penggantungan papan tanda
현품(現品) barang yang tersedia; persediaan; cadangan
현학(衒學) sifat suka menonjolkan keilmuan ¶현학적인 suka menonjolkan keilmuannya
현행(現行) yang sekarang; ada ¶현행교통법규 peraturan lalu lintas yang berlaku ⊙ 현행범 penjahat yang tertangkap basah (di tempat kejadian). 현행법 hukum yang berlaku; hukum yang ditetapkan
현혹하다(眩惑-) silau; menyilaukan ¶현혹되다 tersilau; menjadi silau
현황(現況) kondisi sekarang; status quo ¶현황을 보고하다 melaporkan kondisi saat ini
혈(穴) ①【구멍】 lubang ②【풍수지리의】 tempat yang mempengaruhi nasib seseorang ③【침을 놓는 자리】 bagian (titik) akupuntur
혈거(穴居) diam di gua 혈거하다 tinggal (diam) di dalam gua; jadi penghuni gua
혈관(血管) pembuluh darah; urat darah
혈구(血球) sél darah ⊙ 적혈구 sél darah merah; hémosit
혈기(血氣) ①【기운】 kekuatan; tenaga; daya hidup ②【격하기 쉬운】 semangat muda; darah panas ¶젊은 혈기 semangat muda
혈뇨(血尿) 【의학】 hematuria
혈담(血痰) lendir berdarah
혈당(血糖) gula darah ¶혈당(수치)을 내리다 menurunkan kadar gula darah
혈로(血路) jalan keluar yang sulit ¶혈로를 찾다 mencari jalan keluar
혈맥(血脈) ①【혈관】 pembuluh darah ②【혈통】 hubungan darah
혈맹(血盟) pertalian darah
혈반(血斑) 【의학】 bercak darah
혈변(血便) bérak darah
혈색(血色) warna muka; air muka ¶혈색이 좋다 cerah dalam warna muka; mempunyai keséhatan yang baik/혈색이 나쁘다 kelihatan pucat (tidak bagus) ⊙ 혈색소 hémoglobin
혈서(血書) ¶혈서를 쓰다 menulis dengan darah
혈세(血稅) pajak yang sangat berat
혈안(血眼) mata kemérah-mérahan ¶혈안이 되어 찾다 mencari mati-matian
혈압(血壓) tekanan darah ¶혈압이 높다【낮다】 mempunyai tekanan darah yang tinggi【rendah】/ 혈압을 재다 mengukur tekanan darah ⊙ 혈압계 alat pengukur tekanan darah; tonometer; spikmomamoter. 고【저】혈압(증) tekanan darah tinggi【rendah】. 정상혈압 tekanan darah normal. 최저【최고】혈압 tekanan

darah minimum【maksimum】
혈액(血液) darah ¶AB형의 혈액 darah golongan AB ⊙ 혈액검사 tés (golongan) darah; pengujian darah. 혈액 순환 perédaran darah.혈액형 tipe darah
혈연(血緣) ikatan (hubungan) darah; hubungan famili ⊙ 혈연관계 pertalian darah. 혈연사회 masyarakat sedarah
혈우병(血友病) himofili; penyakit yang berhubungan dengan pendarahan ¶혈우병의 (에 걸린) terkena himofili ⊙ 혈우병환자 penderita himofili; orang yang darahnya tidak mau membeku
혈육(血肉) darah daging; anak kandung ¶ 슬하에 일점혈육이 없다 tidak punya anak
혈장(血漿) plasma darah
혈전(血戰)【혈투】perjuangan yang berbahaya (dahsyat); perang yang banyak membawa korban 혈전하다 bertempur mati-matian; bertempur dengan hébat
혈전(血栓)【의학】gumpalan darah; trombus 혈전증 trombosis/ 뇌 혈전증 trombosis di otak
혈족(血族) famili (saudara); hubungan darah daging ⊙ 혈족결혼 perkawinan hubungan antar keturunan. 혈족관계 hubungan darah; pertalian darah
혈청(血清)【의학】serum darah
혈통(血統)【핏줄】silsilah; pertalian; persaudaraan; keturunan; garis keluarga ¶ 아버지【어머니】쪽의 혈통 garis menurut bapak【ibu】
혈투(血鬪) pertempuran berdarah; perjuangan yang besar-besaran
혈행(血行) perédaran darah
혈혈단신이다(孑孑單身-) sebatang kara
혈흔(血痕) noda darah ¶혈흔이 있는 berdarah; berlumur darah
혐오(嫌惡) kebencian; keengganan; kejijikan 혐오하다, 혐오스럽다 jijik; benci
혐의(嫌疑) kecurigaan; syak wasangka ¶ 혐의를 두다 menaruh kecurigaan/ 혐의를 받다 dicurigai membuat kejahatan; dituduh (mencurigai) ⊙ 혐의자 orang yang dicurigai; orang yang diduga melakukan kriminal
협객(俠客) pendékar; orang berjiwa sopan
협곡(峽谷) jurang; ngarai; lembah
협공(挾攻) penyerbuan dari dua arah; penyerangan silang 협공하다 menyerang《musuh》dari dua arah ¶협공당하다【을 받다】diserang dari dua arah; menemui diri seseorang berada pada dua pihak lawan
협궤(狹軌) ukuran sempit《rél keréta》; lorong yang sempit ⊙ 협궤철도 rél (jalan) keréta api yang berjarak dekat
협기(俠氣) semangat pendekar
협동(協同) usaha bersama; koperasi 협동하다 berkoperasi ¶협동으로 bekerja sama; bergabung ⊙ 협동정신 semangat bersama (koperasi)
협력(協力) kerja sama 협력하다 bekerja sama ⊙ 협력업체 (하청 업체) subkontrakor. 기술협력 kerja sama téhnik. 상호협력 kerja sama saling menguntungkan
협박(脅迫) ancaman kekerasan; paksaan 협박하다 mengancam; menggugat; menakut-nakuti ¶협박당하여 (받아) di bawah ancaman (gangguan; rongrongan) ⊙ 협박전화《mendapat》télépon panggilan ancaman
협상(協商) negosiasi; perundingan; permusyawaratan 협상하다 berunding; bermusyawarah
협소하다(狹小-) kecil dan sempit; sedikit; terbatas
협심하다(協心-) bersatu; disatukan; bergabung ¶협심해서 일하다 bekerja sama dalam secara koperasi
협심증(狹心症)【의학】*angina pektoris*; gangguan jantung; penyakit dada ¶협심증으로 죽다 meninggal karena serangan jantung
협약(協約) perjanjian; persetujuan; ikrar 협약하다 membuat persetujuan ⊙ 단체협약 perjanjian koléktif
협연(協演) pendamping pertunjukkan ¶그는 그 피아니스트와 협연 무대를 가졌다 Dia tampil dengan pianis itu.
협의(協議) perundingan; permufakatan; musyawarah 협의하다 mendiskusikan; bermufakat ¶협의 중이다 di bawah diskusi/ 협의를 보다 mencapai persetujuan

⊙ 협의사항 pokok (topik) pembicaraan; hal untuk konsultasikan; hal dalam pembicaraan. 협의이혼 perceraian dengan persetujuan

협의(狹義) pikiran yang sempit; ¶협의의 dalam hal yang kecil

협잡(挾雜) tipuan; penipuan; pencurangan 협잡하다 menipu; dusta; bohong; tidak bisa dipercayai ¶협잡의 menipu; mendustai; berdusta; berbohong ⊙ 협잡꾼 pembohong; penipu; pemalsu

협정(協定) perjanjian; persetujuan; persepakatan; kontrak 협정하다 membuat perjanjian ⊙ 협정서 surat persetujuan. 자유무역협정 perjanjian perdagangan bébas (FTA). 잠정협정 modus vivendi

협조(協調) kolaborasi; koperasi; perbuatan kerja sama 협조하다 bekerja sama; berbuat seharmonis mungkin ¶협조하여 bekerja sama dengan/ 협조적 bersifat kerja sama; koperatif ⊙ 협조심 semangat kerja sama

협주곡(協奏曲) konsérto

협착(狹窄) 【의학】 kontraksi ⊙ 요도협착 kontraksi urétra

협찬(協贊) 【찬성】 persetujuan; 【지지】 dukungan; 【협조】 koperasi; sponsor 협찬하다 menyetujui; mendukung; memberi dukungan; bekerja sama dengan; bergabung dengan ¶협찬 받다 disponsori

협회(協會) himpunan; organisasi; asosiasi; perkumpulan ¶협회를 설립하다 membentuk asosiasi

혓바늘 ¶혓바늘이 돋다 mendapat ruam di lidah; mendapat gorésan pada lidah

혓바닥 lidah; sisi pipih lidah ¶혓바닥을 내밀다 mengeluarkan lidah

형(兄) ①【나이가 많은 형제】 abang (laki-laki); kakak; kakanda ②【나이가 비슷한 남자를 부르는 말】saudara; bang ¶김 형 saudara Kim

형(刑) 【형벌】 hukuman ¶형에 처하다 menghukum ((mati)) ⊙ 종신형 hukuman seumur hidup

형(形) bentuk ¶대【소】형의 ukuran besar 【kecil】/ 포켓형의 사전 kamus saku

형(型) mode; ragam; gaya; bentuk

형광(螢光) perpendaran; pijaran ¶형광을 발하다 berpijar; berpendar ⊙ 형광등 lampu berpijar. 형광물질 benda berpijar

형구(刑具) alat (peralatan) hukuman

형국(形局) situasi, kondisi

형극(荊棘) duri; onak ¶형극의 길 jalan penuh dengan bersemak (berduri); jalan Penderitaan Kristus

형기(刑期) masa hukuman penjara

형무소(刑務所) ⇒ 교도소 penjara

형벌(刑罰) hukuman; siksaan ¶형벌을 과하다 menghukum; menyiksa/ 형벌을 받다 mendapat hukuman (siksaan)

형법(刑法) 【법률】【총칭】 hukuman kriminal (pidana); 【협의의】 Undang-undang Hukum Pidana; 【형 법전】 Kode Pidana (Kriminal) ¶형법상의 tindakan pidana (kriminal)

형부(兄夫) ipar lelaki; suami kakak perempuan

형사(刑事) ①【형법으로 다루는 사건】 kasus kejahatan (pidana) ¶형사상의 pidana; kejahatan ②((사복 경찰)) detéktif (polisi); inteligén; petugas rahasia; penyelidik ⊙ 형사소송 perbuatan (tindakan; perlakuan) kriminal; tindakan pidana

형상(形狀) bentuk

형상(形象) bentuk; figur; perawakan

형설(螢雪) kajian yang rajin (baik) ¶형설의 공을 쌓다 belajar dengan keras (tekun; rajin)

형성(形成) pembentukan; perwujudan 형성하다 membentuk; mewujudkan ¶사회적 공감대를 형성하다 membentuk konsénsus sosial

형세(形勢) 【정세】 situasi; keadaan; 【전망】 kemungkinan; 【살림 형편】 keadaan ¶형세가 유리【불리】하다 situasinya sangat baik【tidak baik】

형수(兄嫂) istri kakak laki-laki

형식(形式) 【의례적인 절차】 formalitas; (형태) pola; model; gaya; bentuk ¶형식적 formil; resmi ⊙ 형식주의 formalisme

형안(炯眼) ⇒ 혜안(慧眼) ¶형안의 berpandangan (bermata) tajam

형언(形言) gambaran; déskripsi; lukisan 형언하다 menjelaskan; menguraikan; melukiskan ¶형언할 수 없다 jauh dari

déskripsi (kata); tak dapat terlukiskan
형용(形容) modifikasi; déskripsi; métafora 형용하다 menjelaskan secara métaforis ¶형용할 말이 없다 tidak dapat dijelaskan
형용사(形容詞) 【문법】 adjektif; kata sifat
형이상학(形而上學) ¶형이상학의 métafisis; abstrak ⊙ 형이상학학 métafisika; filsafat métafisika
형이하학(形而下學) ¶형이하학의 fisik; konkrit; matéri ⊙ 형이하학학 ilmu konkrit (fisik)
형장(刑場) tempat (daérah) pelaksanaan hukuman mati ¶형장의 이슬로 사라지다 mati di tiang gantungan
형적(形迹) tanda; bukti; petunjuk ¶형적도 없다, 형적을 남기지 않다 tidak (tanpa) meninggalkan jejak (bekas)
형정(刑政) administrasi hukuman
형제(兄弟) saudara ¶형제의 우애 kemesraan persaudaraan ⊙ 형제자매 saudara laki-laki dan saudara perempuan. 사촌형제 saudara sepupu. 이복(배다른) 형제 saudara tiri. 이부형제 saudara dari pihak Ibu
형질(形質) ①【생긴 꼴과 성질】 bentuk dan sifat ②【유전적인】 ciri-ciri; sifat 《yang khas》 ⊙ 유전형질 sifat yang diwarisi (diwariskan)
형태(形態) bentuk; potongan; bentuk atau rupa ¶…의 형태를 취하다 berbentuk ⊙ 형태소(언어학) morfologi
형통하다(亨通-) membuktikan dengan suksés; dinyatakan; dikabulkan ¶만사가 형통하다 semuanya berlangsung dengan baik
형틀(刑-) kursi di mana penjahat diikat dan diinterogasi
형편(形便) ①【상태】 (a) (경과) jalan 《 peristiwa》; perkembangan; (추이) perjalanan 《 peristiwa》; (결과) isu; konsekwénsi (b) (사정) keadaan sekitar; kondisi; alasan; (형세) situasi; keadaan; kondisi usaha ②【살림살이】 keadaan keluarga; situasi keuangan ⊙ 재정형편 kondisi keuangan
형편없다(形便-) sangat buruk
형편없이(形便-) 【몹시】 amat; sangat; sama sekali; 【아주】 dengan tidak kenal ampun
형평(衡平) keseimbangan ⊙ 형평의 원칙 prinsip pemerataan; prinsip keadilan (keseimbangan)
형형색색(形形色色) semua macam dan jenis; variasi ¶형형색색의 bermacam-macam; berbagai; pelbagai; serba-serbi
혜성(彗星) ①【별】 komét ②【비유적】 ¶정계의 혜성 bintang politik
혜안(慧眼) mata tajam; mata penembus; kecerdasan; ketajaman pandangan
혜존(惠存) 【증정본에】 "untuk"; "dipersembahkan untuk "
혜택(惠澤) kegunaan; keuntungan; perbuatan baik; manfaat ¶혜택을 주다 memberi manfaat; memberikan kebaikan
호(戶) pintu 《dalam penghitungan rumah》 rumah; keluarga
호(弧) busar; lengkung lingkaran
호(湖) ⇒ 호수(湖水)
호(號) ①【번호】 nomor ②【본명 이외에 쓰는 이름】 nama péna; nama samaran ③【주소】 unit ④【사이즈】 ukuran
호(壕) 【참호】 parit perlindungan; 【방공호】 lubang perlindungan
호(好) baik
호가(呼價) 【부르는 값】 harga nominal; harga yang diminta; 《살 사람이 부르는》 harga yang ditawarkan 호가하다 menawarkan harga; meminta harga; memberi harga
호각(互角) 【우열을 가리기 힘든 상태】 tingkat yang sama; tandingan yang baik ¶호각의 sama; serasi
호각(號角) 《bunyi》 peluit; semprit ¶호각을 불다 meniup peluit
호감(好感) perasaan baik; kesan yang menyenangkan; simpati ¶호감을 가지다 merasa simpati/호감을 주다 memberi kesan yang baik (yang menyenangkan)
호강 kesenangan 《hidup》; keméwahan; kemegahan 호강하다 hidup dalam keméwahan (kesenangan); hidupo méwah
호객(豪客) 호객하다 memikat langganan ⊙ 호객꾼 【매춘의】 calo; kaki tangan
호걸(豪傑) pahlawan; manusia perkasa;

manusia luar biasa; pejuang ⊙ 호걸남자 pemberani; lelaki héroik

호경기(好景氣) kemakmuran; kondisi yang makmur; bisnis yangbaik; ékonomi yang kuat (séhat)

호구(戶口) sejumlah rumah dan keluarga; populasi ⊙ 호구조사 sénsus; cacah jiwa; 호구조사를 하다 melakukan sénsus

호구(虎口) 【위험】 mulut harimau; cengkraman kematian; cengkraman maut ¶호구를 벗어나다 lolos dari bahaya; lepas daricengkraman maut; terhindar dari bahaya

호구(糊口) hidup serba kekurangan; nafkah penghidupan; nafkah hidup 호구하다 mencari nafkah; tidak mempunyai mata pencaharian ⊙ 호구지책 nafkah penghidupan; nafkah pencaharian

호국(護國) pembélaan tanah air 호국하다 membéla tanah air ⊙ 호국영령 arwah pahlawan

호기(好機) kesempatan baik (emas; bagus); saat yang baik; saat yang tepat

호기(豪氣) ①【호방한 기상】 semangat kepahlawan (keberanian); semangat pemberani; kemurahan hati ②【우쭐대는 태도】 호기롭다 berani; gagah berani; kokoh; nekat; berhati keras

호기심(好奇心) keingintahuan ¶호기심이 많다 penuh dengan perasaan ingin tahu

호남(湖南) 【전라남북도】 daérah (kawasan) Honam

호남아(好男兒) 【미남자】 laki-laki gagah; laki-laki yang kelihatan bagus; 【멋진 사내】 teman yangbaik; lelaki necis

호농(豪農) petani kaya

호도(胡桃) ⇒ 호두 kenari

호도하다(糊塗-) mengabaikan; menutupi ⟪kesalahan⟫ ¶현실을 호도하다 menyembunyikan realita

호되다 kokoh; keras ¶호되게 꾸짖다 menghadik (membentak) dengan keras

호두(胡-) ⟪sejenis⟫ kenari ⊙ 호두 껍질 kerangka (tempurung) buah kenari

호들갑떨다 luar biasa (menggebu-gebu) dalam berbicara; céréwet dan ceroboh

호들갑스럽다 ceroboh; sembrono; tidak hati-hati ¶호들갑스럽게 굴다 bertindak sembrono; mengambil langkah (tindakan) yang kurang hati-hati

호떡(胡-) 【중국식 떡】 kué dadar buatan orang Cina

호락호락 【쉽게】 dengan mudah; dengan gampang; tanpa kegaduhan; ⟪만만한⟫ dengan mudah dapat diatur 호락호락하다 mudah; gampang

호랑나비 【곤충】 kupu-kupu macan

호랑이(虎狼-) 【동물】 harimau ¶호랑이도 제 말 하면 온다 【속담】 Bicara tentang harimau (seseorang) dan dia akan muncul. ⊙ 호랑이띠 Tahun Macan

호래아들 orang yang tidak tahu adat (tidak beradab; tidak sopan)

호령(號令) ①【지배하다】 memberi aba-aba; mengomando; memberi perintah ②【큰 소리로 꾸짖다】 menghardik

호롱불 lampu minyak tanah

호루라기 peluit; siklan

호르몬 hormon

호른 【악기】 terompét; 【자동차】 klakson

호리다 【유혹하다】 menggoda; memikat; membujuk; 【매혹하다】 mempesonakan; menarik; menawan

호리병(葫-甁) botol berbentuk labu

호리호리하다 tinggi dan langsing; tinggi dan ramping

호명(呼名) panggilan nama 호명하다 memanggil nama; mengabsén

호모 gay; homoséksual

호미 cangkul (penyiang)

호밀(胡-) 【식물】 gandum hitam. ⊙ 호밀빵 roti gandum hitam

호박 【채소】 buah labu

호박(琥珀) 【광물】 batu ambar; kahrab

호반(湖畔) sisi danau; pantai sebuah danau ¶호반에 di sekitar danau

호방하다(豪放-) berhati terbuka (bébas); berpikiran mulia (luas); penuh semangat; bersifat jantan; berpikiran mulia

호 배추(胡-) 【식물】 kobis

호별(戶別) rumah demi rumah; dari rumah ke rumah; dari pintu ke pintu ¶호별방문하다 berkunjung dari rumah ke rumah

호봉(號俸) kelas gaji; tingkat upah ¶5 호봉 gaji kelas (tingkat) kelima

호불(好否) suka atau tidak suka; baik atau tidak baik
호불호(好不好) ⇒ 호부(好否)
호사(豪奢) keméwahan; keluarbiasaan; kemegahan 호사하다 hidup dalam keméwahan 호사스럽다 luar biasa méwahnya
호사가(好事家) orang yang suka ikut campur dalam masalah orang lain
호사다마(好事多魔) kebaikan datang bersama keburukan; cahaya selalu diikuti oléh bayang-bayang
호상(豪商) saudagar (orang bisnisan) kaya
호상(湖上) ¶호상의【에서】pada danau ⊙ 호상가옥 tempat tinggal di dekat danau
호상(好喪) keadaan berkabung (berdukacita) orang yang tua dan kaya mati
호상(護喪) orang yang mengurus penguburan ⊙ 호상소 tempat mengurus perkuburan
호색(好色) sénsualitas; cinta kasih; kecabulan 호색하다 gemar (doyan) akan séks; séksual ¶호색의 mata keranjang; hidung belang ⊙ 호색가 lelaki mata keranjang; sénsualis; orang gemar kehidupan séks; bandot. 호색문학 kesusasteraan cabul (porno; erotis)
호선(互選) pemilihan suara bersama 호선하다 memilih seorang di antara mereka ((sendiri))
호선(弧線) lengkungan; lingkaran
호소(呼訴) keluhan; permohonan; petisi; imbau 호소하다 mengeluh akan; memohon ▶호소력 ¶호소력이 있다 memikat ⊙ 호소문 surat pernyataan
호송(護送) iring-iringan 호송하다 mengantarkan; mengiringi; mengirim dengan penjagaan (pengawal); mengawal ⊙ 호송차 mobil patroli
호수(湖水) danau
호수(戶數) ⊙ 집 호수 nomor rumah
호스 pipa; pipa air
호스티스 pelayan bar; wanita pekerja ⊙ 에어호스티스 pramugari
호스텔 asrama ⊙ 유스호스텔 pondokan pemuda
호시절 musim (waktu) yang bagus; musim yang menyenangkan
호시탐탐하다(虎視眈眈-) siap siaga terhadap kesempatan yang mungkin ada; memperhatikan suatu kesempatan; mencari kesempatan
호신(護身) pembelaan diri; perlindungan diri; pertahanan diri; pemeliharaan diri 호신하다 melindungi diri sendiri ⊙ 호신술 seni béla diri
호심(湖心) tengah danau
호안공사(護岸工事) pekerjaan pembuatan tanggul; pekerjaan perlindungan pantai (tebing)
호양(互讓) persetujuan yang saling menguntungkan; kompromi 호양하다 membuat persetujuan bersama; membuat konsési bersama; mengkompromikan
호언(장담)(豪言(壯談)) omong besar; omongan yang kedengaran baik tapi tak berarti; kata-kata khayalan (fantasi); pembicaraan yang menarik perhatian 호언하다 mengomong besar; bercerita dengan sombong
호연(好演) pertunjukan bagus; penampilan yang menarik 호연하다 beraksi (bertindak) dengan baik; menampilkan suatu pertunjukan yang baik
호연지기(浩然之氣) semangat yang menggebu-gebu; semangat yang besar
호열자(虎列刺) ⇒ 콜레라
호외(號外) 【신문 · 잡지의】 tambahan (édisi) ((surat kabar)); spésial; nomor ékstra
호우(豪雨) hujan lebat; hujan deras; hujan angin ribut ⊙ 호우주의보 peringatan hujan yangamat deras
호위(護衛) pengawal; penjaga 호위하다 menjaga; mengawal; mengiringi; 【군함 · 군대가】 konvoi ((kapal)) ⊙ 호위대(隊) pasukan keamanan. 호위병 penjaga militér; pengawal pribadi; bodiguard
호음하다(豪飮-) minum mabuk-mabukan
호응(呼應) réspon ①【부름에 응함】 호응하다 berteriak untuk memanggil yang lain ②【기백 상통】 호응하다 bertindak serempak ¶…에 호응하여 dalam kerja sama dengan ③【문법】 persesuaian
호의(好意) kemurahan; kebaikan hati; keramah-tamahan; perasaan persaha-

batan ¶호의적 baik; sopan; bermaksud baik; berhati hangat
호의호식하다(好衣好食-) hidup méwah; menjalankan kehidupan tanpa rintangan
호인(好人) orang yang bersifat baik; orang yang disenangi
호인(胡人) orang Manchuria
호적(戶籍) pendaftaran sensus; 【호적부】 daftar keluarga ¶호적에 올리다 mendaftarkan ⟪nama⟫ ke dalam daftar keluarga
호적수(好敵手) tandingan (lawan) yang baik; lawan yang pantas ¶호적수를 만났다 Saya menemukan saingan yang pantas pada saya.
호전(好轉) perubahan yang menguntungkan 호전하다 berubah ke arah yang lebih baik; berubah untuk perbaikan
호전(好戰) sifat suka berkelahi (berperang) ¶호전적 suka berkelahi; suka berperang ⊙ 호전국 negara yang gemar perang
호젓하다 sunyi; terpencil; hening ¶호젓한 거리 jalan sepi
호조(好調) ¶호조의 baik; menyenangkan; bersifat memuaskan; meningkatkan hasilnya
호주(戶主) kepala (pemimpin) keluarga ¶호주와의 관계 hubungan dengan kepala keluarga ⊙ 호주제 sistém patriarkal keluarga
호주(濠洲) Australia
호주머니 saku; kantong ¶호주머니를 뒤지다 menggelédah saku; meraba dalam saku
호출(呼出) panggilan; panggilan tertulis untuk menghadap sidang pengadilan 호출하다 memanggil untuk datang ke sidang pengadilan
호치키스 【스테이플러】 stepler; alat pengokot
호칭(呼稱) nama panggilan; sebutan; penamaan; nama (judul) yang digunakan untuk memanggil 호칭하다 menamakan; memanggil; menandai
호크 kancing jeprét
호탕(豪宕) kekuatan dan keberanian; sifat pahlawan 호탕하다 kuat dan perkasa; tegar; berani
호텔 hotél ¶호텔의 로비 lobi hotél/ 호텔에 묵다 menginap (tinggal) di hotél ⊙ 호텔 데스크 resépsionis
호통 teriakan; hardik 호통 치다 membentak; meneriakkan; menghardikkan
호투(好投) 【야구】 lemparan (bersih) 호투하다 melanjutkan lémparan yang bagus
호패(號牌) 【옛 제도】 tanda pengenal
호평(好評) kritikan (koméntar) yang menyenangkan ¶호평의 bereputasi yang bagus/ 호평이다 diterima dengan baik ⊙ 대호평 panutan masyarakat umum
호프 harapan; pemuda harapan
호프집 bar
호피(虎皮) kulit harimau
호헌(護憲p) perlindungan undang-undang dasar
호형호제하다(呼兄呼弟-) menyebut satu sama lain sebagai saudara; akrab satu sama lain; persahabatan yang baik
호혜(互惠) saling bermanfaat; hal timbal-balik ¶호혜무역 협정 persetujuan perdagangan bersama (timbal-balik)
호호백발(-白髮) rambut ubanan
호화(豪華) kemégahan; keméwahan; keserba-adaan; keluarbiasaan 호화롭다 indah; permai; muluk; serba méwah ¶호화롭게 살다 hidup dalam keméwahan ⊙ 호화주택 rumah méwah ⟪seperti istana⟫
호황(好況) kemakmuran; bum ¶호황이다 makmur; dalam kondisi yang makmur; dalam permintaan yang baik
호흡(呼吸) nafas; pernafasan 호흡하다 bernafas; menghirup udara ¶호흡이 곤란하다 sulit bernafas; bernafas berat ⊙ 호흡곤란 sulit bernafas; pernafasan yang sulit. 호흡기(器) organ pernafasan
혹[1] ①【종양】 tumor ②【부딪쳐서 생긴】 bengkak; benjol; tonjol; 【군살】 daging lemak lebih ③【볼록 튀어나온 부분】 (낙타의) ponok
혹[2] ①【마시는 소리】 tarikan nafas (teguk) 혹하다 meneguk ②【부는 소리】 meniup
혹(或) ①【간혹】 kadang-kadang ②【혹시】 mungkin; barangkali; kemungkinan ③

【또는】 atau; lagi; yang lain; serta
혹독(酷毒) ①【환경 · 날씨 · 훈련 등이】 kekejaman; kebengisan; kezaliman 혹독하다 kejam; bengis; zalim
혹부리 kutil; yang berdaging lebih di wajah
혹사(酷使) ¶혹사시키다 memperlakukan dengan kasar; berlaku keras terhadap seseorang; memperbudakkan
혹서(酷暑) panas terik (keras; tajam)
혹성(惑星) 【천문학】 ⇒ 행성(行星) planét
혹세무민하다(惑世誣民-) menipu dunia dan menerangi masyarakat
혹시(或是) ①【만일】 jika; dalam hal; agar tidak…; jika sekiranya ②【확실한 건 아니지만】 mungkin; barangkali; dengan berbagai kesempatan (kemungkinan)
혹심(酷甚) ékstrim; keras ¶혹심하게 dengan ékstrim; dengan keras
혹은(惑-) atau
혹자(或者) seseorang; orang tertentu
혹평(酷評) kritikan yang menyakiti hati (menyayat); kecaman; pernyataan yang kejam 혹평하다 mengkritik dengan berat (dengan pahit); menyampaikan kritikan yang keras; mengatakan hal yang kasar
혹하다(惑-) ①【반하다】 jatuh cinta dengan tergila-gila; tertarik; terpikat (terpesona) dengan ((kecantikan wanita)) ②【미혹되다】 terpedaya; tersesat; terperangkap
혹한(酷寒) musim dingin yang parah (berat)
혹형(酷刑) hukuman yang berat (kejam; keterlaluan) ¶혹형을 과하다 memberikan hukuman berat
혼(魂) jiwa; roh; hantu
혼기(婚期) usia yang patut kawin ¶혼기를 놓치다 kehilangan (terlampaui) kesempatan yang layak kawin; menjadi perawan tua
혼나다(魂-) ①【놀라다】 menjadi kagét; terkejut ②【호된 경험을 하다】 mendapat pengalaman pahit; mendapat waktu yang mengerikan; mendapat saat yang sukar (jelék) ③【꾸지람을 듣다】 mendapat (menerima) kemarahan; dimarahi; diomeli ④【힘이 들다】 sulit
혼내다(魂-) ①【놀래주다】 mengagétkan; mengejutkan ②【따끔한 맛을 보이다】 mengajari suatu pelajaran; memberi omélan yang pantas
혼담(婚談) lamaran perkawinan ¶혼담을 거절하다 【응하다】 menolak 【menerima】 lamaran perkawinan
혼돈(混沌) kacau balau; keremang-remangan; kebingungan; kekacauan. 혼돈하다 kalang kabut; dalam kebingungan; dengan kekacauan ¶혼돈상태에 있다 dalam kekacauan (kebingungan; kondisi yang kacau-balau)
혼동(混同) kebingungan 혼동하다 bingung; bercampur aduk ((satu hal dengan yang lain)); mencampuradukan; mengelirukan
혼란(混亂) kekacauan; kerusuhan; keruwetan; kekalutan ¶혼란 상태에 있다 berada (dalam keadaan) kacau (bingung)
혼령(魂靈) roh ((orang yang mati)); jiwa yang terpisah
혼례(婚禮) upacara perkawinan (pernikahan); yang berhubungan dengan perkawinan ¶혼례를 치르다 menikah; merayakan pernikahan
혼미하다(昏迷-) bingung; kacau; kusut
혼방(混紡) pemintalan (pintalan) campuran ¶혼방의 terpintal ⊙ 혼방사(絲) benang yang bercampur
혼백(魂魄) roh; sukma; arwah
혼비백산하다(魂飛魄散-) takut sekali; ngeri
혼사(婚事) urusan pernikahan ¶혼사가 깨지다 membatalkan pernikahan
혼색(混色) warna campuran
혼선(混線) 【전선 · 전화의】 kekusutan (belitan; persilangan) kawat 혼선이다 menjadi kusut; bersilangan
혼성(混成) 【섞여서 이루어짐】 campuran; komposisi; gabungan ⊙ 혼성팀 tim gabungan (campuran)
혼성(混聲) 【음악】 suara campuran ⊙ 혼성(4부) 합창 paduan suara campuran ((dalam empat baris))
혼수상태(昏睡狀態) ¶혼수상태이다 dalam keadaan pingsan; dalam kondisi lesu; jatuh pingsan; menjadi koma

혼수(婚需) barang (biaya) penting untuk perkawinan
혼식(混食) makanan campuran 혼식하다 makan makanan campur
혼신(渾身) seluruh tubuh ¶혼신의 힘을 쏟다 mencurahkan segenap tenaga
혼약(婚約) ⇒ 약혼(約婚) pertunangan
혼연일체(渾然一體) dalam harmonis yang sempurna ¶혼연일체가 되다 bersatu (bergabung) bersama
혼욕(混浴) pemandian yang bercampur 혼욕하다 mandi tanpa terpisah-pisah
혼용하다(混用-) menggunakan bersama-sama
혼인(婚姻) ⇒ 결혼 perkawinan ¶혼인을 취소하다 membatalkan perkawinan ⊙ 혼인신고 laporan perkawinan; pendaftaran perkawinan: 혼인신고하다 mendaftarkan perkawinan
혼자 sendiri ¶혼자 남다 tinggal sendirian (dengan sendiri)
혼작하다(混作-) menanam bersama
혼잡(混雜) kekacauan; keramaian; kesibukan; kemacetan 혼잡스럽다, 혼잡하다 tidak teratur; bingung; dikacau; dalam keadaan kacau ⊙ 교통 혼잡 kemacetan lalu lintas yang padat
혼잣말 monolog; percakapan sendirian 혼잣말하다 bercakap seorang diri
혼잣손 sendirian; kesendirian ¶혼잣손으로 일하다 bekerja sendirian; mengerjakan sendirian
혼전(婚前) 【결혼하기 전】 ¶혼전의 sebelum menikah ⊙ 혼전관계 hubungan kelamin sebelum menikah
혼전(混戰) 【치열한 싸움】 pertarungan yang kacau; perkelahian; baku hantam; keruwetan 혼전하다 berkelahi dalam kekacauan; terlibat dalam kerusuhan (keruwétan)
혼처(婚處) calon jodoh; calon pasangan nikah ¶혼처를 구하다 mencari teman hidup (pasangan hidup)
혼탁(混濁) 【물 · 공기 등이】 kekeruhan; kotoran 혼탁하다 keruh; kabut; kabur; kotor ¶혼탁한 공기 udara kotor
혼합(混合) campuran; adonan 혼합하다 bercampur; mencampur; mengaduk ⊙ 혼합물 campuran; paduan
혼혈(混血) darah (keturunan) campuran; percampuran ras ¶혼혈의 berdarah campuran ⊙ 혼혈아 peranakan; blasteran; anak Indo (-Eropa)
홀 gedung ⊙ 댄스홀 gedung tarian
홀 tunggal
홀 【골프】 lubang ⊙ 홀인원 memasukkan bola ke lubang dengan sekali pukul
홀가분하다 ringan; bébas; tak dibebani; lega ¶마음이 홀가분하다 lega; tak dibebani; merasa bébas dan tak dibebani
홀대(忽待) perlakuan yang tak sopan (tak baik); penyia-nyiaan 홀대하다 memperlakukan dengan tak ramah (tidak baik); menyia-nyiakan
홀딱 ①【벗는 모양】 ¶옷을 홀딱 벗다 menelanjangi diri sendiri (sampai bugil); menanggalkan pakaian ②【속는 모양】 dengan gampang; dengan mudah
홀랑 【벗는 모양】 telanjang bulat ¶옷을 홀랑 벗다 bertelanjang bulat; menelanjangi diri sendiri sampai bugil
홀로 sendiri; seorang diri ¶홀로 되다 menjadi (ditinggal) janda/ 홀로 살다 hidup sendirian; tinggal sendiri
홀리다 ①【귀신 · 악마 등에】 kesurupan 《oléh; dengan》 ②【이성에게】 tertarik; terpikat; terpesona ¶여자한테 홀리다 tertarik pada seorang wanita
홀몸 【배우자나 형제가 없는 사람】 orang bujangan; orang tanpa suami atau istri
홀수(-數) bilangan ganjil (anéh)
홀시하다(忽視-) mengabaikan; merendahkan
홀씨 【식물】 spora
홀아비 duda
홀어머니(홀어미) ①(과부) janda; ②(편모) Ibu tunggal
홀연히(忽然-) tiba-tiba
훌쩍거리다 【우는 모양】 menangis dengan tersedu-sedu
홀쭉이 orang yang ramping
홀쭉하다 【날씬하다】 ramping; langsing; kurus ¶홀쭉해지다 menjadi kurus
홀태바지 celana yang ketat
홀태질하다 mengirik; menampi
홈[1] 【고랑】 lekukan; alur; galur

홈[2] ①【가정】 rumah ②【정거장의】 péron ③④【팀의 근거지】 home; rumah ¶홈경기를 갖다 Bermainlah di rumah
홈런【야구】 satu putaran ke badai; suatu perjalanan keliling
홈스펀 tenunan sendiri (rumah)
홈쇼핑 program belanja dari rumah di tv; program jaringan belanja dari rumah
홈시어터 *home theater* ¶홈시어터를 설치하다 Memasang *hometheater*
홈 식 rindu kampung halaman; nostalgia
홈인하다【야구】 sampai di bidai; memperoléh sekor
홈통(-桶) ①【물 끄는】 palung pada bagian atasnya; saluran; talang ¶지붕에 홈통을 설치하다 memasang atap ②【창틀 · 장지 따위의】 lekukan pada frem jendéla (ambang pintu); alur; lekuk
홈페이지 laman; halaman wéb; halaman depan
홉(合)【부피를 재는 단위】 *hop;* unit ukuran; 180ml
홋홋하다 tidak punya beban (ikatan); tak dibebani; tiada yang dipikirkan sama sekali
홍당무(紅唐-) ①【당근】 wortel; lobak mérah ②【비유적】 ¶얼굴이 홍당무가 되다 menjadi kemérah-mérahan ⟪sampai ke pangkal rambu⟫; menjadi mérah ⟪dengan malu-malu⟫
홍두께【다듬이질의】 gilingan kayu pelicin cucian; penggulung kayu yang memakai kain halus ¶아닌 밤중에 홍두께 tiba-tiba badai guntur dari langit
홍등가(紅燈街) tempat (daérah) lampu mérah; daérah pelacuran;
홍련(紅連) sekuntum teratai ⟪bunga⟫ mérah
홍백전(紅百戰) kontés antara kamp (tim) mérah dan putih
홍보(弘報) informasi umum; promosi; publisitas ⊙ 홍보활동 aktifitas publisitas; kegiatan promosi; kegiatan publisitas
홍보석(紅寶石) ⇒ 홍옥
홍삼(紅蔘) ginséng beruap mérah ⊙ 홍삼근 ginséng mérah
홍색(紅色) ①【붉은 색】 mérah; warna mérah ¶홍색을 띤 kemérah-mérahan
홍소(哄笑) tawa terbahak-bahak 홍소하다 tertawa dengan keras(terbahak-bahak)
홍수(洪水)【자연의】 banjir; penggenangan; bencana alam ¶홍수피해를 입다 menderita karena banjir; dibanjiri
홍시(紅枾) kesemak masak(matang) yang mérah
홍안(紅顔) wajah yang kemérah-mérahan; wajah yang séhat; pipi yang mérah jambu ¶홍안의 berpipi warna mérah jambu
홍어(洪魚) ikan pari ⊙ 홍어회 iris mentah ikan pari
홍역(紅疫)【의학】 penyakit campak ¶홍역을 하다 mendapat campak
홍염(紅焰) ①【불꽃】 nyala api yang mérah ②【천문학】 ketinggian solar
홍옥(紅玉)【루비】 batu delima; batu delima berwarna mérah jingga
홍익인간(弘益人間) humanitarisme; ketaatan (pengabdian) terhadap kesejahteraan umat manusia
홍일점(紅一點) ①【여자】 satu-satunya wanita dalam kelompok; seorang wanita ⟪pada sebuah pesta pria⟫ ②【이채로움】 unggul; utama
홍조(紅潮)【얼굴의】 mérah muka; sebuah sinar; 【바다】 pantulan dari cahaya matahari di atas ⟪air⟫ laut; 【월경】 pengeluaran darah setiap bulan; masa menstruasi ¶홍조를 띠다【얼굴이】 memérah muka; bersemu mérah
홍차(紅茶) téh pekat; téh
홍채(紅彩) iris; selaput pelangi ⊙ 홍채 염 radang selaput pelangi
홍초(紅-)【초】 lilin mérah; 【연】 kertas layang-layang semuanya mérah kecuali pada ékornya
홍합(紅蛤)【어패류】 kijing
홍해(紅海) Laut Mérah
홑【한 겹】 tunggal; satu lapisan; lapisan tunggal ¶홑이다 menjadi lapisan tunggal; ⟪menjadi⟫ sehelai kertas
홑몸【독신자】 bujangan; jejaka; 【여자】 perawan; gadis tua; kejejakaan ¶홑몸으로 살다 hidup sendirian; hidup sebagai gadis tua; menempuh hidup sebagai je-

jaka (perawan) ②【임신 않는】 wanita yang tidak hamil

홑옷 pakaian tanpa lapisan

홑이불 sebuah lapisan selimut kapas; sehelai seperai; alas kasur

홑치마【한 겹의】 rok tanpa lapisan; rok tak berlapis;【속치마 없이 입은】 rok tanpa rok dalam

화(火) ①【답답한 가슴이】 perasaan mencekik di dada ②【분노】 kemarahan ¶화가 나다, 화를 내다 naik pitam; marah sekali; memarahkan; sakit hati; panas hati; menjadi marah sekali; lepas kontrol

화(禍) kejahatan; kutukan; kemalangan; bencana; malapetaka; kesengsaraan ¶화가 되다 berbahaya; membawa bencana; kehancuran

화가(畵架) kuda-kuda

화가(畵家) pelukis ⊙ 인물화가 pelukis orang. 풍경화가 pelukis pemandangan

화간(和姦)【법률】 perbuatan zinah; persetubuhan di luar nikah 화간하다 berzina

화강암(花崗岩) granit

화객선(貨客船) kapal penumpang muatan

화공(火功) serangan api 화공하다 menyerang membakar; menyerang dengan api

화공(畵工) pelukis; seniman

화공(化工) ⇒ 화학공업 kimia ¶화공과【대학의】 jurusan Téknik Kimia

화관(花冠) ①【관】 mahkota kecil untuk upacara perempuan

화광(火光) letupan cahaya api

화교(華僑) emigran 《Cina》; penduduk luar Cina; saudagar Cina

화구(火口) ①【아궁이】 lubang api ②【화산의】 kawah gunung berapi ⊙ 화구원(原) kawah

화근(禍根) sumber (akar) kejahatan; penyebab (sumber) kemalangan (malapetaka) ¶화근을 없애다 membasmi sumber (akar) kejahatan; menghilangkan (membuang) sumber bencana

화급(火急) keadaan yang mendesak; keadaan darurat 화급하다 mendesak; banyak permintaan; urgensi; penting sekali

화기(火氣) ①【답답증】 perasaan mencekik di dalam dada ②【노여움】 marah; kemarahan; panas api

화기(火器) ①【무기】 senjata api ②【불을 다루는 기구】 tungku pemanas

화기 애애(和氣靄靄) suasana yang menyenangkan; penuh kedamaian; keharmonisan ¶화기애애하다 penuh damai; menjadi harmonis

화끈 ⇒ 후끈 ¶화끈하다 panas dengan tiba-tiba

화끈거리다 rasa panas; percikan panas ¶추워서 빰이 화끈거리다 udara dingin membuat pipinya mérah

화나다 cepat marah; naik darah ¶화나게 하다 menggusarkan; emmbuat marah

화내다 melepaskan kemarahan; menjadi marah; kehilangan kontrol

화냥년 perempuan cabul

화냥질 ⇒ 서방질 ¶홧김에 화냥질하다 menyeléweng karena marah

화농(化膿)【의학】 pembusukan; pernanahan; bernanahnya bisul 화농하다 bernanah; membusuk; memburuk ⊙ 화농균 kuman nanah

화단(花壇) taman bunga; persemaian kebun

화단(畵壇)【미술계】 dunia artis; dunia pelukisan

화답하다(和答-) menyapa

화대(花代) bayaran untuk layanan pramuria; harga beban untuk kisaeng; pembayaran kisaeng

화덕(火-)【화로】 tungku perapian; belanga yang digunakan untuk memasak di atas arang kayu;【솥 거는】 kompor

화동(和同) persesuaian; harmoni

화두(話頭) sebuah topik pembicaraan ¶화두를 돌리다 merubah topik (pokok pembicaraan)

화드득거리다 mendengung; gemercik

화들짝 ¶화들짝 놀라다 terkejut

화딱지(火-) sikap yang cepat marah; sikap angin-anginan ¶화딱지가 나다 marah tiba-tiba; disakiti hati; luka perasaan

화락(和樂) harmonis; keserasian 화락하다 damai satu sama lain; hidup harmonis

화란(和蘭) Belanda

화랑(花郞) keturunan génerasi muda yang terkemuka di dinasti Silla 《yang tersohor di dalam bidang kecantikan, keberanian, seni kemilitéran》 ⊙ 화랑도(徒) ⇒ 화랑

화랑(畵廊) 【미술관】 galeri lukisan; gedung kesenian

화려(華麗) ¶화려한 semarak; kecemerlangan; permai; méwah; cemerlang/ 화려하게 dengan menyolok; dengan indah

화력(火力) ①【불의 힘】 kekuatan yang berkaitan dengan panas; 【불기운】 kekuatan cahaya panas ②【무기의 위력】 daya témbak; daya témbak prajurit

화로(火爐) anglo; kompor arang; perapian

화룡점정(畵龍點睛) sentuhan terakhir; terakhir diberi mata ular naga yang bersinar

화류(花榴) kayu cendana mérah ⊙ 화류장 lemari yang terbuat darikayu cendana mérah

화류계(花柳界) dunia pramuria; masyarakat semberono ¶화류계 여자 wanita dari dunia pramuria; pelacur

화류병(花柳病) penyakit kelamin; penyakit kotor

화면(畵面) ①【영화 · TV의】 gambar; adégan; sekat; 【그림의】 kanfas ②【모니터】 monitor

화목(和睦) keharmonisan; keselarasan 화목하다 damai satu sama lain; menjadi harmonis (kerukunan); hidup dalam keharmonisan

화문석(花紋席) tikar rotan berdisain bunga

화물(貨物) pengangkutan; muatan; barang 【수화물】 bagasi ¶화물을 나르다 mengangkut barang ⊙ 화물선 kapal pengangkut; kapal kargo. 화물열차 keréta api pengangkutan

화백(畵伯) ⇒ 화가 pelukis besar

화법(話法) 【말하는 방법】 cara berbicara *(bicara; bercakap)*

화법(畵法) seni lukis; aturan (hukum) melukis

화병(火病) *hwa-byung;* penyakit yang diduga disebabkan dendam yang tertahan

화병(花甁) vas bunga

화보(畵譜) 【미술 작품이 실린】 buku lukisan ⊙ 파카소 화보집 kumpulan lukisan Picasso

화보(畵報) ①【그림 · 사진 등이 수록된】majalah bergambar; majalah illustrasi ②【보도를 겸한】 berita di dalam gambar; laporan bergambar; ilustrasi

화복(禍福) kebahagiaan dan kesedihan; kebaikan dan kejahatan

화부(火夫) stoker; juru api

화분(花盆) pot bunga; tempat bunga; jambangan

화분(花粉) serbuk sari

화사(華奢) keméwahan; kemégahan 화사하다 méwah; bermégah diri

화산(火山) gunung berapi ¶화산폭발 letusan gunung berapi ⊙ 화산대(帶) sabuk (zona) gunung berapi. 활(活) 【사(死)】 화산 gunung berapi yang aktif 【 mati】

화살 ①【무기】 anak panah; anak busur ¶화살을 쏘다 menémbakan (melepaskan; membusurkan) anak panah ②【비유적】 ¶ 화살처럼 빠르다 secepat anak panah

화상(火傷) 【불에 덴】 luka bakar ¶화상을 입다 terbakar; menderita luka bakar; cacat terbakar

화상(和尙) 【불교】 pendéta Budha

화상(華商) pedagang luar negeri Cina

화상(畵商) pedagang lukisan

화상(畵像) 【화면】 potrét; gambar; gambaran; 【영화】 gambar di layar ⊙ 화상 채팅 vidéo chatting; wébcam chatting. 화상카메라 wébcam. 화상회의 télékonferénsi; wéb konferénsi

화색(和色) wajah yang damai; éksprési bahagia ¶얼굴에 화색이 돌다 berseri wajahnya

화생방(化生放) kimia, biologi, dan radiologi (CBR) ¶화생방 훈련을 받다 berlatih CBR

화석(化石) 【돌】 fosilisasi;fosil ¶동물【물고기】의 화석 binatang yang telah jadi fosil

화선지(畵仙紙) kertas gambar China

화섬(化纖) serat sintétis; serat buatan

화성(化成) transformasi (perobahan) kimia; 【화학】 tiruan kimiawi 화성하다 merobah secara kimia

화성(火星) 【행성】 Mars; planét Marikh

화성(和聲) 【음악】 keselarasan; harmoni

화수분 sumber kekayaan yang tak habis-habis

화수회(花樹會) reuni suku (keluarga)

화술(話術) seni percakapan (narasi; penceritaan) ¶화술에 능한 사람 ahli pembawa cerita; orang yang pandai bertutur kata

화식(火食) makanan masak 화식하다 makan makanan yang dimasak

화식(和食) ⇒ 왜식(倭食)

화신(化身) inkarnasi; personifikasi; penjelmaan ¶악마의 화신 pewujudan (penjelmaan) sétan

화신(花信) kabar bunga

화실(畵室) studio artis (gambar)

화씨(華氏) Fahrenheit ¶화씨50도 50 derajat Fahrenheit ⊙ 화씨온도계 termométer Fahrenheit

화약(火藥) serbuk mesiu; obat bedil

화열(火熱) panas kalori

화염(火焰) nyala; kobaran api; lidah api ¶화염에 싸이다 ditutupi nyala api; terkurung kobaran api; bernyala-nyala ⊙ 화염병 granat api (bénsin)

화요일(火曜日) hari Selasa

화용월태(花容月態) wajah wanita yang cantik dan sikap yang lemah lembut

화원(花園) 【꽃밭】 kebun bunga

화음(和音) 【음악】 paduan suara keserasian ¶화음의 serasi suara/불협화음 ketidakcocokan; ketidakselarasan

화의(和議) ①【평화 교섭】 persetujuan damai; 【화해】 rekonsiliasi 화의하다 membuat persetujuan untuk damai; membuat rekonsiliasi ¶화의를 맺다 mengadakan persetujuan damai ②【법률】 komposisi. ⊙ 화의신청 aplikasi untuk komposisi. 화의절차 prosedur komposisi

화이트칼라 pekerja kerah putih; pekerja berdasi; pegawai

화인(火因) asal (penyebab) api kebakaran ¶화인을 조사하다 menyelidiki penyebab kebakaran

화자(話者) narator; orang yang menarasikan, pembicara

화장(火葬) krémasi; pembakaran mayat 화장하다 membakar mayat ¶화장되다 dikrémasi; dibakar mayat ⊙ 화장장(터) tempat membakar mayat

화장(化粧) dandanan; tata rias; perawatan; make up; kecantikan 화장하다 merias; memakai tata rias; berdandan; membedaki muka; bersolék ¶화장을 고치다 memperbaiki make up

화장실(化粧室) kamar rias; 【변소】 toilét; kamar kecil

화장지(化粧紙) tissu W.C; 【두루마리의】 segulung kertas tissu

화장품(化粧品) alat kosmétik; alat kecantikan ¶남성용 alat rias pria

화재(火災) kebakaran; lautan api ¶화재가 나다 kebakaran terjadi ⊙ 화재보험 asuransi kebakaran

화재경보(火災警報) bunyi tanda bahaya kebakaran ⊙ 화재경보기 alarm kebakaran; kotak api; kotak tanda

화재보험(火災保險) asuransi kebakaran ¶화재보험에 들다 mengasuransikan ((rumah)) kebakaran

화전(火田) ladang yang dibakar untuk penanaman ⊙ 화전민 peladang berpindah

화제(話題) topik (téma; pokok) pembicaraan ¶오늘의 화제 topik hari ini; topik hangat

화제(畵題) 【그림 제목】 judul (téma) lukisan; 【그림 위의】 keterangan untuk menjelaskan lukisan

화조(花鳥) 【꽃과 새】 bunga dan burung

화주(火酒) miniman keras

화주(貨主) pemilik barang

화중지병(畵中之餠) benda yangdiingini tapi tak dapat diperoléh

화집(畵集) kumpulan(buku) lukisan

화차(貨車) mobil (keréta api) barang; gerbong barang ⊙ 유개 【무개】화차 mobil barang terbuka 【tertutup】

화창하다(和暢-) terang; cerah; jernih

화채(花菜) sari buah yang dicampur madu dan és

화첩(畵帖) album foto; buku gambar

화초(花草) tanaman yang berbunga-bungaan ¶화초를 가꾸다 menanam bunga-bungaan

화촉(華燭) pernikahan; upacara pernikahan ¶화촉을 밝히다 merayakan pernikahan; mengadakan upacara pernikahan

화친(和親) hubungan persahabatan 화친하다 membuat (mengadakan) perdamaian

화톳불 api unggun ¶화톳불을 피우다 membuat api unggun

화통(火筒) cerobong asap

화통하다(化通-) berpikiran luas; murah hati

화투(花鬪) *hwatu;* kartu bunga ala permainan Korea; kartu berbunga 화투하다 (치다) bermain "kartu berbunga". 화투장 kartu *hwatu*

화판(畵板) papan gambar

화평(和平) perdamaian 화평하다 damai; tenang

화폐(貨弊) uang; mata uang; valuta ⊙ 화폐가치 nilai uang. 화폐개혁 perbaikan mata uang; 【평가절하】 devaluasi. 화폐위조 pemalsuan uang. 위조화폐 uang palsu

화포(火砲) ⇒ 대포 senjata api

화포(花布) kanvas

화풀이하다(火-) melepaskan amarah (kegusaran); meluapkan kemarahan tanpa alasan

화풍(畵風) gaya lukisan

화필(畵筆) kuas cat; kuas pelukis

화하다(化-) berubah 《menjadi》; menjelma; menukar; merobah; berubah bentuk

화학(化學) kimia ¶화학적 성질 zat kimia ⊙ 화학무기 senjata kimia. 화학비료 pupuk kimia. 화학섬유 serat sintetis (kimia). 화학약품 bahan 《mentah》 kimia. 화학자 ahli kimia. 화학조미료 bumbu kimia

화합(化合) 【화학】 gabungan (campuran) kimia 화합하다 campur; bersenyawa

화합(和合) keselarasan; keserasian; penggabungan; kesatuan; persatuan 화합하다 harmonis; selaras

화해(和解) perdamaian; rekonsiliasi 화해하다 berkompromi; rukun kembali; berdamai

화형(火刑) pembakaran di tiang; pembakaran hidup-hidup

화환(花環) rangkaian bunga berbentuk lingkaran; karangan bunga; 【하와이의】 kalung bunga ¶화환을 바치다 meletakkan karangan bunga; meletakkan rangkaian bunga 《di kuburan》

화훼(花卉) ⇒ 화초 tanaman bunga ⊙ 화훼산업 usaha budidaya bunga

확[1] 【절구의】 lesung padi; gilingan padi; lesung batu

확[2] ①【바람 · 냄새 등이 세게 부는 모양】 berhembus keras; dengan tiupan yang keras ②【불길 등이 일어나는 모양】 menyala ③【갑자기】 tiba-tiba; dalam sekejap

확고하다(確固-) kukuh; tetap; teguh; tegas; tegap; mantap

확답(確答) jawaban pasti; jawaban yang tegas 확답하다 menjawab dengan jelas; berikan jawaban yang jelas

확대하다(擴大-) memperbesar; memperbesar; memperluas; meluas ⊙ 확대경 kaca pembesar

확론(確論) argumén yang kuat; pendapat yang tidak menimbulkan lawan; téori yang telah tetap

확률(確率) kemungkinan; probabilitas

확립(確立) pendirian; penegakan; pemantapan 확립하다 mendirikan; menegakkan

확보하다(確保-) mengasuransikan; menjamin; mempertahankan

확산(擴散) penyebaran; penyemaian; perkembang-biakan; penyebarluaskan 확산하다 menyebarkan; menyemaikan; mengembang-biakan; menyebarluaskan ⊙ 핵확산 penyebaran senjata nuklir; proliferasi senjata nuklir

확성기(擴聲器) pengeras megaphone; pengeras suara

확신(確信) keyakinan (kepercayaan) yang kuat 확신하다 yakin; percaya benar ¶확신을 갖다 merasa yakin

확실(確實) 확실하다 pasti; yakin; percaya ¶확실치 않은 tidak yakin; tidak pasti; tidak dapat dipercaya; merasa ragu-ragu /확실히 dengan pasti; tentu saja/ 확실성 kepastian; kepercayaan; kehandalan

확약(確約) perjanjian yang pasti 확약하다 berjanji dengan pasti (sungguh); memberi janji yang pasti

확언(確言) pernyataan yang pasti (yang tegas); jaminan; penegasan 확언하다 menyatakan dengan tegas; menjamin; menjaminkan

확연하다(確然-) jelas; pasti; tegas; tepat ¶ 확연히 sudah pasti, sudah tentu

확인(確認) penegasan; pengesahan; penentuan 확인하다 menegaskan; mengesahkan; menentukan; memastikan

확장(擴張) perluasan; pengembangan; pelébaran; ékspansi 확장하다 memperluas; mengembangkan; memperlébar ⊙ 도로 확장계획 proyék perluasan jalan

확전(擴戰) perluasan perang 확전하다 memperluas perang

확정(確定) keputusan; penentuan; penetapan 확정하다 memutuskan; menentukan; menetapkan ⊙ 확정판결 keputusan pengadilan terakhir

확증(確證) bukti positif (kebenaran) ¶심증은 가는 데 확증이 없다 Ada kecurigaan tapi tidak ada bukti.

확충(擴充) pengembangan; peningkatan 확충하다 mengembangkan; meningkatkan

확확 ①【바람이】 menderu-deru ②【불길이】 berkobar-kobar; menyala-nyala

환(丸) sebuah pil

환(煥) 【경제】 bursa; pertukaran; valuta ⊙ 환거래 transaksi bursa/환투기(투기) spékulasi(kerugian) pertukaran mata asing/내국【외국】환 valuta dalam negeri 【asing】/외환 valuta asing

환가(換價) konvérsi; penukaran 환가하다 mengkonvérsi; menukar

환각(幻覺) halusinasi; ilusi ¶환각을 일으키다 melihat atau mendengar ilusi/ 환각에 시달리다 menderita halusinasi ⊙ 환각제 halusinogen; LSD. 환각증(상) gejala halusinasi (khayalan)

환갑(還甲) ulang tahun ke-60 ⊙ 환갑노인 orang tua yang berusia 60 tahun. 환갑잔치 pésta ulang tahun ke-60

환경(環境) lingkungan; alam sekeliling; suasana ¶환경에 지배【좌우】되다 terpengaruh 【dipengaruhi】 oléh lingkungan (sekeliling) ⊙ 환경보호 perlindungan lingkungan. 환경오염 pencemaran lingkungan

환골탈태하다(換骨奪胎-) beradaptasi; memodifikasi; membuat modél kembali

환관(宦官) orang kasim; sida-sida

환국(還國) ⇒ 귀국

환궁(還宮) 환궁하다 kembali ke istana kerajaan

환금(換金) ①【환전】 penukaran; penguangan; penukaran ((barang)) menjadi uang 환금하다 menguangkan; menukarkan ((jaminan; harta)); menukar ((barang)) dengan uang; menguangkan ((cék)); menyuruh ((cék)) diuangkan ¶100 만원을 달러로 환금하다 menukar sejuta won dengan dolar

환급하다(還給-) membayar kembali; mengembalikan; menyerahkan kembali ⊙ 환급금 pembayaran kembali

환기(換起) ¶환기시키다 membangkitkan; membangunkan

환기(換氣) véntilasi; penukaran udara 환기하다 mengedarkan udara ⊙ 환기창 jendéla untuk véntilasi. 환기통 corong véntilasi

환난(患難) kemalangan; kesukaran; penderitaan

환담(歡談) obrolan 환담하다 mengobrol ¶ 환담을 나누다 beramah-tamah dengan

환대(歡待) sambutan hangat 환대하다 memberi sambutan yang hangat; menerima dengan ramah tamah; menjamu dengan hangat ¶환대를 받다 diterima dengan hangat; diterima dengan sambutan hangat; mendapat sambutan yang ramah

환도하다(還都-) kembali ke ibu kota

환등(幻燈) lentéra ajaib; film slide ⊙ 환등기 proyéktor slide

환락(歡樂) kesenangan; hiburan; kenikmatan ⊙ 환락가(街) tempat (pusat) hiburan

환류(還流) arus balik

환매(還賣) barter; perdagangan dengan saling tukar barang 환매하다 melakukan barter

환멸(幻滅) kekecéwaan ¶환멸의 비애를 느끼다 merasakan kepahitan (kesedihan; kekecéwaan)

환물(換物) penukaran uang dengan barang 환물하다 menukar uang dengan barang

환부(患部) bagian yang terkena penyakit ¶환부를 치료하다 mengobati bagian yang berpenyakit

환부(還付) 환부하다 mengembalikan; menyerahkan kembali ⊙ 환부금 uang yang dikembalikan

환불(還拂) pembayaran kembali 환불하다 membayar kembali; mengembalikan

환산(換算) 환산하다 merubah; mengkonvérsi ⊙ 환산율 nilai kurs : 1달러 1,200원의 환산율로 dengan nilai kurs (penukaran) 1,200 won terhadap dolar

환상(幻想) ilusi; khayalan; angan-angan; maya; fantasi ¶환상적(인) bersifat khayalan/ 환상에서 깨어나다 sadar (bangun) dari khayalan

환상(幻像) fantasi; khayalan ¶환상을 좇다 mengejar khayalan

환상(環狀) ¶환상의 berbentuk lingkaran; bundar; melingkar

환생(還生) reinkarnasi; penjelmaan kembali; lahir (bangkit) kembali 환생하다 lahir kembali; hidup (bangkit) kembali

환성(歡聲) teriakan gembira; sorak-sorai ¶환성을 올리다 berteriak gembira

환속하다(還俗-) kembali pada kehidupan duniawi (pada keduniawian); meninggal kan kependétaan

환송(還送) pengantaran; pelepasan 환송하다 mengantar; melepaskan ⊙ 환송식 upacara perpisahan (pelepasan). 환송회 pésta perpisahan

환시(幻視) impian penglihatan

환승(換乘) transfer; pemindahan ¶환승 할인을 받다 mendapat (menerima) diskon transfer

환심(歡心) kebaikan ¶환심을 사다 mendapat dukungan; meraih simpati; 【여자의】 memenangkan hati seorang gadis

환약(丸藥) tablét; téngkél; gentel; pil ¶환약을 만들다 membuat pil

환어음(換-) rékening uang; surat wésel ⊙ 청구 불 환어음 wésel (rékening) permintaan

환언하다(換言-) mengatakan dengan kata lain ¶환언하면 dengan kata lain; yakni

환영(幻影) khayalan; angan-angan ¶환영을 좇다 mengejar khayalan

환영(歡迎) penyambutan; resépsi. 환영하다 menyambut; menerima dengan hangat ¶환영을 받다 diterima dengan baik; disambut (diterima) dengan hangat; mendapat sambutan; di sukai ⊙ 환영만찬회 resépsi makan malam. 환영사 kata sambutan

환영회(歡迎會) pésta penyambutan; resépsi ¶환영회를 열다 mengadakan pésta selamat datang; mengadakan resépsi (makan malam). 신입생 환영회 pésta Selamat Datang untuk mahasiswa baru

환원(還元) ①【되돌리다】 pemulihan 환원하다 mengembalikan; memulihkan ②【화학】 réduksi; deoksidasi 환원하다 meréduksi

환율(換率) nilai kurs ¶1달러 1,100원의 환율로 nilai (tukar) 1,100 won terhadap dolar Amerika ⊙ 환율변동 turun naik ⟪nilai⟫ nilai kurs ⟪mata uang⟫. 환율인상 kenaikan dalam nilai kurs. 대미(對美) 환율 nilai kurs dalam dolar; nilai tukar mata uang won Korea terhadap dolar Amerika

환자(患者) pasién; penderita ⊙ 환자명부 daftar orang sakit (pasién)

환장(換腸) ①【미치다】 환장하다 menjadi gila ②【푹 빠져 들다】 ¶그는 돈에 환장한 인간이다 Dia terobsési dengan uang.

환쟁이 tukang pulas; tukang cat; pelukis

환전(換錢) penukaran uang 환전하다 menukarkan uang ¶여기서 환전 됩니까? Boléh menukar uang asing? ⊙ 환전상 *money changer*; tempat penukaran uang. 환전수수료 komisi penukaran uang

환절기(換節期) masa pergantian (perubahan) musim

환청(幻聽) halusinasi pendengaran

환태평양(環太平洋) ¶환태평양국가 negara di kawasan pasifik/환태평양지진대

Busur Cincin Api Pasifik ; daérah gempa bumi lingkar Pan-Pasifik

환표(換票) 【선거에서】 pengubahan kartu suara 환표하다 mengubah kartu pemungutan suara.

환풍기(換風機) ventilator; kipas ventilasi

환하다 ①【탁 틔다】 terbuka; jelas ¶환히 트인 길 jalan yang lancar; jalan yang terbuka ②【불빛이 밝다】 (a) 【어둡지 않다】 jelas; terang (b) 【생김새 · 표정 등이】 cemerlang; terang; bercahaya; 【서술적】 tampak bahagia ¶환한 표정 wajah yang berseri (cerah) (c) 【전망 등이】 cemerlang; cerah ¶환한 미래 masa depan yang cemerlang (cerah) (d) 【잘 알다】ahli; terpelajar; mahir; tahu banyak tentang ③【명백하다】 jelas; terang; nyata ¶불을 보는 것만큼이나 환하다 seterang siang; sejelas matahari ④【색깔 · 빛깔 등이) terang

환향(還鄕) 환향하다 kembali ke tanah asal (kampung halaman); pulang ke rumah ⊙ 금의(錦衣)환향 kembali ke rumah dengan kejayaan (dengan penuh kehormatan).

환형(環形) ¶환형의 berbentuk lingkaran ⊙ 환형동물 cacing gelang

환호(歡呼) sorak sorai; sambutan meriah 환호하다 bersorak-sorai; bertempik sorak

환호성(歡呼聲) teriakan kegembiraan; suatu sambutan ¶환호성을 지르다 berteriak bersorak

환후(患候) penyakit (sakitnya) seseorang yang dihormati

환희(歡喜) kegembiraan; kegairahan 환희하다 bergembira; sangat gembira

활 ①【쏘는 무기】 panah; panahan ¶활을 쏘다 melepaskan anak panah ②【무명활】 busur dan tali untuk memukul wol katun ③【현악기의】 busur

활강(滑降) 【스키】 turunan ⊙ 활강경기 kompetisi menuruni bukit; lomba menurun bukit

활개 ①【사람의】 lengan; tungkai ¶네 활개 lengan dan kaki/활개(를) 치며 dengan mengayun lengan; (비유적) tanpa apapun yang ditakuti; dengan bébas ②【새의】 kepakan burung ¶활개 치다 mengepak-ngepak; mengepakkan (memukul-mukulkan) sayap

활개 짓하다 mengayunkan lengan saat berjalan; mengayun lengan

활공(滑空) 활공하다 meluncur ⊙ 활공거리 jauh luncuran. 활공기 pesawat terbang layang

활극(活劇) ①【액션 영화】 film aksi ②【난투극】 perkelahian; pergulatan ⊙ 서부활극 film Barat; film koboi

활기(活氣) 【활력】 kekuatan; semangat; energi; vitalitas; aktivitas; kegairahan hidup ¶활기 없는 tanpa semangat; tak hidup; lamban; lemah; lesu/활기가 있다 penuh semangat; penuh daya hidup

활달하다(豁達-) aktif

활동(活動) ①【움직임】 kegiatan; aktivitas; kesibukan; keaktifan; aksi 활동하다 beraksi; bergerak; memainkan peranan aktif; berusaha ¶활동적(인) gesit; sigap; cekatan; tangkas; cegak ②【화산이】 menjadi aktif ③【군대가】 memulai operasi ⊙ 활동범위 ruang lingkup aktivitas. 정치 활동 aktivitas politik

활량 ①【활 쏘는 사람】 pemanah ②【무위도식 가】 orang yang suka luntang-lantung; pemalas ③【난봉꾼】 orang yang boros (royal); orang laki-laki kaya yang suka pelesir

활력(活力) vitalitas; daya hidup; semangat hidup ¶활력을 불어넣다 memberi semangat ⊙ 활력소 sumber semangat hidup

활로(活路) jalan keluar; cara-cara hidup ¶활로를 찾다【열다】 mencari 【membuka】 jalan keluar

활발하다(活潑-) bersemangat; penuh semangat; aktif; giat; lincah; ramai

활보하다(闊步-) berjalan dengan semangat

활빈당(活貧黨) penjahat yang merampok untuk menolong orang miskin; ⟪gerombolan⟫ Robin Hood

활석(滑石) 【광물】 batu kapur yang halus dan berlemak

활성(活性) vitalitas; aktivitas ¶활성의 aktif/비(非) 활성의 lamban ⊙ 활성비타민제

preparasi vitamin yangdiaktifkan
활성화(活性化) pengaktifan 활성화하다 mengaktifan; memberi tenaga
활시위 tali busur
활약(活躍) kegiatan; aktivitas 활약하다 aktif; memainkan peranan aktif
활어(活魚) ikan hidup ⊙ 활어선(船) pengangkutan (pengapalan) ikan hidup. 활어조(槽) tempat ikan
활엽수(闊葉樹) pohon berdaun lebar
활용(活用) ①【잘 이용함】 penerapan; aplikasi 활용하다 menerapkan ¶인재를 잘 활용하다 menggunakan orang yang tepat di tempat yang tepat ②【문법】【어미변화】활용 perubahan bentuk kata kerja; infléksi; 【격변화】 deklensi; perubahan bentuk kata benda 활용하다 mengkonjugasikan
활자(活字) ①【인쇄용】huruf cétak ¶큰【작은】 활자 《mencétak dengan》 jenis besar 【kecil】 ②【글씨, 글자】 ¶이름을 활자체로 써 주세요 Tulislah nama anda dengan huruf cétak. ⊙ 활자체 huruf cétak. 활자화 (menulis dalam) cétakan : 활자화하다 mencétak
활주(滑走) 활주하다 meluncur; melayang ⊙ 활주로 landasan untuk peluncuran
활주로(滑走路) landasan untuk peluncuran
활짝[1] ①【벗는 · 벗어진 모양】 semua; sepenuhnya; seluruhnya ②【끓어 넘치는 모양】 meluap-luap
활짝[2] ①【시원하게】 secara luas; secara terbuka ¶활짝 트이다 terbuka; ternganga ②【웃음 등이】 ¶활짝 웃다 tersenyum lebar ③【꽃 등이 한껏 핀 모양】 mekar ④【날이 맑게 갠 모양】 benar-benar cerah
활차(滑車) kérékan; katrol; alat; takal
활촉(-鏃) mata panah
활터 lapangan panahan
활판(活版) papan cetak ¶활판으로 인쇄하다 mencetak dengan huruf ⊙ 활판 소(所) percetakan. 활판인쇄 pencetakan huruf; tipografi
활화산(活火山) gunung api aktif
활활 ①【불타는 모양】 menyala-nyala; berkobar-kobar ②【부치는 모양】 dengan cepat; dengan bersemangat
활황(活況) aktivitas 《dalam bisnis》; kecepatan; kesigapan; keadaan hal-hal yang aktif ¶활황을 띠다 menjadi aktif; tampak giat (hidup); menunjukkan tanda aktivitas; 【상점 등이】 sangat berkembang; melakukan bisnis yang gesit
홧김에 dalam kemarahan
홧홧하다 merasa panas
황【좋지 않음】 tidak ada guna
황(黃) ①【황색】 warna kuning ②【유황】 belérang (기호 S:sulfur) ③【보리 · 밀의 병해】 rusak ¶황내리다, 황들다 menjadi rusak
황갈색(黃褐色) coklat kekuningan
황감(惶感) terima kasih mendalam 황감하다 sangat berhutang budi
황겁하다(惶怯-) takut; ketakutan
황구(黃狗) anjing kuning
황금(黃金) 【금】 emas 《kuning》; 【돈】 uang; 【재물】 kekayaan ⊙ 황금빛 warna keemasan. 황금시대 masa keemasan
황금만능(黃金萬能) ¶황금만능시대 zaman pemujaan uang/황금만능주의 prinsip uang yang berkuasa; paham pemujaan uang; mamonisme/황금만능주의자 mamonis
황급(遑急) urgensi; keadaan yang mendesak 황급하다 urgén; mendesak
황급히(遑急-) tergesa-gesa; terburu-buru; tergopoh-gopoh ¶황급히 달아나다 lari tergesa-gesa
황달(黃疸) sakit kuning
황당(荒唐) kemustahilan; keadaan yang bukan-bukan 황당하다 mustahil; gila-gilaan ⊙ 황당객 tukang bual; pembual; orang yang tak bisa diandalkan
황당무계(荒唐無稽) kekacauan; omong kosong 황당무계하다 kacau; gila-gilaan; tak masuk akal; fantastis
황도(黃道) 【천문학】 lintasan orbit matahari tahunan ⊙ 황도대(帶) zodiak
황동(黃銅) kuningan; loyang ⊙ 황동색 kuning loyang
황량하다(荒凉-) sunyi sepi; lengang; hana; tidak ramai
황록색(黃綠色) hijau kekuning-kuningan; hijau muda; warna zaitun

황마(黃麻)【식물】rami; yute

황막하다(荒漠-) sunyi sepi; hana;【광막하다】luas; tak terbatas

황망(慌忙) ¶황망히 dalam kekacauan; dalam keadaan kacau balau; tergopoh-gopoh; tergesa-gesa; terburu-buru

황망(遑忙) kerepotan 황망하다 sangat sibuk

황명(皇命) perintah (mandat) kekaisaran

황모(黃毛) rambut ékor musang

황무지(荒蕪地) tanah gurun; tanah belantara; tanah mati ¶황무지를 개간하다 menggarap kembali (membuka) tanah belantara

황민(荒民) orang yang kelaparan; penderita kelaparan

황사(黃砂) debu kuning ⊙ 황사현상 gejala debu pasir

황산(黃酸)【화학】asam belerang; asam sulfur ⊙ 황산구리 tembaga sulfat. 황산칼리【마그네슘】kalium【magnesium】sulfat

황새【조류】burung bangau

황새걸음 langkah panjang

황색(黃色) kuning ⊙ 황색신문 jurnal (koran; lembaran) kuning (gosip). 황색인종 ras kuning

황소 ①【큰 수소】sapi jantan ②【비유적】¶황소처럼 일하다 bekerja seperti sapi jantan ⊙ 황소개구리 kintela. 황소자리 Taurus

황소걸음 langkah lambat ¶황소걸음하다 berjalan dengan lambat (dengan santai)

황소바람 tiupan keras

황송하다(惶悚-)【황공하다】sangat sungkan dan berterima kasih; rasa hormat; berterima kasih

황실(皇室) keluarga kerajaan

황아(荒-) barang kelontong; barang kecil; barang dagangan ⊙ 황아장수 pedagang keliling. 황아전(廛) toko kelontong

황야(荒野) gurun; hutan belantara

황연(晃然) dengan terang; dengan jelas; dengan baik

황옥(黃玉)【금광】batu permata berwarna kuning

황위(皇位) Tahta 《Kekaisaran》

황위분만(橫位分娩)【의학】kelahiran yang sungsang

황은(皇恩) budi (kebaikan) Kekaisaran

황인종(黃人種) ras kuning

황자(皇子) pangéran pewaris tahta; pangéran Kekaisaran

황제(皇帝) ①【제국의】kaisar; maha raja ②【비유적】raja ¶그는 골프의 황제로 불린다 Ia disebut raja golf. ⊙ 황제폐하 yang Mulia Kaisar

황조(皇祚) Tahta Kekaisaran

황조근정훈장(皇祚謹正勳章) Tanda Penghargaan Pengabdian; Selempang Kuning

황족(皇族) keluarga kekaisaran (kerajaan);【일원】anggota keluarga kekaisaran

황지(荒地) tanah kosong (terbuang); tanah tandus (gersang); hutan belantara

황진(黃塵) ①【흙먼지】debu di udara; badai debu ②【속진】masalah duniawi yang mengganggu

황차(況且) ⇒ 하물며 lebih banyak; sedikit banyak

황천(皇天) ①【하늘】Tuhan; Tuhan di surga ②【하느님】Tuhan; Déwa

황천(黃泉) alam baka ⊙ 황천길 jalan ke alam baka : 황천길을 떠나다 berpulang ke alam baka

황천객(黃天客) orang yang meninggal ¶황천객이 되다 meninggal dunia; wafat; mati

황체(黃體)【해부학】【난소의】corpora lutea ⊙ 황체호르몬 hormon progéstéron

황태자(皇太子) putra mahkota ⊙ 황태자비(妃) istri putra mahkota. 황태자전하 yang Mulia Pangeran (Putera) Mahkota

황태후(皇太后) Ibu Suri

황토(黃土) tanah liat; tanahterbuang; tanah kosong ⊙ 황토색 warna tanah liat mérah

황통(皇流) keturunan raja ¶황통을 잇다 melanjutkan tahta

황폐(荒廢)【토지·산림 등이】kegersangan; kehancuran 황폐하다 hancur; gersang; tandus; gundul ⊙ 황폐지 tanah terbuang; kawasan yangrusak. 산림황폐 penggundulan hutan

황하(黃河) sungai Kuning; sungai Hwang Do

황해(黃海) laut Kuning

황혼(黃昏) ①【해질 녘】senja kala; senja ¶황혼이 지다【깃들다】 senja turun ②【비유적】 ¶인생의 황혼기 masa senja kehidupan

황홀(恍惚·恍惚) terpesona; gembira meluap-luap; kerasukan 황홀하다 terpesona; sedang gembira sekali; kerasukan; kena pesona ¶황홀케 하다 mempesona; memikat; memukau

황화(黃化) 【화학】 sulfurasi ⊙ 황화 물 sulfida. 황화수소 hidrogen sulfida

황후(皇后) kaisar wanita; ratu ⊙ 황후폐하 yang Mulia Maharani

홰[1] 【횃불의】 obor

홰[2] 【새장·닭장 등의】 ténggéran; tempat yang agak tinggi

홰치다 mengepak-ngepakkan sayap; mengibaskan sayap

홱 ①【갑자기】 tiba-tiba; 【잽싸게】 dengan cepat; dengan gesit ②【힘차게】 dengan sentakan

홱홱 ①【날쌔게】 dengan cepat ②【갑자기】 dengan cepat; dengan bunyi mendesing ③【던지다】 melontarkan berulang-ulang ④【뿌리치다】 menyentak-nyentak

횃대 rak gantungan pakaian

횃댓보 pelindung pakaian terpasang di rak pakaian

횃불 obor; suluh; suar; 【봉화】 sinyal api ⊙ 횃불행렬 《mengadakan》 pawai (parade) obor

횅댕그렁하다 kosong; sepi; hampa

횅하다 ①【통달하다】 menguasai; benar-benar mengetahui; mengenal baik ②【공허감】 kosong; gersang; hampa ¶집이 횅하다 rumah kosong ③【정신이, 머리가】 menjadi bingung; terpana; merasa kepala seakan-akan berputar; merasa pening

회(回) 【회수】 sekali (1회 sekali, 2회 dua kali) ¶제1회전 【야구의】 seronde; seputaran (inning); 【권투의】 ronde pertama/회를 거듭하다 melakukan (menjalankan)nya beberapa kali

회(灰) ⇒ 석회 kalsium oksida

회(蛔) ⇒ 거위[2] ¶회가 동하다 【비유적】 membangkitkan seléra; merangsang; membuat mulut mengiler; mengiler; berhasrat; berminat besar

회(會) ①【모임】 pertemuan; rapat ¶회에 출석하다 menghadiri (hadir pada) rapat ②【조직】 klub; perhimpunan; lembaga; asosiasi

회(膾) irisan ikan mentah ¶생선회 ikan mentah yang diiris/회로 먹다 memakan(nya) mentah-mentah

회갑(回甲) ⇒ 환갑(還甲) ulang tahun ke-60 ⊙ 회갑연(宴) 《mengadakan》 perjamuan pada ulang tahun ke 60

회개(悔改) taubat; tobat; penyesalan 회개하다 ⇒ 뉘우치다

회견(會見) wawancara; interview; tatap muka 회견하다 mewawancarai; menginterview; bertatap muka ¶…와의 회견에서 dalam suatu wawancara dengan ⊙ 공식회견 wawancara resmi

회계(會計) ①【계산】 rékening; perhitungan; 【재정】 akunting; keuangan; 【계산서】 sebuah rékening; 【지급】 pembayaran 회계하다 membayar; menghitung; memperhitungkan; membayar rékening ②【사람】 akuntan; bendahara; kasir; pembayar; juru bayar ⊙ 회계과 bagian keuangan. (공인)회계사 akuntan (publik) bersertifikat(CPA); 공인회계사 akuntan publik. 부동산회계 akunting éstate. 일반【특별】회계 akuntan (rékening) umum 【khusus】

회계감사(會計監査) pemeriksaan keuangan

회고(回顧) réfléksi 회고하다 mengenang masa lalu; meréfléksikan ¶회고적(인) peninjauan kembali ⊙ 회고록(錄) buku kenang-kenangan. 회고전 paméran tinjauan kembali 《karya seni》

회고(懷古) nostalgi; rasa rindu terhadap hal dahulu; rétrospéksi 회고하다 mengenang kembali ⊙ 회고담 pembicaraan kenang-kenangan. 회고전 paméran rétrospéksi

회관(會館) balai kota; ruang ⊙ 세종문화회관 Pusat Budaya Sejong

회교(回教) agama Islam ⊙ 회교도 Muslimin; penganut agama Islam. 회교사원 mesjid

회군하다(回軍-) menarik mundur tentara
회귀(回歸) kebangkitan kembali 회귀하다 muncul (bangkit) kembali; muncul secara berkala ⊙ 회귀선(線) tropik : 남북 회귀선 garis balik Selatan Utara. 회귀열 demam yang kambuh
회기(會期) masa (sési) sidang ¶국회 회기 중에 dalam sési sidang umum DPR; dalam sidang Majelis; saat Majelis Umum sedang bersidang ⊙ 회기연장 perpanjangan (penambahan) sidang
회담(會談) 【교섭】 permusyawaratan; 【회의】 konferénsi; 【회견】 wawancara; pembicaraan 회담하다 merundingkan; memperbincangkan; berbicara (bercakap) bersama ⊙ 예비회담 pembicaraan pendahuluan. 평화회담 pembicaraan perdamaian. 한일회담 pembicaraan antara Korea Selatan dan Jepang
회답(回答) balasan; jawaban; tanggapan 회답하다 membalas; menjawab; memberikan balasan (jawaban); mengirimkan jawaban
회당(會堂) 【예배당】 geréja; tempat beribadat; kapél; 【집회장】; ruang (balai) sidang; 【공회당】 aula; ruang pertemuan
회독하다(回讀-) membaca (buku) bergiliran
회동(會同) pertemuan (perkumpulan) bersama 회동하다 bertemu (berkumpul) bersama; mengadakan pertemuan; berapat
회동그랗다 【눈이】 terbuka lebar (terbelalak) dengan heran
회람(回覽) perédaran; pengédaran; sirkulasi 회람하다 mengédarkan; mengumumkan ⊙ 회람잡지 majalah édaran
회람판(回覽版) buletin berédar; surat pemberitahuan édaran ¶회람판을 돌리다 mengédarkan surat pemberitahuan édaran
회랑(回廊) 【복도】 koridor; serambi; beranda
회로(回路) ①【돌아오는 길】 suatu trip pulang; perjalanan pulang; jalan kembali ②【전기】 sirkuit; rangkaian; kontak ⟪listrik⟫ ⊙ 회로차단기 sekelar pemutus. 직렬 【병렬】회로 sekelar (rangkaian) seri 【paralél】
회뢰(賄賂) ⇒ 뇌물
회록(會錄) laporan rapat; notulen
회명(會名) nama suatu asosiasi
회반죽(灰-) adukan semén; pléster semén ¶회반죽을 바르다 mempléster
회백색(灰白色) abu-abu muda; warna abu muda ¶회백색의 berwarna abu; kelabu
회백질(灰白質) materi abu-abu
회벽(灰壁) dinding yangdipléster dengan kapur
회보(回報) 【회람】 surat édaran; édaran
회보(會報) buletin; laporan majelis (asosiasi) ⊙ 동창회 회보 buletin alumni
회복(回復), 恢復) pemulihan; kepulihan; penyembuhan 회복하다 ①【원래 상태로】 memulihkan; sembuh; pulih kembali ②【건강의】 kesembuhan; penyembuhan ⟪setelah suatu penyakit⟫ 회복하다 sembuh darisuatu penyakit; séhat lagi; dipulihkan keséhatan
회복기(恢復期) tahap pemulihan; periode sembuh; taraf kesembuhan dari sakit
회복실(回復室) bangsal tempat orang yang baru sembuh dari sakit
회부(回附) pengiriman 회부하다 menyerahkan; mengirimkan; mengédarkan ¶회부되다 dikirim
회비(會費) 【회원의】 biaya keanggotaan; iuran anggota; 【회합의】 sumbangan ⟪untuk suatu pertemuan⟫ ¶회비를 내다 membayar biaya keanggotaan (iuran kelompok) ⊙ 클럽회비 iuran klub
회사(會社) perusahaan; perusahaan berbadan hukum; maskapai; 【상사】 firma; perusahaan ¶회사에 다니다 (근무하다) bekerja di perusahaan (firma; maskapai) ⊙ 회사내규 anggaran régulasi perusahaan. 모회사 perusahaan induk. 유령회사 perusahaan palsu. 유한회사 perseroan terbatas. 제휴회사 perusahaan afiliasi
회사원(會社員) pegawai perusahaan
회사채(會社債) surat obligasi perusahaan
회상(回想) peringatan (kenangan) masa lalu 회상하다 mengenang masa lalu
회색(灰色) ¶회색의 abu-abu; kelabu/ 회색빛이 도는 keabu-abuan ⊙ 회색분자 o-

rang yang tidak tetap pendirian; orang yang bersifat bunglon
회생하다(回生-) hidup kembali (lagi); bangkit dari mati; dipulihkan untuk hidup kembali
회서(回書) jawaban tertulis
회석(會席) tempat pertemuan
회선(回船) 【배를 돌림】 회선하다 memutar perahu
회선(回線) 【전기】 kontak; jalan arus listrik; sirkuit
회선(廻選 · 回旋) perputaran; rotasi; 【식물 등의】 lilitan; sesuatu yangdi dalamnya berbelit-belit 회선하다 berotasi; berputar
회수(回收) pemungutan; penarikan; pengumpulan 【폐품 등의】 회수하다 menarik kembali 《uang logam; buku》 dari peredaran; memperoléh kembali 《hal-hal yang tidak dipakai》
회수(回數) frekuensi; keseringan; kekerapan ¶회 수를 거듭하다 berulang; sering kali
회수권(回數卷) 【구매용】 kupon tikét; 【통근용】 tikét dari orang yang pulang-pergi bekerja
회식(會食) makan bersama 회식하다 makan malam bersama
회신하다(回信-) membalas surat
회심(回心) perubahan hati; pengampunan 회심하다 merobah hati sendiri; bertobat; ditobatkan
회심(悔心) penyesalan yang dalam; sesalan
회심(會心) keserasian; kepuasan dengan diri sendiri ¶회심의 작품 karya yang memuaskan
회약(蛔藥) obat untuk mengeluarkan cacing
회오(悔悟) penyesalan; rasa sesal; keadaan terdesak 회오하다 menyesali
회오리바람 angin topan; angin puting beliung; angin puyuh; angin siklon; angin kisaran; angin pusaran
회우(會友) 【동료 회원】 anggota kerabat; 【회(會)의】 anggota tetap 《suatu perkumpulan》
회원(會員) anggota 《dari suatu masyarakat; himpunan》; keanggotaan 회원이 되다 menjadi anggota ⊙ 명예 【보통, 특별】 회원 anggota kehormatan 【biasa, spesial】. 정회원 anggota tetap (penuh). 준회원 anggota tidak tetap
회유(懷柔) ketentraman; pengamanan; perdamaian 회유하다 【달래다】 menentramkan; menenangkan; mendamaikan; 【자기편으로】 memikat hati; mendapatkan di samping (di sisinya)
회유책(懷柔策) tindakan perdamaian ¶회유책을 쓰다 mengambil tindakan perdamaian
회음 【해부학】 kerampang; kerangkang ⊙ 회음 부 daérah (bagian) kelangkang
회의(懷疑) keraguan; kesangsian; ketidak percayaan 회의하다 tidak dipercaya ¶회의적인 bersifat ragu-ragu; yang meragukan ⊙ 회의론 sképtisisme perdebatan tentang kesangsian. 회의론자 peragu; orang yang sképtis
회의(會議) konperénsi; pertemuan; déwan majelis; pembicaraan konvensi; kongrés ¶회의를 열다 【개최하다】 bersidang 【mengadakan, menghimbau】 konvénsi; mengadakan konperénsi/ 회의에 참가하다 berpartisipasi pada(ambil bagian di dalam) konperénsi ⊙ 국제회의 konperénsi internasional. 평화회의 konperénsi perdamaian
회자(膾炙) 회자하다(되다) menjadi buah pembicaraan (menjadi buah bibir) setiap orang; menjadi bahan pembicaraan
회자정리(會者定離) Orang yang bertemu pasti akan berpisah.
회장(回章) ⇒ 회문 surat édaran; selebaran
회장(回裝) ①【족자 등의】 batas sudut 《pada layar; ulungan; peta》 ②【저고리의】 sudut hiasan padajaket wanita
회장(回腸) 【해부학】 usus halus
회장(會長) 【모임의 장】 présidén; ketua 《panita; déwan》; pengarah
회장(會場) 【모임을 갖는 곳】 tempat pertemuan; déwan ⊙ 연회장 aula perjamuan
회전(回電) télégram balasan; kawat balasan; kawat jawaban
회전(回轉) perputaran; rotasi; gerakan

berputar 회전하다 berputar; memutar; berbalik 《putaran》 ⊙ 회전도어(회전문) pintu putaran; pintu putar. 회전목마 komidi putar. 회전수 jumlah rotasi; putaran per minit. 회전의자 kursi putar. 회전율 rasio perputaran. 회전자금 dana (modal) yang berputar. 회전 초밥 sabuk penyampai sushi. 회전축(軸) sumbu (poros) putaran

회중(會衆) hadirin; peserta; yang hadir; audiens

회중(懷中)【품속】《di dalam》 kantong;【마음속】《di dalam》 pikiran; hati seseorang ⊙ 회중시계 jam saku. 회중전등 lampu senter (obor)

회지(會誌) suatu buletin

회진하다(回診-) membuat kunjungan keliling(pergi berkeliling; mengelilingi bangsal) secara rutin seorang dokter pada orang pasién

회초리 cambuk; cemeti ¶회초리를 맞다 dicambuk; mendapat cambukan rotan

회춘(回春)penyembuhan keséhatan; pemulihan; kepulihan ¶회춘하다 memulihkan keséhatan

회충(蛔蟲) cacing gelang; cacing perut ¶회충이 생기다 cacingan ⊙ 회충약 obat 《untuk mengeluarkan》 cacing perut

회치다(膾-) mengiris (membuat irisan) ikan (daging) 《dan diberi bumbu》

회칙(回勅)【로마 교황의】 suatu énsiklik

회칙(會則) peraturan (undang-undang) masyarakat; pasal suatu perkumpulan; anggaran rumah tangga

회포(懷抱) isi hati; pikiran batin ¶회포를 풀다 mengeluarkan isi hati

회피(回避) pelarian; pengelakan; penghindaran; pelalaian; kelihaian 회피하다 melarikan; mengelak; menghindar; melalaikan; menghindari 《pembayaran》 ¶ 회피할 수 없는 tidak terélakkan/ 책임을 회피하다 melalaikan (melarikan diri dari) tanggung jawab

회한(悔恨) penyesalan yang dalam; kesedihan yang mendalam ¶회한의 눈물 air mata penyesalan

회합(會合)【모임】 pertemuan; perkumpulan 회합하다 bertemu; berkumpul; bertemu bersama-sama

회항(回航)【항해】 navigasi;【되돌아옴】 pelayaran kembali 회항하다 berlayar pulang; kembali dari pelayaran; menukar haluan kapal

회향(回向)【불교】 tanda peringatan orang Budha 《untuk orang yang mati》 회향하다 mengadakan upacara peringatan 《untuk atau penghormatan kepada yang telah meninggal》; berbuat kebaikan demi keselamatan orang lain

회향(懷鄕) rindu akan kampung; kenang-kenangan kerinduan 회향하다 rasa rindu; kangen; menanggulangi dengan kerinduan pada kampung

회혼(回婚) peringatan pada hari ulang tahun perkawinan yang ke-60 ⊙ 회혼례 pésta perayaan kawin pérak

회화(會話) percakapan; pembicaraan 회화하다 berbicara (ngobrol); mengadakan percakapan ⊙ 회화 책 buku percakapan 한국어회화 percakapan dalam bahasa Korea

회화(繪畫)【그림】 gambar; lukisan ¶회화적인 bergambar; grafik ⊙ 회화전람회 paméran (pertunjukan) lukisan; paméran seni

회회교(回回教) ⇒ 회교(回教)

획(劃)【글씨 · 그림 등의】 garis ¶획을 긋다 membuat garis

획【빨리 도는 모양】 dengan suatu belokan; dengan suatu putaran; dengan kecepatan; laju;【힘차게 당기거나 미는 모양】 dengan satu sentakan ¶획 당기다【밀다】 melakukan tarikan【dorongan】 yang kuat

획기적(劃期的) yang membuka zaman baru; yang berhubungan dengan zaman yang penting ¶역사상 획기적인 사건 peristiwa yang penting dalam sejarah

획득(獲得) pendapatan; penerimaan; pemilikan; kepunyaan 획득하다 meraih; mendapatkan; mengambil; memperoléh; menerima; memiliki

획수(劃數) jumlah sapuan (gorésan) 《dalam huruf China》

획일적(劃一的)seragam; standar

획일화(劃一化) standarisasi ¶교육제도의

획일화 standarisasi sistem pendidikan
획정(劃定) pembatasan; batas pemisah 획정하다 memisahkan; membatasi; menggambar ((garis)) batas
획책(劃策) suatu rencana; suatu maksud; muslihat; rancangan 획책하다 merencanakan; membentuk ((membuat)) rencana; membentuk ((merancang)) program; 【책동하다】 mengatur siasat; menggunakan kelicikan
횟가루(灰-) bubuk kapur; kapur yang berbentuk serbuk
횟감(膾-) bahan mentah
횟수(回數) banyaknya
횡경 막(橫隔膜)【해부학】diafragma
횡단(橫斷) persimpangan 횡단하다 menyeberangi; melintasi; melintang ⊙ 횡단로 jalan lintas
횡단보도(橫斷步道) penyeberangan ¶횡단보도를 건너다 menyebrang jalan di tempat penyebrangan
횡대(橫隊) barisan ¶횡대로 dalam barisan
횡렬(橫列) barisan
횡령(橫領) penyerobotan; perebutan; perampasan; penyalahgunaan 횡령하다 menggelapkan; merebut; merampas atas ((kekayaan)); menyerobot; menggelapkan
횡보하다(橫步-) berjalan ke samping; menyamping
횡사(橫死) kematian yang disebabkan tidak wajar (sebelum waktunya)); kematian karena kekerasan; 【참사】 kematian karena kecelakaan; kematian yang tragis 횡사하다 mati karena kecelakaan
횡서하다(橫書-) menulis secara kesamping; menulis dari kiri ke kanan
횡선(橫線) garis sejajar; garis horizontal ⊙ 횡선수표 cék garis sejajar
횡설수설(橫說竪說) pembicaraan yang bertélé-télé 횡설수설하다 berbicara secara acakan; berbicara bertélé-télé
횡액(橫厄) nasib buruk (bencana; malapetaka) yang tak terduga; kemalangan; kecelakaan ¶횡액에 걸리다, 횡액을 만나다 mendapat kecelakaan; menderita kemalangan yang tak terduga
횡재(橫財) rezéki nomplok; durian runtuh 횡재하다 mengalami nasib yang tak terduga; mendapat rezéki nomplok; menang undian
횡적(橫的) datar ¶횡적인 관계 hubungan yang datar
횡포(橫暴) tirani penindasan; kelaliman; kekerasan; penindasan 횡포하다 sewénang-wénang; suka memaksa (menindas); lalim; bengis; kejam ¶횡포를 부리다 bertindak lalim ((atas))
횡행(橫行)【설침】 berbuat sewénang-wénang
효(孝) alim; taat; patuh (bakti) pada orang tua
효과(效果) éfék; kemujaraban; keéféktifan ¶효과가 없는 tak éfisién; tidak membawa hasil; tak menghasilkan apa-apa; tidak membawa dampak / 효과가 빠르다 cepat menghasilkan((nya)); membawa hasil yang cepat
효과적(效果的) ¶효과적인 berhasil; yang suksés; yang manjur; éféktif; berguna
효녀(孝女) anak perempuan yang patuh; putri yang berbakti
효능(效能) kemanjuran; kebaikan; kegunaan ¶효능이 있다 manjur; berguna
효도(孝道) tugas (kesaléhan; ketaatan) seorang anak 효도하다 patuh (taat) pada orang tua; berbakti kepada orang tua
효력(效力)【약 등의 효험, 효능】kebaikan; kesembuhan; kemampuan ¶효력이 있다 éféktif; berhasil; mujarab
효모(酵母) ragi; biang roti zat untuk perubahan secara kimia ⊙ 효모균 ragi jamur
효부(孝婦) mantu perempuan yang berbakti
효성(孝誠) bakti; saléh; taat 효성스럽다 patuh (taat; penurut) pada orang tua; berbakti
효소(酵素)【화학】énzim ⊙ 소화효소 énzim pencernaan
효수하다(梟首-) memenggal léhér pada tiang; memenggal kepala
효시(嚆矢) permulaan; pertama; perintis; pelopor; contoh pertama

효심(孝心) 【효성】 bakti; ¶효심이 깊은 patuh; taat

효용(效用) 【용도】 kemanfaatan; kefaédahan; kegunaan; 【효능】 hasil; kebaikan ¶ 비(非)효용 tidak berfaédah/ 효용이 있다 berguna; bermanfaat ⊙ 효용가치 nilai yang berguna (yang berfaédah)

효율(效率) faktor kegunaan; éfisiénsi; tugas éfisiénsi tingkat tinggi ¶효율적 éfisién; éféktif/ 효율을 높이다 menaikan éfisiénsi ⊙ 열효율 éfisiénsi panas

효자(孝子) anak laki-laki yang patuh (taat); putra yang berbakti

효행(孝行) 【효성】 kealiman (ketaatan) seorang anak ⊙ 효행 상 hadiah untuk kelakuan baik seorang anak

효험(效驗) ⇒ 효능(效能), 효력 kebaikan; hasil yangbaik ¶효험이 있다 manjur; membawa hasil

후(后) kaisar wanita; ratu

후(後) ①【뒤, 나중】 setelah; sesudah ¶이틀 후 dalam dua hari; setelah dua hari; dua hari kemudian ②【…한 뒤에】 setelah; di belakang; selanjutnya; sesudah itu; kemudian

후 【입김을 내뿜는 소리 · 모양】 pengepulan; penghembusan ¶후 불다 berhembusan dengan satu gumpalan; mengepulkan; menghembuskan

후각(嗅覺) indra penciuman; penciuman; alat penciuman ¶후각이 예민하다 peka indera penciuman; mempunyai daya pencium yangkuat

후견(後見) perwalian 후견하다 mewakili; bertindak dengan wali ¶후견을 받다 di bawah penjagaan

후견인(後見人) wali; pemangku 후견인이 되다 menjadi wali

후계(後繼) penggantian; suksési 후계하다 menggantikan; mewarisi

후계자(後繼者) pengganti; pewaris; ahli waris

후고(後顧) harapan masa depan 후고하다 khawatir akan masa depan ¶후고의 염려 cemas terhadap keluarga yang ditinggalkannya; kecemasan akan masa depan

후골(喉骨) 【해부학】 lekum; halkum; jakun(g)

후관(嗅官) organ penciuman

후광(後光) halo; korona; cahaya kemuliaan; lingkaran cahaya; bersinar dari kepala seorang suci; 【태양의】 lingkaran sinar yang mengelilingi matahari

후궁(後宮) selir (harem; gundik) raja

후기(後記) 【본문 뒤에 덧붙인 기록】 catatan tambahan ⊙ 편집후기 catatan tambahan éditor

후기(後期) masa terakhir; periode terakhir; setengah tahun kemudian; waktu penyelesaian; 【기약】 suatu perjanjian untuk masa depan ¶후기에 dalam masa terakhir ⊙ 후기대학 universitas (perguruan tinggi) yang termasuk golongan (kelompok) kedua

후기인상파(後期印象派) aliran pasca-imprésonis

후끈거리다 merasa panas

후년(後年) 【후세】 beberapa tahun kemudian ¶내 후년, 후후년 tiga tahun dari sekarang

후닥닥 ①【갑자기】 secara tiba-tiba; dengan suatu lompatan; 【열 세게】 dengan cepat; segera; dengan lincahnya ②【서두름】 secara cepat-cepat; tergesa-gesa; terburu-buru

후닥닥거리다 tergesa-gesa; ceroboh

후대(後代) génerasi masa depan; masa kemudian (yang akan datang); masa selanjutnya; anak cucu

후대(厚待) keramah-tamahan 후대하다 memberikan penyambutan yang hangat; menyambut dengan hangat

후덕하다(厚德-) berbudi tinggi; berbudi luhur

후두(後頭) 【해부학】 organ telinga; di belakang kepala ⊙ 후두골 tulang organ telinga

후두(喉頭) 【해부학】 pangkal tenggorokan; pembuluh kerongkongan ⊙ 후두염(암) radang (kanker) kerongkongan

후두부(後頭部) 【해부학】 bagian organ telinga; bagian belakang kepala

후들거리다 bergetar; bergoncang

후딱 ①【일 · 행동 등을 빠르게 하는 모양】 dengan cepat; kecepatan; segera; langsung jadi; sekejap mata; pada waktu singkat ②【시간이 매우 빨리 지나가는 모양】 cepat; seperti kilat; cepat seperti petir

후레자식 orang yang tidak tahu adat (tidak sopan); orang yang kasar; anak turunan rendah

후려치다 memukul; mencemeti; mencambuk; memberi suatu pukulan ¶주먹으로 후려치다 memukul dengan tinju

후련하다 【시원하다】 merasa lega; merasa segar

후렴(後斂) réfrain; ulangan

후루루 siulan 후루루하다 bersiul; mengeluarkan suara

후루룩 ①【날개 치는 소리】 dengan debaran ②【마시는 소리】 minum dengan menghirup

후륜(後輪) roda belakang

후래시 lampu sénter; lampu pemberi isyarat

후리다 ①【유혹하다】 memikat; menawan; menarik hati; menggoda; membujuk; merayu; manis bicara ②【모난 곳을】 memotong persegi panjang

후리후리하다 tinggi dan ramping (langsing)

후림 【유혹 · 꾐】 penggodaan; rayuan; pembujukan; tipu muslihat ¶후림을 당하다 digoda; ditipu

후면(後面) sisi (bagian) belakang

후문(後門) pintu belakang

후문(後聞) 【소문】 pembicaraan lanjutan

후물거리다 mengunyah

후물림(後-) warisan

후물후물 【입 안에서】 mengunyah dengan gusi

후미 bélokan; teluk kecil

후미(後尾) bagian belakang ¶후미의 belakang; punggung

후미지다 ①【물가가】 membentuk kelokan ¶후미진 곳 tempat yang dalam ((di dalam air)) ②【으슥하고 호젓하다】 terpisah; terpencil

후박(厚薄) 【후함과 박함】 kemurahan dan kikir

후반(後半) ①【경기의】 babak kedua ②【뒤쪽의 절반】 ¶19세기 후반에 akhir pertengahan abad kesembilan belas

후방(後方) 【뒤쪽】yang belakang; sisi belakang ¶후방에 di belakang; bagian belakang ⊙ 후방부대 pasukan di belakang

후배(後輩) yunior; orang yang lebih muda; génerasi yang lebih muda; 【후진】 yang yunior ⊙ 학교후배 yunior di sekolah

후보(候補) ①【자격을 갖춘 사람 · 사물, 입후보】 pencalonan; calon; kandidat ¶대통령 후보로 세우다 diangkat calon présidén ②【운동 팀의 대체 선수】 pengganti; cadangan ¶후보 선수 pemain cadangan ((pergantian)) ⊙ 후보자 calon; pelamar. 후보명부 daftar para calon

후부(後部) belakang; bagian belakang; punggung

후분(後分) nasib baik (keberuntungan) di masa tua

후불(後拂) pembayaran yang ditangguhkan (yang ditunda) ⊙ 후불제 sistem pembayaran ditangguhkan

후비(后妃) kaisar wanita; ratu

후비다 ①【틈 · 구멍 등을】 mengorék; mencungkil; membersihkan; menggali; membongkar ②【마음을 아프게 하다】 menusuk

후비적거리다 terus mencungkil; mengorék-ngorék

후사(後事) 【뒷일】 permasalahan masa mendatang; 【죽은 뒤의】 masalah setelah kematian seseorang ¶후사를 부탁하다 meminta untuk menjaga; mempercayakan masalah setelah kematiannya

후사(後嗣) 【후계자】 seorang pengganti; 【상속인】 pewaris wanita ((laki-laki)) ¶후사가 없다 tidak punya keturunan

후사하다(厚謝-) menghargai sepenuh hati

후생(後生) ①【후진】 yunior; muda; teman yang lebih muda ②【불교】 keberadaan masa depan

후생(厚生) kesejahteraan rakyat banyak; kesejahteraan sosial ⊙ 후생과 séksi kesejahteraan. 후생시설 fasilitas (sarana) kesejahteraan

후세(後世) génerasi mendatang; anak cucu; keturunan

후속(後續) pergantian; penggantian; pe-

ngikut 후속하다 mengikuti; berikut; lanjutan ⊙ 후속조치 tindakan lanjut
후손(後孫) keturunan; anak-cucu ¶…의 후손이다 keturunan dari…; berasal dari…
후송하다(後送-) memulangkan kembali dari garis depan; mengévakuasi (ke garis belakang)
후술하다(後述-) menyatakan (menyebutkan) kemudian
후신(後身) anak; pewaris
후 신경(嗅神經)【해부학】saraf pencium
후식(後食)【디저트】makanan pencuci mulut
후실(後室) istri kedua
후안무치(厚顏無恥) tebal muka; kurang ajar; sangat kasar; tidak tahu rasa malu 후안무치하다 dikurang ajari
후예(後裔)【후손】keturunan; anak cucu; pewaris
후원(後苑 · 後園)【뒤뜰】kebun (halaman) belakang
후원(後援) sokongan; dukungan; bantuan; pertolongan; perlindungan 후원하다 memberikan sokongan; menolong; mendukung ⊙ 후원군 bala bantuan. 후원단체 sokangan dariorganisasi. 후원금 donasi; kontribusi
후원자(後援者) penyokong; sponsor; pendorong; penunjang
후원회(後援會) asosiasi pendukung; organisasi pemberi bantuan
후위(後衛)【군대】penjaga belakang;【스포츠】pemain belakang; bék
후유증(後遺症) ①【병을 앓고 난 뒤에 남아 있는 증상】akibat yang datang kemudian 《dari suatu penyakit; dari suatu kecelakaan》 ②【어떤 일을 치루고 난 뒤의 부작용】éfék lanjutan
후의(厚意) kebaikan yang besar; perhatian yang menyenangkan; pertolongan
후의(厚誼) akrab persahabatan; kebaikan ¶후의를 입다 menerima budi baik
후일(後日) masa yang akan datang; masa depan; kemudian hari ¶후일에 di kemudian hari; padamasa depan ⊙ 후일담(譚) pembicaraan masa lalu (ingatan); pembicaraan kenang-kenangan
후임(後任)【사람】pengganti 《suatu jabatan》; tugas yangditinggalkan ¶…의 후임으로 digantikan oléh…; sebagai penggantinya; menggantikan ⊙ 후임자 seorang pengganti
후자(後者) yang kemudian; yang lainnya ¶전자와 후자 yang terdahulu dan selanjutnya
후작(侯爵)【귀족 · 작위 중 두 번째】*marquis marquis; marquess*
후조(候鳥) ⇒ 철새 burung yang bermigrasi; burung yang suka berpindah
후줄근하다 lemas; lemah; layu; lesu; kehilangan tenaga; keadaan terkulai; merosot; cukup basah untuk menghilangkan kanji
후진(後陣) penjaga (pengawal) belakang; barisan belakang
후진(後進) ①【후배】yunior; laki-laki yang lebih muda; génerasi yang lebih muda ②【발전 수준이 뒤떨어짐】¶후진의 belum maju; masih terbelakang; tertinggal di belakang ③【뒤로 가는 것】gerakan di belakang; jalan belakang 후진하다 terbalik…; pergi (pindah) ke belakang ⊙ 후진국 negara terbelakang
후처(後妻) istri ke dua
후천성(後天性) ¶후천성의 setelah kelahiran ⊙ 후천성면역 결핍 증후군【의학】kekebalan terhadap penurunan syndrom 《Aids》
후천적(後天的) pasca kelahiran ¶후천적으로 secara apostériori; yang berikut; yang kemudian
후추 lada; lada hitam ¶후추를 치다 memberi lada; meladai ⊙ 후춧가루 bubuk lada
후취(後娶) perkawinan kedua
후탈(後脫)【병의】komplikasi kemudian dari penyakit;【산후의】kesulitan dari melahirkan;【뒤탈】masalah yang terjadi setelah penyelesaian suatu masalah
후터분하다 cuaca yang agak panas
후텁지근하다 pengap dan panas
후퇴(後退) kemunduran; pengunduran 후퇴하다 ①【뒤로 물러나다】mundur; pergi ke belakang; menyusut ②【퇴보】masa sepi; résési ⊙ 경기 후퇴 masa sepi da-

lam usaha(dagang; industri). 일사(一四) 후퇴 mundur pada tanggal 4 Januari tahun 1951

후편(後便) 【나중 인편】 pesuruh terakhir; 【나중 편지】 pemesan terakhir; surat terakhir; 【뒤 기회】 kesempatan terakhir; 【뒤 측】 bagian(sisi) belakang

후편(後篇) ①【후반】 bagian terakhir ((dari suatu buku)); bagian penutupan ②【전편(前篇)에 대해】 volume kedua; 【속편】 volume berikutnya; jilid ke dua

후하다(厚-) ①【인심 · 인정이】 baik hati; ramah tamah; peramah; penuh kebaikan; kebajikan ②【보수, 대접 등이】 murah hati; ramah toléran

후학(後學) ①【후진의 학자】 pelajar yang lebih muda; orang yunior ②【후일의 참고】 keterangan selanjutnya

후행(後行) 【사람】 kawan dari pengantin laki-laki 후행하다 menemani (mengawini) pengantin wanita (pengantin laki-laki)

후환(後患) tantangan selanjutnya; akibat buruknya; kesulitan kemudian ¶후환을 두려워하여 takut menghadapi kesulitan selanjutnya/ 후환을 없애다 menghilangkan sumber kesulitan

후회(後悔) penyesalan; sesalan; rasa sesal; perasaan menyesal; taubat 후회하다 menyesali; menyesal; taubat

후후년(後後年) tiga tahun dari sekarang; tiga tahun kemudian

훅[1] 【권투】 huk ((dalam tinju)) ¶훅을 넣다 memberi huk

훅[2] 【고리 단추】 jepitan

훅[3] bunyi menghirup (menelan; meneguk)

훅하다 berkeinginan

훈계(訓戒) peringatan; teguran; nasehat; desakan pengajaran 훈계하다 memperingatkan; menegur; memberi naséhat; mendesak ((seseorang untuk melakukan sesuatu)); mengajar

훈공(勳功) jasa; perbuatan terpuji; suguhan istimewa; pengabdian yang berjasa; kebaikan

훈기(薰氣) panas; suasana hangat

훈김(薰-) 【훈기】 suasana panas; 【세력】 pengaruh; kekuasaan; kekuatan; wewenang

훈도(薰陶) keteraturan; kepatuhan 훈도하다 mendidik; melatih; memerintah ¶A 선생의 훈도를 받다 menerima didikan (latihan) dari Tuan A

훈련(訓練) latihan; prakték 훈련하다 melatih; mendidik; membikin terampil ¶훈련을 받다 terlatih di bidang…; dilatih

훈련소(訓練所) pusat latihan ¶신병훈련소 pusat latihan calon tentara

훈령(訓令) instruksi; perintah; pengajaran 훈령하다 memerintah; memberikan ((masalah)) petunjuk; mengarahkan

훈민정음(訓民正音)⟹ 한글 H*unminjeongeum;* tulisan Korea

훈방(訓放) 훈방하다 membébaskan dengan suatu peringatan ¶훈방되다 bébas setelah mendapat peringatan

훈사(訓辭) perkataan yang bersifat menegur; teguran

훈수(訓手) ①【바둑 · 장기 등의】 ditolong oléh orang luar; suatu isyarat 훈수하다 nimbrung ((dalam permainan)); memberikan suatu isyarat; suka ikut campur ②【남의 일에 끼어들거나 충고하는 것】 훈수하다 menyarankan

훈시(訓示) pengajaran; nasihat dan peringatan; instruksi; perintah; fatwa 훈시하다 memberikan peringatan; mengeluarkan pengumuman résmi; menyampaikan nasihat

훈육(訓育) pendidikan moral; pendidikan tentang akhlak yang baik; perintah yang mendidik

훈장(訓長) 【서당에서 글을 가르치는 사람】guru; kepala sekolah

훈장 (勳章) 【나라에 공이 있는 사람에게 주는 휘장】 médali; tanda (bintang) jasa ¶훈장을 달다 memakai medali/ 훈장을 주다 menganugerahi gelar kehormatan / 훈장을 타다 dianugerahi bintang jasa

훈제(燻製) ¶훈제의 diasapi; bakar sampai kering/훈제연어 ikan salem yang diasapi

훈증(燻症) pengasapan; fumigasi 훈증하다 mengasapi; membakar ⊙ 훈증 제 pengasap; fumigan

훈풍(薰風) angin segar; angin sepoi-sepoi

yang hangat
훈화(訓話) kata-kata naséhat ((dari guru)); cerita yang mengandung pelajaran
훈훈하다(薰薰-) ①【날씨 · 온도 등이】 panas menyenangkan ②【마음이】 hangat
훌닦다 membentak; menghardik; mencaci maki; mengkritik; mengoméli; memarahi
훌닦이다 kena marah; dioméli.
훌떡 ①【벗거나, 벗어진 또는 뒤집히는 모양】 sama sekali; secara lengkap ¶옷을 훌떡 벗다 telanjang bulat ②【뛰어 넘는 모양】 dengan loncatan; dengan ketangkasan; dengan kegesitan
훌떡훌떡 dengan longgar; dengan tergelincir
훌라댄스 hula-hula ((tarian Hawaii))
훌라후프 hula hoop
훌렁거리다 sedikit banyak longgar
훌륭하다 ①【뛰어나다, 좋다】 baik; tampan; élok ¶훌륭히 dengan baik; dengan bagus ②【존경할 만하다】 terhormat ③【칭찬할 만하다】 dikagumi; patut dihargai; patut dipuji ④【고상하다】 mulia; agung; tinggi ⑤【위대하다】 besar; terkemuka; ulung; kenal ⑥【공명정대하다】 jadi adil; jujur; lurus hati ¶훌륭히 secara adil ⑦【충분하다】 cukup; cukup baik; dapat dibenarkan
훌리건 *hooligan*
훌부들하다 lembut boléh disentuh; terasa lembut
훌부시다 ①【씻다】 mencuci bersih; membilas sampai bersih; membersihkan dengan baik ②【먹다 】menghabiskan
훌쩍 ①거침없이 떠나는 모양】 tanpa tujuan ②【한 번에 가볍게 뛰거나 날아오르는 모양】 dengan satu lompatan (loncatan) tiba-tiba; dengan cepat; meloncat (turun) ③【국물을】menghirup; menyedot; meneguk
훌쩍거리다 【코를】 ¶코를 훌쩍거리다 (들이마시다) menghisap ingus ②【콧물을 들이마시면서 울다】 menangis tersedu-sedu; terisak-isak
훌훌 ①【불타다】 nyala api ②【뛰다】 melompat dengan loncatan ③【날다】 terbang; mengibasibaskan sayap ④【던지다】 melemparkan; membuang ((dengan tenang)) ⑤【옷 등을 벗는 모양】 membuka((kan))
훌훌하다 lemah; lembab; kurus; lembék; éncér
훑다 ①【붙어 있는 것을 떼다】 mengirik; mengusar; membilah¶벼를 훑다 mengirik padi ②【겉을】 memindahkan ((apa yang di dalam ke luar)) ③【속에 붙은 것을 제거하다】 membuang habis; mengeluarkan isi ④【훑어보다, 살피다】 membaca sepintas lalu
훑어보다 ①【자세히 눈여겨보다】 melihat dengan hati-hati; meneliti dengan cermat; memeriksa dengan teliti ②【대강 살피다】 membaca sepintas lalu
훑이 alat untuk menebah (untuk mengirik)
훑이다 ①【벼 등이】 dikirik; ditebah; dipukul-pukul ②【물건 겉이】 disikat; digosok ③【물건 속이】 menyusut ④【줄다】 menjadi layu
훔쳐내다 ①【닦아내다】 mengepél; mengelap; membersihkan ((tanah; air)); menyapu bersih ((debu)) ②【도둑질】 mencuri; menyerobot; mencopét; mencolong
훔쳐 먹다 【먹다】 makan dengan mencuri; 【훔치다】 mencuri
훔쳐보다 mencuri pandang; melihat sepintas dengan secara sembunyi
훔치개질 【도둑질】 pencurian; 【닦음질】 yang menyeka; yang menyapu bersih 훔치개질하다 mencuri; menyikati; menyeka; menghapus; menyapu bersih
훔치다 ①【남의 것을】 mencuri; menyerobot; mencolong ((barang dari toko)) ②【닦다】 membersihkan; mencuci
훔켜잡다 memegang; menyambar; menangkap; meraih ((permata; undian)); menggenggam
훗날 masa mendatang; masa depan; hari lain
훤칠하다 tegap (tinggi) dan tampan;; mempunyai figur yang baik
훤하다 ①【시원하게 탁 트이다】 ((menjadi)) besar dan luas; lébar ②【흐리게 밝다】 kelabu; bercahaya ¶훤해지다 menjadi bercahaya; bersinar; menjadi (berubah)

kelabu ③【잘생기다】 kelihatan baik; bagus; gagah; ganteng; tampan ④【잘 알다, 정통하다】 cocok dengan; sesuai dengan; bersesuaian

훨씬 lebih besar; lebih cukup; lebih banyak; sangat

훨훨 ①【불이 타는 모양】 besar nyala api ②【옷을 벗는 모양】 membuka dengan cepat ③【날아가는 모양】 terbang dengan cepat

훼방(毁謗) ①【비방】 fitnahan; umpat 훼방하다, 훼방 놓다 memfitnah; memburuk-burukkan; menjelék-jelékkan; mencemarkan nama baik ②【방해】 gangguan; campur tangan 훼방하다, 훼방 놓다 menghalangi; mengganggu; mencampuri ⊙ 훼방꾼 pengganggu; pembantah

훼손(毁損) ①【체면 · 명예 등의】 pencemaran nama; fitnahan 훼손하다 merusak; melukai nama baik ②【신체 · 사물 · 자연 등의】 rusak

휑뎅그렁하다 kosong dan sepi

휑하다 kosong dan kesepian

휘(諱) ①【이름】 nama seorang raja (nénék moyang seseorang) ②【죽은 뒤의】 pembubuhan anumerta (nama; pangkat) yang mulia

휘 ①【바람 소리】 bertiup ②【숨소리】 nafas panjang; dengan menarik nafas panjang; dengan menghembuskan nafas ③【둘러보는 모양】 ¶주위를 휘 둘러보다 menyisir pandangan; menyapu pandangan

휘갈기다 ①【글씨를 흘려 쓰다】 menulis dengan terburu-buru; mencorét-corét ②【채찍 등을】 mencambuk; mencemeti

휘감기다 ①【휘말리다】 dililit; dilingkar; digumpal; digulung; dibelit ②【휘둘리다】 menjadi kacau (bingung)

휘감다 membelitkan; menggulung; melingkarkan

휘날리다 ①【바람에】 berkibar; menggelepak; bergelombang 《dalam keadaan be*rangin*》; menggelepar ②【이름이】 menjadi terkenal

휘늘어지다 menggantung; bergantung; menjuntai; mengayun

휘다 ①【구부러지다】 menjadi béngkok; melengkung; membéngkok; 【압력으로】 anjlok ②【구부리다】 membéngkokkan; melengkungkan ③【휘어잡다】 menguasai

휘달리다 ①【빨리 달리다】 melaju; berlari dengan kencang; berlari-lari ②【시달리다】 disakiti oléh; diganggu 《oléh》

휘두르다 ①【손에 쥐고】 mengayun-ayunkan; mengayunkan (senjata secara mengancam); memutar; memakai; menggunakan; menampar kian kemari ②【권력 · 폭력 등을】 menggunakan; mempertunjukkan; memamérkan

휘둘리다 digenggam

휘둥그레지다 membelalak; membuka mata lebar-lebar; tercengang

휘둥그렇다 matanya melotot 《karena terkejut》

휘말리다 ①【물살 등에】 terperangkap; terbawa ②【사건 · 싸움 등에】 terlibat; diserét; berada dalam masalah berat (kacau)

휘몰다 ①【말 · 차 등을】 mengemudi dengan cepat; memaksa; berdesakkan ②【가축 · 사냥감 등을】 memburu ③【일을】 sibuk ¶일에 휘몰리다 sangat sibuk dengan pekerjaan

휘몰아치다 【비바람 · 눈 등이】 berhembus dengan keras; bertiup kencang (dengan kuat)

휘몰이하다 ①【말 · 차 등이】 mengemudi dengan keras; mendesak ②【가축 · 사냥감 등의】 bergegas; mempercepat; mengejar; memburu; mengepung ⊙ 휘몰이판 keadaan (kesempatan) berburu

휘발성(揮發性) hal yang mudah hilang; volatilitas ¶휘발성의 mudah menguap

휘발유(揮發油) bensin; napta 《sejenis minyak》; gasolin; minyak gas ¶가짜휘발유 gasolin palsu. 무연 휘발유 bensin bébas timbel

휘슬 peluit; siulan ¶휘슬을 울리다 meniup peluit

휘어잡다 ①【물건을】 menggenggam; memegang ②【손아귀에 넣고 부리다】 di bawah kendali; dalam genggaman orang; memegang kuat-kuat; memperbudak; menguasai

휘어지다 menjadi béngkok; menjadi lengkung (melengkung); membéngkok

휘영청 《bersinar》 dengan cerah; terang

휘우뚱하다 hilang keseimbangan

휘장(揮帳)【커튼 · 장막】tirai; tédéng; gordin

휘장(徽章) lencana; tanda pangkat

휘적거리다 mengayunkan lengan

휘젓다 ①【뒤섞다】mengaduk; mengocok 《telur; krim》 ¶달걀을 휘젓다 mengocok telur ②【찾느라고】menggedor; menggeledah; mengobrak-abrik ③【팔 · 고개 등을) menggeléng-geléng kepala ④【마음을 어지럽게 만들다】mengacaukan; mengganggu

휘청거리다 ①【비틀거리다】melenturkan; mudah dilenturkan ②【발걸음 등이】goyah; tidak kokoh; terhuyung-huyung; tertatih-tatih; sempoyongan; bergoyang ③【회사 · 경제 등이】goyang; berantakan

휘청휘청 terhuyung-huyung; sempoyongan

휘파람 siulan ¶휘파람을 불다 bersiul; (손가락을 넣어서) bersiul dengan memasukkan jari ke mulut

휘하(麾下) 《pasukan tentara》 di bawah perintah komando (pimpinan)

휘호(揮毫) ①【서(書)】tulisan tangan ②【화(畵)】lukisan 휘호하다 menulis; menggambar; melukis

휘황찬란하다(輝煌燦爛-) gilang gemilang; gemerlapan; cemerlang; berwarna-warni

휘휘 ¶휘휘 감다 menggulung tali; membelitkan tali

휙 ①【돌아가는 모양】membelokkan; dengan satu putaran; (갑자기) tiba-tiba; sekonyong-konyong; (재빨리) dengan cepat; dengan kencang ②【바람 등이】berdesing; mendesing ③【던지는 모양】ringan dan gesit

휠체어 kursi roda ⊙ 전동 휠체어 kursi roda listrik

휩싸다 ①【휘둘러 싸다】membungkus ②【비호하다】melindungi; memberi perlindungan ③【덮어 가리다】menutup; mengapani; terselubung; terlipat

휩싸이다 ①【둘러싸이다】terbungkus; dibungkus (dibendung) pakaian tepal ②【불길 · 어둠 등에 】tertutupi; terselimuti ③【감정 · 분위기 등에】diliputi; terselubung

휩쓸다 menyapu bersih; menghanyutkan; menghilangkan; meluap

휴가(休暇) liburan; libur; istirahat; cuti ¶휴가를 얻다 berlibur; mengambil cuti ⊙ 휴가여행 perjalanan liburan; darmawisata liburan. 휴가원(願) surat permohonan cuti

휴간(休刊) penghentian penerbitan 휴간하다 menghentikan penerbitan

휴강하다(休講-) meniadakan kuliah; tidak memberi kuliah 《hari itu》

휴게(休憩) istirahat; résés 휴게하다 beristirahat; berlibur; waktu turun mimum; waktu jéda ⊙ 휴게시간 masa istirahat. 휴게실 ruang istirahat; 【극장의】tempat menunggu; 【호텔의】serambi; kamar duduk. 직원 휴게실 ruang staf

휴게소(休憩所) tempat peristirahatan; tempat réhat ⊙ 고속도로 휴게소 tempat réhat di jalan tol; tempat mengaso di jalan tol

휴관(休館) 휴관하다【영화관 등이】menutup 《bioskop》 ¶금일 휴관【게시】Ditutup hari ini. *atau* Hari Ini Tutup.

휴교(休校) penutupan sekolah (penghentian belajar) untuk sementara waktu 휴교하다 menutup (ditutup) sekolah untuk sementara waktu; berhenti belajar untuk sementara waktu

휴대(携帶) pengangkutan 휴대하다 membawa; mengambil; melengkapi diri ¶휴대용의 yang mudah (dapat) dibawa; dapat diténténg /휴대용 컴퓨터(노트북) komputer jinjing (laptop)/휴대전화 télépon genggam (handphone : HP) ⊙ 휴대식량 ransum lapangan

휴대품 barang pribadi; kopor; barang bawaan ⊙ 휴대품보관소 tempat penyimpanan (penitipan) barang (pakét); tempat penggantungan (penyimpanan) jas, topi dan sebagainya

휴머니스트【인민주의자】penganut paham humanisme; budayawan; 【인도주의자】pengasih sesama manusia

휴머니즘 humanisme; perikemanusiaan

휴머니티 perikemanusiaan; sifat peramah; sifat penyayang

휴면(休眠) ¶휴면중의【식물】 tidak aktif

휴무(休務) ¶금일 휴무(게시) Tutup hari ini.

휴식(休息) istirahat; peristirahatan; persantaian 휴식하다 beristirahat ¶잠깐 휴식하다 beristirahat sebentar; istirahat péndék ⊙ 휴식소 tempat peristirahatan. 휴식시간 waktu(jam) istirahat

휴양(休養) peristirahatan; rékréasi; hiburan; penyembuhan 휴양하다 beristirahat; bersantai ⊙ 휴양시설 sarana rékréasi; fasilitas untuk berékréasi. 휴양지 tempat peristirahatan; pusat rékréasi

휴업(休業) 【회사·공장의】 penutupan; pengakhiran 휴업하다 ditutup; tertutup; menghentikan pekerjaan ((sebuah pabrik)) ⊙ 임시휴업일 hari libur istiméwa; 【은행의】 hari libur bank

휴일(休日) hari libur; sehari istirahat ⊙ 휴일수당 tunjangan tidak dinas; upah di luar tugas. 휴일여행【주말의】 perjalanan akhir pekan. 법정휴일 hari libur resmi. 임시휴일 hari libur khusus (tambahan)

휴장하다(休場-) menutup untuk sementara waktu; 【사람이】 tidak hadir

휴전(休電) penghentian aliran listrik ⊙ 휴전일(日)【게시】Tidak ada persediaan listrik harian. *atau* Hari pemutusan listrik.

휴전(休戰) gencatan senjata 휴전하다 mengakhiri (mengadakan) gencatan senjata ⊙ 휴전 기념일【제1차 대전의】 hari gencatan senjata. 휴전협정 perjanjian (persetujuan) gencatan senjata

휴전선(休戰線) garis gencatan senjata; (한반도의) garis demarkasi militér

휴정(休廷) penangguhan (penundaan) pengadilan 휴정하다 tidak ada pengadilan; menunda pengadilan (sidang)

휴지(休止) penghentian; pemutusan reda 휴지하다 berhenti; istirahat; menghentikan; terputus; menjadi berhenti

휴지(休紙) ①【못 쓰는 종이】 kertas sampah (sobekan); secarik kertas ¶휴지를 줍다 memungut sampah ②【화장지】 kertas (tisu) kamar kecil (bak mandi); (두루마리) kertas tisu gulung untuk kamar kecil

휴지통(休紙桶) keranjang sampah; (컴퓨터의) tempat daur ulang ¶휴지통을 비우다 membersihkan tempat sampah (tong sampah); (컴퓨터의) mengosongkan tempat daur ulang

휴지(休止) 【잠시 멈춤】 berhenti sebentar; waktu istirahat; jeda

휴직(休職) pengunduran diri (pemberhentian) sementara dari jabatan (tugas; kantor) 휴직하다 mengundurkan diri dari kantor untuk sementara waktu; diberhentikan dari tugas; diberhentikan untuk sementara waktu ⊙ 휴직급【給】【군인의】 separo gaji

휴진(休診) penghentian pemeriksaan badan 휴진하다 tidak menerima pasien ¶금일 휴진【게시】Tidak ada konsultasi (perjanjian) hari ini.

휴학(休學) 휴학하다 mendapat cuti dari sekolah; menangguhkan sekolah ¶3개월간 휴학 원을 내다 meminta (memasukkan permohonan) cuti selama tiga bulan ⊙ 동맹휴학 pemogokan siswa (pelajar)

휴한지(休閑地) tanah kosong; tanah yang tidak dikerjakan; tanah yang belum ditanami

휴항(休航) penundaan pelayaran (penerbangan) 휴항하다 menunda pelayaran (penerbangan); tidak berlayar

휴화산(休火山) gunung api yang tidak aktif (yang tidur)

휴회(休會) penundaan; penangguhan 휴회하다 menunda; menangguhkan; ((memasuki masa)) istirahat ¶휴회 중 dalam masa penangguhan; dalam masa résés; di luar (tidak di dalam) sidang

휼미(恤米) relif

흉 ①【흉터】 bekas luka; parut luka ②【흠】 kesalahan; kerusakan; kelemahan; kekurangan; cacat; cacat cela ¶흉을 잡다 mencari kesalahan; menemukan kekurangan

흉가(凶家) rumah petanda buruk; rumah hantu

흉계(凶計) rencana jahat; muslihat; komplotan jahat; proyék yang patut dicela ¶흉계를 꾸미다 menemukan komplotan jahat

흉골(胸骨) 【해부학】 tulang dada

흉곽(胸廓) rongga dada; dada ¶흉곽이 넓다【좁다】 mempunyai dada yang bidang 【sempit; kecil】

흉금(胸襟) isi hati; fikiran dalam ¶흉금을 털어놓다 mengeluarkan isi hati; membuka hati

흉기(凶器) senjata kejam; senjata yang mematikan (yang membawa maut; yang bersifat merusak)

흉내 peniruan; cara menirunya; tiruan; perbuatan meniru 흉내 내다 meniru; menirukan; membébék; menjiplak; mengimak ⊙ 흉내쟁이 peniru

흉년(凶年) tahun buruk; tahun susah; tahun paceklik; tahun panén yang buruk; tahun kelaparan

흉노(凶奴) 【역사】 bangsa Hun, salah satu masyarakat Asia yang memporak-porandakan benua Eropa pada abad 4 dan 5

흉도(凶徒) pesuruh; pengacau

흉몽(凶夢) mimpi buruk; mimpi pertanda buruk

흉물(凶物) hal mengerikan; orang jahat; orang yang licik ¶흉물스럽다 merusak pemandangan; mengerikan; 《menjadi》 kejam; jahat; licik; penuh tipu daya

흉배(胸背) ①【가슴과 등】 dada dan punggung ②【옛 관복의】 lapisan bersulam pada dada dan punggung pada pakaian seragam kantor

흉벽(胸壁) ①【가슴의】 dinding dada ②【성벽의】 bénténg pertahanan ⇒ 흉장(胸墻)

흉변(凶變) mala petaka; bencana; kecelakaan tragis; 【암살】 pembunuhan ¶흉변을 당하다 mengalami mala petaka; terbunuh

흉보(凶報) berita buruk; berita yang menyedihkan; berita duka; berita kematian

흉보다 berbicara tidak baik (jahat); meréméhkan; mengunjingkan; memaki; mengkritik; menjelék-jelékkan; merusak nama baik; memfitnah

흉복(胸腹) bagian muka badan 《antara dada dan perut》 ⊙ 흉복통 nyeri (sakit) di bagian hulu hati

흉부(胸部) dada ⊙ 흉부질환 sakit dada

흉사(凶事) kejadian tidak menguntungkan (tidak baik); kemalangan; bencana; mala petaka; kematian

흉상(凶狀) sikap buruk

흉상(凶相) ①【관상술의】 ilmu firasat yang memberi pertanda adanya peruntungan buruk ②【흉한 외모】 penampilan tidak pantas; wajah jelék

흉상(胸像) 【미술】 patung dada

흉악(凶惡) ①【하는 짓이 모질고 악하다】 kejahatan; kenakalan; kekejaman 흉악하다 jahat; kejam ②【모습이 험상궂고 무섭다】 kekasaran 흉악하다 《menjadi》 kasar; tidak pantas ⊙ 흉악범(犯) 【범죄】 narapidana; penjahat yang kejam

흉어(凶魚) tangkapan ikan sedikit

흉위(胸圍) ukuran lingkar dada; ukuran keliling dada ¶흉위를 재다 mengambil ukuran keliling dada; mengukur lingkar dada

흉일(凶日) hari sial

흉작(凶作) hasil panén buruk (sedikit; kurang baik); kegagalan hasil panén

흉잡다 mencari kesalahan; mengumpat; mengecam; menjelék-jelékkan

흉잡히다 dicari-cari kesalahan; diréméhkan; dikritik; diumpat; dijelék-jelékkan

흉장(胸墻) dinding kota; bénténg

흉조(凶兆) 【좋지 않은 징조】 pertanda buruk (jahat); tanda kejahatan; tanda tidak baik; nasib buruk; nasib sial 흉조이다 menjadi tanda tidak baik (jahat)

흉조(凶鳥) 【좋지 않은 일이 생길 것을 알려주는 새】 burung sial

흉중(胸中) 《dalam》 dada; isi hati (fikiran; perasaan; keinginan) yang sebenarnya ¶흉중에 di hati; dalam hati batin/ 흉중을 살피다【헤아리다】 membaca fikiran; 【동정하다】 ikut dalam perasaan

흉측하다, 흉측스럽다(凶測-) 《menjadi》 sangat mengerikan; kejam; sangat jelék

흉탄(凶彈) témbakan peluru oléh penjahat (pembunuh; pengacau); sebuah témbakan oléh penjahat

흉터 bekas luka; codét ¶흉터가 아직 남아 있다 bekas luka yang masih tertinggal

흉통(胸痛) nyeri di dada ¶흉통을 느끼다 merasa nyeri di dada

흉포(凶暴) kekejian; keganasan 흉포하다 menjadi keji; ganas; sadis; kejam

흉하다(凶-) ①【보기에 흉물스럽다】《menjadi》 kurang ajar; tidak pantas; tidak sedap dipandang; canggung; tidak layak; buruk ¶흉한 놈 orang jahat; bajingan ②【불길하다】 menjadi buruk; jahat; malang; tidak baik ¶흉한 날 hari pertanda buruk; hari sial

흉한(凶漢) penjahat; bajingan; bangsat; pengacau; pembunuh

흉행(凶行) kekerasan; kekejaman ¶흉행을 저지르다 melakukan kekerasan (kejahatan; kekejaman; pembunuhan)

흉허물 kesalahan; kekurangan; cacat; cela

흉허물 없다 tidak ada cacat; cukup akrab untuk memaafkan kesalahan satu sama lain¶…와 흉허물 없는 사이다 berhubungan akrab (intim); bersahabat kental

흉흉하다(洶洶-) 【어지럽다】 dipenuhi kekhawatiran; 《menjadi》 panik; berada dalam kegelisahan (ketakutan)

흐너뜨리다 menghancurkan; meruntuhkan; merusak

흐너지다 roboh; runtuh; rusak; hancur

흐느끼다 menangis tersedu-sedu

흐느적거리다 berayun-ayun dengan perlahan; menggelepai; meloyo; bergoyang-goyang

흐늘거리다 ①【놀고 지내다】 berlengah-lengah; mengeluyur ②【흐물거리다】 lembék; lembut; lemah; lunak ③【매달린 것이】 bergoyang dengan perlahan

흐늘어지다 terkulai 《dengan hébatnya》; menjuntai

흐드러지다 ①【썩 탐스럽다】 menjadi bagus ②【무르익어서】 terlalu masak; terlalu lunak

흐들갑스럽다 menjadi hébat sekali; meluap-luap; menjadi gembira sekali; berlebih-lebihan

흐려지다 ①【날씨 · 하늘 등이】 menjadi berawan (mendung); tertutup awan ②【눈이】 berkurang cahaya; menjadi buram; 《menjadi》 remang-remang; berkabut; menjadi kabur

흐르다[1] ①【물이】 mengalir; mengalirkan ②【넘쳐흐르다】 melimpah; meluap ③【세월이】 melalui; berlalu

흐르르하다 tipis; sangat halus

흐리다[1] ①【날씨 · 하늘 등이】 mendung; berawan ②【색 · 불빛 · 형체 등이 희미함】 suram ③【눈이】 kabur; suram ④【탁하다】 keruh; berlumpur

흐리다[2] ①【흔적을】 menghilangkan; menghapus ②【혼탁하게 하다】 membuat keruh ③【불분명케 하다】 mengaburkan (berdalih) dalam menjawab ④【더럽히다】 mencemarkan; menodai ⑤【분위기 등을】 merusak ⑥【낯빛 등을】 menjadi muram

흐리멍덩하다 ①【기억이】 suram; samar-samar; kabur; redup; tidak jelas ②【대답 · 태도 등이 명확하지 못하다】 ragu-ragu; bimbang; kacau balau; tidak jelas

흐릿하다 ①【날씨가】 《menjadi》 agak mendung; berawan ②【색 · 불빛 · 형체 등이】 《menjadi》 agak muram; kabut; nampak samar-samar ③【눈이】 《menjadi》 agak pudar (suram); berkabut ④【생각 · 기억 등이】 《menjadi》 agak kabur; samar-samar; tidak jelas

흐무러지다 terlalu matang; menjadi sangat lunak; melunak

흐물흐물하다 terlalu masak (matang)

흐뭇하다《menjadi》 menyenangkan; memuaskan

흐지부지 ①【어물어물 넘기는 모양】 sia-sia ¶흐지부지 끝나다 berakhir begitu saja; berakhir sia-sia ②【없어지거나 없어지는 모양】 boros; menghamburkan; menghabiskan

흐트러지다 ①【정돈되어 있던 것이 흩어지다】 berserak-serakan; bertebaran ②【엉클어지다】 tidak rapi; menjadi kusut; menjadi lepas; menjadi kacau

흐흐 tertawa 《pada dirinya sendiri》; huh-huh

흑(黑) ①【검은색】 hitam ②【검은 바둑돌】 Batu Hitam

흑 【흐느낌】 dengan terisak-isak
흑갈색(黑褐色) coklat tua; hitam kecoklatan
흑노(黑奴) budak berkulit hitam
흑단(黑檀) 【식물】 kayu arang; éboni
흑막(黑幕) ①【검은 장막】 tirai hitam ②【음흉한 내막】 keadaan yang tersembunyi; kenyataan rahasia (yang mencurigakan)
흑맥주(黑麥酒) bir hitam
흑발(黑髮) rambut hitam
흑백(黑白) ①【흑과 백】 hitam dan (atau) putih; 【옳고 그름】 baik dan (atau) buruk; benar dan (atau) salah ¶흑백을 가리다 memisahkan antara yang baik dan buruk (benar dan salah); memutuskan mana yang benar ②【백인과 흑인】 kulit hitam dan kulit putih ⊙ 흑백사진 foto hitam putih; film satu warna. 흑백 텔레비전 televisi hitam putih
흑빵(黑-) roti gandum hitam
흑사병(黑死病) 【중세의】 penyakit pés; sampar
흑색(黑色) warna hitam ⊙ 흑색인종 ras kulit hitam
흑색선전(黑色宣傳) propoganda jahat (bohong); propoganda tersembunyi
흑설탕(黑雪糖) gula yang belum disaring; gula sakar
흑심(黑心) hati kelam; niat jahat; maksud jahat ¶흑심을 품다 menaruh maksud jahat
흑싸리(黑-) 【화투의】 bunga kertas yang menggambarkan tumbuhan kiar berwarna hitam
흑연(黑鉛) grafit; substansi yang berwarna hitam
흑연(黑煙) ①【연기】 asap hitam ②【먹줄】 garis tinta pelukis
흑염소(黑-) kambing hitam
흑의(黑衣) baju (gaun) hitam
흑인(黑人) orang négro; orang berkulit hitam ¶흑인을 차별하다 membédakan (memisahkan) orang négro ⊙ 흑인영가(靈歌) nyanyian négro di Amerika Serikat. 흑인종 orang négro; ras kulit berwarna
흑자(黑字) ①【글자】 huruf buruk ②【경제】 untung ¶흑자를 내다 beruntung; mendapatkan keuntungan
흑점(黑點) noda (bintik) hitam; 【태양의】 bintik (noda hitam) pada matahari; makula
흑칠(黑漆) pernis hitam ¶흑칠한 dicat hitam
흑탄(黑炭) batu bara hitam
흑토(黑土) 【지질】 tanah hitam
흑판(黑板) ⇒ 칠판(漆板) papan tulis hitam
흑해(黑海) Laut Hitam
흑흑 ¶흑흑 느껴 울다 menangis tersedu-sedan
흔들거리다 bergoyang; menggoyang
흔들다 ①【물건 · 신체 등을】 mengguncangkan; mengayun; mengibas-ibaskan; menggoyang-goyang ②【마음 · 믿음 등을】 mengganggu
흔들리다 ①【물체가】 bergoncang; digoncangkan; goncangan; bergetaran; kerdipan bergoyang ②【불꽃이】 ¶흔들리는 불꽃 api bergejolak ③【마음 · 결심 · 믿음 등이】 terganggu; berdebar; bimbang ④【질서 · 체계 등이】 tergoncang
흔들목마(-木馬) kuda-kudaan; kuda mainmainan
흔들의자(-椅子) kursi goyang
흔연히(欣然-) dengan gembira; dengan suka rela; dengan senang hati
흔적(痕迹) jejak; tanda; tapak; bukti ¶흔적을 남기다 meninggalkan jejak
흔전만전 dalam jumlah banyak; sebanyak-banyaknya; secara berlebih-lebihan
흔쾌(欣快) kesenangan 흔쾌하다 senang; bahagia; bergembira
흔쾌히(欣快-) dengan mudah; réla
흔하다 biasa; umum; lumrah; 【구하기 쉽다】 dapat diperoléh dengan mudah; dengan mudah didapatkan
흔히 biasanya; seringkali; acap kali; kebanyakan ¶흔히 있는 일 peristiwa biasa
흘겨보다 mengerling; menjeling; melihat ke samping; kelihatan tidak setuju
흘금거리다 tetap melihat ke samping; tetap melirik; tetap mengerling
흘금흘금 melihat ke samping berkali-kali;

melirik dan melirik; mengerling dan mengerling

흘기다 menatap tajam; melirik ((dengan matanya)); kelihatan tidak setuju; memandang dengan marah

흘깃거리다 terus menatap (memandang)

흘끔하다 menjadi lemah; cekung

흘끗 【한번 얼씬】 sekilas; 【곁눈질】 mengerling pada satu arah 흘끗하다 melirik ¶흘끗 보다 memandang sekilas; menangkap pandangan sekilas; mengerling

흘러가다 ①【물 · 강물 등이】 mengalir ②【시간 · 세월 등이】 lalu; berlalu

흘러나오다 ①【액체가】 mengalir keluar; keluar ②【빛 · 소리 등이】 keluar

흘러내리다 ①【눈물 · 물 등이 떨어지다】 jatuh; mengucur; mengalir ②【옷 등이】 menurun; meluncur

흘레 persetubuhan; sanggama; perhubungan ¶흘레붙다 bersetubuh; bersanggama; kawin

흘레붙이다 bersetubuh; bersanggama; mengawinkan (anjing)

흘리다 ①【눈물 · 피 · 땀 등을】 menumpahkan ((sup)); mencucurkan; menitikkan ②【물건을 잃어버리다】 keadaan jatuh; hilang; kehilangan ③【물 · 밥알 등을】 menumpahkan ④【글씨를 갈겨쓰다】 menulis dalam tulisan kursif; tulisan cakar ayam ⑤【다른 사람의 말을】 tidak memperhatikan ⑥【소문 · 정보 등을】 membocorkan

흘림 gaya kursif ¶흘림으로 쓰다 menulis dengan tulisan kursif

흙 ①【토양】 bumi; tanah; 【질흙】 lumpur; tanah liat; 【지면】 tanah ¶흙으로 만든 terbuat dari tanah ②【비유적】 ¶흙에 묻다 menguburkan/ 흙으로 돌아가다 mati; kembali menjadi tanah

흙구덩이 lubang (lembah; liang) dalam tanah

흙내 bau tanah

흙더미 timbunan tanah; gundukan lumpur

흙덩어리 bongkahan tanah

흙먼지 debu; debu beterbangan; semburan debu

흙무더기 timbunan (gundukan) tanah

흙뭉치 gundukan (bungkahan) tanah (lumpur; lempung)

흙받기 ①【미장이의】 papan adukan semén ②【자동차 바퀴의】 alat penahan recik lumpur; spatbor

흙벽(-壁) dinding yang dipléster dengan tanah

흙비 kotoran berpasir yang beterbangan kena angin

흙빛 warna tanah; coklat; kelabu

흙손 séndok semén; sekop ((milik tukang)); pelampung; sodok

흙손질하다 menyekop; mempléster dengan menggunakan sekop

흙일 pekerjaan tanah 흙일하다 mengerjakan tanah; mempléster; menggarap tanah

흙장난하다 bermain tanah

흙칠하다 mengotori (menodai) dengan tanah (lumpur)

흙탕 ①【흙탕물】 air yang keruh ②【질퍽한 곳】 noda lumpur ⊙ 흙탕길 jalan bécék

흙탕물 air berlumpur ¶흙탕물을 뒤집어쓰다 terpecik air lumpur; disemburi dengan lumpur

흙투성이 seluruhnya tertutup tanah; semuanya dikotori dengan lumpur ¶흙투성이가 되다 tertutup oléh lumpur (tanah)

흠(欠) ①【상처】 bekas luka; bekas luka yang sudah sembuh ¶(얼굴에) 흠이 지다 diwajahnya terdapat (ada) bekas luka; (물건의) cacat; retak; noda; gorésan; pengrusakan; (과일의) memar ②【언행 · 성격 등의】 ¶흠 없는 사람은 없다 tidak ada orang yang sempurna

흠 【비웃는 소리】 ((jengekan)) heung!

흠내다(欠-) menodai; mencacati; merusak ¶얼굴에 흠내다 membuat gorésan di wajahnya ②【물건에】 merusak; memecahkan; membuat sebuah cacat (pecah; gorésan)

흠뜯다(欠-) memfitnah; mengumpat ¶남을 잘 흠뜯는 사람 tukang fitnah pembawa skandal/ 아무를 흠뜯다 mempergunjingkan seseorang

흠모하다(欽慕-) mencintai; mengagumi;

memuja

흠뻑 ①【감정에 푹 빠진 상태】 dengan sepenuhnya; semua ②【푹 젖은 모양】 ¶흠뻑 젖다 menjadi basah; basah kuyup karena hujan

흠실흠실 lunak 흠실흠실하다 menjadi lunak; direbus hingga lunak ¶고기를 흠실흠실 삶다 merebus daging hingga empuk

흠씬 cukup; sangat; secukupnya; sepenuhnya; sama sekali ¶고기를 흠씬 삶다 merebus daging sampai lunak (cukup lunak)/흠씬 먹다 makan sekenyang-kenyangnya/ 비가 흠씬 오다 mendapatkan cukup hujan/흠씬 패주다 memukul sepuas-puasnya

흠잡다(欠-) mencari kesalahan; mengumpat; merendahkan ¶남의 흠잡기를 좋아하다 suka mencari-cari kesalahan orang lain

흠지다(欠-) ①【얼굴에】 tergorés; memiliki bekas luka; mendapat luka; terluka ②【물건 등에】 rusak; retak; gorésan; mendapatkan kerusakan (gorésan; noda)

흠집 ①【깨지거나 상한 자국】 bekas luka; luka yang sudah sembuh; codét ¶흠집이 있는 rusak; retak; mendapatkan memar ②【이름 · 명예 등의】 ¶외국 언론들이 한국 스타들에 대한 흠집 내기 기사를 보도했다 Media asing melaporkan artikel yang merusak bintang Korea.

흠치르르 licin; yang mengkilap ¶흠치르르 윤이 흐르다 halus dan mengkilap

흠칫 ¶흠칫 놀라다 terkejut

흠칫하다 tersentak kagét; terkejut

흡력(吸力) penyerapan kekuatan

흡사(恰似) seperti; seakan-akan ¶흡사 죽은 사람과 같다 kelihatan seperti mati

흡사하다 mirip; hampir sama

흡수(吸水) pengisapan (sedotan) air; pengisap air 흡수하다 mengambil (mendatangkan) air dengan menyedot ⊙ 흡수관(管) pipa pengisap; pipa penyedot. 흡수시험 tés penyerapan (pengisapan) air. 흡수펌프 pompa pengisap

흡수(吸收) penyerapan; pengisapan 흡수하다 ①【충격 · 에너지 등을】 menyerap; mengisap ¶흡수성의 dapat menyerap/혈액 내에 흡수되다 diserap ke dalam darah ②【지식 · 회사 · 국가 등을】 penyerapan; asimilasi ⊙ 흡수관 pembuluh penghisap. 흡수력 daya penyerapan; kekuatan menyerap. 흡수작용 prosés penyerapan. 흡수제 penyerap. 흡수 합병 penggabungan. merger

흡습성(吸濕性) higroskopisitas; sifat higroskopis ¶흡습성의 higroskopis

흡연(吸煙) 흡연하다 merokok ⊙ 흡연실 ruang merokok. 흡연자 (직접) perokok: perokok aktif. 간접흡연자 perokok pasif

흡연(洽然) kepuasan ¶흡연의 memuaskan; kepuasaannya; dengan memuaskan

흡열반응(吸熱反應) 【화학】 《suatu》 réaksi éndotermik (éndoergik)

흡인하다(吸引-) menyerap; mengisap ⊙ 흡인작용 proses penyerapan

흡인력(吸引力) 【사람을 끌어당기는 힘】 daya hisap; daya serap ¶그에게는 흡인력이 있다 Dia sangat berkarisma.

흡입(吸入) 흡입하다 menarik napas; menghisap; menghirup ⊙ 흡입요법 pengobatan pernapasan. 흡입판(瓣) sebuah katup ceruk

흡입기(吸入器) alat penghisap ¶(환자에게) 흡입기를 대주다 mengobat 《seorang pasien》 dengan inspirator; memberikan pengobatan pernapasan ⊙ 산소흡입기 alat penghisap oksigen; alat penghisap zat asam

흡족하다(洽足-) cukup; memuaskan; banyak ¶흡족히 secukupnya; dengan sepenuhnya

흡착하다(吸着-) menyerap; menghisap ⊙ 흡착제 penyerap; absorben

흡출하다(吸出-) menghisap ⊙ 흡출관 pembuluh aliran udara

흡혈(吸血) penghisapan darah 흡혈하다 menghisap darah

흡혈귀(吸血鬼) hantu penghisap darah

흥(興) 【재미, 즐거움】 kejenakaan; kelucuan; kegembiraan; hiburan ¶흥에 겨워(서) dalam keadaan terlalu gembira; didorong (dituntun) oléh antusiasme/ 흥이 나다 gembira; senang/ 흥이 깨지다 kesenangannya terganggu

흥[1] 【부사】 ¶코를 흥하고 풀다 member-

sihkan hidung dengan suara mendesis/ 【아이에게】 흥해 Buanglah sayang!
흥[2] 【감탄사】 Hum!
흥건하다 ①【물 따위가】 penuh oléh air ¶손에 땀이 흥건하다 Telapak tangan saya basah karena keringat. ②【국물이】 mengandung terlalu banyak zat cair
흥겹다(興-) sangat bahagia; riang gembira; senang; bergairah ¶흥겨워하다 menikmati; bahagia; gembira
흥김(興-) ditengah-tengah kebahagiaan; ((di bawah)) pengaruh kegembiraan; dalam luapan kegembiraan
흥나다(興-) bahagia; menjadi bergairah; memperoléh kesenangan ¶흥이 나서 춤추다 menari dalam kebahagiaan
흥망(興亡) kejayaan dan keruntuhan; bangkit dan (atau) jatuh; naik dan turun; pergantian; (존망(存亡)) keberadaan; (운명) nasib ¶일국의 흥망 kebangkitan dan kejatuhan suatu bangsa; nasib suatu bangsa
흥망성쇠(興亡盛衰) bangkit dan (atau) jatuh bersama dengan kemakmuran dan (atau) kehancuran ¶로마 제국의 흥망성쇠 kebangkitan dan kejatuhan kerajaan Romawi
흥미(興味) minat hati; semangat; nafsu; rasa; daya penarik; keinginan ¶흥미가 있다 menarik; atraktif; menyenangkan/ 흥미를 보이다 menunjukkan perhatian
흥미본위(興味本位) ¶나는 그 책을 흥미본위로 읽고 있다 Saya membaca buku itu untuk sekedar hiburan.
흥미진진하다(興味津津-) sangat (amat) menarik; penuh daya tarik
흥분(興奮) kegemparan; kehebohan; pergolakan; rangsangan 흥분하다 gempar; dirangsang; menggelorakan diri ((ke dalam nafsu)); menjadi panas; memperoléh getaran hati (sénsasi) ¶흥분시키다 membangkitkan gairah; merangsang ((keinginan)) ⊙ 흥분상태 kondisi (keadaan) yang merangsang (mengelisahkan)
흥분제(興奮劑) ((obat)) perangsang; stimulans; pil penambah semangat; obat untuk merangsang saraf
흥성(興盛) kemakmuran 흥성하다 bertambah makmur; menjadi sejahtera; maju dengan pesat
흥성흥성하다(興盛興盛-) sedang berkembang; maju
흥신소(興信所) biro (perwakilan) invéstigasi (detéktif) ¶그녀는 흥신소에 남편의 뒷조사를 의뢰했다 Dia menyéwa detéktif swasta untuk menginvéstigasi kegiatan suaminya.
흥얼거리다 【노래를】 bersenandung; menyanyi dengan suara rendah ((sebuah lagu)); menyanyi untuk dirinya sendiri
흥얼흥얼 mendengung
흥업(興業) promosi industri; pengembangan (peningkatan) perusahaan industri 흥업하다 mempromosikan industri
흥이야항이야하다 mencampuri; membongkar; ikut campur; memaksakan; memajukan diri sendiri ¶남의 일에 흥이야 항이야 하다 mencampuri urusan orang lain
흥정하다 membeli dan menjual; tawar menawar; transaksi; berbisnis ¶정치적 흥정 berkompromi secara politik/ 값을 흥정하다 tawar menawar harga ⊙ 흥정거리 barang dagangan. 흥정꾼 pembeli dan penjual; pedagang; seorang pengusaha
흥진비래(興盡悲來) Nikmat membawa sengsara. *atau* Kebahagiaan diikuti oléh penderitaan.
흥청거리다 ①【흥에 겨워 마음껏 놀다】 bersenang-senang; boros dan royal; bersuka ria ②【아끼지 않고 마구 쓰다】 menghabiskan; membuang-buang
흥청망청, 흥청흥청 ①【즐기는 모양】 dengan kegembiraan; dengan gembira; dengan riang ②【돈을 마구 쓰는 모양】 boros; dalam kelimpahan
흥취(興趣) daya tarik; minat; rasa ¶흥취가 있다 menarik; ada minat; menyenangkan
흥타령(-打令) sejenis nyanyian rakyat dengan dengungan di ujung setiap barisnya
흥패(興敗) naik dan jatuh (kemunduran); nasib
흥하다(興-) ①【일어나다】 bangkit dalam

kekuasaan ②【번영하다】 berjaya; maju dengan pesat; tumbuh dengan subur; menjadi makmur; berhasil ¶흥하든 망하든 해 보겠다 Saya akan mencoba gagal atau berhasil. *atau* Saya akan memanfaatkan kesempatan itu.

흥행(興行) ①【사업】 industri hiburan ②【연예】 pertunjukan; eksebisi 흥행하다 mempertunjukkan; memperagakan; memberikan suatu pertunjukan; mengadakan pertunjukan (sandiwara) untuk tujuan bisnis (komersial) ⊙ 흥행가치 nilai pertunjukan. 흥행 계(界) dunia fantasi; lingkaran pertunjukan bisnis. 흥행 세(稅) pajak hiburan. 흥행수익 keuntungan dari penjualan karcis. 흥행작(영화) film yang suksés (mendapat laba lebih dari 100 juta dolar). 흥행 주(主) promotor; maneger pertunjukan; pemain sandiwara; 【영화】 produser film. 단기【장기】흥행 pertunjukan péndék 【panjang】. 순회흥행 pertunjukan keliling. 야간흥행 pertunjukan malam hari. 주간흥행 pertunjukan pagi (siang)

흥흥거리다 ①【흥겨워서】 menyanyi ⟪dengan suara rendah dan merayu⟫ ②【아이가】 meréngék; menggerutu; mengeluh; bersenandung

흩날리다 menyebar; menerbangkan

흩다 berserakan; berhamburan; bertaburan

흩뜨리다 menaburkan; menghamburkan; menyerakkan ¶흩뜨려 놓다 meninggalkan berhamburan (berserakan)

흩뿌리다 memercik

흩어지다 ①【헤어짐】 menyebarkan; berhamburan ②【뿔뿔이】 memisah; tersebar ③【정신이】 bingung

흩이다 tersebar di sana-sini; berhamburan; terpencar-pencar; berserakan

희가극(喜歌劇) opéra komédi

희곡(戲曲) drama; sandiwara ¶희곡적(인) dramatis ⊙ 희곡작가 seorang penulis drama; dramawan. 희곡집 kumpulan drama

희곡화하다(戲曲化-) menyandiwarakan; mendramakan; melakonkan; membuat versi drama

희구(希求) keinginan; aspirasi 희구하다 bercita-cita; hasrat; memerlukan; meminta ⟪sesuatu⟫; mencari

희귀(稀貴) hal yang jarang sekali; kejarangan 희귀하다 jarang ⊙ 희귀병 penyakit langka. 희귀종(種) homogén

희극(喜劇) komédi; pertunjukan jenaka; sandiwara lelucon; pertunjukan yang lucu ¶희극적(인) lucu; jenaka; yang menggelikan hati/ 희극을 벌이다 【비유적】 main gila ⊙ 희극배우 aktor (pemain) komédi pelawak. 희극작가 penulis cerita (buku) komik. 희극영화 film komédi

희끄무레하다 ①【색깔이】 keputih-putihan; agak terang ②【형체가】 buram; samar

희끗희끗 berbintik putih 희끗희끗 하다 beruban

희나리 kayu api yang basah.

희년(稀年) berumur 70 tahun

희다 ①【색이】 putih ¶흰 머리 rambut beruban/ 희게 하다 memutihkan; membersihkan ②【희떱다】 ⇒ 흰소리

희대(稀代) langka; jarang; tidak ada tandingan ¶희대의 영웅 pahlawan tiada tandingannya (tiada taranya); pahlawan yang unik (luar biasa)

희떱다 ①【허영】 mengesankan; sia-sia; kejayaan yang sia-sia ②【씀씀이가】 dermawan walaupun tak punya uang ③【언행이】 congkak; sombong

희뜩희뜩하다 ditandai dengan titik-titik putih ¶머리가 희뜩희뜩한 rambut beruban

희로애락(喜怒哀樂) kesenangan dan (atau) kemarahan bersama dengan penderitaan dan (atau) kebahagiaan; kegembiraan dan kemarahan bercampur dengan kesedihan dan kesenangan; perasaan; émosi

희랍(希臘) 【그리스】 negeri Yunani

희롱하다(戲弄-) ①【놀리다】 mempermainkan; mengéjék; mengganggu ¶희롱조로 dalam nada mengéjék/ 여자를 희롱하다 mengusik seorang wanita ②【성적으로 괴롭히다】 melécéhkan séksual ¶성희롱 pelécéhan séksual

희맑다 putih dan bersih

희망(希望) harapan; keinginan; hasrat; impian 희망하다 berharap; penuh harapan; menginginkan bercita-cita; mengharapkan ⊙ 희망조건 syarat (kondisi) yang diinginkan (dikehendaki). 희망음악【라디오 따위의】konser pilihan pendengar. 희망자/ 취업 희망자 pencari kerja. 희망퇴직 pénsiun sukarela

희망봉(希望峯)【아프리카의 곶】Tanjung Harapan

희망자(希望者) orang yang berkeinginan; calon; pelamar

희멀겋다 ①【피부가】cerah; pucat ¶그는 얼굴이 희멀겋다 Dia mempunyai wajah yang cerah. ②【국·죽 등이】mengandung air ¶희멀건 죽 bubur éncér

희멀쑥하다 ⟪roman mukanya⟫ cerah dan bersih

희미하다(稀微-) ①【형체가】samar-samar; suram; muram ¶희미하게 보이다 terlihat samar-samar ②【소리가】samar-samar ③【불빛이】suram; redup ¶희미해지다 menjadi suram (redup) ④【기억이】suram; samar-samar ¶희미하게 기억하고 있다 ingat secara samar-samar; memiliki ingatan yang suram

희박(稀薄) ①【밀도가 낮음】희박하다 lemah; mencairkan; jarang; tipis ¶희박한 공기 udara tipis ②【가능성이 적음】tipis; jauh ¶실패할 가능성은 희박하다 Kemungkinan gagal sangat tipis. ③【감정·의식 등이 약하다】¶그는 책임 의식이 희박한 사람이다 Dia adalah orang yang tidak berat tanggung jawab.

희번덕거리다 matanya melotot (menonjol) terus ⟪dari rangsangan, kemarahan⟫; membelalak-belalakkan mata ¶노해서 눈을 희번덕거리다 matanya melotot karena marah.

희번드르하다 ①【얼굴이】berseri-seri ②【거죽이】indah; berkilat; menyolok ¶희번드르하게 옷만 잘 입었지 보잘 것 없는 사람이다 Dia mengenakan pakaian yang *menyolok, tapi dia seorang yang bukan* apa-apa. ③【말이】kedengarannya saja bagus

희번하다 putih kusam; pagi yang kelabu

희보(喜報) berita gembira; khabar baik

희붐하다 meérah muda; putih ¶희붐히 동이 틀 무렵 di pagi hari; pada subuh pertama yang bercahaya; menjadi mendung

희비(喜悲) kegembiraan dan kesedihan; kebahagiaan dan (atau) penderitaan ⊙ 희비극 drama komedi tragis. 희비쌍곡선 perasaan yangbercampur baur; kebahagiaan dan penderitaan

희뿌옇다 tidak jelas; berkabut

희사(喜捨) amal; sedekah; derma; sumbangan; bantuan 희사하다 beramal; berderma; memberikan sedekah; menyerahkan derma; membantu; menyumbang ¶희사를 받다 menerima derma (bantuan)/ 희사를 요청하다 meminta bantuan (sumbangan) ⊙ 희사금 uang sedekah; uang sumbangan.

희색(喜色) air muka bahagia; kelihatan senang (bahagia); muka berseri-seri ¶희색이 만면하다 berseri-seri karena bahagia; selalu tersenyum ⟪karena gembira⟫

희생(犧牲) pengorbanan; 【대신 바치는】pengorbanan diri; kambing hitam 희생하다 mengorbankan diri sendiri; mengkambing hitamkan ¶…을 희생하여 dengan mengorbankan ⟪biaya, harga, ongkos⟫/ 희생을 치르다 berkorban ⊙ 희생자 korban; (제물) obyék pengorbanan. 희생심 semangat berkorban

희생자(犧牲者) orang korban; mangsa ¶희생자들의 유가족 keluarga korban

희서(稀書) buku langka

희석(稀釋) ①【농도를 묽게 하다】pencairan; penipisan ¶희석한 mencairkan; menipiskan ditambah air ②【감정·가치 등이 약해지다】pudar ⊙ 희석열 panas pencairan. 희석제 pencair

희세(稀世) jarang; luar biasa; unik; hébat ¶희세의 영웅 pahlawan yang unik (tidak ada bandingannya); pahlawan sepanjang masa; pahlawan yang luar biasa

희소(稀少) kelangkaan; hal yangjarang 희소하다 langka; jarang; sukar didapat ⊙ 희소가치 nilai kelangkaan (yang jarang). 희소물자 benda yang sangat jarang; benda langka

희소식(喜消息) berita baik; kabar yang menggembirakan ¶희소식을 전하다 menyampaikan berita (kabar) baik/ 무소식이 희소식이다 Tida kada berita adalah kabar yang baik.

희수(喜壽) hari ulang tahun yang ke 70

희열(喜悅) kegembiraan ¶희열을 느끼다 merasakan sukacita; terpesona

희유하다(嬉遊-) bersenang-senang; bermain dengan gembira; bergembira

희읍스름하다 keputih-putihan; tidakterlalu putih; tidakcukup putih (bersih)

희질산(稀窒酸) 【화학】 asam sendawa éncér

희한(稀罕) yang anéh; yang istiméwa 희한하다 (이상하다) anéh; istiméwa; ganjil; luar biasa; (드물다) jarang ¶희한한 사람 orang yang anéh

희화(戱畵) karikatur; gambar komik ¶희화화(化)하다 membuat karikatur

희희낙락(喜喜樂樂) kegembiraan; kegirangan 희희낙락하다 gembira; sorak sorai; girang

흰개미 【곤충】 rayap; anai-anai

흰나비 【곤충】 kupu-kupu kubis

흰머리 rambut yang sudah putih; rambut yang beruban

흰소리【희떠운 소리】 penyataan yang angkuh (sombong); perbicaraan tak karuan; 【허풍】 bualan; omongan besar ⊙ 흰소리 꾼 pembual yang sombong; penyombong; pembual yang beromong kosong.

흰색(-色) putih

흰자(위) ①【계란의】 putih telur; zat telur ②【눈알의】 bagian mata yang berwarna putih

흰죽(粥) bubur nasi ¶흰죽을 끓이다 memasak beras hingga jadi bubur

히로뽕 【필로폰의 일본식 발음】 pilopon ⊙ 히로뽕상습자 pecandu pilopon

히말라야 Himalaya

히스테리 【의학】 penyakit histéria; gangguan syaraf; histéris ¶집단 히스테리 mass hystéria/히스테리를 일으키다 kemasukan setan; menjadi histéris

히스테릭하다 menjadi histeris

히스패닉 orang Hispanik

히아신스 【식물】 sejenis bunga bakung yang harum baunya

히죽(히죽) dengan senyuman yang manis (gembira; kepuasan; kedamaian); dengan tersenyum; berseri-seri ¶히죽 웃다 tersenyum manis (puas)

히터 alat pemanas ⊙ 전기 히터 pemanas elektrik

히트 ①【야구】 pukulan; pukulan yang kuat; pukulan dasar ¶히트를 치다 melakukan pukulan/ 세 개의 히트를 허용하다 memboléhkan melakukan tiga kali pukulan ②【성공】 suksés; suksés besar 히트하다 berhasil dengan gemilang; mendapat kesuksésan ⊙ 히트송 lagu hit; lagu yang sangat populér. 히트앤드런 【야구】 permainan dengan memukul ((bola)) dan berlari. 클린 히트 pukulan yang bagus

히프 pinggul; pangkal paha; pantat

힌트 petunjuk; isyarat ¶힌트를 주다 memberi isyarat/ 힌트를 얻다 mendapat (menerima) petunjuk dari; memperoléh gagasan

힐 ¶하이힐 hak tinggi

힐끔 (힐끗) ¶그는 아내의 눈치를 힐끔 살폈다 Dia melirik istrinya untuk melihat apa yang dia pikirkan.

힐기죽거리다 menggoyangkan tubuh (pinggul) sewaktu berjalan

힐기죽힐기죽 goyangan tubuh (pinggul)

힐끗 (힐끔) ¶힐끗 쳐다보다 melirik; pandangan sekilas

힐난하다(詰難-) menyalahkan; mencela

힐문(詰問) pemeriksaan terus-menerus; pemeriksaan ulangan untuk mengetahui kebenaran 힐문하다 melakukan penyelidikan; mendesak dengan pertanyaan; menyelidiki dengan cara menggeledah

힐책하다(詰責-) memarahi; memaki-maki

힘 ①【체력】 kekuatan ((fisik)); tenaga; kekuasaan ¶힘껏 dengan sekuat tenaga (kekuatan) / 힘이 있다 bertenaga; menjadi kuat ②【물리적 힘】 kekuatan ¶자연의 힘 kekuatan alam/③【작용】 pelaksanaan; tindakan ④【능력】 kesanggupan; kecakapan ¶독서의 힘 kemampuan membaca / 힘을 발휘하다【보이다】menunjukkan kemampuan ⑤【권력 · 세력 · 영향력】kekuasaan; wewenang; pengaruh; kewibawaan; kekuatan ¶부모의 힘으로 melalui pengaruh orang tua/ 힘의 균형 keseimbangan kekuatan; diatur oléh kekuatan ⑥【공헌】sumbangan; pelayanan; penolong ⑦【도움】bantuan; sumbangan; jasa baik; pelayan ¶…의 힘으로 dengan bantuan dari…/ ⑧【기운 · 용기】kekuatan; tenaga; kegiatan; keberanian ¶힘을 잃다 kehilangan semangat; kehilangan keberanian ⑨【강세】kekuatan; tekanan ¶힘을 주다 menekankan; menitik beratkan; mengutamakan ⑩【노력】usaha; usaha keras ¶자기 힘으로 dengan usahanya sendiri/ 힘을 다하다 melakukan segala usaha; melalui usaha kerasnya. ⑪【효과 · 효력】kemanjuran; keéféktifan; kemujaraban; pengaruh; ketepatgunaan ¶약의 힘 kemanjuran obat ⑫【자력(資力)】harta kekayaan; sumber penghasilan ⑬【폭력】kekerasan; paksaan

힘겨룸 pertandingan (perlombaan) kekuatan 힘겨룸하다 mengadakan pertandingan kekuatan; melakukan uji coba kekuatan

힘겹다 rumit; sulit

힘껏 dengan seluruh kekuatan; dengan sekuat tenaga 힘껏 하다 berusaha sedapat-dapatnya; membanting tulang

힘들다 ①【육체적으로】sulit; melelahkan; menyusahkan; sukar ¶힘든 일 pekerjaan yang sukar (sulit; berat); menyita banyak tenaga ②【정신적으로】sengsara ③【어렵다, 곤란하다】sulit; sukar; rintangan yang berat

힘들이다 ①【체력 · 노력을】mencurahkan segala upaya; menghabiskan kekuatan (pekerjaan, usaha); melakukan usaha; berusaha keras ②《애쓰다》bersusah-susah; rumit ¶조금도 힘들이지 않고 tanpa usaha; tanpa melakuan usaha sedikitpun

힘 부치다 tidak cukup kuat (mampu) 《untuk melakukan sesuatu》; di luar kemampuan (kekuatan; jangkauan); menjadi kewalahan 《untuk mengurus》

힘세다 kuat; bertenaga; ulet; berkekuatan besar

힘쓰다 ①【체력을】mengeluarkan kekuatan terus menerus ②【노력하다】usaha keras; berusaha sedapat-dapatnya; berjuang; mengerahkan tenaga ③【애쓰다】kerja keras; bersusah-susah ④【도와주다】menolong; membantu; memberi pertolongan; memberikan bantuan ⑤【영향을 미치다】mengenakan pengaruhnya

힘없다 ①【기운 · 의욕 등이 없다】lemah; sayu ②【권력 · 위력 등이 없다】lemah; tidak berdaya

힘입다 berhutang budi

힘 있다 ①【힘이 세다】《menjadi》kuat; mempunyai kekuatan ②【문장 · 어조가】bertenaga; berkekuatan; kuat ③【지위 · 권력으로 보아】berpengaruh; berkuasa

힘자랑하다 bangga akan kekuatan

힘주다 ①【힘을 주다】memusatkan kekuatan; mengkonsentrasikan; menitikberatkan; menekankan ②【강조하다】mempertegas ③【과시하다, 뽐내다】pamér; memamérkan

힘줄 ①【근육】urat daging; otot ¶힘줄 투성이의 berotot ②【혈맥 · 혈관】urat darah halus ③【섬유질의】serat; serabut ¶힘줄이 많은 고기 daging yang liat (yang keras); daging yang berserabut

힘차다 ①【박력 · 정력이 넘치다】penuh kekuatan; penuh semangat; bertenaga ¶힘차게 일하다 bekerja dengan bersemangat; bekerja keras ②【벅차다】sulit; berat; sukar; susah

힙합【음악, 문화】*hip hop*

힝 《yang》 membersihkan hidung

힝힝 《yang》 membersihkan hidung berkali-kali

부 록

국명·수도 명·언어와 화폐단위

국명 Nama Negara	수도 Ibu Kota	언어 Bahasa	화폐단위 Mata Uang
가나 Ghana	Akra	Inggris	Cedi (C)
가봉 Gabon	Libreville	Prancis	franc CFA (CFAF)
감비아 Gambia	Banjul	Inggris	dalasi (D)
과테말라 Guatemala	Guatemala	Spanyol	quetzai (Q)
그레나다 Grenada	Saint George	Inggris	dollar Karibia Timur(EC$)
그루지아 Georgia	Tblisi (Tiflis)	Georgia (Kartuli Era)	rubel
그리스 Yunani	Athena	Yunani	drachma (Dr)
기니 Guinea	Konakri	Prancis	franc Guinea (GF)
나미비아 Namibia	Windhoek	Afrikans, Inggris	rand (R)
나우루 Nauru	Yaren	Nauru	dollar Australia
나이지리아 Nigeria	Lagos	Inggris, Swahili	naira (N)
남아프리카공화국 Afrika Selatan	Pretoria	Prancis	franc CFA(CFAF)
네덜란드 Belanda	Amsterdam	Belanda	guilder(gulden) Belanda(f)
네팔Nepal	Kathmandu	Nepali	rupee Nepal (NRs)
노르웨이 Norwegia	Oslo	Norsk	krone Norwegia (Nkr)
뉴질랜드 Selandia Baru	Wellington	Inggris, Maori	dollar Selandia Baru($NZ)
니제르 Niger	Niamey	Prancis	franc CFA(CFAF)

국명 Nama Negara	수도 Ibu Kota	언어 Bahasa	화폐단위 Mata Uang
니카라과 Nikaragua	Managus	Spanyol	cordova baru (C$)
대만 Taiwan	Taipei	Cina Mandarin	dollar Taiwan (NT$)
대한민국 Korea Selatan	Seoul	Korea	won
덴마크 Denmark	Kopenhagen	dansk	krone (Dkr)
도미니카공화국 Republik Dominika	Santo Domingo	Spanyol	peso Dominika
도미니카연방 Dominika	Roseau	Inggris	dollar Karibia Timur (EC$)
독일 Jerman	Berlin	Jerman	mark Jerman (DM)
라오스 Laos	Vientiane	Lao	kip baru (KN)
라이베리아 Liberia	Monrovia	Inggris	dollar Liberia (L$)
라트비아 Latvia	Riga	Latvi	-
러시아 Federasi Rusia	Moskwa	Rusia	rubel
레소토 Lesotho	Maseru	Sotho. Inggris	loti (ML)
루마니아 Romania	Bukares	Rumania	leu
룩셈부르크 Luksemburg	Luksemburg	Prancis, Jerman	franc Luksemburg(Luk F)
르완다 Rwanda	Kigali	Rwanda, Prancis	franc Rwanda (RF)
리비아 Libia	Tripoli	Arab	dinar Libia (LD)
리투아니아 Lituania	Bilnius	Lituavi	-
리히텐슈타인 Liechtenstein	VBaduz	Jerman	franc Swiss(SwF)
마다가스카르 Madagaskar	Antananarivo	Malagasi, Prancis	franc(FMG)
마케도니아 Makedonia	Skopje	Makedonia	dinar Yugoslavia

국명 Nama Negara	수도 Ibu Kota	언어 Bahasa	화폐단위 Mata Uang
말라위 Malawi	Lilongwe	Inggris	kwacha Malawi (MK)
말레이시아 Malaysia	Kuala Lumpur	Malaysia	ringgit/dollar Malaysia (M$)
말리 Mali	Bamako	Prancis	franc CFA(CFAF)
멕시코 Meksiko	Meksiko	Spanyol	peso (Mex$)
모나코 Monako	Monako	Prancis; Monegasque	franc Prancis
모리셔스 Mauritius	Port Louis	Inggris	rupee Mauritia (Mau Re)
모리타니 Martinik	Fort-de-France	Prancis	franc(F)
모잠비크 Mozambik	Maputo	Protugis	metical (Mt)
몰도바 Moldavia	Kishinev	Moldavia	rubel (MVR)
몰타 Malta	Valletta	Malta, Inggris	lira Malta (Lm)
몽골 Mongolia	Ulan Bator	Mongol Khalkha	tugrik
미국 Amerika Serikat	Washinton DC	Inggris	dollar (US$)
미얀마 Myanmar	Yangoon	Burma	kyat (K)
비누아투 Vanuatu	Vila Bislama	Prancis, Inggris	batu(VT)
바레인 Bahrain	Manama	Arab	dinar Bahrain (BD)
바베이도스 Barbados	Bridgetown	Inggris	dollar Barbados(BDS$)
바티칸 Vatikan	Vatikan	Latin, Italia	lira Italia
바하마 Bahama	Nassau	Inggris	dollar Bahama (B$)
방글라데시 Bangladesh	Dhaka	Bengali	taka (TK)
베냉 Benin	Porto-Novo	Prancis	franc CFA(CFAF)
베네수엘라 Venezuela	Karakas	Spanyol	bolivia (B)

국명 Nama Negara	수도 Ibu Kota	언어 Bahasa	화폐단위 Mata Uang
베트남 Vietnam	Hanoi	Vietnam	dong (D)
벨기에 Belgia	Brussel	Belanda, Prancis, Jerman	franc Belgia (BF)
벨라루시 Belarus	Minsk	Byelorusia	rubel
벨리즈 Belize	Belmopan	Inggris	dollar Belizer (BZ$)
보스니아헤르체고비나 Bosnia-Hercegovina	Sarajevo	Serb	dinar Yugoslavia
보츠와나 Botswana	Gaborone	Tswana, Inggris	Pula (P)
볼리비아 Bolivia	La Paz	Spanyol,Aymara, Kecua(Quechua)	boliviana (Bs)
부르키나파소 Burkina Faso	Ouagadougou	Prancis	franc CFA(CFAF)
부탄 Bhutan	Thimphu	Dzongkha	ngultrum (Nu)
북한 Korea Utara	Pyongyang	Korea	won
불가리아 Bulgaria	Sofia	Bulgar	lev(leba)
브라질 Brasil	Brasilia	Portugis	cruzado (Cz$)
브루나이Brunei Darussalam	Bandar Seri Begawan	Melayu	dollar Brunei (Br$)
브룬디 Burundi	Bujumbura	Runci, Prancis	franc Burundi (FBu)
사우디아라비아 Arab Saudi	Riyadh	Arab	riyal Arab
세네갈 Senegal	Dakar	Prancis	franc CFA(CFAF)
소말리아 Somalia	Mogadishu	Somali, Arab	shilling Somali (So Sh)
수단 Sudan	Khartum	Arab	pound Sudan (£ Sd)
스리랑카 Sri Lanka	Kolombo	Sinhala	rupee Sri Lanka (SLRs)

국명 Nama Negara	수도 Ibu Kota	언어 Bahasa	화폐단위 Mata Uang
스웨덴 Swedia	Stokholm	Swensk	krona Swedia (Skr)
스위스 Swiss	Bern	Prancis, Jerman, Italia	franc Swiss(Sw F)
스페인 Spanyol	Madrid	Spanyol	peseta (Pta)
슬로바키아 Serbia	Belgrado	Serb	dinar Yugoslavia
슬로베니아 Slovenia	Ljubljana	Sloven	tolar
시리아 Suriah	Damaskus	Arab	pound Suriah (S£)
싱가포르 Singapura	Singapura	Cina Mandarin, Melayu, Tamil, Inggris	dollar Singapura (S$)
아랍에미레이트 Uni Emirat Arab	Abu Dhabi	Arab	dirham U.A.E.(Dh)
아르메니아 Armenia	Yerevan	Armenia	rubel
아르헨티나 Argentina	Buenos Rires	Spanyol	peso
아이슬란드 Islandia	Reykjavik	Islan	Krona (ISK)
아일랜드 Irlandi	Dublin	Gaelig, Inggris	pound, Irlandia (I)
아제르바이젠 Azerbaijan	Baku	Azerbaijani(Azeri)	rubel
아프가니스탄 Afghanistan	Kabul	Pastho; Dari Parsi	afghani (Af)
알바니아 Albania	Tirana	Albania	lek
알제리 Aljazair	Aljir	Arab	dinar Aljazair (DA)
앙골라 Angola	Luanda	Protugis	kwanza (Kw)
에스토니아 Estonia	Tallinn	Esti	-

국명 Nama Negara	수도 Ibu Kota	언어 Bahasa	화폐단위 Mata Uang
에콰도르 Ekuador	Quito	Spanyol	sucre (OSI)
에티오피아 Etiopia	Addis Ababa	Amhara	birr (Br)
엘살바도르 El Salvador	San Salvador	Spanyol	colon (₡)
영국 Inggris	London	Inggris	pound sterling (£)
예멘 Yemen	Sana's	Arab	riyal Yemen (YER)
오만 Oman	Muscat	Arab	riyal Oman(OMR)
오스트레일리아 Australia	Canberra	Inggris	dollar Australia ($A)
오스트리아 Austria	Wina	Jerman	schilling (S)
요르단 Yordan	Amman	Arab	Dinar Jordan (JOD)
우간다 Uganda	Kampala	Inggris	shilling Uganda (USh)
우루과이 Uruguay	Montevideo	Spanyol	peso baru Uruguay
우즈베키스탄 Uzbekistan	Tashkent	Uzbek	rubel
우크라이나 Ukraina	Kiev	Ukraina	rubel
이라크 Irak	Bagdad	Arab	dinar Irak (ID)
이란 Iran	Teheran	Parsi	rial (Rls)
이스라엘 Israel	Jerusalem	Ibrani, Arab	shequel baru (NIS)
이집트 Mesir	Kairo	Arab	pound Mesir (E£)
이탈리아 Italia	Roma	Italia	lira (Lit)

국명 Nama Negara	수도 Ibu Kota	언어 Bahasa	화폐단위 Mata Uang
인도 India	New Delhi	Hindi, Inggris	rupee India (Rs)
인도네시아 Indonesia	Jakarta	Indonesia	rupiah (Rp)
일본 Jepang	Tokyo	Jepang	yen (y)
자메이카 Jamaika	Kingston	Inggris	dollar Jamaika (J$)
잠비아 Zambia	Lusaka	Inggris	Kwacha Zambia (K)
적도기니 Guinea	Konakri	Prancis	franc Guinea (GF)
중국 Cina	Beijing	Cina Mandarin	renminbi (yuan, Y)
중앙아프리카 Afrika Tengah	Bangui	Prancis	franc CFA(CFAF)
짐바브웨 Zimbabwe	Harare	Inggris	dollar Zimbabwe (Z$)
차드 Cad	N'Djamena	Arab, Prancis	franc CFA(CFAF)
체코 Cekoslowakia	Praha	Cek, Slovak	koruna (Kcs)
칠레 Cile	Santiago	Spanyol	peso (Ch$)
카메룬 Kamerun	Yaounde	Prancis, Inggris	franc CFA(CFAF)
카자흐스탄 Kazakstan	Alma Ata	Kazak	rubel
카타르 Qatar	Doha	Arab	riyal (QR)
캄보디아 Kampuchea	Phnom Penh	Khmer	riel
캐나다 Kanada	Ottawa	Inggris, Prancis	dollar Kanada (Dan$)
케냐 Kenya	Nairobi	Swahili, Inggris	shilling Kenya (Ksh)

국명 Nama Negara	수도 Ibu Kota	언어 Bahasa	화폐단위 Mata Uang
코스타리카 Kosta Rika	San Jose	Spanyol	peso
콜롬비아 Kolombia	Bogota	Spanyol	peso (Col$)
콩고 Kongo	Brazzaville	Prancis	franc CFA(CFAF)
쿠바 Kuba	Havana	Spanyol	peso
쿠웨이트 Kuwait	Kuwait	Arab	dinar Kuwait (KD)
크로아티아 Kroatia	Zagreb	Kroat	dinar
키르기스스탄 Kirghizia	Frunze	Kirghiz	rubel
키프로스 Siprus	Nikosia	Turki, Yunani	pound Siprus (C£
타지키스탄 Tajikistan	Dushanbe	Tajik	rubel
탄자니아 Tanzania	Dar es Salaam	Swahili, Inggris	shilling Tanzania (TSh)
태국 Thailand	Bangkok	Thai	baht (B)
터키 Turki	Ankara	Turki	lira Turki (LT)
토고 Togo	Lome	Prancis	franc CFA(CFAF)
통가 Tonga	Nuku'alofa	Tonga, Inggris	Pa'anga (T$)
튀니지 Tunisia	Tunis	Arab	dinar (D)
트리니다드 토바고 Trinidad dan Tobago	Port of Spain	Inggris	dollar Trinidad dan Tobago (TT$)
파나마 Panama	Panama	Spanyol	balboa (B)
파라과이 Paraguay	Asuncion	Spanyol	guarani (G)

국명 Nama Negara	수도 Ibu Kota	언어 Bahasa	화폐단위 Mata Uang
파키스탄 Pakistan	Islamabad	urdu	rupee Pakistan (PRs)
파푸아뉴기니 Papua Nugini	PortMoresby	Inggris	kina (K)
페루 Peru	Lima	Spanyol, Kecua (Quechua)	inti (I)
포르투갈 Portugal	Lisabon	Portugis	escudo (Esc)
폴란드 Polandia	Warsawa	Polski	zioty (ZL)
프랑스 Prancis	Paris	Prancis	franc (F)
피지 Fiji	Suva	Inggris	dollar Fiji (F$)
핀란드 Finlandia	Helsinki	Suomi, Swensk	markka (Fmk)
필리핀 Filipina	Manila	Pilipino, Inggris	peso Filipina
항가리 Hongaris	Budapest	Magyar	forint (Ft)
홍콩 Hong Kong	Hong Kong	Cina, Inggris	dollar HK (HK$)

편저자

정영림丁榮林

한국외국어대학교 말레이-인도네시아어과를 졸업하고 인도네시아대학교와 네덜란드 라이든대학교에서 수학했으며, 국립말레이시아대학교에서 문학박사학위를 취득했다. 논문 〈우마르 카얌의 소설미학(1994)〉 〈일제시대 말레이 · 인도네시아 단편소설 비교연구(2004)〉 〈말레이 · 인도네시아민담에 나타난 동물고찰-깐칠을 중심으로(2004)〉 〈말레이시아와 인도네시아의 '흥부 · 놀부 이야기' 연구(2007)〈말레이시아 일상의례고찰(2010)〉 등 다수가 있으며, 역서로 『Antoloji Puisi Korea(2009:한국시 번역서, Yayasan Obor Indonesia)』『자카르타(1996인도네시아 단편선집)』『쿠알라룸푸르 사랑의 단상(2010:말레이시아 시 선집)』『칼끝에 놓인 목숨(2010:말레이시아 장편소설)』 등 다수이다.

세계말레이학회International Malay Council 상임위원 및 아시아지역 대표와 한국외국어대학교 동양학대학장을 역임했으며 한국외국어대학교 명예교수로 있다. 『한국어-인도네시아어사전(한국외국어대학교출판부:1998)』을 편찬했으며, 말레이시아 정부 초청으로 체재(滯在)하며 한국문학작품을 말레이어로 번역하기도 했다.

한국어-인도네시아어사전

초 판 발행 1998년 11월 10일
개정판 발행 2011년 12월 15일
편저자 : 정영림
발행인 : 박 철
발행처 : 한국외국어대학교 출판부
130-791 서울시 동대문구 이문동 270
전화 : (02)2173-2495∼7
팩스 : (02)2173-3363
홈페이지 : http://press.hufs.ac.kr
전자우편 : press@hufs.ac.kr
출판등록 : 제6-6호(1969. 4. 30)
편 집 : 지댄피 080-8234-0025
인쇄·제본 : 네오프린텍(주)(02)718-3111
ISBN 978-89-7464-696-7 11790 정가 30,000원
* 잘못된 책은 교환하여 드립니다.